lonely planet

USA

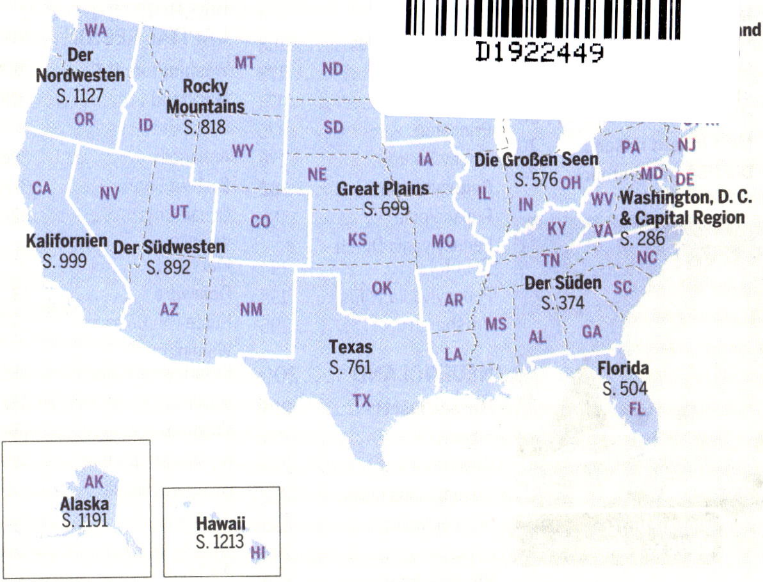

Trisha Ping, Isabel Albiston, Mark Baker, Amy C. Balfour, Robert Balkovich, Ray Bartlett, Greg Benchwick, Andrew Bender, Alison Bing, Celeste Brash, Jade Bremner, Gregor Clark, Stephanie d'Arc Taylor, Michael Grosberg, Anthony Ham, Ashley Harrell, John Hecht, Adam Karlin, Brian Kluepfel, Ali Lemer, Vesna Maric, Virginia Maxwell, Hugh McNaughtan, MaSovaida Morgan, Becky Ohlsen, Lorna Parkes, Christopher Pitts, Kevin Raub, Charles Rawlings-Way, Simon Richmond, Andrea Schulte-Peevers, Regis St. Louis, Ryan Ver Berkmoes, Mara Vorhees, Benedict Walker, Greg Ward, Karla Zimmerman

REISEPLANUNG

WIGWAM MOTEL, ROUTE 66 S. 942

GOLDEN GATE BRIDGE, SAN FRANCISCO S. 1079

REISEZIELE IN DEN USA

Inhalt

REISEZIELE IN DEN USA

Inhalt

DIE USA VERSTEHEN

PRAKTISCHE INFORMATIONEN

COVID-19

Wir haben alle in diesem Buch aufgeführten Unternehmen vor der Veröffentlichung überprüft, um sicherzustellen, dass sie trotz COVID-19 noch geöffnet haben. Die wirtschaftlichen und sozialen Auswirkungen der Pandemie werden jedoch noch lange nach deren Eindämmung zu spüren sein, und viele der in diesem Reiseführer erwähnten Geschäfte, Dienstleister und Veranstaltungen können weiterhin Einschränkungen unterliegen. Einige Geschäfte sind vielleicht vorübergehend geschlossen, haben ihre Öffnungszeiten und Dienstleistungen geändert oder verlangen Reservierungen; andere könnten leider auch dauerhaft geschlossen sein. Wir empfehlen daher allen Lesern, sich vor dem Besuch bei den jeweiligen Attraktionen und Unternehmen aktuelle Informationen einzuholen.

Rechts: Yosemite Falls (S. 1116), Yosemite National Park

WILLKOMMEN IN DER

USA

Ich liebe es, dass man in den 50 unterschiedlichen Staaten der USA so viele einzigartige Kulturschätze entdecken kann: Von Washingtons waldbedeckten San Juan Islands im Nordwesten bis zum sumpfreichen Louisiana, wo Alligatoren durch das Wasser jagen und Cajun Musik die Luft erfüllt. Dazwischen gibt es hoch aufragende Berge, dünenbedeckte Wüsten, weite Süßwasserseen, endlose Sandstrandküsten mit kleinen Inseln davor – ganz zu schweigen von den großartigen Stadtlandschaften, in denen man sogar Kontinente überqueren kann, wenn man nur in einen anderes Viertel geht.

Von Regis St Louis, Autor
@regisstlouis regisstlouis
Mehr Infos zu unseren Autoren gibt's ab S. 1340

USA

Höhenstufen
4900 m
3660 m
2750 m
1500 m
610 m
300 m
150 m
0 m
–150 m
Seattle
Kaffeeverrückte, hippe Stadt nahe üppiger Wildnis (S. 1132)
Santa Fe
Kunst und Geschichte in einer schrulligen Stadt (S. 978)
San Francisco
Hügelige Grande Dame mit Boheme-Seele (S. 1070)
Yosemite National Park
Wasserfälle, Granitgipfel und traumhafte Landschaften (S. 1116)
Los Angeles
Multikultiviertel, Strände und Spaß ohne Ende (S. 1002)
Grand Canyon
Gigantisch, wundersam und einfach unvergesslich (S. 929)
130°W
110°W
100°W
120°W
30°N
KANADA
Lake Manitoba
Vancouver
VICTORIA
Calgary
REGINA
Seattle
OLYMPIA
Washington
Cascade Range
Spokane
Portland
SALEM
Oregon
Missoula
HELENA
Bozeman
Montana
Missouri River
North Dakota
BISMARCK
South Dakota
PIERRE
Rapid City
Idaho
BOISE
Snake River
Continental Divide
Rocky Mountains
Wyoming
Nebraska
Great Salt Lake
Reno
CARSON CITY
SACRAMENTO
San Francisco
San Jose
Nevada
SALT LAKE CITY
Utah
CHEYENNE
Boulder
DENVER
Kansas
Colorado
Colorado Springs
Colorado River
Las Vegas
California
Los Angeles
Flagstaff
SANTA FE
Albuquerque
Arizona
PAZIFIK
San Diego
Tijuana
MEXICALI
PHOENIX
New Mexico
Tucson
Fort Worth
El Paso
Ciudad Juárez
Texas
Rio Grande
San Antonio
RUSSLAND
0 500 km
0 300 Meilen
Chukchi Sea
ARKTISCHER OZEAN
170°W
160°W
150°W
140°W
70°N
60°N
20°N
St. Lawrence Island
Seward Peninsula
Alaska
KANADA
Fairbanks
Nunivak Island
Bering-See
Anchorage
Aleutian Islands
Kodiak Island
JUNEAU
Golf von Alaska
Kauai
Niihau
Oahu
0 150 km
0 90 Meilen
HONOLULU
Molokai
Hawaii
Lanai
Maui
Kahoolawe
Kailua-Kona
Hilo
Hawaii
PAZIFIK
160°W

0 500 km
0 300 Meilen
N
Chicago
Erstaunliche Architektur und Feste am See (S. 577)
Philadelphia
Kolonialzeitliche Geschichte und Kultur im Überfluss (S. 182)
New York City
Berühmte Metropole und Kulturhauptstadt (S. 81)
National Mall
Ikonische Monumente an Amerikas „erster Wiese“ (S. 287)
Great Smoky Mountains NP
In Nebel gehüllte Berge, malerische Wanderungen und Fahrten (S. 398)
New Orleans
Kreolische Küche, Jazz und Mardi Gras (S. 484)
Austin
Kreative Hauptstadt der Musik mit Vorliebe für Indie (S. 764)
Miami
Kubanische Küche, Art déco und heißes Strandleben (S. 505)
90°W
80°W
70°W
40°N
30°N
20°N
WINNIPEG
Thunder Bay
Minnesota
Lake Superior
Wisconsin
Michigan
Lake Michigan
Lake Huron
St.-Lorenz-Strom
QUÉBEC
Maine
Montréal
Burlington
AUGUSTA
OTTAWA
NH
MONTPELIER
VT
CONCORD
New York
BOSTON
MA
ALBANY
PROVIDENCE
HARTFORD
RI
CT
TORONTO
ST PAUL
Minneapolis
Green Bay
Mississippi River
MADISON
LANSING
Detroit
Cleveland
Pennsylvania
New York City
Philadelphia
TRENTON
NJ
Milwaukee
HARRISBURG
DES MOINES
Chicago
Toledo
Baltimore
DOVER
DE
Omaha
Illinois
Indiana
Ohio
Pittsburgh
ANNAPOLIS
Iowa
COLUMBUS
WASHINGTON, DC
INDIANAPOLIS
Appalachian Mountains
WV
MD
LINCOLN
SPRINGFIELD
Cincinnati
RICHMOND
Kansas City
St. Louis
CHARLESTON
Virginia
FRANKFORT
TOPEKA
JEFFERSON CITY
Kentucky
North
RALEIGH
Wichita
Missouri
NASHVILLE
Wilmington
Charlotte
South Carolina
Tennessee
Greenville
Tulsa
Arkansas
COLUMBIA
OKLAHOMA CITY
LITTLE ROCK
Memphis
Augusta
Charleston
ATLANTIK
ATLANTA
Birmingham
Georgia
Oklahoma
Mississippi
Savannah
MONTGOMERY
Dallas
JACKSON
Alabama
Jacksonville
BATON ROUGE
TALLAHASSEE
St. Augustine
Louisiana
Orlando
AUSTIN
New Orleans
Houston
Tampa
Florida
BAHAMAS
Fort Lauderdale
NASSAU
Miami
Corpus Christi
Key West
KUBA
HAVANNA
Golf von Mexiko
MEXIKO

USA Top 10

1 DIE GRELLEN LICHTER DER GROSSSTADT

Der Osten der USA ist Heimat mächtiger Metropolen, deren kulturelle Vielfalt auf den ganzen Planeten ausstrahlt. Von den Wolkenkratzern lässt sich in die Betonschluchten blicken, während in den kleinen Indie-Theatern das Innenleben der Menschen im Zentrum steht. In den Museen kann man Kunstschätze aus der ganzen Welt bestaunen und große Parks bieten Raum zur Entspannung.

ALEXANDER SPATARI/GETTY IMAGES ©

New York City

New York City (gegenüberliegende Seite und rechts), die Heimat von Einwanderern aus allen Teilen der Welt, ist laut, schnell, pulsierend und in ständiger Entwicklung begriffen. Egal, ob man nur für einen Tag herkommt oder ein Leben lang bleibt, langweilig wird es hier niemals. In den fünf Stadtbezirken warten eine überwältigende Zahl von Museen, Parks und Vierteln, die von unterschiedlichsten Einwanderungswellen geprägt sind. S. 81

TTSTUDIO/SHUTTERSTOCK ©

CHEN LIU/EYEEM/GETTY IMAGES ©

MARIO WORWELL/EYEEM/GETTY IMAGES ©

Chicago

Die „Windy City" (Bild oben) überwältigt mit ihrer Architektur, ihren Stränden und großartigem Indie-Theater. Der eigentliche Reiz der Stadt liegt aber in ihrer besonderen Mischung aus Hochkultur und bodenständigen Vergnügungen – z. B., wenn die Stadt ihre Picasso-Skulptur in das Trikot einer ihrer Sportmannschaften kleidet. S. 577

Los Angeles

Ein nicht enden wollender Strom von Träumern, Draufgängern und Gaunern (kleinen wie großen) hält diese riesige Küstenstadt (Bild oben) ständig unter Strom. Wo anfangen? Strand und Galerien in Santa Monica, Spaziergänge und Sonnenuntergänge im Griffith Park oder Hollywood pur bei einer Studiotour? S. 1002

2 WO DIE WILDEN KERLE WOHNEN

Nationalparks werden oft als Amerikas beste Idee bezeichnet, und es gibt keinen überzeugenderen Beweis für diese Behauptung als einen Besuch in den geliebten Schutzgebieten – sind sie doch fast zu schön, um wahr zu sein. Jeder Park hat seine faszinierende Geschichte. Es gibt kaum eine bessere Art, seine Zeit in den USA zu verbringen, als diese Orte für sich zu erobern.

JIM MALLOUK/SHUTTERSTOCK ©

BRYAN MULLENNIX/GETTY IMAGES ©

BRAD MCGINLEY PHOTOGRAPHY/GETTY ©

Grand Canyon

Die gewaltige Größe packt einen sofort. Um den Canyon zu entdecken, kann man wandern, radfahren, raften oder auf einem Esel reiten. Man kann sich aber auch am Rim Trail hinsetzen und zusehen, wie der Canyon im Lauf des Tages seine Farbe ändert. S. 929

Links: Rafting auf dem Colorado River (S. 937)

Zion & Bryce Canyon

Hohe rote Felswände, atemberaubende Wasserfälle und enge Slot Canyons dominieren den Zion National Park. Im Bryce Canyon National Park bilden pastellfarbene Felsnadeln einen magischen Wald aus Stein. S. 967

Rechts unten: Ballone über dem Bryce Canyon (S. 969)

Yellowstone National Park

Der erste Nationalpark der Welt (Bild rechts oben) bietet zahllose geologische Wunder und eine grandiose Tierwelt. Inmitten von fast 9100 km² Wildnis gibt es alles – von Geysiren, farbigen, heißen Quellen, bis zu Grizzlys, Schwarzbären, Wolfsrudeln, Elchen und Bisons. S. 866

3 DER SOUND AMERIKAS

Vom gefühlvollen Blues aus dem Mississippi-Delta über den Bluegrass der Appalachen und den Motown-Sound aus Detroit bis zu Jazz, Funk, Hip-Hop, Country und Rock 'n' Roll – ohne Amerikas unzählige Beiträge ist moderne Musik undenkbar. Bei einem Besuch des Sun Studio in Memphis (wo B. B. King, Johnny Cash und Elvis Presley Klassiker aufgenommen haben) werden Erinnerungen an Musiklegenden geweckt – bevor man in den Konzerthallen, Honky-Tonks und Musikclubs des Ostens die Stars von morgen erleben kann.

New-Orleans-Jazz

New Orleans' Seele ist von Musik durchdrungen. Die großen Musikfestivals sind immer eine Reise wert, aber auch wenn gerade keines ansteht, in den Jazzclubs und Hinterhofbars der Stadt ist laufend etwas geboten. S. 495

Unten: Jazzchor in New Orleans

MYLES NEW/LONELY PLANET ©

JEREMY PAWLOWSKI/SHUTTERSTOCK ©

KRIS DAVIDSON/LONELY PLANET ©

Virginias Crooked Road

In einer abgelegenen Ecke Virginias lebt die traditionelle Musik der Blue Ridge und Cumberland Mountains in alten Musikhallen weiter. Im Carter Family Fold Performance Center kann man den Bluegrass-Legenden huldigen, in Galax nach Fiedeln stöbern oder in Floyd am wöchentlichen Jamboree teilnehmen. S. 365

Links oben: Geigenbauer, Floyd (S. 364)

Austin

Dank über 250 Veranstaltungsorten und dem größten Musikfestival des Landes gilt Austin zurecht als Konzerthauptstadt der USA. Egal, wann man vorbeischaut, in der aufregenden texanischen Hauptstadt kommen Musikliebhaber auf ihre Kosten. S. 764

Rechts oben: Auftritt beim South by Southwest (S. 767)

4 HÖCHSTE HÖHEN

Die USA ist mit zwei großen Gebirgsketten gesegnet, den Rocky Mountains und den Appalachen. Beim Wandern und Campen inmitten bewaldeter Hänge, rauschender Bäche und Gipfeln mit Blick auf den von Wildnis bedeckten Horizont erlebt man die Naturwunder am besten.

Unten: Monongahela National Forest (S. 368)

MALACHI JACOBS/SHUTTERSTOCK ©

MARK READ/LONELY PLANET ©

GETTY IMAGES ©

Rocky Mountain National Park

Mit festgeschnürten Wanderschuhen lässt sich die majestätische, ungezähmte Pracht dieses Parks am besten erobern. Von epischen Aufstiegen auf dem Longs Peak Trail (Bild rechts) und an der kontinentalen Wasserscheide bis zu den familienfreundlichen Calypso Falls ist für jeden ein Panoramablick dabei. S. 837

TONY BARBER/GETTY IMAGES ©

Great Smoky Mountains

Den schönsten Park im Osten der USA (Bild links) mit seinen unzähligen Wasserfällen und Aussichtspunkten sollte man keinesfalls verpassen. In Cades Cove lässt sich Wildwestluft schnuppern, und bei Rundfahrten oder Wanderungen über neblige Bergpfade kann man Ausschau nach Hirschen, Vögeln und sogar Schwarzbären halten. S. 398

Yosemite National Park

Hier kann man sich auf mit Wildblumen bedeckten Wiesen in von Flüssen und Gletschern geschaffenen Tälern verlieren. Gewaltige Wasserfälle stürzen tosend in die Tiefe. Bergsteiger wagen sich an die Granitwände des El Capitan und des Half Dome und Wanderer werden zu Zwergen neben den uralten Riesenmammutbäumen (Sequoias), den größten Bäumen unserer Welt. S. 1116

Links: Yosemite Falls (S. 1116)

5 STRÄNDE & INSELN

Entlang Tausender Kilometer Küstenlinie warten Inseln, Küstenstädte und einige der schönsten Strände Amerikas. Zu den Besonderheiten hier gehören Herden wilder Pferde, deren Vorfahren einst einen Schiffbruch überlebt haben, oder einsame Nationalparks, die nur mit einem Boot erreichbar sind. Wo auch immer es einen in diesem Reich aus salziger Luft, Meer, Sand und grenzenlosem Himmel hin verschlägt, man wird oft das Gefühl haben, die moderne Welt hinter sich gelassen zu haben.

Cape Cod

Riesige Sanddünen, malerische Leuchttürme und kühle Wälder laden am Kap von Massachusetts zu endlosen Erkundungen ein. Und nach einem Tag am Strand warten beispielsweise ein Austernschmaus in Wellfleet oder das Nachtleben in Provincetown. S. 225

Rechts oben: Cape Cod National Seashore (S. 229)

KEVIN ENGLISH/500PX ©

Point Reyes National Seashore

Das Wasser ist zwar kalt, aber die Landschaft an diesem Küstenabschnitt Nordkaliforniens, der sich über ca. 260 km² erstreckt, ist magisch. S. 1098

Oben: Point Reyes Lighthouse (S. 1098)

Die Outer Banks

An North Carolinas einsamer Küste lassen sich in Corolla wilde spanische Mustangs beobachten, in Kitty Hawk die Geschichte des Fliegens erforschen und auf Ocracoke Island nach dem Geist von Blackbeard suchen. S. 375

6 ASPHALT-COWBOYS

Mit einem eigenen Wagen (vorzugsweise einen mit geringem oder gar keinem Schadstoffausstoß) lässt sich der Kurs durch einige der eindrucksvollsten Landschaften Nordamerikas selbst bestimmen. Also ab auf den Highway! Die roten Steinwüsten des Westens, die schwülen Sümpfe des Südens und der von Klippen gesäumte Pacific Coast Highway in Kalifornien sind nur drei von vielen tollen Ausgangspunkten für den eigenen, großen amerikanischen Roadtrip.

Route 66

Die 1926 eingeweihte und auch als Mother Road bekannte Straße beginnt in Chicago und wird auf dem Weg nach Santa Monica mit ihren skurrilen Restaurants und Skulpturen zu einer Art Zeitreise. S. 43

Blue Ridge Parkway

Diese Hochgebirgsstraße (Bild oben) schlängelt sich von North Carolina nach Virginia und bietet in jeder Kurve tolle Ausblicke. Man kann durch die Wälder der Appalachen wandern und in altmodischen Gasthöfen übernachten. S. 363, 393

Die Florida Keys

Beim „Overseas Highway" ist der Name Programm: Die ca. 200 km lange Strecke führt von Florida City nach Key West, über mangrovengesäumte Inseln, viele Brücken und durch kunstbegeisterten Städte. S. 537

7 ESSEN, HERRLICHES ESSEN

Egal warum es einen in die USA zieht, während der Reise wird Essen wohl eine Hauptrolle spielen. Maine ist des Land der Hummerbuden, in Manhatten warten leckere Bagels und Lachs, in den Raststätten in Memphis gibt's Leckeres vom Grill und New Orleans verführt mit seiner dekadenten kreolischen Küche. Und da es hier viele Weinberge, Craft-Bier-Brauereien, Bourbon, süßen Tee nach Südstaatenart und überall grandiose Kaffeeröstereien gibt, wird man auch sicher nicht verdursten.

JERAMEY LENDE/SHUTTERSTOCK ©

LINDARAYMONDPHOTOGRAPHY/GETTY IMAGES ©

Lowcountry-Küche

Eine Reise im Süden, ohne die Lowcountry-Küche zu testen, ist zwar möglich, aber ist sie auch sinnvoll? Charleston ist das Tor für alle, die Krabben, Fisch und Austern lieben. S. 406

Links oben: Bauernmarkt, Charleston (S. 400)

Maine-Hummer

Nichts gegen Ambrosia, aber das Kaltwasser-Krustentier ist die wahre Speise der Götter – wie man feststellen wird, wenn man sich in Maine gedämpften Hummer gönnt. S. 275

Links unten: Hummersandwich, Maine

San Francisco

Echte Taquerias (s. oben), eine schwindelerregende Vielfalt asiatischer Küchen, tolle Bauernmärkte, erstklassige Kaffeeröster und gefeierte Köche tragen alle zum kulinarischen Glanz San Franciscos bei. S. 1088

8 UNVERGESSLICH

ZACK FRANK/SHUTTERSTOCK ©

NAGEL PHOTOGRAPHY/SHUTTERSTOCK ©

Uralte Siedlungen der indigenen Völker, Versammlungshallen der Revolution, Geisterstädte des Wilden Westens, geweihte Kanzeln im Kampf um die Bürgerrechte – überall finden sich Spuren der tragischsten und triumphalsten Momente des Landes. In den Museen und historischen Stätten kann man Visionären huldigen, die Vergangenheit ergründen und darüber nachdenken, wie jahrhundertealte Ereignisse auch heute noch die Gegenwart beeinflussen.

Mesa Verde

Die faszinierenden, in die Berge des südlichen Colorado geschlagenen Felssiedlungen (Bild links) waren über sieben Jahrhunderte lang Heimat indigener Pueblo-Bewohner, bevor sie den Ort im 14. Jh. aufgaben. S. 855

Martin Luther King Jr. National Historic Site

Der Gigant der Bürgerrechtsbewegung wurde in Atlantas Sweet-Auburn-Viertel geboren und wuchs dort auf. Die Orte, an denen er einst lebte, betete und später predigte, dienen nach wie vor als mächtige Inspiration (Bild links). S. 443

Williamsburg

Ein Teil der gut erhaltenen Stadt Williamsburg, Virginia, dient heute als größtes Museum für „lebendige Geschichte" der Welt, und versetzt seine Besucher in die Zeit um 1700 zurück. In den Tavernen vor Ort werden sogar Gerichte nach traditionellen Rezepten angeboten, darunter auch solche für 200 Jahre alte Cocktails. S. 345

9 WILDE WASSER

Das amerikanische Hinterland umfasst Feuchtgebiete voller Wildtiere, Seeinseln und einige der größten Süßwasserflächen der Erde, die sich auf vielerlei Arten entdecken und erleben lassen. So kann man auf einem Holzsteg einem „Fluss aus Gras" folgen und dabei nach Kanadareihern Ausschau halten, oder in ein Kanu steigen und durch die großartigen Northwoods paddeln, oder an bewaldeten Ufern in Michigans Upper Peninsula zelten, oder sich auf Alligatorbeobachtung in den Zypressensümpfen von Süd-Louisiana begeben, oder, oder, oder ...

Die Everglades

Die von baumbewachsenen Inseln, Zypressen und Mangroven gesprenkelten Everglades (Bild links unten) sind Heimat einer reichen Tierwelt, von Kanadareihern bis zu Alligatoren und Krokodilen. S. 532

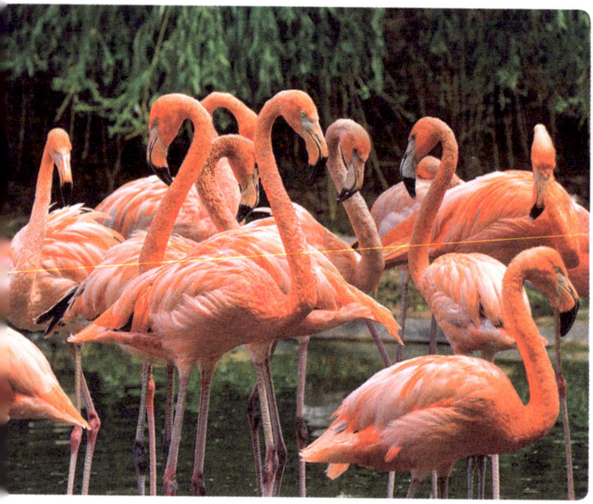

Die Boundary Waters

Rund 400 000 ha Wildnis mit kiefernbewaldeten Inseln und unzählige Seen bieten die Kulisse für eines der größten Kanu- und Campingabenteuer (Bild rechts oben) der Welt. S. 683

San Juan Islands

Diese Inseln machen die Großartigkeit des Nordwestens erlebbar: Kajakfahren, Walbeobachtung und Radfahren gehören hier zu den beliebtesten Aktivitäten. S. 1152

Rechts: Orca-Wal, San Juan Islands

10 ECHTE ABENTEUER

Die 50 Bundesstaaten bieten fast unbegrenzte Möglichkeiten für Abenteuer: Man kann sich Stromschnellen stellen, vor felsigen Küsten segeln, mit dem Fahrrad entlang ehemaliger Bahnlinien fahren, Berggipfel erklimmen, über Korallenriffen tauchen (oder schnorcheln) und durch Sümpfe paddeln. Und im Winter treibt die Liebe der Amerikaner zur freien Natur die Menschen auf steile Pisten oder auf Schneeschuhwanderungen durch stille Wälder. Die größte Herausforderung ist die Qual der Wahl.

Wildwasser-Action

Der New River Gorge National Park, einer der jüngsten Nationalparks Amerikas, bietet Wildwasser-Rafting, Ziplining, Abseilen und Wanderungen durch die Baumkronen. S. 371

Unterwasserzauber

Die Riffe und ihre Bewohner im John Pennekamp Coral Reef State Park in Florida kann man von einem Glasbodenboot aus erkunden oder bei Schnorchel- und Tauchausflügen. S. 538

Moab

Moab ist die Mountainbike-Hauptstadt der Welt. Anspruchsvolle Trails führen steile Hänge hinauf, schlängeln sich durch Wälder und führen hinein in die Wildnis der Canyons. S. 962

Oben: Arches National Park (S. 965)

Gut zu wissen

Weitere Infos gibt's im Abschnitt „Praktische Informationen" (S. 1283).

Währung
US-Dollar (US$)

Sprache
Englisch, Spanisch

Visa
Besucher aus Deutschland, Österreich und der Schweiz benötigen für Aufenthalte von maximal 90 Tagen innerhalb von zwei Jahren kein Visum. Die vorherige ESTA-Registrierung ist obligatorisch.

Geld
Geldautomaten gibt es quasi überall. Kreditkarten werden in den meisten Hotels, Restaurants und Läden akzeptiert.

Handys
In den USA funktionieren nur Triband- und Quadband-Handys. Wer kein solches besitzt, kann sich in den Staaten ein günstiges Prepaid-Handy kaufen.

Reisezeit

Hauptsaison
(Juni–Aug.)

- Warme Tage im ganzen Land, allgemein hohe Temperaturen.
- Geschäftigste Zeit mit großen Menschenmassen und höheren Preisen.
- In den Skigebieten ist zwischen Januar und März Hauptsaison.

Zwischensaison
(April–Mai & Sept.–Okt.)

- Mildere Temperaturen, weniger Menschen.
- Frühlingsblumen (April) und buntes Herbstlaub (Okt.) in vielen Teilen des Landes.

Nebensaison
(Nov.–März)

- Winterlich, Schnee im Norden, in einigen Regionen stärkere Regenfälle.
- Niedrigste Unterkunftspreise (außer in Ski- und wärmeren Urlaubsgebieten).

Infos im Internet

Lonely Planet (www.lonelyplanet.de/reiseziele/usa) Reiseinfos, Hotelbewertungen, Forum und Fotos.

National Park Service (NPS; www.nps.gov) Das Portal zu den größten Naturschätzen der USA: ihren Nationalparks.

Eater (www.eater.com) Kulinarische Einblicke in rund 25 amerikanischen Städte.

Punch (www.punchdrink.com) Spitzfindige Guides und viele nützliche Kenntnisse zu den Getränken der USA.

New York Times Travel (www.nytimes.com/travel) Reise-News, praktische Tipps und fesselnde Features.

Roadside America (www.roadsideamerica.com) Die schrulligen und schrägen Seiten der USA.

Wichtige Telefonnummern

Notruf	☎911
Landesvorwahl USA	☎1
Telefonauskunft	☎411
Internationale Telefonauskunft	☎00
Vorwahl für internationale Gespräche aus den USA	☎011

Wechselkurse

Eurozone	1 €	1,07 US$
	1 US$	0,97 €
Schweiz	1 SFr	1,04 US$
	1 US$	0,96 SFr

Aktuelle Wechselkurse sind unter ww.xe.com abrufbar.

Tagesbudget

Günstig: weniger als 150 US$

- Campingplätze und B in Hostel-Schlafsälen: 10–50 US$
- Essen in Cafés, auf Bauernmärkten und an Food Trucks: 6–15 US$
- Tickets für städtischen ÖPNV: 2–4 US$

Mittelteuer: 150–250 US$

- DZ im Mittelklassehotel: 75–200 US$
- Abendessen in einem beliebten Restaurant: 30–60 US$ für zwei Pers.
- Mietauto: ab 30 US$

Teuer: mehr als 300 US$

- DZ in einem Resort oder Spitzenklassehotel: ab 250 US$
- Abendessen in einem Top-Restaurant: 60–100 US$
- Konzert- oder Theaterkarten: 60–200 US$

Öffnungszeiten

Die normalen Öffnungszeiten sind wie folgt:

Banken Mo–Do 8.30–16.30, Fr bis 17.30 Uhr (und eventuell Sa 9–12 Uhr)

Bars So–Do 17–24, Fr & Sa bis 2 Uhr

Nachtclubs Do–Sa 22–4 Uhr

Post Mo–Fr 9–17 Uhr

Einkaufszentren 9–21 Uhr

Läden Mo–Sa 9–18, So 12–17 Uhr

Supermärkte 8–20 Uhr; einige 24 Std.

Ankommen am …

JFK International Airport (New York) Vom JFK geht's mit dem AirTrain zur Jamaica Station und von dort mit dem LIRR zur Penn Station (12–16 US$, 45 Min.). Eine Taxifahrt nach Manhattan kostet 60 US$ zzgl. Maut und Trinkgeld (45–90 Min.).

Los Angeles International Airport Der LAX Flyaway Bus zur Union Station kostet 9,75 US$ (30–50 Min.), der Tür-zu-Tür-Service Prime Time & SuperShuttle 17 bis 30 US$ (35–90 Min.); fürs Taxi nach Downtown zahlt man 47 US$ (25–50 Min.).

Miami International Airport SuperShuttle fährt für 22 US$ nach South Beach (50–90 Min.), ein Taxi für 36 US$ nach Miami Beach (40–60 Min.); mit der Metrorail geht's für 2,25 US$ nach Downtown zum Government Center (15 Min.).

Zeitzonen

Eastern Standard Time (EST; MEZ –6 Std.) NYC, Boston, Washington D. C., Atlanta

Central Standard Time (CST; MEZ –7 Std.) Chicago, New Orleans, Houston

Mountain Standard Time (MST; MEZ –8 Std.) Denver, Santa Fe, Phoenix

Pacific Standard Time (PST; MEZ –9 Std.) Seattle, San Francisco, Las Vegas

Der größte Teil Alaskas ist eine Stunde hinter der PST-Zone (MEZ –10 Std.), Hawaii zwei Stunden (MEZ –11 Std.).

Mehr Infos zum Thema **Unterwegs vor Ort** s. S. 1300

USA für Einsteiger

Weitere Infos gibt's im Abschnitt „Praktische Informationen" (S. 1283)

Checkliste

- Alle Einreisebestimmungen rechtzeitig und sorgfältig in Erfahrung bringen.
- Überprüfen, ob das Handy in den USA funktioniert; Roaming-Gebühren erfragen.
- Zumindest die ersten Übernachtungen buchen, um den Trip stressfrei zu starten.
- Sich um eine Reiseversicherung kümmern.
- Bank und Kreditkartengesellschaft über die geplante Reise informieren.

An alles gedacht?

- Reisepass & Führerschein
- Handy und Ladegerät
- Gute Wanderstiefel
- Schwimmausrüstung
- Regenjacke oder -schirm
- Netzadapter
- Kleidung mit flexiblem Bund (um die großzügigen Portionen amerikanischer Restaurants unterzubringen)

Top-Tipps

- Es lohnt sich, Kontakt zu Einheimischen zu knüpfen: Amerikaner sind meistens sehr freundlich und geben gern Einblicke in ihre Stadt.
- Wer auf eigene Faust mit dem Auto unterwegs ist, verlässt am besten die Interstates und nimmt die Nebenstrecken: Ein paar der schönsten Landschaften liegen an den kurvigen Landstraßen.
- Vorausschauend planen, um dem schlimmsten Besucherandrang zu entgehen (d. h. Touristenzonen, beliebte Restaurants, Sehenswürdigkeiten am besten unter der Woche besuchen).
- Bei Besuchen in Bars und Clubs immer den Personalausweis dabei haben: Oft wird jeder überprüft, der Alkohol bestellen will – auch wenn er ganz offensichtlich schon älter als 21 ist.
- Bei der Einreise wirken die US-Grenzbeamten mitunter sehr einschüchternd. Um das Prozedere möglichst zu beschleunigen, alle Fragen vollständig, höflich und ruhig beantworten.
- Die einzelnen US-Bundesstaaten unterscheiden sich sehr stark in Sachen Gesetze und Toleranzgrenzen. Beispiel: Der Konsum von Marihuana ist in Colorado und Washington erlaubt, kann aber z. B. in Texas oder South Carolina großen Ärger einbringen.

Bekleidung

In Amerika geht so ziemlich jedes Outfit klar – man wird sich in seinen Klamotten daher kaum unwohl fühlen. Dennoch empfiehlt es sich, auch etwas Schickeres für den Besuch von gehobenen Restaurants, Bars oder Nachtclubs mitzunehmen.

Schlafen

- **Hotels** Reichen von tristen Ketten-Unterkünften bis hin zu schmucken Boutique- oder Luxusadressen; die Preise variieren natürlich.
- **B&Bs** Kleine Gästehäuser bzw. Pensionen, die meist recht behaglich sind. Achtung: Für Kinder gilt oft ein Mindestalter.
- **Motels** Günstiger und einfacher als die meisten Hotels; hauptsächlich entlang der Interstates im ländlichen Amerika.

➡ **Hostels** Werden in den USA immer zahlreicher, konzentrieren sich aber bislang größtenteils auf städtische Ballungsräume.

➡ **Camping** Die Auswahl reicht von sehr einfachen Stellplätzen weit ab vom Schuss bis hin zu voll ausgestatteten privaten Campingplätzen in bester Lage.

Etikette

➡ **Begrüßung** Sollte nicht zu übertrieben körperlich ausfallen: Manche Amerikaner umarmen andere Leute, Großstädter tauschen mitunter Wangenküsse aus. Die meisten Einheimischen (vor allem Männer) geben sich aber nur die Hand.

➡ **Rauchen** Die meisten Amerikaner haben etwas gegen das Rauchen – sogar im Freien ist es vielerorts tabu (z. B. in Parks, auf Promenaden oder an Stränden).

➡ **Höflichkeit** In den USA ist es üblich, das Ladenpersonal beim Hereinkommen zu grüßen und sich beim Hinausgehen zu verabschieden („hello" bzw. „have a nice day" reichen dabei aus). Außerdem lächeln Amerikaner sehr viel – wenn auch oft nur aus reiner Höflichkeit.

➡ **Pünktlichkeit** Äußerst angebracht – viele Amerikaner betrachten Wartenlassen als sehr unhöflich.

Geld sparen

Die USA sind mitunter ein ziemlich teures Reiseziel. Genügsame Traveller können aber bei vielen Gelegenheiten etwas sparen:

➡ Hauptmahlzeiten mittags einnehmen: Restaurants servieren häufig spezielle Mittagsangebote, normale, sättigende Hauptgerichte haben dann ein besseres Preis-Leistungs-Verhältnis.

CULTURA EXCLUSIVE / HENGLEIN AND STEETS / GETTY IMAGES ©

Brooklyn Bridge Park (S. 107), New York City, NY

➡ Bei vielen Museen ist der Eintritt zumindest einmal pro Woche frei (z. B. donnerstagabends oder sonntagmorgens).

➡ Unmittelbar außerhalb von Großstadtzentren sind Mietwagen häufig günstiger zu haben (so z. B. in Oakland oder Jersey City).

➡ Bei Vorab-Onlinebuchungen sind Bus- und Zugtickets viel billiger als beim Kauf kurz vor Antritt der Fahrt.

Feilschen

Auf Flohmärkten ist moderates Feilschen o.k. Ansonsten wird überall das Bezahlen der angegebenen Preise erwartet.

Trinkgeld

Trinkgeld ist in den USA obligatorisch und sollte nur bei ausgesprochen schlechtem Service verweigert werden.

➡ **Gepäckträger (Flughäfen & Hotels)** 2 US$ pro Gepäckstück, mindestens 5 US$ pro Gepäckwagen.

➡ **Barkeeper** Bis 20 % pro Runde, mindestens aber 1 US$ pro Getränk.

➡ **Zimmerpersonal** (Hotels) 2 bis 4 US$ pro Nacht (unter der dafür vorgesehenen Karte hinterlegen).

➡ **Bedienung (Restaurants)** 15 bis 20 %, sofern nicht bereits im Rechnungsbetrag enthalten; Trinkgeld unter 15 % wird als Unzufriedenheit gewertet.

➡ **Taxifahrer** 10 bis 15 % (auf den nächsten vollen Dollarbetrag aufrunden).

➡ **Parkservice** Mindestens 2 US$ bei Schlüsselrückgabe.

Was gibt's Neues?

Vorbei ist die Zeit der Stubenhocker: Endlich können die Menschen ihre neuen Freiheiten wieder genießen und es zieht sie hinaus in die Welt. Im Osten der USA locken neue Nationalparks in die wilde Natur, aber auch weniger bekannte, gar einst vergessene Orte, warten auf die Erkundung mit einer neuen wachsenden Begeisterung.

Best in Travel

Zwei amerikanische Reiseziele schafften es 2022 auf die Lonely Planet-Liste *Best in Travel*! Zum einen ist da die Stadt Atlanta (auf Platz 4 der Top-10-Städte):ein blühendes, glänzendes und kulturelles Juwel im Herzen des Südens, dessen Seele von Leidenschaft und Aktivismus geprägt ist. Der Geburtsort von Martin Luther King Jr. war bei den Präsidentschaftswahlen 2020 in den USA ein wichtiger Wahlkampfort. Und zum anderen West Virginia (auf Platz 2 der Top-10-Regionen): eine aktuell nicht überlaufene Region mit noch unberührten Bergen und einem unvergleichbaren Kulturerbe, in der die Gemütlichkeit der Kleinstädte des Südens auf Adrenalinsportarten trifft, die Abenteurer aus dem ganzen Kontinent anziehen.

Elektrisierender Road Trip

Langsam kommt die Umstellung von Benzinfressern zu Elektrofahrzeugen auch bei Autovermietern: Hertz hat Ende 2021 einen Vertrag über eine Bestellung von 100 000 Teslas unterzeichnet und plant, bis Ende 2022 20 % seiner Flotte auf Elektrofahrzeuge umzustellen.

Glamping auf dem Vormarsch

Glamping war das Ding während der Pandemie. So wurden immer mehr Zelte aus dem Boden gestampft und bieten jetzt allen Reisenden die Möglichkeit, die Wildnis hautnah zu erleben. Luxoriöses Campen gibt's auch, das sogenannte Hideaway Co: Gemütliche Betten in großen weißen Stout-Zelten aus Segeltuch, dazu leckeres Essen von wechselnden Köchen aus renommierten Restaurants (es werden auch maß-

INSIDERWISSEN

AKTUELLE EREIGNISSE IN DER USA

Regis St Louis, Autor von Lonely Planet

Der Klimawandel ist heutzutage allgegenwärtig. Immer mehr Amerikaner verstehen, dass die vom Menschen verursachte Klimakrise real ist (eine aktuelle Umfrage ergab, dass 59 % der Amerikaner die globale Erwärmung als ernstzunehmend einstufen, 2018 waren es 49 %). Es ist kaum noch zu leugnen: stärkere Stürme und Wirbelstürme, katastrophale Waldbrände, sowie rekordverdächtige Dürren und Hitzewellen.

Bislang haben mehr als 500 Kommunalverwaltungen Klimaaktionspläne verabschiedet, um die Kohlenstoffemissionen zu reduzieren. Obwohl einige von ihnen nur symbolische Anstrengungen unternommen haben, um sinnvolle Nachhaltigkeitsziele zu erreichen, haben etwa 25 Städte (darunter New York City, Boston, Minneapolis und Washington, D. C.) wichtige Maßnahmen in den Bereichen umweltfreundliches Bauen, Energie und Verkehr ergriffen und ehrgeizige Klimaprogramme ins Leben gerufen: Ausbau von Fahrradwegen, Integration erneuerbarer Energien, Einsatz von Elektrofahrzeugen und energieeffizientere Unternehmen sind nur einige der Initiativen.

geschneiderte Cocktails angeboten). Der Veranstaltungsort wechselt jedes Jahr, liegt aber in der Regel im westlichen Maryland. Weitere tolle Glamping-Plätze sind Under Canvas (mit Standorten in Maine und Utah) und Suite Tea bei Kansas City.

Zugreisen

Mit neuen Sightseeing-Touren und Premium-Services wird das Bahnfahren attraktiv. Amtrak modernisiert die Züge und bietet auf einigen Strecken frisch zubereitete Mahlzeiten (anstelle von Fertigpackungen) an. Mit der Brightline in Florida geht's in Hochgeschwindigkeit von Miami über West Palm Beach bis nach Orlando. In Planung ist die Hochgeschwindigkeitsstrecke zwischen Los Angeles und Las Vegas.

Crosstown Trail

Vom puren Grün ins pure Glück: Über den neuen, 27 km langen Weg verbindet San Francisco den Südosten mit dem Nordwesten. Durch öffentliche Parks, schnucklige Gemeinschaftsgärten, und über geflieste Treppen kann der Trail in beide Richtungen gegangen, gelaufen oder geradelt werden. Unter den Parks, die durch diesen Weg miteinander verbunden sind, befinden sich der John McLaren Park (www.sfrecpark.org/destination/john-mclaren-park; Mansell St & John F Shelley Dr), das Presidio und Lands End (www.nps.gov; 680 Point Lobos Ave).

Legalize it – New York

2021 legalisierte New York zusammen mit 18 anderen Staaten und Washington, D.C., Marihuana für Erwachsene. Anders als in Kalifornien, Colorado oder sogar Oregon ist es in New York legal, draußen zu kiffen. Tatsächlich erlaubt das Gesetz den Konsum von Cannabis fast überall (außer im Auto), wo auch das Tabakrauchen erlaubt ist. Verbote gibt's in Parks, an Bushaltestellen und in öffentlichen Gebäuden.

Seattles Auferstehung

Seattle erfindet sich ständig neu und macht jährlich mit großartigen Neueröffnungen oder einem kulturellen Trend Schlagzeilen: Die ikonische Space Needle (S. 1133) wurde restauriert, und die Autobahn Alaskan Way Viaduct zurückgebaut, was sich wunderbar auf das Hafenviertel ausgewirkt hat.

LISTEN, WATCH & FOLLOW

Aktuelle Nachrichten gibt's unter www.lonelyplanet.com/usa/articles.

This American Life Langjähriges NPR-Programm und Podcast mit ausführlichen Berichten über Kultur und Gesellschaft.

Code Switch Podcast mit Gesprächen über Rassismus und Kultur.

Insta @usinterior Atemberaubende Bilder aus dem ganzen US-Land.

Modern West (http://themodernwest.org) Wyoming Podcast mit Western-Identität.

LatinoUSA US-News, Kultur Medienwissen aus der Latino-Gemeinschaft.

twitter.com/humansofny Geschichten von Menschen aus NYC und darüber hinaus, die das gemeinsame Menschsein feiern.

KURZINFOS

Essenstrend Ausgehen!

Latino-Bevölkerung 30 %

Anzahl der Craftbier-Brauereien 8764

Bevölkerung 333 Mio.

Neue Nationalparks

In den letzten Jahren haben die USA mehrere sehenswerte Ziele zu Nationalparks ernannt: Der Gateway Arch in St. Louis und die Indiana Dunes am Südufer des Lake Michigans wurden wie die New River Gorge, eine Region mit Bergen und rauschendem Wildwasser in West Virginia, unter Schutz gestellt.

Little Island

Eine kleine grüne Oase mit üppigen Rasenflächen, sanft abfallenden Hügeln und einer beeindruckenden Vielfalt an Pflanzen, darunter 35 Baumarten: Mitten im Hudson River in New York wurde 2021 eine 260 Mrd. Dollar teure Grünfläche fertiggestellt, die über Stege mit der Westseite Manhattans verbunden ist. Kleine Wege schlängeln sich über den Park und führen zu Aussichtspunkten. Außerdem gibt's ein Amphitheater mit 687 Plätzen, in dem verschiedene Veranstaltungen stattfinden. (www.littleisland.org)

Unterkünfte

Beschreibungen weiterer Unterkünfte finden sich in den Regionenkapiteln (ab S. 79)

Unterkunftstypen

B & Bs und Inns Diese Kategorie reicht von kleinen, gemütlichen Häusern mit Gemeinschaftsbad (am preiswertesten) bis hin zu romantischen, liebevoll mit Antiquitäten ausstaffierten historischen Wohnsitzen mit eigenem Bad (am teuersten). Eine Reservierung ist grundsätzlich unverzichtbar. Ohnehin erkundigt sich man am besten im Voraus telefonisch oder per Mail über die Bedingungen der Unterkunft (beispielsweise, ob ein Mindestaufenthalt vorgeschrieben ist, ob – falls gewünscht – Kinder, Haustiere oder Rauchen erlaubt und wie die Badezimmer aufgeteilt sind) .

Camping Der Mindestaufenthalt auf einem Campingplatz ist generell auf 14 Tage beschränkt, ein Stellplatz kann normalerweise bis zu sechs Monate im Voraus reserviert werden. Die Campingplätze in Nationalparks und State Parks verteilen sich auf drei Typen: „primitive" (frei–10 US$/Nacht, keine Toiletten), „basic" (10–20 US$, mit Toiletten, Trinkwasser, Feuergruben und Picknicktischen) und „developed" (20–50 US$, mit komfortablen Einrichtungen wie Duschen, Grills oder Wohnmobil-Stellplätzen mit eigenem Stromanschluss etc.).

Hostels Die meisten Hostels haben nach Geschlechtern getrennte Schlafsäle, ein paar Privatzimmer, Gemeinschaftsbäder und eine Gemeinschaftsküche. Der Preis für ein Schlafsaalbett liegt zwischen 25 und 45 US$ pro Nacht, in New York City können aber durchaus mehr als 75 US$ fällig werden.

Hotels Hotels aller Kategorien bieten in der Regel Kabelfernsehen und einen (nicht immer gebührenfreien) WLAN-Internetanschluss im Zimmer, ein eigenes Bad und ein schlichtes kontinentales Frühstück. Viele Mittelklassehotels bieten darüber hinaus Minibar, Mikrowelle und Fön sowie einen Swimmingpool, Spitzenklassehotels auch einen Portiersdienst, Fitnessraum, Business-Center, Spas, Restaurants und Bars.

Motels Anders als Hotels haben Motels Zimmer, die sich zu einem Parkplatz öffnen. Sie konzentrieren sich normalerweise rund um Interstate-Ausfahrten und an Hauptstraßen auf dem Weg in die Stadt. Von einem Motelzimmer sollte man kein Stil-Explosion erwarten, doch meistens ist die Unterkunft sauber und komfortabel bei einem guten Preis-Leistungs-Verhältnis. Wer sich nicht sicher ist, sollte sich vor dem Buchen das Zimmer zeigen lassen.

Resorts Die vor allem in Bundesstaaten wie Florida und Arizona beheimateten Resorts haben oft alle möglichen Fitness- und Sportoptionen im Angebot, darunter Pools und Spas sowie weitere Annehmlichkeiten wie Restaurants und Bars. Viele verfügen über einen Babysitter-Service. Manche schlagen allerdings eine „Resortgebühr" auf den Preis auf, daher immer vorher nachfragen!

PREISKATEGORIEN

In diesem Buch beziehen sich die folgenden Preiskategorien auf ein Doppelzimmer in der Hauptsaison ohne Steuern (die je nach Bundesstaat zusätzliche 10 bis 15 % des Unterkunftspreises betragen können).

**$** weniger als 150 US$

**$$** 150–250 US$

**$$$** mehr als 250 US$

Für New York City, San Francisco und Washington, D. C., gelten folgende Preiskategorien:

**$** weniger als 200 US$

**$$** 200–350 US$

**$$$** mehr als 350 US$

Die besten Unterkünfte des Landes …

… für einzigartige Erlebnisse

Der Unternehmungsgeist der US-Amerikaner zeigt sich auch in einzigartigen Unterkünften, die man sonst nirgendwo findet. Von Leuchttürmen, Hausbooten, alten Wohnmobilen und Jurten bis hin zu liebevoll restaurierten Motels im Retro-Kitsch, umgebauten Fabriken und Feuerwachen ist alles zu finden.

- Ironworks Hotel (S. 617), Indianapolis, Indiana
- Many Glacier Hotel (S. 885), Glacier National Park, Montana
- Inn at Halona (S. 978), Zuni Pueblo, New Mexico

… für Alleinreisende

Allein durch die USA zu reisen, ist nur einsam, wenn man das will. Von den großen Städten bis in die kleinsten Ortschaften sind die Einheimischen in der Regel freundlich und interessieren sich für die Besucher ihrer Heimat. Hostels bieten die beste Gelegenheit, andere Traveller kennenzulernen, und die besten Preise, doch auch B&Bs sind für Alleinreisende eine gute Anlaufstelle; oft bekommt man hier von den freundlichen Inhabern wertvolle Tipps für die Umgebung. Kleine Hotels und sogenannte Kapselhotels („pod hotels“) haben auch Einzelzimmer und -betten zu meistens günstigen Preisen.

- SoBe Hostel (S. 519), Miami, Florida
- Mama Shelter (S. 1018), Los Angeles, Kalifornien
- YMCA of the Rockies (S. 839), Estes Park, Colorado
- Freehand New York (S. 116), New York City, New York
- Hostel Tahoe (S. 1126), Lake Tahoe, Kalifornien
- Apple Hostels (S. 189), Philadelphia, Pennsylvania

… für Familien

Familienfreundliche Unterkünfte sind überall in den USA problemlos zu finden, von Resorts und Ferienranches mit einer Palette von Aktivitäten bis hin zu Unter-

Many Glacier Hotel (S. 885), Glacier National Park, Montana

künften, die alles tun, damit sich der Nachwuchs wohlfühlt. Viele Standardzimmer in US-amerikanischen Hotels haben zwei Doppelbetten und stellen Roll- oder Gitterbetten bereit.

- Hotel Beacon (S. 118), New York City, New York
- Vista Verde Guest Ranch (S. 840), Steamboat Springs, Colorado

… für den kleinen Geldbeutel

In den USA kann man leicht mit begrenzten Mitteln reisen, auch – und vielleicht sogar besonders gut – in den größten Städten. Wie in vielen Ländern sind Campingplätze und Hostels die beste Optionen für Traveller mit kleinem Budget, aber auch Hotels und B&Bs können echte Schnäppchen bieten.

- Carlton Arms (S. 116, New York City, New York
- Crash Pad (S. 429), Chattanooga, Tennessee
- Bywater Bed & Breakfast (S. 492), New Orleans, Louisiana

- Yotel San Francisco (S. 1084), San Francisco, Kalifornien
- Hostel Fish (S. 827), Denver, Colorado

Buchen

Für die Sommermonate, Schulferien und im Fall von Skiresorts ist es sicher ratsam, weit im Voraus zu buchen. In beliebten Nationalparks können die Unterkünfte gar für ein ganzes Jahr im Voraus ausgebucht sein. Einige Touristeninformationen von Städten und Bundesstaaten bieten einen Hotelreservierungsservice.

BedandBreakfast.com (www.bedandbreakfast.com) Auf der größten B & B-Buchungsseite der Welt kann man Informationen zu Tausenden von B & Bs in den USA finden.

Hostelling International USA (www.hiusa.org) Landesweites Hostel-Netzwerk; mit einer kostenlosen Mitgliedschaft spart man bei Übernachtungen.

Hotwire (www.hotwire.com) Eine der beliebtesten Online-Suchmaschinen zur Buchung von Hotels in den USA.

Lonely Planet (www.lonelyplanet.com/hotels) Hier findet man unabhängige Bewertungen und Empfehlungen für die besten Unterkünfte.

National Park Service (www.nps.gov) Infos zu Nationalparks und National Monuments; man kann hier auch Campingplätze reservieren.

Recreation.gov (www.recreation.gov) Reservierung von Campingplätzen auf Territorien unter Bundesverwaltung.

Monat für Monat

TOP EVENTS

Mardi Gras, Februar oder März

South by Southwest, März

National Cherry Blossom Festival, März

Chicago Blues Festival, Juni

Independence Day, Juli

Januar

Das neue Jahr beginnt frostig: Schnee bedeckt große Teile des Landes. In den Skiorten steppt der Bär, Sonnenanbeter fliehen ins Warme (z.B. nach Florida).

Mummer's Parade

Diese schillernde Parade ist die größte Veranstaltung Philadelphias (www.phillymummers.com). Clubs in der Stadt basteln monatelang an ihren Kostümen und Umzugswagen, um am Neujahrstag damit mächtig Eindruck zu schinden. Für die ausgelassene Stimmung bei diesem traditionsreichen Fest sorgen beispielsweise Stringbands und Clowns.

Chinesisches Neujahrsfest

Überall dort, wo es eine Chinatown gibt, wird Ende Januar oder Anfang Februar fröhlich gefeiert und geschlemmt. In NYC steigt ein festlicher Umzug, doch San Francisco mit seinen Festwagen, dem Feuerwerk, der Livemusik und jeder Menge Spaß ist einfach unübertroffen.

Sundance Film Festival

Anlässlich des legendären zehntägigen Sundance Film Festival (www.sundance.org) Ende Januar kommen Hollywood-Stars, Independent-Regisseure und Filmliebhaber nach Park City, Utah. Man sollte unbedingt rechtzeitig im Voraus planen – denn die Festivalpässe sind sehr schnell ausverkauft!

Februar

Wenn sie sich nicht gerade in einem Wintersportort aufhalten, fürchten die meisten Amerikaner die langen, dunklen Nächte und die frostigen Tage des Februar. Für ausländische Besucher hingegen kann dies die günstigste Reisezeit sein, weil es bei Flügen und Hotels allerhand gute Rabatte gibt.

Mardi Gras

Mardi Gras findet immer am Faschingsdienstag (Feb./März) als krönender Abschluss des Karnevals statt. Geradezu legendär sind die kunterbunten Umzüge, Maskenbälle und hedonistischen Ausschweifungen in New Orleans (www.mardigrasneworleans.com).

März

Der Frühling lockt nun endlich die ersten zarten Knospen hervor. Zumindest im Süden – der Norden friert dagegen noch immer bei ziemlich kalten Temperaturen. In den Bergen ist dafür noch Skihauptsaison. Gleichzeitig wird in Florida feuchtfröhlich Spring Break gefeiert.

St. Patrick's Day

Am 17. März feiern die Iren ihren Schutzpatron mit Blaskapellen und viel Guinness. Riesige Umzüge gibt es in New York, Boston und Chicago (wo als Höhepunkt der Chicago River grün gefärbt wird).

National Cherry Blossom Festival

Bei einem vierwöchigen Fest wird rund um D. C.s Tidal Basin die zauberhafte Blüte der japanischen Kirschbäume mit über 100 Konzerten, Umzügen, Taiko-Trommeln, Drachensteigen und anderen Events (www.nationalcherry blossomfestival.org) gefeiert. Bei jährlich mehr als 1,5 Mio. Besuchern lohnt es sich, seinen Aufenthalt rechtzeitig zu buchen.

South by Southwest

Jedes Jahr wird Austin, TX, zur Bühne eines der größten Musikfestivals Nordamerikas. Mehr als 2000 Künstler treten in knapp 100 Locations auf. Das SXSW ist nicht nur ein großes Filmfestival und ein interaktives Fest, sondern zugleich ein Forum für bahnbrechende Ideen.

April

Langsam wird es wärmer, aber der April ist im Norden noch immer unbeständig. Ins kühle Wetter mischen sich betörend warme Tage. Für den Süden ist der April auf jeden Fall eine gute Reisezeit.

Fiesta San Antonio

Mitte April ist die aufregendste Zeit für einen Besuch dieser hübschen, an einem Fluss gelegenen Stadt in Texas. Dann ist hier nämlich zehn Tage lang Fiesta (www.fiesta-sa.org) mit Rummel, Umzügen, Tanz und vielen kulinarischen Köstlichkeiten angesagt.

Jazz Fest

Beginnend am letzten Aprilwochenende findet in New Orleans das landesweit beste Jazzfest (www.nojazzfest.com) mit jeder Menge guter Stimmung und erstklassigen Künstlern statt (übrigens gibt sich auch der hier lebende Harry Connick Jr. dabei gelegentlich die Ehre). Neben erstklassigem Jazz warten auch tolles Essen und interessantes Kunsthandwerk.

Juke Joint Festival

Mitte April steigt in Clarksdale, Mississippi, das denkwürdige Bluesfest (www.jukejointfestival.com). Die Atmosphäre ist sehr authentisch. Man wechselt zwischen 13 Tagesbühnen und diversen Spielstätten am Abend, dazu gibt's leckeres Essen und allerlei Amüsement (z. B. Schweinerennen).

Patriots' Day

Massachusetts' großer Feiertag fällt auf den dritten Montag im April. Es gibt Nachstellungen von Gefechten aus dem amerikanischen Unabhängigkeitskrieg sowie Umzüge in Lexington und Concord, den Boston Marathon und ein viel beachtetes Baseball-Heimspiel der Red Sox.

Gathering of Nations

Indigene Kultur kann man in Albuquerque Ende April beim Gathering of Nations (www.gatheringofnations.com) erleben, dem größten Zusammentreffen amerikanischer Ureinwohner. Es locken traditioneller Tanz, Musik, Essen, Kunsthandwerk und die Krönung der Miss Indian World.

Mai

Im Mai ist der Frühling endgültig angekommen. Der Wonnemonat ist somit auch einer der schönsten Zeitpunkte zum Reisen: Nun blühen die Wildblumen, das Wetter ist mild und sonnig – und noch bleiben einem die Menschenmassen und hohen Preise erspart.

Beale Street Music Festival

Blues-Fans zieht es Anfang Mai nach Memphis, wo drei Tage lang dieses altehrwürdige Musikfestival stattfindet.

Cinco de Mayo

Mexikos Sieg über die Franzosen wird im ganzen Land mit Salsamusik und Margaritas gefeiert. Die größten Feiern steigen in L.A., San Francisco und Denver.

North Charleston Arts Festival

Das inzwischen vier Jahrzehnte bestehende fünftägige Festival in South Carolina (www.northcharles tonartsfest.com) hat sich von bescheidenen Anfängen zu einem der umfänglichsten Kunstfestivals an der Ostküste entwickelt.

Juni

Es ist Sommer: Die Amerikaner verbringen mehr Zeit in Cafés und fahren zur Küste und in die Nationalparks. Nun ist auch Ferienzeit, man muss also mit

verstopften Autobahnen und hohen Preisen rechnen.

Bonnaroo Music & Arts Festival

Bei dem großen Musikfestival (www.bonnaroo.com) im Herzen von Tennessee stehen Mitte Juni vier Tage lang große Namen des Rock, Soul, Country usw. auf der Bühne.

Gay Pride

Mancherorts dauern die Gay-Pride-Feiern (www.sfpride.org) eine Woche, in San Francisco sogar einen Monat. Am letzten Juniwochenende finden dort außerdem riesige Umzüge statt.

Chicago Blues Festival

Das dreitägige Blues-Festival (www.chicagobluesfestival.us) ist das größte der Welt und hat Chicago berühmt gemacht. Über 500 000 Besucher breiten Anfang Juni ihre Decken vor den vielen Bühnen im Grant Park aus.

Mermaid Parade

In Brooklyn, NYC, feiert man auf Coney Island (www.coneyisland.com) mit einer wunderbar kitschigen Parade den Beginn der großen Sommerhitze – und sebstverständlich gehören dazu auch farbenfroh bekleidete Meerjungfrauen und -männer.

CMA Music Festival

Bei Nashvilles legendärem Countrymusikfestival (www.cmaworld.com) treten mehr als 100 Musiker überall in Downtown und im Nissan Stadium auf.

Telluride Bluegrass Festival

Bei diesem Festival (www.planetbluegrass.com) im bergigen Colorado spielt das Banjo eine der Hauptrollen. Quasi rund um die Uhr finden Veranstaltungen statt, dazu gibt es regionale Spezialitäten und ausgezeichnetes Bier aus den Mikrobrauereien der Gegend. Glänzende Unterhaltung für jedermann! Viele Gäste zelten sogar hier.

Tanglewood Music Festival

Den ganzen Sommer über (von Ende Juni–Anfang Sept.) finden in bezaubernder Umgebung im westlichen Massachusetts (www.bso.org) Freiluftkonzerte statt.

Juli

Der Sommer ist in vollem Gang. Die Amerikaner grillen im Garten oder nehmen Kurs auf die Strände. Die Preise sind hoch, die Menschenmengen riesig. Es ist einfach jede Menge los!

Independence Day

Am 4. Juli begeht die Nation in fast allen Städten ihren Geburtstag mit einem Feuerwerk. Besonders schön sind die Feierlichkeiten in Washington, D.C., New York, Nashville, Philadelphia und Boston.

Oregon Brewers Festival

Die bierselige Stadt Portland zieht mit einem berauschenden Aufmarsch von Kleinbrauereibieren alle Register (www.oregonbrewfest.com). Bei rund 100 Bieren aus dem ganzen Land (und einigen aus dem Ausland) hat man die Qual der Wahl. Das Festival hat eine schöne Location am Ufer des Willamette River.

Pageant of the Masters

Dieses achtwöchige Kunstfest (www.foapom.com) bringt etwas Surreales nach Laguna Beach (Kalifornien). Sorgfältig Kostümierte kreieren lebende Bilder: Nachbildungen berühmter Kunstwerke. Begleitet wird das Ganze von Lesungen und einem Orchester.

Newport Folk Festival

In Newport (Richmond), einem Sommerurlaubsort für Gutbetuchte, findet Ende Juli ein Musikfestival von Weltrang (www.newportfolk.org) statt. Es treten erstklassige Folk-Künstler auf. Die Atmosphäre ist immer ausgelassen und wirklich einladend.

Eastern Music Festival

Schon seit einem halben Jahrhundert sorgt das Festival in North Carolina (www.easternmusicfestival.org) mit einem Monat voller Workshops und Auftritten für musikalische Bildung und Unterhaltung.

August

Es ist unglaublich heiß – und je weiter man in den Süden reist, desto unerträglicher wird die Hitze. Die Strände sind brechend voll, die Preise hoch und

die Städte an den Wochenenden leer, wenn ihre Bewohner an den Strand fliehen.

Lollapalooza

Bei dem gigantischen Rockfestival (www.lollapalooza.com) am ersten Augustwochenende treten von Donnerstag bis Samstag mehr als 170 Bands auf acht Bühnen im Chicagos Grant Park auf.

Iowa State Fair

Wer noch nie auf einer State Fair war, hat jetzt die Gelegenheit dazu. Bei dem 11-Tage-Event (www.iowastatefair.org) erwarten die Besucher Countrymusik, wunderliche Schnitzereien (aus Butter!), Ausstellungen von Farmtieren, Imbissbuden und eine richtig gute Zeit im Landesinneren Amerikas.

Maine Lobster Festival

Wer Hummer genauso sehr liebt wie die Leute in Maine kann seine Liebe fünf Tage lang bei diesem Fest (www.mainelobsterfestival.com) ausleben, das Anfang August in Rockland steigt. König Neptun und die Meeresgöttin sind natürlich bei der Woche voller Events und mit jeder Menge Krustentiere mit von der Partie.

September

Der Sommer neigt sich dem Ende zu, die Tage werden kühler. Überall kann man tolle Ausflüge machen. Die Ferien sind vorbei und in Konzertsälen, Galerien und Theatern wird die neue Saison eingeläutet.

Santa Fe Fiesta

In Santa Fe steigt das älteste Festival des Landes (www.santafefiesta.org), ein zweiwöchiges Event mit Umzügen, Konzerten und dem Verbrennen des Old Man Gloom.

Burning Man Festival

Für eine Woche versammeln sich rund 70 000 Feierwütige, Künstler und Freigeister in der Black Rock Desert in Nevada, um vorübergehend eine Metropole der Kunstausstellungen, Themencamps und Kuriositäten zu erschaffen. Der Höhepunkt dieses Festivals (www.burningman.com) ist das Verbrennen einer überdimensionalen Figur.

New Orleans Fried Chicken Festival

Das erste Fried Chicken Festival (www.friedchickenfestival.com) lockte im Jahr 2016 bis zu 40 000 Besucher an. Man kann sich also einfach unter die Chicken-Fans mischen bei diesem dreitägigen Fest, das dem goldbraun zubereiteten Federvieh gewidmet ist.

Oktober

Die Temperaturen sinken, der Herbst mit seinen feurigen Farben erreicht Nordamerika. Dort, wo die Blätter am stärksten leuchten (New England), ist Hauptsaison, anderswo hingegen fallen jetzt die Preise.

New York Film Festival

Dies ist nur eines der vielen Filmfestivals in NYC – ein anderes ist das Tribeca Film Festival Ende April. Beim diesem hier laufen Weltpremieren von Filmen aus aller Welt (www.filmlinc.com).

Fantasy Fest

Key Wests Pendant zu Mardi Gras lockt 10 Tage vor Halloween etwa 75 000 Feiernde in die subtropische Enklave – mit Umzügen, Partys und der Wahl des Königspaars (www.fantasyfest.com).

Halloween

In New York City kann man in ein Kostüm schlüpfen und sich bei einem Halloween-Umzug die Sixth Ave hinauf ins Getümmel stürzen. Ausgefallene Outfits sieht man in West Hollywood in Los Angeles und in San Franciscos Viertel Castro. In Salem, MA, finden im Oktober ebenfalls schwungvolle Events statt.

November

Im November ist überall Nebensaison. Trotz der niedrigen Preise (die aber zu Thanksgiving steigen) werden Besucher vom kalten Wind abgeschreckt. Kulturell ist in den Großstädten der USA jetzt ziemlich viel los.

Thanksgiving

Am vierten Donnerstag im November versammeln sich die Amerikaner mit Familie und Freunden und feiern mit Putenbraten, Süßkartoffeln, Preiselbeersauce, Wein, Kürbiskuchen und anderen Gerichten. In NYC findet ein Umzug statt, im TV läuft Profi-Football.

Oben: Burning Man Festival (S. 911).

Unten: National Cherry Blossom Festival (S. 306)

Dezember

Wenn der Winter gegen Jahresende das Zepter übernimmt, beginnt die Skisaison in den Rockies (im Osten sind die Bedingungen allerdings erst im Januar so richtig ideal). Wer keinen Wintersport mag, macht es sich drinnen vor dem Kamin bequem.

Art Basel

Auf diesem gewaltigen viertägigen Kunstfestival (www.artbaselmiamibeach.com) in Miami Beach werden topaktuelle Kunst, Filme, Architektur und Design präsentiert. Über 250 Galerien stellen Arbeiten von rund 4000 Künstlern aus, begleitet von einem glamourösen Stelldichein der Schickeria.

Silvester

Wenn es um Silvester geht, spaltet sich die Nation. Die einen feiern in einer Menschenmenge, während die anderen viel lieber vor dem ganzen Chaos flüchten. Doch wofür man sich auch entscheiden möchte, man sollte in jedem Fall rechtzeitig im Voraus buchen. Die Preise sind hoch (vor allem in NYC).

Reiserouten

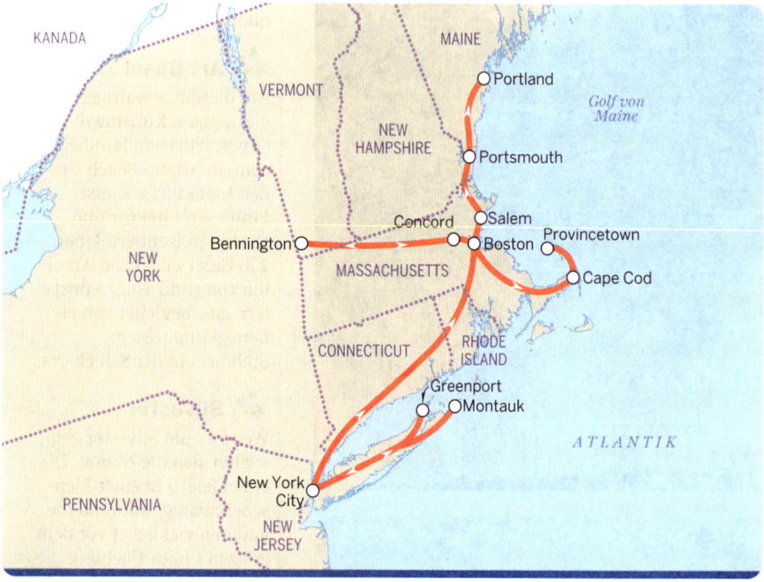

2 WOCHEN An der Ostküste

Große Städte, historische Ortschaften und ruhige Küsten bieten eine abwechslungsreiche Mischung an Highlights in Amerikas nordöstlicher Ecke.

Städtischer als in **New York City** kann Amerika nicht sein. Vier Tage sollte man für die Metropole einplanen und Viertel wie West Village, East Village, Soho und die Upper West Side besuchen. Auch die Museen der Upper East Side darf man nicht verpassen. Dann schlendert man durch den Central Park, entlang der High Line und macht einen Abstecher nach Brooklyn und Queens. Zur Erholung geht's an die Strände in **Grenport** und **Montauk** auf Long Island. Wieder in New York bringt einen der Zug nach **Boston**, wo man zwei Tage für historische Sehenswürdigkeiten, ein Abendessen im North End und Kneipenhopping in Cambridge einplanen sollte. Dann auf zum **Cape Cod** mit seinen idyllischen Dünen und Wäldern und nach **Provincetown**, dem lebendigsten Ort der Halbinsel! Zurück in Boston mietet man ein Auto und macht eine dreitägige Tour durch New England. Übernachten kann man unterwegs in altmodischen B&Bs. Highlights sind **Salem** und **Concord** in Massachusetts, **Bennington** in Vermont und **Portsmouth** in New Hampshire. Bei einem Abstecher nach **Maine** locken köstlicher Hummer und die schöne, zerklüftete Küste. **Portland** ist ebenfalls ein toller Startpunkt.

3 WOCHEN Expedition durch den Norden

Die Reise durch die USA kann man auch einmal anders unternehmen: durch den Norden.

Von **New York City** geht's südwestwärts ins historische **Philadelphia** und weiter nach Westen, wo man das Pennsylvania Dutch Country erkundet. Es folgt **Pittsburgh** mit malerischen Brücken und Grünanlagen, Museen und lebendigen Vierteln. Über die Interstate geht's nach Ohio. Bei der Fahrt durchs altmodische Amish Country erlebt man die Vergangenheit. **Chicago** ist die größte Stadt im mittleren Westen. Hier kann man zu Fuß oder per Rad das Seeufer erkunden, Kunstwerke bewundern, die Architektur- und die Restaurantszene besuchen. Weiter im Norden wartet die jugendliche Unistadt **Madison**.

Es folgt ein Abstecher nach Norden ins Land der 10 000 Seen (Minnesota). Etappenziele sind **Minneapolis** und das historische St. Paul auf der anderen Flussseite. Zurück auf der I-90 lässt man den Blick über die Felder, den **Corn Palace** und die Ebenen von South Dakota schweifen. Gebremst wird erst im „Wilden Westen", am **Badlands National Park**. In den **Black Hills** konkurriert das Präsidentendenkmal Mt. Rushmore mit dem von Crazy Horse. Dann geht's gen Norden nach **Deadwood**, wo denkwürdige Schießereien nachgestellt werden.

Auf halbem Weg durch Wyoming macht man einen Abstecher nach **Cody** und schaut sich ein Sommer-Rodeo an. Dann locken die Wunder des **Yellowstone National Park**. Ein Abstecher führt nach Süden an den kristallklaren Seen und Gipfeln des **Grand Teton National Park** vorbei. Nun geht die Fahrt zurück nach Norden und gen Westen durchs ländliche Montana. **Bozeman** und **Missoula**, wo Outdoor großgeschrieben wird, bieten sich für einen Stopp an, von hier kann man die alpine Schönheit des **Glacier National Park** erkunden.

Nach der Wildnis ist **Spokane** mit seinem Uferstreifen und dem historischen Viertel mit Lokalen und Bars ideal, um die Batterien aufzuladen. Weiter westlich in **Seattle** herrscht kosmopolitischeres Flair. Die Stadt hat eine super Kaffeekultur und ein reges Nachtleben; man ist schnell auf den Inseln des Puget Sounds. Zu entdecken gibt's in der Umgebung u. a. den **Mt. Rainier**, den **Olympic National Park** und die **San Juan Islands**.

Oben: New York City Skyline (S. 81)

Unten: Snake River, Grand Teton National Park (S. 871)

1 MONAT

Von Küste zu Küste

Der große amerikanische Roadtrip ist ein Mythos, der in Hunderten Versionen erzählt wurde. Jetzt ist der Zeitpunkt gekommen, den Traum zu leben: Es geht von Küste zu Küste.

Start ist in **New York City** (das Auto mietet man aber günstiger in New Jersey). Die erste Station: **Philadelphia**, eine historische Stadt mit dynamischer Gastro-, Kunst- und Musikszene. Weiter gehts in die Hauptstadt, **Washington, D.C.** Sie hat jede Menge Sehenswürdigkeiten, tolle Restaurants und ein aufregendes Nachtleben zu bieten. Nun führt die Fahrt gen Süden durch Virginia, mit einem Abstecher zur fantastischen historischen Kolonialsiedlung **Williamsburg**. Man fährt weiter Richtung Süden, immer dicht an der Küste, und besucht unterwegs **Cape Hatteras** mit seinen unberührten Dünen, Sümpfen und Wäldern. Mit der Fähre geht es zur entlegenen **Ocracoke Island**, wo wilde Ponys leben. Weiter südlich locken **Charleston** und **Savannah** mit reizender Architektur. Der nächste Stopp ist **Splinter Hill Bog** in Alabama, wo man die Artenvielfalt der Küste erforscht, dann geht es in die Jazz-Stadt **New Orleans** mit Fun-Brassbands.

Nun erreicht man Texas mit seinem weiten Himmel. In **Galveston** geht es an den Strand. Man folgt dem Mission Trail und schlendert in **San Antonio** über die baumgesäumte Flusspromenade. Dann stürzt man sich in die Musik- und Ausgehszene **Austins**. Auf der Fahrt durchs Hill Country schlägt man sich den Bauch voll, in **Marfa** wird pausiert, um Kunst und sternenklare Nächte zu genießen, dann wandert man im **Big Bend National Park**. Auf der Fahrt nach New Mexico folgt man dem Turquoise Trail ins kunstsinnige **Santa Fe** und nach **Taos**. Weiter geht's durch Colorado, in den Gebirgsort **Durango**, nach **Mesa Verde** und zum **Four Corners**, wo vier Staaten auf einander treffen. Der **Grand Canyon** ist der nächste Stopp. Man sollte ruhig länger bleiben und sich Zeit für dieses großartige Naturwunder lassen. Danach versucht man sein Glück in **Las Vegas**, ehe man auf der Fahrt nach Kalifornien die Wüstenlandschaft des **Death Valley** bewundert. Von hier geht es in die Wälder der **Eastern Sierra**, danach locken Wanderungen und Tiere im **Yosemite National Park**. Die vorletzte Station ist **San Francisco** zwischen Ozean und Bay, mit schönen Ausblicken und Kultur-Highlights. Den krönenden Abschluss bildet das **Napa Valley** mit köstlichem Wein und Spezialitäten.

2 WOCHEN Abseits ausgetretener Pfade

Bei dieser Tour warten unbekannte Städte, Inseln in Seen, Country-Musik und mehr.

Start ist in **Detroit**, welches im letzten Jahrzehnt ein bemerkenswertes Comeback hingelegt hat. Man kann einen Bummel am Flussufer machen, die Geschichte der Stadt erkunden (Motown, Autos…) und ins Nachtleben von Motor City eintauchen. Danach geht's zum nahen **Ann Arbor** mit dem entspannten Charme einer Collegestadt (Cafés, Bauernmärkte, Kneipen und Bars) und weiter nach Westen zum Lake Michigan. Die Fahrt führt durch Uferstädte (vielleicht mit Zwischenstopp in **Saugatuck**, wo man sich in den Galerien umschaut) und weiter bis zur **Sleeping Bear Dunes National Lakeshore** mit seiner dramatischen Sand-Landschaft.

Von hier geht's zurück nach **Ludington** und mit der Fähre über den Lake Michigan nach **Manitowoc** in Wisconsin. Im Süden liegt **Milwaukee**, eine der schönsten Kleinstädte Amerikas. Nach viereinhalbstündiger Fahrt gen Süden erreicht man **Springfield**. Hier kann man den Spuren Abraham Lincolns folgen, des Helden der Stadt und beliebtesten Präsidenten der USA. Zwei Stunden weiter südlich liegt **St. Louis**, wo man zu Fuß die Viertel und Grünanlagen erkunden und den Blues, Grillpartys und die pulsierenden Musiktreffs genießen kann. Stichwort Musik: Als nächstes ist **Nashville** dran, das Mekka für Country- und Blues-Fans. Die Fahrt geht weiter in die Appalachen (am besten beginnt man in **Floyd**, VA). Dort erwartet einen eine authentische Musikszene inmitten der idyllischen Landschaft des südöstlichen Virginia. Im Norden liegt **Fayetteville** in West Virginia, das Tor zur atemberaubenden **New River Gorge**, die sich hervorragend für Wander-, Kletter-, Mountainbike- und Wildwasserraftingtouren anbietet.

In fünf Stunden gelangt man zur größten Amish-Gemeinde Amerikas im **Amish Country** in der Nähe von Kidron in Ohio – es ist wie eine Reise in die Vergangenheit mit Antiquitätenläden, altmodischen Farmen und Bäckereien sowie anheimelnden Gasthöfen aus dem 19. Jh. Danach geht's auf schnellstem Weg nach **Cleveland**, in jene Stadt voller aufstrebender Gastropubs, neu ausgebauter Kunstmuseen, Obst- und Gemüsemärkte sowie mit der Rock and Roll Hall of Fame. Zurück nach Detroit sind es weniger als drei Stunden.

Reiseplanung

Road Trips & Panoramastraßen

Volltanken und anschnallen! Die USA lassen sich am besten mit dem Auto erkunden. Man kann kreuz und quer durch die Staaten fahren, auf der Route 66 in Erinnerungen schwelgen, spektakuläre Sonnenuntergänge über dem Pacific Coast Highway bestaunen oder das Panorama der Appalachen oder des Mississippis genießen.

Route 66

Die gute, alte Route 66 ist der Klassiker unter den amerikanischen Road Trips. Der Schriftsteller John Steinbeck verpasste dem aus Land- und Kleinstadthauptstraßen bestehenden Streckenabschnitt, der 1926 erstmals Chicago – die Stadt „mit den breiten Schultern" – mit den wippenden Palmen von Los Angeles verband, den Kosenamen „Mother Road", „Mutter aller Straßen".

Auf zur Route 66!

Ob man nun „Retro-Americana" erkunden oder weite Horizonte und Landschaften abseits der Menschenmassen erleben möchte: Die Route 66 hat all das zu bieten. Die Strecke führt an einigen der spektakulärsten Naturwunder der USA vorbei – nicht nur am Grand Canyon, sondern auch am Mississippi, an der Painted Desert und am Petrified Forest National Park in Arizona – und endet am Pazifikstrand Südkaliforniens.

Weitere Highlights unterwegs sind altmodische Museen mit Überbleibseln der Vergangenheit, Norman Rockwell'sche Zapfhähne, familiengeführte Lokale, funktionstüchtige Tankstellen, die aber aussehen, als wären sie Teil eines James-Dean-Films und Geisterstädte (teils auch angehende) am Rande der Wüste.

Aber die Route 66 kann einem auch in kultureller Hinsicht die Augen öffnen: Vor-

Tipps für Road Trips

Highlights

Umwerfende Küstenlandschaften vom Pacific Coast Highway aus genießen; reizvolle, kaum besuchte Ziele an der Route 66 entdecken; tolle Sonnenuntergänge über den Appalachen auf dem Blue Ridge Pkwy erleben; Memphis Blues in einer Musikkneipe an der Great River Rd hören

Wichtigste Ausgangspunkte

Route 66: Chicago oder Los Angeles; Pacific Coast Highway: Seattle oder San Diego; Blue Ridge Pkwy: Waynesboro, VA oder Cherokee, NC; Great River Rd: Itasca State Park, MN oder Venice, L.A.

Wichtigste Sehenswürdigkeiten

Route 66: Grand Canyon; Pacific Coast Highway: Point Reyes National Seashore; Blue Ridge Pkwy: Peaks of Otter; Great River Rd: Shawnee National Forest.

KURIOSITÄTEN AM STRASSENRAND: ROUTE 66

Kitschige, aus der Zeit gefallene und schlicht bizarre Attraktionen am Straßenrand? Die gibt es massenweise an der Route 66! Hier ein paar dieser Wahrzeichen:

- Eine Statue des Holzfällers Paul Bunyan in Illinois, der einen Hotdog umklammert.
- Der Schwarze-Madonna-Schrein in Pacific, Missouri und Red Oak II außerhalb von Carthage.
- Der 24 m lange Blauwal in Catoosa, OK.
- Das Devil's Rope Museum, die Cadillac Ranch und die Slug Bug Ranch in Texas.
- Das Snow Cap Drive-In in Seligman und das WigWam Motel und der Meteor Crater in Holbrook in Arizona.
- Roy's Motel & Cafe in Amboy, mitten in der kalifornischen Mojave-Wüste.

urteile über das Leben in amerikanischen Kleinstädten verschwinden, das Positive der von Küstenbewohnern oft abwertend als „Flyover" bezeichneten Bundesstaaten wird aufgezeigt. Man kann sich in Illinois unter Farmer und in Missouri unter Country- und Westernstars mischen und im Südwesten Indianerstämme und moderne Pueblos besuchen. Dann dringt man auf den Spuren der Goldgräber und Schurken tief in den Wilden Westen vor.

Reisezeit

Die beste Monate für eine Reise auf der Route 66 sind Mai bis September, wenn es warm ist und man draußen viel unternehmen kann. Im Hochsommer (Juli/Aug.) muss man aufpassen, denn die Hitze kann nahezu unerträglich werden – vor allem in Wüstengebieten. Man sollte lieber nicht im Winter (Dez.–März) reisen, wenn die Straßen schneebedingt gefährlich glatt sein können oder komplett gesperrt werden.

Die Route

Die Reise beginnt in Chicago, westlich der Michigan Ave, führt dann über etwa 2400 Meilen (3840 km) durch acht Bundesstaaten und endet in Los Angeles beim Santa Monica Pier. Die Straße ist eine endlose Baustelle – alte Abschnitte werden wieder geöffnet oder verschwinden wegen der Umtrassierung anderer Hauptverkehrsstraßen.

Die Geschichte der Route 66

Größere Bedeutung erlangte die Route 66 erst während der Weltwirtschaftskrise, als Farmer auf ihr aus der Dust Bowl, den Great Plains, flüchteten. Der neue Reichtum der Babyboom-Jahre nach dem Zweiten Weltkrieg ermunterte dann viele Amerikaner *to get their kicks on Route 66.*

Doch schnell begann die Route 66 an Glanz zu verlieren. Im Zuge eines ehrgeizigen neuen Interstate-Projekts wurde sie systematisch zubetoniert – und die neue, glänzende Asphaltstraße passierte die Diners, die Soda-Oasen und die einst hippen Motels nicht mehr. Die Siedlungen an der Route 66 gerieten in Vergessenheit, über die Rastplätze legte sich Staub; Städte begannen zu verschwinden.

Schon bald, nachdem die Route 66 offiziell außer Dienst gestellt worden war, traten Vereine von Fans der Mother Road in Aktion, um verbliebene Abschnitte der historischen Fernstraße zu erhalten. Ausbaumaßnahmen sind geplant, die zum 100. Jubiläum im Jahr 2026 fertig werden sollen. Man kann hoffen, dass sie helfen werden, dass man auch in künftigen Jahren noch seinen Spaß auf der Route 66 hat.

Vom Weg abkommen

Wer der Route 66 heute folgen will, muss ein wenig Detektivarbeit leisten: Neue Streckenverläufe, auf Feldern endende Sackgassen, schlechte Straßenbedingungen und tiefe Spurrillen behindern das Vorankommen immer wieder. Ab und zu vom Weg abzukommen, ist also unausweichlich.

Infos im Internet

Bevor man losfährt, sollte man sich mit Karten und Insidertipps wappnen, damit die Reise optimal gestaltet werden kann.

Lonely Planet's Route 66 Road Trips
Hinweise zur Routen- und Reiseplanung, um die besten Routen zu finden (englisch).

Here It Is: Route 66 Karten mit Wegbeschreibungen (für Reisen von Ost nach West und von West nach Ost), ohne die man nicht aufbrechen möchte; erhältlich in Buchläden.

Historic Route 66 (www.historic66.com) Tolle Website mit detaillierten Wegbeschreibungen für jeden Bundesstaat.

Route 66: The Mother Road Von Michael Wallis; ein Blick in die Geschichte der tollen Straße – mit alten Fotos, die sie lebendig werden lassen.

Pacific Coast Highway

Die klassische Reise entlang der Westküste von Kalifornien, Oregon und Washington führt an Weltstädten, Surforten und Küstenenklaven vorbei, die nur darauf warten, erkundet zu werden. Für viele Reisende liegt der eigentliche Reiz des Pacific Coast Hwy in der herrlichen Landschaft: einsame Strände, der Blick von den Klippen hinab auf die Brandung, sanft geschwungene Hügel und üppige Wälder (Redwood- und Eukalyptusbäume), die teilweise direkt am Stadtrand beginnen.

Auf zum PCH!

Der Pacific Coast Highway ist ein Road-Trip für Liebende, ruhelos Umherziehende, Bohemiens, Beatniks und Freunde von Ausgefallenem, die unterwegs jede Nische und jeden Winkel von vergessenen Stranddörfern und ländlichen Farmstädten erkunden wollen. Zugleich ist er ein riesiges Abenteuer für Strandliebhaber, Surfer, Kajakfahrer, Taucher und Oudoorfans jeder Couleur, aber auch eine unglaublich malerische Route für Leute, die entspannte Autofahrten am Ozean, am besten vielleicht in einem kirschroten Cabrio, zu schätzen wissen.

Reisezeit

Es gibt keine wirklich ungünstige Jahreszeit für den PCH, auch wenn es in den nördlicheren Gegenden im Winter mehr regnet und schneit. Hauptreisezeit ist von Juni bis August, obwohl viele Küstenabschnitte im Frühsommer im Nebel versinken („June Gloom"). Die Zwischensaison vor dem Memorial Day (April/Mai) und nach dem Labor Day (Sept./Okt.) ist dank sonniger Tage, kalter Nächte und weniger Touristenandrang die ideale Reisezeit.

Die Route

Der PCH ist einer von mehreren Küsten-Highways. Er schließt den Hwy 101 ein, der sich über fast 2000 Meilen (3200 km) von Tijuana in Mexiko bis nach British Columbia in Kanada erstreckt. Diese Straße verbindet einige der bemerkenswertesten Städte der Westküste miteinander: Los geht's im San Diego der Surfer über Los Angeles und San Francisco, CA, dann in Richtung Norden nach Seattle, WA.

BEVOR ES LOSGEHT

Damit der Road Trip ein gelungenes Abenteuer wird, sollte man einiges beachten:

- Einem Automobilclub beitreten, der für seine Mitglieder einen 24-Stunden-Pannendienst sowie Rabatte bei Unterkünften und Sehenswürdigkeiten anbietet. Einige internationale Clubs haben Partnerprogramme mit amerikanischen Autoverbänden – also vorher abchecken und den Mitgliedsausweis mitnehmen!
- Ersatzreifen, Werkzeugkasten (z. B. Wagenheber, Starthilfekabel, Eiskratzer, Reifendruckmesser) und die Notfalleinrichtungen des Autos (etwa die Warnblinkanlage) überprüfen. Wer ein Auto gemietet hat, in dem diese wichtigen Sicherheitsgegenstände fehlen, sollte sich diese vor der Abfahrt noch zulegen.
- Gute Karten mitnehmen, besonders wenn man *offroad* oder abseits der Highways unterwegs ist. Sich nur auf GPS-Geräte zu verlassen, ist riskant. Sie funktionieren manchmal nicht richtig, teilweise gar nicht (z. B. in Canyons oder Wäldern).
- Führerschein und Versicherungsnachweis immer mitführen!
- Ausländische Traveller sollten sich mit der Straßenverkehrsordnung der USA vertraut machen und sich auf die üblichen Verkehrsrisiken einstellen.
- Häufig tanken, da es auf den malerischen Nebenstrecken der USA nur wenige Tankstellen gibt, die recht weit voneinander entfernt liegen!

EDDIE J. RODRIQUEZ/SHUTTERSTOCK ©

Oben: Bixby Creek Bridge (S. 1064) auf dem Pacific Coast Highway

Unten: Statue von Paul Bunyan in Atlanta, Illinois (S. 613) an der Route 66

Road Trips & Panoramastraßen

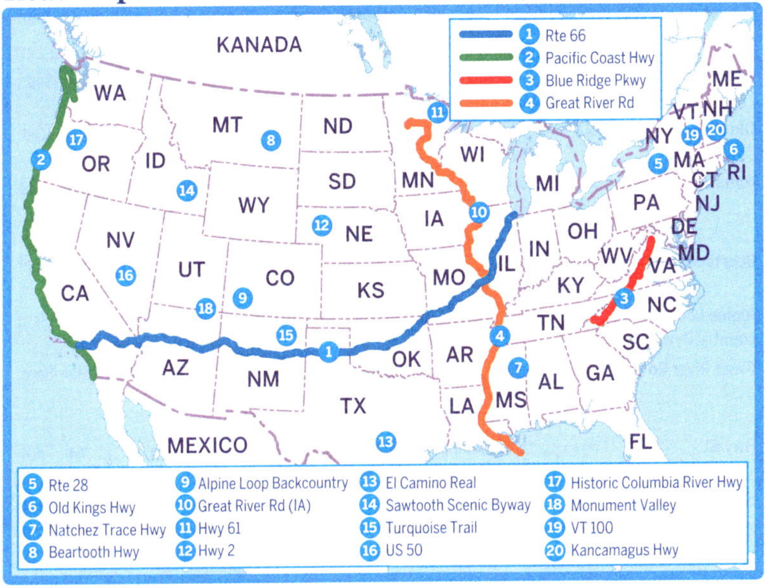

Wer beim Anblick der Stadtstraßen Beklemmungen bekommt, sollte einfach wieder aus der Stadt rausfahren und einen Abstecher nord- oder südwärts zur Küste machen. Die Richtung ist eigentlich egal – der Ausblick und die Highlights entlang des Weges belohnen jede Erkundung.

Am besten umfährt man die Großstädte und hält sich an die Flecken dazwischen: an die fast schon zu perfekten Strände von Kaliforniens Orange County (O.C.) und von Santa Barbara, das verrückte Santa Cruz, Unistadt und Surferparadies, die Redwood-Wälder von Big Sur und nördlich von Mendocino, die Dünen, die Orte am Meer und die Fischerdörfer an der Küste Oregons, Washingtons Olympic Peninsula mit ihren Regenwäldern und die San Juan Islands, die die Fähren mit der Küste verbinden.

Blue Ridge Parkway

Auf dem Blue Ridge Pkwy, der sich über 469 Meilen (750 km) durch die südlichen Appalachen windet, kann man großartig wandern, Wildtiere beobachtenund eine fesselnde Berglandschaft sehen – all das sorgt für einen unvergesslichenRoad Trip.

Die Bauarbeiten am Parkway begannen 1935 unter Präsident Franklin D. Roosevelt als Teil jener New-Deal-Projekte, die den Menschen in den Jahren der Weltwirtschaftskrise neue Arbeit brachten. Es brauchte 52 Jahre, um das gewaltige Vorhaben zu vollenden; erst 1987 wurde der letzte Abschnitt des Parkway fertiggestellt.

Auf zum Blue Ridge Parkway!

Obwohl er an Dutzenden kleinerer Städte und einigen Ballungsgebieten vorbeiführt, scheint der Blue Ridge Pkwy weit vom modernen Amerika entfernt zu sein. Hier sind die Berghänge immer noch mit rustikalen Holzhütten übersät, auf deren Veranden Schaukelstühle stehen. Zudem locken die Schilder der Kunsthandwerker und Kneipen mit Bluegrass-Musik in die Seitenstraßen. In diesen Waldgebieten – einst Stammesareal der Tscherokesen, später Siedlungsgebiet und Schlachtfeld im Bürgerkrieg – scheint Geschichte in der Luft zu liegen.

Es gibt unterwegs schöne Plätze zum Übernachten und Essen. Wer sich all die Extrakalorien der Küche des Südens wieder abtrainieren will, erreicht vom Blue Ridge Pkwy aus mehr als 100 Wanderwege – von entspannten Naturpfaden und mühelosen Aufstiegen bis zu anspruchsvollen Strecken am Appalachian Trail. Oder man erklimmt

WEITERE TOLLE ROAD TRIPS

STRECKE	STAAT	START/ZIEL	SEHENSWERTES & AKTIVITÄTEN	BESTE REISEZEIT
Rte 28	NY	Stony Hollow/ Arkville	Catskills Mountains, Seen, Flüsse, wandern, Herbstfarben bewundern, Tubing	Mai–Sept.
Old Kings Hwy	MA	Sagamore/ Provincetown	Historische Orte und Wohnsitze, Küstenlandschaft	April–Okt.
Natchez Trace Hwy	AL/ MS/ TN	Nashville/ Natchez	Geschichte, archäologische Stätten, malerische Flüsse, Rad fahren, campen, wandern	März–Okt.
Beartooth Hwy	MT	Red Lodge/ Yellowstone	Wildblumen, Berge, alpine Landschaften, campen	Juni–Sept.
Alpine Loop Backcountry Byway	CO	Ouray/Lake City	Berge, Ausblicke, Täler, verlassene Minen	Juni–Sept.
Great River Rd	IA	Effigy Mounds National Monument/Keokuk	Malerische Ausblicke, schöne Uferlandschaften, wenig besuchte Städte und Dörfer	Mai–Sept.
Hwy 61	MN	Duluth/Kanadische Grenze	State Parks, Wasserfälle, malerische kleine Städte, wandern	Mai–Sept.
Hwy 2	NE	I-80/Alliance	Grasbedeckte Sanddünen, freier Ausblick	Mai–Sept.
El Camino Real	TX	Lajitas/Presidio	Wüsten- & Berglandschaften, Thermalquellen, wandern, reiten	Feb.–April & Okt.–Nov.
Sawtooth Scenic Byway	ID	Ketchum/ Stanley	Zerklüftete Berge, grüne Wälder, Rucksacktouren, wandern, Wildtiere beobachten	Mai–Sept.
Turquoise Trail	NM	Albuquerque/ Santa Fe	Bergbaustädte, eigenartige Museen & Volkskunst, Rad fahren, wandern	März–Mai & Sept.–Nov.
US 50	NV	Fernley/Baker	Schöne Wildnis, Rad fahren, wandern, Höhlen erkunden	Mai–Sept.
Historic Columbia River Hwy	OR	Portland/ The Dalles	Landschaft, Wasserfälle, Wildblumen, Rad fahren, wandern	April–Sept.
Monument Valley	UT	Monument Valley	Kultige Berge, Filmkulissen, Fahrten mit dem Geländewagen, reiten	ganzjährig
VT 100	VT	Stamford/ Newport	Hügelige Weiden, grüne Berge, wandern, Ski fahren	Juni–Sept.
Kancamagus Hwy	NH	Conway/ Lincoln	Berge, Bäche & Wasserfälle, campen, wandern, schwimmen	Mai–Sept.
Maui's Road to Hana	HI	Paia/Hana	Wasserfälle im Urwald, Strände, wandern, schwimmen, surfen	ganzjährig

den Rücken eines Pferdes und lässt sich durch die kühlen Wälder tragen, erkundet im Kanu, Kajak oder in Reifen Flüsse und angelt an einem der Seen. Das Auto kann man auch getrost stehen lassen: Der Parkway bietet tolle Radwanderstrecken.

Reisezeit

Man sollte bedenken, dass die Witterung je nach Höhe sehr unterschiedlich sein kann. Während im Winter auf den Bergen schon Schnee liegt, kann es in den Tälern noch warm sein. Die meisten Visitor Centers am Parkway haben aber nur von April bis Oktober geöffnet. Der Mai ist der beste Monat, um Wildblumen zu sehen, die meisten Besucher kommen aber im Herbst wegen der bunten Blätter. Frühling und Herbst sind eine gute Zeit, um Vögel zu beobachten. Wer im Sommer oder Frühherbst kommt, sollte mit viel Betrieb rechnen.

Die Route

Die hügelige, malerische Nebenstraße führt vom Shenandoah National Park in Virginia an der Grenze zwischen North Carolina und Tennessee entlang bis zum Great Smoky Mountains National Park. Zu den Ortschaften an der Straße zählen Boone und Asheville in North Carolina, Galax und Roanoke in Virginia, und auch Charlottesville in Virginia ist nur eine kurze Fahrt entfernt. Zu den wichtigsten Großstädten in Reichweite zählen Washington, D.C. (140 Meilen/225 km), und Richmond, Virginia (95 Meilen/153 km).

Abstecher: Skyline Drive

Wer seine Reise durch diese Gegend noch ausdehnen möchte, kann eine Schleife auf dem Skyline Dr drehen. Das Nordende des Blue Ridge Pkwy trifft bei Rockfish Gap auf diese 105 Meilen (170 km) lange Straße (die weiter nach Nordosten führt).

Man kommt auf dieser Straße nur langsam vorwärts (Geschwindigkeitsbeschränkung 35 Meilen/h), aber so kann man die Landschaft besser betrachten. Der Shenandoah National Park rund um den Skyline Dr hat viele tolle Wanderwege. Im Park gibt es Campingplätze und Ferienhäuschen. In der Nähe liegen das Bergstädtchen Staunton und das Höhlensystem der Luray Caverns.

Ein Wermutstropfen: Der Skyline Dr ist kostenpflichtig (7-Tage-Pass 25 US$/Fahrzeug). Dabei handelt es sich nicht um eine Maut, sondern eher um die Eintrittsgebühr für den Shenandoah National Park. An Wochenenden ist viel Verkehr.

Infos im Internet

Lonely Planet Blue Ridge Parkway Road Trips Ratschläge von Experten und jede Menge Anregungen für Straßentouren von dreitägigen Ausflügen bis hin zu fünftägigen Abenteuern.

Blue Ridge Parkway (www.blueridgeparkway.org) Karten, Aktivitäten und Übernachtungsmöglichkeiten an der Strecke. Man kann den kostenlosen Blue Ridge Parkway Travel Planner herunterladen.

Hiking the Blue Ridge Parkway Von Randy Johnson; Wegbeschreibungen, topografische Wegekarten und andere Infos für Wanderungen.

Skyline Drive (www.visitskylinedrive.org) Unterkünfte, Wanderwege, Tiere und mehr: ein vollständiger Überblick über den Nationalpark, der diese malerische Straße umgibt.

Great River Road

Die in den späten 1930er-Jahren geschaffene Great River Rd führt von den Quellflüssen des Mississippi im nördlichen Minnesota bis zu seiner Mündung in den Golf von Mexiko. Wer einen Blick auf verschiedene Seiten der USAwerfen will, sollte sich diesen Trip nicht entgehen lassen.

Auf zur Great River Road!

Die weite Landschaft an Nordamerikas zweitlängstem Fluss ist hinreißend, von den gewellten Ebenen Iowas bis hinunter zu den ausgedörrten Baumwollfeldern im Mississippi-Delta. Kalksteinfelsen, dichte Wälder, Blumenwiesen und dunstige Sumpfgebiete sind ebenso Teil der Kulisse wie Schornsteine, Kasino-Schiffe und die Zersiedelung der Landschaft. Das Leben am Mississippi zeigt sich von der guten, aber auch von der hässlichen Seite.

Die Kleinstädte geben Einblick in die amerikanische Kultur: Da wäre z.B. Hibbing, MN, wo Bob Dylan aufgewachsen ist, oder Brainerd, MN, das im Film *Fargo* der Coen-Brüder zu sehen ist. In Spring Green, WI, sammelte der Architekt Frank Lloyd Wright erste Erfahrungen, in Hannibal, MO, wuchs Mark Twain auf, und in Metropolis, IL, steht die Telefonzelle, in der sich *Superman* sein Heldenkostüm überstreifte.

Der südliche Abschnitt der Strecke erzählt die Geschichte der US-Musik, vom Rock'n'Roll in St. Louis über den Blues in Memphis bis hin zum Jazz in New Orleans.

Reisezeit

Die beste Reisezeit ist von Mai bis Oktober, wenn es am wärmsten ist. Im Winter sollte man wegen der Gefahr von Schneestürmen besser auf die Reise verzichten oder sie auf den Süden beschränken.

Die Route

Die Great River Rd ist kein einzelner Highway, sondern besteht aus vielen Straßen, die dem Mississippi durch zehn Bundesstaaten folgen. Die Route ist durch ein Schild markiert, das ein grünes Schaufelrad zeigt.

Infos im Internet

The Great River Road (www.experiencemississippiriver.com) „Zehn Staaten, ein Fluss" ist das Motto dieser offiziellen Website.

Reiseplanung

Outdoor-Aktivitäten

Mammutbäume, Schluchten, schneebedeckte Berge und dramatische Küsten – an spektakulären Kulissen für Abenteuer mangelt es den USA nicht. Wandern, Radfahren, Kajakfahren, Rafting, Surfen, Reiten, Klettern – wonach einem der Sinn auch steht, hier findet sich immer ein super Plätzchen für großartige Outdoor-Aktivitäten.

Beste Outdoor-Abenteuer

Wildtiere beobachten

Bären im Glacier National Park, Montana; Wapitis, Bisons und Wölfe im Yellowstone National Park, Wyoming; Alligatoren, Manatis und Meeresschildkröten in den Florida Everglades; Wale und Delfine in der Monterey Bay, Kalifornien; Elche im Baxter State Park, Maine.

Wassersport

Wildwasserrafting auf dem New River, WV; surfen auf perfekten Wellen in Oahu, HI; tauchen und schnorcheln vor den Florida Keys; Kajak fahren in der unberührten Penobscot Bay, ME.

Mehrtägige Abenteuer

Wandern auf dem Appalachian Trail; Mountainbiken auf dem Kokopelli's Trail, UT; Klettern auf dem 4197 m hohen Grand Teton im Grand Teton National Park, WY; Kanufahren, Portagen und Campen in den weitläufigen Boundary Waters, MN.

Wintersport

Skifahren in Vail, CO; Snowboarden in Stowe, VT; Langlaufen am Lake Placid, NY.

Wandern & Trekken

Die fitnessorientierten Amerikaner sind sehr stolz auf ihr großartiges Netz von Wanderwegen – es umfasst Zehntausende Kilometer –, und es gibt einfach keine bessere Möglichkeit als eine Wandertour, um die Landschaft hautnah und in der gewünschten Geschwindigkeit kennenzulernen.

Die amerikanische Wildnis ist erstaunlich gut zugänglich und leicht auszukundschaften. Die Nationalparks sind besonders gut geeignet für kurze und lange Wanderungen. Wer schon immer einmal in der Wildnis unter dem Sternenhimmel übernachten wollte, sollte sicherheitshalber vorab eine Backcountry-Genehmigung einholen, insbesondere für Ziele wie den Grand Canyon – die Plätze sind begrenzt, besonders im Sommer.

Neben den Parks gibt es in jedem Bundesstaat vielerorts wahre Juwelen von Wanderwegen, auf denen sich so unterschiedliche Landschaften erkunden lassen: Die Palette reicht von sonnenverbrannten Hoodoos (Gesteinssäulen) und den roten Spitzen der Chiricahua Mountains von Arizona über die tropfenden Bäume und bemoosten Winkel des Washingtoner Hoh River Rainforest bis zu dem von Hornstrauch überwucherten Wild Azalea Trail in Louisiana und dem Tropenparadies der Na Pali Coast von Kauai. Fast überall gibt

DIE SCHÖNSTEN WANDERWEGE IN DEN USA

Fragt man zehn Personen nach den schönsten Wanderwegen in den USA, wird vermutlich keine einzige Strecke zweimal genannt. Das Land ist so vielfältig und die Entfernungen sind derartig groß, dass auch die Meinungen weit auseinandergehen. Und dennoch wird man bei der folgenden All-Stars-Auswahl kaum falsch liegen:

Appalachian Trail (www.appalachiantrail.org) Der 1937 fertiggestellte Trail ist mit über 3375 km Länge der längste Wanderweg der USA. Er führt durch zwei Nationalparks und acht National Forests und durchquert zwischen Georgia und Maine insgesamt 14 Bundesstaaten.

Pacific Crest Trail (PCT; www.pcta.org) Schlängelt sich am Grat der Cascades und der Sierra Nevada entlang und passiert auf der 4265 km langen Strecke von Kanada nach Mexiko neun Ökoregionen Nordamerikas.

John Muir Trail im Yosemite National Park, CA (www.johnmuirtrail.org) Die malerischen 340 km vom Yosemite Valley hinauf zum Mt. Whitney sind eine wahre Wonne.

Enchanted Valley Trail, Olympic National Park, WA Eine traumhafte Berglandschaft, umherstreifende Wildtiere und üppige Regenwälder – all das halten die knapp 21 km dieses abgeschiedenen Wanderwegs bereit.

Great Northern Traverse, Glacier National Park, MT Der 93 km lange Wanderweg führt mitten durch das Land der Grizzlys und überquert die kontinentale Wasserscheide. Weitere Informationen finden sich im englischsprachigen Lonely Planet Band *Banff, Jasper & Glacier National Parks*.

Kalalau Trail, Na Pali Coast, Kauai, HI (www.kalalautrail.com) Auf knapp 18 km zeigt sich das wilde Hawaii von seiner besten Seite: mit Wasserfällen im Grünen, versteckten Stränden, saftigen Tälern und einer tosenden Brandung.

Mt. Katahdin, Baxter State Park, ME Die etwas über 15 km lange Wanderung führt über die 1605 m hohe Bergspitze und beschert Wanderern einen Panoramablick über die 46 Gipfel des Parks.

South Kaibab/North Kaibab Trail, Grand Canyon, AZ Bei dieser mehrtägigen Wanderung geht es quer durch den Grand Canyon. Der Weg führt von der einen Seite des Canyons hinunter bis zum Colorado River und auf der anderen Seite wieder hinauf zur Kante.

South Rim, Big Bend National Park, TX Ein 21 km langer Rundweg durch die rötlich gefärbten, bis zu 2134 m hohen Chisos Mountains mit Blick auf das benachbarte Mexiko.

Tahoe Rim Trail, Lake Tahoe, CA (www.tahoerimtrail.org) Dieser 265 km lange Weg verläuft hoch über dem See, umrundet diesen und bietet dabei einen herrlichen Blick auf die Sierra.

es großartige Wander- und Backpacking-Möglichkeiten, auch mit kurzen Entfernungen. Alles, was man zum Starten benötigt, sind ein Paar feste Schuhe (Sneakers/Wanderstiefel) und eine Wasserflasche.

Wanderinfos im Internet

American Hiking Society (www.americanhiking.org) Links zu Freiwilligenprojekten, im Rahmen derer man beim Anlegen von Wanderwegen helfen kann.

Backpacker (www.backpacker.com) Beste nationale Zeitschrift für Backpacker, sowohl für Newbies als auch für alte Hasen.

Rails-to-Trails Conservancy (www.railstotrails.org) Verwandelt stillgelegte Bahntrassen in Wander- und Radwege und veröffentlicht auf www.traillink.com Bewertungen zu Wanderwegen.

Survive Outdoors (www.surviveoutdoors.com) Informationen zu den Themen Sicherheit und Erste Hilfe sowie hilfreiche Fotos von gefährlichen Tieren.

Wilderness Survival Gregory Davenport hat damit die wohl beste Lektüre zum Überstehen nahezu aller Eventualitäten geschrieben.

Radfahren

Radfahren wird immer beliebter, selbst Großstädte wie New York weisen zunehmend Radwege aus und verpassen sich ein fahrradfreundlicheres Image. Und auch auf dem Land findet man immer mehr Wege im Grünen. Mehrere Veranstalter bieten geführte Radtouren für verschiedene Niveaus und von unterschiedlicher Dauer an. Die besten Infos zu Touren und Fahrradverleihs bekommt man in den Radläden vor Ort.

In vielen US-Staaten werden mehrtägige Radevents veranstaltet, bei denen man mit anderen Leuten in Kontakt kommt, so beispielsweise beim Ride the Rockies (www.ridetherockies.com) in Colorado. Gegen eine Gebühr kann man sich dem Pulk anschließen und sich auf eine malerische Radtour auf gut instandgehaltenen Wegen freuen. Die Ausrüstung der Teilnehmer wird jeden Tag ins jeweilige Nachtlager transportiert. Weitere tolle Radstre-

VERRÜCKT NACH MOUNTAINBIKEN

Ein wahrhaftiges Nirwana aus Radwegen erwartet Mountainbike-Fans in Boulder (CO), Moab (UT), Bend (OR) und Ketchum (ID), aber auch beispielsweise in Marin (CA), wo Gary Fisher und Co. auf ihren selbst umgebauten Rädern die felsigen Flanken des Mt. Tamalpais hinunterrasten und so das Mountainbiken mitsamt Bunny Hops bekannt machten. Mehr Infos zu den Radwegen und zur Ausrüstung sowie jede Menge Tipps gibt's im *Bicycling Magazine* (www.bicycling.com) oder bei IMBA (www.imba.com).

Kokopelli Trail, Utah Einer der besten Mountainbike-Trails im Südwesten erstreckt sich über 225 bergige Kilometer zwischen Loma (Colorado) und Moab (Utah). Weitere Optionen in der Nähe sind z. B. der 331 km lange Trail zwischen Telluride (Colorado) und Moab (Utah), auf dem man jeden Abend in einer anderen Hütte übernachtet, und die kürzere, aber ebenso eindrucksvolle 61 km lange Strecke von Aspen nach Crested Butte.

Maah Daah Hey Trail, North Dakota Die lange Tour führt über die sanften Hügel am Little Missouri River.

Sun Top Loop, WA Eine rund 35 km lange Bike-Strecke an den westlichen Hängen der Cascade Mountains in Washington mit anspruchsvollen Anstiegen, die aber mit einem herrlichen Ausblick auf den Mt. Rainier und die umliegenden Gipfel belohnt werden.

Flume Trail, CA Eine verhältnismäßig anspruchsvolle Mountainbike-Strecke mit einem herrlichen Blick auf den Lake Tahoe. Der 22,5 km lange Pfad führt von rund 2130 m auf etwa 2440 m Höhe, ungefähr 7 km davon sind als Singletrail ausgewiesen.

Finger Lakes Trail, Letchworth State Park, NY Ein recht unbekanntes Schmuckstück, 35 Meilen (56 km) südlich von Rochester im Bundesstaat New York gelegen. Hier fährt man auf einem 32 km langen Singletrail an den Felsen des „Grand Canyon of the East" entlang.

McKenzie River Trail, Willamette National Forest, OR (www.mckenzierivertrail.com) Ein herrlicher Singletrail von über 35 km Länge schlängelt sich durch dichte Wälder und Vulkanformationen. Der Ort McKenzie liegt 50 Meilen (80 km) östlich von Eugene.

Porcupine Rim, Moab, UT Der 48 km lange, altehrwürdige Porcupine Rim ist ein Rundweg. Er beginnt im Ort und verläuft anschließend durch die Mojave-Wüste – und zwar mit wunderschönen Ausblicken und buchstäblich atemberaubenden Downhills.

cken sind z.B. in Arizona der 45 km lange Anstieg von der Sonoran Desert auf den 2791 m hohen Mt. Lemmon, bei dem die Oberschenkel ordentlich brennen werden, oder der Cherohala Skyway (www.cherohala.org), der über herrliche 69 km auf sanft gewellten Straßen durch Tennessee führt und tolle Ausblicke Richtung Great Smoky Mountain gewährt. Für entspannte Radausflüge bieten sich Trails auf umgewandelten alten Bahntrassen an, beispielsweise der Sacramento River Trail, der Swamp Rabbit Trail in Greenville, South Carolina, die BeltLine in Atlanta oder auch der Capital Crescent Trail in Washington, D.C.

Die besten Städte für Radfahrer

Portland, OR Eine der radfahrerfreundlichsten Städte Amerikas voller toller Optionen.

San Francisco, CA Radelt man über die Golden Gate Bridge, findet man sich in den atemberaubenden, hügeligen Marin Headlands wieder.

Minneapolis, Minnesota Kilometerlange Grünstreifen schaffen für die vielen Radler vor Ort stressfreie Verbindungen durch die gesamte Stadt.

Boulder, CO Der Liebling aller Outdoor-Enthusiasten hält auch eine Unmenge Radwege bereit, darunter der knapp 13 km lange Boulder Creek Trail.

Austin, TX Die Stadt des Indie-Rock kann mit einem über 300 km langen Wegenetz aufwarten – und das Wetter ist das ganze Jahr über einfach großartig.

Burlington, Vermont Das Radlerparadies im Nordosten bietet wunderschöne Radtouren, von denen die am Lake Champlain am bekanntesten sind.

Surfen

Hawaii

Gesegnet ist der Bundesstaat, in dem alles begann und in dem die besten Wellen gewöhnlich zwischen November und März auflaufen.

Waikiki (Südküste von Oahu) Hawaiis einstige Könige surften auf Holzbrettern, schon lange bevor die Missionare des 19. Jhs. den Surfsport als gottlose Aktivität verdammten. Dank des warmen Wassers und der sanft anrollenden Wellen ist Waikiki perfekt für Anfänger und ermöglicht zugleich lange Ritte auf dem schaumigen Meer.

Pipeline und Sunset Beach (Nordküste von Oahu) Hier gibt's die klassischen *tubes*, die entstehen, wenn riesige Wellen auf ein Riff auflaufen und brechen. Die Wellentunnel sind nur für geübte Surfer geeignet, den Zuschauern kann aber wohl kaum Spektakuläreres geboten werden.

Westküste

Huntington Beach, CA, (auch bekannt als Surf City, USA) Dies ist die ultimative Surfer-Hauptstadt der USA: Hier sind Dauersonne und perfekte Wellen garantiert. Besonders toll ist es bei ruhigen Winden im Winter.

Black's Beach, San Diego, CA An dem 3,2 km langen Sandstreifen am Fuß der gut 900 m hohen Klippen in La Jolla gibt's dank einer Unterwasserschlucht unmittelbar vor der Küste einen der stärksten Beach Breaks in Südkalifornien.

Oceanside Beach, Oceanside, CA Einer der schönsten Strände Südkaliforniens rühmt sich auch eines der verlässlich besten Surfspots im Sommer. Familien sind hier ebenfalls herzlich willkommen.

Rincon, Santa Barbara, CA Eine der Top-Destinationen der Welt; fast jeder Surfchampion hat Rincon schon beehrt.

Steamer Lane and Pleasure Point, Santa Cruz, CA Hier existieren elf Weltklasse-Breaks, darunter Pointbreaks über die Klippen entlang der Landzunge.

Swami's, Encinitas, CA Beliebter Surfstrand unterhalb des Seacliff Roadside Park mit mehreren ordentlichen Breaks, die fantastische Wellen garantieren.

Ostküste

In den an der Atlantikküste gelegenen Bundesstaaten finden sich einige grandiose, unerwartete Spots, besonders für Fans einer moderateren Brandung. Am wärmsten ist das Wasser vor der Golfküste Floridas.

Cocoa Beach, Melbourne Beach, FL Weil er nicht überfüllt ist und hier eher sanfte Wellen auflaufen, bietet er sich für Anfänger wie Longboarder an. Südlich davon liegt das Inlet, bekannt für beständig gute Surfmöglichkeiten und übersichtlichen Zulauf.

Waikiki Beach, Hawaii (S. 1219)

Reef Rd, Palm Beach, FL Hier brechen die Wellen am Strand und an den Klippen und sorgen besonders bei Ebbe für konstant gute Bedingungen, gerade im Winter.

Cape Hatteras Lighthouse, NC In dieser sehr beliebten Gegend findet man einige gute Spots und endlose Wellen – graziöse Dünungen jeder Größenordnung und Winde aus allen Richtungen.

Long Island, Montauk, New York Über ein Dutzend Surfpots säumen ganz Long Island, von den oft überfüllten Ditch Plains von Montauk bis zum Long Beach in Nassau County mit sich kräuselnden Wellen auf fast 5 km Länge.

Casino Pier, Seaside Heights, New Jersey Das Gebiet bietet mit die besten Brecher am Kai in New Jersey und ist stets voller Einheimischer.

Point Judith, Narragansett, RI Rhode Island hat mit über 30 Surfspots an einer 64 km langen Küstenlinie einige der besten Brandungen zu bieten, u. a. den felsigen Pointbreak mit sanften bis *tube*-artigen Wellen. Aber nichts für Anfänger!

Coast Guard Beach, Eastham, MA Als Teil der Cape Cod National Seashore ist dieser familienfreundliche Strand bekannt für seine den ganzen Sommer anhaltende und für Short- wie Longboards gleichermaßen geeignete konstante Dünung.

Rafting

Östlich des Mississippis bietet West Virginia sagenhafte Wildwasserareale. Zunächst wäre da der New River Gorge National River (S. 371), trotz seines Namens einer der ältesten Flüsse der Welt. Er verläuft von North Carolina bis nach West Virginia, schneidet eine tiefe Schlucht, die als „Grand Canyon of the East“ bekannt ist, und erzeugt mit seinem Sog schäumende Stromschnellen. Dann gibt es da noch den Gauley, der wohl zu den herrlichsten Wildwassern der Welt zählt. Der Appalachenfluss wird wegen seiner extrem steilen und turbulenten Stromschnellen geschätzt und verspricht eine wahre Achterbahnfahrt. Auf einer Strecke von gerade einmal 45 km hat er ein Gefälle von mehr als 200 m! In seiner Nähe befinden sich noch sechs weitere Flüsse, die unerfahreneren Wasserratten als Trainingsgelände dienen. North Carolina hat zwei Spots für Paddler: das US National Whitewater Center (S. 390) außerhalb von Charlotte und das Nantahala Outdoor Center in Bryson City.

Auch im Westen gibt es zahlreiche Möglichkeiten, sich in ein ebenso malerisches wie spektakuläres Rafting-Abenteuer zu stürzen: etwa im Cataract Canyon in Utah, bei einer mitreißenden Fahrt zwischen den roten Felsen des Canyonlands National Park (S. 965) oder auf dem Rio Grande in Texas, einem eher trägen Flusslauf durch hübsche Kalksteinschluchten. Der North Fork, die nördliche Gabelung des Owyhee, welcher sich vom Hochplateau des südwestlichen Oregon bis zu den Weiden Idahos erstreckt, ist nicht umsonst sehr beliebt und wird auf seinem Weg von hoch aufragenden Hoodoos gesäumt. In Kalifornien warten der Tuolumne River und der American River mit mäßigen bis extremen Stromschnellen auf, während Idahos Middle Fork (die mittlere Gabelung des Salmon River) wirklich alles zu bieten hat: zahlreiche Wildtiere an seinen Ufern, mitreißende Stromschnellen, eine bewegte Geschichte, Wasserfälle und Thermalquellen. Wenn man so gut organisiert ist, dass man seine Reise schon ein paar Jahre im Voraus buchen kann, sollte man unbedingt einen ultimativen Rafting-Trip auf dem Colorado River unternehmen. Aber auch wer nicht auf abenteuerliche Stromschnellen steht, wird in den USA fündig: Viele Flüsse haben Abschnitte, die für einen gemächlichen Bootstrip oder zum Dahingleiten in aufblasbaren Schläuchen geeignet sind – da darf ein kühles Bierchen in der Hand natürlich nicht fehlen.

Kajak- & Kanufahren

Ruhige Gewässer (ohne Stromschnellen, ohne Brandungen) erkundet man am besten mit dem Kanu oder dem Kajak. Kajaks sind zwar seetüchtig, aber nicht in jedem Fall für den Transport von sperriger Ausrüstung geeignet. Auf großen Seen und an der Küste (u.a. rund um die San Juan Islands) ist ein Seekajak meist die bessere Wahl. Ein Kanu eignet sich bei mehrtägigen bis monatelangen Trips durch die Wildnis sehr gut – etwa auf den 19 000 km langen Wasserwegen in den Boundary Waters (S. 683) von Minnesota oder auf dem Bartram Canoe Trail in Alabama mit seinen über 1200 km² sumpfiger Flussarme, Seen und ruhiger Flüsse.

Kajak- oder Kanufahren ist in den USA so gut wie überall möglich, auch Kurse und Equipment sind nicht schwer zu finden – und zwar von der Apostle Islands National Lakeshore (S. 669) in Wisconsin über Utahs viel gelobten Green River bis hin zur Na Pali Coast auf Hawaii. Man kann sich in der Penobscot Bay in Maine Kajaks ausleihen und vor der Küste rund um die von Fichten gesäumten Inselchen paddeln oder sich in Sausalitos Richardson Bay in Kalifornien einer Tour bei Vollmond anschließen.

Skifahren & Wintersport

In über 40 US-Bundesstaaten kann man auf Pisten hinunter ins Tal sausen; die Auswahl an Skigebieten und -resorts erscheint grenzenlos. Am besten auf einem oder zwei Brettern gen Tal sausen kann man in Colorado, aber auch Kalifornien, Vermont und Utah sind Topziele. Die Skisaison dauert meist von Mitte Dezember bis April, wobei manche Skiorte auch länger Saison haben. Im Sommer nehmen viele Wintersportgebiete ihre Sessellifte für Mountainbiker und Wanderer in Betrieb. Skisportpakete inklusive Flug, Hotel und Liftpass können über Ferienorte, Reisebüros und auf Reisewebsites – hier gibt's mitunter echte Schnäppchen – gebucht werden.

Egal wo man sich die Bretter anschnallt – ein billiges Vergnügen wird's nicht. Die besten Angebote bekommt man, wenn man werktags auf die Pisten geht, Mehrtagestickets kauft, weniger bekannte Ferienorte ansteuert (z. B. die Alpine Meadows am Lake Tahoe) oder Hänge ausfindig macht, an denen vor allem Einheimische anzutreffen sind, etwa im Mad River Glen in Vermont, in der Santa Fe Ski Area oder am Wolf Grad in Colorado.

Die besten Ski- & Snowboardgebiete

Das erstklassige Stowe in Vermont ist etwas für alte Wintersporthasen – im Lift friert man sich zwar einen ab, dafür kann man sich beim Après-Ski in holzverkleideten Bars mit heimischen Biersorten zünftig wieder aufwärmen. Mehr Schnee, höhere Berge und jede Menge Glamour findet man hingegen ganz im Westen in Vail, CO, in Squaw Valley, CA, und in der Glitzerwelt von Aspen, CO, vor. Eine recht unprätentiöse Szene und steile Pisten gibt's in Alta, UT, Telluride, CO, Jackson, WY, und Taos, NM. Außerhalb von Juneau, Anchorage und Fairbanks durchschneiden die Skipisten Alaskas eine spektakuläre Landschaft; die nördlichsten Sessellifte Nordamerikas – und außerdem von Mitte September bis Mitte April grün-blau schimmernde Polarlichter – sind im Mt. Aurora SkiLand zu finden.

Klettern

Kletterer zieht es in Scharen in die sonnendurchtränkte Wüste Südkaliforniens zum Joshua Tree National Park, der für sie einem überirdischen Heiligtum gleichkommt. Dort, zwischen schroffen Monolithen und den namensgebenden Bäumen des Parks, können mehr als 8000 Routen gemeistert werden, die über blanke Steilhänge, scharfe Kanten und zahlreiche Felsspalten führen; und eine hervorragende Kletterschule bietet Kurse für jedes Niveau. Im Zion National Park, UT, lernt man in mehrtägigen Canyoning-Kursen die hohe Kunst des Abstiegs: das Abseilen an glatten Sandsteinwänden hinunter in prächtige, rot schimmernde und mit Bäumen übersäte Felsschluchten. Bei einigen der sportlicheren Varianten geht's im Trockenanzug an den Flanken tosender Wasserfälle hinunter ins eiskalte Wasser. Und das sind bei Weitem noch nicht alle tollen Klettergebiete:

Grand Teton National Park, WY Ein Topziel für Kletterer mit und ohne Erfahrung. Anfänger erlernen in einem Kurs die Grundlagen, die Erfahreneren können sich auf zweitägigen Expeditionen hinauf zum Gipfel des 4200 m hohen Grand Teton machen, der die Mühen mit einem majestätischem Ausblick entlohnt.

City of Rocks National Reserve, ID Hier gibt's über 500 Routen, die an windgepeitschtem Granit und wolkenkratzerhohen Felsnadeln hinaufführen.

Yosemite National Park, CA In diesem Kletterschrein werden hervorragende Kurse (S. 1118) angeboten und es ist sowohl etwas für Anfänger

FÄHIGKEITEN PERFEKTIONIEREN – ODER SICH NEUE ANEIGNEN

Bei diesen Programmen mit hohem Thrill-Faktor kann man noch ein paar neue Tricks und Kniffe erlernen, ob beim Wellenreiten oder beim Baumeln an den Klippen.

Chicks Climbing & Skiing (www.chickswithpicks.net) Die Gruppe mit Sitz in Ridgway, CO, veranstaltet landesweit Workshops für Frauen im Bergsteigen, Klettern, Eisklettern und Skifahren im Hinterland.

Club Ed Surf Camp (https://club-ed.com) Bringt Travellern zwischen Manresa Beach und Santa Cruz das Wellenreiten bei und veranstaltet Exkursionen zum Surfmuseum und zu Herstellern von Surfbrettern.

Craftsbury Outdoor Center (www.craftsbury.com) Hierher kommt man zum Rudern, Langlaufen und Laufen – inmitten der Wälder und Berge von Vermont.

Joshua Tree Rock Climbing School (www.joshuatreerockclimbing.com) Einheimische Guides unterrichten Klassen und führen Anfänger und Cracks auf Kletterrouten im Joshua Tree National Park, CA.

LL Bean Outdoor Discovery Programs (www.llbean.com) Der bekannte Anbieter in Maine veranstaltet Kurse im Kajakfahren, Schneeschuhlaufen, Langlaufen, Überleben in der Wildnis, Fliegenfischen u. v. m.

Nantahala Outdoor Center (www.noc.com) Bei diesem Veranstalter aus North Carolina lernt man in den Great Smoky Mountains Paddeln wie ein Profi.

Otter Bar Lodge Kayak School (www.otterbar.com) Der großartige Unterricht im Wildwasserkajakfahren weiß zu überzeugen. Gleiches gilt auch für die Saunas, die heißen Bäder, die Abendessen mit Lachs und die in der nördlichen Wildnis Kaliforniens versteckte Waldhütte.

Steep & Deep Ski Camp (www.jacksonhole.com/steep-ski-camp.html) Auf extremem Terrain gewandt Ski fahren (und dabei unberührte Pisten einweihen) und sich danach auf einer Dinnerparty entspannen – toll! Man kann auch mal mit Olympiasieger Tommy Moe die Piste hinunterbrettern.

als auch für diejenigen Durchgeknallten dabei, die von einer Nacht in einer Hängematte in 3000 m Höhe träumen.

Bishop, CA Südöstlich des Yosemite National Park liegt dieses bei vielen Top-Kletterern beliebte, verschlafene Städtchen in der Eastern Sierra, die das Tor zu hervorragenden Kletterrevieren in der nahe gelegenen Owens River Gorge und in den Buttermilk Hills ist.

Red Rock Canyon, NV Gut 15 km westlich von Las Vegas erstreckt sich eines der besten Sandstein-Klettergebiete der ganzen Welt.

Enchanted Rock State Natural Area, TX Dieser rund 110 km westlich von Austin gelegene State Park wartet mit riesigen rosafarbenen Granitkuppeln und Hunderten von Kletterrouten auf, die hervorragende Ausblicke auf das Texas Hill Country bieten.

Rocky Mountain National Park, CO Alpines Bergsteigen in der Nähe von Boulder.

Flatirons, CO In der Nähe von Boulder gibt es tolle Mehrseillängentouren.

Chattanooga, TN Weltklasseziel dank vieler nahe gelegener Klettergebiete wie der Tennessee Wall mit über 400 festen Routen.

Red River Gorge, KY Mit über 100 Felsen und rund 2000 verschiedenen Routen ein wahres Kletterparadies – das gilt umso mehr angesichts der Lage der Schlucht innerhalb üppig bewaldeter Landschaft.

Shawangunk Ridge, NY Zwei Stunden Autofahrt nördlich von NYC liegt dieser etwa 80 km lange Bergkamm. Hier in den „Gunks" haben viele Kletterer von der Ostküste ihre ersten Kraxelversuche unternommen.

Hueco Tanks, TX Zählt zwischen Oktober und Anfang April, wenn andere beliebte Touren wegen des Wetters nicht mehr geklettert werden können, zu den besten Zielen der nördlichen Hemisphäre. Dafür sind die Felsen im Sommer aufgrund der unerbittlichen Wüstensonne allerdings meist zu heiß zum Anfassen.

Kletter- & Canyoning-Infos im Internet

American Canyoneering Association (www.canyoneering.net) Online-Datenbank mit Canyons und Links zu Kletterkursen, lokalen Klettergruppen und mehr.

Climbing (www.climbing.com) Seit 1970 erhält man hier die aktuellsten Kletter-News und -Infos.

CANADASTOCK / SHUTTERSTOCK ©

Wandern im Yosemite National Park (S. 1116)

SuperTopo (www.supertopo.com) Hier bekommt man alles, von Kontaktdaten von Kletterguides über kostenlose topografische Karten bis hin zu Routenbeschreibungen.

Sporttauchen & Schnorcheln

Das exotischste Unterwasserreiseziel der USA ist Hawaii. In den schillernden, aquamarinfarbenen Gewässern mit ganzjährig warmen Wassertemperaturen bekommt man eine gigantische Vorstellung aus surrealen Farben und Formen geboten. Man schwimmt inmitten von Meeresschildkröten, Tintenfischen und bunten Papageienfischen – von den Vulkanhöhlen und schwarzen Korallen einmal ganz zu schweigen. Zurück an Land geht der Tagtraum mit einem *poke* aus frisch gefangenem Gelbflossen-Thun *(ahi)* weiter.

Die schönsten Tauchgebiete liegen vor der Küste und zwischen den Inseln, weshalb ein mehrtägiger Tauchausflug auf einem Boot die beste Möglichkeit ist, die Unterwasserwelt zu erkunden. Der Aloha

State bietet ein Unterwasserparadies von unvorstellbarer Schönheit: von Suppenschildkröten über Wracks aus dem Zweiten Weltkrieg vor Oahu bis zu den Lavaskulpturen nahe der kleinen Insel Lanai. Allerdings sollte alles gut geplant werden, da sich die Tauchspots je nach Saison ändern.

Auf dem US-amerikanischen Festland hat Florida mit einer Küsten von über 1600 km Länge, die in 20 einzigartige Unterwassergebiete aufgeteilt ist, den Löwenanteil an tollen Tauchmöglichkeiten abgekommen. Es gibt Hunderte Spots und zahllose Tauchläden, die die nötige Ausrüstung und geführte Tauchgänge anbieten. Südlich von West Palm Beach ist das Wasser wunderbar klar und man kann das ganze Jahr über an dem weitläufigen Riff tauchen. Am Panhandle, dem nördlichen Teil des Bundesstaats, laden die ruhigen und warmen Gewässer des Golfs von Mexiko zum Tauchen ein, vor Pensacola und Destin gibt es hervorragende Möglichkeiten zum Wracktauchen und nahe Crystal River kann man mit Seekühen tauchen.

Die Florida Keys, eine Inselkette aus 31 Inseln, sind das Beste, was die US-Küste zu bieten hat. Hier warten eine herrliche Mischung aus marinen Lebensräumen, der einzige lebendige Korallengarten Nordamerikas und das eine oder andere Schiffswrack darauf, erkundet zu werden. Zu Key Largo gehört der John Pennekamp Coral Reef State Park, der mit mehr als 215 km² paradiesischer Unterwasserwelt aufwartet.

Entlang der Mangrovensümpfe des Florida Reefs erstreckt sich schließlich das drittgrößte Korallenriff-System der Welt, das hervorragende Tauch- und Schnorchelspots (und wesentlich wärme Wassertemperaturen) bietet. Vor der Küste von Islamorada sollte man nach Seekühen Ausschau halten. Und eine Tour nach Dry Tortugas eröffnet einem die Welt eines weitläufigen Riffs, das von Barrakudas und Meeresschildkröten nur so wimmelt; rund 200 gesunkene Schiffe liegen hier auf dem Meeresgrund.

Noch mehr Unterwasserwelten

Aktuelle Infos zu Tauchspots in den USA und darüber hinaus findet man auf der Website Scuba Diving (www.scubadiving.com) und im *DT Mag* unter dem Abschnitt Tauchen in den USA (www.dtmag.com/destinations/united-states).

Hanauma Bay Nature Preserve, Oahu, HI Trotz der Menschenmassen ist dies noch immer einer der weltweit besten Orte zum Schnorcheln. Hier leben über 450 Arten von Rifffischen.

San Diego-La Jolla Underwater Park Mehr als 2400 ha großes Schutzgebiet mit hervorragenden ufernahen Tauchspots inmitten vier verschiedener Lebensräume. Es warten zwei Riffe und sieben Höhlen – und bei rund 9 m Sicht bieten sich tolle Möglichkeiten, eine breite Vielfalt an Meeresbewohnern zu beobachten, so auch Aale, Garibaldi und Leopardenhaie.

Channel Islands, CA Vor diesen Inseln zwischen Santa Barbara und Los Angeles liegen zahllose Tauchspots, der Lebensraum u. a. von Langusten und Engelhaien; am besten erreicht man sie mit einem Charterboot.

Jade Cove, CA Etwa 10 Meilen (16 km) südlich von Lucia am Hwy 1 gelegen. An dem treffend benannten Ort findet sich das weltweit einzige Unterwasservorkommen von Jade, was einen unvergesslichen Tauchgang garantiert.

Cape Hatteras National Seashore, NC Entlang der nördlichen Küste von North Carolina können Taucher historische Wracks aus dem Bürgerkrieg erforschen und dabei mitunter auch auf Sandtigerhaie treffen. Außerdem gibt es zahllose Möglichkeiten für Tauchausflüge in die Outer Banks und ins Gebiet rund um Cape Lookout.

Great Lakes Der vielleicht verblüffendste Tauchspot der USA: Der Lake Superior und der Lake Huron haben Tausende von Schiffswracks zu bieten, die auf ihrem sandigen Grund verstreut liegen. Bunte Korallenfische darf man hier natürlich nicht erwarten.

Reiten

Möchtegern-Cowboys werden sich freuen zu hören, dass Reiten jeglicher Art, von seiner sattellosen Form bis hin zum Westernreiten, überall in den USA möglich ist. Im Westen finden sich die wirklich unvergesslichen Reiterlebnisse, von einwöchigen Expeditionen durch die Canyons im Süden von Utah über den Viehtrieb in Wyoming bis hin zum Ponyreiten entlang der Küste von Oregon. Ein Pferd zu finden, ist nicht schwer: In vielen der Nationalparks bzw. in ihrer Umgebung gibt es Reitschulen und Reitställe, die Pferde vermieten. Erfahrene Pferdenarren können allein auf Erkundungstour gehen oder einen Guide mitnehmen, der die örtliche Flora, Fauna und Geschichte kennt. Halb- und ganztägige Wanderritte in Gruppen, die üblicherweise ein Mittagessen auf einer mit Wildblumen übersäten Wiese beinhalten, sind sehr beliebt und werden überall angeboten.

Kalifornien ist ein fantastischer Ort zum Reiten: In Nebel gehüllte Pfade führen an der Point Reyes National Seashore an Klippen entlang, zudem gibt es längere Exkursionen zu den hoch gelegenen Seen der Adams Wilderness sowie mehrtägige Reittouren im Yosemite Park und im Kings Canyon. Auch die Nationalparks Capitol Reef und Canyonlands in Utah eignen sich hervorragend für spektakuläre Ausflüge auf dem Rücken eines Pferdes, ebenso wie die Berge, Bäche und Ebenen von Colorado, Arizona, New Mexico, Montana und Texas.

Ferienranches (à la „Urlaub auf dem Bauernhof") gibt es in allen möglichen Formen, vom luxuriösen Aufenthalt mit weichen Daunendecken bis hin zum Stalldienst auf einer Rinderfarm. Zu finden sind die Ranches in den meisten westlichen und sogar in einigen östlichen Staaten (wie Tennessee oder North Carolina).

Reiseplanung

Essen & Trinken wie die Einheimischen

Die USA haben eine vielfältige Küche, die nutzt, was der Kontinent hergibt: Von Meeresfrüchten aus dem Nordatlantik bis hin zu den Erzeugnissen des fruchtbaren Mittleren Westens und dem Fleisch aus dem Westen. Steaks aus Omaha, Marylands Krabbenkuchen und roter Reis aus Charleston sind nur einige der regionalen Spezialitäten.

Das kulinarische Jahr

In einem Land dieser Größe gibt's natürlich das ganze Jahr über Food-Festivals und Spezialitäten:

Frühjahr (März–Mai)

Eine der besten Jahreszeiten, um sich auf den Märkten anzusehen, was Farmen und Äcker zu bieten haben (Wildlauch, Erdbeeren, Rhabarber, Lämmer ...). Dazu kommen österliche Leckereien. Bei Festen überall im Land stehen u. a. Langusten, Grillspeisen und Austern im Mittelpunkt.

Sommer (Juni–Aug.)

Eine tolle Zeit für einen Meeresfrüchteschmaus am Strand, Grillen im Freien und Jahrmärkte. Beeren, Pfirsiche, Mais etc. sind der Renner.

Herbst (Sept.–Nov.)

Wenn es kühler wird, gibt's Äpfel, Kürbis-Pies, herbstliche Weinfeste und große Feste, bei denen das Essen im Mittelpunkt steht, u. a. Thanksgiving.

Winter (Dez.–Feb.)

In dieser Jahreszeit sind herzhafte Eintöpfe, gebratenes Spätherbstgemüse und aufwendige Feiertagsgerichte angesagt. Man wärmt sich am Kamin und trinkt dazu einen Grog oder ein anderes Heißgetränk.

Kulinarische Revolution

Erst in den 1960er-Jahren machten die amerikanischen Medien Essen und Wein zum großen Thema. Den Anfang machte die Kalifornierin Julia Child: Von Bostons Sendeanstalt aus zeigte sie den Amerikanern im Fernsehen, wie man französische Gerichte kocht. Schon in den 1970er-Jahren begann dann auch die breite Masse sich für Bio-Lebensmittel, natürliche Ernährung und nachhaltige Landwirtschaft zu interessieren. In den 1980er- und 1990er-Jahren ermutigte der Begriff „Foodie Revolution" Unternehmer vom Süden bis zum Pazifischen Nordwesten, Restaurants zu eröffnen, die eine regionale amerikanische Küche etablierten und sich mit den besten europäischen Lokalen messen konnten.

Langsam, lokal, bio

Die Slow-Food-Bewegung gewinnt in amerikanischen Restaurants im Zuge der neu entflammten Begeisterung für vor Ort angebaute Bio-Lebensmittel immer mehr an Bedeutung. Diesen Trend begründete in den USA wohl 1971 Starköchin Alice Waters im Chez Panisse (S. 1100) in Berkeley. In First Lady Michelle Obama und ihren

Töchtern fand sie prominente Nachahmerinnen; auf dem Rasen des Weißen Hauses hatten diese einen Öko-Garten angelegt. Bauernmärkte sind eine tolle Gelegenheit, Einheimische zu treffen und ein paar Happen aus der Fülle der Lebensmittel zu probieren: alte Obst- und Gemüsesorten ebenso wie frische Delikatessen aus der jeweiligen Region.

Alltägliches & Spezialitäten

Heerscharen von Immigranten bereicherten die amerikanische Gastronomie, indem sie fremde Ideen an die heimische Küche anpassten, von italienischer Pizza und deutschen Hamburgern bis hin zum osteuropäischen Borschtsch, mexikanischen Huevos Rancheros und japanischem Sushi.

Pizza

Anfang des 20. Jhs. brachten italienische Einwanderer die Pizza nach New York. 1905 eröffnete hier die erste Pizzeria in Amerika: das Lombardi's in Manhattans Little Italy. Die Pizza-Begeisterung verbreitete sich sehr schnell im ganzen Land, wobei sich bald regionale Vorlieben herausbildeten. So ist die typische Chicago-Pizza – „Deep Dish" – eine Pfannenpizza mit dickem Boden, während die kalifornische eher leichter daherkommt. In New York ist man stolz auf die besonders dünne Kruste.

Mexikanisch & Tex-Mex

Egal, wo man sich in den USA aufhält, es ist sehr wahrscheinlich, dass es bis zum nächsten mexikanischen oder Tex-Mex-Restaurant nicht weit ist (die Übergänge zwischen diesen beiden sind fließend). Überraschend ist das nicht, schließlich sind mehr als 11 % der amerikanischen Bevölkerung mexikanischer Abstammung. Tacos, Burritos und andere schnelle Gerichte gehören zu den Favoriten, Snack-Buden und Food-Trucks sind bei Menschen aller Gesellschaftsschichten beliebt. Lokale wie Chipotle, wo weitgehend Bio-Tex-Mex zackig auf den Tisch kommt, gehören zu den am stärksten wachsenden Ketten. Aber auch lässige Restaurants, in denen Margaritas, Pommes und Salsa ein nahezu wesentlicher Bestandteil jeder Mahlzeit sind, erfreuen sich größter Beliebtheit.

Barbecue

Barbecue, gegrilltes Fleisch (BBQ), ist in Amerika eine enorm wichtige Sache. Obwohl das besonders für die südlichen Staaten gilt, steht gegrilltes, zartes Fleisch von San Francisco bis New York City fast überall auf der Speisekarte. Das amerikanische Barbecue geht auf die Kolonialzeit zurück, und selbst George Washington, der auf seinem Landsitz in Mt. Vernon eine eigene Räucherei hatte, war ein Fan. Die Zubereitung ist simpel: Fleisch wird langsam auf einem Rost über Feuer gegrillt, bis es zart ist. Es gibt eine breite Palette an Zubereitungsarten und Spezialitäten. In Kansas City, Missouri, gibt es Fleisch, darunter

DIE BESTEN VEGETARISCHEN RESTAURANTS

Die meisten größeren US-amerikanischen Städte besitzen viele Restaurants, die auf Vegetarier und Veganer eingestellt sind. In den ländlichen Gebieten werden die Angebote seltener. Restaurants mit guten Angeboten für Vegetarier und Veganer sind in diesem Führer mit dem Symbol ✎ gekennzeichnet. Weitere vegetarische und vegane Restaurants finden sich im Online-Adressbuch unter www.happycow.net. Hier ein paar besonders empfehlenswerte Restaurants im ganzen Land:

- Greens (S. 1089), San Francisco, Kalifornien
- Moosewood Restaurant (S. 163), Ithaca, New York
- Modern Love (S. 131), Brooklyn, New York
- Sweet Melissa's (S. 861), Laramie, Wyoming
- Sitka & Spruce (S. 1141), Seattle, Washington
- Zenith (S. 198), Pittsburgh, Pennsylvania
- Carmo (S. 494), New Orleans, Louisiana

Lamm, und – ganz wichtig – dickflüssige, süße Saucen. In den Carolinas macht Pulled Pork das Rennen. In Memphis zieht man Rippchen vor, entweder „dry" oder „wet" (d. h. dick mit Sauce bestrichen) serviert. In Texas ist Rind die erste Wahl – kein Wunder, denn es gilt als Land der Rinder. Hier findet man auch einige der besten Barbecue-Läden der Nation: Wenn's um Geräuchertes und Fleisch geht, kommt man an Lockhart nicht vorbei.

Hausmannskost

Food-Trends kommen und gehen, doch einfache und herzhafte Mahlzeiten bleiben in den USA beliebt. Hausmannskost wie „von Muttern" besteht aus traditionellen Gerichten, die Erinnerungen an die Aromen der Kindheit wecken. Klassiker wie Mac'n'Cheese (Makkaroni mit Käse), Hühnersuppe mit Nudeln, Lasagne, Schmorbraten, gegrillte Käse-Sandwiches, Biscuits & Gravy (eine Art Brötchen mit heller Sauce), Hähnchen und Hamburger gehören in diese Kategorie. Dementsprechend kommen in amerikanischen Diners vor allem diese unkomplizierten, altbewährten Gerichte auf den Tisch. Kreativere Versionen kriegt man auch in Gastro-Pubs, Bistros, gehobenen Restaurants und Bars: Mac'n'Cheese mit frischem Krabbenfleisch, Burger mit über Apfelholz geräuchertem Speck und Ziegenkäse, serviert mit in Entenfett frittierten Pommes, oder würzige Thai Chicken Noodle Soup mit Kokosmilch und Curry.

Regionale Spezialitäten

New York City: Paradies für Feinschmecker

Es heißt, man könne in New York jeden Abend seines Lebens in einem anderen Restaurant speisen und hätte immer noch nicht alle Möglichkeiten ausgeschöpft. Angesichts von geschätzten 24 000 Restaurants allein in Manhattan und unzähligen Neueröffnungen jedes Jahr dürfte das wohl stimmen. Wegen der vielen Einwanderer und des Stromes von mehr als 50 Mio. Travellern im Jahr gewinnt New York mühelos den Titel als die Stadt mit der größten Gastronomieszene in den USA. In den unterschiedlichen Vierteln findet man authentische italienische Küche samt Pizza mit dünnem Boden, alle Arten asiatisches Essen, französische Haute-Cuisine und klassische jüdische Deli-Kost von Bagels bis hin zu dick aufgetürmten Pastrami-Roggenbrot-Sandwiches. Auch außergewöhnlichere Küchen (von äthiopisch bis skandinavisch) sind hier vertreten.

New York City gilt zwar als besonders teuer, aber man kann hier durchaus auch gut und günstig essen, besonders wenn man sich bei den Cocktails zurückhält. Kostenlos wird man hier zwar nicht zu Mittag essen, aber im Vergleich zu anderen Weltstädten ist ein Essen zum Schnäppchenpreis durchaus möglich.

Neuengland: Clambakes & Hummer

Meeresfrüchte sind die Nummer Eins in Neuengland, liefert der Nordatlantik doch Venus- und Miesmuscheln, Austern und riesige Hummer, Maifisch, Blaubarsch und Kabeljau. Die Neuengländer lieben ein gutes *chowder* (Meeresfrüchteeintopf) und ein gutes *clambake*, ein fast rituelles Mahl, bei dem die Meeresfrüchte in einer Feuergrube mit Mais, Hähnchen, Kartoffeln und Würstchen gebacken werden. Panierte, gebratene Muscheln und Hummerbrötchen mit Mayonnaise erhält man überall in der Region. Weitere Spezialitäten sind Käse aus Vermont, die (besonders zu Thanksgiving) beliebten Cranberrys aus Massachusetts und Ahornsirup, der in Neuenglands Wäldern gezapft wird. An der Küste Maines gibt's überall Hummerbuden, gebackene Bohnen und dunkles Brot sind Bostoner Spezialitäten, während man in Rhode Island traditionelle Fladen aus Maisgrütze isst.

Mittelatlantikstaaten: Crabcakes & Cheesesteaks

Von New York bis nach Maryland und Virginia teilen sich die Mittelatlantikstaaten eine lange Küste und jede Menge Apfel-, Birnen- und Beeren-Plantagen. New Jersey und Long Island im Bundesstaat New York sind berühmt für ihre Kartoffeln. Die Blaukrabben der Chesapeake Bay sind die besten, während Virginia gepökelten Schinken liefert, den man auf Biscuits (ungesüßten weichen Brötchen) isst. In Philadelphia kann man sich mit „Philly"-Cheesesteaks vollstopfen, einem Brötchen mit dünn geschnittenem, sautiertem Rindfleisch, Zwiebeln und Schmelzkäse. Und in den Gebieten der deutschen Einwanderer in Pennsylvania bieten Farmrestaurants Hühnerfleischpasteten, Nudeln und *scrapple* (eine Art Zwischending aus Hackbraten und Blutwurst).

Südstaaten: Barbecue, Biscuits & Gumbo

Keine Region ist stolzer auf ihre kulinarische Tradition als der Süden, wo schon früh englische, französische, afrikanische, spanische und indianische Einflüsse in Gerichten wie langsam gegartem Barbecue zusammenkamen, von dem es so viele Fleisch- und Saucenvarianten gibt wie Städte im Süden. Das Südstaaten-Brathähnchen ist außen knusprig und innen saftig. In Florida werden Gerichte aus Alligatorfleisch, Garnelen und Muscheln mit scharfen Chilischoten und tropischen Gewürzen zubereitet. Das Frühstück ist umfangreich, und die Rezepte für vielschichtige Torten und Kuchen mit Pekannüssen, Bananen und Zitrusfrüchten werden in Ehren gehalten. Lockere, warme Biscuits werden gut gebuttert serviert, und Maisgrütze lieben die Südstaatler leidenschaftlich.

Louisianas legendäre Küche ist von den früheren Kolonialherren aus Frankreich und Spanien, von afrokaribischer Kochkunst und den Traditionen der Choctaw beeinflusst. Die Cajun-Küche aus den Sumpfgebieten des Mississippi-Deltas verbindet heimische Gewürze wie Sassafras und Chilischoten mit französischer Hausmannskost. Zu den berühmten Gerichten zählen Gumbo, ein mit Mehlschwitze zubereiteter Eintopf mit Hähnchen und Meeresfrüchten, Würstchen und oft auch Okraschoten, Jambalaya, ein Reisgericht mit Tomaten, Würstchen und Garnelen sowie schließlich scharf gebratener Wels. Die kreolische Küche ist städtischer und hat ihr Zentrum in New Orleans, wo Gerichte wie Garnelen-Remoulade, Ravigote (Kräutersauce) mit Krabbenfleisch, Flusskrebs-*étouffée* und Beignets allgegenwärtig sind.

Great Plains & Great Lakes: Burger, Schinken & Bier

Die Einwohner der Great Plains und Great Lakes Region essen viel und gern. Die Portionen sind gewaltig – schließlich ist das Bauernland, wo die Menschen eine ordentliche Grundlage für den Arbeitstag brauchen. Also beginnt der Tag mit Eiern, Schinken und Toast, mittags folgt ein Cheeseburger mit Kartoffelsalat, und abends gibt's Steaks und Ofenkartoffeln und dazu ein kaltes Bier, oft aus einer der immer zahlreicher werdenden Kleinbrauereien. Barbecues sind sehr beliebt, besonders in Kansas City, St. Louis und Chicago. Chicago ist zudem ein ethnisch vielfältiges kulinarisches Zentrum mit einigen der besten Restaurants des Landes. Am besten für Kostproben der regionalen Küche eignen sich ländliche Volksfeste, wo es von Bratwürsten über Schmalzgebackenes bis zu gebratenen Maiskolben alles Mögliche gibt. Und vor allem in den Städten kann man in Diners und familiengeführten Restaurants den diversen Einflüssen der Einwanderer aus Osteuropa, Skandinavien, Lateinamerika und Asien nachspüren.

Der Südwesten: Chili, Steak & Salsa

Zwei ethnische Gruppen prägen die Esskultur des Südwestens: die Spanier und die Mexikaner, die bis weit ins 19. Jh. das Gebiet von Texas bis Kalifornien beherrschten. Wirklich spanische Gerichte gibt es hier heute kaum, aber die Spanier brachten das Rind nach Mexiko, was die Mexikaner in ihre eigene, auf Mais und Chili beruhende Küche aufnahmen und Tacos, Enchiladas, Burritos, Chimichangas und andere Gerichte aus Mais- oder Weizenmehlpfannkuchen, gefüllt mit allem Möglichen von Hackfleisch und Geflügel bis zu Bohnen, erfanden. In New Mexico sollte man sich eine Schüssel mit scharfem grünem Chilieintopf nicht entgehen lassen. Steaks und Gegrilltes sind auf den Speisekarten im Südwesten immer zu finden, und Bier ist das Getränk der Wahl zum Abendessen und auf Partys.

Kalifornien: Farm-to-Table & Taquerias

Dank seiner Größe und der vielen Klimazonen ist Kalifornien das US-amerikanische Mekka für Obst und Gemüse. Die natürlichen Ressourcen des Bundesstaats sind überwältigend: Es gibt Wildlachs, Dungeness-Krabben und Austern aus dem Pazifik, das ganze Jahr über Obst und Gemüse und dazu von Hand hergestellte Produkte wie Käse, Brot, Olivenöl, Wein und Schokolade. Ab den 1970er- und 1980er-Jahren bahnten Star-Köche wie Alice Waters und Wolfgang Puck der kali-

DANIEL GRILL / GETTY IMAGES ©

Ein Hummer-Mahl in Maine (S. 62)

fornischen Küche den Weg, indem sie beste heimische Zutaten zu schlichten, köstlichen Gerichten verarbeiteten. Der Einfluss asiatischer Immigranten, besonders nach dem Vietnamkrieg, bereicherte die Kulinarik in den Städten um China-, Korea- und Japantowns, während die Enklaven der US-Amerikaner mexikanischer Abkunft überall ihre eigenen kulinarischen Traditionen bewahren. Global-Fusion-Restaurants gehören ebenso zu Kalifornien. Nicht verpassen darf man die langen Burritos in San Franciscos Mission District und San Diegos Fisch-Tacos.

Der Nordwesten: Lachs & Kaffeekultur

Die Küche des Nordwestens stützt sich auf die Traditionen der amerikanischen Ureinwohner, deren Ernährung traditionell auf Wild, Meeresfrüchten – insbesondere Lachs – sowie Pilzen, Früchten und Beeren beruhte. Seattle löste mit Starbucks den Boom der modernen Kaffeehausketten aus – obwohl heute Portland mit seiner ausgezeichneten Café-Szene, zu der einige der besten Kaffeeröstereien im Land gehören, mehr Aufmerksamkeit verdient.

Hawaii: Inselstil

Mitten im Pazifik gelegen, ist Hawaii den kulinarischen Traditionen Polynesiens verpflichtet. Auf dem Speiseplan stehen vor allem Fisch wie *mahimahi*, *opakapaka*, *ono* oder *ahi* (Gelbflossenthun). Bei einer traditionellen Luau-Feier darf auch das Kalua-Schwein nicht fehlen, das in Palmblätter gewickelt in einer Erdgrube auf heißen Steinen gegart wird. Hawaiis Küche setzt auf frisches Gemüse und bedient sich großzügig bei den vielen Einwanderergruppen aus Asien und Europa. Hawaii ist auch der einzige US-Bundesstaat, in dem kommerziell Kaffee angebaut wird: 100%-Kona-Bohnen von der Insel Hawaii (Big Island) genügen höchsten Gourmet-Ansprüchen.

Gastronomische Erlebnisse

Küche der Spitzenklasse

Alinea (S. 600) Man muss schon sehr viel Glück haben, ein Ticket für dieses Highlight der Molekular-Gastronomie in Chicago zu ergattern.

Black's Barbecue (S. 772) Dieser Laden serviert in stimmungsvoller Atmosphäre in Lockhart, Texas, Rinderbruststücke vom Feinsten.

Bacchanal (S. 494) Wein, Käse, Brot und ein magisch beleuchteter Garten in New Orleans sind der Stoff für Erinnerungen.

Faidley's (S. 324) In dieser Institution in Baltimore gibt's keinen Schnickschnack und keinen Meerblick, nur himmlische Jumbo-Crab-Cakes.

Peche Seafood Grill (☎504-522-1744; www.pecherestaurant.com; 800 Magazine St, Warehouse District; kleine Platten 9–14 US$, Hauptgerichte 14–27 US$; ⏲So–Do 11–22, Fr & Sa bis 23 Uhr) Meeresfrüchte perfekt zubereitet über einem Holzfeuer im Warehouse District von New Orleans.

Rolf & Daughters (☎615-866-9897; www.rolfanddaughters.com; 700 Taylor St, Germantown; Hauptgerichte 15–26 US$; ⏲17.30–22 Uhr; 📶) Bietet in einem munteren Lokal in Nashville erstklassige modern-italienische Küche.

French Laundry (S. 1102) Das Essen mag zwar ein Monatsgehalt kosten, aber dieses Kultlokal in Nordkalifornien beeindruckt immer wieder aufs Neue.

Salt (S. 834) Liefert köstliche regionale und saisonale Bio-Gerichte in Boulder.

Imperial (☎503-228-7222; www.imperialpdx.com; 410 SW Broadway; Hauptgerichte 11–45 US$; ⌚Mo–Do 6.30–22, Fr bis 23, Sa 8–23, So bis 22 Uhr) Gesunde Gerichte in einer warmen, für Portland typischen Atmosphäre.

Gut & günstig

Food-Trucks In Städten jeder Größe ist die Vielfalt des Gebotenen erstaunlich.

Tacos Überall in den USA ungeheuer beliebt: Die besten bekommt man meistens bei Food-Trucks und anderen Verkaufsständen.

Green Chili Ein Klassiker aus den Rocky Mountains, am besten auf einem Burger.

Donuts Lohnend sind Gourmet-Versionen (mit Pistazien, Hibiskusblüten oder Ingwer-Zitrone).

Fried Chicken Zu den berühmtesten Hähnchen-Bratereien im Süden gehören viele Lokale in Nashville und das Willie Mae's (S. 493) in New Orleans.

Frozen Custard Nichts schmeckt an einem heißen Tag so gut wie ein Sahneeis, insbesondere dann, wenn es von Ted Drewes (S. 707) in St. Louis kommt.

Gebratene Muscheln Ein günstiger und sättigender Snack, den es an der Ostküste fast überall gibt.

Beignets Die fettgebackenen Krapfen mit Puderzucker sind in New Orleans unverzichtbar.

Half Smokes Die größere, schärfer gewürzte Version des Hotdog ist eine Spezialität in Washington, D.C.

Unbedingt probieren

Querrippe vom Bison Steht manchmal in den Rockies auf der Speisekarte; in Yellowstone findet man das Gericht bestimmt.

Alligator Eine Raststätten-Spezialität in einigen Teilen der Südstaaten.

Poke Eine hawaiianische Spezialität mit gewürfeltem, rohem Fisch (oft Gelbflossen-Thun) – einfach sagenhaft gut.

Hummer-Eiscreme Nachdem man diese beliebte Eisspezialität im **Ben & Bill's Chocolate Emporium** (☎508-548-7878; www.benandbills.com; 209 Main St; Eistüte 6 US$; ⌚Juni–Aug 9–23 Uhr, sonst kürzer) auf Cape Cod erst mal probiert hat, will man von Erdbeereis nichts mehr wissen.

Triple Bypass Burger Im Vortex (S. 448) in Atlanta kann man sich an einem Stapel aus drei großen Pattys mit 18 Scheiben amerikanischem Käse, 18 Speckstreifen und drei Spiegeleiern gütlich tun, die zudem zwischen zwei gegrillten Käsesandwiches stecken.

Schweineohr-Sandwich Wird seit den 1930er-Jahren im **Big Apple Inn** (☎601-354-4549; 509 N Farish St; Hauptgerichte 2 US$; ⌚Di–Fr 7.30–21, Sa ab 8 Uhr) in Jackson, Missouri, mit Elan serviert.

Dirty Water Dog Man muss schon großen Hunger haben, um einen Hotdog zu wollen, der den ganzen Tag über in einem New Yorker Imbisskarren in trübem Wasser lag.

Öffnungszeiten & Reservierungen

Manche Restaurants nehmen keine Reservierungen an. Wo es möglich ist, empfiehlt es sich, vorab zu reservieren, vor allem an Wochenenden. Wenn man keine Reservierung hat (oder keine machen kann), sollte man früh (17 Uhr) oder spät (21 Uhr) essen, um lange Wartezeiten zu vermeiden.

Restaurants Zwanglosere Lokale sind in der Regel ab etwa 11 Uhr geöffnet, gehobenere Restaurants oft erst ab 17 Uhr. In vielen Restaurants ist um 22 Uhr Küchenschluss.

DOS & DON'TS

- Trinkgeld geben: 15 bis 20 % des Rechnungsbetrages (vor Steuern) sind üblich.
- Es ist normal, sich die Serviette auf den Schoß zu legen, auch schon bevor die Mahlzeit serviert wird.
- Man sollte es vermeiden, die Ellbogen auf den Tisch zu legen.
- Man fängt erst an zu essen, wenn alle bedient wurden.
- Bei formellen Anlässen warten die Gäste üblicherweise, bis der/die Gastgeber(in) die Gabel hebt.
- Manche Amerikaner sprechen zu Hause vor der Mahlzeit ein Gebet; es ist in Ordnung, dabei nur still sitzen zu bleiben.

HAPPY HOURS

Gastropubs, Kleinbrauereien, die auch Mahlzeiten servieren, aber auch traditionelle Restaurants mit Plätzen an der Bar haben oft Happy Hours mit tollen Angeboten. Manchmal bekommt man vor dem Abend-Andrang (meist 15–17 od. 16–18 Uhr) Vorspeisen und andere kleine Gerichte zu absoluten Schnäppchenpreisen. Nimmt man dazu noch die günstigen Drinks (Cocktails oft zum halben Preis oder ein Glas Wein für 5 US$), startet man gut und billig in den Abend.

Cafés & Coffeeshops Ganztägig (und manchmal auch abends) geöffnet.

Informelle Essgelegenheiten Food-Trucks, Farmers Markets und andere entspannte Optionen (auch in manchen Bars gibt's tolles Essen). Ein paar Ketten – wie Waffle House oder Huddle House – sind rund um die Uhr geöffnet.

Sitten & Gebräuche

Außerhalb der Großstädte sind Amerikaner in der Regel in Restaurants und zu Hause früh dran mit den Mahlzeiten, darum sind die Lokale schon um 12 bzw. 17.30 Uhr gut gefüllt. In kleineren Städten kann es schwierig werden, nach 20.30 oder 21 Uhr noch was zu essen zu bekommen. Dinnerpartys beginnen normalerweise gegen 18.30 oder 19 Uhr mit Cocktails, gefolgt von einem Buffet oder Abendessen am Tisch.

Bei einer Einladung zum Abendessen sollte man pünktlich sein und nicht mehr als eine Viertelstunde nach der angegebenen Zeit erscheinen.

Amerikaner verhalten sich beim Abendessen ungezwungen, doch mit dem Essen fangen sie erst an, wenn alle bedient wurden. Vieles wird mit den Fingern gegessen, ein Stück Brot kann mit Butter bestrichen und mit einem Happs verdrückt werden. Zur Überraschung einiger Reisender sind Bierflaschen auf dem Abendbrottisch nicht ungewöhnlich.

Frühstück

Lang haben amerikanische Ernährungsexperten das Frühstück als „wichtigste Mahlzeit des Tages" angepriesen. Inzwischen ist es in den USA zu einem großen Geschäft geworden – egal, wie viele Leute behaupten, es ausfallen zu lassen. Angefangen mit einem riesigen Stapel Buttermilch-Pancakes im klassischen Diner bis hin zum üppigen Sonntagsbrunch – die Amerikaner lieben Eier mit Schinken, Waffeln und Kartoffelpuffer sowie ihre großen Gläser mit Orangensaft. Vor allem lieben sie auch ihr anscheinend unveräußerliches Recht auf eine dampfende Tasse Morgenkaffee mit unbegrenztem Nachschub.

Mittagessen

Das Mittagessen US-amerikanischer Angestellter besteht in der Regel aus einem schnellen Sandwich, Burger oder Salat. Der förmliche „Business Lunch" ist in Großstädten wie New York verbreiteter; dabei können die Gespräche wichtiger sein als das Essen.

Zwar sieht man ab und zu noch Leute, die sich ein Bier oder ein Glas Wein zum Mittagessen gönnen, aber die Tage, als ein „Drei-Martini-Lunch" gesellschaftsfähig war, sind lange vorbei. Mitte des 20. Jhs. war diese Praxis so verbreitet, dass sie zum Synonym für ausschweifende Geschäftsessen wurde, die meist von der Steuer abgesetzt wurden. Tatsächlich ist das typische Mittagsgetränk weit entfernt von einem Martini: Es ist Eistee oder ein Erfrischungsgetränk (und ja, fast immer wird gratis nachgefüllt).

Abendessen

Am Abend lassen sich Amerikaner unter der Woche zu einem reichhaltigeren Essen nieder, das in Anbetracht der Arbeitsbelastung vieler amerikanischer Familien, in denen beide Elternteile arbeiten, oft vom Italiener oder Chinesen oder aus der Mikrowelle kommt. Nachtisch darf hier natürlich auch nicht fehlen: Es gibt häufig Eis, Kuchen oder Gebäck. Manche Familien bereiten immer noch ein traditionelles Sonntagabendessen zu und laden dazu Verwandte und Freunde ein. Die traditionellen Mahlzeiten bestehen häufig aus Brathähnchen mit den üblichen Beilagen (Kartoffelbrei, grüne Bohnen und Maiskolben). In der wärmeren Jahreszeit sind auch Barbecues beliebt: Es gibt Steaks, Burger und Gemüse mit jeder Menge kaltem Bier und Wein.

Bier, Wein & mehr

Was Getränke angeht, hat Amerika eine wirklich erstaunliche Auswahl zu bieten. Wegen der boomenden Kleinbrauereiszene gibt es in jeder Ecke des Landes ausgezeichnete Biersorten. US-amerikanische Winzer keltern weiterhin hervorragende Tropfen – und nicht nur die kalifornischen Reben bringen Köstliches hervor. Die Kaffeekultur ist weiterhin auf dem Vormarsch, mit Cafés und Röstereien im Überfluss.

Bier

Bier gehört zu den USA wie Chevrolet, Football und Apple Pie. Die beliebtesten amerikanischen Biermarken (z.B. Coors, Budweiser und Miller) sind allgegenwärtig, werden aber wegen ihres geringen Alkoholgehalts und des „leichten“ Geschmacks im Ausland eher belächelt. Aber trotz aller Kritik brechen die Verkaufszahlen nicht ein – und angesichts des kometenhaften Aufstiegs von Kleinbrauereien und Craft-Bier müssen selbst Snobs zugeben, dass sich das amerikanische Bier neu erfunden hat.

Craft-Bier & regionale Biere

Die Kleinbrauereien und die Craft-Bier-Hersteller schießen wie Pilze aus dem Boden; der Einzelhandelsumsatz betrug 2018 bereits etwa 28 Mrd. US$. Angesichts von rund 7300 Kleinbrauereien überall in den USA, kann man im gesamten Land „regional“ trinken, denn Kleinbrauereien finden sich in städtischen Zentren genauso wie in kleinen Ortschaften. Nach Angaben der Brewers Association ist Chicago in Illnois mit 167 Kleinbrauereien heute die Hauptstadt dieses Gewerbes.

Aufgrund dieses Trends schlürfen Bierkenner heute Bier, als wäre es Wein. Einige Restaurants haben sogar schon eigene „Bierprogramme“, „Bier-Sommeliers“ und Bierkeller. Viele Braustuben und Restaurants veranstalten Bier-Dinner, bei denen man erfährt, welche Biere zu welchen verschiedenen Gerichten passen.

Wein

Die US-Amerikaner trinken mehr Wein denn je: im Jahr 2018 nicht weniger als 11,2 l pro Kopf.

Die USA produzieren heute fast 14% der Weine der Welt und sind damit (nach Italien und Frankreich und knapp vor Spanien) der drittgrößte Weinproduzent der Welt. Der meiste US-amerikanische Wein stammt zwar aus Kalifornien, aber Weingüter finden sich heute in fast allen Bundesstaaten, und viele US-amerikanische Weine heimsen prestigeträchtige internationale Auszeichnungen ein.

Wegen der vergleichsweise hohen Steuern und Produktionskosten sowie seines Status als Luxusgut ist Wein in den USA nicht gerade billig. Dennoch ist es möglich, in einem Spirituosengeschäft oder einem Weinladen für unter 12 US$ eine gute Flasche amerikanischen Weins zu kaufen.

Weinregionen

Heute stammen rund 80% der US-amerikanischen Weine aus Kalifornien, aber auch andere Gebiete produzieren Tropfen, die international Beachtung finden. Insbesondere die Weine aus den Regionen Finger Lakes, Hudson Valley und Long Island im Bundesstaat New York und die Weine aus den Bundesstaaten Washington und Oregon (insbesondere der Pinot Noir und der Riesling) sind eine Kostprobe wert.

SPASS OHNE ODER MIT NUR WENIG ALKOHOL

Nachdem ein Jahrzehnt lang starke Cocktails im Rampenlicht standen, schlägt das Pendel nun in die andere Richtung aus. Gesundheitsbewusste Millennials entscheiden sich bei einem Ausgehabend oft für Optionen mit wenig oder gar keinem Alkohol, und die Barkeeper gehen darauf ein. Auf der Karte finden sich aromatische alkoholfreie Cocktails mit pflanzlichen Extrakten, Cannabidiol (CBD) und/oder gesunden Zutaten wie *açaí*-Beeren oder Granatapfelsaft, die mit „no-proof“, „spirit-free“ oder „NA“ bezeichnet werden. Sogenannte „Session Cocktails“ mit einem Bier vergleichbaren Alkoholgehalt, sind ebenfalls im Kommen. Zur Happy Hour sieht man in vielen Bars Spritzes und Büchsen mit alkoholhaltigem Mineralwasser (*spiked seltzer*).

Das Zentrum des US-amerikanischen Weintourismus liegt zweifellos im Norden Kaliforniens, im Napa Valley und im Sonoma Valley gleich außerhalb der Bay Area. Mittlerweile ist auch in anderen Gebieten, die sich zu Weinregionen entwickelt haben, vom Willamette Valley in Oregon bis zum Hill Country in Texas, eine ganze Industrie des B&B-Tourismus entstanden, die mit der Suche nach dem perfekten Pinot Noir Hand in Hand zu gehen scheint.

Was sind nun die besten US-amerikanischen Weine? Unter den weißen Sorten aus den USA sind Chardonnay und Sauvignon Blanc am beliebtesten, unter den roten verkaufen sich u.a. Cabernet Sauvignon, Merlot, Pinot Noir und Zinfandel am besten.

Harte Sachen

Whiskey und Bourbon sind die beliebtesten amerikanischen Exporte, aber auch Rye, Gin und Wodka werden in den USA gebrannt. Der aus Mais hergestellte Bourbon ist der einzige wirklich hiesige Schnaps; er wird traditionell in Kentucky gebrannt – einfach dem Bourbon Trail folgen! Der gute alte Jack Daniels bleibt weltweit die bekannteste amerikanische Whiskeymarke; die 1870 gegründete Brennerei in Tennessee ist die älteste ununterbrochen betriebene im Land.

In den 2010er-Jahren erlebte die lange Geschichte des Schnapsbrennens in den USA eine Renaissance, so wie der Weinanbau und das Bierbrauen in den Jahrzehnten davor. 2018 gab es mehr als 2800 kleine Brennereien in den USA – ein Anstieg um 107% seit 2013. Mit 148 bzw. 123 Destillerien sind Kalifornien und New York führend, aber auch Bundesstaaten wie North Carolina (57) und Colorado (80) tragen zu dem Boom bei. Viele Schnapsbrenner nutzen örtliche Zutaten, von Getreide bis zu Pflanzenextrakten, um ihre Produkte zu aromatisieren.

Das ist das richtige Erbe für das Land, das den Cocktail erfunden hat. Der erste war der Sazerac aus New Orleans, ein Mix aus Roggen-Whiskey oder Brandy, schlichtem Sirup, einem Bitter und (bis zum Verbot im Jahr 1912) einem Hauch Absinth. Zu den amerikanischen Cocktails, die im späten 19. und frühen 20. Jh. in den Bars kreiert wurden, zählen altbewährte Klassiker wie der Martini, der Manhattan und der Old-Fashioned.

Nicht alkoholische Getränke

Leitungswasser kann man in den USA bedenkenlos trinken, auch wenn der Geschmack je nach Region und Stadt variiert. Die meisten nichtalkoholischen Getränke sind recht süß und werden auf Eis serviert, von Eistee aus den Südstaaten über Limonade bis hin zu uramerikanischen Softdrinks wie Coca-Cola, Pepsi und Dr. Pepper. Ferner gibt es alte und neue Softdrinks, die häufig mit Rohrzucker statt Maissirup gesüßt werden.

Interessanterweise werden kohlensäurehaltige nicht alkoholische Getränke je nach Region unterschiedlich benannt, je nachdem wo man sie bestellt. In vielen Teilen des Südens ist eine „Coke“ jede Art von Soda, sodass der Kellner beim Bestellen nachfragen wird, welche Sorte es sein darf. Bei den Great Lakes, den nördlichen Great Plains und im Pacific Northwest wird ein Sodagetränk „Pop“ genannt, an der Ostküste und anderswo heißt es dagegen einfach „Soda“. Da soll einer schlau daraus werden...

Kaffee-Sucht

Amerikaner entspannen beim Bier und schalten mit Wein ab, doch das Land läuft nur unter Koffein. Der Kaffeewahn hat sich in den letzten 30 Jahren sogar noch intensiviert, seit sich die Café-Kultur explosionsartig in den Städten ausgebreitet und über das ganze Land ausgedehnt hat.

Schuld daran ist Starbucks. Die größte Kaffeekette der Welt wurde 1971 inmitten der fortschrittlichen Kaffeekultur des Nordwestens geboren, als Starbucks gegenüber dem Pike Place Market in Seattle seinen ersten Laden eröffnete. Die Idee, eine Vielzahl gerösteter Bohnen aus der ganzen Welt in einem gemütlichen Café zusammenzubringen, füllte die Kaffeebecher der Amerikaner mit raffinierteren, komplexeren (und teureren) Getränken. In den frühen 1990er-Jahren entstanden überall im Land Kaffeehäuser, die Spezialitäten anboten.

Viele Kaffee-Ketten haben nur Platz für ein paar Stühle und einen Verkaufstresen, vor allem die unabhängigen Läden aber unterstützen eine Kaffeehauskultur, die zum Verweilen einlädt: Sie bieten kostenloses WLAN, komfortable Sitzgelegenheiten drinnen und draußen sowie leckere Snacks und kleine Gerichte. In den gehobenen Cafés lassen sich erfahrene Baristas über die

Herkunft der einzelnen Sorten aus und teilen gern ihre Vorstellungen zum idealen Mahlen der Bohnen und zu anderen Kaffeefragen mit.

Trinkgeld

In den USA, wo Restaurants und Bars oft nur den gesetzlichen Mindestlohn (oder weniger) zahlen, sind die Kellner für ihren Lebensunterhalt auf Trinkgeld angewiesen. Faustregel: 1 US$ pro Drink (bei teuren Cocktails mehr) oder 15 bis 20 % der Gesamtrechnung geben.

DUIs

DUI (*driving under the influence*; Fahren unter dem Einfluss psychoaktiver Substanzen) wird in den USA sehr ernst genommen. Bei Gruppen, die gemeinsam in Restaurants, Bars, Nachtclubs oder auf Partys Alkohol trinken, ist es inzwischen üblich, dass eine Person als Fahrer ausgewählt wird und nüchtern bleibt.

Glossar Essen

barbecue – langsam gegartes, gewürztes und mit Fett begossenes Fleisch auf einem Grill

beignet – Donutähnliches Schmalzgebäck aus New Orleans mit Puderzucker bestreut

biscuit – hefefreies Blätterteig-Brötchen aus dem Süden

blintz – jüdischer Pfannkuchen mit Marmelade-, Käse- oder Kartoffel-Füllung

BLT – Sandwich mit Schinken, Salat und Tomaten

blue plate – Tagesgericht in einem Diner oder einer Imbissstube

Boston baked beans – Bohnenauflauf mit Sirup und Schinken

Buffalo wings – frittierte Hähnchenflügel mit scharfer Buttersauce und einem Dressing aus Blauschimmelkäse; stammt ursprünglich aus Buffalo, NY

burrito – Weizentortilla, gefüllt mit Bohnen, Fleisch, Salsa und Reis; mexikanischer Ursprung

California roll – Fusion-Sushi mit Avocado, Krabbenfleisch und Salatgurke, eingewickelt in Sushireis und *nori* (Algenblätter)

chili – herzhafter Fleischeintopf mit gemahlenen Chilis, Gemüse und Bohnen; auch Chili con Carne genannt

clam chowder – Kartoffelsuppe mit Venusmuscheln, Gemüse und manchmal Schinken, mit Milch eingedickt

club sandwich – dreilagiges Sandwich mit Hähnchen oder Truthahn, Schinken, Salat und Tomaten

corned beef – gepökeltes Rindfleisch, traditionell mit Kohl serviert am St. Patrick's Day (17. März)

crab cake – paniertes, gebratenes Krabbenfleisch

eggs Benedict – pochierte Eier, Schinken und Sauce Hollandaise auf englischen Muffins

French toast – Arme Ritter mit Ahornsirup

grits – Maisgrütze; im Süden zum Frühstück oder als Beilage serviert

guacamole – Avocado-Dip mit Limette, Zwiebeln, Chilis und Koriander, Beilage zu Tortilla-Chips

hash browns – Kartoffelpuffer, Röstis

huevos rancheros – mexikanisches Frühstück aus Maistortillas mit Spiegelei und Salsa

jambalaya – Eintopf mit Reis, Schinken, Würstchen, Shrimps und Gewürzen; aus Louisiana

lobster roll – mit Mayonnaise und Gewürzen verrührtes Hummerfleisch in einem getoasteten Hotdog-Brötchen

lox – jüdische Zubereitungsart von gepökeltem Lachs

nachos – gebratene Tortillachips, oft mit Käse, Rinderhackfleisch, Jalapeños, Salsa und Sauerrahm serviert; mexikanischer Ursprung

pastrami – geräuchertes und gewürztes Pökelfleisch; jüdischer Ursprung

Reuben sandwich – Corned-Beef-Sandwich aus Roggenbrot mit Schweizer Käse und Sauerkraut

smoothie – dickflüssiges Kaltgetränk mit pürierten Früchten, Eis und manchmal Joghurt

stone crab – Krabbe aus Florida, deren Scherenfleisch mit geschmolzener Butter oder einer Senf-Mayonnaise-Sauce gegessen werden

surf 'n' turf – gemischte Platte mit Meeresfrüchten (oft Hummer) und Steak

wrap – Tortilla oder Pitabrot mit unterschiedlichen Füllungen

Reiseplanung

Mit Kindern reisen

Von Küste zu Küste finden sich tolle Attraktionen für alle Altersstufen: Buddelspaß am Strand, Vergnügungsparks, naturkundliche Ausstellungen, Campingabenteuer, Wanderungen in Naturschutzgebieten, entspannte Radtouren u. v. m., das die Kleinen begeistert.

Budgetplanung

Unterkünfte

In Motels und Hotels können Kinder unter 17 oder 18 Jahren in der Regel kostenlos übernachten, wenn sie sich das Zimmer mit ihren Eltern teilen. Die vielen Campingplätze im Osten der USA sind für Familien eine lustige und preiswerte Form, sich im Land umzuschauen. Beliebt bei Familien und in den USA weit verbreitet sind Homesharing-Angebote, die über Websites vermittelt werden.

Verkehrsmittel

In den meisten öffentlichen Verkehrsmittel fahren Kinder zu einem ermäßigten Preis. Kinder unter zwei Jahren können zudem kostenlos mitfliegen. Am günstigsten – und oft auch am einfachsten – kommen Familien aber in den USA mit dem Mietauto von A nach B.

Essen

Viele Restaurants haben Kinderkarten mit deutlich niedrigeren Preisen – stets nach Angeboten fragen! Günstiges Essen zum Mitnehmen bieten Lebensmittelläden, z. B. Obst oder „Uncrustables" (Sandwichs mit gefrorener Erdnussbutter).

Aktivitäten

Bei den meisten Attraktionen und Museen haben Kinder unter sechs Jahren freien Eintritt; Kinder bis zwölf Jahre kommen zu ermäßigtem Preis hinein.

Die Regionen

New York, New Jersey & Pennsylvania

Diese Region bietet jede Menge Strände, Radwege und Outdooraktivitäten in atemberaubenden Landschaften wie dem Delaware Water Gap (S. 174) oder den Catskills. Kinder lieben den Spaß für alle Altersstufen in der Silverball Museum Arcade (S. 177), die interaktiven Exponate im Museum of the American Revolution (S. 183) und die ungebremste Energie in New York City.

New England

Imbisse am Straßenrand bieten überall im ländlichen New England kinderfreundliche Gerichte wie Fischstäbchen, Burger und Eiscreme. Familienfreundlich sind auch die vielen Strände von den ruhigen Gewässern von Martha's Vineyard (S. 233) bis zu dem herrlichen Küstenabschnitt am Ogunquit Beach (S. 276). Für Regentagen gibt's jede Menge Museen und für Abenteuer in der Natur den Acadia National Park (S. 283).

Washington, D. C. & Capitol Region

Die Mid-Atlantic-Staaten bieten Unterhaltung und Spaß für alle Altersstufen: Sandburgen werden an den Stränden von

Delaware gebaut, Meerestiere im riesigen National Aquarium (S. 319) in Baltimore bewundert, historische Stätten wie Mount Vernon (S. 340) erkundet und spannende Wildwassertouren in der New River Gorge unternommen. Das Highlight ist natürlich Washington, D. C., mit seinen unzähligen Museen und Monumenten.

Der Süden

Die Great Smoky Mountains (S. 398) sind ein wunderbares Ziel für Familien, gleiches gilt für die nahe gelegenen Themenparks Anakeesta (S. 432) und Dollywood (S. 432). Atlanta lockt mit Kindertheater im Center for Puppetry Arts (S. 443), Charlotte bietet lustige Simulatoren in der NASCAR Hall of Fame (S. 390), in Huntsville ist das US Space & Rocket Center (S. 463) zu Hause und das lebenssprühende New Orleans ist ein fabelhaftes Ziel für musikbegeisterte Familien.

Florida

Von Walt Disney World® (S. 565) über den Everglades National Park (S. 532) bis zu den ruhigen Gewässern und Stränden des Panhandle (S. 570) bietet der Sunshine State Familien so viel Spaß und Erholung, dass man nächstes Jahr gleich wieder herkommen möchte.

Die Großen Seen

Chicago zeigt wilde Dinosaurier im Field Museum (S. 583) und lockt mit dem munteren Navy Pier (S. 587). Indianapolis besitzt das größte Kindermuseum der Welt (S. 616) und außerhalb von Detroit sorgen Greenfield Village (S.645) und Henry Ford Museum (S. 645) lange Stunden für Unterhaltung. Im Door County in Wisconsin gibt es leckere Eiscreme und auf Mackinac Island tolle Routen für Radausflüge.

Great Plains

Familienfreundliche Attraktionen wie der Mt. Rushmore (S. 737) und der Gateway Arch (S. 703) verteilen sich über die weiten, flachen Ebenen des mittleren Westens. Barbecues in Kansas City und gebratene Leckereien auf den unzähligen State Fairs in der Region sind ebenfalls immer beliebt.

Texas

Die Einheimischen lieben kleine Cowboys, Familien mit Kindern werden also freundlich empfangen. San Antonio, Austin, Dallas und Houston besitzen Museen für Kinder, öffentliche Parks und viele andere Attraktionen. Unbedingt sehenswert ist das Houston Museum of Natural Science (S. 782).

Rocky Mountains

Die Staaten in den Rocky Mountains haben eine Menge zu bieten. Allerdings muss man sorgfältig planen, um die langen Entfernungen zwischen den einzelnen Zielen ohne großen Protest von der Rückbank zu überwinden. Im Winter locken nahezu überall familienfreundliche Skiresorts. Aber auch sonst ist keine Langeweile angesagt: So gibt's etwa in Denver Museen und Wasserparks, in den Bergen können sich die Kids an Seilrutschen wagen oder reiten. Kleine Geologen, die sich für Vulkane interessieren, werden vom Craters of the Moon National Monument & Preserve (S. 890) begeistert sein. Grizzlybären, Wölfe, Bisons und Wapitihirsche kann man im Yellowstone National Park (S. 866) beobachten. Und dann sind da noch die sehr sehenswerten Felsbehausungen in Mesa Verde, die nicht nur Erwachsene interessant finden werden.

Der Südwesten

Diese Region ist eine wahres Eldorado für alle abenteuerlustigen Familien mit größeren Kindern. Man kann ausgiebig im Gebiet des Grand Canyon (S. 929) wandern, in das Wasser des Oak Creek rutschen und die riesigen Saguaro-Kakteen außerhalb von Tucson bewundern. Auch Wasserparks, Ferienranches und Geisterstädte halten die Kinder bei Laune. Ja selbst Las Vegas (S. 896) bietet eine erstaunliche Palette an kinderfreundlichen Aktivitäten und Unterhaltungsangeboten.

Kalifornien

Kalifornien ist für einen Urlaub mit Kindern geradezu prädestiniert. Man kann die Promi-Handabdrücke in Hollywood oder die mit natürlichem Asphalt gefüllten La Brea Tar Pits (S. 1009) bewundern und in Santa Monica oder San Diego an den Strand gehen. Die Warner Bros Studio Tour (S. 1013) begeistert Fans von Harry Potter oder Batman, während die Universal Studios Hollywood (S. 1027) Familien auf einen Streifzug durch andere bekannte Filme entführen. Und zu allem Überfluss gibt's auch noch Disneyland (S. 1030)!

Der Nordwesten

Sonne, Sand und Strand an der Küste, schneebedeckte Hängen im Hinterland und viele auf Kinder ausgerichtete Museen und Vergnügungsparks – in den beiden Staaten des Pazifischen Nordwesten kommt keine Langeweile auf. Die Nationalparks und State Parks organisieren oft familienfreundliche Aktivitäten, ein echter Hit kann auch das Beobachten von Walen sein. In der Region gibt's zudem viele Spielplätze und Skateboardparks. Besonders kinderfreundliche Städte sind Portland (S. 1161) und Seattle (S. 1132).

Alaska

Alaska hat Outdoorabenteuer und Attraktionen für die ganze Familie. Man kann auf dem Flattop Mountain Trail in Anchorage wandern oder mehr als 40 Parks in der Stadt besuchen.

Hawaii

Unzählige Sandstrände bieten jede Menge Platz zum Toben, in der Hanauma Bay (S. 1222) schnorcheln die Kids inmitten bunter tropischer Fische und im Hawai'i Volcanoes National Park (S. 1229) erkunden sie die faszinierenden Lavaströme. Abseits von Sonne und Strand locken noch zahlreiche Museen, Aquarien und historische Attraktionen. Immer beliebt ist Shaved Ice.

Gut zu wissen

Anregungen für Familien sind im vorliegenden Buch mit diesem Symbol gekennzeichnet: 👪.

Auswärts essen Kinderhochstühle und Kindersitze sind normalerweise verfügbar, man sollte sich aber sicherheitshalber vorher erkundigen. In gehobenen Restaurants werden Kinder am frühen Abend eher geduldet.

Autofahren Sicherheitsgurte bzw. dem Alter angemessene Kinder-Sicherheitssitze sind gesetzlich vorgeschrieben. Die meisten Autoverleiher vermieten auch die Sitze, man sollte bei der Buchung aber unbedingt nachfragen, ob sie verfügbar sind.

Babybedarf Babynahrung, Milchpulver und Einwegwindeln gibt's in rauen Mengen in Supermärkten und Drogerien (Walgreens, CVS) überall im Land.

Kinderecke

Was heißt ...?

Y'all	Der Plural von „you" in den Südstaaten
Yinz	Der Plural von „you" in Teilen von Ohio und Peensylvania
Pike	Ein anderes Wort für „Straße"

Schon gewusst?

- Die Großen Seen bergen 20 % des weltweiten Süßwasservorkommens.
- In den USA werden mindestens 350 Sprachen gesprochen.

Schon probiert?

Po'Boy
Ein Sandwich aus Louisiana.

Dokumente Einzelne Elternteile oder Betreuer, die mit Personen unter 18 Jahren reisen, sollten Nachweise für das Sorgerecht oder ein notariell beglaubigtes Schreiben der Eltern bzw. des nicht mitreisenden Elternteils mitführen, das die Zustimmung zur Reise bestätigt. Das ist zwar keine Vorschrift, hilft aber, mögliche Probleme bei der Einreise in die USA zu vermeiden.

Stillen Für alle großen Flughäfen sind Räume zum Stillen vorgeschrieben. Das Stillen in der Öffentlichkeit ist erlaubt und wird allgemein akzeptiert, viele US-Amerikanerinnen benutzen dabei aber Stillschürzen oder -tücher.

Toiletten Bei Autofahrten sind Raststätten die beste Optionen für die Toilettenpause, in größter Not kann man aber auch an Tankstellen und Fast-Food-Restaurants Halt machen.

Unterkünfte Hotels und Resorts können normalerweise Kinder- und Rollbetten zur Verfügung stellen. In kleineren B&Bs und Inns sind Familien mit Kindern dagegen oft nicht willkommen.

Wickeln Viele öffentliche Toiletten haben Wickeltische und auf Flughäfen gibt's zunehmend geschlechterneutrale „Familien"-Toiletten.

Infos im Internet

Family Travel Files (www.thefamilytravelfiles.com) Ferienideen zum Improvisieren, Beschreibungen von Reisezielen und Tipps für Traveller.

Lonely Planet Kids (www.lonelyplanetkids.com) Blog mit Infos zu vielen Aktivitäten und tollen Tipps rund ums Reisen mit der ganzen Familie.

My Family Travel Map: North America (shop.lonelyplanet.com) Auf dem bunten und detailreichen Poster kann der Nachwuchs die Reise mit Stickern markieren. Für Kinder zwischen fünf und acht Jahren.

Parents Magazine (www.parents.com) Monatsmagazin mit Reisetipps und Ratschlägen.

Die USA im Überblick

Der irre Flickenteppich der Kulturen und Landschaften schafft eine packende Vielfalt regionaler Identitäten. Da wären der aufregende Großstadtcharme von New York, Chicago oder San Francisco, Trendsetter wie Austin oder Portland, der südliche Charme von Charleston oder das malerische Kleinstadtleben Neuenglands. Hawaiis Vulkane, Alaskas vergletscherte Pracht, die Weiten der Great Plains, die Felsformationen des Südwestens oder das Grün des Nordwestens – alle sind eine Entdeckung wert. Die legendären Strände Kaliforniens laden zum Surfen ein, die Gipfel der Rockies wollen erklommen werden; und dann ist da auch noch die birkengesäumte Küste der Great Lakes.

Jede Region bietet Einzigartiges: Maine protzt mit Hummer, in Texas weiß man, was ein BBQ ist, Memphis verzaubert mit Blues, Kalifornien mit Wein. Welche Wahl man auch trifft, es warten unvergessliche Erlebnisse. Und wenn die Zeit nicht für den mehrmonatigen „Great American Road Trip" reicht: Erst ein, zwei Regionen besuchen – und dann wiederkommen!

New York, New Jersey & Pennsylvania

Kunst
Geschichte
Outdoor

Kulturstätte

Heimat der Met, des Museum of Modern Art und des Broadway – und all das allein in NYC! Auch Buffalo, Philadelphia und Pittsburgh haben weltberühmte Kultur.

Zeugnisse der Vergangenheit

Von Herrenhäusern im Hudson Valley über den Independence National Historic Park Philadelphias bis hin zu Stätten, die der Gründung der Nation gewidmet sind – hier lernt man viel über die USA.

Wilde Natur

Jenseits der Städte wartet die Natur und lockt mit Wanderungen in den Adirondacks und den Catskills, Rafting auf dem Delaware River, Segeln auf dem Atlantik und Tagen an der Jersey Shore und in den Hamptons.

S. 80

Neuengland

Seafood
Geschichte
Landschaft

Hummer-Hochburg

Neuengland ist berühmt für seine fangfrischen Meeresfrüchte. An der Küste isst man Austern, Hummer und Fisch, während draußen im Hafen das nächste Fischerboot ankommt.

Legenden der Vergangenheit

Von den amerikanischen Ureinwohnern über die Landung der Pilgerväter und Paul Reveres Ritt während des Unabhängigkeitskriegs bis zum Black Heritage Trail in Boston – Neuengland ist voller Geschichte.

Herbstlaub

Der Indian Summer ist legendär: Von den Litchfield Hills (Connecticut) bis hinauf zu den White Mountains (New Hampshire und Maine) tauchen bunte Blätter ganz Neuengland in ein Farbenmeer.

S. 200

Washington, D.C. & Capital Region

Kunst
Geschichte
Essen

Erstklassige Kunst

Washington hat viele tolle Museen und Galerien. Auf Virginias Crooked Road findet man Mountain Music, in Baltimore avantgardistische Kunst und in Richmond denkwürdige Museen.

Die Anfänge

Fenster in die koloniale Zeit öffnen Jamestown, Williamsburg und Yorktown, während Virginia mit Schlachtfeldern aus dem Bürgerkrieg übersät ist. Fesselnde Präsidentenvillen sind z. B. Mount Vernon und Monticello.

Kulinarische Highlights

Maryland Blue Crabs, Austern und Seafood; internationale Lokale in D.C.; Restaurants mit Zutaten direkt vom Erzeuger in Baltimore, Charlottesville und Rehoboth.

S. 286

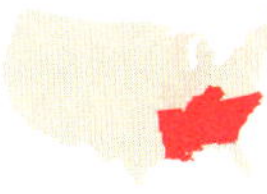

Der Süden

Essen
Musik
Charme

Die Küche des Südens

Barbecue, gebratener Wels, Butter-Biscuits, Maisbrot, Grütze und cajun-kreolische Gerichte: Der Süden weiß zu leben!

Denkwürdige Musik

Nirgendwo sonst gibt es ein so einflussreiches Musikrepertoire wie im Süden. Authentische Musikerlebnisse bieten die Hochburgen: Es gibt Country in Nashville, Blues in Memphis, Hip-Hop in Atlanta und Bigband-Jazz in New Orleans.

Hübsche Städte

Bilderbuchstädte wie Charleston und Savannah faszinieren seit Langem mit historischen, von Bäumen gesäumten Straßen und Gebäuden aus der Zeit vor dem Bürgerkrieg. Weitere schöne Orte sind Chapel Hill, Oxford, Chattanooga und Natchez.

S. 374

Florida

Geschichte
Wildtiere
Strände

Unerwartete Schätze

Florida hat eine komplizierte Seele: Neben Miamis buntem Art-déco-Distrikt und Little Havana gibt's auch noch einige, leicht zu übersehende historische Stätten wie St. Augustine und das reiche Insel-Erbe von Key West.

Wale, Vögel & Alligatoren

Bei einem Schnorchel- oder Tauchausflug erkundet man das Leben unter Wasser. Größere Kaliber sieht man bei einer Walbeobachtungstour oder in den Everglades, wo Alligatoren, Adler, Seekühe und andere Wildtiere zu Hause sind.

Sandstrände

Sandstrände gibt's vom schwülen South Beach bis zum gehobenen Palm Beach, Inselreize auf Sanibel und Captiva und Panhandle-Trubel in Pensacola.

S. 504

Die Großen Seen

Essen
Musik
Sehenswertes

Heartland Cuisine

Von ausgezeichneten Restaurants (James Beard Award) in Chicago und Minneapolis bis hin zu Milchshakes direkt aus der Molkerei – dank der Farmen, Obstplantagen und Brauereien wird hier jeder Feinschmecker glücklich.

Rock & Roll

Heimat der Rock 'n' Roll Hall of Fame, ausgelassener Festivals wie dem Lollapalooza und dem Summerfest, abgefahrener Clubs und der Blues-Bastion Chicago – die Region der Großen Seen dreht mächtig auf!

Skurriles

Ein riesiges Garnknäuel, ein Senfmuseum, Kuhfladenweitwurf: Solch schräge Attraktionen findet man in hier an den Nebenstraßen und in den Hinterhöfen fantasievoller Leute.

S. 576

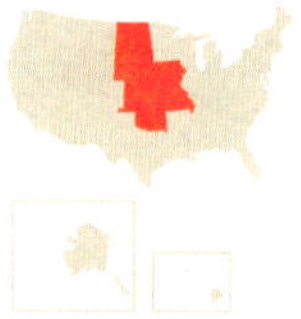

Great Plains

Landschaft
Geologie
Nachtleben

On the Road

Auf seinem Weg zum Horizont führt der Highway unter einem endlosen Himmel an Feldern, Flusstälern und Gipfeln vorbei – dazu gibt's abgefahrene Museen und nette Cafés, und fertig ist der große Roadtrip durch die USA.

Faszinierende Natur

Die Badlands sind alles andere als *bad*. Zu den geologischen Wundern gesellen sich die schönen, von zahllosen Wildtieren bewohnten Black Hills und der Theodore Roosevelt National Park.

Großstadt-Soundtracks

Wenn auf dem Land abends die Bürgersteige hochgeklappt werden, geht in St. Louis und Kansas City der Spaß erst richtig los. In großen und kleinen Clubs und Bars wird Jazz, Blues und Rock gespielt.

S. 699

Texas

Essen
Livemusik
Outdoor

Barbecue-Vergnügen

Fleischliebhaber werden sich hier wie im Himmel fühlen. Das Barbecue von Lockhart in der Nähe von Austin gehört weltweit zu den besten. Rindfleisch, Rippchen und Würstchen vom Grill gibt's aber auch überall sonst im Bundesstaat.

Im Takt bewegen

Austin hat sich zur Hauptstadt der Livemusik ernannt. In Honky Tonks und Tanzhallen in ganz Texas wirbelt man zu Livemusik über abgewetzte Holzbühnen.

Naturkino

Schluchten, Berge und Thermalquellen versprechen einen unvergesslichen Ausflug. Wie wär's mit Raften auf dem Big Bend River? Oder doch lieber an der Golfküste faul am Strand liegen?

S. 761

Rocky Mountains

Outdoor
Kultur
Landschaft

Hohe Berge

Skifahren, wandern und mit dem Boot fahren – die Rockies sind eine wahre Spielwiese mit einem unglaublichen Netz aus Parks, Routen und Hütten.

Alt trifft Neu

Früher war dies das Land der Stetsons und Bauernkleider, heute tragen die Leute eher Lycra, gehen Mountainbiken und lassen sich ein Bier oder eine Latte schmecken. Doch das Motto „hart arbeiten, geruhsam leben" ist immer noch Programm.

Fantastische Aussichten

Die schneebedeckten Rockies mit ihren schroffen Gipfeln, klaren Flüssen und rot schimmernden Felsen sind majestätisch. Hier finden sich einige der berühmtesten Parks – und viel frische Bergluft.

S. 818

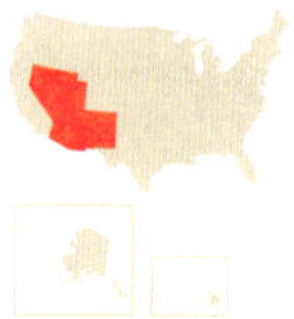

Der Südwesten

Landschaft
Essen
Indigene Kultur

Naturschönheit

Der atemberaubende Grand Canyon, das spektakuläre Monument Valley, die purpurnen Bögen von Moab und die Felstürme von Sedona sind nur ein paar der vielen geologischen Wunder hier.

Gut essen

In New Mexico sollte man Hühnchen-Enchiladas mit viel Chilli, in Tucson einen Sonora-Hotdog und in Utah gegrillte Forelle probieren. In Las Vegas sprengen extravagante Büffets den Gürtel und die Geldbörse, und am Strip kann man schlemmen.

Indigene Kultur

Eine gute Einführung in die indigene Kultur bietet ein Besuch bei den Hopi und der Navajo Nation oder in den Pueblos von New Mexico. Hier kann man auch indigenes Kunsthandwerk bewundern und kaufen.

S. 892

Kalifornien

Strände
Abenteuer
Essen

Sonnige Küsten

Mit 176 km Küste bietet Kalifornien raue, unberührte Strände im Norden und überfüllte im Süden. An der ganzen Küste kann man Surfen, Kajakfahren und Spazierengehen.

Freizeitsport

Man kann schneebedeckte Hänge hinunterfahren, raften, Kajaktouren längs Küsteninseln machen, hinter Wasserfälle wandern und in der Wüste auf Felsen klettern. Das einzige Problem ist die mangelnde Zeit, um alles zu schaffen.

Kulinarisches

Fruchtbares Land, talentierte Köche und die Lust, Neues auszuprobieren, machen Kalifornien zu einem Gourmet-Ziel. Man schlendert über Lebensmittelmärkte, probiert auf Weingütern Pinots und Chardonnays und speist Gerichte frisch von der Farm.

S. 999

Der Nordwesten

Essen & Wein
Radfahren
Nationalparks

Kulinarische Fülle

In Portland und Seattle kombinieren Köche Fisch aus den örtlichen Gewässern mit Gemüse aus den Tälern rund um den Columbia River. Die Weine aus dem Bundesstaat Washington stehen nur denen aus Kalifornien nach.

Radlerparadies

Radeln kann man auf den asphaltierten, hügeligen Straßen auf den ruhigen San Juan Islands, auf dem Hwy 101 längs der von Klippen übersäten Küste von Oregon oder in den Straßen der fahrradfreundlichen Stadt Portland.

Naturvielfalt

Es gibt hier vier Nationalparks: drei Klassiker aus der Roosevelt-Ära mit Lodges (Olympic, Mt. Rainier und Crater Lake) und einen „jungen Wilden", den North Cascades.

S. 1127

Alaska

Wildtiere
Gletscher
Outdoor

Große & kleine Tiere

Im Südosten einen Wal oder einen Bären zu beobachten, ist ein unvergessliches Erlebnis, während im Denali National Park Karibus, Elche, Dall-Schafe und Alaskas berühmte Grizzlybären leben.

Abenteuer im Eis

Alaska ist der richtige Ort, um in den USA Gletscher zu erkunden. Der Glacier Bay National Park ist das Highlight der Kreuzfahrten und ein beliebtes Ziel für Kajaktouren in vereister Wildnis.

Wandern

Ein paar von Nordamerikas „rauesten" Wandermöglichkeiten (z. B. der Chilkoot Trail im Klondike und der Denali National Park mit seiner unberührten Tundra) finden sich in Alaska.

S. 1191

Hawaii

Strände
Abenteuer
Landschaft

Tropische Gebiete

Waikiki ist der perfekte Ort, um Leute zu beobachten. Atemberaubende schwarze Sandstrände säumen die Kona Coast, während überall erstklassige Surfspots warten.

Outdoor-Highlights

Wandern durch den Regenwald, Kajakfahren an der Na Pali Coast, Ziplining auf den vier größten Inseln und eine Begegnung mit der Unterwasserwelt in der herrlichen Hanauma Bay.

Unvergleichliche Landschaften

Hawaii ist reich an Hinguckern: Da sind Vulkane, uralte Regenwälder, malerische Wasserfälle, Felsen mit toller Aussicht und Dschungeltäler. Und rund um die Inseln lockt das funkelnde Meer.

S. 1213

Reiseziele in den USA

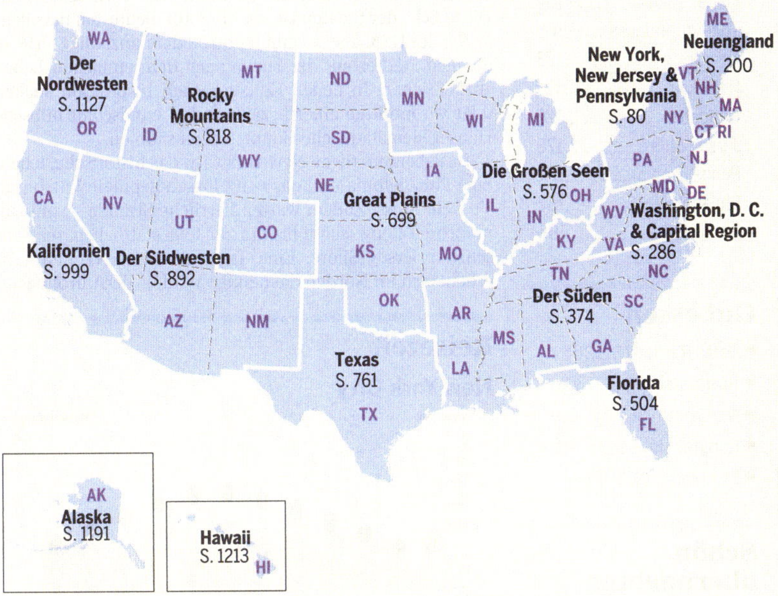

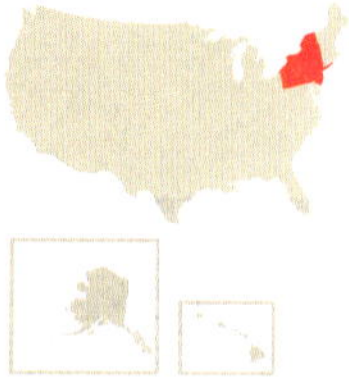

New York, New Jersey & Pennsylvania

Inhalt ➡

Gut essen

- Totto Ramen (S. 126)
- Smorgasburg (S. 130)
- Morimoto (S. 191)
- Lobster House (S. 181)
- Bar Marco (S. 198)

Schön übernachten

- Yotel (S. 116)
- Scribner's Catskill Lodge (S. 160)
- White Pine Camp (S. 166)
- Priory Hotel (S. 198)
- Asbury Hotel (S. 177)

Auf nach New York, New Jersey & Pennsylvania!

Wo sonst könnte man innerhalb von ein paar Tagen eine Amish-Farm besuchen, auf einem Berg zelten, die Unabhängigkeitserklärung lesen und dann vom 86. Stock eines Art-déco-Wahrzeichens aus die Stadt New York bestaunen? Diese Ecke der Staaten ist zwar der am dichtesten bevölkerte Teil der USA, aber es gibt hier trotzdem unzählige Orte, in die sich Städter auf der Suche nach dem einfachen Leben zurückziehen, in denen Künstler nach Inspiration suchen oder wo inmitten einer bezaubernden Landschaft hübsche Häuser kleinstädtische Hauptstraßen säumen.

Das abenteuerliche New York City, das historische, lebendige Philadelphia und das von Flüssen geprägte Pittsburgh sind ein Muss. Zudem warten herrliche Strände – vom glamourösen Long Island bis hin zur teils stattlichen, teils kitschigen Jersey Shore. Eine Tagesfahrt von NYC entfernt erhebt sich im Norden die bergige Wildnis derAdirondacks.

Reisezeit

New York City

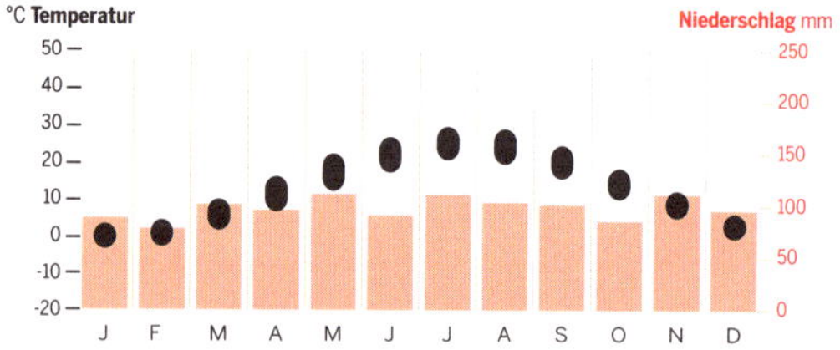

Feb. Wintersportler zieht es in die Berge der Adirondacks, Catskills und Poconos.

Ende Mai–Sept. Zwischen Memorial und Labor Day strömt alles an die Strände von Montauk bis Cape May.

Okt.–Nov. Der Herbst bringt NYC kühleres Wetter, die Obsternte, den Marathon. Und: Weihnachten naht!

NEW YORK CITY

Epizentrum der Kunst. Architektonisches Schmuckstück. Hauptstadt der Gastronomie und des Shoppens. Trendsetter. New York City ist in vielen Dingen Vorreiter und lädt alle zu einem unwiderstehlichen Fest ein.

Sehenswertes

New York City bietet eine sagenhafte Vielfalt an Attraktionen – Dutzende von erstklassigen Sehenswürdigkeiten sind über die gesamte Stadt verteilt. Wer erst einmal die beliebtesten Attraktionen abklappern möchte, für den ist Midtown ein guter Ausgangspunkt. Hier stehen Kultgebäude mit Dachterrassen und Panoramablick (Empire State Building, Rockefeller Center), ehrwürdige architektonische Schätze (Chrysler Building, St. Patrick's Cathedral, Grand Central Station) und New Yorks Top-Museum für moderne Kunst (MoMA).

Wer es auf Kunst abgesehen hat, der kann Tage damit verbringen, die sagenumwobenen Galerien der Upper East Side zu erkunden, die auch als „Museum Mile" bekannt sind. Das Met und das Guggenheim Museum sind erst der Anfang! Die Upper East Side (UES) ist auch ein gutes Tor zum Central Park.

In Downtown gibt es viele Highlights, allerdings liegen diese nicht so dicht beisammen. Chelsea und der Meatpacking District haben einige sehr sehenswerte Attraktionen (Whitney, High Line, Chelsea Market), ebenso Lower Manhattan (insbesondere die Fähren zur Freiheitsstatue und Ellis Island sind ein Anziehungspunkt).

Financial District & Lower Manhattan

★ Freiheitsstatue DENKMAL

(Karte S. 84; ☎212-363-3200, Tickets 877-523-9849; www.nps.gov/stli; Liberty Island; Erw./Kind inkl. Ellis Island 18,50/9 US$, inkl. Krone 21,50/12 US$; ⏲8.30–17.30 Uhr, Öffnungszeiten variieren je nach Saison; ⛴ nach Liberty Island, Ⓢ1 bis South Ferry, 4/5 bis Bowling Green, dann Fähre) Wer den atemberaubenden Blick von der Krone der Freiheitsstatue auf Stadt und Hafen genießen möchte, muss die Tickets sehr lange (bis zu sechs Monate) im Voraus online buchen. Wer das versäumt, besorgt sich ein Ticket für den Sockel, von dem man auch einen tollen Blick hat. Und wenn alle Stricke reißen, fährt man einfach nur mit der Fähre nach Liberty Island. In allen Fährtickets sind der Zugang zum Gelände am Fuße der Statue sowie eine **Führung mit einem Ranger** oder die Besichtigung auf eigene Faust mit einem Audioguide enthalten. Um nirgends lange anstehen zu müssen, sollte man alle Tickets online buchen (www.statuecruises.com).

Bereits 1865 wurde die Freiheitsstatue vom französischen Intellektuellen Édouard Laboulaye als Monument der republikanischen Ideale geplant, die Frankreich und den USA gemein waren, und noch heute gilt sie als Symbol für Chancengleichheit und Freiheit. Der französische Bildhauer Frédéric-Auguste Bartholdi reiste 1871 nach New York, um ihren Standort auszuwählen, und verbrachte dann über 10 Jahre in Paris mit der Planung und Ausführung der knapp 46 m hohen Figur, die mit vollem Namen *Liberty Enlightening the World* heißt. Sie wurde anschließend nach New York verschifft, auf der kleinen Insel im Hafen aufgebaut (damals hieß diese Bedloe's Island) und 1886 enthüllt. Sie besteht aus einem (von Gustave Eiffel entworfenen) Eisenskelett und einer Außenhaut aus Kupfer, die mit festen (und dennoch biegsamen) Metallstangen daran befestigt ist.

Der 146 Stufen lange Aufstieg bis zur Krone der Statue ist mühsam und sollte nicht von Personen mit erheblichen gesundheitlichen Problemen unternommen werden. Der Zugang zur Fackel ist seit 1916 nicht mehr möglich.

Liberty Island wird normalerweise in Verbindung mit der nahegelegenen Ellis Island besucht. **Fähren** (Karte S. 86; ☎877-523-9849; www.statuecruises.com; Battery Park, Lower Manhattan; Erw./Kind ab 18,50/9 US$; ⏲Abfahrt 8.30–17 Uhr, im Winter kürzer; Ⓢ4/5 bis Bowling Green, R/W bis Whitehall St, 1 bis South Ferry) legen am Battery Park ab. Die nächstgelegenen Subway-Stationen sind South Ferry und Bowling Green. (Im Fährticket ist der Zugang zu beiden Sehenswürdigkeiten enthalten.)

★ Ellis Island WAHRZEICHEN

(Karte S. 84; ☎212-363-3200, Tickets 877-523-9849; www.nps.gov/elis; Ellis Island; Fähre inkl. Liberty Island Erw./Kind 18,50/9 US$; ⏲8.30–18 Uhr, Öffnungszeiten variieren je nach Saison; ⛴ bis Ellis Island, Ⓢ1 bis South Ferry, 4/5 bis Bowling Green, dann Fähre) Ellis Island ist das berühmteste und wichtigste Tor nach Amerika. Von 1892 bis 1924 betraten mehr als 12 Mio. Einwanderer durch dieses Tor das Land ihrer Träume. Mehr als 100 Mio. der heutigen Amerikaner sind ihre Nachkommen. Heute

Highlights

1 New York City (S. 81) In der Weltstadt erstklassige Sehenswürdigkeiten bestaunen und in die international geprägte Kultur eintauchen

2 Jersey Shore (S. 176) Die Küste, die Ruhe, Kitsch und leckeres Popcorn genießen

3 Philadelphia (S. 182) Kolonialgeschichte und eigenwillige Küche kennenlernen

4 Catskills (S. 159) Durch Gebiete voller dirchter Wälder wandern

5 Adirondacks (S. 164) Im Schatten majestätischer Berge paddeln

6 Thousand Islands (S. 168) Am Ufer des St.-Lorenz-Stroms campen

7 Pittsburgh (S. 196) Die tolle moderne Kunst der alten Industriestadt bewundern

8 North Fork (S. 153) Die Rot- und Weißweine von Long Island kosten

9 Hudson Valley (S. 154) Die lokale Küche, zeitgenössische Kunst und historischen Häuser auf sich wirken lassen

10 Delaware Water Gap (S. 174) In gemächlichem Tempo durch die ländlichen Gegenden schippern oder sich nach einem feuchten Frühling im Wildwasser-Rafting versuchen

New York City

zollt das Immigration Museum auf der Insel diesen Einwanderern bewegenden Tribut: Die faszinierende Sammlung mit persönlichen Gegenständen, offiziellen Dokumenten, Fotografien und Filmen wird durch die Berichte von Historikern, den Einwanderern selbst sowie weitere Quellen beseelt. Man sollte seine Tickets im Voraus online kaufen (unter www.statuecruises.com), um Warteschlangen zu vermeiden.

★ One World Observatory AUSSICHTSPUNKT
(Karte S. 86; ☎ 212-602-4000; www.oneworldobservatory.com; 285 Fulton St, Ecke West St & Vesey St, Lower Manhattan; Erw./Kind 35/29 US$; ⏲ Sept.–April 9–21 Uhr, Mai–Aug. ab 8 Uhr; S E bis World Trade Center, 2/3 bis Park Pl, A/C, J/Z, 4/5 bis Fulton St, R/W bis Cortlandt St) Das Observatorium erstreckt sich vom 100. bis zum 102. Stockwerk des höchsten Gebäudes der westlichen Hemisphäre. Der Blick auf die Stadt ist überwältigend: An einem klaren Tag kann man alle fünf Stadtteile und sogar einige der angrenzenden Staaten sehen. Nach dem Einführungsvideo eröffnet sich ganz plötzlich ein beeindruckender Blick durch riesige Panoramafenster. Kein Wunder also, dass dieser Ort so wahnsinnig beliebt ist. Deshalb sollte man sein Tickest vorab online kaufen; dabei müssen Datum und Uhrzeit des Besuchs bereits festgelegt werden.

★ National September 11 Memorial DENKMAL
(Karte S. 86; www.911memorial.org; 180 Greenwich St, Lower Manhattan; ⏲ 7.30–21 Uhr; S E bis World Trade Center, 2/3 bis Park Pl, R/W bis Cortlandt St) GRATIS Den Mittelpunkt des Mahnmals zum 11. September bildet das Reflecting Absence, zwei imposante Wasserbecken mit spiegelglatter Oberfläche, die die Grundrisse der unglückseligen Twin Towers an ihrer exakten Stelle nachbilden. Vom Rand der beiden Becken fließt stetig Wasser in das 9 m tiefer gelegene Loch in der Mitte. In die Bronzetafeln rund um die Becken sind die Namen jener Menschen eingraviert, die bei dem Terroranschlag am 11. September 2001 oder bei der Explosion einer Autobombe vor dem World Trade Center am 26. Februar 1993 ums Leben kamen.

★ National September 11 Memorial Museum MUSEUM
(Karte S. 86; ☎ 212-312-8800; www.911memorial.org/museum; 180 Greenwich St, Lower Manhattan; Denkmal frei, Museum Erw./Kind 26/15 US$, Di 17–20 Uhr frei; ⏲ So–Do 9–20, Fr & Sa bis 21 Uhr, letzter Einlass 2 Std. vor Schließung; S E bis World Trade Center, 2/3 bis Park Pl, R/W bis Cortlandt St) Direkt hinter den Reflexionsbecken des Mahnmals befindet sich das National September 11 Memorial Museum, das einen Teil des Geländes und die wenigen Überreste der Türme beinhaltet. Die architektonisch faszinierende und tief bewegende Sammlung von Artefakten, Videos, Fotos und Tonaufnahmen ist eine würdevolle und nachdenkliche Auseinandersetzung mit dem Tag der Tragödie, den Ereignissen, die ihr vorausgingen (einschließlich des Autobombenanschlags auf das WTC 1993) sowie der Trauer, der Widerstandskraft und der Hoffnung, die auf sie folgten.

Trinity Church KIRCHE
(Karte S. 86; ☎ 212-602-0800; www.trinitywallstreet.org; 75 Broadway, an der Wall St, Lower Manhattan; ⏲ 7–18 Uhr, Kirchhof schließt im Sommer um 18 Uhr, im Winter bei Einbruch der Dämmerung; S 1, R/W bis Rector St, 2/3, 4/5 bis Wall St) Nach ihrer Weihe 1846 war die Trinity Church (Dreifaltigkeitskirche) das höchstes Gebäude in New York City. Sie verfügt über einen 85 m hohen Glockenturm und ein farbenfrohes Buntglasfenster über dem Altar. Unter den berühmten Persönlichkeiten, die auf diesem ruhigen Friedhof begraben liegen, ist der Gründervater und erste Finanzminister (und nun Superstar am Broadway) Alexander Hamilton. Das ausgezeichnete Musikprogramm umfasst die Orgelspielreihe „Pipes at One" (Fr 13 Uhr) und abendliche Choraufführungen mit neuen Werken, die unter anderem von der Trinity Church selbst in Auftrag gegeben wurden, sowie eine jährliche Dezember-Interpretation von Händels *Messias*.

⊙ SoHo & Chinatown

★ Chinatown AREAL
(Karte S. 86; www.explorechinatown.com; südl. der Broome St & östl. des Broadway; S N/Q/R/W, J/Z, 6 bis Canal St; B/D bis Grand St; F bis East Broadway) Ein Spaziergang durch Manhattans buntestes, am dichtesten bebautes Viertel ist immer für Überraschungen gut, egal wie oft man hier schon unterwegs war. Es lockt der Blick in Tempel und exotische Schaufenster, der Duft von reifen Kakis liegt in der Luft, überall ertönt das Klappern von Mah-Jongg-Spielsteinen auf behelfsmäßigen Tischen, knusprige Ente hängt in den Schaufenstern und überall gibt es Laternen aus Reispapier, falsche Uhren, Werkzeug für die

Chinatown & Lower Manhattan

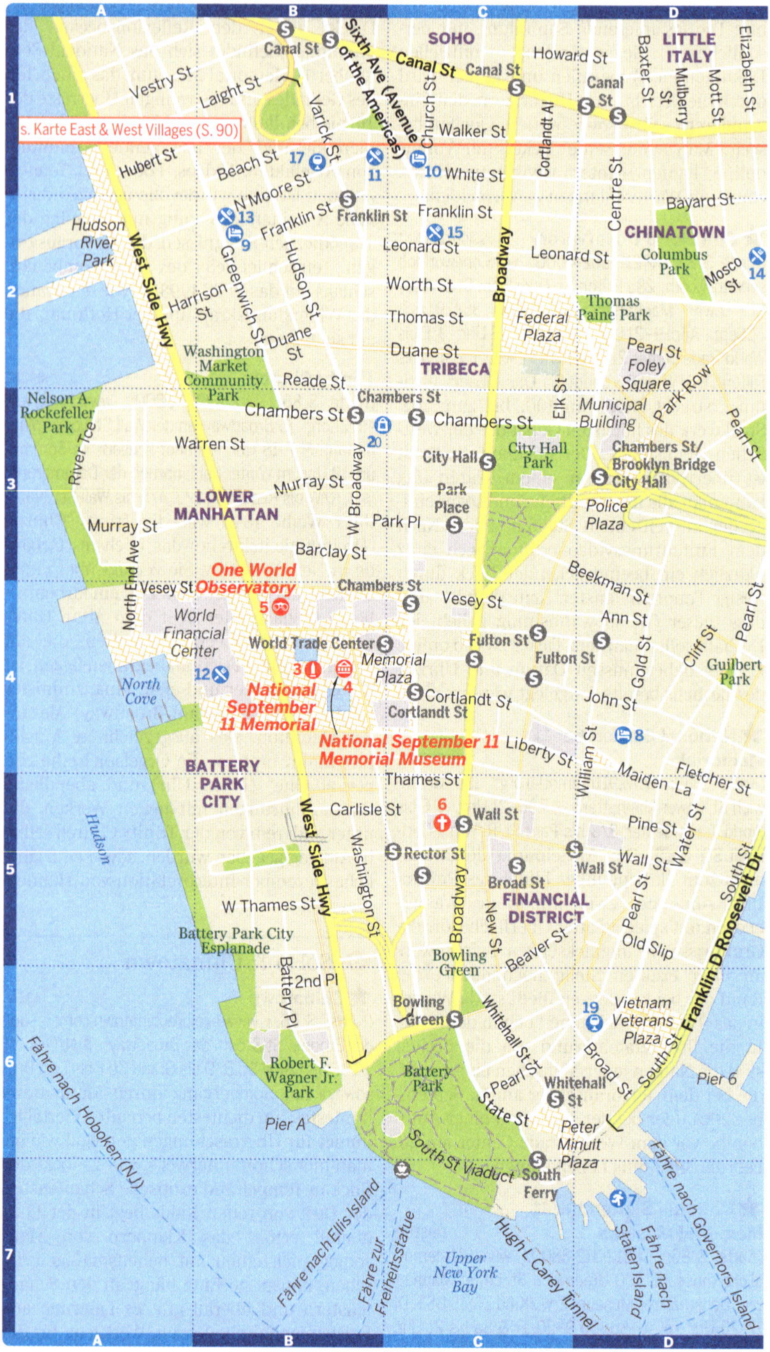

Reifenmontage, Muskatnuss und vieles mehr zu kaufen. Hier wartet Amerikas größte Gemeinde chinesischer Einwanderer auf ein Kennenlernen.

Das Gebiet hat einen eigenen Touristeninfostand an der Kreuzung der Walker, Baxter und Canal St (11–17 Uhr), an dem Freiwillige aus dem Viertel kostenlos Karten ausgeben.

Little Italy AREAL

(Karte S. 90; S N/Q/R/W, J/Z, 6 bis Canal St; B/D bis Grand St) Mitte des 20. Jhs. wanderten aus dem einst großen, starken italienischen Viertel (Regisseur Martin Scorsese wuchs in der Elizabeth St auf) die Einwohner massenweise in modernere Viertel wie Brooklyn ab. Heute beschränkt sich Little Italy weitgehend auf die Mulberry St zwischen der Broome St und Canal St. Hier reihen sich noch immer (zumeist mittelmäßige) italienische Restaurants mit rotkarierten Tischdecken aneinander. Ende September wird ausgelassen und lautstark das **San Gennaro Festival** (www.sangennaro.nyc; Sept.) zu Ehren des Stadtheiligen von Neapel gefeiert. Für einen authentischen Einblick in eine italienische Gemeinde in New York macht man sich auf den Weg in die Arthur Ave in der Bronx.

West Village, Chelsea & Meatpacking District

★ High Line PARK

(Karte S. 90; 212-500-6035; www.thehighline.org; Gansevoort St, Meatpacking District; Juni–Sept. 7–23 Uhr, April, Mai, Okt. & Nov. bis 22 Uhr, Dez.–März bis 19 Uhr; M14 Crosstown Line entlang der 14th St, M23 entlang der 23rd St, S A/C/E, L bis 8th Ave-14th St, 1, C/E bis 23rd St, 7 bis 34th St-Hudson Yards) Es ist kaum zu glauben, dass die 2,4 km lange High Line, ein gelungenes Beispiel genialer Stadtverschönerung, einst eine heruntergekommene Güterbahnstrecke war, die durch ein schmuddeliges Viertel voller Schlachthäuser führte. Heute ist diese heißgeliebte grüne Lunge eine der größten Sehenswürdigkeiten der Stadt, in der die Besucher 9 m über dem Asphalt spazieren gehen, sich ausruhen, picknicken oder einfach nur den fantastischen Blick auf das sich ständig wandelnde Manhattan genießen können. Der Park reicht bis zur 34th St, wo er den riesigen Gebäudekomplex der Hudson Yards umschließt.

Hier gibt es zahlreiche Attraktionen: einen atemberaubenden Blick auf den Hudson River, die eigens für den Park in Auftrag

Chinatown & Lower Manhattan

Highlights
1 Brooklyn Bridge F4
2 Chinatown E2
3 National September 11 Memorial B4
4 National September 11 Memorial Museum B4
5 One World Observatory B4

Sehenswertes
6 Trinity Church C5

Aktivitäten, Kurse & Touren
7 Staten Island Ferry D7

Schlafen
8 Gild Hall D4
9 Greenwich Hotel B2
10 Roxy Hotel C1

Essen
11 Bâtard B1
12 Brookfield Place B4
Hudson Eats .... (siehe 12)
Le District .... (siehe 12)
13 Locanda Verde B2
14 Nom Wah Tea Parlor D2
15 Two Hands C2
16 Xi'an Famous Foods E2

Ausgehen & Nachtleben
Apothéke .... (siehe 14)
17 Brandy Library B1
18 Cowgirl SeaHorse E4
19 Dead Rabbit D6

Unterhaltung
Roxy Tribeca Cinema .... (siehe 10)

Shoppen
20 Philip Williams Posters B3

gegebenen öffentlichen Kunstinstallationen, breite Lounge-Sessel zum Sonnenbaden, von der heimischen Natur inspirierte Parkanlagen (einschließlich eines Miniwaldes aus Essigbäumen), Lebensmittel- und Getränkeverkäufer sowie eine durchweg einzigartige Perspektive auf die umliegenden Straßen. Am besten kann man das alles von den verschiedenen Aussichtspunkten bestaunen, von denen man von tribünenartigen Rängen auf riesige Glasscheiben schaut, durch die der Verkehr, die Gebäude und die Fußgänger unterhalb beobachtet werden können. Hier findet sich auch das Luxushotel Standard (S. 115) von André Balazs, das sich über den Park erstreckt, sowie das funkelnde Whitney Museum an seinem südlichen Ende.

★ Whitney Museum of American Art — MUSEUM

(Karte S. 90; ☎ 212-570-3600; www.whitney.org; 99 Gansevoort St, in der Washington St, Meatpacking District; Erw./Kind 25 US$/frei, Fr 19–22 Uhr Eintrittspreis nach eigenem Ermessen; ⌚ Mo, Mi, Do & So 10.30–18, Fr & Sa bis 22 Uhr; Ⓢ A/C/E, L bis 8th Ave-14th St) Nach jahrelangen Bauarbeiten eröffnete das neue Innenstadtdomizil des Whitney 2015 mit großem Tamtam. Es liegt am südlichen Fuße der High Line in einem architektonisch beeindruckenden Gebäude von Renzo Piano und bietet auf 5850 m² den passenden Rahmen für die hervorragende Sammlung amerikanischer Kunst. In den lichtdurchfluteten Galerien im Innern sind Arbeiten von allen großen Künstlern ausgestellt, darunter Edward Hopper, Jasper Johns, Georgia O'Keeffe und Mark Rothko. Im Gegensatz zu vielen anderen Museen wird hier besonderer Wert auf die Arbeit noch lebender Künstler gelegt.

★ Chelsea Market — MARKT

(Karte S. 94; ☎ 212-652-2110; www.chelseamarket.com; 75 Ninth Ave, zw. W 15th St & W 16th St, Chelsea; ⌚ Mo–Sa 7–2, So 8–22 Uhr; Ⓢ A/C/E, L bis 8th Ave-14th St) Nach umfangreichen Umbau- und Sanierungsmaßnahmen wurde aus einer ehemaligen Fabrik ein Einkaufsparadies für Feinschmecker. Mehr als zwei Dutzend Verkaufsstände bieten nun ihre verführerischen Köstlichkeiten an, darunter Mokbar (Ramen mit koreanischem Touch), Takumi (japanisch-mexikanische Kreationen), Very Fresh Noodles (handgemachte nordchinesische Nudeln), Bar Suzette (Crêpes), Num Pang (kambodschanische Sandwichs), Ninth St Espresso (Latte), Doughnuttery (Mini-Donuts frisch aus dem Backofen) und Fat Witch Bakery (Brownies und andere dekadente Süßwaren).

Ebenfalls einen Besuch wert ist eines der am längsten bestehenden Lokale des Markts: The Lobster Place (üppig gefüllte Hummerbrötchen und Hammer-Sushi). Sobald der Magen gut gefüllt ist, schaut man am besten noch bei Imports from Marrakech (spezialisiert auf marokkanische Kunst und Design), Artists and Fleas (kleiner, rappelvoller Markt, auf dem lokale Künstler ihre Werke verkaufen, Mo–Sa 10–21, So bis 20 Uhr) und bei Bowery Kitchen Supply (eine riesige Auswahl an allerlei Krimskrams für die Küche) vorbei.

Hudson River Park PARK

(Karte S. 90; ☎ Mo–Fr 9–17 Uhr 212-627-2020; www.hudsonriverpark.org; West Village; 🕐 6–1 Uhr; 👪; 🚌 M23 Crosstown-Bus, S 1 bis Christopher St, C/E bis 23rd St) Der berühmte Höhenpark High Line (S. 87) steht zwar immer noch im Mittelpunkt des Interesses, doch nur einen Häuserblock von ihm entfernt erstreckt sich dieser 8 km lange Grünstreifen, der die Stadt in den letzten zehn Jahren gründlich verändert hat. Der 222,5 ha große Park (162 ha davon Wasserflächen), der sich vom Battery Park im Süden Manhattans bis zur 59th St in Midtown erstreckt, ist der wunderbare Hinterhof von Manhattan. Der lange Weg am Flussufer entlang ist perfekt zum Radfahren, Laufen und Spazierengehen.

Rubin Museum of Art GALERIE

(Karte S. 94; ☎ 212-620-5000; http://rubinmuseum.org; 150 W 17th St, zw. Sixth Ave & Seventh Ave, Chelsea; Erw./Kind 19 US$/frei, Fr 18–22 Uhr frei; 🕐 Mo & Do 11–17, Mi bis 21, Fr bis 22, Sa & So bis 18 Uhr; S 1 bis 18th St) Als erstes Museum der westlichen Welt widmet sich diese Galerie der Kunst der Regionen rund um den Himalaja. Die beeindruckende Sammlung umfasst bestickte Textilien aus China, nepalesische Bodhisattvas-Statuen aus vergoldetem Kupfer, pakistanische Steinfiguren und kunstvolle Gemälde aus Bhutan sowie religiöse Objekte und Tanzmasken aus verschiedenen Regionen Tibets. Alle Stücke sind bis zu 1500 Jahre alt. In der Vergangenheit gab es faszinierende Wechselausstellungen wie etwa *Victorious Ones*, die Skulpturen und Gemälde der Jinas, der 24 Lehrer und Gründungsväter des Jainismus, umfassten.

Washington Square Park PARK

(Karte S. 90; www.nycgovparks.org; Fifth Ave, am Washington Sq N, West Village; 🕐 schließt 24 Uhr; 👪; S A/C/E, B/D/F/M bis W 4th St-Washington Sq, R/W bis 8th St-NYU) Der ehemalige Armenfriedhof und Hinrichtungsplatz ist heute der inoffizielle Versammlungsplatz von Greenwich Village, auf dem sich Studenten der NYU, Straßenmusiker mit Tubas, freundliche Hunde, furchtlose Eichhörnchen sowie Experten im Blitzschach tummeln. Bei gutem Wetter planschen Kinder barfuß im Brunnen. Die Einheimischen haben sich gegen Veränderungen der Form und Nutzung des Parks gewehrt, und sein Layout ist seit dem 19. Jh. weitestgehend unverändert geblieben. Im Washington Square Park Conservancy (www.washingtonsquareparkconservancy.org) finden sich Infos zu Veranstaltungen und sonstige News.

Paula Cooper Gallery GALERIE

(Karte S. 94; ☎ 212-255-1105; www.paulacoopergallery.com; 534 W 21st St, zw. Tenth Ave & Eleventh Ave, Chelsea; 🕐 Di–Sa 10–18 Uhr; S 1, C/E bis 23rd St) Als Ikone der Kunstwelt war Paula Cooper 1996 eine der ersten, die von SoHo nach Chelsea zog. Sie war einst außerdem eine SoHo-Pionierin und eröffnete 1968 die erste Galerie südlich der Houston St. Auch heute scheut sie sich nicht davor, Grenzen zu überschreiten, etwa mit ihrer Ausstellung *The Clock*, bei der ihre Galerie am Wochenende rund um die Uhr geöffnet blieb.

Gagosian GALERIE

(Karte S. 94; ☎ 212-741-1717; www.gagosian.com; 555 W 24th St, an der Eleventh Ave, Chelsea; 🕐 Mo–Sa 10–18 Uhr; S 1, C/E bis 23rd St) An den Wänden des Gagosian hängen die Werke internationaler Künstler. Die ständig wechselnden Exponate zeigen Arbeiten von Größen wie Jeff Koons, Andy Warhol und Jean-Michel Basquiat. Das Gagosian hat fünf Standorte in New York und zehn weitere in San Francisco, London, Rom und anderen Städten.

Stonewall National Monument NATIONALPARK

(Karte S. 90; www.nps.gov/ston; W 4th St, zw. Christopher St & Grove St, West Village; 🕐 9 Uhr–Sonnenuntergang; S 1 bis Christopher St-Sheridan Sq, A/C/E, B/D/F/M bis W 4th St-Washington Sq) Im Jahr 2016 erklärte Präsident Barack Obama den Christopher Park, ein kleines, eingezäuntes Dreieck mit Bänken und etwas Grün im Herzen des West Village, zum Nationalpark. In ihm steht das erste Nationaldenkmal, das der Geschichte der LGBTQ-Bewegung gewidmet ist. Es lohnt sich, hier innezuhalten und sich an den Stonewall-Aufstand von 1969 zu erinnern, als Mitglieder der LGBTQ-Gemeinde begannen, sich gegen die Diskriminierung seitens der Polizei zu wehren. Viele betrachten dieses Ereignis als die Geburt der modernen LGBTQ-Rechtebewegung in den USA.

◉ East Village & Lower East Side

★ Lower East Side Tenement Museum MUSEUM

(Karte S. 90; ☎ 877-975-3786; www.tenement.org; 103 Orchard St, zw. Broome St & Delancey St, Lower East Side; Führung Erw./Student & Senior 29/24 US$; 🕐 Visitor Center Fr–Mi 10–18.30, Do bis

East & West Villages

20.30 Uhr; 👪; S B/D bis Grand St, F, J/M/Z bis Delancey St-Essex St) In diesem Museum können die Besucher kurz in das erschütternde, beschwerliche, aber unerwartet interessante Erbe der Lower East Side eintauchen. Zwei bemerkenswert gut erhaltene (und minimal restaurierte) Mietwohnungen aus dem 19. Jh. stehen im Mittelpunkt verschiedener Führungen, darunter die unfassbar beengte Wohnung mit Bekleidungsgeschäft der Levines, einer Familie aus Polen, und zwei Wohnungen von Einwanderern aus der Zeit der Weltwirtschaftskrisen von 1873 und 1929. Der Besuch der Wohnungen ist nur im Rahmen einer der zahlreichen Führungen möglich.

Neben der „Hard Times"-Tour, bei der man die Wohnungen von zwei Einwandererfamilien besichtigt, bietet das Museum auch verschiedene andere Führungen an, darunter die „Sweatshop Workers"-Tour, die das Leben der Bekleidungsarbeiter und die Suche nach dem Gleichgewicht zwischen Arbeit, Familie und Religion beleuchtet. „Irish Outsiders" zeigt die restaurierte Wohnung irischer Einwanderer des 19. Jhs., die eines ihrer Kinder verloren. Ein interaktives Erlebnis bietet die Führung „Meet Victoria Confino". Hier erhält man einen Einblick in das Leben in den Wohnungen, erzählt aus der Sicht einer 14-jährigen italienischen Einwanderin (gespielt von einer kostümierten Schauspielerin). Es ist die einzige Tour, die für Kinder zwischen fünf und acht Jahren empfohlen wird, aber es gibt eigentlich keinen Grund für Kinder, nicht auch an einer der anderen Touren teilzunehmen.

Angeboten werden außerdem **Stadtspaziergänge** im Viertel, **kulinarische Touren** und donnerstags spezielle **Abendtouren**, die das Leben der Familie Rogarshevsky (um die es auch bei der Sweatshop-Tour geht) beleuchten. Gelegentlich kommen neue Touren hinzu, es lohnt sich also ein Blick auf die Website.

Das Visitor Center, dem auch ein ausgezeichneter Souvenirladen angeschlossen ist,

zeigt in einem Video das schwierige Leben der Menschen, die einst in den umliegenden Gebäuden lebten und zunächst weder fließendes Wasser noch Strom hatten. Tickets sollte man online reservieren, da beliebte Touren oft schon lange im Voraus ausverkauft sind.

★ New Museum of Contemporary Art

MUSEUM

(Karte S. 90; ☎ 212-219-1222; www.newmuseum.org; 235 Bowery, zw. Stanton St & Rivington St, Lower East Side; Erw./Kind 18 US$/frei, Do 19–21 Uhr gegen Spende; ⏲ Di, Mi & Fr–So 11–18, Do bis 21 Uhr; S F bis 2nd Ave, R/W bis Prince St, J/Z bis Bowery, 6 bis Spring St) Das New Museum of Contemporary Art (Museum für zeitgenössische Kunst) ist ein beeindruckender Anblick: Weiße, scheinbar schwerelose seltsame Kisten sind zu sieben Stockwerke aufgetürmt und ragen über den anderen, niedrigeren Gebäuden in unmittelbarer Nachbarschaft empor. Entworfen wurde dieses Kunstwerk von Kazuyo Sejima und Ryue Nishizawa vom Architekturbüro SANAA in Tokio sowie der Firma Gensler in New York. Als es 2007 gebaut wurde, sorgte es für viel frischen Wind in der ansonsten tristen und rauen Bowery. Seitdem sind jedoch weitere supermoderne Gebäude hinzugekommen und haben die ehemals heruntergekommene Avenue in eine strahlende Prachtstraße verwandelt.

Tompkins Square Park

PARK

(Karte S. 90; www.nycgovparks.org; zw. E 7th St & E 10th St & Ave A & B, East Village; ⏲ 6–24 Uhr; S 6 bis Astor Pl) Dieser gut 4 ha große Park ist wie ein netter Dorfplatz für die Anwohner, die sich hier an Betontischen zum Schachspielen, auf dem Rasen zum Picknicken und auf den grasbedeckten Hügelchen zu spontanen Gitarren- oder Trommelsessions treffen. Außerdem gibt es Basketballplätze, einen Hundeauslauf (ein eingezäunter Bereich, wo Frauchen und Herrchen ihre Lieblinge frei herumlaufen lassen können), ein winziges

East & West Villages

öffentliches Schwimmbecken für Kinder, häufige Sommerkonzerte und einen immer gut besuchten Kinderspielplatz.

Union Square, Flatiron District & Gramercy

★ Flatiron Building HISTORISCHES GEBÄUDE

(Karte S. 94; Broadway, Ecke Fifth Ave & 23rd St, Flatiron District; S N/R, F/M, 6 bis 23rd St) Das von Daniel Burnham entworfene und 1902 erbaute 20-stöckige Hochhaus hat einen schmalen, dreieckigen Grundriss und sieht wie der Bug eines riesigen Schiffs aus. Die Beaux-Arts-Fassade aus Kalksandstein und Terrakotta über dem Stahlgerüst erscheint umso schöner und komplizierter, je länger man sie betrachtet. Am besten zu sehen ist das ungewöhnliche Gebäude von der Verkehrsinsel nördlich der 23rd St zwischen Broadway und Fifth Ave, wo es Sitzgelegenheiten und einen Kiosk gibt, der Bier und Wein verkauft, und wo man in stiller Bewunderung verweilen kann.

Madison Square Park PARK

(Karte S. 94; ☎212-520-7600; www.madisonsquarepark.org; E 23rd St bis 26th St, zw. Fifth Ave & Madison Ave, Flatiron District; ⏲6–23 Uhr; 👪; S R/W, F/M, 6 bis 23rd St) Dieser Park bildete bis zum Ende des Bürgerkriegs, als die Bevölkerung der Insel förmlich explodierte, die nördliche Grenze von Manhattan. Heutzutage ist er eine willkommene Oase, um Manhattans unerbittlicher Hektik zu entfliehen, mit einem beliebten Kinderspielplatz, einem Hundeplatz und dem Burgerladen Shake Shack (S. 124). Es ist auch einer der kulturell aktivsten Parks der Stadt, mit speziell in

Auftrag gegebenen Kunstinstallationen und (in den wärmeren Monaten) Aktivitäten, die von literarischen Diskussionen bis hin zu Live-Musik reichen. Nähere Infos auf der Website.

★ Union Square PLATZ

(Karte S. 94; www.unionsquarenyc.org; 17th St, zw. Broadway & Park Ave S, Union Sq; S 4/5/6, N/Q/R, L bis 14th St-Union Sq) Der Union Square ist eine Art Arche Noah von New York, denn alles und jeder scheint hier mindestens zweimal vertreten und so aus dem Meer aus Beton gerettet worden zu sein. Tatsächlich ist das Publikum eine überaus bunte Mischung, die so auf einem öffentlichen Platz vielleicht kaum irgendwo sonst zu finden ist: Geschäftsleute im feinen Anzug, die in ihrer Mittagspause frische Luft schnappen, Musiker mit Rastalocken, die auf ihren Tablas herumtrommeln, Skateboarder, die auf den Stufen der Treppe am südöstlichen Rand ihre neuesten Sprünge üben, Senioren, die sich über Schachbretter beugen und Demonstranten, die lautstark für ihre Anliegen eintreten.

Union Square Greenmarket MARKT

(Karte S. 94; 212-788-7476; www.grownyc.org/unionsquaregreenmarket; E 17th St, zw. Broadway & Park Ave S, Union Sq; Mo, Mi, Fr & Sa 8–18 Uhr; S 4/5/6, N/Q/R/W, L bis 14th St-Union Sq) Es kann gut passieren, dass man hier einige von New Yorks Spitzenköchen beim Einkaufen trifft, denn der Obst- und Gemüsemarkt auf dem Union Square ist wohl der berühmteste der Stadt. An den Ständen wird alles angeboten, von heimischem Obst und Gemüse bis hin zu handwerklich hergestellten Broten, Käse und Apfelwein.

Midtown

★ Empire State Building HISTORISCHES GEBÄUDE

(Karte S. 94; www.esbnyc.com; 350 Fifth Ave, an der W 34th St; Aussichtsplattform im 86. Stock Erw./Kind 38/32 US$, inkl. Aussichtsplattform im 102. Stock 58/52 US$; 8–2 Uhr, letzter Aufzug nach oben 1.15 Uhr; S 6 bis 33rd St, B/D/F/M, N/Q/R/W bis 34th St-Herald Sq) Das klassische Kalksandsteingebäude wurde in nur 410 Tagen errichtet, mit 7 Mio. Arbeitsstunden mitten in der Weltwirtschaftskrise. Der Ausblick von den beiden Plattformen im 86. (draußen) und 102. Stock (drinnen) ist atemberaubend. Dementsprechend lang sind die Warteschlangen. Um nicht anstehen zu müssen, sollte man entweder sehr früh oder sehr spät kommen und zudem seine Tickets lange im Voraus online kaufen. Die zusätzliche Gebühr von 2 US$ lohnt sich allemal.

Wie zu erwarten ist die Aussicht von beiden Plattformen bei Sonnenuntergang besonders spektakulär. Magische Momente wie im Lied „Arthur's Theme" erlebt man, wenn man zwischen Donnerstag und Sonntag irgendwann von 21 bis 1 Uhr im 86. Stock vorbeischaut. Dann wird das funkelnde Lichtermeer von live gespielter Saxophonmusik begleitet (Musikwünsche willkommen).

Das gigantische Bauwerk auf dem Gelände des ehemaligen Waldorf-Astoria-Hotels ist 443 m hoch (bis zur Spitze der Antenne) und wurde 1931 eröffnet. In ihm sind 10 Mio. Ziegel, 6400 Fenster und über 30 000 m² Marmor verbaut. Die Konstruktionsarbeiten werden in der Ausstellung **Dare to Dream** im Zwischengeschoss über dem Eingang W 34th St ausführlich erläutert. Die berühmte **Antenne** war ursprünglich als Ankermast für Zeppeline gedacht, nach der Hindenburg-Katastrophe wurde dieser Plan aber nicht weiter verfolgt. An einem nebligen Tag im Jahr 1945 flog ein Flugzeug (versehentlich) in den 79. Stock des Empire State Buildings. Bei der Kollision des B-25-Bombers mit dem Gebäude starben 14 Menschen.

Seit 1976 werden die 30 obersten Stockwerke jede Nacht in verschiedenen Farben angestrahlt, die verschiedene Jahreszeiten, Feiertage und sonstige Anlässe widerspiegeln. Berühmte Kombinationen sind Orange, Weiß und Grün für den St. Patrick's Day, Blau und Weiß für Chanukka, Weiß, Rot und Grün für Weihnachten und die Regenbogenfarben für das Gay Pride Wochenende im Juni. Eine vollständige Übersicht über die Farbschemata findet man auf der Website.

Eine App bietet Touren in verschiedenen Sprachen, darunter auch Deutsch.

New York Public Library HISTORISCHES GEBÄUDE

(Stephen A Schwarzman Building; Karte S. 94; 917-275-6975; www.nypl.org; 476 Fifth Ave, an der W 42nd St; Mo & Do 8–20, Di & Mi bis 21, Fr bis 18, Sa 10–18, So 10–17 Uhr, Führungen Mo–Sa 11 & 14, So 14 Uhr; S B/D/F/M bis 42nd St-Bryant Park, 7 bis 5th Ave) GRATIS Das Beaux-Arts-Gebäude ist eine der schönsten kostenlosen Sehenswürdigkeiten New Yorks. Es wird bestens bewacht von „Patience" und „Fortitude", zwei Marmorlöwen direkt an der Fifth Ave. Als die wichtigste New Yorker Bibliothek 1911 eröffnet wurde, war sie das größte Marmorgebäude, das jemals in den USA erbaut wor-

Times Square, Midtown Manhattan & Chelsea

0 500 m
0 0,25 Meilen
s. Karte Central Park & Uptown (S. 100)
s. Karte East & West Villages (S. 90)
Museum of Modern Art
Radio City Music Hall
Rockefeller Center
St Patrick's Cathedral
Rockefeller Plaza
Chrysler Building
Empire State Building
Flatiron Building
Union Square
DIAMOND DISTRICT
HERALD SQUARE
KOREATOWN
MURRAY HILL
LITTLE INDIA
FLATIRON DISTRICT
GRAMERCY
UNION SQUARE
STUYVESANT TOWN
Bryant Park
Madison Square Park
Gramercy Park
Stuyvesant Square
St Vartan Park
24th St Park
Roosevelt Island
East River
New York University Medical Center
Bellevue Hospital Center
Queens-Midtown Tunnel
Franklin D Roosevelt Dr
FDR Dr
Second Ave Tunnel Exit St
Tunnel Exit St
57th St
E 57th St
E 55th St
E 53rd St
E 51st St
E 49th St
E 47th St
E 45th St
E 42nd St
E 40th St
E 38th St
E 36th St
E 34th St
E 33rd St
E 30th St
E 28th St
E 26th St
E 23rd St
E 21st St
E 19th St
E 17th St
E 14th St
Peter Cooper Rd
20thSt Loop
14thSt Loop
First Ave Loop
Sixth Ave (Avenue of the Americas)
Fifth Ave
Madison Ave
Park Ave
Park Ave S
Vanderbilt Ave
Lexington Ave
Third Ave
Second Ave
First Ave
Tudor City Pl
Irving Pl
Broadway
Ave C
5th Ave
Fifth Ave-53rd St
Lexington Ave-53rd St
51st St
47th-50th Sts-Rockefeller Center
42nd St-Bryant Park
42nd St-Grand Central
33rd St
34th St-Herald Sq
28th St
23rd St
6th Ave-14th St
14th St-Union Sq
3rd Ave
1st Ave
E F G H
1 2 3 4 5 6 7

Times Square, Midtown Manhattan & Chelsea

Highlights
1 Chelsea Market C7
2 Chrysler Building F3
3 Empire State Building E4
4 Flatiron Building E6
5 Museum of Modern Art E1
6 Radio City Music Hall E2
7 Rockefeller Center E2
8 Times Square D3
9 Union Square F7

Sehenswertes
10 Bryant Park E3
11 Fifth Avenue E1
12 Gagosian B6
13 Gramercy Park F6
14 Madison Square Park E6
15 New York Public Library E3
16 Paula Cooper Gallery B6
17 Rubin Museum of Art D7
18 Top of the Rock E2
19 Union Square Greenmarket F7

Aktivitäten, Kurse & Touren
20 Chelsea Piers Complex B6
21 NBC Studio Tours E2
22 Rink at Rockefeller Center E2

Schlafen
23 Ace Hotel E5
24 Carlton Arms F6
25 Citizen M D2
26 Freehand New York F6
27 Gramercy Park Hotel F6
28 Yotel C3

Essen
29 Blossom C6
30 Burger Joint D1
31 Craft F6
32 Eataly E6
33 Eisenberg's Sandwich Shop E6
34 Eleven Madison Park E6
35 Gansevoort Market C7
Gramercy Tavern .... (siehe 31)
36 Great Northern Food Hall F3
37 Hangawi E5
38 Le Bernardin D2
Maialino .... (siehe 27)
39 O-ya F5
40 Shake Shack E6
41 Smith G2
42 Totto Ramen C2

Ausgehen & Nachtleben
43 Bar SixtyFive E2
Birreria .... (siehe 32)
44 Old Town Bar & Restaurant F7
45 Raines Law Room E7
Stumptown Coffee Roasters .... (siehe 23)
46 The Campbell F3
47 Top of the Strand E4

Unterhaltung
48 Madison Square Garden D5
49 Sleep No More B5

Shoppen
50 ABC Carpet & Home E7
51 FAO Schwarz E2
52 Fishs Eddy E6
53 Housing Works Thrift Shop D7
54 Macy's D4
MoMA Design & Book Store .... (siehe 5)
55 Saks Fifth Ave E2
56 Tiffany & Co E1

den war und der erst kürzlich restaurierte **Rose Main Reading Room** hat eine atemberaubend schöne Kassettendecke. Und das Beste ist, dass er nicht nur zum Anschauen da ist. Jeder, der hier in Ruhe arbeiten möchte, kann das tun. Damit ist die Bibliothek sicherlich der glamouröseste Coworking Space der Welt.

★ Museum of Modern Art — MUSEUM

(MoMA; Karte S. 94; ☎ 212-708-9400; www.moma.org; Eingang über 18 W 54th St, zw. Fifth Ave & Sixth Ave; Erw./Kind unter 17 Jahre 25 US$/frei, Fr 16–20 Uhr frei; ⌚ Sa–Do 10.30–17.30, Fr bis 20 Uhr; 🚻; Ⓢ E/M bis 5th Ave-53rd St; F bis 57th St) In den Galerien des MoMA, dem Superstar der modernen Kunstszene, sind all die großen Meister wie Van Gogh, Matisse, Picasso, Warhol, Lichtenstein, Rothko, Pollock und Bourgeois ausgestellt. Seit seiner Gründung 1929 hat das Museum knapp 200 000 Kunstwerke gesammelt, die die aufkommenden kreativen Ideen und Bewegungen der Kunst vom Ende des 19. Jhs. bis heute anschaulich dokumentieren. Für Kunstliebhaber ist es das reinste Paradies. Für Uneingeweihte ist es ein spannender Crashkurs in allem, was schön ist und süchtig nach Kunst macht.

Die permanente Sammlung des MoMA erstreckt sich auf vier Ebenen. Die Werke rotieren, sodass es schwer ist, genau zu sagen, was gerade ausgestellt ist. Van Goghs legendäres Werk *Sternennacht* ist aber normalerweise gesetzt. Weitere Höhepunkte der Sammlung sind Picassos *Les Demoiselles d'Avignon* und Henri Rousseaus *Die schlafende Zigeunerin*, aber auch amerikanische Kultwerke wie Warhols *Campbell's Soup Cans* und *Gold Marilyn Monroe*, Lichtensteins ebenso poptastisches *Mädchen mit Ball* und Hoppers gespenstisches *Haus am Bahndamm* sind zu sehen. Es gibt kostenlose Audiotouren. Dafür holt man sich entweder im Museum ein Gerät oder lädt die App herunter.

Nach einer umfassenden Umgestaltung im Jahr 2019 stehen nun weitere 4650 m^2 Ausstellungsfläche, neue Aufführungsflächen und Multimediaräume sowie ebenerdige Galerien zur Verfügung.

Wen so viel Kunst müde gemacht hat, der kann sich im **Abby Aldrich Rockefeller Sculpture Garden** des MoMA erholen. Dort finden sich zahlreiche Werke von geschickten Künstlergrößen wie Matisse, Miró und Picasso. Oder man versucht, sich einen Film in einem der Kinos der Galerie anzusehen. Mit einer Tageskarte ist der Eintritt kostenlos (s. moma.org/film).

★ Times Square AREAL

(Karte S. 94; www.timessquarenyc.org; Broadway, at Seventh Ave; S N/Q/R/W, S, 1/2/3, 7 bis Times Sq-42nd St) Man liebt sie oder man hasst sie: Mit den gelben Taxis, goldenen Bögen, hohen Wolkenkratzern und dem Durcheinander der Reklamen am Broadway gilt die Kreuzung von Broadway und Seventh Ave weltweit als der Inbegriff von New York. Und genau hier hat es Al Jolson in dem Film *The Jazz Singer* von 1927 „geschafft", gelang dem Fotoreporter Alfred Eisenstaedt sein berühmter Schnappschuss, wie ein Matrose am V-J Day 1945 eine Krankenschwester küsst, und hier haben Alicia Keys und Jay-Z den „Betondschungel, aus dem die Träume gemacht sind" besungen.

Mehrere Jahrzehnte lang war der amerikanische Traum hier nichts als ein elender, schlechter Albdruck. Der wirtschaftliche Zusammenbruch der frühen 1970er-Jahre führte zu einem Massenexodus der Unternehmen vom Times Square. Reklametafeln wurden abgeschaltet, Geschäfte wurden geschlossen und einstige Grand Hotels wurden nun zimmerweise vermietet, was die Armen und Mittellosen anzog. Was einst im Licht und Glanz des Showbusiness erstrahlte, wurde zu einer schmutzigen Höhle mit Drogenhändlern und Verbrechern. Während der angrenzende **Theater District** überlebte, eröffneten neben seinen respektablen Spielhäusern Pornokinos, Stripclubs und Sexshops.

Das änderte sich mit dem unnachgiebigen Bürgermeister Rudolph Giuliani, der in den 1990er-Jahren Pornofilme verbannte, die Anzahl an Polizisten erhöhte und zahllose „respektable" Einzelhandelsketten, Restaurants und Attraktionen herlockte. Zu Beginn des neuen Jahrtausends hatte sich das Image des Times Square zum Positiven gewandelt – rund 50 Mio. Besucher jährlich werden von ihm angezogen. Abends, wenn der Platz von riesigen LCD-Bildschirmen erleuchtet ist und sich die Menschen hier drängen, fühlt es sich nicht selten an, als wären alle auf einmal da.

★ Rockefeller Center HISTORISCHES GEBÄUDE

(Karte S. 94; ☎ 212-588-8601; www.rockefellercenter.com; Fifth Ave bis Sixth Ave, zw. W 48th St & 51st St; S B/D/F/M bis 47th-50th Sts-Rockefeller Center) Mit dem Bau der knapp 90 000 m^2 großen „Stadt in der Stadt" wurde auf dem Höhepunkt der Weltwirtschaftskrise begonnen. Bauunternehmer John D. Rockefeller Jr. überschritt dabei die magische Marke von 100 Mio. US$. Nach neun Jahren Bauzeit war es das erste Mehrzweckgebäude der USA mit Geschäften, Unterhaltung und Büroflächen. Von den 19 Gebäuden sind 14 noch im Originalstil der Moderne erhalten. 1987 wurde das Center zum nationalen Wahrzeichen erklärt. Highlights sind die Aussichtsplattform Top of the Rock und die **NBC Studio Tours** (Karte S. 94; ☎ 212-664-3700; www.thetouratnbcstudios.com; 30 Rockefeller Plaza, Eingang über die 1250 Sixth Ave; Führung Erw./Kind 33/29 US$, kein Zutritt für Kinder unter 6 Jahren; ⏲ Mo–Do 8.20–14.20, Fr bis 17, Sa & So bis 18 Uhr, im Sommer länger; S B/D/F/M bis 47th-50th Sts-Rockefeller Center).

★ Chrysler Building HISTORISCHES GEBÄUDE

(Karte S. 94; 405 Lexington Ave, an der E 42nd St; ⏲ Lobby Mo–Fr 7–18.30 Uhr; S S, 4/5/6, 7 bis Grand Central-42nd St) Das von William Van Alen in den 1930er-Jahren entworfene Gebäude mit 77 Stockwerken ist ein Meisterwerk der New Yorker Art-déco-Architektur. Es wird von stilisierten Adlern aus Nickel-Chrom geschmückt und ist von einem Turm gekrönt, der an die aufgehende Sonne erinnert. Das Gebäude wurde als Hauptsitz von Walter P. Chrysler und seines Automobilimperiums errichtet. Da dieses mit den Produktionszahlen seiner Konkurrenten Ford und General Motors nicht mithalten konnte, versuchte das Unternehmen, sie mit der Beherrschung der Skyline und einer der schönsten Eingangshallen der Welt zu übertrumpfen.

Fifth Avenue AREAL

(Karte S. 94; Fifth Ave zw. 42nd St & 59th St; S E, M bis 5th Ave-53rd St; N/R/W bis 5th Ave-59th St)

Die durch Musik und Film unsterblich gewordene Fifth Avenue begründete ihren edlen Ruf Anfang des 20. Jhs. als „ländliche" Straße mit viel Freiraum. Die Reihe der Herrenhäuser der sogenannten **Millionaire's Row** reichte einst bis zur 130th St. Die meisten Häuser oberhalb der 59th St wurden in der Folge abgerissen oder in kulturelle Einrichtungen verwandelt, die heute die Museum Mile bilden. Trotz der rasanten Zunahme der allgegenwärtigen Kettengeschäfte finden sich zumindest im Abschnitt von Midtown immer noch so glanzvolle Namen wie **Tiffany & Co** (Karte S. 94; ☎212-755-8000; www.tiffany.com; 727 Fifth Ave Ecke E 57th St; ⏲Mo–Sa 10–19, So 12–18 Uhr; Ⓢ F bis 57th St; N/R/W bis 5th Ave-59th St).

Der **Trump Tower** an der Ecke Fifth Ave und 56th St ist das New Yorker Domizil von Ex-Präsident Donald Trump und seiner Familie. Es ist zu einer Sehenswürdigkeit an sich und war ein beliebter Ort für Demonstranten. Die Sicherheitsvorkehrungen rund um das Gebäude können streng sein und der Verkehr fließt nur langsam vorbei.

Für Architekturfans ist die Fifth Ave jedoch aufgrund der Aneinanderreihung wunderschöner Beaux-Arts- und Art-déco-Fassaden viel interessanter. Viele von ihnen sind mit poliertem Gold verkleidet und beherbergen Geschäfte. Besonders schön ist der Abschnitt zwischen der W 45th und 50th Street. Bemerkenswert sind die Fassaden des **French Building** in 551 (1926–27), des **Scribner Building** in 597 (1912–13) und des **British Empire Building** in 620 (1932; Teil des Rockefeller Center).

★ Radio City Music Hall — HISTORISCHES GEBÄUDE

(Karte S. 94; www.radiocity.com; 1260 Sixth Ave, an der W 51st St; Führung Erw./Kind 30/26 US$; ⏲Führungen 9.30–17 Uhr; 👪; Ⓢ B/D/F/M bis 47th-50th Sts-Rockefeller Center) Dieser spektakuläre Filmpalast der Moderne wurde vom Varieté-Produzenten Samuel Lionel „Roxy" Rothafel entworfen. Roxy, der nicht gerade für seine Bescheidenheit bekannt ist, weihte seine Veranstaltungsstätte am 23. Dezember 1932 mit übertriebener Extravaganz ein, zu der auch die Tanzgruppe Roxyettes gehörte (die gnädigerweise in The Rockettes umbenannt wurde). Bei den 75-minütigen Führungen durch die prächtigen Innenräume werden das prächtige Auditorium, Witold Gordons von der Klassik inspiriertes Wandbild *History of Cosmetics* in der Women's Downstairs Lounge und die VIP Roxy Suite besichtigt, in der bereits Koryphäen wie Elton John und Alfred Hitchcock empfangen wurden.

St. Patrick's Cathedral — KATHEDRALE

(Karte S. 94; ☎212-753-2261; www.saintpatrickscathedral.org; Fifth Ave, zw. E 50th St & 51st St; ⏲6.30–20.45 Uhr; Ⓢ B/D/F/M bis 47th-50th Sts-Rockefeller Center, E/M bis 5th Ave-53rd St) Die größte katholische Kathedrale der USA wurde 2015 für 200 Mio. US$ umfangreich restauriert und erstrahlt nun wieder in ihrem gotischen Glanz. Die für knapp 2 Mio. US$ während des Bürgerkriegs errichtete Kathedrale hatte ursprünglich keine Türme an der Vorderseite. Die beiden Türme wurden erst 1888 hinzugefügt. Im Inneren beeindrucken der von Louis Tiffany gestaltete Altar, der sich unter der Orgel mit 7000 Pfeifen befindet, und die herrliche Rosette von Charles Connick über dem Eingang an der Fifth Ave. Gelegentlich werden Führungen angeboten, die man nicht im Voraus buchen muss. Ausführliche Infos findet man auf der Website.

In der **Krypta im Untergeschoss** werden die Särge aller New Yorker Kardinäle und die sterblichen Überreste von Pierre Toussaint aufbewahrt, ein Fürsprecher der Armen und erster Afroamerikaner, der für eine Seligsprechung gehandelt wird.

Bryant Park — PARK

(Karte S. 94; ☎212-768-4242; www.bryantpark.org; 42nd St, zw. Fifth Ave & Sixth Ave; ⏲Juni–Sept. Mo–Fr 7–24, Sa & So bis 23 Uhr, Okt.–Mai kürzer; Ⓢ B/D/F/M bis 42nd St-Bryant Park, 7 bis 5th Ave) Europäische Kaffeestände, Schach im Freien, Sommernachtskino, Eislaufen im Winter. Es ist kaum zu glauben, dass diese grüne Oase in den 1970er-Jahren noch ein krimineller Hotspot war und als „Nadelpark" bezeichnet wurde. In dem skurrilen Park hinter dem Beaux-Arts-Gebäude der New York Public Library kann man sich gut vom Wahnsinn in Midtown erholen. Oder endlich Italienisch lernen, einen Yoga- oder Jonglierkurs machen, an einem Malworkshop teilnehmen oder sich einer Vogelbeobachtungstour anschließen. Jeden Tag gibt es eine Reihe ungewöhnlicher Aktivitäten.

Top of the Rock — AUSSICHTSPUNKT

(Karte S. 94; ☎212-698-2000, kostenfrei 877-692-7625; www.topoftherocknyc.com; 30 Rockefeller Plaza, Eingang von der W 50th St, zw. Fifth Ave & Sixth Ave; Erw./Kind 36/30 US$, Kombiticket Sonnenaufgang & -untergang 54/43 US$; ⏲8–24 Uhr, letzte Aufzugfahrt nach oben 23 Uhr; Ⓢ B/D/F/M

CENTRAL PARK

Der **Central Park** (Karte S. 100; www.centralparknyc.org; 59thSt bis 110th St, zw. Central Park West & Fifth Ave; ⏲6–1 Uhr; 👪) ist eine der berühmtesten Grünflächen der Welt und ist gut 341 ha groß. Er umfasst Wiesen, Areale voller Felsbrocken, von Ulmen gesäumte Spazierwege, gepflegte Gartenanlagen im europäischen Stil, einen See und einen Wasserspeicher, und außerdem noch ein Freilichttheater, ein John-Lennon-Denkmal, das idyllische Uferrestaurant **Loeb Boathouse** (☎212-517-2233; www.thecentralparkboathouse.com; Central Park Lake, nahe E 74th St; Hauptgerichte mittags 26–38 US$, abends 29–45 US$; ⏲Restaurant ganzes Jahr Mo–Fr 12–16, Sa & So ab 9.30 Uhr, April–Nov. Mo–Fr 17.30–21.30, Sa & So ab 18 Uhr; Ⓢ B, C bis 72nd St; 6 bis 77th St) und eine berühmte Statue von Alice im Wunderland. Zu den Highlights gehören die 6 ha große **Sheep Meadow**, eine Grünfläche, auf der an warmen Tagen Tausende Menschen herumliegen oder spielen, der **Central Park Zoo** (☎212-439-6500; www.centralparkzoo.com; 64th St, an der Fifth Ave; Erw./Kind 20/15 US$, ohne 4D-Kino 14/11 US$; ⏲April–Okt. Mo–Fr 10–17, Sa & So bis 17.30 Uhr, Nov.–März 10–16.30 Uhr; 👪; Ⓢ N/R bis 5th Ave-59th St) sowie die schmalen Wege des waldähnlichen **Ramble** (zw. 73rd St & 78th St; Ⓢ B,C bis 81st St).

Ebenso wie die Subway der Stadt sorgt auch der riesige, majestätische Central Park, ein Rechteck aus offenem Gelände mitten in Manhattan, für die Aufhebung der Klassenunterschiede, was ausdrücklich so gewollt war. Der riesige Park wurde in den 1860er- und 1870er-Jahren von Frederick Law Olmsted und Calvert Vaux am sumpfigen Nordrand der Stadt angelegt. Hier sollten alle New Yorker, unabhängig von Hautfarbe, Gesellschaftsschicht und Glauben, ihre Freizeit verbringen können. Er ist auch eine willkommene Oase der Ruhe im irren Trubel der Stadt. Die üppigen Rasenflächen, die kühlen Wälder, die blühenden Gärten, die glasig schimmernden Gewässer und die sich schlängelnden, von Bäumen gesäumten Wege stillen das Bedürfnis der New Yorker nach Natur.

Olmsted und Vaux, die auch den Prospect Park (S. 108) in Brooklyn schufen, legten großen Wert darauf, Fußgängerwege und Verkehrsstraßen voneinander zu trennen. Dieses Problem lösten sie ganz geschickt, indem sie die Wege als Brücken bauten, unter denen die Verkehrsadern der Stadt verlaufen. Dass solch eine riesige Fläche in allerbester Lage so lange unbebaut blieb, beweist, dass nichts so groß ist wie das Herz, die Seele und der Stolz, auf denen die Größe dieser Stadt beruht.

Bis heute ist dieser „Volkspark" eine der populärsten Sehenswürdigkeiten der Stadt, aber auch die New Yorker lieben die kostenlosen Freiluftkonzerte auf dem **Great Lawn** (zw. 79th St & 85th St; ⏲April–Mitte Nov.; Ⓢ B, C bis 86th St) und erstklassigen Theateraufführungen beim jährlichen Shakespeare in the Park (S. 113), das im Sommer unter freiem Himmel im **Delacorte Theater** (www.publictheater.org; Zugang an der W 81st St; Ⓢ B, C bis 81st St) stattfindet. Einen Besuch lohnen auch die reich verzierte **Bethesda Fountain** (Ⓢ B, C bis 72nd St) am See und das **Loeb Boathouse** (Bootsverleih 15 US$/Std.; ⏲10–18.45 Uhr; 👪; Ⓢ B, C bis 72nd St), wo man ein Ruderboot mieten oder einfach zu Mittag essen kann. Schön sind auch der **Shakespeare Garden** am westlichen Rand zwischen 79th St und 80th St, der mit üppigen Pflanzen und einem tollen Blick auf die Skyline beeindruckt, und der Ramble, ein bewaldetes Dickicht, das bei Vogelbeobachtern sehr beliebt ist. Während bestimmte Teile des Parks an den warmen Wochenenden voller Jogger, Inline-Skater, Musiker und Touristen sind, ist es an den Nachmittagen unter der Woche deutlich ruhiger, insbesondere abseits der ausgetretenen Pfade oberhalb der 72nd St, wo sich das **Harlem Meer** und die **North Meadow** (nördlich der 97th St) befinden.

Selbst im Winter strömen die Menschen in den Park, wenn nach Schneestürmen Langlauf und Rodeln möglich sind, oder einfach nur um einen Spaziergang durch das weiße Winterwunderland zu unternehmen. Außerdem findet immer an Silvester ein Mitternachtslauf statt. Das **Central Park Conservancy** (☎212-310-6600; www.centralparknyc.org/tours) bietet ständig wechselnde Führungen durch den Park an, darunter solche, die öffentliche Kunst, Tiere und Pflanzen oder Interessantes für Kinder zum Thema haben (Termine finden sich online; die meisten Führungen sind kostenlos, manche kosten 15 US$).

Central Park & Uptown

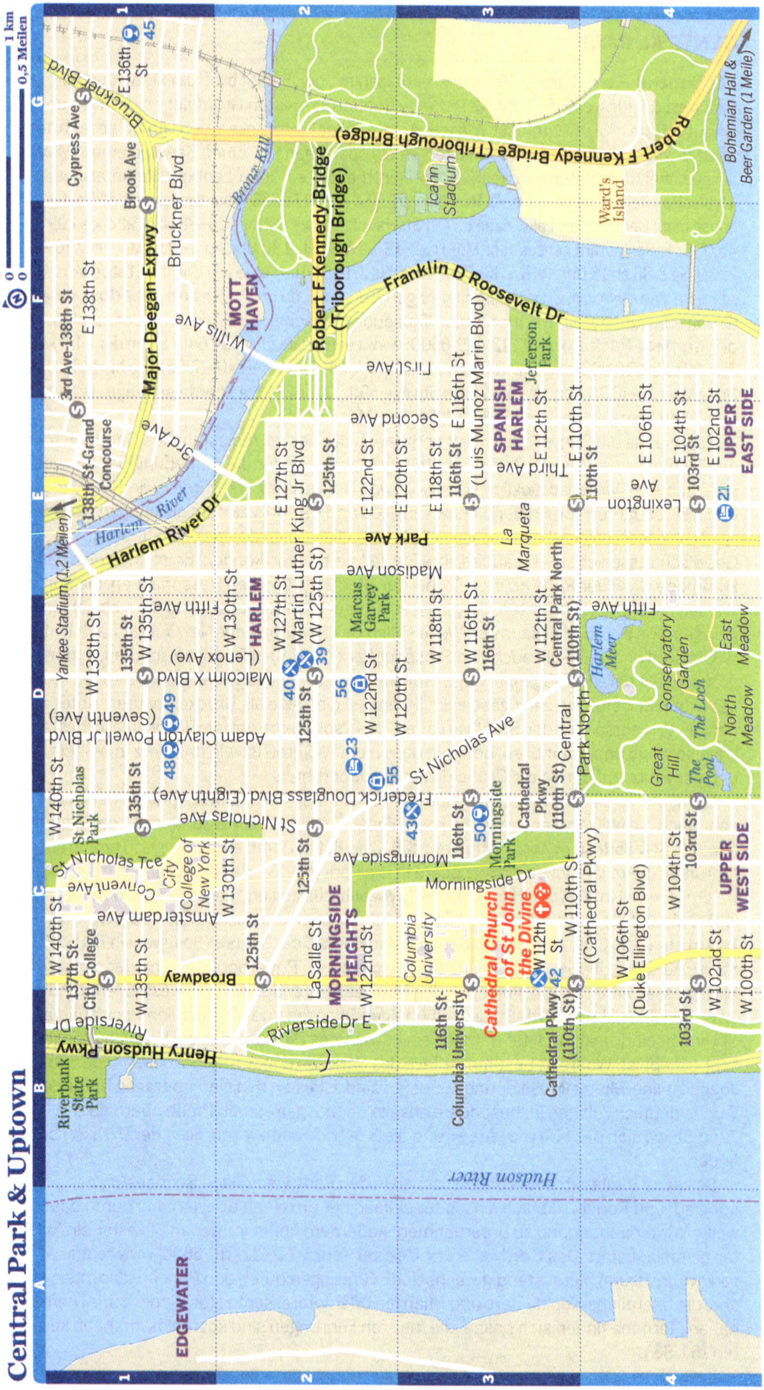

NEW JERSEY
NEW YORK
UNION CITY
West Side Hwy
Riverside Dr
Riverside Park
West End Ave
Broadway
Amsterdam Ave
Central Park West
W 97th St
96th St
W 96th St
W 94th St
W 92nd St
W 90th St
W 88th St
86th St
W 85th St
W 83rd St
W 81st St
81st St-Museum of Natural History
79th St
American Museum of Natural History
W 77th St
W 75th St
72nd St
W 72nd St
W 70th St
66th St-Lincoln Center
W 66th St
Lincoln Center
W 62nd St
W 60th St
Ninth Ave
59th St-Columbus Circle
W 57th St
s. Karte Times Square, Midtown Manhattan & Chelsea (S. 94)
West Dr
East Dr
Great Lawn
Central Park
Turtle Pond
The Ramble
The Lake
Bethesda Fountain
Conservatory Water
Sheep Meadow
The Mall
Literary Walk
The Pond
5th Ave-59th St
Fifth Ave
Guggenheim Museum
Metropolitan Museum of Art
Frick Collection
Madison Ave
Park Ave
Lexington Ave
Third Ave
Second Ave
First Ave
York Ave
East End Ave
E 99th St
E 97th St
E 96th St
E 94th St
E 92nd St
E 90th St
E 88th St
E 86th St
E 84th St
E 82nd St
E 80th St
E 79th St
77th St
E 77th St
E 75th St
72nd St
E 72nd St
E 70th St
E 68th St
68th St-Hunter College
E 65th St
Lexington Ave-63rd St
E 62nd St
E 59th St
Lexington Ave-59th St
E 57th St
Rockefeller University
Franklin D Roosevelt Dr
Carl Schurz Park
Mill Rock Island
Mill Rock Light Park
East River
Roosevelt Island
Main St
East Channel East River
Roosevelt Island Bridge
Ed Koch Queensboro Bridge
ASTORIA
LONG ISLAND CITY
Rainey Park
Vernon Blvd
Astoria Bookshop (0,7 Meilen); Pye Boat Noodle (0,9 Meilen)
Dutch Kills (0,7 Meilen); MoMA PS1 (1,1 Meilen)
A
B
C
D
E
F
G
5
6
7
8
1
4
5
6
7
8
9
10
11
12
13
14
15
16
17
18
19
20
22
24
25
26
27
28
29
30
31
32
33
34
35
36
37
38
41
44
46
47
51
52
53
54
57
58
59
60
61

Central Park & Uptown

Highlights

1 American Museum of Natural History ... C6
2 Cathedral Church of St John the Divine ... C3
3 Central Park ... D6
4 Frick Collection ... D7
5 Guggenheim Museum ... E5
6 Lincoln Center ... C8
7 Metropolitan Museum of Art ... D6

Sehenswertes

8 Central Park Zoo ... D8
9 Dakota Building ... C7
10 Great Lawn ... D6
11 Jewish Museum ... E5
12 Met Breuer ... E7
13 Noguchi Museum ... G6
14 Ramble ... D7
15 Strawberry Fields ... D7

Aktivitäten, Kurse & Touren

16 Belvedere Castle ... D6
17 Bike & Roll ... C6
18 Loeb Boathouse ... D7
19 Wollman Skating Rink ... D8

Schlafen

20 Arthouse Hotel NYC ... C7
21 Bubba & Bean Lodges ... E4
22 Empire Hotel ... C8
23 Harlem Flophouse ... D2
24 Hotel Beacon ... C7
25 Loews Regency Hotel ... E8
26 Mark ... E7
27 Quin ... D8

Essen

28 Barney Greengrass ... C6
29 Boulud Sud ... C8
30 Burke & Wills ... C6
31 Café Boulud ... E7
32 Café Sabarsky ... D6
33 Candle Cafe ... E7
34 Eli's Essentials ... E5
35 Gray's Papaya ... C7
Lakeside Restaurant at Loeb Boathouse ... (siehe 18)
36 Milk Bar ... C6
37 Papaya King ... E6
38 Peacefood Cafe ... C6
39 Red Rooster ... D2
40 Sylvia's ... D2
41 Tanoshi ... F7
42 Tom's Restaurant ... C3
43 Vinatería ... C3
Wright ... (siehe 5)

Ausgehen & Nachtleben

44 Bemelmans Bar ... E7
45 Bronx Brewery ... G1
46 Caledonia ... E6
47 Cantor Roof Garden Bar ... D6
Empire Rooftop ... (siehe 22)
48 Harlem Hops ... D1
49 Shrine ... D1
50 Silvana ... C3

Unterhaltung

51 Delacorte Theater ... D6
Frick Collection Concerts ... (siehe 4)
52 Jazz at Lincoln Center ... C8
Metropolitan Opera House ... (siehe 6)
New York City Ballet ... (siehe 6)
New York Philharmonic ... (siehe 6)

Shoppen

53 Barneys ... E8
54 Bergdorf Goodman ... D8
55 Flamekeepers Hat Club ... D2
56 Harlem Haberdashery ... D2
57 Magpie ... C6
58 Mary Arnold Toys ... E6
59 Shakespeare & Co ... E7
60 Shishi ... C5
61 Zabar's ... C6

bis 47th-50th Sts-Rockefeller Center) Die 1933 eröffnete Aussichtsplattform befindet sich im 70. Stock des **GE Building**, dem höchsten Wolkenkratzer des Rockefeller Centers. Zu Ehren der großen Luxusliner wurde sie wie ein Schiff gestaltet. Top of the Rock schlägt das Empire State Building in vielerlei Hinsicht: Es ist weniger los, die Aussichtsfläche (außen und innen) ist viel größer und man sieht von hier das Empire State Building selbst. Bevor man nach oben fährt, gibt eine faszinierende Ausstellung im 2. Stock einen Einblick in den legendären Philanthropen hinter dem Art-déco-Komplex.

Einen ähnlichen Ausblick verspricht ein Besuch der **Bar SixtyFive** (Karte S. 94; ☎212-632-5000; www.rainbowroom.com/bar-sixty-five; 30 Rockefeller Plaza, Eingang von der W 49th St; ⏲Mo–Fr 17–24, So 16–21 Uhr, Sa geschl.; Ⓢ B/D/F/M bis 47th-50th StsRockefeller Center) im 65. Stock des Rockefeller. Dafür benötigt man kein Ticket für Top of the Rock, allerdings ist der Zutritt erst ab 21 Jahren erlaubt.

Upper East Side

★ Metropolitan Museum of Art MUSEUM
(Karte S. 100; ☎212-535-7710; www.metmuseum.org; 1000 Fifth Ave, an der E 82nd St; 3-Tages-Pass Erw./Senior/Kind 25/17 US$/frei, nach eigenem Ermessen für Bewohner des Bundesstaates NY; ⏲So–Do 10–17.30, Fr & Sa bis 21 Uhr; ♿; Ⓢ 4/5/6, Q bis

86th St; 6 bis 77th St) Das weitläufige, palastartige Museum wurde 1870 gegründet und beherbergt eine der größten und wichtigsten Kunstsammlungen der Welt. Die umfassende Sammlung aus Gemälden, Skulpturen, Textilien und Artefakten aus allen Winkeln der Welt enthält mehr als 2 Mio. einzelne Objekte, darunter einen Tempel aus dem alten Ägypten, der direkt vom Ufer des Nil hierher gebracht wurde. Das im Allgemeinen nur als „The Met" bezeichnete Museum hat eine Ausstellungsfläche von knapp 7 ha. Man sollte für seinen Besuch also mehrere Stunden einplanen und unbedingt bequemes Schuhwerk tragen.

Die altägyptische Sammlung im 1. Stock ist der absolute Star des Museums. Unbedingt sehenswert ist der **Temple of Dendur**, der um 10 v. Chr. erbaut und 1978 aus Ägypten hierher verlegt wurde. Im 2. Stock zeigen zahlreiche **Galerien mit europäischen Gemälden** atemberaubende Meisterwerke aus dem 13. bis 20. Jh., während 15 beeindruckende Räume der umfangreichen Sammlung **islamischer Kunst und Artefakte** gewidmet sind. Der **American Wing** zeigt dekorative und bildende Kunst aus der gesamten US-Geschichte. Andere Galerien widmen sich der klassischen Antike (mit Skulpturen, die vom natürlichen Tageslicht dramatisch beleuchtet werden), der asiatischen Kunst sowie der modernen und zeitgenössischen Malerei und Bildhauerei. Das Spektrum ist einfach zu groß, um hier alles aufzulisten.

Für Kinder sind die ägyptischen, afrikanischen und ozeanischen Galerien mit ihren zahlreichen Artefakten sowie die Sammlung mittelalterlicher Rüstungen und Waffen (alle im 1. Stock) am interessantesten. Es gibt eine Broschüre und einen Plan speziell für Besuche mit Kindern und auf der Webseite wird außerdem über spezielle Veranstaltungen informiert.

Wer zwischen April und Oktober hier ist, sollte dem außergwöhnlichen **Dachgarten** einen Besuch abstatten, in dem wechselnde Skulpturenausstellungen von Künstlern des 21. und 20. Jhs. gezeigt werden. Ein echtes Highlight ist aber auch die Aussicht auf die Stadt und den Park. In der Cantor Roof Garden Bar (S. 135) kann man sich dann noch einen Sundowner genehmigen.

Audiotouren (Erw./Kind 7/5 US$) sind in zehn Sprachen erhältlich. Auszüge davon kann man sich über die kostenlose Smartphone-App des Met herunterladen. Im Eintritt sind einige kostenlose **Führungen** durch bestimmte Galerien enthalten. Die Tickets gelten an drei aufeinanderfolgenden Tagen und berechtigen auch zum Eintritt in die Met Cloisters (S. 107).

★ Guggenheim Museum — MUSEUM

(Karte S. 100; ☎212-423-3500; www.guggenheim.org; 1071 Fifth Ave, an der E 89th St; Erw./Kind 25 US$/frei, Sa 17–20 Uhr nach eigenem Ermessen bei Bargeldzahlung; ⌚Mi–Fr, So & Mo 10–17.30, Sa bis 20, So bis 21 Uhr; 👪; Ⓢ4/5/6, Q bis 86th St) Die kegelförmige weiße Spirale des Architekten Frank Lloyd Wright ist eine New Yorker Ikone und womöglich noch berühmter als die darin enthaltenen Kunstwerke, zu denen Arbeiten von Kandinsky, Picasso, Pollock, Monet, Van Gogh und Degas, Fotografien von Mapplethorpe sowie wichtige surrealistische Werke gehören. Die größte Attraktion sind jedoch die Wechselausstellungen in der viel fotografierten Rotunde. Weitere große Werke werden oft im neueren Turm (1992) nebenan ausgestellt. Entweder holt man sich den kostenlosen Audioguide oder lädt die Guggenheim-App herunter. Sie enthält Informationen zu den Exponaten und zur Architektur.

★ Frick Collection — GALERIE

(Karte S. 100; www.frick.org; 1 E 70th St an der Fifth Ave; Erw./Student 22/12 US$, Mi 14–18 Uhr Pay what you wish; letzter Fr. im Monat (außer Jan. & Sep.) Eintritt frei ⌚Di–Sa 10–18, So 11–17 Uhr; Ⓢ6 bis 68th St-Hunter College) Der Stahlmagnat Henry Clay Frick ließ sich dieses historische Herrenhaus in der Fifth Ave bauen, die auch als „Millionaires Row" bekannt war. Derzeit ist das Gebäude aber aufgrund von Renovierungsarbeiten bis 2023 geschlossen – solange kann die spektakuläre Frick-Sammlung im Breuer Building, früher das **Met Breuer** (Karte S. 100; 945 Madison Ave, Ecke E 75thSt) bestaunt werden. Die Sammlung zeigt Meisterwerke von Tizian, Vermeer, Gilbert Stuart, El Greco, Joshua Reynolds, Goya und Rembrandt. Skulpturen, Keramiken, Antiquitäten und alte Uhren sind ebenfalls zu sehen.

Jewish Museum — MUSEUM

(Karte S. 100; ☎212-423-3200; www.thejewishmuseum.org; 1109 Fifth Ave, zw. E 92nd St & 93rd St; Erw./Kind 18 US$/frei, Sa frei, Do 17–20 Uhr nach eigenem Ermessen ⌚Mo, Di & Fr 11–17.45, Do 11–20, Sa & So 10–17.45 Uhr; 👪; Ⓢ6, Q bis 96th St) Dieses Museum ist ein wahres Juwel der Stadt. Es ist in einem Herrenhaus der französischen Gotik aus dem Jahr 1908 unterge-

Central Park

DIE GRÜNE LUNGE VON NEW YORK

Das grüne Rechteck in Manhattans Zentrum legte man Mitte des 19. Jhs. an. Die Sumpflandschaft wurde in einen idyllischen Park verwandelt, der die New Yorker – und seien sie noch so verschieden – auf unerwartete Art zusammenbrachte. Der Central Park diente den Reichen dazu, ihre Nobelkutschen zur Schau zu stellen (1860er-Jahre), Arme genossen Gratis-Sonntagskonzerte (1880er-Jahre) und Aktivisten hielten hier ihre *be-ins* gegen den Vietnamkrieg ab (1960er-Jahre).

Seitdem besuchen Heerscharen von Einheimischen und Touristen den Park, in dem man wunderbar spazieren gehen, picknicken, sonnenbaden, Ball spielen und kostenlosen Konzerten und Shakespeare-Aufführungen lauschen kann.

Loeb Boathouse

Das historische Loeb Boathouse am Seeufer bietet eine traumhafte Kulisse für ein romantisches Essen. Hier kann man Ruderboote und Fahrräder mieten oder sich in einer venezianischen Gondel über den See schippern lassen.

Conservatory Garden

Der einzige echte Garten im Central Park ist vielleicht der ruhigste Ort im Park. Am Nordrand blühen Ende Oktober Chrysanthemen. Im Süden steht ein riesiger Holzapfelbaum gleich neben der Burnett Fountain.

STUDIOLASKA/SHUTTERSTOCK © FOUNTAIN SCULPTOR: BESSIE POTTER VONNOH

Jacqueline Kennedy Onassis Reservoir

Das fast 43 ha große Wasserbecken nimmt grob ein Achtel der Parkfläche ein. Ursprünglich sollte es die Stadt mit sauberem Wasser versorgen. Heute kann man hier Wasservögel beobachten.

LULU AND ISABELLE/SHUTTERSTOCK ©

Belvedere Castle

Das gotisch-romanische Schloss, eine „viktorianische Verrücktheit", dient ausschließlich als grandioser Aussichtspunkt. Es wurde 1869 von Calvert Vaux, einem der beiden Landschaftsplaner des Central Parks, entworfen.

Der Park ist unglaublich vielfältig. Im Norden gibt's bewaldete Hügelchen, im Süden einen bei Joggern beliebten See. Es gibt Gärten im europäischen Stil, einen Zoo und viele Teiche. Ein tolles Erlebnis ist es, an einem sonnigen Tag zur Sheep Meadow gehen, wo sich ganz New York in der Sonne aalt.

Der Central Park ist nicht nur eine Grünanlage – er ist New York Citys Hinterhof.

KURZINFOS

- Die Landschaftsarchitekten waren Frederick Law Olmsted und Calvert Vaux
- Beginn der Bauarbeiten: 1858
- Fläche des Parks: 3,4 km^2
- Viele Filme entstanden hier, von Blockbustern aus der Wirtschaftskrise wie *Gold Diggers* (1933) bis hin zum Monster-Streifen *Cloverfield* (2008)

Conservatory Water
Der Teich ist in der warmen Jahreszeit beliebt bei Kindern, die hier ihre Modellsegelboote gleiten lassen. Er ist den Pariser Modellboot-Teichen aus dem 19. Jh. nachempfunden und spielte eine wichtige Rolle in E. B. Whites Klassiker *Stuart Little*.

CHRISTOPHER PENLER/SHUTTERSTOCK ©

KRIDSADA KAMSOMBAT/SHUTTERSTOCK ©

Bethesda Fountain
Der neoklassizistische Brunnen ist einer der größten New Yorks. Er wird überragt vom *Engel über den Gewässern*, getragen von vier Cherubinen. Der Brunnen wurde 1868 von der Künstlerin und Frauenrechtlerin Emma Stebbins erdacht.

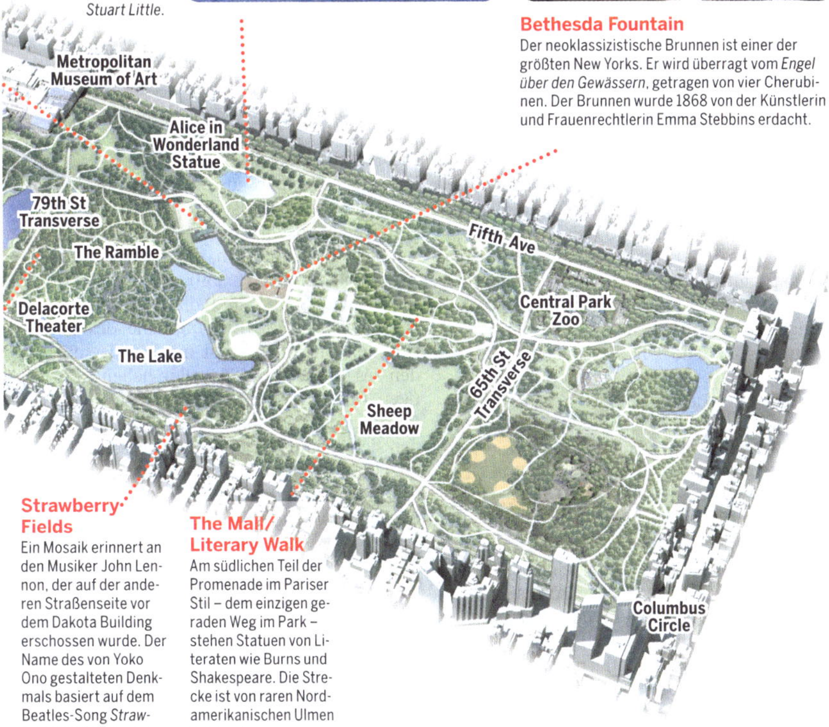

Strawberry Fields
Ein Mosaik erinnert an den Musiker John Lennon, der auf der anderen Straßenseite vor dem Dakota Building erschossen wurde. Der Name des von Yoko Ono gestalteten Denkmals basiert auf dem Beatles-Song *Strawberry Fields Forever*.

The Mall/ Literary Walk
Am südlichen Teil der Promenade im Pariser Stil – dem einzigen geraden Weg im Park – stehen Statuen von Literaten wie Burns und Shakespeare. Die Strecke ist von raren Nordamerikanischen Ulmen gesäumt.

bracht, das 30000 Judaika, darunter Toraschilde und Hanukalampen, sowie Skulpturen, Gemälde und dekorative Kunstwerke beherbergt. Eine historische Ausstellung über die jüdische Gemeinde in New York sucht man hier allerdings vergebens. Dafür sind die Wechselausstellungen, in denen so einflussreiche Personen wie Art Spiegelman oder Leonard Cohen beleuchtet werden, oftmals hervorragend, und es gibt auch exzellente Präsentationen zu Berühmtheiten wie Marc Chagall und Modigliani. Das Feinkostgeschäft Russ & Daughters ist ein Wahrzeichen der Lower East Side und betreibt im Untergeschoss ein Restaurant.

Upper West Side

★ American Museum of Natural History — MUSEUM

(Karte S. 100; ☎212-769-5100; www.amnh.org; Central Park West, an der W 79th St; empfohlene Spende Erw./Kind 23/13 US$; ⊙10–17.45 Uhr; 👪; S C bis 81st St-Museum of Natural History; 1 bis 79th St) Dieses klassische Museum wurde 1869 gegründet und ist eine wahre Fundgrube. Hier gibt es mehr als 34 Mio. Artefakte, darunter bedrohlich wirkende Dinosaurierskelette, sowie das **Rose Center for Earth & Space** mit einem hochmodernen Planetarium. Von Oktober bis Mai beherbergt das Museum das **Butterfly Conservatory**, ein Terrarium mit über 500 Schmetterlingen aus aller Welt, die gerne auch auf die ausgestreckten Arme der Besucher zuflattern und dort landen.

Die hellen, luftigen **Fossiliensäle** sind wohl die bekanntesten Bereiche des Museums. Dort sind fast 600 Exponate ausgestellt – darunter Besucherlieblinge wie der Apatosaurus, der Titanosaurus und ein furchterregender *Tyrannosaurus Rex*. Aber eigentlich sind sie alle auch ein wenig furchteinflößend ... Es sind noch viele weitere Tiere zu sehen (die ausgestopften Kodiakbären und Riesenelche sind besonders beliebt), außerdem gibt es Galerien mit Edelsteinen und Mineralien sowie ein IMAX-Theater. In der **Milstein Hall of Ocean Life** widmen sich verschiedene Dioramen der Meeresökologie, dem Wetter und dem Naturschutz. Dort findet sich auch die beliebte 28,5 m lange Replik eines Blauwals, der von der Decke hängt. In der 77th St Grand Gallery wird ein fast 20 m langes Kanu gezeigt, das in den 1870er-Jahren geschnitzt und mit Motiven verschiedener amerikanischer Ureinwohner der Nordwestküste geschmückt ist.

In Sachen Astronomie ist das Rose Center der Star. Hier kann man sich jede halbe Stunde (genaue Zeiten auf der Website) in die bequemen Sitze des Planetariums fallen lassen und bei der Vorstellung *Dark Universe* (2019) dabei sein. Darin weiht der berühmte Astrophysiker und Direktor des Frederick P. Rose Center Neil deGrasse Tyson die Besucher in die Geheimnisse und Wunder des Kosmos ein. Ein beeindruckendes Ausstellungsstück hier ist der **Willamette Meteorit**, ein 15,5 t schweres Stück metallischen Eisens, das vor etwa 30000 bis 40000 Jahren im heutigen Oregon zur Erde fiel.

Hinweis: Für den Eintritt wird zwar nur ein Betrag nach eigenem Ermessen fällig, wer sich aber zusätzlich die Weltraum-Shows, IMAX-Filme oder kostenpflichtige Ausstellungsstücke ansehen möchte, der muss den angegebenen Eintrittspreis plus eine Show (Erw./Kind 28/16,50 US$) oder den Eintrittspreis plus alle Shows (33/20 US$) bezahlen.

Der Bau einer 383 Mio. US$ teuren Erweiterung, in der das Richard Gilder Center for Science, Education and Innovation untergebracht werden soll, geht weiter voran. Sie soll bis 2023 abgeschlossen sein.

★ Lincoln Center — KUNSTZENTRUM

(Karte S. 100; ☎212-875-5456, Führungen 212-875-5350; www.lincolncenter.org; Columbus Ave, zw. W 62nd St & 66th St; Führung Erw./Student 25/20 US$; ⊙Führungen Mo–Sa 11.30 & 13.30, So 15 Uhr; 👪; S 1, 2, 3 bis 66th St-Lincoln Center, A/C oder B/D bis 59th St-Columbus Circle) GRATIS Der imposante Komplex aus funkelnden modernistischen Tempeln ist die Heimat einiger der bedeutendsten Theater- und Musikensembles von Manhattan, darunter die New York Philharmonic (S. 139), das New York City Ballet (S. 138) und die Metropolitan Opera (S. 137). Die Eingangshalle des berühmten Opernhauses ist mit Wandgemälden des Malers Marc Chagall in hellen, kräftigen Farben geschmückt. Auf dem knapp 6,5 ha großen Campus und rundum befinden sich weitere Veranstaltungsorte, darunter ein Theater, zwei Zentren für Filmvorführungen und die renommierte **Juilliard School** für darstellende Künste.

Strawberry Fields — DENKMAL

(Karte S. 100; www.centralparknyc.org; Central Park, an der Westseite der 72nd St; S C, B bis 72nd St) Der eindrucksvolle, tränenförmige Garten im Park gegenüber dem berühmten **Dakota Building** (Karte S. 100; 1 W 72nd St, am Central Park West; S B, C bis 72nd St), vor dem John Lennon 1980 erschossen wurde, erinnert an den Musiker. In ihm befinden sich ein Wäldchen aus stattlichen Ulmen und ein gefliestes Mosaik mit dem schlichten Wort „Imagine". Angesichts der Vielzahl an Guides und Straßenmusikern, die sich hier tummeln, würde man nie auf die Idee kommen, dass die Anlage eigentlich als Ort der Ruhe gedacht ist.

Harlem & Upper Manhattan

★ Met Cloisters MUSEUM

(Karte S. 84; ☎ 212-923-3700; www.metmuseum.org/cloisters; 99 Margaret Corbin Dr, Fort Tryon Park; 3-Tages-Pass Erw./Senior/Kind 25/17 US$/frei, nach eigenem Ermessen für Bewohner des Bundesstaates NY & Studenten aus CT, NY und NJ; ⊙ März–Okt. 10–17.15 Uhr, Nov.–Feb. bis 16.45 Uhr; S A bis 190th St) Das Museum auf einem Hügel über dem Hudson River ist ein seltsames architektonisches Gebilde, das aus verschiedenen Teilen europäischer Klöster und anderer historischer Gebäude besteht. Gebaut wurde es in den 1930er-Jahren, um die mittelalterlichen Schätze des Metropolitan Museum aufzunehmen. Die Fresken, Wandteppiche und Gemälde sind nun in Galerien zu sehen, die rund um einen romantischen Innenhof angeordnet sind. Zwischen den Galerien verlaufen großartige Bogengänge mit maurischen Terrakotta-Dächern. Zu den vielen seltenen Schätzen gehört auch die faszinierende Wandteppich-Reihe mit dem Titel *Die Jagd nach dem Einhorn* (1493–1505).

Ebenfalls sehenswert ist das bemerkenswert gut erhaltene Mérode-Triptychon aus dem 15. Jh., ein Altarbild, das Mariä Verkündigung darstellt. Außerdem können noch die atemberaubenden französischen Kreuzgänge Saint-Guilhem und Bonnefant aus dem 12. Jh. besichtigt werden. Letztere beherbergen Pflanzen, die in der mittelalterlichen Medizin, Magie, in Zeremonien und in der Kunst zum Einsatz kamen. Der Blick auf den Hudson ist ebenfalls ganz nett.

Die Eintrittskarte ist drei Tage lang für die Cloisters sowie das Metropolitan Museum of Art gültig. Hinweis: Die Subway-Station Dyckman St liegt zwar dem Museum am nächsten, die Treppe zwischen dem Bahnhof und dem Eingang ist jedoch steil und rutschig. Stattdessen nimmt man besser die Haltestelle 190th St und geht durch den Park.

★ Cathedral Church of St. John the Divine KATHEDRALE

(Karte S. 100; ☎ Führungen 212-316-7540; www.stjohndivine.org; 1047 Amsterdam Ave, an der W 112th St, Morningside Heights; Erw./Student 10/8 US$, Highlights-Tour 14 US$, Vertical-Tour 20/18 US$; ⊙ Mo–Sa 7.30–18, So 12.30–14.30 Uhr; S B/C, 1 bis 110th St-Cathedral Pkwy) Das beeindruckendste Gotteshaus New Yorks ist ein turmhohes Denkmal, das aussieht, als stamme es direkt aus dem Europa des Mittelalters. St. John ist in einem bunten Mix aus romanischen, gotischen und neugotischen Stilelementen erbaut und steckt voller Schätze – von wunderschönen Buntglasfenstern bis hin zu Wandteppichen aus dem 17. Jh. sowie Werken von zeitgenössischen Künstlern wie Keith Haring und Tom Otterness. Trotz ihrer Herrlichkeit ist die Kathedrale noch nicht fertig gestellt. Scherzhaft wird sie sogar als „St. John, der Unvollendete" bezeichnet.

Brooklyn

★ Brooklyn Bridge BRÜCKE

(Karte S. 86; S 4/5/6 bis Brooklyn Bridge-City Hall, J/Z bis Chambers St, R/W bis City Hall, S 2/3 bis Clark St, A/F bis High St-Brooklyn Bridge Station) Die Brooklyn Bridge ist eines der großen Wahrzeichen von New York. Sie war die erste stählerne Hängebrücke der Welt und bei ihrer Eröffnung 1883 mit 486,5 m auch die längste ihrer Art. Obwohl der Bau von Katastrophen aller Art überschattet war, wurde die Brücke zu einem der schönsten Beispiele städtebaulicher Ingenieursleistung. Von einem Fahrrad- und Fußgängersteg aus hat man einen tollen Blick auf Manhattan, den East River und die Wasserfront von Brooklyn. Das Überqueren der Brücke ist zwar schön, kann aber auch eine Herausforderung sein. Als Fußgänger sollte man unbedingt auf der dafür vorgesehenen Spur bleiben, da die Radfahrer ein ganz schönes Tempo drauf haben.

Brooklyn Bridge Park PARK

(☎ 718-222-9939; www.brooklynbridgepark.org; East River Waterfront, zw. Atlantic Ave & John St, Brooklyn Heights/Dumbo; ⊙ 6–1 Uhr, einige Abschnitte bis 23 Uhr, Spielplätze bis Sonnenuntergang; 👪 🐾; 🚌 B63 bis Pier 6/Brooklyn Bridge Park, B25 bis Old Fulton St/Elizabeth Pl, ⛴ Route East River oder South Brooklyn bis Dumbo/Pier 1, S A/C bis High St, 2/3 bis Clark St, F bis York St) GRATIS Unter den zahlreichen Sehenswürdigkeiten in Brooklyn ist dieser über 34 ha große Park eine der beliebtesten. Er erstreckt sich über gut 2 km entlang einer Biegung des East River vom östlichen Ende der Manhattan Bridge in Dumbo bis zum westlichen Ende der Atlantic Ave in Brooklyn Heights. Mit dem Park wurde das ehemalige Brachland am Flussufer zu neuem Leben erweckt und die längst aufgegebenen Piers in eine schöne Parklandschaft verwandelt, die nun einen atemberaubenden Blick auf Manhattan bietet. Aber es wird auch sonst viel geboten mit Spielplätzen, Spazierwegen und gepflegten Rasenflächen.

Brooklyn Heights Promenade AUSSICHTSPUNKT

(www.nycgovparks.org; zw. Orange St & Remsen St, Brooklyn Heights; 24 Std.; N/R/W bis Court St, 2/3 bis Clark St, A/C bis High St) Sechs der in Ost-West-Richtung verlaufenden Straßen der wohlhabenden Brooklyn Heights (wie die Montague St und Clark St) führen zur beliebtesten Sehenswürdigkeit des Viertels, einem schmalen, gepflasterten Fußgängerweg mit atemberaubendem Blick auf Lower Manhattan und New York Harbor, unter dem der vielbefahrene Brooklyn-Queens Expressway (BQE) hindurchführt. Dieses kleine Fleckchen städtischer Schönheit, das von den Einheimischen heftig gegen Entwicklungsansinnen verteidigt wird, ist ein großartiger Ort für einen Spaziergang bei Sonnenuntergang.

★ **Prospect Park** PARK

(Karte S. 84; 718-965-8951; www.prospectpark.org; Grand Army Plaza; 5–1 Uhr; 2/3 bis Grand Army Plaza, F, G bis 15th St-Prospect Park, B, Q bis Prospect Park, Q bis Parkside Ave) Brooklyn ist gesegnet mit einer Reihe von historischen, viel genutzten Grünflächen mit tollem Ausblick; das Juwel des Viertels ist aber der Prospect Park. Die Schöpfer dieses knapp 237 ha großen Parks, Frederick Law Olmsted und Calvert Vaux, sahen darin eine Optimierung ihres anderen Projekts in New York, dem Central Park, und wenn man über die von Bäumen gesäumten Wege schlendert und die reich verzierten Brücken bestaunt, wird man dem nur zustimmen können. Die hübsche, künstlich angelegte Grünanlage wurde 1867 eröffnet. Im Westen befinden sich bewaldete Hügel und eine langgezogene Rasenfläche (je nach Jahreszeit von Hundehaltern, Sportlern oder einer grillenden Meute bevölkert), im Osten, am Ufer des weitläufigen Sees, steht ein Bootshaus. Die neoklassischen Bögen, Skulpturen und Säulen an den Haupteingängen wurden später hinzugefügt.

Viele Besucher kommen zum Radfahren, Joggen, Flanieren, Gassi gehen oder einfach nur, um auf der Wiese zu liegen. Der Park hat auch einen **Zoo** (Karte S. 84; 718-399-7339; www.prospectparkzoo.com; 450 Flatbush Ave, Prospect Park; Erw./Kind 10/7 US$; April–Okt. Mo–Fr 10–17, Sa & So bis 17.30 Uhr, Nov.–März bis 16.30 Uhr; ; B41 bis Flatbush Ave, B, Q bis Prospect Park, 2/3 bis Grand Army Plaza) und eine Eislaufbahn (S. 111), die in den wärmeren Monaten zu einem Wasserspielplatz für Kinder umfunktioniert wird. Dort stehen dann auch Leihboote zur Verfügung. Am **Prospect Park Bandshell** (nahe dem Eingang an der Ecke 9th St und Prospect Park W) finden auch **kostenlose Konzerte** (718-683-5600; www.bricartsmedia.org; Prospect Park Bandshell, nahe Prospect Park W & 11th St, Park Slope; Juni–Aug.) statt und das ganze Jahr über wird samstags am Eingang an der Grand Army Plaza ein **Bauernmarkt** (www.grownyc.org; Grand Army Plaza, Ecke Prospect Park W & Flatbush Ave, Prospect Park; Sa 8–16 Uhr; 2, 3 bis Grand Army Plaza) abgehalten.

★ **Brooklyn Museum** MUSEUM

(Karte S. 84; 718-638-5000; www.brooklynmuseum.org; 200 Eastern Pkwy, Prospect Park; Erw./Kind 16 US$/frei; ganzes Jahr Mi & Fr–So 11–18, Do bis 22 Uhr, Okt.–Dez. & Feb.–Aug. 1. Sa im Monat bis 23 Uhr; ; 2/3 bis Eastern Pkwy-Brooklyn Museum) Dieses umfangreiche Museum ist das Herzstück des im 19. Jh. gegründeten Brooklyn Institute und ist in einem fünfstöckigen Gebäude im Beaux-Arts-Stil untergebracht. Auf einer Ausstellungsfläche von 52 000 m^2 präsentiert es über 1,5 Mio. Objekte, darunter altägyptische Sarkophage, Zimmer im Stil des 19. Jhs. und ein vielfältiges Sammelsurium aus Kunstwerken. Die eleganten, luftigen Räumlichkeiten sind ein guter Ort, um sich treiben zu lassen und eine ruhigere Alternative zu den oft hoffnungslos überlaufenen Museen in Manhattan.

Die Sammlung wird ergänzt durch inspirierende Wechselausstellungen zu verschiedenen Themen, von Retrospektiven auf die europäische Kunst bis hin zu provokativer zeitgenössischer Kunst, oft mit einem Schwerpunkt auf feministischem Denken und Künstlern aus der LGBT+-Szene. Am ersten Samstag des Monats (außer Sept.) finden zudem besondere Veranstaltungen statt. Dann ist das Museum bis 23 Uhr geöffnet.

Brooklyn Botanic Garden GÄRTEN

(Karte S. 84; 718-623-7200; www.bbg.org; 150 Eastern Pkwy, Prospect Park; Erw./Student/Kind 15/8 US$/frei, Fr 8–12 Uhr frei, Dez.–Feb. Di–Fr frei; März–Okt. Di–Fr 8–18, Sa & So ab 10 Uhr, restliches Jahr kürzer; ; 2/3 bis Eastern Pkwy-Brooklyn Museum, B, Q bis Prospect Park) Eine der malerischsten Attraktionen in Brooklyn ist

ABSTECHER

CONEY ISLAND

Coney Island – ein Name, der in der amerikanischen Kultur gleichbedeutend ist mit Ausgelassenheit und nostalgischem Badespaß am Meer – wurde um die Jahrhundertwende weltweit als Vergnügungspark und Badeort der Arbeiterklasse bekannt. Nach Jahrzehnten des Niedergangs hat sein kitschiger Charme im 21. Jh. eine Wiederbelebung erfahren. Obwohl es nicht mehr die boomende Besucherattraktion ist, die es einmal war, kommen immer noch Scharen von Touristen und Einheimischen an die Uferpromenade, um mit der legendären Achterbahn zu fahren, Hotdogs zu essen und Bier zu trinken.

Der **Luna Park** (Karte S. 84; ☎718-373-5862; www.lunaparknyc.com; 1000 Surf Ave, an der W 10th St; ⏲April–Okt.; Ⓢ D/F, N/Q bis Coney Island-Stillwell Ave) ist einer der beliebtesten Vergnügungsparks auf Coney Island. In ihm steht eines der legendärsten Fahrgeschäfte: der Cyclone (10 US$), eine Holzachterbahn, die Geschwindigkeiten von fast 100 km/h erreicht und fast senkrechte Abschnitte enthält. In einem benachbarten Park befindet sich das 45 m hohe, rosafarbene und mintgrüne **Deno's Wonder Wheel** (Karte S. 84; ☎718-372-2592; www.denoswonderwheel.com; 1025 Riegelmann Boardwalk, an der W 12th St; Fahrt 10 US$; ⏲Juli & Aug. ab 12 Uhr, April–Juni, Sept. & Okt. Sa & So ab 12 Uhr; 👪; Ⓢ D/F, N/Q bis Coney Island-Stillwell Ave), das seit 1920 als bester Ort gilt, um Coney Island von oben zu sehen.

Der Hotdog wurde 1867 in Coney Island erfunden, und das seit 1916 bestehende **Nathan's Famous** (☎718-333-2202; www.nathansfamous.com; 1310 Surf Ave, an der Stillwell Ave; Hotdogs ab 4 US$; ⏲Mo–Do 10–23, Fr bis 24, Sa 9–24, So bis 23 Uhr; 📶; Ⓢ D/F bis Coney Island-Stillwell Ave) ist der beste Ort, um einen von ihnen zu verdrücken. Wird der Hals so langsam trocken, schaut man bei **Ruby's** (☎718-975-7829; www.rubysbar.com; 1213 Riegelmann Boardwalk, zw. Stillwell Ave & W 12th St; ⏲April–Sept. So–Do 11–22, Fr & Sa bis 1 Uhr, Okt. nur Sa & So; Ⓢ D/F, N/Q bis Coney Island-Stillwell Ave) vorbei, einer legendären Kneipe direkt an der Strandpromenade.

diese 1911 eröffnete, 21 ha große Gartenanlage mit Tausenden von Pflanzen und Bäumen sowie einem **japanischen Garten**, in dem Flussschildkröten vor einem Shinto-Schrein durchs Wasser gleiten. Die beste Zeit für einen Besuch ist Ende April oder Anfang Mai, wenn die Kirschbäume (ein Geschenk aus Japan) in voller, farbenfroher Blüte stehen und das Sakura Matsuri, das Kirschblütenfest (S. 113), gefeiert wird.

★ Bushwick Collective — ÖFFENTLICHE KUNST

(Karte S. 84; www.instagram.com/thebushwickcollective; Bushwick; Ⓢ L bis Jefferson St) GRATIS Diese Outdoor-Galerie mit Wandmalereien einiger der talentiertesten Straßenkünstler von New York hat Bushwicks Status als Brooklyns coolstes Viertel weiter gefestigt. Die Werke wechseln regelmäßig und schmücken die Wände hauptsächlich entlang der Jefferson St und Troutman St zwischen der Cypress Ave und Knickerbocker Ave sowie entlang der Gardner Ave (nördlich der Flushing Ave). Weitere Straßenkunst findet man rund um die Station Morgan Ave L, insbesondere an der Seigel St und Grattan St.

Die beiden letztgenannten Straßen befinden sich in praktischer Lage nahe Roberta's (S. 130) und dem **Pine Box Rock Shop** (☎718-366-6311; www.pineboxrockshop.com; 12 Grattan St, zw. Morgan Ave & Bogart St, East Williamsburg; ⏲Mo & Di 16–2, Mi–Fr bis 4, Sa 14–4, So 12–2 Uhr; Ⓢ L bis Morgan Ave), beides großartige Adressen für eine Pizza oder ein paar Drinks.

Obwohl Bushwick insgesamt sicher ist, gibt es immer noch gelegentliche Fälle von Kriminalität, sodass man in dieser Gegend – besonders spät in der Nacht und am Wochenende – stets ein Auge auf seine Umgebung richten sollte.

⊙ Queens

★ MoMA PS1 — GALERIE

(Karte S. 84; ☎718-784-2084; www.momaps1.org; 22-25 Jackson Ave, Long Island City; empfohlene Spende Erw./Kind 10 US$/frei, Einwohner von NYC oder mit MoMA-Ticket frei, Warm-Up-Party online/vor Ort 18/22 US$; ⏲Do–Mo 12–18 Uhr, Warm-Up-Partys Juli–Anfang Sept. Sa 12–21 Uhr; Ⓢ G, 7 bis Court Sq, E, M bis Court Sq-23rd St) Im angesagten modernen Außenposten des MoMA schaut man Videos durch Fußbodenbretter, plaudert zur Musik von DJs und diskutiert, während man durch ein Loch in der Wand starrt, über die Bedeutung nichtstatischer Strukturen. Die Exponate reichen von Videokunst aus dem Nahen Osten bis hin zu Industriekesseln mit

Blattgoldüberzug. Viele der Installationen sind standortspezifisch. *Meeting* (1986) vom aus L.A. stammenden Lichtkünstler James Turrell lohnt sich auf jeden Fall, gerade kurz vor Sonnenuntergang.

Noguchi Museum MUSEUM

(Karte S. 100; ☎ 718-204-7088; www.noguchi.org; 9-01 33rd Rd, am Vernon Blvd, Long Island City; Erw./Kind 10 US$/frei, 1. Fr im Monat frei; ⌚ Mi–Fr 10–17, Sa & So 11–18 Uhr; 🚌 Q103, Q104 bis Vernon Blvd-33 Rd, S N/W bis Broadway) Sowohl die Kunstwerke als auch die Umgebung, in der sie hier gezeigt werden, sind das Werk des in L.A. geborenen Bildhauers, Designers und Landschaftsarchitekten Isamu Noguchi, der bekannt für seine kultigen Lampen und Couchtische sowie elegante, abstrakte Steinskulpturen ist. Die Artefakte werden drinnen in ruhigen Galerien sowie draußen in einem minimalistischen Skulpturengarten ausgestellt und verbinden sich zu einer umfassenden ästhetischen Vision und einer Oase der Stille. Die ständige Sammlung befindet sich im 1. Stock, während die Galerie im Obergeschoss wechselnde Ausstellungen zeigt.

Die Bronx

Bronx Zoo ZOO

(Karte S. 84; ☎ 718-220-5100; www.bronxzoo.com; 2300 Southern Blvd; All-inclusive-Ticket April–Okt. Erw./Kind 37/27 US$, Nov.–März 29/21 US$, Mi normaler Eintritt nach eigenem Ermessen; ⌚ April–Okt. Mo–Fr 10–17, Sa & So bis 17.30 Uhr, Nov.–März bis 16.30 Uhr; S 2, 5 bis West Farms Sq-E Tremont Ave) Der gut 107 ha große Zoo ist der größte und älteste der USA. Hier leben mehr als 6000 Tiere in nachgebildeten Lebensräumen der ganzen Welt, von der afrikanischen Steppe bis hin zu den Regenwäldern Asiens. Er ist zu Recht sehr beliebt und vor allem mittwochs, wenn der Eintritt günstiger ist, am Wochenende bei gutem Wetter und den ganzen Juli und August hindurch immer gut besucht. Montagmorgens ist am wenigsten los. Wer mit der Subway kommt, sollte das südwestliche Asia Gate (ein paar Häuserblocks nördlich der Station West Farms Sq–E Tremont Ave in der Boston Rd) als Eingang benutzen.

New York Botanical Garden BOTANISCHER GARTEN

(Karte S. 84; ☎ 718-817-8716; www.nybg.org; 2900 Southern Blvd; Ticket für den kompletten Garten Mo–Fr Erw./Kind 23/10 US$, Sa–So 28/12 US$- für NYC Einwohner 15/4 US$ Mi & Sa 9–10 Uhr freier Eintritt auf dem Gelände; ⌚ Di–So 10–18 Uhr; 👪; 🚆 Metro-North bis Botanical Garden) Der 1891 eröffnete Garten umfasst nicht nur 20 ha alten Urwalds, sondern auch das wunderbar restaurierte **Enid A. Haupt Conservatory**, ein großartiges viktorianisches Gewächshaus aus Eisen und Glas, das mittlerweile zu den Wahrzeichen New Yorks zählt. Die regelmäßig stattfindenden Veranstaltungen wie Rundgänge zu bestimmten Themen, Vorlesungen für Kinder und Filmaufführungen sind auf der Website zu finden.

Yankee Stadium STADION

(Karte S. 84; ☎ 212-926-5337; www.mlb.com/yankees; 1 E 161st St Ecke River Ave; Führung 20 US$; S B/D, 4 bis 161st St-Yankee Stadium) Die Boston Red Sox sind unglaublich stolz auf ihre neun Weltmeistertitel in den letzten 90 Jahren. Doch die Yankees haben in dieser Zeit 27-mal die Weltmeisterschaft gewonnen. Ganz offensichtlich hat der Zauber dieser Mannschaft nicht unter dem Umzug von der 161st St in das neue Yankee Stadium gelitten. Das war 2009 – und in ihrer ersten Saison im neuen Stadion gewannen sie gleich die Weltmeisterschaft in sechs hart umkämpften Spielen gegen die Phillies. Die Saison dauert von April bis Oktober.

Aktivitäten

Radfahren

Central Park Bike Tours RADFAHREN

(Karte S. 100; ☎ 212-541-8759; https://centralparkbiketours.com; 203 W 58th, zw. Broadway & 7th Ave; Radverleih pro Std./Tag Erw. ab 10,50/28 US$, Kind 9/23 US$; ⌚ 8–20 Uhr; 👪; S 1/2/3 bis 59th/Columbus Cir) Der offizielle Fahrradverleih von NYC Parks verfügt über mehr als 3000 Fahrräder an zwölf Standorten in der Stadt. Die Mitarbeiter mit den grünen Shirts rund um den Park sind kaum zu übersehen. Diese Station ist eine von zwei entlang der 58th St an der Südseite des Parks. Es werden auch zweistündige Radtouren durch den Park (30 US$) angeboten. Helme und Fahrradschlösser sind im Preis inbegriffen. Im Sommer sollte man sich sein Rad online reservieren, um auch sicher eines zu bekommen.

Gesundheit & Fitness

Chelsea Piers Complex GESUNDHEIT & FITNESS

(Karte S. 94; ☎ 212-336-6666; www.chelseapiers.com; Pier 62, an der W 23rd St, Chelsea; ⌚ Mo–Fr 17.30–23, Sa & So 8–21 Uhr; 👪; 🚌 M23 bis 12th Ave-W 23 St, S 1, C/E bis 23rd St) Dieses riesige Sportzentrum am Wasser hat für jeden (potenziellen) Sportler etwas in petto. Auf dem Übungsplatz auf vier Ebenen kann man endlos Golfbälle schlagen, auf der überdachten Eisbahn Schlittschuh laufen und auf der knalligen Bowlingbahn Strikes und Spares werfen. In Hoop City gibt's Basketballkörbe, eine Segelschule für Kinder, Baseball-Schlagkäfige, ein riesiges Fitnessstudio, ein überdachtes Schwimmbad sowie Kletterhallen.

Great Jones Spa SPA

(Karte S. 90; ☎212-505-3185; www.gjspa.com; 29 Great Jones St, zw. Lafayette St & Bowery, NoHo; ⏲9–22 Uhr; Ⓢ6 bis Bleecker St; B/D/F/M bis Broadway-Lafayette St) Die Dienste dieses Feng-Shui-Bads in der Innenstadt sollte man sich keinesfalls entgehen lassen. Im Angebot sind Peelings mit Blutorangensalz und Kosmetikbehandlungen mit Stammzellen. Wer mindestens 100 US$ pro Person ausgibt (was nicht schwer ist, denn eine Stunde Massage/Kosmetikbehandlung kostet ab 150/135 US$), für den ist der Eintritt in die *water lounge* mit Thermalbecken, Sauna, Dampfbad und Abkühlbecken inbegriffen (Badebekleidung erforderlich). Es gibt drinnen sogar einen dreistöckigen Wasserfall.

Eislaufen

Wollman Skating Rink EISLAUFEN

(Karte S. 100; ☎212-439-6900; www.wollmanskatingrink.com; Central Park, zw. E 62nd St & 63rd St; Erw. Mo–Do 12 US$, Fr–So 19 US$, Kind 6 US$, Schlittschuhverleih 10 US$; ⏲Ende Okt.–Anfang April Mo & Di 10–14.30, Mi & Do bis 22, Fr & Sa bis 23, So bis 21 Uhr; 👪; ⓈF bis 57 St; N/R/W bis 5th Ave-59th St) Diese Eisbahn ist viel größer als die im Rockefeller Center. Zudem kann man hier nicht nur den ganzen Tag Eislaufen, dank ihrer Lage am südöstlichen Rand des Central Parks hat man dabei auch noch einen magischen Ausblick. Schließfächer stehen für 5 US$ zur Verfügung. Wer nur zuschauen möchte, bezahlt auch 5 US$. Nur Barzahlung.

Rink at Rockefeller Center EISLAUFEN

(Karte S. 94; ☎212-332-7654; www.therinkatrockcenter.com; Rockefeller Center, Fifth Ave, zw. W 49th St & 50th St; Erw. 25–33 US$, Kind 15 US$, Schlittschuhverleih 13 US$; ⏲Okt.–April 8.30–24 Uhr; 👪; ⓈB/D/F/M bis 47th-50th Sts-Rockefeller Center) Von Mitte Oktober bis April ist auf der Rockefeller Plaza die berühmteste Eislaufbahn New Yorks aufgebaut. Sie befindet sich in einem etwas tiefer gelegenen Oval. Über ihr thronen die 70 Etagen des Rockefeller Center im Art-déco-Stil und in der Adventszeit auch noch ein riesiger Weihnachtsbaum. Das ganze Setting ist unvergleichlich magisch, gleichzeitig aber auch ganz schön klein und überfüllt. Gleich morgens (8.30 Uhr) sind die Wartezeiten am kürzesten. Eine Session dauert 90 Minuten. Im Sommer befindet sich hier ein Café.

Outdooraktivitäten

LeFrak Center at Lakeside BOOTFAHREN

(☎718-462-0010; www.lakesideprospectpark.com; 171 East Dr, nahe Ocean Ave & Parkside Ave, Prospect Park; Eislaufen 7,25–10 US$, Schlittschuhverleih 7 US$, Bootsverleih 16–36 US$/Std., Radverleih 13–38 US$/Std.; ⏲Öffnungszeiten variieren; 👪; ⓈQ bis Parkside Ave) LeFrak ist ein 10,5 ha großer, umweltfreundlicher Spielplatz und seit der Gründung des Prospect Park (S. 108) dessen bedeutendste Neuerung. Im Winter kann man Eislaufen, im Sommer Rollschuhfahren und der mit Sprinklern übersäte Wasserspielplatz lädt die Kleinen zum Planschen ein. Tretboote und Kajaks sind ebenfalls vorhanden (in der Regel Ende März–Mitte Okt.) und es stehen zahllose Leihfahrräder zum Erkunden des Parks zur Verfügung.

Belvedere Castle VOGELBEOBACHTUNG

(Karte S. 100; ☎646-790-4833; www.centralparknyc.org; Central Park, an der W 79th St; ⏲Mitte Juni–Mitte Aug. 9–19 Uhr, Mitte Aug.–Mitte Juni 10–17 Uhr; 👪; Ⓢ1/2/3, B, C bis 72nd St) Wer sich mit Kindern auf eigene Faust auf eine Vogelexpedition begeben möchte, kann dazu im Schloss Belvedere im Central Park ein „Discovery Kit" ausleihen. Dieses umfasst ein Fernglas, ein Vogelbuch, Farbstifte und Papier. Eine perfekte Möglichkeit, Kinder für die Vogelwelt zu begeistern. Zum Ausleihen benötigt man ein Ausweisdokument mit Lichtbild.

Geführte Touren

★ **Staten Island Ferry** BOOTSFAHRT

(Karte S. 86; www.siferry.com; Whitehall Terminal, 4 Whitehall St, an der South St, Lower Manhattan; ⏲24 Std.; Ⓢ1 bis South Ferry, R/W bis Whitehall St, 4/5 bis Bowling Green) GRATIS Sind die riesigen, orangefarbenen Fähren für die Bewohner von Staten Island ein normales Nahverkehrsmittel, so sehen sie die Einwohner von Manhattan eher als romantischen Geheimtipp für einen schönen Frühlingstag. Auch viele Touristen verfallen dem Zauber der Fähre. Für sie ist die 8 km lange Überfahrt in 25 Minuten von Lower Manhattan nach St. George auf Staten Island eines der aufregendsten kostenlosen Abenteuer in New York.

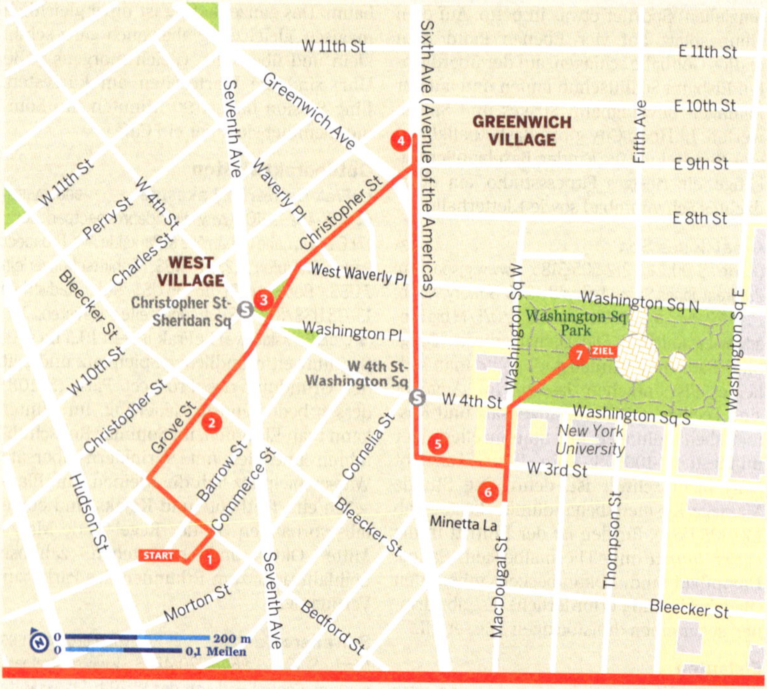

Stadtspaziergang: Greenwich Village

START COMMERCE ST
ZIEL WASHINGTON SQUARE PARK
LÄNGE/DAUER 1,9 KM; 1 STD.

Das Kopfsteinpflaster von Greenwich Village durchbricht Manhattans Schachbrettmuster; die Straßen locken zum Bummel. Der Spaziergang beginnt am 1 **Cherry Lane Theatre** (www.cherrylanetheater.org; 38 Commerce St), das sich in der hübschen Commerce St befindet. Es wurde 1924 gegründet und ist New Yorks am längsten durchgängig betriebene Kultureinrichtung dieser Größe. Hier wirkten berühmte Dramatiker und Theaterschauspieler.

Jetzt geht es nach links in die Bedford St und nach rechts in die Grove St (die Nr. 90 ist aus der Serie *Friends* bekannt), wo im 2 **Buvette** (S. 133) ein Boxenstopp ansteht. Der Name der verträumten Weinbar bedeutet „Imbiss". Sie ist toll, um bei einem Flat White oder Côtes du Rhône Leute zu beobachten.

Entlang der Grove St erreicht man den Christopher Park, wo sich das 3 **Stonewall National Monument** (S. 89) befindet. An der Nordseite des Parks steht der Stonewall Inn, wo 1969 Männer und Frauen aus der LBGT+-Szene sich gegen routinemäßige Polizeischikanen auflehnten. Dies gilt heute als Beginn der Schwulenbewegung.

Von der Christopher St geht's zur Sixth Ave, auf der sich nördlich die 4 **Jefferson Market Library** erhebt. Das 1885 als Gericht erbaute, rote Backsteingebäude steht in einem Garten mit Bäumen, Rasen und Koiteich.

Durch das Getümmel der Sixth Ave läuft man weiter südlich, bis man links in die West 3rd St einbiegt. Links liegt der legendäre Jazzclub 5 **Blue Note** (www.bluenote.net; 131 W 3rd St). Sarah Vaughan, Lionel Hampton und andere unvergessene Schauspieler sind hier aufgetreten. Wer mag, kommt sonntags zum Jazz-Brunch (11.30 & 13.30 Uhr).

Anschließend geht es nach rechts in die MacDougal St mit dem 6 **Comedy Cellar** (www.comedycellar.com; 117 MacDougal St), wo bereits Größen wie Jerry Seinfeld und Amy Schumer spielten. Nun geht man ein Stück zurück und auf der MacDougal St nach Norden. Der Spaziergang endet im 7 **Washington Square Park** (S. 89), dem „Stadtpark" des Viertels.

Museum Hack MUSEUMSSPAZIERGANG
(☎347-282-5001; www.museumhack.com; 2-stündige Führung ab 59 US$) Eine Führung mit Museum Hack bietet eine faszinierende, alternative Perspektive auf das Met. Sachkundige, aber gleichzeitig herrlich respektlose Guides widmen sich Themen wie „Badass Bitches“ (dabei werden feministische Künstlerinnen beleuchtet, die so manchen Paradigmenwechsel angeregt haben) und leiten abendliche Führungen, bei denen es auch Wein gibt. Museum Hack bietet auch Führungen im Museum für Naturkunde an. Eine davon ist die „Un-Highlights-Tour“, bei denen es um die Kuriositäten des Museums geht.

Kinder unter 16 Jahren können nicht an regulären Touren teilnehmen, es können aber private familienfreundliche Touren gebucht werden.

Feste & Events

Tribeca Film Festival FILM
(☎212-941-2400; www.tribecafilm.com; ⊙April–Mai) Das Filmfestival wurde im Jahr 2003 von Robert De Niro und Jane Rosenthal begründet und ist heute ein Höhepunkt im Reigen der unabhängigen Filmfestivals. Jedes Frühjahr geben sich hier Scharen von Promis die Ehre und die Einwohner von New York sind ganz heiß auf Tickets für die Vorführungen und Vorträge. Mithilfe der Festival-App kann man für den Publikumspreis abstimmen. Die App enthält außerdem auch noch das Programm und die begleitenden Vorträge.

Cherry-Blossom Festival (Kirschblütenfest) KULTUR
(☎718-623-7200; www.bbg.org; Brooklyn Botanic Garden, Prospect Park; ⊙Ende April/Anfang Mai) Bei diesem Fest, das in Japan als Sakura Matsuri bekannt ist, wird im Brooklyn Botanic Garden (S. 108) die rosafarbene, üppige Blüte der unzähligen Kirschbaumsorten gefeiert, insbesondere der vielblütigen Kanzan (oder Kwanzan) entlang der berühmten Promenade. Der Eintritt kostet 30 US$ (Kinder unter 12 Jahren mit erwachsener Begleitperson kostenlos). Dafür bekommt man ein ganztägiges Unterhaltungsprogramm vor einem fotogenen Hintergrund aus Kirsch-, Aprikosen- und Mandelblüten.

Es lohnt sich, sein Ticket im Voraus zu buchen. Wer es nicht zum Kirschblütenfest schafft, kann sich auf einer Karte auf der Website anschauen, welche Bäume zwischen Ende März und Mitte Mai gerade wo im botanischen Garten blühen.

SummerStage THEATER
(www.cityparksfoundation.org/summerstage; Rumsey Playfield, Central Park, Zugang über Fifth Ave & 69th St; ⊙Mai–Okt.; 👪; S 6 bis 68th St-Hunter College) Jeden Sommer steigen im Central Park Dutzende von Outdoor-Konzerten, die als SummerStage bekannt sind und Indie-Rock, Jazz, Modern Dance, Rockabilly, afrikanische Musik, Zydeco und vieles mehr auf die Bühne bringen. Die meisten Auftritte sind kostenlos und das Festival zieht Menschenmassen an, weshalb man sich früh anstellen oder damit abfinden muss, die Musik nur von draußen zu hören (auch nicht die schlechteste Option, besonders mit einer Picknickdecke auf dem Rasen).

Shakespeare in the Park THEATER
(www.publictheater.org/Free-Shakespeare-in-the-Park; Central Park; ⊙Juni–Aug.; S A/B/C bis 81st St) Das beliebte Shakespeare in the Park würdigt den Dichter mit kostenlosen Aufführungen im Freilufttheater Delacorte (S. 99) im Central Park. Es ist ein wirklich magisches Erlebnis. Der Haken? Man muss stundenlang Schlange stehen, um eine Eintrittskarte zu bekommen. Oder man versucht sein Glück in der Online-Lotterie. Die Veranstaltung wird vom Public Theater (S. 138) organisiert.

BAM Next Wave Festival THEATER
(www.bam.org; Tickets ab 32 US$; ⊙Okt.–Dez.) Dieses Kunstfestival, das von Oktober bis Mitte Dezember an der Brooklyn Academy of Music (S. 139) stattfindet und etwa 12 Wochen dauert, bietet den unkonventionellsten, umfassendsten Einblick in die Avantgardeszene der Stadt rund um Musik, Theater, Oper und Tanz.

Thanksgiving Day Parade UMZUG
(www.macys.com; ⊙4. Do im Nov.) Dieses berühmte Event während der kalten Jahreszeit ist nur etwas für hartgesottene Zuschauer. Dabei ziehen die berühmten Wagen und Ballons (auf den Kopf aufpassen) von der 77th St bis zum Herald Sq entlang der Central Park W, der Central Park S und der Sixth Ave. Der Höhepunkt der Parade sind Live-Auftritte – von Marschkapellen irgendeiner High School bis hin zu wirklich bekannten Stars.

Einen Einblick erhält man, wenn man sich den Menschenmassen anschließt und am Abend zuvor am südwestlichen Ecke des Central Park dabei zusieht, wie die Ballons aufgeblasen werden.

Rockefeller Center Christmas Tree Lighting LICHTSHOW
(www.rockefellercenter.com; Rockefeller Plaza; ⏲Dez.; Ⓢ B/D/F/M bis 47th-50th Sts-Rockefeller Center) Bei diesem traditionellen Massenevent versammeln sich die Menschen rund um die riesige Fichte, um dabei zu sein, wenn ihre Energiesparlampen angeknipst werden. Auch Weihnachten ist grün! Der Weihnachtsbaum wird Ende November oder Anfang Dezember entzündet und am Jahresanfang wieder abgebaut und zu Bauholz verarbeitet. In den Tagen rund um das Event ist der Andrang hier besonders groß.

Schlafen

Unterkünfte in New York sind in der Regel teuer und klein. Die Zimmerpreise schwanken je nach Verfügbarkeit, nicht nach Haupt- oder Nebensaison. So ist es während der Ferienzeiten natürlich besonders teuer. Trotzdem sind die Unterkünfte vor allem im Sommer schnell ausgebucht. Das Angebot reicht von engen, immer gleichen Kettenhotels bis hin zu schicken Boutiqueunterkünften.

Die Unterkünfte in Brooklyn und Queens sind tendenziell preiswerter. In Long Island City gibt es immer mehr günstige Designer-Hotels mit fantastischer Aussicht auf Manhattan. Die wenigen B&Bs und Hostels sind über die ganze Stadt verteilt.

Financial District & Lower Manhattan

★ **Roxy Hotel** HOTEL $$
(Karte S. 86; ☎212-519-6600; www.roxyhotelnyc.com; 2 Sixth Ave, an der White St, Tribeca; Standard-/Superior-/Deluxe-Zi. ab 349/359/409 US$; ❄📶🐾; Ⓢ 1 bis Franklin St, A/C/E bis Canal St) Das neu gestaltete Tribeca Grand erwartet seine Gäste mit einer attraktiven Mischung aus dem Glanz des Midcentury-Stils, luxuriösem Wohnflair, Kino, Musik, Bar und Restaurant. Die 201 Zimmer mit ihrer modernen braun-goldenen Retro-Ausstattung liegen um ein großes, zentrales Atrium mit mehreren Bars, einem schicken **Programmkino** (☎212-519-6820; www.roxycinematribeca.com; Tickets 12 US$) und dem Jazzclub Django herum. Hinzu kommen regelmäßige Veranstaltungen wie der jährliche Neujahrsball.

Gild Hall BOUTIQUEHOTEL $$
(Karte S. 86; ☎212-232-7700; www.thompsonhotels.com/hotels/gild-hall; 15 Gold St, an der Platt St, Lower Manhattan; Superior/Deluxe ab 249/289 US$; ❄📶; Ⓢ 2/3 bis Fulton St) Geniales Boutiquehotel, dessen Lobby sich über zwei Ebenen erstreckt und mit Büchern und Sofas gefüllt ist. Der Stil lässt sich am besten als „Wall Street trifft auf Jagdschloss" beschreiben. Die Zimmer mit hohen Zinndecken, luxuriöser Bettwäsche und einer gut ausgestatteten Minibar verbinden europäische Eleganz mit amerikanischem Komfort. Die Kingsize-Betten sind mit Kopfteilen aus Leder versehen, die perfekt zur warmen, minimalistischen Farbgebung der Zimmer passen.

★ **Greenwich Hotel** BOUTIQUEHOTEL $$$
(Karte S. 86; ☎212-941-8900; www.thegreenwichhotel.com; 377 Greenwich St, zw. N Moore St & Franklin St, Tribeca; Zi. ab 650 US$; ❄📶🏊; Ⓢ 1 bis Franklin St, A/C/E bis Canal St) Robert De Niros Greenwich Hotel in einem rekonstruierten japanischen Bauernhaus aus dem 18. Jh. ist alles andere als gewöhnlich. Das beginnt beim mit Plüsch ausgestatteten Wohnzimmer inklusive knisterndem Kaminfeuer und bequemen Sesseln und zieht sich durch bis zum von Lampen beleuchteten Pool. Jedes der 88 individuell gestalteten Zimmer verfügt über antike Holzböden und Bäder mit opulentem Carrara-Marmor oder marokkanischen Fliesen. In einigen Räumen führen Fenstertüren in toskanisch angehauchte Innenhöfe.

SoHo & Chinatown

Hotel Hugo BOUTIQUEHOTEL $$
(Karte S. 90; ☎212-608-4848; www.hotelhugony.com; 525 Greenwich St, zw. Vandam St & Spring St, SoHo; Zi. ab 240 US$; 📶; Ⓢ 1 bis Houston St/Canal St, C/E bis Spring St) Dem Hugo fehlt vielleicht der ganze Schnickschnack, mit dem einige andere Hotels in SoHo aufwarten, dafür ist es klein, fein, ruhig und vergleichsweise günstig. Die Zimmer sind dezent im Industrie-Stil gehalten, es gibt eine wunderbare Dachterrassenbar und ein gemütliches Restaurant mit Café. Das Hugo ist zu Fuß zehn bis 15 Minuten vom Zentrum SoHos entfernt. Das ist angesichts der moderaten Preise (selbst in der Hauptsaison teilweise nur 340 US$/Nacht) mehr als okay.

★ **Broome** BOUTIQUEHOTEL $$$
(Karte S. 90; ☎212-431-2929; www.thebroomenyc.com; 431 Broome St, an der Crosby St, SoHo; Zi. ab 399 US$; ❄📶; Ⓢ R/W bis Prince St; 6 bis Spring St) In seinem hübsch restaurierten Gebäude aus dem 19. Jh. fühlt sich diese Unterkunft viel persönlicher an als die meisten anderen

New Yorker Hotels. Die 14 Zimmer mit Einrichtung aus lokaler Produktion sind der Inbegriff schlichter, dezenter Eleganz. Auch hier wartet eine Überraschung in Form eines ruhigen Innenhofs mit französisch inspirierten Stühlen, wo man bei einem Kaffee an der frischen Luft entspannen kann. Dieser ist kostenlos, genau wie das Frühstück mit Zutaten frisch vom Bauernhof. Der persönliche Service ist ein weiterer Pluspunkt.

Crosby Street Hotel BOUTIQUEHOTEL **$$$**
(Karte S. 90; ☎212-226-6400; www.firmdalehotels.com; 79 Crosby St, zw. Spring St & Prince St, SoHo; Zi. ab 725 US$; 🚭 ❄ 📶; Ⓢ6 bis Spring St; N/R bis Prince St) Das Team, das hinter diesem Hotel auf einem ehemaligen Parkplatz steht, hat sich allen Regeln in Sachen Innenarchitektur widersetzt. Und das Ergebnis ist spektakulär. Alle Betten haben überdimensionale Kopfteile und daneben stehen passende Ankleidepuppen – das sind aber auch schon alle Gemeinsamkeiten der Zimmer. Einige sind in schlichtem Schwarz-Weiß gehalten, während andere so blumig wie ein englischer Garten sind. Alle sind sehr elegant, raffiniert und auf subtile Weise verspielt.

West Village, Chelsea & Meatpacking District

Jane Hotel HOTEL **$**
(Karte S. 90; ☎212-924-6700; www.thejanenyc.com; 113 Jane St, an der West St, West Village; Zi. ohne/mit eigenem Bad 135/295 US$; Ⓟ ❄ 📶; ⓈA/C/E, L bis 8th Ave-14th St, 1 bis Christopher St-Sheridan Sq) Die nicht einmal 5 m² großen Zimmer hier sind unbestreitbar gemütlich, und wer maritimes Design mag, der ist in diesem renovierten Juwel aus roten Ziegelsteinen genau richtig. Es wurde 1908 für Seefahrer errichtet und 1912 waren hier sogar Überlebende der *Titanic* unterbracht. Die Lobby ist mit alten, mattgrünen Fliesen, Hirschgeweihen und ausgestopften Pfauen versehen und es stehen hilfsbereite Hotelpagen bereit. Die wunderschöne Bar im Ballsaal sieht aus wie in einem Fünf-Sterne-Hotel.

Hôtel Americano HOTEL **$$**
(Karte S. 94; ☎212-216-0000; www.hotel-americano.com; 518 W 27th St, zw. Tenth Ave & Eleventh Ave, Chelsea; Zi. ab 265 US$; ❄ 📶 🏊; Ⓢ1, C/E bis 23rd St) Die 56 perfekt hergerichteten Zimmer dieses Hotels werden die Herzen aller Design-Fans höher schlagen lassen. Sie erinnern irgendwie an eine Lunch-Box, nur dass das Essen durch eine sorgfältig getroffene Auswahl an Designermöbeln ersetzt wurde, die alle zum Kauf angeboten werden. Von der Decke hängen Kamine, die wie Roboterköpfe aussehen. Leider sind sie aus Sicherheitsgründen nicht mehr in Betrieb.

Standard BOUTIQUEHOTEL **$$$**
(Karte S. 90; ☎212-645-4646; www.standardhotels.com; 848 Washington St, an der W 13th St, Meatpacking District; Zi. ab 383 US$; ❄ 📶; ⓈA/C/E, L bis 8th Ave-14th St) Über der High Line empfängt dieses einzigartige Hotel seine Gäste mit einem auf dem Kopf stehenden Schild, einer kanariengelben Drehtür und einem riesigen Kaugummiautomaten in der Lobby. Ein klares Statement zum ungewöhnlichen Design, das einen im Inneren erwartet. Jedes der 338 Zimmer bietet einen weiten Blick auf Manhattan und den Hudson und ist von Sonnenlicht durchflutet, das die Betten mit Holzrahmen und marmorierten Badezimmern zum Leuchten bringt.

Die Ausstattung ist erstklassig, mit einem gut besuchten deutschen Biergarten und einer Brasserie auf Straßenniveau, einer Eisbahn im Winter und einem eleganten Nachtclub im Dachgeschoss. Auch die Lage ist unschlagbar, denn die Highlights von NYC liegen vor der Haustür. Das hypermoderne **Schwesterhotel** (Karte S. 90; ☎212-475-5700; 25 Cooper Sq/Third Ave, zw. E 5th St & E 6th St; Zi 400 US$; ❄ 📶; ⓈR/W bis 8th St-NYU, 4/6 bis Bleecker St, 4/6 bis Astor Pl) liegt in East Village.

East Village & Lower East Side

Ludlow HOTEL **$$**
(Karte S. 90; ☎212-432-1818; www.ludlowhotel.com; 180 Ludlow St, zw. E Houston St & Stanton St, Lower East Side; DZ ab 325 US$; ❄ 📶; ⓈF bis 2nd Ave) Das Boutiquehotel mit seinen 175 Zimmern strotzt nur so vor New Yorker Flair. Die Zimmer sind wunderschön gestaltet, mit einzigartigen Extras wie riesigen goldfarbenen Deckenleuchten, Nachttischen aus versteinerten Baumstämmen, Bädern mit Mosaikfliesen und kleinen Balkonen. Allerdings sind die billigsten Zimmer schon ziemlich klein. Es gibt eine tolle Bar in der Lobby, eine Veranda sowie ein renommiertes französisches Bistro, das **Dirty French**, das zum Frühstück, Mittag- und Abendessen geöffnet ist.

East Village Hotel HOTEL **$$**
(Karte S. 90; ☎917-635-7757; www.eastvillagehotel.com; 147 First Ave, an der E 9th St, East Village; DZ 250–300 US$; ❄ 📶; Ⓢ6 bis Astor Pl) Das Hotel in angesagter Lage bietet saubere, einfache

Zimmer (etwas größer als die meisten in New York) mit Backsteinwänden, bequemen Matratzen, Flachbild-TV, Bügeleisen, Haartrockner und kleiner Küchenzeile. Der Straßenlärm kann ein Problem sein, besonders wenn man einen leichten Schlaf hat, und da sich das Hotel in einem alten Gebäude befindet, muss man sein Gepäck die paar Stufen alleine hochtragen.

Bowery Hotel BOUTIQUEHOTEL **$$$**
(Karte S. 90; ☎212-505-9100; www.thebowery hotel.com; 335 Bowery, zw. E 2nd St & E 3rd St, East Village; Zi. ab 435 US$; ❄@📶; Ⓢ F bis 2nd Ave, 6 bis Bleecker St) In der mit antiken Samtstühlen und verblassten persischen Teppichen ausgestatteten Lobby mit dezenter Holzverkleidung bekommt man einen goldenen Zimmerschlüssel mit roter Quaste ausgehändigt. Ein Boden aus Mosaikfliesen führt in die Zimmer mit riesigen Fabrikfenstern und 1a-Betten. Nachdem man den „Bowery Boy"-Teddy mit seiner Melone auf dem Kopf zur Seite geschoben hat, kann man sich ins Bett fallen lassen und bei einem Film auf dem 42-Zoll-Plasma-TV entspannen.

Union Square, Flatiron District & Gramercy

Carlton Arms HOTEL **$**
(Karte S. 94; ☎212-679-0680; www.carltonar ms.com; 160 E 25th St, an der Third Ave, Gramercy; EZ/DZ mit Gemeinschaftsbad 90/130 US$, mit eigenem Bad 130/160 US$; ❄📶; Ⓢ 6 bis 23rd St oder 28th St) Im Inneren dieses leicht heruntergekommenen Hotels ist jeder Zentimeter mit Kunst bedeckt. Entlang der Treppen zu den fünf Stockwerken sowie in den individuell eingerichteten Zimmern befinden sich überall Wandgemälde, die von fantastisch bis hin zu regelrecht haarsträubend reichen. Das hilfsbereite Personal hilft bei der Auswahl. Die Zimmer mit Gemeinschaftsbad haben noch ein kleines Waschbecken.

★ **Freehand New York** BOUTIQUEHOTEL **$$**
(Karte S. 94; ☎212-475-1920; www.freehandho tels.com/new-york; 23 Lexington Ave, zw. E 23rd St & E 24th St, Gramercy; DZ, 3BZ & 4BZ ab 220 US$; ❄📶; Ⓢ 6 bis 23rd St) Wer Wert auf Stil, aber auch auf günstige Preise legt, der wird sich im Freehand wohl fühlen. Dank seiner Kombination aus vernünftiger Preisgestaltung, gruppenfreundlichen Etagenbetten und Einzelzimmern sowie designorientierten Gemeinschaftsräumen hat es die New Yorker Hotelszene grundlegend verändert. Es spiegelt einen ästhetischen Entwurf des Midcentury-Stils wider, während die Zimmer mit unaufdringlichen Wandgemälden und Extras wie Hausschuhen, Bademänteln, hochwertigen Toilettenartikeln und kostenlosem Obst aufwarten. Hinweis: Die Preise können sich im Sommer verdoppeln.

Gramercy Park Hotel BOUTIQUEHOTEL **$$$**
(Karte S. 94; ☎212-920-3300; www.gramercy parkhotel.com; 2 Lexington Ave, an der 21st St, Gramercy; Zi. ab 330 US$, Suite ab 1000 US$; ❄📶; Ⓢ 6, R/W bis 23rd St) Die modernen Kunstwerke, die den Salon dieses stilvollen Hotels schmücken, sind über 50 Mio. US$ wert. Sie verkörpern die stille Opulenz, die hier herrscht. Begrüßt werden die Gäste in der Lobby von viel dunklem Holz und üppigen Sofas, und im Winter brennt ein Feuer im Kamin. Die charakteristische Farbgebung in Rosa und Jade ist intensiv und reizvoll. Von einigen Zimmern blickt man auf den **Park** (E 20th St, zw. Park Ave & Third Ave), zu dem die Gäste einen privaten Zugang haben.

Midtown

Yotel HOTEL **$$**
(Karte S. 94; ☎646-449-7700; www.yotel.com; 570 Tenth Ave, an der 41st St, Midtown West; Zi. ab 190 US$; ❄📶; Ⓢ A/C/E bis 42nd St-Port Authority Bus Terminal; 1/2/3, N/Q/R, S, 7 bis Times Sq-42nd St) Dieses supercoole Hotel ist halb futuristischer Weltraumbahnhof, halb Kulisse für Austin Powers und hat seine 713 Zimmer nach Buchungsklassen im Flugzeug eingeteilt: Premium Cabin (=Economy), First Cabins (= Business Class) und VIP-Suiten (= First Class). Einige der Zimmer haben auch eine eigene Terrasse mit Whirlpool. Zu den Designmerkmalen von Yotel gehören verstellbare Betten und Wände mit Stimmungsbeleuchtung, die ihre Farbe wechseln. Die kleinen, aber geschickt gestalteten Cabin-Zimmer haben raumhohe Fenster mit einem sagenhaften Ausblick, USB-Schnittstellen und verfügen über die nötige Technik, um Inhalte auf ein Gerät zu streamen.

Der eigentliche Empfangsbereich des Hotels versteckt sich im 1. Stock und fühlt sich an wie eine Stadt in der Stadt. Hier gibt's eine Espressobar, ein richtiges Restaurant, eine überdachte Terrassenbar mit Heizstrahlern und sogar eine kleine Veranstaltungslocation namens Green Room. Infos zu Tickets für Vorführungen bekommt man beim Personal des Hotels. Das Highlight ist die größte Hotelterrasse der Stadt mit einem atemberaubenden Blick auf die omnipräsente Wolkenkratzerkulisse. Der einzige Nachteil ist die etwas schmuddelige Lage, obwohl man nur einen kurzen Fußweg vom Times Square und Broadway entfernt ist.

Citizen M HOTEL **$$**

(Karte S. 94; ☎212-461-3638; www.citizenm.com; 218 W 50th St, zw. Broadway & Eighth Ave, Midtown West; Zi. ab 300 US$; ❄📶; Ⓢ1, C/E bis 50th St) Nur wenige Schritte vom Times Square entfernt ist das Citizen M ein echter Vertreter der Millenial-Generation. Die Gemeinschaftsräume sind freundlich, zeitgemäß und immer voller Leben. Die Zimmer erinnern irgendwie an das Weltraumzeitalter und sind recht kompakt. Über ein Tablet können Beleuchtung, Jalousien und Raumtemperatur eingestellt werden und die bequemen Matratzen, kostenlosen Filme und beruhigenden Regenduschen sorgen dafür, dass man sich wohlfühlt. Tolle Extras sind ein Fitnessstudio, eine rund um die Uhr geöffnete Kantine und eine schicke, nach drei Seiten offene Dachterrassenbar.

Quin HOTEL **$$$**

(Karte S. 100; ☎212-245-7846; www.thequinhotel.com; 101 W 57th St, an der Sixth Ave, Midtown West; DZ ab 449 US$; ❄📶; ⓈF bis 57th St; N/Q/R/W bis 57th St-7th Ave) Das Quin ist ein prunkvolles, modernes Hotel im Gewand einer altehrwürdigen Grande Dame. In den 1920er-Jahren war hier das Buckingham untergebracht, ein geschichtsträchtiges Hotel, in dem Künstler und Musiker wie Georgia O'Keefe und Marc Chagall nächtigten. Einen künstlerischen Anspruch hat es bis heute: Es gibt Wechselausstellungen im Haus und in der Lounge zeigt eine 4,5 m lange Videowand Kunstinstallationen. Die Zimmer sind sehr komfortabel und elegant zurückhaltend.

Zu den Highlights zählen die maßgeschneiderten, übergroßen Duxiana-Luxusbetten und Bäder mit Marmor. Familien können Zimmer mit Durchgangstüren wählen, und wer im 17. Stock übernachtet, bekommt obendrein noch eine fantastische Terrasse. Im 2. Stock versteckt sich die „Gitarrenwand", die von Künstlern bemalt wurde, die im Hotel bereits Ausstellungen hatten.

Ace Hotel BOUTIQUEHOTEL **$$$**

(Karte S. 94; ☎212-679-2222; www.acehotel.com/newyork; 20 W 29th St, zw. Broadway & Fifth Ave, Midtown West; Zi. ab 399 US$; ❄📶; ⓈR/W bis 28th St) Die Standard- und Luxuszimmer des Ace sind bei den reichen Kreativen sehr beliebt und erinnern mit den karierten Tagesdecken, schrulligen Wanddrucken, der Lederausstattung und den Kühlschränken an eine gehobene Junggesellenbude. Einige haben sogar eine Gibson-Gitarre und Plattenspieler. Für die Coolen, die eher auf Authentizität als auf Kohle setzen, gibt es Minizimmer und Zimmer mit Etagenbetten, die beide im Winter teilweise unter 200 US$ kosten.

Upper East Side

Bubba & Bean Lodges B&B **$**

(Karte S. 100; ☎917-345-7914; www.bblodges.com; 1598 Lexington Ave, zw. E 101st St & 102nd St; DZ 110–190 US$, 3BZ 120–230 US$, 4BZ 130–260 US$; ❄📶; Ⓢ6 bis 103rd St) Es hat sich herumgesprochen, dass die Besitzer Jonathan und Clement das Townhouse in Manhattan in eine heimelige Bleibe umgewandelt haben. In letzter Zeit gab es aber eine hohe Anzahl an kurzfristigen Stornierungen von Seiten der Unterkunft. Auch wurde die Bitte, einen Blick in eins der Zimmer werfen zu dürfen, abgelehnt. Man sollte also vorsichtig sein. Die fünf Gästezimmer sind einfach eingerichtet und haben blütenweiße Wände, Parkettfußböden und dunkelblaue Bettwäsche, was dem B&B ein jugendliches, modernes Flair verleiht. Jedes Zimmer in dem dreistöckigen Gebäude hat ein eigenes Bad sowie eine Küchenzeile mit Kochutensilien.

★ **Mark** DESIGNHOTEL **$$$**

(Karte S. 100; ☎212-744-4300; www.themarkhotel.com; 25 E 77th St, an der Madison Ave; DZ/Suite ab 895/1275 US$; ❄📶; Ⓢ6 bis 77th St) Der französische Designer Jacques Grange prägte das Mark mit seinen kühnen geometrischen Figuren und den üppigen, verspielten Formen, die die Besucher in der Lobby als Erstes erblicken. Der Marmorboden im Zebramuster, der auch in den Bädern der Zimmer zu finden ist, ist eine reine Augenweide. Die aufwendig renovierten Zimmer und Mehrbettsuiten im Obergeschoss sind ebenso stilvoll und punkten mit einer maßgeschneiderten Einrichtung und luxuriöser New Yorker Bettwäsche.

Loews Regency Hotel HOTEL **$$$**

(Karte S. 100; ☎212-759-4100; www.loewshotels.com/regency-hotel; 540 Park Ave, zw. E 61st St & 62nd St; DZ 300–600 US$, Suite 500–4000 US$; ❄@📶; ⓈN/R, 4/5/6 bis Lexington Ave/59 St, F, Q bis Lexington Ave-63rd St) Dieses legendäre Hotel ist perfekt für Gäste, die gern auf der Park Avenue shoppen. Im nahegelegenen Bloomingdales erhalten die Gäste sogar 15 % Rabatt (25 %

während der Ferienzeit). Im Inneren ist das Hotel so konzipiert, dass es sich wie ein typischer Apartmentblock in der Upper East Side anfühlt. Die 379 Zimmer sind mit ca. 30 bis 35 m² sehr geräumig und verfügen über große Schreibtische und elegante Marmorbäder mit professionellen Haartrocknern; einige Zimmer haben auch einen Balkon.

Upper West Side

★ Arthouse Hotel NYC BOUTIQUEHOTEL $$

(Karte S. 100; ☎212-362-1100; www.arthousehotelnyc.com; 2178 Broadway, an der 77th St; DZ/Suite ab 250/350 US$; ; S 1 bis 77th St) Dieses kunstorientierte Boutiquehotel kombiniert Vintage-Möbel mit zeitgenössischem Industriedesign. Die schicken und stilvollen Lounge- und Barbereiche im Erdgeschoss laden nach einem Sightseeing-Tag zum Entspannen ein. Viel natürliches Licht und ein dezentes Dekor erwarten die Gäste in den 291 luftigen Räumen. Spuren des Midcentury-Designs mischen sich mit einer zeitgenössischen Ausstattung wie Kaffeemaschinen, Flachbild-TV und Marmorbädern.

Hotel Beacon HOTEL $$

(Karte S. 100; ☎212-787-1100, Reservierungen 800-572-4969; www.beaconhotel.com; 2130 Broadway, zw. 74th St & 75th St; DZ ab 250 US$; ; S 1/2/3 bis 72nd St) Direkt neben dem Beacon Theatre bietet diese besonders bei Familien beliebte Unterkunft eine einnehmende Mischung aus gutem Service, komfortablen Zimmern und praktischer Lage. Das Beacon verfügt über 278 Zimmer (einige davon sind Mehrbettsuiten), die in gedämpften Grüntönen dekoriert sind. Die Wohneinheiten sind gepflegt und recht geräumig. Alle sind mit Kaffeemaschinen und Küchenzeilen ausgestattet. Zu den Annehmlichkeiten gehören eine Bar, ein Fitnessstudio, extern angebotene Cycling-Kurse und eine Waschküche.

Empire Hotel HOTEL $$$

(Karte S. 100; ☎212-265-7400; www.empirehotelnyc.com; 44 W 63rd St, am Broadway; Zi. ab 340 US$; ; S 1 bis 66th St-Lincoln Center) Vom ursprünglichen Empire ist nur noch das Gemäuer übriggeblieben. Das Hotel direkt gegenüber dem Lincoln Center wurde mittlerweile in großem Stil renoviert und wartet nun mit Erdtönen und einem zeitgenössischen Stil auf. Dazu gehören ein überdachter Pool, die riesige Empire Rooftop Bar (S. 135) und eine attraktive zweistöckige Lounge in der Lobby mit einer ausladenden Treppe und raumhohen Vorhängen. Die 420 Zimmer verfügen über helle Wände und üppige, dunkelbraune Ledermöbel.

Harlem & Upper Manhattan

Harlem Flophouse PENSION $

(Karte S. 100; ☎347-632-1960; www.harlemflophouse.com; 242 W 123rd St, zw. Adam Clayton Powell Jr Blvd & Frederick Douglass Blvd, Harlem; DZ mit Gemeinschaftsbad 99–150 US$; ; S A/B/C/D, 2/3 bis 125th St) In dem stimmungsvollen Stadthaus aus den 1890er-Jahren wird Harlems große Zeit des Jazz wieder lebendig. Die vier nostalgischen Zimmer haben Messingbetten und alte Radios, bei denen ein New Yorker Jazzsender voreingestellt ist. Zu der Zeitreise passen auch die Gemeinschaftsbäder und die fehlenden Klimaanlagen und TVs. Einer der unteren Aufenthaltsräume dient gleichzeitig als Musikzimmer, in dem manchmal kleine Konzerte stattfinden.

Zu guter Letzt rundet die freundliche Hauskatze Phoebe die gemütliche, einladende Atmosphäre perfekt ab. Wer länger bleiben möchte, kann auch die geräumige Suite im Untergeschoss (175 US$/Nacht) mit einem Doppel- und einem Einzelbett sowie eigenem Bad mieten. Anfragen an den Besitzer.

Brooklyn

Wythe Hotel BOUTIQUEHOTEL $$

(☎718-460-8000; www.wythehotel.com; 80 Wythe Ave, an der N 11th St, Williamsburg; DZ ab 329 US$; ; S L bis Bedford Ave, G bis Nassau Ave) Das Wythe (wird wie „white" ausgesprochen) ist in einem umgebauten roten Fabrikgebäude von 1901 untergebracht und bringt echtes Design nach Williamsburg. Durch die unverputzten Backsteinwände und die 4 m hohen Holzdecken wird die Geschichte des Gebäudes spürbar. Betten aus Altholz und ein leicht nautisches Thema verschmelzen mit einem nostalgischen Paisleymuster, mit Leder und den maßgefertigten Tapeten. Das Ergebnis ist ein Raum, der sich rau, aber elegant anfühlt.

McCarren Hotel & Pool BOUTIQUEHOTEL $$

(☎718-218-7500; www.mccarrenhotel.com; 160 N 12th St, zw. Bedford Ave & Berry St, Williamsburg; DZ ab 286 US$; ; S L bis Bedford Ave, G bis Nassau Ave) Der tropisch anmutende Poolbereich, in dem sich die mit Cocktails bewaffneten Gäste auf Liegestühlen räkeln, ist der Hauptanziehungspunkt dieses todschicken, mit zahllosen Wandmalereien versehenen Hotels. Die Zimmer (meist mit Balkon) sind wie das Wohnzimmer eines hippen Freundes eingerichtet: mit Samtsofas, Vinyl und der einen oder anderen Gitarre. Im veganen Restaurant auf dem Dach und in der Jazzbar lässt es sich gut in den Abend starten. Der Pool ist nur im Sommer geöffnet.

Gäste können das Fitnessstudio nutzen.

NU Hotel HOTEL $$

(Karte S. 86; ☎718-852-8585; www.nuhotelbrooklyn.com; 85 Smith St, an der Atlantic Ave, Boerum Hill; DZ inkl. Frühstück ab 209 US$; P ❄ @ 📶; Ⓢ F, G bis Bergen St) Die thematisch an Brooklyn ausgerichtete Deko, die upgecycelten Teakmöbel und die teilweise etwas zweifelhaften Kunstwerke geben den Zimmern des NU ein kunstlerisch-industrielles Flair. Die Lage im Randgebiet zwischen Boerum Hill und Downtown ist praktisch und es gibt kostenlose Fahrräder. Vierergruppen können die „Bunkbed"-Suite mieten, in der ein kleines Doppelbett und ein Etagenbett stehen. Kunstliebhaber nächtigen am besten in den NU-Perspective-Zimmern voller Wandgemälde.

EVEN Hotel BOUTIQUEHOTEL $$

(Karte S. 86; ☎718-552-3800; www.evenhotels.com; 46 Nevins St, an der Schermerhorn St, Downtown Brooklyn; Zi. ab 256 US$; ❄ 📶 🐾; Ⓢ 2/3, 4/5 bis Nevins St, A/C, G bis Hoyt-Schermerhorn) Dieses Wellness-Hotel richtet sich an fitnessbewusste Gäste. Die 202 Zimmer verfügen über „Trainingszonen" (mit persönlicher Yogamatte, Schaumstoffrolle, Yogablock und Gymnastikball), es gibt einen rund um die Uhr geöffneten Fitnessraum, ein Café mit Bio-Lebensmitteln und frisch gepresstem Orangensaft sowie einen kostenlosen Wäscheservice. Die zentrale Lage in Downtown Brooklyn super, um zur Subway zu kommen.

Williamsburg Hotel BOUTIQUEHOTEL $$$

(☎718-362-8100; www.thewilliamsburghotel.com; 96 Wythe Ave, an der N 10th St, Williamsburg; DZ ab 396 US$; ❄ 📶 🏊; Ⓢ L bis Bedford Ave) Nur zwei Blocks vom Ufer entfernt wartet dieses achtgeschossige Hotel im Industrie-Chic mit einer spektakulären Aussicht auf den Fluss und Manhattan auf. Es lohnt sich, eines der „Terrassenzimmer" auf der Nordseite zu nehmen, da man dort von den mit Kunstrasen ausgestatteten Balkonen (einige haben auch Hängesessel) einen ungestörten Blick auf das Empire State Building, das Chrysler Building und die Upper East Side hat.

Bodenhohe Fenster und verglaste Duschen mit hellen Subway-Fliesen lassen die kleinen Räume offener erscheinen. Minibars, Kopfteile aus Leder, Tresore und ätherische Öle des lokalen Herstellers *Apotheke* sind Teil der Standardausstattung. Oben auf dem Dach gibt auch eine Bar (Mi–Sa 18–4 Uhr) in der Form eines klassischen New Yorker Wasserturms sowie einen Pool im Freien. Mit den kostenlosen Fahrrädern kann man Williamsburg ganz ohne Stress erkunden.

Essen

Von inspirierten Abwandlungen der Weltküche bis hin zu durch und durch regionalen Spezialitäten ist die New Yorker Restaurantszene unendlich vielseitig, allumfassend und ein stolzes Zeugnis der bunten Vielfalt an Bewohnern. Selbst wer nicht als ausgewiesener Feinschmecker die letzten ethnischen Enklaven oder neu eröffneten Restaurants der Starköche sucht, wird überall hervorragend essen.

Financial District & Lower Manhattan

Arcade Bakery BÄCKEREI $

(Karte S. 86; ☎212-227-7895; www.arcadebakery.com; 220 Church St, zw. Worth St & Thomas St, Tribeca; Gebäck ab 3 US$, Sandwichs 9 US$, Pizza 10 US$; ⏲ Mo–Fr 8–15 Uhr; Ⓢ 1 bis Franklin St) Das kleine Juwel in der gewölbten Lobby eines Bürogebäudes aus den 1920er-Jahren ist leicht zu übersehen. Hier gehen wunderbare, frisch gebackene Köstlichkeiten über die Theke, darunter kunstvolle Sandwichs und (zw. 12–15 Uhr bzw. so lange der Teig reicht) eine kleine Auswahl an Pizza mit luftiger Kruste und verschiedenen Belägen wie Pilzen, karamellisierten Zwiebeln und Ziegenkäse. Das Arcade stellt auch sensationelle Mandelhörnchen her.

Hudson Eats GASTROHALLE $

(Karte S. 86; ☎212-978-1698; https://bfplny.com/directory/food; Brookfield Place, 225 Liberty St, an der West St, Lower Manhattan; Gerichte ab 7 US$; ⏲ Mo–Sa 8–21, So bis 19 Uhr; 📶; Ⓢ E bis World Trade Center, 2/3 bis Park Pl, R/W bis Cortlandt St, 4/5 bis Fulton St, A/C bis Chambers St) Der elegant renovierte Büro- und Einzelhandelskomplex Brookfield Place beherbergt die schicke, gehobene Food Hall Hudson Eats. In der mit Terrazzoböden, Ladentischen aus Marmor und raumhohen Fenstern mit Blick auf Jersey City und den Hudson River ausgestatteten Halle ist eine Reihe von angesehenen Restaurants untergebracht, in denen ein Chefkoch den Betrieb überwacht, darunter Blue Ribbon Sushi, Fuku, Northern Tiger und Dos Toros Taqueria.

Two Hands AUSTRALISCH $$
(Karte S. 86; www.twohandsnyc.com; 251 Church St, zw. Franklin St & Leonard St, Tribeca; Hauptgerichte Brunch & Mittagessen 14–19 US$; ⏲8–17 Uhr; ✎; S 1 bis Franklin St, N/Q/R/W, 6 bis Canal St) Die weiß getünchten Backsteinmauern im Innern dieses modernen, australisch angehauchten Café-Restaurants sorgen für ein luftiges Ambiente, das bei der lokalen Bevölkerung bestens ankommt. Auf der Speisekarte stehen leichte Frühstücksvariationen und Mittagsgerichte wie übervolle Açai Bowls mit Beeren und Müsli oder ein Hühnersandwich mit Fetacreme und Oliventapenade. Der Kaffee ist erstklassig und es gibt eine Happy Hour von 14 bis 17 Uhr.

Brookfield Place FOOD COURT, MARKTHALLE $$
(Karte S. 86; ☎212-978-1673; www.brookfieldplaceny.com; 230 Vesey St Ecke West St;Lower Manhatten; 📶; S E bis World Trade Center; 2/3 bis Park Pl; R/W bis Cortlandt St; 4/5 bis Fulton St; A/C bis Chambers St) In dem noblen Büro- und Einzelhandelskomplex befinden sich zwei fantastische Food Courts. Französische Küche gibt es in Le District, einer bezaubernden Markthalle mit eigenständigen Restaurants und Ständen, an denen von würzigem Käse bis *Steak frites* alles zu haben ist. Im Stockwerk darüber befindet sich Hudson Eats, eine schicke Enklave feinen Fastfoods von Sushi und Tacos bis hin zu Salate und Burgern.

Le District GASTROHALLE $$$
(Karte S. 86; ☎212-981-8588; www.ledistrict.com; Brookfield Place, 225 Liberty St, an der West St, Lower Manhattan; Hauptgerichte Markt 12–30 US$, Hauptgerichte im Beaubourg abends 19–36 US$; ⏲Beaubourg Mo 8–22, Di & Mi bis 23, Do & Fr bis 24, Sa 10–24, So bis 22 Uhr, sonstige Öffnungszeiten variieren; 📶; S E bis World Trade Center, 2/3 bis Park Pl, R/W bis Cortlandt St, 4/5 bis Fulton St, A/C bis Chambers St) In diesem weitläufigen französischen Lebensmittelgeschäft fragt man sich, ob Paris nicht vielleicht doch am Hudson liegt. Verkauft wird alles, von kunstvoll arrangierten Backwaren und hübschen *tartines* bis hin zu Stinkekäse und würzigen Steaks mit Pommes frites. Das Hauptrestaurant Beaubourg serviert Bistro-Klassiker wie Coq au vin; wer nur einen schnellen Snack im Sitzen essen will, geht zur Ladentheke des Market District, wo z. B. Pommes frites verkauft werden, oder zum Cafe District, wo auch herzhafte Crêpes serviert werden. Im Das Garden District gibt's Produkte, Lebensmittel und eine Salatbar, in der man sich hervorragend ein spontanes Mittagessen zusammenzustellen kann, das man dann draußen am Flussufer genießt.

Die Restaurants, der Markt, das Café und der Garden District haben alle unterschiedliche Öffnungszeiten (siehe Website).

★ Locanda Verde ITALIENISCH $$$
(Karte S. 86; ☎212-925-3797; www.locandaverdenyc.com; 377 Greenwich St, an der N Moore St, Tribeca; Hauptgerichte mittags 25–32 US$, abends 38–54 US$; ⏲Mo–Do 7–23, Fr bis 22.30, Sa 8–23.30, So bis 23 Uhr; S 1 bis Franklin St, A/C/E bis Canal St) Das Locanda Verda ist im Greenwich Hotel mit direktem Zugang von der Straße aus. Durch dicke Samtvorhänge gelangt man in einen Raum voller Männer mit offenen Hemdkragen, Frauen in schwarzen Kleidern und flotten Barkeepern. Hier heißt es „sehen und gesehen werden" – aber eigentlich steht das Essen im Rampenlicht, darunter sizilianischer Kabeljau mit Kichererbsen, Orecchiette mit Entenwurst und Grünkohl oder Trüffelravioli. Reservierung empfohlen.

Bâtard EUROPÄISCH $$$
(Karte S. 86; ☎212-219-2777; www.batardtribeca.com; 239 W Broadway, zw. Walker St & White St, Tribeca; 2-/3-/4-Gänge-Menü 65/89/99 US$; ⏲Mo–Mi 17.30–22, Do–Sa bis 22.30 Uhr; S 1 bis Franklin St, A/C/E bis Canal St) Küchenchef des freundlichen, mit einem Michelin-Stern ausgezeichneten Restaurants ist der Österreicher Markus Glocker. In dem extrem nüchtern gehaltenen Innenraum lenkt nichts vom hervorragenden Essen ab. Glockers Gerichte sind gewissenhafte Beispiele der klassischen französischen und italienischen Küche und die Menüs zum Festpreis enthalten leckere Köstlichkeiten wie Felsenbarsch mit Pfifferlingen oder Tagliatelle mit gebratener Lammlende, Oliven und Pecorino.

Der Service ist freundlich und die Weinkarte mit meist französischen Tropfen hat besonders viele Burgunder Weine im Angebot. Montags darf man seinen Wein selbst mitbringen und bezahlt dafür kein Korkgeld.

SoHo & Chinatown

★ Nom Wah Tea Parlor CHINESISCH $
(Karte S. 86; ☎212-962-6047; www.nomwah.com; 13 Doyers St, Chinatown; Dim Sum ab 3,75 US$; ⏲So–Mi 10.30–22, Fr & Sa bis 23 Uhr; S J/Z bis Chambers St; 4/5/6 bis Brooklyn Bridge-City Hall) Der aus den 1920er-Jahren stammende Nom Wah Tea Parlor versteckt sich in einer Gasse und mag vielleicht wie ein typischer amerikanischer Diner aussehen, tatsächlich ist es

aber das älteste Dim-Sum-Lokal der Stadt. Man setzt sich auf eine der roten Bänke oder auf einen Barhocker und kreuzt auf der Speisekarte aus Papier an, was man möchte. Ob Brötchen mit gebratenem Schweinefleisch, Xiaolongbao oder Shrimp Siu Mai – es ist alles traumhaft lecker.

Prince Street Pizza PIZZA $

(Karte S. 90; ☎ 212-966-4100; 27 Prince St, zw. Mott St & Elizabeth St, Nolita; Pizzastück ab 3,20 US$; ⏲ So–Do 11.45–23, Fr & Sa bis 2 Uhr; S R/W bis Prince St; 6 bis Spring St) In diesem typischen Stehimbiss, dessen Backsteinwände mit Schnappschüssen von Prominenten wie Rebel Wilson, Usher und Kate Hudson übersät sind, ist immer jede Menge los. Die Saucen, der Mozzarella und das Ricotta werden vor Ort hergestellt, und die New Yorker sind ganz verrückt nach den Pizzaecken mit Peperoni. Die Pizza ist ganz okay, aber nicht überwältigend genug, um die ständigen Warteschlangen zu rechtfertigen.

Xi'an Famous Foods CHINESISCH $

(Karte S. 86; www.xianfoods.com; 45 Bayard St, zw. Elizabeth St & Bowery, Chinatown; Gerichte 4,70–12 US$; ⏲ So–Do 11.30–21, Fr & Sa bis 21.30 Uhr; S N/Q/R/W, J/Z, 6 bis Canal St, B/D bis Grand St) Food-Blogger hyperventilieren bei der bloßen Erwähnung der von Hand gezogenen Nudeln dieser kleinen Kette, aber auch die Burger haben einen prominenten Platz auf der Speisekarte. Sie werden mit gebratenem Lamm oder butterweichem geschmortem Schweinefleisch samt gemahlenem Kreuzkümmel und gerösteten Chilisamen serviert. In der Stadt gibt's elf weitere Filialen.

Butcher's Daughter VEGETARISCH $$

(Karte S. 90; ☎ 212-219-3434; www.thebutchersdaughter.com; 19 Kenmare St Ecke Elizabeth St, Nolita; Salat oder Sandwich 13–16 US$, Hauptgerichte abends 15–18 US$; ⏲ 8–22 Uhr; 🌱; S J bis Bowery; 6 bis Spring St) In offener Rebellion gegen ihren Vater serviert die „Metzgerstochter" ausschließlich frische pflanzliche Kost in ihrem weißgetünchten Café. Dieses Essen ist gesund und alles andere als langweilig. Vom gut eingeweichten Biomüsli über würzigen Caesar Salad mit Kohl und Parmesanmandeln bis hin zum „Butcher's Burger" (aus Gemüse und schwarzen Bohnen mit Cashew-Käse) ist alles superlecker.

★ Uncle Boons THAILÄNDISCH $$

(Karte S. 90; ☎ 646-370-6650; www.uncleboons.com; 7 Spring St, zw. Elizabeth St & Bowery, Nolita; kleine Portionen 13–16 US$, große Portionen 22–32 US$; ⏲ So–Do 17.30–23, Fr & Sa bis 24 Uhr; 📶; S J/Z bis Bowery; 6 bis Spring St) Die mit einem Michelin-Stern ausgezeichnete Thai-Küche wird in einem witzigen, holzgetäfelten Speiseraum im Retro-Look serviert. Die Wände sind mit einem wilden Durcheinander aus Thai-Filmplakaten und alten Familienfotos geschmückt. Die Gerichte decken sowohl moderne als auch traditionelle Speisen ab und sind würzig, reichhaltig und kreativ. Besonders lecker sind z. B. *kob woonsen* (in Knoblauch und Soja marinierte Froschschenkel), *koong* (gegrillter Baby-Oktopus) und *kaduuk* (Satay mit geröstetem Knochenmark).

★ Dutch AMERIKANISCH $$$

(Karte S. 90; ☎ 212-677-6200; www.thedutchnyc.com; 131 Sullivan St, an der Prince St, SoHo; Hauptgerichte mittags 18–38 US$, abends 27–68 US$; ⏲ Mo–Do 11.30–15 & 17.30–22.30, Fr bis 23.30, Sa 10–15 & 17.30–23.30, So bis 22.30 Uhr; S C/E bis Spring St; R/W bis Prince St; 1 bis Houston St) Ob an der Theke oder im gemütlichen Hinterzimmer des alteingesessenen Restaurants, das Essen ist pfiffig und mit frischen Zutaten aus der Region zubereitet. Und natürlich geht es hier auch ums Sehen und Gesehenwerden. Auf der Speisekarte ist die ganze Welt vertreten, von Tartare vom Wagyu-Rind mit Aioli-Béarnaise (22 US$) bis hin zu gegrillten Lammkoteletts mit Jerk-Sauce und Roti-Pfannkuchen (46 US$). Besonders für abends und das Wochenende sollte man unbedingt vorab reservieren!

Il Buco Alimentari & Vineria ITALIENISCH $$$

(Karte S. 90; ☎ 212-837-2622; www.ilbucovineria.com; 53 Great Jones St, zw. Bowery & Lafayette St, NoHo; Haupgerichte mittags 14–34 US$, abends 34–70 US$; ⏲ Mo–Do 8–23, Fr bis 24, Sa 9–24, So bis 23 Uhr; 📶; S 6 bis Bleecker St; B/D/F/M bis Broadway-Lafayette St) Ob Espresso an der Bar, Käse vom Feinkostladen oder italienisches Schlemmen im Speiseraum, die Filiale des Il Buco erfüllt alle Erwartungen. Mauerwerk und Industrielampen sorgen für ein cooles, rustikales Ambiente, das sich auch in der Speisekarte widerspiegelt. Die Paninis zur Mittagszeit sind riesig, dekadent und göttlich. Besonders lecker ist die Porchetta mit Spiegelei, Salsa Verde und Rucola (18 US$).

West Village, Chelsea & Meatpacking District

Dominique Ansel Kitchen BÄCKEREI $

(Karte S. 90; ☎ 212-242-5111; www.dominiqueanselkitchen.com; 137 Seventh Ave, zw. Charles St & W

10th St, West Village; Gebäck 6–8 US$, Sandwichs 14–15 US$; ⏲9–21 Uhr; S 1 bis Christopher St-Sheridan Sq) Dem gefeierten Schöpfer des Cronut (einer Mischung aus Croissant und Donut) gehört diese kleine, sonnendurchflutete Bäckerei, in der man sich perfekte knusprige Croissants, Brownies mit geräuchertem Salbei, Zitronen-Yuzu-Buttertarts und viele andere himmlische Leckereien (aber keine Cronuts) schmecken lassen kann. Es gibt auch leichte herzhafte Gerichte wie Würstchen, Grünkohl und Linsensuppe und einen extra großen Croque Monsieur, der mit Salat serviert wird.

Taïm ISRAELISCH $

(Karte S. 90; ☎212-691-1287; www.taimfalafel.com; 222 Waverly Pl, zw. Perry St & W 11th St, West Village; Sandwiches 8,50 US$; ⏲11–22 Uhr; ✎; S 1 bis Christopher St-Sheridan Sq, 2/3 bis 14th St, A/C/E, L bis 8th Ave-14th St) Ein winziges Lokal, dessen Falafel zu den besten der Stadt gehören. Bestelloptionen sind Green (nach traditioneller Art) oder Harissa (mit tunesischen Gewürzen). Je nach Wahl bekommt man dazu dann eine Pita gefüllt mit Tahini, Salat und Gurken, einen Teller mit Beilagen wie marokkanische Karotten und marinierte Rüben oder einen israelischen Salat.

Blossom VEGAN $$

(Karte S. 94; ☎212-627-1144; www.blossomnyc.com; 187 Ninth Ave, zw. 21st St & 22nd St, Chelsea; Hauptgerichte mittags 18–19 US$, abends 22–24 US$; ⏲Mo–Do 12–14.45 & 17–21.30, Fr & Sa 12–14.45 & 17–22, So 12–14.45 & 17–21 Uhr; ✎; S 1, C/E bis 23rd St) Das friedliche, romantische Lokal in gemütlicher Lage in einem historischen Stadthaus in Chelsea ist ein sicherer Hafen für hungrige Veganer. Serviert werden fantasievolle, rein koschere Tofu-, Seitan- und Gemüsekreationen, teilweise auch in Form von Rohkost. Zum Brunch gibt's Angebote wie Tofu Benedict und Florentiner, die auf köstliche Weise ohne tierische Proteine auskommen, während Gerichte wie Risotto mit Shiitake, Champignons und Kräuterseitlingen sowie Miso-Cashew-Creme lecker und von Natur aus rein vegan sind.

Desserts, darunter veganes Tiramisu und „Käsekuchen", sind so reichhaltig, dass man schwören könnte, dass sie mit Butter und Sahne gefüllt sind.

JeJu Noodle Bar NUDELN $$

(Karte S. 90; ☎646-666-0947; http://jejunoodlebar.com; 679 Greenwich St, an der Christopher St, West Village; Nudeln 18–19 US$; ⏲So–Mi 17–22, Do–Sa bis 23 Uhr; 🚌M8 bis Greenwich St-Christopher St, S 1 bis Christopher St-Sheridan Sq) Klassische Ramen sind überall auf der Welt beliebter denn je. Vielleicht wäre es aber an der Zeit, in diesem einladenden Restaurant im ruhigeren westlichen Abschnitt der Christopher St verschiedene Variationen davon zu erforschen wie etwa die koreanischen *ramjun*. Los geht's mit *toro ssam bap* (fetter Thunfisch, geröstete Algen, *tobiko*-Reis mit Rührei), bevor man sich *so ramyun* (Rinderbrust und Nudeln in Kalbsbrühe) bestellt.

★ RedFarm FUSION $$$

(Karte S. 90; ☎212-792-9700; www.redfarmnyc.com; 529 Hudson St, zw. W 10th St & Charles St, West Village; Hauptgerichte 28–52 US$, Teigtaschen 15–17 US$; ⏲abends Mo–Sa 17–23.45, So bis 23 Uhr, Brunch Sa & So 11–14.30 Uhr; S 1 bis Christopher St-Sheridan Sq, A/C/E, B/D/F/M bis W 4th St-Washington Sq) In diesem kleinen, mit Leben gefüllten Lokal kann man die chinesische Küche von ihrer einzigartigen, köstlichen und künstlerischen Seite kennenlernen. Gerichte wie Bruschetta mit Thunfisch- und Auberginenwürfeln, saftiges Rib-Steak (mariniert in Papaya, Ingwer und Soja) und Pastrami-Rollen mit Ei gehören zu den vielen atemberaubenden Gerichten, die die typische Vorstellung des Genres herausfordern. Weitere Highlights sind gebratener Hummer mit Ei und gehacktem Schweinefleisch, Cheeseburger-Frühlingsrollen und eine Suppe mit Hühnchen-Dim-Sum und schwarzem Trüffel.

★ Blue Hill AMERIKANISCH $$$

(Karte S. 90; ☎212-539-1776; www.bluehillfarm.com; 75 Washington Pl, zw. Sixth Ave & Washington Sq W, West Village; Menü zum Festpreis 95–108 US$; ⏲Mo–Sa 17–23, So bis 22 Uhr; S A/C/E, B/D/F/M bis W 4th St-Washington Sq) Das Restaurant für wohlhabende Slow-Food-Anhänger war auch einer der Pioniere der „Farm-to-table"-Bewegung, bei der es darum geht, dass Essen möglichst frisch direkt vom Bauernhof auf den Tisch kommt. Der talentierte Küchenchef Dan Barber stammt selbst aus einer Farmerfamilie in den Berkshire Mountains, Massachusetts, und verarbeitet in seinen hochgelobten Gerichten regionale Produkte.

Auf den Tisch kommen mit viel Sachverstand gewürztes, perfekt reifes Gemüse, das Proteine wie Jakobsmuscheln aus Maine oder Rinder aus Weidehaltung von der Blue Hill Farm perfekt in Szene setzt. Das Restaurant selbst liegt etwas unter Straßenniveau in einer ehemaligen Flüsterkneipe in einer idyllischen Gegend in West Village und ist kultiviert und entspannt. Reservierungen und „elegant lässige" Kleidung werden empfohlen. Handys und Fotografieren sind im Speisesaal verboten.

East Village & Lower East Side

Supermoon Bakehouse BÄCKEREI $

(Karte S. 90; www.supermoonbakehouse.com; 120 Rivington St, an der Essex St, Lower East Side; Gebäck 4–9,5 US$; Mo–Do 8–22, Fr bis 11, Sa 9–23, So bis 22 Uhr; S F bis Delancey St) Diese super-freundliche Bäckerei in australischer Hand, in der man die Bäcker hinter einer Glasscheibe bei der Arbeit beobachten kann, stellt die vielleicht kreativsten und besten Croissants Manhattans her. Sie kommen sowohl in süßer als auch in pikanter Version aus dem Backofen, von heißem Apfelkuchen oder Matcha-Blaubeere bis hin zu Schinken-Käse oder nach Reuben-Art. Das Angebot wird durch Softeis in diversen Geschmacksrichtungen sowie Donuts abgerundet.

Mamoun's NAHÖSTLICH $

(Karte S. 90; 646-870-5785; www.mamouns.com; 30 St Marks Pl, zw. Second Ave & Third Ave, East Village; Sandwiches 5–9 US$, Tellergericht 9–13 US$; Mo–Do 11–1, Fr & Sa bis 4, So bis 24 Uhr; ; S 6 bis Astor Pl, L bis 3rd Ave) Dieser Ableger der beliebten New Yorker Falafelkette bot einst nur Gerichte zum Mitnehmen an. Mittlerweile gibt's zusätzlich auch einige Sitzplätze drinnen und draußen. An den Wochenenden trifft man hier spät in der Nacht nicht mehr ganz nüchternes Partyvolk an, das den Abend mit einem saftigen Schawarma inklusive Mamouns berühmter scharfer Sauce beendet. Wer kein Lamm mag, freut sich vielleicht über den Falafel-Wrap oder eine Schale *Fool Mudammas* (gedämpfte Bohnen).

★ Ivan Ramen RAMEN $$

(Karte S. 90; 646-678-3859; www.ivanramen.com; 25 Clinton St, zw. Stanton St & E Houston St, East Village; Hauptgerichte 15–21 US$; So–Do 12.30–22, Fr & Sa bis 23 Uhr; S F, J/M/Z bis Delancey-Essex Sts, F bis 2nd Ave) Nach der Eröffnung von zwei erfolgreichen Ramen-Lokalen in Tokio, hat es den Long Islander Ivan Orkin nun wieder zurück in seine Heimat verschlagen. Es gibt viele verschiedene Meinungen darüber, wo es die besten Ramen in New York gibt, aber dieser persönliche Laden, in dem die Ramen-Liebhaber an der Bar sitzen und zusehen können, wie ihre Bowl-Gerich-

AUF ZUM MARKT!

Die vielen zubetonierten Straßen und Gebäude täuschen leicht darüber hinweg, dass New York City eine blühende Obst- und Gemüsemarktszene hat, die sich sehr vielfältig präsentiert. Ganz oben auf der Liste sollte der Chelsea Market (S. 88) stehen, auf dem sich sowohl in den Geschäften (prima, um ein Picknick zusammenzustellen) als auch an den Essensständen (zum Essen vor Ort) massenweise Gourmetprodukte aller Art finden. In den letzten Jahren wurden aber auch viele andere Gastrohallen eröffnet, darunter der **Gansevoort Market** (Karte S. 94; 646-449-8400; www.gansmarket.com; 353 W 14th St, zw. Eighth Ave & Ninth Ave, Meatpacking District; Hauptgerichte 10–15 US$; 7–21 Uhr; ; S A/C/E, L bis 8th Ave-14th St) im Meatpacking District und die drei Gastrohallen des Brookfield Place (S. 120) in Lower Manhattan. Auf der anderen Seite des Flusses befindet sich in Brooklyns Downtown die brandneue DeKalb Market Hall (S. 129).

Viele Stadtteile in New York haben ihren eigenen Obst- und Gemüsemarkt. Einer der größten ist der Union Square Greenmarket (S. 93), der das ganze Jahr über vier Tage die Woche stattfindet. Eine Liste der über 50 weiteren Märkte der Stadt findet sich auf Grow NYC (www.grownyc.org/greenmarket).

In Brooklyn sind Smorgasburg (S. 130), mit über 100 Ständen mit handwerklich zubereitetem Essen, und der Brookly Flea Market (S. 145), mit mehreren Dutzend Fressständen, die besten Wochenendmärkte, wenn man mal zu faul ist, um zu Hause zu kochen.

Beliebt sind auch Mischformen aus Gourmetmärkten und -lebensmittelhändlern wie das Eataly (S. 134) oder **Dean & DeLuca** (Karte S. 90; 212-226-6800; www.deananddeluca.com; 560 Broadway, an der Prince St, SoHo; Gebäck ab 4 US$, Sandwiches 12 US$; Mo–Fr 7–21, Sa & So 8–21 Uhr; S N/R bis Prince St; 6 bis Spring St), wo man neben frischen Produkten auch Fertiggerichte in Fünf-Sterne-Qualität bekommt. Whole Foods ist ein weiterer beliebter Anbieter, insbesondere seine umweltfreundliche **Filiale in Brooklyn** (718-907-3622; www.wholefoodsmarket.com; 214 3rd St, zw. Third Ave & Gowanus Canal, Gowanus; 8–23 Uhr; ; S R bis Union; F, G bis 4th Ave-9th St), in der es vor allem lokale Produkte gibt.

te Form annehmen, ist immer in der engeren Auswahl. Die *Tsukumen-Ramen* mit eingelegtem Blattkohl und in Sojasauce glasiertem Schweinebauch sind unübertroffen.

Russ & Daughters Cafe JÜDISCH $$
(Karte S. 90; ☎ 212-475-4880; www.russanddaughterscafe.com; 127 Orchard St, zw. Delancey St & Rivington St, Lower East Side; Hauptgerichte 18–23 US$; ⏲ Mo–Fr 9–22, Sa & So ab 8 Uhr; Ⓢ F, J/M/Z bis Delancey-Essex Sts) In diesem gemütlichen traditionellen Diner gibt's glänzende gekochte Bagels und den vielleicht besten Räucherlachs der Stadt. Es ist eine Erweiterung des geschichtsträchtigen jüdischen Delikatessengeschäfts Russ & Daughters (S. 142) etwas weiter oben an der Orchard St. Abgesehen vom dicken, rauchigen Fisch werden auch Kartoffelpuffer, Borschtsch, verschiedene Eivariationen und, wem's schmeckt, sogar gehackte Leber serviert.

★ **Clinton Street Baking Company** AMERIKANISCH $$
(Karte S. 90; ☎ 646-602-6263; www.clintonstreetbaking.com; 4 Clinton St, zw. Stanton St & E Houston St, Lower East Side; Hauptgerichte 12–18 US$; ⏲ Mo–Fr 8–15.30 & 17.30–22, Sa & So 9–16.30 Uhr; Ⓢ F, J/M/Z bis Delancey-Essex Sts, F bis 2nd Ave) Der außergewöhnliche Familienbetrieb verdient viele Auszeichnungen – für die besten Pfannkuchen, die besten Muffins, die besten Po'boys-Sandwichs (im Südstaaten-Stil), die besten Kekse und vieles mehr. Unabhängig von der Tageszeit gibt's hier also immer traumhaftes Essen. Abends entweder „Frühstück zum Abendessen" (Pfannkuchen und Eggs Benedict), Fisch-Tacos oder gebratenes Buttermilchhähnchen.

Zum Brunch am Wochenende strömen die Einheimischen in Scharen hierher und man muss teilweise eine Stunde oder länger anstehen. Deshalb kommt man zum Brunchen besser unter der Woche her.

★ **Veselka** UKRAINISCH $$
(Karte S. 90; ☎ 212-228-9682; www.veselka.com; 144 Second Ave, an der E 9th St, East Village; Hauptgerichte 13–19 US$; ⏲ 24 Std.; Ⓢ 6 bis Astor Pl, L bis 3rd Ave) Dieses beliebte Überbleibsel der ukrainischen Vergangenheit des Viertels serviert seit 1954 handgemachte *pierogi* (Käse-, Kartoffel- oder Fleischknödel), Borschtsch und Gulasch. Das Restaurant mit den chaotisch angeordneten Tischen ist die ganze Nacht hindurch für Müßiggänger und hungriges Partyvolk geöffnet, es ist aber eigentlich zu jeder Tageszeit ein großartiger wärmender Boxenstopp. Die Stammkundschaft besteht aus Schriftstellern, Schauspielern und kauzigen Typen aus East Village.

Momofuku Noodle Bar NUDELN $$
(Karte S. 90; ☎ 212-777-7773; https://momofukunoodlebar.com; 171 First Ave, zw. E 10th St & E 11th St, East Village; Hauptgerichte 17–27 US$; ⏲ Mittagessen Mo–Fr 12–16.30, Sa & So bis 16 Uhr, Abendessen So–Do 17.30–23, Fr & Sa bis 24 Uhr; ✎; Ⓢ L bis 1st Ave, 6 bis Astor Pl) Mit nur einer Handvoll Tische ohne die Möglichkeit, einen Tisch zu reservieren, muss man in diesem stets rappelvollen Phänomen normalerweise immer Geduld mitbringen. Aber das Warten auf die würzigen Ramennudeln mit Querrippe, die Ingwernudeln mit eingelegten Shiitake-Pilzen oder die kalten Nudeln mit Sichuan-Wurst und Thai-Basilikum lohnt sich, denn alles schmeckt unglaublich lecker. Auf der ständig wechselnden Speisekarte stehen z. B. Brötchen (etwa mit Rinderbrust und Meerrettich), Snacks (wie geräucherte Hähnchenflügel) und Desserts.

Aufgrund der offenen Küche ist das Restaurant manchmal etwas dampfig, die begeisterte Menge ist davon aber unbeeindruckt.

Das Momofuku ist Teil von David Changs unfassbar populärem und nun auch globalem Restaurantimperium (www.momofuku.com). Unter den Filialen in NYC sind das mit zwei Michelin-Sternen ausgezeichnete **Momofuku Ko** mit teuren Verkostungsmenüs (225 US$) und einem eigentlich untragbaren Reservierungssystem (das jeder gerne selbst testen kann), die **Momofuku Ssäm Bar** mit großen und kleinen Fleischgerichten, der Hähnchenladen Fuku und eine weitere Nudelbar im Colombus Circle.

Union Square, Flatiron District & Gramercy

Shake Shack BURGER $
(Karte S. 94; ☎ 646-889-6600; www.shakeshack.com; Madison Square Park, Ecke E 23rd St & Madison Ave, Flatiron District; Burger 4,20–9,50 US$; ⏲ Mo–Fr 7.30–23, Sa & So ab 8.30 Uhr; Ⓢ R/W, F/M, 6 bis 23rd St) Im Shake Shack, dem Aushängeschild von Chefkoch Danny Meyers' Gourmetburgerkette und der Ort, an dem alles mit einem Hotdog-Karren begann, kommen hyperfrische Burger, handgeschnittene Pommes und ein ständig wechselndes Angebot an *frozen custards* auf den Tisch. Für Vegetarier gibt's knusprige Portobello-Burger. Die Schlangen sind lang, aber das Warten lohnt sich. Außerdem kann man

wunderbar Leute beobachten, sowohl von den Plätzen im Lokal als auch von den Bänken im Park aus. Auf der Frühstückskarte dreht sich alles um seine bekannten Kartoffelbrötchen mit den unterschiedlichsten Füllungen auf Eierbasis. Es ist ein bisschen wie bei einem schicken McDonald's – und günstig ist es auch.

Eisenberg's Sandwich Shop
SANDWICHS $

(Karte S. 94; ☎ 212-675-5096; www.eisenbergsnyc.com; 174 Fifth Ave, zw. W 22nd & 23rd St, Flatiron District; Sandwichs 4–14 US$; ⏲ Mo–Fr 7.30–18, Sa 9–17 , So 10–15 Uhr; 📶; Ⓢ R/W bis 23rd St) In dem altmodischen Diner, der in dieser vornehmen Ecke eine absolute Ausnahme ist, werden in heimeliger, ruhiger Atmosphäre traditionelle jüdische Gerichte wie gehackte Leber, Pastrami und Felchen-Salat serviert. Auf den Hockern an der langen Bar sitzt eine bunt gemischte Klientel Seite an Seite, und alle wissen Hackbraten als bodenständiges Gericht zu schätzen.

★ Eleven Madison Park
AMERIKANISCH $$$

(Karte S. 94; ☎ 212-889-0905; www.elevenmadisonpark.com; 11 Madison Ave, zw. 24th St & 25th St, Flatiron District; Verkostungsmenü 315 US$; ⏲ Mo–Mi 17.30–22, Do bis 22.30, Fr–So 12–13 & 17.30–22.30 Uhr; Ⓢ R/W, 6 bis 23rd St) Das Eleven Madison Park taucht regelmäßig auf den Bestenlisten der Restaurantszene auf. Und offen gesagt ist das auch keine große Überraschung, denn dieses aufpolierte Aushängeschild moderner, nachhaltiger amerikanischer Küche ist eines von nur fünf Restaurants in New York mit drei Michelin-Sternen. Wahnsinnige Liebe zum Detail, eine enorme Kreativität und Experimentierfreudigkeit sind die Markenzeichen des Ansatzes von Küchenchef Daniel Humm.

Nachdem die Bar umgebaut wurde und nun auch ein paar Tische hat, kann man seinen Besuch hier deutlich erschwinglicher gestalten. Entweder man entscheidet sich für das abgespeckte Verkostungsmenü (5 statt 10 Gänge für 175 US$) oder für eines der Hauptgerichte aus dem Verkostungsmenü (ca. 50 US$). Wer einen Tisch, egal ob im Hauptspeisesaal oder in der Bar, reservieren möchte, kann dies ab dem ersten Tag eines Monats für den Folgemonat tun. Elegante Kleidung erwünscht.

Maialino
ITALIENISCH $$$

(Karte S. 94; ☎ 212-777-2410; www.maialinonyc.com; Gramercy Park Hotel, 2 Lexington Ave, an der 21st St, Gramercy; Hauptgerichte 24–58 US$; ⏲ Mo–Do 7.30–10, 12–14 & 17.30–22.30, Fr bis 23, Sa 10–14 & 17.30–23, So bis 22.30 Uhr; Ⓢ 6, R/W bis 23rd St) Die echten Fans dieses Danny-Meyer-Klassikers reservieren ihre Tische bis zu vier Wochen im Voraus, die besten Plätze sind aber eigentlich die an der Bar, die für Gäste ohne Reservierung vorgesehen sind und an denen man mit den geselligen, sachkundigen Mitarbeitern ins Gespräch kommen kann. Doch wo auch immer man sitzt, die Geschmacksnerven dürfen sich auf einen Kurztrip nach Italien freuen. Für die leckere, rustikale italienische Küche des Maialino werden Produkte des nahegelegenen Union Square Greenmarket (S. 93) verwendet.

Die solide Weinkarte und das preiswerte Mittagessen zum Festpreis (48 US$; Mo–Fr) runden das Angebot ab.

Gramercy Tavern
AMERIKANISCH $$$

(Karte S. 94; ☎ 212-477-0777; www.gramercytavern.com; 42 E 20th St, zw. Broadway & Park Ave S, Flatiron District; Hauptgerichte Taverne 34–36 US$, 3-Gänge-Menü im Restaurant 134 US$, Verkostungsmenü 164–184 US$; ⏲ Taverne So–Do 11.30–23, Fr & Sa bis 24, Mttagessen 11.30–14, So–Do Abendessen 17–21.45, Fr & Sa bis 22. 30 Uhr; 📶 🌶; Ⓢ R/W, 6 bis 23rd St) 🍃 In dem seit Ewigkeiten beliebten Restaurant werden vorwiegend saisonale Zutaten aus der Region verwendet. Es ist eine pulsierende Institution im Landhausstil mit Wandleuchtern aus Kupfer, Wandgemälden und umwerfenden Blumenarrangements. Hier kann man wählen zwischen der Taverne (ohne Reservierung und à la carte) oder dem eleganteren Restaurant mit Festpreis- und Verkostungsmenüs. Der Service ist ausgezeichnet, ganz egal, wo man sitzt. Die New Yorker *lieben* diesen Ort. Also sollte man im Voraus reservieren.

Craft
MODERN-AMERIKANISCH $$$

(Karte S. 94; ☎ 212-780-0880; www.crafrestaurant.com; 43 E 19th St, zw. Broadway & Park Ave S,Union Sq; Hauptgerichte 33–69 US$; ⏲ Mo–Do 5.30–22, Fr 12–23, Sa 17–23, So 17–21 Uhr; 📶; Ⓢ 4/5/6, N/Q/R/W, L bis 14th St-Union Sq) 🍃 Das muntere, noble Craft steht für Produkte, die von kleinen familienbetriebenen Bauernhöfen und Lebensmittelerzeugern stammen. Egal, ob man den hervorragenden, scharf angebratenen Tintenfisch oder die Kürbis-Teigtaschen mit Salbei bestellt – jede Zutat kommt hier bestens zur Geltung. Mittwochs bis samstags sollte man vorab reservieren oder vor 18 bzw. nach 21.30 Uhr erscheinen.

Midtown

Great Northern Food Hall GASTROHALLE $
(Karte S. 94; www.greatnorthernfood.com; Grand Central Terminal, Vanderbilt Hall, 89 E 42nd St; Sandwiches 7–12 US$; Mo–Fr 7–23, Sa & So 8–20 Uhr; ; S S, 4/5/6, 7 bis Grand Central-42nd St, Metro North bis Grand Central-42nd St) In der wunderschönen, im Beaux-Arts-Stil erbauten Vanderbilt Hall ist diese luftige Gastrohalle untergebracht, die die Messlatte für Lebensmittel in New Yorks größtem Bahnhofsterminal bedeutend höher gelegt hat. Auf den Hockern unter dem glamourösen Kronleuchter kann man sich ein Glas Wein, dänisches Bier oder handwerklichen Kaffee schmecken lassen. Die Gourmet-Happen mischen nordisches Flair mit regionalen Zutaten aus New York. Die Öffnungszeiten der einzelnen Stände sind unterschiedlich.

Die Halle ist eine Idee von Claus Meyer, der als Begründer des Konzepts der New Nordic Cuisine, der skandinavischen Küche, gilt und Mitbegründer des Noma in Kopenhagen ist. Es gibt vorrangig Suppen, Salate, warme Sandwichs und *Smørrebrød* (dänisches belegtes Brot) wie Curryhering mit Eigelb oder Roastbeef mit eingelegten Zwiebeln. In der Gastrohalle werden auch Frühstück (Mo–Fr 8–11, Sa & So 10–16 Uhr) und Brunch angeboten.

★ **Totto Ramen** JAPANISCH $
(Karte S. 94; 212-582-0052; www.tottoramen.com; 366 W 52nd St, zw. Eighth & Ninth Ave; Ramen 12-18 US$; Mo–Sa 12–16.30 & 17.30–24, So 16–23 Uhr; S C/E bis 50th St) Es gibt zwar noch zwei andere Filialen in Midtown, aber Puristen wissen, dass die anderen beiden nicht mit dem kleinen Original mit nur 20 Sitzplätzen mithalten können. Zunächst hängt man einen Zettel mit seinem Namen und der Anzahl der Gäste an die Pinnwand und wartet dann, bis man dran ist. Als Belohnung winken köstliche Ramen. Man sollte sich auf das butterweiche *char siu* (Schweinefleisch) in Gerichten wie Miso Ramen (mit fermentierter Sojabohnenpaste, Eiern, Frühlingszwiebeln, Sojasprossen, Zwiebeln und hausgemachter Chili-Paste) konzentrieren.

Burger Joint BURGER $
(Karte S. 94; 212-708-7414; www.burgerjointny.com; Le Parker Meridien, 119 W 56th St, zw. Sixth & Seventh Ave; Burger 9–17 US$; So–Do 11–23.30, Fr & Sa 11–24 Uhr; S F bis 57th St) Dieses preiswerte Burger-Lokal versteckt sich hinter dem Vorhang in der Lobby des Hotels Parker New York Meridien und macht nur mit einem kleinen Neonburger auf sich aufmerksam. Es mag ja nicht mehr so „geheim" sein wie früher (man muss mit einer Warteschlange rechnen), aber die Wände sind noch immer mit Graffiti übersät und die Sitznischen im Retro-Stil gehalten. Und: Das nette Personal serviert nach wie vor tolle Burger.

★ **Smith** AMERIKANISCH $$
(Karte S. 94; 212-644-2700; http://thesmithrestaurant.com; 956 Second Ave, an der 51st St, Midtown East; Hauptgerichte 22–33 US$; Mo–Do 7.30–24, Fr bis 1, Sa 9–1, So bis 24 Uhr; ; S 6, E/M bis 51st St) Diese schicke, gut besuchte Brasserie bietet ein Interieur im Industrie-Design, eine gesellige Bar und gutes Essen. Der Großteil der Speisen wird hier ziemlich neuartig zubereitet. Die saisonalen Menüs sind eine Mischung aus nostalgischer amerikanischer und italienischer Inspiration, darunter scharfe Kartoffelchips mit Blauschimmelfondue, Chicken Pot Pie mit Cheddar-Schnittlauch-Gebäck oder sizilianische Baked Eggs mit Artischocken, Spinat und würziger Tomatensauce.

Hangawi KOREANISCH $$
(Karte S. 94; 212-213-0077; www.hangawirestaurant.com; 12 E 32nd St, zw. Fifth Ave & Madison Ave; Hauptgerichte mittags 13–14 US$, abends 18–30 US$; Mo–Do 12–14.30 & 17.30–22.15, Fr bis 22.30, Sa 13–22.30, So 17–21.30 Uhr; ; S B/D/F/M, N/Q/R/W bis 34th St-Herald Sq) Fleischfreie koreanische Speisen sind der Renner im Hangawi. Bevor man den beruhigend wirkenden, zenartigen Raum mit der meditativen Musik betritt, muss man die Schuhe ausziehen. Die raffinierten Speisen nimmt man auf Kissen hockend an niedrigen Tischen ein. Zu den Gerichten gehören Kürbisnudeln, scharfe Kimchi-Pfannkuchen und ein verführerisch cremiges Claypot-Gericht mit Hühnchen in Ingwersauce. Mittags gibt es ein Vier-Gänge-Menü zum Festpreis (25 US$).

★ **O-ya** SUSHI $$$
(Karte S. 94; 212-204-0200; https://o-ya.restaurant/o-ya-nyc; 120 E 28th St; Nigiri 6–25 US$; Mo–Sa 17.30–22 Uhr; S 4/6 bis 28th St) Die günstigsten Nigiri kosten fast 15 US$ für zwei Stück und somit ist dies kein Ort, an dem man jeden Tag vorbeischaut. Wer aber einen besonderen Abend mit Sushi-Dinner plant, den erwarten hier exquisite Aromen, Fisch, der so zart ist, dass er auf der Zunge schmilzt, und Kreationen, die so kunstvoll sind, dass man sich fast entschuldigen möchte, wenn man sie isst.

Le Bernardin SEAFOOD $$$

(Karte S. 94; ☎212-554-1515; www.le-bernardin.com; 155 W 51st St, zw. Sixth & Seventh Ave; Festpreis-Mittagessen/-Abendessen 90/160 US$, Probiermenü 170–225 US$; ⏲Mo–Do 12–14.30 & 17.15–22.30, Fr 17.15–23, Sa 17.17–23 Uhr; Ⓢ1 bis 50th St; B/D, E bis 7th Ave) Das Interieur wurde zwar etwas aufgepeppt, um auch einer „jüngeren Klientel" zu gefallen (das atemberaubende Sturm-Triptychon stammt von dem Brooklyner Künstler Ran Ortner), aber das mit drei Michelin-Sternen ausgezeichnete Le Bernardin ist nach wie vor ein luxuriöser Gourmettempel. Am Ruder steht der in Frankreich geborene Starkoch Éric Ripert, dessen trügerisch schlicht aussehendes Seafood an ein transzendentales Erlebnis grenzt. Das Leben ist kurz, und man lebt (äh, genießt) es nur einmal.

Mittags wird hier ein Drei-Gänge- (90 US$), abends ein Vier-Gänge-Menü (160 US$) serviert, bei denen man pro Gang aus einer Vielzahl an Optionen auswählen kann. Zudem werden für diejenigen, die mehr Zeit und Geld haben, zwei verschiedene Verkostungsmenüs angeboten. Die Gerichte selbst sind in die drei Kategorien Almost Raw, Barely Touched und Lightly Cooked (also fast roh, kaum angetastet und leicht gegart) unterteilt, und die meisten sind auf wunderbar köstliche Weise sehr komplex. Fürs Abendessen sollte man mindestens drei Wochen im Voraus, fürs Mittagessen zwei Wochen im Voraus reservieren.

Upper East Side

Eli's Essentials AMERIKANISCH $

(Karte S. 100; ☎646-755-3999; www.elizabar.com/Elis-Essentials-.aspx; 1270 Madison Ave, an der E 91st St; Büffet 16,95 US$/454 g, Sandwiches ab 7,50 US$; ⏲7–23 Uhr; 📶🖉; Ⓢ6 bis 96th St) Der jüngste Sohn der Gründer von Zabar's Delikatessenladen (S. 144) baut sich gerade ein Mini-Imperium in der Upper East Side auf, und dieser Ableger von New Yorks traditionellem jüdischem Delikatessengeschäft ist der perfekte Boxenstopp für Besucher der Museum Mile der Fifth Avenue. Neben Lachs-Bagels und Elis Aushängeschild, den Eier-Briochebrötchen, gibt es ein Büffet mit Brathähnchen, Käsemakkaroni und Salaten.

★ **Papaya King** HOTDOGS $

(Karte S. 100; www.papayaking.com; 179 E 86th St, an der Third Ave; Hotdogs 3–4,50 US$; ⏲So–Do 8–24, Fr & Sa bis 1 Uhr; Ⓢ4/5/6, Q bis 86th St) Dies ist der originale Hotdog- und Papayasaftverkauf New Yorks. Er stammt von 1932 und ist damit über 40 Jahre älter als **Gray's Papaya** (Karte S. 100; ☎212-799-0243; 2090 Broadway, an der 72nd St, Eingang an der Amsterdam Ave; Hotdogs 2,50 US$; ⏲24 Std.; Ⓢ1/2/3, B, C bis 72nd St), der Rivale auf der anderen Seite der Stadt. Papaya King hat mit seinen günstigen und leckeren Mahlzeiten aus Hotdogs und frischem Papayasaft bereits so manchen New Yorker in seine neonbeleuchtete Ecke gelockt. (Warum eigentlich Papaya? Die Infotafeln an der Wand lüften das Geheimnis.) Lecker ist z. B. der Homerun mit Sauerkraut und New Yorker Zwiebel-Relish.

Wright AMERIKANISCH $$

(Karte S. 100; ☎212-423-3665; www.guggenheim.org; Guggenheim Museum, 1071 Fifth Ave, an der E 89th St; Hauptgerichte 23–28 US$; ⏲Mo–Fr 11.30–15.30, Sa & So ab 11 Uhr; 📶; Ⓢ4/5/6, Q bis 86th St) Das Restaurant Wright im Guggenheim Museum serviert Gerichte wie ausgebackenen Kohlrabi, hausgemachte Pasta und gebratenen Lachs (das Angebot wechselt regelmäßig), das Erlebnis wird allerdings etwas von seinem leuchtend weißen, modernistischen Design getrübt. Am Wochenende gibt's Brunch.

Café Sabarsky ÖSTERREICHISCH $$

(Karte S. 100; www.neuegalerie.org/cafes/sabarsky; 1048 Fifth Ave, an der E 86th St; Hauptgerichte 19–32 US$; ⏲Mo & Mi 9–18, Do–So bis 21 Uhr; Ⓢ4/5/6 bis 86th St) Die Schlangen in diesem beliebten Café, das an ein opulentes Wiener Kaffeehaus der Jahrhundertwende erinnert, können mitunter ganz schön lang werden. Zu den österreichischen Spezialitäten des mit einem Michelin-Stern ausgezeichneten Küchenchefs Kurt Gutenbrunner gehören Crêpes mit geräucherter Forelle, Gulaschsuppe und Bratwurst, die allesamt wunderbar angerichtet werden. Es gibt auch eine Reihe köstlicher Süßspeisen, darunter eine göttliche Sachertorte.

Wer keine Lust auf langes Warten hat, der findet die gleiche Speisekarte auch unten im Café Fledermaus, dessen Look deutlich moderner ist und das oft als Ausweichlocation fungiert, wenn das Sabarsky voll ist.

Candle Cafe VEGAN $$

(Karte S. 100; ☎212-472-0970; www.candlecafe.com; 1307 Third Ave, zw. E 74th St & 75th St; Hauptgerichte 16–22 US$; ⏲Mo–Fr 11.30–22, Sa ab 11, So 11–21.30 Uhr; 🖉; ⓈQ bis 72nd St-2nd Ave) Gut betuchte Yoga-Fans bevölkern dieses minimalistische vegane Café und freuen sich über die lange Speisekarte mit Sandwichs,

Salaten, Hausmannskost und saisonalen Specials. Spezialität ist hausgemachter Seitan. Zudem gibt es eine Saftbar, glutenfreie Gerichte und Bio-Cocktails.

★ Café Boulud FRANZÖSISCH $$$

(Karte S. 100; ☎212-772-2600; www.cafeboulud.com/nyc; 20 E 76th St, zw. Fifth Ave & Madison Ave; Frühstück 13–29 US$, Hauptgerichte 39–52 US$; ⏲Mo–Fr 7–10.30, 12–14.30 & 17.30–22.30, Sa 8–10.30, 11.30–14.30 & 17.30–22.30, So 8–10.30, 11.30–15 & 17–22 Uhr; 🖉; Ⓢ6 bis 77th St) Dieses alteingesessene Bistro mit Michelin-Stern von Daniel Boulud zieht mit seiner weltoffenen französisch-vietnamesischen Küche ein gesetzteres Publikum an. Saisonale Menüs bestehen etwa aus Klassikern wie Seebarsch *en paupiette*, aber auch Speisen wie Ente mit Sauerkirsche und Babyfenchel sind im Angebot.

Tanoshi SUSHI $$$

(Karte S. 100; www.tanoshisushinyc.com; 1372 York Ave, zw. E 73rd St & 74th St; Sushi-Auswahl des Küchenchefs 95–100 US$; ⏲Platzvergabe Di–Sa 18, 19.30 & 21 Uhr; ⓈQ bis 72nd St) Es ist nicht einfach, einen der 22 Hocker in dem winzigen, unglaublich beliebten Sushi-Lokal zu ergattern. Die Location mag recht bescheiden anmuten, aber das Essen schmeckt wirklich fantastisch. Aufgetischt wird ausschließlich Sushi, und das auch nur in Form von *omakase* (d.h. in der vom Küchenchef getroffenen Auswahl). Das können Jakobsmuscheln mit Hokkaido, Seetangpuffer oder köstliche *uni* (Seeigel) sein. Bier, Sake und Ähnliches kann selbst mitgebracht werden.

Reservierungen sind nur online möglich und sollten lange im Voraus getätigt werden.

Upper West Side

Milk Bar BÄCKEREI $

(Karte S. 100; www.milkbarstore.com; 561 Columbus Ave, an der 87th St; Kekse 2,75 US$; ⏲So–Do 9–23, Fr & Sa bis 24 Uhr; 📶; ⓈC, B bis 86th St) Die köstlichen, weichen Kekse sind die Attraktion der Milk Bar, die von einem der Dessert-Kochs des Momofuku mit einem Faible für Junk Food konzipiert wurde. Ein beliebter Plombenzieher ist der Compost Cookie, der sich aus Salzbrezeln, Kartoffelchips, Kaffee, Haferflocken, Graham Crackern, Karamellbonbons und Schokoladensplittern zusammensetzt. Die anderen Geschmacksrichtungen sind aber ebenso originell, etwa Softeis aus Cereal Milk (Milch, die wie Frühstücksflocken schmeckt) mit eingelegter Erdbeermarmelade oder Maiskeks-Milchshakes.

Peacefood Cafe VEGAN $

(Karte S. 100; ☎212-362-2266; www.peacefoodcafe.com; 460 Amsterdam Ave, an der 82nd St; Hauptgerichte 11–18 US$; ⏲10–22 Uhr; 📶🖉; Ⓢ1 bis 79th St) In dem hellen, luftigen Paradies für Veganer kommen die beliebten Seitan-Panini (auf hausgemachter Focaccia mit Cashewkäse, Rucola, Tomaten und Pesto) sowie Pizza, Platten mit Grillgemüse und ein ausgezeichneter Quinoa-Salat auf den Tisch. Zum täglichen Angebot gehören Rohkost-Specials, Energie-Säfte und reichhaltige Desserts sowie ein umfangreicheres Abendmenü (17–22 Uhr).

Barney Greengrass FEINKOST $$$

(Karte S. 100; ☎212-724-4707; www.barneygreengrass.com; 541 Amsterdam Ave, an der 86th St; Hauptgerichte 5,25–28 US$, Fischplatten 37–67 US$; ⏲Feinkostgeschäft Di–So 8–18, Café Di–Fr 8.30–16, Sa–So bis 17 Uhr; Ⓢ1 bis 86th St) Der Barney Greengrass hat sich selbst zum „King of Sturgeon" (Störkönig) ernannt und serviert wie bei der Eröffnung vor über 100 Jahren noch immer große Portionen Eier und Räucherlachs, Unmengen an Kaviar und zartschmelzende Schoko-Babkas. Wie wär's mit einem schnellen Frühstück an einem der wackeligen Tische zwischen den vollgestopften Vitrinen oder einem Mittagessen im angrenzenden Caféraum?

Neben einer Reihe jüdischer Köstlichkeiten – den geräucherten Stör sollte man wirklich probieren – gibt's hier aber natürlich auch leckere New Yorker Bagels.

Boulud Sud MEDITERRAN $$$

(Karte S. 100; ☎212-595-1313; www.bouludsud.com; 20 W 64th St, zw. Broadway & Central Park W; 3-Gänge-Menü zum Festpreis Mo–Sa 17–19 Uhr 65 US$, Hauptgerichte mittags 25–35 US$, abends 31–63 US$; ⏲Mo–Fr 11.30–14.30 & 17–23, Sa 11–15 & 17–23, So bis 22 Uhr; 📶; Ⓢ1 bis 66th St-Lincoln Center) Vertäfelung aus Birnbaumholz und eine gelb-graue Farbpalette verleihen Daniel Bouluds Restaurant das Flair der 1960er-Jahre. Die Küche vereint die Einflüsse des Mittelmeerraums und Nordafrikas. Speisen wie marokkanische Tajines, würziges grünes Shakshuka und sardische Zitronen-Safran-Linguini ergänzen hervorragend die Gerichte mit Meeresfrüchten, Gemüse und regionalen Gewürzen. Lecker sind auch immer die Specials wie der Express Lunch (26 US$), das Pre Theater Menu (65 US$) und die Pasta Happy Hour (50 % Rabatt).

★ **Burke & Wills** AUSTRALISCH $$$

(Karte S. 100; ☎646-823-9251; www.burkeandwillsny.com; 226 W 79th St, zw. Broadway & Amsterdam Ave; Hauptgerichte 21–38 US$; ⏲Bar ab 16 Uhr, Abendessen 17.30–23 Uhr, Brunch Sa & So 11–15 Uhr; 📶; Ⓢ1 bis 79th St) Dieses anspruchsvolle Bistro mit Bar bringt die moderne australische Küche und damit auch einen Touch Outback in die West Side. Auf der Speisekarten stehen Austernplatten (35 US$/12 Stück), Barramundi mit Brokkoli und Yuzu-Creme und sogar ein Känguru-Burger im Hefebrötchen (falls man Lust danach verspürt). Es ist gefragt und spärlich beleuchtet – gut für Paare.

Harlem & Upper Manhattan

Tom's Restaurant DINER $

(Karte S. 100; ☎212-864-6137; www.tomsrestaurant.net; 2880 Broadway, an der 112th St; Hauptgerichte 10–15 US$, Sandwichs 6–9 US$; ⏲Di–Do 7–1 Uhr, Fr–Mo 24 Std.; 📶; Ⓢ1 bis 110th St) Von außen mag einem das Tom's bekannt vorkommen, besonders, wenn man Fan der TV-Serie *Seinfeld* ist, drinnen ist es aber ein typisch griechischer New Yorker Diner. Und damit *sehr* betriebsam. Während man sich die klassischen Burger, Gyros, Bagels oder wärmenden hausgemachten Suppen schmecken lässt, kann man in Gedanken noch einmal die zahlreichen Szenen mit Cosmo Kramer durchgehen. Frühstück gibt's den ganzen Tag und von Freitag auf Samstag hat das Tom's sogar rund um die Uhr geöffnet. Nur Barzahlung.

Sylvia's SÜDSTAATENKÜCHE $$

(Karte S. 100; ☎212-996-0660; www.sylviasrestaurant.com; 328 Malcolm X Blvd, zw. 126th St & 127th St, Harlem; Hauptgerichte 14–27 US$; ⏲Mo–Sa 8–22.30, So 11–20 Uhr; Ⓢ2/3 bis 125th St) Diese Ikone der Harlemer Restaurantszene wurde bereits 1962 von Sylvia Woods eröffnet und begeistert seitdem Gäste von nah und fern (darunter einige US-Präsidenten) mit leckeren bodenständigen Südstaatengerichten wie saftigem Brathähnchen, überbackenen Käsemakkaroni, Wels in Maismehlpanade und typischen Beilagen wie Kohlblättern. Sonntags gibt's den Gospel Brunch, für den man unbedingt vorab reservieren sollte, um dem Kampf um die Tische zu entgehen.

Vinatería EUROPÄISCH $$

(Karte S. 100; ☎212-662-8462; www.vinaterianyc.com; 2211 Frederick Douglass Blvd, zw. 119th St & 120th St; Hauptgerichte 19–29 US$; ⏲Mo 17–22, Di–Do bis 23, Fr bis 24, Sa 10.30–24, So bis 22 Uhr; ⓈA/C, B bis 116th St) Dieses schicke, von Michelin empfohlene Nachbarschaftsrestaurant bringt eine ganz neue Seite von Harlem zum Vorschein. Es lässt sich von Italien und Spanien mit geschmackvollen Gerichten wie würzigen Kalbfleischbällchen in Parmigiano-Polenta und gegrilltem Oktopus mit gerösteten Poblano-Paprika und Fenchelpollen inspirieren. Die Pasta ist hausgemacht und das Aushängeschild der Vinatería sind die Spaghetti mit schwarzen Meeresfrüchten.

★ **Red Rooster** AMERIKANISCH $$$

(Karte S. 100; ☎212-792-9001; www.redroosterharlem.com; 310 Malcolm X Blvd, zw. W 125th St & 126th St, Harlem; Hauptgerichte mittags 20–25 US$, abends 25–40 US$; ⏲Mo–Do 11.30–15 & 16.30–22.30, Fr bis 23.30, Sa 10–15 & 16.30–23.30, So bis 22 Uhr; Ⓢ2/3 bis 125th St) Der europäische Starkoch Marcus Samuelsson zaubert in dieser coolen, quirligen Brasserie hochwertige Hausmannskost mit Geschmacksnoten aus aller Welt. Käsemakkaroni tun sich hier mit Hummer zusammen, der scharf angebratene Wels vermählt sich mit eingelegter Mango und die Hackfleischbällchen erinnern an Samuelssons schwedische Heimat. Die Atmosphäre der Bar, in der DJs der Menge kräftig einheizen, ist mindestens so gut wie das Essen, und am Wochenende geht die Party hier selbst nach Mitternacht noch richtig ab.

Brooklyn

DeKalb Market Hall GASTROHALLE $

(www.dekalbmarkethall.com; City Point, 445 Albee Sq W, an der DeKalb Ave, Downtown Brooklyn; Hauptgerichte 12–15 US$; ⏲7–22 Uhr; 📶; ⓈB, Q/R bis DeKalb Ave; 2/3 bis Hoyt St; A/C, G bis Hoyt-Schermerhorn) Diese beliebte Gastrohalle im UG des Einkaufszentrums City Point ist eine der besten Adressen in Downtown Brooklyn für ein schnelles Essen. An den fast 40 Ständen kann man aus dem gesamten kulinarischen Spektrum wählen: Pastrami-Sandwichs, Arepas, Tacos, Döner à la Berlin, handgezogene Nudeln, Piroggen, Reis-Bowls, Sushi, Brathähnchen, Crêpes und vieles mehr.

Crif Dogs HOTDOGS $

(☎718-302-3200; www.crifdogs.com; 555 Driggs Ave, an der N 7th St, Williamsburg; Hotdogs 4,50–6,50 US$; ⏲So–Do 12–2, Fr & Sa bis 4 Uhr; 🌶; ⓈL bis Bedford Ave) So manch nächtliche Tour durch Billyburg endet in diesem entspannten Hotdog-Laden, der Wiener Würstchen mit Rind, Schwein oder als vegetarische Variante ohne Schnickschnack perfekt zubereitet. Dazu gibt's zwei Dutzend Beläge zur Auswahl. Mit einem Bier vom Fass, einer Portion Kartoffelpuffer als Beilage und Ananas, Sauerkraut oder Schweizer Käse als Belag kann die Party weitergehen. Das **Originallokal** (Karte S. 90; ☎212-614-2728; 113 St Marks Pl, zw. Ave A & First Ave, East Village; Hotdogs ab 4 US$; ⏲So–Do 12–2, Fr & Sa bis 4 Uhr; Ⓢ L bis 1st Ave) befindet sich in East Village.

Dough BÄCKEREI $

(☎347-533-7544; www.doughdoughnuts.com; 448 Lafayette Ave, Ecke Franklin Ave, Bedford-Stuyvesant; Donuts ca. 3 US$; ⏲6–21 Uhr; 📶; Ⓢ G bis Classon Ave) Dieser winzige Laden befindet sich genau zwischen Clinton Hill und Bed-Stuy. Er liegt zwar etwas abseits, nimmt die Sache mit den Donuts aber sehr ernst. Um sicherzustellen, dass die herrlich weichen Backwaren stets ganz frisch aus dem Ofen kommen, werden sie in kleinen Mengen, dafür aber häufiger hergestellt. Der Teig enthält, ebenso wie die typischen Brioches, Hefe, wird zweimal gebacken, gebraten und anschließend in verschiedensten Glasuren und Belägen gewälzt. Zu den verschiedenen Sorten zählen gesalzenes Schokoladenkaramell, Passionsfrucht, Dulche de leche und sogar Hibiskus.

Ample Hills Creamery EISCREME $

(☎347-240-3926; www.amplehills.com; 623 Vanderbilt Ave, an der St Marks Ave, Prospect Heights; Eis ab 4,50 US$; ⏲So–Do 12–22, Fr & Sa bis 23 Uhr; Ⓢ B, Q bis 7th Ave, 2/3 bis Grand Army Plaza) Ample Hills, benannt nach einem Vers aus dem Gedicht „Crossing Brooklyn Ferry" von Walt Whitman, stellt aus Bio-Zutaten traumhafte Eiscreme her. Jedes Ample Hills hat eine eigene ortsspezifische Geschmacksrichtung. In Prospect Heights ist es das salzig-süße „Commodore", das mit hausgemachtem Honeycomb-Gebäck und Kartoffelchips im Schokoladenmantel daherkommt. In ihrer Fabrik in Red Hook wird alles mit frischer, hormonfreier Milch und Sahne hergestellt.

★ **Smorgasburg** MARKT $

(www.smorgasburg.com; Hauptgerichte ab 10 US$; ⏲Williamsburg Sa 11–18, Prospect Park So 11–18 Uhr; 👪) Beim größten Feinschmecker-Event in Brooklyn (wenn nicht der gesamten USA) wird an über 100 Ständen eine unglaublich bunte Palette an Leckereien geboten. Man kann sich gefüllte Calamares oder afghanische Hausmannskost schmecken lassen, für Hipster-Erfindungen wie Ramen-Burger oder Pizza-Cupcakes Schlange stehen oder seine kolumbianischen *Arepas* (Maisbrotsandwichs) mit Lavendellimonade hinunterspülen. Hinweis: Der Markt ist der Witterung ausgesetzt, deshalb im Sommer an Sonnenschutz und bei schlechtem Wetter an regenfeste Kleidung denken. Die Standorte der Stände können sich ändern; auf der Webseite findet man die aktuellsten Infos. Man kann fast überall mit Karte bezahlen.

★ **Fette Sau** BARBECUE $$

(☎718-963-3404; www.fettesaubbq.com; 354 Metropolitan Ave, zw. Havemeyer St & Roebling St, Williamsburg; 227 g Fleisch 12–15 US$, Beilagen 4–8 US$; ⏲Mo 17–23, Di–So ab 12 Uhr; Ⓢ L bis Bedford Ave) Brooklyns bestes Grillrestaurant kann zwar nicht mit Atmosphäre punkten, dafür ist die Verehrung von rauchigem Fleisch praktisch in seiner DNA verankert. Der Zementboden und das Gefühl, dass man drinnen und gleichzeitig draußen ist, erinnern an die Werkstatt, die einst hier untergebracht war, während die Gemeinschaftstische und das Bestellsystem (nach Gewicht) Liebhaber von Rinderbrust, Pulled Pork, geräuchertem Hühnerfleisch und Wurst mit Ancho-Chili zweifellos glücklich machen.

Abgerundet wird das Ganze durch typisch deutschen Kartoffelsalat, Essiggurken und Knoblauchbrokkoli sowie eine rustikale Holzbar mit Craft-Bieren und einer großen Auswahl an Bourbon, Whiskey und Cocktails.

Roberta's PIZZA $$

(☎718-417-1118; www.robertaspizza.com; 261 Moore St, nahe der Bogart St, East Williamsburg; Pizza 17–21 US$; ⏲Mo–Fr 11–24, Sa & So ab 10 Uhr; 🖉; Ⓢ L bis Morgan Ave) Dieses hip renovierte Restaurant in einem Lagerhaus befindet sich in einer von Brooklyns boomenden Restaurantenklaven und serviert mit die beste Pizza New Yorks. Der Service ist entspannt, bei der Pizza aus dem Ziegelofen gibt's aber keine Kompromisse: Sie ist bissfest, frisch und kombiniert auf gekonnte Weise hervorragende Zutaten. Die klassische Margherita ist ein Traum. Wer etwas experimentierfreudiger ist, kann die fast schon legendären Optionen wie „Beastmaster" (Gorgonzola, Schweinswurst und Jalapeño) probieren.

Juliana's PIZZA $$

(☎718-596-6700; www.julianaspizza.com; 19 Old Fulton St, zw. Water St & Front St, Brooklyn Heights; Pizza 26–29 US$; ⏲11.30–22, geschlossen 15.15–16 Uhr; 🖉; Ⓢ A/C bis High St) Der legendäre Pizzameister Patsy Grimaldi ist zurück in Brooklyn und hat in köstlicher Perfektion zubereitete dünne, knusprige Pizzen in klassischer und kreativer Ausführung im Gepäck, etwa die No 1 (mit Mozzarella, *scamorza affumicat*, ein italienischer Räucherkäse aus Kuhmilch, Pancetta, Frühlingszwiebeln und weißem Trüffel in Olivenöl). Hinweis: Das Juliana's hat jeden Nachmittag für 45 Minuten geschlossen, um den kohlebefeuerten Pizzaofen zu schüren.

Modern Love VEGAN $$

(☎929-298-0626; www.modernlovebrooklyn.com; 317 Union Ave, an der S 1st St, East Williamsburg; Hauptgerichte Brunch 16–18 US$, abends 18–24 US$; ⌚Di–Do 17.30–22, Fr bis 23, Sa 10–14.30 & 17–23, So 10–14.30 & 17–22 Uhr; ✍; Ⓢ G bis Metropolitan Ave, L bis Lorimer St) Die „elegante vegane Seelennahrung" der gefeierten Köchin Isa Chandra Moskowitz wurde in Williamsburg mit offenen Armen und wässrigen Mündern empfangen. Mit der romantischen Beleuchtung und dem makellosen Service ist das Restaurant ein toller Ort für ein Date. Auf den Tisch kommen Gerichte wie Mac,n'shews (Makkaroni mit cremigem Cashewkäse), Poutine mit Trüffeln und eine unglaublich leckere koreanische Barbecue-Bowl mit glasiertem Tofu und Kimchi. Hier ist immer viel los, deshalb sollte man vorab reservieren.

Buttermilk Channel AMERIKANISCH $$

(☎718-852-8490; www.buttermilkchannelnyc.com; 524 Court St, an der Huntington St, Carroll Gardens; Hauptgerichte Brunch 13–18 US$, mittags 14–22 US$, abends 24–30 US$; ⌚Mo–Do 11.30–15 & 17–22, Fr 11.30–15 & 17–23.30, Sa 10–15 & 17–23.30, So 10–15 & 17–22 Uhr; Ⓢ F, G bis Smith-9th Sts) Im Buttermilk Channel, einem geschäftigen, freundlichen, bei den Einheimischen sehr beliebten Ort, erreicht einfache Hausmannskost unbekannte Sphären. Der Brunch wird von französischem Toast und vor Sirup nur so triefenden Pfannkuchen dominiert, während abends in Buttermilch gebratenes Huhn und Entenfleisch auf der Speisekarte stehen. Dazu gibt's eine Reihe von Cocktails, die es allesamt in sich haben. Das Restaurant, das seinem Namen dem Gezeitenkanal zwischen Brooklyn und Governors Island verdankt, zieht mit seinem Brunch am Wochenende viele Gäste an.

Reservieren kann man nicht. Stattdessen hinterlässt man seine Nummer und bekommt eine SMS, sobald ein Tisch frei wird. Montagabends wird ein günstiges Drei-Gänge-Menü (40 US$) angeboten.

★ Finch AMERIKANISCH $$$

(☎718-218-4444; www.thefinchnyc.com; 212 Greene Ave, zw. Cambridge Pl & Grand Ave, Clinton Hill; Hauptgerichte 28–40 US$; ⌚Mo & Mi–Fr 18–22, Sa 17.30–22, So 17.30–21 Uhr; 🚌B52 bis Greene Ave/Grand Ave, Ⓢ G bis Classon Ave, G oder C bis Clinton-Washington) Dieser ruhige Wohnblock aus Sandstein scheint ein ungewöhnliches Setting für ein Michelin-Sterne-Restaurant zu sein – doch das Finch ist genau das und serviert moderne amerikanische Küche in einer stilvoll schlichten Umgebung. Die Angebote der Speisekarte lassen sich hervorragend teilen, darunter perfekt zubereitete Hauptgerichte wie Blaubarsch mit Tomaten-Panzanella und Schweinebauch mit Pfirsichen. Die umfangreiche Weinkarte und die raffinierten Cocktails machen die Auswahl schwierig, aber falsch machen kann man hier nichts.

★ Olmsted AMERIKANISCH $$$

(☎718-552-2610; www.olmstednyc.com; 659 Vanderbilt Ave, zw. Prospect Pl & Park Pl, Prospect Heights; kleine Gerichte 14–17 US$, große Gerichte 23–24 US$; ⌚abends Mo–Do 17.30–22, Fr & Sa 17–22.30, So 17–21.30 Uhr, Brunch Fr 11.30–14.30, Sa & So 11–15 Uhr; Ⓢ B, Q bis 7th Ave) 🍃 Küchenchef und Inhaber Greg Baxtrom, der sein Handwerk in einer Reihe von angesagten Restaurants erlernt hat, kocht so hervorragende, saisonal inspirierte Speisen, dass sogar die Bewohner von Manhattan den Fluss überqueren, um hier zu essen. Der Großteil der angebotenen Gerichte wird mit Zutaten aus dem Garten im Hinterhof des Restaurants zubereitet. Es ist auch ein schöner Ort für Cocktails oder Desserts. Ob Schweinebauch mit Löwenzahn, Karotten-Crêpes oder Jakobsmuscheln mit Pfifferlingen, eine sensationelle Mahlzeit ist so gut wie garantiert. Eine vorherige Reservierung ist zu empfehlen; für montags kann man allerdings nicht reservieren.

Miss Ada MEDITERRAN $$$

(☎917-909-1023; www.missadanyc.com; 184 DeKalb Ave, an der Carlton Ave, Fort Greene; Hauptgerichte 18–27 US$; ⌚Di–Do 17.30–22.30, Fr & Sa bis 23.30, So 11–14.30 & 17.30–22.30 Uhr; ✍; Ⓢ G bis Fulton St oder Clinton Ave/Washington Ave, B, Q/R bis DeKalb Ave) Küchenchef und Inhaber Tomer Blechman präsentiert Gerichte, die von mediterranen Aromen und Rezepten aus seiner Heimat Israel inspiriert sind: Tintenfisch mit Aubergine, mit Zatar gewürzter Lachs und Shakshuka (Eier in würziger Tomatensauce mit Ziegenkäse). Viele der verwendeten Gewürzkräuter werden im Hinterhof angebaut, in dem man in wärmeren Monaten auch an überdachten Tischen speisen kann. Und was ist mit Miss Ada? Der Name ist irreführend. *Misada* ist das hebräische Wort für Restaurant. Weit im Voraus buchen.

Ausgehen & Nachtleben

Die Stadt bietet Trinklokale jeder Art, von angesagten Cocktail-Lounges und historischen Kneipen bis hin zu spezialisierten Schankstuben und Cafés der dritten Kaffeewelle. Hinzu kommt natürlich noch die legendäre Clubszene, von Promi-Spielwiesen bis hin zu draufgängerischen Indie-Schuppen. Die Hauptausgehviertel jener Stadt, die sprichwörtlich niemals schläft, sind Downtown und Brooklyn.

Financial District & Lower Manhattan

Dead Rabbit BAR

(Karte S. 86; ☎646-422-7906; www.deadrabbitnyc.com; 30 Water St, zw. Broad St & Coenties Slip, Financial District; ⏲Taproom Mo–Fr 11–4, Sa & So 10–3 Uhr, Parlor Mo–Sa 11–15 & 17–2, So 12–24 Uhr; Ⓢ R/W bis Whitehall St, 1 bis South Ferry) Die nach einer gefürchteten irisch-amerikanischen Gang aus dem 19. Jh. benannte Bar erstreckt sich über drei Etagen und wird regelmäßig unter die besten Bars der Welt gewählt. Tagsüber werden im mit Sägemehl übersäten Taproom besondere Biere, traditioneller Punsch und *pop-inns* (Ale mit leichter Hopfennote und „Schuss" in verschiedenen Geschmacksrichtungen) angeboten. Ein Stockwerk darüber befindet sich der gemütliche Parlor, in dem köstliche Cocktails kredenzt werden. Der Occasional Room liegt noch eine Etage höher und muss vorab reserviert werden. Hier finden Whiskey-Verkostungen statt.

Kleine Vorwarnung: Nach der Arbeit kommen die Angestellten der Wall St in Scharen hierher.

Brandy Library COCKTAILBAR

(Karte S. 86; ☎212-226-5545; www.brandylibrary.com; 25 N Moore St, zw. Varick St & Hudson St, Tribeca; ⏲So–Mi 17–1, Do 16–1, Fr & Sa 16–4 Uhr; Ⓢ 1 bis Franklin St) Diese brandyfarbene Bastion der braunen Spirituosen ist *die* Adresse für Cognac, Whiskey und Brandy. Man lässt sich in hübschen Clubsesseln nieder, bewundert die raumhohen Regale, in denen sich die Flaschen aneinanderreihen, und genießt sein Lieblingsgetränk. Dazu gibt's Knabbereien wie Gruyère-Käse-Gebäck, von Hand geschnittenes Steak-Tartar und Foie Gras. Samstagabends ist hier in der Regel weniger los als unter der Woche. Somit ist es ein ganz netter Ort für ein Date am Wochenende.

Cowgirl SeaHorse BAR

(Karte S. 86; ☎212-608-7873; www.cowgirlseahorse.com; 259 Front St, an der Dover St, Lower Manhattan; ⏲Mo–Fr 11–2, Sa & So 10–1 Uhr; Ⓢ A/C, J/Z, 2/3, 4/5 bis Fulton St) Im Meer der seriösen Bars und Restaurants ist das Cowgirl SeaHorse eher das Partyschiff. Es ist einfach eine witzige Bar, dafür sorgen schon das Thema „Ranch trifft Meer" (Wagenräder und Seepferdchen an den Wänden) und die Hausmannskost der Südstaaten (z. B. geschwärzter Fisch, kleine Austern-Po'Boy-Sandwiches, Garnelen und Maisgrütze). Montags wird Livemusik gespielt, täglich außer samstags gibt's eine Happy Hour und die Frozen Margaritas sind auch kein Schaden.

SoHo & Chinatown

★ **Apothéke** COCKTAILBAR

(Karte S. 86; ☎212-406-0400; www.apothekenyc.com; 9 Doyers St, Chinatown; ⏲Mo–Sa 18.30–2, So ab 20 Uhr; Ⓢ J/Z bis Chambers St; 4/5/6 bis Brooklyn Bridge-City Hall) Es ist nicht ganz leicht, die ehemalige Opiumhöhle und spätere Apotheke in der Doyers St zu finden. Der Eingang ist am Bild eines Bechers über einer Tür zu erkennen. Drinnen mixen erfahrene Barkeeper mit der Ernsthaftigkeit eines umsichtigen Chemikers starke, schmackhafte „Rezepturen" aus regionalen, saisonalen Produkten vom Obst- und Gemüsemarkt. Der Sitting Buddha mit Ananas und Koriander ist einer der besten Drinks auf der Cocktailkarte.

Das Lesen der Speisekarte macht aber ebenso Spaß wie das Trinken der Cocktails. Sie ist in Bereiche wie „Aphrodisiaka", „Schmerzmittel" und „Mittel zum Stressabbau" unterteilt. Mittwochs steht das Thema Prohibition auf dem Programm, sonntags lautet das Motto Belle Époque und es dreht sich alles um Absinth.

Ear Inn PUB

(Karte S. 90; ☎212-226-9060; www.earinn.com; 326 Spring St, zw. Washington St & Greenwich St, SoHo; ⏲Bar 11.30–4 Uhr, Küche bis 2 Uhr; 📶; Ⓢ C/E bis Spring St) Hier kann man sehen, wie es in SoHo vor der Übernahme durch die Trendsetter und Modefans aussah. Das knarzende, alte Ear Inn gilt als eine der ältesten Trinkstätten in New York und ist darauf auch mächtig stolz. Das Haus, in dem es sich befindet, wurde Ende des 18. Jhs. für James Brown, einen afrikanischen Berater George Washingtons, gebaut. Die Getränke sind billig und die Leute bunt gemischt.

Stammgäste strömen für ein spätes Abendessen herbei und setzen sich dann an die dicht an dicht stehenden, schlichten Holztische mit Papiertischdecken. Die Wände sind übersät mit alten Werbeschildern und Americana-Artikeln. Jeden Sonntag wird eine Ecke der Bar für beliebte Jazz-Ensembles frei gemacht (20–ca. 23.30 Uhr).

West Village, Chelsea & Meatpacking District

Buvette WEINBAR

(Karte S. 90; ☎212-255-3590; www.ilovebuvette.com; 42 Grove St, zw. Bedford St & Bleecker St, West Village; kleine Gerichte 12–18 US$; ⏲7–2 Uhr; Ⓢ1 bis Christopher St-Sheridan Sq, A/C/E, B/D/F/M bis W 4th St-Washington Sq) In dieser hingebungsvoll frankophilen Weinbar mit Restaurant trifft man auf Einheimische in angeregter Unterhaltung, frisch verliebte Pärchen und typische Theatergänger. Es ist eine wunderbare Adresse für einen kurzen Stopp beim Durchstreifen der Seitenstraßen des West Village. Man genießt einen Cocktail oder ein Glas Wein oder bleibt etwas länger und bestellt sich auch etwas zu essen. Brunch-Gerichte wie Croque Monsieurs werden abends durch *tartines* (belegte, geröstete Brotscheiben) und andere kleine Gerichte ersetzt. Das Buvette hat auch Filialen in Tokio und Paris.

Cubbyhole LGBTIQ+

(Karte S. 90; ☎212-243-9041; www.cubbyholebar.com; 281 W 12th St, an der W 4th St, West Village; ⏲Mo–Fr 16–4, Sa & So ab 14 Uhr; ⓈA/C/E, L bis 8th Ave-14th St) Diese Kneipe im West Village beschreibt sich selbst als „lesben-, schwulen- und hetero-freundlich seit 1994". Die hiesige Klientel besteht vor allem aus Frauen, es sind aber alle willkommen, die gerne einen Drink in guter Gesellschaft unter einer Decke voller Laternen, Spielzeug und anderer Ephemera zu sich nehmen. Es gibt eine tolle Jukebox, freundliche Barkeeper und viele Stammgäste, die lieber gemütlich abhängen und plaudern, anstatt jemanden aufzureißen oder schnell wieder zu verschwinden.

Happy Hour ist von Montag bis Samstag von 16 bis 19 Uhr. Es gibt auch tägliche Getränke-Specials, ein Blick auf die Website lohnt sich also.

Top of the Standard BAR

(Karte S. 90; ☎212-645-7600; www.standardhotels.com; Standard, 848 Washington St, an der W 13th St, Meatpacking District; ⏲So–Di 16–24, Mi–Sa bis 21 Uhr; ⓈA/C/E, L bis 8th Ave-14th St) Während in der Bar des stilvollen Standard Hotels (S. 115) nachmittags Tee und Drinks ausgeschenkt werden, werden abends vorrangig Cocktails serviert. Seinen Hunger kann man mit kleinen Gerichten (16–18 US$) wie Zuckererbsenrisotto oder marokkanischen Garnelen mit eingelegten Rosinen und griechischem Joghurt stillen. Live-Jazz und der fabelhafte Ausblick runden das anspruchsvolle Bild perfekt ab.

East Village & Lower East Side

Bar Goto COCKTAILBAR

(Karte S. 90; ☎212-475-4411; www.bargoto.com; 245 Eldridge St, zw. E Houston St & Stanton St, Lower East Side; ⏲Di–Do & So 17–24, Fr & Sa bis 2 Uhr; ⓈF bis 2nd Ave) Der eigenwillige Barkeeper Kenta Goto verzaubert in seiner gleichnamigen, sehr persönlichen und ungeheuer angesagten Bar die Cocktailkenner. Man darf sich auf akribisch hergestellte, elegante Drinks freuen, die an Gotos japanisches Erbe angelehnt sind (die Umami Mary mit Wodka, Shiitake, Dashi, Miso, Zitrone, Tomate und Clamato hat es in sich). Dazu gibt's authentische japanische Hausmannskost wie *Okonomiyaki* (pikante Kohlpfannkuchen).

Berlin CLUB

(Karte S. 90; ☎Reservierungen 347-586-7247; www.berlinundera.com; 25 Ave A, zw. E 1st St & E 2nd St, East Village; gelegentlich Eintritt 5 US$; ⏲So–Do 20–2, Fr & Sa bis 4 Uhr; ⓈF bis 2nd Ave) Dieser höhlenartige Gewölbekeller unter der Ave A scheint eigentlich gar nicht gefunden werden zu wollen. Hinein kommt man durch eine nicht gekennzeichnete Tür, die sich um die Ecke an der Seite einer Bar befindet, die an jener Adresse zu finden ist, an der sich eigentlich das Berlin befinden sollte. Über eine steile Treppe gelangt man dann hinunter in eine schwach beleuchtete, lärmende Indie-Höhle. Hat man es dann erst einmal hineingeschafft, liegt ein Abend voller Rock, Funk, Disco, House und anderer Partymusik vor einem. Getanzt wird hier dicht an dicht. Die gut gelaunte, unkonventionelle Klientel ist übrigens alles andere als überheblich und mischt sich gern. Vielleicht kann man hier wirklich ein Überbleibsel jenes East Village aus den Tagen des puren Hedonismus erleben.

Rue B BAR

(Karte S. 90; 212-358-1700; www.rueb-nyc.com; 188 Ave B, zw. E 11th St & E 12th St, East Village; 18–4 Uhr; S L bis 1st Ave) In der winzigen, bernsteinfarben beleuchteten Kneipe auf der Barmeile in der Ave B spielen jeden Abend zwischen 21 und 24 Uhr (Eintritt 10 US$) Jazz- und teilweise auch Rockabilly-Bands. Fotos und Poster der ganz Großen des Jazz und anderer New Yorker Idole tragen zur tollen Atmosphäre bei.

Wer früh in den Abend starten will, bekommt jeden Tag bis 20 Uhr Bier vom Fass, Wein und Cocktails zum halben Preis. Wer es dabei übertreibt, sollte sich dann vielleicht auch noch einen der einfachen Barsnacks einverleiben.

Union Square, Flatiron District & Gramercy

Old Town Bar & Restaurant BAR

(Karte S. 94; 212-529-6732; www.oldtownbar.com; 45 E 18th St, zw. Broadway & Park Ave S, Union Sq; Mo–Fr 11.30–1, Sa 12–1, So 15–24 Uhr; ; S 4/5/6, N/Q/R/W, L bis 14th St- Union Sq) Dank der Bar aus Mahagoni, der original gefliesten Böden und der Zinndecken sieht es hier immer noch so aus wie 1892. Das Old Town ist ein echter Ausgehklassiker. Es wird häufig als Drehort für Filme und Fernsehserien genutzt. Auch Madonnas Video zu *Bad Girl* wurde hier aufgenommen. Die meisten Gäste machen es sich in den gemütlichen Sitznischen bequem und bestellen Bier und Burger (ab 12,50 US$).

Raines Law Room COCKTAILBAR

(Karte S. 94; www.raineslawroom.com; 48 W 17th St, zw. Fifth Ave & Sixth Ave, Flatiron District; Mo–Do 17–2, Fr & Sa bis 3, So bis 1 Uhr; S F/M bis 14th St, L bis 6th Ave, 1 bis 18th St) Ein Meer aus Samtvorhängen und Ledersesseln, das perfekte Maß an Backsteinelementen sowie fachmännisch gemixte Cocktails unter Verwendung schwer aufzutreibender Spirituosen – wenn es um Atmosphäre geht, bleibt hier nichts dem Zufall überlassen. Es gibt kein Schild an der Tür. Einfach die Hausnummer 48 suchen und klingeln, dann wird man eingelassen. Reservierungen (empfohlen) sind nur sonntags bis dienstags möglich. Man sollte sich ordentlich aufbrezeln und sich dann in eine längst vergangene, opulente Epoche entführen lassen.

Birreria DACHBAR

(Karte S. 94; 212-937-8910; www.eataly.com; 200 Fifth Ave, an der W 23rd St, Flatiron District; 11.30–23 Uhr; S F/M, R/W, 6 bis 23rd St) Die Kronjuwelen des italienischen Feinschmeckerkaufhauses **Eataly** (Karte S. 94; 212-229-2560; www.eataly.com; 200 Fifth Ave, an der W 23rd St, Flatiron District; 7–23 Uhr; ; S R/W, F/M, 6 bis 23rd St) sind sein zwischen den Bürotürmen des Flatiron versteckter Biergarten auf dem Dach. Je nach Jahreszeit gibt es wechselnde Themen. So kann es sein, dass man heute einen Ausflug an einen Mittelmeerstrand macht und sich im nächsten Monat in einer Hütte in den Alpen wiederfindet. Die Kulisse ist aber immer unübertroffen und beeindruckend, und die Gerichte und Drinks stehen den Gourmet-Leckereien, die es unten zu kaufen gibt, in nichts nach. Der Aufzug zum Dach versteckt sich bei den Kassen auf der zur 23rd St gewandten Seite des Ladens.

Midtown

★ **The Campbell** COCKTAILBAR

(Karte S. 94; 212-297-1781; www.thecampbellnyc.com; D Hall, Grand Central Terminal; 12–2 Uhr; S S, 4/5/6, 7 bis Grand Central-42nd St) Dieser versteckte Saal war 1923 das Büro des amerikanischen Financiers John W.Campbell. Später wurde es zum Büro eines Bahnwärters, zu einem Gefängnis und zu einem Waffenlager, bevor es irgendwann in Vergessenheit geriet. Im Jahr 2017 wurde es restauriert und erstrahlt nun in seiner ursprünglichen Pracht. Dazu gehören auch die atemberaubende handbemalte Decke und der ursprüngliche Safe von Campbell im Kamin. Wer hier an seinem Cocktails nippt, wäre wohl nicht überrascht, wenn Rockefeller oder Carnegie sich zu ihm gesellen würden.

Von Donnerstag bis Sonntag sollte man möglichst im Voraus reservieren. Das Campbell ist nicht ganz leicht zu finden. Man muss im Korridor den Aufzug neben der Austernbar nehmen.

Top of the Strand COCKTAILBAR

(Karte S. 94; 646-368-6426; www.topofthestrand.com; Marriott Vacation Club Pulse, 33 W 37th St, zw. Fifth & Sixth Ave, Midtown East; So&Mo 17–24, Di–Sa 17–1 Uhr; S B/D/F/M, N/Q/R bis 34th St) „Oh, mein Gott, ich bin in New York!" Diesen Kick erleben die Gäste der Dachbar des Hotels Marriott Vacation Club Pulse (ehemaliges Strand Hotel), wenn sie einen Martini („extra dirty") bestellen und sich diskret, aber mit offenem Mund umschauen. Von der Bar mit den gemütlichen Sitzplätzen im Cabana-Stil, der erfrischend gemischten Gästeschar und dem gläsernen Schiebedach ist der Blick aufs Empire State Building einfach unvergesslich.

Stumptown Coffee Roasters KAFFEE

(Karte S. 94; ☎ 855-711-3385; www.stumptowncoffee.com; 18 W 29th St, zw. Broadway & Fifth Ave; ⏱ Mo–Fr 6–20, Sa & So ab 7 Uhr; S R/W bis 28th St) Hipster-Baristas in Filzhüten, die einen hammermäßigen Kaffee zubereiten? Nein, das ist nicht Williamsburg. Dies ist nur die Manhattan-Filiale von Portlands legendärem Kaffeeröster. Die Warteschlange nimmt man für solch einen guten Espresso gerne in Kauf. Sitzplätze gibt's hier keine, wer aber ganz und gar erschöpft ist, findet vielleicht einen Platz in der angrenzenden Lobby des Ace Hotel. Eine weitere Niederlassung findet sich in **Greenwich Village** (Karte S. 90; ☎ 855-711-3385; 30 W 8th St, an der MacDougal St, West Village; ⏱ 7–20 Uhr; S A/C/E, B/D/F/M bis W 4th St-Washington Sq).

Upper East Side

★ **Bemelmans Bar** LOUNGE

(Karte S. 100; ☎ 212-744-1600; www.thecarlyle.com; Carlyle Hotel, 35 E 76th St, an der Madison Ave; ⏱ 12–1.30 Uhr; 📶; S 6 bis 77th St) Eine stimmungsvolle Bar, in der man sich in dunkelbraune Ledersofas sinken und die glorreiche Eleganz der alten Schule auf sich wirken lassen kann. Es ist einer dieser Orte, an dem die Kellner weiße Jacken tragen und Martinis servieren, ein Pianist an einem großen Flügel klimpert und die Decke aus 24-Karat-Goldblatt besteht. Die Wände sind mit bezaubernden Wandmalereien von Ludwig Bemelmans, Namensvetter der Bar und Schöpfer der berühmten *Madeline*-Bücher, verziert.

Cantor Roof Garden Bar DACHBAR

(Karte S. 100; www.metmuseum.org/visit/dining; Metropolitan Museum, 1000 Fifth Ave, 5. Stock, an der E 82nd St; ⏱ Mitte April–Okt. So–Do 11–16.30, Fr & Sa bis 20.15 Uhr; 📶; S 4/5/6 bis 86th St) Dies ist jene Art von Kulisse, von der man selbst als abgestumpfter Einheimischer nicht genug bekommen kann: Die Dachbar des Met liegt über dem Blätterwald des Central Park und bietet einen herrlichen Blick auf den Park und die Skyline der Stadt. Der Sonnenuntergang ist die Zeit der Liebenden. Damit ist ausdrücklich auch die Liebe zu Martinis gemeint… Der Aufzug hinauf aufs Dach befindet sich in den Galerien für europäische Skulpturen und dekorative Kunst.

Caledonia BAR

(Karte S. 100; www.caledoniabar.com; 1609 Second Ave, zw. E 83rd St & 84th St; ⏱ Mo–Do 17–2, Fr & Sa 16–4, So 16–1 Uhr, Happy Hour Mo–Fr bis 19 Uhr; S Q, 4/5/6 bis 86th St) Der Name dieser schlichten, spärlich beleuchteten Bar gibt schon den entscheidenden Hinweis, denn hier dreht sich alles um schottischen Whisky, und es gibt über 100 Single Malts zur Auswahl (aus den Highlands, von Islay, den Lowlands und von der Speyside). Angeboten werden aber auch Mischungen (*blends*) sowie einige Tropfen aus den USA, Irland und Japan. Die Barkeeper kennen sich aus und geben gern Empfehlungen ab.

Upper West Side

Empire Rooftop DACHBAR

(Karte S. 100; ☎ 212-265-2600; www.empirehotelnyc.com; 44 W 63 St, am Broadway; ⏱ Mo–Mi 15–1, Do & Fr bis 2, Sa 11–2, So bis 1 Uhr; 📶; S 1 bis 66th St-Lincoln Center) Mit einer Fläche von fast 750 m² ist diese stilvolle Bar auf dem Dach des Empire Hotels eine der größten Ausgehlocations der Stadt unter freiem Himmel. Ein heller Gebäudeflügel mit Glasdach, Palmen und Sofas ist perfekt für den Winter, das Dach kann im Sommer eingefahren werden. Es gibt auch einige Außenterrassen.

Harlem & Upper Manhattan

★ **Shrine** BAR

(Karte S. 100; www.shrinenyc.com; 2271 Adam Clayton Powell Jr Blvd, zw. 133rd St & 134th St, Harlem; ⏱ 16–4 Uhr; S 2/3 bis 135th St) Von außen mag es zwar wie eine Spelunke aussehen, das freundliche, bescheidene Shrine ist aber eine der besten Adressen von Harlem (wenn nicht sogar von ganz New York) für kostenlose Livekonzerte. Täglich treten hier Musiker auf und spielen auf der kleinen Bühne Blues, Reggae, Afro-Beat, Funk und Indie-Rock. Das Bier ist billig und die Klientel ist so vielfältig wie die Musik.

Silvana BAR

(Karte S. 100; www.silvana-nyc.com; 300 W 116th St, Harlem; ⏱ oben 7–4 Uhr, unten ab 16 Uhr; S 2/3 bis 116th St) Dieses ansprechende nahöstliche Café mit Laden zaubert leckere Hummus- und Falafelgerichte. Die eigentliche Attraktion ist jedoch der versteckte Club unten, der mit seinen leckeren Cocktails und guten Livebands (Start gegen 18 Uhr, danach legt ein DJ auf) ein freundliches, unkompliziertes lokales Publikum anlockt. Gespielt wird alles, von Jazz über kubanischen *Son* und Reggae bis hin zu Balkan-Gypsy-Punk.

Harlem Hops CRAFT-BIER

(Karte S. 100; ☎646-998-3444; www.harlemhops.com; 2268 Adam Clayton Powell Jr Blvd, zw. 133th St & 134th St, Harlem; ⊙So–Do 16–24, Fr & Sa bis 2 Uhr; 📶; Ⓢ2/3 bis 135th St) „Harlem" steht in großen Neonlettern an der Decke der einzigen Bierbar des Viertels, die sich zu 100 % in afroamerikanischer Hand befindet, während auf der Speisekarte Bratwurst und Fleischpaste stehen. Für 15 US$ bekommt man ein Probierbrett mit vier Gläsern à 5 oz (4-mal ca. 150 ml). Dazu passt die Habanero-Rindfleischpastete mit afrikanischen Gewürzen. So lässt es sich aushalten.

Brooklyn

★ **Maison Premiere** COCKTAILBAR

(☎347-335-0446; www.maisonpremiere.com; 298 Bedford Ave, zw. S 1st St & Grand St, Williamsburg; ⊙So–Mi 14–2, Do–Sa bis 4 Uhr; ⓈL bis Bedford Ave) Wenn man sich erst einmal auf einem Hocker im Maison Premiere niedergelassen hat, ist es schwer, sich nicht von dieser Austern- und Cocktailbar im New-Orleans-Stil verführen zu lassen. Dafür sorgen die alten Bilder und die sanfte Beleuchtung, aber auch die Angestellten mit ihren Hosenträgern. Bei einem Garnelencocktail oder einer kleinen Portion Venusmuscheln (kleine Gerichte 13–19 US$) kann man sich zurücklehnen und das Rasseln der Cocktailshaker genießen, die eine weitere Runde Spring Pimm's und Gimlets ankündigen.

June WEINBAR

(☎917-909-0434; www.junebk.com; 231 Court St, zw. Warren St & Baltic St, Cobble Hill; Happy Hour Mo–Fr 17–19 Uhr, Brunch Sa & So 11–16 Uhr, abends So–Do 17.30–24, Fr & Sa bis 1 Uhr; ⓈF, G bis Bergen St) Verführerisch geschwungenes poliertes Holz, Bleiglasfenster und gemütliche Nischen machen das June zu einem tollen Ort, um bei interessanten Weinen aus Europa, Amerika und Australien etwas zu verweilen. Gerichte wie Huhn mit Fenchel und Erbsenblättern, Venusmuscheln mit Selleriewurzel sowie Karotten-Olivenöl-Kuchen zeigen, dass Essen hier alles andere als nebensächlich ist (Snacks ab 11 US$). Bei gutem Wetter stehen die Türen auf die reizende Terrasse offen.

★ **Montero Bar & Grill** BAR

(☎646-729-4129; 73 Atlantic Ave, an der Hicks St, Brooklyn Heights; ⊙12–4 Uhr; Ⓢ4/5 bis Borough Hall) Das Montero kennt keine Kompromisse. Es ist eine anachronistische Hafenarbeiter-Bar mit Pabst-Bier und Neonschild, die seit dem Zweiten Weltkrieg jede Veränderung an dieser Ecke von Brooklyn unbeschadet überstanden hat. Sein Dekor erinnert an die Seefahrertypen, die hier einst den einen oder anderen Drink hatten.

Lavender Lake PUB

(☎347-799-2154; www.lavenderlake.com; 383 Carroll St, zw. Bond St & Gowanus Canal, Gowanus; ⊙Mo–Do 16–24, Fr 14–1, Sa 12–2, So bis 22 Uhr; ⓈF, G bis Carroll St, R bis Union St) Dieser beliebte lokale Treffpunkt in einem ehemaligen Stall ist nach dem auf Grund von Verschmutzung farbigen Gowanus Canal benannt. Das Lavender Lake serviert sorgfältig ausgewählte Craft-Biere und Cocktails mit trügerischen Namen und unorthodoxen Zutaten wie Hibiskus-Mezcal und Erdbeer-Tequila. Der mit Holzpaneelen ausgelegte Hinterhof ist im Sommer ein wunderschöner Ort. Die Happy Hour geht von 16 bis 19 Uhr (montags den ganzen Tag). Auf der Speisekarte stehen Bar-Klassiker wie Nachos und Burger und ein paar vegane Optionen (Hauptgerichte 12–17 US$).

★ **House of Yes** CLUB

(www.houseofyes.org; 2 Wyckoff Ave, an der Jefferson St, Bushwick; Tickets frei–60 US$; ⊙normalerweise Mi–Sa 19–4 Uhr; ⓈL bis Jefferson St) 🌿 In diesem hedonistischen Lagerhaus mit zwei Bühnen, drei Bars und einem überdachten Außenbereich, in dem einige der kreativsten themenbezogenen Performance- und Tanzabende Brooklyns stattfinden, ist alles möglich. Man kann Vertikaltuchakrobaten, Punk-Bands, Burlesque-Shows, Drag-Shows oder Performance-Künstler sehen, oder so beliebte DJs wie John „Jellybean" Benítez, die Disco, Soul, House und andere Musik auflegen.

Mit Baseballmützen und Turnschuhen kommt man hier nicht weit. An den meisten Abenden erhält man in Verkleidung oder in einem anderen ausgefallenen Outfit bevorzugt Einlass, freitags und samstags kommt man „normal" gekleidet gar nicht erst rein. (Wer unvorbereitet hier eintrifft, kann sich im Kostümladen vor Ort etwas Passendes zusammenstellen – umweltfreundlicher Glitzer ist inklusive.) Die Klientel hier ist offen, aufgeschlossen und stets gut drauf.

Um den Wohlfühlfaktor zu erhöhen, wurde die Location mit Wassernachfüllstationen, biologisch abbaubaren Strohhalmen (auf Anfrage) und mehr Pflanzen ausgestattet.

Spuyten Duyvil BAR

(☎718-963-4140; www.spuytenduyvilnyc.com; 359 Metropolitan Ave, zw. Havemeyer St & Roebling St, Williamsburg; ⊙Mo–Fr 17–2, Sa 12–3, So bis 2 Uhr; S L bis Lorimer St, G bis Metropolitan Ave) Diese schlichte Bar in Williamsburg serviert vor allem Bier und sieht aus, als stamme ihre Einrichtung vom Sperrmüll. Die gepressten Zinndecken sind purpurrot gestrichen, an den Wänden hängen alte Bücherregale und ein altes Fahrrad und überall stehen bunt zusammengewürfelte Secondhandmöbel herum. Das Angebot an Bier (vor allem belgisches) ist atemberaubend und das fachkundige Barpersonal bringt den Gästen gerne dänische Biere oder Cidre aus der Normandie näher.

Wen die ganze Probiererei von seltenen und obskuren Bieren hungrig macht, der kann Platten mit importiertem Käse und Wurstwaren (ab 8 US$) bestellen. Es gibt einen großen, begrünten Hinterhof, der bei gutem Wetter zugänglich ist.

Partners KAFFEE

(☎347-586-0063; www.partnerscoffee.com; 125 N 6th St, zw. Bedford Ave & Berry St, Williamsburg; ⊙6.30–19 Uhr; 📶; S L bis Bedford Ave) Das Flaggschiff einer kleinen Kette von Kaffeeröstereien bringt aromatischen Pour-Over-Kaffee, geschmeidige Flat Whites und kräftige *cortados* (Espresso mit einem Schuss Milch) nach Billyburg. Und obwohl es alle unausgesprochenen Regeln des Designs eines typischen Williamsburger Cafés befolgt (nackte Ziegel und Holz, verschiedener Retro-Schnickschnack als Deko), ist es doch ein angenehmer Ort, um hier ein bisschen Zeit zu verbringen.

Queens

Bohemian Hall & Beer Garden BIERGARTEN

(☎718-274-4925; www.bohemianhall.com; 29-19 24th Ave, zw. 29th St & 31st St, Astoria; ⊙Mo–Do 17–1, Fr bis 3, Sa 12–3, So bis 24 Uhr; S N/W bis Astoria Blvd) Dieser tschechische Treffpunkt löste den New Yorker Biergartenboom aus, aber bisher kommt kein anderer in puncto Größe und Stimmung an ihn heran. Im Sommer ist buchstäblich jeder Picknicktisch unter den hohen Bäumen besetzt. Es gibt typische tschechische Gerichte wie Schnitzel und Gulasch (Hauptgerichte 10–20 US$), aber der Fokus liegt auf kalten und schäumenden tschechischen Bieren. Dazu kommen noch einige lokale Craft-Biere.

★ **Dutch Kills** COCKTAILBAR

(www.dutchkillsbar.com; 27-24 Jackson Ave, zw. Queens St & Dutch Kills St, Long Island City; ⊙So–Do 17–2, Fr & Sa bis 3 Uhr; S E/M/R bis Queens Plaza, G bis Court Sq) Benannt nach dem Gebiet rund um den Newtown Creek, in dem niederländische Siedler einst heimisch wurden, dreht sich in dieser stimmungsvoll beleuchteten Bar alles um Flair und erstaunliche Craft-Cocktails. Durch eine unscheinbare Tür unter einem blinkenden Neonschild geht es in ein altes Industriegebäude, in dem man sich einen fachmännisch gemixten Headless Horseman oder einen anderen klassischen Haus-Cocktail (15 US$) bestellt.

Die Bronx

★ **Bronx Brewery** BRAUEREI

(Karte S. 100; ☎718-402-1000; www.thebronxbrewery.com; 856 E 136th St, zw. Willow Ave & Walnut Ave; ⊙Mo–Mi 15–19, Do & Fr bis 20, Sa 12–20, So 12–19 Uhr; S 6 bis Cypress Ave) Diese gut besuchte Kleinbrauerei in der South Bronx verfügt über einen kleinen, mit Graffiti besprühten Schankraum, in dem man an der Bar aus einem wechselnden Angebot von etwa acht hochwertigen Bieren vom Fass wählen kann. Es gibt auch einen Hinterhof, der an Sommerwochenenden zugänglich ist, und kreative Veranstaltungen, darunter Brewers Dinners, bei denen lokale Köche festliche Menüs zubereiten, zu denen natürlich das passende Bier gereicht wird. Auch Open Mic Nights werden veranstaltet.

☆ Unterhaltung

Schauspieler, Musiker, Tänzer und Künstler fühlen sich von den hellen Lichtern des Big Apple angezogen und hoffen, im Showbiz Karriere zu machen. Das Publikum wird dadurch jedenfalls verwöhnt vom ständigen Zustrom äußerst begabter, engagierter und universaler Kunstschaffender. Und wie es so schön in dem Song heißt: *if you can make it here, cou can make it anywhere.*

Darstellende Künste

Metropolitan Opera House OPER

(Karte S. 100; ☎Tickets 212-362-6000, Touren 212-769-7028; www.metopera.org; Lincoln Center, Columbus Ave an der W 64th St; Tickets 25–480 US$; ⊙Abendkasse Mo–Sa 10–22, So 12–18 Uhr; S 1 bis 66th St-Lincoln Center) New Yorks Oper Nummer 1 ist die Bühne schlechthin für Klassiker wie *La Bohème, Madame Butterfly* und *Macbeth*. Zudem finden hier Premieren und Neuinszenierungen moderner Stücke statt,

z. B. John Adams *The Death of Klinghoffer*. Die Opernsaison geht von September bis Mai. Karten kosten zwischen 25 und 500 US$.

Logenplätze können ein Schnäppchen sein, aber nur wenn man direkt über der Bühne sitzt, sonst hat man eine schreckliche Sicht, und zwar nur mit vorgerecktem Kopf, um über das Geländer sehen zu können – ein steifer Nacken ist dann Programm.

Es gibt auch Last-Minute-Angebote zu Schnäppchenpreisen: Karten für Stehplätze (zwischen 20 und 30 US$) am Tag der Vorstellung ab 10 Uhr (man sieht nicht viel, aber man hört alles), von Montag bis Freitag ab 12 Uhr und Samstag ab 14 Uhr gibt's die Rush Tickets für nur 25 US$ pro Platz – nur online erhältlich. Für Nachmittagsvorstellungen bekommt man vier Stunden vor Vorstellungsbeginn Angebote.

Den Souvenirshop sollte man auch nicht auslassen, denn dort gibt's Opern-Nippes (und Operngläser) sowie eine große Auswahl an klassischer Musik – samt Aufnahmen von früheren Vorstellungen im Met.

Mit **Met Opera Guild** (www.metguild.org) kann man auf einer geführten Tour (30 US$) an Wochentagen um 15 Uhr, Samstag um 10.30 Uhr und während der Saison um 13.30 Uhr, einen Blick hinter die Kulissen werfen.

New York City Ballet TANZ

(Karte S. 100; ☎212-496-0600; www.nycballet.com; Lincoln Center, Columbus Ave an der W 63rd St; Tickets 39–204 US$; ⊙Abendkasse Mo 10–19.30, Di–Sa bis 20.30, So 16.30–10.30 Uhr; ; S 1 bis 66th St-Lincoln Center) Der erste Leiter dieses angesehenen Ensembles war in den 1940er-Jahren der berühmte, in Russland geborene George Balanchine. Heute ist das Ballett die größte Ballettorganisation in den USA. 23 Wochen im Jahr wird im David H. Koch Theater im Lincoln Center getanzt. Rush Tickets für unter 30-Jährige gibt's für 30 US$. Besonders bekannt ist die alljährliche Inszenierung des Nussknackers zur Weihnachtszeit (Karten gibt's ab September zu kaufen, unbedingt frühzeitig buchen).

An Samstagen finden einstündige Familienvorstellungen statt, für junge Zuschauer geeignet (22 US$ pro Karte, Verkauf ab der ersten Augustwoche).

Kinos & Theater

Public Theater THEATER

(Karte S. 90; ☎212-539-8500, Tickets 212-967-7555; www.publictheater.org; 425 Lafayette St, zwischen Astor Pl & 4th St, NoHo; S 6 bis Astor Pl; R/W bis 8th St-NYU) Dieses legendäre Theater wurde 1954 als der Shakespeare Workshop gegründet und hat New Yorks größte Stücke wie Hamilton in 2015 uraufgeführt. Heute finden sich im Spielplan innovative Stücke sowie neu interpretierte Klassiker. Shakespeare ist fester Bestandteil im Programm. Apropos Dichter: das Theater inszeniert im Sommer zudem das starbesetzte *Shakespeare in the Park* (S. 113).

★ **St. Ann's Warehouse** THEATER

(☎718-254-8779; www.stannswarehouse.org; 45 Water St, an der Old Dock St, Dumbo; B25 bis Water/Main Sts, S A/C bis High St, F bis York St) Dieses rote Backsteingebäude, ein Tabaklagerhaus aus der Bürgerkriegszeit, ist das erste dauerhafte Zuhause des Avantgarde-Theaters St. Ann's. Das Lagerhaus – ein Hightech-Theater mit 320 flexiblen Sitzen – eignet sich hervorragend für genreübergreifende Inszenierungen, Musik-, Tanz- und Puppentheater.

Unter früheren nennenswerten Vorstellungen finden sich *Songs for Drella* von Lou Reed und John Cale, *Theater of the New Ear* von Charlie Kaufman und den Coen-Brüdern sowie die rein weibliche Shakespeare-Trilogie vom Donmar Warehouse und Phyllida Lloyd.

★ **Sleep No More** THEATER

(Karte S. 94; ☎Abendkasse 212-904-1880; www.sleepnomorenyc.com; 530 W 27th St, zwischen Tenth & Eleventh Aves, Chelsea; Tickets ab 100 US$; ⊙Vorstellungsbeginn 16–19 Uhr; S 1, C/E bis 23rd St) *Sleep No More* ist eines der ganzheitlichsten Theatererlebnisse, die je konzipiert wurden. Ein Stück frei nach *Macbeth*, das in mehreren Lagerhäusern in Chelsea spielt, die so umgebaut wurden, dass sie wie das McKittrick Hotel aus den 1930er-Jahren mitsamt der wilden Jazzbar aussehen – eine Anspielung auf Hitchcocks *Vertigo* sowie Manderley, das sich auf Hitchcocks Verfilmung von Daphne du Mauriers *Rebecca* bezieht.

Die Zuschauer stellen sich ihr eigenes Abenteuer zusammen, sie können frei in den aufwendig gestalteten Räumen (Ballsaal, Friedhof, Tierpräparationsladen, Irrenanstalt) umherlaufen und den Schauspielern, die verschiedene ans Bizarre und Frivole grenzende Szenen spielen, folgen oder mit ihnen interagieren. Achtung: Gäste müssen bei Eintritt alles abgeben (Jacken, Taschen, Handys usw.) und eine Maske tragen – wie im Film *Eyes Wide Shut*.

★ **Metrograph** KINO

(Karte S. 90; ☎212-660-0312; www.metrograph.com; 7 Ludlow St, zwischen Canal & Hester Sts, Lo-

GÜNSTIGE BROADWAY-TICKETS

In den Dutzenden Theatern am Broadway und in der Nähe des Time Squares wird alles von Blockbuster-Musicals bis hin zu modernen und klassischen Dramen aufgeführt. Wenn man nicht eine bestimmte Show sehen will, bekommt man am besten und günstigsten Tickets bei **TKTS Booth** (www.tdf.org/tkts; Broadway, at W 47th St; Mo–Fr 15–20, Di 14–20, Mi, Do & Sa 10–14 & 15–20, So 11–19 Uhr; S N/Q/R/W, S, 1/2/3, 7 bis Times Sq-42nd St), wo man sich für ermäßigte Karten für erstklassige Shows, die an diesem Tag am Broadway und andernorts aufgeführt werden, in die Schlange stellt. Smartphone-Besitzer können sich die kostenlose App von TKTS herunterladen, in der man sich Zusammenfassungen der aktuellen Shows durchlesen kann, außerdem zeigt sie an, für welche Show es noch Karten gibt. Man sollte sich immer eine zweite Wahl überlegen, falls die erste ausverkauft ist. Niemals Tickets von Schwarzmarkthändler auf der Straße kaufen.

Der TKTS Booth ist für sich genommen schon eine Attraktion mit dem 5 m hohen leuchtenden Dach, das aus 27 rubinroten Stufen besteht, die die 47th St überblicken.

wer East Side; Tickets 15 US$; So–Mi 11–24, Fr & Sa bis 2 Uhr; ; S F bis East Broadway, B/D bis Grand St) Die Gentrifiezierung der Lower East Side ist hier noch nicht angekommen, sodass die Gründer dieses Mekkas für Filmliebhaber hier das passende Gebäude für ihre Vision finden konnten. Es gibt zwei Säle, die beide mit modernsten Filmprojektoren und einem alten 35-mm-Projektor ausgestattet sind. Die Themenreihen bestehen aus fachkundig ausgewählten Filmen und behandeln Themen wie das japanische Anmationsstudio Ghibli oder den Provokateur Gasper Noé.

Film Forum KINO

(Karte S. 90; 212-727-8110; www.filmforum.com; 209 W Houston St, zwischen Varick St & Sixth Ave, SoHo; Erw./Kind 15/9 US$; 12–24 Uhr; S 1 bis Houston St) In diesem gemeinnützigen Kino laufen die unterschiedlichsten Indie-Filme, Neuinszenierungen und Retrospektiven über Größen wie Orson Welles. Zu den Vorführungen gibt's oft Gespräche mit Regisseuren sowie Diskussionsrunden zum Thema Film, an denen Hardcore-Cineasten besonders gern teilnehmen. 2018 rüstete das Kino auf: neue Sitze, mehr Beinfreiheit und eine bessere Sicht auf die Leinwände. Außerdem hat es für einen vierten Saal angebaut.

Livemusik

New York Philharmonic KLASSISCHE MUSIK

(Karte S. 100; 212-875-5656; www.nyphil.org; Lincoln Center, Columbus Ave an der W 65th St; Tickets 29–125 US$; ; S 1 bis 66 St-Lincoln Center) Das älteste Berufsorchester der USA (seit 1842) spielt alljährlich in der David Geffen Hall unter der Leitung des Musikdirektors Jaap van Zweden, der 2017 von Alan Gilbert das Zepter übernahm. Das Orchester spielt eine Mischung aus klassischen (Tschaikowski, Mahler, Haydn) und modernen Kompositionen und gibt Konzerte speziell für Kinder.

Wer mit kleinem Budget reist, kann sich die öffentlichen Proben ansehen, die am Tag der Vorstellung um 9.45 Uhr stattfinden (für nur 22 US$). Außerdem bekommen Studenten vor einigen Vorstellungen mit einem gültigen Studentenausweis online Rush Tickets für 21,50 bis 23,50 US$. Mehr Informationen findet man auf der Website.

★ **Jazz at Lincoln Center** JAZZ

(Karte S. 100; Reservierungen für Dizzy's Club Coca-Cola 212-258-9595, Tickets für Rose Theater & Appel Room 212-721-6500; www.jazz.org; Time Warner Center, 10 Columbus Circle, Broadway an der W 59th St; S A/C, B/D, 1 bis 59th St-Columbus Circle) Das oben im Time Warner Center beherbergte Jazz at Lincoln Center besteht aus drei hochmodern ausgestatteten Veranstaltungsorten: dem mittelgroßen **Rose Theater**, dem verglasten **Appel Room** mit Panoramablick und dem intimen, stimmungsvollen **Dizzy's Club Coca-Cola**. Letzteren wird man wahrscheinlich am ehesten besuchen, denn hier finden jeden Abend Veranstaltungen statt. Es treten oft außergewöhnlich talentierte Künstler auf und der Blick auf den Central Park ist einfach nur traumhaft.

★ **Brooklyn Academy of Music** KONZERTE

(BAM; 718-636-4100; www.bam.org; 30 Lafayette Ave, at Ashland Pl, Fort Greene; ; S B/D, N/Q/R, 2/3, 4/5 bis Atlantic Ave-Barclays Center) Das BAM wurde 1861 (das Jahr, in dem der American Civil War ausbrach) gegründet und ist somit das älteste Zentrum des Landes für darstellende Kunst. An mehreren Spielstätten in der Fort Greene Area finden innovative Stücke aus den Bereichen Oper, Modern Dance, Musik, Film und Theater statt – alles von der „retro-modernen“ Mark-Morris-Ballettgruppe über Laurie Andersons Multimedia-Shows bis hin zu avantgardistischen Shakespeare-Produktionen, Komödien und Kindervorstellungen.

In dem Peter Jay Sharp Building von 1908 im Stil der italienischen Renaissance befinden sich das **Howard Gilman Opera House**, das Opern, Tanz-, Musik- und viele andere Aufführungen zeigt, das **Rose Cinemas** (Tickets 15–18 US$) in dem in vier wunderschönen Vintage-Sälen Erstausstrahlungen, Independent- und ausländische Filme laufen, eine Bar und ein Restaurant sowie das **BAM Café**, in dem am Freitag und Samstag kostenlose Jazz-, R&B- und Pop-Konzerte stattfinden. Einen Block entfernt auf der Fulton St findet man das **Harvey Lichtenstein Theater** (651 Fulton St, am Rockwell Pl; S B, Q/R bis DeKalb Ave, 2/3, 4/5 bis Nevins St), auch bekannt als „The Harvey“, in dem topaktuelle, moderne Stücke und manchmal radikale Interpretationen von Klassikern aufgeführt werden. Gleich um die Ecke vom Sharp-Gebäude befindet sich das **Fisher Building** (www.bam.org/fisher; 321 Ashland Pl, auf der Lafayette Ave; S B/D, N/Q/R, 2/3, 4/5 bis Atlantic Ave-Barclays Center), mit 250 Sitzen geht es hier etwas intimer zu.

Von Oktober bis Dezember finden im BAM im Rahmen des gefeierten Next Wave Festivals (S. 113) internationale avantgardistische Theatervorstellungen, Tanzaufführungen und Gespräche mit Künstlern statt. Karten sollte man frühzeitig kaufen.

National Sawdust LIVEMUSIK

(646-779-8455; www.nationalsawdust.org; 80 N 6th St, an der Wythe Ave, Williamsburg; Mo–Fr 10–1, Sa & So 12–23 Uhr; ; B32 bis Wythe Ave-N 6th St, S L bis Bedford Ave) Dieser angesagte, mit Wandbildern bedeckte Veranstaltungsort für klassische und moderne Musik hat es weit gebracht seit seinen Tagen als Sägemehlfabrik. Heute treten hier verschiedenste Künstler wie Pussy Riot und Yo La Tengo auf. Auf den High-Tech-Bühnen finden Opernaufführungen mit muldimedialen Projektionen statt und treten elektro-akustische Big-Bands und experimentelle Komponisten sowie Künstlern aus weniger bekannten Genres auf.

National Sawdusts Daseinsberechtigung besteht darin, angehende Künstler eine Bühne zu geben und Darstellern aus ungewöhnlichen Genres zu helfen, ihr Publikum zu finden. Online kann man sich zwischen klassischer indischer Musik, atmosphärischen „Soundbädern“ und Lichtshows mit Synthie-Klanglandschaften entscheiden.

Village Vanguard JAZZ

(Karte S. 90; 212-255-4037; www.villagevanguard.com; 178 Seventh Ave S, zwischen W 11th & Perry Sts, West Village; Karten ab 35 US$; 19.30–0.30 Uhr; S 1/2/3 bis 14th St, A/C/E, L bis 8th Ave-14th St) Möglicherweise NYCs renommiertester Jazz Club. Im Vanguard ist buchstäblich jeder große Star der letzten 50 Jahre aufgetreten. 1935 hatte es als Veranstaltungsort für Beat Poetry und Folk Music angefangen, manchmal kehrt es auch noch zu seinen Wurzeln zurück, aber die meiste Zeit gibt's hier den ganzen Abend lang guten alten Jazz. Das Vanguard Jazz Orchestra hat seit 1966 jeden Montagabend seinen festen Platz.

Auf der steilen Treppe sollte man genau hinsehen, wo man hintritt. Über die Verschleißspuren hingegen sollte man hinwegsehen – akustisch ist man sich hier an einem der großartigsten Orte der Welt. Mindestverzehr: ein Getränk.

★ **Barbès** LIVEMUSIK

(347-422-0248; www.barbesbrooklyn.com; 376 9th St, at Sixth Ave, Park Slope; erwünschte Spende bei Livemusik 10 US$; Mo–Do 17–2, Fr & Sa 14–4, So bis 2 Uhr S F, G bis 7th Ave, R bis 4th Ave–9th St) Diese kompakte Bar ist zugleich Spielort und benannt nach einem Pariser Stadtteil mit einem hohen Anteil nordafrikanischer Bewohner. Sie wird von einem französischen Musiker (ein langjähriger Brooklyn-Bewohner) geführt. Es gibt jeden Abend Livemusik. Das vielseitige Line-Up ist ziemlich beeidruckend: moderne Balkan-Brass-Oper, afro-peruanische Grooves, westafrikanischer Funk und andere bunt gemischte Sounds.

Meistens spielt dienstags um 21 Uhr das neunköpfige Blechblas-Ensemble Slavic Soul Party, das man sich nicht entgehen lassen sollte. Es legen auch DJs auf, außerdem finden Lesungen und Filmvorführungen statt.

Bowery Ballroom LIVEMUSIK

(Karte S. 90; 800-745-3000, 212-533-2111; www.boweryballroom.com; 6 Delancey St, auf Bowery, Lower East Side; S J/Z bis Bowery, B/D bis Grand St) In diesem unglaublichen mittelgroßen Ballsaal hat man den perfekten Sound und die perfekte Atmosphäre für Indie-Rock-Bands wie The Shins, Jonathan Richman, Stephen Malkmus und Patti Smith.

Sport

Madison Square Garden BESUCHERSPORT

(MSG, „The Garden“; Karte S. 94; www.thegarden.com; 4 Pennsylvania Plaza, Seventh Ave, zw. 31st & 33rd St; S A/C/E, 1/2/3 bis 34th St-Penn Station) In NYCs wichtigstem Veranstaltungsort – Teil des riesigen Komplexes, in dem sich auch die Penn Station befindet – treten die ganz Großen des Showgeschäfts auf, von Kanye West bis hin zu Madonna. Außerdem gibt's ein Sportstadion, in dem die **New York Knicks** (www.nba.com/knicks) und **New York Liberty** (https://liberty.wnba.com) Basketball spielen sowie die **New York Rangers** (www.nhl.com/rangers) Hockeyspiele austragen, aber auch Boxkämpfe und Veranstaltungen wie die Annual Westminster Kennel Club Dog Show finden hier statt.

In der bekanntesten Arena der Welt, dem „Mekka des Basketballs", konnte man in den letzten Jahre nur selten guten Basketball sehen, denn die Knicks bekleckern sich nicht gerade mit Ruhm. Die Arena ist Teil des jahrzehntealten Sanierungsplans für die beengte Penn Station im Untergrund.

Barclays Center STADIUM
(☎917-618-6100; www.barclayscenter.com; Ecke Flatbush & Atlantic Aves, Prospect Heights; Ⓢ B/D, N/Q/R, 2/3, 4/5 bis Atlantic Ave-Barclays Center) Die **Brooklyn Nets** in der NBA (früher die New Jersey Nets) tragen in dieser Multifunktionsarena ihre Heimspiele aus. Neben Basketball finden hier auch Boxkämpfe, professionelles Wrestling, große Konzerte und Shows weltbekannter Stars statt: Ariana Grande, Justin Bieber, KISS und der Cirque de Soleil haben das Stadium schon gerockt.

Das Stadion hat mit seinem futuristischem Design – das wie ein rostiges Raumschiff mit einem gut gepflegten Rasen obendrauf aussieht und über die Atlantic Ave in die Luft ragt – das Viertel transformiert, auch wenn immer wieder darüber diskutiert wird, ob es dem Hype gerecht wird.

MCU Park BASEBALL
(☎718-372-5596; www.brooklyncyclones.com; 1904 Surf Ave, an der W 17th St, Coney Island; Karten 10–19 US$, Mi alle Karten 10 US$; Ⓢ D/F, N/Q bis Coney Island-Stillwell Ave) Das MCU Park an der Coney Island Promenade ist das Heimatstadion der **Brooklyn Cyclones**, die Teil der New York-Penn League und Stadtrivalen der **Staten Island Yankees** sind.

Shoppen

Als Metropole des Kommerzes, der Kreativität und der Mode ist es nicht gerade überraschend, dass New York eine der besten Shopping-Destinationen der Welt ist. Von Indie-Designer-Boutiquen über traditionelle Kaufhäuser, Gebrauchtwarenläden, Haute-Couture-Boutiquen und Plattenläden bis zum Apple Store, von Straßen-Imbissen bis zu Feinkostläden – Mangel an Gelegenheiten zum Geldausgeben besteht nicht.

Financial District & Lower Manhattan

Pearl River Mart KAUFHAUS
(Karte S. 86; ☎212-431-4770; www.pearlriver.com; 395 Broadway, an der Walker St, Tribeca; ⏲10–19.20 Uhr; Ⓢ N/Q/R/W, J/M/Z, 6 bis Canal St) Das Pearl River ist seit 1971 eine feste Institution. Hier gibt's asiatische Geschenke, Haushaltswaren, Kleidung und Accessoires: seidene Männerpyjamas, Cheongsam-Kleider, blau-weißes japanisches Porzellan, clevere Küchengeräte, Papierlaternen, Origami- und Kalligraphie-Sets, Bambuspflanzen und jede Menge Winkekatzen. Auf dem Zwischengeschoss finden wechselnde Kunstausstellungen statt mit Werken von asiatisch-amerikanischen Künstlern und Fotografen.

Am Chelsea Market (S. 88) gibt's auch eine Filiale.

★ **Philip Williams Posters** VINTAGE
(Karte S. 86; ☎212-513-0313; www.postermuseum.com; 122 Chambers St, zwischen Church St & W Broadway, Lower Manhattan; ⏲ Mo–Sa 10–19 Uhr; Ⓢ A/C, 1/2/3 bis Chambers St) Dieser riesige Schatzfund umfasst mehr als 100 000 Poster, die bis in das Jahr 1870 zurückgehen. Von übergroßen französischen Werbepostern für Parfum und Cognac bis hin zu osteuropäischen Filmpostern und dekorativen chinesischen Nianhua-Postern. Für kleinere Kopien zahlt man ab 15 US$, für seltene, originale Prunkstücke wie einem AM Cassandre manchmal Tausende von Dollar. An der 52 Warren St gibt's einen zweiten Eingang.

Der Besitzer Philip Williams kaufte 1972 seinen ersten Koffer voller Krimskrams für 50 US$, als er auf der Suche nach einem Ausweg aus den Jobs im Baugewerbe war. Mit im Koffer waren Original-Briefe der Gebrüder Wright. Seitdem hat er einen riesigen Fundus für den Verkauf zusammengesammelt. Seiner Leidenschaft geht er immer noch nach und sammelt und verkauft auch Posterbücher, Werbeephemera und Kunst aus den Südstaaten.

SoHo & Chinatown

Rag & Bone FASHION & ACCESSORIES
(Karte S. 90; ☎212-219-2204; www.rag-bone.com; 117-119 Mercer St, zwischen Prince & Spring

Sts, SoHo; ⌚ Mo–Sa 11–20, So bis 19 Uhr; S R/W bis Prince St) Bei Rag & Bone bekommt man in Downtown die coolsten und stilvollsten Klamotten von New York – für Männer und Frauen. Unter den detailverliebten Stücken gibt's alles von schlichten T-Shirts und Blazern bis hin zu grafischen Shirts und einfarbigen Pullovern, federleichten Trägerkleidern, Lederteilen und Rag & Bones' ziemlich teuren Jeans (200 US$). Außerdem gibt's Schuhe, Hüte, Taschen und Portemonnaies. Auf der Website findet man alle Filialen in New York.

★ Galeria Melissa SCHUHE

(Karte S. 90; ☎ 212-775-1950; www.melissa.com.br/us/galerias/ny; 500 Broadway, zwischen Broome & Spring Sts, SoHo; ⌚ Mo–Fr 10–19, Sa bis 20 , So 11–19 Uhr; 👪; S 6 bis Spring St, R/W bis Prince St) Die brasilianische Designerin ist auf umweltfreundliche Schuhe spezialisiert. Recycelbar, nachhaltig, stylish – das Sortiment für Damen und Kinder umfasst moderne Sandalen, Brogues, Laufschuhe und natürlich Boots.

Melissas Boutique in SoHo ist die einzige Niederlassung in den USA und durch den Instagram-Raum, die vertikalen Pflanzwänden, den auf Sockeln ausgestellten Schuhen und die prismatischen Spiegelwände bekommt man eine Vorstellung vom Einzelhandel der Zukunft.

West Village, Chelsea & Meatpacking District

★ Strand Book Store BÜCHER

(Karte S. 90; ☎ 212-473-1452; www.strandbooks.com; 828 Broadway, an der E 12th St, West Village; ⌚ Mo–Sa 9.30–22.30, So 11–22.30 Uhr; S L, N/Q/R/W, 4/5/6 bis 14th St-Union Sq) Der heiß geliebte, legendäre Buchladen ist für New Yorker Intellektuelle und Büchernarren sowas wie die fantastische Welt von Oz. In diesem Laden vergaßen schon ganze Generationen von Leseratten die Zeit. Das 1927 gegründete Strand verkauft neben neuen und gebrauchten Büchern auch Raritäten. In drei labyrinthartigen Stockwerken werden auf einer Regalfläche von unglaublichen 29 km mehr als 2,5 Mio. Bücher angeboten.

★ Murray's Cheese LEBENSMITTEL & GETRÄNKE

(Karte S. 90; ☎ 212-243-3289; www.murrayscheese.com; 254 Bleecker St, zwischen Morton & Leroy Sts, West Village; Sandwichs 7–8 US$; ⌚ Mo–Sa 8–21, So 9–20 Uhr; S A/C/E, B/D/F/M bis W 4th St-Washington Sq, 1 tbis Christopher St-Sheridan Sq) 1940 von Murray Greenberg, einem Veteranen des Spanischen Bürgerkriegs, gegründet, ist dieser Käseladen einer der besten New Yorks. Der frühere Besitzer (heute „Berater") Rob Kaufelt ist dafür bekannt, die besten Käsesorten der Welt zu erschnüffeln: hier kauft (und probiert) man alle Arten von *fromage*, jede in sogenannten *cheese caves* vor Ort oder in Queens gereift.

Housing Works Thrift Shop VINTAGE

(Karte S. 94; ☎ 718-838-5050; www.housingworks.org; 143 W 17th St, zwischen Sixth & Seventh Aves, Chelsea; ⌚ Mo–Sa 10–19, So 12–18 Uhr; S 1 to 18th St) Das Flaggschiff für 13 weitere Filialen in der Stadt erinnert mit seinen protzigen Schaufenstern eher an eine Boutique denn an einen Trödelladen. Aber die Auswahl an Klamotten, Accessoires, Möbeln, Büchern und CDs ist unbezahlbar. Es ist die Adresse für ausrangierte Designerfummel zu günstigen Preisen. Alle Einnahmen gehen an eine Stiftung, die sich für von HIV und AIDS betroffene Obdachlose einsetzt.

East Village & Lower East Side

★ Russ & Daughters LEBENSMITTEL

(Karte S. 90; ☎ 212-475-4800; www.russanddaughters.com; 179 E Houston St, zwischen Orchard & Allen Sts, Lower East Side; ⌚ Fr–Mi 9–18, Do bis 19 Uhr; S F bis 2nd Ave) Seit 1914 bekommt man in diesem beliebten Feinkostladen osteuropäisch-jüdisch angehauchte Delikatessen wie Kaviar, Hering, Stör und Räucherlachs. Er wird stolz in vierter Generation von einer russischen Familie geführt und ist toll, um sich für ein Picknick einzudecken oder den Kühlschrank mit Frühstücksleckereien zu füllen. Feinschmecker, Geschichtsfreaks und Innenarchitekten werden diesen Laden lieben.

Nicht weit entfernt befindet sich auf der Orchard St ein Russ & Daughters Café (S. 124), wo man sich hinsetzen kann, aber es ist genauso schön, sich seinen „Shtetl" (oder einen anderen Bagel oder ein Bialy Sandwich) zu bestellen und ihn im nahegelegenen **Sara D Roosevelt Park** (Karte S. 90; E Houston St, an der Chrystie St, Lower East Side; S F bis Delancey-Essex Sts) zu genießen.

Der polnische Einwanderer Joel Russ hat seine ersten Heringe auf der Straße direkt aus dem Fass verkauft, doch mit viel Zielstrebigkeit schaffte er es bis 1914, eine Feinkostfirma aufzubauen. Als er 1935 seine Töchter Hattie, Ida und Anne zu Partnerinnen machte, wurde das Geschäft das erste amerikanische Unternehmen mit „& Daughters" im Namen.

Union Square, Flatiron District & Gramercy

ABC Carpet & Home HAUSHALTSWAREN

(Karte S. 94; ☎ 212-473-3000; www.abchome.com; 888 Broadway, an der E 19th St; ⏲ Mo–Sa 10–19, So 12–18 Uhr; Ⓢ 4/5/6, N/Q/R/W, L bis 14th St-Union Sq) Ein Mekka für Innenarchitekten und Raumausstatter, die auf der Suche nach Ideen sind. Dieser siebenstöckige Tempel des guten Geschmacks wartet mit jeder Art von Möbeln auf. Außerdem kann man Krimskrams, Boho-Textilien und Schmuck sowie außergewöhnliche Stücke, Designer-Lampen, Porzellan und antike Teppiche shoppen. An Weihnachten ist der Laden nicht nur wunderschön anzusehen, man kann sich auch gut mit Weihnachtsdeko eindecken.

Fishs Eddy HAUSHALTSWAREN

(Karte S. 94; ☎ 212-420-9020; www.fishseddy.com; 889 Broadway, an der E 19th St, Union Sq; ⏲ Mo–Fr 10–21, Sa & So bis 20 Uhr; Ⓢ R/W, 6 bis 23rd St) Hochqualitative und freche Designs haben Fishs Eddy seit Jahren zu einer festen Größe in jedem Zuhause hipper New Yorker gemacht. In dem Laden türmen sich Tassen, Teller, Geschirrtücher, Karaffen und was sonst noch in den Küchenschrank gehört. Stiltechnisch ist alles – vom geschmackvollem Colour-Blocking bis hin zu fröhlich-ausgefallenen Mustern dabei. Von der „Brooklynese“-Linie (Cawfee, Shuguh, Sawlt, etc.) gibt's tolle Souveniers. Wohnt man in den USA, bekommt man sein neues Besteckset für wenig Geld sogar nach Hause geliefert.

Midtown

★ MoMA Design & Book Store GESCHENKE & SOUVENIRS

(Karte S. 94; ☎ 212-708-9700; www.momastore.org; 11 W 53rd St, zwischen Fifth & Sixth Aves; ⏲ Sa–Do 9.30–18, Fr bis 20 Uhr; Ⓢ E, M bis 5th Ave-53rd St) Der Flagshipstore des Museum of Modern Art (S. 96) eignet sich fabelhaft zum Souvenir-Shoppen. Neben schönen Büchern (von Kunst- und Architekturschinken über Popkultur-Bände bis zu Bilderbüchern für Kinder) findet man hier Kunstdrucke und -poster sowie einzigartigen Nippes. Möbel, Lampen, Haushaltswaren, Schmuck, Taschen und kunstvolle Geschenke gibt's im MoMA Design Store auf der anderen Straßenseite.

Barneys KAUFHAUS

(Karte S. 100; ☎ 212-826-8900; www.barneys.com; 660 Madison Ave, an der E 61st St; ⏲ Mo–Mi & Sa 10–20, Do & Fr 10–21, So bis 21 Uhr; ⓦ; Ⓢ N/R/W bis 5th Ave) Echte Modefreaks zücken ihre Kreditkarte bei Barneys, denn hier gibt's die Top-Marken überhaupt, etwa Isabel Marant Étoile, Mr. & Mrs. Italy oder Lanvin – alle dem Wert ihrer Kollektion nach angemessen ausgelegt. Hat man nicht so viel auf der hohen Kante, fühlt man sich eventuell etwas fehl am Platz.

Highlights sind die Kosmetikabteilung im Untergeschoss, das schicke Restaurant Freds und Genes und ein futuristisches Café mit Touchscreens zum Online-Shoppen an den Gemeinschaftstischen. Weitere Filialen findet man auf der Seventh Ave in Downtown Manhattan und auf der Atlantic Ave in Brooklyn.

Bergdorf Goodman KAUFHAUS

(Karte S. 100; ☎ 212-753-7300; www.bergdorfgoodman.com; 754 Fifth Ave, zwischen W 57th & 58th Sts; ⏲ Mo–Fr 10–21, Sa bis 20, So 11–20 Uhr; Ⓢ N/R/W bis 5th Ave-59th St, F bis 57th St) Nicht nur beliebt wegen seiner Weihnachtsschaufenster (die schönsten der Stadt), sondern auch, weil es in Sachen Mode vorweggeht – und zwar dank Linda Fargo, der tonangebenden Leiterin der Modeabteilung des Kaufhauses. Im BG sind Ladies, die sich zum Lunch treffen, ein alltägliches Bild, angelockt von den exklusiven Kollektionen und der begehrten Schuhabteilung. Das Kaufhaus für Männer befindet sich auf der anderen Straßenseite.

Macy's KAUFHAUS

(Karte S. 94; ☎ 212-695-4400; www.macys.com; 151 W 34th St, am Broadway; ⏲ Mo–Sa 10–22, So 11–21 Uhr; Ⓢ B/D/F/M, N/Q/R/W bis 34th St-Herald Sq; A/C/E bis Penn Station) Das größte Kaufhaus des Landes nimmt fast einen ganzen Häuserblock ein und befriedigt so gut wie alle Gelüste: Kleidung, Möbel, Küchenutensilien, Bettwäsche. Außerdem gibt's hier Cafés und Friseure. Mit Mainstream-Marken und Produkten von bekannten Kosmetikunternehmen bewegt es sich eher im mittleren Preissegment. Im Kaufhaus befindet sich zudem ein **NYC Information Center** (☎ 212-484-1222; www.nycgo.com) mit gratis Stadtkarten; Touristen bekommen dort 10-%-Coupons für Macy's (nur mit gültigem Ausweis).

FAO Schwarz SPIELZEUG

(Karte S. 94; ☎ 800-326-8638; www.faoschwarz.com; 30 Rockefeller Plaza; ⏲ Mo–Sa 9–22, So ab 11 Uhr; Ⓢ B/D/F/M 47-50 Sts-Rockefeller Center) New Yorker trauerten um ihr bekanntes Spielzeugkaufhaus (1862 gegründet), als sich 2015 die Türen des Flagschiffs auf der Fifth Ave (Tom Hanks spielte dort in *Big* auf riesigen Klaviertasten auf dem Fußboden) für immer schlossen. Doch 2018 wurde es großartiger als jemals zuvor an der Rockefeller Plaza wieder zum Leben erweckt. Sogar die Klaviertasten sind wieder da.

Für Kinder ist es das reinste Paradies – mit gigantischen Raumschiffen, auf denen man herumklettern kann, Zaubershows, farbenprächtigen Süßigkeitenregalen und jeder Menge Spielzeug. Zu den Highlights gehören die „Pit Crew-Area", wo Autofans ihre Rennwagen personalisieren können, die Treppe, die um eine riesige Uhr herumführt, und die neonbeleuchtete Pianolounge im obersten Stockwerk. Hier fühlt man sich wie ein Kind in einem Süßigkeitenladen – egal ob man nun neun oder neunzig ist.

Saks Fifth Ave KAUFHAUS

(Karte S. 94; 212-753-4000; www.saksfifthavenue.com; 611 Fifth Ave, an der E 50th St; Mo–Sa 10–20.30, So 11–19 Uhr; S B/D/F/M bis 47th-50th Sts-Rockefeller Center, E, M bis 5th Ave-53rd St) Über Vintage-Rolltreppen gelangt man in jedes der zehn Stockwerke des Flagschiffs von Saks. Es ist das Zuhause des „Shoe Salon", New Yorks größter Damenschuhabteilung (ausgestattet mit Express-Fahrstuhl und eigener Postleitzahl). Außerdem gibt's ein umgestaltetes Beauty-Stockwerk und eine Herrenabteilung, wo Mann sich im John Allan's Salon stylen lassen und aus sorgfältig ausgesuchten Trend-Marken wählen kann. Der Sale im Januar ist legendär.

Upper East Side

Shakespeare & Co BÜCHER

(Karte S. 100; 212-772-3400; www.shakeandco.com; 939 Lexington Ave, bis E 69th St; Mo–Fr 19.30–20, Sa 20–19, So 9–18 Uhr; ; S 6 bis 68th St) Dieser beliebte, unabhängige Buchladen hat zwar nichts mit der Pariser Buchhandlung zu tun, doch hier gibt's eine große Auswahl an zeitgenössischen Romanen und Sachbüchern, Kunst- und Lokalgeschichtsbüchern sowie eine kleine, aber einzigartige Sammlung von Zeitungen, während eine Espresso Book Machine Print-on-Demand-Titel ausspuckt. In einem kleinen Café bekommt man Kaffee, Tee und leichte Mahlzeiten.

Mary Arnold Toys SPIELZEUG

(Karte S. 100; 212-744-8510; www.maryarnoldtoys.com; 1178 Lexington Ave, zwischen E 80th & 81st Sts; Mo–Fr 9–18, Sa 10–18, So bis 17 Uhr; ; S 4/5/6 bis 86th St) Mehrere Generationen von Upper East Sidern haben große Teile ihrer Kindheit damit verbracht, die vollgestellten Regale dieses sympathischen Spielzeugladens, der 1931 eröffnet wurde, zu bestaunen. Das Sortiment ist bemerkenswert: Kuscheltiere, Actionfiguren, Experimentierkästen, Brettspiele, Kunsthandwerk, Lernspielzeug – und sogar Lomo-Kameras für angehende Retrofotografen.

Upper West Side

Shishi MODE & ACCESSOIRES

(Karte S. 100; www.shishiboutique.com; 2488 Broadway, zwischen 92nd & 93rd Sts; Mo–Sa 11–20, So bis 19 Uhr; S 1/2/3 bis 96th St) Shishi ist eine entzückende Boutique mit einem stetig wechselden Sortiment angesagter, erschwinglicher Kleidung: beispielsweise elegante Pullover, ärmellose Etuikleider und auffälliger Schmuck von einem brasilianischen Designer. (Alle Kleidungsstücke sind zudem leicht zu pflegen.) Hier macht Stöbern Spaß, und dank des enthusiastischen Personals, das sich im Umkleidebereich um einen kümmert, fühlt man sich, als hätte man seinen persönlichen Stylisten.

★ **Zabar's** LEBENSMITTEL

(Karte S. 100; 212-787-2000; www.zabars.com; 2245 Broadway, an der W 80th St; Mo–Fr 8–19.30, Sa bis 20, So 9–18 Uhr; S 1 bis 79th St) Dieses weitläufige Spezialitätengeschäft ist eine Bastion von koscheren Leckereien und seit 1930 fester Bestandteil dieses Viertels. Und was für einer! Es gibt eine himmlische Auswahl an Käse, Fleisch, Oliven, Kaviar, geräuchertem Fisch, eingemachten Gurken, Trockenobst, Nüssen und Backwaren einschließlich weicher, frisch aus dem Ofen kommender *Knishes* (Kartoffelteigtaschen auf osteuropäische Art, 3 US$).

In den engen, überfüllten Gängen wird das Einkaufserlebnis ein Gedränge. An der Feinkosttheke zieht man beim Betreten eine Nummer – das Warten kann lange dauern. Im Obergeschoss befinden sich auf dem ganzen Stockwerk Haushaltswaren, die oft keine Beachtung finden, und nebenan ist ein Café, wo man Frozen Yoghurt, Paninis und Zabar's Kaffee bekommt.

Magpie KUNST & KUNSTHANDWERK

(Karte S. 100; www.magpienewyork.com; 488 Amsterdam Ave, zwischen 83rd & 84th Sts; Mo–Sa 11–19, So bis 18 Uhr; S 1 bis 86th St) In diesem entzückenden kleinen Shop gibt's eine große Auswahl an umweltfreundlichen Produkten: elegante Schreibwaren, Bienenwachskerzen, handbemalte Becher, Schals aus Biobaumwolle, recycelte Harzketten, handgefärbte Filztagebücher und hölzerne Weltpuzzle, um nur ein paar Dinge zu nennen. Die meisten Produkte sind fairtrade und aus nachhaltigen Materialien oder vor Ort entworfen oder hergestellt.

Harlem & Upper Manhattan

Harlem Haberdashery MODE & ACCESSOIRES

(Karte S. 100; ☎ 646-707-0070; www.harlemhaberdashery.com; 245 Malcolm X Blvd, zwischen 122nd & 123rd Sts, Harlem; ⏲ Mo–Sa 12–20 Uhr; Ⓢ 2/3 bis 125th St) In dieser superhippen Boutique kann man seine Garderobe auf den neusten Stand bringen: begehrenswerte Klamotten in allen Größen und Arten. Hübsche T-Shirts, hochwertige Sneaker, elegant gewebte Hüte, maßgeschneiderte Jeansjacken und angesagte Sonnenbrillen sind Teil der stetig wechselnden Kollektionen.

Flamekeepers Hat Club MODE & ACCESSOIRES

(Karte S. 100; ☎ 212-531-3542; 273 W 121st St, an der St Nicholas Ave, Harlem; ⏲ Di & Mi 12–19, So–Sa 12–20, So 12–18 Uhr; Ⓢ A/C, B/D bis 125th St) In dem kecken kleinen Hutladen des leutseligen Harlemers Marc Williamson können Kunden wunderbar an ihrem Erscheinungsbild herumtüfteln. Das sorgfältig zusammengestellte Sortiment ist der Traum eines jeden Hutliebhabers: samtweiche Barbisio-Fedoras aus Italien, Selentino-Zylinder aus Tschechien und karierte Wollkappen von Hanna Hats of Donegal aus Irland. Die Preise liegen zwischen 55 und 1000 US$; nach den maßgeschneiderten Hüten von Marc selbst sollte man sich auch erkundigen.

Brooklyn

★ **Artists & Fleas** MARKT

(☎ 917-488-4203; www.artistsandfleas.com; 70 N 7th St, zwischen Wythe & Kent Aves, Williamsburg; ⏲ Sa & So 10–19 Uhr; Ⓢ L bis Bedford Ave) Dieser lebendige Flohmarkt bietet Platz für mehr als 75 Stände mit Vintagewaren und Kunsthandwerkliches. Kleidung, CDs, Gemälde, Fotos, Hüte, handgemachter Schmuck, einzigartige T-Shirts und Stofftaschen sowie ein Café und ein DJ – das Alles gibt's hier! Die zwei Locations in Manhattan sind zwar kleiner, aber dafür jeden Tag geöffnet: Eine ist in SoHo, die andere am Chelsea Market (S. 88).

Brooklyn Flea MARKT

(www.brooklynflea.com; 80 Pearl St, Manhattan Bridge Archway, Anchorage Pl, an der Water St, Dumbo; ⏲ April–Okt. So 10–18 Uhr; 👪; 🚌 B67 bis York/Jay Sts, Ⓢ F bis York St) Jeden Sonntag von Frühling bis zum frühen Herbst bieten zahlreiche Verkäufer in einem riesigen Torbogen unter der Manhattan Bridge ihre Waren an. Es gibt alles von Antiquitäten bis CDs, Vintage-Mode, Hausmannskost, skurriles Kunsthandwerk, Haushaltswaren und Möbel. Der Ort kann wechseln, deshalb sollte man sich vorab auf der Website informieren.

Ein etwas kleinerer Markt findet Samstag und Sonntag zwischen 10 und 18 Uhr im Atlantic Center statt – zusammen mit der Winterversion des großartigen Lebensmittelmarkts Smorgasburg.

★ **Dellapietras** LEBENSMITTEL

(☎ 718-618-9575; 193 Atlantic Ave, zwischen Court & Clinton Sts, Downtown Brooklyn; Sandwichs 12 US$; ⏲ Mo–Sa 10–19 Uhr, So bis 17 Uhr; Ⓢ 4/5 bis Borough Hall) Schinken im Schaufenster – das trocken gereifte Fleisch hängt hier unübersehbar im Fenster dieses herausragenden Metzgers. Großartige Fleischstücke und Würstchen sowie Charcuterie und eine riesiege Auswahl an liebevoll angerichteten Lebensmitteln. Brathähnchen, Salate, Eintöpfe und leckere Fleischsandwiches laden unmissverständlich zu einer Mittagspause ein. Das Sandwich mit Porchetta, Wildbrokkoli und Pecorino ist unbeschreiblich gut.

Twisted Lily PARFÜM

(☎ 347-529-4681; www.twistedlily.com; 360 Atlantic Ave, zwischen Bond & Hoyt Sts, Boerum Hill; ⏲ Di–So 12–19 Uhr; Ⓢ F, G bis Hoyt-Schermerhorn) Wer diese „Duftboutique und Apotheke verlässt, duftet wie eine Rose (oder, wenn einem das lieber ist, nach Mandeln, Muskat-Salbei oder Orangenblüten). Diese Pafümerie ist spezialisiert auf ungewöhnliche Düfte aus der ganzen Welt. Das zuvorkommende Personal hilft gern bei der Suche nach dem persönlichen Parfüm, Duftkerzen sowie nach Hautpflege- und Männerkosmetika.

Beacon's Closet VINTAGE

(☎ 718-486-0816; www.beaconscloset.com; 74 Guernsey St, zwischen Nassau & Norman Aves, Greenpoint; ⏲ 11–20 Uhr; Ⓢ G bis Nassau Ave) Schatzsuche und Spießrutenlauf: In diesem riesigen Lagerhaus gibt's Vintage-Mode sortiert nach Farben. Für die kreisförmig aufgestellten Regale mit Jacken, Kleidern, Polyester-Tops und 90er-Shirts braucht man Zeit und Entschlossenheit. Wer Einsatz zeigt, findet auch Schuhe aller Art, Flannellhemden, Hüte, Handtaschen, dicke Klunker und Sonnenbrillen.

TRINKGELD

Trinkgelder sind ein Muss und sollten nur bei extrem schlechtem Service nicht gegeben werden.

Restaurantbedienung 18–20 %, es sei denn, das Trinkgeld ist bereits auf der Rechnung ausgewiesen (meist nur bei Gruppen von fünf oder mehr Leuten)

Barkeeper 15–20 % des Rechnungsbetrags, min. 1 US$/Getränk und 2 US$/Cocktail

Taxifahrer 10–15 %, gerundet auf den nächsten vollen Betrag

Flughafen & Hotelpagen 2 US$/Gepäckstück, min. 5 US$/Gepäckwagen

Zimmermädchen 2–4 US$/Nacht, unter die dafür vorgesehene Karte legen

Weitere Filialen gibt's in **Bushwick** (☎718-417-5683; 23 Bogart St, zwischen Varet & Cook Sts; ⏲11–20 Uhr; Ⓢ L bis Morgan Ave), **Park Slope** (☎718-230-1630; 92 Fifth Ave, Ecke Warren St; ⏲Mo–Fr 12–21 Uhr, Sa & So 11–20 Uhr; Ⓢ 2/3 bis Bergen St, B, Q bis 7th Ave) und Manhattan.

Industry City DESIGN

(☎718-736-2516; www.industrycity.com; 220 36th St, zwischen Second & Third Aves, Sunset Park; ⏲9–21 Uhr; 📶; Ⓢ D, N, R bis 36th St) Diese sechs hoch aufragenden Lagerhäuser an der Promenade von Brooklyn wurden in ein 35 Hektar großes Zentrum für Shops, Designstudios, Start-ups und gemeinnützige Organisationen zweckentfremdet. Ihre schnieke Bauart passt nicht in Brooklyns charakteristischen Schmuddellook, aber es lohnt sich, für ein Mittagessen im Food-Court vorbeizuschauen oder sich im Sommer eine der Vorstellungen im Innenhof anzusehen.

Das Japan Village sticht mit seinem gut sortierten Supermarkt hervor. Dort gibt's *Mochi* (süße Reisteigtaschen mit roter Bohnenpaste gefüllt) zum Mitnehmen sowie zahlreiche andere japanische Lebensmittel und eine Bäckerei mit Café und einem Sake-Laden in der Nähe. Zu empfehlen ist auch das Outlet des ehrwürdigen Manhattan-Chocolatiers Li-Lac.

Queens

Astoria Bookshop BÜCHER

(☎718-278-2665; www.astoriabookshop.com; 31-29 31st St, zwischen 31st Ave & Broadway, Astoria; ⏲11–19 Uhr; Ⓢ N/W bis Broadway) Ein sehr beliebter Indie-Buchladen mit reichlich Regalen, in denen Platz für lokale Autoren ist. Im Astoria kann man sich gut ein Buch über Queens Restaurantszene oder seine breitgefächerte ethnische Vielfalt zulegen. Als treuer Vertreter der Community finden hier auch Autorenlesungen, Diskussionsgruppen, Schreib-Workshops und Kindermärchenstunden (jeden Donnerstag um 11 Uhr) statt.

Die Bronx

In der Arthur Ave gibt's Oldschool-Läden und Marktbuden mit italienischen Köstlichkeiten wie Trüffelöl und Anchovies oder süßes Sugo (Tomatensauce).

Praktische Informationen

New York City ist eine der sichersten Städte der USA – in 2018 sank die Anzahl der Tötungsdelikte auf 289, ein Rekordtief, das es seit den frühen 1950er-Jahren nicht mehr gegeben hat. Insgesamt hat die Gewaltkriminalität im 28. Jahr in Folge abgenommen. Trotzdem sollte man beim Erkunden der Stadt nicht völlig unbedarft sein.

- Nachts sollte man sich in unbekannten, verlassenen Gegenden nicht allein aufhalten.
- Achtung vor Taschendieben, vor allem an vollen Plätzen wie dem Times Square oder der Penn Station während der Rush Hour.
- Auch wenn es normalerweise sicher ist, nach Mitternacht mit der U-Bahn zu fahren, sollte man sich stattdessen besser ein Taxi bestellen, vor allem, wenn man alleine reist.

Das **NYC Information Center** (Karte S. 94; ☎212-484-1222; www.nycgo.com; Broadway Plaza, zwischen W 43rd & 44th Sts; ⏲8–20 Uhr; Ⓢ N/Q/R/W, S, 1/2/3, 7, A/C/E bix Times Sq-42nd St) ist die offizielle Touristeninformation von NYC. Hier kann man sich mit Karten und Broschüren eindecken.

An- & Weiterreise

BUS

Etliche Billigbuslinien starten an verschiedenen Orten am Westrand von Midtown:

Megabus (Karte S. 94; ☎877-462-6342; https://us.megabus.com; 34th St, zwischen 11th & 12th Aves; 📶; Ⓢ 7 bis 34th St-Hudson Yards) Verkehrt u. a. zwischen New York und Boston, Washington, D. C., und Toronto, Kanada. Kostenloses (manchmal sogar funktionierendes) WLAN. Die Busse starten an der 34th St unweit des Jacob K. Javits Convention Center und kommen an der 27th und 7th an (Karte S. 94; Ecke Seventh Ave & 27th St; Ⓢ 1 bis 28th St).

Vamoose (Karte S. 94; ☎212-695-6766; www.vamoosebus.com; Ecke Seventh Ave &

30th St; ab 20 US$; S 1 bis 28th St; A/C/E, 1/2/3 bis 34th St-Penn Station) Busse nach Arlington, Virginia, und Bethesda, Maryland.

FLUGZEUG

Der **John F. Kennedy International Airport** (JFK; ☎718-244-4444; www.jfkairport.com; S A bis Howard Beach, E, J/Z bis Sutphin Boulevard-Archer Ave und weiter mit dem AirTrain) ist 15 Meilen (24 km) von Midtown im Südwesten von Queens entfernt, hat sechs Terminals und fertigt jährlich mehr als 59 Mio. Passagiere aus aller Welt ab. Mit dem AirTrain (auf dem Flughafengelände kostenlos) kommt man von einem Terminal zum nächsten.

2017 wurden 10 Mrd. US$ für Umbauarbeiten genehmigt, wann diese beginnen sollen, ist aber noch ungewiss – alles wurde infolge der COVID-19-Pandemie weiter verschoben. Im Fokus stehen bauliche Veränderungen, aber auch wesentliche Verbesserungen der Annehmlichkeiten sowie Beförderungsalternativen sind geplant.

Der hauptsächlich für Inlandsflüge benutzte Flughafen **LaGuardia** (LGA; ☎718-533-3400; www.laguardiaairport.com; 🚌M60, Q70) ist kleiner als JFK und nur 8 Meilen (13 km) von Midtown Manhattan entfernt. Hier werden jährlich rund 30 Mio. Passagiere abgefertigt.

Die früher sowohl von Politikern als auch normalen Reisenden viel kritisierten Terminals wurden inzwischen für 4 Mrd. US$ überholt. Bei den 2022 abgeschlossenen Arbeiten entstand ein einziges, einheitliches Terminal anstelle der vier vorhandenen Einzelterminals. Natürlich wurden auch die Einrichtungen und Beförderungsalternativen verbessert.

ZUG

Penn Station (W 33rd St, zwischen Seventh & Eighth Aves; S 1/2/3, A/C/E bis 34th St-Penn Station) Startpunkt aller Amtrak-Züge (www.amtrak.com), darunter der Acela Express nach Boston und Washington, D.C. (Achtung: Expresszüge sind doppelt so teuer wie normale). Die Fahrpreise variieren je nach Wochentag und Uhrzeit. An der Penn Station gibt's keine Gepäckaufbewahrung. Ein neues Amtrak-Zentrum, Moynihan Train Hall, wurde 2020 eröffnet.

NYC FÜR REISENDE MIT BEHINDERUNG

Fast überall in der Stadt erleichtern abgesenkte Bordsteine Rollstuhlfahrern die Fortbewegung.Die Hauptattraktionen (wie das Met Museum, das Guggenheim, das National September 11 Memorial und Museum sowie das Lincoln Center) sind ebenfalls für Rollstuhlfahrer zugänglich. Einige, aber nicht alle Veranstaltungsorte auf dem Broadway sind für Theaterbesucher mit Behinderung von Hörhilfen bis hin zu Rollstuhlplätzen ausgestattet (Informationen auf http://theatreaccess.nyc).

Leider sind nur 100 von New Yorks 468 Subway-Stationen mit dem Rollstuhl erreichbar. Rollstuhlgercht sind im Allgemeinen große Stationen wie 14th St-Union Sq, 34th St-Penn Station, 42nd St-Port Authority Terminal, 59th St-Columbus Circle und 66th St-Lincoln Center. Ein komplette Auflistung aller rollstuhlgerechter Subway-Stationen gibt's unter http://web.mta.info/accessibility/stations.htm. Weitere Informationen findet man auch auf visit www.nycgo.com/accessibility.

Positiv ist, dass alle MTA-Busse rollstuhlgerecht sind. Meistens sind sie im Gegensatz zu den überfüllten Subway-Stationen die bessere Wahl. Taxis, die auf Reisende mit körperlichen Einschränkungen eingestellt sind, können unter Accessible Dispatch (646-599-9999; http://accessibledispatch.org) gebucht werden. Es gibt auch eine App, mit der man das nächste Taxi bestellen kann.

Ein tolles, zu empfehlendes Programm ist der **Big Apple Greeter** (☎212-669-8159; www.bigapplegreeter.org) GRATIS, bei dem über 50 Freiwillige mitmachen, die verschiedenste Einschränkungen haben und sehr gerne ihren Winkel der Stadt zeigen.

Toiletten befinden sich in den meisten Kaufhäusern. Auf der Website der NYC Parks (www.nycgovparks.org/facilities/bathrooms) bekommt man die nötigen Informationen hinstichlich Toiletten auf den Grünflächen der Stadt– einige sind behindertengerecht.

Die Stadt stellt auch Paratransit-Fahrdienste für den gleichen Preis wie ein Fahrtticket für die Subway zur Verfügung. Der Dienst (Access-a-Ride, https://access.nyc.gov/programs/access-a-ride) ist für Touristen jedoch nicht besonders praktisch, da man sich an einem Feststellungstermin einfinden und Formulare ausfüllen muss, bevor man berechtigt ist, den Service in Anspruch zu nehmen (was bis zu 21 Tage dauern kann). Mehr Informationen findet man auf der Website.

Auf der Website von Lonely Planet gibt's umsonst den Guide Accessible Travel (https://shop.lonelyplanet.com/categories/accessible-travel.com) zum Downloaden.

Long Island Rail Road (www.mta.info/lirr) Long Island Rail Road befördert jeden Tag über 300 000 Pendler von der Penn Station zu Zielen in Brooklyn und Queens sowie auf Long Island. Die Preise richten sich nach Zonen. Eine Fahrt in der Rush-Hour von der Penn Station zur Jamaica Station (auf der Strecke nach JFK via AirTrain) kostet 10,25 US$, wenn man sein Ticket am Bahnhof kauft (im Zug 16 US$!). **NJ Transit** (www.njtransit.com) bietet Verbindungen von der Penn Station in die Vororte und an die Jersey Shore.

New Jersey PATH (www.panynj.gov/path) Eine Option für alle, die in NJs Norden, z. B. nach Hoboken und Newark wollen. Die Züge (2,75 US$) starten an der Penn Station und folgen der Sixth Ave mit Stopps an der 33rd, 23rd, 14th, 9th St und der Christopher St sowie am wieder eröffneten World Trade Center.

Metro-North Railroad (www.mta.info/mnr) Die Metro-North Railroad fährt vom traumhaften Grand Central Terminal nach Connecticut, ins Westchester County und ins Hudson Valley.

Unterwegs vor Ort

Infos über die öffentlichen Verkehrsmittel (Busse und Subway) stehen auf der Website der Metropolitan Transportation Authority (www.mta.info). Häufigkeit und Dauer von Verspätungen steigen leider mit den Fahrgastzahlen.

Busse In verkehrsarmen Zeiten sind Busse prima, vor allem für Fahrten zwischen den Gebieten im Osten und Westen der Stadt (die meisten U-Bahnlinien verkehren zwischen dem Norden und Süden). Die MetroCard gilt auch in Bussen, der Preis entspricht dem der Subway.

Fähren zwischen den Stadtteilen Die New York City Ferry (www.ferry.nyc) steuert praktischerweise verschiedene Anlegestellen in Manhattan, Brooklyn und Queens an.

Fahrrad Das beliebte städtische Rad-Sharing-Programm Citi Bike (www.citibikenyc.com) bietet Stationen fast überall in Manhattan.

Subway Die U-Bahn ist billig, zuverlässig und fährt rund um die Uhr, kann aber für Neulinge etwas verwirrend sein. Mit der MetroCard kostet die einfache Fahrt 2,75 US$.

Taxi Die Grundgebühr beginnt bei 2,50 US$ und steigt rasant mit 5 US$ pro 20 Blocks. Details siehe www.nyc.gov/taxi.

NEW YORK STATE

Für die meisten beginnt und endet die Reise in den Empire State in der Kultmetropole New York City. Wer aber seinen Trip nur auf die fünf Stadtbezirke und einige Vororte beschränkt, verpasst so einiges.

Long Island und das Hinterland New Yorks – nämlich alles, was nördlich der Metropole New York City liegt – sollte man sich nicht entgehen lassen. Auf Long Island warten gemütliche Küstenstädte, während das Hinterland ein Traum für Outdoor-Fans ist. Das Hudson River Valley ist eine Zuflucht für Städter und führt ambitionierte Traveller gen Norden. Von Albany fließt der 843 km lange Erie Canal nach Westen bis zum Lake Erie, vorbei an den spektakulären Niagarafällen, Buffalo und Rochester. Im Osten befinden sich der St.-Lorenz-Strom und seine Thousand Islands sowie die wunderschönen Adirondack- und Catskills-Bergketten. In der Mitte des Staates kann man auf den ruhigen Finger Lakes die Seele baumeln lassen.

Infos im Internet

511 NY (www.511ny.org) Verkehrsinfos für den Bundesstaat.

I Love NY (www.iloveny.com) Großes Tourismusbüro des Bundesstaates mit dem kultigen Herzlogo.

New York State Parks, Recreation & Historic Preservation (www.parks.ny.gov) Infos über Camping und Unterkünfte sowie allgemeine Auskünfte über alle State Parks.

And North (www.andnorth.com) Ein guter Online-Führer für Upstate New York.

Escape Brooklyn (www.escapebrooklyn.com) Angesehener Blog von Brooklyner Insidern über Kurztrips nach Upstate New York.

Lonely Planet (www.lonelyplanet.com/usa/new-york-state) Infos über Ziele, Hotelrezensionen, Traveller Forum und mehr.

Long Island

Formal gesehen gehören zur 190 km langen Long Island auch noch die Stadtteile Brooklyn und Queens an ihrem westlichen Ende dazu, in der allgemeinen Vorstellung der Leute beginnt „Long Island" aber erst dort, wo die Stadt endet, nämlich in einem Gewühl von verstopften Schnellstraßen und Vororten, die jeder Teenager so schnell wie möglich verlassen möchte (Levittown, die erste Planstadt der 1950er-Jahre, befindet sich im Zentrum von Nassau County). „Loahn-gai-lend" (so der lokale Akzent) hat aber noch weit mehr zu bieten. Hat man den Vorstadtstreifen erst hinter sich gelassen, zeigen sich windgepeitschte Dünen, schillernde Badeorte, grüne Farmen und Weinberge – Pleasantville lässt grüßen – sowie Walfänger- und Fischerdörfchen, die im

17. Jh. gegründet wurden, und man versteht, warum treue Bewohner den Spitznamen „Strong Island“ (starke Insel) bevorzugen.

Anreise & Unterwegs vor Ort

Dank der **Long Island Rail Road** (LIRR; ☎718-217-5477; www.mta.info/lirr), die von der Penn Station in NYC drei Linien bis ans äußerste östliche Ende der Insel betreibt, kann Long Island auch ohne Auto bereist werden. Hinzu kommen die Busgesellschaften Hampton Jitney (S. 152) und **Hampton Luxury Liner** (☎631-537-5800; www.hamptonluxuryliner.com), die von Manhattan zu verschiedenen Orten in den Hamptons und nach Montauk fahren. Hampton Jitney hat auch Busse nach/ab Brooklyn und fährt außerdem North Fork an. Dennoch ist es mit einem Auto einfacher, mehrere Orte auf der Insel in einem Rutsch zu besuchen. Die I-495, auch Long Island Expwy (LIE) genannt, verläuft einmal mitten über das Eiland. Für die Fahrt sollte man aber die Hauptverkehrszeit meiden, wenn die ganzen Pendler die Straßen verstopfen.

Die **Cross Sound Ferry** (☎631-323-2525, 860-443-5281; www.longislandferry.com; 41270 Main Rd, Orient; Fahrzeug/Fahrrad/zu Fuß ab 57/5/16,25 US$) verbindet Long Island mit New London, Connecticut.

South Shore

Die South-Shore-Strände sind leicht mit öffentlichen Verkehrsmitteln zu erreichen und mitunter sehr voll, sie sind aber dennoch ein schönes Ziel für einen tollen Tagesauflug. Die Orte auf den Barriereinseln sind lange nicht so schick wie die in den Hamptons, sie sind weitaus egalitärer und haben alle ihren eigenen Charme. Hier kann man in der Menge untertauchen oder allein durch die Dünen wandern. **Long Beach** liegt hinter der Grenze zu Queens. Die Hauptstraße des Orts ist übersät mit Eisdielen, Bars und Lokalen.

Sehenswertes

Fire Island National Seashore INSEL
(☎631-687-4750; www.nps.gov/fiis) GRATIS Die zum bundesstaatlichen Schutzgebiet gehörende Insel bietet Dünen, Wälder, saubere Strände, Campingoptionen (Genehmigungen 25 US$ über www.recreation.gov), Wanderwege, Gasthäuser, Restaurants, 15 Weiler und zwei Dörfer. Hier gibt es autofreie Gegenden mit Sommerresidenzen und beliebten Nachtclubs ebenso wie Strände, an denen nichts weiter wartet als Zelte und Hirsche.

Der größte Teil der Insel ist nur mit der **Fähre** (☎631-665-3600; www.fireislandferries.com; 99 Maple Ave, Bay Shore; eine Strecke Erw./Kind 11/6 US$) zu erreichen und somit autofrei – die Gäste transportieren ihr Gepäck deshalb auf kleinen Wägelchen. Man kann zu beiden Enden der Insel fahren (zum Leuchtturm oder zum Wilderness Visitor Center), dazwischen gibt es keine Autostraße. Die Insel ist von ungefähr einem Dutzend winziger Weiler gesäumt, in denen vorwiegend Einheimische leben. In der Partyhochburg **Ocean Beach Village** und dem ruhigeren **Ocean Bay Park** (die Fähren vom LIRR-Halt Bayshore fahren hierher) gibt's einige Hotels. **Cherry Grove** und **The Pines** (Fähren ab Sayville), sind Schwulenenklaven, in denen es ebenfalls Hotels gibt.

Robert Moses State Park STATE PARK
(☎631-669-0449; www.parks.ny.gov; 600 Robert Moses State Pkwy, Babylon, Fire Island; 10 US$/Auto, Golf Erw./Kind 11/8 US$; ⏲Sonnenaufgang–Sonnenuntergang) Der Robert Moses State Park, ein kleiner, mit dem Auto erreichbarer Abschnitt von Fire Island, befindet sich am westlichen Ende der Insel und bietet breite Strände, an denen sich ein reiferes Publikum tummelt als am Jones Beach. In der Nähe steht auch das **Fire Island Lighthouse** (Fire Island National Seashore; ☎631-661-4876; www.fireislandlighthouse.com; Robert Moses Causeway; Erw./Kind 8/4 US$; ⏲Juli & Aug. 9.30–18 Uhr, Rest des Jahres kürzer), das gut zu Fuß erreichbar ist.

Sunken Forest WALD
(☎631-597-6183; www.nps.gov/fiis; Fire Island; ⏲Visitor Center Mitte Mai–Mitte Okt.) GRATIS Dieser 300 Jahre alte, überraschend dichte Wald hinter den Dünen ist leicht über einen 1,4 km langen Plankenweg zu erkunden, der eine Schleife durch das Waldgebiet beschreibt. Im Sommer ist es hier schön schattig, im Herbst malt das Laub ein buntes Bild. Zu erreichen ist der Wald über einen eigenen Fähranleger, Sailors Haven, wo es auch ein Visitor Center gibt. Im Winter nach Ende des Fährverkehrs kommt man mit einem langen Spaziergang hin. Es werden auch von Rangern geführte Touren angeboten.

Schlafen & Essen

Seashore Condo Motel HOTEL $$
(☎631-583-5860; www.seashorecondomotel.com; Bayview Ave, Ocean Bay Park, Fire Island; in der Woche/Wochenende DZ ab 200/300 US$; ❄📶) Kleine, holzgetäfelte Zimmer ohne viel Schnickschnack (aber mit neuen Betten!) – trotz des nicht gerade günstigen Preises. Von Bayside mit der Ocean-Bay-Park-Fähre zu erreichen.

Madison Fire Island Pines BOUTIQUEHOTEL $$$
(☎631-597-6061; www.themadisonfi.com; 22 Atlantic Walk, Fire Island Pines, Fire Island; DZ ab 300 US$; ❄📶🏊) Das erste Boutiquehotel von Fire Island kann sich mit allem messen, was Hotels in Manhattan an Annehmlichkeiten zu bieten haben, hat aber darüber hinaus noch eine Dachterrasse mit sagenhaftem Ausblick und wunderschönem Pool. Von Pines gelangt man mit dem **Sayville Ferry Service** (☎631-589-0810; www.sayvilleferry.com; 41 River Rd, Sayville) zum Hotel.

Sand Castle SEAFOOD $$$
(☎631-597-4174; www.fireislandsandcastle.com; 106 Lewis Walk, Cherry Grove, Fire Island; Hauptgerichte 24–33 US$; ⏲Mai–Sept. Mo, Di & Do–Sa 11–23, So 9.30–11 Uhr; 🖉) Das Sand Castle, eines der wenigen Restaurants auf Fire Island, das am Ozean (und nicht an der Bucht) liegt, serviert gute Vorspeisen (gebratene Calamari, Fischsuppe und jede Menge köstliches Seafood (Muscheln, Oktopus-Carpaccio, gegrillter Königslachs).

Außerdem kann man hier mit einem guten Cocktail in der Hand wunderbar Leute beobachten.

An- & Weiterreise

Mit dem Auto kommt man nach Fire Island über den Long Island Expwy bis Exit 53 (Bayshore), 59 (Sayville) oder 63 (Patchogue).

Wer mit den öffentlichen Verkehrsmitteln kommt, fährt mit der LIRR zu einer der drei Haltestellen Patchogue (☎631-475-1665; www.davisparkferry.com; 80 Brightwood St, Patchogue), Bayshore oder Sayville, wo man Anschluss an die Fähre hat. In Patchogue kann man vom Bahnhof zur Fähre laufen. Bei der Bahn ist auch ein Zug-Taxi-Kombiticket für Ausflüge zum Sunken Forest und ein Zug-Bus-Kombiticket nach Jones Beach erhältlich.

LIRR-Züge (www.mtainfo.com/lirr) fahren von der New York Penn Station direkt nach Long Beach (55 Min.). Es gibt spezielle Ausflugstickets.

Die Hamptons

Diese Reihe von Dörfern ist für die wohlhabendsten Bewohner Manhattans, die im Hubschrauber zu ihren Villen fliegen, ein Sommerrefugium. Normalsterbliche nehmen den Hampton-Jitney-Bus und mieten sich ein lärmiges Ferienhaus. Hinter all dem Glamour steckt eine lange Geschichte, denn einst haben hier berühmte Künstler und Schriftsteller gelebt. Darüber hinaus wird auch noch die lebensgefährliche Tradition der Fischerei aufrechterhalten. Die kleine Region erreicht man über den häufig vom Verkehr verstopften Montauk Hwy.

Sehenswertes

EAST HAMPTON

East Hampton Town Marine Museum MUSEUM
(☎631-324-6850; www.easthamptonhistory.org; 301 Bluff Rd, Amagansett; 8 US$; ⏲Juli & Aug. Fr & Sa 10–16 Uhr) Dieses kleine Museum kurz vor der Ortsausfahrt in Richtung Montauk ist ebenso interessant wie sein Pendant in Sag Harbor. Es beleuchtet die Fischerei- und Walfang-Industrie und zeigt Harpunen, Boote, die halb so groß sind wie ihr Fang, und wunderschöne Schwarz-Weiß-Fotos der hiesigen Fischer und ihrer Familien.

Osborn-Jackson House MUSEUM
(☎631-324-6850; www.easthamptonhistory.org; 101 Main St; Spende 5 US$; ⏲Mo–Fr 10–16 Uhr) Wer einen Ausflug in die koloniale Vergangenheit East Hamptons machen möchte, besucht am besten die East Hampton Historical Society, zu der auch dieses geschichtsträchtige Haus gehört. Die Society pflegt fünf historische Sehenswürdigkeiten rund um East Hampton, darunter alte Bauernhäuser und Villen aus der Kolonialzeit sowie ein Meeresmuseum.

Pollock-Krasner House KUNSTZENTRUM
(☎631-324-4929; www.pkhouse.org; 830 Springs Fireplace Rd; Sa 10 US$, Führungen Do & Fr 15 US$; ⏲Mai–Okt. Sa 12–17, Führungen um 12, Do & Fr 14–16 Uhr) Das Haus des berühmten Künstlerehepaars Jackson Pollock und Lee Krasner lohnt schon wegen des mit Farbklecksen überzogenen Fußbodens von Pollocks Studio den Besuch. Samstag kann man einfach vorbeikommen. Die Führungen am Donnerstag und Freitag müssen vorab reserviert werden.

SAG HARBOR

Sag Harbor Whaling & Historical Museum MUSEUM
(☎631-725-0770; www.sagharborwhalingmuseum.org; 200 Main St; Erw./Kind 8/3 US$; ⏲Mai–Okt 10–17 Uhr) Die coole Sammlung besteht u.a. aus echten Artefakten von Walfangschiffen aus dem 19. Jh.: scharfe Flensmesser, ramponierte Gefäße zum Auslassen von Tran, feine, aus Walrosszähnen geschnitzte Gegenstände und mehr. Es ist trotzdem irgendwie befremdlich, in einem Dorf, das jetzt ein kleiner netter Urlaubsort ist, Fotos von riesigen Meerestieren zu sehen. Das Museum

befindet sich in einem aus dem 19. Jh. stammenden Gebäude, im oberen Stockwerk befindet sich ein Freimaurertempel.

SOUTHAMPTON

★ Parrish Art Museum MUSEUM
(631-283-2118; www.parrishart.org; 279 Montauk Hwy, Water Mill; Erw./Kind 12/frei; Mi–Mo 10–17, Fr bis 20 Uhr) In einem eleganten Gebäude, das in seiner Form an eine langgezogene Scheune erinnert und von Herzog & de Meuron entworfen wurde, werden regionale Künstler wie Jackson Pollock, Willem de Kooning, Chuck Close und William Merritt Chase ausgestellt. Sonderausstellungen wechseln fünf Mal im Jahr. Sieben Galerien zeigen dauerhaft Werke aus einer 3000 Stück starken Sammlung. Mehr Pollock gibt's in seinem nicht weit entfernten Studio und Wohnhaus zu sehen.

Southampton History Museum MUSEUM
(631-283-2494; www.southamptonhistory.org; 17 Meeting House Lane; Erw./Kind 5/frei US$; März–Dez. Mi–Sa 11–16 Uhr) Schon bevor die Hamptons die Hamptons wurden, existierte diese Ansammlung von Häusern, die sich heute schön gepflegt auf Southhampton verteilt präsentieren. Das Haupthaus des Museums ist Rogers Mansion, das einst dem Kapitän eines Walfängers gehörte. Lohnend ist auch der Besuch des ehemaligen Trockengut-Lagers um die Ecke in der Main St (heute eine Bijouterie) und des aus dem 17. Jh. stammenden Halsey House (Erw./Kind 5 US$/frei, Juli–Sept. nur Sa.).

St. Andrew's Dune Church KIRCHE
(631-283-0549; www.standrewsdunechurch.com; 12 Gin Lane; Gottesdienst Juni–Sept. 11 Uhr) Die drei Türme dieser roten Holzkirche aus dem 19. Jh. leuchten im Nachmittagslicht ganz wunderbar. Wer Lust hat, kann den Gottesdienst am Sonntag besuchen und dabei gleich die Glasfenster und schönen Holzbänke bewundern. Oder man spaziert einfach an dem skurrilen Eisentopf vorbei, einem Geschenk eines früheren Gemeindemitglieds, und läuft gemütlich am Wasser entlang. Hier befand sich einst die erste Lebensrettungsstation in New York. Die kurze Fahrt oder Wanderung ab Downtown lohnt sich.

Schlafen

1708 House B&B $$$
(631-287-1708; www.1708house.com; 126 Main St; DZ ab 300 US$, Cottages ab 625 US$;) Geschichtsfreaks werden von dieser Spitzenunterkunft angezogen. Geführt wird sie von Skip, einem Geschichtenerzähler wie er im Buche steht, und seiner Tochter. Die Gründungsurkunde des Hauses (und des alten Weinkellers) gehen auf das Jahr 1651 zurück. Es befindet sich im Zentrum von Southampton und erstahlt im Charme der Jahrhundertwende. Die 13 Zimmer und drei Cottages sind traditionell eingerichtet.

★ Topping Rose House BOUTIQUE HOTEL $$$
(631-537-0870; www.toppingrosehouse.com; 1 Bridgehampton-Sag Harbor Turnpike, Bridgehampton; DZ ab 985 US$;) Das supermoderne Boutiquehotel in einem Gebäude von 1842 hat 22 Zimmer, darunter sechs Suiten, die mit Werken hiesiger Künstler geschmückt sind. Ein Manhattaner Galerist kuratiert die wechselnde Kunstsammlung (die Werke werden natürlich zum Kauf angeboten). Außerdem gibt es ein Spa, einen beheizten Pool sowie das Jean-Georges-Vongerichten-Restaurant mit regionalen Produkten (Hauptgerichte 28–49 US$), einige stamen sogar aus dem hauseigenen, ein Hektar großen Garten.

Essen

Candy Kitchen ABENDESSEN $
(2391 Montauk Hwy; Hauptgerichte 4,25–19 Uhr; 7–20 Uhr) Dieser Eckdiner ist der Gegenpol zu Glitzer und Glamour und serviert schon seit 1925 gute Suppen, hausgemachtes Eis und andere Leckereien. Da hier alles etwas altmodisch ist, wird auch nur Barzahlung akzeptiert. Was das Eis angeht, sollte man Mint oder Coffee Chip probieren und zum Lunch Souvlaki oder andere griechische Gerichte.

Fellingham's KNEIPENESSEN $$
(Restaurant Sports Bar; 631-283-9417; www.fellinghamsrestaurant.com; 17 Cameron St; Burger 11–24 Uhr; 11–23 Uhr;) In dieser beliebten Sportsbar mit vielen historischen Fotos und Erinnerungen stehen auf der Speisekarte herzhafte Gerichte wie der nach der Baseball-Legende Babe Ruth benannte Bacon-Cheeseburger und der Sharapova-Burger mit – natürlich – russischem Dressing. Als Hauptgerichte gibt's meist Steaks und Koteletts. Für viele Einheimische gilt das Fellingham's als das „Cheers" von Southampton.

★ Dockside Bar & Grill SEAFOOD $$$
(631-725-7100; www.docksidesagharbor.com; 26 Bay St; Hauptgerichte 24–43 US$; Mo–Do 12–16 & 17.30–22, Fr 12–16 & 17.30–22.30, Sa 11–14 & 17.30–22.30, So 11–14 & 17.30–22 Uhr) Auf der sea-

foodlastigen Speisekarte des bei Einheimischen beliebten Lokals in der American Legion Hall (der Originaltresen ist noch erhalten) stehen neben zahlreichen weiteren Köstlichkeiten eine preisgekrönte sämige Muschelsuppe sowie leckere Avocado-Hummer-Frühlingsrollen. Im Sommer ist es auf der Terrasse besonders nett.

An- & Weiterreise

Wer auf dem Montauk Hwy (Rte 27) ab/nach New York unterwegs ist, sollte sorgfältig planen, wenn man nicht im Stau stehen will. Auch in den Hamptons geht an einigen Wochenenden in puncto Verkehr gar nichts. Lieber in Manhattan oder Brooklyn in einen der beliebten **Hampton-Jitney-Busse** (☎631-283-4600; www.hamptonjitney.com) steigen. Die bequemen Busse fahren häufig und bedienen die gesamten Hamptons. Auch LIRR-Züge (S. 149) sind eine gute, wenn auch zeitintensive Option.

Unterwegs vor Ort

Hampton Hopper (☎631-259-7076; www.hamptonhopper.com; ⏲Juni–Labor Day 10–22 Uhr) ist ein appbasierter Transportservice. Mit den türkisfarbenen, umgebauten Schulbussen kann man sich einfach und preiswert bis abends in den Orten fortbewegen. Mit der App lassen sich Tagespässe ab 20 US$ (der Montauk Loop ist umsonst) kaufen und sie zeigt an, wo sich der nächste Bus befindet.

Montauk

In Richtung der nach Osten zeigenden Spitze der South Fork von Long Island liegen das nette Städtchen Montauk, oder „The End", sowie der bekannte Surferstrand **Ditch Plains**. Mit den Surfern kamen auch die wohlhabenden Hipster und die Hotels im Boho-Chic in den Ort. Aber es gibt hier noch immer eine stolze Arbeiterschaft und legere Fischrestaurants. Östlich vom **Napeague State Park** teilt sich die Route 27. Der Montauk Hwy verläuft weiter durch die Mitte der Halbinsel, der Old Montauk Hwy folgt der Küste. Die Straßen treffen sich wieder im Zentrum von Montauk an dem kleinen See Fort Pond. 2 Meilen (3,2 km) östlich befindet sich eine große Bucht mit dem Namen Lake Montauk, an deren Ufer zahlreiche Jachthäfen aneinander gereiht sind.

Sehenswertes

Montauk Point State Park STATE PARK

(☎631-668-3781; www.parks.ny.gov; 2000 Montauk Hwy/Rte 27; pro Auto 8 US$; ⏲Sonnenaufgang–Sonnenuntergang) Am Ostzipfel von South Fork befindet sich der Montauk Point State Park mit einem beeindruckenden **Leuchtturm** (☎631-668-2544; www.montauklighthouse.com; 2000 Montauk Hwy; Erw./Kind 12/5 US$; ⏲Juni–Aug. So–Fr 10.30–17.30, Sa bis 19 Uhr, Mitte April–Juni & Sept.–Nov. kürzer). Der Park eignet sich perfekt für einen windumtosten Spaziergang, zum Surfen, zum Angeln in der Brandung (Genehmigung erforderlich) und zum Beobachten von Seehunden – ein Anruf beim Park und man erfährt, wo und wann Ranger Teleskope aufstellen, um einen besseren Blick auf die verspielten Robben zu bekommen.

Lost at Sea Memorial DENKMAL

(2000 Montauk Hwy, Montauk Lighthouse; Montauk State Park Parkplatzgebühr 8 US$; ⏲Mitte Juni–Aug. So–Fr 10.30–17.30, Sa 10.30–19 Uhr, Mitte April–Mitte Juni & Sept.–Nov. kürzer) Besucher des Montauk Lighthouse nehmen das kleinere, 4,5 m hohe Gebilde am Ostzipfel des Parks, wo die 18 m hohen Klippen ins Meer abfallen, gar nicht sofort wahr. Die hiesigen Fischer erinnert es aber Tag für Tag aufs Neue an ihren Kampf mit dem Meer. Die 1,5 m große und rund 1180 kg schwere Bronzestatue steht auf einem 2 m hohen Granitblock, auf dem die Namen der von der Kolonialära in New York bis heute in den Wellen Umgekommenen eingraviert sind.

Schlafen

Hither Hills State Park CAMPING $

(☎631-668-2554; www.parks.ny.gov; 164 Old Montauk Hwy; Stellplatz New-York-State-Einwohner/Gebietsfremde 35/70 US$) Die bewaldeten Dünen bilden eine natürliche Barriere zwischen Montauk und den Hamptons. Es gibt 189 Stellplätze für Zelte und Wohnmobile, Angelspots (Genehmigung erforderlich) und Wanderwege durch die Dünen. Online-Reservierung ist ein Muss (Gebühr 9 US$). Im Westen grenzt der Park an die atemberaubenden **Walking Dunes** (Napeague Harbor Rd, Hither Hills State Park) GRATIS.

★ **Sunrise Guesthouse** PENSION $$$

(☎631-668-7286; www.sunrisebnb.com; 681 Old Montauk Hwy; Zi./Suite 295/425 US$; P ❄ ☎) Das geschmackvolle B&B mit vier netten Zimmern ist 1 Meile (1,6 km) vom Ort entfernt, gleich gegenüber der Straße, die zum Strand führt. Das große, köstliche Frühstück wird in einem gemütlichen Speiseraum serviert – den Traumblick gibt's gratis dazu. Im Sommer ist der Mindestaufenthalt zwei Nächte.

Essen & Trinken

Lobster Roll SEAFOOD $$

(☎631-267-3740; www.lobsterroll.com; 1980 Montauk Hwy, Amagansett; Hauptgerichte 14–28 US$; ⊙Juni–Sept. Mo–Sa 11.45–21.30, So 11.45–21 Uhr, Mai & Okt. kürzer) Westlich von Montauk muss man am Straßenrand nur nach dem Schild „Lunch“ Ausschau halten. Es markiert jene Hütte, in der es seit 1965 Muscheln und Hummer gibt. Das Lobster Roll ist berühmt-berüchtigt als der Ort, an dem sich in der Serie *The Affair* das Liebesverhältnis entspinnt.

★ **Clam Bar at Napeague** SEAFOOD $$

(☎631-267-6348; www.clambarhamptons.com; 2025 Montauk Hwy, Amagansett; Hauptgerichte 13–29 US$; ⊙April–Okt. 11.30–20, Nov & Dez. 11.30–18 Uhr) Frischere Meeresfrüchte und „salzigeres“ Personal gibt's wohl nirgends sonst. Und – bei der heiligen Makrele – die Hummerbrötchen sind himmlisch, auch wenn man beim Preis etwas schlucken muss. In dem seit drei Jahrzehnten bestehenden und bei Einheimischen äußerst beliebten Lokal werden keine Kreditkarten akzeptiert. Zu finden ist es in der Straße zwischen Amagansett und Montauk. Im Winter sind die Öffnungszeiten wetterabhängig.

Montauk Brewing Company KLEINBRAUEREI

(☎631-668-8471; www.montaukbrewingco.com; 62 S Erie Ave; ⊙Mo–Fr 14–19, Sa & So 12–19 Uhr) *Come as you are* lautet das Motto dieser kleinen Schankstube, und bislang hat Cobains Familie sich nicht wegen der Liedrechte gemeldet. Das mehr als süffige Sortiment an Bieren wechselt zwischen Lager und Stout, die man bei entsprechendem Wetter draußen auf der Terrasse genießen kann. Gut zum Mitnehmen: ein gemischtes Sixpack.

Montauket BAR

(☎631-668-5992; 88 Firestone Rd; ⊙12–22 Uhr) Kenner sind sich einig: Dies ist Long Islands beste Location, um sich den Sonnenuntergang anzuschauen. Das bescheidene Haus mit schieferblauen Schindeln hat viel Montauk-Atmosphäre (und Gäste).

An- & Weiterreise

Montauk ist die letzte Haltestelle des gen Osten fahrenden Jitney-Busses (30–38 US$) und der Long Island Rail Road (S. 149). Der Suffolk-County-Bus 10C (2,25 US$) fährt von Juli bis September fünf Mal am Tag von East Hampton nach Montauk (und zum Leuchtturm.)

North Fork & Shelter Island

Die North Fork von Long Island ist vor allem für ihr Ackerland und ihre Weingüter bekannt. Am Wochenende können aber lärmende Weingut-Gruppentouren in Limousinen über das Gebiet herfallen. Die Rte 25, die Hauptverbindungsstraße zwischen den Orten **Jamesport**, **Cutchogue** und **Southold**, ist hübsch und von Ständen gesäumt. Auf der weniger befahrenen Rte 48 gibt's auch viele Weingüter.

Der größte Ort der North Fork ist **Greenport** mit Fischerbooten, die immer noch auslaufen, einer Vergangenheit als Walfängerort und einem **alten Karussell** (www.villageofgreenport.org; Mitchell Park; 2 US$; ⊙Juni–Aug. 10–21 Uhr, im restl. Jahr kürzer) im Mitchell Park. Greenport ist recht klein und kann vom LIRR-Bahnhof aus leicht zu Fuß erkundet werden.

Zwischen North und South Fork liegt, wie ein kleines Juwel in der Klaue Long Islands, Shelter Island. Die Insel ist eine kleinere, maßvollere Version der Hamptons, mit einer Prise maritimem New England. Die Parkmöglichkeiten sind begrenzt. Am langen **Crescent Beach** z. B. kann man nur mit Parkgenehmigung parken. Wen ein paar Hügel nicht abschrecken, der kann die Insel auch prima mit dem Fahrrad erkunden und das Mashomack Nature Preserve ist ein Traum für Naturfans.

Sehenswertes

Mashomack Nature Preserve NATURSCHUTZGEBIET

(☎631-749-1001; www.nature.org/Mashomack; Rte 114, Shelter Island; Spende erwünscht Erw./Kind 3/2 US$; ⊙Juli & Aug. 9–17 Uhr, April–Juni, Sept. & Okt. Di geschl., im restl. Jahr kürzer) Das 8 km² große Naturschutzgebiet auf Shelter Island ist übersät mit kleinen Flüssen und Sumpfgebieten und eignet sich hervorragend zum Kajakfahren, Vögelbeobachten und Wandern (Radfahren ist verboten). Vorsicht: Zecken sind ein ständiges Problem auf der Insel.

Orient Beach State Park STRAND

(☎631-323-2440; www.parks.ny.gov/parks/106; 40000 Main Rd, Orient; 10 US$/Auto, Kajak 25 US$/Std.; ⊙8–16 Uhr) Ein Strandzipfel am Ende von North Fork, an dem man (im Juli und August 10.30–18 Uhr) im ruhigen Ozean baden oder in der kleinen Bucht mit Mietkajaks paddeln kann. Wahre Fans können vier verschiedene Leuchttürme besichtigen, darunter das Orient Point Lighthouse, das unter

Seeleuten wegen seiner Reichweite „Coffee Pot“ heißt. Am besten sieht man den Leuchtturm, wenn man die Straße zum Orient Point County Park hinaufläuft, von wo aus man über einen knapp 1 km langen Weg zu einem weißen Sandstrand gelangt.

Horton Point Lighthouse LEUCHTTURM

(☎631-765-5500; www.southoldhistoricalsociety.org/lighthouse; 3575 Lighthouse Rd, Southold; empfohlene Spende 5 US$; ⏲Memorial Day–Mitte Sept. Sa–So 11.30–16 Uhr, Rest des Jahres kürzer) Auch Horton Point, die kleinere Schwester des berühmten Leuchtturms von Montauk, wurde von Präsident Washington in Auftrag gegeben, aber erst 60 Jahre später von dem Schotten William Sinclair, einem Ingenieur von Brooklyn Navy Yard, errichtet. Über einen schönen Naturweg im benachbarten Park kommt man zu zwei Aussichtspunkten mit Blick über den Long Island Sound und zu Stufen hinunter zum Strand.

Schlafen & Essen

Greenporter Hotel BOUTIQUE-HOTEL **$$$**

(☎631-477-0066; www.greenporterhotel.com; 326 Front St, Greenport; DZ inkl. Frühstück 239–309 US$; P❄📶🏊) Hier wurde ein älteres Motel renoviert – die Wände bekamen einen weißen Anstrich und die Zimmer wurden mit IKEA-Möbeln ausgestattet. Nur wenige Schritte vom Trubel im Zentrum von Greenport entfernt. Die 30 Zimmer mit großen Badezimmern und Badewannen umsäumen den Pool. Für diese Gegend bietet das Greenporter ein gutes Preis-Leistungs-Verhältnis.

Love Lane Kitchen AMERIKANISCH **$$**

(☎631-298-8989; www.lovelanekitchen.com; 240 Love Lane, Mattituck; Hauptgerichte mittags 14–17, abends 17–34 US$; ⏲Di & Mi 7–16, ,Mo, Do & Fr 7–16 & 17–21.30, Sa & So 8–16 & 17–21.30 Uhr; 📶) Beliebtes Restaurant in einer hübschen Straße, auf dessen internationaler Abendkarte vor allem Fleisch und Gemüse aus der Region stehen: Burger (selbstverständlich), Portobello-Panini, Fisch-Tacos und Enten-Tagine.

★ **North Fork Table & Inn** AMERICAN **$$$**

(☎631-765-0177; www.nofoti.com; 57225 Main Rd, Southold; Hauptgerichte 33–45 US$, 5-Gänge-Probiermenü 125 US$; ⏲Mo & Do 17.30–20, Fr 17.30–21.30, Sa 17–21, So 17–20 Uhr; 📶) Die Nobelunterkunft ist bei Feinschmeckern sehr beliebt. Sie wartet mit vier Zimmern (ab 250 US$) und einem hervorragenden Restaurant auf, das seine Zutaten direkt vom Bauernhof bezieht. Es wird von ehemaligen Köchen des angesehenen Restaurants Gramercy Tavern in Manhattan geführt. Zu Abend essen kann man dort die ganze Woche (am Wochenende gibt's auch Brunch), wer mittags Appetit hat, kann sich freitags bis montags von 11.30 bis 15.30 Uhr (Juli/Aug. Mo–So) am Foodtruck vor dem Restaurant einen Gaumenschmaus zum Mitnehmen bestellen.

ℹ An- & Weiterreise

Der Hampton-Jitney-Bus (S. 152) startet in Manhattans East Side an der 96th, 83rd, 77th, 69th, 59th und 40th St und hält auf der North Fork in zehn Orten (ab 21 US$). Der Hampton Luxury Liner (S. 149) fährt auch nach North Fork. Die Fahrt ab Manhattan nach Greenport dauert 3½ Stunden.

Mit dem eigenen Auto fährt man von Manhattan durch den Midtown Tunnel auf den I-495/Long Island Expwy und weiter bis zum Ende in Riverhead, dort folgt man den Schildern zur Rte 25, die zu allen Orten im Osten führt. Schneller ist aber die North Rd (Rte 48), da sie nicht durch die Zentren geht.

Die Long Island Rail Road (S. 149) verläuft von der Penn Station und Brooklyn bis nach Greenport. Die Linie wird oft als Ronkonkoma Branch bezeichnet.

Von der North Fork zur South Fork (und umgekehrt) gelangt man mit der **North Ferry** (☎631-749-0139; www.northferry.com; NY 114 South, Greenport; einfache Strecke Auto/Fahrrad/zu Fuß 12/4/2 US$) und der **South Ferry** (☎631-749-1200; www.southferry.com; 135 South Ferry Rd, Shelter Island; ⏲einfache Strecke Auto/Fahrrad/zu Fuß 15/4/2 US$) die über Shelter Island fährt. Es gibt keine direkte Fährverbindung – man muss erst die eine und dann die andere Fähre nehmen.

Hudson Valley

Die kurvigen Straßen zu beiden Ufern des Hudson River führen vorbei an pittoresken Farmen, viktorianischen Cottages, Apfelplantagen und Landsitzen des alten New Yorker Geldadels. Die Maler der Hudson River School romantisierten diese Landschaften, die sich im Herbst, der besten Zeit für eine Reise, besonders schön präsentieren.

Wegen der Pendlerzuglinie zwischen New York City und Albany ist die Seite östlich des Flusses belebter. Mehrere prächtige Wohnsitze finden sich in der Nähe von Tarrytown und Sleepy Hollow. Die frühere Industriestadt Beacon wurde als ein Vorposten zeitgenössischer Kunst wiederbelebt, während das historische Hudson mit seinen kleinen Galerien und Antiquitätenläden wohlhabendere Wochenendgäste anlockt.

Die Westseite des Hudson River erfährt gerade einen Aufschwung wegen günstiger Immobilienpreise. Außerdem kann man dort mehrere State Parks, die Militärakademie West Point sowie New Paltz, das Tor zu hervorragenden Klettermöglichkeiten im Minnewaska State Park Preserve und im Mohonk Preserve, erkunden.

An- & Weiterreise

Die Metro-North Railroad (www.mta.info/mnr) führt von der Grand Central Station in NYC bis nach Poughkeepsie (S. 158); eine weitere Strecke der New Jersey Transit (www.njtransit.com) verläuft durch New Jersey bis nach Harriman. Amtrak (www.amtrak.com) hält auch in Rhinecliff (für Rhinebeck), Poughkeepsie und Hudson. New Paltz, Kingston und andere Orte östlich des Hudson erreicht man mit dem Bus. Trailways (www.trailwaysny.com) fährt die Orte an.

Lower Hudson Valley

Das als Schauplatz der Geschichte vom kopflosen Reiter (*The Legend of Sleepy Hollow*) im 19. Jh. durch Washington Irving berühmt gewordene Sleepy Hollow und der größere Nachbarort Tarrytown sind die Sprungbretter zu drei historischen Landgütern und zum Stone Barn Center for Food & Agriculture, einem Anlaufpunkt für Gourmets und an Landwirtschaft Interessierte.

Die Arbeiterstadt Beacon am Hudson hat sich zum Magneten für Kreative, Pendler und Fans von Zweitwohnsitzen entwickelt. Sie liegt nah am Mt. Beacon, dem höchsten Gipfel im Hudson Valley (ein lohnendes Wanderziel). Obschon die Stadt recht hip ist, bekennt sie sich stolz zu ihrer Verwurzelung in der Arbeiterklasse und ist dadurch umso attraktiver.

Sehenswertes

★ Dia:Beacon GALERIE

(☎ 845-440-0100; www.diaart.org; 3 Beekman St, Beacon; Erw./Kind 15 US$/frei; ⏲ April–Okt. Do–Mo 11–18 Uhr, Nov & Dez. Do–Mo 11–16 Uhr, Jan.–März Fr–Mo 11–16 Uhr) Die 27 900 m² große ehemalige Kartonfabrik der Nabisco am Hudson River ist heute ein Ausstellungsgelände für faszinierende Monumentalwerke von Künstlern wie Richard Serra, Dan Flavin, Louise Bourgeois oder Gerhard Richter. Die Sammlung wird durch Sonderausstellungen großer Skulpturen und Installationen ergänzt. Das Museum ist ein Muss für alle Freunde zeitgenössischer Kunst. Führungen (im Eintrittspreis enthalten) finden an Wochentagen um 12.30 und 14 Uhr statt.

Boscobel House & Gardens HISTORISCHES GEBÄUDE

(☎ 845-265 3638; www.boscobel.org; 1601 Rte 9D, Garrison; Haus & Garten Erw./Kind 18/9 US$, nur Garten 12/6 US$; ⏲ Führungen Mitte April–Okt. Mi–Mo 10–16 Uhr, Nov. & Dez. bis 15 Uhr) Boscobel, die elegante Kulisse des im Sommer stattfindenden **Hudson Valley Shakespeare Festival** (☎ 845-265-9575; www.hvshakespeare.org; 1601 Rte 9D, Garrison; Tickets 10–100 US$; ⏲ Juni–Sept.), wurde 1808 erbaut und gilt als eines der schönsten Beispiele der Federal-Style-Architektur im Bundesstaat. Das Haus, 8 Meilen (12,9 km) südlich von Beacon, kann nur im Rahmen einer Führung (45 Min.) besichtigt werden. Die Führungen finden regelmäßig den ganzen Tag über statt.

Stone Barns Center for Food & Agriculture FARM

(☎ 914-366-6200; www.stonebarnscenter.org; 630 Bedford Rd, Pocantico Hills; ⏲ Mi–So 10–16 Uhr) Auf dieser riesigen ökologischen Farm bekommt man einen Einblick in die moderne Landwirtschaftsbewegung. An warmen Wochenenden (April–Nov.; Erw./Kind 22 US$/frei) wimmelt es hier nur so vor Besuchern, die an Aktivitäten wie Eiersammeln und Salatpflanzen teilnehmen oder die Schafherde kennenlernen. Mittwochs bis freitags finden auch andere Touren und Workshops statt. Informationen dazu finden sich auf der Website. Buchungen im Voraus sind ratsam, da sie schnell voll sind. Es gibt einen guten Shop und ein kleines Cafè mit Essen zum Mitnehmen. Für ein gutes Essen sollte man im Gourmetrestaurant Blue Hill at Stone Barns reservieren, es befindet sich hier auf dem Gelände.

Washington Irving's Sunnyside HISTORISCHES GEBÄUDE

(☎ 914-591-8763, Mo–Fr 914-631-8200; www.hudsonvalley.org; 3 W Sunnyside Lane, Tarrytown; Erw./Kind 14/8 US$; ⏲ Führungen Mai–Mitte Nov. Mi–So 10.30–16 Uhr) Der Schriftsteller Washington Irving, berühmt für Erzählungen wie *Die Legende von Sleepy Hollow*, baute dieses fantasievolle Haus, das nach seiner eigenen Aussage mehr Ecken und Winkel hat als ein Dreispitz. Die Führer in Kostümen des 19. Jhs. haben gute Geschichten auf Lager, und die Glyzinien, die Irving vor mehr als 150 Jahren pflanzte, klettern immer noch an den Mauern empor. Online sind die Ticket 2 US$ günstiger.

Der Sunnyside nächstgelegene Bahnhof ist Irvington, ein Halt vor Tarrytown.

Schlafen & Essen

★ Roundhouse BOUTIQUEHOTEL $$

(☎845-765-8369; www.roundhousebeacon.com; 2 E Main St; Zi. ab 230 US$; P ✈ ❄ 📶) Das Roundhouse, das eine frühere Schmiede und eine Hutfabrik an beiden Ufern des Fishkill Creek einnimmt, ist ein vorbildliches Beispiel für die Wiederauferstehung Beacons als Tourismusziel. In den geräumigen Zimmern mit Designer-Lampen, Bettkopfteilen aus Holz und Decken aus Alpaka-Wolle verbinden sich nahtlos Elemente der industriellen Vergangenheit der Gebäude mit zeitgenössischem Komfort.

Homespun Foods CAFÉ $

(☎845-831-5096; www.homespunfoods.com; 232 Main St, Beacon; Hauptgerichte 10–15 US$; ⊙So–Di 8–17, Mi–Sa bis 20 Uhr; ✎) Hierzulande eine entspannte Feinschmecker-Legende, tischt das Homespun nur frisch zubereitete Gerichte auf, z. B. Salate, Sandwiches und einen vegetarischen Hackbraten aus Nüssen und Käse.

★ Blue Hill at Stone Barns AMERIKANISCH $$$

(☎914-366-9600; www.bluehillfarm.com; 630 Bedford Rd, Pocantico Hills; Menu 278 US$; ⊙Mi–Sa 17–22, So 13–19.30 Uhr) Regionale Produkte pur gibt's auf Chefkoch Dan Barbers Farm (die auch sein Restaurant in Manhattan beliefert). Das erstaunliche mehrgängige Menü basiert auf der Ernte des Tages und dauert mindestens drei Stunden – die Bedienung ist so theatralisch wie die Präsentation der Gerichte. Man sollte rund zwei Monate im Voraus buchen und den Dresscode beachten: Die Herren tragen Sakko und Krawatte, Shorts sind verboten.

An- & Weiterreise

Pendlerzüge von Metro-North (www.mta.info/mnr) verbinden New York City mit Beacon (einfache Strecke verkehrsarme/Spitzenzeit 24/29 US$, 1½ Std.).

Ab dem Bahnhof Tarrytown Station (www.mta.info/mnr; 1 Depot Plaza, Tarrytown) gibt's regelmäßig Zugverbindungen mit New York City (einfache Strecke verkehrsarme/Spitzenzeit 11,25/14,75 US$, 40 bis 50 Minuten). Irvington, ein Halt vor Tarrytown, ist der Sunnyside nächstgelegene Bahnhof, während Philipse Manor, ein Halt nach Tarrytown, in Gehweite vom Philipsburg Manor liegt.

Die größte Flexibilität, um sich in der Gegend fortzubewegen, hat man mit einem Mietwagen.

New Paltz

New Paltz, eine kurze Autofahrt entfernt vom Westufer des Hudson, ist eine Collegestadt, die für ihr Zentrum mit Kleinstadtcharme und ihre Hippie-Atmosphäre bekannt ist. Im Ort gibt's einen Campus der State University of New York, tolle Restaurants und Bars, und es ist das Sprungbrett zum Shawangunk Ridge („The Gunks"), wo es ausgezeichnete Möglichkeiten zum Wandern und Klettern gibt.

Sehenswertes & Aktivitäten

Historic Huguenot Street HISTORISCHE STÄTTE

(☎845-255-1660; www.huguenotstreet.org; 86 Huguenot St; geführte Touren Erw./Kind 12 US$/frei; ⊙Mai–Okt. 10–17 Uhr, Nov.–Mitte Dez. Sa & So 10–17 Uhr) Beim Spaziergang rund um die malerische Enklave von Gebäuden, die von der 1678 gegründeten Hugenottensiedlung übrig geblieben sind, erlebt man einen Ausflug in die Vergangenheit. Auf einer geführten Tour (Ausgangspunkt ist das Besucherzentrum; ab 10.30 Uhr jede halbe Stunde) erfährt man von den unterschiedlichen Menschen, die über die Jahrhunderte diese Stätte bewohnt haben: die indigenen Esopus Munsee, niederländische Siedler, Hugenottenfamilien, die in Frankreich religiös verfolgt wurden, und versklavte afrikanische Arbeiter.

Zu dem 4 ha großen National Historic Landmark District gehören ein Besucherzentrum, sieben historische Steinhäuser, die Nachbildung eines Munsee-Wigwams, der Nachbau der Hugenottenkirche von 1717 und ein Begräbnisplatz aus dem 17. Jh.

Mohonk Preserve PARK

(☎845-255-0919; www.mohonkpreserve.org; 3197 Rte 55, Gardiner; Tagespass Wanderer/Kletterer & Radfahrer 15/20 US$; ⊙Besucherzentrum 9–17 Uhr) Das 3723 ha große Gelände einer Privatstiftung bietet Wege und andere Einrichtungen, die aus den Eintrittsgebühren unterhalten werden. Die Klettermöglichkeiten zählen zu den besten an der Ostküste. Das Gelände ist von Sonnenauf- bis Sonnenuntergang geöffnet.

Rock & Snow ABENTEUERSPORT

(☎845-255-1311; www.rockandsnow.com; 44 Main St; ⊙Mo–Do 9–18, Fr bis 20, Sa 8–20, So bis 19 Uhr) Der seit Langem bestehende Veranstalter vermietet Zelte und Ausrüstung zum Klettern, Eisklettern und für andere Aktivitäten und vermittelt Guides für Kletter- und weitere Outdoor-Abenteuer in „The Gunks".

Schlafen & Essen

New Paltz Hostel HOSTEL $
(☎845-255-6676; www.newpaltzhostel.com; 145 Main St; B/Zi. ab 40/60 US$; ❄📶) Das Hostel in einem großen alten Haus neben dem Busbahnhof ist von der ortstypischen Hippie-Atmosphäre geprägt und bei Kletterern und Wanderern beliebt. Es gibt einen gemischten Schlafsaal und mehrere Einzelzimmer (beides mit Einzel- und Gemeinschaftsbädern). Außerdem gibt's eine Gemeinschaftsküche.

Manche Studenten sind hier Dauergäste. Drogen und Alkohol sind verboten, in den Schlafsäalen gilt ab 22 Uhr Nachtruhe.

Mohonk Mountain House RESORT $$$
(☎855-436-0832; www.mohonk.com; 1000 Mountain Rest Rd; Zi. ab 710 US$; ❄@📶🏊) Das riesige „viktorianische Schloss" thront über einem dunklen See und bietet seinen Gästen allen erdenklichen Luxus, von üppigen Mahlzeiten über Golf bis hin zu Spa-Einrichtungen und einer Palette von Outdoor-Aktivitäten, z. B. Wanderungen und Ausritte. Im Preis inbegriffen sind alle Mahlzeiten und die meisten Aktivitäten. Man hat die Wahl zwischen Zimmern im Hauptgebäude, in Cottages und in der luxuriösen Grove Lodge.

★ **Huckleberry** AMERIKANISCH $$
(☎845-633-8443; www.huckleberrynewpaltz.com; 21 Church St; Hauptgerichte 14–18 US$; ⌚Mo–Do 12–2, Fr–Sa 12–4, So 10–2 Uhr; 📶) In dem niedlichen meeresgrün gestrichenen Haus, das versteckt abseits der Hauptstraße liegt, gibt's eine ansprechende Auswahl von leckeren Gerichten, darunter Burger aus mit Gras gefütterten Büffeln, Fisch-Tacos und gehaltvolle Käsemakkaroni. Dazu bekommt man einfallsreiche Cocktails und Craft-Biere. Es gibt einen hübschen Schankgarten. Die Küche hat an den meisten Abenden bis Mitternacht (Freitag und Samstag bis 1 Uhr) geöffnet.

An- & Weiterreise

Trailways (☎800-776-7548; www.trailwaysny.com; 139 Main St) verbindet New Paltz mit New York City (23 US$, 1½ Std.) und Saugerties (8 US$, 1 Std.).

Poughkeepsie

Knapp 10 km südlich des Hyde Parks, wo sich das Haus des ehemaligen US-Präsidenten Franklin D. Roosevelt befindet, liegt Poughkeepsie (puh-*kip*-sie), die größte Stadt im Hudson Valley. Sie ist Sitz des prestigeträchtigen Vassar College, das bis 1969 eine reine Frauenhochschule war, und in dem ein IBM-Büro ansässig war – in der einstigen Hauptniederlassung wurden außergewöhnlich früh Computer gebau.

Das Highlight ist die längste Fußgängerbrücke der Welt, auf der man den Hudson River überqueren kann. Vassars **Frances Lehman Loeb Art Center** (☎845-437-5237; www.fllac.vassar.edu; 124 Raymond Ave; ⌚Di, Mi, Fr & Di 10–17, Do 10–21, So 13–17 Uhr) GRATIS ist auch einen Besuch wert, es befindet sich in einem von César Pelli entworfenen Gebäude. Wenn man schon mal da ist, sollte man in einer der lokalen Destillerien und Kneipen vorbeischauen. Ausführliche Informationen erhält man beim **Dutchess Tourism** (☎800-445-3131; www.dutchesstourism.com; 3 Neptune Rd, Poughkeepsie; ⌚Di–Fr 9–17 Uhr).

Sehenswertes

Franklin D. Roosevelt Home HISTORISCHES GEBÄUDE
(☎845-229-5320; www.nps.gov/hofr; 4097 Albany Post Rd; Erw./Kind 20 US$/frei, nur Museum oder Haus Erw./Kind 10 US$/frei; ⌚Touren alle 30 Min. 9–16 Uhr) Ranger veranstalten interessante einstündige Führungen rund um Springwood, den Wohnsitz von Franklin D. Roosevelt, der als einziger US-Präsident viermal gewählt wurde, und die USA aus der Weltwirtschaftskrise und durch den Zweiten Weltkrieg führte. Angesichts des Reichtums seiner Familie ist das Anwesen recht bescheiden; im Sommer kann unangenehm starker Publikumsandrang herrschen. Im Haus sind Gegenstände des Privatlebens erhalten, darunter Roosevelts Schreibtisch, der so belassen wurde wie am Vortag seines Todes, und der handbetriebene Aufzug, den der unter den Folgen von Kinderlähmung leidende Präsident benutzte, um ins obere Stockwerk zu gelangen.

Das Haus ist Teil eines 615 ha großen Anwesens, das früher einmal eine Farm war. Hier befindet sich auch das schlichte Marmorgrab, in dem FDR und Eleanor (und ihr Hund Fala) beerdigt sind. Außerdem gibt's hier verschiedene Wanderwege und das **FDR Presidential Library & Museum** (☎845-486-7770; www.fdrlibrary.org; ⌚April–Okt. 9–18 Uhr, Nov.–März 9–17 Uhr), das bedeutende Errungenschaften von Roosevelts Präsidentschaft würdigt. Die Eintrittskarten gelten zwei Tage lang und enthalten die Führung durch Springwood.

Walkway Over the Hudson AUSSICHTSPUNKT, PARK

(☎845-834-2867; www.walkway.org; 61 Parker Ave, Poughkeepsie; ⏰7 Uhr–Sonnenuntergang) Dies ist der östliche Haupteingang (mit Parkplatz) zu der früheren Eisenbahnbrücke (1889 erbaut) über den Hudson, die heute mit 2,06 km die längste Fußgängerbrücke der Welt sowie ein State Park ist. Von der 65 m hohen Brücke bietet sich ein atemberaubender Blick auf die Landschaft am Fluss.

Schlafen & Essen

Roosevelt Inn MOTEL $

(☎845-229-2443; www.rooseveltinnofhydepark.com; 4360 Albany Post Rd; Zi.90–210 US$; ⏰März–Dez.; ❄📶) Das seit 1971 bestehende Straßenmotel ist ein Familienbetrieb mit tollem Preis-Leistungs-Verhältnis, insbesondere, was die mit Kiefernholz getäfelten „rustikalen" Zimmer angeht. Durch die jährlichen Verschönerungen der Zimmer, um die sich die Besitzer jedes Jahr kümmern, sticht das Roosevelt Inn unter den Motels der Gegend heror. Die Deluxe-Zimmer im Obergeschoss bieten etwas mehr Platz.

Ein kontinentales Frühstück gibt's in dem Coffee Shop auf dem Motelgelände, den Gäste als Aufenthaltsraum nutzen können.

Eveready Diner AMERIKANISCH $

(☎845-229-8100; www.theevereadydiner.com; 4184 Albany Post Rd/Rte 9; Hauptgerichte 9–21,50 US$; ⏰So–Do 6–24, Fr & Sa 24 Std.) Es fällt schwer, der Versuchung zu widerstehen, vom Highway abzufahren, um diesen chromfunkelnden, riesigen Diner zu besuchen. Einen Diner gab es hier schon seit den 1950er-Jahren, und auch wenn das heutige Gebäude von 1995 stammt, ist es ein Klassiker mit authentischer Inneneinrichtung und umfangreicher Speisekarte, allerdings mit für einen Diner nicht unbedingt kostengünstigen Gerichten.

An- & Weiterreise

Metro-North fährt von der Grand Central in New York (ab 19,25 US$, 1¾ Std.) zum **Bahnhof Poughkeepsie Station** (☎800-872-7245; www.amtrak.com; 41 Main St).

Rhinebeck

Rhinebeck liegt auf halber Strecke an der Ostseite des Hudson und besitzt eine bezaubernde Main Street und das Flair einer wohlhabenden Gegend. In der Stadt finden sich viele Lokale und entzückende Boutiquen. Nicht weit weg liegt das ganzheitliche Omega Institute sowie 8 Meilen (12,9 km) nördlich das äußerst liberale Bard College, das schon wegen des von Frank Gehry entworfenen Performing Arts Center den Besuch lohnt.

Sehenswertes

Staatsburgh State Historic Site HISTORISCHES GEBÄUDE

(☎845-889-8851; www.parks.ny.gov; Old Post Rd, Staatsburg; Erw./Kind 8 US$/frei; ⏰Führungen Mitte-Okt. Do–So 11–16 Uhr, Ende Nov.–Dez. Do–So 12–15 Uhr) Die Beaux-Arts-Villa, das Heim von Ogden Mills und seiner Frau Ruth, ist eine Besichtigung wert. Die Familie Mills machte mit Investitionen in Banken, Eisenbahnen und Minen während des Goldenen Zeitalters ein Vermögen. Flämische Brokatteppiche, vergoldeter Stuck, Gemälde aus der Entstehungszeit und orientalische Kunst schmücken die 79 luxuriösen Zimmer. Das Anwesen liegt ungefähr 6 Meilen (9,7 km) südlich von Rhinebeck gleich abseits der Rte 9.

Old Rhinebeck Aerodrome MUSEUM

(☎845-752-3200; www.oldrhinebeck.org; 9 Norton Rd, Red Hook; Museum Erw./Kind 12/8 US$, Flugschau Erw./Kind 25/12 US$, Flug 75 US$; ⏰Mai–Okt. 10–17 Uhr, Flugschauen Sa & So 14 Uhr) Das Museum, eine kurze Fahrt nördlich des Zentrums von Rhinebeck, besitzt alte Flugzeuge und zum Flugbetrieb gehörender Fahrzeuge und Artefakte, die bis in das Jahr 1900 zurückreichen. An Wochenenden gibt's Flugschauen, und man kann auch selber in einer alten Doppeldecker-Maschine mitfliegen.

Schlafen & Essen

★ **Olde Rhinebeck Inn** B&B $$$

(☎845-871-1745; www.rhinebeckinn.com; 340 Wurtemberg Rd; Zi. 225–325 US$; ❄📶) Der von deutschen Siedlern zwischen 1738 und 1745 erbaute und kundig restaurierte Gasthof mit Eichenbalken strahlt Behaglichkeit und Authentizität aus. Er wird von einer charmanten Frau geführt, die die vier gemütlichen Zimmer schön ausstaffiert hat und ein reichhaltiges Frühstück mit regionalen Produkten serviert.

Bread Alone Bakery & Cafe BÄCKEREI $

(☎845-876-3108; www.breadalone.com/rhinebeck; 45 E Market St; Sandwichs 8–10,50 US$; ⏰Café 7–17 Uhr, Speisesaal Mo–Fr 8–15, Sa & So 7–16 Uhr; 📶🌶) Erstklassige Backwaren,

Sandwichs und Salate erhält man in dieser beliebten Bäckerei samt Café. Man kann auch in einem Speisesaal mit Bedienung essen, das Angebot ist aber genau das gleiche wie im Laden. Jedoch werden Menschen, die auf der Suche nach etwas Kleinstadtcharme sind, inmitten der einfallslosen Restaurantkettendeko nicht fündig werden.

Unterhaltung

Fisher Center for the Performing Arts KUNSTZENTRUM
(☎845-758-7900; www.fishercenter.bard.edu; Robbins Rd, Bard College, Annandale-on-Hudson; ⏲Führungen 10–16.30 Uhr) Architekturfans kommen, um sich das von Frank Gehry entworfene Gebäude anzuschauen, das wirkt, als sei ein mit Edelstahl verkleidetes Ufo auf dem gepflegten Rasen des Bard College gelandet. Das Haus verfügt über zwei Theatersäle und Studioflächen; es finden Konzerte, Tanzdarbietungen und Theater-Events statt.

An- & Weiterreise

Amtrak-Züge fahren ab/nach New York City (ab 29 US$, 1¾ Std.). Der Bahnhof **Rhinecliff Station** (☎800-872-7245; 455 Rhinecliff Rd, Rhinecliff) liegt 3 Meilen (4,8 km) westlich des Zentrums von Rhinebeck. Von der Station für Fährpassgiere fahren Taxen in die Stadt (etwa 10 US$).

Catskills

Die schöne Gebirgsregion westlich des Hudson Valley ist seit dem 19. Jh. ein beliebtes Ausflugsziel. Das romantische Bild der moosbewachsenen Schluchten und runden Gipfel, das die Maler der Hudson River School verbreiteten, rief eine Gebietsschutzbewegung hervor: 1894 wurde die Verfassung des Bundesstaats um einen Zusatz ergänzt, nach dem Tausende Hektar „auf ewig als unerschlossenes Waldland bestehen bleiben" sollen.

Im frühen 20. Jh. wurden die Catskills zum Synonym für die Hotels des „Borschtsch-Gürtels", der Feriendomizile vieler New Yorker Juden aus der Mittelschicht. Die meisten dieser Hotels bestehen nicht mehr, aber in vielen Orten gibt es noch blühende jüdisch-orthodoxe Gemeinden und darüber hinaus zahllose kleine Farmen mit einem naturverbundenen Hippie-Ethos.

Im Herbst ist das der nächste Ort von New York aus, an dem man ein spektakuläres Farbenspiel der Blätter erleben kann.

Anreise & Unterwegs vor Ort

Es fahren einige Buslinien, doch am nützlichsten ist Trailways (www.trailwaysny.com) mit Bussen von New York City nach Woodstock (ab 30 US$, 2½–3 Std.) und Phoenicia (ab 32 US$, 3 Std.). Für eine Erkundung der Gegend ist ein Auto aber eigentlich unverzichtbar.

Phoenicia & Mt. Tremper

Diese zwei lebhaften Orte (über den Highway nicht weit von einander entfernt) sind die perfekten Ausgangspunkte, um die Catskills zu erkunden. Phoenicia ist der größere Ort von beiden, während Mt. Tremper ein paar eindrucksvolle Hotels vorweisen kann. Outdoor-Aktivitäten lassen sich leicht organisieren, dazu zählen im Sommer Wandern, Radfahren, mit Reifen den Bach entlangtreiben oder Schwimmen in Bergseen sowie im Winter Skifahren auf dem nahegelegenen **Belleayre Mountain** (☎845-254-5600; www.belleayre.com; 181 Galli Curci Rd, Highmount; Tagespass Wochentag/Wochenende 56/68 US$; ⏲Dez.–März 0–16 Uhr). Der Herbst ist die beste Zeit für einen Besuch und auch für die Fahrt in einem offenen Waggon auf der Delaware & Ulster Railroad zwischen den nahegelegenen Orten Arkville und Roxbury.

Sehenswertes & Aktivitäten

Empire State Railway Museum MUSEUM
(☎845-688-7501; www.esrm.com; 70 Lower High St, Phoenicia; Spende erbeten; ⏲Juni–Okt. Sa & So 11–16 Uhr) GRATIS Das seit 1960 von Bahnfans geführte kleine Museum residiert in einem alten Bahnhof der weitgehend eingestellten Delaware & Ulster-Bahnlinie.

Delaware & Ulster Railroad EISENBAHN
(☎845-586-3877; www.durr.org; 43510 Rte 28, Arkville; Erw./Kind 18/12 US$; ⏲Mai–Okt. Sa & So) Die Fahrt in den offenen Abteilen dieser Touristenbahn auf der 24 Meilen (38,8 km) langen Strecke zwischen Arkville und Roxbury dauert rund 2½ Stunden; die schönste Aussicht bietet sich im Herbst.

Belleayre Beach SCHWIMMEN
(☎845-254-5202; www.belleayre.com/summer/belleayre-beach; 33 Friendship Manor Rd, Pine Hill; pro Pers./Auto 5/15 US$; ⏲Mitte Juni–Aug. Mo–Fr 10–18, Sa & So bis 19 Uhr) Der See nahe der Basis des Skiresorts Belleayre Mountain ist eine beliebte und erfrischende Badestelle. Boote, Kajaks und Paddelbretter werden vermietet, und es gibt Volleyball- und Basketballplätze sowie eine Kletterwand.

Schlafen & Essen

★ Graham & Co MOTEL $$
(☎845-688-7871; www.thegrahamandco.com; 80 Rte 214, Phoenicia; Zi. 125–250 US$;) Vieles spricht für dieses hippe Motel in kurzer Gehentfernung zum Zentrum. Die Zimmer präsentieren sich weiß und minimalistisch; die billigsten sind in der „Schlafbaracke" und haben Gemeinschaftsbäder. Zu den Extras zählen ein Aufenthaltsraum mit Kamin, ein Lebensmittelladen, ein Freiluftpool im Sommer, ein Wigwam und Spielflächen.

Foxfire Mountain House BOUTIQUEHOTEL $$
(☎845-688-2500; www.foxfiremountainhouse.com; 72 Andrew Lane, Mt Tremper; Zi. ab 200 US$;) Dieses im Wald versteckte Hotel mit moderner 70er-Jahre-Coolness hat elf individuell eingerichtete Zimmer (die günstigsten darunter haben ein Gemeinschaftsbad) sowie ein Cottage mit drei Schlafzimmern. Das gemütliche Restaurant (Fr–So abends) samt Bar ist auch für Nichtgäste geöffnet und bietet französisch inspirierte Cuisine, z.B. *Steak au poivre* oder *Coq au cidre*.

★ Phoenicia Diner AMERIKANISCH $
(☎845-688-9957; www.phoeniciadiner.com; 5681 Rte 28, Phoenicia; Hauptgerichte 11–15 US$; ⏲ May–Sep Ende Mai–Sept. 7–17 Uhr, Okt.–Mitte Mai Mo, Do & Fr 7–17, Sa & So 7–20 Uhr;) Dieser klassische Diner am Straßenrand ist gleichermaßen beliebt bei New Yorker Hipstern und lokalen Familien. Auf der ansprechenden Karte stehen ganztägiges Frühstück, Pfannengerichte, Sandwichs und Burger – alle Produkte sind frisch vom Feld und verboten lecker.

Peekamoose AMERIKANISCH $$$
(☎845-254-6500; www.peekamooserestaurant.com; 8373 Rte 28, Big Indian; Hauptgerichte 24–33 US$; ⏲Do–Mo 16–22, Fr & Sa Lounge 16–24 Uhr) In dem renovierten Farmhaus (ca. 14 km von Phoenicia) residiert eines der besten Restaurants der Catskills, das schon seit über einem Jahrzehnt farmfrische Kost zubereitet. Die Karte ändert sich täglich, aber die geschmorten Rippchen stehen immer drauf.

An- & Weiterreise

Trailways (www.trailwaysny.com) betreibt Busse von New York City nach Phoenicia (ab 32 US$, 3 Std.). Mt. Tremper ist nicht weit von Phoenicia.

Tannersville

Die kleine Ortschaft Tannersville, die hauptsächlich das nahegelegene Skigebiet Hunter Mountain bedient, gibt auch Zugang zu den prächtigen Kaaterskill Falls. Es gibt erstklassige Wanderwege und Straßentouren in der Gegend sowie als Unterkünfte rustikal-charmante Hotels, von denen aus man die schöne Gebirgslandschaft bestaunt. Tannersville selber besitzt eine Main Street mit bunt angemalten Läden und Häusern.

Sehenswertes & Aktivitäten

Kaaterskill Falls WASSERFALL
Den besten Ausblick auf den mit 79 m höchsten Wasserfall des Bundesstaats – die Niagarafälle sind nur 50,9 m hoch – genießt man ohne anstrengende Wanderung von der **Aussichtsplattform** (Laurel House Rd, Palenville) aus. Bekannte Gemälde von Malern der Hudson River School von der Mitte des 19. Jhs. brachten dem zweistufigen Wasserfall Kultstatus ein und machten ihn zu einer Hauptattraktion für Wanderer, Künstler und Naturfreunde.

Parken kann man direkt an der Rte 23A. Auf dem Weg zum Wanderpfad unbedingt an der Straße rechts gehen und auf Autos achten, die um die Kurve kommen.

Hunter Mountain SKIFAHREN
(☎518-263-4223; www.huntermtn.com; 64 Klein Ave, Hunter; Liftpass werktags/Wochenende 79/89 US$ pro Tag; ⏲Dez.–März 9–16 Uhr) Die spektakulären Ausblicke von den 56 Trails (darunter einige schwarze Pisten voller Buckel) locken Scharen von Schneebegeisterten nach Hunter Mountain – wer an den Liften nicht anstehen will, vermeidet Wochenenden und Feiertage. Schneekanonen sorgen dafür, dass die ganze Saison über Ski gefahren werden kann.

Zipline New York ABENTEUERSPORT
(☎518-263-4388; www.ziplinenewyork.com; Hunter Mountain, Rte 23A; Seilrutsche 89–129 US$; ⏲Juni–Aug. Mo–Sept., Sept.–Okt. Do–So, Nov–April Fr–So) In Hunter Mountain steht das ganze Jahr über ein Zip-Line-Parcour zur Verfügung, der nichts für Leute mit schwachen Nerven ist. Die längste von den sechs Seilrutschen ist 200 m lang und 20 m hoch. Im Voraus buchen.

Schlafen & Essen

★ Scribner's Catskill Lodge LODGE $$
(☎518-628-5130; www.scribnerslodge.com; 13 Scribner Hollow Rd; Zi. 180–375 US$;) Das von supercoolem Personal geführte Motel aus den 1960er-Jahren wurde stilvoll und zeitgemäß renoviert. Die strah-

lend weißen Zimmer, von denen einige über einen Gaskamin verfügen, stehen in Kontrast zu den warmen Farben in der Bibliothekslounge, die einen Billardtisch und gemütliche Nischen bietet.

Deer Mountain Inn BOUTIQUEHOTEL **$$$**
(☎ 518-589-6268; www.deermountaininn.com; 790 Rte 25; Zi./Cottages ab 250/800 US$; ⏲ Restaurant Do–So 17–22, So 11.30–2.30 Uhr; P ⊖ ❄ ☎) In diesem prächtigen Hotel im Arts-and-Crafts-Stil, das sich auf einem großen, am Berg gelegenen Anwesen versteckt, gibt's nur sechs Zimmer und zwei Cottages (mit Platz für bis zu 9 Pers.). Die Innenräume sind aufwendig ausstaffiert.

Last Chance Cheese Antiques Cafe AMERIKANISCH **$$**
(☎ 518-589-6424; www.lastchanceonline.com; 6009 Main St; Hauptgerichte 11–27 US$; ⏲ Juni–Aug. & Dez.–März 11–20 Uhr, April, Mai & Sept.–Nov. Fr–So bis 21 Uhr; ✎) Das Lokal, seit 1970 eine feste Adresse an der Main St, ist teils Rasthaus mit Livebands, teils ein Laden für Süßwaren und Käse und teils ein Restaurant, das deftige Mahlzeiten auf den Tisch bringt. Die vielen Antiquitäten und Kuriositäten, die das Lokal schmücken, stehen allesamt auch zum Verkauf.

An- & Weiterreise

Die Fahrt auf der Rte 23A von und nach Tannersville gehört zu den malerischsten in den Catskills, man muss aber wegen mehrerer Haarnadelkurven vorsichtig fahren. Tannersville ist von New York City (ab 37 US$, 3 Std.) aus mit Bussen von Trailways (www.trailwaysny.com) erreichbar, man muss aber in Kingston umsteigen.

Woodstock

Ein winziges Detail zu Beginn: Das Musikfestival von 1969 fand tatsächlich in Bethel, eine Fahrtstunde westlich, statt. Die Stadt Woodstock lockt aber immer noch ein für Kunst und Musik aufgeschlossenes Publikum an und kultiviert den freien Geist jener Ära mit Batik in Regenbogenfarben, Radio, einem angesehenen Indie-Filmfestival und einem Bauernmarkt (passenderweise als Hoffest angepriesen).

Sehenswertes

Center for Photography at Woodstock KUNSTZENTRUM
(☎ 845-679-9957; www.cpw.org; 59 Tinker St; ⏲ 12–17 Uhr) GRATIS Die 1977 gegründete kreative Einrichtung veranstaltet Kurse, Vorträge und Ausstellungen, die dank eines munteren Gastkünstler-Programms die Grenzen dieser Kunstform erweitern.

Dieser Ort war einst das Café Espresso, über dem Bob Dylan seine Schreibstube hatte – er schrieb hier Texte für *Another Side of Bob Dylan* (1964) – und in dem Janis Joplin regelmäßig auftrat.

Karma Triyana Dharmachakra BUDDHISTISCHES KLOSTER
(☎ 845-679-5906; www.kagyu.org; 335 Meads Mountain Rd; ⏲ 8.30–17.30 Uhr) In diesem wunderbaren buddhistischen Kloster rund 3 Meilen (4,8 km) außerhalb von Woodstock, kann man sich gestressten New Yorkern und anderen, die mal eine spirituelle Auffrischung benötigen, anschließen. Auf dem gepflegten Gelände findet man zu heiterer Gelassenheit. Der Schrein beheimatet eine riesige vergoldete Buddhastatue; wer hier meditieren will, muss seine Schuhe ausziehen. Samstags und freitags finden um 12.45 Uhr kostenlose Führungen statt.

Schlafen & Essen

Woodstock Inn on the Millstream INN **$$**
(☎ 845-679-8211; www.woodstock-inn-ny.com; 48 Tannery Brook Rd; Zi./Cottage ab 170/375 US$; ❄ ☎) Einige der in ruhigen Pastelltönen gestalteten Zimmer in diesem Gasthof inmitten eines heiteren, mit Blumen bepflanzten Geländes verfügen über Kochnischen, elektrische Kamine und große Badewannen.

Village Green B & B B&B **$$**
(☎ 845-679-0313; www.villagegreenbb.com; 12 Tinker St; Zi. 150 US$; ❄ ☎) Von diesem B & B hat man einen Ausblick auf Woodstock Village Green. Es beherbergt ein zweistöckiges viktorianisches Haus mit Mansarddach von 1847. Die Inneneinrichtung ist ein wenig tantig, aber die Zimmer sind gemütlich und die Besitzer sind beliebt bei ihren Gästen.

★ **Garden Cafe** VEGAN **$**
(☎ 845-679-3600; www.thegardencafewoodstock.com; 6 Old Forge Rd; Hauptgerichte 9–22 US$; ⏲ Mo & Mi–Fr 11.30–21, Sa & So 10–21 Uhr; ☎ ✎) In diesem entspannten, bezaubernden Café werden nur Bio-Zutaten verwendet. Die Gerichte – u. a. Salate, Sandwichs, Reisschalen und vegetarische Lasagne – sind ansprechend, schmackhaft und frisch. Außerdem gibt's frisch gepressten Saft, Smoothies, Bio-Wein, Craft-Bier und Kaffee, der mit verschiedenen Alternativen zu Milch getrunken

ABSTECHER

SAUGERTIES

Rund 10 Meilen (16 km) nordöstlich von Woodstock liegt die Ortschaft Saugerties (www.discoversaugerties.com), die auf die Holländer zurückgeht, die hier Mitte des 17. Jhs. siedelten. Heute gibt es hier ein paar Attraktionen, die sich für einen Tagesausflug lohnen. **Opus 40 Sculpture Park & Museum** (☎845-246-3400; www.opus40.org; 50 Fite Rd; Erw./Kind 10/3 US$; ⊙Mai–Okt. Do–So 11–17.30 Uhr) ist das Resultat der Arbeit des Künstlers Harvey Fite, der fast 40 Jahre darauf verwandte, einen verlassenen Steinbruch in ein riesiges Kunstwerk zu verwandeln, das aus gewundenen Mauern, Senken und Becken besteht. Das malerische, 1869 erbaute **Saugerties Lighthouse** (☎845-247-0656; www.saugertieslighthouse.com; 168 Lighthouse Dr; Führung empfohlene Spende Erw./Kind 5/3 US$; ⊙Trail Sonnenaufgang–Sonnenuntergang), steht an der Mündung des Esopus Creek in den Hudson und ist über einen 800 m langen Naturpfad zu erreichen. Fans von klassischem Rock dürfte auch **Big Pink** (www.bigpinkbasement.com; Parnassus Lane, West Saugerties; Haus 580 US$; ❄📶) interessieren, jenes Haus, das durch Bob Dylan und The Band berühmt wurde, allerdings an einer Privatstraße steht. Man kann im Leuchtturm und im Big Pink übernachten, muss diese Unterkunft aber weit im Voraus buchen.

werden kann. Wenn das Wetter schön ist, setzt man sich am besten raus in den großen Garten.

Finger Lakes

Die sanft geschwungenen Hügel im westlichen zentralen New York werden von elf schmalen, fingerförmigen Seen durchschnitten. Die Region ist ein Outdoor-Paradies und mit mehr als 120 Weingütern die wichtigste Weinbauregion im Bundesstaat.

Ithaca, am Südufer des Cayuga Lake, ist Sitz der zu den Ivy-League-Universitäten gehörenden Cornell University, das Tor zur Region. Geneva, an der Nordspitze des Seneca Lake, ist ein hübsches und dank der Studenten der Hobart and William Smith Colleges auch munteres Städtchen, dessen restauriertes Smith Opera House von 1894 ein Zentrum der darstellenden Künste bildet. Im Westen liegt der Y-förmige Keuka Lake zwischen zwei kleinen State Parks und ist daher ziemlich unberührt und bei Forellenanglern beliebt. Am besten wohnt man in dem niedlichen kleinen Dorf Hammondsport am südwestlichen Ende des Sees. Freunde von Kunsthandwerk sollten einen Stopp in Corning einlegen, um sich dort das faszinierende Glasmuseum anzuschauen.

ℹ Anreise & Unterwegs vor Ort

Ithaca ist das regionale Verkehrszentrum mit täglich mehreren Busverbindungen nach New York City (ab 36 US$, 5 Std.).Vom **Ithaca Tompkins Regional Airport** (S. 164) starten Direktflüge nach Detroit, Newark und Philadelphia.

Ithaca

Das idyllische College-Städtchen Ithaca an der Südspitze des Cayuga Lake ist voller Studenten und Althippies und die größte Stadt in der Region Finger Lakes. Mit seinen Programmkinos, guten Restaurants und Wandermöglichkeiten (in den Schluchten und Wasserfällen der Umgebung) ist es sowohl eine Destination an sich als auch ein praktischer Zwischenstopp auf halbem Weg zwischen NYC und den Niagarafällen.

Das Zentrum der Stadt bildet eine Fußgängerstraße namens Commons. Auf einem steilen Hügel über Ithaka thront die 1865 gegründete Ivy League Cornell University. Vor den Campustoren liegt das kleine Gewerbezentrum Collegetown. Die Fahrt von Ithaca über die malerische Rte 89 (westliche Seite) oder die Rte 90 (östliche Seite) zu den Seneca Falls am nördlichen Ende des Cayuga Lakes dauert etwa eine Stunde.

◎ Sehenswertes

★ **Herbert F. Johnson Museum of Art** MUSEUM

(☎607-255-6464; www.museum.cornell.edu; 114 Central Ave; ⊙ganzjährig Di–So 10–17 Uhr, Sept.–Mai 10–19.30 Uhr) GRATIS I. M. Peis brutalistisches Gebäude ragt wie ein riesiger Betonroboter aus den verzierten, neugotisch geprägten Bauten des Campus der Cornell University heraus. Drinnen findet sich eine bunt zusammengewürfelte Sammlung, die von mittelalterlichen Holzschnitzereien bis hin zu Gemälden moderner Meister und einer umfangreichen Sammlung asiatischer Kunst reicht. Ein Besuch lohnt sich schon allein wegen des Panoramablicks auf Ithaca und den Cayuga Lake, der sich aus den Sälen im obersten Stockwerk bietet.

Cornell Botanic Gardens GARTEN

(☎607-255-2400; www.cornellbotanicgardens.org; 124 Comstock Knoll Dr; ⏲So–Do 9–17, Fr & Sa bis 18 Uhr) GRATIS Zu den Grünflächen im und um den Campus zählen ein 40 ha großer Baumgarten, ein botanischer Garten und zahlreiche Wege. Lagepläne und Infos zu Führungen erhält man im Nevin Welcome Center.

Ein schöner Weg zum Campus, der in der Nähe des Zentrums beginnt, führt durch die spektakuläre **Cascadilla Gorge** (College Ave Bridge).

Robert H. Treman State Park STATE PARK

(☎607-273-3440; www.parks.ny.gov; 105 Enfield Falls Rd; Mitte April–Mitte Okt. 8 US$/Auto, Mitte Okt.–Mitte Aug. kostenlos) 5½ Meilen südwestlich von Ithaca bietet der größte State Park der Gegend ein umfangreiches Wegenetz und eine sehr beliebte **Badestelle** (Ende Juni–Anf. Sept.). Der Gorge Trail führt an 12 eindrucksvollen Wasserfällen vorbei; unbedingt sehenswert sind Devil's Kitchen und die **Lucifer Falls**, wo der Enfield Creek in mehreren Stufen über die Felsen 30 m in die Tiefe stürzt.

Schlafen

★William Henry Miller Inn B&B $$

(☎877-256-4553; www.millerinn.com; 303 N Aurora St; Zi. 215–270 US$; ❄@📶) Das anmutige, großzügige historische Wohnhaus ist wenige Schritte von den Commons, der Fußgängerzone entfernt. Es gibt luxuriöse Zimmer (zwei mit Whirlpool, zwei in einer separaten Remise), Gourmetfrühstück und ein Dessertbuffet.

Firelight Camps CAMPING $$$

(☎607-229-1644; www.firelightcamps.com; 1150 Danby Rd; Zelt 190–330 US$; ⏲Mitte Mai–Okt.; 📶) Dieser attraktive an das La Tourelle Hotel angeschlossene Platz bietet Luxuscamping. Safarizelte stehen auf Hartholzplattformen und besitzen bequeme Betten. Das Badehaus ist separat. Abends gibt's Lagerfeuer und Samstagmorgen Yoga. Von hier aus ist man schnell auf den Wanderwegen im nahegelegenen Buttermilk Falls State Park Richtung Ithaca.

Essen & Trinken

Ithaca Bakery CAFE $

(☎607-273-7110; www.ithacabakery.com; 400 N Meadow St; Sandwiches 5–11 US$; ⏲So–Do 6–20, Fr & Sa bis 21 Uhr) Die schier endlose Auswahl an Gebäck, Smoothies, Sandwichs und Gerichten zieht Einheimische jeglicher Couleur an. Perfekt für die Zusammenstellung eines Picknicks und für Vegetarier und Veganer.

★Moosewood Restaurant VEGETARISCH $$

(☎607-273-9610; www.moosewoodcooks.com; 215 N Cayuga St; Hauptgerichte 17–28 US$; ⏲So–Do 11.30–20.30, Fr & Sa 11.30–21 Uhr; 🌿) Dieses vegetarische Restaurant ist fast eine Legende, wurde 1973 eröffnet und wird heute von einem Kollektiv betrieben. Das Flair ist etwas gehobener, die Bar vollausgestattet und die Speisekarte bietet Gerichte aus aller Welt. Es ist sehr beliebt, deshalb sollte man vorher reservieren, vor allem während Veranstaltungen der Cornell University.

Sacred Root Kava Lounge & Tea Bar TEEHAUS

(☎607-272-5282; www.sacredrootkava.com; 103 S Geneva St; ⏲15–24 Uhr) Dieses entspannte Kellerlokal ist für Ithacas Verhältnisse ziemlich alternativ. Hier gibt's das nichtalkoholische, aber psychoaktive Kava der Polynesier zu trinken. Wem das nicht so schmeckt, der hält sich an die große Teeauswahl. Besondere Events stehen auf der Website.

Der Eingang ist auf der S Geneva St unterhalb des Cornell-Daily-Sun-Gebäudes.

ABSTECHER

AURORA

Rund 45 km nördlich von Ithaca liegt am Ostufer des Cayuga Lake das malerische Aurora. Mehr als 50 Gebäude des 1795 gegründeten Dorfs stehen auf der US-amerikanischen Denkmalliste, darunter auch Teile des Campus des Wells College, das 1868 als höhere Bildungsstätte für Frauen gegründet wurde, inzwischen aber allen Geschlechtern offen steht. Die **Inns of Aurora** (☎315-364-8888; www.innsofaurora.com; 391 Main St; Zi. 200–400 US$; P❄📶), bestehend aus vier prachtvollen Gasthöfen – dem Aurora Inn (1833), dem E. B. Morgan House (1858), dem Rowland House (1903) und der Wallcourt Hall (1909) – sind eine tolle Unterkunft. Man kann aber auch einfach im hübschen Speisesaal des Aurora Inn mit Blick auf den See etwas essen und sich dort eine Broschüre für einen Rundgang durch das Dorf mitnehmen.

An- & Weiterreise

Delta und United sind die auf dem **Ithaca Tompkins Regional Airport** (ITH; ☎607-257-0456; www.flyithaca.com; 1 Culligan Dr) vertretenen Fluglinien.

Die Busse von Greyhound (www.greyhound.com) und Shortline aus New York (einfache Fahrt 38 US$, 5 Std. tägl.) halten an der **Ithaca Bus Station** (710 W State St).

Seneca Falls

Die ruhige, postindustrielle Ortschaft Seneca Falls soll Regisseur Frank Capra bei einem Aufenthalt zur Erfindung von Bedford Falls inspiriert haben, der fiktiven amerikanischen Kleinstadt in seinem Klassiker *Ist das Leben nicht schön?* Tatsächlich kann man hier auf der Brücke über dem Fluss stehen, der durch den Ort fließt, und sich vorstellen, dass auch Jimmy Stewart hier stand. Der Ort hat zudem eine geschichtliche Bedeutung: Hier hat jene amerikanische Frauenrechtsversammlung, auf der der Kampf für das Frauenwahlrecht begann, stattgefunden.

Sehenswertes

Women's Rights National Historical Park MUSEUM
(☎315-568-0024; www.nps.gov/wori; 136 Fall St; ⏲März–Nov. 9–17 Uhr, Dez.–Feb. Mi–So 9–17 Uhr) GRATIS Man kann die Kapelle besuchen, in der Elizabeth Cady Stanton und ihre Freunde 1848 erklärten: „alle Männer und Frauen sind gleichberechtigt erschaffen" – und damit den ersten Schritt Richtung Forderung des Frauenwahlrechts taten. Das angrenzende Museum erzählt die Geschichte und erläutert auch das schwierige Verhältnis zwischen den Emanzipationsbewegungen der Frauen und der Afroamerikaner.

National Women's Hall of Fame MUSEUM
(☎315-568-8060; www.womenofthehall.org; 76 Fall St; Erw./Kind 5 US$/frei; ⏲März–Okt. 10–16 Uhr, Nov.–Feb. Mi–So 10–16 Uhr) Die kleine National Women's Hall of Fame ehrt vorbildliche Frauen der USA. Zu den 256 Geehrten, über die man etwas erfährt, zählen Abigail Adams, die Ehefrau und Beraterin des zweiten Präsidenten der USA, Clara Barton, die Gründerin des amerikanischen Roten Kreuzes, und die Bürgerrechtsaktivistin Rosa Parks.

Schlafen & Essen

Gould Hotel BOUTIQUEHOTEL $$
(☎877-788-4010; www.thegouldhotel.com; 108 Fall St; Zi. 210–600 US$; ❄📶) Das Gebäude in Downtown, ursprünglich ein Hotel der 1920er-Jahre, wurde stilvoll, aber mit Blick auf die Vergangenheit renoviert – die Mahagoni-Theke stammt aus einem alten Saloon. Die Standardzimmer sind klein, aber die Dekoration in metallischem Purpur und Grau ist sehr schick. In dem gehobenen Restaurant und der Taverne des Hotels gibt's Gerichte, Wein und Bier aus der Region.

Mac's Drive In BURGER $
(☎315-539-3064; www.macsdrivein.net; 1166 US-20/Rte 5, Waterloo; Hauptgerichte 4–8 US$; ⏲Juni–Aug. Di–So 10.30–22 Uhr, April–Mai nur Fr–So) Das klassische Drive-in-Restaurant auf halber Strecke zwischen Seneca Falls und Geneva wurde 1961 gegründet und hat sich seither wenig verändert. Es kommen Burger, Brathähnchen und Fischgerichte zu Schnäppchenpreisen auf den Tisch.

An- & Weiterreise

Am besten kommt man mit dem Auto nach Seneca Falls.

Die Adirondacks

Die Adirondacks (www.visitadirondacks.com) können sich zwar in puncto Höhe und Dramatik nicht mit den Gebirgen im Westen der USA messen, nehmen es aber flächenmäßig ganz leicht mit ihnen auf: Der Gebirgszug umfasst 24 281 km² und reicht vom Zentrum New Yorks gleich nördlich der Bundesstaatshauptstadt Albany, bis hinauf zur kanadischen Grenze. Und mit 46 Gipfeln von mehr als 1200 m Höhe bieten die Adirondacks mit die wildesten Naturgebiete im Osten des Landes. Wie bei den Catskills im Süden sind große Teile der Seen und dichten Wälder in den Adirondacks durch die Verfassung des Bundesstaats geschützt. Die Gegend ist fabelhaft, um die herbstliche Laubfärbung zu beobachten. Wandern, Kanufahren und Campen im Hinterland sind hier die beliebtesten Aktivitäten. Außerdem kann man gut angeln und mit einem Powerboot über die größeren Seen fahren.

Anreise & Unterwegs vor Ort

Der wichtigste Flughafen in der Region befindet sich in Albany; Cape Air (www.capeair.com) bietet Verbindungen vom **Adirondack Regional Airport** (☎518-891-4600; www.adirondackairport.com; 96 Airport Rd) in Saranac Lake nach Boston.

Busse von Greyhound (www.greyhound.com) und Trailways (www.trailwaysny.com) bedienen

Albany und diverse Orte in den Adirondacks, zu deren besserer Erkundung man ein Auto braucht.

Züge von Amtrak fahren ab NYC nach Albany (ab 45 US$, 2½ Std.) und weiter nach Ticonderoga (70 US$, 5 Std.) und Westport (70 US$, 6 Std.), beide am Lake Champlain mit Busanschluss nach Lake Placid (90,50 US$, 9½ Std.).

Albany

Das zwischen 1965 und 1976 entstandene architektonische Ensemble von Regierungsgebäuden an Albanys zentraler Empire State Plaza ist ein toller Anblick. Hier finden sich das ausgezeichnete New York State Museum und eine feine Sammlung moderner öffentlicher Kunst. In Downtown und um den grünen Washington Park künden stattliche Bauten und elegante Stadthäuser vom einstigen Wohlstand der Hauptstadt des Bundesstaats.

Albany wurde 1797 dank seiner zentralen Lage und seiner strategischen Bedeutung für den Pelzhandel zur Hauptstadt von New York. Heute ist die Stadt Synonym für Macht und Ohnmacht des Parlamentarismus. Leerstehende und aufgegebene Gebäude (die mit einem weißen Kreuz auf rotem Untergrund) verraten, dass es mit der Wirtschaft nicht zum Besten steht. Albany verdient jedoch mehr als einen flüchtigen Blick: Die Einwohner sind freundlich und die Stadt eignet sich gut als Ausgangspunkt für Ausflüge in die Adirondacks und ins Hudson Valley.

Sehenswertes

★ Empire State Plaza ÖFFENTLICHE KUNST
(☎ 518-473-7521; www.empirestateplaza.org) GRATIS Das Ensemble der Gebäude, die rund um einen Teich an der Plaza stehen, ist wahrlich eindrucksvoll, aber das eigentliche Highlight ist die herrliche Sammlung moderner amerikanischer Kunst, die vor, in und unter dem Komplex zu sehen ist. Zu dieser Sammlung gehören Skulpturen und kolossale Gemälde von Mark Rothko, Jackson Pollock, Alexander Calder und vielen anderen Stars der Kunstwelt.

★ New York State Museum MUSEUM
(☎ 518-474-5877; www.nysm.nysed.gov; 222 Madison Ave; Do–So 9.30–17 Uhr) GRATIS Dieses erstklassige Museum ist ziemlich vielfältig. Hier finden Ausstellungen zu New Yorks Native Americans, zur aktivistischen Vergangenheit des Staates, seinen architektonischen und technischen Wundern und vielem mehr statt. Der Großteil widmet sich der Geschichte und Entwicklung New York Citys. Die Ausstellung zu 9/11, in der u.a. ein beschädigtes Löschfahrzeug und Schutt von dem Gelände zu sehen sind, ist sehr bewegend. Eine Fahrt auf dem prächtigen alten Karussell (1 US$) in der 4. Etage sollte man sich nicht entgehen lassen.

New York State Capitol HISTORISCHES GEBÄUDE
(☎ 518-474-2418; www.hallofgovernors.ny.gov; Washington Ave; ⌚ Führungen Mo–Fr 10, 12, 14 & 15, Sa 11 & 13 Uhr) GRATIS Das prachtvolle, 1899 fertiggestellte Gebäude ist das Zentrum der Regierung des Bundesstaats. Das Innere ist aufwendig mit Verzierungen aus Stein und Holz, Fliesen und Mosaiken geschmückt. Zu den Highlights zählen das westliche Treppenhaus, der Empfangssaal des Gouverneurs und die von Herny Hobson Richardson entworfene Senate Chamber. Die Führungen am Samstag müssen online reserviert werden.

Schlafen & Essen

Washington Park Inn BOUTIQUEHOTEL $
(☎ 518-225-4567; www.washingtonparkinn.com; 643 Madison Ave; Zi. 130–140 US$; P ❄ @ ☜) Schaukelstühle auf der überdachten Veranda und Tennisschläger für die Gäste, die damit auf den Plätzen im Park auf der anderen Straßenseite spielen, stimmen auf die entspannte Atmosphäre in diesem ansprechenden Hotel ein, das in einem der historischen Gebäude von Albany residiert. Die großen Zimmer sind einfach und klar dekoriert; aus der gut bestückten Küche kann man sich rund um die Uhr etwas zu essen und zu trinken holen.

Cafe Madison FRÜHSTÜCK $
(☎ 518-935-1094; www.cafemadisonalbany.com; 1108 Madison Ave; Hauptgerichte 8–14 US$; ⌚ Mo–Do 7.30–14, Fr–So 7.30–14 Uhr; ✎) Das Frühstückslokal mit freundlichem Personal ist so beliebt, dass man vor allem am Wochenende oft eine halbe Stunde auf eine der gemütlichen Sitzecken oder einen Tisch warten muss (an der Theke hat man vielleicht mehr Glück). Die Bedienung kennt all die Klassiker und auf der Karte stehen auch einfallsreiche Omelettes, Crêpes, vegane Optionen und diverse Cocktails wie Cajun-Bloody-Mary.

An- & Weiterreise

Als Hauptstadt des Bundesstaats besitzt Albany die volle Palette an Verkehrsverbindungen. Der **Albany International Airport** (☎ 518-242-2200; www.albanyairport.com; Albany Shaker Rd, Colonie) liegt 10 Meilen (16 km) nördlich von Downtown.

GREAT CAMPS

Die „Great Camps" der Adirondacks sind kein Meer von Zelten, sondern waren meist regelrechte Anwesen mit Blick auf Seen und Berge sowie mit grandiosen Holzhütten, die sehr reiche Leute sich in der zweiten Hälfte des 19. Jhs. als rustikale Refugien errichteten. Ein hervorragendes Beispiel ist das **Great Camp Sagamore** (Sagamore Institute; ☎315-354-5311; www.greatcampsagamore.org; Sagamore Rd, Raquette Lake; Führungen Erw./Kind 18/10 US$; ⊙Mai–Mitte Okt. Öffnungszeiten variieren), ein ehemaliges Feriengut der Vanderbilts im Westen der Adirondacks, das heute für die Öffentlichkeit bei Führungen, Workshops und bei gelegentlich stattfindenden historisch inspirierten Wochenend-Events (mit Übernachtung) zugänglich ist.

Nicht so pompös ist das **White Pine Camp** (☎518-327-3030; www.whitepinecamp.com; 432 White Pine Rd, Paul Smiths; Zi./Hütte ab 165/315 US$;), 12 Meilen (19,3 km) nordwestlich von Saranac Lake. Die rustikal-gemütlichen Hütten stehen in Kiefernwäldern, in Feuchtgebieten und am malerischen Osgood Pond – dort führt ein Steg hinaus zu einer Insel mit einem Teehaus japanischen Stils und einer altmodischen Bowlingbahn aus Holz. Dass Präsident Calvin Coolidge hier 1926 einige Sommermonate verbrachte, ist eine interessante historische Fußnote, aber der Charme des Camps liegt in Details von bescheidenem Luxus wie Badewannen mit Löwenfüßen und Kaminen. Die von Naturkundlern geführten Spaziergänge an ausgewählten Tagen zwischen Mitte Juni und September stehen auch Nichtgästen offen.

Von der **Albany-Rensselaer Station** (☎800-872 7245; www.amtrak.com; 525 East St, Rensselaer), am Ostufer des Hudson River, fahren Züge nach New York City (ab 45 US$, 2½ Std.), ins Hinterland von New York und noch weiter. Die Busse von Greyhound und Trailways nutzen das zentral gelegene **Bus Terminal** (☎518-427-7060; 34 Hamilton St).

Lake George

Lake George bedeckt 115 km² der Adirondacks und zieht jeden Sommer Tausende Besucher an seine Ufer, um zu schwimmen, Boot zu fahren oder einfach dazusitzen und das Schimmern des Wassers zu bewundern. Der Ort Lake George ist ein Touristenzentrum mit Einkaufszentren, Feuerwerk (Juli & Aug., jeden Donnerstag) und Paddelbootfahrten. Hier verbringt man eine chaotische, dennoch gute Zeit, wenn man in die Sommer-am-See-Kultur eintauchen will. Wer es etwas ruhiger angehen lassen möchten, findet in den Nachbarorten wie in dem gehobenen Bolton Landing, dem gemütlichen Glens Falls und dem ländlichen Warrensburg eine etwas weniger betriebsame Atmosphäre.

Im Winter friert der Lage George zu und die meisten Orte um ihn herum fallen in einen Winterschlaf. Außer Skifahren in North Creek werden nicht viele Aktivitäten angeboten, und die meisten Restaurants und Hotels bleiben bis Sommeranfang geschlossen.

Sehenswertes & Aktivitäten

Fort William Henry Museum MUSEUM
(☎518-668-5471; www.fwhmuseum.com; 48 Canada St, Lake George; Erw./Kind 19,50/8 US$, Geistertouren 18/8 US$; ⊙Mai–Okt. 9.30–18 Uhr;) Guides im Kostüm britischer Soldaten des 18. Jhs. führen die Besucher über das Gelände dieses Nachbaus des aus Holz gezimmerten Forts von 1755. Es gibt nachgestellte Schlachten, bei denen mit alten Musketen geschossen und Kanonen abgefeuert werden. Details zu den abendlichen Geistertouren stehen auf der Website.

Hyde Collection Art Museum MUSEUM
(☎518-792-1761; www.hydecollection.org; 161 Warren St, Glens Falls; Erw./Kind 12 US$/frei; ⊙Di–Sa 10–17, So 12–17 Uhr, Mitte Juli–Aug. Mo 10–17 Uhr) Die tolle Kunstsammlung wurde von der Zeitungserbin Charlotte Pryun Hyde zusammengetragen. In ihrem Landhaus im Stil der florentinischen Renaissance finden sich Gemälde von Rembrandt, Rubens, Matisse und Eakins sowie Wandteppiche, Skulpturen und Möbel aus der Zeit um 1900.

Lake George Steamboat Cruises BOOTSTOUR
(☎518-668-5777; www.lakegeorgesteamboat.com; 57 Beach Rd, Lake George; Erw./Kind ab 17/8 US$; ⊙Mai–Okt.) Seit 1917 bietet dieses Unternehmen Bootstouren auf dem Lake George an. In der Saison kann man zwischen verschiedenen Fahrten und drei Booten wählen: dem authentischen Dampfschiff *Minne Ha*

Ha, der 1907 gebauten *Mohican* und dem Flagschiff *Lac du Saint Sacrement*.

Schlafen & Essen

Cornerstone Victorian B&B **$$**
(☎518-623-3308; www.cornerstonevictorian.com; 3921 Main St, Warrensburg; Zi. 120–200 US$; P ❄ 📶) Im Bundesstaat New York gibt's viele B&Bs im viktorianischen Stil, aber nur wenige bieten jeden Morgen ein Gourmet-Fünf-Gänge-Frühstück an. Das Menü ändert sich täglich und ist schon den Preis für eine Übernachtung wert, aber auch die gemütlichen Zimmer und die Gastfreundschaft der Gastgeber Doug und Louse, die weit über den Frühstückstisch hinausgeht, überzeugen.

Morgan & Co AMERIKANISCH **$$$**
(☎518-409-8060; www.morganrestaurant.com; 65 Ridge St, Glens Falls; Hauptgerichte 20–38 US$; ⏲Di & Mi 16–22, Do–Sa 16–23, So 10–20 Uhr) Morgan & Co wurde von dem Ehepaar Steve Butters und Rebecca Newell-Butters (Gewinnerin der amerikanischen Kochsendung *Chopped*) ins Leben gerufen. Hier wird moderne amerikanische Küche mit einer Prise internationaler Einflüsse vermischt. Auf der Karte stehen ausgefallene Gerichte – etwa Mailänder Schwertfisch oder Rinderbrust-Lasagne. Da alles exquisit zubereitet wird, lohnt es sich hier zu essen.

Das Prix-Fix-Drei-Gänge-Menü (44 US$) ist wärmstens zu empfehlen.

An- & Weiterreise

Der Albany International Airport (S. 165) liegt 50 Meilen (80,5 km) südlich von Lake George. Die Amtrak-Züge halten in Fort Edwards, rund 20 Autominuten von Lake George entfernt. Fernbusse von Greyhound und Trailways steuern die Region ebenfalls an. Im Gebiet um den See kommt man am besten per Mietwagen herum.

Lake Placid

Der Ferienort Lake Placid steht für Wintersport – hier fanden in den Jahren 1932 und 1980 die Olympischen Winterspiele statt, und Spitzensportler bereiten sich hier noch immer auf Wettkämpfe vor. Aber auch normale Urlauber können sich dort auf eine echte Bobbahn wagen oder Eisschnelllauf ausprobieren. Der Mirror Lake, der mitten in Downtown liegt, friert im Winter so stark zu, dass man auf ihm Schlittschuhlaufen und Schlittenfahren kann – auch mit Hundeschlitten. Als inoffizielles Zentrum der High-Peaks-Region der vielen Seen in der Gegend ist das Städtchen auch im Sommer schön.

Sehenswertes & Aktivitäten

Eine der Hauptattraktionenen in Lake Placid ist die Möglichkeit, sich wie ein Olympionike zu fühlen (oder zumindest den Athleten beim Training zuzuschauen). Die meisten Aktivitäten werden vom Skigebiet **Whiteface Mountain** (☎518-946-2223; www.whiteface.com; 5021 Rte 86, Wilmington; Liftticket ganzer Tag Erw./Kind ab 68/44 US$, nur Gondel 24/18 US$; ⏲Dez.–April 8.30–16 Uhr) angeboten (hier wurden die olympischen Abfahrtsrennen ausgetragen), finden aber in Orten in der Umgebung statt. Man kann u.a. die 800 m lange Bobschlittenbahn (75 US$) hinunterdüsen oder eine Biathlonvariation (Langlauf und Schießen; 55 US$) ausprobieren. Im Olympic Center kann man sich bei **Lake Placid Speed Skating** (www.lakeplacidspeedskating.wildapricot.org) im Eisschnelllauf versuchen (25 US$). Viele Sportarten werden im Sommer in abgewandelter Form angeboten, etwa Bobschlittenfahren auf Rädern. Der Olympic Sites Passport (35 US$), ist an allen von Whiteface verwalteten Orten erhältlich, was sich lohnen kann, da in dem Pass der Eintritt zu mehreren Sehenswürdigkeiten (etwa der Turm der Skisprungschanze und die Gondelfahrt auf den Whiteface Mountain) sowie Vergünstigungen bei verschiedenen Aktivitäten enthalten sind.

Olympic Center STADIUM
(☎518-523-3330; www.whiteface.com; 2634 Main St; Führungen 10 US$, Erw./Kind Eiskunstlaufshow 10/8 US$; ⏲tägl. 10–17 Uhr, Eiskunstlaufshows Fr 16.30 Uhr 👪) Das ist der Schauplatz des „Wunders auf dem Eis", bei dem 1980 die US-ame-

ABSTECHER

SARANAC LAKE

Saranac Lake ist weniger touristisch als der Nachbarort Lake Placid und vermittelt einen besseren Eindruck vom Alltagsleben in den Adirondacks. Die Ortschaft entstand im frühen 20. Jh. als Refugium für Tuberkulosekranke. Sie besitzt eine lebendige, altmodische Hauptstraße, die zum See führt. Viele weitere Gewässer liegen ringsum in den bewaldeten Hügeln, sodass der Ort ein tolles Sprungbrett für Wanderungen, Kajak- und Kanutouren ist.

rikanischen Außenseiter über die für unschlagbar gehaltene sowjetische Mannschaft triumphierten. Man kann im Winter auf dem äußeren Oval eislaufen und ganzjährig an der einstündigen Stadionführung teilnehmen. Freitags gibt's normalerweise kostenlose Eiskunstlaufshows. Im Juli und August finden samstags zusätzliche Shows um 19.30 Uhr statt (Erw./Kind 11/9 US$).

Vor Ort befindet sich auch ein kleines **Museum** (☎518-523-3330; www.lpom.org; 2634 Main St; Erw./Kind 8/6 US$; ⊙10–17 Uhr).

Whiteface Veteran's Memorial Highway PANORAMASTRASSE
(www.whiteface.com; Rte 431; Fahrer & Fahrzeug 16 US$, Mitfahrer 9 US$; ⊙Ende Mai–Mitte Okt. 8.45–17.30 Uhr) Der Whiteface Mountain ist der fünfthöchste Gipfel im Bundesstaat (1483 m) und der einzige in den Adirondacks, der per Auto erreichbar ist; oben sind ein wie eine Burg gestalteter Aussichtspunkt und ein Café. Der Berg kann wolkenverhüllt sein, dann wird die Anfahrt zur aufreibenden Strapaze. Wenn sich der Nebel aber verzieht, ist der Panoramablick einfach traumhaft. Die Maut bezahlt man in Lake Steven.

Schlafen & Essen

★ **Adirondack Loj** LODGE $
(☎518-523-3441; www.adk.org; 1002 Adirondack Loj Rd; B/Zi. ab 60/170 US$, Anbau Winter/Sommer ab 25/45 US$; P 📶) Der Adirondack Mountain Club betreibt dieses rustikale Refugium am Ufer des hübschen Heart Lake. Alle Zimmer der Lodge teilen sich die Bäder. Im Zimmerpreis ist das Frühstück inbegriffen, da die Lodge aber 8 Meilen (12,9 km) südlich von Lake Placid steht, wird man wahrscheinlich auch Mittag- und Abendessen in der Lodge einnehmen.

Lake Placid Lodge HISTORISCHES HOTEL $$$
(☎518-523-2700; www.lakeplacidlodge.com; 144 Lodge Way; Zi. 600–1600 US$; ⊙Mai–März; P ⊖ ❄ @ 📶) Das Luxushotel über Lake Placid verströmt mit seinen 13 prächtigen Zimmern und Hütten den rustikalen Glanz der klassischen Adirondack Lodges aus der Gründerzeit. Die Hütten sind Originale aus dem 19. Jh., und das Hauptgebäude ist der bemerkenswerte Nachbau des alten Hotels, das 2008 einem Brand zum Opfer fiel.

Liquids & Solids at the Handlebar AMERIKANISCH $$
(☎518-837-5012; www.liquidsandsolids.com; 6115 Sentinel Rd; Hauptgerichte 15–24 US$; ⊙Di–Sa 16–21, So 17–21 Uhr) In diesem rustikalen Bar-Restaurant, wo die Kielbasa-Würstchen und anderen Wurstwaren im Haus gemacht werden, dreht sich alles um Craft-Biere, kreative Cocktails und frische, einfallsreiche Gerichte. Als Hauptgericht gibt's z. B. Blumenkohl Stroganoff oder knusprigen Schweineconfit.

An- & Weiterreise

Trailways bedient Lake Placid. Amtrak fährt einmal täglich nach Westport mit Busanschluss nach Lake Placid (90,50 US$, 9½ Std.).

Vom Adirondack Regional Airport (S. 164), 17 Meilen (27,4 km) nordwestlich nahe Saranac Lake, fliegt Cape Air (www.capeair.com) nach Boston.

Thousand Islands

Für die Bewohner von New York City ist diese Region vor allem der Ursprung des Thousand-Islands-Salatdressings aus Ketchup, Mayonnaise und Würzsauce. Tatsächlich ist die Region ein malerisches Wunderland am Ontariosee und dem St.-Lorenz-Strom, das mit 1864 Inseln jeder Form und Größe zu beiden Seiten der US-amerikanisch-kanadischen Grenze durchsetzt ist. Ende des 19. Jhs. war diese Region eine Spielwiese der Reichen, heute ist sie weniger elitär. Für die Region sprechen vielmehr wunderschöne Sonnenuntergänge, preisgünstige Unterkünfte und die Nähe Kanadas, gleich jenseits der Gewässer; gegen sie allerdings die Langeweile im Winter und die Stechmücken im Sommer (Insektenschutzmittel einpacken!).

Die historische Hafenstadt Oswego ist das südliche Tor der Region und ein guter Ausgangspunkt zur Erkundung von Orten wie Sackets Harbor, wo kostümierte Darsteller jährlich ein „War of 1812 Weekend" veranstalten. An der nördlichen Seite bieten Clayton und Alexandria Bay Bootstouren zu den Inseln im St.-Lorenz-Strom, und im Wellesley Island State Park kann man inmitten herrlicher Natur campen.

Anreise & Unterwegs vor Ort

Der wichtigste Flughafen der Region ist der **Syracuse Hancock International Airport** (☎315-454-4330; www.syrairport.org; 1000 Colonel Eileen Collins Blvd, Syracuse) mit Flügen ab/nach New York City (angeboten von JetBlue und Delta), Newark, Washington, D. C. und Chicago (United) sowie Toronto (Air Canada). Autos mieten kann man am Flughafen oder in der Downtown von Syracuse, das per Bus und Zug mit anderen Teilen des Bundesstaats verbunden ist.

Alexandria Bay

Im Sommer strömen Tausende an das Westufer des St.-Lorenz-Stroms, der den Bundesstaat New York von Kanada trennt, in die verstreuten, kleinen am Wasser gelegenen Städte, die jede Art von Wasseraktivitäten bereithalten. Am besten kommt man in Alexandria Bay (A-Bay oder Alex Bay), Clayton und Cape Vincent unter, um ein paar der sonnigen Vergnügen zu erleben. Die Orte sind zwar alle etwas heruntergekommen und kitschig, trotzdem bringen sie jede Menge Spaß. Wer eine Pause braucht, kann die Winzer und Destillerien der Umgebung oder einige der vielen Inseln, denen die Region ihren Namen verdankt, besuchen. Es warten die unglaubliche Natur sowie einzigartige Sehenswürdigkeiten auf Entdecker. Im Winter ist hier aber so gut wie nichts los.

Sehenswertes & Aktivitäten

★ Boldt Castle SCHLOSS

(☎800-847-5263; www.boldtcastle.com; Heart Island; Erw./Kind 10/7 US$; ⏲Mai, Juni & Sept. 10–18.30 Uhr, Juli & Aug. bis 19.30 Uhr, Okt. 11–17 Uhr) Dieses Juwel, das entfernt an deutsche Burgen erinnert, wurde vom Hotel-Magnaten George C. Boldt in den letzten Jahren des 19. Jhs. erdacht. Als seine Frau 1904 während der Bauarbeiten plötzlich starb, ließ er die Arbeiten von einem Tag auf den anderen einstellen. Seit 1977 verwendet die Thousand Islands Bridge Authority Millionen, um dem Gebäude seine eigentlich angedachte Pracht zu verleihen.

Singer Castle SCHLOSS

(☎877-327-5475; www.singercastle.com; Dark Island; Erw./Kind 14,50/7,50 US$; ⏲Mitte Mai–Mitte Okt. 10–16 Uhr) Das aus Stein errichtete Schloss auf Dark Island mitten im St.-Lorenz-Strom wurde 1905 vom US-amerikanischen Unternehmer Frederick Bourne erbaut. Das Gebäude steckt voller Geheimgänge und versteckter Türen – und es gibt sogar ein Verlies. All das kann man sich bei einer Besichtigung anschauen. Uncle Sam (S. 169) betreibt Ausflugsboote ab Alex Bay; Touren werden auch von **Schermerhorn Harbor** (☎315-324-5966; www.schermerhornharbor.com; 71 Schermerhorn Landing, Hammond; Shuttle zum Singer Castle 31,25 US$; ⏲Ende Mai–Aug. 10.30–14.30 Uhr) angeboten.

Uncle Sam Boat Tour BOOTSTOUR

(☎315-482-2611; www.usboattours.com; 45 James St, Alexandria Bay; Erw./Kind 23/11,75 US$) Der größte Veranstalter von Bootstouren in der Region; besonders beliebt ist die zweistündige Fahrt längs der US-amerikanischen und kanadischen Seite des Flusses (Reisepass ist nicht nötig) mit Zwischenhalt am Boldt Castle. Es gibt auch Ausflüge zum Singer Castle.

Schlafen & Essen

Bonnie Castle RESORT $$

(☎800-955-4511; www.bonniecastle.com; 31 Holland St, Alexandria Bay; Zi./Apt. ab 160/242 US$; ❄📶🏊) Das etwas schäbige Resort gehört zu den größten in Alex Bay und ist ganzjährig geöffnet. Die Zimmer sind recht unterschiedlich, manche haben einen schönen Blick über den St.-Lorenz-Strom zum Boldt Castle.

Dockside Pub AMERIKANISCH $

(☎315-482-9849; www.thedocksidepub.com; 17 Market St, Alexandria Bay; Hauptgerichte 8–18 US$; ⏲Mo–Do 11–24, Fr & Sa bis 2, So 12–24 Uhr; 👪) Einfache Kneipenkost: Burger, Fritten, Pizza und ein paar Spezialitäten. Anders als der Name vermuten lässt, liegt der Laden im Hinterland ohne Blick auf die Anlegestelle.

An- & Weiterreise

Die Region erreicht man am besten mit dem Auto.

Westliches New York

Tourismus in der Region spielt sich rund um Buffalo ab, die zweitgrößte Stadt im Bundesstaat New York. Nachdem sie um 1900 die größte und wohlhabendste Metropole an den Großen Seen war, erlebte die Stadt im 20. Jh. wirtschaftlich schwere Zeiten, erholt sich aber seither wieder. Der große Bestand an historischer Architektur wird zusehends restauriert und zu Hotels, Museen und Unternehmenssitzen umgewandelt.

Das hiesige Geschäft florierte einst wegen der Wasserkraft der Niagarafälle und des Eriekanals, der die Großen Seen mit dem Atlantik verband. Heute sind die Fälle vor allem als Touristenattraktion bekannt, zu der alljährlich Millionen von Besuchern strömen. Rochester liegt etwa eine Stunde nordöstlich und hat sich wirtschaftlich ähnlich entwickelt, sich aber lange durch seine reiche Vergangenheit an Aktivismus getragen. Die Stadt war lange das Zuhause der Frauenrechtlerin Susan B. Anthony, des Bürgerrechtlers Frederick Douglass und anderer Pioniere des 19. und 20. Jhs.

Anreise & Unterwegs vor Ort

Der Buffalo Niagara International Airport (S. 171) ist das regionale Luftkreuz mit dem größten Angebot an Flügen, man kann aber auch vom/zum Niagara Falls International Airport (S. 173) und zum **Greater Rochester International Airport** (☎585-753-7000; www.monroecounty.gov; 1200 Brooks Ave) fliegen. Züge von Amtrak fahren nach Buffalo, Rochester und Niagara, wo es Verbindungen ab/nach New York City, Albany und Toronto sowie in Buffalo ab/nach Chicago gibt. Auch Greyhound-Busse (www.greyhound.com) fahren alle drei Orte an. Die anderen Orte in der Region erreicht man am besten mit einem Mietwagen.

Buffalo

Die Winter mögen lang und kalt sein, aber Buffalo trotzt der Kälte mit einer lebhaften, kreativen Gemeinschaft und ausgeprägtem Lokalpatriotismus. Die Stadt wurde 1758 von den Franzosen besiedelt – und vielleicht ist ihr Name eine Verballhornung von *beau fleuve* („schöner Fluss“ auf Französisch). Mit der Wasserkraft der nahen Niagarafälle erlebte die Stadt im frühen 20. Jh. einen Boom: Hier wurden Pierce-Arrow-Autos gebaut, und Buffalo führte als erste US-amerikanische Stadt elektrische Straßenlaternen ein. Als größte Stadt an den Großen Seen erhielt Buffalo den Spitznamen Queen City.

Die Zeiten einer prosperierenden Wirtschaft sind längst vergangen und haben viele aufgegebene Bauten hinterlassen. Aber auch Erneuerung liegt in der Luft: Architektonische Meisterwerke des späten 19. und frühen 20. Jhs., darunter Entwürfe von Frank Lloyd Wright und Henry Hobson Richardson, wurden prächtig restauriert. Das Parksystem stammt von Frederick Law Olmsted, dem berühmten Planer des New Yorker Central Park, und es gibt wundervolle Museen und eine nicht zu übersehende positive Stimmung.

Sehenswertes & Aktivitäten

★ Buffalo City Hall ARCHITEKTUR
(☎716-852-3300; www.preservationbuffaloniagara.org; 65 Niagara Sq; ⏲Führungen Mo–Fr 12 Uhr) GRATIS Mit seinen 32 Stockwerken dominiert das 1931 errichtete, innen und außen sehr detailreiche Art-déco-Meisterwerk das Zentrum. Bei der lohnenden Gratis-Führung besichtigt man das Büro des Bürgermeisters und den Ratssaal und kann von der offenen Aussichtsterrasse auf die Stadt blicken.

★ Martin House Complex ARCHITEKTUR
(☎716-856-3858; www.darwinmartinhouse.org; 125 Jewett Pkwy; Führung Standard/Erw. 22/45 US$; ⏲Führungen Mi–Mo 10–15 Uhr) Das 1394 m² große Haus wurde von Frank Lloyd Wright für seinen Freund und Gönner Darwin D. Martin entworfen und 1905 realisiert. Es ist ein repräsentatives Beispiel für Wrights Prairie-School-Phase und besteht aus sechs miteinander verbundenen Gebäuden. Jede der zwei Touren (online buchen) befasst sich mit unterschiedlichen Details dieses ausgefeilten Projekts.

★ Albright-Knox Art Gallery MUSEUM
(☎716-882-8700; www.albrightknox.org; 1285 Elmwood Ave; Erw./Kind 16/9 US$; ⏲Di–So 10–17 Uhr) Die hervorragende Sammlung der Galerie, die von Degas und Picasso bis hin zu Ruscha, Rauschenberg und anderen abstrakten Expressionisten reicht, residiert in einem neoklassizistischen Gebäude, das für die Pan-American Expo von 1905 in Buffalo errichtet wurde. Besonders kreativ und interessant sind die Wechselausstellungen.

Graycliff Estate ARCHITEKTUR
(☎716-947-9217; www.graycliffestate.org; 6472 Old Lake Shore Rd, Derby; 1-/2-stündige Führungen 19/35 US$) Auf einer dramatischen Klippenspitze am Eriesee, 16 Meilen (25,7 km) südlich der Downtown von Buffalo, erhebt sich das Ferienhaus, das Frank Lloyd Wright in den 1920er-Jahren für die wohlhabende Familie Martin entwarf. 2018 wurde die langwierige Restauration des Inneren fertiggestellt. Bei den interessanten Führungen (im Voraus buchen!) erfährt man viel über Wrights Gesamtplanung.

Guaranty Building ARCHITEKTUR
(Prudential Building; www.hodgsonruss.com/Louis-Sullivans-Guaranty-Building.html; 140 Pearl St; ⏲Besucherzentrum 7.15–21 Uhr) GRATIS Das 1896 für die Guaranty Construction Company errichtete prachtvolle Gebäude besitzt eine aufwendig mit Terrakottafliesen verkleidete Fassade und im Foyer eine wundervolle Buntglasdecke. Im Besucherzentrum wird genau erläutert, wie bahnbrechend der Entwurf von Adler & Sullivan seinerzeit war, als es das höchste Gebäude in Buffalo war.

Explore Buffalo TOUREN
(☎716-245-3032; www.explorebuffalo.org; 1 Symphony Circle) Busrundfahrten, Stadtspazier-

gänge, Rad- und Kajaktouren rund um Buffalo mit dem Schwerpunkt auf Architektur und Geschichte.

Schlafen

Hostel Buffalo Niagara HOSTEL **$**
(716-852-5222; www.hostelbuffalo.com; 667 Main St; B/Zi. 31/85 US$;) Das Hostel, das praktisch im Theater District in Buffalos Downtown liegt, ist in einem dreistöckigen ehemaligen Schulgebäude untergebracht und hat im Erdgeschoss einen Aufenthaltsraum, große Küchen- und Gemeinschaftsbereiche, eine kleine Kunstgalerie sowie makellos saubere, wenn auch charakterlose Badezimmer. Es gibt hier außerdem einen Wäschereiservice, kostenlose Leihfahrräder und viele Infos zu Musik, Restaurants und Kunstausstellungen in der Stadt.

★ **InnBuffalo off Elmwood** GÄSTEHAUS **$$**
(716-867-7777; www.innbuffalo.com; 619 Lafayette Ave; Suite 200–350 US$;) Ellen und Joe Lettieri haben Hervorragendes bei der Restaurierung dieser Villa von 1898 geleistet, die ursprünglich für den örtlichen Messing und Gummi-Magnaten H.H. Hewitt errichtet worden war. Die Besitzer sind glücklich darüber, dass das Gebäude durch die Restauration viel von seiner alten Pracht zurückgewonnen hat. Die neun Suiten sind schön dekoriert, einige mit originalen Details wie einer viktorianischen Nadelstrahl-Dusche.

Hotel Henry HISTORISCHES HOTEL **$$**
(716-882-1970; www.hotelhenry.com; Ecke Rockwell Rd & Cleveland Circle; Zi. 165–277 US$; P) Das Hotel Henry bewahrt viel von der repräsentativen Architektur des New York State Asylum, das Henry Hobson Richardson im späten 19. Jh. entwarf. Sehr breite Korridore führen zu den 88 Zimmern mit hohen Decken und topaktuellem Dekor.

Essen

★ **Cole's** AMERIKANISCH **$**
(716-886-1449; www.colesonelmwood.com; 1104 Elmwood Ave; Hauptgerichte 12–15 US$; Mo–Do 11–22, Fr & Sa bis 23 , So bis 21 Uhr;) Seit 1934 tischt dieses stimmungsvolle Restaurant mit Bar örtliche Gerichte wie *beef on weck* (Roastbeef auf Kümmelbrötchen) auf – als Beilage passen würzige Buffalo-Chicken-Wings dazu, man kann aber auch zu einem saftigen Burger greifen. Die Lage ist praktisch für ein Mittagessen, wenn man das Gebiet um den Delaware Park mit seinen Museen besucht. In der geräumigen Bar, die mit altmodischem Schnickschnack vollgestopft ist, gibt's viele Biere vom Fass.

Betty's AMERIKANISCH **$$**
(716-362-0633; www.bettysbuffalo.com; 370 Virginia St; Hauptgerichte 13–26 US$; Di–Fr 8–21, Sa 9–21, So 9–14 Uhr;) An einer ruhigen Ecke in Allentown serviert das lässige Lokal aromatische, frische Versionen von amerikanischer Hausmannskost wie Meatloaf. Der Brunch ist zu Recht beliebt, und es gibt auch eine nette Bar. Auf der Karte stehen auch viele vegetarische und vegane sowie glutenfreie und milchfreie Optionen.

Black Sheep INTERNATIONAL **$$**
(716-884-1100; www.blacksheepbuffalo.com; 367 Connecticut St; Hauptgerichte 17–30 US$; Mi–Sa 17–22, So 11–14 Uhr) Das Black Sheep beschreibt seine farmfrische Küche als „global-nomadisch“, d.h. man findet hier aufregende Varianten von Chimichangas, Pierogies und Gemüselasagne auf der Karte. Man kann auch an der Bar essen, wo es kreative Cocktails und lokales Ale gibt.

Ausgehen & Unterhaltung

★ **Resurgence Brewing Company** KLEINBRAUEREI
(716-381-9868; www.resurgencebrewing.com; 1250 Niagara St; Di–Do 16–22, Fr bis 23.30, Sa 12–23.30, So bis 17 Uhr) Die Kleinbrauerei ist ein schönes Beispiel für die kreative Umnutzung vorhandener Infrastruktur in Buffalo: Sie befindet sich in einer ehemaligen Maschinenfabrik, die später als städtisches Hundeasyl diente. Die Biere (Verkostungsgedeck 8 US$) sind ausgezeichnet. Es gibt rund 20 verschiedene Ales vom Fass – vom fruchtig-süßen Loganberry Wit bis hin zu einem Porter mit erstaunlichem Erdnussbutter-Aroma.

Kleinhans Music Hall KLASSISCHE MUSIK
(716-885-5000; www.kleinhansbuffalo.org; 3 Symphony Circle) Der schöne Konzertsaal mit wunderbarer Akustik ist Sitz des Buffalo Philharmonic Orchestra. Das denkmalgeschützte Gebäude wurde nach dem Entwurf von Eliel und Eero Saarinen, dem berühmten finnischen Vater-Sohn-Architektengespann, errichtet.

An- & Weiterreise

Der **Buffalo Niagara International Airport** (BUF; 716-630-6000; www.buffaloairport.com; 4200 Genesee St) liegt etwa 10 Meilen (16 km) östlich des Zentrums und ist ein regionaler Verkehrsknotenpunkt. Jet Blue Airways bietet ab NYC erschwingliche Hin- und Rückflüge.

NFTA (www.nfta.com), das für den öffentlichen Nahverkehr zuständig ist, schickt den Expressbus 204 zum **Buffalo Metropolitan Transportation Center** (☎716-855-7300; www.nfta.com; 181 Ellicott St) im Zentrum; Greyhound-Busse fahren auch ab hier. Der NFTA-Nahverkehrsbus 40 fährt bis zur US-amerikanischen Seite der Niagarafälle (2 US$, 1 Std.), der Expressbus 60 fährt auch in diese Richtung, man muss zwischendurch aber umsteigen.

Von der **Exchange Street Station** (☎716-856-2075; www.amtrak.com; 75 Exchange St) von Amtrak in Downtown fahren Züge nach New York City (ab 67 US$, 8½ Std.), Niagara Falls (ab 14 US$, 1 Std.), Albany (ab 53 US$, 5 Std.) und Toronto (ab 47 US$, 4½ Std.). Alle Züge halten auch an der **Buffalo-Depew Station** (55 Dick Rd), 8 Meilen (12,9 km) weiter östlich, wo man auch in Züge nach Chicago (ab 61 US$, 10½ Std.) einsteigen kann.

Niagara Falls

Die Städte Niagara Falls, New York (USA), und Niagara Falls, Ontario (Kanada), blicken beide auf das Naturwunder der Niagarafälle – wo 570 000 l Wasser in der Sekunde über 300 m in die Tiefe stürzen –, und beide liefern drumherum eine Menge Touristenkitsch. Die kanadische Stadt ist allerdings viel größer, und von der kanadischen Seite hat man obendrein die etwas bessere Aussicht. Aber auch der Ausblick von der US-amerikanischen Seite ist eindrucksvoll, und die Umgebung des Wasserfalls ist hier weit schöner, weil sie zu einem landschaftlich schön gestalteten Statepark gehört. Und die Stadt ist nicht so stark vom Rummel geprägt wie die auf der kanadischen Seite – wer das bevorzugt, geht einfach über die Rainbow Bridge, sofern man den Pass dabei hat.

Sehenswertes & Aktivitäten

★ Cave of the Winds AUSSICHTSPUNKT
(☎716-278-1730; www.niagarafallsstatepark.com; Goat Island Rd; Erw./Kind 19/16 US$; ⏲Mai–Okt. ab 9 Uhr, schließt zu untersch. Zeiten) Am Nordende von Goat Island fährt ein Aufzug hinunter zu Laufgängen, die nur 7,6 m vom tosenden Wasser am Fuß der Bridal Veil Falls verlaufen. Man sollte einen Regenponcho kaufen; Sandalen werden gestellt. (Entgegen des Namens führt die Plattform vor die Wasserfälle, nicht in eine Höhle).

Old Fort Niagara MUSEUM
(☎716-745-7611; www.oldfortniagara.org; Youngstown; Erw./Kind 13/9 US$; ⏲Juli & Aug. 9–19, Sept.–Juni 9–17 Uhr) Diese 1726 von den Franzosen erbaute und in den 1930er-Jahren restaurierte Festung verteidigte einst die strategisch wichtige Stelle, an der der Niagara River in den Ontariosee mündet. Es gibt eine interessante Präsentation von indianischen Artefakten, kleinen Waffen, Möbeln und Kleidungsstücken und einen atemberaubenden Blick von den Festungswällen. In den Sommermonaten gibt's Führungen und

NICHT VERSÄUMEN

DIE KANADISCHEN NIAGARAFÄLLE

Von der kanadischen Seite aus bietet sich ein grandiose Blick auf die **Horseshoe Falls**, die an der Westseite des Flusses liegen und breiter als die Bridal Veil Falls am Ostufer (USA) sind. Besonders fotogen sind sie vom Queen Victoria Park aus. Mit **Journey Behind the Falls** (☎905-354-1551; www.niagaraparks.com; 6650 Niagara Pkwy; Erw./Kind 22/14 US$; ⏲9–22 Uhr, Öffnungszeiten variieren je nach Saison) gelangt man auf eine von Gischt getränkte Aussichtsplattform – ähnlich wie bei Cave of the Winds.

Die kanadische Stadt ist auf eine sehr touristische Weise lebendiger. Kettenhotels und Restaurants dominieren das Bild, aber es gibt auch ein HI-Hostel und ein paar ältere Motels mit herzförmiger Badewanne für Hochzeitsreisende. Mehr Infos bekommt man im **Niagara Falls Tourist Office** (☎905-356-6061; www.niagarafallstourism.com; 6815 Stanley Ave; ⏲Mo–Fr 9–17 Uhr), das in der Nähe der Skylon-Tower-Aussichtsplattform liegt.

Das Überqueren der Rainbow Bridge kostet (inkl. Rückweg) 3,75/1 US$ pro Auto/Fußgänger. Zu Fuß ist man etwa zehn Minuten unterwegs; der Autoverkehr kommt im Sommer, oder wenn in Toronto ein Event stattfindet, nicht selten zum Erliegen. Ausländische Besucher müssen bei der Einreise auf beiden Seiten der Brücke einen Reisepass vorzeigen. Wer mit einem Mietwagen aus den Vereinigten Staaten die Grenze überqueren will, sollte keine Probleme kriegen. Trotzdem empfiehlt es sich, dies mit der Autovermietung abzuklären.

Vorstellungen von kostümierten Guides darüber, wie die Menschen hier früher gelebt haben. Um die Festung herum finden sich im Fort Niagara State Park Wanderwege.

Whirlpool State Park PARK

(☎716-284-4691; www.parks.ny.gov; Robert Moses State Pkwy) Dieser Park 3 Meilen (4,8 km) nördlich der Fälle befindet sich über einer Biegung des Niagara River – einer Biegung, die einen riesigen Wirbel erzeugt, der von diesem Aussichtspunkt aus gut sichtbar ist. Stufen führen 91 m hinunter in die Schlucht – aufpassen, dass man nicht stürzt!

Rainbow Bridge BRÜCKE

(www.niagarafallsbridges.com; ⏲ Autos/Fußgänger/Radfahrer 3,75/1/1 US$) Für den Spaziergang oder die Autofahrt über die Brücke, die die US-amerikanische mit der kanadischen Seite der Fälle verbindet, braucht man seinen Pass. Der Ausblick ist eindrucksvoll.

★ **Maid of the Mist** BOOTSTOUR

(☎716-284-8897; www.maidofthemist.com; 1 Prospect St; Erw./Kind 19,25/11,20 US$; ⏲ Öffnungszeiten variieren) Die traditionelle Art, die Niagarafälle anzusehen, ist die Fahrt mit diesem Boot, das schon seit 1846 Besucher in die Stromschnellen gleich unterhalb der Fälle bringt. Unbedingt den blauen Poncho überziehen, der gestellt wird, sonst durchnässt einen die Gischt der Fälle.

Schlafen & Essen

Seneca Niagara Resort & Casino RESORT $$

(☎877-873-6322; www.senecaniagaracasino.com; 310 4th St; Zi. 255–405 US$; P ⊖ ❄ @ ≋ ≋) Mit rund 600 geräumigen Zimmern und Suiten sowie einem munteren Kasino stellt dieser purpurfarbene, glasverkleidete Turm die Antwort der US-amerikanischen Stadt auf den touristischen Glitzer drüben auf der kanadischen Seite der Fälle dar. Es gibt hier auch eine Reihe von Musik- und Comedy-Shows mit recht bekannten Künstlern.

Giacomo BOUTIQUEHOTEL $$$

(☎716-299-0200; www.thegiacomo.com; 222 1st St; Zi. ab 247 US$; P ❄ @ ≋) Das luxuriöse Giacomo belegt einen Teil eines prächtigen Art-déco-Büroturms und ist mit seinen großzügigen, aufwendig dekorierten Zimmern eine stilvolle Ausnahme zu den zahlreichen langweiligen Kettenhotels und -motels in Niagara. Auch wenn man vielleicht nicht hier übernachtet, sollte man sich an der Bar in der Lobby (sie ist ab 17 Uhr geöffnet) einen Drink holen und einmal in den 19. Stock hinauffahren, von wo aus man eine wirklich spektakuläre Aussicht genießt.

Third Street Retreat Eatery & Pub AMERIKANISCH $

(☎716-371-0760; www.thirdstreetretreat.com; 250 Rainbow Blvd; Hauptgerichte 8–10 US$; ⏲ Mi–Sa 9–15 Uhr, Öffnungszeiten variieren) Die Wände in diesem bei Einheimischen beliebten Lokal, wo es den ganzen Tag lang Frühstück und leckere Kneipenkost gibt, sind mit alten Schallplattenhüllen bedeckt. Es gibt ein gutes Sortiment an Fass- und Flaschenbieren und im Obergeschoss einen Billardtisch und Darts.

ℹ An- & Weiterreise

Der NFTA-Bus 40 (www.nfta.com) verbindet das Zentrum von Buffalo mit Niagara Falls (2 US$, 1 Std.). Die Haltestelle in Niagara Falls befindet sich an der Ecke 1st St und Rainbow Blvd. Der Expressbus 60 fährt zu einem Busbahnhof östlich vom Zentrum, wo man in den Bus 55 zum Fluss umsteigen muss. Der **Amtrak-Bahnhof** (☎716-285-4224; www.amtrak.com; 825 Depot Ave) liegt etwa 2 Meilen (3,2 km) nördlich vom Zentrum; der Bahnhof auf der kanadischen Seite ist zentraler, wer aber aus NYC kommt, muss erst den kanadischen Zoll passieren. Von Niagara Falls fahren täglich Züge nach Buffalo (14 US$, 50 Min.), Toronto (36 US$, 3 Std.) und NYC (ab 67 US$, 9 Std.). Die Busse von **Greyhound** (www.greyhound.com; 240 1st St) starten am Quality Inn.

Allegiant Air und Spirit Airlines fliegen aus Florida und South Carolina zum **Niagara Falls International Airport** (☎716-297-4494; www.niagarafallsairport.com; 2035 Niagara Falls Blvd).

NEW JERSEY

Das, was das Fernsehen über New Jersey verbreitet – von den protzigen, riesigen Villen der *Real Housewives of New Jersey* bis hin zum starken Akzent der *Sopranos* – ist zumindest teilweise wahr. Aber Jersey (Einheimische lassen das „New" gern unter den Tisch fallen) ist auch von Hightech-Unternehmen und Bankenzentralen sowie von grünem Farmland (das ein Viertel seiner Fläche ausmacht und dem Bundesstaat den Spitznamen „Garden State" eingebracht hat) und Pinienwäldern geprägt. An den bezaubernden Stränden (ca. 204 km) finden sich zwar auch die Guidos und Guidettes der Reality-Serie *Jersey Shore*, aber auch viele nette charaktervolle Küstenorte.

Im Osten erlebt man Jerseys Stadtdschungel, im Westen das Gegenteil: die friedliche, frische Landschaft des Delaware Water Gap.

Anreise & Unterwegs vor Ort

Die Menschen in NJ fahren zwar am liebsten Auto, aber es gibt durchaus auch öffentliche Verkehrsmittel.

PATH (www.panynj.gov/path) bietet eine Zugverbindung zwischen Lower Manhattan und Hoboken, Jersey City und Newark. **NJ Transit** (www.njtransit.com) betreibt Busse und Züge im gesamten Bundesstaat, darunter Busverbindungen zur Port Authority in New York City und zur Downtown von Philadelphia sowie Züge zur Penn Station in New York City. Achtung: Der Zugbetrieb ist im letzten Jahrzehnt stark zurückgegangen.

New York Waterway (www.nywaterway.com) Die New-York-Waterway-Fähren fahren auf dem Hudson und vom NJ-Transit-Bahnhof in Hoboken zum World Financial Center in Lower Manhattan.

Hoboken

Die „Square Mile City" gehört zu den angesagtesten Adressen mit entsprechenden Grundstückspreisen. An den Wochenenden erwachen die Bars zum Leben, und auf der Washington St finden sich viele Restaurants. Während man an aufgehübschten Hunden, großen Kinderwagen und lauernden schwarzen Uber-Autos mit New Yorker Nummernschildern vorbeispaziert, kann man die herrliche Aussicht auf New York City genießen. Man sollte sich hierher auf den Weg machen, bevor es die großen Einkaufsketten tun.

Sehenswertes

Hoboken Historical Museum MUSEUM

(Karte S. 84; ☎201-656-2240; www.hobokenmuseum.org; 1301 Hudson St; Erw./Kind 5 US$/frei; ⏲Di–Do 14–19, Fr 13–17, Sa & So 12–17 Uhr) Das kleine Museum vermittelt den Eindruck eines Hoboken, das man sich heute kaum noch vorstellen kann: von einer Stadt eingewanderter katholischer Arbeiter aus Irland und Italien, die auf den Werften und auf den Docks schufteten. Es gibt auch Stadtrundgänge zu Frank Sinatras Lieblingsorten in Hoboken und zu den Schauplätzen des Films *Die Faust im Nacken*.

Essen

La Isla KUBANISCH $

(☎201-659-8197; www.laislarestaurant.com; 104 Washington St; Frühstück 8–17 US$, Sandwichs 8–16 US$, Hauptgerichte 16–28 US$; ⏲Mo–Sa 7–22, So 10–21 Uhr) Im seit 1970 bestehenden authentischsten kubanischen Restaurant der Stadt klirren die Resopal-Theken unter den Tellern mit gegrillten kubanischen Sandwichs, *maduros* (gebratenen Kochbananen) und Reis mit Straucherbsen. Spanische Gespräche und Salsa bestimmen die Geräuschkulisse, und an den Wänden hängen Porträts von Celia Cruz. Dies ist der echte Laden – und nicht zu vergleichen mit der

ABSTECHER

DELAWARE WATER GAP

Wo der Delaware River eine enge S-Kurve durch den Kamm der Kittatinny Mountains beschreibt, steht man mit dem einen Fuß in Pennsylvania und dem anderen in New Jersey. In den Zeiten vor der Klimaanlage war dies ein beliebtes Ziel. Heute ist es eine Gegend von dramatischer Schönheit mit einem Anteil schroffer Wildheit, die einen Tagausflug vom größten Ballungsraum der nordamerikanischen Ostküste entfernt liegt. 1965 wurde die **Delaware Water Gap National Recreation Area** (☎570-426-2452; www.nps.gov/dewa; 1978 River Rd, Bushkill) geschaffen, die Gebiete in New Jersey und Pennsylvania umfasst.

Der Eintritt in die meisten Parks ist umsonst, aber in manchen Gebieten muss man eine Gebühr von 10 US$ für Autos und 2 US$ für Fahrräder entrichten.

Das Delaware Water Gap liegt 70 Meilen (112,7 km) westlich von New York City. Zu erreichen ist es über die I-80, oder 100 Meilen (160 km) nördlich von Philadelphia über die I-476. Das Auto ist mit Abstand die beste Möglichkeit, sich hier fortzubewegen.

Mit dem Bus benötigt man ab NYC etwa zwei Stunden. Coach USA (www.coachusa.com) bietet eine Busverbindung von Port Authority nach Milford, PA (25,75 US$). Die Busse fahren unter der Woche siebenmal am Tag und täglich um 10, 14.30 und 17.35 Uhr.

Martz Trailways (www.martztrailways.com) fährt von NYC Port Authority nach Stroudsburg, PA (39 US$, 1½ Std., mehr als zwölfmal täglich).

uninteressanten, wenn auch schickeren Filiale in Uptown.

Amanda's GASTRONOMIE **$$**
(☎201-798-0101; www.amandasrestaurant.com; 908 Washington St; Hauptgerichte 14–31 US$; ⌚Abendessen Mo–Do 17–22, Fr & Sa bis 23, So bis 21 Uhr, Brunch Sa & So 11–15 Uhr) Seit drei Jahrzehnten serviert Familie Flynn in den zusammenhängenden, umgebauten Stadtvillen, in denen jeder Raum ein anderes Thema hat, erstklassiges Essen. Die große Weinkarte und die monatlichen Weinabende machen das Lokal zu einer Option mit Klasse. Das frühe Dinner-Sonderangebot hat ein tolles Preis-Leistungs-Verhältnis.

An- & Weiterreise

NY Waterway (www.nywaterway.com) betreibt Fähren zwischen der 39th St an Manhattans West Side und Hoboken (9 US$, 8 Min.). Von Lower Manhattan fahren oft überfüllte NJ-PATH-Züge zum Hoboken Terminal. Die Parkplatzsituation ist unerträglich – man sollte nicht mal im Traum daran denken, mit dem Auto zu fahren.

Princeton

Das kleine Städtchen, das von einem englischen Quäkermissionar gegründet wurde, besitzt schöne Bauten und mehrere sehenswerte Stätten, unter denen die Ivy-League-Universität die Hauptattraktion ist. Princeton ist allerdings nicht in erster Linie akademisch, sondern vornehm, und teure Boutiquen säumen den zentralen Palmer Sq. Nur 1,5 km vom Campus und der Stadt entfernt, kann man jedoch in das idyllische Institute Woods entfliehen, einen 2,4 km² großen bewaldeten Rückzugsort.

Wie jede gute Universitätsstadt hat Princeton einen Buchladen, einen Plattenladen, einen Brauerei-Pub und ein unabhängiges Kino, die alle im Umkreis der Straßen und Gassen rund um den Palmer Sq liegen. Hinzu kommen noch zahlreiche Süßwarenläden, Cafés und Spezialitäten-Eisdielen.

Sehenswertes

★ **Institute Woods** WALD
(www.ias.edu; 1 Einstein Dr; ⌚Sonnenaufgang–Sonnenuntergang) Läuft man 2,4 km die Mercer St hinunter, gelangt man zu einem beschaulichen Wäldchen, das Welten von den verstopften Durchfahrten des Campusgeländes entfernt wirkt. Das rund 240 ha große Naturgebiet mit seinen weichen Lehmwegen ist bei Vogelfreunden (vor allem während des Zugs der Waldsänger im Frühjahr), Joggern und Hundeführern beliebt.

Princeton University UNIVERSITÄT
(☎609-258-3000; www.princeton.edu) Die Mitte des 18. Jhs. gegründete Institution wurde zu einem der größten Gebäudekomplexe der amerikanischen Kolonien. Heute gehört die Universität zur Ivy League und damit zu den besten des Landes. Man kann sich auf eigene Faust umschauen oder an einer von Studenten geleiteten Führung teilnehmen.

Morven Museum & Garden MUSEUM
(☎609-924-8144; www.morven.org; 55 Stockton St; Erw./Kind 10/8 US$; ⌚Mi–So 10–16 Uhr) Das Museum zeigt eine schöne Sammlung von Kunstgewerbe und im Stil der Zeit eingerichtete Zimmer. In anderen Sälen finden Wechselausstellungen statt. Die Gärten und das Haus allein lohnen schon den Besuch. Das perfekt gestaltete koloniale Herrenhaus wurde von Richard Stockton erbaut, einem prominenten Juristen aus der Mitte des 18. Jhs. und Mitunterzeichner der amerikanischen Unabhängigkeitserklärung.

Schlafen & Essen

Inn at Glencairn B&B **$$**
(☎609-497-1737; www.innatglencairn.com; 3301 Lawrenceville Rd/Rte 206; Zim ab 220 US$; 📶) Hier gibt's das beste Preis-Leistungs-Verhältnis rund um Princeton: fünf ruhige Zimmer in einem renovierten georgianischen Herrenhaus etwa zehn Autominuten vom Campus. Das Anwesen wird scharenweise von Goldzeisigen (dem Staatsvogel von New Jersey) besucht und der Sage nach auch vom rastlosen Geist eines britischen Soldaten aus dem Amerikanischen Unabhängigkeitskrieg. Nachts hört man ihn durch die Flure wandern.

★ **Mistral** MEDITERRAN **$$**
(☎609-688-8808; www.mistralprinceton.com; 66 Witherspoon St; Teller zum Teilen 12–18 US$, Hauptgerichte 17–32 US$; ⌚Mo 17–21, Di bis 21.30, Mi & Do 11.30–15 & 17–21.30, Fr & Sa 11.30–15 & 17–22.30, So 10.30–15 & 16–21 Uhr) Princetons kreativstes Restaurant serviert Gerichte, die man sich teilen kann; die Palette reicht von der Karibik bis nach Skandinavien. Vom Tresen des Chefkochs hat man einen Überblick über das kontrollierte Chaos in der offenen Küche.

Mediterra Restaurant & Taverna MEDITERRAN **$$$**
(☎609-252-9680; www.mediterrarestaurant.com; 29 Hulfish St; Hauptgerichte 22–36 US$; ⌚Mo–Do

11.30–22, Fr & Sa bis 23, So 11–21 Uhr) Das zentral am Palmer Sq gelegene Mediterra ist ein gehobenes, modernes, für eine Collegestadt typisches Restaurant. Eltern auf Besuch, wohlhabende Studenten und Einheimische verzehren sich nach den Gerichten, die auf regionale und biologische Zutaten setzen. Zudem verraten sie die Herkunft der Eigentümer, die aus Chile und Italien stammen. Fischspeisen und kleine Platten sind besonders gut. Während der täglichen Happy Hour (16 bis 18.30 Uhr) gibt's Tapas zum halben Preis und manchmal Livemusik.

An- & Weiterreise

Die Expressbusse 100 und 600 von Coach USA (www.coachusa.com) verkehren häufig zwischen Manhattan und Princeton (15,70 US$, 1½ Std.). Züge von NJ Transit (www.njtransit.com) fahren häufig von der New York Penn Station zum Bahnhof Princeton Junction (16 US$, 1–1½ Std.). Der „Dinky"-Shuttle bringt einen von dort zum Campus der Princeton University (3 US$, 5 Min.).

Jersey Shore

Der wohl berühmteste und meistgeschätzte Teil New Jerseys ist seine fulminante Küste – ein Besuch am Strand ist ein nicht wegzudenkendes Sommerritual –, die sich von Sandy Hook bis nach Cape May erstreckt. Von geschmacklos bis klassisch reiht sich hier ein Ferienort an den anderen. An den Wochenenden im Sommer wimmelt es hier nur so vor Menschen (vor allem an den Brücken, die hinüber auf die Barriereinseln führen, ist der Verkehr ein echter Albtraum) und eine günstige Unterkunft ist fast so schwierig zu finden wie ein Körper, der nicht mit Tattoos übersät ist. Eine gute, budgetfreundliche Option sind die Campingplätze der Gegend. Kaum hat der Herbst Einzug gehalten, findet man sich manchmal sogar ganz alleine am Strand wieder.

Anreise & Unterwegs vor Ort

Steckt man auf dem Garden State Pkwy im zäh fließenden Verkehr fest, kann man sich leicht einen Sonnenbrand holen – fährt man im Sommer zu den Ausflugszielen, ist eine frühe Abfahrt daher ein Muss.

NJ Transit (www.njtransit.com) betreibt spezielle Shore-Express-Züge (Juni–Sept. zweimal tägl.) mit Halt in Asbury Park, Bradley Beach, Belmar, Spring Lake, Manasquan, Point Pleasant Beach und Bay Head. Mit dem Zugticket kann man gleich die Strandplakette kaufen. Abends fahren zwei Expresszüge zurück nach Norden.

NJ-Transit-Busse der New Yorker Port Authority bedienen Seaside Heights/Seaside Park, den Island Beach State Park, Atlantic City, Wildwood und Cape May.

Greyhound (www.greyhound.com) betreibt Sonderbusse nach Atlantic City.

Asbury Park & Ocean Grove

Während der Jahrzehnte der ökonomischen Stagnation konnte die Stadt Asbury Park nur darauf verweisen, dass der aus New Jersey stammende Bruce Springsteen hier Mitte der 1970er-Jahre seine ersten Auftritte im Nachtclub Stone Pony hatte. Doch seit 2000 erleben die Blocks früher leerstehender viktorianischer Häuser eine so starke Wiederbelebung, dass Asbury manchmal als das „Brooklyn am Strand" bezeichnet wird. Tausende weiterer Einheiten sollen in den nächsten Jahren entstehen. Und seit 2019 ragt ein 17-stöckiger Luxuswohnungskomplex namens Asbury Ocean Club über den Gehweg. Auf einem der Stockwerke befindet sich ein Boutiquehotel mit 54 Zimmern.

Im Downtown-Areal, das mehrere Blocks an der Cookman und der Bangs Ave umfasst, finden sich Antiquitätenläden, hippe Restaurants (von vegan bis hin zu französischen Bistros) und ein anspruchsvolles Kino. 39 Bars, und es werden immer mehr, locken Zugladungen von partylustigen jungen New Yorkern in den mit NJ Transit leicht erreichbaren Ort.

Unmittelbar südlich von Asbury Park liegt Ocean Grove, das nicht nur einer anderen Zeit, sondern auch einer anderen Kultur zu entstammen scheint. Es wurde im 19. Jh. von Methodisten zur Massenevangelisation gegründet und ist als „Gottes Quadratmeile an Jerseys Küste" bekannt und eine „trockene" Stadt (also kein Alkohol!). Sogar der Strand ist sonntagmorgens geschlossen. Die Gebäude im viktorianischen Stil sind so reichlich verziert, dass sie an Pfefferkuchenhäuser erinnern und man versucht ist, reinzubeißen. Im Zentrum befindet sich ein aus Holz errichtetes Auditorium mit 6500 Sitzplätzen und einer riesigen Orgel. Die Tent City ist eine historische Stätte – das ehemalige Evangelisationslager – und zeigt über 100 altertümliche Segeltuchzelte, die als Sommerunterkünfte dienten.

Sehenswertes & Aktivitäten

Historic Village at Allaire MUSEUM

(☎ 732-919-3500; www.allairevillage.org; 4263 Atlantic Ave, Farmingdale; Parken Mai–Sept. Sa & So

5 US$; historisches Dorf Juni–Aug. Mi–So 11–16 Uhr, April, Mai & Sept. nur Sa & So, Dez.–März kürzere Öffnungszeiten) GRATIS Nur 15 Fahrtminuten entfernt von Asbury Park und der Gegenwart schützt dieses idyllische Museum die Überreste von Howell Works, das im 19. Jh. ein blühendes Dorf war, das Raseneisen für James Allaires Dampfmaschine in New York produzierte. Auf einem Spaziergang durch die Läden und historischen Gärten trifft man auf passend zur damaligen Zeit kostümierte Leute und in einer Bäckerei von 1835 kann man Brot backen (Mi–Fr 11–16 Uhr, im Sommer auch Sa und So bis 17 Uhr).

Schlafen

Quaker Inn INN $$

(732-775-7525; www.quakerinn.com; 39 Main Ave; DZ mit Einzelbetten 97–155 US$, DZ 123–177 US$, Familienzimmer 172–214 US$;) Der großartige, knarrende viktorianische Gasthof hat 28 Zimmer, von denen sich manche zu umlaufenden Veranden oder Balkonen öffnen. Es gibt einen netten Gemeinschaftsbereich/Bibliothek, wo man beim Kaffee verweilen kann. Die Eigentümer sind Musterbeispiele für den Charme und die Gastlichkeit der Stadt. Ein Hinweis für Schlechtschläfer: Die Wände sind etwas dünn.

★ **Asbury Hotel** BOUTIQUEHOTEL $$$

(732-774-7100; www.theasburyhotel.com; 210 5th Ave; DZ 185–425 US$; P) Wow. Dieses Hotel ist durch und durch cool – von der Veranstaltungsfläche und Lobby, die mit Langspielplatten, alten Büchern und einem Solarium ausstaffiert ist, bis hin zur Bar auf der Dachterrasse. Das Hotel ist zwei Blocks von der Convention Hall und der Promenade entfernt; man kann den ganzen Tag drinnen verbringen, Billard spielen oder draußen im beheizten Pool entspannen. Am Wochenende gibt's bessere Angebote.

Die Kehrseite: Es gibt Kaffee in Papierbechern – nicht cool. Aber im Winter gibt's eine Eislauffläche – ziemlich cool.

Essen & Trinken

Moonstruck ITALIENISCH $$$

(732-988-0123; www.moonstrucknj.com; 517 Lake Ave; Hauptgerichte 28–44 US$; Mi–Fr 17–22, Sa bis 23 Uhr, Mitte Juni–Aug. So 16.30–22 Uhr, Sept.–Mitte Juni kürzer) Angesichts des Ausblicks auf den Wesley Lake, der Asbury und Ocean Grove teilt, und einer langen Martinikarte gibt es hier nichts zu meckern. Die Karte ist bunt zusammengewürfelt mit einem Fokus auf italienischer Küche, wie sich an den Pastagerichten zeigt; die Fleisch- und Fischgerichte zeigen verschiedene ethnische Einflüsse.

STRANDGEBÜHREN

Viele Gemeinden an der Jersey Shore erheben eine Gebühr von 7 bis 15 US$ für den Strandzugang. Für einen Tag erhält man eine Tagesplakette (ein sogenanntes *tag*). Vom nördlichen Long Beach Island bis zum nicht weit entfernten Sandy Hook sind alle Strände gebührenpflichtig. Die südliche Küste ist überwiegend, wenn auch nicht vollständig, gebührenfrei. Bleibt man mehrere Tage, lohnt sich der Kauf einer Wochenplakette (bei manchen Hotels ist sie im Preis inklusive).

Asbury Festhalle & Biergarten BIERGARTEN

(732-997-8767; www.asburybiergarten.com; 527 Lake Ave; Mo–Fr 16–1, Sa–So 12–1 Uhr) 38 Fassbiersorten, ein Biergarten auf einer Dachterrasse – es wirkt ein bisschen wie Deutschland am großen Teich. Außerdem gibt's hier Livemusik in einem Saal (so groß wie zwei Scheunen) mit klassischen langen Bierzeltgarnituren. Zu snacken bekommt man Brezeln, die größer als das eigene Gesicht sind, sowie Teller voll Wurst (Hauptgerichte 15– 28 US$) oder man bestellt sich einen Schnaps.

Unterhaltung

Stone Pony LIVEMUSIK

(732-502-0600; www.stoneponyonline.com; 913 Ocean Ave; Kartenverkauf Mi–Mo 12–17 Uhr & während der Shows) Bekannt als die Bar, in der Bruce Springsteen seine Karriere begann. Das Pony ist bis heute ein waschechter Rockschuppen mit klebrigem Boden. Am Anfang des Sommers steigt hier ein Festival im Freien.

Silverball Museum Arcade SPIELHALLE

(Pinball Hall of Fame; 732-774-4994; www.silverballmuseum.com; 1000 Ocean Ave; Std./halber Tag/ganzer Tag 12,50/15/25 US$; Mo–Do 11–21, Fr bis 1, Sa 10–1, So 10–22 Uhr) Dutzende Flipperautomaten in fabrikfrischem Zustand, von mechanischen Spielautomaten der 1950er-Jahre bis hin zu modernen Klassikern wie Addams Family.

An- & Weiterreise

Der New-Jersey-Transit-Bahnhof Asbury Park liegt an der Kreuzung der Cookman mit der Main

ABSEITS DER ÜBLICHEN PFADE

SANDY HOOK

Die nördlichste Spitze der Jersey Shore ist die **Sandy Hook Gateway National Recreation Area** (☎718-354-4606; www.nps.gov/gate; 128 S Hartshorne Dr, Highlands; Parkplatz Ende Mai–Aug. 15 US$; ⊙April–Okt. 5–21 Uhr) GRATIS, bestehend aus einer 11 km langen Barriereinsel am Eingang des New York Harbor. Vom Badehandtuch aus sieht man die Skyline von New York City. Die breiten Strände, zu denen auch **Gunnison** gehört, der einzige legale FKK-Strand in New Jersey, sind von einem Netz aus Radwegen gesäumt, und die der Bucht zugewandte Seite ist prima zum Angeln, Kajakfahren und zur Vogelbeobachtung geeignet.

Das historische Fort Hancock und der landesweit älteste noch betriebene **Leuchtturm** (☎732-872-5970; www.nps.gov/gate; 85 Mercer Rd, Highlands; ⊙Besucherzentrum 9–17 Uhr, Führungen 13–16.30 Uhr halbstündl.) GRATIS vermitteln einen Eindruck von Sandy Hooks' einstiger nautischer und militärischer Bedeutung.

St und ist rund 45 Minuten von New York City entfernt. Im Sommer fahren auch Nachtzüge.

Bei der Fahrt auf der S Main St (Rte 71) von Norden nach Süden erblickt man die eindrucksvollen Tore, die den Eingang zur Main Ave von Ocean Grove markieren. Nimmt man den Shore Express von NJ Transit, fährt man bis zum benachbarten Asbury Park und geht von dort zu Fuß oder fährt mit einem Taxi hinüber nach Ocean Grove. Busse der Port Authority fahren von New York direkt zum Ocean Grove (19 US$, 1¾ Std.).

Barnegat Peninsula

Die Einheimischen bezeichnen diese 35,4 km lange Landzunge als „die Barriereinsel", obwohl es sich eigentlich um eine Halbinsel handelt, die bei **Point Pleasant Beach** mit dem Festland verbunden ist. Surfer sollten den **Inlet Beach** in Manasquan ansteuern, unmittelbar nördlich (nicht auf der Halbinsel); dort finden sich ganzjährig die verlässlichsten Wellen der Jersey Shore.

Südlich von **Mantoloking** und **Lavallette**, auf halber Strecke die Insel hinunter, bringt eine Brücke vom Festland (bei Toms River) die Massen nach **Seaside Heights**, der Location der MTV-Realityshow Jersey Shore und Inbegriff der nett kitschigen Shore-Kultur. Es ist nach wie vor ein klebriges Vergnügen, ein Orangen-Vanilleeis bei Kohr zu essen und zwischen der lärmenden, gebräunten und spärlich bekleideten Menge auf der Promenade herumzuspazieren und unterwegs in den Bars, von denen es hier überdurchschnittlich viele gibt, einzukehren. Sehenswert sind das Dentzel-Looff-Karussell von 1910, das 95 m hohe Riesenrad und die deutsche Achterbahn, die 2017 hinzugekommen ist.

Wer Ruhe sucht, begibt sich nach Süden ins Wohnviertel **Seaside Park** und in die Wildnis des Island Beach State Park dahinter.

Sehenswertes

Island Beach State Park PARK

(☎732-793-0506; www.islandbeachnj.org; Seaside Park; werktags/Wochenende Juni–Aug. 12/20 US$/Auto, Sept.–Mai 10 US$; ⊙Juni–Aug. Mo–Fr 8–20, Sa & So 7–20 Uhr, Sept.–Mai 8 Uhr–Sonnenuntergang) Die schöne Gezeiteninsel bietet Angelstellen, Wildtiere (darunter Füchse, Fischadler und Watvögel), mehr als 40 Baumarten und Sträucher, darunter Zimterlen und Kaktusfeigen, sowie einen herrlichen Blick auf das Barnegat Lighthouse, das scheinbar nur eine Armlänge entfernt auf dem anderen Ufer steht. Von dem 16 km langen Strand sind 1,6 km als Badestrand ausgewiesen, die übrige Strecke eignet sich für eine schöne Radtour. Die Gezeitenmarschen auf der Buchtseite bieten sich zum Kajakfahren an.

Casino Pier FREIZEITPARK

(☎732-793-6488; www.casinopiernj.com; 800 Ocean Tce, Seaside Heights; Fahrgeschäfte 4–30 US$, Wasserpark Erw./Kind 35/29 US$; ⊙Juni–Aug. 12–open end, Sept.–Mai Öffnungszeiten variieren) Der Vergnügungspark am Pier am nördlichen Ende der Seaside-Promenade bietet ein paar Attraktionen für kleinere Kinder und auch welche mit mehr Nervenkitzel (für Kinder über 1,20 m). Außerdem gibt's einen Sessellift, mit dem man über der Promenade schwebt. Nicht weit entfernt befindet sich der Wasserpark Breakwater Beach mit vielen großen Rutschen. Öffnungszeiten können sich ändern, aber meistens öffnet er im Juli und August ab 9.30 Uhr.

Schlafen & Essen

Luna-Mar Motel MOTEL $$

(☎732-793-7955; www.lunamarmotel.com; 1201 N Ocean Ave, Seaside Park; Zi. ab 160 US$; ❄📶🏊) Das saubere Motel gegenüber vom Strand hat Fliesenböden (keine sandigen Teppiche). Der Preis enthält den Eintritt zum Strand.

Klee's KNEIPENESSEN $$

(☎ 732-830-1996; www.kleesbarandgrill.com; 101 Boulevard, Seaside Heights; Pizza ab 8 US$, Hauptgerichte 13–28 US$; ⏲ So–Do 11–22, Fr & Sa bis 23 Uhr) Schon seit 40 Jahren serviert diese solide Sportkneipe (mit 12 Fernsehern) große Portionen von Sandwichs, Burgern und anderem Kneipenessen. Klee's ist bekannt für seine Pizza, und das Beste ist, montags bekommt man sie zum Familientarif.

An- & Weiterreise

NJ Transit betreibt den Shore-Express-Zug (ohne Umsteigen) zu den Strandorten zwischen Asbury Park und Bay Head; im Sommer ist die Strandplakette im Ticket inbegriffen. NJ Transit betreibt von Ende Juni bis zum Labor Day auch Direktbusse nach Seaside Heights von der Port Authority in New York City (Bus 137; 27 US$, 1½ Std.) und der Penn Station in Newark (Bus 67; 17 US$, 1 Std.).

Atlantic City

Atlantic City, die größte Stadt an der Küste, galt früher einmal als eine Art Las Vegas der Ostküste. Diese Zeiten sind zwar längst passé und viele Kasinos mussten mittlerweile Konkurs anmelden, die Hotels sind jedoch mitunter sehr preiswert und die hübschen, kostenlosen Strände nicht selten menschenleer, da die meisten Besucher auch weiterhin drinnen an Spielautomaten sitzen. Im Gegensatz zu vielen homogen wirkenden Strandenklaven ist die Bevölkerung hier viel bunter.

Vom Glamour der Zeit der Prohibition, der in der HBO-Fernsehserie Boardwalk Empire so lebhaft dargestellt wird, ist heute nur noch wenig übrig. Immerhin kann man noch in schicken Korbsesseln auf Rädern über den Boardwalk rollen. Während man dies tut, sollte man sich in Erinnerung rufen, dass der Boardwalk in AC die erste Uferpromenade dieser Art weltweit war. Außerdem stammen die Straßennamen in der US-amerikanischen Version des Spiels *Monopoly* alle aus Atlantic City (etwa die Baltic Ave). Später wurden auch die Wahlen zur Miss America hier ausgetragen, die mittlerweile aber in Las Vegas stattfinden. Diese Lücke wird heute von der Drag-Queen-Wahl „Miss'd America" ausgefüllt.

Sehenswertes

Steel Pier VERGNÜGUNGSPARK

(☎ 866-386-6659; www.steelpier.com; 1000 Boardwalk; ⏲ Mitte Juni–Aug. Mo–Fr 13–24, Sa & So 12–1 Uhr, Mai–Mitte Juni, Sept., Okt. kürzer) Der Steel Pier direkt vor dem Kasino Taj Mahal war die Stätte, wo von den 1920er- bis in die 1970er- Jahre Pferde vor den Zuschauermassen vom Sprungturm in den Atlantik sprangen. Heute gibt's hier Fahrgeschäfte, Glücksspiele, Süßwarenstände und eine Gokart-Bahn.

Ripley's Believe it or Not! MUSEUM

(Odditorium; ☎ 609-347-2001; www.ripleys.com/atlanticcity; 1441 Boardwalk; Erw./Kind 19/12 US$; ⏲ Mo–Fr 11–20, Sa 10–21, So bis 20 Uhr) Robert Ripley hat sein Leben damit verbracht, bizarre Dinge zu sammeln, und davon finden sich hier allerhand. Zweiköpfige Ziegenföten, ein Jimi-Hendrix-Kopf aus Bindedraht, das kleinste Auto der Welt und ein Roulette-Rad aus 14 000 Geleebohnen – für diesen Spaß zahlt man ungefähr so viel wie für eine Kinokarte.

Historic Pipe Organ THEATER

(Boardwalk Hall; www.boardwalkorgans.org; 2301 Boardwalk; ⏲ Orgelkonzert Mai–Juli Mi 12.30 Uhr, Juni–Sept. Di 12.30 Uhr, Führungen Mai–Juli Mi 10 Uhr) GRATIS Dieses gemeinnützige Institut veranstaltet Führungen, Lesungen und zeigt Stummfilme, um die „Sonic Mount Rushmore", zwei historische und eindrucksvolle Orgeln der Boardwalk Hall, zu erhalten. Die 2½-stündigen Kuratorenführungen (Spende 10 US$) widmet sich der Geschichte der beiden Instrumente und der Hall selbst.

Schlafen & Essen

Tropicana Casino & Resort HOTEL $

(☎ 609-340-4000; www.tropicana.net; 2831 Boardwalk; Zi. ab 70 US$; P ❄ 📶 🏊) Das Trop ist eine ausgedehnte Stadt in der Stadt mit einem Kasino, der Disco Boogie Night, einem Spa und Restaurants der gehobenen Kategorie. Wir empfehlen den neueren „Havana"-Flügel und dort wegen der spektakulären Aussicht ein Zimmer über der 40. Etage. Unter der Woche kann es ziemlich günstig sein.

★ **Kelsey & Kim's Café** SOUTHERN US $$

(Kelsey's Soul Food; ☎ 609-350-6800; www.kelseysac.com; 201 Melrose Ave; Hauptgerichte 14–20 US$; ⏲ Mo–Do 8–21, Fr–So bis 22 Uhr) Das nette Café in dem hübschen Wohnviertel Uptown bietet ausgezeichnete einfache Südstaatenkost, von Frühstücksgrütze und Waffeln bis hin zu gebratenem Weißfisch und gegrillter Rinderbrust. Ein echt gutes Angebot, zumal man seine Getränke selber mitbringen kann.

An- & Weiterreise

Der kleine **Atlantic City International Airport** (ACY; ☎609-573-4700; www.acairport.com; 101 Atlantic City International Airport, Egg Harbor Township) liegt 20 Autominuten vom Zentrum entfernt. Wer gerade aus Florida eintrifft (von dort kommt die Mehrzahl der hier landenden Flugzeuge), kann von hier aus alle Ziele in South Jersey und Philadelphia bequem erreichen.

NJ Transit unterhält die einzige Zugverbindung nach Atlantic City. Die Züge nach und ab Philadelphia (einfache Strecke 10,75 US$, 1½ Std.) starten/enden hier am **Bahnhof** (☎973-491-9400; www.njtransit.com; 1 Atlantic City Expwy) neben dem Kongresszentrum. Am **Busbahnhof** (☎609-345-5403; 1901 Atlantic Ave) verkehren NJ-Transit- und Greyhound-Busse nach NYC (39 US$, 2½ Std.) und Philadelphia (18 US$, 1½ Std.). Kasinos erstatten oft den Großteil des Fahrpreises (in Form von Chips, Münzen oder Coupons), wenn man mit dem Bus, z. B. Greyhounds Lucky Streak, direkt bis vor ihre Tür fährt. Busse, die AC verlassen, halten zunächst an den verschiedenen Kasinos; am Busbahnhof halten sie nur, wenn sie nicht bereits voll sind.

Wildwood

Wildwood und seine Nachbarstädte North Wildwood und Wildwood Crest sind ein regelrechtes Freilichtmuseum für Neonschilder und Motelarchitektur der 1950er-Jahre. Die Atmosphäre ist entspannt und man kann sich hier gesittet amüsieren, aber auch die Sau rauslassen. Der Strand ist der breiteste in ganz New Jersey (der Vorschlag, Strandbesucher von den Fähren auf Kamelen über den Sand reiten zu lassen, war mal im Gespräch, wurde aber abgelehnt), und er kann kostenlos betreten werden. An der 3,2 km langen Strandpromenade liegen mehrere riesige Piers mit Achterbahnen und Rides, die sich auch gut als Training für Astronauten eignen würden.

Sehenswertes

Doo Wop Experience MUSEUM
(☎609-523-1958; www.doowopusa.org; 4500 Ocean Ave; ⏲ Juni–Aug. Di–Do bis 20, Fr–So bis 21 Uhr, April, Mai, Sept & Okt. kürzer) GRATIS Die Doo Wop Preservation League betreibt dieses kleine Museum, das von Wildwoods Blütezeit in den 1950er-Jahren erzählt. Im „Neon-Schildergarten" kann man die Überbleibsel von Gebäuden bewundern, die es heute nicht mehr gibt. Im Sommer startet von hier an Dienstag-, Mittwoch- und Donnerstagabenden eine Trolley-Tour (Erw./Kind 13/7 US$) vorbei an den schillerndsten Wahrzeichen.

Schlafen & Essen

Heart of Wildwood HOTEL $$
(☎609-522-4090; www.heartofwildwood.com; Ecke Ocean & E Spencer Aves; Zi. 70–250 US$; P ❄ 🛜 🏊) Wer wegen der Wasserrutschen und Achterbahnen gekommen ist, bucht ein Zimmer im Heart of Wildwood gegenüber den Vergnügungspiers. Das Hotel ist nicht schick, punktet aber mit Sauberkeit (auch dank der gefliesten Böden). Vom beheizten Pool auf dem Dach kann man zuschauen, wie das Riesenrad sich dreht. Für Familien eignen sich die eher kleinen Suiten mit Küchenherd, Spülbecken und Kühlschrank.

Starlux BOUTIQUEHOTEL $$$
(☎609-522-7412; www.thestarlux.com; 305 E Rio Grande Ave; Zi./Suite ab 270/345 US$; P 🛜 🏊) Das Starlux sticht nicht nur durch sein meeresgrünes und weißes, in den Himmel ragendes Profil hervor. Hier gibt's auch Lavalampen, mit Bumerangs verzierte Tagesdecken und Spiegel im Segelbootformat, außerdem ist es picobello sauber. Schlafen kann man in verchromten Airstream-Wohnwagen (bis zu drei Personen) – mehr retro geht nicht.

Key West Cafe FRÜHSTÜCK $
(☎609-522-5006; www.keywestcafe.us; 4701 Pacific Ave; Hauptgerichte 7–15 US$; ⏲ 7–14 Uhr) Hier gibt's jede erdenkliche Version von Pfannkuchen und Eigerichten, alle frisch zubereitet. Mittagessen bekommt man auch, und der Laden ist das ganze Jahr über geöffnet. Die Eggs Benedict sind der Renner unter Stammgästen.

An- & Weiterreise

New Jersey Transit (www.njtransit.com) betreibt Busse ab New York City (46 US$, 4½ Std., eventuell mit Umsteigen in Atlantic City) nach Wildwood und im Sommer Expressbusse von der 30th St Station in Philadelphia (23 US$, 2½ Std.) nach Wildwood. Mit dem Auto gelangt man vom Garden State Pkwy über die Rte 47 nach Wildwood; von Süden her ist die schönere Strecke aus Cape May die Rte 109, dann der Ocean Dr.

Cape May

Das 1620 gegründete Cape May blickt auf eine lange Geschichte zurück und besitzt rund 600 wundervolle Bauten aus viktorianischer Zeit. Die breiten Strände machen den Ort im Sommer zu einer Attraktion, weil hier aber rund 3500 Menschen das ganze Jahr über wohnen, ist das Städtchen – anders als der größte Teil der Jersey Shore –, auch außerhalb der Saison ein munteres Ziel. Vom Mai bis Dezember kann man vor der Küste Wale beobachten, und zahlreiche Zugvögel bevölkern die Gegend im Frühjahr und Herbst – einfach im Cape May Bird Observatory vorbeischauen! Sechs verschiedene Weingüter vertreten die boomende Weinindustrie des Bundesstaats, darunter die trendige Willow Creek Winery. Und dank der Lage an der Südspitze von New Jersey (Exit 0 von der Mautstraße) kann man die Sonne über dem Meer sowohl auf- als auch untergehen sehen.

Sehenswertes

Cape May Point State Park STATE PARK
(☎609-884-2159; www.state.nj.us; ⌚Sonnenaufgang–Sonnenuntergang, Touristenbüro 8–16 Uhr) Im 77 ha großen Cape May Point State Park gleich abseits der Lighthouse Ave können Besucher auf 3,2 km langen Wegen wandern und den 1859 erbauten Leuchtturm **Cape May Lighthouse** (☎609-884-5404; www.capemaymac.org; 215 Lighthouse Ave; Erw./Kind 10/5 US$; ⌚Mai–Aug. 10–17 Uhr, Rest des Jahres kürzer) besichtigen. Erklimmt man die 199 Stufen, hat man einen tollen Ausblick. Die kurzen, einfachen Wanderwege (1–3 km) eignen sich gut, um Vögel zu beobachten und die salzige Luft des Ozeans zu genießen.

Cape May Bird Observatory VOGELSCHUTZGEBIET
(☎609-884-2736; www.njaudubon.org; ⌚April–Okt. 9.30–16.30 Uhr, Nov.–März Di geschl.) GRATIS Cape May ist einer der landesweit besten Orte für Vogelbeobachtungen. Mehr als 400 Arten sind hier während der Vogelzug-Saison im Frühling und Herbst vertreten, wenn neotropische Vögel für den Winter Richtung Süden oder, um zu brüten, für den Sommer Richtung Norden ziehen. Der 1,6 km lange Rundweg gibt einen guten Einblick, und im hiesigen Buchladen gibt's viele Bücher, Feldstecher und Vogelbeobachtungs-Schnickschnack.

Schlafen

Congress Hall HOTEL $$$
(☎609-884-8421; www.caperesorts.com; 200 Congress Pl; Zi. ab 240–580 US$;) Die 1816 eröffnete riesige Congress Hall ist ein städtisches Wahrzeichen, das nun zweckmäßig modernisiert wurde, ohne dem alten Gebäude zu viel von seiner Geschichte zu rauben. Hier gibt's alles, was das Herz begehrt, darunter ein Spa und einen Fahrradverleih. Alles kann aber etwas hochnäsig rüberkommen.

Essen & Trinken

Mad Batter AMERIKANISCH $
(☎609-884-5970; www.madbatter.com; 19 Jackson St, Carroll Villa Hotel; Hauptgerichte abends 30 US$, Brunch 8–13 US$; ⌚8–22 Uhr;) In einem weißen viktorianischen B&B versteckt sich dieses wegen des Brunches bei den Einheimischen beliebte Restaurant. Man bekommt hier fluffige Haferpfannkuchen und sämige Muschelsuppe. Die Eggs Benedict Chesapeake Bay sind ein Traum. Abendessen kann man hier auch gut, es ist aber etwas teurer.

Lobster House SEAFOOD $$
(☎609-884-8296; www.thelobsterhouse.com; 906 Schellengers Landing Rd; Hauptgerichte 15–30 US$; ⌚Mo–Sa 11.30–15 & 16.30–22 Uhr, April–Dez. So 11.30–22 Uhr, Jan.–März bis 21 Uhr; P) Das klassische Lokal mit Club-Atmosphäre am Kai serviert Austern aus der Region und Muscheln. Man kann nicht reservieren, weshalb man eventuell lange warten muss. Wenn man früh oder spät kommt oder sich erst mal einen Drink an Bord des Barboots Schooner American genehmigt, das neben dem Restaurant vor Anker liegt, kann man die Wartezeit umgehen.

★ **Willow Creek Winery** WINERY
(☎609-770-8782; www.willowcreekwinerycapemay.com; 168 Stevens St; Weinprobe 10–20 US$; ⌚Mo–Do 11–17, Fr bis 21.30, Sa bis 20, So bis 18 Uhr) Das „Baby" der sechs Weingüter von Cape May ist diese ehemalige Limabohnen- bzw. Milchfarm, auf der 2011 die ersten Flaschen abgefüllt wurden und die seither ein solides Sortiment von Rot- und Weißweinen produziert. Die Tapaskarte und die Sangriabar am Wochenende sind sehr beeindruckend, und die Rundfahrt über das 20 ha große Weingut mit einer elektrischen Tram (15 US$) macht Spaß. Die lehrreiche Weinprobe ist eine Bereicherung für den Gaumen.

Auf der benachbarten Legates Farm bekommt man regionale Produkte wie Mais und Pfirsiche.

An- & Weiterreise

Busse von NJ Transit (www.njtransit.com) fahren ab New York City (48,50 US$, 3–4 Std.; manchmal mit Umsteigen in Atlantic City) nach Cape May, in den Sommermonaten gibt's auch einen verbilligten Expressbus aus Philadelphia (25 US$, 3½–4 Std.). Wer mit dem Auto unterwegs ist, kann die **Cape May-Lewes Ferry** (☎800-643-3779; ww.cmlf.com; 1200 Lincoln Blvd; Auto/Mitfahrer 35/10 US$; ⏲April–Okt. 7–19.45 Uhr) nehmen, die in eineinhalb Stunden die Bucht nach Lewes in Delaware (nahe Rehoboth Beach) überquert.

PENNSYLVANIA

In Lancaster zuckeln Pferdekutschen durch den Nebel und werden von Sportwagen überholt, die von jungen Existenzgründern von High-Tech-Startups auf dem Weg nach Philadelphia gefahren werden, in Pittsburgh erschaffen Kinder von Immigranten, die als Krankenschwestern in den wachsenden städtischen Krankenhäusern arbeiten, experimentelle zeitgenössische Kunst, in Gettysburg hissen Nachfahren der Union Soldiers stolz die Confederation-Flagge – das ist Pennsylvania. Auf einer Fläche von 125 000 km² erstrecken sich einige der eindrucksvollsten Landschaften der Ostküste und prallen Kulturen und Gegensätze aufeinander.

Hier findet man riesige Elchherden, die durch die bewaldeten Schluchten der Pennsylvania Wilds ziehen, ehemalige stahlproduzierende Städte, die heute Kunstspaziergänge mit einem oder mehreren Gläsern Wein zu bieten haben, Nachkommen der Gründerväter der Vereinigten Staaten, die Seite an Seite mit Einwanderern leben, oder Mennoniten, die auf moderne Technologie verzichten, aber landwirtschaftliche Geschäftsimperien leiten. Dieser Bundesstaat fasziniert immer wieder aufs Neue. Während man seine Kultur entdeckt, bekommt man großartiges Essen und unglaubliche Landschaften als Zugabe.

Anreise & Unterwegs vor Ort

Pennsylvania besitzt diverse Flughäfen, darunter mehrere mit internationalen Flügen, und liegt nahe dem riesigen Luftkreuz des Newark International Airport in New Jersey, wo es Verbindungen in alle Welt gibt. Züge bedienen die meisten größeren Städte, Busse die meisten Ortschaften. Da aber viele Attraktionen in diesem Bundesstaat etwas abseits liegen, empfiehlt sich zur genaueren Erkundung ein Mietwagen.

Die Hauptflughäfen sind Philadelphia International Airport (S. 193) und Pittsburgh International Airport (S. 199). Beide sind zudem zentrale Knotenpunkte für Züge von Amtrak und Greyhound-Busse.

Philadelphia

Philadelphia oder „Philly", wie die Stadt liebevoll genannt wird, hat den Glamour und die Kultur einer Metropole, erfreut Besucher aber gleichzeitig mit einer ereignisreichen Geschichte und ihrem Kleinstadtcharme.

Sehenswertes & Aktivitäten

★ Barnes Foundation MUSEUM
(Karte S. 184; ☎215-278-7200; www.barnesfoundation.org; 2025 Benjamin Franklin Pkwy, Spring Garden; Erw./Student/Kind 25/5 US$/frei; ⏲Mi–Mo 11–17 Uhr; 🚌7, 32, 33, 38, 48, 49) In der ersten Hälfte des 20. Jhs. trug der Sammler und Pädagoge Albert C. Barnes eine bemerkenswerte Sammlung von Werken von Cézanne, Degas, Matisse, Renoir, van Gogh und anderen europäischen Künstlern zusammen. Gleichzeitig sammelte er Volkskunst aus Afrika und vom amerikanischen Kontinent – eine Mischung, die damals schockierend war. Die heutige Barnes Foundation ist ein modernes Gebilde, in dessen Innerem eine originalgetreue Wiedergabe von Barnes' ursprünglichem Haus zu sehen ist. Dieses steht noch immer in einem Vorort Philadelphias.

Die Kunstwerke sind nach Barnes Vision aufgehängt, ein sorgfältig durchdachtes Nebeneinander von Farben, Themen und Materialien. In einem Raum scheint es, als blickten alle Porträtierten auf einen zentralen Punkt. Viel bemerkenswerter ist aber, dass man die meisten der Werke wahrscheinlich noch nie gesehen hat, da in Barnes' Testament eine Obergrenze für Vervielfältigungen und Leihgaben festgelegt ist.

Jeden ersten Sonntag im Monat ist der Eintritt umsonst. Pro Person bekommt man höchstens vier Karten. Aktivitäten sind insbesondere auf Familien ausgerichtet.

★ Independence Hall HISTORISCHES GEBÄUDE
(Karte S. 188; ☎877-444-6777; www.nps.gov/inde; 520 Chestnut St, Old City; ⏲8.30–18 Uhr, Mai–Anfang Sept. bis 19 Uhr; Ⓢ5th St) GRATIS Als „Wiege der amerikanischen Unabhängigkeit" gilt dieses Quäker-Gebäude, in dem Delegierte aus den 13 Kolonien am 4. Juli 1776 zusammentraten, um die Unabhängigkeitserklärung zu verabschieden. Die Warteschlangen können weit über den Block hinausreichen – der Bau ist die Hauptattraktion in einer Stadt voller Geschichte.

Der Eingang liegt an der Kreuzung der Chestnut und der 5th St, wo man durch eine Kontrolle muss. Im nahen Independence Vi-

NEW YORK, NEW JERSEY & PENNSYLVANIA IN...

...einer Woche

Los geht's in Philadelphia (S. 182), dem Geburtsort der Unabhängigkeit Amerikas. Zunächst besucht man die Independence Hall (S. 182) und dann das neue Museum of the American Revolution. Am Abend lässt man sich in einem der Stadtviertel wie Fishtown durch tolle Restaurants und das Nachtleben treiben.

Als Nächstes geht's weiter nach New Jersey für eine Nacht auf dem Land in Cape May (S. 180), einem verschlafenen Strandort mit viktorianischem Charme. Nach einer kurzen Fahrt mit Panoramablick entlang des Ocean Dr übernachtet man an der Jersey Shore weiter oben in Wildwood, eine Fundgrube an kultigem 50er-Kitsch. Am nächsten Tag fährt man weiter nach New York City (S. 81) und widmet sich an wenigstens zwei Tagen den touristischen Sehenswürdigkeiten, die man unbedingt gesehen haben muss – wie Top of the Rock (S. 98) und den Central Park (S. 99). Das pulsierende Nachtleben und die vielseitige Restaurant- und Lokalszene ist dabei natürlich nicht zu vergessen.

...zwei Wochen

Mit New York City im Rücken fährt man am majästetischen Hudson River und seinen Palisaden Richtung Norden. Bevor man die Catskills (S. 159) erreicht, legt man einen Stopp für ein, zwei Nächte in Beacon (S. 155) oder Hudson (S. 155) ein. Nachdem man diese wunderschöne Region erkundet hat, geht's weiter nördlich zu den Adirondacks (S. 164) und deren Naturwundern. Danach fährt man Richtung Süden zurück durch die Finger-Lakes-Region (S. 162), wo man an Kellereien und Parks voller Wasserfälle vorbeikommt. In der hübschen College-Stadt Ithaca (S. 162) verbringt man eine Nacht.

Von hier kann man in Richtung kanadischer Grenze nach Buffalo (S. 170) und Niagara Falls (S. 172) oder Richtung Südwesten nach Pittsburgh (S. 196) fahren.

sitor Center (S. 193) erhält man Eintrittskarten umsonst und erfährt, wann die nächste Führung startet. Für Onlinereservierungen zahlt man 1 US$ Gebühren. Man muss mindestens eine Stunde Wartezeit einplanen.

Independence National Historical Park PARK

(Karte S. 188; ☎215-965-2305; www.nps.gov/inde; Old City; ⌚Besucherzentrum & die meisten Stätten 9–17 Uhr; Ⓢ5th St) Der l-förmige Park zwischen der 6th, 2nd, Walnut und Arch St bewahrt und würdigt die Geschichte und Institutionen, die die Grundpfeiler der amerikanischen Demokratie bildeten. Bei einem Rundgang sieht man die geschichtsträchtigen Gebäude, in denen der Unabhängigkeitskrieg vorbereit wurde und die Demokratie heranreifte. Man findet hier auch schöne, schattige Grünflächen voller Eichhörnchen, Tauben und in den wärmeren Monaten auch kostümierte Darsteller. Im Independence Visitor Center (S. 193) bekommt man von den Rangern alle nötigen Informationen.

★Museum of the American Revolution MUSEUM

(Karte S. 188; ☎215-253-6731; www.amrevmuseum.org; 101 S 3rd St; Erw./Student/Kind 21/18/13 US$; ⌚Sept.–Ende Mai 10–17 Uhr, Mai–Aug. 9,30–18 Uhr; Ⓢ2nd St) Das riesige Multimedia-Museum lässt die Besucher virtuell an der Amerikanischen Revolution teilnehmen. Interaktive Dioramen und 3-D-Installationen zeichnen den Weg von der anfänglichen Zufriedenheit mit der britischen Herrschaft bis zur schlussendlichen Auflehnung nach. So erfährt man viel über die Ereignisse und die Menschen, Kulturen und Religionen, die an einer der folgenreichsten Revolutionen der Menschheitsgeschichte beteiligt waren. Die vielen interaktiven Exponate und Videos sorgen dafür, dass auch Kinder ihren Spaß haben. Achtung: Die Tickets sind zeitgebunden, möglichst früh online reservieren!

★Philadelphia Museum of Art MUSEUM

(Karte S. 184; ☎215-763-8100; www.philamuseum.org; 2600 Benjamin Franklin Pkwy, East Fairmount Park; Erw./Student/Kind 20/14 US$/frei; ⌚Di, Do, Sa & So 10–17, Mi & Fr bis 20.45 Uhr; 🚌32, 38, 43) Die bedeutendste Kulturinstitution der Stadt ist in einem Gebäude zu finden, das an einen griechischen Tempel erinnert. Hier werden u.a. Sammlungen von asiatischer Kunst, Meisterwerke der Rennaisance, postimpressionistische Werke und moderne Stücke von Picasso, Duchamp und Matisse gezeigt. Her-

Philadelphia

vorzuheben sind die Galerien, die voller architektonischer Ensembles sind, z. B. mittelalterliche Säulengänge, chinesische und indische Tempel und ein japanisches Teehaus.

Es gibt so viel zu sehen, dass die Eintrittskarte für zwei Tage gültig ist. Die Besichtigung umfasst auch das **Perelman Building** (Karte S. 184; ☎215-763-8100; www.philamuseum.org; 2525 Pennsylvania Ave, Fairmount; im Eintritt zum Philadelphia Museum of Art enthalten; Erw./Student/Kind 20/14 US$/frei; ⏲Di–So 10–17 Uhr; 🚌32, 38, 43), das Rodin Museum und die zwei historischen Häuser **Mount Pleasant** (www.philamuseum.org; 3800 Mt Pleasant Dr, East

Fairmount Park; ⌚ Innenräume für die Öffentlichkeit geschlossen; 🚊 W Girard Ave & 33rd St) und **Cedar Grove** (☎ 215-763-8100; www.philamuseum.org/historichouses; 1 Cedar Grove Dr, West Fairmount Park; Erw./Kind 8 US$/frei; ⌚ Führungen Do–So um 11, 13 & 14, April–Dez. 1. So im Monat auch um 10 & 16 Uhr; 🚌 38).

Mütter Museum MUSEUM

(Karte S. 184; ☎ 215-560-8564; www.muttermuseum.org; 19 S 22nd St, Rittenhouse; Erw./Kind 18/13 US$; ⌚ 10–17 Uhr; 🚊 22nd St) Die Einrichtung des College of Physicians, ein Museum der seltenen, seltsamen und verstörenden Krankheiten, ist eine Attraktion, die man in

Philadelphia

Highlights
1 Barnes Foundation C2
2 City Hall D4
3 Philadelphia Museum of Art A1

Sehenswertes
4 Center / Architecture + Design E3
5 Eastern State Penitentiary B1
6 Edgar Allan Poe National Historic Site F1
7 Famous Franks E5
8 Mütter Museum B4
9 One Liberty Observation Deck D4
10 Perelman Building A1
11 Rodin Museum B2

Aktivitäten, Kurse & Touren
12 Cook C5
13 Mural Arts Tours D3
14 Rothman Ice Rink D4
15 Taste of Philly Food Tour E3

Schlafen
16 Alexander Inn E5
17 Independent E5
18 Le Méridien D3
19 Rittenhouse Hotel C4
20 Windsor Suites C3

Essen
21 Gran Caffè L'Aquila C4
22 Luke's Lobster C4
23 Morimoto F4
24 Tom's Dim Sum E3
25 V Street C4

Ausgehen & Nachtleben
26 1 Tippling Place C4
27 Dirty Franks D5
28 Double Knot D4
29 Monk's Cafe D5
30 R2L Restaurant D4
31 Tavern on Camac E5
32 Trestle Inn E2

Unterhaltung
33 PhilaMOCA E2
34 Wanamaker Organ D4

Shoppen
35 Omoi Zakka Shop D5

den USA so nur in Philadelphia findet. Mit einem verseiften Leichnam, einem fehlgebildeten Fötus, unglaublich realistischen Wachsmodellen von Erkrankungen und ungefähr einem Dutzend Totenschädel ist das nichts für Zartbesaitete.

Das College of Physicians veranstaltet in dem Gebäude zudem viele Events wie klassische Musikkonzerte und Lesungen. Details stehen auf der Website. Montag und Dienstag kostet der Eintritt 2 US$ weniger.

★ Benjamin Franklin Museum MUSEUM
(Karte S. 188; ☎ 215-965-2305; www.nps.gov/inde; Market St, zwischen 3rd & 4th Sts, Old City; Erw./Kind 5/2 US$; ⏲ 9–17 Uhr; Ⓢ 2nd St) Dieses unterirdische Museum widmet sich Benjamin Franklins Leben als Drucker (er gründete die erste Zeitung des Landes), Erfinder (u. a. der Bifokalbrille und des Blitzableiters) und Politiker (er war Mitunterzeichner der Unabhängigkeitserklärung). Die Ausstellung ist in fünf Bereiche aufgeteilt, jeder befasst sich mit einem speziellen Zug dieses Mannes. Sie ist originell aufgebaut und interaktiv gespickt mit jeder Menge berühmten Zitaten von Franklin.

Im gleichen Hof befindet sich die **Druckerei** (Karte S. 188; ☎ 215-965-2305; www.nps.gov/inde; Franklin Court, Market St zwischen 3rd & 4th Sts, Old City; ⏲ 10–17 Uhr; Ⓢ 2nd St) GRATIS, wo Parkranger eine Druckerpresse aus dem 18. Jh., wie sie Franklin benutzt hat, vorführen.

Rodin Museum MUSEUM
(Karte S. 184; ☎ 215-763-8100; www.rodinmuseum.org; 2151 Benjamin Franklin Pkwy, Spring Garden; Eintritt gegen Spende Erw./Student/Kind 10/7 US$/frei; ⏲ Mi–Mo 10–17 Uhr; 🚌 7, 32, 33, 38, 48) Dieses Museum ist das einzige außerhalb von Paris, das sich dem französischen Bildhauer Auguste Rodin widmet. Die prächtige Sammlung wurde von Jules E. Mastbaum in den 1920ern zusammengetragen. Unter den 140 Skulpturen, die jede Station von Rodins spektakulärer Karriere abbilden, finden sich Abgüsse des *Denkers* und der *Bürger von Calais*.

Der kleine vom Philadelphia Museum of Art verwaltete Museumsgarten ist immer geöffnet und kostenlos.

Liberty Bell Center HISTORISCHE STÄTTE
(Karte S. 188; ☎ 215-965-2305; www.nps.gov/inde; 526 Market St, Old City; ⏲ 9–17 Uhr, Ende Mai–Sept. 9–19 Uhr; Ⓢ 5th St) GRATIS Diese Ikone der Geschichte Philadelphias wird durch einen Glasbau vor den Elementen geschützt. Man kann sich die Glocke von außen ansehen oder sich in die Schlange der Wartenden einreihen, um direkt an ihr vorbeigeschoben zu werden und dabei auf Infotafeln Fakten zur Geschichte des 943,5 kg schweren Kolosses zu lesen. Die Warteschlange beginnt am

Nordende des Gebäudes – in der Hauptsaison im Sommer kann sie aber sehr lang sein.

Die Kurzfassung der Vergangenheit der Glocke klingt so: Sie wurde 1751 als Erinnerung an das 50. Jubiläum der Verfassung Pennsylvanias gegossen und in der Independence Hall (S. 182) aufgehängt, wo sie bei der ersten öffentlichen Verlesung der Unabhängigkeitserklärung erklang. Der Riss entwickelte sich im 19. Jh., und seit 1846 läutet die Glocke nicht mehr.

One Liberty Observation Deck
OBSERVATORIUM

(Philly From the Top; Karte S. 184; ☎ 215-561-3325; www.phillyfromthetop.com; 1650 Market St, Center City; Erw./Kind 15/10 US$; ⊙ Sept.–April 10–20 Uhr, Mai–Aug. 10–21 Uhr) Wer Philadelphia von oben betrachten möchte, kann hier mit dem irre schnellen Aufzug in den 57. Stock fahren und von der 269 m hohen Aussichtsplattform des One Liberty Place den Blick schweifen lassen. Im Dunkeln ist es hier noch schöner. Es gibt Tickets, die 48 Stunden und für zwei Besuche gültig sind, Familienangebote sowie Online-Rabatte.

Shofuso Japanese House & Garden
GÄRTEN

(☎ 215-878-5097; www.japanesehouse.org; Horticultural Dr, West Fairmount Park; Erw./Kind 12/8 US$; ⊙ April–Okt. Mi–Fr 10–16, Sa & So 11–17 Uhr; 🚌 38) Dieses malerische Haus, das 1953 in Nagoya im Stil des 17. Jhs. erbaut wurde, steht seit 1958 inmitten traditionell gestalteter japanischer Gärten im 0,5 ha großen Fairmount Park. Auf der Website stehen aktuelle Events wie Teezeremonien (Reservierung und zusätzlicher Eintritt erforderlich).

Besonders prächtig ist es hier im Frühjahr während der Kirschblüte.

★ City Hall
BEMERKENSWERTES GEBÄUDE

(Karte S. 184; ☎ 215-686-2840; www.phlvisitorcenter.com; Ecke Broad St & Market St; Turm Erw./Student 8/4 US$, Gebäude & Turm 15/8 US$; ⊙ Turmführung alle 15 Min. 9.30–16.15 Uhr, Gebäudeführung Mo–Fr 12.30 Uhr; S City Hall & 15th St) Nach einer 30-jährigen Bauphase wurde die City Hall 1901 fertiggestellt und ist mit 167 m das weltweit höchste Bauwerk ohne Stahlträger. Von der Aussichtsplattform, die sich direkt unterhalb der den Turm krönenden 27 t schweren Bronzestatue von William Penn befindet, kann man fast die ganze Stadt überblicken. Tickets vorab reservieren, da der Platz begrenzt ist. Auf den täglich angebotenen Führungen durch das Innere bekommt man ein tieferes Verständnis von diesem großartigen Gebäude. Im Winter wird auf der Westseite der Plaza im Dilworth Park eine Schlittschuhbahn, die **Rothman Ice Rink** (Karte S. 184; www.centercityphila.org/parks/dilworth-park/rothman-rink; 1 S 15th St, Center City; Erw./Kind 5/3 US$, Schlittschuhverleih 10 US$; ⊙ Mitte Nov.–Feb. Mo–Do 12–21, Fr bis 23, Sa 11–23, So 11–20 Uhr; M City Hall & 15th St) eingerichtet.

Eastern State Penitentiary
MUSEUM

(Karte S. 184; ☎ 215-236-3300; www.easternstate.org; 2027 Fairmount Ave, Fairmount; Erw./Kind 14/10 US$; ⊙ 10–17 Uhr; 🚌 7, 32, 33, 43, 48) Das moderne Gefängnis, wie man es heute kennt, entstand nicht einfach so, sondern wurde erfunden und geplant. Das erste war das Eastern State Penitentiary; es wurde 1829 in Betrieb genommen und 1971 endgültig geschlossen. Mit einem Audio-Guide besichtigen Besucher die unheimlichen, hallenden Korridore, eine Station ist die luxuriöse Zelle Al Capones. In dem Gebäude gibt's auch Infos zum gegenwärtigen Gefängnissystem der USA und viele Kunstinstallationen. Die Strafanstalt ist eine Attraktion; in den Spitzenzeiten ist der Andrang groß. Online sind die Tickets günstiger. Von Mitte September bis Halloween gibt's in dem Gefängnis auch eine Art Gruselhaus.

Edgar Allan Poe National Historic Site
HISTORISCHE STÄTTE

(Karte S. 184; ☎ 215-597-8780; www.nps.gov/edal; 532 N 7th St, Poplar; ⊙ Fr–So 9–17 Uhr; S Spring Garden: Market-Frankford Line) GRATIS Edgar Allen Poe, oft als der Erfinder der Gruselgeschichte bezeichnet, lebte sechs Jahre in Philadelphia in fünf verschiedenen Häusern. Diese historische Stätte, das einzige seiner Häuser in Philadelphia, das noch steht, ist heute ein kleines, aber interessantes Museum mit vielen originalen Zeugnissen und wiederhergerichteten Zimmern. Unbedingt anschauen sollte man sich den Backsteinkeller (voller Spinnweben), der Poe zu seinem Meisterwerk *Die schwarze Katze* inspiriert haben soll. Draußen steht die Statue eines Raben.

Center/Architecture + Design
ZENTRUM

(Karte S. 184; ☎ 215-569-3186; www.philadelphiacfa.org; 1218 Arch St, Center City; ⊙ Mo–Fr 9–17 Uhr; S 13th St) GRATIS In diesem Kunstzentrum, das vom American Institute of Architects betrieben wird, gibt's einen Ausstellungsraum, in dem regelmäßig wechselnde Ausstellungen über lokale Architekturprojekte stattfinden. Online kann man sich in

Philadelphia – Old City

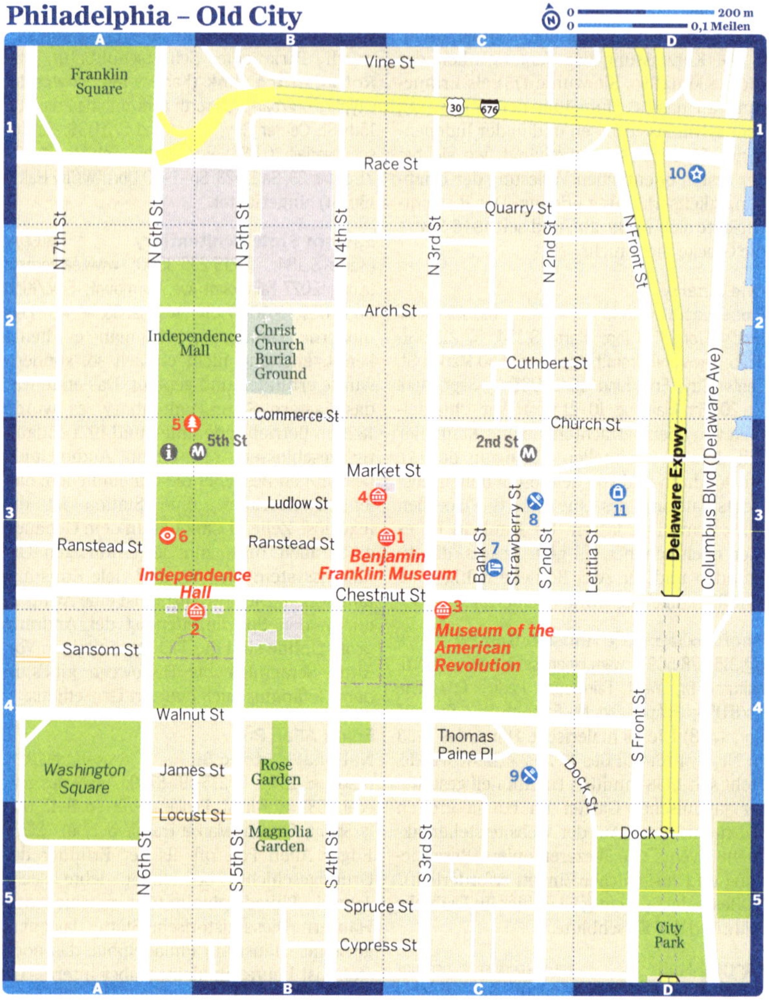

deren Kalender über anstehende Lesungen und andere Veranstaltungen informieren.

Mural Arts Tours TOUREN

(Karte S. 184; ☎215-925-3633; www.muralarts.org/tours; 118-128 N Broad St, Center City; Führungen 23–32 US$; Ⓢ Race-Vine or City Hall & 15th St) Am besten kann man die transformative Natur des Mural Arts Program in ganz Philadelphia auf einer der Führungen zu den zahlreichen Wandmalereien im Freien kennenlernen. Geführte Touren zu Fuß oder mit einem Trolley finden von April bis November statt. Während der kalten Monate kann man sich der ausgezeichneten Love-Letter-Tour anschließen, auf der man sich mit der Subway fortbewegt.

Auf der Website gibt's eine für das Smartphone optimierte Karte (Mural Finder Mobile) mit einer kostenlosen Tour.

Taste of Philly Food Tour FOOD & DRINK

(Karte S. 184; ☎800-838-3006, 215-545-8007; www.tasteofphillyfoodtour.com; Reading Terminal Market, 51 N 12th St, Center City; Erw./Kind 17/10 US$; ⏲Mi & Sa 10 Uhr; Ⓢ 11th or 13th) Auf dieser 75-minütigen Tour mit der bewanderten Food-Autorin Caroly Wyman über den Reading Terminal Market bekommt man Snacks und Fakten über Phillys Essen. Re-

Philadelphia – Old City

Highlights
1 Benjamin Franklin Museum C3
2 Independence Hall B4
3 Museum of the American Revolution C3

Sehenswertes
4 Franklin Court Printing Museum B3
5 Independence National Historical Park A3
6 Liberty Bell Center A3

Schlafen
7 Apple Hostels C3

Essen
8 Cuba Libre C3
9 Zahav C4

Unterhaltung
10 FringeArts D1

Shoppen
11 Shane Confectionery D3

servierungen sind zu empfehlen, vor allem während der Ferienzeit. Man kann ansonsten aber auch einfach zum Treffpunkt am Welcome Desk des Markts, am Eingang an der 12th und Filbert St kommen.

Feste & Events

Audi Feastival ESSEN & TRINKEN
(☎610-585-7038; www.phillyfeastival.com; 140 N Columbus Blvd, Penn's Landing; ab 300 US$/Pers.; S 2nd St) Essen und Leute treffen auf dem hochgelobten Food-Festival, das immer an einem Wochenende im September stattfindet, um **FringeArts** (Karte S. 188; ☎215-413-1318; www.fringearts.com; 140 N Columbus Blvd, Old City; Tickets ab 5 US$; S 2nd St) zu unterstützen. Die städtische Kulturorganisation, die das Fringe Festival veranstaltet.

★ **Mummers Parade** KARNEVAL
(www.phillymummers.com; ⏲1. Jan.) Typisch Philly: Der Umzug mit aufwendigen Kostümen, Musik und viel Tradition ist noch am ehesten mit dem Mardi Gras in New Orleans zu vergleichen, findet aber in schneidender Winterkälte statt. Die Parade beginnt an der City Hall und zieht über die Broad St bis zur Washington Ave.

Fringe Festival DARSTELLENDE KUNST
(www.fringearts.com) Das Fringe Festival gibt's schon seit 1996: An 17 Tagen stehen Mitte September Events, Theater und Verrücktheit auf dem Programm.

Schlafen

★ **Apple Hostels** HOSTEL $
(Karte S. 188; ☎215-922-0222; www.applehostels.com; 33 Bank St, Old St; B/DZ mit Gemeinschaftsbad ab 33/106 US$; ❄@📶; S 2nd St) Das beste Hostel der Old City breitet sich am Ende einer Gasse auf beiden Seiten der Straße aus. Das apfelgrüne Farbschema passt zum Namen, ansonsten zeichnet sich dieses HI-Hostel auch durch seine Details aus: zwei makellose Küchen, Lounges und eine Bibliothek sowie Steckdosen in den Schließfächern, USB-Ports und Leselampen an jedem Bett, kostenlosen Kaffee und Ohrstöpsel.

Es gibt nach Geschlechtern getrennte und gemischte Schlafsäle sowie acht Privatzimmer. Das nette Personal bietet Aktivitäten wie Stadtspaziergänge, Pasta-Abende und donnerstags einen Kneipenbummel an.

Chamounix Mansion Hostel HOSTEL $
(☎215-878-3676; www.philahostel.org; 3250 Chamounix Dr, West Fairmount Park; B 22 US$; ⏲15. Dez.–15. Jan. geschl.; P@📶; 🚌38 & 40) Dieses HI-Hotel liegt in einem hübschen Waldgebiet von Fairmount Park und eignet sich daher am besten für Gäste mit Auto. Die Gemeinschaftsbereich sind mit Antiquitäten, einer Harfe und orientalischen Teppichen und Gemälden ausgestattet, weshalb man eher das Gefühl hat, in einem B&B untergekommen zu sein. Die Schlafsäle sind schlicht eingerichtet. Es gibt auch eine tolle Gemeinschaftsküche und Fahrräder umsonst. Nicht so schön ist, dass das Gebäude zwischen 11 und 16.30 Uhr geschlossen wird (alle Gäste müssen es dann verlassen) und dass um 2 Uhr Sperrstunde ist – nicht, dass irgendjemand zu dieser Stunde freiwillig in diesem verlassenen Teil des Parks wandern gehen wollen würde.

Von der Bushaltestelle an der Ecke Ford Rd und Cranston Rd sind es nur ca. 1,6 km zu Fuß zum Hostel, das sich am Ende vom Chamounix Dr befindet.

★ **Alexander Inn** BOUTIQUEHOTEL $$
(Karte S. 184; ☎215-923-3535; www.alexanderinn.com; 301 S 12th St, Midtown Village; EZ/DZ ab 135/150 US$; ⊖❄@📶; 🚌23, 40) Die Fotos im Internet werden dieser Unterkunft nicht gerecht. Die makellos gepflegten Zimmer haben eine unaufdringliche, leicht traditionel-

le Anmutung; einige bieten altmodische Sitzbadewannen. Originale architektonische Details wie die Buntglasfenster, Eichenzierleisten, Marmorfliesen tragen zur Atmosphäre bei. Das kontinentale Frühstück ist inklusive und praktisch und man bekommt den ganzen Tag Snacks umsonst.

Independent BOUTIQUEHOTEL **$$**
(Karte S. 184; 215-772-1440; www.theindependenthotel.com; 1234 Locust St, Midtown Village; Zi. ab 160 US$; ; Walnut-Locust) Im Herzen der „Gayborhood" und ein Block von der Avenue of Arts entfernt, befindet sich das Independent in einem schönen Backsteingebäude im georgianischen Stil mit einem vierstöckigem Atrium, das mit einem knapp 10 m hohen Aquarell dekoriert ist. Die 24 Zimmer mit Holzboden sind aufgeräumt und sonnig, und der kostenlose Pass zum Fitnesscenter und der Wein und Käse, die von Montag und Donnerstag serviert werden, runden das Angebot ab.

Le Méridien HOTEL **$$**
(Karte S. 184; 215-422-8200; www.starwoodhotels.com; 1421 Arch St, Center City; Zi. ab 230 US$; ; City Hall & 15th St, Suburban) Das Hotel gehört zwar zu einer Luxuskette, zeichnet sich aber durch seine Lage und die geschmackvolle Anpassung eines alten Gebäudes an die Bedürfnisse eines modernen Hotels aus. Das Haus ist ganz rauchfrei und die Zimmer sind im monochromen Stil eingerichtet. Zudem sind Haustiere willkommen und es gibt eine große Palette an Einrichtungen wie Fitnessraum und Businesscenter.

Windsor Suites HOTEL **$$**
(Karte S. 184; 215-981-5678; www.thewindsorsuites.com; 1700 Benjamin Franklin Pkwy, Center City; Suite ab 150 US$; ; City Hall & 15th St, Suburban) Die komfortablen Suiten haben komplett ausgestattete Küchen und einige einen Balkon. Sie können auch für einen längeren Aufenthalt oder einen Monat gemietet werden. Das Hotel hat gute Einrichtungen darunter ein Pool auf der Dachterrasse (Mai–Mitte Sept.).

Das Personal ist freundlich und Haustiere sind willkommen (für sie wird gesorgt).

★ **Rittenhouse Hotel** HOTEL **$$$**
(Karte S. 184; 215-546-9000; www.rittenhousehotel.com; 210 W Rittenhouse Sq, Rittenhouse; DZ ab 490 US$; ; 9, 12, 17, 21, 42) Die Zimmer des Fünf-Sterne… – Entschuldigung: Fünf-*Diamanten*-Hotels am Rittenhouse Sq haben Marmorbäder. Unter den Optionen in Downtown mit einem Pool, der halb so groß wie ein olympisches Schwimmbecken ist, ist diese einer der schönsten. Es gibt einen erstklassigen Brunch und einen entspannenden Nachmittagstee mit Musik. Freitag und Samstag spielt live eine Jazzband in der Bibliothek/Bar.

Essen

Tom's Dim Sum CHINESISCH **$**
(Karte S. 184; 215-923-8880; www.tomsdimsumpa.com; 59 N 11th St, Chinatown; Dim Sum 2–7 US$, Hauptgerichte 7–14 US$; Mo–Fr 11–21, Sa & So bis 10 Uhr; 11th St, Jefferson) Dim Sum werden in diesem zwanglosen Lokal den ganzen Tag serviert. Zudem bekommt man leckere Brötchen und Suppenklößchen sowie Reisteller und Nudeln.

★ **Zahav** NAHÖSTLICH **$**
(Karte S. 188; 215-625-8800; www.zahavrestaurant.com; 237 St. James Pl, Old City; Hauptgerichte 10–14 US$, Verkostungsmenü 48 US$; So–Do 17–22, Fr & Sa bis 23 Uhr; 2nd St) Im Hebräisch bedeutet Zahav „Gold" und genau das findet man hier auch in Sachen Gastronomie. Um das Menü dieses selbstbewussten modernen israelischen Restaurants kümmerst sich Chefkoch Michael Solomonov, Gewinner des James Beard Foundation Award. Inspiration für seine Gerichte holt er sich vor allem aus nordafrikanischen, persischen und nordarfrikanischen Küche.

Man stellt sich selbst Meze und Grillspeisen zusammen oder entscheidet sich für das Verkostungsmenü, aber unter keinen Umständen darf man sich den köstlichen Hummus entgehenlassen, der zusammen mit ein paar vom Küchenchef ausgewählten Toppings serviert wird. Man sollte lange im Voraus reservieren oder früh kommen (sobald sie öffnen), um noch einen Platz an der Bar zu ergattern.

Luke's Lobster SEAFOOD **$$**
(Karte S. 184; 215-564-1415; www.lukeslobster.com; 130 S 17th St, Rittenhouse; Hummerbrötchen 17 US$; So–Do 11–21 Uhr, Fr & Sa bis 22 Uhr; 9, 21, 42, City Hall & 15th St) Das Lokal gehört zu einer entspannten Ostküstenkette und serviert authentische Kost aus Maine, für die nachhaltig gefangenes Seafood verwendet wird. Zum gebutterten Hummererbrötchen passt der Blaubeer-Soda.

★ **White Dog Cafe** AMERIKANISCH **$$**
(215-386-9224; www.whitedog.com; 3420 Sansom St, University City; Hauptgerichte abends 19–

INSIDERWISSEN

SO SCHMECKT PHILADELPHIA

Es gibt eine Sache, die man unbedingt essen sollte, wenn man in Philadelphia ist: Cheesesteak. Die Bewohner Philadelphias streiten sich über die Geschmacksnuancen dieses heißen/scharfen Sandwiches, das aus dünn geschnittenem Grillfleisch zwischen einem weichen Brötchen besteht: mit Schwein, Hähnchen oder sogar vegan. Aber für die echten Fans gibt es nur eine Variante und zwar die klassische mit Rind. Und wo es das beste Sandwich gibt? Dazu gibt's so viele unterschiedliche Meinungen, wie Philadelphia Stadtteile hat.

Was man aber wissen sollte, ist, wie man bestellt. Zuächst sagt man, welchen Käse man möchte: Prov (Provolone), American (gelber Schmelzkäse) oder Whiz (orangefarbener Cheez Whiz). Dann sagt man „wit" (with – mit) oder „widdout" (without – ohne), womit man sich auf frittierte Zwiebeln bezieht: also z. B. „Prov wit" oder „Whiz widdout". Bestellt man in einem To-Go-Lokal, sollte man sein Geld bereithaben, den Cheesesteak-Verkäufer sind bekannt dafür, es eilig zu haben.

42 US$; Mo–Do 11.30–21.30, Fr bis 22, Sa 9.30–22, So 9.30–21 Uhr; ; 30, 42; S 34th St) Dass die zwölf Boston-Terrier an der Wand nicht recht zum Essen passen, braucht einen nicht zu kümmern, denn dieses Restaurant serviert schon seit 1983 farmfrische Gerichte. Hier gibt's Trüffel und traditionell hergestellten Käse, Sommertomaten und vieles mehr. Dass der bevorzugte Drink hier Greyhound (nach der Hunderasse) heißt, versteht sich angesichts des Namens des Lokals wohl von selbst.

Cuba Libre KUBANISCH $$

(Karte S. 188; 215-627-0666; www.cubalibrerestaurant.com; 10 S 2nd St, Old City; Hauptgerichte 20–32 US$; Mo–Mi 11.30–22, Do & Fr bis 11, Sa 10.30–23, So 10.30–22 Uhr; ; S 2nd St) In diesem munteren, mehrstöckigen kubanischen Lokal mit Rum-Bar wirkt das koloniale Amerika ganz weit weg. Zu den kreativen Gerichten gehören Shrimp-*ceviche*, kubanische Sandwiches und mit Guave aromatisierte Grillspeisen. Die Mojitos sind ausgezeichnet. Das Verkostungsmenü für 45 US$ beinhaltet eine Auswahl der Spezialitäten.

★ **Gran Caffè L'Aquila** ITALIENISCH $$

(Karte S. 184; 215-568-5600; www.grancaffelaquila.com; 1716 Chestnut St, Rittenhouse; Hauptgerichte 16–35 US$; Mo–Do 7–22, Fr bis 23, Sa 8–23, So bis 22 Uhr, Bar öffnet 1 Std. später; 9, 21, 42, S 19th St) *Mamma mia*, das ist wirklich eindrucksvolles italienisches Essen, so aromatisch, wie man es sich nur wünschen kann. Einer der Eigentümer ist ein preisgekrönter *gelato*-Hersteller, und im 2. Stock gibt's sogar eine eigene Eisfabrik. Manche Hauptgerichte sind mit pikantem Eis garniert. Der Kaffee wird im Haus geröstet, und das adrette Personal ist sehr ums Wohl der Gäste bemüht.

Die drei Besitzer des Restaurants kamen ins Land, nachdem ihr Dorf in Italien 2014 bei einem Erdbeben zerstört worden war. Man sollte reservieren.

Morimoto JAPANISCH $$$

(Karte S. 184; 215-413-9070; www.morimotorestaurant.com; 723 Chestnut St, Washington Sq West; Hauptgerichte 26–58 US$; Mo–Do 11.30–14 & 17–22, Sa 17–24, So 17–22 Uhr; ; S 8th St) Das Morimoto gibt sich ausgesprochen stylish – vom Speisesaal, der aussieht wie ein futuristisches Aquarium, bis zu der Karte, die von bunten Kombinationen und Einflüssen aus aller Welt geprägt ist. Ein Gericht in diesem Restaurant, das regelmäßig bei der Kochsendung *Iron Chef* mitmacht, hat etwas von eine Theateraufführung.

Wer es sich leisten kann, bestellt *omakase*, das vom Koch zusammengestellte Überraschungsmenü (125 US$).

Ausgehen & Nachtleben

1 Tippling Place BAR

(Karte S. 184; 215-665-0456; www.1tpl.com; 2006 Chestnut St, Rittenhouse; Di–So 17–2 Uhr; 9, 17, 21, 42, S 19th St) Ob man an der Bar oder auf einem gemütlichen Sofa Platz nimmt – dieses Lokal hat alles, was man von einer gehobenen Cocktailbar erwartet. Extrapunkte für alle, die mehr als vier Schreibfehler auf der Karte finden! Achtung: Das Lokal wirkt geschlossen, auch wenn es geöffnet ist, denn draußen ist kein Schild zu sehen!

★ **Monk's Cafe** BAR

(Karte S. 184; 215-545-7005; www.monkscafe.com; 264 S 16th St, Rittenhouse; 11.30–2 Uhr, Küche bis 1 Uhr; S Walnut-Locust) Bierfans versammeln sich in diesem gemütlichen, holzgetäfelten Lokal mit belgischen und amerikanischen Craft-Bieren vom Fass – hier gibt's die besten Sorten der Stadt. Wer bei der Auswahl Hilfe benötigt, kann eine Blick in die „Bierbibel“ werfen.

Es gibt auch eine Speisekarte mit angemessenen Preisen, auf der typische Gerichte wie Muscheln und Pommes aber auch täglich vergane Angebote stehen.

R2L Restaurant LOUNGE

(Karte S. 184; ☎ 215-564-5337; www.r2lrestaurant.com; 50 S 16th St, Center City; ⊙ Lounge Mo–Do 16–1, Fr & Sa bis 2, So bis 23 Uhr; S City Hall & 15th St, Suburban) Aussicht, Aussicht, Aussicht. Und haben wir die Aussicht erwähnt? Den Blick aufs nächtliche Philadelphia gibt's hier zu allem dazu, was auf der Karte steht. Die Cocktails sind mild und ausbalanciert, aber beim Blick auf das Lichtermeer kommt einem selbst Leitungswasser vor wie eine erlesene Spezialität. Während der Happy Hour (Mo–Fr 16.30–18.30 Uhr) gibt's Bier für 4 US$, Wein für 7 US$, Cocktails für 8 US$ und Snacks ab 2 US$.

★ **Trestle Inn** BAR

(Karte S. 184; ☎ 267-239-0290; www.thetrestleinn.com; 339 N 11th St, Callowhill; ⊙ Mi–Sa 17–2 Uhr; S Spring Garden: Broad Street Line) Eine aufgewertete alte in einer dunklen Ecke gelegenen Kneipe, die bekannt für ihre Freundlichkeit und Cocktails ist. Happy Hour ist von 17 bis 20 Uhr. Donnerstag ab 21 Uhr und Freitag und Samstag ab 22 Uhr treten Go-Go-Tänzer auf, die unter der Discokugel zu Hits aus den 1960er-Jahren unaufhörlich die Hüften schwingen.

Am Wochenende zahlt man nach 22 Uhr eine Grundgebühr (5 US$).

Double Knot BAR

(Karte S. 184; ☎ 215-631-3868; www.doubleknotphilly.com; 120 S 13th St, Midtown Village; ⊙ Mi–Do bis 1, Fr & Sa bis 2 Uhr; S 13th St oder Walnut-Locust) Die japanisch inspirierte Bar ist einer der wenigen Orte in Philly, wo Sake richtig kredenzt wird (in einem überfließenden Glas, das in einem *masu*-Holzbecher steht). Das Double Knot macht auch tolle Cocktails und serviert köstliches Essen. Das Lokal ist oft überfüllt, aber dank der stilvollen, modernen Deko und der freundlichen Bedienung kann man hier gut einen Happen essen und am späten Abend einen Drink genießen.

Ab 17 Uhr öffnet der Keller, in dem sich ein eindrucksvolles japanisches Restaurant mit einer Sushi-Bar und ein *robatayaki* (eine Art Grillherd) befinden.

Tavern on Camac SCHWULE & LESBEN

(TOC; Karte S. 184; ☎ 215-545-0900; www.taverncamac.com; 243 S Camac St, Midtown Village; ⊙ Pianobar 16–2 Uhr, Restaurant So, Mo, Mi & Do 17–24, Fr & Sa bis 1 Uhr, Club 21–2 Uhr; S Walnut-Locust) Dies ist eine der ältesten Schwulenbars in Philadelphia. Sie hat eine Pianobar und ein Restaurant im Erdgeschoss. Im Obergeschoss befindet sich der kleine Club Ascend mit einer Tanzfläche. Dienstags ist Karaoke-Abend, freitags und samstags legen DJs auf. Showtune Sunday sollte man sich nicht entgehenlassen.

★ **Dirty Franks** BAR

(Karte S. 184; ☎ 215-732-5010; www.dirtyfranksbar.com; 347 S 13th St, Washington Sq West; ⊙ 11–2 Uhr; 23, 40) Die Stammgäste nennen diese seit 1933 geöffnete Bar nicht ohne eine gewisse Ironie eine Institution. Tatsächlich ist sie etwas abgerockt und an den Wänden hängen Off-the-Wall-Kunstwerke. Wie in vielen Kneipen Phillys bekommt man hier einen „Citywide Special“, bestehend aus einem Jim Beam und einer Dose Pabst Blue Ribbon für 2,50 US$. Wem das zu viel ist, der probiert ein „DF Shelf of Shame“-Bier für nur 2 US$.

Die Fassade der Bar ziert das Wandbild **Famous Franks** (Karte S. 184; www.muralarts.org/artworks/famous-franks; 347 S 13th St, Midtown Village; 23, 40).

☆ Unterhaltung

PhilaMOCA DARSTELLENDE KUNST

(Philadelphia Mausoleum of Contemporary Art; Karte S. 184; ☎ 267-519-9651; www.philamoca.org; 531 N 12th St, Poplar; S Spring Garden: Broad Street Line) Erst war er ein Lager für Grabsteine, dann das Studio des Produzenten Diplo, und heute finden in diesem vielseitigen Laden genauso vielseitige Veranstaltungen wie Filmvorführungen, Liveshows, Kunst und Comedy statt.

Wanamaker Organ LIVEMUSIK

(Karte S. 184; ☎ 484-684-7250; www.wanamakerorgan.com; 1300 Market St, Macy's, Center City; ⊙ Konzerte Mo–Sa 12, Mo, Di, Do & Sa 17.30, Mi & Fr 19 Uhr; S 13th St) Als Macy's noch Wanamaker's war, ließ Inhaber John Wanamaker 1909 diese riesige Pfeifenorgel aufstellen, um die Käufer mit Gratis-Konzerten zu unterhalten und zum längeren Bleiben zu verführen. Diese Tradition gibt es noch: Mehrmals täglich füllen klassische und Pop-Melodien das zentrale Atrium des Kaufhauses.

Besucher können sich den Spieltisch der Orgel (2. Stock) ansehen und den Organisten nach den täglichen Konzerten kennenlernen.

Johnny Brenda's LIVEMUSIK
(☎215-739-9684; www.johnnybrendas.com; 1201 N Frankford Ave, Fishtown; Tickets 5–20 US$; ⊙Küche 11–1 Uhr, wechselnde Showzeiten; S Girard, Market-Frankford Line) Einer von Phillys Hotspots der Indie-Rock-Szene. Es ist eine großartige, kleine Location mit Balkon sowie einem Restaurant und einer Bar, die ebenso Indie-Biersorten serviert.

Shoppen

Omoi Zakka Shop SCHREIB- & HAUSHALTSWAREN
(Karte S. 184; ☎215-545-0963; www.omoionline.com; 1608 Pine St, Rittenhouse; ⊙Mo–Sa 11–19, So 12–17 Uhr; S Lombard-South St) In diesem Laden, der, ganz dem *zakka*-Konzept folgend, alle Dinge da hat, die das Leben etwas besser machen, findet man zu seinem inneren Japaner. Modeartikel, Bücher, Haushaltswaren, Briefpapier und mehr zeigen den japanisch inspirierten Sinn für Schönheit und gutes Design.

★ **Shane Confectionery** SÜSSIGKEITEN
(Karte S. 188; ☎215-922-1048; www.shanecandies.com; 110 Market St, Old City; ⊙So–Do 11–20, Fr & Sa bis 22 Uhr; S 2nd St) Seit 1863 macht dieser wundervolle Oldschool-Süßwarenladen süße Naschereien wie Buttercremetorten und Kuchen nach alten Rezepten. Dank des kostümierten Personals hat man das Gefühl, in die Vergangenheit gereist zu sein. Hinten im Laden kann man sich in die Hot-Chocolate-Küche setzen und köstliche Getränke für 15 US$ sündigen.

Freitags finden um 18.30 Uhr Führungen (10 US$) statt.

Praktische Informationen

City Hall Visitor Center (Karte S. 184; ☎267-514-4757; www.phlvisitorcenter.com/attraction/city-hall-visitor-center; City Hall, Center City; ⊙Mo–Fr 9–17, jeden 3. Sa 11–16 Uhr; S City Hall & 15th St) Hier kann man Tickets für die Führungen in der City Hall und im Turm kaufen. Zudem bekommt man hier viele Infos zu den Touristenattraktionen der Stadt.

Independence Visitor Center (Karte S. 188; ☎800-537-7676; www.phlvisitorcenter.com; 599 Market St, Old City; ⊙8.30–19 Uhr, im Sommer länger; S 5th St) In diesem großen Center erhält man Infos zum Nationalpark und zu Philadelphia. Man kann hier Tickets für viele Museen kaufen, einen Termin für einen Besuch der Independence Hall buchen (während der Hauptsaison unbedingt zu empfehlen), eine Geschichtsdokumentation gucken, etwas zu trinken kaufen und – und das ist entscheidend – auf die Toilette gehen.

An- & Weiterreise

AUTO & MOTORRAD

Von Nord nach Süd verläuft die I-95 (Delaware Expwy) am östlichen Stadtrand am Delaware River entlang und hat mehrere Ausfahrten Richtung Center City. Die I-276 (Pennsylvania Turnpike) verläuft in östlicher Richtung durch den Norden der Stadt, überquert den Fluss und bietet Anschluss an den New Jersey Turnpike.

BUS

Greyhound, Peter Pan Bus Lines (www.peterpanbus.com), NJ Transit (www.njtransit.com) und der einfache Chinatown Bus (www.chinatown-bus.org) fahren alle vom **Greyhound Terminal** (Karte S. 184; ☎215-931-4075; www.greyhound.com; 1001 Filbert St, Chinatown; S 11th St, 🚉 Jefferson) in Downtown nahe des Convention Center ab. Greyhound steuert Ziele im ganzen Land an, Peter Pan konzentriert sich auf den Nordosten, NJ Transit bedient New Jersey und Chinatown Bus fährt nach New York City.

Nahe der 30th St Station fährt **Megabus** (Karte S. 184; http://us.megabus.com; JFK Blvd & N 30th St, University City; S 30th St, 🚉 30th St) ab und bedient alle größeren Städte im Nordosten der USA und Toronto.

Bei Onlinebuchung kann die Fahrt nach NYC (2½ Std.) z. B. gerade einmal 9 US$ kosten.

FLUGZEUG

Philadelphia International Airport (PHL; ☎215-937-6937; www.phl.org; 8000 Essington Ave, Southwest Philadelphia; 🚉 Airport Line) liegt 10 Meilen (16 km) südlich der Center City und ist ein Drehkreuz von American Airlines sowie das Ziel internationaler Direktfüge. Da es fünf Terminals gibt, sollte man sich vorher informieren, wo man landet oder losfliegt.

ZUG

Unmittelbar westlich der Innenstadt liegt auf der anderen Seite des Schuylkill die schöne, im neoklassizistischen Stil erbautel **30th St Station** (☎1-800-872-7245; www.amtrak.com; 2955 Market St, University City; S 30th St) die ein wichtiges Drehkreuz des Bahnverkehrs ist. Amtrak bietet von hier aus auf seiner Nord-Ost-Korridor-Strecke Verbindungen nach New York City (60–152 US$, 1½ Std.), Boston (104–204 US$, 5½–6½ Std.) und Washington, D. C. (59–128 US$, 2 Std.) sowie nach Lancaster (20, 1¼ Std.) und Pittsburgh (87 US$, 9–10 Std.).

Langsamer, aber preiswerter kommt man nach NYC, indem man einen SEPTA-Regionalzug (www.septa.org) bis nach Trenton (9 US$,

50 Min.) nimmt und dort in einen NJ-Transit-Bus (www.njtransit.com) bis zur Penn Station in NYC (16,75 US$, 1½ Std.) steigt. Die Atlantic City Rail Line von NJ Transit verbindet auch die 30th St Station mit dem Badeort (10,75 US$, 1½ Std.).

Unterwegs vor Ort

Fahrpläne und weitere Infos gibt's bei der **SEPTA** (215-580-7800; www.septa.org), die Philadelphias öffentlichen Verkehrsmittel betreibt.

Fahrrad Bei Philadelphias Bike-Sharing-Dienst Indego (www.rideindego.com) kostet eine Tageskarte 12 US$.

Bus Eignet sich gut, um sich in der City fortzubewegen oder weiter wegzufahren.

Fähre Die RiverLink-Fähre verbindet Penn's Landing und Camden von Ende Mai bis Anfang September.

Subway & Trolley In Philadelphia gibt's zwei Subways und zwei Trolley-Linien (Fahrkarte 2,50 US$, passend zahlen). Günstiger wird's wenn man eine Key-Card mit Guthaben auflädt.

Taxi In Downtown kann man leicht ein Taxi heranwinken. Startpreis ist 2,70 US$, dann kommen pro Meile oder Block 2,70 US$ hinzu. Alle lizenzierten Taxis haben ein Navigationssystem und akzeptieren die meisten Kreditkarten. Hier fahren auch Uber und Lyft.

Zu Fuß In Downtown kann man fast überall hinlaufen, es sind etwas mehr als 3 km zwischen Delaware River und Schuylkill River.

Pennsylvania Dutch Country

Lancaster County und seine weitere Umgebung, grob gesagt zwischen Reading und dem Susquehanna River, gelten als Zentrum der Gemeinschaft der sogenannten Pennsylvania Dutch. Dabei handelt es sich um eine Vielzahl von religiösen Orden und Kulturen mit deutschen Wurzeln (fälschlicherweise wurde aus Deutsch im Englischen Dutch), die sich im 18. Jh. hier ansiedelten. Am bekanntesten sind die Amish, Mennoniten und die German Baptists (Schwarzenauer Brüder), die alle eine kulturelle Gemeinsamkeit besitzen: Sie haben sich verschiedenen Ausprägungen einer einfachen, technologiearmen Lebensweise verschrieben.

Ironischerweise ist es genau dieses einfache Leben mit den malerischen Pferdekutschen und Ochsenkarren, mit denen die Felder gepflügt werden, das busweise Besucher anzieht und eine ziemlich kitschige Touristenindustrie zur Folge hat, die oft eher abstoßend ist. Hält man sich jedoch an die Nebenstraßen, kann man trotzdem die Ruhe genießen, die sich diese religiösen Gemeinschaften bewahrt haben.

Zu den kleinen Siedlungen in dieser Region gehören das eisenbahnverrückte Strasburg und das ziegelrote Lilitz. Ephrata ist die Zentrale von Ten Thousand Villages, einem riesigen, von Mennoniten geführten Fair-Trade-Importunternehmen, das im ganzen Land Filialen hat.

Sehenswertes

★ Railroad Museum of Pennsylvania MUSEUM
(717-687-8628; www.rrmuseumpa.org; 300 Gap Rd, Ronks; Erw./Kind 10/8 US$; ganzjährig Di–Sa 9–17, So 12–17 Uhr, April–Okt. zusätzlich Mo 9–17 Uhr) Das auf einem 7 ha großen Gelände gelegene Railroad Museum of Pennsylvania besitzt 100 gigantische mechanische Wunderwerke, die man bestaunen und auf denen man herumklettern kann. Es gibt Kombitickets, die auch für die **Strasburg Railroad** (866-725-9666; www.strasburgrailroad.com; 301 Gap Rd, Ronks; 2. Klasse Erw./Kind 15,50/8,50 US$;) auf der anderen Straßenseite gelten. Das Museum ist voller Kinder jeden Alters.

National Toy Train Museum MUSEUM
(717-687-8976; www.nttmuseum.org; 300 Paradise Lane, Ronks; Erw./Kind 7,50/4,50 US$; Mai–Okt. 10–17, Nov.–April unterschiedliche Öffnungszeiten;) Das ist kein Scherz: Auch wenn man in seinem Leben noch nie einen Spielzeugzug in der Hand hatte, wird man dieses seltsame kleine Museum lieben. Die auf Knopfdruck funktionierenden interaktiven Dioramen sind so aktuell wie clever (z.B. der Drive-in Movie – ein Live-Video von Kindern, die die Züge bedienen) und an den Wänden finden sich viele glänzende Zugwaggons, sodass man sich wie ein Kind zu Weihnachten fühlt.

Auch wer nicht im Ort übernachtet, sollte einen Halt im **Red Caboose Motel** (717-687-5000; www.redcaboosemotel.com; 312 Paradise Lane, Ronks; DZ ab 95 US$; P) neben dem Museum einlegen: Man kann auf das Silo hinter der Anlage klettern (0,50 US$), um die Aussicht zu genießen, und die Kinder werden den kleinen Streichelzoo lieben.

Landis Valley Museum MUSEUM
(717-569-0401; www.landisvalleymuseum.org; 2451 Kissel Hill Rd, Lancaster; Erw./Kind 12/8 US$; ganzjährig Mi–Sa 9–17, So 12–17 Uhr, März–Dez. zusätzlich Di 9–17 Uhr; P) In dem Freilichtmuseum, das an ein Dorf aus dem 18. Jh. angelehnt ist, bekommt man am besten einen Eindruck von der frühen Pennsylvania-

Dutch-Kultur und insbesondere von den Mennoniten. Verkleidete Mitarbeiter zeigen den Besuchern z. B., wie ein Blechschmied zu jener Zeit arbeitete. Zudem gibt's eine Taverne, ein Waffengeschäft und eine Ausstellung wunderschöner Handarbeiten.

Schlafen & Essen

Lancaster

Cork Factory BOUTIQUEHOTEL **$$**
(☎717-735-2075; www.corkfactoryhotel.com; 480 New Holland Ave, Suite 3000; Zi. ab 160 US$; P) Dieser Backsteinkoloss, in dem sich früher eine Fabrik befand, stand lange leer. Heute ist dort dieses Hotel untergebracht, eines der stilvolleren in der Gegend. Die schicken Zimmer mit freigelegten Backsteinwänden sind zurückgenommen, lässig eingerichtet. Das Hotel liegt nur wenige Autominuten von Lancsters Zentrum entfernt.

Lancaster Brewing Co KNEIPENESSEN **$$**
(☎717-391-6258; www.lancasterbrewing.com; 302 N Plum St; Hauptgerichte 10–29 US$; ⊙11.30–22 Uhr;) Die 1995 gegründete Brauerei ist bei den Einheimischen sehr beliebt. Das Restaurant serviert herzhafte, reichhaltige Kost – Lammburger mit Tzatziki, Hummus-Tacos oder Hühnchen in Laugenpanade – und hausgemachte Wurst. Man sitzt an Tischen mit Platten aus Kupfer, von denen man eine gute Sicht auf die Braukessel hat.

★ **Maison** EUROPÄISCH **$$$**
(☎717-293-5060; www.maisonlancaster.com; 230 N Prince St; Hauptgerichte 26–32 US$; ⊙Mi–Sa 17–22 Uhr;) Ein Ehepaar betreibt das gemütliche, aber gut bewirtschaftete Lokal im Zentrum und zaubert aus regionalen Farmzutaten rustikale italienische und französische Gerichte: In Milch geschmortes Schweinefleisch, hausgemachte Kaninchen-Würstchen, gebratene Kürbisblüten oder hausgemachte Gnocchi zählen zu den saisonalen Gerichten.

An- & Weiterreise

Lancaster liegt im Zentrum des zusammengequetschten H, das von der Rte 30, der Rte 283 und der Rte 222 gebildet wird. Busse fahren nach Philadelphia und Pittsburgh, wenn man sich in der Region umschauen will, ist aber ein Mietwagen die beste Option.

Lancaster wird auch von Amtrak-Zügen bedient, die mehrmals am Tag nach Philadelphia (20–29 US$, 1¼ Std.) und zweimal am Tag nach Pittsburgh (65 US$, 8–9 Std.) fahren.

Um nach Strasburg zu kommen, folgt man von Lancaster 9 Meilen (15 km) lang der Rte 30 nach Osten. Am besten erreicht man diese Gegend mit dem Auto, aber auch mit den Bussen von **RRTA** (Red Rose Transit Authority; ☎717-393-3315; www.redrosetransit.com).

Pennsylvania Wilds

Der zentrale Norden von Pennsylvania, bekannt als die „Wilds", ist von dichten Wäldern geprägt, in denen vereinzelt majestätische Gebäude und prächtige Herrenhäuser liegen. Diese sind Überbleibsel aus dem 19. Jh., als Holz, Kohle und Öl für großen Wohlstand in dieser heute kaum besuchten Ecke des Bundesstaates sorgten. Nachdem das ertragreiche Geschäft mit den Resourcen im 20 Jh. sein Ende fand, begannen harte Zeite für die Gegend. Seit jenem Niedergang verfallen die zwölf Countys wieder in ihren ursprünglichen Zustand, und der Großteil der Fläche gehört entweder zu einem National Forest oder zu einem State Park.

Sehenswertes

★ **Cherry Springs State Park** STATE PARK
(☎814-435-1037; www.visitpaparks.com; 4639 Cherry Springs Rd, Coudersport; ⊙24 Std.) Der auf einer Hochebene gelegene Park gilt als einer der besten Orte östlich des Mississippi, um in den Sternenhimmel zu schauen. Der Park ist zwar groß, aber für den Juli und August, wenn die Milchstraße fast direkt über einem am Himmel steht, sollte man dennoch weit im Voraus buchen. Wer über Nacht bleibt, zahlt für die Reservierung eine Transaktionsgebühr von 6,50 US$.

Leonard Harrison State Park STATE PARK
(☎570-724-3061; www.visitpaparks.com; 4797 Rte 660, Wellsboro; ⊙Park Sonnenaufgang–Sonnenuntergang, Visitor Center Mo–Do 10–16.30, Fr–So bis 18.30 Uhr; P) GRATIS In diesem Park hat man die volle Sicht auf die Pine Creek Gorge, die auch als der Grand Canyon Pennsylvanias bezeichnet wird. Wege führen 244 m hinunter zum Bach. Im Visitor Center gibt's Toiletten und eine schlichte Ausstellung zur örtlichen Fauna. Dank einer Aussichtsterrasse ist diese Seite besser für Leute zugänglich, die nicht wandern wollen. Wer die unerschlossene Seite kennenlernen will, fährt stattdessen zum Colton Point State Park.

★ **Kinzua Bridge Skywalk** BRÜCKE
(☎814-778-5467; www.visitpaparks.com; 1721 Lindholm Rd, Mt. Jewett; ⊙Skywalk 8 Uhr–Sonnenun-

tergang, Visitor Center bis 18 Uhr) GRATIS Bei ihrer Errichtung im Jahr 1882 war die 92 m hohe Bahnbrücke die höchste der Welt, 1900 wurde sie als Stahlkonstruktion erneuert, stürzte aber 2003 bei einem Tornado der Stärke F1 teilweise ein. Das stehen gebliebene, in die Luft ragende Teilstück ist heute eine Aussichtsterrasse mit einem eindrucksvollen, schwindelerregenden Blick auf die Stümpfe der Stahlpfeiler unten im Tal.

Schlafen & Essen

Mansfield Inn MOTEL $
(☎570-662-2136; www.mansfieldinn.com; 26 S Main St, Mansfield; DZ ab 60 US$; P) Vielleicht gibt es noch bezaubernde B&Bs, die noch tiefer in den Pennsylvania Wilds versteckt liegen, aber diese Motel ist aufgrund seines Preis-Leistungs-Verhältnisses fast unschlagbar. Die Wände sind dünn, die Zimmer sauber und das Portmonnaie freut sich.

Night & Day Coffee Cafe CAFÉ $
(☎570-662-1143; http://nightanddaycoffee.wixsite.com/cafe; 2 N Main St, Mansfield; Sandwiches 5,50/8,50 US$; Mo–Fr 7–19, Sa bis 17, So 8–17 Uhr;) Das Café, das sich rühmt, die Nachbarschaft mit Latte zu versorgen, lohnt einen Abstecher. Dank Kaffeespezialitäten, tollem Chai und einer großartigen Auswahl von Salaten und Sandwiches ist das Lokal perfekt zum Frühstücken oder Mittagessen.

An- & Weiterreise

Die Pennsylvania Wilds erreicht man nur mit dem Auto. Der Allegheny National Forest liegt 100 Meilen (160 km) nordöstlich von Pittsburgh und 90 Meilen (145 km) südwestlich von Erie, NY. Die Route 6 ist eine malerische Strecke, die durch den Großteil der Region führt. Das winzige Collegestädchen Mansfield ist im Osten das Tor zum Allegheny National Forest.

Pittsburgh

Vielleicht gibt's schönere Städte als Pittsburgh, aber in nur wenigen findet man diesen Mix aus filigraner Beaux-Arts-Eleganz und kräftiger Art-Deco-Prahlerei, augenscheinlich gegensätzliche Ästhetiken. Sie ist eine Stadt aus Stein und Stahl mit alten Bibliotheken und roten Backsteinhausreihen neben weiten Brücken und in den Himmel ragenden Wolkenkratzer. Pittsburghs Erscheinungsbild ist zwar klassisch, die Bar-, Restaurant- und Kunstszene hingegen echt innovativ.

Auch Pittsburghs Umgebung macht die Stadt zu etwas Besonderem. Die Stadt liegt zwischen dem Monogahela River, dem Allegheny River und dem Mt. Washington. Wodurch sie eine unverwechselbare Geografie hat, die durch die Berge und Flüsse definiert wird. Auch wenn sie das Hauptballungsgebiet von Westpennsylvania ist, konnte sie die wirtschaftliche Depression, die in der umgebenden Region herrschte, vermeiden, indem sie in Medizin und Bildung investierte. So stützte sie ihre Wirtschaft mit umfassender intellektueller Energie.

Sehenswertes & Aktivitäten

Die interessanten Stellen in Pittsburgh verteilen sich über alle Viertel, und die Abstände zwischen ihnen sind zu Fuß wegen der Hügel nur schwer zu überwinden. Fahrräder, Taxis und Busse (in manchen Gebieten auch die Stadtbahn) sind am besten geeignet, um die Vorstädte zu erkunden. Man kann sich auch ein Uber oder Lyft bestellen.

★ **Andy Warhol Museum** MUSEUM
(☎412-237-8300; www.warhol.org; 117 Sandusky St; Erw./Kind 20/10 US$, Fr 17–22 Uhr 10/5 US$; Di–Do, Sa & So 10–17, Fr bis 22 Uhr) In dem sechsstöckigen Museum wird Pittsburghs coolster Sohn gefeiert, Andy Warhol, der nach New York City ging, sich die Nase richten ließ und als Pop-Art-Künstler berühmt wurde. Die Ausstellung beginnt mit den frühesten Zeichnungen und Werbeillustrationen Warhols und zeigt u. a. ein simuliertes Velvet-Underground-Spektakel, einen DIY-Screen-Test sowie einige Stücke aus Warhols riesiger Schnickschnack-Sammlung. Wer schon immer eine aufblasbare Campell's-Soup-Dose wollte: Hier kann man sie kaufen.

★ **Duquesne Incline** STANDSEILBAHN
(☎412-381-1665; www.duquesneincline.org; 1197 W Carson St; einfache Strecke Erw./Kind 2,50/1,25 US$; Mo–Sa 5.30–00.30, So 7–12.30 Uhr) Diese tolle Standseilbahn und ihr Zwilling **Monongahela Incline** (☎412-381-1665; www.duquesneincline.org; 5 Grandview Ave; einfache Fahrt Erw./Kind 2,50/1,25 US$; Mo–Sa 5.30–12.30, So 7–12.30 Uhr) gleich die Straße runter wurden beide im späten 19. Jh. gebaut und sind Wahrzeichen von Pittsburgh. Sie fahren im Fünf- bis Zehnminutentakt die steilen Hänge des Mt. Washington hinauf und hinunter. Sie sind nicht nur praktisch für Pendler, sondern bieten – besonders bei Dunkelheit – auch einen tollen Blick auf die Stadt. Man kann mit der einen Bahn hinauf und

mit der anderen hinunter fahren; dafür geht man, nachdem man oben angekommen ist, über die treffend benannte Grandview Ave (etwa 1,6 km oder mit Bus 40) zur anderen Bahnstation und steigt dort ein.

Wenn die Zeit nur für eine Fahrt reicht, ist die Duquesne (sprich: du-*kaine*) die bessere Wahl. Oben kann man für 0,50 US$ die Getriebe und Kabel in Aktion anschauen.

Frick Art & Historical Center MUSEUM
(☎412-371-0600; www.thefrickpittsburgh.org; 7227 Reynolds St; ⏰Di–Do, Sa & So 10–17, Fr bis 21 Uhr) GRATIS Henry Clay Frick, berühmt durch die Frick Collection (S. 103) in New York City, baute sein Stahlimperium in Pittsburgh auf. Das Museum zeigt eine kleine Kunstsammlung (u. a. mit schönen mittelalterlichen Ikonen) und seine Autos. Noch mehr Kunst und Pracht bietet die Führung (Erw./Kind 15/8 US$) durch den Familiensitz Clayton.

Carnegie Museums MUSEUM
(☎412-622-3131; www.carnegiemuseums.org; 4400 Forbes Ave; Erw./Kind beide Museen 20/12 US$; ⏰ganzjährig Mo, Mi & Fr–So 10–17, Juni–Aug. zusätzl. Di 10–17 Uhr; 👪) Diese beiden benachbarten Museen wurden 1895 gegründet und beherbergen einen ungeheuren Wissensschatz. Das **Carnegie Museum of Art** stellt europäische Meisterwerke aus und hat eine hervorragende architektonische Sammlung, während das **Carnegie Museum of Natural History** das komplette Skelett eines Tyrannosaurus Rex und schöne alte Dioramen zeigt. Das Kunstmuseum hat jeden 3. Dienstag im Monat bis 23 Uhr geöffnet.

Cathedral of Learning TURM
(☎412-624-6001; www.tour.pitt.edu; 4200 Fifth Ave; ⏰Mo–Sa 9–14.30, So 11–14.30 Uhr) GRATIS Mitten auf dem Campus der University of Pittsburgh ragt der prächtige, 42 Stockwerke hohe gotische Turm in den Himmel und bildet so ein Wahrzeichen der Stadt. Ein Besuch lohnt auch, um die herrlichen **Nationality Rooms** zu sehen – 31 Klassenzimmer, die sich mit Nationen von Russland, über Syrien bis Afrika und den Philippinen beschäftigen. Audiotouren (Erw./Kind 4/2 US$) kann man im Sommer täglich und außerhalb der Ferien am Wochenende buchen. In Zukunft soll es vielleicht weitere Räume geben.

Center for PostNatural History MUSEUM
(☎412-223-7698; www.postnatural.org; 4913 Penn Ave; gegen Spende; ⏰So 12–16 Uhr) GRATIS „Postnatürliche Geschichte", damit bezeichnet der Künstler, der dieses skurrile Museum schuf, Pflanzen und Tiere, die von Menschen designt wurden. Hier erfährt man von Ziegen, die in ihrer Milch Spinnenseide produzieren, von selektiver Züchtung und mehr. Das Museum ist vielleicht nicht die beste Adresse für ein erstes Date, aber definitiv ein witziges, unkonventionelles Fleckchen, um etwas über die vom Menschen manipulierte Natur zu erfahren.

Wigle Whiskey DESTILLERIE
(☎412-224-2827; www.wiglewhiskey.com; 2401 Smallman St; Führungen 20–25 US$; ⏰Mo 11–18, Di–Do bis 20, Fr bis 22, Sa 10–22, So 13–17 Uhr) Die von einer Familie geführte kleine Destillerie in einem Backsteinlagerhaus im Strip District veranstaltet samstags Führungen und bietet auch günstige Verkostungsgedecke (10 US$) mit vielen ihrer Spezialitäten. Whiskey steht im Mittelpunkt, es gibt aber auch Gin, Wodka, Magenbitter und sogar einen hausgemachten Absinth.

Pittsburgh Glass Center KUNST
(☎412-365-2145; www.pittsburghglasscenter.org; 5472 Penn Ave; ⏰Mo–Do 10–19, Fr–So bis 16 Uhr) Hier kann man sich unterschiedliche Verfahren der Glasherstellung anschauen und sich bei einer Vorführung auch selbst darin versuchen. Das PGC bietet auch Kurse an, von Kursen für Anfänger bis zu Kursen für Experten (unterschiedliche Preise).

'Burgh Bits & Bites ESSEN & TRINKEN
(☎412-901-7150; www.burghfoodtour.com; Tour 43 US$) Die zweistündigen kulinarischen Touren durch diverse Viertel sind eine coole Art, die einmaligen Ethno-Lokale der Stadt kennenzulernen. Am beliebtesten ist die Tour durch den Strip District, aber es gibt noch weitere, u. a. durch Bloomfield, Brookline, Lawrenceville und die South Side.

Pittsburgh History & Landmarks Foundation STADTSPAZIERGANG
(☎412-471-5808; www.phlf.org; Führungen gratis–20 US$) Kostenlose Stadtspaziergänge, die freitags um 10 Uhr am Market Sq beginnen. Es werden auch andere Führungen angeboten, solche mit Dozenten kosten etwas.

Schlafen

Residence Inn by Marriott North Shore HOTEL $$
(☎412-321-2099; www.marriott.com; 574 W General Robinson St; DZ ab 140 US$, Suite 170–320 US$; P ⊜ ❄ @ 🛜 ≋) Das renovierte Kettenhotel bietet einen Pool, ein Fitnesscenter, kosten-

loses Frühstück und hochherrschaftliche Zimmer. Das Haus ist gut gelegen: Eine kurze Fahrt bringt einen über die Brücken nach Downtown, und man wohnt in Gehweite zu einigen Teilen und Attraktionen der North Side. Achtung: Bei einem Spiel der Steelers oder Pirates ist hier ganz schön was los.

★Priory Hotel INN $$
(☎412-231-3338; www.thepriory.com; 614 Pressley St; EZ 100–130 US$, DZ 155–230 US$, Suite 180–295 US$; P❄📶) Als das Gebäude noch ein katholisches Kloster war, lebten die Mönche hier nicht schlecht: Das Haus hat geräumige Zimmer, hohe Decken und einen Kamin im Salon. Das Frühstück mit Gebäck und kaltem Aufschnitt erinnert an das in einem europäischen Hostel. Der Gasthof ist in North Side, genauer in dem historischen, aber heruntergekommenen Gebiet von Deutschtown. Die winzige **Monk's Bar** gleich neben dem Foyer ist täglich von 17 bis 23 Uhr geöffnet und perfekt für einen Drink am Abend.

Omni William Penn Hotel HOTEL $$
(☎412-281-7100; www.omnihotels.com; 530 William Penn Pl; Zi. 180–290 US$; P🚭❄📶) Pittsburghs stattlichstes altes Hotel wurde von Henry Frick erbaut und verfügt über ein riesiges Foyer und über im Jahr 2016 umgestaltete Luxussuiten. Die großzügigen Gemeinschaftsbereiche verleihen ihm eine Pracht, die manch anderem Luxushotel fehlt. Das Haus ist sehr zu empfehlen, wenn man das nötige Kleingeld hat oder ein Zimmer zu einem Sonderpreis ergattert, was oft in der Nebensaison der Fall ist.

Essen

In der E Carson St in South Side findet sich die dichteste Konzentration von Restaurants, aber der Strip District folgt mit geringem Abstand gleich auf Platz zwei. North Side, Lawrencehill und East-Liberties sind in dieser Hinsicht stark im Kommen. Wegen des großen katholischen Bevölkerungsanteils steht in vielen Restaurants der Stadt freitags Fisch auf dem Speiseplan. Besonders beliebt sind Sandwiches mit Bratfisch – und die sind richtig lecker, auch wenn die Stadt nicht an der Küste liegt!

Primanti Bros SANDWICHES $
(☎412-263-2142; www.primantibros.com; 46 18th St; Sandwiches 6–10 US$; ⏲24 Std.) Dieses originelle Lokal serviert Sandwiches, die jeder Bewohner von Pittsburgh vermisst, wenn er wegzieht. Sie sind heiß, fettig, köstlich belegt mit gegrilltem Fleisch dazu Pommes und *coleslaw*. Primanti Bros hat in der ganzen Stadt Filialen, man ist also nie zu weit weg für ein Sandwich.

La Prima CAFÉ $
(☎412-281-1922; www.laprima.com; 205 21st St; Gebäckstücke 2–4 US$; ⏲Mo–Mi 6–16, Do–Sa bis 17, So 7–14 Uhr) Wegen des tollen italienischen Kaffees und des Gebäcks bilden sich zu den Spitzenzeiten Schlangen bis vor die Tür. Der Cranberry-Scone ist die bekannteste Leckerei von La Prima, aber es gibt noch viele weitere köstliche Naschereien (*sfogliatelle*, Tartes, Kekse etc.). Wer italienisch versteht, kann über das Zitat des Tages nachdenken, das jeden Morgen auf die grüne Tafel geschrieben wird.

Zenith VEGAN $
(☎412-481-4833; www.zenithpgh.com; 86 S 26th St; Hauptgerichte 7–11 US$; ⏲Do–Sa 11.30–20.30, So 11–14.30 Uhr; 🌶) Alle Mahlzeiten hier sind vegan, auf Wunsch gibt's aber Käse. Beim Essen fühlt man sich wie in einem Antiquitätenladen, denn alles, einschließlich der Resopaltische, steht zum Verkauf. Zum sonntäglichen Brunch-Büfett (11,50 US$) kommen viele Stammgäste.

Bar Marco ITALIENISCH $$
(☎412-471-1900; www.barmarcopgh.com; 2216 Penn Ave; Hauptgerichte 8–20 US$; ⏲Abendessen Di–Sa 17–23 Uhr, Brunch Sa & So 10–15 Uhr) Das beliebte Lokal im Strip District ist eines der anspruchsvolleren Restaurants der Stadt. Es bietet auch einen ausgezeichneten Brunch an. Die Cocktails sind einmalig, man kann aber auch den Empfehlungen des Barkeepers folgen, ausgehend davon, welchen Drink man mag. Erfreulich ist, dass kein Trinkgeld erwartet wird, weil das Personal fair und angemessen entlohnt wird.

★Legume FUSION $$$
(☎412-621-2700; www.legumebistro.com; 214 N Craig St; Hauptgerichte 23–42 US$; ⏲Mo–Do 14–21, Fr & Sa bis 21.30 Uhr) Für die täglichen wechselnden Gerichte werden farmfrische Zutaten und ausgezeichnetes Fleisch sowie hervorragender Fisch verwendet. Wenn verfügbar, sollte man die Brennnesselsuppe wählen – weil so etwas nur selten auf der Karte steht und weil die Suppe wundervoll schmeckt.

★Paris 66 FRANZÖSISCH $$$
(☎412-404-8166; www.paris66bistro.com; 6018 Centre Ave; Abendessen Hauptgerichte 20–35 US$; ⏲Mo–Do 11–22, Fr & Sa bis 23, So 10–15 Uhr) In

einem gemütlichen Bistro-Ambiente gibt's hier französische Kost vom Feinsten, sodass man glauben könnte, man wäre in Frankreich. Das bedeutet nicht, dass es Haute Cuisine ist, sondern bodenständige französische Gerichte vom Land: *coq au vin*, Hase im Senf, Steak mit Pommes und noch mehr.

Ausgehen & Unterhaltung

Church Brew Works KLEINBRAUEREI

(☎ 412-688-8200; www.churchbrew.com; 3525 Liberty Ave; ⏲ Mo–Do 11.30–23.15, Fr & Sa bis 00.15, So bis 21.15 Uhr) Für manche ist ein guter Umtrunk etwas Himmlisches, und für solche Leute ist das Church Brew Works wie gemacht. Die funkelnden Brauereifässer stehen auf der ehemaligen Kanzel. Für wen das Gotteslästerung ist, der sollte gehen, aber bedenken, dass die besten belgischen Biere von frommen Mönchen gebraut werden.

Spice Island Tea House TEEHAUS

(☎ 412-687-8821; www.spiceislandteahouse.com; 253 Atwood St; ⏲ Mo–Do 11.30–20.45, Fr & Sa bis 21.45 Uhr) Wenn man eine Tasse Tee (3,50–5,50 US$) schlürfen will, während sich die Begleitung einen Cocktail gönnt, ist man hier richtig. Neben einer Reihe köstlicher Tees gibt's auch Gerichte der südostasiatischen Fusion-Küche.

★ **Allegheny Wine Mixer** WEINBAR

(☎ 412-252-2337; www.alleghenywinemixer.com; 5326 Butler St; ⏲ Di–Do 17–24, Fr–So bis 1 Uhr) Das Allegheny vereint all die Vorteile einer hochwertigen Weinbar – tolle Weinkarte, pfiffiges Personal, leckere Knabbereien – mit der Gemütlichkeit einer Nachbarschaftskneipe.

★ **Elks Lodge** LIVEMUSIK

(☎ 412-321-1834; www.elks.org; 400 Cedar Ave) Bei einer Banjo Night (Mi 19 Uhr, kein Eintritt) im Elks wird schnell klar, warum Pittsburgh als das Paris der Appalachen gilt. Dann ist die Bühne brechend voll, und das Publikum singt zu Banjo-Klassikern. Am ersten, dritten und fünften Donnerstag im Monat (19.15 Uhr, 5 US$) findet ein Big-Band-Abend statt. In Deutschtown in der North Side.

Praktische Informationen

VisitPITTSBURGH Main Branch (☎ 412-281-7711; www.visitpittsburgh.com; 120 Fifth Ave, Ste 2800; ⏲ Mo–Fr 10–18, Sa bis 17 Uhr, So unterschiedliche Öffnungszeiten) Gibt den Official Visitors Guide heraus und versorgt Traveller mit Stadtplänen und Tipps.

An- & Weiterreise

AUTO & MOTORRAD

Pittsburgh ist über die großen Highways leicht zu erreichen: von Norden oder Süden über die I-76 bzw. die I-79, von Westen über die Rte 22 und von Osten über die I-70. Die Fahrt mit dem Auto von NYC dauert ca. acht Stunden, von Buffalo etwa drei Stunden.

BUS

Vom **Greyhound-Busbahnhof** (Grant Street Transportation Center; ☎ 412-392-6514; www.greyhound.com; 55 11th St) am äußersten Ende des Strip District fahren Busse nach Philadelphia (ab 31 US$, 6–7 Std.), NYC (ab 34 US$, 8½–11 Std.) und Chicago (ab 72 US$, 11–14 Std.).

FLUGZEUG

Am **Pittsburgh International Airport** (PIT; ☎ 412-472-3525; www.flypittsburgh.com; 1000 Airport Blvd), 18 Meilen (ca. 29 km) westlich von Downtown, bieten mehrere Fluglinien Direktflüge nach Europa, Kanada und in US-amerikanische Großstädte an.

ZUG

Pittsburgh hat einen wunderschönen alten Bahnhof. Die Züge von **Amtrak** (☎ 800-872-7245; www.amtrak.com; 1100 Liberty Ave) halten aber in einem modernen, trostlosen Gebäude dahinter. Es gibt tägliche Verbindungen nach Philadelphia (ab 68 US$, 7½ Std.), NYC (ab 81 US$, 9½ Std.), Chicago (ab 72 US$, 10 Std.) und Washington, D. C. (ab 53 US$, 8 Std.).

Unterwegs vor Ort

Port Authority (www.portauthority.org) ist für das öffentliche Verkehrsnetz in Pittsburgh zuständig, auch für den 28X Airport Flyer (2,75 US$, 40 Min., 5.10–0.10 Uhr alle 30 Min.), der vom Flughafen ins Zentrum und nach Oakland fährt. Ein Taxi vom Flughafen bis ins Zentrum kostet um die 43 US$ (Trinkgeld nicht inkl.). Es gibt auch mehrere Shuttle-Busse, die für etwa 25 US$ pro Nase in die Downtown fahren.

Selbst mit dem Auto in Pittsburgh herumzufahren, kann frustrierend sein – Straßen enden unvermittelt oder führen plötzlich über eine Brücke. Parkplätze sind in der Innenstadt sowieso ein kostbares Gut. Wann immer es möglich ist, sollte man auf das ausgedehnte Busnetz zurückgreifen, das auch schnellere Expressbusse hat (die Namen der Routen beginnen mit P). Es gibt noch ein kleines Straßenbahnsystem namens „T", das ganz praktisch ist für Fahrten zwischen Downtown und South Side. Fahrten innerhalb Downtown Pittsburgh sind mit der T-Linie kostenlos. Sonst bezahlt man innerhalb der Stadt pro Fahrt 2,50 US$, fürs Umsteigen 1 US$.

Neuengland

Inhalt ➡

Gut essen

- Saltie Girl (S. 219)
- Nudel (S. 238)
- Pantry (S. 253)
- Fore Street (S. 279)
- birch (S. 242)

Schön übernachten

- The Dean Hotel (S. 241)
- Liberty Hotel (S. 217)
- Inn at Shelburne Farms (S. 264)
- Notch Hostel (S. 271)
- Guest House at Field Farm (S. 239)

Auf nach Neuengland!

Neuenglands Geschichte ist die Geschichte der USA: In dieser Region landeten die Pilgerväter am Plymouth Rock. Später kämpften hier die Minutemen für Amerikas Unabhängigkeit. Die Bestrebungen zur Abschaffung der Sklaverei nahmen ebenfalls dort ihren Anfang. Viele fortschrittliche Denker setzten in Neuengland ihre Ideen in die Tat um, und diverse Philosophen und Autoren wie Ralph Waldo Emerson oder Harriet Beecher Stowe verfassten ihre (Protest-)Schriften. Bis heute ist die Region sehr dynamisch. Dazu beigetragen haben nicht nur die freiheitsliebenden Einheimischen, sondern auch Generationen von Einwanderern.

Outdoor-Fans lockt die Region mit sanften Hügeln und den Appalachen an. Die ca. 8000 km lange Küstenlinie bietet zahllose Möglichkeiten zum Angeln, Schwimmen, Surfen und Segeln. Zudem ist Neuengland ein Füllhorn kulinarischer Freuden: Es gibt herrlich frisches Seafood, erntefrisches Obst, würzigen Cheddar und Pfannkuchen mit Ahornsirup.

Reisezeit

Boston

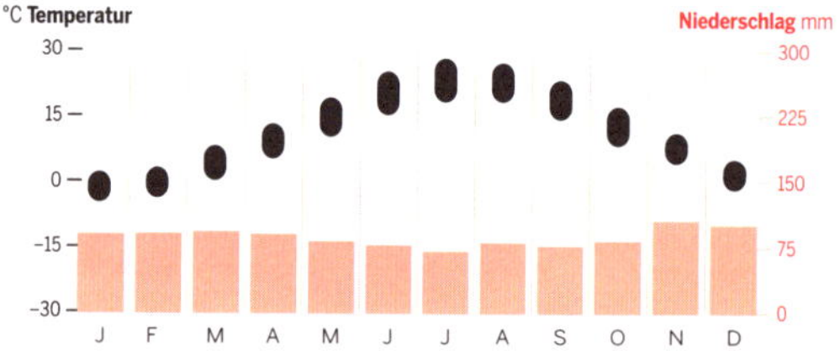

Mai & Juni
Wenige Wanderer, keine Menschenmassen; Beginn der Walbeobachtungszeit.

Juli & Aug.
Hauptsaison mit Sommerfestivals und wärmerem Meerwasser.

Sept. & Okt.
Höhepunkt von Neuenglands Herbstlaubpracht (Mitte Sept.–Mitte Okt.).

Geschichte

Als die ersten europäischen Siedler in Neuengland eintrafen, fanden sie hier ca. 100 000 indigene Ureinwohner vor. Die meisten waren Algonkin, die in kleinen Stämmen zusammenlebten. Die Stämme im Norden waren ausschließlich Jäger bzw. Sammler, die im Süden betrieben auch Brandrodungen (Mais, Speisekürbisse, Bohnen).

1602 landete der englische Kapitän Bartholomew Gosnold in Cape Cod und segelte nordwärts nach Maine weiter. Erst Kapitän John Smith kartografierte 1614 im Auftrag von König Jakob I. die Küste und taufte das Land „Neuengland". Mit der Ankunft der Pilgerväter in Plymouth im Jahr 1620 begann die Besiedlung des Gebiets durch die Europäer. Im folgenden Jahrhundert wuchsen die Kolonien – vielfach auf Kosten der indigenen Bevölkerung.

Die Bürger Neuenglands waren zwar Untertanen der britischen Krone, besaßen aber eine Selbstverwaltung mit Gesetzgebung und sahen ihre Interessen nicht unbedingt als identisch mit denen Englands an. Um 1770 erließ König Georg III. eine Reihe Steuern, um Englands Beteiligung an kostspieligen Kriegen zu finanzieren. Die im britischen Parlament nicht vertretenen Kolonisten reagierten mit einer Steuerrevolte unter dem Motto *No taxation without representation* (keine Besteuerung ohne parlamentarische Vertretung). Versuche, die Proteste niederzuschlagen, führten zu den Schlachten von Lexington und Concord, MA, mit denen der Amerikanische Unabhängigkeitskrieg begann, in dessen Folge 1776 die USA gegründet wurden.

Mit der staatlichen Unabhängigkeit wurde Neuengland zu einer Wirtschaftsmacht: In den Häfen boomten Schiffbau und Handel. Die berühmten Yankee Clippers fuhren bis China und Südamerika. Der Walfang brachte Nantucket und New Bedford beispiellosen Wohlstand. Und auf Rhode Island wurde 1793 die erste mit Wasserkraft betriebene Baumwollspinnerei der USA gegründet. Aber kein Aufschwung hält ewig an. Im frühen 20. Jh. waren viele der Fabriken in den Süden verlegt worden. Heute sind Bildung, Finanzwesen, Biotechnologie und Tourismus die Stützen der Wirtschaft in der Region.

ℹ Infos im Internet

Appalachian Mountain Club (www.outdoors.org) Super Infos zum Wandern, Radeln, Campen, Klettern und Paddeln in Neuenglands großartiger Natur .

Boston.com (www.boston.com/tags/new-england-travel) News, Reisetipps und Routenvorschläge vom *Boston Globe*.

Lonely Planet (www.lonelyplanet.com/usa/new-england) Regional- bzw . Lokalinfos, Hotelrezensionen, ein Travellerforum und mehr.

New England Network (www.newengland.com) Regionale Reiseinfos vom *Yankee Magazine*.

MASSACHUSETTS

Ob Cape Cod mit seinen Sandstränden, das Pioneer Valley mit seinen College-Städten oder die bewaldeten Hügel der Berkshires: Massachusetts punktet mit Vielfalt. Zudem ist Neuenglands bevölkerungsreichster Bundesstaat äußerst geschichtsträchtig. So kann man z. B. an der Küste in Plymouth den Landungsort der Pilgerväter in der Neuen Welt besuchen oder die Schlachtfelder von Lexington und Concord, auf denen die ersten Schüsse des Amerikanischen Unabhängigkeitskriegs fielen. Bei Stadtspaziergängen über das Kopfsteinpflaster von Salem, Nantucket und New Bedford locken alte Häfen, an denen einst Walfang- und Handelsschiffe festmachten. Das moderne, dynamische Massachusetts ist ebenso facettenreich, wobei Boston als kulturelle und politische Hauptstadt zweifellos die Hauptrolle spielt. Doch auch kleinere Städte in der Region (z. B. Provincetown oder Northampton) haben lebendige Kunst- und Kulturszenen, aktive Schwulengemeinden und allerlei tolle Optionen für Outdoor-Fans.

Geschichte

1620 landeten die Pilgerväter in Plymouth. Seitdem hat Massachusetts in der US-Politik eine führende Rolle gespielt.

Beflügelt von florierendem Seehandel revoltierten die regionalen Kolonisten gegen Handelsbeschränkungen und Steuern des britischen Mutterlandes. Die Unabhängigkeitsbestrebungen nahmen ihren Anfang in Boston, wo die Sons of Liberty zum Aufstand aufriefen und ihre Ansichten propagierten. Die Proteste gegen die britische Krone führten schließlich zu den Schlachten bei den Nachbarstädten Lexington und Concord, womit 1775 der amerikanische Unabhängigkeitskrieg begann.

Im 18. und 19. Jh. war die Nordküste (North Shore) des Bundesstaats ein Zent-

Highlights

1 Freedom Trail (Boston; S. 215) Den Spuren der amerikanischen Unabhängigkeitskämpfer folgen

2 Aquinnah Public Beach (Martha's Vineyard ; S. 234) Sand und Brandung an einem tollen Strand genießen

3 Tanglewood Music Festival (Lenox; S. 238) Unterm Sternenzelt erstklassiger Musik lauschen

4 Franconia Notch (White Mountains; S. 272) Die Seilbahn zum Gipfel des Cannon Mountain nehmen und in der grandiosen Flume Gorge am Wildwasser entlangwandern

5 Cliff Walk (Newport; S. 243) In die Welt der Superreichen des 19. Jhs. hineinschnuppern

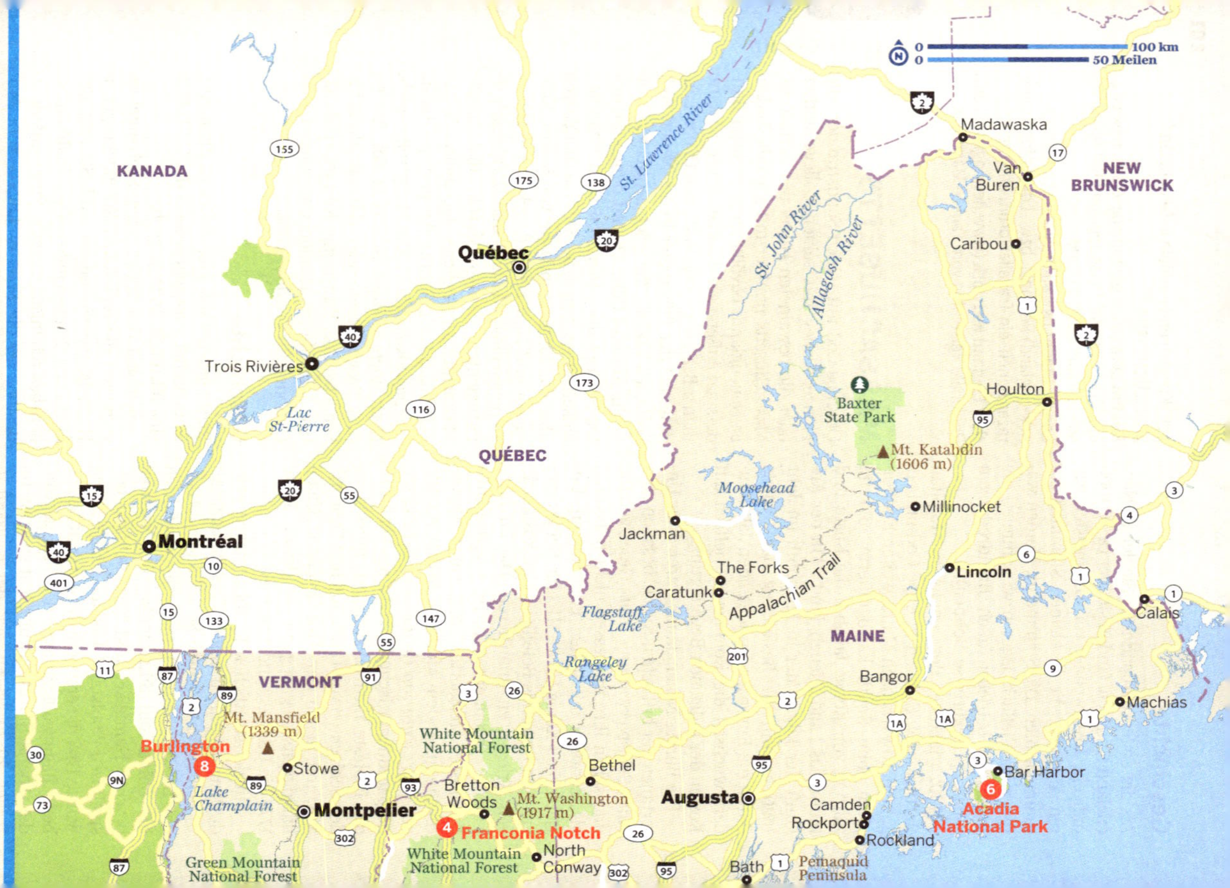

6 **Acadia National Park** (Mount Desert Island; S. 283) Die Landschaft von Neuenglands einzigem Nationalpark bewundern

7 **Shannon's Unshelled** (Maine; S. 281) An der Felsküste leckere Hummerbrötchen essen

8 **Burlington Waterfront** (Lake Champlain; S. 264) Kajak-, Rad- und Segeltouren unternehmen

rum des Schiffsbaus. Vor allem Salem wurde damals durch den Profit aus dem Überseehandel sehr wohlhabend. Im Süden sorgte der Walfang für beispiellosen Reichtum in Nantucket und New Bedford, wo die Häfen immer noch von prächtigen Kapitänsvillen gesäumt werden. Im 20. Jh. erlebten weitere Städte wie Lowell, Worcester und Springfield einen industriellen Aufschwung (u.a. dank der Textilproduktion).

Das „Commonwealth" von Massachusetts floriert bis heute. Die Geschichtsträchtigkeit und die lebendige Kulturszene locken weiterhin Touristen und Studenten hierher.

Praktische Informationen

Massachusetts Department of Conservation and Recreation (617-626-1250; www.mass.gov/orgs/department-of-conservation-recreation) Betreibt Campingplätze in 29 hiesigen State Parks.

Boston

Boston steht für Revolution und Wandel. Und bis heute ist dies eine der fortschrittlichsten und freigeistigsten US-Metropolen.

In jeglicher Hinsicht ist Boston die älteste Großstadt der USA. An den Kopfsteinpflasterstraßen stößt man alle paar Schritte auf eine historische Stätte. Doch das heißt nicht, dass hier nur die Vergangenheit regierte.

Dank langem Mäzenatentum auf kulturellem Gebiet blühen die lokale Kunst- und Musikszene weiterhin, wobei sich das moderne Publikum auch an anspruchsvollen Darbietungen ergötzen kann. Zudem verändert sich Boston andauernd durch moderne Stadtentwicklungsprojekte, die diverse Viertel neu beleben und zu angesagten Adressen machen. Für noch mehr kulturellen Schwung sorgen die historischen Hochschulen, die nach wie vor Wissenschaftler, Philosophen und Schriftsteller hierher locken.

Sehenswertes

Beacon Hill & Boston Common

Der Boston Common ist der älteste öffentliche Park der USA und das Herzstück der Stadt. Er grenzt an den Beacon Hill, auf dem die vergoldete Kuppel des Massachusetts State House über zauberhaften Geschäfts- und Wohnstraßen emporragt – ein lokaltypisches Motiv, das die meisten Bostoner Postkarten ziert.

★ Public Garden GARTEN

(Karte S. 210; 617-723-8144; www.friendsofthepublicgarden.org; Arlington St; Sonnenaufgang–Sonnenuntergang; ; T Arlington) Der fast 10 ha große Garten neben dem Boston Common ist eine botanische Oase mit viktorianischen Blumenbeeten, grünen Rasenflächen und einem idyllischen Teich im Schatten von Trauerweiden. Darauf schwimmen altmodische **Schwanen-Tretboote** (Swan Boats; 617-522-1966; www.swanboats.com; Erw./Kind 4/2,50 US$; April–Juni 10–16 Uhr, Juli & Aug. bis 17 Uhr), die Kinder seit Generationen erfreuen. Die bezauberndste Attraktion ist die **Make Way for Ducklings Statue**, die den beliebten Protagonisten von Robert McCloskeys gleichnamigem Bilderbuch gewidmet ist: Die Bronzeskulptur zeigt die Stockente Mrs. Mallard und ihre acht Küken.

★ Boston Common PARK

(Karte S. 210; zw. Tremont, Charles, Beacon & Park St; 6–24 Uhr; P ; T Park St) Amerikas ältester öffentlicher Park hat im Lauf der Jahre schon vielen Zwecken gedient. So war er z.B. ein Lagerplatz für britische Truppen im US-Unabhängigkeitskrieg und bis in die 1830er-Jahre eine Viehweide. Heute sind hier Picknicken und Leutegucken angesagt. Im Winter lädt der **Frog Pond** (617-635-2120; www.bostonfrogpond.com; Erw./Kind Eintritt 6 US$/frei, Leihschlittschuhe 12/6 US$; Mitte Nov.–Mitte März Mo 10–15.45, Di–Do & So bis 21, Fr & Sa bis 22 Uhr) zum Eislaufen ein, während Theaterfans im Sommer zum **Shakespeare on the Common** (617-426-0863; www.commshakes.org; Juli & Aug.) strömen. Der Park ist zudem der Startpunkt des Freedom Trail.

Massachusetts State House GEBÄUDE

(Karte S. 210; 617-727-7030; www.sec.state.ma.us; Ecke Beacon & Bowdoin St; Mo–Fr 8.45–17 Uhr, Führungen Mo–Fr 10–15.30 Uhr; T Park St) GRATIS Oben auf dem Beacon Hill setzen Massachusetts' Regierung und Parlamentarier im State House ihre Ideen in konkrete Politik und Gesetze um. John Hancock stellte einst einen Teil seiner Viehweiden für den Bau zur Verfügung. Und Charles Bulfinch entwarf das monumentale State Capitol, das Oliver Wendell Holmes „das Zentrum (engl. *hub*) des Sonnensystems" nannte – was Boston den Spitznamen The Hub eingebracht hat. Die Gratisführungen (40 Min.) informieren Besucher über Geschichte, Kunst, Architektur und Politik vor Ort.

BOSTON IN …

… einem Tag

Der erste bzw. einzige Tag in Boston steht ganz im Zeichen des Freedom Trail (S. 215), der ab dem Boston Common durch die Innenstadt führt. Unterwegs reicht die Zeit nicht für alle Museen, man kann aber die Architektur bewundern und erfährt allerlei zur Geschichte. Zu den Highlights gehören das Old South Meeting House, das Old State House und die Faneuil Hall.

Nachmittags geht's entlang des Freedom Trail weiter nach North End, um das historische Paul Revere House, die Old North Church und den Copp's Hill Burying Ground zu besichtigen. Letzte Station ist dann das noble Liberty Hotel (S. 217) im früheren Charles Street Jail.

… zwei Tagen

Zunächst dem Eintagesplan folgen. Der zweite Tag beginnt mit Bostons bedeutendsten Architekturschätzen im Umkreis des Copley Sq (S. 213): der Boston Public Library (S. 213) voller Kunst und Bücher sowie der Trinity Church (S. 213) mit ihren herrlichen Buntglasfenstern.

Der Nachmittag ist für eines von Bostons großartigen Kunstmuseen reserviert. Dabei hat man die Qual der Wahl zwischen der riesigen erlesenen Sammlung des Museum of Fine Arts (S. 213) und dem kleineren, aber ebenso außergewöhnlichen Isabella Stewart Gardner Museum (S. 213) – enttäuscht wird man aus keinem der beiden kommen.

Abends sollte man dann das Boston Symphony Orchestra in der Symphony Hall (S. 221) bei grandioser Akustik erleben. Wer's lässiger mag, verfolgt stattdessen ein Baseballspiel im Fenway Park (S. 213) oder zieht durch die Bars an der Lansdowne St.

Downtown & Waterfront

Geschäftsleben und Tourismus konzentrieren sich in Boston hauptsächlich auf die Innenstadt (Downtown) mit dem Financial District. In dem zentralen Bezirk vermischt sich viel moderne Architektur mit allerlei kolonialzeitlichen Bauten, beispielsweise der Faneuil Hall oder dem Quincy Market. Vor allem seit der Schließung von Filene's Department Store ist er als Einkaufsviertel nicht mehr so angesagt. Dennoch ist hier immer noch viel los. Zum Uferbereich (Waterfront) gehören das New England Aquarium und der Anleger für die Fähren zu den Harbor Islands.

★ Old State House HISTORISCHES GEBÄUDE

(Karte S. 210; ☎ 617-720-1713; www.bostonhistory.org; 206 Washington St; Erw./Kind 10 US$/frei; ⏲ Juni–Aug. 9–18 Uhr, Sept.–Mai bis 17 Uhr; Ⓣ State) Das Old State House von 1713 ist das älteste erhaltene öffentliche Gebäude in Boston. Vor der Revolution tagte hier die Massachusetts Assembly. Das Gebäude kennt man vor allem wegen seines Balkons, auf dem 1776 die Unabhängigkeitserklärung abgegeben wurde. Drinnen befindet sich ein kleines Museum mit Andenken aus der Revolutionszeit. Videos und Multimedia-Darbietungen berichten über das Massaker von Boston, das sich vor den Türen des Gebäudes abspielte.

Old South Meeting House HISTORISCHES GEBÄUDE

(Karte S. 210; ☎ 617-482-6439; www.osmh.org; 310 Washington St; Erw./Kind 6/1 US$; ⏲ April–Okt. 9.30–17 Uhr, Nov.–März 10–16 Uhr; 👪; Ⓣ Downtown Crossing, State) Unter der Parole „Keine Teesteuer!" trafen sich hier am 16. Dezember 1773 rund 5000 wütende Kolonisten, um gegen die britische Steuerpolitik zu protestieren. Die historische Versammlung war das Vorspiel zur Boston Tea Party; ihr Ablauf lässt sich als Hörspiel von der Website des Museums herunterladen. Die Ausstellungen informieren über dieses Ereignis und auch über die Geschichte des schmucken Gebäudes.

Rose Kennedy Greenway PARK

(Karte S. 210; ☎ 617-292-0020; www.rosekennedygreenway.org; 👪; Ⓣ Aquarium, Haymarket) Am früheren Standort einer mächtigen Highway-Brücke breite sich nun dieser 11 ha große Grünstreifen mit Landschaftsgärten, Springbrunnen und öffentlichen Kunstinstallationen aus. Hier ist etwas für jeden geboten: Am Wochenende verkaufen Künstler ihre Werke auf dem Greenway Open Market

Boston

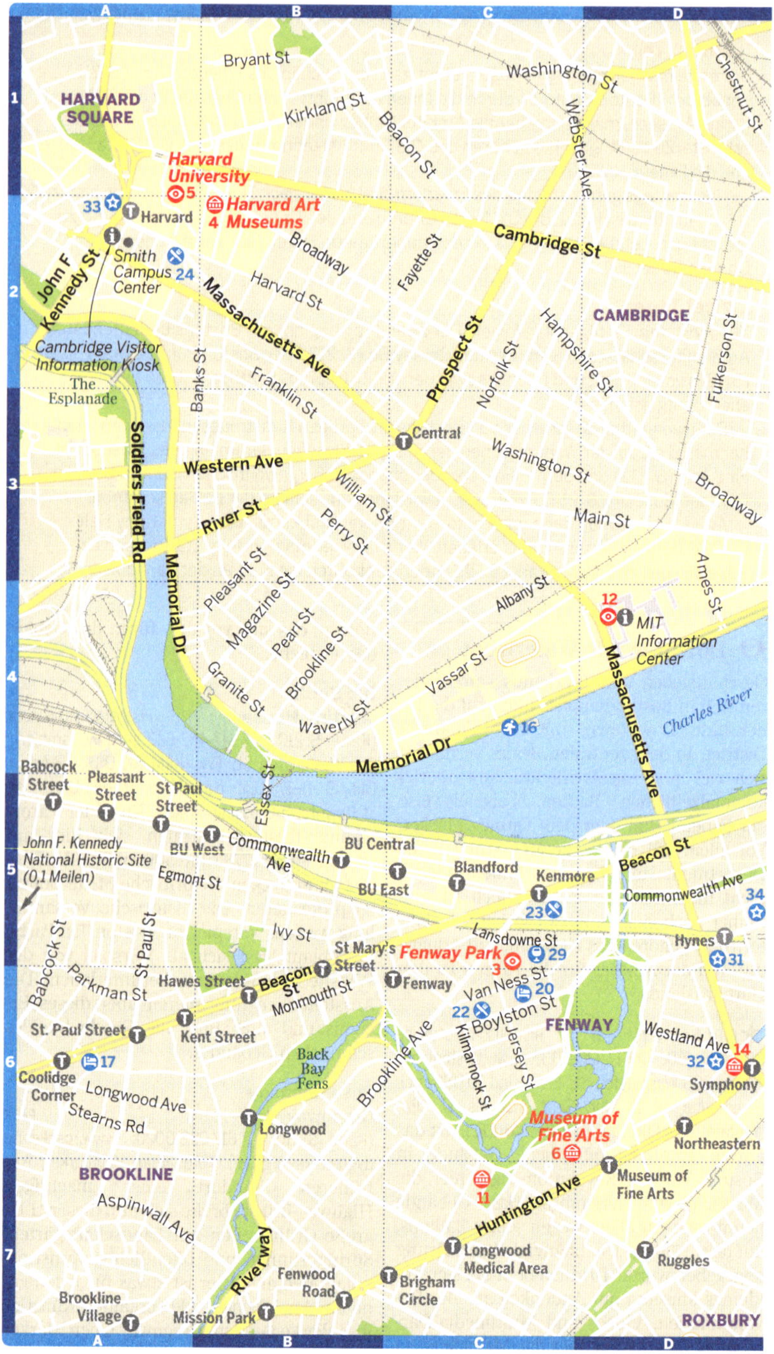

NEUENGLAND MASSACHUSETTS

0 1 km
0 0,5 Meilen
E
F
G
H
1
2
3
4
5
6
7
Bunker Hill St
Medford St
New Rutherford Ave
CHARLESTOWN
High St
Main St
Northern Expwy
First Ave
2
Bunker Hill Monument
21
Community College
15
9
USS
8 Constitution
Monsignor O'Brien Hwy
Gore St
Lechmere
s. Karte Boston Zentrum (S. 210)
Third St
Charles St
First St
Science Park
Binney St
Memorial Dr
North Station
NORTH END
WEST END
Atlantic Ave
Kendall/MIT
Haymarket
Bowdoin
Longfellow Bridge
Cambridge St
Charles/ MGH
Government Center
State
State St
Aquarium
BEACON HILL
DOWNTOWN
Beacon St
Boston Common
Park St
Downtown Crossing
Congress St
Public Garden
Storrow Dr
Berkeley St
South Station
Fort Point Channel
BACK BAY
Boylston
Essex St
Marlborough St
27
Newbury St
Boylston St
Arlington
Chinatown
Institute of Contemporary Art (0,2 Meilen); Yankee Lobster Co (0,6 Meilen)
18
Copley
10
7
Trinity Church
Kneeland St
26
Boston Public Library
1
Tufts Medical Center
Tremont St
CHINATOWN
Dorchester Ave
Back Bay/ South End
30
13
Herald St
Prudential
19
Appleton St
Columbus Ave
Warren Ave
28
E Berkeley St
Broadway
A St
SEAPORT DISTRICT
25
36
Massachusetts Avenue
Randolph St
South Boston Bypass
35
SOUTH END
Southeast Expwy
Tremont St
W 1st St
Bolton St
Shawmut Ave
Washington St
W Broadway
Harrison Ave
Albany St
D St
Lenox St
Old Colony Ave
E St

Boston

(S. 221). Auf Parkbesucher warten zudem Foodtrucks (Mo–Fr mittags), Bier im **Trillium Garden** (☎857-449-0083; www.trilliumbrewing.com; Ecke Atlantic Ave & High St; ⊙Mai–Okt. Mi–Fr 14–22, Sa ab 11, So 13–20 Uhr; 📶; Ⓣ South Station, Aquarium) und Sommerpartys für Musikfans. Der skurrile **Rings Fountain** lädt zum Planschen ein, während der friedliche **Irrgarten** und das eigens entworfene **Greenway Carousel** (3 US$/Fahrt; ⊙April–Dez. 11–19 Uhr) für weitere Unterhaltung sorgen.

Faneuil Hall HISTORISCHES GEBÄUDE

(Karte S. 210; ☎617-242-5642; www.nps.gov/bost; Congress St; ⊙9–17 Uhr; Ⓣ State, Haymarket, Government Center) GRATIS „Wer freie Rede nicht ertragen kann, sollte besser nach Hause gehen", sagte einst Wendell Phillips. „Die Faneuil Hall ist kein Ort für Sklavenherzen." Tatsächlich wurden an diesem öffentlichen Versammlungsort so viele stürmische Reden gehalten, dass er den Spitznamen Cradle of Liberty (Wiege der Freiheit) erhielt. Nach der Unabhängigkeit ging es hier z. B. um die Abschaffung der Sklaverei, die Einführung des Frauenwahlrechts oder um Fragen von Krieg und Frieden. Im historischen Saal im 2. Stock informieren Ranger des National Park Service (NPS) über die Geschichte des Gebäudes.

West End & North End

Das West End und North End grenzen direkt aneinander, unterscheiden sich aber stark in puncto Atmosphäre: Im West End gibt's größtenteils nur langweilige Zweckbauten, das North End ist dagegen mit seinen vielen italienischen Restaurants und *salumerie* (Feinkostläden) sehr abwechslungsreich.

★ **Museum of Science** MUSEUM

(Karte S. 210; ☎617-723-2500; www.mos.org; Charles River Dam; : Erw./Kind Museum 28/23 US$, Planetarium 10/8 US$, IMAX-Kino 10/8 US$; ⊙Nov.–März 10–16 Uhr, April–Okt. 9–18 Uhr; Ⓟ 👪; Ⓣ Science Park/West End) Das riesige Wissenschaftsmuseum wartet mit über 600 interaktiven Exponaten auf. So können kleine wie große Besucher hier sehr abwechslungs- und lehrreiche Entdeckungsreisen zu Themen wie (Computer-)Technologie, Vögel, Bienen oder Humanevolution unternehmen – teils unterstützt durch Karten und Modelle. Zu den Highlights zählen dabei der weltgrößte Blitzgenerator, eine Raumkapsel in Originalgröße, eine eindrucksvolle Dinosaurier-Ausstellung und ein Display, das das Wachstum der Weltbevölkerung in Echtzeit anzeigt. Ebenso interessant ist die **Hall of**

Human Life mit Brutstationen für Hühnerküken. Das örtliche **Discovery Center** ist ein interaktiver Spielbereich für Kinder unter acht Jahren.

★ Old North Church KIRCHE
(Christ Church; Karte S. 210; ☎617-858-8231; www.oldnorth.com; 193 Salem St; Erw./Kind 8/4 US$. Tour 2 US$; ⏲Juni–Okt. 9–18 Uhr, März–Mai, Nov. & Dez. 9–17 Uhr, Jan. & Feb. 10–16 Uhr; Ⓣ Haymarket; North Station) Longfellow verewigte diese würdevolle Kirche in seinem berühmten Gedicht *Paul Revere's Ride*. In der Nacht des 18. April 1775 hängte der Küster hier zwei Laternen an den Turm – das vereinbarte Signal, falls britische Schiffe übers Meer auf Lexington und Concord vorrückten. Die anglikanische Old North Church (auch Christ Church genannt; erb. 1723) ist zudem Bostons älteste Kirche.

Charlestown

Der ursprüngliche Standort der Massachusetts Bay Colony ist heute der Endpunkt des Freedom Trail. Über historisches Kopfsteinpflaster pilgern hier viele Touristen zur USS *Constitution* und hinauf zum Bunker Hill Monument, das sich über dem Viertel erhebt.

★ Bunker Hill Monument DENKMAL
(Karte S. 206; ☎617-242-7275; www.nps.gov/bost; Monument Sq; ⏲Okt.–Mai 9–17 Uhr, Juni–Sept. bis 18 Uhr; 🚌93 ab Haymarket, Ⓣ Community College) GRATIS Der 67 m hohe Obelisk aus Granit markiert den Schauplatz der bedeutenden Schlacht, die am 17. Juni 1775 auf den umliegenden Hängen tobte. Die Briten gewannen damals zwar das Gefecht, erlitten aber schwere Verluste: Über ein Drittel ihrer Truppen fiel oder wurde verwundet, während die Kolonisten nur relativ wenige Kämpfer einbüßten. 294 Stufen führen hinauf zum höchsten Punkt des Monuments, wo eine schöne Aussicht auf Boston, den Hafen und den North Shore wartet.

★ USS Constitution SCHIFF
(Karte S. 206; ☎617-242-2543; www.navy.mil/local/constitution; Charlestown Navy Yard; ⏲Jan.–März Mi–So 10–16 Uhr, April bis 18 Uhr, Mai–Sept. Di–So 10–18 Uhr, Okt.–Dez. bis 17 Uhr; 👪; 🚌93 ab Haymarket, ⛴Inner Harbor Ferry ab Long Wharf, Ⓣ North Station) GRATIS „Ihre Flanken bestehen aus Eisen!" schrie ein Besatzungsmitglied, nachdem es während des Krieges von 1812 einen wirkungslosen Abpraller vom dickwandigen Eichenholzrumpf der USS *Constitution* beobachtet hatte. Diesem Ausruf verdankt die legendäre Fregatte aus dem Jahr 1797 ihren Spitznamen: Old Ironsides verlor keine einzige Seeschlacht und ist heute das dienstälteste Kriegsschiff der US-Marine. Immer am 4. Juli wird sie hinaus in den Boston Harbor geschleppt, um ihren aktiven Status zu erhalten.

Wer an Bord will, muss einen gültigen Lichtbildausweis vorzeigen. Bei dem sehr informativen Besuch erfährt man beispielsweise, wie der Sohn des Kapitäns während der Jungfernfahrt starb (ein unheilvolles Zeichen).

BOSTON MIT KINDERN

Boston ist ein einziges riesiges Geschichtsmuseum, das zu vielen abwechslungsreichen und informativen Erkundungen animiert. Die Kopfsteinpflasterstraßen und kostümierten Tour-Guides der Stadt erwecken historische Ereignisse zum Leben, die Kinder sonst nur aus Büchern kennen. Lehrreiche Unterhaltung bieten hier ansonsten auch allerlei interaktive Ausstellungen mit Exponaten für Experimentierfreudige.

Top-Touren für Kids:

Boston by Foot (S. 216) Veranstaltet mit Boston by Little Feet den einzigen Stadtspaziergang, der den Freedom Trail speziell für Sechs- bis Zwölfjährige aufbereitet.

Boston Duck Tours (☎617-267-3825; www.bostonducktours.com; Erw./Kind 42/28 US$; 👪; Ⓣ Aquarium, Science Park, Prudential) Schippert Kinder jedes Alters per Duck (Ente; ein Amphibienfahrzeug) über den wilden Charles River und ermuntert dabei zum lauten Quaken.

Freedom Trail Foundation (Karte S. 210; ☎617-357-8300; www.thefreedomtrail.org; Erw./Kind 14/8 US$; Ⓣ Park St) Organisiert Touren mit Guides in historischer Kluft; zur Vorbereitung empfehlen sich kindgerechte Podcasts und Bücher zum Thema.

Urban AdvenTours (S. 215) Offeriert tolle Radtouren für alle Altersklassen; verleiht zudem Kinderfahrräder, Schutzhelme und Fahrradanhänger für Kleinkinder.

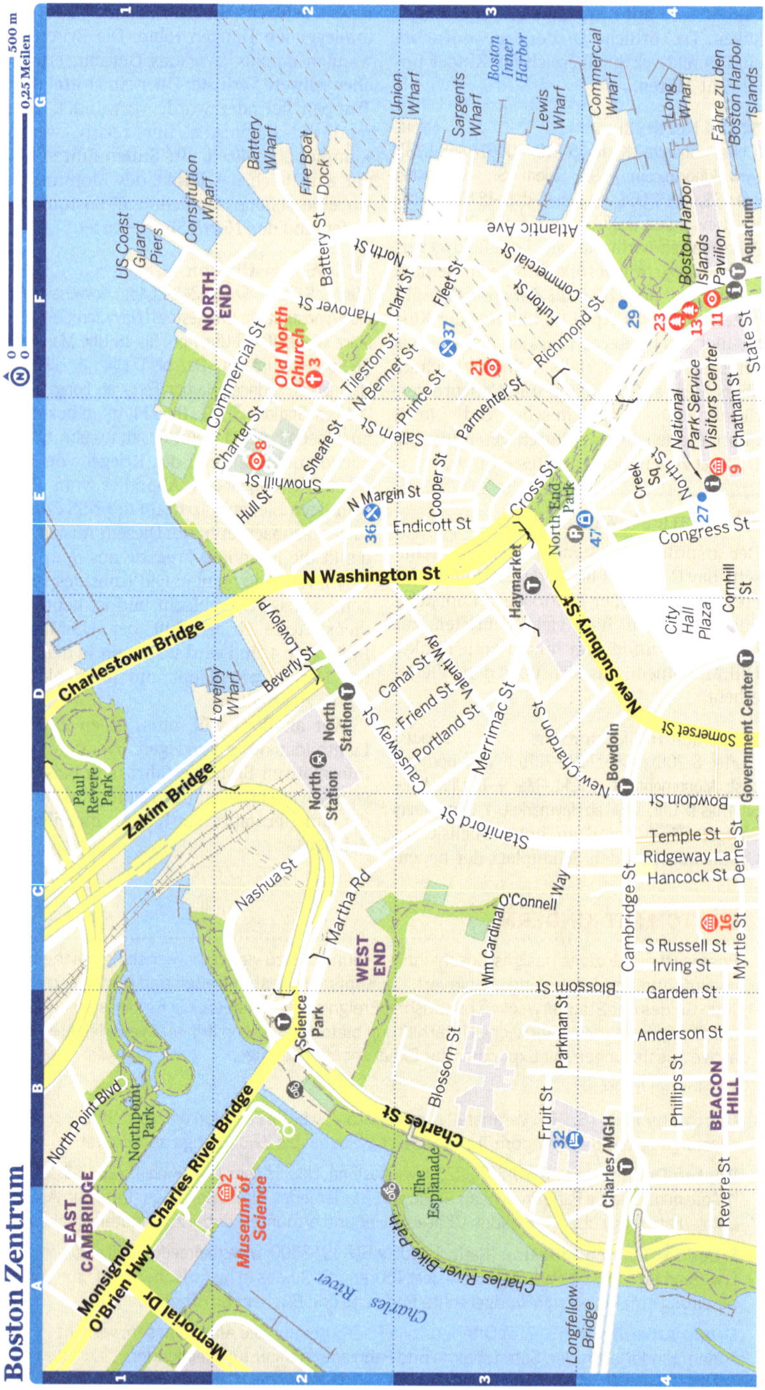

Boston Zentrum
500 m
0,25 Meilen
EAST CAMBRIDGE
NORTH END
WEST END
BEACON HILL
Charles River
Boston Inner Harbor
Museum of Science
Old North Church
North Station
Science Park
Haymarket
Bowdoin
Government Center
Charles/MGH
Aquarium
National Park Service Visitors Center
Boston Harbor Islands Pavilion
Fähre zu den Boston Harbor Islands
Paul Revere Park
Northpoint Park
The Esplanade
North End Park
City Hall Plaza
Creek Sq
US Coast Guard Piers
Constitution Wharf
Battery Wharf
Fire Boat Dock
Union Wharf
Sargents Wharf
Lewis Wharf
Commercial Wharf
Long Wharf
Lovejoy Wharf
Charlestown Bridge
Zakim Bridge
Charles River Bridge
Longfellow Bridge
Monsignor O'Brien Hwy
Memorial Dr
North Point Blvd
Charles River Bike Path
Charles St
N Washington St
New Sudbury St
Somerset St
Atlantic Ave
Commercial St
Hanover St
North St
Battery St
Clark St
Fleet St
Fulton St
Richmond St
Tileston St
N Bennet St
Prince St
Parmenter St
Salem St
Charter St
Hull St
Snowhill St
Sheafe St
N Margin St
Cooper St
Endicott St
Cross St
Lovejoy Pl
Beverly St
Canal St
Valenti Way
Friend St
Portland St
Causeway St
Merrimac St
New Chardon St
Staniford St
Bowdoin St
Nashua St
Martha Rd
O'Connell Way
Wm Cardinal
Blossom St
Parkman St
Fruit St
Cambridge St
Temple St
Ridgeway La
Hancock St
Derne St
S Russell St
Irving St
Garden St
Myrtle St
Anderson St
Phillips St
Revere St
North St
Congress St
Cornhill St
Chatham St
State St
2
3
8
9
11
13
16
21
23
27
29
32
36
37
47

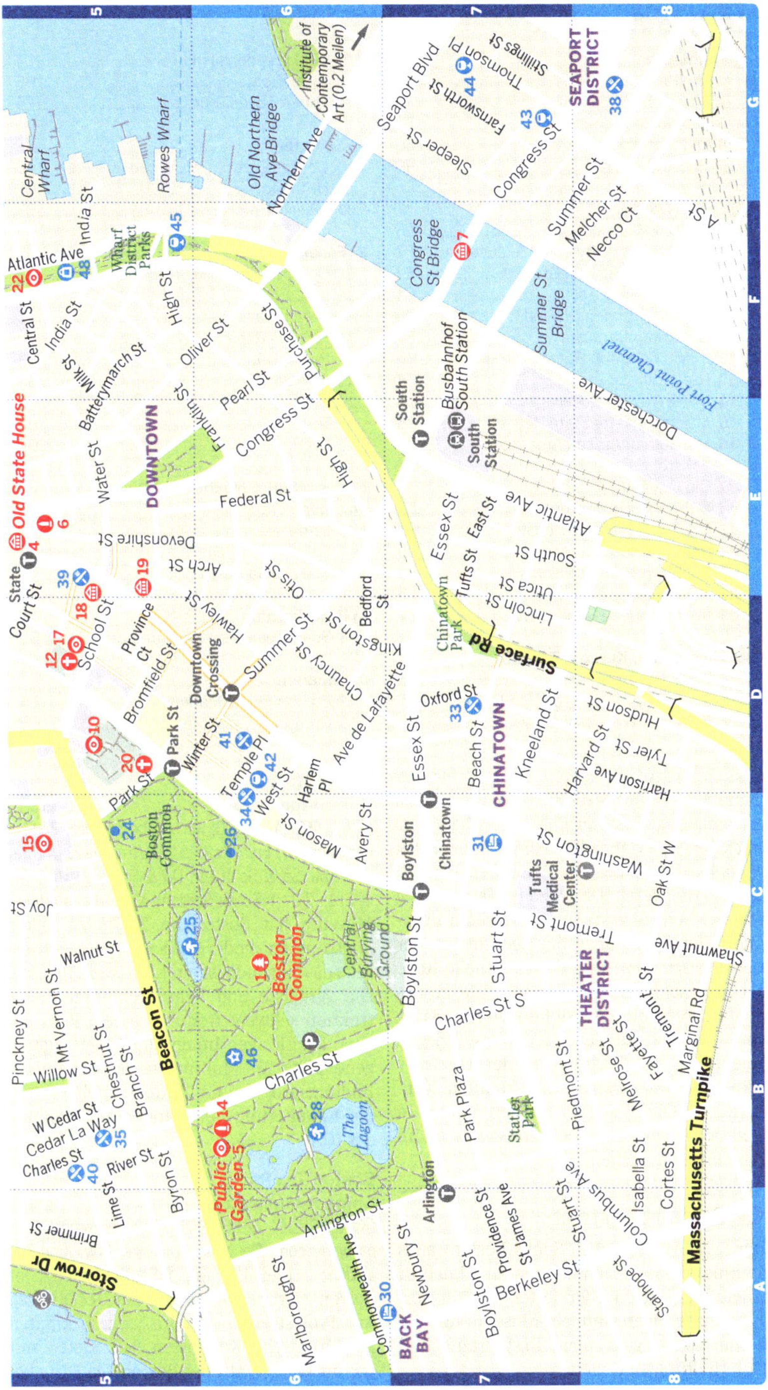

Old State House
DOWNTOWN
CHINATOWN
THEATER DISTRICT
SEAPORT DISTRICT
BACK BAY
Boston Common
Public Garden
The Lagoon
Central Burying Ground
Statler Park
Chinatown Park
Wharf District Parks
Central Wharf
Rowes Wharf
Old Northern Ave Bridge
Institute of Contemporary Art (0,2 Meilen)
Congress St Bridge
Summer St Bridge
Fort Point Channel
Busbahnhof South Station
South Station
Downtown Crossing
Park St
State
Boylston
Chinatown
Arlington
Tufts Medical Center
Massachusetts Turnpike
Surface Rd
Beacon St
Storrow Dr
Charles St
Charles St S
Boylston St
Tremont St
Washington St
Atlantic Ave
Seaport Blvd
Congress St
Summer St
Northern Ave
Dorchester Ave
Shawmut Ave
Columbus Ave
Commonwealth Ave
Arlington St
Newbury St
Marlborough St
Federal St
Devonshire St
Court St
School St
Milk St
Water St
State St
India St
Central St
High St
Oliver St
Pearl St
Purchase St
Franklin St
Batterymarch St
Bromfield St
Province Ct
Arch St
Hawley St
Otis St
Kingston St
Chauncy St
Bedford St
Ave de Lafayette
Essex St
Oxford St
Beach St
Kneeland St
Harvard St
Hudson St
Tyler St
Harrison Ave
Lincoln St
Utica St
South St
East St
Tufts St
Winter St
Temple Pl
West St
Mason St
Avery St
Harlem Pl
Stuart St
Park Plaza
Providence St
St James Ave
Berkeley St
Piedmont St
Melrose St
Fayette St
Marginal Rd
Isabella St
Cortes St
Stanhope St
Oak St W
Joy St
Walnut St
Pinckney St
Mt Vernon St
Willow St
Chestnut St
Branch St
W Cedar St
Cedar La Way
River St
Lime St
Byron St
Brimmer St
Sleeper St
Farnsworth St
Thomson Pl
Stillings St
Melcher St
Necco Ct
A St
Atlantic Ave

Boston Zentrum

Highlights
1 Boston Common ... C6
2 Museum of Science ... A2
3 Old North Church ... F2
4 Old State House ... E5
5 Public Garden ... B6

Sehenswertes
6 Boston Massacre Site ... E5
7 Boston Tea Party Ships & Museum ... F7
8 Copp's Hill Burying Ground ... E2
9 Faneuil Hall ... E4
10 Granary Burying Ground ... D5
11 Greenway Carousel ... F4
12 King's Chapel & Burying Ground ... D5
13 Labyrinth ... F4
14 Make Way for Ducklings Statue ... B6
15 Massachusetts State House ... C5
16 Museum of African American History ... C4
17 Old City Hall ... D5
18 Old Corner Bookstore ... E5
19 Old South Meeting House ... E5
20 Park St Church ... D5
21 Paul Revere House ... F3
22 Rings Fountain ... F5
23 Rose Kennedy Greenway ... F4

Aktivitäten, Kurse & Touren
24 Black Heritage Trail ... C5
25 Boston Common Frog Pond ... C5
26 Freedom Trail Foundation ... C6
27 NPS Freedom Trail Tour ... E4
28 Swan Boats ... B6
29 Urban AdvenTours ... F4

Schlafen
30 College Club ... A6
31 HI-Boston ... C7
32 Liberty Hotel ... B3

Essen
33 Gourmet Dumpling House ... D7
34 jm Curley ... C6
35 Paramount ... B5
36 Pizzeria Regina ... E2
37 Pomodoro ... F3
38 Row 34 ... G8
39 Spyce ... E5
40 Tatte ... B5
41 Yvonne's ... D6

Ausgehen & Nachtleben
42 Democracy Brewing ... D6
43 Drink ... G7
44 Trillium Fort Point ... G7
45 Trillium Garden ... F5

Unterhaltung
46 Shakespeare on the Common ... B6

Shoppen
47 Boston Public Market ... E4
48 Greenway Open Market ... F5

USS Constitution Museum
MUSEUM

(Karte S. 206; ☎617-426-1812; www.ussconstitutionmuseum.org; First Ave, Charlestown Navy Yard; empfohlene Spende Erw. 10–15 US$, Kind 5–10 US$; ⏲April–Okt. 9–18 Uhr, Nov.–März 10–17 Uhr; 👪; 🚌93 ab Haymarket, ⛴Inner Harbor Ferry ab Long Wharf, Ⓣ North Station) Dieses Museum informiert detailliert über die Seegefechte der USS *Constitution* und deren aktuelle Rolle als Flaggschiff der US-Marine. Die besonders interessanten Ausstellungen zum Krieg von 1812 und zu den Barbareskenkriegen beleuchten die Formierung der US Navy während dieser relativ unbekannten Konflikte. Im Obergeschoss können Kinder in das Bordleben der USS *Constitution* im Jahr 1812 eintauchen.

Seaport District

Der Seaport District in South Boston (alias Southie) mausert sich momentan schnell zu einem attraktiven Uferviertel. Hierfür sorgen frische Meeresluft, ein Museum für moderne Kunst, viele neue Restaurants und Unterhaltungsoptionen.

★ Institute of Contemporary Art
MUSEUM

(ICA; ☎617-478-3100; www.icaboston.org; 25 Harbor Shore Dr; Erw./Kind 15 US$/frei, 17–21 Uhr frei; ⏲Di, Mi, Sa & So 10–17, Do & Fr bis 21 Uhr; 👪; 🚌SL1, SL2, Ⓣ South Station) Vor allem dieses Museum hat Boston im 21. Jh. zu einem Zentrum der modernen Kunst gemacht. Bereits das Gebäude ist ein Kunstwerk für sich: Die verglaste und lichtdurchflutete Konstruktion schwebt frei über einem Platz am Ufer. Die riesigen Innenräume bieten genügend Platz für Multimedia-Präsentationen, Bildungsprogramme, Künstlerateliers und die Erweiterung der ständigen Sammlung des ICA.

Boston Tea Party Ships & Museum
MUSEUM

(Karte S. 210; ☎866-955-0667; www.bostonteapartyship.com; Congress St Bridge; Erw./Kind 30/18 US$; ⏲10–17 Uhr; 👪; Ⓣ South Station) „Der Boston Harbor wird heute zur Teekanne!": Aus Protest gegen unfaire Steuern kippten aufrührerische Kolonisten 342 Kisten mit Tee ins Wasser. Mit der Boston Tea Party begannen 1773 jene Ereignisse, die in den Amerikanischen Unabhängigkeitskrieg mündeten. Heute liegen die nachgebauten Schiffe im Griffin's Wharf vor Anker, und gleich nebenan widmet sich ein ausgezeichnetes interaktives Museum dem Auslöser der Revolution. Mithilfe von Nachbildungen, Multimedia-Exponaten und lustigen Ausstellungsstücken beleuchtet das Museum alle Aspekte der Boston Tea Party und ihre Folgen.

South End & Chinatown

Chinatown, der Theater District und der Leather District gehen nahtlos ineinander über. In umgebauten Gemäuern aus der Zeit von Bostons Schuh- und Lederindustrie sind dort viele funkelnde Theater, chinesische Restaurants, Nachtclubs und Lofts untergebracht. Die viktorianischen Reihenhäuser des benachbarten South End beherbergen heute u.a. Künstlerateliers, LGBTIQ+-Szenetreffs, Galerien und belebte Restaurants.

Back Bay

Die Newbury St in Back Bay ist Bostons hippste Meile in Sachen Bummeln, Latteschlürfen und Leutegucken. Zudem wartet das Viertel mit den elegantesten Bauten der ganzen Stadt auf: Rund um den Copley Sq werden die Straßen von vornehmen Stadtvillen und Schatten spendenden Magnolien gesäumt – das ist eine der elitärsten Wohngegenden in Boston. Die Charles River Esplanade lädt zu Uferspaziergängen an der frischen Luft ein.

Copley Square PLATZ

(Karte S. 206; T Copley) Unter den schmucken historischen Bauten an diesem Platz ist z.B. das Meisterstück des Architekten H. H. Richardson: die prachtvolle **Trinity Church** (☎ 617-536-0944, Durchwahl 206; www.trinitychurchboston.org; 206 Clarendon St; Erw./Kind 10 US$/frei; ⌚ Ostern–Okt. Di–Sa 10–16.30, So ab 12.15 Uhr, restliches Jahr kürzere Öffnungszeiten) im neoromanischen Stil. Die klassische **Boston Public Library** (☎ 617-536-5400; www.bpl.org; 700 Boylston St; ⌚ ganzjährig Mo–Do 9–21, Fr & Sa bis 17 Uhr, Okt.–Mai auch So 13–17 Uhr) gegenüber ist die älteste öffentliche Bibliothek der USA und verteilt Broschüren für Besichtigungen auf eigene Faust. Bei diesen bewundert man auch großartige Kunst wie Wandgemälde von John Singer Sargent oder Skulpturen von Augustus Saint-Gaudens.

Prudential Center Skywalk Observatory AUSSICHTSPUNKT

(Karte S. 206; www.skywalkboston.com; 800 Boylston St; Erw./Kind 20/14 US$; ⌚ März–Okt. 10–22 Uhr, Nov.–Feb. bis 20 Uhr; P; T Prudential) Das nicht zu übersehende Gebäude ist nur ein schickes Einkaufszentrum und heißt eigentlich „Shops at Prudential Center". Aber vom Skywalk im 50. Stock hat man hinter Glas einen spektakulären Panoramablick auf Boston und Cambridge. Dazu gibt's auch eine unterhaltsame Audiotour (und eine speziell auf Kinder zugeschnittene Version). Für den Preis eines Drinks kann man dieselbe Aussicht auch vom **Top of the Hub** (☎ 617-536-1775; www.topofthehub.net; ⌚ 11.30–1 Uhr;) genießen.

Kenmore Square & Fenway

Zu Fenway gehören u.a. der Kenmore Square und der Fenway Park, in dessen Umkreis sich Baseballfans und Nachtschwärmer tummeln. Am anderen Ende des Viertels säumen viele Attraktionen für Kunst- und Kulturfans die Avenue of the Arts (Huntington Ave). Darunter sind z.B. das Museum of Fine Arts und die Symphony Hall.

★ **Fenway Park** STADION

(Karte S. 206; ☎ 617-226-6666; www.redsox.com; 4 Jersey St; Führungen Erw./Kind 20/14 US$, exklusive Führung 35–45 US$; ⌚ April–Okt. 9–17 Uhr, Sonderzeiten an Spieltagen, Nov.–März 10–17 Uhr; T Kenmore) Amerikas ältestes Baseballstadion mit aktivem Spielbetrieb ist seit 1912 die Heimat der Boston Red Sox. Kein Wunder, dass hier im Rahmen von Führungen viele einzigartige Kuriositäten besichtigt werden können. Zudem empfehlen sich die Heimspiele der Sox.

★ **Museum of Fine Arts** MUSEUM

(MFA; Karte S. 206; ☎ 617-267-9300; www.mfa.org; 465 Huntington Ave; Erw./Kind 25 US$/frei; ⌚ Sa–Di 10–17, Mi–Fr bis 22 Uhr; T Museum of Fine Arts, Ruggles) Vom Altertum bis heute deckt Bostons führendes Kunstmuseum (gegr. 1876) alle Erdteile und Zeitalter ab. Bei den Ausstellungen liegt ein Schwerpunkt auf Werken aus Asien und Europa. Unbestrittenes Highlight ist jedoch die großartige Gebäudebereich mit Art of the Americas.

Isabella Stewart Gardner Museum MUSEUM

(Karte S. 206; ☎ 617-566-1401; www.gardnermuseum.org; 25 Evans Way; Erw./Kind 15 US$/frei; ⌚ Mi–Mo 11–17, Do bis 21 Uhr; T Museum of Fine

Stadtspaziergang Freedom Trail

START BOSTON COMMON
END BUNKER HILL MONUMENT
LÄNGE/DAUER 4 KM/3 STD.

Start ist am 1 **Boston Common** (S. 204), dem ältesten öffentlichen Park der USA. Auf dem Beacon Hill am Nordrand lädt das 2 **Massachusetts State House** (S. 204) zu einer Führung ein. Dann der Tremont St gen Norden folgen, vorbei am Turm der 3 **Park Street Church** und am ägyptisch wirkenden Tor des 4 **Granary Burying Ground**, auf dem Unabhängigkeitskämpfer ruhen.

An der School St steht die von Säulen gezierte 5 **King's Chapel** am Rand eines weiteren Friedhofs. Nun entlang der School St ostwärts bis zur 6 **Old City Hall** laufen: Dort erinnert eine Tafel daran, dass sich hier Bostons erste öffentliche Schule befand. Schräg gegenüber vom nahen 7 **Old Corner Bookstore** begann im 8 **Old South Meeting House** (S. 205) die Boston Tea Party.

Weiter nördlich an der Washington St residierte einst die britische Kolonialregierung im 9 **Old State House** (S. 205), wo später die Unabhängigkeitserklärung erstmals in Boston öffentlich verlesen wurde. Vor dem State House markiert ein Ring aus Pflastersteinen den Ort des 10 **Boston Massacre**, das die Revolutionsbestrebungen befeuerte. Die 11 **Faneuil Hall** (S. 208) jenseits der Kreuzung dient seit über 250 Jahren als Markt- und Versammlungshalle. Über die Bedeutung des historischen Baus informieren Gratistouren.

Jetzt der Hanover St über den Rose Kennedy Greenway folgen: Nach einem Block gen Osten kommt am North Sq das 12 **Paul Revere House** in Sicht, Bostons ältestes Holzhaus. Dann geht's zurück zur Hanover St, um von der Paul Revere Mall aus einen Panoramablick auf die 13 **Old North Church** (S. 209) zu werfen. Im Turm der Kirche warnten einst zwei Laternen vor anrückenden Briten. Nun der Hull St westwärts zum 14 **Copp's Hill Burying Ground** folgen: Hier schaut man auf Charlestown am anderen Ufer.

Jenseits der Charlestown Bridge führt die Constitution Rd zum Charlestown Navy Yard mit der 15 **USS Constitution** (S. 209). Zum Schluss schlängelt sich der Weg durch Charlestowns Zentrum zum 16 **Bunker Hill Monument** (S. 209), wo eine entscheidende Schlacht des Unabhängigkeitskriegs tobte.

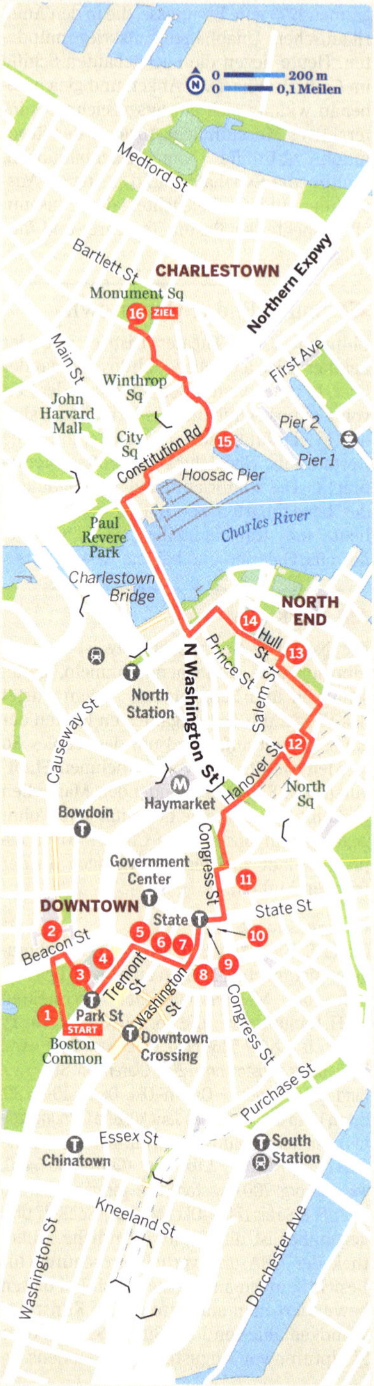

Arts) Der prachtvolle Palazzo ist das frühere Heim von Isabella Stewart Gardner und beherbergt heute deren exquisite Kunstsammlung. Bei den zahllosen Exponaten liegt ein Schwerpunkt auf Gemälden der italienischen Renaissance und des Goldenen Zeitalters in den Niederlanden. Der schöne Innenhof mit vielen saisonalen Pflanzen und Blumen ist eine Oase der Ruhe.

Cambridge

Am Nordufer des Charles River liegt die separate Nachbarstadt Cambridge mit zwei Elite-Unis, historischen Stätten und vielen Attraktionen in puncto Kunst bzw. Kultur. Die Restaurants, Bars und Nachtclubs im Umkreis des Harvard Square konkurrieren mit ihren Bostoner Pendants jenseits des Flusses.

★ Harvard University UNIVERSITÄT

(Karte S. 206; ☎617-495-1000; www.harvard.edu; Massachusetts Ave; Ⓣ Harvard) Die älteste Hochschule der USA wurde 1636 gegründet und zählt bis heute zu Amerikas elitärsten Bildungseinrichtungen. Zu den Absolventen der allerersten Ivy-League-Universität gehören neben acht US-Präsidenten auch viele Pulitzer- und Nobelpreisträger. Rund um den Harvard Yard auf dem Gelände verteilen sich einige historische Gebäude. Besucher können noch weitere eindrucksvolle Bauten und mehrere hervorragende Museen besichtigen. Am **Smith Campus Center** (☎617-495-6916; www.commonspaces.harvard.edu/smith-campus-center/about; 30 Dunster St; ⊙So–Fr 7–24, Sa bis 1 Uhr) starten Gratisführungen zur Geschichte von Harvard. Das Zentrum verteilt auch Broschüren für Erkundungen auf eigene Faust.

★ Harvard Art Museums MUSEUM

(Karte S. 206; www.harvardartmuseums.org; 32 Quincy St; Erw./Student/Kind 15 US$/frei/frei; ⊙10–17 Uhr; Ⓣ Harvard) 2014 renovierte und erweiterte der Stararchitekt Renzo Piano die Kunstmuseen auf dem Campus. Seitdem ist die riesige Harvard-Sammlung (250 000 Stücke) unter einem stilvollen Dach vereint. Die ausgestellten Werke stammen aus aller Welt. Separat gibt es Abteilungen zu asiatischer und islamischer Kultur, zu nordeuropäischen und deutschsprachigen Ländern und zu weiterer Kunst im westlichen Stil (vor allem aus der Zeit des europäischen Modernismus).

Massachusetts Institute of Technology UNIVERSITÄT

(MIT; Karte S. 206; ☎617-253-1000; www.mit.edu; 77 Massachusetts Ave; ⊙Info-Veranstaltung inkl. Campusführung Mo–Fr 10 & 14.30 Uhr; Ⓣ Kendall/MIT) Das MIT bietet einen anderen Blick auf die akademische Welt und ist seit Langem stolz darauf, Grenzen zu sprengen – ob mit innovativer Architektur, exzentrischer Kunst, topmoderner Technologie oder schelmischen Streichen. Am **MIT Information Center** (☎617-253-3400; www.web.mit.edu/visitmit; 77 Massachusetts Ave, No 7-121, Rogers Bldg; ⊙Mo–Fr 9–17 Uhr) starten Campusführungen.

Aktivitäten

Angesichts der Studentenscharen und großen Grünflächen in Boston überrascht es kaum, dass hier viele urbane Outdoor-Fans auf der Esplanade joggen oder durch das Emerald Necklace radeln. Der Charles River und der Boston Harbor bieten diverse Möglichkeiten für kälteresistente Wasserratten (Kajak fahren, segeln und schwimmen).

★ Freedom Trail STADTSPAZIERGANG

(☎617-357-8300; www.thefreedomtrail.org; Ⓣ Park St) GRATIS Der rote Backsteinpfad (4 km) durch die Innenstadt passiert Bostons wichtigste Sehenswürdigkeiten aus der Zeit der amerikanischen Revolution. Zwischen dem Boston Common (S. 204) und dem Bunker Hill Monument (S. 209) porträtiert er dabei die örtlichen Ereignisse vor und nach dem Amerikanischen Unabhängigkeitskrieg. Die gut ausgeschilderte Route erfordert keinen Guide.

Charles River Bike Path RADFAHREN

(Karte S. 206; Storrow & Memorial Dr; 👪; Ⓣ Harvard, Kendall/MIT, Charles/MGH, Science Park) An beiden Ufern des Charles River verläuft dieser beliebte Rad-Rundweg (27 km) zwischen dem Museum of Science und der Mt. Auburn Street Bridge im Zentrum von Watertown (5 Meilen/8 km westlich von Cambridge). Unterwegs lässt sich die Route über insgesamt zehn Brücken verkürzen. **Cambridge Bicycle** (☎617-876-6555; www.cambridgebicycle.com; 259 Massachusetts Ave; 35 US$/24 Std.; ⊙Mo–Sa 10–19, So 12–18 Uhr; Ⓣ Central) und **Back Bay Bicycles** (☎617-247-2336; www.papa-wheelies.com; 362 Commonwealth Ave; Tagesmiete 55–65 US$; ⊙Mo–Fr 10–19, Sa bis 18, So 12–17 Uhr; Ⓣ Hynes) verleihen Drahtesel.

Geführte Touren

★ Urban AdvenTours RADFAHREN

(Karte S. 210; ☎617-670-0637; www.urbanadventours.com; 103 Atlantic Ave; Touren ab 55 US$, Leihfahrrad 40–75 US$/24 Std.; ⊙April–Okt. 9–20 Uhr, restliches Jahr kürzere Öffnungszeiten; Ⓣ Aquarium) Die Gründer dieser Firma sind passionierte Radler, für die Boston vom Sattel aus am schönsten wirkt – was auch durchaus stimmen könnte. Der City View Ride bietet super Orientierungshilfen für Radfahrer und führt an ein paar der schönsten lokalen Sehenswürdigkeiten vorbei. Unter den anderen Themen-Trips sind z. B. die nächtliche Variante Bikes at Night oder die Emerald Necklace Tour. Der Preis beinhaltet jeweils ein Leihfahrrad, einen Schutzhelm und Mineralwasser.

Boston by Foot STADTSPAZIERGANG
(☎ 617-367-2345; www.bostonbyfoot.com; Erw./Kind 15/10 US$;) Die Stadtspaziergänge (jeweils 90 Min.) der gemeinnützigen Organisation widmen sich bestimmten Stadtvierteln bzw. Themen (z. B. Hub of Literary America, Dark Side of Boston). Die Variante Boston by Little Feet bereitet den Freedom Trail kindgerecht auf.

Black Heritage Trail STADTSPAZIERGANG
(Karte S. 210; ☎ 617-742-5415; www.nps.gov/boaf; ⌚ Mo–Sa 13 Uhr, im Sommer häufiger; T Park St) Die tollen Stadtspaziergänge (90 Min.) unter der Leitung des NPS beleuchten die Geschichte der Sklavenbefreiung in den USA und erkunden die afroamerikanische Siedlung auf dem Beacon Hill. Die informativen Trips starten am Robert Gould Shaw Memorial im Boston Common. Wer lieber auf eigene Faust loszieht, lädt sich die NPS-App zum Freedom Trail herunter (www.nps.gov/bost/planyourvisit/app.htm) und/oder holt sich einen Routenplan beim **Museum of African American History** (Karte S. 210; ☎ 617-725-0022; www.maah.org; 46 Joy St; Erw./Kind 5 US$/frei; ⌚ Mo–Sa 10–16 Uhr; T Park St, Bowdoin).

Free Tours By Foot STADTSPAZIERGANG
(☎ 617-299-0764; www.freetoursbyfoot.com/boston-tours) Diese beliebten Stadtspaziergänge (90 Min.) haben den Freedom Trail, die Harvard University, das North End oder „Verbrechen in Beacon Hill“ zum Thema. Die Guides sind engagiert und unterhaltsam. Teilnehmer bezahlen jeweils nach eigenem Gutdünken.

Feste & Events

★ **Boston Marathon** SPORT
(www.baa.org; ⌚ 3. Mo im April) Der Boston Marathon am Patriots Day, einem Feiertag (3. Mo im April) in Massachusetts, ist einer der prestigeträchtigsten des Landes. Der 42,16 km lange Lauf endet am Copley Sq.

Boston Pride Festival SCHWULE & LESBEN
(☎ 617-262-9405; www.bostonpride.org; ⌚ Juni) Während der ersten kompletten Juniwoche feiert Boston wie andere US-Großstädte dieses LGBTIQ+-Festival, das hier stets mit dem Hissen der Regenbogenflagge auf der City Hall Plaza beginnt. Das Programm mit täglichen Events gipfelt in der Pride Parade and Festival am zweiten Samstag im Juni.

Independence Day KULTUR
(www.bostonpopsjuly4th.org; ⌚ 4. Juli) Am Unabhängigkeitstag steigt in Boston eine der größten Partys der USA. Die Boston Pops geben auf der Esplanade ein Gratiskonzert, und das Feuerwerk wird landesweit im Fernsehen übertragen.

Boston Tea Party Reenactment KULTUR
(www.oldsouthmeetinghouse.org; Eintritt 30 US$; ⌚ Dez.) Am Sonntag vor dem 16. Dezember ziehen kostümierte Schauspieler vom Old South Meeting House zum Hafen, um Teekisten ins Wasser zu werfen. Das eintrittspflichtige Event steigt nun auf der neu angelegten Griffin's Wharf mit den Tea-Party-Schiffen.

Schlafen

Bostons großes Unterkunftsangebot reicht von einladenden Pensionen in historischen Vierteln bis hin zu Nobelhotels mit allen Annehmlichkeiten. Vor Ort warten auch viele B&Bs in umgebauten Villen mit persönlichem Service und vertraulicher Atmosphäre auf. Obwohl dies eine Universitätsstadt ist, gibt's hier überraschend wenig preiswerte Bleiben für Backpacker und Budgetreisende.

★ **HI-Boston** HOSTEL $
(Karte S. 210; ☎ 617-536-9455; www.bostonhostel.org; 19 Stuart St; B/DZ mit Bad ab 47/230 US$; ; T Chinatown, Boylston) Das moderne, umweltbewusste HI-Boston im historischen Dill Building legt die Messlatte für urbane Hostels hoch. Die zweckmäßigen Zimmer sind so sauber wie die Gemeinschaftsbäder. Unter den zahlreichen Gemeinschaftsbereichen sind z. B. eine komplett ausgestattete Gästeküche und ein Café im Untergeschoss. Ganzjährig gibt's hier auch allerlei Aktivitäten. Hinweis: Das Hostel ist groß, aber mitunter ausgebucht – darum rechtzeitig reservieren!

Revolution Hotel HOTEL $
(Karte S. 206; ☎ 617-848-9200; www.therevolutionhotel.com; 40 Berkeley St; DZ/3BZ/4BZ ohne Bad 100/125/150 US$, DZ/Suite ab 150/250 US$;

❄📶; Ⓣ Back Bay) Diese gute Option für Budgetreisende ist ein Konzepthotel mit cooler und kreativer Atmosphäre. Die kompakten Zimmer sind komfortabel und erschwinglich. Die günstigsten Varianten mit Gemeinschaftsbädern kombinieren Platz und Privatsphäre mit guter Ausstattung (u.a. vornehme Handtücher, hochwertige Körperpflegeprodukte). Vom starken hiesigen Bewusstsein für Modernes zeugt vor allem das großartige Wandbild in der Lobby.

★ Newbury Guest House PENSION $$
(Karte S. 206; ☎ 617-670-6000, 800-437-7668; www.newburyguesthouse.com; 261 Newbury St; DZ ab 249 US$; P❄📶; Ⓣ Hynes, Copley) Diese Pension erfreut sich einer super Lage am mittleren Abschnitt der Newbury St. Ihre drei miteinander verbundenen Gebäude von 1882 bestehen aus Backstein und rötlich-braunem Sandstein. Zauberhafte historische Elemente (z.B. Deckenornamente, offene Zimmerkamine) sind hier bis heute erhalten geblieben. Die Zimmer punkten aber auch mit klaren Linien, luxuriöser Bettwäsche und modernen Extras. Das Hausrestaurant baut täglich das im Preis enthaltene Frühstücksbüfett auf.

College Club B&B $$
(Karte S. 210; ☎ 617-536-9510; www.thecollegeclubofboston.com; 44 Commonwealth Ave; EZ ohne Bad ab 179 US$, DZ 269–289 US$; ❄📶; Ⓣ Arlington) Der frühere Privatclub für Uni-Absolventinnen beherbergt heute elf geräumige und von beiden Geschlechtern mietbare Gästezimmer mit hohen Decken. Deren zeitgenössische Details (z.B. Löwenfußwannen, prachtvolle Zimmerkamine, Fenster mit Buchtblick) sind typisch für die viktorianischen Stadthäuser der Region. Einheimische Designer haben die verschiedenartigen Quartiere kunstvoll eingerichtet. Der Preis beinhaltet europäisches Frühstück.

★ Liberty Hotel HOTEL $$$
(Karte S. 210; ☎ 866-961-3778, 617-224-4000; www.libertyhotel.com; 215 Charles St; Zi. ab 375 US$; P🚭❄📶; Ⓣ Charles/MGH) Absichtliche Ironie: Das berüchtigte Charles St Jail beherbergt heute das luxuriöse Liberty Hotel, dessen grandiose Lobby eine Deckenhöhe von 27 m hat. Die 298 Zimmer warten mit hochwertiger Bettwäsche und Hightech-Extras auf. 18 der Zimmer befinden sich im originalen Gefängnisflügel und besitzen deckenhohe Fenster mit Traumblick auf den Charles River bzw. Beacon Hill.

Verb Hotel BOUTIQUEHOTEL $$$
(Karte S. 206; ☎ 617-566-4500; www.theverbhotel.com; 1271 Boylston St; Zi. 349–399 US$; P❄📶🏊🐾; Ⓣ Kenmore, Fenway) Aus einem heruntergekommenen HoJo-Kettenhotel ist inzwischen Bostons kompromisslosestes Rock-'n'-Roll-Themenhotel im Retro-Look geworden. Im modernen Ambiente à la 1950er-Jahre dreht sich hier alles um Musik und stilechte Erinnerungsstücke: In der Lobby dudelt eine Jukebox, und alle Zimmer verfügen über eigene Plattenspieler. Von den vornehmen Quartieren mit klaren Linien fällt der Blick auf den Hauspool oder den Fenway Park.

Essen

Beacon Hill & Boston Common

★ Tatte BÄCKEREI $
(Karte S. 210; ☎ 617-723-5555; www.tattebakery.com; 70 Charles St; Hauptgerichte 10–14 US$; ⏱ Mo–Fr 7–20, Sa ab 8, So 8–19 Uhr; Ⓣ Charles/MGH) Hier reicht die Warteschlange bis auf die Straße: Die tolle Bäckerei im Untergeschoss des Charles Street Meeting House empfängt Kunden mit herrlichem Butterduft. Köstlichkeiten ab 3 US$, etwa himmlische Zimtbrötchen, Schoko-Haselnuss-Stangen oder Sandwiches mit Pilzen und Avocado, laden zum Schwelgen ein. Noch besser schmeckt's, wenn man einen Tisch auf der sonnigen Vorderterrasse ergattern kann.

Paramount CAFETERIA $$
(Karte S. 210; ☎ 617-720-1152; www.paramountboston.com; 44 Charles St; Hauptgerichte 17–24 US$; ⏱ Mo–Fr 7–22, Sa & So ab 8 Uhr; 🌿👪; Ⓣ Charles/MGH) Die altmodische Cafeteria ist im umliegenden Viertel sehr beliebt. Hier gibt's hervorragende Diner-Kost wie Pfannkuchen, selbst gemachte Pommes, Burger, Sandwiches und üppige, herzhafte Salate. Zum Brunch empfehlen sich die Armen Ritter mit Bananen und Karamell. Hinweis: Erst Essen holen, dann hinsetzen! Stammgästen zufolge lohnt sich die teils endlose Wartezeit vollauf.

Downtown & Waterfront

Spyce INTERNATIONAL $
(Karte S. 210; www.spyce.com; 241 Washington St; Schüsseln 7,50 US$; ⏱ 10.30–22 Uhr; 🌿👪; Ⓣ State) Das neue Konzeptrestaurant ist die gemeinsame Schöpfung von vier hungrigen

MIT-Absolventen und einem Michelin-Sternekoch. Das gesamte Essen kommt hier aus einer voll automatisierten Küche. Deren selbst drehende Woks sind auf optimale Gartemperatur und -zeit programmiert, um Portionsschüsseln zuverlässig und schnell mit qualitätsoptimierten Köstlichkeiten zu füllen. Die Ergebnisse sind frisch, gesund und sehr lecker.

★ jm Curley KNEIPENESSEN $$
(Karte S. 210; ☎617-338-5333; www.jmcurleyboston.com; 21 Temple Pl; Hauptgerichte 10–20 US$; ⌚Mo–Sa 11.30–1, So bis 22 Uhr; ; Ⓣ Downtown Crossing) Die einladende Bar mit Schummerlicht eignet sich perfekt, um in einer finsteren Sturmnacht ein Dark & Stormy zu schlürfen. Gleichzeitig ist das Ganze ein Gastro-Pub mit ungewöhnlichem Kneipenessen. Darunter sind z. B. das Cracka Jack (karamellisiertes Popcorn mit Speck), Käsemakkaroni in der Gusseisenpfanne oder eingelegtes und dann frittiertes (!) Gemüse.

Yvonne's MODERN-AMERIKANISCH $$$
(Karte S. 210; ☎617-267-0047; www.yvonnesboston.com; 2 Winter Pl; ⌚Küchenbetrieb 17–23 Uhr, Bar bis 2 Uhr; ; Ⓣ Park) Durch verschlossene Türen werden Gäste hier diskret in einen „modernen Supper-Club“ geleitet. In dem spektakulären Lokal wurde altmodischer Luxus kunstvoll mit zeitaktueller Vielfalt kombiniert. Ähnliches gilt für die meist kleinen Gerichte (z. B. roher Thunfisch, gebackene Austern, Hähnchen-Fleischbällchen mit Andenhirse).

West End & North End

Pizzeria Regina PIZZERIA $
(Karte S. 210; ☎617-227-0765; www.pizzeriaregina.com; 11½ Thacher St; Pizzas 13–24 US$; ⌚So–Do 11–23.30, Fr & Sa bis 0.30 Uhr; ; Ⓣ Haymarket) Das legendäre Regina ist die beste Pizzeria in North End – berühmt für schroffes, aber liebenswertes Personal und Pizzas mit dünnem Knusperboden. Gereifter Roma-Käse verfeinert die leicht scharfe Haussauce, was dem Lokal ständig begeisterte Kritiken beschert – eine gewisse Reise-Website spricht sogar von *Amerikas bester Pizza*. Das Essen ist die Wartezeit wert.

★ Pomodoro ITALIENISCH $$
(Karte S. 210; ☎617-367-4348; 351 Hanover St; Hauptgerichte 22–26 US$; ⌚17.30–23 Uhr; Ⓣ Haymarket) Das verlockende Pomodoro ist ungemein lauschig und romantisch (früh reservieren!). Zu schlichten, aber perfekt zubereiteten Gerichten (z. B. frischer Pasta mit würziger Tomatensauce, Fleisch oder Fisch vom Grill) gibt's hier offene Weine. Mit etwas Glück bekommt man sogar ein kostenloses Tiramisu zum Nachtisch. Nur Barzahlung.

Charlestown

★ Brewer's Fork PIZZERIA $$
(Karte S. 206; ☎617-337-5703; www.brewersfork.com; 7 Moulton St; kleine Gerichte 8–14 US$, Pizzas 14–18 US$; ⌚11.30–22.30, Do–Sa bis 23, Sa & So ab 10.30 Uhr; 🚌93 ab Haymarket, ⛴Inner Harbor Ferry ab Long Wharf, Ⓣ North Station) Dieser lässige Hipster-Treff ist ein Lokalfavorit. Hierfür sorgt eine verführerische Auswahl kleiner Gerichte und Pizzas. Neben Highlights aus dem Holzofen werden hier aber auch tolle Käse- und Wurstplatten serviert. Dazu gibt's hervorragende Craft-Biere (ca. 30 Sorten, oft wechselnd).

Seaport District

Yankee Lobster Co SEAFOOD $
(☎617-345-9799; www.yankeelobstercompany.com; 300 Northern Ave; Hauptgerichte 11–26 US$; ⌚Mo–Sa 10–21, So 11–18 Uhr; 🚌SL1, SL2, Ⓣ South Station) Angehörige der Familie Zanti sind seit drei Generationen Fischer – sie kennen sich also mit Meeresfrüchten bestens aus. Ein ziemlich neuer Zuwachs ist dieser Fischladen, in dem auch ein paar Tische stehen – für den Fall, dass man gleich hier essen will. Und das sollte man auch tun. Wer etwas Einfaches wie einen Muscheleintopf oder ein Hummerbrötchen und ein kaltes Bier bestellt, wird nicht enttäuscht werden.

★ Row 34 SEAFOOD $$
(Karte S. 210; ☎617-553-5900; www.row34.com; 383 Congress St; Austern 2–3 US$, Hauptgerichte 14–32 US$; ⌚So–Do 11.30–22, Fr & Sa bis 23 Uhr; Ⓣ South Station) Diese Bar liegt im Herzen des neuen Seaport District. In schnittigem postindustriellem Ambiente gibt's ein Dutzend verschiedene rohe Austern und Muscheln und eine überzeugende Auswahl von Kleinbrauereibieren sowie eine ganze Karte mit gekochten und gebratenen Meeresfrüchten, mal auf traditionelle, mal auf trendige Art.

South End & Chinatown

Gourmet Dumpling House CHINESISCH $
(Karte S. 210; ☎617-338-6223; www.gourmetdumplinghouse.com; 52 Beach St; Klöße 5–8 US$, Hauptgerichte 9–17 US$; ⌚11–1 Uhr; ; Ⓣ China-

town) *Xiao long bao*. Mehr Chinesisch muss man nicht können, um die Spezialität des „GDH" zu bestellen: frische, leckere, üppige Teigtaschen à la Shanghai. Neben diesen Köstlichkeiten in Brühe gibt's hier viele weitere gute Optionen (beispielsweise knusprige Pfannkuchen mit Schalotten). Früh erscheinen oder mit Wartezeit rechnen!

★ **Myers + Chang** ASIATISCH **$$**
(Karte S. 206; 617-542-5200; www.myersandchang.com; 1145 Washington St; kleine Gerichte 7–17 US$, Hauptgerichte 16–25 US$; So–Do 17–22, Fr & Sa bis 23 Uhr; ; SL4, SL5, T Tufts Medical Center) Das superhippe Asia-Restaurant bringt Thailand, China und Vietnam auf den Tisch. So gibt's hier leckere Klöße, Pikantes aus dem Wok und natürlich jede Menge Nudeln. Wer möglichst viel durchprobieren will, freut sich über die zahlreichen kleinen Gerichte. Optimal für Dim Sum am Abend!

Back Bay

★ **Puro Ceviche Bar** LATEINAMERIKANISCH **$$**
(Karte S. 206; 617-266-0707; www.purocevichebar.com; 264 Newbury St; kleine Gerichte 10–16 US$; Mo–Do 16–23, Fr–So ab 11 Uhr; T Hynes) Kühne Wandbilder auf freiliegendem Backstein zieren diese unkonventionelle Kellerbar. Serviert wird hier wunderbar moderne, aber dennoch authentische Küche à la Lateinamerika (u. a. jeweils sechs Ceviche- und Taco-Varianten, diverse kleine Gerichte). Dazu gibt's klassische Cocktails und eine kompetent zusammengestellte Weinauswahl. Budgetreisende freuen sich dienstags über die Tacos für 2 US$.

Saltie Girl SEAFOOD **$$$**
(Karte S. 206; 617-267-0691; www.saltiegirl.com; 281 Dartmouth St; kleine Gerichte 12–18 US$, Hauptgerichte 18–40 US$; 11.30–22 Uhr; T Copley) Das herrlich lauschige Saltie Girl steht für ein neues Gastro-Konzept: die Seafood-Bar. Auf den Tisch kommen hier viele verführerische und ungewöhnliche Überraschungen mit Meeresfrüchten. Darunter sind z. B. traditionelle Hummerbrötchen auf Gloucester-Art oder Dosenfisch auf Toast. Besonders unwiderstehlich ist das schwarz angebratene Bauchlappen-Filet vom Lachs.

Kenmore Square & Fenway

★ **Eventide Fenway** SEAFOOD **$**
(Karte S. 206; 617-545-1060; www.eventideoysterco.com; 1321 Boylston St; Hauptgerichte 9–16 US$; 11–23 Uhr; ; T Fenway) Die James-Beard-Preisträger Mike Wiley und Andrew Taylor betreiben neben ihrem gefeierten Seafood-Restaurant in Maine nun auch dieses Bostoner Thekenlokal mit frischen, leckeren Meeresfrüchten. Der flotte Service kredenzt z. B. frisch geknackte Austern, Hummerbrötchen mit Nussbutter und ein paar raffinierte Tagesgerichte – zusammen mit einem Craft-Bier oder Roséwein sind sie ein echtes Gourmet-Erlebnis.

Island Creek Oyster Bar SEAFOOD **$$$**
(Karte S. 206; 617-532-5300; www.islandcreekoysterbar.com; 500 Commonwealth Ave; Austern 3 US$, Hauptgerichte mittags 13–21 US$, abends 24–36 US$; Mo–Fr 16–23, Sa 11.30–23.30, So 10.30–23 Uhr; T Kenmore) Das Ziel des Island Creek ist es, „Bauernkost, gehobene Küche und Diner unter einem Dach" zu vereinen – und das in einem ätherisch anmutenden New-Age-Ambiente. Hier gibt's die besten Austern und Meeresfrüchte aus der Region. Die Spezialität – geschmorte Rippchen und gebratener Hummer auf Nudeln mit Hummerrogen – erklärt, warum der Laden so beliebt ist.

Cambridge

Mr. Bartley's Burger Cottage BURGER **$**
(Karte S. 206; 617-354-6559; www.mrbartley.com; 1246 Massachusetts Ave; Burger 14–21 US$; Di–Sa 11–21 Uhr; T Harvard) Diese Institution am Harvard Square serviert ihre klassische US-Küche seit über 50 Jahren. An vielen kleinen Tischen tummeln sich hier Scharen hungriger Uni-Studenten. Unter den zwei Dutzend Burger-Varianten sind auch neue Kreationen mit aktuellem Namensbezug (z. B. Trump Tower, Tom Brady Triumphant). Dazu gibt's Süßkartoffel-Pommes, Zwiebelringe, cremige Frappés und Rickey-Cocktails mit Himbeer-Limetten-Aroma.

Cambridge, 1 PIZZERIA **$$**
(Karte S. 206; 617-576-1111; www.cambridge1.us; 27 Church St; Pizzas 22–30 US$; 11.30–23 Uhr; ; T Harvard) Diese Pizzeria in einer alten Feuerwache ist nach deren früherer Standortbezeichnung (über dem Eingang eingemeißelt) benannt. Die schicke Einrichtung im Industriestil ist minimalistisch gestaltet. Durch die großen Fenster im hinteren Bereich schaut man auf den Old Burying Ground. Auf der gleichermaßen schlichten Speisekarte stehen nur Pizzas, Suppen, Salate und Desserts. Die leckeren, knusprigen

LGBTIQ+-SZENE IN BOSTON

Bostons Schwulengemeinde ist in der ganzen Stadt aktiv (vor allem in South End und in Jamaica Plain). So gibt's hier auch ein großes und vielfältiges Unterhaltungsangebot für die Szene, das von Travestieshows bis hin zu Lesbenabenden reicht.

Empfehlenswerte Infoquellen zur lokalen Schwulen- und Lesbenszene:

Bay Windows (www.baywindows.com) Die gedruckte Ausgabe dieser LGBTIQ+-Tageszeitung erscheint in ganz Neuengland. Auch die Website liefert sehr gute News und Infos.

Edge Boston (www.edgeboston.com) Bostoner Präsenz des Edge-Mediennetzwerks, das die LGBTQ+-Szene landesweit mit News, Unterhaltung und lokalspezifischen Nightlife-Tipps (inklusive Kulturevents und Club-Reviews) versorgt.

Pizzas in ungewöhnlichen Formen haben einfallsreiche Beläge.

Ausgehen & Nachtleben

★ Bleacher Bar SPORTSBAR

(Karte S. 206; ☎617-262-2424; www.bleacherbarboston.com; 82a Lansdowne St; ⌚So–Mi 11–1, Do–Sa bis 2 Uhr; T Kenmore) Von der vornehmen Bar unter der nicht überdachten Tribüne des Fenway Park schaut man direkt auf das Mittelfeld. Dennoch eignet sich der Laden nicht sonderlich, wenn man sich die Sox-Spiele anschauen will, da er dann immer rappelvoll ist. Dafür kann man hier die Atmosphäre von Amerikas ältestem Baseball-Station auch an spielfreien Tagen wunderbar aufsaugen.

★ Drink COCKTAILBAR

(Karte S. 210; ☎617-695-1806; www.drinkfortpoint.com; 348 Congress St; ⌚16–1 Uhr; 🚌SL1, SL2, T South Station) Das Drink hat keine Cocktail-Karte: Gäste beschreiben ihre Vorlieben dem Barpersonal, das dann individuelle Getränke sehr kompetent zusammenmixt – mit äußerst überzeugendem Ergebnis. Das stilvolle Keller-Ambiente mit Schummerlicht eignet sich auch super für Dates.

Trillium Fort Point CRAFT-BIER

(Karte S. 210; ☎857-449-0083; www.trilliumbrewing.com; 50 Thompson Pl; ⌚11–23 Uhr; T South Station) Das Trillium ist schon lange im Bereich des Fort Point ansässig. Doch erst 2018 hat die Kleinbrauerei diese tolle neue Schankstube mit Bar, Speiseraum, Dachterrasse und allen hauseigenen Bieren eröffnet. Unter ihren beliebtesten Sorten sind neben Pale Ales à la Indien auch Stouts, Pale, Gose und Wild Ales im US-Stil.

Democracy Brewing BRAUEREI

(Karte S. 210; ☎857-263-8604; www.democracybrewing.com; 35 Temple Pl; ⌚So–Do 11.30–23, Fr & Sa bis 1 Uhr; T Downtown Crossing) Democracy Brewing steht für frisch gezapftes Bier, perfekt knusprige Pommes und politisches Bewusstsein. Die Brauerei produziert nicht nur super Gerstensäfte, sondern fördert auch Veränderungsprozesse. So unterstützt sie Firmen mit demokratischer Struktur und organisiert Gemeindeveranstaltungen. Gäste erfahren zudem etwas über Bostons frühere und heutige Revolutionäre.

Beehive COCKTAILBAR

(Karte S. 206; ☎617-423-0069; www.beehiveboston.com; 541 Tremont St; ⌚Mo–Mi 17–24, Do bis 1, Fr bis 2, Sa 9.30–2, So bis 24 Uhr; T Back Bay) Das Beehive im Kellergeschoss des Boston Center for the Arts erinnert an einen Pariser Jazzclub aus den 1920er-Jahren. Hier geht's mehr ums Ambiente als um die Musik, die oft von Studenten des Berklee College of Music gespielt wird. Der Vibe ist aber definitiv hip; das Essen geht ebenfalls in Ordnung. Tische müssen reserviert werden.

Unterhaltung

★ Boston Red Sox BASEBALL

(Karte S. 206; ☎617-226-6666; www.redsox.com; 4 Jersey St; Tickets nicht überdachte Tribüne 10–45 US$, Haupttribüne 23–87 US$, Loge 38–189 US$; T Kenmore) Von April bis Oktober spielen die Red Sox im Fenway Park, dem ältesten und legendärsten Baseballstadion der USA. Einen weiteren nationalen Rekord halten leider die Preise für die stets heiß begehrten Tickets. An manchen Spieltagen gibt's Last-Minute-Karten (Verkaufsstart 90 Min. vor Spielbeginn).

★ Boston Symphony Orchestra KLASSISCHE MUSIK

(BSO; ☎617-266-1200, 617-266-1492; www.bso.org; Tickets 30–145 US$) Die makellose Akustik passt zum ehrgeizigen Spielplan des weltbekannten Boston Symphony Orchestra. Von

September bis April spielt das BSO vor schick gekleidetem Publikum in der schmucken **Symphony Hall** (Karte S. 206; 301 Massachusetts Ave; ⏲ wechselnde Öffnungszeiten; Ⓣ Symphony), die eine hohe Decke mit Stuckornamenten hat. Im Sommer zieht sich das Orchester nach Tanglewood im westlichen Massachusetts zurück.

Red Room @ Cafe 939 LIVEMUSIK
(Karte S. 206; ☎ 617-747-2261; www.berklee.edu/cafe939; 939 Boylston St; Tickets gratis–20 US$; ⏲ Konzertkasse Mo–Sa 10–18 Uhr; Ⓣ Hynes) Der von Berklee-Studenten betriebene Livemusik-Laden zählt in Boston zu den besten und überraschungsträchtigsten seiner Art. Die Ausstattung umfasst einen Stutzflügel und eine hervorragende Musikanlage. Das Highlight ist aber der bunte Mix aus interessanten Newcomern, die hier auf der Bühne stehen. Tickets gibt's im Voraus beim **Berklee Performance Center** (Karte S. 206; ☎ 617-747-2261; www.berklee.edu/bpc; 136 Massachusetts Ave; Tickets 10–65 US$; ⏲ Ticketverkauf Mo–Sa 10–18 Uhr; Ⓣ Hynes).

Club Passim LIVEMUSIK
(Karte S. 206; ☎ 617-492-7679; www.clubpassim.org; 47 Palmer St; Tickets 10–32 US$; Ⓣ Harvard) Das legendäre, lauschige Passim ist ein farbenfrohes Überbleibsel aus der Zeit, in der Folk-Musik in Cambridge und den übrigen USA noch überall zu hören war. Bis heute bucht der Club erstklassige Livemusiker und erhält so die lokale Folk-Szene ganz allein am Leben. Seit 1969 versteckt er sich fast unverändert an einer Seitenstraße des Harvard Square.

Wally's Café JAZZ
(Karte S. 206; ☎ 617-424-1408; www.wallyscafe.com; 427 Massachusetts Ave; ⏲ 17–2 Uhr; Ⓣ Massachusetts Ave) Mit dem kleinen Wally's eröffnete der Einwanderer Joseph Walcott aus Barbados im Jahr 1947 als erster Afroamerikaner einen eigenen Nachtclub in Neuengland. Der altmodische und raubeinige Laden lockt bis heute mit täglichen Jazz-Improvisationen Besucher jeder Couleur an. Beliebt ist er u. a. bei Berklee-Studenten, die vor allem auf die allabendlichen Jam-Sessions (18–21 Uhr) abfahren.

Shoppen

★ **SoWa Open Market** MARKT
(Karte S. 206; ☎ 857-362-7692; www.sowaboston.com; 460 Harrison Ave; ⏲ Mai–Okt. So 10–16 Uhr; 🚌 SL4, SL5, Ⓣ Tufts Medical Center) Bostons ältester Freiluft-Künstlermarkt bietet super Möglichkeiten zum Bummeln, Shoppen und Leutebeobachten. Die über 100 Händler unter den weißen Zeltpavillonen wechseln wöchentlich. Das Angebot umfasst aber stets viel Kunsthandwerk, Kunst der kühneren Art, Schmuck, Haushaltswaren und selbst produzierte Lebensmittel bzw. Kosmetikprodukte.

Boston Public Market MARKT
(BPM; Karte S. 210; ☎ 617-973-4909; www.bostonpublicmarket.org; 136 Blackstone St; ⏲ Mo–Sa 8–20, So 10–18 Uhr; 📶; Ⓣ Haymarket) Der täglich stattfindende Bauernmarkt in einem Backsteinbau ist ein Traum für kulinarische Lokalpatrioten: Hier gibt's ausschließlich frische Produkte aus Neuengland. Darunter sind z. B. saisonales Obst bzw. Gemüse, frisches Seafood, Fleisch bzw. Geflügel von regionalen Bauernhöfen, handgemachte Molkereiprodukte (u. a. Käse), Ahornsirup und Süßwaren. Unbedingt auch die Regionalbiere in der Hopsters' Alley probieren!

Greenway Open Market KUNSTHANDWERK
(Karte S. 210; ☎ 800-401-6557; www.newenglandopenmarkets.com; Rose Kennedy Greenway; ⏲ Sa 11–17 Uhr, Mai–Okt. auch am 1. & 3. So des Monats; 📶; Ⓣ Aquarium) Auf diesem Künstlermarkt am Wochenende präsentieren zahlreiche Händler ihre Waren unter freiem Himmel. Neben einzigartigen, händisch hergestellten Souvenirs findet man hier auch Schmuck, Taschen, Gemälde, Keramiken und anderes Kunsthandwerk. Der Großteil des Angebots stammt aus lokaler und ethischer Produktion. Hungrige Besucher freuen sich über die Food-Trucks.

Praktische Informationen

Boston Harbor Islands Pavilion (Karte S. 210; ☎ 617-223-8666; www.bostonharborislands.org; Ecke State St & Atlantic Ave; ⏲ Mitte Mai–Juni & Sept.–Anfang Okt. 9–16.30 Uhr, Juli & Aug. bis 18 Uhr; 📶; Ⓣ Aquarium)

PREISWERTE TICKETS

ArtsBoston (www.artsboston.org) verkauft vergünstigte Theaterkarten über BosTix Deals: Bei Online-Reservierung gibt's bis zu 25 % Rabatt. Tickets für denselben Tag sind bis zu 50 % billiger, wenn man sie persönlich bei den Arts-Boston-Kiosken am Quincy Market oder Prudential Center erwirbt.

Das perfekt gelegene Infozentrum am Rose Kennedy Greenway nennt alle wissenswerten Details zum Besuch der Boston Harbor Islands. In der Nähe können Passanten mittels der tollen Skulptur *Harbor Fog* auf abstrakte Art in die faszinierende Atmosphäre des Hafens (inkl. Geräusche) eintauchen.

Cambridge Visitor Information Kiosk (Karte S. 206; ☎ 617-441-2884; www.cambridge-usa.org; Harvard Sq; ⏲ Mo–Fr 9–17, Sa & So bis 13 Uhr; Ⓣ Harvard) Der Infoschalter liefert detaillierte Infos zu aktuellen Events und Erkundungen auf eigene Faust auf dem Cambridge-Campus.

Greater Boston Convention & Visitors Bureau (www.bostonusa.com) Auf der sehr informativen Website stehen u. a. viele Details zu Hotels, Restaurants, Sonderveranstaltungen und Boston-Besuchen mit Kindern. Ebenfalls aufgeführt sind örtliche Optionen für die LGBTIQ+-Szene.

Massachusetts Office of Travel & Tourism (www.massvacation.com) Informiert über Events bzw. Aktivitäten im ganzen Bundesstaat und gibt auch einen super Führer zum regionalen Ökotourismus heraus.

National Park Service Visitors Center (NPS; Karte S. 210; ☎ 617-242-5642; www.nps.gov/bost/planyourvisit/index.htm; Faneuil Hall; ⏲ 9–18 Uhr; Ⓣ State) Erteilt zahllose Infos zu den Sehenswürdigkeiten am Freedom Trail und ist auch Startpunkt der kostenlosen **NPS Freedom Trail Tour** (⏲ Juni–Sept. 10, 11, 14 & 15 Uhr). Der NPS betreibt ein weiteres Visitors Center am **Charlestown Navy Yard** (Karte S. 206; ☎ 617-242-5601; www.nps.gov/bost; ⏲ Visitor Center Jan.–April Mi–So 10–17 Uhr, Mai–Sept. ab 9 Uhr, Okt.–Dez. 10–17 Uhr; 🚌 93 ab Haymarket, ⛴ Inner Harbor Ferry ab Long Wharf, Ⓣ North Station).

An- & Weiterreise

Die meisten Traveller erreichen und verlassen Boston per Flieger über den **Logan International Airport** (BOS; ☎ 800-235-6426; www.massport.com/logan-airport), an dem häufig In- und Auslandsverbindung besteht. Die Alternativen sind der Manchester Airport in New Hampshire und der Green Airport bei Providence (Rhode Island): Diese beiden kleineren Regionalflughäfen bieten ebenfalls guten Anschluss nach Boston; zudem sind Flüge dorthin teilweise günstiger.

Die meisten Amtrak-Züge (www.amtrak.com) halten an Bostons **South Station** (Karte S. 210; ☎ 617-523-1300; www.south-station.net; 700 Atlantic Ave), die der nördliche Endbahnhof des Northeast Corridor ist. Diese Bahnstrecke bietet regelmäßige Verbindung nach NYC (3½–4½ Std.), Philadelphia (Pennsylvania; 5–6 Std.) und Washington, D. C. (6¾–8 Std.). Der *Lake Shore Limited* fährt täglich ab der South Station nach Buffalo (New York State; 11 Std.) und Chicago (22 Std.). Ab der North Station rollt der *Downeaster* nach Portland (Maine; 2½ Std.).

Ziele im Großraum Boston sind am besten mit Regionalbussen zu erreichen. Zusätzlich verbindet Greyhound (www.greyhound.com) die Stadt mit den übrigen USA. Seit einigen Jahren fahren auch ein paar neue Busunternehmen günstig von Boston nach New York City (4–5 Std.).

Unterwegs vor Ort

VOM/ZUM FLUGHAFEN

Boston Logan International Airport Von 5.30 bis 0.30 Uhr fahren Busse der Silver Line (gratis) und U-Bahnen der Blue Line (2,25–2,75 US$) ins Zentrum von Boston . Die Alternative sind Taxis (25–30 US$).

Green Airport Pendlerzüge zur South Station (12 US$).

Manchester Airport Die Flight Line Inc. schickt stündlich Shuttle-Busse zum Logan International Airport (Reservierung erforderlich). Mit Greyhound besteht zudem eine unregelmäßige Busverbindung zur South Station.

South Station Liegt in Bostons Zentrum an der Red Line.

ÖFFENTLICHER NAHVERKEHR

Blue Bikes Bostons Bikesharing-Programm mit insgesamt 1800 Fahrrädern an 200 Verleihstationen.

MBTA-Stadtbusse Ergänzen das U-Bahn-Netz.

T (U-Bahn) Schnellste und bequemste Option zu den meisten Zielen in Boston (Betriebszeit 5.30 oder 6–1.30 Uhr).

Rund um Boston

Lexington

Der belebte Nobelvorort Lexington liegt 18 Meilen (29 km) von Bostons Zentrum entfernt. Zwischen weißen Kirchen und historischen Kneipen parken hier Tourbusse rund um die Dorfwiese, auf der am 19. April 1775 das berühmte Scharmützel zwischen den Minutemen und den britischen Truppen stattfand – der Auftakt zum Amerikanischen Unabhängigkeitskrieg. Am 19. April wird das Ereignis am Originalschauplatz aufwendig von Historikern und Patrioten nachgestellt, die mit authentischen Kostümen und Gewehren im Stil des 18. Jhs. ausstaffiert sind.

Dieses Stück Lokalgeschichte wird hier auch ansonsten gefeiert und bewahrt, steht aber in starkem Kontrast zur friedvollen und fast biederen Idylle der heutigen Ortschaft:

Ein paar Blocks von der Dorfwiese entfernt wähnt man sich irgendwo in den USA – auf den Anfang von Amerikas Unabhängigkeit weist dort kaum etwas hin. Allerdings hat Lexington eine nette Hauptstraße mit Restaurants, Läden und eindrucksvoller georgianischer Architektur an beiden Enden.

★ Minute Man National Historic Park PARK
(www.nps.gov/mima; 3113 Marrett Rd; ⏲April–Okt. 9–17 Uhr; 👪) GRATIS Durch diesen Park verläuft die Route, auf der die britischen Truppen einst gen Concord vorrückten. Das Visitor Center am Ostende zeigt eine multimediale Präsentation, die viele Infos zu Paul Reveres Ritt und den darauf folgenden Schlachten liefert. Deren Schauplätze sind auf dem Gelände über die Battle Rd (8 km) miteinander verbunden. Dieser Waldweg verläuft von der Meriam's Corner (wo sich die Briten unter amerikanischem Beschuss zurückzogen) bis zur Stelle von Paul Reveres Gefangennahme.

Battle Green HISTORISCHE STÄTTE
(Lexington Common; Massachusetts Ave) Auf dem historischen Battle Green begann der Amerikanische Unabhängigkeitskrieg mit einem Scharmützel zwischen US-Patrioten und britischen Soldaten. Am südöstlichen Ende ehrt die **Lexington Minuteman Statue** von Henry Hudson Kitson seit dem Jahr 1900 die Tapferkeit der 77 beteiligten Minutemen, die bei dem Gefecht gegen die Briten acht Gefallene verzeichneten.

★ Minuteman Commuter Bikeway RADFAHREN
Dieser Radweg entlang einer alten Bahntrasse beginnt nahe dem U-Bahn-Bahnhof Alewife (Endstation der Red Line) in Cambridge. Über Arlington führt er nach Lexington und Bedford (insgesamt 22,5 km). Ab Lexingtons Zentrum gelangen Radler auch entlang der Massachusetts Ave zur Rte 2A, die parallel zum Battle Road Trail verläuft und am Ende das Zentrum von Concord erreicht.

ℹ An- & Weiterreise

MBTA (www.mbta.com) Ab der U-Bahn-Endstation Alewife (Red Line) fahren die Buslinien 62 (Bedford VA Hospital) und 76 (Hanscom Field) durch Lexingtons Zentrum (Mo–Fr min. stündl., Sa seltener, So Betriebsruhe).

Concord

Am 18. April 1775 marschierten britische Truppen von Boston aus gen Westen, um nach einem versteckten Waffenlager der Kolonialisten zu suchen. Am nächsten Morgen lieferten sie sich in Lexington eine Auseinandersetzung mit den Minutemen und zogen danach weiter nach Concord. An der dortigen North Bridge entbrannte dann zwischen Rotröcken und Freiheitskämpfern die erste echte Schlacht des Amerikanischen Unabhängigkeitskriegs.

Concord ist heute ein würdevolles Städtchen, in dem hohe weiße Kirchtürme zwischen alten Eichen, Ulmen und Ahornbäumen emporragen. Auch hier weist allgemein kaum etwas auf die revolutionären Aktivitäten vor mehreren Jahrhunderten hin. Besucher können vielmehr leicht nachvollziehen, warum sich Schriftsteller wie Ralph Waldo Emerson, Nathaniel Hawthorne, Henry David Thoreau und Louisa May Alcott von diesem Ort inspirieren ließen. Concord war auch die Heimat des berühmten Bildhauers Daniel Chester French, dem Schöpfer des Lincoln Memorial in Washington, D.C.

Der Patriots' Day (www.lexingtonma.gov/patriotsday) wird hier mit viel Begeisterung gefeiert. Ein Eintauchen in die Lokalgeschichte ermöglichen ansonsten auch die vielen Attraktionen mit literarischem Bezug.

★ Old North Bridge HISTORISCHE STÄTTE
(www.nps.gov/mima; Monument St; ⏲Sonnenaufgang–Sonnenuntergang) Die Holzbrücke im Zentrum von Concord, 800 m nördlich vom Monument Sq, war der Schauplatz des „Schusses, den die ganze Welt hörte", wie das Emerson im Gedicht *Concord Hymn* formulierte. Hier schossen die aufgebrachten Minutemen auf britische Truppen und zwangen sie zum Rückzug nach Boston. Daniel Chester Frenchs Statue *Minute Man* blickt von der anderen Seite der Brücke auf den Park.

Concord Museum MUSEUM
(www.concordmuseum.org; 200 Lexington Rd; Erw./Kind 10/5 US$; 👪) Südöstlich vom Monument Sq informiert dieses Museum über Concords vielfältige Stadtgeschichte. Sein Prunkstück ist eine der beiden Originallaternen, die einst als Signal für Paul Revere im Turm der Old North Church in Boston hingen. Zu sehen gibt's hier auch die weltgrößte Sammlung von Artefakten zu Henry David Thoreau (u.a. dessen Schreibtisch aus Walden Pond).

ℹ An- & Weiterreise

Entlang der Fitchburg/South Acton Line verkehren Pendlerzüge der MBTA zwischen Boston

(North Station) und Concord (The Depot; 9,25 US$, 40 Min., 12-mal tgl.).

Salem

Salems Name beschwört Bilder von teuflischer Hexerei und Verbrennungen auf dem Scheiterhaufen herauf. Die berüchtigten Hexenprozesse von 1692 sind Teil der nationalen Erinnerung. Ihr Image pflegt die „Hexenstadt" vor allem zu Halloween: Dann wirft sich hier jedermann für Paraden und Partys in Schale, während die Läden allen möglichen Hexenkram verkaufen.

All dies verschleiert aber den wahren Grund für den Ruhm der Stadt: Salems Blütezeit als Seehafen des Fernosthandels. Elias Hasket Derby (Amerikas erster Millionär) erbaute hier die Derby Wharf, die heute das Herz der Salem Maritime National Historic Site bildet. Das großartige Peabody Essex Museum zeigt diverse Schätze, die bei den einstigen Handelsfahrten ins Land kamen.

Das moderne Salem ist ein Bostoner Vorort, in dem Pendler aus der Mittelschicht in beneidenswerter Lage am Meer wohnen. Doch egal ob Hexen, Schiffe oder Kunst – die facettenreiche Lokalgeschichte und -kultur sind nach wie vor Touristenmagneten.

★ Peabody Essex Museum MUSEUM
(☎ 978-745-9500; www.pem.org; 161 Essex St; Erw./Kind 20 US$/frei; ⌚ Di–So 10–17 Uhr; 👪) Das älteste ununterbrochen geöffnete Museum der USA zeigt seit seinem Gründungsjahr (1799) alle möglichen Kunstwerke, Artefakte und Kuriositäten, die Salems Händler einst aus Fernost mitbrachten. Der eindrucksvolle Bau mit lichtdurchflutetem Atrium schafft ein wunderbares Ambiente für die riesigen Ausstellungen, deren Schwerpunkt heute auf Neuenglands Ornamentalkunst und Seefahrtsgeschichte liegt.

Salem Maritime National Historic Site HISTORISCHE STÄTTE
(www.nps.gov/sama; 160 Derby St; ⌚ Mai–Okt. 9–17 Uhr, Nov.–April Mi–So 10–16 Uhr) GRATIS Die National Historic Site an der Derby St besteht aus einem Zollhaus (Custom House), Dockanlagen und einigen anderen Gebäuden – Überbleibsel aus jenen Tagen, in denen dieser Teil von Salem ein Seehandelszentrum war. Von den einst 50 Kais am Salem Harbor sind nur noch drei erhalten. Der längste davon ist die Derby Wharf. Auf der Website gibt's Infos zu Gebäudeführungen und einen herunterladbaren Audioguide für die ganze Stätte.

ℹ An- & Weiterreise

Entlang der Rockport/Newburyport Line verkehren Pendlerzüge der MBTA zwischen Boston (North Station) und Salem (The Depot; 7,50 US, 30 Min.). Während der Rushhours am Morgen und Abend fahren sie alle 30 Minuten (Mo–Fr übriger Tag stündl., Sa & So seltener).

Plymouth

Plymouth bezeichnet sich selbst als „Amerikas Heimatstadt": Im Winter 1620 landeten hier die Pilgerväter auf ihrer Suche nach einem Ort, an dem sie ihre Religion ohne Behinderung durch eine Regierung frei ausüben konnten. Ein unscheinbarer, verwitterter Granitfelsen – der berühmte Plymouth Rock – markiert die Stelle, an der sie angeblich zum ersten Mal das fremde Land betraten. Die Plimoth Plantation empfiehlt sich für umfangreichere und exaktere Infos zu den Erlebnissen der ersten Siedler. An deren Kämpfe, Opfer und Siege erinnern auch noch viele weitere Museen und historische Gebäude an den umliegenden Straßen.

★ Plimoth Plantation MUSEUM
(☎ 508-746-1622; www.plimoth.org; 137 Warren Ave; Erw./Kind 28/16 US$; ⌚ April–Nov. 9–17 Uhr; 👪) Rund 3 Meilen (4,8 km) südlich von Plymouths Zentrum liegt dieses Museum mit einem authentischen Nachbau der ersten Pilgerväter-Siedlung: Dank akribischer Recherchen ist im **1627 English Village** alles so originalgetreu wie möglich – ob Bekleidung, Werkzeuge, Sprache, Kunst, Rezepte oder Feldfrüchte. Kostümierte Schauspieler bekleiden die Rollen diverser Dorfbewohner und demonstrieren detailliert den einstigen Alltag vor Ort. Dabei beantworten sie auch Besucherfragen.

★ Mayflower II SCHIFF
(www.plimoth.org/what-see-do/mayflower-ii; State Pier, Water St; 👪) Im Vergleich zum Plymouth Rock ist die *Mayflower II* in Bezug auf die Pilgerväter wesentlich aussagekräftiger: Hierbei handelt es sich um einen Nachbau des kleinen Schiffs, mit dem die ersten 102 Siedler insgesamt 66 Tage lang über den stürmischen Nordatlantik segelten. An Bord informieren kostümierte Schauspieler über den Verlauf dieser schicksalhaften und teils qualvollen Reise.

Native Plymouth Tours STADTSPAZIERGANG
(☎ 774-454-7792; www.facebook.com/nativeplymouthtours; Erw./Kind 15/10 US$) Der indigene Amerikaner Timothy Turner leitet diese

Stadtspaziergänge (2 Std., min. 4 Pers.), die viele bekannte Sehenswürdigkeiten passieren. Gleichzeitig vermittelt der Guide auch einen alternativen Eindruck von der Stadt- und Landesgeschichte, indem er Mythen widerlegt und Travellern ungewöhnliche Einblicke gewährt.

An- & Weiterreise

Ab Boston (South Station) fahren MBTA-Pendlerzüge zum Bahnhof Cordage Park in Plymouth (11,50 US$, 90 Min., 3- bis 4-mal tgl.). Mit GATRA-Bussen besteht dort Anschluss zum Zentrum.

Cape Cod

Malerische Fischerdörfer, kitschige Touristenfallen und vornehme Kleinstädte – Cape Cod besitzt viele Facetten, die jeweils ihre eigenen Fans haben. Die Cape Cod Bay auf der ruhigeren Nordseite des Kaps ist dank der sanften Wellen bei Familien mit Kindern populär. Gestresste Studenten strömen abends zum Feiern nach Falmouth oder Wellfleet. Und egal ob Kunstliebhaber, Walbeobachter oder LGBTIQ+: Das beliebte Provincetown bietet für fast jeden Geschmack etwas.

Anreise & Unterwegs vor Ort

Aug eigenen vier oder zwei Rädern lässt sich Cape Cod leicht erkunden. Zudem verkehren hier Regionalbusse. Entsprechende Fahrplaninfos liefert die Website der **Cape Cod Regional Transit Authority** (☎ 800-352-7155; www.capecodrta.org; einfache Strecke/Tagesticket 2/6 US$), die auch Details zu den zusätzlichen Sommer-Shuttles in Falmouth, Hyannis und Provincetown bietet.

Sandwich

Sandwich ist die älteste Stadt des Kaps (gegr. 1637) und vermittelt einen perfekten ersten Eindruck, wenn man vom Festland her über den Kanal anreist. Der Weg führt dann am besten direkt in den Ortskern: Weiße Kirchtürme, historische Wohnhäuser und eine bewirtschaftete Getreidemühle umgeben dort einen idyllischen Schwanenteich.

Heritage Museums & Gardens MUSEUM, GARTEN
(☎ 508-888-3300; www.heritagemuseumsandgardens.org; 67 Grove St; Erw./Kind 18/7 US$; ⏲ Mitte April–Mitte Okt. 10–17 Uhr; 👪) Dieses Museum ist ein Spaß für Groß und Klein: Auf dem 40 ha großen Gelände warten u.a. ungewöhnliche Sammlungen von Volkskunst, ein historisches Karussell aus dem Jahr 1908 (Fahrten im Eintritt enthalten) und ein runder Schuppen im Shaker-Stil, der einen tollen Oldtimer-Fuhrpark beherbergt. Hinzu kommt einer von Amerikas schönsten Rhododendrongärten, dessen zahllose „Rhodies" von Mitte Mai bis Mitte Juni in voller Farbenpracht erblühen. Und dank des **Adventure Park** (☎ 508-866-0199; www.heritageadventurepark.org; Tickets 38–49 US$/2 Std.; ⏲ Juni & Juli 8–20 Uhr, Mitte Aug. bis 19.130 Uhr, Ende Aug. bis 19 Uhr, Mitte April–Mai & Sept.–Mitte Nov. kürzere Öffnungszeiten; 👪) kommen auch Adrenalinjunkies auf ihre Kosten.

Praktische Informationen

Sandwich Visitor Center (☎ 508-833-9755; www.sandwichchamber.com; 520 MA 130; ⏲ Mitte Mai–Mitte Okt. Mo–Sa 10–17, So bis 16 Uhr, Mitte Okt.–Mitte Mai Mo–Fr bis 16 Uhr) Lokalinfos plus Karten.

Falmouth

Belebte Strände, ein toller Radweg und eines der geschäftigsten Stadtzentren außerhalb von Provincetown machen das zauberhafte Falmouth besuchenswert. Hier warten auch viele Attraktionen für Geschichtsfans: Die Stadt ist mächtig stolz auf ihre berühmte Tochter Katharine Lee Bates, die einst den Text für *America the Beautiful* (beliebteste patriotische Hymne der USA) schrieb.

★ **Shining Sea Bikeway** RADFAHREN
(👪) Cape Cod hat herrliche Radwege, wobei diese 17 km lange Route zu den Highlights zählt. Zwischen der County Rd (North Falmouth) und dem Fährhafen Woods Hole säumt sie seit 2009 die ganze Westküste im Bereich von Falmouth. Unterwegs schaut man auf eine unberührte Meereslandschaft mit Salzwasserteichen und Marschen. Die Strecke folgt einer alten Bahntrasse und passiert dabei einige Ecken, die ansonsten komplett „versteckt" sind.

Maison Villatte CAFÉ $
(☎ 774-255-1855; 267 Main St; Snacks 4–12 US$; ⏲ Di–So 7–17 Uhr) Zwei Franzosen mit weißen Mützen stehen an den Öfen dieser belebten Bäckerei mit Café. Hier gibt's u.a. knuspriges Brot, lockere Croissants und verführerisches süßes Gebäck. Mittags empfehlen sich die herzhaften Sandwiches und der kräftige Kaffee.

NICHT VERSÄUMEN

CAPE COD RAIL TRAIL

Der herrliche Cape Cod Rail Trail (CCRT; www.mass.gov/locations/cape-cod-rail-trail) ist der schönste Radweg des Kaps und zählt in ganz Neuengland zu den attraktivsten seiner Art. Die befestigte Strecke (36 km) entlang einer alten Bahntrasse führt durch Wälder, an Sümpfen mit Moosbeerenbüschen und an Badeteichen mit sandigen Ufern vorbei.

Die ländliche Route beginnt in Dennis an der MA 134 und führt dann durch den **Nickerson State Park** (☎508-896-3491; www.mass.gov/dcr; 3488 MA 6A; Parken 15 US$; ⏲Sonnenaufgang–Sonnenuntergang; 👪) in Brewster. Danach geht's durch Orleans und über die Cape Cod National Seashore (S. 229) bis hinaus nach South Wellfleet.

Unterwegs sieht man jede Menge vom guten alten Cape Cod und kann zwecks Essen oder Sightseeing zu diversen Dörfern abbiegen. Wenn man nur Zeit für einen Wegabschnitt hat, sollte man unbedingt am Nickerson State Park beginnen und zur National Seashore fahren – die Landschaft ist einfach unglaublich!

Leihfahrräder gibt's an den Routenanfängen in Dennis bzw. Wellfleet und gegenüber vom Visitor Center der National Seashore in Eastham. Dort kann jeweils auch geparkt werden (meist gratis, außer am Nickerson State Park).

★ **Añejo** MEXIKANISCH $$

(☎508-388-7631; www.anejomexicanbistro.com; 188 Main St; Hauptgerichte 13–26 US$; ⏲Mo–Sa 11.30 Uhr–open end, So ab 10.30 Uhr) Der belebte Mix aus Bistro und Tequila-Bar bringt ganzjährig etwas mittelamerikanische Leidenschaft an die Main St. Neben tollem Straßenessen (Enchiladas, Tacos, Tostadas) gibt's hier eine große Auswahl von Margaritas und Tequilas. Zum Cape-Cod-Stil der innovativen mexikanischen Küche tragen auch viel Fisch und Seafood aus der Region bei.

ℹ Praktische Informationen

Falmouth Chamber of Commerce (☎508-548-8500; www.falmouthchamber.com; 20 Academy Lane; ⏲Mo–Fr 8.30–16.30 Uhr, Ende Mai–Aug. auch Sa 10–14 Uhr) Gleich abseits der Main St im Ortszentrum.

ℹ An- & Weiterreise

Falmouth liegt in der südwestlichen Ecke des Kaps und ist über die MA 28 erreichbar, die im Ortskern zur Main St wird. Busverbindungen bestehen nach Boston und zu anderen Zielen auf Cape Cod.

Fähren nach Martha's Vineyard (S. 235) starten am Falmouth Harbor (nur im Sommer) und in Woods Hole (ganzjährig), das 4,5 Meilen (7 km) vom Ortskern entfernt liegt.

Hyannis

Das Wirtschaftszentrum von Cape Cod gehört zur größeren Gemeinde Barnstable. Vor Ort bestehen Bus- und Flugverbindungen – ergänzt durch Fähren nach Nantucket und Martha's Vineyard. An- und Weiterreise gestalten sich daher recht einfach. Im Vergleich zu anderen regionalen Städten wirkt das Zentrum von Hyannis weniger attraktiv. Dennoch laden der sanierte Ortskern und der Hafenbereich zu einem netten Zwischenstopp ein. Auch Kennedy-Fans pilgern hierher: Der örtliche Kennedy Compound war der Sommersitz von JFK und der Todesort von Senator Edward „Teddy" Kennedy im Jahr 2009. Ein paar Gehminuten von der Main St entfernt liegt der Hyannis Harbor mit Uferrestaurants und Fährkais.

◉ Sehenswertes

★ **John F. Kennedy Hyannis Museum** MUSEUM

(☎508-790-3077; www.jfkhyannismuseum.org; 397 Main St; Erw./Kind 12/6 US$; ⏲Juni–Okt. Mo–Sa 9–17, So ab 12 Uhr, Nov. Mo–Sa 10–16, So ab 12 Uhr, Dez.–April Do–Sa 10–16 Uhr, Mai Mo–Sa 10–17, So ab 12 Uhr) Jahrzehntelang war Hyannis der Sommersitz der Kennedys. Auch John F. Kennedy verbrachte hier die warmen Monate, was dieses Museum wunderbar mit Fotos und Videos dokumentiert. Das Leben des früheren US-Präsidenten wird dabei von der Kindheit bis zur Zeit im Weißen Haus abgedeckt. Die fesselnden Ausstellungen widmen sich jedes Jahr einem anderen Thema. Gezielt beleuchtet wurden dabei z.B. schon die Matriarchin Rose Kennedy und die brüderliche Beziehung zwischen Jack und Bobby.

🛏 Schlafen

HI Hyannis HOSTEL $

(☎508-775-7990; www.hiusa.org; 111 Ocean St; B/D ab 40/119 US$; ⏲Mitte Mai–Mitte Okt.;

Cape Cod, Martha's Vineyard & Nantucket

(P @ wifi) Dieses Hostel mit Hafenblick bietet eine Traumaussicht zum Budgettarif. Beim Bau des Komplexes 2010 wurde ein historisches Wohnhaus um moderne Flügel erweitert. Die belebte Main St, die Strände und die Fährkais sind von hier aus gut zu Fuß erreichbar. In den Schlafsälen und Privatzimmern stehen aber insgesamt nur 42 Betten zur Verfügung – daher unbedingt rechtzeitig reservieren!

★ Anchor-In HOTEL $$$

(☎ 508-775-0357; www.anchorin.com; 1 South St; Zi. 206–316 US$; ❄ @ wifi ≋) Das familiengeführte Boutiquehotel deklassiert seine Ketten-Konkurrenz u.a. mit Toplage direkt am Hafen: Vom beheizten Freiluftpool hat man den perfekten Blick auf die Fischerboote, wenn diese entladen werden. Auch die Balkone der hellen und feschen Zimmer punkten mit Blick aufs Wasser. Ein kurzer Laufentfernung legen die Fähren nach Nantucket ab – praktisch für entsprechende Tagestrips!

Essen & Ausgehen

Pain D'Avignon BÄCKEREI, BISTRO **$$**
(☎ 508-778-8588; www.paindavignon.com; 15 Hinckley Rd; Hauptgerichte mittags 8–17 US$, abends 19–32 US$; ⏲ tgl. 7–16 Uhr, Juni–Sept. auch Di–Do & So 17–22, Fr & Sa bis 23 Uhr, Okt.–Mai auch Di–Do 17–21, Fr & Sa bis 22 Uhr) In recht ungewöhnlicher Lage draußen beim Flughafen (abseits der MA 132) gibt's hier Leckeres à la Paris: Morgens locken neben klassischen Plunderteilchen auch üppigere Optionen wie Omeletts oder Galettes (pikante Crêpes). Mittags und abends werden dann jeweils schmackhafte Bistro-Klassiker im französischen Stil kredenzt (z.B. Croque Monsieur, Quiche Lorraine, Steak mit *frites*).

★ **Naked Oyster** SEAFOOD **$$$**
(☎ 508-778-6500; www.nakedoyster.com; 410 Main St; Hauptgerichte mittags 11–20 US$, abends 22–38 US$; ⏲ Mo–Sa 12–22 Uhr) Dieses Nobellokal legt Wert auf möglichst kurze Transportzeiten für Zutaten: Die namensgebenden Austern kommen direkt von der hauseigenen Farm in Barnstable Harbor und liegen in einer appetitlichen Kühltheke – zusammen mit rohen Garnelen, Venusmuscheln und Hummern. Auf der Speisekarte steht frisches Seafood in leckeren Varianten aus aller Welt (z.B. Garnelen auf Thai-Art, *moules frites*, Fisch-Tacos und Currys mit Jakobsmuscheln).

ABSEITS DER ÜBLICHEN PFADE

PANORAMAFAHRT: MA 6A

Bei der Erkundung des Kaps ignoriert man den schnellen Mid-Cape Hwy (MA 6) am besten zugunsten des kurvigen Old King's Hwy (MA 6A): Der historische Straßenabschnitt entlang der Cape Cod Bay ist in den USA der längste durchgängige seiner Art. Unterwegs laden altehrwürdige Wohnhäuser, Antiquitätenläden und Kunstgalerien zu Zwischenstopps ein.

Cape Cod Beer BRAUEREI
(☎ 508-790-4200; www.capecodbeer.com; 1336 Phinneys Lane; ⏲ Mo–Fr 10–18, Sa 11–16 Uhr) Diese Brauerei beglückt Bierkenner, ist aber auch ansonsten eine unterhaltsame Option für ein paar Stunden: Neben Gratisführungen (tgl. außer Sa 11 Uhr) warten hier Verkostungen (6 US$, spontan möglich) und diverse Events. Unter Letzteren sind z.B. Malkurse, Livekonzerte, Comedy-Abende oder spezielle „Yappy Hours" für Gäste mit Hunden (Details s. Website).

An- & Weiterreise

Hyannis ist Cape Cods Verkehrsknotenpunkt: Hier gibt's u.a. ganzjährig Flüge nach/ab Boston und Nantucket (Sommer auch nach/ab Martha's Vineyard und New York). Hinzu kommen Fähren (nach/ab Nantucket und Martha's Vineyard) sowie Busse nach/ab Boston und Provincetown, die unterwegs jeweils weitere Ziele auf dem Kap bedienen.

Der **Cape Flyer** (☎ 508-775-8504; www.cape-flyer.com; einfache Strecke 5–22 US$; ⏲ Ende Mai–Mitte Okt.) ist ein Zug auf der Route Boston (South Station)–Hyannis (nur Wochenende Memorial Day–Labor Day).

Chatham

Unter den Ortschaften auf Cape Cod ist Chatham so etwas wie ein Patriarch. Die ruhige Eleganz des Städtchens verkörpert besonders die schattige Main St mit ihren noblen Läden und schicken Unterkünften. Dennoch ist hier für jeden Geschmack etwas geboten: Die örtliche Robbenkolonie lockt Familien an, während Vogelbeobachter zum nahen Naturschutzgebiet pilgern. Und natürlich wären da auch noch die vielen Strände: Chatham liegt am „Ellenbogen" des Kaps. Drum herum säumen insgesamt 97 herrliche Küstenkilometer den Atlantik, den Sund, viele Buchten und diverse Meeresarme.

Chatham ist wie gemacht für Spaziergänge. Die MA 28 führt direkt zur Main St mit den meisten Läden und Restaurants der Stadt. Zudem gibt's dort Gratisparkplätze. Alternativ kann man sein Auto gebührenfrei auf dem (im Sommer jedoch meist vollen) Parkplatz hinter dem Chatham Squire abstellen.

Chatham Shark Center MUSEUM
(☎ 508-348-5901; www.atlanticwhiteshark.org; 235 Orleans Rd, North Chatham; Eintritt 5 US$; ⏲ Juni Fr, Sa & Mo 10–16, So ab 11 Uhr, Juli & Aug. Mo–Sa 10–16, So ab 11 Uhr, Sept.–Anfang Okt. Sa 10–16, So ab 11 Uhr) Das Shark Center widmet

sich einem von Cape Cods faszinierendsten Sommerbesuchern: dem Weißen Hai, der vor allem seit dem gleichnamigen Horrorfilm (der hier spielt) einen sehr schlechten Ruf hat. Diesen entkräften hier interaktive Ausstellungen mit wissenschaftlichen Fakten und Videos (u.a. speziell für Kinder). Die Schirmherrschaft über das Museum hat die Atlantic White Shark Conservancy, die unter dem Motto *Awareness Inspires Conservation* (Bewusstsein begeistert für Naturschutz) steht.

★Chatham Pier Fish Market SEAFOOD **$$**
(☎508-945-3474; www.chathampierfishmarket.com; 45 Barcliff Ave; Hauptgerichte 12–24 US$; ⏲Mitte Mai–Mitte Nov. 10–19 Uhr) Der salzverkrustete Seafood-Schuppen mit eigenem Sushi-Koch und Ausflugsbooten ist eine Top-Adresse für Fangfrisches aus der Region: Der hier angebotene Fisch war morgens noch im Meer. Auch die sämige Muschelsuppe schmeckt unglaublich gut. Das Essen gibt's jeweils zum Mitnehmen. Draußen stehen aber ein paar Picknicktische im Schatten, von denen aus man die arbeitenden Fischer und herumtollende Robben beobachten kann.

Wellfleet

Wellfleet lockt Besucher mit Kunstgalerien, genialen Surfstränden und seinen berühmten Austern. Auch ansonsten gibt's hier – bis auf Menschenmassen – so gut wie alles. Zudem versetzt einen das Küstendorf in frühere Zeiten zurück. Hierfür sorgen u.a. ein Autokino und ein schmucker Ortskern, die sich seit den 1950er-Jahren kaum verändert haben.

Mitte Oktober verwandelt das **Wellfleet OysterFest** (www.wellfleetoysterfest.org) das Ortszentrum ein Wochenende lang in eine Schlemmerzone mit einem Biergarten, einem Wettbewerb im Austernknacken und natürlich mit tonnenweise leckeren Schalentieren. Während des ungemein beliebten Events zeigt sich Wellfleet von seiner fröhlichsten Seite.

Schlafen & Essen

★Wagner at Duck Creek GASTHOF **$$$**
(☎508-942-8185; www.thewagneratduckcreek.com; 70 Main St; Zi. 217–373 US$; ❄📶) Die dynamischen Inhaber haben den kultigen Gasthof neu belebt – keine einfache Sache: Hier verteilen sich insgesamt 27 Zimmer über drei historische Holzgebäude auf schönem Gelände. Die Ergebnisse der Renovierung sind Boutique-Atmosphäre, hübsche Zimmer mit prima Ausstattung und eine neue Hauskneipe (ganzjährig geöffnet). Geplant sind auch noch ein Pool, ein Spa und Leihausrüstung für Gäste (Fahrräder, Kajaks).

PB Boulangerie & Bistro BÄCKEREI **$**
(☎508-349-1600; www.pbboulangeriebistro.com; 15 Lecount Hollow Rd, South Wellfleet; Backwaren 3–5 US$; ⏲Bäckerei Mi–So 7–18 Uhr, Bistro Mi–Sa 17–21.30, So 10.30–14 Uhr) Ein französischer Bäcker mit Michelin-Stern eröffnet ein Geschäft im winzigen Wellfleet? Klingt zunächst nicht unbedingt erfolgversprechend, doch vor der markanten Fassade mit rosa Anstrich reicht die Warteschlange bis hinaus auf die Straße: Hier, etwas abseits der US 6, findet man Vitrinen voller Obstkuchen, Schoko-Mandel-Croissants und Baguette-Sandwiches, die einen direkt nach Paris versetzen.

Ausgehen & Unterhaltung

★Beachcomber BAR
(☎508-349-6055; www.thebeachcomber.com; 1120 Cahoon Hollow Rd; ⏲Ende Mai–Anfang Sept. 11.30–1 Uhr) Feierwütige Nachtschwärmer sind im „Da Coma" goldrichtig: Im Sommer ist dieser Mix aus Bar, Restaurant und Disko die coolste Abhäng-Adresse auf dem ganzen Kap. Direkt am Cahoon Hollow Beach befindet sich der Laden in einer früheren Rettungswachstation. So schauen Gäste bis zum Sonnenuntergang auch auf zahlreiche Surfer.

CAPE COD NATIONAL SEASHORE

An der Atlantikküste zwischen Orleans und Provincetown erstreckt sich die ca. 40 Meilen (65 km) lange **Cape Cod National Seashore** (☎508-255-3421; www.nps.gov/caco; pro Tag Fußgänger/Radfahrer/Motorrad/Auto 3/3/10/20 US$) rund um das Outer Cape. Der vom NPS verwaltete Park ist ein Paradies mit unberührten Stränden, Dünen, Salzmarschen, Wäldern und Naturlehrpfaden. Dank John F. Kennedys Unterstützung wurde das riesige Gebiet in den 1960er-Jahren unter Naturschutz gestellt. Kurz darauf erfolgte ein Bau-Boom im übrigen Cape Cod, das auch die Heimat des früheren US-Präsidenten war.

Wellfleet Drive-In AUTOKINO
(☎ 508-349-7176; www.wellfleetcinemas.com; 51 US 6, South Wellfleet; Tickets Erw./Kind 12/9 US$; ⌚ Ende Mai–Mitte Sept.; 👪) Das Autokino aus den 1950er-Jahren ist bis auf die gezeigten Filme rundum authentisch geblieben: Abends holt man sich hier Essen bei einer altmodischen Snackbar und hängt dann einen Mono-Lautsprecher an sein Fahrzeugfenster (Alternative: das eigene Radio auf die angegebene Frequenz einstellen). Nur Barzahlung.

An- & Weiterreise

Östlich der US 6 gehört der Großteil von Wellfleet zur Cape Cod National Seashore. Von der US 6 führen die Main und School St jeweils westwärts zum Ortskern.

Provincetown

Provincetown ist buchstäblich (die) Spitze: Auf Cape Cod kann man sich nicht weiter hinauswagen (nicht nur in geografischer Hinsicht). Vor 100 Jahren erlagen unkonventionelle Künstler und Schriftsteller erstmals dem unwiderstehlichen Reiz der Stadt und erkoren sie zu ihrem Sommerdomizil. Heute ist der sandige Außenposten das angesagteste LGBTIQ+-Reiseziel im ganzen Nordosten der USA. Schriller Trubel auf den Straßen, großartige Kunstgalerien und ausschweifendes Nachtleben prägen den Ortskern. Doch das ist noch längst nicht alles: Rund um Provincetown lädt eine wilde Küste mit weiten Stränden zu Erkundungen ein. Ob Walbeobachtungen per Boot, Feiern bis zum frühen Morgen oder Streifzüge durch die Dünen: All dies ist hier problemlos möglich.

EAST END GALLERY DISTRICT

In Provincetown haben schon viele Künstler gearbeitet. So überrascht es auch nicht, dass hier ein paar der besten regionalen Kunstgalerien warten. Ein Bummel beginnt idealerweise am PAAM, anschließend folgt man der Commercial St ein par Blocks weit gen Südwesten. Dabei findet man hinter jedem zweiten Schaufenster eine andere interessante Galerie.

Details zu lokalen Galerien (inkl. Lageplan und Event-Kalender) liefern der *Provincetown Gallery Guide* (www.provincetowngalleryguide.com) und die dazugehörige Website.

Im Sommer (vor allem Juni–Aug.) ist in „P-Town“ am meisten los. Doch auch im Frühjahr oder Herbst herrscht vor Ort kein Mangel an attraktiven Jungs und Möglichkeiten für Outdoor-Abenteuer. Egal zu welcher Jahreszeit: Diese einzigartige und einladende Ecke Neuenglands sollte man auf keinen Fall verpassen.

Sehenswertes

★ **Provincetown Art Association & Museum** MUSEUM
(PAAM; ☎ 508-487-1750; www.paam.org; 460 Commercial St; Erw./Kind 10 US$/frei; ⌚ Juni & Sept. Sa–Do 11–17, Fr bis 22, Juli & Aug. Mo–Do bis 20, Fr bis 22, Sa & So bis 17 Uhr, Okt.–Mai Do–So 12–17 Uhr) Das facettenreiche Museum wurde 1914 als Hommage an die florierende Künstlergemeinde der Stadt gegründet. Deshalb zeigt es zahllose Werke von Künstlern, die einst Inspiration auf dem Lower Cape fanden. Viele der ausgestellten Stücke stammen von Charles Hawthorne, der früher die Kunstbewegung in Provincetown anführte. Ebenfalls stark vertreten ist Edward Hopper, der einst in den Truro Dunes ein Wohnhaus mit Galerie besaß.

Pilgrim Monument & Provincetown Museum MUSEUM
(☎ 508-487-1310; www.pilgrim-monument.org; 1 High Pole Hill Rd; Erw./Kind 12/4 US$; ⌚ April, Mai & Sept.–Jan. 9–17 Uhr, Juni–Aug. bis 19 Uhr) Wer zur Spitze des höchsten Vollgranitbaus der USA (77 m; erbaut 1910) hinaufsteigt, wird mit weiter Aussicht auf die Stadt, die Strände und die Mitte des Lower Cape belohnt. Bei gemütlichem Tempo dauert der Aufstieg über die 116 Stufen und 60 Rampen rund zehn Minuten. Das faszinierende und eurozentrische Museum am Fuß des Turms beleuchtet die Landung der Pilgerväter mit der *Mayflower* und andere Aspekte aus der Stadtgeschichte.

Aktivitäten

Durch die Wälder und Dünen der Cape Cod National Seashore führen die asphaltierten Radwege des großartigen Province Lands Bike Trail (insgesamt 12 km; Details unter www.nps.gov/caco). Dieser bietet auch Gelegenheit zum Abkühlen im Meer: Von der Hauptroute (ein 9 km langer Rundkurs) zweigen unbefestigte Pisten zum **Herring Cove Beach** (Province Lands Rd) und **Race Point Beach** (Race Point Rd) ab. Im Zentrum von P-Town gibt's viele Fahrradverleiher.

Dolphin Fleet Whale Watch TIERBEOBACHTUNG
(☎508-240-3636, 800-826-9300; www.whalewatch.com; 307 Commercial St; Erw./Kind 52/31 US$; ⊙Mitte April–Okt.;) In der Hauptsaison veranstaltet dieses Unternehmen pro Tag bis zu zehn Walbeobachtungen (jeweils 3–4 Std.), die viel nassen Spaß bedeuten: Unterwegs zeigen Buckelwale ihre akrobatischen Possen und kommen überraschend nah an die Boote heran. Die mitfahrenden Naturkundler liefern Details zu den Meeressäugern und spielen auch eine zentrale Rolle bei der Überwachung des Walbestands.

Schlafen

★ **AWOL** BOUTIQUEHOTEL $$$
(☎508-413-9820; www.awolhotel.com; 59 Province Lands Rd; Zi. 397–639 US$; ⊙Mai–Okt.;) Abseits der belebten Hauptstraße schaut man vom AWOL auf die Salzmarschen. Das neue Boutiquehotel versprüht Tropen-Ambiente à la 1960er-Jahre: Holz- und Korbmöbel zieren die Zimmer. Aus denselben Materialien bestehen auch die Clubsessel auf dem großen Rasen vorn, wo man rund um Feuerstellen perfekt Tiki-Cocktails im Mondschein schlürfen kann.

Carpe Diem BOUTIQUEHOTEL $$$
(☎508-487-4242; www.carpediemguesthouse.com; 12–14 Johnson St; Zi. 349–599 US$;) Ein beruhigender Mix aus lächelnden Buddha-Figuren, Orchideen und kunstvollem Dekor prägt das kultivierte, aber relaxte Carpe Diem. Jedes Zimmer widmet sich einer anderen LGBTIQ+-Literaturgröße. So liegen beispielsweise im Themenzimmer zum Dichter Raj Rao prachtvoll bestickte Textilien auf dem modernen Mobiliar. Das hauseigene Spa wartet mit einer finnischen Sauna, einem Whirlpool und herrlichen therapeutischen Massagen auf.

Essen

★ **Canteen** MODERN-AMERIKANISCH $
(☎508-487-3800; www.thecanteenptown.com; 225 Commercial St; Hauptgerichte 10–16 US$; ⊙So–Do 11–21, Fr & Sa bis 22 Uhr;) Das optimale Mittagslokal in P-Town: In lässig-coolem Ambiente gibt's hier leckeres Essen – Klassiker (beispielsweise Hummerbrötchen, Sandwiches mit Pulled Pork) genauso wie Innovatives (z. B. Garnelen-Miniburger, *banh mi* mit Dorsch). Dazu bestellt man sich am besten noch ein kaltes Bier und etwas knackigen Rosenkohl. Gefuttert wird an einem Gemeinschafts-Picknicktisch auf dem Strandsand.

Mews Restaurant & Cafe MODERN-AMERIKANISCH $$$
(☎508-487-1500; www.mews.com; 429 Commercial St; Hauptgerichte 19–44 US$; ⊙ganzjährig Mo–Sa 17–22 Uhr, Mitte Mai–Sept. auch So 10–14 Uhr) P-Towns bestes Restaurant punktet mit leckerem Essen, Traumblick aufs Wasser und der hippsten Martinibar der ganzen Stadt. Unten labt man sich (bei Bedarf direkt auf dem Sand) an Gourmetküche wie Hummer-Risotto oder Filet Mignon. Im Obergeschoss gibt's etwas einfachere Bistrogerichte, beispielsweise Burger mit saftigem Fleisch vom Angusrind. Eine Reservierung ist ratsam.

Ausgehen & Nachtleben

Aqua Bar BAR
(774-593-5106; www.facebook.com/aquabarptown; 207 Commercial St; ⊙So–Do 10.30–22, Mai–Okt. Fr–Sa bis 24 Uhr) Ein Food-Court mit Rohfischtheke, Sushi, Eiscreme und anderen internationalen Leckereien, dazu eine gut bestückte Bar, in der großzügige Barkeeper Drinks ausschenken – und all das in toller Uferlage mit Blick auf einen kleinen Strand und einen schönen Hafen bei Sonnenuntergang: Das ist die Aqua Bar.

Boatslip Beach Club SCHWULENCLUB
(☎508-487-1669; www.boatslipresort.com; 161 Commercial St; ⊙Tea Dances Juni–Anfang Sept. & Mitte Sept.–Mai Fr–So tgl.ab 16 Uhr) Bei den beliebten Tanzpartys am Nachmittag (*tea dances*; 16–19 Uhr) des Strandclubs feiern oft viele hübsche Männer mit. Donnerstags heizen DJs die Stimmung zusätzlich mit Dance-Klassikern der 1970er- und 1980er-Jahre an. Der Club vermietet auch Zimmer.

Crown & Anchor SCHWULEN- & LESBENCLUB
(☎508-487-1430; www.onlyatthecrown.com; 247 Commercial St; ⊙wechselnde Öffnungszeiten) Das Zentrum der lokalen LGBTIQ+-Szene ist ein mehrteiliger Gebäudekomplex mit einer Disko, einer Videobar, einer Lederbar, einem Restaurant und Gästezimmern. Hier steigen außerdem eine spaßige, maximal schlüpfrige Kabarettshow und allerlei andere Events (z. B. Konzerte mit Broadwaymusik, Drag-Revues, Varietévorstellungen). Die Website mit Möglichkeit zum Ticketkauf informiert über das aktuelle Veranstaltungsprogramm.

Praktische Informationen

Provincetown Chamber of Commerce (☎508-487-3424; www.ptownchamber.com; 307 Commercial St; ⊙9–17 Uhr) Hilfreiches Büro direkt am MacMillan Pier.

An- & Weiterreise

Vom Cape Cod Canal führt die US 6 nach Provincetown (65 Meilen/105 km, je nach Verkehrsaufkommen ca. 1½ Std.).

BUS

Plymouth & Brockton (☎508-746-0378; www.p-b.com) Schickt Busse ab Boston zu diversen Zielen auf Cape Cod (u. a. nach Plymouth; einfache Strecke 38 US$, 3–3½ Std.). Wer hinaus nach Provincetown will, muss in Hyannis umsteigen.

SCHIFF/FÄHRE

Etwa von Mai bis Oktober verbinden Passagierfähren den MacMillan Pier in Provincetown mit Boston und Plymouth. Die Fahrpläne mit Ankunft am Morgen und Rückfahrt am späten Nachmittag zielen auf Tagesausflügler ab. Autos werden nicht transportiert; Passagiere können aber Fahrräder mitnehmen (hin & zurück zzgl. ca. 16 US$). Vor allem am Wochenende und im Hochsommer sollten die Fährtickets rechtzeitig gebucht werden.

Bay State Cruise Co (☎617-748-1428; www.boston-ptown.com; hin & zurück Erw./Kind 95/72 US$) Schnellfähren ab dem World Trade Center Pier in Boston (1½ Std., 3-mal tgl.).

Boston Harbor Cruises (☎617-227-4321; www.bostonharborcruises.com; hin & zurück Erw./Kind 93/65 US$) Schnellfähren ab der Long Wharf in Boston (1½ Std., bis zu 3-mal tgl.).

Plymouth-to-Provincetown Express Ferry (☎508-927-5587; www.captjohn.com; hin & zurück Erw./Kind 53/32 US$) Schnellfähren ab Plymouth (1½ Std., 1-mal tgl.).

Neuenglands Inseln

Nantucket

Für einen Besuch von Nantucket muss man kein Millionär sein. Schaden kann das aber auch nicht: Die übersichtliche Insel (48 km südlich von Cape Cod) wurde im 19. Jh. durch den Walfang reich. Vor ein paar Jahrzehnten kam sie dann als Sommerdomizil der Gutbetuchten wieder in Mode. So tummeln sich hier bis heute z. B. Firmenbosse und Promis aus Boston oder New York City.

Das ist auch kein Wunder: Auf Nantucket zeigt sich Neuengland von seiner malerischsten Seite. Hier findet man überall Rosen, Kopfsteinpflaster und Sandstrände, die selbst im Sommer mitunter menschenleer sind. Hinzu kommen viele Outdoor-Aktivitäten. Das Eiland ist vom Festland aus recht stressfrei und schnell erreichbar, wirkt aber dennoch herrlich abgeschieden.

Nantucket (alias „Town") ist die einzige größere Inselsiedlung und der hiesige Haupt-Travellermagnet. Hierfür sorgen Spitzenrestaurants, belebte Bars und einzigartige Geschichte an fast jeder Ecke: Nantucket steht als einziger Ort der USA komplett unter Denkmalschutz und war einst Heimathafen der weltgrößten Walfangflotte. Zu den würdevollen Gebäuden an den grünen Straßen gehört die landesweit größte Gruppe von Häusern, die vor 1850 errichtet wurden. Auch diese Zeugen der vielfältigen Lokalgeschichte machen Nantucket zum perfekten Pflaster für stimmungsvolle Spaziergänge.

Sehenswertes

★ **Nantucket Whaling Museum** MUSEUM
(☎508-228-1894; www.nha.org; 13 Broad St; Museum & Stätten/Komplettzugang 20/25 US$; ⊙Ende Mai–Mitte Okt. 9–17 Uhr, Mitte Okt.–Dez. & April–Mitte Mai 10–16 Uhr, Anfang Feb.–März Do–So 10–16 Uhr, Jan. geschl.) Eines der Highlights auf der Insel: Das tolle Museum ist in einer alten Fabrik von 1847 untergebracht, die einst Kerzen aus Walöl produzierte. Die tollen Ausstellungen versetzen einen zurück in Nantuckets Blütezeit als weltweit bedeutendstes Walfangzentrum des 19. Jhs. Zu sehen gibt's hier u. a. ein interessantes, wenn auch etwas langes Doku-Video (54 Min.) zur Inselgeschichte. Ausgestellt sind zudem das 14 m lange Skelett eines Pottwals und *scrimshaws* (Schnitzereien bzw. Gravuren), die von Seeleuten aus Walzähnen, -knochen oder -barten angefertigt wurden. Unbedingt auch die Dachterrasse mit schöner Aussicht aufsuchen!

Schlafen

Im Sommer wird ein Aufenthalt auf Nantucket teuer, sofern man nicht bei Freunden übernachten kann. Motels oder Campingplätze sind hier nicht vorhanden: Die noble Insel steht ganz im Zeichen von Pensionen und B&Bs. Viele davon werden gerade spektakulär zu Vorzeigeadressen – ähnlich denen aus Designermagazinen – umgebaut.

Barnacle Inn B&B $$$
(☎508-228-0332; www.thebarnacleinn.com; 11 Fair St; Zi. mit/ohne Bad 450/330 US$; ⊙Ende Ap-

ril–Anfang Nov.; ❄ 📶) Genau das erwartet man vom alten Nantucket: traditionell veranlagte Inhaber und schlichte, malerische Quartiere aus früheren Tagen (hier aus der Zeit der vorletzten Jahrhundertwende). In den Zimmern gibt's weder TV noch Telefon. Vor allem die Quartiere mit Gemeinschaftsbädern sind jedoch für hiesige Verhältnisse recht günstig.

Essen & Ausgehen

Corner Table CAFÉ **$**
(☎ 508-228-2665; www.nantucketculinary.com; 22 Federal St; Hauptgerichte 11–19 US$; ⏲ 7–21 Uhr) Dieser reizende, authentische Einheimischen-Treff mit ein paar Sofas kredenzt superguten Kaffee. Das umwelt- und sozialbewusste Lokal hat zudem eine Kühltheke voller Qualitätskost zum Mitnehmen oder Vor-Ort-Essen (z. B. Süßkartoffel-Salat mit Schwarzbohnen, Himbeer-Käsekuchen mit Mascarpone). Im Angebot sind hier auch Spaghetti Bolognese sowie täglich Suppen und Sandwiches.

★ **Proprietors** MODERN-AMERIKANISCH **$$**
(☎ 508-228-7747; www.proprietorsnantucket.com; 9 India St; Teller 17–35 US$; ⏲ April–Okt. Mo–Sa 17.30 Uhr–open end, So 10.30–14 Uhr) Mit Stolz verwendet dieses Bar-Restaurant hauptsächlich frische Zutaten von regionalen Bauernhöfen. Neben tollen Cocktails gibt's hier auch kreative Küche mit internationalen Einflüssen. Die Auswahl kleiner Gerichte animiert zum Überfressen: Die selbst gemachten Wurstwaren sind genauso empfehlenswert wie die Kimchi-Pfannkuchen, der rohe Thunfisch oder das gebratene Rindermark. Auch der Sonntags-Brunch erntet begeisterte Kritiken.

Cisco Brewers BRAUEREI
(☎ 508-325-5929; www.ciscobrewers.com; 5 Bartlett Farm Rd; Führungen 20 US$; ⏲ Brauerei ganzjährig Mo–Do 12–19, Fr & Sa ab 11, So 12–18 Uhr) Die superfreundliche Brauerei steht für das „andere" Nantucket: In der ruhigen Bierstube geht's deutlich witziger und zwangloser zu als in den vielen teureren Schenken auf der Insel. Neben Gerstensaft (Tipp: das hopfige Whale's Tale) gibt's hier auch eine kleine **Brennerei**, Livemusik und einen ebenso geselligen Außenbereich. Zudem halten Food-Trucks regelmäßig draußen vor dem Eingang.

Praktische Informationen

Visitor Services & Information Bureau
(☎ 508-228-0925; www.nantucket-ma.gov; 25 Federal St; ⏲ Mitte April–Mitte Okt. tgl. 9–17 Uhr, übriges Jahr nur Mo–Sa) Rundum-Service inklusive öffentlicher Toiletten, eines aktuellen Unterkunftsverzeichnisses und eines separaten Kiosks (⏲ Ende Mai–Anfang Sept. 9–17 Uhr) an der Straight Wharf.

An- & Weiterreise

FLUGZEUG

Der **Nantucket Memorial Airport** (☎ 508-325-5300; www.nantucketairport.com; 14 Airport Rd) liegt 3 Meilen (4,8 km) südöstlich von Nantucket Town. Cape Air (www.capeair.com) fliegt von hier aus nach Boston, Hyannis, New Bedford, Martha's Vineyard (jeweils ganzjährig) und NYC (nur saisonal). Mit Delta, American, United und JetBlue bestehen saisonal Verbindungen nach New York City, Newark und Washington, D. C.

Zwischen Flughafen und Stadt verkehren Lokalbusse (2 US$; nur Mitte Juni–Anfang Sept.).

SCHIFF/FÄHRE

Die meisten Besucher schippern ab Hyannis mit **Steamship Authority** (☎ 508-548-5011; www.steamshipauthority.com) oder **Hy-Line Cruises** (☎ 508-778-2600; www.hylinecruises.com) nach Nantucket. Hierbei stehen normale Fähren (2¼ Std.) und reine Passagier-Schnellfähren (1 Std.) zur Verfügung. Im Sommer gibt's zusätzliche Verbindungen nach/ab Martha's Vineyard (Oak Bluffs), New Bedford, New Jersey und New York City.

Martha's Vineyard

Die einzigartige Schönheit von Martha's Vineyard fasziniert nicht nur Tagesausflügler: Auf der Insel suchen Großstädter nach ruhigen Refugien, und einige Promis haben hier ihre Zweitwohnsitze. Unter den 15 000 permanenten Einwohnern sind viele Künstler, Musiker und Natur-Fans. Von allumfassender Kommerzialisierung wie auf dem Festland blieb Martha's Vineyard bislang verschont. So gibt's hier keinerlei Kettenrestaurants oder -motels – dafür aber gemütliche Pensionen, Lokale unter der Leitung von Chefköchen, zahlreiche grüne Farmen und viele tolle Strände. Zudem bietet das Eiland für jeden Geschmack etwas: Besucher können z. B. einen Tag lang Spitzenküche im noblen Edgartown genießen und sich dann am nächsten Morgen mit Zuckerwatte auf Karussells in Oak Bluffs vergnügen.

Martha's Vineyard (maximale Breite ca. 37 km) ist Neuenglands größte Insel und liegt nur etwa 11 km vor Cape Cod im offenen Meer. Dennoch wähnen sich die

Einheimischen so sehr in ihrer eigenen Welt, dass sie das Festland oft als „Amerika" bezeichnen.

Sehenswertes & Aktivitäten

★ Campgrounds & Tabernacle HISTORISCHE STÄTTE
(☎508-693-0525; www.mvcma.org) Ab der Mitte des 19. Jhs. war Oak Bluffs das Sommerdomizil einer Erweckungskirche, deren Mitglieder Strandtage genauso sehr genossen wie Gottesdienste. So übernachteten sie hier zuerst in Zelten, errichteten dann aber rund 300 Holzhäuschen mit wunderlichen und filigranen Zierornamenten.

Flying Horses Carousel HISTORISCHES KARUSSELL
(☎508-693-9481; www.mvpreservation.org; Oak Bluffs Ave; Einzelfahrt/10 Fahrten 3/25 US$; ⏲Mai–Mitte Juni Sa & So 11–16.30 Uhr, Mitte Juni–Aug. 10–22 Uhr, Sept.–Anfang Okt. 11–16.30 Uhr;) Nostalgie pur: Das älteste ununterbrochen betriebene Karussell der USA verzückt Kinder jedes Alters seit 1876 und steht heute unter Denkmalschutz. Die historischen Holzpferde haben Mähnen aus echtem Rosshaar.

Aquinnah Public Beach STRAND
(Moshup Trail; Zugang gratis, Parken 10–20 US$) Der Strand ist auch als Moshup Beach bekannt und eindrucksvolle 8 km lang. Der Fußmarsch vom Parkplatz dauert zehn Minuten.

Schlafen

HI Martha's Vineyard HOSTEL $
(☎508-693-2665; www.hiusa.org; 525 Edgartown–West Tisbury Rd; B/2BZ/3BZ 41/119/159 US$; ⏲Mitte Mai–Anfang Okt.; P@) Dieser Zweckbau in der Inselmitte bietet alles, was Backpacker brauchen: eine anständige Küche, einen Aufenthaltsraum mit Gesellschaftsspielen, Leihfahrräder und freundliches Personal. Außerdem hat das Hostel keine Sperrstunde, liegt direkt am Radweg und bietet direkten Zugang zu einer öffentlichen Bushaltestelle. Die Schlafsäle und Privatzimmer sind schwer gefragt – unbedingt rechtzeitig reservieren!

★ Summercamp HOTEL $$$
(☎508-693-6611; www.summercamphotel.com; 70 Lake Ave; Zi. 389–579 US$; ⏲Mai–Okt.;) Das markante Hotel am Rand des Tabernacle-Geländes wurde 2016 komplett umgebaut. Seitdem ist es in einem nostalgischen Sommerlager-Thema mit allerlei witzigen Details gehalten. Dies reicht vom Spielezimmer mit Kunstrasen-Boden bis hin zum Hausrestaurant mit Retro-Snacks. Das ganze Dekor wirkt fröhlich und einfallsreich. In Top-Lage gibt's hier zudem ein Quartier mit zwei Stockbetten.

Essen & Ausgehen

★ ArtCliff Diner CAFÉ $
(☎508-693-1224; 39 Beach Rd, Vineyard Haven; Hauptgerichte 9–14 US$; ⏲Do–Di 7–14 Uhr) Das beste Frühstücks- und Mittagslokal der Insel: Inhaberin und Küchenchefin Gina Stanley ist Absolventin des renommierten Culinary Institute of America. Ihr kulinarisches Talent äußert sich in allen Gerichten auf der vielfältigen Karte (darunter Arme Ritter mit Mandelkruste und Tacos mit frischem Fisch). Die meisten Zutaten stammen von regionalen Bauernhöfen. Hier lohnt sich die Wartezeit!

Sweet Life Café MODERN-AMERIKANISCH $$$
(☎508-696-0200; www.sweetlifemv.com; 63 Circuit Ave; Hauptgerichte 32–38 US$; ⏲Mitte Mai–Okt. Mi–So 17.30–22 Uhr) Das beste Lokal der Stadt: Das stilvolle Bistro serviert modern-amerikanische Küche mit französischem Touch – z. B. Thunfisch-Tatar, gebackene Weichkrabben oder glasierten Dorsch aus regionalem Fang. Unter den einfallsreichen Gerichten aus einheimischen Zutaten sind aber auch Optionen ohne Seafood. Reservierung ist ratsam.

★ Offshore Ale Co KLEINBRAUEREI
(☎508-693-2626; www.offshoreale.com; 30 Kennebec Ave; ⏲So–Do 11.30–20.30, Fr & Sa bis 21.30 Uhr) Diese Kleinbrauerei ist sowohl bei Einheimischen als auch bei Travellern sehr beliebt. Bier (Tipp: das Hop Goddess Ale) und klasse Kneipenessen (Highlight: die Hummerbrötchen) genießt man hier in entspanntem Ambiente: An der Decke hängen Bootsmodelle; Erdnussschalen werden einfach auf den Boden geworfen.

Praktische Informationen

Visitor Information Booth (☎508-693-4266; Ecke Circuit & Lake Ave; ⏲Ende Mai–Mitte Okt. 9–17 Uhr) Rathauspersonal besetzt diesen günstig gelegenen Informationsstand nahe dem Karussell.

An- & Weiterreise

FLUGZEUG

Regionalbusse bedienen den **Martha's Vineyard Airport** (MVY; ☎508-693-7022; www.mvyair

port.com; 71 Airport Rd, Vineyard Haven), der rund 6 Meilen (10 km) südlich von Vineyard Haven in der Inselmitte liegt. Cape Air (www.capeair.com) startet hier gen Boston, Nantucket (jeweils ganzjährig), Hyannis, NYC und New Bedford, MA (jeweils saisonal). Mit Delta und JetBlue besteht saisonal Flugverbindung ab dem JFK Airport in NYC.

SCHIFF/FÄHRE

Steamship Authority (www.steamshipauthority.com) Betreibt ganzjährig die einzige Autofähre zwischen der Insel und dem Festland. Die regelmäßigen Fahrten (einfache Strecke 45 Min.) verbinden Vineyard Haven mit Woods Hole, das südlich von Falmouth an der Kapküste liegt.

Im Sommer (Mitte Mai–Mitte Okt.) herrscht viel Betrieb im Hafen von Oak Bluffs, wenn saisonale Zusatzfähren ab Hyannis, Falmouth, Woods Hole und New Bedford zahlreiche Tagesausflügler hierher bringen.

Pioneer Valley

Bis auf das recht triste Springfield steht das Pioneer Valley im Zeichen einer lieblichen Landschaft mit Uni-Städten, malerischen Farmen und historischen Mühlen, die zauberhaft für neue Nutzungszwecke umgebaut wurden. Das coole Städtchen Northampton ist das regionale Highlight in puncto Restaurants, Nacht- und Straßenleben. Anderswo im Tal warten einzigartige Museen, geologische Wunder und ein paar tolle Überraschungen am Straßenrand.

An- & Weiterreise

Die Pioneer Valley Transit Authority (www.pvta.com) schickt Busse mit Fahrradständern durch die ganze Five-College-Region. Die Route Northampton–Amherst wird dabei am häufigsten bedient.

Northampton

Die Region ist für ihre zauberhaften Universitätsstädte bekannt. Den größten Reiz hat dabei Northampton: An verwinkelten Innenstadtstraßen voller Passanten stehen alte, rote Backsteingebäude – prima für einen Stadtbummel in belebter Atmosphäre. Im Rahmen dessen klappert man die zahllosen Cafés, Rockclubs und Buchläden ab, denen die Stadt ihren Spitznamen „NoHo" verdankt. Der malerische Geschäftsbezirk grenzt direkt an den idyllischen Campus des Smith College. Berühmt ist Northampton zudem für seine Liberalität und seine Lesbengemeinde: Regenbogenfahnen sieht man hier überall.

Sehenswertes & Aktivitäten

Rund um Northampton findet man ein leicht zugängliches Netz aus Wegen für Fußgänger und Radfahrer. Der 18 km lange **Norwottuck Rail Trail** (☎413-586-8706; www.mass.gov/locations/norwottuck-rail-trail) führt nach Hadley und Amherst, der **Manhan Rail Trail** (www.manhanrailtrail.org) bis Easthampton. **Northampton Bicycle** (☎413-586-3810; www.nohobike.com; 319 Pleasant St; Leihfahrrad ab 25 US$/Tag; ⊙Mo–Fr 9.30–18, Sa bis 17, So 12–17 Uhr) verleiht Drahtesel.

Smith College COLLEGE
(☎413-584-2700; www.smith.edu; Elm St) Das Smith College wurde 1875 „zur Erziehung der intelligenten Dame" gegründet. Mit 2600 Studentinnen zählt es heute zu den größten Mädchen-Colleges der USA. Studiert haben hier Berühmtheiten wie Sylvia Plath, Julia Child oder Gloria Steinem. Auf dem begrünten Gelände (ca. 51 ha) umgibt ein bunter Architekturmix aus fast 100 Gebäuden einen hübschen Teich (Paradise Pond). Nach dessen Umrundung und einer Campus-Erkundung nicht vergessen, den japanischen Teepavillon zu fotografieren!

Smith College Museum of Art MUSEUM
(☎413-585-2760; www.smith.edu/artmuseum; 20 Elm St; Erw./Kind 5 US$/frei; ⊙Di, Mi, Fr & Sa 10–16, Do bis 20, So 12–16 Uhr) Bei der eindrucksvollen Sammlung (25 000 Stücke) des Campus-Museums liegt ein Schwerpunkt auf europäischen und nordamerikanischen Malern des 19. und 20. Jhs. (z. B. Degas, Winslow Homer, Picasso, James Abbott McNeill Whistler). Als weiteres Highlight wartet hier „Gebrauchskunst" von zeitgenössischen US-Künstlern. Darunter sind bemerkenswerte Toiletten und diverse Sitzbänke, die sich allesamt normal benutzen lassen.

Essen

Woodstar Cafe CAFÉ $
(www.woodstarcafe.com; 60 Masonic St; Hauptgerichte 5,50–9,30 US$; ⊙Mo 7–18, Di–Fr bis 19, Sa 8–19, So bis 18 Uhr;) Studenten bevölkern dieses familiengeführte Bäckereicafé in unmittelbarer Nähe zum Campus. Neben leckeren Sandwiches aus ofenfrischem Brot (nach regionalen Städten bzw. Wahrzeichen benannt) gibt's hier auch süße Köstlichkeiten in Form von selbst gemachten Plunderteilchen.

ABSTECHER

DR. SEUSS IN SPRINGFIELD

Das innovative Museum **Amazing World of Dr. Seuss** (☎413-263-6800; www.seussinspringfield.org; 21 Edwards St; Erw./Kind 25/13 US$; ⊙Mo–Sa 10–17, So ab 11 Uhr; 👪) widmet sich dem Leben und Werk von Theodore Geisel (alias Dr. Seuss) aus Springfield. Die interaktiven Exponate im Erdgeschoss animieren Kinder mittels Geisels Geschichten zum Reimen und Erzählen. Oben warten Originalkunst, ein Nachbau des Seuss-Ateliers und eine Sammlung ergreifender Briefe, die der Autor einst an seinen Großneffen schrieb. Das Ticket gilt für vier weitere Museen in Springfield.

Local Burger BURGER $

(www.localnorthampton.com; 16 Main St; Hauptgerichte 6,50–14 US$; ⊙So–Do 11.30–22, Fr & Sa bis 3 Uhr; 👪) Kulinarische Lokalpatrioten lieben diesen Burger-Schuppen, der weitestmöglich regionale Zutaten (inkl. Rindfleisch) verwendet. Die individuell und kompetent zubereiteten Burger in acht leckeren Varianten sind vor allem super, wenn man zu später Stunde Hunger hat. Dazu empfehlen sich die unwiderstehlichen Süßkartoffel-Pommes. Bis Mitternacht gibt's hier auch alkoholische Drinks (u.a. Milchshakes mit Schuss).

ℹ Praktische Informationen

Greater Northampton Chamber of Commerce (☎413-584-1900; www.explorenorthampton.com; 99 Pleasant St; ⊙Mo–Fr 9–17 Uhr, Mai–Okt. auch Sa & So 10–14 Uhr) Beantwortet alle erdenklichen Fragen.

Amherst

Amherst ist eine regionaltypische Universitätsstadt: Am Rand des Stadtparks liegt das renommierte Amherst College als Vertreter der „Junior Ivy League". Zudem findet man hier die riesige University of Massachusetts und das heimelige Hampshire College, das sich den Geisteswissenschaften widmet. Der beste Ausgangspunkt für Erkundungen ist der Stadtpark an der Kreuzung von MA 116 und MA 9. An den umliegenden Straßen warten einige kleine Kunstgalerien, diverse Buchläden und zahllose Cafés. Hinzu kommen ein paar kleine, aber sehenswerte Museen, die teilweise zu den Universitäten gehören.

Emily Dickinson Museum MUSEUM

(☎413-542-8161; www.emilydickinsonmuseum.org; 280 Main St; Führung Erw./Kind 15 US$/frei; ⊙Juni–Aug. Mi–Mo 10–17 Uhr, März–Mai & Sept.–Dez. Mi–So 11–16 Uhr, März Sa & So 11–16 Uhr) Zu ihren Lebzeiten veröffentlichte Emily Dickinson (1830–1886) nur sieben Gedichte. Weitere 1000 davon wurden jedoch nach ihrem Tod entdeckt und gedruckt. Mit ihren Versen über Liebe, Natur und Unsterblichkeit zählt Dickinson zu den bedeutendsten US-Poetinnen. Den Großteil ihres Lebens verbrachte sie in fast völliger Einsamkeit auf diesem stattlichen Anwesen nahe Amhersts Zentrum.

Über ihre Person und ihr Werk informieren lohnende Führungen (1 Std.; für Zeiten s. Website), im Rahmen derer man das Dickinson Homestead und die angrenzenden Evergreens besichtigt.

Eric Carle Museum of Picture Book Art MUSEUM

(☎413-559-6300; www.carlemuseum.org; 125 W Bay Rd; Erw./Kind 9/6 US$; ⊙Di–Fr 10–16, Sa bis 17, So 12–17 Uhr; 👪) Mitbegründer dieses tollen Museums ist Eric Carle, der Autor und Illustrator von *Die kleine Raupe Nimmersatt*. Zu sehen gibt's hier Buchillustrationen aus aller Welt. Die ständige Sammlung wird dabei durch Wechselausstellungen in drei separaten Räumen ergänzt. Darüber hinaus können alle kleinen und großen Besucher ihre eigene Kreativität in einem interaktiven Atelier ausdrücken.

Berkshires

Nur an wenigen anderen Orten in den USA sind Kultur und Landleben so perfekt kombiniert wie in den Berkshire Hills: Neben erstklassigen Musik-, Tanz- und Theaterfestivals (z.B. Tanglewood und Jacob's Pillow) warten hier auch kilometerlange Wanderrouten durch weites Farmland.

Vom Mt. Greylock, dem höchsten Berg in Massachusetts, erstrecken sich die Berkshires südwärts bis zur Staatsgrenze zu Connecticut. Vor über 100 Jahren erkoren die ersten Reichen bzw. Prominenten die Region zu ihrem Sommerdomizil und errichteten prachtvolle „Cottages". Viele dieser Anwesen beherbergen heute Pensionen oder Veranstaltungsbühnen. Und nach wie vor fahren zahllose Großstädter in die luftigen Berkshires, wenn die Bostoner und New Yorker Bürgersteige an Sommerwochenenden richtig kochen.

Anreise & Unterwegs vor Ort

Die Berkshires werden vor allem von Selbstfahrern ab Boston, Hartford oder NYC besucht. Eine Anreise per Bus oder Zug ist ebenfalls möglich. Für das Erkunden der ländlicheren Ecken empfiehlt sich ein eigenes Fahrzeug. Alternativ fahren Regionalbusse der Berkshire Regional Transit Authority (www.berkshirerta. com; Einzelfahrt Kurzstrecke/längere Strecke 1,75/4 US$) zwischen den größeren Ortschaften.

Great Barrington

An der Main St von Great Barrington gab es einst nur Eisenwarengeschäfte, Trödelläden, eine Filiale von Woolworth's und einen heruntergekommenen Diner. Nun findet man dort stattdessen künstlerisch angehauchte Boutiquen, Antiquitätenhändler, Cafés und die besten Restaurants der Region. In Ortsnähe führen Wanderwege hinein in die herrliche Landschaft der umliegenden Hügel.

Gleich östlich der zentralen Main St (US 7) fließt der Housatonic River durch den Ortskern.

★ Monument Mountain Reservation WANDERN & TREKKEN

(www.thetrustees.org; US 7; Parken 5 US$; ⏲ Sonnenaufgang–Sonnenuntergang) Weniger als 5 Meilen (8 km) nördlich von Great Barringtons Zentrum liegt an der US 7 dieses Naturschutzgebiet, in dem ein Rundwanderweg (4,8 km) zum Gipfel des Squaw Peak (500 m) führt. Die Route zweigt nach rechts vom Parkplatz ab und steigt dann steil entlang des **Hickey Trail** an. Schließlich folgt sie dem Berggrat zum Squaw Peak mit dem Aussichtspunkt Devil's Pulpit. Dort kann der Blick herrlich gen Nordwesten bis zum Mt. Greylock und zu den Catskills im Bundesstaat New York schweifen.

Wainwright Inn B&B $$

(☎ 413-528-2062; www.wainwrightinn.com; 518 S Main St; Zi. 140–230 US$; ❄ 📶) Das B&B in einem Gasthof von 1766 ist Great Barringtons beste Bleibe. Der historische Reiz reicht von den umlaufenden Veranden und den geräumigen Salons bis hin zum zeitgenössischen Dekor der neun Zimmer. Das Frühstück ist eine dekadente Angelegenheit. Das Haus steht einen kurzen Fußmarsch vom Ortszentrum entfernt an einer betriebsamen Straße.

Praktische Informationen

Southern Berkshire Chamber of Commerce
(☎ 413-528-1510; www.southernberkshirechamber.com; 362 Main St; ⏲ Do–Mo 10–18 Uhr) Die Chamber of Commerce betreibt einen Info-Kiosk an der Ecke des St. James Pl, der mit vielen (Speise-)Karten und Unterkunftsverzeichnissen aufwartet.

Stockbridge

Bei sorgfältiger Betrachtung von Stockbridges breiter Main St fällt auf, dass hier bestimmte Dinge fehlen: Weder Ampeln noch Telefonmasten trüben den Anblick – es ist fast noch so wie in den Tagen von Norman Rockwell, der die letzten 25 Jahre seines Lebens vor Ort verbrachte und hier auch arbeitete.

Heute lockt Stockbridge im Sommer und Herbst jede Menge Reisende an, die durch die Straßen bummeln, die Läden durchstöbern und auf der Veranda des historischen Red Lion Inn in Schaukelstühlen relaxen. Zudem steuern zahllose Tourbusse das Norman Rockwell Museum am Stadtrand an.

Die konservierte Idylle äußert sich jedoch auch in hohen Preisen. Und außerhalb vom Zentrum herrscht hier genau derselbe Betrieb wie in den Nachbarorten.

★ Norman Rockwell Museum MUSEUM

(☎ 413-298-4100; www.nrm.org; 9 Glendale Rd/MA 183; Erw./Kind 20 US$/frei; ⏲ Mai–Okt. 10–17 Uhr, Nov.–April bis 16 Uhr) Norman Rockwell (1894–1978) wurde in NYC geboren und gestaltete ab 1916 im Lauf von 50 Jahren insgesamt 322 Titelbilder für die *Saturday Evening Post*. Außerdem kreierte er auch Bilder für viele Bücher, Plakate und andere Magazine. Heute gilt Rockwell als beliebtester Illustrator der US-Geschichte. Dieses tolle Museum zeigt die landesweit größte Sammlung von Originalwerken des Meisters. Zu sehen gibt's hier auch Rockwells Atelier, das sich ursprünglich in dessen örtlichem Wohnhaus befand.

Lenox

Das reizvolle und wohlhabende Lenox ist eine historische Besonderheit: Die Industrialisierung konnte dem Charme der Stadt nichts anhaben. Die ländliche Idylle begeisterte wiederum Industriellenfamilien (z. B. Carnegie, Vanderbilt und Westinghouse), die hier ihre Sommerdomizile bauten, aber anderswo mit ihren Fabriken reich geworden waren.

Von dieser glorreichen Vergangenheit zeugt auch bis heute, dass Lenox das kulturelle Zentrum der Berkshires ist. Das Highlight unter den lokalen Veranstaltungen ist das beliebte Tanglewood Music Festival, das im Sommer viele Besucher aus NYC, Boston und dem übrigen Neuengland anzieht.

Feste & Events

Tanglewood Music Festival MUSIK
(☎888-266-1200; www.tanglewood.org; 297 West St/MA 183, Lenox; Tickets für die Rasenfläche ab 21 US$; ⌚Ende Juni–Anfang Sept.) Das Musikfestival fand 1934 zum ersten Mal statt und gehört heute zu den renommiertesten Sommerkonzertreihen der Welt. Das Programm (klassische Sinfonien, Kammermusik, Pop, Jazz, Blues) wird von weltberühmten Gastkünstlern und Dirigenten dargeboten. Darunter sind z.B. regelmäßig der bekannte Cellist Yo-Yo Ma, der Stargeiger Joshua Bell oder der Liedermacher James Taylor.

Schlafen

Birchwood Inn PENSION $$$
(☎413-637-2600; www.birchwood-inn.com; 7 Hubbard St; Zi. 208–399 US$; ❄📶🐾) Ein paar Blocks vom Zentrum entfernt beherbergt das älteste Wohnhaus der Stadt (erb. 1767) diese hübsche Pension. Auf einem Hügel warten elf geräumige und romantische Luxuszimmer. Das Dekor variiert zwischen altmodischen Blumenmustern und klassischem Country-Stil. Die Deluxe-Quartiere haben Kingsize-Betten und offene Kamine.

Essen

Haven Cafe & Bakery CAFÉ $
(☎413-637-8948; www.havencafebakery.com; 8 Franklin St; Hauptgerichte 7,50–15,50 US$; ⌚Mo–Fr 7.30–15, Sa & So 8–15 Uhr; 📶🖉) Das Haven sieht aus wie ein normales Café, bietet aber kulinarische Raffinesse der gehobenen Art: Morgens gibt's hier u.a. Einfallsreiches aus Eiern (z.B. Rührei mit Lachs) und Arme Ritter aus Croissants. Auf der Mittagskarte stehen appetitliche Salate und Sandwiches. Alle Gerichte basieren auf regionalen Biozutaten. Unbedingt auch das Süßgebäck an der Backwarentheke probieren!

Bagel & Brew BAGELS $
(www.facebook.com/BagelandBrew; 18 Franklin St; Bagels 5–9 US$; ⌚Bagels 7–13 Uhr, Bar Sa & So 17–23 Uhr) Dieses Lokal mit toller Atmosphäre serviert morgens und mittags leckere Bagels (u.a. als Sandwiches). Zudem gibt's hier einen Biergarten, in dem etwa ab der Mittagszeit ein Dutzend Gerstensaftsorten vom Fass (größtenteils regional) das köstliche Kneipenessen begleiten.

★ **Nudel** AMERIKANISCH $$
(☎413-551-7183; www.nudelrestaurant.com; 37 Church St; Hauptgerichte 18–26 US$; ⌚17–21.15 Uhr) Das Nudel ist eine Institution der regionalen Naturkostszene: Fast alles besteht hier aus saisonalen und regionalen Zutaten. Die Gerichte sind schlicht, aber einfallsreich und sehr aromatisch – trotz täglichen Wechsels des Tagesgerichts sind Enttäuschungen quasi ausgeschlossen. So hat das Restaurant viele treue Stammgäste. Das bedeutet, dass man rechtzeitig reservieren muss (letzte Tischvergabe 21.15 Uhr).

Praktische Informationen

Visit Lenox (☎413-637-3646; www.lenox.org; 4 Housatonic St; ⌚Sept.–Juni Mi–Sa 10–16 Uhr, Juli & Aug. tgl. bis 18 Uhr) Umfassende Lokalinfos (inkl. Unterkünfte, Events).

Williamstown

Das kleine, aber schöne Williamstown liegt mitten im Purple Valley – benannt nach dem violetten Schimmer, den die umliegenden Berge in der Abenddämmerung oft erzeugen. Im freundlichen Ortskern (nur zwei Blocks lang) treffen sich die Einheimischen, und Kinder und Hunde tollen auf den lokalen Grünflächen herum.

Zudem ist Williamstown eine typische College-Stadt in dieser Region: Zwischen den zauberhaften Straßen und Parks ziert Marmor die stattlichen Backsteingebäude des Williams College. Zum vielfältigen Kulturleben vor Ort tragen zwei außergewöhnliche Kunstmuseen und eines von Neuenglands renommiertesten Sommer--Theaterfestivals bei.

Sehenswertes

★ **Clark Art Institute** MUSEUM
(☎413-458-2303; www.clarkart.edu; 225 South St; Erw./Kind 20 US$/frei; ⌚Sept.–Juni Di–So 10–17 Uhr, Juli & Aug. tgl.) Selbst Kunstmuffel sollten dieses Museum unbedingt besuchen: Allein das sanft gewellte, 57 ha große Gelände mit weiten Rasenflächen und Blumenwiesen ist eine großartige Attraktion. Gleiches gilt für das Hauptgebäude, das sich in einem Wasserbecken mit drei Ebenen spiegelt. Bei den Ausstellungen liegt ein Schwerpunkt auf Meistern des Impressionismus (z.B. Monet, Pissarro und Renoir). Die moderne amerikanische Malerei vertreten hier u.a. Werke von Mary Cassatt, Winslow Homer und John Singer Sargent.

Williams College Museum of Art MUSEUM
(☎ 413-597-2429; https://wcma.williams.edu; 15 Lawrence Hall Dr bzw. Main St; ⏲ 10–17, Do bis 20 Uhr, Sept.–Mai Mi geschl.) GRATIS Ein Rasen mit riesigen Bronze-Augen von Louise Bourgeois vor dem Haus kennzeichnet dieses sehenswerte und gratis besuchbare Museum im Ortskern. Unter den ca. 15 000 Exponaten der Sammlung sind auch bedeutende Werke von Berühmtheiten wie Edward Hopper *(Morning in a City)*, Winslow Homer oder Grant Wood. Die Fotografiesammlung ist ebenfalls bemerkenswert. Die zusätzlichen Wechselausstellungen werden von akademischen Vorträgen begleitet.

Schlafen & Essen

River Bend Farm B & B B & B $$
(☎ 413-458-3121; www.riverbendfarmbb.com; 643 Simonds Rd/US 7; Zi. 120 US$; ⏲ April–Okt.; ❄ 📶) Im Jahr 1770 war dieses B & B im georgianischen Kolonialstil noch eine Kneipe und gehörte Benjamin Simonds. Die heutigen Inhaber, Judy und Dave Loomis, haben das ganze Gebäude äußerst originalgetreu restauriert. Die vier einfachen, aber komfortablen Doppelzimmer teilen sich zwei Gemeinschaftsbäder mit Klauenfuß-Badewannen. Gäste frühstücken im früheren Schankraum mit Holztäfelung und großem, offenem Steinkamin. Ein wirklich stimmungsvoller Ort zum Übernachten!

★ **Guest House at Field Farm** GASTHOF $$$
(☎ 413-458-3135; www.thetrustees.org/field-farm; 554 Sloan Rd; Zi. 250–350 US$; @ 📶 🏊) Rund 6 Meilen (9,6 km) südlich von Williamstown liegt dieser einzigartige Gasthof, bei dem die Moderne der 1950er-Jahre kunstvoll in die zeitlose Berglandschaft transportiert wurde. In den sechs geräumigen Zimmern repräsentiert handgezimmertes Mobiliar den modernistischen Stil des Hauses. Die kilometerlangen, meist menschenleeren Wanderpfade auf dem Gelände führen an Skulpturen und zwei Adirondack-Liegestühlen mit perfekt freiem Blick auf den Sternenhimmel vorbei.

Pappa Charlie's Deli FEINKOST $
(☎ 413-458-5969; 28 Spring St; Sandwiches 5–7 US$; ⏲ Mo–Sa 8–20, So bis 19 Uhr) In dem einladenden Frühstückslokal bestellen Einheimische tatsächlich „das Übliche". Die Sandwiches zum Mittagessen wurden eigenhändig von Promis kreiert und sind auch nach diesen benannt. Beliebt ist z. B. die Variante „Mary Tyler Moore" (Speck, Kopfsalat, Tomaten, Avocados). Diese gibt's alternativ auch mit Soja-Ersatzspeck, da die Schauspielerin später zum Vegetarismus konvertierte. Die Option „Politician" ist komplett individuell gestaltbar.

★ **Mezze Bistro & Bar** FUSION $$
(☎ 413-458-0123; www.mezzerestaurant.com; 777 Cold Spring Rd/US 7; Hauptgerichte 16–28 US$; ⏲ So–Do 17–21, Fr & Sa bis 21.30 Uhr) Das moderne Nobellokal auf einem großartigen Gelände (1,2 ha) hält für seine Gäste immer wieder Überraschungen bereit: Die saisonalen und stets leckeren Gerichte wechseln regelmäßig. Hier wird viel Wert auf frische Agrarerzeugnisse gelegt, was mit einem Hausgarten voller essbarer Pflanzen beginnt. Der Großteil des übrigen Angebots, darunter Biofleisch und limitierte Craft-Biere, stammt ebenfalls aus der Region.

ABSTECHER

MASS MOCA IN NORTH ADAMS

Mit 5,3 ha Innenstadtfläche nimmt das **MASS MoCA** (Massachusetts Museum of Contemporary Art; ☎ 413-662-2111; www.massmoca.org; 1040 Mass MoCA Way; Erw./Kind 20/8 US$; ⏲ Juli & Aug. So–Mi 10–18, Do–Sa bis 19 Uhr, Sept.–Juni Mi–Mo 11–17 Uhr) ein Drittel des ganzen Geschäftsbezirks von North Adams ein. Das Museum befindet sich im früheren Werk der Sprague Electric Company, das nach seiner Schließung 1985 für rund 31 Mio. US$ zur „größten Galerie der USA" umgebaut wurde. Die 25 Gebäude (insgesamt 2,06 ha Innenfläche) beherbergen neben 19 Galerien auch Künstlerateliers und Bühnensäle. Unter den Langzeit-Exponaten sind einige Wandgemälde von Sol LeWitt. Die Führungen (tgl. 13 & 15 Uhr) regen zum Nachdenken an.

RHODE ISLAND

Der kleinste US-Bundesstaat ist in Wirklichkeit gar keine Insel und lässt sich in nicht einmal einer Stunde komplett durchqueren. Dafür hat dieses kleine Wunderland eine über 640 km lange Küstenlinie mit weißen Sandstränden, die herrliche Bademöglichkeiten bieten. Hinzu kommen ein paar der schönsten Galerien, Museen und historischen Architekturperlen der ganzen USA. Obendrein sind die Einheimischen ungemein freundlich.

Ferienorte, extravagante Landsitze und malerische Dörfer aus der Kolonialzeit säumen die schroffe Küste. Im Land dahinter liegen Weinberge, Gestüte und üppige Beerenplantagen. Die beiden regionalen Großstädte zählen zu den attraktivsten in ganz Neuengland: Providence ist tief in der Arbeiterklasse verwurzelt, während Newport seine Existenz altem Geld aus oft obskuren Quellen verdankt.

Rhode Island wartet auch ganzjährig mit kulturellen Attraktionen, Festivals, Events, Spitzenrestaurants und supercoolen Bars auf. So verwundert es nicht, dass nach wie vor Neureiche zwecks Sommervergnügen hierherkommen. Ein Besuch ist generell recht teuer, aber jeden Penny wert.

Geschichte

Roger Williams gründete Providence im Jahr 1636, nachdem er als religiöser Abweichler aus Boston vertrieben worden war. Seitdem ist die Stadt von einem Hang zur Freigeistigkeit geprägt: Williams' oberstes Prinzip war die Glaubensfreiheit des Individuums, was auch zu seiner Verbannung aus Massachusetts führte. Bei der Gründung von Providence setzte er seine liberalen Ansichten dann in die Tat um: Er kaufte Land von den indigenen Narragansett und pflegte mit diesen auch danach noch freundliche Beziehungen – damals ein kühnes Experiment in Sachen Toleranz und friedlicher Koexistenz.

Williams' Projekterfolge wurden jedoch rasch wieder zunichte gemacht. Als Providence und Newport wuchsen und zu einer großen Kolonie verschmolzen, kam es zu bewaffneten Konflikten mit Indianerstämmen. Diese Auseinandersetzungen führten schließlich zur Dezimierung der indigenen Wampanoag, Pequot, Narragansett und Nipmuck. Zudem war Rhode Island ein Zentrum des amerikanischen Sklavenhandels, der in den ersten Jahren nach dem Unabhängigkeitskrieg größtenteils von hier aus kontrolliert wurde.

Die Industrialisierung der USA begann 1790 mit der Slater Mill in Pawtucket, die durch Wasserkraft angetrieben wurde. Steigende Industrie- und Siedlungsdichte prägten den Charakter von Providence und deren Umgebung (vor allem entlang des Blackstone River). Doch wie viele andere Kleinstädte an der Ostküste erlebten diese urbanen Gebiete in den 1940er- und 1950er-Jahren einen raschen Niedergang, als die örtliche Fertigungsindustrie (Textilien und Modeschmuck) einbrach. In den 1960er-Jahren sorgten Denkmalschutzmaßnahmen für den Erhalt der historischen Stadtbilder von Providence und Newport – letzteres hat heute eine der schönsten historischen Innenstädte des ganzen Landes.

Auch Providence ist nun wieder eine stilvolle, belebte Stadt mit pulsierendem Zentrum und dynamischer Wirtschaft. Größtenteils ist dies ein Verdienst von Buddy Cianci, dessen zwei Amtszeiten als Bürgermeister (1975–1984, 1991–2002) jeweils mit gerichtlichen Verurteilungen endeten. Cianci starb 2016 mit 74 Jahren. Das sehr beliebte WaterFire Festival ist heute ein spektakuläres und stolzes Symbol für die phönixgleiche Wiedergeburt von Providence, das einst am Zusammenfluss dreier Flüsse gegründet wurde.

ℹ Praktische Informationen

Rhode Island Division of Parks & Recreation (www.riparks.com) Listet u. a. alle regionalen State Beaches auf.

Rhode Island Tourism Division (www.visitrhodeisland.com) Offizielle Touristeninformation des Bundesstaats.

Providence

Die Staatshauptstadt von Rhode Island liegt am Zusammenfluss der Flüsse Providence, Moshassuck und Woonasquatucket. Hier warten ein paar der schönsten Stadtspaziergänge in ganz Neuengland – z. B. durch die Landschaftsgärten entlang des Riverwalk Trail oder über den historischen Campus der Brown University auf dem College Hill aus dem 18. Jh. Hippe Cafés, Programmkinos, trendige Bars und Fusion-Restaurants säumen die schmucken Straßen und Gassen im Stadtzentrum.

Ein Schicksal als weitere US-Industrieruine blieb Providence dank Buddy Cianci erspart: Der zweimalige (und umstrittene) Bürgermeister sanierte die Innenstadt mittels eines Großprojekts. Dabei wurden vormals verdohlte Flüsse zum Zweck der Umleitung freigelegt, Brachflächen neu belebt und historische Fassaden restauriert. Das Ergebnis bewahrt historische Schätze nicht nur einfach, sondern integriert sie vielmehr in eine kreativ gestaltete Gegenwart: Architekturstile aus 30 Jahren verschmelzen hier zu einer bunten urbanen Landschaft, die zugleich kühn, wunderschön und ausgesprochen cool wirkt.

Dank der vielen Studenten herrscht im örtlichen Gesellschafts-, Kunst- und Kulturleben ein so fortschrittlicher wie cooler Geist.

Sehenswertes

★ Rhode Island State House HISTORISCHES GEBÄUDE
(☎401-222-3983; www.sos.ri.gov; 82 Smith St; ⌚Besichtigung ohne Guide Mo–Fr 8.30–16.30 Uhr, Führungen Mo–Fr 9, 10, 11, 13 & 14 Uhr; P) GRATIS Das Rhode Island State House wurde 1904 von McKim, Mead & White entworfen. Der Bau dominiert das Stadtbild von Providence und ist aus mehreren Kilometern Entfernung zu sehen. Die freitragende Marmorkuppel (die viertgrößte der Welt) ist teilweise dem Dach des Petersdoms in Rom nachempfunden. Innen hängt eines der Originalporträts, die Gilbert Stuart von George Washington malte – einfach mal mit dem Konterfei auf einem Dollarschein vergleichen!

Providence Athenaeum BIBLIOTHEK
(☎401-421-6970; www.providenceathenaeum.org; 251 Benefit St; ⌚Mo–Do 10–19, Fr & Sa bis 18, So 13–17 Uhr) GRATIS Die Bibliothek im Greek-Revival-Stil gehört zu den markantesten Gebäuden an der Benefit St. Sie wurde von William Strickland entworfen und 1838 vollendet. Bei der traditionellen Inneneinrichtung wurden die Lücken zwischen den Bücherregalen mit Gipsbüsten und Ölgemälden gefüllt. Edgar Allen Poe ging hier angeblich oft auf Schürzenjagd. Über die hiesige Architektur und die lokale Kunst informiert die **Raven Tour**, bei der man das Gebäude auf eigene Faust anhand einer Broschüre erkundet. Der Prospekt ist vor Ort erhältlich.

Brown University UNIVERSITÄT
(☎401-863-1000; www.brown.edu; 1 Prospect St) GRATIS Mit ihrem ganz typischen Charme dominiert diese Ivy-League-Universität den höchsten Punkt des Viertels College Hill (East Side). Herzstück des Campus ist die **University Hall** (erb. 1770) aus Backstein, die während des Amerikanischen Unabhängigkeitskriegs als Kaserne diente. Der beste Startpunkt für eine Erkundung des Geländes sind die schmiedeeisernen Eingangstore an der Kreuzung von College und Prospect St – von dort aus einfach über den Rasen in Richtung Thayer St laufen!

Benefit Street ARCHITEKTUR
(Benefit St) Gleich östlich der Innenstadt liegt das Viertel College Hill. Durch dessen East Side führt die Benefit St, an der Gebäude aus dem 18. Jh. von der örtlichen Kolonialgeschichte zeugen. Diese Häuser sind zumeist in Privatbesitz, können aber häufig am Wochenende des **Festival of Historic Houses** (www.ppsri.org/programs-events/signature-events/festival-of-houses/; ⌚Juni) GRATIS per Führung besichtigt werden. Die Benefit St ist auch ein passendes Symbol für die Renaissance von Providence: In den 1960er-Jahren verhinderten einheimische Denkmalschützer ihre bevorstehende komplette Zerstörung durch fehlgeleitete Stadtsanierungsmaßnahmen.

★ RISD Museum of Art MUSEUM
(☎401-454-6500; www.risdmuseum.org; 20 N Main St; Erw./Kind unter 18 Jahren 15 US$/frei, So bis 13 Uhr Eintritt frei; ⌚Di–So 10–17, am 3. Do des Monats bis 21 Uhr; P) Das herrlich vielfältige Kunstmuseum der Rhode Island School of Design zeigt z. B. Antikes aus Griechenland oder US-amerikanische Gemälde und Kunsthandwerksgegenstände aus dem 20. Jh. Zudem warten hier ständig Events und Wanderausstellungen. Vor dem Besuch empfiehlt sich ein Blick auf die tolle Website.

Feste & Events

★ WaterFire STRASSENFEST
(☎401-273-1155; www.waterfire.org; ⌚wechselnde Termine) GRATIS Im Sommer und auch an ein paar wenigen Tagen in der kälteren Jahreszeit verwandeln sich große Teile der Innenstadt in ein einziges belebtes Straßenfest. Dessen Existenzgrund ist seit 1994 die äußerst beliebte Kunstinstallation WaterFire von Barnaby Evans. Am Zusammenfluss des Providence, Moshassuck und Woonasquatucket River werden dabei 100 schwimmende Feuerschalen verankert. Vom Ufer und von den Brücken aus schauen Scharen von Passanten auf das flammende Spektakel.

Schlafen

★ The Dean Hotel BOUTIQUEHOTEL $
(☎401-455-3326; http://thedeanhotel.com; 122 Fountain St; DZ ab 109 US$) Diese Top-Adresse für coole Hipster steht rundum für Design. Das Untergeschoss beherbergt eine Bierkneipe, eine Cocktail- und eine Karaokebar mit jeweils feucht-fröhlicher Atmosphäre. Erholung davon versprechen die acht Zimmer, die im Obergeschoss mit stilvoller Unkonventionalität der urbanen Art aufwarten.

Providence Biltmore HISTORISCHES HOTEL $$
(☎401-421-0700; www.providencebiltmore.com; 11 Dorrance St; DZ ab 189 US$; P) Das mehr-

stöckige Biltmore aus den 1920er-Jahren ist sozusagen der Großvater aller örtlichen Hotels. Die lauschig-mondäne Lobby weist dunkles Holz, Kronleuchter und Wendeltreppen auf – eine nette Hommage an die gute, alte Zeit. Die 292 geräumigen Zimmer bzw. Suiten wurden umfassend und hochwertig modernisiert. Wer auf Aussicht steht, wählt am besten ein Quartier weiter oben: Das Hotel ragt hoch über die Altstadt empor.

Essen

Haven Brothers Diner DINER $
(☎401-603-8124; www.havenbrothersmobile.com; Ecke Dorrance & Fulton St; Gerichte 5–12 US$; ⏲17–3 Uhr) Eine örtliche Institution: Der mobile Diner befindet sich hinten auf einem Lastwagen, der seit Jahrzehnten abends an derselben Stelle neben der City Hall parkt. Über eine klapperige Leiter geht's hinauf in den Innenraum, in dem sich die Gäste an einfacher Diner-Kost (Tipp: der Murder Burger) laben. Das Publikum reicht von prominenten Politikern bis hin zu Studenten auf Sauftour.

birch MODERN-AMERIKANISCH $$$
(☎401-272-3105; www.birchrestaurant.com; 200 Washington St; 4-gängiges Menü 60 US$, passende Getränke 40 US$; ⏲Do–Mo 17–22 Uhr) Küchenchef Benjamin Sukle und seine Ehefrau Heidi zählen das Noma in Kopenhagen und das Dorrance im Biltmore Hotel zu ihren Referenzen. Nun betreiben sie ihr eigenes Lokal: das dezent eingerichtete birch mit super Küche. Das lauschige und stilvolle Ambiente zeugt von einem Auge fürs Detail (Ein Beispiel: Die Gäste sitzen an einem u-förmigen Tresen). Gleiches gilt für die strikt saisonalen Gerichte aus Zutaten, die generell selten verwendet und/oder nur in Kleinmengen produziert werden.

Ausgehen

★ **Ogie's Trailer Park** BAR
(☎401-383-8200; www.ogiestrailerpark.com; 1155 Westminster St; ⏲Mo–Do 16–1, Fr & Sa 15–2, So 12–1 Uhr) Essen, Trinken, Liebe: Das großartige Ogie's bietet so viele Überraschungen, dass man am liebsten gleich hier einziehen will. In puncto Thema bzw. Gestaltung lässt es sich in etwa als Mix aus *Drei Mädchen und drei Jungen*, *Mad Men* und *Breaking Bad* beschreiben.

The Eddy COCKTAILBAR
(☎401-831-3339; www.eddybar.com; 95 Eddy St; ⏲16–1 Uhr) Das Eddy kredenzt die nobelsten Cocktails der Stadt. Zudem warten hier eine eindrucksvolle Weinkarte und eine gute Auswahl von Fass- bzw. Flaschenbieren. Schick anziehen!

Praktische Informationen

Providence Visitor Information Center
(☎401-751-1177; www.goprovidence.com; 1 Sabin St, Rhode Island Convention Center; ⏲Mo–Sa 9–17 Uhr)

An- & Weiterreise

BUS

Alle Fernbusse und die meisten Lokalbusse halten am **Intermodal Transportation Center** (Kennedy Plaza; ⏲6–19 Uhr) im Zentrum. Greyhound und Peter Pan Bus Lines betreiben dort auch eigene Ticketschalter. Das Personal dort verteilt auch Übersichtspläne zum Stadtbusnetz.

Peter Pan verbindet den Green Airport in Providence mit der South Station (ab 9 US$, 1 Std., 12-mal tgl.) und dem Bostoner Logan International Airport (ab 18 US$, 70 Min., 10-mal tgl.) in Boston.

Greyhound fährt ab Providence z. B. nach Boston (ab 9 US$, 65 Min.) und NYC (ab 15 US$, 5½–6 Std.).

ZUG

Ab Providence schickt die Amtrak u. a. Acela-Hochgeschwindigkeitszüge nach Boston (ab 12 US$, 50 Min.) und NYC (ab 54 US$, 3–3½ Std.).

Mit Pendlerzügen der MBTA besteht ebenfalls regelmäßig Verbindung nach Boston (12 US$, 60–75 Min.).

Unterwegs vor Ort

Providence ist klein, hübsch und fußgängerfreundlich, was zu Erkundungen per pedes animiert.

Zudem betreibt die Rhode Island Public Transit Authority (RIPTA) hier zwei „Trolley"-Linien (einfache Strecke jeweils 2 US$): Die Green Line führt ab der East Side durch die Innenstadt zum Federal Hill. Die Gold Line fährt vom Hotel Providence Marriott Downtown südwärts zum Krankenhaus (über die Kennedy Plaza und den Fähranleger an der Point St).

Newport

Der „neue Hafen" wurde von moderaten religiösen Siedlern gegründet und florierte prächtig in der unabhängigen Kolonie Rhode Island, die sich hier 1776 zum Staat erklärte. Im Stadtzentrum knipsen Fotonarren an gefühlt jeder Ecke begeistert die makellos erhaltene Architektur und die Wahrzeichen aus der Kolonialzeit.

Doch so faszinierend Newports frühe Geschichte auch ist, wirklich interessant wurde es erst in den 1850er-Jahren, als wohlhabende Industrielle begannen, opulente Sommerhäuser entlang der Bellevue Ave auf den Klippen zu errichten. Die stilsicheren italienisch inspirierten Palazzi, die französischen Châteaux und elisabethanischen Prachtvillen sind heute grandios restauriert und mit unbezahlbaren Antiquitäten gefüllt – und ihre atemberaubende Lage muss man gesehen haben, um es zu glauben. Die Kuriosität, Vielfältigkeit und Extravaganz dieses spektakulären Ortes ist unvergleichlich.

Newport hält auch seine maritimen Wurzeln in Ehren und ist nach wie vor ein weltweites Zentrum für Jachtfreunde. Kein Wunder: Die Sommer hier sind einfach wunderbar. Die Einheimischen haben einen ausgezeichneten Geschmack und wissen, wie man eine Party schmeißt. Es ist immer was los, so gibt es u.a. mehrere Cross-Genre-Festivals, die zu den besten in den USA gehören.

Sehenswertes & Aktivitäten

★ The Breakers — HISTORISCHES GEBÄUDE

(☎ 401-847-1000; www.newportmansions.org; 44 Ochre Point Ave; Erw./Kind 24/8 US$; ⌚ April–Mitte Okt. 9–17 Uhr, Mitte Okt.–März abweichend; P) Das Breakers ist ein gigantischer italienischer Renaissance-Palast mit 70 Zimmern. Es ist von den Palazzi des 16. Jhs. aus Genua inspiriert und das prachtvollste der Herrenhäuser in Newport. Das Gebäude wurde auf Geheiß von Cornelius Vanderbilt II. erbaut und größtenteils von Richard Morris Hunt entworfen (die dekorativen Feinarbeiten wurden aber von Handwerkern aus der ganzen Welt erledigt). 1895 wurde der Palast fertiggestellt, der sich mit grandiosem Blick auf den Ozean in der Ochre Point Ave befindet. Das **Children's Cottage** auf dem Gelände sollte man nicht verpassen.

★ The Elms — HISTORISCHES GEBÄUDE

(☎ 401-847-1000; www.newportmansions.org/explore/the-elms; 367 Bellevue Ave; Er./Kind 17,50/8 US$, Touren zum Leben der Dienstboten Erw./Kind 18/7,50 US$; ⌚ April–Mitte Okt. 10–17 Uhr, Mitte Okt.–März unterschiedliche Öffnungszeiten; P 👪) Das Elms wurde 1901 von Horace Trumbauer entworfen und ist dem 1750 nahe Paris erbauten Château d'Asnières nachempfunden. Die Tour „Hinter den Kulissen" führt durch die Dienstbotenquartiere und aufs Dach. Unterwegs erfährt man alles über die Aufgaben der Heerscharen von Bediensteten und die architektonischen Details, die sie vor jenen verbargen, die in den edlen Salons Port nippten.

Rough Point — HISTORISCHES GEBÄUDE

(☎ 401-849-7300; www.newportrestoration.org/roughpoint; 680 Bellevue Ave; Erw./Kind 25 US$/frei; ⌚ April–Anfang Mai Do–So 9.30–14 Uhr, Anfang Mai–Anfang Nov. Di–So 9.30–15.30 Uhr; P) Allein die unvergleichliche Lage und Pracht des Anwesens sind den Eintrittspreis wert, aber dieses nachgebaute englische Herrenhaus beherbergt darüber hinaus auch die eindrucksvolle Kunstsammlung der Erbin und Philanthropin Doris Duke. Mittelalterliche Wandteppiche, Möbel aus dem Besitz französischer Kaiser, Keramiken der Ming-Dynastie und Gemälde von Renoir und Van Dyck gehören u.a. zu dieser einmaligen Sammlung.

Fort Adams State Park — STATE PARK

(☎ 401-847-2400; www.riparks.com/Locations/LocationFortAdams.html; Harrison Ave; Parken 6 US$/Nacht; ⌚ Sonnenaufgang–Sonnenuntergang) Der großartige State Park ragt in die Narragansett Bay hinein. Sein Herzstück ist Amerikas größte Küstenfestung: **Fort Adams** (☎ 401-841-0707; www.fortadams.org; 90 Fort Adams Dr; Führungen Erw./Kind 12/6 US$; ⌚ Ende Mai–Okt. 10–16 Uhr, Nov. & Dez. kürzere Öffnungszeiten), wo auch zahlreiche Events (u.a. das Newport Jazz und Folk Festival) stattfinden. Der Strand, die Picknick- und Angelbereiche sowie die Bootsrampe des Parks sind täglich zugänglich.

Cliff Walk — WANDERN & TREKKEN

(www.cliffwalk.com; Memorial Blvd) Der herrliche Küstenwanderweg (5,6 km) führt hinter Newports Villen vom Memorial Blvd zum Bailey's Beach. Unterwegs kann man nicht nur den grandiosen (und einst exklusiven) Meerblick der örtlichen Reichen und Schönen genießen, sondern bewundert auch deren Häuser.

Feste & Events

★ Newport Music Festival — MUSIK

(☎ 401-849-0700; www.newportmusic.org; Tickets 25–50 US$; ⌚ Mitte Juli) International renommiertes Klassik-Festival mit vielen Konzerten an Veranstaltungsorten mit toller Architektur und Akustik (u.a. in einigen der spektakulären Newport Mansions).

ABSEITS DER ÜBLICHEN PFADE

BLOCK ISLAND

Schon vom Deck der Fähre aus sieht man eine Ansammlung von Mansardendächern und Lebkuchenhäuschen, die malerisch im Dörfchen Old Harbor aufragen, wo sich seit 1895 wenig verändert hat – abgesehen vom Anschluss ans Stromnetz und den Spültoiletten. Wer auch nach der Abreise der Massen mit der letzten Fähre noch bleibt, wird von der Größe und Ruhe der Insel entweder begeistert oder enttäuscht sein: Die einen lieben die herrliche Stille, andere kriegen schnell einen Inselkoller.

Block Islands schlichte Haupt-Highlights sind Spaziergänge am Strand, der sich von Old Harbor aus nach Norden erstreckt, Radtouren durch die sanften Hügel des Inselfarmlands und die Stimmen der verschiedenen Vögel, die auf dem Eiland zu Hause sind. Während der Nebensaison, wenn die Bevölkerung auf ein paar Hundert Einwohner schrumpft, erinnert die Landschaft an die karge, unheimliche Atmosphäre eines Andrew-Wyeth-Gemäldes: Steinmauern markieren jahrhundertealte Grenzlinien, und ein paar Bäume versperren hier und da den spektakulären Blick auf den Ozean.

Im Sommer gilt in vielen Häusern ein Mindestaufenthalt von zwei oder drei Tagen; von November bis April sind sie oft geschlossen. Reservierungen sind vorab erforderlich. Die Hauptsaison dauert etwa von Mitte Juni bis zum Labor Day. In der Nebensaison sind die Preise oft viel günstiger als die hier aufgeführten. Campen ist auf der Insel nicht erlaubt.

Schlafen

Die Leute vom **Block Island Hospitality Center** (☎401-466-2982; www.blockislandchamber.com; Water St, Old Harbor Ferry Landing; ⏲Ende Mai–Anfang Sept. 9–17 Uhr, restliches Jahr 10–16 Uhr) in der Nähe des Fährdocks wissen, wo noch Zimmer frei sind, und versuchen zu helfen, falls man ohne Reservierung anreist.

An- & Weiterreise

Die Insel ist nur per Fähre oder Flugzeug zu erreichen.

Block Island Ferry (☎401-783-7996; www.blockislandferry.com) Unterhält eine ganzjährig verkehrende traditionelle Autofähre sowie eine Expressfähre von Point Judith in Narragansett, die vom Memorial Day bis Mitte Oktober verkehrt. Von Newport und Fall River, MA, verkehren außerdem reine Express-Passagierfähren.

Block Island Express (☎860-444-4624; www.goblockisland.com) Bietet zwischen Mai und September Verbindungen aus New London, CT, nach Old Harbor auf Block Island.

New England Airlines (www.blockislandairlines.com) Fliegt zwischen dem Westerly State Airport an der Airport Rd abseits des RI 78 und dem Block Island State Airport (12 Min.).

Newport Folk Festival MUSIK
(www.newportfolk.org; Fort Adams State Park; für aktuelle Ticketpreise s. Website; ⏲Ende Juli) Bei dem Folk-Festival (das als eines der besten in den ganzen USA gilt) treten berühmte Stars und Newcomer gleichermaßen auf. Das Programm im Fort Adams State Park und an anderen lokalen Veranstaltungsorten beschränkt sich aber nicht nur auf Musik: Zur familienfreundlichen Atmosphäre im bunten Straßenfest-Stil tragen auch Workshops, Ausstellungen und Verkaufsstände bei.

Newport Jazz Festival MUSIK
(www.newportjazz.org; Fort Adams State Park; Tickets Erw./Kind ab 65/15 US$; ⏲Aug.) Das Festival steigt meist an einem Wochenende im August. Konzerte im Fort Adams State Park werden dabei durch kleinere Live-Darbietungen in der Stadt ergänzt. Die beliebtesten Gigs sind oft ein Jahr im Voraus ausverkauft.

Schlafen

Newport International Hostel HOSTEL $
(William Gyles Guesthouse; ☎401-369-0243; www.newporthostel.com; 16 Howard St; B/DZ ab 29/79 US$; ⏲Mai–Nov.; 📶) Wer in Rhode Islands einzigem Hostel absteigen möchte, sollte so früh wie möglich buchen. Der Gastgeber ist so entspannt wie sachkundig. Die winzige Unterkunft bietet einfache Frühstücksmöglichkeiten, eine Waschmaschine und saubere Betten in einem Schlafsaal.

Francis Malbone House B&B $$
(☎401-846-0392; www.malbone.com; 392 Thames St; DZ/Suite ab 149/289 US$; P 📶) Die pracht-

volle Backsteinvilla, entworfen von Peter Harrison, wurde 1760 für einen reichen Überseehändler errichtet. Heute ist das wunderschöne und makellos gepflegte Anwesen mit üppigem Garten eine von Newports besten Unterkünften. Die Gemeinschaftsbereiche und ein paar der Zimmer haben funktionierende offene Kamine. Preise jeweils inklusive Gourmetfrühstück und Nachmittagstee.

★ Attwater BOUTIQUEHOTEL **$$$**
(☎ 401-846-7444; www.theattwater.com; 22 Liberty St; Zi. 139–659 US$; P ❄ 📶) Das neueste Hotel in Newport versprüht das auffällige Flair einer sommerlichen Strandparty mit türkisfarbenen, limettengrünen und korallenroten Drucken, Ikat-Bettkopfteilen und Teppichen mit geometrischem Muster. Die Panoramafenster und Veranden fangen das Sommerlicht ein, und die Zimmer sind mit durchdachtem Luxus ausgestattet, z. B. mit iPads, Apple-TV und Strandtaschen.

Essen

★ Anthony's Seafood SEAFOOD **$$**
(☎ 401-846-9620; www.anthonysseafood.net; 963 Aquidneck Ave; Hauptgerichte 12–32 US$; ⏲ Mo–Sa 11–20, So ab 12 Uhr) Einheimische lieben diesen Seafood-Großmarkt mit Restauranttischen und Take-away-Option. Der versteckte Laden war auch schon in der TV-Serie *Diners, Drive-ins and Dives* zu sehen. Abseits von Middletowns Hauptstraße ist hier immer viel los – was von der Qualität und Frische der angebotenen Meeresfrüchte zeugt. Von den stets sehr üppigen Gerichten empfehlen sich vor allem die Quahogs (alias *stuffies*; gefüllte Nördliche Venusmuscheln).

Fluke Wine Bar SEAFOOD **$$$**
(☎ 401-849-7778; www.flukenewport.com; 41 Bowens Wharf; Hauptgerichte 24–36 US$; ⏲ Mai–Okt. 17–23 Uhr, Nov.–April Mi–Sa bis 22 Uhr) Das Fluke hat einen skandinavisch angehauchten Speiseraum mit hellem Holz und Aussichtsfenstern. Darin gibt's erlesenes Seafood wie gebratenen Seeteufel, Felsenbarsch (saisonal) oder feiste Jakobsmuscheln. Die oben befindliche Harbor View Bar mit Hafen- und Buchtblick schenkt Bier, starke Cocktails und viele verschiedene Weine aus. Reservierung ist ratsam.

Praktische Informationen

Newport Visitor's Center (☎ 401-845-9131; www.discovernewport.org; 23 America's Cup Ave; ⏲ 9–17 Uhr) Hier bekommen Traveller diverse Karten, Broschüren, Infos zu Lokalbussen und Tickets für bekannte Attraktionen und können die öffentlichen Toiletten und einen Geldautomaten benutzen. Neben dem Zentrum kann man gratis parken (30 Min.).

An- & Weiterreise

Ab dem Newport Visitor's Center fährt Peter Pan Bus Lines nach Boston (ab 22 US$, 1¾–2 Std., 4- bis 5-mal tgl.).

Auch die meisten RIPTA-Busse benutzen die Haltestelle am Visitor's Center: Linie 60 bedient Providence (2 US$, 1 Std., ca. alle 60 Min.), Linie 64 den Amtrak-Bahnhof West Kingston (2 US$, 1 Std., Mo–Fr 5-mal tgl., Sa 3-mal tgl.). Mit Linie 14 geht's zum Flughafen T. F. Green in Warwick (2 US$, 1 Std.).

East Bay

Die schroffe East Bay in Rhode Island ist eine Art Mikrokosmos der amerikanischen Frühgeschichte, von den Gräbern der ersten Siedler in Little Compton über die Höfe und Häuser der Walfänger und Farmer in Warren und Barrington bis hin zu den Villen der Sklavenhändler in Bristol.

Abgesehen vom historischen, pittoresken Tyler Point Cemetery, einem Friedhof in Barrington zwischen dem Warren und Barrington River, sowie von der Ansammlung von frühen (im 18. und 19. Jh.) aus Stein und Schindeln erbauten Kirchen in Warren ist Bristol die wohl interessanteste Gemeinde hier. Weiter südlich liegt Sakonnet, das von den Wampanoag als „Ort der schwarzen Gänse" bezeichnet wird. Diese ländliche Gegend mit Weiden und Wäldern umrahmt die beiden kleinen Städtchen Tiverton und Little Compton.

Die Bucht wird von ihren stolzen Anwohnern geschützt und bislang kaum touristisch beworben. So ist diese Region ein faszinierendes Pflaster für anspruchsvolle Individualreisende, die sich für Amerikas Geschichte und Neuenglands Naturschätze interessieren.

★ Colt State Park STATE PARK
(☎ 401-253-7482; www.riparks.com/Locations/LocationColt.html; Rte 114; ⏲ Sonnenaufgang–Sonnenuntergang; P) GRATIS Rhode Islands schönster Park grenzt im Westen komplett an die Narragansett Bay. Auf dem üppig grünen Areal (188 ha) findet man gepflegte Obstbäume, Blumenbeete und über 400 (!) schattige Picknickplätze. Drum herum verläuft ein 6,4 km umfassendes Radwegnetz.

CONNECTICUT

New Yorks Nachbarstaat ist für seine Pendlerstädte bekannt und ein Synonym für die wohlhabenden Straßen und Villen aus *Die Frauen von Stepford* und der TV-Serie *Gilmore Girls*. In Greenwich (hier sitzt das alte Geld), den Litchfield Hills und Quiet Corner wirken diese Darstellungen ziemlich treffend.

Viele betrachten den Bundesstaat als bloßes Sprungbrett ins „echte" Neuengland, von dessen Tourismus-Boom Connecticut bislang verschont blieb. Der Vorteil ist, dass sich Connecticut (noch) authentischer anfühlt. Der Nachteil ist hingegen der langsame Verfall früherer Schwergewichte wie Hartford und New London. Hier können Besucher über den Preis des Fortschritts nachdenken und sich von der urbanen Wiederbelebung begeistern lassen. New Haven, der Standort der Yale University, ist einer dieser Orte, die sich als lebendiges, kulturelles Zentrum neu erfinden.

Der „Nutmeg State" glänzt mit vielfältiger Seefahrts-, Regional- und Naturgeschichte. Die vielen Restaurants mit frischen Zutaten vom Bauernhof (teils von Starköchen geleitet) sind ein weiteres Highlight. Zudem warten hier zahlreiche Wasserfälle und State Parks auf passionierte Outdoor-Fans. So offenbart sich immer mehr Wunderbares, je länger man vor Ort weilt.

Geschichte

Als die ersten europäischen Entdecker, allen voran die Holländer, im frühen 17. Jh. hier ankamen, lebten verschiedene Stämme amerikanischer Ureinwohner (insbesondere die Pequot und die Mohegan, deren Bezeichnung für den Fluss zum Namen des Staates geworden ist) in dem Gebiet. Die erste englische Siedlung entstand 1635 mit Old Saybrook, gefolgt von der ein Jahr später von den Puritanern aus Massachusetts unter der Führung von Thomas Hooker gegründeten Connecticut Colony. Eine dritte Kolonie entstand 1638 in New Haven. Nach dem Pequot-Krieg (1637) waren die amerikanischen Ureinwohner keine Hürde mehr für die koloniale Expansion in Neuengland, sodass die Einwohnerzahl der Engländer in Connecticut wuchs. 1686 wurde Connecticut in das Dominion of New England aufgenommen.

Die Amerikanische Revolution fegte durch Connecticut und hinterließ nach großen Schlachten bei Stonington (1775), Danbury (1777), New Haven (1779) und Groton (1781) viele Narben. Connecticut wurde 1788 zum fünften Bundesstaat der USA. Es folgte eine Periode des Wohlstands, befeuert durch den Walfang, den Schiffsbau, die Landwirtschaft und die Fertigungsindustrie (von Feuerwaffen bis hin zu Fahrrädern und Haushaltsgegenständen), die bis ins 19. Jh. hinein anhielt.

Das 20. Jh. brachte die Weltkriege und die Weltwirtschaftskrise, aber Connecticut konnte sich gut behaupten, vor allem dank der Rüstungsindustrie, denn hier wurde alles von Flugzeugen bis zu U-Booten gebaut. Und als die Bedeutung der Verteidigungsindustrie in den 1990er-Jahren in dem Bundesstaat schwand, füllten andere Wirtschaftszweige (z. B. die Versicherungsbranche) die entstandene Lücke.

Aktuell leisten zwei florierende Kasinos einen wichtigen Beitrag zu den Staatseinnahmen (insgesamt 7 Mrd. US$ seit 1997). Dieser ist so groß, dass Conncecticuts Legislative nun die Eröffnung einer dritten Spielbank genehmigt hat.

ℹ Praktische Informationen

Connecticut Office of Tourism (www.ctvisit.com) Offizielle Tourismus-Website des Bundesstaats.

Connecticut River Valley and Shoreline Travel Information (www.ctrivervalley.com) Privat betriebene Website mit Touristeninformationen zum Connecticut River Valley.

CTNow (www.ctnow.com) Regelmäßig aktualisierte Infos und Verzeichnisse zu lokalen Events.

Edible Nutmeg: Celebrating the Local Food Community of Fairfield, Litchfield, and New Haven Counties (www.ediblenutmeg.com) Vierteljährlich aktualisierter Feinschmecker-Guide zur Spitzenküche in diesem Teil von Connecticut.

Lonely Planet (www.lonelyplanet.com/usa/new-england/connecticut) Infos zu Reisezielen, Hotelrezensionen, ein Traveller-Forum u. v. m.

Hartford

Connecticuts Hauptstadt ist eine der ältesten Städte Amerikas. Sie ist als Geburtsstätte der lukrativen Versicherungsindustrie bekannt, die sich entwickelte, als ein örtlicher Landbesitzer nach einer Feuerversicherung suchte. Für die Dokumente der Policen wurden Druckmaschinen benötigt, was wiederum zu einem Boom in der Verlagsbranche führte und Mark Twain, Harriet Beecher Stowe und Wallace Stevens anlockte. 1855 entwickelte Samuel Colt außerdem die einträgliche Massenproduktion des Revolvers. Hartford war damals ganz groß im Geschäft.

Es ist schon eine Ironie, dass die Branchen, die für den Wohlstand der Stadt verantwortlich waren (Versicherung und Waffen), auch zu ihrem langsamen Niedergang beitrugen: Hartford liegt in den Kriminalstatistiken recht weit vorn. Auch wenn sich die Situation allmählich verbessert, sollte man dies im Hinterkopf behalten. Das alte Geld hat aber auch ein wirklich beeindruckendes Vermächtnis großartiger historischer Attraktionen hinterlassen, die auf keinem Neuengland-Reiseplan fehlen sollten. Wer im Frühling kommt, wenn die hübschen Blüten sprießen, oder im Sommer, wenn die Bäume grün sind und der Himmel blau, wird mit ziemlicher Sicherheit angenehm überrascht sein.

Sehenswertes

★ Wadsworth Atheneum — MUSEUM

(☎860-278-2670; https://thewadsworth.org; 600 Main St; Erw./Kind 15 US$/frei; ⊙Mi–Fr 11–17, Sa & So 10–17 Uhr) 2015 eröffnete das älteste Kunstmuseum des Landes nach fünfjähriger und 33 Mio. US$ teurer Renovierung mit 32 neuen Galerien und 15 öffentlichen Räumen wieder. Das Wadsworth beherbergt fast 50 000 Kunstwerke in einem burgartigen neugotischen Gebäude. Zu sehen sind Gemälde von Mitgliedern der Hudson River School – darunter einige von dem in Hartford geborenen Frederic Church – sowie impressionistische Werke aus dem 19. Jh. Darüber hinaus gibt es Möbel aus dem Neuengland des 18. Jhs., Skulpturen des aus Connecticut stammenden Künstlers Alexander Calder und eine außergewöhnliche Sammlung surrealistischer Nachkriegs- sowie zeitgenössischer Kunstwerke.

★ Mark Twain House & Museum — MUSEUM

(☎860-247-0998; www.marktwainhouse.org; 351 Farmington Ave, Parken in 385 Farmington Ave; geführte Haustouren Erw./Kind 20/11 US$; lebendiges Museum/Geistertour 25/12 US$; Museum 6 US$; ⊙9.30–17.30 Uhr, Jan. & Feb. Di geschl.; P) 17 Jahre lang, in der produktivsten Phase seines Lebens, wohnte Samuel Langhorne Clemens (1835–1910) mit seiner Familie in diesem wunderschönen orange-schwarzen viktorianischen Backsteinhaus. Damals war diese Gegend der Stadt, Nook Farm, noch eher ländliches Gebiet. Der Architekt Edward Tuckerman Potter verzierte das Haus üppig mit Türmchen, Giebeln und Veranden, ein Teil der Inneneinrichtung wurde von Louis Comfort Tiffany entworfen. Der Eintritt zum Haus ist nur im Rahmen einer geführten Tour möglich. Es ist empfehlenswert, die Karten vorab zu kaufen.

Connecticut Science Center — MUSEUM

(☎860-520-2160; www.ctsciencecenter.org; 250 Columbus Blvd; Erw./Kind 24/17 US$, Film 7/6 US$; ⊙Di–So 10–17 Uhr; P 👪) Dieses faszinierende Museum für Groß und Klein hat auch eine interessante Architektur, die von Cesar Pelli aus Argentinien entworfen wurde. Hier herrscht kein Mangel an innovativen, interaktiven Exponaten und Programmen: Der 1. Stock beherbergt eine spezielle KidsZone, zudem sind stets auch erstklassige Wanderausstellungen zu diversen Themen zu sehen. Obendrein erwarten Filme, Bühnenshows und Sonderveranstaltungen (für aktuelle Details s. Website) die Besucher. Hier lässt sich leicht ein ganzer Tag verbringen. Am besten erscheint man aber erst nach 14 Uhr, wenn die Schülergruppen wieder gehen.

Harriet Beecher-Stowe Center — MUSEUM

(☎860-522-9258; www.harrietbeecherstowecenter.org/; 77 Forest St; Erw./Kind 16/10 US$; ⊙Mo–Sa 9.30–17, So 12–17 Uhr; P) In Hartford lebte auch Harriet Beecher Stowe, die Autorin von *Onkel Toms Hütte*, dem bedeutenden Roman gegen Sklaverei. Nach einem Treffen mit Stowe soll Abraham Lincoln angeblich gesagt haben: „Das ist also die kleine Dame, die diesen großen Krieg angezettelt hat." Zentrum des Komplexes ist das 1871 erbaute und 2017 restaurierte Stowe House. Es spiegelt die überzeugten Ansichten der Schriftstellerin zu Einrichtung und häuslicher Effizienz wieder, die sie auch in ihrem Bestseller *American Woman's Home* ausdrückte (der fast so beliebt war wie ihr berühmter Roman).

Schlafen

Leider gibt's in Hartfords Innenstadt kaum anständige Hotels. Zudem sind die dortigen Unterkünfte oft überteuert. Ketten-Optionen außerhalb vom Zentrum haben tendenziell ein etwas besseres Preis-Leistungs-Verhältnis. Eine gute Alternative sind auch B&Bs in kurzer Fahrtentfernung.

★ Goodwin — BOUTIQUEHOTEL $$$

(☎860-246-1881; www.goodwinhartford.com; 1 Haynes St; Zi. ab 359 US$) Das historische Gemäuer des Goodwin wurde schick im modernen Stil à la NYC umgebaut. 2017 erfolgte dann die Neueröffnung mit großem Tamtam. Die originale Terrakotta-Fassade im Queen-Anne-Stil sieht noch so aus wie im

19. Jh. Dahinter verbirgt sich aber heute jede Menge zeitaktuelle Coolness. Trotz praktischer Nähe zur belebten Innenstadt gibt's für Gäste kaum einen Grund, das Hotel zu verlassen. Hierzu trägt auch das zauberhafte Hausrestaurant Porrón and Piña (Leitung: Tyler Anderson) mit Bar bei.

Silas W. Robbins House B&B $$$
(☎860-571-8733; www.silaswrobbins.com; 185 Broad St, Wethersfield; DZ 195–325 US$; P) Rund 6 Meilen (9,6 km) südlich von Hartfords Zentrum liegt das schöne historische Dorf Wethersfield mit diesem schmucken Wohnhaus (erb. 1873) im opulenten Stil des französischen Zweiten Kaiserreichs. Die fünf vornehmen Zimmer haben hohe Decken und große Fenster mit Blick auf das gepflegte Grundstück. Wie die historischen Gemeinschaftsbereiche wurden sie authentisch restauriert.

Essen

★ **Trumbull Kitchen** MODERN-AMERIKANISCH $$
(www.maxrestaurantgroup.com/trumbull; 150 Trumbull St; Hauptgerichte 13–30 US$; Mo–Sa 12–23, So 16–22 Uhr) Das schicke „TK" ist eine super Alternative zu anderen gehobenen Lokalen in Hartford: Hervorragendes Personal kredenzt hier Spitzenküche in elegantem, aber zwanglosem Ambiente. Auf der vielfältigen Karte steht frisch zubereitete, kompetent kreierte und Hausmannskost mit Pfiff (u.a. Fisch, Huhn, Burger, Steaks). Alternativ gönnt man sich nur einen Cocktail und ein paar der großartigen Vorspeisen.

Bear's Smokehouse BARBECUE $$
(☎860-724-3100; www.bearsbbq.com; 89 Arch St; Hauptgerichte 10–20 US$; 11–21 Uhr) Einheimische lieben dieses Lokal wegen des Gegrillten (Rinderbrust, Baby Back Ribs, Pulled Pork) à la Kansas – gegart im Smoker über Holzfeuer. Für passionierte Fleischfans empfehlen sich vor allem die Moink Balls (Mix aus *moo* und *oink* bzw. Rind und Schwein): Rindfleischbällchen im Speckmantel mit Sauce nach Wahl. Zum toten Tier gibt's super Beilagen wie Blattkohl, Brokkoli-Salat oder Käsemakkaroni. Vegetarier gehen aber wohl besser woandershin.

Praktische Informationen

Greater Hartford Welcome Center (Greater Hartford Arts Council; ☎860-244-0253; www.letsgoarts.org; 100 Pearl St; Mo–Fr 9–17 Uhr) Zentral gelegenes Büro mit den meisten wichtigen Services für Traveller.

An- & Weiterreise

Union Station (1 Union Pl) Hartforts zentral gelegenes Transportzentrum mit Zügen, Flughafen-Shuttles, Fernbussen und Taxis.

Litchfield Hills

Die sanften Hügel in der Nordwestecke Connecticuts sind von Seen, Wäldern und State Parks durchzogen. Das historische Litchfield ist das Zentrum der Region, aber auch die weniger bekannten Orte Bethlehem, Kent und Norfolk locken mit ähnlich illustrer Geschichte und sind mindestens so fotogen.

Dank der absichtlich gedämpften Entwicklung in der Gegend hat sie sich ihren ländlichen Charakter bewahrt: Unterkünfte sind begrenzt, und die nützliche kleine Touristeninformation im Stadtpark von Litchfield wird von Juni bis November von Ehrenamtlichen betrieben.

Wer ein Auto hat, kann die schier endlose Postkartenidylle in den Litchfield Hills auf eigene Faust erkunden. Besonders schön ist der Abschnitt ab Cornwall Bridge auf dem CT 4 nach Westen und dann auf dem CT 41 weiter Richtung Norden nach Salisbury.

Diese Ecke bietet auch überraschend viel gute Küche für Feinschmecker.

Nördlich von New Preston liegt das schönste der vielen regionalen Stillgewässer: der Lake Waramaug, dessen Ufer von würdevollen Gasthöfen gesäumt werden und teilweise zu einem State Park gehören.

Haight-Brown Vineyards WEINGUT
(☎860-567-4045; www.haightvineyards.com; 29 Chestnut Hill Rd; Weinprobe ab 12 US$; Fr–So 12–17 Uhr) Das erste Weingut des Bundesstaats (gegr. 1975) hat eine stimmungsvolle Veranda, die durch Verkostungen mit passenden Käse- oder Schokoladensorten umso reizvoller wird – vor allem im Rahmen der Chocolate-Decadence-Zugtouren (79 US$, April–Juni), die mit dem nahen Railroad Museum of New England organisiert werden. Für Besucher mit bellenden Vierbeinern gibt's hier Hundekuchen am Eingang und sogar einen speziellen Event-Kalender.

★ **Hopkins Inn** GASTHOF $$
(☎860-868-7295; www.thehopkinsinn.com; 22 Hopkins Rd, Warren; Zi. 140–150 US$, ohne Bad 130 US$, Apt. 160–250 US$; P) Das renommierte Restaurant dieses Gasthofs aus dem 19. Jh. serviert Landkost mit österrei-

chischen Einflüssen: Der Küchenchef (in zweiter Generation tätig) bereitet z.B. super Schnitzel und leckeres Süßgebäck zu. Das Zimmerangebot reicht von schlichten Quartieren mit Gemeinschaftsbädern bis hin zu Apartments mit Seeblick. Zu jeder Jahreszeit hat es etwas Magisches, auf der Veranda zu sitzen und sinnierend über den Lake Waramaug auf die dahinter befindlichen Hügel zu schauen.

★ **Community Table** MODERN-AMERIKANISCH $$$
(Ct; ☎ 860-868-9354; http://communitytablect.com; 223 Litchfield Turnpike/US 202, Washington; Brunch 22–28 US$, Hauptgerichte 26–42 US$; ⏲ Sa 17–21.30, So 10–14 & 15.30–21 Uhr; P) Das skandinavisch angehauchte Lokal kredenzt modern-amerikanische Küche aus regionalen Zutaten. Benannt ist es nach seinem 300 Jahre alten Gemeinschaftstisch aus Schwarznuss-Holz, an dem auch Sonntags-Brunch serviert wird.

Anreise & Unterwegs vor Ort

Die Litchfield Hills nehmen den nordwestlichen Teil von Connecticut ein. Sie erstrecken sich ab Danbury gen Norden und reichen bis zu den Staatsgrenzen mit Massachusetts (Norden) bzw. New York (Westen). Die Highways US 7 und CT 8 sind die Hauptverkehrsrouten in Nord-Süd-Richtung. Das Erkunden der Region erfordert ein eigenes Auto.

Connecticuts Küste

In der südöstlichen Ecke Connecticuts befindet sich die Hauptattraktion des Bundesstaats, die gleichzeitig das größte Seefahrtsmuseum des Landes ist: Mystic Seaport. Es wurde 1929 am Standort einer ehemaligen Schiffsbauwerft errichtet und feiert mit der Seefahrtgeschichte der Region eine Zeit, in der Fischer, Walfänger und Klipper-Ingenieure Geschwindigkeitsweltrekorde brachen und Kanonenboote und Kriegsschiffe für den Bürgerkrieg bauten.

Westlich von Mystic liegt Groton, die U-Boot-Hauptstadt der USA. In dieser Stadt sowie auf der anderen Seite des Thames River, in New London, baute General Dynamics im Zweiten Weltkrieg U-Boote. Weiter östlich befindet sich das historische Fischerdorf Stonington, das sich über eine schmale, 1,5 km lange Halbinsel ins Meer erstreckt. Es gehört zu den charmantesten Küstenstädtchen in Neuengland. Hier ist Connecticuts einzige verbliebene Handelsflotte noch immer aktiv. Im Sommer gehen zudem Jachtliebhaber an Land und genießen die hübschen Restaurants in der Water St.

Anreise & Unterwegs vor Ort

Auto & Motorrad Die Region erfreut sich guter Straßenanbindung: Die I-95 führt mitten durch New London und rund um die Vororte von Mystic. Die I-395 verläuft über Norwich gen Nordosten.

Schiff/Fähre Ab New London nach Block, Fisher's und Long Island.

Zug Viele Amtrak-Züge ab NYC halten in New London (ab 39 US$, 3 Std.) und Mystic (ab 41 US$, 3¼ Std.). Züge ab Boston bedienen auf der Rückfahrt ebenfalls Mystic (ab 26 US$, 80 Min.) und dann New London (ab 29 US$, 1½ Std.).

Mystic

Bei der Fahrt hinein in die Stadt auf der US 1 wird man von einer Skyline aus Masten begrüßt. Sie gehören zu den Schiffen, die sanft im Hafen schaukeln. Ein Postkartenidyll! Hier liegt ein Hauch von Zufriedenheit und Gelassenheit in der Luft – bis plötzlich das ohrenbetäubende Pfeifen eines Dampfschiffs ertönt, gefolgt vom fröhlichen Schrillen der Glocke einer Zugbrücke. Dann weiß man, dass man in Mystic ist.

Mystic wurde im 17. Jh. als schlichtes Dorf gegründet. Im Lauf der Zeit mauserte es sich jedoch zu einem wohlhabenden Walfanghafen und zu einem der großen Werftzentren an der Ostküste: Mitte des 19. Jhs. liefen hier Klipper, Kanonenboote und Transportfahrzeuge der Marine vom Stapel – vor allem im George Greenman & Co Shipyard, der heute als Mystic Seaport Museum die größte Touristenattraktion Connecticuts ist. Deren Beliebtheit hat vor Ort auch zur Eröffnung von ein paar tollen, neuen Quellen für Speis und Trank (darunter die beste Bäckerei des Bundesstaats; S. 250) beigetragen.

Sehenswertes

★ **Mystic Seaport Museum** MUSEUM
(☎ 860-572-0711; www.mysticseaport.org; 75 Greenmanville Ave; Erw./Kind 29/19 US$; ⏲ April–Okt. 9–17 Uhr, Nov.–Mai Do–So 10–16 Uhr; P 🚻) Mehr als nur ein Museum: Dies ist der Nachbau eines kompletten neuenglischen Walfangdorfs, das sich auf dem Gelände der ehemaligen Schiffbauwerft George Greenman & Co über 7 ha ausbreitet. Die Vergangenheit lebt hier mit 60 historischen Gebäuden, vier Großseglern und fast 500 kleineren Schiffen auf dem Mystic River wieder auf.

Überall sind Helfer anzutreffen, die Besuchern gern mehr zu traditionellem Handwerk und Handel erzählen. Am interessantesten sind die Darstellungen zu den Themen Schiffsrettung, Austernfang und zum Stapellauf von Walbooten.

Schlafen

Whaler's Inn HOTEL $$

(☎860-536-1506; www.whalersinnmystic.com; 20 E Main St; DZ 159–299 US$; P@) Neben Mystics historischer Zugbrücke liegt das Whaler's Inn, das aus einem modernen Motel namens Stonington House, einem viktorianischen Haus von 1865 und einem rekonstruierten Luxushotel aus derselben Zeit besteht: dem markanten Hoxie House *(adults only)*, das in den 1970er-Jahren abbrannte. Die Preise beinhalten jeweils europäisches Frühstück im renommierten Restaurant Bravo Bravo nebenan. Gäste können zudem gratis Fahrräder leihen und kostenlos einen kleinen Fitnessraum nutzen. Obendrein gibt's hier saisonale Pauschalangebote inklusive Abendessen und regionaler Attraktionen.

★ **Steamboat Inn** GASTHOF $$$

(☎860-536-8300; www.steamboatinnmystic.com; 73 Steamboat Wharf; DZ 220–350 US$; P) Der historische Gasthof im Herzen von Mystic beherbergt elf Zimmer bzw. Suiten mit luxuriösen Extras (u. a. Kabel-TV, offene Kamine) und Aussicht aufs Wasser. Die Quartiere verfügen teils auch über Whirlpool-Wannen und tolle, deckenhohe Fenster mit Flussblick. Antiquitäten verleihen dem Inneren ein romantisches und traditionelles Flair. Der erstklassige Service umfasst leckeres Frühstücksgebäck, kostenlose Leihfahrräder und einen hauseigenen Bootsanleger.

Essen

Sift Bake Shop BÄCKEREI $

(☎860-245-0541; www.siftbakeshopmystic.com; 5 Water St; Desserts 4–7 US$, Sandwiches 8–10 US$; ⏲7–19 Uhr) Als Konditormeister Adam Young im Jahr 2018 den Best Baker Award des Food Network gewann, startete sein Geschäft an der Water St so richtig durch. Die köstlichen Baguettes, Ciabattas, Schoko-Croissants, Brioche-Varianten und Spezialitäten (z. B. Kürbis-Käsekuchen) sind das teilweise lange Anstehen vollauf wert.

★ **Oyster Club** FISCH & SEAFOOD $$$

(☎860-415-9266; www.oysterclubct.com; 13 Water St; Austern 2–2,50 US$, Mittagessen Hauptgerichte 13–20 US$, Abendessen Hauptgerichte 18–40 US$; ⏲Fr & Sa 12–15 & 17–22, So 10–15 & 17–21, Mo–Do 17–21 Uhr; P) Dieses Restaurant bietet edle Speisen in lässiger Atmosphäre. Hinten auf der Terrasse lassen sich die Einheimischen Austern schmecken. Außerdem gibt's gegrillten Hummer, in der Pfanne gebratenen Seeteufel oder Flunder, Kalbfleisch, Steaks und saftige Burger. Wenn Austern wirklich ein Aphrodisiakum sind, könnte an der Bar bei der täglichen Happy Hour (16–18 Uhr) alles passieren: Dann gehen die Austern für 1 US$ pro Stück über die Theke.

Captain Daniel Packer Inne AMERIKANISCH $$$

(☎860-536-3555; www.danielpacker.com; 32 Water St; Hauptgerichte 19–34 US$; ⏲11–16 & 17–22 Uhr) Das historische Haus (erb. 1754) mit niedrigen Balkendecken und knarrenden Bodendielen beherbergt im Untergeschoss eine Schenke mit Livemusik. An deren Tresen schwelgen Stammgäste in guten Fassbieren und super Kneipenessen (Tipp: Fish & Chips). Vom Speiseraum im Obergeschoss hat man Flussblick – perfekt zur einfallsreichen US-Küche! Es gibt z. B. Petite Filet Mignon mit Gorgonzola-Sauce und Walnuss-Demiglace. Reservierung ist ratsam.

Praktische Informationen

Touristeninfos gibt's bei der **Greater Mystic Chamber of Commerce** (☎860-572-9578; www.mysticchamber.org; 62 Greenmanville Ave; ⏲Juni–Sept. 9–18 Uhr, Okt.–Mai kürzere Öffnungszeiten), deren Kiosk am Bahnhof oder beim **Mystic & Shoreline Tourist Information Center** (☎860-536-1641; www.mysticinfocenter.com; 27 Coogan Blvd, Olde Mistick Village; ⏲Mo–Sa 10–17, So 11–16 Uhr).

New London

Während seiner goldenen Jahre Mitte des 19. Jhs. war New London mit rund 200 Walfangbooten das größte Walfangzentrum und eine der reichsten Hafenstädte der USA. 1858 rutschte der Wert von Walöl durch die Entdeckung von Rohöl in Pennsylvania schlagartig in den Keller. Für die Stadt begann ein langsamer Verfall, von dem sie sich nie vollständig erholte. Trotzdem ist New London noch heute eng mit seiner Seefahrervergangenheit verbunden (die Akademie der US-Küstenwache und der U-Boot-Stützpunkt der US Navy sind hier), und das Stadtzentrum ist im National Register of Historic Places verzeichnet. Auch wenn der Ort nicht mit ähnlichen, beinahe steril wirkenden Touristenattraktionen lockt wie die benachbarten Orte Mystic und Stonington, sind überall in New London noch immer Überbleibsel seiner ruhmreichen, opulenten Vergangenheit zu erkennen. Die Stadt ist eines der überraschendsten Ziele in Connecticut, wenn man sich für Geschichte, Architektur und urbane Soziologie interessiert.

Die trendige Bank St lässt auf lokale Wiederbelebung hoffen.

★ Captain Scott's Lobster Dock SEAFOOD $$

(☎ 860-439-1741; www.captscotts.com; 80 Hamilton St; Hauptgerichte 7–21 US$; ⌚ Mai–Okt. 11–21 Uhr; 👪) Die US-Küstenwache ist Experte für alles, was mit dem Meer zu tun hat. Ihren Kadetten sollte man daher unbedingt zu New Londons bester Sommer-Seafood-Quelle folgen. An Picknicktischen am Ufer gibt's hier saftigen Hummer (warm oder kalt im Brötchen), sämige Fischsuppe (zwei Varianten), Sandklaffmuscheln und im Ganzen frittierte Venusmuscheln. Getränke sind selbst mitzubringen.

On the Waterfront SEAFOOD $$

(☎ 860-444-2800; www.onthewaterfrontnl.com; 250 Pequot Ave; Hauptgerichte 15–28 US$; ⌚ Di–Do & So 12–21, Fr & Sa bis 22 Uhr; 👪) Dieses Lokal serviert großartige Hummercremesuppe und andere Köstlichkeiten aus Neptuns Reich (z. B. Lachs mit Pistazien-Kruste, gefüllte Riesengarnelen aus Montauk). Dank der vielfältigen Karte und der Hilfe des freundlichen Personals fühlen sich hier aber auch Meeresfrüchte-Muffel und Lebensmittelallergiker wohl. Durch die zahlreichen Fenster schauen Gäste direkt aufs Wasser.

Essex

Das von Bäumen umrahmte Essex (gegr. 1635) ist die größte Stadt im Connecticut River Valley und immer einen Besuch wert – und sei es nur, um die wunderschönen, gut erhaltenen Gebäude im Federal-Stil zu bewundern. Diese sind ein Ergebnis des Reichtums, der hier im 19. Jh. durch Rum- und Tabakhandel angehäuft wurde. Weitere Attraktionen sind die schmucke St. John's Church, der malerische Uferpark und die Handvoll Galerien bzw. Antiquitätenläden. Zudem ist Essex auch bei Dampfzug- und Flussbootfans sehr beliebt.

★ Essex Steam Train & Riverboat Ride TOUREN

(☎ 860-767-0103; www.essexsteamtrain.com; 1 Railroad Ave; Erw./Kind 20/10 US$, inkl. Bootsfahrt 30/20 US$; ⌚ Mai–Okt. tgl., ganzjährig saisonale Events; 👪) Dieser historische Dampfzug ist ungemein populär. Die malerische Strecke (9,6 km) führt nach Deep River, wo man per Boot zum **Goodspeed Opera House** (☎ 860-873-8668; www.goodspeed.org; 6 Main St; Tickets 29–85 US$, Führungen Erw./Kind 5/1 US$; ⌚ Vorstellungen April–Dez. Mi–So) in East Haddam schippern kann. Danach geht's mit dem Zug wieder zurück nach Essex. Die Bahnfahrten (hin & zurück ca. 1 Std., inkl. Bootstrip ca. 2½ Std.) umfassen im Herbst auch spezielle Optionen für Vogelbeobachter, die zusammen mit Connecticut Audubon organisiert werden.

Griswold Inn GASTHOF $$

(☎ 860-767-1776; www.griswoldinn.com; 36 Main St; DZ/Suite ab 195/240 US$; P 📶) Einer von Amerikas ältesten Gasthöfen mit durchgängigem Betrieb: Seit 1776 markiert das legendäre „Gris" den sozialen und architektonischen Mittelpunkt von Essex. Das Hunt Breakfast (Jagdfrühstück; So 11–13 Uhr) in Büfettform ist hier seit dem Krieg von 1812 eine Tradition: Damals besetzten britische Soldaten die Stadt und forderten Proviant.

Ansonsten ist der große Speiseraum bis heute eine beliebte Option für traditionelle Neuengland-Küche im historischen Ambiente. Die gleichermaßen betagte Schankstube punktet mit Gratis-Popcorn und Livemusik. Die beiden Hauptgebäude wurden 2017 renoviert und verbunden, damit man bei Regen trockenen Fußes von einem zum anderen kommt. Bei schönem Wetter lädt die neue Terrasse mit Blaustein-Belag (204 m²) zum Weintrinken und Relaxen ein.

New Haven

Das Herz von Connecticuts zweitgrößter Stadt ist das hübsche New Haven Green, das im 17. Jh. von puritanischen Siedlern angelegt wurde. Drum herum erstreckt sich der über 300 Jahre alte Campus der Yale University. Dieser ist öffentlich zugänglich und empfängt Besucher mit vielen erstklassigen Attraktionen (z. B. Museen, Kunstgalerien, beliebte Livekonzerte, Führungen mit Geschichten zu Geheimgesellschaften).

Auf dem Yale-Gelände lässt sich auch schmucke Architektur im pseudogotischen bzw. -viktorianischen Stil bewundern. Dabei kann man sich nur schwer vorstellen, dass New Haven verzweifelt versucht, seinen Ruf als gefährliche und verfallende Hafenstadt loszuwerden. Allmählich etabliert es sich

ABSTECHER

HAMMONASSET BEACH

Rund 3 Meilen (4,8 km) südwestlich von Essex liegt der **Hammonasset Beach State Park** (☎203-245-2785; www.ct.gov; 1288 Boston Post Rd, Madison; Zugang werktags/Wochenende 15/22 US$; ⏲8 Uhr–Sonnenuntergang; 🅿) nicht gerade weitab vom Schuss. Dennoch bietet Connecticuts größter Sandstrand (Gesamtlänge 3,2 km) im Sommer genug Platz für zahllose Besucher. Sein flaches Terrain ist ideal, um einen Stuhl mit Sonnenschirm aufzustellen und lesend die Welt zu vergessen. Dank schwacher Brandung kann man hier auch toll schwimmen. Vor Ort gibt's viele saubere Toiletten und Duschen. Am Ufer verläuft ein hölzerner Laufsteg (ca. 1,2 km).

aber wieder erfolgreich als florierendes Kunst-, Architektur- und Bildungszentrum.

Die Stadt ist zwar hauptsächlich für Yale bekannt, bietet aber auch abseits des Campus viel Interessantes: Altehrwürdige Kaschemmen, ethnische Restaurants, Barbecue-Buden und Cocktailbars machen das Zentrum fast so belebt wie den Harvard Sq in Cambridge. Hier gibt's aber bessere Pizza und weniger Arroganz…

Sehenswertes

★ Yale University UNIVERSITÄT
(☎203-432-2300; www.yale.edu/visitor; 149 Elm St) GRATIS Jedes Jahr pilgern Tausende Highschool-Abgänger nach Yale – in der Hoffnung, an Amerikas drittältester Universität angenommen zu werden. Unter deren prominenten Absolventen waren z.B. Noah Webster, Naomi Wolf und Hillary Clinton oder die früheren US-Präsidenten William H. Taft und George W. Bush. Für einen Campus-Bummel muss man die Ambitionen der Studenten aber natürlich nicht teilen: Beim Visitor Center gibt's Übersichtspläne und beginnen Gratisführungen (1 Std.).

★ Yale Center for British Art MUSEUM
(☎203-432-2800; www.ycba.yale.edu; 1080 Chapel St; ⏲Di–Sa 10–17, So 12–17 Uhr) GRATIS Diese fantastische Galerie wurde 2016 nach umfassender Renovierung wiedereröffnet. Sie war der letzte Auftrag des Architekten Louis Kahn und beherbergt die größte Sammlung britischer Kunst außerhalb des Vereinigten Königreichs. Die Ausstellungen umspannen drei Jahrhunderte, von der elisabethanischen Zeit bis ins 19. Jh. Sie sind sowohl thematisch als auch chronologisch angeordnet und bieten einen unvergleichlichen Einblick in die Kunst, das Leben und die Kultur Großbritanniens. Ein Besuch hier ist ein Muss für alle, die sich für schöne Dinge interessieren. Und ja, der Eintritt ist kostenlos.

Yale University Art Gallery MUSEUM
(☎203-432-0600; http://artgallery.yale.edu; 1111 Chapel St; ⏲Di, Mi & Fr 10–17, Do bis 20, Sa & So 11–17 Uhr) GRATIS Das hervorragende Museum war das erste Werk des Architekten Louis Kahn. Es beherbergt die älteste Universitätskunstsammlung des Landes, darunter Vincent Van Goghs *Das Nachtcafé* und europäische Meisterwerke von Frans Hals, Peter Paul Rubens, Manet und Picasso. Außerdem zeigen Ausstellungen ebenso meisterhafte amerikanische Werke von Winslow Homer, Edward Hopper und Jackson Pollock, Silber aus dem 18. Jh. sowie Kunst aus Afrika, Asien und dem prä- und postkolumbischen Amerika.

Shore Line Trolley Museum MUSEUM, STRASSENBAHN
(☎203-467-6927; www.shorelinetrolley.org; 17 River St, East Haven; Erw./Kind 10/7 US$; ⏲Juli & Aug. tgl. 10.30–16.30 Uhr, Mai, Juni, Sept. & Okt. Sa & So; 👪) Wer die Küste von East Haven auf besondere Art besichtigen möchte, kann mit dieser offenen antiken Straßenbahn fahren. Es ist die älteste durchgehend betriebene Vorstadt-Straßenbahn des Landes. Die Fahrt geht über 5 km, von der River St in East Haven nach Short Beach in Branford. Hinterher kann man das Museum und die schön erhaltenen Waggons besichtigen. Zum Mittagessen am besten ein Picknick mitbringen!

Schlafen

★ New Haven Hotel BOUTIQUEHOTEL **$$**
(☎800-644-6835; www.newhavenhotel.com; 229 George St; DZ ab 169 US$) Eine solide Option im Stadtzentrum: Mit dem schlichten, aber stilvollen Hotel in einem schmucken Backsteinbau aus den 1950er-Jahren erhöht ein privater Betreiber die Messlatte für örtliche Unterkünfte. Neben hellen, modernen Gemeinschaftsbereichen gibt's hier auch luftige Zimmer mit klaren Linien, großen Fenstern, dunklem Holz und bequemen Betten. Aufgrund der erschwinglichen Preise ist das Ganze entsprechend beliebt – daher rechtzeitig reservieren!

Study at Yale HOTEL $$$

(☎203-503-3900; www.thestudyatyale.com; 1157 Chapel St; Zi. 250–389 US$; P) Dieses Hotel versprüht stilvolle Moderne à la 1950er-Jahre (eine Art Mad-Men-Schick), ohne dabei übertrieben oder einschüchternd zu wirken. Unter den ultra-modernen Extras in den Quartieren sind iPod-Anschlüsse und Fitnessgeräte mit eingebautem Fernseher. Das Lobby- und Zimmermobiliar wurde 2018 komplett ersetzt. Das Hausrestaurant mit Café serviert auch Snacks.

Essen

★ **Pantry** AMERIKANISCH $

(☎203-787-0392; 2 Mechanic St; Frühstück 11–24 US$; Mo–Sa 7–14, So 8–15 Uhr) Das tolle kleine Frühstücks- und Mittagslokal ist kein Geheimtipp mehr – was den vielen studentischen Gästen wohl gar nicht in den Kram passt: Hungrige müssen hier oft anstehen und dann mit recht beengten Verhältnissen klarkommen. Doch das lohnt sich: Im weiten Umkreis gibt's kein schmackhafteres und preiswerteres Frühstück. Eigentlich sind bei der Auswahl Fehlgriffe ausgeschlossen.

Atticus Bookstore Café CAFÉ $

(☎203-776-4040; www.atticusbookstorecafe.com; 1082 Chapel St; Salate & Sandwiches 6–12 US$; Di–Sa 7–21, So & Mo 8–20 Uhr) Am Rand des Yale-Campus tummeln sich Uni-Absolventen in diesem Mix aus Café und makellosem Buchladen. Neben super Kaffee und leckerem Essen (Brot, Sandwiches, Suppen, Salate) gibt's hier auch hilfreiche Lokalinfos.

Frank Pepe PIZZA $

(☎203-865-5762; www.pepespizzeria.com; 157 Wooster St; Pizza 8–29 US$; 11–22 Uhr;) Das Pepe kann von sich behaupten, die „beste Pizza in Amerika" zu backen – eine Auszeichnung, die das Lokal dreimal in Folge gewinnen konnte. Wir lassen natürlich jeden selbst urteilen, können aber bestätigen, dass hier köstliche Pizzas aus dem Kohle-Ofen kommen, genau wie schon 1925. Heute gibt's jedoch noch weitere über ganz Connecticut (und New York) verstreute Filialen, wodurch ein konstantes Niveau etwas schwerer zu halten ist. Nur Barzahlung.

★ **ZINC** AMERIKANISCH $$$

(☎203-624-0507; www.zincfood.com; 964 Chapel St; Hauptgerichte 12–28 US$; Di–Fr 12–14.30 & 17–21, Sa & Mo 17–22 Uhr) Das trendige Bistro verwendet weitestgehend regionale Biozutaten für seine amerikanische Küche mit internationalen Einflüssen (vor allem im Stile Asiens und des US-Südwestens). Im Angebot ist hier u.a. ein ständig wechselndes „Markt-Menü". Am besten teilt man sich aber ein paar der kleinen Gerichte, z.B. Nachos mit geräucherter Ente oder *prosciutto Americano crostini*. Reservierung ist ratsam.

Ausgehen & Nachtleben

★ **Ordinary** COCKTAILBAR

(☎203-907-0238; www.ordinarynewhaven.com; 990 Chapel St; Mo–Do 16–24, Fr & Sa bis 1 Uhr) Die außergewöhnliche Cocktailbar ist ein großes, dunkles und ungemein stilvoll-elegantes Fest für die Sinne. Mindestens eines dieser Attribute gilt auch oft für die Gäste, die sich hier an Cocktails, Käse- und Wurstplatten laben. Schick anziehen!

116 Crown BAR

(☎203-777-3116; www.116crown.com; 116 Crown St; Di–So 17–1 Uhr) Diese Bar am Ninth Sq lockt Stilbewusste mit modernem Nobel-Design, DJs, kompetent gemixten Cocktails und Weinen aus aller Welt. Zudem bieten hier kleine Gerichte und eine Kühltheke mit rohem Seafood eine gute Grundlage fürdie Drinks. Die extreme Eleganz des Ladens äußert sich in entsprechend hohen Preisen.

Toad's Place LIVEMUSIK

(☎203-624-8623; www.toadsplace.com; 300 York St) Das Toad's ist vielleicht die beste Musik-Location in Neuengland. Es hat sich seinen Ruf durch Auftritte von Größen wie den Rolling Stones, U2 und Bob Dylan verdient. Auch heute tritt hier noch eine ausgefallene Mischung von Künstlern auf der kleinen Bühne auf, darunter They Might Be Giants und Martin & Wood.

Praktische Informationen

INFO New Haven (☎203-773-9494; www.infonewhaven.com; 1000 Chapel St; Mo–Sa 10–21, So 12–17 Uhr) Zentral gelegenes Büro mit Karten und hilfreichen Infos.

New Haven Magazine (www.newhavenmagazine.com) Aktuelle Infos zum Geschehen vor Ort.

Yale University Visitor Center (☎203-432-2300; http://visitorcenter.yale.edu; 149 Elm St; Mo–Fr 9–16.30, Sa & So 11–16 Uhr) Campus-Pläne plus Gratisführungen.

An- & Weiterreise

BUS

Peter Pan Bus Lines (www.peterpanbus.com) verbindet New Haven mit New York City (ab

12 US$, 2 Std., 8-mal tgl.), Hartford (ab 12 US$, 1 Std., 6-mal tgl.) und Boston (ab 11 US$, 4–5 Std., 7-mal tgl.), ebenso macht das Greyhound (www.greyhound.com). Die Busse fahren in der Union Station in New Haven ab.

Connecticut Limousine (www.ctlimo.com) ist ein Flughafen-Shuttle, das den Bradley Airport in Hartford, den JFK- und den LaGuardia-Flughafen in New York und den Newark Airport in New Jersey ansteuert. Man kann an der Union Station und an ausgewählten Hotels im Zentrum von New Haven ein- bzw. aussteigen. Die Verbindungen nach Newark sind teurer.

ZUG

Züge von Metro-North (www.mta.info/mnr) fahren zwischen der **Union Station** (50 Union Ave) und dem Grand Central Terminal in NYC (Stoßzeiten/Nebenzeiten 23,25/17,50 US$, 2 Std., 7–24 Uhr fast stündl.).

Shore Line East (www.shorelineeast.com) schickt Regionalzüge entlang des Long Island Sound hinauf nach Old Saybrook (45 Min.) und New London (70 Min.) und betreibt zudem Commuter-Connection-Shuttle-Busse zum New Haven Green (morgens/abends ab der State Street/Union Station).

Amtrak Expresszüge fahren zwischen NYC (Penn Station) und New Haven (ab 32 US$, 1¾ Std.).

VERMONT

Egal, ob es unter einer Schneedecke liegt, vor buntem Herbstlaub leuchtet oder im Frühling und Sommer in saftigem Grün erstrahlt: Vermonts Mischung aus idyllischem Farmland, Bergen und malerischen kleinen Dörfern macht den Bundesstaat zu einem der ansprechendsten des Landes. Wanderer, Radfahrer, Skifahrer und Kajakfahrer kommen hier zu jeder Jahreszeit auf ihre Kosten, sei es auf den weiten Wassern des Lake Champlain, dem preisgekrönten Kingdom Trails Network, den 500 km langen Wanderwegen des Long bzw. Catamount Trail oder den legendären Hängen von Killington, Stowe und Mad River Glen.

Auch Feinschmecker lieben diese Region: Kleine Farmen haben Vermont in ein Paradies für Gourmets verwandelt, und die größte Dichte an Craft-Brauereien in Amerika tut ein Übriges. Doch Vermont zeichnet sich vor allem durch seinen Freigeist aus: Dies ist der einzige Bundesstaat mit einem sozialistischen Senator und ohne McDonald's-Filiale in der Hauptstadt. Vermont ist und bleibt ein Hafen für skurrile Kreativität, ein Musterbeispiel in Sachen Basisdemokratie und eine Hochburg des Mottos „Kleiner ist schöner" – das findet man sonst nirgends in Amerika.

Geschichte

Der Franzose Samuel de Champlain erkundete 1609 Vermont und war somit der erste Europäer, der diese seit Langem von den einheimischen Abenaki bewohnte Gegend besuchte.

Vermont spielte 1775 eine Schlüsselrolle im Unabhängigkeitskrieg, als Ethan Allen mit seiner örtlichen Miliz, den Green Mountain Boys, nach Fort Ticonderoga zog und es von den Briten eroberte. 1777 erklärte sich Vermont zur unabhängigen Republik und verabschiedete die erste Verfassung in der neuen Welt, in der die Abschaffung der Sklaverei und der Aufbau eines öffentlichen Schulsystems festgeschrieben waren. 1791 trat Vermont als 14. Bundesstaat den USA bei.

Der hiesige Unabhängigkeitsgeist ist so stark ausgeprägt wie die Farbe des regionalen Marmors. Vermont ist seit Langem für Milchwirtschaft bekannt und bis heute größtenteils landwirtschaftlich geprägt. Von allen neuenglischen US-Bundesstaaten hat es die niedrigste Einwohnerzahl.

Praktische Informationen

Vermont Chamber of Commerce (www.visitvt.com) Hält eine Fülle an Informationen rund um den Bundesstaat bereit.

Vermont Division of Tourism (www.vermontvacation.com) Hat ein Welcome Center an der I-91 nahe der Grenze zu Massachusetts sowie eines am VT-4A nahe der Grenze zu New York und drei weitere an der I-89 zwischen der White River Junction und der kanadischen Grenze. Eine kostenlose, detaillierte Karte und ein Campingführer werden auch herausgegeben.

Vermont Public Radio (www.vpr.net) Vermonts öffentlicher Radiosender bietet tolle lokale Programme, darunter „Vermont Edition" (werktags um 12 Uhr) mit allem Wichtigen zu aktuellen Events sowie die skurrile, mit Infos vollgepackte Wettervorhersage „Eye on the Sky".

Vermont Ski Areas Association (www.skivermont.com) Nützliche Informationen für die Planung von Skiausflügen und Sommerabenteuern in Vermonts Skigebieten.

Südliches Vermont

Weiße Kirchen und Pensionen umgeben die Stadtparks im historischen Süden Vermonts, einer Region mit mehreren Städten aus der Zeit vor der Amerikanischen Revolution. Im

Vermont & New Hampshire

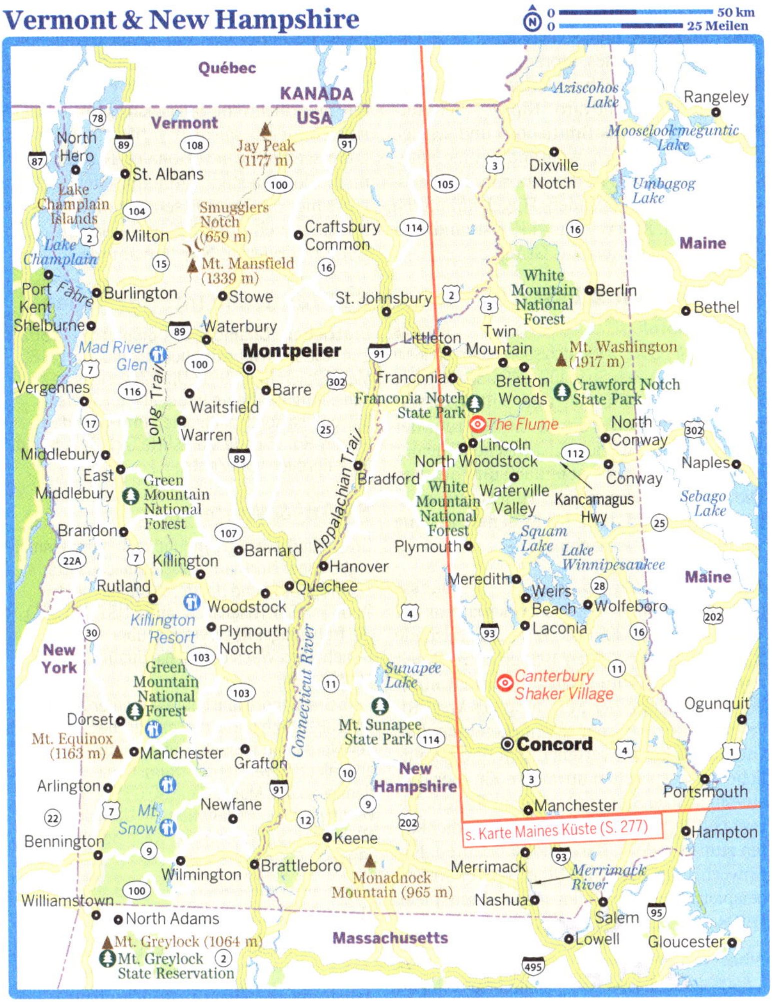

Sommer schlängeln sich die Straßen zwischen den drei „Städten“ Brattleboro, Bennington und Manchester über grüne Hügel, im Winter führen sie zu den Skipisten des Mt. Snow, Vermonts südlichstem Tummelplatz für kalte Tage. Wanderer können den Appalachian und den Long Trail in Angriff nehmen, die hier durch den Green Mountain National Forest führen und besonders im Herbst mit dem bunten Laub eine tolle Kulisse bieten.

Brattleboro

Brattleboro liegt am Zusammenfluss des Connecticut und des West River und ist ein wahres Schmuckstück. Wer durch die Straßen der Stadt schlendert und durch die zahlreichen unabhängigen Läden und Lokale bummelt, wird ihrem Charme schnell erliegen. Eine dynamische Mischung aus alternden Hippies und gepiercten und tätowierten Hipstern unterstreicht die niveauvolle Vielfalt, garantiert eine bunte Kulturszene und sorgt für eine politisch linke Ausrichtung.

Der Whetstone Brook fließt durch den Süden der Stadt. Dort entstand 1724 mit dem hölzernen Fort Dummer die erste europäische Siedlung in Vermont. Dessen Wildnis war zuvor ausschließlich die Heimat der indigenen Abenaki gewesen.

In der Old Town Hall äußerten sich berühmte Denker und Schriftsteller (z.B. Oliver Wendell Holmes, Horace Greeley, Mark Twain) zu bürgerlichen und politischen Angelegenheiten. Rudyard Kipling heiratete 1892 eine Frau aus Brattleboro und schrieb *Das Dschungelbuch*, während er hier lebte.

Am belebtesten ist das zentrale Geschäftsviertel. Die umliegenden Hügel animieren mit Farmen, Käsereien und Kunsthandwerk zu netten Abstechern ins Grüne.

Schlafen & Essen

Latchis Hotel HOTEL **$$**
(☎802-254-6300; www.latchishotel.com; 50 Main St; Zi. 100–210 US$, Suite 190–240 US$;) Die Lage dieser 30 Zimmer und Suiten zu vernünftigen Preisen – direkt im Zentrum der Innenstadt, neben dem historischen Theater desselben Namens – ist einfach unschlagbar. Die Art-déco-Elemente des Hotels sind wirklich erfrischend und in Neuengland eine wunderbare Überraschung.

★ **Inn on Putney Road** B&B **$$$**
(☎802-536-4780; www.vermontbandbinn.com; 192 Putney Rd; Zi. 169–309 US$; @) Das reizende B&B im Vintage-Stil der 1930er-Jahre ähnelt optisch einem Mini-Château. Es steht nördlich der Stadt an der Mündung des West River und hat einen sehr schmucken Innenhof. Um diesen herum verteilen sich fünf gemütliche, ausgesprochen attraktive Zimmer und eine luxuriöse Suite mit offenem Kamin. Direkt vor der Haustür bieten sich Möglichkeiten zum Wandern, Rad- und Bootfahren. Für Abwechslung bei schlechtem Wetter sorgen beispielsweise ein Billardtisch, Brettspiele, DVDs und eine Gästebibliothek.

Whetstone Station KNEIPENESSEN **$$**
(☎802-490-2354; www.whetstonestation.com; 36 Bridge St; Hauptgerichte Biergarten 4–13 US$, Restaurant 12–22 US$; ⊙So–Mi 11.30–22, Do–Sa bis 23 Uhr) Gäste schätzen diese Schenke für ihre super Kneipen-Kost und über ein Dutzend Craft-Biere vom Fass. Hauptattraktion ist aber die großartige Dachterrasse namens Bier Garten, die mit Panoramablick auf den Connecticut River und gelegentlicher Livemusik aufwartet – ideal für ein Essen und/oder Gerstensaft zu Sonnenuntergang.

★ **TJ Buckley's** AMERIKANISCH **$$$**
(☎802-257-4922; www.tjbuckleysuptowndining.com; 132 Elliot St; Hauptgerichte inkl. Salat 45 US$; ⊙ganzjährig Do–So 17.30–21, Mitte Juni–Anfang Okt. auch Mi) Küchenchef und Inhaber Michael Fuller eröffnete vor über 30 Jahren diese Besonderheit: ein kleines Nobellokal in einem originalen Worcester-Imbisswagen von 1925. Seitdem präsentiert er seinen Gästen mündlich eine Speisekarte mit vier Gerichten, deren saisonal variierende Zutaten hauptsächlich von regionalen Farmen stammen. Begeisterten Einheimischen zufolge gibt's hier das beste Essen in ganz Brattleboro. Aber auch nur 18 Plätze – darum rechtzeitig reservieren! Nur Barzahlung.

Praktische Informationen

Brattleboro Chamber of Commerce (☎802-254-4565; www.brattleborochamber.org; 180 Main St; ⊙Mo–Fr 9–17 Uhr) Zuverlässige, ganzjährig geöffnete Infoquelle für Traveller; betreibt saisonal auch einen **Info-Stand** (80 Putney Rd; ⊙Ende Mai–Mitte Okt. Sa & So) im Park nördlich vom Zentrum.

An- & Weiterreise

Greyhound (www.greyhound.com) fährt einmal täglich über Northampton (Massachusetts; 12 US$, 1 Std.) und Hartford (Connecticut; 21 US$, 3 Std.) nach NYC (ab 32 US$, 5¾ Std.). Bei frühzeitiger Reservierung über die Unternehmens-Website sind die Bustickets am günstigsten.

Ab Brattleboro fährt der *Vermonter*-Zug von Amtrak täglich durch die malerische Landschaft gen Norden und Süden (Details unter www.amtrak.com/vermonter-train). Bedient werden dabei u. a. Montpelier (30 US$, 2¾ Std.), Burlington/Essex Junction (34 US$, 3½ Std.), NYC (67 US$, 5½ Std.) und Washington, D. C. (99 US$, 9 Std.).

Bennington

Bennington ist eine Mischung aus historischen Vermonter Dorf (Old Bennington), Arbeiterstadt (Bennington-Zentrum) und College-Stadt (North Bennington). Außerdem steht hier das **Bennington Battle Monument** (☎802-447-0550; www.benningtonbattlemonument.com; 15 Monument Circle, Old Bennington; Erw./Kind 5/1 US$; ⊙Ende April–Okt. 9–17 Uhr), das an die entscheidende Schlacht von Bennington während der Amerikanischen Revolution erinnert. Hätten Colonel Seth Warner und die örtlichen „Green Mountain Boys" während dieser Schlacht nicht geholfen, die britischen Verteidigungslinien zu schwächen, wären die Kolonien möglicherweise doch gespalten worden.

Die charmante Kulisse auf einem Hügel im kolonialen Old Bennington ist von 80 Gebäuden im georgianischen bzw. Federal-Stil geprägt (sie wurden zwischen 1761, Benningtons Gründungsjahr, und 1830 erbaut). Der Dichter Robert Frost liegt hier begraben, und ein Museum in seinem alten Wohnhaus zollt ihm Tribut. Da Bennington im Green Mountain National Forest liegt, findet man zahlreiche Wandermöglichkeiten, darunter die „Urgroßmütter aller Wanderwege": den Appalachian Trail und den Long Trail.

Sehenswertes

Bennington Museum MUSEUM
(☎802-447-1571; www.benningtonmuseum.org; 75 Main St; Erw./Kind 10 US$/frei; ⏲Juni–Okt. tgl. 10–17 Uhr, Nov.–Mai nur Do–Di) Dieses Museum ist Benningtons Hauptattraktion: Ausgestellt ist hier u.a. die weltweit größte öffentliche Sammlung mit Gemälden von Grandma Moses. Zu sehen gibt's auch vielerlei Keramik, Gemälde, Volks- und dekorative Kunst aus der Region (18. Jh.–heute). Das Spektrum reicht dabei von Vermonts „Goldenem Zeitalter" bis hin zum Bennington-Modernismus. Die Works on Paper Gallery präsentiert Drucke, Lito- und Fotografien von regionalen Künstlern mit nationalem Bekanntheitsgrad. Ein weiteres Highlight ist der luxuriöse Oldtimer von 1925, den die Martin-Wasp Co. einst in Bennington produzierte. Das Museum zeigt aber auch ein paar Kunstwerke, die nicht aus Vermont stammen.

Schlafen & Essen

Greenwood Lodge & Campsites HOSTEL, CAMPINGPLATZ $
(☎802-442-2547; www.campvermont.com/greenwood; 311 Greenwood Dr, Woodford; Zeltstellplatz für 2 Pers./Stellplatz für Wohnmobil 30/39 US$, B 35–38 US$, Zi. 79 US$; ⏲Mitte Mai–Ende Okt.; 📶) Dieses fast 50 ha große Gelände mit drei Teichen und einem der am schönsten gelegenen Hostels des ganzen Bundesstaats erstreckt sich in Woodford (Green Mountains). Zu 17 Budget-Betten kommen hier 40 Stellplätze für Zelte und Wohnmobile. In puncto Einrichtungen sind u.a. Warmwasserduschen und ein Spielezimmer vorhanden. Die Anlage befindet sich gleich abseits des VT 9, rund 8 Meilen (13 km) östlich von Bennington in der Nähe des Skigebiets Prospect Mountain.

Blue Benn Diner DINER $
(☎802-442-5140; 314 North St; Frühstück 4–10 US$, Mittag- & Abendessen 6–11 US$; ⏲Mo & Di 6–17, Mi–Fr bis 20, Sa bis 16, So ab 7 Uhr; 🖉) Der klassische 1950er-Jahre-Diner serviert den ganzen Tag Frühstück sowie eine gesunde Mischung aus amerikanischen, asiatischen und mexikanischen Lieblingsgerichten, darunter auch vegetarische Optionen. Kleine Jukeboxen auf den Tischen runden das Retro-Flair perfekt ab. Man kann z.B. *Moonlight in Vermont* von Willie Nelson oder José Felicianos *Feliz Navidad* laufen lassen, bis die Tischnachbarn um Gnade flehen.

★ **Pangaea** INTERNATIONAL $$
(☎802-442-7171; www.vermontfinedining.com; 1 Prospect St, North Bennington; Hauptgerichte 9–31 US$; ⏲Lounge tgl. 17–22 Uhr, Speiseraum Di–Sa bis 21 Uhr) Das gemütliche und beliebte Pangaea in North Bennington besteht aus drei Bereichen: einer Terrasse am Flussufer, einer zwanglosen Lounge und einem nobleren Speiseraum mit geschmackvoller Einrichtung. Dort gibt's hervorragendes Essen: Die vielfältige Auswahl reicht von Burgern, Salaten, Krabben-Bratlingen, süditalienischem Auberginen-Auflauf und Thai-Gerichten aus dem Wok (Lounge) bis hin zu Entenbraten, Lammkarree und Heilbutt mit Kräuter-Kruste (Speiseraum).

Praktische Informationen

Bennington Welcome Center (☎802-447-2456; www.informationcenter.vermont.gov;

ABSTECHER

HILDENE

Das Herrenhaus **Hildene** (☎allgemeine Infos 800-578-1788, Reservierungen für Führungen 802-367-7968; www.hildene.org; 1005 Hildene Rd/VT 7A; Erw./Kind 23/6 US$, Führung 7,50 US$; ⏲9.30–16.30 Uhr) im Colonial-Revival-Stil ist ein nationales Denkmal. Außerhalb von Manchester lebte hier einst Robert Todd Lincoln (Sohn von Abraham und Mary Lincoln). Mitglieder der Familie Lincoln bewohnten die 24 Räume bis 1975. Dann wurde das Anwesen in ein Museum umgewandelt und mit persönlichen Besitztümern der Familie eingerichtet. Neben vielen Originalmöbeln sind darunter z.B. eine funktionsfähige Aeolian-Orgel von 1908 und einer von Abraham Lincolns berühmten Zylindern. Zu sehen gibt's auch einen eindrucksvollen Messingabdruck von Abes Händen: Die rechte Hand ist vom Begrüßungsmarathon während des Präsidentschaftswahlkampfs ganz geschwollen.

100 VT 279 am Hwy-Kreuz mit der US 7; ⏲7–21 Uhr) Schickes Büro mit vielen Infos, langen Öffnungszeiten und Gratiskaffee bzw. -tee für Kraftfahrer.

An- & Weiterreise

Bennington liegt 40 Meilen (64 km) westlich von Brattleboro (über den VT 9) und 25 Meilen (40 km) südlich von Manchester (über die US 7). Vermont Translines (www.vttranslines.com) schickt ab Bennington jeweils täglich einen Bus nordwärts nach Manchester (6 US$, 35 Min.), Middlebury (22,50 US$, 2½ Std.) und Burlington (32 US$, 4 Std.) sowie gen Westen nach Albany (New York State; 10 US$, 1 Std.).

Zentrales Vermont

Im Herzen Vermonts lockt die vielleicht schönste ländliche Idylle Neuenglands. Schon ein Stück nördlich von Rutland (Vermonts zweitgrößter Stadt mit 15 500 Einwohnern) sind Kühe den Menschen zahlenmäßig überlegen. Wer die Natur liebt, kehrt immer wieder ins Landesinnere von Vermont zurück – vor allem in die Feriengebiete Killington, Sugarbush und Mad River Glen, die im Winter unzählige Skifahrer und im Sommer begeisterte Wanderer anziehen. Wer sich lieber drinnen vergnügt, kann zwischen Antiquitätenläden und Kunstgalerien wählen, die sich in den Nebenstraßen verstecken.

Woodstock & Quechee

Woodstock wurde 1761 gegründet und ist seit 1766 Hauptstadt des malerischen Windsor County. Viele grandiose Häuser umrahmen den ovalen Stadtpark, und vier Kirchen des Ortes warten mit von Paul Revere gegossenen Glocken auf. Der Senator Jacob Collamer, ein Freund von Abraham Lincoln, bemerkte einst: „Die guten Menschen von Woodstock haben weniger Grund als andere, sich nach dem Himmel zu sehnen."

Woodstock ist auch heute noch sehr schön und sehr wohlhabend. Man kann durch den Park spazieren, der von im Federal- und neoklassischen Stil erbauten Häusern und öffentlichen Gebäuden umgeben ist, oder am Ottauquechee River entlangschlendern, über den sich drei überdachte Brücken spannen. Die Rockefellers und Rothschilds besitzen Anwesen in dieser Gegend, und die Schönen und Reichen steigen gern im großartigen Woodstock Inn & Resort ab.

Etwa fünf Minuten Fahrt östlich von Woodstock liegt das kleine, putzige Quechee Village, in dem sich die Quechee Gorge – Vermonts Miniaturformat-Antwort auf den Grand Canyon – und einige hervorragende Restaurants befinden.

Sehenswertes

★ Quechee Gorge SCHLUCHT

(US 4, Quechee) GRATIS Diese Schlucht lauert unter der US 4, ca. 1 km östlich von Quechee Village. Die 50 m tiefe Klamm schneidet sich gut 900 m an einem Fluss entlang durch das Land. Man kann sie von einer der Brücken aus betrachten, aber sie ist von der Straße aus auch leicht über mehrere Fußwege zugänglich. Eine Reihe gut markierter, einfacher Wanderwege, von denen keiner mehr als eine Stunde dauern sollte, führen in die Schlucht hinunter.

Billings Farm & Museum FARM

(☎802-457-2355; www.billingsfarm.org; 69 Old River Rd, Woodstock; Erw./Kind 16/8 US$; ⏲April–Okt. tgl. 10–17 Uhr, Nov.–Feb. Sa, So & Feiertage bis 16 Uhr; 👪) 1,5 km nördlich von Woodstocks Stadtpark liegt diese im 19. Jh. vom Eisenbahnmagnaten Frederick Billings gegründete Farm. Sie erfreut Kinder mit spielerischen Aktivitäten rund um das traditionelle Farmleben. Zahlreiche Farmtiere gibt's auch, z. B. hübsche, von der britischen Insel Jersey stammende Kühe. Die familienfreundlichen saisonalen Events, etwa Kutsch- und Schlittenfahrten, Kürbis- und Apfelfeste und altmodische Halloween-, Erntedank- und Weihnachtsfeste, sind ebenfalls beliebt.

Marsh-Billings-Rockefeller National Historical Park PARK

(☎802-457-3368; www.nps.gov/mabi; 54 Elm St, Woodstock; Villa-Führung Erw./Kind 8 US$/frei, Wanderwege & Kutschstraßen gratis; ⏲Visitor Center & Führungen Ende Mai–Okt. 10–17 Uhr, Wege & Kutschstraßen ganzjährig) Vermonts einziger Nationalpark umgibt die historische Villa des frühen amerikanischen Naturschützers George Perkins Marsh. Auf dem Anwesen werden heute Zusammenhänge zwischen Landverwaltung und Umweltschutz erforscht. Rund um das Haus (obligatorische Führungen alle 30 Min.) verläuft ein 32 km langes Netz aus Wanderwegen und Kutschstraßen. Diese laden zum Wandern, Reiten, Schneeschuh- und Skilanglaufen ein.

Schlafen & Essen

Shire HOTEL $$

(☎802-457-2211; www.shirewoodstock.com; 46 Pleasant St/US 4, Woodstock; Zi. 119–259 US$;

VERMONT: TOP-SKIGEBIETE

Mad River Glen (☎802-496-3551; www.madriverglen.com; VT 17, Waitsfield; Liftpass Erw./Kind 89/72 US$) Im Osten ist Mad River das schroffste Skigebiet mit Liften – und auch eines der ungewöhnlichsten seiner Art: Betreiber ist eine Kooperative (statt einem der großen Skikonzerne). Diese verzichtet weitestgehend auf Kunstschnee und verbietet das Snowboarden. Hier, rund 6 Meilen (9,6 km) westlich von Waitsfield, wird auch weiterhin stolz Amerikas letzter historischer Einer-Sessellift (Baujahr 1948) betrieben.

Killington Resort (☎Infos 800-734-9435, Reservierungen 800-621-6867; www.killington.com; 4763 Killington Rd; Liftpass Erw./Kind/Senior 124/95/105 US$) Vermonts führendes Skigebiet (alias Beast of the East) ist riesig und dank kompetenter Verwaltung fast nie überfüllt. Neben 148 Pistenkilometern und 29 Liften warten hier auch fünf separate Lodges mit jeweils anderem Schwerpunkt. Das größte Schneekanonen-System der USA verlängert die lokale Skisaison (Nov.–Anfang Mai).

Stowe Mountain Resort (☎802-253-3000; www.stowe.com; 5781 Mountain Rd; Liftpass Erw. 85–115 US$, Kind 72–98 US$) Das altehrwürdige Skigebiet wurde 2017 von Vail Resorts aus Colorado aufgekauft. Es umfasst zwei Berge: den Mt. Mansfield (mit 719 m Höhenunterschied) und den Spruce Peak (472 m Höhenunterschied). Von den 116 herrlichen Pisten eignen sich zwei Drittel für Anfänger und Fortgeschrittene. Der Rest bietet Adrenalinkicks für Hardcore-Wildnis-Wedler, die vor allem die Front-Four-Abfahrten (Starr, Goat, National, Liftline) schätzen.

) In fußläufiger Entfernung zu Woodstocks Zentrum liegt an der US 4 dieses kürzlich erweiterte Hotel. Die 50 komfortablen Zimmer mit neuen Betten und Schlaftextilien bieten größtenteils Aussicht auf den Ottauquechee River (in Nr. 405 ist sie am schönsten). Die besten Quartiere haben zusätzlich offene Kamine, Whirlpools und/oder Terrassen mit Schaukelstühlen und Flussblick.

★ Blue Horse Inn
GASTHOF $$$

(☎802-457-9999; www.thebluehorseinn.com; 3 Church St, Woodstock; DZ 179–359 US$, Suite 299–389 US$;) Im Zentrum von Woodstock liegt dieser prachtvolle Gasthof aus dem 19. Jh., der von Jill und Tony Amato komplett renoviert und 2018 neu eröffnet wurde. Der rote Backsteinbau im Federal- bzw. Greek-Revival-Stil ist mit weißen Schindeln verkleidet. Drinnen warten große Gemeinschaftsbereiche mit offenen Kaminen. Von den Zimmern mit Teppichboden schauen Gäste auf den Innenhof oder den Ortskern. Das Gelände mit Rasenflächen (0,8 ha) reicht bis hinunter zum Flussufer, wo ein paar Adirondack-Liegestühle stehen.

Mon Vert Cafe
CAFÉ $

(☎802-457-7143; www.monvertcafe.com; 28 Central St, Woodstock; Frühstück 7–13 US$, Mittagessen 9–11 US$; ⏲Mo–Do 7.30–17.30, Fr & Sa bis 18.30, So 8–17.30 Uhr) Das fröhliche Café mit zwei Stockwerken und Terrasse vor dem Haus serviert sowohl Frühstück (Croissants, Kuchenteigbrötchen, Eier-Sandwiches, Latte macchiato mit Ahornsirup) als auch Mittagessen (Salate, Panini). Über die vielen Produzenten bzw. Lieferanten der regionalen Zutaten informiert eine große Wandkarte von Vermont und New Hampshire.

★ Simon Pearce Restaurant
MODERN-AMERIKANISCH $$$

(☎802-295-1470; www.simonpearce.com; 1760 Quechee Main St, Quechee; Hauptgerichte mittags 14–19 US$, abends 23–33 US$; ⏲11.30–14.45 & 17.30–21 Uhr) Der Blick von dieser umgebauten Mühle aus Backstein sucht in Vermont seinesgleichen: Der Speiseraum scheint direkt über dem Fluss zu schweben, wobei die Tische am Fenster mit Aussicht auf die spektakulären Ottauquechee Falls punkten. Die servierten Köstlichkeiten, beispielsweise Salate, Käseteller, geschmorte Lammschulter oder in Apfelwein-Lake gepökeltes Brathähnchen, bestehen aus regionalen Zutaten. Die handgefertigten Stielgläser, die hier auf die Tische kommen, stammen aus der benachbarten Glasbläserei.

Mangalitsa
BISTRO $$$

(☎802-457-7467; www.mangalitsavt.com; 61 Central St; Hauptgerichte 26–32 US$; ⏲17–21 Uhr) Eine willkommene Erweiterung der örtlichen Restaurantszene: Das reizende Bistro gehört einem Küchenchef und erntet seit seiner Eröffnung (Ende 2017) begeisterte Kritiken.

Die kleinen und großen Gerichte (Angebot ständig wechselnd) basieren auf saisonalen Zutaten – darunter Becherfarne, ganze Fische, Fleisch aus eigener Schlachtung und Gemüse von regionalen Produzenten wie der Fat Sheep Farm. Die gerade mal 22 Plätze des Lokals sind stets schnell ausgebucht, darum rechtzeitig reservieren!

Praktische Informationen

Woodstock Welcome Center (☎802-457-3555; www.woodstockvt.com; 3 Mechanic St, Woodstock; ⌚9–17 Uhr) Woodstocks Besucherzentrum ist in einem hübschen roten Backsteingebäude in einer Nebenstraße am Fluss, zwei Blocks vom Standpark entfernt, untergebracht. Außerdem gibt's im Park selbst einen kleinen Infokiosk. Beide helfen bei der Buchung von Unterkünften.

An- & Weiterreise

Greyhound-Busse ab Boston (www.greyhound.com) und Amtrak-Züge ab NYC (www.amtrak.com/vermonter-train) halten jeweils 15 Meilen (24 km) von Woodstock entfernt in der Gemeinde White River Junction. Vermont Translines (www.vttranslines.com) schickt ab Woodstock jeweils einmal täglich Busse nach Quechee (1,50 US$, 15 Min.), White River Junction (3,50 US$, 30 Min.) und Killington (5 US$, 40 Min.).

Mad River Valley

Der VT 100 nördlich von Killington ist einer der schönsten Straßenabschnitte des Landes: eine idyllische Mischung aus sanften Hügeln, überdachten Brücken, weißen Kirchtürmen und fruchtbarem Farmland. Hier findet man auch das Mad River Valley, in dem die hübschen Dörfer Waitsfield und Warren im Schatten zweier bekannter Skigebiete liegen: Sugarbush und Mad River Glen.

Wer einen atemberaubenden Blick ins Tal genießen möchte, sollte die Nebenstraßen auf beiden Seiten des VT 100 erkunden. Man kann z. B. den Asphalt hinter sich lassen und sich an der Ostseite des Tals hinaufschlängeln, indem man der Brook, E Warren, Common, North und Pony Farm Rd von Warren aus Richtung Norden nach Moretown folgt. Alternativ kann man auf der Lincoln Gap Rd nach Westen fahren, der höchsten, steilsten und vielleicht schönsten der „Gap"-Straßen, die von Ost nach West über die Green Mountains verlaufen. Auf dem Lincoln Gap (738 m) kann man über den 5 km langen Long Trail zum Mt. Abraham (1224 m) wandern, dem fünfthöchsten Berg in Vermont.

Schlafen

★ **Tevere Hostel** HOSTEL $
(☎802-496-9222; www.hosteltevere.com; 203 Powderhound Rd, Warren; B 35–40 US$; 📶) Eines von Neuenglands coolsten Hostels: Das Tevere in Warren ist gleich unterhalb vom Skigebiet Sugarbush in einem alten, kunstvoll renovierten Bauernhaus untergebracht. In den Schlafsälen mit bunten Wänden stehen jeweils vier bis sieben bequeme Betten. Der zweistöckige Bau beherbergt auch eine Lounge mit wärmendem Holzofen und ein belebtes Bar-Restaurant mit Livemusik (nur Sa während der Skisaison).

Inn at Round Barn Farm PENSION $$$
(☎802-496-2276; www.theroundbarn.com; 1661 E Warren Rd, Waitsfield; Zi. 179–359 US$; 📶 🏊) Die Pension hat ihren Namen der angeschlossenen Rundscheune von 1910 zu verdanken, einem der wenigen noch verbliebenen authentischen Beispiele in Vermont. Die entschieden teurere Unterkunft bietet Zimmer mit Kamin, Himmelbett und Blick auf die Wiesen und Berge. Im Winter stellen die Gäste die Schuhe an der Tür ab, um den Hartholzboden zu schützen. Das ländliche Frühstück ist sehr reichhaltig.

Essen & Ausgehen

★ **Warren Store** SANDWICHES $
(☎802-496-3864; www.warrenstore.com; 284 Main St, Warren; Sandwiches & leichte Gerichte 5–9 US$; ⌚7.45–19 Uhr) Dieser stimmungsvolle ländliche Laden serviert die besten Sandwiches weit und breit und dazu köstliches Gebäck und Frühstück. Im Sommer kann man vorn auf der Veranda bei einem Kaffee in der *New York Times* blättern oder auf der Terrasse mit Blick auf den Wasserfall einen Happen essen und sich anschließend bei einem Bad zwischen vom Fluss geformten Felsen abkühlen. Wer gern shoppen geht, wird sich über die bunte Sammlung von Kleidern, Spielzeug und Schmuck in der oberen Etage freuen.

American Flatbread PIZZA $$
(☎802-496-8856; www.americanflatbread.com/restaurants/waitsfield-vt; 46 Lareau Rd, Waitsfield; Pizzas 14–22 US$; ⌚Do–So 17–21.30 Uhr; 👪) Diese regionale Institution auf der hübschen Lareau Farm serviert seit 20 Jahren leckere Holzofenpizzas mit dünnem Boden und selbst gemachter Tomatensauce sowie frischen Zutaten vom Bauernhof (Fleischwaren, Käse, Gemüse). Im Winter können es

sich Gäste hier am offenen Kamin gemütlich machen. Im Sommer empfiehlt sich eine Runde Rasen-Frisbee vor der grandiosen Kulisse der Green Mountains, bis das Essen an die Picknicktische draußen im Freien gebracht wird.

★ **Lawson's Finest Liquids** CRAFT-BIER
(☎802-496-4677; www.lawsonsfinest.com; 155 Carroll Rd, Waitsfield; ⏲12–19 Uhr) Neben ihrem Wohnhaus in Warren schenkten Sean und Karen Lawson einst jahrelang selbst gebrautes Bier in einem umgebauten Produktionsschuppen für Ahornzucker aus. Doch nun müssen Mad Rivers Einwohner dort nicht mehr für Sonderabfüllungen anstehen: Ende 2018 haben die Lawsons in Waitsfield diesen Mix aus Brauerei, Schankstube und Laden eröffnet. In dem großen Fachwerkbau warten 16 Gerstensaftsorten und eine gesellige Bar. Zudem können Gäste drinnen und draußen am Feuer sitzen. Prost!

Praktische Informationen

Mad River Valley Visitor Information (☎802-496-3409; www.madrivervalley.com; Ecke Main & Bridge St, Waitsfield; ⏲Mi–Sa 10–17, So bis 15 Uhr) Touristeninformation des Tals; im Zentrum von Waitsfield gibt's hier Hilfe bei der Unterkunftssuche und aktuelle Infos für Skifahrer.

Nördliches Vermont

Im Norden liegen Vermonts größte Stadt (Burlington) und Staatshauptstadt (Montpelier). Dennoch wirkt auch diese Region so wunderbar ländlich wie der übrige Green Mountain State. Selbst in Burlington grenzen die von Cafés gesäumten Straßen direkt an die malerischen Uferwege am Lake Champlain bzw. Winooski River. Weiter nördlich lockt das rurale Northeast Kingdom mit vielen Outdoor-Aktivitäten (z.B. Ski- oder Radfahren) im Herzen der Berge.

Montpelier

Montpelier (sprich: Mont-*piel*-jer) würde in den meisten Gegenden höchstens als größeres Dorf durchgehen. Im spärlich besiedelten Vermont ist es hingegen die Hauptstadt – die kleinste des Landes (und die einzige ohne McDonald's, falls sich das jemand gefragt hat). Für eine Stadt mit nur 7500 Einwohnern ist sie bemerkenswert kosmopolitisch. Ihre beiden Hauptschlagadern – State St und Main St – laden mit netten Buchläden, Boutiquen und Lokalen zu einem angenehmen Bummel ein.

Montpeliers kleinerer Arbeiterklasse-Nachbar Barre (*bär*-ie) bezeichnet sich selbst als „Granithauptstadt der Welt“ und liegt eine 15-minütige Fahrt in südöstliche Richtung entfernt.

Praktische Informationen

Capitol Region Visitors Center (☎802-828-5981; www.informationcenter.vermont.gov; 134 State St; ⏲Mo–Fr 6–17, Sa & So ab 9 Uhr) Gegenüber vom Vermont State Capitol gibt's hier Gratis-WLAN und bequeme Sitzgelegenheiten.

An- & Weiterreise

Green Mountain Transit (www.ridegmt.com) schickt den Montpelier-LINK-Express-Bus nach Burlington (4 US$, 1¼ Std., nur Mo–Fr).

Ab Montpelier rollt der Amtrak-Zug *Vermonter* (www.amtrak.com/vermonter-train) gen Nordwesten und Südosten – z.B. nach Brattleboro (30 US$, 2½ Std.) oder Burlington (12 US$, 45 Min.).

Stowe

Das ultimative, entspannt-lebendige Vermonter Städtchen Stowe (1794 besiedelt) liegt in einem schnuckeligen Tal, in dem der West Branch River in den Little River fließt und rundum Berge aufragen. Der Ort erfreut sich seit Langem des Rufs, eines der stilvollsten Bergresorts im Osten zu sein, und zieht gut betuchte Städter aus Boston, New York und darüber hinaus an. Zahlreiche Pensionen und Restaurants säumen die Hauptstraßen, die nach Smuggler's Notch führen. Dieser ist ein traumhafter, von Felswänden flankierter, schmaler Pass durch die Green Mountains, direkt unterhalb des Mt. Mansfield (1339 m), des höchsten Punktes in Vermont. Über 300 km Langlaufloipen, einige der besten Mountainbike-Strecken und alpine Skipisten im Osten sowie erstklassige Fels- und Eisklettermöglichkeiten locken Adrenalinjunkies und aktive Familien an.

Das Tor zu Stowe ist Waterbury, das 10 Meilen (16 km) weiter südlich am Interstate Highway liegt. Unter den dortigen Attraktionen sind ein paar großartige Restaurants und die weltberühmte **Ben & Jerry's Ice Cream Factory** (☎802-882-2047; www.benjerry.com/about-us/factory-tours; 1281 VT 100, Waterbury; Erw./Kind unter 13 Jahren 4 US$/frei; ⏲Juli–Mitte Aug. 9–21 Uhr, Mitte Aug.–Mitte Okt. bis 19 Uhr, Mitte Okt.–Ende Mai 10–18 Uhr, Ende Mai–Juni bis 19 Uhr; 👪).

Sehenswertes & Aktivitäten

★ Alchemist Brewery BRAUEREI
(www.alchemistbeer.com; 100 Cottage Club Rd; ⌚Di–Sa 11–19 Uhr) Das Heady Topper zählt zu Vermonts legendärsten Gerstensäften. Erfunden wurde es von der Alchemist Brewery, die ihr Stammwerk in Waterbury kürzlich um diesen neuen, schicken Ableger in Stowe ergänzt hat. Der topmoderne Bau mit einem siloartigen Turm beherbergt auch das neue Stowe Visitors Center und nutzt Solarstrom. Besucher können den Brauprozess beobachten sowie die großartigen Hausbiere (u.a. Heady Topper, Focal Banger) gratis verkosten und in Gebinden à vier Flaschen zum Mitnehmen kaufen.

★ Stowe Recreation Path OUTDOOR-AKTIVITÄTEN
(www.stowerec.org/parks-facilities/rec-paths/stowe-ercreation-path;) Der flache bis sanft wellige, 9 km lange Stowe Recreation Path beginnt an der Stowe Community Church mit dem spitzen Kirchturm im Ortskern und sorgt für ein fantastisches Naturerlebnis für alle Altersklassen. Er schlängelt sich durch Wälder, Wiesen und Skulpturengärten am West Branch des Little River entlang. Der weite Ausblick auf den Mt. Mansfield in der Ferne ist einfach grandios.

Man kann Rad fahren, wandern, eislaufen oder Ski fahren – oder in einem der Badelöcher entlang des Weges schwimmen.

Smugglers Notch Boardwalk OUTDOOR-AKTIVITÄTEN
Der barrierefreie Plankenpfad (2018 eröffnet) hat die Zugänglichkeit des Smugglers-Notch-Areals sehr stark verbessert: Auch Rollstuhlfahrer und Familien mit Kinderwagen können hier nun einem Abschnitt des Long Trail durch die sumpfige Berglandschaft folgen. Der Weg führt zu einem Aussichtspunkt mit schönem Blick auf die namensgebende *notch* (Schlucht). Gesäumt wird er von Seitenplattformen mit Infotafeln zur Ökologie, Flora, Fauna und Naturgeschichte des Feuchtgebiets.

Schlafen & Essen

Stowe Motel & Snowdrift MOTEL, APARTMENTS $$
(☎802-253-7629; www.stowemotel.com; 2043 Mountain Rd; Zi. 109–215 US$, Suite 195–265 US$, Apt. 179–280 US$;) Auf halber Strecke zwischen dem Dorf Stowe und dem Skigebiet findet man hier u.a. Zimmer und Suiten im Motelstil (teils mit Kochecken und offenen Kaminen). Hinzu kommen ein Apartment und Häuser mit mehreren Schlafzimmern. Auf dem 6,5 ha großen Gelände warten außerdem zahllose Extras. Darunter sind ein Tennisplatz, zwei Schwimmbecken, ein Whirlpool, Badmintonfelder und Rasenspiele. Gäste können auch gratis Fahrräder und Schneeschuhe für Touren auf dem nahen Freizeitpfad ausleihen.

Trapp Family Lodge LODGE $$$
(☎802-253-8511; www.trappfamily.com; 700 Trapp Hill Rd; Zi. 175–425 US$, Suite 275–750 US$;) In der spektakulärsten Lage der ganzen Gegend thront diese Berghütte im österreichischen Stil rund 3 km oberhalb des Dorfes auf einer Hügelspitze. Erbauerin des Ganzen war Maria von Trapp (berühmt durch *Meine Lieder – meine Träume*). Fotos von deren Familie zieren bis heute die Innenwände des Gebäudes. Viele der 96 traditionellen Lodge-Zimmer im Haupthaus sind frisch renoviert und haben zudem Balkone mit schönem Bergblick. Alternativ stehen Gästen diverse gemütliche Villen und Gästehäuser zur Verfügung.

Das fast 11 km² große Anwesen bietet super Möglichkeiten zum Wandern, Mountainbiken, Schneeschuh- und Skilanglaufen. In der Nähe sorgen das Kaffeehaus und die **Bierhall** (☎802-253-5750; www.vontrappbrewing.com/bierhall.htm; 1333 Luce Hill Rd; Hauptgerichte 13–31 US$; ⌚11.30–21 Uhr) der Betreiberfamilie für noch mehr zauberhaftes österreichisches Flair in Vermont.

Doc Ponds AMERIKANISCH $$
(☎802-760-6066; www.docponds.com; 294 Mountain Rd; Hauptgerichte 8–22 US$; ⌚Di–Do 16–24, Fr–Mo ab 11.30 Uhr) Nahe dem Dorfzentrum von Stowe prägen bodenständige Speisen und Getränke (z.B. Tacos, Burger, Käsemakkaroni, Milchshakes) die Speisekarte dieses beliebten Lokals. Täglich gibt's hier auch Craft-Bier und Apfelwein zum Sonderpreis (jeweils 4 US$/Pint). Skateboards an den Wänden und alte Hits von zwei Plattenspielern am Eingang tragen zum fröhlichen Ambiente bei.

★ Hen of the Wood MODERN-AMERIKANISCH $$$
(☎802-244-7300; www.henofthewood.com; 92 Stowe St, Waterbury; kleine Gerichte 12–15 US$, Hauptgerichte 22–35 US$; ⌚Di–Sa 17–21 Uhr) Eine historische Getreidemühle in Waterbury beherbergt das angeblich beste Restaurant des nördlichen Vermont. Das Lokal

wird von seinem Küchenchef höchstpersönlich geleitet und erntet begeisterte Kritiken für seine einfallsreichen Speisen: Für das Essen werden frische Zutaten vom Bauernhof mit saisonalen Spezialitäten (z.B. Wildpilzen) kombiniert – es ist so erlesen wie das Ambiente. Zu den höchst aromatischen Gerichten gehört u.a. geräucherte Entenbrust mit Schafsmilch-Gnocchi.

Praktische Informationen

Barnes Camp Visitor Center (www.greenmountainclub.org; VT 108, 2 Meilen/3,2 km östl. des Smugglers Notch; Mitte Juni–Mitte Okt. Fr–So 9–17 Uhr) Liefert Wandererinfos nahe der Kreuzung von Long Trail und Smugglers Notch.

Green Mountain Club Visitors Center (802-244-7037; www.greenmountainclub.org; 4711 Waterbury-Stowe Rd/VT 100, Waterbury Center; Mitte Mai–Mitte Okt. tgl. 9–17 Uhr, restliches Jahr nur Mo–Fr 10–16 Uhr) Rund 5 Meilen (8 km) südlich von Stowe gibt's hier Details zum Long Trail und zu kürzeren Tageswanderungen in der Region (alternativ s. Website).

Stowe Area Association (802-253-7321; www.gostowe.com; 51 Main St; Mo–Sa 9–18, So 11–17 Uhr;) Gut organisierter Regionalverband, der bei der Reiseplanung u.a. mit Mietwagen- und Zimmerreservierungen hilft.

An- & Weiterreise

Auf dem Weg nach Brattleboro und NYC (morgens, südwärts) bzw. Burlington (abends, nordwärts) hält der Amtrak-Zug *Vermonter* täglich am Bahnhof von Waterbury. Die Mitarbeiter einiger lokaler Unterkünfte holen Gäste auf Wunsch dort ab. Die Alternative ist ein Taxi von **Stowe Taxi** (802-253-9490; www.stowetaxi.com).

Burlington

Vermonts größte Stadt liegt am Ufer des Lake Champlain und würde in den meisten anderen US-Bundesstaaten als winzig gelten. Die relativ geringe Größe zählt aber zu Burlingtons Attraktionen. Die University of Vermont (UVM) bereichert die Stadt um 13 400 Studenten, eine lebendige Kulturszene und ein aktives Sozialleben. So herrschen hier ein dynamischer, jugendlicher Geist und mehr ethnische Vielfalt als anderswo in Vermont.

Burlington gilt auch als eine von Amerikas grünsten und lebenswertesten Städten. Hierfür sorgen u.a. Radwege, ein Bauernmarkt, eine tolle Lebensmittel-Kooperative, die Nähe zur Natur und das fußgängerfreundliche Zentrum. Damit das alles so bleibt bzw. noch besser wird, engagiert sich die Great Streets Initiative (www.greatstreetsbtv.com) fortlaufend für breitere Bürgersteige, die Erweiterung von Grünflächen und weniger Umweltverschmutzung.

Burlington ist zudem eine prima Ausgangsbasis für die Erkundung von Vermonts übrigem Nordwesten. Nur 15 Minuten weiter südlich liegen zwei der regionalen Highlights: die **Shelburne Farms** (802-985-8686; www.shelburnefarms.org; 1611 Harbor Rd, Shelburne; Erw./Kind Mitte Mai–Mitte Okt. 8/5 US$, restliches Jahr jeweils Eintritt frei; Mitte Mai–Mitte Okt. 9–17.30 Uhr, restliches Jahr 10–17 Uhr;) und das Shelburne Museum (S. 263). Stowe und die Green Mountains sind innerhalb einer einstündigen Fahrt erreichbar.

Sehenswertes & Aktivitäten

★ Church Street Marketplace MARKT

(www.churchstmarketplace.com;) Burlingtons Geist zeigt sich oft entlang dieser Fußgängerzone (vier Blocks zwischen Pearl und Main St): Bei schönem Wetter sorgen hier Straßenkünstler mit kommunaler Lizenz, Imbissverkäufer, Kunsthandwerksstände, Straßenredner, rastlose Studenten, neugierige Touristen und auf Felsen herumkletternde Kinder für eine sehr belebte Atmosphäre.

★ Shelburne Museum MUSEUM

(802-985-3346; www.shelburnemuseum.org; 6000 Shelburne Rd/US 7, Shelburne; Erw./Kind Mai–Okt. 25/14 US$, Nov.–April 10/5 US$; Mai–Dez. tgl. 10–17 Uhr, Jan.–April Mi–So;) Das außergewöhnliche Museum erstreckt sich über 18 ha. Es liegt 9 Meilen (14,5 km) südlich von Burlington und zeigt die unbezahlbaren Americana-Sammlungen von Electra Havemeyer Webb (1888–1960) und ihren Eltern; insgesamt sind es 150 000 Exponate. Die Mischung aus Volks- und dekorativer Kunst und vielem mehr ist auf 39 historische Gebäude verteilt. Die meisten wurden aus anderen Teilen Neuenglands hierher gebracht, um sie besser erhalten zu können.

Intervale Center FARM

(802-660-0440; www.intervale.org; 180 Intervale Rd) GRATIS Man würde es nie vermuten, wenn man an einer der geschäftigen Straßenecken in Burlington steht, aber einer der idyllischsten, grünsten Orte in ganz Vermont liegt weniger als 2 Meilen (3 km) außerhalb des Stadtzentrums. Das Intervale schmiegt sich an die sanften Kurven des

Winooski River und umfasst ein halbes Dutzend Biofarmen und ein tolles Netz aus Wegen, die an 365 Tagen im Jahr zum Wandern, Radfahren, Skifahren, Vögelbeobachten, Paddeln und sehr vielem mehr zugänglich sind.

Waterfront UFERBEREICH
Die angenehm wenig kommerziell geprägte Waterfront liegt fünf Gehminuten vom Zentrum entfernt. Neben einer malerischen, ruhigen Promenade warten hier auch ein Radweg (12 km), das familienfreundliche Aquarium **ECHO** (☎ 802-864-1848; www.echovermont.org; 1 College St; Erw./Kind 14,50/11,50 US$; ⏱ 10–17 Uhr; 👪) und **Bootsfahrten** auf dem Lake Champlain.

Schlafen

Burlington Hostel HOSTEL $
(☎ 802-540-3043; www.theburlingtonhostel.com; 53 Main St, 2. Stock; B werktags/Wochenende 39/49 US$; ⏱ Mitte Feb.–Nov.; ❄ @ 📶) Burlingtons Hostel liegt nur ein paar Minuten von der Action an der Church St und am Lake Champlain entfernt. Die Schlafsäle (4–8 Betten; gemischt und rein für Frauen) hinter der unscheinbaren Fassade bieten Platz für 48 Gäste. Im einladenden Aufenthaltsbereich mit offener Küche gibt's täglich Frühstück mit Kaffee und Waffeln.

★ **Willard Street Inn** PENSION $$
(☎ 802-651-8710; www.willardstreetinn.com; 349 S Willard St; Zi. 155–530 US$; 📶) Diese Villa steht auf einem Hügel in praktischer fußläufiger Entfernung zur UVM und dem Church Street Marketplace. Das Haus wurde in den späten 1880er-Jahren erbaut und vereint den neugeorgianischen Stil mit Queen-Anne-Elementen. Es besticht durch dezente Eleganz mit edlem Holz und geschliffenem Glas und strahlt dennoch einladende Wärme aus. Viele Zimmer bieten Ausblick auf den Lake Champlain.

★ **Inn at Shelburne Farms** PENSION $$$
(☎ 802-985-8498; www.shelburnefarms.org/staydine; 1611 Harbor Rd, Shelburne; Zi. 270–530 US$, ohne Bad 160–230 US$, Hütte & Haus 270–850 US$; ⏱ Anfang Mai–Ende Okt.; 📶) Diese Unterkunft gehört zu den zehn besten in Neuengland. Sie liegt 7 Meilen (11 km) südlich von Burlington abseits der US 7 und war einst die Sommerresidenz der wohlhabenden Familie Webb. Heute werden die Gäste im eleganten und einladenden Landhaus am See sowie in vier frei stehenden, mit einer Küche ausgestatteten Hütten und Ferienhäusern untergebracht, die auf dem Gelände verstreut sind.

Hotel Vermont HOTEL $$$
(☎ 802-651-0080; www.hotelvt.com; 41 Cherry St; Zi./Suite ab 259/439 US$) Das neueste Hotel in Burlingtons Zentrum liegt auf halber Strecke zwischen Church St und Lake Champlain. Der energieeffizient gestaltete Bau mit LEED-Zertifikat beherbergt 125 helle, moderne Verwöhnzimmer mit vielen Highend-Extras. Zum Haus gehören auch zwei hervorragende Restaurants; in der Lobby gibt's regelmäßig Livejazz.

Essen

Penny Cluse Cafe CAFÉ $
(☎ 802-651-8834; www.pennycluse.com; 169 Cherry St; Hauptgerichte 6–14 US$; ⏱ Mo–Fr 6.45–15, Sa & So ab 8 Uhr) Das äußerst beliebte Lokal im Stadtzentrum serviert u. a. Pfannkuchen, *biscuits and gravy*, Omeletts, gebratenen Tofu, Sandwiches, Tacos und Salate. Highlights sind das dekadente Bucket-o-Spuds (traditionelle Bratkartoffeln mit Cheddar-Käse, Salsa, Sauerrahm und Schalotten) und eine der besten *chile-relleno*-Varianten östlich des Mississippi. Die tolle Getränkeauswahl reicht von Smoothies bis hin zu Bloody Marys. Am Wochenende ist mit einer Stunde Wartezeit zu rechnen.

★ **Revolution Kitchen** VEGAN, VEGETARISCH $$
(☎ 802-448-3657; www.revolutionkitchen.com; 9 Center St; Hauptgerichte 14–18 US$; ⏱ Di–Do 17–21, Fr & Sa bis 22 Uhr; 🌱) Das gemütliche Restaurant mit Backsteinwänden serviert vegetarische Spitzenküche in romantischem Ambiente. Die einfallsreichen Gerichte mit vielen asiatischen, mediterranen und lateinamerikanischen Einflüssen schöpfen aus Vermonts Reichtum an Bioprodukten. Sehr beliebt sind z. B. die Revolution-Tacos, die knusprige Seitan-Piccata und der Laksa-Nudel-Topf. Die meisten Speisen sind vegan oder entsprechend modifizierbar.

American Flatbread PIZZA $$
(☎ 802-861-2999; www.americanflatbread.com; 115 St Paul St; Pizzas 14–23 US$; ⏱ Mo–Fr 11.30–15 & 17–23.30, Sa & So 11.30–23.30 Uhr) 🍃 Zentrale Lage, super Fassbiere von der hauseigenen Kleinbrauerei Zero Gravity und großartige *flatbreads* (Pizzas mit dünnem Boden): Das sind genügend Gründe, dieses belebte Lokal im Stadtzentrum zu besuchen. Nicht zuletzt

die Sommerterrasse an einer Gasse macht das Ganze zu einem von Burlingtons reizvollsten Restaurants.

Ausgehen & Unterhaltung

★ Citizen Cider CRAFT-APFELWEIN
(☎802-497-1987; www.citizencider.com; 316 Pine St; ⊙Mo–Sa 11–22, So bis 19 Uhr) Diese einheimische Erfolgsgeschichte versteckt sich in einem schicken Industriegebäude mit bemalten Betonböden und langen Holztischen. Regionale Äpfel verwandeln sich hier in kräftige Apfelweine (Angebot ständig wachsend), die man auch per Probiergedeck (7 US$/5 Sorten) verkosten kann. Sehr beliebt ist z.B. die Variante Dirty Mayor mit Ingwer und Zitronenschale. Alternativ empfehlen sich die einfallsreichen Cocktails auf Apfelwein-Basis.

Foam Brewers CRAFT-BIER
(☎802-399-2511; www.foambrewers.com; 112 Lake St; ⊙Mo–Do 12–21, Fr & Sa 11–23, So bis 19 Uhr) Foam Brewers befindet sich in einem schmucken Backsteinbau mit freiliegenden Holzbalken bzw. -pfeilern und einer tollen Terrasse, von der man auf den Lake Champlain schaut. Gegründet wurde das Ganze von ein paar improvisationsfreudigen Gerstensaftfans aus Burlington. Das Ergebnis ist eine der belebtesten neuen Brauereikneipen der Stadt: Neben ständig wechselnden einfallsreichen Craft-Bieren gibt's hier auch Livemusik am Abend (6-mal wöchentl.).

Radio Bean BAR
(☎802-660-9346; www.facebook.com/radiobean; 8 N Winooski Ave; ⊙Mo–Fr 8–2, Sa & So ab 10 Uhr; 📶) Burlingtons beliebteste Adresse für Kunst und Musik ist einerseits ein belebtes Café, das ganztägig Espresso, Bier und Wein ausschenkt. Zudem sorgen die Betreiber jeden Abend für Livemusik (z.B. Jazz, Akustik-Sounds, afro-kubanisch) auf zwei Bühnen – vor Ort sowie im kooperierenden **Light Club Lamp Shop** (☎802-660-9346; www.radiobean.com/light-club-info; 12 N Winooski Ave; ⊙So–Do 19 Uhr–open end, Fr & Sa 18–2 Uhr). Das Radio Bean ist auch Mitbegründer der legendären lokalen Indie-Radiostation Radiator (www.bigheavyworld.com/live-stream-intro), die auf 105,9 FM mit geringer Leistung sendet.

ArtsRiot LIVEMUSIK
(☎802-540-0406; www.artsriot.com; 400 Pine St; ⊙Di–Sa 16.30 Uhr–open end) Viele Fresken zieren dieses frühere Lagerhaus aus Holz und Backstein im South End. Hier werden zahllose Events von Livekonzerten bis hin zum Geschichtenerzählen geboten. Spätnachmittags ist der Laden ein geselliges Bar-Restaurant mit Sonderangeboten bis 17.30 Uhr. Abends öffnet dann der angeschlossene Veranstaltungssaal mit Tanzfläche. Im Sommer parken freitags ein paar Food-Trucks hinter dem Gebäude.

Praktische Informationen

BTV Information Center (☎802-863-1889; www.vermont.org; Burlington International Airport; ⊙16–24 Uhr) Hilfreiches Flughafen-Infobüro der Lake Champlain Regional Chamber of Commerce.

Lake Champlain Regional Chamber of Commerce (☎877-686-5253, 802-863-3489; www.vermont.org; 60 Main St; ⊙Mo–Do 8.30–16.30, Fr bis 15 Uhr) Besetzte Touristeninformation mitten im Stadtzentrum.

Waterfront Tourism Center (abseits der Lake St; ⊙Ende Mai–Aug. tgl. 10–20 Uhr, Sept.–Mitte Okt. bis 18 Uhr) Nahe dem Seeufer.

An- & Weiterreise

BUS

Green Mountain Transit (www.ridegmt.com) Diverse Fernbusrouten zu anderen Großstädten in Vermonts Nordwesten (für Fahrpläne und Preise s. Website).

Greyhound (www.greyhound.com) Verbindet den Burlington International Airport mehrmals täglich mit Montréal (Kanada; ab 18 US$, 2½ Std.) und Boston (ab 28 US$, 4½–5½ Std.).

Megabus (☎877-462-6342; www.megabus.com; 119 Pearl St) Startet nahe dem **GMT Downtown Transit Center** (Green Mountain Transit; ☎802-864-2282; www.ridegmt.com; Ecke St. Paul & Cherry St; ⊙Mo–Fr 6–23, Sa 7–17 Uhr) einmal täglich gen Boston (ab 25 US$, 4 Std.).

Middlebury Route 46 und 76

Montpelier Route 86

FLUGZEUG

Burlington International Airport (BTV; ☎802-863-2874; www.btv.aero; 1200 Airport Dr, South Burlington) Liegt 3 Meilen (4,8 km) östlich vom Zentrum und wird von diversen US-Fluglinien bedient. Vor Ort sind alle großen Autovermieter vertreten.

ZUG

Rund 5 Meilen (8 km) außerhalb von Burlington fährt der Amtrak-Zug *Vermonter* (www.amtrak.com/vermonter-train) ab dem Bahnhof Essex Junction täglich gen Süden bis nach NYC und Washington, D.C.

NEW HAMPSHIRE

In New Hampshire warten überall schroffe Berge, idyllische Täler und Seen mit Inseln. Ob Kajakfahren in den versteckten Buchten der Lakes Region oder Hochgebirgswanderungen im Bereich des Mt. Washington: Der ganze Bundesstaat lädt zu Erkundungen ein. Alle Jahreszeiten ermöglichen hier viele Adrenalinkicks und Aktivitäten. Im Winter sind Skifahren und Schneeschuhlaufen angesagt, wobei zahlreiche Pisten bis zum Frühjahr geöffnet sind. Im Herbst locken tolle Wanderungen und Autotouren mit Blick auf strahlend buntes Laub. Und der Sommer wartet mit Beerenpflücken und Schwimmen in kühlen Bergbächen auf.

Portsmouth und andere schmucke Regionalstädte aus der Kolonialzeit versprühen eine kultivierte Atmosphäre. Unverfälschte Dörfer wie Keene oder Peterborough glänzen mit historischem Reiz und Kleinstadt-Kultur. An den urban geprägten Hauptstraßen von Manchester und Concord eröffnen immer mehr Independent-Läden und innovative Restaurants. Zudem animiert New Hampshire zum Erholen: Besucher können z. B. Seen voller Seetaucher bewundern, zurückgelehnt malerische Zugfahrten genießen oder Bootstrips bei Sonnenuntergang unternehmen.

Geschichte

New Hampshire wurde 1629 nach der englischen Grafschaft Hampshire benannt und war eine der ersten amerikanischen Kolonien, die 1776 ihre Unabhängigkeit von England erklärten. Während des Industrialisierungs-Booms im 19. Jh. entwickelte Manchester (heute die größte Stadt des Bundesstaats) eine derartige Wirtschaftskraft, dass seine Textilfabriken die größten auf der ganzen Welt wurden.

Eine wichtige Rolle in der Weltpolitik spielte New Hampshire 1944, als Präsident Franklin D. Roosevelt die Regierungen von 44 verbündeten Staaten zu einer Konferenz ins abgelegene Bretton Woods einlud, um ein stabiles Währungssystem zu begründen. Im Rahmen der Bretton-Woods-Konferenz wurden die Weltbank und der Internationale Währungsfonds (IWF) ins Leben gerufen.

Im Jahr 1963 fand New Hampshire, lange berüchtigt für seine steuerfeindliche Haltung, ein neues Mittel, um Einkünfte zu erzielen: Es war der erste Bundesstaat der USA, in dem eine legale Lotterie aus der Taufe gehoben wurde.

ℹ Praktische Informationen

New Hampshire Division of Parks & Recreation (www.nhstateparks.org) Bietet Informationen zu einem Netz aus Radwegen, das sich über den ganzen Bundesstaat erstreckt, und einen umfassenden Campingführer.

New Hampshire Division of Travel & Tourism Development (www.visitnh.gov) Bietet u. a. aktuelle Infos zu Skibedingungen und zur Herbstlaubsituation.

Südliches New Hampshire

Manchester

Diese Stadt am Merrimack River zeugt in historischer wie kultureller Hinsicht immer noch von einer gewissen Verwurzelung in der Arbeiterklasse. Auf ihrem unternehmerischen Höhepunkt beschäftigte die Amoskeag Manufacturing Company hier einst 17 000 von 70 000 Einwohnern in der größten Textilfabrik der Welt. Das über 1,6 km lange Werk am Ufer des Flusses nutzte dessen mächtige Wasserkraft. Zwischen 1838 und dem Firmenbankrott in den 1930er-Jahren machte es Manchester zu einem führenden Industrie- und Handelszentrum.

Heute sind hier vor allem der Hightech- und Finanzsektor vertreten – angelockt von niedrigen Steuern und einer vielfältigen Arbeitnehmerschaft. Damit hat auch Großstadtkultur Einzug gehalten, während die frühere Textilfabrik zum Paradebeispiel für erfolgreiche Wiederbelebung geworden ist: Der riesige Komplex aus rotem Backstein beherbergt nun ein Museum, ein Kunstzentrum, ein College, Restaurants und eine wachsende Zahl von einheimischen Firmen. In Manchester findet man zudem ein Opernhaus, mehrere Orchester und das bedeutendste Kunstmuseum des Bundesstaats. Zudem werden die lokalen Gastro- und Galerieszenen immer größer.

Millyard Museum MUSEUM

(☎603-622-7531; www.manchesterhistory.org; 200 Bedford St; Erw./Kind 12–18 Jahre 8/4 US$; ⌚Di–Sa 10–16 Uhr) Das gut gestaltete Museum ist ein Highlight des Amoskeag Millyard Historic District: Es beleuchtet die diversen Gemeinden, die seit prähistorischer Zeit nahe den Amoskeag Falls gelebt bzw. gearbeitet haben. Hierbei liegt ein Schwerpunkt auf Manchesters Jahren als Zentrum der Textilindustrie – inklusive besonders interessanter Infos zu den verschiedenen Einwandererenklaven während dieser Periode.

Currier Museum of Art MUSEUM
(603-669-6144; www.currier.org; 150 Ash St; Erw./Kind 15/5 US$, inkl. Führung durch das Zimmerman House 25/10 US$; So, Mo & Mi–Fr 11–17, Sa ab 10 Uhr; P) Manchesters kulturelle Hauptattraktion zeigt z.B. Kunst von John Singer Sargent, Georgia O'Keeffe, Monet, Matisse und Picasso. Die Museumsführer begleiten Besucher auch durch das nahe gelegene **Zimmerman House** (Reservierung erforderlich). Dieses ist in ganz Neuengland der einzige Bau von Frank Lloyd Wright, der öffentlich besichtigt werden kann.

An- & Weiterreise

Manchester-Boston Regional Airport (603-624-6556; www.flymanchester.com; 1 Airport Rd, südl. von Manchester abseits der US 3;) Wächst zwar schnell, ist aber bislang noch eine eher kleine und deutlich weniger betriebsame Alternative zum Logan International Airport in Boston.

Concord Coach Lines (www.concordcoachlines.com) Schickt ab dem Manchester Transportation Center täglich Linienbusse zum Logan International Airport (19 US$, 1¾ Std.) und zur South Station (15 US$, 1½ Std.) in Boston sowie nordwärts nach Concord (6 US$, 30 Min.).

Portsmouth

Portsmouth liegt am Piscataqua River und ist eine der elegantesten Städte in New Hampshire. Es hat einen historischen Stadtkern, von Bäumen gesäumte Straßen und ist von Kolonialgebäuden aus dem 18. Jh. geprägt. Trotz der ehrwürdigen Geschichte als frühes Zentrum der amerikanischen Schiffsindustrie versprüht die Stadt jugendliche Energie, und Traveller wie Einheimische bevölkern die zahlreichen Restaurants und Cafés. Viele Museen und historische Gebäude erlauben Besuchern einen Einblick in die vielschichtige Vergangenheit der Stadt, der die Nähe zur Küste sowohl Hummer-Festmahle als auch regelmäßig eine dichte Nebeldecke beschert.

Portsmouth macht seinem Namen noch immer alle Ehre und ist nach wie vor eine aktive Hafenstadt, deren Wirtschaftskraft von der Flottenwerft (die eigentlich auf der anderen Flussseite in Maine liegt) und dem Zustrom von Hightech-Unternehmen angekurbelt wird.

ABSTECHER

MONADNOCK STATE PARK

Der Mt. Monadnock (965 m) im südwestlichen New Hampshire ist rundum aus 80 km Entfernung erkennbar und hat im Lauf der Zeit viele Künstler inspiriert. Der umliegende **Mt. Monadnock State Park** (603-532-8862; www.nhstateparks.org; 169 Poole Rd, Jaffrey; Tagesnutzung Erw./Kind 6–11 Jahre 5/2 US$; P) ist ein Outdoor-Paradies mit einem Visitor Center, einem Laden für Camping-Bedarf, naturbelassenen Skiwanderrouten (19 km) und Wanderpfaden (über 64 km). Von Letzteren führen ca. 16 km zum Gipfel – darunter der beliebte Rundweg White Dot & White Cross (6,3 km).

Sehenswertes & Aktivitäten

★ **Strawbery Banke Museum** MUSEUM
(603-433-1100; www.strawberybanke.org; 14 Hancock St; Erw./Kind 5–17 Jahre 19,50/9 US$; Mai–Okt. 10–17 Uhr; Nov.–Apr. Sonderveranstaltung; P) Auf einem Gelände von 4 ha Fläche zeigt das Strawbery Banke Museum eine bunte Mischung alter Häuser, die bis in die 1690er-Jahre zurückdatieren. Kostümierte Führer schildern die Geschichten, die sich um diese 40 Häuser (zehn davon sind möbliert) ranken. Dazu gehören die **Pitt Tavern** (1766), eine Brutstätte des revolutionären Gedankens, die **Goodwin Mansion** (ein prächtiges Herrenhaus aus dem 19. Jh. aus der Blütezeit von Portsmouth) und der **Abbott's Little Corner Store** (1943). Die Eintrittskarte gilt für zwei aufeinanderfolgende Tage.

Isles of Shoals Steamship Co BOOTSTOUR
(603-431-5500; www.islesofshoals.com; 315 Market St; Erw./Kind ab 28/18 US$;) Von Mitte Juni bis Anfang Oktober veranstaltet dieser Anbieter ausgezeichnete Touren durch den Hafen und zu den historischen Isles of Shoals. Das Schiff ist einer Fähre aus dem frühen 20. Jh. nachempfunden. Außerdem stehen geführte Wanderungen auf Star Island und Party-Bootstouren mit DJs oder Livebands auf dem Programm.

Schlafen & Essen

Port Inn MOTEL $$$
(603-436-4378; www.portinnportsmouth.com; 505 US 1 Bypass; Zi. 249–499 US$, Suite 499 US$, Haustiere 25 US$/Nacht; P) In

praktischer Lage abseits der I-95 (ca. 1,5 Meilen/2,4 km südwestlich vom Zentrum) liegt dieses attraktive, einladende Hostel mit einem kleinen Innenhof. Einfarbige Kissen und Tagesdecken peppen die klassische Einrichtung der Zimmer etwas auf. Die Preise verstehen sich inklusive Frühstück.

Ale House Inn GASTHOF **$$$**
(☎603-431-7760; www.alehouseinn.com; 121 Bow St; Zi. 234–304 US$; P ❄ 📶) Der schickste Boutiquegasthof der Stadt befindet sich in einem früheren Lagerhaus der Portsmouth Brewing Company. In dem Backsteinbau wurden zeitgenössisches Design und Komfort verwirklicht: Die modernen, weißen Zimmer warten mit klaren Linien, Flachbildfernsehern und iPads auf. Die Suiten sind zusätzlich mit hellbraunen Nobelsofas ausgestattet. Statt kostenlosen Biers beinhaltet der Preis nun jeweils die Gratisnutzung von Cruiser-Fahrrädern der Marke Trek.

Colby's FRÜHSTÜCK **$**
(☎603-436-3033; 105 Daniel St; Hauptgerichte 4–11 US$; ⏲7–14 Uhr) Das Colby's beglückt Eier-Fans mit diversen Eggs-Benedict- und Omelett-Varianten. Zudem gibt's hier Arme Ritter, Pfannkuchen, *huevos rancheros* und Tagesangebote, die mit Kreide auf einer Tafel angeschrieben stehen. Der Laden hat nur 28 Plätze – wer am Wochenende nach 8 Uhr erscheint, muss fast immer warten. Derweil gibt's aber kostenlosen Kaffee auf der Terrasse, wenn man sich mit seinem Namen anmeldet.

★ **Black Trumpet Bistro** INTERNATIONAL **$$**
(☎603-431-0887; www.blacktrumpetbistro.com; 29 Ceres St; Hauptgerichte 19–32 US$; ⏲So–Do 17–21, Fr & Sa bis 22 Uhr) Dieses Bistro mit Backsteinwänden serviert einzigartige Kombinationen in stilvollem Ambiente: Hier gibt's beispielsweise selbst gemachte Würstchen mit Kakaobohnen oder scharf angebratenen Schellfisch mit Yuzu (einer asiatischen Zitrusfrucht). Die komplette Speisekarte gilt auch in der Weinbar oben, die gleichermaßen einfallsreiche Cocktails kredenzt.

Cure MODERN-AMERIKANISCH **$$**
(☎603-427-8258; www.curerestaurantportsmouth.com; 189 State St; Hauptgerichte 19–35 US$; ⏲So–Do 17–21, Fr & Sa bis 22 Uhr) Das elegante, aber gemütliche Restaurant von Küchenchefin Julie Cutting erntet ständig begeisterte Kritiken. Inmitten von Backsteingemäuer kann man hier ein romantisches Abendessen genießen. Bei den Gerichten liegt der Schwerpunkt auf neuenglischer Küche in „wiederaufgegriffenen" Varianten: Auf der Karte stehen z. B. pfannengebratene Entenbrust, mit Ahornsirup glasierter Lachs, langsam in Rotwein geschmorte Rinderhochrippe, Kartoffelpüree mit Meerrettich und Sauerrahm, knuspriges Brathähnchen oder Hummercremesuppe. Dazu gibt's saisonales Gemüse und super Cocktails.

ℹ Praktische Informationen

Greater Portsmouth Chamber of Commerce
(☎603-610-5510; www.portsmouthchamber.org; 500 Market St; ⏲ganzjährig Mo–Fr 9–17 Uhr, Ende Mai–Mitte Okt. auch Sa & So 10–17 Uhr) Betreibt u. a. ein hilfreiches Visitor Center gleich abseits der I-95, die nach Portsmouth hineinführt. Hinzu kommt ein **Info-Kiosk** (www.goportsmouthnh.com; Market Sq; ⏲Ende Mai–Mitte Okt. 10–17 Uhr) im Stadtzentrum.

ℹ An- & Weiterreise

Ab Portsmouth führt die I-95 jeweils über etwa 57 Meilen (92 km) nach Boston (ca. 1½ Std.) und Portland (Maine; ca. 1¼ Std.). Während der Stoß- und Hauptreisezeiten kann sich die Fahrtdauer zu beiden Städten aber leicht verdoppeln oder verdreifachen.

Lakes Region

Die Lakes Region mit ihrer seltsamen Mischung aus natürlicher Schönheit und kommerziellem Kitsch ist eines der beliebtesten Ferienziele New Hampshires. Der riesige Lake Winnipesaukee, das Herzstück der Region, umfasst 295 km Küstenlinie sowie über 300 Inseln und bietet ausgezeichnete Voraussetzungen fürs Lachsfischen. Wer einmal den frühen Morgennebel über den See hat wabern sehen, versteht, warum die amerikanischen Ureinwohner ihm den Namen „Lächeln des Großen Geistes" gaben. Die schönsten Gegenden sind südwestlich zwischen Glendale und Alton (an der Uferstraße Belknap Point Rd) und die Nordostecke zwischen Wolfeboro und Moultonborough (am NH 109). Gleich nördlich befinden sich die kleineren Squam und Little Squam Lakes.

Die Verbindungsstraßen zwischen den Städten am Seeufer passieren bewaldete Berge und allerlei kunterbunte Americana-Kultur der provinziellen Art: Spielhallen, Gokartbahnen, Muschelbuden, Fast-Food-

Schuppen und Bootsstege. Auch wenn man eigentlich nur durchfährt, empfiehlt sich ein Zwischenstopp mit Schwimmen, einem Picknick oder einer Bootsfahrt.

Anreise & Unterwegs vor Ort

Am schnellsten zur Lakes Region geht's über die I-93. Ab Boston und anderen Orten weiter südlich stehen dabei die Ausfahrten 15E (Wolfeboro), 20 (Weirs Beach), 23 (Meredith) und 24 (Holderness bzw. Squam Lake) zur Verfügung.

Concord Coach Lines (www.concordcoachlines.com) betreibt Busse zwischen Boston und North Conway (2-mal tgl.), die in Meredith nahe der nordöstlichen Ecke von US3 und NH 25 auf einem Parkplatz stoppen. Dieser ist am Schild mit der Aufschrift *Memorial* zu erkennen und eine reine Bedarfshaltestelle ohne Ticketverkauf. Bedient werden u. a. Concord (13 US$, 1 Std.) sowie die South Station (25 US$, 2½ Std.) und der Logan International Airport (30 US$, 2¾ Std.) in Boston.

Weirs Beach

Weirs Beach wurde von den amerikanischen Ureinwohnern „Aquedoctan" genannt und hat seinen englischen Namen den Wehren *(weirs)* zu verdanken, die die ersten europäischen Siedler entlang des kleinen Sandstrands fanden. Heute steht Weirs Beach für fröhlich-lautes, kindliches Vergnügen in der Lake-Winnipesaukee-Region und ist für Videospielarkaden und *fried dough* (süßer Snack) berühmt. Die Uferpromenade am See, der öffentliche Strand und das Dock für kleine Boote bieten die perfekten Voraussetzungen für einen entspannten Urlaub. Außerdem gibt's in der Nähe einen Wasserpark und ein Autokino. Abseits des Trubels am Seeufer wartet interessante viktorianische Architektur, die in dieser Hauptstadt des Kitschs fast etwas deplatziert wirkt.

Südlich von Weirs Beach liegen **Laconia**, die größte Stadt der Region, der es allerdings an echten Sehenswürdigkeiten mangelt, und das sich an den See schmiegende **Gilford**. Zur Information: Diese Seite des Sees wird jedes Jahr im Juni während der Laconia Motorcycle Week (www.laconiamcweek.com), der ältesten Motorradrallye der Welt, neun Tage lang von Bikern in Beschlag genommen.

★ MV Sophie C BOOTSFAHRT
(☎ 603-366-5531; www.cruisenh.com/sophie.php; 211 Lakeside Ave; Erw./Kind 5–12 Jahre 28/14 US$; ⊙ Fahrten Mitte Juni–Anfang Sept. Mo–Sa 11 & 14 Uhr) Das altehrwürdige Postschiff des US Postal Service bringt bis heute Sendungen zu malerischen Regionalhäfen und vier bis fünf Seeinseln, die ansonsten unzugänglich sind. Bei seinen Fahrten ab Weirs Beach (1½ Std.) nimmt es auch Besucher mit.

MS Mount Washington BOOTSFAHRT
(☎ 603-366-5531; www.cruisenh.com; 211 Lakeside Ave; Erw./Kind 5–12 Jahre reguläre Bootstour 32/16 US$, Bootstour mit Sonntags-Brunch 52/26 US$; ⊙ Mitte Mai–Ende Okt. tgl.) In Weirs Beach startet dieser klassische Dampfer zu entspannten Panoramafahrten (2½ Std.) auf dem Lake Winnipesaukee und macht regelmäßig in Wolfeboro Station. Gelegentlich werden auch Alton Bay, Center Harbor und/oder Meredith angelaufen. Unter den speziellen Events im Sommer und Frühherbst sind Brunches mit Schampus (So) und diverse Themenfahrten (z. B. Elvis Tribute, Lobsterfest oder Dinner & Dance zu Sonnenuntergang).

NazBar & Grill BAR
(☎ 603-366-4341; www.naswa.com; 1086 Weirs Blvd, Laconia; ⊙ Ende Mai–Anfang Okt. ab 11 Uhr) Die bunte Uferbar empfiehlt sich, wenn man die belebte Weirs-Beach-Atmosphäre genießen möchte: Am oder im See können cocktailschlürfende Gäste hier die an- und ablegenden Boote beobachten. Auf der Speisekarte stehen u. a. Nachos, Salate, Wraps und Burger.

Praktische Informationen

Lakes Region Chamber of Commerce
(☎ 603-524-5531; www.lakesregionchamber.org; 383 S Main St, Laconia; ⊙ Mo–Fr 9–15 Uhr) Infos zur Region Laconia/Weirs Beach.

Wolfeboro

Wolfeboro liegt am Ostufer des Lake Winnipesaukee. In dieser idyllischen Stadt scharen sich Kinder an warmen Sommerabenden immer noch um den Eisstand, während es Jung und Alt zu den wöchentlichen Konzerten in den grünen Park am See treibt. Der Ort ist nach General Wolfe benannt, der beim Sieg über Montcalm in der Schlacht auf der Abraham-Ebene in Quebec fiel. Wolfeboro (gegründet 1770) bezeichnet sich selbst als „ältestes Sommerresort in Amerika". Ob das nun stimmt oder nicht, es ist definitiv einer der charmantesten Ferienorte mit hübschen Stränden am See, interessanten Museen, wunderbarer Neuengland-Architektur (von georgianisch über Federal bis zu neoklassisch und Second Empire), gemütlichen B&Bs und einem schönen Wanderweg, der an mehreren Seen entlang aus der Stadt führt.

Sehenswertes & Aktivitäten

Wright Museum MUSEUM
(☎603-569-1212; www.wrightmuseum.org; 77 Center St; Erw./Kind 5–17 Jahre 10/6 US$; ⊙Mai–Okt. Mo–Sa 10–16, So ab 12 Uhr) Ob „Rosie the Riveter" oder Apfelkuchen: Mit Musik, Doku-Videos, Plakaten und anderen Erinnerungsstücken beleuchtet dieses interaktive Museum die USA im Zweiten Weltkrieg. Unter den Exponaten sind auch Militaria wie Uniformen, Ausrüstungsteile und ein 42 t schwerer Pershing-Panzer, der vor Ort restauriert wurde. Bei der beliebten Vortragsreihe im Sommer (Juni–Sept. Di abends) reicht das Spektrum der Referenten von Schriftstellern bis zu Kriegsflüchtlingen.

Cotton Valley Rail Trail WANDERN & TREKKEN
(www.cottonvalleyrailtrail.org; Central Ave) Ab der Touristeninformation in Wolfeboro führt dieser tolle Multifunktionsweg (19 km; die ersten 800 m heißen Bridge Falls Path) entlang einer alten Bahntrasse nach Brookfield und Wakefield. Die Route passiert zwei Seen, klettert das Cotton Valley hinauf und schlängelt sich bei Brookfield durch Wälder bzw. über Felder.

Schlafen & Essen

Wolfeboro Inn GASTHOF $$$
(☎603-569-3016; www.wolfeboroinn.com; 90 N Main St; Zi. 219–279 US$, Suite 319–359 US$; P @) Die bekannteste örtliche Bleibe zählt seit 1812 zu den renommiertesten Resorts der Region. Auf dem Uferanwesen mit Privatstrand verteilen sich 44 Zimmer über ein altes Hauptgebäude und einen neuen Anbau. Mit ihrer teilweise modernen Einrichtung (inkl. neuer Betten) wirken die Quartiere zwar weniger historisch, aber ungemein luxuriös. Unter den Einrichtungen sind ein Hausrestaurant und die Kneipe **Wolfe's Tavern** (www.wolfestavern.com; Hauptgerichte abends 12–31 US$; ⊙So–Do 7–21, Fr & Sa bis 22 Uhr).

Downtown Grille Cafe CAFÉ $
(☎603-569-4504; www.downtowngrillecafe.com; 33 S Main St; Backwaren 2–4 US$, Hauptgerichte morgens 4–9 US$, mittags 8–14 US$; ⊙7–15 Uhr) Gäste dieses Cafés holen sich ihr Essen am Tresen und setzen sich dann idealerweise auf die Terrasse hinten mit schöner Aussicht auf den Lake Winn. Neben spitzenmäßigem Kaffee (u.a. kubanischer Espresso) gibt's hier auch Backwaren und Frühstücks-Sandwiches. Prima sind z.B. die Panini mit Schinken und Pepperjack-Käse oder die Wraps mit Chicken Wings, Blauschimmelkäse und scharfer Sauce.

Nolan's Brick Oven Bistro PIZZA $$
(☎603-515-1028; www.nolansbrickovenbistro.com; 39 N Main St; Hauptgerichte 10–26 US$; ⊙11–21 Uhr) Einen Block nördlich vom Dorfzentrum lockt das beliebte Nolan's vor allem mit leckeren Pizzas aus dem Backsteinofen – üppig belegt mit Zutaten von regionalen Bauernhöfen. Ganzjährig gibt's hier aber auch viele Alternativen, etwa Seafood, Suppen, Salate und Wraps; mitunter bekommt man am Abend sogar Sushi.

Praktische Informationen

Wolfeboro Chamber of Commerce Information Booth (☎603-569-2200; www.wolfeborochamber.com; 32 Central Ave; ⊙Ende Mai–Mitte Okt. Mo–Sa 10–15, So bis 12 Uhr, restliches Jahr kürzere Öffnungszeiten) Die Mitarbeiter dieser kleinen Touristeninformation im alten Bahnhof wissen alles über die Aktivitäten vor Ort.

White Mountains

Die weitläufigen White Mountains bedecken ein Viertel der Fläche New Hampshires und Teile von Maine. In der spektakulären Region mit hoch aufragenden Gipfeln und grünen Tälern erheben sich auch Neuenglands schroffste Berge. Hier sind zahlreiche Aktivitäten möglich – darunter Wandern, Camping, Ski- und Kanufahren. Der White Mountain National Forest (WMNF) schützt seit 1918 den Großteil des Gebiets (3200 km²) vor ausufernder Erschließung. Allerdings ist dieses natürliche Wunderland auch sehr populär: Jedes Jahr nutzen 6 Mio. Besucher das Wanderwegnetz (1931 km), die 23 Campingplätze und die acht Skigebiete mit Pisten bzw. Loipen.

Panoramastraßen und felsige Pfade verlaufen zwischen den vier beliebten Freizeitgebieten der White Mountains: dem Mt. Washington Valley (Osten), dem Bereich Crawford Notch und Bretton Woods (Zentrum entlang der US 302), dem Kancamagus Highway (Südrand) und der Franconia Range (Westen bzw. Nordwesten).

Kancamagus Highway

Der Kancamagus Hwy (NH 112) schlängelt sich über 55 km zwischen Lincoln und Conway mitten durch den WMNF und über den Kancamagus Pass (870 m) und gehört zu den schönsten Panoramastraßen in New Hampshire. Der „Kanc" wurde erst 1964 asphaltiert und ist von kommerzieller Entwicklung weitgehend verschont geblieben. Er bietet einfachen Zugang zu den Campingplätzen des US Forest Service (USFS), zu schönen Wanderwegen und fantastischer Landschaft.

Die Route ist nach Chief Kancamagus („Der Furchtlose") benannt, der um 1684 zum *sagamore* (Anführer) des amerikanischen Ureinwohnerstamms der Penacook wurde. Er war der letzte *sagamore* und folgte auf seinen Großvater, den großen Passaconaway, und seinen Onkel Wonalancet. Kancamagus versuchte, den Frieden zwischen den indigenen Stämmen und den europäischen Entdeckern und Siedlern zu erhalten, aber die Neuankömmlinge strapazierten seinen Geduldsfaden so sehr, dass er schließlich riss. Am Ende zog er in die Schlacht, um die Region von den Europäern zu befreien. 1691 waren er und sein Stamm jedoch gezwungen, nach Norden zu fliehen.

Sabbaday Falls WANDERN & TREKKEN
(NH 112/Kancamagus Hwy; Tagesnutzung 5 US$) Der beliebte Sabbaday Brook Trail (einfache Strecke 482 m) führt zu den Sabbaday Falls, die durch eine schmale Granitschlucht in schöne Naturbecken hineinstürzen. Über Stufen gelangt man hinauf zu Aussichtspunkten mit grandiosem Blick auf die Klamm. Der barrierefreie Pfad beginnt ca. 15 Meilen (24 km) westlich des Saco Ranger District Office.

Praktische Informationen

Saco Ranger District Office (☎603-447-5448; www.fs.usda.gov/detail/whitemountain/about-forest/offices; 33 Kancamagus Hwy, nahe Conway; ⌚Mo 9–16.30, Di–So ab 8 Uhr) Hier am östlichen Ende des Kancamagus Hwy gibt's öffentliche Toiletten sowie Broschüren und Wanderkarten zum WMNF.

North Woodstock & Lincoln

North Woodstock und sein Nachbarort Lincoln ziehen eine Mischung aus Abenteuerlustigen und Reisenden auf der Durchreise zum Kancamagus Hwy (NH 112) an. North Woodstock versprüht eine geschäftige Kleinstadtatmosphäre mit etwas verwitterten Motels und Diners entlang der Hauptstraße sowie mit einem parallel dazu verlaufenden gurgelnden Fluss. Das Nahe Lincoln hat weniger Charme, ist aber der Startpunkt der unterhaltsamen Hobo Railroad und bietet weitere familienfreundliche Aktivitäten, z. B. Seilrutschen und einen abenteuerlichen Kletterpark.

★ **Notch Hostel** HOSTEL $
(☎603-348-1483; www.notchhostel.com; 324 Lost River Rd, North Woodstock; B 30 US$, DZ 75–90 US$; P @ 📶 🐾) Das naturbegeisterte Ehepaar Serena und Justin leitet dieses tolle Hostel mit tibetischen Gebetsfahnen am Eingang. Alles ist hier vom Feinsten: Auf Gäste warten eine gemütliche Atmosphäre, mehrere Freiluftterrassen, eine große Küche, eine Sauna für kalte Winterabende und eine Bibliothek mit Büchern zu den Bergen. Hinzu kommen viele Infos für Fernwanderer, die auf dem Appalachian Trail unterwegs sind.

Wilderness Inn B&B $$
(☎603-745-3890; www.thewildernessinn.com; 57 S Main St, North Woodstock; Zi. 115–200 US$, Hütte 200 US$; jeweils inkl. Frühstück; P ❄ 📶) Das B&B im früheren Wohnhaus eines Sägemühlenbetreibers vermietet neben sieben reizenden Zimmern (klein bis Suiten-Größe) auch eine familienfreundliche Hütte mit Blick auf den Lost River. Alle Quartiere sind individuell mit Wandmotiven und behaglichem Mobiliar eingerichtet; bis auf eine Ausnahme haben sie Holzböden. Das hervorragende Frühstück wird bei schönem Wetter auf der sonnigen Veranda serviert.

Woodstock Inn Station & Brewery KNEIPENESSEN $$
(☎603-745-3951; www.woodstockinnnh.com; 135 Main St/US 3, North Woodstock; Hauptgerichte 9–26 US$; ⌚So–Do 11.30–21, Fr & Sa bis 22 Uhr, Bar längere Öffnungszeiten) Das Woodstock in einem früheren Bahnhof bemüht sich, möglichst etwas für jedermann zu bieten: Bei den über 150 Optionen auf der Speisekarte ist wohl für alle Geschmäcker etwas dabei. Am interessantesten sind aber die Sandwiches, Burger und Nudelgerichte. Die bierselige Kneipe im hinteren Bereich zählt zu den belebtesten Schenken in dieser Ecke des WMNF. Zudem hat das Haus vorn eine nette Terrasse.

Praktische Informationen

White Mountains Visitor Center (☎ Infos zum WMNF 603-745-3816, Besucherinfos 603-745-8720; www.visitwhitemountains.com; 200 Kancamagus Hwy, abseits der I-93, Exit 32, Lincoln; ⏲ Visitor Center ganzjährig 8.30–17 Uhr, Infoschalter für den WMNF Mitte Mai–Mitte Okt. tgl. 9–15.30 Uhr, restliches Jahr nur Fr–So) Das hilfreiche Büro zählt zu den besten Quellen für umfangreiche Regionalinfos und empfiehlt sich daher als erste Anlaufstelle: Hier gibt's z. B. Details zu Wanderwegen und Recreation Passes für den National Forest.

Western White Mountains Chamber of Commerce (☎ 603-745-6621; www.lincolnwoodstock.com; 126 Main St/US 3, North Woodstock; ⏲ Mo–Fr 8–16 Uhr) Allgemeine Touristeninfos.

An- & Weiterreise

Concord Coach Lines (www.concordcoachlines.com) Hält zwischen Boston und Littleton zweimal täglich vor Lincolns **7-Eleven-Filiale** (☎ 800-639-3317; 36 Main St). Die Busse bedienen z. B. Concord (17,50 US$, 1½ Std.) oder die South Station (29 US$, 3 Std.) und den Logan International Airport (34 US$, 3¼ Std.) in Boston.

Franconia Notch State Park

Die Franconia Notch ist ein wirklich spektakulärer Gebirgspass – die schmale Schlucht, die über Millionen Jahre von einem Wildbach geformt wurde, schneidet sich durch den zerklüfteten Granit. Hier konnte man lange Zeit den berühmten Old Man of the Mountain bewundern, eine natürliche Felsformation, die zum Wahrzeichen des Granite State wurde. Leider stürzte der Old Man 2003 ein – was Traveller jedoch nicht davon abhält, hierher zu reisen und sich die unscheinbaren Überreste der Felsen anzuschauen. Doch trotz des Verlusts des „Alten Mannes" hat die Franconia Notch zahlreiche Attraktionen zu bieten, von der dramatischen Wanderung durch die Flume Gorge bis zur fantastischen Aussicht von der Presidential Range.

Der schmale Franconia Notch State Park schützt die schönsten Teile der Schlucht, durch die sich hier die I-93 als zweispuriger Franconia Notch Pkwy quetscht. Tankstellen gibt's sowohl in Lincoln und North Woodstock (südwärts) als auch in Franconia und Littleton (nordwärts).

Sehenswertes & Aktivitäten

Cannon Mountain Aerial Tramway SEILBAHN
(☎ 603-823-8800; www.cannonmt.com; 260 Tramway Dr, abseits der I-93, Exit 34B; hin & zurück Erw./Kind 6–12 Jahre 18/16 US$; ⏲ Juni–Mitte Okt. 8.30–17 Uhr; P 👪) Die Seilbahn an der Flanke des Cannon Mountain bietet einen atemberaubenden Blick auf die Franconia Notch. Alternativ kann man auch den Berg hinaufwandern und dann mit der Bahn wieder hinunterfahren (Erw./Kind 13/10 US$). Oben am Gipfel führt der **Rim Trail** (457 m) zur einer Aussichtsplattform mit grandiosem Rundumblick, der an klaren Tagen bis hinüber nach Maine und Kanada reicht. An der Seilbahnstation gibt's eine Snackbar und Picknicktische.

★ **Flume Gorge & The Basin** WANDERN & TREKKEN
(☎ 603-745-8391; www.flumegorge.com; I-93, Exit 34A; Erw./Kind 6–12 Jahre 16/14 US$; ⏲ Anfang Mai–Juni & Sept.–Mitte Okt. 8.30–17 Uhr, Juli & Aug. bis 17.30 Uhr) Die Flume Gorge ist ein echtes Naturwunder: Durch die 3,6 bis 6,1 m breite Klamm im Granit verläuft ein 244 m langer Plankensteg als Teil eines 3,2 km langen Naturlehrpfads. Pflanzen und Moos sprießen in den gefährlich wirkenden Nischen und Spalten der beidseitig aufragenden Felswände (21–27 m hoch). Das nahe Basin ist ein natürliches Granitbecken (4,6 m tief) am Fuß eines Wasserfalls.

Recreation Trail RADFAHREN, WANDERN & TREKKEN
(I-93, Exit 34A) Die beste Option für eine lässige Wander- oder Radtour ist dieser 13 km lange, befestigte Pfad, der dem Pemigewasset River folgt und durch die Schlucht führt. Leihfahrräder gibt's am Cannon Mountain bei **Sport Thoma** (www.sportthoma.com; Leihfahrrad halber/ganzer Tag 35/50 US$). Die Firma bietet auch Shuttles für Radler an, die nur die einfache Strecke strampeln wollen.

Praktische Informationen

Franconia Notch State Park Visitor Center (☎ 603-745-8391; www.nhstateparks.org; I-93, Exit 34A; ⏲ Mitte Mai–Juni & Sept.–Anfang Okt. 8.30–17 Uhr, Juli & Aug. bis 17.30 Uhr, Mitte–Ende Okt. bis 16.30 Uhr) Umfassende Infos zum Park und zur Region.

Bretton Woods & Crawford Notch

Dieser wunderschöne, 540 m hohe Bergpass am Westhang des Mt. Washington ist tief in den Legenden New Hampshires verwurzelt. 1826 lösten sintflutartige Regenfälle hier Erdrutsche aus und töteten die Familie Willey unten im Tal. Zeitungen berichteten damals über den dramatischen Vorfall, der auch die Fantasie des Malers Thomas Cole und des Schriftstellers Nathaniel Hawthorne anregte: Beide ließen sich von der Katastrophe inspirieren und machten Crawford Notch damit unwissentlich zu einem Touristenziel.

Trotzdem war die Gegend lange Zeit nur den Einheimischen und wohlhabenden Sommerurlaubern bekannt, die im luxuriösen Mt. Washington Hotel in Bretton Woods abstiegen – bis Präsident Roosevelt 1944 eine Konferenz in dem Hotel abhielt, die sich mit der Weltwirtschaftsordnung nach dem Zweiten Weltkrieg befasste.

Das Hotel ist heute noch so prachtvoll wie früher, und ein stetiger Besucherstrom wandert auf der Presidential Range und strebt zum Gipfel des Mt. Washington – entweder zu Fuß oder mit einem Dampfzug der spektakulären Mt. Washington Cog Railway.

Sehenswertes & Aktivitäten

★ Crawford Notch State Park STATE PARK
(☎603-374-2272; www.nhstateparks.org; 1464 US 302, Hart's Location; ⏲Besucherzentrum Ende Mai–Mitte Okt. 9.30–17 Uhr, Park ganzjährig, sofern nicht anders angegeben; P) GRATIS Dieser hübsche Park verfügt über ein umfangreiches Netz aus Wanderwegen. Vom Besucherzentrum am Willey House kann man den leichten 800 m langen **Pond Loop Trail**, den 1,6 km langen **Sam Willey Trail** und den **Ripley Falls Trail** absolvieren, einen 1,6 km umfassenden Rundweg von der US 302 über den **Ethan Pond Trail**. Der Beginn des Weges zu den **Arethusa Falls** (2,4 km) befindet sich 800 m südlich des Dry River Campground an der US 302. Wer eine anspruchsvollere Wanderung sucht, kann den längeren Aufstieg zum Mt. Washington wagen.

★ Mt. Washington Cog Railway TOURISTENBAHN
(☎603-278-5404; www.thecog.com; 3168 Base Station Rd; Erw. 72–78 US$, Kind 4–12 Jahre 41 US$; ⏲Juni–Okt. tgl., Ende April–Mai & Nov. nur Sa & So; 👪) Puristen wandern zum Gipfel des Mt. Washington, während Lauffaule fahren – besonders schön mit dieser dampfgetriebenen Zahnradbahn, die seit 1869 über eine malerische Strecke (5,6 km, hin & zurück 3 Std.) am Hang hinaufschnauft. Die beiden historischen Dampfzüge werden inzwischen durch schnellere und umweltfreundlichere Biodiesel-Züge ergänzt. Eine Reservierung ist empfehlenswert.

Arethusa Falls Trail WANDERN & TREKKEN
(US 302, Hart's Location) Die mittelschwere Wanderung (hin & zurück 4,8 km) im Bereich Crawford Notch führt zur Basis von New Hampshires höchstem Wasserfall (61 m). Dieser wirkt während der Schneeschmelze im Frühjahr am eindrucksvollsten. Der Parkplatz liegt 6 Meilen (9,7 km) südlich des Crawford Notch Depot.

Schlafen

★ AMC Highland Center Lodge LODGE $$
(☎Rezeption 603-278-4453, Reservierungen 603-466-2727; www.outdoors.org; NH 302, Bretton Woods; Erw./Kind/Jugendl. Zi. 176/54/103 US$, ohne Bad 121/54/103 US$; jeweils inkl. Frühstück & Abendessen; P 📶) Die gemütliche Lodge des Appalachian Mountain Club (AMC) liegt mitten in der herrlichen Region Crawford Notch und ist eine ideale Ausgangsbasis für Wandertouren auf der Presidential Range. Die meisten Gäste sind daher Outdoor-Fans. Auf dem schönen Gelände warten neben einfachen, aber komfortablen Zimmern auch herzhaftes Essen und ein öffentlich zugängliches Infozentrum mit vielen Details zu regionalen Wanderrouten. AMC-Mitglieder bekommen Rabatt.

Omni Mt. Washington Hotel & Resort HOTEL $$$
(☎603-278-1000; www.omnihotels.com; 310 Mt. Washington Hotel Rd, Bretton Woods; Zi./Suite ab 449/619 US$; P ❄ @ 📶 🏊) Auch wer nicht in diesem historischen Hotel von 1902 absteigen will, sollte sich unbedingt auf die Veranda setzen und vom Korbsessel aus die Aussicht auf den Mt Washington genießen – am besten mit einem Cocktail in der Hand. Der prachtvolle Bau wartet bis heute mit witzigen Elementen auf: In der Lobby hängt ein Elchkopf, und viele Zimmer sind mit getrockneten und eingerahmten Wildblumen aus der Region geschmückt.

Pinkham Notch

Das Gebiet rund um den 619 m hohen Bergpass Pinkham Notch ist für seine wilde Schönheit bekannt. Nützliche Einrichtungen für Wanderer bzw. Camper machen es zu einem der beliebtesten und belebtesten Outdoor-Areale in den White Mountains. Der Wildcat Mountain und die Tuckerman Ravine bieten prima Skifahrmöglichkeiten. Durch das hervorragende Wanderwegnetz haben Traveller Zugang zur herrlichen Presidential Range, die sich ab der Crawford

Notch nordwärts zum Mt. Washington und dann weiter zum Mt. Madison erstreckt. Über die gefährlich anmutende, aber ganz gut befahrbare Mt. Washington Auto Road gelangen Untrainierte leicht und direkt zum Gipfel des Mt. Washington. Dort oben warten ein Wettermuseum, ein historischer Gasthof und an klaren Tagen eine herrlich weite Aussicht.

Aktivitäten

Tuckerman Ravine Trail WANDERN & TREKKEN
(361 NH 16, Pinkham Notch Visitor Center) Der 1917 m hohe Mt. Washington ist Neuenglands höchster Berg. Und die erbauliche Wanderung zu seinem Gipfel (einfache Strecke ca. 6,8 km) ist absolut Pflicht: Unter den Highlights unterwegs sind Kletterabschnitte in einem glazialen Talkessel, das Überqueren eines Hochgebirgsplateaus und das Meistern eines Blockfelds (800 m breit). An klaren Tagen schweift der Blick vom Gipfel gleichzeitig über fünf US-Bundesstaaten.

Allerdings ist der Trek nichts für jedermann und muss unbedingt angemessen vorbereitet werden: Der Mt. Washington ist für extrem schlechtes Wetter berüchtigt. Die Durchschnittstemperatur auf dem Gipfel beträgt −3 °C. Die Quecksilbersäule ist hier auch schon auf −43 °C gefallen, aber noch nie über 22 °C gestiegen. Und jedes Jahr fallen am Berg über 6 m Schnee (einmal waren es sogar ca. 14 m). Mitunter herrscht ein ähnliches Klima wie in der Antarktis; orkanartige Winde fegen etwa alle drei Tage über die Hänge. Tatsächlich wurde hier 1934 bei einem Sturm die zweithöchste Windgeschwindigkeit aller Zeiten gemessen: Einzelne Böen erreichten 372 km/h.

Wer den Aufstieg wagen will, sollte auch im Hochsommer stets warme, winddichte Bekleidung und hochgebirgstaugliches Schuhwerk tragen. Vorab auch immer mit dem Hüttenpersonal des Appalachian Mountain Club (AMC) sprechen! Bei Wetterverschlechterung sollte man schnellstmöglich umkehren: In der Vergangenheit haben schon Dutzende Wanderer entsprechende Warnzeichen ignoriert und dann ihr Leben gelassen. Hiervon zeugen die vielen Denkmale und Gedenkkreuze am Wegesrand.

Mt. Washington Auto Road SCENIC DRIVE
(☎603-466-3988; www.mountwashingtonautoroad.com; NH 16; Auto inkl. Fahrer 31 US$, zzgl. Erw./Kind 5–12 Jahre 9/7 US$, geführte Touren Erw./Kind 36/16 US$; ⊙Mitte Juni–Aug. 8–18 Uhr, Mai–Mitte Juni & Sept.–Ende Okt. kürzere Öffnungszeiten) Die kurvige Fahrt entlang dieser schmalen Bergstraße (7,6 Meilen/12,2 km; Betreiber: Mt. Washington Summit Rd Co.) zählt zu Neuenglands Top-Abenteuern, ist aber wirklich nichts für Angsthasen. Die mautpflichtige Strecke führt vom Pinkham Notch zum Parkplatz kurz unterhalb des Gipfels (1917 m). Die Mautgebühr beinhaltet einen Audioguide auf CD und den Eintritt für das **Extreme Weather Museum** (☎800-706-0432; www.mountwashington.org/visit-us; Gipfel des Mt. Washington; Eintritt ohne/mit Ticket für die Auto Road 2 US$/frei; ⊙wetterabhängig wechselnde Öffnungszeiten; P) des Mt. Washington Observatory. Der Souvenirshop am Gipfel verkauft coole Autoaufkleber mit der Aufschrift *This car climbed Mt. Washington* (Dieses Auto hat den Mt. Washington erklommen).

Schlafen

Joe Dodge Lodge LODGE $
(☎603-466-2727; www.outdoors.org/lodging/lodges/pinkham; 361 NH 16; pro Erw./Kind/Jugendl. Zi. ab 86/39/74 US$; jeweils inkl. Frühstück & Abendessen; P ❄ 📶) Zum AMC-Komplex am Pinkham Notch gehört diese gemütliche Lodge mit über 100 Schlafsaalbetten und verschieden ausgestatteten Privatzimmern (die Preise gelten jeweils pro Person). Vor dem Aufstieg zum Gipfel des Mt. Washington kann man hier super übernachten: In nächster Nähe beginnt der Tuckerman Ravine Trail. Reservierung ist ratsam; AMC-Mitglieder bekommen Rabatt.

Glen House Hotel HOTEL $$$
(☎603-466-3420; www.glenhousehotel.com; 979 NH 16; Zi. 249–369 US$; P ❄ 📶 🏊 🐾) Das vornehme Glen House (eröffnet Ende 2018) ist seit 1852 das fünfte Hotel am selben Standort. Der fröhlich-rustikale Stil und die Lage an der Mt. Washington Auto Road werden aber auch dieser Inkarnation bestimmt einen großen Erfolg bescheren. Auf Gäste warten hier u. a. minimalistisches Mobiliar im Shaker-Stil und große Fenster mit toller Aussicht auf den Mt Washington. Unter den schrulligen Deko-Elementen ist ein wandmontiertes Elchkopf-Imitat aus buntem Stoff.

Hanover

Hanover ist eine typische neuenglische College-Stadt. An warmen Tagen werfen Studenten auf dem weitläufigen Rasen vor den mit Efeu bedeckten georgianischen Gebäuden Frisbees, während sich Einheimische und Akademiker in den entspannten Cafés, Restaurants und Läden tummeln, die die Main St säumen. Das Dartmouth College ist seit Langem das Herz der Stadt und bringt Kunst nach Hanover.

Dartmouth wurde 1769 hauptsächlich „zur Bildung und Anleitung der Jugend der Indianerstämme" gegründet. Damals befand sich die Schule noch in den Wäldern, in denen ihre zukünftigen Schüler lebten. Auch wenn die Ausbildung „englischer und anderer Jugendlicher" nur ein Nebenzweck war, machten dort de facto nur wenige amerikanische Ureinwohner ihren Abschluss und schon bald wurde die Schule fast ausschließlich von Kolonisten besucht. Der berühmteste Absolvent des Colleges ist Daniel Webster (1782–1852), der 1801 seinen Abschluss machte und ein bekannter Anwalt, US-Senator, Staatsekretär und der vielleicht meistgeschätzte Redner der USA wurde.

Dartmouth College UNIVERSITÄT
(☎603-646-1110; www.dartmouth.edu) In Hanover dreht sich alles um das Dartmouth College, also steuert man am besten direkt den Campus an. Dort kann man sich einer kostenlosen von Studenten geführten **Campus-Tour** (☎603-646-2875; 10 N Main St, 6016 McNutt Hall) anschließen oder an der Anmeldung einfach eine Karte mitnehmen und alles allein erkunden. Die **Baker-Berry Library** (☎603-646-2704; 25 N Main St; ⌚Mo–Fr 8–2, Sa & So 10–2 Uhr) sollte man nicht auslassen; hier hängt das Werk *Epic of American Civilization* des freimütigen mexikanischen Wandmalers José Clemente Orozco (1883–1949). Er unterrichtete in den 1930er-Jahren in Dartmouth.

★ **Hood Museum of Art** MUSEUM
(☎603-646-2808; http://hoodmuseum.dartmouth.edu; 6 E Wheelock St; ⌚Di & Do–Sa 10–17, Mi bis 21, So 12–17 Uhr) GRATIS Schon kurz nach seiner Gründung (1769) begann das Dartmouth College mit dem Ankauf von Artefakten mit künstlerischer oder historischer Bedeutung. Die seitdem angehäufte Sammlung (aktuell fast 70 000 Stücke) ist in diesem Museum untergebracht. Einer ihrer Schwerpunkte liegt auf US-Werken (u. a. von indigenen Amerikanern). Unter den Highlights sind assyrische Reliefs, die im 9. Jh. den Palast von Assurnasirpal zierten. Die Sonderausstellungen zeigen oft Arbeiten von zeitgenössischen Künstlern.

Hanover Inn GASTHOF $$$
(☎603-643-4300; www.hanoverinn.com; 2 E Wheelock St; Zi. 319–369 US$, Suite 369–569 US$; ❄@📶🐾) Hanovers hübschester Gasthof gehört dem Dartmouth College und liegt genau gegenüber vom Campus. In den attraktiven Zimmern stehen elegante Holzmöbel. Das Haus beherbergt auch eine Cocktailbar und ein Restaurant, dessen Personal frische Zutaten vom Bauernhof verwendet.

ℹ Praktische Informationen

Hanover Area Chamber of Commerce
(☎603-643-3115; www.hanoverchamber.org; 53 S Main St, Suite 208; ⌚Mo–Fr 9–16 Uhr) Unterhält auch einen **Infostand** (⌚Mitte Juni–Mitte Sept.) am Dartmouth Green.

MAINE

Mit riesigen Wäldern, Küstendörfern und einsamen Inseln bietet Maine scheinbar unbegrenzte Möglichkeiten für Erkundungen. Einer der vielen regionalen Naturschätze ist die endlose Küstenlinie mit Klippen, Sandstränden und schroffen Felsen in der Brandung. Draußen im Ozean locken zahllose Inseln mit dunstigen Küstenwäldern und malerischen Wanderungen an menschenleeren Buchten. Manche Dörfer auf diesen Eilanden haben nicht einmal 100 ganzjährige Einwohner. In den weitläufigen Wildnisgebieten im Festlandsinneren gibt es dichte Wälder, Bergseen und Geröllhänge unter baumlosen Gipfeln.

Die herrliche Landschaft des Bundesstaats animiert zu allerlei Abenteuern: Hier kann man z. B. bei Kajaktrips entlang der Fels neugierige Gemeine Seehunde beobachten und den Kurvenstraßen am Meer mit dem Fahrrad folgen – oder auch vorbei an Falkennestern auf gezackte Gipfel mit grandiosen Aussichtspunkten steigen.

Geschichte

Maines Geschichte reicht zurück bis zu den frühesten Paläo-Indianern, die hier über die Jahrtausende diverse Spuren ihrer teilweise faszinierenden Kultur hinterließen. Die schroffe, von Gletschern geformte Wildnis der Region stellte die ersten europäischen Siedler einst vor große Herausforderungen. Bis heute ist dieser Bundesstaat relativ dünn besiedelt. Einige seiner Einwohner spielten eine bedeutende Rolle im US-Bürgerkrieg. Historisch bemerkenswert ist auch Maines

Wandel vom Industriezentrum zum „Vacationland" (Urlaubsland) für Amerikaner von der Ostküste.

1820 wurde Maine von Massachusetts abgetrennt und zu einem eigenständigen Bundesstaat. In der Folgezeit erlebte das Landesinnere eine Wohlstandssteigerung durch Forstwirtschaft. Zudem florierten Fischerei, Schiffsbau, Granitabbau, Landwirtschaft und industrielle Produktion. Doch diese goldenen Zeiten dauerten nicht ewig: Zu Beginn des 20. Jhs. stagnierte das Bevölkerungswachstum, und Maine wurde immer rückständiger.

Später übte Maines wilde und ursprüngliche Landschaft dann einen immer größeren Reiz auf potenzielle Besucher aus. Schon in den 1890er-Jahren errichteten Auswärtige hier zahlreiche Sommerhäuser. Zu dieser Zeit wurde auch der Werbebegriff Vacationland (Urlaubsland) geprägt, der bis heute die Kfz-Zulassungsschilder des Bundesstaats ziert. Aktuell spült der Tourismus pro Jahr ca. 6 Mrd. US$ nach Maine und beschäftigt rund 16 % der regionalen Arbeitnehmerschaft.

Praktische Informationen

Maine Bureau of Parks & Lands (☎ 207-287-3821; www.maine.gov/dacf/parks) Verwaltet 48 State Parks und historische Stätten; zu diesen liefert die Website jeweils detaillierte Infos (inkl. Aktivitäten, Camping).

Maine Office of Tourism (www.visitmaine.com) Hat eine umfangreiche Website und verschickt auch Karten bzw. Broschüren per Post.

Maine Tourism Association (www.mainetourism.com; ⌚ meiste Infozentren 9–17.30 Uhr, Sommer 8–18 Uhr) Betreibt an den Hauptrouten nach Maine regionale Infozentren in Calais, Fryeburg, Hampden, Houlton, Kittery, West Gardiner und Yarmouth.

Ogunquit

Der nette Name Ogunquit bedeutet „wunderschöner Ort am Meer" und geht auf die indigenen Abenaki zurück. Doch schon nach einem kurzen Stadtbummel könnten ihn Besucher ohne Kenntnisse in den indigenen Sprachen auch als „familienfreundliches Ferienziel mit blühender Kunst- und LGBT-Szene" auslegen.

In der Tat findet man hier einfach einen tollen Mix aus kleiner Künstlerkolonie, LGBT-Urlaubsrefugium und einem Ort für super Familienferien an einem herrlich malerischen Stück US-Küste vor. Der Atlantik donnert hier auf breiter Front heran, und geschützte Buchten laden zu einem zauberhaften Bad in warmem Wasser ein. Im Sommer lockt der 4,8 km lange Strand zahllose Besucher aus Nah und Fern an, was die hiesige Bevölkerungszahl explosionsartig ansteigen lässt.

Vor seiner Inkarnation als Urlaubsziel war Ogunquit im 17. Jh. ein Zentrum des Schiffsbaus. Nach der Gründung der örtlichen Künstlerkolonie (1898) entwickelte es sich dann zu einem bedeutenden Kunstzentrum.

Sehenswertes & Aktivitäten

Ogunquit Beach STRAND

(Zugang über Beach St) Der Ogunquit Beach ist ein herrlicher, familienfreundlicher Küstenstreifen. Man erreicht ihn in fünf Gehminuten entlang der Beach St, östlich der US 1. Im Sommer bietet es sich an, zu Fuß zum Strand zu gehen, da die Parkplätze schon frühzeitig voll sind (und 4 US$ pro Stunde kosten!). Der 5 km lange Strand grenzt im Süden an die Ogunquit Bay; auf der Westseite des Strandes lockt das wärmere Wasser des Tideflusses Ogunquit River (Zugang über Shore Rd).

★ **Marginal Way** WANDERN

(Zugang über Shore Rd) Ogunquits berühmter, 1,6 km langer Wanderweg schlängelt sich oberhalb der tosenden grauen Wellen an der Küste entlang und bietet einen grandiosen Blick auf die felsigen Buchten – hier kann man wunderbar von einem Haus am Meer träumen. Der gut asphaltierte Pfad ist auch für Kinder und langsame Spaziergänger geeignet und bietet zahlreiche einladende Bänke für Erholungspausen. Er beginnt südlich der Beach St an der Shore Rd und endet nahe der Perkins Cove.

Praktische Informationen

Gay Ogunquit (www.gayogunquit.com) Infos für LGBTIQ-Touristen.

Ogunquit Chamber of Commerce (☎ 207-646-2939; www.ogunquit.org; 36 Main St/US 1; ⌚ Ende Mai–Anfang Okt. Mo–Sa 9–17, So 10–16 Uhr, restliches Jahr Mo–Fr 10–16 Uhr) Etwas südlich vom Stadtzentrum.

Portland

In Portland reizen Möwengeschrei und salzhaltige Luft die Sinne – ebenso die Düfte von Bier und Backfisch, die hier wie der Nebel

Maines Küste

von der Casco Bay durch die Straßen wabern. Maines größte Stadt hat kräftig Kapital aus ihrem Hafenerbe mit roten Backstein-Lagerhäusern an schmalen Kopfsteinpflasterstraßen geschlagen: Heute ist dies eine von Amerikas hippsten und belebtesten Kleinstädten. Vor Ort findet man viele Grünflächen sowie hervorragende Museen und Galerien. Auch die Restaurant- und Brauereiszene wären durchaus einer weitaus größeren Stadt würdig.

Portland liegt auf einer Halbinsel und ist seit jeher vom Meer geprägt. Sein historisches Herz ist das Viertel Old Port, dessen hübsch restaurierte Backsteingebäude heute Cafés, Läden und Bars beherbergen. Unter den Einwohnern sind nun mehr Hipster als Fischhändler. Zudem herrscht hier eine echte ethnische Vielfalt (u.a. mit einer großen afrikanischen Gemeinde), die im übrigen Maine eher nicht vorhanden ist.

Sehenswertes & Aktivitäten

★ Fort Williams Park PARK
(☎ 207-767-3707; https://fortwilliams.org; 1000 Shore Rd, Cape Elizabeth; ⌚ Sonnenaufgang–Sonnenuntergang) GRATIS Rund 4 Meilen (6,4 km) südöstlich von Portland liegt das Cape Elizabeth mit diesem 36 ha großen Park, dessen Besuch sich schon wegen der Aussicht und der Picknickmöglichkeiten lohnt. Die örtlichen Festungsruinen sind Überreste einer Küstenbatterie aus dem späten 19. Jh. Bei einem Bummel kann man auf den hügeligen Rasenflächen auch Bunker und Geschützstellungen aus dem Zweiten Weltkrieg inspizieren (1942 wurde ein deutsches U-Boot in der Casco Bay gesichtet). Bis 1964 wachte hier ein aktiver Militärstützpunkt über den Eingang zur Bucht.

★ Portland Head Light LEUCHTTURM
(☎ 207-799-2661; https://portlandheadlight.com; 1000 Shore Rd, Cape Elizabeth; Museum Erw./Kind 2/1 US$; ⌚ Museum Juni–Okt. 10–16 Uhr, April, Mai & Nov. nur Sa & So) Das beliebte, häufig fotografierte Portland Head Light im Fort Williams Park ist der älteste von insgesamt 52 Leuchttürmen, die in Maine aktuell noch in Betrieb sind. Die Anlage wurde 1791 von Präsident George Washington in Auftrag gegeben und war bis zu ihrer Automatisierung (1989) besetzt. Im früheren Haus des Leuchtturmwärters informiert heute ein Museum über die regionale Seefahrts- und Militärgeschichte.

Portland Museum of Art MUSEUM
(☎ 207-775-6148; www.portlandmuseum.org; 7 Congress Sq; Erw./Kind 15 US$/frei, Fr 16–20 Uhr frei; ⌚ Sa–Mi 10–18, Do & Fr bis 20 Uhr, Okt.–Mai kürzere Öffnungszeiten) Dieses renommierte Museum wurde 1882 eröffnet und zeigt eine hervorragende Sammlung amerikanischer Künstler. Künstler aus Maine sind besonders stark vertreten, etwa Winslow Homer, Edward Hopper, Louise Nevelson und Andrew Wyeth. Außerdem sind einige Werke europäischer Meister zu sehen, u.a. von Monet, Degas, Picasso und Renoir.

Eastern Promenade WANDERN & TREKKEN
(http://trails.org/our-trails/eastern-prom-trail) Portland-Besucher sollten diesem 3,4 km langen Pfad unbedingt per pedes oder Fahrrad folgen: Unterwegs offenbart sich ein traumhafter weiter Blick auf die Segelboote und Felsinselchen in der Casco Bay. Die gut befestigte Route überquert zwei kleine Erhebungen, ist aber ansonsten flach und für jeden Trainingszustand geeignet. Vom ganzen Viertel East End besteht leichter Zugang.

Schlafen

★ Black Elephant Hostel HOSTEL $
(☎ 207-712-7062; www.blackelephanthostel.com; 33 Hampshire St; B 40–60 US$, DZ 65–150 US$; 📶) Portlands erstes echtes Hostel ist außergewöhnlich gut: In zentraler Lage warten hier saubere, komfortable Zimmer und unkonventionelle Innendeko hinter einer Fassade mit Wandbildern. Wie auch die Lobby wirken die Gemeinschaftsküchen sehr farbenfroh und einladend. Eines der Bäder ist sogar à la Vampir eingerichtet.

Press Hotel HOTEL $$$
(☎ 207-573-2425; www.thepresshotel.com; 119 Exchange St; Zi. 220–413 US$; P ❄ 📶) Seit seiner Eröffnung (Mitte 2015) ist das Press zu einer Art lokaler Institution geworden. Es befindet sich in einem einfallsreich umgestalteten Bau, der früher die Büros und Druckereihallen von Maines größter Tageszeitung beherbergte. Das Presse-Thema kommt in einzigartigen Details zum Tragen (z.B. einer Wand voller historischer Schreibmaschinen oder Flurtapeten mit alten Schlagzeilen). Lokale Kunst und marineblaue Farbakzente zieren die eleganten Zimmer.

Danforth Inn BOUTIQUEHOTEL $$$
(☎ 207-879-8755; www.danforthinn.com; 163 Danforth St; Zi. 199–359 US$, Suite 699 US$; P ❄ 📶) Efeu rankt am Danforth im West End, das

den Vibe einer exzentrischen Millionärsvilla versprüht. Neben einem holzgetäfelten Spielezimmer (das einst eine Flüsterkneipe war) mit Pooltisch gibt's hier auch eine zugängliche Dachkuppel mit Blick auf den Portland Harbor. Die neun stimmungsvollen Zimmer sind in einem raffinierten Mix aus Alt und Modern eingerichtet.

Essen

★ Bayside American Cafe AMERIKANISCH $
(207-774-0005; www.baysideamericancafe.com; 98 Portland St; Hauptgerichte 9–17 US$; 7–14 Uhr;) Das zauberhafte Frühstücks- und Mittagslokal mit freundlichem Personal ist super für ein reichhaltiges Morgenmahl: Hier gibt's z. B. Cornedbeef aus Steakfleisch (das auch in einer der Eggs-Benedict-Varianten enthalten ist). Wer kein totes Tier mag, sollte die *huevos rancheros* versuchen. Die Zutaten stammen oft aus der Region. Reservierung ist ratsam; andernfalls muss man meist warten.

Green Elephant VEGETARISCH, ASIATISCH $
(207-347-3111; http://greenelephantmaine.com; 608 Congress St; Hauptgerichte 12–16 US$; Mo–Sa 11.30–14.30 & 17–21.30, So 17–21 Uhr;) Das vegetarische Essen des thailändisch inspirierten Cafés mit schicker Zen-Atmosphäre schmeckt eventuell auch manchen Fleisch-Fans. Auf der Speisekarte mit vielen veganen und glutenfreien Optionen stehen z. B. Wok-Gerichte, brauner Reis mit Ananas, Thai-Nudeln mit Ingwer oder beliebte Currys wie Tofu *tikka masala*. Als Vorspeise empfehlen sich die knusprigen Wan-Tan-Teigtaschen mit Spinatfüllung.

Central Provisions MODERN-AMERIKANISCH $$
(207-805-1085; www.central-provisions.com; 414 Fore St; kleine Gerichte mittags 4–18 US$, abends 5–30 US$; So–Do 11–14 & 17–22, Fr & Sa bis 22.30 Uhr) Das gemütliche Lokal aus rotem Backstein wird immer wieder für seine Spitzenküche gelobt. Von den Tresenplätzen schauen Gäste direkt auf das arbeitende Küchenpersonal. Das meisterhaft zubereitete Angebot kleiner Gerichte reicht von Tuna Crudo bis hin zu Spanferkel. Besonders beliebt sind die Speisen mit Austern, Fisch und Käse aus der Region.

★ Fore Street MODERN-AMERIKANISCH $$$
(207-775-2717; www.forestreet.biz; 288 Fore St; kleine Gerichte 12–16 US$, Hauptgerichte 26–42 US$; So–Do 17.30–22, Fr & Sa bis 22.30 Uhr) Das gefeierte Fore Street gilt oft als Keimzelle des heutigen Gourmettrends in Portland. Inhaber und Küchenchef Sam Hayward zelebriert Grillen bzw. Rösten als hohe Kunst: In der offenen Küche drehen sich Brathähnchen an Spießen, und Eisenkessel voller Miesmuscheln werden in den Holzofen geschoben. Bei den täglich wechselnden Gerichten wird sehr viel Wert auf saisonale Zutaten aus der Region gelegt.

Ausgehen & Unterhaltung

★ Rising Tide Brewing Company BRAUEREI
(207-370-2337; www.risingtidebrewing.com; 103 Fox St; Bierproben Mo–Sa 12–19, So bis 17 Uhr, Führungen tgl. 15, auch Sa 13 & 17, So13 Uhr) Die Brauerei in einem zunehmend angesagten Viertel lohnt auf jeden Fall einen Besuch: Direkt neben einer Destillerie gibt's hier auch immer wieder Events (z. B. Livekonzerte; für Details s. Website). Zudem halten Food-Trucks auf dem Parkplatz (Sommer Mi–So), der immer von Einheimischen bevölkert wird.

Sagamore Hill BAR
(207-808-8622; www.sagamorehillmaine.com; 150 Park St; 16–1 Uhr) Die tolle Bar kombiniert die Eleganz des frühen 20. Jhs. mit Cocktails aus dem 21. Jh. Viele Tierpräparate und Teddy-Roosevelt-Devotionalien zieren das Innere im Art-déco-Stil, das vor allem nach einem Louisiana Purchase (Roggenwhisky, Wermut, Bitter, gerösteter Thymian) umso reizvoller wirkt. Im Angebot sind hier auch saisonale Drinks und alkoholfreie „Mocktails".

Shoppen

Maine Craft KUNSTHANDWERK
(207-808-8184; https://mainecrafts.org/center-formaine-craft/portland; 521 Congress St; So–Mi 10–18, Do bis 19, Fr & Sa bis 20 Uhr) Die hervorragende Galerie mit clever gewähltem Namen präsentiert und verkauft das Beste, was Maines heutige (Kunst-)Handwerksszene zu bieten hat. Das ganze Sortiment, etwa Schmuck und Kunstobjekte, beeindruckt durch hohe Kreativität. Ebenso großartig ist das Gebäude: die schmucke, denkmalgeschützte Mechanic's Hall aus dem 19. Jh.

Praktische Informationen

Ocean Gateway Information Center (207-772-5800; www.visitportland.com; 14 Ocean Gateway Pier; Juni–Okt. Mo–Fr 9–17, Sa & So bis 16 Uhr, übriges Jahr kürzere Öffnungszeiten) Touristeninformation unten am Ufer.

An- & Weiterreise

BUS

Greyhound (207-772-6588; www.greyhound.com; 950 Congress St) fährt täglich direkt nach Bangor und Boston, wo Anschluss zu Zielen in den übrigen USA besteht.

Concord Coach Lines (800-639-3317; https://concordcoachlines.com; 100 Thompson's Point Rd) schickt täglich Busse ab Boston (inkl. Logan Airport; 30 US$, 2 Std.) nach Portland und von hier aus weiter zu Zielen an Maines zentraler Küste. Die Firma verbindet Portland zudem mit Augusta (16 US$, 1 Std.), Waterville (18 US$, 1¾ Std.), Bangor (28 US$, 2½ Std.) und NYC (75 US$, 6 Std., 2-mal tgl.).

FLUGZEUG

Portland International Jetport (PWM; 207-874-8877; www.portlandjetport.org; 1001 Westbrook St) Maines größter Flughafen wird von US-Gesellschaften bedient und bietet Direktverbindung zu anderen Großstädten in Amerikas Osten. Von hier aus fahren Stadtbus 5 (1,50 US$) und Taxis (ca. 20 US$) nach Downtown Portland.

ZUG

Am **Portland Transportation Center** (100 Thompson's Point Rd) bietet der Amtrak-Zug *Downeaster* Verbindung nach/ab Boston (29–39 US$, 2½ Std., 5-mal tgl.)

Weitere Züge folgen der zentralen Küste bis hinauf nach Brunswick.

Zentrale Küste

Wer Maines zentralen Küstenabschnitt auf einer Karte betrachtet, wird entdecken, dass sich an der Penobscot Bay felsige „Finger" ins Meer zu krallen scheinen. Jede dieser Halbinseln bedecken uralte, dunstige Wälder mit Wanderpfaden und einsame, windumtoste Fischerdörfer. Gleichzeitig findet man in der Region auch Ferienorte, in denen sich reiche Kanadier und Amerikaner aus dem US-Nordosten an günstigen Hummerbrötchen und Biorestaurantküche aus frischen Zutaten vom Bauernhof laben. Hinzu kommen Schriftsteller-Enklaven und Häfen voller knarrender Segelboote mit hohen Masten, die im Sommer sonnenverwöhnt und im Winter komplett zugefroren sind. Der Mix aus Bergen, Meer, Wäldern und Dörfern ist typisch für dieses Stück Amerika.

Die Engländer siedelten sich 1607 erstmals in dieser Region an, zur selben Zeit, als die Siedlung Jamestown in Virginia entstand. Im Gegensatz zu ihren Landsleuten weiter südlich kehrten diese frühen Siedler bereits nach einem Jahr nach England zurück. Die britische Kolonisierung wurde erst 1620 fortgesetzt. Nachdem die Region schwer unter dem Siebenjährigen Krieg in Nordamerika gelitten hatte, entwickelte sich jedoch eine florierende Schiffsbauindustrie, die bis heute besteht.

Anreise & Unterwegs vor Ort

Die US 1 ist die wichtigste Zugangsroute für diesen Teil des Bundesstaats, aber man sollte wissen, dass die Küstenstraßen während der Touristensaison im Sommer im Verkehr geradezu ertrinken.

Concord Coach Lines unterhält täglich verkehrende Busse zwischen Boston (einschließlich Logan International Airport) und Portland, die in Städte von Maines mittlerem Küstenabschnitt weiterfahren, etwa nach Bath, Belfast, Brunswick, Camden, Damariscotta, Lincolnville, Rockland, Searsport und Waldoboro. Greyhound-Busse halten in Bangor, Portland, Bath, Rockland und diversen anderen Orten.

Bath

Das malerische Bath am Kennebec River ist als „Stadt der Schiffe" bekannt: Einst bauten hier über 20 Werften mehr als ein Viertel von Amerikas frühen Holzseglern. Zu seiner Blütezeit im 19. Jh. gehörte Bath zu Maines größten Städten und hatte ein belebtes Zentrum voller Banken und imposanter öffentlicher Gebäude. Vor Ort gebaute Schoner und Klipper segelten damals über die sieben Weltmeere; der Stadtname war weithin bekannt. Selbst heute noch nutzt die US-Marine die Werften der Bath Iron Works am Flussufer. Man sieht sie dort entstehenden Kriegsschiffe vielleicht, wenn man über die Rte 1 ostwärts aus der Stadt hinausfährt.

Bürgersteige aus rotem Backstein und massive Bauten aus dem 19. Jh. säumen die idyllische Front St im Stadtzentrum. Südlich von Bath laden zwei malerische Halbinseln zu Abstechern ein: Die ME 209 führt nach **Phippsburg** mit super Stränden und einem historischen Fort. Und die ME 127 endet dort unten in **Georgetown** an einer Bucht mit vielen Inseln.

★ **Maine Maritime Museum** MUSEUM
(207-443-1316; www.mainemaritimemuseum.org; 243 Washington St; Erw./Kind 17,50/10,50 US$; 9.30–17 Uhr) Das wunderbare Museum bietet einen lebendigen Mix aus historischer Nostalgie und Ausstellungen zu Abenteuern

in weiter Ferne: Hier wird die lange Schiffsbautradition am Kennebec River bewahrt. Gemälde, Modelle und interaktive Exponate erzählen den Besuchern von 400 Jahren Seefahrt. Das Museum erhält vor Ort auch den **Percy & Small Shipyard** (Amerikas letzte verbliebene Holzschiff-Werft), wo ab dem 19. Jh. diverse Großsegler entstanden. Beim Besichtigen beantwortet das engagierte und zahlreich anwesende Personal gern alle möglichen Fragen.

Boothbay Harbor

Boothbay Harbor war einst ein wunderschönes, kleines Seefahrerdorf an einem weiten blauen Hafen und ist heute im Sommer ein sehr beliebtes Touristenziel, in dessen schmalen, sich windenden Gassen es von Besuchern nur so wimmelt. Trotzdem gibt es gute Gründe, sich den Massen in diesem malerischen Städtchen anzuschließen: Prächtige, gut erhaltene viktorianische Gebäude krönen die zahlreichen Hügel der Stadt, von denen aus man einen tollen Blick hat, und eine Fußgänger-Holzbrücke spannt sich über den Hafen. Von Mai bis Oktober sind Walbeobachtungen die Hauptattraktion.

Am besten folgt man zuerst der Commercial St am Wasser und bummelt dann durch den Geschäftsbezirk (Todd bzw. Townsend Ave). Danach entlang der McKown St zur Spitze des **McKown Hill** laufen: Dort wartet eine schöne Aussicht. Anschließend geht's über die Fußgängerbrücke am Hafen hinüber zur East Side, deren Docks von mehreren großen Seafood-Restaurants gesäumt werden.

Im Vergleich zu seinen separaten Nachbarstädten **Boothbay** und **East Boothbay** ist Boothbay Harbor am größten, belebtesten und schönsten.

Topside Inn B&B **$$$**
(☎ 207-633-5404; www.topsideinn.com; 60 McKown St; Zi. 239–389 US$; ⊙ Mai–Mitte Okt.; P ❄ 📶) Diese prachtvolle, graue Villa auf der Spitze des McKown Hill bietet den besten Blick auf den BoothbayHarbor. Strandtypische Farbtöne und schicke Drucke mit Seefahrtsmotiven zieren die eleganten Zimmer. Die Quartiere im Hauptgebäude haben mehr historischen Charme. Die Unterkünfte in den beiden modernen Gästehäusern nebenan sind aber ebenfalls hübsch und sonnig. Auf dem gepflegten Rasen des Geländes laden Adirondack-Liegestühle dazu ein, den Sonnenuntergang zu genießen.

★ **Shannon's Unshelled** SEAFOOD **$**
(☎ 207-446-4921; www.shannonsunshelled.biz; 11 Granary Way; Hauptgerichte 7–15 US$; ⊙ ab 10.30 Uhr; 🐾) Das Shannon's ist ideal für alle, die möglichst schlichte Hummerbrötchen (sprich: nur mit geschmolzener Butter) mögen. Das Krustentierfleisch wird hier frisch und üppig auf dickes, lecker getoastetes Brot gelegt. Der Laden schließt, wenn ihm der Hummer ausgeht (mitunter spätnachmittags, manchmal auch schon viel früher).

Cabbage Island Clambakes SEAFOOD **$$$**
(☎ 207-633-7200; www.cabbageislandclambakes.com; 22 Commercial St, Pier 6; Muschelessen am Strand inkl. Bootstour 70 US$; ⊙ Juli–Mitte Sept. tgl. mittags, Sa auch abends, So auch nachmittags) Eine beliebte Tradition in Maine ist eine malerische Bootsfahrt von Boothbay Harbor nach Cabbage Island: An die altmodischen Muschelessen am Strand der kleinen Privatinsel wird man sich ewig erinnern. Serviert werden sämige Seafood-Suppe, gedünstete Venusmuscheln, Hummer, diverse Beilagen und leckerer Heidelbeerkuchen. Zwischendurch können Gäste auch das Eiland erkunden. Eine Reservierung ist empfehlenswert.

ℹ Praktische Informationen

Boothbay Harbor Region Chamber of Commerce (☎ 207-633-2353; www.boothbayharbor.com; 192 Townsend Ave; ⊙ Juni–Sept. Mo–Fr 8–17, Sa 9–16 Uhr) Hat eine informative Website und betreibt auch ein **Info-Zentrum** (17 Commercial St; ⊙ Ende Mai–Anfang Okt. 9–18 Uhr) im Ortskern.

Rockland

Dieser florierende Hafen kann sich einer großen Fischereiflotte rühmen. Zudem verleiht die stolze Einwohnerschaft Rockland ein lebendiges Flair, das einige andere Städte am mittleren Küstenabschnitt vermissen lassen. Die Main St spiegelt die soziokulturelle Vielfalt der Stadt bestens wider und lockt mit einer bunten Mischung aus günstigen Diners, trendigen Cafés und teuren Restaurants sowie Galerien, altmodischen Läden und einem der besten Kunstmuseen des Bundesstaats, dem **Center for Maine Contemporary Art** (CMCA; www.cmcanow.org). Rockland geht inzwischen ein Ruf als neues Kunstzentrum voraus, u.a. da das CMCA 2016 hierher umsiedelte.

Rockland wurde 1769 gegründet und war einst ein wichtiges Schiffsbau- und Transportzentrum, von dem aus Waren an der Küste auf und ab befördert wurden. Auch heute noch dümpeln Segelschiffe mit hohen Masten im Hafen: Rockland ist (neben Camden) das Herz von Maines florierender Windjammer-Kreuzfahrtindustrie.

Die Stadt ist auch der Geburtsort der Dichterin Edna St. Vincent Millay (1892–1950), die im benachbarten Camden aufwuchs.

Sehenswertes & Aktivitäten

★ Rockland Breakwater Lighthouse LEUCHTTURM
(☎ 207-542-7574; www.rocklandharborlights.org; Samoset Rd; ⏲ Ende Mai–Mitte Okt. Sa & So 10–17 Uhr) GRATIS Man kann sich auf den rauen, steinernen Wellenbrecherdamm wagen, der sich vom Jameson Point am Nordufer des Hafens auf 1,5 km bis nach Rockland erstreckt. Dieser aus Granitblöcken erbaute „Spazierweg" – sein Bau dauerte 18 Jahre – endet am Rockland Breakwater Lighthouse, einem hübschen Leuchtturm, der auf einem Backsteingebäude aufragt und einen tollen Blick über die Stadt gewährt.

Aber Vorsicht auf dem Wellenbrecher: Auf den rutschigen Steinblöcken, zwischen denen Lücken klaffen, besteht durchaus Verletzungsgefahr! Zudem sollte man warme Bekleidung tragen und bei aufziehendem Sturm unbedingt von der Wanderung absehen.

Farnsworth Art Museum MUSEUM
(☎ 207-596-6457; www.farnsworthmuseum.org; 16 Museum St; Erw./Kind 15 US$/frei; ⏲ Juni–Okt. 10–17 Uhr, Juli–Sept. Mi bis 20 Uhr, Nov., Dez., April & Mai Mo geschl., Jan.–März Mi–So 10–16 Uhr) In einem von Amerikas besten kleinen Regionalmuseen werden 200 Jahre US-Kunst abgedeckt. Die besondere Stärke der Sammlung sind definitiv Werke von Kreativen, die in Maine gelebt bzw. gearbeitet haben. Die Exponate stammen z.B. von Edward Hopper, Louise Nevelson, Rockwell Kent, Robert Indiana und der Familie Wyeth (Andrew, N.C., Jamie). Letzterer widmet sich auch das **Wyeth Center** (nur im Sommer geöffnet), das gegenüber vom Hauptgebäude in der renovierten Kirche am anderen Ende des Gartens untergebracht ist.

Maine Windjammer Association BOOTSFAHRT
(☎ 800-807-9463; www.sailmainecoast.com; ⏲ Touren Ende Mai–Mitte Okt.) Auch wenn das Reisen an Bord eines Schoners zu Beginn des 20. Jhs. allmählich aus der Mode kam, können Abenteuerlustige noch heute die raue Küste Maines auf diese altmodische Art und Weise erkunden. Die schnellen Segelschiffe werden als Windjammern bezeichnet, und neun der Mehrmaster liegen in Rockland und Camden vor Anker und ermöglichen verschiedene Ausflüge, die von Übernachttouren bis zu elftägigen Trips durch die Penobscot Bay und weiter die Küste hinauf reichen.

Schlafen & Essen

Captain Lindsey Hotel BOUTIQUEHOTEL $$
(☎ 207-596-7950; www.lindseyhotel.com; 5 Lindsey St; Zi. 215 US$; ❄📶) Ein paar Schritte von der Main St entfernt liegt dieses Boutiquehotel mit elegantem Seefahrtsthema an einer Seitenstraße. Das Gebäude war ursprünglich ein Kapitänshaus und diente im Lauf der Zeit mehreren Zwecken. Darin gibt's u.a. ein „Snack-Gewölbe" und einen feschen Frühstücksraum mit Eichentäfelung. In den neun Zimmern und in der Hausbibliothek sorgen offene Kamine für Gemütlichkeit.

★ Fog Bar & Cafe AMERIKANISCH $$
(☎ 207-593-9371; www.facebook.com/Fogbarcafe; 328 Main St; Hauptgerichte 16–23 US$; ⏲ Do–Mo 16.30–22 Uhr) In diesem Lokal wurden Industrieschick, Experimentaltheater und viele maritime Deko-Elementen à la Maine wunderbar kombiniert. Regionaltypisch sind auch die frischen Zutaten für die saisonal wechselnden Gerichte. Im Herbst gibt's hier z.B. Saag-Curry mit Kürbis, Schweinebauch mit Bratäpfeln oder grandiose Blätterteig-Pasteten. Die Cocktails sind ebenfalls echt lecker.

Praktische Informationen

Penobscot Bay Regional Chamber of Commerce (☎ 207-596-0376; www.camdenrockland.com; 1 Park Dr; ⏲ Juni–Okt. 9–17 Uhr, Nov.–Mai Mo–Fr bis 16 Uhr) Die Touristeninformation liegt gleich abseits der Main St und befindet sich im Gebäude des Maine Lighthouse Museum.

An- & Weiterreise

Der **Knox County Regional Airport** (☎ 207-594-4131; www.knoxcountymaine.gov/airport; 19 Airport Rd, Owls Head) liegt 3,5 Meilen (5,6 km) südlich von Rockland und bietet mit Cape Air (www.capeair.com) Verbindung zum Logan International Airport in Boston (einfache Strecke 80–100 US$).

Mit Concord Coach Lines (www.concordcoachlines.com) besteht vom **Maine State Ferry Ter-**

minal (517a Main St) aus auch Busverbindung nach/ab Boston (35 US$, 4½ Std.), Portland (23 US$, 2 Std.) und zu/ab anderen Zielen an der zentralen Küste.

Downeast Maine

Keine Frage: So sieht das typische Maine aus. Je weiter man der Küste in Richtung Kanada folgt, desto schmaler wirken die Halbinseln, die immer weiter ins Meer zu ragen scheinen. Auch die Fischerdörfer werden immer winziger, während die Hummer-Lokale immer noch ein bisschen näher am Wasser stehen. Wer einmal südlich der US 1 direkt an den Rand der Küste fahren möchte, sollte es hier tun.

Die Hauptattraktion der Region ist Mount Desert Island mit dem spektakulären Acadia National Park, in dem die Berge auf das Meer treffen. Dort locken ein paar von Maines besten Küstenwanderrouten. Weitere Highlights auf der Insel sind der belebte Sommerferienort Bar Harbor, das elegante Dorf Northeast Harbor und das zauberhafte Southwest Harbor.

Lust auf eine idyllische Wanderung und traditionelle Küstendörfer ohne Touristenscharen? Dann sollte man einfach der Küste ab Bar Harbor weiter nordwärts folgen – genauer gesagt, bis hinauf zu den schroffen Klippen bei Lubec, der letzten Ortschaft vor der kanadischen Grenze.

Praktische Informationen

Das **Hulls Cove Visitor Center** (☎ 207-288-3338; www.nps.gov/acad; ME 3, Hulls Cove; ⏰ Mitte April–Juni, Sept. & Okt. 8.30–16.30 Uhr, Juli & Aug. 8–18 Uhr, Nov.–Mitte April geschl.) markiert 3 Meilen (4,8 km) nordwestlich von Bar Harbor den Haupteingang des Nationalparks. Parkbesucher können sich hier informieren, Zugangspässe kaufen und Karten holen. In der Nähe beginnt die 27 Meilen (43,5 km) lange Park Loop Road.

Die **Bar Harbor Chamber of Commerce** (☎ 207-288-5103; www.visitbarharbor.com; 2 Cottage St; ⏰ 8–18 Uhr) betreibt das Acadia Welcome Center, in dem Nationalparkpersonal mit Informationen zum Schutzgebiet aufwartet, wenn das Hulls Cove Visitor Center saisonal geschlossen hat.

Acadia National Park

Der **Acadia National Park** (☎ 207-288-3338; www.nps.gov/acad; 7 Tage Zugang pro Auto/Motorrad 30/25 US$, Fußgänger & Radfahrer 15 US$) ist in ganz Neuengland der einzige seiner Art. Seine grandiose Küstenlandschaft ermöglicht Aktivitäten für Freizeitwanderer und Adrenalinjunkies. Die meisten Besucher bleiben etwa drei Tage – das ist gerade genügend Zeit, um alle lokalen Highlights abzuklappern. Hier kann man aber auch leicht eine ganze Woche mit Bergwandern, Radeln, Panoramafahrten, Strandspaziergängen und Relaxen am Echo Lake oder Sand Beach verbringen.

Der Park schützt eine bemerkenswert vielfältige Küsten- und Berglandschaft. So können Besucher hier morgens Gezeitenbecken erkunden und die donnernde Brandung an den Klippen bewundern, nachmittags gefolgt von einer Wanderung durch die dichten Wälder im Landesinneren. Dabei führt die Route vielleicht auch über Berggrate voller Felsbrocken, während Fisch- und Weißkopfseeadler am Himmel kreisen. Außerdem lassen sich hier malerische Seen und Teiche sowie viele tolle Picknickplätze entdecken.

Bar Harbor

Bar Harbor ist ein gutes Basislager für einen Besuch in Acadia. Der Ort ist in den warmen Monaten des Jahres voller Urlauber und Kreuzfahrtpassagiere. Das Zentrum ist mit Souvenirläden, Eisdielen, Cafés und Bars gespickt, die alle mit noch längeren und besseren Happy Hours, Tagesgerichten und Zwei-für-eins-Angeboten locken. In den ruhigeren Nebenstraßen der Wohngebiete scheint es fast so viele B&Bs wie Privathäuser zu geben.

Auch wenn Bar Harbors wildes Treiben nicht jedem gefällt, bietet der Ort mit Abstand die meisten Annehmlichkeiten in dieser Gegend. Selbst wenn man woanders absteigt, wird man sich früher oder später hier wiederfinden, um etwas zu essen, sich einen Drink zu gönnen oder eine Kajak-, Segel- oder Felsklettertour zu buchen. Bar Harbors Hauptsaison dauert von Ende Juni bis August. Nach dem Labor Day (Anfang Sept.) gibt's eine kurze Verschnaufpause, bevor es in der farbenprächtigen Herbstzeit, die bis Mitte Oktober dauert, wieder turbulenter wird. Die Saison endet schließlich am Wochenende nach dem Columbus Day mit dem Mount Desert Island Marathon (www.runmdi.org).

Schlafen & Essen

Acadia Inn HOTEL $$
(☎ 207-288-3500; www.acadiainn.com; 98 Eden St; Zi. 119–229 US$; ⏰ Mitte April–Okt.; P ❄ ☕ 🏊)

PARK LOOP ROAD

Diese 27 Meilen (43,5 km) lange Panoramastraße führt um die Osthälfte von Mount Desert Island und passiert dabei viele tolle Naturattraktionen des Acadia National Park. Im Sommer ist sie recht betriebsam – Selbstfahrer starten dann am besten schon zu Sonnenaufgang. Alternativ bedienen kostenlose Shuttle-Busse (Route 4) von **Island Explorer** (www.exploreacadia.com) im Sommer die gesamte Rundroute.

Los geht's ca. 3,5 Meilen (5,6 km) nordwestlich von Bar Harbor am Hulls Cove Visitor Center (S. 283): Dort gibt's Karten und Infos zu aktuell gesperrten Wanderwegen. Rund 4 Meilen (6,4 km) weiter südöstlich beginnt dann die eigentliche Park Loop Rd. Diese ist fast bis zum Jordan Pond House eine Einbahnstraße und sollte in gemütlichem Tempo befahren werden – nur dann kann man den Ausblick wirklich genießen.

Nach ca. 2,5 Meilen (4 km) führt eine Abzweigung zu den **Wild Gardens of Acadia** (Park Loop Rd & ME 3) GRATIS, wo rund 400 verschiedene Pflanzenarten alle einzigartigen Biosphären des Parks repräsentieren. Als nächste Station informiert das nahe gelegene **Abbe Museum at Sieur de Monts Spring** (☎207-288-3519; www.abbemuseum.org; 49 Sweetwater Circel; Erw./Kind 3/1 US$; ⏲Ende Mai–Okt. 10–17 Uhr) über die indigenen Bewohner der Insel. Weiter gen Süden beginnen an der Straße dann diverse Wanderpfade wie der anspruchsvolle **Precipice Trail**.

Noch ein kleines Stück weiter gelangt man über eine Abzweigung zum schönen **Sand Beach**. Dieser zählt zu Acadias einzigartigen Highlights, das Wasser ist hier jedoch eiskalt. Weiter unten an der Straße lohnt sich ein Blick auf das **Thunder Hole**, wo das Meer in eine Kluft im Granitfels hineindonnert (bei starker Flut ist das am spektakulärsten).

Etwas südlich vom Thunder Hole erhebt sich aus dem Ozean das Otter Cliff, dessen rosafarbene Granitwand bei Sportkletterern sehr beliebt ist. Von dort aus schlängelt sich die Strecke über etwa 5 Meilen (8 km) zum Restaurant **Jordan Pond House** (☎207-276-3316; https://jordanpondhouse.com; Tee & Pfitzauf 11 US$, Hauptgerichte 13–29 US$; ⏲Mitte Mai–Mitte Okt. 11–19 Uhr). Hier empfiehlt sich eine Teepause mit dem berühmten butterigen Eiergebäck des Hauses. Um den namensgebenden See hinter dem Gebäude führt ein Spazierweg, der gen Norden und Süden auf weitere Wanderrouten trifft. Nach noch einmal 4 Meilen (6,4 km) passiert man schließlich die Abzweigung zum **Cadillac Mountain**, wo eine Straße direkt zum Gipfel mit grandiosem Inselblick führt.

Das traditionelle Hotel mit freundlichem Personal, Waschküche und beheiztem Pool liegt an einem Wanderweg in Richtung Nationalpark (dessen Shuttle-Busse hier im Sommer halten). Die 95 Zimmer sind geräumig, attraktiv und komfortabel. Insgesamt eine gute Wahl, wenn man sich nicht an der Distanz zum Ortszentrum (ungefähr 1 Meile/1,6 km) stört!

★ Bass Cottage Inn GASTHOF $$$
(☎207-288-1234; www.basscottage.com; 14 The Field; Zi. 280–460 US$; ⏲Mitte Mai–Okt.; ❄📶) Die meisten B&Bs in Bar Harbor erreichen auf der Stil-Skala etwa eine Fünf. Diese Villa aus Amerikas Gilded-Age-Periode verdient jedoch eine Elf: Die zehn hellen Zimmer punkten mit gestärkter weißer Betttwäsche, dezenten Blumendrucken und elegantem Sommerhaus-Schick. Im Salon können Gäste auf einem Konzertflügel herumklimpern. Der holzgetäfelte Aufenthaltsbereich mit Tiffany-Buntglasdecke ist wie geschaffen dafür, sich hinzusetzen und einen Roman zu lesen.

Mache Bistro FRANZÖSISCH $$
(☎207-288-0447; www.machebistro.com; 321 Main St; Hauptgerichte 21–32 US$; ⏲Mai–Okt. Di–Sa 17.30–21 Uhr; 🍷) Das Mache ist ein heißer Anwärter auf den Titel als bestes mittelteures Restaurant in Bar Harbor. In einem stilvoll renovierten Cottage gibt's hier moderne Küche mit französischem Touch. Unter den wechselnden Gerichten aus regionalen Zutaten sind beispielsweise Fenchelsalat mit nachhaltig geernteten Jakobsmuscheln, langsam gegartes Entenkeulen-Konfit oder Trifle-Pudding mit Wildheidelbeeren. Reservierung ist erwünscht; die Hausbar heißt aber auch spontan Vorbeikommende willkommen.

★ Havana LATEINAMERIKANISCH $$$
(☎207-288-2822; www.havanamaine.com; 318 Main St; Hauptgerichte 30–42 US$; ⏲Mai–Okt. Di–Sa 16.30–21, Juli & Aug. auch So 9.30–14 Uhr) Im Havana sollte man das wirklich Wichtige zuerst erledigen – sprich: einen erfrischenden Mojito oder Caipirinha bestellen. Da-

nach kann man in Ruhe die Speisekarte und die riesige Auswahl von Weinen aus aller Welt begutachten. Die gut zubereiteten Gerichte à la Lateinamerika bestehen hauptsächlich aus regionalen Zutaten. Unter den Spezialitäten des Hauses sind beispielsweise Seafood-Paella, geschmorte Lammhüfte und lecker-leichter Hummer auf *moqueca*-Art (eine Art brasilianischer Eintopf mit Kokosmilch).

Landesinnere

Im Vergleich zur Küste verzeichnet Maines Westen weniger Besucher. Puristisch veranlagte Outdoor-Fans lieben die dichten Wälder und abgeschiedenen Gipfel der Region. Obwohl Wildnis bis heute den Großteil des Terrains bedeckt, gibt's hier auch ein paar interessante Ortschaften. Großstädter aus dem Nordosten der USA erreichen das schöne, alte Bethel und die Berggemeinde Rangeley relativ leicht. Zudem schätzen sie das schräge Bridgton als cooles Wochenendziel.

Im Herbst pilgern Indian-Summer-Liebhaber mit Kameras und Picknickkörben ins Landesinnere. Im Winter werden die Berge der Gegend zur Spielwiese von Ski- und Schneemobilfahrern. Und während der wärmeren Monate locken hier Seen, Flüsse, Campingplätze und Wanderwege.

Achtung: Dieses Stück Amerika ist maximal ländlich – d.h. unerschlossen – und hat ein teils sehr lückenhaftes Mobilfunknetz. Darum unbedingt geeignetes Kartenmaterial mitbringen und keinesfalls nur aufs Handy verlassen!

Unterwegs vor Ort

Die Erkundung von Maines ländlichem Herzen erfordert ein eigenes Auto. Von den vielen Panoramastraßen der Region empfiehlt sich für den Anfang die ME 302, die ab Portland nach Bridgton und Fryeburg führt. Von dort aus kann man dann nordwärts nach Bethel und Rangeley weiterfahren. Unterwegs warten zahlreiche malerische Aussichtspunkte.

Bethel

Bethel liegt 90 Minuten Fahrt nordwestlich von Portland und ist für eine auf allen Seiten von tiefen, düsteren Wäldern umgebene Stadt überraschend lebendig. Besucher kommen schon seit dem frühen 19. Jh. im Sommer hierher, um der Schwüle der Küste zu entkommen, und viele der schicken, alten Häuser und Häuschen sind noch immer bewohnt. Die Stadt ist einer der schönsten Orte während der Farbenpracht des Indian Summer, aber auch zur Skisaison im Winter.

Wer der US 2 westwärts gen New Hampshire folgt, sollte unterwegs unbedingt die **Shelburne Birches** bewundern. Dieser dichte Birkenwald erstreckt sich zwischen Gilead und Shelburne.

Grafton Notch State Park STATE PARK
(☎ 207-824-2912; www.maine.gov/graftonnotch; 1941 Bear River Rd/ME 26; Erw./Kind 4/1 US$; ⏲ 9 Uhr–Sonnenuntergang) Dieser naturbelassene Park umgibt den Grafton Notch Scenic Byway in der Mahoosuc Range und ist schlichtweg atemberaubend. Der Einschnitt im Gelände wurde von einem Gletscher geformt, der sich vor 12 000 Jahren zurückzog, und ist zu jeder Jahreszeit toll. Hier gibt's Wasserfälle, Schluchten, luftige Aussichtspunkte und Wanderwege, darunter eine über 32 km lange Strecke des Appalachian Trail (www.appalachiantrail.org).

In den hiesigen Felsen nisten Wanderfalken. Auch deshalb ist der Park eine Station des **Maine Birding Trail** (www.mainebirdingtrail.com). Von Mai bis Oktober lassen sich die Vögel hier am besten beobachten.

Praktische Informationen

Bethel Area Chamber of Commerce (☎ 800-442-5826, 207-824-2282; www.bethelmaine.com; 8 Station Pl; ⏲ ganzjährig Mo–Fr 9–17 Uhr, an Wochenenden in der Hauptsaison abweichende Öffnungszeiten; 📶) Diese hilfreiche Touristeninformation befindet sich im Gebäude der Bethel Station und bietet jede Menge Broschüren zu verschiedenen Sehenswürdigkeiten, Wanderwegen und Aktivitäten.

Washington, D. C. & Capital Region

Inhalt ➡

Gut essen

- Rose's Luxury (S. 309)
- Woodberry Kitchen (S. 324)
- L'Opossum (S. 353)
- Public Fish & Oyster (S. 356)
- Faidley's (S. 324)

Schön übernachten

- Kimpton George Hotel (S. 306)
- Inn at 2920 (S. 323)
- Georges (S. 361)
- HI Richmond (S. 353)

Auf nach Washington, D. C. & in die Capital Region!

Es ist schwer, dem Charme der US-Hauptstadt nicht zu verfallen: Symbolträchtige Denkmäler und großartige Museen, die man kostenlos besichtigen kann, sind nur einige der Highlights, die einen hier erwarten. Es gibt weitläufige Märkte, ein multikulturelles Nachtleben und internationale Kulinarik zu entdecken – ganz zu schweigen von den Zentren der Macht. Jenseits des Beltway bietet die vielfältige Landschaft von Maryland, Virginia, West Virginia und Delaware genug Gründe, der Hauptstadt den Rücken zu kehren. Zerklüftete Berge, reißende Ströme und reiche Naturschutzgebiete (darunter Inseln mit Wildpferden), glitzernde Strände, historische Dörfer und die wundervolle Chesapeake Bay sind die passende Kulisse für Abenteuer. Nicht minder spannend ist es, alte Traditionen zu erkunden, sei es nun an der Geburtsstätte der Nation oder in Virginias Bluegrass-Szene.

Reisezeit

Washington, D. C.

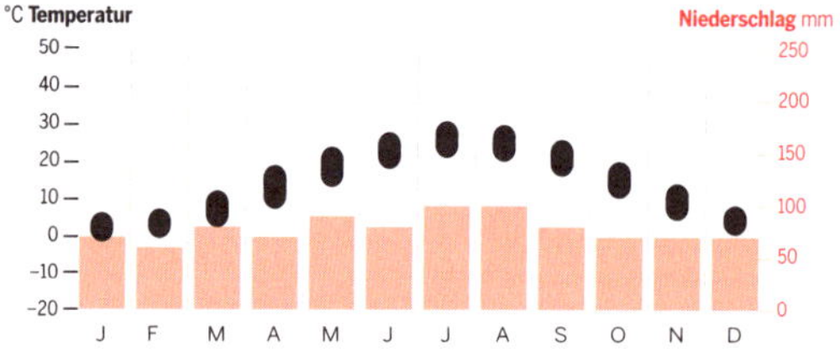

Juni–Aug. Warmes, sonniges Wetter. Die Hotelpreise sind am höchsten (ca. 30 % mehr).

April & Mai, Sept. & Okt. Mild, aber es kann regnerisch sein. Höhepunkt der Wildblumenblüte (Mai).

Nov.–März In den Skiresorts ist der Winter mit vollen Liften, Unterkünften und Lokalen die Hauptsaison.

Geschichte

Die moderne Geschichte Nordamerikas begann 1607, als eine entschlossene Schar von Kolonisten ein Fort an den Ufern des James River in Virginia errichtete. Diese kleine Gemeinde namens Jamestown war die erste dauerhaft bewohnte englische Siedlung in der Neuen Welt. Seit jener Zeit haben die Einwohner der Mittelatlantikstaaten entscheidende Wendepunkt der US-amerikanischen Geschichte miterlebt und mitgestaltet: die Kriege gegen die Briten, die Schaffung einer neuen Nation, die Sklaverei und ihre Abschaffung, den Bürgerkrieg und die folgende Neuordnung und die Entstehung der Gewerkschaften und der Bürgerrechtsbewegung.

WASHINGTON, D.C.

In der US-amerikanischen Hauptstadt tummeln sich Visionäre und Demagogen in den Vorzimmern der Macht. Die Stadt besitzt Präsidenten- und Kriegsdenkmäler, Parks und fantastische Museen. Jenseits der National Mall sind von Bäumen gesäumte Viertel, lebensfrohe Einwanderergemeinden und eine spürbare Dynamik gleich unter der Oberfläche zu entdecken. Irgendetwas ist immer los, was kein Wunder ist, weil Washington mehr Talente anlockt als jede andere Stadt vergleichbarer Größe. Nach den mit der Besichtigung von Museen und Denkmälern vollgepackten Tagen entspannt man sich abends mit örtlichem Bier und erkundet das Essen in den vielfältigen Restaurants der Stadt.

Geschichte

Nach dem Unabhängigkeitskrieg einigten sich die Politiker aus dem Norden und dem Süden auf den Kompromiss, die neue Hauptstadt irgendwo zwischen den Machtbasen beider Gruppen anzusiedeln. Mögliche Hauptstädte wie Boston, Philadelphia oder Baltimore wurden von den Plantagenbesitzern aus den Südstaaten als zu städtisch und industrialisiert abgelehnt, weshalb man sich entschied, eine neue Stadt an den Ufern des Potomac River in der geografischen Mitte der 13 Gründerstaaten zu erbauen. Maryland und Virginia traten das hierzu benötigte Land ab.

Der Hauptstadtbezirk wurde von den Briten im Britsch-Amerikanischen Krieg (1812) verwüstet. Als Forderungen nach Abschaffung der Sklaverei die Hauptstadt in Atem hielten, wurde 1846 die sklavenhaltende Hafenstadt Alexandria am Südufer an Virginia zurückgegeben. Im Verlauf der Jahre entwickelte sich der D.C. (District of Columbia) in verschiedene Richtungen: Er wurde einerseits zu einem Marmortempel für die Bundesregierung und andererseits zu einem städtischen Ghetto für nach Norden ziehende Afroamerikaner und Einwanderer aus Übersee. Viele Jahrzehnte lang wurde die Stadt direkt vom US-amerikanischen Kongress regiert; erst 1973 erhielt sie einen eigenen Bürgermeister (Walter Washington, einen der ersten Afroamerikaner, der ein solches Amt in einer US-amerikanischen Großstadt bekleidete). Heute werden die Einwohner des D.C. besteuert wie alle anderen Bürger der USA, haben aber keine demokratisch gewählte Vertretung im Kongress. Seit den späten 1990er-Jahren unterliegt der Distrikt einer weitreichenden Gentrifizierung. Wegen der boomenden Wirtschaft gehören die Lebenshaltungskosten hier zu den höchsten im Land.

Sehenswertes

National Mall

Ein Land besteht aus Vielem: aus seinen Menschen, seiner Geschichte, seiner Politik und aus dem angesammelten Wissen und Können seiner Bewohner. All diese Aspekte finden architektonischen Ausdruck auf der National Mall, dem symbolträchtigen Mittelpunkt der symbolträchtigsten Stadt der USA. Die Ideale des Landes spiegeln sich hier in Bildungseinrichtungen, Monumenten und Gedenkstätten wider. Hierher strömen die US-Amerikaner, um sich zu versammeln, zu demonstrieren oder der Amtseinführung des Präsidenten beizuwohnen. Dieser Ort, ein Park voller Denkmäler, umrahmt von den prächtigen Smithsonian-Museen ist ein unverzichtbares Ziel, das Besuchern Unterhaltung und Unterrichtung für Tage und Wochen zu bieten hat.

★ Lincoln Memorial DENKMAL

(202-426-6841; www.nps.gov/linc; 2 Lincoln Memorial Circle NW; 24 Std.; Circulator National Mall, M Orange, Silver, Blue Lines bis Foggy Bottom-GWU) Das westliche Ende der Mall wird vom Schrein für Abraham Lincoln begrenzt, dessen Statue von ihrem neo-klassizistischem Domizil mit den dorischen Säulen über den Reflecting Pool blickt. An der nördlichen und der südlichen Wand flankieren die Worte der

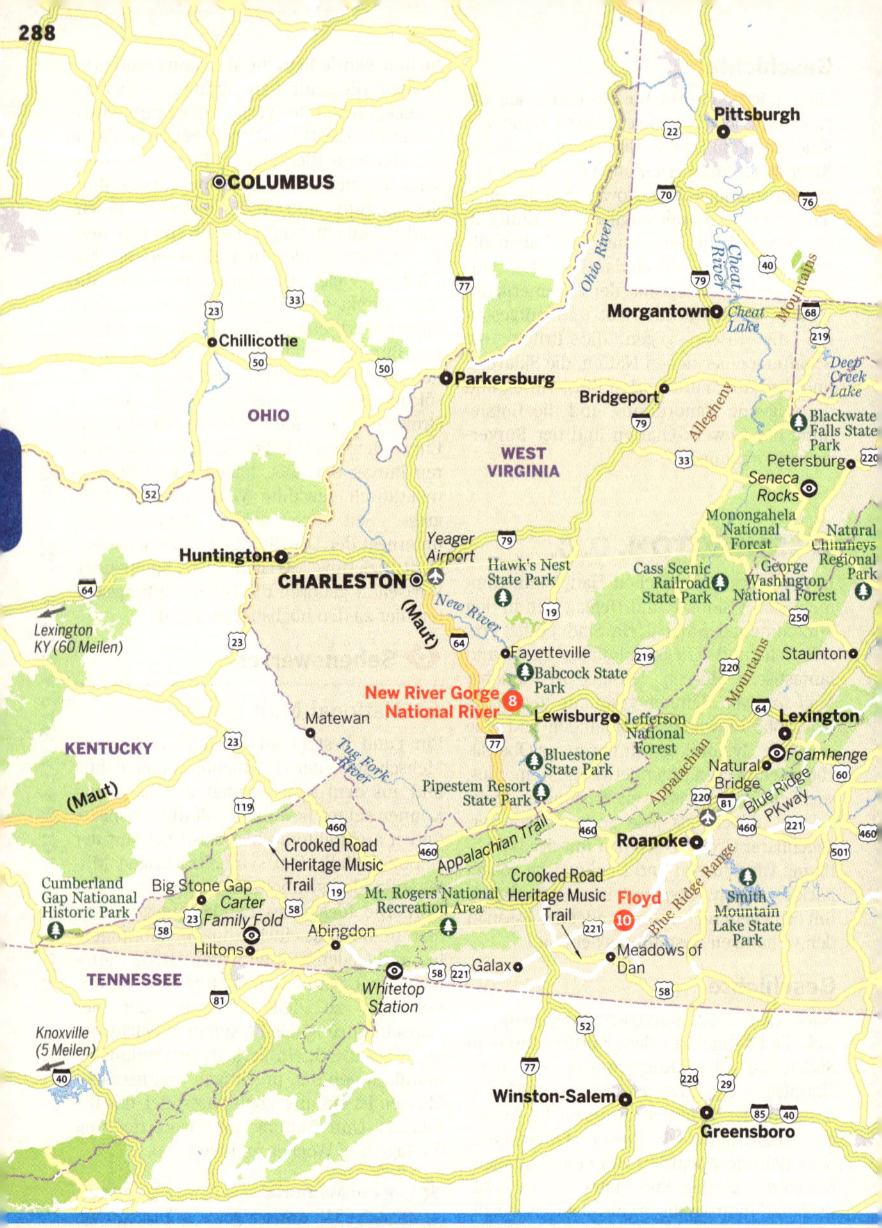

Highlights

1 National Air & Space Museum (S. 290) Die Museen der Hauptstadt besichtigen

2 Lincoln Memorial (S. 287) Den Sonnenuntergang am Denkmal genießen

3 Colonial Williamsburg (S. 345) Die Geschichte Amerikas hautnah erleben

4 Annapolis (S. 326) Bei einem Bummel durch das Capitol, die Naval Academy und entlang der Main St die nautische Geschichte der Stadt erkunden

5 Shenandoah National Park (S. 358) An einem Sonntag über den Skyline

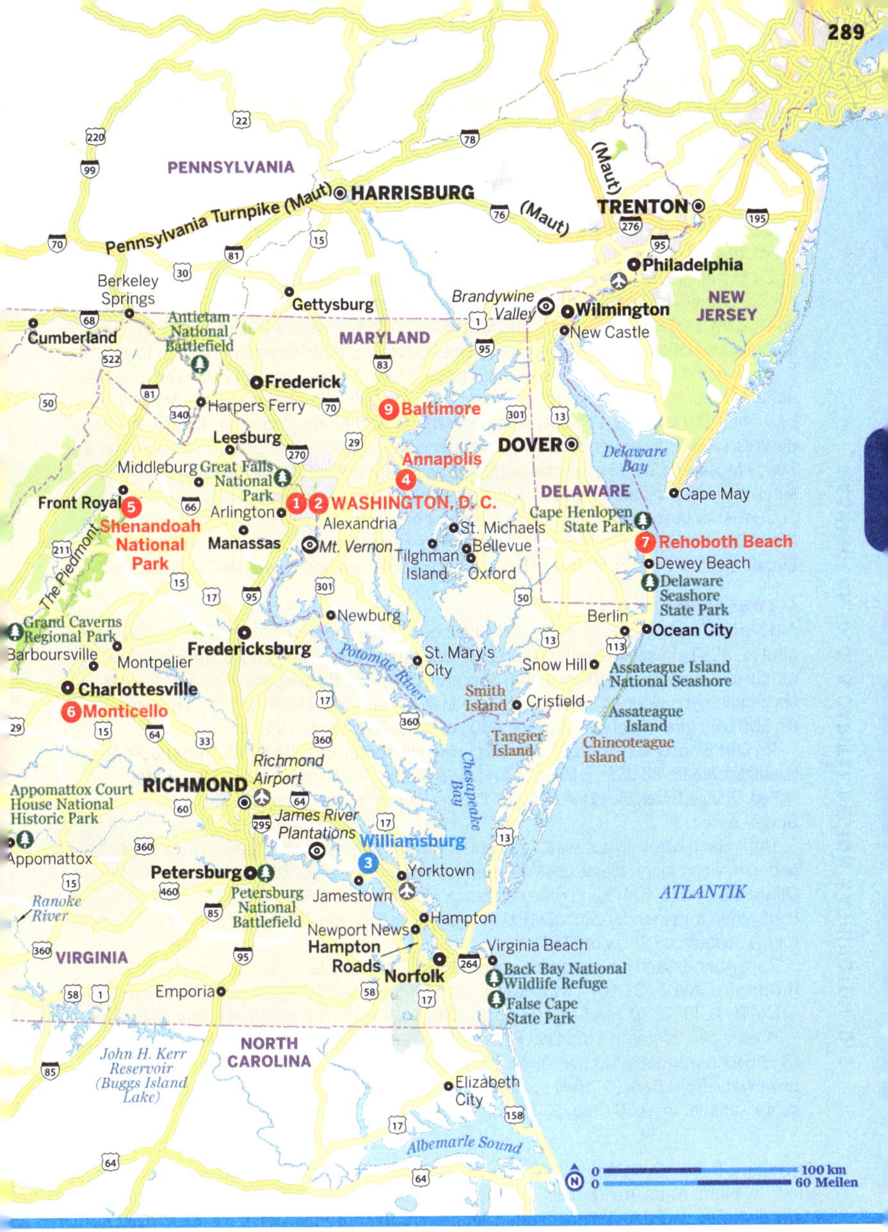

Drive hierher fahren und nach einer Wanderung unter den Sternen übernachten

6 Monticello (S. 354) Das Meisterwerk von Thomas Jefferson bewundern

7 Rehoboth Beach (S. 334) Schlendern im familien- und schwulenfreundlichen Ferienort

8 New River Gorge National River (S. 371) Dem Gauley River folgen

9 Faidley's (S. 324) Einen der besten Krabbenkuchen in Baltimore genießen

10 Floyd (S. 364) Bei einem Jamboree den Rhythmus der alten Musik spüren

WASHINGTON, D.C., IN ...

... einem Tag

Man kann auch gleich mit dem Wichtigen beginnen: Das Lincoln Memorial steht für Washington, D.C., wie kein anderes Wahrzeichen. Mit Abraham, der am Ende der langen Allee sitzt, bietet es sich auch als Ausgangspunkt an. Geht man weiter nach Osten, kommt man zum mächtigen Vietnam Veterans Memorial. Dann folgt das Washington Monument, das man unmöglich übersehen kann, weil es D.C.s höchstes Bauwerk ist.

Zu Mittag gibt's Sandwiches neben einem künstlichen Wasserfall im **Cascade Café** (☎202-842-6679; www.nga.gov/visit/cafes/cascade-cafe.html; National Gallery of Art, Constitution Ave NW, East Bldg, Concourse; Sandwiches 7–9,50 US$; ⌚Mo–Sa 11–15, So bis 16 Uhr; 👪; 🚌Circulator National Mall, Ⓜ Green, Yellow Line bis Archives-Navy Memorial-Penn Quarter).

Nach dem Mittagessen ist es – sofern man sich ein Ticket verschafft hat – Zeit, das National Museum of African American History & Culture oder die National Gallery of Art zu besuchen. Bei letzterer entscheidet man sich entweder für die Ostseite (Moderne) oder die Westseite (Impressionisten & Alte Meister). Danach geht's hinüber zum National Air & Space Museum (S. 290), wo man die Dinge bestaunt, die von der Decke hängen. Die Raketen und die originale Flugmaschine der Gebrüder Wright sind unvergleichlich cool.

Zum Abendessen nimmt man die Metro zum Bistrot du Coin (S. 311) am Dupont Circle und schlürft anschließend Cocktails in der Bar Charley (S. 315), stemmt unter Einheimischen ein Bier im Board Room (S. 315) oder besucht einen der Dance Clubs.

... zwei Tagen

Am Morgen steht das Regierungsviertel auf dem Programm. Den Auftakt bildet das Capitol (S. 299) mit seinen mit Statuen geschmückten Sälen. Dann geht's auf der anderen Straßenseite die Freitreppe zum Supreme Court (S. 300), wo man mit Glück einer Verhandlung beiwohnen kann. Gleich nebenan beeindruckt die Library of Congress (S. 300) mit ihren Büchern, die eine 850 km lange Reihe bilden könnten.

Im **Old Ebbitt Grill** (☎202-347-4800; www.ebbitt.com; 675 15th St NW, White House Area; Hauptgerichte 18–32 US$; ⌚Mo–Fr 7.30–1, Sa & So ab 8.30, Happy Hour 15–18 & 23–1 Uhr; Ⓜ Red, Orange, Silver, Blue Line bis Metro Center) kann man inmitten von Politikern einen Burger essen.

Hoffentlich hat man gut vorab geplant und eine Führung durchs Weiße Haus (S. 300) gebucht, wenn nicht, bleibt das White House Visitor Center (S. 301) als Notbehelf. Im Off the Record (S. 314) kann man nachschauen, ob irgendwelche wichtigen Leute und Lobbyisten miteinander anstoßen. Dann geht's hinüber zum Kennedy Center (S. 316) für die kostenlose Show um 18 Uhr.

Zum Abendessen gibt's französische Kost im Chez Billy Sud (S. 313) oder Pizza im **Il Canale** (☎202-337-4444; www.ilcanale.com; 1065 31st St NW; Hauptgerichte 23–32 US$; ⌚Mo–Do 11.30–22.30, Fr & Sa bis 23, So bis 22 Uhr; 🚌Circulator Georgetown-Union Station).

Anschließend stemmt man ein Pint in einer freundlichen Kneipe wie dem Tombs (S. 316). An warmen Abenden sind die Freiluftcafés und die Bootsfahrten im Georgetown Waterfront Park (S. 304) schwer angesagt. Man kann auch schauen, ob interessante Künstler im 9:30 Club (S. 316) auftreten.

Gettysburg-Rede (Gettysburg Address) und seiner zweiten Amtsantrittsrede die riesige Marmorstatue. Auf den Treppenstufen hielt Martin Luther King Jr. seine berühmte „I have a dream"-Rede; eine Gravur kennzeichnet die Stelle (auf der 18. Stufe von oben).

★ **National Air & Space Museum** MUSEUM
(☎202-633-2214; www.airandspace.si.edu; Ecke 6th St & Independence Ave SW; ⌚10–17.30 Uhr; 👪; 🚌Circulator National Mall, Ⓜ Orange, Silver, Blue, Green, Yellow Line zur L'Enfant Plaza) GRATIS Zu den legendären Exponaten in diesem ungeheuer beliebten Museum gehören die Flugmaschinen der Brüder Wright, Chuck Yeagers Bell X-1, Charles Lindberghs *Spirit of St. Louis*, Howard Hughes' H-1 Racer und Amelia Earharts flotte Vega 5B. Kinder und Erwachsene spazieren gleichermaßen gern durch den **Skylab Orbital Workshop** und sehen sich im Obergeschoss die Ausstellung „Apollo to the Moon" an. Außerdem befinden sich im Museum ein IMAX-Kino (Erw./Kind 2–12

Jahre 9/7,50 US$), ein Planetarium (9/7,50 US$) und Flugsimulatoren (je 8–12 US$).

Zwischen Mitte März und Anfang September ist das Museum an den meisten Tagen bis 19.30 Uhr geöffnet. Bis 2025 werden die Ausstellungen schrittweise modernisiert; neue Ausstellungen, z. B. „Destination Moon", ein Überblick über die Geschichte der Erkundung des Mondes, kommen hinzu.

Weitere Flugmaschinen sind in Virginia im **Steven F. Udvar-Hazy Center** (☎703-572-4118; www.airandspace.si.edu; 14390 Air & Space Museum Pkwy, Chantilly; ⌚10–17.30 Uhr; 👪; Ⓜ Silver Line bis Wiehle-Reston East, dann Bus 983) GRATIS zu sehen, einer Dependance mit weiteren Stücken aus der außerordentlichen Sammlung des Museums.

★ Vietnam Veterans Memorial — DENKMAL

(www.nps.gov/vive; 5 Henry Bacon Dr NW; ⌚24 Std; 🚌Circulator National Mall, ⓂOrange, Silver, Blue Line bis Foggy Bottom-GWU) Maya Lins Entwurf dieser eindrucksvollen Gedenkstätte hat die Form eines schwarzen, tief eingelassenen „V" und verkörpert das Trauma, das der Vietnamkrieg in den USA hinterlassen hat. Das Denkmal reicht bis in die Erde, und in seine spiegelglatte Wand sind die Namen der über 58 000 US-amerikanischen Opfer gemeißelt – chronologisch in der Reihenfolge ihres Todes. Lin war gerade einmal 21 Jahre alt, als sie dieses subtile, tiefgründige Denkmal entwarf.

★ National Gallery of Art — MUSEUM

(☎202-737-4215; www.nga.gov; Constitution Ave NW, zw. 3rd & 7th St; ⌚Mo–Sa 10–17, So 11–18 Uhr; 👪; 🚌Circulator National Mall, ⓂGreen, Yellow Line bis Archives-Navy Memorial-Penn Quarter) GRATIS Zwei Gebäude, Hunderte Meisterwerke, Kunstgenuss ohne Ende. Im neoklassizistischen **Westgebäude** ist europäische Kunst bis zum Anfang des 20. Jhs. ausgestellt; zu den Highlights zählen Gemälde von Leonardo da Vinci, Manet, Monet und van Gogh. Im von I. M. Pei entworfenen **Ostgebäude** ist moderne und zeitgenössische Kunst zu bewundern. Unbedingt sehenswert sind Pollocks *Number 1, 1950 (Lavender Mist)*, Picassos *Les Saltimbanques* (Die Gaukler) und das gewaltige Mobile, das bei Calder für das Eingangsfoyer in Auftrag gegeben wurde. Ein unterirdischer Gang mit der eindrucksvollen Lichtskulptur Multiverse von Leo Villareal verbindet die beiden Gebäude.

Washington Monument — DENKMAL

(www.nps.gov/wamo; 2 15th St NW; ⌚tgl. 9–17 Uhr; 🚌Circulator National Mall, ⓂOrange, Silver, Blue Line bis Smithsonian) GRATIS Mit einer Höhe von 169,05 m ist das aus 36 000 Steinblöcken errichtete Washington Monument das höchste Bauwerk im D.C. Politische Querelen und dann der Ausbruch des Bürgerkriegs unterbrachen die Bauarbeiten. Als sie fortgesetzt wurden, wurde der Marmor aus einem neuen Steinbruch geliefert; der Übergang zwischen dem alten und dem neuen Marmor ist auf etwa einem Drittel der Höhe durch den Wechsel der Färbung deutlich erkennbar.

Martin Luther King Jr. Memorial — DENKMAL

(www.nps.gov/mlkm; 1964 Independence Ave SW; ⌚24hr; 🚌Circulator National Mall, ⓂOrange, Silver, Blue Line bis Smithsonian) Das 2011 eingeweihte Denkmal ist das erste auf der Mall, das einen Afroamerikaner ehrt. Der Bildhauer Lei Yixin schuf dieses Denkmal, das in Konzeption und Stil an das Mt. Rushmore National Memorial erinnert. Neben Kings eindrucksvollem, 9 m hohen Bildnis, dem „Stein der Hoffnung", erheben sich dahinter zurückgesetzt zwei Granitblöcke, die den „Berg der Verzweiflung" symbolisieren. Das Werk wird von einer Mauer flankiert, in die Kings berühmte Zitate zu Demokratie, Gerechtigkeit und Frieden eingraviert sind.

★ National Museum of African American History & Culture — MUSEUM

(☎844-750-3012; www.nmaahc.si.edu; 1400 Constitution Ave NW; ⌚10–17.30 Uhr; 👪; 🚌Circulator National Mall, ⓂOrange, Silver, Blue Line bis Smithsonian oder Federal Triangle) GRATIS Das hervorragende Museum deckt die unterschiedlichen Erfahrungen der afroamerikanischen Gemeinde ab und zeigt, wie sie zur Bildung der Nation beitrug. Der Rundgang beginnt im Erdgeschoss mit der ernüchternden Ausstellung „Sklaverei und Freiheit" und führt hinauf in die der Gemeinde und Kultur gewidmeten Galerien im 3. und 4. Stock, in denen die Leistungen von Afroamerikanern im Sport, in der Musik, im Theater und in den bildenden Künsten gefeiert werden. In den geschickt entworfenen und dramatisch ausgeleuchteten Sälen finden sich jede Menge Artefakte, topmoderne interaktive Ausstellungen, eigens entworfene Kunstwerke und faszinierende Erläuterungstafeln.

National Gallery of Art Sculpture Garden — GARTEN

(www.nga.gov; Ecke Constitution Ave NW & 7th St NW; ⌚Ende Mai–Anfang Okt. Mo–Do & Sa 10–19, Fr bis 21.30, So 11–19 Uhr, Anfang Okt.–Ende Mai Mo–

Washington, D. C.

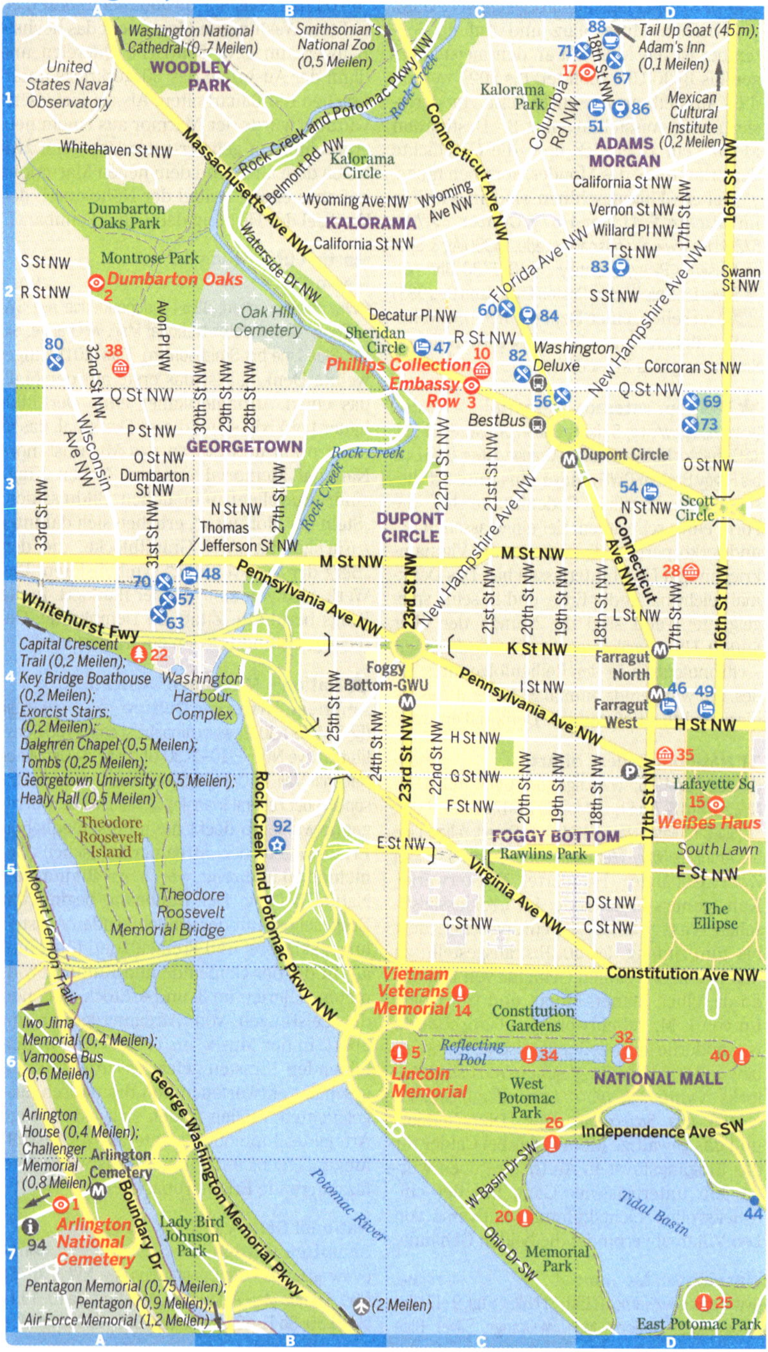

0 1 km
0 0,5 Meilen
Maple (0,6 Meilen)
MERIDIAN HILL
COLUMBIA HEIGHTS
PLEASANT PLAINS
Howard University
McMillan Park
Glenwood Cemetery
Prospect Hill Cemetery
St Marys
Lincoln Rd NE
N Capitol St
1st St NW
Adams St NW
Bryant St NW
W St NW
V St NW
U St NW
T St NW
14th St NW
13th St NW
12th St NW
11th St NW
10th St NW
9th St NW
Georgia Ave NW
2nd St NW
Elm St NW
3rd St NW
V St NE
U St NE
Todd Pl NE
T St NE
2nd St NE
U Street-Cardozo/ African American Civil War Memorial
LE DROIT PARK
Shaw-Howard
Rhode Island Ave NE
Seaton Pl NW
S St NW
Randolph Pl NW
UPPER NORTHEAST DC
LOGAN CIRCLE
Vermont Ave NW
French St NW
R St NW
SHAW
Florida Ave NW
R St NE
Quincy Pl NE
Q St NE
Rhode Island Ave NW
Marion St NW
New Jersey Ave NW
4th St NW
Q St NW
Bates St NW
P St NW
P St NE
Logan Circle
8th St NW
Kennedy Playground
O St NW
N St NW
N St NE
New York Ave NW
6th St NW
5th St NW
7th St NW
Thomas Circle
M St NW
M St NE
Mt Vernon Sq/7th St Convention Center
Green Ct NW
Massachusetts Ave NW
L St NW
North Central Fwy
DOWNTOWN
K St NW
Mt Vernon Sq
Franklin Sq
McPherson Sq
I St NW
Reynolds Center for American Art & Portraiture
Ethiopic (0,1 Meilen); Copycat Co (0,7 Meilen); Granville Moore's (0,75 Meilen)
H St NW
CAPITOL HILL
H St NE
1st St NE
15th St NW
Metro Center
Gallery Place-Chinatown
G St NW
Union Station
BoltBus, Greyhound, Megabus & Peter Pan Bus Lines
F St NW
PENN QUARTER
E St NW
E St NE
Union Station Plaza
Federal Triangle
Pennsylvania Ave NW
Judiciary Sq
D St NW
D St NE
Louisiana Ave NW
Delaware Ave NE
National Archives
Archives
C St NW
C St NE
National Museum of African American History & Culture
Constitution Ave NE
Jimmy T's (0,15 Meilen); William Penn House (0,15 Meilen)
National Gallery of Art
Madison Dr NW
National Mall
US Capitol
E Capitol St
Smithsonian
Jefferson Dr SW
Capitol Plaza
Library of Congress
United States Holocaust Memorial Museum
National Air & Space Museum
Independence Ave SE
Capitol South
C St SW
C St SE
Tune Inn (75 m)
Hancock Park
Virginia Ave SW
12th St SW
D St SW
L'Enfant Plaza
Federal Center SW
SOUTHEAST DC
10th St
E St SW
SOUTHWEST DC
4th St SW
1st St SW
S Capitol St
E St SE
Ted's Bulletin (0,3 Meilen)
Dwight D Eisenhower Fwy
Benjamin Banneker Park
G St SW
Nationals Park (0,6 Meilen); Bluejacket Brewery (0,9 Meilen)
Rose's Luxury (0,3 Meilen)
E
F
G
H
1
2
3
4
5
6
7

Washington, D.C.

Highlights

1 Arlington National Cemetery A7
2 Dumbarton Oaks A2
3 Embassy Row C2
4 Library of Congress H6
5 Lincoln Memorial C6
6 National Air & Space Museum F6
7 National Archives F5
8 National Gallery of Art F6
9 National Museum of African American History & Culture E6
10 Phillips Collection C2
11 Reynolds Center for American Art & Portraiture F5
12 United States Holocaust Memorial Museum E6
13 US Capitol H6
14 Vietnam Veterans Memorial C6
15 Weißes Haus D5

Sehenswertes

16 African American Civil War Memorial ... F2
17 District of Columbia Arts Center D1
18 Folger Shakespeare Library H6
19 Ford's Theatre F5
Ford's Theatre Center for Education & Leadership .... (siehe 33)
20 Franklin Delano Roosevelt Memorial ... C7
21 Freer | Sackler E6
22 Georgetown Waterfront Park A4
23 Hirshhorn Museum F6
24 International Spy Museum F7
25 Jefferson Memorial D7
26 Martin Luther King Jr Memorial C6
27 National Gallery of Art Sculpture Garden F6
28 National Geographic Museum D3
29 National Museum of American History E6
30 National Museum of Natural History ... F6
31 National Museum of the American Indian G6
32 National WWII Memorial D6
33 Petersen House E5
34 Reflecting Pool C6
35 Renwick Gallery D4
36 Smithsonian Castle E6
37 Supreme Court H6
38 Tudor Place A2
39 Union Station H5
40 Washington Monument D6
41 White House Visitor Center E5

Aktivitäten, Kurse & Touren

42 Bike & Roll F7
DC Brew Tours .... (siehe 11)
43 DC by Foot E6
Ice Rink .... (siehe 27)
Old Town Trolley Tours .... (siehe 33)
44 Tidal Basin Boathouse D7

Schlafen

45 Chester A Arthur House E3
46 Club Quarters Hotel Washington, DC D4
47 Embassy Circle Guest House C2
48 Graham Georgetown A3
49 Hay-Adams Hotel D4
50 HI Washington DC Hostel E4
51 HighRoad Hostel D1
52 Kimpton George Hotel G5
53 Morrison-Clark Historic Inn & Restaurant E4
54 Tabard Inn D3

Sa 10–17, So 11–18 Uhr; 👪; 🚌 Circulator National Mall, Ⓜ Green, Yellow Line bis Archives-Navy Memorial-Penn Quarter) GRATIS In dem 2,4 ha großen Garten stehen skurrile Skulpturen wie Roy Lichtensteins *House I* (1998), ein riesiger Schreibmaschinenradiergummi von Claes Oldenburg (1999) oder Roxy Paines *Graft* (2008–2009), ein Baum aus Edelstahl. Die Werke verteilen sich um einen Springbrunnen, in dem man im Sommer prima die Füße kühlen kann.

Von Mitte November bis Mitte März verwandelt sich der Brunnen in eine **Eislaufbahn** (☎ 202-216-9397; www.nga.gov/visit/ice-rink.html; Erw./Kind bis 12 Jahre 9/8 US$, Schlittschuhverleih 4 US$; ⌚ Mitte Nov.–Mitte März Mo–Do 10–21, Fr bis 23, Sa 11–23, So 11–21 Uhr), und der Park bleibt etwas länger geöffnet.

Das **Pavilion Cafe** (☎ 202-289-3361; www.pavilioncafe.com; Sandwiches 10–12 US$, Salate 11–13 US$; ⌚ Mo–Sa 10–16, So 11–17 Uhr, saisonal auch abends geöffnet) im Garten ist ein sehr beliebter Ort für einen Happen oder einen Kaffee.

National Museum of Natural History

MUSEUM

(☎ 202-663-1000; www.naturalhistory.si.edu; Ecke 10th St & Constitution Ave NW; ⌚ 10–17.30 Uhr, an manchen Tagen bis 19.30 Uhr; 👪; 🚌 Circulator National Mall, Ⓜ Orange, Silver, Blue Line bis Smithsonian oder Federal Triangle) GRATIS Keines der Smithsonian-Museen ist beliebter – mit Menschenmassen muss gerechnet werden! Man winkt dem Elefanten Henry in der Rotunde zu und schaut sich im 2. Stock den Hope-Diamanten an. Auf dem 45,52 Karat schweren Klunker soll ein Fluch lasten – auch Marie Antoinette gehörte zu seinen Besitzern. Der Riesenkalmar (1. Stock, Ocean Hall), der Pavillon mit lebenden Schmetterlingen und die Fütterung der Taranteln stoßen bei den vielen kleinen Besuchern auf lebhaftes Interesse.

Essen

55 A Baked Joint ... G4
56 Afterwords Cafe ... C3
57 Baked & Wired ... A4
58 Ben's Chili Bowl ... E2
59 Birch & Barley ... E3
60 Bistrot du Coin ... C2
61 Busboys & Poets ... E1
62 Cascade Café ... G6
63 Chez Billy Sud ... A4
64 Compass Rose ... E2
65 Dabney ... F3
66 Daikaya ... F5
67 Diner ... D1
Dolcezza at the Hirshhorn ... (siehe 23)
Donburi ... (siehe 17)
68 Estadio ... E3
69 Hank's Oyster Bar ... D3
70 Il Canale ... A4
71 Julia's Empanadas ... D1
72 Kinship ... F4
73 Komi ... D3
74 Le Diplomate ... E2
Little Serow ... (siehe 73)
75 Matchbox Vintage Pizza Bistro ... F4
76 Municipal Fish Market ... E7
77 Old Ebbitt Grill ... E5
78 Pavilion Cafe ... F6
79 Rasika ... F5
80 Simply Banh Mi ... A2
81 Woodward Table ... E4
82 Zorba's Cafe ... C2

Ausgehen & Nachtleben

83 Bar Charley ... D2
84 Board Room ... C2
Churchkey ... (siehe 59)
Columbia Room ... (siehe 65)
85 Dacha Beer Garden ... F2
86 Dan's Cafe ... D1
JR's ... (siehe 69)
Off the Record ... (siehe 49)
87 Right Proper Brewing Co ... F2
88 Songbyrd Record Cafe & Music House ... D1
89 U Street Music Hall ... E2

Unterhaltung

90 9:30 Club ... F1
91 Black Cat ... E2
Folger Theatre ... (siehe 18)
92 Kennedy Center ... B5
National Symphony Orchestra ... (siehe 92)
93 Shakespeare Theatre Company ... F5
Washington National Opera ... (siehe 92)
Woolly Mammoth Theatre Company ... (siehe 79)

Shoppen

Kramerbooks ... (siehe 56)

Praktisches

94 Arlington National Cemetery Welcome Center ... A7
Smithsonian Visitor Center ... (siehe 36)

Die beliebte Dinosaurierhalle, in deren Mittelpunkt ein T-Rex steht, wurde nach einer Renovierung wiedereröffnet.

National Museum of American History MUSEUM

(☎ 202-633-1000; www.americanhistory.si.edu; 1300 Constitution Ave NW, zw. 12th & 14th St NW; ⏲ 10–17.30 Uhr, an manchen Tagen bis 19.30 Uhr; 👪; 🚌 Circulator National Mall, Ⓜ Orange, Silver, Blue Line bis Smithsonian oder Federal Triangle) GRATIS Das Museum sammelt die unterschiedlichsten Artefakte zur US-amerikanischen Geschichte. Hauptattraktion ist die Fahne (auf der Eingangsebene), die im Britisch-Amerikanischen Krieg (1812) über Fort McHenry in Baltimore wehte und Francis Scott Key zum Text der amerikanischen Nationalhymne (The Star-Spangled Banner) inspirierte. Weitere Highlights sind Julia Childs Küche (1. Stock) und die Ausstellung der Kostüme der First Ladies im 3. Stock. Zu den neuen Ausstellungen gehören „American Enterprise“ (1. Stock) und „On with the Show“ (3. Stock).

Jefferson Memorial MONUMENT

(☎ 202-426-6841; www.nps.gov/thje; 13 E Basin Dr SW; ⏲ 24 Std.; 🚌 Circulator National Mall, Ⓜ Orange, Silver, Blue Line bis Smithsonian) Die Gedenkstätte inmitten von Kirschbäumen am Südufer des Tidal Basin ehrt Thomas Jefferson, den dritten US-Präsidenten, politischen Philosophen, Verfasser der Unabhängigkeitserklärung und Gründer der University of Virginia. Das dem römischen Pantheon nachempfundene offene neoklassizistische Gebäude des Architekten John Russell Pope mit Flachkuppel wurde von Kritikern anfangs als der „Jefferson-Muffin“ verspottet. Drinnen befindet sich ein 5,80 m hohes Standbild des Präsidenten; Zitate aus seinen Schriften sind in die Wände eingraviert.

National Mall

TAGESTOUR

So abwegig ist es nicht, die Mall als „Amerikas Vorgarten" zu bezeichnen. Tatsächlich besteht sie größtenteils aus einer Wiese, die sich vom Capitol westwärts bis zum Lincoln Memorial erstreckt. Der größte öffentliche Platz der USA war oft Zeuge von Demonstrationen und Protestmärschen vor der monumentalen Kulisse aus Gedenkstätten, die Werte und Errungenschaften der ganzen Nation repräsentieren.

Man kann recht viel an einem einzigen, wenn auch anstrengenden Tag sehen, bei dem man ungefähr 6 km zu Fuß zurücklegt.

Man startet am **1 Vietnam Veterans Memorial** und geht gegen den Uhrzeigersinn um die Mall, am **2 Lincoln Memorial**, **3 Martin Luther King Jr. Memorial** und am **4 Washington Monument** vorbei. Wer will, kann auch Abstecher zum Korean War Veteran Memorial, zum National WWII Memorial und weiteren Monumenten im westlichen Teil der Mall machen.

F11PHOTO / SHUTTERSTOCK ©

DAVE NEWMAN / SHUTTERSTOCK ©

Martin Luther King Jr. Memorial

Man kann rund um die von Lei Yixin gestaltete Statue des Bürgerrechtlers schlendern und alle Zitate lesen. Kings Statue ist 3 m höher als die Lincolns und Jeffersons auf ihren Denkmälern.

Smithsonian Castle

Neben dem Eingang an der Mall befindet sich die Krypta mit dem Grabmal von James Smithson, jenem exzentrischen Engländer, dessen Vermächtnis 1826 den Grundstein für die Smithsonian Institution legte.

FSTOCKFOTO / SHUTTERSTOCK ©

National Air & Space Museum

Eintreten und nach oben blicken – der Anblick ist überwältigend. Lindberghs *Spirit of St. Louis* und Chuck Yeagers Bell X-1, mit der er die Schallmauer durchbrach, gehören zu den Maschinen, die von der Decke hängen.

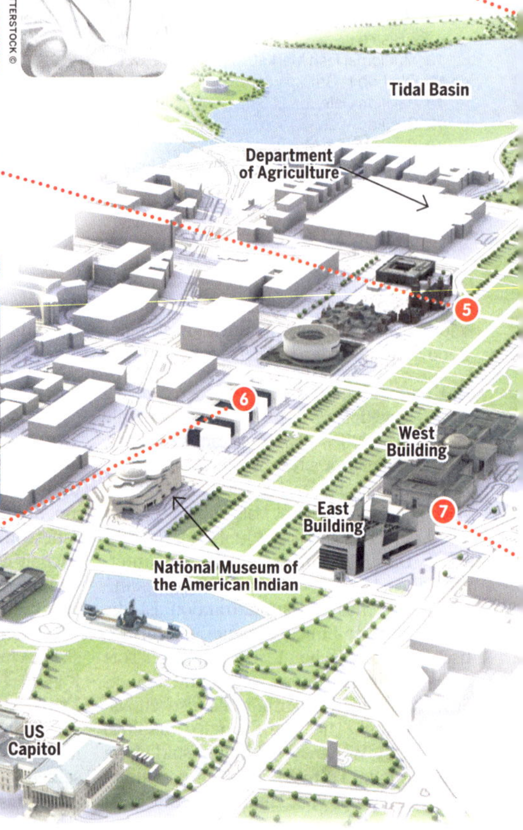

Danach geht's weiter zu den Museen, die allesamt hervorragend und noch dazu kostenlos sind. Beginnen sollte man im **5 Smithsonian Castle** wo man alle Infos bekommt und dem Menschen huldigen kann, der die großartigen Einrichtungen ermöglicht hat. Danach geht es weiter mit dem Rundgang durch **6 National Air & Space Museum**, **7 National Gallery of Art & National Sculpture Garden** und **8 National Museum of Natural History**.

TOP-TIPPS

Man sollte, vor allem im Sommer, früh aufbrechen – so entgeht man den Massen und der brütenden Hitze. Bis 10.30 Uhr sollte man die Gedenkstätten besichtigt haben, um sich dann in die klimatisierten Räume der Museen flüchten zu können. Und Snacks nicht vergessen – das kulinarische Angebot auf der Mall ist dürftig!

Lincoln Memorial

Zuerst betracht man den sitzenden Lincoln, dann geht man die Treppen hinunter zu der Stelle, an der Martin Luther King Jr. über seinen „Traum" sprach. Der Blick auf den Reflecting Pool und das Washington Monument ist ein Highlight eines D. C.-Besuchs.

ADAM PARENT / SHUTTERSTOCK ©

Vietnam Veterans Memorial

Man sollte auf das Symbol neben jedem Namen achten: Eine Raute steht für „gefallen, Leiche geborgen", ein Plus-Zeichen für „vermisst, Umstände ungeklärt" – auf fast 1200 Soldaten trifft Letzteres zu.

Washington Monument

Bei der Annäherung an den Obelisken sollte man den Blick nach oben wenden: Ungefähr ab dem ersten Drittel wird der Stein dunkler, da die Erbauer auf einen anderen Marmor zurückgreifen mussten.

National Museum of African American History and Culture

Das neueste Smithsonian-Museum ist überwältigend. Zu den Ausstellungsstücken gehören Harriet Tubmans Gesangbuch, Emmett Tills Sarg, eine Theke aus der Zeit der Rassentrennung und Michael Jordans Turnschuhe. Das Design des Gebäudes ist an eine dreistufige Yoruban-Krone angelehnt.

RARRARORRO/SHUTTERSTOCK © ARCHITECT: DAVID ADJAYE

National Gallery of Art & National Sculpture Garden

Besonders sehenswert ist das einzige Gemälde Leonardos, das in den USA aufbewahrt wird (im West Building). Draußen schlendert man inmitten skurriler Skulpturen von Miró, Calder und Roy Lichtenstein umher. Ein Hingucker ist auch das von I. M. Pei entworfene East Building.

National World War II Memorial DENKMAL

(www.nps.gov/wwii; 17th St SW; 24 Std.; Circulator National Mall, M Orange, Silver, Blue Line bis Smithsonian) Die prächtige, 2004 eingeweihte Gedenkstätte ehrt die 16 Mio. US-Amerikaner, die im Zweiten Weltkrieg Kriegsdienst leisteten. Regelmäßig kommen Gruppen von Veteranen, um den 400 000 US-amerikanischen Soldaten, die in diesem Krieg starben, ihren Respekt zu erweisen. Die beiden Triumphbögen um die Plaza symbolisieren den Sieg auf dem europäischen und pazifischen Kriegsschauplatz, die 56 Pfeiler stehen für die einzelnen Bundesstaaten und Territorien der USA.

Hirshhorn Museum MUSEUM

(202-633-1000; www.hirshhorn.si.edu; Ecke 7th St & Independence Ave SW; 10–17.30 Uhr; ; Circulator National Mall, M Orange, Silver, Blue, Green, Yellow Line bis L'Enfant Plaza) GRATIS In dem zylindrischen Smithsonian-Kunstmuseum sind Werke von der Frühzeit des Modernismus bis hin zu den aktuellen Vorreitern der zeitgenössischen Kunst ausgestellt. Neben Ausstellungen aus den umfangreichen Sammlungsbeständen gibt's kuratierte Werkschauen prominenter zeitgenössischer Künstler. Der Sitzbereich im 3. Stock mit Sofas, deckenhohen Fenstern und einem Balkon mit Blick auf die Mall lädt zum Ausruhen ein. 2018 wurde das von dem japanischen Künstler Hiroshi Sugimoto umgestaltete Foyer eröffnet; hier findet sich auch die Eisdiele und Kaffeestube **Dolcezza at the Hirshhorn** (www.dolcezzagelato.com; Gelato 4 US$, Gebäck 2–7 US$; Mo–Fr 9–17, Sa & So ab 10 Uhr;).

Smithsonian Castle GEBÄUDE

(202-633-1000; www.si.edu; 1000 Jefferson Dr SW; 8.30–17.30 Uhr; Circulator National Mall, M Orange, Silver, Blue Line bis Smithsonian) James Renwick entwarf das von Türmen bekrönte, 1855 fertiggestellte rote Sandsteingebäude, das an ein Märchenschloss erinnert. Heute beherbergt die „Burg" das Smithsonian Visitor Center, eine gute erste Anlaufstelle auf der Mall. Im Haus gibt es historische Exponate, mehrsprachige Touchscreens, einen mit Personal besetzten Informationsschalter, kostenlose Lagepläne, ein Café – und das Grab von James Smithson, der den USA sein Vermögen zum Aufbau einer Einrichtung zur Verbreitung von Wissen hinterließ. Die Krypta befindet sich in einem kleinen Raum am Haupteingang abseits der Mall.

Freer | Sackler MUSEUM

(202-633-1000; www.asia.si.edu; 1050 Independence Ave SW; 10–17.30 Uhr; Circulator National Mall, M Orange, Silver, Blue Line bis Smithsonian) GRATIS Hier lässt sich gut ein Nachmittag in Washington verbringen: Japanische Seidenwandschirme, lächelnde Buddhas, seltene islamische Manuskripte und chinesische Schmuckstücke aus Jade verteilen sich über die stillen, kühlen Säle. Die beiden Museen sind durch einen unterirdischen Tunnel miteinander verbunden. Im Freer sind auch Werke des US-amerikanischen Malers James Whistler ausgestellt, darunter fünf *Nocturnes*. Unbedingt anschauen sollte man sich auch den außerordentlich schönen, blau-goldenen Pfauensaal im Erdgeschoss, den Whistler 1876–1877 als exotische Kulisse für die chinesische Porzellansammlung eines Großreeders entwarf.

National Museum of the American Indian MUSEUM

(202-663-1000; www.americanindian.si.edu; Ecke 4th St & Independence Ave SW; 10–17.30 Uhr; ; Circulator National Mall, M Orange, Silver, Blue, Green, Yellow Line bis L'Enfant Plaza) GRATIS Das Museum in einem architektonisch auffälligen, mit honigfarbenem Sandstein verkleideten Gebäude bietet kulturelle Ausstellungsstücke sowie Bild- und Tonaufnahmen zu den indigenen Völkern des amerikanischen Doppelkontinents. Leider ist der Rundgang räumlich und auch kuratorisch verwirrend. Problematisch ist auch, dass didaktischen Erläuterungstafeln der Vorzug gegenüber der Erläuterung der einzelnen Artefakte gegeben wird. Zu den interessanteren Ausstellungen gehört die Galerie „Our Universes" im 4. Stock, die sich den Glaubensvorstellungen und Schöpfungsgeschichten der indigenen Amerikaner widmet.

Franklin Delano Roosevelt Memorial DENKMAL

(www.nps.gov/frde; 400 W Basin Dr SW; 24 Std.; Circulator National Mall, M Orange, Silver, Blue Line bis Smithsonian) Die 3 ha große Gedenkstätte ist dem Präsidenten mit der längsten Amtszeit der US-Geschichte gewidmet. Die Besucher werden durch vier von rotem Granit eingefasste „Räume" geleitet, in denen Statuen und Inschriften von Roosevelts Amtszeit von der Weltwirtschaftskrise über die New-Deal-Politik bis zum Zweiten Weltkrieg erzählen. Dazwischen finden sich Brunnen und friedliche Nischen. Die Anlage ist besonders reizvoll bei Nacht, wenn sich der Marmor in dem ruhigen Wasser des Tidal Basin spiegelt.

Capitol Hill

Überraschenderweise präsentiert sich das geografische und parlamentarische Zentrum der Stadt überwiegend als ein von Reihenhäusern bestimmtes Wohnviertel. Neben Top-Attraktionen wie dem spektakulären Capitol, der umfangreichen Library of Congress und dem erschütternden Holocaust Memorial Museum finden sich hier auch knarrende Buchläden und gemütliche Kneipen. Den Mittelpunkt des geselligen Lebens der Einheimischen bilden die Gebiete um den Eastern Market und die H St NE mit netten Restaurants und Bars.

★ Capitol WAHRZEICHEN

(☎202-226-8000; www.visitthecapitol.gov; 1st St SE & E Capitol St, Capitol Hill; ⊙Mo–Sa 8.30–16.30 Uhr; Ⓜ Orange, Silver, Blue Lines bis Capitol South) GRATIS Seit 1800 tritt hier die Legislative der USA – also der Kongress – zusammen, und beschließt die Gesetze des Landes. Die 435 Abgeordneten des Repräsentantenhauses und die 100 Mitglieder des Senats versammeln sich im Süd-, bzw. Nordflügel des Hauses. Besucher betreten das Gebäude über das unterirdische Besucherzentrum unterhalb der East Front Plaza. Die Führungen sind kostenlos, man benötigt jedoch Eintrittskarten, die nur begrenzt verfügbar sind. Außerdem muss man mit langen Wartezeiten rechnen. Es ist sinnvoll, die Tickets im Voraus gebührenfrei zu reservieren (keine Bearbeitungsgebühr).

Die einstündige Tour zeigt ausführlich die Vergangenheit eines Gebäudes auf, das vor Geschichte nur so strotzt. Zuerst sieht man sich einen kitschigen Film an, wird dann von den Mitarbeitern in die kunstvollen Hallen und ruhige Räume gebracht, die mit Büsten, Statuen und Andenken an Generationen von Kongressmitgliedern geradezu vollgestopft sind.

Um eine Sitzung des Kongresses erleben zu dürfen, benötigt man einen speziellen Pass. US-Bürger bekommen diesen im Vornherein oder in Persona von ihrem Abgeord-

THE WHARF

Die Southwest Waterfront ist seit langem Sitz des Municipal Fish Market (S. 308), war ansonsten aber ziemlich uninteressant – bis The Wharf kam. Der riesige Komplex aus Restaurants, Hotels, Unterhaltungsstätten, Parks und Piers wurde Ende 2017 offiziell eröffnet und brummt jetzt.

Am elegantesten sind die öffentlichen Kais. Am **Transit Pier** (950 Wharf St SW, Transit Pier; Ⓜ Orange, Silver, Blue, Yellow, Green Line bis L'Enfant Plaza oder Green Line bis Waterfront) gibt's im Winter eine Eisbahn und im Sommer eine Minigolfanlage und eine kleine Freiluftbühne für kostenlose Konzerte. Der Name kommt daher, weil hier die Wassertaxis ablegen. Der **District Pier** ist der längste Kai; er springt weit in den Washington Channel vor und beherbergt eine große Bühne für Festivals. Der **Recreation Pier** bietet sich mit seinen Bänken und Schaukeln zu einem netten Spaziergang an; im Bootshaus kann man Kajaks und Paddelbretter mieten.

Am Ufer findet man viele Lokale, darunter Filialen von **Shake Shack** (☎202-800-9930; www.shakeshack.com; 800 F St NW, Penn Quarter; Hauptgerichte 5–10 US$; ⊙So–Do 11–23, Fr & Sa bis 24 Uhr; Ⓜ Red, Yellow, Green Line bis Gallery Pl-Chinatown), Hank's Oyster Bar (S. 312), Rappahannock Oyster Bar und von **Dolcezza** (☎202-299-9116; www.dolcezzagelato.com; 1704 Connecticut Ave NW, Dupont Circle; *gelato* 6–8 US$; ⊙Mo–Do 7–22, Fr 7–23, Sa 8–23, So 8–22 Uhr; 📶; Ⓜ Red Line bis Dupont Circle). Fast jede Woche scheinen schicke neue Lokale zu eröffnen. Fabelhafte Livemusik-Treffs sind das **Anthem** (☎202-888-0020; www.theanthemdc.com; 901 Wharf St SW, South DC; ⊙Kartenschalter 12–19, an Veranstaltungstagen bis 21 Uhr; Ⓜ Orange, Silver, Blue, Yellow, Green Line bis L'Enfant Plaza oder Green Line bis Waterfront) und das **Pearl Street Warehouse** (☎202-380-9620; www.pearlstreetwarehouse.com; 33 Pearl St SW, South DC; ⊙Mo–Mi 16–24, Do–Sa 8.30–2, So 9–24 Uhr; Ⓜ Orange, Silver, Blue, Yellow, Green Line bis L'Enfant Plaza oder Green Line bis Waterfront). Bücher gibt's bei **Politics & Prose** (☎202-488-3867; www.politics-prose.com/wharf; 70 District Sq SW, South DC; ⊙10–22 Uhr; Ⓜ Orange, Silver, Blue, Yellow, Green Line bis L'Enfant Plaza oder Green Line bis Waterfront). Und noch mehr wird in den nächsten Jahren hinzukommen, wie die fortgesetzten Bauarbeiten zur Erweiterung von The Wharf zeigen.

neten oder Senator. Ausländische Besucher gehen mit ihrem Reisepass zum House and Senate Appointment Desk im oberen Stockwerk. Die interessanteren und inhaltsreicheren sind die Ausschussanhörungen des Kongresses, wenn man an einer echten Debatte interessiert ist. Man kann sich bezüglich der Termine und Räumlichkeiten der oft öffentlichen Debatten auf www.house.gov und www.senate.gov informieren.

Hier gelten strenge Sicherheitsvorschriften: Nicht mitgebracht werden dürfen u.a. Nahrungsmittel und Flüssigkeiten sowie Taschen, die größer als etwa 45x10 cm sind.

★United States Holocaust Memorial Museum MUSEUM
(☎202-488-0400; www.ushmm.org; 100 Raoul Wallenberg Pl SW, South DC; ⏲10–17.20 Uhr, April & Mitte Juni längere Öffnungszeiten; 🚌Circulator, Ⓜ Orange, Silver, Blue Line bis Smithsonian) GRATIS Für ein umfassendes Verständnis des Holocaust – seiner Opfer, Täter und Zuschauer – ist ein Besuch in diesem erschütternden Museum ein Muss. In der Hauptausstellung erhält jeder Besucher den Ausweis eines bestimmten Holocaust-Opfers. Dessen Geschichte folgt man dann auf dem gewundenen Rundgang in die höllische, von Ghettos, Viehwaggons und Vernichtungslagern geprägte Vergangenheit. Gezeigt werden aber auch Aspekte der Menschlichkeit anhand vieler Beispiele, in den Menschen Risiken in Kauf nahmen, um den Verfolgten zu helfen.

★Library of Congress BIBLIOTHEK
(☎202-707-8000; www.loc.gov; 10 1st St SE, Capitol Hill; ⏲Mo–Sa 8.30–16.30 Uhr; Ⓜ Orange, Silver, Blue Line bis Capitol South) GRATIS Die weltweit größte Bibliothek hat einen Bestand von 164 Mio. Büchern, Manuskripten, Karten, Bildern, Filmen und anderen Objekten und beeindruckt in Größe und Design. Das Herzstück ist das 1897 errichtete **Jefferson Building**. Besucher bestaunen den mit Buntglas, Marmor und Mosaiken mystischer Figuren geschmückten **Großen Saal**, das Exemplar der **Gutenberg-Bibel** von ca. 1455 und Thomas Jeffersons Bibliothek sowie den Aussichtsbereich auf den Lesesaals. Zwischen 10.30 und 15.30 Uhr finden halbstündig kostenlose Führungen statt.

Supreme Court WAHRZEICHEN
(☎202-479-3000; www.supremecourt.gov; 1 1st St NE, Capitol Hill; ⏲Mo–Fr 9–16.30 Uhr; Ⓜ Orange, Silver, Blue Line bis Capitol South) GRATIS Das höchste Gericht der USA residiert in einem altgriechisch anmutenden Tempel, der von 5897 kg schweren Türen geschützt wird. Frühaufsteher können bei Verhandlungen zuschauen (Okt.–April regelmäßig Mo–Mi). Die Dauerausstellung und die Wendeltreppe aus Marmor und Bronze über fünf Stockwerke können ganzjährig besichtigt werden. An sitzungsfreien Tagen gibt es auch Lesungen im Gerichtssaal (stündlich zur halben Stunde ab 9:30 Uhr). Man sollte beim Verlassen darauf achten, dass man durch die Türen zu den majestätischen Vordertreppen geht.

Folger Shakespeare Library BIBLIOTHEK
(☎202-544-4600; www.folger.edu; 201 E Capitol St SE, Capitol Hill; ⏲Mo–Sa 10–17, So 12–17 Uhr; Ⓜ Orange, Silver, Blue Line bis Capitol South) GRATIS Shakespeare-Fans werden begeistert sein: Die Bibliothek besitzt die weltweit größte Sammlung von Ausgaben seiner Werke. Im Großen Saal werden im Wechsel elisabethanische Artefakte, Gemälde, Kupferstiche und Handschriften ausgestellt. Das Highlight ist die Möglichkeit, einen Blick auf eine der vielen, der Bibliothek gehörenden Exemplare der „First Folio“ zu werfen, der ersten, 1623 erschienenen Gesamtausgabe von Shakespeares Dramen. Einen Blick lohnt auch das elisabethanisch angehauchte **Theater** (www.folger.edu/folger-theatre; Tickets ab 30 US$) auf dem Gelände; abends kann man sich hier dann eine Vorstellung anschauen.

Weißes Haus & Foggy Bottom

Beim Nachdenken über Washington, D.C., dürfte den meisten als erstes das Weiße Haus einfallen. Der Amtssitz des US-Präsidenten wirkt beim ersten Anblick atemberaubend, nicht zuletzt, weil man hier vor einem Gebäude steht, dessen Bild man schon tausende Male gesehen hat. Eindrucksvoll sind auch die umliegenden Straßen mit ihren schönen Gebäuden und einer Geschäftigkeit, die sich der Rolle des Viertels als Mittelpunkt des bürokratischen und politischen Betriebs des Landes verdankt.

★Weißes Haus WAHRZEICHEN
(☎202-208-1631, Info 24 Std. 202-456-7041; www.whitehouse.gov; 1600 Pennsylvania Ave NW, White House Area; ⏲Führungen Di–Do 7.30–11.30, Fr & Sa bis 13.30 Uhr; Ⓜ Orange, Silver, Blue Line bis Federal Triangle oder McPherson Sq) GRATIS Das zwischen 1792 und 1800 erbaute „Haus des Präsidenten“ ist ein imposantes, symbolträchtiges Gebäude, in das schwer hineinzukommen ist. Führungen müssen vorab vereinbart

werden: US-Amerikaner wenden sich dazu an ihre Kongressabgeordneten, Ausländer an die hiesige Botschaft ihres jeweiligen Landes um Hilfe, aber die Chance ist tatsächlich nicht groß, dass einem die Botschaft ein Ticket beschaffen kann. Wer das Glück hat, eines zu bekommen, sieht mehrere öffentliche Räume im Hauptgebäude auf einer selbstgeführten Tour.

White House Visitor Center MUSEUM
(202-208-1631; www.nps.gov/whho; 1450 Pennsylvania Ave NW, White House Area; 7.30–16 Uhr; M Orange, Silver, Blue Lines bis Federal Triangle) GRATIS Wer kein Ticket fürs Weiße Haus ergattert hat, kann sich mit diesem Besucherzentrum im prächtigen Patent Search Room (1932) des Gebäudes des Wirtschaftsministeriums trösten. Hier gibt's viele Ausstellungsstücke, mit Anekdoten gespickte Infotafeln sowie informative Multimedia-Präsentationen z. B. zur Geschichte und zum Leben der Präsidentenfamilien sowie einen interaktiven virtuellen Spaziergang (mit Touchscreen) durchs Weiße Haus. Auch wenn dies kein Erlebnis aus erster Hand ist, lohnt sich der Besuch.

Renwick Gallery MUSEUM
(202-633-7970; www.renwick.americanart.si.edu; 1661 Pennsylvania Ave NW, White House Area; 10–17.30 Uhr; M Orange, Silver, Blue Line bis Farragut West) GRATIS Die zum Smithsonian-Imperium gehörende Galerie residiert in einer prächtigen Villa von 1859 im gleichen Block der Pennsylvania Ave wie das Weiße Haus. Die Galerie ist ein Schaufenster für moderne und zeitgenössische Künstler, die mit innovativen Techniken und Materialien arbeiten und dem zeitgenössischen Kunsthandwerk wagemutig neue Richtungen weisen. Zu den aktuelleren Ausstellungen gehörten eine interaktive Hommage an das Burning-Man-Festival und „WONDER“, für die neun Künstler ortsspezifische Installationen schufen.

Downtown & Penn Quarter

Das Penn Quarter erstreckt sich rund um die Pennsylvania Ave, vom Weißen Haus bis zum Capitol. Die Innenstadt befindet sich von hier aus in nördlicher Richtung. Zu den wichtigsten Sehenswürdigkeiten gehören die National Archives, eine Fundgrube staunenerregender Dokumente, das Reynolds Center for American Art & Portraiture mit Werken berühmter Künstler sowie das Ford's Theatre, in dem Abraham Lincoln ermordet wurde. Dies ist zudem Washingtons Unterhaltungs- und Tagungsviertel, sodass hier Tag und Nacht immer etwas los ist. Fürs leibliche Wohl sorgen unzählige angesagte Bars und Restaurants.

★ National Archives WAHRZEICHEN
(866-272-6272; www.archives.gov/museum; 701 Constitution Ave NW, Penn Quarter; 10–17.30 Uhr; M Green, Yellow Line bis Archives-Navy Memorial-Penn Quarter) GRATIS Es ist kaum möglich, nicht zumindest ein bisschen Ehrfurcht zu empfinden, wenn man vor den drei berühmtesten Dokumenten in den National Archives steht: der Unabhängigkeitserklärung, der Verfassung und der Bill of Rights. Gemeinsam verdeutlichen diese Dokumente dem Besucher, wie radikal das „Experiment USA“ in der damaligen Zeit war. Das Archivmaterial in den **Public Vaults** ist eine spektakuläre Ergänzung zur Hauptausstellung. Für 1,50 US$ kann man Tickets unter www.recreation.gov reservieren und damit den „schnellen Eingang“ an der Constitution Ave nutzen (besonders empfehlenswert im Frühjahr und Sommer).

Newseum MUSEUM
(202-292-6100; www.newseum.org; 555 Pennsylvania Ave NW, Penn Quarter; Erw./Kind 25/15 US$; Mo–Sa 9–17, So ab 10 Uhr; ; M Green, Yellow Line bis Archives-Navy Memorial-Penn Quarter) Das sechsstöckige, hochgradig interaktive Nachrichtenmuseum ist das Eintrittsgeld wert. Man kann die wichtigsten Ereignisse der letzten Jahrzehnte Revue passieren lassen (den Fall der Berliner Mauer, 09/11, Hurrikan Katrina), stundenlang Filmmaterial anschauen und in mit dem Pulitzer-Preis ausgezeichneten Fotos stöbern. Am Museumseingang kann man einen Blick auf die Titelseiten von Zeitungen aus aller Welt und jedem US-amerikanischen Bundesstaat werfen. Die Tickets gelten für zwei aufeinanderfolgende Tage, man kann also immer zurückkommen und seine Erkundungsreise fortsetzen.

Ford's Theatre Center for Education & Leadership MUSEUM
(202-347-4833; www.fords.org; 511 10th St NW, Penn Quarter; 9–16.30 Uhr; M Red, Orange, Silver, Blue Line bis Metro Center) GRATIS Gegenüber dem berühmten Theater, in dem Abraham Lincoln erschossen wurde, beherbergt dieses Zentrum einen Geschenkeladen im Erdgeschoss und einen 10 m hohen Turm aus Lincoln-Büchern (es handelt sich um eine

Skulptur aus Aluminium) – der zeigt, wie viel über den 16. US-Präsidenten geschrieben wurde. Die ausgezeichneten Ausstellungen im 1., 2. und 3. Stock behandeln die Folgen seiner Ermordung. Die kostenlos an der Kasse des Ford's Theatre erhältlichen Tickets gelten auch für das historische Theater und das **Petersen House** (516 10th St NW, Penn Quarter; ⌚9–16.30 Uhr; Ⓜ Red, Orange, Silver, Blue Line bis Metro Center).

★ Reynolds Center for American Art & Portraiture

MUSEUM

(☎202-633-1000; www.americanart.si.edu; Ecke 8th & F St NW, Penn Quarter; ⌚11.30–19 Uhr; Ⓜ Red, Yellow, Green Line bis Gallery Pl-Chinatown) GRATIS Das Reynolds Center gehört zu Washingtons schönsten Museen. Diese Smithsonian-Einrichtung vereint die National Portrait Gallery und das American Art Museum zu einer hinreißenden, weltweit unvergleichlichen Sammlung US-amerikanischer Kunst. Hier sieht man berühmte Werke von Edward Hopper, Georgia O'Keeffe, Andy Warhol, Winslow Homer und vielen weiteren gefeierten Künstlern.

International Spy Museum

MUSEUM

(☎202-393-7798; www.spymuseum.org; 700 L'Enfant Plaza SW, South D. C.; 👪; Ⓜ Orange, Silver, Blue, Yellow, Green Line bis L'Enfant Plaza) Das Museum, eines der beliebtesten der Hauptstadt, bietet lustige, interaktive Ausstellungen zur schicken, überdrehten Welt der „Informationsbeschaffung". Zu den Highlights gehören der Rundgang durchs kommunistische Ostberlin, das nachgebaute Lagezentrum bei der Gefangennahme Osama bin Ladens und die Erkundungen möglicher zukünftiger Bedrohungen der internationalen Sicherheit durch die Welt des Cyberspace.

Logan Circle, U Street & Columbia Heights

Der U St Corridor ist das Zentrum dieses großen Areals und ideal, um seine Erkundungen zu beginnen. Bei einem Spaziergang kann man Sehenswürdigkeiten zur afroamerikanischen Geschichte, Restaurants mit Soul-Food, mit Wandmalereien bedeckte Gassen und heiße Musikclubs entdecken. Dafür sollte man sich einen Nachmittag gönnen oder auch einen Abend, um das Nachtleben auf sich wirken zu lassen.

Die U Street gehört zum größeren Viertel Shaw, das besonders angesagt, dabei aber nicht auf nervige Weise trendig ist: Die Brauereien, Bars und Cafés, die hier jede Woche neu hinzuzukommen scheinen, werden schnell Orte, wo sich die Bewohner des Viertels gerne treffen. Der Logan Circle direkt nebenan boomt ebenfalls. Wenn man die 14th St NW hinunterläuft, entdeckt man schicke Bars und Bistros. Ein Ausgehabend in diesem Areal ist ein Muss.

Weiter im Norden ist Columbia Heights, eine Enklave von Hipstern und lateinamerikanischen Einwanderern. Echte Sehenswürdigkeiten gibt es zwar nicht, aber die billige Ethno-Küche und bescheidenen Kneipen halten einen abends bei Laune.

Northeast D.C. ist ein ausgedehntes Gebiet mit grünen Straßen und unvertrauten Sehenswürdigkeiten. Naturfreunde können hier nette, offene Landschaften erkunden. Wer gern die gebahnten Pfade verlässt, taucht in aufstrebende Viertel wie Ivy City mit seinen vielen Destillerien oder das künstlerisch angehauchte, bierselige Brookland ein. Auf viele Touristen stößt man hier nicht; die meisten Orte erreicht man nur mit einem eigenen Auto oder nach einer längeren Fahrt mit öffentlichen Verkehrsmitteln.

African American Civil War Memorial

DENKMAL

(www.afroamcivilwar.org; Ecke U St NW & Vermont Ave NW, U Street; ⌚24 Std.; Ⓜ Green, Yellow Line bis U St/African-American Civil War Memorial/Cardozo) Das Bronzedenkmal *Spirit of Freedom* steht auf einem granitgepflasterten Platz und stellt bewaffnete Truppen dar; es ist das erste wichtige Kunstwerk in D.C., das von dem schwarzen Bildhauer Ed Hamilton gefertigt wurde. Die Statue wird auf drei Seiten von der Wall of Honor eingerahmt, auf der die Namen von 209 145 afroamerikanischen Soldaten stehen, die auf Seiten der Union im Bürgerkrieg kämpften, ebenso wie die von 7000 weißen Kameraden, die an ihrer Seite standen.

Um nach bestimmten Namen zu suchen und ihren Ort auf der Gedenkwand zu ermitteln, nutzt man die „Colored Troops Search" auf der Website. Um zu der Plaza zu kommen, verlässt man den U-Bahnhof über den Ausgang 10th St – einfach nach Verlassen des Zugs der Ausschilderung „Memorial" folgen.

Mexican Cultural Institute

KULTURELLES ZENTRUM

(☎202-728-1628; www.instituteofmexicodc.org; 2829 16th St NW, Columbia Heights; ⌚Mo–Fr 10–18, Sa 12–16 Uhr; Ⓜ Green, Yellow Lines bis Columbia Heights) GRATIS Das Mexican Cultural Institute wirkt verschlossen und einschüchternd.

Nicht abschrecken lassen! Das mit viel Gold geschmückte, kunstvolle Herrenhaus ist für die Öffentlichkeit zugänglich und beherbergt herausragende Kunst und kulturelle Exponate mit Bezug auf Mexiko. Man kann dort Diego Riveras Kunst, religiöse Artefakte der Maya oder Octavio Paz' Schriften sehen. Einfach an der Tür klingeln!

Dupont Circle & Kalorama

Dupont verfügt über schillernde, neue Restaurants, hippe Bars, Cafés und coole Buchläden. Es ist auch das Herz der hier ansässigen LGBTIQ+ Gemeinschaft. Hier lebten auch viele der Internetmillionäre, die um die Jahrtausendwende reich wurden. Heute haben in der Gegend zudem viele Botschaften ihren Sitz. Kalorama liegt in der nordwestlichen Ecke und vervollständigt den Hoheits-Quotienten.

★ Embassy Row ARCHITEKTUR

(www.embassy.org; Massachusetts Ave NW, zw. Observatory Circle & Dupont Circle NW, Dupont Circle; Ⓜ Red Line bis Dupont Circle) Eine Reise um die Welt gefällig? Man spaziert in nordwestlicher Richtung vom Dupont Circle aus entlang der Massachusetts Ave und kommt an über 40 Botschaften vorbei, die in Villen untergebracht sind – von unauffällig über elegant bis herrschaftlich. Tunesien, Chile, Turkmenistan, Togo, Haiti – die Flaggen wehen über schweren Toren und zeigen an, welches Hoheitsgebiet man beträte, während Limousinen mit getönten Scheiben Diplomaten hinein- oder herausbringen. Im Bezirk gibt es 130 weitere Botschaften, aber dies ist die Hauptschlagader.

National Geographic Museum MUSEUM

(☎202-857-7700; www.nationalgeographic.org/dc; 1145 17th St NW, Dupont Circle; Erw./Kind 15/10 US$; ⏲10–18 Uhr; Ⓜ Red Line bis Farragut North) Das Museum am Hauptsitz der National Geographic Society kann mit dem riesigen Angebot der Smithsonians nicht mithalten, lohnt sich aber, abhängig von der aktuellen Ausstellung, durchaus ebenfalls. Die Exponate sind Mitbringsel von den bestens bekannten Expeditionen von National Geographic in die entlegensten Winkel der Erde und wechseln regelmäßig.

★ Phillips Collection MUSEUM

(☎202-387-2151; www.phillipscollection.org; 1600 21st St NW, Dupont Circle; Di–Fr Eintritt frei, Sa & So 10 US$, Ausstellung 12 US$/Tag; ⏲Di, Mi, Fr & Sa 10–17, Do bis 20.30, So 12–18.30 Uhr; 🚌Circulator Dupont Circle-Georgetown-Rosslyn, Ⓜ Red Line bis Dupont Circle) Das landesweit erste Museum für moderne Kunst eröffnete 1921. Es beherbergt eine kleine, aber exquisite Sammlung europäischer und amerikanischer Werke. Renoirs *Frühstück der Ruderer* ist eines der Highlights, überdies werden Gemälde von Gauguin, van Gogh, Matisse, Picasso und vielen anderen bedeutenden Meistern gezeigt. In den Sälen der restaurierten Villa und ehemaligen Apartmenthaus kommt man den Kunstwerken ungewohnt nah. Für eine Audio-Tour kann man die kostenlose App herunterladen oder 202-595-1839 anrufen.

Adams Morgan

Adams Morgan war lange die Gegend Washingtons, die für Nachtleben und Spaß stand. Außerdem galt es als eine Art globales Dorf. Daraus ist mittlerweile ein lebhaftes Viertel an der 18th St NW geworden. Klassische Boutiquen, Plattenläden und Lokale mit Speisen aus aller Herren Länder schießen zwischen coolen Bars und einer wachsenden Anzahl von stylischen Gourmetparadiesen aus dem Boden.

District of Columbia Arts Center KUNSTZENTRUM

(DCAC; ☎202-462-7833; www.dcartscenter.org; 2438 18th St NW; ⏲Mi–So 14–19 Uhr; Ⓜ Red Line bis Woodley Park-Zoo/Adams Morgan) GRATIS Das bodenständige DCAC gibt aufstrebenden Künstlern eine Bühne, um ihre Arbeit vorzuführen. Die knapp 75 m^2 große Galerie bietet wechselnde Visual-Art-Exponate, und in dem 42 Sitze fassenden Saal finden Schauspiele, Improvisationen, Avantgarde-Musicals und andere Theateraufführungen statt. Der Besuch der Galerie ist kostenlos – er lohnt sich immer, schon um mal zu schauen, was dort gerade geboten ist.

Georgetown

Georgetown ist Washingtons vornehmstes Viertel und die Heimat von Studenten von Eliteuniversitäten, Akademikern im Elfenbeinturm und Diplomaten. An den Straßen reihen sich elegante Markenboutiquen, mit dunklem Holz vertäfelte Pubs, gemütliche Cafés und gehobene Restaurants. Hübsche Parks und Gärten sorgen für Farbe, und längs der Kanäle verlaufen schöne Radwege.

★ Dumbarton Oaks GARTEN, MUSEUM

(☎202-339-6400; www.doaks.org; 1703 32nd St NW; Museum Eintritt frei, Garten Erw./Kind

10/5 US$; ⏲ Museum Di–So 11.30–17.30 Uhr, Garten 14–18 Uhr; 🚌 Circulator Georgetown-Union Station) Der 11 ha große, bezaubernde Park des Anwesens wirkt wie aus dem Märchenbuch. Im Frühjahr ist der Anblick der Blüten, vor allem der Kirschblüten, wahrlich überwältigend. Im Herrenhaus findet man exquisite Werke präkolumbischer und byzantinischer Kunst (darunter El Grecos *Heimsuchung*) und eine faszinierende Bibliothek mit seltenen Büchern; das älteste stammt von 1491. Von November bis Mitte März ist der Eintritt in die Gartenanlage (die dann um 17 Uhr schließt) frei. Der Eingang befindet sich an der R und 31st St NW.

Georgetown Waterfront Park PARK

(www.georgetownwaterfrontpark.org; Water St NW/K St, zw. 31st St NW & Key Bridge; 👪; 🚌 Circulator Georgetown-Union Station) Dieser Park ist ein beliebter Treff bei Verliebten für ein erstes Date, bei Familien für einen Abendspaziergang und bei wichtigen Leuten, die hier ihre Jachten zur Schau stellen. Bänke säumen den Weg, von denen aus man den Ruderern auf dem Potomac zusehen kann. Freiluftrestaurants ballen sich am nahegelegenen Washington Harbour um eine terrassierte Plaza voller Springbrunnen, die sich im Winter in eine Eislaufbahn verwandelt. Hier legen auch die Fähren an, die auf dem Potomac nach Alexandria in Virginia und zur Capitol Hill's Wharf fahren.

Georgetown University UNIVERSITÄT

(☎202-687-0100; www.georgetown.edu; Ecke 37th & O St NW; 🚌 Circulator Georgetown-Union Station) Die Georgetown University, eine der führenden Universitäten des Landes, besitzt eine Studentenschaft, die kräftig zu arbeiten und zu feiern versteht. 1789 gegründet, ist sie zugleich die älteste römisch-katholische Akademikerschmiede des Landes. Bill Clinton sowie gekrönte Häupter und Staatsführer aus aller Welt gehören zu den berühmten „Hoyas" (Alumni; der Begriff ist abgeleitet vom lateinischen Schlachtruf *hoya saxa*, der in etwa „was für Felsen" bedeutet). Nahe dem Osttor des Campus beeindruckt die mittelalterlich wirkende **Healy Hall** mit einem hohen Uhrenturm, der auch in Hogwarts nicht auffallen würde. Dahinter versteckt sich die hübsche **Dalghren Chapel** mit ihrem ruhigen Hof.

Exorcist Stairs FILM-LOCATION

(3600 Prospect St NW; 🚌 Circulator Georgetown-Union Station) Die steile Treppe hinunter zur M St ist eine beliebte Jogging-Strecke, vor allem aber bekannt als die Stelle, an der der von Dämonen besessene Pater Karras in dem Horror-Klassiker *Der Exorzist* (1973) zu Tode stürzt. An einem nebligen Abend wirken die Steinstufen tatsächlich ganz schön gruselig.

Tudor Place MUSEUM

(☎202-965-0400; www.tudorplace.org; 1644 31st St NW; 1-stündige Führung Erw./Kind 10/3 US$, selbstgeführte Gartentour 3 US$; ⏲ Di–Sa 10–16, So ab 12 Uhr, Jan. geschl.; 🚌 Circulator Georgetown-Union Station) Die klassizistische Villa von 1816 gehörte einst Martha Custis Peter, der Enkelin von Martha Washington, und ihrem Mann Thomas und wurde von sechs Generationen der Familie bewohnt. Heute ist das Herrenhaus ein kleines Museum mit Kunstwerken und Möbeln der Familie (darunter einigen Stücken aus Mount Vernon), das einen guten Einblick in amerikanisches Kunsthandwerk gewährt. Rosen, Lilien, Pappeln und exotische Palmen schmücken den prächtigen, 2 ha großen Garten.

⦿ Upper Northwest D.C.

★ Washington National Cathedral KIRCHE

(☎202-537-6200; www.cathedral.org; 3101 Wisconsin Ave NW, Cathedral Heights; Erw./Kind 5–17 Jahre 12/8 US$, So frei; ⏲ Mo–Fr 10–17, Sa bis 16, So 12.45–16 Uhr; 🚌 N2, N3, N4, N6 ab Dupont Circle) Die zwischen 1907 und 1990 errichtete mächtige neugotische Kathedrale verbindet in ihrer Architektur Geistliches und Weltliches. Die meisten der farbenprächtigen Buntglasfenster stellen religiöse Themen dar; das Fenster „Scientists and Technicians" in das ein vom Mond stammender Stein eingelassen ist, bildet eine Ausnahme. Die berühmten Wasserspeier an der Außenfassade stellen alles Mögliche von Darth Vader bis zu einem Bären aus Missouri dar. Online kann man sich über die angebotenen Führungen zu besonderen Themen informieren.

In dem historischen Baptisterium auf dem Kathedralgelände residiert das ausgezeichnete Café **Open City** (☎202-965-7670; www.opencitycathedraldc.com; Brunchgerichte 4–11 US$, Sandwiches 8–10 US$; ⏲ 7–18 Uhr; 📶).

Smithsonian National Zoo ZOO

(☎202-633-4888; www.nationalzoo.si.edu; 3001 Connecticut Ave NW, Woodley Park; ⏲ Mitte März–Sept. 9–18 Uhr, Okt.–Mitte März bis 16 Uhr, Gelände Mitte März–Sept. 8–19 Uhr, Okt.–Mitte März bis 17 Uhr; Ⓜ Red Line bis Cleveland Park od. Woodley

Park) GRATIS Mehr als 2700 Tiere, die über 390 Arten angehören, leben im National Zoo in natürlicher Umgebung. Berühmtheit erlangte der Zoo zuletzt mit seinen Großen Pandas Mei Xiang, Tian Tian und Bei Bei. Weitere Attraktionen sind afrikanische Löwen, asiatische Elefanten und Orang-Utans, die in 15 m Höhe an zwischen Türmen befestigten Stahlseilen herumturnen (aka „O-Line").

Aktivitäten

Wandern & Radfahren

Capital Bikeshare RADFAHREN
(☎877-430-2453; www.capitalbikeshare.com; 8/17 US$ pro 1/3 Tage) An mehr als 500 Stationen in der Region stehen über 4300 Leihfahrräder zur Verfügung. An einem Kiosk vor Ort kauft man einen Pass (für 1 oder 3 Tage). Man schiebt seine Kreditkarte ein, erhält seine Codenummer und macht damit das Rad los. Die ersten 30 Minuten sind kostenlos, danach steigen die Preise rasant, wenn man das Rad nicht wieder anschließt.

Capital Crescent Trail RADFAHREN
(www.cctrail.org; Water St; Circulator Georgetown-Union Station) Der herrliche (und sehr beliebte) Jogging- und Radweg erstreckt sich zwischen Georgetown und Bethesda (Maryland) und wird ständig erweitert. Die knapp 11 km lange asphaltierte Strecke folgt einer stillgelegten Bahnlinie und eignet sich perfekt für einen Tagesausflug. Man radelt durch Waldgebiete und elegante Viertel und genießt den Ausblick auf den Potomac River.

Bootsfahrten

Tidal Basin Boathouse BOOTSFAHRT
(☎202-337-9642; www.boatingindc.com/boathouses/tidal-basin; 1501 Maine Ave SW; Boot für 2/4 Pers. 18/30 US$ pro Std., Schwanenboot 34 US$/Std.; Mitte März–Sept. 10–18 Uhr; Circulator National Mall, M Orange, Silver, Blue Line bis Smithsonian) Verleiht Tretboote für die Fahrt auf dem Tidal Basin. Unbedingt die Kamera mitnehmen: Vom Wasser aus hat man eine tolle Aussicht.

Key Bridge Boathouse WASSERSPORT
(☎202-337-9642; www.boatingindc.com/boathouses/key-bridge-boathouse; 3500 Water St NW; Mitte April–Okt. Öffnungszeiten variieren; Circulator Georgetown-Union Station) Das Bootshaus unter der Key Bridge verleiht Kanus, Kajaks und SUP-Bretter (ab 15 US$/Std.). Im Sommer werden auch geführte 90-minütige Kajaktouren (45 US$/Pers.) angeboten, bei denen man bei Sonnenuntergang am Lincoln Memorial vorbeikommt. Das Bootshaus ist nur ein paar Stufen vom Capital Crescent Trail entfernt, also für Radler sehr gut zu erreichen.

Geführte Touren

DC by Foot STADTSPAZIERGANG
(☎202-370-1830; www.freetoursbyfoot.com/washington-dc-tours) Bei diesem Spaziergang bezahlt man die Guides nach eigenem Ermessen. Sie kennen faszinierende Geschichten und historische Einzelheiten, z. B. zur National Mall, zu Lincolns Ermordung, den Geistern des Capitol Hill und noch viele mehr. Die meisten Teilnehmer geben rund 10–15 US$ pro Nase. Im Voraus reservieren, um sicher einen Platz zu bekommen!

DC Metro Food Tours STADTSPAZIERGANG
(☎202-851-2268; www.dcmetrofoodtours.com; 56–67 US$/Pers.) Bei diesen Stadtspaziergängen erkundet man die kulinarischen Geheimnisse der Viertel und bleibt unterwegs oft zum Essen stehen. Es geht u. a. zum Capitol Hill, zur U St, nach Little Ethiopia, Georgetown und Old Town Alexandria, VA. Die meisten Touren dauern zwischen drei und dreieinhalb Stunden. Unterschiedliche Startorte.

DC Brew Tours BUS
(☎202-759-8687; www.citybrewtours.com/dc; 801 F St NW, Penn Quarter; Tour 70–99 US$; M Red, Yellow, Green Line bis Gallery Pl-Chinatown) Im Kleinbus geht's zu drei bis vier Brauereien. Die Routen variieren, u. a. stehen beipielsweise DC Brau, Atlas, Hellbender und Port City auf dem Programm. Bei den drei- bis fünfstündigen Ausflügen gibt's eine kleine Mahlzeit und die Verkostung von mehr als 15 Bieren. Bei der 3½-stündigen Tour entfällt die Mahlzeit und das Brauerei-Programm wird zusammengestrichen. Abfahrt ist vor dem Reynolds Center. Die Touren finden täglich zu verschiedenen Zeiten statt.

Bike & Roll RADFAHREN
(☎202-842-2453; www.bikeandrolldc.com; 955 L'Enfant Plaza SW, South D.C.; Tour Erw./Kind ab 44/34 US$; 9–20 Uhr, Frühjahr & Herbst kürzere, Anfanf Jan.–Mitte März keine Touren; M Orange, Silver, Blue, Yellow, Green Line bis L'Enfant Plaza) Diese Filiale des Fahrradverleihs (ab 16 US$/2 Std.) liegt der Mall am nächsten. Außer Fahrrädern gibt's hier auch Touren. Bei den dreistündigen Radtouren klappert man die Hauptsehenswürdigkeiten des Capitol Hill und der National Mall ab. Besonders schön

sind die abendlichen Fahrten zu den Denkmälern.

Old Town Trolley Tours BUS
(202-832-9800; www.trolleytours.com; 1000 E St NW, Penn Quarter; Erw./Kind 47/30 US$; Circulator National Mall, M Red, Orange, Silver, Blue Line bis Metro Center) Die offenen Hop-On-Hop-Off-Busse fahren zwischen 25 Sehenswürdigkeiten rund um die Mall, in Arlington und Downtown DC. Das Unternehmen bietet auch die Monuments-by-Moonlight-Tour und die DC-Ducks-Tour an, bei der es mit einem Amphibienfahrzeug in den Potomac River geht. Tickets gibt's beim Washington Welcome Center (1000 E St NW), an der Union Station oder online.

Feste & Events

Independence Day KULTUR
(4. Juli) Große Menschenmassen strömen zur Constitution Ave, um den Blaskapellen und der Verlesung der Unabhängigkeitserklärung von den Stufen der National Archives zu lauschen. Später gibt's ein Konzert des National Symphony Orchestra auf dem westlichen Rasen des Capitols und dann ein gewaltiges Feuerwerk über der National Mall.

National Cherry Blossom Festival KULTUR
(www.nationalcherryblossomfestival.org; Ende März–Mitte April) Bei diesem regionalen Fest wird der Frühling mit einem Drachenfestival, Laternenläufen am Abend, kulturbetonten Märkten und einer Parade willkommen geheißen. Das dreiwöchige Event erinnert auch an die 3000 Kirschbäume, die Washington 1912 von Japan geschenkt bekommen hat, und ist das schönste der Region.

Smithsonian Folklife Festival KULTUR
(www.festival.si.edu; Ende Juni–Anfang Juli; ; Circulator National Mall, M Orange, Silver, Blue Line bis Smithsonian) Bei diesem spaßigen Familienfest, das an zehn Tagen Ende Juni bis Anfang Juli stattfindet, werden internationale und die amerikanischen Kulturen gefeiert. Geboten werden Volksmusik, Tanz, Kunsthandwerk, Erzähl-Events und Ethnoküche. Es findet zwischen der 12th und der 14th St auf der National Mall statt.

Schlafen

Capitol Hill

William Penn House HOSTEL $
(202-543-5560; www.williampennhouse.org; 515 E Capitol St SE; B 50–65 US$; ; M Orange, Silver, Blue Line bis Capitol South oder Eastern Market) Das freundliche, von Quäkern geführte Hostel mit Garten bietet saubere und gepflegte Schlafsäle. Allerdings könnte es ein paar mehr Badezimmer geben. Insgesamt gibt's 30 Betten in zwei Schlafsälen mit 10 Betten, in zweien mit vier Betten und in einem mit zwei Betten. Man muss nicht gläubig sein, um hier zu übernachten, aber die religiöse Atmosphäre ist überall spürbar. Bevorzugt werden Gäste aufgenommen, die sich für progressive Anliegen einsetzen. Im Preis ist auch ein kontinentales Frühstück enthalten.

★ **Kimpton George Hotel** HOTEL $$
(202-347-4200; www.hotelgeorge.com; 15 E St NW; DZ 210–245 US$; P ; M Red Line bis Union Station) In diesem Hotel, dem schicksten auf dem Hill, sind die Anspielungen auf George Washington unübersehbar. Die Zimmer sind in einem coolen, cremefarben-weißen Zen-Stil gehalten und bieten große Bäder, Schreibtische im Stil der Kolonialzeit, lustige Pop-Art-Präsidentendarstellungen und Tapeten mit Washingtons Handschrift seiner Rede zur Amtseinführung. Das Haus liegt praktisch zwischen der Union Station und dem Capitol.

White House & Foggy Bottom

Club Quarters Hotel Washington, D.C. HOTEL $
(202-463-6400; www.clubquarters.com/washington-dc; 839 17th St NW, White House Area; DZ 110–250 US$; P ; M Orange, Silver, Blue Line bis Farragut West) Das Club Quarters ist ein beliebtes Hotel bei Geschäftsleuten, die auf Durchreise sind. Die Zimmer sind klein, oft ohne Aussicht und durchweg ohne besonderen Charme und Reiz. Die Betten sind aber komfortabel, die Schreibtische funktional, das WLAN ist schnell und die Kaffeemaschine gut bestückt. Und nicht zuletzt sind die Preise für eine Gegend, wo sie allgemein durch die Decke gehen, wirklich vernünftig.

★ **Hay-Adams Hotel** HISTORISCHES HOTEL $$$
(202-638-6600; www.hayadams.com; 800 16th St NW, White House Area; DZ ab 400 US$; P ; M Orange, Silver, Blue Line bis McPherson Sq) Das Hay ist eines der großen historischen Hotels der Stadt in einem schönen alten Gebäude mit gutem Blick aufs Weiße Haus. Es hat die besten altmodischen Luxuszimmer der Stadt mit elegantem Dekor,

hochwertiger Ausstattung, ungeheuer komfortablen Betten und Luxus-Badezimmern. Zu den Einrichtungen gehören ein Fitnessraum, ein Restaurant und die beliebte Kellerbar (S. 314).

Downtown & Penn Quarter

★ HI Washington D.C. Hostel HOSTEL $
(☎ 202-737-2333; www.hiwashingtondc.org; 1009 11th St NW, Downtown; B 33–55 US$, DZ 110–130 US$; ; M Red, Orange, Silver, Blue Line bis Metro Center) Die beste Budgetadresse vor Ort: Das große, freundliche Hostel lockt ein entspanntes internationales Publikum an. Zu den vielen Extras gehören Lounge-Zimmer, ein Billardtisch, ein 60-Zoll-TV für Filmabende, kostenlose Führungen durch verschiedene Viertel und zu historischen Stätten, kostenloses kontinentales Frühstück und kostenloses WLAN.

Morrison-Clark Historic Inn & Restaurant HISTORISCHES HOTEL $$
(☎ 202-898-1200; www.morrisonclark.com; 1011 L St NW, Downtown; DZ 180–330 US$; P ; M Green, Yellow Line bis Mt. Vernon Sq/7th St-Convention Center) Als historische Stätte ausgezeichnet und von fürsorglichem Personal geleitet: Das elegante Morrison Clark mit 114 Zimmern ist in zwei viktorianischen Gebäuden von 1864 mit schönen alten Möbeln, traumhaften Kronleuchtern und vergoldeten Spiegeln untergebracht. Ein neuerer Flügel mit asiatisch beeinflusstem Dekor befindet sich in der umgebauten chinesischen Kirche nebenan. Das klingt vielleicht etwas seltsam, ist aber hübsch und würdevoll.

Logan Circle, U Street & Columbia Heights

Chester A. Arthur House B&B $
(☎ 877-893-3233; www.chesterarthurhouse.com; 23 Logan Circle NW, Logan Circle; Zi. 125–165 US$; ; M Green, Yellow Line bis U Street/-African-American Civil War Memorial/Cardozo) Die Unterkunft verfügt über vier Zimmer in einem schönen Reihenhaus am Logan Circle, nur einen Steinwurf entfernt von der boomenden Restaurantszene an der P und der 14th St. Das Haus von 1883 prunkt mit Kronleuchtern, antiken Ölgemälden, Orientteppichen, Mitbringseln von den Reisen der Besitzer und einem mahagonigetäfelten Treppenhaus.

Dupont Circle & Kalorama

Embassy Circle Guest House B&B $$
(☎ 202-232-7744; www.dcinns.com; 2224 R St NW, Dupont Circle; Zi. 200–350 US$; ; M Red Line bis Dupont Circle) Botschaften umgeben das 1902 im französischen Landhausstil errichtete Haus, das nur ein paar Blocks von Duponts Nachtleben entfernt ist. Die elf Zimmer mit großen Fenstern sind mit Perserteppichen und originalen Kunstwerken eingerichtet, es gibt keinen Fernseher, aber WLAN. Gäste werden den ganzen Tag gut versorgt: Morgens bekommt man ein warmes Bio-Frühstück, nachmittags Kekse und abends gibt's eine Soiree mit Wein und Bier.

Tabard Inn BOUTIQUEHOTEL $$
(☎ 202-785-1277; www.tabardinn.com; 1739 N St NW, Dupont Circle; Zi. 200–270 US$, ohne Bad 125–170 US$; ; M Red Line bis Dupont Circle) Das nach dem Gasthof aus Chaucers *Canterbury Tales* benannte Boutiquehotel erstreckt sich über drei Reihenhäuser aus viktorianischer Zeit. Die 40 Zimmer lassen sich nur schwer auf einen Nenner bringen: Alle haben altmodische Details wie eiserne Bettgestelle und alte Kleiderschränke, doch unterscheiden sie sich durch kleine Akzente: hier ein à la Matisse bemaltes Kopfstück, dort an Arbeiten der Amish erinnernden Decken. Es gibt keine TVs, und das WLAN kann langsam sein. Überall herrscht eine altmodische Atmosphäre.

Adams Morgan

Adam's Inn B&B $
(☎ 202-745-3600; www.adamsinn.com; 1746 Lanier Pl NW; Zi. 119–199 US$, ohne Bad 99–160 US$; P ; M Red Line bis Woodley Park-Zoo/Adams Morgan) Das in einer schattigen Wohnstraße versteckte Gästehaus mit 27 Zimmern ist bekannt für seinen persönlichen Service, flauschige Bettwäsche und eine Lage nur ein paar Blocks entfernt von der globalen Melange an der 18th St. Die einladenden, gemütlichen Zimmer verteilen sich auf zwei nebeneinander stehende Stadthäuser und eine Remise. Zu den Gemeinschaftsbereichen gehört auch ein hübscher Gartenhof; Sherry und Chintz prägen die Atmosphäre.

HighRoad Hostel HOSTEL $
(☎ 202-735-3622; www.highroadhostels.com; 1804 Belmont Rd NW; B 35–60 US$; ; M Red Line bis Woodley Park-Zoo/Adams Morgan) Die viktori-

anische Reihenhausfassade lässt nichts vom modernen Inneren erahnen. Die Schlafsäle haben vier bis vierzehn Betten und sind teils nach Geschlechtern getrennt, teils gemischt. Es gibt auch Privatzimmer, darunter ein paar mit angeschlossenem Bad. Alle Räume haben nackte weiße Wände, graue Metallstockbetten und schwarze Schließfächer. Nachteulen können die nahegelegene 18th St unsicher machen.

Es gibt eine schicke (aber kleine) Gemeinschaftsküche und einen Gemeinschaftsraum mit Kamin, Kronleuchter und einem großen Fernseher mit Netflix-Zugang.

Mehrmals die Woche werden kostenlose Filmabende, Pasta-Dinners, Ausflüge zu örtlichen Bars und andere Gruppenaktivitäten angeboten.

Georgetown

Graham Georgetown BOUTIQUEHOTEL **$$**

(202-337-0900; www.thegrahamgeorgetown.com; 1075 Thomas Jefferson St NW; Zi. 275–375 US$; P; Circulator Georgetown-Union Station) Das Graham liegt mitten in Georgetown und bietet einen Mix aus vornehmer Tradition und modernistischem Schick. Die geräumigen Zimmer sind mit Möbeln in geschmackvollen Silber-, Crème- und Schokotönen mit weinroten geometrischen Akzenten eingerichtet. Auch in den einfachsten Zimmer gibt es Bettzeug von Liddell Ireland und Kosmetikartikel von L'Occitane, wodurch die Gäste so frisch, sauber und hübsch erstrahlen wie das umliegende Georgetown.

Essen

Die einst so steife Gastroszene von Washington, D.C., erlebt eine regelrechte Revolution – prägend sind dabei selbst angebaute bzw. erzeugte Lebensmittel. Logisch, bei den vielen Farmen vor den Toren der Stadt, der florierenden hiesigen Wirtschaft und dem Einfluss von mehr und mehr jüngeren Bürgern! Kleine, unabhängige, von einheimischen Chefköchen geführte Lokale geben jetzt den Ton an. Und die Köche machen ihren Job so gut, dass die Stadt sich ihre Michelin-Sterne verdient hat.

Capitol Hill

Capitol Hill war lange ein Außenposten der typischen Burgerläden von D.C.: Es gab unauffällige Bars, in denen sich die Gäste die Ärmel hochkrempelten und zum Burger ein paar Bier hinunterkippten. Angesagte, gehobene Restaurants haben das Viertel revolutioniert, vor allem entlang der Pennsylvania Ave, der Barracks Row (z. B. 8th St SE, nahe den Marine Barracks) und rund um den Navy Yard und das Hafengelände. In der H St NE, östlich der Union Station, steppt der Bär. Die ehemals ruhige Gegend hat sich in ein Vergnügungsviertel mit ausgefallenen Restaurants und Bars verwandelt, das sich von der 4th St bis zur 14th St erstreckt.

Municipal Fish Market SEAFOOD **$**

(Maine Ave Fish Market; www.wharfdc.com; 1100 Maine Ave SW, South DC; Hauptgerichte 7–13 US$; 8–21 Uhr; M Orange, Silver, Blue, Yellow, Green Line bis L'Enfant Plaza) Dieser Fischmarkt unter freiem Himmel wird seit langem wegen seiner sachlichen Verkäufer geschätzt, die absolut frische Fische, Krabben, Austern und andere Meeresfrüchte anbieten. In Verbindung mit dem angrenzenden District Wharf wurde der Markt gründlich aufgefrischt. Es gibt jetzt mehr Sitzbereiche, eine Plaza und einen Pier für Unterhaltungsveranstaltungen. Zudem wurde der mehr als 100 Jahre alte Austernschuppen restauriert und beherbergt nun die Rappahannock Oyster Bar.

Jimmy T's DINER **$**

(202-546-3646; 501 E Capitol St SE; Hauptgerichte 6–10 US$; Di, Fr & Sa 6.30–15, Mi bis 16, Do bis 18, So 8–15 Uhr; M Orange, Silver, Blue Line bis Eastern Market) Das Jimmy T's ist ein richtig altmodischer Diner, in den die Gäste noch mit ihren Hunden kommen, die Zeitung lesen, einen Burger, einen Kaffee oder ein Omelett bestellen (es gibt den ganzen Tag lang Frühstück) und einfach nur sie selbst sein können. Wer an einem Sonntagmorgen einen Kater hat, kann sich hier hervorragend auskurieren. Nur Barzahlung.

Ted's Bulletin AMERIKANISCH **$$**

(202-544-8337; www.tedsbulletincapitolhill.com; 505 8th St SE; Hauptgerichte 14–24 US$; So–Do 7–22, Fr & Sa bis 23 Uhr; M Orange, Silver, Blue Line bis Eastern Market) Hier kann man in eine Bude mit Art-déco-Flair einfallen und gleich einmal den Gürtel lockern. Nana's Biscuits & Sausage Gravy (zum Frühstück), Hackbraten mit Ketchup-Glasur (zum Abendessen) oder andere hippe Leckereien zieren den Tisch. Man muss einen Ort bewundern, an dem man statt Toast Maistörtchen mampfen darf. Frühstück wird den ganzen Tag über serviert und zeiht an den Wochenenden die Massen an.

Ethiopic ÄTHIOPISCH $$

(☎ 202-675-2066; www.ethiopicrestaurant.com; 401 H St NE; Hauptgerichte 14–20 US$; ⊙ Di–Do 17–22, Fr–So ab 12 Uhr; ✎; Ⓜ Red Line bis Union Station) In einer Stadt, der es nicht an äthiopischen Lokalen mangelt, zeichnet sich das Ethiopic gegenüber den anderen durch ein warmes, stilvolles Ambiente aus. Besonders zu empfehlen sind die diversen *wats* (Eintöpfe) und die *tibs* (sautiertes Fleisch und Gemüse) mit zartem Lamm, Kräutern und scharfen Gewürzen. Auch Veganer kommen hier voll auf ihre Kosten.

★ **Rose's Luxury** AMERIKANISCH $$$

(☎ 202-580-8889; www.rosesluxury.com; 717 8th St SE; kleine Gerichte 14–16 US$, Familienportion 33–36 US$; ⊙ Mo–Sa 17–22 Uhr; Ⓜ Orange, Silver, Blue Line bis Eastern Market) Das Rose's ist eines der mit Michelin-Sternen ausgezeichneten Restaurant in D.C., um die derzeit der größte Wirbel gemacht wird. In dem halbfertig wirkenden Gastraum stürzen sich die Massen im Kerzenschein und unter funkelnden Lampen auf die kleinen Häppchen im Südstaaten-Style. Das Rose's nimmt keine Reservierungen an; man kann aber Zeit sparen, wenn man sein Essen in der Bar im Obergeschoss bestellt (zumal die Cocktails lecker sind).

Downtown & Penn Quarter

★ **A Baked Joint** CAFÉ $

(☎ 202-408-6985; www.abakedjoint.com; 440 K St NW, Downtown; Hauptgerichte 5–11 US$; ⊙ Mo–Mi 7–18, Do & Fr bis 22, Sa & So 8–18 Uhr; Ⓜ Red, Yellow, Green Line bis Gallery Pl-Chinatown) Man bestellt am Tresen und nimmt das üppige Sandwich aus selbst gemachtem Brot dann mit an eine der Bänke oder Tische in dem großen, offenen Speisesaal – vielleicht eine Baguette-Schnitte mit Räucherlachs, Frühlingszwiebeln und Frischkäse oder gebratene grüne Tomaten mit Butter auf Sauerteigbrot? Die deckenhohen Fenster lassen viel Licht rein, und wer keinen Hunger hat, kann hier prima auch nur einen toll zubereiteten Latte trinken.

Woodward Takeout Food AMERIKANISCH $

(☎ 202-347-5355; www.woodwardtable.com; 1428 H St NW, Downtown; Sandwiches 8–12 US$; ⊙ Mo–Fr 7.30–14.30 Uhr; Ⓜ Orange, Silver, Blue Line bis McPherson Sq) Das Woodward Takeout ist die kleine, vor allem Essen zum Mitnehmen bietende Zugabe des beliebten Restaurants **Woodward Table** (1426 H St NW, Downtown; Hauptgerichte 23–29 US$; ⊙ Mo–Sa 11.30–22.30, So bis 21.30 Uhr; ✎; Ⓜ Orange, Silver, Blue Line bis McPherson Sq). Man stellt sich mittags mit den Büroangestellten an und bestellt ein Gourmet-Sandwich, ein Pizzastück, Suppe oder Salat. Auch zur Frühstückszeit herrscht viel Betrieb, dann gibt's Ei auf bröckligen Biscuits, Acai-Schalen und Smoothies.

Man sitzt hier an eng beieinander stehenden Bartischen. Auf der Website kann man sein Essen auch vorab bestellen und dadurch etwas Wartezeit sparen.

Daikaya JAPANISCH $

(☎ 202-589-1600; www.daikaya.com; 705 6th St NW, Penn Quarter; Hauptgerichte 12–14 US$; ⊙ So–Di 11–22, Mi & Do bis 22.30, Fr & Sa bis 24 Uhr; Ⓜ Red, Yellow, Green Line bis Gallery Pl-Chinatown) Das Daikaya bietet zwei Optionen. Uns gefällt besonders der zwanglose Ramen-Laden im Erdgeschoss, wo die Einheimischen mit Freunden zusammen in schicken, holzvertäfelten Sitznischen Nudelsuppe schlürfen. Darüber befindet sich eine japanische *izakaya* (Schänke), wo der Sake in Strömen fließt und man mittags Schalen mit Reis und kleine Fischplatten erhält. Achtung: Das Lokal im Obergeschoss ist zwischen Mittag-

INSIDERWISSEN

KULINARISCHE STRASSEN

14th St NW (Logan Circle) Washingtons munterste Straße bietet jede Menge Restaurants von angesagten Chefköchen sowie Bars.

18th St NW (Adams Morgan) Ein Aufgebot koreanischer, indischer, thailändischer, äthiopischer, japanischer und lateinamerikanischer Restaurants sowie spätabends geöffnete Imbisse.

8th St SE (Capitol Hill) Die Barracks Row genannte Straße ist bei den Einheimischen für ihre einladenden Lokale mit schlichter Kost sehr beliebt.

H St NE (Capitol Hill) In der hippen Straße findet man Cafés, die Pies anbieten, Nudelläden und Gastropubs.

Upshur St (Petworth) Ein Block mit gemütlichen zwanglosen Restaurants und Cocktailbars.

11th St NW (Columbia Heights) Hier gibt's eine stetig wachsende Szene von Hipster-Cafés, trendigen Gastropubs und schwer angesagten kleinen Feinschmeckerlokalen.

INSIDERWISSEN

FOOD TRUCKS

Über 150 Food Trucks rollen durch D.C., und das Viertel rund ums Weiße Haus profitiert am meisten davon. Sie sammeln sich an Werktagen zwischen 11.30 und 13.30 Uhr an Orten wie der L St (Ecke 20th), dem Farragut Sq, der K St, dem Franklin Sq, vor dem State Department und der George Washington University. Man folgt einfach den Einheimischen, wenn man Lust auf köstliches Essen für unter 15 US$ hat, etwa auf ein Hummerbrötchen mit Butter, eine vegetarische Empanada oder eine Schüssel laotischer Drunken Noodles.

und Abendessen (d.h. zwischen 14 und 17 Uhr) geschlossen.

Matchbox Vintage Pizza Bistro PIZZA $$
(☎ 202-289-4441; www.matchboxrestaurants.com; 713 H St NW, Downtown; 25 cm-Pizza 13–20 US$; ⏲ Mo–Do 11–22.30, Fr bis 23.30, Sa 10–23.30, So 10–22.30 Uhr; Ⓜ Red, Yellow, Green Line bis Gallery Pl-Chinatown) Die Pizza hier hat viele treue Fans, und das Restaurant mit der gemütlichen Deko und den Backsteinwänden ist immer gut besucht. Das Geheimnis? Frische Zutaten, dünner, blättriger Teig wie von Engeln gebacken und noch mehr frische Zutaten. Ach ja, und die Bierauswahl ist der absolute Wahnsinn: Hier fließen belgisches Ale und Hopfen-Craft-Biere aus den Zapfhähnen. Wer nicht warten will, sollte im Voraus reservieren.

Rasika INDISCH $$
(☎ 202-637-1222; www.rasikarestaurant.com; 633 D St NW, Penn Quarter; Hauptgerichte 19–28 US$; ⏲ Mo–Fr 11.30–14.30, Mo–Do 17.30–22.30, Fr & Sa 17–23 Uhr; 🖉; Ⓜ Green, Yellow Line bis Archives-Navy Memorial-Penn Quarter) Das Rasika hat indische Küche vom Feinsten. Der Raum erinnert an einen Palast in Jaipur, der von Kunstgaleristen modernistisch ausstaffiert wurde. Ganz hervorragend ist das *murgh mussalam*, saftiges Hühnchen aus dem Tandur mit Cashew-Nüssen und Wachteleiern; während das täuschend schlichte *dal* (Linsen) genau richtig mit Bockshornklee gewürzt ist. Vegetarier werden sich hier pudelwohl fühlen.

Kinship AMERIKANISCH $$$
(☎ 202-737-7700; www.kinshipdc.com; 1015 7th St NW, Downtown; Hauptgerichte 16–35 US$; ⏲ 17.30–22 Uhr; Ⓜ Yellow, Green Line bis Mt. Vernon Sq/7th St-Convention Center) In dem mit Michelinsternen prämierten Restaurant des mit dem James Beard Award ausgezeichneten Chefkochs Eric Ziebold kann man mit Freunden einen netten, geselligen Abend verbringen. Die Speisekarte ist in fünf Kategorien unterteilt, die die Leidenschaften des Kochs widerspiegeln: Zutaten (knusprige Topinambur-Knollen, Trogmuscheln, *yuzu-koshō*-Brühe), Geschichte (Klassiker), Handwerk (mit Einsatz besonderer Küchentechniken, Genuss (Kaviar, weiße Trüffel) und „For the Table“.

★ **Dabney** AMERIKANISCH $$$
(☎ 202-450-1015; www.thedabney.com; 122 Blagden Alley NW, Downtown; kleine Teller 14–25 US$; ⏲ Di–Do 17.30–22, Fr & Sa 17–23, So 17–22 Uhr; Ⓜ Green, Yellow Line bis Mt Vernon Sq/7th St-Convention Center) Chefkoch Jeremiah Langhorne hat auf seiner Mission, die lange verschwunden geglaubte mittelatlantische Küche wiederzubeleben, historische Kochbücher studiert und Rezepte entdeckt, die lokale Zutaten und kaum bekannte Aromen beinhalten. Die meisten Gerichte werden sogar über einem Holzfeuer gekocht wie zu Zeiten George Washingtons. Langhorne hat dem Lokal einen sehr modernen Touch verliehen – was ihm einen Michelin-Stern eingebracht hat.

Logan Circle, U Street & Columbia Heights

★ **Ben's Chili Bowl** AMERIKANISCH $
(☎ 202-667-0058; www.benschilibowl.com; 1213 U St NW, U Street; Hauptgerichte 6–10 US$; ⏲ Mo–Do 6–2, Fr bis 4, Sa 7–4, So 11–24 Uhr; Ⓜ Green, Yellow Line bis U Street/African-American Civil War Memorial/Cardozo) Das Ben's ist eine Institution in Washington. Das beste Geschäft macht man hier mit Half-Smokes – die stärker geräucherte und fleischigere Hauptstadtversion eines Hotdogs, in aller Regel mit viel Senf, Zwiebeln und Chili. Seit über 60 Jahren schlagen sich Präsidenten, Rockstars und Richter des Supreme Court in dem bescheidenen Diner den Bauch voll. Doch trotz all des Rummels ist das Ben's ein echter Nachbarschaftstreff geblieben. Nur Barzahlung.

★ **Compass Rose** INTERNATIONAL $$
(☎ 202-506-4765; www.compassrosedc.com; 1346 T St NW, U Street; kleine Platten 8–16 US$; ⏲ Mo–Do 17–2, Fr & Sa bis 3, So 11–2 Uhr; Ⓜ Green, Yellow

Line bis U Street/African-American Civil War Memorial/Cardozo) Das Compass Rose wirkt wie ein heimlicher Garten in einem dezenten, nur einen Steinwurf vom Trubel der 14th St entfernten Stadthaus. Unverputzte Backsteinwände und eine himmelblaue Decke schaffen eine zwanglos-romantische Atmosphäre. Auf der Karte stehen einfache Gerichte aus aller Welt. Ein Abendessen kann z. B. aus jamaikanischem Lammhack, argentinischem *asado* (Rib-Eye-Steak mit Chimichurri) und georgischem *khachapuri* (butterigem Käsebrot) bestehen.

Estadio SPANISCH **$$**

(☎ 202-319-1404; www.estadio-dc.com; 1520 14th St NW, Logan Circle; Tapas 7–17 US$; ⌚ Mo–Do 17–22, Fr 11.30–14 & 17–23, Sa 11–14 & 17–23, So 11–14 & 17–21 Uhr; Ⓜ Red Line bis Dupont Circle) Mit schummeriger Beleuchtung bietet das Estadio die Atmosphäre für ein abendliches Date. Die Auswahl an Tapas ist nahezu unbegrenzt. Es gibt vier Varianten von Iberico-Schinken und köstliche belegte Brote mit Gänseleber, Rührei und Trüffeln. Dazu trinkt man traditionellen *calimocho* (Rotwein mit Cola). Für die Zeit nach 18 Uhr kann nicht reserviert werden, sodass man in der Regel einige Zeit an der Bar warten muss.

Busboys & Poets CAFÉ **$$**

(☎ 202-387-7638; www.busboysandpoets.com; 2021 14th St NW, U Street; Hauptgerichte 16–22 US$; ⌚ Mo–Do 7–24, Fr bis 1, Sa 8–1, So 8–24 Uhr; 📶 🍸; Ⓜ Green, Yellow Line bis U Street/African-American Civil War Memorial/Cardozo) Das Busboys & Poets gehört zu den Dreh- und Angelpunkten der U Street. Die Einheimischen kommen in Scharen wegen des Kaffees, des alkoholschwangeren Brunchs, der Bücher und einer progressiven Stimmung, die San Francisco konservativ wirken lässt. Auf der langen Karte mit vielen vegetarischen Optionen stehen Sandwiches, Pizzas und Südstaatenkost wie Shrimps mit Maisgrütze. Großer Andrang herrscht bei den Open-Mike-Lyriklesungen (Eintritt 5 US$; 21–23 Uhr) am Dienstag.

Le Diplomate FRANZÖSISCH **$$$**

(☎ 202-332-3333; www.lediplomatedc.com; 1601 14th St NW, Logan Circle; Hauptgerichte 20–35 US$; ⌚ Mo–Do 17–23, Fr bis 24, Sa 9.30–24, So 9.30–23 Uhr; Ⓜ Green, Yellow Line bis U Street/African-American Civil War Memorial/Cardozo) Das charmante, französische Bistro ist ungeheuer beliebt. Jede Menge Promis quetschen sich auf die Lederbänke oder bevölkern die Tische auf dem Bürgersteig, um ein authentisches Stück Paris zu genießen, vom Coq au vin bis zu den aromatischen Baguettes. Skurrile Antiquitäten zieren den Raum und Aktfotos die Toiletten. Reservierung empfohlen!

Dupont Circle & Kalorama

Zorba's Cafe GRIECHISCH **$**

(☎ 202-387-8555; www.zorbascafe.com; 1612 20th St NW, Dupont Circle; Hauptgerichte 13–15 US$; ⌚ Mo–Sa 11–23.30, So bis 22.30 Uhr; 👪; Ⓜ Red Line bis Dupont Circle) Üppige Portionen Moussaka und Souvlaki sowie Rolling-Rock-Bier machen das familiengeführte Zorba's Cafe zu einem der besten preiswerten Restaurants in D.C. An warmen Tagen ist die Terrasse voller Einheimischer. Bei all der Bouzouki-Musik, die im Hintergrund spielt, fühlt man sich fast wie auf den griechischen Inseln.

Afterwords Cafe AMERIKANISCH **$$**

(☎ 202-387-3825; www.kramers.com; 1517 Connecticut Ave NW, Dupont Circle; Hauptgerichte 18–22 US$; ⌚ So–Do 7.30–1, Fr & Sa bis 3 Uhr; Ⓜ Red Line bis Dupont Circle) Das an Kramerbooks angeschlossene, quirlige Lokal ist kein durchschnittliches Buchladencafé. An den vollbesetzten Tischen und der winzigen Theke drinnen sowie auf der Terrasse im Freien herrscht beste Stimmung. Auf der Karte stehen schmackhafte Bistrogerichte und eine reiche Auswahl von Bieren, sodass man hier prima zur Happy Hour, zum Brunch und zu später Stunde am Wochenende (bis 3 Uhr morgens geöffnet) einkehren kann.

Viele Einheimischen verbringen ihr Wochenende damit, zuerst die Bücherregale zu durchstöbern und sich dann den Bauch vollzuschlagen.

★ **Bistrot du Coin** FRANZÖSISCH **$$**

(☎ 202-234-6969; www.bistrotducoin.com; 1738 Connecticut Ave NW, Dupont Circle; Hauptgerichte 20–30 US$; ⌚ Mo–Mi 11.30–24, Do & Fr 11.30–1, Sa 12–1, So 12–24 Uhr; Ⓜ Red Line bis Dupont Circle) Das muntere Bistrot du Coin ist wegen seiner unprätentiösen französischen Imbissgerichte überall im Viertel beliebt. Die Küche liefert gute Zwiebelsuppe, klassische *steak-frites* (gegrillte Steaks mit Pommes), Cassoulet, belegte Brote und 11 Varianten der berühmten *moules* (Miesmuscheln). Weine aus allen Regionen Frankreichs, erhältlich im Glas, in der Karaffe oder Flasche, komplettieren das Essen.

★ Little Serow THAILÄNDISCH $$$

(www.littleserow.com; 1511 17th St NW, Dupont Circle; Festpreismenü 54 US$; ⌚Di–Do 17.30–22, Fr & Sa bis 22.30 Uhr; Ⓜ Red Line bis Dupont Circle) Das Restaurant in einem grün gestrichenen höhlenartigen Keller hat kein Telefon, kein Schild an der Tür und nimmt auch keine Reservierungen an. Nur Gruppen von bis zu vier Personen können an einem Tisch sitzen, größere Gruppen werden auseinandergesetzt. Trotzdem bilden sich lange Warteschlangen wegen der hervorragenden nordthailändischen Küche. Es gibt nur ein Menü aus meist sechs, scharf gewürzten Gängen, die jede Woche wechseln.

Komi FUSION $$$

(☎202-332-9200; www.komirestaurant.com; 1509 17th St NW, Dupont Circle; Menü 165 US$; ⌚Di–Sa 17.30–22 Uhr; Ⓜ Red Line bis Dupont Circle) Das wechselnde Menü dieses Restaurants ist erfrischend schlicht und vor allem griechisch geprägt, nimmt aber alle möglichen Einflüsse auf. Wie hervorragend es ist, beweist der Michelinstern. Ein Abendessen besteht aus ungefähr 12 Gerichten; z.B. Spanferkel, Muscheln mit Trüffeln oder geröstetem Ziegenkitz. In dem gemütlichen Raum können nur Gruppen von bis zu vier Personen zusammen sitzen. Reservierung erforderlich, dazu muss man einen Monat im Voraus anrufen und seinen Wunschtermin nennen.

Hank's Oyster Bar SEAFOOD $$$

(☎202-462-4265; www.hanksoysterbar.com; 1624 Q St NW, Dupont Circle; Hauptgerichte 28–36 US$; ⌚Mo–Do 11.30–1, Fr 11.30–2, Sa 11–2, So 11–1 Uhr; Ⓜ Red Line bis Dupont Circle) In Washington gibt's mehrere Austernbars, wir bevorzugen die kleine Kette Hank's, in der man mächtige und wichtige Leute in zwangloser Strandatmosphäre antrifft. Wie zu erwarten, ist die Austernkarte umfangreich und ausgezeichnet; stets stehen mindestens vier Varianten und dazu Hummerbrötchen, gebratene Muscheln und gewitzte Cocktails zur Auswahl. Am besten reserviert man im Voraus.

Das vor dem Theaterbesuch angebotene Menü des Hank's (3 Gänge 32 US$, 17.30–18.30 Uhr) verdient großes Lob.

Adams Morgan

Diner AMERIKANISCH $

(☎202-232-8800; www.dinerdc.com; 2453 18th St NW; Hauptgerichte 9–18 US$; ⌚24 Std.; ; Ⓜ Red Line bis Woodley Park-Zoo/Adams Morgan) Das Diner serviert zu jeder Tages- und Nachtzeit herzhafte, einfache Gerichte. Es eignet sich perfekt, um spät in der Nacht ein reichhaltiges Frühstück einzunehmen, oder immer dann, wenn einem der Sinn nach schlichter, guter US-Kost steht. Der Bloody-Mary-Brunch am Wochenende ist großartig (sofern einen der Andrang nicht stört). Omeletts, Buttermilch-Pancakes, Mac'n'Cheese, Veggie-Tacos und Burger landen flink auf dem Tisch. Auch für Kinder gut geeignet.

★ Donburi JAPANISCH $

(☎202-629-1047; www.donburidc.com; 2438 18th St NW; Hauptgerichte 11–13 US$; ⌚11–22 Uhr; Ⓜ Red Line bis Woodley Park-Zoo/Adams Morgan) In dem kleinen Ladenlokal gibt's 14 Sitze an der Holztheke, von denen aus man den Köchen beim Schnippeln und Würfeln des Essens zuschauen kann. *Donburi* ist das japanische Wort für „Schale" – das Essen, z.B. mit Panko panierte Garnelen auf Reis mit süß-scharfer Sauce, kommt denn auch in dampfenden Schalen. Hier erwarten einen schlichte, authentische Gerichte. Oft bilden sich Schlangen, die aber fix bedient werden. Keine Reservierung möglich.

Das Donburi hat eine zweite, größere Filiale am Dupont Circle, die originale in Adams Morgan ist aber stimmungsvoller.

Julia's Empanadas LATEINAMERIKANISCH $

(☎202-328-6232; www.juliasempanadas.com; 2452 18th St NW; Empanadas ab 5 US$; ⌚Mo–Mi 10–24, Do–Sa bis 4, So bis 20 Uhr; Ⓜ Red Line bis Woodley Park-Zoo/Adams Morgan) Das Julia's gehört laut Umfragen zu den besten Lokalen in Washington, D.C., wenn es darum geht, spätabends noch gut essen zu gehen. Die Teigtaschen hier sind mit Chorizo, jamaikanischem Beef-Curry, Spinat und Ähnlichem gefüllt. Die Aromen werden noch intensiver, wenn man getrunken hat. Die kleine Restaurantkette hat auch noch ein paar Läden in der Stadt, wo man Take-Outs kriegt.

★ Tail Up Goat MEDITERRAN $$

(☎202-986-9600; www.tailupgoat.com; 1827 Adams Mill Rd NW; Hauptgerichte 18–27 US$; ⌚Mo–Do 17.30–22, Fr & Sa 17–22, So 11–13 & 17–22 Uhr; Ⓜ Red Line bis Woodley Park-Zoo/Adams Morgan) Mit den blassblauen Wänden, dem hellen Holzdekor und den Laternenlichtern hoch über den Köpfen verströmt das Tail Up Goat Inselflair. Die Spezialität des Hauses sind die Lammrippen – knusprig und sehr fettig serviert mit Saft aus Dattel-Mulasse. Das hausgemachte Brot und die Aufstriche können ebenfalls punkten, etwa Leinsamensauerteig mit Roter Bete. Kein Wunder, dass der Laden einen Michelin-Stern hat!

Georgetown

Simply Banh Mi VIETNAMESISCH $

(202-333-5726; www.simplybanhmidc.com; 1624 Wisconsin Ave NW; Hauptgerichte 7–10 US$; So, Di & Mi 11–19, Do–Sa bis 21 Uhr; ; Circulator Georgetown-Union Station) Das kleine Lokal im Kellergeschoss hat nichts Elegantes, und die kompakte Speisekarte beschränkt sich weitgehend auf Sandwiches und Bubble Tea. Aber die Besitzer (ein Geschwisterteam) wissen, wie man ein knuspriges Baguette zubereitet. Sie füllen es mit leckerem, mit Zitronengras gewürztem Schweinefleisch (oder anderen Fleischsorten oder Tofu) und verschönern ihren Gästen damit den Tag. Sie legen dabei großen Wert auf Qualität und die Bedürfnisse ihrer Gäste (z. B. mit veganen oder glutenfreien Angeboten).

Baked & Wired BÄCKEREI $

(703-663-8727; www.bakedandwired.com; 1052 Thomas Jefferson St NW; Backwaren 3–8 US$; Mo–Do 7–20, Fr bis 21, Sa 8–21, So 8–20 Uhr; Circulator Georgetown-Union Station) In dem freundlichen Café gibt's köstlichen Kaffee, Bacon-Cheddar-Buttermilch-Biscuits und riesige Cupcakes (z. B. den Elvis mit Banane und Erdnussbutter-Glasur). Hier trifft man viele Studenten und Radler von den nahegelegenen Trails. Bei gutem Wetter kann man die Leckereien draußen auf der angrenzenden Grasfläche am C&O Canal verspeisen. Drinnen geht's nach rechts zum Kaffee und nach links zu den Süßwaren.

Chez Billy Sud FRANZÖSISCH $$$

(202-965-2606; www.chezbillysud.com; 1039 31st St NW; Hauptgerichte 25–38 US$; Mo 17–22, Di–Do 11.30–14 & 17–22, Fr 11.30–14 & 17–23, Sa 11–14 & 17–23, So 11–14 & 17–22 Uhr; Circulator Georgetown-Union Station) Das bezaubernde kleine Bistro in einem Wohnblock strahlt mit minzgrünen Wänden, vergoldeten Spiegeln und der kleinen Marmortheke entspannte Eleganz aus. Die schnauzbärtigen Kellner bringen Körbchen mit warmem Brot an die weiß eingedeckten Tische. Zu den Gerichten gehören knusprige Entenschenkel, Muscheln aus Maine mit Pastis und mächtige Windbeutel.

Ausgehen & Nachtleben

Als Andrew Jackson 1800 den Amtseid schwor, hat der selbst ernannte Populist Glanz und Gloria in die Stadt gebracht und jede Menge Partys geschmissen. Die Leute wurden so hemmungslos, dass sie anfingen, Kunst aus dem Weißen Haus zu stehlen. Aus dieser Geschichte ist zu lernen, dass in Washington gern gefeiert wird, und heutzutage geht das auch außerhalb der riesigen Politikervillen.

Capitol Hill

Copycat Co COCKTAILBAR

(202-241-1952; www.copycatcompany.com; 1110 H St NE, Capitol Hill; So–Do 17–2, Fr & Sa bis 3 Uhr; Red Line bis Union Station, dann Straßenbahn) Wenn man das Copycat betritt, kommt man sich vor wie in einem chinesischen Fast-Food-Restaurant. Im Erdgeschoss gibt es nämlich so etwas wie einen chinesischen Straßenimbiss. Im 1. Stock werden an einer schummrig beleuchteten Bar, die ein bisschen an eine Opiumhöhle erinnert, ausgefallene Drinks und Cocktails serviert. Das Personal ist unaufdringlich und hilft Neulingen gern, herauszufinden, was sie von der langen Getränkekarte wollen.

Bluejacket Brewery BRAUEREI

(202-524-4862; www.bluejacketdc.com; 300 Tingey St SE, South DC; So–Do 11–1, Fr & Sa bis 2 Uhr; ; Green Line bis Navy Yard-Ballpark) Bierfreunde kommen im Bluejacket richtig auf Touren. Man zieht sich einen Hocker an die moderne Theke im Industrial-Look, blickt auf die silbernen Tanks, in denen das anspruchsvolle Gebräu heranreift, und hat die Qual der Wahl zwischen 20 Fassbieren. Ein hopfiges Kölsch? Ein süßes Stout? Ein im Fass gereiftes Farmhouse-Ale? Kleine Probiergläschen helfen bei der Auswahl.

Granville Moore's PUB

(202-399-2546; www.granvillemoores.com; 1238 H St NE, Capitol Hill; Mo–Do 17–22, Fr bis 23, Sa 11–23, So 11–22 Uhr; Red Line bis Union Station, dann Straßenbahn) Der Pub ist einer der besten Orte in Washington für Pommes und Pfeffersteaks, verfügt darüber hinaus aber auch über ein umfangreiches Sortiment belgischer Biere, das alle Fans des Gerstensafts zufriedenstellt. Mit roh gezimmerten Holzmöbeln und Wänden, die wirken, als seien sie aus Lehm und Schlamm, erinnert das Innenere an ein mittelalterliches Feldlager. Der Platz am Kamin ist im Winter goldrichtig.

Tune Inn BAR

(202-543-2725; 331 Pennsylvania Ave SE, Capitol Hill; So–Do 8–2, Fr & Sa bis 3 Uhr; Orange, Silver, Blue Line bis Capitol South oder Eastern Market) Diese Bar ist schon seit 1947 im Geschäft. An der Wand sind Rehköpfe montiert, ältere Leute kippen ein paar Budweiser an der Theke. In den mit Vinyl verkleideten Sitzecken mampfen Regierungsangestellte, Polizisten nach Dienstschluss und andere Einheimische preiswerte Kneipenkost und Frühstücksgerichte, die man hier den ganzen Tag lang bekommen kann.

In dieser tollen Kneipe genießt man sein Bier mit Schuss in der schummrigen Beleuchtung eines Geweih-Kronleuchters.

Weißes Haus & Foggy Bottom

★ Off the Record BAR

(☎ 202-638-6600; www.hayadams.com/dining/off-the-record; 800 16th St NW, Hay-Adams Hotel, White House Area; ⊙ So–Do 11.30–24, Fr & Sa bis 0.30 Uhr; Ⓜ Orange, Silver, Blue Line bis McPherson Sq) Tischplatzierung, im Winter ein offenes Kaminfeuer und die versteckte Lage im Untergeschoss eines der edelsten Hotels (S. 306) der Stadt direkt gegenüber dem Weißen Haus sorgen dafür, dass die einflussreichen Leute von Washington hier gern abtauchen, wo sie – so das Motto der Bar – „gesehen, aber nicht gehört" werden. Erfahrene Barkeeper mixen Martinis und Manhattans für die Anzugträger. Hinein kommt man durch das Hotelfoyer.

Downtown & Penn Quarter

Columbia Room COCKTAILBAR

(☎ 202-316-9396; www.columbiaroomdc.com; 124 Blagden Alley NW, Downtown; ⊙ Di–Do 17–0.30, Fr & Sa bis 1.30 Uhr; Ⓜ Green, Yellow Line bis Mt. Vernon Sq/7th St-Convention Center) Im Columbia Room wird das Cocktailmixen sehr ernst genommen. Hier holt man sich noch Quellwasser aus Schottland und verwendet Zutaten wie eingelegte Kirschblüten und Gerstentee. Aber all das geschieht in einer erfrischend lockeren Atmosphäre. Es gibt hier drei Bereiche: den festlichen Punch Garden draußen auf der Dachterrasse, die gemütliche, mit Ledersesseln ausgestattete Spirits Library und den Tasting Room mit 14 Plätzen und fixen Menüs.

BIER

In dieser Stadt wird Bier sehr ernst genommen; ein großer Teil des Gebrauten wird hier nicht nur konsumiert, sondern auch produziert. Der Trend begann 2009, als mit DC Brau die erste neue Brauerei seit über 50 Jahren ihren Betrieb in Washington aufnahm – inzwischen sind weitere neue Bierproduzenten hinzugekommen. In den Bars der Stadt sollte man deshalb Ausschau halten nach hiesigen Schöpfungen von 3 Stars, Atlas Brew Works, Hellbender und Lost Rhino (Letztere aus dem Norden Virginias).

Logan Circle, U Street & Columbia Heights

★ Right Proper Brewing Co BRAUEREI

(☎ 202-607-2337; www.rightproperbrewery.com; 624 T St NW, Logan Circle; ⊙ Mo–Do 17–23, Fr & Sa 11.30–24, So 11.30–22 Uhr; Ⓜ Green, Yellow Line bis Shaw-Howard U) Right Proper Brewing macht hervorragende Ales in einem Gebäude gleich neben dem Schuppen, in dem Duke Ellington gern Billard spielte. Das große, sonnige Lokal, in dem die Leute an alten Holztischen sitzen, ist so etwas wie das Clubhaus des Shaw-Viertels. Das Angebot der Fassbiere wechselt ständig je nach dem, was die Braumeister produzieren, aber erfrischendes Farmhouse-Ale ist eine oft anzutreffende Spezialität.

Dacha Beer Garden BIERGARTEN

(☎ 202-350-9888; www.dachadc.com; 1600 7th St NW, Shaw; ⊙ Mo, Di & Do 16–22.30, Fr 15–24, Sa 8–24, So 12–22.30 Uhr, im Winter reduzierte Öffnungszeiten; 👪🐾; Ⓜ Green, Yellow Lines bis Shaw-Howard U) Pures Glücksgefühl herrscht in diesem lockeren Biergarten vor. Kinder und Hunde tollen um die Picknicktische, während die Erwachsenen Glasstiefel mit deutschem Bier an die Lippen setzen. Wenn die Temperaturen frisch werden, bringen die Kellner Decken und bestücken die Feuergrube – alles unter dem sinnlichen Blick von Elizabeth Taylor (bzw. eines riesigen Wandgemäldes von ihr).

Churchkey BAR

(☎ 202-567-2576; www.churchkeydc.com; 1337 14th St NW, Logan Circle; ⊙ Mo–Do 16–1, Fr bis 2, Sa 12–2, So 11.30–1 Uhr; Ⓜ Orange, Silver, Blue Line bis McPherson Sq) Das kupferbetonte, modern-industrielle Ambiente des Churchkey wirkt durch und durch hip. Hier gibt's 50 Biere vom Fass, plus fünf hirnvernebelnde, fassgereifte Ales. Wem das alles nicht reichen sollte, der kann noch aus rund 500 Flaschenbieren wählen (auch ein paar glutenfreie sind zu haben). Unter dem Church-

LGBTIQ+-SZENE IN WASHINGTON, D.C.

Washington, D.C., ist eine der schwulenfreundlichsten Städte in den USA. Ihre progressive Geschichte ist beeindruckend, und die Szene hat so Einiges zu bieten. Der klassische Homosexuelle hier ist ein gut angezogener Geschäftsmann und Aktivist, der sich politisch für die Rechte von Homosexuellen einsetzt, beispielsweise in Sachen Homo-Ehe (seit 2010 legal). Die Szene hat ihren Schwerpunkt in Dupont Circle, aber auch in den Vierteln U Street, Shaw, Capitol Hill und Logan Circle gibt es viele schwulenfreundliche Läden.

Capital Area Gay & Lesbian Chamber of Commerce (www.caglcc.org) Sponsert viele Networking-Events in der ganzen Stadt.

LGBT DC (https://washington.org/lgbtq) Das Portal der Touristeninformation von Washington, D.C., mit Events, Treffen in den einzelnen Vierteln und einem Reiseführer.

Metro Weekly (www.metroweekly.com) Kostenloses Wochenmagazin, das auf jüngere Leser ausgerichtet ist als das Rivalblatt *Washington Blade*.

Washington Blade (www.washingtonblade.com) Kostenloses Wochenmagazin mit politischen Themen sowie Business- und Unterhaltungstipps.

key befindet sich das zugehörige Birch & Barley (☎202-567-2576; www.birchandbarley.com; Hauptgerichte 17–29 US$; ⊙Di–Do 17.30–22, Fr bis 22, Sa 11–15 & 17.30–23, So 11–15 & 17–21 Uhr), ein beliebtes Restaurant mit modernen, schlichten Gerichten, von denen man viele auch oben an der Bar bestellen kann.

U Street Music Hall — CLUB

(☎202-588-1889; www.ustreetmusichall.com; 1115 U St NW, U Street; Tickets 10–25 US$; ⊙verschiedene Öffnungszeiten; Ⓜ Green, Yellow Line bis U Street/African-American Civil War Memorial/Cardozo) Zwei örtliche DJs besitzen und führen diesen Kellerclub, der wie ein schlichter Rockschuppen wirkt, aber über eine professionelle Musikanlage, eine mit Kork ausgelegte Tanzfläche und andere Requisiten eines echten Dance-Clubs verfügt. Alternative-Bands sorgen ein paar Mal die Woche für aktuelle Sounds. Die Veranstaltungen beginnen zwischen 19 und 22 Uhr.

Dupont Circle & Kalorama

★ Bar Charley — BAR

(☎202-627-2183; www.barcharley.com; 1825 18th St NW, Dupont Circle; ⊙Mo–Do 17–0.30, Fr 16–1.30, Sa 10–1.30, So 10–24 Uhr; Ⓜ Red Line bis Dupont Circle) Die Bar Charley lockt ein gemischtes Publikum aus dem Viertel an: Junge, Alte, Schwule und Heteros. Sie kommen wegen der für D.C. günstigen Cocktails, die beschwingt in alten Gläsern und Tiki-Keramikbechern schwappen. Unser Tipp: der Suffering Bastard mit Gin und Ginger Ale. Die Bierkarte ist zwar nicht umfangreich, hat aber einige prima Ales zu bieten. Angeboten werden außerdem rund 60 verschiedene Weine.

★ Board Room — BAR

(☎202-518-7666; www.boardroomdc.com; 1737 Connecticut Ave NW, Dupont Circle; ⊙Mo–Do 16–2, Fr 16–3, Sa 12–3, So 12–2 Uhr; Ⓜ Red Line bis Dupont Circle) Hier zieht man sich einen Hocker an einen der Tische und versucht, seinen Gegner beim Hungry Hungry Hippos zu schlagen oder man macht es sich bei Scrabble gemütlich. Im Board Room fühlt man sich durch die vielen Brettspiele in die Kindheit zurückversetzt. Schiffe versenken, Risiko, Doktor Bibber – hier kann man sich alle erdenklichen Spiele für 2 US$ ausleihen.

Rund 20 in Krügen servierte Fassbiere heizen die Stimmung an.

JR's — SCHWULENBAR

(☎202-328-0090; www.jrsbar-dc.com; 1519 17th St NW, Dupont Circle; ⊙Mo–Do 16–2, Fr 16–3, Sa 13–3, So 13–2 Uhr; Ⓜ Red Line bis Dupont Circle) Button-down-Hemden sind in dieser Schwulenbar, die von hart arbeitenden Leuten zwischen 20 und 40 besucht wird, an der Tagesordnung. Einige hiesige DJs behaupten, die Klientel hier verkörpere die konservative Natur der Schwulenszene der Hauptstadt, aber auch wenn man diese Atmosphäre hasst (was viele tun), versteht diese Bar etwas von einer guten Happy Hour und ist meistens voll.

Cobalt — SCHWULENBAR

(☎202-232-4416; www.cobaltdc.com; 1639 R St NW, Dupont Circle; ⊙So–Do 16–2, Fr & Sa bis 3, So bis 24 Uhr; Ⓜ Red Line bis Dupont Circle) Ins Cobalt kommen gut gekleidete Leute zwischen Ende 20 und Ende 30, die lustige (aber laute!) Partys feiern wollen – und zwar an jedem Tag der Woche. Hier sieht man die ausgefallensten Frisuren und Körper frisch aus dem Fitnessstudio. Der Club dieses LGBTIQ+ Topspots befindet sich im 2. Stock eines Gebäudes, das im Erdgeschoss ein Restaurant und im 1. Stock eine Lounge beherbergt.

Adams Morgan

★ Dan's Cafe BAR

(☎ 202-265-0299; 2315 18th St NW; ⏲ Di–Do 19–2, Fr & Sa bis 3 Uhr; Ⓜ Red Line bis Woodley Park-Zoo/Adams Morgan) Dies ist eine der tollsten Kneipen von D. C. Innen wirkt sie mehr oder weniger wie eine schäbige Hinterwäldler-Kneipe mit ganz unironischer altmodischer „Kunst", billiger Täfelung und schummriger Beleuchtung, die den ganzen Schmuddel kaum erhellt. Der Laden ist berühmt für seine Drinks zum Selbermixen: Man bekommt eine Spritzflasche mit Schnaps, eine Büchse Soda und einen Eimer Eis für 20 US$. Gezahlt wird ausschließlich bar.

Songbyrd Record Cafe & Music House CAFÉ

(☎ 202-450-2917; www.songbyrddc.com; 2475-2477 18th St NW; Hauptgerichte 10–14 US$; ⏲ So–Do 8–2, Fr & Sa bis 3 Uhr, Café bis 22 Uhr; 📶; Ⓜ Red Line bis Woodley Park-Zoo/Adams Morgan) Tagsüber kann man im altmodischen Café ausgezeichneten Kaffee trinken, Sandwiches mampfen und die Soul- und Indie-Platten durchstöbern, die hier verkauft werden. In dem alten Tonstudio kann man für 15 US$ sogar eine eigene Platte aufnehmen. Abends verlagert sich die Party mit DJ in die Bar, wo es Bier, Cocktails, Burger und Tacos gibt. In dem Kellerclub spielen immer wieder Indie-Bands.

Georgetown

Tombs PUB

(☎ 202-337-6668; www.tombs.com; 1226 36th St NW; ⏲ Mo–Do 11.30–1.30, Fr bis 2.30, Sa 11–2.30, So 9.30–1.30 Uhr; 🚌 Circulator Georgetown-Union Station) Jedes College mit Stammbaum hat seine ureigene Kneipe, in der Fakultätsangehörige und Studenten unter Sportmemorabilien ihr Bier schlürfen – für Georgetown ist dies das Tombs. Wem der Laden vertraut vorkommt: Die Kellerkneipe war einer der Schauplätze im Film *St. Elmo's Fire – Die Leidenschaft brennt tief* (1985). Bei den an diversen Dienstagen stattfindenden Quizabenden sind die dicht gestellten Tische immer voll besetzt; die Termine stehen auf der Website.

☆ Unterhaltung

Livemusik

★ Black Cat LIVEMUSIK

(☎ 202-667-4490; www.blackcatdc.com; 1811 14th St NW, U Street; Tickets 10–25 US$; Ⓜ Green, Yellow Line bis U Street/African-American Civil War Memorial/Cardozo) Das Black Cat ist der angesagte Treff für laute, punkige Musik. Zu den Bands, die hier aufgetreten sind, gehören die White Stripes, Arcade Fire und Foo Fighters. Die große Action findet auf der Hauptbühne statt. Die legendäre Backstage und die Bar Red Room im 2. Stock des Clubs werden gerade umgestaltet; Infos zum aktuellen Stand gibt's auf der Website.

9:30 Club LIVEMUSIK

(☎ 202-265-0930; www.930.com; 815 V St NW, U Street; Tickets 20–35 US$; Ⓜ Green, Yellow Line bis U Street/African-American Civil War Memorial/Cardozo) Das 9:30, in dem bis zu 1200 Leute in einem erstaunlich kompakten Ort zusammenkommen, ist der Urvater der Livemusikszene in D.C. Alle Musiker mit Rang und Namen, die in die Stadt kommen, landen irgendwann hier auf der Bühne. Die Hauptacts beginnen in der Regel zwischen 22.30 und 23.30 Uhr.

Darstellende Kunst

★ Kennedy Center DARSTELLENDE KUNST

(☎ 202-467-4600; www.kennedy-center.org; 2700 F St NW, Foggy Bottom; ⏲ Theaterkasse Mo–Sa 10–21, So 12–21 Uhr; 📶 👪; Ⓜ Orange, Silver, Blue Line bis Foggy Bottom-GWU) Das prächtige Kennedy Center am Potomac River bietet eine erstaunliche Zahl von Veranstaltungen: Jedes Jahr gibt's mehr als 2000 in Orten wie der Concert Hall, dem Sitz der **National Symphony** (www.kennedy-center.org/nso), und dem Opera House, der Heimstätte der **National Opera** (www.kennedy-center.org/wno). Im Rahmen der Initiative „Performing Arts for Everyone" veranstaltet das Zentrum täglich um 18 Uhr kostenlose Vorstellungen auf der Millennium Stage.

Shakespeare Theatre Company THEATER

(☎ 202-547-1122; www.shakespearetheatre.org; 450 7th St NW, Lansburgh Theatre, Penn Quarter; Ticket durchschnittlich 85 US$; Ⓜ Green, Yellow

Line bis Archives-Navy Memorial-Penn Quarter) Das führende Shakespeare-Ensemble zeigt neben dessen Meisterwerken auch Stücke von George Bernard Shaw, Oscar Wilde, Eugene O'Neill und anderen berühmten Dramatikern. Während der Saison gibt's jedes Jahr rund ein halbes Dutzend Produktionen, hinzu kommt Ende August außerdem die vierzehntägige, kostenlose Shakespeare Series im Haus. Das Ensemble tritt auch in der nahegelegenen Sidney Harman Hall (610FSt NW) auf.

★ **Woolly Mammoth Theatre Company** THEATER

(☎ 202-393-3939; www.woollymammoth.net; 641 D St NW, Penn Quarter; Ticket durchschnittlich 67 US$; Ⓜ Green, Yellow Line bis Archives-Navy Memorial-Penn Quarter) Woolly Mammoth ist die ausgefallenste experimentelle Theatergruppe in D.C. Für die meisten Aufführungen sind sogenannte „Stampede"-Plätze für 20 US$ zwei Stunden vor Beginn am Ticketschalter erhältlich. Die Kartenanzahl ist begrenzt, und wer zuerst kommt, mahlt zuerst. Also früh da sein!

Sport

★ **Nationals Park** STADION

(☎ 202-675-6287; www.mlb.com/nationals; 1500 S Capitol St SE, South DC; 📶; Ⓜ Green Line bis Navy Yard-Ballpark) Das Major-League-Baseballteam der Washington Nationals spielt in diesem schicken Stadion am Anacostia River. Anschauen sollte man sich im vierten Inning die „Presidents' Race" – ein skurriler Wettlauf von Darstellern mit den riesigen, karikierten Köpfen von George Washington, Abraham Lincoln, Thomas Jefferson und Teddy Roosevelt. Das Stadion ist von hippen Bars und Lokalen sowie schönen Grünflächen umgeben. Die Gentrifizierung der Gegend führt dazu, dass noch weitere hinzukommen werden.

ℹ Praktische Informationen

Cultural Tourism DC (www.culturaltourismdc.org) Stadtviertelorientierte Veranstaltungen und DIY-Touren.

Destination DC (www.washington.org) Offizielle Tourismus-Website mit Infos zu Sehenswürdigkeiten und Veranstaltungen.

Lonely Planet (www.lonelyplanet.com/usa/washington-dc) Infos zu Reisezielen, Hotelbuchungen, Travelerforum und mehr.

Washingtonian (www.washingtonian.com) Spezialisiert sich auf Restaurants, Unterhaltung und lokale Koryphäen.

ℹ An- & Weiterreise

BUS

Es gibt jede Menge günstige Busverbindungen von/nach Washington, D.C. Für eine einfache Fahrt nach New York City (4–5 Std.) verlangen die meisten Anbieter zwischen 25 und 30 US$. Viele Unternehmen fahren von der Union Station; es gibt aber noch andere Abfahrtsstellen überall in der Stadt, die jedoch stets mit der Metro erreichbar sind. Die Fahrkarten müssen in der Regel online gekauft werden; wenn noch Plätze frei sind, erhält man sie manchmal auch direkt im Bus.

BestBus (☎ 202-332-2691; www.bestbus.com; Ecke 20th St & Massachusetts Ave NW, Dupont Circle; 📶; Ⓜ Red Line bis Dupont Circle) Fährt täglich mehrmals von/nach New York City. Die Haupthaltestelle liegt am Dupont Circle, eine weitere an der Union Station.

Greyhound (☎ 202-589-5141; www.greyhound.com; 50 Massachusetts Ave NE, Capitol Hill; 📶; Ⓜ Red Line bis Union Station) Betreibt Busverbindungen ins ganze Land. Die Busse fahren von der Union Station.

Megabus (☎ 877-462-6342; http://us.megabus.com; 50 Massachusetts Ave NE, Capitol Hill; 📶; Ⓜ Red Line bis Union Station) Bietet die meisten Busse nach New York City (tgl. 15–20) sowie zu weiteren Städten an der Ostküste; die Busse fahren von der/zur Union Station. Die Busse sind allerdings sehr häufig verspätet.

Peter Pan Bus Lines (☎ 800-343-9999; www.peterpanbus.com; 50 Massachusetts Ave NE, Capitol Hill; 📶; Ⓜ Red Line bis Union Station) Verkehrt im Nordosten der USA; die Busse starten an der Union Station.

Vamoose Bus (☎ 212-695-6766; www.vamoosebus.com; 1801 N Lynn St; 60 US$) Bietet eine Verbindung zwischen New York City und Arlington, Virginia (die Haltestelle befindet sich nahe dem Metro-Bahnhof Rosslyn).

Washington Deluxe (☎ 866-287-6932; www.washny.com; 1610 Connecticut Ave NW, Dupont Circle; 📶; Ⓜ Red Line bis Dupont Circle) Gute Expressverbindungen von/nach New York City. Die Busse halten am Dupont Circle und der Union Station.

FLUGZEUG

Washington Dulles International Airport (IAD; www.flydulles.com) Der Flughafen liegt am Rand von Virginia, 42 km westlich von D.C. Es gibt dort kostenlose WLAN-Verbindung, mehrere Wechselstuben und Restaurants in den Terminals. Der berühmte Architekt Eero Saarinen hat das beeindruckende Hauptgebäude entworfen. Ab Ende 2022 soll die neue Metro Silver Line endlich bis zum Flughafen fahren.

Ronald Reagan Washington National Airport (DCA; www.flyreagan.com) Dieser Flughafen liegt 7,2 km südlich von Downtown Arlington, VA. Es gibt kostenloses WLAN, mehrere Lokale und eine Wechselstube (National Hall, Concourse Level).

Baltimore/Washington International Thurgood Marshall Airport (BWI; ☎410-859-7111; www.bwiairport.com) 48 km nordöstlich von D.C. in Maryland.

ZUG

Die prächtige, im Beaux-Arts-Stil errichtete **Union Station** (☎202-289-1908; www.unionstationdc.com; 50 Massachusetts Ave NE, Capitol Hill; ⏲24 Std., 0–5 Uhr nur für Fahrgäste mit Ticket; Ⓜ Red Line bis Union Station) ist der Eisenbahnknoten der Stadt. Vom praktischen Metro-Bahnhof (Red Line) kommt man weiter in die Stadt.

Züge von Amtrak (www.amtrak.com) kommen mindestens einmal pro Stunde aus größeren Städten der Ostküste hier an. Die Northeast-Regional-Züge des Unternehmens sind billiger, aber langsamer (New York City–Washington, D.C. ca. 3½ Std.).

Die Acela-Express-Züge vonb Amtrak sind teurer, aber schneller (New York City–Washington, D.C.2¾ Std.; Boston–Washington, D.C. 6½ Std.). Die Expresszüge haben auch breitere Sitze und andere Annehmlichkeiten der Business Class.

Züge von MARC (www.mta.maryland.gov) verkehren häufig von/nach Baltimore (1 Std.) und anderen Orten in Maryland sowie von/nach Harpers Ferry, West Virginia.

ℹ Unterwegs vor Ort

Am besten kommt man mit der Metro durch die Stadt. Die aufladbaren SmarTrip-Karten kann man an allen U-Bahnhöfen kaufen. Man benötigt die Karte zum Passieren der Sperren beim Betreten *und* auch beim Verlassen der Bahnhöfe.

DC Circulator Der Bus ist nützlich für die Mall, Georgetown, Adams Morgan und andere Gebiete mit schlechter begrenzter Metro-Anbindung. Eine Fahrt kostet 1 US$.

Fahrrad Capital-Bikeshare-Stationen gibt's überall; die Tageskarte kostet 8 US$.

Metro Die Züge fahren schnell, häufig und überall (außer während Wartungsarbeiten am Wochenende) in der Zeit zwischen 5 (am Wochenende ab 7) und 23.30 Uhr (Fr & Sa bis 1 Uhr). Die Fahrt kostet abhängig von der Entfernung zwischen 2 und 6 US$, eine Tageskarte 14,75 US$.

Taxi Taxis sind in der Stadt relativ einfach zu finden (außer in der Nacht), aber kostspielig. Mitfahrdienste werden im Distrikt häufiger genutzt.

MARYLAND

Maryland wird oft auch als „Miniatur-Amerika" beschrieben. Und das aus gutem Grund. Auf der Fläche des kleinen Staats liegen einige der schönsten Flecken des Landes, etwa die Appalachen im Westen oder weiße Sandstrände im Osten. Eine Mischung aus Nordstaaten-Cleverness und Südstaaten-Bodenständigkeit beschert dem Bundesstaat zwischen den alten Fronten eine ausgewachsene Identitätskrise. Baltimore, die wichtigste Metropole Marylands, ist eine pfiffige, fordernde Hafenstadt, während an der Ostküste künstlerisch angehauchte Stadtmigranten und hart arbeitenden Fischer leben. Die Vororte von D.C. werden dagegen von Regierungsangestellten und anderen Büromenschen bewohnt, die sich nach der Natur sehnen, aber auch von ärmeren Schichten, die vor allem auf erschwinglichere Mieten aus sind. Trotzdem funktioniert das alles irgendwie. Köstliche Blaukrabben, Natty-Boh-Bier und die herrliche Landschaft an der Chesapeake Bay sind der Kitt, der alles miteinander verbindet. Schließlich ist Maryland auch ein sehr vielfältiger und liberaler US-Staat, der u.a. als einer der ersten die gleichgeschlechtliche Ehe legalisierte.

Geschichte

George Calvert gründete Maryland 1634 als Zuflucht für verfolgte englische Katholiken. Dafür kaufte er den Piscataway, mit denen er friedlich koexistieren wollte, St. Mary's City ab. Puritanische Flüchtlinge entrissen den Piscataway und den Katholiken die Kontrolle und verlagerten das Zentrum nach Annapolis. Die Schikanierung der Katholiken führte zum Tolerance Act, einem lückenhaften, aber wegweisenden Gesetz, das in Maryland jede Form des (christlichen) Gottesdienstes zuließ – zum ersten Mal in Nordamerika.

Diese Verpflichtung zur Diversität hat den Staat schon immer gekennzeichnet, trotz gemischter Einstellungen gegenüber der Sklaverei. Obwohl Maryland während des Bürgerkriegs gespalten war, wurde 1862 bei Antietam eine Invasion der Konföderation gestoppt. Nach dem Krieg nutzte das Land seine schwarze, weiße und zugewanderte Arbeiterschaft, um die Wirtschaftskraft zwischen Baltimores Industrien und Werften aufzuteilen; später kamen noch Dienstleistungen für Washington hinzu. All das macht heute den Marylander aus: Der

Bundesstaat vermischt Reiche, Arme, Fremde, urbane Weltenbummler und ländliche Dörfchen wie wenige andere Staaten.

Baltimore

Einst eine der wichtigsten Hafenstädte Amerikas, ist Baltimore – oder „Bawlmer“, wie die Einheimischen es nennen – eine Stadt der Gegensätze. Baltimore bleibt immer noch eine trotzige Arbeiterstadt, der ihre nautische Vergangenheit anhaftet, hat sich aber in den letzten Jahren wirtschaftlich deutlich gemausert: Es gibt neue Boutiquehotels, moderne Ausstellungen in erstklassigen Museen und einst verlassene Stadtviertel, in denen jetzt angesagte Läden und Restaurants entstehen, die mit farmfrischen Zutaten arbeiten. Aber Traditionsbewusste müssen sich keine Sorgen machen – die hiesige Kultur und der Sport (von Lacrosse bis Baseball) sind immer noch Bestandteil der Stadt.

Besucher „B'mores“ (so ein weiterer Spitzname) sollten auf jeden Fall einen Ausflug ans Wasser machen, wo der an Disneyland erinnernde Inner Harbor, die kopfsteingepflasterten Straßen des Hafenviertels Fell's Point oder die Buchten von Fort McHenry, Geburtsstätte der amerikanischen Nationalhymne *The Star-Spangled Banner*, auf sie warten. Es herrscht eine intensive, aufrichtige Freundlichkeit in dieser Stadt, was auch erklärt, warum Baltimore seinem letzten und treffendsten Spitznamen „Charm City“ (Bezaubernder Stadt) voll gerecht wird.

Sehenswertes

Harborplace & Inner Harbor

Hier starten viele Touristen ihren Rundgang – und beenden ihn leider auch gleich wieder. Das Gebiet um den Inner Harbor wurde umfassend und glanzvoll erneuert. Deshalb schimmern hier Glasfassaden, locken klimatisierte Einkaufspassagen und glitzernde Bars, die es irgendwie schaffen, in einer familienfreundlichen Verpackung das maritime Herz der Stadt zu bewahren. Im Viertel gibt es ein beeindruckendes Aquarium und mehrere eindrucksvolle historische Schiffe, aber diese Sehenswürdigkeiten sind nur die Spitze des Eisbergs.

National Aquarium AQUARIUM
(☎ 410-576-3800; www.aqua.org; 501 E Pratt St, Piers 3 & 4; Erw./Kind 40/30 US$; ⊙ So–Do 9-17, Fr bis 20, Sa bis 18 Uhr, saisonal variierend; 👪) Das Aquarium mit seinen sieben Stockwerken und der Glaspyramide auf der Spitze gilt vielen als das beste Amerikas. Es beherbergt fast 20000 Tiere (die mehr als 700 Arten angehören), einen Regenwald auf dem Dach, ein mehrstöckiges Haibecken und eine Nachbildung eines indopazifischen Riffs, in dem Schwarzspitzen-Riffhaie, eine Grüne Meeresschildkröte und Stachelrochen leben. Zudem gibt es einen Nachbau der Umbrawarra Gorge aus dem Northern Territory Australiens mit einem 10 m hohen Wasserfall, Felsklippen, frei fliegenden Vögeln und herumkriechenden Echsen.

In der größten Anlage leben sieben Große Tümmler in Gefangenschaft, das Aquarium plant derzeit jedoch, sie 2023 in ein Schutzgebiet am Meer umzusiedeln (eine Auswilderung ist keine Option, weil die Tiere im offenen Meer nicht überleben könnten). Die Tümmler treten schon jetzt nicht mehr in Shows auf. Kinder lieben das 4-D Immersion Theater (Eintritt 5 US$ extra), und es gibt viele einzigartige Führungen mit Blick hinter die Kulissen sowie die Möglichkeit, im Aquarium zu übernachten. Wer dem Massenandrang entgehen will, kommt werktags gleich dann, wenn das Aquarium seine Pforten öffnet.

Downtown & Little Italy

Man kann leicht von Downtown Baltimore nach Little Italy zu Fuß gehen, sollte dabei aber dem ausgeschilderten Weg folgen, da es an einem ungemütlichen Block vorbeigeht.

National Great Blacks in Wax Museum MUSEUM
(☎ 410-563-3404; www.greatblacksinwax.org; 1601 E North Ave; Erw./Student/Kind 15/14/12 US$; ⊙ Di–Sa 9–17, So ab 12 Uhr, Juli & Aug. längere Öffnungszeiten) Dieses einfache, aber nachdenklich stimmende Museum über die afroamerikanische Geschichte widmet sich vor allem Frederick Douglass, Jackie Robinson, Martin Luther King Jr. und Barack Obama sowie anderen weniger bekannten Persönlichkeiten wie dem Entdecker Matthew Henson. Es informiert auch über die Sklaverei, die Jim-Crow-Ära und afrikanische Anführer – alle dargestellt auf surrealistische, aber informative Art mit Wachsfiguren à la Madame Tussaud. Die realistischen Exponate zu dem Horror der Sklavenschiffe und Lynchmorde sind ungeschminkt grausam und für jüngere Kinder nicht unbedingt geeignet.

ABSTECHER

SCENIC DRIVE: MARITIMES MARYLAND

Maryland und die Chesapeake Bay waren schon immer untrennbar miteinander verbunden; es gibt noch einige Orte, an denen sich die althergebrachte Lebensweise an der Bucht im Lauf der vergangenen Jahrhunderte kaum verändert zu haben scheint.

Etwa 150 Meilen (241 km) südlich von Baltimore, am Rand der Eastern Shore, liegt **Crisfield**, die wichtigste Stadt in Maryland, die noch vom Wasser lebt. In der **Chamber of Commerce** (☎410-968-2500; www.crisfieldchamber.com; 906 W Main St, Crisfield; ⏲April–Nov. Mo–Fr 9–17, Sa & So 11–16 Uhr, Dez.–März Mo–Fr 10–16 Uhr) informiert man sich über die regionalen Attraktionen und taucht dann in der Nähe im **J. Millard Tawes Historical Museum** (☎410-968-2501; www.crisfieldheritagefoundation.org/museum; 3 9th St, Crisfield; Erw./Kind 3/1 US$; ⏲Juni–Aug. Mo–Sa 10–16 Uhr, Sept.–Ende Nov. Sa 11–16 Uhr, übrige Monate geschl.; Ⓟ) in die Geschichte der Region ein. Meeresfrüchte sind hier eigentlich immer erstklassig, aber für ein echtes Shore-Erlebnis geht man ins legendäre **Watermen's Inn** (☎410-968-2119; www.crisfield.com/watermens; 901 W Main St, Crisfield; Sandwiches 8–17 US$, Hauptgerichte 18–28 US$; ⏲Do 15–20, Fr & Sa bis 21, So 12–20 Uhr), wo man in einem unprätentiösen Ambiente frisch gefangene Meeresfrüchte von der sich ständig ändernden Karte genießt. Einheimischen Fischern begegnet man in ihrem Lieblingstreff, dem **Gordon's Confectionery** (☎410-968-0566; www.facebook.com/gordons1924; 831 W Main St, Crisfield; Hauptgerichte 2–9 US$; ⏲4–20.30 Uhr), wo sie um 4 Uhr ihren Kaffee trinken, bevor sie aufs Meer fahren, um ihre Netze einzuholen.

Hier kann man sein Auto abstellen und ein Boot nach **Smith Island** (www.smithisland.org) nehmen, der einzigen Siedlung auf einer Meeresinsel vor der Küste von Maryland. Die Insel wurde vor rund 400 Jahren von Fischern besiedelt, die aus dem Südwesten Englands stammten. Die winzige Bevölkerung spricht immer noch einen Dialekt, wie er im 17. Jh. in Cornwall zu hören war.

Doch offen gesagt, ist Smith Island eher eine dahinsterbende Fischersiedlung als eine charmante Touristenattraktion, obwohl es B&Bs und Restaurants gibt. Zugleich aber ist die Insel eine letzte Verbindung zur Vergangenheit des Bundesstaats, und unter diesem Blickwinkel können einem die begrenzten Annehmlichkeiten vor Ort durchaus zusagen. Vor allem kann man kilometerweit durch Sumpfland paddeln, das zum unberührtesten an der ganzen Ostküste gehört. Fähren fahren das ganze Jahr über täglich zwischen Crisfield und Smith Island, man sollte sich aber vorab telefonisch die Abfahrtzeiten bestätigen lassen. Details zu Unterkünften, Restaurants und Fähren findet man auf der Website.

Eine faszinierende Einführung zu dem Museum aus erster Hand bietet die im Oktober 2017 gesendete und online (www.thisamericanlife.org) abrufbare Folge 627 „Suitable for Children" der NPR-Serie *This American Life*.

Mt. Vernon

★**Walters Art Museum** MUSEUM
(☎410-547-9000; www.thewalters.org; 600 N Charles St; ⏲Mi & Fr–So 10–17, Do bis 21 Uhr) GRATIS Die prächtige Kunst- & Wunderkammer ist der Bibliothek eines fiktiven Gelehrten des 17. Jhs. mit einem Sinn fürs Exotische nachempfunden, während im angrenzenden Waffensaal die eindrucksvollste Sammlung mittelalterliche Waffen außerhalb von *Game of Thrones* zu sehen ist. Man sollte sich also dieses ausgezeichnete, bunt zusammengewürfelte Museum, das mehr als 55 Jahrhunderte von der Antike bis zur Gegenwart umspannt, auf keinen Fall entgehen lassen. Besonders sehenswert sind die Schätze aus Asien, die seltenen, verzierten Handschriften und Bücher sowie die umfangreiche Sammlung französischer Gemälde.

Washington Monument MONUMENT
(☎410-962-5070; www.mvpconservancy.org; 699 Washington Pl; Erw./Kind 6/4 US$; ⏲Mi–So 10–17 Uhr) Wer die beste Aussicht auf Baltimore genießen will, erklimmt die 227 Marmorstufen der 54 m hohen dorischen Säule, die dem amerikanischen Gründervater George Washington gewidmet ist. Sie wurde von Robert Mills entworfen, der auch das Washington Monument in D.C. schuf, und sieht nach einer 6 Mio. US$ teuren Restaurierung besser aus denn je. Im Erdgeschoss informiert ein Museum über Washingtons Leben. Um

die Säule zu besteigen, kauft man das Ticket entweder vor Ort oder reserviert online. Die Plätze sind begrenzt. Die Galerie im 1. Stock kann kostenlos besucht werden.

Wer unter Klaustrophobie leidet, sei gewarnt: der Aufstieg führt auf steilen Stufen durch einen engen, von Backsteinmauern eingefassten Schacht, in dem es nur ein Fenster bis zum Erreichen der umschlossenen Aussichtsplattform auf der Spitze gibt.

Maryland Historical Society MUSEUM

(☎410-685-3750; www.mdhs.org; 201 W Monument St; Erw./Kind 9/6 US$; ⊙Mi–Sa 10–17, So ab 12 Uhr) Mit mehr als 350 000 Objekten und 7 Mio. Büchern und Dokumenten hat dieses Museum weltweit eine der größten Sammlungen zur amerikanischen Geschichte. Zu den Highlights gehören eine von zwei erhaltenen Offiziersuniformen aus dem Amerikanischen Unabhängigkeitskrieg, Fotos der Bürgerrechtsbewegung in Baltimore und Francis Scott Keys Originalmanuskript der US-amerikanischen Nationalhymne (wird jeweils zur vollen Stunde zur Schau gestellt). Die 3 m hohe Nachbildung eines Mastodons – das Original wurde von dem aus Maryland stammenden Künstler Charles Wilson Peale konserviert – ist beeindruckend. Auch ein paar der Originalknochen sind ausgestellt.

Häufige, ausgezeichnete Wechselausstellungen widmen sich der Rolle von Einwohnern Baltimores bei historischen Ereignissen.

Federal Hill & Umgebung

Auf einem Steilhang oberhalb des Hafens gibt der Federal Hill Park seinen guten Namen an das nette Viertel weiter, das sich rund um den **Cross St Market** (www.southbaltimore.com; 1065 S Cross St, zw. Light St & Charles St; ⊙7–19 Uhr) erstreckt und erst nach Sonnenuntergang so richtig zum Leben erwacht.

BALTIMORE MIT KINDERN

Die meisten Attraktionen konzentrieren sich am Inner Harbor, darunter das National Aquarium (S. 319), das ideal für Kinder und Teenager ist. Kleine Kinder werden von den Befestigungsanlagen des historischen Fort McHenry National Monument & Historic Shrine begeistert sein, während ältere Kinder sich mehr für die Geschichte der Anlage interessieren.

Das **Maryland Science Center** (☎410-685-2370; www.mdsci.org; 601 Light St; Erw./Kind 25/19 US$; ⊙Mo–Fr 10–17, Sa bis 18, So 11–17 Uhr, Sommer längere Öffnungszeiten) ist eine staunenerregende Attraktion mit einem dreistöckigen Atrium, jeder Menge interaktiver Ausstellungen zu Dinosauriern, dem Weltraum und dem menschlichen Körper sowie dem unvermeidlichen IMAX-Kino (Erw./Kind 14/11 US$ für Spielfilme). Das Museum eignet sich prima für die ganze Familie.

Zwei Blocks nördlich lockt **Port Discovery** (☎410-727-8120; www.portdiscovery.org; 35 Market Pl; 16 US$; ⊙Di–Sa 10–17, So 12–17 Uhr, Juni–Aug. auch Mo; 👪), ein umgebauter früherer Fischmarkt, mit einem Baumhaus, einer ägyptisch aufgemachten „archäologischen Stätte" und einem Künstleratelier. Die Attraktion ist auf kleinere Kinder ausgerichtet, die sich vor allem beim Klettern und Rutschen in dem mehrstöckigen Baumhaus so richtig austoben können.

Im **Maryland Zoo in Baltimore** (☎410-396-7102; www.marylandzoo.org; 1 Safari Pl, Druid Hill Park; Erw./Kind 22/18 US$; ⊙März–Dez. tgl. 10–16 Uhr, Jan. & Feb. nur Fr–Mo; P 👪) können die Kleinen den ganzen Tag über Seerosenblätter hüpfen, Abenteuer mit Wade der Moorschildkröte erleben und Tiere streicheln. Ältere Kids interessieren sich für die Gespräche mit den Wärtern und für die Reptilien.

Viele öffentliche Toiletten in Baltimore verfügen über Wickeltische. Babynahrung, Muttermilchersatz und Windeln sind überall in den Supermärkten erhältlich.

Tagsüber herrscht auf den Bürgersteigen in Downtown, insbesondere nördlich vom Inner Harbor, oft mächtiges Gedränge, sodass es nicht unbedingt ein Vergnügen ist, hier einen Kinderwagen zu schieben. Nahe den Attraktionen am Inner Harbor wie dem National Aquarium und den **historischen Schiffen** (☎410-539-1797; www.historicships.org; 301 E Pratt St, Pier 1, 3 & 5; Erw./Student/Kind ab 15/13/7 US$; ⊙10–17 Uhr, saisonal variierende Öffnungszeiten; 👪) sind die Bürgersteige zwar breiter als gewöhnlich, aber mit dem Kinderwagen kommt man nicht in das enge U-Boot, eines der historischen Schiffe, hinein.

★American Visionary Art Museum MUSEUM
(AVAM; ☎410-244-1900; www.avam.org; 800 Key Hwy; Erw./Kind 16/10 US$; ⊙Di–So 10–18 Uhr) Mit einer atemberaubenden Sammlung von Werken autodidaktischer Künstler feiert das Museum die ungezügelte, von keinem gespreizten Gehabe der Kunstwelt eingeengte Kreativität. Verteilt auf zwei Gebäude und zwei Skulpturenparks findet man Collagen aus Spiegelscherben, selbstgebaute Roboter und Flugmaschinen, aufwendig gestrickte Skulpturen und riesige, sorgsam aus Streichhölzern gebastelte Modellschiffe. Einen näheren Blick lohnen die skurrilen Automaten im Cabaret Mechanical Theater. Und auch die berühmte Flatulence Post mit ihrer, nun ja, „Furzkunst" in der Galerie im Untergeschoss sollte man sich nicht entgehen lassen.

Fort McHenry National Monument & Historic Shrine HISTORISCHE STÄTTE
(☎410-962-4290; www.nps.gov/fomc; 2400 E Fort Ave; Erw./Kind 15 US$/Eintritt frei; ⊙9–17 Uhr; P) Während der Schlacht von Baltimore hielt dieses sternförmige Fort am 13. und 14. September 1814 erfolgreich einem Angriff der britischen Marine stand. Nach einer langen Nacht mit unzähligen Kanonenschlägen sah der auf einem britischen Schiff gefangengehaltene Francis Scott Key im ersten Licht des Tages die immer noch wehende, wenn auch zerrissene US-Flagge. Das inspirierte ihn zu *The Star-Spangled Banner*, das er zur Melodie eines beliebten Trinklieds verfasste.

Fell's Point & Canton

Fells Point, das einstige Zentrum der berühmten Schiffsbauindustrie von Baltimore, ist heute ein historisches Stadtviertel mit kopfsteingepflasterten Straßen und einer hübschen Mischung aus Wohnhäusern aus dem 18. Jh., Restaurants, Bars und Geschäften. In dem recht bürgerlichen Ambiente wurden verschiedene Kinofilme und Fernsehserien gedreht, allen voran natürlich die Episoden der Krimiserie *Homicide*. Weiter östlich breiten sich die Straßen des etwas feineren Canton rund um den mit Gras bewachsenen zentralen Platz aus, der von großartigen Restaurants und Bars umgeben ist.

North Baltimore

Der Ausruf *hon* als Ausdruck der Zuneigung ist eine oft nachgeahmte, aber nie erreichte Besonderheit des in Baltimore gesprochenen Dialekts „Bawlmerese" und stammt aus **Hampden**, einem Stadtteil, der einen Mix aus Arbeitern und hyperkreativen Hipstern beheimatet. Man kann einen gemütlichen Nachmittag damit verbringen, in den Läden an der Avenue (der W 36th St) nach Kitsch, Antiquitäten und Vintage-Klamotten zu stöbern. Nach Hampden gelangt man auf der I-83 N, die (in nördlicher Richtung) zur Falls Rd wird; die Avenue zweigt rechts von dieser ab.

In der Nähe befindet sich die renommierte **Johns Hopkins University** (☎410-516-8000; www.jhu.edu; 3400 N Charles St). Südlich der Universität, direkt östlich der I-83, markieren neue Restaurants und Wohnungskomplexe das sich schnell entwickelnde **Remington**, ein Viertel, das man gut zu Fuß erkunden kann und das in puncto Demografie Hampden gleicht.

★Evergreen Museum MUSEUM
(☎410-516-0341; http://museums.jhu.edu; 4545 N Charles St; Erw./Kind 8/5 US$; ⊙Di–Fr 11–16, Sa & So ab 12 Uhr; P) Das prächtige Herrenhaus aus dem 19. Jh. lohnt die 7 Meilen (11 km) lange Anfahrt vom Inner Harbor und vermittelt einen faszinierenden Einblick in das Leben der Oberschicht Baltimores zu jener Zeit. Das Haus ist vollgepackt mit Meisterwerken der Kunst und des Kunstgewerbes – zu sehen gibt's u.a. Gemälde von Modigliani, Glasarbeiten von Louis Comfort Tiffany, exquisites asiatisches Porzellan und eine erstaunliche, rund 32 000 Bände umfassende Sammlung seltener Bücher. Besuchen kann man das Haus im Rahmen von Führungen, die bis 15 Uhr jeweils zur vollen Stunde starten.

Noch interessanter als die Sammlung ist die faszinierende Geschichte der Familie Garrett. Das Familienoberhaupt John W. Garrett war Präsident der B&O Railroad und kaufte das Anwesen 1878 für seinen Sohn T. Harrison. Die Garretts waren Weltreisende: T. Harrisons Sohn John W., der das Haus 1920 erbte, stand einige Jahre im diplomatischen Dienst. Die ganze Familie zeichnete sich durch Philanthropie und Liebe für die Künste aus, auch wenn sie selber im Kunstbereich nicht immer brillierte. Das hinderte allerdings Alice, die Frau von John W., nicht daran, auf die Bühne zu treten (und zwar ihre eigene in dem intimen Theatergebäude unterhalb des Herrenhauses).

Feste & Events

Preakness Stakes SPORT

(☎ 410-542-9400; www.preakness.com; 5201 Park Heights Ave; ⏲ Mai) Das am dritten Maisamstag in Pimlico stattfindende, lang etablierte Vollblutrennen ist das zweite der drei Rennen der Triple Crown zwischen dem Kentucky Derby und den Belmont Stakes.

Artscape KUNST

(www.artscape.org; 140 W Mt. Royal Ave, Patricia & Arthur Modell Performing Arts Center; ⏲ Mitte Juli) GRATIS Das größte kostenlose Kunstfestival der USA dauert drei Tage und bringt Kunstausstellungen, Livemusik, Theater und Tanz.

Schlafen

Stilvolle und preiswertere B&Bs finden sich überwiegend in den Innenstadtvierteln Canton, Fells Point und Federal Hill. Neue Boutiquehotels bringen einen frischen, hippen Stil nach Downtown, Mt. Vernon und Fells Point.

In Fells Point kann man typischerweise auf Plätzen, die mit Park-Kiosken ausgestattet sind, meist zwischen 20 und 10 Uhr kostenlos parken. Man muss aber die Ausschilderung beachten, um festzustellen, ob es dort so ist und darf nicht vergessen, sein Auto morgens umzusetzen bzw. den Platz vorab für die nicht freie Zeit zu bezahlen.

HI Baltimore Hostel HOSTEL $

(☎ 410-576-8880; www.hiusa.org/baltimore; 17 W Mulberry St, Mt. Vernon; B 23–25 US$, DZ 70 US$; P ❄ @ 📶) Das in einem schön restaurierten Herrenhaus von 1857 untergebrachte Hostel hat Schlafsäle zu sechs, acht, zehn und zwölf Betten sowie private Doppelzimmer. Das hilfsbereite Personal, die ausgeschmückte, klassisch-elegante Einrichtung und die nette Lage zwischen Mt. Vernon und der Innenstadt machen es zu einem der besten Hostels dieser Gegend. Die Rezeption ist rund um die Uhr geöffnet, das Frühstück ist im Preis inbegriffen, und ein Parkplatz kostet 8 US$ pro Nacht.

Inn at 2920 B&B $$

(☎ 410-342-4450; www.theinnat2920.com; 2920 Elliott St, Canton; DZ/Suite ab 160/205 US$; ❄ @ 📶) Das in einem ehemaligen Bordell residierende Boutique-B&B bietet fünf individuell gestaltete Zimmer mit hochwertiger Bettwäsche und schickem, avantgardistischem Dekor. Ein nettes Extra sind die Whirlpools. Das Viertel Canton mit seinem ausgiebigen Nachtleben befindet sich gleich vor der Tür.

★ **Sagamore Pendry** BOUTIQUEHOTEL $$$

(☎ 443-552-1400; www.pendryhotels.com; 1715 Thames St, Fells Point; DZ ab 250 US$; P 📶 🏊 🐾) Von ihrem beherrschenden Standort am historischen Recreation (Rec) Pier verändert diese neue Luxusbleibe die Spielregeln und bringt viel Charme und Glanz in Baltimores bevorzugtes Partyviertel. Mit örtlicher Kunst an den Wänden und Details aus Schifffahrt und Reitsport in den Gemeinschaftsbereichen sowie einer aufgestellten (bei den Bauarbeiten gefundenen) Kanone aus dem 18. Jh. präsentiert sich das Hotel als ein Inbegriff von Kultur und Geschichte der Charm City.

Essen

Baltimore ist eine ethnisch vielfältige Stadt am tollsten Meeresfrüchte-Reservoir der Welt und liegt zudem genau an der Grenze zwischen dem bodenständigen Süden und dem aufgeschlossen-innovativen urbanen Norden. Daher findet man hier schlichte Südstaatengerichte wie Biscuits & Gravy in kleinen familiengeführten Diners, aber genauso auch Fusion-Kreationen wie Sushi-Burritos in schicken Food-Courts.

Handlebar Cafe AMERIKANISCH $

(☎ 443-438-7065; www.handlebarcafe.com; 511 S Caroline St, Fells Point; Hauptgerichte 7–18 US$; ⏲ Di–Fr 11–2, Sa 8–2, So 8–14 Uhr) Der freundliche Fahrradladen mit Bistro von X-Games-Champion Marla Streb ist mit Mountainbikes und Zubehör dekoriert und serviert hinter seinem Garagentor Frühstück, Burritos und Holzofenpizza. Craft-Bier, Livemusik und eine Sprintbahn im Haus gibt's außerdem. Die Stimmung ist so cool, dass selbst der ungeschickteste Trottel von einer Karriere als Querfeldeinfahrer träumt.

Artifact Coffee CAFÉ $

(☎ 410-235-1881; www.artifactcoffee.com; 1500 Union Ave, Woodberry; Sandwiches 9–15 US$; ⏲ Mo–Fr 7–19, Sa & So ab 8 Uhr; 📶 🌿) Das von den gleichen Leuten wie das Woodberry Kitchen geführte Artifact serviert den besten Kaffee der Stadt und dazu schmackhafte kleine Gerichte wie Eier-Muffins, Spinatsalat, vegetarisches *banh mi* oder Pastrami-Sandwiches. Das Café befindet sich in einem schön umgestalteten ehemaligen Fabrikgebäude gerade einmal zwei Gehminuten von der Straßenbahnhaltestelle Woodberry entfernt.

Ekiben FUSION $

(☎410-558-1914; www.ekibenbaltimore.com; 1622 Eastern Ave, Fells Point; Hauptgerichte 9–12 US$; ⌚Mo–Do 11–22, Fr & Sa bis 23 Uhr) Der „Neighborhood Bird" in diesem leckere Dinge anbietenden asiatischen Fusionlokal ist eine echte Freude: ein riesiges Stück Brathähnchen auf einem es wie ein Kissen umschließendem weichen, gedämpften Brötchen. Brötchen und kleine Gerichte in Schalen sind die Zugpferde des winzigen Ladens. Es gibt nur ein paar Tische und Hocker, sodass man das Essen besser mitnimmt.

Lexington Market MARKT $

(www.lexingtonmarket.com; 400 W Lexington St, Mt. Vernon; ⌚Mo–Sa 6–18 Uhr) Dieser Markt in Mt. Vernon besteht schon seit 1782 und ist ein echter Lebensmittelmarkt alter Schule in Baltimore. Von außen wirkt er etwas schäbig, aber das Essen ist prima. Nicht verpassen sollte man die Crab-Cakes vom Meeresfrüchtestand **Faidley's** (☎410-727-4898; www.faidleyscrabcakes.com; 203 N Paca St; Crab-Cakes 15 US$; ⌚Mo–Sa 9.30–17.30 Uhr), die hervorragend, vielleicht sogar die besten in der ganzen Stadt sind.

★Thames St Oyster House SEAFOOD $$

(☎443-449-7726; www.thamesstreetoysterhouse.com; 1728 Thames St, Fells Point; Sandwiches 12–28 US$, Hauptgerichte 18–29 US$; ⌚So–Do 17–21.30, Fr & Sa bis 22.30 Uhr & Mi–So 11.30–14.30 Uhr) Ein Wahrzeichen am Fell's Point: In der alten Speise- und Trinkhalle gibt's mit die besten Meeresfrüchte in Baltimore. Man isst in dem eleganten Speisesaal im Obergeschoss mit Blick aufs Ufer, nimmt im Hinterhof Platz oder setzt sich vorn an die Bar (die bis 24 Uhr geöffnet ist) und schaut den Barmixern und Austernknackern zu. Das Hummerbrötchen ist ebenfalls zu empfehlen.

★Helmand AFGHANISCH $$

(☎410-752-0311; www.helmand.com; 806 N Charles St, Mt. Vernon; Hauptgerichte 14–20 US$; ⌚So–Do 17–22, Fr & Sa bis 23 Uhr) Das Helmand ist seit Langem wegen seines *kaddo borawni* (Kürbis in Joghurt-Knoblauchsauce), seiner Gemüsegerichte und der aromatischen Bällchen aus Rind- oder Lammfleisch beliebt. Und dann wäre da noch die leckere Kardamom-Eiscreme. Wer noch nie afghanisch gegessen hat, sollte es hier einmal probieren.

★Woodberry Kitchen AMERIKANISCH $$$

(☎410-464-8000; www.woodberrykitchen.com; 2010 Clipper Park Rd, Woodberry; Hauptgerichte Brunch 17–26 US$, abends 23–33 US$; ⌚So & Di–Do 17–21, Fr & Sa bis 22 sowie Sa & So 10–14 Uhr) Das Woodberry schafft alles heran, was die Region Chesapeake zu bieten hat, packt es in eine ehemalige Mühle und vollbringt damit kulinarische Wunder. Die Speisekarte liest sich wie ein kreatives Puzzle aus den besten regionalen Gemüsesorten, Meeresfrüchten und Fleischsorten – von Wolfsbarsch aus Maryland mit traditioneller Maisgrütze bis hin zu Crab-Cakes von Tilghman Island und herzhaften Gerichten aus Gemüse von nahegelegenen Farmen. Vorab reservieren!

Food Market MODERN-AMERIKANISCH $$$

(☎410-366-0606; www.thefoodmarketbaltimore.com; 1017 W 36th St, Hampden; Hauptgerichte abends 17–40 US$, Brunch 14–22 US$; ⌚Mo–Do 17–22, Fr & Sa 9–23, So 9–22 Uhr) Der preisgekrönte hiesige Küchenchef Chad Gauss erhebt ganz normale amerikanische Alltagskost mit Gerichten wie paniertem Seebarsch mit schwarzer Trüffel-Vinaigrette oder Spaghetti mit Krabbenklößchen in Sherry-*fra diavolo* zur hohen Kunst. Das Food Market liegt an der munteren, von Läden und Restaurants gesäumten Hauptstraße von Hampden.

Ausgehen & Nachtleben

Am Wochenende verwandeln sich Fells Point und Canton in Stätten ungehemmter Zechgelage, die selbst einen römischen Kaiser vor Neid hätten erblassen lassen. In Mt. Vernon und North Baltimore geht es etwas gesitteter zu, gemütliche Kneipen wird man aber in keinem Stadtteil von Baltimore vergeblich suchen. Sperrstunde ist meistens um 2 Uhr früh.

Brewer's Art PUB

(☎410-547-6925; www.thebrewersart.com; 1106 N Charles St, Mt. Vernon; ⌚Mo–Fr 16–1.45, Sa ab 12, So ab 14 Uhr) In einer Villa aus dem frühen 20. Jh. serviert das Brewer's Art der entspannten Kundschaft aus Mt. Vernon gute Biere belgischer Art aus Kleinbrauereien. An der Bar gibt's schmackhafte Kneipenkost (Mac 'n' Cheese, Cheeseburger), hinten im eleganten Speisesaal gehobene amerikanische Küche. Rauer geht es in der Kellerkneipe zu. Während der Happy Hour (16–19 Uhr) kostet das Hausbier nur 4 US$.

Cannon Room
COCKTAILBAR

(☎443-552-1300; www.pendryhotels.com; 1715 Thames St, Fells Point; ⏲So–Do 17–24, Fr & Sa bis 1 Uhr) Das gekrümmte Dach dieser Whiskeybar mit 20 Plätzen, die sich tief in den Nischen des Sagamore Pendry (S. 323) versteckt, soll an ein übergroßes Whiskeyfass erinnern. Durch einen Glasboden blickt man hinunter auf die ausgeleuchtete Kanone, der das Lokal seinen Namen verdankt. Die Kanone stammt aus dem 18. Jh. und wurde während der Bauarbeiten entdeckt.

Clavel
BAR

(☎443-900-8983; www.barclavel.com; 225 W 23rd St, Remington; ⏲Mo–Sa 17–1, So 10–15 Uhr) Die Agave steht im Mittelpunkt dieser sinnlichen Bar mit Mescal-Verkostungen und einer Mescal-Bibliothek. Zur Verkostung gönnt man sich ein paar traditionelle mexikanische Tacos, die von Chefkoch Carlos Raba kundig zubereitet und mit Moles, Chilis und Salsa gereicht werden. Diese Tacos sind vielleicht die besten in der gesamten Stadt.

☆ Unterhaltung

Die Einwohner von Baltimore lieben Sport. Sie sind mit vollem Einsatz dabei – etwa bei „Tailgate-Partys" auf Parkplätzen, bei denen man sich aus der Ladefläche von Kombis bedient, oder bei Liveübertragungen in zahlreichen Restaurants und Kneipen.

★ Oriole Park at Camden Yards
STADION

(☎888-848-2473; www.orioles.com; 333 W Camden St, Downtown; Führung Erw./Kind 9/6 US$) Die Baltimore Orioles spielen hier, im wahrscheinlich schönsten Baseballstadtion der USA, von April bis Ende September. Stadionführungen werden von April bis Ende November täglich veranstaltet.

M&T Bank Stadium
STADION

(☎410-261-7283; www.baltimoreravens.com; 1101 Russell St, Downtown) Von September bis Januar treten hier die Baltimore Ravens im Football an.

ℹ Praktische Informationen

Baltimore Area Visitor Center (☎877-225-8466; www.baltimore.org; 401 Light St, Inner Harbor; ⏲10–17 Uhr, Jan. & Feb. Mo geschl.; 📶) Das Visitor Center am Inner Harbor verkauft den Harbor Pass (Erw./Kind 75/57 US$), der zum Eintritt in vier Hauptsehenswürdigkeiten der Region berechtigt (aus einer Auswahl von fünf Attraktionen).

University of Maryland Medical Center (☎Notaufnahme 410-328-9595, allgemeine Informationen 410-328-8667; www.umm.edu; 22 S Greene St, University of Maryland-Baltimore) Hat eine rund um die Uhr geöffnete Notaufnahme.

ℹ An- & Weiterreise

Der Baltimore/Washington International Thurgood Marshall Airport (S. 318) liegt ungefähr 10 Meilen (16 km) südlich der Innenstadt an der I-295.

Von einem Busbahnhof 2 Meilen (3,2 km) südwestlich von Inner Harbor betreibt **Greyhound** (☎410-752-7682; www.greyhound.com; 2110 Haines St) zahlreiche Busse von/nach Washington, D. C. (10–23 US$, ca. alle 45 Min., 1 Std.) und New York (15–54 US$, tgl. 15-mal, 4 Std.). **Peter Pan Bus Lines** (☎800-343-9999; www.peterpanbus.com; 2110 Haines St, Carroll-Camden) fährt vom Greyhound-Busbahnhof ebenfalls nach New York (20 US$, tgl. 10-mal, 3½ Std.).

Die MARC betreibt werktags auf der Penn Line Pendlerzüge zwischen der **Penn Station** (https://mta.maryland.gov/marc-train; 1500 N Charles St, Charles North) und der Union Station in Washington, D. C. (8 US$, ca. 1 Std.). Die Brunswick Line führt von der Union Station nach Frederick und Harpers Ferry in West Virginia. Amtrak-Züge verbinden die Stadt mit Zielen an der Ostküste und darüber hinaus.

Supershuttle (www.supershuttle.com) betreibt einen Kleinbusdienst vom Flughafen BWI nach Inner Harbor (ab 17 US$).

ℹ Unterwegs vor Ort

Die Light Rail (http://mta.maryland.gov/light-rail) fährt alle 10 bis 15 Minuten vom Flughafen BWI zum Lexington Market, nach Mt. Vernon und zur Penn Station. MARC-Züge fahren werktags stündlich (und am Wochenende 6- bis 9-mal) zwischen der Penn Station und dem Flughafen BWI (5 US$). Die Fahrpläne und Preise aller örtlichen Verkehrsmittel findet man auf der Website der Maryland Transit Administration (https://mta.maryland.gov).

Baltimore Water Taxi (☎410-563-3900; www.baltimorewatertaxi.com; Inner Harbor; Tageskarte Erw./Kind 16/9 US$; ⏲Mai–Aug. Mo–Do 11–22, Fr–So ab 10 Uhr, Sept.–April kürzere Betriebszeiten) legt bei allen Attraktionen und in allen Vierteln im Hafengebiet an.

Der kostenlose, grün und lila lackierte **Charm City Circulator** (☎410-545-1956; www.charmcitycirculator.com) bedient vier Strecken, von denen drei zu touristischen Stellen in Innenstadtvierteln führen. Die Purple Route verbindet den Inner Harbor mit Mt. Vernon und Federal Hill. Die Green Route verläuft durch Fells Point.

Die Banner Route führt vom Inner Harbor zum Fort McHenry.

Annapolis

Annapolis ist so bezaubernd wie die Hauptstadt eines Bundesstaats überhaupt nur sein kann. Die Gebäude aus der Kolonialzeit, das Kopfsteinplaster, die flackernden Straßenlaternen und die Reihenhäuser aus Backstein scheinen direkt einem Roman des viktorianischen Autors Charles Dickens zu entstammen – aber das Ganze ist wirklich echt. Diese Stadt hat ihr historisches Erbe nicht neu geschaffen, sondern tatsächlich bewahrt.

In Annapolis, das sich in die Chesapeake Bay schmiegt, dreht sich alles um die maritimen Traditionen der Stadt. Hier befindet sich die US Naval Academy, an der künftige Marineoffiziere ausgebildet werden, die in ihren weißen Uniformen durch die Stadt stolzieren. Segeln ist in Annapolis nicht nur eine Freizeitbeschäftigung, sondern ein Lebensgefühl. Der Hafen ist voller Schiffe jeder Art und Größe. Mit ihren historischen Sehenswürdigkeiten, den Wassersportangeboten und den tollen Restaurants und Geschäften ist Annapolis definitiv mehr als nur einen Tagesausflug wert – Man sollte, wenn möglich, zwei Tage einplanen.

Sehenswertes

US Naval Academy UNIVERSITÄT

(☎Visitor Center 410-293-8687; www.usnabsd.com/for-visitors; Randall St zw. Prince George St & King George St) Das Undergraduate College der US Navy ist eines der exklusivsten in den USA. Im Armel-Leftwich Visitor Center (S. 328) kann man eine 75-minütige geführte Tour buchen und sich alles ansehen, was mit der Akademie zu tun hat. An Werktagen besteht die Möglichkeit, exakt um 12.05 Uhr beim Exerzieren zuzusehen. Dann zeigen 4000 Studenten im Hof eine 20-minütige Parade. Einlass wird nur gewährt, wenn man einen Personalausweis oder Reisepass hat. Wer etwas über die Geschichte der US Navy erfahren will, sollte das gut aufbereitete **Naval Academy Museum** (☎410-293-2108; www.usna.edu/museum; 118 Maryland Ave; ⌚Mo–Sa 9–17, So 11–17 Uhr) GRATIS ansteuern.

Der Besuchereingang für Fußgänger befindet sich an Gate 1 an der Prince George St (Höhe Craig St) in kurzer Gehentfernung von der historischen Innenstadt.

Maryland State House HISTORISCHES GEBÄUDE

(☎410-260-6445; http://msa.maryland.gov/msa/mdstatehouse/html/home.html; 99 State Circle; ⌚9–17 Uhr) GRATIS Das prächtige, 1772 erbaute State House ist das älteste Capitol eines US-amerikanischen Bundesstaats, das kontinuierlich vom Parlament genutzt wird und war von 1783 bis 1784, als Annapolis kurzzeitig die Hauptstadt der USA war, auch Sitz des Zweiten Kontinentalkongresses. Hier unterzeichnete General George Washington nach dem Unabhängigkeitskrieg seinen Rücktritt als Oberbefehlshaber der Kontinentalarmee und stellte damit sicher, dass die Regierungsgewalt mit dem Kongress geteilt wurde. Zu den eindrucksvollen Ausstellungsstücken und Porträts gehört auch Washingtons Handschrift seiner Rede anlässlich dieses Rücktritts. Im 1. Stock erhält man einen Lageplan für eine Erkundung auf eigene Faust.

Die auf den Kopf gestellte Eichel über der Kuppel des Gebäudes ist ein Symbol für Weisheit. Der Senat des Bundesstaats Maryland tagt von Januar bis April.

An der Eingangsschleuse passiert man Metalldetektoren und muss seinen Pass oder Ausweis vorzeigen.

Hammond Harwood House MUSEUM

(☎410-263-4683; www.hammondharwoodhouse.org; 19 Maryland Ave; Erw./Kind 10/5 US$; ⌚April–Dez. Mi–Mo 12–17 Uhr) Von den vielen historischen Wohnhäusern der Stadt sollte man das 1774 erbaute Hammond Harwood House unbedingt anschauen. Es ist eines der schönsten noch erhaltenen Herrenhäuser aus der britischen Kolonialzeit und beherbergt eine hervorragende Sammlung von Kunstgewerbe, zu der Möbel aus dem 18. Jh., Gemälde und andere Zeugnisse gehören. Kenntnisreiche Guides erwecken bei den 50-minütigen, zur vollen Stunde startenden Führungen durchs Haus die Vergangenheit zum Leben.

Wer keine Zeit für die Führung hat, sollte zumindest von außen einen Blick auf die Fassade werfen. Thomas Jefferson nannte das schmucke vordere Portal die „schönste Tür in Amerika", und damit hatte er wohl Recht.

Kunta Kinte–Alex Haley Memorial MONUMENT

(City Dock, abseits vom Markt) Neben dem City Dock markiert das Kunta Kinte–Alex Haley Memorial den Punkt, an dem Kunta Kinte, ein Vorfahr des *Roots*-Autors Alex Haley, in Ketten aus Afrika hergebracht wurde. Die Statuen stellen Haley dar, wie er drei Kindern die Geschichte seines Vorfahren erzählt.

Schlafen

Gasthäuser und B&Bs füllen das historische Zentrum. Mehrere Hotels liegen an der West St, die Richtung Westen vom Church Circle abgeht. Hotels US-amerikanischer Ketten ballen sich nahe den Ausfahrten 22 und 23 von der US 50/301.

ScotLaur Inn PENSION $

(☎ 410-268-5665; www.scotlaurinn.com; 165 Main St; DZ 120–150 US$; P ❄ ☎) Die Leute vom Chick & Ruth's Delly vermieten über dem Restaurant 10 Zimmer mit schmiedeeisernen Betten, Blümchentapete und eigenem Bad. Die Zimmer sind klein, aber nett und gemütlich (die Pension ist nach Scott und Lauren, den Kindern der Besitzer, benannt, deren Fotos die Korridore schmücken). Das Frühstück ist im Preis inbegriffen. Am Wochenende muss man mindestens zwei Nächte buchen.

Historic Inns of Annapolis HOTEL $$

(☎ 410-263-2641; www.historicinnsofannapolis.com; 58 State Circle; DZ ab 150 US$; P ❄ ☎) Die Historic Inns umfassen drei verschiedene Boutique-Gästehäuser in je einem historischen Gebäude im Herzen des alten Annapolis: das Maryland Inn, das Governor Calvert House und das Robert Johnson House. Die Gemeinschaftsbereiche prunken mit Elementen der Entstehungszeit und die besten Zimmer mit Antiquitäten, einem Kamin und einer schönen Aussicht (die preiswerteren sind sehr klein). Eingecheckt wird im Governor Calvert House.

Essen

Dank der Chesapeake Bay vor der Haustür kann Annapolis mit erstklassigem Seafood aufwarten. Die Restaurants, die darauf Wert legen, frische Zutaten auf den Tisch zu bringen, haben der Gastroszene entlang der Main St und in der Nähe des Docks eine gewisse Tiefe verliehen.

Chick & Ruth's Delly DINER $

(☎ 410-269-6737; www.chickandruths.com; 165 Main St; Hauptgerichte morgens & mittags 8–15 US$, abends 10–20 US$; ⊙ So–Do 6.30–23.30, Fr & Sa bis 0.30 Uhr;) Der Diner, ein alle willkommen heißender Eckpfeiler von Annapolis, strotzt nur so vor liebenswerter Schrulligkeit und hat eine riesige Speisekarte, auf der vor allem Sandwiches und Frühstücksgerichte stehen. Patriotisch gesinnte US-Amerikaner können hier mit dem Fahneneid (werktags 8.30, Sa & So 9.30 Uhr) ihre Grundschulzeit wieder aufleben lassen. Frühstück gibt's den ganzen Tag.

Vida Taco Bar MEXIKANISCH $

(☎ 443-837-6521; www.vidatacobar.com; 200 Main St; Tacos 4–6 US$; ⊙ Di–Do 17–22, Fr & Sa 12–23, So 12–21 Uhr) In diesem geselligen Lokal genießt das stilvolle Publikum fantastische Straßen-Tacos und starke Margaritas.

BLAUKRABBEN IN MARYLAND

In einer Krabbenbude zu essen, wo sich die Kleiderordnung auf Shorts und Badelatschen beschränkt, ist ein typisches Erlebnis an der Chesapeake Bay. Für die Leute hierzulande sind die Krabben eine wichtige Sache. Stundenlang können sie darüber debattieren, wie man sie schält, sie richtig zubereitet und wo man die besten findet. In einem sind sich die Marylander aber vollkommen einig: Es müssen Blaue Schwimmkrabben (Blaukrabben, wissenschaftlich: *Callinectes sapidus*) sein. Leider sind deren Bestände wegen der anhaltenden Verschmutzung der Chesapeake Bay zurückgegangen, weshalb viele der hier servierten Krabben mittlerweile von anderswo her importiert werden.

Gedünstete Krabben werden sehr einfach zubereitet und mit Bier und Old Bay Seasoning abgeschmeckt. Eine der besten Krabbenschuppen im Bundesstaat liegt in der Nähe von Annapolis: **Jimmy Cantler's Riverside Inn** (☎ 410-757-1311; www.cantlers.com; 458 Forest Beach Rd; Hauptgerichte 12–29 US$; ⊙ So–Do 11–22, Fr & Sa bis 23 Uhr). Es befindet sich 4 Meilen (6,4 km) nordöstlich des Maryland State House jenseits der Severn River Bridge. Das Essen von gedünsteten Krabben ist hier eine Kunstform, ein zupackendes, kleckerndes Vergnügen, zu dem normalerweise auch Maiskolben und ein eiskaltes Bier gehören. Ein weiteres nettes Krabbenlokal jenseits der Bucht ist das **Red Roost** (☎ 410-546-5443; www.theredroost.com; 2670 Clara Rd, Whitehaven; Hauptgerichte 18–35 US$; ⊙ Mitte März–Okt. Mo–Do 17.30–21, Fr bis 22, Sa 12–22, So bis 21 Uhr).

★ Vin 909 AMERIKANISCH $$

(☎ 410-990-1846; www.vin909.com; 909 Bay Ridge Ave; kleine Platten 12–21 US$; ⏲ Mi & Do 17.30–22, Fr bis 23, Sa 17–23, So 17–22, Mi–Sa auch 12–15 Uhr, Winter kürzere Öffnungszeiten) Mit der Lage auf einem kleinen, bewaldeten Hügel und einem traulichen, aber netten und zwanglosen Ambiente ist das Vin die beste gastronomische Adresse in Annapolis. Frischen Produkten von der Farm begegnet man hier in Form von Entenconfit, Burgern vom Angus-Rind und hausgemachten Pizzas, belegt z.B. mit Wildschweinfrikadellen oder mit über Apfelholz geräuchertem Schinken mit in Honig geschmortem Kürbis.

Es gibt auch eine tolle Weinkarte mit mehr als drei Dutzend offenen Weinen. Um sich langes Warten zu ersparen, sollte man früh kommen. Reservierungen werden nicht angenommen.

Boatyard Bar & Grill SEAFOOD $$

(☎ 410-216-6206; www.boatyardbarandgrill.com; 400 4th St, Eastport; Hauptgerichte 10–27 US$; ⏲ Mo–Fr 7.30–24, Sa & So ab 8 Uhr; 👪) Das helle, maritim aufgemachte Restaurant mit einer großen zentralen Theke ist ein einladendes festliches Plätzchen, um Crab Cakes, Fish & Chips, Austern, Fischtacos und andere leckere Meeresfrüchte zu genießen. Die Happy Hour (Mo–Fr 15–19 Uhr) lockt die Massen mit Bier für 3 US$ und Austern für 0,99 US$.

Ausgehen & Unterhaltung

Fox's Den PUB

(☎ 443-808-8991; www.foxsden.com; 179 B Main St; ⏲ Mo, Mi & Do 17–24, Fr bis 1, Sa 16–1, So 16–24 Uhr) Der gemütliche Gastropub in einem Keller mitten im Trubel der Main St serviert Biere aus Kleinbrauereien und kunstvoll gemixte Cocktails. Besonders viel Betrieb herrscht montags, wenn die Pizza aus dem Backsteinofen nur 10 US$ kostet.

Rams Head On Stage LIVEMUSIK

(☎ 410-268-4545; www.ramsheadonstage.com; 33 West St; Tickets 15–115 US$) Man nimmt an den Tischen Platz und sieht Auftritte bekannter Bands und Musiker, von Dave Davies über Lee Ann Womack bis zu Keller Williams. Kleine Häppchen (8–16 US$), Wein, Cocktails und Bier werden serviert. Der Treff befindet sich gleich neben der **Rams Head Tavern** (☎ 410-268-4545; www.ramsheadtavern.com; 33 West St; Hauptgerichte mittags & abends 10–30 US$, Brunch 10–16 US$; ⏲ Mo–Sa 11–2, So ab 10 Uhr) mit eigener Speisekarte.

Praktische Informationen

Es gibt ein **Visitor Center** (☎ 410-280-0445; www.visitannapolis.org; 26 West St; ⏲ 9–17 Uhr) in der Stadt und einen Infoschalter am City Dock (März–Okt. 9–17 Uhr). Infos über Touren und Sehenswürdigkeiten in der Naval Academy bekommt man beim **Armel-Leftwich Visitor Center** (☎ 410-293-8687; www.usnabsd.com/for-visitors; 52 King George St, Gate 1, City-Dock-Eingang; geführte Touren Erw./Kind 12/10 US$; ⏲ März–Dez. 9–17 Uhr, Jan. & Feb. bis 16 Uhr) am Yard in der Nähe des Ufers.

An- & Weiterreise

Annapolis ist 26 Meilen (42 km) von Baltimore und 30 Meilen (48 km) von Washington, D.C., entfernt. Online kann man sich unter https://mta.maryland.gov über die Stadtbahn- und Busverbindungen zwischen dem Baltimore/Washington International Thurgood Marshall Airport (S. 318) bzw. Baltimore und Annapolis informieren.

Greyhound (☎ 800-231-2222; www.greyhound.com; 275 Harry S Truman Pkwy) betreibt von einem Busbahnhof 5 Meilen (8 km) westlich der historischen Innenstadt Busse nach Washington, D.C. (8–10 US$, tgl.,).

Eastern Shore

Gleich jenseits der Chesapeake Bay Bridge weichen ausdruckslose Vororte kilometerlangen Sumpfgebieten voller Wasservögel, friedlichen Wasserlandschaften, endlosen Maisfeldern, feinen Sandstränden und freundlichen, kleinen Dörfern. Die Ostküste hat sich ihren Charme trotz der vielen Tagesausflügler und der Gentrifizierung durch die Stadt erhalten. In dieser Gegend dreht sich alles ums Wasser: Die Einwohner der kleinen Küstensiedlungen leben immer noch von der Chesapeake Bay und ihren Zuflüssen; Bootfahren, Angeln, Krabbenfischen und Jagen sind hier Teil des Alltags. Wer hierher kommt, kann die Natur zu Fuß, per Boot oder Fahrrad erkunden, am Strand ein Buch lesen, in die Geschichte der Region eintauchen und natürlich das ausgezeichnete Seafood genießen.

Aktivitäten

Rebecca T. Ruark BOOTSFAHRT

(☎ text 410-829-3976; www.skipjack.org; Dogwood Harbor, abseits der US 33; 2-stündige Kreuzfahrt Erw./Kind 30/15 US$; ⏲ Mai–Okt. tgl. 11–13 & 17–19 Uhr) Altmodischen Spaß verspricht eine Fahrt in den Sonnenuntergang auf diesem traditionellen Austernfischerboot von

1886. Das ist das älteste dieser Boote an der Chesapeake Bay und inzwischen ein historisches Denkmal. Bezahlung nur bar oder mit Scheck.

Lady Patty Classic Yacht Charters BOOTSFAHRT
(☎ 410-886-1127; www.ladypatty.com; 6176 Tilghman Island Rd, Tilghman Island; Kreuzfahrt Erw./Kind ab 47/26 US$; ⏲ Touren Mai–Okt. Mi–Mo) Bietet zweistündige Kreuzfahrten in der Chesapeake Bay auf einer mit Teakholz und Bronze ausgekleideten Rennjacht von 1935. Die Fahrten sind ein echtes Segel-Erlebnis!

Essen

★ Blacksmith Bar & Restaurant AMERIKANISCH $$
(☎ 410-973-2102; www.blacksmithberlin.com; 104 Pitts St, Berlin; Hauptgerichte mittags 11–22 US$, abends 19–29 US$; ⏲ Mo–Sa 11.30–21.30 Uhr) Überall an der Ostküste empfehlen die Leute dieses gemütliche, sympathische Lokal, das früher eine Schmiede war und heute wohlschmeckende, schlichte farmfrische Kost serviert. Die niedrige Decke und die dicken Wände erwecken die Atmosphäre eines Landgasthauses, und das Personal ist familiär, aber nicht aufdringlich. Die mächtigen Crab Cakes mit Kartoffeln und Kräutern sind himmlisch.

Anreise & Unterwegs vor Ort

Die Region erkundet man am besten mit dem eigenen Auto. Baltimore ist 70 Meilen (113 km) von Easton und 150 Meilen (241 km) von Ocean City entfernt. Berlin liegt 23 Meilen (37 km) östlich von Salisbury und 9 Meilen (14,5 km) westlich von Ocean City an der Verbindungsstraße zwischen diesen beiden größeren Ortschaften. Greyhound-Busse halten in Easton und Salisbury.

Ocean City

Von Juni bis August kann „O.C." mit nur einem Wort beschrieben werden: Partyzentrale. Hier lernt man ein amerikanisches Strandresort von der wildesten Seite kennen. Für die einen ist das Ganze geschmacklos, für die anderen einfach nur Spaß. Hier kann man sich an Fahrgeschäften erfreuen, die wahlweise das Adrenalin in die Höhe jagen oder Übelkeit hervorrufen, ein T-Shirt mit schmierigen Sprüchen kaufen und in billigen Themenbars bis zum Umfallen saufen.

Das Zentrum der Action ist die 4 km lange Uferpromenade, die von der Flussmündung bis zur 27th St reicht. Der Strand ist zwar recht hübsch, wird aber oft von dichtem Verkehr und lärmenden Massen in Beschlag genommen. An den Stränden nördlich der Promenade ist es viel ruhiger. Im Sommer kommen ca. 8 Mio. Besucher nach Ocean City – in eine Stadt, in der es ganzjährig nur knapp über 7000 Einwohner gibt!

Sehenswertes

Ocean City Life-Saving Station Museum MUSEUM
(☎ 410-289-4991; www.ocmuseum.org; 813 S Atlantic Ave; Erw./Kind 5/3 US$; ⏲ Mai–Okt. 10–17 Uhr, Nov.–April Sa & So 10–16 Uhr) Das kleine, aber interessante Museum befindet sich in einer Seenotrettungsstation von 1891 am südlichen Ende der Promenade. Dort lebten einst der Leiter der Wache und sechs bis acht Männer und warteten auf die Notrufe von Schiffen. Die Ausstellungen erzählen die Geschichten in der Nähe liegender Wracks und zeigen Rettungsausrüstung, darunter ein 8 m langes Rettungsboot, das für einen Sturm doch sehr klein und unsicher wirkt!

Die Ausstellungen behandeln auch die Geschichte der Uferpromenade; ein Surfbrett aus Kiefernholz aus den 1920er-Jahren kündet vom Surfsport in der Region.

Trimpers Rides VERGNÜGUNGSPARK
(☎ 410-289-8617; www.trimpersrides.com; S 1st St & Boardwalk; unbegrenzte Rides nachmittags 28 US$; ⏲ Mo–Fr 13–24, Sa & So ab 12 Uhr, saisonal variierende Öffnungszeiten) Wer sich richtig auf kitschigen Strandspaß einlassen will, kommt am Trimpers Rides, dem ältesten der altmodischen Vergnügungsparks, nicht vorbei. Hier futtert man Pommes mit Essig, spielt Spiele und beobachtet die Leute. Die Tickets kosten 0,75 US$; für jedes Fahrgeschäft braucht man eine bestimmte Anzahl davon.

Schlafen

Hotels und Motels (teils eigenständige, teils Filialen landesweiter Ketten) säumen die Uferpromenade und die parallel zum Meer verlaufenden Straßen. Von Juni bis Ende August erwarten sie jede Menge Gäste, und die Preise können in die Höhe schnellen. Ruhigere Unterkunft findet man in B&Bs oder 8 Meilen (13 km) weiter südlich in Berlin. Viele kleinere Unterkünfte sind im Winter geschlossen.

ABSTECHER

ASSATEAGUE ISLAND

Die Küste von Assateague Island, eine karge Landschaft aus Sanddünen und schönen, abgeschiedenen Stränden, liegt nur 8 Meilen (13 km) südlich, aber eine ganze Welt entfernt von Ocean City. Auf der unerschlossenen Barriereinsel lebt eine Herde von Wildpferden, die durch das Buch *Misty of Chincoteague* berühmt geworden ist.

Die knapp 60 km lange Insel unterteilt sich in drei Abschnitte: den zu Maryland gehörenden **Assateague State Park** (☎410-641-2918; http://dnr.maryland.gov; 6915 Stephen Decatur Hwy; Juni–Aug. 6 US$, Sept.–Mai 5 US$; ⏲Tagesbesucherbereiche 7 Uhr–Sonnenuntergang, Campingplatz Ende April–Okt.; P), die unter Bundesverwaltung stehende **Assateague Island National Seashore** (☎410-641-1441; www.nps.gov/asis; 7206 National Seashore Lane, Berlin; Wochenpass Erw./Fahrzeug 10/20 US$; ⏲Visitor Center März–Dez. tgl. 9–17 Uhr, Jan. & Feb. Do–Mo; P) und das zu Virginia gehörende **Chincoteague National Wildlife Refuge** (☎757-336-6122; www.fws.gov; 8231 Beach Rd, Chincoteague Island; 20 US$/Fahrzeug; ⏲Mai–Sept. 5–22 Uhr, Nov.–März 6–18 Uhr, April & Okt. bis 20 Uhr; P). Einen Überblick findet man auf der Website des National Park Service (www.nps.gov/asis) unter „Plan your Visit" oder in der Broschüre *Assateague Island National Seashore*, die eine hilfreiche Karte enthält.

Hier kann man schwimmen und sonnenbaden, Vögel beobachten, wandern, kajak- und kanufahren, campen, Krabben jagen und angeln. In der Nebensaison gibt's auf der zu Maryland gehörenden Seite der Insel keine geöffneten Restaurants oder Bars. Auf keinen Fall sollte man Insektenschutzmittel vergessen – die Moskitos und Bremsen sind ganz schön bösartig!

King Charles Hotel PENSION $$
(☎410-289-6141; www.kingcharleshotel.com; 1209 N Baltimore Ave, Ecke 12th St; DZ 120–200, 4BZ 125–210 US$; ⏲Mai–Okt.; P) Diese Pension könnte eine malerische Sommerhütte sein, wäre sie nicht so nah dran an der Action der Uferpromenade. Die Zimmer sind veraltet, aber sauber und haben eine kleine Veranda. Und es ist ruhig (das King Charles ist also kein Partyhotel).

Essen & Ausgehen

Surf 'n' Turf und All-You-Can-Eat-Angebote gibt's hier an jeder Ecke.

Liquid Assets MODERN-AMERIKANISCH $$
(☎410-524-7037; https://la94.com; 9301 Coastal Hwy, Ecke 94th St; Hauptgerichte 14–38 US$; ⏲So–Do 11.30–23, Fr & Sa bis 24 Uhr) Wie ein Rohdiamant verbirgt sich dieses Bistro und Weingeschäft in einer Einkaufsstraße im Norden von Ocean City. Die Speisekarte bietet einen erfrischenden Mix aus innovativen Meeresfrüchte-Gerichten, gegrilltem Fleisch und klassischen regionalen Gerichten. Der kleine Barbereich ist am frühen Abend ein geselliger Ort, und die trinklustigen Gäste sind von den in der Pfanne gedämpften Muscheln begeistert.

Seacrets BAR
(☎410-524-4900; www.seacrets.com; 117 49th St; ⏲11–2 Uhr, saisonal variierende Öffnungszeiten) Die fast schon mit Rum getränkte Bar im Jamaika-Look scheint direkt aus MTVs *Spring Break* zu stammen. Man kann sich in einem großen Reifen auf dem Wasser treiben lassen, dabei an einem Drink nippen und die Leute auf dem berühmtesten Fleischmarkt der Stadt beobachten. Bei der Frage nach der wildesten Strandparty müssen sich alle anderen Anwärter mit dieser Bar messen.

Anreise & Unterwegs vor Ort

Ocean City liegt 140 Meilen (225 km) südöstlich von Baltimore, zu erreichen über den Hwy 10 und die US 50. Busse von **Greyhound** (☎800-231-222; www.greyhound.com; 101 S Division St, S Division St Transit Ctr) halten 30 Meilen (48 km) westlich von Ocean City in Salisbury, von wo ein örtlicher Shuttle zum südlichen Ende der Uferpromenade fährt.

Der **Coastal Hwy Beach Bus** (www.ococean.com/explore-oc/getting-around-oc; Tageskarte 3 US$; ⏲April–Anfang Nov. 24 Std., übriges Jahr unterschiedliche Betriebszeiten) fährt das ganze Jahre über rund um die Uhr den Strand hinauf und hinunter. Von Juni bis Ende September fährt eine **Tram** (☎410-289-5311; www.ococean.com/explore-oc/getting-around-oc; 4 US$/Fahrt, Tageskarte 8 US$; ⏲Juni–Aug. 11–24 Uhr, Sept. unterschiedliche Betriebszeiten) längs der Uferpromenade. Einzelheiten über Verkehrsverbindungen und Fahrpläne außerhalb der Saison findet man unter www.shoretransit.org.

Westliches Maryland

Marylands westliches Rückgrat ist gebirgig. Die Gipfel der Appalachen erreichen Höhen von über 900 m über dem Meeresspiegel; zerklüftete Landschaften und Schlachtfelder des Amerikanischen Bürgerkriegs prägen die umliegenden Täler. Dies ist Marylands Abenteuerspielplatz, wo Outdoor-Fans wandern, radfahren, Ski fahren, klettern oder raften. Besonders erwähnenswert sind zwei Langstrecken-Wander- und Radwege: die Great Allegheny Passage und der C&O Canal Towpath, auf denen Besucher ein spannender Mix aus Geschichte, Landschaft und Abenteuer erwartet.

Örtliche Chefköche nutzen die hiesigen landwirtschaftlichen Erzeugnisse mit Leidenschaft, und in den größeren Ortschaften findet man fantastische, farmfrische Kost und auch viele einladende Kleinbrauereien.

Bei der Reiseplanung sollte man bedenken, dass der schmale Landzipfel Marylands an Virginia, West Virginia und Pennsylvania grenzt. Wer Schlachtfelder aus dem Bürgerkrieg erkunden oder größere Städte für eine Übernachtung ansteuern möchte, sollte auch die Optionen beachten, die vielleicht nur ein paar Kilometer jenseits der Staatsgrenze liegen.

Anreise & Unterwegs vor Ort

Auf der Karte liegen die Ortschaften im westlichen Maryland vielleicht dicht beieinander, aber schmale, kurvenreiche Bergstraßen können die Fahrtdauer erheblich verlängern. Die wichtigsten Interstates in Ost-West-Richtung sind die I-70 und die I-68, während die I-81 die Region in Nord-Süd-Richtung durchquert.

MARC-Züge (https://mta.maryland.gov) von der Union Station in Washington, D.C., halten in **Frederick** (☎ 866-743-3682; 100 S East St) und **Brunswick** (100 S Maple St, Brunswick); die Amtrak bedient Cumberland (S. 332) auf der Capitol Limited Route, die ebenfalls Anschluss nach Washington, D.C., hat. Greyhound-Busse halten in Cumberland und Frederick.

Bei Flügen kommen der Washington Dulles International Airport (S. 317) und der Baltimore/Washington International Thurgood Marshall Airport (S. 318) infrage.

Frederick & Mt. Airy

Das zentral gelegene Frederick ist einfach perfekt. Sein historisches, fußgängerfreundliches Zentrum mit Reihenhäusern aus rotem Backstein ist voller vielfältiger Restaurants und Läden. Den Mittelpunkt der engagierten, kultivierten Kunstszene bildet das ausgezeichnete Weinberg Center for the Arts. Durch die Stadt schlängelt sich der Carroll Creek, der von einem hübschen Park mit Kunstwerken und Gartenanlagen eingefasst ist. Anders als andere Gemeinden mit historischen Vierteln in der Region ist Frederick eine mittelgroße Stadt, in der Tausende von Regierungsangestellten als Pendler leben, und ein recht bedeutendes Zentrum der Biotechnologie. Für Traveller ist die Stadt dank ihrer zentralen Lage ideal zur Erkundung von Brunswick, Mt. Airy und den Bürgerkrieg-Schlachtfeldern in der Region.

Sehenswertes

Antietam National Battlefield HISTORISCHE STÄTTE

(☎ 301-432-5124; www.nps.gov/anti; 5831 Dunker Church Rd, Sharpsburg; 3-Tagespass pro Pers./Fahrzeug 7/15 US$; ⏲ Anlage Sonnenaufgang–Sonnenuntergang, Visitor Center 9–17 Uhr) Der Ort des blutigsten Tages in der Geschichte Amerikas ist heute äußerst friedvoll, ruhig und eindringlich, ja schlicht, sieht man einmal von den Plaketten und Statuen ab. Am 17. September 1862 kam General Robert E. Lees erster Versuch einer Invasion der Nordstaaten hier zum Stillstand. Bei dem militärischen Patt wurden mehr als 23 000 Soldaten getötet, verwundet oder als vermisst gemeldet – mehr Opfer als in allen vorangegangenen Kriegen zusammen. Erst die Ausstellungen im Visitor Center begutachten und dann übers Gelände laufen!

Viele der Grabsteine auf dem Schlachtfeld tragen deutsche oder irische Namen und sind damit ein bewegendes Zeugnis für die Einwanderer, die ihr Leben für ihr neues Heimatland ließen.

Das Visitor Center zeigt (jeweils zur halben und vollen Stunde) einen kurzen Film über die historischen Ereignisse und verkauft Bücher und Materialien, darunter auch einiges für eine selbstgeführte Auto- und Wandertour über das Schlachtfeld.

Antietam liegt 25 Meilen (40 km) westlich von Frederick und nur 5 Meilen (8 km) nordöstlich von Shepherdstown in West Virginia.

National Museum of Civil War Medicine MUSEUM

(☎ 301-695-1864; www.civilwarmed.org; 48 E Patrick St; Erw./Student/Kind 9,50/7 US$/frei; ⏲ Mo–Sa 10–17, So ab 11 Uhr) Das National Museum of Civil War Medicine bietet einen faszinierenden, wenn auch mitunter grausigen Einblick in die hygienischen und medizinischen Bedingungen, mit denen Soldaten und Ärzte im Bürgerkrieg konfrontiert waren. Es zeigt aber auch die Fortschritte in der Medizin, die durch den Krieg erreicht wurden.

Schlafen & Essen

Hollerstown Hill B&B B&B $

(☎301-228-3630; www.hollerstownhill.com; 4 Clarke Pl; Zi. 130–170 US$; P ❄ 📶) Das elegante, freundliche Hollerstown verfügt über vier stark gemusterte Zimmer, zwei Hunde, eine Puppensammlung und ein schickes Billardzimmer. Das hübsche viktorianische Haus liegt mitten im historischen Innenstadtbereich von Frederick, sodass alles Interessante gut zu Fuß erreichbar ist. Kinder unter 16 Jahren sind unerwünscht.

Brewer's Alley KNEIPENESSEN $$

(☎301-631-0089; www.brewers-alley.com; 124 N Market St; Hauptgerichte 11–26 US$; ⌚So–Di 11.30–23.30, Mi & Do bis 24, Fr & Sa bis 2.30 Uhr; 📶) Dieser lebhafte Pub mit Brauerei ist aus verschiedenen Gründen einer der besten Orte in Frederick. Erstens wäre da das Bier: selbst gebraut, viele Variationen, köstlich. Zweitens sind da die Burger: riesige, einfach himmlisch schmeckende Portionen. Drittens punktet die restliche Speisekarte: ausgezeichnetes Chesapeake-Seafood plus Zutaten und Fleisch von den Farmen aus Frederick. Die kleine Terrasse lädt an sonnigen Tagen zum Verweilen ein.

Unterhaltung

Weinberg Center for the Arts THEATER

(☎301-600-2828; www.weinbergcenter.org; 20 W Patrick St) Auf dem Veranstaltungskalender stehen Vorführungen von klassischen und Stummfilmen, Livemusik von Banjo bis Funk sowie interessante Vorträge, z. B. von der Autismus-Sprecherin und Professorin Temple Grandin oder vom Schauspieler Mark Ruffalo. Das Zentrum ist der Mittelpunkt einer engagierten, kultivierten Kunstszene.

Praktische Informationen

Frederick Visitor Center (☎301-600-4047; www.visitfrederick.org/visit/visitor-center; 151 S East St; ⌚9–17.30 Uhr)

An- & Weiterreise

Frederick ist erreichbar mit Greyhound-Bussen und MARC-Zügen (nur Mo–Fr), die am Transit Center (S. 330) einen Block nördlich des Visitor Center halten. Der Brunswick-Line-Zug der MARC verbindet Frederick mit Harpers Ferry (West Virginia), Silver Spring (Maryland) und Washington, D. C.

Cumberland

Der Vorposten Fort Cumberland am Potomac River (nicht zu verwechseln mit dem Cumberland Gap zwischen Virginia und Kentucky) war für die Pioniere das Tor über die Allegheny Mountains nach Pittsburgh und zum Ohio River. Mit der Fertigstellung des C&O Canal und der Ankunft der Eisenbahn im 19. Jh. wurde die Stadt zu einem Wirtschaftszentrum, über das Waren und Rohstoffe den Fluss hinunter nach Georgetown geschafft wurde.

Heute steht Cumberland für Erholung in der freien Natur mit ihren Flüssen, Wäldern und Bergen. Das Zentrum des Outdoor-Betriebs ist der Canal Pl, wo zwei Langstrecken-Wander- und Radwege zusammentreffen: der C&O Canal Towpath und die Great Allegheny Passage. Deren Schnittpunkt ist nur ein paar Schritte von dem Depot der beliebten Panorama-Eisenbahn entfernt. Der Canal Pl ist außerdem nur einen kurzen Spaziergang von den fußgängerfreundlichen Straßen der Innenstadt entfernt.

Sehenswertes & Aktivitäten

C&O Canal National Historic Park NATIONALPARK

(www.nps.gov/choh; 13 Canal St, Western Maryland Railway Station; ⌚Sonnenaufgang–Sonnenuntergang) GRATIS Das Meisterwerk der Ingenieurskunst wurde entworfen, um parallel zum Potomac River die Chesapeake Bay mit dem Ohio River zu verbinden. Der Bau des Kanals begann 1828, wurde aber 1850 an den Appalachen gestoppt. In dem durch den Park geschützten, 297 km langen Korridor gibt's einen 4 m breiten ehemaligen Treidelpfad, der heute zum Wandern und Radfahren genutzt wird und den ganzen Weg von hier bis nach Georgetown in D. C. führt. Das ebenfalls hier gelegene **Cumberland Visitor Center** (☎301-722-8226; ⌚9–17 Uhr; P) zeichnet mit Ausstellungen die Bedeutung des Flusshandels in der Geschichte der amerikanischen Ostküste nach.

Great Allegheny Passage – Cumberland RADFAHREN

(www.gaptrail.org; Canal Pl) Von seinem Ausgangspunkt in Pittsburgh führt dieser malerische Wander- und Radweg 241 km weit bis zu seinem Endpunkt in Cumberland, wo er auf den 297 km langen C&O Canal Towpath trifft. Dieser Weg ist frei von Autos.

Cumberland Trail Connection RADFAHREN
(☎301-777-8724; www.ctcbikes.com; 14 Howard St, Canal Pl; ab 20/35/175 US$ pro halber/ganzer Tag/Woche 20/35/175 US$; ⏲April–Okt. 8–19 Uhr, Nov.–März Di–So 10–17 Uhr) Dieser Ausrüster in praktischer Nähe zum Startpunkt des C&O Canal Towpath verleiht und repariert Fahrräder (Cruiser, Tourenräder & Mountainbikes) und organisiert auch Shuttlefahrten überall zwischen Pittsburgh und Washington, D.C. Einen einfachen Plan des Treidelpfads findet man auf der Website.

Schlafen & Essen

Fairfield Inn & Suites HOTEL $$
(☎301-722-0340; www.marriott.com; 21 N Wineow St; Zi. 154 US$; P ❄ @ ☎ ≋) Das moderne, kürzlich renovierte Anwesen am C&O Canal Towpath ist eine hervorragende Unterkunft für Radler. Das im Preis inbegriffene kontinentale Frühstücksbüfett gibt Kraft für die Radtour. Das Hotel liegt zudem in bequemer Gehentfernung zum Depot der **Western Maryland Scenic Railroad** (☎800-872-4650; www.wmsr.com; 13 Canal St; Erw./Kind 56/40 US$; ⏲Mitte April–Okt. Do–So 11.30, Sa 18 Uhr, saisonal variierende Abfahrtszeiten & Touren) und zur Innenstadt. Die Zimmer bieten Mikrowellengeräte und Mini-Kühlschränke.

Queen City Creamery & Deli DINER $
(☎301-777-0011; www.queencitycreamery.com; 108 W Harrison St; Sandwiches 8–10 US$, 1 Kugel Vanilleeis 3 US$; ⏲Mo–Do 7–21, Fr bis 22, Sa 8–22, So 8–21 Uhr, saisonal variierende Öffnungszeiten) Mit sahnigen Shakes, hausgemachtem Vanilleeis, dick belegten Sandwiches und sättigendem Frühstück wirkt diese altmodische Milchbar wie direkt aus den 1940er-Jahren in die Gegenwart entführt.

An- & Weiterreise

Der **Amtrak-Bahnhof** (☎800-872-7245; www.amtrak.com; 201 E Harrison St) befindet sich nahe dem Zentrum. Cumberland liegt an der täglich befahrenen Capitol Limited Route, die Washington, D.C., mit Chicago verbindet. Pittsburgh liegt 100 Meilen (161 km) nordwestlich der Stadt. Am Bahnhof halten auch Greyhound-Busse. Aus dem östlichen Teil Marylands erreicht man Cumberland über die I-70 und I-68 Richtung Westen.

DELAWARE

Das kleine Delaware, mit 155 km Länge und 56 km Breite der zweitkleinste Bundesstaat der USA, steht im Schatten seiner Nachbarn und wird von Besuchern der Capital Region oft übersehen. Das ist schade, hat doch Delaware viel mehr zu bieten als nur steuerfreies Einkaufen und Hühnerfarmen.

Lange, weiße Sandstrände, putzige kolonialzeitliche Dörfer, gemächliches Landleben und kleinstädtischer Charme charakterisieren diesen Staat, der sich selbst als „Kleines Wunder" bezeichnet. Es ist auch der Heimatstaat von Präsident Joe Biden, der aus Wilmington kommt.

Geschichte

In der Kolonialzeit war das Land von Delaware Gegenstand eines erbitterten Streits zwischen holländischen, schwedischen und britischen Siedlern. Während Holländer und Schweden eine Gesellschaft aufbauten, in der nach dem Vorbild nordeuropäischer Länder das Bürgertum das Sagen haben sollte, errichteten die Briten eine Aristokratie der Plantagenbesitzer. Dies erklärt zum Teil, warum Delaware bis heute eine für die Mittelatlantikstaaten typische hybride Kultur aufweist.

Den vielleicht größten Moment seiner Geschichte erlebte der kleine Staat am 7. Dezember 1787, als Delaware als Erster die amerikanische Verfassung unterzeichnete und damit der erste Staat der Union wurde. Der Union blieb Delaware während des gesamten Bürgerkriegs treu, obwohl der Staat die Sklaverei befürwortete. Die Wirtschaftskraft Delawares beruhte in dieser Zeit – wie nahezu im gesamten Verlauf seiner Geschichte – auf der chemischen Industrie. 1802 gründete der französische Einwanderer Eleuthère Irénée du Pont eine Fabrik zur Herstellung von Sprengstoff. Heute ist DuPont der zweitgrößte Chemiekonzern der Welt. Im 20. Jh. lockten die niedrigen Steuersätze weitere Firmen (vor allem Kreditkartenunternehmen) an und ließen den Staat wachsen und gedeihen.

Anreise & Unterwegs vor Ort

Die Küstenstädte liegen 120 Meilen (193 km) von Washington, D.C., und Baltimore entfernt. Wilmington liegt am nördlichen Rand des Bundesstaats, 75 Meilen (120 km) nordöstlich von Baltimore über die I-95 und 30 Meilen (48 km) südlich von Philadelphia über die I-95 – und nur ein paar Meilen von der Staatsgrenze zu Pennsylvania entfernt. Amtrak fährt auf neun Routen durch Wilmington. Der Wilmington am nächsten gelegene Flughafen ist der Philadelphia International Airport (S. 193).

Küste von Delaware

Mit Strandorten für jeden Geschmack und traumhaften Ausblicken auf die Küste sind Delawares 45 km langen Sandstrände am Atlantik der beste Grund, hier zu verweilen. Sie sind auch für Stadtbewohner aus Washington, D.C., Baltimore und New York City, die nach einer Auszeit suchen, schnell zu erreichen. Lewes punktet mit einer fußläufigen Innenstadt voller Geschichte und toller Restaurants. Das schwulenfreundliche Rehoboth eignet sich auch gut für Familien und Traveller, die sich gepflegt in Spas verwöhnen und feine Cocktails schlürfen wollen. Gleich südlich von Rehoboth ist das ausgelassene Dewey der richtige Ort für Strandpartys, während man in Bethany beschauliche Tage auf dem Sandstrand verbringen kann. Richtung Süden bis hinunter zur Grenze nach Maryland erstrecken sich zwischen den Ortschaften hübsche Strände und State Parks, die bis zum Meer und den Buchten reichen. Die Parks mit dem Rad und die Salzmarschen mit dem Kajak zu erkunden, gehört zu den beliebtesten Outdooraktivitäten.

Die meisten Geschäfte und Einrichtungen sind ganzjährig geöffnet. Außerhalb der Saison (Juni–Aug.) gibt's jede Menge günstige Angebote.

Lewes

Im Jahr 1631 gaben die Holländer dieser Walfangsiedlung den hübschen Namen Zwaanendael (Schwanental), wurden aber kurz darauf von den hier ansässigen Nanticokes niedergemetzelt. Der Name wurde schließlich in Lewes (ausgesprochen lu-iss) geändert, als William Penn die Kontrolle über dieses Gebiet übernahm. Heute ist die Stadt ein hübscher Küstenort mit vielen tollen Restaurants und einer Mischung aus englischer und niederländischer Architektur . Der hübsche Cape Henlopen State Park liegt nur 2,5 Meilen (4 km) vom Zentrum entfernt.

Cape Henlopen State Park STATE PARK
(☎302-645-8983; www.destateparks.com/beaches/cape-henlopen; 15099 Cape Henlopen Dr; März–Nov. 10 US$/Fahrzeug, Dez.–Feb. frei; ⏰8 Uhr–Sonnenuntergang; P) 1 Meile (1,6 km) östlich von Lewes befindet sich dieser schöne, über 16 km² große State Park mit Küstendünen, Pinienwäldern und Feuchtgebieten, der bei Vogelbeobachtern, Strandgängern und Campern sehr beliebt ist. Es gibt auch einen asphaltierten, knapp 6 km langen Rundkurs für Radler. Vom Aussichtsturm kann man bis zum Cape May blicken. Der **North Shores Beach** lockt viele schwule und lesbische Pärchen an. Stellplätze (35–44 US$) und Hütten (120 US$) werden vermietet. Die Eintrittsgebühr kann nur bar bezahlt werden.

Hotel Rodney HOTEL $$
(☎302-645-6466; www.hotelrodneydelaware.com; 142 2nd St; Zi. 150–260 US$, Suite 270–330 US$; P) Das charmante Boutiquehotel punktet mit feinem Bettzeug und restaurierten Antikmöbeln, verzichtet aber nicht auf jede Menge moderne Annehmlichkeiten, die dem Ganzen eine frische Atmosphäre verleihen.

An- & Weiterreise

Die **Cape May–Lewes Ferry** (☎800-643-3779; www.capemaylewesferry.com; 43 Cape Henlopen Dr; Rundfahrt pro Auto 50 US$, pro Erw./Kind 6–13 Jahre 18/9 US$) verkehrt täglich über die Delaware Bay nach New Jersey (1½ Std.); ihr Anleger befindet sich gut 1 Meile (1,6 km) vom Zentrum von Lewes entfernt. Für Fußgänger fährt innerhalb der Saison ein Shuttle-Bus (5 US$) von der Anlegestelle nach Lewes. Hierfür ist eine Reservierung empfohlen. Die Stadt liegt an der Küste abseits des Coastal Hwy/Rte 1.

Rehoboth Beach

Rehoboth Beach ist zwar 121 Meilen (ungefähr 200 km) von Washington, D.C., entfernt, ist aber der der Hauptstadt am nächsten gelegene Sandstrand, weshalb er scherzhaft auch als „Sommerhauptstadt der USA" bezeichnet wird. Der Ort ist ein familien- wie auch schwulenfreundliches Ausflugsziel.

Um dem Chaos auf der geschäftigen Rehoboth Ave (und am stark bebauten Ortsrand) zu entgehen, schlendert man im Ort am besten die Nebenstraßen mit ihren viktorianischen Häusern, die baumgesäumte Straßen, an schicken Restaurants und an Vergnügungsstätten für Kinder entlang. Wunderbar ist auch der breite Strand mit seiner kilometerlangen Promenade.

Schlafen

★ Cottages at Indian River Marina
COTTAGE $$$

(☎302-227-3071; www.destateparks.com/reservations/cottages; 39415 Inlet Rd; pro Woche Haupt-/Neben-/Nachsaison 1900/1250/850 US$, 2 Tage Nebensaison 200–300 US$; P❄) Diese Cottages im Delaware Seashore State Park, 10 km südlich vom Dewey Beach, sind wirklich schöne Unterkünfte. Nicht unbedingt wegen der Einrichtung, aber wegen der Terrassen und des ungetrübten Blicks über den einsamen Strand aufs Wasser. Jedes Cottage hat zwei Schlafzimmer und ein Loft.

Die Cottags werden im Sommer nur wochenweise vermietet, in der Nebensaison muss man sie mindestens zwei Tage buchen.

Avenue Inn & Spa
SPA-HOTEL $$$

(☎800-433-5870; www.avenueinn.com; 33 Wilmington Ave; DZ 275–400 US$;) Die Zimmer in dieser Entspannungsoase nur einen Block von der Uferpromenade entfernt punkten mit einem frischen, schlichten Strandstil. Zu den kostenlosen gastlichen Extras gehören Wein und Käse am Nachmittag, gefolgt von frischen Cookies am Abend. An Spa-Anwendungen gibt's z. B. Tiefengewebemassagen, Bio-Gesichtsbehandlungen und eine „Teatox"-Körperanwendung mit Earl Grey.

Essen & Ausgehen

Chesapeake & Maine
GASTROPUB $$

(☎302-226-3600; www.dogfish.com; 316 Rehoboth Ave; Hauptgerichte 18–29 US$; ⊙15–22 Uhr) Die Bar des Chesapeake & Maine brilliert mit Stil und erstklassigem Service. Das Lokal gehört der bekannten Brauerei Dogfish Head, und die gerühmten Cocktails werden mit Spirituosen der Dogfish Head Distilling Co gemixt. Die Rohfischbar und die Seafood-Gerichte verwenden Fisch aus der Chesapeake Bay und von der Küste von Maine.

Blue Hen
AMERIKANISCH $$

(☎302-278-7842; www.thebluehenrehoboth.com; 33 Wilmington Ave; Hauptgerichte 14–32 US$; ⊙Do–Mo 12 Uhr–open end) Das von dem gleichen Team wie das hochgelobte Henlopen City Oyster House geführte Blue Hen heimste kurz nach seiner Eröffnung 2017 eine Halbfinalnominierung der James Beard Foundation in der Kategorie „Beste neue Restaurants" ein. In dem schicken Ambiente eines Farmhauses zaubert Chefköchin Julia Robinson schlichte Gourmet-Kost, darunter Russische Eier mit knusprigen Hähnchenteilen und Hummer-Potpie.

Cocktails sind an der stilvollen Theke angesagt, um die Gemeinschaftstische für aufgeschlossene Stimmung sorgen. Vor dem Haus gibt's eine Feuergrube. Das nach dem Staatsvogel von Delaware benannte Blue Hen befindet sich im Avenue Inn & Spa.

★ Henlopen City Oyster House
SEAFOOD $$$

(☎302-260-9193; www.hcoysterhouse.com; 50 Wilmington Ave; Sandwiches 12–24 US$, Hauptgerichte 28–38 US$; ⊙Abendessen ab 17 Uhr) Meeresfrüchtefans sollten sich dieses elegante, aber auch einladende Lokal mit einer sehr guten Rohfischtheke und leckeren Meeresfrüchtegerichten nicht entgehen lassen. Die Menschen kommen in Scharen hierher – da nicht reserviert werden kann, sollte man frühzeitig aufschlagen. Gute Biere aus Kleinbrauereien, Cocktails und Weine runden das Angebot ab. Die Karte wechselt täglich. Die Happy Hour dauert von 15 bis 17 Uhr; in der Nebensaison gibt's auch Mittagessen.

★ Dogfish Head Brewings & Eats
PUB

(☎302-226-2739; www.dogfish.com; 320 Rehoboth Ave; Hauptgerichte 12–25 US$; ⊙So–Do 11–23, Fr & Sa bis 1, So bis 15 Uhr) Die bekannte Brauerei serviert viele Biersorten und darüber hinaus schmackhafte Pizzas, Burger, Crab Cakes und weitere Kneipengerichte, zu denen immer die preisgekrönten IPAs bestens passen. Es gibt auch eine Kinderkarte mit Gerichten für 6 US$. Das Dogfish ist eine Attraktion in der Region.

An- & Weiterreise

BestBus (www.bestbus.com) bietet von Washington, D. C. (40 US$, 2½ Std.) und New York City (49 US$, 4½ Std.) nur im Sommer (Ende Mai–Anfang Sept.) freitags bis sonntags Busverbindungen nach Rehoboth. Die Busse halten auch in Dewey Beach.

Der Jolly Trolley (www.jollytrolley.com; hin & zurück 5 US$, Juni–Ende Aug. 8–2 Uhr) verbindet die Strände von Rehoboth und Dewey und hält unterwegs an vielen Stellen. Nur Barzahlung!

Wilmington & Brandywine Valley

Ein einmaliger kultureller Mix aus afroamerikanischen, jüdischen und karibischen Einflüssen und eine lebendige Kunstszene machen diese Stadt zu einem lohnenden Ziel.

Wilmington ist auch eine gute Basis für Ausflüge in das malerische Brandywine Valley, knapp 10 km weiter nördlich, mit seinen vielen historischen Herrenhäusern, Gärten und Fabriken. Die gegenwärtige Pracht geht vielfach auf die Familie Du Pont zurück, die mit einer Schießpulverfabrik an den Ufern des Brandywine River ihren Reichtum begründete.

Die 2,1 km lange Uferpromenade am Christina River im Stadtzentrum ist ein schöner Ort für einen Spaziergang und ein Essen im Freien. Wilmington ist die Heimatstadt von Präsident Joe Biden, der als US-Senator und Vizepräsident regelmäßig mit dem Amtrak-Zug zwischen Wilmington und Washington, D.C., pendelte und nach dem Ende seiner Amtszeit als Vizepräsident (2017) auch wieder mit dem Zug nach Hause fuhr.

Sehenswertes

Delaware Art Museum MUSEUM
(☎302-571-9590; www.delart.org; 2301 Kentmere Pkwy; Erw./Kind 7–18 Jahre 12/6 US$, Do 16–20 Uhr & So frei; ⏲Mi & Fr–So 10–16, Do bis 20 Uhr; P) Gezeigt werden Arbeiten der Künstler der hiesigen Brandywine School, darunter Werke von Edward Hopper, John Sloan und drei Generationen der Wyeth-Familie. In sechs Sälen zeigt das Museum außerdem seine fantastische Sammlung originaler Arbeiten des in Wilmington geborenen Illustrators Howard Pyle.

Winterthur HISTORISCHE STÄTTE
(☎302-888-4600; www.winterthur.org; 5105 Kennett Pike/Rte 52; Erw./Kind 2–11 Jahre 20/6 US$; ⏲März–Dez. Di–So 10–17 Uhr, Jan. & Feb. geschl.) 6 Meilen (9,6 km) nordwestlich von Wilmington befindet sich der 175 Zimmer umfassende Landsitz des Industriellen Henry Francis du Pont mit seiner Sammlung von Antiquitäten und amerikanischer Kunst, die zu den größten der Welt zählt. Der Garten ist ebenfalls schön.

Brandywine Creek State Park STATE PARK
(☎302-577-3534; www.destateparks.com/BrandywineCreek; 41 Adams Dam Rd; März–Nov. 8 US$/Fahrzeug, Dez.–Feb. frei; ⏲8 Uhr–Sonnenuntergang, Nature Center Mo–Fr 8–16 Uhr; P) Der State Park ist das Kleinod der Region. Eine grüne Oase von solcher Größe wäre überall eindrucksvoll, ganz besonders ist sie das aber hier in der Nähe von dichter Besiedlung. Naturpfade und flache Bäche winden sich durch den Park. Naturfreunde können hier die Falken bei ihrem jährlichen Zug nach Norden (März–Mai) bzw. nach Süden (Sept.–Nov.) beobachten.

Schlafen & Essen

Holiday Inn Express HOTEL $$
(☎302-479-7900; www.ihg.com; 300 Rocky Run Pkwy; DZ 150 US$, Suite 180–230 US$; P ❄ @ 📶) Das Hotel mit gutem Preis-Leistungs-Verhältnis belegt ein unscheinbares Gebäude, das wie ein durchschnittliches Kettenhotel der mittleren Preisklasse aussieht, 5 Meilen (8 km) nördlich vom Zentrum von Wilmington. Das Dekor ist altbeliebt, aber gepflegt, und die Zimmer bieten Mikrowelle und Mini-Kühlschrank. Das warme Büfettfrühstück ist im Preis inbegriffen. Das Hotel liegt unweit der Attraktionen des Brandywine Valley.

★ **Hotel du Pont** HOTEL $$$
(☎302-594-3100; www.hoteldupont.com; 42 W 11th St, Ecke Market St & 11th St; Zi. 440–460 US$, Suite 900 US$; P ❄ 📶) Nachdem es 100 Jahre zum Besitz der Familie Du Pont gehört hatte, präsentiert sich das renovierte, seit 2017 neuen Eigentümern gehörende Hotel in wirklicher Opulenz. Das beste Hotel im Bundesstaat ist derartig luxuriös und elegant, dass es seinem Namen (es ist nach einer der erfolgreichsten Industriellenfamilien der USA benannt) alle Ehre macht. Das Hotel zeigt eine Art-déco-Pracht, in der sich auch Jay Gatsby sicher wohl gefühlt hätte.

Iron Hill Brewery KNEIPENKOST $$
(☎302-472-2739; www.ironhillbrewery.com; 620 Justison St; Hauptgerichte 17–27 US$; ⏲Mo–Fr 11.30–23, Sa 11–24, So 11–23 Uhr) Die geräumige und luftige, mehrstöckige Iron Hill Brewery residiert in einem umgebauten Lagerhaus aus Backstein am Flussufer. Zu den guten Craft-Bieren gibt's passende herzhafte Kneipenkost.

An- & Weiterreise

Gleich abseits der I-95 liegt Wilmington auf halbem Weg zwischen Washington, D.C., und New York City und ist somit etwa zwei Stunden von jeder der beiden Städte entfernt. Busse von **Greyhound** (☎302-655-6111; www.greyhound.com; 101 N French St) halten im Zentrum. Züge von Amtrak fahren an der **Joseph R. Biden Jr. Railroad Station** (☎800-872-7245; www.amtrak.com; 100 S French St) ab und verbinden Wilmington mit D.C. (1½ Std.), Baltimore (45 Min.) und New York (2 Std.).

Dover

Dovers Stadtzentrum ist recht hübsch; Reihenhäuser mit Restaurants und Läden säumen die Straßen, und ausladende Laubbäume spenden in den hübschen kleinen Gassen Schatten. Die meisten Museen und historischen Stätten befinden sich im Zentrum nahe dem Capitol, ein paar liegen auch südlich von Downtown abseits der Rte 1. Die Dover Air Force Base liegt 4 Meilen (6,4 km) südlich des Zentrums.

Sehenswertes

Old State House MUSEUM

(☎302-744-5054; http://history.delaware.gov/museums; 25 The Green; ⌚Mo–Sa 9–16.30, So 13.30–16.30 Uhr) GRATIS Man sollte sich die Zeit für die kurze, von Dozenten geleitete Führung durch das kleine, aber interessante Gebäude nehmen. Das 1791 erbaute ehemalige State Capitol wurde restauriert und beherbergt heute Kunstgalerien und vertiefende Ausstellungen zu Geschichte und Politik des First State. Wir erfuhren hier, das sich in jedem State House der USA ein Porträt von George Washington befindet!

First State Heritage Park Welcome Center & Galleries MUSEUM

(☎302-744-5055; www.destateparks.com/heritagepark; 121 Martin Luther King Blvd N; ⌚Mo–Fr 8–16.30, Sa 9–16.30 Uhr; P) GRATIS Im First State Heritage Park, der auch als Besucherzentrum für die Stadt Dover, den Bundesstaat Delaware und das angrenzende State House dient, kann man tief in die Geschichte Delawares eintauchen. Zu diesem nicht abgegrenzten Areal gehören 19 historische Stätten, die nur ein paar Blocks voneinander entfernt sind. Am besten beginnt man im Welcome Center & Galleries mit den Ausstellungen zur Geschichte Delawares. Weitere Infos über anderen wichtigen Stätten in der Nähe und eine Karte der Wege erhält man hier.

John Dickinson Plantation MUSEUM

(☎302-739-3277; http://history.delaware.gov/museums; 340 Kitts Hummock Rd; ⌚ganzjährig Di–Sa 10–16.30 Uhr, April–Sept. auch So 13.30–16.30 Uhr; P) GRATIS Das restaurierte Anwesen aus dem 18. Jh. gehörte dem Gründervater der USA, der wegen seines eloquenten Eintretens für die Unabhängigkeit den Spitznamen der „Schreibfeder der Revolution" erhielt. Dickinson ist vielleicht nicht so bekannt wie andere Staatsmänner der Kolonialzeit, weil er nicht zu den Unterzeichnern der Unabhängigkeitserklärung gehörte. Er unterzeichnete aber die Verfassung, auch wenn er als ein vorsichtiger und grüblerischer Mann galt. Samstags gibt's auf dem Gelände Vorführung alter Handwerkstechniken wie Weben, Stricken oder Färben.

Air Mobility Command Museum MUSEUM

(☎302-677-5938; www.amcmuseum.org; 1301 Heritage Rd; ⌚Di–Sa 9–16 Uhr; P) GRATIS Wer sich für Luftfahrt interessiert, wird an diesem Museum seine Freude haben: Auf dem nahe gelegenen Flugplatz stehen über 30 restaurierte alte Cargo- und Frachtflugzeuge, darunter C-130s, eine C-7 aus der Zeit des Vietnamkriegs und eine Flying Boxcar aus dem Zweiten Weltkrieg. Es gibt geführte Touren.

Die Dover Air Force Base (AFB) ist ein Symbol für die amerikanische Militärmacht und rückt nachdrücklich ins Bewusstsein, wie hoch der Preis für einen Krieg ist. Hier befindet sich die größte Leichenhalle des Verteidigungsministeriums, und die Überreste amerikanischer Soldaten, die in Übersee getötet wurden, kommen stets zuerst hierher.

Bombay Hook National Wildlife Refuge WILDSCHUTZGEBIET

(☎302-653-9345; www.fws.gov/refuge/Bombay_Hook; 2591 Whitehall Neck Rd, Smyrna; 4/2 US$ pro Fahrzeug/Fußgänger oder Radfahrer; ⌚Sonnenaufgang–Sonnenuntergang, Visitor Center Mo–Fr 8–16 Uhr, Frühjahr & Herbst auch Sa & So; P) Hunderttausende von Wasservögel nutzen dieses geschützte Feuchtgebiet als Ruheplatz während ihrer Wanderzüge. Ein 12 Meilen (19,2 km) langer, mit dem Auto befahrbarer Naturpfad führt durch das 6577 ha große Gebiet mit Salzmarschen, Schlickgras und Gezeitenbecken, das die sanfte Schönheit der DelMarVa-Halbinsel in einem perfekt erhaltenen ökologischen System präsentiert. Man findet hier kurze Wanderwege und einige Beobachtungstürme. Während der Fahrt sollte man auf flinke Rotfüchse achten. Der Eintritt muss bar bezahlt werden.

Schlafen

Dover ist zwar ziemlich klein, aber die Hauptstadt des Bundesstaats und Sitz der Dover Air Force Base, sodass es hier viele Unterkünfte gibt. Hotels und Motels (teils eigenständige, teils Filialen landesweiter Ketten) säumen den Dupont Hwy/Rte 13, hinzu kommt ein Gästehaus im Zentrum nahe dem Capitol.

Home2 Suites HOTEL $$
(☎302-674-3300; http://home2suites3.hilton.com; 222 S Dupont Hwy; Suite 152–180 US$; P ❄ 📶 🏊 🐾) Das nur aus Suiten bestehende Hotel ist eine kurze Fahrt bzw. einen 800 m langen Fußmarsch von der Innenstadt entfernt. Die Suiten, in denen man gut auch länger wohnen kann, sind modern und geräumig und bieten komplett ausgestattete Einbauküchen. Es gibt auch einen Waschküchen-/Fitnessbereich. Das warme Frühstück ist im Preis inbegriffen.

Essen & Ausgehen

Restaurant 55 BURGER $
(☎302-535-8102; www.myrestaurant55.com; 2461 S State St; Hauptgerichte 10–15 US$; ⏲Di–Fr 11–14, Di–Do 16–21, Fr 16–22, Sa 12–22, So 12–20 Uhr) Gäste aller Altersgruppen stehen für die vielfältigen Burger in diesem brummenden Restaurant unweit der Dover Air Force Base an. Die Erwachsenen hält Craft-Bier von Dogfish Head, Dewey Beer und Evolution bei Laune.

Flavors of India INDISCH $$
(☎302-677-0121; www.flavorofindiade.com; 348 N Dupont Hwy; Hauptgerichte 12–19 US$; ⏲Mo–So 11–22, So bis 21 Uhr; P 🌶 👪) Zu sagen, dass dieses Lokal ein unerwartetes Juwel ist, wäre eine Untertreibung. Erstens befindet es sich in einem Super 8 Motel abseits des Hwy, zweitens ist es einfach fantastisch! Die Standardgerichte wie Vindaloo, Korma und Tikka Masala sind hervorragend. Ziegen-Palakwala (Ziegencurry mit Spinat)? Köstlich. Hier gibt es auch die besten Veggie-Gerichte der Gegend.

Governor's Cafe KAFFEE
(☎302-747-7531; www.governorscafe.de; 144 Kings Hwy SW; ⏲Mo–Fr 7.30–22, Sa 10–23, So 10–18 Uhr) Das einladende Lokal in einem weitläufigen Haus aus den 1850er-Jahren gegenüber dem Amtssitz des Gouverneurs präsentiert sich vielseitig. Morgens kann man sich hier Kaffee und Gebäck für unterwegs holen und nachmittags Käse knabbern und auf der Veranda lesen. Nach der Arbeit kann man dann in der gemütlichen Bar einen Cocktail schlürfen und abends ein gepflegtes Mahl und einen Wein genießen.

An- & Weiterreise

Dover liegt, wenn man über die Rte fährt, 50 Meilen (80 km) südlich von Wilmington. Die US 301 verbindet Dover mit Baltimore, das 85 Meilen (137 km) westlich liegt. Der DART-Bus 301 (einfache Fahrt 6 US$) verkehrt zwischen Wilmington und dem **Dover Transit Center** (www.dartfirststate.com; S Queen St), welches 0,5 Meilen (800 m) von Dovers Zentrum entfernt ist. **Greyhound-Busse** (☎800-231-2222; www.greyhound.com; 654 N Dupont Hwy) halten 3,2 km nördlich von Downtown.

VIRGINIA

Der Commonwealth of Virginia trieft nur so vor Geschichte und Tradition: Hier wurde Amerika geboren, hier gründeten englische Siedler 1607 die erste dauerhafte Kolonie der Neuen Welt. Bis heute hat der Staat eine tragende Rolle in fast jedem großen Drama der amerikanischen Geschichte gespielt, sei es im Unabhängigkeitskrieg, im Bürgerkriegs, in der Bürgerrechtsbewegung oder bei den Anschlägen vom 11. September 2001.

So verschiedenartig und vielfältig wie die Geschichte und Bevölkerung Virginias ist auch dessen Landschaft: die Chesapeake Bay und die breiten Sandstrände am Atlantik im Osten, Pinienwälder, Sumpfgebiete und sanft wellige grüne Hügel der Region Piedmont in der Mitte, der raue Gebirgszug der Blue Ridge Mountains und das beeindruckende Shenandoah Valley im Westen.

Hier gibt's viel Interessantes für Besucher, darunter Weltklasse-Touristenattraktionen wie Colonial Williamsburg, Outdooraktivitäten, eine muntere, zum Mitmachen einladende Folkszene und ein stetig wachsendes Netz von Wine, Beer und Spirit Trails.

Geschichte

Seit mindestens 5000 Jahren leben Menschen im Gebiet des heutigen Bundesstaats Virginia. Es waren einige Tausend Ureinwohner, die im Mai 1607 mit ansehen mussten, wie Kapitän James Smith mit seiner Mannschaft die Chesapeake Bay hinaufsegelte und Jamestown gründete, die erste dauerhafte englische Kolonie in der Neuen Welt. Benannte nach der „Virgin Queen", der jungfräulichen Königin Elisabeth I., erstreckte sich die Kolonie ursprünglich über fast die gesamte Ostküste Amerikas. Nachdem 1610 die meisten Siedler auf der Suche nach Gold verhungert waren, entdeckte John Rolfe, der Ehemann von Pocahontas, den wahren Reichtum Virginias: den Tabak.

Dank des Tabakanbaus entstand eine feudale Aristokratie. Viele Sprösslinge des niederen Adels wurden zu Gründungsvätern, nicht zuletzt der hier geborene George Washington. Im 19. Jh. wucherte das auf Sklaverei basierende Plantagensystem unaufhaltsam – und geriet in einen immer schärfer werdenden Widerspruch zur industrialisierten Wirtschaft des Nordens. 1861 spaltete sich Virginia schließlich von der Union ab und wurde zum Zentrum des Bürgerkriegs. Nach der Niederlage vollführte der Bundesstaat einen kulturellen Drahtseilakt. Er musste sich eine vielschichtige Identität zulegen, zu der ältere Aristokraten, eine ländliche und städtische Arbeiterklasse, Einwanderer und schließlich auch die Bewohner der florierenden technologielastigen Vorstädte von Washington, D.C., ihren Beitrag leisteten. Der Staat zehrt von seiner Geschichte, will aber dennoch beim amerikanischen Experiment in der ersten Reihe mitmischen. Obwohl Virginia die Rassenschranken in den 1960er-Jahren nur widerstrebend aufhob, beherbergt es heute eine der ethnisch vielfältigsten Bevölkerungen in Amerikas Neuem Süden.

Anreise & Unterwegs vor Ort

Zu den größten Flughäfen in der Region gehören der **Washington Dulles International Airport** (IAD; www.metwashairports.com;) im nördlichen Virginia, der **Richmond International Airport** (RIC; 804-226-3000; www.flyrichmond.com; 1 Richard E Byrd Terminal Dr;) in Richmond, der **Norfolk International Airport** (NIA; 757-857-3351; www.norfolkairport.com; 2200 Norview Ave;) in Norfolk und der **Roanoke-Blacksburg Regional Airport** (540-362-1999; www.roanokeairport.com; 5202 Aviation Dr NW) im südwestlichen Virginia. American, United und Delta bedienen den Charlottesville Albemarle Airport (S. 356) in der Region Piedmont.

Amtrak-Züge halten in Richmond an der Main St Station (S. 354) und der Staples Mill Rd Station (S. 354). Bahnhöfe oder Haltepunkte gibt's auch in Charlottesville (S. 356), Staunton (S. 357), Roanoke (S. 363), **Williamsburg** (757-229-8750; http://gowata.org/; 468 N Boundary St, Ecke Boundary St & Lafayette St; 7.30–22 Uhr) und **Newport News**. Im nördlichen Virginia und drum herum halten Amtrak-Züge in Fredericksburg (S. 345) und nahe dem Manassas National Battlefield Park (S. 342).

Nördliches Virginia

Arlington

Arlington liegt von Washington, D.C., aus gleich auf dem anderen Ufer des Potomac River und ist vor allem für den Arlington National Cemetery und das Pentagon bekannt. Abgesehen von diesen beiden großen Sehenswürdigkeiten hat die Stadt für durchschnittliche Besucher nicht viel zu bieten. Die einst muntere Musik- und Clubszene am Wilson Blvd ist in letzter Zeit durch den Abriss vieler Gebäude dezimiert worden, die schicken neuen Apartment- und Bürotürmen weichen mussten.

★ Arlington National Cemetery FRIEDHOF
(877-907-8585; www.arlingtoncemetery.mil; Memorial Ave; April–Sept. 8–19 Uhr, Okt.–März bis 17 Uhr; M Blue Line bis Arlington Cemetery) GRATIS
Arlington ist die düstere letzte Ruhestätte von mehr als 400 000 Militärbediensteten und ihren Angehörigen. Auf dem 248 ha großen Gelände liegen Veteranen aller Kriege, die die USA seit der Revolution geführt haben. Zu den Highlights gehören der Tomb of the Unknown Soldier (Grab des unbekannten Soldaten) mit der aufwendigen Zeremonie beim Wachwechsel (Okt.–März immer zur vollen Stunde; April–Sept. alle 30 Min.) und die mit einer ewigen Flamme gekennzeichnete Grabstätte von John F. Kennedy und seiner Familie.

Die am Welcome Center startenden **Bustouren** (800-844-7601; www.arlingtontours.com; Erw./Kind 15/7,25 US$; April–Sept. 8.30–18 Uhr, Okt.–März bis 16 Uhr), bei denen man beliebig aus- und wieder einsteigen kann, sind bequem, um sich die Hauptsehenswürdigkeiten des Friedhofs anzuschauen. Zu weiteren interessanten Attraktionen gehören das **Shuttle Challenger Memorial** (abseits des Memorial Dr), das an dem riesigen Mast des Schlachtschiffs erkennbare **USS Maine Memorial** (abseits des McPherson Dr), das umstrittene **Confederate Memorial** (abseits des McPherson Dr), das Kriegstote des Bürgerkriegs aus den Südstaaten ehrt, und das Grabmal von **Pierre L'Enfant** (abseits des Sherman Dr), der als Städteplaner Washington, D.C., gestaltete.

Das **Iwo Jima Marine Memorial** (Marine Corps War Memorial; Ord & Weitzel Dr), das die berühmt gewordene Szene des Hissens der amerikanischen Flagge auf dem Mt. Suribachi zeigt, befindet sich am nördlichen Rand des Friedhofs und ist Bestandteil der Bustour.

Der Großteil des Friedhofs wurde auf dem Gelände des **Arlington House** (703-235-1530; www.nps.gov/arho; Sherman Dr; 10–16 Uhr) GRATIS gebaut, des ehemaligen Hauses von Robert E. Lee und seiner Frau Mary Anna Custis Lee, einer Nachfahrin von Martha Washington. Als Lee das Haus verließ, um Virginias Armee im Bürgerkrieg anzuführen, konfiszierten Truppen der Union das Anwesen, um hier ihre Toten zu begraben.

★ **Pentagon** GEBÄUDE

(https://pentagontours.osd.mil; Arlington; ⏲ Memorial 24 Std., Führungen nach Vereinbarung Mo–Do 10–16, Fr 12–16 Uhr; Ⓜ Blue, Yellow Line bis Pentagon) Südlich des Arlington Cemetery erhebt sich das Pentagon, das größte Bürogebäude der Welt und die Zentrale des US-amerikanischen Verteidigungsministeriums, der Armee, der Marine und der Luftwaffe. Vor dem Gebäude ehrt das **Pentagon Memorial** (https://pentagonmemorial.org; ⏲ 24 Std.) GRATIS mit 184 beleuchteten Bänken die Menschen, die dem Terroranschlag vom 11. September 2001 auf das Pentagon zum Opfer fielen. Um in das Gebäude zu kommen, muss man auf der Website die kostenlose einstündige Führung buchen und einen Ausweis mit Foto mitbringen. Die Führung reserviert man 14 bis 90 Tage im Voraus.

In der Nähe erblickt man die drei hoch aufragenden Bögen des **Air Force Memorial** (☎ 703-462-4093; www.airforcememorial.org; 1 Air Force Memorial Dr; ⏲ April–Sept. 9–21 Uhr, Okt.–März 8–20 Uhr) GRATIS.

ℹ An- & Weiterreise

Von Washington, D. C., aus fährt man mit der Metro bis zum Bahnhof Arlington Cemetery (Blue Line), um zum Friedhof, und bis zum Bahnhof Pentagon (Blue & Yellow Line), um zum Pentagon zu gelangen.

Alexandria

Die bezaubernde Stadt Alexandria liegt 5 Meilen (8 km) und 250 Jahre von Washington entfernt. Das einstige Hafenviertel – „Old Town" für die Einheimischen – präsentiert sich heute als eine schicke Ansammlung von roten Backsteinhäusern, Kopfsteinpflasterstraßen, Gaslaternen sowie einer Uferpromenade am Potomac River und gilt als eines der am besten erhaltenen historischen Viertel in den USA. Boutiquen, Freiluftcafés und Bars säumen die Hauptstraße, sodass man hier einen schönen Nachmittag oder Abend verleben kann. Das 2 Meilen (3,2 km) nördlich der Old Town gelegene Wohnviertel Del Ray ist ein netter Ort für einen Spaziergang, vor allem auf der von Restaurants gesäumten Mt. Vernon Ave. Alexandria ist auch das Sprungbrett für Exkursionen nach Mount Vernon.

Sehenswertes

★ **Mount Vernon** HISTORISCHE STÄTTE

(☎ 703-780-2000; www.mountvernon.org; 3200 Mount Vernon Memorial Hwy; Erw./Kind 6–11 Jahre 20/12 US$; ⏲ April–Okt. 9–17 Uhr, Nov.–März bis 16 Uhr) Mount Vernon, das geliebte Anwesen von George und Martha Washington, die hier von ihrer Heirat im Jahr 1759 bis zu Georges Tod 1799 lebten, ist eine der meistbesuchten historischen Stätten in den USA. Die regelmäßigen Führungen durch das eingerichtete Haupthaus vermitteln einen faszinierenden Einblick in den Alltag der Washingtons. Wer sich die Nebengebäude und den Garten auf eigene Faust anschaut, findet viele Gelegenheiten, um sich bei den hier arbeitenden Schauspielern im historischen Outfit über die Arbeits- und Lebensbedingungen auf einer Plantage des 18. Jhs. zu erkundigen.

Von April bis Oktober gilt das Eintrittsticket für Mount Vernon auch für Washingtons nahegelegene **Destillerie und Getreidemühle** (☎ 703-780-2000; 5514 Mount Vernon Memorial Hwy; 6 US$, mit Ticket für Mount Vernon frei; ⏲ April–Okt. 10–17 Uhr); ein kostenloser Shuttle pendelt zwischen der Mühle und dem Anwesen.

Um den sonst unvermeidlichen Warteschlangen am Eingang zu Mount Vernon zu entgehen, kauft man sein Ticket vor dem Besuch online (was zudem billiger ist). Täglich werden eine Reihe von Führungen und Vorstellungen veranstaltet, darunter die beliebte einstündige Führung „Enslaved People of Mount Vernon" (10 US$). Einige Führungen sind oft schnell ausverkauft, sodass man sie am besten ebenfalls online vor dem Besuch bucht. Audioguides zum Anwesen kosten 7 US$; in der Gruppe darf man sich den Guide teilen.

Mindestens eine Stunde sollte man für die umfangreichen Ausstellungsobjekte und das faszinierende 4D-Spektakel „Revolutionary War Experience" im Donald W. Reynolds Museum & Education Center einplanen. Kinder lieben hier den interaktiven „Hands on History"-Raum.

Mount Vernon liegt 16 Meilen (26 km) südlich von Washington, D.C., abseits des Mount Vernon Memorial Hwy. Mit öffentlichen Verkehrsmitteln nimmt man die Metro (Yellow Line) bis Huntington und steigt dort in den Fairfax Connector-Bus 101 um. **Grayline** (☎202-779-9894; www.graylinedc.com; Erw./Kind 3–11 Jahre 105/40 US$; ⏲Ende Jan.–Dez. Di, Do & Sa 8.30–17.30 Uhr) und **USA Guided Tours** (☎202-733 7376; www.usaguidedtours.com; Erw./Kind 3–12 Jahre inkl. Mount Vernon 79/69 US$; ⏲10 Uhr) veranstalten Bustouren ab Washington, D.C.

Mehrere Unternehmen veranstalten saisonal auch Bootsausflüge nach Mount Vernon: Die Boote der **Potomac Riverboat Company** (☎703-684-0580; www.potomacriverboatco.com; hin & zurück Erw./Kind inkl. Mount Vernon ab 50/30 US$; ⏲April–Okt.) legen von der Alexandria City Marina ab, während die *Spirit of Mount Vernon* von **Spirit Cruises** (☎866-302-2469; www.spiritcruises.com; hin & zurück Erw./Kind 6–11 Jahre inkl. Mount Vernon 51/46 US$; ⏲März–Okt.) von der SW Waterfront in Washington, D.C., abfährt.

Alternativ kann man von Washington aus am Potomac River entlang nach Mount Vernon radeln (18 Meilen – 29 km – ab Roosevelt Island).

★ Pope-Leighey House GEBÄUDE

(☎703-570-6902; www.woodlawnpopeleighey.org; 9000 Richmond Hwy; Erw./Student 12/7,50 US$, mit Woodlawn 20/11 US$; ⏲April–Ende Nov. Fr–Mo 11–16 Uhr) Zwischen 1937 und 1959 errichtete der berühmte Architekt Frank Lloyd Wright eine Reihe kleinerer Wohnhäuser, die er „Usonian Houses" nannte. Diese ortsspezifisch gestalteten einstöckigen Häuser zeichnen sich durch Innovationen und Details aus. Sie wurden aus regionalen Materialien erbaut, verfügten über Flachdächer und Obergadenfenster und sorgten so für viel natürliches Licht, Luft und eine Einbettung in die umliegende Landschaft. Dieses Beispiel hier stammt von 1940. Junge Guides (oft sind es Architekten) veranstalten Führungen und bieten jede Menge Infos zum Haus und seines Architekten.

Das Haus wurde ursprünglich in Falls Church errichtet, aber auf das Woodlawn-Anwesen versetzt, als wegen des Ausbaus des Hwy 66 am ursprünglichen Standort der Abriss drohte. Heute steht es auf einem grasbewachsenen Hügel in kurzer Gehentfernung vom Herrenhaus der Plantage in der Nähe von George Washingtons Destillerie und Getreidemühle. Um mit öffentlichen Verkehrsmitteln hin zu kommen, nimmt man die Metro bis Huntington und fährt von dort mit dem Richmond Hwy Express Bus 171 bis zum Jeff Todd Way.

Freedom House Museum MUSEUM

(☎708-746-4702; www.visitalexandriava.gov/FreedomHouse; 1315 Duke St; erbetene Spende 5 US$ ⏲Fr & Sa 13–17 Uhr, geführte Touren & am Wochenende nach Vereinbarung; Ⓜ Blue, Yellow Line nach King St, Old Town) Dieses nüchterne Reihenhaus im Federal Style hat eine tragische Geschichte. Als Alexandria nach New Orleans das zweitgrößte Sklavenzentrum der Nation war, beherbergten das Gebäude und das umliegende Anwesen ein florierendes Sklavenhandelsunternehmen. Ein gut gestaltetes Museum im Erdgeschoss, das von der Northern Virginia Urban League gegründet wurde, erzählt die Geschichten der Tausenden versklavten Menschen, die hier durchgeschleust wurden. Persönliche Videoaufnahmen und Artefakte zeugen von diesen herzzerreißenden Schicksalen.

Bis zu 150 Slaven wurden draußen in dem (inzwischen abgerissenen) Pferch gefangen gehalten. Zu den Gefangenen gehörte wahrscheinlich auch Solomon Northup, ein freigelassener Schwarzer, der 1841 in Washington gekidnappt und in den Süden verkauft wurde. Er schrieb seine Memoiren, die unter dem Titel *12 Years a Slave* auch verfilmt wurden. Eintrittsgeld wird nicht verlangt, aber Spenden sind willkommen. Das Museum ist nicht ausgeschildert; man erkennt es an der Informationstafel zum Franklin and Armfield Slave Office.

George Washington Masonic National Memorial DENKMAL

(☎703-683-2007; www.gwmemorial.org; 101 Callahan Dr Höhe King St; Erw./Kind unter 13 Jahren 18 US$/frei; ⏲9–17 Uhr; Ⓜ Blue, Yellow Line bis King St-Old Town) Der 333 Fuß (101,5 m) hohe Turm ist Alexandrias berühmtestes Wahrzeichen und gewährt von der Aussichtsterrasse einen tollen Ausblick. Das nach dem Vorbild des Leuchtturms der ägyptischen Stadt Alexandria gestaltete Denkmal ehrt den ersten US-Präsidenten (der 1752 in die Freimaurerloge von Fredericksburg aufgenommen und später Großmeister der Alexandria-Loge Nr. 22 wurde). Wer den Eintritt bezahlt, kann sich die Ausstellungen im 1. und 2. Stock anschauen, die Besteigung des Turms und die Besichtigung der Artefakte der Familie Washington ist aber nur im Rahmen einer einstündigen Führung möglich.

Die Führungen starten um 9.30, 11, 13, 14.30 und 16 Uhr. Wer zu viele Fragen über Freimaurersymbolik und zum Film *Das Vermächtnis der Tempelritter* und seiner Fortsetzung stellt, wird über eine Falltür nach

ABSEITS DER ÜBLICHEN PFADE

MANASSAS NATIONAL BATTLEFIELD SITE

Der **Manassas National Battlefield Park** (☎703-361-1339; www.nps.gov/mana; 6511 Sudley Rd, abseits der I-66; ⊙Park Sonnenaufgang–Sonnenuntergang, Visitor Center 8.30–17 Uhr) ist die Stätte zweier wichtiger Siege der Konföderierten zu Beginn des Bürgerkriegs. Heute ist die grüne Hügellandschaft durch Holzzäune in Wiesen mit hohem Gras und Wildblumen unterteilt. Zunächst versorgt man sich im Henry Hill Visitor Center mit einer Park- und Wegekarte und schaut sich den einführenden Film an. Im Sommer werden jeden Tag Führungen veranstaltet; die (saisonal variierenden) Termine stehen auf der Website des Parks.

Zu den geschichtlichen Ereignissen: Am 21. Juli 1861 trafen Soldaten der Union und der Konföderierten hier bei der ersten größeren Landschlacht des Bürgerkriegs aufeinander. Die Einwohner von Washington, D.C., die einen schnellen Sieg des Nordens erwarteten, strömten als Schlachtenbummler zu einem Picknick herbei, doch der überraschende Sieg der Konföderierten in der Ersten Schlacht am Bull Run (die im Süden als Erste Schlacht bei Manassas bezeichnet wurde) zerstörte alle Hoffnungen auf ein baldiges Kriegsende. Im August 1862 trafen Unions- und Konföderationstruppen in der größeren Zweiten Schlacht bei Manassas erneut aufeinander, und wieder siegten die Südstaaten.

Täglich verkehren Züge der Amtrak (www.amtrak.com) und der Virginia Railway Express (www.vre.org) zwischen der Union Station in Washington, D.C., und der historischen Old Town Manassas Railroad Station (50–70 Min.), von dort aus bringen einen Taxis zum knapp 10 km entfernten Park. Rund um den Bahnhof von Manassas gibt's mehrere Restaurants und Bars, ansonsten besteht der Ort nur aus Ladenzeilen und zersiedelter Vorstadt.

draußen auf den Parkplatz befördert. Nein, natürlich nicht: Die Anlage ist faszinierend und steht allen offen.

Torpedo Factory Art Center KUNSTZENTRUM
(☎703-746-4570; www.torpedofactory.org; 105 N Union St; ⊙Fr–Mi 10–18, Do bis 21 Uhr; Ⓜ Blue, Yellow Line bis King St-Old Town) GRATIS Aus einer ehemaligen Munitionshalde und Waffenschmiede ist eines der besten Kunstzentren in der Region geworden. Hier in der Altstadt von Alexandria gibt's drei Stockwerke voller Künstlerateliers und Galerien und damit die Gelegenheit, Gemälde, Skulpturen, Glasarbeiten, Textilien und Schmuck direkt von den 165 hier ansässigen Künstlern und Kunsthandwerkern zu kaufen. Von der Haltestelle King St nimmt man den Trolley.

Schlafen & Essen

Die meisten Unterkünfte liegen an der King St und sind teuer. Preiswertere Optionen findet man nur außerhalb des Viertels.

Lorien Hotel & Spa HOTEL $$
(☎703-894-3434; www.lorienhotelandspa.com; 1600 King St; Zi. 200–400 US$; P⊖❄︎📶🐾; Ⓜ Blue, Yellow Line bis King St-Old Town) Alexandrias beste Unterkunft versteckt sich hinter den Ladenfronten der King St. Die renovierten Zimmer sind komfortabel und recht groß, der eigentliche Reiz sind aber die Extras: eine gemeinschaftliche Weinstunde am frühen Abend, ein kostenloser Kaffee morgens im Foyer, Spa-Anwendungen (Massagen 115–250 US$), ein Fitness- und ein Dampfraum. Essen kann man im angeschlossenen Restaurant Brabo Tasting Room.

Stomping Ground FRÜHSTÜCK $
(☎703-567-6616; www.stompdelray.com; 2309 Mt. Vernon Ave; Hauptgerichte 10–12 US$; ⊙Di–Sa 7–15, So 9–15 Uhr; Ⓜ Blue, Yellow Line bis Braddock Rd/King St-Old Town) Hat hier jemand etwas von Biscuits gesagt? Oh ja! Und zwar von selbst gemachten Buttermilch-Biscuits, die nach eigenem Belieben gefüllt werden können: mit Benton's Bacon, mit Eiern, Gemüse-Frittata und vielem anderen. Als Beilage gibt's Maisgrütze mit Gouda. Man kann aber auch einfach in dieses stilvolle Lokal in Del Ray kommen, um Kaffee zu trinken und an seinem Laptop zu arbeiten. Seine Bestellung holt man sich am Tresen.

Brabo Tasting Room INTERNATIONAL $$
(☎703-894-5252; www.braborestaurant.com; 1600 King St; Sandwiches & kleine Platten 14–17 US$; ⊙Mo–Do 7–23, Fr bis 24, Sa 8–24, So

8–22 Uhr; M Blue, Yellow Line bis King St-Old Town) Der einladende und sonnige Brabo Tasting Room serviert Muscheln (sein Markenzeichen), leckere Tarts aus dem Holzofen und Gourmetsandwiches und bietet ein gutes Bier- und Weinsortiment. Vormittags gibt's Arme Ritter aus Brioche und Bloody Marys. Die Brabo Brasserie nebenan ist die gehobene Version und serviert saisonale Kost (Hauptgerichte 29–44 US$).

Von der Haltestelle King St aus nimmt man den Trolley.

Ausgehen & Unterhaltung

In der King St gibt es jede Menge Bars mit Gästen, die wirken, als wären sie immer noch an der University of Virginia, der Virginia Tech oder der George Mason University eingeschrieben. Anheimelnde Flüsterkneipen mit eigens kreierten Cocktails liegen hier voll im Trend.

★ Captain Gregory's COCKTAILBAR
(☎ 571-659-4934; www.captaingregorys.com; 804 N Henry St; ⌚ Mi, Do & So 17.30–22.15, Fr & Sa bis 23.45 Uhr; M Blue, Yellow Line bis Braddock Rd) Die Flüsterkneipe mit nautischer Deko versteckt sich in einem Sugar-Shack-Donut-Laden, was die leckeren Feinschmecker-Donuts auf der Karte erklärt. Was die Drinks angeht, sind die Namen (von „Anais Needs a Vacay" bis „Moaning Myrtles Morning Tea") so ausgefallen wie die Zutaten: Liköre in verschiedenen Geschmacksrichtungen, Spirituosen sowie verschiedene Früchte und Gewürze. Die Cocktailkarte wechselt häufig. Reservierung empfohlen!

Birchmere LIVEMUSIK
(☎ 703-549-7500; www.birchmere.com; 3701 Mt. Vernon Ave; Tickets 25–100 US$; ⌚ Kartenbüro 17–21 Uhr, Shows 19.30 Uhr; M Blue, Yellow Line bis Pentagon City) In diesem 50 Jahre alten Laden, der sich selbst als „Amerikas legendäre Music Hall" anpreist, treten von altmodischen Folk-Musikern bis hin zu Country-, Blues- und R&B-Stars alle möglichen Künstler auf. Ab und zu gibt's auch Burlesque-Shows, Indie-Rockbands und Comedians auf der Bühne zu sehen.

Abgesehen von den hörenswerten Musikern lohnt die Stätte an sich einen Besuch: Sie wirkt wie ein Lagerhaus, das mit einer Armee von Wandmalern im LSD-Rausch zusammengestoßen ist. Der Treff liegt nördlich der Old Town abseits der Glebe Rd. Vom Bahnhof Pentagon City den Bus 10A nehmen!

An- & Weiterreise

Um von Washington, D. C., nach Alexandria zu kommen, nimmt man die Metro (Blue & Yellow Line) bis zum Bahnhof King St-Old Town. Ein kostenloser **Trolley** (www.dashbus.com/ride-dash/king-street-trolley; ⌚ So–Mi 11–22.30, Do–Sa 10.30–24 Uhr, Juni–Aug. längere Betriebszeiten; M Blue, Yellow Line bis King St-Old Town) pendelt auf der 1 Meile (1,6 km) langen Strecke zwischen dem Metro-Bahnhof und dem Ufer.

Saisonal verkehren **Wassertaxis** (☎ 703-684-0580; www.potomacriverboatco.com; einfache Strecke Erw./Kind ab 10/7 US$; ⌚ März–Sept.) zwischen dem Kai in Alexandria und dem Wharf District in Washington, D. C. (25 Min.). Es gibt auch eine saisonale Bootsverbindung zwischen Georgetown und Alexandria sowie in der Sommersaison Tourboote zum Landgut Mount Vernon.

Fredericksburg

Fredericksburg ist ein hübsches Städtchen mit einer Downtown, die fast klischeehaft das kleinstädtische Amerika verkörpert. George Washington wuchs hier auf, und in den Straßen und umliegenden Feldern brach der Amerikanische Bürgerkrieg aus. Heute bietet das historische Viertel um die William St Gelegenheit zu stimmungsvollen Spaziergängen. Man kann kolonialzeitliche Architektur bewundern, intime Museen besichtigen und sich in vielen Restaurants und Bars stärken.

Sehenswertes

Ellwood Manor HISTORISCHE STÄTTE
(☎ 540-786-2880; www.fowb.org; 36380 Constitution Hwy, Rte 20, Locust Grove; ⌚ Anfang Juni–Aug. 10–17 Uhr, April–Anfang Juni & Aug.–Nov. nur Sa & So) GRATIS Das faszinierende Anwesen befindet sich auf dem Gelände des Wilderness Battlefield. Zum in letzter Zeit innen vollständig restaurierten Herrenhaus (ca. 1790) gehörte einst ein rund 200 ha großes Landgut. Es ist dafür bekannt, dass hier der amputierte Arm des Südstaatengenerals Stonewall Jackson begraben liegt – die Stelle ist markiert. Bei der von Dozenten geleiteten Führung erfährt man viel über die interessante Geschichte des Hauses.

Fredericksburg & Spotsylvania National Military Park HISTORISCHE STÄTTE
(☎ 540-693-3200; www.nps.gov/frsp; 1013 Lafayette Blvd; ⌚ Fredericksburg & Chancellorsville Visitor Center 9–17 Uhr, andere Ausstellungsbereiche unterschiedliche Öffnungszeiten) GRATIS Mehr als 13 000 Amerikaner fielen während des Ame-

rikanischen Bürgerkriegs in vier Schlachten, die in einem Umkreis von 27 km ausgefochten wurden, der heute diesen Park bildet. Es handelt sich um die Schlachten von Fredericksburg, Chancellorsville, Wilderness und beim Spotsylvania Courthouse. Heute wird der Park vom National Park Service verwaltet. Wo die diversen Visitor Centers liegen und welche wann (manche nur saisonal) geöffnet sind, erfährt man auf der Website. Orientierende Filme (Erw./Kind unter 10 Jahren 2 US$/frei) werden alle 30 Minuten in den Visitor Centers in Fredericksburg und Chancellorsville gezeigt, Audioguides können gemietet werden.

James Monroe Museum & Memorial Library HISTORISCHE STÄTTE
(☎540-654-1043; http://jamesmonroemuseum.umw.edu; 908 Charles St; Erw./Kind 6–17 Jahre 6/2 US$; ⏲Mo–Sa 10–17, So ab 13 Uhr, Dez.–Feb. bis 16 Uhr) Das Museum ist nach dem fünften Präsidenten der USA benannt. Wer sich für die amerikanische Geschichte interessiert, findet hier eine kleine, kuriose Sammlung von Monroe-Andenken, darunter den Schreibtisch, an dem er die berühmte Monroe-Doktrin formulierte. Auch sein Diplomatenanzug, den er bei der Krönung Napoleons getragen hat und der um ca. 1785 genäht wurde, ist hier ausgestellt.

Schlafen & Essen

Im historischen Viertel der Innenstadt und drum herum gibt's mehrere Gästehäuser und B&Bs sowie ein gutes Marriott-Hotel. Weitere Kettenhotels finden sich am Jefferson David Hwy (US1) am Stadtrand.

Richard Johnston Inn B&B $$
(☎540-899-7606; www.therichardjohnstoninn.com; 711 Caroline St; DZ 150–225 US$; P❄📶🐾) Das gemütliche B&B in einem Backsteinhaus aus dem 18. Jh. punktet mit seiner Lage im Stadtzentrum, schönen Gemeinschaftsbereichen und einem Garten hinter dem Haus. Werktags sinken die Zimmerpreise. Das gleiche freundliche Team bietet unweit davon auch noch drei größere Zimmer (225–300 US$) im Caroline House (von

SCENIC DRIVE: VIRGINIAS PFERDELAND

Rund 64 km westlich von Washington, D.C., weichen die ausufernden Vororte endlosen grünen Farmen, Weinbergen, idyllischen Dörfern, palastartigen Landsitzen und den Mustangs. Willkommen im „Pferdeland", wo wohlhabende Hauptstädter ihrer Reitleidenschaft frönen!

Die folgende Route ist die malerischste Autotour zum Shenandoah National Park (S. 358). Von Washington, D.C., aus geht's auf der Rte 50 West nach **Middleburg**, einer unbeschreiblich niedlichen Kleinstadt mit Schenken, Antiquitätenläden und Boutiquen. Das **National Sporting Museum** (☎540-687-6542; www.nationalsporting.org; 102 The Plains Rd, Middleburg; Museum Erw./Kind 13–18 Jahre 10/8 US$, Mi frei; ⏲Mi–So 10–17 Uhr), ein Museum und Forschungszentrum, widmet sich dem Pferdesport in allen Formen wie Fuchsjagd, Dressur, Hindernisrennen oder Polo. Rund 20 Meilen (32 km) nordöstlich von Middleburg folgt **Leesburg**, ein weiteres Städtchen mit kolonialer Atmosphäre und historischen Stätten. Halt machen sollte man in **Morven Park** (☎703-777-2414; www.morvenpark.org; 17195 Southern Planter Lane; Gelände frei, Herrenhausführung Erw./Kind 6–12 Jahre 10/5 US$; ⏲Gelände tgl. 8–17 Uhr, Herrenhaus März–Dez. Do–Mo 12–17 Uhr), um sich ein prächtiges Virginia-Herrenhaus auf einem 400 ha großen Anwesen anzuschauen. Noch mehr koloniale Pracht bietet dann **Oatlands Historic House & Gardens** (☎703-777-3174; www.oatlands.org; 20850 Oatlands Plantation Lane, Leesburg; Erw./Kind 6–16 Jahre 15/10 US$, nur Gelände 10 US$; ⏲April–Dez. 10–17 Uhr, Jan.–März geschl.) außerhalb des Ortes.

In dieser Gegend finden sich einige wunderbare Unterkünfte und Restaurants. Besonders erwähnenswert sind die historische **Red Fox Tavern** (☎540-687-6301; www.redfox.com/tavern; 2 E Washington St; Hauptgerichte 32–52 US$; ⏲Mo–Fr 8–10 & 17–21, Sa 11–14 & 17–21, So 11–14 & 17–20 Uhr) in Middleburg und das **Goodstone Inn & Restaurant** (☎540-687-3333, 877-219-4663; www.goodstone.com; 36205 Snake Hill Rd; DZ/Suite ab 385/435 US$; P⊖📶🏊) gleich außerhalb der Stadt.

Noch etwas weiter an der Straße liegt in den Ausläufern der Blue Ridge Mountains das Städtchen **Sperryville**. Die vielen Galerien und Läden des Städtchens sind ein Muss für Antiquitätenliebhaber. Nach weiteren 9 Meilen (14,5 km) Richtung Westen hat man den Eingang Thornton Gap des Skyline Dr im Shenandoah National Park erreicht.

1890), von denen die Sawyer Scott Suite besonders schön ist. Das im Preis inbegriffene Frühstück gibt's auf Wunsch auch vegan oder glutenfrei.

Confident Rabbit FRANZÖSISCH $$
(☎540-371-9999; www.theconfidentrabbit.com; 309 William St; Hauptgerichte mittags 9–14 US$, abends 14–27 US$; ⊙Di & Mi 17–21, Do–Sa 11.30–22, So 10.30–14.30 & 17–20 Uhr) Klassische französische Bistroküche und eine Rohfischtheke, wo frische Austern aus der Chesapeake Bay geknackt werden, sind die Trumpfkarten dieses modernen, äußerst stilvollen Restaurants im Zentrum von Fredericksburg. Man nimmt auf einem Barhocker oder an einer Bank Platz und verspeist kleine Gerichte (Rillettes, Wurstplatten, Salate), ein saftiges Steak oder Fisch der Saison. Zu Mittag empfehlen sich die Enten-Burger.

An- & Weiterreise

Züge von Virginia Railway Express (www.vre.org; 12,15 US$, 1½ Std.) und Amtrak (www.amtrak.com; ab 28 US$, 1½ Std.) fahren vom **Bahnhof Fredericksburg** (200 Lafayette Blvd) nach Washington, D.C. Greyhound-Busse fahren von/nach Washington, D.C. DC (10–24 US$, 1½ Std., tgl. 4- bis 5-mal) und Richmond (14–30 US$, 1 Std., tgl. 4-mal). Der **Greyhound-Busbahnhof** (☎540-373-2103; www.greyhound.com; 1400 Jefferson Davis Hwy; ⊙Ticketschalter Mo–Fr 7–14 & 16–19.30, Sa & So 7–12 Uhr) liegt rund 2 Meilen (3,2 km) westlich des historischen Viertels. Fredericksburg befindet sich an der I-95 auf halber Strecke zwischen Washington, D.C., und Richmond in Virginia. Die Stadt liegt rund 55 Meilen (89 km) nördlich von Washington und 60 Meilen (97 km) südlich von Richmond.

Historic Triangle

Willkommen im „Historischen Dreieck", der Geburtsstätte der Vereinigten Staaten von Amerika. Nirgendwo sonst hat ein so kleines Gebiet eine derartig entscheidende Rolle für den Verlauf der amerikanischen Geschichte gespielt. In Jamestown, der ersten dauerhaften englischen Siedlung in der Neuen Welt, wurde der Grundstein der Nation gelegt. Das Feuer des Amerikanischen Unabhängigkeitskriegs wurde in Williamsburg entfacht, damals Hauptstadt der britischen Kolonie Virginia. Und in Yorktown schließlich errang Amerika die uneingeschränkte Unabhängigkeit von Großbritannien. Um der Bedeutung des historischen Dreiecks annähernd gerecht zu werden, sollte man für den Besuch mindestens zwei Tage einplanen.

Anreise & Unterwegs vor Ort

Das Historic Triangle liegt rund um die I-64. Die größten regionalen Flughäfen sind der Norfolk International Airport (S. 339), gefolgt vom **Newport News/Williamsburg International Airport** (PHF; www.flyphf.com). Williamsburg wird von der Amtrak (www.amtrak.com) bedient, WATA-Nahverkehrsbusse (www.gowata.org) verbinden den Ort mit Jamestown (1,50 US$).

Williamsburg

Wer nur eine historische Stadt in Virginia besuchen kann, sollte sich für Williamsburg entscheiden. Hier befindet sich Colonial Williamsburg, eines der größten Living-History-Museen der Welt. Kinder begeistern sich für den lebendigen Einblick in die Geschichte, aber auch Erwachsene haben hier ihren Spaß. Die eigentliche Stadt Williamsburg, die von 1699 bis 1780 Virginias Hauptstadt war, ist ein stattlich, zuweilen etwas geziert wirkender Ort. Glücklicherweise sorgt der Campus des College of William & Mary für eine ordentliche Dosis jugendlichen Schwungs.

Sehenswertes

★Colonial Williamsburg HISTORISCHE STÄTTE
(☎888-965-7254; www.colonialwilliamsburg.org; Erw./Kind 6–12 Jahre Tageskarte 41/21 US$, mehrere Tage 51/26 US$; ⊙8.45–17 Uhr) Die restaurierte Hauptstadt von Englands größter Kolonie in der Neuen Welt ist ein unverzichtbares Muss für Besucher jeden Alters. Dies ist kein abgeschmackter, eingezäunter Themenpark, sondern ein lebendes, atmendes und arbeitendes Geschichtsmuseum mit einer sorgsam erforschten Gestaltung, die brillant die Lebenswelt der Kolonien des 17. Jhs. zum Leben erweckt. Zur Anlage gehören 88 originale Gebäude aus dem 18. Jh., mehrere hundert originalgetreue Nachbauten und ein eindrucksvoller Museumskomplex. Kostümierte Darsteller und „Stadtführer" gehen ihren Handwerken nach und imitieren den damaligen Alltag.

Lobenswerterweise geht der Park nicht schamhaft an Amerikas weniger glorreichen Momenten vorbei. Die Darsteller debattieren heute auch über die Sklaverei (52 % der Bevölkerung Williamsburgs im 18. Jh. waren Sklaven), das Frauenwahlrecht, die

Rechte der indigenen Amerikaner und ob es moralisch berechtigt oder geboten ist, sich an einer Revolution zu beteiligen.

Man kann kostenlos in dem historischen Viertel herumlaufen und die Läden und Schänken besuchen, aber die Teilnahme an Gebäudeführungen und die meisten Ausstellungen erfordern eine Eintrittskarte. Besonders im Sommer ist mit Massenandrang, Warteschlangen und übermüdeten Kindern zu rechnen. Eine Reihe von Schänken und eine Bäckerei bieten Besuchern Verpflegung, und es gibt auch eine Bäckerei im Komplex der Kunstmuseen.

Um zu parken und die Tickets zu kaufen, folgt man der Ausschilderung zum **Visitor Center** (757-220-7645, 888-965-7254; 101 Visitor Center Dr; 8.45–21 Uhr) nördlich des historischen Viertels zwischen dem Hwy 132 und dem Colonial Pkwy. Mit dem Ticket erhält man ein Programm der an diesem Tag stattfindenden Events, sodass man seine Zeit auf dem Gelände planen kann.

Am Visitor Center kann man kostenlos parken; Shuttlebusse pendeln von dort häufig zum historischen Viertel und zurück, man kann aber auch auf dem von Bäumen gesäumten Fußgängerweg hin marschieren. Tickets erhält man auch im **Informationskiosk am Merchants Square** (W Duke of Gloucester St; 9–17 Uhr).

★ Kunstmuseen MUSEUM

(www.colonialwilliamsburg.com/art-museums; Francis St; Erw./Kind 6–12 Jahre 13/6,50 US$, mit Ticket für Colonial Williamsburg frei; März–Dez. 10–19 Uhr, Jan. & Feb. bis 17 Uhr) Durch das frühere öffentliche Hospital von Colonial Williamsburg gelangt man in diesen Komplex aus zwei prachtvollen Museen: das **DeWitt Wallace Decorative Arts Museum** und das **Abby Aldrich Rockefeller Folk Art Museum**. Das Kunstgewerbemuseum beherbergt die weltgrößte Sammlung von Südstaatenmöbeln und eine der größten Sammlungen britischer Keramik außerhalb Englands. Das Volkskunstmuseum bietet eine der größten Sammlungen US-amerikanischer Volkskunst weltweit, darunter Porträts, Decken, Spielzeug, Musikinstrumente und vieles andere.

College of William & Mary HISTORISCHES GEBÄUDE

(www.wm.edu; 200 Stadium Dr) Das 1693 gegründete College of William & Mary ist das zweitälteste College der USA. Zu ihm gehört auch das **Sir Christopher Wren Building**, das älteste akademische Gebäude der USA, das ununterbrochen als solches genutzt wurde. Zu den Absolventen dieses Colleges gehörten Thomas Jefferson, James Monroe und der Komiker Jon Stewart. Es gibt eine kostenlose Campus-Audioführung und eine interaktive Karte online.

Schlafen & Essen

Williamsburg White House B&B $$

(757-229-8580; www.awilliamsburgwhitehouse.com; 718 Jamestown Rd; Zi. 150–200 US$;) Das schön möblierte B&B liegt schräg gegenüber vom Campus des College of William & Mary nur einige Blocks von Colonial Williamsburg entfernt. Es ist die bevorzugte Absteige von Politikern und hohen Tieren. Die Gäste lieben das üppige Frühstück und die Drinks und Häppchen, die es nachmittags im Diplomatic Reception Room gibt. Vorab reservieren (nur sechs Zimmer!).

Colonial Williamsburg Historic Lodging – Colonial Houses PENSION $$$

(844-280-4578; www.colonialwilliamsburg.com; 136 E Francis St; DZ. ab 150, Hütte 300–500 US$) Wer wirklich ins 18. Jh. eintauchen will, kann in einem der 26 Originalhäuser der Kolonialzeit auf dem Gelände des Colonial Williamsburg übernachten. Sie sind zwar individuell eingerichtet und dekoriert, haben aber alle vorzügliches historisches Mobiliar, Himmelbetten und Kamine, die auch tatsächlich mit Holz befeuert werden.

Cheese Shop DELI $

(757-220-0298; www.cheeseshopwilliamsburg.com; 410 W Duke of Gloucester St, Merchants Square; Sandwiches 5,50–8 US$; Mo–Sa 10–20, So 11–18 Uhr) Dieses Feinschmecker-Deli serviert einige schmackhafte Sandwiches und Antipasti, Baguettes, Gebäck, fertige Gerichte, Wein, Bier und köstlichen Käse. Am besten bestellt man sich ein Sandwich und ein Glas Wein – an verschiedenen Theken – und beobachtet dann während dem Essen die Leute von der Terrasse aus.

★ Fat Canary MODERN-AMERIKANISCH $$$

(757-229-3333; www.fatcanarywilliamsburg.com; 410 W Duke of Gloucester St, Merchants Square; Hauptgerichte 29–42 US$; 17–21.30 Uhr, Jan. & Feb. Mo geschl.) Das freundliche und stilvolle Restaurant ist das beste im Historic Triangle und bietet erstklassigen Service, ausgezeichnete Weine und modern-amerikanische Küche mit asiatischen und italienischen Akzenten. Regionales Obst und Gemüse stehen im

Zentrum, man kann auch halbe Portionen bestellen, und unter den offenen Weinen gibt's interessante Optionen.

Jamestown

Am 14. Mai 1607 ließen sich 104 englische Männer und Jungen auf dieser sumpfigen Insel nieder, ausgestattet mit einem Freibrief der Virginia Company of London, um nach Gold und anderen Reichtümern zu suchen. Stattdessen aber fanden sie Hunger und Krankheiten. Im Januar 1608 lebten nur noch etwa 40 Kolonisten, die in ihrer Verzweiflung selbst vor Kannibalismus nicht zurückschreckten. Die Kolonie überlebte diese Hungerzeit dank der Führung von Captain James Smith und der Hilfe des Häuptlings der Powhatan. 1619 trat das gewählte House of Burgesses zusammen, das damit zur ersten demokratischen Regierung auf dem amerikanischen Kontinent wurde. Zwei historische Stätten erinnern heute an die Geschichte dieser frühen Siedlung.

★ **Historic Jamestowne** HISTORISCHE STÄTTE

(☎757-856-1250; www.historicjamestowne.org; 1368 Colonial Pkwy; Erw./Kind unter 16 Jahren 20 US$/frei; ⏲9–17 Uhr) Die faszinierende, vom NPS geleitete Stätte befindet sich an der Stelle des originalen Jamestown, der 1607 gegründeten, ersten dauerhaften englischen Siedlung in Nordamerika. Die Ruinen der Siedlung wurden 1994 wiederentdeckt; Besucher können an einer kostenlosen Führung (tgl. 11 Uhr, Wochenenden & April–Sept. auch 14 Uhr) über das Grabungsgelände teilnehmen. Nach der Ankunft schaut man sich den einführenden Film an und eilt dann zum Archaearium, einem archäologischen Museum mit mehr als 4000 Artefakten und der Ausstellung „Die ausgegrabene Welt von Pocahontas".

Besucher mit einer Ticketquittung des Yorktown Battlefield zahlen nur 10 US$ und mit dem National Parks Pass sogar nur 5 US$. Auf dem Gelände befindet sich auch ein Café.

Jamestown Settlement HISTORISCHE STÄTTE

(☎888-593-4682; www.historyisfun.org; 2110 Jamestown Rd; Erw./Kind 6–12 Jahre 17,50/8,25 US$, inkl. American Revolutionary Museum in Yorktown 26/12,50 US$; ⏲9–17 Uhr, Mitte Juni–Mitte Aug. bis 18 Uhr; P 👪) Bei Kindern beliebt ist die vom Bundesstaat Virginia betriebene Jamestown Settlement mit Rekonstruktionen des James Fort von 1607, eines Indianerdorfs und den originalgroßen Nachbauten

PLANTAGEN AM JAMES RIVER

Die prächtigen Herrenhäuser der Sklavenhalter Virginias waren ein klares Zeichen für die Klassentrennung in jener Zeit. Eine Reihe von ihnen säumt den malerischen Hwy 5 am Nordufer des Flusses, aber nur wenige dieser Gebäude sind für die Öffentlichkeit zugänglich.

Der neue Virginia Capital Trail (S. 352), ein Radweg, der Richmond mit Williamsburg verbindet, verläuft neben der Rte 5 nahe der Shirley und der Berkeley Plantation.

Berkeley Plantation (☎804-829-6018; www.berkeleyplantation.com; 12602 Harrison Landing Rd, Charles City; Erw./Kind 6–16 Jahre 12,50/7 US$; ⏲9.30–16.30 Uhr, Jan. & Feb. kürzere Öffnungszeiten) Die 1726 gegründete Plantage am James River war die Geburtsstätte und der Wohnsitz von Benjamin Harrison V., eines der Unterzeichner der Unabhängigkeitserklärung, und seines Sohns William Henry Harrison, des neunten US-Präsidenten. Hier wurden auch das erste offizielle Thanksgiving gefeiert (1619) und der erste Bourbon gebrannt (1620). Die munteren Führungen durch das Backsteinhaus im georgianischen Stil sind mit vielen Anekdoten gewürzt.

Shirley Plantation (☎800-829-5121; www.shirleyplantation.com; 501 Shirley Plantation Rd, Charles City; Gelände Erw./Kind 7–16 Jahre 11/6 US$, Eintritt inkl. Führung 20/7,50 US$; ⏲Anfang März–Dez. 9.30–16 Uhr) Die 1613 am Ufer des James River errichtete Plantage ist die älteste in Virginia. Erhalten sind eine Reihe von Gewerbe- und Dienstgebäuden aus Backstein (Werkzeugschuppen, Eishaus, Waschküche usw.) und das 1738 erbaute Haupthaus. Die von Edward Hill I. gegründete Plantage gehörte später den Nachkommen von Robert „King" Carter und wird immer noch von Mitgliedern der Familie Hill-Carter bewohnt. Die Führungen durch die Empfangszimmer im Erdgeschoss finden jeweils zur vollen Stunde statt.

der ersten Schiffe, die die Siedler nach Jamestown brachten. Dazu gibt's jede Menge Living History, Multimedia-Ausstellungen und kostümierte Schauspieler, die das 17 Jh. zum Leben erwecken. Außerhalb der Ferien sind oft Schulklassen hier, und es kann ziemlich voll werden. Am besten schon sehr früh kommen!

Yorktown

Am 19. Oktober 1781 kapitulierte hier der britische General Cornwallis vor George Washington, womit der Amerikanische Unabhängigkeitskrieg de facto beendet war. Angesichts der Übermacht der US-amerikanischen Artillerie an Land und auf See durch die Franzosen vom Nachschub abgeschnitten, befanden sich die Briten in einer hoffnungslosen Lage. Washington hatte zwar mit einer wesentlich längeren Belagerung gerechnet, doch Cornwallis, vom unausgesetzten Sperrfeuer entnervt, ergab sich schon nach wenigen Tagen.

Der eigentliche Ort Yorktown (www.visityorktown.org) ist ein hübsches Dorf am Ufer des York River mit einem Sandstrand, mehreren Läden und einigen Restaurants und Pubs.

Sehenswertes

American Revolution Museum at Yorktown MUSEUM
(☎757-887-1776; www.historyisfun.org; 200 Water St; Erw./Kind 6–12 Jahre 15/7,50 US$, inkl. Jamestown Settlement 26/12,50 US$; ⏰9–17 Uhr, Mitte Juli–Mitte Aug. bis 18 Uhr; P ♿) Dieses erweiterte Ausstellungszentrum und Living-History-Museum, einst das Yorktown Victory Center, erzählt vom Weg bis zum Unabhängigkeitskrieg, vom Krieg selbst und vom Alltagsleben an der Heimatfront. Der preisgekrönte Einführungsfilm *Liberty Fever* bildet den Auftakt. In dem Museum finden sich viele bedeutende Artefakte, darunter ein früher Druck der Unabhängigkeitserklärung. In dem nachgebauten Feldlager erläutern als Soldaten kostümierte Darsteller Einzelheiten über das Leben im Militärlager der Kontinentalarmee des Unabhängigkeitskriegs.

Yorktown Battlefield HISTORISCHE STÄTTE
(☎757-898-2410; www.nps.gov/york; 1000 Colonial Pkwy; Erw./Kind unter 16 Jahren 10 US$/frei; ⏰9–17 Uhr; P ♿) Das vom NPS verwaltete Gelände war Schauplatz der letzten größeren Schlacht des amerikanischen Unabhängigkeitskriegs. Die Tour beginnt im Visitor Center, wo man sich den Einführungsfilm und die Ausstellung mit Washingtons originalem Zelt anschaut. Im Anschluss fährt man auf der 11 km langen Battlefield Rd Tour an den wichtigsten Highlights vorbei. Unbedingt sollte man durch die letzten britischen Verteidigungsstellungen, Redoubt 9 und 10, wandern, die über die Ballard St zu erreichen sind. Mit einer Eintrittsquitung für Historic Jamestowne (S. 347) ist der Eintritt frei.

Schlafen & Essen

★Hornsby House Inn B&B $$
(☎757-369-0200; www.hornsbyhouseinn.com; 702 Main St; Zi. 160–260 US$; P 📶) Das nahe dem Strand und den Restaurants von Yorktown liegende Haus wurde im Jahr 1933 vom Großvater des heutigen Besitzers erbaut und hat sich sein altmodisches Aussehen bewahrt. Es wirkt aber alles andere als alt und schäbig, sondern prunkt vielmehr mit einer eleganten Lounge im Erdgeschoss und fünf großen, hellen, elegant eingerichteten Zimmern (die meisten oben, erreichbar über die Treppe).

Yorktown Pub SEAFOOD $$
(☎757-886-9964; www.yorktownpub.com; 540 Water St; Sandwiches 6–14 US$, Hauptgerichte 17–27 US$; ⏰So–Do 11–24, Fr & Sa bis 2 Uhr) Die meiste Action vor Ort ist in dieser Strandkneipe zu finden. Hier gibt's gute Kneipenkost (darunter jede Menge Meeresfrüchte) und am Freitag- und Samstagabend Livemusik. Wegen des offenen Feuers und des freundlichen Personals ist das Lokal im Winter genauso beliebt wie in den wärmeren Jahreszeiten.

An- & Weiterreise

Nach Yorktown fahren keine öffentlichen Verkehrsmittel, man ist also für die Anreise auf das eigene Auto angewiesen. Zwischen den historischen Stätten und dem Dorf verkehrt alle 20 bis 35 Minuten ein kostenloser Trolley (Mitte März–Dez. 11–17 Uhr; Juni–Aug. längere Betriebszeiten).

Norfolk

Als Sitz des größten Flottenstützpunkts der Welt hatte Norfolk lange den Ruf einer rauen Hafenstadt voller betrunkener Seeleute. In den letzten Jahren hat die Stadt aber durch Bauprojekte und einen neuen Schwerpunkt auf ihre aufblühende Kunstszene, deren Vorreiter das eindrucksvolle Chrysler Museum of Art ist, hart daran gearbeitet, dieses Image abzuschütteln. Kultur und Unterhaltung konzentrieren sich hauptsächlich im innerstädtischen Ghent District, aber auch der nahegelegene Waterside District, ein Restaurant- und Unterhaltungskomplex am Elizabeth River, lohnt einen Besuch.

Sehenswertes

★ Chrysler Museum of Art MUSEUM

(☎ 757-664-6200; www.chrysler.org; 1 Memorial Pl; ⌚ Di–Sa 10–17, So 12–17 Uhr) GRATIS Ein hervorragender Standort für eine vielfältige Kunstsammlung. Das Chrysler Museum vereint Objekte aus dem alten Ägypten bis zur Gegenwart, darunter Werke von Henri Matisse, Albert Bierstadt, Georgia O'Keeffe, Jackson Pollock und Andy Warhol, und nennt auch eine große Sammlung von Glasgegenständen aus den letzten 3000 Jahren sein Eigen. Auf jeden Fall die mundgeblasenen Tiffany-Gläser besichtigen!

Naval Station Norfolk MUSEUM

(☎ 757-444-7955; www.cnic.navy.mil/norfolksta; 9079 Hampton Blvd, nahe Gate 5; Erw./Kind 3–11 Jahre 10/5 US$; ⌚ unterschiedliche Termine) Das in Hampton ansässige Unternehmen Tidewater Touring veranstaltet in Zusammenarbeit mit dem Stützpunkt 45-minütige Bustouren durch die Anlage, die der größte Flottenstützpunkt der Welt und einer der am stärksten ausgelasteten Luftlandeplätze in den USA ist. Die Touren (unterschiedliche Termine) werden von Marineangehörigen geleitet und müssen vorab gebucht werden. Erwachsene müssen sich mit einem Lichtbildausweis ausweisen.

Nauticus MUSEUM

(☎ 757-664-1000; www.nauticus.org; 1 Waterside Dr; Erw./Kind 4–12 Jahre 16/11,50 US$; ⌚ Juni–Aug. Mo–Sa 10–17 Uhr, Sept.–Mai Di–Sa 10–17 & So 12–15 Uhr) Das riesige interaktive Meeresmuseum zeigt Ausstellungen zur Unterwasserforschung und zum Leben in der Chesapeake Bay. Außerdem werden hier Geschichten über die US Navy erzählt.

Das Highlight des Museums ist die Möglichkeit, auf den Decks und im Innern der **USS Wisconsin** herumzuklettern. Das im Jahr 1943 gebaute und 270 m lange Schlachtschiff war eines der größten und letzten Schiffe dieser Art, die die US Navy vom Stapel laufen ließ.

Schlafen

Unterkunft am Wasser bieten zahllose Budget- und Mittelklasseoptionen an der Ocean View Ave (die nicht am Ozean, sondern an der Bucht liegt).

Main Hotel HOTEL $$$

(☎ 757-763-6200; www.hilton.com; 100 E Main St; DZ ab 230 US$; P ❄ 📶 ≋) Dieses Hotel der Hilton-Gruppe liegt nahe dem Nauticus Center und bietet schicke Zimmer. Die Zimmer mit Flussblick kosten mehr, aber man kann darauf auch verzichten und in der Dachterrassenlounge Grain einen Drink und die Aussicht auf den Fluss genießen. Das Grain ist eines von drei Restaurants und Bars im Hotel. Das Hotel ist beliebt – am besten bucht man weit im Voraus.

Essen & Ausgehen

Press 626 Wine Bar MODERN-AMERIKANISCH $$

(☎ 757-282-6234; www.press626.com; 626 W Olney Rd; Sandwiches 10–14 US$, Hauptgerichte 22–26 US$; ⌚ Mo–Fr 11–23, Sa 17–23, So 10.30–14.30 Uhr; ✎) Das charmante Restaurant mit Slow-Food-Ethos im Ghent District hat eine kleine, aber erlesene Karte, auf der sich für fast jeden Geschmack und Geldbeutel etwas findet. Besonders gut sind die Käse- und Aufschnittplatten. Auf der Weinkarte stehen interessante Tropfen aus aller Welt. Zum beliebten Veranstaltungsprogramm gehören auch Weinseminare.

Smartmouth Brewing Company BRAUEREI

(☎ 757-624-3939; www.smartmouthbrewing.com; 1309 Raleigh Ave; ⌚ Mi & Do 16.30–21, Fr 16.30–22, Sa 12–22, So 12–18 Uhr; 🐾) Die im Kunstviertel Chelsea gelegene Probierstube und Brauerei hat Plätze drinnen und draußen und eine einladende nachbarschaftliche Atmosphäre. In der Regel steht auch ein Food-Truck mit Essen vor der Tür. Hefeweizen-Fans probieren das saisonal (April–Dez.) angebotene Sommer Fling. Samstags gibt's jede Stunde zwischen 13 und 16 Uhr Führungen durch die Brauerei.

An- & Weiterreise

Die Region wird vom Norfolk International Airport (S. 339) 7 Meilen (11 km) nordöstlich der Downtown von Norfolk bedient. Busse von **Greyhound** (☎ 757-625-7500; www.greyhound.com; 701 Monticello Ave) fahren von/nach Virginia Beach (ab 6 US$, 40 Min.), Richmond (ab 17 US$, 2–2½ Std.) und Washington, D. C. (20 US$, 5¼ Std.).

Virginia Beach

Angesichts eines 56 km langen Sandstrands, einer fast 5 km langen, betonierten Strandpromenade und eines großen Freizeitprogramms in der Umgebung überrascht es nicht, dass Virginia Beach ein sehr beliebtes Touristenziel ist. Die Stadt hat hart daran gearbeitet, ihren Ruf als ungehobelte „Redneck Riviera" abzuschütteln – tatsächlich ist der Strand jetzt breiter und sauberer und nicht mehr voller Rüpel. Abseits des Strandes locken auch einige hübsche Parks und Naturgebiete hinter den überfüllten Bettenburgen am Ufer. Im Sommer drängen sich die Massen, der Verkehr staut sich, und die Preise steigen.

Sehenswertes

Virginia Aquarium & Marine Science Center AQUARIUM
(☎757-385-3474; www.virginiaaquarium.com; 717 General Booth Blvd; Erw./Kind 3–11 Jahre 25/20 US$; ⊙9–17 Uhr) Wer ein wirklich gut konzipiertes Aquarium sehen möchte, ist hier genau richtig. In verschiedenen Habitaten können die Gäste eine große Menge Meeresbewohner bewundern, darunter Meeresschildkröten, Fischotter und Komodowarane.

ABSTECHER

VIRGINIAS WEINGÜTER

Mit mehr als 200 Weingütern findet Virginia zunehmend Beachtung in der Weinwelt. Empfehlenswerte Adressen für eine erste Erkundungstour kann man gleich außerhalb von Washington im Loudon County entdecken, und ausgewiesene Weinstraßen ziehen sich durch den gesamten Bundesstaat. Lagepläne, Weinrouten und viele andere Infos zum Thema Wein gibt's unter www.virginiawine.org.

Eine Auswahl aus den Weingütern zu treffen, fällt schwer. Hier sind unsere Vorschläge:

Loudoun County

Bluemont Vineyard (☎540-554-8439; www.bluemontvineyard.com; 18755 Foggy Bottom Rd, Bluemont; Verkostung 15 US$; ⊙11–19 Uhr; 🐾)

Breaux Vineyards (☎540-668-6299; www.breauxvineyards.com; 36888 Breaux Vineyards Lane, Hillsboro; Verkostung 15 US$; ⊙Mitte März–Okt. 11–18 Uhr, Nov.–Anfang März bis 17 Uhr; 🐾)

Sunset Hills Vineyard (☎540-882-4560; www.sunsethillsvineyard.com; 38295 Fremont Overlook Lane, Purcellville; Verkostung 12 US$; ⊙Mo–Do 12–17, Fr bis 20, Sa & So 11–18 Uhr; P) 🍃

Tarara Vineyard (☎703-771-7100; www.tarara.com; 13648 Tarara Lane; Verkostung 15–20 US$; ⊙Mo–Do 11–17, Fr–So bis 18 Uhr, Nov.–März Di & Mi geschl.; 👪)

Siehe auch www.loudounfarms.org/craft-beverages/wine-trail und www.visitloudoun.org/things-to-do/wine-country.

Blue Ridge Parkway

Chateau Morrisette (☎540-593-2865; www.thedogs.com; 287 Winery Rd, Meile 171,5, abseits des Blue Ridge Pkwy; Verkostung inkl. Glas Wein 10 US$; ⊙Mo–Do 10–17, Fr & Sa bis 18, So 11–17 Uhr, Jan.–März geschl.)

Piedmont

Barboursville Vineyards (☎540-832-3824; www.bbvwine.com; 17655 Winery Rd; Verkostung 10 US$; ⊙Verkostungsraum Mo–Sa 10–17, So ab 11 Uhr)

Grace Estate (☎434-823-1486; www.graceestatewinery.com; 5273 Mount Juliet Farm, Crozet; Verkostung 9 US$; ⊙Mi, Do & So 11–17.30, Fr & Sa bis 21 Uhr)

King Family Vineyards (☎434-823-7800; www.kingfamilyvineyards.com; 6550 Roseland Farm, Crozet; Verkostung 10 US$, Führung 20 US$; ⊙Do–Di 10–17.30, Mi bis 20.30 Uhr; 🐾)

Pippin Hill (☎434-202-8063; www.pippinhillfarm.com; 5022 Plank Rd, North Garden; Verkostung 10 US$; ⊙Di–So 11–17 Uhr) 🍃

Siehe auch www.americaswinecountry.com und https://monticellowinetrail.com.

Wenn man selbst (und die Kids) nach dem Aquariumsbesuch noch überschüssige Energie haben sollte, kann man sich auf der größten Filmleinwand im Bundesstaat noch eine 3-D-Naturdoku anschauen (8 US$), am Bootsausflug „Whales and Wildlife" (Erw./Kind 3–11 Jahre 30/25 US$) teilnehmen oder im Adventure Park, der sich in dem Waldgelände zwischen den Aquariumsgebäuden versteckt, den Klettergarten und die Seilrutschen ausprobieren (Erw./Kind 7–11 Jahre 56/47 US$).

Schlafen & Essen

First Landing State Park CAMPING $

(800-933-7275; www.dcr.virginia.gov; Cape Henry; Stellplatz Zelt & Wohnmobil 30–46 US$, Hütte mit 2 Schlafzi. 156–173 US$; Anfang März–Anfang Dez.; P) Es gibt keinen malerischeren Campingplatz als diesen im State Park an der Bucht, auch wenn die Hütten keinen Ausblick aufs Wasser bieten.

Hilton Virginia Beach Oceanfront HOTEL $$

(757-213-3000; www.hiltonvb.com; 3001 Atlantic Ave; Zi. ab 230 US$; P @) Das 21-stöckige Hotel gehört zu den besten Unterkünften am Strand. Die geräumigen, komfortablen Zimmer am Meer haben große Balkone, die sich zum Strand und zum Neptune Park öffnen. Zu den Einrichtungen gehören ein Fitnesscenter, ein Infinity Pool auf dem Dach und ein Hallenpool. Im Sommer sind die Zimmer unter der Woche günstiger als an den Wochenenden.

Esoteric AMERIKANISCH $$

(757-822-6008; www.esotericvb.com; 501 Virginia Beach Blvd; Sandwiches & kleine Platten 12–19 US$, Hauptgerichte 22–30 US$; Mo–Do 16–22, Fr bis 24, Sa 15–24, So 10–15 Uhr) Die Speisekarte in diesem Lokal wird dem Namen durchaus gerecht. Auf ihr steht alles von Hummus bis Dolma, von Tacos bis zu Gnocchi. Mittags ist die Kombination aus Gourmetsandwiches und Craft-Bier verlockend. Das Ehepaar, welches das Lokal führt, nutzt für die Gerichte auch das Obst und Gemüse aus dem angeschlossenen Garten und greift ansonsten auf örtliche Produzenten zurück. Bravo!

An- & Weiterreise

Von **Greyhound** (757-422-2998; www.greyhound.com; 971 Virginia Beach Blvd) fahren täglich Busse nach Richmond (ab 16 US$; 3½ Std.). Sie halten auch in Norfolk und Hampton; für Verbindungen nach Washington, Wilmington, New York City und darüber hinaus muss man allerdings in Richmond umsteigen. Die Busse starten am Circle D Food Mart, rund 1,5 km westlich der Promenade.

Hampton Roads Transit betreibt den Virginia Beach Wave Trolley (2 US$), der im Sommer die Atlantic Ave entlangfährt.

Piedmont

Der zentrale Abschnitt Virginias, der sich zwischen den Blue Ridge Mountains und der Küstenebene erstreckt, präsentiert sich als ein Mix aus Wäldern und sanft gewellten Hügeln. Der gut drainierte, mineralreiche Boden ist ideal für den Weinanbau. Hier finden sich mehr als 100 Weingüter, ländliche Dörfer, große Landgüter aus der Kolonialzeit, Kleinbrauereien, Cider-Produzenten und Destillerien. Die Städte Charlottesville und Richmond mit ihrer bedeutenden Geschichte sind beliebte Ausgangspunkte zur Erkundung der Region.

Anreise & Unterwegs vor Ort

Die Piedmont-Region wird von der I-81 und der I-64 flankiert und kann am besten mit einem eigenen Fahrzeug erkunde werden. Charlottesville ist das Verkehrszentrum der Region – die Stadt hat einen Flughafen (S. 356), einen Amtrak-Bahnhof und einen Greyhound-Busbahnhof. Freitags fahren viele UVA-Studenten mit dem Zug nach Washington, D. C.

Richmond

Richmond ist erfreulicherweise aus einem sehr langen Schlaf erwacht. Die Stadt, seit 1780 die Hauptstadt des Commonwealth of Virginia und während des Bürgerkriegs die Hauptstadt der konföderierten Staaten, war lange ein altmodischer Ort, der sich zu stark an seine Südstaaten-Wurzeln klammerte. Ein Zustrom neuer, kreativer junger Einwohner sorgt aber heute für Schwung und modernisiert die Gemeinde.

Heute kann die „River City" mit einer munteren Restaurant- und Barszene aufwarten und hat eine aktive Künstlergemeinde. Der tosende James River rückt ebenfalls mehr ins Rampenlicht und lockt mit seinen Stromschnellen und Trails Outdoor-Abenteurer an. Darüber hinaus ist Richmond eine wirklich hübsche, leicht zu Fuß zu erkundende Stadt voller Reihenhäuser aus rotem Backstein, prächtiger Alleen und grüner Parks.

Sehenswertes

★ Virginia State Capitol — GEBÄUDE

(☎804-698-1788; www.virginiacapitol.gov; 1000 Bank St, Capitol Sq, Court End; ⌚Mo–Sa 9–17, So ab 13 Uhr) GRATIS Das von Thomas Jefferson entworfene Capitolgebäude wurde 1788 fertiggestellt und beherbergt mit der 1619 geschaffenen Virginia General Assembly das älteste Gesetzgebungsorgan der westlichen Hemisphäre.

Kostenlose einstündige Führungen (Mo–Sa 10–16, So 13–16 Uhr) werden angeboten, man kann das historische Gebäude aber auch auf eigene Faust besichtigen. In den unterirdischen Galerien nahe dem Besuchereingang werden Wechselausstellungen gezeigt.

★ Virginia Museum of Fine Arts — KUNSTMUSEUM

(VMFA; ☎804-340-1400; www.vmfa.museum; 200 N Blvd, Museum District; ⌚Sa–Mi 10–17, Do & Fr bis 21 Uhr) GRATIS Richmond ist eine kultivierte Stadt, und das herrliche Kunstmuseum ist der Eckpfeiler der örtlichen Kunstszene. Zu den Highlights der bunten Sammlung von Weltklasse gehören die Sydney and Frances Lewis Art Nouveau and Art Deco Galleries mit Möbeln und Kunsthandwerk u.a. von Eileen Gray, Josef Hoffmann und Charles Rennie Mackintosh. In weiteren Sälen findet man außerdem eine der größten Sammlungen von Fabergé-Eiern außerhalb Russlands und Werke amerikanischer Künstler wie Georgia O'Keeffe, Edward Hopper, Robert Henri, James McNeill Whistler oder John Singer Sargent.

★ Poe Museum — MUSEUM

(☎804-648-5523; www.poemuseum.org; 1914-16 E Main St, Shockoe Bottom; Erw./Kind 7–17 Jahre 8/6 US$; ⌚Di–Sa 10–17 Uhr, So ab 11 Uhr) Das Museum besitzt die weltgrößte Sammlung von Manuskripten von dem und Erinnerungsstücken an den Dichter und Horrorgeschichtenautor Edgar Allan Poe (1809–1849), der in Richmond gelebt und gearbeitet hat. Die Ausstellungen beinhalten den ersten Druck von Poes berühmtem Gedicht *Der Rabe*, Poes Weste, sein Taschenmesser und einen Schreibtischstuhl, bei dem die Lehne fehlt – man sagt, dass sein Chef beim *Southern Literary Messenger* wollte, dass Poe aufrecht saß. Unnützes Wissen … Man sollte am vierten Donnerstag im Monat zur Unhappy Hour vorbeischauen (April–Okt. 18–21 Uhr, 8 US$).

Historic Tredegar — MUSEUM

(☎804-649-1861; https://acwm.org; 500 Tredegar St, Gambles Hill; Erw./Kind 6–17 Jahre 15/8 US$; ⌚9–17 Uhr) Die faszinierende Ausstellung in einer Eisenhütte von 1861, die auf ihrem Höhepunkt 800 freie und Sklavenarbeiter beschäftigte, gehört zu dem auf mehrere Stätten verteilten American Civil War Museum und erkundet die Ursachen und den Verlauf des Amerikanischen Bürgerkriegs aus der Perspektive der Union, der Konföderierten und der Afroamerikaner.

Das neue, in den Hügel hinein gebaute Museumsgebäude integriert die Ruinen der historischen Tredegar Iron Works.

St. John's Episcopal Church — KIRCHE

(☎804-648-5015; www.historicstjohnschurch.org; 2401 E Broad St, Church Hill; Führung Erw./Kind 7–18 Jahre 8/6 US$; ⌚Mo–Sa 10–16, So ab 13 Uhr) An dieser Stelle hat der Hitzkopf Patrick Henry seinen berühmten Schlachtruf („Gebt mir Freiheit, oder gebt mir den Tod!") während der rebellischen Second Virginia Convention im Jahr 1775 von sich gegeben. Die von historisch kostümierten Guides veranstaltete kurze, aber informative Führung klärt über die Geschichte der Kirche und die berühmte Rede auf. Das seltene Schallbrett von 1741 über der Kanzel ist einen genaueren Blick wert, wenn es von der Sonne angestrahlt wird. Im Sommer wird Henrys Rede jeden Sonntag um 13.15 Uhr nachgespielt.

Hollywood Cemetery — FRIEDHOF

(☎804-648-8501, Führungsreservierung 804-649-0711; www.hollywoodcemetery.org; 412 S Cherry St; ⌚März–Okt. 8–18, Nov.–Feb. bis 17 Uhr) GRATIS Der ruhige Friedhof oberhalb der Stromschnellen des James River beherbergt die Gräber zweier US-Präsidenten (James Monroe und John Tyler), des einzigen Präsidenten der Konföderation (Jefferson Davis) und von 18 000 Soldaten der Konföderierten. Geführte Friedhofsspaziergänge (Erw./Kind unter 13 Jahren 15 US$/frei; April–Okt. Mo–Sa 10 Uhr, Nov. Sa 10 & So 14 Uhr) werden angeboten. Für einen Besuch auf eigene Faust kann man die virtuelle Führung auf der Website konsultieren. Der Eingang liegt an der Kreuzung der Albemarle St und der Cherry St.

Aktivitäten

Virginia Capital Trail — RADFAHREN

(www.virginiacapitaltrail.org) Der 2015 fertiggestellte, 52 Meilen (84 km) lange asphaltierte

Fußgänger- und Radweg verbindet Richmond über mehrere Plantagen mit Jamestown und den Vororten von Williamsburg. Auf der hilfreichen Website findet sich eine Karte, auf der auch die Parkplätze, Toiletten, Fahrradläden, Restaurants und Unterkünfte in der Region eingezeichnet sind. An der Strecke gibt's zahlreiche historische Sehenswürdigkeiten und Gedenktafeln. Der Trail beginnt an der Kreuzung der S 17th mit der Dock St.

Schlafen

★ HI Richmond HOSTEL **$**

(☎ 804-729-5410; www.hiusa.org; 7 N 2nd St; B 29–31 US$, Zi. 85–110 US$, für Nicht-HI-Mitglieder zusätzlich 3 US$;) Die stilvolle und umweltfreundliche HI-Herberge im Otis Elevator Co Building aus den 1940er-Jahren liegt im Stadtzentrum und ist eines der besten Hostels, die man je erleben wird. Die Zimmer und Schlafsäle sind sauber und hell und sind mit Schließfächern und Ladestationen ausgestattet; Bettwäsche und Handtücher werden gestellt. Hinzu kommen ausgezeichnete Gemeinschaftseinrichtungen, darunter kostenlose Waschmaschinen und Wäschetrockner, eine Lounge mit Billardtisch und TV sowie eine große, gut ausgerüstete Küche.

Quirk Hotel BOUTIQUEHOTEL **$$$**

(☎ 804-340-6040; www.destinationhotels.com/quirk-hotel; 201 W Broad St, Monroe Ward; DZ ab 180 US$, Suite ab 430 US$; P) Das Boutiquehotel in der Innenstadt beeindruckt von dem Moment an, wo man das mit großen Fenstern versehene Foyer betritt, in dem eine schicke Bar und ein Restaurant untergebracht sind. In den Zimmern knüpfen die hohen Decken und die Böden aus Ahornholz direkt an die Vergangenheit des Hauses als Luxuswarenhaus an. Die Betten, Badezimmer und Ausstattung sind ausgezeichnet. Die beliebte Dachbar des Quirk Hotels ist von Ende April bis Ende Oktober geöffnet.

Essen & Ausgehen

★ Sugar & Twine CAFÉ **$**

(☎ 804-204-1755; www.sugartwine.com; 2928 W Cary St, Carytown; Gebäck 2–3 US$, Sandwiches 5–6 US$; ⏲ Mo–Sa 7–20, So bis 18 Uhr;) Die zeitgenössische Kaffeekultur ist noch nicht wirklich ins Innere von Virginia vorgedrungen, aber stylishe Cafés wie dieses hier sind auf dem Vormarsch. Wir mögen hier alles: den ausgezeichneten Espresso, das leckere Gebäck, die schmackhaften Sandwiches (einige auch vegan oder vegetarisch; glutenfreies Brot erhältlich), das kostenlose WLAN und das freundliche Personal.

Kuba Kuba KUBANISCH **$**

(☎ 804-355-8817; www.kubakuba.info; 1601 Park Ave, Fan District; Sandwiches 8–10 US$, Hauptgerichte 13–20 US$; ⏲ Mo–Do 9–21.30, Fr & Sa bis 22, So bis 20 Uhr;) Das Lokal wirkt wie eine Bodega aus dem alten Havanna. Serviert werden leckere Schweinefleischgerichte, Omelettes auf spanische Art und Panini zu supergünstigen Preisen. Zum Abschluss gönnt man sich ein Dessert und einen guten Espresso.

Perly's DELI **$**

(☎ 804-912-1560; www.perlysrichmond.com; 111 E Grace St, Monroe Ward; Brunchgerichte 7–14 US$, Sandwiches 9–13 US$; ⏲ Mo–Sa 8–21, So bis 15 Uhr) In dem 1962 gegründeten Perly's haben schon Generationen von Einheimischen jiddische Spezialitäten genossen. Zum Brunch (tgl. bis 15 Uhr) gibt's Leckeres wie Cornedbeef-Hash, Zimt-*babka*, *knish* und *latkes* und mittags diverse Sandwiches. Es gibt eine Sitzecke und Plätze an der Theke. Es herrscht eine freundliche Retro-Atmosphäre.

Mama J's AMERIKANISCH **$**

(☎ 804-225-7449; www.mamajskitchen.com; 415 N 1st St, Jackson Ward; Sandwiches 5–10 US$, Hauptgerichte 8–16 US$; ⏲ So–Do 11–21, Fr & Sa bis 22 Uhr) Im historischen afroamerikanischen Viertel Jackson Ward bereitet das Personal des Mama J's köstliche Brathähnchen, den legendären gebratenen Wels (der vielleicht nicht besonders aussieht, aber dafür himmlisch schmeckt) mit Blattkohl, Süßkartoffeln, Mac'n'Cheese und andere Beilagen zu. Der Service ist freundlich, die Warteschlange lang – daher früh kommen!

★ L'Opossum AMERIKANISCH, FRANZÖSISCH **$$$**

(☎ 804-918-6028; www.lopossum.com; 626 China St, Oregon Hill; Hauptgerichte 22–36 US$; ⏲ Di–Sa 17–24 Uhr) Was in diesem gastronomischen Labor genau vorgeht, wissen wir nicht, aber es funktioniert. Das Restaurant mit dem schrecklichen Namen serviert Gerichte, die ihrerseits hippe und kecke Namen („Vegan Orgy on Texan Beach") tragen. Alles wird zusammengehalten von den Leistungen des preisgekrönten Chefkochs David Shannon und seines aufmerksamen, talentierten Personals. Um einen Platz an der Theke zu ergattern, sollte man reservieren oder früh kommen.

Saison BAR

(☎ 804-269-3689; www.saisonrva.com; 23 W Marshall St, Jackson Ward; ⏲ 17–2 Uhr) Das kleine hippe Ladenlokal ist ein besonderer Mix aus Weinbar, Café und Restaurant. Kreative Cocktails, Craft-Biere und örtliche Weine sind im Angebot, und auf der Karte stehen kleine Platten (viele davon vegetarisch), Burger und weitere Gourmethappen. Wir empfehlen das Saison aber trotzdem wegen der Drinks und nicht wegen des Essens.

Küchenschluss ist sonntags bis donnerstags um 22 und freitags und samstags um 23 Uhr.

Capital Ale House BAR

(☎ 804-780-2537; www.capitalalehouse.com; 623 E Main St, Court End; ⏲ Mo–Fr 11–1.30, Sa & So ab 10 Uhr) Der bei Politikern aus dem nahegelegenen State Capitol beliebte Pub in Downtown hat eine hervorragende Bierauswahl (mehr als 70 Fass- und 100 Flaschenbiere) und ordentliche Kneipenkost. In der Music Hall gibt's regelmäßig Liveauftritte.

An- & Weiterreise

Die Züge der Amtrak halten am **Bahnhof Staples Mill Rd** (7519 Staples Mill Rd) 7 Meilen (11 km) nördlich der Stadt, aus der Innenstadt mit dem Bus 27 zu erreichen. Weniger Züge halten an der praktischer gelegenen **Main St Station** (1500 E Main St). Richmond wird von den Zuglinien Northeast Regional, Carolinian, Palmetto, Silver Star und Silver Meteor bedient, die alle die Stadt häufig mit Washington, D. C., verbinden (Tickets ab 38 US$, 2¼–2½ Std.).

Die Greyhound- und Trailways-Busse halten am **Busbahnhof** (☎ 804-254-5910; 2910 N Arthur Ashe Blvd, The Diamond; ⏲ 24 Std.).

Unterwegs vor Ort

Das Programm **RVA Bike Share** (www.rvabikes.com) bietet eine Reihe von Ausleihstationen im Stadtgebiet. Eine einfache, 45-minütige Fahrt kostet 1,75 US$, ein Tagespass 6 US$. Um die Stationen zu finden, lädt man die App von der Website herunter.

Die **Greater Richmond Transit Company** (www.ridegrtc.com) betreibt die Stadtbusse. Die Fahrscheine kosten 1,50 US$ und müssen passend bezahlt werden. Die Schnellbuslinie GRTC Pulse (oft nur Pulse genannt) verbindet Willow Lawn über die Broad St und die Main St mit Rockett's Landing.

Parkplätze an der Straße kosten 1,25 US$ pro Stunde.

Charlottesville

Das im Schatten der Blue Ridge Mountains gelegene Charlottesville landet bei Umfragen regelmäßig unter den Orten mit der höchsten Lebensqualität in den USA. Die Stadt hat eine vielfältige Kultur und ist Sitz der architektonisch glanzvollen University of Virginia (UVA), die Südstaaten-Aristokraten genauso anzieht wie künstlerisch angehauchte Linksgerichtete. Der UVA-Campus, die Main St und die Fußgängerzone in der Innenstadt sind fest in der Hand von Studenten, Professoren und Touristen, die zusammen für eine muntere, kultivierte und aufgeschlossene Atmosphäre in „C-Ville" sorgen.

Sehenswertes

★ Monticello HISTORISCHE STÄTTE

(☎ 434-984-9800; www.monticello.org; 931 Thomas Jefferson Pkwy; Erw. 23–30 US$, Jugendliche 12–18 Jahre 17 US$, Kind 5–11 Jahre 10 US$; ⏲ Mo–Fr 8.30–18, Sa & So bis 19 Uhr, saisonal variierende Öffnungszeiten) Das Haus in Monticello ist ein architektonisches Meisterwerk, das von Thomas Jefferson, dem Gründervater und dritten US-Präsidenten, entworfen und bewohnt wurde. Er verbrachte 40 Jahre mit dem Bau seines Traumhauses, das schließlich 1809 fertiggestellt wurde und heute das einzige als UNESCO-Weltkulturerbe ausgewiesene Wohnhaus in den USA ist. Es bildet den Mittelpunkt einer Plantage, die einst 2000 ha umfasste. Das Haus (nur das EG) kann bei Führungen besichtigt werden. Das Gelände und die Nebengebäude kann man in thematischen Führungen und auf eigene Faust erkunden.

Der 45-minütige geführte Spaziergang „Sklaverei in Monticello" (im Eintrittspreis enthalten) ist das Highlight jedes Besuchs. Die Guides beschönigen die komplizierte Vergangenheit des Mannes nicht, der in der Unabhängigkeitserklärung betont hatte, dass „alle Menschen gleich geschaffen" sind, während er Sklaven hielt und mit der Sklavin Sally Hemings Kinder hatte. Jefferson und seine offizielle Familie sind auf einer kleinen bewaldeten Stelle in der Nähe des Hauses begraben.

Zwei Führungen pro Tag gelten den Zimmern im Obergeschoss des Hauses (49–65 US$, Kind unter 5 Jahren frei); sie sind sehr begehrt und müssen vorab gebucht werden.

Ein Hightech-Ausstellungszentrum taucht tiefer in Jeffersons Welt ein. Es widmet sich

Themen wie der Architektur, der Aufklärung durch Bildung und der komplexen Idee der Freiheit. Vom Visitor Center fahren Shuttles häufig zu dem Haus auf dem Hügel, man kann aber auch über einen von Bäumen umgebenen Fußweg dorthin laufen.

Monticello liegt rund 4,5 Meilen (7,2 km) nordwestlich der Innenstadt von Charlottesville.

University of Virginia UNIVERSITÄT
(☎434-924-0311; www.virginia.edu; University Ave, Charlottesville) Thomas Jefferson gründete die University of Virginia und entwarf ein von ihm so genanntes „akademisches Dorf", das den Geist des gemeinsamen Lebens und Lernens zum Ausdruck bringe sollte. Im Zentrum des „Dorfs" liegt der **Lawn**, eine große, sanft gewellte Grasfläche, die von säulenbestandenen Pavillons, Studentenunterkünften, der von Standford White entworfenen **Old Cabell Hall** (1898) und Jeffersons berühmter, dem Pantheon in Rom nachempfundenen **Rotunda** (☎434-924-7969; www.rotunda.virginia.edu; 1826 University Ave; ⏲9–17 Uhr) gesäumt wird. Die originalen klassizistischen und palladianischen Universitätsgebäude bilden zusammen mit Jeffersons Wohnsitz Monticello eine UNESCO-Welterbestätte.

In der Schulzeit (Sept.–April) starten täglich um 10, 11 und 14 Uhr von der Rotunda kostenlose, von Studenten geleitete **Führungen** (www.uvaguides.org) über den Lawn und durch die ursprüngliche Universität.

Schlafen

Fairhaven PENSION $
(☎434-933-2471; www.fairhavencville.com; 413 Fairway Ave; Zi. 55–90 US$; P❄📶🐾) Das freundliche und einladende Gästehaus ist eine tolle Option, sofern es einen nicht stört, sich das Bad zu teilen (es gibt nur ein Badezimmer für die Gäste der 3 Zimmer). Jedes Zimmer hat einen Holzboden, komfortable Betten und einen farbenfrohen Anstrich. Die Gäste können die Küche, das Wohnzimmer und den Hinterhof benutzen. Bis zur Fußgängerzone muss man ungefähr 1,5 km gehen.

★ **South Street Inn** B&B $$
(☎434-979-0200; www.southstreetinn.com; 200 W South St; Zi. 193–234 US$, Suite 283–291 US$; P❄📶) Das elegante Gebäude von 1856 mit einer bilderbuchschönen vorderen Veranda beherbergte ein Mädchenpensionat, dann eine Pension und später ein Bordell. Heute ist es ein historisches B&B mit elf großen, schön eingerichteten Zimmern. Weitere Zimmer finden sich in einem angeschlossenen Cottage. Das Frühstück wird in der Bibliothek serviert, ebenso auch jeden Abend gratis Wein und Käse.

Residence Inn by Marriott HOTEL $$
(☎434-220-0075; www.marriott.com; 315 W Main St; Studio 175–265 US$, Apt. mit 1 Schlafzi. 205–400 US$, mit 2 Schlafzi. 298–500 US$; P🚭❄📶🏊🐾) Wir sind normalerweise keine Fans von Kettenhotels, aber dieses ausge-

ABSTECHER

MONTPELIER

In dieser Gegend dreht sich zwar alles um Thomas Jefferson, aber es lohnt sich auch, James Madisons **Montpelier** (☎540-672-2728; www.montpelier.org; 11350 Constitution Hwy, Montpelier Station; Erw./Kind 6–14 Jahre 22/9 US$; ⏲April–Okt. 9–17 Uhr, Nov.–März 10–16 Uhr) einen Besuch abzustatten. Das spektakuläre Anwesen liegt 40 km nordöstlich von Charlottesville (abseits des Hwy 20). Madison war ein genialer, aber schüchterner Mann, der sich ganz seinen Büchern verschrieben hatte. Er formulierte fast ganz allein die amerikanische Verfassung. **Geführte Touren** beleuchten das Leben von James und seiner talentierten und charismatischen Frau Dolley sowie von anderen Bewohnern des Anwesens.

Die sorgfältig rekonstruierten Hütten verraten, wie Madisons Sklaven lebten. Es gibt ein archäologisches Labor, in dem Archäologen vor Ort die jeweils neuen Funde erläutern. Wanderwege führen in die Wälder jenseits des Landguts; Ehrgeizige können 6,4 km bis zum **Market at Grelen** (☎540-672-7268; www.themarketatgrelen.com; 15091 Yager Rd, Somerset; Sandwiches 8–9 US$; ⏲Café Mo–Fr 11.30–14.30, Sa & So bis 15.30 Uhr, Laden Mi–Sa 10–16 Uhr, Ende Dez.–Feb. geschl.) marschieren, einem bezaubernden Mittagslokal und Gartenzenter, in dem man auf dem hügeligen, 240 ha großen Gelände auch selber Beeren pflücken kann.

zeichnete Haus verdient wirklich Lob. Die Lage könnte nicht besser sein, und mit seinen sauberen, komfortablen, gut ausgestatteten Wohnstudios und Apartments ist das Residence Inn ein hervorragendes Standquartier für einen Besuch in Charlottesville. Zu den Einrichtungen gehören ein Pool, eine Bar, ein Fitnessraum und ein Münzwaschsalon. Es gibt sogar einen kostenlosen Shuttledienst für einen Umkreis von 16 km (einschließlich des Flughafens).

Essen

★ Bodo's Bagels BAGELS **$**
(☎ 434-293-6021; www.bodosbagels.com; 1609 University Ave; Bagels 0,80 US$, Sandwiches 3–4 US$; ⏲ Mo–Fr 7–20, Sa & So 8–16 Uhr) Studenten und Universitätsangehörige sind Stammgäste in dieser Institution von Charlottesville, die mit wunderbaren Bagels an der UVA Corner lockt. Es gibt viele Bagel-Optionen (Natur, mit Butter oder Schmelzkäse, mit Ei) und Sandwiches. Man isst im Laden oder holt sich etwas für unterwegs.

Mudhouse Coffee Roasters CAFÉ **$**
(☎ 434-984-6833; www.mudhouse.com; 213 W Main St; Gebäck 3 US$; ⏲ Mo–Sa 7–22, So bis 20 Uhr; 📶) Das Motto lautet: „Guter Kaffee. Überlegt beschafft. Sorgfältig geröstet", und dieses Café an der Fußgängermall hält, was es verspricht. Man genießt den ausgezeichneten Espresso oder Filterkaffee und köstliches Gebäck im stilvollen Innenraum oder draußen an Tischen in der Mall.

Citizen Burger AMERIKANISCH **$**
(☎ 434-979-9944; www.citizenburgerbar.com; 212 E Main St; Burger 7–21 US$; ⏲ So–Do 11.30–22.30, Fr & Sa bis 23.30 Uhr; 📶) 🌿 Dieser immens beliebte Burgerladen an der Fußgänger-Mall setzt auf lokale Zutaten und Nachhaltigkeit (Fleisch von natürlich gezüchteten, mit Gras gefütterten Kühen, Käse und Biere aus Virginia). Probieren sollte man die Trüffel-Fritten. Die Bar bleibt noch nach Küchenschluss geöffnet.

★ Oakhart Social MODERN-AMERIKANISCH **$$**
(☎ 434-995-5449; www.oakhartsocial.com; 511 W Main St; kleine Platten 8–22 US$, Pizza 15 US$; ⏲ Di–So 17–24, Fr & Sa bis 2 Uhr) Saisonal inspirierte kleine Platten und Holzofenpizzas kommen in großer Zahl schnell aus der Küche dieses Hipster-Treffs und halten die treue Stammkundschaft satt und bei Laune. An warmen Abenden ist die Terrasse vorne ideal, um Cocktails zu trinken, und an der Bar kann man prima alleine essen.

★ Public Fish & Oyster SEAFOOD **$$$**
(☎ 434-995-5542; www.publicfo.com; 513 W Main St; Hauptgerichte 19–26 US$; ⏲ So & Mo 16–21, FDi–Do bis 21.30, Fr & Sa bis 22 Uhr) Das helle, einladende Restaurant ist ein richtiger Blickfang. Aber letztlich sind es die saisonalen Seafood-Gerichte, die Besucher dazu bringen, Teller um Teller voller frischer Austern, Muscheln und anderen Meeresfrüchten zu bestellen. Wer noch nie rohe Austern gegessen hat, sollte das hier ändern. Die belgischen Pommes mit Meersalz sind fantastisch.

VIRGINIAS BREW RIDGE TRAIL

Eine Kette von Kleinbrauereien erstreckt sich westlich von Charlottesville nach Crozet und am Hwy 151 entlang, der unterhalb des Blue Ridge Pkwy am Fuß der Blue Ridge Mountains verläuft. Diese zum **Brew Ridge Trail** (www.brewridgetrail.com) gehörenden Brauereien produzieren feine Craft-Biere; in vielen findet man auch tolles Essen und eine schöne Aussicht. An schönen Tagen sind die Terrassen von Bierfans und Outdoor-Abenteurern bevölkert. **Hop On Virginia** (www.virginiahopontours.com) betreibt einen Shuttledienst zwischen vielen Brauereien.

An- & Weiterreise

Amtrak-Züge (www.amtrak.com; 810 W Main St; ⏲ Ticketbüro 6–21.30 Uhr) verbinden Charlottesville mit Washington, D. C. (ab 27 US$, 2¾ Std., tgl. 2-mal). Vom **Greyhound/Trailways Terminal** (☎ 434-295-5131; www.greyhound.com; 310 W Main St; ⏲ Ticketbüro 8–22 Uhr) fahren Busse nach Richmond (ab 16 US$, 1¼ Std., tgl. 4-mal), Roanoke (ab 27 US$, 2½ Std., tgl. 4-mal) und Washington, D. C. (ab 19 US$, 3 Std., tgl. 4-mal).

Der **Charlottesville Albemarle Airport** (CHO; ☎ 434-973-8342; www.gocho.com; 100 Bowen Loop), 10 Meilen (16 km) nördlich des Zentrums, bietet Direktflüge zu Zielen an der Ostküste sowie nach Chicago.

Unterwegs vor Ort

Ein kostenloser Trolley (am T-Zeichen zu erkennen) verbindet die **Downtown Transit Station** (☎ 434-970-3649; www.charlottesville.org; 615 E Water St; ⏲ Mo–Sa 7–20, So 9–17 Uhr) nahe dem Sprint Pavilion über die W Main St mit der UVA. Der Trolley fährt montags bis samstags alle

15 Minuten zwischen 6.30 und 23.30 Uhr und sonntags zwischen 8 und 17.40 Uhr.

Appomattox

Das kleine, verschlafene Städtchen Appomattox ist dadurch bekannt, dass General Robert E. Lee als Befehlshaber der Army of Northern Virginia hier vor General Ulysses S. Grant kapitulierte, wodurch der Bürgerkrieg praktisch beendet war. Heute strömen Bürgerkriegsfans und Geschichtsinteressierte herbei, um den Appomattox Court House National Historic Park und das American Civil War Museum zu besuchen und in den Antiquitätenläden der Downtown, die sich auf Bürgerkriegsmemorabilien spezialisiert haben, herumzustöbern. Diese Läden sind nur an den Wochenenden geöffnet.

Sehenswertes

★ Appomattox Court House National Historic Park PARK

(☎ 434-352-8987; www.nps.gov/apco; 111 National Park Dr; ⏲ 9–17 Uhr) GRATIS Im McLean House in der Ortschaft Appomattox Court House kapitulierte General Robert E. Lee vor den Unionstruppen von General Grant, womit der Bürgerkrieg praktisch endete. Der Park umfasst mehr als zwei Dutzend restaurierte Gebäude, von denen einige für Besucher geöffnet und mit originalen Möbeln und Nachbildungen im Stil der Bürgerkriegszeit ausstaffiert sind.

Zu den Highlights gehören das Wohnzimmer des **McLean House**, in dem Lee und Grant zusammentrafen, die **Clover Hill Tavern**, in der Soldaten der Union 30 000 Entlassungspapiere für kriegsgefangene konföderierte Soldaten druckten, und der mit Trockengut gefüllte **Meeks General Store**.

American Civil War Museum – Appomattox MUSEUM

(☎ 434-352 5791; https://acwm.org; 159 Horseshoe Rd; Erw./Kind 6–17 Jahre 12/6 US$; ⏲ 10–17 Uhr; P) Artefakte, Fotos, Dokumente und audiovisuelle Präsentationen erzählen die Vorgeschichte vom Ende des Bürgerkriegs und des Beginns des Wiederzusammenwachsens der USA. Der besondere Stolz des Museums sind der Waffenrock und das Schwert, die Robert E. Lee bei der Kapitulation trug.

Shenandoah Valley

Nach einheimischer Überlieferung soll Shenandoah auf ein indianisches Wort zurückgehen, das „Tochter der Sterne" bedeutet. Ob das nun stimmt oder nicht – das hier ist wirklich Gottes eigenes Land und einer der schönsten Flecken in den USA. Das 320 km lange Tal und die Blue Ridge Mountains sind übersät mit idyllischen Kleinstädten, Weingütern, Kleinbrauereien, geschützten Schlachtfeldern und Höhlen. Hier verlief einst die Westgrenze des kolonialen Amerikas, wo sich schottisch-irische Pioniere niederließen, die aus dem schottischen Hochland vertrieben worden waren. Hier gibt's Outdoor-Aktivitäten wie Wandern, Radfahren, Campen, Angeln, Reiten und Kanufahren in Hülle und Fülle, und eine Fahrt auf dem berühmten Skyline Drive ist vor allem im Herbst ein unvergessliches Erlebnis, wenn das Blätterdach des Waldes in vielen Farben von rostrot bis orangefarben leuchtet.

Anreise & Unterwegs vor Ort

Am besten erkundet man die Gegend mit dem eigenen Auto. Die wichtigsten Interstates hier sind die I-81 und die I-64. Der größte Flughafen ist der Roanoke-Blacksburg Regional Airport (S. 339). Amtrak-Züge halten am **Bahnhof** (www.amtrak.com; 1 Middlebrook Ave) in Staunton. Der Busservice **Virginia Breeze** (☎ 800-827-3490; www.catchthevabreeze.com; Tickets 15–50 US$) von/nach Washington, D. C., hält in Arlington, Front Royal, Staunton und Lexington.

Front Royal & Luray

Grenzlandatmosphäre herrscht in diesem Ort im Shenandoah Valley an der nördlichsten Spitze des Skyline Dr. Die Straßen sind oft verlassen, und viele bedeutende Touristenattraktionen gibt es nicht. Der Ort ist jedoch ein beliebtes Ziel für Outdoorfans, die hier viele Gelegenheiten zum Wandern, Reiten, Raften und Kanufahren finden. Vor der Fahrt auf dem Skyline Dr sollte man im Ort auftanken und sich mit Vorräten eindecken.

Sehenswertes

★ Luray Caverns HÖHLE

(☎ 540-743-6551; www.luraycaverns.com; 970 US Hwy 211 W, Luray; Erw./Kind 6–12 Jahre 28/15 US$; ⏲ Mitte Juni–Aug. tgl. 9–19 Uhr, Sept.–Nov. & April–Mitte Juni bis 18 Uhr, Dez.–März Mo–Fr bis 16 & Sa & So bis 17 Uhr) Wer auf seiner Shenandoah-Reiseroute nur eine Höhle unterkriegt, der sollte zu den herrlichen Luray Caverns, 25 Meilen (40 km) südlich von Front Royal, fahren

NICHT VERSÄUMEN

SHENANDOAH NATIONAL PARK

Der **Shenandoah National Park** (☎540-999-3500; www.nps.gov/shen; Skyline Dr; Wochenpass 30 US$/Auto; ⏲ganzjährig) ist einer der spektakulärsten Nationalparks im Land und ein Schaufenster von Farben und schöner Natur: Im Frühjahr und Sommer stehen die Wildblumen in voller Blüte, im Herbst leuchten die Blätter rot und orange, und im Winter setzt eine kalte Frostperiode von karger Schönheit ein. Weißwedelhirsche sind hier ein vertrauter Anblick, und mit etwas Glück sieht man auch Schwarzbären, Rotluchse und wilde Truthühner. Der Park liegt gerade einmal 75 Meilen (121 km) westlich von Washington, D.C.

Die ersten Anlaufstellen sind das **Dickey Ridge Visitor Center** (Skyline Dr, Meile 4,6; ⏲April–Nov. 9–17 Uhr) nahe dem nördlichen Ende des Skyline Dr oder das **Harry F. Byrd Visitor Center** (Skyline Dr, Meile 51; ⏲April–Nov. 9–17 Uhr). In beiden Besucherzentren gibt's Ausstellungen zur Flora und Fauna sowie Karten und Informationen zu Wanderwegen und Aktivitäten.

Der Shenandoah National Park ist eine Wohltat für die Augen: Die Kulisse besteht aus den traumhaften Blue Ridge Mountains, alten Granitformationen und metamorphem Gestein, die über 1 Mrd. Jahre alt sind. Der Park selbst wurde 1935 als Erholungsgebiet für die Bewohner der Städte an der Ostküste eingerichtet. Man kann problemlos einen Tagesausflug von Washington, D.C., hierher unternehmen, aber wer kann, sollte länger bleiben. Das über 800 km lange Wanderwegenetz, die 75 Aussichtspunkte, die 30 Bäche zum Angeln, sieben Picknickplätze und vier Campingplätze versprechen jede Menge Abwechslung.

Der atemberaubende **Skyline Dr** folgt dem Hauptkamm der Blue Ridge Mountains und windet sich 105 Meilen (169 km) durch die Mitte des Parks. Die Route beginnt in Front Royal am westlichen Ende der I-66 und endet im südlichen Teil der Bergkette bei Rockfish Gap nahe der I-64. Meilensteine am Straßenrand erleichtern die Orientierung. Kilometerweit führen Wanderwege durch den Park.

Der berühmteste Wanderweg im Park ist der 163 km lange Abschnitt des **Appalachian Trail** (AT), einer insgesamt 3500 km langen, durch 14 Bundesstaaten führenden Route. Man erreicht den Trail vom weitgehen parallel verlaufenden Skyline Dr aus. Abgesehen vom AT gibt's im Park noch mehr als 640 km an Wanderwegen. Zu den kürzeren Wanderstrecken gehören der **Compton Peak** (Meile 10,4; hin & zurück 3,9 km; leicht bis mittelschwer), **Traces** (Meile 22,2; hin & zurück 2,7 km; leicht), der **Overall Run** (Meile 22,2; hin & zurück 9,7 km; mittelschwer) und der **White Oak Canyon** (Meile 42,6; hin & zurück 7,4 km; anspruchsvoll). Der höchste Gipfel im Park ist der **Hawksbill Mountain Summit** (Meile 46,7; hin & zurück 3,4 km; mittelschwer).

Anreise & Unterwegs vor Ort

Um den Park kreuz und quer zu erkunden, braucht man ein eigenes Auto; der Nationalpark ist von mehreren Ausfahrten von der I-81 aus leicht zu erreichen. Der Busdienst Virginia Breeze (S. 357) von/nach Washington, D.C., hält in Front Royal und Staunton nahe dem Haupteingang bzw. Ausgang des Parks. Amtrak-Züge (S. 356) verkehren zwischen Washington, D.C., und Staunton.

Eine **Tankstelle** (☎540-999-2211; Skyline Dr, Meile 51,2; ⏲8–20 Uhr) befindet sich in Big Meadows Wayside.

und der „Stalagpipe-Orgel" lauschen, die das größte Musikinstrument der Welt sein soll. An Wochenenden mit viel Betrieb können die Führungen wie Massenveranstaltungen wirken, aber die atemberaubenden Formationen entschädigen für das Gedränge. Wer am Eingang Zeit sparen möchte, der kann sein Ticket vorher online kaufen und muss nicht mehr warten. Zudem gibt's hier den **Ropes Adventure Park** (Erw./Kind 11/6 US$) und ein **Gartenlabyrinth** (10/6 US$).

Schlafen & Essen

Yogi Bear's Jellystone Park Camp-Resort CAMPING $
(☎540-300-1697; www.campluray.com; 2250 Hwy 211 E, Luray; Stellplatz ab 40 US$, Hütten ab 74 US$; ⏲Ende März–Ende Nov.; P) Minigolfplät-

ze, ein riesiges Planschbecken samt Spielplatz, Sprungkissen, vier Wasserrutschen und Tretboote erwarten einen in dieser Campinganlage mit bizarrem Namen. Er ist ein Paradies für Kinder, kann aber für Traveller, die nicht mit der Familie unterwegs sind, zum Alptraum werden. Zu den Einrichtungen gehören ein Camp-Laden, ein Café, ein Hundepark, eine Waschküche und saubere Duschblocks.

★ Hotel Laurance BOUTIQUEHOTEL **$$**
(☎ 540-742-7060; www.hotellaurance.com; 2 S Court St; Suite 225–265 US$; 📶) Inhaberin Melinda Kramer hat großartig gearbeitet, um aus diesem schönen, einst verfallenen Gebäude aus den 1830er-Jahren Lurays einziges Boutiquehotel zu machen. Die meisten der 12 Suiten haben komplett ausgestattete Küchen; alle sind stilvoll dekoriert und mit komfortablen Betten ausgestattet. Enttäuschend ist lediglich, dass kein Personal da ist, um Gäste bei der Ankunft zu begrüßen. Wer am Wochenende kommen will, muss mindestens zwei oder drei Nächte buchen.

Element FUSION **$$**
(☎ 540-636-1695; www.elementonmain.com; 317 E Main St; Hauptgerichte mittags 8–16 US$, abends 16–32 US$; ⏲ Di–Sa 11–15 & 17–21 Uhr) Das freundliche Lokal in Front Royal ist bei den Einheimischen beliebt wie kein anderes. Es serviert gute Bistrokost: mittags Sandwiches, Suppen und Salate und abends substantiellere Gerichte wie Pasta, Steaks und Fish & Chips.

An- & Weiterreise

Front Royal liegt 70 Meilen (113 km) östlich von Washington, D. C. Der Busdienst Virginia Breeze (S. 357) aus Washington, D. C., hält in Front Royal und fährt danach weiter nach Harrisonburg, Staunton, Lexington, Christianburg und Blacksburg, bevor er auf gleicher Strecke zurückfährt.

Staunton

Das hübsche, kleine Städtchen hat viel zu bieten: ein historisches, gut zu Fuß erkundbares Zentrum, tolle Restaurants, großartige Kleinbrauereien, regelmäßige Livekonzerte in der Innenstadt und ein erstklassiges Theater. Da in der Nähe auch noch jede Menge Outdoor-Spaß winkt, guckt sich der eine oder andere vielleicht sogar auf dem hiesigen Immobilienmarkt um.

Sehenswertes

Im fußgängerfreundlichen, hübschen Stadtzentrum von Staunton gibt es über 200 Gebäude, die vom bekannten viktorianischen Architekten T. J.Collins entworfen wurden. Der kleinen geisteswissenschaftlichen Mary Baldwin University ist es zu verdanken, dass in der Stadt eine lockere Atmosphäre herrscht.

Woodrow Wilson Presidential Library HISTORISCHE STÄTTE
(☎ 540-885-0897; www.woodrowwilson.org; 18 N Coalter St; Erw./Student/Kind 6–12 Jahre 14/7/5 US$; ⏲ März–Okt. Mo–Sa 9–17, So ab 12 Uhr, Nov.–Feb. bis 16 Uhr) Geschichtsinteressierte sollten sich die Woodrow Wilson Presidential Library in der Nähe des Stadtzentrums keinesfalls entgehen lassen. Das auf einem Hügel thronende klassizistische Haus aus dem Jahr 1856, in dem Wilson aufgewachsen ist, wurde sorgsam in den Originalzustand zurückversetzt. Man kann an den Führungen „Hinter den Kulissen“ (40 US$; Di & Do 14 Uhr) und „Wilson und die Sklaverei“ (25 US; 1. & 3. Fr im Monat 11.30 Uhr) teilnehmen.

Schlafen & Essen

Frederick House B&B **$$**
(☎ 540-885-4220; www.frederickhouse.com; 28 N New St; DZ/Suite ab 156/180 US$; P ❄ 📶 🐾) Die freundlichen Besitzer Ross und Brooke Williams bemühen sich sehr darum, dass die Gäste ihrer Pension in Downtown zufrieden sind. Die Anlage verteilt sich auf fünf historische Domizile mit 23 verschieden gestalteten Zimmern und Suiten, von denen alle über ein eigenes Bad und einige über eine Klimaanlage verfügen. Die hübschesten Zimmer befinden sich im Patrick House (Zimmer 26 verlangen). Das Frühstück ist im Preis inbegriffen.

Chicano Boy MEXIKANISCH **$**
(☎ 540-569-2105; www.chicanoboytaco.com; 240 N Central Ave, Suite 6; Tacos/Burritos 10/12 US$; ⏲ Di–So 11–21 Uhr; 🌶 👪) Vom Preis-Leistungs-Verhältnis her sind die Mittagsmenüs (8,50 US$) dieser Taquería, die aus einem Getränk, einem Dip und zwei Tacos bestehen, nicht zu toppen. Auch abends sind die Preise kaum höher, wenn die Tacos – darunter *carnitas* (mit Schweinefleisch, *pico* und Koriander) und vegetarische (mit Süßkartoffeln und schwarzen Bohnen) – ein echter Renner sind. Das Essen gibt's auch zum Mitnehmen.

★ Shack AMERIKANISCH $$

(☎540-490-1961; www.theshackva.com; 105 S Coalter St; Hauptgerichte Brunch 12–15 US$, abends 13–30 US$; ⌚Mi–Sa 17–21, So 10.30–14 Uhr; ✎) Die Gerichte werden zwar in einem kleinen, schmucklosen Raum (daher der Name) zubereitet und serviert, gehören aber zu den besten im ganzen Bundesstaat. Chefkoch Ian Boden, ein zweimaliger James-Beard-Halbfinalist, macht das Beste aus saisonalen örtlichen Produkten bei seinen Gerichten, die von den Bergen und vom Erbe der jüdischen Küche aus Osteuropa inspiriert sind. Es gibt auch eine gute Auswahl an Weinen.

Ausgehen & Unterhaltung

Yelping Dog WEINBAR

(☎540-885-2275; www.yelpingdogwine.com; 9 E Beverly St; ⌚Di–Do 11–21, Fr & Sa bis 22, So 12–18 Uhr) Die einladende Weinbar mitten im Getümmel des Zentrums setzt ihre Prioritäten richtig: Hier stehen Wein, Käse und Aufschnitt im Mittelpunkt. Außerdem gibt's auch Craft-Bier. Bei den leckeren gegrillten Gourmet-Käsesandwiches (9–10 US$) sollte man zugreifen. An manchen Samstagabenden gibt's Livemusik.

★ Blackfriars Playhouse THEATER

(☎540-851-1733; www.americanshakespearecenter.com; 10 S Market St; Tickets 29–49 US$) Man sollte nicht in Staunton gewesen sein, ohne sich eine Vorstellung im Blackfriars Playhouse angesehen zu haben. In der originalgetreuen Nachbildung von Shakespeares Indoor-Theater spielen regelmäßig Schauspieler der American Shakespeare Center Company mit. Die Schauspieler sind ganz nah am Publikum, und wer sich traut, kann sich direkt neben die Bühne setzen.

An- & Weiterreise

Staunton liegt neben der I-81 unweit der Kreuzung mit der I-64 E. Amtrak-Züge halten hier dreimal pro Woche auf dem Weg von/nach Charlottesville und Washington, D.C.

Lexington

Den kämpferischen Geist des Südens verkörpern die Kadetten des Virginia Military Institute (VMI), die am Freitag in voller Montur aufmarschieren. Das VMI gehört zu den beiden wichtigen historischen Institutionen von Lexington, die andere ist die Washington & Lee University (W&L). Zwei Generäle aus dem Bürgerkrieg, Robert E. Lee und Stonewall Jackson, lebten hier und wurden hier begraben. Lexington ist schon seit langem ein beliebtes Ziel für Bürgerkriegsinteressierte. Heute kommen aber auch viele Wanderer, Radler und Kajakfahrer, die Lexington als Sprungbrett für Abenteuer in den nahegelegenen Blue Ridge Mountains nutzen, wo der Blue Ridge Pkwy und der Appalachian Trail aufs Tal und den James River hinunterblicken. Neue Hotels, Bars und Restaurants haben der Stadt, die ein gutes Standquartier für das Shenandoah Valley ist, neues Leben eingehaucht.

Sehenswertes & Aktivitäten

Virginia Military Institute UNIVERSITÄT

(VMI; www.vmi.edu; Letcher Ave) Man kann nur beeindruckt oder abgestoßen sein von dem extremen Drill der Kadetten des Virginia Military Institute, der einzigen Universität, die ihren ganzen Abschlussjahrgang in den Krieg schickte (die Gedenktafeln für gefallene Kadetten sind anrührend und allgegenwärtig). Zu den 15000 Artefakten im **VMI Museum** (☎540-464-7334; www.vmi.edu/museum; 415 Letcher Ave; 5 US$; ⌚9–17 Uhr) gehört auch das ausgestopfte Pferd von Stonewall Jackson, während das **George C. Marshall Museum** (☎540-463-2083; www.marshallfoundation.org/museum; VMI Parade; Erw./Student/Kind unter 13 Jahren 5/2 US$/frei; ⌚Di–Sa 11–16 Uhr) den Schöpfer des Marshallplans für den Wiederaufbau Europas nach dem Zweiten Weltkrieg ehrt.

Kostenlose 45-minütige, von Kadetten geleitete Campusführungen können über das Museum vereinbart werden; sie finden während der Vorlesungszeit immer um 12 Uhr statt. In der Vorlesungszeit gibt's an den meisten Freitagen auch eine Parade in voller Uniform (16 Uhr).

Washington & Lee University UNIVERSITÄT

(☎540-458-8400; www.wlu.edu; 204 West Washington St) Das nach George Washington und Robert E. Lee benannte hübsche und adrette Liberal-Arts-College wurde 1749 gegründet. George Washington rettete die Schule im Jahr 1796 mit einer Spende von 20000 US$. Der Konföderiertengeneral Robert E. Lee diente ihr nach dem Bürgerkrieg als Präsident, weil er hoffte das Land durch Bildung wieder zu einen. Heute können Besucher an der auffälligen roten Backsteinkolonnade entlang schlendern und das **Lee Chapel & Museum** (☎540-458-8768; www.wlu.edu/lee-chapel-and-museum; Eintritt gegen Spende Erw./

Kind 4/2 US$; ⌚ Nov.–März Mo–Sa 9–16, So 13–16 Uhr, April–Okt. bis 17 Uhr) besuchen.

Die Tore der Garage des Hauses des Universitätspräsidenten stehen wahrscheinlich offen. Lee ließ die Tore während seiner Zeit als Präsident der Schule für sein frei herumlaufendes Pferd Traveller immer offen. Auch heute noch bleiben sie aus Tradition auf, damit der Geist von Traveller nach Hause kommen kann.

Natural Bridge State Park BRÜCKE

(☎ 540-291-1326; www.dcr.virginia.gov; 6477 S Lee Hwy; Erw./Kind 6–12 Jahre 8/6 US$; ⌚ 8–21 Uhr) Die Hauptattraktion dieses State Parks beschrieb schon Thomas Jefferson in seinem Buch *Betrachtungen über Virginia*: „Stärker kann man die Gefühle des Erhabenen nicht empfinden als vor diesem schönen, so hohen, leichten, gleichsam gen Himmel springenden Bogen…" Abgesehen von der 66 m hohen natürlichen Kalksteinbrücke bietet der Park 10 km an schönen Wanderwegen, die durch Wälder und Wiesen führen.

Dinosaur Kingdom II VERGNÜGUNGSPARK

(☎ 540-464-2253; www.dinosaurkingdomii.com; 5781 S Lee Hwy; Erw./Kind 3–12 Jahre 12/8 US$; ⌚ Mai & Sept.–Anfang Nov. Sa & So 11–17 Uhr, Juni–Aug. 10–18 Uhr; 👪) Dieser kitschige Vergnügungspark gehört zu den durchgeknalltesten Attraktionen des Künstlers und kreativen Wunderkinds Mark Cline. Er transportiert die Besucher in eine alternative Realität, in der Unionssoldaten versuchen, riesige Dinosaurier im Bürgerkrieg als Massenvernichtungswaffen gegen konföderierte Truppen einzusetzen. Präsident Lincoln ist ebenfalls zu sehen – er will mit einem Lasso ein fliegendes Pteranodon einfangen. Die Figuren aus Styropor und Fiberglass sind lebensecht genug, um kleinere Kinder zu begeistern, und auch mürrische Erwachsene unterhalten sich gut mit der absurden Geschichte. Der Park liegt rund 12 Meilen (19 km) südlich von Lexington am S Lee Hwy/Rte 11.

Upper James River Water Trail KANUFAHREN

(https://upperjamesriverwatertrail.com; Botetourt) Die 74 Meilen (119 km) lange Paddelroute folgt dem James River durch die Ausläufer der Blue Ridge Mountains in Richtung auf Richmond und die Küste. Sie ist in diverse Abschnitte unterteilt, für deren Bewältigung per Kanu oder Kajak man jeweils zwischen einer und sieben Stunden braucht.

Twin River Outfitters KANUFAHREN, TUBING

(☎ 540-254-8021; https://canoevirginia.net; 640 Lowe St, Buchanan; Paddelausflug ab 34 US$; ⌚ April–Okt. 9–17 Uhr) Dieser beliebte Anbieter wird von Zwillingsbrüdern geführt und bietet Kanufahren und Tubing auf dem Upper James River Water Trail des James River an, bei denen man Adler und Rehe sehen kann. Länge, Zeit und Schwierigkeitsgrad der Touren variieren. Im Preis ist ein Shuttle-Service inbegriffen.

Schlafen & Essen

Georges BOUTIQUEHOTEL $$$

(☎ 540-463-2500; www.thegeorges.com; 11 N Main St; DZ 185–240 US$, Suite ab 335 US$; P ❄ 📶) Das in zwei historischen Gebäuden, die sich an der Main St gegenüberstehen, untergebrachte Georges bietet 18 elegante Zimmer mit hochwertiger Einrichtung und Luxusbettwäsche. Dank der hervorragenden Lage, dem freundlichen Service und dem leckeren Frühstück (im Zimmerpreis inbegriffen) ist dieses Hotel die beste Unterkunft in Lexington und eine der besten im Shenandoah Valley.

Pure Eats AMERIKANISCH $

(☎ 540-462-6000; www.pure-eats.com; 107 N Main St; Burger 7–12 US$, Donuts 1,25 US$; ⌚ 8–20 Uhr) In einer ehemaligen Tankstelle serviert das Pure Eats morgens leckere hausgemachte Donuts und Biscuits mit Ei und Käse; später sind dann Burger die bevorzugte Wahl. Verkauft werden außerdem auch Craft-Bier aus der Region, Milchshakes aus örtlicher Milch und Eis aus einer örtlichen Molkerei.

★ **Red Hen** FRANZÖSISCH $$$

(☎ 540-464-4401; www.redhenlex.com; 11 E Washington St; Hauptgerichte 22–28 US$; ⌚ Di–Sa 17–21 Uhr; ✍) 🌿 Für ein denkwürdiges Mahl im Red Hen, einem anheimelnden Restaurant in einem Gebäude aus dem Jahr 1890 gleich abseits der Main St, muss man unbedingt rechtzeitig im Voraus reservieren. Auf der nicht umfangreichen Karte stehen kreative, überwiegend französische Gerichte aus besten örtlichen Produkten und tolle Cocktails.

Ausgehen & Unterhaltung

Taps BAR

(☎ 540-463-2500; www.thegeorges.com; 11 N Main St, Georges; ⌚ Mo–Do 15–23, Fr & Sa ab 11 Uhr) Diese gemütliche Bar im Hotel Georges ist gleichzeitig das Wohnzimmer Lexingtons, in dem es sich Studenten, Professoren und andere Einheimische auf den kuscheligen Sofas und am Tresen bequem machen. Hier gibt es auch Craft-Bier, gute Cocktails und jede Menge Klatsch und Tratsch. Es gibt auch eine ausgewählte Speisekarte (Sandwiches 12–13 US$).

Hull's Drive-in KINO

(☎540-463-2621; www.hullsdrivein.com; 2367 N Lee Hwy/US 11; Erw./Kind 5–11 Jahre 7/3 US$; ⏲März–Okt. Fr & Sa ab 18.30 Uhr; 👪) Altmodische Unterhaltung verspricht dieses aus den 1950er-Jahren stammende Autokino 5,5 Meilen (8,9 km) nördlich von Lexington. Die Filme starten 20 Minuten nach Sonnenuntergang. Am Imbissstand gibt's Burger, Popcorn und Snow-Cones.

An- & Weiterreise

Lexington liegt an der Kreuzung der I-81 mit der I-64. Der nächstgelegene Flughafen ist der Roanoke-Blacksburg Regional Airport (S. 339) 55 Meilen (89 km) weiter südlich. Der Busdienst Virginia Breeze (S. 357) aus Washington, D.C., fährt hierher über Front Royal, Harrisonburg und Staunton und dann weiter nach Christianburg und Blacksburg, bevor er auf der gleichen Strecke wieder zurückfährt.

Blue Ridge Highlands & südwestliches Virginia

Die Blue Ridge Highlands und das Roanoke Valley sind zwei der attraktivsten Regionen im Bundesstaat. Die Täler zwischen den Blue Ridge Mountains und den Allegheny Mountains sind mit kleinen Dörfern gesprenkelt. Der Blue Ridge Pkwy und der Appalachian Trail schlängeln sich hier durch die Berge, wo sich auch schöne Flüsse, Stromschnellen und Seen finden. Es ist regelmäßig traditionelle Mountain Music zu hören, und die Weingüter und Craft-Bier-Brauereien bieten in den kleinen Dörfern und an den Hängen Verkostungen an.

Die Südwestspitze Virginias ist der raueste Teil der Region – und auch des gesamten Bundesstaats. Hier hat auch die Mountain Music ihren Ursprung. Biegt man in eine Nebenstraße ab, versinkt man in Streifen aus Hartriegelgewächsen und Tannen, die lediglich von ungezähmten Strömen und Wasserfällen durchbrochen werden. In den Kleinstädten wehen Konföderiertenflaggen. Es könnte sogar sein, dass man irgendwann ferne Banjos und Fußstampfen vernehmen kann.

Anreise & Unterwegs vor Ort

Um die Landstraßen zu erkunden und Abstecher zu unternehmen, braucht man ein eigenes Auto. Die wichtigste Interstate ist die I-81, die am westlichen Rand des Bundesstaats in Nord-Süd-Richtung verläuft. Der Blue Ridge Pkwy verläuft parallel zur I-81, auf ihm kommt man aber wesentlich langsamer voran.

Tägliche Amtrak-Züge verbinden Roanoke mit New York (ab 75 US$, 9½ Std.) und Washington, D.C. (ab 37 US$, 5 Std.). Der wichtigste Flughafen der Region ist der Roanoke-Blacksburg Regional Airport (S. 339).

Roanoke

Roanoke, das von einem riesigen Stern auf dem Gipfel des Mill Mountain beleuchtet wird, ist die größte Stadt im Roanoke Valley und die selbst ernannte „Hauptstadt des Blue Ridge". Da die Stadt nahe dem Blue Ridge Pkwy und dem Appalachian Trail liegt, ist sie auch ein praktisches Basislager zur Erkundung der umliegenden Natur. Ein wachsendes Netz von Grünanlagen, eine aufstrebende Kunstszene und immer mehr Restaurants mit farmfrischer Kost haben der Stadt in den letzten Jahren neues Leben zugeführt, sodass sie inzwischen gar nicht mehr verschlafen, sondern fast schon hip ist.

Sehenswertes & Aktivitäten

★ **O. Winston Link Museum** MUSEUM

(☎540-982-5465; http://roanokehistory.org; 101 Shenandoah Ave NE; Erw./Kind 3–11 Jahre 6/5 US$; ⏲Di–Sa 10–17 Uhr) Nicht nur Eisenbahnfans werden dieses Museum faszinierend finden. Es beherbergt eine große Sammlung von Fotos, Film- und Tonaufnahmen des New Yorkers O. Winston Link (1914–2001), der in den 1950er-Jahren neun Monate lang die letzten Phase der Dampfloks auf der Norfolk and Western Railway dokumentierte. Die Barytabzüge von Links Schwarzweißfotos sind sehr stimmungsvoll und spektakulär. Viele wurden nachts aufgenommen, was damals noch selten war.

Center in the Square MUSEUM

(☎540-342-5700; www.centerinthesquare.org; 1 Market Sq; ⏲Mo 10–17, Di–Sa bis 20, So 13–18 Uhr) Im kulturellen Zentrum der Stadt finden sich drei Museen, ein Schmetterlingsgarten, Aquarien und ein Theater. Die Museen widmen sich der afroamerikanischen Kultur, dem Flipperspiel und der Wissenschaft. Die Aquarien im Atrium und das begrünte Dach kann man kostenlos besuchen; für die anderen Attraktionen wird Eintritt erhoben.

Taubman Museum of Art MUSEUM
(☎ 540-342-5760; www.taubmanmuseum.org; 110 Salem Ave SE; ⏲ Mi–Sa 10–17, So 12–17, 1. Fr im Monat 10–21 Uhr; P) GRATIS Das eindrucksvolle Museum, das Juwel in Roanokes kultureller Krone, residiert in einem skulptural anmutenden Gebäude aus Stahl und Glas. Amerikanische Werke aus dem 19. und 20. Jh. sind die Stärke der kleinen Dauerausstellung, zu der Norman Rockwells populäres Gemälde *Framed* (1946) und Winslow Homers *Woodchopper in the Adirondacks* (ca. 1870) zählen. In den vier Sälen für Wechselausstellungen gibt's alles von Kunsthandwerk über Videokunst bis hin zu Installationen.

Schlafen & Essen

Hotel Roanoke HOTEL $$$
(☎ 540-985-5900; www.hotelroanoke.com; 110 Shenandoah Ave NW; Zi. ab 120 US$; P @ ≋) Das elegante Hotel im Tudor-Stil hält schon über hundert Jahre lang Hof in der Stadt am Fuß der Blue Ridge Mountains. Heute gehört es zur Hilton-Gruppe und muss dringend aufgemöbelt werden. Die Zimmer sind allenfalls angemessen, und der Service kann lustlos sein. Ein überdachter, erhöhter Fußweg verbindet das Hotel mit dem Downtown-Bezirk.

Lucky MODERN-AMERIKANISCH $$
(☎ 540-982-1249; www.eatatlucky.com; 18 Kirk Ave SW; Hauptgerichte 19–40 US$; ⏲ Mo–Mi 17–21, Do–Sa bis 22 Uhr) Das Lucky hat ausgezeichnete Cocktails (z. B. The Cube), saisonal inspirierte kleine Gerichte (über Hickory-Rauch geräucherten Porchetta, gebratene Austern) und herzhaftere Hauptgerichte (in Buttermilch gebratenes Hähnchen, Gnocchi mit Morcheln und Spargel). Das gleiche Team betreibt ein paar Türen weiter auch das wundervolle italienische Restaurant Fortunato (www.fortunatoroanoke.com), dessen Holzofenpizzas wahrlich traumhaft sind.

An- & Weiterreise

Amtrak bietet eine tägliche Zugverbindung zwischen Roanoke und New York (ab 75 US$, 9½ Std.) auf der Northeast Regional Line. Die Züge starten vom **Bahnhof** (55 Norfolk Ave SW) in der Innenstadt und fahren über Washington, D. C. (ab 37 US$, 5 Std.).

Der Flughafen (S. 339) liegt 5 Meilen (8 km) nördlich des Zentrums und bedient das Roanoke und das Shenandoah Valley. Busse von Smart Way (www.smartwaybus.com) verbinden Roanoke und Blacksburg und halten unterwegs am Flughafen (4 US$); sonntags verkehren die Busse nicht. Mit dem Auto erreicht man die Stadt über die I-81 und I-581. Der Blue Ridge Pkwy verläuft nur 5 Meilen (8 km) außerhalb der Downtown.

Abingdon

Abingdon ist eine der malerischsten Ortschaften Virginias mit schönen Federal-Style- und viktorianischen Gebäuden in seinem historischen Viertel. Das schon lange bestehende regionale Theater im Stadtzentrum zieht Publikum aus dem ganzen Bun-

BLUE RIDGE PARKWAY

Wo der Skyline Dr (S. 358) endet, fängt der Blue Ridge Pkwy (www.nps.gov/blri) an. Letzterer wird vom National Park Service verwaltet und ist wunderschön. Er erstreckt sich vom südlichen Appalachian-Kamm im Shenandoah National Park (bei Meile 0) bis zum Great Smoky Mountains National Park (bei Meile 469) in North Carolina. Im Frühling blühen hier Wildblumen, und im Herbst färbt sich alles spektakulär. An nebligen Tagen sollte man aufpassen: Fehlende Leitplanken erschweren die Fahrt. Entlang des Blue Ridge Pkwy befinden sich Dutzende Visitor Centers, die alle einen guten Ausgangspunkt für eine Tour darstellen. Während der gesamten Fahrt bekommt man keine einzige Ampel zu Gesicht, dafür aber jede Meng Wild. Eine hilfreiche Website ist www.blueridgeparkway.org.

Längs des Blue Ridge Pkwy führen Wege auf die Spitzen der drei als **Peaks of Otter** (Blue Ridge Pkwy, Meile 85,6;) bezeichneten Gipfel Sharp Top, Flat Top und Harkening Hill. Saisonal fahren Shuttles bis 400 m an den Sharp Top heran, wenn man auf die herausfordernde Wanderung (hin & zurück 4,8 km) verzichten will. Der Panoramablick von dem Felsgipfel auf die Blue Ridge Mountains ist fantastisch. Ein kurzer Weg führt zur nahegelegenen Johnson Farm, auf der vor der Errichtung des Blue Ridge Pkwy Äpfel für den hiesigen Gasthof angebaut wurden.

desstaat an, genau wie der wunderschöne Virginia Creeper Trail. Der grüne, bei Radfahrern und Wanderern beliebte Weg verläuft längs einer alten Bahntrasse von den Bergen hinunter.

Virginia Creeper Trail RADFAHREN, WANDERN & TREKKEN
(www.vacreepertrail.com) Dieser 54 km lange Wanderweg entlang einer alten Eisenbahnstrecke schlängelt sich durch die Mount Rogers National Recreation Area und verbindet das erhabene Whitetop mit Damascus und schließlich auch mit Abingdon. Hiesige Fahrradläden verleihen Räder und bieten einen Shuttle-Service an.

Barter Theatre THEATER
(☎276-628-3991; www.bartertheatre.com; 127 W Main St; ⌚Theaterkasse Di–Sa 9–17, So ab 13 Uhr) Das in der Zeit der Weltwirtschaftskrise gegründete Theater verdankt seinen Namen „Tauschhandels-Theater" den Zuschauern, die zu jener Zeit den Eintritt mit Nahrungsmitteln bezahlten. Gregory Peck und Ernest Borgnine gehören zu denen, die hier auf der Bühne standen.

An- & Weiterreise

Abingdon breitet sich an der I-81 in der Nähe der Grenze zu Tennessee aus. Die Stadt liegt 366 Meilen (590 km) südwestlich von Washington, D.C., und 180 Meilen (290 km) nordwestlich von Charlotte, NC. Die nächsten Flughäfen sind der Asheville Regional Airport in Asheville, NC und der Roanoke-Blacksburg Regional Airport (S. 339) in Roanoke.

Floyd

Versteckt in den Ausläufern der Blue Ridge Mountains nahe dem Blue Ridge Pkwy ist das winzige, idyllische Floyd nicht viel mehr als die Kreuzung zwischen dem Hwy 8 und dem Hwy 221. Tatsächlich gibt's nur eine einzige Verkehrsampel im ganzen Landkreis. Doch am Freitagabend tobt beim Friday Night Jamboree im Floyd Country Store und auf den umliegenden Bürgersteigen das Leben, wenn die Leute aus nah und fern zu einer Nacht mit guter Stimmung und altmodischer Livemusik zusammenkommen.

Schlafen & Essen

Hotel Floyd HOTEL $
(☎540-745-6080; www.hotelfloyd.com; 300 Rick Lewis Way; Zi. 100–140 US$, Suite 150–180 US$; P ❄ @ 🛜 🐾) Viel Stil hat das Hotel nicht, aber wen kümmert das? Die Zimmer sind groß, makellos sauber und sehr komfortabel. Der Service ist freundlich, das Frühstück im Zimmerpreis inbegriffen und die Main St nur einen kurzen Spaziergang entfernt. Die Preise sind zudem sehr günstig. Das Hotel ist aus allen diesen Gründen sehr beliebt, also vorab reservieren!

Dogtown Roadhouse PIZZA $
(☎540-745-6836; www.dogtownroadhouse.com; 302 S Locust St; Pizzas 10–18 US$; ⌚Mi & Do 16–22, Fr & Sa 12–24, So 12–22 Uhr) In diese muntere Pizzeria stapft schon mal ein Bauer, der gerade die Zutaten für die Holzofenpizzas liefert, z.B. für die Appalachian (mit Apfel und Butter, Würstchen, karamellisierten Zwiebeln, Cheddar und Ziegenkäse). Lager, Stouts, Porters und Ciders gibt's vom Fass und ab 20 Uhr freitags und samstags erklingt hier Live-Rock.

Pine Tavern AMERIKANISCH $
(☎540-745-4482; www.thepinetavern.com; 611 Floyd Hwy N; 15–17 US$/Pers.; ⌚Fr 16.30–21, Sa ab 12, So 11–20 Uhr; P 👪) Die Buttermilch-Biscuits, Brathähnchen und der Landschinken in diesem All-You-Can-Eat-Familienrestaurant sind wirklich lecker. Uns gefällt, wie hier Klöße, Feldbohnen, grüne Bohnen und Kartoffelbrei aufgehäuft werden. Im Frühjahr und Sommer gibt's gelegentlich Livemusik draußen im Pavillon.

An- & Weiterreise

Floyd liegt 20 Meilen (32 km) südöstlich der I-81 und ist am besten mit dem Auto zu erreichen. Der nächste Flughafen ist der rund 50 Meilen (80 km) weiter nördlich gelegene Roanoke-Blacksburg Regional Airport (S. 339).

Galax

Galax erhebt den Anspruch, Welthauptstadt der Mountain Music zu sein, wirkt aber außerhalb des unmittelbaren Downtown-Bereichs, der im nationalen Denkmalregister steht, wie eine x-beliebige Kleinstadt. Die Stadt ist eine wichtige Station auf der 330 Meilen (531 km) langen Musikstraße Crooked Road (S. 365) und liegt in der Nähe des Blue Ridge Pkwy.

Schlafen

Fiddlers Roost HÜTTE $$
(☎276-236-1212; www.fiddlersroostcabins.com; 485 Fishers Peak Rd; Hütten 120–300 US$; P) Diese acht Hütten erinnern an Holzspiel-

NICHT VERSÄUMEN

CROOKED ROAD

Als schottisch-irische Fideln und der Reel (Volkstanz) auf afroamerikanische Banjo- und Percussion-Klänge trafen, wurde die amerikanische Mountain Music geboren, auch Old-Time-Music genannt, darunter Country und Bluegrass. Letzteres dominiert immer noch die Blue Ridge Mountains und den Virgina's Heritage Music Trail, die 330 Meilen (531 km) lange Crooked Road (www.myswva.org/tcr). Sie führt an neun Stätten vorbei, die mit dieser Geschichte verbunden sind; außerdem gibt's noch ein tolles Bergpanorama, so weit das Auge reicht. Es lohnt sich auf alle Fälle, diesen Umweg zu machen und sich zu den musikliebenden Fans aller Altersklassen zu gesellen, die bei den festlichen Jamborees mit ihren Schuhen stampfen (viele kommen eigens mit Steppschuhen hierher). Während einer Liveshow kann man die Lebensfreude rüstiger Senioren sehen, die noch intakte Verbindungen zu ihren kulturellen Wurzeln haben, und erlebt zugleich die Generation von Musikern, die das Erbe am Leben erhalten.

Zu den Top-Stätten gehören das Blue Ridge Music Center (S. 365) in der Nähe von Galax, an Freitagabenden der **Floyd Country Store** (☎540-745-4563; www.floydcountrystore.com; 206 S Locust St; ⊙Mo–Do & Sa 10–17, Fr bis 22.30, So 11–21 Uhr) und an Samstagabenden die **Carter Family Fold** (☎276-386-6054; www.carterfamilyfold.org; 3449 AP Carter Hwy/SR 614, Hiltons; Erw. 10–15 US$, Kind 6–11 Jahre 2 US$; ⊙Sa 19.30 Uhr; 👪) in Hiltons.

zeug für Kinder. Innen sind sie altmodisch-schick eingerichtet – sie gewinnen zwar sicherlich keine Preise von Designermagazinen, sind aber gemütlich und mit Gasofen, Küche, TV und DVD-Player ausgestattet. Bei allen Hütten außer der Cabin on the Blue ist das Frühstück im Preis inbegriffen. Mindestaufenthalt von zwei Nächten am Wochenende.

Ausgehen & Unterhaltung

Creek Bottom Brews KLEINBRAUEREI
(☎276-236-2337; www.cbbrews.com; 307 N Meadow St; Sandwiches 8–11 US$, Pizzas 16 US$; ⊙Di–Do 11–21, Fr & Sa bis 22 Uhr) Hier wird ein wechselndes Sortiment eigener Craft-Biere offeriert, zu denen man gut die Holzofenpizzas oder die vor Ort gegrillten geräucherten Chicken Wings genießen kann. Sehr zu empfehlen ist das Hellgrammite Brown Ale. Die Brauerei versteckt sich hinter einem Wellblechzaun neben Pronets.

★**Blue Ridge Music Center** LIVEMUSIK
(☎276-236-5309; www.blueridgemusiccenter.net; 700 Foothills Rd/Mile 213, Blue Ridge Pkwy; ⊙Ende Mai–Ende Okt. 10–17 Uhr, Anfang Mai–Ende Mai Do–Mo 10–17 Uhr) Das Kunst- und Musikzentrum der Region konzentriert sich auf örtliche Musiker, die die Tradition der Musik der Appalachen weiterführen. Große Konzerte finden überwiegend am Wochenende statt, doch an den meisten Tagen geben örtliche Musiker im überdachten Durchgang des Visitor Centers zwischen 12 und 16 Uhr kostenlose Konzerte. Man bringt einen Gartenstuhl mit und lässt sich zu den Vorstellungen am Nachmittag oder Abend nieder. Auf dem Gelände gibt's auch die kostenlose Ausstellung „Roots of American Music".

Rex Theater LIVEMUSIK
(☎276-236-0329; www.rextheatergalax.com; 113 E Grayson St) Eine muffige, mit roten Vorhängen prunkende altmodische Bühne. Häufig spielen hier Bluegrass-Musiker, vor allem aber lockt freitagabends die Liveshow „Blue Ridge Backroads" (Eintritt 5 US$) von WBRF 98.1 viele Besucher aus den Bergen an.

An- & Weiterreise

Am besten erreicht man Galax mit dem Auto. Der Ort grenzt an die US 58 rund 10 Meilen (16 km) südwestlich der I-77. Der Roanoke-Blacksburg Regional Airport (S. 339) liegt 90 Meilen (145 km) nordöstlich, zu erreichen über die I-77 Richtung Norden und die I-81 N. Galax ist rund 10 Meilen (16 km) vom Blue Ridge Pkwy entfernt.

WEST VIRGINIA

Bereit für ein raues Ostküsten-Abenteuer vor einer einzigartigen Bergkulisse? Dann auf ins wilde und wunderschöne West Virginia, das von amerikanischen wie ausländischen Reisenden oft übersehen wird. Das liegt wahrscheinlich daran, dass der Staat anscheinend nicht in der Lage ist, all die negativen Klischees, die mit ihm verbunden sind, zu widerlegen. Das ist jammerschade, den West Virginia ist einer der schönsten Bundesstaaten der USA. Die ursprünglichen, grün bewaldeten Berge mit rauschenden Wildwasserläufen und schneereichen Wintersportorten sind ein wahres Paradies für Outdoor-Fans.

In einem Staat, der sich im Bürgerkrieg von Virginia abspaltete, um bei der Union zu bleiben, sehen sich die Menschen auch heute noch als die schuftenden Söhne von Bergarbeitern, woran auch etwas Wahres ist. Gleichzeitig zeigt sich im Mountain State aber eine Gentrifizierung, die gelegentlich auch etwas Gutes hat: In den Tälern gedeihen die Künste, und einige Städte bieten willkommene Abwechslung zu dem stetig wachsenden Angebot von Outdoor-Aktivitäten. Charleston ist die Hauptstadt des Bundesstaats und seine größte Stadt, hat aber noch nicht einmal 50 000 Einwohner.

Geschichte

Virginia war früher einmal der größte Bundesstaat der USA und erstreckte sich von den Plantagen der Küstenregion bis zu den Bergen, die jetzt West Virginia bilden. Letztere waren besiedelt von beinharten Farmern, die ihre Besitzrechte über die Appalachen hinaus ausdehnten. Ihren östlichen Schwestern und Brüdern gegenüber waren sie immer ein wenig skeptisch eingestellt – vor allem in Bezug auf die Ausbeutung von billiger (d.h. Sklaven-)Arbeitskraft, die diese betrieben. Und so erklärte das Bergvolk von West Virginia seine Unabhängigkeit, als Virginia versuchte, sich während des Bürgerkriegs von den USA abzuspalten.

Die konfrontationslustige „Unabhängig um jeden Preis"-Einstellung wurde im späten 19. und frühen 20. Jh. auf die Probe gestellt, als die Minenarbeiter Gewerkschaften gründeten und in einer der blutigsten Auseinandersetzungen der amerikanischen Arbeiterbewegung ihre Arbeitgeber bekämpften. Der seltsame Mix aus einer Art Allergie gegen sämtliche Autoritäten und einem besorgten nachbarschaftlichen Gemeinschaftssinn prägt auch das heutige West Virginia noch.

Praktische Informationen

Die West Virginia Division of Tourism (www.wvtourism.com) betreibt Visitor Centers an den Staatsgrenzen und in **Harpers Ferry** (☎ 886-435-5698, 304-535-2627; www.discoveritallwv.com; 37 Washington Ct; ⊙ 9–17 Uhr). Auf der Website findet man Infos zu den unzähligen Outdoor-Aktivitäten im Bundesstaat.

Anreise & Unterwegs vor Ort

Der Eastern Panhandle von West Virginia beginnt rund 60 Meilen (97 km) nordwestlich von Washington, D. C., und ist von dort recht leicht mit dem Auto zu erreichen, man muss aber mit einem hohen Verkehrsaufkommen rechnen.

Amtrak- und MARC-Züge halten am Bahnhof (S. 368) von Harpers Ferry. Charleston besitzt einen kleinen Flughafen (S. 372).

Um den National Forest und den Süden des Bundesstaats zu erkunden, braucht man ein Auto. Die meisten Bergstädtchen und Parks sind nur auf zweispurigen Straßen erreichbar. Die Entfernungen sind zwar nicht besonders groß, erfordern aber länger dauernde Fahrten als auf einer Interstate. Auf den Bergstraßen kann die Netzabdeckung sehr lückenhaft sein, daher sollte man vor Fahrtantritt seine Route genau checken und gegebenenfalls aufschreiben.

Eastern Panhandle

Der zugänglichste Teil West Virginias war schon immer ein bergiger Rückzugsort für die Menschen aus D.C., denn die Region liegt nur 70 Meilen (113 km) westlich der Hauptstadt. Hier ist für Besucher jede Menge geboten: Bürgerkriegsgeschichte, Thermalquellen, grüne Landschaften und jede Menge Möglichkeiten für Outdoor-Aktivitäten auf Pfaden und Flüssen. Am besten nimmt man sich dafür ein langes Wochenende Zeit.

Da hier drei Bundesstaaten praktisch überlappen – West Virginia, Virginia und Maryland – und Pennsylvania direkt im Norden angrenzt, kann es ein bisschen kompliziert sein, den Panhandle zu bereisen. Bei der Planung sollte man die Landkarten gründlich studieren, damit man auch wirklich alle Attraktionen in dieser Mehrstaatenregion mitnimmt.

Harpers Ferry

Das hübsche Dorf mit seinen steilen, kopfsteingepflasterten Straßen wird von den Shenandoah Mountains und dem Zusammenfluss der rauschenden Flüsse Potomac und Shenandoah eingerahmt. Hier wird Geschichte lebendig: Der untere Teil der Stadt ist ein Freiluftmuseum mit über einem Dutzend Gebäuden, die man erkunden kann, um eine Vorstellung vom Leben in einer Kleinstadt des 19. Jhs. zu bekommen. In

Ausstellungen wird die Rolle der Stadt als Vorposten bei der Expansion gen Westen, in der amerikanischen Industrialisierung und – am berühmtesten – in der Geschichte der Antisklavereibewegung erzählt. 1859 versuchte der alte John Brown, hier einen Sklavenaufstand anzuzetteln und wurde für seine Bemühungen gehängt. Der Vorfall vertiefte die Spannungen zwischen Norden und Süden bis hin zu den Schlachten des Bürgerkriegs.

In der Oberstadt finden sich Cafés und B&Bs. Harpers Ferry liegt neben dem Appalachian Trail, vom C&O Canal Towpath aus auf dem anderen Ufer des Potomac, daher begegnet man in den Kaffeehäusern und Hostels vor Ort viele Radler und Outdoor-Typen. Das Städtchen ist gewiss touristisch, hat aber eine lustige, energiegeladene Atmosphäre.

Sehenswertes & Aktivitäten

Harpers Ferry National Historic Park
PARK

(☎304-535-6029; www.nps.gov/hafe; 171 Shoreline Dr; pro Pers. zu Fuß oder mit Fahrrad/Fahrzeug 7/15 US$; ⊙Trails Sonnenaufgang–Sonnenuntergang, Visitor Center 9–17 Uhr; P) Am Harpers Ferry National Historic Park Visitor Center nördlich der Stadt am Hwy 340 bekommt man einen Pass, mit dem man die historischen Gebäude und Museen besuchen kann. Hier stehen auch Parkplätze (in Harpers Ferry selbst gibt es nur sehr wenige Parkmöglichkeiten) und ein Shuttle-Bus zur Verfügung. Es ist eine kurze und landschaftlich schöne Fahrt.

John Brown Museum
MUSEUM

(www.nps.gov/hafe; Shenandoah St; ⊙9–17 Uhr) GRATIS Gegenüber vom Arsenal Sq und von einem der Museen des Parks gibt diese Galerie in drei Räumen einen guten Überblick über den legendären Angriff John Browns (mithilfe von Videos und historischen Dokumenten).

African American History Museum
MUSEUM

(www.nps.gov/hafe; High St; ⊙9–17 Uhr) GRATIS Als Teil des National Parks erzählt das lohnende interaktive Museum Geschichten vom Leiden und von hart erfochtenen Siegen der Afroamerikaner aus der Zeit von der Sklaverei bis zur Bürgerrechtsbewegung. Auf der anderen Straßenseite gibt die Ausstellung im ehemaligen Storer College einen Überblick über die Pionierarbeit dieser schwarzen Bildungsstätte und über die Niagara-Bewegung, die in ihrem Umkreis entstand.

C&O Canal National Historic Park
RADFAHREN, WANDERN

(☎301-739-4200; www.nps.gov/choh) Der 184,5 Meilen (297 km) lange alte Treidelpfad verläuft auf der zu Maryland gehörenden Seite des Potomac River. Von der historischen Downtown aus kann man ihn auf dem Appalachian Trail über die Potomac Bridge erreichen. Weitere Zugangspunkte zum Towpath und eine Liste von Fahrradverleihern findet man unter www.nps.gov/hafe.

River Riders
ABENTEUERSPORT

(☎304-535-2663; www.riverriders.com; 408 Alstadts Hill Rd; Tubing/Kajakfahren/Rafting ab 29/59/79 US$ pro Pers.; ⊙Juni–Aug. 8–18 Uhr, übriges Jahr unterschiedliche Zeiten) Das Unternehmen ist die angesagte Adresse für Rafting-, Kanu-, Tubing- und Kajak-Ausflüge sowie mehrtägige Radtouren und Leihfahrräder (2 Std. 34 US$/Pers.). Es gibt hier auch eine 366 m lange Seilrutsche.

Schlafen & Essen

HI-Harpers Ferry Hostel
HOSTEL $

(☎301-834-7652; www.hiusa.org; 19123 Sandy Hook Rd, Knoxville; B 25 US$; ⊙Mitte April–Mitte Nov.; P@) Das freundliche Hostel bietet seinen Gästen viele Extras, darunter eine Küche, eine Waschküche und einen Loungebereich mit Spielen und Büchern. Das Hostel ist beliebt bei Radlern, die auf dem C&O Canal Towpath und Wanderern, die auf dem Appalachian Trail unterwegs sind – beide Wege liegen in der Nähe. Das Frühstück ist im Preis inbegriffen. Die Herberge befindet sich 2 Meilen (3,2 km) vom Zentrum von Harpers Ferry entfernt auf der zu Maryland gehörenden Uferseite des Potomac River.

Jackson Rose
B&B $$

(☎304-535-1528; www.thejacksonrose.com; 1167 W Washington St; Zi. werktags/Wochenende 135/150 US$, Jan. & Feb. geschl.; P) Das prächtige Backsteinhaus aus dem 18. Jh. inmitten herrschaftlicher Gartenanlagen verfügt über drei attraktive Gästezimmer, darunter eines, in dem Stonewall Jackson kurze Zeit während des Bürgerkriegs gewohnt hat. Antike Möbel und alte Kuriositäten füllen das Haus, und das gekochte Frühstück ist ausgezeichnet. Zum historischen Viertel geht's vom Anwesen 600 m den Hügel hinunter. Kinder unter 12 Jahren sind unerwünscht.

Beans in the Belfry AMERIKANISCH $
(☎301-834-7178; www.beansinthebelfry.com; 122 W Potomac St, Brunswick; Sandwiches 7 US$; ⌚Mo–Do 8–21, Fr & Sa bis 22, So bis 19 Uhr; 📶👪) In dieser umgebauten Kirche aus rotem Backstein rund 6 Meilen (9,6 km) östlich von Harpers Ferry, West Virginia, findet man bunt zusammengewürfelte Sofas und mit Kitsch überladene Wände. Auf der Karte stehen Kaffee und kleine Gerichte (Chili, Sandwiches, Quiche), und an mehreren Abenden in der Woche spielen Bands auf der winzigen Bühne Folk, Blues und Bluegrass. Sehr beliebt ist der Jazz-Brunch (18 US$) am Sonntag. Der coole Laden lohnt die Anfahrt.

ℹ Praktische Informationen

Appalachian Trail Conservancy (ATC; ☎304-535-6331; www.appalachiantrail.org; 799 Washington St, Ecke Washington St & Jackson St; ⌚9–17 Uhr) Die Zentrale des 2160 Meilen (3476 km) langen Appalachian Trail ist eine hervorragende Adresse für Wanderer, die hier Anregungen, Infos, aktuelle Nachrichten zum Trail und Toiletten finden. Weniger ambitionierte Traveller schätzen die hilfreiche Karte von Harpers Ferry, die einen Überblick über mehrere Tageswanderungen in der Gegend gibt, darunter über den hier beginnenden 2.4 km langen Rundweg um Harpers Ferry.

ℹ An- & Weiterreise

Amtrak-Züge fahren auf der Capitol-Limited-Route von der **Harpers Ferry Station** (Potomac St) zur Union Station in Washington, D. C. (ab 14 US$, 70 Min., tgl.). MARC-Züge (http://mta.maryland.gov) fahren auf der Brunswick Line mehrmals täglich (Mo–Fr) zur Union Station in Washington, D. C.

Berkeley Springs

Amerikas ältester Kurort (schon George Washington relaxte hier) präsentiert sich als ein recht seltsamer Mix aus Esoterik, Kunst und verwöhnenden Spa-Zentren. Farmer in Pick-ups mit Konföderiertenflaggen und Akupunkteure in Batik-Kitteln betrachten einander mit Verwunderung auf den Straßen des Orts, der offiziell noch immer Bath heißt.

Berkeley Springs State Park SPA
(☎304-258-2711; www.berkeleyspringssp.com; 2 S Washington St; 30-minütiges Bad 27 US$, 1-stündige Massage 99–129 US$; ⌚9–18 Uhr) Man sollte sich nicht von der Umkleide der Römischen Bäder des Berkeley Springs State Park abschrecken lassen – dies ist der beste Wellness-Deal der Stadt. Am Brunnen vor der Tür kann man seine Flasche kostenlos mit dem magischen, mineralreichen Wasser auffüllen, und im Sommer werden die Kids ihren Spaß im gechlorten Freibad mit Quellwasser mitten auf der Grünfläche haben (Erw./Kind unter 12 Jahren 5/3 US$).

Country Inn of Berkeley Springs HOTEL $$
(☎304-258-1200; www.thecountryinnwv.com; 110 S Washington St; Zi./Suite ab 120/170 US$; P❄📶) Das Country Inn gleich neben dem Park bietet Luxus-Anwendungen und komfortable, aber nicht übermäßig schicke Zimmer, auch als Pauschalangebot. Vor Ort gibt's ein gutes Restaurant.

★**Tari's** FUSION $$$
(☎304-258-1196; www.tariscafe.com; 33 N Washington St; Hauptgerichte mittags 10–15 US$, abends 21–30 US$; ⌚Mo–Sa 11–21, So bis 20 Uhr; ✍) 🌿 Das Tari's ist ein für Berkeley Springs typisches Restaurant, in dem man Gerichte aus frischen, regionalen Lebensmitteln und gute vegetarische Angebote bekommt. Die Atmosphäre ist so entspannt, dass am guten Karma nicht zu zweifeln ist. Abends gibt's Crab Cakes mit Fritten als Beilage.

ℹ An- & Weiterreise

Berkeley Springs liegt 40 Meilen (64 km) westlich der I-95. Der Ort ist rund 90 Minuten vom Großraum von Washington, D. C., entfernt.

Monongahela National Forest

Fast die gesamte östliche Hälfte West Virginias erscheint auf der Landkarte als grünes Parkland, und der größte Teil davon gehört zu diesem hinreißenden National Forest. Er wurde 1920 auf einer Fläche von gerade mal 2900 ha gegründet, umfasst heute aber fast 3650 km², verteilt auf zehn Landkreise. Die auch als Potomac Highlands bezeichnete Region ist das Zentrum des Abenteuersports im Bundesstaat. In den Grenzen des Schutzgebiets findet man wilde Flüsse, eindrucksvolle Felsformationen und den höchsten Gipfel des Bundesstaats, den Spruce Knob. Zu dem mehr als 1368 km umfassenden Wegenetz gehören der 531 km lange **Allegheny Trail** und der auf einer ehemaligen Bahntrasse verlaufende, 126 km lange **Greenbrier River Trail** (☎304-799-4087; www.wvstateparks.com; abseits der WV 66, Cass). Kletterer lockt die surreale Landschaft von Seneca Rocks.

Die Ortschaften Thomas und Davis im nördlichen Bereich der Region sind gute Basislager für das Canaan Valley und Dolly Sods. Seneca Rocks liegt zentral innerhalb des Waldgebiets. Das Snowshoe Mountain Resort ist ein gutes Sprungbrett für die Ziele im Süden.

Sehenswertes

★ Seneca Rocks NATURWAHRZEICHEN
(☎304-567-2827; www.fs.usda.gov/mnf; Hwy 28/55; ⏲Sonnenaufgang–Sonnenuntergang; P) Die auffällige Felsformation, die sich 2750 m hoch über eine Gabelung des Potomac River erhebt, ist eines der erkennbarsten natürlichen Wahrzeichen im Bundesstaat. Kletterer erklimmen die hiesigen Sandsteinwände seit Mitte der 1930er-Jahre. Heute gibt's mehr als 370 kartierte Kletterrouten. Wanderer können 2,4 km bis zu einer Aussichtsplattform nahe der Spitze der Formation marschieren.

Dolly Sods Wilderness WALD
(☎304-636-1800; www.fs.usda.gov; Fire Road 19, Davis; P) GRATIS Amerikanische Rotfichten, vom Wind erodierte Felsen, Aussichten ins Tal und sumpfige Wälder bestimmen die Landschaft in den nördlichen Bereichen dieses abgelegenen, aber beliebten Wildnisgebiets auf dem Allegheny-Plateau. Die alpine Landschaft erinnert an die Bergwelt im nördlichen Kanada. Mit einem 76 km umfassenden Wegenetz ist die 7030 ha große Dolly Sods Wilderness ein erstklassiges Ziel für einen Tagesausflug oder ein Wochenendabenteuer. Von den Trailheads Beaver Dam oder Bear Rocks aus kann man sich seinen eigenen Rundweg zusammenstellen.

Auf dem Red Creek Campground (Stellplatz 11 US$/Nacht) gibt's elf primitive Stellplätze ohne Reservierung.

Blackwater Falls State Park STATE PARK
(☎304-259-5216; www.blackwaterfalls.com; 1584 Blackwater Lodge Rd; P) GRATIS Der Wasserfall stürzt in eine 13 km lange Schlucht, die von Amerikanischen Rotfichten, Hickory-Bäumen und Hemlocktannen gesäumt ist. Mit einem 39 km umfassenden Wegenetz gibt's hier viele Wandermöglichkeiten; lohnend ist der **Pendleton Point Overlook**, der über dem tiefsten und breitesten Punkt des Canaan Valley thront. Im Park finden sich eine einladende Lodge, Hütten und Stellplätze (23–26 US$/Nacht).

Aktivitäten

★ NROCKS Outdoor Adventures KLETTERN
(☎877-435-4842; www.nrocks.com; 141 Nelson Gap Rd, Circleville; 125 US$) Das Abenteuer beginnt, sobald man das Geschirr für die Bewältigung dieses rauen Klettersteigs anlegt. Die geführte Tour mit fest installierten Ankern führt hinauf und über eine zweiteilige Felsformation. Eine Highlight ist die Überquerung einer Hängebrücke, 46 m hoch über einer Schlucht. Die Guides sind lustig und aufgeschlossen, aber professionell. Die Touren dauern 3½ bis 5 Stunden.

Highland Scenic Highway PANORAMASTRASSE
(☎304-846-2695, 304-799-4334; www.fs.usda.gov/mnf; Hwy 150) Der 43 Meilen (69 km) lange National Scenic Byway führt über die grünen Höhen der Allegheny Highlands und des Plateaus vorbei an vier Aussichtspunkten mit weiter Sicht über die Berge und Täler. Die herrliche Fahrt führt aus einer Höhe von 680 m himmelwärts bis zu einer Höhe von 1370 m. Die Strecke führt zunächst auf der Rte 39/55 von Richwood zum **Cranberry Nature Center** (☎304-653-4826; www.fs.usda.gov/mnf; Kreuzung der Hwys 150 & 39/55; ⏲Mitte April–Mitte Okt. Do–Mo 9–16:30 Uhr; P 👪) und von dort weiter auf dem 22 Meilen (35 km) langen Parkway-Abschnitt des Hwy 150.

An jedem Aussichtspunkt befinden sich Picknicktische und Toiletten. Der Parkway-Abschnitt wird im Winter nicht gewartet und ist in der Regel von Dezember bis Ende März gesperrt. Vom Highway aus erreicht man ein mehr als 241 km umfassendes Wanderwegenetz.

Snowshoe Mountain Resort SKIFAHREN
(☎877-441-4386; www.snowshoemtn.com; 10 Snowshoe Dr; Lifttickets Erw./Kind 13–17 Jahre/6–12 Jahre ab 79/70/66 US$; 👪) Das größte Skiresort der Region lockt mit 59 Pisten in drei Skigebieten Ski- und Snowboardfahrer aus dem ganzen Land an. Zwölf Pisten sind auch nachts geöffnet. Im Sommer brausen Mountainbiker auf mehr als 35 Trails durch das bewaldete Gelände hinunter. Man kann das Resort besuchen und die Einrichtungen nutzen, auch wenn man hier nicht übernachtet. Die Unterkunftsoptionen reichen von großen Hütten mit weitem Blick in die

Berge bis zu Ferienwohnungen, die nur wenige Schritte von den Pisten entfernt sind. Das Restaurant Junction im zentralen Dorf ist ganzjährig geöffnet. Es gibt auch eine Spielfläche am See des Resorts.

Schlafen

Im National Forest gibt's 23 Campingplätze in sechs verschiedenen Distrikten. Man sucht sich also zuerst sein Areal aus und macht sich von dort auf den Weg. In zwei Distrikten kann man wild campen, und im Greenbrier District finden sich Hütten. Wer es komfortabler will, für den stehen in Elkins etwa ein halbes Dutzend Hotels parat. Die Skiresorts Snowshoe und Canaan Valley bieten Optionen von schlichten Hütten bis zu luxuriösen Hotelzimmern.

Seneca Shadows Campground CAMPING $
(877-444-6777; www.recreation.gov; US 33/WV 28; Stellplatz 22–35 US$; April–Okt.; P) Der von Bergen flankierte grüne Campingplatz mit Picknicktischen, Feuergruben und Spültoiletten liegt 1 Meile (1,6 km) östlich der Kletterstelle Seneca Rocks (S. 369). Von vielen Stellplätzen hat man einen Blick auf diese Felsen.

Billy Motel MOTEL $
(304-851-6125; www.thebillymotel.com; 1080 William Ave, Davis; Zi. 100 US$; P) Das klassische Motel bietet 10 Zimmer in bunten Farben und frischem, modernem Stil. In der gemütlichen Lobby findet man einen Kamin und eine Loungebar, die dienstags bis samstags Cocktails serviert.

Cooper House Bed & Cocktail B&B $
(304-851-4553; www.cooperhousebandc.com; 114 East Ave, Thomas; Zi. 100–120 US$;) Die Inhaberin Joy Malinowski sorgt in dem knarrenden, aber einladenden Haus für Schwung. Es herrscht eine lustige, gesellige Atmosphäre, und die vier Schlafzimmer verfügen alle über ein eigenes Bad. Die Gäste können Cocktails im Gemeinschaftsbereich genießen.

Allegheny Springs LODGE $$
(877-441-4386; http://alleghenyspringssnowshoe.usotels.co; 10 Snowshoe Dr, The Village, Snowshoe Mountain Resort; Apt. 143–176 US$; P) In der rustikal gestalteten Lobby-Lounge gibt's bequeme Stühle und einen großen Steinkamin. Die Wohnstudios und Apartments dieser Anlage liegen inmitten der Berg-Action nur Schritte von den Hängen und mehreren Restaurants entfernt. Wer besonders schick wohnen will, reserviert ein Apartment der Brigham Collection.

Essen & Ausgehen

Hellbender Burritos MEXIKANISCH $
(304-259-5557; www.hellbenderburritos.com; 457 William Ave, Davis; Hauptgerichte 7–10 US$; Mi, Do & So 11.30–21, Fr & Sa bis 22 Uhr) Die großen Burritos werden hier nach Mountain-State-Art belegt, z. B. mit Blauschimmelkäse-Dressing, Fritos, hausgemachtem Pulled Pork und anderen Dingen, die zwar nicht unbedingt mexikanisch sind, aber gut schmecken. Für die Kleinen gibt's sogar einen Erdnussbutter-Marmelade-Burrito. Auch viele vegetarische Optionen sind im Angebot. Man schnappt sich oben einen Tisch oder setzt sich unten an die Theke.

Mountain State Brewing Co KLEINBRAUEREI
(304-463-4500; www.mountainstatebrewing.com; 1 Nelson Blvd, Thomas; Do & Fr 18–24, Sa 15–24, So 13–19 Uhr) Das Verkostungsgedeck mit acht Bieren (6 US$) ist vielleicht das günstigste Angebot im Bundesstaat. Das Personal gibt eventuell sogar Sangria-Proben aus. An kalten Abenden kommt das Coal Miner's Daughter Oatmeal Stout gerade richtig. Die holzgezimmerte Probierstube wirkt wie eine Camphütte tief in den Wäldern.

Stumptown Ales KLEINBRAUEREI
(304-259-5570; www.stumptownales.com; 390 William Ave, Davis; Mo–Mi 17–21, Do & Fr 17–22, Sa 12–22, So 13–19 Uhr) Die Sägen an der Wand und die 6,4 m lange Theke aus Roteiche sind eine Reverenz an die Holzfällervergangenheit der Region. Und die schmackhaft-hopfigen Biere dieser einladenden Kleinbrauerei kitzeln die Geschmacksknospen.

An- & Weiterreise

Zur Erkundung der rauen, abgelegenen Region braucht man ein eigenes Auto. Thomas liegt 68 Meilen (109 km) südöstlich von Morgantown. Snowshoe ist 230 Meilen (370 km) von Washington, D. C., entfernt.

New River & Greenbrier Valley

Dieser Teil des Bundesstaats hat sich mit Wildwasser-Rafting, Möglichkeiten zum Mountainbiken, vielen grünen Wanderwegen und einladenden Kleinstädten als Abenteuersportzentrum der Ostküste gut etabliert. Die

Mineralquellen und fünf Golfplätze des schicken Greenbrier Resort bringen Gäste mit dicker Brieftasche in die Region.

Anreise & Unterwegs vor Ort

Fayetteville liegt 22 Meilen (35 km) nördlich von Beckley abseits der I-64. Amtrak-Züge der Cardinal Route zwischen Washington, D.C., und Chicago halten unterwegs im New River Valley u.a. in **White Sulphur Springs** (315 W Main St) und am Prince Depot (S. 372) außerhalb von Beckley. Am besten kann man diese Region mit dem Auto erkunden.

New River Gorge National Park

Der New River ist tatsächlich einer der ältesten Flüsse der Welt, und die Urwaldschlucht, durch die er verläuft, gehört zu den atemberaubendsten in den Appalachen. Der National Park Service (NPS) schützt einen Abschnitt des New River, der auf einer Strecke von 80 km 228 Höhenmeter hinunterrauscht; am nördlichen Ende gibt's dicht aneinandergedrängte Stromschnellen bis Klasse V. Die Region ist ein Abenteuersport-Mekka mit Wildwasser-Strecken von Weltklasse und herausfordernden einspurigen Trails. Von den Wanderwegen am Rand der Schlucht genießt man eine schöne Aussicht.

Die anmutige New River Gorge Bridge steht 267 m über dem Fluss und ist damit die dritthöchste Brücke in den USA. Über sie führt die US 19. Das **Canyon Rim Visitor Center** (☎304-574-2115; www.nps.gov/neri; 162 Visitor Center Rd, Lansing; ⏲9–17 Uhr; ♿) gleich südlich der Brücke ist eines von vier NPS-Besucherzentren und hat Infos zu Panoramafahrten, Rafting-Veranstaltern und anderen Outdoor-Abenteuern.

Es gibt keine Unterkünfte im Park. Die einzige Campingmöglichkeit sind kostenlose primitive Stellplätze nahe dem Fluss ohne Trinkwasser und Stromanschluss. Viele Outdoor-Veranstalter bieten Stellplätze und Hütten nahe dem Fluss, die praktisch sind, wenn man am frühen Morgen zu einer Raftingtour aufbrechen will. Gewohntere Unterkunftsmöglichkeiten gibt's in Fayetteville (S. 372) oder in der Lodge im Hawks Nest State Park.

Sehenswertes

New River Gorge Bridge BRÜCKE
(www.nps.gov/neri; Hwy 19; Ⓟ) GRATIS Die 1977 fertiggestellte New River Gorge Bridge ist die dritthöchste Brücke der USA und die längste Einbogenbrücke der westlichen Hemisphäre. Die aus 22000 t Formstahl errichtete Brücke erhebt sich 267 m über den New River und erstreckt sich mit einer Länge von 924 m über die Schlucht. Um den besten Blick auf die Konstruktion zu haben, geht man zu den Aussichtspunkten hinter dem Canyon Rim Visitor Center oder schließt sich einer Bridgewalk-Tour an.

Hawks Nest State Park STATE PARK
(☎304-658-5212; www.hawksnestsp.com; 49 Hawks Nest Park Rd; Tram- & Jetboottour Erw./Kind 29/14 US$; Ⓟ) Hier gibt's Wanderwege, ein Naturzentrum und eine Schwebebahn, die von der Lodge hinunter zum Fluss führt, wo man Jetboottouren unternehmen und den Blick auf die New River Gorge Bridge genießen kann (Mai–Okt.). Der Grundriss der Lodge ist etwas verwirrend, aber die komfortablen Zimmer (DZ 109–134 US$) bieten einen fabelhaften Ausblick in die Schlucht. Wer zum Blätterfall im Herbst anreist, sollte früh buchen.

Hawks Nest Overlook AUSSICHTSPUNKT
(www.wvstateparks.com; Hwy 60; Ⓟ) GRATIS Ein 73 m langer, asphaltierter Weg führt zu einem hohen Aussichtspunkt auf den New River. Die fotogene Felswand rund um den

NICHT VERSÄUMEN

GREENBRIER RESORT & BUNKER TOUR

Traveller genießen die Mineralquellen im **Greenbrier** (☎855-453-4858; www.greenbrier.com; 300 W Main St, White Sulphur Springs; DZ 280–360 US$; Ⓟ❄📶🏊) schon seit den 1770er-Jahren. Das Resort beeindruckt Präsidenten und andere Prominente seit den 1830er-Jahren. Heute umfasst das luxuriöse, leuchtend weiße Anwesen mehr als 710 Zimmer und Suiten. In den Gemeinschaftsbereichen prunken die bunten Muster der berühmten Innenarchitektin Dorothy Draper.

Nicht verpassen sollte man die **Bunker Tour** (☎844-223-3173; www.greenbrier.com/activities/activity-collection/bunker-tours; Erw./Kind 10–18 Jahre 39/20 US$; ⏲9.30–15.30 Uhr), die einen atombombensicheren Bunker erkundet, der während des Kalten Kriegs gebaut wurde, um die Mitglieder des US-amerikanischen Kongresses aufzunehmen.

Aussichtspunkt wurde in den 1930er-Jahren von Arbeitern des Civilian Conservation Corps geschaffen. Der kurze Anmarsch vom Parkplatz lohnt sich. Der Aussichtspunkt befindet sich 400 m südlich der Hauptlodge des Hawks Nest State Park.

Mystery Hole MUSEUM
(304-658-9101; www.mysteryhole.com; 16724 Midland Trail, Ansted; Erw./Kind 7/6 US$; Juni–Aug. Do–Mo 10.30–17.30 Uhr, Mai Fr–So, Sept. & Okt. nur Sa & So; P) Mit dem Mystery Hole, einer der größten Straßenrand-Attraktionen der USA werden die Grenzen der Schwerkraft und des guten Geschmacks herausgefordert. In diesem Tollhaus ist alles irgendwie schräg. Es befindet sich 1 Meile (1,6 km) westlich des Hawks Nest State Park.

Aktivitäten

★ Bridgewalk SPAZIERGANG
(304-574-1300; www.bridgewalk.com; 57 Fayette Mine Rd; 72 US$; 9–16 Uhr) Wow. Von dem Laufsteg unterhalb der Brücke hat man einen atemberaubenden Blick hinunter auf den New River. Und unheimlich ist es, den oben ratternden Verkehrsstrom wahrzunehmen. Für alle, die nicht unter Höhenangst leiden – immerhin befindet man sich 259 m über dem Fluss – ist dies ein unbedingt empfehlenswertes Abenteuer. Die geführten Touren (2–3 Std.) sind sehr informativ. Man legt bei ihnen nicht weniger als 2 km zu Fuß zurück.

Long Point Trail WANDERN
(www.nps.gov/neri/planyourvisit/fayetteville_trails.htm; Newtown Rd, abseits der Gatewood Rd) Der etwas über 4,8 km lange Rundweg führt zu einem Felsvorsprung mit wunderbarem Blick auf die New River Gorge und die New River Gorge Bridge. Das ist eine tolle kurze Wanderung, und auf dem Felsvorsprung kann man auch picknicken.

Adventures on the Gorge ABENTEUER
(855-379-8738; www.adventuresonthegorge.com; 219 Chestnutburg Rd, Lansing; geführte Raftingtour ab 109 US$/Pers.;) Der angesehene Veranstalter hat jede Menge Aktivitäten in seinem 63 Seiten langen Katalog, darunter Wildwasser-Rafting auf dem New und dem Gauley River, Ziplining, Abseilen und Klettern. Darüber hinaus betreibt er diverse Hütten (einige mit Whirlpool), Campingplätze und mehrere Restaurants, z.B. den Smokey's Cast Iron Grill (Mai–Okt. morgens & abends; Hauptgerichte 14–36 US$) nahe dem Rand der Schlucht.

Cantrell Ultimate Rafting RAFTEN
(304-877-8235; www.cantrellultimaterafting.com; 49 Cantrell Dr; Rafting ab 89 US$) Cantrell Ultimate Rafting ist einer von vielen lizenzierten Rafting-Veranstaltern im Bundesstaat und bietet hervorragende Wildwasser-Raftingtouren.

An- & Weiterreise

Der **Yeager Airport** (304-344-8033; https://yeagerairport.com; 100 Airport Rd) in Charleston liegt etwa 70 Meilen (113 km) nordwestlich. Die Amtrak-Züge auf der Cardinal Route zwischen Chicago, Washington, D.C., und New York City halten an drei Punkten in der NPS-Region, darunter am **Prince Depot** (800-872-7245; 5034 Stanaford Rd, Prince) 23 Meilen (37 km) südlich von Fayetteville in der Nähe von Beckley. Greyhound-Busse (www.greyhound.com) halten in Beckley an der 360 Prince St.

Fayetteville

Das winzige Fayetteville mit vielen guten Restaurants und Bars ist ein Sprungbrett für Traveller, die den Nervenkitzel auf dem New River suchen. Wer Abenteuer in der Gegend unternimmt, sollte unbedingt hier zum Essen vorbeikommen. Das Bergstädtchen ist zudem eine nette Künstlerenklave.

Sehenswertes & Aktivitäten

Beckley Exhibition Coal Mine MINE
(304-256-1747; www.beckley.org/general-information-coal-mine; 513 Ewart Ave, Beckley; Erw./Kind 22/12,50 US$; April–Okt. 10–18 Uhr) Die Mine in Beckley, 22 Meilen (35 km) südlich von Fayetteville, ist heute ein Museum, das sich der früheren Kohleförderung in der Region widmet. Besucher können 464 m tief mit dem Förderzug in eine ehemalige Zeche einfahren, Exponate zum Bergarbeiterleben betrachten und das Bergwerkslager im Ort erkunden. Wer Angst vor engen Räumen hat, verzichtet besser auf die Grubenfahrt und schaut sich alles Übrige für 11 US$ an. Wer in die Zeche einfährt, sollte sich unbedingt eine Jacke anziehen, denn in der Tiefe ist es kalt!

New River Bikes RADFAHREN
(304-574-2453; www.newriverbikes.com; 221 N Court St; Leihfahrrad 35 US$/Tag, Tour 79–110 US$; Mo, Di, Do & Fr 10–18, Sa bis 16 Uhr) Auf den gradierten Schleifen der Arrowhead Trails

kann man prima mountainbiken. Dieser Veranstalter in Fayetteville vermietet Fahrräder und bietet geführte Radtouren.

Schlafen & Essen

River Rock Retreat Hostel HOSTEL $
(☎304-574-0394; www.riverrockretreatandhostel.com; Ecke Lansing-Edmond & Fayette Station Rd; B 30 US$; P ❄ 📶) Das gut geführte Hostel weniger als 1 Meile (1,6 km) nördlich der New River Gorge Bridge bietet schlichte, saubere Zimmer und viel Gemeinschaftsfläche. Vor Ort ist zwar kein Empfang, aber Inhaberin Joy Marr hat viele Infos zur Gegend.

★ **Secret Sandwich Society** AMERIKANISCH $
(☎304-574-4777; www.secretsandwichsociety.com; 103 Keller Ave; Hauptgerichte 10–15 US$; ⏲11–22 Uhr) Wer ein Sandwich-Kenner oder wer einfach nur so richtig hungrig ist, kann an diesem entspannten Laden nicht vorbeigehen. Hier gibt's lecker belegte Sandwiches, köstliche Burger, herzhafte Salate und ein wechselndes Angebot örtlicher Craft-Biere. Man isst auf der netten, luftigen Terrasse.

Pies & Pints PIZZA $$
(☎304-574-2200; www.piesandpints.net; 219 W Maple Ave; Pizzas 10–25 US$; ⏲So–Do 11–22, Fr & Sa bis 23 Uhr) Die Gouda-Chicken-Pizza mit Gourmet-Käse, Chipotle-Creme, über Apfelholz geräuchertem Schinken und gegrilltem Hähnchen ist wahrlich himmlisch. Das Flaggschiff der kleinen und beliebten Pizza- und Craft-Bier-Kette mit Läden in West Virginia und Ohio ist der Ort, wo die Leute nach dem Outdoorspaß zum Feiern zusammenkommen. Die Liste der örtlichen und landesweiten Craft-Biere, von Ales und IPAs bis zu Sours, ist eindrucksvoll.

An- & Weiterreise

Zur Erkundung der Sehenswürdigkeiten der Region braucht man ein Auto.

Amtrak-Züge (www.amtrak.com) auf der Cardinal Route zwischen New York City, Washington, D. C., und Chicago halten mittwochs, freitags und sonntags am Prince Depot, 23 Meilen (37 km) südlich von Fayetteville. Der Haltepunkt ist ziemlich abgelegen, und vor Ort gibt's dort keine Autovermietungen, man muss also die Abholung durch einen Bekannten oder ein Taxi vorab arrangieren.

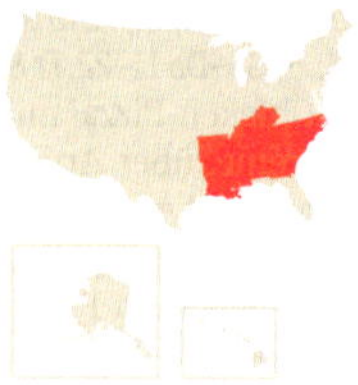

Der Süden

Inhalt ➡

Gut essen

- Bacchanal (S. 494)
- Hattie B's (S. 425)
- Edmund's Oast (S. 405)

Schön übernachten

- 21c Museum Hotel Louisville (S. 436)
- Park View Historic Hotel (S. 492)
- Bunn House (S. 396)
- Urban Oasis B&B (S. 447)

Auf in den Süden!

Der Süden erstreckt sich von den Granitfelsen und Waldgebieten Kentuckys und Tennessees über raue Hügel und dichte Wälder, bevor er allmählich in das Land der Flüsse übergeht, darunter auch der längste Fluss Nordamerikas, der Mississippi. Diese sumpfigen, schwarzen Gewässer und die sonnengetränkten Marschen verlieren sich langsam in den salzigen Weiten des Atlantiks und des Golfs von Mexiko.

Der Süden war wohl die erste der Region USA, die als solche betrachtet wurde: eine Region, die sich durch ihre Küche, ihre Landschaft, ihren eigenen Akzent, ihre Literatur und Musik, und nicht zuletzt durch ihre Geschichte auszeichnet.

Auch wenn sich die Bewohner des Südens dem Land und dem Wasser sehr verbunden fühlen, so leben viele doch in tief in der amerikanischen Seele verwurzelten Städten, vom schweißgetränkten, schwarz geprägten Charleston und New Orleans bis zu den weltoffenen Städten Atlanta und Nashville, wo jeder willkommen ist.

Reisezeit

New Orleans

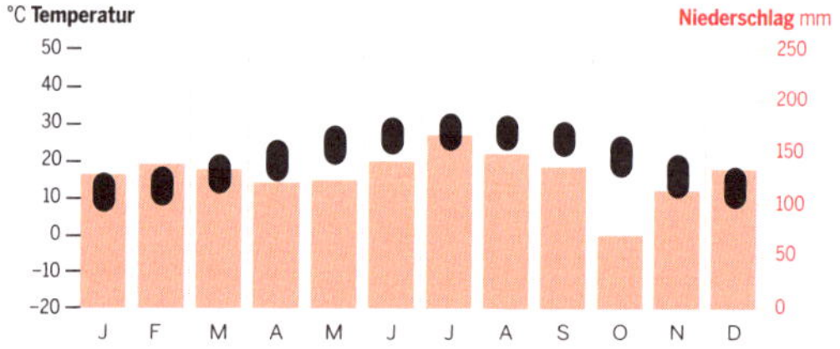

Nov.–Feb. Der Winter ist im Süden meist mild, und Weihnachten wird mit viel Inbrunst gefeiert.

April–Juni Der Frühling ist grün und warm, es blühen duftender Jasmin, Gardenien und Tuberosen.

Juli–Sept. Im Sommer ist es oft sehr schwül, und die Einheimischen stürmen die Strände.

NORTH CAROLINA

Der ländliche, konservative Old South und der urbane, liberal geprägte New South kämpfen im schnell wachsenden „Tar Heel State", der Heimat von Hipstern, Schweinefarmern und Hightech-Wunderkindern, um die Vorherrschaft. Hier gelingt es den verschiedenen Kulturen und Orten, von den mächtigen Bergen im Westen bis zu den ätherischen Inseln, die die Atlantikküste säumen, friedlich nebeneinander zu existieren.

Besonders im Sommer gesellen sich zu den Einheimischen Besucher aus aller Welt. Viele kommen wegen der zahllosen Abenteuer: Wandern in den Wäldern, Rafting auf den Flüssen, Cabrio-Touren auf dem Blue Ridge Parkway und vieles mehr. Andere genießen das urbane Flair der dynamischen Städte wie Raleigh, Charlotte und Wilmington, die mit erstklassigen Museen und Restaurants und einer erstaunlichen Zahl an Craft-Bier-Brauereien aufwarten.

Am besten schnappt man sich einen Grillteller und ein Bier aus der Region und schaut zu, wie die Duke Blue Devils in der College-Basketball-Liga gegen die North Carolina Tar Heels antreten.

Geschichte

Über North Carolina gingen die Wogen der Geschichte immer wieder hinweg. Für die Ureinwohner war die Küste der Rand ihrer Welt, für die europäischen Kolonialisten stellte sie den Punkt dar, von dem aus sie die ursprünglichen Bewohner immer weiter nach Westen verdrängten. Nachdem North Carolina ein Bundesstaat der USA geworden war, war sein Schicksal eng mit der Plantagenwirtschaft des Südens verflochten und so schloss es sich schließlich den Konföderierten Staaten an. Seitdem identifizierte sich der Staat mit dem Süden. Parallel wurde er industrialisiert und fand Anschluss an die Weltwirtschaft.

Küste North Carolinas

Die Küste North Carolinas erstreckt sich über mehr als 500 km. Sie ist erstaunlich wenig erschlossen; oft sieht man den Strand schon von der Küstenstraße aus. O.k., südlich von Corolla bis Kitty Hawk hat man mitunter das Gefühl, die Cottage-Fluten würden nie abebben, der Großteil der Küste des Bundesstaats ist bisher aber von grellen, kommerzialisierten Urlaubsorten verschont geblieben. Stattdessen findet man hier schroffe, windgepeitschte Düneninseln, koloniale, einst von Piraten heimgesuchte Dörfer und entspannte Strandorte, in denen die Eisdielen noch den Einheimischen gehören und die Motels noch Familienbetriebe sind. Selbst die touristischsten Strände versprühen eine sympathische Kleinstadtatmosphäre.

Für echte Abgeschiedenheit fährt man zu den abgelegenen Outer Banks (OBX), wo die Fischer und Fischerinnen noch immer vom Garnelenfang leben und die älteren Leute einen archaischen, britisch gefärbten Dialekt sprechen. Das weiter im Süden gelegene Wilmington ist ein Zentrum für Film- und Fernsehproduktionen, und an den umliegenden Stränden tummeln sich Traveller sowie – während des Spring Break – massenhaft Studenten.

An- & Weiterreise

Die den Outer Banks am nächsten gelegenen kommerziellen Flughäfen sind der Norfolk International Airport (S. 339), 132 km nördlich in Virginia, und der Raleigh-Durham International Airport (S. 388) in North Carolina, 309 km westlich. Fähren verbinden die isoliertere Ocracoke Island in den Outer Banks mit Hatteras Island und Cedar Island sowie Swan Quarter auf dem Festland.

Wer nur die Crystal Coast besuchen will, fliegt am besten von Charlotte oder Atlanta zum Coastal Carolina Regional Airport.

Wilmington hat einen eigenen Flughafen, den **Wilmington International Airport** (ILM; ☎ 910-341-4125; www.flyilm.com; 1740 Airport Blvd).

Outer Banks

Die Outer Banks bilden ein zartes, über 100 Meilen (160 km) langes Band aus Sand, das sich an die Küste schmiegt und durch Meerengen und Wasserstraßen vom Festland getrennt ist. Von Norden nach Süden reihen sich die Barriereinseln Bodie (ausgesprochen „Body"), Roanoke, Hatteras und Ocracoke aneinander. Sie sind eigentlich nur große Sandbänke, die durch Brücken und Fähren miteinander verbunden sind. Ganz im Norden liegen die ruhigen, teuren Orte **Corolla** (ausgesprochen „kur-all-ah"), **Duck** und **Southern Shores**, ehemalige Entenjagdgebiete der Reichen und Schönen. Die fast ineinander übergehenden Städte **Kitty Hawk**, **Kill Devil Hills** und **Nags Head** auf Bodie Island sind stark bebaut und dichter bevölkert; hier gibt's Fischbuden, Drive-in-Bierläden, Motels und Geschäfte, die Sanda-

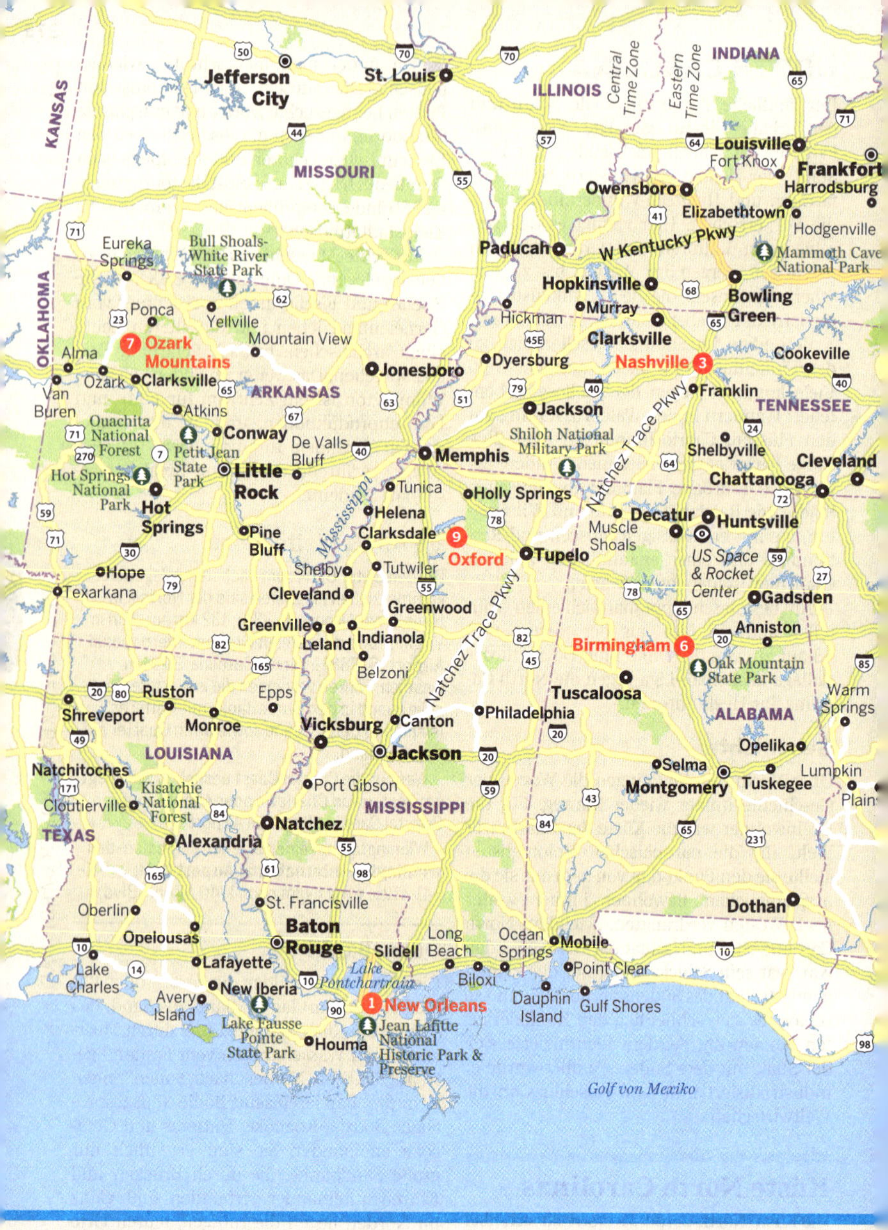

Highlights

1 New Orleans (S. 484) Der Magie der ungewöhnlichsten, feierlustigsten Stadt Amerikas erliegen

2 Great Smoky Mountains National Park (S. 398) In einer der großartigsten Landschaften des Südens wandern und campen

3 Nashville (S. 419) Durch die Honky-Tonk-Bars am Lower Broadway ziehen

4 Outer Banks (S. 375) Auf der windgepeitschten NC 12 North Carolina „erfahren"

5 Charleston (S. 400) Antebellum-Häuser und die Küche des Low Country entdecken

6 Birmingham Civil Rights Institute (S. 463) Die Geschichte der der Bürgerrechtsbewegung kennenlernen

7 Ozark Mountains (S. 480) In Arkansas die Höhlen, Berge, Wälder und Folkmusik der Ozarks erleben

8 Savannah (S. 456) Sich von den Geschichten und der Gastfreundschaft der Südstaaten verzaubern lassen

9 Oxford (S. 468) Tolles Essen und den lebhaften Stadtplatz genießen

10 Atlanta (S. 442) Die Energie der vielfältigsten Stadt im Süden in sich aufnehmen

len und Sonnencreme verkaufen. Weiter südlich liegt **Hatteras Island**, ein nationales Küstenschutzgebiet mit winzigen Dörfern und einer wilden, windigen Schönheit. Am Südende der Outer Banks kann man auf **Ocracoke Island**, das nur mit der Fähre erreichbar ist, alten Seemännern begegnen, Austern essen und Hängematten weben.

Sehenswertes

Corolla, die nördlichste Stadt am Hwy 158, ist für ihre Wildpferde berühmt. Die Pferde, Nachkommen der kolonialen spanischen Mustangs, streifen frei über die Dünen im Norden; viele Anbieter haben entsprechende Touren im Programm. Der von Dörfern unterbrochene Cape Hatteras National Seashore lockt mit mehreren sehenswerten Leuchttürmen. Eine Fahrt auf dem Hwy 12, der viele der Outer Banks verbindet und einen Abschnitt des Outer Banks National Scenic Byway (mit seinen 21 Küstenorten) einnimmt, gehört zu den schönsten amerikanischen Panoramastraßen, egal, ob man in den erstaunlich einsamen Wintermonaten oder im sonnigen Sommer kommt.

Wer auf einigen Stränden der Outer Banks oder auf dem Gebiet der Cape Hatteras National Seashore Auto fahren möchte, braucht ein ORV Permit (Genehmigung für Off-road-Fahrzeuge; 50 US$/10 Tage); mehr Infos dazu siehe www.outerbanks.org/plan-your-trip/beaches/driving-on-beach.

Whalehead Club HISTORISCHES GEBÄUDE
(☎ 252-453-9040; www.visitcurrituck.com; 1160 Village Lane, Corolla; Erw./Kind 6–12 Jahre 7/5 US$; ⏲ Touren ganzjährig Mo–Sa 10–16 Uhr, Juni–Nov. auch So 11–16 Uhr) Der sonnenblumengelbe Whalehead Club wurde in den 1920er-Jahren im Jugendstil als „Jagdhütte" für einen Industriellen aus Philadelphia gebaut und ist das Herzstück des gepflegte Currituck Heritage Park im Örtchen Corolla. Die individuellen Touren dauern etwa 45 Minuten. Dabei erfahren Besucher etwas über die Geschichte des Hauses und können seine Jugendstilelemente bewundern, z.B. die gläsernen Wandleuchten, den viktorianischen Safe und den Flügel von Steinway & Sons. Im Winter (Nov.–März) können die Zeiten der Touren abweichen.

Frisco Native America Museum MUSEUM
(☎ 252-995-4440; www.nativeamericanmuseum.org; 53536 NC 12, Frisco; 5 US$, Familie 15 US$; ⏲ So 10.30–17 Uhr) Zeigt historische Exponate, die im Zusammenhang mit den Ureinwohnern der Outer Banks stehen. Die Sammlerstücke stammen aus den gesamten USA und reichen von Masken und geflochtenen Körben bis zu seltenem Kopfschmuck, Instrumenten und Polizeimarken der Tribal Police.

Wright Brothers National Memorial PARK, MUSEUM
(☎ 252-473-2111; www.nps.gov/wrbr; Prospect Ave off 1000 N Croatan Hwy, Kitty Hawk; Erw./Kind unter 16 Jahre 10 US$/frei; ⏲ 9–17 Uhr) Die autodidaktischen Ingenieure Wilbur und Orville Wright starteten am 17. Dezember 1903 den ersten erfolgreichen Flug mit einem Flugzeug (er dauerte 12 Sek.). Die Startstelle ist durch einen Felsen markiert. Man kann auf den Hügel steigen, auf dem die Brüder frühe Gleiter-Experimente durchführten, und der Blick aufs Meer und die Meerenge ist auch nicht schlecht. Das **Wright Brothers Visitor Center** zeigt faszinierende Ausstellungen und eine Reproduktion des Flugapparats in in voller Größe von 1903.

Fort Raleigh National Historic Site HISTORISCHE STÄTTE
(☎ 252-473-211;www.nps.gov/fora; 1401 National Park Dr; ⏲ Gelände Sonnenaufgang–Sonnenuntergang) GRATIS Ende der 1580er-Jahre, drei Jahrzehnte, bevor die Pilgerväter am Plymouth Rock an Land gingen, verschwand eine Gruppe von 116 britischen Kolonisten spurlos aus ihrer Siedlung auf Roanoke Island. Wurden sie Opfer einer Dürre? Flohen sie mit einem Stamm von Ureinwohnern? Das Schicksal der „Verlorenen Kolonie" bleibt eines der größten Rätsel Amerikas. Im Visitor Center kann man ihre Geschichte erforschen (S. 381).

Cape Hatteras National Seashore INSEL
(☎ 252-473-2111; www.nps.gov/caha) Diese fragile Inselkette erstreckt sich südlich von Nags End über rund 70 Meilen (110 km) bis zum Südende der Ocracoke Island und blieb zum Glück bisher von starker Bebauung verschont. Die Hauptattraktion ist die Natur mit den heimischen und wandernden Wasservögeln, Marschen, Wald, Dünen und meilenlangen menschenleeren Stränden. Zum Park gehören auch einige historische Leuchttürme, darunter die am Cape Hatteras, auf Bodie Island und auf Ocracoke.

Bodie Island Lighthouse LEUCHTTURM
(☎ 252-473-2111; www.nps.gov/caha; 8210 Bodie Island Lighthouse Rd, Nags Head; Museum Eintritt frei, Führung Erw./Kind unter 11 Jahren 10/5 US$; ⏲ Visi-

DER SÜDEN IN ...

... einer Woche

Nach der Ankunft in New Orleans (S. 484) vertritt man sich bei einem Spaziergang durch das legendäre French Quarter erst einmal die Beine und verbringt die verbleibende Zeit dann in einem Zydeco-Schuppen, wo man in die Jazzgeschichte eintaucht und die Nacht zum Tag macht. Auf dem Weg ins entspannte Delta lohnt sich ein Halt in Clarksdale (S. 469), wo ein temperamentvoller Blues-Abend in den Juke Joints ansteht, bevor man, in Memphis (S. 411) angekommen, in Graceland (S. 412) auf den Spuren des King of Rock 'n' Roll wandelt. Von hier aus geht's den Music Hwy hinunter nach Nashville (S. 419), wo im Country Music Hall of Fame & Museum (S. 419) Elvis' goldener Cadillac ausgestellt ist. In den Country-Kneipen (Honky Tonks) des District kann man dann an seinen Fähigkeiten im Line Dance arbeiten.

... zwei Wochen

Von Nashville aus geht es gen Osten zu einer Wanderung inmitten der zerklüfteten Gipfel und Wasserfälle des Great Smoky Mountains National Park (S. 398), bevor man eine erholsame Nacht im künstlerisch angehauchten Gebirgsstädtchen Asheville (S. 394) verbringt und das unverschämt protzige Biltmore Estate, das größte Privathaus der USA, besichtigt. Danach führt die Reise weiter an die atlantische Küste, wo die sandigen Düneninseln der abgelegenen **Outer Banks** (S. 375) zum Entspannen einladen. Etwas weiter die Küste hinunter liegt Charleston (S. 400), das mit kulinarischen Köstlichkeiten und traumhaft schöner Architektur einen gelungenen Abschluss bildet.

tor Center ganzjährig 9–17 Uhr, Leuchtturm Ende April–Anfang Okt. 9–16.30 Uhr;) Der fotogene Leuchtturm wurde 1872 erbaut und ist seit 2013 für Besucher zugänglich. Der 50 m hohe Turm hat noch immer seine originale Fresnel-Linse – eine Seltenheit. Bis hinauf sind es 219 Stufen, unterbrochen durch neun Treppenabsätze. Im früheren Haus des Leuchtturmwärters ist heute das Visitor Center.

Pea Island National Wildlife Refuge NATURRESERVAT

(252-987-2394; www.fws.gov/refuge/pea_island; NC Hwy 12, Rodanthe; Visitor Center 9–16 Uhr, Wege Sonnenaufgang–Sonnenuntergang) Das 2361 ha große (nur die Landfläche) Schutzgebiet ist ein Paradies für Vogelbeobachter, denn hier leben 365 dokumentierte Arten. Es gibt zwei Naturpfade (beide vollständig behindertengerecht) und 21 km unberührten Strand Durch das Besucherteleskop im Visitor Center kann man einen angrenzenden Teich beobachten. Infos über geführte Vogelwanderungen, Vorträge über Schildkröten und Kanutouren stehen auf der Website im Kalender.

Cape Hatteras Lighthouse LEUCHTTURM

(252-473-2111; www.nps.gov/caha; 46379 Lighthouse Rd, Buxton; Turmbesteigung Erw./Kind unter 12 Jahren 8/4 US$; Visitor Center 9–17 Uhr, Leuchtturm Ende April–Anfang Okt. 9–16.30 Uhr) Der markante, schwarz-weiß gestreifte Leuchtturm ist 58,8 m (60,3 m inklusive des Blitzableiters) hoch und ist eines der berühmtesten Bauwerke North Carolines. Der erste Leuchtturm aus Sandstein, der im Oktober 1803 in Betrieb ging, war bescheidene 27,4 m hoch und der Lampenbrennstoff war Walöl. Im heutigen Leuchtturm kann man die 248 Stufen nach oben steigen und sich danach im **Museum of the Sea** im früheren Leuchtturmwärterhaus die interessante Ausstellung über die Lokalgeschichte anschauen.

Graveyard of the Atlantic Museum MUSEUM

(252-986-0720; www.graveyardoftheatlantic.com; 59200 Museum Dr, Hattaras; April–Sept. 10–17 Uhr, Okt.–März bis 16 Uhr) GRATIS Die Highlights dieses maritimen Museums am Ende der Straße sind die Ausstellungen über die Schiffswracks, Piraterie und geborgenen Frachten. Eine Ausstellung erzählt, wie 2006 in der Nähe von Frisco ein Container mit Tausenden Tüten mit Doritos-Tortillachips angespült wurde. Ein Einwohner erzählte uns, dass die Einheimischen danach monatelang Doritos-Aufläufe aßen. Spenden erbeten.

Aktivitäten

Kitty Hawk Kites ABENTEUERSPORT

(252-441-6800; www.kittyhawk.com; 3933 S Croatan Hwy, Jockey's Ridge Crossing, Nags Head; E-Bike 15 US$/Tag, Kajak 39 US$/2 Std., Stehpaddelbrett pro Std./Tag 29/59 US$; 9–18 Uhr) Das schon seit mehr als 30 Jahren bestehende Kitty Hawk Kites hat mehrere Standorte an der Küste der Outer Banks. Im Angebot sind Anfängerkurse im Kiteboarden (5 Std., 400 US$) in Rodanthe sowie Hängegleiterkurse im Jockey's Ridge State Park (ab 109 US$). Vermietet auch Kajaks, Segelboote, Stehpaddelbretter, Fahrräder und Inlineskates (bei Kitty Hawk Surf Co. im gleichen Einkaufszentrum).

Corolla Outback Adventures TOUREN
(252-453-4484; www.corollaoutback.com; 1150 Ocean Trail, Corolla; 2-stündige Tour Erw./Kind unter 13 Jahren 50/25 US$) Der Tourenbetreiber Jay Bender, dessen Familie die ersten geführten Touren in Corolla anbot, weiß bestens über die Geschichte und die Pferde der Umgebung Bescheid. Im Geländewagen geht's hinunter zum Strand und durch die Dünen, um die wilden Mustangs zu beobachten, die über die nördlichen Outer Banks streifen.

Schlafen

Cape Hatteras KOA Resort CAMPING $
(252-987-2307; www.koa.com/campgrounds/cape-hatteras; 25094 NC Hwy 12, Rodanthe; Stellplatz Zelt mit Strom & Wasser ab 84 US$, Stellplatz Wohnmobil mit Strom 84 US$, Hütten für 4 Pers. ab 112 US$; P) Ganzjährig geöffneter Campingplatz am Strand mit vielen Einrichtungen (darunter ein warmer Whirlpool), Zelt- und Wohnmobilstellplätzen sowie Hütten. Vor Ort kann man Kajaks und SUP-Boards ausleihen. Der Platz hat ein Café, mittwochs gibt's Freilichtkino und in der Hochsaison (Mai–Sept.) montagabends Bingo. Auf den Stellplätzen für Zelte und Wohnmobile können bis zu sechs Personen übernachten.

Shutters on the Banks HOTEL $$
(252-441-5581; www.shuttersonthebanks.com; 405 S Virginia Dare Trail, Kill Devil Hills; Zi. mit/ohne Meerblick ab 225/185 US$, Honeymoon-Suite ab 499 US$; P) Das einladende Strandhotel in Kill Devil Hills hat 88 Zimmer und versprüht mit seinen Pastelltönen und der Strandkunst an den Wänden ein fröhliches buntes Flair. Die hübschen Zimmer sind mit Lamellenfenstern, Kunst, Flachbild-TVs und Mikrowellen eingerichtet. Einige Zimmer haben eine komplett ausgestattete Küche.

Sanderling Resort & Spa RESORT $$$
(855-412-7866; www.sanderling-resort.com; 1461 Duck Rd, Duck; Zi. 320–710 US$; P) Die modernisierten Zimmer geben diesem schicken Resort ein stilvolles Flair. Die Einrichtung ist durch und durch geschmackvoll und die zugehörigen Balkone laden dazu ein, das Rauschen des Meeres und die sanfte Brise zu genießen. Im Sommer bietet das Resort Yoga am Strand bei Sonnenaufgang an. Ganzjährig geöffnet. In der Nebensaison bekommt man Standardzimmer ab 179 US$.

Essen & Ausgehen

John's Drive-In SEAFOOD, EIS $
(www.johnsdrivein.com; 3716 N Virginia Dare Trail, Kitty Hawk; Hauptgerichte 6–12 US$, Eiscreme ab 3,25 US$; Mai–Okt. Do–So 11–17, Mo & Di bis 15 Uhr) Diese Institution in Kitty Hawk bereitet perfekt gebratene Garnelen und Krabbenkuchen, die man draußen an Picknicktischen verputzen kann. Dazu kann man unter vielen möglichen Milchshake-Kombinationen wählen, z. B. M&M-Schokolinsen, Erdnussbutter, Oreo, Minzschokolade oder Ananas und Kirsche. Manche Gäste holen sich auch einfach einen Burger oder ein Softeis.

★ **Kill Devil Grill** SEAFOOD, AMERIKANISCH $$
(252-449-8181; www.thekilldevilgrill.com; 2008 S Virginia Dare Trail, Kill Devil Hills; Mittagessen 9–14 US$, Abendessen 11–24 US$; Di–Sa 11.30–22 Uhr) Wow – dieses Restaurant ist klasse! Es ist auch ein historischer Ort – den Eingangsbereich bildet ein Speisewagen von 1939, der im National Register of Historic Places als Denkmal eingetragen ist. Das Pubessen und die Meeresfrüchte sind lecker und werden in üppigen Portionen serviert. Empfehlenswert sind auch die Tagesangebote und Gerichte wie Prime Ribs oder Jakobsmuscheln, bei denen die Küche zeigen kann, was sie drauf hat. Von Dezember bis Januar ist oft geschlossen.

★ **Blue Moon Beach Grill** SEAFOOD, SANDWICHES $$
(252-261-2583; www.bluemoonbeachgrill.com; 4104 S Virginia Dare Trail, Nags Head; Hauptgerichte 12–29 US$; 11.30–21 Uhr) Kann man bei Pommes ins Schwärmen geraten? Kann man. Denn in diesem zwanglosen Strandlokal sind die leicht gewürzten Fritten wirklich phantastisch. Selbiges gilt für die Sandwiches mit getrockneten Goldmakrelen, Applewood-Schinken, lokalen Currituck-Tomaten und Jalapeño-Remoulade.

Praktische Informationen

Die besten Informationsquellen sind die großen Visitor Centers, von denen es viele gibt. Viele kleinere Visitor Centers sind nur in der Saison geöffnet. Auch die Seite www.outerbanks.org ist recht hilfreich.

Aycock Brown Welcome Center (Outer Banks Visitor Bureau; ☎877-629-4386; www.outerbanks.org; 5230 N Croatian Hwy, Kitty Hawk; ⏲Mo–Fr 8–17 Uhr) An der Umgehungsstraße in Kitty Hawk; hat Karten und Informationen.

Fort Raleigh National Historic Site Visitor Center (Lindsay Warren Vistor Center; ☎252-475-9001; www.nps.gov/fora; 1401 National Park Dr; ⏲9–17 Uhr)

Hatteras Island Visitor Center (☎252-475-9000; www.nps.gov/caha; 46368 Lighthouse Rd, Buxton; ⏲9–17 Uhr) Neben dem Leuchtturm am Cape Hatteras.

Ocracoke Island Visitor Center (☎252-475-9701; www.nps.gov/caha; 38 Irvin Garrish Hwy; ⏲9–17 Uhr) In der Nähe des südlichen Fähranlegers.

Sarah Owen Welcome Center (☎877-629-4386; www.outerbanks.org; 1 Visitors Center Circle; ⏲9–17 Uhr) Gleich östlich der Virginia Dare Memorial Bridge am Hwy 64 Bypass auf Roanoke Island.

Whalebone Welcome Center (☎877-629-4386; www.outerbanks.org; 2 NC Hwy 12, Nags Head; ⏲März–Dez. 8.30–17 Uhr) An der Kreuzung von Hwy 64 und Hwy 12 in Nags Head.

An- & Weiterreise

Zu den und auf den Outer Banks verkehren keine öffentlichen Verkehrsmittel.

Wer selbst fährt, sollte im Sommer möglichst nicht am Wochenende ankommen oder abreisen, denn dann kann der Verkehr ein Albtraum sein. Das **Outer Banks Visitors Bureau** (www.outerbanks.org) bietet auf seiner Seite einen umfassenden Führer für Autofahrer auf den Outer Banks mit vielen Tipps und alternativen Routen, damit man seinen Urlaub nicht im Stau verbringt. Im Winter sind die Straßen leer.

FÄHRE

Das **North Carolina Ferry System** (www.ferry.ncdot.gov) betreibt verschiedene Fährverbindungen, darunter die kostenlose Autofähre von Hatteras nach Ocracoke (1 Std.), die alle 60 bis 90 Minuten verkehrt. In der Hochsaison fährt sie von 5 bis 24 Uhr 36-mal; Reservierungen sind nicht möglich. North-Carolina-Fähren verkehren auch etwa alle drei Stunden zwischen der Ocracoke Island und Cedar Island (einfache Strecke Auto/Motorrad 15/10 US$, 2¼ Std.) sowie zwischen Ocracoke Island und Swan Quarter auf dem Festland (15/10 US$, 2¾ Std.); auf diesen beiden Routen ist im Sommer eine Reservierung ratsam. Fußgänger können die Fähren für 1 US$ pro Strecke nutzen, Radfahrer zahlen 3 US$. Außerdem verkehrt eine Hochgeschwindigkeitsfähre nur für Fußgänger zwischen Hatteras und der Stadt Ocracoke (einfache Strecke 2 US$, 70 Min.).

Ocracoke Island

Ocracoke Village ist eine coole kleine Gemeinde, in der es ziemlich entspannt zugeht. Abgesehen von diesem Ort ist die gesamte Insel im Besitz des National Park Service. Die älteren Einwohner sprechen immer noch den als „Hoi Toide" (ihre Aussprache von „high tide", deutsch „Flut") bekannten britischen Dialekt aus dem 17. Jh. und nennen Nicht-Inselbewohner *dingbatters*. Edward Teach (alias Blackbeard, der Pirat), hielt sich einst in dieser Gegend versteckt und wurde 1718 hier getötet. Man kann am Pony Pen zelten, in dem sich die Abkömmlinge wilder Ponys tummeln, die vor Hunderten Jahren von Entdeckern hier zurückgelassen wurden, im örtlichen Pub ein Fischsandwich essen, durch die engen Straßen des Orts radeln oder es sich an der 25 km langen Küste in den Dünen gemütlich machen und Sonne tanken.

Viele Besucher machen von Hatteras aus einen Tagesausflug nach Ocracoke, doch angesichts der lebendigen Kultur und des entspannten Flairs lohnt es sich, ein oder zwei Nächte zu bleiben. Es gibt ein paar B&Bs, mehrere Motels, einen Campingplatz des Park Service in Strandnähe und Ferienhäuser.

Sehenswertes & Aktivitäten

Ocracoke Beach — STRAND

(Irvin Garrish Hwy; P 🚻) Am wunderbaren, 25 km langen, unbebauten Sandstrand der Ocracoke Island werden häufig Delfine gesichtet. Schwimmer müssen vorsichtig sein, weil es hier Brandungsrückströmungen gibt. Am Zugangspunkt rechts vom Irvin Garrish Hwy, wenn man Richtung Norden aus der Stadt fährt, gibt's Parkplätze und Toiletten.

Ocracoke Lighthouse — LEUCHTTURM

(www.nps.gov/caha; Lighthouse Rd) Der 1823 erbaute Leuchtturm ist der älteste in North Carolina, der noch in Betrieb ist. Besteigen kann man ihn aber nicht. Seine Wände sind 1,5 m dick und die nicht rotierenden Lichter auf dem Turm befinden sich nur 23 m über dem Meeresspiegel. Dennoch kann man den Leuchtturm schon aus 22 km Entfernung sehen.

Portsmouth Island ATV Tours — GESCHICHTE

(☎252-928-4484; www.portsmouthislandatv.com; 396 Irvin Garrish Hwy; Touren 90 US$, max. 6 Pers.; ⏲April–Okt. 2 Touren pro Tag: 8–12 & 13–17 Uhr) Bietet täglich zwei faszinierende Touren zur

OCRACOKES EINGEZÄUNTE PONYS

Der Legende zufolge sind die „wilden" Ponys von Ocracoke Island Nachfahren der ungezähmten spanischen Mustangs, die von den Entdeckern im 16. und 17. Jh. ausgesetzt wurden, nachdem sie Schiffbruch erlitten hatten. Damals war es üblich, Vieh abzuladen, um die Fracht zu verringern und wieder auf die offene See fahren zu können, wenn man auf Grund gelaufen war. Die als „Banker Ponys" bekannten Tiere sind in der Pferdewelt einzigartig – sie haben eine andere Zahl an Wirbeln und Rippen, eine ganz eigene Form, Haltung, Farbe und Größe und ein anderes Gewicht im Vergleich zu anderen Pferden. Am faszinierendsten an den Ocracoke-Ponys ist jedoch, dass sie in den 1950er-Jahren schließlich von einer Pfadfindertruppe eingefangen und gezähmt wurden – im **Pony Island Restaurant** (☎252-928-5701; 51 Ocean View Rd; Frühstücksgerichte 5–14US$; ⏲Apr.–Okt. 7.30–11.30 Uhr) kann man sich die Fotos dazu anschauen. 1959 wurden sie in einem *pony pen* (Pony-Koppel) eingezäunt, um eine Überweidung zu vermeiden und die Tiere vor den Gefahren des NC Hwy 12 zu schützen, der damals gebaut wurde. Sie werden vom National Park Service bei **Ocracoke Pony Pen** (www.nps.gop/caha; Irvin Garrish Hwy) am Pony Pen Beach versorgt. Von einer Aussichtsterrasse kann man sie beobachten.

nahen Insel Portsmouth, eine 20-minütige Bootsfahrt von Ocracoke entfernt. Dort befindet sich eine Outer-Banks-Geisterstadt, die in den 1970er-Jahren verlassen wurde. Der Schwerpunkt der geführten Touren liegt neben dem historischen Dorf auf Muschelsammeln, Vogelbeobachtung und Baden.

Ride the Wind KAJAKFAHREN
(☎252-928-6311; www.surfocracoke.com; 486 Irvin Garrish Hwy; 2- bis 2½-stündige Touren Erw./Kind unter 13 Jahren 45/18 US$, Surfunterricht in Gruppen ab 75 US$; ⏲Mo–Sa 10–19, So bis 18 Uhr) Wer hinaus aufs Wasser will, kann bei Ride the Wind eine Kajaktour buchen. Die Touren bei Sonnenuntergang sind schonender für die Arme. Im Angebot sind auch Sonnenaufgangs-, mittägliche Yoga- und Tai-Chi-Touren und Surfunterricht. Außerdem kann man Surfbretter (22 US$), Bodyboards (12 US$ pro Tag), Skimboards (19 US$/Tag), SUP-Bretter (19 US$/Std.) und Kajaks (14 US$/Std.) ausleihen.

Schlafen & Essen

Ocracoke Campgrounds CAMPING $
(☎877-444-6777, 252-928-6671; www.recreation.gov; 4352 Irvin Garrish Hwy; Stellplatz Zelt 28 US$; ⏲April–Nov.; P🐾) Der Campingplatz hat über 100 Stellplätze auf dem Sand und bietet kleinen Gruppen ein gutes Preis-Leistungs-Verhältnis. Es gibt Spültoiletten, Duschen und Grills, aber keinen Stromanschluss. Maximal sechs Personen pro Stellplatz.

Pam's Pelican B & B B&B $$
(☎252-928-1661; www.pamspelican.com; 1021 Irvin Garrish Hwy; Zi. 175–220 US$; P❄@📶🐾) Dieses unglaublich beliebte B&B hat nur vier Zimmer, zu denen mehrere bunte Flure führen, die im typischen Inselstil mit künstlerischem Schnickschnack überladen sind. Die Nutzung von Fahrrädern (und die Fahrt zum Strand, wenn einem der Sinn danach steht) ist im Preis enthalten. Gäste können die Terrasse in der zweiten Etage nutzen und in der Hochsaison gibt's im Pavillon im Vorgarten manchmal Livemusik.

★ **Eduardo's Taco Stand** MEXIKANISCH $
(☎252-928-0234; www.facebook.com/amadowoch; 950 Irvin Garrish Hwy; Hauptgerichte 4–13 US$; ⏲Mo–Sa 8–15 & 17–20, So 8–15 Uhr; P🖉) Dieser sensationelle Taco-Stand hat eine lange Liste mit Tacos, Burritos und frischen, scharfen Salsas. Wer von gebratenen Muscheln und Krabbenkuchen genug hat, kann sich perfekt zubereitete Tacos mit erstklassigem Rindfleisch und Salsa *de xoconostle* (saure birnenartige Frucht) schmecken lassen, doch auch der Fisch mit cremigem Chipotle-Apfel-Krautsalat und die Poblano-Suppe mit Krabben oder Muscheln sind lecker. Es gibt auch eine komplette vegetarische Karte.

An- & Weiterreise

Das Dorf liegt am südlichen Ende der 22 km langen Ocracoke Island und ist von Hatteras mit der kostenlosen **Hatteras–Ocracoke-Fähre** (www.ncdot.gov/ferry; keine Reservierung) zu erreichen. Die Fähre legt am nordöstlichen Ende der Insel an. Alternativ kommt man mit den Fähren von Cedar Island nach Ocracoke (15 US$) und von Swan Quarter nach Ocracoke her, beide Fähren legen am südlichen Dock an und beide ermöglichen Reservierungen. Fußgänger/Radfahrer zahlen 1/3 US$ pro Fahrt.

Crystal Coast

Der südliche Teil der Outer Banks wird unter dem Namen „Crystal Coast" zusammengefasst. Dieser Küstenabschnitt ist weniger zerklüftet als die Strände im Norden. Es gibt hier mehrere historische Küstenorte, dünn besiedelte Inseln und urlaubstaugliche Strände.

Ein industriell und kommerziell geprägter Abschnitt des Hwy 70 führt durch **Morehead City**, wo es viele Kettenhotels und Restaurants gibt. Die **Bogue Banks** liegen gegenüber von Morehead City auf der anderen Seite der Meerenge und sind über den Atlantic Beach Causeway zu erreichen. Dort gibt es mehrere viel besuchte Strandorte – wer den Duft von Sonnenöl mit Kokosaroma und von Donuts mag, ist in Atlantic Beach bestens aufgehoben.

Gleich nördlich liegt das Bilderbuchörtchen **Beaufort** (sprich: Bo-fort), die drittälteste Ortschaft im Bundesstaat mit einer hübschen Promenade und vielen B&Bs. Es heißt, dass Blackbeard höchstpersönlich im Hammock House in einer Seitenstraße der Front St gewohnt hat. Das Haus selbst darf man nicht betreten, aber einige schwören, sie hätten nachts die Schreie der ermordeten Frau des Piraten gehört.

Sehenswertes & Aktivitäten

Fort Macon State Park FORT

(☎ 252-726-3775; www.ncparks.gov/fort-macon-state-park; 2303 E Fort Macon Rd, Atlantic Beach; ⏲ 9–17.30 Uhr; P) GRATIS Die bemerkenswerte fünfeckige Festung mit 26 Räumen mit Gewölbedecken ist eine der meistbesuchten Sehenswürdigkeiten North Carolinas. Sie wurde 1834 fertiggestellt. Hier fand 1862 die Belagerung von Fort Macon statt. Die Ausstellungen auf dem Festungsgelände und in den Tunneln erzählen vom Leben der Soldaten, die hier stationiert waren. Die aus Ziegeln und Stein gebaute Festung wechselte während des Bürgerkriegs zweimal den Besitzer. Besucher können um die Festung herumlaufen und die Treppe aufs grasbewachsene Festungsdach hinaufsteigen, um den Rundblick zu genießen.

North Carolina Maritime Museum MUSEUM

(☎ 252-504-7740; http://ncmaritimemuseumbeaufort.com; 315 Front St; ⏲ Mo–Fr 9–17, Sa 10–17, So 13–17 Uhr) GRATIS Der Pirat Blackbeard war Anfang des 18. Jhs. ein häufiger Besucher in der Gegend von Beaufort. 1996 wurde das Wrack seines Flaggschiffs, der *Queen Anne's Revenge*, auf dem Grund des Beaufort Inlet entdeckt. Man sieht Teller, Flaschen und andere Artefakte von Bord des Schiffes in diesem kleinen, aber spannenden Museum, das auch den Fischfang und Meeresschutzprojekte beleuchtet.

Olympus Dive Center TAUCHEN

(☎ 252-726-9432; www.olympusdiving.com; 713 Shepard St, Morehead City; halbtägige Tauchexkursionen ab 70 US$; ⏲ 6–20 Uhr) Das warme, klare Wasser North Carolinas beherbergt nicht nur eine artenreiche Meerestierwelt, sondern auch über 2000 versunkene Schiffe, die bis ins Jahr 1526 zurückgehen. Dieses ausgezeichnete Tauchcenter bringt erfahrene Taucher zu Wracks, die in einer Tiefe von 18 bis 42 m liegen. In dieser Gegend machen Taucher jeden Tag neue Entdeckungen.

Schlafen & Essen

Hampton Inn Morehead City HOTEL $$

(☎ 252-240-2300; www.hamptoninn3.hilton.com; 4035 Arendell St, Morehead City; Zi. ab 175 US$; ❄ @ ᯤ ≋) Das Hotel gehört zwar zu einer landesweiten Kette, doch die hilfsbereiten Mitarbeiter und der Blick auf den Bogue Sound machen dieses Hampton Inn zu einer guten Wahl. Zudem ist es gut an den Hwy 70 angebunden – praktisch, wenn man mit dem Auto die Küste entlangfährt. Im Sommer sinken die Preise werktags erheblich.

★ **Inn on Turner** B&B $$

(☎ 919-271-6144; www.innonturner.com; 217 Turner St; Zi. 200–250 US$; P ❄ ᯤ) Die vier Zimmer dieses B&B in einem historischen cremefarbenen Holzhaus, das zwei Blocks vom Wasser entfernt ist, sind sehr geschmackvoll mit modernem Küstendekor in Aqua-Tönen gestaltete – kitschige Antiquitäten gibt es hier nicht. Die Inhaber Kim und Jon sind der Inbegriff kleinstädtischer Südstaaten-Gastfreundschaft – dabei stammen sie gar nicht aus dem Süden und haben nie in einem B&B übernachtet, ehe sie dieses hier im Jahr 2015 eröffneten.

El's Drive-In SEAFOOD $

(☎ 252-726-3002; www.elsdrivein.com; 3706 Arendell St, Morehead City; Hauptgerichte 2–15 US$; ⏲ So–Do 10-30–22, Fr & Sa bis 23 Uhr) In dem traditionellen Drive-in und legendären Meeresfrüchtelokal, das 1959 eröffnete, wird einem das Essen direkt zum Auto gebracht. Sehr zu empfehlen ist der Burger mit gebratenen Shrimps, Ketschup und Krautsalat plus Pommes als Beilage. Nur Barzahlung.

Beaufort Grocery MODERN-AMERIKANISCH $$$
(☎252-728-3899; www.beaufortgrocery.com; 117 Queen St; Hauptgerichte 25–42 US$; ⊙Mi–Mo 11.30–14.30 & 17.30–21.30 Uhr; 📶) Angesichts der schlichten, unaufdringlichen Einrichtung würde man nie vermuten, dass Koch Charles Park mal den James Beard Award gewonnen hat. Das Essen ist erstklassig, vom geräucherten Thunfisch mit Meersalz und Chili-Joghurt über die Ente auf zwei Arten mit Süßkartoffel-Karamell bis hin zu in Salbei gewickelten Hühnchen-Saltimbocca mit Tagliatelle. Wir haben kein schlechtes Wort über dieses Restaurant gehört – und wurden auch nicht enttäuscht.

Wilmington

Auf der Fahrt entlang der Küste lohnt es sich, ein oder zwei Tage für das hübsche Wilmington einzuplanen. Der charmante Küstenort mag zwar nicht so bekannt sein wie Charleston oder Savannah, hat aber als größte Stadt im Osten North Carolinas viele historische Viertel, Gärten voller Azaleen und nette Cafés. Hinzu kommen vernünftige Hotelpreise. Abends wird das historische Zentrum am Fluss zur Spielwiese von College-Studenten, Craft-Bier-Fans, Travellern und dem einen oder anderen Hollywood-Star – hier gibt es so viele Filmstudios, dass die Stadt den Spitznamen „Wilmywood" hat. Schließlich kennt man *Dawson's Creek*, oder?

Sehenswertes & Aktivitäten

Battleship North Carolina HISTORISCHE STÄTTE
(☎910-399-9100; www.battleshipnc.com; 1 Battleship Rd; individueller Rundgang Erw./Kind 6–11 Jahre/unter 5 Jahren 14/6 US$/frei, Führungen Erw./Kind unter 5 Jahren 17,50 US$/frei; ⊙Sept.–Mai 8–17 Uhr, Juni–Aug. bis 20 Uhr; P 👪) Auf individuellen Rundgängen kann man die Decks des 45 000 t schweren Megaschiffs besichtigen, das sich im Zweiten Weltkrieg bei Schlachten im Pazifik 15 Battle Stars verdiente und 1947 ausgemustert wurde. Sehenswert sind u. a. die Bäckerei und Bordküche, die Druckerei, das Pulvermagazin und die Funkzentrale. Vorsicht: Einige Treppen zu den Unterdecks sind steil. Vom Zentrum gelangt man über die Cape Fear Bridge zum Schiff. Samstags und Sonntags um 9 Uhr finden Führungen statt.

Airlie Gardens GARTEN
(☎910-399-9100; www.airliegardens.org; 300 Airlie Rd; Erw./Kind 4–12 Jahre 9/3 US$; ⊙April–Dez. 9–17 Uhr, Jan.–März Di–So 9–17 Uhr) Das 27 ha große Wunderland besteht aus bezaubernden Blumenbeeten, saisonal gestalteten Bereichen, Kiefern, Seen und Wegen. Im Frühjahr schlendert man hier an Tausenden bunter Azaleen vorbei. Die Airlie-Eiche stammt von 1545.

Museum of the Bizarre MUSEUM
(☎910-399-2641; www.museumbizarre.com; 201 S Water St; Erw./Kind unter 3 Jahren 3 US$/frei; ⊙11–20 Uhr; 👪) Eingelegte Tiere, Gegenstände aus dem Okkultismus, ein präpariertes Lamm mit zwei Köpfen, ein Bigfoot-Fußabdruck und andere Kuriositäten sind in diesem wahrlich sonderbaren Museum ausgestellt. Es entstand, nachdem ein in Wilmington lebender Sammler ungewöhnlicher Exponate von seiner Frau überzeugt wurde, das ganze befremdliche Zeug aus dem Haus und in ein Museum zu bringen. Zum Glück hörte er auf sie!

Schlafen & Essen

Best Western Plus Coastline Inn HOTEL $$
(☎910-763-2800; www.bestwestern.com; 503 Nutt St; Zi. 89–199 US$, Suite 129–279 US$; ❄@📶🐾) Wir sind uns nicht sicher, was uns am besten gefällt: der herrliche Blick auf den Cape Fear River, die Holzpromenade oder der kurze Weg ins lebhafte Zentrum. Die Standardzimmer sind weder besonders groß noch besonders schick, doch alle haben Blick auf den Fluss. Haustiere kosten 30 US$ pro Tag.

★**CW Worth House** B&B $$
(☎910-762-8562; www.worthhouse.com; 412 S 3rd St; Zi. 160–200 US$; ❄@📶) Eines unserer Lieblings-B&Bs in North Carolina ist dieses mit Türmen versehene Haus im Queen-Anne-Stil von 1893 voller Antiquitäten und viktorianischer Details, das aber trotzdem entspannt und gemütlich wirkt. Das Frühstück ist erste Sahne. Das B&B ist nur ein paar Häuserblocks vom Zentrum entfernt.

Dixie Grill DINER $
(☎910-762-7280; www.thedixiegrillwilmington.wordpress.com; 116 Market St; Frühstück Hauptgerichte 5–9 US$, Mittagessen Hauptgerichte 9–10 US$; ⊙Mo–Sa 8–15, So bis 14 Uhr; 🍸👪) Ein tolles Frühstücksrestaurant im Zentrum. Die mintgrünen Sitznischen und die Bar für einzelne Gäste sorgen für Retroambiente. Hier gibt's Apfel-Salbei-Bouletten, Eier in allen Varianten und traditionelle Südstaatengerichte wie gebackene Biscuits mit Zwiebel-Bratensauce und allem Drum und Dran. Auf der Mittagskarte stehen Burger, Sandwiches und Salate.

★ **PinPoint** SÜDSTAATENKÜCHE **$$$**
(☎910-769-2972; www.pinpointrestaurant.com; 114 Market St; Hauptgerichte 24–38 US$; ⏲Mo–Do 17.30–21.30, Fr & Sa bis 22 Uhr, So 10.30–14 & 17.30–21 Uhr; 📶) Das PinPoint wurde vom Magazin *Southern Living* zu einem der besten neuen Restaurants im Süden gewählt – und das ist nicht übertrieben! Koch Dean Neff hat sich im ausgezeichneten Five & Ten in Athens, Georgia, die Küche mit Hugh Acheson geteilt und glänzt nun in Wilmington auch solo. Er kennt alle Farmer und Fischer persönlich.

Ausgehen & Unterhaltung

★ **Satellite Lounge** BAR
(☎910-399-2796; www.facebook.com/satellitebarandlounge; 120 Greenfield St; ⏲Mo–Sa 16–2, So ab 14Uhr; 📶) Wer in North Carolinas grandiosester Bar einen draufmachen will, muss Wilmingtons historischen Stadtkern verlassen und sich in das aufstrebende South Front begeben. Dieses schön renovierte Gasthaus bietet recht professionelle Cornhole-Bahnen, eine Feuerstelle und ein Open-Air-Kino. Es ist zudem ein Favorit der Biker.

Dead Crow Comedy Room COMEDY
(☎910-399-1492; www.deadcrowcomedy.com; 265 N Front St; 15–18 US$; ⏲Di–Do ab 19, Fr & Sa ab 18 Uhr) Dunkel, eng, im Keller und mitten im Zentrum – genau so muss ein Comedyclub sein. Hier gibt's Impro-Comedy, Open-Mike-Abende und Gastauftritte von tourenden Comedians sowie Comedy-Bingo und dazu Getränke von der Bar und warme Küche.

Praktische Informationen

Visitor Information Center (☎877-406-2356, 910-341-4030; www.wilmingtonandbeaches.com; 505 Nutt St; ⏲Mo–Fr 8.30–17, Sa 9–16, So 13–16 Uhr) In einem Lagerhaus aus dem 19. Jh.; hier sind Stadtpläne für Stadtspaziergänge erhältlich.

Anreise & Unterwegs vor Ort

American Airlines und Delta Airlines fliegen von Atlanta, Charlotte, New York und Philadelphia zum Wilmington International Airport (S. 375), der 8 km nordöstlich vom Zentrum liegt. Der **Greyhound-Bahnhof** (☎910-791-8040; www.greyhound.com; 505 Cando St) liegt ungünstig 8 km östlich des Zentrums.

Das Zentrum kann man leicht zu Fuß erkunden, außerdem fährt tagsüber ein **kostenloser Bus**(www.wavetransit.com/free-downtown-trolley-schedule; ⏲Mo–Fr 7.10–20.50, Sa 10.30–20.50, So 10.30–17.30 Uhr) durch den historischen Distrikt.

Das Triangle

Die Städte Raleigh, Durham und Chapel Hill bilden ein etwa gleichseitiges Dreieck im Zentrum der Region Piedmont. In diesem Gebiet liegen drei führende Forschungsuniversitäten – die Duke, die University of North Carolina und die North Carolina State – sowie ein über 28 km² großer Campus mit Bürokomplexen der Computer- und Biotechnologieindustrie, der Research Triangle Park genannt wird. Hochintelligente Programmierfreaks und bärtige Friedensaktivisten trifft man hier ebenso an wie hippe, junge Familien. Obwohl die Städte nur wenige Kilometer voneinander entfernt liegen, hat jede ihren ureigenen Charme. Wenn im März College-Basketball angesagt ist, spielen hier alle – wirklich alle – völlig verrückt.

Anreise & Unterwegs vor Ort

Der Raleigh-Durham International Airport (S. 388) liegt 24 km nordwestlich vom Zentrum Raleighs. Es gibt Direktflüge aus 49 Städten, darunter London, Paris und Cancun.

Raleighs **Greyhound-Bahnhof** (☎919-834-8275; 2210 Capital Blvd) liegt ungünstig 5 km nordöstlich vom Zentrum. Besser versucht man es in Durham am **Greyhound-Bahnhof** (☎919-687-4800; 515 W Pettigrew St) im Durham Station Transportation Center (S. 388), gegenüber vom **Amtrak-Bahnhof** (601 W Main St).

GoTriangle (www.gotriangle.org) betreibt ein Busnetz in der Region mit Verbindungen zwischen Raleigh, Durham und Chapel Hill. Bus 100 fährt vom Zentrum Raleighs zum Flughafen und weiter zum Regional Transit Center in der Nähe des Research Triangle Park, wo Anschlussbusse nach Durham und Chapel Hill starten. Erwachsene zahlen für eine einfache Fahrt 2,25 US$.

Raleigh

Raleigh wurde 1792 als neue Hauptstadt North Carolinas gegründet und nach Sir Walter Raleigh benannt, dessen Bild an den unwahrscheinlichsten Orten in der Stadt auftaucht. Bis heute ist es eine recht biedere Verwaltungsstadt, die leider immer weiter wuchert. Das Zentrum ist aber wirklich hübsch, zudem gibt's einige tolle (und kostenlose!) Museen sowie eine im Aufschwung begriffene Restaurant- und Musikszene.

Sehenswertes

★ **North Carolina Museum of Art** MUSEUM
(☎919-839-6262; www.ncartmuseum.org; 2110 Blue Ridge Rd; ⏲Di–Do, Sa & So 10–17, Fr bis 21 Uhr,

Park Sonnenaufgang–Sonnenuntergang; P) GRATIS Das erstklassige Museum, das 2010 um das großartige West Buildung aus Glas und Stahl erweitert wurde, steht knapp 10 km westlich vom Zentrum. Die umfangreiche ständige Sammlung reicht vom alten Ägypten bis zu Werken, die Giotto und Botticelli zugeschrieben werden (allerdings mit der Anmerkung „und Assistenten"), sogar eine Grafik von Rembrandt, „Golfspieler", aus dem 17. Jh. ist zu sehen. Außerdem besitzt das Museum 20 schwarze Bronzen von Rodin. Eine Galerie ist den Schülern des bahnbrechenden Black Mountain College in der Nähe von Asheville gewidmet, unter ihnen Robert Rauschenberg.

North Carolina Museum of History MUSEUM

(☎919-814-7000; www.ncmuseumofhistory.org; 5 E Edenton St; ⏲Mo–Sa 9–17, So ab 12 Uhr) GRATIS Das historische Museum des Bundesstaates gibt einen umfassenden, ausgewogenen und spannenden Überblick über die Geschichte North Carolinas – er führt von einem 3000 Jahre alten Einbaum über die Ankunft der Europäer und den Unabhängigkeits- und den Bürgerkrieg bis zur Ära der Bürgerrechtsbewegung. Unter den Exponaten befinden sich auch eine Kanone, die von Blackbeards 1718 gesunkenem Schiff *Queen Anne's Revenge* geborgen wurde, und eine Woolworth-Mittagstheke, die 1960 Schauplatz eines Sit-ins war.

North Carolina Museum of Natural Sciences MUSEUM

(☎919-707-9800; www.naturalsciences.org; 11 W Jones St; ⏲Mo–Sa 9–17, So ab 12 Uhr) GRATIS Walskelette hängen von der Decke, Schmetterlinge schwirren frei herum und grüne Hundskopfboas lassen einen erschaudern. Wenn man an Schultagen nach 10 Uhr hier ist, schwärmen allerdings auch Horden von Grundschulkindern durch das Museum. Ein verglaster Übergang führt zu einem schicken Anbau, dem Nature Research Center, in dem man Forschern bei ihrer Arbeit an verschiedenen Projekten zusehen kann (und dessen Ausstellungen ganz klar machen, dass diese nicht den geringsten Zweifel an der Realität des Klimawandels haben).

Schlafen & Essen

Umstead Hotel & Spa SPA-HOTEL $$$

(☎919-447-4000; www.theumstead.com; 100 Woodland Pond Dr; Zi./Suite ab 329/455 US$; P ❄ @ 📶 🏊 🐾) Das Hotel befindet sich in einem grünen Vorstadt-Büropark 16 km westlich vom Zentrum und grenzt an einen kleinen See. Es richtet sich eindeutig an Biotech-Geschäftsreisende. Neben schlicht, aber luxuriös ausgestatteten Zimmern mit tiefen Badewannen und zwei Waschbecken bietet es einen Zen-artigen Wellnessbereich mit eigenem Innenhof zum Meditieren. Haustiere kosten 200 US$ pro Aufenthalt, dafür gibt's aber einen Hundespielplatz.

★ **La Farm Bakery** BÄCKEREI $

(☎919-657-0657; www.lafarmbakery.com; 4248 NW Cary Pkwy, Cary; Gerichte 8–11 US$; ⏲7–20 Uhr; 📶) Die sehr beliebte französische Bäckerei liegt auf halben Weg nach Chapel Hill und ist schwer zu finden – selbst wenn man die richtige Einkaufsmeile gefunden hat. Ihr Brot und Gebäck sind einfach himmlisch, ob nun das traditionelle Baguette oder Apfel-*challah*. Wer lieber etwas Pikantes mag, kann sich auch eine Schweinefleisch-Miso-Brioche oder eine Feigen-Schinken-Tartine genehmigen.

Beasley's Chicken & Honey SÜDSTAATENKÜCHE $

(☎919-322-0127; www.ac-restaurants.com/beasleys; 237 S Wilmington St; Hauptgerichte 8–13 US$; ⏲So–Mi 11.30–22, Do–Sa bis 24 Uhr) Nach einem Essen in diesem luftigen Restaurant im Zentrum, einem Projekt der mit dem James-Beard-Preis ausgezeichneten Köchin Ashley Christensen, wird man wohl den Gürtel lockern müssen. Hier dreht sich alles um knusprige Brathähnchen – auf einem Biscuit, mit Waffeln oder im Schmortopf. Auch die Beilagen sind dekadent – der cremige Blattkohl ist für nervöse Neulinge die perfekte Einführung.

Bida Manda LAOTISCH $$

(☎919-829-9999; www.bidamanda.com; 222 S Blount St; Hauptgerichte mittags 11–22 US$, Hauptgerichte abends 18–30 US$; ⏲Mo–Do 11.30–14 & 17–22, Fr 11.30–14 & 17–24, Sa 17–24 Uhr; 📶) Das Essen im kunstvoll gestalteten Bida Manda – einem von nur ganz wenigen laotischen Restaurants in den USA – sieht so wunderbar aus wie der Gastraum selbst. Es ist mit thailändische, vietnamesischen und chinesischen Aromen angereichert und schmeckt auch wunderbar.

Alle Gerichte, vom Kürbis-Curry über die Zitronengras-Wurst oder die Suppe mit knusprigem Schweinebauch, sind sehr geschmackvoll und befriedigend. Eine nette Idee ist die kleine Tasse laotischer Kaffee.

Praktische Informationen

Das **Raleigh Visitor Information Center** (919-834-5900; www.visitraleigh.com; 500 Fayetteville St; Mo–Sa 9–17 Uhr) ist eigentlich nur ein kleiner Schalter am Convention Center. Es hat Stadtpläne und Infos über die Stadt, die auch außerhalb der Öffnungszeiten zum Mitnehmen ausliegen.

Durham

Vor hundert Jahren war Durham der Sitz des größten Tabakunternehmens der Welt, American Tobacco, und bis heute ist es eine typische Südstaaten-Arbeiterstadt. In jüngster Zeit erlebte die Stadt aber eine Renaissance, die sie zu großen Teilen der prestigereichen Duke University verdankt. Das Zentrum wurde umfangreich umgebaut und in einen Hotspot für Feinschmecker, Künstler, Schwule und Lesben verwandelt. Sinnbild dieses Wandels waren die Proteste 2017, bei denen Demonstranten das Konföderierten-Denkmal, das seit 1924 vor dem früheren Amtsgericht stand, umstürzten.

Sehenswertes

★ Historic Stagville Plantation PLANTAGE
(919-620-0120; www.stagville.org; 5828 Old Oxford Hwy; Di–Sa 9–17 Uhr, geführte Touren 11, 13 & 15 Uhr; P) GRATIS Die Stagville Plantation, auf der an die 1000 Sklaven lebten, ist eine der bedeutendsten historischen Stätten North Carolinas. Sie liegt 16 km nördlich vom Zentrum. Heute ist nur noch ein Bruchteil der riesigen Plantage erhalten, auf der die größte Sklavenbevölkerung des Bundesstaates in kleinen Gruppen verteilt lebte. Bei den faszinierenden Führungen fährt man im Konvoi zu berührenden Gruppen von ehemaligen Sklavenunterkünften und zu einer riesigen Scheune, die etwa 1 Meile (1,6 km) vom Haupthaus entfernt liegen.

★ Duke Lemur Center TIERSCHUTZZENTRUM
(919-401-7240; www.lemur.duke.edu; 3705 Erwin Rd; Erw./Kind unter 8 Jahren 12/9 US$; 9–16 Uhr, nach Anmeldung;) Das Geheimnis ist keines mehr: Dieses Forschungs und Tierschutzzentrum ist die coolste Attraktion Durhams. Hier gibt es die größte Ansammlung von Lemuren außerhalb ihrer Heimat Madagaskar. Nur ein Holzklotz würde von den wuscheligen Geschöpfen mit den großen Augen nicht hingerissen sein. Besichtigen kann man das Zentrum nur im Rahmen einer geführten Tour, die man lang im Voraus buchen muss.

Duke University UNIVERSITÄT
(www.duke.edu; Chapel Dr) Ihre Geschichte geht zwar bis 1838 zurück, doch eine Universität wurde die Duke University erst 1926. Damals erhielt sie dank einer bedeutenden Zuwendung der Zigaretten-Familie Duke auch ihren Namen. Sie erstreckt sich über den Ostcampus im georgianischen Stil (1 Meile/1,6 km westlich vom Zentrum entfernt) und den neogotischen Westcampus (2 Meilen/3,2 km vom Zentrum entfernt). Hier studieren gut 15 000 Studenten.

American Tobacco Campus HISTORISCHE STÄTTE
(www.americantobaccocampus.com; 300 Blackwell St) Die riesige ehemalige American-Tobacco-Fabrik wurde in ein gigantisches Areal mit Restaurants, Bars und Unterhaltungsetablissements verwandelt, über dem noch immer der Schornstein mit dem Schriftzug „Lucky Strike" aufragt. Das neue Zentrum bilden nun aber Gärten mit künstlichen Wasserfällen. Das Ganze ist eine lebendige Kombination aus gut besuchtem Einkaufszentrum und Stadtpark. Im Süden des Zentrums, von der Main St nur ein paar Schritte über die Bahnschienen.

Schlafen & Essen

★ The Durham BOUTIQUEHOTEL $$
(919-768-8830; www.thedurham.com; 315 E Chapel Hill St; Zi. ab 180 US$; P) Es war nur eine Frage der Zeit, bis das revitalisierte Zentrum endlich auch ein unabhängiges Hipster-Hotel bekommt. 2015 war es dann so weit: In einem ehemaligen Bankgebäude – einem Juwel des Modernismus aus der Mitte des 20. Jhs. – eröffnete das Durham mit 53 Zimmern. Das Hotel ist ganz im Retrostil und durch und durch lokal gestaltet. Die Tagesdecken stammen von Raleigh Denim, das Musikprogramm von Merge Records – hier steht alles im Zeichen der Region.

Arrowhead Inn B&B $$
(919-477-8430; www.arrowheadinn.com; 106 Mason Rd; Zi. 159 US$, Cottage/Holzhütte 279/309 US$;) Das schicke B&B in einem imposanten weißen Schindelhaus aus dem Jahr 1775 liegt 9 Meilen (14,5 km) vom Zentrum entfernt. Alle Zimmer im Haupthaus sind mit alten Möbeln und einem eigenen Kamin ausgestattet, einige sogar mit einem Whirlpool. Außerdem gibt's auf dem Grundstück ein separates Cottage und eine Holzhütte. Ein üppiges Frühstück ist im Preis enthalten.

Dame's Chicken & Waffles HÄHNCHEN $
(☎919-682-9235; www.dameschickenwaffles.com; 530 Foster St; Hauptgerichte 10–16 US$; ⌚Mo & So 10–16 Uhr, Di–Do bis 21 Uhr, FR & Sa bis 22 Uhr) Das Dames kann zwar nicht für sich reklamieren, Hühnchen und Waffeln erfunden zu haben – diese Kombination ist schon seit ein paar Jahrhunderten ein Hit –, doch es hat diese schlichte Hausmannskost zu einer echten Kunstform erhoben. Weil das Restaurant in größere Räumlichkeiten umgezogen ist, muss man jetzt hoffentlich nicht mehr lange warten, bis das knusprige Brathähnchen nach Art der Südstaaten auf lockeren, in Sirup getränkten Waffeln, wie man sie vom Frühstück kennt, serviert wird.

★ **Mateo** TAPAS $$
(☎919-530-8700; www.mateotapas.com; 109 W Chapel Hill St; kleine Teller 8–15 US$; ⌚Di–Do 11.30–14.30 & 17–22.30, Fr 11.30–14.30 & 17–24, Sa 17–24, So 17–21.30 Uhr) Diese für den James Beard Award nominierte „Bar de Tapas" ist ein Aushängeschild des bemerkenswerten Comebacks der Stadt und der kulinarische Anker des Zentrums. Viele Speisen haben einen besonderen Südstaaten-Touch. Das *pan com tomate* mit Manchego, der Rosenkohl mit Pinienkernen, Rosinen und Safranjoghurt und die gebratenen Eier mit Käse (bei denen das „Eiweiß" aus gebratenem Hüttenkäse besteht) sind eine echte Offenbarung.

Ausgehen & Unterhaltung

★ **Cocoa Cinnamon** KAFFEE
(www.cocoacinnamon.com; 420 W Geer St; ⌚Mo–Fr 7–22, Sa & So ab 8 Uhr; 📶) Wenn ein Einheimischer sagt, dass man im Cocoa Cinnamon unbedingt eine heiße Schokolade bestellen muss, dann sollte man ihn bitten, sich genauer auszudrücken. Denn in dieser ehemaligen Tankstelle am nördlichen Rand des Zentrums gibt's so viele verschiedene Kakaos (sowie Tees und sortenreine Kaffees), dass Neulingen allein schon von der schieren Fülle des schokoladigen Genusses schwindlig werden kann.

Fullsteam Brewery BRAUEREI
(☎919-682-2337; www.fullsteam.ag; 726 Rigsbee Ave; ⌚Mo–Do 16–24, Fr & Sa 11–1, So 12–22 Uhr; 📶) Die Fullstream Brewery beschreibt sich selbst als „vom Pflug ins Glas"-Brauerei und ist landesweit bekannt geworden, weil sie die Grenzen der Braukunst mit ihren wilden Südstaaten-Kreationen verschoben hat. Sie tut viel, um örtliche Farmer, Sammler von Wildpflanzen und landwirtschaftliche Unternehmen zu unterstützen und nutzt Zutaten aus North Carolina, wann immer es geht. Im tollen Schankraum gibt's eine Tischtennisplatte, Spielmaschinen, einfache Holztische und -bänke und fantastische T-Shirts – und sonntagabends Livemusik.

Durham Bulls Athletic Park STADION
(☎Ticketverkauf 919-956-2855; www.dbulls.com; 409 Blackwell St; Tickets 9–26 US$) Hier kann man einen typisch amerikanischen Nachmittag mit Bier und Basketball erleben. Die Durham Bulls (bekannt aus dem Kevin-Costner-Film *Bull Durham* von 1988) spielen von April bis Anfang September.

Praktische Informationen

Das **Durham Visitor Info Center** (☎919-687-0288; www.durham-nc.com; 212 W Main St; ⌚Mo 9–17, Di–Fr bis 18, Sa 11–19, So 12–16 Uhr, Nov.–März So geschl.) befindet sich in einem historischen Bankgebäude im Zentrum und bietet Infors, Stadtpläne und interaktive Ausstellungen.

An- & Weiterreise

Der **Raleigh-Durham International Airport** (RDU; ☎919-840-2123; www.rdu.com; 1000 Trade Dr, Morrisville) liegt 13 Meilen (ca. 21 km) südöstlich vom Zentrum Durhams. Außerhalb der Stoßzeiten kostet die Fahrt mit Uber etwa 21 US$. Greyhound befindet sich gegenüber vom Amtrak-Bahnhof (S. 385) im **Durham Station Transportation Center** (☎919-485-7433; www.godurhamtransit.org; 515 W Pettigrew St; ⌚Mo–Sa –24, So 7–21 Uhr), das auch Durhams zentraler Umsteigebahnhof für die Nahverkehrsbusse ist.

Chapel Hill & Carrboro

Die hübsche Collegestadt ist kleiner und gemütlicher als Raleigh und Durham, die anderen beiden Städte des Triangles, schäumt aber vor Lebensfreude und Energie geradezu über. Das liegt vor allem an den 30 000 Studenten (und dem Basketballteam Tar Heels) der University of North Carolina, die 1789 als erste staatliche Universität des Landes gegründet wurde. Die kurze Hauptstraße von Chapel Hill im Zentrum hat zwar durch die Kommerzialisierung immer mehr Charme verloren, doch das benachbarte Carrboro ist so hübsch wie immer. In beiden Gebieten gibt's tolle Restaurants und Bars, und sie bieten einer dynamischen Indie-Rock-Szene eine Heimat.

Sehenswertes

University of North Carolina UNIVERSITÄT
(www.unc.edu) Die imposanten Gebäude der ältesten öffentlichen Universität der USA liegen um einen von blühenden Birnbäumen gesäumten Platz. Eine Karte bekommt man im **Visitor Center** (☎919-962-1630; www.unc.edu/visitors; 250 E Franklin St; ⊙Mo–Fr 9–17 Uhr) der Uni oder im **Chapel Hill Visitor Center** (☎919-245-4320; www.visitchapelhill.org; 501 W Franklin St; ⊙Mo–Fr 8.30–17, Sa 10–15 Uhr).

Carolina Basketball Museum MUSEUM
(☎919-962-6000; www.goheels.com; 450 Skipper Bowles Dr, Ernie Williamson Athletics Center; ⊙Mo–Fr 10–16, Sa 9–13 Uhr, an Spieltagen abweichende Öffnungszeiten; P) GRATIS Basketballfans – egal, welches Team sie unterstützen – werden diesen kleinen, aber gut gemachten Tempel der Tar-Heel-Basektballer zu schätzen wissen. Die Zahlen sprechen für sich: sechs Landesmeisterschaften, 20-mal unter den besten vier Teams, 31 Meisterschaften der Atlantic Coast Conference (ACC) und 47 Spieler in der ersten Runde der NBA Drafts. Unter den Erinnerungstücken, Trophäen und Videoclips befinden sich auch das Original von Michael Jordans unterschriebenem National Letter of Intent und andere Rekrutierungsdokumente.

Schlafen & Essen

Carolina Inn HOTEL $$$
(☎919-933-2001; www.carolinainn.com; 211 Pittsboro St; Zi. ab 250 US$; P❄☎) Auch wenn man kein *tar heel* (Angehöriger der University of North Carolina) ist, wird man von der Gastfreundlichkeit und dem historischen Flair dieses zauberhaften Hotels auf dem Campusgelände begeistert sein. Der Charme beginnt bereits in der schicken Lobby und setzt sich in den Fluren fort, die von Fotos von Alumni und Meisterschaftsteams gesäumt sind. Die klassische, von Südstaatenantiquitäten inspirierte Einrichtung der 185 hellen Zimmer wirkt frisch.

Neal's Deli FEINKOST $
(☎919-967-2185; www.nealsdeli.com; 100 E Main St, Carrboro; Frühstück 3,50–7 US$, Mittagsgerichte 6–9,50 US$; ⊙Di–So 8–16 Uhr; ☎) In diesem winzigen Feinkostladen im Zentrum vom Carrboro kann man mit einem köstlichen Buttermilch-Biscuit in den Tag starten. Mittags sind Sandwiches und belegte Baguettes im Angebot, von Hühnersalat über Pastrami bis zu Drei-Käse-Pimiento mit einem Spritzer Bourbon.

★**Lantern** ASIATISCH $$$
(☎919-969-8846; www.lanternrestaurant.com; 423 W Franklin St; Hauptgerichte 25–32 US$; ⊙Mo–Sa 17.30–22 Uhr) Dieses moderne Restaurant serviert asiatische Fusionsküche und gehört zu den besten im Triangle. Sein Motto ist „vom Hof auf den Tisch" und alle Zutaten stammen aus North Carolina. Dank der Küchenchefin Andre Reusing, die den James Beard Award gewonnen hat, kommen so großartige Gerichte wie knuspriger ganzer Forellenbarsch mit scharfen Chilis, frischem Kurkuma, Dill, gebratenen Schalotten und gerösteten Zwiebeln aus der Küche.

Ausgehen & Unterhaltung

★**Glasshalfull** WEINBAR
(☎919-967-9784; www.glasshalfull.net; 106 S Greensboro St, Carrboro; ⊙Mo–Fr 11.30–14.30 & 17–21.30, Sa 17–22 Uhr) Der Name geht zwar nicht so leicht über die Zunge, doch alles andere in dieser Weinbar – sorry, diesem „wein-exzentrischen Restaurant" – ist elegant und niveauvoll. Das Essen ist hervorragend, z.B. die scharf angebratenen Jakobsmuscheln oder das Entenconfit, die abends auf der Karte stehen, doch die eigentliche Attraktion ist die erlesene Auswahl internationaler Weine des benachbarten Ladens, die auch an der Bar angeboten wird.

Beer Study CRAFT-BIER
(☎919-240-5423; www.facebook.com/BeerStudyNC; 106 N Graham St; ⊙12–24 Uhr; ☎) Dieser angenehm lässige Laden, der halb Bar, halb Biergeschäft ist, ist eine gute Alternative zu den wenigen Brauereien in Chapel Hills. Er hat 18 Fassbiere aus der Stadt und der Region und über 500 Flaschenbiere im Angebot. Laut städtischer Bestimmungen müssen hundefreundliche Lokale Plastikbecher verwenden, doch das ist angesichts der glücklichen Vierbeiner ein kleiner Preis. Ein Pint kostet 4 US$ und nebenan kann man sich einen Burger holen.

Dean Smith Center STADION
(☎919-962-2296; www.goheels.com; 300 Skipper Bowles Dr; ⊙Kasse Mo–Fr 8–16.30 Uhr) Das Stadion der Tar Heels kann man zwar nicht besichtigen, doch Basketballfans können während der Geschäftszeiten die zweite und dritte Etage besuchen. Das Stadion ist nach dem legendären Coach Dean Smith benannt, der bis zu seinem Ruhestand 879 Siege und zwei nationale Titel holte. Der aktuelle Coach Roy Williams gewann 2017 seinen dritten Titel und hat damit die Nase vorn.

Cat's Cradle LIVEMUSIK
(☎919-967-9053; www.catscradle.com; 300 E Main St, Carrboro) Im Cradle haben sie alle gespielt, von Nirwana bis zu Arcade Fire. Hier tritt seit vier Jahrzehnten die Crème de la Crème der Indie-Musik auf. Die meisten Konzerte sind ohne Altersbeschränkung.

An- & Weiterreise

Der Raleigh-Durham International Airport (S. 388) liegt 18 Meilen (29 km) östlich von Chapel Hill. Außerhalb der Stoßzeiten kostet die Fahrt zum Flughafen mit Uber rund 25 US$.

Charlotte

Charlotte, North Carolinas größte Stadt, dehnt sich von seinem kompakten, von Hochhäusern dominierten Zentrum in alle Himmelsrichtungen 25 km aus. Im Zentrum, offiziell „Uptown" genannt, weil es auf einer kaum sichtbaren Erhebung steht (eigentlich aber, weil der Stadtrat fand, dass es cooler klingt), ragen futuristische Wolkenkratzer in die Höhe. Hier gibt es ein paar gute Museen und die hochtourige NASCAR Hall of Fame. Einige weitere Museen und historische Stätten verteilen sich außerhalb des Zentrums. In Uptown konzentrieren sich auch Hotels und Restaurants. Zu den trendigen Vierteln, die leicht zu erreichen sind, gehören Plaza Midwood gleich im Osten mit seinen Boutiquen und Restaurants und das hippe NoDa, das sich entlang der North Davidson St erstreckt und in dessen früheren Textilmühlen sich heute Brauereien und Cafés befinden.

Charlotte ist nach der Gattin von George III. benannt – daher auch der Spitzname Queen City – und erlebte eine Blütezeit, als in der Nähe Gold entdeckt wurde. Später sorgten die Baumwoll- und die Textilindustrie für Wohlstand. In den 1980er-Jahren war die Stadt ein Pionier des zwischenstaatlichen Bankwesens und ist heute das drittgrößte Bank- und Finanzzentrum der USA.

Sehenswertes & Aktivitäten

NASCAR Hall of Fame MUSEUM
(☎704-654-4400; www.nascarhall.com; 400 E Martin Luther King Jr. Blvd; Erw./Kind 4–12 Jahre 25/18 US$; ⏲10–18 Uhr) Der erstaunlich realistische Rennauto-Simulator (5 US$) in diesem grandiosen Uptown-Museum versetzt einen auf eine Rennstrecke und mitten in ein Rennen mit 15 Autos. Ansonsten erfährt man viel über die Geschichte des in den USA entstandenen Sports, der auf die *moonshine runners*, die während der Prohibition schwarz gebrannten Alkohol transportierten, zurückgeht. Außerdem kann man sich auf der „Glory Road" sechs Generationen von Rennwagen ansehen und seine eigenen Fähigkeiten im Boxenteam testen.

Levine Museum of the New South MUSEUM
(www.museumofthenewsouth.org; 200 E 7th St; Erw./Kind 6–18 Jahre 10/6 US$; ⏲Mo–Fr 10–17, Sa bis 16, So 12–17 Uhr; P) Das engagierte Museum erzählt die Geschichte des „New South", der aus der Asche des Bürgerkriegs entstand und beschäftigt sich mit den Jahren des Wideraufbaus, den Jim-Crow-Gesetzen und der Bürgerrechtsbewegung. Die bewegenden Fotos von Dorothea Lange illustrieren die Zeit der Depression auf den Plantagen North Carolinas. Sonderausstellungen widmen sich aktuellen Themen wie der Erschießung von Keith Lamont Scott durch die Polizei im Jahr 2016.

Mint Museum Randolph MUSEUM
(☎704-337-2000; www.mintmuseum.org; 2730 Randolph Rd; Erw./Kind 5–17 Jahre 15/6 US$, Mi 17–21 Uhr Eintritt frei; ⏲Do–Sa 11–18, Mi bis 21, So 13–17 Uhr; P) 1873 öffnete die Münze der USA in Uptown Charlotte ihre erste Filiale überhaupt. Sie nutzte das Gold, das in den nahen Bergen abgebaut wurde. Ein Jahrhundert später zog die Münze 5 km weiter nach Südosten. Heute zeigt das Museum wertvolle Schätze, von meisterlichen Keramiken aus Großbritannien und North Carolina bis zu grandiosen modernen dekorativen Glasarbeiten aus den USA. Am beeindruckendsten sind die präkolumbischen Artefakte der Azteken und der Maya.

★ **US National Whitewater Center** ABENTEUERSPORT
(☎704-391-3900; www.usnwc.org; 5000 Whitewater Center Pkwy; Tageskarte für alle Sportarten Erw./Kind unter 10 Jahren 59/49 US$, einzelne Aktivitäten 25 US$, Baumkronentour 3 Std. 89 US$; ⏲Sonnenaufgang–Sonnenuntergang) Auf der 5,2 km² große Anlage – einer großartigen Mischung aus Naturzentrum und Wasserpark – befindet sich der größte künstliche Wildwasserfluss der Welt. An seinen Stromschnellen trainieren Kanu- und Kajaksportler für die Teilnahme an den Olympischen Spielen. Im Rahmen einer geführten Tour können sich auch Besucher aufs Wasser wagen oder einen anderen Abenteuersport ausprobieren.

Schlafen & Essen

Duke Mansion GASTHOF $$
(☎704-714-4400; www.dukemansion.com; 400 Hermitage Rd; Zi. 140–360 US$; P ❄ ☎) Das jahrhundertealte frühere Wohnhaus der Familie Duke, zu der auch die legendäre Erbin Doris Duke gehörte, ist heute ein hinreißendes B&B. Es liegt auf einem bewaldeten Gartengrundstück im schönen Stadtteil Myers Park, ein paar Meilen südlich von Uptown. In vielen der 20 lichtdurchfluteten Zimmer sind noch die Originalfliesen in den Bädern erhalten. Einige Zimmer gehen auf eine private verglaste Veranda hinaus.

★ **Ivey's Hotel** BOUTIQUEHOTEL $$$
(☎704-228-1111; www.theiveyshotel.com; 127 N Tryon St; Zi. 299–499 US$; P @ ☎ 🐾) Die 42 von Paris inspirierten Zimmer dieses Hotels, die alle im 2. Stock eines 1924 erbauten Kaufhauses liegen, verströmen historisches Flair – die 400 Jahre alten Eichenböden stammen von einem französischen Weingut –, sind aber auch modern (55-Zoll-Flachbild-TVs, Bose-Soundbars). Die Executive-Ecksuiten mit Balkon, lichtdurchfluteten Fenstern und unverputzten Ziegelwänden sind einfach himmlisch.

Optimist Hall FOOD COURT $
(www.optimisthall.com; 1115 N Brevard St; Gerichte 5–15 US$; ⏲Mo–Fr 7–21, Sa 8–22, So 8–21 Uhr) Dieser große neue Food-Court mit Verkaufsflächen in einer früheren Textilmühle soll den Stadtteil Optimist Park neu beleben. Besonders beliebt sind die Stände lokaler Anbieter wie der Fonta Flora Brewery und The Dumpling Lady (asiatische Klöße).

★ **Soul Gastrolounge Tapas** SUSHI, SANDWICHES $$
(☎704-348-1848; www.soulgastrolounge.com; 1500 Central Ave; kleine Teller 7–20 US$, Sushi 4–14 US$, Sandwiches 9–15 US$; ⏲17–2 Uhr) Dieses etwas schwüle, aber einladende Lokal in Plaza Midwood serviert eine global inspirierte Auswahl kleiner Gerichte. Sie reichen von Spießen und Sushi-Rollen bis zu kubanischen und vietnamesischen Sandwiches, aber die Küche verleiht jedem Bissen eine einzigartige, köstliche Note. Die Tunfisch-Rollen mit Jalapeños und zweierlei würziger Mayo sind sehr zu empfehlen, wenn man es scharf mag.

Asbury SÜDSTAATENKÜCHE $$$
(☎704-342-1193; www.theasbury.com; 235 N Tryon St; Sandwiches 8–14 US$, Hauptgerichte 20–38 US$; ⏲Mo 17–22, Di–Fr ab 11, Sa & So ab 9 Uhr) Das beste Restaurant Uptowns befindet sich im Dunhill Hotel und geht direkt auf die Tryon St. Seine Wurzeln hat es in der traditionellen Küche North Carolinas, doch diese wird modern interpretiert. Die gehobenen Speisen von Küchenchef Matthew Krenz reichen von glasierter Ente mit Sorghumhirse und Walnuss-Knoblauch-Gremolata bis zu bodenständigeren Gerichten wie Makkaroni, Käse und Landschinken.

SÜDSTAATENKÜCHE

Was die Küche angeht, ist North Carolina wie in vielen anderen Dingen tief im Süden verwurzelt. Traditionelle Südstaatengerichte wie Brathähnchen, gebratene grüne Tomaten, Garnelen und Maisgrütze, Biscuits (einschließlich der extragroßen *catheads*, „Katzenköpfe") mit Sauce, Blattkohl und Okra oder Mac'n'Cheese bekommt man in vielen Restaurants im ganzen Bundesstaat, und genau das essen die Einheimischen zu Hause auch.

Ausgehen & Nachtleben

NoDa Brewing Company KLEINBRAUEREI
(☎704-900-6851; www.nodabrewing.com; 2921 N Tryon St; ⏲Mo–Do 16–21, Fr 14–22, Sa 12–22, So 12–19 Uhr; ☎) Charlottes bestes Craft-Bier-Lokal versteckt sich hinter der neuen, leicht zu übersehenden NoDa-Brauerei in North End. Wir kamen an einem Freitag und alles wirkte verlassen. Dahinter fanden wir jedoch auf die brechend volle Bar (Pint Bier 4–7 US$), die auch mit Boccia, Cornhole, Discgolf, einer Feuerstelle, einer großen Terrasse und dem besten Food-Truck der Stadt, Tin Kitchen, aufwartet.

Praktische Informationen

Visitor Info Center (☎800-231-4636; www.charlottesgotalot.com; 501 S College St, Charlotte Convention Center; ⏲Mo–Sa 9–17 Uhr) Charlottes Haupttouristeninformation befindet sich in Uptown. Neben Stadtplänen, Karten und einem Besucherführer verkauft sie auch regionale Geschenke und Souvenirs.

Anreise & Unterwegs vor Ort

Der **Charlotte Douglas International Airport** (CLT; ☎704-359-4013; www.cltairport.com; 5501 Josh Birmingham Pkwy) liegt 7 Meilen (11 km) westlich von Uptown und ist ein Drehkreuz von American Airlines. Hier landen Flüge aus Kontinentaleuropa und Großbritannien. Sowohl der **Greyhound-Bahnhof** (☎704-372-

0456; www.greyhound.com; 601 W Trade St) als auch der **Amtrak-Bahnhof** (www.amtrak.com; 1914 N Tryon St) liegen günstig in Uptown.

Charlottes öffentliches Nahverkehrssystem heißt CATS (Charlotte Area Transit System) und umfasst Stadtbusse, eine Straßenbahn namens CityLYNX Gold Line und die Stadtbahnlinie LYNX Blue Line, die 2018 bis zum Campus der UNC erweitert wurde, der 9 Meilen (14,5 km) nordöstlich der Uptown liegt. Einzelfahrscheine kosten zwischen 2,20 und 4,40 US$. Zum **Charlotte Transportation Center** (☎704-336-7433; www.ridetransit.org; 310 E Trade St), dem CATS-Umsteigebahnhof, gelangt man von der Brevard St zwischen der 4th St und der Trade St.

Charlotte betreibt auch ein Fahrradverleihsystem namens Charlotte B-cycle (https://charlotte.bcycle.com).

North Carolina Mountains

Am Horizont des westlichen North Carolina erheben sich die mächtigen Appalachen, zu der mehrere Gebirgsketten gehören, darunter die Great Smokey Mountains, die Blue Ridge Mountains, der Pisgah Mountain und der Black Mountain. Die kühlen Berge sind mit blaugrünen Wäldern bedeckt, in denen Hemlocktannen, Kiefern und Eichen wachsen und in denen Pumas, Hirsche, Schwarzbären, wilde Truthähne und Virginia-Uhus leben. Abenteuerlustige Besucher finden hier unzählige Möglichkeiten zum Wandern, Campen, Klettern und Raften, und hinter jeder Kurve bietet sich ein neues Fotomotiv.

Zu den Cherokee, die auf diesen bewaldeten Hängen jagten, gesellten sich im 18. Jh. schottische Einwanderer, die auf der Suche nach einem besseren Leben waren. Luftige Orte wie Blowing Rock lockten mit ihrer frischen Bergluft Kränkliche an. Heute sind die Panoramastraßen, die Waldwanderwege und die rauschenden Flüsse ein Magnet für Besucher aus aller Welt.

Anreise & Unterwegs vor Ort

Das Tor zu den North Carolina Mountains ist der Asheville Regional Airport (S. 397), auf dem Direktflüge aus Atlanta, Charlotte, Chicago, Newark und anderen Städten landen. In Asheville gibt's auch einen Greyhound-Bahnhof (S. 397).

High Country

Die nordwestliche Ecke North Carolinas, die vom Blue Ridge Parkway gesäumt wird, der aus Virginia kommend den Bundesstaat durchquert, wird High Country genannt. Eine der größten Städte hier ist das lebendige Boone mit seinen vielen Studenten der hiesigen Appalachian State University (ASU). Blowing Rock und Banner Elk sind idyllische Touristenorte in der Nähe der Skigebiete.

BLOWING ROCK

Das winzige Blowing Rock, ein malerisches, idyllisches Bergdorf, liegt auf 1200 m Höhe und ist der einzige Ort am Blue Ridge Parkway, in dem es alles gibt, was man braucht. Besucher lassen sich leicht von der Postkartenidylle der Main St verführen, die von Antiquitätenläden, kitschigen Boutiquen, Töpfereien, Silberschmieden, Süßwarengeschäften und ausgezeichneten Restaurants gesäumt ist. Es gibt sogar ein paar idyllische Seen mit Enten, die den Bilderbuchcharakter noch betonen. Der einzige Makel, der die Illusion verdirbt, ist das Parkplatzproblem in der Hochsaison.

Sehenswertes & Aktivitäten

Grandfather Mountain BERG
(☎800-468-7325; www.grandfather.com; 2050 Blowing Rock Hwy, Linville; Erw./Kind 4–12 Jahre 22/9 US$; ⏲ Juni–Aug. 8–19, April, Mai, Sept. & Okt. 9–18, Nov.–März 9–17 Uhr; P) Der Grandfather Mountain, der höchste Berg der Blue Ridge Mountains, ragt 20 Meilen (32 km) südwestlich von Blowing Rock und nördlich vom Blue Ridge Parkway in die Höhe. Reisende besuchen ihn vor allem wegen der berühmten Mile High Swinging Bridge, dem Herzstück einer privaten Attraktion, die auch Wanderwege, ein kleines Museum und ein Tierreservat umfasst. Wer Höhenangst hat, kann unbesorgt sein: Die Brücke befindet sich zwar wirklich 1 Meile (1,6 km) über dem Meeresspiegel, doch die Schlucht, die sie überquert, ist nur 24 m tief.

River & Earth Adventures ABENTEUERSPORT
(☎828-355-9797; www.raftcavehike.com; 6201 Castle Ford Rd, Todd; Rafting halber/ganzer Tag 60/100 US$;) Der umweltbewusste Veranstalter bietet ein breit gefächertes Programm, von familienfreundlichen Höhlenwanderungen bis zu Raftingtouren mit Stromschnellen der Kategorie V in der Watauga Gorge – und dazu gibt's Biomittagessen! Verleiht auch Kanus (65 US$), Kajaks (35–65 US$) und Reifen (20 US$).

Schlafen & Essen

Cliff Dwellers Inn MOTEL $
(☎828-414-9596; www.cliffdwellers.com; 116 Lakeview Terrace; Zi./Apt. ab 124/144 US$;)

NICHT VERSÄUMEN

SCENIC DRIVE: BLUE RIDGE PARKWAY

Auf dem ganzen Blue Ridge Parkway, der vom Shenandoah National Park in Virginia (Meile 0) durch die südlichen Appalachen bis zum Great Smoky Mountains National Park in North Carolina (Meile 469) führt, gibt es weder eine Ampel noch eine Reklametafel.

Der von Franklin D. Roosevelt in der Großen Depression als Arbeitsbeschaffungsprojekt in Auftrag gegebene Parkway ist eine der klassischen Panoramastraßen der USA: Der 262 Meilen (422 km) lange Abschnitt, der durch North Carolina führt, windet sich durch eine großartige Berglandschaft mit herrlichen Aussichten. Die herbstliche Laubfärbung, die im Oktober ihren Höhepunkt erreicht, ist geradezu magisch.

Der **National Park Service** (☎828-348-3400; www.nps.gov/blri; Meile 384; ⌚9–17 Uhr) betreibt Zeltplätze und Visitor Centers. Toiletten und Tankstellen sind auf dem Parkway dünn gesät und die Höchstgeschwindigkeit beträgt maximal 45 mph (72 kmh). Mehr über interessante Stopps findet man auf der Seite www.blueridgeparkway.org.

Hier einige Highlights und Campingplätze, von der Grenze zu Virginia ausgehend:

Cumberland Knob (Meile 217,5) NPS Visitor Center; zum Knob führt ein einfacher Spazierweg.

Doughton Park (Meile 241,1) Wanderwege und Campingmöglichkeiten.

Blowing Rock (Meile 291,8) Kleine Ortschaft, die nach einer zerklüfteten, kommerziell genutzten Klippe benannt ist, die einen tollen Ausblick und gelegentliche Aufwinde bietet sowie der Schauplatz einer indianischen Liebesgeschichte ist.

Moses H. Cone Memorial Park (Meile 294,1) Hübsches, altes Anwesen mit breiten Wegen und einem Kunsthandwerksladen.

Julian Price Memorial Park (Meile 296,9) Campingplatz.

Grandfather Mountain (Meile 305,1) Sehr beliebt wegen seiner hochgelegenen Fußgängerhängebrücke. Es gibt auch ein Nature Center und ein Schutzgehege für Kleintiere.

Linville Falls (Meile 316,4) Kurze Wanderwege zu tollen Wasserfällen; Stellplätze.

Little Switzerland (Meile 334) Traditioneller Höhenkurort.

Mt. Mitchell State Park (Meile 355,5) Höchster Gipfel östlich des Mississippis (2037 m); Wander- und Campingmöglichkeiten.

Craggy Gardens (Meile 364) Entlang der Wanderwege blühen im Sommer prächtige Rhododendren.

Folk Art Center (Meile 382) Verkauf von hochwertigem Kunsthandwerk der Appalachenregion.

Blue Ridge Parkway Visitor Center (Meile 384) Hervorragender Film, interaktive Karte und Infos zu Wanderwegen.

Mt. Pisgah (Meile 408,8) Wander- und Campingmöglichkeiten, Restaurant, Inn.

Graveyard Fields (Meile 418) Kurze Wanderwege zu einem Wasserfall.

Hoch über der Stadt verzaubert dieses passend benannte Motel seine Gäste mit gutem Service, vernünftigen Preisen, stilvollen Zimmern und Balkons mit weitem Blick.

Green Park Inn HISTORISCHES HOTEL $$
(☎828-414-9230; www.greenparkinn.com; 9239 Valley Blvd; Zi. 94–299 US$; P ❄ 📶 🐾) Das stattliche weiße Schindelhotel 1 Meile (1,6 km) südlich vom Zentrum öffnete seine Tore 1891 und wurde 2010 renoviert. Es hat 88 noble Zimmer und ein Grillrestaurant. Die Östliche Kontinentale Wasserscheide verläuft direkt durch die Bar. Margaret Mitchell hielt sich hier auf, während sie *Vom Winde verweht* schrieb.

★ **Bistro Roca** AMERIKANISCH $$
(☎828-295-4008; www.bistroroca.com; 143 Wonderland Trail; Hauptgerichte mittags 9–16 US$, Hauptgerichte abends 10–32 US$; ⌚Mi–Mo 11–15 & 17–22 Uhr; 📶) Das gemütliche, lodgeartige Bistro befindet sich in einem Gebäude aus der Zeit der Probibition, gleich abseits der Main St und serviert gehobene modern-amerikanische Küche, z. B. Mac and Cheese mit

Hummer oder Schweinebauch, aufgemotzte Habanero-Burger und *banh-mi*-Sandwiches mit Bergforelle – wobei großer Wert auf die regionale Herkunft gelegt wird. Die Wände der Antlers Bar, der ältesten durchgängig betriebenen Bar North Carolinas, sind mit fantastischen Schwarz-Weiß-Fotos von Haustieren bedeckt.

An- & Weiterreise

Blowing Rock liegt 8 Meilen (13 km) südlich von Boone am Hwy 321, wenn man den Umweg über den Blue Ridge Pkwy macht, sind es eher 25 Meilen (40 km). Der nächste kommerzielle Flughafen ist der Charlotte Douglas International Airport (S. 391), 87 Meilen (140 km) südöstlich.

BOONE

Boone ist eine fröhliche, lebendige Stadt in den Bergen mit überwiegend jungen Bewohnern – darunter viele Studenten der lebhaften Appalachian State University –, die ein Faible für Outdooraktivitäten haben. Die Stadt ist für ihre Bluegrass-Musiker und ihre Geschichtenerzähler aus den Appalachen bekannt. Sie ist nach dem Pionier und Entdecker Daniel Boone benannt, der in dieser Gegend oft sein Lager aufschlug. Boones Innenstadt besteht aus einer netten Mischung aus niedrigen Ziegelhäusern und Colonial-Revival-, Art-déco- und modernen stromlinienförmigen Gebäuden. Besonders in den Häusern an der King St befinden sich heute viele charmante Boutiquen, Cafés und Kunstgalerien.

Seit 1952 wird jeden Sommer in einem Freiluft-Amphitheater oberhalb der Stadt eine dramatisierte Fassung der Lokalgeschichte mit dem Titel *Horn in the West* aufgeführt.

Traditionell sorgen in Boone die Häuser typischer Hotelketten für Übernachtungsmöglichkeiten, doch 2018 eröffnete das erste Boutiquehotel im Zentrum, das **Horton** (☎828-832-8060; www.thehorton.com; 611 W King St; Zi. ab 189 US$; ❄ 📶). Vereinzelt findet man in der Stadt und ihrer Umgebung auch historische B&Bs, zu Ferienhäusern umfunktionierte Bauernhäuser und gemütliche Blockhütten.

Folk Art Center KULTURZENTRUM
(☎828-298-7928; www.southernhighlandguild.org; Mile 382, Blue Ridge Pkwy; ⏲April–Dez. 9–18 Uhr, Jan.–März bis 17 Uhr; P) GRATIS Das großartige Folk Art Center ist teils Galerie, teils Laden und hat sich mit Leib und Seele dem Südstaaten-Handwerk verschrieben. Es steht 6 Meilen (14,5 km) östlich vom Zentrum Ashevilles direkt abseits des Blue Ridge Pkwy. In der Lobby hängen handgearbeitete Appalachen-Stühle von der Decke – eine auffällige Visitenkarte für die ständige Sammlung der Southern Highland Craft Guild im zweiten Stock, einer Schatztruhe mit Töpferwaren, Körben, Quilts und Holzschnitzereien.

Lovill House Inn B&B $$
(☎828-264-4204; www.lovillhouseinn.com; 404 Old Bristol Rd; Zi. ab 179 US$; 📶) Das schönste B&B der Stadt ist ein prächtiges Bauernhaus aus dem 19. Jh., das 1 Meile (1,6 km) westlich vom Zentrum im Wald liegt. Mit seinen gemütlichen Zimmern, den weißen Schindelwänden und der umlaufenden Terrasse mit Schaukelstühlen ist es herrlich erholsam, und auch das Frühstück ist klasse.

Wild Craft Eatery LATEINAMERIKANISCH $
(☎828-262-5000; www.facebook.com/wildcrafteatery; 506 W King St; Hauptgerichte mittags 7–12 US$, abends 10–15 US$; ⏲Mi–Mo 11–22 Uhr; 🌶) Buntes, unkonventionelles Café im Zentrum mit einer Terrasse in der King St, das viel Wert auf regionale Zutaten legt. Die Speisekarte hat mit vielen Tacos und Tamales eindeutig einen lateinamerikanischen Schwerpunkt, bietet aber auch Thai-Nudeln und Shepherd's Pie. Nicht alles ist vegetarisch, doch die meisten der herausragenden Gerichte, darunter die Cuzco Cakes, werden mit Quinoa, Gouda und Süßkartoffeln zubereitet.

An- & Weiterreise

Der Boone nächsgelegene kommerzielle Flughafen ist der Charlotte Douglas International Airport (S. 391), 94 Meilen (151 km)südöstlich.

Asheville

Ashville, die unumstrittene „Hauptstadt" der Bergregion North Carolinas ist sowohl ein wichtiges Touristenziel als auch eine der coolsten Kleinstädte im Süden. Es liegt in einer breiten Kurve des Blue Ridge Pkwy und ist ein Tour zu Outdoorerlebnissen aller Art. In den historischen Art-déco-Gebäuden im Zentrum befinden sich stilvolle New-Southern-Restaurants, verführerische Schokoladengeschäfte und die einheimischen Kleinbrauereien, denen die Stadt ihren Spitznamen „Beer City" verdankt.

Die Gentrifizierung schreitet in Asheville zwar rasch voran, dennoch ist es immer noch eine üppig grüne Stadt in den Bergen, die tief in ihren Traditionen verwurzelt ist.

Es ist auch die Heimat einer in den konservativen ländlichen Gebieten selten zu findenden liberalen Enklave mit einer beträchtlichen Zahl an Künstlern und eingefleischten Hippies. Diese alternative Szene ist vor allem in Vierteln wie dem River Arts District am Fluss und auf der anderen Seite des French Broad River in West Asheville zu Hause. Interessanterweise ist der French Broad River der drittälteste Fluss der Welt – er hatte sich schon sein Bett gebahnt, ehe es auf der Erde überhaupt Leben gab.

Sehenswertes & Aktivitäten

Biltmore Estate GEBÄUDE
(☎800-411-3812; www.biltmore.com; 1 Approach Rd; Erw./Kind 10–16 Jahre 75/37,50 US$; ⏰Haus 9–16.30 Uhr, saisonal abweichen; P) Das größte Privathaus der USA, das Biltmore House, wurde 1895 für George Washington Vanderbilt II., den Erben eines Schiffs- und Eisenbahnimperiums, erbaut. Als Vorbild dienten drei Loire-Schlösser, die Vanderbilt in Frankreich gesehen hatte. Der Besuch ist ungewöhnlich teuer, es gibt aber auch viel zu sehen. Man sollte sich mehrere Stunden Zeit lassen, um das 32 km² große Anwesen zu sehen. Die individuellen Rundgänge durchs Haus führen zu 39 ausgewiesenen Sehenswürdigkeiten – wir waren besonders von der Bowlinganlage mit zwei Bahnen begeistert.

Chimney Rock Park PARK
(☎828-625-9611; www.chimneyrockpark.com; Hwy 74A; Erw./Kind 5–15 Jahre 17/8 US$; ⏰Mitte März–Okt. 8.30–19 Uhr, Nov. & Dez. 8.30–18 Uhr, Jan.–Mitte März 10–18 Uhr; P) Der gewaltige, 96 m hohe Monolith namens Chimney Rock ragt über dem schmalen bewaldeten Tal des Rocky Broad River auf. Die 28 Meilen (45 km) lange Fahrt von Asheville Richtung Südosten ist wunderschön. Auf dem flachen Gipfel des prächtigen kahlen Granitfelsen flattert die amerikanische Fahne. Besucher können auf den 499 Stufen des Outcropping Trail nach oben laufen oder mit dem im Felsen verborgenen Fahrstuhl fahren.

BREW-ed BRAUEREI
(☎828-278-9255; www.brew-ed.com; Erw. 37–50 US$, ohne Verkostung 20 US$) Auf den geschichtlichen Brauereitouren mit Verkostung, die von Cicerone-zertifizierten Bierfans geführt werden, besucht man zwei oder drei Brauereien im Zentrum. Sie finden donnerstags um 17.30 Uhr, freitags um 14 Uhr, samstags um 11.30 und 14 Uhr und sonntags um 13 Uhr statt.

Smoky Mountain Adventure Center OUTDOOR-AKTIVITÄTEN
(☎828-505-4446; www.smacasheville.com; 173 Amboy Rd; ⏰Mo 8–20, Di–Sa bis 22, So 10–20 Uhr) Das Einkaufszentrum für Outdoor-Aktivitäten 3 Meilen (ca. 5 km) südwestlich vom Zentrum bietet auch eine Hallenkletterwand und Yoga- und Tai-Chi-Stunden. Außerdem verleiht es Räder für die Fahrt auf dem Blue Ridge Pkwy sowie Reifen und Paddleboards für Abenteuer auf dem Fluss und arrangiert geführte Touren, z. B. Klettern, Wanderungen, Eisklettern und Bergsteigen.

Schlafen

★ **Sweet Peas Hostel** HOSTEL $
(☎828-285-8488; www.sweetpeashostel.com; 23 Rankin Ave; B/Pod 32/40 US$, Zi. mit/ohne Bad 105/75 US$; ❄@📶) Das blitzblanke, gut geführte moderne Hostel punktet mit einer unschlagbaren Lage im Zentrum. Das loftartige, offen gestaltete Gebäude hat unverputzte Mauerwände, Stockbetten aus Stahl und Schlaf-Pods aus hellem Holz. Es kann recht geräuschvoll zugehen, doch dafür gibt's unten in der Lexington Ave Brewery 10 % Rabatt. Das Hostel warnt die Gäste auch vor, falls der geplante Besuch mit einem Event zusammenfällt.

Campfire Lodgings CAMPING $$
(☎828-658-8012; www.campfirelodgings.com; 116 Appalachian Village Rd; Stellplatz Zelt 35–40 US$, Stellplatz Wohnmobil 50–70 US$, Jurte 115–135 US$, Hütte 160 US$; P❄📶) Es sollte einfach in allen Jurten Flachbild-TVs geben! Die mongolischen Jurten mit mehreren Räumen auf diesem Campingplatz auf einem bewaldeten Berghang dürften die stilvollsten der Welt sein. Außerdem gibt's Zelt- und Wohnmobilstellplätze. Die Wohnmobilstellplätze, die höher liegen, genießen einen herrlichen Talblick und sind als einzige mit WLAN ausgestattet. Der Platz liegt 9 km nördlich der Stadt und ist über eine etwa 0,8 km lange unbefestigte, aber passable Straße den Berg hinauf zu erreichen.

Omni Grove Park Inn HISTORISCHES HOTEL $$$
(☎828-252-2711; www.omnihotels.com; 290 Macon Ave; Zi. 189–434 US$; P❄@📶🏊🐾) Diese riesige, im Stil des Arts and Crafts Movement gestaltete steinerne Lodge hält die Erinnerung an eine vergangene glamouröse Ära in den Bergen wach. Die 11 m breiten Kamine in der Lobby sind so hoch, dass ein Erwachsener darin stehen könnte, und haben einen eigenen Fahrstuhl zum Schorn-

stein. Neben den spektakulären Gemeinschaftsbereichen wirken die Zimmer für heutige Standards vergleichsweise klein.

Aloft Asheville Downtown HOTEL $$$
(828-232-2838; www.aloftashevilledowntown.com; 51 Biltmore Ave; Zi. ab 289 US$; P ❄ @ 📶 🏊 🐾) Mit seiner riesigen Kreidetafel im Foyer, den coolen, jungen Angestellten und einem Laden für Outdoor-Klamotten im 1. Stock wirkt das Hotel wie eine Hipster-Community. Das einzige, was noch fehlt, ist ein bärtiger Typ mit Wollmütze und einem Craft-Bier in der Hand – ach halt, da drüben ist er ja! O.k., kleiner Scherz. Aber wenn man sich erst einmal auf das Aloft einlässt, merkt man schnell, dass die Angestellten sich gut auskennen und die Zimmer schön groß und bunt sind.

★ **Bunn House** BOUTIQUEHOTEL $$$
(828-333-8700; www.bunnhouse.com; 15 Clayton St; DZ 249–424 US$; P ❄ 📶) Die sechs Zimmer und Suiten in diesem sorgfältig restaurierten Wohnhaus von 1905 befinden sich in einem Wohngebiet etwa 800 m nördlich vom Zentrum und sind mit unverputzten Mauerwänden und dunklem Holz gestaltet. Von der kleinen Dachterrasse bietet sich ein schöner Blick auf die Blue Ridge Mountains, und die Fußbodenheizung im Bad und die Duschen mit Kacheln im U-Bahn-Stil sind an einem kühlen Morgen in den Bergen einfach himmlisch.

Essen

Asheville ist ein Paradies für Feinschmecker. Im Zentrum und in South Slope wimmelt es nur so vor verlockenden Lokalen, darunter schlichte (aber total hippe) Südstaaten-Cafés, internationale Diner sowie Restaurants, die anspruchsvolle modern-amerikanische und Appalachen-Küche servieren. Das allgemeine Motto ist „Vom Hof auf den Teller", und auch auf lokale Produkte, Bio und nachhaltige Erzeugung wird großer Wert gelegt.

★ **12 Bones** BARBECUE $
(828-253-4499; www.12bones.com; 5 Foundy St; Gerichte 5,50–22,50 US$; Mo–Fr 11–16 Uhr) Wie gut mag das Barbecue im 12 Bones schmeckt? So gut, dass Barrack und Michelle Obama während ihres Urlaubs vor einigen Jahren zurück in den River Arts District kamen. Allerdings sollte man sich auf eine lange Wartezeit einstellen, ehe man in den Genuss des langsam gegarten, rauchigen, zarten Fleischs und der saftigen Beilagen – von Jalapeño-Käse-Grits bis zu geräuchertem Kartoffelsalat – kommt.

Chai Pani INDISCH $
(828-254-4003; www.chaipaniasheville.com; 22 Battery Park Ave; Snacks 8–10 US$, Mahlzeiten 10–13 US$; 11.30–15.30 & 17.30–21.30 Uhr;) Die Worte *chai pani* (wörtlich: Tee und Wasser) stehen für preiswerte Snacks, daher das große Angebot an unwiderstehlichem Straßenessen in diesem beliebten Restaurant. Es gibt kleine Speisen wie knuspriges *bhel puri* (Kichererbsennudeln mit Puffreis), aber auch Üppigeres wie Lammburger, Fischrollen und vegetarische sowie Hühnchen-*thali* (eine ganze Mahlzeit, die auf einem Tablett serviert wird). Keine Reservierungen.

White Duck Taco Shop MEXIKANISCH $
(828-232-9191; www.whiteducktacoshop.com; 12 Biltmore Ave; Tacos 3,45–5,25 US$; 11.30–21 Uhr) Das Angebot dieses Taco-Ladens im Zentrum steht auf einer Tafel und stellt die Gäste vor ein Dilemma, denn alle Tacos klingen nach einer grandiosen Geschmacksexplosion, die man unbedingt erleben möchte: würziges Buffalo-Hühnchen mit Blauschimmelkäse-Sauce, knuspriger Schweinbauch, gebratene Mole-Ente und sogar Garnelen mit Maisgrütze! Auch die Margaritas sind eine Wucht.

★ **Cúrate** TAPAS $$
(828-239-2946; www.curatetapasbar.com; 13 Biltmore Ave; kleine Teller 6–18 US$; Di–Fr 11.30–22.39, Sa 10–23, So 10–22.30 Uhr) Das gesellige Restaurant im Zentrum, das der hippen Köchin Katie Button aus Ashville und ihrem katalanischen Mann Félix gehört, feiert den schlichten Charme und die sinnlichen Aromen spanischer Tapas und bereichert sie gelegentlich mit einer Südstaaten-Note zu. Highlights gibt's viele: *pan con tomate* (gegrilltes Brot mit Tomate), kurz gebratene Aubergine mit Honig und Rosmarin und die sagenhafte Tintenfischtinten-„Paella" mit Fadennudeln.

Smoky Park Supper Club AMERIKANISCH $$
(828-350-0315; www.smokypark.com; 350 Riverside Dr; Hauptgerichte 13–36 US$; Di–Do 17–21, Fr & Sa 16–22, So 10.30–21 Uhr; 📶) Das größte aus Containern – aus 19 Schiffscontainern, um genau zu sein – erbaute Restaurant der USA ist eines der coolen Aushängeschilder des River Arts District. Auf der Karte stehen Köstlichkeiten wie in Gusseisen sautierter Fisch aus Carolina mit Knoblauch und Zitrone oder, für Vegetarier, gebratene Äpfel aus der Region mit einer

DIE BIERHAUPTSTADT DER USA

Wenn es je eine Stadt gab, die sich durch die Craft-Bier-Bewegung verändert hat, dann ist es Asheville. Seit in dem einst schläfrigen Gebirgsstädtchen 1994 die erste Brauerei, Highland Brewing, eröffnete, hat sich Asheville zu einem regelrechten Pilgerziel für trinkfreudige Hopfenfans entwickelt. Inzwischen gibt's hier fast 30 Brauereien, und das bei nur etwa 90 000 Einwohnern – kämen nicht jedes Jahr eine halbe Million Besucher in die Stadt, dann wäre das eine ganze Menge Bier pro Nase.

Natürlich sind auch große internationale Brauereien nach Asheville gekommen. Belgium aus Kalifornien und Sierra Nevada aus Colorado haben hier große Brauereien und Brauereipubs eröffnet. Wer im Viertel South Slope (deutsch „Südhang", und tatsächlich geht es vom Zentrum Richtung Süden bergab), in dem es zahlreiche Pubs gibt, von einer Brauerei oder Kneipe zur nächsten zieht, versteht schnell, warum Ashville den Spitznamen „Beer City" trägt.

Bei einer Biertour in Ashville sollte man unbedingt auch ein paar unserer Lieblingsbrauereikneipen besuchen:

Burial (www.burialbeer.com; 40 Collier Ave; ⌚ Mo–Do 14–22, Fr–So ab 12 Uhr; 📶) Am düsteren Logo sollte man sich nicht stören, denn die freundliche Brauerei produziert mit die besten und experimentellsten belgisch inspirierten Biere (saisonale Farmhouse-Sorten, starke Dubbles und Tripels).

Funkatorium (☎ 828-552-3203; www.wickedweedbrewing.com/locations/funkatorium; 147 Coxe Ave; ⌚ Mo–Do 14–22, Fr & Sa 12–24, So 11–22 Uhr; 📶) Der Verkostungsraum des Wicked Weed, das nur Sauerbiere produziert, ist so funky, wie der Name verspricht.

Wedge Brewing (☎ 828-505-2792; www.wedgebrewing.com; 37 Paynes Way; ⌚ 12–22 Uhr; 📶) Was das Ambiente angeht, so gefällt uns diese Kleinbrauerei am besten: gesellig und mit Biergarten, in dem sich Hunde, Kinder auf Dreirädern, verliebte Pärchen und Outdoor-Typen tummeln. **Wicked Weed** (☎ 828-575-9599; www.wickedweedbrewing.com; 91 Biltmore Ave; ⌚ Mo–Do 11.30–1.30, Fr & Sa bis 1, So 12–23 Uhr; 📶) Eine ehemalige Tankstelle hat sich in ein Craft-Bier-Paradies mit 58 Fassbieren verwandelt.

Füllung aus Grünkohl, Walnüssen und geräuchertem Cheddar.

Ausgehen & Unterhaltung

★ **Battery Park Book Exchange & Champagne Bar** WEINBAR
(☎ 828-252-0020; www.batteryparkbookexchange.com; 1 Page Ave; ⌚ Mo–Do 11–21, Fr & Sa bis 22, So 12–19 Uhr) Die charmante Champagnerbar in einem prächtigen Einkaufszentrum im Zentrum erstreckt sich über mehrere opulent im Vintage-Stil eingerichtete Räume. Jeder Winkel ist mit ordentlich katalogisierten Secondhandbüchern zu allen erdenklichen Themen gefüllt. Wie könnte man dieser Kombination widerstehen! Neben Weinen sind Kaffee, Kuchen und Käse- und Aufschnittplatten im Angebot.

Orange Peel LIVEMUSIK
(☎ 828-398-1837; www.theorangepeel.net; 101 Biltmore Ave; Tickets 10–35 US$; ⌚ Shows ab 20 Uhr) Ashevilles führender Livemusik-Saal ist der Orange Peel Social Aid & Pleasure Club im Zentrum, der seit 2002 große Namen des Indie-Rock und des Punk präsentiert. In den großen Saal passen (stehend) 1000 Besucher.

Praktische Informationen

Ashevilles wichtigstes **Visitor Center** (☎ 828-258-6129; www.exploreasheville.com; 36 Montford Ave; ⌚ Mo–Fr 8.30–17.30, Sa & So 9–17 Uhr) steht an der Ausfahrt 4C der I-240. Es verkauft Tickets für das Biltmore Estate mit 10 US$ Rabatt. Im Zentrum gibt's neben dem Pack Sq Park eine Filiale in Form eines **Besucherpavillons** (☎ 828-258-6129; www.exploreasheville.com; 80 Court Pl; ⌚ 9–17 Uhr) mit Toiletten.

Anreise & Unterwegs vor Ort

Der **Asheville Regional Airport** (AVL; ☎ 828-684-2226; www.flyavl.com; 61 Terminal Dr, Fletcher) liegt 16 Meilen (26 km) südlich von Asheville. Hier starten und landen ein paar Direktflüge, u. a. von/nach Atlanta, Charlotte, Chicago und New York. Der **Greyhound-Bahnhof** (☎ 828-253-8451; 2 Tunnel Rd) liegt 1 Meile (1,6 km) nordöstlich vom Zentrum.

Im Zentrum gibt's zwar kaum kostenlose Parkplätze, doch die öffentlichen Parkhäuser sind in der ersten Stunde gratis und kosten danach nur

1 US$ pro Stunde. Passport (https://passport inc.com) ist eine praktische App zum Bezahlen an Parkuhren und auf gebührenpflichtigen Parkplätzen in Asheville.

Asheville Transit (ART) fährt auf 18 lokalen Busrouten, von Montag bis Samstag etwa zwischen 5.30 und 22.30 Uhr, an Sonntagen kürzer. Die Fahrkarten kosten 1 US$. Die Busse haben Fahrradgepäckträger (Fahrradmitnahme kostenlos). Die Route S3 verbindet die **ART Station** im Zentrum (☎ 828-253-5691; www.ashevilletransit.com; 49 Coxe Ave; ⏲ Mo–Fr 6–21.30, Sa ab 7, So 8.30–17.30 Uhr) 10-mal täglich mit dem Asheville Regional Airport.

Great Smoky Mountains National Park

Inmitten dieser nebelverhangenen Gipfel, funkelnden Wasserfällen und dichten Wäldern in der großen amerikanischen Wildnis findet man wie von selbst zurück zur Natur.

Sehenswertes

★ Great Smoky Mountains National Park NATIONALESPARK
(www.nps.gov/grsm) GRATIS Der über 2100 km² große Great Smoky Mountains National Park ist einer der meistbesuchten Nationalparks der USA. Seine Hauptverkehrsadern und -attraktionen können zwar überlaufen sein, doch es ist ganz leicht, den Massen zu entfliehen. Durch den Park ziehen sich über 1300 km an Wanderwegen, darunter viele großartige Wanderungen mit Highlights wie donnernden Wasserfällen und Felsgipfel mit toller Aussicht. Im Gegensatz zu den meisten Nationalparks ist der Great Smoky kostenlos.

Im Visitor Center bekommt man einen Parkplan und den Smokies Guide. Eine der meistbesuchten Sehenswürdigkeiten des Parks sind die Überreste der Siedlung **Cades Cove** (www.nps.gov/grsm/planyourvisit/cadescove.htm; Cades Cove Loop Rd; P) – das beweisen schon die nervtötenden Staus im Sommer auf der 18 km langen Rundstraße. (Diese ist von Ende Mai bis Ende Sept. mittwochs- und samstagsvormittags für motorisierte Fahrzeuge geschlossen – dann kann man hier wunderbar Fahrrad fahren). Am **Mount Le-Conte** gibt es großartige Wanderwege und – abgesehen von Campingplätzen – die einzige Unterkunft im Park, die LeConte Lodge. Zu den rustikalen Hütten, die nicht einmal Strom haben, gelangt man zwar nur auf fünf bergauf führenden Wanderwegen, die 9 km (Alum Cave Bluffs Trail, ab der Newfound Gap Rd) bis 14 km (Trillium Gap Trail) lang sind, doch die Lodge ist so beliebt, dass man bis zu einem Jahr im Voraus buchen muss.

Den schwindelerregenden Gipfel des **Clingmans Dome** (abseits der Clingmans Dome Rd), den dritthöchsten Berg östlich des Mississippi, und seinen futuristischen Aussichtsturm erreicht man auch mit dem Auto.

Andere beliebte Wanderungen führen zu den **Laurel Falls** (ab der Fighting Creek Gap Rd), zu den **Rainbow Falls** (ab der Cherokee Orchard Rd) und zum **Gregorys Bald**. Wer die Einsamkeit sucht, findet sie eher auf dem Lakeshore Trail im Südwesten des Parks, am Mount Sterling im Osten oder am Baskins Creek nahe von Gatlinburg. Es gibt auch zahlreiche Optionen für mehrtägige Wanderungen und Dutzende Zeltplätze im Innern des Parks (Reservierung online auf der Website des Parks). Auch ein 114 km langer Abschnitt des Appalachian Trail führt durch den Park.

Aktivitäten

Egal, ob man den unwiderstehlichen Drang verspürt, einen Berg zu besteigen oder einfach nur ein bisschen frische Luft schnappen möchte: Wandern im Great Smoky Mountains National Park ist die beste Art, die grandiose Schönheit seiner Natur zu erleben. Auch wenn man nur Zeit für einen kurzen Besuch hat, sollte man mindestens eine Wanderung machen. Die Wege reichen von flachen, einfachen kurzen Pfaden bis zu längeren, anstrengenderen Alternativen. Viele eignen sich hervorragend für Familien, und es gibt sogar einen rollstuhlgerechten Pfad. Körperliche Fitness und Ausdauer spielen hier praktisch keine Rolle: Der Park bietet für jeden die passende Option.

Foothills Parkway PANORAMAFAHRT
Diese malerische Autotour führt am westlichen Parkrand zwischen Chilhowee und – dank der Fertigstellung des fehlenden Verbindungsstücks im November 2018 – Wears Valley entlang. Unterwegs gibt es zahlreiche Aussichtspunkte mit Parkmöglichkeiten und einen Aussichtsturm (mit Wetterstation) am passend benannten **Look Rock** (Foothills Pkwy), den man besteigen kann.

Schlafen & Essen

Übernachtungen in der **LeConte Lodge** (☎ 865-429-5704; www.lecontelodge.com; Hütten inkl. Frühstück & Abendessen Erw./Kind 4–12 Jahre 152/88 US$; ⏲ Mitte März–Mitte Nov.), die auf einem Berggipfel liegt und nur auf einer langen

Wanderung erreichbar ist, kann man immer ab dem 1. Oktober für das kommende Jahr buchen, in der Regel sind alle Termine binnen weniger Tage komplett ausgebucht. Von den Orten außerhalb der Parkgrenze ist Gatlinburg der mit den meisten Unterkünften.

Der National Park Service betreibt im Park neun erschlossene Campingplätze, die alle über Waschräume mit fließendem kaltem Wasser und Spültoiletten verfügen, aber nicht über Duschen und Strom- oder Wasseranschlüsse. Jeder Stellplatz hat einen eigenen Feuerkorb und einen Picknicktisch. Viele Stellplätze können im Voraus reserviert werden, und auf einigen Campingplätzen (Cataloochee, Abrams Creek, Big Creek und Balsam Mountain) darf man überhaupt nur mit vorheriger Reservierung übernachten.

In der Sommersaison sind viele Campingplätze ausgebucht, darum muss man vorausplanen. Die Campingplätze Cades Cove und Smokemont sind ganzjährig geöffnet, alle anderen nur von März bis Oktober.

Zelten im Hinterland ist eine hervorragende Option und nur in den ersten fünf Nächten gebührenpflichtig (4 US$/Nacht, danach kostenlos). Dafür ist eine Genehmigung (Permit) erforderlich. Man kann online unter http://smokiespermits.nps.gov reservieren und sich das Permit in den Rangerstationen oder Visitor Centers holen.

Außer Nüssen und Beeren gibt's im Great Smoky Mountains National Park nichts zu essen, abgesehen von den Automaten im Sugarlands Visitor Center und dem mageren Angebot des **Ladens auf dem Cades Cove Campground** (☎865-448-9034; www.cadescovetrading.com; 10035 Campground Dr; ⏲Ende Mai–Okt. 9–21 Uhr, März–Mai, Nov. & Ende Dez. bis 17 Uhr). Wer zur LeConte Lodge wandert, kann dort Kekse, Getränke und abgepackten Lunch (bestehend aus einem Bagel mit Cream Cheese, Rindfleischdauerwurst, Studentenfutter und Trockenobst) kaufen. Bei Übernachtungsgästen ist das Frühstück und Abendessen im Preis enthalten.

Zum Glück gibt es in den umliegenden Orten zahlreiche Restaurants.

ℹ Praktische Informationen

Cades Cove Visitor Center (☎865-436-7318; www.nps.gov/grsm; Cades Cove Loop Rd; ⏲April–Aug. 9–19 Uhr, schließt von Sept. bis März früher) Auf halber Strecke der Cades Cove Loop Rd, 24 Meilen (39 km) vom Gatlinburg-Eingang über den Hwy 441.

Clingmans Dome Visitor Station (☎865-436-1200; Clingmans Dome Rd; ⏲April–Okt. 10–18 Uhr, Nov. 9.30–17 Uhr) Kleines, gut besuchtes Visitor Center am Beginn des befestigten Weges zum Aussichtspunkt Clingsman Dome.

Oconaluftee Visitor Center (☎828-497-1904; www.nps.gov/grsm; 1194 Newfound Gap Rd, North Cherokee; ⏲Juni–Aug., 8–19 Uhr, April, Mai, Sept. & Okt. bis 18 Uhr, März & Nov. bis 17 Uhr, Dez.–Feb. bis 16.30 Uhr; 📶) Am Südeingang des Parks nahe Cherokee.

Sugarlands Visitor Center (☎865-436-1291; www.nps.gov/grsm; 107 Park Headquarters Rd; ⏲Juni–Aug, 8–19.30 Uhr, Sept.–Mai variabel). Am Nordeingang des Parks nahe von Gatlinburg.

ℹ An- & Weiterreise

Die dem Nationalpark nächstgelegenen Flughäfen sind der McGhee Tyson Airport (S. 432) bei Knoxville (40 Meilen/64 km nordwestlich vom Sugarlands Visitor Center) und der Asheville Regional Airport (S. 397), 58 Meilen (93 km) östlich vom Oconaluftee Visitor Center. Der Chattanooga Metropolitan Airport (S. 430) liegt 140 Meilen (225 km) südwestlich vom Park, der Charlotte Douglas International Airport (S. 391) 170 Meilen (274 km) östlich und der Hartsfield-Jackson International Airport (S. 452) in Atlanta 175 Meilen (282 km) südlich.

Wer mit dem Flugzeug kommt, benötigt ein Auto, denn zum Park fahren keine öffentlichen Verkehrsmittel. An allen genannten Flughäfen gibt's zahlreiche Autovermietungen.

SOUTH CAROLINA

Mit Moos bewachsene Eichen, stattliche Herrenhäuser, breite Strände, wellige Hügellandschaften und ein widerspenstiger Charakterzug prägen South Carolina. Hier im tiefen Süden sind der Dialekt und die Traditionen ausgeprägter. Von seinen Patrioten im Amerikanischen Unabhängigkeitskrieg und den Sezessionisten der 1860er-Jahre bis hin zu der streitsüchtigen Führungsriege von heute hat der Palmetto State nie eine Konfrontation gescheut.

Die meisten Traveller beschränken ihre Reise auf die Küste mit ihren hübschen Städten aus der Antebellum-Ära und die palmengesäumten Strände. Doch das Hinterland wartet mit einer Vielzahl verschlafener alter Städtchen, rauer, nicht erschlossener State Parks und gespenstisch düsterer Sümpfe auf, und auf den Inseln im Ozean kann man die sanften Gesänge der Gullah hören. Die Sprache und die Kultur wurden von ehemaligen Sklaven begründet, die über die Jahrhunderte hinweg an vielen ihrer westafrikanischen Traditionen festhielten.

Vom gediegenen, nach Gardenien duftenden Charleston über das aufstrebende Greenville bis zum grellen, kitschigen Myrtle Beach – South Carolina ist immer ein faszinierendes Reiseziel.

Geschichte

South Carolina ist ein feuriger Bundesstaat, wie seine oft blutige, von Kämpfen geprägte Geschichte zeigt. In den vergangenen 350 Jahren haben Siedler gegen Naturkatastrophen, die Ureinwohner, die Briten und – als der Bundesstaat 1860 als erster aus der Union austrat – gegen ihre Landsleute im Norden gekämpft. Das Verhältnis zwischen den Rassen hat sich seit den Tagen der Sklaverei zwar verbessert, doch es hat sich als schwierig erwiesen, Armut, Ungleichheit und Diskriminierung ein Ende zu setzen. Gelegentlich flammen diese Konflikte auf – mit verheerenden Konsequenzen.

Praktische Informationen

South Carolina Department of Parks, Recreation & Tourism (803-734-0124; www.discoversouthcarolina.com) Verschickt auf Wunsch den offiziellen Urlaubsführer per E-Mail. In allen neun Highway Welcome Centers gibt es kostenloses WLAN (Passwort drinnen erfragen).

Charleston

Charleston verführt seine Besucher mit wundervollem historischem Charme, entführt sie in die turbulente Vergangenheit des Landes und verwöhnt sie mit geistigen, seelischen und kulinarischen Genüssen.

Geschichte

Wenn man heute durch die friedlichen, ordentlichen Straßen Charlestons schlendert, kann man sich die Schrecken der Vergangenheit kaum vorstellen: Erdbeben, Brände, Hurrikans, die Sklaverei, den Amerikanischen Unabhängigkeitskrieg und den Bürgerkrieg, um nur ein paar zu nennen. Die Stadt hat sie alle überlebt und ist mit jedem Wiederaufbau erstarkt. Heute ist Charleston ein lebendes Museum, und die Narben seiner Schlachten vermitteln wichtige Lehren. Vielleicht ist genau das der Grund dafür, dass die Stadt so viele Besucher anzieht.

Sehenswertes

In dem Viertel südlich der Beaufain St und der Hasell St befinden sich die meisten Herrenhäuser aus der Zeit vor dem Bürgerkrieg sowie viele Geschäfte, Bars und Cafés. Ganz im Süden der Halbinsel stehen die Vorkriegsvillen von Battery. Der **Gateway Walk** windet sich von der **St. John's Lutheran Church** an mehreren Kirchen und Friedhöfen vorbei zur **St. Philip's Church** (www.stphilipschurchsc.org; 146 Church St).

Historisches Viertel

Old Exchange & Provost Dungeon HISTORISCHES GEBÄUDE
(843-727-2165; www.oldexchange.org; 122 E Bay St; Erw./Kind 7–12 Jahre 10/5 US$; 9–17 Uhr;) Kinder lieben das gruselige Verlies, in dem einst im Unabhängigkeitskrieg amerikanische Patrioten von den Briten gefangen gehalten wurden. Die engen Zellen befinden sich unterhalb des stattlichen georgianisch-palladianischen Zollhauses von 1771. Die Führung durch das Verlies wird von kostümierten Guides geleitet. In den oberen Etagen lässt sich eine Ausstellung über die Stadt besichtigen.

★ **Old Slave Mart Museum** MUSEUM
(843-958-6467; www.oldslavemart.org; 6 Chalmers St; Erw./Kind 5–17 Jahre 8/5 US$; Mo–Sa 9–17 Uhr) In diesem Gebäude, das früher Ryan's Mart genannt wurde, befand sich Mitte des 19. Jhs. ein Markt unter freiem Himmel, auf dem afroamerikanische Männer, Frauen und Kinder verkauft wurden – die größte von rund 40 ähnlichen Auktionen. Die beschämende Vergangenheit South Carolinas wird in textlastigen Ausstellungen beleuchtet, die die Erfahrungen der Sklaven hervorheben. Besonders verstörend sind die wenigen Objekte, z. B. Beinfesseln.

Gibbes Museum of Art GALERIE
(843-722-2706; www.gibbesmuseum.org; 135 Meeting St; Erw./Kind 12/6 US$; Di & Do–Sa 10–17, Mi bis 20, So 13–17 Uhr) Zeigt eine gute Sammlung an Werken aus Amerika und den Südstaaten. Die zeitgenössische Sammlung umfasst auch Arbeiten regionaler Künstler, wobei die Darstellung des Lowcountry-Lebens ein Highlight ist. Seit der Renovierung 2016 gibt's einen neuen Museumsladen und ein Café sowie 30 % mehr Ausstellungsfläche.

Battery & White Point Garden GARTEN
(Ecke East Battery & Murray Blvd, 9 Uhr bis Sonnenuntergang) Battery wird die südlichste, von der Ufermauer geschützte Spitze der Charleston Peninsula genannt. Beim Bummel durch die Gartenanlagen kommt man an Kanonen und den Statuen von Kriegshel-

den vorbei. Von der Promenade blickt man auf Fort Sumter.

Rainbow Row FLÄCHE
(83 E Bay St) Die 13 bonbonfarbenen georgianischen Reihenhäuser sind eines der beliebtesten Fotomotive in Charleston. Sie stammen von 1730 und dienten an der Anlegestelle, einem damals zwielichtigen Teil der Stadt, als Warenlager. Seit den 1920er-Jahren wurden sie restauriert und in Pastellfarben gestrichen. Die Leute waren begeistert, und bald wurden auch viele andere Gegenden Charlestons in ähnlicher Weise renoviert.

Historische Wohnhäuser

★ **Aiken-Rhett House** HISTORISCHES GEBÄUDE
(☎843-723-1159; www.historiccharleston.org; 48 Elizabeth St; Erw./Kind 6–16 Jahre 12/5 US$; ⏲ 10–17 Uhr, letzte Tour 16.15 Uhr) Dieses Gebäude von 1820 ist das einzige überlebende Stadthaus und gewährt auf den 45-minütigen selbstgeführten Audiotouren einen faszinierenden Einblick in das urbane Leben in der Zeit vor dem Bürgerkrieg. Die Rolle der Sklaven wird besonders hervorgehoben und man kann ihre schlafsaalartigen Quartiere hinter dem Haus besuchen, bevor man erfährt, wie die Reichen und Berühmten damals lebten.

Die Historic Charleston Foundation verwaltet das Haus und erhält es „im vorgefundenen Zustand", ohne es zu restaurieren. Daher kann man es fast unverändert bewundern, inklusive abblätternder Pariser Tapete.

Joseph Manigault House HISTORISCHES GEBÄUDE
(☎843-722-2996; www.charlestonmuseum.org; 350 Meeting St; Erw./Kind 13–17 Jahre/Kind 3–12 Jahre 12/10/5 US$; ⏲Mo–Sa 10–17, So 12–17 Uhr, letzte Führung 16.30 Uhr) Das dreistöckige Haus im Federal Style von 1803 war einst das Vorzeigestück eines französischen Hugenotten, der eine Reisplantage betrieb. Im Garten steht ein winziger neoklassizistischer Tortempel. Das Haus ist mit Möbeln des 19. Jhs. aus der Sammlung des Charleston Museums, das das Haus betreibt, gefüllt.

Nathaniel Russell House HISTORISCHES GEBÄUDE
(☎843-724-8481; www.historiccharleston.org; 51 Meeting St; Erw./Kind 6-16 Jahre 12/5 US$; ⏲10–17 Uhr, letzte Führung 16 Uhr) Das Highlight dieses Hauses im Federal Style ist die freitragende Wendeltreppe. Es wurde 1808 von einem Rhode Islander erbaut, der in Charleston als „König der Yankees" bekannt war. Die andauernde Restaurierung lässt das Haus wieder bis ins kleinste Detail – wie die 1000 Blatt 22-karätigen Blattgold im Salon – erstrahlen. Dabei wurden 20 Schichten Wandfarbe entfernt, ehe die ursprünglichen Farben zum Vorschein kamen. Zudem importierte man handgemachte Teppiche aus Großbritannien, genau wie es die Russells getan hatten.

Marion Square

Der **Marion Sq** (☎843-724-7327; www.nps.gov/nr/travel/charleston/mar.htm; 329 Meeting St; ⏲24 Std.) beherbergte einst das Waffenarsenal des Bundesstaats. Der 4 ha große Park ist mit seinen verschiedenen Denkmälern und dem **Farmers Market** (www.charlestonfarmersmarket.com; ⏲Mitte April–Nov. Sa 8–14 Uhr) am Samstag quasi das Wohnzimmer der Stadt.

Charleston Museum MUSEUM
(843-722-2996; www.charlestonmuseum.org; 360 Meeting St; Erw./Kind 13–17 Jahre/Kind 3–12 Jahre 12/10/ 5 US$; ⏲Mo–Sa 9–17, So ab 12 Uhr) Das 1773 gegründete Museum ist das älteste des Landes. Es ist sehr hilfreich und informativ, wenn man vor einem Bummel durch die Altstadt erst einmal etwas über den historischen Hintergrund erfahren will. Die Ausstellung beleuchtet verschiedene Epochen der verwickelten Geschichte Charlestons.

Aquarium Wharf

Aquarium Wharf liegt rund um den hübschen Liberty Sq. Hier kann man prima umherschlendern und zusehen, wie die Schlepper Schiffe in den viertgrößten Containerhafen der USA ziehen. Auf dem Kai befindet sich das **South Carolina Aquarium** (☎843-577-3474; www.scaquarium.org; 100 Aquarium Wharf; Erw./Kind 30/23 US$; ⏲9–17 Uhr; 👪). Er ist einer der beiden Startpunkte der Touren zum Fort Sumter; der andere befindet sich beim Patriot's Point.

★ **Fort Sumter National Monument** HISTORISCHE STÄTTE
(☎843-883-3123; www.nps.gov/fosu) Die ersten Schüsse im Amerikanischen Bürgerkrieg wurden vom Fort Sumter abgefeuert, das sich auf einer fünfeckigen Insel im Hafen befindet. Es war eine Festung der Konföderierten und wurde von den Unionstruppen zwischen 1863 und 1865 bis auf die Grundmauern niedergeschossen. Ein paar original erhaltene Geschütze und Befestigungsanlagen lassen die bedeutungsschwere Geschichte lebendig werden.

Das Fort kann man nur auf einer **Bootstour** (☎Bootstour 843-722-2628, Park 843-883-3123; www.fortsumtertours.com; 340 Concord St; Erw./Kind 4–11 Jahre 23/15 US$) besuchen, die zu verschiedenen Zeiten (s. Website) an der 340 Concord St und am Patriot's Point in Mt. Pleasant beginnt. Zu der historischen Stätte gehört auch das **Fort Moultrie** (☎843-883-3123; www.nps.gov/fosu; 1214 Middle St, Sullivan's Island; Erw./Kind 7 US$/frei; ⏲9–17 Uhr).

Plantagen am Ashley River

Etwa 20 Fahrminuten vom Zentrum Charlestons erstrecken sich am Ashley River drei bedeutende Plantagen. Alle bieten Vorträge und Führungen zur Rolle der Sklaverei an. (Am aufschlussreichsten, was dieses so unglaublich wichtige Thema angeht, ist allerdings der Besuch der McLeod Plantation (S. 406) am Nordufer der James Island.)

Für Geschichtsinteressierte ist **Drayton Hall** (☎843-769-2600; www.draytonhall.org; 3380 Ashley River Rd; Erw./Kind 32/25 US$, nur Außengelände 12 US$; ⏲Mo–Sa 9–15.30, So ab 10.30 Uhr, letzte Führung 15 Uhr) die sehenswerteste der drei Plantagen am Ashley River, denn hier befindet sich das älteste öffentlich zugängliche Plantagenhaus der USA. Die **Magnolia Plantation** (☎843-571-1266; www.magnoliaplantation.com; 3550 Ashley River Rd; Erw./Kind 6–10 Jahre 20/10 US$, Führungen 8 US$; ⏲März–Okt. 8–17.30 Uhr, Nov.–Feb. bis 16.30 Uhr) bietet tolle Führungen an und hat wilde Gärten mit einer leichten Disney-Atmosphäre. **Middleton Place** (☎843-556-6020; www.middletonplace.org; 4300 Ashley River Rd; Gärten Erw./Kind 6–13 Jahre 28/10 US$, Führung im Hausmuseum 15 US$ extra, Kutschfahrt 18 US$; ⏲9–17 Uhr) wartet mit den ältesten und elegantesten Gärten des Landes und einem schicken Restaurant und Hotel auf. Es dürfte schwer werden, alle drei Plantagen an einem Tag zu besuchen, doch zumindest zwei sind zu schaffen, denn ein paar Stunden sollte man für jede schon einplanen. Die Ashley River Rd, auch SC 61 genannt, erreicht man von Charlestons Zentrum über den Hwy 17.

Beliebt ist auch die **Boone Hall Plantation** (☎843-884-4371; www.boonehallplantation.com; 1235 Long Point Rd; Erw./Kind 6-12 Jahre 24/12 US$; ⏲Anfang März–Aug. Mo–Sa 8.30–18.30, So 12–17 Uhr, Sept.–Jan. kürzere Öffnungszeiten) in Mt. Pleasant, wo viele Stars heiraten. Die malerische Plantage liegt 11 Meilen (18 km) nördlich vom Zentrum Charlestons am Hwy 17 N und ist bei Touristen und Familien beliebt.

Geführte Touren

In Charleston werden unzählige Stadtspaziergänge, Kutschfahrten, Bus- und Bootstouren angeboten; im Visitor Center kann man sich über die ganze Palette informieren. Wer keine Lust hat, sich durch riesige Stapel Broschüren zu arbeiten, für den kommen hier unsere Top-Tipps: Charleston Footprints für einen historischen Stadtspaziergang in South of Broad, Culinary Tours of Charleston für kulinarische Touren, **Charleston Brews Cruise** (☎843-860-9847; www.charlestonbrewscruise.com; 375 Meeting St; mit/ohne Bierverkostung 75/25 US$; ⏲Touren So & Di 13.30, Fr & Sa 12.30 Uhr) für Brauereitouren und **Bulldog Tours** (☎843-722-8687; www.bulldogtours.com; 18 Anson St; Geistertour Erw./Kind 29/19 US$) für einfach alles.

Charleston Footprints STADTSPAZIERGANG
(☎843-478-4718; www.charlestonfootprints.com; 2-stündige Tour 20 US$) Großartiger Stadtspaziergang zu den historischen Sehenswürdigkeiten Charlestons, der von einem bewanderten und theatralisch begabten Einwohner geführt wird. Die Tour beginnt beim Laden der Historic Charleston Foundation.

Culinary Tours of Charleston ESSEN & TRINKEN
(☎843-727-1100; www.culinarytoursofcharleston.com; 18 Anson St; 2½-stündige Tour ab 65 US$) Bei den kulinarischen Spaziergängen zu Restaurants und Märkten kann man Maisgrütze, Pralinen und Grillfleisch probieren. Auf dem Programm stehen auch Dessert-Touren und eine Begegnung mit einem Starkoch.

Adventure Harbor Tours BOOTSFAHRT
(☎843-442-9455; www.adventureharbortours.com; 56 Ashley Point Dr, Charleston; Erw./Kind 3–12 Jahre 55/30 US$) Veranstaltet Hafenrundfahrten, Fahrten in den Sonnenuntergang und vergnügliche Touren zur unbewohnten Morris Island, auf der man wunderbar Muscheln sammeln kann.

Feste & Events

Spoleto USA DARSTELLENDE KÜNSTE
(☎843-722-2764; www.spoletousa.org; ⏲Ende Mai–Anfang Juni) Das 17-tägige Festival der darstellenden Künste ist das größte Event South Carolinas. In der ganzen Stadt werden Opern, Theaterstücke und Konzerte aufgeführt.

Lowcountry Oyster Festival ESSEN & TRINKEN
(www.lowcountryhospitalityassociation.com/oyster-fest/; 1235 Longpoint Rd, Boone Hall Plantation, Mt. Pleasant; ⏲Jan.) Austernliebhaber lassen sich bei diesem Festival in Mt. Pleasant an die

KULTUR DER GULLAH

Ab dem 16. Jh. wurden afrikanische Sklaven aus der als Reisküste bekannten Region (Sierra Leone, Senegal, Gambia und Angola) in eine Welt abgelegener Inseln verschleppt, die mit ihren sumpfigen Küstengebieten und der tropischen Vegetation sowie den heißen, schwülen Sommermonaten ihrer Heimat überraschend stark ähnelte.

Diese neuen Afroamerikaner konnten nach der Abschaffung der Sklaverei und bis weit ins 20. Jh. hinein an vielen ihrer alten Traditionen festhalten. Die sich daraus entwickelnde Gullah-Kultur (in Georgia auch als Geechee-Kultur bekannt) hat eine eigene Sprache – eine auf dem Englischen basierende Kreolsprache mit zahlreichen afrikanischen Wörtern und eigenem Satzbau – und bewahrte sich viele Traditionen wie das Erzählen von Geschichten, die Kunst, Musik und das Kunsthandwerk. Die Gullah-Kultur wird jedes Jahr mit dem munteren **Gullah Festival** (www.theoriginalgullahfestival.org; ⏲ Ende Mai) in Beaufort gefeiert.

Auf St. Helena Island, östlich von Beaufort, ist der Anteil der Gullah am höchsten im Bundesstaat, und hier können sich Besucher auch am besten über ihre Kultur informieren. Am besten beginnt man im Museum des Penn Center (S. 408). Auf der Insel stößt man auch auf zahlreiche Gullah-Restaurants, auf deren Karte häufig Garnelen, Fisch, Okra, Reis, Tomaten und Kohl stehen. Im Prinzip nutzt die Gullah-Küche die Lebensmittel, die die frühen afroamerikanischen Bewohner finden, fangen oder anbauen konnten. Die Art der Zubereitung weist zudem einen deutlichen afrikanischen Einfluss auf.

Auch die Kunst der Gullah hat die Zeiten überdauert. Mehrere Volkskunst-Galerien in Beaufort und St. Helena präsentieren farbenfrohe Gemälde, die von der Lebendigkeit ähnlicher Werke aus Westafrika beeinflusst sind. Ein weiteres Standbein sind aus Süßgräsern geflochtene Körbe, wie sie in Afrika allgegenwärtig sind. Am leichtesten bekommt man diese hübschen Körbe in den Straßen und auf den Märkten von Charleston.

40 000 kg der salzigen Meerestiere schmecken (Austern-Eimer 12–16 US$). Dazu gibt's Wettbewerbe im Austernöffnen und Austernessen, Livemusik, regionale Speisen und Bier in Strömen.

MOJA Arts Festival DARSTELLENDE KÜNSTE
(☎843-724-7305; www.mojafestival.com; ⏲ Ende Sept.–Anfang Okt.) Den Schwerpunkt dieses zweiwöchigen Festivals der afroamerikanischen und karibischen Kultur bilden mitreißende Lesungen und Gospelkonzerte.

Schlafen

Not So Hostel HOSTEL $
(☎843-722-8383; www.notsohostel.com; 156 Spring St; B 30 US$, Zi. 72–106 US$; P ❄ 📶 🐾) 🍃 Charlestons einziges Hostel knarrt zwar ein wenig, ist aber sehr einladend. Es ist größtenteils in einem schönen Gebäude von 1840 untergebracht, inklusive atmosphärischer, blauer Veranda und eigenartiger Zwillingsarchitektur. Man kann aus einem gemischten Schlafsaal für acht, mehreren Vier-Bett-Zimmern nur für Frauen bzw. Männer und netten, aber engen Privatzimmern (ein paar mit privaten Bädern) wählen, die auf drei Häuser mit Gemeinschaftsküchen verteilt sind. Grüne Aktivitäten gibt's zuhauf.

1837 Bed & Breakfast B&B $$
(☎843-723-7166; www.1837bb.com; 126 Wentworth St; Zi. 139–295 US$; P ❄ 📶) Dieses B&B liegt in der Nähe des College of Charleston und erinnert so manchen Gast an seine exzentrische, in Antiquitäten vernarrte Tante. Das 1837 erbaute Haus hat neun charmant überdekorierte Zimmer, darunter drei im alten Backsteingebäude. Und keine Angst, es liegt nicht am Alkohol: Die Verandas sind wirklich furchtbar schief, stecken aber voller Geschichte.

Indigo Inn BOUTIQUEHOTEL $$
(☎843-577-5900; www.indigoinn.com; 1 Maiden Lane; Zi. 209–359 US$; P ❄ 📶 🐾) Dieses schicke Hotel mit 40 Zimmern lockt mit bester Lage mitten im historischen Viertel und einem oasenhaften privaten Innenhof, in dem die Gäste neben einem Brunnen kostenlos Wein und Käse genießen können. Das Dekor ist eine Hommage ans 18. Jh. und ein bisschen verspielt, aber die Betten sind gemütlich und die renovierten Bäder modern. Haustiere kosten 40 US$ pro Nacht.

★ **Ansonborough Inn** HOTEL $$
(☎800-723-1655; www.ansonboroughinn.com; 21 Hasell St; Zi. ab 180–340 US$; P ❄ @ 📶) Skurrile neoviktorianische Details wie der winzige

britische Pub und die hochherrschaftlichen Porträts von Hunden offenbaren in diesem traulichen, wie ein altes Segelschiff wirkenden Hotel in der Altstadt einen gewissen Sinn für Humor. Eine Mischung aus Alt und Neu prägt die riesigen Gästezimmer mit abgewetzten Ledersofas, hohen Decken und Flachbild-TVs.

★ Wentworth Mansion HISTORISCHES HOTEL **$$$**
(☎843-853-1886; www.wentworthmansion.com; 149 Wentworth St; Zi. 400–755 US$; P❄📶) Der Name dieser Gilded-Age-Villa fällt regelmäßig, wenn es um die besten Hotels des Landes geht. Sie wäre der ideale Ort für ein ausgedehntes Krimi-Dinner. Und sind die Fenster aus Tiffany-Glas, die italienischen Kristallleuchter und die handgeschnitzten Deckenzierleisten aus Mahagoni nicht wirklich zum Sterben schön? Von der Kuppel auf dem Dach bietet sich ein toller Stadtblick und der Service hebt die berühmte Südstaaten-Gastfreundschaft auf ein ganz neues Niveau.

Essen

Charleston gehört zu den Gourmetzentren des Landes – es gibt hier genügend gute Restaurants für eine dreimal so große Stadt. Die klassischen Lokale sind auf raffinierte Meeresfrüchtegerichte mit französischem Touch spezialisiert, während viele aufstrebende, moderne Restaurants innovative Südstaatenküche mit Fokus auf der kulinarischen Vielfalt der Region servieren, von Austern über Reis bis hin zu traditionellen Schweinefleischgerichten.

★ Gaulart & Maliclet FRANZÖSISCH **$**
(☎843-577-9797;www.fastandfrenchcharleston.com; 98 Broad St; Frühstück 5–13 US$, Mittag- & Abendessen Hauptgerichte 13–22 US$; ⏲Mo–Mi 8–20, Do–Sa bis 22 Uhr) Einheimische drängen sich um die Gemeinschaftstische des winzigen Bistros, das auch als „Fast & French" bekannt ist, und lassen sich französischen Käse und Wurst, Fondues und die Abendmenüs (21–24 US$) mit Brot, Suppe, einem Hauptgericht und Wein schmecken

Xiao Bao Biscuit ASIATISCH **$**
(www.xiaobaobiscuit.com; 224 Rutledge Ave; Hauptgerichte mittags 13 US$, Hauptgerichte abends 14–18 US$; ⏲Mo–Sa 11.30–14 & 17.30–22 Uhr) Unverputzte Ziegelwände und Betonboden prägen in diesem legeren, aber stilvollen Restaurants in einer ehemaligen Tankstelle das Ambiente, das höchsten Hipster-Ansprüchen gerecht wird. Doch kann das Essen mithalten? Es kann – auf der kurzen, aber verführerischen Speisekarte stehen einfache panasiatische Gerichte, die mit regionalen Zutaten und pikanten Aromen verfeinert sind. Wer mal etwas ganz Neues und Bemerkenswertes probieren möchte, sollte den *okonomiyaki* – ein japanischer Kohlkuchen – mit Eiern und Schinken bestellen.

★ Edmund's Oast KNEIPENKOST**$$**
(☎843-727-1145; www.edmundsoast.com; 1081 Morrison Dr; Hauptgerichte 14–29 US$; ⏲Mo–Do 16.30–22, Fr & Sa bis 23, So 10–22 Uhr; 📶) Charlestons anspruchsvollster Brauerei-Pub ist in einem entkernten ehemaligen Eisenwarenladen und bekam 2017 einen neuen, unkonventionellen Küchenleiter, Bob Cook. Die neue Küche: beliebte Südstaatengerichte wie gesalzene Hühnerhaut, Hanger Steak und sauer-scharfer Topedobarsch. Dazu gibt's die passenden Getränke aus 64 Zapfhähnen (darunter 8 mit Cocktails, Met und Sherrys) und ein Dutzend eigene Craft-Biere sowie Craft-Biere von anderen Brauereien. Das Pint kostet zwischen 6 und 9 US$.

167 Raw SEAFOOD **$$**
(☎843-579-4997; www.167raw.com/charleston; 289 E Bay St; Austern Stück 2,75 US$, Hauptgerichte 14–27 US$; ⏲Mo–Sa 11–22 Uhr) Plätze kann man in diesem unscheinbaren, winzigen Lokal, das die besten Meeresfrüchte der Stadt serviert, nicht reservieren. Oft bildet sich eine lange Schlange davor, denn die Hummerbrötchen, die Thunfisch-Burger und die Po'boy-Sandwiches mit Meeresmuscheln sind unglaublich lecker. Die Austern kommen jeden Tag frisch aus Nantucket, wo das Restaurant eine eigene Austernfarm betreibt, und der Service ist einfach perfekt.

Fleet Landing FISCH & SEAFOOD **$$**
(☎843-722-8100; www.fleetlanding.net; 186 Concord St; Mittagessen Hauptgerichte 9–24 US$, Abendessen 13–26 US$; ⏲tgl. 11–15.30, So–Do 17–22, Fr & Sa 17–23 Uhr; 📶) Hier gibt's das vielleicht beste Mittagessen in Charleston: Flussblick, eine Tasse Krebssuppe mit einem Schuss Sherry und eine große Schüssel mit Krabben und Maisgrütze. Das Restaurant befindet sich in einem ehemaligen Entmagnetisierungsgebäude der Marine an einem Pier und ist ein praktisches, malerisches Plätzchen, wenn man nach einem anstrengenden Morgen auf städtischer Erkundungstour Lust auf frischen Fisch, eine Platte mit gebratenen Meeresfrüchten oder einen Burger hat.

The Ordinary SEAFOOD $$
(☎843-414-7060; www.eattheordinary.com; 544 King St; Gerichte 10–33 US$; ⊙Di–So 17.30–22.30 Uhr) In diesem geschäftigen Fisch- und Meeresfrüchterestaurant mit Austernbar in einem ehemaligen Bankgebäude von 1927 scheint die beste Stimmung in der Stadt zu herrschen. Die Speisekarte ist kurz, doch die pikanten Gerichte – von den Austern- bis zu den Hummerbrötchen und den abendlichen Fischgerichten – sind raffiniert zubereitet.

★ **FIG** SÜDSTAATENKÜCHE $$$
(☎843-805-5900; www.eatatfig.com; 232 Meeting St; Hauptgerichte 30–46 US$; ⊙Mo–Do 17–22.30, Fr & Sa bis 23 Uhr;) Das FIG ist ein langjähriger Favorit der Feinschmecker und man sieht sofort, warum: Das Personal ist freundlich, der Service effizient, aber nicht hektisch und die von James-Beard-Award-Gewinner Mike Lata gezauberten Südstaaten-Klassiker aus nachhaltigen Zutaten erstklassig. Die sechs allabendlich wechselnden Gerichte bestehen aus frischen Zutaten aus dem Meer und von örtlichen Farmen und Mühlen. FIG steht für Food is Good. Das können wir unterschreiben!

Ausgehen & Nachtleben

Proof COCKTAILBAR
(☎843-793-1422; www.charlestonproof.com; 437 King St; ⊙Mo–Fr 16–2, Sa & So ab 18 Uhr) In der Bar ist es zwar gemütlich, doch die Cocktails (10–13 US$) sind absolut erstklassig – der Barmixer ist in gewisser Weise ein Visionär. Ein Beispiel: der „Knuckleball“ wird mit dem Whiskey Old Grand-Dad, einer aromatischen Cola-Reduktion, Orangenbitter und eingelegten gekochten Erdnüssen gemixt.

Edmund's Oast Brewing Co BRAUEREI
(☎843-718-3224; www.edmundsoast.com/brewing-co; 1505 King St Ext; ⊙11–22 Uhr) Das Edmund's Oast in NoMo betreibt ein Stück die Straße runter diese neue, 1800 m² große Brauerei mit Schankraum, in dem 26 Getränke vom Fass ausgeschenkt werden und es zwei Einrichtungen gibt, die einem Kater vorbeugen (ein Holzfeuer-Steinofen und eine polnische Räucherkammer). Die Biere sind ambitioniert und zuweilen geradezu mittelalterlich: Das Doomesday wird mit Schafgarbe, Beifuß, Lavendel und Eibisch gebraut.

Revelry Brewery KLEINBRAUEREI
(www.revelrybrewingco.com; 10 Conroy St; ⊙Mo–Do 16–22, Fr & Sa 12–24, So 12–22 Uhr) Dies dürfte die wohl hipste Brauerei der Northern Peninsula sein. Es gibt kaum etwas Schöneres, als auf der malerisch beleuchteten, mit einem offenen Feuer beheizten Dachterrasse des Revelry zu sitzen, ein paar nach allen Regeln der Kunst gebraute kühle Bierchen zu trinken und den weiten Blick zu genießen, der bis zur Ravenel Bridge mit ihren markanten Kabeln reicht. Die Bar unten, deren Besitzer der schwarze Labrador der Brauerei zu sein scheint, ist nur 1,5 m von den Tanks entfernt.

Shoppen

Shops of Historic Charleston Foundation GESCHENKE & SOUVENIRS
(☎843-724-8484; www.historiccharleston.org; 108 Meeting St; ⊙Mo–Sa 9–18, So 12–17 Uhr) Dieser Laden bietet von den historischen Wohnhäusern der Stadt inspirierten Schmuck, Möbel und Einrichtungsgegenstände, darunter viel chinesisches blaues Porzellan.

Blue Bicycle Books BÜCHER
(☎843-722-2666; www.bluebicyclebooks.com; 420 King St; ⊙Mo–SA 10–19.30, So 13–18 Uhr) Toller Buchladen mit neuen und Secondhand-Büchern und einem großartigen Sortiment an Titeln zur Geschichte und Kultur der Südstaaten.

Praktische Informationen

Charleston Visitor Center (☎843-724-7174; www.charlestoncvb.com; 375 Meeting St; ⊙April–Okt. 8.30–17.30 Uhr, Nov.–März bis 17 Uhr) In einem großen renovierten Lagerhaus; hilft bei der Buchung von Unterkünften und Touren und zeigt ein halbstündiges Video über die Geschichte Charlestons.

North Charleston Visitor Center (☎800-774-0006; www.charlestoncvb.com; 4975b Centre Point Dr; ⊙Mo–Sa 10–17, So ab 13 Uhr) Broschüren, Karten und Mitarbeiter, die bei der Reiseplanung helfen können.

Anreise & Unterwegs vor Ort

Die große Mehrheit der Besucher kommt mit dem eigenen Auto nach Charleston, ein Teil aber auch per Flugzeug, Zug oder Bus.

Auto & Motorrad Mietwagenfirmen haben am Flughafen Büros. Im Stadtzentrum kann es schwierig sein, einen Parkplatz zu finden.

Bus Eine Fahrt mit den Stadtbussen kostet 2 US$, außerdem gibt's eine kostenlose Straßenbahn, die vom Visitor Centre aus eine Runde dreht.

Fahrrad Tolle Option, um Wege in der Stadt zurückzulegen, denn es gibt ein städtisches Fahrradverleihsystem mit vielen Stationen,

ABSTECHER

MCLEOD PLANTATION

Zu einem Besuch von Charleston gehört immer auch die Auseinandersetzung mit der großen Rolle, die die Sklaverei bei der Entwicklung der Stadt spielte. Eine Tour auf der **McLeod Plantation** (☎843-795-4386; www.ccprc.com/1447/McLeod-Plantation-Historic-Site; 325 Country Club Dr; Erw./Kind 15/6 US$; ⏲Di–So 9–16 Uhr) auf James Island vermittelt Besuchern einen guten Einblick in das Leben versklavter Menschen auf einer Plantage der oberen Mittelklasse, wo die Plantagenbesitzer ständig versuchten, mit den Middletons, den Draytons und den Pinckneys mitzuhalten. Der Besuch dieser Plantage ist ein Schlüsselerlebnis, um die Antebellum-Ära und die Zeit der Reconstruction in South Carolina zu verstehen.

etliche Läden, die Fahrräder vermieten und viele Fahrradständer.

Schiff/Fähre Eine Fähre läuft vier Anlegestellen rund um den Charleston Harbor an.

Taxi Mitfahrdienste sind in den meisten Fällen preiswerter und leichter zu arrangieren als Taxis.

Lowcountry

Die Südhälfte der Küste von South Carolina ist ein durch schmale Buchten und Tidemarschen vom Festland getrenntes Gewirr aus Inseln. Hier leben die als Gullah bekannten Nachkommen westafrikanischer Sklaven noch immer in kleinen Gemeinden, trotz der stetig steigenden Zahl an Resorts und Golfplätzen. Die Landschaft reicht von unberührten, in Austerngrau schimmernden Sandstreifen bis zu wilden, von Moos überwucherten maritimen Wäldern.

Das äußerste Südende von South Carolinas Küste ist vor allem bei wohlhabenden Golfern und B&B-Fans beliebt, aber die Gegend versprüht auch für alle anderen jede Menge skurrilen Charme.

Charleston County Sea Islands

Ein Dutzend Inseln, die höchstens eine Autostunden von Charleston entfernt liegen, bilden die Charleston County Sea Islands. **Sullivan's Island,** und die **Isle of Palms,** die mit dem Auto etwa 10 Meilen (16 km) südöstlich von Charleston auf der Mt.-Pleasant-Seite liegen, locken bei schönem Wetter Tagesausflügler an, die sich im Sand aalen und entspannen. Etwa 4 Meilen (6 km) in der anderen Richtung wartet **James Island**, eine der urbansten Barriereinseln bei Charleston. Weitere 9 Meilen (14 km) südlich von Charleston lockt der **Folly Beach** zu einem fröhlichen Strandtag. Das andere Ende der Insel ist bei Surfern beliebt.

Auf **Kiawah Island**, 26 Meilen (42 km) südwestlich von Charleston, gibt's teure Ferienhäuser, Golfplätze und das schicke Resort Sanctuary. Die Glücklichen, die hier übernachten, fahren mit Rädern über einen der schönsten Strände im Süden. Auf der nahen **Edisto Island** (ed-is-to), auf dem es nicht eine einzige Verkehrsampel gibt, machen viele Familien Urlaub.

Sehenswertes

Kiawah Beachwater Park STRAND

(www.ccprc.com; 8 Beachwalker Dr, Kiawah Island; Parken 5–15 US$; ⏲Mai–Sept. 9–20 Uhr, Rest des Jahres kürzer) Dieser idyllische, sonnenüberflutete Sandstreifen am Südende von Kiawah Island gilt als einer der zehn besten Strände der USA und ist der einzige öffentlich zugängliche Strand der Insel. Am besten kommt man per Fahrrad: Der kompakte Sand eignet sich prima für eine Tour entlang der 16 km langen Inselküste.

Schlafen & Essen

James Island County Park CAMPING $

(☎843-795-4386; www.ccprc.com; 871 Riverland Dr, James Island; Stellplätze Zelt ab 33 US$, 8-Pers.-Hütten ab 169 US$; 📶) Dieser 260 ha große Park südwestlich des Zentrums besteht aus Wiesen, einem Sumpf und einem Hundepark. Man kann Fahrräder (10 US$/Tag) und Kajaks (5,50 US$/Std.) leihen, joggen gehen oder mit dem Hund herumtollen. Der Park bietet einen Shuttleservice in die Innenstadt und nach Folly Beach (10 US$) an. Reservierungen sind dringend empfohlen. Der Campingplatz bietet 124 Stellplätze und zehn ans Sumpfland angrenzende Hütten.

★**Bowens Island Restaurant** SEAFOOD $

(www.bowensisland.biz; 1870 Bowens Island Rd, Folly Island; Hauptgerichte 10–35 US$; ⏲Di–Sa 17–21.30 Uhr-) Eine lange unbefestigte Straße durch die Marschen des Lowcountry führt zu diesem Holzhaus nahe des Folly Beach, die zu den angesehensten Meeresfrüchtelokalen des Südens gehört – einfach ein Austernmesser schnappen und mit dem Putzen beginnen! Die freundlichen Einheimischen und das kalte Bier geben ihm seine Seele.

Obstinate Daughter AMERIKANISCH $$

(☎ 843-416-5020; www.theobstinatedaughter.com; 2063 Middle St, Sullivan's Island; Pizzas 15–19 US$, Hauptgerichte 20–31 US$; ⊙ Mo–Fr 11–22, Sa & So ab 10 Uhr;) Sullivan's Island war nicht auf der kulinarischen Landkarte der Region zu finden, bis dieses Restaurant eröffnete und richtig große Wellen schlug. Der Koch und Besitzer, der auch für das **Wild Olive** (☎ 843-737-4177; www.wildoliverestaurant.com; 2867 Maybank Hwy, Johns Island; Pasta 13–22 US$, Hauptgerichte 20–37 US$; ⊙ So–Do 17.30–22, Fr & Sa bis 23.30 Uhr, Bar ab 16 Uhr; P) viel Lob einheimste, stellt hier seine Vielseitigkeit unter Beweis, indem er sich wieder auf leichte, verspielte Speisen wie frisches Gemüse, Pasta und Seafood und auf ungewöhnliche Zutaten besinnt. Die rohen Austern werden aus führenden Zuchtgebieten eingeflogen. Auch Vegetarier werden hier begeistert sein.

Praktische Informationen

Kiawah Island Visitor Center (☎ 800-774-0006; www.charlestoncvb.com; 4475 Betsy Kerrison Pkwy; ⊙ 9–15 Uhr) Karten, Touristeninformationen und Hilfe bei der Buchung von Unterkünften und Touren in Charleston und Umgebung.

An- & Weiterreise

Charlestons Barrier Sea Islands sind über eine Reihe von Byways und Brücken aus der Stadt erreichbar, wenn auch nicht immer eine Verbindung zwischen den einzelnen Inseln besteht. Wer etwa von Sullivan's Island nach Kiawah oder Edisto will, muss den langen Weg nehmen. Aus dem Süden kommend sind Edisto (über SC 174) sowie Kiawah und Johns (über SC 17) ohne den Umweg über Charleston zu erreichen. Von der Nordküste führt die SC 17 außerdem nach Sullivan's und zur Isle of Palms, ohne dass man durch die Stadt muss.

Beaufort & Hilton Head

Die hübsche Kolonialstadt Beaufort (ausgesprochen bju-fort) auf Port Royal Island ist die zweitälteste Stadt South Carolinas, und hier kann das Land vielleicht am meisten über die turbulenten Jahre nach dem Amerikanischen Bürgerkrieg lernen. 2017 wies Präsident Obama das Reconstruction Era National Monument im Beaufort County aus, und in einigen Ecken der Stadt und der benachbarten Insel ist die Gullah-Kultur noch immer lebendig.

Die Straßen der malerischen Stadt säumen prächtige Antebellum-Häuser, restaurierte Villen aus dem 18. Jh. und Magnolien, die mit Lousiana-Moos überwuchert sein. Es überrascht nicht, dass die Stadt in Hollywood-Filmen als Kulisse dient. Am besten erkundet man sie zu Fuß oder mit der Pferdekutsche.

Am Flussufer gibt's viele einladende Cafés und Galerien. Hier kann man Südstaaten-Gastfreundschaft in Reinkultur erleben – man sollte nicht überrascht sein, wenn man von Wildfremden eingeladen wird, auf ihr Boot zu kommen und an der Sandbank mitten im Port Royal Sound ein Bier zu trinken.

Auf der anderen Seite des Port Royal Sound liegt die winzige Hilton Head Island, die größte Barriereinsel South Carolinas und eines der führenden Golfziele Amerikas. Hier warten Dutzende von Golfplätzen, viele davon in eleganten privaten Wohnanlagen. Die Insel war der erste ökologisch geplante Ort der USA. Der Gründer Charles Fraser war der Ansicht, dass ein Resort mit der Natur verschmelzen sollte, daher sind die Farben gedämpft, es gelten strenge Bauverordnungen (kein Gebäude darf mehr als fünf Stockwerke haben, Beschilderungen müssen niedrig angebracht und von unten beleuchtet werden), zudem gibt es nur wenige Straßenlaternen. Im Sommer können der dichte Verkehr und die unzähligen Ampeln zwar dazu führen, dass man die Schönheit der Insel gar nicht richtig genießen kann, es gibt aber einige üppig grüne Naturschutzgebiete, breite, weiße Strände, die fest genug zum Radfahren sind, und jede Menge Delfine.

NICHT VERSÄUMEN

FIREFLY DISTILLERY

Der erste selbstdestillierte Wodka mit Süßteegeschmack kam aus der **Firefly Distillery** (☎ 843-557-1405; www.fireflyspirits.com; 6775 Bears Bluff Rd; ⊙ Di–Sa 11–17 Uhr), die auf der Wadmalaw Island im Wald liegt. Die meisten Besucher kommen, um diesen Klassiker, der mit Tee von der nahegelegenen **Charleston Tea Plantation** (☎ 843-559-0383; www.charlestonteaplantation.com; 6617 Maybank Hwy; Bustour Erw./Kind unter 13 Jahren 14/6 US$; ⊙ Mo–Sa 10–16, So ab 12 Uhr) hergestellt, viermal destilliert und mit Zuckerrohr aus Louisiana vermischt wird, zu verkosten. Die Verkostung schlägt mit 6 US$ zu Buche.

Sehenswertes

Parris Island Museum MUSEUM
(☎843-228-2951; www.parrisislandmuseum.com; 111 Panama St; ⏲10–16.30 Uhr) GRATIS Dieses faszinierende Museum widmet sich der Geschichte des Marinecorps und zeigt alte Uniformen und Waffen. Am fesselndsten sind aber die Exponate im Zusammenhang mit der grausamen, anspruchsvollen und furchteinflößenden (die CS-Gaskammer-Übung!) 13-wöchigen Marine-Grundausbildung, die hier und in einer Kaserne im kalifornischen San Diego stattfindet. Sie ist viel schlimmer als in *Ein Offizier und ein Gentleman*!

Penn Center MUSEUM
(☎843-838-2432; www.penncenter.com; 16 Penn Center Circle W, St. Helena Island; 7 US$; ⏲Di–Sa 9–16 Uhr) Auf diesem Grundstück stand einst eine der ersten Schulen des Landes für befreite Sklaven. Heute betreibt das Penn Center hier ein kleines Museum zur Gullah-Kultur und zur Geschichte der Schule. Zwei Stätten des Komplexes sind Teil der 2017 ausgewiesenen National Reconstruction Era Site: Darrah Hall, das Schulgebäude und die Brick Baptist Church, die von Sklaven erbaut wurde, denen es nicht erlaubt war, in der Kirche zu beten. 1861 übernahmen befreite Sklaven die Kontrolle über die Kirche.

Hunting Island State Park STATE PARK
(☎843-838-2011; www.southcarolinaparks.com/huntingisland; 2555 Sea Island Pkwy; Erw./Kind bis 15 Jahre 5/3 US$; ⏲Park 6–18 Uhr, März–Sept. bis 21 Uhr, Visitor Center Mo–Fr 9–17, Sa & So ab 11 Uhr, Nature Center Di–Sa 9–17 Uhr, Juni–Aug. tgl. geöffnet) Der üppig grüne, einladende Hunting Island State Park beeindruckt Besucher mit riesigen, gespenstischen maritimen Wäldern und einem knochenweißen Strand voller Muscheln und dem einen oder anderen Haifischzahn. In den Marschen, einem Paradies für Naturfreunde, wurden die Vietnamkriegsszenen aus dem Film *Forrest Gump* gedreht.

Die **Campingplätze** (☎Büro 843-838-2011, Reservierungen 866-345-7275; Stellplatz Wohnmobil 24–45 US$, Hütten ab 249 US$; ⏲März–Anfang Nov. 6–21 Uhr, sonst bis 18 Uhr) sind im Sommer schnell voll. Wer den **Leuchtturm** (2 US$) besteigt, wird mit einem weiten Blick über die Küste belohnt. Große Teile des Parks wurden durch den Hurrikan Irma in Mitleidenschaft gezogen, inzwischen hat er sich aber weitgehend erholt.

Schlafen & Essen

City Loft Hotel BOUTIQUEHOTEL $$
(☎843-379-5638; www.cityloftthotel.com; 301 Carteret St; Zi./Suite 169/209 US$; P❄📶🐾) Das schicke City Loft Hotel verleiht einer Stadt voller historischer Gebäude und stattlicher Eichen eine erfrischend moderne Note. Es gibt Flachbild-TVs im Schlaf- und Badezimmer, kunstvoll geflieste Duschen und Betten mit Memory-Schaum-Matrazen. Zudem kommt man in den Genuss eines Fitnessstudios, kostenlosen Fahrradverleihs und hauseigenen Cafés (5-US$-Gutschein im Preis inbegriffen).

Cuthbert House Inn B&B $$$
(☎843-521-1315; www.cuthberthouseinn.com; 1203 Bay St; Zi. 190–325 US$; P❄📶) Dieses prächtige Herrenhaus mit weißen Säulen ist das romantischste B&B in Beaufort und könnte direkt aus *Vom Winde verweht* stammen. Überall stehen alte Möbel, aber die einfarbigen Wände geben ihm einen frischen, modernen Touch. Einige Zimmer bieten Flussblick (3 haben auch einen Kamin). General William T. Sherman übernachtete hier 1865 auf seinem Marsch durch den Süden.

Lowcountry Produce SÜDSTAATENKÜCHE $
(☎843-322-1900; www.lowcountryproduce.com; 302 Carteret St; Frühstück 9–15 US$, Sandwiches 10–18 US$; ⏲8–15 Uhr; 📶) Das phantastische Café verkauft auch Picknick-Leckereien wie Pasteten, hausgemachte Würzsaucen und allerlei Köstlichkeiten aus dem Lowcountry, darunter eine ungewöhnliche, aber unglaublich beliebte Cram-Cheese-Lasagne. Man kann hier auch sehr gut essen, etwa ein gegrilltes Pimentokäse-Sandwich mit Schinken und Knoblauch-Pfeffer-Gelee (Achtung: scharf!) oder ein leckeres Krabbenkuchen-Sandwich mit Krautsalat aus Rosenkohl.

Praktische Informationen

Beaufort Tourist Information Center (☎843-525-8500; www.beaufortsc.org; 713 Craven St; ⏲Mo–Sa 9–17 Uhr) Im Beaufort History Museum; bietet Karten, Broschüren und Tipps.

Myrtle Beach

Das phantastische, hoch aufragende Riesenrad SkyWheel, das sich am Ufer im Zentrum von Mytrle Beach dreht, bildet das Herzstück eines fast 100 km langen, sonnengebleichten Strands, der als Grand Strand bekannt ist. Leider wird dieser Küstenabschnitt von ungezügelter Bebauung und zahlrei-

ABSTECHER

GLÜHWÜRMCHEN & LOUISISANMOOS: CONGAREE NATIONAL PARK

Tintenschwarzes Wasser, gefärbt von der Gerbsäure verwesender Pflanzen. Knochenweiße Zypressenstümpfe, die wie die Oberschenkelknochen längst gestorbener Riesen wirken. Der **Congaree National Park** (☎803-776-4396; www.nps.gov/cong; 100 National Park Rd, Hopkins) schützt den größten zusammenhängenden alten Hartholz-Auwald im Osten der USA. Eine Kanutour durch die außerirdische Sumpflandschaft ist mit nichts zu vergleichen – man fühlt sich in die Landschaft eines Südstaaten-Gothic-Romans versetzt.

Der Park ist fast 110 km² groß und bietet hervorragende Campingmöglichkeiten sowie von Rangern geführte Kanutouren und Wanderungen.

Tagesausflügler können auf dem 4 km langen erhöhten Spaziersteg durch den Park wandern. Das Blue-Sky-Wandgemälde im Visitor Center sollte man sich genau ansehen – es scheint sich zu verändern, wenn man sich bewegt. Von Mitte Mai bis Mitte Juni blinken *Photinus carolinus*, eine seltene Glühwürmchenart, in perfektem Einklang und verwandeln den Waldboden in eine schillernde Lichtershow. Das Spektakel findet weltweit nur an einer Handvoll Orten statt. Das **River Runner Outdoor Center** (☎803-771-0353; www.shopriverrunner.com; 905 Gervais St) in Columbia bietet Spaß auf dem Wasser.

Der Park liegt nur 30 Minuten Fahrt vom Zentrum Columbias entfernt.

chen Minigolfanlagen, Pfannkuchenbuden, Strandresorts und T-Shirt-Läden verschandelt – eine alarmierende Entwicklung, denn ursprünglich war er ein entspanntes Urlaubsrevier für Arbeiter aus den Südstaaten.

Egal, ob man den Ort nun liebt oder hasst – Myrtle Beach bedeutet Urlaub auf amerikanisch. Riesige Outlet-Einkaufszentren, Wasserparks und Daiquiri-Bars buhlen um Kundschaft, Teenager im Bikini spielen in verrauchten Arkaden Videospiele und essen Hotdogs, und Familien aus dem Mittleren Westen grillen auf dem weißen Sand Hähnchen. In North Myrtle Beach, das eine eigenständige Stadt ist, geht es etwas entspannter zu. Die Stadt hat eine lebendige Kultur, deren Fundament der „Shag“ bildet, ein dem Jitterbug ähnelnder Tanz, der in den 1940er-Jahren hier erfunden wurde.

Für Naturfreunde dürfte Myrtle Beach kaum das Richtige sein, doch auf jeden Fall kann man sich hier prächtig amüsieren – und die Kids sind garantiert begeistert.

Sehenswertes & Aktivitäten

SkyWheel VERGNÜGUNGSPARK
(☎843-839-9200; www.myrtlebeachskywheel.com; 1110 N Ocean Blvd; Erw./Kind 3–11 Jahre 14/9 US$; ⏲11–24 Uhr, in der Nebensaison variierende verkürzte Öffnungszeiten) Vom 57 m hohen SkyWheel überblickt man die fast 2 km lange Küstenpromenade. Für ein Ticket kann man vier volle Runden in einer verglasten Gondel zurücklegen, die Fahrt dauert etwa zehn bis 15 Minuten. Nachts bietet das Riesenrad mit über einer Million farbigen Lichtern einen märchenhaften Anblick.

★ **Brookgreen Gardens** GÄRTEN
(☎843-235-6000; www.brookgreen.org; 1931 Brookgreen Garden Dr, Murrells Inlet; Erw./Kind 4–12 Jahre 18/10 US$; ⏲9.30–17 Uhr) Diese magischen Gärten, 25 km südlich von Myrtle Beach am Hwy 17S gelegen, beherbergen die größte Sammlung amerikanischer Skulpturen des Landes. Sie verteilen sich in dem 36 km² großen paradiesischen Grundstück einer früheren Reisplantage. Auf der Website ist aufgelistet, welche Pflanzen zu jeder Jahreszeit blühen.

Schlafen & Essen

Myrtle Beach State Park CAMPING $
(☎843-238-5325; www.southcarolinaparks.com/myrtle-beach; 4401 S Kings Hwy; Stellplatz Zelt- & Wohnmobil 32 US$, Hütten 156–250 US$; P📶) Hier kann man nur Schritte vom Ufer entfernt unter Kiefern schlafen oder sich eine Hütte mieten. Im Sommer werden die Hütten nur wochenweise vermietet, sonst beträgt der Mindestaufenthalt zwei Nächte. Man sollte mehrere Monate im Voraus reservieren.

Der State Park liegt 5 km südlich vom Zentrum von Myrtle Beach und umfasst einen schönen Strand, ein Angelpier und Flächen geschützter maritimer Wälder.

Hampton Inn Broadway at the Beach HOTEL $$$
(☎843-916-0600; www.myrtlebroadway.hamptoninn.com; 1140 Celebrity Circle; Zi./Suite ab 249/389 US$; ❄@📶🏊) Die hellen renovierten Zimmer mit Blick auf den See und das Broadway at the Beach sind eine tolle Wahl. Wer mit kleinen Kindern unterwegs ist, wird

sich in den angrenzenden Läden und Attraktionen vermutlich sicherer fühlen als an der Uferpromenade, vor allem am Abend.

Prosser's BBQ SÜDSTAATENKÜCHE $$
(843-357-6146; www.prossersbbq.com; 3750 Hwy 17 Business, Murrells Inlet; Frühstücksbüfett 8 US$, Mittagessen 11–12 US$, Abendessen 14–16 US$; tgl. 6.30–10.30 & 11–14, sowie Di–Sa 16–18 Uhr;) Eigentlich sollte man in der „Restaurantmeile" von Murrells Inlet nur Fisch und Meeresfrüchte futtern – aber jeder, wie er mag. Das Mittagsbuffet in diesem Laden ist ebenso üppig wie köstlich. Es gibt gebratenen Fisch und Hühnchen, Süßkartoffel-Soufflé, Makkaroni mit Käse, grüne Bohnen und Pulled Pork in Essigmarinade.

★ **Wicked Tuna** FISCH & SEAFOOD $$
(843-651-9987; www.thewickedtuna.com; 4123 Hwy 17 Business, Murrells Inlet; Hauptgerichte 26–48 US$, Sandwiches 14–24 US$; 11–22 Uhr;) Murrells Inlet ist voller kitschiger Fischrestaurants und auf den ersten Blick macht das Wicked Tuna da keine Ausnahme. Man sollte jedoch genauer hinsehen: Der Weg hierher lohnt sich, nicht nur wegen des Blicks auf die schöne Bucht. Sechs Fischerboote fahren für das Lokal zu drei- bis sechstägigen Touren aufs Meer hinaus und kehren jedes Mal mit bis zu 250 kg frischem Fisch wieder zurück.

Ausgehen & Unterhaltung

American Tap House CRAFT-BIER
(843-712-2301; www.americantaphouse.com; 1320 Celebrity Circle; 11–2 Uhr;) Dieser Gastropub im Broadway at the Beach wird vom Küchenchef geführt und ist für all jene ideal, die eine Riesenauswahl zu schätzen wissen: Hier gibt's 53 amerikanische Craft-Biere vom Fass.

★ **Fat Harold's Beach Club** TANZ
(843-249-5779; www.fatharolds.com; 212 Main St; Mo & Di 16–2, Mi–So ab 11 Uhr) In dieser Institution in Noth Myrtle, die sich selbst „Home of the Shag" nennt, wird zu Doo-Wop, gutem altem R&B und Strandmusik getanzt. Jeden Dienstag um 19 Uhr gibt's kostenlosen Shag-Unterricht (mit Shag ist natürlich der Tanz gemeint!), jeden Montag für 10 US$ pro Person.

Praktische Informationen

Myrtle Beach Visitor Information (843-626-7444; www.visitmyrtlebeach.com; 1200 N Oak St; 8.30–17 Uhr) Bietet Landkarten und Broschüren.

Anreise & Unterwegs vor Ort

Der Verkehr auf dem Hwy 17 Business/Kings Hwy kann in beide Richtungen ein Albtraum sein. Wer „the Strand" komplett vermeiden will, bleibt auf dem Hwy 17 Bypass oder nimmt den Hwy 31/Carolina Bays Pkwy, der zwischen dem Hwy 501 und dem Hwy 9 parallel zum Hwy 9 verläuft.

Der **Myrtle Beach International Airport** (843-448-1580; www.flymyrtlebeach.com; 1100 Jetport Rd) liegt innerhalb des Stadtgebiets, ebenso wie der **Greyhound-Bahnhof** (843-448-2472; www.greyhound.com; 511 7th Ave N) – vom Flughafen starten Direktflüge in über 30 Städte in den USA.

Greenville & Upcountry

Einst streiften die Cherokee durch die Gebirgsausläufer, die sie „die großen blauen Hügel Gottes" nannten. Heute wird diese Region Upcountry genannt. Im Hinblick auf die Geografie befindet sich hier der Punkt, an dem die Blue Ridge Mountains dramatisch abfallen und auf das Piedmont treffen.

Das Zentrum der Region ist Greenville mit einer der schönsten Innenstädte des Südens. Der Reedy River schlängelt sich durch das Zentrum und stürzt als spektakulärer Wasserfall unterhalb der Main St am Falls Park (www.fallspark.com) in die Tiefe.

Über die fabelhafte **Liberty Bridge** (www.fallspark.com/175/The-Liberty-Bridge; Falls Park on the Reedy) im Falls Park muss man einfach einmal gegangen sein.

Sehenswertes & Aktivitäten

★ **Table Rock State Park** STATE PARK
(864-878-9813; www.southcarolinaparks.com; 158 Ellison Lane, Pickens; Erw./Kind 6–15 Jahre 5/3 US$; So–Do 7–19, Fr & Sa bis 21 Uhr, Mitte Mai–Anfang Nov. länger geöffnet) *Die* Naturattraktion des Upcountry ist der Table Rock Mountain, ein 952 m hoher Berg mit einer markanten Granitwand. Die 11,6 km lange Rundwanderung zum Gipfel ist eine beliebte Herausforderung. Übernachten kann man auf dem **Table Rock State Park Campground & Cabins** (Stellplätze 16–21 US$, Hütten 155–181 US$;).

BMW Performance Center SPORT
(864-968-3000; www.bmwperformancecenter.com; 1155 Hwy 101 S, Greer; 1-/2-tägiger Kurs ab 849/1699 US$; Mo–Fr 8.30–20 Uhr) Temposüchtige können ihren Durst nach Geschwindigkeit in Amerikas einziger BMW Performance Driving Academy stillen. Die ein- oder zweitägigen Kurse in verschiedenen Fahrzeu-

gen versprechen unglaubliche Erlebnisse in bester *Fast and Furious*-Manier. Man testet die leistungsstarke M-Serie oder absolviert Stunt-Fahrstunden in einem Mini – *The Italian Job* ist dagegen eine ruhige Kaffeefahrt.

Schlafen

★ Swamp Rabbit Inn B&B $$
(☎864-345-7990; www.swamprabbitinn.com; 1 Logan St; Zi. 135–200 US$; P ❄ 📶) Dieses fröhliche B&B im Zentrum ist in einer ehemaligen Pension aus den 1950er-Jahren untergebracht. Es erinnert an ein Hostel, bietet aber bunt eingerichtete Privatzimmer, die genauso gemütlich und skurril sind wie der Süden an sich. Zu den wunderbaren Gemeinschaftsbereichen gehören eine moderne Gästeküche und eine holzgedeckte Terrasse mit Grill.

Westin Poinsett HOTEL $$$
(☎864-421-9700; www.westinpoinsettgreenville.com; 120 S Main St; Zi. 210–330 US$; P ❄ @ 📶 🐾) Dieses 1925 eröffnete Grandhotel steht mitten im Zentrum Greenvilles, nur Schritte von den Reedy River Falls entfernt. In der Vergangenheit übernachteten hier u. a. Amelia Earhart, Cornelius Vanderbilt und Bobby Kennedy. Die modernen, komfortabel eingerichteten Zimmer verfügen über Spitzenmatratzen und unlängst modernisierte Bäder.

Essen & Ausgehen

Stax Omega Diner & Bakery DINER $
(☎864-297-6639; www.staxs.net; 72 Orchard Park Dr; Frühstück 9–15 US$, Mittag- & Abendessen 12–16 US$; ⏰6.30–21 Uhr; 📶) Nirgendwo wird beim Frühstück so übertrieben wie in den USA, und dieses geschäftige, familiengeführte Diner 6 km östlich vom Zentrum Greenvilles bietet alles, was daran so phantastisch ist. Der Laden ist riesig – hier finden 500 Gäste Platz – und die Küche macht alles richtig gut, ob Omeletts, Pfannkuchen, Arme Ritter, Eier Benedict, Rührei … Die Liste ist endlos.

Soby's SÜDSTAATENKÜCHE $$
(☎864-232-7007; http://sobys.com; 207 S Main St; Hauptgerichte 22–32 US$; ⏰Mo–Do 17.30–21.30, Fr & Sa bis 22.30, So 10–13.30 & 17–21 Uhr; 📶) Man kann eine der intimen Sitznischen mit frei gelegten Ziegelwänden in dieser Bastion der New Southern Cuisine in Greenville reservieren, die auch Weinliebhaber begeistert (die Karte mit 5000 Flaschen wurde von *Wine Spectator* 20 Jahre in Folge mit dem Award of Excellence ausgezeichnet). Die Speisekarte ändert sich ständig, steckt aber immer voller Produkte lokaler Farmer und Rancher.

An- & Weiterreise

Der **Greenville–Spartanburg International Airport** (☎864-877-7426; www.gspairport.com; 2000 GSP Dr, Greer) liegt 13 Meilen (21 km) östlich der Innenstadt fast auf halber Strecke zwischen Greenville und Spartanburg.

Auch der **Greyhound-Bahnhof** (☎864-235-4741; www.greyhound.com; 9 Hendrix Dr) befindet sich weit draußen, 7 Meilen (11 km) südöstlich vom Zentrum.

Der **Amtrak-Bahnhof** (☎800-872-7245; www.amtrak.com; 1120 W Washington St) liegt wesentlich günstiger gleich westlich vom Zentrum.

TENNESSEE

Die meisten Bundesstaaten haben eine offizielle Hymne – Tennessee hat zehn! Und es gibt einen Grund dafür: Tief in der Seele Tennessees lebt die Musik. Hier traf der Folk der schottisch-irischen Bergbewohner im Osten auf die Blues-Rhythmen der Afroamerikaner im Mississippidelta des Westens, und heraus kam die moderne Country-Musik, die Nashville so berühmt gemacht hat.

Die drei geografischen Regionen des Staates, East, Middle und West Tennessee – auf der Fahne von Tennessee durch drei Sterne symbolisiert –, sind von einer jeweils ganz eigenen Schönheit: Die von lilafarbenem Heidekraut bedeckten Gipfel der Great Smoky Mountains weichen den üppig-grünen Tälern des Zentralplateaus um Nashville und schließlich den heißen, schwülen Niederungen bei Memphis.

In Tennessee kann man morgens auf schattigen Gebirgspfaden wandern und abends in einer Honky-Tonk-Kneipe in Nashville oder auf einem Bürgersteig in der Beale St zu Bluesklängen einen drauf machen.

Praktische Informationen

Department of Tourist Development (☎615-741-2159; www.tnvacation.com) Unterhält Welcome Centers an den Grenzen des Bundesstaats.

Tennessee State Parks (https://tnstateparks.com) Diese übersichtliche Seite informiert über Camping, Wandern und Angeln in den über 50 State Parks in Tennessee.

Memphis

Memphis ist nicht nur einfach ein Touristenmagnet, es ist auch ein Pilgerziel. Musikfans verlieren sich im Klang der Blues-Gitarre in der Beale St. Barbecue-Kenner schlagen sich den Bauch bis zum Platzen mit rauchigem Pulled Pork und Dry-Rub-Rippchen voll. Elvis-Fans fliegen her, um ihrem Idol in Graceland Respekt zu zollen. Man könnte tagelang von einem Museum oder historischen Ort zum nächsten ziehen und unterwegs nur in Barbecue-Restaurants Pausen einlegen – und würde die Stadt glücklich wieder verlassen.

Memphis, das 2019 seine Zweihundertjahrfeier beging, war lang durch einen gewissen barocken Verfall geprägt, der zugleich traurig und faszinierend wirkte. Doch heute erscheint die Stadt wieder lebendig und voller Energie. Einst heruntergekommene und verlassene Viertel wie South Main, Binghampton oder Crosstown erfinden sich mit kitschigen Boutiquen, Hipster-Lofts, mutigen Restaurants, einladenden Kleinbrauereien und designbewussten Modernisierungen alter Gebäude gerade neu, und alle verströmen den Geist einer wilden Flussstadt, der Memphis auszeichnet. Die Armut ist zwar immer noch groß und einige Viertel gelten nachts als nicht sicher, aber die Stimmung ist insgesamt von Optimismus und Stolz auf die Stadt geprägt.

Sehenswertes

Die Fußgängerzone in der Beale St ist rund um die Uhr eine Partyzone, die von frittierten Funnel Cakes (süßes Gebäck), Ständen mit Bier zum Mitnehmen und Musik, Musik und noch mehr Musik beherrscht wird. Viele Einheimische findet man hier allerdings nicht, außer nach den Basketballspielen der Memphis Grizzlies im FedEx Forum, doch Besucher scheinen den Rummel zu mögen.

★ National Civil Rights Museum MUSEUM
(Karte S. 416; ☎901-521-9699; www.civilrightsmuseum.org; 450 Mulberry St; Erw./Kind 5–17 Jahre 16/13 US$; ⏲Mi–So 9–17 Uhr; P) Das ergreifende National Civil Rights Museum ist zum Teil im Lorraine Motel untergebracht, in dem Martin Luther King am 4. April 1968 einem Attentat zum Opfer fiel. Seine fesselnden, bewegenden Ausstellungen dokumentieren die Chronik des Kampfes der Afroamerikaner für Freiheit und Gleichheit seit den Anfangstagen der Sklaverei in Amerika. Sowohl Dr. Kings kulturelle Beiträge als auch seine Ermordung bilden einen Fokus bei der Betrachtung der Bürgerrechtsbewegung, ihrer Vorläufer und ihres bis heute bestehenden Einflusses auf das Leben in den USA.

★ Graceland HISTORISCHES GEBÄUDE
(Karte S. 414; ☎901-332-3322; www.graceland.com; 3717 Elvis Presley Blvd/US 51; nur Haus Erw./Kind 13–18 Jahre/Kind 7–12 Jahre 41/37/21 US$, mit Flugzeugen 46/42/26 US$, mit Elvis Presley's Memphis 61/55/31 US$, erweiterte Touren Erw./Kind unter 7 Jahre ab 99 US$/kostenlos; ⏲März–Okt. So–Sa 9–17, So bis 16 Uhr, Nov.–Feb. Di kürzere Öffnungszeiten; P) Wenn man in Memphis nur Zeit für eine Attraktion hat, sollte es diese hier sein: das grandios kitschige, fantastisch bizarre Zuhause des King of Rock n Roll. Obwohl er in Mississippi geboren wurde, war Elvis Presley ein echter Sohn der Stadt. Er wuchs in der Sozialwohnsiedlung Lauderdale Courts auf, wurde von den Blues-Clubs in der Beale St inspiriert und im Sun Studio entdeckt. Im Frühjahr 1957 gab der bereits berühmte 22-Jährige 100 000 US$ für ein Herrenhaus im Kolonialstil aus, das seine Vorbesitzer Graceland getauft hatten.

★ Sun Studio HISTORISCHE STÄTTE
(Karte S. 414; ☎901-521-0664; www.sunstudio.com; 706 Union Ave; Erw./Kind 5–11 Jahre 14 US$/frei; ⏲10–18 Uhr) Dieses alte Haus mit seinen staubigen Schaufenstern war der Geburtsort des amerikanischen Rock'n' Roll. Sam Philipp vom Sun Studio machte hier Aufnahmen mit Bluesmusikern wie Howlin' Wolf, B.B. King und Ike Turner. Dann folgte die Rockabilly-Dynastie mit Jerry Lee Lewis, Johnny Cash, Roy Orbison und natürlich dem King selbst (dessen Karriere hier 1953 begann). Die Führungen dauern 45 Minuten.

★ Stax Museum of American Soul Music MUSEUM
(Karte S. 414; www.staxmuseum.com; 926 E McLemore Ave; Erw./Kind 9–12 Jahre 13/10 US$; Di–So 10–17 Uhr; P) Lust auf Funk? Dann auf zur „Soulsville USA", wo auf dem Gelände des alten Aufnahmestudios Stax heute ein 1580 m² großes Museum untergebracht ist. Das ehrwürdige Studio war in den 1960er-Jahren das Epizentrum des Soul, als Otis Redding, Booker T. und die MGs oder auch Wilson Pickett ihre Platten aufnahmen.

Memphis Rock 'n' Soul Museum MUSEUM
(Karte S. 416; ☎901-205-2526; www.memphisrocknsoul.org; 191 Beale St; Erw./Kind 5–17 Jahre 13/10 US$; ⏲9.30–19 Uhr) Dieses Museum des Smithsonian Institute neben dem FedEx Forum widmet sich der Frage, wie im Mississippi-Delta die Musik von Afroamerikanern und Weißen verschmolz und der moderne Sound des Rock'n'Roll entstand.

Memphis Pyramid WAHRZEICHEN

(Karte S. 414; ☎ 901-291-8200; https://stores.basspro.com; 1 Bass Pro Dr; Sky High 10; ⏲ Geschäft Mo–Sa 8–22, So bis 19 Uhr, Sky High Mo–Sa 9–22, So bis 19 Uhr; Ⓟ) Es ist fast zum Lachen, doch im markantesten Bauwerk der Stadt, einer 32-stöckigen Pyramide, die 1992 fertiggestellt wurde, befindet sich heute ein riesiger Bass Pro Shop. Auch wenn man keine Angelausrüstung oder Wanderschuhe braucht, sollte man hineinschauen, um sich den künstlichen Sumpf und die Aquarien anzusehen und sein Können am Schießstand zu testen. Das Highlight ist der Sky High, ein Fahrstuhl mit durchsichtigen Wänden in der Mitte der Pyramide, der 28 Etagen hinauf zu einer gläsernen Aussichtsplattform mit tollem Blick aufs Stadtzentrum und den Fluss fährt.

Slave Haven Underground Railroad Museum/Burkle Estate MUSEUM

(Karte S. 414; ☎ 901-527-3427; www.slavehavenundergroundrailroadmuseum.org; 826 N 2nd St; Erw./Kind 4–17 Jahre 12/11 US$; ⏲ Mo–Sa 10–16, Uhr, Juni–Aug. bis 17 Uhr; Ⓟ) Das unscheinbare Schindelhaus soll für geflohene Sklaven eine Zwischenstation auf der Underground Railroad gewesen sein, komplett ausgestattet mit Falltüren, Kellereingängen und Verstecken. Auf den Führungen erfährt man mehr über die Railroad und besucht auch einen furchterregendem dunklen Keller, der als letztes Versteck diente, ehe es auf ein Boot auf dem Mississippi ging.

Full Gospel Tabernacle Church KIRCHE

(787 Hale Rd; ⏲ Gottesdienst 11 Uhr) Am Sonntag sollte man sich schick machen und zum Gottesdienst in South Memphis gehen, wo Al Green, der heute eine Legende ist, einen kraftvollen Chor leitet. Besucher sind willkommen. Das Ganze ist ein faszinierendes kulturelles Erlebnis. Die Gottesdienste können mehrere Stunden dauern, wer vielleicht nicht bis zum Ende bleiben möchte, sollte hinten Platz nehmen.

Aktivitäten

★ **Shelby Farms Park** OUTDOOR-AKTIVITÄTEN

(☎ 901-222-7275; www.shelbyfarmspark.org; 6903 Great View Dr N; ⏲ Sonnenaufgang–Sonnenuntergang; 👪) Mit seinem Spielplatz, der Seilrutsche, der Möglichkeit zum Angeln und den Büffeln (ja, wirklich!), die auf ihrem eigenen 20 ha großen Gelände umherstreifen, hat der großartige, 1800 ha große Shelby Farms Park jedem etwas zu bieten. Durch den Park ziehen sich 64 km Wander- und Fahrradwege (Fahrradverleih 2 Std. ab 28 US$). Der 17 km lange Fuß- und Radweg Shelby Farms Greenline verbindet das Zentrum und den Park.

JACKS ZUHAUSE

Welche Ironie: Die **Jack Daniel's Distillery** (☎ 931-759-6357; www.jackdaniels.com; 133 Lynchburg Hwy, Lynchburg; Touren 15–100 US$; ⏲ 9–16.30 Uhr; Ⓟ) liegt in einem „Trockengebiet"! Laut lokaler Gesetze ist es verboten, Spirituosen innerhalb des Countys zu verkaufen. Aber keine Angst: Obwohl man bei wenigstens einer der Touren auf dem Trockenen sitzt, stehen auch „vernünftige" Alternativen zur Auswahl, die vom 90-minütigen „Flight of Jack Daniel's" bis zur dreistündigen „Taste of Lynchburg" reichen, die eine köstliche Mahlzeit im **Miss Mary Bobo's Boarding House** (☎ 931-759-7394; www.jackdaniels.com; 295 Main St, Lynchburg; Menü Erw./Kind 3–10 Jahre 25/9 US$; ⏲ Mo–Sa 11–14 Uhr) und reichlich Whiskey einschließt.

Big River Crossing OUTDOOR-AKTIVITÄTEN

(Karte S. 414; www.bigrivercrossing.com; ⏲ 6–22 Uhr) GRATIS 2016 verwandelte Memphis die historische Harahan Bridge über den Mississippi, die seit 1949 geschlossen war, in die längste geöffnete Eisenbahn-, Fahrrad- und Fußgängerbrücke des ganzen Landes. Zusammen mit dem Delta Regional River Park und dem Big River Trail bildet der Big River Crossing einen 16 km langen multimodalen Korridor, der die Hauptstraßen von Memphis und West Memphis (AR) verbindet. Hier kann man prima joggen, Rad fahren oder einfach zu Fuß gehen.

Von Sonnenuntergang bis 22 Uhr findet immer zur vollen Stunde eine Lichtshow auf der Brücke statt.

Feste & Events

Peabody Ducks PARADE

(Karte S. 416; www.peabodymemphis.com; 149 Union Ave; ⏲ 11 & 17 Uhr; 👪) GRATIS Eine Tradition, die bis in die 1930er-Jahre zurückreicht, beginnt jeden Tag Punkt 11 Uhr, wenn fünf Enten aus dem vergoldeten Fahrstuhl des Peabody Hotels über den roten Teppich der Lobby watscheln und sich in dem marmornen Springbrunnen niederlassen, wo sie den Rest des Tages fröhlich planschen. Um 17 Uhr treten die Enten den Marsch in um-

Großraum Memphis

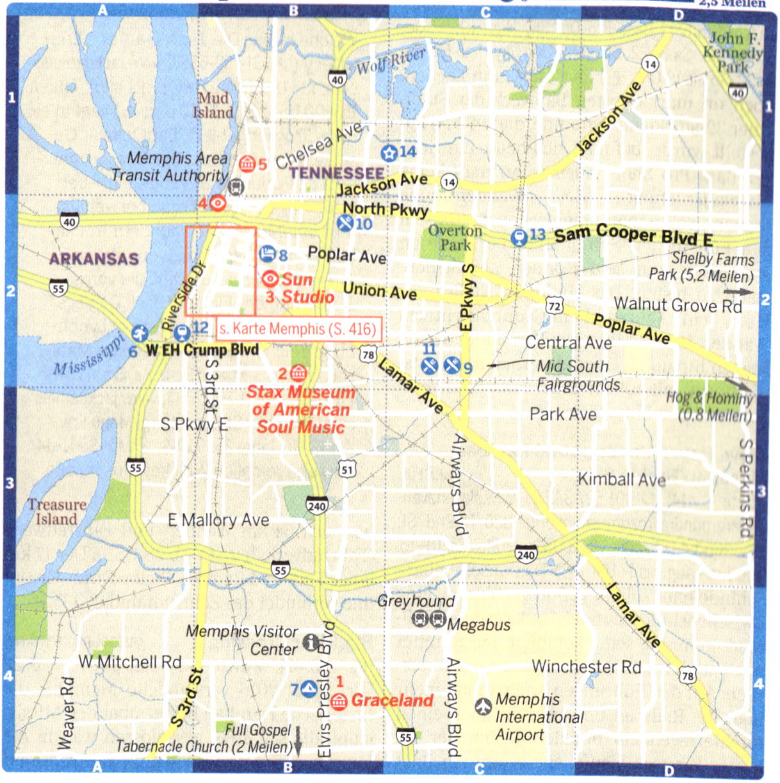

gekehrter Richtung erneut an und ziehen sich in Begleitung ihres in einen roten Mantel gehüllten „Entenmeisters“ wieder in ihr Penthouse zurück.

Elvis Week KULTUR

(☎901-332-3322, 800-238-2000; www.graceland.com/elvisweek; Graceland, Elvis Presley Blvd; ⊙Mitte Aug.) Ganz Memphis gedenkt während der neuntägigen Elvis Week, zu der Zehntausende Pilger mit feuchten Augen in die Stadt kommen, des Lebens und des Tods des Kings of Rock'n'Roll. *Das* ist Weird America. Man kann sich *Tolle Nächte in Las Vegas* oder *Aloha From Hawaii* anschauen, auf Partys tanzen, Diskussionsrunden besuchen und zum Elvis-Gospelbrunch gehen.

Beale Street Music Festival MUSIK

(www.memphisinmay.org; Tom Lee Park; Tageskarte/3-Tage-Karte 55/115 US$; ⊙1. Wochenende im Mai) Vom Coachella, vom New Orleans Jazz Fest und vom Bonnaroo (S. 436) hat man schon einmal gehört, doch das Beale Street Music Festival in Memphis ist kaum bekannt, obwohl sich hier einige der landesweit besten Blues-Größen der alten Schule, Nachwuchskönner und Pop- und Hip-Hop-Musiker, die ihre beste Zeit hinter sich haben, die Ehre geben.

Schlafen

Graceland RV Park & Campground CAMPING $

(Karte S. 414; ☎901-396-7125; www.graceland.com/rv-park-campground; 3691 Elvis Presley Blvd; Stellplatz Zelt/Hütten ab 25/52 US$; P 🛜 ≋) Wer hier direkt neben Graceland zeltet oder in den einfachen Blockhütten (mit Gemeinschaftsbad) übernachtet, sorgt dafür, dass Lisa Marie weiter über die Runden kommt. Der Pool ist von Juni bis September geöffnet.

Talbot Heirs PENSION $$

(Karte S. 416; ☎901-527-9772; www.talbotheirs.com; 99 S 2nd St; Suite 170–225 US$; P ❄ @ 🛜) Diese einzigartige, freundliche Pension liegt

Großraum Memphis

unauffällig im 2. Stock in einer geschäftigen Straße in Downtown und gehört zu den bestgehüteten Geheimnissen von Memphis. Die geräumigen Suiten, alle mit jüngst renoviertem Bad, sind eher hippe Studio-Apartments als Hotelzimmer. Sie bieten asiatische Teppiche, ausgefallene lokale Kunst und mit (kostenlosen!) Snacks ausgestattete Küchen.

Peabody Hotel HOTEL $$
(Karte S. 416; ☎901-529-4000; www.peabodymemphis.com; 149 Union Ave; Zi./Suite ab 225/629 US$; ❄📶🏊🐾) Im legendärsten Hotel von Memphis nächtigt seit den 1860er-Jahren das Who's Who des Südstaatenadels. Der heutige 13-stöckige Bau im Neorenaissancestil stammt aus den 1920er-Jahren. Das Hotel ist auch weiterhin ein gesellschaftlicher Treffpunkt mit Spa, Geschäften, Restaurants, einer netten Bar im Foyer und 464 Gästezimmern in wohltuenden Türkistönen.

Hotel Indigo Memphis Downtown HOTEL $$
(Karte S. 416; ☎901-527-2215; www.ihg.com; 22 N BB King Blvd; Zi. 163–180 US$; P@📶🏊) Das nagelneue Indigo ist im 1950er-Jahre-Stil erbaut und erinnert an die Glanzzeiten der Musikindustrie von Memphis. Ob die alten Radios in der Lobby oder die wandgroßen Fotos von Mikrophonen und anderen musikalischen Requisiten – alles ist fröhlich und schwungvoll. Die Zimmer verteilen sich auf drei Stockwerken und blicken auf den hippen zentralen Pool.

Hu. Hotel BOUTIQUEHOTEL $$$
(Karte S. 416; ☎901-333-1200; www.huhotelmemphis.com; 79 Madison Ave; Zi./Suite ab 249/349 US$; P❄@📶🏊🐾) Das frühere Madison ist ein schnittiges, prunkvolles, aber einladendes Boutiquehotel. Die stilvollen modernen Zimmer haben hohe Decken und eigene Bars und die Dachbar ist einer der schönster Orte der Stadt, um den Sonnenuntergang zu beobachten. Eingecheckt wird im Café in der Lobby.

★ **James Lee House** B&B $$$
(Karte S. 414; ☎901-359-6750; www.jamesleehouse.com; 690 Adams Ave; Zi. 250–450 US$; P❄@📶) Die elegante viktorianische Villa im historischen Viertel Victorian Village am Rand des Zentrums stammt teilweise aus den Jahren 1848 bis 1872 und ist die nobelste Unterkunft der Stadt. Das Gebäude stand 56 Jahre lang leer, ehe es unter der Aufsicht des sorgfältigen, designbewussten Besitzers für 2 Mio. US$ aufwendig restauriert wurde.

Guest House at Graceland BOUTIQUEHOTEL $$$
(Karte S. 414; ☎901-443-3000, 800-238-2000; www.guesthousegraceland.com; 3600 Elvis Presley Blvd; Zi./Suite ab 229/379 US$; P❄@📶🏊🐾) Das Guest House, Gracelands neues Flaggschiff, klingt intimer, als es ist: Diese Unterkunft mit 450 Zimmern ist ein Hotelkoloss. Die stilvollen schiefergrauen Standardzimmer sind geräumig, mit Dreamcatcher-Betten, dreiseitigen Uhren, Schreibtischen und 55-Zoll-Flachbild-TV. Die Suiten wurden von Priscilla Presley mitentworfen und nach Themen aus Elvis' Leben eingerichtet (in einer gibt's einen rot umhüllten TV unter der Decke, direkt über dem Bett!).

Essen

Die Einheimischen streiten sich darüber, welche Schweinehacksandwiches oder mari-

Memphis

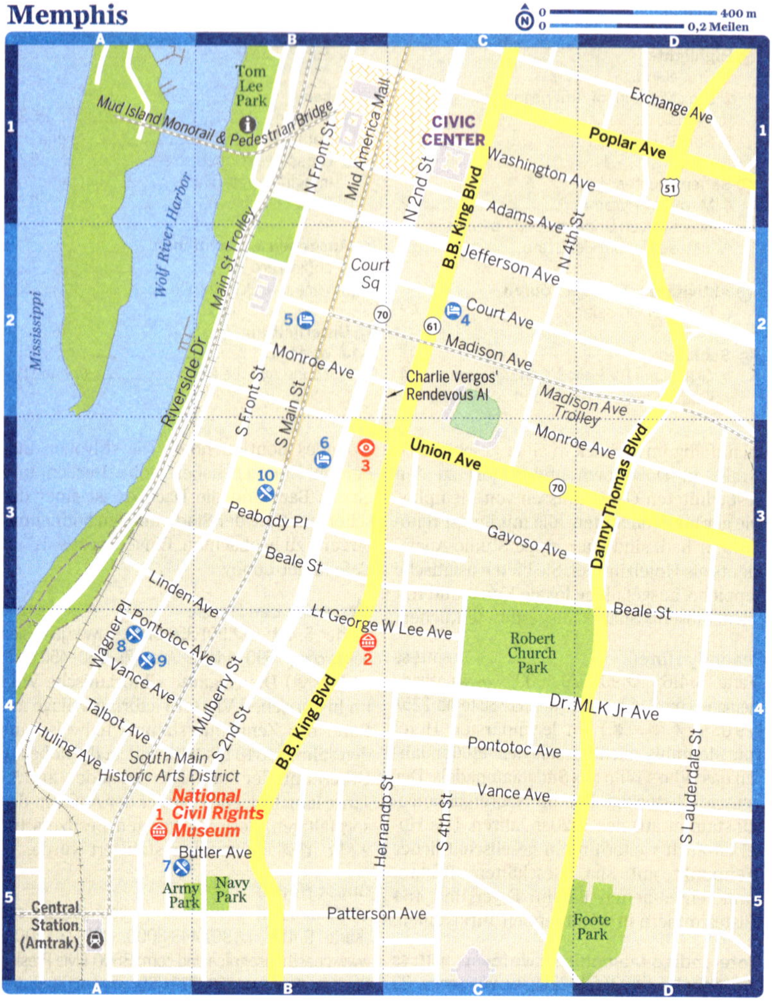

nierten Rippchen denn nun die besten in der Stadt sind. Grilllokale sind überall in Memphis zu finden, wobei nicht selten die mit der hässlichsten Fassade das leckerste Essen haben. Die hippen, jungen Einheimischen zieht es in den South Main Historic Arts District oder in die Viertel Cooper-Young oder Overton Square in der Midtown, die alle abends sehr angesagt sind.

★ **Central BBQ** GRILLGERICHTE $

(Karte S. 416; ☎ 901-672-7760; www.cbqmemphis.com; 147 E Butler Ave; Platten 11–28 US$, Sandwiches ab 5 US$; ⏲ 11–21 Uhr) Dank der Lage dieses in Memphis legendären Grillrestaurants in der Downtown ist es die perfekte Adresse nach einem Nachmittag im National Civil Rights Museum (S. 412). Das Pulled Pork – das fast immer zum besten der Stadt gewählt wird – ist nicht von dieser Welt und sollte unbedingt mit all den verschiedenen Saucen begossen werden, die so köstlich schmecken, dass man sie am liebsten glasweise trinken würde.

Crosstown Concourse FOOD-COURT $

(Karte S. 414; https://crosstownconcourse.com; 1350 Concourse Ave; ⏲ Öffnungszeiten variieren) Dies ist kein typischer Food-Court – hier gibt es keine langen Reihen von Ständen –, son-

Memphis

Highlights
1 National Civil Rights Museum A5

Sehenswertes
2 Memphis Rock 'n' Soul Museum B4
3 Peabody Ducks B3

Schlafen
4 Hotel Indigo Memphis Downtown C2
5 Hu. Hotel B2
Peabody Hotel ....(siehe 3)
6 Talbot Heirs B3

Essen
7 Central BBQ A5
8 Gray Canary A4
9 Gus's World Famous Fried Chicken......A4
10 Majestic Grille B3

Ausgehen & Nachtleben
Old Dominick Distillery ....(siehe 8)

dern eine Gruppe von legeren internationalen Restaurant im neuesten Hotspot der Stadt. Das riesige Gebäude wurde 1972 als Retail- und Verteilerzentrum für Sears gebaut, stand dann aber zwei Jahrzehnte leer. Heute beherbergt es verschiedene unabhängige Restaurants, Geschäfte und Firmen und sogar eine Schule.

Gus's World Famous Fried Chicken FAST FOOD $
(Karte S. 416; ☎901-527-4877; www.gusfriedchicken.com; 310 S Front St; Teller 7–12 US$; ⏲So–Do 11–21, Fr & Sa bis 22 Uhr) Brathähnchen-Gourmets aus der ganzen Welt wälzen sich nachts im Bett herum, wenn sie von den zarten Hähnchen in diesem Betonbau im Zentrum mit witzigen, neonbeleuchtetem Ambiente und einer Jukebox träumen. Wenn viel los ist, wartet man schon mal über eine Stunde.

Imagine Vegan Cafe VEGAN $
(Karte S. 414; ☎901-654-3455; www.imaginevegancafe.com; 2158 Young Ave; die meisten Hauptgerichte 6–14 US$; ⏲11–21 Uhr; 📶✎) 🍃 Veganer und Vegetarier haben es in Memphis (tja, eigentlich überall im Süden) ganz schön schwer, doch dieses innovative Café in Cooper-Young hält in einem Meer von Pulled Pork und Brathähnchen dagegen und serviert alle Klassiker der Südstaaten, noch dazu unter ihren richtigen Namen – aber keine Sorge, es ist alles vegan!

Bar DKDC INTERNATIONAL $
(Karte S. 414; ☎901-272-0830; www.bardkdc.com; 964 S Cooper St; Gerichte 8–14 US$; ⏲17–3 Uhr) Preiswertes, leckeres und teilweise internationales Street Food ist die Spezialität dieses sich stetig weiterentwickelnden Restaurants in Cooper-Young. Die breite Palette reicht von *muffulettas* (Sandwich-Spezialität aus New Orleans) über vietnamesische *banh-mi*-Brötchen bis zu thailändischen Hähnchenklößen. Das DKDC ist in einem freundlichen Stilmix eingerichtet, die Wein- und Bierkarte steht auf einer Tafel und die Barkeeper sind sehr freundlich.

★ **Gray Canary** SEAFOOD $$
(Karte S. 416; ☎901-249-2932; www.thegraycanary.com; 301 S Front St; kleine Teller 6–18 US$, Hauptgerichte 24–56 US$; ⏲Di–Do 17–22, Fr & Sa bis 23, So 15–21 Uhr) Mit den köstlichen gegrillten Austern, serviert mit heißer Chili-Knoblauch-Butter, Spinat und Parmesankäse, führt sich dieses neue Restaurant großartig ein. Der Service ist tipptopp, die Einrichtung einfach, aber elegant, und die erlesenen Meeresfrüchtegerichte sorgen für einen perfekt gelungenen Abend. An der Bar, die leckere Cocktails und mehr als zwei Dutzend offene Weine serviert, herrscht eine tolle Stimmung.

Alchemy TAPAS $$
(Karte S. 414; ☎901-726-4444; www.alchemymemphis.com; 940 S Cooper St; Tapas 7–18 US$, Hauptgerichte 17–21 US$; ⏲Mo, Fr & Sa 16–2, Di–Do bis 23, So 10.30–14.30 & 16–22 Uhr) Dieser schicke Laden im Viertel Cooper-Young serviert leckere Südstaaten-Tapas wie mit Trüffel gefüllte Russische Eier mit Räucherlachs, Shrimps und Maisgrütze mit geräuchertem Gouda und Tasso-Schinken-Sauce oder Salat mit pochierten Birnen, kandierten Pekannüssen und Blauschimmelkäse. Am Wochenende wird bis Mitternacht gekocht. Die gut geführte Bar serviert eine tolle Auswahl an Cocktails, Bourbons und regionalen Bieren.

Hog & Hominy SÜDSTAATENKÜCHE, ITALIENISCH $$
(☎901-207-7396; www.hogandhominy.com; 707 W Brookhaven Circle; Pizzas 14–17 US$; ⏲Mo–Mi 11–14 & 17–22, Do–Sa bis 24, So 11–23 Uhr; 📶) Dieses vom Küchenchef geleitete, tief im Süden verwurzelte italienische Restaurant am Brookhaven Circle hat im ganzen Land Aufmerksamkeit erregt und wurde seit seiner Eröffnung 2011 mehrfach von namhaften Magazinen wie GQ oder Food & Wine in di-

versen Kategorien zum besten Newcomer gekürt. Es serviert vor allem kleine Teller und perfekte Steinofenpizzas, dazu gibt's saisonale Cocktails, Craft-Biere und Bocce Ball.

Majestic Grille EUROPÄISCH $$$
(Karte S. 416; ☎901-522-8555; www.majesticgrille.com; 145 S Main St; Hauptgerichte mittags 8–36 US$, abends 12–51 US$; ⊙Mo–Fr 11–22, Sa 11–14.30 & 16–23, So 10–14 & 16–21 Uhr; ☜) Das elegante, mit dunklem Holz und ganz traditionell in Schwarz-Weiß eingerichtete Majestic befindet sich in einem ehemaligen Stummfilmkino. Es serviert typisch europäische Gerichte, von halben Brathühnchen über scharf angebratenen Thunfisch und gegrilltes Schweinefilet bis zu handgeschnittenem Filet Mignon in vier Varianten.

Sweet Grass SÜDSTAATENKÜCHE $$$
(Karte S. 414; ☎901-278-0278; www.sweetgrassmemphis.com; 937 S Cooper St; kleine Teller 14–23 US$, Hauptgerichte 25–41 US$; ⊙Mo–Do 17–21, Sa bis 23, So 10.30–14 & 17–23 Uhr; ☜) Die Gäste sind von der zeitgenössischen Lowcountry-Cuisine (die an Meeresfrüchten reiche Küche von den Küsten South Carolinas und Georgias) dieses legeren Restaurants in Midtown schlicht begeistert. Es unterteilt sich in die etwas lautere Bar **Next Door** (Tipp: das Sandwich mit Spiegelei bestellen!) und das elegantere Bistro, das mit einer gehobeneren Karte, einer neuen Meeresfrüchte-Bar und einfach unvergesslichen Krabben mit Maisgrütze aufwartet.

Ausgehen & Unterhaltung

Die Beale St ist das Partymekka, doch hier feiern fast ausschließlich Touristen. Die Einheimischen zieht es nach East Memphis in die Viertel Cooper-Young und Overton Square, die die größte Konzentration an hippen Bars und Restaurants bieten. Beide liegen 4 Meilen (6,5 km) östlich vom Zentrum. Die erste Destillerie der Stadt, **Old Dominick** (Karte S. 416; ☎901-260-1250; www.olddominick.com; 305 S Front St; Führungen 12 US$; ⊙Do 12–19, Fr & Sa bis 20, So bis 17 Uhr), eröffnete 2017.

★ **Loflin Yard** BIERGARTEN
(Karte S. 414; ☎901-290-1140; www.loflinyard.com; 7 W Carolina Ave; ⊙Mi & Do 16–23, Fr bis 1, Sa 11.30–1, So 11.30–22 Uhr; ☜) Diese riesige, gut besuchte Wiese im Zentrum ist eine ländliche Oase für Erwachsene. Der Biergarten mit Schrottplatz-Ästhetik nimmt gut 4000 m² auf dem alten Gelände der Loflin Safe & Lock Co und erstreckt sich an einem schmalen Kanal, dem kümmerlichen Überrest des Gayoso Bayou. Das Highlight sind abgesehen von der tollen Örtlichkeit die saisonalen Cocktails mit in Eichenfässern gereiften Zutaten, doch auch die vorwiegend geräucherten Speisen (Chicken Wings, Rinderbrust) halten mit.

★ **Wiseacre Brewing Co** KLEINBRAUEREI
(Karte S. 414; www.wiseacrebrew.com; 2783 Broad Ave; ⊙Mo–Do 16–22, Fr & Sa 13–22 Uhr; ☜) Diese beliebte Brauereikneipe befindet sich im Lagerhausviertel Binghampton, 8 km östlich vom Zentrum. Man kann auf der Terrasse mit einer Veranda, die um zwei riesige, fast 100 Jahre alte Weizensilos aus Beton herumläuft und auf der sich Menschen und Haustiere tummeln, ganzjährige und saisonale Craft-Biere trinken.

Young Avenue Deli LIVEMUSIK
(Karte S. 414; ☎901-278-0034; www.youngavenuedeli.com; 2119 Young Ave; ⊙11–3 Uhr; ☜) Die beliebte Bar in Midtown mit warmer Küche, einem Pool und gelegentlicher Livemusik richtet sich an ein entspanntes junges Publikum, das wegen der 36 Craft-Biere vom Fass und weiterer 130 Flaschenbiere kommt.

★ **Wild Bill's** BLUES
(Karte S. 414; www.wildbillsmemphis.com; 1580 Vollintine Ave; ⊙Do 17–23, Fr & Sa 20–3, So 16–24 Uhr) Man sollte nicht mal daran denken, vor Mitternacht in diesem schäbig-coolen Schuppen aufzutauchen. Man bestellt sich ein Bier und eine Portion Chicken Wings, lehnt sich zurück und genießt die besten Blues-Musiker in Memphis (nur Fr & Sa ab 23 Uhr). Man kann ein paar schiefe Blicke von den Einheimischen erwarten, aber die phänomenale, ultra-authentische Musik ist das allemal wert.

Praktische Informationen

Memphis Visitor Center (Karte S. 414; ☎888-633-9099; www.memphistravel.com; 3205 Elvis Presley Blvd; ⊙April–Sept. 9–18 Uhr, Okt.–Mai bis 17 Uhr) Städtische Touristeninformation nahe der Ausfahrt nach Graceland.

Tennessee State Visitor Center (Karte S. 416; ☎901-543-6757; www.tnvacation.com; 119 N Riverside Dr; ⊙7–23 Uhr) Infobroschüren über den ganzen Bundesstaat; in der Nähe von Mud Island.

Anreise & Unterwegs vor Ort

Der **Memphis International Airport** (MEM; Karte S. 414; ☎901-922-8000; www.flymem

phis.com; 2491 Winchester Rd; 📶) liegt etwa 10,5 Meilen (17 km) südöstlich der Beale St; man erreicht ihn über die I-55. Ein Taxi in die Innenstadt kostet zwischen 25 und 30 US$. Auch Mitfahrdienste sind in Memphis aktiv. Die **Memphis Area Transit Authority** (MATA; Karte S. 414; www.matatransit.com; 444 N Main St; Tickets 1,75 US$) betreibt Regionalbusse; die Buslinien 2 und 4 fahren zum Airways Transit Center, wo man in den Airport-Shuttlebus umsteigen kann. Die Shuttlebus-Haltestelle befindet sich in der Nähe von Terminal C.

Der Busbahnhof, der von **Greyhound** (Karte S. 414; ☎ 901-395-8770; www.greyhound.com; 3033 Airways Blvd; 📶) und **Megabus** (Karte S. 414; https://us.megabus.com; 3033 Airways Blvd; 📶) genutzt wird, befindet sich am Airways Transit Center der MATA in der Nähe des Memphis International Airport. Die **Amtrak Central Station** (www.amtrak.com; 545 S Main St) liegt direkt im Zentrum.

Nashville

Nashville boomt, und es ist kein Ende abzusehen. Stars der Country-Musik treten in nagelneuen Honky-Tonk-Bars auf, jeden Monat scheinen neue Boutiquehotels zu eröffnen, und Junggesellen und Junggesellinnen kommen hordenweise her, um zu feiern. Und die Kreationen renommierte Köche gehen weit über die typischen *meat and three* (Fleischgereichte mit 3 Beilagen) hinaus, obwohl natürlich kein Mangel an Biscuits und Nashville Hot Chicken herrscht.

Doch all diese Veränderungen sind kein Grund zur Sorge. Für Country-Fans und Möchtegern-Songwriter aus aller Welt ist ein Besuch in Nashville nach wie vor die ultimative Pilgerreise. Schon seit den 1920er-Jahren ist die Stadt ein Magnet für Musiker, die das Country-Genre vom Hillbilly des frühen 20. Jhs. über den glatten Nashville-Sound der 1960er-Jahre bis zum punkigen Alternative Country der 1990er-Jahre und der Musik der seelenvollen Indie-Sänger von heute weiterentwickelt haben. Die musikalischen Attraktionen reichen von der Country Music Hall of Fame über die ehrwürdige Grand Ole Opry bis zu Jack Whites Plattenlabel für Nischenmusik.

Sehenswertes

Nashville liegt auf einer Anhöhe am Cumberland River, die an ihrer höchsten Stelle vom State Capitol beherrscht wird. Die besten Museen sind in der Downtown angesiedelt, aber viele kulturelle Attraktionen findet man in und um die Universitäten. Etwas außerhalb der Stadt ziehen einstige Schlachtfelder und Forts all jene an, die sich für den Amerikanischen Bürgerkrieg und Geschichte begeistern. Die Stadt lockt mit einladenden Parks, von denen einige durch Grünflächen mit gepflasterten Wegen miteinander verbunden sind. Südlich von Downtown bieten der Zoo und ein Science Center reiche Abwechslung für Kids.

Downtown & The Gulch

Der **Lower Broadway** ist das Country-Herz von Downtown: Hier wimmelt es von Geschäften, Restaurants und Honky-Tonk-Bars. Südlich vom Lower Broadway liegt **SoBro**, das durch das Music City Center und die Country Music Hall of Fame eine Renaissance erlebte. Die **Printers Alley**, direkt westlich der 2nd Ave N, ist eine schmale gepflasterte Gasse, die für ihr Nachtleben bekannt ist. Der **Riverfront Park** am Cumbeland River und der **Cumberland Park** auf der anderen Seite der Fußgängerbrücke sind gepflegte Promenaden mit einem Greenway, einem Hundepark und einem neuen Amphitheater. **The Gulch**, einst ein Industriegebiet, ist heute ein schickes Viertel mit hippen Restaurants und teuren Geschäften. Kleinbrauereien konzentrieren sich im **Brewery District**.

★ Country Music Hall of Fame & Museum MUSEUM

(www.countrymusichalloffame.org; 222 5th Ave S; Erw./Kind 26/16 US$, mit Audioguide 28/19 US$, 1-stündige Führung mit Studio B 41/31 US$; ⏲ 9–17 Uhr) Nach dem 50-jährigen Jubiläum im Jahr 2017 ist dieses monumentale Museum, das die fast biblische Bedeutung der Country-Musik für die Seele von Nashville widerspiegelt, ein Muss, egal ob man ein Fan dieser Musik ist oder nicht. Bestaunen kann man die blauen Wildlederschuhe von Carl Perkins, den goldenen (eigentlich weißen) Cadillac von Elvis, sein goldenes (tatsächlich goldenes) Klavier und den im Western-Stil geschneiderten Anzug mit Musiknotenapplikationen von Hank Williams.

Johnny Cash Museum & Store MUSEUM

(www.johnnycashmuseum.com; 119 3rd Ave S; Erw./Kind 22/18 US$; ⏲ 9–19 Uhr) Nashvilles Museum, das dem „Man in Black" gewidmet ist, ist zwar klein, enthält aber die umfassendste Sammlung von Artefakten und Memorabilien zu Johnny Cash und wurde mit Unterstützung der Familie Cash zusammengetragen.

Nashville

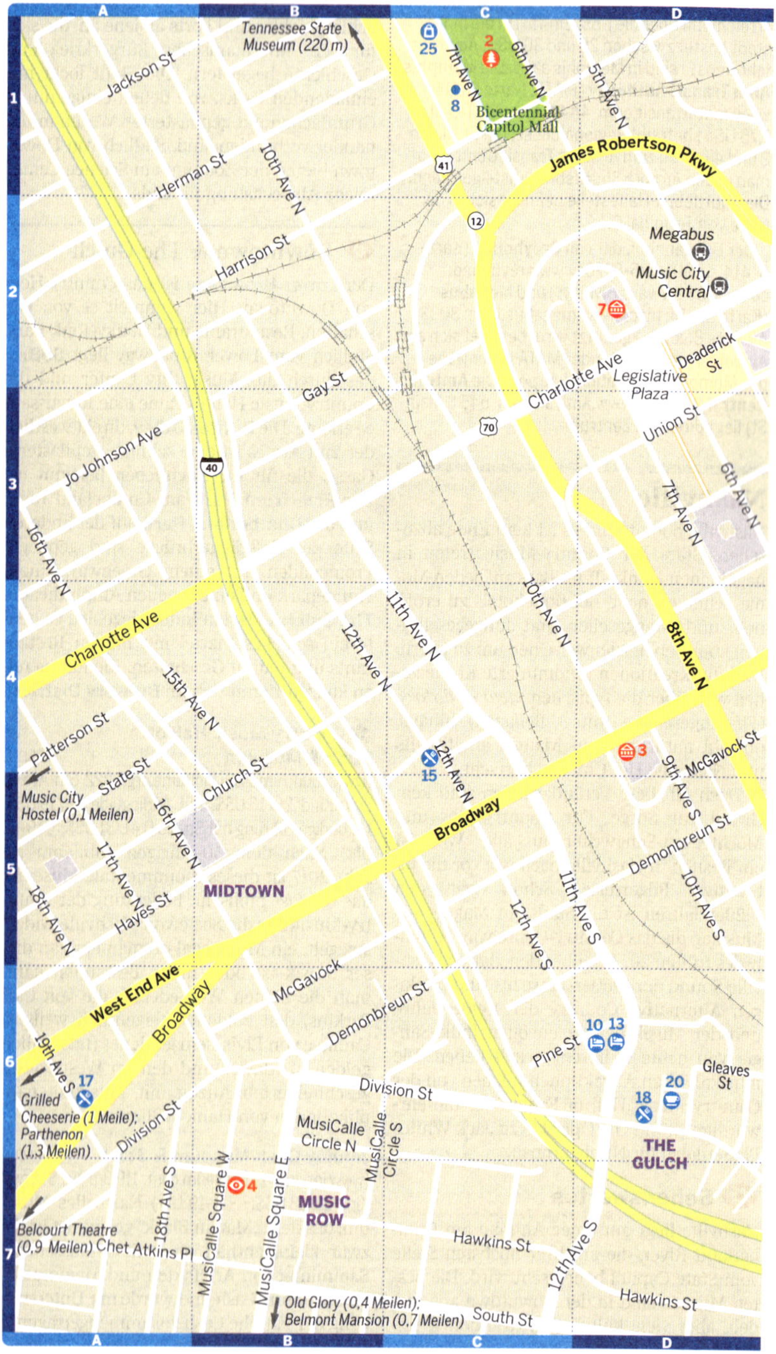

DER SÜDEN TENNESSEE

Nashville

Highlights

1 Country Music Hall of Fame & Museum ... E4

Sehenswertes

2 Bicentennial Capitol Mall ... C1
3 Frist Center for the Visual Arts ... D4
4 Historic RCA Studio B ... B7
5 Johnny Cash Museum & Store ... F4
6 Music City Walk of Fame Park ... E4
7 Tennessee State Capitol ... D2

Aktivitäten, Kurse & Touren

8 NashTrash ... C1

Schlafen

9 21c Museum Hotel ... E2
10 404 ... D6
11 Nashville Downtown Hostel ... F2
12 Noelle ... E3
13 Thompson Nashville ... D6

Essen

14 Arnold's ... E6
15 Chauhan Ale & Masala House ... C4
16 Etch ... F4
17 Hattie B's ... A6
18 Otaku Ramen ... D6

Ausgehen & Nachtleben

19 Acme Feed & Seed ... F3
20 Barista Parlor ... D6

Unterhaltung

21 Robert's Western World ... E4
22 Ryman Auditorium ... E3
Station Inn ... (siehe 10)
23 Tootsie's Orchid Lounge ... E3

Shoppen

24 Hatch Show Print ... E4
25 Nashville Farmers Market ... C1
26 Third Man Records ... E6

Frist Center for the Visual Arts GALERIE
(www.fristartmuseum.org; 919 Broadway; Erw./Senior/Kind 15/10 US$/frei, Ermäßigungen für Militärangehörige; Mo–Mi & Sa 10–17.30, Do & Fr bis 21, So 13–17.30 Uhr; P) Das erstklassige Kunstmuseum in einem historischen Postgebäude zeigt Wanderausstellungen, die von amerikanischer Volkskunst und Picasso bis zu so unorthodoxen Themen wie Automobilshows und Mode reichen.

Tennessee State Museum MUSEUM
(www.tnmuseum.org; 1000 Rosa L. Parks Blvd, Bicentennial Mall; Di, Mi, Fr & Sa 10–17, Do bis 20, So 13–17 Uhr;) GRATIS Dieses spannende Museum, das 2018 in ein schickes neues Gebäu-

de zog, verschafft Besuchern einen lohnenden, ausgewogenen Einblick in die Geschichte des Bundesstaats und zeigt z. B. Kunsthandwerk der Ureinwohner, interaktive Ausstellungen sowie faszinierende historische Exponate wie den Hut, den Präsident Andrew Jackson bei seiner Amtseinführung trug, und ein Kleid der First Lady Sarah Childress Polk. Außerdem gibt es eine Kinder-Mitmach-Galerie und Räume für Wechselausstellungen.

Tennessee State Capitol HISTORISCHES GEBÄUDE
(☎615-741-0830; www.capitol.tn.gov; Charlotte Ave; ⏲Führungen Mo–Fr 9–15 Uhr) GRATIS Das 1845 bis 1859 im Greek-Revival-Stil errichtete Gebäude besteht aus regionalem Kalkstein und Marmor und wurde von Sklaven und Gefängnisinsassen erbaut, die Seite an Seite mit europäischen Kunsthandwerkern arbeiteten. Auf der Rückseite führt eine steile Treppe hinunter zur **Bicentennial Capitol Mall** (☎615-741-5280; 600 James Robertson Parkway) GRATIS, deren Außenmauern historische Fakten zur Geschichte Tennessees schmücken, und zum wunderbaren **Farmers Market** (☎615-880-2001; www.nashvillefarmersmarket.org; 900 Rosa L. Parks Blvd; ⏲So–Do 8–18, Fr & Sa außer Farmer-Stände bis 20 Uhr), der täglich stattfindet.

Midtown, Music Row & 12South

Den Kern dieses Gebiets bilden die Belmont University und die Vanderbilt University. Die Highlights einer ein- bis zweistündigen Erkundungstour sind der Centennial Park mit dem Parthenon und die 1853 erbaute **Belmont Mansion** (☎615-460-5459; www.belmontmansion.com; 1900 Belmont Blvd, Hillsboro; Erw./Jugendl. 13–18 Jahre/Kind 6–12 Jahre 15/7/5 US$; ⏲Mo–Sa 10–16, So ab 11 Uhr; P). Auch die Music Row ist hier beheimatet, allerdings gibt es nicht wirklich viel zu sehen, es sei denn, man nimmt an einer Führung durch die Country Music Hall of Fame teil. Am meisten ist in kleinen Vierteln wie **Hillsboro Village**, **12th Ave S** (12South genannt) und **Edgehill Village** los, wo sich Boutiquen, Bäckereien, Cafés, unabhängige Restaurants, Craft-Bier-Lokale und Cocktailbars konzentrieren.

Parthenon HISTORSCHES GEBÄUDE
(www.nashville.gov/parks-and-recreation/parthenon; Centennial Park, West End; Erw./Kind 4–17 Jahre/Senior 6,50/4,50/4,50 US$; ⏲Di–Sa 9–16.30, So ab 12.30 Uhr) Nashvilles Parthenon wurde 1897 zum 100. Jahrestag der Gründung des Bundesstaats Tennessee erbaut und ist eine maßstabsgetreue Kopie des antiken griechischen Parthenons in Athen. Im Zentrum steht eine riesige Statue der Göttin Athene im goldenen Gewand. Außerdem sind Gipsabdrücke des Giebels und Galerien mit Gemälden amerikanischer Künstler des 19. und 20. Jhs. zu sehen.

Historic RCA Studio B WAHRZEICHEN
(☎615-416-2001; www.studiob.org; 1611 Roy Acuff Pl, Music Row; Führungen Erw./Kind 41/31 US$; ⏲Führungen 10.30–14.30 Uhr) Dies ist eines der ältesten Studios in der Music Row, und hier spielten Elvis, die Everly Brothers und Dolly Parton viele Hits ein. Dolly Parton tat noch mehr als das: Einmal kam sie zu spät zu einer Aufnahme-Session und fuhr versehentlich mit ihrem Wagen in eine Wand des Gebäudes – die Spuren sieht man noch heute. Die stündlich stattfindenden Führungen durch das Historic RCA Studio B beginnen in der Country Music Hall of Fame & Museum (S. 419), wo man auch die Tickets kauft.

Donelson & Music Valley

Grand Ole Opry House MUSEUM
(☎615-871-6779; www.opry.com; 2804 Opryland Dr, Music Valley; Führungen Erw./Kind 33/28 US$, mit Ryman Auditorium 48/43 US$; ⏲Führungen tagsüber 9–16 Uhr) Bis zu 4400 Menschen strömen mehrmals pro Woche zum Grand Ole Opry (S. 427), das in diesem unscheinbaren Gebäude stattfindet. Die geführten Backstage-Touren finden alle 15 Minuten statt. Dabei kann man einen Blick in den Green Room werfen, selbst auf der Bühne stehen und das Postamt des Hauses mit exklusiven Briefkästen für die Opry-Künstler sehen.

Willie Nelson & Friends Museum Showcase MUSEUM
(www.willienelsonmuseum.com; 2613 McGavock Pike, Music Valley; Erw./Kind 10 US$/frei; ⏲8.30–21 Uhr) Anfang der 1990er-Jahre verkaufte der „Outlaw Country"-Star Willie Nelson all seine Besitztümer, um seine Steuerschulden von 16,7 Mio. US$ zu begleichen. All diese Dinge kann man in diesem skurrilen Museum nicht weit vom Grand Ole Opry betrachten.

Geführte Touren

★ **NashTrash** BUS
(☎615-226-7300; www.nashtrash.com; 900 Rosa L. Parks Blvd; Touren 35–38 US$) Die kunstvoll toupierten „Jugg Sisters" veranstalten mit

ihrem großen rosa Bus eine überdrehte, lustige Tour auf den Spuren pikanter Details aus der Geschichte Nashville, während die Gäste ihren mitgebrachten Alkohol trinken. Rechtzeitig buchen, denn manchmal sind die Touren schon Wochen im Voraus ausgebucht. Der Bus startet am südöstlichen Ende des Nashville Farmers Market.

Joyride SHUTTLE
(☎615-285-9835; www.joyrideus.com/nashville; kostenloser Shuttle, Trinkgeld wird angenommen, Touren ab 45 US$) Shuttle-Fahrten in aufgemotzten Golfwagen von und zu festen Punkten in Nashville. Die Fahrten sind kostenlos, doch die Fahrer leben vom Trinkgeld. Im Angebot sind auch (kostenpflichtige) Stadttouren, Brauereitouren und eine Kneipentour.

Tommy's Tours BUSTOUR
(☎615-335-2863; www.tommystours.com; Touren 45 US$) Der witzige Tommy Garmon führt sehr unterhaltsame dreistündige Touren zu den Sehenswürdigkeiten rund um die Country-Szene. Nur Barzahlung oder Scheck.

Feste & Events

CMA Music Festival MUSIK
(www.cmafest.com; ⏲Juni) Das viertägige Country-Festival lockt Zehntausende Fans in die Stadt.

Tennessee State Fair VOLKSFEST
(☎615-800-3675; www.tnstatefair.org; 500 Wedgewood Ave, Wedgewood-Houston; ⏲Anfang Sept.) Die Tennessee State Fair findet seit 1869 jedes Jahr statt und ist ein typisches traditionelles amerikanisches Erntefest. Kinder verbringen das ganze Jahr damit, Tiere großzuziehen und ihnen die Fähigkeiten anzutrainieren, die in vielen Wettbewerben beurteilt werden. Die Zuschauer können Schweinerennen, Maultierschlittenziehen, Kuchenbackwettbewerbe und andere lustige Wettbewerbe wie Hula-Hoop erleben. Außerdem gibt's jeden Abend Konzerte, Fahrgeschäfte und jede Menge gebratenes Essen.

Schlafen

Downtown & The Gulch

★ **Nashville Downtown Hostel** HOSTEL $
(☎615-497-1208; www.nashvilledowntownhostel.com; 177 1st Ave N; B 32–45 US$, Zi. 100–250 US$; P) Ein sehr stilvolles und zweckmäßiges Hostel in guter Lage, nur einen Block entfernt vom Lower Broadway. Der fürstliche Gemeinschaftsbereich im Keller mit unverputzten Steinwänden und Balkendecken ist rund um die Uhr sehr gesellig. Im 3. und 4. Stock finden sich die Schlafsäle mit hübschen Holzböden, freiliegende Holzpfeilern, silbernen Deckenbalken und jeweils vier, sechs oder acht Etagenbetten.

ABSTECHER

FRANKLIN

Die 17 Meilen (27,4 km) südlich von Nashville gelegene Stadt Franklin hat ein reizvolles Zentrum mit zahlreichen Boutiquen, historischen Läden und lebhaften Gaststätten. Hier fand eine der blutigsten Schlachten des Bürgerkriegs statt. Am 30. November 1864 kämpften rund 37 000 Männer (20 000 Soldaten der Konföderiertentruppen und 17 000 Soldaten auf Seiten der Union) um einen 3,2 km breiten Streifen vor den Toren Franklins. Ein Großteil des Schlachtfeldes fiel der Ausdehnung Nashvilles zum Opfer und ist heute Teil seiner Vororte, dennoch blieben einige historischen Gebäude als Zeichen jenes erbitterten Konfliks erhalten. Die ländliche Gemeinde **Arrington**, wo sich ein beliebtes Weingut befindet, liegt 10 Meilen (16 km) südöstlich des Stadtzentrums.

21c Museum Hotel BOUTIQUEHOTEL $$$
(☎615-610-6400; www.21cMuseumHotels.com; 221 2nd Ave N; Zi. ab 299 US$; P ❄ 📶) Dieses Haus der hippsten Hotel-Museums-Hybridkette der Südstaaten befindet sich im sanierten historischen Gray & Dudley Building. Neben den 124 für die Kette typischen modernen, kunstbewussten Zimmern, von denen fünf eine Dachterrasse mit Blick auf den Cumberland River haben, bietet das Hotel ein eigenes Spa, sechs Kunstgalerien und ein hippes Restaurant, das sich bis in die angrenzende Gasse erstreckt.

★ **Noelle** BOUTIQUEHOTEL $$$
(☎615-649-5000; www.noelle-nashville.com; 200 4th Ave N; Zi. ab 280 US$) Nashvilles bestes Hotel präsentiert dem Glamour der 1930er-Jahre mit einem modernen Touch. Die Lobbybar namens Trade Room glänzt mit überwältigend schönen Originalelementen aus Messing und rosa Tennessee-Marmor. Von der Dachbar Rare Birds bietet sich, wenn das Wetter mitspielt, ab 17 Uhr ein Panoramablick auf Downtown. Die minimalistischen Zimmern sind im Stil der 1950er-Jahre-Moderne in Blau-, Weiß- und Grautönen

gestaltet und haben schöne rustikale Hartholzböden.

404 BOUTIQUEHOTEL **$$$**
(615-242-7404; www.the404nashville.com; 404 12th Ave S; Zi. 309–399 US$;) Im hippsten – und kleinsten – Hotel der Stadt checken die Gäste selbstständig ein. Hinter dem mit Zedernholz verkleideten Eingangsbereich, der von violettem Licht erhellt wird, geht es zu vier minimalistischen Zimmern, die meisten davon mit durchgestylten hippen Loftbereich. Die Nashville-Fotos von Caroline Allison sind ein schöner Farbtupfer. Das sehr renommierte Restaurant befindet sich in einem Schiffscontainer. Ein Parkplatz ist im Preis enthalten.

Thompson Nashville BOUTIQUEHOTEL **$$$**
(615-262-6000; www.thompsonhotels.com; 401 11th Ave S; Zi. ab 349 US$;) Das Thompson Nashville besticht durch seine Hochglanzeinrichtung im Stil der coolen, modernen 1950er-Jahre und ist im Stadtviertel The Gulch ein echter Blickfang, egal ob man sich in der Lobby den Klängen aus der Vinylsammlung des Labels Third Mans Record hingibt oder in der überaus hippen Dachterrassenbar **LA Jackson** entspannt.

Midtown, Music Row & 12South

Music City Hostel HOSTEL **$**
(615-497-1208; www.musiccityhostel.com; 1809 Patterson St, Midtown; B 33–46 US$, DZ 110–126 US$, 3BZ 128–156 US$;) Die flachen Ziegelbungalows sind zwar schlicht, doch dieses Hostel in Nashvilles West End ist lebhaft und einladend und hat eine Gemeinschaftsküche, draußen einen Grill, eine Feuerstelle und ein paar fröhliche Akzente: Die bunt gestrichenen Türen sind mit Kunstwerken von Gästen bedeckt. Die Gäste sind jung und kommen aus aller Welt, und viele lebendige Bars West Ends liegen in Gehweite.

Donelson & Music Valley

Gaylord Opryland Resort RESORT **$$**
(615-889-1000; www.marriott.com; 2800 Opryland Dr, Music Valley; Zi. ab 200 US$;) Das gewaltige Hotel hat 2888 Zimmer und ist eine Welt für sich! Es ist das größte Nicht-Casino-Resort in den USA. Warum einen Fuß nach draußen setzen, wenn man *im* Hotel und seinen drei großen Glasatrien auf einem künstlichen Fluss Tretboot fahren, unter einem künstlichen Wasserfall im Wintergarten Sushi essen oder in einer Villa im Stil der Zeit vor dem Bürgerkrieg einen Whisky nippen kann?

Essen

Downtown & The Gulch

Arnold's SÜDSTAATENKÜCHE **$**
(www.arnoldscountrykitchen.com; 605 8th Ave S, The Gulch; Hauptgerichte ab 10,74 US$; Mo–Fr 10.30–14.45 Uhr) Im Arnolds, dem King in Sachen *meat and three* (Fleisch mit 3 Beilagen; 10,74 US$) schnappt man sich ein Tablett und stellt sich mit den Collegestudenten, Müllmännern und Country-Stars an – oft reicht die Schlange bis vor die Tür. Spezialität des Hauses ist neben dem nur montags erhältlichen Brathähnchen das saftige Roastbeef mit gebratenen grünen Tomaten, zwei Sorten Maisbrot und großen Stücken klebrigen Schokoladencremekuchen.

Otaku Ramen RAMEN **$**
(615-942-8281; www.otakuramen.com; 1104 Division St, The Gulch; Ramen-Gerichte 13–16 US$; Mo–Fr 11–14.30 & 17–22, Sa & So 12–22 Uhr) Am besten schnappt man sich in diesem stilvollen Ramen-Lokal einen Platz mit Blick auf die offene Küche. Die flinken Mitarbeiter hinter der Theke füllen lockere Brötchen mit Entenconfit, brutzeln in heißen Tiegeln zarte Häppchen und füllen die Ramenschüsseln mit hausgemachten Nudeln und regionalem Schweinfleisch. Hier darf geschlürft werden! Auf der anderen Straßenseite und neben dem Lokal kann man eine Stunde gratis parken.

Chauhan Ale & Masala House INDISCH **$$**
(615-242-8426; www.chauhannashville.com; 123 12th Ave N, The Gulch; Hauptgerichte 12–28 US$; So–Do 11–14 & 17–22, Fr & Sa bis 23 Uhr;) Namaste und Nashville begegnen sich in diesem Restaurant des Starkochs Maneet Chauhan in The Gulch. Er präsentiert kreative indische Fusion-Küche mit internationalem Touch. Hier gibt's typische, traditionelle indische Speisen mit mexikanischem, kanadischem, britischem oder amerikanischem Einfluss. Zu den Gerichten wie *chili paneer bhurji relleno*, Tandur-Hähnchen mit Poutine oder dem vom indischen *tiffin* (abgepacktes Mittagessen) beeinflussten *meat and three* schmecken die mit indischen Gewürzen versetzten Craft-Biere und die fantasievollen Cocktails.

★ **Etch** MODERN-AMERIKANISCH **$$$**
(615-522-0685; www.etchrestaurant.com; 303 Demonbreun St; Hauptgerichte 23–39 US$; Mo–Fr

11–14 & 16.30–22, Sa 16.30–22.30 Uhr;) Die bekannte, aus Nashville stammende Köchin Deb Paquette kreiert im Etch ein paar der einfallsreichsten Gerichte der Stadt: Essen für die Seele, dessen Geschmack und Konsistenz so verführerisch kombiniert sind, dass bei jedem Bissen alle Erwartungen übertroffen werden. Die Oktopus- und Garnelen-Bruschetta, der gebratene Blumenkohle mit getrüffeltem Erbsen-Pesto, die Lammlende mit Ingwer-Maisgrütze und das Wildbret mit Walnuss-Granatapfel-Sauce – alle sind Meisterstücke! Hier muss man reservieren.

Midtown, Music Row & 12South

★ Hattie B's HÄHNCHEN $

(615-678-4794; www.hattieb.com; 112 19th Ave S, Midtown; viertel/halber Teller ab 8,50/12 US$; Mo–Do 11–22, Fr & Sa bis 24, So bis 16 Uhr) Was erstklassiges Hot Chicken angeht, ist das Hattie B's schon rein zahlenmäßig der King in Nashville. Das unglaublich beliebte Brathähnchenrestaurant serviert hochwertige, saftige Hähnchen in verschiedenen Schärfegraden, von „Shut the Cluck Up!" bis zu „Damn Hot", wo der Schweiß aus allen Poren tropft! Hier muss man anstehen.

Grilled Cheeserie AMERIKANISCH $

(www.grilledcheeserie.com; 2003 Belcourt Ave, Hillsboro Village; Sandwiches 8–9 US$; 11–21 Uhr;) Man sollte sich beeilen und auf die aufgemotzten Gourmet-Versionen des amerikanischen Klassikers warten: das gegrillte Käsesandwich. Hier wird es auf die unterschiedlichsten Arten so toll zubereitet, dass man vergisst, dass es je auch schlichtere Käsesandwiches gegeben hat. Tipp: Die Mac'n'Cheese mit Pimiento bestellen und in die cremige Tomatensuppe dippen – eine traumhafte Kombination! Zum Abschluss sollte man sich einen fantastischen Gourmet-Milchshake gönnen.

★ Epice LIBANESISCH $$

(615-720-6765; www.epicenashville.com; 2902 12th Ave S, 12South; Hauptgerichte mittags 12–15 US$, Hauptgerichte abends 23–33 US$; Di–Do 11–21.30, Fr & Sa bis 22, So bis 21 Uhr) Wer beim Einkaufsbummel in 12South Lust auf eine entspannte Pause und leckeres Essen bekommt, sollte dieses funkelnde libanesische Bistro besuchen. Die Highlights beim Mittagessen sind die Sandwiches, z.B. mit Lamm, Rinderfilet oder gegrilltem Lachs, die mit einem herzhaften Bauernsalat und mit Bratkartoffeln mit Cilantro serviert werden. Abends gibt's anspruchsvollere Speisen, etwa Lammkarree, Rinderfiletspieße und Fischfilet.

Edley's Bar-B-Que BARBECUE $$

(615-953-2951; www.edleysbbq.com; 2706 12th Ave S, 12South; Hauptgerichte 10–23,50 US$; So–Fr 11–22, Sa ab 8 Uhr;) Das sehr beliebte Barbecue-Restaurant ist schlicht und rustikal eingerichtet, doch aus der Küche kommen verführerische Düfte. Die beste Wahl ist die Schweinefleischplatte, aber auch das Rinderbrustsandwich ist nicht zu verachten. Das Fleisch zergeht auf der Zunge und die scharf-süße Sauce wird auch die anspruchsvollsten Barbecue-Kenner begeistern.

East Nashville

★ Wild Cow VEGETARISCH $

(615-262-2717; www.thewildcow.com; 1896 Eastland Ave; Hauptgerichte 8–12 US$; Mo, Mi, Do & So 11–21, Fr & Sa bis 22 Uhr;) Lust auf frisches, geschmacksintensives Essen in East Nashville? Dann empfiehlt sich dieses kleine, aber einladende vegetarische Restaurant, das Sandwiches, Wraps, Tacos und Salate hauptsächlich mit Bio-Zutaten serviert. Von den Fotos an den Wänden schauen glückliche Nutztiere, während die Gäste die phantastischen Erdnuss-Tempeh-Tacos mit Kalo, Avocado und in Erdnuss mariniertem Tempeh essen. Die netten Mitarbeiter und die beträchtlichen Spenden für gemeinnützige Zwecke runden das Ganze ab.

Pepperfire Hot Chicken SÜDSTAATENKÜCHE $

(615-582-4824; www.pepperfirehotchicken.com; 1000 Gallatin Ave, Suite C; Hauptgerichte 10–13 US$; Mo–Mi 11–21, Do–Sa bis 22 Uhr) Seit 2010 beglückt das Pepperfire in East Nashville Gäste, die eine kreative Note bei den klassischen Hot Chicken schätzen. Eine dünne, knusprige Panade mit einer markanten Gewürzmischung sorgt für eine üppige, komplexe Rauchigkeit, die die Brathähnchen des Pepperfire zu etwas Besonderem macht. Auch die Beilagen wie geriffelte Pommes, gebratene Okra oder Mac'n'Cheese sind lecker. Und gegen die Schärfe hilft das kühle Bier aus der Region.

Ausgehen & Nachtleben

★ Barista Parlor KAFFEE

(www.baristaparlor.com; 610 Magazine St; 7–18 Uhr;) Nashvilles bestes Kaffeehaus für anspruchsvollen Kaffee (Kaffee 3–7 US$) liegt im Zentrum von The Gulch in einem frühe-

NICHT VERSÄUMEN

BONNAROO MUSIKFESTIVAL

Eines der wichtigsten Musikfestivals Amerikas: **Bonnaroo** (www.bonnaroo.com; Manchester; ⌚ Mitte Juni) ist das einzige 24/7-Groß-Event im Land. Das Festival steigt auf einem 283 ha großen Bauernhof in Manchester, der 60 Meilen (96,5 km) südöstlich von Nashville liegt. Es ist eine Mischung aus Camping, Comedy, Essen, Trinken und Kunst, die das Gemeinschaftsgefühl fördert. Im Mittelpunkt steht aber die Musik, die an vier ausgelassenen Tagen alles beherrscht.

ren Musikladen. Das Retroambiente schafft eine tolle Kulisse für ein Treffen mit Freunden oder um ein bisschen zu arbeiten. Der phantastische Espresso ist dank der handgefertigten Slayer-Kaffeemaschine für 18 000 US$ ebenso denkwürdig wie der in der ursprünglichen Barista-Parlor-Filiale in East Nashville.

★ **Old Glory** COCKTAILBAR
(☎ 615-679-0509; http://oldglorynashville.com; 1200 Villa Pl, Edgehill Village; ⌚ So–Do 17–1, Fr bis 2, Sa 12–2 Uhr) Wie ein Altar ragt der hohe Schornstein in einer Ecke dieser Flüsterkneipe empor, die sich in einer Seitengasse in Edgehill Village versteckt. In den 1930er-Jahren war dies der Heizraum einer Wäscherei. Heute bilden die rohen Ziegelwände, die vielen alten Rohre, die hohe Decke und die geschwungene Treppe die Kulisse der faszinierendsten Cocktailbar der Stadt – sofern man sie findet!

Attaboy COCKTAILBAR
(http://attaboy.us; 8 McFerrin Ave; ⌚ 17–3 Uhr) Das berühmte Attaboy in New York City ist eine jener Bars, denen die Entstehung der gesamten modernen Craft-Cocktail-Bewegung zugeschrieben wird – unter Kennern genießen diese Cocktails Kultstatus. East Nashvilles Variante des Getränkelaboratoriums ist minimalistisch im Stil einer Flüsterkneipe gestaltet und bietet aus dem Stegreif gemixte Cocktails mit Blockeis zum Einheitspreis von 15 US$. Eine Getränkekarte gibt es nicht, die Cocktails werden für jeden Gast maßgeschneidert zubereitet.

Pinewood Social BAR
(☎ 615-751-8111; http://pinewoodsocial.com; 33 Peabody St; ⌚ Mo–Fr 7–1, Sa & So ab 9 Uhr; 📶) Im Pinewood Social könnte man mehrere Tage verbringen, ohne dass Langeweile aufkommt. Es gibt Couches, auf den man entspannen und Brettspiele spielen kann, eine große runde Bar mit gekonnt zubereiteten Cocktails und Kaffee vom in Nashville sehr beliebten Kaffeehaus Crema. Man kann es sich auch am Pool gemütlich machen oder auf der Terrasse Boccia spielen. Ach, und dann gibt's ja auch noch die Bowlingbahn.

Acme Feed & Seed BAR
(www.theacmenashville.com; 101 Broadway; ⌚ Mo–Do 11–23 Fr & Sa bis 2, So 10–23 Uhr; 📶) Diese ambitionierte Bar mit vier Etagen in einem alten Lagerhaus von 1875 bietet den Einheimischen endlich einen Grund, nach Downtown zu fahren, selbst wenn man keinen Familienbesuch hat. Im ersten Stock gibt's blitzschnell servierte, aber hochwertige Kneipenkost, 27 Fassbiere und Livemusik, die an den meisten Abenden nichts mit Country-Musik zu tun hat (Southern Rock, Indie, Roots-Musik usw.) Hier ist immer was los.

☆ Unterhaltung

In Nashville gibt's unendlich viele Möglichkeiten, Livemusik zu hören. Neben den großen Veranstaltungsstätten spielen viele talentierte Country-, Folk- Bluegrass-, Südstaatenrock- und Bluessänger in verruchten Kneipen, College-Bars, Cafés und Biokaffeehäusern für ein Trinkgeld. Nur selten zahlt man Eintritt. Der Sänger oder Songwriter wird genauso verehrt wie ein Superstar im Stadion; also sollte man nach gut besuchten Abenden mit Songwritern auf kleineren Bühnen Ausschau halten.

★ **Station Inn** LIVEMUSIK
(☎ 615-255-3307; www.stationinn.com; 402 12th Ave S; Eintritt 10–20 US$; ⌚ Open-Mic 19 Uhr, Livebands 21 Uhr) In dieser Kneipe, in der es nur Bier gibt, sitzt man an kleinen, eng gestellten Cocktailtischen und bewundert die blitzschnellen Finger der Bluegrass-Musiker, die im Licht von Scheinwerfern und Neonschildern auftreten. Dabei kommen Kontrabass, Banjo, Mandoline und Fidel zum Einsatz und zuweilen wird sogar gejodelt.

Ryman Auditorium KONZERTHALLE
(☎ 615-889-3060; www.ryman.com; 116 5th Ave N) In der so genannten „Mother Church of Country Music" war eine erlesene Auswahl an Künstern zu Gast, von Martha Graham bis zu Elvis und von Katharine Hepburn bis zu Bob Dylan. Die hervorragende Akustik, das historische Ambiente und die große

Platzkapazität haben dafür gesorgt, dass das Ryman Auditorium nach wie vor der führende Veranstaltungssaal der Stadt ist und hier regelmäßige große Stars auftreten. Die Country-Show *Grand Ole Opry* findet in den Wintermonaten im Ryman statt.

Bluebird Cafe LIVEMUSIK
(☎615-383-1461; www.bluebirdcafe.com; 4104 Hillsboro Pike, Green Hills; Eintritt frei–30 US$) Auch wenn der Club in einer Einkaufsstraße im Vorort South Nashville liegt, sind auf seiner winzigen Bühne schon einige der besten traditionellen Liedermacher des Landes aufgetreten, darunter Steve Earle, Emmylou Harris und die Cowboy Junkies. Das Bluebird diente zudem als Kulisse für die beliebte CMT-Fernsehserie *Nashville*. Montags kann jeder, der will, bei den Open-Mic-Abenden sein Talent unter Beweis stellen.

Grand Ole Opry LIVEMUSIK
(☎615-871-6779; www.opry.com; 2804 Opryland Dr, Music Valley; Tickets 40–110 US$; ⌚Feb.–Okt. Di, Fr & Sa, Juni–Okt. auch Mi; 👪) Die ganzen Woche über werden verschiedene Country-Musik-Shows in der Stadt veranstaltet, doch die eine, die man gesehen haben muss, ist die *Grand Ole Opry*, ein prächtiger Tribut an die traditionelle County-Musik Nashvilles, die von Februar bis Oktober jeden Dienstag, Freitag und Samstag und im Sommer zusätzlich jeden Mittwoch stattfindet. Von November bis Januar ist die Show im Ryman Auditorium zu sehen.

Tootsie's Orchid Lounge KNEIPE
(☎615-726-7937; www.tootsies.net; 422 Broadway; ⌚10–2.30 Uhr) Das Tootsie's ist die am meisten verehrte Spelunke in Downtown und bietet immer Musik auf drei Stockwerken. Es ist ein äußerst beliebter Ort mit reichlich Fußgestampfe, Country-Musik und Bierseligkeit. In den 1960er-Jahren förderte die Clubbesitzerin und Kneipenmutter „Tootsie" Bess die beginnende Karriere von Willie Nelson, Kris Kristofferson und Waylon Jennings.

Robert's Western World LIVEMUSIK
(www.robertswesternworld.com; 416 Broadway; ⌚Mo–Sa 11–2, So ab 12 Uhr) Nach dem Besuch von einem Dutzend Bars hätte man noch nicht mal den halben Broadway geschafft, doch diese Bar toppt alle. Sie hat alles, was zu einem Mekka der Country-Musik gehört, und man bekommt sogar einen Burger oder ein Sandwich mit gebratener Bolognawurst vom Grill. Die Musik beginnt, sobald der Laden aufmacht, und erklingt bis in die Nacht.

★ **Belcourt Theatre** KINO
(☎615-383-9140; www.belcourt.org; 2102 Belcourt Ave, Hillsboro Village) Das gemeinnützige Kino ist ein echtes Juwel in Nashville. Es zeigt an 365 Tagen im Jahr die besten Independent-, Dokumentar- und internationalen Filme sowie Filmklassiker. Zudem ist es eines der wenig Kinos, in denen das Sundance Film Festival USA stattfindet. An der Bar gibt's nicht nur Cola und Popcorn, sondern die komplette Palette an Drinks.

Shoppen

★ **Hatch Show Print** KUNST
(☎615-577-7710; www.hatchshowprint.com; 224 5th Ave S; ⌚9.30–18 Uhr) Das Hatch, eine der ältesten Druckereien der USA, die das Hochdruckverfahren verwenden, nutzte seit der Vaudeville-Ära traditionelle, von Hand geschnittene Blöcke für den Druck seiner bunten, kultigen Poster. Die Firma hat für fast jeden Country-Star grafische Werbung und Poster erstellt und hat heute einen festen Standort in der Country Music Hall of Fame.

★ **Third Man Records** MUSIK
(www.thirdmanrecords.com; 623 7th Ave S; ⌚10–18 Uhr) In einem der letzten Industriegebiete in der Downtown liegt Jack Whites Boutique-Plattenlabel mit Laden und einer Lounge für Neuerscheinungen, die einen eigenen Drehteller und eine Livemusikbühne hat. Verkauft werden hier meist Third-Man-Aufnahmen auf Vinyl und CD, T-Shirts für Sammler, Aufkleber, Kopfhörer und Pro-Ject-Plattenspieler. Man findet hier auch Whites gesamten Aufnahmenkatalog und man kann sich selbst auf Vinyl aufnehmen (20 US$).

Gruhn Guitars MUSIKINSTRUMENTE
(www.guitars.com; 2120 8th Ave S, Melrose; ⌚Mo–Sa 10–18 Uhr) Das renommierte Geschäft für Vintage-Musikinstrument ist seit 1970 in Nashville ansässig. Die fachkundigen Mitarbeiter und die fantastische Auswahl an Instrumenten sind ein Magnet für Musiker aller Art – jeden Moment kann ein unscheinbarer Virtuose hereinspazieren, sich eine Gitarre, eine Mandoline oder ein Banjo von der Wand schnappen und loslegen.

Praktische Informationen

In Downtown Nashville und in den Gemeinschaftsparks gibt's kostenloses WLAN, ebenso in vielen Hotels, Restaurants und Cafés.

Das **Nashville Visitors Information Center** (☎615-259-4747; www.visitmusiccity.com; 501 Broadway, Bridgestone Arena; ⌚Mo–Sa

8–17.30, So 10–17 Uhr) im Glasturm bietet kostenlose Stadtpläne an.

Nashville Visitors Information Center (www.visitmusiccity.com; 150 4th Ave N; ⏲Mo–Do 8–17, Fr bis 16 Uhr) In der Lobby der Regions Bank.

INTERNETQUELLEN

Nashville Public Radio (www.nashvillepublicradio.org) Nachrichten, Musik und Hörfunkprogramme des NPR auf 90,3 WPLN FM.

Nashville Scene (www.nashvillescene.com) Kostenloses alternatives Wochenblatt mit Veranstaltungskalender.

Tennessean (www.tennessean.com) Nashvilles Tageszeitung.

ℹ An- & Weiterreise

Nashville liegt im zentralen Tennessee an der Kreuzung dreier Interstates: der I-40, der I-65 und der I-24. Der **Nashville International Airport** (BNA; ☎615-275-1675; www.flynashville.com; One Terminal Dr) ist 8 Meilen (13 km) vom Zentrum entfernt und bietet Direktflüge in über 60 Städte in den USA sowie nach Calgary, Cancun, auf die Bahamas und in die Dominikanische Republik. Die Busbahnhöfe von **Greyhound** (☎615-255-3556; www.greyhound.com; 709 5th Ave S) und **Megabus** (www.megabus.com; 5th Ave N, zw. Gay St & Charlotte Ave; 📶) befinden sich beide im Zentrum und bieten Busverbindungen in andere US-Bundesstaaten.

ℹ Unterwegs vor Ort

BUS

Der MTA (www.nashvillemta.org), der mittlerweile unter dem Namen We Go auftritt und sich im Zentrum am **Music City Central** (400 Charlotte Ave) befindet, betreibt die Stadtbusse, darunter auch der kostenlose Music City Circuit mit zwei Linien, die zu den meisten Sehenswürdigkeiten in Nashville fahren.

FAHRRAD

Nashvilles öffentliches Fahrradverleihsystem **Nashville B-Cycle** (https://nashville.bcycle.com; ⏲Rückgabezeit 5–22 Uhr) hat über 30 Stationen in der ganzen Stadt. Zunächst muss man eine 24-Stunden-Mitgliedschaft für 5 US$ erwerben. Damit ist die erste Stunde kostenlos, danach werden pro halbe Stunde 1,50 US$ fällig, die von der Kreditkarte abgebucht werden. Es gibt auch Wochen-, Monats- und Jahresmitgliedschaften. Karten findet man auf der Website.

Greenways führen durch die größeren Parks und verbinden ein paar von ihnen. B-Cycle-Stationen befinden sich u. a. beim Shelby Bottoms Nature Center unweit des **Shelby Bottoms Greenway** (www.nashville.gov/parks-and-recreation; 1900 Davidson St, Parkplatz Main Trailhead; ⏲Sonnenaufgang–Sonnenuntergang) und im **Music City Walk of Fame Park** (☎866-584-6874; www.visitmusiccity.com/walkoffame; Demonbreun St, zw. 4th Ave S & 5th Ave S). Die Räder von B-Cycles sind aber schwer und für längere Touren vielleicht nicht sehr komfortabel.

Bike the Greenway (☎615-920-1388; www.bikethegreenway.net; Two Rivers Park Trailhead, Music Valley; Fahrradverleih 2/4 Std. 30/45 US$; ⏲nach Reservierung) verleiht Räder.

ZUM/VOM FLUGHAFEN

Der MTA-Bus 18 (1,70 US$) fährt vom Flughafen ins Zentrum und benötigt 35 bis 45 Minuten. Mit dem Expressbus 18 dauert die Fahrt ca. 20 Minuten. Die Haltestelle der Flughafenbusse befindet sich auf Ebene 1 im Bereich der Ground Transportation.

Den Shuttle-Service findet man ebenfalls auf der Ebene des Ground Transportation (Level 1). Der Fahrpreis ins Zentrum beträgt etwa 30 US$. Auf der Website des Flughafens gibt's eine Liste mit Shuttle-Anbietern.

Taxis berechnen einen Festpreis von 25 US$ für die Fahrt nach Downtown oder Opryland. Ein Taxi nach Vanderbilt/West End kostet ca. 27 US$, eine Taxifahrt nach Franklin 55 bis 60 US$.

Östliches Tennessee

Dolly Parton, die berühmteste Persönlichkeit aus dem Osten Tennessees, liebte ihre Heimatregion so sehr, dass sie Karriere machte mit Liedern über junge Frauen, die die nach Heckenkirschen duftenden Smoky Mountains verließen, weil sie dem falschen Glanz der Großstadt erlegen waren. Am Ende bereuten sie es immer.

Das östliche Drittel des Bundesstaates, eine meist ländliche Region mit Kleinstädten, sanften Hügeln und Flusstälern, ist für seine freundlichen Einheimischen und den ländlichen Charme bekannt. In den üppig grünen Appalachian Mountains kann man großartig wandern, campen und raften. Eine Spezialität der Region sind malerische Wasserfälle. Der nahe Great Smoky Mountains National Park lockt jedes Jahr Millionen Besucher an, doch im Cherokee National Forest im Osten Tennessees entkommt man den Menschenmassen problemlos.

Die beiden größten urbanen Zentren der Region, Knoxville und Chattanooga, sind entspannte Städte am Fluss mit vielen lebhaften Studenten, tollen Restaurants, unterhaltsamen Craft-Bier-Brauereien und zahlreichen Outdoor-Abenteuern. Wer mal wieder Lust auf eine kräftige Dosis kitschiges und ausgefallenes Amüsement hat, auf den warten Gatlinburg und Pigeon Forge.

Chattanooga

Chattanooga hat viel Charisma. Mit seinen Weltklassemöglichkeiten zum Klettern, Wandern, Radfahren und Wassersport ist es für Outdoor-Fans eine der besten Städte der USA. Zudem ist die Stadt einfach wunderschön – man muss nur einmal die tollen Blicke im Bluff View Art District genießen! Außerdem ist die Stadt in Sachen Umweltschutz bemerkenswert fortschrittlich: Es gibt kostenlose Elektrobusse, kilometerlange, viel genutzte Uferwege und eine Fußgängerbrücke über den Tennessee River. Kaum zu glauben, dass Chattanooga in den 1960er-Jahren als die schmutzigste Stadt der USA verrufen war.

Im 19. und 20. Jh. war die Stadt ein wichtiges Eisenbahnknotenpunkt, daher auch der Begriff „Chattanooga Choo-Choo", der sich ursprünglich auf den Personenzug von Cincinnati nach Chattanooga bezog und später der Titel eines Glen-Miller-Songs wurde. Die leicht zu Fuß zu erkundende Innenstadt ist ein Labyrinth aus historischen Stein- und Ziegelgebäuden, darunter ein paar gute Gourmetrestaurants, Craft-Brauereien und Brennereien. Boomende Stadtviertel sorgen für eine angenehme Atmosphäre. „The Noog" ist einfach liebenswert!

Sehenswertes & Aktivitäten

★ Songbirds MUSEUM

(☎423-531-2473; www.songbirdsguitars.com; Chattanooga Choo Choo Hotel, 35 Station St; Erw./Kind unter 13 Jahren 16 US$/frei, All-Access-Tour inkl. Eintritt 39 US$; ⊙Mo–Mi 10–18, Do–Sa bis 20, So 12–18 Uhr) Diese Gitarrensammlung – die größte Sammlung von seltenen und Vintage-Gitarren weltweit – ist Chattanoogas neuste Attraktion von Weltrang. Die Sammlung umfasst über 500 Gitarren, die überwiegend chronologisch arrangiert sind, von der 1950 Fender Broadcasters (der ersten in Massenfertigung hergestellten Massivkorpus-E-Gitarre) bis zu Instrumenten aus den 1970er-Jahren, darunter Gitarren von Chuck Berry, B.B. King, Bo Diddley, Roy Orbison und Robby Krieger von den Doors.

Hunter Museum of American Art GALERIE

(☎423-267-0968; www.huntermuseum.org; 10 Bluff View; Erw./Kind unter 18 Jahren 15 US$/frei; ⊙Mo, Di, Fr & Sa 10–17, Do bis 20, Mi & So 12–17 Uhr; P) Dieser markante Bau aus geschmolzenem Stahl und Glas auf den Klippen am Fluss, vor dem eine Villa aus dem frühen 20. Jh. steht, ist die wohl bemerkenswerteste architektonische Leistung in Tennessee. Ebenso phantastisch ist die Kunstsammlung mit Werken des 19. und 20. Jhs. Die Dauerausstellung ist am ersten Donnerstag im Monat zwischen 16 und 20 Uhr frei, Sonderausstellungen kosten 5 US$.

Coolidge Park PARK

(www.chattanoogafun.com; 150 River St; P 👪) Der Coolidge Park ist ein guter Startpunkt für einen Spaziergang am Fluss. Im Park gibt's einen Brunnen, der auch zum Planschen dient, ein Karussell (1 US$), Sportplätze und eine 15 m hohe Kletterwand, die an einem der Pfeiler der **Walnut Street Bridge** (1 Walnut St; P), einer der größten Fußgängerbrücken der Welt, befestigt ist.

★ Lookout Mountain NATURATTRAKTION

(☎800-825-8366; www.lookoutmountain.com; 827 East Brow Rd; Kombiticket Erw./Kind 3–12 Jahre 57/32 US$; ⊙Öffnungszeiten variieren; P 👪) Eine der ältesten und beliebtesten Attraktionen Chattanoogas ist der Lookout Mountain 6 Meilen (9,6 km) außerhalb der Stadt. Das Kombiticket gilt für die **Incline Railway**, die einen Steilhang hinauf zum Gipfel tuckert, die großartigen **Ruby Falls** (1720 S Scenic Hwy), den größten unterirdische Wasserfall der Welt, und die **Rock City** (1400 Patten Rd), einen luftigen Garten mit spektakulären Felsformationen und einem Aussichtspunkt auf einem Felsplateau mit Blick auf sieben Bundesstaaten. Für alle drei Attraktionen kann man auch Einzeltickets kaufen.

Tennessee Aquarium AQUARIUM

(☎800-262-0695; www.tnaqua.org; 1 Broad St; Erw./Kind 3–12 Jahre 35/22 US$, inkl. IMAX 43/30 US$; ⊙10–18 Uhr; P 👪) Dieses gut gemachte Aquarium befindet sich in zwei benachbarten, aber separaten Gebäuden und bietet an Regentagen ein vergnügliches und lehrreiches Erlebnis. Im River-Journey-Gebäude stehen die Bewohner und die Ökologie des Tennessee River auf seinem Weg von den Appalachian Mountains ins Mississippi-Delta im Mittelpunkt. Das Ocean-Journey-Gebäude präsentiert das Meeresleben im Salzwasser, sogar Piranhas sind zu sehen! Publikumslieblinge sind die Flussotter, die Pinguine und die weite Schwünge machenden Lemuren, die 2017 aus Madagaskar herkamen.

Schlafen & Essen

★ Crash Pad HOSTEL $

(☎423-648-8393; www.crashpadchattanooga.com; 29 Johnson St; B/DZ/3BZ 38/89-99/119 US$;

(P ❄ @ 📶) 🍃 Das von Kletterern betriebene Hostel ist das beste der Südstaaten und setzt ganz auf Nachhaltigkeit und Coolness. Es ist in Southside, dem hippsten Viertel im Zentrum von Noog. Die Schlafsäle, in denen beide Geschlechter übernachten können, sind mehr als nur gut: Es gibt eingebaute Lampen, Steckdosen, Ventilatoren und Vorhänge zur Wahrung der Privatsphäre an jedem Bett. Die privaten Zimmer haben unverputzte Betonwände und ans Bett angebaute Nachttische. Für den Zugang im ganzen Haus bekommt man hochmoderne Schlüssel; Bettwäsche, Schließfächer und Frühstückszutaten sind im Preis inbegriffen.

★ Moxy Chattanooga Downtown HOTEL $$

(☎423-664-1180; www.moxy-hotels.marriott.com; 1220 King St; Zi. 169–179 US$; P ❄ 📶 🐾) In diesem stilvollen, coolen neuen Hotel checken die Gäste an der Bar ein. Die bunte Farbpalette und die einzigartigen Designelemente sorgen für einen tollen Aufenthalt. Das Moxy ist auf junge Gäste eingestellt (spricht aber auch die Junggebliebenen an) und fördert mit seinen zahlreichen, überall verstreuten Loungebereichen die Geselligkeit. die Zimmer sind recht klein und sparsam möbliert, aber komfortabel.

Flying Squirrel AMERIKANISCH $

(☎423-602-5980; www.flyingsquirrelbar.com; 55 Johnson St; Hauptgerichte 9–19 US$; ⏲Di–Do 17–24, Fr & Sa bis 2, So 10.30–15 Uhr; 📶) In erster Linie ist das Flying Squirrels, ein Nachbar des Crash Pad, das denselben Besitzern gehört, eine sehr coole Bar (Einlass erst ab 21 Jahren, außer beim Sonntagsbrunch). Doch seine kleinen Teller mit Fusion-Varianten beliebter Gerichte und regionalen Zutaten, etwa gebratener Reis mit Schweinebauch, *bao* (chinesische Dampfbrötchen) mit Brathähnchen oder Schokoladen-Haselnuss-Käsekuchen sind für Kneipenkost richtig gut.

St. John's Meeting Place AMERIKANISCH $$

(☎423-266-4571; www.stjohnsmeetingplace.com; 1274 Market St; Hauptgerichte 12–35 US$; ⏲Mo–Do 17–21.30, Fr & Sa bis 22 Uhr) Dieser kulinarische Anker in Southside gilt weithin als das beste Abendrestaurant der Stadt. Das in Johnny-Cash-Schwarz gehaltene Ambiente (schwarzer Granitfußboden, schwarze Glasleuchter, schwarze Bänke) verleiht dem Restaurant eine urorthodoxe, moderne Eleganz. Die Küche steht unter dem Motto „Vom Hof auf den Tisch" und bietet Speisen wie Enten-Tacos mit Jalapeño-Creme, *sliders* (dampfgegrillte Sandwiches) mit geschmortem Lamm und wilden Alaska-Heilbutt mit Wasabi-Acocado-Mousse.

🍷 Ausgehen & Nachtleben

Plus Coffee KAFFEE

(☎423-521-2098; www.pluscoffee.co; 3800 St Elmo Ave; ⏲Mo–Fr 7–18, Sa & So 8–18 Uhr; 📶) An diesem hinreißend minimalistischen Kaffeehaus im aufstrebenden Viertel St. Elmo am unteren Ende der Incline Railway (S. 429) kann man leicht vorbeifahren – die Schilder verschmelzen farblich fast mit dem historischen Ziegelgebäude, an dem sie hängen. Der loftartige Raum ist mit Tischen aus recyceltem Holz und Vintage-Möbeln eingerichtet. Die Karte ist übersichtlich: Filterkaffee, von Hand aufgegossener Kaffee und Espresso.

Hutton & Smith Brewing KLEINBRAUEREI

(☎423-760-3600; www.huttonandsmithbrewing.com; 431 E ML King Blvd; ⏲Mo–Do 16–22, Fr & Sa 12–24, So 12–18 Uhr; 📶) 🍃 Die Kleinbrauerei mit 20 Fassbieren ist eine der Säulen im neuerdings hippen Viertel MLK. Der Schankraum wurde als eine Art Gag mit einem Garagentor versehen, sodass es so wirkt, als befinde er sich in einer ehemaligen Werkstatt (oder irgendeinem anderen hippen Industriegebäude), doch tatsächlich war hier vorher nichts Besonderes. Das Bier – besonders das Good Schist APA, das Coffee IPA und das On-Sight Alt – ist aber ein Grund zur Freude und die Mitarbeiter sind freundlich.

ℹ Praktische Informationen

Das **Visitor Center** (☎800-322-3344; www.chattanoogafun.com; 215 Broad St; ⏲10–17 Uhr) kann man leicht übersehen, es befindet sich in einem öffentlichen Verbindungsgang neben **High Point Climbing** (☎423-602-7625; www.highpointclimbing.com; 219 Broad St; Tageskarte Erw./Kind unter 11 Jahren 18/16 US$; ⏲Mo, Mi & Fr 6–22, Do & Sa 10–22, So 10–20 Uhr; 👪).

ℹ Anreise & Unterwegs vor Ort

Chattanoogas bescheidener **Flughafen** (CHA; ☎423-855-2202; www.chattairport.com; 1001 Airport Rd) liegt 9 Meilen (14 km) außerhalb der Stadt. Der **Greyhound-Bahnhof** (☎423-892-1277; 960 Airport Rd) befindet sich ein Stück weiter an der vom Flughafen kommenden Straße.

Zu den meisten Sehenswürdigkeiten im Zentrum kann man den kostenlosen **Downtown Electric Shuttle** (☎423-629-1473; www.gocarta.org) nehmen, der im Zentrum und an der Nordküste entlangfährt; einen Streckenplan bekommt man im Visitor Center.

Bike Chattanooga (www.bikechattanooga.com; Tageskarte 8 US$) ist das städtisch geförderte Fahrradverleihsystem der Stadt. Die Räder stehen an 41 Stationen in der ganzen Stadt verteilt. Wer ein Rad leihen will, kauft an einem der Kioske, die an allen Stationen stehen, mit der Kreditkarte einen Tagespass (ab 8 US$ für 24 Std.). Fahrten unter einer Stunde sind kostenlos.

Knoxville

Knoxville, vom *Wall Street Journal* vor der Weltausstellung 1982 als „scruffy little city" („schmuddelige kleine Stadt") bezeichnet, zeigt sich inzwischen von seiner besten Seite: als zunehmend beliebtes, herausgeputztes Ziel für Naturfreunde, Feinschmecker und Craft-Bier-Liebhaber. Die University of Tennessee mit ihren vielen leidenschaftlichen Fans des College-Football-Teams ist in der Stadt zu Hause.

Knoxville eignet sich bestens als Ausgangsbasis für Touren in den Great Smoky Mountains National Park. Das Sugarlands Visitor Center ist nur 29 Meilen (47 km) entfernt, und die Stadt hat viel schönere Restaurants und Bars aufzuweisen als andere Städte in der Nähe des Parks. Die stetig wachsende Urban Wilderness der Stadt ist für Wanderer und Mountainbiker zunehmend ein eigenständiges Ziel.

Sehenswertes & Aktivitäten

Women's Basketball Hall of Fame MUSEUM
(865-633-9000; www.wbhof.com; 700 Hall of Fame Dr; Erw./Kind 6–15 Jahre 8/6 US$; Mai–Aug. Mo–Sa 10–17, Di–Fr 11–17 Uhr, Sept.–April 10–17 Uhr; P) Den riesigen orangen Basketball, der die Women's Basketball Hall of Fame schmückt, kann man gar nicht übersehen. Drinnen bekommt man einen Einblick in die Geschichte des Sports, angefangen bei der Zeit, als Frauen noch in knöchellangen Kleidern spielen mussten. Zu den interaktiven Exponaten gehören eine Pausenansprache des legendären Coaches Pat Summitt von der University of Tennessee, die er in der Kabine gehalten hat, sowie ein Dribbel-Parcours, auf dem man seine Fähigkeiten testen kann.

Ijams Nature Center OUTDOOR-AKTIVITÄTEN
(865-577-4717; www.ijams.org; 2915 Island Home Ave; Visitor Center Mo–Sa 9–17, So ab 11 Uhr, Gelände 8 Uhr–Sonnenuntergang;) Das 1,2 km² große Ijams (ausgesprochen eye-ams) Nature Center ist das Herzstück der weitläufigen Urban Wilderness. Auf Besucher warten der malerischen **River Boardwalk Trail** entlang des Tennessee River, eine Baumkronen-Abenteuertour (mit einer Seilrutsche), Leihfahrräder (halber Tag 20 US$) und ein Spielplatz mit Naturthema, auf dem Kinder sich austoben können.

Schlafen & Essen

★ **Oliver Hotel** BOUTIQUEHOTEL $$
(865-521-0500; www.theoliverhotel.com; 407 Union Ave; Zi. 175–210 US$, Suite 295–330 US$; P@) Knoxvilles erstes Boutiquehotel hat 28 moderne, stilvolle Zimmer mit unkonvetionell gefliesten Regenduschen, luxuriöser Bettwäsche, edlen Möbeln und Teppichen im Vintage-Stil sowie wundervollen handgearbeiteten Kaffeetischen. Die Bar **Peter Kern Library** (Mo–Fr 16–24, Sa & So 11–2 Uhr) lockt abends Craft-Cocktail-Fans an. Auch das Restaurant **Oliver Royale** (Hauptgerichte mittags 10–18 US$, abends 16–34 US$) ist sehr empfehlenswert.

★ **Balter Beerworks** GASTROPUB $
(865-999-5015; www.balterbeerworks.com; 100 S Broadway; Hauptgerichte mittags 10–16 US$, abends 12–17 US$; Mo–Do 11–23, Fr bis 24, Sa 10–24, So 10–22 Uhr) Von den Gemeinschaftstischen auf der Terrasse bis zur Bar, an der es nur Stehplätze gibt, und dem lebhaften Speiseraum: Dieser Pub in einer früheren Tankstelle ist sehr einladend. Das Essen, z. B. Burger mit Sriracha-Sauce und Gouda oder Garnelen mit Käse und Maisgrütze mit Andouille-Wurst. Das gut trinkbare Hausbier wird auf dem Grundstück gebraut.

★ **JC Holdway** AMERIKANISCH $$
(865-312-9050; www.jcholdway.com; 501 Union Ave; die meisten Hauptgerichte 20–26 US$; Di–Do 17.30–21.30, Fr & Sa bis 22 Uhr;) Wer das Privileg genießen will, die moderne Appalachian-Küche des mit dem James Beard Award ausgezeichneten Kochs Joseph Lenn zu genießen, muss einen Tisch reservieren. Lenn arbeitete fast zehn Jahre als Küchenleiter auf der berühmten Blackberry Farm, ehe er 2016 in seine Heimatstadt Knoxville zurückkehrte. Er bereitet phantastisches, perfekt über Holzfeuer gegrilltes Schweinefleisch mit Süßkartoffelpüree zu. Das geräucherte Fleisch kommt ausschließlich von der Benton's Farm.

Praktische Informationen

Das **Visitor Center** (Visit Knoxville; 800-727-8045; www.visitknoxville.com; 301 S Gay St;

Mo–Fr 8.30–17. Sa 9–17. So 12–16 Uhr) bietet Touristeninfos, darunter eine Broschüre für einen Stadtspaziergang im Zentrum. Zudem findet hier die Konzertreihe **Blue Plate Special** (Mo–Sa 12 Uhr, Eintritt frei) des Radiosenders WDVX mit amerikanischen Bands aller Genres statt.

Anreise & Unterwegs vor Ort

Knoxvilles **McGhee Tyson Airport** (865-342-3000; www.flyknoxville.com; 2055 Alcoa Hwy, Alcoa) liegt 15 Meilen (24 km) südlich der Stadt. Hier starten und landen etwa 20 Inland-Direktflüge. Der **Greyhound-Busbahnhof** (865-524-0369; 100 E Magnolia Ave) befindet sich nur 1 Meile (1,6 km) nördlich vom Zentrum und ist damit eine bequeme Option für Überlandreisende.

Gatlinburg & Pigeon Forge

Das furchtbar kitschige und familienfreundliche Gatlinburg liegt am Eingang zum Great Smoky Mountains National Park und verführt Wanderer mit dem Duft von Toffee, Zuckerwatte und Pfannkuchen sowie mit diversen kuriosen Museen und skurrilen Attraktionen. Lebhafte neue Verkostungsräume locken durstige Gäste in mehrere Moonshine-Brennereien am Parkway, der Hauptstraße durch die Stadt, die direkt in den Nationalpark führt. Alles, was man den USA an Gutem und Schlechtem nachsagt, gibt's hier gleichzeitig – in einer knallbunten Explosion von magischen Shows und Whiskey.

Mit Ausnahme des Gatlinburg Sky Lift und des Themenparks Anakeesta Mountain hat die Stadt die verheerenden Waldbrände von 2016 fast unbeschadet überstanden, doch Spuren der Feuersbrunst sind bis heute sichtbar. Wer von all dem Rummel und Gefunkel die Nase voll hat, findet im geschäftigen Zentrum bzw. in unmittelbarer Nähe ein paar anspruchsvolle kulturelle und natürliche Attraktionen.

Das beliebte Pigeon Forge liegt ca. 8 Meilen (13 km) nördlich von Gatlinburg. Die Stadt ist ganz auf Unterhaltung ausgerichtet und wartet mit vielen Hotels, Restaurants und familienfreundlichen Attraktionen auf.

Sehenswertes & Aktivitäten

★ **Dollywood** VERGNÜGUNGSPARK
(800-365-5996; www.dollywood.com; 2700 Dollywood Parks Blvd; Erw./Kind 4–9 Jahre 74/61 US$; Mitte März–Dez., saisonal variierende Öffnungszeiten, P) Dollywood ist eine Hommage an die Schutzheilige des östlichen Tennessee, die Country-Sängerin Dolly Parton mit den üppigen Haaren, dem großen Décolleté und dem großen Herzen. Der saubere, freundliche Parks bietet Fahrgeschäfte mit auf die Appalachen zugeschnittenen Themen, den Wasserpark Splash Country, Kunsthandwerk aus den Bergen, Restaurants, die Südstaaten-Essen servieren, und das Hotel **DreamMore Resort** (865-365-1900; www.dollywood.com/resort; 2525 DreamMore Way; Zi./Suite ab 359/379 US$; P). Zu den Highlights gehören Achterbahnen von Weltrang, Livemusik-Shows, und das Chasing Rainbows Museum, das sich auf die Spuren des faszinierenden Lebens Dolly Partons begibt, die aus dem nahe Sevierville kommt.

Gatlinburg SkyLift SEILBAHN
(865-436-4307; www.gatlinburgskylift.com; 765 Parkway; Erw./Kind 16/13 US$; Juni–Aug. 9–23 Uhr, Rest des Jahres unterschiedliche Öffnungszeiten) Dieser Sessellift, der aus einem Skiresort stammt, bringt seine Fahrgäste hoch hinauf in die Smokys, wo sich eine phantastische Aussicht bietet. Das luftige SkyDeck und die 207 m lange SkyBridge, die längste Hängebrücke Nordamerikas, wurden im Frühling 2019 am oberen Ende der Seilbahn eröffnet.

Anakeesta VERGNÜGUNGSPARK
(865-325-2400; www.anakeesta.com; 576 Parkway; Erw./Kind unter 12 Jahren 22/18 US$; Juli–Mitte Aug. 9–22 Uhr, Rest des Jahres verkürzte Öffnungszeiten. Jan. & Feb. Di–Do geschl.; P) Eine „Chondola" bringt Besucher vom Zentrum Gatlinburgs hinauf auf diesen Spielplatz in luftiger Höhe mit tollem Blick auf die Great Smokies. Oben auf dem Anakeesta Mountain kann man bei einer Baumkronentour 16 erhöhte Brücken überqueren, parallele Seilrutschen hinuntersausen (Erw./Kind 30/26 US$), mit der Sommerrodelbahn fahren oder es sich einfach im Schaukelstuhl gemütlich machen und die Aussicht genießen. Auf abenteuerlustige Kinder wartet das Treehouse Village. Im **Clifftop Grill** (Hauptgerichte 10–12 US$) gibt's Burger und Bier.

★ **Ole Smoky Moonshine** DESTILLERIE
(865-436-6995; www.olesmoky.com; 903 Parkway; Verkostungen 5 US$; So–Do 10–22, Fr & Sa bis 23 Uhr) Diese Moonshine-Brennerei, Tennessees erster lizensierter Moonshine-Produzent mit dem Spitznamen The Holler, befindet sich in einem Gebäude aus Stein und Holz und scheint auf den ersten Blick einen gewissen Disney-Charakter zu haben. Doch das täuscht, denn die Zeit, die man hier damit verbringt, bei den unglaublich witzigen Barkeepern acht bis zehn Schnapsvarianten

zu verkosten und ihren Kommentaren zu lauschen, ist die beste in Gatlinburg.

★ Titanic Museum MUSEUM

(☎ 417-334-9500; www.titanicpigeonforge.com; 2134 Parkway; Erw./Kind 5–11 Jahre 27/14 US$; ⌚ Juli & Anfang Aug. 9–22 Uhr, Rest des Jahres verkürzte Öffnungszeiten; P) Am 15. April 1912 sank die *Titanic* auf ihrer Jungfernfahrt nach der Kollision mit einem Eisberg. Dieses Museum erzählt die Geschichte des Schiffs und vieler seiner Passagiere anhand von Objekten, Schwarz-Weiß-Fotografien, persönlichen Geschichten und durchdachten interaktiven Ausstellungen. Zu den Highlights gehören ein Original-Liegestuhl vom Schiff, eine Kopie der prächtigen Treppe und ein ergreifender musikalischer Tribut an die jungen Musiker des Schiffs, die sich dafür entschieden, an Bord zu bleiben und zu spielen – vielleicht, um die Passagiere zu beruhigen. Keiner von ihnen überlebte.

Schlafen & Essen

Bearskin Lodge LODGE **$$**

(☎ 877-795-7546; www.thebearskinlodge.com; 840 River Rd; Zi./Suite ab 139/164 US$; P ❄ ☎ 🏊) Die Schindellodge in der Nähe des Eingangs in den Great Smoky Mountains National Park (S. 398) zeigt schöne Holzakzente und ist etwas extravaganter als die andere Gatlinburger Hotels. Die 96 großen Zimmer sind mit Flachbild-TVs ausgestattet, einige haben auch Gaskamine und Balkons über dem Fluss. Draußen gibt's einen Pool und einen Lazy River.

Buckhorn Inn INN **$$**

(☎ 865-436-4668; www.buckhorninn.com; 2140 Tudor Mountain Rd; Zi. 125–205 US$, Einzelhütten 185 US$, Pensionen mit 2 Schlafzi. ab 240 US$; P ❄ @ ☎) Nur wenige Fahrminuten, aber Lichtjahre entfernt vom Kitsch und den Menschenmengen aus dem Zentrum von Gatlinburg gelegen, bietet das ruhige Buckhorn neun elegante Zimmer, sieben Einzelhütten und drei Pensionen auf einem Gelände, das wie ein sorgfältig gepflegter privater Himmel wirkt. Wem der freie Blick auf den Mt. LeConte nicht reicht, kann durch das Meditationslabyrinth aus unbehauenen Steinen schlendern.

Three Jimmys AMERKANISCH **$**

(☎ 865-325-1210; www.threejimmys.com; 1359 E Parkway; Hauptgerichte 10–26 US$; ⌚ 11–1 Uhr; ☎) Wer dem Touristenrummel auf der Hauptstraße entfliehen will, kann in diesem bei den Einheimischen beliebten Restaurant einen Happen essen. Die Bedienung ist freundlich („Here's your menu, baby…") und die Speisekarte scheint endlos: Grillfleisch, Reuben-Sandwiches mit Pute, Burger, Champagner-Hähnchen, Steaks, ein köstlicher Spinatsalat und mehr. Auch die Bar ist gut und hat etwa ein Dutzend Fassbiere auf Lager.

Praktische Informationen

Im **Gatlinburg Welcome Center** (☎ 865-277-8947; www.gatlinburg.com; 1011 Banner Rd; ⌚ Juni–Okt. 830–19 Uhr, Nov.–Mai bis 17.30 Uhr) gibt's offizielle Infos und Stadtpläne sowie Karten von Gatlinburg und vom Great Smoky Mountains National Park, darunter eine nützliche Wasserfall-Karte für 1 US$.

Anreise & Unterwegs vor Ort

Die große Mehrheit der Besucher kommt mit dem Auto nach Gatlinburg. Der nächstgelegene Flughafen ist der 41 Meilen (66 km) entfernt McGhee Tyson Airport (S. 432) in Knoxville. Es gibt keinen regelmäßigen Intercity-Busverkehr.

Der Verkehr und das Parken sind in Gatlinburg echte Probleme. Der **Gatlinburg Trolley** (www.gatlinburgtrolley.org; ⌚ Mai–Okt. 8.30–24 Uhr, Rest des Jahres variierende Betriebszeiten) bedient das Zentrum; von Juni bis Oktober fährt die National Park Tan Trolley Route (hin & zurück 2 US$) in den Nationalpark und hält unterwegs am Sugarlands Visitor Center, bei den Laurel Falls und am Elkmont Campground. Parken kostet in der Stadt meist 10 US$ pro Tag. Wer sehr früh in Gatlinburg eintrifft, erwischt vielleicht einen kostenlosen Straßenparkplatz in der River Rd.

KENTUCKY

Über Rennbahnen donnernde Pferde, Bourbon-Brennereien und Banjo-Klänge: Kentucky, ein geografischer und kultureller Schmelztiegel, ist Norden und Süden, kultiviert und Landpomeranze zugleich. Ein besonderes Highlight der durchweg schönen Landschaft sind die sanften Kalksteinhügel rund um Lexington, wo langbeinige Pferde auf millionenschweren Farmen, die Besuchern offen stehen, unter Pappeln weiden. Bourbon-Brennereien spicken die ländliche Natur, die sich perfekt für malerische Roadtrips mit Whiskey-Kostproben direkt beim Erzeuger eignet. Die Region ist eine Art exzentrische Schwester des kalifornischen Napa Valley mit weniger Menschen und stärkerem Alkohol. Die unberührten Parks und Wälder laden zu Höhlentouren, Kletterausflügen und Wanderungen ein und während große Städte wie Louisville und Lexington mit Restaurants, die frische, regionale Küche servieren, Cocktailbars und sonstiger Hipster-Infrastruktur aufwarten, prägen kleine, gediegene Ortschaften weite Teile Kentuckys.

Praktische Informationen

Kentucky State Parks (502-564-2172; www.parks.ky.gov) Informiert u. a. über Wanderungen, Klettertouren, Angeln und Camping in Kentuckys 52 State Parks. Sogenannte „Resort Parks" bieten Lodges, in den „Recreation Parks" geht es hingegen weniger komfortabel zu. Der Eintritt ist grundsätzlich frei.

Kentucky Tourism (www.kentuckytourism.com) Online findet man eine detaillierte Broschüre zu den Attraktionen des Bundesstaates.

Louisville

Louisville (oder „Luhvul", wie die Einheimischen sagen) ist eine hübsche, unterschätzte und überaus lässige Stadt, die an einen Hipster mit guten Südstaatenmanieren erinnert. Geprägt von Unterhaltungskultur, Kunst, der Bourbon-Industrie und amerikanischen Sportlegenden (hier findet das Kentucky Derby statt, zudem ist Louisville der Geburtsort von Muhammad Ali und des Louisville-Slugger-Baseballschlägers), hat sie sich zu einem kulinarischen Hotspot des Südens entwickelt, der zu Restaurant- und Museumsbesuchen sowie den besten altmodischen Bourbon-Cocktails des Landes einlädt.

Sehenswertes & Aktivitäten

Churchill Downs PFERDERENNEN
(☎502-636-4400; www.churchilldowns.com; 700 Central Ave) Churchill Downs ist die legendäre Rennbahn, die das epische Kentucky Derby (S. 436) im Mai ausrichtet. Darüber hinaus stehen von Ende April bis Ende Juni sowie im September und November Vorrennen und andere Wettbewerbe mit vollblütiger Besetzung statt. Tickets gibt's ab 5 US$. Vor Ort bietet das Kentucky Derby Museum das ganze Jahr über Führungen über die Anlage an.

Kentucky Derby Museum MUSEUM
(☎502-637-1111; www.derbymuseum.org; 704 Central Ave; Erw./Kind 15/8 US$; ⏲Mitte März–Nov. Mo–Sa 8–17, So 11–17 Uhr, Dez.–Mitte März Mo–Sa 9–17, So 11–17 Uhr) Das Museum auf dem Gelände der Rennbahn Churchill Downs zeigt eine Ausstellung zur Geschichte des Derbys. Besucher erhalten u.a. Einblicke in den Alltag der Jockeys und lernen die berühmtesten Pferde kennen. Zu den Highlights gehören ein 360°-HD-Film über das Rennen (die Pferde scheinen direkt an einem vorbeizudonnern), eine 30-minütige Führung über die Tribünen mit ein paar spannenden Geschichten, eine bemerkenswerte Sammlung von Derbyhüten und leckere Mint Juleps im Museumscafé.

★ **Muhammad Ali Center** MUSEUM
(☎502-584-9254; www.alicenter.org; 144 N 6th St; Erw./Kind 14/9 US$; ⏲Di–Sa 9.30–17, So 12–17 Uhr) Das Museum erzählt die Geschichte des berühmtesten Sohnes der Stadt, einem hiesigen Boxer mit dem Spitznamen „Louisville Lip" oder einfach „The Greatest". Ein Besuch ist ein echtes Muss und zu den Highlights unter den interaktiven Exponaten gehören ein Ring, in dem man mit Ali Schattenboxen kann und ein Boxsack, um den eigenen Rhythmus zu finden. Videos seiner berühmten Kämpfe und Street Poetry fesseln den Besucher, die eigentliche Kraft des Museums liegt jedoch in dem Anspruch, Alis Leben in Kontext zum Vietnamkrieg und zu den Bürgerrechten, für die er kämpfte, zu setzen.

★ **Louisville Slugger Museum & Factory** MUSEUM
(☎877-775-8443; www.sluggermuseum.com; 800 W Main St; Erw./Kind 15/8 US$; ⏲Mo–Sa 9–17, So 11–17 Uhr) Wer wissen möchte, wie der berühmteste Schläger des Baseballsports hergestellt wird, ist hier richtig. Hillerich & Bradsby Co fertigt vor Ort seit 1884 den Louisville Slugger. Im Eintritt inbegriffen sind eine Fabrikführung und eine Ausstellung mit Erinnerungsstücken aus der Geschichte des Baseballs, u.a. mit Babe Ruths Rekordschläger von 1927 und dem Schläger, mit dem Hank Aaron seinen 700. Homerun schaffte. Fans werden begeistert sein! Das Ticket umfasst einen Minischläger als Souvenir.

Speed Art Museum MUSEUM
(☎502-634-2700; www.speedmuseum.org; 2035 S 3rd St; Erw./Kind 15/10 US$, So Eintritt frei; ⏲Mi, Do & Sa 10–17, Fr 10–20, So 12–17 Uhr) Kentuckys bedeutendstes Kunstmuseum wurde 1927 erbaut und in den letzten Jahren für 60 Mio. US$ modernisiert. Es gehört nicht zur University of Louisville, liegt jedoch auf dem Campusgelände und kontrastiert auf wunderschöne Art Klassik und Moderne. Besonders ins Auge fallen das Grand Atrium von Spencer Finch (bekannt vom National September 11 Memorial Museum) mit Glaskunst und die bemerkenswerte Betonfassade des

DER BOURBON TRAIL

Der weiche, karamellfarbene Bourbon wurde vermutlich erstmals um 1789 im Bourbon County nördlich von Lexington destilliert. Dank seines reinen, durch Kalkstein gefilterten Wassers stammen heute 95 % des weltweit produzierten Bourbons aus Kentucky. Bourbon muss mindestens 51 % Mais enthalten und mindestens zwei Jahre in gebeizten Eichenfässern lagern. Kenner trinken ihn pur oder mit Wasser, die Südstaatler aber gerne auch als Mint Julep, ein Drink aus Bourbon, Zuckersirup und zerstoßener Minze.

Im **Oscar Getz Museum of Whiskey History** (☎502-348-2999; www.oscargetzwhiskeymuseum.com; 114 N 5th St; ⌚Mai–Okt. Mo–Fr 10–17, Sa 10–16, So 12–16 Uhr, Nov.–April Di–Sa 10–16, So 12–16 Uhr) GRATIS in Bardstown erzählen alte Schwarzbrennereien und andere Artefakte die Geschichte des Bourbon. Die meisten traditionellen Brennereien in Kentucky liegen in der Gegend von Bardstown und Frankfort und veranstalten Führungen und Verköstigungen.

Daneben erweitern mehrere neue Craft-Destillerien das Angebot. Pro Tag sollte man den Besuch von rund drei Betrieben einplanen. Infos sind auf der Website des Bourbon Trail (www.kybourbontrail.com) nachzulesen, wobei diese nicht jede Brennerei aufführt.

Zu den Brennereien nahe Bardstown gehören:

Maker's Mark (S. 441) Die restaurierte viktorianische Brennerei wirkt wie ein Bourbon-Themenpark. Neben einer alten Getreidemühle gibt es auch einen Souvenirladen, in dem Kunden ihre Flasche mit geschmolzenem rotem Wachs versiegeln können. Führungen werden den ganzen Tag über angeboten.

Willet (☎502-348-0899; www.kentuckybourbonwhiskey.com; 1869 Loretto Rd; Führungen 18–22 US$; ⌚Mo–Sa 9.30–17.30 Uhr) Der Familienbetrieb produziert nach eigenem patentierten Verfahren Bourbon in kleinen Chargen. Das wunderschöne 49 ha große Anwesen ist bei Besuchern sehr beliebt. Führungen starten zu jeder vollen Stunde.

Jim Beam American Stillhouse (☎502-543-9877; www.jimbeam.com; 526 Happy Hollow Rd, Clermont; 90-minütige Führung 14 US$; ⌚Mo–Sa 9–17.30, So 12–16.30 Uhr) Hier wird der absatzstärkste Bourbon des Landes gebrannt. Besucher können sich einen Film über die Beam-Familie ansehen, sich einer 90-minütigen Führung durch die Fabrik und die Lagerräume anschließen und im Hightech-Verköstigungsraum die Erzeugnisse probieren. Führungen starten jede halbe Stunde.

Limestone Branch (☎270-699-9004; www.limestonebranch.com; 1280 Veterans Memorial Hwy, Lebanon; 1-stündige Führung 8 US$; ⌚Mo–Do 10–17.30, Fr & Sa 10–18, So 13–17.30 Uhr) Kleine Brennerei mit faszinierender Geschichte und der Kulisse einer Western-Lodge.

Zu den Destillerien nahe Frankfort gehören:

Castle & Key (☎502-395-9070; www.castleandkey.com; 4445 McCracken Pike; Führungen 20–30 US$; ⌚Mi–Sa 9.30–17, So 10.30–17 Uhr, Jan. & Feb. Mi geschl.) Craft-Brennerei mit märchenhafter Kulisse samt mit Türmchen versehener Steinburg und üppigen Gärten. Die Brennerin stellt Gin und Wodka her, der Bourbon reift hingegen noch. Für die netten Führungen in kleinen Gruppen sollte man sich vorab anmelden.

Woodford Reserve (☎859-879-1812; www.woodfordreserve.com; 7855 McCracken Pike, Versailles; 1-stündige Führung werktags/am Wochenende 15/20 US$; ⌚Mo–Sa 9–17, So 12–16.30 Uhr, Jan. & Feb. kürzere Öffnungszeiten) Die Brennerei ist die hübscheste der Gegend, erstrahlt nach der Restaurierung wieder im Glanz des 19. Jhs. und verwendet noch immer altmodische Kupferkessel. Führungen starten zu jeder vollen Stunde.

Buffalo Trace (☎800-654-8471; www.buffalotracedistillery.com; 1001 Wilkinson Blvd; ⌚Mo–Sa 9–17.30, So 12–17 Uhr) GRATIS Die älteste, kontinuierlich betriebene Brennerei der USA bietet kostenfreie Führungen und Verköstigungen, heute eine echte Seltenheit. Führungen finden mindestens stündlich statt.

Wer nicht selbst fahren möchte, kann sich bei einer Tour mit **Mint Julep Experiences** (☎502-583-1433; www.mintjuleptours.com; 140 N 4th St, Ste 326; ganztägige Führungen 129–159 US$) bequem mit einem Whiskeyglas in der Hand zurücklehnen.

thailändischen Architekten Kulapat Yantrasast. Zu den Highlights der Sammlung gehören der Barack-Obama-Wandteppich von Chuck Close und Rembrandts *Porträt einer 40-jährigen Frau*.

Feste & Events

★ Kentucky Derby SPORT
(☎502-636-4400; www.kentuckyderby.com; 700 Central Ave) Am ersten Samstag im Mai wirft sich Amerikas Oberschicht mit Nadelstreifenanzügen und extravaganten Hüten in Schale, um die „zwei großartigsten Minuten des Sports zu erleben": Beim legendären Kentucky Derby, dem am längsten bestehenden Sportereignis in Nordamerika, donnern 20 Pferde über die Bahn von Churchill Downs.

First Friday Hop KUNST
(www.firstfridayhop.com; Main St & Market St; ⏲1. Fr im Monat 7–19 Uhr) Über 50 Galerien, Boutiquen und Restaurants nehmen an dieser monatlichen Veranstaltung im Zentrum und im NuLu-Viertel entlang der Main St und Market St teil. Der LouLift-Bus befördert Passagiere umsonst.

Geführte Touren

★ Waverly Hills Sanatorium GEFÜHRTE TOUR
(☎502-933-2142; www.therealwaverlyhills.com; 4400 Paralee Lane; 2/6 Std. Führung 25/75 US$; ⏲März–Aug. Fr & Sa) Das verlassene Waverly Hills Sanatorium thront wie die Burg eines verrückten Königs über Louisville. Anfang des 20. Jhs beherbergte es die Opfer einer Tuberkulose-Epidemie. Die Leichname der verstorbenen Patienten wurden über eine Rutsche in den Keller befördert – kein Wunder, dass es in dem Gebäude spuken soll! Wer auf Geisterjagd gehen möchte, kann sich einer nächtlichen Führung anschließen. Echte Helden können hier sogar die Nacht verbringen.

Big Four Bridge STADTSPAZIERGANG, RADFAHREN
(www.louisvillewaterfront.com; East River Rd; ⏲24 Std.) Die zwischen 1888 und 1895 erbaute Big Four Bridge führt über den Ohio River hinüber nach Indiana. Seit 1969 für den Fahrzeugverkehr gesperrt, aber 2013 für Fußgänger und Radfahrer wieder geöffnet, bietet sich von überall auf der Brücke ein hübscher Blick auf Stadt und Fluss.

Schlafen

Bed and Bike APARTMENTS $
(www.bedandbike.com; 822 E Market St; Apt. 100–160 US$; ❄📶) Die Besitzer von Parkside Bikes vermieten im zweiten Stock ihres Gebäudes mehrere Apartments, von Studios bis zu Einheiten mit zwei Schlafzimmern. Alle sind hell im urban-lässigen Stil eingerichtet, zudem stehen Gästen zur Erkundung der Stadt zwei Fahrräder zur Verfügung. Die Lage im Herzen von NuLu ist großartig: Direkt vor der Tür gibt es verschiedene Restaurants und Bars.

Rocking Horse B&B B&B $$
(☎502-583-0408; www.rockinghorse-bb.com; 1022 S 3rd St; Zi. 125–250 US$; P❄📶) Nahe der Universität von Louisville an einem Abschnitt der 3rd St, die einst Millionaire's Row genannt wurde, liegt dieses neoromanische Herrenhaus von 1888 mit vielen bemerkenswerten historischen Elementen. Die sechs Gästezimmer sind mit viktorianischen Antiquitäten und prächtigen, original erhaltenen Buntglasfenstern geschmückt. Gäste können im englischen Garten ihr Zwei-Gänge-Frühstück und im Salon kostenlosen Portwein genießen.

★ 21c Museum Hotel Louisville DESIGNERHOTEL $$$
(☎502-217-6300; www.21cmuseumhotels.com; 700 W Main St; Zi. 209–329 US$; P❄📶🐾) Das Hotel ist zugleich ein Museum für zeitgenössische Kunst und zeichnet sich durch außergewöhnliches Design aus: Während die Gäste auf den Aufzug warten, werden ihre verzerrten Abbilder und Stimmen auf eine Videoleinwand übertragen, und in den Herrentoiletten säumen Urinale aus durchsichtigem Glas die Wände. Die Zimmer sind nicht ganz so interessant wie die fünf Galerieräume mit zeitgenössischer Kunst, die zugleich als Gemeinschaftsräume fungieren, haben jedoch hohe Decken und viel natürliches Licht.

Essen

Gralehaus AMERIKANISCH $
(☎502-454-7075; www.gralehaus.com; 1001 Baxter Ave; Hauptgerichte 8–13 US$; ⏲8–16 Uhr; 📶) Das gemütliche Lokal in einem historischen Wohnhaus aus dem frühen 20. Jh. serviert den ganzen Tag über Frühstück. Gäste können sich auf leckere Interpretationen traditioneller Südstaatenküche freuen, z. B. *biscuits and gravy* von der Ente sowie Lamm mit Maisgrütze aus regionalen Zutaten. In der Regel ist das Gralehaus gut besucht, meist muss man jedoch nicht lange auf einen Tisch warten. Über den Hinterhof führt ein Weg zu der Kneipe Holy Grale.

Garage Bar KNEIPENESSEN $

(☎502-749-7100; www.garageonmarket.com; 700 E Market St; Hauptgerichte 13–16 US$; ⊙Mo–Do 17–22, Fr & Sa 11–23, So 11–22 Uhr; 📶) An einem warmen Nachmittag macht man sich am besten zu dieser hippen umgebauten Autowerkstatt in NuLu auf, die ein Camaros-Sportwagen-pärchen ziert, und bestellt eine Runde Basil Gimlets und die Schinken-Käse-Platte (jeweils 3 Sorten aus der Region, serviert mit frischem Brot und Eingemachtem; 28 US$).

Silver Dollar SÜDSTAATENKÜCHE $$

(☎502-259-9540; www.whiskeybythedrink.com; 1761 Frankfort Ave; Hauptgerichte 15–27 US$; ⊙Mo–Fr 17–2, Sa & So ab 10 Uhr; 📶) Das Silver Dollar legt sich gastronomisch gesehen nicht fest – auf den Tisch kommt eine Art kalifornisch inspirierte Südstaatenküche –, ist jedoch unverhohlen bourbonlastig und ein Fest für die Geschmacksknospen. Gäste können sich auf Hähnchen und Waffeln, *beer can hen* (gebratenes Junghuhn mit einer Dose Old-Milwaukee-Bier) und tolle *chilaquiles* freuen. Dazu passt eine der unzähligen (240, um genau zu sein) Bourbon-Sorten.

Decca AMERIKANISCH $$$

(☎502-749-8128; www.deccarestaurant.com; 812 E Market St; Hauptgerichte 28–31 US$; ⊙Mo–Sa 17.30–22 Uhr; 📶) Eine Köchin aus San Francisco, die aber im Süden geboren wurde, eröffnete dieses schöne Restaurant mit Kork-Holz-Boden, Innenhof mit Springbrunnen und hübschem Laguiole-Besteck. Die Einheimischen waren zuerst skeptisch, Annie Pettry wusste jedoch zu überzeugen. Der Schwerpunkt der leckeren, saisonalen Speisen liegt auf Spezialitäten vom Holzkohlegrill.

★**Proof on Main** AMERIKANISCH $$$

(☎502-217-6360; www.proofonmain.com; 702 W Main St; Hauptgerichte 29–40 US$; ⊙Mo–Do 7–14 & 17.30–22, Fr bis 23, Sa 7–14.30 & 17.30–23, So bis 22 Uhr; 📶) Es ist wohl das beste Restaurant in Louisville. Die Cocktails sind fabelhaft, die Wein- und Bourbonkarte ist lang und erlesen (im Proof gibt's die exklusiven und seltenen Whiskeys Woodford Reserve und Van Winkle), während die exquisiten Gerichte vom feinen gegrillten Käse bis zu einem köstlichen Bison-Burger oder raffinierten scharfen Brathähnchen reichen.

Ausgehen & Nachtleben

★**Holy Grale** KNEIPE

(☎502-459-9939; www.holygralelouisville.com; 1034 Bardstown Rd; ⊙Mo–Do 16–24, Fr 16–1, Sa 12–1, So 12–24 Uhr; 📶) Eine der besten Bars von Louisville ist in einer alten Kirche untergebracht und serviert neu interpretierte Kneipenküche (belgische Gourmet-*frites*, grünes Muschelcurry, Rippchen mit Poutine; Hauptgerichte 6–14 US$). Außerdem gibt es eine eindrucksvolle Bierauswahl mit dem Schwerpunkt auf seltenen deutschen, dänischen, belgischen und japanischen Sorten vom Fass. Die stärksten (bis zu 13 % Alkohol) gibt's auf der Chorempore. Halleluja!

Mr. Lee's COCKTAILBAR

(☎502-450-5368; www.mrleeslounge.com; 935 Goss Ave; ⊙Mi–Sa 17–2, So 18–1 Uhr) Germantowns Cocktail-Hochburg ist dieser Laden im harmonischen Retro-Chic, die eine kleine, aber feine Auswahl serviert. Die halbkreisförmige Bar aus rotem Leder lädt gemeinsam mit den netten, von Kerzen beleuchteten Tischen und Sitzbänken im Stil der 1950er-Jahre zu einem feuchtfröhlichen Abend ein. Es gibt sogar Teppichboden!

Monnik Beer Co KLEINBRAUEREI

(☎502-742-6564; www.monnikbeer.com; 1036 E Burnett Ave; ⊙So–Di 11 Uhr–22, Mi & Do bis 24, Fr & Sa bis 1 Uhr; 📶) Das megapopuläre Monnik befindet sich im aufstrebenden Schnitzelburg. Es gibt 20 Zapfhähne – erwähnenswert ist vor allem der Zapfhahn für IPA-Biere – in diesem recht engen, hippen Raum, in dem nicht nur das Bier fabelhaft ist. Der Bierkäse mit Vollkornbrot ist derartig lecker, dass man ihn auf Rezept verschreiben sollte. Und auch die Burger von nur mit Gras gefütterten Rindern sind perfekt!

Praktische Informationen

Visitor Center (☎502-379-6109; www.gotolouisville.com; 301 S 4th St; ⊙Mo–Sa 10–17, So 12–17 Uhr) Broschüren und hilfsbereite Mitarbeiter. Zudem kann man hier Bourbon-Trail-Pässe erwerben und einlösen.

Anreise & Unterwegs vor Ort

Der Louisville Muhammad Ali International Airport (S. 440) liegt 5 Meilen (8 km) südlich der Stadt an der I-65. Hierher gelangt man per Taxi, Lyft oder Uber (20–25 US$) sowie mit dem Stadtbus 2 (1,75 US$, es wird kein Wechselgeld ausgegeben). Der Busbahnhof von **Greyhound** (☎502-561-2807; www.greyhound.com; 720 W Muhammad Ali Blvd) befindet sich gleich westlich der Downtown.

TARC (www.ridetarc.org) betreibt die kostenlosen LouLift-Busse, die einen Großteil der Sehenswürdigkeiten und beliebtesten Restaurants anfahren. Die Silver Line fährt die 4th St entlang und nach Churchill Downs, während die Red Line entlang der Main St und der Market St in NuLu und im Zentrum verläuft.

Louvelo (www.louvelo.com), Louisvilles Fahrradleihsystem, hat 321 limettengrüne Räder, die sich auf Stationen in der ganzen Stadt verteilen. Eine 30-minütige Fahrt kostet 3,50 US$, für die unbegrenzte Nutzung in einem Zeitraum von 24 Stunden zahlt man 7,50 US$.

Uber und Lyft sind praktisch für innerstädtische Fahrten.

Bluegrass Country

Wer an einem sonnigen Tag durch das Bluegrass Country fährt, entdeckt grasende Pferde in den leuchtend grünen Hügeln, gespickt mit Teichen, Pappeln und hübschen Landhäusern. Die einst wilde Wald- und Wiesenlandschaft ist seit über 250 Jahren ein Zentrum der Pferdezucht. Die natürlichen Kalksteinvorkommen der Region – Kalksteinfelsen schrauben sich majestätisch wie aus dem Nichts in die Höhe – sollen für das besonders nährstoffreiche Weideland verantwortlich sein. Im Frühling zieren winzige azurblaue Blüten die Wiesen, deswegen der Name „Bluegrass". Bei einer Fahrt auf dem Old Frankfort Pike (oder KY 1681), einer Nebenstraße zwischen Frankfort und Lexington, zeigt sich die Landschaft in all ihrer Pracht.

VOLLBLUTPFERDE

Hintergrundinfos zu den bekannten Rennpferden, die in dieser Region gezüchtet werden, bieten die Exkursionen von **Thoroughbred Heritage Horse Farm Tours** (☎859-260-8687; www.seethechampions.com; 3-stündige Touren Erw./Kind 38/28 US$; ⏲8.30 & 12.30 Uhr). Bei den geführten Touren geht's in der Regel per Van zu einem Rundgang auf die Rennstrecke Keeneland sowie zu ein bis zwei Pferdezuchten. Die genauen Ziele hängen vom Rennkalender ab. Die Abholung erfolgt in verschiedenen Hotels in und um Lexington.

Wer in Eigenregie losziehen möchte, kann das **Thoroughbred Center** (☎859-293-1853; www.thoroughbred-center.com; 3380 Paris Pike; Erw./Kind 15/8 US$; ⏲Führungen April–Okt. Mo–Sa 9 Uhr, Nov.–März Mo–Fr 9 Uhr) besuchen. Die 90-minütigen Führungen geben Einblicke in das Training der Rennpferde, zudem werden Stallungen, Trainingsbahnen und Koppeln besichtigt.

Lexington

Vornehmer als Lexington mit seinen teuren Villen und noch teureren Pferden kann eine Stadt kaum sein. Die einst wohlhabendste und kultivierteste Stadt westlich der Allegheny Mountains wurde früher „Athen des Westens" genannt und ist Sitz der University of Kentucky sowie das Zentrum der Vollblutzucht. In der kompakten Innenstadt finden sich hübsche viktorianische Viertel, historische, von Gärten gesäumte Anwesen und kleine Brennereien. Wer sich für Bier und Pferderennen begeistert, ist hier genau richtig.

Sehenswertes

Kentucky Horse Park PARK
(www.kyhorsepark.com; 4089 Iron Works Pkwy; im Sommer Erw./Kind 20/10 US$, im Winter Erw./Kind 12/6 US$, April–Okt. Reiten 25 US$; ⏲April–Okt. 9–17 Uhr, Nov.–März Mo & Di geschl. 👪) Das Zentrum für Pferdesport mit lehrreichem Themenpark liegt gleich nördlich von Lexington auf einem 485 ha großen Gelände. Pferde aus 50 verschiedenen Zuchtlinien leben hier und wirken bei besonderen Liveshows mit.

Ashland HISTORISCHES GEBÄUDE
(☎859-266-8581; www.henryclay.org; 120 Sycamore Rd; Erw./Kind 15/7 US$; ⏲April–Nov. Di–Sa 10–16, So 13–16 Uhr, März & Dez. So geschl., Jan. & Feb. geschl.) Ashland ist teils historisches Wohnhaus und teils öffentlicher Park mit märchenhaften Gärten. Das italienisch inspirierte Anwesen gehörte einst dem berühmten Staatsmann und großen Redner Henry Clay (1777–1852), einem der beliebtesten Söhne Kentuckys.

Lexington Art League at Loudoun House GALERIE
(☎859-254-7024; www.lexingtonartleague.org; 209 Castlewood Dr; ⏲Di–Do 10–16, Fr 10–20, Sa & So 13–16 Uhr) GRATIS Kunst- und Architekturliebhaber sind in dieser Galerie für freche, zeitgenössische Kunst genau richtig. Sie befindet sich in einem freistehenden Herrenhaus im Stil des American Gothic Revival im NoLi-Viertel, das zu einem von nur fünf erhaltenen Bauwerken dieser Art in den USA gehört. Die innovativen Ausstellungen, etwa sechs pro Jahr, sind für hiesige Verhältnisse recht provokativ. Verspielte, moderne Skulpturen zieren das Gelände.

Schlafen

Lyndon House B&B $$
(☎859-420-2683; www.lyndonhouse.com; 507 N Broadway; Zi. ab 199–279 US$; P❄@📶) Ein ordinierter Geistlicher und Feinschmecker mit viel Liebe fürs Detail ist der Gastgeber in diesem anspruchsvollen, geräumigen B&B in einem historischen Herrenhaus von 1885 in Downtown. Anton nimmt es mit der Gastfreundschaft sehr Ernst, vor allem wenn es um das Frühstück geht. Die sieben Zimmer sind mit altmodischen Möbeln und allen modernen Annehmlichkeiten ausgestattet. Zudem findet man viele Restaurants und Kneipen quasi direkt vor der Haustür.

★ **21c Museum Hotel Lexington** DESIGNERHOTEL $$$
(☎859-899-6800; www.21cmuseumhotels.com; 167 W Main St; Zi. 209–329 US$; P❄📶) Den Eingang des Designerhotels im Zentrum zieren gebogene Straßenlaternen auf dem Gehsteig, deren mundgeblasenes Glas aus Venedig stammt. Das Original in Louisville ist mittlerweile in mehreren Bundesstaaten vertreten. Das Hotel wirkt eher wie ein Museum mit Übernachtungsmöglichkeiten und bietet vier Galerien für zeitgenössische Kunst sowie Dauerausstellungen mit regionaler Kunst auf jedem Stockwerk.

Essen & Ausgehen

★ **Blue Door Smokehouse** BARBECUE $
(☎859-252-4227; www.bluedoorsmokehouse.com; 226 Walton Ave; Hauptgerichte 9–16 US$; ⌚Mo–Do 11–15, Fr & Sa bis 20 Uhr) Einfach dem Duft in dieses kleine Grillrestaurant hinter einer hellblauen Tür folgen. Highlight ist die zarte, saftige Rinderbrust. Wer noch eine Portion will, muss früh kommen, denn sie ist schnell ausverkauft. Plan B: Pulled Pork.

Stella's Kentucky Deli DELI $
(☎859-255-3354; www.stellaskentuckydeli.com; 143 Jefferson St; Sandwiches 6–10 US$; ⌚9–16 Uhr; 📶✐) 🍃 Der Feinkostladen hat über 30 Jahre auf dem Buckel und lohnt einen Besuch. Die aktuellen Inhaber haben den Coolness-Faktor gesteigert und legen den Schwerpunkt auf hochwertige Erzeugnisse hiesiger Farmer. Die leckeren Sandwiches, Suppen und Salate sowie saisonalen Biere werden in einem historischen Haus mit einem Dach aus recyceltem Blech und geselliger Bar serviert.

★ **Carson's Food & Drink** AMERIKANISCH $$$
(☎859-309-3039; www.carsonsfoodanddrink.com; 362 E Main St; Brunch 11–17 US$, Hauptgerichte 20–36 US$; ⌚Mo–Do 11.30–22, Fr 11.30–23, Sa 10–23, So 10–22 Uhr; 📶) Cocktails aus der Zeit der Prohibition (8–10 US$) und Bloody Marys (garniert mit Speck, Garnele, Sellerie, Oliven, Pepper-Jack-Käse und Pepperoncini) sorgen für den richtigen Pegel in diesem rustikalen, gehobenen Restaurant, dessen fleischlastige Speisekarte dekadente, moderne Hausmannskost aufweist. Die Trüffel-Pommes mit Sauce béarnaise und Butterkrebsen sind köstlich, außerdem gibt's gegrillten Schweinebauch und Bierkäse-Burger.

★ **Country Boy Brewing** KLEINBRAUEREI
(☎859-554-6200; www.countryboybrewing.com; 436 Chair Ave; ⌚Mo–Sa 11–24, So bis 22 Uhr) Getreu seinem Namen, bietet das Country Boy mit seinen Trucker-Hüten, ausgestopften Tieren und Tarnfarben gutes Bier in authentischem Kentucky-Ambiente. Rund 24 Zapfhähne sind den experimentellen, hauseigenen Brauerzeugnissen vorbehalten, die mit einem ländlich abgewandelten Ansatz à la Mikkeller gebraut werden (im Eichenfass ausgebautes Bier mit Erdbeeren, rauchige Jalapeño-Porter, im Eichenfass ausgebaute DIPA-Biere). In der Regel sind auch Sorten anderer Brauereien im Angebot.

★ **Chocolate Holler** TRINKSCHOKOLADE
(☎859-523-3619; www.facebook.com/chocolatehollerky; 400 Old Vine St, Ste 104; ⌚Mo–Fr 7.30–22, Sa 10–22, So 12–19 Uhr) Eine Bar, deren Spezialität Trinkschokolade ist, sollte es an jeder Straßenecke geben! Die Baristas helfen dabei, sich für eine der sieben Sorten zu entscheiden, darunter eine mit Chili aus Mexiko oder eine starke, dunkle Variante aus Tansania. Alternativ nimmt man einfach das Probierangebot mit drei Sorten (8 US$).

Unterhaltung

★ **Keeneland** PFERDERENNEN
(☎859-254-3412; www.keeneland.com; 4201 Versailles Rd; Eintritt 5 US$; ⌚Rennen April & Okt.) Was die Qualität der Rennen betrifft, kommt die Keeneland-Rennbahn gleich nach den Churchill Downs. Die Rennen finden jeweils im April und im Oktober statt. In der Saison kann man auch von Sonnenaufgang bis 10 Uhr beim Training der Champions zusehen. Die häufig stattfindenden Pferdeauktionen locken Scheichs, Sultane, Hedgefonds-Fürsten sowie deren Gefolge an.

The Burl LIVEMUSIK
(www.theburlky.com; 375 Thompson Rd; Gedeck 10–20 US$; ⌚Mo & Mi–So 16–2.30 Uhr) Jenseits

der Bahngleise vom Distillery District und in einem sorgfältig restaurierten Zugdepot von 1928 befindet sich das Burl, das Lexingtons Livemusikszene verändert hat. Diese hat nun endlich einen angemessenen Ort für Auftritte lokaler und regionaler Darsteller.

Praktische Informationen

Visitor Center (VisitLEX; ☎859-233-7299; www.visitlex.com; 215 W Main St; ⊙Mo–Fr 9–17, Sa ab 10 Uhr) Hier gibt es Karten und Infos zu Roadtrips in der Region. Das sachkundige Personal kann fast immer weiterhelfen. Im Historic Lexington Courthouse.

Anreise & Unterwegs vor Ort

Der **Blue Grass Airport** (LEX; ☎859-425-3100; www.bluegrassairport.com; 4000 Terminal Dr) liegt 6 Meilen (10 km) westlich der Downtown und bietet 18 direkte Inlandsflüge. **Greyhound** (☎859-299-0428; 477 NW New Circle Rd) findet man 2 Meilen (ca. 3 km) nordöstlich des Zentrums.

Lextran (☎859-253-4636; www.lextran.com; 150 E Vine St; ⊙Mo–Fr 6–18, Sa & So 8–16 Uhr) betreibt die Stadtbusse (Einheitstarif 1 US$). Bus 6 fährt zum Busbahnhof von Greyhound, Bus 21 zum Flughafen und zur Keeneland-Rennbahn.

Die Stadt testet gerade das stationslose Fahrradleihsystem Spin (www.spin.pm). Die orangefarbenen Räder werden mittels einer App freigeschaltet und man zahlt 1 US$ für 30 Minuten. Uber und Lyft sind vor Ort recht gut etabliert.

Zentrales Kentucky

Das zentrale Kentucky ist die namhafteste Region des Bundesstaates, schließlich ist man hier mitten im Bourbon-Land! Kentuckys weltbekannte, hier gebrannte Spirituosen lassen die Einnahmen sprudeln, halten die Bewohner bei Laune und verfeinern die hiesige Küche. Auf das kleine, idyllische Bardstown konzentrieren sich die großen Namen unter den Brennereien. Kleinere Hersteller findet man rund um Frankfort, die malerische Hauptstadt des Bundesstaates. Das hippe Louisville sorgt mit seinen betriebsamen Restaurants und außergewöhnlichen Museen (und natürlich mit Bourbon) für urbane Freuden, zudem findet hier das bekannteste Pferderennen der Welt statt. Auch Lexington weiß sich zu behaupten: Die kultivierte Stadt ist das internationale Zentrum der Pferdezucht und braut gutes Bier. Hinzu kommen Bereas Kunstszene, Bowling Greens Corvettes und die surreale Höhlenwelt von Mammoth Cave – ein wahres Best of Kentuckys!

Shaker Village of Pleasant Hill MUSEUM
(☎800-734-5611; www.shakervillageky.org; 3501 Lexington Rd, Harrodsburg; Erw./Kind 14/7 US$, Bootsfahrt auf dem Fluss 10/5 US$; ⊙Mo–Do & So 10–17, Fr & Sa bis 20 Uhr) Dieses Gebiet war bis zum Beginn des 20. Jhs. die Heimat der Mitglieder der religiösen Shaker-Sekte. Besucher können Dutzende tadellos restaurierte Gebäude besichtigen, die inmitten von Butterblumenwiesen liegen und von gewundenen Steinwegen umgeben sind. Es gibt einen Gasthof, ein Restaurant und einen Souvenirladen, der das berühmte Kunsthandwerk der Shaker verkauft. Einstündige Flussbootsfahrten geben den Blick auf eindrucksvolle Kalksteinfelsen entlang des Kentucky River frei.

Shaker Village Inn INN $$
(☎859-734-5611; www.shakervillageky.org; 3501 Lexington Rd, Harrodsburg; Zi. 125–195 US$; P 📶) Das Hauptgebäude diente einst als Verwalterbüro von Harrodsburg und hat eine kunstvoll gearbeitete, doppelte Wendeltreppe. Die großen, freundlichen, lichtdurchfluteten Zimmer haben hohe Decken, Holzmöbel und zwei Schaukelstühle, die zum Lesen und Entspannen einladen. Die Unterkünfte in den zwölf anderen historischen Gebäuden sind ähnlich eingerichtet. Insgesamt stehen 72 Zimmer zur Auswahl.

Anreise & Unterwegs vor Ort

Der **Louisville Muhammad Ali International Airport** (SDF; ☎502-367-4636; www.flylouisville.com; 600 Terminal Dr) ist nur dem Namen nach international und Kentuckys größter Flughafen. Hier landen direkte Inlandsflüge, u. a. aus Atlanta, Charlotte, Chicago, Minneapolis, New York und Washington, D. C.

Der Bluegrass Pkwy führt von der I-65 im Westen bis zur US 60 im Osten und passiert dabei einige der üppigsten Weidelandschaften Kentuckys. Bardstown und das Herz des Bourbon Country liegen 40 Meilen (64 km) südöstlich von Louisville, rund 70 Meilen (113 km) weiter südlich befindet sich der Mammoth Cave National Park. Lexington liegt etwa 78 Meilen (125 km) östlich von Louisville. Mit einem Mietwagen lässt sich die Region am besten erkunden.

Daniel Boone National Forest

Zerklüftete Schluchten und Sandsteinfelsen, die der Schwerkraft zu trotzen scheinen, drücken dem riesigen Daniel Boone National Forest in den Ausläufern der Appalachen im östlichen Kentucky ihren Stempel auf. Zu den Highlights gehören die wilden Klippen der Red River Gorge im nördlichen Teil und die Cumberland Falls, die sogenannten Niagarafälle des Südens, im südlichen Abschnitt. Hier kann man wunderbar wandern, klettern, campen, Bootstouren unternehmen und angeln.

Cumberland Falls State Resort Park STATE PARK

(☎606-528-4121; www.parks.ky.gov; 7351 Hwy 90, Corbin) GRATIS Cumberland Falls gehört zu den wenigen Orten der Welt mit einem Mondregenbogen, einem Regenbogen, der nachts im Wassernebel zu sehen ist. Auf der Website des Parks ist nachzulesen, wann das monatliche Phänomen auftritt. Ein Rundweg führt über 1 Meile (1,6 km) zu den Wasserfällen, einem 38 m breiten Vorhang aus Wasser, der unabhängig von der Tageszeit beeindruckt.

Natural Bridge State Resort Park STATE PARK

(☎606-663-2214; www.parks.ky.gov; 2135 Natural Bridge Rd, Slade) GRATIS Der State Park grenzt an die Red River Gorge und ist für seinen 20 m hohen und 24 m langen Sandsteinbogen bekannt. Es gibt ein 20 Meilen (32 km) langes Netz an vorwiegend kurzen Wanderwegen; am beliebtesten ist der Original Trail zum Fuß des Bogens (einfache Strecke 1,2 km). Wer nicht laufen möchte, fährt mit der Seilbahn über die Brücke (Erw./Kind hin & zurück 15/12 US$).

Red River Outdoors KLETTERN

(☎859-230-3567; www.redriveroutdoors.com; 415 Natural Bridge Rd, Slade; halb-/ganztägige Klettertour ab 65/90 US$) Bietet geführte Klettertouren für Anfänger und erfahrene Kletterer, vermietet Hütten (110–145 US$) am Rand der Schlucht und veranstaltet gelegentlich Yogakurse.

Mammoth Cave National Park

In diesem **Nationalpark** (☎270-758-2180; www.nps.gov/maca; 1 Mammoth Cave Pkwy; Parkeintritt frei, Führung Erw. 8–60 US$, Kind 6–24 US$; ⏲Mitte März–Mitte Aug. 8–18.30 Uhr, Mitte Aug.–Okt. 8–18 Uhr, Nov.–Mitte März 8.30–16.30 Uhr) befindet sich das größte Höhlensystem der Erde mit rund 652 km kartierten Gängen. Die Mammoth Cave ist mindestens dreimal so groß wie jede andere bekannte Höhle und birgt gewaltige Felskathedralen, scheinbar bodenlose Abgründe und unwirkliche, wellenförmige Felsformationen. Ranger führen Besucher auf exzellenten Touren in die unterirdische Höhlenwelt. Wenn möglich, sollte man im Voraus buchen (unter www.recreation.gov). Vor allem im Sommer und am Wochenende sind die Touren schnell belegt.

Neben den Höhlen bietet der Park 85 Meilen (137 km) an Wegen, von denen sich alle zum Wandern sowie 60 Meilen (96,5 km) für Ausritte und 25 Meilen (40,2 km) für Mountainbike-Touren eignen. Es gibt auch drei Campingplätze (Stellplätze ab 20 US$). Buchungen für Campingplätze (www.recreation.gov) und Unterkünfte (www.mammothcavelodge.com) sind online möglich.

ABSTECHER

MAKER'S MARK

Maker's Mark (☎270-865-2099; www.makersmark.com; 3350 Burks Spring Rd, Loretto; 1-stündige Führung 14 US$; ⏲Mai–Okt. Mo–Do 9.30–17, Fr & Sa 9.30–19, So 11.30–17 Uhr, Nov.–April tgl. bis 17 Uhr) erinnert im positiven Sinne an einen historischen Themenpark. Neben der alten Getreidemühle gehören das Brennmeisterhaus aus den 1840er-Jahren und die altmodische Feuerwache zur Anlage. Zudem können Besucher dabei zusehen, wie hellbeiger, saurer Brei in riesigen Zypressenbottichen fermentiert, Whiskey doppelt in Kupfergefäßen destilliert wird und Bourbon-Fässer in Lagerräumen aus Holz reifen. Führungen finden den ganzen Tag über statt, wobei die letzte 90 Minuten vor Schließung beginnt. Im Souvenirladen kann man seine eigene Flasche mit dem typischen roten Wachs versiegeln.

Die Verköstigung, die die Führung beinhaltet, ist großzügig. Längere Spezialtouren müssen vorab gebucht werden. Das hiesige Restaurant Star Hill Provisions sorgt bei einem Bourbon-Schwips mit guter Südstaatenküche für Abhilfe.

GEORGIA

Der größte Bundesstaat östlich des Mississippi ist ein Potpourri geografischer und kultureller Extreme: rechtsgerichtete Politiker der Republikaner in den ländlichen Gebieten stehen einem liberalen Idealismus in Atlanta und Savannah gegenüber; konservative Kleinstädte verschmelzen mit den sich ausdehnenden fortschrittlichen und finanzstarken Großstädten, im Norden ragen die Gipfel bis in die Wolken und entspringen reißende Flüsse, während in den Marschen der Küstengebiete das Riedgras wogt und es von Winkerkrabben wimmelt. Georgias südliche Strände und Inseln sind ebenso wie die Küche und die Bars ein Traum und – in der Tat – widersprüchlich.

Atlanta, die kulturell reiche, facettenreiche Hauptstadt Georgias, steht sinnbildlich für die Widersprüche der Region: Einerseits ist sie eine Bastion afroamerikanischer Emanzipation, eine Hip-Hop-Hochburg, ein Hotspot der Film- und Technologieindustrie und das Epizentrum der Schwulen- und Lesben-Gemeinde, andererseits verbinden sich der alte Reichtum des Südens und neue Investitionen zu einem internationalen Finanzzentrum, das sich den konservativen Südstaatenwerten tief verbunden fühlt. All das macht Atlanta zu einer attraktiven Metropole, die sicherlich nicht *Vom Winde verweht* wurde.

Praktische Informationen

Touristeninfos für den ganzen Bundesstaat gibt es beim Georgia Department of Economic Development (800-847-4842, www.exploregeorgia.org).

Über Campingmöglichkeiten und Aktivitäten in State Parks informiert das Georgia Department of National Resources (800-864-7275, www.gastateparks.org).

Atlanta

Mit mehr als sechs Mio. Einwohnern in der Stadt und den Vororten erlebt Atlanta einen beispiellosen Boom dank der in den Süden ziehenden Einheimischen und der Einwanderer aus dem Ausland. Neben den altbekannten Attraktionen findet man hier eine ganze Reihe hervorragender Restaurants, einen spürbaren Einfluss von Hollywood (Atlanta ist ein beliebtes Filmproduktionszentrum) und eine bedeutende afroamerikanische Geschichte. Letztere kann nicht geleugnet werden: Jede landesweite afroamerikanische intellektuelle, politische oder künstlerische Bewegung hatte in Atlanta entweder ihre Wurzeln oder fand hier einen Wirkungsort.

Sehenswertes & Aktivitäten

Downtown

Downtown Atlanta bietet auf unheimlich dichtem Raum zahlreiche erstklassige Museen und Attraktionen. Damit können nur wenige US-amerikanische Städte mithalten.

★ Center for Civil & Human Rights MUSEUM

(☎678-999-8990; www.civilandhumanrights.org; 100 Ivan Allen Jr Blvd; Erw./Student & Senior/Kind 20/18/16 US$; ⊙Mo–Sa 10–17, So ab 12 Uhr) 2014 kam in Atlantas **Centennial Olympic Park** (www.centennialpark.com; 265 Park Ave NW; ⊙7–23 Uhr) ein eindrucksvoller Neubau hinzu: die 68 Mio. US$ teure ernüchternde Gedenkstätte der amerikanischen Bürgerrechts- und der weltweiten Menschenrechtsbewegung. Das schön gestaltete und durchdacht ausgeführte Museum ist ein unbestreitbares Highlight, in dessen Mittelpunkt eine erschütternde interaktive Simulation an einer nachgebildeten Woolworth-Theke steht, die einen sprachlos macht und die Tränen in die Augen treibt.

College Football Hall of Fame MUSEUM

(www.cfbhall.com; 250 Marietta St; Erw./Senior/Kind 22/19/18 US$; ⊙So–Fr 10–17, Sa 9–18 Uhr; P 👪) Die Bedeutung des College-Footballs für die amerikanische Kultur kann man gar nicht genug hervorheben. Dieses Museum, das 2014 von Indiana in diese dreistöckige, 8756 m² große Institution verlegt wurde, ist ein supercooler, passender Schrein für den Sport.

World of Coca-Cola MUSEUM

(☎404-676-5151; www.woccatlanta.com; 121 Baker St; Erw./Senior/Kind 17/15/13 US$; ⊙Mo–Fr 10–17, Sa & So ab 9 Uhr) Das selbstgefällige Museum mag für Fans spritziger Limonade und zügelloser Kommerzialisierung unterhaltsam sein. Höhepunkt ist die Verkostung von Coke-Produkten aus aller Welt – ein Erlebnis für den Gaumen. Zum Programm gehören außerdem Werke von Andy Warhol, ein 4-D-Film sowie jede Menge Infos zur Unternehmensgeschichte und Werbematerial.

CNN Center GEFÜHRTE TOUREN

(☎404-827-2300; http://tours.cnn.com; 1 CNN Center, Ecke Marietta St & Centennial Olympic Park Dr; Erw./Senior/Kind 15/14/12, VIP-Tour 33 US$; ⊙Mo–Sa 9–17 Uhr, VIP-Touren 9.30, 11.30, 13.30 & 15.30 Uhr) Die 55-minütige Führung hinter die Kulissen der Zentrale des internationalen, 24-Stunden-Nachrichtensenders verspricht Fans eine gute Zeit. Obwohl die Besucher Wolf Blitzer (oder seinen Leuten) nicht sehr nah kommen, hat man in der Sendezeit von 9 bis 12 Uhr die besten Chancen, die Moderatoren live auf Sendung zu erleben. Während einer VIP-Tour betritt man das Nachrichtenstudio, die Kontrollräume und die Produktionsstudios.

Midtown

Mit ihren vielen tollen Bars, Restaurants und Kulturstätten ist die Midtown eine hippere Version Downtowns.

★ High Museum of Art MUSEUM
(☎404-733-4400; www.high.org; 1280 Peachtree St NE; Erw./Kind unter 5 Jahren 14,50 US$/frei; ⌚Di–Do & Sa 10–17, Fr bis 21, So 12–17 Uhr) Atlantas modernes High Museum war das erste Museum der Welt, das Werke aus dem Louvre zeigte, und ist wegen seiner Architektur und seiner erstklassigen Exponate einen Besuch wert. Das eindrucksvolle, weiß getünchte Gebäude beherbergt auf mehreren Etagen eine Dauerausstellung mit faszinierenden Möbelstücken aus dem späten 19. Jh., frühe Malereien der American-Modern-Ära von Künstlern wie George Morris und Albert Gallatin sowie Nachkriegswerke von Mark Rothko.

Atlanta Botanical Garden GÄRTEN
(☎404-876-5859; www.atlantabotanicalgarden.org; 1345 Piedmont Ave NE; Erw./Kind 22/19 US$; ⌚April–Okt. Di–So 9–19, Nov.–März bis 17 Uhr; P) In der nordwestlichen Ecke des Piedmont Park liegt der eindrucksvolle, 12 ha große botanische Garten mit einer japanischen Anlage, verschlungenen Wegen und dem faszinierenden Fuqua Orchid Center.

Margaret Mitchell House & Museum MUSEUM
(☎404-249-7015; www.atlantahistorycenter.com; 979 Crescent Ave NE; Erw./Student/Kind 13/10/5,50 US$; ⌚Mo–Sa 10–17.30, So ab 12 Uhr) Das vom Atlanta History Center betriebene Haus wurde in eine Gedenkstätte für die Autorin von *Vom Winde verweht* umgewandelt. Mitchell schrieb ihren Roman in der kleinen Kellerwohnung dieses Gebäudes im Tudor-Revival-Stil, das auf der Liste des National Register of Historic Places steht. Zu sehen sind Exponate zu Mitchells Leben und ihrer schriftstellerischen Laufbahn sowie der zweistündige Dokumentarfilm *The Making of a Legend*, der in Dauerschleife läuft.

Das Kombiticket (Erw./Student/Kind 21,50/18/9 US$) gilt auch im **Atlanta History Center** (☎404-814-4000; www.atlantahistorycenter.com; 130 West Paces Ferry Rd NW; Erw./Kind 16,50/11 US$; ⌚Mo–Sa 11–16, So 13–16 Uhr).

Piedmont Park PARK
(☎404-875-7275; www.piedmontpark.org; 400 Park Dr NE; ⌚6–23 Uhr) GRATIS Ein herrlicher, weitläufiger Stadtpark, der Schauplatz vieler Kultur- und Musikfestivals ist. Im Park gibt es phantastische Radwege und einen samstäglichen Flohmarkt (von 9–13 Uhr).

East Side

Die East Side öffnete sich als erstes Viertel Atlantas einem hippen, urbanen Lebensstil. Little Five Points gilt seit den 1980er-Jahren als Bastion der Gegenkultur, im künstlerischen Decatur entstehen seit den 1990er-Jahren Gourmettempel, und modernisierte städtische Distrikte wie Inman Park, Candler Park, Old Fourth Ward und East Atlanta Village erleben heute ein Revival als Lieblingsterrain gut betuchter Millennials mit kunsthandwerklichem Interesse. In starkem Kontrast dazu steht Sweet Auburn, die Heimat von Martin Luther King Jr. und der Bürgerrechtsbewegung.

★ Martin Luther King Jr. National Historic Site HISTORISCHE STÄTTE
(☎404-331-5190; www.nps.gov/malu; 450 Auburn Ave, Sweet Auburn; ⌚9–17 Uhr; P 👪) GRATIS Die historische Stätte erinnert an das Leben, die Arbeit und das Vermächtnis des Bürgerrechtlers, der als einer der größten Amerika-

ATLANTA MIT KINDERN

Atlanta hat eine Fülle von Aktivitäten, die Kinder bei Laune halten, begeistern und zugleich lehrreich sind. Viele Top-Sehenswürdigkeiten der Stadt sind für Kinder und Erwachsene gleichermaßen geeignet, z. B. die World of Coca-Cola und das **Georgia Aquarium** (☎404-581-4000; www.georgiaaquarium.com; 225 Baker St; Erw./Kind 40/34 US$; ⌚Mo–Fr 10–21, Sa & So ab 9 Uhr). Andere gehören zu den besten Kinderattraktionen im Südosten, darunter das **Center for Puppetry Arts** (☎Tickets 404-873-3391; www.puppet.org; 1401 Spring St NW; Museum 12,50 US$, Führung 16,50 US$; ⌚Di–Fr 9–17, Sa ab 10, So ab 12 Uhr) und das **Fernbank Museum of Natural History** (☎404-929-6300; www.fernbankmuseum.org; 767 Clifton Rd; Erw./Kind 20/18 US$; ⌚10–17 Uhr; P).

Atlanta

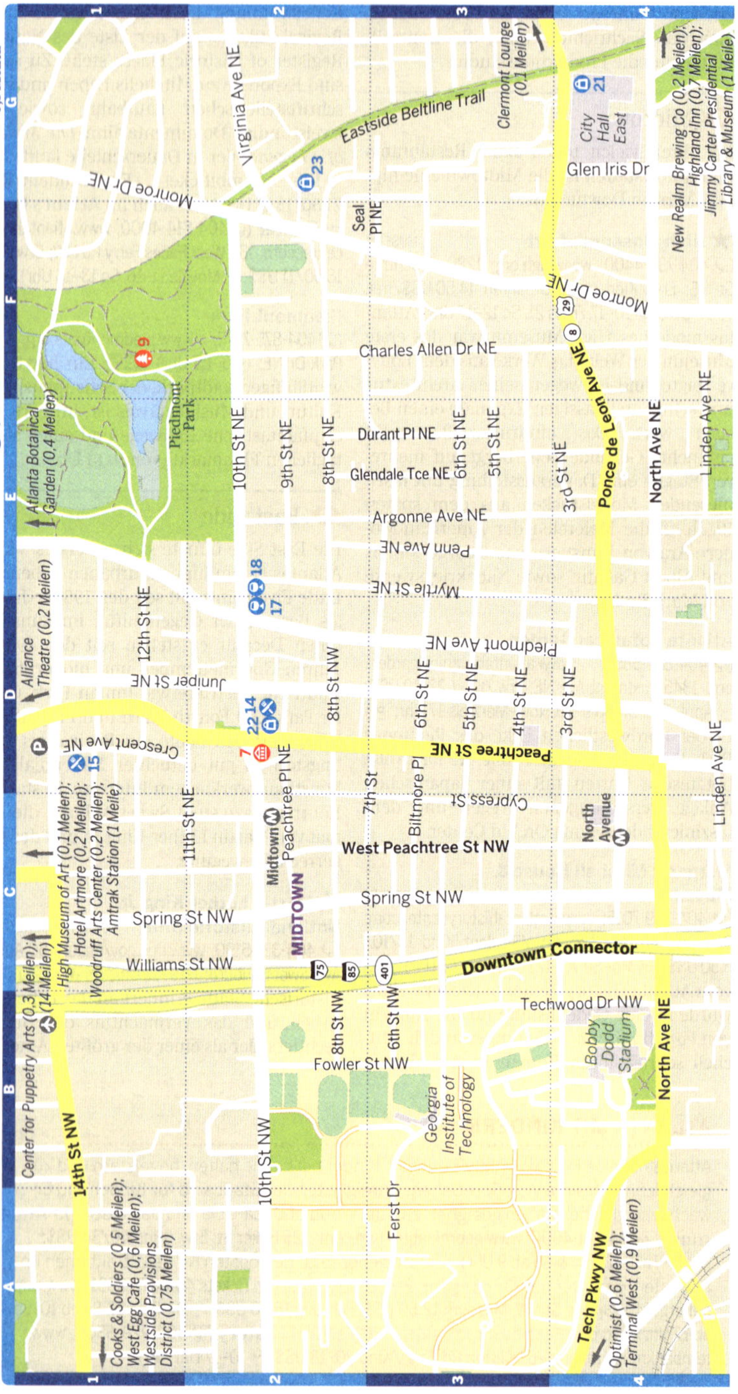
0
0
0,5 Meilen
1 km
Cooks & Soldiers (0,5 Meilen); West Egg Cafe (0,6 Meilen); Westside Provisions District (0,75 Meilen)
Center for Puppetry Arts (0,3 Meilen); (14 Meilen)
High Museum of Art (0,1 Meilen); Hotel Artmore (0,2 Meilen); Woodruff Arts Center (0,2 Meilen); Amtrak Station (1 Meile)
Alliance Theatre (0,2 Meilen)
Atlanta Botanical Garden (0,4 Meilen)
Piedmont Park
Clermont Lounge (0,1 Meilen)
New Realm Brewing Co (0,2 Meilen); Highland Inn (0,7 Meilen); Jimmy Carter Presidential Library & Museum (1 Meile)
Optimist (0,6 Meilen); Terminal West (0,9 Meilen)
14th St NW
10th St NW
8th St NW
6th St NW
Fowler St NW
Ferst Dr
Georgia Institute of Technology
Bobby Dodd Stadium
Techwood Dr NW
Tech Pkwy NW
North Ave NE
Downtown Connector
Williams St NW
Spring St NW
West Peachtree St NW
MIDTOWN
Midtown
Peachtree Pl NE
11th St NE
7th St
Biltmore Pl
Cypress St
North Avenue
Linden Ave NE
Crescent Ave NE
Peachtree St NE
Juniper St NE
12th St NE
8th St NW
6th St NE
5th St NE
4th St NE
3rd St NE
Piedmont Ave NE
Myrtle St NE
Penn Ave NE
Argonne Ave NE
Glendale Tce NE
Durant Pl NE
10th St NE
9th St NE
8th St NE
6th St NE
5th St NE
3rd St NE
Ponce de Leon Ave NE
North Ave NE
Charles Allen Dr NE
Monroe Dr NE
Seal Pl NE
Virginia Ave NE
Eastside Beltline Trail
Glen Iris Dr
City Hall East
Monroe Dr NE
7
9
14
15
17
18
21
22
23
75
85
401
29
8

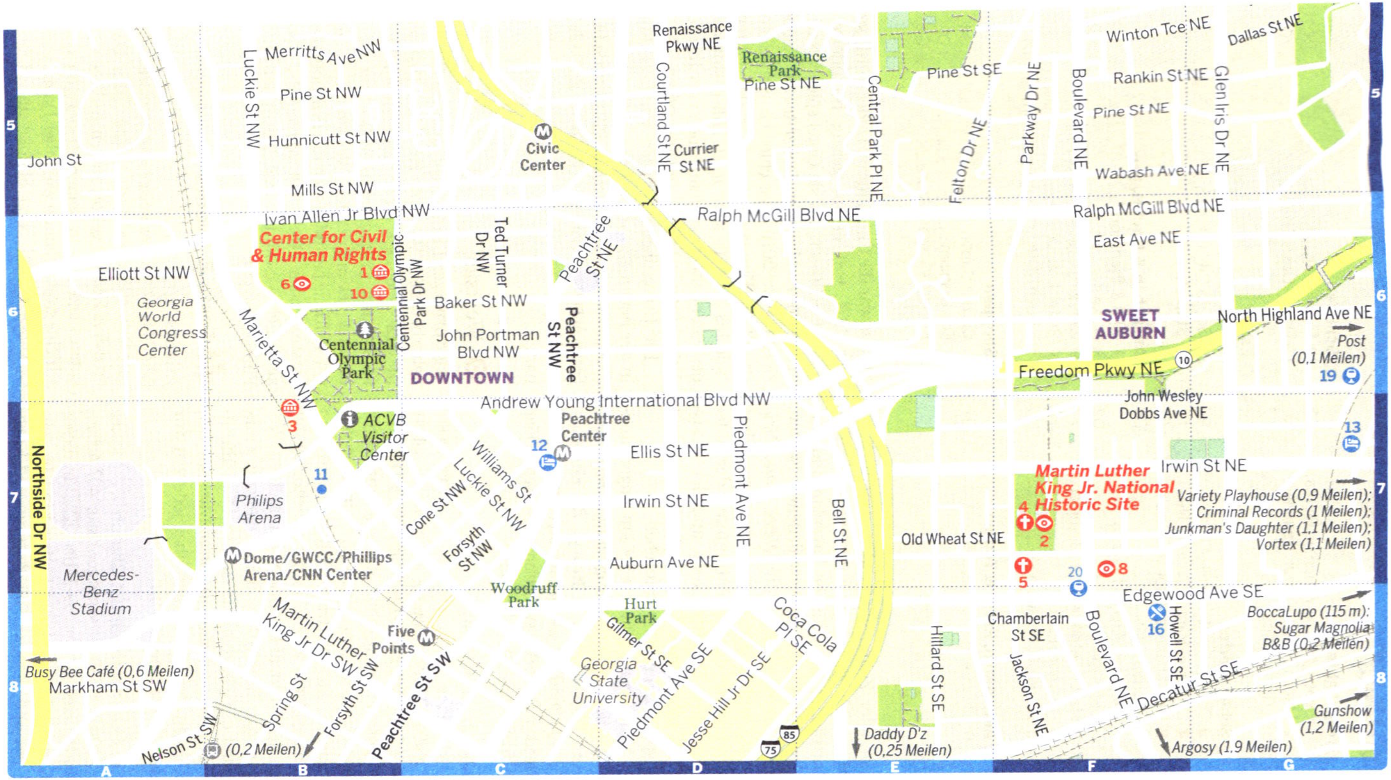
Center for Civil & Human Rights
Martin Luther King Jr. National Historic Site
SWEET AUBURN
DOWNTOWN
Centennial Olympic Park
ACVB Visitor Center
Georgia World Congress Center
Philips Arena
Mercedes-Benz Stadium
Georgia State University
Woodruff Park
Hurt Park
Renaissance Park
Civic Center
Peachtree Center
Five Points
Dome/GWCC/Phillips Arena/CNN Center
Northside Dr NW
John St
Luckie St NW
Merritts Ave NW
Pine St NW
Hunnicutt St NW
Mills St NW
Ivan Allen Jr Blvd NW
Elliott St NW
Marietta St NW
Centennial Olympic Park Dr NW
Ted Turner Dr NW
Peachtree St NE
Baker St NW
John Portman Blvd NW
Peachtree St NW
Andrew Young International Blvd NW
Williams St
Luckie St NW
Cone St NW
Forsyth St NW
Ellis St NE
Irwin St NE
Auburn Ave NE
Piedmont Ave NE
Bell St NE
Renaissance Pkwy NE
Courtland St NE
Currier St NE
Pine St NE
Ralph McGill Blvd NE
Central Park Pl NE
Pine St SE
Felton Dr NE
Parkway Dr NE
Boulevard NE
Rankin St NE
Winton Tce NE
Dallas St NE
Glen Iris Dr NE
Wabash Ave NE
East Ave NE
North Highland Ave NE
Freedom Pkwy NE
John Wesley Dobbs Ave NE
Old Wheat St NE
Edgewood Ave SE
Chamberlain St SE
Howell St SE
Hillard St SE
Jackson St NE
Decatur St SE
Coca Cola Pl SE
Jesse Hill Jr Dr SE
Piedmont Ave SE
Gilmer St SE
Peachtree St SW
Forsyth St SW
Martin Luther King Jr Dr SW
Spring St
Nelson St SW
Markham St SW
Busy Bee Café (0,6 Meilen)
(0,2 Meilen)
Daddy D'z (0,25 Meilen)
Argosy (1,9 Meilen)
Gunshow (1,2 Meilen)
BoccaLupo (115 m); Sugar Magnolia B&B (0,2 Meilen)
Variety Playhouse (0,9 Meilen); Criminal Records (1 Meilen); Junkman's Daughter (1,1 Meilen); Vortex (1,1 Meilen)
Post (0,1 Meilen)
1
2
3
4
5
6
8
10
11
12
13
16
19
20
10
75
85
A
B
C
D
E
F
G
5
6
7
8

Atlanta

Highlights
1 Center for Civil & Human Rights B6
2 Martin Luther King Jr. National Historic Site F7

Sehenswertes
3 College Football Hall of Fame B7
4 Ebenezer Baptist Church (New) F7
5 First Ebenezer Baptist Church F7
6 Georgia Aquarium B6
7 Margaret Mitchell House & Museum D2
8 Martin Luther King Jr. Birthplace F7
9 Piedmont Park F1
10 World of Coca-Cola B6

Aktivitäten, Kurse & Touren
11 CNN Center B7

Schlafen
12 Ellis Hotel C7
13 Urban Oasis B&B G7

Essen
14 Empire State South D2
15 South City Kitchen D1
16 Staplehouse F8

Ausgehen & Nachtleben
17 10th & Piedmont D2
18 Blake's E2
19 Ladybird Grove & Mess Hall G6
20 Sister Louisa's Church of the Living Room & Ping Pong Emporium F8

Shoppen
21 Citizen Supply G4
22 Eco Denizen D2
23 Richards Variety Store G2

ner aller Zeiten gilt, und nimmt mehrere Häuserblocks ein. Im ausgezeichneten Visitor Center gibt es einen Lageplan und eine Broschüre zu den verschiedenen Stätten, den 20-minütigen Film *New Time, New Voice* und Ausstellungen zum historischen Kontext wie der Rassentrennung, der systematischen Unterdrückung und der rassistisch motivierten Gewalt, die Kings Arbeit inspirierten und ihn antrieben.

Von hier aus führt ein 2,4 km langer, landschaftlich gestalteter Weg zum **Jimmy Carter Presidential Library & Museum** (404-865-7100; www.jimmycarterlibrary.org; 441 Freedom Pkwy, Poncey-Highland; Erw./Senior/Kind 8/6 US$/frei; 8–17 Uhr; P).

Martin Luther King Jr. Birthplace
WAHRZEICHEN

(404-331-5190; www.nps.gov/malu; 501 Auburn Ave, Sweet Auburn; 10–16 Uhr) GRATIS Die kostenlose Führung ohne Reservierung durch das Haus, in dem King seine Kindheit verbrachte, dauert etwa 30 Minuten und man muss sich am selben Tag beim Visitor Center an der National Historic Site anmelden. Wegen der begrenzten Teilnehmerzahl empfiehlt es sich, zeitig da zu sein. Die Führungen finden zwischen 10 und 16 Uhr statt, den übrigen Park kann man aber jederzeit vor der Führung besuchen.

First Ebenezer Baptist Church
KIRCHE

(404-331-5190; www.nps.gov/malu; 407 Auburn Ave NE, Sweet Auburn; 9–17 Uhr) GRATIS In dieser Kirche wirkten Martin Luther King Jr., sein Vater und Großvater als Pastoren und Kings Mutter war die Chorleiterin. Leider wurde sie hier 1974 von einem geistig behinderten Mann erschossen, als sie Orgel spielte. Nach der mehrere Millionen Dollar teuren Renovierung, die 2011 abgeschlossen wurde, erstrahlt die Kirche wieder wie in den Jahren 1960 bis 1968, als King Jr. als Hilfspastor seines Vaters tätig war. Heute sind in der Kirche Aufnahmen aus Kings Reden zu hören.

Die Gottesdienste werden sonntags nun in der neuen **Ebenezer Church** (404-688-7300; www.historicebenezer.org; 101 Jackson St NE, Sweet Auburn; Gottesdienste So 9 & 11.30 Uhr) auf der gegenüberliegenden Straßenseite gehalten.

Westside

Das vorwiegend industriell geprägte Gebiet beherbergt den Westside Provisions District in West Midtown, einen florierenden Einkaufs- und Restaurantkomplex. Hier und entlang des angesagten Westside Trail an der BeltLine befinden sich die Hotspots des aufstrebenden Unterhaltungsviertels, das als beliebter Standort von Brauereien und Filmstudios gilt.

Feste & Events

Atlanta Jazz Festival
MUSIK

(404-546-7246; www.atlanta.net/events/atlanta-jazz-festival; Piedmont Park; Mai) GRATIS Das Free-Jazz-Festival gehört zu den größten des Landes und zog in seiner 40-jährigen Geschichte große Namen wie Miles Davis, Dizzy Gillespie und Nina Simone an. Höhepunkt der einmonatigen Veranstaltung sind die Livekonzerte im Piedmont Park, die am Wochenende des Memorial Day stattfinden.

Schlafen

Atlantas Auswahl an unabhängigen Boutique-Unterkünften bleibt begrenzt, dafür gibt es umso mehr Kettenhotels. Je nachdem, ob gerade ein großer Kongress in der Stadt ansteht, schwanken die Preise im Zentrum stark. Am günstigsten kommt man in einem der zahlreichen Kettenhotels entlang der Schienen der MARTA-Linie außerhalb der Innenstadt unter. Zum Sightseeing geht es dann mit dem Zug in die Stadt.

Highland Inn INN $$

(☎404-874-5756; www.thehighlandinn.com; 644 N Highland Ave, Virginia-Highland; EZ/DZ ab 73/103 US$; P❄📶) Das 1927 im europäischen Stil erbaute Inn mit 65 Zimmern hat im Lauf der Jahre viele tourende Musiker beherbergt. Die Zimmer sind nicht sehr groß, aber das Hotel punktet mit seiner Top-Lage in der Virginia-Highland-Gegend in Downtown und seinem Komfort. Es ist eine der wenigen Unterkünfte, die auch Einzelzimmer haben.

Ellis Hotel BOUTIQUEHOTEL $$

(☎404-523-5155; www.ellishotel.com; 176 Peachtree St NW; Zi. 159–249 US$; P❄📶🐾) Das moderne, dezente Boutiquehotel bietet Zimmer im Business-Chic in warmen Blau- und Grautönen mit Kopfenden aus Straußenleder. Gäste können in einem Magnetfeld im Wellness Room nächtigen, zudem gibt es eine haustierfreundliche Etage, ein nur Frauen vorbehaltenes Stockwerk und die „Saubere Luft“-Etage (mit eigenem Eingang und speziellen Hygieneregeln für Allergiker).

Hotel Artmore BOUTIQUEHOTEL $$

(☎404-876-6100; www.artmorehotel.com; 1302 W Peachtree St; Zi. 150–320 US$; P❄@📶) Das 1924 im spanisch-mediterranen Stil erbaute architektonische Wahrzeichen wurde komplett renoviert und zu einem künstlerisch angehauchten Boutiquehotel umgebaut, das Trendsettern mit einem Bedürfnis nach Diskretion als Zuflucht dient. Es besticht mit exzellentem Service, einem schönen Innenhof mit Feuerstelle und einer tollen Lage gegenüber dem MARTA-Bahnhof Arts Center.

Sugar Magnolia B & B B & B $$

(☎404-222-0226; www.sugarmagnoliabb.com; 804 Edgewood Ave NE, Inman Park; Zi. 165–205 US$; P❄@📶) Das reizende Inn mit vier Zimmern ist in einem makellosen Herrenhaus von 1892 im Queen-Anne-Stil im Inman Park untergebracht. Highlights sind fünf historische Kamine, die noch funktionieren, eine gemütliche Veranda auf der Rückseite, eine Feuerstelle und die charmante Gastgeberin Debbie, die zum Frühstück belgische Waffeln und holländische Minipfannkuchen kredenzt. Besonders zu empfehlen ist die Royal Suite mit blauen Vorhängen, einer riesigen Terrasse und gefliestem Bad.

★ **Urban Oasis B & B** B & B $$

(☎770-714-8618; www.urbanoasisbandb.com; 130a Krog St NE, Inman Park; Zi. 155–215 US$; P❄📶🏊) Die Loft-Unterkunft im modernen Retro-Stil versteckt sich auf einem geschlossenen, umfunktionierten Lagerhauskomplex aus den 1950er-Jahren zur Sortierung von Baumwolle und steht für urbanes Wohnen in seiner besten Form. Hinter dem Eingang wartet ein riesiger Gemeinschaftsbereich mit großen Fenstern, die für viel Licht sorgen. Die drei Zimmer sind stilsicher mit Haywood-Wakefield-Möbeln aus den 1950er-Jahren eingerichtet. 2019 diente das Urban Oasis als Drehort der MTV-Reality-Serie *Real World*.

Essen

Nach New Orleans hat Atlanta die beste Restaurantszene des Südens. Die Gastronomie-Kultur ist hier schon fast eine Obsession. Der Westside Provisions District, der Krog Street Market und der Ponce City Mar-

MARTIN LUTHER KING JR.: GALIONSFIGUR DER BÜRGERRECHTE

Martin Luther King Jr., die Schlüsselfigur der US-amerikanischen Bürgerrechtsbewegung und die wohl größte Führungspersönlichkeit Amerikas, wurde in Atlanta geboren und wuchs dort als Sohn eines Predigers und Chorleiters auf. Dieser Hintergrund war nicht nur von Bedeutung, weil er seinem Vater als Pfarrer der Ebenezer Baptist Church folgte, sondern auch, da seine politischen Reden von Kanzelrhetorik geprägt waren. King bleibt eine der geachtetsten Persönlichkeiten des 20. Jhs. und ist der afroamerikanische Held Atlantas schlechthin. An sein Erbe wird im historischen Stadtviertel Sweet Auburn erinnert, das die Martin Luther King Jr. National Historic Site beherbergt.

ket sind alle recht neue und hippe Wohn- und Restaurantgegenden inmitten der sich ständig verändernden Stadtviertel Atlantas.

Downtown & Midtown

★BoccaLupo ITALIENISCH $$
(☎404-577-2332; www.boccalupoatl.com; 753 Edgewood Ave NE, Inman Park; Hauptgerichte 17–19 US$; ⏰Di–Do 17.30–22, Fr & Sa bis 23 Uhr; 📶) Das mit Kerzen beleuchtete Restaurant ist liebenswert, serviert bodenständige, italienisch geprägte Südstaatenküche und steht unter der Leitung von Bruce Logue, der sein Handwerk bei Mario Batali lernte. Ein echtes Highlight ist Brathähnchen-Parmigiana an Kohl in Cremesauce mit *strano*-Pasta, eines der besten Gerichte der Stadt. Die einfache Südstaatenkost mit italienischem Touch wird mit viel Liebe zubereitet und ist absolut lohnenswert.

Daddy D'z BARBECUE $$
(☎404-222-0206; www.daddydz.com; 264 Memorial Dr SE; Sandwiches 8–14 US$, Teller 14–24 US$; ⏰Mo–Do 11–22, Fr & Sa bis 23, So 12–21 Uhr; P) Diese Barbecue-Spelunke wurde wiederholt zu einer der besten der Stadt gewählt und liegt zentral. Das Restaurant hat viel Charme, begonnen bei den Graffiti-Malereien auf den roten, weißen und blauen Außenwänden, dem rauchigen Interieur und bis zu den recycelten Sitznischen auf der überdachten Terrasse. Wer die saftigen Rippchen bestellt, verlässt zufrieden lächelnd das Lokal.

Empire State South SÜDSTAATENKÜCHE $$$
(☎404-541-1105; www.empirestatesouth.com; 999 Peachtree St NE; Hauptgerichte mittags 13–22 US$, Abendessen 28–39 US$; ⏰Mo–Fr 7–22, Sa ab 16 Uhr; 📶) Das rustikal-hippe Bistro in Midtown serviert einfallsreiche Gerichte der modernen Südstaatenküche und enttäuscht nicht, weder beim Frühstück (8–11 US$) noch zu anderen Tageszeiten. Die Bagels sind hausgemacht, der Kaffeezubereitung wird genauso viel Aufmerksamkeit geschenkt wie im Nordwesten und es gibt ein Biscuit mit Brathähnchen, Speckmarmelade *und* Pimento-Käse.

South City Kitchen SÜDSTAATENKÜCHE $$$
(☎404-873-7358; www.southcitykitchen.com; 1144 Crescent Ave NE; Hauptgerichte mittags 11–25 US$, Abendessen 18–41 US$; ⏰Mo–Fr 11–15.30 & 17–22, Sa & So ab 10 Uhr; 📶) Das gehobene, alteingesessene Südstaatenrestaurant bietet leckere, neu interpretierte, fachmännisch zubereitete Klassiker wie Buttermilch-Brathähnchen an sautiertem Kohl und roten Kartoffeln, Reuben-Sandwich mit Seewolf und Garnelen sowie Geechee-Boy-Maisgrütze mit Tasso-Schinken und Bratensauce von gerösteten Tomaten und Poblanos. Ein guter Start sind mit Ziegenkäse gefüllte, gebratene grüne Tomaten, schon vor dem bekannten Film eine Spezialität der Südstaatenküche.

East Side

★Octopus Bar FUSION $$
(☎404-627-9911; www.octopusbaratl.com; 560 Gresham Ave SE, East Atlanta; Gerichte 8–22 US$; ⏰Di–Sa 22.30–2.30 Uhr) In diesem Punk-Rock-Restaurant erwartet Gäste ein kulinarisches Erlebnis der anderen Art. Hinter dem unbeschilderten Eingang verbirgt sich ein Lokal mit Innen- und Außenbereich, graffitibedeckten Wänden und sphärischer Elektromusik. Reservierungen sind nicht möglich, also heißt es, früh kommen und Hummerbrötchen nach Maine-Art (mit geschmolzener Butter und Tomalley-Mayonnaise), *shoyu*-Ramen (mit Ei) oder andere innovative, exzellente Fusiongerichte genießen.

Leon's Full Service FUSION $$
(☎404-687-0500; www.leonsfullservice.com; 131 E Ponce de Leon Ave; Hauptgerichte mittags 10–21 US$, 16–35 US$; ⏰Mo 17–24, Di–Do & So ab 11.30, Fr & Sa bis 2 Uhr; 📶) Das Leon's wirkt etwas prätentiös, die Betonbar, die Raumaufteilung und die schicke, von Balken überspannte Terrasse machen die ehemalige Tankstelle aber zu einem coolen Restaurant, das stets gut besucht ist. Auf der wechselnden Speisekarte findet man z. B. Forelle im Schinkenmantel oder geschmorte Rippchen.

Vortex BURGER $$
(☎404-688-1828; www.thevortexbarandgrill.com; 438 Moreland Ave NE, Little Five Points; Burger 10–15 US$; ⏰So–Do 11–24, Fr & Sa bis 2 Uhr) In dem mit US-Memorabilien vollgestopften Lokal für Gäste ab 21 Jahren, der als Vater aller Burger-Läden Atlantas gilt, treffen alternative Hipster auf texanische Touristen und Morehouse-College-Studenten. Die Burger-Auswahl reicht von eindrucksvoll bis ausgefallen und gehört zu den meistgepriesenen und eindrucksvollsten der Stadt. Die mit einem 6 m hohen Totenschädel versehene Fassade entstand im Zuge der maßlosen Bautätigkeit vor den Olympischen Spielen und ist ein Wahrzeichen von Little Five Points.

★Gunshow MODERN-AMERIKANISCH $$$
(☎404-380-1886; www.gunshowatl.com; 924 Garrett St SE, Glenwood Park; kleine Gerichte 10–

18 US$; Di–Sa 18–21 Uhr;) Das innovative, unorthodoxe Gunshow unter Leitung des Promikochs Kevin Gillespie verspricht einen großartigen Abend. Gäste können aus rund einem Dutzend kleinerer Gerichte wählen, die unter vollem Einsatz in der offenen Küche zubereitet und anschließend nach Dim-Sum-Art an den Tisch gebracht werden.

Staplehouse AMERIKANISCH $$$
(404-524-5005; www.staplehouse.com; 541 Edgewood Ave SE; kleine Gerichte 8–30 US$, Probiermenü 105 US$; So & Di–Do 17.30–22, Fr & Sa bis 23 Uhr;) Das angesagteste Restaurant Atlantas gilt unter hiesigen Gourmets als *die* In-Adresse schlechthin und bietet innovative, saisonale, moderne amerikanische Küche. Die kleinen bis mittelgroßen Gerichte, z.B. Hähnchenleberpastete mit karamellisiertem Honig und Blutorange, werden mit solch kunstvoller Präzision serviert, dass man beim Essen fast schon ein schlechtes Gewissen bekommt (die Sünde lohnt sich jedoch!). Die saisonale Speiseauswahl wechselt oft.

Westside

★ Busy Bee Café SÜDSTAATENKÜCHE $
(404-525-9212; www.thebusybeecafe.com; 810 Martin Luther King Jr. Dr NW; Hauptgerichte 14–19 US$; Mo–Sa 11–19, So ab 12 Uhr) Das beste Brathähnchen der Stadt und leckere Beilagen wie Kohl, karamellisierte Süßkartoffeln, gebratene Okraschoten und Mac'n'Cheese ziehen Politiker, Polizeibeamte, Städter, einfache Gemüter und Prominente (Martin Luther King Jr., Barack Obama und OutKast) gleichermaßen an. Die Institution der Westside macht sich seit 1947 mit Gastfreundlichkeit und ehrlicher, guter Küche einen Namen.

West Egg Cafe DINER $
(404-872-3973; www.westeggcafe.com; 1100 Howell Mill Rd, Westside Provisions District; Hauptgerichte 8–15 US$; Mo–Fr 7–16, Sa & So 8–17 Uhr;) Man stellt sich an den marmornen Frühstückstresen oder schnappt sich einen Tisch und genießt schwarze Bohnen und Eier, Putenwürstchen Benedict, Omelett mit *pimento cheese* und Schinken oder ein Sandwich mit gebratenen grünen Tomaten. Alle Gerichte sind fantasievoll abgewandelte Versionen alter Klassiker, die in einem stilvollen, spartanisch eingerichteten Speisesaal serviert werden.

★ Cooks & Soldiers BASKISCH $$
(404-996-2623; www.cooksandsoldiers.com; 691 14th St NW; kleine Gerichte 6–18 US$; So–Mi 17–22, Do bis 23, Fr & Sa bis 24 Uhr;) Das bahnbrechende, baskisch inspirierte Restaurant in Westside ist auf *pintxos* (Tapas nach baskischer Art) und *asadas* (Grillgerichte) aus dem Holzofen, die zum Teilen gedacht sind, spezialisiert. Essen und Cocktails sind herausragend. Zu den Highlights gehören die Gin Tonics, auf Holzkohle gegrillte Pilze mit Ziegenkäse, Crème Fraîche und schwarzer Trüffel und ein Bone-In-Ribeye-Steak für 84 US$ vom Holzkohlegrill, das mit 1 kg weit mehr als einen Esser zufrieden stellt.

★ Optimist SEAFOOD $$$
(404-477-6260; www.theoptimistrestaurant.com; 914 Howell Mill Rd; Hauptgerichte 32–50 US$; Mo–Fr 11.30–14.30 & 17–22, Sa 17–23, So 17–22 Uhr;) In nur wenigen Zeilen kann man diesem nachhaltigen Fischrestaurant in Westside kaum gerecht werden, kurz gesagt: Es ist einfach umwerfend! Los geht's mit knusprigem Tintenfisch mit Matcha-Salsa und Mandeln, gefolgt von in Entenfett ausgebackenem Schwertfisch oder der gewagteren Variante, einen ganzen gegrillten Oktopus mit *aji amarillo* und Poblano-Paprika. Für den perfekten Abschluss sorgt eine Kugel hausgemachtes Salz-Karamell-Eis.

Ausgehen & Nachtleben

Atlanta hat eine lebendige Barszene, die von kleinen Buden bis zu hippen Nachbarschaftslokalen reicht, die als unscheinbare, kleine Lokale gelten wollen, aber eigentlich angesagte nächtliche Treffpunkte der Reichen und Schönen sind. Wo immer man auch hingeht, es fällt auf, dass im landesweiten Vergleich in dieser Stadt die Überwindung der Rassengrenzen besonders gut gelungen ist – Grund genug, um darauf das Glas zu erheben.

★ Sister Louisa's Church of the Living Room & Ping Pong Emporium BAR
(404-522-8275; www.facebook.com/SisterLouisesChurch; 466 Edgewood Ave, Edgewood; Mo–Sa 17–3, So bis 24 Uhr;) Die Wiege der wiederbelebten Barszene in Edgewood ist wie eine Kirche aufgemacht, aber noch lange keine Westminster Abbey. Jeden freien Fleck an den Wänden schmückt Sakrileg-Kunst der offensiven Art, die in manchen Teilen der Welt zu Kriegen führt. Man kann hier seine Widerstandskraft gegenüber ausgefallenen Cocktails testen und sich der Gemeinde anschließen, über die Kunst schmunzeln oder spannenden Tischtennisspielen zuschauen.

★ Argosy KNEIPE
(☎404-577-0407; www.argosy-east.com; 470 Flat Shoals Ave SE; ⏲Mo–Fr 17–2.30, Sa 12–2.30, So bis 24 Uhr; 📶) Der Gastropub in East Atlanta überzeugt mit einer großen Auswahl an seltenen Craft-Bieren (35 vom Fass), gehobener Kneipenküche (selbstgemachte Pommes Frites aus Kennebec-Kartoffeln, Miso-Quinoa-Burger, Holzofenpizzas) und einer Atmosphäre, die zu einem langen Abend einlädt. Die mehrfach abgewinkelte Bar schlängelt sich durch einen Raum im rustikalen Chic und Lounge-Bereiche im Wohnzimmerstil.

Ladybird Grove & Mess Hall BAR
(☎404-458-6838; www.ladybirdatlanta.com; 684 John Wesley Dobbs Ave NE; ⏲Di–So 11 Uhr–open end) Dank der beneidenswerten Lage (und dem riesigen Innenhof) mit Blick auf die BeltLine ist das Ladybird eine der Bars mit der besten Aussicht in Atlanta. Zum Cocktail oder Craft-Bier wird gute Kneipenküche serviert. Wann geschlossen wird, hängt davon ab, wie viel los ist.

Brick Store Pub BAR
(☎404-687-0990; www.brickstorepub.com; 125 E Court Sq, Decatur; Fassbier 5–12 US$; ⏲Mo–Mi 11–1, Do–Sa bis 2, So 12–1 Uhr) Bierfans zieht es zu diesem Pub in Decatur mit dem reichhaltigsten Angebot an Craft-Bieren in Atlanta. Zur Wahl stehen ca. 30 sorgfältig ausgewählte Fassbiere (einschließlich jener in der gemütlicheren belgischen Bierbar im Obergeschoss) sowie fast 300 Sorten Flaschenbiere aus dem mit 15000 Flaschen bestückten Keller. Wohl deshalb trifft man hier allabendlich junge, gutgelaunte Gäste.

Kimball House COCKTAILBAR
(☎404-378-3502; www.kimball-house.com; 303 E Howard Ave, Decatur; ⏲So–Do 17–24, Fr & Sa bis 1 Uhr; 📶) Das Kimball House ist in einem atmosphärischen, historischen Speiseraum in einem restaurierten, etwas abseits gelegenen Bahndepot in Decatur untergebracht und erinnert mit seinen riemengetriebenen Deckenventilatoren an einen Saloon. Spezialitäten des Hauses sind Craft-Cocktails (ca. 13 US$), Absinth und eine große Auswahl an frisch eingeflogenen Austern.

★ New Realm Brewing Co KLEINBRAUEREI
(☎404-968-2778; www.newrealmbrewing.com; 550 Somerset Tce NE, No 101; ⏲Mo–Do 16–22, Fr & Sa bis 24, So 11–22 Uhr; 📶) Mitch Steele, einst Braumeister bei der Stone Brewing Co, verfasste eine regelrechte Bibel über IPAs. Sein neuestes Projekt, eine 1800 m² große Brauereiwirtschaft entlang des Eastside Trail, ist ein echtes Paradies für Liebhaber von Südstaatenhopfen. Aus acht Hähnen (vier davon werden direkt von Tanks hinter der Bar gespeist) fließen Triple-IPAs und Spezialsorten, während das gesellige Publikum von der Terrasse im Obergeschoss den Blick auf Atlantas Skyline genießt.

Unterhaltung

Clermont Lounge TANZ
(www.clermontlounge.net; 789 Ponce de Leon Ave NE, Poncey-Highland; ⏲Mo–Sa 15–4 Uhr) Das Clermont ist ein Strip-Club, der älteste in Atlanta, aber nicht nur ein Strip-Club. Es ist eine Institution in der Szene von Atlanta, in der Tänzer jeden Alters, jeder Hautfarbe und jeden Körperbaus willkommen sind. Kurzum, es ist ein Strip-Club für Stripper, obwohl auch die Zuschauer – und jeder landet irgendwann mal hier – einen tollen Abend erleben.

Terminal West LIVEMUSIK
(☎404-876-5566; www.terminalwestatl.com; 887 W Marietta St, Westside; ⏲Abendkasse Di–Fr 11–17 Uhr) Die Konzertstätte gehört zu Atlantas besten Livemusikclubs und befindet sich in einer hübsch umgebauten, 100 Jahre alten Eisen- und Stahlgießerei in Westside.

Woodruff Arts Center KUNSTZENTRUM
(☎404-733-4200; www.woodruffcenter.org; 1280 Peachtree St NE; ⏲Abendkasse Di–Sa 12–18, So bis 17 Uhr) Das Zentrum beherbergt neben dem High Museum (S. 443) das Atlanta Symphony Orchestra und das **Alliance Theatre** (☎404-733-4650; www.alliancetheatre.org).

Variety Playhouse LIVEMUSIK
(☎404-524-7354; www.variety-playhouse.com; 1099 Euclid Ave NE, Little Five Points; ⏲Abendkasse Mo–Fr 12–18 Uhr) Karten für die historische, gut geführte Konzertveranstaltungsstätte, die 1940 erbaut und 2015 komplett renoviert wurde, sind schnell vergriffen. Sie bietet verschiedenen tourenden Künstlern eine Bühne und hat einen festen Platz in der Musikszene von Little Five Points.

Shoppen

★ Criminal Records MUSIK
(☎404-215-9511; www.criminalatl.com; 1154 Euclid Ave, Little Five Points; ⏲Mo–Sa 11–21, So 12–19 Uhr) Der anachronistische Plattenladen beherbergt eine ganze Bibliothek mit New Pop, Soul, Jazz und Metal in CD- und LP-Form. Daneben gibt es eine unterhaltsame Abtei-

LGBTIQ+-SZENE IN ATLANTA

Atlanta ist einer der wenigen Orte in Georgia mit einer erkennbaren und aktiven Schwulen- und Lesbengemeinde, die sich in Sachen Präsenz und Umfang landesweit wohl nur San Francisco unterordnen muss. Midtown bildet das Zentrum des schwulen Lebens, das sich wiederum auf die Gegend rund um den Piedmont Park sowie die Kreuzung 10th St/Piedmont Ave konzentriert, wo sich auch das **Blake's** (☎ 404-892-5786; www.blakesontheparkatlanta.com; 227 10th St NE; ⏲ Mo–Fr 15–3, Sa 13–3, So 13–1 Uhr), Atlantas klassische Schwulenbar, und das **10th & Piedmont** (www.10thandpiedmont.com; 991 Piedmont Ave NE; ⏲ Mo–Do 10–15 & 17–22, Fr bis 23, Sa 10–16 & 17–23, So 10–18 Uhr), das Essen serviert und nächtliche Unterhaltung bietet, befinden. Im Ort Decatur östlich von Atlantas Downtown gibt es eine beträchtliche Lesbengemeinde. News und Infos bietet das Wochenmagazin *Peach ATL* (www.peachatl.com), das monatlich erscheinende *Goliath Atlanta* (www.goliathatlanta.com) und die Website www.gayatlanta.com.

Das **Atlanta Pride Festival** (www.atlantapride.org) ist ein riesiges jährliches Fest der Schwulen- und Lesbengemeinde der Stadt. Es findet im Oktober rund um den Piedmont Park statt.

lung mit Musikliteratur und eine tolle Auswahl an Comics und Graphic Novels. Genau *der* Ort für nostalgische Musikliebhaber.

Junkman's Daughter VINTAGE
(☎ 404-577-3188; www.thejunkmansdaughter.com; 464 Moreland Ave NE, Little Five Points; ⏲ Mo–Fr 11–19, Sa bis 20, So 12–19 Uhr) Seit 1983 behauptet der rund 900 m² große alternative Laden leidenschaftlich seine Unabhängigkeit und hat Vintage-Mode, Autoaufkleber, kitschiges Spielzeug und Nippes, *Star Wars*-Lunchboxen, Räucherstäbchen, Perücken, Kaffeebecher mit provokanten Sprüchen und vieles mehr im Sortiment. Little Five Points verdankt ihm sein jetziges Renommee.

Citizen Supply KLEIDUNG
(www.citizensupply.com; 675 Ponce de Leon Ave NE, Ponce City Market; ⏲ Mo–Sa 10–21, So 12–20 Uhr) Der penibel geführte Vorzeigeladen bietet ein breitgefächertes Sortiment an hochwertigen Marken (manche sagen auch Hipster-Marken), von denen man nicht wusste, dass man sie braucht, bis man sie sieht: herbe Pomaden von Mail Room Barber Co, Elektroräder von Edison, Leinenrucksäcke und Ledertaschen von Bradley Mountain, T-Shirts von **Wander North Georgia** (www.wandernorthgeorgia.com; 33 N Main St; ⏲ Mo–Do 11–17, Fr & Sa bis 18, So 12–17 Uhr), Kunst zum Thema Atlanta, mit Leder eingebundene Aviator-Tassen von Loyal Stricklin und vieles mehr.

Richards Variety Store GESCHENKE & SOUVENIRS
(www.richardsvarietystore.com; 931 Monroe Dr NE; ⏲ Mo–Sa 10–20, So 11–18 Uhr) In diesem riesigen, unterhaltsamen Laden gibt es fast nichts, was es nicht gibt. Wie wär's mit einer Lernbox zum hebräischen Alphabet, Ouija-Brettern, Lochkameras aus Papier, einem 3D-Puzzle vom Weißen Haus oder doch lieber Plüschpinguinen? Bei einem Streifzug durch die Abteilungen für Spielsachen, Puzzles, Haushaltswaren, Bücher, Kunst und technische Spielereien entdeckt man sein inneres Kind wieder und die Regale scheinen kein Ende zu nehmen. Hier findet jeder irgendetwas Unnützes, das er plötzlich unbedingt haben muss!

Eco Denizen GESCHENKE & SOUVENIRS
(www.ecodenizen.net; 999 Peachtree St NE; ⏲ Mo–Sa 11–20, So 12–18 Uhr) Der kleine, unabhängige Geschenkeladen mit nachhaltiger Philosophie verkauft echte Lieblingsstücke, darunter vegane Geldbeutel von Matt & Nat, Flaschenöffner von Tokens & Icons aus wiederverwerteten Schlägern der Baseball Major League oder aus Tennisschlägern von Profis und lokale Kunst wie Houston Llews Popart-Stücke aus Glas auf Kupfer.

ℹ Praktische Informationen

MEDIEN

Atlanta (www.atlantamagazine.com) Das Monatsmagazin für lokale Themen, Kunst und Gastronomie.

Atlanta Daily World (www.atlantadailyworld.com) Die älteste kontinuierlich herausgegebene afroamerikanische Tageszeitung (seit 1928).

Atlanta Journal-Constitution (www.ajc.com) Atlantas wichtigste Tageszeitung mit gutem Reiseteil am Sonntag.

Creative Loafing (www.creativeloafing.com) Das kostenlose alternative Wochenblatt, das immer mittwochs erscheint, liefert heiße Tipps zu Musik, Kunst und Theater.

ATLANTA BELTLINE

Die Atlanta BeltLine hat bereits achtmal mehr Geld eingebracht, als dafür ausgegeben wurde. Sie setzt auf alternative Mobilität und ist eines der besten Projekte der Stadt in den letzten Jahrzehnten. Atlanta profitiert immens von dem 35 km langen Bahnkorridor rund um die Stadt, der zu einem Wegenetz für unterschiedliche Nutzung umgewandelt wird. Tatsächlich stammt die Idee von Ryan Gravel, einem früheren Studenten der Georgia Tech, die praktische Umsetzung seiner Masterarbeit ist jedoch das umfassendste Mobilitäts- und Wirtschaftsprojekt, das jemals in Atlanta gestartet wurde, und zählt aktuell zu den größten, weitflächigen, urbanen Neugestaltungsmaßnahmen in den USA. Zudem lässt die Gewinnspanne jedes Kasino in Las Vegas blass aussehen: Städtischen Investitionen von 500 Mio. US$ steht eine rund 4,1 Mrd. US$ schwere wirtschaftliche Entwicklung gegenüber, wobei die Zahl in den nächsten Jahren noch deutlich steigen dürfte.

NOTFALL & MEDIZINISCHE VERSORGUNG

Atlanta Medical Center (☎ 404-265-4000; www.atlantamedcenter.com; 303 Parkway Dr NE; ⌚ 24 Std.) Das Krankenhaus gilt seit 1901 als das beste Atlantas.

Grady Memorial Hospital (☎ 404-616-1000; www.gradyhealth.org; 80 Jesse Hill Jr Drive SE) Das Krankenhaus beherbergt das Marcus Trauma Center, Atlantas einziges offizielles Traumazentrum der höchsten Qualitätsstufe.

TOURISTENINFORMATION

Atlanta Convention & Visitors Bureau (www.atlanta.net) Hier gibt es Stadtpläne sowie viele Informationen zu Attraktionen, Restaurants, Outdoor-Aktivitäten und Unterkünften. Das Büro unterhält Visitor Centers im Centennial Olympic Park (☎ 404-577-2148; 65 Upper Alabama St, Underground Atlanta; ⌚ Mo–Sa 10–18, So 12–18 Uhr) und Hartsfield-Jackson Atlanta International Airport (☎ 404-305-8426; 6000 N Terminal Pkwy, North Terminal; ⌚ Mo–Fr 9–21, Sa bis 18, So 12–18 Uhr).

ℹ An- & Weiterreise

Atlanta liegt an der Kreuzung von drei Interstates, der I-20, der I-75 und der I-85. Der **Hartsfield-Jackson International Airport** (ATL, Atlanta; ☎ 800-897-1910; www.atl.com), 9,5 Meilen (15 km) südlich der Innenstadt, weist die höchsten Passagierzahlen der Welt auf. Vom Flughafen gelangt man am besten mit dem städtischen Zugsystem MARTA in die Stadt. **Greyhound** (☎ 404-584-1728; www.greyhound.com; 232 Forsyth St) und **Amtrak** (www.amtrak.com/stations/atl; 1688 Peachtree St NW) fahren ebenfalls in die Stadt.

ℹ Unterwegs vor Ort

Ungeachtet der Weitläufigkeit und des zähen Verkehrs lässt sich Atlanta recht gut per Mietwagen oder öffentlichem Nahverkehr erkunden. Das Bus- und Zugsystem MARTA sowie das Straßenbahnnetz im Zentrum sind gut ausgebaut. Nach Fertigstellung der wegweisenden Atlanta BeltLine 2030 wird dieses unterschiedlich nutzbare Wegenetz zu den fortschrittlichsten Nordamerikas, wenn nicht der Welt, gehören.

Nördliches Georgia

Wer die Höhe liebt, ist im nördlichen Georgia an den südlichen Ausläufern der Appalachen genau richtig. Die Berge sowie das umliegende Vorland und die landeinwärts gelegenen Gebiete beherbergen eine großartige Gebirgslandschaft sowie einige gute Weinreben und reißende Flüsse. Das herbstliche Farbenspiel setzt hier später ein und erreicht seinen Höhepunkt im Oktober. Man sollte einige Tage für Attraktionen wie die 366 m tiefe Tallulah Gorge sowie die Berglandschaft und Wanderwege im Vogel State Park und Unicoi State Park einplanen.

Dahlonega

1828 war Dahlonega Schauplatz des ersten Goldrauschs in den USA, weshalb die Bewohner auch „Nuggets“ genannt werden. Heute boomt hier der Tourismus, denn der Ort ist von Atlanta aus bequem an einem Tag zu erreichen und zudem ein tolles Ziel für einen Abstecher in die Berge. Die Stadt ist ein Hotspot für Outdoor-Aktivitäten, die Downtown rund um den Courthouse Sq bietet eine wunderbare Mischung aus Weinverkostungslokalen, Feinkostkaufhäusern, ländlichen Geschäften und Bergdorfcharme, und es gibt ein stetig wachsendes Angebot an Weinproben in den umliegenden Weinbergen. Die gesamte Stadt ist von einem gewissen Künstlerflair geprägt (vor allem, was Musik angeht), was in erster Linie auf die Studenten der University of North Georgia abseits des Platzes zurückzuführen ist. Wer dann noch einen Abstecher zum Amicalola Falls State

Park, nur 18 Meilen (29 km) weiter westlich, unternimmt, dem ist ein äußerst vielseitiges Gebirgsabenteuer garantiert.

Sehenswertes & Aktivitäten

Amicalola Falls WASSERFALL
(☎706-344-1500; www.amicalolafallslodge.com/ga-state-park; 418 Amicalola Falls State Rd, Dawsonville; 5 US$/Fahrzeug; ⏲7–22 Uhr, Visitor Center So–Mi 9–17, Do–Sa bis 19 Uhr; P 🐾) Der höchste Wasserfall im Südosten ist ein spektakulärer Anblick. Er stürzt in der geschützten Berglandschaft des nördlichen Georgias innerhalb des Amicalola Falls State Park 222 m weit in die Tiefe. Blicke aus direkter Nähe bietet die Aussichtsbrücke am West Ridge Trail.

★ **Wolf Mountain Vineyards** WEINGUT
(☎706-867-9862; www.wolfmountainvineyards.com; 180 Wolf Mountain Trail; Weinprobe 20 US$, Hauptgerichte 15 US$, Brunch 35 US$; ⏲Weinproben Do–Sa 11–17, So 12.30–17 Uhr, Café Do–Sa 12–15 Uhr, Brunch So 12.30 & 14.30 Uhr) Das wunderschöne, 12 ha große Weingut lockt hippe, trendbewusste Mitdreißiger an, die auf der Terrasse bei der Weinverkostung epische Sonnenuntergänge über dem Springer Mountain genießen können. Zur Auswahl stehen edle Tropfen wie Chardonnay Blanc de Blanc *méthode champenoise* sowie spritzig-frischer Plentitude (Cuvée aus Unoaked Chardonnay und Viognier). Fürs das Café und den Brunch ist eine Reservierung erforderlich.

Schlafen & Essen

Barefoot Hills HOTEL $
(☎770-312-7342; www.barefoothills.com; 7693 Hwy 19 N; B ab 35 US$, Zi. 85–155 US$, Hütten 140–195 US$; P ❄ 📶) Das renovierte Hotel am Hwy 19 N, rund 7 Meilen (11 km) nördlich der Stadt, verbindet Boutique- und Wanderhütten-Flair. Die neuen Besitzer modernisierten die einstige Backpacker-Unterkunft 2017. Seitdem bietet die Holzhütte fast schon Boutique-Niveau, wobei es für Wanderer außerdem Stockbetten in einer anderen Location, ein Geschäft zum Aufstocken von Vorräten und Shuttles zu den Startpunkten der Wege gibt.

★ **Spirits Tavern** BURGER $
(☎706-482-0580; www.spirits-tavern.com; 19 E Main St; Burger 12–15 US$; ⏲So–Do 11–23, Fr bis 1, Sa bis 24 Uhr; 📶) Hier gibt's erstaunlich kreative Burger mit Fleisch von Angus-Rindern und freilaufenden, hormonfrei gefütterten Truthähnen sowie mit Gemüse. Es gibt leckere Varianten mit Mac'n'Cheese sowie nach griechischer und Cajun-Art. Acht Biersorten vom Fass und eine saisonale Auswahl an guten Cocktails machen das Spirits Tavern außerdem zur besten Bar der Stadt.

Picnic Cafe & Dessertery CAFÉ $
(☎706-864-1095; www.thepicniccafe.wixsite.com/picniccafe; 30 Public Sq; Sandwiches 8,49 US$; ⏲So–Mi 7.30–19, Do–Sa bis 20 Uhr; 📶) Das Café gehört dem Bürgermeister von Dahlonega und ist bei Stadtgrößen und Universitätsstudenten, die hiesigen Klatsch austauschen, beliebt. Zum Frühstück gibt's einfache, schnelle Biscuit-Sandwiches, zum Mittagessen dann weitere Varianten, u.a. mit Honig-Schinken-Salat, Pimento-Käse und süßem Pfirsich-Hühnchen-Salat nach Georgia-Art.

Praktische Informationen

Das **Dahlonega-Lumpkin County Visitors Center** (☎706-864-3711; www.dahlonega.org; 13 S Park St; ⏲Mo–Fr 9–17.30, Sa & So 10–17 Uhr) bietet jede Menge Infos zu Sehenswürdigkeiten und Aktivitäten der Gegend, darunter Wandern, Kanu- und Kajakfahren, Rafting sowie Mountainbiking.

An- & Weiterreise

Dahlonega liegt rund 70 Meilen (113 km) nördlich von Atlanta; von dort gelangt man am besten auf dem Hwy 19 hierher. Es gibt keine öffentlichen Busse – viele Besucher aus Atlanta fahren deshalb mit einem Zug der Metropolitan Atlanta Rapid Transit Authority (MARTA) zum Bahnhof North Springs in Atlanta und nutzen für den restlichen Weg ein Uber-Taxi (55–75 US$). Der nächste Amtrak-Bahnhof liegt in Gainesville, 21 Meilen (34 km) weiter südlich.

Athens

Die gesellige, künstlerisch geprägte, lässige College-Stadt hat ein sehr beliebtes Footballteam (die University of Georgia Bulldogs, Vizemeister des College Football Playoff National Championship 2018), eine weltbekannte Musikszene, eine gute Restaurantkultur und ein erstaunlich facettenreiches Nachtleben. Die Universität (UGA) ist der Antriebsmotor für das kulturelle Leben und sichert einen nie versiegenden Nachschub an jungen Barbesuchern und Konzertgängern, von denen etliche nach ihrem Abschluss hierbleiben und sich in der Stadt niederlassen. Die hübsche Innenstadt lässt sich gut zu Fuß erkunden und bietet eine Fülle an hippen Restaurants, Bars und Geschäften.

Sehenswertes

★ Georgia Museum of Art — MUSEUM

(☎706-542-4662; www.georgiamuseum.org; 90 Carlton St; ⏲Di–Mi, Fr & Sa 10–17, Do bis 21, So 13–17 Uhr) GRATIS In der schicken, modernen Galerie betreiben geistreiche, kunstinteressierte Gestalten in der Lobby Selbststudien, und Kunstkenner beäugen die modernen Skulpturen im Hofgarten sowie die beeindruckende Sammlung von Werken amerikanischer Realisten der 1930er-Jahre.

State Botanical Garden of Georgia — GÄRTEN

(☎706-542-1244; www.botgarden.uga.edu; 2450 S Milledge Ave; ⏲8–19 Uhr) GRATIS Mit seinen gewundenen Wegen und seiner soziohistorischen Ausrichtung ist dieser botanische Garten ein Juwel für eine Stadt dieser Größe. Schilder informieren über die eindrucksvolle Pflanzensammlung mit ihren seltenen und bedrohten Arten. Außerdem gibt's fast 8 km an tollen bewaldeten Wanderwegen.

Schlafen & Essen

★ Graduate Athens — INN $$

(☎706-549-7020; www.graduateathens.com; 295 E Dougherty St; Zi. 155–259 US$, Suite 280–500 US$; P@) Das schön gestaltete Boutiquehotel ist der erste Vertreter einer College-Campus-Kette und versprüht viel sexy Retro-Hipness. Dafür sorgen mit Topfpflanzen bestückte, altmodische Dewey-Decimal-Karteikartenschränke in der Lobby sowie charmante Crosley-Plattenspieler und Videospielklassiker in den Suiten.

Hotel Indigo — BOUTIQUEHOTEL $$

(☎706-546-0430; www.indigoathens.com; 500 College Ave; Zi./Suite ab 192/313 US$; P@) Das Boutiquehotel mit viel Öko-Schick gehört zur Indigo-Kette, hat geräumige Zimmer, die an ein cooles Loft erinnern, und wurde mit dem goldenen LEED-Zertifikat für energie- und umweltbewusstes Design ausgezeichnet. Es gibt Aufzüge, die mit Öko-Energie betrieben werden, bei der Parkplatzvergabe haben Hybridfahrzeuge Vorrang, und beim Bau des Gebäudes wurden 30 % recycelte Materialen verwendet.

Pouch — PIES $

(☎706-395-6696; www.pouchpies.com; 151 E Broad St; Pies 5,50 US$; ⏲Mo–Sa 11–21 Uhr) In den Südstaaten bezeichnet „Pie" gemeinhin etwas Süßes und Butterhaltiges, das nach dem Abendessen serviert wird. Für die südafrikanischen Besitzer des Pouch sind „Pies" herzhafte Pasteten aus aller Welt, darunter australische mit Rindfleisch und Bratensauce, portugiesische mit Piri-Piri, Weißweinsauce, Chorizo und würzigem Hühnchen sowie eine hiesige Variante mit Pulled Pork und Pfirsich-Barbecue-Sauce.

NATUR & ABENTEUER IM NÖRDLICHEN GEORGIA

Die 366 m tiefe **Tallulah Gorge** (☎706-754-7981; www.gastateparks.org/tallulahgorge; 338 Jane Hurt Yarn Dr, Tallulah Falls; 5 US$/Fahrzeug; ⏲8 Uhr–Sonnenuntergang; P) gräbt eine dunkle Schneise in die bewaldeten Hügel des nördlichen Georgia. Besucher überqueren die einem *Indiana-Jones*-Film würdige Hängebrücke und halten Ausschau nach Wanderwegen, die zum Schluchtrand führen. Zudem kann man eine Wanderung zum Grund der Schlucht unternehmen. Dazu werden pro Tag aber nur 100 Genehmigungen erteilt (früh kommen, sie sind oft bereits morgens vergeben und können nicht reserviert werden); an den Tagen, an denen die Schlucht geflutet wird, sind die Wanderungen nicht möglich (die genauen Daten gibt's online).

Der **Vogel State Park** (☎706-745-2628; www.gastateparks.org/vogel; 405 Vogel State Park Rd; Eintritt 5 US$/Auto; ⏲7–22 Uhr; P) am Fuß des Berges mit dem suggestiven Namen Blood Mountain ist der älteste seiner Art in Georgia und bildet einen Flickenteppich aus bewaldeten Bergen, die einen 89 000 m² großen See einschließen. Es gibt etliche Wanderwege, sowohl für Anfänger als auch für erfahrene Wanderer. Viele der hier vorhandenen Einrichtungen wurden vom Civilian Conservation Corp geschaffen; ein saisonales Museum erzählt die Geschichte dieser Arbeitsteams, die den Park gegründet haben und während der Weltwirtschaftskrise die lokale Wirtschaft retteten.

In dem auf Abenteuer-Aktivitäten ausgerichteten **Unicoi State Park** (☎706-878-2201; www.unicoilodge.com; 1788 Hwy 356; Eintritt 5 US$/Auto; ⏲7–22 Uhr; P) können die Besucher Kajaks (10 US$/Std.) mieten, an Stehpaddel-Kursen teilnehmen (25 US$), auf 19,3 km langen Pfaden wandern, mit dem Mountainbike fahren oder mit der Seilrutsche über den Baumkronen des Waldes schweben (59 US$).

White Tiger BARBECUE $
(☎706-353-6847; www.whitetigergourmet.com; 217 Hiawassee Ave; Hauptgerichte 7,50–11 US$; ⏰Mo–Mi 11–15, Do–Sa 11–15 & 18–20, So 10–14 Uhr; 📶🍷👶) Das 100 Jahre alte Gebäude wirkt zwar nicht gerade vertrauenserweckend, das abseits gelegene, bei Einheimischen beliebte Restaurant serviert jedoch grandiose Sandwiches mit holzgeräuchertem Pulled Pork (in Kombination mit Pimento-Käse besonders lecker!), Burger und sogar auf dem Grill geräucherten Tofu sowie viele weitere vegetarische Optionen. Chefkoch Ken Manring hat sein Können bereits in gehobeneren Restaurants unter Beweis gestellt, bevor er sich in Athens niederließ.

★ **Home.made from Scratch** SÜDSTAATENKÜCHE $$
(☎706-206-9216; www.homemadeathens.com; 1072 Baxter St; Hauptgerichte mittags 10–13 US$, Abendessen 18–24 US$; ⏰Di–Sa 11–14 & 17–21, So 10–14 Uhr; 📶) Das Home.made setzt neue Maßstäbe, wenn es um moderne Südstaatenküche geht. Die ständig wechselnde Speisekarte richtet sich nach den verfügbaren Zutaten, doch welcher Herkunft auch immer die Produkte sind, stets entstehen kreative, köstliche Gerichte, die ihren Ursprung in der lokalen Küche haben und oft verspielt-verrückt sind. Zu Mittag empfiehlt sich das Sandwich mit Brathähnchen und Pimento-Käse an Tomatenpastete.

Five & Ten AMERIKANISCH $$$
(☎706-546-7300; www.fiveandten.com; 1073 S Milledge Ave; Hauptgerichte 22–48 US$; ⏰So–Do 17.30–22, Fr & Sa bis 23, So 10.30–14.30 Uhr; 🍷) 🌿 Das Five & Ten setzt auf Nachhaltigkeit, wurde mit dem James Beard Award ausgezeichnet und gehört zu den besten Restaurants im Süden. Die bodenständige Speisekarte mit verspielten Akzenten bietet Wachtel aus Georgia mit eingelegtem *yacón* und weißer Miso-Aioli sowie Frogmore-Eintopf (mit Mais, Wurst und Kartoffeln). Für Vegetarier gibt's gebackenen Crescenza-Käse mit Pastinaken-Confit und Rotkohl sowie Bandnudeln mit Sauce von gegrillter Tomate, Jalapeños und Parmesan.

Ausgehen & Unterhaltung

★ **Creature Comforts Brewing Co** KLEINBRAUEREI
(www.creaturecomfortsbeer.com; 271 W Hancock Ave; Pints 6–8 US$; ⏰Di–Do 17–22, Fr 15–22, Sa 13–22, So 13–18 Uhr; 📶) Athens' bestes Craft-Bier kommt aus den 33 Zapfhähnen dieser innovativen, hundefreundlichen früheren Reifenwerkstatt. Sie überzeugt mit Klassikern – Indian Pale Ales (IPAs), Amber Ales –, ist jedoch auch experimentierfreudig (herbes, in Weinfässern gereiftes Blonde Ale, gemischtes, fermentiertes, in Bourbon-Fässern gereiftes Ale mit Brombeeren). Grundlage der Spezialsorten sind oft Zutaten aus der Region.

Trapeze Pub CRAFT-BIER
(www.trappezepub.com; 269 N Hull St; ⏰11–24 Uhr; 📶) Die beste Craft-Bier-Bar in Downtown gab es bereits vor dem Bier-Hype. Zur Wahl stehen Dutzende regionale, nationale und internationale Biere vom Fass sowie rund 100 weitere aus der Flasche. Dazu passen Pommes Frites nach belgischer Art (4 US$), die besten der Stadt.

Old Pal BAR
(www.theoldpal.com; 1320 Prince Ave; ⏰Mo–Sa 16–2 Uhr; 📶) Das Old Pal ist die Bar der Denker in Normaltown und setzt auf saisonale Craft-Cocktails (9 US$) und eine gut durchdachte Bourbon-Karte. Der schöne, dunkle Raum hat bereits viele örtliche Denkmalschutzpreise gewonnen.

40 Watt Club LIVEMUSIK
(☎706-549-7871; www.40watt.com; 285 W Washington St; 5–25 US$; ⏰Do–Sa 20–2 Uhr) Athens' legendärster Laden bietet Lounges, eine Tiki-Bar und PBR-Biere für 2,50 US$. Auf der Bühne wird seit R.E.M., den B-52s und Widespread Panic Indie-Rock gespielt und bis heute treten hier noch immer große Namen auf, wenn sie in der Stadt sind. Seit Kurzem steht auch Comedy auf dem Programm.

Praktische Informationen

Athens Welcome Center (☎706-353-1820; www.athenswelcomecenter.com; 280 E Dougherty St; ⏰Mo–Sa 10–17, So 12–17 Uhr) Das Visitor Center, das in einem historischen Antebellum-Gebäude an der Ecke der Thomas St untergebracht ist, hat Stadtpläne und Infos zu Touren durch die Region.

An- & Weiterreise

Die College-Stadt liegt rund 70 Meilen (113 km) östlich von Atlanta. Hierher führt kein großer Highway, sodass man sich mit teils verkehrsreichen Bundes- und Nebenstraßen begnügen muss. Der örtliche **Greyhound-Busbahnhof** (☎706-549-2255; www.greyhound.com; 4020 Atlanta Hwy, Bogart) liegt etwa 6 Meilen (10 km) westlich der Innenstadt von Athens. Es gibt Busverbindungen nach Atlanta (ab 15 US$,

1½ Std., 2-mal tgl.) und Savannah (ab 59 US$, 7 Std., 2-mal tgl.).

Groome Transportation (☎706-612-1155; https://groometransportation.com; 3190 Atlanta Hwy, Suite 22) bietet das ganze Jahr über täglich 23 Shuttle-Verbindungen zwischen Athens und dem Hartsfield–Jackson Atlanta International Airport (41 US$, 2½ Std.). Die Shuttles starten beim UGA Georgia Center (1197 S Lumpkin St) sowie beim Büro in Athens 35 Minuten später zwischen 2.05 und 21.25 Uhr.

Die Küsteregion Georgias

Bei einer Fahrt durch die weiten, offenen Wiesen, Baumwollfelder und Obstfarmen im Süden Georgias zeigt sich der „Peach State" (Pfirsich-Staat) in all seiner Pracht. Überraschenderweise bringt die Region tatsächlich mehr Heidelbeeren und Erdnüsse als Pfirsiche hervor und bei einem Besuch des fruchtbaren Gebiets bieten sich viele Möglichkeiten, hiesige Erzeugnisse zu kosten.

Die Region zeichnet sich durch einfache, warme, bodenständige Gastfreundschaft, exzellente Barbecues und verschiedene wenig bekannte Naturattraktionen aus. Wie wär's, weiter im Landesinnern, mit einer Kajatour in den Gewässern des von Alligatoren bewohnten Okefenokee-Sumpfes oder einer Wanderung durch die bemerkenswerten orangefarbenen, roten und violetten Formationen des Providence Canyon? Darüber hinaus kommen Besucher aus aller Welt nach Plains, dem Geburtsort des früheren US-Präsidenten Jimmy Carter, und in die verschlafene, historische Stadt Senoia, „Hollywood des Südens" genannt (in der erfolgreichen Zombie-Serie *The Walking Dead* fungiert sie als Woodbury und Alexandria).

Savannah

Elegante Stadthäuser, Villen aus der Zeit vor dem Amerikanischen Bürgerkrieg, grüne, öffentliche Flächen, unberührtes Süßwasser-Marschland und riesige, moosbewachsene Eichen machen Savannah zur einer wunderschönen, an Kultur reichen Stadt.

Sehenswertes & Aktivitäten

★ Wormsloe Historic Site HISTORISCHE STÄTTE
(☎912-353-3023; www.gastateparks.org/wormsloe; 7601 Skidaway Rd; Erw./Senior/Kind 6–17 Jahre/Kind 1–5 Jahre 10/9/4,50/2 US$; ⏲9–17 Uhr; P) Nur eine kurze Autofahrt vom Zentrum entfernt auf der Isle of Hope gelegen, ist dies eines der beliebtesten Fotomotive der Stadt. Sobald man sich auf der Zufahrtstraße nähert, fühlt man sich wie in einem Traum, während man auf einen Korridor aus mit Moos bewachsenen uralten Eichen blickt, der sich über 1,5 Meilen (2,4 km) dahinzieht und als Avenue of the Oaks bekannt ist.

★ Forsyth Park PARK
GRATIS Der Central Park von Savannah ist eine weitläufige rechteckige Grünfläche, die von einem schönen Springbrunnen dominiert wird, der ein beliebtes Fotomotiv ist.

Mercer-Williams House HISTORISCHES GEBÄUDE
(☎912-236-6352; www.mercerhouse.com; 429 Bull St; Erw./Student 12,50/8 US$; ⏲Mo–Sa 10.30–16, So ab 12 Uhr) Obwohl Jim Williams, der Kunsthändler aus Savannah, den Kevin Spacey im Film *Mitternacht im Garten der Lüste* spielt, bereits 1990 gestorben ist, wurde sein berüchtigtes Wohnhaus erst 2004 zum Museum. Das Obergeschoss, in dem Williams' Familie noch lebt, ist nicht zugänglich, das Erdgeschoss hingegen ist der Traum eines jeden Innenarchitekten.

★ Laurel Grove Cemetery FRIEDHOF
(2101 Kollock St; ⏲8–17 Uhr) Der Friedhof aus der Zeit der Rassentrennung war ursprünglich Teil einer Plantage und ist für Savannah von großer historischer Bedeutung. Ab Mitte des 19. Jhs. wurden Weiße, darunter Veteranen der Konföderierten im Amerikanischen Bürgerkrieg, im nördlichen Abschnitt mit separatem Eingang begraben. Im südlichen Teil befinden sich die Gräber tausender Afroamerikaner, die teils als Sklaven, teils frei lebten. Laurel Grove South gehört zu den größten afroamerikanischen Friedhöfen im Süden. Hier fanden viele einflussreiche Personen der Gemeinschaft, auch aus der Zeit der Bürgerrechtsbewegung, ihre letzte Ruhe.

Telfair Academy MUSEUM
(☎912-790-8800; www.telfair.org/visit/telfair; 121 Barnard St; Erw./Student/Kind 20/15/5 US$; ⏲So & Mo 12–17, Di–Sa ab 10 Uhr) Das historische Herrenhaus der Familie Telfair gilt als bestes Kunstmuseum in Savannah und beherbergt amerikanische Kunst und Silber des 19. Jhs. sowie einige wenige Werke aus Europa. Das ockerfarbene Gebäude selbst ist großartig und schon an sich ein Kunstwerk, das Besucher bis heute in Staunen versetzt.

SCAD Museum of Art MUSEUM
(☎912-525-7191; www.scadmoa.org; 601 Turner Blvd; Erw./Kind unter 14 Jahre 10 US$/frei; ⏲Di, Mi, Fr & Sa 10–17, Do bis 20, So 12–17 Uhr) Architekto-

nisch auffallend – was könnte man anderes von dieser Designschule erwarten? – macht dieses Langhaus aus Ziegelstein, Stahl, Beton und Glas den Besucher sofort mit der zeitgenössischen Kunst bekannt. Es gibt tolle, kreative Sitzbereiche drinnen und draußen und verschiedene Wechselausstellungen, die die bedeutendsten Talente der zeitgenössischen Kunstszene präsentieren.

Jepson Center for the Arts GALERIE
(JCA; ☎ 912-790-8800; www.telfair.org/visit/jepson; 207 W York St; Erw./Student/Kind 20/15/5 US$; ⏲ So & Mo 12–17, Di–Sa ab 10 Uhr;) Das vom berühmten Architekten Moshe Safdie errichtete JCA, das für die Standards von Savannah recht futuristisch aussieht, widmet sich, was auch das Gebäude selbst andeutet, der Kunst des 20. und 21. Jhs. Es lohnt sich, nach Wechselausstellungen von SCAD-Studenten und solchen zu Themen von Rennen bis zur Kunst in Virtual-Reality-Videospielen Ausschau zu halten.

Savannah Bike Tours RADFAHREN
(☎ 912-704-4043; www.savannahbiketours.com; 41 Habersham St; Tour 30 US$; ⏲ jahreszeitlich unterschiedliche Zeiten) Dieser Veranstalter bietet mit seiner Radflotte zweistündige Radtouren durch leichtes, ebenes Gelände an. Abfahrtszeiten der Touren telefonisch erfragen oder auf der Website nachschauen.

Schlafen

Thunderbird Inn MOTEL $
(☎ 912-232-2661; www.thethunderbirdinn.com; 611 W Oglethorpe Ave; Zi. 125–175 US$; P) „Eine Prise Palm Springs, ein Hauch Las Vegas" beschreibt das altmodisch-schicke Motel von 1964 am besten. Es gewinnt seinen eigenen Beliebtheitswettbewerb: Ein Schild mit der Aufschrift *Hippest Hotel in Savannah* begrüßt die Gäste in der Lobby mit 1960er-Jahre-Hintergrundmusik. Unter den vielen biederen B&Bs in der Gegend ist das groovige Thunderbird wie eine Oase, das durch die Werke von Studenten des SCAD nur noch mehr aufgewertet wird.

★ **Beachview Bed & Breakfast** B&B $$
(☎ 912-786-5500; www.beachviewbbtybee.com; 1701 Butler Ave, Tybee Island; Zi. 180–320 US$; P) Die geschmackvoll nach Themen eingerichteten Zimmer in dem stattlichen Gebäude haben helles, luftiges Dekor, Badewannen mit Krallenfüßen und gemütliche Betten. Das südliche Strandende von Tybee ist zu Fuß erreichbar, das Frühstück besteht aus frischen, regionalen Zutaten und Wendy, Geschäftsführerin und Tochter der Besitzer, ist immer gut gelaunt und hilfsbereit.

Kimpton Brice BOUTIQUEHOTEL $$$
(☎ 912-238-1200; www.bricehotel.com; 601 E Bay St; Zi. ab 260 US$;) Kimpton-Hotels sind für ihren hohen ästhetischen Anspruch bekannt, daher liegt es nahe, dass in der Designerhauptstadt ein Vorzeigeobjekt vertreten ist. In der Tat erfüllt das Kimpton Brice diesbezüglich und auch in anderen Bereichen diese Erwartung. Die modernen Zimmer zeichnen sich durch verspielte Farbgestaltung aus, während der Eingangs- und Lobbybereich einem lässigen Club ähnelt.

Kehoe House B&B $$$
(☎ 912-232-1020; www.kehoehouse.com; 123 Habersham St; Zi. 250–400 US$;) Das romantische, gehobene B&B im Stil der Neorenaissance stammt von 1892. Angeblich sollen hier in einem Kamin Zwillinge ums Leben gekommen sein, was das Haus zu einem der berüchtigsten Spukhotels der USA macht. Wer auf Nummer sicher gehen will, bleibt den Zimmern 201 und 203 lieber fern. Von den Geistern mal abgesehen, ist das Kehoe eine hübsch eingerichtete, lohnende Luxusbleibe am malerischen Columbia Sq.

Mansion on Forsyth Park BOUTIQUEHOTEL $$$
(☎ 912-238-5158; www.mansiononforsythpark.com; 700 Drayton St; Zi. werktags/Wochenende ab 220/320 US$; P @) Das 1672 m² große, schicke Hotel in bester Lage bietet Luxus pur – allein die Bäder sind den Preis schon fast wert. Das Beste an diesem Hotel-Spa sind über 400 umwerfend gute Kunstwerke von lokalen und internationalen Künstlern an den Wänden und in den Fluren.

Essen

Sweet Spice JAMAIKANISCH $
(☎ 912-335-8146; www.sweetspicesavannah.net; 5515 Waters Ave; Hauptgerichte 10–17 US$; ⏲ Mo–Do 11–20, Fr & Sa bis 21 Uhr) Das entspannte jamaikanische Lokal liegt ca. 4,5 Meilen (7,2 km) südöstlich des Zentrums und bietet willkommene Abwechslung von der allgegenwärtigen amerikanischen Kost und Südstaatenküche. Ein großer Teller Ziegencurry oder Jerk-Brathähnchen kostet kaum mehr als ein Fast-Food-Gericht, ist aber umwerfend lecker und zudem überaus sättigend.

★ **Wyld** SEAFOOD $$
(Wyld Dock Bar; ☎ 912-692-1219; www.thewylddockbar.com; 2740 Livingston Ave; Hauptgerichte

13–22 US$; ⌚ Di–Do & So 12–21, Fr & Sa bis 22 Uhr) Das entspannte, bei Einheimischen beliebte Restaurant versteckt sich im Mündungsgebiet von Savannahs Marschland und serviert moderne, amerikanische Küche mit Schwerpunkt auf Fischgerichten. Darüber hinaus können sich die Gäste Livemusik anhören, in einer Hängematte entspannen, sich an der Feuerstelle wärmen, Boccia spielen oder am Dock angeln.

★ **Husk Savannah** SÜDSTAATENKÜCHE $$$
(☎ 912-349-2600; www.husksavannah.com; 12 W Oglethorpe Ave; Hauptgerichte 25–36 US$; ⌚ Mo & Di 11.30–14 & 17.30–21, Mi–Fr bis 22, Sa 10–14 & 17.30–23, So bis 21 Uhr) Nach großem Erfolg in Charleston, Nashville und Greenville bringt Promikoch Sean Brock die meisterhafte Südstaatenküche aus lokalen, landwirtschaftlichen Erzeugnissen des Husk auch nach Savannah.

Der Außenposten bietet als einzige Filiale eine Bar, die rohe Meeresfrüchte serviert und ist der größte von allen Ablegern. Das Husk Savannah ist in einem historischen, dreistöckigen Gebäude untergebracht, das Platz für 200 Gäste bietet. Wie bei allen Husk-Restaurants richtet sich die Tageskarte nach den Produkten, die regional verfügbar sind.

Savannah

0 — 400 m
0 — 0,2 Meilen

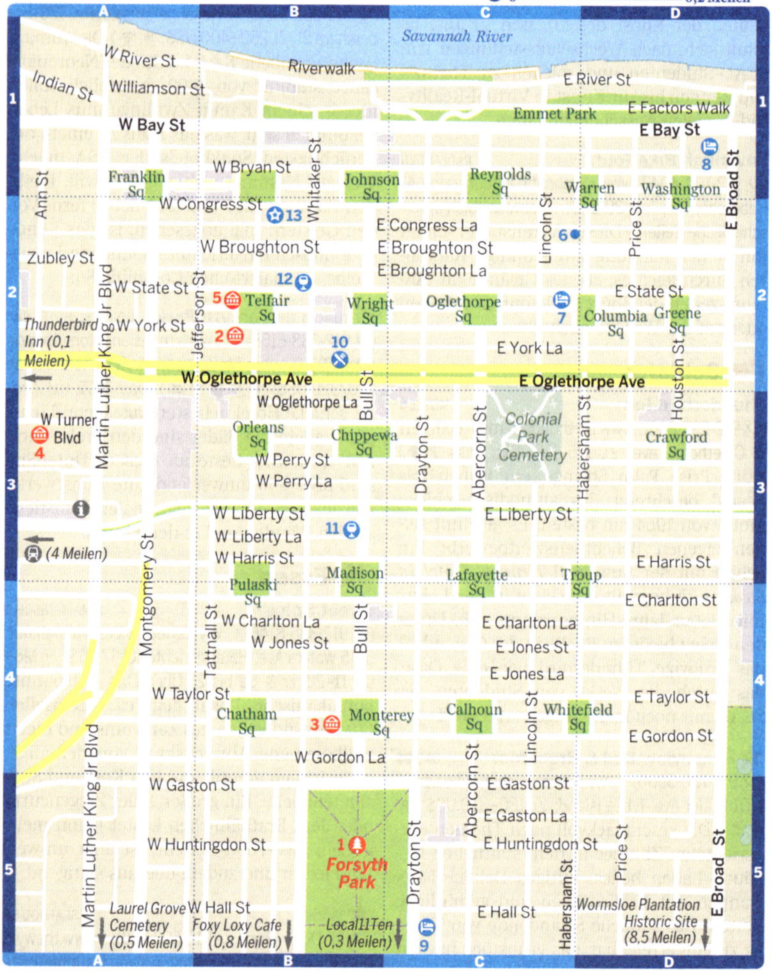

Local11Ten MODERN-AMERIKANISCH $$$
(☎ 912-790-9000; www.local11ten.com; 1110 Bull St; Hauptgerichte 27–42 US$; ⏲ 17.30–22 Uhr; ✎) Gehoben, nachhaltig, regional und frisch – das sind die Grundzutaten dieses eleganten, gut geführten Restaurants, das zu den besten Savannahs gehört. Los geht's mit Blaukrabben-Soufflé, gefolgt von scharf gebratenen Jakobsmuscheln in weißer Buttersauce mit Schnittlauch und Zitrone oder mit Honig und braunem Zucker verfeinertem Schweinekotelett und einer Salzkaramell-Creme zum Abschluss. Moment, alles schnell wieder streichen, die Speiseauswahl hat sich bereits wieder geändert!

Ausgehen & Unterhaltung

River St und Congress St, geprägt von Savannahs Gesetz über öffentlichen Alkoholkonsum und einer Flut an Plastikbechern, sind das Zentrum des Nachtlebens, das Angebot geht jedoch über die üblichen Spring-Break-Gelage hinaus. In der Innenstadt gibt es einige lohnenswerte Kneipen, von versteckten, alternativen Läden über schicke Cocktailbars bis hin zu schrulligen Nerd-Schuppen. Die Clubszene ist eine trostlose Angelegenheit, wer dennoch das Tanzbein schwingen möchte, findet in verschiedenen Bars solide DJ-Musik.

Foxy Loxy Cafe CAFÉ
(☎ 912-401-0543; www.foxyloxycafe.com; 1919 Bull St; ⏲ Mo–Sa 7–23, So 8–18 Uhr) Das betriebsame Café mit Kunstdruckgalerie in einem alten, viktorianischen Haus ist bei Studenten und kreativen Köpfen beliebt. Der Hinterhof ist der schönste der Gegend und gegen knurrende Mägen helfen leckere Tacos und frisch gebackene Kolatschen (Obstkuchen), die regelrecht süchtig machen. Darüber hinaus stehen Sonntagsbrunch, Happy Hour unter der Woche sowie monatliche Schallplattenabende und Poetry Slams auf dem Programm.

★ **El-Rocko Lounge** COCKTAILBAR
(☎ 912-495-5808; www.elrockolounge.com; 117 Whitaker St; ⏲ Mo–Sa 17–3 Uhr) Auf den ersten Blick wirkt das 1970er-Jahre-Flair der Bar recht aufgesetzt, dann stellt man jedoch fest, dass es in der El-Rocko Lounge wie in Savannah üblich äußerst entspannt zugeht. Freundliche Barkeeper mixen kreative Cocktails, während DJs für Stimmung sorgen und Gäste zu Platten-Jams tanzen. Das Publikum ist trendbewusst und dennoch angenehm unprätentiös und der Besitzer könnte kaum sympathischer sein.

Artillery COCKTAILBAR
(www.artillerybar.com; 307 Bull St; ⏲ Mo–Sa 16–24 Uhr) Talentierte Barkeeper zaubern in opulenten Räumlichkeiten, in denen eklektische und romantische Elemente des 19. Jhs. auf modernes Design treffen, innovative, hochwertige Cocktails. Die Hausregeln untersagen Mützen, Sandalen, Trägerhemden, laute Telefone und Fotos. Das Hausgetränk Artillery Punch mit Roggenwhiskey, Gin, Brandy und Rum hat es in sich und sollte deshalb langsam genossen werden.

Jinx LIVEMUSIK
(☎ 912-236-2281; www.thejinx912.com; 127 W Congress St; ⏲ Di–Sa 16–3 Uhr) Das Jinx, ein gutes Beispiel für Savannahs komisch-verrücktes Nachtleben, ist bei Studenten, Einheimischen, Musikern und all jenen beliebt, die leicht heruntergekommene, günstige Stammkneipen mit Livemusik – von Rock und Punk bis Alt-Country-Musik und Hip-Hop – und abgefahrenem Kram, der die Wände schmückt, mögen.

Savannah

Praktische Informationen

Candler Hospital (912-819-4100; www.sjchs.org; 5353 Reynolds St; 24 Std.) Etwa 4 Meilen (6,4 km) südlich der Downtown gelegen, bietet das Candler Hospital rund um die Uhr und an allen Wochentagen gute medizinische Versorgung. Einen weiteren Campus gibt es auf dem 11075 Mercy Blvd.

Savannah Visitors Center (912-944-0455; www.savannahvisit.com; 301 Martin Luther King Jr. Blvd; 9–17.30 Uhr) Das Zentrum, das in dem restaurierten Bahnhof der 1860er-Jahre untergebracht ist, bietet exzellente Infos und Dienstleistungen. Von hier starten viele privat betriebene Stadtrundfahrten. Es gibt auch einen kleinen interaktiven Touristeninformationskiosk im Visitor Center am Forsyth Park.

Anreise & Unterwegs vor Ort

Für eine Stadt dieser Größe bietet Savannah recht gute Anbindungen und ist bequem per Bus oder Zug zu erreichen, sogar leichter als mit dem Flugzeug oder Mietwagen. Die Innenstadt lässt sich bestens zu Fuß erkunden, südlich von Midtown sind Auto oder Bus die beste Wahl.

Brunswick & Golden Isles

Mit seiner großen Shrimps-Fangflotte und dem historischen Zentrum im Schatten mächtiger Eichen versprüht Brunswick einen Charme, den man bei der Durchfahrt auf der I-95 oder dem Golden Isle Pkwy (Hwy 17) verpasst. Die Stadt wurde 1733 gegründet und unterscheidet sich stark von ihren Nachbarn. Einst gab es in unmittelbarer Nähe mehrere Plantagen und auf den Farmen arbeiteten viele afroamerikanische Sklaven. Brunswick ist nicht so stark touristisch ausgerichtet wie andere Teile der Küste und Besuchern bietet der multikulturelle Ort mit westindischen Einflüssen und reicher Kunstszene angenehme Abwechslung.

Hostel in the Forest HOSTEL $
(912-264-9738; www.foresthostel.com; 3901 Hwy 82; DZ 30 US$ plus 10 US$ Gebühr für eine lebenslange Mitgliedschaft für Erstbesucher; P) Die einzige Budgetunterkunft in der Gegend bietet einfache, achteckige Zedernhütten und Baumhäuser (ohne Klimaanlage und Heizung) auf einem umweltfreundlichen, nachhaltig genutzten Gelände. Übernachtungsgäste müssen eine Gebühr für die Mitgliedschaft entrichten, die ein Leben lang gültig ist, und ein vegetarisches Abendessen ist im Preis inbegriffen. Das Hostel liegt – wenig überraschend – mitten im Wald, ungefähr 10 Meilen (16 km) außerhalb von Brunswick. Nur telefonische Reservierung.

Anreise & Unterwegs vor Ort

Brunswick liegt abseits des Hwy 17. Busse von **Greyhound** (800-231-2222; 2990 Hwy 17 S) halten an der Tankstelle Flying J, 10 Meilen (16 km) westlich der Stadt. Verbindungen gibt es u.a. nach Savannah (ab 12 US$, 2 Std., 2-mal tgl.) und Jacksonville (12 US$, 70 Min., 2-mal tgl.). Von beiden Städten sind Anschlussfahrten möglich.

ST. SIMONS ISLAND

St. Simons Island ist die größte und erschlossenste Insel der Golden Isles. Sie lockt mit zahlreichen hübschen Stränden, majestätischen Virgina-Eichen und Siedlungsgebieten in Form von Einkaufszentren oder niedlichen Dörfern, die zum Erkunden einladen. Die natürliche Schönheit von St. Simons erschließt sich allerdings aufgrund des intensiven Ausbaus als Wohn- und Erholungsgebiet nicht so leicht wie im Fall der Nachbarinseln. Die Insel Little St. Simons ist z.B. ein naturbelassenes Juwel, das aber nur für Gäste der exklusiven Lodge on Little St. Simons zugänglich ist. Golfliebhaber können sich auf einige gute Plätze freuen.

Schlafen & Essen

St. Simons Inn By The Lighthouse INN $$
(912-638-1101; www.saintsimonsinn.com; 609 Beachview Dr; Zi. 179–290 US$; P) Diese nette komfortable Unterkunft mit einem guten Preis-Leistungs-Verhältnis hat weiße Fensterläden aus Holz und verströmt einen Hauch von Lebhaftigkeit. Das Inn liegt praktisch nahe des Zentrums und ist nur einen kurzen Radweg vom East Beach entfernt. Im Preis ist ein kontinentales Frühstück inbegriffen.

Lodge on Little St. Simons Island LODGE $$$
(888-733-5774; www.littlestsimonsisland.com; Fähranleger 1000 Hampton River Club Marina Dr, Hotel Little St. Simons Island; DZ All-inclusive 600–750 US$;) Die abgelegene, historische Lodge steht auf der unberührten Privatinsel Little St. Simons. Im Preis inbegriffen sind die Übernachtung, der Bootstransfer von und zur Insel, drei Mahlzeiten pro Tag, Getränke (inkl. Softdrinks, Bier und Wein), alle Aktivitäten (auch Ausflüge unter Führung eines Biologen) und die Benutzung jeglicher Freizeitausrüstung. Die Zimmer haben rustikales Hüttenflair und moderne Annehm-

lichkeiten. Die Anlage ist nur per Boot zu erreichen und muss vorab gebucht werden.

Southern Soul BBQ BARBECUE $
(☎912-638-7685; www.southernsoulbbq.com; 2020 Demere Rd; Hauptgerichte 8–17 US$; ⏲Mo–Sa 11–21, So bis 16 Uhr; P 👪) In einer ehemaligen Tankstelle neben einem Kreisverkehr serviert das Southern Soul BBQ saftiges, langsam über Eichenholz geräuchertes Pulled Pork, geschmorte Rinderbrust, eine ordentliche Portion Spareribs und Tagesgerichte wie Burritos mit Jerk-Brathühnchen. Dazu haben Grillfans die Wahl zwischen leckeren, hausgemachten Saucen, u.a. eine süß-feurige Barbecue-Variante, eine scharfe mit Senf und eine mit Essig und Pfeffer.

★ **Halyards** SEAFOOD $$$
(☎912-638-9100; www.halyardsrestaurant.com; 55 Cinema Lane; Hauptgerichte 20–38 US$; ⏲Mo–Do 17–21, Fr–So bis 22 Uhr; 📶) 🍃 Chefkoch Dave Snyders hochwertige, nachhaltige, saisonale Fischküche wurde bereits mehrfach als beste auf St. Simons ausgezeichnet, und das mit Recht. Die Speisenauswahl richtet sich nach der Saison und umfasst Gerichte wie gebratenen schwarzen Zackenbarsch mit Broccoli-Lauch-Mascarpone-*farrotto* und gerösteter Tomatenbutter. Etwas ganz Besonderes sind die Chef's Highlights.

JEKYLL ISLAND

Jekyll, das im späten 19. und frühen 20. Jh. ein exklusives Refugium für Millionäre war, ist eine 4000 Jahre alte Düneninsel mit einem 16 km langen Strand. Heute ist die Insel ein ungewöhnlicher Mix aus Wildnis, denkmalgeschützten historischen Häusern, modernen Hotels und einem riesigen Campingplatz. Die Fortbewegung auf Jekyll ist nicht schwierig, egal ob man mit dem Auto, mit dem Pferd oder dem Fahrrad unterwegs ist.

Sehenswertes & Aktivitäten

Georgia Sea Turtle Center SCHUTZGEBIET
(☎912-635-4444; www.georgiaseaturtlecenter.org; 214 Stable Rd; Erw./Kind 4–12 Jahre/Kind unter 3 Jahren 10/7,50 US$/frei, Touren ab 27 US$; ⏲9–17 Uhr; P 👪) Die lohnenswerte Attraktion beherbergt ein Naturschutzzentrum und ein Schildkrötenhospital, dessen Patienten von Besuchern beobachtet werden können. Auf dem Programm stehen u.a. Führungen hinter die Kulissen (Mi, Fr & Sa 15 Uhr) und Schildkrötenspaziergänge bei Sonnenaufgang (Sa & So gegen 7 Uhr).

ABSTECHER

CUMBERLAND ISLAND NATIONAL SEASHORE

Cumberland Island National Seashore (☎912-882-4336; www.nps.gov/cuis; 10 US$), die größte und südlichste Barriereinsel Georgias, ist ein unberührtes Paradies, der Traum jedes Campers, bei Familien ein beliebtes Ziel für Tagesausflüge und ein idyllischer Rückzugsort für Pärchen. Kein Wunder, dass die reiche Carnegie-Familie Cumberland im 19. Jh. als Landsitz nutzte (die verfallene, aber spektakuläre Villa, die Dungeness Ruins, sind im Eintritt für Cumberland Island enthalten). Das 147,4 km² große Gebiet besteht aus Marschen, Sumpfebenen und Prielen. Zudem gibt es einen 26 km langen Sandstrand, den man oft für sich hat. Das Inselinnere bedeckt Meereswald mit geheimnisvollen Wegen, die sich gut in einer Folge von *Game of Thrones* machen würden.

★ **4-H Tidelands Nature Center** MUSEUM
(☎912-635-5032; www.tidelands4h.org; 100 S Riverview Dr; 5 US$; ⏲Mo–Fr 9–16, Sa & So 10–14 Uhr; P 👪) 🍃 Das Tideland, das von einigen engagierten Studenten der Naturwissenschaften der University of Georgia betrieben wird, ist ein kinderfreundliches Naturzentrum mit hübschen Schaukästen zur lokalen Umwelt und der einheimischen Tierwelt, u.a. mit einem Baby-Alligator, einer Unechten Karettschildkröte und Schlangen. Kinder dürfen verschiedene interaktive Exponate hochheben, hineinsehen und sie öffnen sowie manche Tiere in den Touch Tanks berühren oder auf den Arm nehmen.

Das Zentrum veranstaltet sehr empfehlenswerte zwei- bis dreistündige **Kajaktouren** (www.tidelands4h.org/tours.html; 2-stündige Tour im Einer-/Zweierkajak 60/116 US$, 3-stündige Tour 70/135 US$) in die Salzwiesen. Bei den Paddelausflügen hat man gute Chancen, Buntstörche, Kanadareiher, Pelikane und Delfine zu entdecken. Für Besucher ist dies die beste Möglichkeit, die unterschätzte Schönheit der Salzsümpfe der Barriereinsel zu erleben. Man kann auch Kanus (pro Std./Tag 20/40 US$) oder Aquabikes leihen.

Schlafen & Essen

Villas By The Sea FERIENWOHNUNG $$
(☎912-635-2521; www.villasbythesearesort.com; 1175 N Beachview Dr; Zi./Ferienwohnung ab 140/

260 US$; P❄📶🏊) Die Villas sind eine hübsche Bleibe an der Nordküste in der Nähe der besten Strände. Es gibt geräumige Zimmer und die zwar nicht so schicken, aber recht komfortablen Ferienwohnungen mit einem, zwei oder drei Schlafzimmern in einem über den Garten verteilten Hüttenkomplex.

Jekyll Island Club Hotel HISTORISCHES HOTEL $$$
(☎844-201-6871; www.jekyllclub.com; 371 Riverview Dr; DZ/Suite ab 185/290 US$, Resortgebühr 20 US$; P❄@📶🏊) Aus der Ferne wirkt das Hotel mit seinen Türmchen und Balkonen wie eine Burg. Die vornehme, mehrstöckige Unterkunft bildet das Rückgrat der Insel und bietet eine große Auswahl an Zimmern, die sich auf fünf historische Gebäude verteilen. Jedes davon scheint einem Roman über die dekadente Jazz-Epoche zu entstammen, wobei die Atmosphäre heute eher an einen Hilton Head Island Country Club erinnert.

The Wharf SÜDSTAATENKÜCHE $$
(☎912-635-3612; www.jekyllwharf.com; 371 Riverview Dr; Hauptgerichte 12–28 US$; ⏲11.30–22 Uhr; P) Die schönste Restaurantkulisse der Insel bietet dieses Holzgebäude im Bootshausstil am Pier. Der Speiseraum versprüht luftig-nautisches Flair, während man draußen mit Blick aufs Meer speist. Die Auswahl an unprätentiösen Fischgerichten und Südstaatenklassikern umfasst Brathähnchen, *cathead biscuits*, gegrillten Gelbflossen-Thun, gegrillte Jakobsmuscheln und Chipotle-Hummer mit Mac'n'Cheese. Unter der Woche wird Livemusik gespielt.

ALABAMA

Alabama ist voller Geschichte. Diese Aussage könnte zwar auch auf viele andere Bundesstaaten zutreffen, aber bei kaum einem anderen ist die Geschichte dermaßen emotional überfrachtet. Die amerikanischen Ureinwohner der Mississippi-Kultur errichteten Städte und schichteten imposante Erdhügel *(mounds)* auf. Mobile ist übersät mit franko-karibischer Architektur. Aber für viele steht Alabama vor allem für die amerikanische Bürgerrechtsbewegung.

Vielleicht musste dieser Bundesstaat mit seinen klassisch wirkenden Plantagen, dem kargen Ackerland und seinem hartnäckig verteidigten Heimatgefühl so einen Kampf durchleben – mit all dem Edelmut und all der Verzweiflung, die damit verbunden waren. Vom kleinsten Kaff bis zu den Großstädten am Fluss hat Alabama einen unverwechselbaren Charakter. Manche Besucher tun sich schwer mit der teilweise verstörenden Geschichte dieses Bundesstaats, aber die Leidenschaft der Menschen zeigt sich hier überall: im Essen, in der Kunst und in der Kultur.

ℹ An- & Weiterreise

Es gibt einige mittelgroße Flughäfen für Inlandflüge in Mobile and Montgomery, die meisten Besucher reisen jedoch über den Birmingham-Shuttlesworth International Airport (S. 464) nach Alabama.

In größeren Städten gibt es Greyhound-Busbahnhöfe. Amtrak fährt Birmingham an und es wird diskutiert, die Amtrak-Strecke entlang der Küste des Golfs von Mexiko wieder in Betrieb zu nehmen.

Birmingham

In Birmingham treffen Grünflächen auf fantastische Bars und Restaurants sowie innovative, öffentliche Raumfahrtprojekte. Die Stadt ist zudem sehr viel liberaler, als es die politischen Überzeugungen ihres Heimatstaates vermuten lassen. Sie mag nicht das Renommee musikalischer Hotspots wie New Orleans und Nashville oder von Wirtschaftszentren wie Atlanta und Houston besitzen, als Stadt mittlerer Größe überzeugt sie jedoch auf ganzer Linie.

Die hügelige Stadt, die um eine Eisenerzgrube herum entstand, ist noch heute ein Produktionszentrum: Viele Einwohner von Birmingham arbeiten bei Mercedes Benz USA in Tuscaloosa. Zudem sind hier viele Universitäten und Colleges angesiedelt. All das schafft die Voraussetzung, dass es in der Stadt eine uneingeschränkt hervorragende Restaurant- und Barszene gibt. Es gibt aber auch die Schatten der Vergangenheit, als Birmingham auch „Bombingham" genannt wurde, und die Geschichte der Bürgerrechtsbewegung liegt geradezu in der Luft.

Sehenswertes & Aktivitäten

Das trendige **Five Points South** ist voller Art-déco-Gebäude, in denen man Geschäfte, Restaurants und Nachtclubs findet. Im früher industriell geprägten **Avondale** sammeln sich heute die Hipster. Ebenso bemerkenswert ist das gehobene **Homewood** mit seiner malerischen Geschäftsstraße 18th St S. Nicht weit entfernt thront die beleuchtete Vulcan

ABSTECHER

ROCKET CITY

Die Stadt **Huntsville** erstreckt sich über die grünen Hügel im nördlichen Alabama und wirkt wie eine harmonische Erweiterung der wunderschönen Natur in der Region. Hier befindet sich das weltbekannte **US Space & Rocket Center** (☎256-837-3400; www.rocketcenter.com; 1 Tranquility Base; Erw./Kind 25/17 US$; ⏲9–17 Uhr; Ⓟ👪). Das Museum gehört zur Smithsonian Institution und beherbergt eine eindrucksvolle Sammlung von Artefakten zum Thema Weltall, von Raketen und Mondlandefahrzeugen über Raumkapseln bis hin zu Shuttle-Komponenten. Zudem gibt's einen begehbaren, funktionsfähigen Nachbau der Internationalen Raumstation sowie Fahrten in Simulatoren für Kinder und Erwachsene, darunter einen mit g-Kräften.

Gegen knurrende Mägen hilft das betriebsame **Betty Mae's Restaurant** (☎256-533-2188; http://bettymaes.restaurantsnapshot.com; 1222 Grace St NW; Hauptgerichte 6–10 US$; ⏲Mo–Fr 11–15, So bis 18 Uhr; Ⓟ) mit großartiger Hausmannskost in Form afroamerikanischer Südstaatenküche und einem dekadenten Red Velvet Cake.

Huntsville liegt auf halbem Weg zwischen Birmingham und Nashville, und bietet sich bei einer Autoreise durch den Süden als Zwischenstopp an.

Statue über der Stadt, die Tag und Nacht von nahezu jedem Punkt der Stadt sichtbar ist.

★ Birmingham Civil Rights Institute MUSEUM

(☎866-328-9696; www.bcri.org; 520 16th St N; Erw./Student/Kind 15/6/5 US$, So Spende erwünscht; ⏲Di–Sa 10–17, So 13–17 Uhr) Labyrinthartig angeordnete, bewegende Ton-, Video- und Fotodokumente erzählen die Geschichte der Rassentrennung und der Bürgerrechtsbewegung mit Fokus auf den Geschehnissen in und um Birmingham. Eine große Ausstellung widmet sich der **16th Street Baptist Church** (☎205-251-9402; www.16thstreetbaptist.org; Ecke 16th St & 6th Ave N; 5 US$; ⏲Pfarramtführungen Di–Fr 10–15, Sa 10–13 Uhr nur nach Vereinbarung) auf der anderen Straßenseite, auf die 1963 ein Bombenanschlag verübt wurde. Hier beginnt auch der Civil Rights Memorial Trail.

★ Sloss Furnaces FABRIK

(☎205-254-2025; www.slossfurnaces.com; 20 32nd St N; ⏲Di–Sa 10–16, So 12–16 Uhr; Ⓟ) 🍃 GRATIS Das ist eine von Birminghams Sehenswürdigkeiten, die man gesehen haben muss. Von 1882 bis 1971 war dies ein riesiges Werk, in dessen Hochöfen Roheisen erzeugt wurde und das ein bedeutenden Pfeiler in der Wirtschaft von Birmingham war. Statt einer Industrieruine ist es heute ein National Historic Landmark und die riesige, rote Masse an verbautem Stahl und verrosteten Trägern ist ein eindrucksvollen Denkmal der amerikanischen Industrie geworden. Stille Wege führen durch von Spinnweben überzogene Werkhallen und Produktionsstätten, die ein Traummotiv für Fotografen darstellen. Ein kleines Museum auf dem Gelände illustriert die Geschichte der Fabrik.

Vulcan Park PARK

(☎205-933-1409; www.visitvulcan.com; 1701 Valley View Dr; Aussichtsturm & Museum Erw./Kind 6/4 US$, 18–22 Uhr 5/4 US$; ⏲Aussichtsturm 10–22, Museum Mo–Sa 10–18 Uhr; 👪🐾) Man stelle sich die Christusstatue in Rio vor, aber aus Eisen und als muskelbepackten römischen Gott des Feuers und der Schmiede. Die Vulkan-Statue ist in der Stadt von überall zu sehen – sie die weltweit größte gusseiserne Statue, und der Park, in dem sie steht, bietet tolle Ausblicke und einen **Aussichtsturm**. Das kleine Museum auf dem Gelände erläutert die Geschichte Birminghams.

Birmingham Museum of Art GALERIE

(☎205-254-2565; www.artsbma.org; 2000 Rev Abraham Woods Jr Blvd; ⏲Di–Sa 10–17, So 12–17 Uhr) GRATIS Das wirklich gute Museum hat eine eindrucksvolle Sammlung, wenn man bedenkt, dass Birmingham eine nur mittelgroße Stadt ist. Drinnen werden Werke aus Asien, Afrika, Europa und Amerika gezeigt. Nicht versäumen darf man die Arbeiten von Rodin, Botero und Dalí im Skulpturengarten.

Birmingham Civil Rights Memorial Trail STADTSPAZIERGANG

(www.bcri.org; 520 16th St N) Der sieben Häuserblocks lange, bewegende Rundweg entstand 2013 anlässlich des 50. Jahrestags der Bürgerrechtskampagne. In seinem Verlauf werden mittels Tafeln, Statuen und Fotografien 22 Szenen nachgestellt. Manche sind ziemlich konzeptionell und ergreifend, z. B. ein Wall aus zuschnappenden Hundefiguren, durch den sich die Fußgänger ihren Weg bahnen müssen. Der Weg verdeutlicht einmal mehr die großen Opfer und Anstrengungen, die hinter der Bewegung standen, die Amerika verändern sollte.

Schlafen

★ Elyton Hotel BOUTIQUEHOTEL $$
(☎ 205-731-3600; www.elytonhotel.com; 1928 1st Ave N; Zi. 149–199 US$, Suite 349–369 US$; P) Das Elyton bietet eine ansprechende Kombination aus Boutique-Design sowie Komfort und Platz nach Business-Standards. Über 100 Zimmer in frischer, weißer Ästhetik mit Farbakzenten und moderner Kunst beherbergt das Gebäude im Empire-Stil, ein architektonisches Wahrzeichen aus dem frühen 20. Jh.

Redmont Hotel HISTORISCHES HOTEL $$
(☎ 205-957-6828; www.redmontbirmingham.com; 2101 5th Ave N; Zi. 150–170 US$, Suite 220 US$; @) Das Klavier und der Kronleuchter in der Lobby des 1925 erbauten Hotels vermitteln das historische Flair einer vergangenen Welt. Sämtliche Luxuszimmer wurden 2016 renoviert und erhielten einen modernen Touch. Auch die geräumige Dachbar ist gelungen. Vom Hotel sind die Sehenswürdigkeiten der Bürgerrechtsbewegung gut zu Fuß erreichbar.

Essen

★ Saw's Soul Kitchen BARBECUE $
(☎ 205-591-1409; www.sawsbbq.com; 215 41st St S; Hauptgerichte 9–16 US$; Mo–Sa 11–20, So bis 16 Uhr;) Das Saw's bringt ein paar der köstlichsten Fleischstücke der Stadt auf die Teller, und die Atmosphäre ist familienfreundlich. Gefüllte Kartoffeln sind eine leckere Beilage, und das geräucherte Hähnchen mit würziger weißer Sauce ist himmlisch. Trotzdem sind die Rippchen nicht zu übertreffen.

Blue Pacific at Hoover Food Mart THAILÄNDISCH $
(☎ 205-978-0754; 3219 Lorna Rd, Hoover Food Mart; Hauptgerichte ab 8 US$; Di–Sa 11–14.30, 17–20.30 Uhr) Das winzige Gebäude wirkt wie ein Gemischtwarenladen, serviert jedoch mit die beste thailändische Küche in Birmingham. Das Ambiente ist erwartungsgemäß wenig überzeugend, das Preis-Leistungs-Verhältnis dafür jedoch unschlagbar. Zu empfehlen ist das würzige Pad Kee Mao.

★ Highlands Bar & Grill AMERIKANISCH $$$
(☎ 205-939-1400; www.highlandsbarandgrill.com; 2011 11th Ave S; Hauptgerichte 33–44 US$; Di–Sa 17.30–22, Bar ab 16 Uhr) Frank Stitts renommiertestes Restaurant kredenzt seit 1982 in einem eleganten Speiseraum im 1920er-Jahre-Stil moderne, von französischer Kochkunst geprägte Südstaatenküche. Service und Essen sind gleichermaßen herausragend. Gäste werfen sich am besten in Schale – eine Anzugjacke ist zwar nicht vorgeschrieben, ohne eine fühlt man sich jedoch schnell fehl am Platz.

Ausgehen & Nachtleben

★ Atomic Lounge BAR
(☎ 205-983-7887; www.theatomiclounge.com; 2113 1st Avenue N; Di–Do 16–24, Fr & Sa bis 2 Uhr) Auf diese Art von Bar ist man in New York oder Los Angeles neidisch. Die Atomic Lounge ist ein flippiger, unterhaltsamer Mix aus einem Gemeinschaftsraum im Stil der 1950er-Jahre, einem Warhol-Bild und einer anspruchsvoller Cocktailbar.

Marty's PM BAR
(1813 10th Ct S; tgl. 20–6, Sa zusätzlich 10–15 Uhr) Das Marty's wendet sich an Hipster, coole Kids und langweilige Zeitgenossen, die es alle in eine freundliche Bar zieht, die vollgepackt ist mit Comics, *Star Wars*-Memorabilien, Rollenspielutensilien und die DJ-Abende und Pop-up-Abende bietet. Gelegentlich gibt's auch Livemusik.

Anreise & Unterwegs vor Ort

Der **Birmingham-Shuttlesworth International Airport** (BHM; ☎ 205-599-0500; www.flybirmingham.com) liegt etwa 5 Meilen (8 km) nordöstlich der Innenstadt.

Greyhound (☎ 205-252-7190; www.greyhound.com; 1801 Morris Ave) bietet u. a. Verbindungen nach Huntsville (1½–2 Std., ab 19 US$, 4-mal tgl.), Montgomery (1½ Std., ab 20 US$, 3-mal tgl.), Atlanta, GA, (2½ Std., ab 22 US$, 6-mal tgl.), Jackson, MS, (4½ Std., ab 23 US$, 6-mal tgl.) und New Orleans, LA (9 Std., ab 67 US$, 1-mal tgl.).

Vom **Amtrak-Bahnhof** (www.amtrak.com; 1801 Morris Avenue) im Zentrum fahren täglich Züge nach New York (22 Std., ab 124 US$) und New Orleans (8 Std., ab 38 US$).

Birmingham Transit Authority (www.bjcta.org) betreibt die MAX-Stadtbusse. Erwachsene zahlen 1,25 US$. Eine Alternative ist das Fahrradleihsystem Zyp BikeShare (www.zypbikeshare.com), das Tarife für 24 Stunden, drei Tage und einen Monat bietet.

Montgomery

Alabamas Hauptstadt prägen bewaldete Straßen, rote Ziegelsteinarchitektur, einsame Eisenbahnschienen, ein paar Regierungsgebäude und ein kopfsteingepflastertes Zentrum, das von neuen Investitionen in die Region profitiert.

Abgesehen von ein paar Ausnahmen, stehen die meisten Sehenswürdigkeiten im Zusammenhang mit der Bürgerrechtsbewegung, in der die Stadt eine Schlüsselrolle spielte. 1955 weigerte sich Rosa Parks, in einem städtischen Bus ihren Sitzplatz einem Weißen zu überlassen, und löste damit einen Busboykott aus, der von Martin Luther King Jr., dem damaligen Pastor der Dexter Avenue Baptist Church in Montgomery, angeführt wurde. Die Aktion führte letztendlich zur Abschaffung der Rassentrennung in öffentlichen Bussen, gab der Bürgerrechtsbewegung im ganzen Land Impulse und bereitete den Weg für die Protestmärsche von Selma nach Montgomery im Jahr 1965.

Das heutige Montgomery geht bedachtsam mit seiner Vergangenheit um und lockt viele junge Unternehmer an, von denen viele afroamerikanischer Herkunft sind.

Sehenswertes

★Dexter Avenue Parsonage — HISTORISCHE STÄTTE

(☎334-263-3970; www.dexterkingmemorial.org/tours/parsonage-museum; 309 S Jackson St; Erw./Kind 7,50/5,50; ⏲Di–Fr 10–15, Sa bis 13 Uhr; Ⓟ) Im Haus von Martin Luther King Jr. und Coretta Scott King scheint die Zeit stehen geblieben zu sein – es wirkt wie die Momentaufnahme eines Hauses aus den 1950er-Jahren mit Möbeln im Stil der *Mad Men*-Epoche, den Haushaltsgeräten und den Aschenbechern (King war Raucher). Der faszinierendste Teil der Führung ist Kings altes Arbeitszimmer, in dem immer einige der Bücher stehen, die seine theologischen, philosophischen Ansichten und seinen Aktivismus beeinflusst haben. Hinter dem Haus gibt's einen Garten mit vielen Steinen, die mit christlichen Tugenden beschriftet sind.

★National Memorial for Peace & Justice — GEDENKSTÄTTE

(National Lynching Memorial; ☎334-386-9100; www.eji.org/national-lynching-memorial; 417 Caroline St; Mahnmal/Kombiticket inkl. Legacy Museum 5/10 US$; ⏲Mi–Mo 9–17, Einlass bis 16.30 Uhr) Die Gedenkstätte hinterlässt durch ihre Einfachheit nachhaltige Eindrücke und erinnert an den Lynchmord an 4400 Afroamerikanern. Große, rechteckige Stahlplatten, die in Größe und Form an Särge erinnern, sind mit dem Namen eines Countys, den Daten jedes dokumentierten Lynchmordes in diesem County und dem Namen des Opfers versehen. Die Größe der Stätte und das stille Zeugnis der Steinsärge unterstreicht die Allgegenwärtigkeit rassistisch motivierter Gewalt in der amerikanischen Geschichte.

Civil Rights Memorial Center — GEDENKSTÄTTE

(☎334-956-8200; www.splcenter.org/civil-rights-memorial; 400 Washington Ave; Mahnmal frei, Museum Erw./Kind 2 US$/frei; ⏲Mahnmal 24 Std., Museum Mo–Fr 9–16.30, Sa 10–16 Uhr) Mit seiner runden, von Maya Lin entworfenen Form erinnert das Mahnmal an die 40 Märtyrer der Bürgerrechtsbewegung. Einige Fälle wurden bis heute nicht aufgeklärt. Martin Luther King Jr. war das berühmteste Opfer, aber es gab noch viele unbekannte Opfer – Weiße und Afroamerikaner! Die Gedenkstätte ist Teil des Southern Poverty Law Center, einer Stiftung, die sich für Rassengleichheit und Gleichheit vor dem Gesetz einsetzt.

Scott & Zelda Fitzgerald Museum — MUSEUM

(☎334-264-4222; www.thefitzgeraldmuseum.org; 919 Felder Ave; Erw./Kind Spende 10 US$/frei; ⏲Di–Sa 10–15, So 12–17 Uhr) Das Gebäude, in dem das Schriftstellerehepaar von 1931 bis 1932 lebte hat, beherbergt heute diverse Erstausgaben, Übersetzungen und Originalkunstwerke von Zelda aus ihren letzten Jahren, die sie in einer Nervenheilanstalt verbrachte. Das Highlight sind die handgeschriebenen liebevollen Briefe von Zelda an ihren Ehemann Scott. Anders als viele Häuser anderer berühmter Leute umgibt dieses Museum der Charme einer Bruchbude – Besucher fühlen sich ein wenig, als ob sie plötzlich auf den Dachboden der Fitzgeralds geraten wären.

Schlafen & Essen

★Lattice Inn — B&B $$

(☎334-263-1414; www.thelatticeinn.com; 1414 South Hull St; Zi. ab 115 US$; 📶🏊) Das gut geführte B&B gilt unter Montgomery-Besuchern als beliebter Klassiker. Die Besitzer sind herzlich und aufmerksam, die Zimmer sind in stimmigem Vintage-Chic gestaltet und die Anlage umgibt ein hübscher, riesiger Garten. Überzeugt auf ganzer Linie.

Mrs. B's SÜDSTAATENKÜCHE $
(☎334-264-5495; www.facebook.com/Mrsbscooking; 17 Cullman St; Gerichte 8–13 US$; ⌚Mo–Fr 6–17, So 11–16.30 Uhr) Einheimische lieben diese lokale Institution für echte bodenständige Klassiker wie Ochsenschwanz und Leber oder Zwiebeln und Nackenknochen (für den weniger experimentierfreudigen Gaumen gibt's u.a. Brathähnchen und Schweinekotelett). Dem Speisesaal sieht man sein Alter im positiven Sinne an und das Essen wird mit viel Liebe zubereitet und serviert.

Vintage Year SÜDSTAATENKÜCHE $$$
(☎334-819-7215; www.vymgm.com; 405 Cloverdale Rd; Hauptgerichte 15–42 US$; ⌚Di–Sa 17–22, So 10.30–14 Uhr) Lust auf feine Südstaatenküche in einem elegant-romantischen Speiseraum? Auf den Tisch kommen Lachs in Pistazienkruste, Pasta mit Shrimps vom Golf oder Tempura-Brathähnchen mit geschmortem Spargel. Dienstags ist Burger-Abend mit acht Fleischvarianten (und einem Garten-Burger mit Gemüse).

Praktische Informationen

Montgomery Area Visitor Center (☎334-262-0013; www.visitingmontgomery.com; 300 Water St; ⌚Mo–Sa 8.30–17 Uhr) Bietet Touristeninfos und eine hilfreiche Website.

Anreise & Unterwegs vor Ort

Der **Montgomery Regional Airport** (MGM; ☎334-281-5040; www.flymgm.com; 4445 Selma Hwy) liegt rund 15 Meilen (24 km) vom Zentrum entfernt und wird täglich von Atlanta, Charlotte und Dallas aus angeflogen. Auch **Greyhound** (☎334-286-0658; 950 W South Blvd) bedient die Stadt mit Verbindungen nach Birmingham (2½ Std., ab 24 US$) und New Orleans (6½ Std., ab 41 US$). Montgomery liegt über die I-65 rund 100 Meilen (160 km) südlich von Birmingham.

Das **Montgomery Area Transit System** (www.montgomerytransit.com) betreibt den städtischen Busverkehr. Tickets kosten 2 US$.

Selma

Selma ist eine ruhige Stadt mitten im „Black Belt" von Alabama. Der Spitzname bezog sich zunächst auf den dunklen, fruchtbaren Boden der Region, später dann auf den großen Anteil an Afroamerikanern in der Bevölkerung, die als Sklaven eben jenen Boden bearbeiteten. Bekannt wurde Selma wegen des „blutigen Sonntags" (Bloody Sunday) am 7. März 1965. Die Medien berichteten, wie die Polizei und ihre Hilfskräfte unweit der Edmund Pettus Bridge Afroamerikaner und weiße Sympathisanten zusammenschlugen und mit Tränengas besprühten.

Selma ist ein Muss für alle, die sich für die Geschichte der Bürgerrechtsbewegung interessieren, und auch sonst ein attraktives Ziel.

Sehenswertes

Edmund Pettus Bridge WAHRZEICHEN
(Broad St & Water Ave) Nur wenige Stätten sind für die US-amerikanische Bürgerrechtsbewegung so symbolträchtig wie die Pettus Bridge. Am 7. März 1965 waren Demonstranten auf dem Weg nach Montgomery, um gegen die Ermordung eines hiesigen schwarzen Aktivisten zu demonstrieren, der während einer Kundgebung über das Thema Wahlrecht von der Polizei umgebracht worden war. Als sich jene Aktivisten zusammenschlossen, richteten sich die Kameras der Fernsehsender auf die Brücke, wo Sicherheitskräfte mit ihren Hunden die friedlichen Demonstranten angriffen.

Selma Interpretive Center MUSEUM
(☎334-877-1983; www.nps.gov/semo; 2 Broad St; ⌚Mo–Sa 9–16.30 Uhr) GRATIS Das Museum neben der nördlichen Seite der Pettus Bridge umfasst eine kleine interpretative Stätte zur Geschichte der Jim-Crow-Gesetze und dem anschließenden Kampf gegen die Legalisierung der Rassentrennung.

Lowndes County Interpretive Center MUSEUM
(☎334-877-1983; www.nps.gov/semo; 7002 US Hwy 80; ⌚Mo–Sa 9–6.30 Uhr; P) GRATIS Dieses Zentrum liegt auf halber Strecke zwischen Selma und Montgomery, wohin der Protestzug unterwegs war, und zeigt eine kleine, fundierte Ausstellung über die Jim-Crow-Gesetze und die Bürgerrechtsbewegung.

Schlafen & Essen

Zum Zeitpunkt der Recherche wurde das historische **St. James Hotel** renoviert. Daneben gibt es vor Ort noch die üblichen amerikanischen Hotelketten der Mittelklasse.

Lannie's BBQ (☎334-874-4478; 2115 Minter Ave; Hauptgerichte 5–12 US$; ⌚Mo–Sa 9–21 Uhr; P) serviert in einer kleinen Hütte mit das beste Grillfleisch der Gegend.

An- & Weiterreise

Es gibt einen Busbahnhof von **Greyhound** (☎800-231-2222) an der 434 Broad St (US 80). Um sich in der Gegend fortzubewegen, ist ein

ABSTECHER

OLD CAHAWBA ARCHAEOLOGICAL PARK

Rund 14 Meilen (22,5 km) südwestlich von Selma liegt diese unheimliche **Geisterstadt** (334-872-8058.; https://ahc.alabama.gov/properties/cahawba/cahawba.aspx; 9518 Cahaba Rd, Orrvile; Erw./Kind 2/1 US$; 9–17 Uhr; P), der der Zahn der Zeit und der wild wachsende Dschungel zugesetzt hat. Cahawba, die einstige Hauptstadt Alabamas, wurde im 20. Jh. verlassen und ist heute eine bedeutende archäologische Stätte. Die Gegend lässt sich am besten im Rahmen einer geführten Tour (mindestens zwei Wochen im Voraus telefonisch reservieren) oder mit dem Fahrrad erkunden. Die flache Anlage wird von befestigten Wegen durchzogen und vor Ort steht eine begrenzte Zahl von Fahrrädern zur kostenlosen Nutzung zur Verfügung (Reservierung nicht möglich).

Der Geisterstadtkomplex beherbergt Ruinen, einen Naturpfad sowie ein Visitor Center (Do–Mo 12–17 Uhr) mit Karten für Touren in Eigenregie, und lässt Besucher an seinem Verfall teilhaben. Manchmal stehen geschichtliche Aufführungen und Aktivitäten wie historische Spuktouren auf dem Programm; aktuelle Infos liefert die Website.

Mietwagen unabdingbar. Tuscaloosa liegt ca. 75 Meilen (121 km) weiter nördlich an der US 80 und Montgomery 50 Meilen (80,5 km) weiter östlich.

Mobile

Mobile (sprich: mo-*biel*) ist die einzige echte Küstenstadt Alabamas. Sie liegt zwischen Mississippi und Florida und präsentiert sich als geschäftiger Industriehafen mit Grünflächen, Boulevards und vier historischen Vierteln. Zum Frühlingsanfang leuchten hier überall die Azaleen, während den ganzen Februar hindurch der **Mardi Gras** (www.mobilemardigras.com; Ende Feb./Anfang März) gefeiert wird, und das schon seit fast 200 Jahren (und damit noch länger als in New Orleans).

Die Sehenswürdigkeiten von Mobile lassen sich an einem Tag erkunden. Ansonsten bietet die Stadt auf der Reise zwischen Pensacola und New Orleans interessante Abwechslung.

Sehenswertes

USS Alabama MUSEUMSSCHIFF
(251-433-2703; www.ussalabama.com; 2703 Battleship Pkwy; Erw./Kind $15/6; April–Sept. 8–18 Uhr, Okt.–März 8–17 Uhr; P) Das 210 m lange Schlachtschiff mit dem Spitznamen *Lucky A* ist bekannt dafür, dass es im Zweiten Weltkrieg neun Schlachten unbeschadet überstanden hat und nicht ein einziger seiner Matrosen im Dienst ums Leben kam. Das gigantische Meisterwerk der Technik kann auf eigene Faust besichtigt werden, was unbedingt zu empfehlen ist.

Gulf Coast Exploreum MUSEUM
(251-208-6893; www.exploreum.com; 65 Government St; Erw./Student/Kind 13/11/6 US$, mit IMAX 17/15/10 US$; Sept.–Mai Di–Do 9–16, Fr & Sa bis 17, So 12–17 Uhr, Juni–Aug. Mo–Sa 10–17, So 12–17 Uhr;) Das Science Center zeigt in drei Galerien rund 150 interaktive Exponate, zudem gibt es ein IMAX-Kino und Vorführungen in den Chemie- und Biologielaboren. Die Ausstellungen richten sich in erster Linie an Kinder und sind deswegen ein gutes Familienprogramm.

Schlafen & Essen

Malaga Inn BOUTIQUEHOTEL $$
(800-235-1586, 251-438-4701; www.malagainn.com; 359 Church St; Zi. 79–165 US$, Suite 235 US$; P) Das Malaga punktet mit einem hübschen Hof und historischem Flair. Es ist in einem Gebäude aus dem 19. Jh. untergebracht und bietet angesichts der zentralen Lage faire Preise. Die Zimmer auf der Hofseite haben hochwertige Hartholzböden und dezente Laken, während die historischen Unterkünfte ein geschmackvoller, viktorianischer Stil auszeichnet. Dank der schmiedeeisernen Balkone fühlt man sich wie in einer New-Orleans-Produktion von *Romeo & Julia*.

★ **Meat Boss** BARBECUE $
(251-591-4842; http://meatboss.com; 5401 Cottage Hill Rd; Hauptgerichte 7–11 US$) Der Name sagt alles, dennoch ein paar Worte zum Erfolgsrezept des Meat Boss: jede Menge frische, langsam gegrillte Grillgerichte, die zischend serviert werden. Einfach Fleisch mit verschiedenen Beilagen wie Bananenpudding oder Kartoffelsalat bestellen und genießen!

Mary's Southern Cooking AMERIKANISCH $
(251-476-2232; 3011 SpringHill Ave; Hauptgerichte 6–12 US$; 11–18 Uhr;) Das Mary's ser-

viert Hausmannskost mit einem Lächeln auf den Lippen. Die Tagesangebote reichen von Rinderfiletspitzen über Schweinefüße bis zu Hühnchenpastete, dazu gibt's großzügige Beilagen wie Kohl, Reis und Bratensauce sowie Kartoffelbrei. Einfache, sehr gut zubereitete Küche.

An- & Weiterreise

Seit Jahren ist der Wiederanschluss von Mobile ans Eisenbahnnetz im Gespräch. Bis es soweit ist, kommen Besucher mit einem **Greyhound-Bus** (☎251-478-6089; 2545 Government Blvd) oder einem Mietwagen hierher. Die Stadt liegt an der Kreuzung von I-10 und I-65, ungefähr 60 Meilen (96 km) westlich von Pensacola und 150 Meilen (240 km) östlich von New Orleans.

MISSISSIPPI

Der „Magnolia State", dessen gesamte Westgrenze vom mächtigen Mississippi gesäumt wird, hat viele Gesichter: prächtige Herrenhäuser und ländliche Armut, gespenstische Baumwollebenen und grünes Hügelland, honiggelbe Sandstrände an der Küste und idyllisches Ackerland im Norden. Oft mythologisiert und missverstanden, erzählt die Region die rauen Ursprünge der USA, und genau deshalb lohnt sich ein Besuch. Die Literatur, Musik und Kunst, die hier entstanden, wurden durch persönliche Geschichten inspiriert. Manchmal ist es nicht einfach, diese zu hören, doch das Teilen der Erfahrungen löst ein unwiderstehliches Gefühl der Verbundenheit und auch Freude aus. Sei es bei einem nächtlichen Besuch eines Blues-Clubs im Delta, einem Abstecher zu den Wohnhäusern der großen Schriftsteller des Bundesstaates oder einem ruhigen Moment in einer Künstlerhütte, deren Wandbilder die Wunder der hiesigen Natur darstellen: Wer in die hiesige Kultur eintaucht, wird einen fruchtbaren Austausch erleben, der eventuell die eigenen Denkweisen in Frage stellt.

Praktische Informationen

Mississippi Division of Tourism Development (601-359-3297; www.visitmississippi.org) Hier gibt's ein Verzeichnis der Touristeninformationen und Routenvorschläge zu bestimmten Themen, die meist gut durchdacht sind und interessante Einblicke gewähren.

Mississippi Wildlife, Fisheries, & Parks (800-467-2757; www.mississippistateparks.reserveamerica.com) Reserviert Zeltstellplätze in den State Parks.

An- & Weiterreise

Für die Reise durch Mississippi bieten sich drei beliebte Routen an: Die I-55 und der US 61 durchqueren beide den Staat von Nord nach Süd. Der US 61 führt durchs Delta, während die I-55 durch Jackson verläuft. Der wunderschöne Natchez Trace Pkwy ist die Querverbindung von Tupelo nach Natchez. Täglich verkehren die Amtrak-Züge **City of New Orleans** zwischen Chicago und New Orleans mit Stopps in Memphis, TN, Greenwood und Jackson.

Oxford

Oxford bestätigt und übertrifft jegliche Vorstellungen, die man von der berühmtesten College-Stadt Mississippis hat. Es gibt sie, die Jungs der Studentenverbindungen in ihren Ford-Pick-ups und die Debütantinnen ihrer Schwesternschaften. Doch daneben gibt es auch Doktoranden, die über die Kritische Theorie diskutieren, und eine lebhafte Kunst- und Kulturszene. Die Lokalkultur spielt sich rund um den Square (aka Courthouse Sq) ab, wo sich Bars, Restaurants und recht ordentliche Shoppingmöglichkeiten befinden und um die fürstliche University of Mississippi, die auch Ole Miss genannt wird. Rundum erstrecken sich ruhige Wohnstraßen mit Antebellum-Häusern im Schatten majestätischer Eichen.

Sehenswertes & Aktivitäten

Der schöne, 0,6 Meilen (1 km) lange, recht gut zu bewältigende **Bailey's Woods Trail** (www.museum.olemiss.edu/baileys-woods-trail; Old Taylor Rd) verbindet zwei der beliebtesten Attraktionen der Stadt miteinander: Rowan Oak und das **University of Mississippi Museum** (☎662-915-7073; www.museum.olemiss.edu; University Ave at 5th St; ⏲Di–Sa 10–18 Uhr) GRATIS. **The Grove**, das schattige Herz der Ole Miss, ist meist sehr ruhig – außer wenn samstags ein Football-Spiel ansteht und zuvor einer der unvergesslichsten Partys im amerikanischen Universitätssport steigt.

Rowan Oak HISTORISCHES GEBÄUDE
(☎662-234-3284; www.rowanoak.com; Old Taylor Rd; Erw./Kind 5 US$/frei; ⏲Haus Sept–Mai Di–Sa 10–16, So ab 13 Uhr, Juni–Aug. Di–Sa 10–18, So ab 13 Uhr; Anwesen Sonnenaufgang–Sonnenuntergang) Literaturfans eilen zum schönen, aus den 1840er-Jahren stammenden Wohnhaus von William Faulkner. Viele seiner brillanten und tiefgründigen Romane spielen auch in Mississippi. Sein Werk wird alljährlich im Juli mit einer Tagung in Oxford gewürdigt.

Von 1930 bis zu seinem Tod 1962 lebte Faulkner in Rowan Oak, das aus gutem Grund, um seine eigenen Worte abzuwandeln, als sein „Herkunftssiegel" bezeichnet werden kann. Besucher können sich das Anwesen auf eigene Faust anschauen. Nur Barzahlung.

Schlafen & Essen

Inn at Ole Miss HOTEL **$**
(☎662-234-2331; www.theinnatolemiss.com; 120 Alumni Dr; Zi. ab 119 US$; P❄@📶🏊) Wenn am Wochenende nicht gerade Football gespielt wird, bekommt man eigentlich immer eines der 180 hübschen Zimmer des Hotels mit Kongresszentrum direkt am Ole Miss Grove. Ansonsten muss man lang im Voraus buchen. Es ist zwar sehr unpersönlich, aber dennoch gemütlich und vor allem günstig gelegen. Das Zentrum ist gut zu Fuß zu erreichen.

★**Big Bad Breakfast** FRÜHSTÜCK **$**
(☎662-236-2666; www.bigbadbreakfast.com; 719 N Lamar; Hauptgerichte 5–15 US$; ⏲Mo–Fr 7–13.30, Sa & So 8–15 Uhr) Ein Restaurant mit Elvis-Wandteppich kann nicht schlecht sein. Das gilt auch für diesen betriebsamen Laden, der seine dankbare Kundschaft mit herzhaftem, leckerem Südstaatenfrühstück verwöhnt. Ob Rührei mit gebratenen Austern vom Golf, Eiern Benedict nach Redneck-Art mit Landschinken und Sausage Gravy oder mit Brandy verfeinerter French Toast mit Beeren – hier kann man deftige Frühstücksfantasien perfekt ausleben.

City Grocery AMERIKANISCH **$$$**
(☎662-232-8080; www.citygroceryonline.com; 152 Courthouse Sq; Hauptgerichte mittags 11–24 US$, Hauptgerichte abends 26–32 US$; ⏲Mo–Sa 11.30–14.30, Mo–Mi 18–22, Do–Sa bis 22.30, So 11–14.30 Uhr) Küchenchef John Currence wurde mit dem James Beard Award ausgezeichnet und beherrschte in kurzer Zeit die kulinarische Szene der Stadt. Das City Grocery gehört zu seinen besten Restaurants und bietet großartige Südstaatenküche für Gourmets, z. B. geschwärzten Seewolf mit Eisbein, eingekochte Schwarzaugenbohnen und in Schmalz ausgebackenes Hangar Steak. Oben gibt es eine tolle Bar mit hiesiger Folklorekunst. Reservierung empfohlen.

Nachtleben & Unterhaltung

Rafter's Music & Food BAR
(☎662-234-5757; www.facebook.com/RaftersOxford; 1000 Jackson Ave E; ⏲Mo–Mi 17–24, Do bis 1, Fr 11–1, Sa bis 24, So 10.45–15 Uhr) Eine Treppe führt zu würzigen Bloody Marys und Livebluegrass am Sonntagmorgen. Am Wochenende ist abends viel los.

Proud Larry's LIVEMUSIK
(☎662-236-0050; www.proudlarrys.com; 211 S Lamar Blvd; ⏲Auftritte 21 Uhr) In dem ikonischen Musikladen am Platz treten durchweg gute Bands auf. Mittags und abends vor den Konzerten kommt außerdem leckere Kneipenkost auf den Tisch.

Shoppen

★**Square Books** BÜCHER
(☎662-236-2262; www.squarebooks.com; 160 Courthouse Sq; ⏲Mo–Sa 9–21, So bis 18 Uhr) Square Books, eine der großen, unabhängigen Buchhandlungen im Süden, ist das Zentrum von Oxfords dynamischer Literaturszene und ein beliebter Stopp von Autoren auf Lesereise. Im Obergeschoss gibt es ein Café, einen Balkon und eine riesige Faulkner-Abteilung.

An- & Weiterreise

Die Oxford am nächsten liegenden Interstates sind die I-55 und die I-22. Zudem führen die US 278 und MS 7 hierher, wobei letztere Strecke landschaftlich etwas reizvoller ist.

Mississippi-Delta

Das lange, flache Delta ist mit seinen einsamen Baumwollfeldern unter dem bleiernen Himmel ein Ort der surrealen, unheimlich anmutenden Extreme. In der feudalen Gesellschaft aus hochherrschaftlichen Anwesen und Sklaventum entstanden Songs über Arbeit und Liebe, die zur Grundlage der amerikanischen Popmusik wurden. Die Lieder kamen von Afrika auf die Baumwollfelder und gingen im Blues und schließlich im Rock'n'Roll auf. Der Tourismus in dieser Gegend, deren Landbevölkerung noch immer zur ärmsten der USA gehört, basiert in erster Linie auf der Entdeckung der schweißgetränkten Wurzeln dieser uramerikanischen Kunstform. Der legendäre Hwy 61 führt durch endlose, unheimliche Ebenen, gespickt mit imposanten Farm- und Industrieanlagen, winzigen Kirchen und verfallenen Friedhöfen.

Clarksdale

Clarksdale, das derbe Epizentrum der Blues-Szene des Deltas, ist die beste Ausgangsbasis für die Erkundung der Region. Im Umkreis

ABSTECHER

DIE SEELE DES DELTAS

Es lohnt sich, einen Abstecher in das kleine Deltastädtchen Indianola zu machen. Es bietet das sehenswerte **BB King Museum and Delta Interpretive Center** (☎662-887-9539; https://bbkingmuseum.org; 400 2nd St; Erw./Kind 7–17 Jahre 15/10 US$; ⊙Di–Sa 10–17, So & Mo ab 12 Uhr, Nov.–März Mo geschl.; P). Natürlich widmet sich das Museum in erster Linie dem legendären Bluesmusiker, zeigt aber auch die vielen Aspekte des Lebens im Delta. Es ist voller interaktiver Ausstellungsstücke, Videofilme und unterschiedlichster Artefakte, die alle sehr eindrucksvoll die Geschichte und das Vermächtnis des Blues erläutern und damit ein Licht auf die Seele des Deltas werfen.

von ein paar Fahrtstunden liegt alles Sehenswerte zur Blues-Kultur, und an den Wochenenden treten regelmäßig große Namen des Genres auf. Dabei ist Clarksdale noch immer eine arme Delta-Stadt, deren baufällige Häuser und verblichene Schaufensterfronten lange jenseits des romantischen Verfalls liegen. Es ist erschreckend, wie viele Unternehmen nachts von privaten Sicherheitsdiensten überwacht werden müssen. Auf der anderen Seite strahlt die Stadt eine von Herzen kommende Wärme aus, die viele Besucher länger bleiben lässt als geplant.

Sehenswertes

Delta Blues Museum MUSEUM

(☎662-627-6820; www.deltabluesmuseum.org; 1 Blues Alley; Erw./Kind 6–12 Jahre 10/8 US$; ⊙März–Okt. Mo–Sa 9–17 Uhr, Nov.–Feb. ab 10 Uhr; P) Hier ist eine kleine, aber gut präsentierte Sammlung von Erinnerungsstücken zu sehen. Zum Schrein für die Delta-Legende Muddy Waters gehört auch die Hütte, in der er einst aufwuchs. Ausstellungen regionaler Kunst und ein Souvenirladen runden das Gesamtpaket Museum ab. Gelegentlich gibt es Livemusik während besonderer Events.

Quapaw Canoe Co KANUFAHREN

(☎662-627-4070; www.island63.com; 291 Sunflower Ave; 175–400 US$/Tag & Pers.) John Ruskey und sein Team veranstalten unvergessliche Kanuausflüge auf dem Lower Mississippi River und dessen Nebenflüssen für Gruppen fast jeder Größe, von Einmanntouren bis hin zu Pfadfinderfahrten. Kunden können die gewünschte Route bestimmen oder Quapaw entscheiden lassen. Beliebt ist das fünftägige Paddelabenteuer Muddy Waters Wilderness, zudem gibt es Tagestouren und mehrtägige Ausflüge mit Camping.

Schlafen & Essen

Shack Up Inn INN $

(☎662-624-8329; www.shackupinn.com; 001 Commissary Circle, abseits US 49; Zi./Hütte 95/100 US$; P❄📶) In der ungewöhnlichen Unterkunft auf der Hopson Plantation nächtigen Gäste in umgebauten Pächterhütten oder in einer kreativ renovierten Halle, in der früher Baumwolle aufgearbeitet wurde. Die Hütten haben überdachte Veranden und sind mit alten Möbeln und Musikinstrumenten ausgestattet. Die Veranden bieten wunderschöne Ausblicke auf den Sonnenuntergang, der historische Kontext fällt jedoch bei aller „Authentizität" etwas unter den Tisch. In der Halle gibt es eine Bar und eine Bühne.

Bluesberry Cafe SÜDSTAATENKÜCHE $

(☎662-627-7008; 235 Yazoo Ave; Hauptgerichte 5–12 US$; ⊙Sa & So 7.30–13, Mo 18.30–24 Uhr) Hier ist alles fettig, die Gabeln, die Messer und auch die Servietten, aber was soll's? Das leckere Essen – Eier, Speck, hausgemachte Würste und üppige Sandwiches – wird frisch zubereitet und an den Wochenenden (ab 10 Uhr) und montags (ab 20 Uhr) steht Live-Blues auf dem Programm. Manchmal kommen Blues-Legenden vorbei und geben spontane Konzerte. Hände weg von der scharfen Sauce!

Yazoo Pass CAFÉ $$

(☎662-627-8686; www.yazoopass.com; 207 Yazoo Ave; Hauptgerichte mittags 8–10 US$, Abendessen 12–36 US$; ⊙Mo–Sa 7–21 Uhr; 📶) Das moderne Lokal serviert morgens frische Scones und Croissants, mittags Salate vom Büffet, Sandwiches und Suppen und zum Abendessen gebratenen Gelbflossen-Thun, Filet Mignon, Burger und Pasta. Es gibt auch eine Espressobar.

Unterhaltung

★ **Red's** BLUES

(☎662-627-3166; 395 Sunflower Ave; Grundpreis 7–10 US$; ⊙Livemusik Fr & Sa 21 Uhr) Clarksdales bester Juke Joint wird von neonrotem Stimmungslicht erhellt, die Decken sind mit Plastikplanen abgehängt, und das Ganze vermittelt den Eindruck wehmütigen Verfalls – dies ist also genau der richtige Ort, um den Blues wirken zu lassen. Red betreibt die Bar, kennt die Musik und die Musiker und schiebt einem ein kaltes Bier rüber, wenn man es braucht.

An- & Weiterreise

Clarksdale liegt nahe der Hwys US 49 und 61, 80 Meilen (128 km) südlich von Memphis und 70 Meilen (112 km) westlich von Oxford. Der Busbahnhof von **Greyhound** (☎ 662-627-7893; www.greyhound.com; 1604 N State St) befindet sich in der State St.

Vicksburg

Die hübsche Stadt liegt auf einer Klippe hoch über dem Mississippi. Während des Bürgerkriegs belagerte General Ulysses S. Grant die Stadt 47 Tage lang, bevor sie sich am 4. Juli 1863 ergab, wodurch die Nordstaaten die Kontrolle über den größten Fluss der USA bekamen. Obwohl Vicksburgh am bekanntesten für die Belagerung und die folgende Schlacht ist, sind viele alte Wohnhäuser erhalten, sodass die historische Altstadt als eine der schönsten in Mississippi gilt.

Sehenswertes

Vicksburg National Military Park HISTORISCHE STÄTTE
(☎ 601-636-0583; www.nps.gov/vick; 3201 Clay St; Fahrrad/Auto 10/20 US$; ⊙ Anlage Sonnenaufgang–Sonnenuntergang, Visitor Center April–Okt. 8–17 Uhr, Nov.–März 8.30–16.30 Uhr; P 👪) Vicksburg beherrschte den Zugang zum Mississippi, deshalb markierte die Einnahme der Stadt einen Wendepunkt im Bürgerkrieg. Eine 16 Meilen (26 km) lange Strecke führt an Schautafeln vorbei, die das historische Schlachtengeschehen und Schlüsselmomente der langen Belagerung verdeutlichen, während der die Einwohner wie Maulwürfe unter der Erde lebten, um dem Granatenbeschuss durch die Nordstaatler zu entgehen. Für die Tour sollte man mindestens 90 Minuten einplanen. Das USS Cairo Museum lohnt einen Zwischenstopp und zeigt die gepanzerten Kanonenboote der Truppen aus den Nordstaaten und die geborgene USS *Cairo*.

Lower Mississippi River Museum MUSEUM
(☎ 601-638-9900; www.lmrm.org; 910 Washington St; ⊙ Mo–Sa 9–16, So ab 13 Uhr; 👪) GRATIS Stolz und Freude der Innenstadt von Vicksburg ist dieses unauffällige Museum, das sich Themen wie dem berüchtigten Hochwasser von 1927 oder dem Army Corps of Engineers widmet, das den Fluss seit dem 18. Jh. reguliert. Kinder freuen sich über das Klettern auf dem im Trockendock liegenden Forschungsschiff MV *Mississippi IV*.

Essen & Ausgehen

★ **Walnut Hills** SÜDSTAATENKÜCHE $$
(☎ 601-638-4910; www.walnuthillsms.com; 1214 Adams St; Hauptgerichte 8–32 US$; ⊙ Mo & Mi–Sa 11–21, So bis 14 Uhr) Das Restaurant entführt Gäste in die Vergangenheit und serviert gehaltvolle, bodenständige Südstaatenküche in familiärer Atmosphäre, wobei es auch jede Menge Platz für Einzelpersonen und weniger Gesellige gibt. Auf den Tisch kommen u.a. Cremesuppe mit Mais und vielen Krabben und wunderbare *shrimp and grits* mit Tasso-Schinken.

Highway 61 Coffeehouse KAFFEE
(☎ 601-638-9221; 1101 Washington St; ⊙ Mo–Fr 7–17, Sa ab 9 Uhr; 📶) 🌿 Das großartige Café bietet samstagnachmittags gelegentlich Livemusik, serviert Kaffee aus fairem Handel und ist ein energiegeladenes Zentrum für Kunst, Dichterlesungen und dergleichen.

An- & Weiterreise

Vicksburg liegt an der I-20 und an der US 61, rund 50 Meilen (80 km) westlich von Jackson.

Jackson

In der Hauptstadt von Mississippi, die auch die größte Stadt im Bundesstaat ist, treffen stattliche Wohnviertel auf langgezogene, verödete Areale. Das überraschend flippige Herz der Künstler- und Hipsterszene ist der Fondren District. Das Museum of Mississippi History und das angrenzende Mississippi Civil Rights Museum, die kürzlich eröffnet wurden, erhöhen die Attraktivität der Innenstadt und haben sich landesweit einen Namen gemacht. Es wäre allerdings schön, wenn sich die Stadt um die Straßen kümmern würde, die in erbärmlichem Zustand sind. Vor allem die Schlaglöcher setzen Verkehrsteilnehmern zu. Positiv ins Gewicht fallen hingegen einige anständige Bars, gute Restaurants und jede Menge Leidenschaft für Livemusik. Insgesamt verspricht Jackson einen gelungenen Aufenthalt.

Sehenswertes

★ **Mississippi Civil Rights Museum** MUSEUM
(☎ 601-576-6800; www.mcrm.mdah.ms.gov; 222 North St; Erw./Kind 4–18 Jahre 10/6 US$; ⊙ Di–Sa

9–17, So ab 13 Uhr; P) Eine brüllende Stimme von oben, die zum Weitergehen antreibt, erschütternde Bilder von Lynchmorden oder eine hoch aufragende Wand mit Polizeifotos von Freedom Riders: Die Exponate dieses eindrucksvollen, neuen Museums hinterlassen einen bleibenden Eindruck. Es konzentriert sich auf den Kampf für Rassengleichheit in Mississippi innerhalb der landesweiten Bürgerrechtsbewegung, wobei sich acht Ausstellungen den Schlüsselperioden widmen. Für einen Besuch sollte man einen halben Tag einplanen.

Museum of Mississippi History MUSEUM
(☎601-576-6800; www.mmh.mdah.ms.gov; 222 North St; Erw./Kind 4–18 Jahre 10/6 US$; ⊙Di–Sa 9–17, So bis 13 Uhr; P) Im zehnminütigen Einführungsfilm dieses fesselnden, neuen Museums spricht Gott höchstpersönlich, dem der aus Mississippi stammende Morgan Freemans seine Stimme leiht, zu den Besuchern. Die Ausstellungen erzählen die Geschichte von Mississippi und seinen Bewohnern, von 13000 v. Chr. bis heute. Die interessanten Exponate, die oft mit informativen Videos ergänzt werden, widmen sich prähistorischen Moundbuilders (Hügelbauer), den Chickasaw und Choctaw samt ihren Legenden, der Baumwollindustrie, dem Bürgerkrieg und dem reichen kulturellen Erbe des Bundesstaates. Bemerkenswert ist die nachgebaute Spelunke Lucille's Place.

Eudora Welty House HISTORISCHES GEBÄUDE
(☎601-353-7762; www.eudorawelty.org; 1119 Pinehurst St; Erw./Student/Kind 5/3 US$/frei; ⊙Führungen Di–Fr 9, 11, 13 & 15 Uhr) Literaturinteressierte sollten eine Führung durch das Haus der mit dem Pulitzerpreis ausgezeichneten Autorin planen, die hier mehr als 75 Jahre gelebt hat. Das neo-elisabethanische Haus wurde bis ins kleinste Detail rekonstruiert. Die Besichtigung ist jeweils am 13. jedes Monats frei, sofern es sich dabei um einen normalen Werktag handelt. Anmeldung ist erwünscht, aber nicht notwendig.

Schlafen & Essen

Old Capitol Inn BOUTIQUEHOTEL $
(☎601-359-9000; www.oldcapitolinn.com; 226 N State St; Zi./Suite ab 99/145 US$; P ❄ @ ≋ ≊) Das großartige Boutiquehotel mit 24 Zimmern liegt ganz in der Nähe von Museen und Restaurants. Die Unterkünfte sind gemütlich und individuell eingerichtet und ein leckeres, umfassendes Südstaatenfrühstück ist im Preis inbegriffen. Der Dachgarten überblickt die Innenstadt.

Fairview Inn INN $$$
(☎888-948-1908, 601-948-3429; www.fairviewinn.com; 734 Fairview St; Zi./Suite ab 199/219 US$; P ❄ @ ≋) In den 18 Zimmern in einem umgebauten, historischen Herrenhaus fühlen sich die Gäste in die Kolonialzeit zurückversetzt. Die Einrichtung mit jeder Menge Antiquitäten ist eindrucksvoll, kein bisschen muffig und geschmackvoll dem Thema des jeweiligen Zimmers angepasst. Es gibt auch einen komplett ausgestatteten Wellnessbereich und eine gemütliche Cocktailbar namens Library Lounge (Mo–Fr 11–24, Sa 16–1 Uhr).

Bully's SÜDSTAATENKÜCHE $
(☎601-362-0484; 3118 Livingston Rd; Hauptgerichte 7–10 US$; ⊙Mo–Sa 11–18 Uhr) Goldbraune Kruste und zartes Fleisch: Die Brathähnchen von Bully's sind ein echter Genuss und lohnen die Anfahrt vom Zentrum. Wer möchte, bestellt sich eines zum Mitnehmen und picknickt am Natchez Trace, 5 Meilen (8 km) weiter nordwestlich. Dass sich das unprätentiöse Lokal auf Hausmannskost versteht, bestätigte die James Beard Foundation mit der Auszeichnung zum American Classic 2016.

Iron Horse Grill SÜDSTAATENKÜCHE; MEXIKANISCH $$
(☎601-398-0151; www.theironhorsegrill.com; 320 W Pearl St; Hauptgerichte 11–32 US$; ⊙11–24 Uhr) Freitags zur Mittagszeit scheint sich hier die gesamte Innenstadt an leckeren Burgern, Po'Boy-Sandwiches, Tacos und Fischgerichten satt zu essen. Trotz der großen Räumlichkeiten und der Betriebsamkeit sorgen gewissenhafte Mitarbeiter und freundliche Atmosphäre für intimes Flair. Gratis-Chips sowie Salsa und Livemusik (Do–Sa abends) runden das Gesamtpaket ab. Nichts wie hin!

Ausgehen & Unterhaltung

Apothecary at Brent's Drugs COCKTAILBAR
(www.apothecaryjackson.com; 655 Duling Ave; ⊙Di–Do 17–1, Fr & Sa bis 2 Uhr) Versteckt im hinteren Bereich eines Limonadenladens im Stil der 1950er-Jahre befindet sich diese ganz eindeutig aus dem frühen 21. Jh. stammende Cocktailbar. Die Barkeeper tragen Brillen mit dicken Rahmen, die Kunden haben tätowierte Arme und es gibt eine feine Auswahl an fachkundig gemixten Kreationen.

F Jones Corner BLUES
(☎601-983-1148; www.fjonescorner.com; 303 N Farish St; ⌚Do–Sa 10–4 Uhr) Wenn die anderen Lokale schließen, strömt die ganze Stadt in diesen bodenständigen Club in der Farish St. Hier spielen authentische Delta-Musiker schon mal bis zum Sonnenaufgang.

Praktische Informationen

Convention & Visitors Bureau (☎601-960-1891; www.visitjackson.com; 111 E Capitol St, Suite 102; ⌚Mo–Fr 8.30–17 Uhr) Kostenlose Informationen.

An- & Weiterreise

Die Downtown liegt an der Kreuzung der I-20 mit der I-55 und ist deshalb leicht zu erreichen. Jacksons internationaler **Flughafen** (JAN; ☎601-939-5631; www.jmaa.com; 100 International Dr) ist 10 Meilen (16 km) östlich der Downtown. Busse von **Greyhound** (☎601-353-6342; 300 W Capitol St) fahren nach Birmingham, Memphis und New Orleans (mit Umstieg). Der Amtrak-Zug *City of New Orleans* hält am hiesigen **Bahnhof** (Union Station; 300 W Capitol St).

Natchez

Die alte Stadt erstreckt sich über einen Felsvorsprung mit Blick auf den Mississippi und beherbergt zahlreiche, dicht stehende, historische Häuser. Heute liegt eine Art unbekümmerte Verschmitztheit in der Luft, die die Geschichte nicht allzu schwer erscheinen lässt. Tatsächlich zählt Natchez trotz der unzähligen Gebäude aus der Zeit vor dem Bürgerkrieg zu den offeneren und facettenreicheren Städten des Bundesstaates. Historisch gesehen ist sie die älteste, nach Ankunft der Europäer entstandene Siedlung am Mississippi (2 Jahre älter als New Orleans). Zudem liegt sie am Ausgangs- bzw. Endpunkt des malerischen 710 km langen Natchez Trace Parkway, einer beliebten Reiseroute im 19. Jh. und heute der schönste Rad- und Wanderweg des Bundesstaates. Am Wochenende beherrscht ausgelassene Partystimmung die Straßen, dann werden Autos überall auf den Bürgersteigen geparkt und angetrunkene Feierfreudige vergnügen sich in Kneipen, tanzen zu Livemusik und spielen im Kasino. In der „Pilgersaison" im Frühjahr und Herbst sind die Herrenhäuser der Stadt für Besucher geöffnet.

Sehenswertes & Aktivitäten

Emerald Mound ARCHÄOLOGISCHE STÄTTE
(www.nps.gov/natr; Natchez Trace Pkwy Meile 10,3; ⌚Sonnenaufgang–Sonnenuntergang; P 🐾) GRATIS Direkt am Trace Pkw außerhalb der Stadt liegen die grasbewachsenen Ruinen einer Stadt der Ureinwohner, die über den zweitgrößten präkolumbischen Erdhügel der USA verfügte. Mit einfachen Steinwerkzeugen verwandelten die präkolumbischen Vorfahren der heutigen Bewohner den Erdhügel mit einer Grundfläche von 3,24 ha in eine Pyramide mit abgeflachter Spitze. In Richtung des kleinen Baches gibt es schattige Picknickplätze, und man sollte unbedingt auf die Pyramide hinaufsteigen, auf der sich eine riesige Rasenfläche befindet.

ABSTECHER

NATCHEZ TRACE PARKWAY

Wer durch Mississippi fährt, sollte zumindest einen Teil seiner Reise im Hinblick auf eine der ältesten Straßen Nordamerikas planen: den Natchez Trace. Dieser ca. 710 km lange Weg folgt einem natürlichen Gebirgskamm, der von prähistorischen Tieren vielfach bei deren Weidezügen benutzt wurde; so trampelten diese Tiere einen Pfad, den die Völker der amerikanischen Ureinwohner als Handelsroute nutzten. Daraus wurde dann schließlich der Natchez Trace, eine wichtige, oft von Banditen heimgesuchte Straße ins westliche Landesinnere der jungen USA.

1938 wurde der Abschnitt des Trace, der sich von Pasquo in Tennessee in südwestlicher Richtung nach Natchez in Mississippi erstreckt, als Natchez Trace Parkway (www.nps.gov/natr) unter den Schutz des Bundes gestellt und der Verwaltung des National Park Service unterstellt. Die hübsche, malerische Fahrt führt durch eine ganze Palette südlicher Landschaften: dichte, dunkle Wälder, sumpfige Feuchtgebiete, sanft gewelltes Hügelland und große Flächen Farmland. Es gibt mehr als 50 Auffahrten zum Parkway und ein nützliches **Visitor Center** (☎662-680-4027; www.nps.gov/natr; Mile 266 Natchez Trace Pkwy; ⌚9–16.30 Uhr; 👪 🐾) 🍃 außerhalb von Tupelo. Hier hat man freie Fahrt, ganz ohne Ampeln oder Stoppschilder.

Melrose HISTORISCHES GEBÄUDE
(☎601-446-5790; www.nps.gov/natc; 1 Melrose-Montebello Pkwy; Erw./Kind 6–17 Jahre 10/5 US$; ⏲Führungen 10, 11, 13, 14, 15, 16 Uhr; P) Führungen durch dieses Gebäude im Stil des Greek Revival geben faszinierende Einblicke aus verschiedenen Perspektiven in das Leben auf dem Stadtanwesen eines Baumwollmagnaten und Sklavenbesitzers. Der Rechtsanwalt, Parlamentarier und Geschäftsmann John McMurran zog 1849 mit seiner Familie in das von vier dorischen Säulen bewachte Haus. Heute wird dieses vom National Park Service verwaltet. Ranger erzählen drinnen Geschichten aus dem Alltag der Familie, anschließend können Besucher die Sklavenhütten und zugehörigen Exponate hinter dem Gebäude erkunden. Zahlung nur bar oder in Scheckform.

Schlafen & Essen

★**Historic Oak Hill Inn** INN $$
(☎601-446-2500; www.historicoakhill.com; 409 S Rankin St; Zi. 140–170 US$, Suite 250 US$; P ❄ 📶) Gäste des B&B nächtigen in einem historischen Bett von 1835, dinieren auf feinem Porzellan der Nachkriegszeit unter Waterford-Gaskronleuchtern von 1850 und können sich ganz wie Aristokraten vor der Zeit des Bürgerkrieges fühlen. Doug Mauro, einer der Besitzer, lebt die Gastfreundschaft des Südens und kennt Natchez wie seine Westentasche. Sein Partner Donald McGlynn, der im Restaurant Brennan's in New Orleans ausgebildet wurde, ist für das großartige Frühstück verantwortlich.

Magnolia Grill SÜDSTAATENKÜCHE $$
(☎601-446-7670; www.magnoliagrill.com; 49 Silver St; Hauptgerichte 10–35 US$; ⏲So, Di & Mi 11–21, Fr & Sa bis 22 Uhr; 👪) Das Grillrestaurant in einem Ladengeschäft in einem hübschen Holzhaus mit freiliegenden Balken und Außenveranda unten am Flussufer ist eine gute Adresse für Schweinelenden-Po'boy oder einen Salat mit gebratenen Krebsen und Spinat.

Ausgehen & Unterhaltung

Under the Hill Saloon BAR
(☎601-446-8023; 25 Silver St; ⏲10 Uhr–open end) Die ungemein unterhaltsame, historische Bar war einst die Stammkneipe von Samuel Clemens, einem Flussschifflotsen, besser bekannt unter seinem Pseudonym Mark Twain. Die Bar schließt erst, wenn der letzte Gast gegangen ist. Am Wochenende wird manchmal Livemusik gespielt.

Smoot's Grocery LIVEMUSIK
(☎601-653-0731; www.smootsgrocery.com; 319 N Broadway St; ⏲Do & Fr 16–24, Sa ab 12, So 12–20 Uhr) Die Leidenschaft des Smoot's Grocery ist der Blues. In einem abgewetzten ehemaligen Lebensmittelgeschäft in der Nähe des Mississippi lebt der Laden seine Liebe zur Livemusik. In erster Linie treten Blues-Bands auf, manchmal stehen jedoch auch Swamp-Rock, Rootsmusik, Soul oder Zydeco auf dem Programm. Ob schick gekleidete Hochzeitsgäste, Dancing Queens oder Billard spielende Stammklientel – hier landet irgendwann jeder.

Praktische Informationen

Das **Visitor and Welcome Center** (☎800-647-6724; www.visitnatchez.org; 640 S Canal St; ⏲Mo–Sa 8.30–17, So 9–16 Uhr) ist eine große, gut gemachte Touristeninformation mit Exponaten zur Geschichte der Gegend und zahlreichen Infos zu hiesigen Sehenswürdigkeiten. Vor Ort gibt es die separaten Infozentren Natchez National Historical Park, Natchez Pilgrimage Tours, City of Natchez Visitor Information und Mississippi Tourism.

An- & Weiterreise

Natchez liegt am US 61 und bildet auch den Endpunkt (oder Startpunkt) des Natchez Trace Pkwy. Die Haltestelle der Busse von **Greyhound** (☎601-445-5291; 127 Wood Ave) liegt etwa 3,5 Meilen (5,6 km) östlich der Stadt.

Golfküste

Die flache Golfküste von Mississippi umfasst eine lange Abfolge von windgepeitschten Dünen, Flecken von Strandgras, einsamen Barriereinseln, Kunstgalerien am Meer und Kasinos im Stil von Las Vegas. Das Erholungsgebiet ist bei Familien und Militärs beliebt; am Küstenabschnitt zwischen Florida und Texas liegen mehrere große Stützpunkte.

Das charmante Bay St. Louis zieht Angestellte der Bundesbehörden an, darunter viele Wissenschaftler des Stennis Space Center nahe der Grenze zu Louisiana. Sie verleihen der Stadt einen progressiveren Charakter, als man es von Mississippi erwartet. Yogastudios, Antiquitätenläden und Galerien säumen die Hauptstraße.

Ocean Springs ist ein idyllischer Erholungsort mit einem Hafen, in dem Shrimps-Boote neben Freizeitjachten liegen, einer historischen Altstadt und einem feinen, weißen Sandstrand am Golf.

An den Abfahrten der I-10 zu den verschiedenen Städten der Golfküste befinden sich günstige Kettenhotels. In den Ortschaften selbst gibt es nette B&Bs und kleine Hotels. Die günstigsten Preise haben in der Regel die Kasinohotels in Biloxi.

An- & Weiterreise

Biloxi liegt zwischen Gulfport im Westen und Ocean Springs im Osten. Die Stadt befindet sich 90 Meilen (145 km) östlich von New Orleans und 30 Meilen (48 km) östlich von Bay St. Louis. Ocean Springs wiederum findet man 33 Meilen (53 km) östlich von Bay St. Louis und 60 Meilen (96 km) westlich von Mobile abseits der I-10.

ARKANSAS

Arkansas (sprich: *ar*-ken-soh), das gebirgige Verbindungsstück zwischen dem Mittleren Westen und den eigentlichen Südstaaten, ist ein oft übersehenes landschaftliches Juwel, geprägt von reißenden Strömen, dunklen, grünen Tälern, zinnenartigen Granitfelsen und den verwitterten Gebirgskämmen der Ozark Moutains und der Ouachita (sprich: wa-schi-toh) Mountains. Im gesamten Bundesstaat locken ausnehmend gut aufgemachte State Parks und kleine, einsame Straßen, die durch dichte Wälder zu hinreißenden Aussichtspunkten oder lieblichen Wiesen mit grasenden Pferden führen. In den Gebirgsstädtchen trifft man auf evangelikalen Fundamentalismus, Hippie-Kommunen und Biker-Bars, aber alle diese sehr unterschiedlichen Kulturen eint die Liebe zur atemberaubenden Natur ihres Heimatstaats.

Praktische Informationen

Arkansas State Parks (☎888-287-2757; www.arkansasstateparks.com), das renommierte Parksystem von Arkansas, verwaltet 52 State Parks. 30 davon bieten Campingmöglichkeiten, ein paar verfügen über Unterkünfte in Lodges und Hütten. Aufgrund der großen Nachfrage am Wochenende und in den Ferien sind Reservierungen dann nur für mehrtägige Aufenthalte möglich.

Little Rock

Little Rock wird seinem Namen gerecht: Die charmante Hauptstadt des Bundesstaates wirkt tatsächlich ziemlich klein. Gleichwohl ist sie das Zentrum des städtischen Lebens in Arkansas und in den grünen Wohnvierteln trifft man auf freundliche Bars, neue Restaurants, viele Radwege und einen toleranten Lebensstil. Die recht kleine Bevölkerungszahl kontrastiert mit der weiten Landschaft: Die Stadt liegt am Arkansas River und die üppig bewaldeten Flusstäler wirken immer, als ob sie nur einen Steinwurf entfernt seien – wie es zu diesem Bundesstaat voller Naturwunder passt.

Sehenswertes

William J. Clinton Presidential Center MUSEUM

(☎501-374-4242; www.clintonlibrary.gov; 1200 President Clinton Ave; Erw./Kind 10/6 US$; ⏲Mo–Sa 9–17, So 13–17 Uhr; P 👪) Diese Bibliothek beherbergt das größte Archiv einer US-amerikanischen Präsidentschaft. Es umfasst 80 Mio. Seiten an Dokumenten und 2 Mio. Fotografien (leider kaum etwas zum Skandal um eine gewisse Praktikantin). Das Ganze fühlt sich wie eine Zeitreise in die 1990er-Jahre an. Zu sehen und zu begehen ist auch eine Nachbildung des Oval Office in Originalgröße. Außerdem sind Ausstellungsstücke zu allen Stationen von Bill Clintons Leben und die Geschenke ausländischer Besucher zu bewundern. Das Gebäude wurde nach umweltfreundlichen Vorgaben errichtet.

Riverfront Park PARK

(☎501-371-4770; www.littlerock.com/little-rock-destinations/riverfront-park; Ottenheimer Plaza; ⏲Sonnenaufgang–Sonnenuntergang) GRATIS Der hübsche Park, der sich entlang des Arkansas River erstreckt, ist bei Spaziergängern und Radfahrern gleichermaßen beliebt. Er bildet die gelungene Integration des Flusses in die Stadt. Sein bemerkenswertestes Wahrzeichen ist die Clinton Presidential Park Bridge, die imposante Fußgängerbrücke über den Fluss.

Little Rock Central High School HISTORISCHE STÄTTE

(☎501-374-1957; www.nps.gov/chsc; 2125 Daisy L Gatson Bates Dr; ⏲9–16.30 Uhr; P) GRATIS Die interessanteste historische Sehenswürdigkeit von Little Rock ist der Ort, an dem ein Schlüsselmoment der Bürgerrechtsbewegung 1957 das Land für immer veränderte. Es war an dieser damals noch rein weißen High School, dass neun afroamerikanischen Studenten der Zutritt verboten wurde, obwohl ein einstimmig gefasster Beschluss des Obersten Gerichtshofs bereits seit 1954 die öffentlichen Schulen zur Integration zwang. Die Studenten wurden später als die Little Rock Nine bekannt. Zu den denkwürdigsten Bildern der Bürgerrechtsbewegung gehören Fotos der Studenten, die von der US-Nationalgarde in den Unterricht eskortiert werden.

Aktivitäten

Rocktown River Outfitters KAJAKFAHREN
(☎ 501-831-0548; www.rocktownriveroutfitters.com; 400 President Clinton Ave; Fahrrad-/Kajakverleih 2 Std. ab 20/35 US$; ⏲ Mi & Do 10–17, Fr & Sa 9–18, So 11–18 Uhr) Wer die hiesigen Wasserwege wie den **Arkansas River and Fourche Creek** (http://ar.audubon.org/fourche-creek), ein großes, städtisches Feuchtgebiet in der Region, erkunden möchte, ist hier richtig. Der Anbieter veranstaltet geführte Paddeltouren (45–65 US$) und verleiht Kajaks für Ausflüge in Eigenregie. Interessierte melden sich am besten vorab telefonisch. Angeboten werden auch Leihfahrräder sowie eine Radtour mit Brunch (65 US$).

Schlafen & Essen

Little Rock Firehouse Hostel & Museum HOSTEL $
(☎ 501-476-0294; www.firehousehostel.org; 1201 Commerce St; B 31 US$; P 📶) Wie es der Name bereits andeutet, war hier früher eine Feuerwache ansässig. Heute beherbergt das wunderschöne Gebäude im Craftsman-Stil von 1917 ein schickes Hostel und ein kleines angeschlossenes Museum zur Brandbekämpfung im frühen 20. Jh. Die Schlafsäle sind sauber, wenn auch sehr einfach, und es herrscht freundlich-gesellige Backpacker-Atmosphäre.

★ **Capital Hotel** BOUTIQUEHOTEL $$
(☎ 501-374-7474; www.capitalhotel.com; 111 W Markham St; Zi. 195–265 US$, Suite 315–515 US$; P ❄ @ 📶) Das ehemalige Bankgebäude von 1872 mit einer selten gewordenen schmiedeeisernen Fassade ist heute eines der besten Hotels in Little Rock. Auf dem Balkon kann man herrlich Cocktails schlürfen, und im ganzen Hotel herrscht eine sehr gediegene, elegante Atmosphäre. Eigentlich müsste in jedem Sessel ein vornehmer Lobbyist mit Zigarre sitzen.

★ **The Root Cafe** SÜDSTAATENKÜCHE $
(☎ 501-414-0423; www.therootcafe.com; 1500 S Main St; Hauptgerichte 9–15 US$; ⏲ Di–Fr 7–14.30, Mi–Sa 17–21, Sa 8–15.30, So 9–14 Uhr; ✎) 🌿 Little Rock bietet eine durch und durch innovative Restaurantszene, in der das Root eine Vorreiterrolle einnimmt. Die Zutaten stammen, wenn möglich, von regionalen Erzeugern und auf den Tisch kommt gehobene Arkansas-Küche wie Schwarzaugenbohnen und Maisbrot, Schweinefleisch-*carnitas* und frittierter Tofu mit veganer Bratensauce. Das Ambiente ist rustikal, flippig, luftig und freundlich.

South on Main AMERIKANISCH $$
(☎ 501-244-9660; www.southonmain.com; 1304 S Main St; Hauptgerichte 16–24 US$; ⏲ Mo–Fr 11–14.30, Di–Sa 17–22, So 10–14 Uhr) Das wunderbare Restaurant ist ein gastronomisches Lieblingsprojekt des *Oxford American*, der wichtigen literarischen Vierteljahresschrift des Südens. Es widmet sich der Küche der Region mit kreativ-köstlicher Verve und Energie, z. B. mit Wels mit Maispfannkuchen oder Kaninchenkeule im Schinkenmantel. Eine tolle Bar und häufige Livemusik runden das Erlebnis ab.

Ausgehen & Unterhaltung

★ **White Water Tavern** LIVEMUSIK
(☎ 501-375-8400; www.whitewatertavern.com; 2500 W 7th St; ⏲ Mo–Fr 12–2, Sa 18–1 Uhr) Das White Water bringt ausgezeichnete Musiker auf seine Bühne, wobei die Bandbreite von Hardcore-Rock über Alt-Country und Indie-Pop bis hin zu Hip-Hop reicht. Wenn gerade kein Konzert gegeben wird, erwartet Gäste eine ausgezeichnete, freundliche Eckkneipe, die zu den essentiellen Little-Rock-Erlebnissen zählt.

Praktische Informationen

Das **Little Rock Convention Center & Tourism Bureau** (☎ 501-376-4781; www.littlerock.com; 101 S Spring St; ⏲ Mo–Fr 8.30–17 Uhr) ist eine gute erste Anlaufstelle für Besucher der Stadt.

Anreise & Unterwegs vor Ort

Der **Bill & Hillary Clinton National Airport** (LIT; Little Rock National Airport; ☎ 501-372-3439; www.fly-lit.com; 1 Airport Dr) befindet sich unmittelbar östlich der Innenstadt. Der Busbahnhof von **Greyhound** (☎ 501-372-3007; 118 E Washington St, North Little Rock) bedient u. a. Memphis, TN, (ab 12 US$, 2½ Std.) und New Orleans (ab 80 US$, 18 Std.). Die **Union Station** (☎ 800-872-7245; 1400 W Markham St) ist eine Haltestelle des *Texas Eagle* von Amtrak, der von Chicago (100 US$, 14 Std.) nach Los Angeles (154 US$, 19 Std.) fährt und unterwegs in mehreren Städten hält.

Little Rock ist über die I-30 und die I-40 an das amerikanische Fernstraßensystem angeschlossen. Die nächste Großstadt ist Memphis, rund 140 Meilen (225 km) im Osten.

Central Arkansas Transit (www.cat.org) betreibt die städtischen Busse und die **METRO Streetcar** (☎ 501-375-6717; https://rrmetro.org/services/streetcar), eine kostenlose Straßenbahn mit zwei Linien. Die grüne Linie bedient einen Rundkurs auf der W Markham St und der 3rd St, während die blaue über die Main St Bridge nach North Little Rock fährt.

Zum Flughafen fahren Taxis und Mitfahranbieter; die Preise für eine Fahrt ins Zentrum von Little Rock liegen bei etwa 10 bis 15 US$.

Hot Springs

Dass Hot Springs ein schmuckes Gebirgsstädtchen ist, haben wir bestimmt nicht als Erste entdeckt. Die heilkräftigen Quellen, nach denen der Ort benannt ist, haben schon die amerikanischen Ureinwohner angelockt, im frühen 20. Jh. dann Gesundheitsfanatiker und schließlich mehr als nur eine Größe des organisierten Verbrechens in den USA. In seiner Blütezeit in den 1930er-Jahren war Hot Springs ein Tummelplatz von Glücksspielern, Schwarzbrennern, Prostituierten und Stinkreichen.

Heutzutage lockt der Ort nicht mehr mit den eigentlichen Thermalquellen, sondern mit der touristischen Infrastruktur, die an die alte Badekultur erinnert. So gibt es in der Bathhouse Row, die sich unter schattigen Magnolien im Osten der Central Ave erstreckt, einige sorgfältig restaurierte Badehäuser, die Wellnessbehandlungen der alten Schule anbieten. Abgesehen davon ist Hot Springs eine interessante, schattige Stadt, die es geschafft hat, ihr historisches Zentrum zu bewahren, was an sich schon sehr viel wert ist.

Sehenswertes & Aktivitäten

Hot Springs National Park MUSEUM

(Fordyce Bathhouse; ☎ 501-620-6715; www.nps.gov/hosp; 369 Central Ave; ⏲ Fordyce Bathhouse Visitor Center 9–17 Uhr) GRATIS An der Bathhouse Row zeigt das NPS Visitor Center im Fordyce-Badehaus von 1915 in seinem Museum Exponate zur Geschichte des Parks, der einst eine Freihandelszone der Ureinwohner und um die Wende zum 20. Jh. ein Kurbad nach europäischem Vorbild war. Am faszinierendsten sind die Einrichtungen des Kurbads aus dem frühen 20. Jh.: Das Buntglas und die griechischen Statuen sind reizend, auf die kahlen weißen Wände, den Mörtel und die Elektroschocktherapie können wir hingegen gut und gern verzichten.

Hot Springs Mountain Tower AUSSICHTSPUNKT

(☎ 501-881-4020; https://hotspringstower.com; 401 Hot Springs Mountain Rd; Erw./Kind 8/4,50 US$; ⏲ Juni–Aug. 9–21 Uhr, Nov.–März bis 17 Uhr, restliches Jahr unterschiedliche Öffnungszeiten; P) Auf dem Gipfel des Hot Springs Mountain bietet sich von dem 65 m hohen Turm eine spektakuläre Aussicht auf die umliegenden Berge, die mit Hornsträuchern, Hickory-Bäumen, Eichen und Kiefern bewachsen sind. Im Frühjahr und Herbst entfalten diese ihre ganze Pracht.

Adventureworks Hot Springs ABENTEUERSPORT

(☎ 501-262-9182; www.adventureworks.com; 1700 Shady Grove Rd; Erw./Kind 8–17 Jahre ab 65/49 US$; ⏲ Mo–Sa 10–16, So bis 13 Uhr) Der beliebte Anbieter veranstaltet Seilrutschen-Touren im hiesigen Wald, wobei sich mehrere Routen über rund 1,5 km durch das Blätterdach erstrecken. Zum Angebot gehören eine Vollmondtour (1-mal im Monat) und ein Ausflug durch den „verwunschenen Wald". Wer möchte, kann sich hoch oben an einem Hindernisparcours mit schaukelnden Seilbrücken, Tarzan-Lianen und ähnlichen Herausforderungen versuchen (ab 19 US$).

Schlafen & Essen

★ **Gold-Inn** INN $

(☎ 501-624-9164; https://gold-inn.webflow.io; 741 Park Ave; Zi. 88–100 US$; P ❄ ☜ ≋) Das Boutiquehotel im geschmackvollen 1950er-Jahre-Stil mit freundlichen, herzlichen Gastgebern liegt rund 1 km von der Bathhouse Row entfernt und ging aus einem alten Road-Motel hervor. Die makellosen, gemütlichen Zimmer haben Flachbild-TVs und bequeme Betten.

Lake Catherine State Park HÜTTEN $

(https://arkansasstateparks.reserveamerica.com; 1200 Catherine Park Rd; Stellplatz Zelt 13–35 US$, Hütte 97–190 US$, Jurte 55 US$; P 🐾) Die Unterkunft in diesem State Park ist exzellent. Das Highlight sind 20 hübsche, rustikale Hütten mit Seeblick, die im Rahmen des Civilian-Conservation-Corps-Projektes entstanden, und teils über Holzkamine oder Massagebadewannen verfügen. Daneben gibt es Zeltstellplätze (die meisten mit Was-

NICHT VERSÄUMEN

ARCHITEKTUR & GÄRTEN

Rund 8 Meilen (13 km) südlich von Hot Springs steht die **Anthony Chapel** (550 Arkridge Rd S; 9–18 Uhr; P) GRATIS. Der hoch aufragende Komplex aus Holz und Glas ist ein architektonisches Meisterwerk, wurde 2006 erbaut und fügt sich harmonisch in die Waldlandschaft ein. Der durch und durch moderne Innenraum zeugt von großer Handwerkskunst und ist eng mit der umliegenden Natur verbunden. Es verwundert nicht, dass die Kapelle zu den beliebtesten Hochzeits-Locations des Bundestaates gehört.

Die Kapelle liegt außerhalb des ausgewiesenen Komplexes der **Garvan Woodland Gardens** (501-262-9300; www.garvangardens.org; 550 Arkridge Rd; Erw./Kind 15/5 US$; 9–18 Uhr; P), eine Art Wäldchen zwischen Bergen und einem Alpensee. Die wunderschön gestaltete Landschaftsanlage umfasst den Garden of the Pine Wind (eine hiesige Schlucht, die in einen japanischen Felsgarten verwandelt wurde), einen Aussichtspunkt für Wildblumen, einen Garten für Kinder und Pergolen.

ser und Stromanschluss, ein paar sind jedoch sehr einfach) und eine Jurte für acht Personen.

McClard's BARBECUE $

(501-623-9665; www.mcclards.com; 505 Albert Pike; Hauptgerichte 4–15 US$; Di–Do 11–19 Uhr, Fr & Sa 11–20 Uhr) Am südwestlichen Rand der Downtown von Hot Springs liegt das Lieblingsgrillrestaurant des kleinen Bill Clinton. Es ist auch heute noch wegen seiner Rippchen, der schonend gegarten Bohnen, der Chilis und Tamales beliebt.

Rolando's LATEINAMERIKANISCH $$

(501-318-6054; https://rolandosrestaurant.com; 210 Central Ave; Hauptgerichte 9–23 US$; So–Do 11–21, Fr & Sa bis 22 Uhr;) Hinter dem *nuevo-latino*-Konzept dieses Lokals steht ein Ecuadorianer. Gäste können sich auf einen farbenfrohen Essbereich und solide Hauptgerichte wie in Limetten-Tequila-Sauce gebratene Shrimps und Fisch-Tacos freuen. Ein guter Start ist eine feurige Portion Chorizo und Käse. Es gibt eine Kinderspeisekarte und die Gerichte können auch in kleineren Mengen zum Teilen bestellt werden.

Ausgehen & Nachtleben

Maxine's BAR

(501-321-0909; www.maxineslive.com; 700 Central Ave; Mo–Fr 17–3, Sa 14–2, So 12–24 Uhr) Wem abends der Sinn nach (lauter) Musik steht, der sollte sich zu diesem Livemusikschuppen aufmachen, der früher ein berüchtigtes Bordell war. Hier treten regelmäßig Bands aus Austin auf.

Superior Bathhouse Brewery and Distillery BRAUEREI

(501-624-2337; www.superiorbathhouse.com; 329 Central Ave; Mo–Do 11–21, Fr bis 22, Sa bis 23, So bis 20 Uhr) Erstaunlich, dass in einem Outdoor-Mekka mit so vielen Wanderern und Hipstern so lange eine Craft-Brauerei fehlte – letztendlich war es jedoch nur eine Frage der Zeit, bis auch Hot Springs eine aufweisen konnte. Die hauseigenen Brauerzeugnisse sind köstlich und eignen sich perfekt, um jegliche gesundheitsfördernde Effekte der Stadt wegzuspülen.

An- & Weiterreise

Hot Springs liegt an der I-30, rund 60 Meilen (96 km) südwestlich von Little Rock. Hierher verkehren keine öffentlichen Verkehrsmittel.

Tri-Peaks

Das Gebiet von Tri-Peaks ist das Kronjuwel im großartigen, grünen Arkansas-Tal und eine der bedeutendsten geografischen Zonen des Bundesstaates. Im Schatten von Tri-Peaks befinden sich vier State Parks mit fantastischen Möglichkeiten zum Wandern, Trekken und Bootfahren.

Die Gegend erstreckt sich über mehrere Counties des Staates. Benannt ist sie nach den drei Gipfeln des Mt. Magazine, Mt. Nebo und Petit Jean Mountain. Es gibt keinen großen zentralen Ort, der als Basislager geeignet wäre, doch kann man sich in den zahlreichen kleinen Orten gut mit Proviant eindecken. Der größte dieser Orte ist Russellville. Bei der folgenden Beschreibung der State Parks sind jeweils die nächstgelegenen Städte zu den Parkeingängen angegeben.

Sehenswertes & Aktivitäten

Mit Ausnahme des vom Wasser geprägten Lake Dardanelle Park verfügt jeder der folgenden Parks über eine Vielzahl von **Wanderwegen**, die von einfachen Naturpfaden in der Ebene bis zu steil ansteigenden Bergwanderwegen reichen. Ein vollständiges Verzeichnis der einzelnen Wanderwege findet man auf der Website des jeweiligen Parks. Über den aktuellen Zustand der Wege geben die Parkranger Auskunft.

Mt. Magazine State Park STATE PARK
(479-963-8502; www.arkansasstateparks.com/parks/mount-magazine-state-park.com; 577 Lodge Dr, Paris, GPS: N 35°09'52.4 W 93°38'49.7; Visitor Center 8–17 Uhr; P) GRATIS Der wunderbare Park verfügt über ein Wegenetz von insgesamt 22,4 km, das rund um den höchsten Gipfel von Arkansas führt. Die Aussicht ist spektakulär, denn man blickt auf die herrlichen Bergwälder entlang des gesamten Arkansas-Tals. Wer keine Zeit für einen kurzen Aufenthalt hat, kann auch auf dem **Mt. Magazine Scenic Byway** durch den Park fahren und einige der fantastischen Ausblicke genießen. Lebensmittel und Benzin gibt es in **Paris**, das rund 17 Meilen (27 km) entfernt ist.

Mount Nebo State Park STATE PARK
(479-229-3655; www.arkansasstateparks.com/mountnebo; 16728 W State Hwy 155, Dardanelle, GPS: N 35°13'41.0; Visitor Center tgl. 8–17 Uhr, Juni–Aug. Fr & Sa bis 19 Uhr; P) GRATIS Der Mount Nebo und das Umland durchzieht ein 22,5 km langes Wegenetz, das bis zu den bewaldeten Berghängen führt. Der anstrengende **Nebo Springs Trail** führt auf einem Rundweg durch moosbewachsene Wasserlandschaft, die das Herz von Naturliebhabern höher schlagen lässt. Die nächstgelegene Stadt **Dardanelle** befindet sich 8 Meilen (12,8 km) weiter östlich.

Petit Jean State Park STATE PARK
(501-727-5441; www.petitjeanstatepark.com; 1285 Petit Jean Mountain Rd, Morrilton, GPS: N 35°07'04.3"; Visitor Center Juni & Juli 8–20 Uhr Sept. & Okt. bis 19 Uhr, Nov.–Mai & Aug. bis 17 Uhr; P) GRATIS Die hervorragend gepflegten Wanderwege des ältesten State Parks von Arkansas führen zu einem 29 m hohen Wasserfall, romantischen Höhlen und dichten Wäldern. Überall bieten sich den Besuchern wunderbar weite Ausblicke, z. B. auf eine natürliche Steinbrücke mitten in der Wildnis und die riesigen Sumpfgebiete des Arkansas-Tals. Die nächstgelegene Stadt ist **Morrilton** (18 Meilen/28,8 km entfernt), doch auch Little Rock liegt nur 70 Meilen (112 km) südöstlich des Parks, sodass man von dort aus gut einen Tagesausflug hierher unternehmen kann.

Lake Dardanelle State Park STATE PARK
(479-967-5516; www.arkansasstateparks.com/lakedardanelle; 100 State Park Dr (Breakwater Rd), Russellville; Visitor Center Mai–Aug. 8–20 Uhr; restliche Jahr 8–17 Uhr P) GRATIS Das 13 881 ha große Naturschutzgebiet ist von kilometerlangen, eisblauen Wasserwegen durchzogen, an denen sich überall Bootsrampen befinden und tolle Ausblicke bieten. Im großen Visitor Center in **Russellville** gibt es eine aufschlussreiche Ausstellung für Kinder sowie Aquarien und Kajakverleihe.

Buffalo National River RAFTING
(870-439-2502; www.nps.gov/buff;) Der 216 km lange Fluss, ein weiteres wenig beachtetes Juwel in Arkansas, fließt an spektakulären Klippen vorbei durch den unberührten Wald der Ozarks. Der obere Abschnitt weist die meisten Stromschnellen auf, im unteren Teil fließt der Fluss gemächlicher, sodass man dort angenehm paddeln kann.

Der Buffalo National River hat mehrere **Campingplätze** und drei ausgewiesene Schutzgebiete. Am einfachsten erreicht man diese über das Tyler Bend Visitor Center (S. 480), 11 Meilen (17,6 km) nördlich von Marshall am Hwy 65, wo es auch eine Liste der zugelassenen Anbieter für Rafting- und Kanutouren auf eigene Faust gibt – die beste Art, den Park zu erkunden und die gigantischen Kalksteinklippen zu bestaunen. Oder man wendet sich an das Buffalo Outdoor Center (S. 482), das weitere Auskünfte erteilt und auch schöne Hütten im Wald vermietet.

Kajakfahren BOOTSFAHRTEN
(479-967-5516; www.arkansasstateparks.com; 100 State Park Dr (Breakwater Rd), Russellville; pro Std./halber Tag/ganzer Tag ab 7,50/10/18 US$) Es werden Einer- und Zweierkajaks verliehen, um den Lake Dardanelle auf eigene Faust zu erkunden, und für einen Aufpreis von 12/6 US$ pro Erw./Kind werden auch 90-minütige Kajaktouren angeboten.

Schlafen & Essen

Das Unterkunftsangebot in den vier State Parks reicht von einfachen Campingmöglichkeiten bis zu Lodges. Unter den zahlreichen Zeltplätzen (www.arkansasstateparks.com/camping-cabins-lodging) gibt es einfache ohne Elektrizität sowie welche mit Stromversorgung, fließendem Wasser und Toiletten. Für genauere Infos wendet man sich an den jeweiligen Park, Reservierungen nimmt man über die Website vor. Die Preise liegen zwischen 12 US$ für rustikale Plätze und bis zu 30 US$ oder mehr für komplett ausgestattete Anlagen.

In den umliegenden Ortschaften gibt es recht triste Motels und Hotels.

Mit Ausnahme des Lake Dardanelle, der sich in Russellville befindet, sollte man sich für jeden Park mit ausreichend Proviant eindecken.

Praktische Informationen

Das **Tyler Bend Visitor Center** (☎ 870-439-2502; www.nps.gov/buff; 170 Ranger Rd, St Joe; ⏲ 8.30–16.30 Uhr) ist ein Muss für alle, die den Buffalo National River erkunden wollen.

An- & Weiterreise

Die Region Tri-Peaks liegt im nördlichen Zentrum von Arkansas und hat in etwa die Form des Bundesstaates. Die vier Parks sind nur mit einem eigenen fahrbarem Untersatz zu erreichen, wobei keiner der Parks mehr als zwei Autostunden von Little Rock entfernt liegt.

Der spektakuläre Highway 23/Pig Trail Byway führt von Eureka Springs durch Gebirgsketten und den Ozark National Forest bis zum Mt. Magazine State Park. Es lohnt sich, für die landschaftlich reizvolle Route etwas Zeit zu investieren.

Ozark Mountains

Vom nordwestlichen und zentralen Arkansas bis hinein nach Missouri erstrecken sich die Ozark Mountains (kurz: Ozarks), eine uralte, einst von Meer umgebene Gebirgskette, die inzwischen vom Zahn der Zeit mächtig angenagt wurde. Grüne Gipfel folgen auf nebelverhangene Felder und karge Farmen, dramatische Karstformationen säumen funkelnde Seen, rauschende Flüsse und winzige Nebenstraßen. Die Bewohner der Region sind stolz auf ihr Unabhängigkeitsstreben und ihr Heimatgefühl – eine Einstellung, die sie zumindest teilweise den viele Generationen zurückreichenden Familiengeschichten und der langen Geschichte als Region der Armut verdanken. Als Lektüre auf der Reise bietet sich Daniel Woodrells Krimi *Winters Knochen* an, der auch mit großem Erfolg verfilmt wurde (*Winter's Bone*, 2010).

An- & Weiterreise

Das riesige Gebiet der Ozarks wird von unzähligen Bergstraßen durchzogen, die teilweise schon richtige Schnellstraßen sind. Die wichtigsten Verbindungen sind Hwy 62, AR 21, AR 43 und AR 66. Der nächste Regionalflughafen ist der **Northwest Arkansas Regional Airport** (XNA; ☎ 479-205-1000; www.flyxna.com; 1 Airport Blvd) bei Bentonville. Nach Eureka Springs fahren auch die Busse von **Greyhound** (☎ 800-451-5333; 131 E Van Buren).

Mountain View

Mountain View ist ein zurückhaltender, idyllischer Touristenmagnet, dessen Hauptattraktion eine tägliche Vorstellung der Brauchtümer der Ozarks, insbesondere in Form regionaler Musik, darstellt. Das Dorf ist sowohl von den Erschaffern dieser Kultur geprägt, als auch von denjenigen, die daran interessiert sind. Folk-Musik-Liebhaber treffen hier auf tief im spirituellen Christentum verwurzelte Einheimische. Religion wird in der Ortschaft offen ausgelebt, was auf pragmatischere Besucher etwas befremdlich wirken mag, der Glaube ist jedoch der Motor hinter der Musik- und Kunstszene von Mountain View.

Das **Visitor Information Center** (☎ 870-269-8068; www.yourplaceinthemountains.com; 122 W Main St; ⏲ Mo–Sa 9–16.30 Uhr) vermarktet Mountain View als „Welthauptstadt des Folks". Das mag ambitioniert klingen, immerhin wird jedoch jeden Abend Livemusik gespielt. Das angenehme Flair hebt sich von vielen umliegenden Ortschaften ab, die wenig rosige Zeiten durchleben. Mountain View konnte sich hingegen erfolgreich behaupten, indem es seine Traditionen mit einer Tourismusindustrie vereinte, ohne sich dabei zu verleugnen.

Sehenswertes & Aktivitäten

Blanchard Springs Caverns HÖHLE
(☎ 870-757-2211, Touren 877-444-6777; www.fs.usda.gov; NF 54, Forest Rd, abseits des Hwy 14; Dripstone-Tour Erw./Kind 12/7 US$, Wild-Cave-Tour 85 US$; ⏲ wechselnde Öffnungszeiten; 👪) Die spektakulären Blanchard Springs Caverns, 15 Meilen (24 km) nordwestlich von Mountain View, entstanden durch einen unterirdischen Fluss und sind eine wenig bekannte, aber überaus eindrucksvolle Attraktion in Arkansas. Das Tourangebot reicht von behindertengerechten Führungen bis hin zu abenteuerlichen drei- bis viertägigen Höhlenforschungsexpeditionen. Die Höhlen

sind je nach Saison unterschiedlich geöffnet, meist jedoch von 9.30 Uhr bis etwa Sonnenuntergang.

Ozark Folk Center State Park STATE PARK
(☎870-269-3851; www.ozarkfolkcenter.com; 1032 Park Ave; Auditorium Erw./Kind 12/7 US$; ⏲April–Nov. Di–Sa 10–17 Uhr, Abendvorstellung 7 Uhr; P) Die größte kulturelle Sehenswürdigkeit der Stadt liegt nördlich von Mountain View und bietet ständig handwerkliche Vorführungen, einen traditionellen Kräutergarten und abends Livemusik vor begeistertem Publikum. Neben diesen ständigen Shows veranstaltet das Zentrum auch regelmäßig Konzerte mit den besten Folk- und Bluegrassmusikern der USA.

LocoRopes OUTDOOR-AKTIVITÄTEN
(☎870-269-6566, 888-669-6717; www.locoropes.com; 1025 Park Ave; Seilrutsche ab 15 US$; ⏲1. März–30. Nov. 10–17 Uhr) Der beliebte Veranstalter bietet einen Hochseilgarten, Slacklining, einen Bunjee-Sprung, eine Kletterwand und drei Seilrutschen. Die „Loco-Lines"-Abenteuer (15–60 US$) verbinden das genannte Angebot in einem überaus packenden Hindernisparcours mit Seilrutschen in luftiger Höhe.

Schlafen & Essen

The Inn at Mountain View B&B $
(☎870-269-4200, 800-535-1301; www.innatmountainview.com; 307 W Washington St; Zi. 94–120 US$, Suite 145 US$; P 📶) Auf dem ungewöhnlichen Gelände werden Banjo- und Geigen-Workshops veranstaltet. Das Inn at Mountain View ist in der Folk-Musik-Szene von Mountain View aktiv und vermietet zehn, im gemütlichen Großmutter-Stil eingerichtete Zimmer. Gäste können es sich auf der großen Veranda gemütlich machen und die abendliche Musik genießen.

Tommy's Famous Pizza and BBQ PIZZA, BARBECUE $
(☎870-269-3278; www.tommysfamous.com; Ecke Carpenter St & W Main St; Pizzas 7–26 US$, Hauptgerichte 7–13 US$; ⏲ab 15 Uhr) Die Barbecue-Pizza verbindet die Spezialitäten des Tommy's auf leckere Weise miteinander. Der sympathische Besitzer, ein ehemaliger Rockmusiker aus Memphis, spielt gute Musik, sorgt für unterhaltsame Stimmung und stellt an seine Gäste nur zwei Bedingungen: kein Gehabe und keine lauten Kinder.

PJ's Rainbow Cafe AMERIKANISCH $
(☎870-269-8633; www.facebook.com/Pjsrainbowcafe; 216 W Main St; Hauptgerichte 5,50–13 US$; ⏲Di–Sa 7–20, So bis 14 Uhr; ✎ 👪) Das Country-Café serviert sehr schmackhaftes Diner-Essen mit Pfiff; z. B. Schweinshaxe mit Spinatfüllung oder Regenbogenforelle aus den örtlichen Flüssen. Nur Barzahlung.

Eureka Springs

Unweit der nordwestlichen Ecke von Arkansas liegt Eureka Springs in einem steil abfallenden Tal und ist ist geprägt von viktorianischen Gebäuden, krummen Straßen und landverbundenen, ökologisch denkenden Leuten, die Menschen jeglicher Couleur willkommen heißen. Deswegen ist Eureka Springs auch einer der offensten, schwulenfreundlichsten Orte in den Ozarks. Hier findet sich ein seltsamer Mix aus (für amerikanische Verhältnisse) liberaler Politik, Regenbogenflaggen und bikerfreundlichen Harley-Bars. Besucher finden viele Möglichkeiten zum Wandern, Radfahren und Reiten vor.

Im **Visitor Center** (☎479-253-8737; www.eurekaspringschamber.com; 516 Village Circle, Hwy 62 E; Di–Sa 10–16 Uhr) gibt's Infos über Unterkünfte, Aktivitäten, Touren und örtliche Attraktionen.

Sehenswertes & Aktivitäten

Historic Loop HISTORISCHE STÄTTE
(www.eurekasprings.org) GRATIS Der 5,6 km lange Rundweg führt durch die Innenstadt von Eureka Springs und die angrenzenden Wohnviertel. Entlang des Weges stehen über 300 eindrucksvolle, viktorianische Wohnhäuser, die vor 1910 gebaut wurden und mit jeder historischen Altstadt in den USA mithalten können. Zum Startpunkt kann man mit dem **Eureka Trolley** (☎479-253-9572; www.eurekatrolley.org; 137 W Van Buren St; Tagesticket Erw./Kind 6/2 US$; ⏲Mai–Okt. So–Fr 10–18, Sa 9–20 Uhr, restliches Jahr verkürzte Öffnungszeiten; 👪) fahren oder einfach laufen, wenn man ausreichend fit ist (die Straßen sind steil!). Ein Routenplan und die Fahrkarten für die Straßenbahn sind beim Visitor Center erhältlich.

Thorncrown Chapel KIRCHE
(☎479-253-7401; www.thorncrown.com; 12968 Hwy 62 W; ⏲April–Nov. 9–17 Uhr, März & Dez. 11–16 Uhr; P) GRATIS Das prächtige Gotteshaus aus Glas wird von einer fast 15 m hohen Holzkonstruktion gestützt und hat nicht weniger als 425 Fenster. Zwischen dem eigenen Gebet und Gottes grüner Erde ist hier wirklich

nicht viel. Die Kirche steht gleich außerhalb von Eureka Springs in den Wäldern. Spende erbeten.

Lake Leatherwood City Park PARK
(479-253-7921; http://eurekaparks.com; 1303 Co Rd 204; 24 Std.;) In dem großen Park gibt es 34 km an Wander- und Radwegen, die kreuz und quer durch die bewaldeten Berge und rund um einen 34 ha großen See führen. Der Park befindet sich rund 3,5 Meilen (5,6 km) vom Zentrum von Eureka Springs entfernt und ist das Eureka Springs am nächsten liegende Naturreservat.

Schlafen & Essen

★ **Treehouse Cottages** HÜTTEN $$
(479-253-9493; www.estreehouses.com; 3018 E Van Buren; Hütten 106–189 US$;) Die kitschig-charmanten, geräumigen Stelzenhäuschen aus Holz stehen in einem 13,35 ha großen Kiefernwald und sind die Anreise wert. Manche Zimmer haben eine Jacuzzi-Wanne, einen Privatbalkon mit Grill, Flachbild-TVs, einen Kamin oder alles zusammen. In der unterirdischen „Hobbithöhle" kann man sein Bilbo-Alter-Ego ausleben. Der Mindestaufenthalt beträgt zwei Nächte.

1886 Crescent Hotel HISTORISCHES HOTEL $$
(855-725-5720; www.crescent-hotel.com; 75 Prospect Ave; Zi. 145–220 US$, Suite 270–300 US$;) Von all den schönen alten Gebäuden in Eureka Springs ist dieses mit Abstand das schönste: es wirkt wie *Downton Abbey* im Zeitalter des Jazz in den 1920er-Jahren (4. Staffel, oder?). Die Zimmer sind eine gelungene Mischung aus historischen Akzenten und modernem Komfort, und das ganze Haus hat eine elegante und zugleich witzige Ausstrahlung. Am Wochenende ist es teurer.

★ **Oscar's Cafe** SANDWICHES $
(479-981-1436; www.facebook.com/oscarsonwhitestreet; 17 White St; Hauptgerichte 4–9 US$; Mi–So 9–15, Di bis 17 Uhr;) Die kleine, aber feine Speisekarte dieses ebenfalls kleinen Cafés überzeugt mit Hühnchen-Walnuss-Cranberry-Salat, Prosciutto-Sandwiches und frischer Quiche. Die frische, leichte Küche sättigt, liegt aber nicht schwer im Magen (das ist im Süden selten), und wird im Herzen des charmanten historischen Viertels von Eureka Springs serviert.

Stone House AMERIKANISCH $$$
(479-363-6411; 89 S Main St; Käseplatte 25–47 US$; Do–So 13–22, So bis 20 Uhr) Das Stone House hält alle Zutaten für einen gelungenen Abend bereit: viele Weine, eine auf Käse, Brot, Oliven, Honig und Wurstwaren spezialisierte Karte, Livemusik, einen hübschen Hof und wirklich viel Wein. Das Lokal ist bis 22 Uhr geöffnet, und zu dieser Zeit das einzige in Eureka Springs, in dem es noch etwas zu essen gibt.

Ausgehen & Unterhaltung

Chelsea's Corner Cafe & Bar BAR
(479-253-6723; www.chelseascafeeureka.com; 10 Mountain St; 11-24 Uhr) Livebands stehen oft auf der Bühne in dieser Bar, die eine für Eureka Springs typische Mischung aus Hippies und Bikern anlockt. Die Küche ist eine der wenigen vor Ort, die noch nach 21 Uhr geöffnet sind, und sie liefert ihre Pizza auch außer Haus.

Opera in the Ozarks OPER
(479-253-8595; www.opera.org; 16311 Hwy 62 W; Karten ab 20 US$) Dieses vielgepriesene Programm hält die Oper in den Bergen am Leben. Der vollgepackte Veranstaltungskalender und das Theater gleich außerhalb der Stadt sind der ganze Stolz von Eureka Springs.

Buffalo National River

Der erste Fluss der USA, der als National River ausgewiesen wurde, schlängelt sich über wunderschöne 135 Meilen (217 km) durch das Herz des nördlichen Arkansas. Unterwegs passiert das rauschende Wasser ockerfarbene Klippen und Granitfelsen, während das Ufer kleine Sandstrände tief im Wald der Ozarks säumen.

Ponca ist die beste Ausgangsbasis für Outdoor-Aktivitäten. Vor Ort helfen ein paar Veranstalter bei der Organisation einer Exkursion in die Wildnis.

Aktivitäten

Buffalo Outdoor Center ABENTEUERTOUREN
(BOC; 870-861-5514; www.buffaloriver.com; 4699 AR 43; Kajak/Kanu 55/62 US$ pro Tag, Seilrutschen 89 US$; März–Okt. 8–18 Uhr, Nov.–Feb. 8–17 Uhr;) Im Angebot sind Paddeltouren, Wanderungen, Ausritte und Seilrutschen. Die Plätze müssen im Voraus gebucht werden.

Big Bluff via Centerpoint & Goat Trail WANDERN
(AR 43 & Fire Tower Rd, GPS: N 36°03'50.7) Der knapp 168 m hohe kahle Big Bluff ist der

höchste Felsengipfel zwischen den Rocky Mountains und den Appalachen. Zum Gipfel führt der Centerpoint Trail, der 3 Meilen (4,8 km) nördlich von Ponca an der AR 43 beginnt (der Startpunkt ist bei der Kreuzung mit der Fire Tower Rd). Dort nimmt man den schmalen Weg, den Goat Trail, der zum Gipfel führt. Auf dem 4 km langen Rundweg geht es zumeist steil bergauf – kleine Vorwarnung.

Lost Valley Canoe KANUFAHREN
(☎870-861-5522; www.lostvalleycanoe.com; AR 43; Kajak ab 55 US$/Tag, Shuttle-Service ab 20 US$) Der erfahrene Veranstalter verleiht Kanus und Kajaks und bietet auch den entsprechenden Shuttle-Service. Außerdem werden gemütliche Hütten (mit Whirlpool) für zwei Personen vermietet (150 US$, jede weitere Pers. 20 US$).

An- & Weiterreise

Das recht abgeschnittene Ponca ist nur mit einem eigenem Fahrzeug zu erreichen und liegt ca. 50 Meilen (80 km) südlich von Eureka Springs und 80 Meilen (128 km) östlich von Bentonville.

LOUISIANA

Louisiana war einst eine französische Kolonie und wurde dann zu einem Protektorat Spaniens, das schließlich von den USA eher unwillig gekauft wurde. Das Land besteht im Süden, am Golf von Mexiko, aus Sümpfen und Bayous (langsam fließende oder stehende Gewässer) und im Norden aus einem Flickenteppich aus Prärie und Ackerland. Doch überall eint die Menschen die tiefe, unerschütterliche Vorliebe für die guten Dinge des Lebens, vor allem das Essen und die Musik.

New Orleans, die wichtigste Stadt im Bundesstaat, ist ohne diese Qualitäten gar nicht denkbar, und ihre Restaurants und Musikstätten sind unvergleichlich. Die gleiche *joie de vivre* ist übrigens im ganzen Bundesstaat spürbar. Dass hier eine französische Formulierung steht, hat einen guten Grund: Zwar ist die Sprache im Norden Louisianas nicht verankert, doch nahe der I-10 und südlich davon ist Französisch bzw. eine spezielle, Louisiana-typische Variante davon Teil der Kultur.

Geschichte

Das Gebiet des unteren Mississippi war von der Moundbuilder-Kultur („Hügelbauer“) geprägt, bis um 1592 die Europäer auf der Bildfläche erschienen und die Ureinwohner mit der üblichen Kombination aus Krankheiten, Knebelverträgen und offener Feindseligkeit dezimierten.

Das Land wurde in der Folgezeit zwischen Frankreich, Spanien und England hin

CAJUNS, KREOLEN & ... KREOLEN

Traveller in Louisiana verwenden die Bezeichnungen „Cajun“ und „Kreolen“ oft synonym, doch beide Kulturen unterscheiden sich erheblich. „Kreolen“ bezieht sich auf die Nachkommen der ersten europäischen Siedler in Louisiana, die überwiegend französische und spanische Vorfahren hatten. Die Kreolen haben meist familiäre Bindungen an New Orleans und betrachten sich als kultivierte Städter.

Die Cajuns führen ihre Abstammung auf die Akadier zurück, Kolonisten aus dem ländlichen Frankreich, die sich in Nova Scotia, New Brunswick, Prince Edward Island und Teilen von Quebec angesiedelt hatten. Nach der Eroberung Kanadas durch die Briten weigerten sich die stolzen Akadier, vor der neuen Krone niederzuknien, und wurden daraufhin in der Mitte des 18. Jhs. verbannt (das Ereignis ging als Le Grand Dérangement, die Deportation der Akadier, in die Geschichte ein). Viele der Vertriebenen ließen sich im Süden Louisianas nieder, da sie wussten, dass dieses Gebiet französisch war. Allerdings wurden die Akadier („Cajun“ ist eine englische Verballhornung des Wortes) von den Kreolen oft als Bauerntrampel behandelt. Die Akadier (also die Cajuns) siedelten sich an den Bayous und in den Prärien an, weshalb ihre Kultur bis zum heutigen Tag einen eher ländlichen Grenzlandcharakter hat.

Um die Verwirrung perfekt zu machen, werden in vielen ehemaligen französischen Kolonien alle Menschen gemischter Abstammung als „Kreolen“ bezeichnet. So natürlich auch in Louisiana – doch hier gibt es einen kulturellen Unterschied zwischen den Kreolen mit französisch-spanischen Wurzeln und den Kreolen mit anderen gemischten Wurzeln, selbst wenn diese beiden Gruppen sehr wahrscheinlich eine Blutsverwandtschaft verbindet.

und her gereicht. Unter dem französischen „Code Noir" waren Sklaven zwar nicht frei, hatten aber doch ein paar Freiheiten mehr und konnten somit ihre Kultur besser pflegen als ihre Leidensgenossen in Britisch-Nordamerika.

Nach der Amerikanischen Revolution ging das gesamte Gebiet 1803 durch den berühmten Louisiana Purchase in den Besitz der USA über, und Louisiana wurde 1812 zum amerikanischen Bundesstaat. Die daraus resultierende Mischung aus amerikanischen und französisch-spanischen Traditionen gepaart mit dem Einfluss afrokaribischer Gemeinden verlieh Louisiana eine einzigartige Kultur, die es sich bis heute bewahrt hat.

Nach dem Bürgerkrieg wurde Louisiana 1868 wieder in die Union aufgenommen. In den 30 darauffolgenden Jahren sah der Bundesstaat politisches Gerangel, eine stagnierende Wirtschaft und die erneute Diskriminierung der afroamerikanischen Bevölkerung.

Der Hurrikan Katrina (2005) und die von BP verursachte Ölpest im Golf von Mexiko (2010) haben sowohl der Wirtschaft als auch der Infrastruktur vor Ort schwer zugesetzt. Louisiana rangiert auch weiterhin auf den hinteren Plätzen, was das Pro-Kopf-Einkommen und das Bildungsniveau anbelangt. Gleichzeitig ist es aber in den nationalen Zufriedenheitsumfragen ganz vorn mit dabei.

Praktische Informationen

Louisiana Office of Tourism (☎800-677-4082; www.louisianatravel.com) Insgesamt 10 Welcome Centers verteilen sich entlang der Freeways in Louisiana. Man kann das Hauptbüro aber auch direkt kontaktieren.

Louisiana State Parks (☎888-677-1400; www.crt.state.la.us/louisiana-state-parks) In 20 State Parks von Louisiana gibt es auch Campingplätze. In einigen Parks werden zudem Lodges und Hütten vermietet. Die Plätze können online, telefonisch oder vor Ort gebucht werden. Von April bis September steigen die Preise etwas an.

New Orleans

New Orleans ist ganz typisch für Amerika – und doch auch wieder ganz anders. Die Stadt, die von Franzosen gegründet, von Spaniern (und dann wieder Franzosen) verwaltet wurde, ist die europäischste Stadt der USA. Doch mit Voodoo, ständigen Umzügen, Mardi-Gras-Indians, Jazz, Blasmusik und Gumbo ist sie zugleich die am stärksten afrikanisch und karibisch geprägte Stadt der USA.

New Orleans feiert das Leben. Während Amerika von Terminen und Fristen beherrscht wird, werden hier nach einem ausgedehnten Mittagessen erst einmal ein paar Cocktails geschlürft. Deswegen sind die Menschen hier aber keinesfalls faul, denn sonst hätten sie ihre Häuser nach den vielen Überflutungen und Wirbelstürmen nicht jedes Mal wieder aufgebaut.

„Alles zu tolerieren und daraus zu lernen" ist eine Art Motto dieser Stadt. Wenn die Einwohner von New Orleans dem allumfassenden kreolischen Ideal entsprechen wollen, demzufolge das Ganze größer als die Summe seiner Einzelteile ist, entstehen daraus Jazz, die Nouveau Cuisine von Louisiana, Geschichtenerzähler von den afrikanischen *griots* (westafrikanische Barden) über Rapper aus dem Seventh Ward bis zu Tennessee Williams, französische Stadthäuser neben noblen Herrenhäusern, die unter duftender Myrte und Bougainvillea verschwinden, sowie der Mardi Gras, in dem sich heidnische Mythen mit katholischem Prunk vereinen.

Und nicht zu vergessen: die Nachsicht und Hingabe, denn diese „Kreolisierung" funktioniert nur, wenn man sich ihr mit Geist und Seele hingibt.

Sehenswertes

French Quarter

Das auch als Vieux Carré (sprich: wu-ker-*rey;* Altes Viertel) oder nur „the Quarter" bekannte „Französische Viertel" ist der Ursprung der Stadt, wie sie die Franzosen um 1800 geplant haben. Hier befindet sich die berühmt-berüchtigte Bourbon St – doch wesentlich interessanter sind das Netz der alten, eleganten Schaufensterfronten, die schmiedeeisernen Lampen und die schönen Gärten in den Hinterhöfen. Die meisten Besucher beginnen die Stadtbesichtigung in diesem Viertel und bleiben dann für immer dort. Das heißt nicht, dass das French Quarter nicht schön ist, aber es ist auch ein klein wenig wie ein Themenpark: von Touristen und Straßenverkehr überlaufen und (abgesehen von Barkeepern und Bedienungen) weitgehend frei von Einheimischen.

★ **Jackson Square** PLATZ
(Decatur St & St. Peter St) Der Platz ist eine der schönsten innerstädtischen Grünflächen

NEW ORLEANS MIT KINDERN

New Orleans ist eine Märchenstadt mit bunten Perlen, wöchentlichen Kostümfesten und Musik ohne Ende. Der gleiche irreale Zauber, der einst Dichter und Künstler in die Stadt lockte, macht sie auch heute noch zu einem Wunderland für Kinder.

Das **Louisiana Children's Museum** (504-523-1357; www.lcm.org; 420 Julia St, Warehouse District, 10 US$; Di–Sa 9.30–16.30, So 12–16.30 Uhr;) ist für Kleinkinder eine gute Einführung in die Region. Für größere Kinder und Teenager sind eher das Ogden Museum (S. 489), Cabildo und Presbytère geeignet. Kleine Kinder sind auch hellauf begeistert von den farbigen Häusern im French Quarter, dem *faubourg* Marigny und Uptown.

Die **Latter Library** (504-596-2625; www.nolalibrary.org; 5120 St. Charles Ave, Uptown; Mo–Do 10–20, Fri & Sa 10–17, So 13–17 Uhr) befindet sich in einem schönen alten Herrenhaus in der St. Charles Ave und hat eine gute Auswahl an Kinderbüchern. Die Friedhöfe der Stadt, vor allem der Lafayette Cemetery No 1 (S. 491) im Garden District sind authentische Zeugen der Geschichte und immer gut für einen gruseligen Spaziergang.

Bei den vielen **Straßenfesten** und **Festivals** in New Orleans gibt es immer jede Menge Essensstände und natürlich tolle Musik, zu der die Kinder tanzen können. Mit Kindern sollte man sich auf die Festivals beschränken, die tagsüber stattfinden, wie z. B. das Bayou Boogaloo (www.thebayouboogaloo.com).

Der **Mardi Gras** wie auch die ganze **Karnevalsaison** sind außerhalb der berüchtigten Trinkgelage im French Quarter überraschend familienfreundlich. In der St. Charles Ave finden tagsüber viele Umzüge mit bunten Wagen statt, bei denen die Familien der Stadt Grills und Zelte aufbauen. Betrunkene sind hier nicht gern gesehen. Die Kleinen werden in spezielle Hochstühle gesetzt (www.momsminivan.com/extras/ladderseat.html), damit sie das Geschehen auf Augenhöhe der Erwachsenen verfolgen und die von den Wagen geworfenen Süßigkeiten auffangen können. Die verrückten Kostüme tragen ebenfalls zum kinderfreundlichen Spaß bei. Siehe auch www.neworleansonline.com/neworleans/mardigras/mgfamilies.html.

der USA und das Zentrums des Viertels. Hier entspannen Müßiggänger, umrahmt von Porträtzeichnern, Wahrsagern und Straßenkünstlern, bewacht von Kathedralen, Büros und Geschäften mit Pariser Flair. Die einen Häuserblock langen Pontalba Buildings im selben Stil überblicken die Szenerie und die fast identischen Bauten Cabildo und **Presbytère** (504-568-6968; https://louisianastatemuseum.org/museum/presbytere; 751 Chartres St; Erw./Student/Kind 6/5 US$/frei; Di–So 10–16.30 Uhr) flankieren die eindrucksvolle St. Louis Cathedral gegenüber dem Platz.

★ St. Louis Cathedral — KATHEDRALE

(504-525-9585; www.stlouiscathedral.org; Jackson Sq; Spenden erwünscht, Audioguide 8 US$; 8.30 –16 Uhr Hl. Messe Mo–Fr 12.05, Sa 17, So 9 & 11 Uhr) Die Kathedrale mit drei Türmen ist eines der schönsten Beispiele französischer Architektur im ganzen Land. Sie stammt aus dem 18. Jh. und ist dem französischen König Ludwig IX. geweiht, der 1297 heilig gesprochen wurde. Damit ist sie ein interessantes Symbol des gallischen Erbes mitten in einer US-amerikanischen Stadt. Zu den Gottesdiensten versammeln sich hier schwarze, weiße und kreolische Gläubige ebenso wie die Einwohner, in denen sich nach bester Tradition von New Orleans, all diese Einflüsse mischen, wie die Voodoo-Königin Marie Laveau.

★ Cabildo — MUSEUM

(504-568-6968; https://louisianastatemuseum.org/museum/cabildo; 701 Chartres St; Erw./Stud./Kind unter 6 Jahre 9/7 US$/frei; Di–So 10–16.30 Uhr) Der frühere Sitz des Gouverneurs im kolonialen Louisiana dient heute als Ausgangspunkt zur Erkundung der Geschichte des Bundesstaats und von New Orleans. Allein schon das Gebäude ist prächtig: Das elegante Cabildo vereint Elemente der spanischen Kolonialarchitektur mit französischem Stadtdesign besser als die meisten anderen Gebäude in der Stadt. Die vielfältigen Ausstellungen reichen von Werkzeugen der amerikanischen Ureinwohner, den Steckbriefen entflohener Sklaven und vielen Gemälden, auf denen alte Einwohner der Stadt mit stoischen Gesichtern abgebildet sind.

Historic New Orleans Collection — MUSEUM

(THNOC; 504-523-4662; www.hnoc.org; 533 Royal St; Eintritt frei, Führung 5 US$; Di–Sa 9.30–

New Orleans

0 500 m
0 0,25 Meilen
Parkway Tavern (0,9 Meilen)
Willie Mae's Scotch House (45 m)
Carousel Gardens (2,1 Meilen); City Park (2,1 Meilen)
Degas House (0,6 Meilen); 1000 Figs (1,3 Meilen)
St. Roch Market (0,1 Meilen)
Red's Chinese (0,4 Meilen)
N7 (0,3 Meilen)
Bar Redux (1 Meile)
Crescent Park (0,4 Meilen); Pizza Delicious (0,5 Meilen); Bacchanal (1 Meile)
Marjie's Grill (0,6 Meilen)
Twelve Mile Limit (1,3 Meilen)
FAUBOURG MARIGNY
THE TREMÉ
FRENCH QUARTER
Backstreet Cultural Museum
St. Louis Cathedral
Cabildo
Jackson Square
New Orleans Welcome Center
State Supreme Court
Washington Sq Park
Woldenberg Park
St. Louis Cemetery No 2
Elysian Fields Ave
McShane Pl
N Rampart St
S Rampart St
Canal St
Tulane Ave
Esplanade Ave
Esplanade
Ursulines
Dumaine
Toulouse
Moonwalk
N Claiborne Ave
S Claiborne Ave
Orleans Ave
St Ann St
Dumaine St
St. Peter St
St Peter St
St. Louis St
St Louis St
Conti St
Basin St
Lafitte Ave
Kerlerec St
Henriette Delille St
Tremé St
Marais St
N Villere St
N Robertson St
Ursulines Ave
St. Philip St
Burgundy St
Dauphine St
Bourbon St
Royal St
Chartres St
Decatur St
N Peters St
Governor Nicholls St
Barracks St
Pauger St
Touro St
Frenchmen St
Marigny St
Mandeville St
Franklin Ave
Port St
Orleans St
Toulouse St
Wilkinson St
Bienville St
Iberville St
St Charles Ave
Roosevelt Way
Baronne St
Elk Pl
S Saratoga St
Cleveland St
S Villere St
S Robertson St
Crozat St
N Miro St
N Galvez St
N Johnson St
N Prieur St
N Roman St
N Derbigny St
S Prieur St
S Roman St
S Derbigny St
Palmyra St
Gravier St
Perdido St
La Salle St
Delaronde St
10

ALGIERS POINT
Bermuda St
Brooklyn Ave
Powder St
Mississippi
stromabwärts
stromaufwärts
Greater New Orleans Bridge (Maut)
Canal St Wharf
Bienville
Spanish Plaza
Poydras
Riverwalk Mall
Julia
WAREHOUSE DISTRICT
Ernest N. Morial Convention Center
Port of New Orleans Pl
Canal St
Canal St/ Peters St
Convention Center Blvd
Fulton St
S Peters St
Commerce St
Girod St
Notre Dame St
St. Joseph St
N Diamond St
Poe Dr
John Churchill Chase St
Tchoupitoulas St
Piazza D'Italia
Constance St
Magazine St
Natchez St
Poydras St
Camp St
Common St
Lafayette Sq
Church St
St. Charles Ave
Andrew Higgins Dr
Poeyfarre St
Ogden Museum of Southern Art
Gravier St
Union St
Perdido St
Lafayette St
Carondelet St
Baronne St
Julia St
O'Keefe Ave
S Rampart St
Loyola Ave
Howard Ave
Pontchartrain Expwy
LOWER GARDEN DISTRICT
Erato St
Thalia St
Prytania St
Melpomene St
Surrey's Juice Bar (0,1 Meilen)
Trashy Divan (0,5 Meilen)
Lafayette Cemetery No 1 (0,8 Meilen); Commander's Palace (0,9 Meilen); Uptown (2 Meilen)
Oretha Castle Haley Blvd
Martin Luther King Jr Blvd
Clio St
Simon Bolivar St
Hyatt Regency
Poydras Ave
Sugarbowl Dr
Girod St
New Orleans Arena
Union Passenger Terminal (Amtrak Station-NOL)
CENTRAL CITY
4
10
11
15
21
22
23
26
28
90
A
B
C
D
E
F
G
5
6
7
8

New Orleans

Highlights
1 Backstreet Cultural Museum D2
2 Cabildo D3
3 Jackson Square E3
4 Ogden Museum of Southern Art C7
5 St. Louis Cathedral E3

Sehenswertes
6 Beauregard-Keyes House E3
7 Historic New Orleans Collection D4
8 Louis Armstrong Park C2
9 Louis Armstrong Statue D2
10 Louisiana Children's Museum D7
11 National WWII Museum C7
12 Presbytère E3

Aktivitäten, Kurse & Touren
13 Confederacy of Cruisers F2

Schlafen
14 Cornstalk Hotel E3
15 Creole Gardens B8
16 Hotel Monteleone D4
17 Peter & Paul F1
18 Roosevelt New Orleans C4

Essen
19 Café Beignet D4
20 Café du Monde E3
21 Carmo C6
22 Cochon D7
23 Cochon Butcher D7
24 Coop's Place E3
Croissant D'Or Patisserie .... (siehe 6)
25 Domenica C4
26 Restaurant August D5

Ausgehen & Nachtleben
27 Bar Tonique D2
28 Courtyard Brewery C8
29 Mimi's in the Marigny G1
Sazerac Bar .... (siehe 18)

Unterhaltung
30 AllWays Lounge F1
31 Fritzel's European Jazz Pub D3
32 Mahalia Jackson Theater C2
33 Preservation Hall D3
34 Spotted Cat F2

Shoppen
35 Boutique du Vampyre D3

16.30, So ab 10.30, Führungen Di–Sa 10, 11, 14 & 15 Uhr, So 14 & 15 Uhr) Mit den vielen gut erhaltenen Gebäuden, Museen und Forschungszentren bietet das Museum eine gute Einführung in die Geschichte der Stadt. Im Mittelpunkt des Komplexes befindet sich der Royal St Campus, wo die Ausstellungsstücke regelmäßig wechseln und gelegentlich auch längerfristig zu sehen sind. Zu den Ausstellungsstücken gehören ein Originalposter des Jazz Fests, Dokumente über den Verkauf Louisianas und verstörende Anzeigen aus der Zeit des Sklavenhandels.

Mid-City & Tremé

Einst galt die Gegend als unterster Bodensatz von New Orleans, geprägt von sumpfigem Flachland und versteckten Glücksspielschuppen. Und heute? Heute bilden Mid-City und die angrenzenden Viertel eines der attraktivsten Wohngebiete der Stadt. In seiner fast amorphen Form umfasst es lange Sträßchen mit schmalen Einfamilienhäusern, Fahrradwege, eine schöne Grünfläche in Form des City Park, die eleganten Villen der Esplanade Ave und das charmant-gemächliche Bayou St. John.

★ Backstreet Cultural Museum MUSEUM

(☎ 504-657-6700; www.backstreetmuseum.org; 1116 Henriette Delille St; 10 US$; ⌚ Mo–Fr 11–17, Sa 10–15 Uhr) Das informative Museum widmet sich den charakteristischen Elementen der afroamerikanischen Kultur in New Orleans. Dabei ziehen die bunten Kostüme der Mardi-Gras-Indians mit ihren fein gearbeiteten Details sämtliche Aufmerksamkeit auf sich. Es ist im ehemaligen Bestattungsinstitut in Blandin untergebracht und nicht sonderlich groß, doch wer sich für die Kostüme und Rituale der Mardi-Gras-Indians, für die Second-Line-Umzüge oder die Social Aid & Pleasure Clubs (das Äquivalent von Bürgervereinen hiesiger afroamerikanischer Gemeinden) interessiert, kommt auf jeden Fall auf seine Kosten.

★ City Park PARK

(☎ 504-482-4888; www.neworleanscitypark.com; Esplanade Ave & City Park Ave; ⌚ Sonnenaufgang–Sonnenuntergang; P 👪 🐾) GRATIS Lebenseichen, Louisianamoos und langsam fließende Gewässer prägen dieses grüne Meisterwerk der Stadtplanung. Der knapp 5 km lange und 1,6 km breite Park ist voller Gärten, Wasserwege und Brücken, zudem beherbergt er ein faszinierendes Kunstmuseum. Der City Park ist größer als der Central Park in New York und die schönste Grünfläche der Stadt.

Kunst- und Naturliebhaber können leicht einen Tag in dem Park verbringen. Im Mittelpunkt steht dabei das stattliche New Orleans Museum of Art, das Werke von Künstlern aus der Region und dem ganzen Land zeigt. Von dort geht es an den skurrilen Skulpturen des **Sydney & Walda Besthoff Sculpture Garden** (www.noma.org/sculpture-garden; 1 Collins Diboll Circle; ⏲ April–Sept. 10–18 Uhr, Okt.–März bis 17 Uhr) GRATIS vorbei in den üppigen **Botanischen Garten** (☎504-483-9488; www.neworleanscitypark.com/botanical-garden; Erw./Kind/unter 3 Jahren 8/4 US$/frei; ⏲10–17 Uhr; P). Wer mit Kindern unterwegs ist, kann einen Abstecher zum **Carousel Gardens Amusement Park** (☎504-483-9402; www.neworleanscitypark.com/in-the-park/carousel-gardens; 7 Victory Ave; Erw./Kind bis 91,5 cm 4 US$/frei, 1 Fahrt 4 US$; ⏲März–Mai & Aug.–Okt. Sa & So 11–18 Uhr, Juni & Juli Di–Fr 11–17, Sa & So bis 18 Uhr) unternehmen oder auf den phantastischen Statuen im **Storyland** (http://neworleanscitypark.com/in-the-park/storyland; 5 Victory Ave; Erw./Kind bis 91,5 cm 4 US$/frei; ⏲10–17 Uhr; 👪) herumklettern.

Louis Armstrong Park PARK

(701 N Rampart St; ⏲Sonnenaufgang–Sonnenuntergang) Am Eingang dieses gewaltigen Parks steht eines der schönsten Portale in den USA: Der malerische Bogen könnte problemlos das Schlussbild in einem Kostümfilm über das New Orleans des Jazz Age bilden. Hier findet man den originalen Congo Sq sowie die Louis Armstrong Statue und eine Büste von Sidney Bechet. Im **Mahalia Jackson Theater** (☎504-287-0350; www.mahaliajacksontheater.com; 1419 Basin St) werden Opern und Broadway-Produktionen gezeigt. Das ganze Jahr über finden auf dem Parkgelände Livemusik-Festivals statt.

New Orleans Museum of Art MUSEUM

(NOMA; ☎504-658-4100; www.noma.org; 1 Collins Diboll Circle, City Park; Erw./Student/Kind 7–17 Jahre 15/8/6 US$; ⏲Di–Fr 10–18, Sa 10–17, So 11–17 Uhr) Das elegante Museum im City Park wurde 1911 eröffnet und lohnt mit seinen Sonderausstellungen, dem prachtvollen Innenhof aus Marmor und den Galerien im Obergeschoss mit afrikanischer, asiatischer, indianischer und ozeanischer Kunst einen Besuch. Der Skulpturengarten zeigt auf einem üppig grünen, sorgfältig konzipierten Gelände innovative Werke. Weitere Schwerpunkte sind Maler aus den Südstaaten und eine ständig wachsende Sammlung moderner und zeitgenössischer Kunst. An ausgewählten Freitagen ist das Museum bis 21 Uhr geöffnet.

Faubourg Marigny & Bywater

Vom French Quarter aus flussabwärts erstrecken sich die kreolischen *faubourgs* (wörtlich „Vororte“, wobei es sich eher um Stadtviertel handelt) Marigny und Bywater. Auch vor ihnen machte die Gentrifizierung nicht halt und wie in solchen Gebiete üblich, siedelten sich hier viele Künstler und Kreativköpfe an. Die Modernisierung ist mittlerweile in vollem Gang, dennoch haben die Viertel nichts an Faszination und Attraktivität eingebüßt. Die Wohnhäuser sind in freundlichen Pastellfarben gestrichen und noch immer trifft man auf jede Menge Exzentriker.

Crescent Park PARK

(☎504-636-6400; www.crescentparknola.org; Piety, Chartres St & Mazant St; ⏲6–19.30 Uhr; P👪🐾) 🍃 Dieser schöne Park am Wasser ist der beste Ort in der Stadt, um sich wirklich am Mississippi zu fühlen. Egal, ob man über die gigantische Brücke an der Piety St und Chartres St oder über die Treppe von Marigny St und N Peters St kommt, der Blick auf die vom Nebel umhüllte Skyline ist spektakulär. Eine Promenade schlängelt sich an dem eckigen Metall- und Betongerüst des neuen „Kais“ (neben den Überresten des abgebrannten Handelskais) vorbei. Beim Eingang an der Mazant St befindet sich auch ein Hundepark.

CBD & Warehouse District

Das Geschäftsviertel (Central Business District, CBD) und der Warehouse District markieren traditionell die Grenze zwischen den kreolischen *faubourgs* flussabwärts wie dem French Quarter und den großen Grünflächen des Garden District und von Uptown. In einer Stadt mit einem speziellen Ortsbewusstsein ist die Gegend ständig auf der Suche nach einer eigenen Identität. Heute definiert sie sich über kulturelle Einrichtungen und die Infrastruktur eines Konferenzzentrums. Zwischen Büros und tristen städtischen Gebäuden locken einige der besten Museen der Stadt sowie schicke Restaurants, Kunstgalerien und umgebaute Eigentumswohnungen.

★ **Ogden Museum of Southern Art** MUSEUM

(☎504-539-9650; www.ogdenmuseum.org; 925 Camp St, Warehouse District; Erw./Kind 5–17 Jahre 13,50/6,75 US$; ⏲Fr–Mi 10–17, Do bis 20 Uhr) Die

Stadtspaziergang
French Quarter

START/ZIEL JACKSON SQ
LÄNGE/DAUER 1,8 KM; 1½ STD.

Start ist am 1 **Presbytère** (S. 485) am Jackson Sq. Von dort geht's die Chartres St runter bis zur Ecke Ursulines Ave. Gegenüber, in der Chartres St Nr. 1113, verbindet das 1826 erbaute 2 **Beauregard-Keyes House** (www.bkhouse.org) kreolische und amerikanische Stilelemente. Nun folgt man der Ursulines Ave bis zur Royal St. Der Sodabrunnen bei der 3 **Royal Pharmacy** ist ein Relikt aus der Zeit, als es noch Soda Shops gab.

In Bezug auf typische Postkartenmotive hat die Royal St die Nase vorn. Gusseiserne Balkone zieren die Gebäude, und eine Fülle von Blumen schmückt die Fassaden, während Straßenmusiker fast an jeder Straßenecke ihr Können zeigen. In der Royal St Nr. 915 steht das 4 **Cornstalk Hotel** (www.cornstalkhotel.com) hinter einem der meistfotografierten Zäune überhaupt. An der Orleans St füllen Magnolien und tropische Pflanzen den 5 **St. Anthony's Garden** hinter der 6 **St. Louis Cathedral** (S. 485).

Am Garten entlang führt die Pirate Alley, von der man rechts in die Cabildo Alley und dann wieder rechts in die St. Peter St einbiegt und Richtung Royal St läuft. Tennessee Williams lebte von 1946 bis 1947 im 7 **Avart-Peretti House** in der St. Peter St Nr. 632, während er *Endstation Sehnsucht schrieb.*

Nun geht's links in die Royal St. An der Ecke Royal und Toulouse St stehen zwei Häuser, die Jean François Merieult in den 1790er-Jahren errichtete. Der Bau in der Royal St 541 wird 8 **Court of Two Lions** genannt, beherbergt heute eine Galerie und öffnet sich zur Toulouse St. Nebenan liegt die 9 **Historic New Orleans Collection** (S. 485), ein Museum.

Im nächsten Block erhebt sich das gewaltige 10 **State Supreme Court Building** von 1909, in dem viele Szenen für Oliver Stones Film *JFK – Tatort Dallas gedreht wurden.*

Einmal drehen, rechts in die Toulouse St einbiegen, zur Decatur St gehen und links abbiegen. Die Straße überqueren und dem Fluss folgen. Wenn der Jackson Sq in Sicht kommt, liegt auf der anderen Straßenseite das dem Presbytère sehr ähnliche 11 **Cabildo** (S. 485).

ästhetische Kultur des Südens gehört zu den charakteristischsten des Landes und stellt eine kreative Vision dar, die stark von der komplexen Geschichte der Region geprägt und eng mit deren Wurzeln verwoben ist. Nur wenige Museen beschäftigen sich intensiver mit den Eckpfeilern der Südstaatenkunst als das Ogden mit seinen hübschen Ausstellungsräumen, einem großartigen Souvenirgeschäft und spannender Performance-Kunst außerhalb der Öffnungszeiten.

National WWII Museum MUSEUM
(504-528-1944; www.nationalww2museum.org; 945 Magazine St; Erw./Senior/Kind 28/24/18 US$, mit Film 5/7 US$ extra; 9–17 Uhr) Das umfangreiche Museum präsentiert eine recht gründliche Analyse des Zweiten Weltkriegs. Die riesigen Ausstellungsstücke, die in mehreren großen Pavillons gezeigt werden, sind überwältigend. So werden die Ereignisse zu ganz persönlichen, Ehrfurcht gebietenden Erlebnissen der Besucher. Allerdings wird dieser größte Krieg aller Zeiten alleine aus der amerikanischen Perspektive dargestellt, in der die Geschichte der anderen Alliierten fast nicht vorkommt.

Garden, Lower Garden & Central City

Folgt man der Flussschleife des Mississippi gen Süden, fällt auf, dass die Straßen von mehr Bäumen gesäumt sind und die Häuser deutlich prachtvoller werden. Willkommen in den Vierteln Garden und Lower Garden, in denen sich eine palastartige Villa nach der nächsten bestaunen lässt, und die den Beginn des „amerikanischen Sektors" von New Orleans markieren, der erst nach dem Louisiana Purchase entstand. Die Gegend prägen grüne, ländliche Pracht, beträchtlicher Wohlstand und große soziale Unterschiede. Die Hauptverkehrsader der Central City ganz in der Nähe, der Oretha Castle Haley Blvd, erlebt nach Jahren der Vernachlässigung Schritt für Schritt eine stetige Renaissance.

★ **Lafayette Cemetery No. 1** FRIEDHOF
(504-658-3781; Washington Ave, at Prytania St, Garden District; 7–15 Uhr) GRATIS Von allen Friedhöfen in New Orleans verströmt Lafayette am stärksten ein gewisses subtropisches Südstaaten-Gruselflair. Der starke Kontrast zwischen baufälligen Krypten und langsamem Verfall auf der einen und der grünen, fruchtbaren Vegetation auf der anderen Seite ist besonders eindrucksvoll. Der Friedhof ist ein Ort voller Geschichten, von deutschen und irischen Einwanderern, Opfern des Gelbfiebers und unterschiedlichen gesellschaftlichen Begräbnistraditionen, der die Lebenden in die lange, bewegte Geschichte von New Orleans entführt.

Geführte Touren

Confederacy of Cruisers RADFAHREN
(504-400-5468; www.confederacyofcruisers.com; 634 Elysian Fields Ave, Faubourg Marigny; Radtour ab 49–89 US$) In diesem Laden schwingt man sich auf die Räder mit dicken Reifen und gepolsterten Sätteln und kurvt durch Nolas (wie New Orleans auch genannt wird) ebene, aber von Schlaglöchern durchsetzte Straßen. Die längste Radtour zum Thema „kreolisches New Orleans" führt vorbei am Großartigsten, was die Architekten in Marigny, Bywater, an der Esplanade Ave und im Tremé umgesetzt haben. Im Angebot sind außerdem die Radtour „History of Drinking" (für 21-jährige oder älter) und eine kulinarische Tour mit vielen Leckereien.

Feste & Events

Mardi Gras KULTUR
(www.mardigrasneworleans.com; Feb./Anfang März) Der „Fat Tuesday" ist Höhepunkt und Ende der Karnevalssaison. An diesem Tag feiert die ganze Stadt ausgelassen mit Umzügen, Wagen und verrückten Kostümen.

Jazz Fest MUSIK
(www.nojazzfest.com; Eingänge an der Fortin St, Fair Grounds Race Course; Erw./Kind 85/5 US$; letztes Wochenende im April & 1. Wochenende im Mai) Das weltweit bekannte Spektakel mit Musik, Essen, Kunsthandwerk und Lebensfreude ist fester Bestandteil im Veranstaltungskalender von New Orleans. Auf dem Programm stehen sowohl internationale Größen als auch Künstler aus der Region. Tickets sind günstiger, wenn man sie vorab bestellt.

St. Joseph's Day – Super Sunday KULTUR
(2600 Lasalle St, AL Davis Park) Am 19. März und am nächstgelegenen Sonntag ziehen Mardi-Gras-Indians scharenweise mit Federschmuck und Trommelklängen durch die Straßen. Der Umzug am Super Sunday beginnt in der Regel gegen 12 Uhr beim AL Davis Park in Central City.

French Quarter Festival MUSIK
(504-522-5730; https://frenchquarterfest.org) Am zweiten Wochenende im April findet im

French Quarter das größte kostenloses Musikfestival des Landes statt.

Schlafen

★ Bywater Bed & Breakfast B&B $
(☎504-944-8438; www.bywaterbnb.com; 1026 Clouet St, Bywater; Zi. ohne Bad 100–150 US$;) Willkommen im B&B-Wunderland! Die Unterkunft vereint entspannte Gemütlichkeit mit wilder New-Orleans-Ästhetik. Die Gästezimmer erinnern an Volkskunstgalerien mit historischem Touch und halluzinogenem Flair.

Creole Gardens B&B $
(☎504-569-8700; http://creolegardens.com; 1415 Prytania St, Lower Garden District; Zi. 89–159 US$;) Freundliche, sachkundige Gastgeber, ein farbenfrohes Anwesen mit individuellen Zimmern und Bordellstil à la New Orleans. In dem tollen B&B voller Charakter und Charme (ein Zimmer nennt sich Countess Willie Piazza's Hall of Splendors) sind Haustiere jeder Größe willkommen.

★ Peter & Paul BOUTIQUEHOTEL $$
(☎504-356-5200; https://hotelpeterandpaul.com; 2317 Burgundy St, Faubourg Marigny; Zi. 110–249 US$, Suite 499 US$; P) Das hübsche Hotel befindet sich auf dem ehemaligen Gelände der katholischen Sankt-Peter-und-Paul-Kirche mit angeschlossener Schule. Die Zimmer zeichnen sich durch dezente, historische Eleganz aus, davon zeugen Bettwäsche in gedeckten Farben, handbemalte Fliesen, Himmelbetten und individuelle Details. In der Kirche finden heute verschiedene Veranstaltungen statt, sicherlich mit Segen von ganz oben.

Degas House HISTORISCHES HOTEL $$
(☎504-821-5009; www.degashouse.com; 2306 Esplanade Ave; Zi. 189–250 US$, Suite ab 300 US$; P) In dem italienisch angehauchten Haus von 1852 lebte der französische Impressionist Edgar Degas, als er Anfang der 1870er-Jahre die Familie seiner Mutter besuchte. In Erinnerung an diese Zeit sind die Zimmer mit Stilmöbeln und Kopien seiner Werke eingerichtet. Die Suiten haben Balkon und Kamin. Dagegen sind die preiswerten Zimmer im Dachgeschoss nur enge Dachkammern, die einst die Dienerschaft der Familie Degas beherbergte.

★ Park View Historic Hotel HOTEL $$
(☎504-861-7564; http://parkviewguesthouse.com; 7004 St. Charles Ave, Uptown; Zi. 169–219 US$; @) Das gut ausgestattete, dreistöckige Hotel zeichnet sich durch großartiges Frühstück (diese leckere Käse-Maisgrütze!) und große Gastfreundschaft aus. Der architektonische Prachtbau aus Holz neben dem Audubon Park wurde 1884 errichtet, um Besucher der World Cotton Exchange Exposition zu beeindrucken. In den Zimmern und der Gäste-Lounge stehen jede Menge Antiquitäten, und die hübsche Veranda überblickt den Park und die St. Charles Ave.

★ Roosevelt New Orleans HOTEL $$$
(☎504-648-1200; www.therooseveltneworleans.com; 123 Baronne St, CBD; Zi. 200–309 US$, Suite 329–2000 US$; P @) Die majestätische, bis zur Rückseite des Hauses reichende Empfangshalle geht auf das frühe 20. Jh. zurück, dem goldenen Zeitalter opulenter Hotels und prachtvoller Unterkünfte. Die noblen Zimmer verfügen über klassische Details, für einen Aufenthalt sprechen zudem das Restaurant **Domenica** (☎504-648-6020; www.domenicarestaurant.com; Hauptgerichte 15–34 US$; ⏲11–23 Uhr;), die legendäre **Sazerac Bar** (☎504-648-1200; ⏲tgl. 11–24 Uhr) und eine schicke Jazz-Lounge. Auch der Dachpool kann sich sehen lassen – zudem ist das French Quarter nur einen kurzen Spaziergang entfernt.

Hotel Monteleone HOTEL $$$
(☎504-523-3341; www.hotelmonteleone.com; 214 Royal St; Zi. 220–400 US$,) Das wohl älteste und angesehenste Hotel der Stadt ist zugleich das größte in diesem Viertel. Kurz nach seiner Fertigstellung setzten Denkmalschützer einen Baustopp für derart große Gebäude unterhalb der Iberville St durch. Seit der Eröffnung 1866 übernachteten hier viele große Schriftsteller wie William Faulkner, Truman Capote und Rebecca Wells. Die Zimmer sind im europäischen Stil mit französischen Toile-Stoffen und Kronleuchtern eingerichtet

Essen

French Quarter

Café Beignet CAFÉ $
(☎504-525-2611; www.cafebeignet.com; 311 Bourbon St, Musical Legends Park; Frühstück 3,50–7 US$; ⏲8–24 Uhr) Das Café serviert Omeletts, belgische Waffeln, Quiches und Beignets. Im Streit, ob die Beignets hier besser sind als die im **Café du Monde** (☎504-525-4544; www.cafedumonde.com; 800 Decatur St; Beignets 3 US$; ⏲24 Std.) konnten sich Feinschme-

cker bis jetzt nur darauf einigen, dass letztere mit mehr Puderzucker bestäubt sind. Täglich wird Live-Jazz gespielt.

Croissant D'Or Patisserie BÄCKEREI $

(☎ 504-524-4663; www.croissantdornola.com; 615-617 Ursulines Ave; Hauptgerichte 3–7 US$; ⏲ Mi–Mo 6–15 Uhr) Am besten bringt man sich eine Zeitung mit, bestellt einen Kaffee und ein Croissant (oder eine Tarte, eine Quiche oder ein Sandwich mit Béchamelsauce) und lässt es sich gut gehen. Am Eingang fällt das Emailleschild mit der Aufschrift „Ladies Entrance" ins Auge – ein Überbleibsel aus früherer Zeit. Der Kaffee ist ausdruckslos, das machen die hervorragenden Backwaren und der gut beleuchtete, freundliche, saubere Laden jedoch wieder wett.

★ **Coop's Place** CAJUN-KÜCHE $$

(☎ 504-525-9053; www.coopsplace.net; 1109 Decatur St; Hauptgerichte 10–20 US$; ⏲ So–Do 11–24, Fr & Sa bis 1 Uhr) Das Coop's ist ein echter Cajun-Schuppen, nur etwas wilder. Damit keine Missverständnisse aufkommen: Der Laden ist alles andere als gepflegt und gut organisiert, die Kellner sind überheblich und die Einrichtung nervt. Aber das Essen gleicht all das wieder aus: Kaninchen-Jambalaya, Hühnchen mit Shrimps und *tasso* (Räucherschinken) in Sahnesauce – hier kann nichts zu schwer sein. Zutritt ab 21 Jahre.

Mid-City & Tremé

★ **Parkway Tavern** SANDWICHES $

(☎ 504-482-3047; www.parkwaypoorboys.com; 538 Hagan Ave, Bayou St John; Po'boy-Sandwich 8–14 US$; ⏲ Mi–Mo 11–22 Uhr; P 👪) Wer weiß schon, wo die besten Po'boy-Sandwiches in New Orleans gemacht werden? Die Einheimischen sind sich weitgehend darin einig, dass es die besten Sandwiches hier gibt. Das gebratene Rindfleisch, das viele Sandwichbuden angeblich nicht mehr so richtig hinbekommen, ist wild zerfleddert und schmeckt höllisch gut.

★ **1000 Figs** NAHÖSTLICH $$

(☎ 504-301-0848; www.1000figs.com; 3141 Ponce de Leon St, Bayou St. John; kleine Gerichte 5–16 US$; ⏲ Mo–Sa 11–21 Uhr; 🌶) Auch wenn die Speiseauswahl nicht ausschließlich vegetarisch ist, bietet das 1000 Figs für uns das beste fleischlose Essen der Stadt. Falafel, Hummus, Baba Ghanoush und Linsensuppe sind allesamt frisch und fachmännisch zubereitet. Der helle Speisebereich erinnert an das stylishe Esszimmer eines guten Freundes.

Marjie's Grill ASIATISCH $$

(☎ 504-603-2234; www.marjiesgrill.com; 320 S Broad St, Mid-City; Hauptgerichte 8–26 US$; ⏲ Mo–Fr 11–14.30 & 17–22, Sa 16–22 Uhr) In einem Wort: brillant. Die Küchenchefs, die das Marjie's leiten, ließen sich vor Ort von südostasiatischer Straßenküche inspirieren. Nach ihrer Rückkehr gaben sie sich jedoch nicht mit einem billigen Abklatsch zufrieden, vielmehr bauten sie ein altes Haus auf der Broad St in eine Straßenecke aus Hanoi, Luang Prabang oder Chiang Mai um. Ein gewisser New-Orleans-Touch ist den Gerichten dennoch anzumerken.

Willie Mae's Scotch House SÜDSTAATEN $$

(☎ 504-822-9503; www.williemaesnola.com; 2401 St. Ann St; Brathähnchen 15 US$; ⏲ Mo–Sa 10–17 Uhr) Laut James Beard Foundation, Food – Network und anderer Fachmedien soll es hier die besten Brathähnchen der Welt geben, und das ist keineswegs übetrtrieben. Die weißen Bohnen sind aber ebenfalls hervorragend. Allerdings hat sich das schon ziemlich weit herumgesprochen, sodass die Warteschlange manchmal um den ganzen Häuserblock reicht.

Faubourg Marigny & Bywater

★ **Pizza Delicious** ITALIENISCH $

(☎ 504-676-8482; www.pizzadelicious.com; 617 Piety St, Bywater; Pizzastück ab 2,25 US$, ganze Pizza ab 15 US$; ⏲ Di–So 11–23 Uhr; 🌶 👪 🐾) Die dünnen, knusprigen Pizzas nach New Yorker Art sind einfach lecker. Die Zubereitung ist einfach, die Zutaten sind jedoch frisch und durchweg hochwertig. Die lässige, familienfreundliche Atmosphäre lädt zu einem entspannten Abendessen ein, zudem gibt es gutes Bier und auch vegane Pizzas. Im Außenbereich sind Hunde erlaubt.

St. Roch Market MARKT $

(☎ 504-609-3813; www.strochmarket.com; 2381 St. Claude Ave, St. Roch; Preise je nach Verkaufsstand; ⏲ So–Do 7–22, Fr & Sa bis 23 Uhr; 🌶 👪) Im St. Roch Market deckten sich einst die einfachen Arbeiter des Viertels mit Meeresfrüchten, Obst und Gemüse ein. Doch nach der Zerstörung durch den Hurrikan Katrina wurde er als schicker Food-Court wieder aufgebaut. Heute servieren in der luftigen Halle 13 Restaurants u.a. Crèpes, Burritos, haitianische Küche und Kaffee.

Red's Chinese CHINESISCH $

(☎504-304-6030; www.redschinese.com; 3048 St. Claude Ave, Bywater; Hauptgerichte 5–18 US$; ⏲12–23 Uhr; ✎) Das Red's setzt in Sachen chinesische Küche neue Maßstäbe in New Orleans. Die Köche scheuen sich nicht davor, Louisiana-Elemente einfließen zu lassen, dennoch handelt es sich nicht um Fusionsküche im eigentlichen Sinne. Die scharfe Sichuan-Würze dominiert deutlich und passt gut zu ein bisschen Cayenne-Pfeffer.

★ **Bacchanal** MODERN-AMERIKANISCH $$

(☎504-948-9111; www.bacchanalwine.com; 600 Poland Ave, Bywater; Hauptgerichte 8–21 US$, Käse ab 6 US$; ⏲So–Do 11–24, Fr & Sa bis 1.00 Uhr) Von außen wirkt das Bacchanal wie eine klapprige Hütte, doch drinnen findet man Regale voller Wein und stinkenden, aber echt leckeren Käse. Im Garten spielen Musiker, und die Köche verteilen Schmankerl aus der Küche hinten auf die Pappteller. Man sollte unbedingt auch die mit Chorizo gefüllten Datteln oder die zart gegarten Muscheln probieren.

N7 TAPAS $$

(www.n7nola.com; 1117 Montegut St, St. Roch; kleine Gerichte 8–23 US$; ⏲Mo–Do 18–22, Fr & Sa bis 23 Uhr) Allein die Kulisse sorgt für einen denkwürdigen Abend. Am Ende einer Straße voller Schlaglöcher stößt man auf einen Garten, der an einen französischen Oldtimer-Schrottplatz erinnert. Und das Essen? Neben geräucherte Makrele, Habanero-Austern und ähnlichen Snacks aus der Konserve gibt es französische und japanische Tapas wie Schnecken-Tempura, in Wein gekochtes Hühnchen und Schweinefleisch-*katsu* (paniert und gebraten).

CBD & Warehouse District

Cochon Butcher SANDWICHES $

(☎504-588-7675; www.cochonbutcher.com; 930 Tchoupitoulas St, Warehouse District; Hauptgerichte 10–14 US$; ⏲Mo–Do 10–22, Fr & Sa bis 23, So bis 16 Uhr) Hinter dem etwas formelleren **Cochon** (☎504-588-2123; www.cochonrestaurant.com; 930 Tchoupitoulas St; kleine Gerichte 8–14 US$, Hauptgerichte 19–32 US$; ⏲Mo–Do 11–22, Fr & Sa bis 23 Uhr) versteckt sich dieser Sandwisch- und Fleischladen, der sich selbst als „ Swine Bar and Deli" bezeichnet und einer der besten in der Stadt, wenn nicht sogar des gesamten Südens ist. Vom geselligen Mittagspublikum über die herzhaften Sandwiches bis hin zu den witzigen Cocktails vereint der Laden das Beste von New Orleans.

★ **Carmo** VEGETARISCH $

(☎504-875-4132; www.cafecarmo.com; 527 Julia St, Warehouse District; Mittagessen 9–12 US$, Abendessen 9–16 US$; ⏲Mo–Sa 9–22 Uhr; ✎) Das Carmo ist nicht einfach nur eine Alternative zur fettigen, fleischlastigen New-Orleans-Küche, es ist einfach grundsätzlich ein ausgezeichnetes Restaurant. Sowohl Ästhetik als auch Essen zeugen von starken tropischen Einflüssen, von Südostasien bis nach Südamerika. Die Auswahl reicht von Fischspeisen bis zu veganen Gerichten. Wie wär's etwa mit Sashimi nach peruanischer Art oder birmanischem Teeblattsalat?

★ **Restaurant August** KREOLISCH $$$

(☎504-299-9777; www.restaurantaugust.com; 301 Tchoupitoulas St, CBD; Mittagessen Festpreismenü 29 US$, Abendessen Hauptgang 34–50 US$, ⏲tgl. 17–22, Mo–Fr 11-14 ✎) Für ein romantisches Abendessen zu zweit wird eine Reservierung empfohlen. Das Restaurant befindet sich in einem ehemaligen Tabaklager des 19. Jhs und ist in sanften, warmen Tönen gehalten. Zusammen mit den Kerzen auf den Tischen ist es eindeutig das nobelste Restaurant der Stadt, hat aber gleichzeitig eine heimelige, irgendwie lebendige Atmosphäre. Das köstliche Essen ist Kochkunst der Spitzenklasse. Spezialität des Hauses ist der Gefleckte Umberfisch Pontchartrain, der in Schichten mit Krabbenfleisch, wilden Pilzen und Sauce Hollandaise zubereitet wird.

Garden, Lower Garden & Central City

★ **Surrey's Juice Bar** AMERIKANISCH $

(☎504-524-3828; www.surreysnola.com; 1418 Magazine St, Garden District; Hauptgänge 6,50–13 US$; ⏲8–15 Uhr; ✎) Die schlichten Sandwiches mit Schinken und Ei machen in Sachen Geschmack – und Aussehen – das beste Frühstück aus, das man wohl je hatte. Boudin Biscuit, Rührei mit Lachs, Biscuit mit Würstchen in Salzsauce und Shrimps mit Maisgrütze und Schinken sind so gut, dass sie verboten werden müssten. Und auch die Säfte sind, wie man vermuten wird, superfrisch.

Commander's Palace KREOLISCH $$$

(☎504-899-8221; www.commanderspalace.com; 1403 Washington Ave, Garden District; Hauptgerichte abends 28–46 US$; ⏲Mo–Fr 11.30–13 & 18.30–

22.30, Sa ab 11, So ab 10 Uhr) Das elegante Commander's Palace überzeugt mit weißen Leinen in den Speiseräumen, dekadenten Speisen und aufmerksamer Gastfreundschaft nach Südstaatenart. Die wechselnde modern-kreolische Auswahl umfasst z.B. knusprige Austern mit Brie-Blumenkohl-Fondue und Fisch vom Golf in Pekannusskruste. Auch die Kleiderordnung sorgt für besonderes Flair: Shorts und T-Shirts sind nicht erlaubt, abends zudem Sakkos gerne gesehen. Ein wirklich toller Laden, der viel Spaß verspricht.

Ausgehen & Nachtleben

★ **Bar Tonique** COCKTAILBAR

(☎ 504-324-6045; www.bartonique.com; 820 N Rampart St; ⏲ 12–2 Uhr) Das Tonique verspricht „seit dem 08.08.08 Schutz vor Nüchternheit" und scheint bei Barkeepern der Stadt sehr beliebt zu sein. Sonntagabends nach dem Wochenendansturm haben wir tatsächlich gleich drei von ihnen beim entspannten Feierabend getroffen. Die Cocktails zählen zu den besten von New Orleans und die entsprechende Karte ist endlos.

★ **Twelve Mile Limit** BAR

(☎ 504-488-8114; www.facebook.com/twelve.mile.limit; 500 S Telemachus St, Mid-City; ⏲ Mo–Fr 17–2Uhr, Sa 10–2 Uhr, SO 10–24 Uhr) Eine großartige Bar: Die Leute hinter dem Tresen und in der Küche sind Profis, die in Vier-Sterne-Lokalitäten gearbeitet haben, aber lieber einen Laden in einem Viertel für die Leute in dem Viertel eröffnen wollten. Die gemixten Drinks sind hervorragend und können sich mit jedem Cocktail eines Fachmanns aus Manhattan messen. Und wie die Stimmung beweist, kommt der Schuppen super an.

Mimi's in the Marigny BAR

(☎ 504-872-9868; www.mimismarigny.com; 2601 Royal St, Faubourg Marigny; ⏲ 11 Uhr–open end) Eigentlich müsste die Bar „Mimi's *is* the Marigny" heißen, denn sie ist eine Institution in dem Viertel. Die angenehm schmuddelige Bar ist gemütlich eingerichtet, hat Billardtische und im Obergeschoss eine Tanzfläche, die wie eine kreolische Punkervilla ausgestattet ist und mit der düster bräunlichen Beleuchtung wie eine alte Sepia-Fotografie wirkt. Wann die Bar schließt entscheiden die Barkeeper.

Bar Redux BAR

(☎ 504-592-7083; www.facebook.com/BarRedux; 801 Poland Ave, Bywater; ⏲ So–Do 16–2, Fr & Sa bis 3 Uhr) Die freundliche, kleine Bar bietet einen Hof, der vor der Geräuschkulisse der nahen Bahngleise unkonventionelle Werke lokaler Künstler und ein facettenreiches Liveprogramm zeigt, von Kabarett über Theater bis zu Comedy und Musik. Ansonsten gibt's anständige Barküche und warmes, eigenwilliges Flair, wie es für Bywater typisch ist.

Courtyard Brewery KLEINBRAUEREI

(www.courtyardbrewing.com; 1020 Erato St, Lower Garden District; ⏲ Mo–Mi 16.30–21.30, Do–Sa 11–22.30, So 11–21.30 Uhr; 👪 🐾) Neben hauseigenen Brauereierzeugnissen hat das Courtyard verschiedene Biersorten aus der ganzen Welt im Sortiment, daneben sind vor Ort regelmäßig wechselnde Imbisswagen anzutreffen. Hunde und Kinder sind gleichermaßen willkommen und können ungestört herumtoben, wovon vor allem deren Herrchen/Frauchen bzw. Eltern profitieren.

Unterhaltung

★ **Preservation Hall** JAZZ

(☎ 504-522-2841; www.preservationhall.com; 726 St. Peter St; Eintritt So–Do 15 US$, Fr & Sa 20 US$, Sitzplatzreservierung 40–50 US$; ⏲ Vorstellungen 17, 18, 20, 21 & 22 Uhr; 👪) Die Musikhalle in einer ehemaligen Kunstgalerie von 1803 ist die legendärste Musikkneipe in New Orleans. Die hauseigene Band Preservation

LGBTIQ+-SZENE IN NEW ORLEANS

Louisiana ist ein konservativ geprägter Staat, doch die größte Stadt stellt sich diesem Trend entgegen. New Orleans galt schon immer als tolerant und ist noch immer eine der ältesten schwulenfreundlichen Städte der westlichen Hemisphäre. Neben Tragödien wie dem Brandanschlag auf die UpStairs Lounge im French Quarter in den 1970er-Jahren erlebte die Homosexuellengemeinde auch wegweisende Momente: Der Stadtrat von New Orleans verabschiedete 1991 ein Antidiskriminierungsgesetz bezüglich der sexuellen Orientierung von städtischen Angestellten.

Stadtviertel wie das French Quarter und Marigny gehören zu den Hotspots der LGBTIQ+-Szene.

Hall Jazz Band ist unglaublich gut und tourt regelmäßig durch die Welt. Die Halle gibt es seit 1961, als Barbara Reid und Grayson „Ken" Mills die Society for the Preservation of New Orleans Jazz gründeten.

Spotted Cat LIVEMUSIK
(www.spottedcatmusicclub.com; 623 Frenchmen St, Faubourg Marigny; Eintritt 5–10 US$; ⌚ Mo–Fr 14–2, Sa & So 12–2 Uhr) Genauso stellt man sich einen sexy Jazzclub in New Orleans vor: pulsierend und verschwitzt mit Getränken in Plastikbechern, spontanen Tanzeinlagen und toller Musik. Es kann voll werden!

★ **AllWays Lounge** THEATER, LIVEMUSIK
(☎ 504-218-5778; www.theallwayslounge.net; 2240 St. Claude Ave; Eintritt 5–10 US$; ⌚ So–Do 18–2, Fr & Sa bis 4 Uhr) In einer Stadt voller unkonventioneller Musikkneipen sticht das AllWays als die originellste heraus. Allabendlich stehen hier experimentelle Gitarre, hiesiges Theater, Thrash Rock, Live-Comedy, Varieté oder eine von den 1960er-Jahren inspirierte Shagadelic Dance Party auf dem Programm, zudem sind die Getränke sehr günstig. Eintritt wird nur bei Vorstellungen verlangt.

★ **Tipitina's** LIVEMUSIK
(☎ 504-895-8477; www.tipitinas.com; 501 Napoleon Ave, Uptown; Grundgebühr 5–20 US$, ⌚ 20–2 Uhr) Das „Tips" ist eines der großen musikalischen Symbole von New Orleans. Der legendäre Nachtclub in Uptown, der nach dem Hit von Professor Longhair aus dem Jahr 1953 benannt ist, veranstaltet ein paar der denkwürdigsten Shows in der Stadt, vor allem dann, wenn große Namen wie Dr. John wieder im Haus auftreten. Hervorragende Musik von lokalen Talenten lockt das ganze Jahr über ein großes Publikum an.

Fritzel's European Jazz Pub JAZZ
(☎ 504-586-4800; www.fritzelsjazz.net; 733 Bourbon St; ⌚ 12–2 Uhr) Die großartige Livejazz-Kneipe verlangt keinen Eintritt und ist zu klein, um zwischen guten und schlechten Sitzplätzen zu unterscheiden. Die Bänke und Stühle stehen so nah beieinander, dass man sich bei jedem Toilettengang bei den anderen Gästen entschuldigen muss. Aufgrund der großartigen Musik lohnt sich trotzdem ein Besuch.

Shoppen

Boutique du Vampyre GESCHENKE & SOUVENIRS
(☎ 504-561-8267; www.feelthebite.com; 709 St. Ann St; ⌚ 10–21 Uhr) Das Geschäft ähnelt einem Verließ und hat alle möglichen Artikel zum Thema Vampir im Angebot. Zum Sortiment gehören Bücher, Flüche, Zaubersprüche und Souvenirs, witzige Gespräche mit den wunderbaren Mitarbeitern, die über die kuriose Krypta wachen, inklusive. Es gibt auch ein Set Tarotkarten mit surrealer, etwas verstörender Kunst. Bei Bedarf kommt sogar ein „Fangsmith", der neue Eckzähne fertigt, falls die alten abgenutzt sind.

★ **Trashy Diva** BEKLEIDUNG
(☎ 504-299-8777; www.trashydiva.com; 2048 Magazine St, Lower Garden District; ⌚ Mo–Fr 12–18, Sa ab 11, So 13–17 Uhr) Der Laden ist nicht so skandalös, wie es klingt, zumindest, wenn man nicht gerade erzkatholisch ist. Der Schwerpunkt liegt auf frechen, geschnürten, figurbetonten Kleidern im Stil der 1940er- und 1950er-Jahre und Dessous der Belle Époque – Korsetts, viel Spitze und Ähnliches. Daneben gibt es von Kabuki inspirierte Kleider mit aufgestickten Drachen sowie Oberteile, Röcke und Schals im Stil verschiedener Modezeitalter.

Praktische Informationen

GEFAHREN & ÄRGERNISSE

New Orleans hat eine hohe Kriminalitätsrate, ein Großteil der Gewaltverbrechen betrifft jedoch Parteien, die sich bereits zuvor gekannt haben.

- Überfälle kommen vor. Alleinreisende werden häufiger zur Zielscheibe, deswegen sollte man sich in abgelegenen Gegenden nicht ohne Begleitung aufhalten.
- Die Polizeipräsenz im French Quarter ist hoch, nahe der Rampart St und Esplanade Ave gibt es jedoch noch immer verlassene Häuserblocks. Fehlverhalten aufgrund von Alkoholkonsum kann überall im Viertel vorkommen.
- Unter der Woche ist im CBD und im Warehouse District immer viel los, abends und am Wochenende sind manche Gegenden jedoch ziemlich verlassen.
- Teile von Central City wirken nach Einbruch der Dunkelheit einsam. Abends sollte man nahe am jeweiligen Ziel und nur an verkehrsreichen Straßen parken.
- Vorsicht an Kreuzungen: Einheimische Autofahrer sind dafür bekannt, gelbe oder sogar rote Ampeln zu überfahren.
- Vorsicht vor mit Drogen versetzten Getränken. Grundsätzlich gilt, sein Getränk nie unbeaufsichtigt lassen.
- Über die Kriminalität in einem bestimmten Bezirk kann man sich unter www.crimemapping.com/map/la/neworleans informieren.

MEDIEN

The Advocate (www.nola.com) Großer Nachrichten- und Kulturteil.

Gambit (www.theadvocate.com/gambit) Wochenmagazin über Kunst, Kultur und Musik.

The Lens (http://thelensnola.org) Das investigative Magazin mit Kulturteil gibt's nur online.

New Orleans Magazine (www.myneworleans.com/new-orleans-magazine) Monatsmagazin mit Gesellschaftsnachrichten.

TOURISTENINFORMATION

New Orleans Welcome Center (☎504-568-5661; www.crt.state.la.us/tourism; 529 St. Ann St; ⌚8.30–17 Uhr) Mitten im French Quarter; hat Karten, Veranstaltungskalender und verschiedene Broschüren zu Sehenswürdigkeiten, Restaurants und Hotels.

ℹ An- & Weiterreise

Die meisten Besucher reisen mit dem Flugzeug an und landet auf dem **Louis Armstrong New Orleans International Airport** (MSY; ☎504-303-7500; www.flymsy.com; 900 Airline Hwy, Kenner W). Der Flughafen hieß ursprünglich Moisant Stock Yards nach dem Piloten John Moisant, worauf sich heute noch der Flughafen-Code (MSY) bezieht.

Weitere Flughäfen sind **Baton Rouge** (BTR), 89 Meilen (142 km) nördlich der Stadt und **Gulfport-Biloxi** (GPT; ☎228-863-5951; www.flygpt.com; 14035-L Airport Rd, Gulfport), MS, 77 Meilen (123 km) östlich. Die beiden liegen lange nicht so günstig wie der Hauptflughafen von New Orleans, können aber eine preiswerte Alternative sein, vor allem während des Mardi Gras oder Jazz Fest.

Viele Reisende kommen auch mit dem Bus nach New Orleans, wo zahlreiche große Highways aufeinandertreffen. Auch mit dem Zug ist New Orleans gut zu erreichen, denn es gibt mehrere Amtrak-Verbindungen.

ℹ Unterwegs vor Ort

Auto Das beste Verkehrsmittel, um die äußeren Stadtviertel wie Mid-City zu erreichen. Im French Quarter und CBD findet man nur schwer einen Parkplatz.

Bus Die Busverbindungen sind in Ordnung, man sollte sich jedoch nicht darauf verlassen. Eine Fahrt kostet nicht mehr als 2 US$.

Fahrrad Im flachen New Orleans bietet sich das Fahrrad an. Die Fahrt quer durch die Stadt dauert 45 Minuten.

Streetcar Die charmante Straßenbahn verkehrt leider nicht sehr häufig. Eine einfache Fahrt kostet 1,25 US$, wobei auch Mehrfahrtenkarten erhältlich sind.

Zu Fuß Das French Quarter lässt sich gut zu Fuß erkunden.

VOM/ZUM FLUGHAFEN

Louis Armstrong New Orleans International Airport (MSY) 13 Meilen (20,8 km) westlich von New Orleans. Ein Taxi in den CBD kostet 36 US$ bzw. 15 US$ pro Person ab drei Fahrgästen. Shuttle-Busse ins CBD schlagen mit 24/44 US$ pro Person (einfache Fahrt/hin & zurück) zu Buche. Der Bus E2 fährt in die Carrollton Ave und die Tulane Ave in Mid-City; Tickets kosten 2 US$. Zur Autovermietung am Flughafen läuft man vom Haupttterminal aus etwa fünf Minuten.

Amtrak & Greyhound Bahnhof und Busbahnhof liegen im Zentrum in direkter Nähe zueinander an der Loyola Ave. Ins CBD oder French Quarter kann man zwar laufen, abends oder mit schwerem Gepäck ist jedoch davon abzuraten. Eine Taxifahrt ins French Quarter kostet rund 10 US$. Je weiter man sich vom Bahnhof entfernt, desto sicherer wird man mehr als 20 US$ bezahlen müssen.

Rund um New Orleans

Lässt man das farbenfrohe New Orleans hinter sich, findet man sich sofort in einer Welt aus Sümpfen, Bayous, Plantagenhäusern aus der Zeit vor dem Bürgerkrieg, entspannten kleinen Gemeinden, endlosen Trabantenvorstädten und Einkaufsstraßen wieder.

Barataria Preserve

★ **Barataria Preserve** PARK

(⌚Wanderparkplatz 9–17 Uhr) GRATIS Dieser Teil des Jean Lafitte National Historical Park & Preserve liegt südlich von New Orleans in der Nähe der Stadt Marrero (und Crown Point) und bietet den einfachsten Zugang zu dem ausgedehnten Sumpfgebiet rund um New Orleans. Auf insgesamt 13 km langen Plankenwegen lässt sich der Sumpf sicher und einfach erkunden. Leider ist es wegen der weit verbreiteten Wasserhyazinthe nicht ganz einfach, die hiesige Tierwelt, zu der auch jede Menge Alligatoren gehören, ausfindig zu machen.

Ein guter Ausgangspunkt für die Erkundung des Schutzgebiets ist das **National Park Service Visitor Center** (NPS; ☎504-689-3690; www.nps.gov/jela; 6588 Barataria Blvd, Marrero; ⌚Mi–So 9.30–16.30 Uhr) 1 Meile (1,6 km) westlich des Hwy 45 bei der Ausfahrt Barataria Blvd. Dort erhält man eine Karte für die Erkundung auf eigene Faust oder kann sich einer geführten Wanderung oder Kanutour anschließen. Weitere Infos gibt's per Telefon. Ein Kanu oder Kajak mieten kann bei **Bayou Barn** (☎504-689-2663;

www.bayoubarn.com; 7145 Barataria Blvd, Marrero; Kanu/Kajak 20/25 US$ pro Pers.; ⌚Do–So 10–18 Uhr), rund 3 Meilen (4,8 km) vom Parkeingang entfernt.

Nordufer

Am Nordufer des Lake Pontchartrain erstrecken sich die Vororte von New Orleans – im Prinzip Schlafstädte der Mittel- und Oberschicht der Stadt. Das idyllische Dorf Abita Springs ganz in der Nähe war Ende des 19. Jh. für sein Heilwasser bekannt. Das edle Wasser sprudelt auch heute noch aus einem Brunnen in der Mitte des Dorfs, doch wesentlich wichtiger für die meisten Einwohner ist heute die Abita Brewery, die größte lokale Brauerei in Louisiana. Der Lake Pontchartrain liegt genau zwischen dieser Region und New Orleans, die durch die gigantische, gut 38 km lange Brücke des Lake Pontchartrain Causeway miteinander verbunden sind. Allein der Anblick dieser Brücke lohnt die Fahrt hierher.

River Road

Schmucke Plantagenhäuser liegen zwischen New Orleans und Baton Rouge verstreut am Ost- und Westufer des Mississippis. Die Plantagen brachten ihren Besitzern zunächst mit Indigo, dann mit Baumwolle und Zuckerrohr großen Reichtum ein. Heute sind viele von ihnen für die Öffentlichkeit zugänglich. Die meisten Führungen konzentrieren sich auf das Leben der Besitzer, die restaurierten Häuser und die kunstvollen Gärten im Louisiana aus der Zeit vor dem Bürgerkrieg.

Sehenswertes

★ Whitney Plantation HISTORISCHE STÄTTE
(☎225-265-3300; www.whitneyplantation.com; 5099 Hwy 18, Wallace; Erw./Student/Kind unter 6 Jahren 23/10 US$/frei; ⌚Museum Mi–Mo 9.30–16.30 Uhr, stündliche Touren 10–15 Uhr; P) Die Plantage war die erste in Louisiana, die nur von Sklaven bewirtschaftet wurde. Nachdem dies bekannt geworden war, musste der Schwerpunkt der Führungen verlagert werden. Stand zuvor die Geschichte des „großen Hauses“ im Vordergrund, so wird heute an die Hunderte von Sklaven erinnert, die sterben mussten, um den wirtschaftlichen Erfolg und das gute Leben der Bewohner dieses großen Hauses zu ermöglichen. Das Museum vor Ort kann auf eigene Faust besichtigt werden, die Plantage nur im Rahmen einer 1½-stündigen Führung.

Laura Plantation HISTORISCHE STÄTTE
(☎225-265-7690; www.lauraplantation.com; 2247 Hwy 18, Vacherie; Erw./Schüler 13–17 Jahre/Kind 25/15/10 US$; ⌚10–16 Uhr; P) Die beliebte Plantagen-Tour wird ständig weiterentwickelt und arbeitet die Unterschiede im Leben der Kreolen, Angloamerikaner sowie der freien und unfreien Afroamerikaner in der Antebellum-Ära heraus. Dies geschieht durch gründliche Nachforschungen und anhand schriftlicher Zeugnisse von kreolischen Frauen, die die Plantage über Generationen hinweg führten. Auch Laura selbst ist faszinierend: Das kreolische Herrenhaus wurde nicht von Angloamerikanern, sondern von einer aus Europa stammenden Elite gegründet und unterhalten. Die kulturellen und architektonischen Unterschiede zwischen dieser Plantage und den anderen sind offensichtlich und beeindruckend. Die Touren werden auf Englisch oder Französich angeboten.

River Road African American Museum MUSEUM
(☎225-474-5553; http://africanamericanmuseum.org; 406 Charles St, Donaldsonville; 10 US$; ⌚Mi–Sa 10–17 Uhr; P) Das Museum widmet sich der afroamerikanischen Geschichte der Region, dabei spielen Aspekte wie die Wahrheit über Sklavenschiffe, die grausame Plackerei der Sklaven, Sklavenaufstände, die Underground Railroad, die Zeit der Reconstruction und die Jim-Crow-Gesetze eine Rolle. Zu sehen sind beispielsweise Antiquitäten, Artefakte, Fotografien und Videointerviews.

St. Francisville

Der üppig grüne Ort ist der Inbegriff einer pseudokünstlerischen Südstaaten-Kleinstadt mit vielen schönen alten Häusern, unkonventionellen Geschäften und zahllosen Outdoor-Aktivitäten in den nahegelegenen Tunica Hills (ja, es gibt tatsächlich Berge in Louisiana). Während der Vorkriegszeit ließen sich die hier ansässigen superreichen Plantagenbesitzer die prachtvollen Villen bauen, die als gut erhaltene Altstadt die Besucher seit mehr als einem Jahrhundert faszinieren.

Sehenswertes & Aktivitäten

Myrtles Plantation HISTORISCHES GEBÄUDE
(☎225-635-6277; www.myrtlesplantation.com; 7747 Hwy 61 N; Führung Erw./Kind 15/12 US$, Geis-

tertour 15 US$; ⌚9–16.30 Uhr, Geistertouren Fr & Sa 18, 19 & 20 Uhr; P) Besitzer und Dozenten sind gleichermaßen davon überzeugt, dass auf dieser Plantage eines der größten Geisterhäuser der USA steht. Es ist aber auch wirklich gruselig! Die Führungen zeichnen ein lebendiges Bild des Alltags zur Zeit der großen Plantagen. Der Fokus liegt dabei sowohl auf der Historie des Gebäudes als auch auf unheimlichen Geschichten über Intrigen und Geister, die zum Synonym für das Myrtles-Anwesen geworden sind.

Oakley Plantation & Audubon State Historic Site HISTORISCHE STÄTTE
(☎225-635-3739; www.crt.state.la.us; 11788 Hwy 965; Erw./Student 10/5 US$; ⌚Mi–So 9–17 Uhr; P) Außerhalb von St. Francisville gelegen. Der Naturforscher John James Audubon kam 1821 als Privatlehrer für die Tochter des Hauses hierher. Seine Anstellung währte zwar nur vier Monate (und sein Zimmer war ziemlich spartanisch eingerichtet), doch in dieser Zeit fertigten er und sein Assistent 32 Gemälde von Vögeln an, die sie in den Wäldern rund um die Plantage fanden.

Auch einige originale Audubon-Drucke finden sich in dem kleinen, karibisch anmutenden Haus von 1806.

Mary Ann Brown Preserve NATURSCHUTZGEBIET
(☎225-338-1040; www.nature.org; 13515 Hwy 965; ⌚Sonnenaufgang–Sonnenuntergang) GRATIS Das von der Nature Conservancy verwaltete 44,5 ha große Naturschutzgebiet umfasst einen Teil der Buchenwälder, der dunklen Sumpfgebiete und des niedrigen, von Lehmböden geprägten Hügellands der Tunica Hills. Ein 3,2 km langes Netzwerk aus Wander- und Plankenwegen durchzieht den Wald, durch den schon John James Audubon zu Beginn seiner Arbeit an den *Birds of America* streifte.

Schlafen

3-V Tourist Court INN $
(☎225-721-7003; www.themagnoliacafe.net; 5687 Commerce St; Hütte mit 1/2 Schlafzimmern 75/140 US$; P 📶) Das Motel gehört zu den ältesten seiner Art des Landes – es ist bereits seit den 1930er-Jahren im Geschäft und gehört heute zum National Register of Historic Places. Die fünf Zimmer erinnern an genügsamere Zeiten und weisen Originaldekor und -einrichtung auf. Ein Zugeständnis an die Moderne sind die neuen Betten, Hartholzböden und Flachbild-TVs.

Shadetree Inn B&B $$
(☎225-635-6116; www.shadetreeinn.com; 9704 Royal St; Zi. 165–215 US$; P 📶) Das wunderbar gemütliche B&B am Rand des historischen Viertels und eines Vogelschutzgebiets bietet einen herrlichen Garten voller Blumen und Hängematten sowie geräumige, komfortable Zimmer im rustikalen Stil. Das kontinentale Gourmetfrühstück inklusive einer Flasche Wein oder Sekt kann man sich aufs Zimmer bringen lassen. Ohne Frühstück und bei einem Aufenthalt unter der Woche wird's billiger.

Essen & Ausgehen

Magnolia Café CAFÉ $
(☎225-635-6528; www.themagnoliacafe.net; 5687 Commerce St; Hauptgerichte 8–16 US$; ⌚tgl. 10–16, Do & Sa bis 21, Fr bis 22 Uhr) Das einstige Geschäft für gesunde Kost mit Werkstatt für VW-Busse ist heute der Treffpunkt von St. Francisville schlechthin. Ins Magnolia Café kommt man, um etwas zu essen, mit anderen ins Gespräch zu kommen und um freitagabends zu Livemusik zu tanzen. Lecker sind die Po'Boy-Sandwiches mit Shrimps und Käse.

Birdman Coffee & Books CAFÉ
(☎225-635-3665; 5695 Commerce St; Hauptgerichte 5–8 US$; ⌚Di–Fr 7–17, Sa 8–14, So 8–12 Uhr; 📶) Das Birdman ist die richtige Adresse für starken Kaffee, akustische Livemusik (mehrmals im Monat), leckere Backwaren und Kunst aus der Region in Form von Gemälden und Ausstellungen der hiesigen Künstlergemeinde.

An- & Weiterreise

St. Francisville liegt rund 35 Meilen (56 km) nördlich von Baton Rouge am Hwy 61, der mitten durch die Stadt führt.

Cajun Country

Mit Louisiana verbinden viele Menschen – sieht man von New Orleans ab – kilometerlange Bayous, mit Sägemehl bestreute Böden, eine einzigartige Ausprägung des Französischen und jede Menge gutes Essen. Willkommen also im Cajun Country, das wegen der französischen Siedler, die 1755 von den Briten aus L'Acadie (dem heutigen Nova Scotia in Kanada) vertrieben wurden, auch Acadiana genannt wird.

Die Cajuns sind die größte französischsprachige Minderheit in den USA. Im Lebensmittelladen hört man vielleicht niemanden Französisch sprechen, aber es ist noch immer in Radiosendungen, bei Gottesdiensten und nicht zuletzt in der örtlichen Aussprache des Englischen präsent.

Während die Region weitgehend sozialkonservativ ausgerichtet ist, sagt man den Cajuns einen gewissen Hedonismus nach. In dieser Region ein schlechtes Essen zu finden, ist so gut wie ausgeschlossen: Jambalaya (Reis mit Tomaten, Würstchen und Shrimps) und Krebs-Étouffée werden hier ganz langsam und mit viel Liebe und Stolz zubereitet. Wer nicht fischt, der tanzt wahrscheinlich gerade. Da bleibt kein Traveller lange Zaungast!

Lafayette

Der Begriff „Geheimtipp“ wird in Reiseführern nur allzu gern verwendet, doch in diesem Fall trifft er den Nagel auf den Kopf. Sonntags ist Lafayette wie ausgestorben, doch an den restlichen Wochentagen locken unzählige wunderbare Restaurants und Musikkneipen. In der Universitätsstadt sorgen Bands fast jeden Abend für Stimmung, zudem findet hier eines der besten kostenlosen Musikfestivals des Landes statt. Übrigens haben auch die ruhigen Sonntage ihren Reiz, denn dann gibt es ein fantastisches Brunch-Angebot.

Sehenswertes

Vermilionville MUSEUM
(☎337-233-4077; www.vermilionville.org; 300 Fisher Rd; Erw./Student 10/6 US$, 90-minütige Bootstour 12/8 US$; ⏲Di–So 10–16 Uhr; P 👪) Die idyllische Nachbildung eines Cajun-Dorfes aus dem 19. Jh. liegt direkt am Fluss in der Nähe des Flughafens. Die freundlichen Mitarbeiter in historischen Kostümen erklären mit viel Leidenschaft die Geschichte der Cajuns, Kreolen und Ureinwohner. Sonntags (13–16 Uhr) gibt es Konzerte lokaler Bands oder Tanzveranstaltungen, zudem werden im Frühling und Herbst um 10.30 Uhr geführte Bootstouren auf dem Bayou Vermilion angeboten. Diese Touren können auch mit einem Mittagsbüfett und einem Besuch von Vermilionville (31,50/27,50 US$ pro Erw./Kind) kombiniert werden.

Acadian Village MUSEUM
(☎337-981-2364; www.acadianvillage.org; 200 Greenleaf Dr; Erw./Student 9/7 US$; ⏲Jan.–Okt. Mo–Sa 10–16 Uhr, Dez. 17.30–21 Uhr, Nov. geschl.; P 👪) Durch das bescheidene, aber aufschlussreiche Museumsdorf führt ein Backsteinpfad entlang des sanft plätschernden Bachs zu restaurierten Häusern, Werkstätten und einer Kirche. Gelegentlich finden sich einige ältere Leute ein, die Besucher mit Liedern und Geschichten der Cajun aus der guten alten Zeit unterhalten. Im Dezember verwandelt sich das Dorf in ein Weihnachtsspektakel und ist dann bei entsprechendem Wetter täglich abends geöffnet.

Feste & Events

★ **Festival International de Louisiane** MUSIK
(www.festivalinternational.org) Rund um das letzte Wochenende im April findet an fünf Tagen dieses fantastische internationale Musikfestival statt, bei dem Hunderte von Musikern aus der Region und der ganzen Welt auftreten. Damit ist es eines der größten, kostenlosen Musikfestivals der USA. Auch wenn sich sein Name nur auf frankophone Musik und Kultur bezieht, lockt das Festival mittlerweile Künstler jedweder Sprache aus der ganzen Welt an.

Schlafen & Essen

★ **Blue Moon Guest House** PENSION $
(☎337-234-2422; www.bluemoonpresents.com; 215 E Convent St; B 23–45 US$, Zi. 75–95 US$; P ❄ 📶 @) Eine der besten Unterkünfte Louisianas für Reisende: Das gepflegte alte Haus birgt eine gehobene Unterkunft im Hostelstil und ist in einem kurzen Fußmarsch vom Zentrum aus gut zu erreichen. Wer im Blue Moon übernachtet, landet automatisch auf der Gästeliste für den beliebtesten Treffpunkt in Lafayette, wenn es um bodenständige Livemusik geht: Die Party steigt im Hinterhof. Die freundlichen Besitzer, eine komplett ausgestattete Küche und Geselligkeit fügen sich zu einem einzigartigen musikalischen Urlaubsflair zusammen, das Backpacker sowie Flashpacker und alle dazwischen anlockt.

Buchanan Lofts APARTMENTS $$
(☎337-534-4922; www.buchananlofts.com; 403 S Buchanan St; Zi. 190–220 US$/Nacht, 1000–1200 US$/Woche; P ❄ @ 📶) Wenn sie nicht so groß wären, würden die hippen Lofts wunderbar nach Manhattan passen. Sie sind sehr geräumig, mit moderner Kunst und schickem Dekor eingerichtet – beides hat der freundliche Besitzer von seinen vielen Reisen mitgebracht –, verfügen über Kü-

chenzeilen und haben Backsteinwände und Hartholzböden.

★ **French Press** FRÜHSTÜCK $
(☎ 337-233-9449; www.facebook.com/frenchpresslaf; 214 E Vermillion St; Hauptgerichte 9–15 US$; ⏲ Mo–Fr 7–14, Sa & So ab 9 Uhr; 📶) Das Restaurant mischt Einflüsse der Cajun- und französischen Küche und zählt zu den besten kulinarischen Adressen in Lafayette. Zum sensationellen Frühstück gehören das sündige Cajun Benedict (mit *boudin* anstelle von Schinken), Maisgrütze mit Cheddar (zum Dahinschmelzen!) und Bio-Müsli (fürs gute Gewissen). Auch das Mittagessen kann sich sehen lassen: Das Käsesandwich mit gebratenen Meeresfrüchten, Blauschimmelkäse und scharfer Sauce ist wunderbar dekadent.

★ **Johnson's Boucanière** CAJUN $
(☎ 337-269-8878; www.johnsonsboucaniere.com; 1111 St. John St; Hauptgerichte 4,25–10 US$; ⏲ Di–Fr 7–15, Sa bis 17.30 Uhr; 🐾) Der 70 Jahre alte Spezialist für Geräuchertes lohnt die Anfahrt. Dafür sorgen *boudin* (Würstchen aus Schweinefleisch und Reis nach Cajun-Art), fantastische Sandwiches mit geräucherter Schweinebrust und Räucherwürstchen, köstliche geräucherte Knoblauchwürstchen, gegrillte Käse-Biscuits mit Pulled Pork (!) und zahlreiche weitere Leckereien für Fleischliebhaber.

Social Southern Table SÜDSTAATENKÜCHE $$
(☎ 337-456-3274; www.socialsouthern.com; 3901 Johnston St; Hauptgerichte 12–36 US$; ⏲ Di–Sa 11–22, So 10.30–14 Uhr) Im Social lassen sich Hipster-Gourmets mit Leckereien wie Biscuits mit Brathähnchen, Fladenbrot mit Wildpilzen und regionalem Gemüse mit Curry verwöhnen. Natürlich gibt es auch anderswo gehobene Südstaatenklassiker, mit diesem Niveau kann jedoch ein Großteil der Konkurrenz nicht mithalten.

☆ Unterhaltung

★ **Blue Moon Saloon** LIVEMUSIK
(☎ 337-234-2422; www.bluemoonpresents.com; 215 E Convent St; Eintritt 5–15 US$; ⏲ Konzertbeginn variiert) Die anheimelnde Spielstätte auf der hinteren Veranda der zugehörigen Pension steht für all das, was Louisiana ausmacht: gute Musik, nette Leute und gutes Bier. Die Gäste tanzen, genießen leckeres Essen und werden unterhalten – was will man mehr? Musik gibt's in der Regel mittwochs bis samstags ab 20 oder 21 Uhr.

Artmosphere LIVEMUSIK
(☎ 337-233-3331; www.artmosphere.vpweb.com; 902 Johnston St; ⏲ Mo–Sa 11–2, So bis 24 Uhr) In Lafayette gibt es eine tief verwurzelte Gegenkultur, eine Art künstlerischer Gegenentwurf zum konservativen Christentum, das die Region sonst überall beherrscht. Im Artmosphere findet die progressive Gemeinde ein Zuhause und einen Ort, an dem sie sich ausdrücken kann. Die Graffitiwände, Hukas, Hipsters und provokanten Bands erinnern eher an einen New Yorker Punk-Club als einen Tanzsaal der Cajun, wobei sich hier beide Konzepte miteinander mischen.

ℹ Praktische Informationen

Visitors Center (☎ 337-232-3737; www.lafayettetravel.com; 1400 NW Evangeline Thruway; ⏲ Mo–Fr 8.30–17, Sa & So ab 9 Uhr) Hilfsbereite Mitarbeiter, die teils auch Französisch sprechen.

ℹ An- & Weiterreise

Von der Ausfahrt 103A der I-10 führt der Evangeline Thruway (Hwy 167) direkt ins Zentrum. Der Busbahnhof von **Greyhound** (☎ 337-235-1541; www.greyhound.com; 100 Lee Ave) befindet sich am Rand des Geschäftsviertels der Innenstadt. Von hier fahren täglich mehrere Busse nach New Orleans (ab 23 US$, 3½ Std.) und Baton Rouge (ab 11 US$, 1 Std.). Der **Amtrak**-Zug (www.amtrak.com; 100 Lee Ave) *Sunset Limited* hält auf seinem Weg von New Orleans nach Los Angeles auch in Lafayette.

Cajun Wetlands

Als beim Grand Dérangement 1755 die Briten die ländlichen französischen Siedler aus Akadien (dem heutigen Nova Scotia, New Brunswick, Prince Edward Island und Teilen von Quebec in Kanada) vertrieben, suchten diese jahrzehntelang nach einem Ort, an dem sie sich wieder niederlassen konnten. Viele wanderten in andere britische Kolonien aus, wurden als Katholiken aber oft auch von dort wieder vertrieben. Einige kehrten sogar nach Frankreich zurück, wo sie jedoch, anders als in der Neuen Welt, kein Land besitzen durften und ihnen auch keine Autonomie gewährt wurde.

1785 legten schließlich sieben Schiffe mit akadischen Flüchtlingen in New Orleans an, um sich in dieser Ecke der westlichen Hemisphäre niederzulassen, die zumindest kulturell, wenn auch nicht politisch zu Frankreich gehörte (zu der Zeit war Louisiana gerade

ABSTECHER

FRED'S ZAUBER

Von Montag bis Freitag ist Mamou mitten im Cajun Country eine typische Kleinstadt im Süden Louisianas, die nur einen kurzen Aufenthalt vor der Weiterfahrt ins naheliegende Eunice lohnt. Doch am Samstagvormittag wird die kleine Bar **Fred's Lounge** (☎337-468-5411; 420 6th St, Mamou; ⌚Sa 8–14 Uhr) zum ultimativen Tanzsaal der Cajun.

Der kleine Laden wird samstags regelrecht überrannt, denn dann steht ein frankophoner Musikmorgen mit Bands, Bier und Tanz auf dem Programm. Fred's Lounge öffnet gegen 8 Uhr und ist meist schon um 9 Uhr, wenn das Programm losgeht, voll besetzt. Früher gab die Besitzerin Tante Sue höchstpersönlich auf der Bühne Weisheiten und Lieder auf Cajun zum Besten, während sie sich aus einer Flasche mit braunem Schnaps in einem Pistolenhalfter bediente. Mittlerweile lebt sie nicht mehr, doch etwas von ihrer großartigen, anarchischen Energie scheint noch immer im Raum zu schweben.

eine spanische Kolonie). Anfang des 19. Jhs, siedelten bereits 3000–4000 Akadier in den Sumpfgebieten südwestlich von New Orleans. Verschiedene Stämme der Ureinwohner wie die Atakapa halfen ihnen, ihren Lebensunterhalt mit Fischen und Fallenstellen zu gewährleisten. Diese traditionellen Fähigkeiten werden bis heute bei den Cajun, den Nachfahren dieser Akadier, geschätzt und ausgeübt.

Jahrzehntelang war diese Region eine der ärmsten in Louisiana. Unterricht in französischer Sprache war verboten, die Infrastruktur war katastrophal. Erst mit zunehmendem politischen Einfluss der Cajuns in der Regierung des Bundesstaates änderte sich die Situation in den 1970er-Jahren. Einen großen Anteil an der Verbesserung hatte aber auch die Öl- und Erdgasindustrie. Nachdem das Verlegen der Leitungen und Rohre zunächst nur als weiterer schändlicher Verlust von Land und Boden in Louisiana galt, sorgte die Ölindustrie natürlich auch für neue Jobs und einen wirtschaftlichen Aufschwung. Dies erklärt zumindest teilweise die große Popularität der Öl- und Erdgasindustrie im Staat, die auch in Veranstaltungen wie dem jährlichen „Shrimp & Petroleum Festival" (kein Witz!) in Morgan City zum Ausdruck kommt.

Sehenswertes

Lake Martin VOGELSCHUTZGEBIET

(Lake Martin Rd; ⌚24h) GRATIS Der von dünnen Bäumen und Zypressenstümpfen gesäumte moosgrüne See ist ein wunderbarer, leicht zugänglicher Einstieg in die Naturlandschaften der Bayous. Ein paar Fußwege, darunter auch ein Holzsteg, führen die Besucher über den spiegelglatten Sumpf, während sie von Silber-, Kuh- und Kanadareihern gleichmütig beobachtet werden.

Das Schutzgebiet liegt rund 5 Meilen (8 km) südlich der Breaux Bridge.

Louisiana Universities Marine Consortium NATURZENTRUM

(LUMCON; ☎985-851-2800; www.lumcon.edu; 8124 Hwy 56, Chauvin; ⌚8–16 Uhr; 👪) GRATIS LUMCON? Klingt irgendwie nach Science Fiction, oder? Gut, mit Science (Wissenschaft) hat es durchaus zu tun, aber nur mit harten Fakten, die faszinierend präsentiert werden. Das LUMCON ist eines der wichtigsten Forschungsinstitute, die sich mit dem Golf von Mexiko beschäftigen. Im zugehörigen DeFelice Marine Center führen Naturpfade durch die haarigen Grasbüschel des Moors, zudem gibt es mehrere kleine Aquarien und einen Aussichtsturm mit spektakulärem Blick auf das bemerkenswerte weite sumpfige Flachland, das sich entlang der gesamten Südküste Louisianas erstreckt.

An- & Weiterreise

Greyhound-Busse halten in Thibodaux und Lafayette. Ansonsten erreicht man die Region am einfachsten über die I-10, die quer durch Louisiana führt.

Cajun Prairie

Tanzende Cowboys? Ganz richtig. Die Cajuns und afroamerikanischen Siedler in dem trockenen Hochland nördlich von Lafayette entwickelten eine eigene, auf Viehhaltung und Ackerbau basierende Kultur, in der noch immer der riesige Cowboyhut vorherrscht. In vielerlei Hinsicht ist diese Region eine Mischung aus dem südlichen Louisiana und dem östlichen Texas.

Geografisch handelt es sich eindeutig um eine Prärie: eine weite, flache, grüne Ebene mit kleinen Reisfeldern und Krebstümpeln. Hier ist das Zentrum der Zydeco-Musik. Besonders abends ist die Mischung aus Akkordeon, Fiedel und dem einzigartigen „zzzzzzz-zip" des *frottoir* zu hören, einer Art Weste aus Wellblech, die wie ein Schlaginstrument gespielt wird.

Eunice und **Opelousas** sind die größten Städte der Cajun Prairie, interessante Unterhaltung bieten jedoch auch **Mamou** und **Ville Platte**.

Sehenswertes

Chicot State Park STATE PARK
(☎ 337-363-2403; www.crt.louisiana.gov; 3469 Chicot Park Rd, Ville Platte; 3 US$; ⏲ So–Do 6–21, Fr & Sa bis 22 Uhr; P) Ein toller Ort, um die großartige Natur des Cajun-Landes zu entdecken. Die ausgezeichnete Baumschule bietet Kindern Unterhaltung und Erwachsenen informative Einblicke, zudem wird sie für das offene, luftige Design gefeiert. Kilometerlange Wege führen in die nahen Wälder, Zypressensümpfe und Feuchtgebiete. Wer kann, sollte bis zum frühen Abend bleiben – die Sonnenuntergänge über den mit Louisianamoos bewachsenen Bäumen am Lake Chicot sind einfach großartig.

Prairie Acadian Cultural Center MUSEUM
(☎ 337-457-8499; www.nps.gov/jela; 250 Park Ave, Eunice; ⏲ Mi–Fr 9.30–16.30, Sa bis 18 Uhr) GRATIS Das Museum der Nationalparkverwaltung zeigt eine Ausstellung über das ländliche Leben und die Kultur der Cajuns sowie verschiedene Dokumentationen zur Geschichte der Region. Es ist ein idealer Ausgangspunkt für die Erkundung der Cajun Prairie. Zum breiten Angebot an Veranstaltungen und Aktivitäten gehören Vorführungen zu Musik und Essen sowie Cajun-Sprachkurse; weitere Infos dazu gibt es telefonisch oder online.

Schlafen & Essen

★ **Le Village** B&B $$
(☎ 337-457-3573; www.levillagehouse.com; 121 Seale Lane, Eunice; Zi. 125–185 US$; P) Die charmante Unterkunft ist ein typisches idyllisch-ländliches B&B, verzichtet jedoch auf das übliche verspielt-kitschige Dekor zugunsten einer geschmackvollen Sammlung rustikaler Volkskunst, die größtenteils von den Cajuns stammt. Wer viel Platz benötigt, kann eine komplette Hütte mieten. Am Wochenende sinken die Preise beträchtlich. Es gilt ein Mindestaufenthalt von zwei Übernachtungen.

Billy's Boudin & Cracklins CAJUN $
(☎ 337-942-9150; http://billysboudin.com; 904 Short Vine St, Opelousas; Boudin 9 US$/450 g; ⏲ Mo–Fr 7.30–18, Sa 8–17, So 8–14 Uhr) Für die leckeren Würste des Billy's fährt manch einer stundenlang durch mehrere Bundesstaaten. Die meisten Kunden ordern diese zum Mitnehmen, es gibt jedoch einen Sitzbereich und Kühlboxen mit kalten Getränken. Zum Sortiment gehören auch großartiges *cracklin'* (frittierte Schweinebauchstücke) und andere Produkte aus Schweinefleisch.

An- & Weiterreise

Lafayette ist eine gute Ausgangsbasis für die Erkundung der Cajun Prairie. Ins Zentrum der Cajun Prairie gelangt man am besten über die I-49 oder LA 13.

Florida

Inhalt ➡

Gut essen

- Ulele (S. 556)
- Rok:Brgr (S. 527)
- La Luce (S. 564)
- Kyu (S. 521)
- Cress (S. 571)

Schön übernachten

- 1 Hotel (S. 519)
- Hotel Palms (S. 551)
- Biltmore Hotel (S. 515)
- W Fort Lauderdale (S. 526)
- Hoosville Hostel (S. 535)

Auf nach Florida!

Für unzählige Besucher verspricht Florida ewige Jugend, Sonne, Entspannung, Weltraumerlebnisse, Wohlstand und für die Kinder die Chance, ihre Disney-Helden zu treffen.

Kein anderer Bundesstaat ist so auf den Tourismus ausgerichtet, und der Tourismus hat hier viele Gesichter: Er zeigt sich in Form von Comic-Mäusen, *Miami Vice*, überbackenen Austern, spanischen Villen, Football- und golfspielenden Alligatoren und natürlich als Strand – viel Strand.

Aber Florida ist nicht nur Marketing. Dieser Staat ist einer der faszinierendsten des Landes. Es scheint, als hätte jemand die Nation geschüttelt und ausgekippt und dabei diese sonnenverwöhnte Halbinsel mit Einwanderern, Landeiern, Juden, Kubanern, Militärstationen, Einkaufszentren und einer subtropischen Wildnis überschüttet.

Florida bietet fast alles: Themenparks, lateinamerikanische und karibische Gemeinden, naturbelassene Feuchtgebiete, Künstlerkolonien und wilde Surfstrände.

Reisezeit

Miami

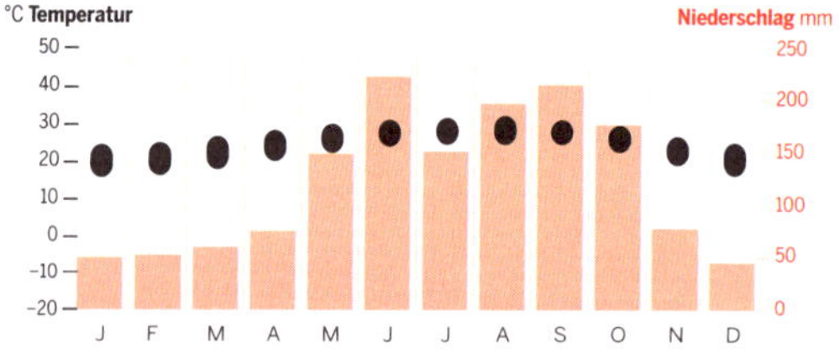

März–Aug. In der Hauptsaison sind die Themenparks voll; die Strände füllen sich im Sommer.

Okt.–Dez. Die Strandorte sind ruhig, bis die Winterflüchtlinge eintrudeln.

Feb. & Sept. In der Zwischensaison ist die Region weniger überlaufen, aber immer noch heiß.

SÜD-FLORIDA

Wenn man in Florida erst einmal weit genug Richtung Süden gefahren ist, befindet man sich nicht mehr einfach nur im Süden, sondern man hat die Grenze zu Süd-Florida überschritten, was eine wahrhaftige Mischung aus den USA, der Karibik und Lateinamerika darstellt. Miami ist das pulsierende Herz der Region und eine der wenigen wirklich internationalen Städte des Landes. Reiche Strandgemeinden erstrecken sich von Palm Beach bis nach Fort Lauderdale, während im Landesinneren die Traumlandschaft der Everglades – eine einzigartige, faszinierende Wildnis – auf einen wartet. Und dort, wo die Halbinsel eigentlich endet, erstreckt sich der Overseas Hwy über Hunderte Mangroveninseln bis ins farbenfrohe Key West.

Miami

Selbst ohne Strand wäre Miami unbestreitbar reizvoll. Die prächtigen Hotels aus den 1930er-Jahren, die den Ocean Dr säumen, gehören zur großartigsten Sammlung von Art-déco-Architektur auf der Welt. Die tropische Atmosphäre, die skurrilen nautischen Elemente und die berühmten Pastelltöne bilden eine malerische Kulisse, wenn man durch die Straßen von Miami Beach schlendert. Natürlich muss man sich nicht damit begnügen, diese architektonischen Juwelen von außen zu sehen. Miamis Hotels, sowohl die im Art-déco-Stil als auch die modernen, um die Mitte des 20. Jh. erbauten, ziehen mit ihren sonnigen Terrassen am Pool, den künstlerisch gestalteten Zimmern und den eleganten Nachtclubs sowohl Einheimische als auch Gäste von außerhalb an.

Ob es nun an der großen Vielfalt der Bevölkerung Miamis liegt oder an ihrer Liebe für alles Neue – eines der herausragendsten Merkmale dieser Stadt ist ihre Kreativität. Miami ist immer auf der Suche nach kühnen neuen Ideen, die sich auf überraschende Weise ausdrücken, sei es in der Kunst und im Design, sei es in der Gastronomie. Hier begegnet man wunderbar einfallsreichen Köchen, die die Kochstile des Ostens und des Westens miteinander vermischen. Außerdem sieht man nachhaltig entworfene Gebäude, denen Süd-Floridas Ökosysteme als Inspiration dienten, und Open-Air-Galerien mit einst verfallenen Lagerhäusern, die heute Kunst von Museumsrang beherbergen. Die größte Konstante Miamis ist ihr frappierendes Talent, zu überraschen.

Geschichte

Es war immer das Wetter, das die beiden hervorstechendsten Gruppen Miamis – die Bauunternehmer und die Touristen – anzog. Doch es war nicht die Sonne allein, die die ersten Einwohner dazu brachte, sich hier niederzulassen, sondern ein Eissturm. Der große Frost in Florida im Jahr 1895 vernichtete die komplette Zitrusfrüchteernte des Bundesstaates. Zur selben Zeit kaufte die verwitwete Julia Tuttle Grundstücke, auf denen später das moderne Miami entstand, und Henry Flagler baute seine Florida East Coast Railroad. Tuttle bot ihm an, ihr Land mit ihm zu teilen, wenn Flagler die Eisenbahnstrecke bis Miami ausbauen würde, doch der Mann wollte nichts davon wissen – bis der Frost den Norden Floridas fest im Griff hatte und Tuttle ihm eine „Ich hab's ja gesagt!"-Botschaft schickte: eine Orangenblüte aus ihrem Garten in Miami.

Der Rest ist Geschichte – einer Geschichte vom Boom und Niedergang, von Träumern und Opportunisten. Nach großen Weltereignissen und Naturkatastrophen ist Miami immer wieder sprunghaft gewachsen. Hurrikans (besonders der verheerende Great Miami Hurricane 1926) haben die Stadt verwüstet, doch sie erstand immer wieder und wurde besser als zuvor neu gebaut. Im späten 19. und frühen 20. Jh. erwarb sich Miami einen Ruf dafür, Rebellen des Designs und der Stadtplanung in die Stadt zu holen, etwa George Merrick, der das künstlerisch anspruchsvolle mediterrane Dorf Coral Gables baute, oder James Deering, der die märchenhafte Villa Vizcaya gestaltete.

Sehenswertes

Miamis Hauptattraktionen konzentrieren sich nicht auf ein Stadtviertel. Die am häufigsten besuchte Gegend ist South Beach, wo ein florierendes Nachtleben, schöne Strände und Art-déco-Hotels locken. Historische Stätten und Museen finden sich aber auch in Downtown, Street Art in Wynwood und Kunstgalerien im Design District, traditionelle Hotels und Restaurant in Mid-Beach (in Miami Beach) und weitere Strände auf Key Biscayne. Coral Gables und Coconut Grove warten mit einträchtigen Sehenswürdigkeiten auf.

Das Wasser (die Kanäle und die Buchten) und das Einkommen bilden die geografi-

Highlights

1 Mallory Square (S. 541) Bei Sonnenuntergang an den Trinkgelagen in Key West teilnehmen

2 Everglades National Park (S. 532) In den Everglades zwischen Alligatoren und Schneidegras hindurchpaddeln

3 Walt Disney World® Resort (S. 565) Sich in Orlando in den Sog der Nostalgie und der Rides ziehen lassen

4 Wynwood Walls (S. 514) In Miami jedes einzelne Wandgemälde bewundern

5 John Pennekamp Coral Reef State Park (S. 538) In diesem Unterwasserpark am

größten Korallenriff der kontinentalen USA schnorcheln

6 Siesta Key (S. 558) An den Puderzucker-Sandstränden in Sarasota einfach mal nur relaxen

7 Salvador Dalí Museum (S. 557) In St. Petersburg über Dalís *Der halluzinogene Torero* grübeln

8 Amelia Island (S. 552) Inmitten des Grüns auf dieser historischen Insel nahe der Grenze zu Georgia tief durchatmen

schen und sozialen Grenzen, die Miami teilen. Die größte Wassergrenze ist natürlich die Biscayne Bay, die die Innenstadt Miamis vom eitlen Miami Beach (und dem eleganten South Beach) trennt. Man sollte aber nicht vergessen, dass Miami Beach nicht der Strand von Miami ist, sondern eine eigenständige Stadt.

South Beach

South Beach (SoBe) hat all das, wofür Miami bekannt ist: einen funkelnden Strand, wunderschöne Art-déco-Gebäude, Premium-Boutiquen und brummende Bars und Restaurants. South Beach ist glamourös, hat aber mehr zu bieten als Samtroben und hochpreisige Unterkünfte (natürlich gibt's auch davon genug). Darüberhinaus gibt es bodenständige Bars, gute Lokale und ausgezeichnete Museen.

South Beach STRAND

(Karte S. 512; Ocean Dr; ⏲ 5–24 Uhr) Die meisten denken bei Miami Beach an den South Beach (SoBe). Der Strand ist mit seinem goldenen Sand und seinen farbenfrohen Rettungsschwimmerstationen im Art-déco-Stil sehr malerisch. Am Ufer tummelt sich ein menschliches Panoptikum, darunter sonnengebräunte Einheimische und viele Reisende. In der Hochsaison (Dez.–März) und an warmen Wochenenden wird es hier richtig voll.

Wer keine Lust auf Massen hat, sucht sich ein Fleckchen abseits des am stärksten besuchten Teils des Strandes (5th St bis 15th St). Alkohol und Tiere sind am Strand übrigens nicht erlaubt.

Art Deco Historic District GEBIET

(Karte S. 512; Ocean Dr) Der weltberühmte Art-déco-Distrikt von Miami Beach ist der pure Überschwang: eine Architektur der kühnen Linien, launiger tropischer Motive und einer Farbpalette, die der Schönheit der Umgebung entspricht. Jedes der 800 Art-déco-Gebäude, die im National Register of Historic Buildings aufgeführt sind, hat seine eigene Gestaltung. Wenn man zwischen diesen restaurierten alten Schönheiten herumspaziert, kann man sich ihrem Zauber kaum entziehen. Klassische Art-déco-Gebäude findet man wunderschön gelegen zwischen der 11th und der 14th St – jedes einzelne mit ausgeprägten Eigenarten.

★ **Wolfsonian-FIU** MUSEUM

(Karte S. 512; ☎ 305-531-1001; www.wolfsonian.org; 1001 Washington Ave; Erw./Kind 12/8 US$, Fr 18–21 Uhr frei; ⏲ Mo, Di, Do & Sa 10–18, Fr bis 21, So 12–18 Uhr, Mi geschl.) Dieses ausgezeichnete Designmuseum besucht man am besten gleich zu Beginn des Aufenthalts in Miami, denn es stellt die Architektur von Miami Beach in einen Kontext. Zu sehen, wie Reichtum, Muße und die Suche nach Schönheit in Miami Beach ihren Ausdruck finden, ist eine Sache, doch die Wurzeln und Schattierungen der örtlichen künstlerischen Bewegungen zu verstehen, eine andere. Indem es die Entwicklung des Alltagslebens nachverfolgt, enthüllt das Wolfsonian, wie sich Trends in der äußeren Gestaltung South Beachs manifestieren.

Art Deco Museum MUSEUM

(Karte S. 512; www.artdecowelcomecenter.com/art-deco-museum; 1001 Ocean Dr; 5 US$; ⏲ Di–Do

MIAMIS BESTE STRÄNDE

South Beach Kilometerlange Sandstrände, Leute beobachten, Art-déco-Gebäude und kultige Rettungstürme – Fotomotive im Überfluss!

Crandon Park (Karte S. 510; ☎ 305-361-5421; www.miamidade.gov/parks/parks/crandon_beach.asp; 6747 Crandon Blvd; Wochentag/Wochenende 5/7 US$ pro Auto; ⏲ Sonnenaufgang–Sonnenuntergang; P) Natur und Ruhe an diesem wunderschönen Key Biscayne-Strand.

Haulover Beach Park (Karte S. 510; ☎ 305-947-3525; www.miamidade.gov/parks/haulover.asp; 10800 Collins Ave; Mo–Fr 5 US$/Auto, Sa–So 7 US$; ⏲ Sonnenaufgang–Sonnenuntergang; P) In North Beach bietet Haulover Privatsphäre und Ruhe für Nudisten und bekleidete Badegäste.

Bill Baggs Cape Florida State Park (S. 517) Ein malerischer Leuchtturm und kilometerlanger Sandstrand am südlichen Ende von Key Biscayne.

Boardwalk Ein grandioser Strandabschnitt in North Beach mit entspannter, authentischer Atmosphäre.

MIAMI IN ...

... zwei Tagen

Am ersten Tag konzentriert man sich auf South Beach. Ein Nachmittag zum Sonnenbaden und Schwimmen lässt sich wunderbar mit einem Bummel durch den Art Deco Historic District und einem Besuch des Wolfsonian-FIU verbinden, in dem alles erklärt wird. Am Abend geht's ins Yardbird (S. 520), wo Südstaatengerichte mit der Küche Miamis gekreuzt werden.

Am nächsten Morgen wartet beim Exquisito Restaurant (S. 521) kubanische Musik auf ihre Käufer. Nach einem Spaziergang durch die Vizcaya Museum & Gardens (S. 515) genießt man das tropische Ambiente und das ausgezeichnete Essen im 27 Restaurant (S. 521), bevor man den Abend mit Cocktails im Broken Shaker (S. 522) beschließt.

... vier Tagen

Nach dem Zwei-Tages-Plan geht es am dritten Tag in die Everglades (S. 532), wo eine Kajaktour ansteht. Am letzten Tag stehen dann in Wynwood (S. 514) und im Design District (S. 514) Kunst und Design auf dem Programm, noch mehr davon gibt's im Museum of Contemporary Art North Miami (S. 517). Am Abend feiert man im Sweet Liberty (S. 522).

9–17, Do bis 19 Uhr) Das kleine Museum ist einer der besten Orte der Stadt, um sich einen Überblick über das Art-déco-Viertel zu verschaffen. Videos, Fotos, Modelle und andere Exponate informieren über die bahnbrechende Arbeit von Barbara Capitman, die dazu beitrug, die Gebäude in den 1970er-Jahren vor der sicheren Zerstörung zu bewahren. Besucher erhalten außerdem Infos über Capitmans Zusammenarbeit mit Leonard Horowitz, dem talentierten Künstler, der die Farbpalette entwarf, die ein prägender Bestandteil des heute zu sehenden Designs ist.

New World Center GEBÄUDE

(Karte S. 512; ☎305-673-3330, geführte Touren 305-673-3331; www.newworldcenter.com; 500 17th St; geführte Touren 5 US$; ⏱geführte Touren Di & Do 16, Fr & Sa 13 Uhr) Frank Gehry entwarf diese Veranstaltungshalle, die auf einem geschniegelten Rasen gleich oberhalb der Lincoln Rd steht. Die Fassade aus Glas und Stahl, die fast so ätherisch ist wie die Musik, die im Haus erklingt, umfasst auch für Gehry charakteristische segelförmige Elemente. Diese tragen zu der großartigen Akustik bei und verleihen der Konzerthalle ein futuristisches Gepräge. Das Gebäude steht in einem 1 ha großen öffentlichen Park, der den passenden Namen **SoundScape Park** (Karte S. 512; www.nws.edu; 500 17th St) trägt.

North Beach

Wer schöne, einsame Sandstreifen sucht, die dem South Beach in Nichts nachstehen, ist am North Beach genau richtig. Statt Art-déco findet man hier den sogenannten MiMo-Stil (Miami Modern) – gewaltige Gebäude aus der Boomphase nach dem Zweiten Weltkrieg. Es gibt zwar weniger Restaurants, Bars und Läden, aber nichtsdestotrotz kann man hier inmitten der bunten und starken lokalen Gemeinschaft erstklassig speisen und trinken.

Boardwalk STRAND

(Karte S. 510; www.miamibeachboardwalk.com; 21st St–46th St) Posen ist das, was viele Leute in Miami am besten beherrschen. Auf dem Mid-Beach Boardwalk tummeln sich viele knapp bekleidete Hotties neben bürgerlichen Latinos und Juden, die hier ihre Hunde Gassi führen und mit ihren Kindern spielen, was der Gegend eine entspannte authentische Atmosphäre verleiht, die im Kontrast zum ewigen Glamour am South Beach steht.

Eden Roc Renaissance HISTORISCHES GEBÄUDE

(Karte S. 510; www.nobuedenroc.com; 4525 Collins Ave) Das Eden Roc war das zweite bahnbrechende Resort des Architekten Morris Lapidus und ist ein schönes Beispiel des als MiMo bekannten Architekturstils. Hier traf sich in den 1960er-Jahren regelmäßig das Rat Pack – Sammy Davis Jr., Dean Martin, Frank Sinatra und ihre Crew. Nach umfangreichen Renovierungsarbeiten ist Lapidus' Architektur jetzt teilweise etwas mehr in den Hintergrund gerückt, dennoch ist das Gebäude immer noch ein Wahrzeichen der Architektur von Miami Beach und ein Bei-

Großraum Miami

Großraum Miami

Highlights

1	Bill Baggs Cape Florida State Park	D5
2	Biltmore Hotel	B4
3	Fairchild Tropical Garden	B5
4	HistoryMiami	C4
5	Máximo Gómez Park	C4
6	Vizcaya Museum & Gardens	C4

Sehenswertes

7	Bakehouse Art Complex	C3
8	Boardwalk	D3
9	Crandon Park	D5
	Eden Roc Renaissance	(siehe 10)
10	Fontainebleau	D3
11	Haulover Beach Park	D1
12	Institute of Contemporary Art	C3
13	Jungle Island	C3
	Little Havana Art District	(siehe 5)
14	Margulies Collection at the Warehouse	C3
	Miami Children's Museum	(siehe 13)
15	Museum of Contemporary Art North Miami	C2
	Patricia & Phillip Frost Museum of Science	(siehe 16)
16	Pérez Art Museum Miami	C3
17	Void Projects	C4
18	Wynwood Walls	C3

Aktivitäten, Kurse & Touren

19	Miami Watersports Complex	B2

Schlafen

20	1 Hotel	D3
	Biltmore Hotel	(siehe 2)
	Eurostars Langford	(siehe 17)
	Fontainebleau	(siehe 10)
	Freehand Miami	(siehe 8)
21	Vagabond Hotel	C2

Essen

	27 Restaurant	(siehe 8)
	Alter	(siehe 18)
22	Casablanca	C4
	Della Test Kitchen	(siehe 18)
	Exquisito Restaurant	(siehe 5)
	Kyu	(siehe 18)
	Manna Life Food	(siehe 17)
23	Roasters 'n Toasters	D3
24	Versailles	B4

Ausgehen & Nachtleben

	Ball & Chain	(siehe 5)
	Broken Shaker	(siehe 8)
	Galleria	(siehe 17)
25	Sweet Liberty	D3
	Vagabond Pool Bar	(siehe 21)

Unterhaltung

	Adrienne Arsht Center for the Performing Arts	(siehe 16)
	Cubaocho	(siehe 5)

spiel für die kühne Schönheit der Millionaire's Row.

Fontainebleau HISTORISCHES GEBÄUDE
(Karte S. 510; www.fontainebleau.com; 4441 Collins Ave) Richtung Norden werden die Eigentumswohnungen und Apartmentgebäude in der Collins Ave immer prächtiger, bis man schließlich das Gebiet erreicht, das den Spitznamen Millionaire's Row (Millionärs-Reihe) trägt. Das Juwel in dieser glitzernden Krone ist das **Hotel Fontainebleau**. Das Hotel und der Pool hier, der seitdem renoviert wurde, war einer der Schauplätze von Brian de Palmas Klassiker *Scarface*.

Downtown Miami

Die meisten Attraktionen in Downtown befinden sich nördlich vom Fluss. Zwischen einigen Highlights kann man zu Fuß gehen, sehr praktisch sind aber die kostenlose Hochbahn Metromover, der ebenfalls kostenlose Miami Trolley und für längere Entfernungen ein Fahrrad von Citi Bike.

★ **HistoryMiami** MUSEUM
(Karte S. 510; ☎305-375-1492; www.historymiami.org; 101 W Flagler St; Erw./Kind 10/5 US$; ⏰Di–Sa 10–17, So ab 12 Uhr; 👪) Süd-Florida, ein Land der entflohenen Sklaven, Landräuber, Piraten, Traveller, Drogendealer und Alligatoren, hat eine ganz besondere Geschichte, und es bedarf eines ebenso besonderen Museums, um sie zu erzählen. Genau das tut dieses empfehlenswerte Museum im **Miami-Dade Cultural Center**: Es verknüpft die Geschichten der Bevölkerungsgruppen, die die Region in verschiedenen Wellen besiedelten, von den Ureinwohnern bis zu den Nicaraguanern.

Pérez Art Museum Miami MUSEUM
(PAMM; Karte S. 510; ☎305-375-3000; www.pamm.org; 1103 Biscayne Blvd; Erw./Senior & Student 16/12 US$, 1. Do & 2. Sa im Monat frei; ⏰Fr–Di 10–18, Do bis 21 Uhr, Mi geschl.; 🅿) Die Schweizer Architekten Herzog & de Meuron entwarfen eines der eindrucksvollsten Gebäude Miamis, das in sich tropische Vegetation, Glas, Beton und Holz vereint und sich damit als eine Mischung aus tropischer Vitalität

Miami Beach

0 500 m
0 0,25 Meilen
20th St
19th St
18th St
17th St
Lincoln Rd
Lincoln La N
Lincoln Rd Mall
16th St
15th Tce
15th St
14th Tce
14th La
14th Pl
14th St
13th Tce
13th St
12th St
11th St
10th St
9th St
8th St
7th St
6th St
5th St
4th St
3rd St
2nd St
1st St
Commerce St
South Pointe Dr
Harley St
Collins Canal
Dade Blvd
Alton Rd
West Ave
Bay Rd
Purdy Ave
Venetian Way
Flamingo Way
Alton Ct
Lenox Ave
Lincoln La S
Michigan Ave
Jefferson Ave
Meridian Ave
Euclid Ave
Pennsylvania Ave
Drexel Ave
James Ave
Collins Ave
Collins Ct
Washington Ave
Ocean Ct
Ocean Dr
Española Way
Promenade
Boardwalk Pier
Pier M
Miami Beach Dr (5th St)
41
Maurice Gibb Memorial Park
Belle Isle
Biscayne Bay
Flamingo Park
LGBT Visitor Center
Wolfsonian-FIU
MIAMI BEACH
Lummus Park
South Beach
Ocean Beach Park
Pier Park
South Pointe Park
Government Cut
Miami Beach Marina
Causeway Island
Terminal Island
Lummus Island
Fisher Island
ATLANTIK
Downtown Miami (2,2 Meilen); Miami International (8 Meilen)

Miami Beach

Highlights
1 Wolfsonian-FIU ... C4

Sehenswertes
2 Art Deco Historic District ... D3
3 Art Deco Museum ... D4
4 Cardozo Hotel ... D3
5 Carlyle ... D3
6 New World Center ... C1
7 Post ... C3
8 SoundScape Park ... C1
9 South Beach ... D3

Aktivitäten, Kurse & Touren
10 Bike & Roll ... D4
11 Fritz's Skate, Bike & Surf ... C2
Miami Design Preservation League ... (siehe 3)
12 Miami Food Tours ... B5

Schlafen
13 Bed & Drinks ... D1
14 Catalina Hotel ... D1
15 Hotel Astor ... C4
16 Hotel of South Beach ... D4
17 SoBe Hostel ... C5
18 Surfcomber ... D1
19 Winter Haven Hotel ... D3

Essen
20 11th Street Diner ... C3
21 Joe's Stone Crab Restaurant ... C6
22 Pubbelly ... A1
23 Yardbird ... B2

Unterhaltung
24 Colony Theater ... B2
25 New World Symphony ... C1

und frischer Moderne präsentiert, die genau zu Miami passt. Das Museum zeigt einige der besten Ausstellungen zeitgenössischer Kunst in der Stadt, von etablierten Künstlern bis zu beeindruckenden Newcomern. Die Sammlung umfasst Werke aus den letzten 80 Jahren, die alle paar Monate in wechselnden Ausstellungen präsentiert werden. Unbedingt ansehen!

Patricia & Phillip Frost Museum of Science MUSEUM

(Karte S. 510; ☎305-434-9600; www.frostscience.org; 1101 Biscayne Blvd; Erw./Kind 30/21 US$; ⏲9–18 Uhr; P) Auf über 2300 m² bietet dieses weitläufige, neue Museum in der Innenstadt ein Aquarium, das sich über drei Stockwerke erstreckt, ein hochmodernes Planetarium und zwei eigenständige Flügel, die sich mit den Wundern der Wissenschaft und Natur beschäftigen. Die Ausstellungen decken eine große Bandbreite ab: von Wetterphänomenen bis zu Insekten, gefiederten Dinosauriern und lebenswichtigen Mikroben. Viel Raum nehmen auch die faszinierenden Everglades und die biologisch reichen Korallenriffe ein.

Das neue Gebäude, dessen Fertigstellung schwindelerregende 305 Mio. US$ kostete, wurde nachhaltig konzipiert und ist seit 2017 für Besucher geöffnet.

Void Projects KUNSTZENTRUM

(Karte S. 510; www.voidprojects.org; 60 SE 1st St; ⏲11–18 Uhr) GRATIS Wer einheimische Künstler treffen und erleben will, wie das künstlerische Leben auf kleinerer, bescheidener Ebene aussieht, sollte sich an dieses Künstlerkollektiv wenden. In der von dem Künstler Axel Void geleiteten Galerie wirken hier lebende Künstler – sie organisieren Ausstellungen (von gastierenden Künstlern) und kostenlose Zeichenkurse für die Öffentlichkeit (Do ab 18.30 Uhr) sowie Filmvorführungen.

Little Havana

Der kubanische Charakter von Little Havana wird zwar für Besucher etwas übertrieben in Szene gesetzt, trotzdem lohnt das stimmungsvolle Viertel mit einer Mischung aus klappernden Dominosteinen, Zigarrenduft und Schaufenstern, aus denen Salsa tönt, allemal eine Erkundung. Little Havanas Hauptdurchfahrtsstraße, die Calle Ocho (SW 8th St), ist das Herz des Viertels. In vielerlei Hinsicht ist Little Havana eine für die USA typische Einwandererenklave mit Restaurants, familiengeführten Gemischtwarenläden und Kiosken, die Telefonkarten verkaufen, nur dass hier ständig Touristen posen und Selfies machen.

★ **Máximo Gómez Park** PARK

(Karte S. 510; Ecke SW 8th St & SW 15th Ave; ⏲9–18 Uhr) Die auch als „Domino Park" bezeichnete Anlage erinnert in Little Havana am stärksten an das alte Kuba. Hier werden die Unterhaltungen der älteren Herren beim Dominospiel vom schnellen Klappern der umfallenden Steine begleitet – nur die knipsenden Touristen nehmen dem stimmungsvollen Ort etwas von seiner Authentizität. Aber der schwere Duft nach Zigarren und ein leuchtendes Wandgemälde, das den

Amerikagipfel von 1994 zeigt, machen einiges wett.

Little Havana Art District GEBIET
(Karte S. 510; Calle Ocho, zw. SW 15th & 17th Aves) Dieser besondere Abschnitt von Little Havana ist das Epizentrum des Fests **Viernes Culturales** (Kulturfreitage; www.viernesculturales.org; ⏲letzter Fr im Monat 19–23 Uhr) und bietet eine Handvoll Galerien und Ateliers, die noch in Betrieb und definitiv einen Besuch wert sind.

Wynwood & Design District

Wynwood und der Design District sind zwei der kreativsten Viertel der Stadt (obwohl man sagen kann, dass die Ecken und Kanten ein bisschen abgenommen haben) – Wynwood besitzt viele Galerien und großflächige Straßenkunst und bietet ein lebendiges Nachtleben. Jedes Jahr finden hier einige gute Musikfestivals statt. Beliebt bei Reisenden, die eine Alternative zu South Beach suchen. Der Design District ist eine gehobene Shopping Area mit ein paar tollen kleinen Kunstmuseen und unterschiedlichen Restaurants.

Institute of Contemporary Art MUSEUM
(Karte S. 510; www.icamiami.org; 61 NE 41st St; ⏲Di–So 11–19 Uhr) GRATIS Das ausgezeichnete Museum für zeitgenössische Kunst liegt mitten im Design District und hat neben seinen Stücken der ständigen Sammlung ein fantastisches Angebot an zeitgenössischen Ausstellungen. Das Gebäude, das 2017 von den Architekten Aranguren & Gallegos entworfen wurde, ist besonders schön mit seinen scharfen geometrischen Linien und den großen Fenstern mit Blick auf den Garten. Die metallisch-graue Fassade vereint industriellen Stil und Eleganz.

Wynwood Walls ÖFFENTLICHE KUNST
(Karte S. 510; www.thewynwoodwalls.com; NW 2nd Ave, zw. 25th St & 26th St) GRATIS Inmitten verrosteter Lagerhäuser und verfallener Betonflächen haben Künstler mit ihren Farben und Graffiti eine bunte Explosion urbaner Kunst geschaffen. Die Wynwood Walls sind eine Sammlung von Wandgemälden und Bildern in einem offenen Hof, die Besucher angesichts der Farbenpracht und der unerwarteten Lage einfach von den Socken hauen. Die Kunstwerke kommen und gehen, oft im Zusammenhang mit wichtigen Kunst-Events wie der Art Basel (S. 518), aber sie sind immer spannend.

Margulies Collection at the Warehouse GALERIE
(Karte S. 510; ☎305-576-1051; www.margulieswarehouse.com; 591 NW 27th St; Erw./Student 10/5 US$; ⏲Mitte Okt.–April Di–Sa 11–16 Uhr) Auf 4180 m² beherbergt diese riesige Ausstellungshalle eine der besten Kunstsammlungen in Wynwood. Unter Martin Margulies' atemberaubenden 4000 Kunstwerken tummeln sich unter anderem Skulpturen von Isamu Noguchi, George Segal, Richard Serra und Olafur Eliasson sowie Klang-Installationen von Susan Philipsz und umwerfende raumfüllende Werke von Anselm Kiefer. Der Fokus im Warehouse liegt auf anregenden, großformatigen Installationen; hier bekommt man die Arbeiten einiger führender Künstler des 21. Jhs. zu sehen.

Bakehouse Art Complex GALERIE
(BAC; Karte S. 510; ☎305-576-2828; www.bacfl.org; 561 NW 32nd St; ⏲12–17 Uhr; Ⓟ) GRATIS Einer der wichtigsten künstlerischen Orte Wynwoods, das Bakehouse, war schon lange vor der Schaffung der Wynwood Walls ein Pionier der Kunstszene. Heute befinden sich in der einstigen Bäckerei Galerien und etwa 60 Ateliers. Die Bandbreite der Arbeiten ist ziemlich beeindruckend. Für bevorstehende Gespräche mit den Künstlern und andere Events sollte man einen Blick auf das Programm werfen.

Coral Gables

In der hübschen Stadt Coral Gables fühlt man sich inmitten der Gebäude im mediterranen Stil wie in einer anderen Welt. Feigenbäume säumen die Straßen und im fußgängerfreundlichen Zentrum gibt's zahlreiche Geschäfte, Cafés und Restaurants. Die Highlights sind das markante Biltmore Hotel, ein üppiger tropischer Garten und einer der schönsten Swimmingpools Amerikas.

★ **Fairchild Tropical Garden** GARTEN
(Karte S. 510; ☎305-667-1651; www.fairchildgarden.org; 10901 Old Cutler Rd; Erw./Kind/Senior 25/12/18 US$; ⏲9.30–16.30 Uhr; Ⓟ👪) Wer dem Trubel Miamis entfliehen will, kann in einem der größten tropischen botanischen Gärten des Landes einen Tag im Grünen verbringen. Der Schmetterlingshain, die Tropenhalle und der Blick auf friedliche Sümpfe und andere wichtige Habitate sowie häufige Kunstinstallationen von Künstlern wie Roy Lichtenstein sind einfach grandios. Zusätz-

MIAMI MIT KINDERN

Die kinderfreundlichsten Strände liegen nördlich der 21st St in Miami Beach. Besonders gut sind der Strand an der 53rd St mit Spielplatz und Toiletten und der hinter Dünen verborgene Strand an der 73rd St. Prima ist auch der im Süden gelegene Matheson Hammock Park mit ruhigen künstlichen Lagunen.

Miami Children's Museum (Karte S. 510; ☎305-373-5437; www.miamichildrensmuseum.org; 980 MacArthur Causeway; 20 US$; ⊙10–18 Uhr; 👪) Dieses Mitmach-Museum steht auf Watson Island zwischen Downtown Miami und Miami Beach. Hier gibt's z. B. Musikstudios und Kunstateliers. Allerdings lassen von Firmen gesponserte „Arbeits"-Exponate das Ganze sehr kommerziell wirken.

Jungle Island (Karte S. 510; ☎305-400-7000; www.jungleisland.com; 1111 Parrot Jungle Trail, abseits des MacArthur Causeway; Erw./Kind 50/38 US$; ⊙10–17 Uhr; P 👪) Beheimatet viele Tropenvögel, Alligatoren, Orang-Utans, Schimpansen und (sehr zur Freude der Fans von *Napoleon Dynamite*) einen Liger – eine Kreuzung zwischen einem Löwen und einem Tiger.

Zoo Miami (Metrozoo; ☎305-251-0400; www.miamimetrozoo.com; 12400 SW 152nd St; Erw./Kind 23/19 US$; ⊙Mo–Fr 10–17, Sa & So 9.30–17.30 Uhr; P 👪) Im hiesigen Tropenwetter fühlen sich die Spaziergänge durch den Zoo Miami fast wie Wildnistrips an. Für einen schnellen Überblick über das gigantische Gelände (und weil die Sonne so runterbrennt) empfiehlt sich eine Fahrt mit der Safari Monorail, die alle 20 Minuten abfährt.

Monkey Jungle (☎305-235-1611; www.monkeyjungle.com; 14805 SW 216th St; Erw./Kind/Senior 30/24/28 US$; ⊙9.30–17 Uhr, letzter Einlass 16 Uhr; P 👪) Der Slogan *Where humans are caged and monkeys run free* („Wo Menschen eingesperrt sind und Affen frei umherlaufen") sagt bereits alles, was man wissen muss – nur nicht, dass dies im äußersten Süden von Miami der Fall ist.

lich zu den einfachen, selbstgeführten Touren startet stündlich eine kostenlose 45-minütige Tour durch den Park im offenen Besucherbus (10–15 Uhr, am Wochenende bis 16 Uhr).

★ Biltmore Hotel HISTORISCHES GEBÄUDE
(Karte S. 510; ☎855-311-6903; www.biltmorehotel.com; 1200 Anastasia Ave; ⊙geführte Touren So 13.30 & 14.30 Uhr; P) Im opulentesten Viertel einer der schillerndsten Städte der Welt ist das Biltmore das Kronjuwel unter den prächtigen Hotels aus der Zeit des amerikanischen Jazz Age. Wenn das Hotel eine Romanfigur wäre, dann wäre es zweifellos Jay Gatsby. Al Capone betrieb auf dem Hotelgelände eine Flüsterkneipe, und in der Capone Suite soll der Geist von Fats Walsh spuken, der hier ermordet wurde.

Coconut Grove

Coconut Grove war früher eine Hippie-Kolonie, heute leben hier Angehörige der Mittelschicht, die gern Shoppingmalls besuchen, sowie College-Studenten. Zum Zeitpunkt der Recherche wurde die Hauptstraße CocoWalk umfassend saniert, sodass sie bald den neuen Standards entspricht.

Es ist eine nette Gegend mit spannenden Geschäften und Cafés und einer fußgängerfreundlichen Kleinstadtatmosphäre. Besonders schön ist es hier abends, wenn sich die Terrassen der Bars und Restaurants mit Einheimischen füllen. Coconut Grove grenzt ans Meer und hat eine hübsche Marina sowie einige nette Grünanlagen.

★ Vizcaya Museum & Gardens HISTORISCHES GEBÄUDE
(Karte S. 510; ☎305-250-9133; www.vizcayamuseum.org; 3251 S Miami Ave; Erw./6–12 Jahre/Student & Senior 22/10/16 US$; ⊙Mi–Mo 9.30–16.30 Uhr; P) Die richtige Adresse für alle, die etwas für Miami „Typisches" sehen wollen: Das riesige, üppige, übertriebene Gebäude versammelt alles, womit ein reicher US-Geschäftsmann bei seinen Freunden angeben könnte. 1916 begründete der Industrielle James Deering eine hiesige Tradition, indem er Unmengen Geld investierte und diesen extrem luxuriösen Palast errichtete. Er beschäftige dafür 1000 Personen (damals 10 % der örtlichen Bevölkerung) und staffierte seinen Wohnsitz mit Möbeln, Wandteppichen, Gemälden und Kunsthandwerk aus der Renaissance aus.

Stadtspaziergang Art-Déco-Magie

START ART DECO MUSEUM
ZIEL OCEAN'S TEN
LÄNGE/DAUER 2 KM; 2–3 STD.

Startpunkt ist das 1 **Art Deco Museum** (S. 508) an der Kreuzung des Ocean Dr mit der 10th St (hier Barbara Capitman Way). Nach der Besichtigung der Ausstellung zum Art-déco-Stil geht's auf dem Ocean Dr nach Norden. Zwischen der 12th und der 14th St bewundert man drei Beispiele für Art-déco-Hotels: Das 2 **Leslie** mit den klassischen „Augenbrauen" (Sonnenblenden) an der Seite des Gebäudes, das 3 **Carlyle**, das im Film *The Birdcage – Ein Paradies für schrille Vögel* zu sehen war, und das graziöse 4 **Cardozo Hotel** mit abgerundeten Ecken, das Henry Hohauser erbaute und Gloria Estefan gehört.

An der 14th St sollte man im 5 **Winter Haven Hotel** die Terrazzo-Böden bestaunen. Nach links geht's die 14th St hinunter zur Washington Ave und zum 6 **US Post Office** an der 13th St. Im Inneren des runden weißen Blocks im klassisch schmucklosen Stil bestaunt man ein Wandgemälde, die Kuppeldecke und Stempeltische aus Marmor.

Danach kehrt man zum Mittagessen im 7 **11th Street Diner** (S. 520) ein, einem Pullman-Speisewagen, der 1992 aus Wilkes-Barre, PA, hierher gebracht wurde. Von hier überblickt man die Avenue bis zur Ecke der 10th St und dem 8 **Hotel Astor**, das 1936 von T. Hunter Henderson entworfen wurde. Nach dem Essen lockt einen halben Block ostwärts das 9 **Wolfsonian-FIU** (S. 508). In dem heutigen Designmuseum, einst die Washington Storage Company, bunkerten die Reichen in den 1930er-Jahren ihre Habseligkeiten, bevor sie wieder nach Norden fuhren.

Nun folgt man weiter der Washington Ave, biegt nach links in die 8th St ein und läuft weiter nordwärts auf der Collins Ave bis zum 10 **Hotel of South Beach**, dessen Interieur und Dachterrasse von Todd Oldham gestaltet wurden. Zwei Blocks weiter gelangt man zum Ocean Dr, an dem sich viele Art-déco-Schönheiten tummeln. Die Fassade am 960 Ocean Dr (das 11 **Ocean's Ten Restaurant**) entwarf 1935 die Art-déco-Legende Henry Hohauser.

Key Biscayne

Key Biscayne und das benachbarte Virginia Key sind eine schnell erreichbare Oase, wenn man mal aus der Innenstadt Miamis heraus will. Wenn man die reizvollen Brücken vom Festland erstmal hinter sich lässt, fühlt man sich, als hätte es einen in ein fernes tropisches Paradies mit herrlichen Stränden, schönen Wanderwegen in grünen State Parks und allen Arten von Wasserspaß verschlagen. Allein wegen der grandiosen Skyline Miamis lohnt die Fahrt hierher.

★ Bill Baggs Cape Florida State Park — STATE PARK

(Karte S. 510; ☎305-361-5811; www.floridastateparks.org/capeflorida; 1200 S Crandon Blvd; Auto/Pers. 8/2 US$; ⏲8 Uhr–Sonnenuntergang, Leuchtturm 9–17 Uhr; P) Wer nicht zu den Florida Keys fährt, bekommt in diesem 200 ha großen State Park eine gute Vorstellung von ihrem einzigartigen Insel-Ökosystem. Sandige Wege und Holzstege führen durch das Gewirr der tropischen Fauna und der dunklen Mangroven. Man achte auf die „Schnorchel"-Wurzeln, die die halb unter Wasser liegenden Mangroven mit Sauerstoff versorgen. Ringsum erstreckt sich kilometerweit das helle Meer. Ein privater Stand mit Konzession vermietet Kajaks, Fahrräder, Inline-Skates, Liegestühle und Sonnenschirme.

Großraum Miami

Museum of Contemporary Art North Miami — MUSEUM

(MoCA; Karte S. 510; ☎305-893-6211; www.mocanomi.org; 770 NE 125th St; Erw./Student/Kind unter 12 Jahren 10/3 US$/frei; ⏲Di–Fr & So 11–17, Sa 13–21 Uhr; P) Das Museum of Contemporary Art ist schon seit langem ein Grund für einen Abstecher hinauf nach North Miami. Gezeigt werden ausgezeichnete Wechselausstellungen von Werken zeitgenössischer Künstler aus der Region, den gesamten USA und dem Ausland. Meist dreht sich alles um ein Thema von sozialem Interesse. Beim Jazz@MOCA mit Live-Jazzkonzerten unter freiem Himmel (letzter Fr im Monat 19–22 Uhr) zahlt jeder Gast, was er will.

Gold Coast Railroad Museum — MUSEUM

(☎305-253-0063; www.gcrm.org; 12450 SW 152nd St; Erw./Kind 2–12 Jahre 8/6 US$; ⏲Mo–Fr 10–16, Sa & So ab 11 Uhr; P) Das vor allem für Eisenbahnfans interessante Museum zeigt mehr als 30 historische Eisenbahnwagen, darunter den Ferdinand Magellan Railcar, in dem Präsident Harry Truman die Zeitung mit der berühmten falschen Schlagzeile „Dewey Defeats Truman" („Dewey schlägt Truman") schwenkte.

Aktivitäten

In Miami herrscht kein Mangel an den unterschiedlichsten Aktivitäten. Die Magic City hat allen etwas zu bieten, die sich einen Aktivurlaub wünschen, egal ob eine Segeltour auf dem blaugrünen Meer, eine Wanderung durch tropisches Unterholz, Yoga in den Parks oder (warum nicht?) Trapezartistik hoch über der Stadt.

Citi Bike — RADFAHREN

(☎305-532-9494; www.citibikemiami.com; Radverleih 30 Min./1 Std./2 Std./4 Std./ganzer Tag 4,50/6,50/10/18/24 US$) Mit diesem Fahrradverleihsystem, das sich an ähnliche Systeme in New York, London und Paris orientiert, ist es ein Kinderspiel, loszuradeln. Man geht einfach zu einer der solarbetriebenen Stationen von Citi Bike (eine praktische Karte findet man auf der Website), steckt eine Kreditkarte hinein und fährt los. Die Räder können an allen Citi-Bike-Stationen zurückgegeben werden.

Bike & Roll — RADFAHREN

(Karte S. 512; ☎305-604-0001; www.bikemiami.com; 210 10th St; Radverleih 2 Std./4 Std./Tag ab 10/18/24 US$, Führungen 40 US$; ⏲9–19 Uhr) Der gut geführte Anbieter hat eine ordentliche Auswahl an Rädern, darunter Singlespeed-Cruiser, Crossräder mit Gangschaltung und schnelle Rennräder. Der Verleih beinhaltet, Helme, Fahrradlichter, Schlösser und Karten. Die Mitarbeiter erledigen alles rasch, sodass man ruckzuck auf dem Rad sitzt. Geführte Fahrradtouren finden täglich um 10 Uhr statt.

Fritz's Skate, Bike & Surf — SKATEBOARDFAHREN

(Karte S. 512; ☎305-532-1954; www.fritzsmiamibeach.com; 1620 Washington Ave; Fahrrad- & Skateboardverleih 10/24/69 US$ pro Std./Tag/5 Tage; ⏲Mo–Sa 10–21, So bis 20 Uhr) Fritz's vermietet Skateboards, Longboards, Inlineskates, Rollschuhe, Tretroller und Fahrräder (Cruiser, Mountainbikes, Kinderräder). Zum Skateboard gibt's die Schutzausrüstung dazu und bei Fahrrädern das Sicherheitsschloss. Bei jedem Verleih wird eine Pfandgebühr erhoben – Skateboards 100 US$, Longboards 150 US$ und Fahrräder 200 US$.

SoBe Surf SURFEN
(☎786-216-7703; www.sobesurf.com; Gruppen-/Privatunterricht ab 70/100 US$) Bietet Surfunterricht in Miami Beach und in Cocoa Beach, wo die Wellen in der Regel besser sind. In Miami Beach findet der Unterricht meistens rund um South Point statt. Man kann per Telefon oder E-Mail buchen.

Miami Watersports Complex WASSERSPORT
(MWCC; Karte S. 510; ☎305-476-9253; www.aktionparks.com; Amelia Earhart Park, 401 E 65th St, Hialeah; ⏲März–Okt. 11–18 Uhr, Nov.–Feb. bis Sonnenuntergang) Hier kann man Cableboarding lernen: Dabei wird man an über hoch oben verlaufenden Kabeln übers Wasser gezogen. Man benötigt also kein Boot – d. h.: keine Umweltverschmutzung und weniger Lärm. Eine Unterrichtseinheit kostet 25/90 US$ pro 20/60 Min. Im Angebot ist auch ein Paket für 59 US$, das Anfängerunterricht, Leihausrüstung und einen vierstündigen Cable-Pass umfasst. Man sollte sich telefonisch anmelden, um einen Platz zu reservieren.

Geführte Touren

History Miami Tours TOUR
(www.historymiami.org/city-tour; geführte Tour 30–60 US$) Der ausgezeichnete Historiker Dr. Paul George führt faszinierende Stadtspaziergänge, darunter kulturell orientierte Touren durch Little Haiti, Little Havana, Downtown oder Coral Gables in der Abenddämmerung. Hinzu kommen gelegentliche Bootsausflüge nach Stiltsville und Key Biscayne. Touren gibt's ungefähr jede Woche. Das vollständige Angebot steht auf der Website, auf der man sich auch anmelden kann.

Miami Food Tours ESSEN & TRINKEN
(Karte S. 512; ☎786-361-0991; www.miamifoodtours.com; 429 Lenox Ave; South Beach-Tour Erw./Kind 58/35 US$, Wynwood-Tour 75/55 US$, „Swooped with Forks"-Tour 129/109 US$; ⏲Touren South Beach tgl. 11 & 16.30 Uhr, Wynwood Mo–Sa 10.30 Uhr) Bei den als sehr gut bewerteten Stadtspaziergängen erkundet man verschiedene Facetten der Stadt – Kultur, Geschichte, Kunst und natürlich ihre Küche – und kehrt unterwegs in Restaurants und Cafés ein. Die Entfernungen sind nicht so groß, dass es anstrengend würde. Die Touren führen durch South Beach und Wynwood. Zudem gibt's eine kulinarische „Swooped with Forks"-Tour in einem Golfwagen.

Miami Design Preservation League STADTSPAZIERGANG
(MDPL; Karte S. 512; ☎305-672-2014; www.mdpl.org; 1001 Ocean Dr; geführte Touren Erw./Student 25/20 US$; ⏲tgl. 10.30 Uhr, Do auch 18.30 Uhr) Ein munterer Guide von der Miami Design Preservation League erzählt etwas über die Geschichte und die Hintergründe zu den Art-déco-Gebäuden von South Beach. Die Touren dauern 90 Minuten. Im Angebot sind auch Führungen durchs jüdische Miami Beach, Touren unter dem Motto „Miami Beach für Schwule und Lesben" sowie am ersten Samstag im Monat um 9.30 Uhr Touren zum MiMo-Viertel in North Beach. Auf der Webseite finden sich weitere Details.

Feste & Events

Winter Music Conference MUSIK
(www.wintermusicconference.com; ⏲März) Partypromoter, DJs, Produzenten und Fans aus der ganzen Welt treffen sich hier, um die elektronische Musik neuer Künstler zu hören, sich mit der aktuellsten Technik vertraut zu machen und die Nächte durchzufeiern.

Miami Spice Restaurant Month ESSEN & TRINKEN
(www.miamiandbeaches.com/offers/temptations/miami-spice-months; ⏲Aug.–Sept.) Spitzenrestaurants in und um Miami bieten zum Mittag- und Abendessen dreigängige Mittags- und Abendmenüs an, um die Leute während der großen Hitze aus dem Haus zu locken. Die Preise liegen bei etwa 25 US$ fürs Mittagessen und 40 US$ fürs Abendessen. Unbedingt reservieren!

White Party MUSIK
(www.whiteparty.org; ⏲Nov.) Wer schwul und gerade in der Stadt ist, darf die White Party nicht verpassen! Zu den Nonstop-Partys in Clubs und Veranstaltungsorten in der ganzen Stadt zieht es während des einwöchigen extravaganten Festivals über 15 000 Schwule und Lesben.

Art Basel Miami Beach KUNST
(www.artbasel.com/miami-beach; ⏲Anfang Dez.) Dies ist eine der wichtigsten internationalen Kunstmessen der Welt mit über 250 teilnehmenden Galerien und zahlreichen angesagten Partys. Auch wer kein Kunst sammelnder Milliardär ist, kann bei diesem viertägigen Festival viel erleben, z. B. Open-Air-Kunstinstallationen, Sonderausstellungen in vielen Galerien Miamis sowie Open-Air-Kino und andere Veranstaltungen.

Schlafen

Miami hat einige verlockende Unterkünfte, aber in der Hauptsaison können die Preise durch die Decke gehen. South Beach steht mit seinen Boutiquehotels in hübschen Art-déco-Gebäuden ganz im Fokus, aber es gibt noch viel mehr Optionen in Miami – von Wolkenkratzern mit weiter Aussicht und Annehmlichkeiten aller Art in Downtown über charmante historische Unterkünfte in Coral Gables und Coconut Grove bis zu einigen modernen – MiMo – Schönheiten am Biscayne Boulevard.

South Beach

Bed & Drinks HOSTEL $

(Karte S. 512; ☎786-230-1234; www.bedsndrinks.com; 1676 James Ave; B/DZ ab 29/154 US$) Das Hostel setzt ziemlich ungeniert auf die sexy, partyverrückten, schönen Massen – siehe Name – das sollte man vor der Buchung wissen. Der Strand ist nur ein paar Blocks entfernt. Die Zimmer sind teils durchschnittlich, teils etwas unter dem Durchschnitt. Das freundliche Personal, eine lebhafte Bar vor Ort und abendliche Ausflüge in die Clubs der Stadt machen alle Nachteile wieder wett.

SoBe Hostel HOSTEL $

(Karte S. 512; ☎305-534-6669; www.sobe-hostel.com; 235 Washington Ave; B 22–52 US$; ❄@☎) Das große, mehrsprachige Hostel an einem ruhigen Ende von SoFi (dem Gebiet südlich der 5th St in South Beach) hat einen geselligen Gemeinschaftsbereich und spartanische Zimmer. Das Personal ist freundlich und die (bis 5 Uhr geöffnete) Bar ein toller Ort, um andere Traveller kennenzulernen. Frühstück und Abendessen sind im Preis inbegriffen.

Jede Menge Aktivitäten sind im Angebot – von Volleyball über Mojito-Abende und Sport-TV bis hin zu Kneipenbummeln.

Catalina Hotel BOUTIQUEHOTEL $$

(Karte S. 512; ☎305-674-1160; www.catalinahotel.com; 1732 Collins Ave; Zi. ab 220 US$; P❄☎≋) Das Catalina ist ein gelungenes Beispiel für den Art-déco-Stil im Mittelklassebereich. Neben den verspielt minimalistischen Zimmern ist vor allem die Atmosphäre sehr angenehm – das Catalina nimmt sich selbst nicht so ernst, und das Ergebnis sind offenbar fröhliche, gut gelaunte Mitarbeiter und Gäste. Besonders attraktiv ist der Swimmingpool hinter dem Hotel, der hinter der frischen weißen Fassade des Hauptgebäudes versteckt liegt und von einem Bambushain umringt ist.

Das Boutiquehotel wurde umgebaut, um das benachbarte Dorset einzubinden, d.h. es gibt jetzt zwei Pools, eine Dachterrasse und ein solides mexikanisches Restaurant.

★ **1 Hotel** HOTEL $$$

(Karte S. 512; ☎866-615-1111; www.1hotels.com; 2341 Collins Ave; Zi. ab 400 US$; ❄☎≋) 🍃 Das 1 Hotel, eines der führenden Hotels der USA, hat über 400 wunderbare Zimmer, die luxuriös und umweltfreundlich eingerichtet sind. In den Zimmern gibt's z.B. Couchtische/Schreibtische aus Baumstämmen, maßgefertigte Matratzen mit Hanfanteil und Wände aus aufgearbeitetem Treibholz sowie Wasserfilter – auf Wasserflaschen kann man also verzichten. Die öffentlichen Bereiche sind beeindruckend, es gibt allein vier Pools, darunter einen Infinity Pool nur für Erwachsene auf dem Dach.

★ **Surfcomber** HOTEL $$$

(Karte S. 512; ☎305-532-7715; www.surfcomber.com; 1717 Collins Ave; Zi. 250–480 US$; P❄☎≋🐾) Das Surfcomber besitzt eine klassische Art-déco-Fassade mit starken Linien und schattenspendenden „Augenbrauen", die sich im Zickzack über die Front verteilen. Aber eigentlich beeindruckt mehr das Innere – die Zimmer sind äußerst reizvoll mit eleganten Linien, die im Einklang stehen mit der Art-déco-Ästhetik, während die kräftigen Farben ganz zeitgenössisch sind.

North Beach

★ **Freehand Miami** BOUTIQUEHOTEL $$

(Karte S. 510; ☎305-531-2727; www.thefreehand.com; 2727 Indian Creek Dr; B 28–55 US$, Zi. 160–250 US$; ❄☎≋) Das Freehand ist die großartige Neuerfindung des alten Indian Creek Hotel, ein Klassiker der Hotelszene von Miami Beach. Die Zimmer sind sonnig und schön mit einheimischer Kunst und Holzelementen gestaltet. Der Hauptgrund, um hier zu übernachten, sind jedoch die öffentlichen Bereiche im historischen Ambiente, besonders der hübsche Poolbereich und der Garten hinter dem Hotel, der sich oft in eine der besten Bars der Stadt verwandelt.

Für Hostelgäste gibt's Schlafsäle, die Privatzimmer sind recht ansprechend. Für Selbstversorgergruppen eignen sich die Bungalows.

Downtown Miami

Eurostars Langford HISTORISCHES HOTEL $$
(Karte S. 510; ☎305-250-0782; http://the-langford.miamiallhotels.com; 121 SE 1st St; Zi. ab 180 US$;) Das Langford befindet sich in einem schön restaurierten Beaux-Arts-Gebäude von 1925. Die 126 elegant gestalteten Zimmer bieten eine gelungene Kombination aus Komfort und Nostalgie sowie einzelne historische Elemente, etwa den Eichenholzboden und luxuriöse Möbel. In den Bädern gibt es Regenduschen mit Glaswänden. Die Einrichtung ist in jeder Hinsicht durchdacht. Zum Hotel gehören eine Dachbar und ein hervorragendes Restaurant im Erdgeschoss.

Coral Gables

★ **Biltmore Hotel** HISTORISCHES HOTEL $$$
(Karte S. 510; ☎855-311-6903; www.biltmorehotel.com; 1200 Anastasia Ave; Zi./Suite ab 699/730 US$;) Die Standardzimmer des Biltmores sind teilweise zwar recht klein, doch hier hat man die Chance, in einem der luxuriösesten Hotels der USA zu übernachten. Der Komplex ist so opulent, dass man eine Woche benötigen würde, um alles zu erkunden, was das Biltmore zu bieten hat. Wir empfehlen z. B. unter riesigen Säulen in der Sonne zu liegen und ein paar Runden im größten Pool der kontinentalen USA zu schwimmen.

Essen

Miami ist ein großer Schmelztiegel der Einwanderung – vor allem aus Lateinamerika, der Karibik und Russland – und saugt kulinarische Trends regelrecht auf. Dementsprechend findet man eine gute Mischung aus günstigen Ethno-Lokalen und exklusiven Spitzenrestaurants; in Touristenzonen wie Miami Beach gibt es allerdings auch schlechte und überteuerte Läden. Die besten Adressen findet man in Downtown, in Wynwood und an der Upper East Side; Coral Gables hat tolle, renommierte Restaurants.

South Beach

11th Street Diner DINER $
(Karte S. 512; ☎305-534-6373; www.eleventhstreetdiner.com; 1065 Washington Ave; Hauptgerichte 10–20 US$; ⌚So–Mi 7–24 Uhr, Do–Sa 24 Std.) Amerikanischer geht's kaum: Der Pullman-Speisewagen wurde aus Wilkes-Barre, Pennsylvania, herangeschafft. Wenn es ein Diner gibt, in dem man Edward Hoppers *Nighthawks* nachstellen könnte, dann ist es dieses – falls jemand das schon immer mal tun wollte. Das Essen ist so klassisch wie die Architektur, zu den Hits gehören gebratener Truthahn, Rippchen und Käsemakkaroni, und es gibt Frühstück rund um die Uhr.

★ **Yardbird** SÜDSTAATEN $$
(Karte S. 512; ☎305-538-5220; www.runchickenrun.com; 1600 Lenox Ave; Hauptgerichte 18–38 US$; ⌚Mo–Fr 11–24, Sa & So ab 8.30 Uhr;) Das Yardbird hat sich mit seiner köstlichen gehobenen traditionellen Südstaatenküche eine treue Fangemeinde erworben. Die Küche serviert gute Shrimps und Maisgrütze, Schweinerippen nach Art von St. Louis, Okra mit dunkler Kruste und Biscuits mit geräuchertem Brisket. Die Spezialitäten des Hauses sind aber das fantastische Brathuhn mit gewürzter Wassermelone und Waffeln mit Bourbon-Ahorn-Sirup.

★ **Pubbelly** FUSION $$
(Karte S. 512; ☎305-532-7555; http://pubbellyglobal.com; 1424 20th St; Gerichte 7–18 US$; ⌚Di–Do & So 18–24, Fr & Sa bis 1 Uhr;) Im Pubbelly wird ein Mix aus asiatischen und lateinamerikanischen Aromen serviert, was zu Köstlichkeiten führt wie gegrillter Kohlenfisch mit Miso und Frühlingszwiebeln, Rindertartarrollen mit Senf und pochiertem Ei mit Trüffeln und japanisches Grillhähnchen mit Kimchi. Superbeliebt und mit anständigen Preisen – ein wahrer Genuss in South Beach.

Joe's Stone Crab Restaurant AMERIKANISCH $$$
(Karte S. 512; ☎305-673-0365; www.joesstonecrab.com; 11 Washington Ave; Hauptgerichte mittags 14–30 US$, abends 19–60 US$; ⌚Di–Sa 11.30–14.30, tgl. 17–22 Uhr) Die Schlange ist lang, und die Preise für die berühmten Gerichte können heftig sein. Aber wen das nicht abschreckt, der brezelt sich fein auf, um in Miamis berühmtestem Restaurant (seit 1913!) köstliche, frische Steinkrabben zu genießen. Neben den zarten Krustentierchen (mehr als 60 US$ für ein halbes Dutzend Jumbo-Scheren) stehen tolle geschwärzte Kabeljau-Sandwiches und Käsemakkaroni mit zartem Hummer auf der Karte.

North Beach

Roasters 'n Toasters DELI $
(Karte S. 510; ☎305-531-7691; www.roastersntoasters.com; 525 Arthur Godfrey Rd; Hauptgerichte 10–18 US$; ⌚6.30–15.30 Uhr) Die Scharen von Gästen und ihr zufriedenes Lächeln sind Be-

leg dafür, dass das Roasters 'n Toasters den hohen Ansprüchen der jüdischen Bewohner von Miami Beach gerecht wird. Das gelingt ihm mit seinem saftigen Gourmetfleisch, dem frischen Brot, den knusprigen Bagels und den warmen Latkes (Kartoffelpuffer). Für die Slider (Mini-Sandwiches) wird Challa-Brot verwendet, eine ebenso charmante wie schmackhafte Idee.

★ 27 Restaurant FUSION **$$**
(Karte S. 510; ☎786-476-7020; www.freehandhotels.com; 2727 Indian Creek Dr, Freehand Miami Hotel; Hauptgerichte 17–28 US$; ⏲Mo–Sa 18.30–2, So 11–16 & 18.30–2 Uhr; 🖊) Das Restaurant gehört zu Freehand Miami und dem beliebten Broken Shaker (S. 522) und bietet ein reizendes Ambiente: Es erinnert mit abgewetzten Holzdielen, Tischen im Kerzenschein, Räumen voller Kunst und Schnickschnack sowie einer hübschen Terrasse an ein altes Cottage in den Tropen. Empfehlenswert sind der geschmorte Oktopus, die knusprige Schweineschulter, gebratener Reis mit Kimchi und Grünkohl mit Joghurt-Tahini-Sauce. Vorab buchen. Auch der Brunch ist sehr beliebt.

Downtown Miami

★ Casablanca SEAFOOD **$$**
(Karte S. 510; www.casablancaseafood.com; 400 N River Dr; Hauptgerichte 15–34 US$; ⏲So–Do 11–22, Fr & Sa bis 23 Uhr) Das Casablanca liegt am Miami River und serviert mit die besten Meeresfrüchte der Stadt. Das Highlight ist aber die Lage: Die Tische stehen auf einer langen Holzterrasse direkt über dem Fluss, und ab und an fliegt eine Möwe vorbei. Aber der frische Fisch ist der eigentliche Star hier.

Chef Allen's Farm-to-Table Dinner VEGETARISCH **$$$**
(Karte S. 510; ☎786-405-1745; 1300 Biscayne Blvd; Abendessen 40 US$, mit Wein 60 US$; ⏲Mo 18.30 Uhr; 🖊) Am Montagabend kann man in familiärer Atmosphäre an Tischen vor dem Arsht Center bei Livemusik und Geplauder Einheimische kennenlernen. Die vegetarische Karte lässt sich von dem Bauernmarkt inspirieren, der am gleichen Tag stattfindet. Man sollte vorher anrufen, um einen Platz zu reservieren, oder online buchen.

Little Havana

★ Versailles KUBANISCH **$**
(Karte S. 510; ☎305-444-0240; www.versaillesrestaurant.com; 3555 SW 8th St; Hauptgerichte 6–21 US$; ⏲Mo–Do 8–1, Fr & Sa bis 2.30, So 9–1 Uhr) Das Versailles (ver-*sei*-jaj) ist eine Institution und eine der Säulen der kubanischen Restaurantszene Miamis. Tipp: Vor den herzhaften Fleisch- und Meeresfrüchtegerichten die großartige Schwarze-Bohnen-Suppe oder die gebratene Yucca essen. Ältere Kubaner und die Lateinamerikaner der politischen Elite Miamis kommen nach wie vor gern hierher, daher stehen die Chancen gut, dass man Seite an Seite mit den bekanntesten lateinamerikanischen Bewohnern der Stadt isst.

Exquisito Restaurant KUBANISCH **$**
(Karte S. 510; ☎305-643-0227; www.elexquisitomiami.com; 1510 SW 8th St; Hauptgerichte 9–13 US$; ⏲7–23 Uhr) Hier, im Herzen von Little Havana, gibt es hervorragende kubanische Küche – der Schweinebraten ist mit Zitrone verfeinert und das *ropa vieja* (gewürztes geschnetzeltes Rindfleisch mit Reis) lecker und sättigend. Selbst gewöhnliche Beilagen wie Bohnen, Reis und gebratene Kochbananen haben im Exquisito das gewisse Etwas. Auch die Preise überzeugen voll und ganz.

Wynwood & Design District

Della Test Kitchen VEGAN **$**
(Karte S. 510; ☎305-351-2961; www.dellabowls.com; 56 NW 29th St, Wynwood Yard; Hauptgerichte 11–14 US$; ⏲Di–So 12–22 Uhr; 🖊) Es begann mit einem Food-Truck, der auf dem Wynwood Yard parkte. Heute offeriert das Restaurant köstliche Schüsselgerichte – mit Zutaten wie schwarzem Kokosreis, Ingwer-Tempeh, Kichererbsen, Süßkartoffeln und mariniertem Grünkohl kann hier jeder sein eigenes kulinarisches Meisterwerk kreieren. Das Essen schmeckt himmlisch und ist gesund – kein Wunder, dass das DTK viele Fans hat.

★ Kyu FUSION **$$**
(Karte S. 510; ☎786-577-0150; www.kyumiami.com; 251 NW 25th St; Teller zum Teilen 17–38 US$; ⏲Mo–Sa 12–23.30, So 11–22.30 Uhr, Bar Fr & Sa bis 1 Uhr; 🖊) 🍃 Das Kyu verzaubert sowohl Einheimische als auch Gastrokritiker mit seinen kreativen, asiatisch inspirierten Gerichten, die überwiegend auf der offenen Flamme eines Holzofengrills zubereitet werden. Der Nördliche Schnapper aus Florida, das Rinderfilet und der Blumenkohl sind köstlich. Zudem gibt es gegrillten Oktopus, gedämpfte Teigtaschen mit Weichschalen-

krabben und geräucherte Rinderbrust. Man sollte weit im Voraus reservieren oder sich auf eine Wartezeit von im Durchschnitt einer Stunde einstellen.

Alter MODERN-AMERIKANISCH $$$
(Karte S. 510; ☎305-573-5996; www.altermiami.com; 223 NW 23rd St; Festpreismenü 5/7 Gänge 79/99 US$; ⌚Di–So 19–23 Uhr) Hier bringt der preisgekrönte junge Chefkoch Brad Kilgore kreative Spitzenküche auf den Tisch. Auf der wechselnden Karte stehen saisonal inspirierte Gerichte mit asiatischen und europäischen Akzenten, die die hochwertigen Zutaten, die Florida an Land und im Meer zu bieten hat, bestens zur Geltung bringen: Eier mit Schaum aus Jakobsmuscheln, Trüffelperlen und sibirischen Kaviar oder Lammnacken, Waldconsommé, Miso mit gerösteten Äpfeln und Kombu-Flocken. Weit im Voraus reservieren.

Ausgehen & Nachtleben

Miami besitzt eine immense Vielfalt an Bars, von versifften Kneipen und Punkbars (mit ausgezeichneter Musik) bis hin zu schönen – und entspannten – Lounges und Nachtclubs. Zudem gibt es eine gut entwickelte Livemusik-Szene in der Stadt. Das Nachtleben in Miami hat den Ruf, sich nur um Geld, Aussehen und Angeberei zu drehen, aber das trifft vor allem auf die Szene in South Beach zu.

★ **Broken Shaker** BAR
(Karte S. 510; ☎305-531-2727; www.freehandhotels.com; 2727 Indian Creek Dr, Freehand Miami Hotel; ⌚Mo–Fr 18–3, Sa & So 14–3 Uhr) In dem kleinen Raum mit gut ausgestatteter Bar werden erstklassige Cocktails gemixt, die hauptsächlich in dem schönen, sanft beleuchteten Garten geschlürft werden – die Bar und das Gelände gehören zum Freehand Miami Hotel (S. 519). Hier läuft immer ausgezeichnete Musik und die Drinks sind köstlich. Die Kundschaft besteht aus einem Mix aus Hotelgästen (jung und feierfreudig) und hippen Einheimischen.

★ **Sweet Liberty** BAR
(Karte S. 510; www.mysweetliberty.com; 237 20th St; ⌚Mo–Sa 16–5, So ab 12 Uhr) In der bei den Anwohnern sehr beliebten Bar in der Nähe des Collins Park gibt's alles, was zu einem tollen Abend gehört: freundliche, lockere Barkeeper, die fantastische Cocktails mixen (Tipp: den Mint Julep probieren), tolle Happy-Hour-Angebote (darunter Austern für 75 ¢) und ein entspanntes, unprätentiöses Publikum. In dem riesigen Raum mit einer langen hölzernen Bar flackern Kerzen und gelegentlich tritt auch mal eine Band auf.

Ball & Chain BAR
(Karte S. 510; www.ballandchainmiami.com; 1513 SW 8th St; ⌚Mo–Mi 12–24, Do–Sa bis 3, So 14–22 Uhr) Das Ball & Chain hat über die Jahre verschiedene Inkarnationen erlebt. Im Jahr 1935, als die 8th St noch mehr jüdisch als lateinamerikanisch war, war es eher eine Jazzkneipe, in der sich Billie Holiday rumgetrieben hätte. Dieser Laden machte aber 1957 dicht, und das heutige Ball & Chain, das sich immer noch der Musik und der guten Laune widmet, hat sich auf lateinamerikanische Musik und tropische Cocktails spezialisiert.

Vagabond Pool Bar BAR
(Karte S. 510; ☎305-400-8420; www.thevagabondhotelmiami.com; 7301 Biscayne Blvd; ⌚So–Do 17–23, Fr & Sa bis 24 Uhr) Diese Bar hinter dem Vagabond Hotel ist perfekt, um den Abend einzuläuten. Die professionellen Barkeeper gehören zu der Art Menschen, die den Gästen die Hände schütteln und sich vorstellen – und sie mixen wunderbare Cocktails. Das Ambiente unter freiem Himmel mit Blick auf den von Palmen umgebenen Pool und das bunt gemischte Publikum passen wunderbar zu Cocktails wie Lost in Smoke (Mezcal, Amaro, Amaretto und Orangenbitter).

★ **Galleria** CAFÉ
(Karte S. 510; http://galleriadowntown.com; 69 SE 1st St; ⌚11–16 Uhr) Das winziges Galleria ist mit seinen gekachelten Bänken und den Korallenwänden ein Kleinod. Der Besitzer, Jeremy Sapienza, macht die Nussmilch selber, und alles hier, inklusive der Kuchen, ist vegan. Und falls jemand ein alternatives Miami-Mitbringsel braucht – es wird auch Vintage-Keramik verkauft.

Unterhaltung

Miamis Verdienste um die Kultur sind unübersehbar, selbst aus der Ferne. Könnte es einen besseren Ort für Kreativität geben? Neben den heimischen Talenten aus dem Süden sind da die Zugezogenen aus dem Norden, die vor der Kälte geflüchtet sind, und die Immigranten aus Mittel- und Südamerika. Zusammen sorgen sie für ein tolles Angebot an Livemusik, Theater und Tanz und für viel Raum zum Experimentieren.

★ Adrienne Arsht Center for the Performing Arts DARSTELLENDE KÜNSTE
(Karte S. 510; ☎305-949-6722; www.arshtcenter.org; 1300 Biscayne Blvd; ⊙Kasse Mo–Fr 10–18 plus 2 Std. vor Vorstellungen) Diesem großartigen Veranstaltungsort gelingt es, die Besucher zugleich einzuschüchtern und zu begeistern. Die größten kulturellen Events Miamis finden heute im Arsht Center statt, und der Besuch einer Show ist ein unbedingtes Muss, wenn man in der Stadt ist. Metromover-Züge halten an der Haltestelle Adrienne Arsht Center.

★ Cubaocho LIVEMUSIK
(Karte S. 510; ☎305-285-5880; www.cubaocho.com; 1465 SW 8th St; ⊙Di–Do 11–22, Fr & Sa bis 3 Uhr) Diese Perle im Little Havana Art District ist für Konzerte berühmt, bei denen hervorragende Bands aus der gesamten Spanisch sprechenden Welt auftreten. Das Cubaocho ist zugleich aber auch noch eine Begegnungsstätte, eine Kunstgalerie und ein Forschungszentrum für alles Kubanische. Innen ähnelt es einer alten Zigarrenbar in Havanna, doch die Wände sind mit Kunstwerken bedeckt, die sowohl auf die klassische Vergangenheit der kubanischen Kunst als auch auf ihre avantgardistische Zukunft Bezug nehmen.

Colony Theater DARSTELLENDE KUNST
(Karte S. 512; ☎305-674-1040, Kartenschalter 800-211-1414; www.colonymb.org; 1040 Lincoln Rd) Das Theater wurde 1935 erbaut und war das wichtigste Kino im oberen South Beach, bevor es Mitte des 20. Jhs. zunehmend verfiel. 1976 wurde das Gebäude renoviert und wieder zum Leben erweckt und bietet nun 465 Plätze und eine tolle Akustik. Es ist ein wahres Art-déco-Juwel mit klassischem Vordach und Zinnen im Inka-Stil. Heute finden hier vor allem Aufführungen mit darstellender Kunst statt.

New World Symphony KLASSISCHE MUSIK
(NWS; Karte S. 510; ☎305-673-3330; www.nws.edu; 500 17th St) Das renommierte New World Symphony Orchester spielt von Oktober bis Mai im New World Center (S. 509), einem coolen, aufregenden Bauwerk aus kubistischen Linien und geometrischen Kurven, das sich strahlend weiß vom blauen Himmel über Miami abhebt. Das zu Recht gepriesene NWS bietet ein drei- bis vierjähriges Vorbereitungsprogramm für talentierte Musiker, die von angesehenen Musikschulen kommen.

LGBTIQ+-SZENE IN MIAMI

In Miami ist die Schwulen- und Lesbenszene so integriert, dass es schwer ist, sie von der Heteroszene zu unterscheiden. Beliebte Hotspots sind South Beach, North Beach sowie Wynwood und der Design District. Events wie die White Party und Swizzle sind die wichtigsten Termine im Schwulenkalender von Nord-Amerika.

Praktische Informationen

GEFAHREN & ÄRGERNISSE

Miami ist eine relativ sichere Stadt, doch ein paar Gegenden gelten bei den Einheimischen als gefährlich:

- Liberty City, im Nordwesten Miamis; Overtown, von der 14th bis zur 20th St; Little Haiti und einige Abschnitte des Ufers des Miami River.
- South Beach, besonders der Bereich des karnevalartigen Trubels auf dem Ocean Dr zwischen der 8th St und der 11th St sowie die verlassene Gegend unterhalb der 5th St, die nachts ebenfalls gefährlich ist.
- Rund um Dämme, Brücken und Überführungen, wo Obdachlose Barackensiedlungen errichtet haben, sollte man Vorsicht walten lassen.

In diesen und anderen Gegenden, die als zwielichtig gelten, sollte man am späten Abend nicht allein zu Fuß unterwegs sein, sondern besser ein Taxi rufen.

TOURISTENINFORMATION

Greater Miami & the Beaches Convention & Visitors Bureau (Karte S. 510; ☎305-539-3000; www.miamiandbeaches.com; 701 Brickell Ave, 27th OG; ⊙Mo–Fr 8.30–18 Uhr) Diese Touristeninformation bietet tonnenweise Informationen über Miami und ist auf dem aktuellen Stand, was Events und kulturelle Angebote betrifft.

An- & Weiterreise

Der geschäftige **Miami International Airport** (MIA; Karte S. 510; ☎305-876-7000; www.miami-airport.com; 2100 NW 42nd Ave), der 6 Meilen (9,7 km) von der Innenstadt entfernt liegt, hat drei Terminals und fertigt mehr als 40 Mio. Passagiere im Jahr ab. Etwa 60 Fluggesellschaften fliegen Miami an. Der hufeisenförmige Flughafen ist rund um die Uhr geöffnet. In zwei Flughafenhallen (zwischen B und C sowie in G) gibt es Gepäckaufbewahrungen; die Preise richten sich nach der Größe der Gepäckstücke.

Greyhound (www.greyhound.com) ist der wichtigste Betreiber von Fernbussen. **Megabus** (Karte S. 510; https://us.megabus.com; Miami International Center, 3801 NW 21st St) bietet Busverbindungen nach Tampa und Orlando.

Der **Hauptbusbahnhof** (Karte S. 510; ☎305-871-1810; 3801 NW 21st) von Greyhound liegt in der Nähe des Flughafens, weitere Busse fahren aber auch von den Greyhound-Busbahnhöfen **Cutler Bay** (Cutler Bay; ☎305-296-9072; 10801 Caribbean Blvd) und **North Miami** (Karte S. 510; ☎305-688-7277; 16000 NW 7th Ave).

Bei sehr langen Reisen, z. B. durch mehrere Bundesstaaten, sind preiswerte Flüge manchmal billiger als die Fahrt mit dem Bus. Auf kürzeren Entfernungen kann ein Mietwagen günstiger sein. Oft gibt es aber ermäßigte Preise (manchmal 50 % Rabatt) für Fernbusse, wenn man die Tickets sieben bis 14 Tage im Voraus online kauft.

Der Hauptbahnhof von **Amtrak** (☎305-835-1222; www.amtrak.com; 8303 NW 37th Ave, West Little River) in Miami liegt etwa 9 Meilen (14,4 km) nordwestlich der Downtown. Von hier fahren Züge auf der Silver-Service-Linie nach New York und halten unterwegs in verschiedenen anderen Städten Floridas, darunter Orlando und Jacksonville. Die Fahrzeit zwischen New York und Miami beträgt 27 bis 31 Stunden. Vom Amtrak-Bahnhof, der eine Gepäckaufbewahrung hat, fahren Regionalbahnen der Tri-Rail in die Innenstadt.

Unterwegs vor Ort

Bus Umfangreiches Busnetz, aber langsam bei langen Reisen.

Citi Bike Fahrrad-Sharing-Programm in Miami und Miami Beach. Aber bei dichtem Verkehr sollte man bei langen Strecken vorsichtig sein – das kann gefährlich werden.

Mietwagen Praktisch für die Stadt, Parken kann allerdings teuer sein.

Taxi & Fahrgemeinschaften Beste Lösung, wenn man nicht selbst fahren will, bei langen Strecken allerdings teuer. An der Straße schwer zu bekommen; anrufen oder die App nutzen (Lyft oder Uber sind am gefragtesten), um sich abholen zu lassen.

Trolley Kostenloser Service mit verschiedenen Routen in Miami Beach, Downtown, Wynwood, Coconut Grove, Coral Gables, Little Havana und anderen Vierteln.

Fort Lauderdale

Nachdem sich Fort Lauderdale jahrelang einen Ruf als *die* Partyhochburg für trinklustige Collegestudenten auf wilden Spring-Break-Urlauben gemacht hat, setzt die Stadt heute auf etwas reifere und niveauvollere Besucher, die Martinis statt Tequila trinken und lieber Jazz-Konzerte als Wet-T-Shirt-Wettbewerbe besuchen. Aber keine Sorge, in den Bars und Nachtclubs herrscht nach wie vor jede Menge Trubel.

Nur wenige Besucher zieht es weiter landeinwärts, sie gehen höchstens zum Shoppen und Essen auf den Las Olas Blvd. Die meisten verbringen den Großteil der Zeit an der Küste, was nicht schwer zu verstehen ist. Die schönen Strände, die an Venedig erinnernden Kanäle, die internationale Jachtszene, die schicken neuen Hotels und die noblen Restaurants sind auch wirklich schwer zu überbieten.

Der Stadthafen Port Everglades ist einer der geschäftigsten Kreuzfahrthäfen der Welt. Täglich laufen hier Megaschiffe in die Karabik, nach Mexiko und in fernere Gefilde aus.

Sehenswertes

Fort Lauderdale Beach & Promenade — STRAND

(N Atlantic Blvd; P) Fort Lauderdales Promenade – ein breiter, mit Palmen gespickter Ziegelsteinweg, der sich an den Strand und die A1A schmiegt – ist ein wahrer Magnet für Jogger, Inlineskater, Spaziergänger und Radfahrer. Der weiße Sandstrand ist einer der saubersten und schönsten des Landes. Er erstreckt sich über 11,3 km bis nach Lauderdale-by-the-Sea und hat familienfreundliche, schwulenfreundliche und hundefreundliche Strandabschnitte. Boot fahren, tauchen, schnorcheln und fischen – hier ist alles sehr beliebt.

NSU Art Museum Fort Lauderdale — MUSEUM

(☎954-525-5500; www.nsuartmuseum.org; 1 E Las Olas Blvd; Erw./Student/Kind 12/5 US$/frei; ⌚Di–Sa 11–17, So ab 12 Uhr) Das gekurvte Spitzenmuseum Floridas mit dem interessanten auslaufenden Regenbogen-Design draußen ist (unter den Glackens-Fans) bekannt für seine William Glackens-Sammlung sowie seine breit gefächerten Ausstellungen von der Kunst Nord-Europas bis hin zur zeitgenössischen kubanischen Kunst, amerikanischer Pop Art und modernen Fotografie. Am ersten Donnerstag im Monat hat das Museum bis 20 Uhr abends geöffnet, dann gibt's Lesungen, Filme und Vorführungen sowie eine Happy Hour im Museumscafé. Im Angebot sind auch Tageskurse und Workshops. Weitere Infos gibt's auf der Website.

★ Bonnet House
HISTORSCHES GEBÄUDE

(☎ 954-563-5393; www.bonnethouse.org; 900 N Birch Rd; Erw./Kind 20/16 US$, nur Anlage 10 US$; ⏲ Di–So 9–16 Uhr) In diesem hübschen, plantagenartigen Anwesen lebten einst die Künstler und Sammler Frederic und Evelyn Bartlett. Heute kann man die mit Kunstwerken gefüllten Räume und Ateliers im Rahmen einer Führung besichtigen. Hinter dem Haus erstreckt sich ein 14 ha großer üppiger tropischer Garten, der ein unberührtes Barriereinsel-Ökosystem schützt und mit einer der schönsten Orchideensammlungen des Landes aufwartet.

Riverwalk
UFERPROMENADE

(www.goriverwalk.com) Der geschwungene Riverwalk erstreckt sich entlang des New River vom Stranahan House bis zum Broward Center for the Performing Arts. An der Uferpromenade finden kulinarische Verköstigungen und andere Veranstaltungen statt, und es gibt jede Menge Sehenswertes, Restaurants und Läden.

Museum of Discovery & Science
MUSEUM

(☎ 954-467-6637; www.mods.org; 401 SW 2nd St; Erw./Kind 17/14 US$; ⏲ Mo–Sa 10–17, So 12–18 Uhr; 👪) In dem Museum begrüßt eine fast 16 m hohe, kinetische Skulptur die Besucher. Zu den interessanten Ausstellungen gehören Gizmo City und Runways to Rockets – das ist echte Raketenwissenschaft! Außerdem gibt's hier eine Ausstellung zu den Everglades und ein IMAX-Kino. Für 50 US$ pro Person kann man sogar Otter besuchen (nur per Reservierung), die Tiere füttern, an einem Training teilnehmen sowie etwas über ihre Gewohnheiten und ihre Ernährung erfahren.

Aktivitäten

Fort Lauderdale liegt am selben Riffsystem wie die Keys. Schnorcheln ist eine beliebte Freizeitbeschäftigung, doch das eigentliche Highlight im Meer ist die eine 50-minütige Bootsfahrt entfernte Stätte, an der sich etwa zwei Dutzend Schiffswracks befinden. Hier können sich Taucher rund um den Mercedes-Frachter und das künstliche Riff Tenneco Towers, das auf einer alten Ölplattform entstand, umschauen. Üppige Weichkorallen blühen, und Barrakudas, Schwarze Makrelen und Papageienfische gleiten zwischen den Wracks umher.

Abgesehen von der Unterwasserwelt werden am Strand diverse Aktivitäten angeboten: von Bootscharter für Tiefseeangeltouren über Jetskifahren bis zu Parasailing.

★ Sea Experience
BOOTFAHREN, SCHNORCHELN

(☎ 954-770-3483; www.seaxp.com; 801 Seabreeze Blvd; Schnorcheln Erw./Kind 40/25 US$, Schnorcheln mit 2 Flaschen 85 US$ (ohne Ausrüstung); ⏲ 10.15 & 14.15 Uhr; 👪) Bei Sea Experience fährt man in einem 12 m langen Glasbodenboot auf dem Intracoastal Waterway und dann hinaus aufs Meer, um an einem natürlichen Riff mit üppiger Meeresflora und -fauna zu schnorcheln. Die Touren dauern zweieinhalb Stunden. Der Anbieter veranstaltet auch Tauchtouren zu Schiffswrack an verschiedenen Orten.

Carrie B
BOOTSTOUREN

(☎ 954-642-1601; www.carriebcruises.com; 440 N New River Dr E; Touren Erw./Kind 29/15 US$; ⏲ Touren 11, 13 & 15 Uhr, Mai–Sept. Di & Mi geschl.) Auf dieser Bootstour geht's den Intracoastal Waterway und den New River entlang, vorbei an riesigen Villen und begleitet von einem Bordkommentar über den Lifestyle der Schönen und Reichen. Die Touren von Carrie B beginnen am Las Olas Blvd in der SE 5th Ave.

★ Bar-B-Ranch
REITEN

(☎ 954-424-1060; www.bar-b-ranch.com; 3500 Peaceful Ridge Rd, Davie; 60/90 Min. Wanderausritte 50/60 US$; ⏲ Mo–Fr 9–17, Sa bis 16.30 Uhr) Den Glamour von Fort Lauderdale vor der Nase ist es schwer vorstellbar, dass noch etwas vom „alten" Florida übrig geblieben ist – gut, dass Davie nur 15 Minuten entfernt ist. In seiner Bar-B-Ranch, ein Reitstall, der seit 1969 in Familienbesitz ist, entkommt man dem ganzen Trubel – auf dem Rücken eines Pferdes. Man kann an Wanderausritten teilnehmen oder Pferde ausleihen, zudem gibt es ein Tages- und ein Sommerkindercamp.

Der wahre Zauber entfaltet sich aber, wenn man im Sattel sitzt und an den nahegelegenen erhaltenen Wäldern und Wiesen vorbeireitet, die einst fast ganz Florida bedeckten. Davie hat gute Arbeit geleistet, indem er dieses Gelände bewahrt hat. Und wem die 93 000 m² Ranchland nicht reichen: Es gibt noch weitere über 650 000 m² mit Eichenwäldern, Feuchtgebieten und einem Zitrushain zu entdecken.

Blue Moon Outdoor Adventures
BOOTFAHREN

(☎ 954-781-0073; www.bluemoonoutdoor.com; 1101 Bayview Dr, George English Park & Boat-Rampe;

1. Std. Kajak 1/2 Pers. 15/25 US US$, SUP 35 US$, jede weitere Std. 10 US$; Do–So 10 Uhr–Sonnenuntergang oder nach Vereinbarung) Man paddelt den Island City Loop oder fährt Richtung Süden durch das „Venedig Amerikas“: Fort Lauderdale. Nach Voranmeldung sind Touren am Tag, bei Sonnenuntergang und im Mondlicht möglich. Die Touren beinhalten leichte Erfrischungen.

Schlafen

Die nobelsten Hotels stehen entlang des Strandes. Natürlich sind sie auch die teuersten. Weiter landeinwärts stößt man auf einige wundervolle Pensionen, die noch den Charme des alten Florida verströmen. Preiswertere Unterkünfte finden sich in Lauderdale-by-the-Sea.

Tranquilo MOTEL $$

(954-565-5790; www.tranquilofortlauderdale.com; 2909 Vistamar St; Zi. 149–194 US$;) Das komplett in Weiß gehaltene Retro-Motel aus den 1950er-Jahren bietet ein fantastisches Preis-Leistungs-Verhältnis für Familien. Die Zimmer verteilen sich auf fünf Gebäude mit jeweils einem eigenem Swimmingpool, manche sind mit neuen Küchen sowie Zugang zum Grillbereich und zur Waschküche versehen. Es gibt zwar keinen Shuttleservice, aber der Strand ist nur drei Blocks entfernt. Der Hauptpool hat sogar einen Zugang für Gäste mit Mobilitätseinschränkungen.

B Ocean Resort HOTEL $$

(954-524-5551; www.bhotelsandresorts.com; 1140 Seabreeze Blvd; Zi. ab 144 US$;) Dieses Hotel bildet das Ende des Seabreeze Blvd und liegt am sehr beliebten South Beach. Die meisten der luftigen Zimmer punkten mit Meerblick. Das 1956 von M. Tony Shermann erbaute Hotel sieht aus wie ein riesiges Kreuzfahrtschiff, das am Bürgersteig vertäut ist.

★ **W Fort Lauderdale** HOTEL $$$

(954-414-8200; www.wfortlauderdalehotel.com; 401 N Fort Lauderdale Beach Blvd; Zi. ab 289–699 US$;) Die Fassade ähnelt zwei gigantischen Segeln, das Innere wirkt dagegen wie die Kulisse für ein Jennifer-Lopez-Video. Hier übernachtet die Schickeria – einfach die Stilettos und schmalen Krawatten rausholen und sich dazugesellen. Die riesige Lobby lädt mit ihrem Loungebereich in Silber- und Blautönen, der stimmungsvoll beleuchteten Bar und der Terrasse mit Korbstühlen zum gemütlichen Verweilen ein.

★ **Lago Mar Resort** RESORT $$$

(954-523-6511; www.lagomar.com; 1700 S Ocean Lane; Zi. 300–700 US$;) Dieses wundervolle private Resort am südlichen Ende des South Beach hat alles, was man sich wünschen kann: einen privaten Strand, eine grandiose Lobby, große Zimmer mit Inselflair, einen lagunenartigen Pool inmitten tropischer Pflanzen und die persönliche Note eines Hotels in Familienbesitz. (Achtung: Nicht mit Donald Trumps Mar-a-Lago verwechseln!). Ein schönes Fischmosaik ziert den Boden der Lobby.

Essen

Fort Lauderdales Restaurantszene ist stark von der großen italienisch-amerikanischen Bevölkerungsgruppe geprägt, doch zunehmend ist sie auch für ihre leger-eleganten Restaurants bekannt, deren Küche unter dem Motto „vom Hof frisch auf den Tisch“ steht. Auf dem Las Olas Blvd gibt es mehrere Lokale, besonders im Abschnitt zwischen der 5th Ave und der 16th Ave, wobei es hier allerdings manchmal auch recht touristisch zugeht.

Lester's Diner DINER $

(954-525-5641; www.lestersdiner.com; 250 W State Rd 84; Hauptgerichte 6–19 US$; 24 Std.) Schon seit Ende der 1960er-Jahre macht das kitschige Lester's Diner – es wird auch liebevoll als Speisespelunke bezeichnet – seine Gäste glücklich. Irgendwann landet jeder mal hier – von Geschäftsleuten mit Handy am Ohr über Nachtschwärmer bis hin zu Reiseautoren, die um 4 Uhr morgens Pancakes brauchen.

Green Bar & Kitchen VEGAN $

(954-533-7507; www.greenbarkitchen.com; 1075 SE 17th St; Hauptgerichte 8–16 US$; Mo–Sa 10–21, So bis 16 Uhr;) In diesem modernen Veganerlokal in einem Einkaufszentrum entdeckt man vielversprechende Geschmacksrichtungen und innovative Gerichte. Frischer Selleriesaft, Veggie-Voodoo-Shots oder laktosefreies Eis. Mandelmilch ersetzt die Kuhmilch in kaltgepressten Frucht-Smoothies, und der leckere Cashew-Cup macht dem von Reese echte Konkurrenz.

★ **Burlock Coast** INTERNATIONAL $$$

(954-302-6460; www.burlockcoast.com; Ritz Carlton, 1 N Fort Lauderdale Beach Blvd; Hauptge-

LGBTIQ+-SZENE IN FORT LAUDERDALE

Sicher, South Beach in Miami ist ein Mekka für Schwule und Lesben, aber Fort Lauderdale ist seinem Nachbarn im Süden schon seit einiger Zeit dicht auf den Fersen. Verglichen mit South Beach ist Lauderdale etwas mehr Regenbogenflagge und etwas weniger exklusiv. Und für viele schwule Männer, die hierher pilgern, um zu feiern oder sich niederzulassen, liegt genau darin der Reiz.

Fort Lauderdale hat einige Dutzend Bars und Clubs sowie viele Pensionen für Schwule und Lesben zu bieten, es gibt auch ein paar Wohngegenden für Homosexuelle. **Victoria Park** direkt nordöstlich vom Zentrum ist die etablierte Schwulenhochburg. Etwas weiter nördlich ist **Wilton Manors** eine neuere schwule Gegend mit unendlich vielen Ausgehmöglichkeiten. Darunter beispielsweise **Rosie's** (954-563-0123; www.rosiesbng.com; 2449 Wilton Dr; 11–23 Uhr), eine angenehme Nachbarschaftskneipe, **The Manor** (954-626-0082; www.themanorcomplex.com; 2345 Wilton Dr; Eintritt 10–20 US$; unterschiedliche Öffnungszeiten) für national anerkannte Künstler und einer tollen Tanzfläche und **Georgie's Alibi** (954-565-2526; www.alibiwiltonmanors.com; 2266 Wilton Dr; 11–2 Uhr), in dem mittwochs eine Comedynight mit Cashetta stattfindet, einer wunderbaren Imitatorin. Lokale wie das Stache bieten „Non-binary Nights". Es gibt sogar einen Leder-/Bär-/Cowboyclub, das **Ramrod** (954-763-8219; www.ramrodbar.com; 1508 NE 4th Ave; 15–2 Uhr).

Auf www.gayftlauderdale.com findet man viele schwule Pensionen. Auch das wöchentlich erscheinende Hochglanzmagazin *Hot Spots* (www.hotspotsmagazine.com) und die unglaublich umfangreiche Quelle www.jumponmarkslist.com widmen sich dem schwul-lesbischen Nachtleben.

richte 19–46 US$; 7–22 Uhr) Dem leger-eleganten Restaurant im hübschen Ritz Carlton Hotel gelingt es, jedem etwas zu bieten: Es ist zugleich Café, Bar, Markt und Spitzenrestaurant. Die saisonal wechselnden Speisekarte setzt auf lokale Produzenten und Händler. Sie bietet moderne internationale Gerichte wie Pulled Pork oder schlichte Fish'n'Chips. Die Außenterrasse ist perfekt um Leute zu beobachten.

15th Street Fisheries SEAFOOD $$$

(954-763-2777; www.15streetfisheries.com; 1900 SE 15th St; Bar Hauptgerichte 7–16 US$, Restaurant Hauptgerichte 38–55 US$; P) Versteckt in der Lauderdale Marina mit breiter offener Vorderterrasse und Blick auf die Jachten aus der ersten Reihe ist dieses Restaurant hinsichtlich seiner großartigen Lage am Wasser kaum zu überbieten. Der Innenraum mit viel Holz ist gestaltet wie ein Bootshaus im Stil des alten Florida. Man kann im feinen Restaurant oben oder in der zwanglosen Bar am Kai essen, wo Shrimps, Krebs und gegrillte Goldmakrele serviert werden. Beliebt bei Kindern ist das Füttern des Tarpon.

Ausgehen & Unterhaltung

Die Bars in Fort Lauderdale dürfen am Wochenende bis 4 Uhr und unter der Woche bis 2 Uhr öffnen. In der Gegend um Himmarshee Village an der SW 2nd St gibt's einige tolle Bars und Kneipen, und am Strand kann man unter freiem Himmel bechern.

★ **Rok:Brgr** PUB

(954-525-7656; www.rokbrgr.com; 208 SW 2nd St; Mo–Do 11.30–24, Fr & Sa bis 1, So 10–23 Uhr) Eine von vielen hippen Bars und Restaurants in diesem Abschnitt, aber das Rok:Brgr wird aufgezogen wie ein Gastropub im Chicago der 1920er-Jahre, und irgendwie funktioniert das auch. Edison-Glühlampen und moderner Industriestil bestimmen das Ambiente, die Küche zaubert moderne Gerichte – Gourmet-Burger mit regionalen Zutaten – und es gibt Cocktails wie zu Prohibitionszeiten.

★ **Stache** COCKTAILBAR

(954-449-1044; www.stacheftl.com; 109 SW 2nd Ave; Mo & Do 7–17, Fr bis 4, Sa 20–4 Uhr) In dieser großen, schicken und sexy Bar im 1920er-Jahre-Stil werden selbst gemixte Cocktails serviert, für die Ohren gibt's eine tolle Mischung aus klassischem Rock, Funk, Soul und R&B. Am Wochenende warten Livemusik, Tanz und Varieté auf die Besucher. Man muss sich in Schale werfen, denn das hier ist die Spielwiese der coolen Leute. Tagsüber wird Kaffee ausgeschenkt; abends öffnet das Stache seine Türen nur an Wochenenden. Einer ihrer Themenabende ist die „Non-binary Night".

Revolutions Live KONZERTHALLE
(☎ 954-449-1025; www.jointherevolution.net; 100 SW 3rd Ave; unterschiedlich, üblicherweise ab 25 US$/Pers.; ⌚ Öffnungszeiten variieren) Toller Veranstaltungsort mit Konzerten, die von einheimischen Nachwuchstalenten bis zu Legenden und bekannten Größen reichen. Auf mehreren Ebenen können bis zu 1300 Menschen abrocken, und man hat wirklich von überall eine gute Sicht auf die Künstler. Rauchen ist nicht erlaubt.

Blue Jean Blues JAZZ
(☎ 954-306-6330; www.bjblive.com; 3320 NE 33rd St; Snacks 9–17 US$; ⌚ So–Do 11–2, Fr & Sa bis 3 Uhr) Wer mal vom Strand weg will, kann in dieser coolen kleinen Bar einen entspannten Abend mit Jazz und Blues erleben. Oft sehr voll. An allen Abenden und an vier Nachmittagen der Woche gibt's Livemusik, das Programm ist ein Who's Who der Musikszene Süd-Floridas. Vom East Sunrise Blvd fährt man 3,7 km nach Norden und biegt dann nach links auf die NE 33rd Street ab.

Praktische Informationen

Greater Fort Lauderdale Convention & Visitors Bureau (☎ 954-765-4466; www.sunny.org; 101 NE 3rd Ave, Suite 100; ⌚ Mo–Fr 8.30–17 Uhr) Hat ausgezeichnete Informationen über die gesamte Region Fort Lauderdale.

Anreise & Unterwegs vor Ort

Fort Lauderdale hat einen eigenen internationalen **Flughafen** (FLL; ☎ 866-435-9355; www.broward.org/airport; 100 Terminal Dr).

Für Autofahrer: Die I-95 und Florida's Turnpike verlaufen in Nord-Süd-Richtung und bieten einen guten Zugang nach Fort Lauderdale. Die I-595 ist die wichtigste Ost-West-Route und kreuzt die I-95, Florida's Turnpike und den Sawgrass Expwy. Sie mündet in die I-75, die zur Westküste Floridas führt.

Broward County Transit (BCT; www.broward.org/bct; Einzelfahrt/Tageskarte 2/5 US$) betreibt Busse zwischen der Downtown, dem Strand und dem Port Everglades. Vom **Broward Central Terminal** (101 NW 1st Ave) geht es mit Bus Nr. 11 zum oberen Fort Lauderdale Beach und nach Lauderdale-by-the-Sea, Bus Nr. 4 steuert den Port Everglades an und Bus Nr. 40 fährt zur 17th St und den Stränden.

Spaß macht eine Fahrt mit dem gelben **Wassertaxi** (☎ 954-467-6677; www.watertaxi.com; Tagespass Erw./Kind 28/14) auf den Kanälen und Wasserwegen zwischen der 17th St im Süden und dem Atlantic Blvd/Pompano Beach im Norden sowie dem Riverwalk im Westen und dem Atlantik im Osten. Es gibt auch Fahrten nach Hollywood (15 US$/Pers.).

Palm Beach

Palm Beach ist die drittreichste Stadt der USA. Die Barriereinsel, die durch Brücken mit dem Festland verbunden ist, ist die Heimat von Dutzenden Milliardären, und die ganze Stadt wirkt wie eine Spielwiese der Reichen und Schönen. Am Ufer reihen sich Palastvillen im griechisch-römischen Stil, Bentleys und Porsches rollen über die breiten Alleen der Innenstadt, manchmal bekommt man sogar einen oder zwei komplett verchromte Rolls Royce zu Gesicht. Hier dreht sich das Leben um Benefizbälle, Designershopping und ausgiebige Mittagessen mit vielen Cocktails. All der Glamour kann einschüchternd wirken, aber keine Angst: Vieles in Palm Beach ist auch für normale Reisende erschwinglich. Ein Spaziergang am goldenen Strand der Gold Coast, der Blick auf die eingezäunten Anwesen an der A1A oder ein Schaufensterbummel auf der extrem vornehmen Worth Ave – alles gratis.

Während der Präsidentschaft von Donald Trump war Palm Beach regelmäßig in den Nachrichten, weil sich hier das Mar-a-Lago – die Villa und zugleich der private Club von Trump – befindet.

Ungeachtet des Glamours sind die Architektur und die Geschichte der Stadt einfach faszinierend und geben eine Vorstellung davon, wie das Leben während der Blütezeit der Wirtschaft im späten 19. Jh. in den USA gewesen sein könnte.

Sehenswertes & Aktivitäten

Worth Avenue VIERTEL
(www.worth-avenue.com) Auf dieser 400 m langen, von Palmen gesäumten Meile haben sich über 200 Nobelgeschäfte angesiedelt – dies ist sozusagen der Rodeo Dr des Ostens der USA. Ihre Geschichte reicht bis in die 1920er-Jahre zurück. Damals veranstaltete der inzwischen aufgelöste Everglades Club wöchentliche Modenschauen und brachte damit die Karriere von Designern wie Elizabeth Arden ins Rollen. Allein um die Menschen zu beobachten und die Spanish-Revival-Architektur zu bewundern, sollte man unbedingt herkommen (auch wenn man nicht den leisesten Drang hat, sich schicke Taschen über den Arm zu hängen).

★ Flagler Museum
MUSEUM

(☎ 561-655-2833; www.flaglermuseum.us; 1 Whitehall Way; Erw./Kind 18/10 US$; ⊙ Di–Sa 10–17, So ab 12 Uhr) Dieses Museum ist in der spektakulären Villa untergebracht, die Henry Flagler 1902 als Geschenk für seine Braut Mary Lily Kenan baute. Whitehall wurde im Beaux-Arts-Stil gestaltet und war eines der modernsten Häuser seiner Zeit. Es entwickelte sich schnell zum gesellschaftlichen Mittelpunkt der Wintersaison. Entworfen wurde es von John Carrère und Thomas Hastings, die beide an der Ecole des Beaux-Arts in Paris studiert hatten und zusammen bei anderen Bauten wie der New York Public Library zusammengearbeitet hatten.

★ Palm Beach Lake Trail
RADFAHREN

(Royal Palm Way, am Intracoastal Waterway) Die 8 km lange, gepflasterte Weg entlang des Intracoastal Waterway bildet eine Verbindung von der Worth Ave (im Süden) bis zur Indian Rd (im Norden), damit sich Flaglers Hotelgäste die Beine vertreten und unter die Leute mischen konnten. Der sogenannte „Trail of Conspicuous Consumption" (Weg der demonstrativen Verschwendung) bietet zu beiden Seiten einen traumhaften Blick: auf die Lagune von Lake Worth im Westen und auf die endlose Reihe von Villen im Osten.

Palm Beach Bicycle Trail Shop
RADFAHREN

(☎ 561-659-4583; http://palmbeachbicycle.com; 50 Cocoanut Row, Suite 117, In the Slat House; Fahrräder/Elektrofahrräder 49/89 US$ pro Tag; ⊙ Mo–Sa 9–17.30, So 10–17 Uhr) Dieser Laden verleiht Fahrräder und Elektrofahrräder an einem geeigneten Ort zum Radfahren. Helme kosten 5 US$ extra.

Schlafen & Essen

Bradley Park Hotel
HOTEL $$

(☎ 561-832-7050; www.bradleyparkhotel.com; 2080 Sunset Ave; Zi. 229 US$, Suite 329–359 US$; P ❄ ≋) Das Mittelklassehotel mit großen Zimmern (1921 erbaut) wurde zum Zeitpunkt der Recherche gerade einer umfassenden Renovierung unterzogen, behält aber sicher viel von seinem ursprünglichen Charme. Manche Zimmer verfügen noch über die Originalausstattung aus der damaligen Zeit und sind mit stilvollen Möbeln eingerichtet. Das Hotel liegt nur einen kurzen Spaziergang von den Läden und Restaurants am Royal Poinciana Way entfernt. Es kann sein, dass sich das Dekor ändert, aber der prachtvolle Glanz wird bleiben.

★ Breakers
RESORT $$$

(☎ 855-801-7057; www.thebreakers.com; 1 S County Rd; Zi./Suite ab 699/2000 US$; P ⊖ ❄ @ ≋ ≋) Henry Flagler erbaute dieses Hotel im Jahr 1904 – damals kosteten die Zimmer inklusive der Mahlzeiten 4 US$ pro Nacht. Heute ist es ein Resort mit 538 Zimmern auf einem 56 ha großen Grundstück und hat über 2000 Angestellte, die 56 Sprachen fließend sprechend. Nur ein paar Schritte vom besten Schnorchelgebiet des County entfernt bietet dieser Palast einen 18-Loch-Golfplatz, einen 1,6 km langen halb-privaten Strand, vier Pools und den besten Brunch weit und breit.

Surfside Diner
DINER, FRÜHSTÜCK $

(☎ 561-659-7495; 314 S County Rd; Hauptgerichte 8–13 US$; ⊙ 8–15 Uhr) Die tolle Kopie eines traditionellen Diners serviert anständiges Frühstück und Brunch. Ob Pfannkuchen, Frühstücksburritos mit Hühnchen oder French Toast – alles schmeckt lecker. Mittags gibt es gesunde Speisen wie gegrillten Käse und Tomatensuppe, BLT-Sandwiches (mit Bacon, Salat und Tomaten), Sandwiches mit Erdnussbutter und Marmelade sowie Slider (Mini-Sandwiches).

★ Būccan
AMERIKANISCH $$$

(☎ 561-833-3450; www.buccanpalmbeach.com; 350 S County Rd; Hauptgerichte 18–40 US$; ⊙ So–Do 17–22, Fr & Sa bis 23 Uhr) Mit seiner modern-amerikanischen Küche und seinem Chefkoch Clay Conley, Anwärter auf den James Beard-Preis, hat das Būccan Palm Beach im Sturm erobert. Am besten probiert man von allem ein bisschen und bestellt eine Auswahl kleiner Gerichte, darunter geräuchertes Hühnerfilet und hervorragendes Ceviche. Reservierung empfohlen.

Die Bar bleibt länger geöffnet, wenn viel los ist (So–Do bis 24, Fr & Sa bis 1 Uhr).

★ Café Boulud
FRANZÖSISCH $$$

(☎ 561-655-6060; www.cafeboulud.com/palmbeach; 301 Australian Ave; Hauptgerichte 16–49 US$, Menü 48 US$; ⊙ Café 7–23 Uhr, Bar bis 24 Uhr) Dieses Restaurant am Brazilian Court Hotel wurde von dem renommierten New Yorker Koch Daniel Boulud eröffnet und ist eines der wenigen in Palm Beach, dessen hohe Preise wirklich gerechtfertigt sind. Im freundlichen Speiseraum, in der wunderschönen Bar aus Marmor und auf der Terrasse wird eine anspruchsvolle Speisekarte mit klassischen französischen Gerichten und Fusion-Küche geboten. Alle Speisen weisen die für Boulud typische Raffinesse und Qualität auf.

Ausgehen & Unterhaltung

Leopard Lounge LOUNGE
(www.chesterfieldpb.com; 363 Cocoanut Row; Mo–Fr 7–14.30 & 17.30–23, Sa & So bis 24 Uhr oder später) Diese Lounge in Gold, Schwarz und Rot lockt reifere Gäste und auch den einen oder anderen Prominenten an (weder Fotografen noch Autogrammjäger werden hier geduldet). Der Klavierspieler und die Kellner geben einem das Gefühl, als wären sie lieber woanders, aber will man bei einem Drink entspannen oder mit seinem Nebenmann ins Gespräch kommen, ist man hier richtig.

Society of the Four Arts DARSTELLENDE KÜNSTE
(561-655-7226; www.fourarts.org; 2 Four Arts Plaza) Die Konzertreihen, die hier auf dem Programm stehen, umfassen Kabarett, Kammerorchester, Streichquartette, Klavierkonzerte und das Palm Beach Symphony.

Praktische Informationen

Chamber of Commerce (561-655-3282; www.palmbeachchamber.com; 400 Royal Palm Way, Suite 106; Mo–Fr 9–17 Uhr) Ausgezeichnete Karten und Regale voller Broschüren sowie ein Hund zum Streicheln.

Anreise & Unterwegs vor Ort

Bus 41 von **Palm Tran** (http://discover.pbcgov.org/palmtran; Einzelfahrt/Tageskarte 2/5 US$) deckt einen Großteil der Insel ab, er verkehrt zwischen der Lantana Rd und der Sunrise Ave; am Publix kann man in den Bus Nr. 1 umsteigen, der auf dem Hwy 1 nach Norden und Süden fährt. Zum Palm Beach International Airport (S. 524) in West Palm Beach nimmt man Bus 41 bis zur Umsteigehaltestelle in der Downtown und steigt dort in Bus Nr. 44.

Palm Beach ist zwar relativ kompakt, doch die beiden wichtigsten Viertel an der Innenstadt rund um den Royal Poinciana Way bzw. um die Worth Ave liegen einen recht langen Fußweg auseinander.

West Palm Beach

Als Henry Flagler sich entschied, das Gebiet des heutigen West Palm Beach zu entwickeln, wusste er genau, was es einmal werden würde: eine Arbeiterstadt zur Unterstützung der glamourösen Resortstadt auf der anderen Seite der Brücke. Und so entstanden die Zwillingsstädte – Palm Beach, das als die schönere von beiden gilt, und West Palm Beach, eine coolere Gemeinde, deren Bewohner hart arbeiten, aber auch zu feiern wissen. West Palm hat ein erstaunlich breit gefächertes Angebot an Restaurants, freundliche Einwohner (darunter eine starke Schwulen-Gemeinschaft) und herrliche Wasserwege, in denen sich das Licht der Sterne spiegelt.

Sehenswertes & Aktivitäten

★**Norton Museum of Art** MUSEUM
(561-832-5196; www.norton.org; 1451 S Olive Ave; Erw./Kind 18/5 US$, Sa kostenlos; Mo, Di, Do & Sa 10–17, Fr bis 22, So ab 11 Uhr) Das Museum ist das größte Kunstmuseum Floridas und wahrscheinlich auch das beeindruckendste. Es wurde 1941 eröffnet, um die riesige Kunstsammlung des Industriellen Ralph Hubbard Norton und seiner Frau Elizabeth auszustellen. Die ständige Sammlung des Norton Museum of Art umfasst mehr als 5000 Exponate, darunter Werke von Matisse, Warhol und O'Keeffe. Daneben sind auch bedeutende Artefakte aus China, dem präkolumbischen Mexiko und dem Südwesten der USA zu sehen. Außerdem werden großartige zeitgenössische Fotografien gezeigt und regelmäßig finden Wanderausstellungen statt.

South Florida Science Center & Aquarium MUSEUM
(561-832-1988; www.sfsciencecenter.org; 4801 Dreher Trail North; Erw./Kind 18/14 US$; Mo–Fr 9–17, Sa & So bis 18 Uhr) Das tolle kleine interaktive Wissenschaftsmuseum mit Aquarium und Planetarium bietet ein wöchentliches Programm, Wanderausstellungen, einen Wissenschaftspfad, Minigolf und einen Schmetterlingsgarten. Am letzten Freitag im Monat ist das Museum von 18 bis 21 Uhr geöffnet, sodass Besucher den Nachthimmel vom einzigen öffentlichen Observatorium des County beobachten können (vorausgesetzt das Wetter erlaubt es).

Peanut Island INSEL
(http://discover.pbcgov.org; Rundfahrt 12 US$; Do–So 11–16 Uhr) Direkt vor dem nordöstlichen Zipfel von West Palm liegt dieses Insel, die 1918 im Zuge von Ausbaggerungen entstand. Die ursprünglich Inlet Island genannte Insel verdankt ihren heutigen Namen einem Projekt zur Verschiffung von Erdnussöl, das 1946 scheiterte. Es gibt sogar einen stillgelegten Atomschutzbunker, der während der Kubakrise für John F. Kennedy gebaut

wurde (zum Zeitpunkt der Recherche war er allerdings geschlossen).

Rapids Water Park WASSERPARK
(☎561-848-6272; www.rapidswaterpark.com; 6566 North Military Trail, Riviera Beach; wochentags/Wochenende 46/52 US$; ⏲Mitte März–Dez. 10–17, Juni–Aug. bis 19 oder 21 Uhr) Süd-Floridas größter Wasserpark bietet mehr als 30 nasse und wilde Rides voller Action. Von den Angst- und Begeisterungsschreien, die aus dem Big-Thunder-Tunnel dringen, sollte man sich keinesfalls abhalten lassen – es ist ein Riesenspaß! Parken kostet 15 US$ zusätzlich.

Schlafen

Hotel Biba MOTEL $
(☎561-832-0094; www.hotelbiba.com; 320 Belvedere Rd; Zi. 149–179 US$; P❄📶🏊) Den einfachen, weißen, nur mäßig großen Zimmern dieses Motels fehlt zwar etwas Farbe, doch es ist eine der besseren (wenn nicht die einzige) Budgetunterkünfte weit und breit. Das Motel liegt günstig nur einen Block vom Intracoastal entfernt am Rand des El Cid District. Es ist sauber und völlig o.k., wenn man einfach nur irgendwo schlafen möchte. Ein einfaches internationales Frühstück ist inklusive.

★ **Grandview Gardens** B&B $$
(☎561-833-9023; www.grandview-gardens.com; 1608 Lake Ave; Zi. 139–249 $; P❄📶🏊) In dem traulichen Resort fühlt man sich im Nu wie ein Einheimischer. Versteckt in einem tropischen Garten am Howard Park gibt es hier riesige Suiten mit schmiedeeisernen Himmelbetten und Fenstertüren, durch die man direkt in einen Hof mit Swimmingpool gelangt. Die Deko der Zimmer spiegelt den spanisch-mediterranen Stil wider, der in diesen Breiten so beliebt ist.

Essen

★ **Grandview Public Market** MARKT $
(www.grandviewpublic.com; 1401 Clare Ave; ⏲7–22.30 Uhr) Der kürzlich eröffnete Grandview Public Market bietet eine riesige Auswahl an Läden, Ständen und Imbisswagen, die alles Mögliche anbieten. Bei Weitem die beste Möglichkeit für Budgetreisende oder Gruppen, in denen jeder was anderes essen möchte. Die Auswahl reicht von kubanischen Sandwiches bis zu Eisröllchen aus Thailand und alles dazwischen. Und es gibt genug Sitzplätze!

Restoration Hardware BRASSERIE $$
(☎561-804-6826; www.restorationhardware.com; 560 Okeechobee Blvd; Hauptgerichte 19–27 US$; ⏲Mo–Sa 10–20, So 11–19 Uhr) Sowohl der Name als auch die Location (über einem Möbelladen) täuschen über das einmalige Erlebnis hinweg, das die Gäste im Restoration Hardware erwartet: In dem höchst eleganten Dachterrassen-Restaurant mit kompletter Bar und spektakulärem Weinzimmer wird das köstliche Essen reizend präsentiert, es gibt wundervoll zubereitete Salate, kunstvoll präsentierte Burger und pfiffige Hummerrollen.

Darbster VEGAN $$
(☎561-586-2622; www.darbster.com; 8020 S Dixie Hwy; Hauptgerichte 12–18 US$; ⏲Di–Fr 17–22, Sa 10.30–15 & 17–22, So bis 21 Uhr) Dieses Restaurant ist gleich in mehrfacher Hinsicht allein auf weiter Flur: Es liegt ungefähr 5 Meilen (8 km) außerhalb der Stadt an einem unpassenden Standort nahe des S Dixie Hwy am Palm-Beach-Kanal, das Essen ist zu 100 % vegan, der Gewinn des Darbster geht vollständig an eine Tierschutzstiftung und Besucher aller Couleur – von Hippies in Birkenstock-Schuhen bis zu reichen Gästen mit Diamantenohrringen aus Palm Beach – lieben es.

★ **Table 26 Degrees** AMERIKANISCH $$$
(☎561-855-2660; www.table26palmbeach.com; 1700 S Dixie Hwy; Hauptgerichte 20–49 US$; ⏲Mo–Sa 11.30–14, So ab 10.30, plus So–Do 16.30–22, Fr & Sa bis 23 Uhr) Von den Preisen dieses anspruchsvollen Restaurants sollte man sich nicht abschrecken lassen. Das Table 26 Degrees ist vom Geräusch der Gespräche und dem Gläserklirren der vielen einheimischen Gäste erfüllt. Sie versammeln sich an der Bar (tolle Happy Hour tgl. 16.30–18.30 Uhr) und genießen die kleinen Teller zum Teilen sowie die Hauptgerichte. Die Karte ist unterteilt in „Water“ (Fisch & Meeresfrüchte), „Land“ (Fleischgerichte), „Field“ (vegetarische Gerichte) und „Hands“ (Brathühnchen und Burger).

Ausgehen & Unterhaltung

Roosters SCHWULE
(☎561-832-9119; www.roosterswpb.com; 823 Belvedere Rd; ⏲So–Do 15–3, Fr & Sa bis 4 Uhr) Seit 1984 ist das Roosters fester Bestandteil der bunten Schwulenszene von West Palm. Es gibt Popcorn, Hot Dogs, Bingo und heiße Tänzer.

★ Voltaire CLUB

(☎ 561-408-5603; www.voltairewpb.com; 526 Clematis St; ⏲ So–Mi 20–2, Do bis 3, Fr–Sa bis 4 Uhr) Das Club-Urgestein Voltaire neben dem Respectable Street bestimmt die Subkultur: Frisches Sushi, handgemachte Cocktails und Live-Musik passen nicht immer zusammen, aber dieses schräge Lokal ist phantastisch. Es gibt tolle Drinks, ausgezeichnete Maki und Nigiri und einige spaßige, interessante Bands. Cabaret, improvisierte Live-Musik und andere Events finden hier ebenfalls statt. Nicht verpassen!

Respectable Street LIVEMUSIK

(☎ 561-832-9999; www.respectablestreet.com; 518 Clematis St; ⏲ Mi–Do 21–3, Fr & Sa bis 4 Uhr) Seit zwei Jahrzehnten sorgt das Respectable dafür, dass tolle Bands aus Süd-Florida hier jammen, und darüber hinaus organisiert es im Oktober das MoonFest, das größte Straßenfest der Stadt. Zudem gibt es großartige DJs, starke Drinks und eine luftige Terrasse, auf der man chillen kann. Wer genau hinsieht, entdeckt vielleicht in der Wand ein Loch, das Anthony Kiedis von den Red Hot Chili Peppers hineingeschlagen hat, als die Band hier spielte.

International Polo Club ZUSCHAUERSPORT

(☎ 561-204-5687; www.internationalpoloclub.com; 3667 120th Ave S, Wellington; Eintritt 10 US$, Sitzplätze am Rasen ab 30 US$; ⏲ Jan.–April So) Zwischen Januar und April ist der International Polo Club 16 Wochen lang von Polospielen und Glamour geprägt. Als eine der besten Polo-Anlagen der Welt lockt er nicht nur die besten Spieler hierher, sondern auch die heimische und internationale Schickeria. Diese lässt es sich – natürlich in der neuesten Mode gekleidet – beim Champagner-Brunch (125 US$, mit einer Flasche Veuve Cliquot 325US$) gut gehen. Warum auch nicht?

ℹ Praktische Informationen

Die *Palm Beach Post* (www.palmbeachpost.com) ist die größte Zeitung.

Discover The Palm Beaches Visitor Center (☎ 561-233-3000; www.thepalmbeaches.com; 2195 Southern Blvd, Suite 400; ⏲ Mo–Fr 8.30–17.30 Uhr) bietet Informationen zur Gegend, Karten und Onlineführer.

Musikfans ist das kostenlose Magazin Pure Honey ans Herz zu legen (www.purehoneymagazine.com) für Infos zu toller Musik, Liveshows und anderen Veranstaltungen.

ℹ Anreise & Unterwegs vor Ort

Am **Palm Beach International Airport** (PBI; ☎ 561-471-7420; www.pbia.org; 1000 James L. Turnage Blvd) findet man die meisten großen Fluggesellschaften und Autovermietungen. Er liegt etwa 1 Meile (1,6 km) westlich der I-95 an der Belvedere Rd. Bus Nr. 44 von Palm Tran (S. 521) verkehrt zwischen dem Flughafen, dem Bahnhof und der Downtown (2 US$).

Greyhound (☎ 561-833-8534; www.greyhound.com; 205 S Tamarind Ave; ⏲ 6–22.45 Uhr), **Tri-Rail** (☎ 800-875-7245; www.tri-rail.com; 203 S Tamarind Ave) und **Amtrak** (☎ 800-872-7245; www.amtrak.com; 209 S Tamarind Ave) nutzen den selben Bahnhof, die historische Seaboard Train Station. Bus Nr. 44 von Palm Tran fährt vom Flughafen zum Bahnhof.

Ein putziger, praktischer und kostenloser Bus, verkehrt ab 11 Uhr zwischen der Clematis St und dem CityPlace.

Everglades

Nirgendwo sonst in Amerika gibt es eine Wildnis wie die Everglades. Der „Fluss aus Gras", wie die amerikanischen Ureinwohner die Gegend nannten, ist mehr als nur ein Feuchtgebiet, ein Sumpf, ein See, ein Fluss, eine Prärie oder eine Graslandschaft – es setzt sich aus alldem zusammen. Weite Horizonte, großartige Blicke in die Ferne, Sonnenuntergänge, die sich über das gesamte Blickfeld erstrecken, und eine gesunde Population an Reptilien mit ihren aufgerissenen Rachen aus der Dinosaurier-Ära prägen diese einzigartige Landschaft.

Die Großartigkeit dieses Parks offenbart sich beim Anblick eines Schlangenhalsvogels, der seine Flügel anlegt, bevor er spiralförmig ins Wasser hinunterstürzt, eines Kanadareihers, der mit langsamen, rhythmischen Flügelschlägen über seinem Revier kreist, oder der roten Sonne, die über einem Meer aus Sauergras strahlt und dann hinter Zypressen verschwindet. In einem Land, in dem Naturschönheit an ihrer Dramatik gemessen wird, fließen die Everglades unauffällig und stetig vor sich hin.

Everglades National Park

Die riesige **Wildnis** (☎ 305-242-7700; www.nps.gov/ever; 40001 SR-9336, Homestead; ⏲ Visitor Center 9–17 Uhr) des 6070 km² großen Nationalparks gehört zu den bedeutendsten Naturschätzen, die Amerika zu bieten hat. Es gibt viel zu sehen und zu erleben: Besucher können Alligatoren bestaunen, die sich in der Mittagssonne aalen, und Fischreiher beobachten, die geduldig nach ihrer Beute Ausschau haltend durchs Wasser staksen. Wer will, kann durch von Mangroven gesäumten Kanälen und auf ruhigen Seen Kajak fahren oder auf einer wilden Sumpfwanderung (*slough slog*) unter einem Dach von Zypressen durch das trübe, kniehohe Wasser waten.

Plankenwege laden zu Spaziergängen ein – bei Sonnenaufgang, wenn die Vögel allmählich ihren Gesang anstimmen, oder im Mondschein, während die Alligatoren auf der Suche nach Nahrung geschmeidig durch enge Kanäle schwimmen. Besucher können im Hinterland zelten, Fahrradtouren unternehmen oder an von Rangern geführten Aktivitäten teilnehmen, bei denen die Magie der Everglades lebendig wird. Die große Frage ist: Wo soll man bloß anfangen?

Der Park hat drei Haupteingänge und drei Hauptbereiche: einen am südöstlichen Rand nahe Homestead und Florida City (Abschnitt Ernest Coe), einen an der zentralen Nordseite am Tamiami Trail (Abschnitt Shark Valley) und einen dritten an der Nordwestküste (Abschnitt Gulf Coast) hinter Everglades City. Die Parkbereiche Shark Valley und Gulf Coast liegen geografisch gesehen hintereinander, doch der Abschnitt Ernest Coe liegt komplett abseits.

Im Eintrittspreis – 30 US$ pro Fahrzeug und 15 US$ pro Wanderer/Fahrrad – ist der gesamte Park enthalten und das Ticket gilt an sieben aufeinanderfolgenden Tagen. Weil der Tamiami Trail eine öffentliche Straße ist, wird für Sehenswürdigkeiten entlang dieser Straße mit Ausnahme von Shark Valley kein Eintritt erhoben. In der südlichen Parkhälfte gibt es einen besetzten Checkpoint, der den Zugang zu allen Sehenswürdigkeiten an der Straße von Ernest Coe hinunter nach Flamingo überwacht.

Im Park gibt es drei Arten von **Backcountry-Campingplätzen** (☎239-695-3311, 239-695-2945; www.nps.gov/ever/planyourvisit/backcamp.htm; ⌚Flamingo & Gulf Coast Visitor Centers 8–16.30 Uhr): Stellplätze am Strand (*beach sites*) an der Küste (auf Muschelstränden) und auf den 10 000 Islands; Plätze an Land (*ground sites*, im Prinzip Aufschüttungen aus Erde über den Mangroven) und *chickees*. Letztere sind hölzerne Plattformen über dem Wasser, auf denen man frei stehende Zelte (ohne Heringe) aufbauen kann. Die *chickees* haben Toiletten und sind die zivilisiertesten Stellplätze. Wer auf so einer Plattform über dem Wasser übernachtet, fühlt sich so heiter und friedlich wie in einem treibenden Ruderboot. An den Landcampingplätzen werden Insekten am ehesten zur Qual.

Von November bis April kosten die Genehmigungen zum Campen 15 US$ plus 2 US$ pro Nacht und Person. Von Mai bis Oktober sind die Stellplätze kostenlos, man muss sich aber im Flamingo Visitor Center oder im Gulf Coast Visitor Center bzw. unter der Telefonnummer ☎239-695-2945 selbst registrieren.

Warnung: Wer mit dem Boot unterwegs ist und eine Insel sieht, die sich scheinbar zum Campen eignet, aber kein ausgewiesener Campingplatz ist, sollte Vorsicht walten lassen: Möglicherweise landet man im Wasser, wenn die Flut kommt!

Einige Tipps zum Campen im Hinterland des Nationalparks:

- Nahrungsmittel in gut tragbaren, vor Waschbären geschützten Behälter lagern (in Ausrüstungsgeschäften erhältlich).
- Sämtlichen Abfall mindestens 25 cm tief vergraben – das kann manchmal wegen der harten Grasnarbe schwierig sein.
- Zum Kochen einen Campingkocher benutzen. Offene Feuer sind nur an den Stellplätzen am Strand erlaubt, und auch dort darf man nur Fallholz oder Treibholz verbrennen.

Vor dem Besuch des Parks sollte man sich mit Vorräten eindecken. Homestead und Florida City eignen sich dafür am besten, wenn man in die südlichen Everglades will. Wer auf dem Weg zum Tamiami Trail ist, sollte sich in Miami oder in den westlichen Vorort mit allem Nötigen versorgen.

ℹ Anreise & Unterwegs vor Ort

Das größte subtropische Wildnisgebiet der kontinentalen USA ist von Miami aus leicht erreichbar. Zwischen dem Atlantik (Osten) und dem Golf von Mexiko (Westen) bedecken die „Glades" die südlichsten 130 km Floridas. Der Tamiami Trail (Hwy 41) durchquert sie von Osten nach Westen – parallel zur weiter nördlich gelegenen und weniger interessanten Alligator Alley (I-75).

Um richtig ins Innere der Everglades vordringen zu können, benötigt man unbedingt ein eigenes Auto und gute Wanderstiefel. Sinnvoll ist auch ein eigenes Kanu oder ein Kajak (inner- und außerhalb des Parks mietbar); eine Alternative sind geführte Paddeltouren. Fahrräder eignen sich gut für die ebenen Fahrbahnen des Everglades National Park (vor allem zwischen Ernest

Coe und Flamingo Point). Die Seitenstreifen sind hier häufig gefährlich schmal.

Rund um die Everglades

Biscayne National Park

Direkt östlich der Everglades liegt der **Biscayne National Park** (☎305-230-1144, Bootsfahrt 786-335-3644; www.nps.gov/bisc; 9700 SW 328th St; Bootsfahrt Erw./Kind 35/25 US$; ⌚7–17.30 Uhr) oder besser: Hier befinden sich die 5 % seines Gebiets, die nicht unter Wasser liegen. Unmittelbar vor der Küste Floridas liegt tatsächlich ein Teil des drittgrößten Riffs der Welt, das zusammen mit Mangrovenwäldern und den nördlichsten der Florida Keys zu diesem Nationalpark gehört. Abgesehen von Hawaii und dem in der Nähe gelegenen Key Largo hat man hier die beste Gelegenheit in den USA, sich ein Riff anzuschauen und dort zu schnorcheln.

Der Besuch des Biscayne National Parks erfordert etwas mehr Planung, wofür man aber reich belohnt wird. Dieser einzigartige, fast 780 km² große Park ist leicht auf eigene Faust mit dem Kanu oder im Rahmen einer Bootstour zu erkunden. Die beste Zeit für einen Besuch sind Sommer und Herbst, denn dann ist das Wasser ruhig und man kann wunderbar schnorcheln. Die Keys vor der Küste sind nur per Boot erreichbar und bieten einwandfreie Campingmöglichkeiten.

Einfache Campingplätze (www.nps.gov/bisc/planyourvisit/camping.htm; Stellplatz 25 US$/Nacht, Mai–Sept. frei) gibt es auf Elliott Key und auf Boca Chita Key, man erreicht die Plätze aber nur mit einem Boot. Winzige Gnitzen, No-see-ums genannt, sind hier eine echte Plage, und die Bisse dieser Mücken sind sehr unangenehm. Unbedingt dafür sorgen, dass das Zelt nicht die kleinsten Löcher aufweist, durch die die Quälgeister hineingelangen könnten.

Praktische Informationen

Dante Fascell Visitor Center (☎305-230-1144; www.nps.gov/bisc; 9700 SW 328th St; ⌚9–17 Uhr) Das Visitor Center am Convoy Point zeigt einen hervorragenden einführenden Film, der einen guten Überblick über den Park gibt, und hat Karten, Infos und tolle von Rangern geleitete Aktivitäten im Programm. Das Gelände rings um das Center ist an den Wochenenden und Feiertagen ein beliebter Picknickplatz, besonders für Familien aus Homestead. Es zeigt auch einheimische Kunstwerke.

An- & Weiterreise

Um herzukommen, fährt man von Homestead aus ca. 9 Meilen (14,4 km) auf der SW 328th St (North Canal Dr) nach Osten; der Weg ist ziemlich gut ausgeschildert und führt in ein großes, flaches Gebiet grün-goldener Felder und Marschen.

Homestead & Florida City

Homestead und Florida City, das 2 Meilen (3,2 km) weiter südlich benachbart ist, scheinen auf den ersten Blick nicht besonders attraktiv zu sein. Sie gehören noch zu den immer weiter wuchernden Randgebieten von South Miami und wirken wie eine endlose Meile von riesigen Einkaufszentren, Fast-Food-Restaurants, Autohändlern und Tankstellen. Doch hinter der Fassade verbirgt sich vieles, das zunächst nicht sichtbar ist: merkwürdige Kuriositäten wie ein „Schloss", das ein verliebter Einwanderer im Alleingang gebaut hat, ein Tierschutzzentrum für exotische Tierarten, eine Weinkellerei, die Floridas landwirtschaftliche Erzeugnisse präsentiert (Tipp: Trauben sind es nicht), eine florierende Kleinbrauerei und einer der besten Farm-Verkaufsstände des ganzen Landes.

Die beiden Städte sind großartige Ausgangspunkte für Abstecher in den atemberaubenden Everglades National Park.

Sehenswertes & Aktivitäten

★Coral Castle SCHLOSS

(☎305-248-6345; www.coralcastle.com; 28655 S Dixie Hwy; Erw./Senior/Kind 18/15/8 US$; ⌚So–Do 8–18, Fr & Sa bis 20 Uhr) „Hier werden Sie außergewöhnliche Errungenschaften sehen" kündigt die Inschrift auf der grob behauenen Steinmauer an, doch das ist eine Untertreibung. Es gibt einfach keinen großartigeren Tempel für alles Bizarre und Verrückte in Süd-Florida als dieses Bauwerk. Der Legende nach wurde ein Lette am Traualtar stehen gelassen und zog daraufhin nach Florida. Dort meißelte er in der Dunkelheit der Nacht unbeobachtet in mühsamer Handarbeit dieses Denkmal für die unerwiderte Liebe.

Everglades Outpost TIERSCHUTZGEBIET

(☎305-562-8000; www.evergladesoutpost.org; 35601 SW 192nd Ave, Homestead; Erw./Kind 15/10 US$; ⌚Mo, Di & Fr–So 10–17.30 Uhr, Mi & Do nach Vereinbarung) Der Everglades Outpost nimmt Wildtiere auf, die von illegalen

Händlern beschlagnahmt, vor Vernachlässigung und Misshandlung gerettet oder von überforderten Besitzern abgegeben wurden. Hier werden sie dann gefüttert und versorgt. Zu den Bewohnern des Outpost gehören ein Lemur, Wölfe, ein Schwarzbär, Zebras, Kobras, Alligatoren und ein Paar majestätischer Tiger (einer davon wurde von einer Nackttänzerin hierher gebracht, die das Tier eigentlich in ihre Tanznummer einbauen wollte). Mit dem Eintrittsgeld unterstützt man die Arbeit der Einrichtung.

Garls Coastal Kayaking Everglades KAJAKFAHREN
(www.garlscoastalkayaking.com; 19200 SW 344th St, Homestead; Einer-/Zweierkajak pro Tag 40/55 US$, halb-/ganztägige Tour 125/150 US$) Dieser Anbieter mit Sitz auf dem Gelände des Obststandes von **Robert Is Here** (☎305-246-1592; www.robertishere.com; Säfte 7–9 US$; ⊙8–19 Uhr) veranstaltet oft Exkursionen in die Everglades, die äußerst empfehlenswert sind. Die Ganztagstouren beginnen mit einer Wanderung (durch ziemlich sumpfiges Gelände in der üppigen Landschaft der Zypressenhaine), gefolgt von einer Kajaktour in den Mangroven und in der Florida Bay. Sofern noch Zeit bleibt, unternimmt man außerdem eine Nachtwanderung.

Schlafen & Essen

★ **Hoosville Hostel** HOSTEL $
(☎305-248-1122; www.hoosvillehostel.com; 20 SW 2nd Ave, Florida City; Stellplatz 18 US$/Pers., B 35 US$, DZ 65–80 US$, Suite 149–190 US$; P ❄ 📶 🏊) Das ehemalige Everglades International Hostel und heutige Hoosville hat die Schlafsäle mit dem guten Preis-Leistungs-Verhältnis, die Privatzimmer und die „halb-privaten" Zimmer (d.h. separate Zimmer in den Schlafsälen mit Gemeinschaftsbad) beibehalten. Das Beste ist aber der kreativ angelegte Hof. Dort gibt es ein kleines natürliches Felsbecken mit Wasserfall und eine Gartenlaube.

Gator Grill AMERIKANISCH $
(☎786-243-0620; 36650 SW 192nd Ave, Homestead; Hauptgerichte 9–16 US$; ⊙11–18.30 Uhr) Der Gator Grill, eine weiße Hütte mit Picknicktischen, liegt günstig, um vor oder nach dem Besuch des Everglades National Park einzukehren. Hier gibt's Alligatorengerichte aller Art: Alligatoren-Tacos, Alligatoren-Pfanne, Alligatoren-Kebabs und auch einfach gebratenes Alligatorenfleisch, das in einem Korb serviert wird.

Praktische Informationen

In mehreren Informationszentren bekommt man Tipps zu Attraktionen, Unterkünften und Restaurants.

Chamber of Commerce (☎305-247-2332; www.southdadechamber.org; 455 N Flagler Ave, Homestead; ⊙Mo–Fr 9–17 Uhr)

Tropical Everglades Visitor Association (www.tropicaleverglades.com; 160 N 1st St, Florida City; ⊙Mo–Sa 8–17, So 10–14 Uhr)

An- & Weiterreise

Homestead betreibt am Wochenende einen kostenlosen **Trolleybus-Service** (☎305-224-4457; www.cityofhomestead.com; ⊙Dez.–April Sa & So), der Besucher vom Losner Park (in der Downtown von Homestead) hinaus zum **Royal Palm Visitor Center** (☎305-242-7700; www.nps.gov/ever; State Rd 9336; ⊙9–16.15 Uhr) im Everglades National Park bringt sowie zwischen dem Losner Park und dem Biscayne National Park (S. 534) pendelt. Die aktuellen Fahrzeiten erfragt man am besten telefonisch.

Tamiami Trail

Die Calle Ocho in Miamis Little Havana bildet das östliche Ende des Tamiami Trail (Hwy 41), der sich quer durch die Everglades bis zum Golf von Mexiko zieht. Wer dem Hwy 41 von hier in Richtung Westen folgt, legt zwar nur ein paar Dutzend Meilen zurück, scheint aber Welten von der Stadt entfernt zu landen. Der Tamiami Trail führt zum Nordrand des Parks und passiert zuvor langgestreckte Auen- und Pinienwälder sowie Spielhallen, Anbieter von Sumpfbuggy-Touren und Fressbuden an der Straße.

Touren mit dem Sumpfboot (*airboat*) sind eine traditionelle Art, die Everglades zu sehen (und so ein abgedrehter Skynyrd-Fan mit Tattoos und Tarnklamotten hat schon etwas für sich); es gibt aber auch andere Möglichkeiten, den Park zu erkunden.

Sehenswertes & Aktivitäten

★ **Fakahatchee Strand Preserve** PARK
(☎239-695-4593; www.floridastateparks.org/parks-and-trails/fakahatchee-strand-preserve-state-park; 137 Coastline Dr, Copeland; Auto/Fußgänger/Fahrradfahrer 3/2/2 US$; ⊙8 Uhr–Sonnenuntergang; P 👪) Der Fakahatchee Strand hat nicht nur einen tollen Namen, sondern beherbergt auch ein 32 mal 8 km großes Mündungsfeuchtgebiet, das ein bisschen aussieht wie vom Anfang unserer Zeit. Über dieses feuchte, wilde Fantasy-Land, in dem noch immer Panther im schwarzen Wasser

ihre Beute jagen, führt ein 600 m langer Plankenweg. Auch wenn man wohl kaum einen zu Gesicht bekommen wird, sieht man dafür viele verschiedene Orchideen, Vögel sowie Reptilien, angefangen bei winzigen Glattechsen bis zu grinsenden Alligatoren.

Shark Valley Tram Tour GEFÜHRTE TOUREN
(☎305-221-8455; www.sharkvalleytramtours.com; Erw./Kind unter 12 Jahren/Senior 25/19/12,75 US$; ⏲Abfahrt Mai–Dez. 9.30, 11, 14 & 16 Uhr, Jan.–April stündl. zur vollen Stunde) Diese ausgezeichnete zweistündige Tour folgt einem 15 Meilen (24 km) langen Asphaltweg. Unterwegs begegnet man in den Wintermonaten zahlreichen Alligatoren. Die Touren werden von sachkundigen Parkrangern kommentiert, die einen faszinierenden Überblick in die Everglades geben.

Praktische Informationen

Shark Valley Visitor Center (☎305-221-8776; www.nps.gov/ever/planyourvisit/svdirections.htm; Eintritt in den Nationalpark Auto/Fahrradfahrer/Fußgänger 25/8/8 US$; ⏲9–17 Uhr) Eine gute Anlaufstelle, um sich über die Everglades zu informieren, z. B. über Wege, Tierbeobachtung und kostenlose, von Rangern geführte Aktivitäten.

Everglades City

Am Rande der Chokoloskee Bay findet man dieses Fischerdorf mit dem Charme von Old Florida. Hier gibt es Pfahlhütten, türkisfarbenes Wasser und verstreut liegende, smaragdgrüne Mangroveninseln. „City" ist ein sehr ehrgeiziger Name für dieses freundliche Fischerdorf, in dem man dennoch ein paar entspannte Tage verbringen kann. Der Ort hat einige interessante Überreste aus der Vergangenheit aufzuweisen, u. a. ein ausgezeichnetes regionales Museum. Auch die Meeresfrüchte schmecken hier hervorragend.

Der Hwy 29 führt Richtung Süden durch die Stadt und auf die kleine, friedliche Wohninsel Chokoloskee, von der sich ein schöner Blick auf die wasserreiche Wildnis der 10 000 Islands bietet. In Everglades City wie auch in Chokoloskee kann man Bootstouren buchen, um dieses fast unberührte Gebiet zu erkunden.

Sehenswertes & Aktivitäten

★ **Museum of the Everglades** MUSEUM
(☎239-695-0008; www.evergladesmuseum.org; 105 W Broadway, Everglades City; ⏲Mo–Sa 9–16 Uhr; P) GRATIS Dieses kleine Museum, das eine kulturelle Abwechslung zu so viel Natur bietet, sollte man auf keinen Fall verpassen. Es befindet sich im früheren Waschhaus der Stadt und wird von Freiwilligen betrieben, die unglaublich gut über die Geschichte der Region Bescheid wissen. Die Sammlung widmet sich der Besiedlung der Gegend von den frühen Pionieren im 19. Jh. über die Blütezeit in den 1920er-Jahren bis zu den tragischen Momenten (Hurrikan Donna zerstörte die Stadt 1960) und der darauffolgenden Verwandlung der Stadt in das ruhige Nest, das es heute ist.

10 000 Islands INSELN
Eine der schönsten Möglichkeiten, die friedliche Atmosphäre der Everglades zu erleben – die zugleich verlassen, aber auch üppig, tropisch und faszinierend wirkt –, ist eine Paddeltour durch das Netz der Wasserwege am Rand des nordwestlichen Abschnitts des Parks. Die 10 000 Islands bestehen aus vielen (wenn auch sicher nicht 10 000) winzigen Inseln und einem Mangrovensumpf an der südwestlichsten Grenze von Florida.

Everglades Adventures KANUFAHREN
(☎877-567-0679; www.evergladesadventures.com; 107 Camellia St, Everglades City; 3/4-stündige Touren ab 99 US$, Kanu-/Kajakverleih ab 30/50 US$ pro Tag) Wer die Everglades wirklich erleben will, muss sich aufs Wasser begeben. Dieser sehr empfehlenswerte Veranstalter bietet halbtägige Kajaktouren durch die Mangroven bei Sonnenaufgang und Sonnenuntergang. Bei den Abendausflügen paddelt man unter einem Himmel voller strahlender Sterne zum Ausgangspunkt zurück. Die Touren führen zu Orten wie Chokoloskee Island, Collier-Seminole State Park, Rabbit Key oder Tiger Key.

Schlafen & Essen

Outdoor Resorts of Chokoloskee MOTEL $
(☎239-695-2881; www.outdoorresortsofchokoloskee.com; 150 Smallwood Dr, Chokoloskee; Zi. 119 US$; ❄ 🏊) Wegen seiner vielen Einrichtungen, darunter mehrere Swimmingpools, ein beheizter Whirlpool, Tennis- und Shuffleboard-Plätze, ein Fitnesscenter und Bootsverleih, ist dieses Motel am nördlichen Ende von Chokoloskee Island sehr beliebt. Das Preis-Leistungs-Verhältnis stimmt. Die recht einfachen Zimmer im Motelstil haben Miniküchen und eine Terrasse auf der Rückseite mit Blick auf die Marina.

ABSTECHER: LOOP ROAD

Entlang der 24 Meilen (39 km) langen Loop Rd, die vom Tamiami Trail (Hwy 41) abzweigt, befinden sich einige einzigartige Stätten. Nummer Eins: die Häuser der **Miccosukee**, die mit den Einnahmen aus dem Glücksspiel teilweise erheblich ausgebaut wurden. Neben mehreren traditionellen Hütten im *chickee*-Stil stehen hier auch Trailer mit massiven Anbauten, die größer als die ursprünglichen Trailer sind, und vor allen scheinen funkelnagelneue Pick-up-Trucks zu parken. Nummer Zwei: tolle Haltebuchten mit Blick in den überfluteten Wald, in dem Reiher wie Flugsaurier in den Bäumen hocken, und wo in der Tiefe Alligatoren lauern. Nummer Drei: Häuser mit großen Konföderierten-Fahnen und Schildern mit der Aufschrift „Stay off my property" („Betreten verboten") – sie gehören genauso zur Landschaft wie die Sümpfe. Und Nummer Vier: der kurze, wunderbar dschungelartige **Tree Snail Hammock Nature Trail**. Die Kiesstraße ist zwar nicht asphaltiert, aber in gutem Zustand und auch für Fahrzeuge ohne Allradantrieb befahrbar. Wie ihr Name verspricht, kehrt die Straße am Ende direkt auf den Tamiami Trail zurück; die entspannte Rundfahrt dauert vielleicht ein, zwei Stunden.

Everglades City Motel MOTEL **$$**
(☎239-695-4224; www.evergladescitymotel.com; 310 Collier Ave, Everglades City; Zi. 150–250 US$; P ❄ 📶) Dieses Motel bietet mit seinen großen Zimmern, die mit allen modernen Annehmlichkeiten ausgestattet sind (Flachbild-TV, Kühlschrank, Kaffeemaschine), und den freundlichen Mitarbeitern, die den Gästen Bootstouren arrangieren können, ein gutes Preis-Leistungs-Verhältnis für alle, die etwas Zeit in der Nähe der 10 000 Inseln verbringen möchten.

★ **Havana Cafe** LATEINAMERIKANISCH **$$**
(☎239-695-2214; www.havanacafeoftheeverglades.com; 191 Smallwood Dr, Chokoloskee; Hauptgerichte mittags 10–19 US$, abends 22–30 US$; ⏲Mo–Do 7–15, Fr & Sa bis 20 Uhr, Mitte April–Mitte Okt. geschl.) Dieses Café ist weithin für sein köstlich zubereitetes Seafood mit lateinamerikanischer Note bekannt. Beliebte Mittagsgerichte sind Steinkrabben-Enchiladas, geschwärzter Zackenbarsch mit Reis und Bohnen sowie ein dekadentes kubanisches Sandwich. Auch die Tische im Freien zwischen Palmen und leuchtend bunter Bougainvillea tragen zum Reiz des Restaurants bei, genau wie der unglaublich freundliche Service.

Oyster House SEAFOOD **$$**
(☎239-695-2073; www.oysterhouserestaurant.com; 901 Copeland Ave, Everglades City; Hauptgerichte mittags 12–18 US$, Hauptgerichte abends 19–30 US$; ⏲So–Do 11–21, Fr & Sa bis 22 Uhr; 🍸 👪) Neben hervorragenden, für die Everglades typischen Meeresfrüchtegerichten (Austern, Krabben, Zackenbarsch, Offiziersbarsch, Hummer) tischt dieses gut besuchte, familiengeführte Restaurant auch Alligatorengerichte (Tacos, Jambalaya, Platten mit gebratenem Fleisch) und einfachere Körbe (Burger, gebratene Meeresfrüchte) sowie großartige Desserts auf. Das Innere erinnert an eine rustikale Hütte und ist mit altem Schnickschnack und ausgestopften Tieren dekoriert, sodass man sich fühlt, als wäre man tief in den Wäldern.

ℹ Praktische Informationen

Everglades Area Chamber of Commerce
(☎239-695-3941; Ecke Hwy 41 & 29; ⏲9–16 Uhr) Hier bekommt man allgemeine Informationen über die Region.

ℹ An- & Weiterreise

In dieser Gegend fahren keine öffentlichen Verkehrsmittel. Die 85 Meilen (137 km) lange Autofahrt von Miami nach Westen ist recht unkompliziert und dauert etwa 1¾ Stunden bei normalem Verkehr.

Florida Keys

Wenn Florida so etwas wie ein Bundesstaat außerhalb der USA ist, sind die Keys eine Inselgruppe außerhalb von Florida – soll heißen: Hier ist alles anders. Hierher flüchten Leute, die mit dem Alltag auf dem Festland nichts anfangen können. Und was finden die Besucher? Etwa 113 Inseln mit Mangrovenhainen und Sandbänken, über denen die weiße Sonne über tiefgrünen Mangroven zu schmelzen scheint. Den herrlich weichen Boden langgestreckter Wattgebiete und bei Flut überspülter Sandzungen. Blaugrünes Wasser. Und lauter charmant höfliche Gesellschaftsflüchtlinge. Key West wird bis heute von dem Motto „One Human

Family" geprägt – und so herrscht hier eine sehr tolerante Haltung. Alles ist möglich und das Leben gleicht immer einer Party (oder zumindest dem Kater danach). Wer hier den Sonnenuntergang genießt, wird von Pastelltönen und kühler Meeresluft eingehüllt. Willkommen am Ende der USA.

Praktische Informationen

Das Florida Keys & Key West Visitors Bureau des Monroe County Tourist Development Council betreibt eine ausgezeichnete Website (www.fla-keys.com) mit umfangreichen Informationen über alles, was die Keys zu bieten haben.

Gute tägliche Online-News und Informationen über die Inseln bietet die Seite www.keysnews.com.

An- & Weiterreise

Schon die Anreise kann ein echtes Erlebnis sein – oder eine Menge Stress, wenn man Pech hat. Auf einer der großartigsten Straßen der Welt, dem Overseas Hwy (Hwy 1), geht es von einer mangrovengesäumten Insel zur nächsten. An guten Tagen ist dies der Inbegriff des amerikanischen Road Trips, mit dem Wind im Gesicht, den Zwillingsstädten der Florida Bay auf der einen Seite und dem Atlantik auf der anderen. An schlechten Tagen quält man sich durch den Stau, vielleicht hinter einem Typen auf einer Harley, der seine Midlife-Crisis bekämpft.

Busse von Greyhound (www.greyhound.com) starten in Downtown Miami und in Key West und fahren zu allen Orten auf den Keys, die am Hwy 1 liegen; man kann sich einfach an den Overseas Hwy stellen und einen Bus heranwinken. Wer nach Fort Lauderdale oder Miami fliegt, kann den Tür-zu-Tür-Service des **Keys Shuttle** (☎ 888-765-9997; www.keysshuttle.com) nutzen, der die meisten Keys ansteuert (Upper Key & Middle Key/Lower Keys/Key West 70/80/90 US$). Man sollte mindestens einen Tag vorher buchen.

Key Largo

Wir wollen ehrlich sein: Auf den ersten Blick ist Key Largo (so heißen sowohl die Insel als auch die Stadt darauf) nicht besonders überwältigend. Allerdings sind die größten Attraktionen zunächst auch unsichtbar, denn sie liegen unter der Wasseroberfläche – u.a. ein Hotel. Wenn man auf die Inseln zufährt, sieht Key Largo aus wie eine lange zugebaute Meile. Doch sobald man da ist und in eine Seitenstraße einbiegt, eine Bar besucht oder ein umgebautes Plantagenhaus anschaut, kommen die Besonderheiten von Key Largo klarer zum Vorschein.

Die 33 Meilen (53 km) lange Key Largo, die bei MM 106 beginnt, ist die längste Insel der Florida Keys, und entlang dieser 33 Meilen wimmelt es von Meeresflora und -fauna. Da es hier die größte Konzentration an Tauchspots in den Keys gibt, ist die Meereswelt gut zugänglich. Die Stadt Tavernier (MM 93) liegt gleich südlich der Stadt Key Largo.

Sehenswertes & Aktivitäten

John Pennekamp Coral Reef State Park
STATE PARK

(☎ 305-451-6300; www.pennekamppark.com; MM 102,6 auf der Meerseite; Auto mit 1/2 Pers. 4,50/9 US$, Fußgänger o. Radfahrer 2,50 US$; ⏱ 8 Uhr–Sonnenuntergang, Aquarium bis 17 Uhr; P 👪) Dieser State Park kann sich rühmen, der erste Unterwasserpark der USA gewesen zu sein. Er umfasst 28 ha auf dem Land und fast 20 000 ha (knapp 200 km²) unter Wasser – fast der gesamte Park befindet sich somit im Ozean. Ehe man sich ins Wasser stürzt, sollte man aber die schönen Strände genießen und einen Spaziergang an Land machen.

Laura Quinn Wild Bird Sanctuary
TIERSCHUTZGEBIET

(☎ 305-852-4486; www.keepthemflying.org; 93600 Overseas Hwy, MM 93,6; Spende erbeten; ⏱ Sonnenaufgang–Sonnenunergang; P 👪) Dieses 2,8 ha große Schutzgebiet ist ein Refugium für viele verletzte Vögel. Ein Plankenweg führt durch verschiedene Gehege, wo man etwas über die dauerhaften Bewohner erfährt, die nicht wieder ausgewildert werden können. Hier sind u.a. Maskentölpel, Virginia-Uhus, Grünreiher, Braunpelikane und Ohrenscharben (eine Kormoran-Art) zu Hause. Wenn man dem Pfad weiter folgt, bietet sich eine nette Aussicht auf die Florida Bay und auf einen Teich mit Schreitvögeln.

African Queen
BOOTSFAHRTEN

(☎ 305-451-8080; www.africanqueenflkeys.com; Key Largo Holiday Inn, 99701 Overseas Hwy; Kanalfahrt/Fahrt mit Abendessen 49/89 US$) Das Dampfschiff aus dem gleichnamigen großartigen Film von 1951 mit Humphrey Bogart und Katharine Hepburn wurde wunderbar restauriert. Es wurde 1912 in England gebaut und transportierte in Afrika Waren, Missionare und Jäger, bevor es zum Filmstar avancierte. Das Boot wurde 1968 in die USA gebracht und als National Historic Site registriert.

Garl's Coastal Kayaking ÖKOTOUR
(☎305-393-3223; www.garlscoastalkayaking.com; 4-stündige geführte Touren Erw./Kind 75/50 US$, Kajak Ein-/Zweisitzer pro Tag 40/55 US$) Garl's ist ein ausgezeichneter Anbieter für Ökotouren, der seine Kunden mit Kajak und Kanu ins Hinterland der Everglades und durch die Mangroveninseln der Florida Bay führt. Hier gibt's auch preiswerte Leihausrüstung.

Schlafen & Essen

Hilton Key Largo Resort HOTEL $$
(☎305-852-5553; www.keylargoresort.com; MM 102 auf der Buchtseite; Zi./Suite ab 200/280 US$; P) Dieses Hilton-Hotel hat jede Menge Charakter. Die Gäste scheinen sich automatisch zu entspannen, wenn sie in den sauberen Designerzimmern in Blau- und Grüntönen und mit Balkons, von denen man aufs Wasser blicken kann, faulenzen. Auf dem riesigen Gelände gibt es einen Pool, der von einem künstlichen Wasserfall gespeist wird, und einen ziemlich langen, weißen Privatstrand. Die besten Preise ergattert man, wenn man online bucht.

Jules' Undersea Lodge HOTEL $$$
(☎305-451-2353; www.jul.com; 51 Shoreland Dr, MM 103,2 auf der Meerseite; EZ/DZ/3BZ 675/800/1050 US$) Wer Lust hat, zu seinem Hotel zu tauchen, ist hier richtig. Die frühere Forschungsstation wurde zu einem herrlich kitschigen Keys-Motel umgebaut, nur feuchter. Die beiden privaten Gästezimmer werden durch Gemeinschaftsräume, eine Küche mit Essbereich, eine Nasszelle mit Warmwasserduschen und Raum für die Ausrüstung ergänzt. Telefone und eine Gegensprechanlage ermöglichen den Kontakt zur Oberwelt.

Fish House SEAFOOD $$
(☎305-451-4665; www.fishhouse.com; MM 102,4 auf der Meerseite; Hauptgerichte mittags 12–21 US$, abends 21–30 US$; ⏱11.30–22 Uhr; P) Das Fish House macht seinem Namen alle Ehre: Der täglich von den einheimischen Fischern gebrachte Fisch wird gebraten, gekocht, geschwärzt oder auf dem Holzofengrill zubereitet und schmeckt ausgezeichnet. Die Karte wechselt je nach aktuellem Angebot.

Islamorada

Islamorada (is-luh-murr-*ah*-da) ist auch unter dem Namen „The Village of Islands" bekannt. Diese kleine Perlenkette oder die sechs Keys – Plantation, Upper und Lower Matecumbe, Shell und Lignumvitae (lignum-*vite*-ee) – schimmert bezaubernd und ist einer der schönsten Abschnitte der Inseln. Hier weichen die struppigen Mangroven dem endlosen Meer und Himmel, und die unterschiedlichsten Blautöne strahlen um die Wette. Islamorada erstreckt sich über ca. 20 Meilen (32 km), von Mile Marker 90 bis Mile Marker 74.

Sehenswertes & Aktivitäten

★**Florida Keys History of Diving Museum** MUSEUM
(☎305-664-9737; www.divingmuseum.org; MM 83; Erw./Kind 12/6 US$; ⏱10–17, 10–18.45 Uhr am 3. Mi im Monat; P) Das Tauchmuseum kann man gar nicht übersehen – es ist das Gebäude mit dem riesigen Walhai-Bild an der Seitenwand. Es führt Besucher durch die 4000 Jahre alte Geschichte des Tauchens. Zu sehen sind faszinierende Exponate wie Karl Heinrich Klingerts Kupferkessel aus dem Jahr 1797, ein skurriler Raum, der sich Jules Vernes Romanfigur Kapitän Nemo widmet, sperrige Tiefsee-Tauchanzüge und großartige Taucherhelme aus aller Welt. Die einfallsreiche Ausstellung ist ein typisches Beispiel für die charmante Skurrilität der Keys.

Windley Key Fossil Reef Geological State Site STATE PARK
(☎305-664-2540; www.floridastateparks.org/parks-and-trails/windley-key-fossil-reef-geological-state-park; MM 85,5 auf der Meerseite; Eintritt 2,50 US$, Tour 2 US$; ⏱Do–Mo 8–17 Uhr) Damit Henry Flagler seine Eisenbahn über die Keys bauen konnte, musste er beträchtliche Brocken der Inseln herausbrechen. Die besten Zeugnisse seiner Anstrengungen finden sich in diesem früheren Steinbruch, der heute ein State Park ist. Entlang der 2,4 m hohen Steinbruchwand befindet sich zurückgelassene Maschinerie. Direkt im Gestein sieht man Fossilienabdrücke von Hirn- und Hirschgeweihkorallen. Der Steinbruch ermöglicht Besuchern einen coolen (und seltenen) Blick in die Korallenschichten, aus denen die Keys im Wesentlichen bestehen.

★**Robbie's Marina** BOOTSFAHRTEN
(☎305-664-8070; https://robbies.com; MM 77,5 auf der Buchtseite; Leihgebühr Kajak & SUP-Brett 45–80 US$; ⏱9–20 Uhr) Der Veranstalter deckt alles ab: Auf seinem mit Treibholz eingezäunten Gelände befindet sich ein Flohmarkt, ein billiger Souvenirladen und ein Meeresbecken mit riesigen Tarpunen. Darü-

berhinaus ist dies der Ausgangspunkt für Angelexpeditionen, es werden Boote verliehen und Touren angeboten. Am besten ist es aber, sich dem ganzen Trubel zu entziehen und in aller Ruhe mit einem geliehenen Kajak durch die Mangroven, Wälder und Lagunen der Umgebung zu paddeln.

Schlafen & Essen

Lime Tree Bay Resort Motel MOTEL $$

(☎305-664-4740; www.limetreebayresort.com; MM 68,5 auf der Buchtseite; Zi. 180–360 US$;) Hängematten und Liegestühle laden auf dem gut 1 ha großen Anwesen am Wasser zum Beobachten des spektakulären Sonnenuntergangs ein. Die Zimmer sind gemütlich, luftig und elegant und haben Holzböden und Seildekorationen – die schönsten bieten einen Balkon mit Blick aufs Wasser. Den Gästen stehen zudem Tennisplätze, Fahrräder, Kajaks und Stehpaddelbretter zur Verfügung.

Bad Boy Burrito MEXIKANISCH $

(☎305-509-7782; 103 Mastic St, MM 81,8 auf der Buchtseite; Hauptgerichte 8–15 US$; Mo–Sa 10–18 Uhr) Versteckt an einer winzigen Plaza sitzt man hier zwischen sprudelnden Brunnen, Orchideen und sich wiegenden Palmen. Auf der Karte stehen großartige Fisch-Tacos und die namengebenden Burritos mit hochwertigen Zutaten (Kronfleisch, Entenconfit, Zucchini und Kürbis) und allen möglichen Beilagen (Weißkraut, Chipotle-Mayonnaise, hausgemachte Salsa). Dazu am besten Hibiskus-Tee und Pommes mit Guacamole bestellen.

★ **Lazy Days** SEAFOOD $$

(☎305-664-5256; www.lazydaysislamorada.com; 79867 Overseas Hwy, auf der Meerseite; Hauptgerichte 18–34 US$; Mo–Sa 11–23, So bis 22 Uhr;) Das Lazy Days, eines der kulinarischen Highlights der Islamorada, ist wegen seiner frischen Meeresfrüchtegerichte weithin berühmt. Am besten beginnt man mit einer Muschelsuppe, zu der ein kleiner Sherry serviert wird, gefolgt von einem göttlichen Eber-Lippfisch-Poseidon (Fisch mit Shrimps, Jakobsmuscheln und Limettenbutter) oder einem Teller mit gekochten Meeresfrüchten (halber Hummer, Shrimps, der Fang des Tages und andere Delikatessen).

Marathon

Marathon liegt auf halber Strecke zwischen Key Largo und Key West und eignet sich gut für einen Zwischenstopp, wenn man mit dem Auto die Inseln abklappert. Nach Key West ist es sicher die am stärksten erschlossene Insel, d.h. sie hat große Einkaufszentren und mehr als 8000 Einwohner. Ansonsten gibt es hier Exilanten vom Festland, die es sich gut gehen lassen, angeln und das eine oder andere Gläschen kippen. Marathon ist familienfreundlicher als Key West, hat sich aber auch seine wilde Seite bewahrt.

Schlafen & Essen

Seascape Motel & Marina MOTEL $$$

(☎305-743-6212; www.seascapemotelandmarina.com; 1075 75th St Ocean E, zw. MM 51 & 52; Zi. 250–550 US$; P) Die schlichte Eleganz dieser Pension zeigt sich in allen zwölf Zimmern mit ihrem minimalistischen und schicken Dekor. Der Swimmingpool befindet sich direkt am Meer, den Gästen stehen Kajaks und Stehpaddelbretter zur Verfügung. Das Motel ist so abgelegen, dass man völlig abschalten kann. Im Preis inbegriffen sind Wein und Snacks am Nachmittag.

Tranquility Bay RESORT $$$

(☎305-289-0667; www.tranquilitybay.com; MM 48,5, auf der Buchtseite; Zi. 340–700 US$; P) Wer sich mal etwas Luxus gönnen möchte, sollte hier übernachten. Das Tranquility Bay ist ein riesiges Resort mit Ferienwohnungen, schicken Strandhäusern, eleganter Bettwäsche und ganz in Weiß gehaltener Eleganz – der Strand ist nur wenige Schritte vom Bett entfernt. Die Anlage ist wirklich groß und bietet so viele Aktivitäten, dass es einem schwerfällt, das Resort zu verlassen.

★ **Keys Fisheries** SEAFOOD $$

(☎866-743-4353; www.keysfisheries.com; 3502 Louisa St; Hauptgerichte 12–27 US$; 11–21 Uhr; P) Das Reuben-Sandwich mit Hummer ist legendär: so süß, stückig und cremig, dass man hinterher davon träumt. Doch alle Meeresfrüchte sind so hervorragend, dass man gar nichts falsch machen kann. Serviert werden sie mit Gemüse. Die neugierigen Möwen interessieren sich sehr dafür, was die Gäste am belebten Ufer so essen.

Lower Keys

Auf den Lower Keys lebt eine Mischung aus Winterflüchtlingen und einheimischen Conchs. Einige Familien sind hier schon seit Generationen ansässig, daher herrscht hier eine stärkere Inselatmosphäre als andernorts am Overseas Hwy. Die Inseln werden hier isolierter, ländlicher und typischer „Keez-y" – und dann kommt plötzlich das (relativ) kosmopolitische, heterogene und freigeistige Key West.

Abgesehen von den Menschen ist die Natur das große Highlight der Lower Keys. Hier befinden sich der schönste State Park der Keys und eine der seltensten hier lebenden Arten. Paddler können die malerische und unberührte Mangroven-Wildnis erkunden.

★ **Bahia Honda State Park** STATE PARK
(305-872-3210; www.bahiahondapark.com; MM 37; Auto 4–8 US$, Radfahrer & Fußgänger 2,50 US$; 8 Uhr–Sonnenuntergang;) Dieser Park mit seinem langen, weißen (manchmal auch mit Tang bedeckten) Sandstrand ist der vielleicht schönste Natursandstrand dieser Inselkette. Ein Erlebnis ist auch der Spaziergang über die **alte Bahia-Honda-Eisenbahnbrücke**, von der sich ein schöner Panoramablick auf die umliegenden Inseln bietet. Eine weitere großartige Möglichkeit, einen sonnigen Nachmittag zu verbringen, ist eine Kajaktour (halber/ganzer Tag ab 12/36 US$).

Key West

Key West ist viel progressiver, offener und unkonventioneller als die anderen Keys – und auch viel spannender. In erster Linie wirkt die 2,6 km² große Insel wie eine herrliche tropische Oase, in der nachts die Stechäpfel blühen und die traditionellen karibischen Häuser so traurig-romantisch anmuten, dass es schwer fällt, bei ihrem Anblick nicht zu seufzen.

Key Wests Reize sind offenkundig, doch die Insel hat auch ihre Kehrseiten. Während es auf der einen Straßenseite Literaturfestivals, karibische Villen, tropische Restaurants und teure Kunstgalerien gibt, finden auf der anderen Seite Sado-Maso-Fetischparaden statt, betrunkene Collegestudenten schlafen auf dem Bürgersteig ein und in düsteren Bars drängen sich Bartträger mit Burnout-Syndrom. Angesichts dieser Widersprüche findet hier jeder etwas für sich, egal, wo die Interessen liegen.

Wie in anderen Teilen der Keys ist die Natur hier eine Hauptattraktion. Die Sonnenuntergänge sind oft traumhaft und der Anlass für die abendlichen Partys unten am Mallory Sq.

Sehenswertes

★ **Museum of Art & History at the Custom House** MUSEUM
(305-295-6616; www.kwahs.com; 281 Front St; Erw./Kind 10/5 US$; 9.30–16.30 Uhr) Das ausgezeichnete Museum in einem großen roten Backsteingebäude aus dem Jahr 1891 diente einst als Zollhaus und beherbergt heute eine Ausstellung zur Geschichte von Key West. Zu den Highlights gehören Fotografien und Dokumentarfilme über den ehrgeizigen Bau des Overseas Hwy (und den Wirbelsturm, bei dem 400 Menschen ums Leben kamen), das Modell der im spanisch-amerikanischen Krieg versenkten USS *Maine* und die Bedeutung der US Navy für Key West (einst der größte Arbeitgeber) sowie Fundstücke, die Wracktaucher aus den Schatztruhen gesunkener Schiffe plünderten.

★ **Mallory Square** PLATZ
(www.mallorysquare.com;) Hier versammeln sich alle Energien, Subkulturen und Eigenarten des Lebens auf den Keys und verschmelzen in einer von Fackeln erhellten, familienfreundlichen (aber verspielt-durchgeknallten) Straßenparty im Schein der Abendsonne. Das Zentrum all dieses lärmenden Trubels ist der Mallory Sq, auf dem sich eine der fantastischsten Shows der Welt abspielt. Es beginnt in den Stunden vor der Abenddämmerung – die sinkende Sonne gibt das Startsignal für das Spektakel mit Feuerschluckern, auf einem Seil laufenden Hunden und britischen Akrobaten, die ihre Künste zeigen und einander freche Sprüche zurufen.

Duval Street VIERTEL
Die Einwohner Key Wests empfinden eine Art Hassliebe für die berühmteste Straße Key Wests (wenn nicht gar der gesamten Keys). Die Duval Str, die Hauptstraße der Old Town von Key West, ist eine wundersame Meile, auf der der Alkohol in Strömen fließt, nichts wirklich authentisch ist und die Leute sich unmöglich benehmen – aber trotzdem macht es Spaß! Der „Duval Crawl" gehört zu den wildesten Kneipentouren des Landes. Der Mix aus Neon-Drinks, Travestie-Shows, kitschigen T-Shirts, kleinen Theatern, Kunstgalerien und Boutiquen ist eher charmant und unterhaltend als misstönend.

Hemingway House BEMERKENSWERTES GEBÄUDE
(305-294-1136; www.hemingwayhome.com; 907 Whitehead St; Erw./Kind 14/6 US$; 9–17 Uhr) Er-

nest Hemingway, der Liebling von Key West, lebte von 1931 bis 1940 in diesem prächtigen Haus im spanischen Kolonialstil. Papa Hemingway zog in den frühen 1930er-Jahren mit seiner zweiten Frau, einer Moderedakteurin der *Vogue* und (ehemaligen) Freundin seiner ersten Frau, hierher (später verließ er das Haus, um mit seiner dritten Frau davonzulaufen). An diesem Ort schrieb er *Das kurze glückliche Leben von Francis Macomber* und *Die grünen Hügel Afrikas* in Gesellschaft vieler Katzen, deren Nachkommen heute noch das Anwesen fest im Griff haben.

Aktivitäten

Dive Key West TAUCHEN
(☎305-296-3823; www.divekeywest.com; 3128 N Roosevelt Blvd; Schnorcheln/Sporttauchen ab 69/95 US$) Der größte Tauchveranstalter auf der Insel bietet morgens, nachmittags und nachts Tauchgänge an. Wracktauch-Touren kosten 145 US$ inklusive kompletter Ausrüstung und Sauerstoff (160 US$ mit Wetsuit). Schnorchler zahlen 69 US$.

Geführte Touren

Old Town Trolley Tours TOUREN
(☎855-623-8289; www.trolleytours.com; Erw./Kind 37/14 US$; ⏲Touren 9–16.30 Uhr; 👪) Diese Touren sind eine hervorragende Einführung in die Stadt und bieten einen guten Überblick über die Geschichte von Key West. Die 90-minütige Tramtour mit Bordkommentaren startet am Mallory Sq und klappert auf der Fahrt durch die ganze Stadt zwölf Stationen ab. Unterwegs kann man jederzeit ein- und aussteigen. Die Trolleys fahren alle 15 bis 30 Minuten ab.

Feste & Events

Womenfest LGBTIQ+
(http://gaykeywestfl.com/womenfest; ⏲Sept.) Beim Womenfest, einem der größten lesbischen Festivals Nordamerikas, wird vier Tage lang gefeiert. Es gibt Pool-Partys, Kunstshows, Roller-Derbys, Travestie-Brunches, Segeltörns in den Sonnenuntergang, Flag Football und eine Tattoo- und Schnurrbart-Fahrradtour. Das Ganze ist ein Riesenspaß, der tausende Besucher aus allen Ecken der USA und selbst aus dem Ausland nach Key West lockt.

★ **Fantasy Fest** KULTUR
(https://fantasyfest.com; ⏲Ende Okt.) Das Fantasy Fest, das an das wilde Mardi Gras in New Orleans erinnert, ist ein zehntägiges Event mit ausgefallenen Partys, Paraden, Straßenfesten, Konzerten und einer Vielzahl von Kostümveranstaltungen. Die Bars und Gasthäuser wetteifern eifrig um die schönste Hausdekoration, und alle Teilnehmer streifen sich die verrücktesten Kostüme über, die sich finden lassen (oder sie sind überwiegend nackt mit nur wagemutiger Körperbemalung).

Schlafen

Key West Youth Hostel & Seashell Motel HOSTEL $$
(☎305-296-5719; www.keywesthostel.com; 718 South St; B ab 55 US$, DZ 120–325 US$; P❄📶) Das Haus gewinnt garantiert keinen Designpreis, aber das Personal ist freundlich und es ist eine der wenigen preiswerten Unterkünfte der Stadt. Die Schlafsäle und Zimmer haben weiße Fliesenböden, die mit leuchtend farbigen Wänden (in den Schlafsälen in gelb, in den Doppelzimmern in blau und weiß) etwas aufgeheitert werden. Im Hof hinter dem Haus kann man sich mit anderen Reisenden austauschen.

Casablanca Key West PENSION $$
(☎305-296-0815; www.keywestcasablanca.com; 900 Duval St; Zi. 145–725 US$; ❄📶🏊) Die freundliche Pension am ruhigen Ende der Duval St hat acht helle Zimmer mit polierten Holzfußböden und gemütlichen Betten, teilweise auch mit kleinen Balkonen. Die feudale, tropische und elegante Pension war früher ein Privathaus, das 1898 erbaut wurde und schon einige berühmte Persönlichkeiten beherbergte, darunter 1937 auch Humphrey Bogart.

Die offene Terrasse bietet sich für einen Drink und Snacks am Nachmittag an.

Saint Hotel BOUTIQUEHOTEL $$$
(☎305-294-3200; www.sainthotels.com/key-west; 417 Eaton St; Zi. 360–700 US$; ❄📶🏊) Trotz der Nähe zur Duval St fühlt man sich in dem Hotel wie in einer anderen Welt. Das liegt wahrscheinlich an den noblen Zimmern (nicht nur für „Heilige"), der minimalistisch schicken Eingangshalle, dem fotogenen Pool mit kleinem Wasserfall und der kunstvoll gestalteten Bar. Die besten Zimmer haben einen Balkon mit Blick auf den Pool. Weit im Voraus buchen.

Essen

Pierogi Polish Market OSTEUROPÄISCH $
(☎305-292-0464; www.facebook.com/PierogiPolishMarket; 1008 White St; Hauptgerichte 5-11;

⏲ Piroggen-Theke Mo–Sa 11–19 Uhr, Geschäft Mo–Sa 10–18, So 12–18 Uhr; P ✎) Auf den Keys arbeiten unzählige Saisonkräfte, die überwiegend aus Mittel- und Osteuropa stammen. Hier finden sie ein Stück Heimat in Form von Piroggen, Knödeln, Blinis und tollen Sandwiches. Es nennt sich zwar „Polnischer Markt", doch das Essen ist auch auf ungarische, tschechische und russische Gäste sowie andere Nationalitäten ausgerichtet. Essen zum Mitnehmen oder Lieferservice wird hier auch angeboten.

Garbo's Grill FUSION $

(www.garbosgrillkw.com; 409 Caroline St; Hauptgerichte 10–14 US$; ⏲ Mo–Sa 11–22, So 12–18 Uhr) Ein kleines Stück abseits der Touristenpfade serviert das Garbo's leckere Tacos mit kreativen Toppings wie Shrimps in Mango-Ingwer-Habanero-Glasur und frische Mahimahi mit allem, was dazu gehört. Außerdem gibt's Gourmet-Burger und Hotdogs. Das Essen wird in einem schicken Airstream-Wohnwagen zubereitet, der an einer gepflasterten Terrasse mit Tischen und Stühlen steht.

The Café VEGETARISCH $$

(☎ 305-296-5515; www.thecafekw.com; 509 Southard St; Hauptgerichte 12–22 US$; ⏲ 9–22 Uhr; ✎) Das älteste vegetarische Restaurant von Key West ist tagsüber ein sonniges Mittagslokal und verwandelt sich abends in ein gut besuchtes, dezent beleuchtetes Restaurant, in das man gern kommt, um etwas zu essen und zu trinken. Die Küche ist herausragend und das sehr breit gefächerte Speisenangebot reicht von thailändischen Pfannen-Currys und Baguettes mit Fleischbällchen bis zu Pizza mit zerkleinertem Rosenkohl und einem berühmten vegetarischen Burger.

★ **Thirsty Mermaid** SEAFOOD $$

(☎ 305-204-4828; www.thirstymermaidkeywest.com; 521 Fleming St; Hauptgerichte 12–28 US$; ⏲ 11–23.30 Uhr; ✎) Das hübsche Lokal serviert hervorragende Meeresfrüchte in einer schicken, aber lässigen Atmosphäre. Auf der Speisekarte findet man alle Köstlichkeiten des Meeres wie Austern, Ceviche, Klaffmuscheln und Kaviar. Bei den Hauptgerichten sind vor allem gebratene Kammmuscheln und Thunfisch mit Togarashi-Gewürz und Jasminreis zu empfehlen. Zudem gibt's hier exquisite Sandwiches mit Hummer, gebratenen Austern und einheimischem Schnapper.

★ **Blue Heaven** AMERIKANISCH $$$

(☎ 305-296-8666; www.blueheavenkw.com; 729 Thomas St; Hauptgerichte morgens & mittags 10–19 US$, abends 22–35 US$; ⏲ 8–22.30 Uhr; ✎) Eines der schrägsten Restaurants auf einer Insel voller Kuriositäten: In den verwilderten Garten mit tropischen Pflanzen, in dem einst Hemingway als Schiedsrichter bei Boxkämpfen fungierte, strömen die Gäste zu Tisch – zusammen mit freilaufendem Federvieh. Besonders zum köstlichen Frühstück (Blaubeerpfannkuchen) ist es immer rappelvoll. Abends werden dann Gerichte der Keys-Küche mit einem französischen Touch (wie Gelbschwanzschnapper mit Zitronenbuttersauce) serviert.

Ausgehen & Unterhaltung

★ **Green Parrot** BAR

(☎ 305-294-6133; www.greenparrot.com; 601 Whitehead St; ⏲ 10–4 Uhr) Die raue Kneipe ist die älteste Bar auf einer Insel voller Bars und seit Ende des 19. Jhs. ununterbrochen geöffnet. Hier herrscht das Motto „Ein sonniger Ort für düstere Leute". Die schäbige Einrichtung – mit Kunstwerken aus der Region an den Wänden und einem Fallschirm unter der Decke – trägt nur zur Stimmung bei, genau wie das bunt gemischte, feierfreudige Publikum.

Captain Tony's Saloon BAR

(☎ 305-294-1838; www.capttonyssaloon.com; 428 Greene St; ⏲ 22–2 Uhr) Manche behaupten, dass Hemingway im benachbarten Megabar-Komplex Sloppy Joe's Stammgast war, doch in Wirklichkeit trank der alte Mann genau hier, wo sich das ursprüngliche Sloppy Joe's befand (ehe es in die Studentenhölle an der Duval St umzog). Hemingways dritte Frau (eine Journalistin, die über ihn schreiben sollte) verführte ihn in genau dieser Bar.

Irish Kevin's BAR

(☎ 305-292-1262; www.irishkevins.com; 211 Duval St; ⏲ 22–3.30 Uhr) Das Kevin's, eine der beliebtesten Megabars in der Duval St, hat das richtige Rezept gefunden, um die Gäste zu unterhalten: Die allabendliche Livemusik ist eine Mischung aus Folksängern, Cheerleader-Shows und schlüpfrigen Witzen im Stil aufgedrehter Radiomoderatoren. Das Publikum flippt regelmäßig bei den akustischen Coverversionen von Hits ab den 1980er-Jahren aus, die mit bierseligen patriotischen Deklamationen à la Lee Greenwood gemischt sind.

La Te Da KABARETT

(☎305-296-6706; www.lateda.com; 1125 Duval St; Tickets 33 US$; ⏲Shows 20.30 Uhr) Während sich die Einheimischen in der Bar im Freien auf ein gemütliches Bier treffen, finden im fantastischen Crystal Room im Obergeschoss am Wochenende erstklassige Travestieshows statt, zu denen die großen Stars aus dem ganzen Land anreisen. Etwas einfacheres Kabarett gibt es in der Bar im Erdgeschoss. Die Sunday Tea Dance, eine Party am Swimmingpool am Sonntagnachmittag (16–19 Uhr), ist ein großer Spaß.

Praktische Informationen

Citizen (www.keysnews.com) Gut geschriebene, oft amüsante Tageszeitung.

Key West Chamber of Commerce (☎305-294-2587; www.keywestchamber.org; 510 Greene St; ⏲9–18 Uhr) Sehr gute Infoquelle.

Key Wester (http://thekeywester.com) Restaurantkritiken und aktuelle Events.

Unterwegs vor Ort

Ist man erst einmal in Key West, besorgt man sich am besten ein Fahrrad (Leihfahrräder gibt's rund um die Duval St, in Hotels und Hostels ab 10 US$/Tag). Im Bereich der Duval St fährt zwischen 18 und 24 Uhr der kostenlose Duval-Loop-Shuttle (www.carfreekeywest.com/duval-loop).

Weitere Optionen sind die farbig markierten Busse von **Key West Transit** (☎305-600-1455; www.kwtransit.com; Tageskarte 4–8 US$), die etwa alle 15 Minuten fahren, und Mopeds, die in der Regel ab 35 US$ pro Tag erhältlich sind (Zweisitzer ab 60 US$). Schließlich wären da noch die offenen Elektroautos für Touristen namens „Conch Cruisers", die 55 km/h drauf haben; Vier-/Sechssitzer kosten ca. 140/200 US$ pro Tag.

A&M Scooter Rentals (☎305-896-1921; www.amscooterskeywest.com; 523 Truman Ave; Fahrrad/Moped/Elektroauto ab 10/35/140 US$/Tag; ⏲9–19 Uhr) verleiht Mopeds und Fahrräder sowie offene Elektroautos für zwei bis sechs Personen und liefert diese auch kostenlos an.

ATLANTIKKÜSTE

Floridas nördliche Atlantikküste – dank ihrer frühen Kolonisierung als „First Coast" bekannt – ist für den Süden der USA eine verstädterte Riviera, ein Land mit langen Stränden vor hohen Apartmenthäusern und Villen am Meer. Auf der Fahrt von Süden nach Norden kommt man an Daytona Beach mit seinen Auspuffrohren und Biker-Bars vorbei, fährt durch das idyllische Flagler Beach und erreicht schließlich das historische St. Augustine, wo man einen ein- bis zweitägigen Zwischenstopp einlegen sollte.

Gleich südlich der ausufernden Stadt Jacksonville, die die friedliche Küste unterbricht, liegen mehrere reiche Strandorte. Viele Besucher fahren von hier weiter auf die charmante Amelia Island und zur Grenze zu Georgia. Unterwegs stößt man auf eine Reihe grasbewachsener Barriereinseln, die mit Prielen, flachen Salzmarschen und dunklen Küstenwäldern durchsetzt sind.

Space Coast

Den über 60 km langen Abschnitt der Atlantikküste, der sich von der Canaveral National Seashore nach Süden bis Melbourne Beach erstreckt, prägen Barriereinseln, endlose unbebaute weiße Sandstrände, eine tief verwurzelte Surferkultur und Nischen des alten Florida.

Das Kennedy Space Center und mehrere kleine Museen widmen sich der Geschichte, den Helden und der Wissenschaft des Raumfahrtprogramms der USA, das der Space Coast ihren Namen gab. Cocoa Beach, das touristische Zentrum der Region, liegt gleich südlich vom Kreuzfahrthafen Cape Canaveral, wo zahlreiche Ozeanriesen ablegen. Neben 3-D-Raumfahrtfilmen, Bars im Stil von Südseehütten und Surferläden können auch alle Besucher, von Kleinkindern bis zu Senioren, an der Space Coast die für Florida so typische Wildnis erleben. Egal ob beim Kajakfahren mit Seekühen, beim Zelten auf privaten Inseln oder bei endlosen Spaziergängen auf weißen Sandstränden – man findet leicht einen ruhigen Ort.

Sehenswertes & Aktivitäten

★ **Kennedy Space Center** MUSEUM

(☎866-737-5235; www.kennedyspacecenter.com; NASA Pkwy, State Rd 405, Merritt Island; Erw./Kind 3–11 Jahre 61/50 US$; ⏲9–18, bis 20 Uhr bei besonderen Veranstaltungen) Ob man sich nun nur am Rande für den Weltraum interessiert oder ein eingefleischter Science-Fiction-Fan ist – ein Besuch im Kennedy Space Center ist ehrfurchterregend. Um einen guten Überblick zu erhalten, beginnt man mit der Ausstellung Early Space Exploration, macht dann die 90-minütige Bustour zum Apollo/Saturn V Center (wo es das beste Café des Museums gibt) und beendet den Besuch in der großartigen *Atlantis*-Ausstellung, wo man unter dem von der Hitze versengten Rumpf eines Shuttles entlangspazieren kann, das auf 33 Raumfahrtmissionen über 202 000 000 km durch das Weltall geflogen ist.

★ Merritt Island National Wildlife Refuge NATURSCHUTZGEBIET
(☎ 321-861-5601; www.fws.gov/merrittisland; Black Point Wildlife Dr, abseits der FL-406; Fahrzeug 10 US$; ⏰ Sonnenaufgang–Sonnenuntergang) GRATIS Dieses unberührte, 566 km² große Naturschutzgebiet ist einer der besten Orte des Landes, um Vögel zu beobachten, besonders zwischen Oktober und Mai (frühmorgens und nach 16 Uhr). In den Sümpfen, Marschen und Hartholz-Hammocks leben mehr bedrohte Tierarten als irgendwo sonst auf dem amerikanischen Festland. Die besten Beobachtungsmöglichkeiten bieten sich auf dem **Black Point Wildlife Drive** (abseits der FL-406; 10 US$/Fahrzeug; ⏰ Sonnenaufgang–Sonnenuntergang).

Canaveral National Seashore NATIONALPARK
(☎ Hauptsitz 321-267-1110; Besucherzentrum 386-428-3384; www.nps.gov/cana; Auto/Fahrrad/Fußgänger 10/5/5 US$; ⏰ März–Nov. 6–20 Uhr, Dez.–Feb. bis 18 Uhr) Dieser 39 km lange, windumtoste Strandabschnitt umfasst den längsten unerschlossenen Sandstrand an der Ostküste Floridas. Im Norden liegt der familienfreundliche **Apollo Beach** mit sanften Wellen, in der Mitte der fast menschenleere, bei Naturfreunden beliebte **Klondike Beach** und im Süden der **Playalinda Beach**, ein Surferrevier mit einem FKK-Strand in der Nähe von Abschnitt 13.

Sea-Turtle Nesting Tours ÖKOTOUR
(☎ 386-428-3384; Erw./Kind 8–16 Jahre 15 US$/frei; ⏰ Juni & Juli 20–24 Uhr) Im Sommer können bis zu 30 Personen an den abendlichen, von Rangern geleiteten Touren teilnehmen. Die Chancen, die kleinen Meeresschildkröten zu sehen, liegen bei 75 %. Eine Anmeldung ist erforderlich (ab 15. Mai für Touren im Juni, ab 15. Juni für die im Juli). Kinder müssen mindestens 9 Jahre alt sein, um an den Ökotouren teilnehmen zu können.

Schlafen

★ Beach Place Guesthouses APARTMENT $$
(☎ 321-783-4045; www.beachplaceguesthouses.com; 1445 S Atlantic Ave; Suite 199–399 US$; P ⊖ ❄ ᯤ) Das zwanglose zweistöckige Gästehaus bietet himmlische Erholung von der Partyszene am Strand von Cocoa Beach. Es hat große Suiten mit Hängematten und eine hübsche Terrasse. Zudem liegt es nur ein paar Schritte von den Dünen und vom Strand entfernt. Das ganze Grundstück ist mit vielen bunten Kunstwerken und Pflanzen geschmückt. Keine Tiere erlaubt.

Fawlty Towers MOTEL $$
(☎ 321-784-3870; 100 E Cocoa Beach Causeway; Zi. 99–250 US$; P ⊖ ❄ ᯤ ≋) Hier dreht sich alles um die Lage. Das Motel ist herrlich kitschig und extrem pink, also kaum zu übersehen. Die sauberen, schnörkellosen Zimmer punkten mit unschlagbarer Strandlage, es gibt einen ruhigen Pool und eine Tiki-Hütte (Alkohol selbst mitbringen). Manchmal braucht man einfach ein anständiges Zimmer.

Residence Inn Cape Canaveral HOTEL $$$
(☎ 321-323-1100; www.marriott.com; 8959 Astronaut Blvd; Zi. 240–300 US$; P ❄ ᯤ ≋) Dieses Marriott-Hotel empfiehlt sich für eine komfortable Flucht vor der Partyszene in Cocoa Beach. Die Zimmer sind zwar kettenmäßig langweilig, überzeugen aber mit bequemen Betten, Kochnischen und jeder Menge Platz. Weitere Pluspunkte sind das äußerst freundliche Personal und der hübsche Poolbereich. Das Hotel ist beliebt bei Kreuzfahrtpassagieren, die vor dem Einschiffen an Land übernachten. Der große Astronaut in der Lobby freut die Kinder.

Essen

Melbourne Beach Market MARKT $
(☎ 321-676-5225; 302 Ocean Ave; ⏰ Mo–Sa 8–20, So bis 19 Uhr) Hier bekommt man alles Lebensnotwendige, auch griechische und italienische Fertiggerichte.

★ Green Room Cafe VEGETARISCH $
(☎ 321-868-0203; www.greenroomcafecocoabeach.com; 222 N 1st St; Hauptgerichte 7–13 US$; ⏰ Mo–Sa 10.30–21 Uhr; 🌿) Das fantastische Café, das seine Energie ganz auf „das Gute von Innen" konzentriert, begeistert seine gesundheitsbewussten Kunden mit Acai-Beeren-Obst-Kombischalen, weizen- und glutenfreien Sandwiches, Smoothies aus echten Früchten sowie mit hausgemachten Suppen und Wraps. Falls der Smoothie „Tower of Power" mit Acai-Beeren, Pfirsich, Erdbeeren, Honig und Apfelsaft noch nicht reicht, um einen

aufzumuntern, dann schaffen es garantiert die freundliche Gesellschaft und die lebenssprühende Dekoration.

Leute, die nicht surfen, wundern sich vielleicht über den Namen, der sich von dem Hohlraum aus grünem Wasser im Tunnel einer Welle ableitet. Umweltbewusste Gäste werden sich freuen, dass es hier aus Prinzip keine Plastikstrohhalme gibt.

Seafood Atlantic SEAFOOD **$$**
(☎321-784-1963; www.seafoodatlantic.org; 520 Glen Cheek Dr, Port Canaveral; Hauptgerichte 8–19 US$; ⏲Mi–So 11–19, Fisch- & Meeresfrüchtemarkt ab 10 Uhr) Dieses Restaurant mit Terrasse im Freien ist tief in der Fischindustrie Canaverals verwurzelt und gehört zu den wenigen, die regional gefangene Shrimps, Krabben, Muscheln, Venusmuscheln, Austern und Fische servieren. Wenn sie im Angebot sind, sollte man einen Eimer der sogenannten Goldenen Krabben bestellen, die wunderbar feucht und cremig sind. Auf dem benachbarten Markt kann man dann gleich noch einkaufen.

Wer den sumpfigen Geschmack des Florida-Alligators vermisst hat, hier gibt's auch das. Zudem kann man die Rezepte der Lieblingsgerichte mit nach Hause nehmen.

ℹ Praktische Informationen

Das **Canaveral National Seashore Visitor Information Center** (☎386-428-3384; www.nps.gov/cana; 7611 S Atlantic Ave, New Smyrna; ⏲Okt.–März 8–18, April–Sept. bis 20 Uhr) liegt direkt südlich vom Eingangstor zum North District. Infos gibt's auch beim Visitor Center im Merritt Island National Wildlife Refuge.

An den Eingängen zum North District und zum South District gibt es eine Gebührenstation. Toiletten befinden sich auf den meisten Parkplätzen am Strand.

Rund um den geplanten Start von Raketen kann der Park zeitweilig geschlossen sein. Informationen zu Raketenstarts sind unter ☎321-867-4077 erhältlich.

ℹ An- & Weiterreise

Der **Orlando Melbourne International Airport** (☎321-723-6227; www.mlbair.com; 1 Air Terminal Pkwy) ist für die meisten Ziele an der Space Coast der nächstgelegene Flughafen. Der wachsende Flughafen wird von Delta, American Airlines, Elite Airways, Porter Airlines und Baer angeflogen. Hier sind auch alle großen Mietwagenfirmen vertreten. Zum Flughafen fährt der SCAT-Bus 21.

Alternative Flughäfen sind der Orlando International Airport, etwa 40 Minuten westlich von Cocoa Beach, und der Orlando Sanford International Airport, der eine gute Fahrtstunde nordwestlich von Cocoa Beach liegt.

Mit dem Auto gibt es zwei Möglichkeiten, nach Cape Canaveral zu fahren: von Cocoa Beach auf der A1A nach Norden oder auf der A1A über den Banana River und über Merritt Island nach Westen.

Busse von **SCAT** (SCAT; ☎321-633-1878; www.321transit.com; Einzelfahrschein 1,50 US$, 10-Fahrten-Karte/30-Tage-Karte 12/42 US$; ⏲Fahrplan variiert) bedienen Cape Canaveral. Route 9 fährt nach Cocoa Beach, Route 4 nach Cocoa Village.

Daytona Beach

Daytona Beach ist seit Langem ein Lieblingsurlaubsziel von Bikern in Lederklamotten, Motorsportfans und jungen Springbreak-Urlaubern, zudem ist es als Geburtsort der NASCAR-Rennserie und als Austragungsort des Autorennens Daytona 500 bekannt.

Während der Speedweeks verfünffacht sich die Zahl der Menschen in der Gegend; bis zu 500 000 Biker donnern zur **Bike Week** im März und zum **Biketoberfest** im Oktober in die Stadt. Wer Konföderierten-Fahnen, laute Motorräder, aufgebockte Trucks und Motorsportanhänger mag, ist dann im Paradies. Alle andern sollten zusehen, dass sie wegkommen.

Wer hinter die Fassade der aufdringlichen Hochhäuser aus den 1970er-Jahren, der Nachtclubs und Touristenfallen (natürlich im übertragenen Sinn) sieht, kann zur richtigen Jahreszeit das Phänomen der nistenden Meeresschildkröten erleben und ein paar interessante kulturelle Attraktionen entdecken.

◉ Sehenswertes & Aktivitäten

★ **Daytona International Speedway** RENNSTRECKE
(☎800-748-7467; www.daytonainternationalspeedway.com; 1801 W International Speedway Blvd; Führungen ab 23 US$; ⏲geführte Touren 9-30–15.30 Uhr) Der Heilige Gral unter den Rennstrecken bietet ein abwechslungsreiches Rennprogramm. Bei großen Rennen, allen voran dem **Daytona 500** im Februar, schießen die Preise für gute Plätze in die Höhe. Es lohnt sich, an Tagen, an denen keine Rennen stattfinden, kostenlos durch die riesigen Tribünen zu wandern. Die Tramtouren (keine Reservierung möglich) führen zur Rennstrecke, durch die Boxengasse und zu den

Bereichen hinter den Kulissen. Die Touren über das gesamte Gelände gewähren auch einen Einblick in den Medienraum und in die Boxen.

Southeast Museum of Photography MUSEUM
(☎ 386-506-3894; www.smponline.org; 1200 W International Speedway Blvd, Bldg 1200; ⏲ Di, Do & Fr 11–17, Mi bis 18, Sa & So ab 13 Uhr) GRATIS Wir lieben dieses versteckte Juwel in Daytona, das vom Daytona State College betrieben wird: Es ist das einzige Museum in Florida, das sich ausschließlich der Fotografie widmet. Das lebendige moderne Museum mit hervorragender Beleuchtung und ausgezeichneten Einrichtungen scheut in seinen Wechselausstellungen auch keine provokativen Themen. Das Beste: es ist kostenlos (obwohl Spenden natürlich gern gesehen sind)!

NASCAR Racing Experience RENNFAHREN
(☎ 740-886-2400; www.nascarracingexperience.com; 1801 W International Speedway Blvd; ab 149 US$, Discounts online; ⏲ Öffnungszeiten variieren) Wem der Adrenalin-Kick nicht reicht, den NASCAR-Fahrern dabei zuzusehen, wie sie ihre Runden drehen, steigt hier einfach selbst ins Auto. Man hat die Wahl zwischen verschiedenen Schwierigkeitsstufen der todesmutigen Herausforderung: vom Race Ride (ab 149 US$) mit drei Runden auf dem Beifahrersitz bis zur intensiven Advanced Experience (4000 US$) mit mehreren Runden, Promitreffen und sogar einem Teilnahmezertifikat. Die Zeiten sind unterschiedlich, am besten online checken.

Schlafen & Essen

Hyatt Place Daytona Beach Oceanfront HOTEL $
(☎ 386-944-2010; www.daytonabeach.place.hyatt.com; 3161 S Atlantic Ave, Daytona Beach Shores; Zi. ab 114 US$; P @ ☏ ≋) Hier gibt's mit die schwungvollsten, coolsten und funktionalsten Zimmer Daytonas. Alle haben Balkons, bequeme Betten, getrennte Wohn- und Schlafbereiche und ein schickes Schaltpult, um einen Laptop oder ein Handy an den 42-Zoll-Flachbild-TV anzuschließen.

Plaza Resort & Spa RESORT $
(☎ 855-327-5292, 844-284-2685; www.plazaresortandspa.com; 600 N Atlantic Ave; Zi. 109–149 US$; P ⊖ ❄ ☏ ≋) Das älteste Hotel Daytonas wurde 1888 erbaut und im Lauf der Zeit umfassend modernisiert, doch seinen traditionellen Charme hat es bewahrt. Wenn die Wände sprechen könnten… In der Lobby wurde am honigfarbenen Marmor nicht gespart, in den Zimmern stehen 42-Zoll-Plasma-TVs und wolkenweiche Betten, und das Spa erstreckt sich auf 1400 m² – in diesem Resort ist Luxus pur angesagt.

★ **House of Donuts** BÄCKEREI $
(☎ 386-441-4066; 1350 Ocean Shore Blvd, Ormond Beach; 1/6 Donuts 1,25/6 US$; ⏲ 6–14 Uhr) Direkt nördlich von Daytona in Ormond Beach bietet dieser nette kleine Donutladen alle Geschmacksrichtungen, die man erwartet, sowie einige total abgedrehte Kreationen, wie Key Lime oder Fruity Pebbles. „Smores" aus Keksen, Schokolade und Mini-Marshmallows sind zwar die absolute Kalorienbombe, aber warum nicht? Das ist Florida, loslassen!

Cracked Egg Diner FRÜHSTÜCK $
(☎ 386-788-6772; www.thecrackedeggdiner.com; 3280D S Atlantic Ave, Daytona Beach Shores; Frühstücksgerichte 5–13 US$; ⏲ 7–15 Uhr; P 👪) Das fröhliche Lokal in Daytona Beach Shores war so beliebt, dass es nebenan auch noch einen Anbau errichtete. Es ist das Projekt der Brüder Chris und Kevin. Einer von beiden begrüßt die Gäste meistens mit einem Lächeln am der Tür. Ihr Ziel: das perfekte Frühstück servieren. Wir finden, das gelingt ihnen sehr gut. Kinder werden mit den unterschiedlichen Namen der Gerichte ihren Spaß haben: z.B. den Chunky Monkey Pancakes oder dem Fruity Pebble French Toast.

Aunt Catfish's on the River SÜDSTAATENKÜCHE $$
(☎ 386-767-4768; www.auntcatfishontheriver.com; 4009 Halifax Dr, Port Orange; Hauptgerichte 9–31 US$, Brunch 18 US$; ⏲ Mo–Sa 11.30–21, So ab 9 Uhr; P 👪) Frisch gefangener Zackenbarsch und in Butter geschwenkte oder lecker frittierte Mahi-Mahi-Filets sowie Wels nach Cajun-Art sind der Grund dafür, dass dieses Meeresfrüchtelokal am Fluss bei Reisenden extrem beliebt ist. Warteschlangen sind hier alltäglich. Das Lokal liegt direkt vor den Toren von Daytona Beach in Port Orange. Ein Kinderspielbereich lenkt die Kleinen vom Warten ab.

Praktische Informationen

Daytona Beach Area Convention & Visitors Bureau (☎ 386-255-0415; www.daytonabeach.com; 126 E Orange Ave; ⏲ Mo–Fr 8.30–17 Uhr)

Ob man nun persönlich herkommt oder sich online erkundigt – die Mitarbeiter wissen bestens über alles in Daytona Beach Bescheid.

An- & Weiterreise

Daytona Beach liegt in der Nähe der Kreuzung zweier wichtiger Interstates, der I-95 und der I-4. Die I-95 ist die schnellste Route nach Jacksonville (ca. 90 Meilen; 145 km) und Miami (260 Meilen; 418 km), wenngleich die Fahrt über den Hwy A1A und den Hwy 1 landschaftlich reizvoller ist. Die Beville Rd, eine Ost-West-Verbindung mitten durch Daytona, wird hinter der Kreuzung mit der I-95 zur I-4 und ist die schnellste Route nach Orlando (55 Meilen; 89 km).

Eine Taxifahrt vom Flughafen zur South Atlantic Ave kostet 20 US$. Ride-Sharing-Services sind ebenfalls vorhanden.

Der **Daytona Beach International Airport** (☎ 386-248-8030; www.flydaytonafirst.com; 700 Catalina Dr) liegt direkt östlich vom Speedway und wird von Delta und US Airways angeflogen. Alle großen Autovermietungen sind ebenfalls vertreten.

Greyhound (☎ 386-255-7076; www.greyhound.com; 138 S Ridgewood Ave) Busverbindungen zu den meisten großen Städten in Florida und darüber hinaus.

St. Augustine

St. Augustine wurde 1565 von den Spaniern gegründet und ist die älteste ununterbrochen bewohnte europäische Siedlung in den USA. Heute ist sein Historic District, der sich über 144 Blocks erstreckt und als National Historic Landmark zählt, ein bedeutendes Ziel von Reisenden. Im Großen und Ganzen versprüht die Stadt Charme und bewahrt sich ihre Integrität, doch natürlich gibt's auch einige kitschige Touristenfallen: Miniatur-Themenparks, Tourveranstalter an fast jeder Ecke sowie Pferdekutschen, die an Einheimischen in historischen Kostümen vorbeirumpeln.

Viele erstklassige Museen und die Authentizität der jahrhundertealten Architektur, Denkmäler und engen Pflasterstraßen machen die bewegte Geschichte der Stadt Besuchern leicht zugänglich, und das macht St. Augustine ganz besonders einnehmend. Im Gegensatz zu vielen historischen Themenparks in Florida ist St. Augustine eine echte Stadt.

In der Stadt wartet ein vielfältiges Angebot an wundervollen B&Bs, gemütlichen Cafés und von Lampen beleuchteten Pubs, und auch wenn man bei Florida nicht zuallererst an Spitzenrestaurants denkt, so sind sie in St. Augustine doch zu finden.

Geschichte

Etwa um 1000 v.Chr. siedelten auf dem Gebiet des heutigen St. Augustine Timucua, die Alligatoren jagten und Mais und Tabak anbauten. 1513 sichtete der spanische Entdecker Juan Ponce de León Land, kam ans Ufer und beanspruchte La Florida („Land der Blumen") für Spanien. 1565 traf sein Landsmann Don Pedro Menéndez de Avilés am Festtag des Augustinus von Hippo hier ein und nannte die Stadt darum San Agustín – 42 Jahre vor der Gründung von Jamestown (Virginia) und 55 Jahre vor der von Plymouth (Massachusetts).

Menéndez errichtete rasch eine Militärbasis zum Schutz vor den Franzosen, die in der Nähe des heutigen Jacksonville Fort Caroline gegründet hatten. Die französische Flotte tat ihm den Gefallen, in einem Hurrikan stecken zu bleiben, und die Überlebenden wurden von Menéndez' Männern niedergemetzelt. Bis Spanien Florida 1821 den USA überließ, war St. Augustine von Piraten und spanischen und britischen Streitkräften sowie von Truppen aus Georgia und South Carolina geplündert, ausgeraubt, gebrandschatzt und besetzt worden.

Heute verleihen die Bauten der Stadt, die aus Schillkalkstein (einer Art natürlichem Beton aus Sedimentgestein und versteinerten Muschelschalen) bestehen, den schmalen Straßen ein bezauberndes Flair. Die lange, abwechslungsreiche Geschichte der Stadt, die von unzähligen Museen, Denkmälern und Galerien lebhaft erzählt wird, kann man hautnah erleben.

Sehenswertes

Der gesamte Historic District von St. Augustine wirkt wie eine Museum. Auf Besucher warten buchstäblich Dutzende Attraktionen. Die schmale kleine **Aviles St**, die älteste von Europäern besiedelte Straße des Landes, und die lange **St. George St**, eine Fußgängerzone, sind von Galerien, Cafés, Museen und Pubs gesäumt, die selbst schon Attraktionen sind.

★ **Lightner Museum** MUSEUM
(☎ 904-824-2874; www.lightnermuseum.org; 75 King St; Erw./Kind 15/8 US$; ⏲ 9–17 Uhr) Henry Flaglers ehemaliges Hotel Alcazar beherbergt heute dieses wunderbare Museum, das von allem ein bisschen zeigt: von aufwendig

dekorierten Möbeln aus der Gilded Age („Vergoldetes Zeitalter") bis zu Sammlungen von Murmeln und Zigarettenschachteletiketten. Das grandiose, imposante Gebäude ist eine Attraktion für sich. Es wurde 1887 von den New Yorker Architekten Carrère & Hastings im spanischen Neo-Kolonialstil erbaut.

Castillo de San Marcos National Monument FESTUNG
(☎904-829-6506; www.nps.gov/casa; 1 S Castillo Dr; Erw./Kind unter 15 Jahre 15 US$/frei; ⌚9–17 Uhr; P ♿) Das fotogene Fort ist ein stimmungsvolles Monument der Beständigkeit: Die älteste gemauerte Festung des Landes wurde 1695 von den Spaniern vollendet. In früheren Zeiten wurde die Festung zweimal belagert und wechselte sechsmal zwischen verschiedenen Ländern den Besitzer – sie ging von Spanien an Großbritannien, dann zurück an Spanien, anschließend folgten die USA, die Konföderierten Staaten von Amerika und schließlich endgültig die USA. Parkranger bieten stündlich Führungen an und feuern fast jedes Wochenende Kanonenschüsse ab.

Villa Zorayda Museum MUSEUM
(☎904-829-9887; www.villazorayda.com; 83 King St; Erw./Kind 10/5 US$; ⌚Mo–Sa 10–17, So 11–15 Uhr; P) Es sieht zwar wie der Nachbau eines spanischen Schlosses in einem Mittelalter-Themenpark aus, doch tatsächlich wurde dieses graue Gebäude schon im Jahr 1883 aus einer Mischung aus Beton und örtlichem Schillkalkstein errichtet. Es entsprang der Fantasie (vielleicht auch dem Fiebertraum) eines exzentrischen Millionärs, der von der im 12. Jh. errichteten Alhambra im spanischen Granada besessen war. Heute ist das Haus ein sonderbares, aber fesselndes Museum. Im Atrium im maurischen Stil und in den Räumen sind skurrile Antiquitäten, archäologische Exponate und andere Artefakte ausgestellt. Zu den Highlights gehören der Fuß einer 2400 Jahre alten Mumie und ein ägyptischer „Heiliger Katzenteppich".

Hotel Ponce de León HISTORISCHES GEBÄUDE
(☎904-823-3378; http://legacy.flagler.edu/pages/tours; 74 King St; Führungen Erw./Kind 12US$/frei; ⌚Führungen Mitte Mai–Mitte Aug. 10–15 Uhr stündl., im Schuljahr 10 & 14 Uhr) Das markante, in den 1880er-Jahren erbaute frühere Luxushotel ist heute der prächtigste Schlafsaal der Welt. Es gehört dem Flagler College, das es 1967 kaufte und vor dem Verfall rettete. Die empfehlenswerten Führungen geben eine Einführung in die Geschichte des herrlichen spanischen Renaissancebaus und erläutern auch Details. Zumindest sollte man einen kostenlosen Blick in die Lobby werfen.

Colonial Quarter MUSEUM
(☎904-342-2857; www.colonialquarter.com; 43 St George St; Erw./Kind 13/7 US$; ⌚10–17 Uhr) In dieser Rekonstruktion des historischen St. Augustine erfährt man, wie es hier in der spanischen Kolonialzeit im 18. Jh. zuging. Handwerker demonstrieren Schmiedekunst, Lederarbeiten, Schießen mit Flinten und andere historische Tätigkeiten. Eine Replik einer spanischen *caravel* (Schiff) ist ebenfalls ausgestellt, und es werden Kanonen und Musketen abgefeuert.

St. Augustine Beach STRAND
(350 A1A Beach Blvd) Angesichts der historischen Attraktionen könnte man den Strand fast übersehen – aber das ist Florida, da gehören ein bisschen Sonne und Meer einfach dazu. Am **St. Johns Pier** befindet sich ein Touristeninformationsschalter, der auch Angelausrüstung verleiht (2 Std. 15 US$). Am Ende der A St, drei Blocks südlich vom Pier, gibt's für Florida ziemlich gute Wellen.

Schlafen

Jaybird's Inn MOTEL $
(☎904-342-7938; www.jaybirdsinn.com; 2700 N Ponce de Leon Blvd; Zi. 139–159 US$; 📶 🏊) Das Motel hat ein frisches, flippiges Dekor in Aquamarinfarben. Die Betten sind breit und bequem, das kontinentale Frühstück ist im Zimmerpreis enthalten, und mit den für Gäste kostenlosen Fahrrädern kommt man flott überallhin. Zur Anlage gehört auch ein Restaurant.

★ **At Journey's End** B&B $$
(☎904-829-0076; www.atjourneysend.com; 89 Cedar St; Zi. 169–239 US$; P 📶 🐾) In diesem B&B, das sich angenehm von vielen altmodisch eingerichteten B&Bs in St. Augustine abhebt, sind Haustiere, Kinder und Schwule herzlich willkommen. Es ist mit einem schicken Mix aus Antiquitäten und modernen Möbeln eingerichtet und wird von freundlichen, sachkundigen Gastgebern geführt. Zu den Annehmlichkeiten, mit denen das At Journey's End hervorsticht, gehören das leckere Frühstück, kostenloses WLAN, die Dienste eines Hotelportiers sowie Bier, Wein und Mineralwasser während des Aufenthalts.

Essen & Ausgehen

Collage INTERNATIONAL $$$

(☎904-829-0055; www.collagestaug.com; 60 Hypolita St; Hauptgerichte 29–56 US$; ⏰17–21 Uhr) Das gehobene Restaurant hat sich mit seinem tadellosen Service, der intimen Atmosphäre und der beständigen Qualität der Küche einen Namen gemacht. Auf der Karte stehen viele Gerichte mit Zutaten, die hier im Meer gefangen werden oder von Farmen aus der Umgebung stammen. Die Auswahl ist groß und umfasst hochwertige Salate ebenso wie Hühnchen, Lamm, Kalb, Hummer, Jakobsmuscheln und Zackenbarsch. Die natürliche Qualität der superfrischen Zutaten wird durch subtile internationale Aromen betont.

★ **Odd Birds Bar** COCKTAILBAR

(☎904-679-4933; www.oddbirdsbar.com; 33 Charlotte St; ⏰Mo–Fr 17–2, Sa–So ab 13 Uhr) Das Odd Birds verkörpert einfach alles, was man sich von einer verrückten, total einzigartigen Cocktailbar wünschen kann: innovative, phantasievolle, häufig verspielte Drinks, Barkeeper, die ihre Kunst ernst nehmen (sie laden sogar Barkeeper aus anderen Bars ein, einen Abend lang Tricks auszutauschen), und ein lässiges Ambiente, das absolut unprätentiös ist (obwohl es das sein könnte).

Wer Cocktails liebt, sollte die Bar unbedingt einplanen.

Praktische Informationen

Visitor Information Center (☎904-825-1000; www.floridashistoriccoast.com; 10 W Castillo Dr; ⏰8.30–17.30 Uhr) Die hilfsbereiten, in historischen Kostümen gekleideten Mitarbeiter verkaufen Tickets für Führungen und informieren auch über alles, was in St. Augustine abgeht.

Die Tageszeitung *St. Augustine Record* (www.staugustine.com) hält auf ihrer Website gute Infos für Besucher bereit.

Anreise & Unterwegs vor Ort

Von Norden kommend fährt man bei Exit 318 von der I-95 ab und weiter nach Osten zur San Marcos Ave (hinter dem Hwy 1); dort biegt man rechts ab und landet genau am Tor zur Altstadt, gleich hinter dem Fort. Alternativ fährt man auf dem Hwy 1A, der die San Marco Ave kreuzt, parallel zum Strand oder nimmt von Jacksonville den Hwy 1 nach Süden. Von Süden kommend fährt man bei Exit 298 ab und gelangt auf den Hwy 1, der in die Stadt führt.

Im Zentrum gleicht das Autofahren wegen der Einbahnstraßen und Fußgängerzonen einem Albtraum. Parkplätze sind ebenfalls Mangelware. Außerhalb des Zentrums benötigt man aber einen fahrbaren Untersatz. Am Visitor Information Center gibt's einen großen Parkplatz, den man nutzen sollte.

Vom **Northeast Florida Regional Airport** (☎904-209-0090; www.flynf.com; 4900 US Hwy 1), der 5 Meilen (8 km) nördlich der Stadt liegt, starten einige Flüge. Die Fahrt mit dem Shuttle von **Airport Express** (☎904-824-9400; www.airportexpresspickup.com; ⏰24 Std.) ins Zentrum kostet 65 US$. Für eine zusätzliche Gebühr wird man bis zum Hotel gefahren. Reservierung erforderlich. Privatfahrten sind ebenfalls möglich.

Der **Greyhound-Busbahnhof** (☎904-829-6401; www.greyhound.com; 3 Cordova St) liegt nur ein paar Blocks nördlich vom Visitor Center.

Jacksonville

Mit 2176 km² ist Jacksonville die flächenmäßig größte Stadt der kontinentalen USA und zudem die bevölkerungsreichste Stadt Floridas. Jacksonville breitet sich an drei mäandernden Flüssen aus, in denen sich die funkelnden Lichter der Stadt spiegeln und über die lange Brücken führen. Mit seiner Fülle an Hochhäusern, Firmensitzen und Kettenhotels wirkt „Jax" vielleicht ein wenig charakterlos, doch wer sich Zeit nimmt, kann interessante Straßen, kuriose Typen und ein freundliches Südstaaten-Herz entdecken.

Wenn man Zeit hat, lohnt ein Besuch der Museen und des restaurierten Historic District sowie der charmanten, fußgängerfreundlichen Stadtviertel Five Points und San Marco mit Bistros, Boutiquen und Bars.

Die Strände von Jacksonville, die eine eigene Welt sind, erreicht man mit dem Auto je nach Verkehrslage und Startpunkt in 30 bis 50 Minuten.

Sehenswertes

★ **Cummer Museum of Art & Gardens** MUSEUM

(www.cummermuseum.org; 829 Riverside Ave; Erw./Student 10/6; ⏰Di 10–21, Mi–Sa bis 16, So 12–16 Uhr) Das nette Museum ist Jacksonvilles führende Kulturstätte und zeigt eine hervorragende Sammlung amerikanischer und europäischer Malerei, asiatischer dekorativer Kunst und Antiquitäten. Der Außenbereich mit klassischen englischen und italienischen Gärten gehört zu den hübschesten Fleckchen an der freien Luft in Jacksonville.

★ Museum of Contemporary Art Jacksonville — MUSEUM

(MOCA; ☎ 904-366-6911; https://mocajacksonville.unf.edu; 333 N Laura St; Erw./Kind 8/5 US$; ⊙ Di–Sa 11–17, So ab 12 Uhr) Die Kunst in diesem ultramodernen Haus geht weit über Malerei hinaus – hier kann man sich zwischen zeitgenössischen Skulpturen, Drucken, Fotografien und Filmen verlaufen. Unter www.jacksonvilleartwalk.com gibt's Infos über den vom MOCA veranstalteten, kostenlosen Art Walk, der am ersten Mittwoch eines jeden Monats von 17 bis 21 Uhr stattfindet. Der Spaziergang führt zu mehr als 56 Punkten und ist eine tolle Art, die Stadt zu erkunden.

Southbank Riverwalk — UFERPROMENADE

Von dieser 1,2 Meilen (1,9 km) langen Uferpromenade am Südufer des St. Johns River, gegenüber vom Zentrum und The Jacksonville Landing, bietet sich ein hervorragender Blick auf die weite Skyline der Stadt. An den meisten Abenden ist der Blick so toll, dass man mit seinen Schnappschüssen in den sozialen Medien garantiert gut ankommt, doch erst die Feuerwerke am 4. Juli und Silvester sind wirklich der Wahnsinn. Vom Southbank Riverwalk, auf dem man wunderbar schlendern kann, gibt's Verbindungen zu den Museen im Zentrum.

Treaty Oak — WAHRZEICHEN

(1123 Prudential Dr, Jesse Ball duPont Park) Auf den ersten Blick sieht es aus, als ob mitten in der Betonwüste in der Southside von Jacksonville ein kleiner Wald wächst. Doch bei genauerer Betrachtung zeigt sich, dass der „Wald" tatsächlich nur ein einziger riesiger Baum ist, dessen Stamm einen Umfang von 7,60 m hat und der eine fast kreisrunde Fläche von 60 m Durchmesser beschattet. Der örtlichen Legende zufolge ist der Eichenbaum das älteste Objekt in Jacksonville – sein Alter wird auf ca. 250 Jahre geschätzt.

Schlafen & Essen

Hotel Indigo Jacksonville — HOTEL $$

(☎ 904-996-7199; www.hoteldeerwoodpark.com; 9840 Tapestry Park Circle; Zi. ab 150 US$; P ⊖ ❄ 📶 ≋ 🐾) Überall satte Blautöne und luftige, designbewusste Zimmer mit Parkettfußböden, bequemen, großen Betten, Flachbild-TVs und einem allgemeinen Sinn für gestylten, aber erschwinglichen Luxus. All das bietet das ausgezeichnete Hotel der Indigo-Kette. Am Pool kann man schon mal ein bisschen Sonne tanken, wenn man nicht zu den Stränden will. Das Hotel liegt 11 Meilen (knapp 18 km) südlich des Zentrums von Jacksonville.

★ Hotel Palms — HOTEL $$

(☎ 904-241-7776; www.thehotelpalms.com; 28 Sherry Dr, Atlantic Beach; Zi. 140–180 US$, Suite ab 200 US$; 📶) Das traditionelle, um einen Hof gelegene Motel wurde in ein schickes kleines Hotel mit Kopfteilen aus aufgearbeitetem Altholz, Betonfußböden und offenem, luftigem Design verwandelt. Die Gäste können im Freien duschen und die kostenlosen Beachcruiser sowie die Feuerstelle unter freiem Himmel nutzen. Einige der tollen Zimmer scheinen direkt vom Instagram-Account eines angesagten Innendesigners zu stammen.

Beach Road Chicken Dinners — SÜDSTAATEN $

(☎ 904-398-7980; www.facebook.com/BRCD1939; 4132 Atlantic Blvd; Speisen 8–18 US$; ⊙ Di–Sa 11–20.30, So bis 18 Uhr) Wenn die Spezialität eines Hauses schon aus der Zeit vor dem Kalten Krieg stammt, spricht das für dessen Qualität – und dieses tolle, sehr beliebte Retro-Restaurant brät schon seit 1939 Hühnchen. Sobald man ein Stück des zarten, festen Fleisches abzieht und in einen Biskuit wickelt, versteht man, warum sich hier jeden Tag eine Schlange vor der Tür bildet.

Achtung: Es wird eine gesalzene Gebühr von 7 US$ erhoben, wenn man teilen will!

★ Black Sheep Restaurant — AMERIKANISCH $$

(☎ 904-380-3091; www.blacksheep5points.com; 1534 Oak St; Hauptgerichte ab 14–27 US$; ⊙ Di–Do 10.30–22, Fr bis 24 & Sa 9.30–24, So 9.30–20 Uhr; 👪) 🍃 Ein Restaurant, das sich guten, regionalen Zutaten und köstlichem Essen verschrieben hat, eine Bar mit einziehbarem Dach sowie eine Karte mit hochwertigen Cocktails hat? Wir sind dabei! Besonders gut sind das in Miso glasierte Entenconfit, das Tofu in Zitrus-Marinade, die Pastrami-Sandwiches mit hauseigenem Qualitätsfleisch und die in brauner Butter gegarte knusprige, gehäutete Regenbogenforelle. Lecker sind auch die Kardamom-Pfannkuchen und der Lachs auf Bagels, die beim Brunch am Wochenende serviert werden.

Ausgehen & Unterhaltung

★ De Real Ting Cafe — CLUB

(☎ 904-633-9738; www.facebook.com/derealtingcafe; 125 W Adams; ⊙ Di–Fr 11–15, Mi 16–23, Fr 16–3, Sa 20.30–3 Uhr) Der Club im Jamaica-Stil hat auch gutes Essen, aber hierher kommen die Leute wegen der Musik und der Atmosphäre: tolle karibische Musik, Tanz und Spaß. Es finden außerdem Open-Mic-Nights und andere Auftritte und Events statt.

Birdies BAR

(☎904-356-4444; www.birdiesfivepoints.com; 1044 Park St; ⏲Mo–Fr 16–2, Sa & So ab 13 Uhr) In diesem coolen Laden gibt's viel zu sehen. An den Wänden hängt einheimische Kunst und es gibt einen Fotoautomaten. Ein Mix aus Älteren und Anfang Zwanzigjährigen teilt sich die Billardtische, während aus Lautsprechern Indiemusik tönt. An den Wochenenden legen DJs auf und sorgen für noch mehr gute Stimmung.

★ **Florida Theatre** THEATER

(☎Verwaltungsbüro 904-355-5661, Ticketverkauf 904-355-2787; www.floridatheatre.com; 128 E Forsyth St) Hier gab Elvis 1956 sein erstes Hallenkonzert, das ein örtlicher Richter widerwillig besuchte, um sicherzustellen, dass Presley nicht zu obszön ist. In dem opulenten kleinen Theater von 1927 sind bekannte Musiker, Musicals und Filme zu sehen.

Praktische Informationen

Für Jacksonville und die Umgebung gibt's zahlreiche Informationsquellen.

Florida Times-Union (www.jacksonville.com) Konservative Tageszeitung in Druck- und Onlineversion; in der Freitagsbeilage *Weekend* sind familienfreundliche Veranstaltungen aufgeführt.

Folio Weekly (www.folioweekly.com) Kostenlos; mit Infos über Clubs, Restaurant und Events. Liegt überall in der Stadt aus.

Visit Jacksonville Tourist Information Center (☎800-733-2668; www.visitjacksonville.com; 208 N Laura St, Suite 102; ⏲Mo–Fr 9–17.30, Sa & So 11–16 Uhr) Hier gibt's alles, was man über Jax und Umgebung wissen muss.

Anreise & Unterwegs vor Ort

Der **Jacksonville International Airport** (JAX; ☎904-741-3044; www.flyjax.com; 2400 Yankee Clipper Dr; 📶) liegt ca. 18 Meilen (30 km) nördlich vom Zentrum an der I-95 und wird von großen sowie von regionalen Fluggesellschaften angeflogen. Auch Autovermietungen sind hier vertreten. Ein Taxi ins Zentrum kostet etwa um die 40 US$. Zum Shuttle-Service folgt man den Schildern; es gibt zahlreiche lizenzierte Anbieter, darum ist keine Reservierung notwendig.

Der **Greyhound-Busbahnhof** (☎904-356-9976; www.greyhound.com; 1111 W Forsyth St) befindet sich am westlichen Ende des Zentrums. Der **Amtrak-Bahnhof** (☎904-766-5110; www.amtrak.com; 3570 Clifford Lane) liegt 5 Meilen (8 km) nordwestlich vom Zentrum.

Die Jacksonville Transportation Authority (www.jtafla.com) betreibt Busse und Trolleys in der Stadt und zu den Stränden (Fahrpreis 1,50 US$) sowie den kostenlosen, malerischen Skyway (Monorail) über den Fluss.

Amelia Island

Amelia Island liegt nur 13 Meilen (21 km) von der Grenze zu Georgia entfernt und ist eine sonnige, moosbewachsene Insel, die von langen Stränden und einer Mischung aus Südstaatencharme und Florida-Küste geprägt ist. Man nimmt an, dass die Ureinwohner der Insel, die Timucua, schon vor 4000 Jahren auf Amelia Island eintrafen. Seitdem wehten auf der Insel acht verschiedene Flaggen: Zuerst hissten 1562 hier die Franzosen ihre Flagge, gefolgt von den Spaniern, Großbritannien, wieder den Spaniern, den Patrioten, dem Green Cross of Florida, den mexikanischen Rebellen, den USA, den Konföderierten und schließlich erneut den USA.

Schon seit den 1890er-Jahren, als Henry Flagler die Salzmarschen und die unberührten Strände der Küste in ein Feriengebiet für Reiche verwandelte, strömen Urlauber auf die Insel. Das Erbe dieser Zeit zeigt sich heute noch in der zentral gelegenen Stadt Fernanda Beach mit über 50 Blocks voller historischer Gebäude, viktorianischer B&Bs und ehemaliger Fischerhütten, in denen heute Restaurants untergebracht sind. Der Rest der Insel ist mit üppigen Parks, grünen Golfplätzen und kilometerlangen Stränden gespickt.

Sehenswertes & Aktivtäten

Amelia Island Museum of History MUSEUM

(☎904-261-7378; www.ameliamuseum.org; 233 S 3rd St, Fernandina Beach; Erw./Stud. 8/5 US$; ⏲Mo 10–16, So ab 13 Uhr) Das Museum der mündlichen Geschichte befindet sich im früheren Bezirksgefängnis (1879–1975). Es ist klein, hat aber informative Ausstellungen zur Geschichte der amerikanischen Ureinwohner, der Ära der spanischen Missionen, dem Bürgerkrieg und der Denkmalpflege. Es bietet verschiedene Touren an, darunter die Acht-Flaggen-Tour (Mo–Sa 11 & 14, So 14 Uhr) mit spannenden Erläuterungen zur faszinierenden Geschichte der Insel sowie Architekturtouren und Kneipentouren.

Fort Clinch State Park STAATSPARK
(904-277-7274; www.floridastateparks.org/fortclinch; 2601 Atlantic Ave, Fernandina Beach; Auto/Fußgänger 6/2 US$; Park 8 Uhr–Sonnenuntergang, Festung 9–17 Uhr; P) Obwohl mit dem Bau erst 1847 begonnen wurde, waren die Steinmauern des Fort Clinch durch die schnelle technologische Entwicklung schon 1861 hoffnungslos veraltet, als die Konföderierten die Festung im Bürgerkrieg besetzten und sich später wieder zurückzogen. Im Zweiten Weltkrieg wurde das Fort dann erneut militärisch genutzt. Heute kann man im Park viel unternehmen, es gibt entspannte Strände, an denen man Muscheln sammeln kann, und knapp 10 km ruhige, unbefestigte Wander- und Radwege.

★ **Kayak Amelia** KAJAKFAHREN
(904-251-0016, 904-261-5702; www.kayakamelia.com; 4 N 2nd St, Fernandina Beach; Touren Erw./Kind ab 65/55 US$, Kajakverleih halber Tag Einzel/Doppel ab 40/55 US$) Den Charme von Amelia Island erlebt man am besten an einem ruhigen Tag auf dem Wasser, wenn die Sonne über Meere und Schlickgras glitzert. Eine solche Erfahrung kann man mit Kayak Amelia machen. Im Angebot sind Paddeltouren im Ökosystem der Barriereinseln sowie SUP-Kurse und -Yoga (je 30 US$).

Schlafen

★ **Addison** B&B $$
(904-277-1604; www.addisononamelia.com; 614 Ash St, Fernandina Beach; Zi. 220–330 US$; P) Das 1876 erbaute Addison wurde so geschickt modernisiert (Whirlpools, Regenduschen, Handtücher aus türkischer Baumwolle und WLAN), dass man meinen könnte, es wäre vorige Woche erst eröffnet worden. Mit seinen Weiß-, Blau- und Grüntönen wirkt es peppig und frisch. Ein Vergnügen ist die täglich Happy Hour mit Blick auf den zauberhaften Innenhof und mit den zuvorkommendsten Gastgebern von Amelia.

Ritz Carlton HOTEL $$$
(904-277-1100; www.ritzcarlton.com; 4750 Amelia Island Pkwy, Fernandina Beach; Zi. ab 313 US$; P @) Purer Luxus, Dekadenz und erstklassiger Service erwartet die Gäste in diesem Ritz Carlton in überraschender Location. Das Haus liegt an 20 km unberührten Stränden, verfügt über einen privaten 18-Loch-Golfplatz sowie großzügige Zimmer und Suiten, die mit lässiger Eleganz eingerichtet sind. Hier übernachten Menschen mit dickem Geldbeutel, die im Leben nur das Beste gewöhnt sind oder sich eine ganz besondere Urlaubserfahrung gönnen möchten.

Essen & Ausgehen

★ **Patio Place** BISTRO $
(904-410-3717; http://patioplacebistro.com; 416 Ash St; Hauptgerichte 7–14 US$; Mi–Do 11–20, Fr & Sa 8.30–21.30, So bis 14 Uhr; P) In diesem erfreulichen Lokal tragen die Tische keine Nummern, sondern Ländernamen, es läuft internationale Musik, es gibt viel Holz und viele Sitzplätze draußen sowie einen angenehmen Service. Die Crêpes sind zwar Aushängeschild, es gibt aber auch Bowls, Suppen, Bruschettas und Tagesangebote. Die hausgemachte Sangria geht an einem heißen Florida-Tag gefährlich gut runter.

T-Ray's Burger Station BURGER $
(904-261-6310; www.traysburgerstation.com; 202 S 8th St, Fernandina Beach; Hauptgerichte 4–14 US$; Mo–Fr 7–14.15, Sa 8–13 Uhr) Zugegeben, das Essen in diesem unprätentiösen Restaurant in einer ehemaligen Exxon-Tankstelle ist reich an Cholesterin, Kohlenhydraten und Fett – doch es ist auch unglaublich lecker. Die Einheimischen lieben die üppigen Frühstücksgerichte, und die Tagesangebote sind immer schnell ausverkauft. Die saftigen Burger, dicken Pommes, gebratenen Shrimps und zarten Krabbenkuchen lassen einem einfach das Wasser im Munde zusammenlaufen. Man kann dem Hype Glauben schenken: die Schlange ist nicht ohne Grund so lang.

29 South SÜDSTAATEN $$
(904-277-7919; www.29southrestaurant.com; 29 S 3rd St, Fernandina Beach; Hauptgerichte 16–28 US$; tgl. 17.30–21.30, sowie Sa & So 10–14 Uhr; P) Hummer-Corn-Dogs, in süßem Tee eingelegte Schweinekoteletts, hausgemachter Donut-Brot-Pudding und Kaffeeeis – was will man mehr? Das in einem blasslilafarbenen Cottage untergebrachte Neo-Bistro nimmt kulinarische Risiken auf sich und meistert sie mit Bravour. Hier geht es locker und zugleich stil- und geschmackvoll zu.

★ **Palace Saloon** BAR
(www.thepalacesaloon.com; 113-117 Centre St, Fernandina Beach; 12–2 Uhr) Wenn man durch die Schwingtür der ältesten durchgängig bewirtschafteten Bar Floridas (seit 1878) hin-

einkommt, fällt als erstes die von Gaslampen beleuchtete 12 m lange Bar ins Auge. Der dunkle, mit Samt drapierte Saloon, der zu einem Pirate's Punch mit Rum einlädt, ist merkwürdigerweise bei Bikern und Shakespeare-Kennern gleichermaßen beliebt.

Praktische Informationen

Historic Downtown Visitor Center (☎904-277-0717; www.ameliaisland.com; 102 Centre St, Fernandina Beach; ⌚10–16 Uhr) Im alten Bahnhof gibt's haufenweise nützliche Infos und Karten. Selbst ein spaßiger Ort.

Shrimping Museum & Welcome Center (☎904-261-7378; 17 S Front St, Fernandina Beach; ⌚Mo–Sa 10–16, So ab 13 Uhr) Das kleine Museum am Hafen hat Karten von der Region und Broschüren.

An- & Weiterreise

Der Hwy A1A führt über die gesamte Länge von Amelia Island und dann weiter Richtung Westen zur I-95 bzw. in der entgegengesetzten Richtung an der Küste entlang; in beide Richtungen ist er gut ausgeschildert.

Die schnellste Route vom Festland nach Amelia ist die I-95 nach Norden bis zum Exit 373, von wo es noch ca. 15 Meilen (24 km) Richtung Osten bis zur Insel sind.

Wer eine landschaftlich reizvollere Anreise bevorzugt, fährt vom Jacksonville Beach in die Stadt Mayport und nimmt die **St. Johns River Ferry** (☎904-630-3100; www.jtafla.com; pro Fußgänger/Auto 1/6 US$; ⌚ab Mayport Mo–Fr 6–19, Sa & So 7–20.30 Uhr alle 30 Min.; ab George Island Mo–Fr 6.15–19.15, Sa & So 7.15–20.45 Uhr alle 30 Min.), die ungefähr alle 30 Minuten fährt.

SÜDWEST-FLORIDA

Die Golfküste Südwest-Floridas ähnelt einem impressionistischen Aquarell. Der Quartzsand der Strände auf den Barriereinseln leuchtet blendend weiß, das Türkis des Wassers geht in ein tiefes Indigoblau über und über dem silbrigen Horizont sinkt die gleißende Sonne. Sieht man dieselben Inseln nachts von den Brücken aus, sind sie ein phosphoreszierender Schimmer unter dem schwarzen Nachthimmel.

Die Hauptattraktion der Golfküste ist ihre Schönheit, dicht gefolgt von ihrer Vielfalt: Von Petersburg über Sarasota bis Naples begegnet man überall urbaner Kultiviertheit und herausragenden Restaurants. Es gibt hier einsame Inseln und familienfreundliche Resorts aber auch Partys im Spring-Break-Stil.

Salvador Dalís schmelzende Bilder, Ringlings venezianisch-gotischer Palast und Chihulys mit Tentakeln versehene Glasskulpturen – sie alle passen mit ihrem lebenssprühenden, bunten, surrealen Stil perfekt in diese Welt der überwinternden Seekühe, rosa Löffler, grinsenden Alligatoren und schillernd-bunten, mit Pailletten besetzten Kostümen der Trapezkünstler.

Tampa

Tampa oder „Trampa“, wie einige Einheimische sagen, ist an manchen Stellen düster, doch in der Stadt gibt's eine Reihe von Museen und Parks sowie ambitionierte Restaurants. Von Letzteren öffneten etliche erst vor Kurzem und sorgten dafür, dass die Stadt fast so etwas wie Stil bekam.

Im Herzen der Downtown brilliert der sanierte Riverwalk entlang des Hillsborough River mit zeitgenössischer Architektur und idyllischen Grünanlagen. Zudem gibt's hier erstklassige kinderfreundliche Attraktionen wie den Zoo, das Aquarium, diverse Kindermuseen und Vergnügungsparks, die Familien mindestens für eine Woche abwechslungsreiche Unterhaltung bieten. Abends verwandeln sich die Straßen von Ybor City ins angesagteste Bar- und Nachtviertel des südwestlichen Floridas.

Sehenswertes

Ybor (*ih*-bohr) City liegt eine kurze Auto- oder Straßenbahnfahrt nordöstlich der Downtown. Das im 19. Jh. entstandene Viertel mit einer ethnisch bunt gemischten Bevölkerung ist ein liebenswerter Mix aus Key West und Miamis Little Havana. Hier findet sich die hippste Partyszene der Tampa Bay. Die noch immer starke kubanische, spanische und italienische Kultur entstand in der Zeit, als Ybor das Zentrum von Tampas Zigarrenindustrie war. Man findet schnell heraus, warum der Hahn Ybors Symbol ist: Die Vögel sind wild und stolzieren überall herum.

★ **Florida Aquarium** AQUARIUM
(☎813-273-4000; www.flaquarium.org; 701 Channelside Dr; Erw./Kind ab 28/24 US$; ⌚9.30–17 Uhr; 👪) Das ausgezeichnete Aquarium gehört zu den besten in Florida. Durch ein der Natur nachempfundenes, sehr geschickt angelegtes Sumpfgebiet spazieren Besucher an

Reihern und Ibissen vorbei, die durch die Mangroven streifen. Man kann auch mit Fischen (und Haien) schwimmen oder eine Ökotour mit dem Katamaran in die Bucht von Tampa unternehmen. Um die Menschenmengen besser steuern zu können, richten sich die Ticketpreise nach der Eintrittszeit.

Busch Gardens VERGNÜGUNGSPARK
(☎813-884-4386; www.buschgardenstampabay.com; 10165 McKinley Dr; ab 3 Jahre 105 US$; ⊙10–18 Uhr, Öffnungszeiten variieren) Dieser Themenpark besteht aus zehn recht willkürlich benannten Lebensräumen Afrikas, die größtenteils nahtlos ineinander übergehen. Der gesamte Park lässt sich gut zu Fuß erkunden. Im Eintrittspreis enthalten sind drei Arten von Vergnügungen: spektakuläre Achterbahnen und andere Fahrgeschäfte, diverse Tiergehege und verschiedene Shows, Vorführungen und Unterhaltungsprogramme. Da sich all das über das gesamte Gelände verteilt, sollte man den Besuch gut planen, also schon im Voraus die genauen Zeiten der Shows ermitteln und überlegen, welche Fahrgeschäfte und Tiergehege sich dazwischen anbieten. Die Warteschlangen an den Achterbahnen werden im Lauf des Tages immer länger. Parken kostet 25 US$.

Ybor City Museum State Park MUSEUM
(☎813-247-6323; www.ybormuseum.org; 1818 E 9th Ave; Erw./Kind 4 US$/frei; ⊙Mi–So 9–17 Uhr) Das verstaubte, traditionelle Geschichtsmuseum bewahrt mittels Fotos und Wohnhäusern von Zigarrenarbeitern (10–15 Uhr geöffnet) die Erinnerung an eine vergangene Zeit. Im Museumsgeschäft erhält man Informationen zur kostenlosen, individuellen **Multimedia-Tour** (☎813-505-6779; www.yborwalkingtours.com; Erw./Kind 20/10 US$) durch Ybor City, für die man ein Gerät mit Internetverbindung benötigt. Die 21 Stationen des Rundgangs werden von wichtigen Mitgliedern der Gemeinde erläutert.

Florida Museum of Photographic Arts MUSEUM
(FMoPA; ☎813-221-2222; www.fmopa.org; The Cube, 400 N Ashley Dr; Erw./Stud. 10/8 US$; ⊙Mo–Do 11–18, Fr bis 19, Sa & So 12–17 Uhr) Das kleine, intime Museum für Fotografie befindet sich im 2. und 3. Stock des Cube, eines fünfstöckigen Atriums im Zentrum Tampas. Neben der ständigen Sammlung von Arbeiten von Harold Edgerton und Len Prince werden Wechselausstellungen gezeigt. In der Vergangenheit waren Werke von Ansel Adams, Andy Warhol und zeitgenössischen Fotografen wie Jerry Uelsmann zu sehen. Das Museum veranstaltet auch Fotokurse.

Manatee Viewing Center NATURSCHUTZGEBIET
(☎813-228-4289; www.tampaelectric.com/manatee; 6990 Dickman Rd, Apollo Beach; ⊙Nov.–Mitte April 10–17 Uhr) GRATIS Bei einer der surrealsten Begegnungen mit Floridas Wildtieren beobachtet man, wie sich Manatis (Seekühe) in den warmen Wasserabflüssen der Kohlekraftwerke tummeln. Von November bis April sind die sanften Tiere hier so verlässlich anzutreffen, dass die Stelle nun unter Naturschutz steht. Eventuell gibt's auch Tarpune und Haie zu sehen, und eine neue interaktive „Ausstellung" in einem 38 m³ großen Tank ermöglicht es, mit Stachelrochen auf Tuchfühlung zu gehen. Die letzteren darf man anfassen (nur mit zwei Fingern!).

Schlafen

Gram's Place Hostel HOSTEL $
(☎813-221-0596; www.grams-inn-tampa.com; 3109 N Ola Ave, Seminole Heights; B 32 US$, Zi. 63–74 US$; ❄@📶) Das kleine, freundliche Hostel mit dem Charme eines alternden Rockstars ist ideal für ausländische Reisende, denen persönliche Ansprache wichtiger ist als makellose Bettwäsche. Zusätzlich gibt es ein in den Boden eingelassenes Thermalbecken. Ein einfaches Frühstück ist im Preis inbegriffen, aber es stehen zwei komplett ausgestattete Küchen zur Verfügung. Das Hostel befindet sich in Tampa Heights, 2 Meilen (3,2 km) nördlich des Museum of Art.

Tahitian Inn HOTEL $
(☎813-877-6721; www.tahitianinn.com; 601 S Dale Mabry Hwy, South Tampa; Zi. 89–155 US$; P❄@📶≋🐾) Der Name lässt sofort an ein Motel im Tiki-Stil denken, doch das familiengeführte Hotel mit Rundum-Service bietet frisches Boutique-Design zu günstigen Preisen. Es gibt einen netten Pool und ein süßes Café mit Sitzplätzen im Freien neben Wasserfall und Teich. Haustiere sind willkommen und für Gäste gibt es einen kostenlosen Transport zum/vom Flughafen/Kreuzfahrtterminal.

★ **Epicurean Hotel** BOUTIQUEHOTEL $$$
(☎813-999-8700; www.epicureanhotel.com; 1207 S Howard Ave, South Tampa; Zi. 220–450 US$; P❄@📶≋) Feinschmecker, aufgepasst! Das coolste Hotel Tampas wurde im Jahr 2014

eröffnet und ist ein auf Essen und Getränke spezialisiertes Boutiqueparadies, bei dessen Design viel Wert auf Details gelegt wurde: eine Zinkbar, recyceltes Holz aus einem Bahnhof der 1820er-Jahre, übergroße Küchenwerkzeuge als Türklinken – überall, wo man hinblickt, gibt's was zu sehen, und nicht selten hat das was mit dem **Bern's Steak House** (☎813-251-2421; www.bernssteakhouse.com; 1208 S Howard Ave; Steaks für 1–2 Pers. 37–105 US$; ⏲So–Do 17–22, Fr & Sa bis 23 Uhr) zu tun, mit dem das Hotel zusammenarbeitet. Die Bäder haben sogar Teppiche. Opulent bis zum Äußersten.

Essen

Tre Amici @ the Bunker CAFÉ $

(☎813-247-6964; www.bunkerybor.com; 1907 19th St N, Ybor City; Speisen 4–9 US$; ⏲Mo–Sa 7–20, So 9–20 Uhr) In diesem entspannten Community-Café werden morgens die versammelten Jugendlichen von Ybor City wach. Es hat den ganzen Tag diverse Frühstücksburritos, Suppen und Salate im Angebot. Abends finden hier Open-Mic-Veranstaltungen, Poetry Slams und „Noise Nights" (die Lärm-Nächte sind genau das, wonach es klingt) statt.

Ichicoro RAMEN $

(☎813-517-9989; www.ichicoro.com; 5229 N Florida Ave, Seminole Heights; Ramen 12–16 US$; ⏲tgl. 11–16, sowie So–Mi 17–23, Do–Sa bis 1 Uhr) Das trendy, schicke Ramenlokal im Viertel Seminole Heights hat einzigartige Variationen, die man in Japan so nie zu Gesicht bekommen würde (die Pilz-Bouillon ist sehr umami). Ebenfalls nicht in Japan erhältlich: nicht gar gekochte Nudeln – das Personal besteht darauf, dass sie *al dente* sind, aber hier darf man eine wohlverdiente rote Karte zücken. Aber die *chāshū* (geschmorte Schweinefleischscheiben), die fast so dick sind wie die hölzernen Tischplatten, sind köstlich.

★ **Columbia Restaurant** SPANISCH $$

(☎813-248-4961; www.columbiarestaurant.com; 2117 E 7th Ave, Ybor City; Hauptgerichte mittags 12–25 US$, abends 23–39 US$; ⏲Mo–Do 11–22, Fr & Sa bis 23, So 12–21 Uhr) Das spanisch-kubanische Restaurant hat 2015 sein 100-jähriges Jubiläum gefeiert und ist damit das älteste in Florida. Die 15 eleganten Speiseräume und mehrere romantische Innenhöfe mit Springbrunnen nehmen einen ganzen Häuserblock ein. Viele der behandschuhten Kellner haben ihr gesamtes Arbeitsleben hier verbracht. Eigentümer Richard Gonzmart legt sehr viel Wert auf authentische spanische und kubanische Küche.

★ **Ulele** AMERIKANISCH $$$

(☎813-999-4952; www.ulele.com; 1810 N Highland Ave; Hauptgerichte 19–42 US$; ⏲So–Do 11–22, Fr & Sa bis 23 Uhr; 📶👪) Die ehemalige Wasserpumpstation in schöner Lage am Riverwalk wurde in ein zauberhaftes Restaurant verwandelt, das typische Gerichte der Ureinwohner an den modernen Geschmack anpasst hat. Das bedeutet reichlich Datil-Chilis, Beilagen wie Alligator-Bohnen und Okra-„Pommes" (klasse!), Hauptgerichte wie hiesige Makrelen und Desserts wie Guaven-Pie.

An diesem Ort mit grünen Rasenflächen, Spazierwegen, Hans-&-die-Bohnenranke-Statuen und Goldfischteichen könnte man fast den ganzen Tag verbringen. Es gibt sogar kostenloses Fischfutter, mit dem die Kinder die Fische füttern können, während die Eltern draußen ein Getränk ihrer Wahl schlürfen.

Ausgehen & Unterhaltung

Independent Bar BAR

(☎813-341-4883; www.independentbartampa.com; 5016 N Florida Ave, Seminole Heights; ⏲Mo–Do 11–24, Fr–So 10.30–1 Uhr) Liebhaber von Craft-Bieren sollten diese umgebaute Tankstelle in Seminole Heights ansteuern, in der sich heute eine ruhige, hippe Bar befindet. Sie serviert mindestens ein lokales Bier und gute Kneipengerichte.

★ **Skipper's Smokehouse** LIVEMUSIK

(☎813-971-0666; www.skipperssmokehouse.com; 910 Skipper Rd, Village of Tampa; Eintritt 5–25 US$; ⏲Di 11–23, Mi–Fr bis 24, Sa 12–24, So 13–21 Uhr) Auf der schlichten, aber beliebten Freiluftbühne ganz im Stil der Keys werden unter schönen Steineichen Blues, Folk, Reggae und Florida-Rockabilly gespielt. Die Kneipe 9 Meilen (14,5 km) nördlich von Downtown liegt an einer Nebenstraße abseits der N Nebraska Ave.

★ **Tampa Theatre** KINO

(☎813-274-8981, Kinokasse 813-274-8286; www.tampatheatre.org; 711 N Franklin St; Karten Erw./Kind 2–12 Jahre 11/9 US$) Das historische, 1926 eröffnete Kino im Zentrum ist ein wunderbarer Ort, um Independent-Filme zu sehen. Vor den meisten Filmen erklingt die mächtige Wurlitzer-Orgel. Leider gibt's nur wenige Vorstellungen; in der Regel werden nur ein oder zwei Filme am Tag gezeigt. Auf Sonderveranstaltungen achten!

Praktische Informationen

Unlock Tampa Bay Visitors Center (☎ 813-223-2752; www.visittampabay.com; 201 N Franklin St, Ste 102; ⌚ Mo–Sa 10–17.30, So 12–17 Uhr) Hier bekommt man gute kostenlose Karten und jede Menge Infos.

Ybor City Visitor Center (☎ 813-241-8838; www.ybor.org; 1600 E 8th Ave; ⌚ Mo–Sa 10–17, So 12–17 Uhr) Gibt mit Karten für Stadtspaziergänge und vielen Infos eine hervorragende Einführung in den Stadtteil.

Anreise & Unterwegs vor Ort

Der **Tampa International Airport** (TPA; ☎ 813-870-8700; www.tampaairport.com; 4100 George J Bean Pkwy) ist der drittgrößte Flughafen der Region. Er liegt 6 Meilen (9,7 km) westlich vom Zentrum abseits des Hwy 589.

HART-Bus 30 (2 US$, 25 Min., alle 30 Min.) fährt am Red Arrival Desk auf dem unteren Level des Flughafens ab; man muss passend zahlen.

Alle wichtigen Autovermietungen haben am Flughafen Schalter. Mit dem Auto folgt man der I-275 bis zum N Ashley Dr, biegt rechts ab und ist praktisch schon im Zentrum.

St. Petersburg

St. Petersburg war lange eigentlich nur als Spring-Break-Partystadt und bevorzugter Wohnsitz von Ruheständlern bekannt, doch heute macht sich die Stadt einen neuen Namen als ein kulturelles Zentrum im Süden Floridas. Die Energie der Downtown strahlt inzwischen auch auf die Central Ave aus, angesport von den großartigen Wandbildern im Zentrum, einem sanierten historischen Viertel und dem fantastischen Dalí-Museum. Mittlerweile sind gehobene Restaurants, Craft-Bier-Brauereien, Bauernmärkte und Kunstgalerien entstanden und bilden einen Anziehungspunkt für ein jüngeres, gebildetes Publikum und eine neue Welle kulturinteressierter Besucher.

Sehenswertes & Aktivitäten

★ Salvador Dalí Museum MUSEUM
(☎ 727-823-3767; www.thedali.org; 1 Dali Blvd; Erw./Kind 13–17 Jahre/Kind 6–12 Jahre 24/17/10 US$, Do ab 17 Uhr 10 US$; ⌚ Fr–Mi 10–17.30, Do bis 20 Uhr) Das theatralische Äußere des Salvador Dalí Museum ist vielversprechend: Ein 23 m hohes gläsernes Atrium ragt aus einem Loch in einem hohen weißen Kasten hervor. Noch spektakulärer ist die Innenarchitektur, die ein ausgezeichnetes Modell dafür wäre, wie ein modernes Kunstmuseum sein sollte – zumindest eines, das dem Leben, der Kunst und dem Einfluss von Salvador Dalí gewidmet ist. Auch wer mit Dalìs schmelzenden Uhren und seinem gezwirbelten Schnurrbart wenig anfangen kann, wird vom Museum und seinen großartigen Werken, besonders dem *Halluzinogenen Torero,* schwer beeindruckt sein.

★ Weedon Island Preserve NATURRESERVAT
(☎ 727-453-6500; www.weedonislandpreserve.org; 1800 Weedon Dr NE; ⌚ 7 Uhr–Sonnenuntergang) Dieses 15 km² große Naturschutzgebiet schützt mehrere Wasser- und Feuchtgebiet-Ökosysteme, die sich wie ein Flickenteppichen in verschiedenen Grüntönen über die Tampa Bay erstrecken. Im Zentrum des Schutzgebiets befindet sich das ausgezeichnete Cultural and Natural History Center (Do–Sa 11–16 Uhr geöffnet), das Ausstellungen über die Natur und die frühen Bewohner von Weedon Island zeigt. Auf kilometerlangen Holzstegen kann man das Gebiet im Rahmen einer geführten Wanderung oder auf eigene Faust mithilfe einer Online-Karte erkunden.

St. Petersburg Museum of Fine Arts MUSEUM
(☎ 727-896-2667; www.mfastpete.org; 255 Beach Dr NE; Erw./Kind 7–18 Jahre 20/10 US$; ⌚ Mo–Sa 10–17, Do bis 20, So ab 12 Uhr) Die Sammlung des Museum of Fine Arts ist so breit gefächert wie die des Salvador Dalí Museum in die Tiefe geht. Sie zeigt Antiquitäten aus aller Welt und verfolgt die Entwicklung der Kunst durch nahezu alle Epochen.

Walking Mural Tours KULTUR
(☎ 727-821-7391; www.stpetemuraltour.com; Erw./Kind 19/11 US$; ⌚ Sa 10–11.30 Uhr) Der phantastische Stadtspaziergang führt Besucher in die lebendige Kunst der Wandmalerei ein. Ihren Anfang nahm diese Kunstrichtung nach dem wirtschaftlichen Niedergang 2008, als Künstler auf einmal günstigeren Galerieraum im Zentrum bekamen. Heute zieren über 30 sehr kreative und einzigartige Wandbilder – viele von ihnen mit Bezug auf die Stadtgeschichte – die Häuser und machen den Wynwood Walls in Miami echte Konkurrenz.

Schlafen

★ Hollander Hotel BOUTIQUEHOTEL $
(☎ 727-873-7900; www.hollanderhotel.com; 421 4th Ave N; Zi. 110–179 US$; P ⊖ ❄ ≋ ≋) Mit der

Ausstattung im Art-déco-Stil, der knapp 40 m langen Veranda, der freundlichen Bar, dem mit allem Pipapo ausgestatteten Wellnessbereich und dem Café Common Grounds macht dieses Hotel alles richtig. Die Gemeinschaftsräume sind herrlich altmodisch eingerichtet, und in den Zimmern erinnern polierte Holzfußböden, träge Deckenventilatoren und Rattanmöbel an den Charme der 1930er-Jahre. Der neue Pool mit Bar hinterm Haus wird am Wochenende zur Partylocation.

Essen & Ausgehen

Meze 119 VEGETARISCH $
(☎ 727-498-8627; www.meze119.com; 119 2nd St N; Hauptgerichte 7–15 US$; ⏲ So–Do 11–21, Fr & Sa bis 22 Uhr; ✎) Die mit den verschiedensten Gewürzen des Orients verfeinerten Gerichte des vegetarischen Restaurants überzeugen selbst hartnäckige Fleischesser. Auf den Tisch kommen etwa Schottische Eier mit Falafel oder Couscous und mit Rosinen gefüllter Eichelkürbis. Weitere beliebte Klassiker sind die verschiedenen Hummussorten und die gebratene Aubergine auf Fladenbrot. Dazu schmeckt der leckere hauseigene Meze-Naide.

★ **Brick & Mortar** MODERN-AMERIKANISCH $$$
(☎ 727-822-6540; www.facebook.com/brickandmortarkitchen; 539 Central Ave; Hauptgerichte 16–43 US$; ⏲ Di 17–21, Mi & Do bis 22, Fr & Sa 16.30–23 Uhr) Ein Ehepaar aus der Catering-Branche hat dieses Restaurant aus, wie der Name schon verrät, Ziegeln und Mörtel 2015 eröffnet. Obwohl St. Pete mit großartigen Restaurants regelrecht überschwemmt wurde, ragt dieses mit seiner modernen amerikanischen Küche hervor. Das Highlight der Speisekarte ist die Spezialität des Hauses: das göttliche Carpaccio mit Porree, etwas Ziegenkäse-Mousse, einem Spritzer Trüffelöl und einer einzelnen Ravioli-Teigtasche, die mit köstlichem flüssigem Eigelb (17 US$) gefüllt ist.

Cycle Brewing BRAUEREI
(534 Central Ave; ⏲ Mo–Do 15–24, Fr & Sa 12–1, So 12–22 Uhr) Einzigartiges Brauhaus mit Sitzplätzen auf dem Bürgersteig und bis zu 24 wechselnden Weltklassebieren vom Fass. Das Crank IPA ist sehr empfehlenswert.

Anreise & Unterwegs vor Ort

Downtown Looper (www.loopertrolley.com; frei; ⏲ Mo–Do 7–22, Fr bis 24, Sa 8–24, So 8–22 Uhr) Die altmodischen Straßenbahnen, die alle 15 bis 20 Minuten auf einem Rundkurs durch die Innenstadt fahren, eignen sich gut, um die Sehenswürdigkeiten der Stadt anzusteuern.

Greyhound (☎ 727-898-1496; www.greyhound.com; 180 Dr. Martin Luther King Jr St N) Busse fahren nach Miami, Orlando und Tampa.

Pinellas Suncoast Transit Authority (PSTA; www.psta.net; Erw./Student 2,25/1,10 US$) Busse von St. Petersburg zu den Stränden der Barrier Islands und nach Clearwater. Mit der Go Card für 5 US$ kann man einen ganzen Tag beliebig oft fahren.

Sarasota

Im kultivierten Sarasota kann man die Ferien locker damit verbringen, die Sehenswürdigkeiten und Strände zu erkunden. Doch es dauerte lange, ehe die Stadt das kulturelle Zentrum wurde, das sie heute ist. Nachdem plündernde spanische Eroberer im 15. Jh. das Volk der Calusa vertrieben hatten, war die Gegend praktisch menschenleer. Dies änderte sich erst, als nach den Seminolenkriegen der Armed Occupation Act (1842) verabschiedet wurde. Dieser billigte jedem, der sich hier niederließ und seine Farm verteidigen konnte, knapp 65 ha Land und Vorräte für sechs Monate zu.

Segel- und Dampfschiffe waren die einzige Verbindung zur Außenwelt, bis 1902 die Eisenbahn von Tampa nach Sarasota ausgebaut wurde. Danach entwickelte sich die Stadt zu einem beliebten Winterferienort für die Reichen, und die Kunsteinrichtungen folgten auf dem Fuß. Schließlich entschied sich der Zirkusbaron John Ringling, seinen Zirkus hierher zu verlegen. Er ließ einen Winterwohnsitz, ein Kunstmuseum und ein College bauen. Damit stellte er die Weichen für die Zukunft der Stadt als einladende, wohlhabende Kulturstadt.

Sehenswertes & Aktivitäten

★ **Ringling Museum Complex** MUSEUM
(☎ 941-359-5700; www.ringling.org; 5401 Bay Shore Rd; Erw./Kind 6–17 Jahre 25/5 US$; ⏲ Fr–Mi 10–17, Do bis 20 Uhr; 👪) Der knapp 27 ha große Winterwohnsitz des Eisbahn-, Immobilien- und Zirkusbarons John Ringling und seiner Frau Mable ist eine der Hauptattraktionen der Golfküste. Das heutige Kunstmuseum des Bundesstaates Florida beherbergt seine persönliche Kunstsammlung. In der Nähe widmet sich das Circus Museum dem Erfolg von Ringlings Zirkusimperium. Im pracht-

vollen Wohnhaus Cà d'Zan, das im Stil der venezianischen Gotik gebaut wurde, zeigt sich der extravagante Geschmack des Impresarios. Die PBS-Dokumentation über Ringlings Leben, die im Circus Museum gezeigt wird, sollte man sich unbedingt anschauen.

Island Park PARK

An der Marina der Stadt liegt der hübsche grüne Island Park mit einem tollen Spielplatz und einem Brunnen zum Planschen, Toiletten, von Bäumen beschatteten Bänken, einem Restaurant und einer Tiki-Bar. Außerdem kann man Kajaks, Jetskis und Boote ausleihen.

★ **Siesta Key Rum** DESTILLERIE

(Drum Circle Distilling; ☎ 941-702-8143; www.drumcircledistilling.com; 2212 Industrial Blvd; ⌚ Mo–Sa 10–17, So ab 12 Uhr) GRATIS Die älteste Rumbrennerei Floridas bietet auf ihrem Gelände etwas außerhalb der Stadt im Gewerbegebiet eine lehrreiche und berauschende Führung an. Der Unternehmensgründer Troy, ein begnadeter und urkomischer Redner, gewährt einen Einblick in den gesamten Ablauf der Rumherstellung. Am Ende darf man kostenlos probieren und wird dann ziemlich sicher auch etwas kaufen.

Schlafen & Essen

Hotel Ranola BOUTIQUEHOTEL $$

(☎ 941-951-0111; www.hotelranola.com; 118 Indian Pl, No 6; Zi. 129–199 US$, Suite 209–259 US$; P ⊜ ❄ ᯤ) Das kleine Hotel hat im Januar 2019 die Leitung gewechselt, ehemalige Gäste müssen sich also auf Veränderungen einstellen. Aber es ist sauber, das Preis-Leistungs-Verhältnis stimmt und das Haus liegt nicht weit vom Zentrum.

Mattison's City Grille GRILL $$

(☎ 941-330-0440; https://mattisons.com; 1 N Lemon Ave; Hauptgerichte 19–36 US$; ⌚ So–Mo 11–22, Di–Do bis 23, Fr bis 24, Sa 9.30–24 Uhr; ᯤ 👪) Die Hauptgerichte hauen einen nicht um, aber die gesunden Salate und herzhaften Sandwiches im zentral gelegenen Mattison's sind gut. Der Essbereich im Freien ist gleichzeitig eine Bar, die mit Musik aufwartet, was dem Lokal seinen Spitznamen „Party an der Ecke" verlieh.

★ **Owen's Fish Camp** SÜDSTAATEN $$

(☎ 941-951-6936; www.owensfishcamp.com; 516 Burns Ct; Hauptgerichte 14–25 US$; ⌚ So–Do 16–21.30, Fr & Sa bis 22.30 Uhr) In diesem hippen Old-Florida-Sumpfschuppen wartet man selten unter einer Stunde. Auf der Karte stehen gehobene Versionen von Südstaatengerichten. Der Schwerpunkt liegt dabei auf Seafood, das immer frisch verarbeitet wird, es gibt aber auch solide Klassiker wie Schmorbraten, Succotash und Maisgrütze. Wer im Hof essen will, bestellt an der Bar, wo es auch Wein und Craft-Bier gibt.

Praktische Informationen

Arts & Cultural Alliance (www.sarasotaarts.org) Hier gibt es umfassende Informationen zu Events.

Sarasota Herald-Tribune (www.heraldtribune.com) Die größte Tageszeitung.

Sarasota Visitor Information Center (☎ 941-706-1253; www.visitsarasota.org; 1945 Fruitville Rd; ⌚ Mo–Fr 10–17, Sa bis 14 Uhr; ᯤ) Die sehr freundliche Touristeninformationen hat tonnenweise Infos und verkauft gute Landkarten.

An- & Weiterreise

Sarasota liegt etwa 60 Meilen (97 km) südlich von Tampa und ca. 75 Meilen (121 km) nördlich von Fort Myers. Die Hauptstraßen in die Stadt sind der Tamiami Trail/Hwy 41 und die I-75.

Greyhound (☎ 941-342-1720; www.greyhound.com; 5951 Porter Way; ⌚ 8.30–10 & 13.30–18 Uhr) Verbindungen zwischen Sarasota und Miami, Fort Myers sowie Tampa.

Sarasota-Bradenton International Airport (SRQ; ☎ 941-359-2770; www.srq-airport.com; 6000 Airport Circle) Wird von vielen großen Fluggesellschaften angeflogen. Auf dem Hwy 41 nach Norden fahren und an der University Ave rechts abbiegen.

Sanibel & Captiva Islands

Vom Lebensstil wie von der architektonischen Gestaltung her ist die Insel Sanibel locker und egalitär, Reichtum wird hier in der Regel nicht zur Schau gestellt. Die bauliche Entwicklung auf Sanibel wurde sorgfältig gesteuert: Die nördliche Hälfte gehört fast vollständig zum Schutzgebiet J. N. „Ding" Darling National Wildlife Refuge. Es gibt auf der Insel zwar jede Menge Hotels, doch der Strand ist vollständig frei von kommerzieller Verschandelung und Apartmenthäusern. Zudem beschränkt sich der öffentliche Zugang zum Strand auf eine Handvoll weit verstreuter Parkplätze, daher drängen sich nirgendwo Massen von Tagesausflüglern.

Einst vagabundierte der Pirat José Gaspar, der sich selbst Gasparilla nannte, an der

Golfküste, um Schätze zu plündern und schöne Frauen zu entführen, die er auf der passend benannten Captiva Island (*captive* bedeutet gefangen) festhielt. Heute gibt es im winzigen Dorf nur eine einzige Straße, die Andy Rosse Lane, und noch immer keine Ampel. Das bevorzugte Verkehrsmittel sind familienfreundliche Fahrräder. Die Villen auf Captiva protzen nicht, sondern verstecken sich hinter dichtem Grün und tragen Namen wie „Seas the Day".

Sehenswertes & Aktivitäten

Captiva Beach STRAND
(14790 Captiva Dr) Vom Captiva Beach hat man nicht nur den direkten Blick auf die traumhaften Sonnenuntergänge, hier gibt's auch wunderbaren Sand und in der Nähe mehrere romantische Restaurants. Wer auf dem kleinen Parkplatz parken will, sollte zeitig da sein – oder gleich mit dem Fahrrad herkommen.

J. N. „Ding" Darling National Wildlife Refuge NATURSCHUTZGEBIET
(☎239-472-1100; www.fws.gov/dingdarling; 1 Wildlife Dr; Auto/Radfahrer/Fußgänger 5/1/1 US$; ⏲7 Uhr–Sonnenuntergang) Dieses Naturschutzgebiet wurde nach dem Karikaturisten Jay Norwood „Ding" Darling benannt, einem Umweltschützer, der an der Schaffung von mehr als 300 Schutzgebieten in den gesamten USA beteiligt war. In dem 25 ha großen Gebiet leben zahlreiche Meeresvögel und wilde Tiere wie Alligatoren, Nachtreiher, Rotschulterbussarde, Drosseluferläufer, Rosalöffler, Pelikane und Amerikanische Schlangenhalsvögel. Vom 5 Meilen (8 km) langen **Wildlife Drive** führen Wanderwege ins Schutzgebiet, darunter einige kurze Wege in die Mangroven. Unbedingt Ferngläser mitbringen, da sich die Vogelschwärme oft recht weit entfernt aufhalten.

Captiva Cruises BOOTSFAHRTEN
(☎239-472-5300; www.captivacruises.com; 11401 Andy Rosse Lane; Erw./Kind ab 30/20 US$) Von der **McCarthy's Marina** (☎239-472-5200; www.mccarthysmarina.com; 11401 Andy Rosse Lane) starten diverse Bootsfahrten von Captiva Cruises, beispielsweise Delfinbeobachtungstouren und Fahrten in den Sonnenuntergang sowie Exkursionen zu verschiedenen Inseln wie Cayo Costa (Erw./Kind 50/35 US$), Cabbage Key (40/25 US$) und nach Boca Grande (50/35 US$) auf Gasparilla Island.

Tarpon Bay Explorers KAJAKFAHREN
(☎239-472-8900; www.tarponbayexplorers.com; 900 Tarpon Bay Rd; Kanu- & Kajakverleih 2 Std. 25 US$; ⏲8–18 Uhr) Im Darling National Wildlife Refuge verleiht dieser Anbieter Kanus und Kajaks für einfache Bootstouren ohne Führer in der Tarpon Bay – ein perfekter Ort für junge Paddler. Auch die geführten Kajaktouren (Erw. 30–40 US$, Kind 20–25 US$) sind hervorragend. Daneben gibt's diverse weitere Touren sowie Vorträge auf der Terrasse. Man sollte reservieren oder zeitig da sein, denn die Plätze für die geführten Touren sind schnell weg.

Schlafen & Essen

Sandpiper Inn INN $$
(☎239-472-1606; www.palmviewsanibel.com; 720 Donax St; Zi. 149–229 US$; P ❄ 📶) Das Hotel im Stil des Alten Floridas steht einen Block hinter dem Strand und bietet angesichts seiner Nähe zu den Geschäften und Restaurants im Periwinkle Way ein gutes Preis-Leistungs-Verhältnis. Die fröhlichen, gelb-blaugrünen Einzimmerapartments bestehen aus einem Schlafbereich, einer funktionalen (wenn auch veralteten) Küche und einem in tropischen Farben gehaltenen und großräumigen Wohnbereich.

★ **'Tween Waters Inn** RESORT $$$
(☎239-472-5161; www.tween-waters.com; 15951 Captiva Dr; Zi. 200–300 US$, Suite 285–425 US$, Cottages 265–460 US$; P ⊖ ❄ @ 📶 ≋ 🐾) Die Ferienanlage bietet ein gutes Preis-Leistungs-Verhältnis. Sie hat schöne Zimmer mit Granittheken, Regenduschen und hellem, auffälligem Dekor. Jedes Zimmer besitzt einen Balkon, mancher geht sogar direkt auf den Golf hinaus. Die hübschen, kleinen Cottages sind sehr romantisch. Familien nutzen gern den großen Swimmingpool, die Tennisplätze, den Wellnessbereich, das Kinderbecken und den Jachthafen. Wer länger bleibt, zahlt weniger.

★ **Sweet Melissa's Cafe** AMERIKANISCH $$$
(☎239-472-1956; www.sweetmelissascafe.com; 1625 Periwinkle Way; Tapas 9–18 US$, Hauptgerichte 30–49 US$; ⏲Mo–Fr 11.30–14.30 & 17 Uhr–open end, Sa 17 Uhr–open end) Von der Karte bis zum Ambiente herrscht hier fein ausgewogene, entspannte Raffinesse vor. Die Gerichte ändern sich ständig, aber es können z. B. Dinkelfettuccine, Weinbergschnecken oder knuspriger ganzer Fisch auf den Tisch kommen – alles raffiniert, aber nicht übertrieben kreativ. Durch die vielen kleinen Tapaspor-

tionen wird man zum Experimentieren animiert. Das Personal ist aufmerksam und die Atmosphäre fröhlich.

Praktische Informationen

Sanibel & Captiva Islands Chamber of Commerce (☎ 239-472-1080; www.sanibel-captiva.org; 1159 Causeway Rd; ⏲ 9–17 Uhr;) Eine der hilfreicheren Touristeninformationen der Gegend; sie verfügt über ein Verzeichnis freier Hotelzimmer und bietet eine reine Hotel-Hotline. Sie stellen sogar eimerweise Broschüren raus, um den Besuchern zu helfen, die außerhalb der Öffnungszeiten kommen.

An- & Weiterreise

Die Insel erreicht man nur mit dem Auto. Am Sanibel Causeway (Hwy 867) wird eine Maut (Auto/Motorrad 6/2 US$) kassiert. Sanibel ist 12 Meilen (19 km) lang, doch wegen der niedrigen Höchstsgeschwindigkeiten und dem dichten Verkehr wirkt die Insel länger. Die Hauptstraße ist der Periwinkle Way, der später zur Sanibel-Captiva Rd wird.

Naples

Elegante Romantik und der schönste, ruhigste Stand im Südwesten Floridas machen Naples zum Palm Beach der Golfküste. Die Bebauung entlang der Küste wurde auf reine Wohnhäuser beschränkt. Hinter dem weichen weißen Sand liegen nur schmale Dünen und halb versteckte Villen. Dazu kommt, dass Naples eine kultur- und niveauvolle Stadt ist, die ihren Stil und Reichtum nicht versteckt, zugleich aber einladend und lebenslustig ist. Familien, Teenager, ältere Damen in Haute-Couture-Kleidung, Manager mittleren Alters und schick gekleidete junge Pärchen – sie alle vermischen sich an milden Abenden beim abendlichen Flanieren auf der 5th Ave in der Downtown. Traveller finden die Stadt manchmal zu teuer, aber anderswo sind die Ferien fürs gleiche Geld nicht annähernd so beeindruckend.

Sehenswertes & Aktivitäten

★ **Naples Botanical Gardens** GARTEN
(☎ 239-643-7275; www.naplesgarden.org; 4820 Bayshore Dr; Erw./4–14 Jahre 20/10 US$; ⏲ Mi–Mo 9–17, Di ab 8 Uhr) Dieser herausragende Botanische Garten bezeichnet sich selbst als „Ort der Glückseligkeit und Fleck der größten Wonnen". Wer ein Weilchen auf dem 4 km langen Weg durch neun gestaltete Gärten spaziert ist, findet in kürzester Zeit seine innere Mitte. Kinder lieben das Baumhaus mit Strohdach, das Schmetterlingshaus und den interaktiven Springbrunnen, während Erwachsene mit verträumtem Blick den vom Landschaftsarchitekten Raymond Jungles gestalteten Scott Florida Garden genießen. Wasserfälle, 3,6 m hohe Oolithsteine und historische Bäume wie Dattelpalmen, Maulbeer-Feigen und Feigenbäume zieren den schönen Garten.

★ **Baker Museum** MUSEUM
(☎ 239-597-1900; www.artisnaples.org; 5833 Pelican Bay Blvd; Erw./Kind 10 US$/frei; ⏲ Di–Sa 10–16, So ab 12 Uhr) Das einnehmende, gehobene Kunstmuseum ist der ganze Stolz der Stadt. Es gehört zum Artis-Naples-Komplex, in dem sich auch das fantastische Philharmonic Center befindet. In tollen Wechsel- und Dauerausstellungen widmet sich das Museum in 15 Galerien und einem Glaskuppelkonservatorium der modernen Kunst des 20. Jhs. Dabei werden Werke von der Postmoderne bis hin zu Fotografien, Papierkunst und Glasskulpturen gezeigt, darunter auch eine beeindruckende Ausstellung mit Werken von Chihuly.

Naples Municipal Beach STRAND
(12th Ave S & Gulf Shore Blvd) Der lange, verträumte Stadtstrand ist zwar belebt, aber selten überfüllt. Das 305 m lange Pier am Ende der 12 th Ave S ist ein Symbol des Stolzes der Bürger auf ihre Stadt: Es wurde 1888 erbaut, mehrmals von Bränden und Hurrikanen zerstört und immer wieder neu gebaut. Parken kann man auf kleinen Parkplätzen mit je 10 bis 15 Stellplätzen, davon gehören jeweils ein paar den Anwohnern und einige Parkplätze sind mit einem Parkschein nutzbar (1,50 US$/Std.); sie verteilen sich zwischen der 7th Ave N und der 17th Ave S.

Schlafen & Essen

Inn on 5th HOTEL $$$
(☎ 239-403-8777; www.innonfifth.com; 699 5th Ave S; Zi. 399, Suite 599–999 US$; P ❄ @) Das elegante Luxushotel im mediterranen Stil wartet mit einer unschlagbaren Lage zu beiden Seiten der 5th Ave auf. Riesige rote Vasen zieren den Eingang. Die geschmackvollen Zimmer besitzen keinen romantischen Charme, stattdessen eignen sie sich vielmehr für Geschäftsreisende – doch wer wird sich schon über Pillowtop-Matratzen und Duschen mit Glaswänden beschweren?

Zu den Annehmlichkeiten des Rundum-Services gehören ein beheizter Pool im 2. Stock, ein Businesszentrum, ein Fitnessstudio und ein opulentes Spa. Kostenloser Valet-Parkservice.

★ Escalante BOUTIQUEHOTEL **$$$**
(☎ 239-659-3466; www.hotelescalante.com; 290 5th Ave S; Zi. 505–1285 US$) Das wundervolle Boutiquehotel, das sich zwischen der 5th Ave und 3rd St versteckt und doch nicht zu übersehen ist, wurde im Stil einer toskanischen Villa gestaltet. Die Zimmer und Suiten verbergen sich hinter tropischen Pflanzen und berankten Pergolas, und sie sind mit Möbeln im Plantagenstil, europäischer Wäsche und Designer-Kosmetikprodukten ausgestattet.

The Local AMERIKANISCH **$$**
(☎ 239-596-3276; www.thelocalnaples.com; 5323 Airport Pulling Rd N; Hauptgerichte 12–29 US$; ⌚ 11–21 Uhr; 📶) 🌿 Gut, es klingt etwas widersprüchlich, dass man erst einmal 6 Meilen (9,5 km) fahren soll, um „lokal" zu essen. Für dieses Bistro in einer Einkaufsstraße, das seine Zutaten frisch von Bauernhöfen aus der Region bezieht, lohnt sich das aber allemal. Serviert wird hervorragende, nachhaltige Kost, vom mediterranen Wassermelonensalat bis hin zum Weiderind. Mutige sollten die „Not Too Effin Hot Sauce" probieren. Hier entkommt man den Touristenmassen und speist lokal.

★ Bha! Bha! Persian Bistro IRANISCH **$$$**
(☎ 239-594-5557; www.bhabhabistro.com; 865 5th Ave S; Hauptgerichte 27–49 US$; ⌚ So–Do 17–21, Fr & Sa bis 22 Uhr) Der Name dieses experimentellen Spitzenrestaurants stammt vom farsischen Ausdruck für „Mmh, lecker!", und wie sich schnell zeigt, ist das noch mächtig untertrieben. Wie wär's mit den Pistazien-Lammfleischbällchen (18 US$) und einem Safran-Zitronengras-Martini, gefolgt von einem mit exotischen Gewürzen marinierten Kebab oder der Ente *fesenjune* (38 US$), die langsam mit Granatapfel- und Walnusssauce gebraten wird?

ℹ Praktische Informationen

Third St Concierge Kiosk (☎ 239-434-6533; www.thirdstreetsouth.com; Camargo Park, 3rd St S; ⌚ Mo–Mi 10–18, Do & Fr bis 21, Sa ab 9, So 12–17 Uhr) Was gibt es im alten Teil von Naples zu sehen? Die freundlichen Mitarbeiter in diesem kleinen Kiosk im Freien freuen sich, wenn man fragt.

Visitor Information Center (☎ 239-262-6376; www.napleschamber.org; 2390 Tamiami Trail N; ⌚ Mo–Fr 9–17 Uhr) Infos zu Unterkünften, gute Karten, Internetzugang und Berge von Broschüren.

ℹ An- & Weiterreise

Ein Auto ist unverzichtbar, aber die zahlreichen und kostenlosen Parkplätze im Zentrum erleichtern den Besuch mit dem Auto. Naples liegt ca. 40 Meilen (64,5 km) südwestlich von Fort Myers; die I-75 verbindet beide Städte.

Greyhound (☎ 239-774-5660; www.greyhound.com; 3825 Tollgate Blvd) Verbindungen von Naples nach Miami, Orlando und Tampa.

Southwest Florida International Airport (RSW; ☎ 239-590-4800; www.flylcpa.com; 11000 Terminal Access Rd) Dies ist der Hauptflughafen von Naples. Er liegt 45 Fahrminuten nördlich der Stadt an der I-75.

ZENTRAL-FLORIDA

Zentral-Florida ähnelt einer Matroschka, der zusammengesetzten, hohlen russischen Puppe, in der sich ähnliche, immer kleiner werdende Puppen befinden. In der Region gibt's schöne State Parks, Gärten und Flüsse, die ideal für eine entspannte Erkundung sind. Unter dieser äußersten Hülle kommen Kissimmee, Celebration und das riesige urbane Großraumgebiet von Orlando zum Vorschein. Über das Netz vielspuriger Highways und Hochstraßen des Großraums von Orlando erreicht man zahlreiche Themenparks, darunter Walt Disney World®, das Universal Orlando Resort, SeaWorld und Legoland. Wenn man vom Besucheransturm ausgeht, sind diese Parks für viele der Hauptgrund des Besuchs der Region.

Doch den inneren Kern von Zentral-Florida bildet eine Stadt: die hübsche, grüne Downtown Orlando, deren erstklassige Museen und tolle Restaurants, in denen das Essen frisch von der Farm auf den Tisch kommt, angesichts des Hypes um die knalligen, funkelnden Themenparks mitunter übersehen werden. Viele Besucher kommen nie bis in diesen Kern, der die letzte Matroschka darstellt, denn Orlando liegt ein wenig im Schatten von Cinderella und Hogwarts.

Orlando

Man kann sich im Großraum Orlando leicht völlig von den abgeschlossenen künstlichen

Welten von Disney oder Universal Orlando (weshalb man wahrscheinlich ohnehin hier ist) vereinnahmen lassen und darüber die Stadt selbst vergessen. Dabei hat sie viel zu bieten: hübsche, von Bäumen gesäumte Viertel, eine rege Theater- und Museumsszene, mehrere phantastische Gärten und Naturschutzgebiete, eine fabelhafte Küche, tolle handgemachte Cocktails und ein entspanntes Leben ganz ohne verrückte Menschenmassen. Ja, klar, man kann die Themenparks mit ihrem Glanz, der Nostalgie und dem Nervenkitzel der Fantasiewelten genießen, aber man sollte sich auch die Zeit nehmen, Orlando zu „finden". Also runter von der Achterbahn und einen Tag lang die ruhigere, sanftere Seite der Stadt erkunden! Am Ende wird man sogar den Reiz der Themenparks noch mehr zu schätzen wissen.

Sehenswertes

★ Mennello Museum of American Art MUSEUM

(☎ 407-246-4278; www.mennellomuseum.org; 900 E Princeton St, Loch Haven Park, Downtown; Erw./Kind 6–18 Jahre 5/1 US$; ⌚ Di–Sa 10.30–16.30, So ab 12 Uhr; 🚌 Lynx 125, 🚆 Florida Hospital Health Village) Das kleine, aber ausgezeichnete Kunstmuseum am See zeigt Werke von Earl Cunningham, dessen leuchtend bunte Bilder, eine Fusion aus Pop-Art und amerikanischer Volkskunst, die Leinwand fast zu sprengen scheinen. Wechselausstellungen widmen sich häufig der amerikanischen Volkskunst. Alle vier Monate gibt's eine neue Ausstellung, das Spektrum reicht von Sammlungen der Smithsonian Institution bis zu einheimischen Künstlern. Die mystische Virginia-Eiche vorne macht sogar das Parken zu einem Erlebnis.

★ Orlando Museum of Art MUSEUM

(☎ 407-896-4231; www.omart.org; 2416 N Mills Ave, Loch Haven Park, Downtown; Erw./Kind 15/5 US$; ⌚ Di–Fr 10–16, Sa & So ab 12 Uhr; 👪; 🚌 Lynx 125, 🚆 Florida Hospital Health Village) Orlandos prächtiges Kunstzentrum wurde 1924 gegründet und wartet mit phantastischen Dauer- und Sonderausstellungen auf. Außerdem werden verschiedene Kunstveranstaltungen und -kurse für Erwachsene sowie für Familien angeboten. Der beliebte First Thursday (15 US$) findet am ersten Donnerstag im Monat zwischen 18 und 21 Uhr statt und würdigt örtliche Künstler mit regionalen Werken, Livemusik und Essen aus Restaurants der Stadt.

ICON Orlando VERGNÜGUNGSPARK

(www.iconorlando.com; I-Drive 360, 8401 International Dr, International Drive; ab 24 US$; ⌚ So–Do 10–22, Fr & Sa bis 24 Uhr) Orlando hat alles, was auf und ab geht, warum also nicht mal im Kreis herum? Das 2017 eröffnete ICON Orlando ist eine der neuesten Sehenswürdigkeiten des International Drive. Orlando ist eher platt, aber ein Ausflug hierher, vor allem nachts, bietet Ausblicke auf die Themenparks und die Umgebung. Vorab informieren, da der Park manchmal für Privatveranstaltungen geschlossen ist.

SeaWorld THEMENPARK

(☎ 407-545-5550; www.seaworldparks.com; 7007 Sea World Dr; 99 US$, Ermäßigungen online, Preise ändern sich täglich; ⌚ 9–20 Uhr; 👪; 🚌 Lynx 8, 38, 50, 111, 🚌 I-Ride Trolley Red Line Stop 28) SeaWorld – einer von Orlandos größten Themenparks – ist ein Wasserpark mit Meerestiershows, Achterbahnen und Begegnungen mit Meeresbewohnern hautnah. Die größte Attraktion des Parks ist aber auch umstritten: Liveshows mit trainierten Delfinen, Seelöwen und Orcas.

Seit 2013 die Dokumentation *Blackfish* gezeigt wurde, wird die Haltung der gefangenen Orcas in SeaWorld genau beobachtet, und das Unternehmen hat sinkende Besucherzahlen und negative PR zu beklagen.

Titanic: the Artifact Exhibition MUSEUM

(☎ 407-248-1166; www.premierexhibitions.com; 7324 International Dr, International Drive; Erw./Kind 6–11 Jahre 24/17 US$; ⌚ Fr–Sa 10–18, So–Do bis 20 Uhr; 👪; 🚌 Lynx 8, 38, 42, 🚌 I-Ride Trolley Red Line Stop 9) Das Museum zeigt maßstabgetreue Nachbauten der Innenräume des untergegangenen Schiffs und Artefakte, die auf dem Meeresboden gefunden wurden, insgesamt 170 Stücke, darunter eines der nur zwei existierenden Teile des echten Schiffskörpers. Gerade Kindern gefällt die dramatisch und realistisch aufgemachte Geschichtsstunde. Jeder Besucher erhält eine Bordkarte mit dem Namen eines echten Passagiers – am Ende des Rundgangs (wenn das Schiff gesunken ist) erfährt man, ob man zu den Überlebenden gehört hätte.

Schlafen

★ Floridian Hotel & Suites HOTEL $

(☎ 407-212-3021; www.floridianhotelorlando.com; 7531 Canada Ave, International Drive; Zi. ab 75 US$; P ⊖ ❄ 📶 ≋) Das wundervolle Budgethotel in Privatbesitz erinnert zwar teilweise an eine Hotelkette, ist aber in allerlei Hinsicht um einiges besser: Die Mitarbeiter an der Rezeption sind äußerst freundlich, in den blitzsauberen Zimmern stehen Kühlschränke, und es gibt sogar ein kostenloses (wenn auch einfaches) Frühstück sowie Shuttlebusse zu den verschiedenen Parks. Das Hotel befindet sich in der Nähe der Restaurant Row, nicht weit vom International Dr.

Hyatt Regency Grand Cypress Resort — RESORT $$

(☎407-239-1234; www.hyattregencygrandcypress.com; 1 Grand Cypress Blvd, Lake Buena Vista; Zi. 189–300 US$, Resortgebühr 35 US$/Tag, Parkplatz ohne/mit Parkdienst 22/31 US$; P @) Angesichts der Nähe zu Disney's Magic Kingdom (11 km) und zum Universal Resort Orlando (13 km), der Qualität der Zimmer, des Services, des Geländes und der vorhandenen Einrichtungen bietet dieses Resort rund um einen Hof eines der besten Preis-Leistungs-Verhältnisse in Orlando, ist aber sicher weder einzigartig noch ein Boutique-Erlebnis.

★ Bay Hill Club and Lodge — HOTEL $$$

(☎407-876-2429; www.bayhill.com; 9000 Bay Hill Blvd; Zi. 250–700 US$; P @) Im ruhigen und vornehmen Bay Hill fühlt man sich wie in einer Zeitschleife, wie in eine lebendig gewordene TV-Kulisse oder ins Fotoalbum seiner Großmutter versetzt. Es ist hier beruhigend friedlich und schlicht. Die hübschen Zimmer verteilen sich über mehrere zweistöckige Gebäude, die an den von Arnold Palmer gestalteten Golfplatz grenzen. Im Internet findet man oft Angebote.

Aloft Orlando Downtown — BUSINESSHOTEL $$

(☎407-380-3500; www.aloftorlandodowntown.com; 500 S Orange Ave, Downtown; Zi. ab 250 US$; P @) Das stromlinienförmige Hotel wirkt offen und entschieden modern, obwohl manchen Gästen die Zimmer wegen der sorgfältig entworfenen minimalistischen Gestaltung merkwürdig leer vorkommen mögen. Der elegante kleine Pool liegt leider unangenehm dicht an der Hauptstraße. Andererseits ist dies eines der wenigen Hotels in bequemer Laufweite zu den Bars und Restaurants der Downtown.

Essen

★ P Is for Pie — BÄCKEREI $

(☎407-745-4743; www.crazyforpies.com; 2806 Corrine Dr, Audubon Park; ab 2 US$; ⊙Mo–Sa 7.30–16.30 Uhr) Klassische Pies mit einfallsreicher Note (süße Tartes mit Biskuitboden), auch Mini-Pies und Spezialkreationen, u.a. in den Geschmacksrichtungen Key Lime und Tiramisu. Lecker!

Graffiti Junktion American Burger Bar — BURGER $

(☎321-424-5800; www.graffitijunktion.com; 700 E Washington St, Thornton Park; Hauptgerichte 9–15 US$; ⊙11–2 Uhr) Der kleine, mit Neonfarben verzierte Treff mit Sitzplätzen auf dem Hof und regelmäßigen Getränke-Specials serviert stilvoll massige Burger. Wie wär's mit einem Brotherly Love (Angus-Rind, 11 US$) oder einem Veggie-Burger (9 US$)? Happy Hour den ganzen Montag und dienstags bis sonntags von 16 bis 19 Uhr.

Pho 88 — VIETNAMESISCH $

(☎407-897-3488; www.pho88orlando.com; 730 N Mills Ave, Mills 50; Hauptgerichte 9–17 US$; ⊙10–22 Uhr;) Das Flaggschiff des lebhaften vietnamesischen Viertels (bekannt als Little Saigon) gleich nordöstlich der Downtown liegt in einem Gebiet, das formlos „Mills 50" genannt wird. Der authentische, schmucklose Spezialist für *pho* (vietnamesische Nudelsuppe) ist immer rappelvoll. Die großen Bowls mit Nudeln sind billig und lecker, genau wie die beliebten *jiaozi* (gebratene Teigtaschen). Viele Gerichte sind fleischlos oder können vegetarisch zubereitet werden.

Melting Pot — EUROPÄISCH $$

(☎407-903-1100; www.meltingpot.com; 7549 W Sand Lake Rd, Restaurant Row; Hauptgerichte 11–48 US$; ⊙Mo–Do 17–22, Fr bis 23, Sa 12–23, So 10–22 Uhr;) Gerade Kinder mögen das neue Erlebnis eines Fondues (mit Käse, Rindfleisch, Hühnchen, Meeresfrüchten und natürlich Schokolade). Abgesehen davon ist dies ein elegantes Restaurant, in das Paare gern für einen romantischen, kinderfreien Abend gehen.

★ La Luce — ITALIENISCH $$$

(☎407-597-3675; www.laluceorlando.com; 14100 Bonnet Creek Resort Ln; Hauptgerichte 26–44 US$; ⊙18–23 Uhr; P) Das La Luce ist ein Juwel – ob man mit jemand Besonderem an einem ruhigen Ecktisch sitzt oder ein Schwätzchen an der Bar hält – schnell hat man das Gefühl, als würde man schon seit Jahren hierher kommen, auch wenn es der erste Besuch ist. Die Gerichte sind fantastisch, manchmal abgedreht, aber immer lecker. Entenragout, frische Salate, Desserts zum Dahinschmelzen – einfach hervorragend. Der Buttertoffeepudding ist so gut, dass er eine eigene Facebook-Fanseite hat.

Ausgehen & Nachtleben

★ Icebar BAR

(☎ 407-426-7555; www.icebarorlando.com; 8967 International Dr; Eintritt am Eingang/bei Online-Buchung 20/15 US$; ⏲ So–Mi 17–24, Do bis 1, Fr & Sa bis 2 Uhr; 🚌 I-Trolley Red Line Stop 18 oder Green Line Stop 10) Noch mehr für Orlando typischer Spaß: Die Gäste betreten das ca. -5° C kalte Eishaus, sitzen auf Eisstühlen, bewundern die Eisskulpturen und nippen an eiskalten Drinks. Mäntel und Handschuhe werden am Eingang bereitgestellt (für zusätzliche 10 US$ bekommt man einen fotogenen, unechten Pelz); im „Fire Room“, auf den Toiletten und in anderen Bereichen der Bar herrschen normale Temperaturen.

Independent Bar CLUB

(☎ 407-839-0457; 70 N Orange Ave, Downtown; unterschiedlich, oft 10 US$; ⏲ Sa–Do 22–2.30, Fr ab 21.30 Uhr) In dem angesagten, lauten und stets vollen Club, von den Einheimischen einfach nur „I-Bar“ genannt, legen DJs bis in die Morgenstunden Underground Dance und Alternative Rock auf.

Praktische Informationen

Official Visitor Center (☎ 407-363-5872; www.visitorlando.com; 8102 International Dr; ⏲ 8–20 Uhr; 🚌 I-Ride Trolley Red Line 11)

Anreise & Unterwegs vor Ort

Amtrak (www.amtrak.com; 1400 Sligh Blvd) Täglich verkehren Züge Richtung Süden nach Miami (ab 47 US$) und Richtung Norden nach New York (ab 150 US$).

Greyhound (☎ 407-292-3424; www.greyhound.com; 555 N John Young Pkwy) Fährt von Orlando aus in zahlreiche Städte.

Die kostenlosen Busse von **LYMMO** (www.golynx.com; frei; ⏲ Mo–Fr 6–22.45, Sa ab 10, So 10–22 Uhr) sind auf mehreren Rundkursen in der Innenstadt unterwegs und halten u. a. in der Nähe der Lynx Central Station, nahe dem SunRail-Bahnhof Church St Station, an der Kreuzung Central Blvd/Magnolia Ave, an der Kreuzung Jefferson St/Magnolia Ave sowie vor dem Hotel Westin Grand Bohemian.

SunRail (www.sunrail.com), Orlandos Pendlerzug, fährt in Nord-Süd-Richtung und hält nicht bei den Themenparks oder in deren Nähe.

Züge von **Amtrak** bedienen neben dem Bahnhof im Zentrum Orlandos auch Winter Park, Kissimmee und Winter Haven (wo sich Legoland befindet).

Walt Disney World® Resort

Dieses gigantische **Resort** (☎ 407-939-5277; www.disneyworld.disney.go.com; Lake Buena Vista, außerhalb von Orlando; Preise variieren tgl., ab ca. 109 US$, siehe Website für Pauschalangebote & Tickets für bis zu 10 Tage; 👪) mit eigener Monorail (Einschienenbahn), einem Abschnitt einer achtspurigen Autobahn und tausenden Hektar mit Rides, Vergnügungsangeboten, Parks und Hotels ist ausgedehnter als ein größerer internationaler Flughafen – und man findet sich ungefähr ähnlich leicht zurecht. Das nicht eingezäunte Gelände von Disney World umfasst tatsächlich knapp 104 km². Darin befinden sich, allerdings einige Meilen voneinander entfernt, vier separate, pieksaubere Themenparks: **Magic Kingdom**, **Epcot**, **Hollywood Studios** und **Animal Kingdom**.

Darüberhinaus bietet Walt Disney World® zwei Wasserparks, zwei Shoppingbereiche, Golfplätze, über 20 Disney gehörende Hotels, zahllose Speiselokale, eine Polizeistation, Transportsysteme (sagte jemand Monorail?) und Hundehütten für die Vierbeiner.

Und um eines noch klarzustellen: Walt Disney World® bietet viel mehr als nur Rides. Zu den vielen, vielen Attraktionen gehören auch interaktive Meet'n'Greets mit wohlbekannten Figuren wie Mickey Mouse und Donald Duck sowie neueren Charakteren wie Gaston, Elsa, Anna und so weiter. Außerdem gibt es Paraden, Musicalproduktionen, interaktive Einrichtungen, Disney-Werbeaktionen zu den neuesten Projekten und viele Stuntshows. Und (Überraschung!): Es ist nicht nur für Kinder. Disney World hat seine treue Fangemeinde geschickt gepflegt, was Hunderttausende reifere Besucher anlockt, die einfach nicht genug bekommen und Programme, köstliche Speisen, Rundfahrten und Touren hinter die Kulissen geboten bekommen.

Jeder der vier Parks hat ein eigenes Thema, auch wenn die meisten Besucher bei Walt Disney World® nur an einen der vier Parks denken: an das **Magic Kingdom**, dessen Mittelpunkt das Cinderella's Castle bildet. Dies ist das Disneyland der Werbespots, der Prinzessinnen und Piraten, die Heimat Tinkerbells und der Träume, die wahr werden; dies ist das typische, traditionelle Disneyland der klassischen Rides wie It's a Small World und Space Mountain.

Epcot ist ein herrlich sensorisches Erlebnis. Der Park ist in zwei Bereiche unterteilt, **Future World** und **World Showcase**, die rund um einen See liegen. In Future World befinden sich auch die einzigen beiden Rides des innerhalb von Epcot, die Nervenkitzel bieten; außerdem gibt's hier mehrere Pavillons mit Attraktionen, Restaurants und Treffpunkte, an den man Disney-Figuren begegnet. World Showcase umfasst elf Länder mit deren typischer Gastronomie, Unterhaltung und Shopping-Angeboten. Hier kann man es mal langsamer angehen lassen, in Marokko Weihrauch riechen, in Großbritannien den Beatles lauschen und in Japan Miso nippen.

Die **Hollywood Studios** lassen die Glanzzeiten Hollywoods wieder aufleben. Das Zentrum bildet ein Nachbau des Graumann's Chinese Theatre aus L.A., doch die meisten Aktivitäten widmen sich ganz unverhohlen dem 21. Jh., ob nun das an *Star Wars* angelehnte Jedi-Training, das zusammen mit zwei großen Rides im 2019 eröffneten *Star-Wars*-Themenbereich Galaxy's Edge zu finden ist, oder die *Indiana-Jones*-Stunt-Shows, ob extravagante Muppet-Shows oder die Frozen Sing-Along Celebration.

Das **Animal Kingdom** ist nicht nur meilenweit von den anderen Disney-Themenparks entfernt, sondern hat auch einen ganz anderen Charakter: Es ist eine Mischung aus Vergnügungspark, Zoo, Karneval und afrikanischer Safari, zusammengehalten von einer kräftigen Dosis Disney (in Form von Figuren, Geschichtenerzählen und magischen Verwandlungen). Wie die anderen Parks ist auch dieser in mehrere Bereiche unterteilt und bietet an jeder Ecke Begegnungen mit wilden Tieren, Rides und Musicals, darunter *König der Löwen* und *Findet Nemo*. Im Mai 2017 wurde im Animal Kingdom ein neuer Bereich eröffnet, das lange erwartete **Pandora – The World of Avatar**, das u.a. den sensationellen Hightech-Ride Avatar Flight of Passage bietet.

Um das Disney-Erlebnis abzurunden, betreibt Walt Disney World® mehrere luxuriöse Unterkünfte für Familien und Paare. Ihr großer Vorteil ist, dass fast alles, vom Essen bis zum Transport, von den Resorts arrangiert wird bzw. problemlos zugänglich ist. (Wenn man mit Kindern unterwegs ist, sind sie aber auch nicht der Weisheit letzter Schluss, andere Hotels in der Gegend bieten ähnliche Serviceleistungen.) Zudem ist hier weiterer Spaß garantiert, man kann sogar im Restaurant mit Disney-Figuren speisen. Diese Hotels sind gut auf Reisende mit Behinderung eingestellt: Sie verleihen z.B. Rollstühle, sind behindertengerecht gestaltet und bieten ausgezeichnete Arrangements für den schnellen Zugang zu den Attraktionen.

Kurz gesagt: Ein Besuch im Walt Disney World Resort ist ein herausragendes Erlebnis. Es ist ein unverhohlener Rausch mit einer Überdosis an Musik, Lichtern, Geräuschen, Farben, Nervenkitzel und anderen Reizen. Hier taucht man in eine ganz neue Welt ein, die – egal, wie alt man ist – unerklärlicherweise überwältigend und berauschend ist. Und dies trotz der langen Schlangen, des gelegentlichen Gedränges und des überteuerten Essens. Den größten Teil der Zeit ist dies tatsächlich der „glücklichste Ort auf Erden".

Und wenn dann die Sonne untergegangen ist und man denkt, dass es für heute wirklich reicht, dann geht es noch weiter: In jedem Park findet abends eine Feuerwerk-Show statt, deren Name entsprechend des jährlichen Programms wechselt.

Der Preis für ein Tagesticket variiert, aber das im Februar 2017 eingeführte Ticketsystem bietet mehrtägige Eintrittskarten (ein Park pro Tag über eine feste Anzahl an Tagen) und Park Hopper-Optionen, bei der man von Park zu Park wechseln kann (Achtung: Das ist logistisch sehr zeitaufwändig und mit Ausnahme von Epcot und den Hollywood Studios nicht wirklich machbar).

Schlafen & Essen

Die Disney-Ferienhotels sind entsprechend ihrer Lage (Magic Kingdom, Epcot, Animal Kingdom und Disney Boardwalk) unterteilt. Die Preise schwanken stark je nach Jahreszeit, Woche und Tag.

Die Deluxe-Resorts sind zwar das Beste, was Disney zu bieten hat, man sollte aber wissen, dass man hier für das Disney-Thema und für die Nähe zu den Parks zahlt, nicht für Luxus. Viele haben Suiten und Villen mit mehreren Zimmern, gehobene Restaurants, Kinderprogramme und leichten Zugang zu den Parks.

Mit Ausnahme von Epcot sollte man sich auf mittelmäßiges Fast Food, dünnen Kaffee und Cafeteria-Küche zu Spitzenpreisen gefasst machen. In Restaurants mit Bedienung sind Reservierungen für „Priority Seating" bis zu 180 Tage im Voraus möglich. Reservieren kann man bei **Disney Dining** (☎407-939-3463; www.disneyworld.disney.go.com) oder über die App My Disney Experience. Gut zu wissen: Wer in den Restaurants in den Themenparks essen möchte, muss den Parkeintritt zahlen, in den Hotelrestaurants nicht.

Disney bietet auch Essen mit Disney-Figuren (*character meals*), mit Dinnershows und mit besonderen Events an.

Anreise & Unterwegs vor Ort

Disney World liegt etwa 25 Fahrtminuten südlich von Downtown Orlando; man fährt auf der I-4 bis zu den gut ausgeschilderten Exits 64, 65 oder 67.

Die Autovermietungen Alamo und National haben Filialen im Walt Disney World Dolphin Resort®.

Wer in einem Hotel im Walt Disney World® übernachtet und am Orlando International Airport (im Gegensatz zum Sanford Airport) ankommt, kann im Voraus die kostenlose Gepäckbeförderung und die Fahrt im kostenlosen Deluxe-Bus bei **Disney's Magical Express** (☎866-599-0951; www.disneyworld.disney.go.com) arrangieren. Man bekommt vorher Gepäckaufkleber zugeschickt, das Gepäck wird dann automatisch am Flughafen abgeholt. Wenn man während des Aufenthalts in ein anderes Disney-Hotel umzieht, kümmert sich das Hotel um den Gepäcktransport, während man sich einen schönen Tag macht.

Disneys Transportsystem umfasst Boote, Busse und die Monorail, die Besucher zu den Hotels, den Themenparks und den anderen Attraktionen innerhalb von Walt Disney World® bringen. Das Transportation & Ticket Center ist die Zentrale dieses System. Mit dem Transportsystem kann die Fahrt von A nach B aber durchaus eine Stunde dauern, und manchmal muss man umsteigen.

Universal Orlando Resort

Das fußgängerfreundliche **Universal Orlando Resort** (☎407-363-8000; www.universalorlando.com; 1000 Universal Studios Plaza; ein Park 1/2 Tage Erw. 105/185 US$, Kind 100/175 US$, beide Parks Erw./Kind 155/150 US$; ⏲tgl., wechselnde Öffnungszeiten; 🚌Lynx 21, 37 & 40, ⛴Universal) ist mit Walt Disney World® vergleichbar: Auch hier gibt's großartige Rides, tolle Attraktionen für Kinder und unterhaltsame Shows. Dennoch wirkt das Ganze etwas eleganter, spaßiger und stimmiger. Dank der kleineren Dimensionen fällt zudem die Orientierung vor Ort leichter. Mit Mumm, Herz und Verstand liefert Universal puren, hemmungslosen, adrenalingeladenen und temporeichen Spaß für die ganze Familie.

Das Resort besteht aus drei Themenparks: Auf die Islands of Adventure konzentrieren sich die meisten aufregenden Rides. Die Attraktionen und Shows der Universal Studios (u. a. die Wizarding World of Harry Potter) haben Bezug zu Filmen oder TV-Serien. Volcano Bay ist ein Wasserpark mit spannenden Wasserrutschen und anderen nassen Rides durch einen 62 m hohen Vulkan.

Zum Restaurant- und Unterhaltungsbezirk CityWalk gehören auch noch sechs Resorthotels. Im ganzen Universal Resort stehen nette Fußwege und Wassertaxis zur Verfügung.

Es gibt Tickets, die mehrere Tage oder für mehrere Parks gelten, online findet man die neuesten Kombinationen und Angebote.

Sehenswertes

★ Universal Studios THEMENPARK
(☎407-363-8000; www.universalorlando.com; 1000 Universal Studios Plaza, Universal Orlando Resort; 1 Tag Erw. 115 US$, Kind 110 US$; ⏲ab 9 Uhr, wechselnde Schließungszeiten; 🚌Lynx 21, 37 od. 40, ⛴Universal) Die Universal Studios nach dem Vorbild eines Hollywood-Studiogeländes sind durch regionsspezifische Bauten und Landschaften unterteilt. Die Shows und großartigen Rides mit vielen Simulationen sind Hommagen an diverse Leinwand- bzw. Fernsehikonen. So kann man z. B. in Springville Homers Lieblingsbier Duff trinken, mit dem Hogwarts Express zur Diagon Alley fahren, mit Jason Bourne ein spannendes Stunt-Abenteuer erleben oder sich zu Lucille Ball auf dem Hollywood Blvd gesellen. Mit Revenge of the Mummy und Hollywood Rip Ride Rockit warten hier zudem zwei der besten Achterbahnen Orlandos auf Adrenalinjunkies.

Gleich gegenüber vom Eingang zur Woody Woodpecker's Kidzone lädt ein eingezäuntes Rasengelände mit schattigen Bäumen, Blumen und Lagunenblick zum Relaxen ein.

★ Wizarding World of Harry Potter THEMENPARK
(☎407-363-8000; www.universalorlando.com; Islands of Adventure & Universal Studios; Parkeintritt erforderlich; ⏲ab 9 Uhr (wechselnde Schließungszeiten); 🚌Lynx 21, 37 od. 40) Alan Gilmore and Stuart Craig, die als Art Director und Production Designer an den Filmen mitwirkten, arbeiteten eng mit den Ingenieuren des Universal Orlando Resort zusammen, um die

zweifellos phantastischste Themenwelt in Florida zu realisieren. Überall begeistern einen die authentisch wirkenden Details, von den schreienden Alraunen im Ladenschaufenster bis zum Seufzen der Maulenden Myrte im Badezimmer.

Man schaut sich in den Kopfsteingassen und den windschiefen Gebäuden von Hogsmeade um, trinkt Butterbier, mampft Cauldron Cakes und versendet eine Postkarte mit der Eulenpost, alles im Schatten von Hogwarts Castle. Und dabei sollte man immer Ausschau nach magischen Ereignissen halten. Die Wizarding World of Harry Potter ist in zwei Abschnitte, jeweils mit Rides und Shows, unterteilt: **Hogsmeade** (☎407-363-8000; www.universalorlando.com; Islands of Adventure; Parkeintritt erforderlich; ⏲9–18 Uhr, wechselnde Öffnungszeiten; 🚌Lynx 21, 37 od. 40) in den Islands of Adventure und **Diagon Alley** (www.universalorlando.com; Universal Studios; Parkeintritt erforderlich; ⏲ab 9 Uhr; 🚌Lynx 21, 37 od. 40), das 2014 fertiggestellt wurde, in den Universal Studios. Wer ein Ticket für beide Parks hat, kann mit dem Hogwarts Express von einem Abschnitt in den anderen fahren. Neu in Hogsmeade ist Hagrid's Magical Creatures Motorbike Adventure, wo Besucher sich anschnallen und durch den Verbotenen Wald „fliegen".

Großraum Orlando & Themenparks

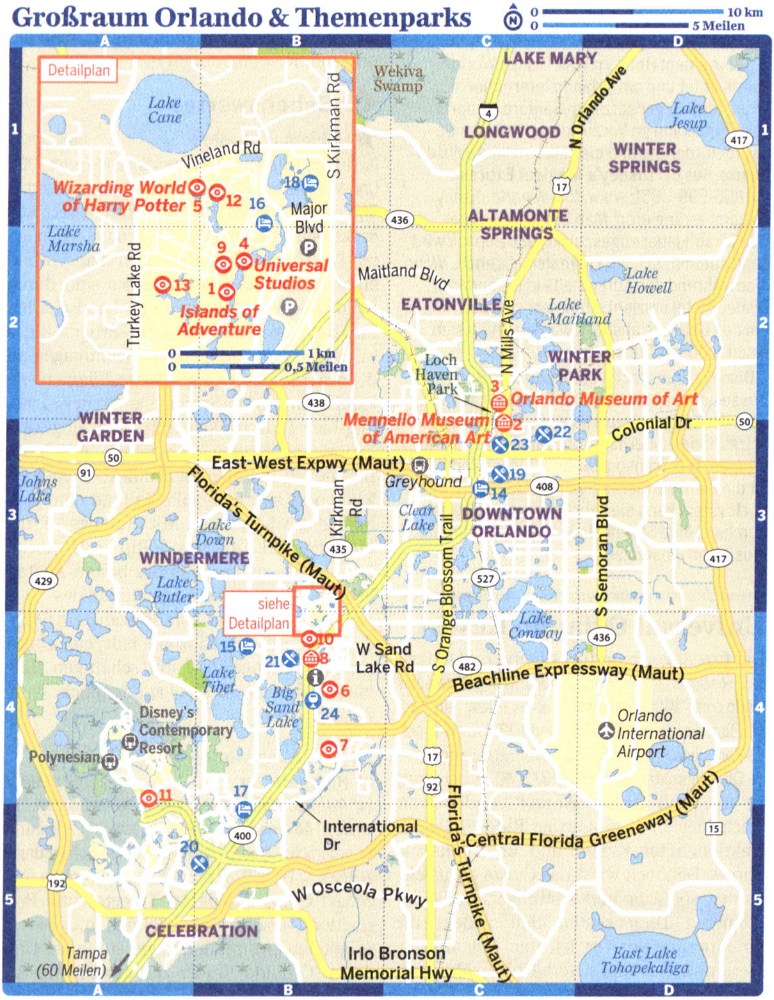

Gäste, die in einem der Universal Orlando-Resorthotels wohnen, kommen eine Stunde früher hinein.

★ Islands of Adventure THEMENPARK
(☎ 407-363-8000; www.universalorlando.com; 6000 Universal Blvd, Universal Orlando Resort; 1 Tag Erw. 115 US$, Kind 110 US$; ⊙ ab 9 Uhr, wechselnde Schließungszeiten; 🚌 Lynx 21, 37 od. 40, 🚇 Universal) Kreischalarm, purer und grenzenloser Spaß, adrenalinsteigernde Achterbahnfahrten und wunderbare Themenbereiche. Superhelden flitzen hier auf Motorrädern vorbei, während hoch droben Achterbahnen umhersausen und man bei vielen Rides ordentlich nass wird. Zu den Highlights gehören das Marvel Super Hero Island mit den Amazing Adventures of Spiderman und dem Hulk Coaster, dem kinderfreundlichen Seuss Landing und dem bekanntesten von allen: Hogwarts in der Wizarding World of Harry Potter – Hogsmeade. Es gibt Tickets für mehrere Tage oder mehrere Parks.

Volcano Bay THEMENPARK
(www.universalorlando.com; 6000 Universal Blvd, Universal Resort; 1 Tag Erw. 70 US$, Kind 65 US$; ⊙ ab 9 Uhr, wechselnde Schließungszeiten) Der dritte Themenpark des Universal Resorts – ein Wasserpark – wurde 2017 eingeweiht. Nach dem Vorbild einer Pazifikinsel ist das Hauptmerkmal der tropischen Oase ein riesiger Vulkan, über den, wer hätte es gedacht, Wasserbahnen führen. Zu den 18 Attraktionen gehören sich windende Flüsse mit Familienraftfahrten, Pools und zwei ineinander verflochtene Rutschen, aber die Hauptattraktion ist die Ko'okiri Body Plunge. Mit ihren haarsträubenden 38 m Höhe ist sie die höchste Falltürrutsche in Nordamerika.

Der Park liegt neben Islands of Adventure und Universal. Seinen Platz in der Schlange sichert man sich mit dem TapuTapu-Armband.

Schlafen & Essen

Das Universal Orlando Resort hat eine Reihe von hervorragenden Resorthotels. Ein Aufenthalt in einem dieser Hotels löst viele logistische Probleme: Zu den Parks gelangt man dann leicht in einer ruhigen Bootsfahrt oder durch einen Fußmarsch auf einem nett begrünten Weg. Gäste erhalten zumeist einen Unlimited Express Pass für die Parkattraktionen und Vorrang bei Restaurantreservierungen. Zudem können sie jeweils schon eine Stunde vor der allgemeinen Öffnung exklusiv mit mehreren beliebten Rides fahren. Jedes Universal Resort hat erstklassige Bars und Restaurants, die man auch genießen darf, wenn man nicht übernachtet.

★ Loews Portofino Bay Hotel RESORT $$$
(☎ 407-503-1000; www.loewshotels.com/portofino-bay-hotel; 5601 Universal Blvd, Universal Orlando Resort; Zi. & Suite 325–390 US$, Parken pro Tag ohne/mit Parkdienst 22/30 US$; P ❄ @ ≈ 🐾; 🚇 Universal) Mit seinen schönen Zimmern und Cafés an Kopfsteinpflasterstraßen um eine Lagune herum verströmt dieses luxuriöse und elegante Resort den Zauber eines

Großraum Orlando & Themenparks

Highlights
1 Islands of Adventure ... B2
2 Mennello Museum of American Art ... C3
3 Orlando Museum of Art ... C2
4 Universal Studios ... B2
5 Wizarding World of Harry Potter ... A1

Sehenswertes
6 ICON Orlando ... B4
7 SeaWorld ... B4
8 Titanic: the Artifact Exhibition ... B4
9 Universal Orlando Resort ... B2
10 Volcano Bay ... B4
11 Walt Disney World® Resort ... A4
12 Wizarding World of Harry Potter – Diagon Alley ... B1
13 Wizarding World of Harry Potter – Hogsmeade ... A2

Schlafen
14 Aloft Orlando Downtown ... C3
15 Bay Hill Club and Lodge ... B4
Floridian Hotel & Suites ... (siehe 8)
16 Hard Rock Hotel ... B1
17 Hyatt Regency Grand Cypress Resort ... B5
18 Loews Portofino Bay Hotel ... B1

Essen
19 Graffiti Junktion American Burger Bar ... C3
20 La Luce ... B5
Mama Della's Ristorante ... (siehe 18)
21 Melting Pot ... B4
22 P Is for Pie ... C3
23 Pho 88 ... C3

Ausgehen & Nachtleben
24 Icebar ... B4
Independent Bar ... (siehe 14)

Ferienorts an der italienischen Küste. Der Familienpool mit Sandstrand und flachem Zugang wird durch den idyllischen Hillside-Pool und den eleganten Villa-Pool ergänzt. Zudem warten hier das Mandara Spa, abendlicher Balladengesang am Wasser und das hervorragende Mama Della's Ristorante. Der Preis beinhaltet jeweils einen Unlimited Express Pass und früheren Zugang (1 Std.) zur Wizarding World of Harry Potter.

Hard Rock Hotel RESORT **$$$**
(☎407-503-2000; www.hardrockhotels.com/orlando; 5800 Universal Blvd, Universal Orlando Resort; Zi. & Suite 329–393 US$, Parken pro Tag ohne/mit Parkdienst 22/30 US$; P ❄ @ ≋ 🐾; Universal) Von der großen Rasenfläche mit dem riesigen Gitarrenbrunnen am Eingang bis zu der unter Wasser eingespielten Musik im Pool verkörpert das moderne, stylishe Hard Rock die pure Essenz und Energie des Rock'n' Roll. Im Preis enthalten sind der exklusive Zugang zur Wizarding World of Harry Potter eine Stunde vor Parköffnung und ein Unlimited Express Pass.

Es gibt einen riesigen Pool mit Wasserrutsche und flachem Zugang, Familien mischen sich auf dem Gelände harmonisch mit jungem Partyvolk, aber die laute Liveband, die manchmal in der Lobby spielt, und all der Trubel sind wohl nicht das richtige für Menschen, die ruhige Entspannung suchen – die sind im Portofino Bay besser aufgehoben.

★ **Mama Della's Ristorante** ITALIENISCH **$$**
(☎407-503-3463; www.universalorlando.com; 5601 Universal Blvd, Loews Portofino Bay Hotel; Hauptgerichte 10–22 US$; ⏲17.30–23 Uhr; ; Universal) Ein charmantes, gemütliches und freundliches Lokal mit altmodischen Tapeten, dunklem Holz und mehreren Räumen mit romantischen Nischen. Man fühlt sich hier wirklich wie ein eingeladener Gast in einem Privathaus irgendwo in Italien. Herumgehende Musikanten unterhalten die Gäste an den Tischen, die einfachen italienischen Gerichte sind ausgezeichnet und frisch, und die Bedienung ist entspannt, aber effizient.

Ein guter Wein, eine altmodische Limo aus der Flasche und eine Schüssel Pasta im Mama Della's – für Kinder und Erwachsene ist das ein nettes Ende eines in den Parks verbrachten Tages.

ℹ Anreise & Unterwegs vor Ort

Von der I-4 fährt man bei Exit 74B oder 75A ab und folgt den Schildern. Vom International Dr folgt man den Schildern Richtung Westen bis zum Universal Blvd.

Die Lynx-Busse 21, 37 und 40 fahren zum Parkhaus des Universal Orlando Resort (Bus 40 startet direkt im Zentrum am Amtrak-Bahnhof Orlando). Entlang des International Dr verkehren Busse von **I-Ride Trolley** (☎407-354-5656; www.iridetrolley.com; Fahrt Erw./Kind 3–9 Jahre 2/1 US$, Tickets für 1/3/5/7/14 Tage 5/7/9/12/18 US$; ⏲8–22.30 Uhr), die am Universal Blvd halten, knapp 1 km vom Parkeingang entfernt.

Innerhalb des Universal Orlando Resort, also zwischen den Hotels des Parks, den Themenparks Islands of Adventure und Universal Studios sowie des CityWalk, verlaufen Fußwege. Von den Themenparks und dem CityWalk zu den Deluxe-Resorts sind es etwa 10 bis 15 Gehminuten. Zum Cabana Bay Beach Resort benötigt man 25 Minuten. Auch von mehreren Hotels außerhalb des Parks ist man zu Fuß höchstens 20 Minuten bis zum Park unterwegs, allerdings ist der Weg nicht sehr angenehm.

Kinderwagen, Rollstühle und Elektromobile (Electric Convenience Vehicle; ECV) werden an den Parkeingängen verliehen, manuelle Rollstühle auch am Rotunda-Bereich des Parkhauses. Unter ☎407-224-4233 kann man ein Elektromobil im Voraus reservieren.

FLORIDA PANHANDLE

Die geografisch nördlichste Gegend Floridas ist zugleich kulturell den Südstaaten mit Abstand am nächsten. Der Panhandle, der Landstreifen links oberhalb der Halbinsel, erstreckt sich entlang der Grenzen zu Alabama und Georgia, und in mancher Hinsicht sind die Strände der Region eigentlich die Fortsetzungen dieser beiden Staaten bis an die Küste.

Vielerorts berauscht die Küste mit wilder, windgepeitschter Schönheit – besonders die unbebauten Streifen voller Salzmarschen und Elliott-Kiefern, die sich östlich und westlich der Apalachee Bay erstrecken, sind faszinierend. In anderen Gegenden wird die Küste von Ferienhäusern und hohen Apartmenthäusern gesäumt.

Landeinwärts finden sich zwischen Palmettopalmen und dünnen Kiefern kristallklare Quellen, gemächliche Flüsse und Militärtestgelände – diese Region hat eine der höchsten Konzentrationen an Verteidigungseinrichtungen des gesamten Landes.

Im Oktober 2018 wurde das Gebiet von dem verheerenden Hurrikan Michael heimgesucht, der große Teile der Region vernichtend getroffen hat.

Tallahassee

Floridas Hauptstadt, die sich geschützt zwischen sanft gewellten Hügeln erstreckt und deren Straßen von Bäumen beschattet werden, liegt Atlanta geografisch näher als Miami. Kulturell sind ihr die Südstaaten sogar viel näher als der Großteil des Bundesstaates, dessen Regierungssitz es ist. Ungeachtet ihres Status als Hauptstadt und der beiden großen Universitäten in der Stadt (Florida State University und Florida Agricultural & Mechanical University) geht es hier sehr, sehr gemächlich zu.

Immerhin gibt's hier interessante Museen und Attraktionen außerhalb der Stadt, die Geschichtsinteressierten und Naturfreunden gefallen werden und mit denen Besucher locker ein oder zwei Tage beschäftigt sind.

Sehenswertes & Aktivitäten

★ Tallahassee Museum MUSEUM

(☎850-575-8684; www.tallahasseemuseum.org; 3945 Museum Rd; Erw./Kind 12/9 US$; ⏲Mo–Sa 9–17, So ab 11 Uhr; P) Das wunderbare Naturkundemuseum begeistert seit über 50 Jahren die Besucher. Es liegt auf einem 21 ha großen Gelände mit gepflegten Gärten und ursprünglicher Wildnis am Stadtrand von Tallahassee in der Nähe des Flughafens. Zu sehen sind lebende Pflanzen und Tiere Floridas, darunter auch der extrem seltene Florida-Panther und der Rotwolf. Zu den vielen Attraktionen gehören auch das neue Gehege der Otter und die Seilrutsche Tree to Tree Adventures in den Baumwipfeln. Es gibt unterschiedliche Optionen, die zwischen 17 und 45 US$ kosten.

Tallahassee Automobile & Collectibles Museum MUSEUM

(☎850-942-0137; www.tacm.com; 6800 Mahan Dr; Erw./Student/Kind unter 10 Jahren 18/12/8 US$; ⏲Mo–Fr 8–17, Sa ab 10 Uhr, So ab 12 Uhr; P) Dies ist ein Paradies für alle Fans von starken Motoren! Das Museum beherbergt eine einzigartige Sammlung von mehr als 165 seltenen Automobilen und Oldtimern aus der ganzen Welt, darunter ein Elvismobil. Hinzu kommen noch Boote, Motorräder, Bücher, Klaviere und Motorsport-Memorabilien, sodass man hier gut einen ganzen Tag verbringen kann. Es gibt sogar einen TIE Fighter. Das Museum befindet sich 8 Meilen (12,8 km) nordöstlich von Downtown, an der I-10.

Florida State Capitol GEBÄUDE

(www.floridacapitol.myflorida.com; 400 South Monroe St; ⏲Mo–Fr 8–17 Uhr) GRATIS Das schlichte, imposante Gebäude mit 22 Stockwerken hat eine Aussichtsplattform auf dem Dach, die einen tollen Rundumblick auf die Stadt bietet. Während der Sitzungsperioden wimmelt es in den labyrinthartigen Korridoren von Politikern, Mitarbeitern und Lobbyisten. Es gibt nur wenige Bundesstaaten, die eine so vielfältige Gesetzgebung haben wie Florida. So können in einem Saal durchaus kubanische Amerikaner aus Miami direkt mit der weißen Elite des Panhandle verhandeln. Das ist Amerika. Sowohl Einheimische als auch Besucher ist aufgefallen, dass das neue Gebäude – ein einzelner Turm mit abgerundeten Kuppeln auf beiden Seiten – eine auffallende Ähnlichkeit mit einem … na ja, man sollte sich selbst ein Bild machen.

Tallahassee-St. Marks Historic Railroad State Trail RADFAHREN

(☎850-487-7989; www.floridastateparks.org/tallahasseestmarks; 1358 Old Woodville Rd, Crawfordville; ⏲8 Uhr–Sonnenuntergang) GRATIS Der 16 Meilen (26 km) lange Trail mit glattem Belag ist das ultimative Erlebnis für Jogger, Skater und Radfahrer. Er führt nach Süden in die Hafenstadt St. Marks am Golf (und das ohne ein Auto oder eine Ampel weit und breit). Die Strecke ist leicht und flach und auch für ungeübte Radfahrer locker zu bewältigen. Sie führt durch eine Küstenebene und verläuft vielerorts im Schatten schöner Virginia-Eichen.

ABSTECHER

DELAND: CRESS

Feinschmecker aus der Stadt nehmen gern den Weg ins verschlafene DeLand auf sich, nur um in dem erstklassigen Restaurant **Cress** (☎386-734-3740; www.cressrestaurant.com; 103 W Indiana Ave; Veranstaltungen 65–95 US$; ⏲Reservierung nur mit Eintrittskarte) zu dinieren. Auf der Speisekarte stehen Leckerbissen wie *mofongo* (ein klassisches karibisches Gericht) mit regionalen Meeresfrüchten, indonesisches Garnelencurry und Salat aus köstlichen Erbsensprossen mit einem Dressing aus Passionsfrucht. Seit Kurzem kann man nur noch mit Eintrittskarte reservieren, man muss also vorher anrufen und auf der Website nach Events gucken.

ABSEITS DER ÜBLICHEN PFADE

APALACHICOLA NATIONAL FOREST

Der größte der drei National Forests Floridas, der **Apalachicola National Forest** (☎850-523-8500, 850-643-2282; www.fs.usda.gov/main/apalachicola; Eingänge an FL 13, FL 67 & anderen Orten; Tageskarte 3 US$; ⏲8 Uhr–Sonnenuntergang; 🐾) 🍃, erstreckt sich über fast 2424 km² des Panhandle von westlich von Tallahassee bis zum Apalachicola River. Er besteht aus Niederungen, Kiefern- und Eichenwäldern und Zypressenhainen, in denen unzählige Tierarten heimisch sind, wie Nerz, Grau- und Rotfuchs, Kojote, sechs Fledermausarten, Biber, Specht, Alligator, Schwarzbär und der scheue Florida-Panther. Viele Seen und kilometerlange Wanderwege machen diesen Wald zu einem der vielfältigsten Naherholungsgebiete in Florida. Trotzdem die Region 2018 schwer von Hurrikan Michael getroffen wurde, scheint die Naturschönheit immer noch durch – wenn auch mit viel mehr zerstörten Bäumen.

Um den Wald zu erkunden, braucht man einen fahrbaren Untersatz. Superfitte nehmen das Fahrrad, alle anderen das Auto. Angesichts der massiven Größe des Waldes gibt es mehrere Eingänge, z. B. an der SR 65 (kommt man von Apalachicola) und an der SR 20 (kommt man von Tallahassee).

Die Westhälfte des Waldes untersteht der **Apalachicola Ranger Station** (☎850-643-2282; www.fs.usda.gov/apalachicola; 11152 NW SR-20, Bristol) im Nordwesten in der Nähe der Kreuzung der Hwys 12 und 20, direkt südlich von Bristol.

Die Osthälfte wird von der **Wakulla Ranger Station** (☎850-926-3561; www.fs.usda.gov/apalachicola; 57 Taff Dr, Crawfordville) verwaltet, am Hwy 319 in Crawfordville.

Schlafen & Essen

aloft Tallahassee Downtown HOTEL $$
(☎850-513-0313; www.alofttallahassee.com; 200 N Monroe St; Zi. 119–230 US$; P ⊖ ❄ @ 📶 ≋ 🐾) Dieses Haus der beliebten aloft-Kette punktet mit der erstklassigen Lage im Stadtzentrum und funkigen, funktionalen Zimmern. Die Bäder haben Spiegel bis hoch zur Decke und genug Platz für alles Make-up der Welt. Die Betten sind wirklich bequem. Kostenloses Highspeed-Internet ist im Preis enthalten.

★ **Canopy Road Cafe** CAFÉ $
(☎850-668-6600; www.canopyroadcafe.com; 1913 N Munroe; Hauptgerichte 8–11 US$; ⏲6.30–14.15 Uhr) Canopy Road, benannt nach Tallahassees schönen Baldachinwegen, ist eine einfache Kette (eine neue Filiale hat gerade in Jacksonville eröffnet!), aber sie machen alles richtig: wunderbare Teller mit gutem Essen, angemessene Preise und Bedienungen mit Lächeln auf den Lippen. Empfehlenswert sind der French Toast im Croissant, die beliebten Frühstückskombinationen und der Avocado Smash. Weniger Hungrige bekommen eine halbe Portion. Wow!

Kool Beanz Café FUSION $$
(☎850-224-2466; www.koolbeanz-cafe.com; 921 Thomasville Rd; Hauptgerichte abends 19–27 US$; ⏲Mo–Fr 11–14.30 & 17.30–22, Sa 17.30–22, So 10.30–14 Uhr; P ✍) Der Name ist vielleicht ein wenig merkwürdig, aber das Ambiente ist so wunderbar bunt und gemütlich wie das Essen großartig und kreativ. Das Speiseangebot wechselt täglich, aber bei einem Angebot, das von Hummus über Seeteufel oder scharf gewürzte Muscheln bis zu Ente in Blaubeer-Ingwer-Sauce reicht, findet sich immer was. Zum Zeitpunkt der Recherche gab es Meyer-Zitrone-Pudding als Dessertoption.

Ausgehen & Unterhaltung

Madison Social PUB
(☎850-894-6276; www.madisonsocial.com; 705 South Woodward Ave; Hauptgerichte 9–20 US$; ⏲So–Do 11.30–2, Fr & Sa ab 10 Uhr; 📶) Im allgemeinen Trend, Autowerkstätten in flippige Retrolokale umzuwandeln, wurde dieser Pub gleich in diesem Stil errichtet. Das Publikum ist eine bunte, angenehme Mischung aus Einheimischen und Studenten, die an der grandiosen Theke oder an Picknicktischen aus Aluminium sitzen und den Sonnenuntergang über dem Doak Campbell Football Stadium beobachten, dem größten, vollständig aus Backsteinen errichteten Bau der USA.

Bradfordville Blues Club LIVEMUSIK
(☎850-906-0766; www.bradfordvilleblues.com; 7152 Moses Lane, abseits Bradfordville Rd; Eintritt 15–35 US$; ⏲Shows starten 20–22 Uhr) Der versteckte Open-Air-Club am Ende einer Schotterpiste wird von Petroliumfackeln beleuchtet. Unter den großen Lebenseichen herrscht eine rustikale Lagerfeuerstimmung, doch die

hier auftretenden Bluesbands aus ganz Amerika sind erstklassig. Die Zeiten und Tage der Events wechseln; online nachsehen.

Praktische Informationen

Florida Welcome Center (☎850-488-6167; www.visitflorida.com; 400 S Munroe St; ⏲Mo–Fr 8–17 Uhr) Das Center im Florida State Capitol ist eine unerschöpfliche Quelle an Infos.

Leon County Welcome Center (☎850-606-2305; www.visittallahassee.com; 106 E Jefferson St; ⏲Mo–Fr 8–17 Uhr) In dem ausgezeichneten Visitor Information Center sind Broschüren mit Wanderwegen und Auto-Touren erhältlich.

Anreise & Unterwegs vor Ort

Tallahassee liegt 98 Meilen (158 km) von Panama City Beach, 135 Meilen (217 km) von Jacksonville, 192 Meilen (308 km) von Pensacola, 120 Meilen (193 km) von Gainesville und 470 Meilen (756 km) von Miami entfernt. Die I-10 ist die Hauptstraße in die Stadt, wer zur Golfküste will, folgt dem Hwy 319 südwärts bis zum Hwy 98.

Am winzigen **Tallahassee International Airport** (☎850-891-7800; www.talgov.com/airport; 3300 Capital Circle SW) starten Inlands- und internationale Flüge von American und Delta sowie Direktflüge von Silver Airways nach Tampa und Orlando. Er liegt ca. 5 Meilen (8 km) südwestlich der Downtown abseits des Hwy 263. Öffentliche Verkehrsmittel fahren nicht zum Flughafen. Manche Hotels haben Shuttlebusse, ansonsten fahren Taxis für etwa 25 US$ in die Innenstadt, darunter **Yellow Cab** (☎850-999-9999; www.tallahasseeyellowcab.com).

Der **Greyhound-Busbahnhof** (☎850-222-4249; www.greyhound.com; 112 W Tennessee St; ⏲24 Std.) liegt an der Ecke Duval St, gegenüber vom Umsteigebahnhof von **StarMetro** (☎850-891-5200; www.talgov.com/starmetro; Einzelfahrt/Tageskarte 1,25/3 US$) im Stadtzentrum.

Pensacola

Dass die Grenze zu Alabama nur ein paar Kilometer entfernt ist, hilft, die Atmosphäre in Pensacola zu erklären – in der Stadt mischt sich entspanntes Südstaaten-Flair mit der forschen, dynamischen Art Floridas. Mit den belebten Stränden, der Downtown im spanischen Stil und der markanten Militärkultur ist dies die mit Abstand interessanteste Stadt des Panhandle.

Zwar halten auch hier allmählich moderne urbane Trends Einzug (regionale Küche, Craft-Cocktails etc.), doch die meisten Besucher kommen nach wie vor, um einen typisch amerikanischen Urlaub für Normalverdiener zu erleben: weiße Sandstrände, gebratene Meeresfrüchte und Bars, die preiswerte einheimische Getränke servieren. Im März und April heizt sich die Atmosphäre auf, wenn Scharen von Studenten zum einwöchigen Trinkgelage des Spring Breaks einfallen. Also Vorsicht!

Die Downtown liegt nördlich vom Meer rund um die Palafox St. Auf der anderen Seite der Pensacola Bay Bridge, die hier beginnt, befindet sich die hauptsächlich mit Wohnhäusern bebaute Halbinsel Gulf Breeze. Von dort führt eine weitere Brücke, die Bob Sikes (Maut 1 US$), zum malerischen Pensacola Beach, wegen dem die meisten Besucher überhaupt hier sind.

Pensacola Beach ist mit seinem tollen weißen Sandstrand, dem ruhigen, warmen Wasser und einer Reihe schlichter Strandhotels eine Welt für sich. Der fast 8 Meilen (13 km) lange Strand liegt auf der 40 Meilen (64 km) langen Barriereinsel Santa Rosa, die sich zwischen dem Santa Rosa Sound im Norden und dem Golf von Mexiko im Süden erstreckt. Beide Seiten der Insel sind Teil des Schutzgebietes Gulf Islands National Seashore. Obwohl die entschlossenen Einwohner große Teile der Insel vor der Bebauung bewahrt haben, sorgen mehrere Apartmenthochhäuser für eine kleine Skyline im Stil der Golfküste.

Die Gegend ist ein wichtiger Knotenpunkt für lokale Unternehmungen und besondere Veranstaltungen, wie Karneval, ein Triathlon, Weinproben, eine Musikreihe im Sommer und Paraden.

Sehenswertes

★ **National Naval Aviation Museum** MUSEUM

(☎800-327-5002; www.navalaviationmuseum.org; 1750 Radford Blvd; ⏲9–17 Uhr; 👪) GRATIS Ein Aufenthalt in Pensacola wäre ohne den Besuch dieser riesigen Sammlung von Militärflugzeugen und -objekten einfach nicht komplett. Erwachsene und Kinder werden gleichermaßen von der Vielzahl der ausgestellten Flugzeuge fasziniert sein – es sind mehr als 150! Dazu kommen noch Hightech-Attraktionen wie Flugsimulatoren und ein IMAX-Kino. Zwischen März und November kann man sich fast jeden Dienstag und Mittwoch um 8.30 Uhr die todesmutige Flugshow der **Blue Angels** (☎850-452-3806; www.naspensacolaairshow.com; 390 San Carlos Rd,

ABSTECHER

PENSACOLA SCENIC BLUFFS HIGHWAY

Der 11 Meilen (17,5 km) lange Straßenabschnitt, der sich am höchsten Punkt der Golfküste um die Klippen windet, lädt zu einer friedlichen Autotour oder zu einer etwas anspruchsvollen Fahrradtour an. Unterwegs bieten sich herrliche Blicke auf die Escambia Bay an. Außerdem kommt man an einem auffälligen zerbröckelnden Ziegelschornstein vorbei, der in den 1850er-Jahren zum Kraftwerk des Hyer-Knowles-Sägewerks gehörte und das einzige Überbleibsel des seinerzeit ersten bedeutenden Industriegürtels der Region ist.

Suite A; März–Nov. Di & Mi 8.30 Uhr) GRATIS ansehen.

Achtung: Der Eingang für Besucher, die nicht im Besitz eines Ausweises des Verteidigungsministeriums sind, befindet sich am NAS Pensacola West Gate am 1878 South Blue Angel Parkway.

Historic Pensacola Village MUSEUM
(850-595-5985; www.historicpensacola.org; Tarragona & Church St; Erw./Kind 8/4 US$; Di–Sa 10–16 Uhr; P) Pensacola blickt auf mehr als 450 Jahre Kolonialzeit zurück. Dieses faszinierende und hübsche Dorf ist eine eigenständige Enklave aus fotogenen historischen Häusern, die in Museen verwandelt wurden. Gleichzeitig ist es ein guter Ausgangspunkt für einen Stadtrundgang. Die Eintrittskarte ist eine Woche lang gültig und beinhaltet eine Führung und den Eintritt in jedes der Häuser.

★ **Gulf Islands National Seashore** PARK
(850-934-2600; www.nps.gov/guis; Fahrzeug 20 US$; Sonnenaufgang–Sonnenuntergang;) Dies ist das Highlight des Florida Panhandle: Der 150 Meilen (241 km) lange Küstenabschnitt aus überwiegend unbebauten Sandstränden ist ein perfektes Beispiel dafür, wie die Golfküste vor der Besiedlung (die man, um es fairerweise zu sagen, oft in Form von Hochhäusern in der Ferne sieht) einmal ausgesehen hat. Das Schutzgebiet ist kein durchgängiges Areal, sondern besteht aus einzelnen Abschnitten, die entlang der Küste liegen. Die langen Strände mit zuckerweißen Sanddünen, die von Strandgras gekrönt werden, sind typische unberührte Tieflandstrände.

Schlafen & Essen

Solé Inn MOTEL $
(850-470-9298; www.soleinnandsuites.com; 200 N Palafox St; Zi. 79–199 US$; P) Gleich nördlich des Zentrums liegt dieses Motel, das mit seinen Schwarzweißmustern, Tierdrucken und Acryllampen im Look der 1960er-Jahre gehalten ist. Der Löwenzahnbrunnen im Hof stellt ein besonderes Highlight dar. Die Zimmer sind zwar nicht gerade groß, aber der Preis, die Lage und die authentische Atmosphäre machen dies wieder wett. Und wer wird sich über die Happy Hour mit Selbstbedienung von 17 bis 19 Uhr beschweren?

Holiday Inn Resort HOTEL $$
(850-932-5331; www.holidayinnresortpensacolabeach.com; 14 Via de Luna Dr; Zi. ab 210 US$; P) Das Hotel am Strand hat coole, einladende Zimmer mit ultra-gemütlichen Betten, Flatscreen-TVs und tollen Duschen. Die Zimmer Richtung Meer haben geräumige Balkone, die über dem weichen, weißen Sand und dem kühlen türkisen Wasser darunter hängen. Es gibt Suiten und Kindersuiten, und der „Lazy River"-Pool ist der Hammer. Das freundliche, zuvorkommende Personal tut sein Übriges. Ausgezeichnetes Preis-Leistungs-Verhältnis.

Peg Leg Pete's SEAFOOD $$
(850-932-4139; www.peglegpetes.com; 1010 Fort Pickens Rd; Hauptgerichte 10–22 US$; 11–22 Uhr;) Harr Kameraden, alles klar zum Entern, yo-ho-ho! Ja, dieser Laden gibt sich als Piratenspelunke. Das Restaurant liegt nicht direkt am Strand, aber dennoch sollte man unbedingt Petes Austern, dicke Zackenbarsch-Sandwiches, Krabbenscheren und riesige Kammmuscheln probieren. Das leicht schäbige Strandhüttendekor mit viel Holz und Nummernschildern an den Wänden ist alles andere als schick, aber der Service ist flink, auch wenn es rappelvoll ist.

★ **Iron** AMERIKANISCH $$$
(850-476-7776; www.restaurantiron.com; 22 N Palafox St; Hauptgerichte 26–46 US$; So–Do 16.30–22, Fr & Sa bis 1 Uhr;) Mit seinen Erfahrungen aus New Orleans zaubert Küchenchef Alex McPhail eine ständig wechselnde Speisekarte und macht das Restaurant damit zu einer der besten unter den neuen innovativen kulinarischen Top-Adressen der Stadt, die ihre Zutaten aus der Region beziehen. Die sehr freundlichen Barkeeper beherrschen ihr Handwerk perfekt, und das

Essen – in Bier geschmorter Schweinebauch oder Fisch des Tages nach kreolischer Art – erhebt sich meilenweit über den Standard der Emerald Coast.

Ausgehen & Unterhaltung

McGuire's Irish Pub PUB
(☎ 850-433-6789; www.mcguiresirishpub.com; 600 E Gregory St; ⏲ 11–2 Uhr) In diesem riesigen irischen Themenpark eines Pubs ist so gegen 21 Uhr richtig was los, und auch zum Abendessen ist er dank des ausgezeichneten Kneipenessens sehr beliebt. Übrigens sollte man nicht versuchen, seine Zeche mit einer der Tausenden Dollarnoten zu bezahlen, die von der Decke hängen – ein Einheimischer kam dafür schon ins Gefängnis.

Roundup SCHWULENBAR
(☎ 850-433-8482; www.theroundup.net; 560 E Heinberg St; ⏲ 14–3 Uhr) Die kleine Kneipe mit der tollen Terrasse voller Katzen ist ein beliebter Treffpunkt richtiger Männer. Ladies sind zwar auch willkommen, doch Cowboys, Arbeiter und Motorradfahrer sind immer im Trend. Termine und Veranstaltungen findet man auf der Facebook-Seite (www.facebook.com/theroundupbar).

Saenger Theatre THEATER
(☎ 850-595-3880; www.pensacolasaenger.com; 118 S Palafox Pl; ⏲ Kartenschalter Mo–Fr 10–16.30 Uhr) Das hübsche Gebäude im spanischen Barockstil wurde 1925 mit den Ziegelsteinen des 1916 bei einem Wirbelsturm zerstörten Pensacola Opera House wieder aufgebaut. Heute finden hier beliebte Musicals, Konzerte namhafter Künstler sowie Aufführungen des Pensacola Symphony Orchestra und der Pensacola Opera statt.

Praktische Informationen

Pensacola Beach Visitors Information Center (☎ 850-932-1500; www.visitpensacolabeach.com; 7 Casino Beach Blvd; ⏲ Mo–Sa 9–17, So 10–15 Uhr) Das kleine Infozentrum bietet nützliche Karten und Broschüren über aktuelle Veranstaltungen, Straßensperren (wegen Stürmen) und alles, was am Strand passiert.

Pensacola Visitors Information Center (☎ 800-874-1234; www.visitpensacola.com; 1401 E Gregory St; ⏲ Mo–Fr 8–17, Sa 9–16, So 10–16 Uhr) Das Visitors Center liegt am Fuß der Pensacola Bay Bridge und hat jede Menge Infos für Traveller, sachkundige Angestellte und ein kostenloses Internetterminal.

Anreise & Unterwegs vor Ort

Der **Pensacola Regional Airport** (☎ 850-436-5000; www.flypensacola.com; 2430 Airport Blvd) wird von den meisten großen US-amerikanischen Fluglinien bedient. Die wichtigsten Ziele außerhalb Floridas sind u. a. Atlanta, Charlotte, Dallas und Houston. Der Flughafen liegt 4 Meilen (6,5 km) nordöstlich von Downtown Pensacola abseits der 9th Ave am Airport Blvd. Eine Taxifahrt ins Zentrum kostet rund 20 US$, zum Strand um die 35 US$. Eines der Taxiunternehmen ist **zTrip** (☎ 850-433-3333; www.ztrip.com/pensacola), vormals bekannt als Yellow Cab, eine gelungene Mischung aus Fahrgemeinschaften und traditionellen Taxen.

Der **Greyhound-Busbahnhof** (☎ 850-476-4800; www.greyhound.com; 505 W Burgess Rd) befindet sich nördlich des Zentrums. **Escambia County Transit** (ECAT; ☎ 850-595-3228; www.goecat.com; Fahrt 1,75 US$) unterhält einen kostenlosen Trolleyservice (ECAT), der vom Memorial Day-Wochenende bis Ende September Downtown Pensacola mit dem Strand verbindet.

Die I-10 ist die wichtigste Ost-West-Achse für Busse; viele von ihnen sind auf der Palafox St unterwegs.

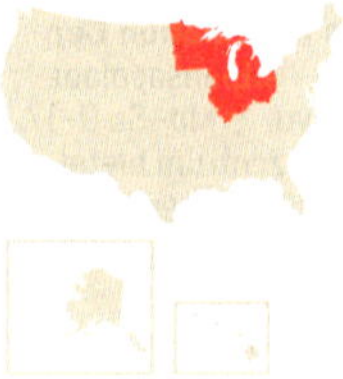

Die Großen Seen

Inhalt ➡

Gut essen

- Sister Pie (S. 642)
- Story Inn (S. 620)
- Hopleaf (S. 601)
- Birch + Butcher (S. 660)

Schön übernachten

- Shinola Hotel (S. 641)
- Ironworks Hotel (S. 617)
- Fieldhouse Jones (S. 597)
- Kimpton Schofield Hotel (S. 626)
- Lora (S. 678)

Auf zu den Großen Seen!

Man sollte sich nicht von den scheinbar endlosen Maisfeldern täuschen lassen – in der Region gibt es auch Surferstrände, tibetische Tempel, autofreie Inseln und grüne Polarlichter. Die Großen Seen haben den Ruf, in der langweiligen Mitte des Nirgendwo zu liegen, aber die Nationalparks voller Elche und die Stätten Hemingways, Dylans und Vonneguts haben viele kleine Geheimnisse zu bieten.

Die Liste der hiesigen Großstädte führt Chicago an, die Stadt mit der wohl mächtigsten Skyline des Landes. Milwaukee steht für Bier und Harleys, Minneapolis für Hipness. Detroit rockt schlicht und ergreifend. Die Großen Seen selbst sind riesig. Sie punkten mit Stränden, Dünen, Ferienorten und Leuchttürmen. Milchfarmen und Obstplantagen prägen die Region und liefern die Zutaten für Kuchen und Eis. Und wem es doch langweilig wird, der kann seiner Fantasie freien Lauf lassen, denn am Straßenrand wird Verrücktes geboten, z. B. das Spam Museum oder das weltgrößte Garnknäuel.

Reisezeit

Chicago

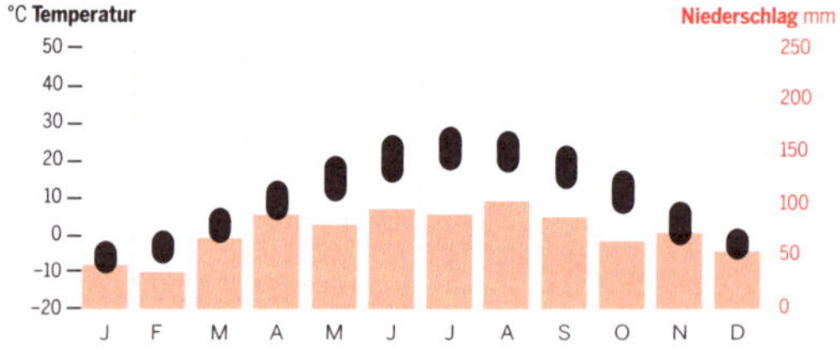

Jan. & Feb. Auf den Pisten treffen sich Ski- und Schneemobilfahrer.

Juli & Aug. Endlich warm! Volle Biergärten, belebte Strände und wilde Festival-Wochenenden.

Sept. & Okt. Angenehmes Wetter, reiche Ernte und Zwischensaison-Schnäppchen.

Geschichte

Zu den ersten Bewohnern der Region gehörten die Hopewell (um 200 v. Chr.) und die Moundbuilder des Mississippi (um 700 n. Chr.). Beide hinterließen mysteriöse Erdhügel, die als Gräber ihrer Führer und vielleicht auch als Tribut für ihre Gottheiten dienten. Man kann in Cahokia, Illinois, und in Mound City im Südosten Ohios Überreste davon sehen.

Französische Voyageure (Pelzhändler) kamen im frühen 17. Jh. hier an und richteten Missionen und Forts ein. Die Briten tauchten kurz danach auf. Die Rivalität zwischen beiden führte zum Französischen und Indischen Krieg (Siebenjähriger Krieg, 1756–1763). Danach übernahmen die Briten die Kontrolle des gesamten Landes östlich des Mississippis. Nach dem Unabhängigkeitskrieg wurde das Gebiet der Großen Seen zum Nordwestterritorium der USA und bald darauf in Staaten aufgeteilt. Nachdem in der Region ein beeindruckendes Netzwerk aus Kanälen und Schienen errichtet worden war, kam es zwischen den Neuankömmlingen und der indigenen Bevölkerung Amerikas zu Konflikten. Dazu gehören die Schlacht von Tippecanoe in Indiana im Jahr 1811, der blutige Black-Hawk-Krieg von 1832 in Wisconsin, Illinois und Umgebung, in dessen Folge die Einheimischen gezwungen wurden, sich westlich des Mississippis anzusiedeln, und der Sioux-Aufstand von 1862 in Minnesota.

Während des späten 19. Jhs. und des frühen 20. Jhs. begann hier Industrie zu entstehen und wuchs, angeheizt durch die Ressourcen Kohle und Eisen sowie die unkomplizierten Transportmöglichkeiten über die Seen, schnell an. Die Arbeitsplätze zogen riesige Wellen von Einwanderern aus Irland, Deutschland, Skandinavien sowie Süd- und Osteuropa an. Noch Jahrzehnte nach dem Bürgerkrieg wanderte zudem eine große Zahl von Afroamerikanern aus dem Süden in die städtischen Zentren ein.

Im Zweiten Weltkrieg und in den 1950er-Jahren florierte die Region. Dann folgten 20 Jahre sozialer Unruhen und wirtschaftlicher Stagnation. Die produzierende Industrie wurde schwächer und Städte des *rust belt* (Rostgürtels) wie Detroit und Cleveland wurden von hoher Arbeitslosigkeit heimgesucht. Der *white flight* setzte ein – weiße Familien der Mittelschicht flohen in die Vorstädte.

Die 1980er- und 1990er-Jahre brachten eine Wiederbelebung der Städte mit sich. Die Bevölkerung der Region wuchs, vor allem durch Einwanderer aus Asien und Mexiko. Das Wachstum in den Dienstleistungs- und Hightechsektoren sorgte für eine ökonomische Balance. Aber die verarbeitende Industrie, z. B. Autoherstellung und Stahlproduktion, spielte immer noch eine große Rolle. Dies hatte zur Folge, dass die Städte an den großen Seen die Wirtschaftskrise ab 2008 zuerst zu spüren bekamen.

Mehr als zehn Jahre später haben sich viele der Großstädte erholt. Firmen und Privatpersonen sind zurück in die Innenstädte von Detroit, Cleveland, Cincinnati und Milwaukee gezogen und haben so den Downtowns neues Leben eingehaucht.

ILLINOIS

Mit himmelhoher Architektur, erstklassigen Museen, Spitzenrestaurants und tollen Musikclubs dominiert Chicago den ganzen Bundesstaat. Doch weiter draußen gibt's ebenfalls viel zu entdecken: Zwischen verstreuten Schreinen für den Regionalhelden Abe Lincoln findet man dort z. B. Oak Park, Hemingways schmucke Heimatstadt. An der Route 66 warten Autokinos und Verkaufsbuden, die Corn Dogs und Kuchen servieren. Zudem gibt's in Illinois einen Zypressensumpf und eine prähistorische Stätte mit Welterbestatus.

Praktische Informationen

Illinois Highway Conditions (www.gettingaroundillinois.com)

Illinois Office of Tourism (www.enjoyillinois.com)

Illinois State Park Information (www.dnr.illinois.gov) Der Zugang zu den State Parks ist gratis, während Camping etwas kostet (Stellplatz 6–35 US$, teilweise Reservierung für 5 US$ unter www.reserveamerica.com möglich).

Chicago

Funkelnde Wolkenkratzer, Starköche, verrückte Festivals: Bodenständig, aber sehr kultiviert, haut die großartige Windy City ihre Besucher schlichtweg um.

So hat man die Qual der Wahl in puncto Attraktionen. Eine davon ist die erlesene Architektur an jeder Ecke – darunter z. B. der himmelhohe Willis Tower mit gläserner Aussichtsplattform, Frank Gehrys ver-

Highlights

1 **Chicago** (S. 577) Wolkenkratzer, Museen, Festivals und vielfältige Spitzenküche auf sich wirken lassen

2 **Detroit** (S. 637) Kunst, Restaurants und urbane Radtouren in dynamischer Atmosphäre genießen

3 **Boundary Waters** (S. 683) Tief in die Kiefernwälder hineinpaddeln und unterm Sternenzelt schlafen

4 **Ohio Amish Country** (S. 629) Wegen klappernder Pferdekutschen vom Gas gehen

5 **Gold Coast** (Michigan's Western Shore; S. 649) Am Strand liegen, Dünen erklimmen, surfen und Beeren essen

6 **Milwaukee** (S. 659) Freitagabends Polka tanzen und literweise Bier zu gegrilltem Fisch genießen

7 **Route 66** (S. 624) Dem Abschnitt durch Illinois langsam zu schrägen Attraktionen folgen und in Diners Kuchen essen

8 **Südliches Indiana** (S. 619) Sich von tibetischen Tempeln, toller Architektur und grünen Hügeln überraschen lassen

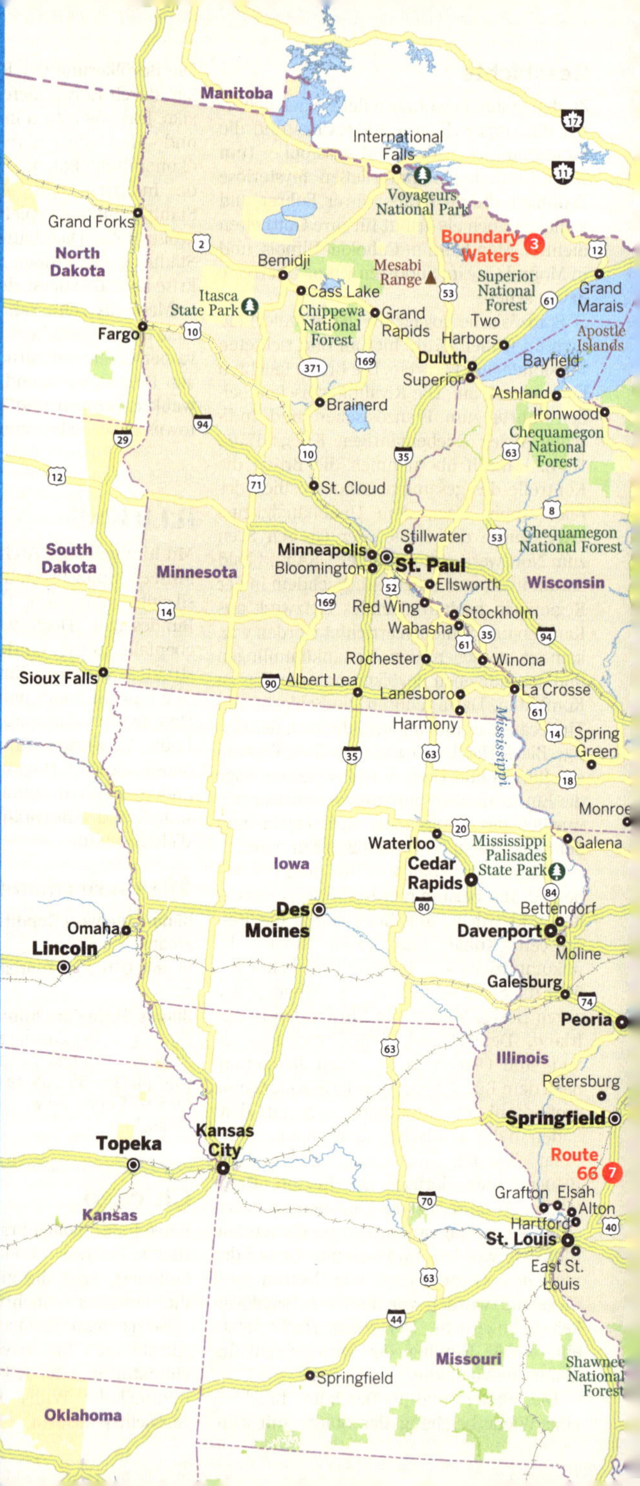

0 200 km
0 100 Meilen
Thunder Bay
KANADA
Isle Royale National Park
Lake Superior
Grand Portage
Copper Harbor
Keweenaw Peninsula
Porcupine Mountains Wilderness State Park
Houghton
Pictured Rocks National Lakeshore
Ontario
Ottawa National Forest
Marquette
Tahquamenon Falls
Sault Ste Marie
Lake Nipissing
Iron Mountain
Naubinway
St Ignace
Manitoulin Island
Mackinaw City
Mackinac Island
Lake Michigan
Washington Island
Nicolet National Forest
Leelanau Peninsula
Petoskey
Boyne City
Charlevoix
Georgian Bay
Wausau
Door Peninsula
Manitou Islands
Leland
Lake Huron
Empire
Frankfort
Traverse City
Huron National Forest
Lake Simcoe
Green Bay
Sleeping Bear Dunes National Lakeshore
Saginaw Bay
Manitowoc
Oshkosh
Central Standard Time
Eastern Standard Time
Ludington
Toronto
Michigan
Hamilton
Muskegon
Grand Rapids
Port Huron
Milwaukee
Madison
Michigan's Western Shore
Flint
Lansing
London
Holland
Detroit
Racine
Saugatuck/Douglas
Dearborn
Lake Erie
New York
Kalamazoo
Ann Arbor
Erie
Chicago
Bass Islands
Pelee Island
Madison
Middlebury
Kelleys Island
Gary
East Chicago
South Bend
Toledo
Cleveland
Cuyahoga Valley National Park
Pennsylvania
Auburn
Indiana Dunes National Park
Akron
Indiana
Canton
Lexington
Marion
Millersburg
Ohio Amish Country
Fairmount
Ohio
Bloomington
Atlanta
COLUMBUS
Champaign
Terre Haute
Indianapolis
Dayton
Yellow Springs
Lancaster
Logan
Marietta
Chillicothe
Athens
Bloomington
Columbus
Nashville
Cincinnati
Covington
West Virginia
Southern Indiana
Madison
Ohio River
Huntington
Charleston
Vincennes
Louisville
Frankfort
New Harmony
Lexington
Harmonie State Park
Cypress Creek National Wildlife Refuge
Kentucky
Virginia
Paducah
Cairo

schachtelter Pritzker Pavilion mit Edelstahl-Elementen oder das Robie House von Frank Lloyd Wright mit seinen Buntglasfenstern. Auch skurrile öffentliche Kunst ist hier allgegenwärtig: Ein Straßenbummel überrascht einen z.B. mit einer coolen Skulptur von Picasso, die offiziell begeh- und erklimmbar ist. Bei den Kunstmuseen reicht das Spektrum vom riesigen Art Institute über das mittelgroße Museum of Mexican Art (psychedelische Malerei) bis hin zur kleinen Galerie des Intuit (unkonventionelle Zeichnungen).

Geschichte

Die Stadtgeschichte ist legendär: Die Kuh einer gewissen Mrs. O'Leary soll 1871 eine Laterne umgestoßen und damit den Großen Brand von Chicago ausgelöst haben. Während der berüchtigten Gangster-Ära zur Prohibitionszeit ballerte sich hier ein Mann namens Al Capone nach oben. Und gerüchteweise kontrolliert eine „Maschine" seit Jahrzehnten die Lokalpolitik. Dazu noch die Erfindung des Wolkenkratzers und des Riesenrads – ein fantastisches Gesamtpaket!

Sehenswertes

Die Hauptattraktionen, etwa der Millennium Park, der Willis Tower und das Art Institute, liegen im Stadtzentrum innerhalb des Loop. Daneben befindet sich der Museum Campus, der direkt am Seeufer mit drei beliebten Sehenswürdigkeiten aufwartet, u.a. mit dem Field Museum (S. 583). Nördlich des Loop gibt's den Navy Pier (S. 587) und das Observatorium 360° Chicago (S. 588). Ein paar Schritte weiter locken der Lincoln Park (S. 588) und das Wrigley Field (S. 589). All diese Ziele liegen in einem Umkreis von knapp 10 km und sind gut mit öffentlichen Verkehrsmitteln zu erreichen. Etwas mehr Planung erfordert jedoch ein Besuch des Viertels Hyde Park, dessen Highlights am weitesten draußen liegen.

Alle Hauptsehenswürdigkeiten sind täglich geöffnet. Die kleineren Museen sind oft montags und/oder dienstags geschlossen.

CHICAGO IN ZWEI TAGEN...

Erster Tag

Auch bei einem reinen Tagesbesuch geht's gleich in die Vollen. Mit der Chicago Architecture Foundation (S. 594) macht man per Boot oder zu Fuß eine Tour, um ein paar der höchsten Wolkenkratzer der USA zu bewundern. Danach betrachtet man im Millennium Park das Spiegelbild der Skyline auf „The Bean" und planscht zwischen den menschlichen Wasserspeiern der Crown Fountain herum.

Anschließend geht es zum Art Institute of Chicago, dem zweitgrößten Kunstmuseum der USA: Dort warten u.a. viele gemalte Meisterwerke des Impressionismus und Post-Impressionismus sowie tolle Briefbeschwerer. Nächste Station ist die Aussichtsplattform im 103. Stock des Willis Tower, wo man nach schneller Aufzugfahrt durch einen Glasboden in die Tiefe schaut.

In West Loop ist abends der Bär los. Im Haymarket Pub & Brewery (S. 605) gibt's hervorragende Biere. Gute Cocktails aus vor Ort destilliertem Wodka bekommt man in der CH Distillery (S. 605).

Zweiter Tag

Zuerst folgt man dem Eintagesplan. Der zweite Tag beginnt mit der Magnificent Mile (Michigan Ave; S. 588), an der viele bekannte Kaufhäuser funkeln. Danach geht's zum Navy Pier (S. 587), wo beim Bummeln entlang der Promenade (800 m) eine Fahrt mit dem mächtigen Riesenrad Pflicht ist.

Am Nachmittag führt ein netter Wassertaxitrip vom Navy Pier zum Museum Campus. Das Field Museum of Natural History (S. 583) zeigt dort zahllose Dino-Exponate und Edelsteine. Kinderscharen bestaunen die Haie und all die anderen Fische im Shedd Aquarium (S. 587); das Adler Planetarium (S. 586) informiert über Meteoriten und Supernovas.

Bei einem Bummel durch die Milwaukee Ave kommt man an mehreren belebten Bars, Indie-Rock-Clubs und hippen Läden vorbei. Bei Quimby's (S. 609) ist der Geist der Stadt zu spüren. Dieser Buchladen ist das A und O der literarischen Underground-Kultur in der Stadt, hier sind zahllose Magazine und Comics im Angebot. Im Hideout (S. 606) und Empty Bottle (S. 606) gibt's prima Livekonzerte.

The Loop

★ Art Institute of Chicago MUSEUM

(Karte S. 584; ☎ 312-443-3600; www.artic.edu; 111 S Michigan Ave; Erw./Kind 25 US$/frei; ⊙ Fr–Mi 10.30–17, Do bis 20 Uhr; 👪; Ⓜ Brown, Orange, Green, Purple od. Pink Line bis Adams) Die impressionistischen und post-impressionistischen Gemäldesammlungen des zweitgrößten US-Kunstmuseums reichen an ihre Pendants in Frankreich heran. Auch die Zahl der surrealistischen Werke ist riesig. Besucher können gratis eine Audioguide-App für Touren auf eigene Faust herunterladen. Dabei reicht die Palette vom Highlight-Hopping (z. B. zu Georges Seurats *Ein Sonntagnachmittag auf der Insel La Grande Jatte* und Edward Hoppers *Nighthawks*) bis hin zu Varianten mit Schwerpunkt auf Architektur oder Pop Art. Zwei Stunden sollte man mindestens für die Highlights einplanen, Kunstinteressierte deutlich mehr.

Ausführliche Audioguides (7 US$) sind auch auf Englisch, Spanisch, Französisch und Mandarin erhältlich. Eintrittskarten gibt's online (Aufpreis 2 US$), wenn aber gerade keine große Ausstellung auf dem Programm steht, muss man nicht allzu lange Schlange stehen. Wer überhaupt nicht anstehen will, kann sich online für einen Aufpreis von 10 US$ ein Fast-Pass-Ticket kaufen.

Der Haupteingang befindet sich in der Michigan Ave, man kann das Museum aber auch durch den überwältigenden Modern Wing in der Monroe St betreten. Am Empfang nach kostenlosen Vorträgen und Führungen fragen! Gut zu wissen: Auf die Terrasse mit zeitgenössischen Skulpturen im 2. Stock kommt man ohne Eintritt. Sie bietet einen tollen Blick über die Stadt und ist über die moderne Fußgängerbrücke Nichols Bridgeway mit dem Millennium Park verbunden.

★ Millennium Park PARK

(Karte S. 584; ☎ 312-742-1168; www.millenniumpark.org; 201 E Randolph St; ⊙ 6–23 Uhr; 👪; Ⓜ Brown, Orange, Green, Purple od. Pink Line bis Washington/Wabash) Das Prunkstück der Stadt wartet mit vielen künstlerischen Gratis-Highlights auf: In Frank Gehrys verschachteltem **Pritzker Pavilion** mit Edelstahl-Elementen finden im Sommer kostenlose wöchentliche Freiluftkonzerte statt (18.30 Uhr; Picknick und Wein mitbringen!). Ebenfalls silbern schimmert Anish Kapoors beliebte Skulptur **Cloud Gate** alias „The Bean" (Die Bohne). Und da wäre auch noch Jaume Plensas **Crown Fountain** – quasi ein Wasserpark mit Video-Projektionen von wasserspeienden Einheimischen.

RABATTKARTEN

Mit den folgenden Ermäßigungskarten kann man die langen Schlangen vor Sehenswürdigkeiten umgehen.

Für die **Go Chicago Card** (www.smartdestinations.com/chicago) zahlt man einen Pauschalpreis und hat dann freien Eintritt in unbegrenzt viele Sehenswürdigkeiten. Es gibt Karten für einen, zwei, drei oder fünf aufeinanderfolgende Tage. Der 30 Tage gültige **Explorer Pass** gilt für drei, vier oder fünf von insgesamt 29 Attraktionen, darunter Architekturrundfahrten, das Navy Pier Ferris Wheel und alle großen Museen.

Der **CityPass** (www.citypass.com/chicago) mit einer Gültigkeit von neun aufeinanderfolgenden Tagen erlaubt den Besuch von fünf Highlights der Stadt, u. a. des Art Institute, des Shedd Aquarium und des Willis Tower. Er bietet etwas weniger Flexibilität als die Go Chicago Card, ist aber eine günstigere Variante für diejenigen, die es gern etwas ruhiger angehen lassen.

★ Willis Tower WOLKENKRATZER

(Karte S. 584; ☎ 312-875-9696; www.theskydeck.com; 233 S Wacker Dr; Erw./Kind 24/16 US$; ⊙ März–Sept. 9–22 Uhr, Okt.–Feb. 10–20 Uhr, letzter Einlass 30 Min. vor Schließzeit; Ⓜ Brown, Orange, Purple od. Pink Line bis Quincy) Auf dem Skydeck im 103. Stock von Chicagos höchstem Gebäude wähnt man sich in himmlischen Sphären: Nach der Aufzugfahrt (70 Sek.; das gibt Druck auf den Ohren!) geht's hinaus auf Vorsprünge mit Glasboden und freiem Blick in die Tiefe – buchstäblich atemberaubend! An klaren Tagen schweift der Blick hier über vier US-Bundesstaaten hinweg. Zu Spitzenzeiten (Sommer Fr–So 11–16 Uhr) kann die Wartezeit vor dem Eingang am Jackson Blvd bis zu einer Stunde betragen.

Chicago Cultural Center GEBÄUDE

(Karte S. 584; ☎ 312-744-6630; www.chicagoculturalcenter.org; 78 E Washington St; ⊙ Mo–Fr 10–19, Sa & So 10–17 Uhr; Ⓜ Brown, Orange, Green, Purple, Pink Line bis Washington/Wabash) GRATIS Das ausnehmend schöne Gebäude im Beaux-Arts-Stil wurde 1897 ursprünglich als

Großraum Chicago

0 5 km
0 2,5 Meilen

Chicago Public Library eröffnet. Heute beherbergt der einen Block lange Bau hervorragende Kunstausstellungen (vor allem die Yates Gallery im 3. Stock) und bietet jeden Mittwoch (um 12.15 Uhr) klassische Konzerte. Im 2. Stock, wo früher die Buchausgabe war, befindet sich die weltgrößte Tiffany-Buntglaskuppel. Touren von **Insta-Greeter** (Karte S. 584; www.chicagogreeter.com/instagreeter; 77 E Randolph St; ⌚ Fr & Sa 10–15, So 11–14 Uhr) GRATIS beginnen im Eingangsbereich an der Randolph St, führen zum Loop und zum Millennium Park und sind kostenlos.

Chicago Architecture Center GALERIE

(CAC; Karte S. 584; ☎ 312-922-3432; www.architecture.org; 111 E Wacker Dr; Erw./Student/Kind/12/8 US$/frei; ⌚ 9.30–17 Uhr; 🚌 151, Ⓜ Brown, Orange, Green, Purple, Pink Line bis Clark/Lake) Das CAC ist Chicagos Highlight in puncto Architektur. Die hervorragenden Galerien beherbergen ein interaktives 3D-Modell von Chicago und Ausstellungen zur Geschichte der Architektur der Stadt sowie gigantische Modelle von Wolkenkratzern und Exponate von Hochhäusern in der ganzen Welt. Die unglaublichen für den Bau erforderlichen Technologien werden natürlich ebenfalls behandelt – vom Bau über Sicherheit bis hin zu Nachhaltigkeit. Das CAC bietet auch zahlreiche Bootstouren und Stadtspaziergänge (S. 594) an, die man vor Ort buchen kann.

Buckingham Fountain SPRINGBRUNNEN

(Karte S. 584; 301 S Columbus Dr; Ⓜ Red Line bis Harrison) Die Hauptattraktion des Grant Park gehört zu den größten Springbrunnen der Welt: Zur vollen Stunde (Anfang Mai–Mitte Okt. 9–23 Uhr) schießen hier knapp 6 Mio. l Wasser 15 Stockwerke hoch gen Himmel – abends begleitet von bunter Beleuchtung und Musik.

Route 66 Sign HISTORISCHE STÄTTE

(Karte S. 584; E Adams St, zw. S Michigan Ave & Wabash Ave; Ⓜ Brown, Orange, Green, Purple, Pink Line bis Adams) Route-66-Freaks, aufgepasst: Die „Mother Road" beginnt in Downtown Chicago. Einfach nach dem Schild mit der Aufschrift „Historic 66 Begin" in der nordwestlichen Ecke der Adams St und Michigan Ave, gegenüber vom Art Institute, Ausschau halten! (Das Schild am Ende des Blocks ist eine Nachbildung des Originals.) Ab Chicago führt die Route 66 über 2400 Meilen (3862 km) nach Los Angeles – vorbei an Neonschildern, Motels in Familienhand und Diners mit großer Kuchenauswahl und Kaffee. Aber den Anfang nimmt die Mutter aller Straßen eben hier!

Museum of Contemporary Photography MUSEUM

(Karte S. 584; ☎ 312-663-5554; www.mocp.org; 600 S Michigan Ave, Columbia College; ⌚ Mo–Mi, Fr & Sa 10–17, Do bis 20, So 12–17 Uhr; Ⓜ Red Line bis Harrison) GRATIS Das kleine Museum ist einzigartig in den USA: Nur hier geht's exklusiv um amerikanische und internationale Fotografie ab dem frühen 20. Jh. Die ständige Sammlung zeigt Werke von rund 500 zeitgenössischen Starfotografen (z. B. Henri Cartier-Bresson, Harry Callahan, Sally Mann, Victor Skrebneski, Catherine Wagner). Sonderausstellungen (Eintritt ebenfalls frei) ergänzen die Dauersammlungen.

Pilsen & Near South Side

★ Field Museum of Natural History MUSEUM

(Karte S. 584; ☎ 312-922-9410; www.fieldmuseum.org; 1400 S Lake Shore Dr, Near South Side; Erw./Kind 24/17 US$; ⌚ 9–17 Uhr; 👪; 🚌 146, 130) Das Field Museum beherbergt rund 30 Mio. Artefakte. Hier ist so ziemlich alles zu sehen – Käfer, Mumien, Edelsteine, Bushman, der ausgestopfte Affe – und da das Field noch immer eine aktive Forschungseinrichtung ist, werden alle Ausstellungsstücke von promovierten Akademikern gepflegt. Superstar der Sammlung ist Sue – der größte *Tyrannosaurus rex*, der je gefunden wurde. Sue hat sogar einen eigenen Souvenirshop. Highlights wie der 3D-Film kosten extra. Weitere Attraktionen sind u. a. **Inside Ancient Egypt**, die Nachahmung einer Grabkammer mit 23 echten Mumien, die **Hall of Gems** und eine **Totempfahlsammlung** von an der Nordwestküste und in der Arktis lebenden Völkern. Das Museum ist riesig. Man sollte sich in der Empfangshalle eine Karte besorgen und gut planen.

Northerly Island PARK

(1521 S Linn White Dr, Near South Side; 🚌 146, 130) In diesem Park mit Präriegrasflächen gibt es einen Wander- und einen Radweg, viele Vogelarten, Angelmöglichkeiten und eine Bühne für Freiluftkonzerte. Eigentlich ist der Park nur eine Halbinsel, keine Insel, aber der Blick auf die Skyline Chicagos ist grandios. Das Field House (falls geöffnet) informiert über Führungen. Fahrräder kann man bei der Bikesharing-Station Divvy am Adler Planetarium leihen. Achtung: Manchmal

Downtown Chicago

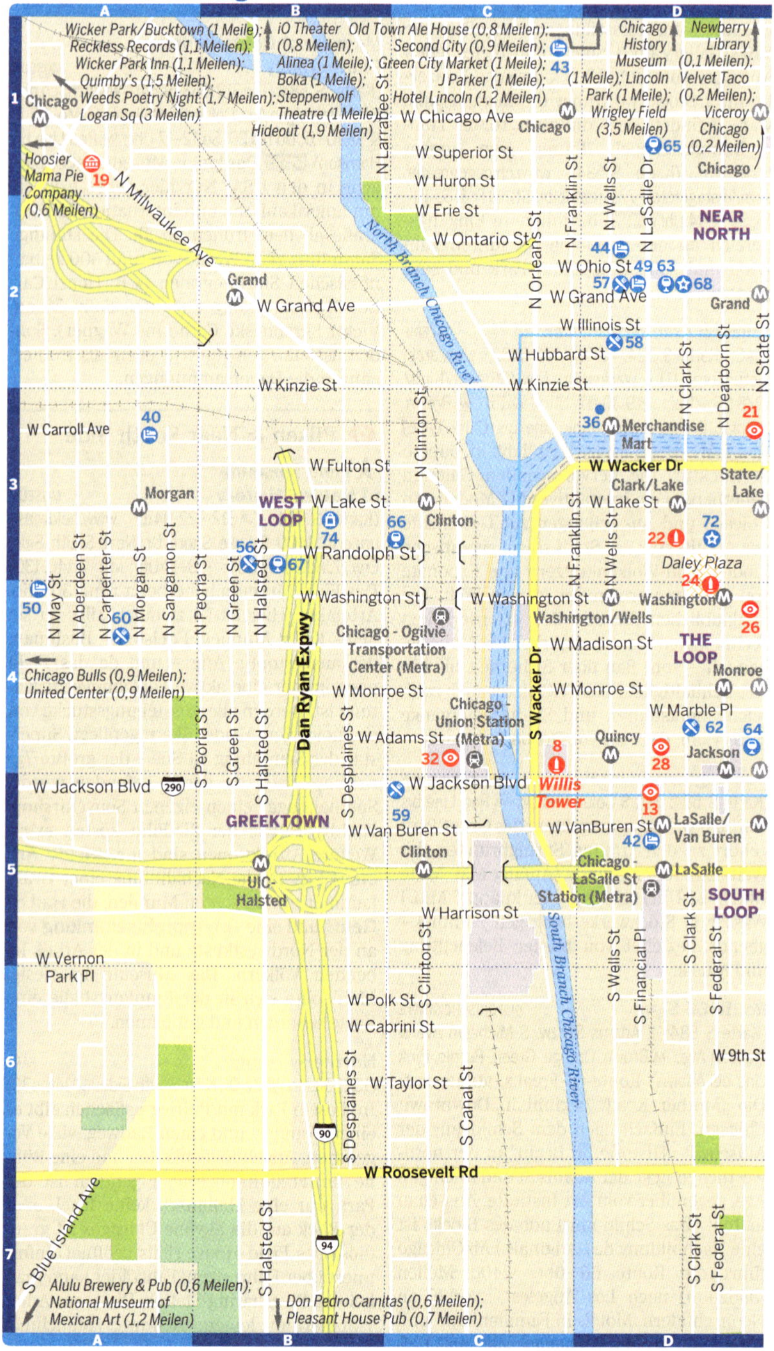

0 1 km
0 0,5 Meilen
E F G H
1 2 3 4 5 6 7
Waldorf Astoria Chicago (0,04 Meilen); Le Colonial (0,07 Meilen)
Drake Hotel (0,08 Meilen)
Oak St Beach (0,3 Meilen); North Ave Beach (1,3 Meilen)
360° Chicago
E Pearson St
Lake Shore Park
Museum of Contemporary Art
E Chicago Ave
E Superior St
Lakefront Trail
Ohio Street Beach
Olive Park
Wasseraufbereitungs-anlage
Driehaus Museum
N Michigan Ave (Magnificent Mile)
E Ontario St
STREETERVILLE
N Lake Shore Dr
N Wabash Ave
N Rush St
E Grand Ave
E Illinois St
Navy Pier
E Kinzie St
Chicago Architecture Foundation Boat Tour Dock
E North Water St
River Esplanade
E Wacker Dr
E Wacker Pl
ILLINOIS CENTER
E Lake St
Randolph
E Randolph St
Madison
Millennium Park
E Monroe St
Millennium Park Garage
Butler Field
Adams/Wabash
Art Institute of Chicago
LAKE MICHIGAN
H W Library
Van Buren St (Metra)
Grant Park
Harrison
E Balbo Ave
S Holden Ct
PRINTER'S ROW
Tennis-plätze
S Columbus Dr
Hutchinson Field
S Lake Shore Dr
E 9th St
E 11th St
S Michigan Ave
Museum Campus/11th St (Metra)
Roosevelt
E Roosevelt Rd
MUSEUM CAMPUS
S State St
S Wabash Ave
Field Museum of Natural History
E Solidarity Dr
Burnham Harbor
E 13th St
CENTRAL STATION
Qing Xiang Yuan Dumplings (0,7 Meilen)
E 14th St
Willie Dixon's Blues (0,6 Meilen)
Hyde Park & South Side (5 Meilen)
Burnham Park
Northerly Island (0,7 Meilen)
S Linn White Dr

Downtown Chicago

Highlights

1 360° Chicago ... E1
2 Art Institute of Chicago ... E4
3 Driehaus Museum ... E2
4 Field Museum of Natural History ... F7
5 Millennium Park ... E4
6 Museum of Contemporary Art ... E1
7 Navy Pier ... G2
8 Willis Tower ... C4

Sehenswertes

9 Adler Planetarium ... G7
10 Buckingham Fountain ... F5
11 Centennial Wheel ... G2
12 Chicago Architecture Center ... E3
13 Chicago Board of Trade ... D5
14 Chicago Children's Museum ... G2
15 Chicago Cultural Center ... E4
16 Chicago Sports Museum ... E1
17 Cloud Gate ... E4
18 Crown Fountain ... E4
19 Intuit: The Center for Intuitive & Outsider Art ... A1
20 Magnificent Mile ... E2
21 Marina City ... D3
22 Monument with Standing Beast ... D3
23 Museum of Contemporary Photography ... E5
24 Picasso's Untitled ... D4
25 Pritzker Pavilion ... E4
26 Reliance Building ... D4
27 Riverwalk ... E3
28 Rookery ... D4
29 Route 66 Sign ... E4
30 Shedd Aquarium ... F7
31 Tribune Tower ... E2
32 Union Station ... C4
33 Wrigley Building ... E2

Aktivitäten, Kurse & Touren

34 Bike & Roll ... E3
35 Bobby's Bike Hike ... F2
36 Chopping Block ... D3
37 InstaGreeter ... E3
38 McCormick Tribune Ice Rink ... E4
39 Urban Kayaks ... F3

Schlafen

40 Ace Hotel ... A3
Acme Hotel ... (siehe 45)
41 Blackstone Hotel ... E5
42 Buckingham Athletic Club Hotel ... D5
43 Fieldhouse Jones ... C1
44 Found Hotel Chicago ... D2
45 Freehand Chicago ... E2
46 Hampton Inn Chicago Downtown/N Loop ... E3
47 HI-Chicago ... E5
48 Hotel Julian ... E3
49 Moxy Chicago Downtown ... D2
50 Publishing House Bed & Breakfast ... A4
51 Silversmith ... E4
52 Virgin Hotel ... E3

Essen

53 Billy Goat Tavern ... E2
54 Gino's East ... E1
55 Giordano's ... E1
56 Girl & the Goat ... B3
57 GT Fish & Oyster ... D2
58 Lou Malnati's ... D2
59 Lou Mitchell's ... C5
Mercat a la Planxa ... (siehe 41)
60 Monteverde ... A4
61 Pizano's ... E4
62 Revival Food Hall ... D4

Ausgehen & Nachtleben

63 Arbella ... D2
64 Berghoff ... D4
65 Centennial Crafted Beer & Eatery ... D1
66 CH Distillery ... C3
67 Haymarket Pub & Brewery ... B3
Signature Lounge ... (siehe 1)

Unterhaltung

68 Blue Chicago ... D2
69 Buddy Guy's Legends ... E6
70 Chicago Symphony Orchestra ... E4
71 Chicago Theatre ... E3
72 Goodman Theatre ... D3
Grant Park Orchestra ... (siehe 25)

Shoppen

73 Chicago Architecture Center Shop ... E3
74 Open Books ... B3

sind Teile des Weges aufgrund wetterbedingter Schäden gesperrt!

National Museum of Mexican Art MUSEUM
(Karte S. 582; ☎312-738-1503; www.nationalmuseumofmexicanart.org; 1852 W 19th St, Pilsen; ⏲Di–So 10–17 Uhr; Ⓜ Pink Line bis 18th St) GRATIS Dieses facettenreiche Museum für hispanische Kunst (gegr. 1982) ist in den USA das größte seiner Art und zählt mittlerweile zu Chicagos besten Museen. Die ständige Sammlung (u. a. mit klassischen Gemälden, funkelnden Goldaltären, Perlenarbeiten und Volkskunst mit vielen Skeletten) deckt 1000 Jahre der mexikanischen Kunst und Kultur ab.

Adler Planetarium MUSEUM
(Karte S. 584; ☎312-922-7827; www.adlerplanetarium.org; 1300 S Lake Shore Dr, Near South Side;

Erw./Kind 12/8 US$; ⏲9.30–16 Uhr; 👪; 🚌146, 130) Top für Astronomie- und Raumfahrtfans: Im Galileo Café des Planetariums kann man den Himmel durch öffentliche Teleskope betrachten (tgl. 10–13 Uhr). Die 3D-Vorträge im **Space Visualization Lab** informieren über Supernovas. Und die Ausstellung **Planet Explorers** lässt Kids sogar selbst eine Rakete „starten". Die faszinierenden Digitalfilme (Tickets ab 13 US$) kosten extra. Die Treppe vor dem Museum bietet den besten Blick auf Chicagos Skyline – Kamera zücken!

Shedd Aquarium AQUARIUM
(Karte S. 584; ☎312-939-2438; www.sheddaquarium.org; 1200 S Lake Shore Dr, Near South Side; Erw./Kind 40/30 US$; ⏲Juni–Aug. 9–18 Uhr, Sept.–Mai Mo–Fr 9–17, Sa & So 9–18 Uhr; 👪; 🚌146, 130) Zu den Hauptattraktionen in dem von Kindern heiß geliebten Shedd Aquarium gehören das **Wild Reef**, in dem die Besucher nur durch 13 cm dickes Plexiglas von zwei Dutzend grimmig dreinschauenden Haien getrennt sind, und das **Oceanarium**, in dem sich gerettete Seeotter tummeln. Hinweis: Das Oceanarium beherbergt auch Weißwale und Weißstreifendelfine. Die Haltung dieser empfindsamen Tiere in Gefangenschaft wird zunehmend kritisiert.

Near North & Navy Pier

★**Navy Pier** UFERBEREICH
(Karte S. 584; ☎312-595-7437; www.navypier.com; 600 E Grand Ave; ⏲Juni–Aug. So–Do 10–22, Fr & Sa 10–24 Uhr, Sept.–Mai So–Do 10–20, Fr & Sa 10–22 Uhr; 👪; 🚌65) GRATIS Der 800 m lange Navy Pier ist Chicagos meistbesuchte Attraktion. Hier befinden sich ein 60 m hohes **Riesenrad** (Erw./Kind 18/15 US$) und weitere Fahrgeschäfte (9–18 US$/Fahrt), ein Biergarten und diverse Kettenrestaurants. Nach der Renovierung sind jetzt auch noch öffentliche Plätze, Bühnen und kostenlose Kulturangebote hinzugekommen. Die Einheimischen kritisieren zwar noch immer die Kommerzialisierung, aber die Uferlage mit tollem Blick und kühlen Brisen ist unschlagbar. Auch das Feuerwerk, das im Sommer mittwochs (21.30 Uhr) und samstags (22.15 Uhr) geboten wird, ist wirklich sehenswert.

★**Driehaus Museum** MUSEUM
(Karte S. 584; ☎312-482-8933; www.driehausmuseum.org; 40 E Erie St, River North; Erw./Kind 20 US$/frei; ⏲Di–So 10–17 Uhr; Ⓜ Red Line bis Chicago) Das in der ausnehmend schönen Nickerson Mansion mit der ornamentalen Kunst und Architektur ansässige Driehaus Museum versetzt die Besucher ins Gilded Age zurück. Wenn man durch die drei Etagen voller prächtiger Kunstobjekte und Unmengen Tiffany-Gegenstände wandelt, fühlt man sich wie ein Darsteller in dem Film *Der Große Gatsby*. Die viermal täglich angebotenen Führungen (zzgl. 5 US$) sind wirklich empfehlenswert. Der Eintritt mag hoch erscheinen, aber das Museum ist ein Muss für alle, die Opulenz lieben.

Tribune Tower ARCHITEKTUR
(Karte S. 584; 435 N Michigan Ave, Streeterville; Ⓜ Red Line bis Grand) Der neogotische Bau von 1925 verdient eingehende Betrachtung: Colonel Robert McCormick (der exzentrische Eigentümer des *Chicago Tribune* in den frühen 1900er-Jahren) sammelte Steinfragmente von mehr als 140 berühmten Bauten aus aller Welt. Das Material wurde ihm u. a. von seinen Reportern zugeschickt und schließlich in den Sockel des Turms eingearbeitet. So sind dort z. B. der Taj Mahal, die Westminster Abbey und die Cheops-Pyramide vertreten.

Marina City ARCHITEKTUR
(Karte S. 584; 300 N State St, River North; Ⓜ Brown, Orange, Green, Purple, Pink Line bis State/

EIN WALLFAHRTSORT FÜR BLUESFANS

Chess Records war von 1957 bis 1967 *das* bahnbrechende Blueslabel. Das Gebäude, in dem sich der Sitz des Labels befand, wird heute **Willie Dixon's Blues Heaven** (☎312-808-1286; www.bluesheaven.com; 2120 S Michigan Ave, Near South Side; Erw./Kind 15/10 US$; ⏲Di–Sa 12–16 Uhr; Ⓜ Green Line bis Cermak-McCormick Pl) genannt, nach dem Bassisten, der die meisten Hits für Chess Records geschrieben hat. Das Personal führt Besucher durch die nun recht heruntergekommenen Räumlichkeiten, in denen noch einige Originalstücke zu sehen sind. Hardcore-Fans werden noch immer eine Gänsehaut bekommen, wenn sie Geschichten aus der wilden Zeit hören und durch die Studios laufen, in denen ihre Helden Platten aufnahmen. Im Sommer gibt's donnerstags um 18 Uhr kostenlose Blueskonzerte im Garten.

Lake) Die wie Maiskolben anmutenden Zwillingstürme in der Marina City sind wegen ihres futuristischen, cartoonesken Aussehens das Lieblingsmotiv aller Instagramer. Die 1964 von Bertrand Goldberg entworfenen Hochhäuser mit Kultcharakter sind von Chicagos Skyline nicht mehr wegzudenken (s. das Cover der CD *Yankee Hotel Foxtrot* von Wilco). Am Fuß der Türme befindet sich außerdem noch ein Hafen.

Magnificent Mile STRASSE
(Karte S. 584; www.themagnificentmile.com; N Michigan Ave, Streeterville; Ⓜ Red Line bis Grand) Die „Mag Mile", Chicagos viel gepriesene, exklusive Shoppingmeile, erstreckt sich auf der N Michigan Ave zwischen Fluss und Oak St. Hier kann man bei Bloomingdale's, Apple, Burberry und vielen anderen seinen Geldbeutel erleichtern. Die Einzelhandelsgeschäfte gehören größtenteils zu Nobelketten, die überall in den USA vertreten sind.

Gold Coast

★ **360° Chicago** AUSSICHTSPLATTFORM
(Karte S. 584; ☎ 888-875-8439; www.360chicago.com; 875 N Michigan Ave, 93. OG; Erw./Kind 22/15 US$; ⏱ 9–23 Uhr, letzter Einlass 22.30 Uhr; Ⓜ Red Line bis Chicago) Der Blick vom 94. Stock dieses Kultgebäudes, das früher unter dem Namen John Hancock Center bekannt war, schlägt den vom Willis Tower (S. 581) in vielerlei Hinsicht. Hier gibt es Infotafeln und deckenhohe TILT-Fensterkanzeln (Aufpreis 7,20 US$), die sich beim Betreten nach unten neigen. Das klingt allerdings weitaus spannender, als es tatsächlich ist. Man kann auch direkt in die **Signature Lounge** (www.signatureroom.com; ⏱ So–Do 11–0.30, Fr & Sa 11–1.30 Uhr) im 95. Stock fahren, wo man sich zum Gratisblick auch noch einen Drink (10–18 US$) genehmigen kann.

★ **Museum of Contemporary Art** MUSEUM
(MCA; Karte S. 584; ☎ 312-280-2660; www.mcachicago.org; 220 E Chicago Ave; Erw./Kind 15 US$/frei; ⏱ Di & Fr 10–21, Mi, Do, Sa & So 10–17 Uhr; Ⓜ Red Line bis Chicago) Dieses Museum ist sozusagen das freche, rebellische Geschwisterchen des Art Institute. Gezeigt werden vor allem Sammlungen minimalistischer und surrealistischer Kunst sowie Konzeptfotografie. Die ständigen Ausstellungen beinhalten Werke von René Magritte, Cindy Sherman und Andy Warhol. Das MCA deckt alle möglichen Kunstformen ab den 1920er-Jahren ab, wobei die Grenzen zwischen Malerei, Bildhauerei, Video und anderen Medien gezielt verwischt werden. Die Exponate werden regelmäßig ausgetauscht, sodass man nie weiß, was einen erwartet. Eines ist aber sicher: Sie sind unkonventionell und provozierend. Bewohner von Illinois haben dienstags freien Eintritt.

Newberry Library BIBLIOTHEK
(☎ 312-943-9090; www.newberry.org; 60 W Walton St; ⏱ Galerien Mo, Fr & Sa 8.15–17, Di–Do 8.15–19.30 Uhr; Ⓜ Red Line bis Chicago) GRATIS Büchernarren werden von den öffentlichen Galerien begeistert sein. Sie werden in Ohnmacht fallen beim Anblick der Originalschriften von Thomas Paine über die Französische Revolution oder das Exemplar von Thomas Jeffersons *History of the Expedition under Captains Lewis and Clark* (mit Randbemerkungen!). Interessante Exponate sind auch die vergilbten Manuskripte und die zerschlissenen Erstausgaben, die die umfangreiche Sammlung der Bibliothek zu bieten hat. In dem dazugehörigen Buchladen gibt es tolle Bücher über Chicago. Kostenlose Führungen durch das beeindruckende Gebäude werden donnerstags um 15 Uhr und samstags um 10.30 Uhr angeboten.

Chicago Sports Museum MUSEUM
(Karte S. 584; ☎ 312-202-0500; www.chicagosportsmuseum.com; 835 N Michigan Ave, 6. Stock, Water Tower Place; Erw./Kind 10/6 US$; ⏱ Mo–Do 11.30–20.30, Fr 11.30–21, Sa 11–21, So 11–18 Uhr; Ⓜ Red Line bis Chicago) Wer Chicagos Sport-Psyche verstehen will, sollte dieser Galerie mit ihren unzähligen Memorabilia einen Besuch abstatten. Sie ist Teil von Harry Carays 7th Inning Stretch Restaurant. Ausgestellt sind die Schuhe, die Kris Bryant, der Infielder der Cubs, bei dem siegreichen Endspiel der World Series 2016 trug, mit dem die 108 Jahre Pechsträhne der Mannschaft endete. Zu sehen sind auch Sammy Sosas mit Kork gefüllter Schläger und der berühmt-berüchtigte „Bartman Ball". Das Museum beherbergt zudem Relikte der Da Bears, Bulls, Blackhawks und White Sox. (Wer im Lokal etwas isst oder trinkt, hat freien Eintritt).

Lincoln Park & Old Town

★ **Lincoln Park** PARK
(www.chicagoparkdistrict.com; Lincoln Park; ⏱ 6–23 Uhr; 👪; 🚌 22, 151, 156) Chicagos größter Park gibt diesem Viertel seinen Namen. Ab der North Ave erstreckt sich das 485 ha große Gelände über fast 10 km gen Norden bis

DAS CHICAGO DER GANGSTER

Chicago verleugnet seine Gangster-Geschichte. Zu deren Stätten gibt's daher auch keine Broschüren oder Ausstellungen – was beim Besuch folgender Orte Fantasie erfordert:

Green Mill (S. 605) Al Capones bevorzugte Flüsterkneipe; in den erhaltenen Tunneln unter der Bar lagerte einst der illegale Alkohol.

Biograph Theater (2433 N Lincoln Ave; Lincoln Park M Brown, Purple od. Red Line bis Fullerton) Die „Dame in Rot" verriet hier John Dillinger (damals „Staatsfeind Nr. 1") ans FBI.

Union Station (Karte S. 584; ☎312-655-2385; www.chicagounionstation.com; 225 S Canal St; M Blue Line nach Clinton) Im Film *The Untouchables – Die Unbestechlichen* holpert hier der Kinderwagen die Treppe hinunter.

zum Diversey Pkwy. Dort verengt es sich am Seeufer und führt weiter bis zum Ende des Lake Shore Dr. Teiche, Spazierwege, Spielplätze, Strände und ein Zoo locken an sonnigen Tagen zahllose Einheimische hierher. Ein wunderbarer Ort, um einen Vormittag, Nachmittag oder auch den ganzen Tag zu vertrödeln!

Green City Market MARKT

(☎773-880-1266; www.greencitymarket.org; 1790 N Clark St, Lincoln Park; ⏲Mai–Okt. Mi & Sa 7–13 Uhr; 🚌22) Auf Chicagos größtem Bauernmarkt im Lincoln Park reihen sich die Stände mit Rotkohl, Gartenrettich, grünem Spargel und anderem farbenfrohen Gemüse aneinander. Wer seiner Nase folgt, kommt schließlich an ein Vorführungszelt, in dem einheimische Chefköche wie die *Top-Chef*-Siegerin Stephanie Izard Gerichte aus den auf dem Markt angebotenen Produkten zaubern, z.B. Reis-Crêpes mit Pilz-*gastrique* (eingedickte Pilzsauce).

Chicago History Museum MUSEUM

(☎312-642-4600; www.chicagohistory.org; 1601 N Clark St, Lincoln Park; Erw./Kind 19 US$/frei; ⏲Mo & Mi–Sa 9.30–16.30, Di 9.30–21, So 12–17 Uhr; 👪; 🚌22) Neugierig auf die legendäre Geschichte der Stadt? Vom Großen Brand von Chicago bis hin zur Democratic Convention 1968 decken die Multimedia-Shows dieses Museums die ganze Stadtgeschichte ab. Zu sehen gibt's hier u.a. Lincolns Totenbett und die Glocke von Mrs. O'Learys Kuh. Auch besteht (in der Kinderabteilung) die Möglichkeit, ein Chicago Hotdog mit Garnitur zu „werden". Da müssen Eltern schnell die Kamera zücken!

⊙ Lake View & Wrigleyville

★Wrigley Field STADION

(Karte S. 582; ☎800-843-2827; www.cubs.com; 1060 W Addison St, Wrigleyville; M Red Line bis Addison) Das nach dem Kaugummi-König benannte Major-League-Baseballstadion wurde 1914 errichtet und ist das zweitälteste des Landes. Bekannt ist es für seine manuelle Anzeigetafel, seine Außenmauern voller Efeu und für das Neonschild. Hier sind die Cubs zu Hause. Die Ticketpreise für die immer gut besuchten Spiele variieren. Meist muss man sich aber schon ziemlich anstrengen, wenn man eine Karte für unter 45 US$ bekommen will. An Spieltagen herrscht in der Gegend um das Stadium Straßenfeststimmung.

Das Baseballstadion ist voller legendärer Traditionen – und Flüche: Die Mannschaft gewann 108 Jahre lang nicht eine einzige Meisterschaft. Aber dann kamen die World Series 2016 und mit ihnen der Sieg, ebenso wie unzählige neue Hotspots für Familien und Schleckermäuler. Der Gegend rund um das Stadion wurde neues Leben eingehaucht. Auf der grünen Plaza nördlich des Haupteingangs – alias **Gallagher Way** (www.gallagherway.com; 3637 N Clark St) – finden kostenlose Events wie Konzerte, Fitnesskurse und Filmabende auf Riesenleinwänden statt.

Von April bis September werden 90-minütige Wrigley-Field-Führungen (25 US$/Pers.) angeboten.

⊙ Wicker Park, Bucktown & Ukrainian Village

Intuit: The Center for Intuitive & Outsider Art GALERIE

(Karte S. 584; ☎312-243-9088; www.art.org; 756 N Milwaukee Ave, River West; 5 US$; ⏲Di, Mi, Fr & Sa 11–18, Do 11–19, So 12–17 Uhr; M Blue Line bis Chicago) Das sehenswerte kleine Museum beherbergt Sammlungen naiver Kunst und Art brut von Chicagoer Künstlern darunter Mixed-Media-Exponate und Aquarelle des berühmten einheimischen Malers Henry Darger. In einem Hinterzimmer hat das Museum Dargers wunderbar chaotisches

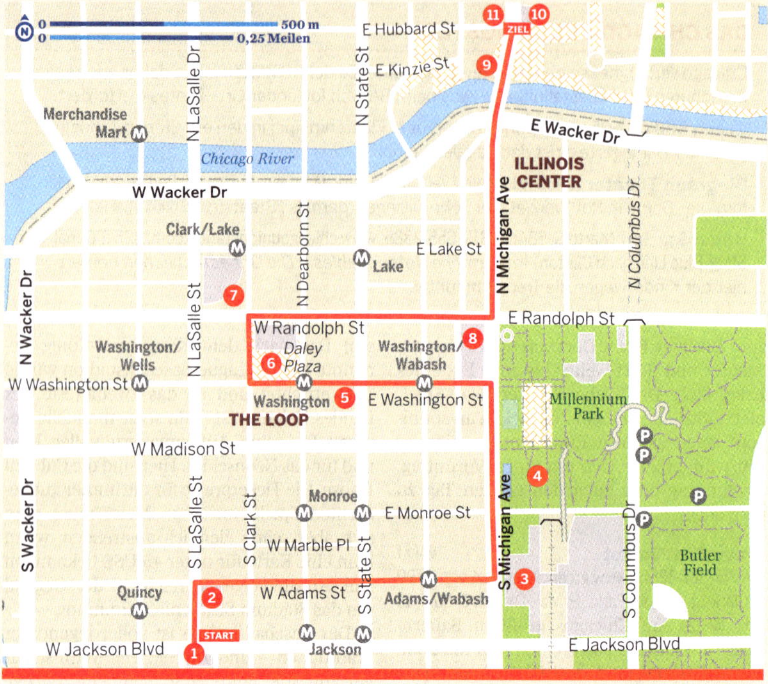

Stadtspaziergang Loop

START CHICAGO BOARD OF TRADE
ZIEL BILLY GOAT TAVERN
LÄNGE/DAUER 4,8 KM/CA. 2 STD.

Die Tour führt durch The Loop und über den Chicago River vorbei an einigen schönen alten Gebäuden und bemerkenswerter Kunst.

Los geht's mit dem 1 **Chicago Board of Trade** (141 W Jackson Blvd), einem Art-déco-Konsumtempel von 1930. Das 2 **Rookery Building** (www.flwright.org; 209 S LaSalle St) wurde 1888 von Daniel Burnham entworfen. Die Licht- und Luftzufuhr des Backsteinbaus erfolgt übers Atrium. Die Lobby wurde 19 Jahre später von Frank Lloyd Wright umgestaltet.

Weiter geht's auf der Adams St gen Osten zum 3 **Art Institute** (S. 581), einem der schönsten Kunstmuseen der Welt. Die Löwenstatuen vor dem Eingang sind ein beliebtes Fotomotiv. Gleich nördlich befindet sich der 4 **Millennium Park** (S. 581) mit Werken von Frank Gehry und Anish Kapoor.

Zwei Blocks weiter auf der Washington St gen Westen steht das ebenfalls von Burnham entworfene 5 **Reliance Building** von 1895. Das Hotel war früher ein Ärztezentrum. In Zimmer 809 praktizierte Al Capones Zahnarzt.

Einen Block westlich steht Pablo Picassos Skulptur 6 **Untitled** (50 W Washington St). Er hat nie verraten, was er darstellen wollte – eine Frau, einen Hund, einen Pavian? Gleich nordwestlich steht eine ebenso rätselhafte Skulptur: Jean Dubuffets 7 **Monument with Standing Beast** (100 W Randolph St).

Jetzt geht's entlang der Randolph St gen Osten zum 8 **Chicago Cultural Center** (S. 581), einer Beaux-Arts-Schönheit. Nördlich des Chicago River stehen weitere berühmte Gebäude: das 9 **Wrigley Building** (400 N Michigan Ave) mit seiner Terrakotta-Verkleidung und der spektakuläre 10 **Tribune Tower** (S. 587) im neugotischen Stil.

Am Ende steht ein Besuch der 11 **Billy Goat Tavern** (S. 599) auf dem Plan. Der damalige Besitzer der Kneipe bedachte 1945 die Cubs mit einem kräftigen Fluch, nachdem ihm der Zutritt zum Wrigley Field wegen seiner Hausziege verweigert wurde. Ein Hoch auf die Cubs, die den Fluch 2016 gebrochen haben!

Atelier rekonstruiert – komplett mit Garnknäueln, wackeligen Zeitschriftenstapeln, einer alten Schreibmaschine und einem Victrola-Grammophon. Im Galerieshop sind toller Schmuck (z.B. Halsketten aus Radiergummis), Taschen und Brieftaschen aus recyceltem Material sowie Kunstbücher erhältlich.

Logan Square & Humboldt Park

★ Galerie F GALERIE

(☎872-817-7067; www.galeriefchicago.com; 2415 N Milwaukee Ave, Logan Square; ⏲Mo & Do–So 11–18 Uhr; Ⓜ Blue Line bis California) Die Galerie F ist genau die Art von locker-flockiger, supercooler Galerie, die man in einem Bezirk wie Logan Square erwartet. Sie ist auf Poster von Rock-and-Roll-Gigs, Drucken und Straßenkunst spezialisiert. In dem hellen, großen Raum kann man wunderbar stöbern – die Atmosphäre ist total einladend. Im Untergeschoss kann man Musik hören, Schach spielen oder auch einfach nur in der Sitzecke relaxen.

★ Busy Beaver Button Museum MUSEUM

(☎773-645-3359; www.buttonmuseum.org; 3407 W Armitage Ave, Logan Square; ⏲Mo–Fr 10–16 Uhr; 🚌73) GRATIS Selbst George Washington benutzte Parteiabzeichen für seinen Wahlkampf. Damals musste man sie allerdings noch aufnähen. Ansteckplaketten kamen 1896 auf den Markt. Die Ansteckbutton-Firma Busy Beaver zeichnet ihre Geschichte chronologisch anhand von Tausenden kleiner, runder Erinnerungsstücke auf. Die Buttons werben für alles, von Dale Bozzio, Bozo, den Clown, über die Cabbage Patch Kids bis hin zum Kernkraftwerk Big Rock Point.

Hyde Park & South Side

★ Museum of Science & Industry MUSEUM

(Karte S. 582; MSI; ☎773-684-1414; www.msichicago.org; 5700 S Lake Shore Dr; Hyde Park; Erw./Kind 22/13 US$; ⏲Juni–Aug. 9.30–17.30 Uhr, Sept.–Mai kürzere Öffnungszeiten; 👪; 🚌6 oder 10, Ⓜ Metra Electric Line bis 55th-56th-57th St) Das größte Naturwissenschafts- und Technikmuseum der Westhalbkugel versetzt jeden Nerd in Verzückung. Zu den Highlights zählen ein **deutsches U-Boot aus dem Zweiten Weltkrieg** (Untergeschoss; Besichtigung Erw./Kind zzgl. 18/14 US$) und die Ausstellung **Science Storms**, die einen Tornado und einen Tsunami simuliert. Ebenfalls sehr beliebt sind die Brutstation für Hühnerküken, der originalgetreue Nachbau eines Kohlebergwerks (inkl. Schacht; Besichtigung Erw./Kind zzgl. 12/9 US$) und Colleen Moores Märchenschloss mit Mini-Möbeln.

Das Hauptgebäude des Museums war zur Weltausstellung 1893 der Palace of Fine Arts. Es befindet sich im **Jackson Park** (6401 S Stony Island Ave, Woodlawn; 🚌6, Ⓜ Metra Electric Line bis 59th oder 63rd St). Wer genug von der Reizüberflutung in den Ausstellungsräumen hat, findet im Park Erholung.

NICHT VERSÄUMEN

DIE 606

NYC hat die High Line, Chicago die **606** (www.the606.org; Wicker Park/Bucktown; ⏲6–23 Uhr; Ⓜ Blue Line bis Damen). Dieser Hochweg (4,3 km) zwischen Wicker Park und Logan Square folgt ebenfalls einem alten Hochbahngleis. In cooler, urbaner Atmosphäre kann man hier radeln und spazieren gehen – vorbei an Fabriken, Schornsteinen, ratternden L-Zügen und Hinterhoftreiben. Unterwegs bekommt man eine faszinierende Übersicht über die sozioökonomische Struktur der Stadt: Vom gutbetuchten Osten geht's durch mehr industriell geprägte Gebiete schließlich zu den Einwanderervierteln im Westen. Der Weg verläuft parallel zur Bloomingdale Ave und ist alle 400 m zugänglich.

★ Robie House ARCHITEKTUR

(☎312-994-4000; www.flwright.org; 5757 S Woodlawn Ave, Hyde Park; Erw./Kind 18/15 US$; ⏲Do–Mo 10.30–15 Uhr; 🚌6, Ⓜ Metra Electric Line bis 59th St) Frank Lloyd Wright entwarf diverse Gebäude in Chicago. Das berühmteste und einflussreichste davon ist das Robie House. Dessen horizontale Linienführung mit optischen Anleihen an die flachen Prärien des Mittleren Westens begründete den sogenannten Prärie-Stil. Bei den einstündigen Führungen (Häufigkeit saisonal variierend, meist min. 1-mal stündl.) besichtigt man auch die insgesamt 174 Fenster und Türen mit Elementen aus Buntglas. Tickets im Vorverkauf zu holen, wird dringend empfohlen.

DuSable Museum of African American History MUSEUM

(☎773-947-0600; www.dusablemuseum.org; 740 E 56th Pl, Washington Park; Erw./Kind 10/3 US$, Di

Eintritt frei; ⌚Di–Sa 10–17, So 12–17 Uhr; 🚌6, Ⓜ Metra Electric Line bis 55th-56th-57th St) Dies ist das erste unabhängige Museum des Landes, das der afroamerikanischen Kunst, Geschichte und Kultur gewidmet ist. Die Sammlung umfasst afroamerikanische Kunst und Fotografie sowie Dauerausstellungen, die die afroamerikanischen Erfahrungen von der Sklaverei bis zur Bürgerrechtsbewegung illustrieren. Wechselausstellungen behandeln Themen wie die Chicagoer Blues-Musik und die Black-Panther-Bewegung. Das Museum gehört zur Smithsonian Institution.

Obama's House GEBÄUDE

(5046 S Greenwood Ave, Kenwood; 🚌6, Ⓜ Metra Electric Line bis 51st-53rd St) Die S Greenwood Ave ist gesäumt von stattlichen roten Backsteinvillen im georgianischen Stil. In Haus Nr. 5046 wohnte Barack Obama mit seiner Familie von 2005 bis 2008, dem Jahr seines Amtsantritts. Das Haus gehört noch immer den Obamas, obwohl die Familie beschlossen hat, nach seiner Amtszeit in Washington, D.C., zu bleiben. Ins Innere des Hauses kommt man nicht, auf dem Bürgersteig stehen Absperrungen. Man kommt aber dicht genug heran, um ein Foto zu machen.

Aktivitäten

Mit 26 Stränden, 580 Parks und einer langen Uferlinie bietet die Stadt viele Optionen für ein bisschen Bewegung. Nach dem langen und kalten Winter zieht es die Einheimischen scharenweise ins Freie. Der 29 km lange Lakefront Trail ist besonders bei Radfahrern und Joggern beliebt. Der Lake Michigan und der Chicago River bieten unzählige Paddelmöglichkeiten.

An Land

Der flache, 29 km lange **Lakefront Trail** entlang des Seeufers ist sehr attraktiv, bei schönem Wetter aber rappelvoll. Er beginnt an der Ardmore Ave und führt nach Süden bis zur 71st St. Der Trail ist zweigeteilt, damit Radfahrer und Jogger sich nicht in die Quere kommen. Ausschau halten nach Schildern und Fußbodenmarkierungen, die darauf hinweisen, welcher Weg für wen bestimmt ist! Zwischen dem Lincoln Park und dem Museum Campus ist am meisten los, etwas weniger besucht ist der Weg südlich der Museen. Die Active Transportation Alliance (www.activetrans.org) veröffentlicht Radwegkarten. @activetransLFT (Twitter) bietet aktuelle Zustandsberichte, einige Abschnitte des Trails sind bei schlechtem Wetter gesperrt.

★ Bobby's Bike Hike RADFAHREN

(Karte S. 584; ☎312-245-9300; www.bobbysbikehike.com; 540 N Lake Shore Dr, Streeterville; Std./Tag ab 8/27 US$, geführte Touren 38–70 US$; ⌚Juni–Aug. Mo–Fr 8.30–20, Sa & So 8–20 Uhr, März–Mai & Sept.–Nov. 9–19 Uhr; Ⓜ Red Line bis Grand) Radfahrer überschütten Bobby's Bike Hike mit begeisterten Kritiken. Der Fahrradverleih ermöglicht einen leichten Zugang zum Lakefront Trail. Die Betreiber organisieren auch coole Touren zum Thema Gangster-Stätten, Seeufer, nächtliche Skyline, Pizza und Bier. Für Kinder gibt's den Tike Hike. Den Laden erreicht man durch die überdachte Einfahrt. Wer im Winter radeln will, sollte die Öffnungszeiten vorab telefonisch erfragen.

Bike & Roll RADFAHREN

(Karte S. 584; ☎312-729-1000; www.bikechicago.com; 239 E Randolph St; geführte Touren Erw./Kind ab 45/35 US$; ⌚9–19 Uhr; Ⓜ Brown, Orange, Green, Purple, Pink Line bis Washington/Wabash) Themen der geführten Touren (Erw./Kind ab 45/35 US$) im Sommer sind u.a. Parks am See, Brauereien und historische Stadtviertel oder Sehenswürdigkeiten im Stadtzentrum sowie das abendliche Feuerwerk (sehr empfehlenswert!). Im Preis enthalten sind Schloss, Helm und Stadtplan. Ein Laden befindet sich beim McDonald's Cycle Center im Millennium Park, ein weiterer am Navy Pier. Hier kann man sich auch Räder für Ausflüge auf eigene Faust leihen (Std./Tag ab 12,50/35 US$).

McCormick Tribune Ice Rink EISLAUFEN

(Karte S. 584; www.millenniumpark.org; 55 N Michigan Ave; ⌚Mitte Nov.–Mitte März Mo–Do 12–20, Fr 12–22, Sa & So 10–21 Uhr; Ⓜ Brown, Orange, Green, Purple, Pink Line bis Washington/Wabash) Die beliebte, idyllisch gelegene Eisbahn im Millennium Park versteckt sich zwischen der glitzernden Bohnen-Skulptur und den blinkenden Lichtern der Michigan Ave. Der Eintritt ist frei, Schlittschuhe kann man montags bis donnerstags für 13 US$ und freitags bis sonntags für 15 US$ leihen. Für alle, die nicht Schlittschuhlaufen können, gibt's eine Stunde vor Öffnung der Eisbahn kostenlosen Unterricht.

Auf dem Wasser

Vielen Besuchern ist gar nicht bewusst, dass der riesige Lake Michigan Chicago zur ech-

CHICAGO MIT KINDERN

Chicago ist durch und durch kinderfreundlich. Grimmig dreinschauende Dinosaurier, eine Arche voller Tiere, Bootsfahrten am Seeufer und Sandstrände gehören zu den Highlights für Kids. Hinzukommen zauberhafte Spielplätze, Familienradtouren und jede Menge Pizza.

Das **Chicago Children's Museum** (Karte S. 584; ☎312-527-1000; www.chicagochildrensmuseum.org; 700 E Grand Ave, Navy Pier; 15 US$; ⏰10–17, Do 10–20 Uhr; 👪; 🚌65) ist das unbestrittene Highlight. Es richtet sich an Kinder bis zu zehn Jahren und animiert mit vielen interaktiven Exponaten zum Klettern und Kreieren. Einen Extrapunkt gibt's für die Lage am Navy Pier.

Wie wär's mit Dinosauriern im Field Museum of Natural History (S. 583)? Im Crown Family PlayLab (geöffnet Do–Mo 10–15.30 Uhr) im Erdgeschoss können Kinder nach Knochen graben und viele andere spannende Sachen entdecken.

Eine ganze Woche im Museum of Science & Industry (S. 591) würde nicht reichen, um wirklich alles zu sehen. In verschiedenen Räumen führt das Personal hier den ganzen Tag über „Experimente" durch – es wird beispielsweise etwas von der Galerie geworfen, was dann eine Mini-Explosion zur Folge hat. In der Idea Factory „erforschen" Nachwuchswissenschaftler im Alter von bis zu zehn Jahren die Eigenschaften von Licht, Gleichgewicht und Wasserdruck.

Das **Peggy Notebaert Nature Museum** (☎773-755-5100; www.naturemuseum.org; 2430 N Cannon Dr, Lincoln Park; Erw./Kind 9/6 US$; ⏰Mo–Fr 9–17, Sa & So 10–17 Uhr; 👪; 🚌76, 151) ist zwar relativ unbekannt, fasziniert die Kids aber mit einer Schmetterlings-Voliere und einem Sumpf voller Frösche. Zudem liegt es direkt neben dem Lincoln Park Zoo.

Das Ryan Learning Center im Art Institute of Chicago (S. 581) bietet interaktive Spiele (beispielsweise Puzzles von berühmten Arbeiten) und andere kreative Aktivitäten.

ten Strandstadt macht. Im Sommer wachen hier Rettungsschwimmer über 26 offizielle Sandstrände, an denen trotz des recht kalten Wassers gern geschwommen wird. Am Montrose und North Avenue Beach kann man Kajaks und Stehpaddelbretter ausleihen. Entlang des Chicago River sind weitere Kajak-Ausrüster ansässig.

★ Montrose Beach STRAND

(www.cpdbeaches.com; 4400 N Lake Shore Dr, Uptown; 🚌146) Der Montrose Beach ist einer der besten Strände der Stadt. Hier kann man Kajaks, SUP-Bretter und Jet Skis ausleihen. Manchmal tummeln sich hier Surfer und Kitesurfer, auch Angler sind häufig anzutreffen. Bei einem kleinen Snack oder Drink in der **Dock Bar and Grill** kann man die Segelboote dabei beobachten, wie sie langsam in den Hafen einfahren. Ein breiter, hundefreundlicher Strand mit gebogenem Wellenbrecher grenzt an den Hauptstrand im Norden.

North Avenue Beach STRAND

(www.cpdbeaches.com; 1600 N Lake Shore Dr, Lincoln Park; 6-11 Uhr ; 👪; 🚌151) Im Sommer entsteht an Chicagos beliebtestem Sandstrand eine südkalifornische Stimmung. Durchtrainierte Volleyballer liefern sich hier Matches, während Kinder Sandburgen bauen und Schwimmerscharen ins Wasser springen. Das dampferförmige Strandhaus lockt mit Livebands, DJs, Eiscreme und Margaritas. Vor Ort gibt es zudem täglich Yogakurse sowie ausleihbare Kajaks, Jetskis, Stehpaddelbretter, Fahrräder und Liegestühle.

Urban Kayaks KAJAKFAHREN

(Karte S. 584; ☎312-965-0035; www.urbankayaks.com; 435 E Riverwalk S; Miete Std./Pers. 30 US$, geführte Touren 55 US$; ⏰Mai–Anfang Okt. Mo–Fr 9–18, Sa & So 9–19 Uhr; Ⓜ Brown, Orange, Green, Purple, Pink Line bis State/Lake) Dieser Outdoor-Ausrüster am **Riverwalk** (www.chicagoriverwalk.us; Chicago River Waterfront, zw. N Lake Shore Dr & W Lake St; ⏰6–23 Uhr) verleiht Kajaks für Ausflüge auf eigene Faust und organisiert geführte Touren durch die Innenstadt vorbei an Wolkenkratzern und historischen Stätten. Anfänger sind willkommen. Bevor es losgeht, erhalten sie eine 20-minütige Einführung. Wer es genauer wissen will, kann an einem einstündigen „Paddelkurs" (35 US$) teilnehmen. Auf den Abendtouren am Mittwoch und Samstag kommt man in den Genuss des Sommerfeuerwerks am Navy Pier.

Geführte Touren

★ Chicago Architecture Center Tours — BOOTSFAHRT

(CAC; ☎ 312-922-3432; www.architecture.org; 111 E Wacker Dr; Bootsfahrt 20–55 US$) Die erstklassigen Bootstrips (47 US$) starten am **River Dock** (Karte S. 584; Ⓜ Brown, Orange, Green, Purple, Pink Line bis State/Lake) auf der Südostseite der Michigan Ave Bridge. Ebenfalls beliebt sind die Stadtspaziergänge Historic Skyscrapers (26 US$) und die Touren zu einzelnen markanten Bauten (20 US$). Das CAC organisiert zudem Bus-, Rad- und L-Train-Touren. Tickets gibt's online oder im CAC-Büro. Tickets für die Bootsfahrten können aber auch am Anleger gekauft werden.

Chicago by Foot — STADTSPAZIERGANG

(☎ 312-612-0826; www.freetoursbyfoot.com/chicago-tours) Die Stadtspaziergänge zu verschiedenen Themen punkten mit faszinierenden Geschichten und historischen Details über die Loop-Architektur, die West-Loop-Geschichte, Gangster-Stätten im Lincoln Park und mehr. Die Teilnehmer entscheiden selbst, wie viel ihnen die Tour wert ist. Empfohlen werden etwa 20 US$ pro Person. Man sollte besser reservieren. Sofern noch Plätze frei sind (was eher selten der Fall ist), kann man aber auch spontan mitlaufen. Die Führungen dauern in der Regel um die zwei Stunden.

Chicago Detours — STADTSPAZIERGÄNGE

(☎ 312-350-1131; www.chicagodetours.com; Touren ab 28 US$) Die fesselnden, detailreichen Touren zu Chicagos Architektur, Geschichte und Kultur finden meist zu Fuß statt (teilweise auch per Bus). Sehr beliebt ist z. B. die Historic Bar Tour (2½ Std.).

Chicago Beer Experience — STADTSPAZIERGANG

(☎ 312-818-2172; www.chicagobeerexperience.com; 3-stündige Touren 67 US$) Diese Stadtspaziergänge durch ein bestimmtes Viertel beleuchten die Biergeschichte ebenso wie die allgemeine Geschichte Chicagos. Unterwegs werden vier Bars auf einer Strecke von etwa 1,5 km abgeklappert. Im Preis enthalten sind Bier und ein Snack (z. B. ein Stück Pizza oder ein Hotdog). Los geht's an verschiedenen Orten in der Stadt.

Feste & Events

St. Patrick's Day Parade — KULTUR

(www.chicagostpatricksdayparade.org; ⏲ Sa vor dem 17. März) Die örtliche Klempnergewerkschaft färbt den Chicago River zu diesem Event so grün wie irischen Klee. Danach wird eine große Parade durch den Grant Park in Downtown veranstaltet.

Chicago Blues Festival — MUSIK

(www.chicagobluesfestival.us; Millennium Park; ⏲ Juni) Beim größten Gratis-Bluesfestival der Welt erklingt drei Tage lang die Musik, die Chicago berühmt gemacht hat.

★ Taste of Chicago — ESSEN & TRINKEN

(www.tasteofchicago.us; Grant Park; ⏲ Juli) Das fünftägige Gastro-Festival verköstigt zahllose Besucher mit Ethno-Küche, Fleischgerichten, Süßigkeiten und regionalen Spezialitäten (meist am Spieß serviert). Parallel finden auf mehreren Bühnen kostenlose Livekonzerte mit teils berühmten Musikern statt.

Pride Parade — LGBTIQ+

(http://chicagopride.gopride.com; Boystown; ⏲ Ende Juni; Ⓜ Red Line bis Addison) Am letzten Sonntag im Juni ziehen farbenfrohe Festwagen und gewagt gekleidete Feierwütige durch die Halsted St in Boystown. Das größte Event der LGBTIQ+-Gemeinde lockt über 800 000 Menschen in die Stadt.

Pitchfork Music Festival — MUSIK

(http://pitchforkmusicfestival.com; Union Park, Near West Side; Tageskarte 75 US$; ⏲ Mitte Juli; Ⓜ Green, Pink Line bis Ashland) Mitte Juli treten im Union Park drei Tage lang gute Indie-Bands und Newcomer auf.

Lollapalooza — MUSIK

(www.lollapalooza.com; ⏲ Aug.) Viertägiges Mega-Musikfestival im Grant Park mit bis zu 170 Bands auf acht Bühnen.

Jazz Festival — MUSIK

(www.chicagojazzfestival.us; ⏲ Aug./Sept.) Gratiskonzerte mit US-Jazzgrößen am Labor-Day-Wochenende. Die Veranstaltungen finden im Millennium Park und im Chicago Cultural Center statt.

Open House Chicago — KULTUR

(☎ 312-922-3432; www.openhousechicago.org; ⏲ Okt.) GRATIS Designfreaks aufgepasst: Mitte Oktober organisiert das Chicago Architecture Center (S. 583) an einem Wochenende kostenlose Führungen durch über 200 architektonische Perlen in der ganzen Stadt. Viele der Gebäude sind normalerweise für die Öffentlichkeit nicht zugänglich.

Chicago Marathon — SPORT

(www.chicagomarathon.com; ⏲ Okt.) An dem 42 km langen Marathon durch das Stadtzentrum nehmen über 45 000 Läufer teil, die von 1 Mio. Zuschauern angefeuert werden. Der Marathon findet an einem Sonntag im Oktober statt (das Wetter kann zu dieser Jahreszeit angenehm warm oder eisig kalt sein). Er gehört zu den fünf Top-Marathons weltweit.

Schlafen

Chicagos Unterkunftsangebot ist buchstäblich himmlisch: Hier kann man in vielen architektonischen Wahrzeichen nächtigen – z. B. dem weltersten Wolkenkratzer, 100 Jahre alten Art-déco-Perlen oder kantigen Bauten von Mies van der Rohe. Ansonsten gibt's vor Ort auch trendige Boutique Hotels, fesche Hostels und riesige Businesshotels. Die Übernachtungspreise sind aber generell recht hoch.

The Loop

HI-Chicago HOSTEL $

(Karte S. 584; ☎312-360-0300; www.hichicago.org; 24 E Congress Pkwy; B 35–55 US$; ❄@📶; Ⓜ Brown, Orange, Purple, Pink Line bis Library) Chicagos verlässlichstes Hostel ist blitzsauber, liegt günstig am Loop und bietet Extras wie einen besetzten Informationsschalter, von Freiwilligen geleitete Gratisführungen und Rabattkarten für einige Sehenswürdigkeiten. Die meisten der einfachen Schlafsäle mit acht bis zehn Betten haben ein eigenes Bad, die anderen Gemeinschaftsbäder. Nach Geschlechtern getrennte Schlafsäle.

★ Hampton Inn Chicago Downtown/N Loop HOTEL $$

(Karte S. 584; ☎312-419-9014; www.hamptonchicago.com; 68 E Wacker Pl; Zi. 200–290 US$; P❄📶; Ⓜ Brown, Orange, Green, Purple od. Pink Line bis State/Lake) Das einzigartige Hotel mit einer zentralen Lage befindet sich im Chicago Motor Club Building von 1928. Gäste fühlen sich hier wie Reisende aus der guten alten Zeit: Die Lobby prunkt mit einem Ford-Oldtimer und einer coolen historischen Wandkarte der USA. Die Zimmer mit dunkler Holzvertäfelung schaffen einen gelungenen Spagat zwischen Retro-Atmosphäre und modernen Annehmlichkeiten. Preise inklusive WLAN.

★ Virgin Hotel HOTEL $$

(Karte S. 584; ☎312-940-4400; www.virginhotels.com; 203 N Wabash Ave; Zi. 240–380 US$; P❄@📶🐾; Ⓜ Brown, Orange, Green, Purple, Pink Line bis State/Lake) Der Milliardär Richard Branson hat das 27-stöckige Dearborn Bank Building im Art-déco-Stil zum ersten Ableger seiner frechen neuen Hotelkette umbauen lassen. Die luftigen Zimmer mit schnellem Gratis-WLAN ähneln Suiten. Sie sind mit günstigen Minibars und Betten eingerichtet, die auch als Schreibtisch dienen können. Heizung, TV und andere elektronische Gerätschaften lassen sich per App bedienen. Gäste bekommen außerdem Ohrstöpsel, was u. a. recht praktisch ist gegen den dumpfen Lärm der nahen L-Bahnstrecke.

★ Hotel Julian HOTEL $$

(Karte S. 584; ☎312-346-1200; www.hoteljulianchicago.com; 168 N Michigan Ave; Zi. 200–400 US$; P🚭❄📶; Ⓜ Brown, Orange, Green, Purple, Pink Line bis Washington/Wabash) Das zwölfstöckige Bürohaus von 1912 beherbergt jetzt eines der neuesten und modernsten Luxushotels im Loop. Die großen, elegant eingerichteten Zimmer haben einen leicht maskulinen Retro-Touch der 1930er-Jahre. Sie sind ausgestattet mit einem King-Size-Captain's-Bett mit exklusiver Frette-Bettwäsche und Lederkopfbrett, Espressomaschine und 55-Zoll-TV. Obendrauf bieten einige Zimmer einen grandiosen Blick auf den Millennium Park.

Buckingham Athletic Club Hotel BOUTIQUEHOTEL $$

(Karte S. 584; ☎312-663-8910; www.thebuckinghamclub.com; 440 S LaSalle St; Zi. 200–280 US$; P❄📶🏊; Ⓜ Brown, Orange, Purple od. Pink Line bis LaSalle) Dieses Hotel im 40. Stock der Chicago Stock Exchange ist schwer zu finden. Das hat aber auch seine Vorteile: Bei weitem Blick auf die Stadt hat man hier vor allem abends und am Wochenende seine Ruhe. Die 21 eleganten Zimmer sind so groß, dass sie anderswo als Suiten gelten würden. Zugang zum gleichnamigen Fitnesszentrum mit Sportbecken und viele weitere Gratis-Extras tragen zum super Preis-Leistungs-Verhältnis bei.

Silversmith HISTORISCHES HOTEL $$

(Karte S. 584; ☎312-372-7696; www.silversmithchicagohotel.com; 10 S Wabash Ave; Zi. 200–350 US$; P❄@📶; Ⓜ Red, Blue Line bis Monroe) Das renommierte Architekturbüro von Daniel Burnham entwarf dieses Gebäude im Jahr 1897 als Zentrum für Juweliere und Silberschmiede. Das Schmuckthema setzt sich hier bis heute in dem coolen Vintage-Design fort. Die geräumigen, perlmuttfarbenen Zimmer sind mit rubin- und goldfarbenen Akzenten geschmückt. In den Aussichts-

DIE GROSSEN SEEN IN …

… einer Woche

Die ersten beiden Tage stehen Schlemmen und Architektur in Chicago (S. 577) auf dem Programm. Am dritten Tag geht's nach Milwaukee (1½ Std. Fahrt; S. 659), wo Bier, Kunst und krasse Motorräder warten. Danach eine Fähre nach Michigan nehmen und den vierten Tag im künstlerisch angehauchten Saugatuck (S. 650) verbringen: Goldfarbene Sandstrände, Kieferndunft, Galerien und einladende Bars sorgen dort für kräftigen Sommerbetrieb. Auf dem Rückweg durch Indiana kann man dann an der Indiana Dunes National Lakeshore (S. 622) baden und wandern oder in die einzigartige Kultur des Amish Country (S. 622) eintauchen.

… zwei Wochen

Nach zwei Tagen in Chicago (S. 577) heißt es am dritten Tag auf nach Madison (S. 664), um regionale Spezialitäten zu genießen und Kuriositäten zu bestaunen. Den vierten und fünften Tag verbringt man auf den Apostle Islands (S. 669) und erkundet per Boot die windumtosten Klippen und Höhlen. Dann verbringt man ein paar Tage auf der Upper Peninsula in Michigan, wo Marquette (S. 657) und die Pictured Rocks (S. 656) Outdoor-Spaß in herrlicher Natur versprechen. Anschließend steht ein Besuch der gewaltigen Sleeping Bear Dunes (S. 651) sowie der Feinschmeckerlokale und Weingüter rund um Traverse City (S. 652) auf dem Programm. Zurück fährt man schließlich über Saugatuck (S. 650) mit seinen Galerien, Kuchen und Stränden.

ecken mit deckenhohen Fenstern laden Polstersofas zum Genießen des herrlichen Stadtpanoramas ein.

Near North & Navy Pier

★ Found Hotel Chicago HOSTEL, HOTEL $
(Karte S. 584; ☎224-243-6863; www.foundhotels.com; 613 N Wells St, River North; B 25–55 US$, Zi. 120–330 US$; P ❄ 📶; M Brown, Purple Line bis Merchandise Mart) Das kesse Found Hotel ist ein Mittelding zwischen gehobenem Hostel und lockerem Hotel. Die 60 Zimmer kommen in ganz unterschiedlicher Aufmachung daher, es gibt Vierbettschlafsäle mit robusten (recht bequemen) Etagenbetten sowie Privatzimmer mit Doppel- oder französischem Bett. Alle Zimmer haben ein eigenes Bad. Die Zimmer sind klein und einfach, aber wen stört's? Die Preise sind korrekt, und in den Gemeinschaftsbereichen ist fast immer was los.

Freehand Chicago HOSTEL, HOTEL $
(Karte S. 584; ☎312-940-3699; www.thefreehandhotels.com/chicago; 19 E Ohio St, River North; B 35–55 US$, Zi. 220–310 US$; ❄ 📶; M Red Line bis Grand) S Dieser super hippe Mix aus Hostel und Hotel vermietet neben Schlafsälen mit Stockbetten für jeweils vier Personen auch private Gästezimmer. In allen Quartieren warten behagliche Holzelemente, fröhlich-bunte Fliesen und Textilien im mittelamerikanischen Stil. In der abgefahrenen Hausbar (Broken Shaker) und dem Gemeinschaftsbereich mit Totempfählen geht's gesellig zu. Hiesiges Highlight sind die überdurchschnittlich sauberen Schlafsäle mit eigenen Bädern und Bettvorhängen.

★ Acme Hotel BOUTIQUEHOTEL $$
(Karte S. 584; ☎312-894-0800; www.acmehotelcompany.com; 15 E Ohio St, River North; Zi. 170–310 US$; P ❄ @ 📶; M Red Line bis Grand) Urbane Bohemiens lieben das Acme für seinen coolen Independent-Stil und seine (meist) erschwinglichen Preise. Die 130 Zimmer mixen industrielle Elemente mit Retro-Lampen, Mobiliar aus den 1950er-Jahren und abgefahrener moderner Kunst. Gratis-WLAN, gute Lautsprechersysteme, Smart-TV und schnelle Leitungen garantieren hier den komfortablen Konsum digitaler Medien. Graffiti und Neonlicht zieren die Gemeinschaftsbereiche; Rockabilly-Design prägt den Aufzug.

Moxy Chicago Downtown HOTEL $$
(Karte S. 584; ☎312-527-7200; http://moxy-hotels.marriott.com; 530 N LaSalle Dr, River North; Zi. 224–299 US$; P ❄ 📶 🐾; M Red Line bis Grand) In Hotels, in denen die Rezeption als Bar fungiert, kann man eine gute Zeit verbringen. Und genau das ist im Moxy der Fall. Die Lobby dient als Gemeinschaftsraum mit rund um die Uhr geöffnetem Taco-Lokal und großen Jenga- und Connect-Four-Spielen. Die winzigen Zimmer wirken dank der

deckenhohen Fenster und einer Wand mit Steckplatten, an der man Sachen aufhängen kann, größer, als sie tatsächlich sind.

Gold Coast

★ **Fieldhouse Jones** HOSTEL, HOTEL $
(Karte S. 584; ☎312-291-9922; www.fieldhousejones.com; 312 W Chestnut St; Zi./Apt. ab 125/180 US$; P ❄ WLAN; M Brown od. Purple Line bis Chicago) Dieses Hiphotel befindet sich im alten Lagerhaus einer früheren Molkerei aus rotem Backstein. Für die Gold Coast bietet das Fieldhouse ein sehr gutes Preis-Leistungs-Verhältnis und ist daher bei Travellern aller Art (u. a. Familien, ausländischen Backpackern) sehr beliebt. Dazu tragen neben den geselligen Gemeinschaftsbereichen auch die hochwertigen Zimmer bei: Hier stehen Standard-Schlafsäle, Wohnstudios und Apartments (1 od. 2 Schlafzi.) zur Wahl. Die Quartiere punkten jeweils mit eigenen Bädern, WLAN und sportlich-spaßigem Dekor (z. B. alten Pokalen, Dartscheiben als Wandbildern).

Drake Hotel HISTORISCHES HOTEL $$
(☎312-787-2200; www.thedrakehotel.com; 140 E Walton St; Zi. 230–360 US$; P ❄ @ WLAN; M Red Line bis Chicago) Elizabeth II., Prinzessin Diana, die Reagans, Bushs, Clintons, die große, verstorbene Aretha Franklin … Wer hat seit der Eröffnung 1920 eigentlich nicht im Drake übernachtet? Die elegante Grande Dame mit ihren vielen Kronleuchtern und dem Blattgold in den Gemeinschaftsbereichen steht nahe dem Oak Street Beach am Nordende der Michigan Ave. Die 535 Zimmer sind im Vergleich dazu zwar weniger prachtvoll, aber dennoch geräumig und komfortabel.

★ **Viceroy Chicago** LUXUSHOTEL $$$
(☎312-586-2000; www.viceroyhotelsandresorts.com; 1118 N State St; DZ 275–450 US$, Suite ab 550 US$; P ⊖ ❄ WLAN ≋; M Red Line bis Clark/Division) Das Viceroy ist das neueste Luxushotel im Bezirk Gold Coast. Die 198 Zimmer und Suiten sind im Art-déco-Design mit warmen Hölzern, goldfarbenen Akzenten und Luxusmöbeln gehalten. Vor den deckenhohen Fenstern mit Blick auf den See und die Skyline hängen samtblaue Vorhänge. Das mit einem Michelin-Stern ausgezeichnete Restaurant ist mit nautischen Jachtclub-Motiven geschmückt. Im Sommer kann man sich im Pool auf dem Dach abkühlen. Gratis-WLAN.

★ **Waldorf Astoria Chicago** LUXUSHOTEL $$$
(☎312-646-1300; www.waldorfastoriachicagohotel.com; 11 E Walton St; Zi. ab 400 US$; P ❄ @ WLAN ≋ 🐾; M Red Line bis Chicago) Das Waldorf steht regelmäßig an erster Stelle auf der Liste der Superluxushotels in Chicago. Es ahmt den Glamour der 1920er-Jahre in Paris nach, und – es muss einfach mal gesagt werden – das gelingt diesem Haus perfekt. Die Zimmer sind groß, und das müssen sie auch sein, denn sonst wäre kein Platz für den Kamin, die Bar, die marmorne Badewanne, die Betten mit dem feinen Bettzeug und den Schreibtisch mit allen Raffinessen und technischen Spielereien.

Lincoln Park & Old Town

Hotel Lincoln BOUTIQUEHOTEL $$
(☎312-254-4700; www.jdvhotels.com; 1816 N Clark St, Lincoln Park; Zi. 150–399 US$; P ❄ @ WLAN; Bus 22) In diesem Boutiquehotel regiert witziger Kitsch: Die Lobby empfängt die Gäste mit einer „Wand der schlechten Kunst“ und einer Rezeption aus alten Kommoden vom Flohmarkt. Die farbenfrohen Standardzimmer im coolen Vintage-Stil sind klein, bieten aber in vielen Fällen eine tolle Aussicht. Der grüne Lincoln Park und Chicagos größter Bauernmarkt (S. 589) befinden sich direkt auf der gegenüberliegenden Seite. Die **Dachterrassenbar** (☎312-254-4747; www.jparkerchicago.com; ⏲ Mo–Do 17–1, Fr 15–1, Sa & So 11.30–1 Uhr) gewährt einen grandiosen Blick auf den See.

Lake View & Wrigleyville

★ **Majestic Hotel** BOUTIQUEHOTEL $$
(☎773-404-3499; www.majestic-chicago.com; 528 W Brompton Ave, Lake View; Zi. 159–275 US$; P ❄ WLAN; Bus 151) Das Wrigley-Field-Stadion und Boystown sind vom Majestic, das sich zwischen Wohnhäusern versteckt, problemlos fußläufig zu erreichen, auch das Seeufer ist nur ein paar Schritte entfernt. Diese Unterkunft mit ihrem Kamin, den dunklen Holzmöbeln in der Lobby und dem Dekor im Paisley-Stil vermittelt die Gemütlichkeit eines englischen Herrenhauses. Im Preis enthalten sind WLAN und ein kleines Frühstück.

★ **Wheelhouse Hotel** BOUTIQUEHOTEL $$
(☎773-248-9001; www.wheelhousehotel.com; 3475 N Clark St, Wrigleyville; Zi. 250–350 US$; P ❄ WLAN; M Red Line bis Addison) Der seit 2018

bestehende Newcomer mit 21 Zimmern befindet sich nicht weit vom Wrigley Field entfernt in einem restaurierten Greystone-Gebäude. Die recht kleinen Zimmer mit erdig-urbanem Loft-Touch, unverputzten Steinwänden und coolem Vintage-Dekor sind in satten Pfirsich-, Gelb- und Blautönen gehalten. In einigen stehen Etagenbetten. In der Lobby mit ihrer verspielten Baseball-Atmosphäre sind die Decke mit Holzschlägern und die Wand mit Anzeigetafeln geschmückt.

Hotel Zachary HOTEL **$$**
(☎773-302-2300; www.hotelzachary.com; 3630 N Clark St, Wrigleyville; Zi. 250–425 US$; P ❄ 📶 🐾; M Red Line bis Addison) Das glitzernde Hotel Zachary, das nach Zachary Taylor Davis, dem Architekten des Wrigley Field, benannt ist, öffnete im Jahr 2018 seine Tore direkt gegenüber dem berühmten Baseballstadion. Baseballfans schlummern in den 173 gestylten, hellen Zimmern bestimmt hervorragend: Da gibt es efeugrüne Kopfbretter an den Betten, Ledersessel in der Farbe von Baseballhandschuhen und graue Nadelstreifenteppiche. An Spieltagen brummt der Laden hier, und es könnte bis in die Morgenstunden laut sein.

Wicker Park, Bucktown & Ukrainian Village

Urban Holiday Lofts HOSTEL **$**
(☎312-532-6949; www.urbanholidaylofts.com; 2014 W Wabansia Ave, Wicker Park; B 25–40 US$, Zi. 79–115 US$; ❄ @ 📶; M Blue Line bis Damen) In den nach Geschlechtern getrennten Schlafsälen (mit vier bis acht Betten) und Privatzimmern in diesem Gebäude mit umgebauten Loft-Eigentumswohnungen tummeln sich internationale Gäste. Einige Zimmer haben eigene Bäder. Die Etagenbetten in den 21 Zimmern mit unverputzten Wänden und Parkettböden sind mit dicken Bettdecken ausgestattet. Das Hostel liegt in der Nähe der L-Station und mitten im Nachtleben von Wicker Park. Kontinentales Frühstück ist im Preis enthalten. Es gibt keinen Fahrstuhl.

Wicker Park Inn B&B **$**
(☎773-486-2743; www.wickerparkinn.com; 1331 N Wicker Park Ave, Wicker Park; Zi. 180–200 US$, Apt. 200–250 US$; ❄ 📶; M Blue Line bis Damen) Das Backstein-Reihenhaus ist nur ein paar Schritte von den angesagten Restaurants und Bars entfernt. Die sonnigen, in sanften Farben gehaltenen Zimmer mit bunten Blumenhinguckern an den Wänden sind zwar nicht riesig, haben aber Parkettböden und kleine Schreibtische. Zum Frühstück gibt's jede Menge Backwaren und Obst. Gegenüber vermieten die Inhaber außerdem noch drei Apartments mit Küche für Selbstversorger.

Logan Square & Humboldt Park

Longman & Eagle PENSION **$$**
(☎773-276-7110; www.longmanandeagle.com; 2657 N Kedzie Ave, Logan Square; Zi. 95–250 US$; ❄ 📶; M Blue Line bis Logan Sq) Über einem Restaurant (fungiert auch als Rezeption) findet man hier sechs stilvolle Retro-Zimmer mit Holzfußböden. Die relative Hellhörigkeit der Quartiere spielt nach dem Einlösen der kostenlosen Whiskey-Gutscheine in der Hausbar höchstwahrscheinlich keine Rolle mehr.

West Loop & Near West Side

★ **Ace Hotel** HOTEL **$$**
(Karte S. 584; ☎312-548-1177; www.acehotel.com/chicago; 311 N Morgan St, West Loop; Zi. 250–400 US$; P ❄ 📶; M Green, Pink Line bis Morgan) Chicagos Ableger der superhippen Ace-Kette steht gegenüber von Googles glitzerndem Büro. In dem modernen, erdigen Design sind Spuren von Frank Lloyd Wright, Ludwig Mies van der Rohe und anderen berühmten Architekten zu erkennen. Die 159 minimalistisch ausgestatteten Zimmer sind klein, haben aber eine coole Accessoires, beispielsweise einen Plattenspieler oder eine Martin-Gitarre.

Publishing House Bed & Breakfast B&B **$$**
(Karte S. 584; ☎312-554-5857; https://publishinghousebnb.com; 108 N May St, West Loop; Zi. 179–379 US$; M Green, Pink Line bis Morgan) Das Gebäude war vor über 100 Jahren tatsächlich ein Verlagshaus. Jetzt wurde es umgebaut und sieht wie die stylische Bleibe des coolsten Freundes der ganzen Stadt aus. Die elf in warmen Tönen gehaltenen Zimmer mit den Namen von Schriftstellern aus Chicago haben Parkettfußböden, ein modernes Dekor im Stil der 1950er-Jahre und echte Kunstwerke an den Wänden. In den gemütlichen Gemeinschaftsbereichen gibt's einen Kamin und Sitzecken, in denen man wunderbar lesen kann.

Hyde Park & South Side

Sophy Hyde Park BOUTIQUEHOTEL $$
(☎773-289-1003; www.sophyhotel.com; 1411 E 53rd St, Hyde Park; Zi. 229–329 US$; P ❄ 📶; 🚌6, Ⓜ Metra Electric Line bis 51st-53rd St) Das Hyde-Park-Viertel bekam sein erstes Boutiquehotel 2018 – ein echter Designhit. Die 98 hippen, künstlerisch angehauchten Zimmer vermitteln ein wahrhaft cooles Gefühl. In den relativ großen Zimmern mit Parkettfußboden gibt's einen Plattenspieler und Platten von hiesigen Blues- und Rockmusikern sowie ein 2,4 m großes, leuchtend buntes abstraktes Gemälde (eines einheimischen Künstlers). Gratis-WLAN.

Essen

Chicago ist heute ein Gourmetparadies. Selbst echte Spitzenrestaurants sind hier oft relativ bodenständig, zwanglos und erschwinglich. In Einwanderervierteln außerhalb des Zentrums (z. B. Pilsen, Uptown) wartet zudem leckere und vielfältige internationale Küche.

The Loop

★ **Revival Food Hall** AMERIKANISCH $
(Karte S. 584; ☎773-999-9411; www.revivalfoodhall.com; 125 S Clark St; Hauptgerichte 7–12 US$; ⏲Mo–Fr 7–19 Uhr; 📶; Ⓜ Blue Line bis Monroe) Mit der Revival Food Hall bekam The Loop seinen lang gewünschten zukunftsorientierten Food-Court. Zur Mittagszeit bevölkern hippe Büroangestellte die hellen Holztische in diesem modernen Markt im Erdgeschoss des historischen National Building. Das Konzept geht auf. Die 15 besten Schnellrestaurants, darunter Antique Taco, Smoque BBQ, Furious Spoon Ramen und HotChocolate Bakery, versorgen ihre vielen Gäste mit Leckereien aus regionalen Produkten.

Mercat a la Planxa SPANISCH $$$
(Karte S. 584; ☎312-765-0524; www.mercatchicago.com; 638 S Michigan Ave; Tapas 10–18 US$, Verkostungsmenüs ab 65 US$; ⏲So–Do 17–22, Fr & Sa 17–23 Uhr, Sa & So Brunch 7–15 Uhr; Ⓜ Red Line bis Harrison) In dem an Barcelona erinnernden Tapas- und Seafood-Restaurant mit seinem riesigen, geselligen Raum mit deckenhohen Fenstern ist immer viel los. Aus der Küche kommen Spezialitäten aus Katalonien, die in netter Atmosphäre verputzt werden. Und dazu gibt's *cava* (Schaumwein) und Sangria. Das Restaurant befindet sich im Blackstone Hotel.

Pilsen & Near South Side

★ **Don Pedro Carnitas** MEXIKANISCH $
(1113 W 18th St, Pilsen; Tacos 2,50 US$; ⏲Mo–Do 6–18, Fr–So 5–17 Uhr; Ⓜ Pink Line bis 18th St) In diesem einfachen, stark auf Fleisch setzenden Lokal wird man von einem Mann mit Machete begrüßt. Er wartet auf den Befehl der Gäste, ein paar Stücke vom Schweinebraten abzuhacken, die er dann zusammen mit Zwiebeln und Koriander in eine warme Tortilla wickelt. Die Tacos verschlingt man anschließend an den Tischen hinten. Ziegeneintopf und Kutteln vervollständigen das tierische Angebot. Nur Barzahlung.

Qing Xiang Yuan Dumplings KLÖSSE $
(☎312-799-1118; www.qxydumplings.com; 2002 S Wentworth Ave, Suite 103, Chinatown; Hauptgerichte 9–14 US$; ⏲11.30–21 Uhr; Ⓜ Red Line bis Cermak-Chinatown) Der Name hält, was er verspricht. In diesem hellen Lokal mit Bambuslampen dreht sich alles um Klöße. Die gedämpften oder gebratenen Teigtaschen (12 oder 18 Stück) sind gefüllt mit Lamm und Koriander, Schweinehack und Kohl, Wellhornschnecken und Lauch und ca. 30 weiteren Leckereien. Schon der erste Bissen ist eine echte Geschmacksexplosion.

Pleasant House Pub KNEIPENESSEN $
(☎773-523-7437; www.pleasanthousepub.com; 2119 S Halsted St, Pilsen; Hauptgerichte 10,50–15 US$; ⏲Di–Do 10–22, Fr & Sa 10–24, So 10–22 Uhr; 📶; 🚌8) Aus dem Pleasant House dringt der Duft von üppigen, lockeren und pikanten Pies. Die täglich erhältlichen Varianten bestehen aus Hühnchenfleisch mit Chutney, Steak mit Biersauce oder Grünkohl und Pilzen. Alle Zutaten werden von den Köchen selbst angebaut. Und zu den Speisen gibt's ausgezeichnete britische und hiesige Biere. Freitag ist Bratfischtag.

Near North & Navy Pier

★ **Billy Goat Tavern** BURGER $
(Karte S. 584; ☎312-222-1525; www.billygoattavern.com; 430 N Michigan Ave, EG, Streeterville; Burger 4–8 US$; ⏲Mo–Do 6–1, Fr bis 2, Sa bis 3, So 9–2 Uhr; Ⓜ Red Line bis Grand) Reporter des *Tribune* und der *Sun Times* bechern seit Jahrzehnten in dieser Kellerkneipe. Bei „Cheezborgern" und Schlitz-Bier schaut man hier auf Wände, die mit alten Zeitungen tapeziert sind – super, um etwas über Chicagoer Legenden wie den Fluch der Cubs zu erfahren. Der Laden lockt zu Recht viele Touristen an;

die Zugangstreppe an der Michigan Ave ist ausgeschildert.

GT Fish & Oyster SEAFOOD **$$**

(Karte S. 584; ☎312-929-3501; www.gtoyster.com; 531 N Wells St, River North; Hauptgerichte 17–30 US$; ⏲Mo–Do 17–22, Fr 17–23, Sa 10–14.30 & 17–23, So 10–14.30 & 17–22 Uhr; Ⓜ Red Line bis Grand) Seafood-Restaurants können spießig sein. Nicht so das GT Fish & Oyster. Das schnörkellose Lokal ist perfekt für ein Date. Freunde treffen sich hier, um spritzige Weine und Seafood zu genießen. Viele der Speisen reichen für mehrere Personen, was zu einer geselligen Atmosphäre beiträgt. Die himmlische Muschelsuppe kommt in einem Glasgefäß mit hausgemachten Austercrackern und Bacon daher.

Gold Coast

Velvet Taco TACOS **$**

(☎312-763-2654; www.velvettaco.com; 1110 N State St; Tacos 3,50–7 US$; ⏲Mo 11–24, Di & Mi 11–2, Do 11–3, Fr 11–5, Sa 10–5, So 10–24 Uhr; 🖉; 🚌36, Ⓜ Red Line bis Clark/Division) Eine ausgezeichnete Option für den späten Hunger in dieser Gegend. Das Velvet Taco serviert seinen Gästen hippe neue Interpretationen der wandlungsfähigen Tacos: mit scharfem Hähnchen-Tikka, warmem Nashville-Tofu mit Napa-Krautsalat, Pulled Pork mit Avocado-Creme und gebratener Ananas, außerdem Kobe-Burger mit Bacon und geräuchertem Cheddar, ja sogar Shrimps und Grütze. Dazu trinkt man eine Margarita oder einfach nur ein Bier.

★ Le Colonial FRANZÖSISCH, VIETNAMESISCH **$$$**

(☎312-255-0088; www.lecolonialchicago.com; 937 N Rush St; Hauptgerichte 20–34 US$; ⏲So–Do 11.30–15 & 17–22, Fr & Sa 17–23 Uhr; 🖉; Ⓜ Red Line bis Chicago) Hier wähnt man sich im Saigon der 1920er-Jahre. Im Speiseraum mit dunklem Holz flackern Kerzen, und große Palmblätter schwanken im Luftzug langsam rotierender Deckenventilatoren hin und her. Currys und Gerichte wie Fisch im Bananenblatt gibt's auf Wunsch auch vegetarisch und/oder glutenfrei. Wer es gern scharf mag, sollte das ausdrücklich sagen, denn die Speisen sind in der Regel eher mild gewürzt.

Lincoln Park & Old Town

★ Sultan's Market NAHÖSTLICH **$**

(☎872-253-1489; 2521 N Clark St, Lincoln Park; Hauptgerichte 4–10 US$; ⏲Mo–Sa 10–22, So 10–21 Uhr; 🖉; Ⓜ Brown, Purple, Red Line bis Fullerton) Die gesamte Nachbarschaft stürzt sich in diesem familiengeführten Lokal auf die großen Portionen: Es gibt Sandwiches mit Falafel, cremiges Hummus, Lamm-Schawarma, Spinatpasteten und andere nahöstliche Leckereien. Eine Salatbar fehlt natürlich auch nicht. In dem kleinen, gemütlichen Raum gibt's nur wenige Tische. Man kann das Essen aber auch mitnehmen und im Lincoln Park ganz in der Nähe picknicken.

★ Alinea FEINSCHMECKER **$$$**

(☎312-867-0110; www.alinearestaurant.com; 1723 N Halsted St, Lincoln Park; 10-/16-Gänge-Menü ab 205/290 US$; ⏲17–22 Uhr; Ⓜ Red Line bis North/Clybourn) Das Alinea mit seinen drei Michelin-Sternen gehört zu den weltbesten Restaurants. Hierfür sorgt Molekularküche in Form von mehrgängigen Menüs. Die Gerichte kommen aus einer Zentrifuge oder werden in eine Vakuumkapsel gedrückt, z. B. Ente „auf einem Kissen aus Lavendelluft“. Es werden keine Reservierungen angenommen. Das Alinea verkauft aber zwei bis drei Monate im Voraus Tickets über die Website. Last-Minute-Plätze werden über Twitter (@Alinea) vergeben.

Boka MODERN-AMERIKANISCH **$$$**

(☎312-337-6070; www.bokachicago.com; 1729 N Halsted St, Lincoln Park; Hauptgerichte 21–42, kleine Gerichte 14–20 US$, 8-Gänge-Menü 125 US$; ⏲So–Do 17–22, Fr & Sa 17–23 Uhr; Ⓜ Red Line bis North/Clybourn) Das mit einem Michelin-Stern ausgezeichnete Restaurant mit Lounge ist ein Tummelplatz für jüngere Steppenwolf-Typen vor und nach einem Theaterbesuch. Wie wär's mit einem Cocktail an der Bar? Und wer hungrig ist, sucht sich einen Platz in einer der Nischen und bestellt sich Kleinigkeiten – beispielsweise rohe Stachelmakrele oder Kalbsbries mit geröstetem Kohl.

Lake View & Wrigleyville

★ Jennivee's BÄCKEREI **$**

(☎773-697-3341; www.facebook.com/jennivees; 3301 N Sheffield Ave, Lake View; Kuchenstücke 3,25–7,50 US$; ⏲Di–Do 12–24, Fr 12– 2, Sa 10–2, So 10–24 Uhr; Ⓜ Red, Brown, Purple Line bis Belmont) Die LGBTIQ+-freundliche Bäckerei verbindet philippinische mit amerikanischen Aromen. Der winzige Raum könnte gar nicht niedlicher gestaltet sein. An der Decke hängen Kronleuchter, und es gibt ein paar französisch angehauchte Stühle und

CHICAGO UND SEINE PIZZA

Die Deep-Dish-Pizza (tiefe Pfannenpizza) ist Chicagos berühmteste Spezialität. Diese Monster haben nichts gemein mit den flachen, runden Scheiben, die es überall auf der Welt gibt. Chicagos dickbödige, fettige Pizzas werden in einer gusseisernen Spezialpfanne (eine Art Bratpfanne ohne Griff) gebacken, obendrauf kommen Mozzarella, Wurst und Sauce. Die klassische Deep-Dish-Pizza gibt's bei **Gino's East** (Karte S. 584; ☎312-266-3337; www.ginoseast.com; 162 E Superior St, Streeterville; kleine Pizza ab 18 US$; ⏲So–Do 11–21, Fr & Sa 11–22 Uhr; Ⓜ Red Line bis Chicago), **Pizano's** (Karte S. 584; ☎312-236-1777; www.pizanoschicago.com; 61 E Madison St; kleine Pizza ab 16 US$; ⏲So–Fr 11–2, Sa 11–3 Uhr; 📶; Ⓜ Red, Blue Line bis Monroe) und **Lou Malnati's** (Karte S. 584; ☎312-828-9800; www.loumalnatis.com; 439 N Wells St, River North; kleine Pizza ab 13 US$; ⏲So–Do 11–23, Fr & Sa 11–24 Uhr; Ⓜ Brown, Purple Line bis Merchandise Mart).

Eine andere Variante ist die Stuffed Pizza (gefüllte Pizza). Sie ähnelt der Deep-Dish-Pizza hat aber eine Extrateigschicht, ist größer und dekadenter. Sie besteht in der Regel aus einer Teigschicht mit Käse drauf, dann kommt eine zweite Teigschicht und darauf der Belag. Bei **Giordano's** (Karte S. 584; ☎312-951-0747; www.giordanos.com; 730 N Rush St, River North; kleine Pizza ab 18 US$; ⏲So–Do 11–23, Fr & Sa 11–24 Uhr; Ⓜ Red Line bis Chicago) sind sie wirklich mächtig.

An dritter Stelle folgt die Pan Pizza (Pfannenpizza). Sie ähnelt der Deep-Dish-Pizza, der Rand wird aber anders gebacken. Er ist brotartiger und hat einen Ring mit knusprig karamellisiertem Käse. **Pequod's** (☎773-327-1512; www.pequodspizza.com; 2207 N Clybourn Ave, Lincoln Park; kleine Pizza ab 12 US$; ⏲Mo–Sa 11–2, So 11–24 Uhr; 🚌9 bis Webster) setzt Maßstäbe in puncto köstlicher Pan Pizza.

Tische, an denen man saftige Kuchen und Cupcakes mit cremiger Glasur genießen kann. Spezialität des Hauses ist purpurfarbener Mango-Creme-Kuchen (aus Wasser-Yams).

Gundis Kurdish Kitchen KURDISCH **$$**
(☎773-904-8120; www.thegundis.com; 2909 N Clark St, Lake View; Hauptgerichte 17–26 US$; ⏲Mo, Mi & Do 9–21, Fr & Sa 9–22, So 9–20 Uhr; Ⓜ Brown, Purple Line bis Wellington) Die aus der Südtürkei stammenden Betreiber bereiten Speisen aus ihrer kurdischen Heimat zu, u.a. *sac tawa*, traditionell auf einer heißen Metallplatte kurzgebratenes Fleisch, Paprika und Tomaten, sowie *tirsik*, einen Eintopf aus Auberginen, Karotten und anderem Gemüse mit einer würzigen Sauce. Tagsüber ist der luftige Raum mit den unverputzten Steinwänden sonnendurchflutet, abends sorgen Hängelampen für ein romantisches Ambiente.

Andersonville & Uptown

★ **Hopleaf** EUROPÄISCH **$$**
(☎773-334-9851; www.hopleaf.com; 5148 N Clark St, Uptown; Hauptgerichte 9–32 US$; ⏲So–Do 12–22, Fr & Sa 12–23 Uhr; 🚌22, Ⓜ Red Line bis Berwyn) Das gemütliche Hopleaf, das im Stil eines europäischen Gasthauses gestaltet ist, lockt Gästescharen mit geräucherter Rinderbrust à la Montreal, Sandwiches mit Cashew-Butter und Feigenmarmelade sowie supersahnigen Makkaroni mit Stilton-Käse an. Spezialität des Hauses sind in Bier gegarte Miesmuscheln mit *frites* (Pommes). Bei den 200 Biersorten (etwa 60 davon vom Fass) liegt der Schwerpunkt auf Craft-Bieren und belgischen Gebräuen. (Die Bar schließt erst mehrere Stunden nach Küchenschluss).

Lincoln Square & Ravenswood

Goosefoot AMERIKANISCH **$$$**
(☎773-942-7547; www.goosefoot.net; 2656 W Lawrence Ave, Lincoln Square; Verkostungsmenü 145 US$; ⏲Mi–Sa 18–20.30 Uhr; Ⓜ Brown Line bis Rockwell) Das mit einem Michelin-Stern ausgezeichnete Goosefoot serviert kreativ zubereitete, modern-amerikanische Verkostungsmenüs, die immer für eine Überraschung gut sind. Das Vanille-Trüffel-Kirsch-Rosa-Pfefferkörner-Eis kommt beispielsweise in einem kleinen, gänsefußförmigen, in Moos gehüllten Behälter daher. Man darf sich auf sechs köstliche, fantastisch aussehende Gänge gefasst machen. Wer mag, kann seine eigenen Getränke mitbringen, die meisten Gäste kaufen sich im Goosefoot-Weinladen nebenan eine Flasche. Reservierung erforderlich.

Wicker Park, Bucktown & Ukrainian Village

★ Hoosier Mama Pie Company PIES $
(☎ 312-243-4846; www.hoosiermamapie.com; 1618 W Chicago Ave, East Village; Kuchenstücke 5–6 US$; ⏲ Di–Fr 8–19, Sa 9–17, So 10–16 Uhr; 🚌 66, Ⓜ Blue Line bis Chicago) Sanfte Pastellfarben und alte Kuchendosen aus den 1950er-Jahren sorgen in dem bekannten Pie-Shop für Americana-Vibe. Paula Haney stellt ihre Köstlichkeiten von Hand her und verfeinert sie mit Frucht- oder Sahnefüllungen. Besonders beliebt sind holländischer Sauerrahm mit Cranberrys, Bananencreme, Schoko-Chess (alias „Brownie-Pie") und Apfel-Blaubeere-Walnuss. Es gibt auch ein paar pikante Pasteten. Aber wer wollte sich da etwas vormachen – hierher kommt man wegen der süßen Leckereien.

Irazu LATEINAMERIKANISCH $
(☎ 773-252-5687; www.irazuchicago.com; 1865 N Milwaukee Ave, Bucktown; Hauptgerichte 7–16 US$; ⏲ Mo–Sa 11.30–21.30 Uhr; 🖉; Ⓜ Blue Line bis Western) Chicagos einziges costa-ricanisches Lokal serviert Burritos mit Unmengen Hühnerfleisch, schwarzen Bohnen und frischen Avocados sowie Sandwiches mit himmlischer, scharf-süßer Sauce. Dazu sollte man sich einen *avena* (Milkshake mit tropischen Fruchtaromen) bestellen. *Arroz con huevos* (pfeffriges Rührei-Reis-Frühstück) hilft perfekt gegen Kater. Ins Irazu kann man seine eigenen Getränke mitbringen – ohne Korkgeld. Nur Barzahlung.

Dove's Luncheonette TEX-MEX $$
(☎ 773-645-4060; www.doveschicago.com; 1545 N Damen Ave, Wicker Park; Hauptgerichte 13–22 US$; ⏲ Mo–Do 9–22, Fr 9–23, Sa 8–23, So 8–22 Uhr; Ⓜ Blue Line bis Damen) Auf dem altmodischen Tresen landen Tex-Mex-Gerichte wie Schweineschulter-Pozole und in Buttermilch gegartes Hühnerfleisch mit grüner Chorizo-Sauce. Und als Dessert? Kuchen, was sonst! Wie wär's mit Horchata, Zitronencreme oder Pfirsich-Jalapeño – natürlich von Hoosier Mama zubereitet? Aus den Boxen dringen Soul-Sounds, und die Bar wartet mit 70 Tequilasorten auf. Hier stimmt einfach alles.

Logan Square & Humboldt Park

★ Spinning J BÄCKEREI $
(☎ 872-829-2793; www.spinningj.com; 1000 N California Ave, Humboldt Park; Hauptgerichte 9–12 US$; ⏲ Di–Fr 7–21, Sa & So 8–21 Uhr; 🚌 52) Retro vom Feinsten: Das kleine Spinning J erinnert mit seinen Getränkespendern, Barhockern und ein paar Nischen, in denen man wunderbar Egg-Creams und Malzgetränke mit hausgemachtem Sirup (z.B. mit Thai-Tee- und Lorbeer-Rum-Cola-Aroma) genießen kann, an die 1950er-Jahre. Klassische Sandwiches, herzhafte Suppen sowie süße und pikante Pies sind bei den coolen Stammkunden ebenfalls sehr beliebt.

Ground Control VEGETARISCH $
(☎ 773-772-9446; www.groundcontrolchicago.com; 3315 W Armitage Ave, Logan Square; Hauptgerichte 10–12 US$; ⏲ Di–Do 17–22, Fr 17–23, Sa 11–23, So 11–21 Uhr; 🖉; 🚌 73) Das Ground Control ist ein abgefahrenes Restaurant im Industriedesign mit Flippern und Craft-Bier vom Fass. Dass es hier kein Fleisch gibt, ist wirklich nebensächlich. Aus der Küche kommen Speisen aus Asien, Lateinamerika und den Südstaaten, u.a. Hot Tofu aus Nashville, Süßkartoffel-Tacos und Sandwiches mit Wasabi und Portobellopilzen. Hier ist alles lecker, und außerdem isst man in netter Gesellschaft.

Giant AMERIKANISCH $$$
(☎ 773-252-0997; www.giantrestaurant.com; 3209 W Armitage Ave, Logan Square; kleine Gerichte 14–19 US$; ⏲ Di–Sa 17–22.30 Uhr; 🚌 73) Dieses winzige Lokal serviert leckere Hausmannskost. Speisen wie Tagliatelle mit Königskrabben, Biscuits mit Jalapeño-Butter und süßsaueren Auberginen locken die Gourmets in Massen in dieses Restaurant. Für eine vollständige Mahlzeit muss man mehrere kleine Gerichte bestellen. Gute Cocktails und Weine tun ihr Übriges. Unbedingt vorab reservieren!

West Loop & Near West Side

★ Lou Mitchell's FRÜHSTÜCK $
(Karte S. 584; ☎ 312-939-3111; www.loumitchells.com; 565 W Jackson Blvd, West Loop; Hauptgerichte 9–14 US$; ⏲ Mo 5.30–15, Di–Fr bis 16, Sa 7–16, So bis 15 Uhr; 👪; Ⓜ Blue Line bis Clinton) Einheimische wie Touristen bevölkern morgens dieses Relikt aus den alten Tagen der Route 66. Die Bedienung in Oldschool-Kluft serviert z.B. lockere Riesenomelettes oder üppige Arme Ritter mit Sirup. Gäste werden *honey* (Schätzchen) genannt und bekommen ständig ihren Kaffee nachgefüllt. Gratis-Donuts und Milk Duds verkürzen die oft recht lange Wartezeit.

Monteverde ITALIENISCH **$$**

(Karte S. 584; ☎312-888-3041; www.monteverdechicago.com; 1020 W Madison St, West Loop; Hauptgerichte 18–24 US$; ⏱Di–Fr 17–22.30, Sa 11.30–22.30, So 11.30–21 Uhr; Ⓜ Green, Pink Line bis Morgan) Hausgemachte Pasta ist die Spezialität dieses Restaurants. Gerichte wie *Cacio whey pepe* (kleine Röhrennudeln mit Pecorino Romano, Ricotta-Molke und einer Mischung aus vier verschiedenen Pfeffern) erscheinen einfach, sind geschmacklich aber sehr komplex. Und genau deshalb sind die Tische aus hellem Holz in dem geselligen Raum immer gut besetzt. Vor allem an den Wochenenden sollte man reservieren. Mit etwas Glück bekommt man aber auch an der Bar oder auf der Veranda einen Platz.

★ **Girl & the Goat** AMERIKANISCH **$$$**

(Karte S. 584; ☎312-492-6262; www.girlandthegoat.com; 809 W Randolph St, West Loop; kleine Gerichte 12–19 US$; ⏱So–Do 16.30–23, Fr & Sa 16.30–24 Uhr; ☎; Ⓜ Green, Pink Line bis Morgan) In Stephanie Izards Flagship-Restaurant ist immer was los. Hohe Decken, glänzende Holztische und cartoonartige Kunst an den Wänden sorgen für eine stimmungsvolle Atmosphäre. Zu den einzigartigen kleinen Gerichten (z. B. Wels mit eingelegter Kaki) wird heimisches Bier oder Hauswein getrunken. Es ist schwierig, einen Tisch zu reservieren. Mit etwas Glück bekommt man vor 17 Uhr einen Platz, später wird vielleicht an der Bar was frei.

Hyde Park & South Side

Gorée Cuisine SENEGALESISCH **$$**

(☎773-855-8120; www.goreecuisine.com; 1126 E 47th St, Kenwood; Hauptgerichte 11–19 US$; ⏱Mo–Mi 9–22, Do–So 8–23 Uhr; Ⓜ Metra Electric Line bis 47th St) Kaum hat man dieses schöne Café mit weißen Vorhängen betreten, fühlt man sich wie in Dakar. Aus der Küche kommen würziges *yassa*-Huhn (in Zitrone und Zwiebeln mariniert), *bissap* (Getränk aus Hibiskusblüten) und eine Reihe weiterer senegalesischer Speisen. Wer sich in der senegalesischen Küche nicht auskennt, bekommt Hilfe von der freundlichen Bedienung. Das Gorée ist eine wunderbar authentische, günstige und außergewöhnliche Erfahrung.

Ausgehen & Nachtleben

Chicagos Einwohner lieben Kneipen aller Art, vielleicht, weil der lange Winter in der Region ein starkes Bedürfnis nach Wärme und Geselligkeit weckt. Oder weil Biergärten und Straßenterrassen an Sommertagen einfach super sind. Warum auch immer: In dieser Stadt wird gern und oft gebechert.

The Loop

Berghoff BAR

(Karte S. 584; ☎312-427-3170; www.theberghoff.com; 17 W Adams St; ⏱Mo–Fr 11–21, Sa 11.30–21 Uhr; Ⓜ Blue, Red Line bis Jackson) Das Berghoff von 1898 war Chicagos erste Bar, die nach der Prohibition wieder eine offizielle Schanklizenz erhielt (nach der Alkohollizenz mit dem Stempel „#1" fragen!). Seit damals hat sich rund um den alten Holztresen kaum etwas verändert. Es gibt Haus- und Importbiere. Im dazugehörigen deutschen Restaurant kann man riesige Portionen Sauerbraten, Schnitzel und Brezeln bestellen.

Pilsen & Near South Side

★ **Alulu Brewery & Pub** KLEINBRAUEREI

(☎312-600-9865; www.alulubrew.com; 2011 S Laflin St, Pilsen; ⏱Mo, Mi & Do 17–2, Fr & So 15–2, Sa 15–3 Uhr; Ⓜ Pink Line bis 18th St) Diese trauliche Brauereikneipe wird von Pilsens Intellektuellen zu Recht gern besucht. Man sitzt an alten Holztischen, trinkt Bier und genießt Poutine mit *merguez*-Sauce. Es gibt ganz unterschiedliche Biere: Von säuerlichem Wassermelonen- bis zu hellem Weizenbier und mexikanischem Lager kommt hier so ziemlich alles aus den 20 Zapfhähnen.

Near North & Navy Pier

★ **Arbella** COCKTAILBAR

(Karte S. 584; ☎312-846-6654; www.arbellachicago.com; 112 W Grand Ave, River North; ⏱Mo 17–24, Di–Fr 17–2, Sa 17–3 Uhr; Ⓜ Red Line bis Grand) Das nach einem Schiff aus dem 17. Jh. mit Wein trinkenden Passagieren benannte Arbella ist eine abenteuerliche Cocktailbar. Alkohol aus der ganzen Welt findet seinen Weg in die Drinks, von Roggenwhisky bis zu Rum, Pisco und Mezcal. Man sucht sich einfach einen Platz auf der dunklen Lederbank unter glitzernden Lichtkugeln und genießt die Drinks in einer der nettesten und gemütlichsten Bars der Stadt.

Centennial Crafted Beer & Eatery CRAFT-BIER

(Karte S. 584; ☎312-284-5353; www.centennialchicago.com; 733 N LaSalle Dr, Near North; ⏱Mo–Mi 16–24, Do 11.30–24, Fr 11.30–2, Sa 10.30–3, So

10.30–24 Uhr; Ⓜ Brown, Purple Line bis Chicago) Das Centennial ist dezent – anders als bei der Konkurrenz im Viertel gibt es hier nur selten Ärger. In der gemütlichen Bar mit Kronleuchtern und viel altem Holz bekommt man 50 sorgfältig ausgewählte Craft-Biere vom Fass. Bierfans möchten wahrscheinlich hier bleiben. Ein Brett mit vier Bieren zum Testen erweitert den Hopfenhorizont.

Lincoln Park & Old Town

★ Delilah's BAR

(☎ 773-472-2771; www.delilahschicago.com; 2771 N Lincoln Ave, Lincoln Park; ⏲ So–Fr 16–2, Sa 16–3 Uhr; Ⓜ Brown Line bis Diversey) Ein Barkeeper bezeichnete dieses kompromisslose schwarze Schaf des Stadtviertels zu Recht als den „Stolz der Lincoln Ave“. Grund für diesen Titel sind die starken Drinks und die beste Whiskey-Auswahl der ganzen Stadt – über 860 verschiedene Marken! Das sachliche Personal kennt sich auch mit Bieren aus, im Angebot sind ungewöhnliche amerikanische und internationale Sorten. Preiswertes Pabst-Flaschenbier gibt's immer.

Old Town Ale House BAR

(☎ 312-944-7020; www.theoldtownalehouse.com; 219 W North Ave, Old Town; ⏲ Mo–Fr 15–4 Uhr, Sa ab 17 Uhr, So ab 16 Uhr; Ⓜ Brown od. Purple Line bis Sedgwick) Seit den 1960er-Jahren gibt es diese schlichte und beliebte Kiezbar in der Nähe diverser Nightlife-Adressen (u. a. des Comedy-Clubs Second City, S. 608). Unter Gemälden von nackten Politikern sitzen hier junge Schönlinge und grauhaarige Stammgäste beim Bier zusammen (einfach dazusetzen!). Klassischer Jazz aus der Jukebox trägt zur geselligen Atmosphäre bei. Nur Barzahlung.

Lake View & Wrigleyville

★ Hungry Brain BAR

(☎ 773-935-2118; www.hungrybrainchicago.com; 2319 W Belmont Ave, Roscoe Village; ⏲ 19–2 Uhr, Di geschl.; 🚌 77) Die Besitzer des in der Nähe gelegenen Musikclubs Constellation (S. 606) betreiben auch diese kleine, abgelegene Bar. Sie lockt die Kunden mit ihren netten Barkeepern und dem abgenutzten Ambiente eines Second-Hand-Ladens. Sonntagabends ist in dieser Underground-Jazz-Location am meisten los (empfohlene Spende 10 US$), aber auch an den anderen Abenden werden Shows und Lesungen geboten. Nur Barzahlung.

Ten Cat Tavern KNEIPE

(☎ 773-935-5377; 3931 N Ashland Ave, Lake View; ⏲ 15–2 Uhr; Ⓜ Brown Line bis Irving Park) Billard ist an den beiden alten Tischen, die regelmäßig neu mit belgischem Filz bezogen werden, eine ernste Angelegenheit. Die wechselnden, auffälligen Kunstwerke stammen von Künstlern aus dem Bezirk, und die Möbel sind der Traum eines jeden Trödlers. Die Stammkunden (altersmäßig so um die 30) amüsieren sich an der Bar oder an warmen Tagen im Biergarten. Im hinteren Raum befindet sich ein knisternder Kamin.

Lincoln Square & Ravenswood

★ Spiteful Brewing KLEINBRAUEREI

(☎ 773-293-6600; www.spitefulbrewing.com; 2024 W Balmoral Ave, Ravenswood; ⏲ Mo–Mi 16–22, Do 16–23, Fr & Sa 12–24, So 11–22 Uhr; 📶🐾; 🚌 50) Im Spiteful herrscht Rock 'n' Roll- und Heimwerker-Atmosphäre. Zwei Bierbrauer haben die Marke ins Leben gerufen und agieren jetzt in einer umgebauten Garage. Im Schankraum mit Betonfußboden und freiliegendem Leitungssystem gibt's eine lange Bar, an der man sich mit hellen Bieren, IPAs und Double IPAs zuschütten kann.

Begyle Brewing KLEINBRAUEREI

(☎ 773-661-6963; www.begylebrewing.com; 1800 W Cuyler Ave, Ravenswood; ⏲ Mo–Do 12–21, Fr 12–22, Sa 11–22, So 12–20 Uhr; 📶🐾; Ⓜ Brown Line bis Irving Park) Die Nachbarschaftskneipe mit dem kleinen Schankraum versteckt sich in einem Lagerhaus neben Eisenbahnschienen. Hier treffen sich Freunde zum Kartenspielen, ein älterer Typ mit seinem Hund schaut ihnen dabei zu, und Arbeitskollegen diskutieren über ihren Job. Von den 15 Bieren vom Fass sind das Blonde und das Weizenbier der Renner. Es gibt aber auch süffige Stouts und Triple IPAs. Sie werden in Viertel- und Halblitergläsern ausgeschenkt. Wer Hunger verspürt, kann sein Mitgebrachtes zum Bier verspeisen. Im Rahmen der Brauereiführungen (10 US$), die samstags um 12 Uhr stattfinden, gibt es mehrere Kostproben.

Northman BAR

(☎ 773-935-2255; www.thenorthman.com; 4337 N Lincoln Ave, Lincoln Square; ⏲ Mo 17–24, Di–Fr 17–2, Sa 12–3, So 12–2 Uhr; Ⓜ Brown Line bis Montrose) Das Northman bereichert die Bierszene im Viertel um ein bisschen Cider. Im Angebot sind etwa 20 Sorten vom Fass aus den

USA, England, Frankreich und Spanien. Auch die lange Liste der Calvados (Apfel- oder Birnenbrandys) kann sich sehen lassen. Die schummrige, mit viel dunklem Holz eingerichtete Kneipe könnte auch irgendwo in England auf dem Land stehen.

Wicker Park, Bucktown & Ukrainian Village

Violet Hour COCKTAILBAR
(773-252-1500; www.thevioletthour.com; 1520 N Damen Ave, Wicker Park; So–Fr 18–2, Sa 18–3 Uhr; M Blue Line bis Damen) An dieser neuen Flüsterkneipe gibt's kein Schild. Man muss also Ausschau halten nach dem holzgetäfelten Gebäude mit großem Wandgemälde und einem gelben Licht über der Tür. Der Raum mit hohen Sitznischen, Kronleuchtern und langen Samtvorhängen bietet genau das richtige Ambiente für die kunstvoll zubereiteten, preisgekrönten, saisonalen Cocktails mit den witzigen Namen. Das Ganze mag schickimicki klingen, aber das freundliche Personal sorgt dafür, dass das Violet Hour eine einladende, erschwingliche Location bleibt.

Logan Square & Humboldt Park

Metropolitan Brewing KLEINBRAUEREI
(773-754-0494; www.metrobrewing.com; 3057 N Rockwell St, Avondale; Mo 16–22, Di–Do 16–23, Fr 16–24, Sa 12–24, So 12–22 Uhr; 77) Das Urgestein der hiesigen Bierszene ist jetzt in einer umwerfenden alten Gerberei mit Blick über den Chicago River angesiedelt. Durch die deckenhohen Fenster genießt man den Blick aufs Wasser, an den Tischen aus Altholz nach deutscher Rezeptur gebrautes Lager.

West Loop & Near West Side

CH Distillery BRENNEREI
(Karte S. 584; 312-707-8780; www.chdistillery.com; 564 W Randolph St, West Loop; Mo–Do 16–22, Fr & Sa 16–24 Uhr; M Green, Pink Line bis Clinton) Der schicke Verkostungsraum hat ein cooles, naturbezogenes Aussehen mit Betonpfeilern und knorrigen Holzbalken an der Decke. Von der Bar sieht man hinter einer Glaswand die silbernen Tanks, in denen Bio-Wodka und Bio-Gin hergestellt werden – die Basis für kreative Cocktails.

Haymarket Pub & Brewery BRAUEREI
(Karte S. 584; 312-638-0700; www.haymarketbeer.com; 737 W Randolph St, West Loop; So–Fr 11–2, Sa 11–3 Uhr; M Green, Pink Line bis Clinton) Die Brauerei war eine der ersten in West Loop und konnte sich ihre Schlichtheit erhalten. Hier wird nicht versucht, die Gäste mit Hipness anzulocken wie anderswo. In dem großen Raum mit den vielen Fässern tummeln sich Einheimische und genießen frisch aus den Tanks gezapfte Biere. Schwerpunkt sind nach belgischen und deutschen Rezepturen gebraute Biere, aber auch Saisonbiere, IPAs und Gerstengebräue sind erhältlich.

Hyde Park & South Side

Marz Community Brewing KLEINBRAUEREI
(773-579-1935; www.marzbrewing.com; 3630 S Iron St, McKinley Park; Di–Do 12–23, Fr & Sa 12–24, So 12–22 Uhr; 9) Das Marz begann als Versuch von Hobbybrauern, deren Freunde mehr wollten. Die kleine Brauerei ist bekannt für ihre seltsamen Kreationen wie Potion #1 (in Absinthfässern gereift), Diliner Weisse (mit frischem Dill) und Churros Y Chocolate (ein mit Kakaokernbruch und Zimt gebrautes Stout). Der Schankraum ist ein Treffpunkt für hiesige Künstler und Bierliebhaber.

Unterhaltung

Von der Lyric Opera, die man in Abendkleidung besucht, über Ladentheater, in denen man nach Gusto bezahlt, bis hin zu sonderbaren Zauberbühnen – Chicago hat eine beeindruckende Vielfalt an Unterhaltung zu bieten. In stickigen Clubs und Kneipen gibt's allabendlich Improvisationstheater und Livemusik. Zuschauersport hat die wohl fanatischsten Fans überhaupt.

Jazz, Blues & Folk

★ **Green Mill** JAZZ
(773-878-5552; www.greenmilljazz.com; 4802 N Broadway, Uptown; Mo–Fr 12–4, Sa 12–5, So 11–4 Uhr; M Red Line bis Lawrence) Das zeitlose – und berühmt-berüchtigte – Green Mill war Al Capones bevorzugte Flüsterkneipe (durch eine Falltür hinter dem Tresen erreichte man die Tunnel, in denen früher der Alkohol versteckt war und durch die man der Polizei entkam). In den Séparées mit geschwungenen Samtsofas kann man förmlich noch spüren, wie der Geist des Gangsters einen dazu drängt, einen weiteren Martini zu trinken. Jeden Abend spielen hier Jazzmusiker aus Chicago und den ganzen USA. Der **Poetry Slam** am Sonntag wird landesweit gelobt (Eintritt 7 US$; So 19–22 Uhr). Nur Barzahlung.

★ Buddy Guy's Legends BLUES
(Karte S. 584; ☎ 312-427-1190; www.buddyguy.com; 700 S Wabash Ave; Eintritt So–Do 10 US$, Fr & Sa 20 US$; ⊙ Mo & Di 17–2, Mi–Fr 11–2, Sa 12–3, So 12–2 Uhr; Ⓜ Red Line bis Harrison) Im Club der hiesigen Ikone Buddy Guy treten Spitzenmusiker aus Chicago und aus den ganzen USA auf. Buddy höchstpersönlich ist hier meist bei einer Konzertreihe im Januar (Ticketvorverkauf ab Okt.) zu hören. Zum Mittag- und Abendessen (der Club fungiert auch als Cajun-Restaurant) geben Musiker aller Altersklassen kostenlose Akustikkonzerte. Achtung: Wer nach dem Abendessen bleiben will, muss für die später gebotenen Shows Eintritt bezahlen.

Rosa's Lounge BLUES
(☎ 773-342-0452; www.rosaslounge.com; 3420 W Armitage Ave, Logan Square; Tickets 10–20 US$; ⊙ Di–Sa 20–2 Uhr; 🚌 73) Das Rosa's ist ein echter, schlichter Blues-Club, in dem hiesige Top-Talente auf hingebungsvolle Fans treffen. Er liegt in einem etwas zwielichtigen Block am Logan Square. Hier wird das Tanzbein geschwungen. Nachts ist ein Taxi oder eine Mitfahrgelegenheit eine gute Idee.

★ Constellation LIVEMUSIK
(www.constellation-chicago.com; 3111 N Western Ave, Roscoe Village; ⊙ Mo & Di 18–24, Mi, Do & So 19–2, Fr & Sa 18–2 Uhr; 🚌 77) Der Veranstalter des Pitchfork Music Festival (S. 594) eröffnete diesen traulichen Club, der eigentlich aus zwei kleinen Veranstaltungsorten besteht. Eingeweihte kommen wegen des progressiven Jazz und der Impro-Musik hierher. Bei einigen Acts ist der Eintritt frei, die meisten kosten zwischen 10 und 15 US$, allerhöchstens 25 US$.

Old Town School of Folk Music LIVEMUSIK
(☎ 773-728-6000; www.oldtownschool.org; 4544 N Lincoln Ave, Lincoln Square; 👪; Ⓜ Brown Line bis Western) Schon auf der Straße vor dieser altehrwürdigen Institution hört man die Klänge der Banjos. Hier treten nationale und internationale Größen wie Richard Thompson und Joan Baez auf, wenn sie in der Stadt sind. Im Old Town gibt's auch hervorragende Weltmusikshows, z. B. mittwochs um 20.30 Uhr bei freiem Eintritt (oder einer Spende von 10 US$).

Blue Chicago BLUES
(Karte S. 584; ☎ 312-661-0100; www.bluechicago.com; 536 N Clark St, River North; Tickets 10–12 US$; ⊙ So–Fr 20–1.30, Sa 20–2.30 Uhr; Ⓜ Red Line bis Grand) Eindrucksvolle Bands ergreifen allabendlich das Mikro in diesem populären Blues-Club. Der recht spartanisch eingerichtete Club mit dem kleinen, engen Gang ist immer gut besucht. Wer einen Platz ergattern möchte, muss früh kommen. Die River-North-Gegend ist zwar recht touristisch, aber die hier auftretenden Bands sind wirklich klasse.

Rock & Weltmusik

★ Hideout LIVEMUSIK
(☎ 773-227-4433; www.hideoutchicago.com; 1354 W Wabansia Ave, West Town; Tickets 5–15 US$; ⊙ Mo–Do 16–24, Fr 16–2, Sa 18–3 Uhr, So wechselnde Öffnungszeiten; 🚌 72) Diese aus zwei Räumen bestehende Location, die sich hinter einer Fabrik am Rand von Bucktown versteckt und Indie-Rock sowie Alternative-Country bietet, lohnt den Besuch unbedingt. Die Betreiber haben aus dem Laden einen Schuppen mit Underground-Atmosphäre gemacht, in dem man sich wie in Omas Partykeller fühlt. Jeden Abend gibt es Konzerte oder andere Events (Talkshows, Lesungen, Comedy etc.). Montags findet ein grandioser **Poetry-Abend** statt (www.facebook.com/WeedsPoetry; Spende erbeten; ⊙ Mo 21.30 Uhr).

★ Whistler LIVEMUSIK
(☎ 773-227-3530; www.whistlerchicago.com; 2421 N Milwaukee Ave, Logan Square; ⊙ Mo–Do 18–2, Fr–So ab 17 Uhr; Ⓜ Blue Line bis California) Im winzigen Whistler mit Künstler-Touch gibt's an den meisten Abenden regionale Indie-Bands, Jazzcombos und DJs zu hören. Der Eintritt ist stets frei. Allerdings sollte man mindestens einen der schicken Cocktails oder eines der Craft-Biere bestellen, um dem Laden das Überleben zu ermöglichen.

Das Ganze ist auch eine Galerie: Im vorderen Schaufenster sind Werke hiesiger Künstler ausgestellt. Das Schild an der Tür ist schwer zu sehen – Augen auf!

Metro LIVEMUSIK
(☎ 773-549-4140; www.metrochicago.com; 3730 N Clark St, Wrigleyville; ⊙ Ticketverkauf Mo 12–18, Di–Sa 12–20 Uhr; Ⓜ Red Line bis Addison) Seit über 30 Jahren ist das Metro Synonym für laute Rockmusik. In den 1980er-Jahren traten Sonic Youth und die Ramones hier auf, in den 1990er-Jahren Nirvana und Jane's Addiction und im neuen Jahrtausend die White Stripes und die Killers. Allabendlich spielen drei oder vier Bands, die vielleicht bald Stars sind.

Empty Bottle LIVEMUSIK
(☎ 773-276-3600; www.emptybottle.com; 1035 N Western Ave, Ukrainian Village; ⊙ Mo–Mi 17–2, Do &

Fr 15–2, Sa & So 11–2 Uhr; 🚌49) Kenner der lokalen Musikszene lieben das schäbige Empty Bottle, diesen angesagten Club für avantgardistischen Indie-Rock, Jazz und andere Stilrichtungen, der seit fast drei Jahrzehnten eine Institution in West Side ist. Montags kann man sich hier oft gratis ein paar Newcomerbands anhören. Billiges Bier, eine Fotokabine und lesenswerte Kritzeleien in den Toiletten tragen zum witzigen Kneipen-Vibe bei.

Theater

★ Steppenwolf Theatre THEATER
(☎312-335-1650; www.steppenwolf.org; 1650 N Halsted St, Lincoln Park; ⊙Theaterkasse Di–Sa 11–18.30, So ab 13 Uhr ; M Red Line bis North/Clybourn) Das Steppenwolf ist Chicagos Top-Theater für provokante Inszenierungen der Spitzenklasse. Zum Hausensemble gehören diverse Hollywoodstars (u. a. Gary Sinise, John Malkovich, Martha Plimpton, Gary Cole, Joan Allen, Tracy Letts). Tipp für Sparfüchse: Für die täglichen Vorstellungen sind jeweils 20 Tickets à 20 US$ erhältlich (Di–Sa ab 11, So ab 13 Uhr; telefonische Reservierung möglich).

Goodman Theatre THEATER
(Karte S. 584; ☎312-443-3800; www.goodmantheatre.org; 170 N Dearborn St; M Brown, Orange, Green, Purple, Pink, Blue Line bis Clark/Lake) Das in einem großartigen Gebäude im Theater District ansässige Goodman gehört zu Chicagos führenden Schauspielhäusern und wurde schon mehrfach als eines der besten Regionaltheater der USA bezeichnet. Der Schwerpunkt liegt auf neuen und klassischen amerikanischen Produktionen. Nicht verkaufte Tickets für Vorstellungen am selben Tag sind jeweils ab 10 Uhr online zum halben Preis erhältlich oder ab 12 Uhr an der Vorverkaufskasse.

Chicago Theatre THEATER
(Karte S. 584; ☎312-462-6300; www.thechicagotheatre.com; 175 N State St; M Brown, Orange, Green, Purple, Pink Line bis State/Lake) Unbedingt einen Blick auf das leuchtende, sechs Stockwerke hohe Schild werfen – es ist ein offizielles Wahrzeichen der Stadt und ein tolles Fotomotiv. Hier stand schon fast jeder auf der Bühne, von Duke Ellington über Dolly Parton bis zu Prince. Sie alle haben sich mit ihren Unterschriften auf den berühmten Wänden im Backstage-Bereich verewigt. Die Hauptattraktion ist aber die opulente Architektur im Stil des französischen Barock, so auch das dem Schloss Versailles nachempfundene Foyer.

★ Neo-Futurist Theater THEATER
(☎773-878-4557; www.neofuturists.org; 5153 N Ashland Ave, Uptown; ⊙Fr & Sa 11.30, So 19 Uhr;

CHICAGOS LGBTIQ+-SZENE

Wie wär's mit Aufreizendem im Leather Archives & Museum, frechen Twister-Spielen auf belebten Straßenfesten, schwul-lesbischer Literatur oder Clubs mit männlichen Go-Go-Tänzern? Chicagos boomende Schwulen- und Lesbenszene im feierwütigen Boystown und im lässigen Andersonville hat viel zu bieten.

Höhepunkt des jährlichen Eventkalenders ist die Pride Parade (S. 594), die sich am letzten Sonntag im Juni durch Boystown schlängelt und mehr als 800 000 nicht ganz salonfähige Feierwütige anlockt. Die **Northalsted Market Days** (www.northalsted.com; Boystown; ⊙Mitte August; M Red Line bis Addison) in Boystown sind ein erotisch angehauchtes, zweitägiges Straßenfest. Bei diesem Fest säumen Kunsthandwerksstände mit Räucherstäbchen die Halsted St. Die Hauptattraktionen sind aber die Dragqueens mit ihren Federboas, die Twister-Spiele auf der Straße und die Disko-Diven (Gloria Gaynor!) auf der Hauptbühne. Beim **International Mr. Leather** (www.imrl.com; ⊙Ende Mai) treten jede Menge Männer in Lederkluft gegeneinander an. Workshops und Partys steigen in der ganzen Stadt, das Haupt-Event findet stets in einem Hotel oder Theater in Downtown statt.

Die folgenden Infoquellen erleichtern die Qual der Wahl:

Chicago Pride (www.chicagopride.org) Events und Happenings in der Gemeinschaft.

Purple Roofs (www.purpleroofs.com) Verzeichnisse mit LGBTIQ+-freundlichen Unterkünften, Reisebüros und Tourveranstaltern.

Windy City Times (www.windycitymediagroup.com) LGBTIQ+-Wochenzeitung. Die Website ist die Hauptinfoquelle für Events und Veranstaltungen.

🚌50, Ⓜ Red Line bis Berwyn) Das Neo-Futurist ist für seine Show *The Infinite Wrench* bekannt, in der die hyperaktive Theatertruppe versucht, 30 Originalstücke in 60 Minuten auf die Bühne zu bringen. Der Eintritt beträgt zwischen 10 und 15 US$ – man zahlt 9 US$ plus die Zahl, die man würfelt.

Comedy

★ iO Theater COMEDY
(☎312-929-2401; www.ioimprov.com; 1501 N Kingsbury St, Old Town; Tickets 5–16 US$; Ⓜ Red Line bis North/Clybourn) Das iO gehört zu Chicagos bester (und originellster) Impro-Bühne und ist etwas exzentrischer (und preiswerter) als die Konkurrenz. Auf den vier Bühnen gibt's jeden Abend Impro-Shows teils obszöner, teils musikalischer Art. Zwei Bars und ein Biergarten runden den Spaß ab. Besonders toll ist die Improvised Shakespeare Company, die man sich, wenn irgendwie möglich, anschauen sollte.

Second City COMEDY
(☎312-337-3992; www.secondcity.com; 1616 N Wells St, Lincoln Park; Tickets 35–55 US$; Ⓜ Brown, Purple Line bis Sedgwick) Bill Murray, Stephen Colbert, Tina Fey und andere Stars haben ihren Humor in diesem schicken Laden in den Abendvorstellungen perfektioniert. Auf der Mainstage und der ETC Stage gibt's Sketch-Revues (mit spontanen Impro-Einlagen). Preise und Qualität sind auf beiden Bühnen ähnlich. Wer montags bis donnerstags gegen 22 Uhr (oder Sa um 1 bzw. So um 21 Uhr) kommt, kann die Comedians kostenlos bei einer Impro-Vorstellung erleben.

Kino

Music Box Theatre KINO
(☎773-871-6604; www.musicboxtheatre.com; 3733 N Southport Ave, Lake View; Ⓜ Brown Line bis Southport) Egal was hier auf der Leinwand flimmert, die Music Box allein lohnt schon den Besuch. Das restaurierte Kino stammt von 1929 und ähnelt einem maurischen Palast mit Wolken und einem glitzernden Sternenhimmel an der Decke. Die Arthouse-Filme sind stets ausgezeichnet. Um Mitternacht werden Kultfilme wie *The Big Lebowski* gezeigt. In einem zweiten kleineren Kinosaal sind ältere Filme zu sehen.

Davis Theater KINO
(☎773-769-3999; www.davistheater.com; 4614 N Lincoln Ave, Lincoln Square; ⏲Mo–Fr 16.30–1, Sa 11–2, So 11–1 Uhr; Ⓜ Brown Line bis Western) Dank der Renovierung hat das 100 Jahre alte Davis seinen Art-déco-Charme aufpoliert und moderne Annehmlichkeiten wie Stadionsitze und ein topmodernes Audio-System bekommen. Zum Premierenkino gehört ein Restaurant mit Bar namens Carbon Arc (nach den Kohlenbogenlampen in alten Filmprojektoren), in dem ausgefallene Snacks (z. B. Thai-Muscheln, Enten-und-Bohnen-Eintopf) und Craft-Bier serviert werden. Das Bier kann man sogar mit in den Kinosaal nehmen.

Darstellende Künste

★ Grant Park Orchestra KLASSISCHE MUSIK
(Karte S. 584; ☎312-742-7638; www.grantparkmusicfestival.com; Pritzker Pavilion, Millennium Park; ⏲Mitte Juni–Mitte Aug. Mi & Fr 18.30, Sa 19.30 Uhr; Ⓜ Brown, Orange, Green, Purple oder Pink Line bis Washington/Wabash) Das Grant Park Orchestra besteht aus Spitzenmusikern internationaler Sinfonieorchester. Seine kostenlosen Klassikkonzerte im Pritzker Pavilion (Millennium Park; S. 581) sind im Sommer einfach Pflicht: Auf mitgebrachten Liegestühlen oder Decken genießt das Publikum die großartige Musik bei Wein und Picknick-Proviant, während die Sonne langsam sinkt und die Lichter der Wolkenkratzer angehen.

Chicago Symphony Orchestra KLASSISCHE MUSIK
(CSO; Karte S. 584; ☎312-294-3000; www.cso.org; 220 S Michigan Ave; Ⓜ Brown, Orange, Green, Purple od. Pink Line bis Adams) Das CSO unter der Leitung von Riccardo Muti ist eines der besten US-Sinfonieorchester. Bekannt ist es u. a. für seinen unerreichten Bläsersatz und seine glühenden Anhänger. Der Cellist Yo-Yo Ma ist der künstlerische Berater des Ensembles und begleitet es regelmäßig als Solist. Die Konzerte (Saison Sept.–Juni) finden im Symphony Center der von Daniel Burnham entworfenen Orchestra Hall statt.

Shoppen

Von der Magnificent Mile mit ihren Nobelläden über Wicker Park mit seinen Indie-Designern bis nach Hyde Park mit seinen hervorragenden Buchläden – Chicago ist ein Shopping-Paradies, und das war schon immer so. Denn schließlich wurden in dieser Stadt das Kaufhaus und Traditionen wie die Geld-Zurück-Garantie, Hochzeitstische und Schnäppchen im Untergeschoss erfunden!

★ Chicago Architecture Center Shop GESCHENKE & SOUVENIRS
(Karte S. 584; ☎312-922-3432; http://shop.architecture.org; 111 E Wacker Dr; ⏲Mo, Mi & Fr–So 9–17,

Di & So 9–20 Uhr; 🚌151, Ⓜ Brown, Orange, Green, Purple, Pink Line bis State/Lake) In diesem Paradies für Menschen mit Gebäudefimmel gibt's T-Shirts und Poster mit Chicagos Skyline, Notizblöcke mit Gebäuden von Frank Lloyd Wright, Modelle von Wolkenkratzern und zahllose Bücher über die hiesige Architektur. In der Kinderbuchabteilung gibt's Interessantes für angehende Baumeister. Hier bekommt man tolle Souvenirs, die nur in Chicago erhältlich sind.

★ **Reckless Records** MUSIK
(☎773-235-3727; www.reckless.com; 1379 N Milwaukee Ave, Wicker Park; ⏲Mo–Sa 10–22, So 10–20 Uhr; Ⓜ Blue Line bis Damen) In Chicagos bestem Laden für Schallplatten und CDs mit Indie-Rock kann man sich alles anhören, bevor man es kauft. Die großen, sonnigen Räumlichkeiten machen die Jagd nach Neuem oder Gebrauchtem zum Vergnügen. DVDs und Kassetten sind ebenso erhältlich wie Flyer und Broschüren mit Livemusik-Veranstaltungen und Theateraufführungen.

★ **Open Books** BÜCHER
(Karte S. 584; ☎312-475-1355; www.open-books.org; 651 W Lake St, West Loop; ⏲Mo–Sa 9–19, So 12–18 Uhr; 👪; Ⓜ Green, Pink Line bis Clinton) Wer hier ein Gebrauchtbuch kauft, fördert damit die Programme dieser auf freiwilliger Basis arbeitenden Alphabetisierungsgruppe. Das Angebot reicht von Lesehilfe für Grundschüler bis hin zu Buchverlagskursen für Teenager. In dem bis unter die Decke mit qualitativ hochwertigen Büchern vollgestopften Laden gibt es viele Sofas, auf denen man es sich gemütlich machen und in Büchern schmökern kann. Kinder werden von den vielen fantasievoll gestalteten Büchern begeistert sein. Die Bücher kosten in der Regel um die 5 US$.

Gene's Sausage Shop ESSEN & TRINKEN
(☎773-728-7243; www.genessausage.com; 4750 N Lincoln Ave, Lincoln Square; ⏲Mo–Sa 9–20, So 9–16 Uhr; Ⓜ Brown Line bis Western) Als würden die aufgehängten Würste, die reifen Käselaibe und die Blätterteigteilchen in den Regalen dieses europäischen Geschäfts nicht reichen, hat das Gene's im Sommer auch noch einen Biergarten auf der Dachterrasse zu bieten. An den großen Picknicktischen kann man wunderbar heiße Bratwürstchen vom Grill und Bier vom Fass genießen.

Quimby's BÜCHER
(☎773-342-0910; www.quimbys.com; 1854 W North Ave, Wicker Park; ⏲Mo–Do 12–21, Fr 12–22, Sa 11–22, So 12–19 Uhr; Ⓜ Blue Line bis Damen) Dieses Epizentrum der Chicagoer Comic- und Magazinwelt ist das A und O der literarischen Underground-Kultur in der Stadt. Hier findet man so ziemlich alles – von handgemalten Punk-Rock-Manifesten bis zu professionell hergestellten Comicromanen. Das Quimby's ist ein großartiger Ort für freche literarische Mitbringsel und exzentrische Lesungen.

Koval Distillery TRINKEN
(☎312-878-7988; www.koval-distillery.com; 5121 N Ravenswood Ave, Ravenswood; ⏲Mo–Fr 14–19, Sa 13–18.30, So14–17 Uhr; Ⓜ Brown Line bis Damen) Koval destilliert in glitzernden Kupfertanks kleine Mengen Bio-Whiskey und Gin. Zudem werden Ingwer-, Jasmin-, Walnuss- und andere einzigartige Liköre hergestellt, die man vorn im Laden kaufen kann. Vor dem Kauf darf man probieren.

Die Destillerie bietet mittwochs, samstags und sonntags auch einstündige Führungen (10 US$) und veranstaltet wöchentliche Cocktailkurse (Termine s. Website).

ℹ Praktische Informationen

Chicago Reader (www.chicagoreader.com) Tolle Zeitung mit Tipps zu Musik- und Kunstveranstaltungen, Restaurants und Kinos, außerdem Nachrichten und Politik.

Choose Chicago (www.choosechicago.com) Offizielle Tourismus-Website mit Infos zu Sehenswürdigkeiten und Events.

Lonely Planet (www.lonelyplanet.com/chicago) Infos über Reiseziele, Hotelbuchungen, Travellerforum und mehr.

ℹ An- & Weiterreise

FLUGZEUG

Der **O'Hare International Airport** (ORD; ☎800-832-6352; www.flychicago.com/ohare; 10000 W O'Hare Ave) liegt 17 Meilen (ca. 27 km) nordwestlich vom Loop. Er ist der Hauptsitz von United Airlines und das Drehkreuz für American Airlines. Die meisten ausländischen Fluglinien und internationalen Flüge nutzen Terminal 5. Die Terminals 1, 2 und 3 sind für Inlandsflüge zuständig. Geldautomaten und Wechselstuben gibt's überall im Flughafen. Das WLAN ist gratis, aber langsam.

Elf Meilen (ca. 18 km) südwestlich vom Loop befindet sich der **Midway International Airport** (MDW; ☎773-838-0600; www.flychicago.com/midway; 5700 S Cicero Ave, Clearing) mit drei Terminals (A, B und C). Southwest Airlines benutzt Terminal B, die meisten anderen Fluglinien nutzen Terminal A. Wechselstuben gibt's in

Terminal A, Geldautomaten überall. Auch hier ist das Gratis-WLAN lahm.

ZUG

Die prächtige **Union Station** (www.chicagounion station.com; 225 S Canal St; Ⓜ Blue Line bis Clinton) mit ihren dorischen Säulen liegt am Westrand des Loop und ist Chicagos Hauptbahnhof. Die Zahl der **Amtrak**-Verbindungen (www. amtrak.com) ist hier landesweit am größten.

Unterwegs vor Ort

VOM/ZUM FLUGHAFEN

O'Hare International Airport Die L-Züge der Blue Line fahren von hier aus in die Downtown (5 US$, 40 Min., rund um die Uhr ca. alle 10 Min.). Die Alternative sind Shuttle-Vans (35 US$) und Taxis (ca. 50 US$).

Midway International Airport Die L-Züge der Orange Line fahren von hier aus nach Downtown (3 US$, 30 Min., 4–1 Uhr ca. alle 10 Min.). Die Alternative sind Shuttle-Vans (28 US$) und Taxis (ca. 35–40 US$).

Union Station Alle Fern- und Regionalzüge halten hier. Ein paar Blocks weiter südlich stoppt die Blue Line an der Station Clinton (Achtung: Bei Dunkelheit möglichst meiden!). Etwa 800 m in Richtung Osten kann man an der Station Quincy zur Brown, Orange, Purple oder Pink Line umsteigen. Vor dem Eingang der Union Station warten Taxis an der Canal St.

ÖFFENTLICHE VERKEHRSMITTEL

Zum Nahverkehrsnetz der Stadt gehören Hoch-/U-Bahnen und die Metra-Pendlerzüge, die in die Vororte fahren.

Die L-Züge (Hoch- und U-Bahnen) sind schnell, fahren oft und bedienen die meisten Sehenswürdigkeiten und Stadtviertel.

Zwei der acht farbig gekennzeichneten Linien – die Red Line und die Blue Line zum O'Hare Airport – fahren rund um die Uhr. Die anderen Linien fahren zwischen 4 und 1 Uhr etwa alle zehn Minuten.

Ein Standardticket kostet 3 US$ (Ausnahme: 5 US$ ab dem O'Hare Airport) inklusive zweimal Umsteigen. Für das Passieren der Drehkreuze benötigt man ein Ventra-Ticket, das in den Bahnhöfen an Automaten erhältlich ist.

In den Bahnhöfen gibt's auch wiederaufladbare Ventra Cards. Die einmalige Ausstellungsgebühr von 5 US$ wird beim Registrieren der Karte rückerstattet. Mit dieser Karte ist jede Fahrt etwa 0,75 US$ billiger.

Eine weitere recht praktische Alternative sind Pässe für unbegrenzte Fahrten (1/3/7 Tage 10/20/28 US$). Sie sind in Bahnhöfen und Drogerien erhältlich.

Netzpläne und Routenplaner gibt's auf der Website der Chicago Transit Authority (www.transitchicago.com). Die Funktion „Trackers" informiert darüber, wann der nächste Zug oder Bus erwartet wird.

Metra Pendlerzüge (www.metrarail.com) fahren auf zwölf Strecken in die Vororte. Los geht's von vier Stationen rund um den Loop: LaSalle St Station, **Millennium Station** (151 N Michigan Ave; Ⓜ Brown, Orange, Green, Purple, Pink Line nach Washington/Wabash), die unter Straßenniveau liegt (Ausschau nach den Treppen hinunter halten!), Union Station (S. 610) und **Richard B Ogilvie Transportation Center** (OTC, Ogilvie Station; 500 W Madison St; Ⓜ Green, Pink Line nach Clinton), ein paar Blocks nördlich der Union Station. Einige der Strecken werden täglich befahren, andere nur werktags in den Hauptverkehrszeiten. Fahrkarten sind in den meisten Bahnhöfen am Schalter und am Automaten erhältlich.

Chicagos Stadtbusse sind vom frühen Morgen bis zum späten Abend unterwegs. Eine Fahrt kostet 2,25 US$ (bzw. 2,50 US$, wenn man umsteigen will). Man kann eine Ventra Card benutzen oder mit passendem Kleingeld beim Fahrer bezahlen. Besonders gut mit Bussen erreichbar sind der Museum Campus, der Hyde Park und der Lincoln Park Zoo.

TAXI

Im Loop, nördlich davon gen Andersonville und bis Wicker Park/Bucktown in Richtung Nordwesten findet man jeweils viele Taxis. Diese lassen sich einfach auf der Straße heranwinken und verfügen alle über Gebührenzähler (Startpreis 3,25 US$, zzgl. 2,25 US$/Meile und 1 US$/1. weitere Pers., ab 2. weiterer Pers. jeweils zzgl. 0,50 US$). Am Ziel wird ein Trinkgeld von 10 bis 15 % erwartet. Alle großen Taxifirmen akzeptieren Kreditkarten. Die Mitfahrdienste Uber, Lyft und Via werden in Chicago ebenfalls gern genutzt.

Zuverlässige Unternehmen :

Checker Taxi (☎ 312-243-2537; www.checker taxichicago.com)

Flash Cab (☎ 773-561-4444; www.flashcab.com)

Auch die Fahrgemeinschaftsunternehmen **Uber** (www.uber.com), **Lyft** (www.lyft.com) und **Via** (www.ridewithvia.com) sind in Chicago beliebt. Die sind möglicherweise etwas billiger als Taxis.

Rund um Chicago

Oak Park

Der nahe Vorort hat zwei berühmte Söhne – Ernest Hemingway (hier geboren) und Frank Lloyd Wright, der 20 Jahre lang in Oak Park lebte und arbeitete. Auf ihnen basieren die lokalen Hauptattraktionen: Hemingways Geburtshaus und ein schlichtes

Museum geben faszinierende Einblicke in die Jugend des Schriftstellers. Die Highlights in puncto Wright sind dessen Studio (Entwicklungsort des Präriestils) und einige Häuser, die der Architekt für seine Nachbarn entwarf. Zehn dieser Gebäude stehen in einem Umkreis von einer Meile (1,6 km) entlang der Forest Ave und der Chicago Ave (da sie in Privathand sind, kann man aber nicht hineingehen).

Sehenswertes

★ Frank Lloyd Wright Home & Studio ARCHITEKTUR

(☎312-994-4000; www.flwright.org; 951 Chicago Ave; Erw./Kind 18/15 US$; ⏲10–16 Uhr) Hier lebte und arbeitete Wright von 1889 bis 1909. Es ist das erste Haus, das er entworfen hat. Führungen finden je nach Jahreszeit unterschiedlich oft statt, an den Sommerwochenenden alle 20 Minuten, im Winter etwa einmal pro Stunde. Bei den einstündigen Touren zeigt sich ein faszinierender Ort voller Details, die Wrights Stil unverwechselbar machen. Das Studio bietet sonntags auch geführte Spaziergänge (15 US$) durch das Viertel und an den anderen Tagen Audioguides (15 US$) an.

Praktische Informationen

Visit Oak Park (www.visitoakpark.com) Das Besucherzentrum ist geschlossen, dafür gibt's aber jede Menge Infos online.

An- & Weiterreise

Von der I-290 am Stadtrand (Ausfahrt Harlem Ave) führt die Harlem Ave nordwärts zur Lake St, an der man rechts abbiegt. Nach ein paar Blocks kommt dann ein Parkhaus in Sicht.

Metra-Pendlerzüge der Union Pacific West Line halten auf der Strecke zwischen Chicago und den westlichen Vororten am Oak Park. Nach/ab Chicago besteht auch Verbindung mit der Green Line. Die Sehenswürdigkeiten sind von den Haltestellen aus gut zu Fuß zu erreichen.

North-Shore-Vororte

In den nördlichen Vororten säumen Villen das Ufer des Lake Michigan: Ende des 19. Jhs. kam die Gegend bei den Reichen in Mode.

★ Illinois Holocaust Museum MUSEUM

(www.ilholocaustmuseum.org; 9603 Woods Dr, Skokie; Erw./Kind 12/6 US$; ⏲10–17, Do bis 20 Uhr) Das drittgrößte Holocaust-Museum der Welt (nur die Pendants in Jerusalem und Washington, D.C., sind größer) zeigt u. a. einen finsteren Bahnwaggon aus der Nazizeit und Video-Interviews mit Überlebenden. Zudem ist hier nachdenklich stimmende Kunst zum Thema Völkermord (z. B. in Armenien, Ruanda, Kambodscha) ausgestellt. Besonders eindrucksvoll sind die Sonderausstellungen.

An- & Weiterreise

Die I-94 führt durch die westlichen Vororte. Die Uferstädte in Richtung Osten liegen an der Sheridan Rd. Zwischen Downtown Chicago und Kenosha (Wisconsin) halten Metra-Pendlerzüge (Union Pacific North Line) in allen Gemeinden an der North Shore. Die Stadtbahnen der Purple Line verbinden Chicagos Innenstadt auch mit Evanston.

AUF DEN SPUREN VON FRANK LLOYD WRIGHT

Frank Lloyd Wright (1867–1959), einer der berühmtesten Architekten der Welt – auf seine Rechnung gehen das ausgefallene Guggenheim Museum (1959) in NYC, das Imperial Hotel (1923) in Tokio, das verträumte Fallingwater (1939) im Südwesten Pennsylvanias und mehr –, ist tief in der Great Lakes Region verwurzelt. Er wurde in Richland, WI, geboren, seine Karriere begann er aber in Chicago und in Oak Park, IL, wo er seinen berühmten Prairie-Stil entwickelte. Dieser Stil verdankt seinen Namen der horizontalen Linienführung der Gebäude, die der flachen Landschaft im Mittleren Westen nachempfunden ist). Zudem entwarf er die richtungsweisende Architekturschule in Spring Green, WI.

Sowohl in Illinois als auch in Wisconsin gibt es jetzt Routen zu den bedeutendsten Sehenswürdigkeiten, die Wright-Fans auf eigene Faust erkunden können. In Illinois führt die Strecke vorbei an 13 von Wright entworfenen Gebäuden. Los geht's in Chicago und von dort weiter gen Nordwesten nach Rockford oder Südwesten nach Springfield. Weitere Infos: www.enjoyillinois.com/history/frank-lloyd-wright-trail.

In Wisconsin führt die Strecke zu neun von Wright entworfenen Gebäuden im südlichen Teil des Bundesstaates, darunter Racine (S. 663) und Madison (s. www.travelwisconsin.com/frank-lloyd-wright). Für diese Strecke gibt's auch eine App.

Leider haben die beiden Bundesstaaten ihre Routen nicht miteinander verbunden.

Galena

Auf bewaldeten Berghängen in der Nähe des Mississippi erstreckt sich das winzige von hügeligem Ackerland mit Scheunen umgebene Galena. Rote Backsteinvillen im Greek-Revival-, Gothic-Revival- und Queen-Anne-Stil säumen die Straßen – Hinterlassenschaften aus der Blütezeit der Stadt, die Mitte des 19. Jhs. durch die lokalen Bleiminen reich wurde. Selbst die vielen touristischen B&Bs, die Süßwaren- und Antiquitätenläden können Galenas Schönheit nichts anhaben – 85% der Gebäude gehören zum Galena Historic District, der im National Register of Historic Places verzeichnet ist, und die Main St könnte gar nicht schöner sein. Hier kann man auch Kajak fahren und Touren über Nebenstraßen unternehmen – alles in allem ein netter, geruhsamer Kurzurlaub. Über 1 Mio. Besucher kommen jährlich nach Galena. An den Wochenenden im Sommer und Herbst ist am meisten los.

Sehenswertes

Ulysses S. Grant Home HISTORISCHE STÄTTE
(www.granthome.com; 500 Bouthillier St; Erw./Kind 5/3 US$; April–Okt. Mi–So 9–16.45 Uhr, Nov.–März kürzere Öffnungszeiten) Am Ende des US-Bürgerkriegs beschenkten einheimische Republikaner den siegreichen General mit diesem Wohnhaus von 1860. Grant lebte hier bis zu seinem Amtsantritt als 18. Präsident der USA. Die Einrichtung ist zu 90% im Original erhalten. Historiker leiten die örtlichen Führungen.

Schlafen & Essen

★ **Jail Hill Inn** B&B $$$
(815-777-3000; www.jailhillgalena.com; 319 Meeker St; DZ 345–445 US$; P ❄) Bis 1977 wurden hier Straftäter und Trunkenbolde eingesperrt. Das ehemalige Gefängnis wurde aufwendig in eines der besten B&Bs des Landes umgebaut. Jetzt übernachtet jeder gern in diesem 140 Jahre alten Gebäude im Second-Empire-Stil. Auf einer Fläche von 75 m² gibt's sechs Zimmer mit Balken an den Decken, luxuriösem Bad und Kamin.

★ **Otto's Place** FRÜHSTÜCK $
(www.ottosplace.com; 100 Bouthillier St; Hauptgerichte 3,50–13 US$; Mi–Mo 7–14 Uhr) Unweit der Main St (will heißen: Hier treffen sich die Einheimischen) errichtete Otto 1899 dieses historische Gebäude und machte ein Restaurant daraus. Er und sein Lokal sind längst Vergangenheit, aber die neuen Betreiber gedenken in diesem ausgezeichneten Frühstückslokal der Geschichte. Aus der Küche kommen umwerfende Bratkartoffeln und empfehlenswerte Frühstücks-Tacos sowie das allseits beliebte Süßkartoffel-Haschee und das Bananenbrot.

Praktische Informationen

Galena Country Welcome Center (815-776-9200; www.visitgalena.org; 123 N Commerce St; 10–16 Uhr) Broschüren und Infos über die Gegend.

An- & Weiterreise

Galena liegt am Hwy 20 und ist nur für Selbstfahrer erreichbar. Die nächstgelegenen Verkehrsknotenpunkte sind Chicago (165 Meilen/266 km Richtung Südosten), Madison, WI, (95 Meilen/153 km Richtung Nordosten) und Dubuque, IA, (16 Meilen/26 km Richtung Nordwesten). Ein kostenloser **Parkplatz** (Bouthillier St) befindet sich neben dem alten Eisenbahndepot (im Ort kann man am Straßenrand bis zu drei Stunden kostenlos parken). Die meisten Sehenswürdigkeiten, Geschäfte und Restaurants sind von hier gut zu Fuß zu erreichen.

Zentrales Illinois

Alle Sehenswürdigkeiten im zentralen Illinois haben entweder mit Abraham Lincoln oder mit der Route 66 zu tun. Sie sind über die ganze Region verteilt, die ansonsten nur flaches Farmland ist. Die Hauptstadt Springfield bietet Interessantes zur Geschichte Lincolns, etwas Architektur und eine boomende Craft-Bier-Szene. Arthur und Arcola östlich von Decatur sind Hochburgen der Amish People.

Springfield

Die kleine Hauptstadt des Bundesstaats ist ernsthaft besessen von Abraham Lincoln, der hier von 1837 bis 1861 als Anwalt tätig war. Viele Attraktionen, beispielsweise die Lincoln Home National Historic Site und die Lincoln Presidential Library & Museum, befinden sich in der Innenstadt und sind zu Fuß zu erreichen.

Sehenswertes

★ **Dana Thomas House** ARCHITEKTUR
(217-782-6776; www.dana-thomas.org; 300 E Lawrence Ave; Erw./Kind 10/5 US$; Mo & Di 10–14, Mi–So 9–17 Uhr) Das bemerkenswert gut

ROUTE 66: GET YOUR KICKS IN ILLINOIS

Amerikas „Mutter aller Straßen" beginnt in Chicago in der Adams St, direkt westlich der Michigan Ave. Bevor es losgeht, sollte man bei Lou Mitchell's (S. 602) in der Nähe der Union Station noch einmal tanken. Schließlich sind es 300 Meilen (483 km) von hier zur Grenze von Missouri.

Leider wurde der größte Teil der einstigen Route 66 in Illinois durch die I-55 ersetzt, es sind aber hier und da noch Abschnitte der alten Straße vorhanden, die oft parallel zur Interstate verlaufen. An großen Kreuzungen Ausschau halten nach den braunen Schildern mit der Aufschrift „Historic Route 66" – sie halten einen auf Kurs. Gute Zwischenstopps:

Gemini Giant (810 E Baltimore St, Wilmington) Das erste Highlight ragt 60 Meilen (96 km) südlich von Chicago in Wilmington aus den Maisfeldern. Der Gemini Giant, ein fast 9 m großer Astronaut mit einer Rakete in der Hand, steht Wache vor dem Launching Pad Drive In – ein tolles Fotomotiv! Die I-55 am Exit 241 verlassen, dem Hwy 44 Richtung Süden bis zum Hwy 53 und diesem bis in die Stadt folgen!

Funks Grove (☎ 309-874-3360; www.funksmaplesirup.com; 5257 Old Rte 66, Shirley; ⏰ Mo–Sa 9–17, So 13–17 Uhr) GRATIS Nach weiteren 90 Meilen (144 km) erreicht man Funks nette Ahornsirupfarm aus dem 19. Jh. in Shirley (Exit 154 von der I-55). Jetzt folgt man der Old Route 66 – einer Nebenfahrbahn der Interstate – und erreicht nach 10 Meilen (16 km)…

Palms Grill Cafe (☎ 217-648-2233; www.thepalmsgrillcafe.com; 110 SW Arch St, Atlanta; Hauptgerichte 5–11 US$; ⏰ Mi–Fr 10–14, Sa & So 10–15 Uhr) In diesem Diner in dem Dörfchen Atlanta sucht man sich einen Platz und lässt sich von einem dicken Stück Stachelbeertorte, Schokokuchen oder den leckeren Pies verführen, die einen aus der Glasvitrine heraus anlächeln. Auf der gegenüberliegenden Seite kann man sich mit Tall Paul, einer himmelhohen Statue von Paul Bunyan mit einem Hotdog in der Hand, fotografieren lassen.

Cozy Dog Drive In (☎ 217-525-1992; www.cozydogdrivein.com; 2935 S 6th St; Hauptgerichte 2–6 US$; ⏰ Mo–Sa 8–20 Uhr) 50 Meilen (80 km) vom Palms Grill entfernt liegt Springfield, die Geburtsstätte des frittierten Hotdogs in Maismehlhülle.

Ariston Cafe (☎ 217-324-2023; www.ariston-cafe.com; 413 N Old Route 66, Litchfield; Hauptgerichte 6–29 US$; ⏰ Di–Do 11–20, Fr & Sa 11–21, So 11–20 Uhr) Ein großes Stück der Old Route 66 verläuft weiter südlich parallel zur I-55 durch Litchfield, wo man in diesem Restaurant von 1924 ein paniertes Beefsteak und ein Stück Red Velvet Cake verputzen und mit Einheimischen plaudern kann.

Old Chain of Rocks Bridge (10820 Riverview Dr; ⏰ 9 Uhr–Sonnenuntergang) Bevor man über die Grenze nach Missouri fährt, sollte man einen Umweg machen und bei Exit 3 von der I-270 abfahren. Dann folgt man dem Hwy 3 (alias Lewis and Clark Blvd) gen Süden, biegt an der ersten Ampel rechts ab und fährt Richtung Westen zur Brücke aus dem Jahr 1929. Die 1,6 km lange Brücke über den Mississippi ist nur für Fußgänger und Radfahrer passierbar. Sie hat eine Krümmung von 22 Grad (was der Grund für viele Unfälle und schließlich ihre Sperrung für Autos war). Mehr Infos gibt's bei der Route 66 Association of Illinois (www.il66assoc.org) oder beim Illinois Route 66 Scenic Byway (www.illinoisroute66.org). Detaillierte Streckenbeschreibungen finden sich auf www.historic66.com/illinois.

erhaltene Gebäude im Prairie-School-Stil ist das drittgrößte zwischen 1902 und 1904 von Frank Lloyd Wright jemals entworfene Haus, und wir wagen mal zu behaupten, dass es interessanter ist als Wrights eigenes Haus in Oak Park. Der Wohnbereich mit 16 Ebenen, den Wright als Experiment ansah, ist mit einer Kegelbahn und zwei von drei jemals von ihm entworfenen Tonnengewölben ausgestattet (das dritte befindet sich in Oak Park). Erstaunliche 90 % der Möbel sind noch Originale, zudem gibt es erlesene, sich farblich verändernde Glaskunst.

Lincoln Home National Historic Site HISTORISCHE STÄTTE

(☎ 217-492-4150; www.nps.gov/liho; 426 S 7th St; ⏰ 8.30–17 Uhr) GRATIS Ein ganzes aus vier Blöcken bestehendes Viertel gehört zur Lincoln Home National Historic Site. Der Besuch beginnt im Visitor Center des National Park

Service, wo man sich eine Eintrittskarte besorgen muss. Lincolns Haus mit seinen zwölf Zimmern steht einen Block weiter östlich. Ranger führen die Besucher durch das Haus (das einzige, das Lincoln je besessen hat), in dem Abe und Mary Lincoln von 1844 bis zu ihrem Umzug ins Weiße Haus 1861 lebten. Bemerkenswerte 80% sind noch im Original erhalten.

Lincoln Presidential Library & Museum MUSEUM
(☎217-558-8844; www.illinois.gov/alplm; 212 N 6th St; Erw./Kind 15/6 US$; ⏲9–17 Uhr; 👪) Das Museum hat die umfangreichste Lincoln-Sammlung der Welt. Zu sehen sind hier sowohl echte alte Stücke wie sein Rasierspiegel und sein Präsidentensiegel, als auch abgefahrene Ausstellungsstücke wie disneyhafte Hologramme, die Kinder recht spannend finden.

Schlafen

★ **Inn at 835** B&B $$
(☎217-523-4466; www.innat835.com; 835 S 2nd St; Zi. 135–205 US$; P❄📶) Der historische Luxus-Wohnblock im Arts-and-Crafts-Stil von 1908 hat elf Zimmer mit Himmelbetten und freistehende Badewannen mit Krallenfüßen (sowie zwei Suiten in dem benachbarten Bell House). Abends werden Gäste in ihren Zimmern mit Wein, Käse und frisch gebackenen Keksen verwöhnt.

Ausgehen & Nachtleben

★ **Obed & Isaac's** KLEINBRAUEREI
(☎217-670-0627; www.obedandisaacs.com; 500 S 6th St; ⏲11–23.30 Uhr) Obed & Isaac's befindet sich in einem geräumigen, 150 Jahre alten Herrenhaus ganz in der Nähe von Abe Lincolns Haus. In den sonnigen Räumen kann man sich durch eine sich ständig ändernde Karte mit vor Ort gebrauten Ales und Stouts probieren. Es gibt diverse Tasting-Sets zur Auswahl. Zu dem erlesenen Kneipenessen werden passende alkoholische Getränke angeboten. Im Sommer warten eine Freiluftbar, eine Terrasse und Boccia-Plätze auf Gäste.

Praktische Informationen

Springfield Visitors Center (☎217-789-2360; www.visitspringfieldillinois.com; 1 S Old State Capitol Plaza; ⏲Mo–Fr 9–17 Uhr) In dieser Touristeninformation ist ein praktischer Führer erhältlich. In den hiesigen Lincoln-Herndon Law Offices arbeitete Abraham Lincoln als Anwalt.

An- & Weiterreise

Vom **Amtrak-Bahnhof** (☎800-872-7245; www.amtrak.com; 100 N 3rd St) im Zentrum fahren täglich Züge nach St. Louis (2 Std.) und Chicago (3½ Std.). Die vielbefahrene I-55 führt nach Springfield, ebenso die Route 66.

Südliches Illinois

Das südliche Illinois unterscheidet sich stark vom Rest des Bundesstaats: Hier dominieren Flüsse und schroffe grüne Hügel die Gegend. Die Westgrenze der Region bildet der Mississippi. Dessen Ufer folgt die kurvige Great River Road (eigentlich eine Route aus mehreren Straßen), die sich durch Felslandschaften zu vergessenen Ortschaften mit traditionellen Main Streets schlängelt. Einer der schönsten Abschnitte ist der Hwy 100 zwischen Grafton und Alton bei St. Louis. Wer hier unter den windumtosten Felsen entlangfährt, sollte gut auf die Abzweigung zum versteckten winzigen Nest Elsah achten: Dort gibt's Bauernhäuser, Steinhäuschen aus dem 19. Jh. und Werkstätten für hölzerne Pferdewagen zu sehen. Weiter südlich lassen sich der Ausgangspunkt der Lewis-und-Clark-Expedition, eine prähistorische Welterbestätte und ein einsames Hügelfort besuchen.

Landeinwärts Richtung Süden sinkt die Besiedlungsdichte. Hier ragen die bewaldeten Shawnee Hills empor, die an ein Minigebirge erinnern und einige Überraschungen bergen (z. B. einen gruseligen Sumpf und eine fantastische Brauerei).

Sehenswertes & Aktivitäten

In der Nähe der Südspitze des Bundesstaats liegt das Union County mit Weingütern und Obstplantagen. Allerlei Regionalprodukte probieren kann man beispielsweise entlang des 35 Meilen (56 km) langen **Shawnee Hills Wine Trail** (www.shawneewinetrail.com), der insgesamt elf Weingüter miteinander verbindet.

Cahokia Mounds State Historic Site INDIGENE STÄTTE
(☎618-346-5160; www.cahokiamounds.org; Collinsville Rd, Collinsville; empfohlene Spende Erw./Kind 7/2 US$; ⏲Gelände 8 Uhr–Sonnenuntergang, Visitor Center Mi–So 9–17 Uhr) Rund 8 Meilen (13 km) östlich von East St. Louis wartet bei Collinsville eine echte Überraschung: Als Welterbestätte steht die Cahokia Mounds State Historic Site auf einer Stufe mit Stone-

henge und den ägyptischen Pyramiden. Geschützt werden hier die Überreste von Nordamerikas größter prähistorischer Stadt (20 000 Ew. mit Vororten) aus dem Jahr 1200 v. Chr.

Cypress Creek National Wildlife Refuge NATURSCHUTZGEBIET
(☎618-634-2231; www.fws.gov/refuge/cypress_creek; Ullin) GRATIS Wer hätte gedacht, dass es in Illinois auch Sümpfe wie im Süden der USA gibt? Mit quakenden Ochsenfröschen und Zypressen voller Moosbärte? Doch in der Cypress Creek National Wildlife Refuge ist das tatsächlich so. Abseits der Cache Chapel Rd fällt hier der Blick von der **Bellrose Viewing Platform** auf die urzeitliche Wasserlandschaft. Alternativ empfiehlt sich ein kurzer Spaziergang auf dem Plankensteg der Section 8 Woods. Diese liegt nahe dem **Cache River Wetlands Center** (☎618-657-2064; www.friendsofthecache.org; 8885 Hwy 37, Cypress; ⊙Mi–So 9–16 Uhr), das außerdem auch Informationen für Wanderer und Kanuten liefert.

Essen & Ausgehen

★ **Firefly Grill** AMERIKANISCH $$
(☎217-342-2002; www.ffgrill.com; 1810 Ave of Mid-America, Effingham; Hauptgerichte 10–55 US$; ⊙Mo–Do 11–21, Fr & Sa 11–22, Sa 10–20 Uhr; 📶) 🌿 Das äußerst nachhaltig betriebene Restaurant in Effingham (ausgerechnet dort!), in dem die Produkte direkt vom Bauernhof auf den Teller kommen, ist wohl – abgesehen von Chicago – das gastronomische Paradies in Illinois. In einer wunderschön restaurierten Holzscheune präsentiert der Chefkoch Niall Campbell II. stolz seine Kreationen aus Produkten, die er von hiesigen Farmern, Sammlern und Fischern bekommt. Das Ergebnis ist umwerfend.

Scratch Brewing KLEINBRAUEREI
(☎618-426-1415; www.scratchbeer.com; 264 Thompson Rd, Ava; ⊙Fr 16–22, Sa 12–22, So 12–20 Uhr; 📶) Das Bauernhaus mit der Brauerei liegt nur 5 Meilen (8 km) vom Shawnee National Forest in Ava entfernt und versteckt sich zwischen Wiesen, auf denen Pferde und Schafe grasen. Zweige, Baumrinden, Beeren und Kräuter vom Bauernhof werden zu Ales und Sours verarbeitet (Krug & Glas ab 5 US$). Oft reifen sie in eigens dafür angefertigten Eichenfässern – die erforderlichen Eichen stehen auf dem Grundstück. Bitte merken: Bier-Nirwana, das den Abstecher unbedingt lohnt!

An- & Weiterreise

Die weit verteilten Attraktionen der Gegend erfordern ein eigenes Fahrzeug. Die I-57 führt als Haupt-Highway mitten durch die Region. Die Great River Road folgt dem Fluss Richtung Westen. St. Louis ist der nächstgelegene Verkehrsknotenpunkt.

INDIANA

Beim Indy-500-Rennen kommt Indiana richtig auf Touren. Ansonsten geht's im Land der Maisstoppeln aber eher gemächlich zu: Hier futtert man Kuchen im Amish Country, meditiert in Bloomingtons tibetischen Tempeln und bewundert großartige Architektur im kleinen Columbus. Im Nordwesten lassen sich stimmungsvolle Sanddünen erklimmen, während der Süden mit Höhlenerkundungen und Flüssen für Kanutrips aufwartet. Bekannt ist Indiana zudem für gruselige Labyrinthe, Zentren der Bluegrass-Musik und einen Grabstein, den Kussmünder aus Lippenstift zieren.

Nur fürs Protokoll: Die Einwohner des Bundesstaats werden seit den 1830er-Jahren „Hoosiers" genannt. Der Grund dafür ist jedoch unbekannt. Einer Theorie zufolge wurden die ersten Siedler beim Anklopfen an Türen mit der Frage *Who's here?* (Wer ist da?) empfangen, woraus dann bald „Hoosier" wurde. Über dieses Thema sollte man aber besser mit Einheimischen diskutieren – idealerweise bei einem traditionellen Sandwich mit Schweinefleisch.

Und noch eine Anekdote: Indiana hat bislang sechs US-Vizepräsidenten hervorgebracht und trägt darum auch den Spitznamen The Mother of Vice Presidents.

Praktische Informationen

Indiana Highway Conditions (https://indot.carsprogram.org)

Indiana State Park Information (☎866-622-6746; www.indianastateparks.reserveamerica.com) Der Parkeintritt kostet pro Tag zu Fuß oder mit dem Fahrrad 2 US$, mit einem Fahrzeug 7 bis 12 US$. Fürs Campen zahlt man 12 bis 44 US$. Reservierungen sind möglich.

Indiana Tourism (www.visitindiana.com)

Indianapolis

Indy, die adrette Hauptstadt des Bundesstaats, ist ein toller Ort, um sich **Autorennen** (www.indycarfactory.com; 1201 W Main St;

Erw./Kind 10/5 US$; ⌚ Mi–Sa 10–17 Uhr) anzusehen und selbst eine Runde auf der berühmten Rennstrecke zu drehen. Das Kunstmuseum und der **White River State Park** (☎ 317-233-2434; www.whiteriverstatepark.org; 801 W Washington St; ⌚ Park 5–23 Uhr, Besucherzentrum Mo–Sa 10–17, So 12–17 Uhr) haben ebenfalls ihren Reiz, genauso wie die Stadtviertel Mass Ave und Broad Ripple, wo man gut essen und ausgehen kann. Fans von Autor Kurt Vonnegut werden hier voll auf ihre Kosten kommen. Ein prima Wander- und Radweg verbindet alles miteinander.

Sehenswertes & Aktivitäten

★ Children's Museum of Indianapolis MUSEUM
(☎ 317-334-4000; www.childrensmuseum.org; 3000 N Meridian St; 5–35 US$; ⌚ 10–17 Uhr, Mitte Sept.–Feb. Mo geschl.;) Das weltgrößte Kindermuseum erstreckt sich über fünf Stockwerke und beherbergt eine unglaubliche Ausstellung über Dinosaurier, Weltraumstationen und vieles mehr. Das Museum ist rund um eine überwältigende, 13 m hohe Statue von Dale Chihuly herum gebaut, die den Kids (virtuell) die Kunst des Glasblasens nahebringt. Die neue, 3 ha große Sports Legends Experience ist ein Outdoor-Spielplatz, von dem man nur träumen kann. Er umfasst zahlreiche Plätze und Anlagen für alle bekannten Sportarten – summa summarum ein Kindermuseum von Weltklasse.

★ Indianapolis Motor Speedway MUSEUM
(☎ 317-492-6784; www.indianapolismotorspeedway.com; 4790 W 16th St; Erw./Kind 10/8 US$; ⌚ März–Okt. 9–17 Uhr, Nov.–Feb. 10–16 Uhr) Der Speedway, die Heimat des Indianapolis 500, ist Indys Top-Attraktion. Das Speedway Museum beherbergt 75 Rennwagen (u.a. ein paar alte Siegerautos) und eine 227 kg schwere Tiffany-Trophäe. Von März bis Oktober werden Touren im Golfmobil über die Anlage und die Rennstrecke (50 US$) angeboten. (o.k., man hinterlässt mit dem Golfmobil nun nicht gerade Gummiabrieb – aber Spaß macht's trotzdem!)

Newfields MUSEUM, GÄRTEN
(☎ 317-920-2660; www.discovernewfields.org; 4000 Michigan Rd; Erw./Kind 18/10 US$; ⌚ Di–Sa 11–17, Do 11–21, So 12–17 Uhr) Das **Indianapolis Museum of Art** auf dem 62 ha großen Newfields-Campus beherbergt eine großartige Sammlung europäischer Kunst (vor allem von Turner und den Postimpressionisten), tolle afrikanische Stammeskunst, verschiedene Stücke aus dem südlichen Pazifikraum, Werke aus China, Robert Indianas Pop-Art-Skulptur *Love* und die größte Galerie für zeitgenössisches und modernes Design in den USA.

Kurt Vonnegut Museum & Library MUSEUM
(☎ 317-423-0391; www.vonnegutlibrary.org; 543 Indiana Ave; ⌚ Mo, Di, Do & Fr 11–18, Sa & So 12–17 Uhr) GRATIS Dieses schlichte Museum ehrt den Schriftsteller Kurt Vonnegut, der in Indy geboren und aufgewachsen ist. So zeigt es u. a. dessen Pall-Mall-Zigaretten, lustige Zeichnungen und Ablehnungsschreiben von Verlegern. Ebenfalls zu sehen ist ein Nachbau von Kurts Arbeitszimmer – inklusive einer blauen Schreibmaschine der Marke Coronamatic. Besucher können sich an den Schreibtisch setzen und dem Meister eine Nachricht tippen, die das Museum dann via Twitter veröffentlicht.

Monon Trail OUTDOOR-AKTIVITÄTEN
(www.bikethemonon.com; ⌚ 24 Std.) Dieser Rad- und Wanderweg (für motorisierte Fahrzeuge verboten) führt auf einer ehemaligen 26 Meilen (42 km) langen Bahntrasse durch einige der coolsten Bezirke von Indy. Er verläuft vom Stadtzentrum (mit Anschluss an den **Cultural Trail** (www.indyculturaltrail.org; 132 W Walnut St) 10th St und Lewis St) durch das hippe Broad Ripple, den schicken Indy-Vorort Carmel und endet in Sheridan im zentralen Indiana. An der Strecke liegen Bars, Brauereien, Restaurants und Attraktionen.

Schlafen

Indy Hostel HOSTEL $
(☎ 317-727-1696; www.indyhostel.us; 4903 Winthrop Ave; B/DZ ab 32/85 US$, DZ ohne Bad 65 US$; P ❄ @) Nachdem ein betrunkener Autofahrer ins Wohnzimmer gerast war, wurde das witzige Hostel 2019 vollständig umgestaltet. Ein hippes, freundliches Paar leitet die beiden Häuser mit einem Frauenschlafsaal (sechs Betten), einem gemischten Schlafsaal (zwölf Betten) und fünf Privatzimmern sowie einem neuen Speisesaal, einer schick gestalteten Lounge und einer Kücheninsel. Sommerkonzerte locken ein gediegenes Publikum an.

★ Hotel Broad Ripple BOUTIQUEHOTEL $$
(☎ 317-787-2665; www.hotelbroadripple.com; 6520 E Westfield Blvd; DZ 165–250 US$; P @) Das

im skandinavischen Stil gehaltene Boutiquehotel (der Eigentümer hat norwegische Wurzeln) ist eine gemütliche Bleibe im hippen Broad Ripple. Es bietet 13 geräumige Zimmer direkt am Monon Trail. Über eine rustikale Veranda erreicht man die kleine Bar, die Lounge und die modernen Zimmer, die fast alle eine Terrasse haben. Am besten sind die Zimmer 3, 4, 7 und 8 mit Blick auf den Monon Trail.

★ Ironworks Hotel BOUTIQUEHOTEL **$$**
(☎ 463-221-2200; www.ironworkshotel.com; 2721 E 86th St; DZ ab 189 US$; P ❄ 📶) Mit den geschmiedeten Industrieteilen aus einer verlassenen Eisengießerei in Wisconsin setzt dieser Newcomer (2017) neue Maßstäbe in Indy. Die Lobby ist ein schicker, im Stil des Industriezeitalters gestalteter Hingucker mit einer großen US-Flagge, mit der der Künstler Jim Spelman Maschinenteile miteinander verbindet. Überall, auch in den 120 Zimmern, gibt's Stahlträger, aus Scheunen recyceltes Holz und abgewetztes Leder.

Essen

★ Milktooth FRÜHSTÜCK **$$**
(www.milktoothindy.com; 534 Virginia Ave; Hauptgerichte 4–17 US$; ⊙ 7–15 Uhr; 📶) Frühstücksliebhaber aus aller Welt treffen sich im schicken Milktooth, dem Hotspot voller Nippes. 2015 war Jonathan Brooks im Magazin *Food & Wine* der erste Best New Chef, der kein Abendessen serviert. Zu den wundersamen Überraschungen gehören Sauerteig-Hagelzucker-Waffeln mit Honigwabenkandis, Parmesan, geschlagener Zitrus-Honig-Butter und Rohhonig. Und natürlich werden nur vom Bauernhof frisch gelieferte Zutaten verarbeitet.

★ Tinker Street AMERIKANISCH **$$**
(☎ 317-925-5000; www.tinkerstreetindy.com; 402 E 16th St; kleine Gerichte 8–20 US$, Hauptgerichte 14–28 US$; ⊙ Di–Sa 17–22 Uhr; 🌶) Zu den saisonalen Gerichten gehören u.a. Indiana-Pilz-Stroganoff mit Pappardelle, Sherry, Crème Fraîche und Petersilien-Pistou oder ein unglaublicher Schweinebauch mit hausgemachtem Kimchi und Hirse-Tamari-Glasur. Es gibt eine große Auswahl vegetarischer und glutenfreier Optionen. Das Interieur mit vielen Industrie-Elementen und rustikalem Holz hat einen hohen Romantikfaktor. Auf der ganzjährig geöffneten Terrasse geht's zwanglos zu. Das Tinker Street befindet sich direkt nördlich vom Stadtzentrum im grünen Old Northside.

INSIDERWISSEN

GRAY BROTHERS CAFETERIA

Cafeterias haben in Indiana zwar Tradition, sind aber heute größtenteils verschwunden. Eine Ausnahme bildet die **Gray Brothers Cafeteria** (www.graybroscafe.com; 555 S Indiana St, Mooresville; Hauptgerichte 7–10 US$; ⊙ 11–20.30 Uhr), in deren Speiseraum die Zeit stehengeblieben zu sein scheint. Hier schnappt man sich ein blaues Tablett und begutachtet dann die schier endlose Reihe von Gerichten. Zur Wahl stehen z. B. Brathähnchen, Hackbraten, Mac and Cheese oder Sugar Cream Pie – jeweils Garanten für ein so üppiges wie fröhliches Mahl. Zu finden ist die Cafeteria in Mooresville, das rund 18 Meilen (29 km) südlich von Indys Zentrum in Richtung Bloomington liegt.

★ St. Elmo's STEAK **$$$**
(☎ 317-635-0636; www.stelmos.com; 127 S Illinois St; Steaks 43–81 US$; ⊙ Mo–Fr 16–23, Sa 15–23, So 16–22 Uhr; 📶) Dieses fast 120 Jahre alte Restaurant gehört zu Indys besten Steakhäusern – und ist vor Ort das einzige unabhängige Steakrestaurant. Es erhält ständig viel Lob für Service, Romantik und gutes Essen. Wie wär's mit dem legendären Krabbencocktail (16 US$) und einem perfekt gegrillten Steak Seite an Seite mit einheimischen Sportfans in diesem klassisch amerikanischen Speisesaal?

Ausgehen & Nachtleben

★ Sun King Brewery BRAUEREI
(www.sunkingbrewing.com; 135 N College Ave; ⊙ Mo–Mi 10–21, Do & Fr 10–22, Sa 11–22, So 11–20 Uhr, im Winter verkürzte Öffnungszeiten; 📶) Man weiß vorher nie, was aus den Zapfhähnen in Sun Kings schnörkelloser Schankstube im Zentrum kommen wird. Hier treffen sich junge, hippe Städter, um es herauszufinden, und probieren Baltic Porter mit Kakao-Geschmack, fruchtige IPAs und köstliche Stouts. Probier-Sets (6 Gläser à 88 ml) kosten 8 US$. Freitags ist immer viel los, denn dann gibt's preiswertes Bier in Krügen zum Mitnehmen. Die Terrasse ist im Sommer immer gut besucht. Die Trinkgelder gehen jeden Monat an eine andere Wohltätigkeitsorganisation.

Slippery Noodle Inn BAR
(www.slipperynoodle.com; 372 S Meridian St; ⊙ Mo–Fr 11–3, Sa 12–3, So 14–1 Uhr) Der Slippery

Noodle Inn im Stadtzentrum ist die älteste Bar des Bundesstaats (hier gibt's seit 1850 Drinks). Als Bordell, Schlachthaus, Gangsterhöhle und Station der Underground Railroad hat der Laden schon so einiges erlebt. Derzeit ist er einer der besten Bluesclubs des Landes. Es gibt jeden Abend Livemusik. Pluspunkt: Man muss hier nicht allzu tief in die Tasche greifen.

☆ Unterhaltung

Chatterbox Jazz Club LIVEMUSIK
(https://chatterboxjazz.com; 435 Massachusetts Ave; ⏲ Mo–Do 16–24, Fr–So 16–1.30 Uhr) Die historische Bar mit ihrem schäbigen Interieur gehört zu Indys besten Locations für Livejazz und hat die Modernisierung des Mass-Ave-Viertels überlebt.

Bankers Life Fieldhouse BASKETBALL
(☎ 317-917-2727; www.bankerslifefieldhouse.com; 125 S Pennsylvania St) Basketball hat viele Fans in Indiana. Das Zentrum ist das Bankers Life Fieldhouse, in dem die NBA-Spiele der Pacers stattfinden.

Lucas Oil Stadium FOOTBALL
(☎ 317-262-8600; www.lucasoilstadium.com; 500 S Capitol Ave) Hier spielt das NFL-Team der Colts unter einem einfahrbaren Riesendach. Führungen durch das Stadion werden montags bis freitags um 11, 13 und 15 Uhr veranstaltet (10–15 US$).

ℹ Praktische Informationen

In Indianapolis gibt es keine offizielle Touristeninformation, dafür aber ein Besucherzentrum am White River State Park (S. 616) und einen Tourismusschalter mit Besucherinfo im **Artsgarden** (dem Glasbau über der West Washington St im Zentrum).

Indianapolis Convention & Visitors Bureau (www.visitindy.com) Website mit Gratis-Downloads (Stadtführer, Gutscheine für Attraktionen und geführte Touren).

Indianapolis Star (www.indystar.com) Tageszeitung der Stadt.

Indy Rainbow Chamber (www.gayindynow.com) Informationen für schwule und lesbische Besucher.

Nuvo (www.nuvo.net) Kostenlose, wöchentlich erscheinende, alternative Zeitung mit Infos über Kunst und Musik.

ℹ Anreise & Unterwegs vor Ort

Der schicke **Indianapolis International Airport** (IND; ☎ 317-487-7243; www.indianapolisairport.com; 7800 Col H Weir Cook Memorial Dr) liegt 16 Meilen (26 km) südwestlich der Stadt. Der Washington Bus (Nr. 8) verkehrt zwischen dem Flughafen und dem Stadtzentrum (1,75 US$, 50 Min.), der **Go Green Airport Shuttle** (www.goexpresstravel.com/indy_express) ist schneller (12 US$, 20 Min.). Außerhalb der Hauptverkehrszeiten kostet ein UberX zwischen 20 und 22 US$.

Greyhound teilt sich mit Amtrak die **Union Station** (☎ 800-872-7245; 350 S Illinois St). Es fahren regelmäßig Busse nach Cincinnati (2½ Std.) und Chicago (3½ Std.). **Megabus** (www.megabus.com/us; Ecke N Delaware St & E Market St) ist oft preiswerter. Mit Amtrak braucht man für die gleiche Strecke fast doppelt so lange.

IndyGo (www.indygo.net) betreibt Stadtbusse. Eine Fahrt kostet 1,75 US$ (Tageskarte 4 US$). Bus 17 fährt nach Broad Ripple. An den Wochenenden verkehren kaum Busse. IndyGo betreibt auch die neue Stadtbahnlinie Red Line, die Broad Ripple mit der University of Indianapolis verbindet und die Stadt von Norden nach Süden durchquert. Eine Blue Line, die zum Indianapolis International Airport führt, soll bis 2023 in Betrieb genommen werden.

Pacers Bikeshare (www.pacersbikeshare.org) verleiht insgesamt 250 Fahrräder an 26 Bike-Stationen, die den Cultural Trail im Zentrum säumen. Ein 24-Stunden-Pass kostet 8 US$, bei Fahrten von über 30 Minuten wird ein Aufpreis fällig.

Zentrales Indiana

Indys Autorennen ist die weltberühmte Attraktion im Mittleren Westen, aber Indiana hat abgesehen davon noch einiges mehr zu bieten: Unzählige Museen, Craft-Bier-Brauereien und Erinnerungen an James Dean prägen die landwirtschaftliche Region, in der Basketballkörbe so normal sind wie Getreide.

Fairmount

Das kleine Fairmount inmitten von Agrarland besteht zwar nur aus ein paar Straßen, ist auf der internationalen Landkarte aber als Heimatstadt des Schauspielers James Dean, der in den 1950er-Jahren zum Inbegriff der Coolness wurde (geboren ist er in Marion, 17 km nördlich), und des *Garfield*-Erfinders Jim Davis bekannt.

Man kennt den Ort möglicherweise auch aus dem Video, das Morrissey 1988 für seine erste Solo-Single *Suedehead* gedreht hat.

Sehenswertes

Fairmount Historical Museum MUSEUM
(www.jamesdeanartifacts.com; 203 E Washington St; Spende erwünscht; ⌚Mai–Okt. Mo, Mi & Fr–So 11–17 Uhr) GRATIS James-Dean-Fans, aufgepasst: Hier kann man die Bongotrommeln der Hollywood-Ikone und andere Exponate bewundern, u.a. ein Triumph-Trophy-500-Motorrad aus dem Jahr 1955!

James Dean Gallery MUSEUM
(☎765-948-3326; www.jamesdeangallery.com; 425 N Main St; ⌚9–18 Uhr) GRATIS Die private James Dean Gallery in einem alten viktorianischen Haus im Ortszentrum zeigt in mehreren Zimmern James-Dean-Erinnerungsstücke (u.a. Bronzebüsten, Fotos, Uhren, Jimmys Highschool-Jahrbücher). Die Inhaber liefern jede Menge Lokalinfos und sind auf Sammlerstücke und Nippes aus der Zeit nach seinem Tod spezialisiert.

An- & Weiterreise

Fairmount liegt 70 Meilen (113 km) nordöstlich von Indianapolis, dem nächstgelegenen Verkehrsknotenpunkt. Die I-69 verläuft östlich des Ortes.

Südliches Indiana

Mit netten Hügeln, Höhlen, Bluegrass, tibetischen Tempeln, architektonischen Highlights und einer utopischen Geschichte unterscheidet sich das südliche Indiana deutlich vom Rest des Bundesstaats. Aus dem Ackerland im Norden werden sanft geschwungene Hügel und sich durch die Landschaft schlängelnde Flüsse. Die Orte mit ganz unterschiedlichen Bräuchen und Sitten reichen vom hippen, liberalen Bloomington über das von Künstlern belebte Nashville bis zum architektonisch grandiosen Columbus.

Bloomington

Das zauberhafte, belebte und fahrradverrückte Bloomington mit seinen vielen Kalksteingebäuden ist die Heimat der Indiana University. Restaurants, Bars und Buchläden umgeben den zentralen Courthouse Sq. Fast alles ist hier zu Fuß erreichbar. Überraschenderweise gibt's vor Ort auch eine große tibetische Gemeinde: Der Bruder des Dalai Lama dozierte in den 1960er-Jahren an der IU. Daraufhin hielt in Bloomington die tibetische Kultur samt Tempeln und Klöstern Einzug.

Sehenswertes

★ **Indiana University** UNIVERSITÄT
(☎812-856-4648; www.iu.edu; 107 S Indiana Ave) Die Indiana University (*nicht* die University of Indiana!) steht auf der Liste der schönsten amerikanischen College-Campus ganz oben. Die Uni wurde 1820 gegründet und aus hier abgebautem Indiana Limestone erbaut. Auf dem Gelände befinden sich Rad- und Wanderwege, zahlreiche Skulpturen sowie historische Gebäude, darunter Old Crescent, das im National Register of Historic Places verzeichnet ist.

Tibetan Mongolian Buddhist Cultural Center BUDDHISTENZENTRUM
(☎812-336-6807; www.tmbcc.org; 3655 Snoddy Rd; ⌚Sonnenaufgang–Sonnenuntergang) GRATIS Der Bruder des Dalai Lama ist der Gründer dieses buddhistischen Kulturzentrums, das u.a. mit bunten Gebetsfahnen und traditionellen Stupas beeindruckt. Der örtliche Souvenirshop verkauft Traditionelles aus Tibet. Das Zentrum veranstaltet auch öffentliche Meditationssitzungen (Mi & Do um 18 Uhr). Auf der Website werden weitere Aktivitäten angeboten.

Essen & Ausgehen

★ **Cardinal Spirits** AMERIKANISCH $$
(☎812-202-6789; www.cardinalspirits.com; 922 S Morton St; Hauptgerichte 17–20 US$; ⌚Mo–Do 16–22, Fr 12–24, Sa 10–24, So 10–21 Uhr; 📶) Bloomingtons einzige Craft-Destillerie stellt fantastische Spirituosen aus lokalen Pflanzen und Pflanzenextrakten her. Auch die interessante, je nach Saison wechselnde Speisekarte gehört zu den innovativsten der ganzen Stadt. Chefkoch Dean Wirkerman hat in Japan und Italien gelernt, und seine Speisen stehen für Gefühl und Aroma. Wie wär's mit Eggs Benedict mit Porchetta zum Brunch oder Cheeseburger mit Maitake-Pilzen und Fontina-Käse zum Mittagessen?

Wood Shop KLEINBRAUEREI
(www.uplandbeer.com/locations/woodshop; 350 W 11th St; ⌚Do & Fr 16–21, Sa & So 13–21 Uhr; 📶) Die im Trend liegende Upland Brewing Co. nebenan sollte man den Hopfenfreaks überlassen, denn hier in Uplands feuchtfröhlicher Brauerei reift das säuerliche Gebräu in 140 hl großen Eichenfässern. Aus zehn Zapfhähnen kommen Sauerbiere und Wild Ales (eine Zusammenarbeit mit Mikkeller aus Dänemark und der Tennessee Blackberry Farm ist nicht ungewöhnlich). Zudem gibt's zehn Biere von Upland nebenan vom Fass.

Praktische Informationen

Bloomington Visitors Center (☎812-334-8900; www.visitbloomington.com; 2855 N Walnut St; ⌚Mo–Fr 8.30–17, Sa 10–15 Uhr)

An- & Weiterreise

Der nächstgelegene Flughafen ist in Indianapolis, 50 Meilen (80 km) nordöstlich. Shuttle-Busse von Go Express Travel (www.goexpresstravel.com) fahren mehrmals täglich zum Flughafen (einfache Strecke 23 US$). Die I-69 und der Hwy 46 sind die Hauptrouten nach Bloomington.

Nashville

Nashville ist das Tor zum **Brown County State Park** (☎812-988-6406; www.in.gov/dnr; 1801 Hwy 46 E; 7–9 US$/Auto), der aufgrund seiner bewaldeten Hügel mit Steilhängen und nebeligen Schluchten auch Little Smoky Mountains genannt wird. Der gentrifizierte Ort mit seinen vielen Antiquitätenläden wurde im Jahr 1872 als erste Künstlerkolonie gegründet und ist heute ein belebtes Touristenzentrum.

Nashvilles idyllische Landschaft mit all den sanft geschwungenen Hügeln, den Weiden und Lattenzäunen, Blockhütten und Viehhöfen ist besonders im Herbst bei Besuchern beliebt, wenn die Eichen-, Hickory- und Birkenwälder in den schönsten Rot- und Gelbtönen leuchten.

Schlafen & Essen

Robinwood Inn HÜTTEN $$
(☎812-988-7094; www.robinwoodinn.com; 914 Highland Ave; Hütte 175–250 US$; P ❄ 📶 🐾) Diese Unterkunft ist wunderbar in einem Wald gelegen und gerade so weit von Nashville entfernt, dass man sich wie in einer anderen Welt fühlt. Die wunderschönen, aus viel Holz errichteten Hütten mit einem oder zwei Zimmern sind einerseits rustikal, andererseits aber gut und modern eingerichtet. Hier vermisst man bestimmt nichts. Die Quartiere sind unterschiedlich ausgestattet mit Kamin, Küche und/oder Vintage-Duschen, und als i-Tüpfelchen gibt's draußen heiße Whirlpools.

★ **Story Inn** FEINSCHMECKER $$$
(☎812-988-2273; www.storyinn.com; 6404 S State Rd 135, Story; Hauptgerichte 26–32 US$; ⌚Mi & Do 9–14.30 & 17–20, Fr 17–21, Sa 8–14.30 & 17–21, So 8–14.30 & 17–20 Uhr; 📶) Der ehemalige Gemischtwarenladen aus dem Jahr 1851 (Blechdach und Metallfassade sind noch intakt!) trieft nur so vor ländlich-rustikalem Charme und lockt Gourmets in das verschlafene, einst verlassene Story 12 Meilen (19 km) südlich von Nashville. Zu den hervorragenden Midwestern-Gerichten, etwa Corned Beef und Kohl mit Bruststück vom Wagyu-Rind aus der Smoking Goose Meatery, genießt man einen der vom *Wine Spectator* preisgekrönten Weine.

Praktische Informationen

Brown County Visitors Center (☎812-988-7303; www.browncounty.com; 211 S Van Buren St; ⌚Mo–Fr 9–17, Sa 10–17 Uhr; 📶) Hier sind Karten und Coupons erhältlich.

An- & Weiterreise

Auf halber Strecke zwischen Bloomington und Columbus liegt Nashville am Hwy 46. Die nächstgelegene Großstadt und Verkehrsdrehscheibe ist das 60 Meilen (97 km) nördlich gelegene Indianapolis. Kostenlose Parkplätze sind in der Stadt rar gesät, viele kosten 5 US$.

Columbus

Wenn man an die architektonisch großartigen Städte der USA denkt – Chicago, New York, Washington, D.C. –, kommt einem nicht gerade Columbus in Indiana in den Sinn, was aber durchaus angebracht wäre. Die Stadt ist eine bemerkenswerte Galerie für technisches Design. Seit den 1940er-Jahren haben die Stadt und Cummins, eines der Fortune-500-Unternehmen, einige der weltbesten Architekten, darunter Eero Saarinen, Richard Meier und IM Pei, mit Entwürfen für öffentliche und private Gebäude beauftragt. Und mit dem 2017 von der Kritik gefeierten Film *Columbus* (ein Liebesbrief an die Stadt) sind auch architektonisch unbedarfte Menschen auf die Stadt aufmerksam geworden.

Sehenswertes

Das Bewundern von Baukunst ist die Hauptattraktion vor Ort. Relativ weit über die ganze Stadt verstreut findet man über 70 bemerkenswerte Gebäude und öffentliche Kunstwerke (Auto erforderlich!). Etwa 15 davon können zu Fuß im Zentrum besichtigt werden. Im Visitor Center bekommt man Pläne für Stadtspaziergänge auf eigene Faust (auch online erhältlich). Im Stadtzentrum beginnen **Bustouren** (☎812-378-2622; www.columbus.in.us; 506 5th St; Erw./Student 25/20 US$; ⌚April–Nov. Di–Fr 10, Sa 10 & 14, So 14.30 Uhr, Dez.–März Fr & Sa 10 Uhr).

Miller House & Garden ARCHITEKTUR
(www.discovernewfields.org/do-and-see/places-to-go/miller-house-and-garden; 2860 Washington St; 25 US$; ⏲ April–Nov. Di–Sa 12.45 & 14.45 Uhr, Dez. & März Fr & Sa 12.45 & 14.45 Uhr, Jan. & Feb. geschl.) Für das Design des Privathauses des Industriellen und architektonischen Visionärs J. Irwin Miller (ehemaliger Präsident/Chairman von Cummins) ist ein echtes Dream-Team verantwortlich: Architekt Eero Saarinen, Landschaftsarchitekt Dan Kiley und Innenarchitekt Alexander Girard haben sich 1953 mit Blick auf den Modernismus zusammengetan und in der Mitte des Jahrhunderts eines der bedeutendsten – und verblüffendsten – modernen Wohnhäuser der USA geschaffen.

Schlafen & Essen

Inn at Irwin Gardens B&B $$
(☎ 812-376-3663; www.irwingardens.com; 608 5th St; DZ 205–260 US$; P ❄ 📶) Dieser viktorianische Koloss aus dem Jahr 1864 mit Möbeln aus der Zeit Eduards VII. und einem (von Pompeji inspirierten) Garten ist das genaue Gegenteil zum in Columbus vorherrschenden Modernismus. Das Haus ist zwar nur ein paar Schritte von der architektonischen Seele der Stadt entfernt, steht aber in starkem Kontrast zu dem modernen Ethos der 1950er-Jahre. Die historische Unterkunft ist vollgestellt mit altmodischen Möbeln (von denen einige formschön, aber wenig funktionsfähig sind, was allerdings nicht stört) und strotzt nur so vor außergewöhnlichen Details.

★ **Henry Social Club** AMERIKANISCH $$
(☎ 812-799-1371; www.henrysocialclub.com; 423 Washington St; Hauptgerichte 16–44 US$; ⏲ Di–Sa 17–21 Uhr; 📶) Dieses Restaurant übertrumpft den kulinarischen Standard in Columbus deutlich. Die saisonal wechselnde Speisekarte des HSC befriedigt die hiesigen Feinschmecker (und Architekten auf Besuch) voll und ganz. Außerdem gilt die Bar als die beste der Stadt (Cocktails ab 11 US$). Wer sich ein Filet oder den gebratenen Kabeljau bestellt, macht auf gar keinen Fall etwas falsch. Der vegetarische Knüller ist jedoch die Bowl mit Gerste, Wildreis und Butternusskürbis-Püree!

Praktische Informationen

Columbus Visitors Center (☎ 812-378-2622; www.columbus.in.us; 506 5th St; ⏲ Mo–Sa 9–17 Uhr, Dez.–April So geschl.) Hier sind Pläne für Stadtspaziergänge auf eigene Faust (3 US$) erhältlich. Wer will, kann auch an einer zweistündigen Busfahrt zu den architektonischen Highlights teilnehmen.

An- & Weiterreise

Die I-65 führt an der Stadt vorbei. Die nächstgelegenen Flughäfen sind in Indianapolis (46 Meilen/74 km nördlich) und Louisville (73 Meilen/117 km südlich). Leider verkehren keine Shuttle-Busse zwischen Columbus und diesen Städten.

Ohio River

Der Ohio River markiert die Südgrenze von Indiana. Durch die grüne Hügellandschaft entlang des tosenden Flusses verläuft der Ohio River Scenic Byway (300 Meilen/483 km), der aus den Hwys 56, 156, 62 und 66 besteht. Schöne Zwischenstopps sind beispielsweise Madison, ein am Fluss gelegener, wunderbar erhaltener Ort aus der Mitte des 19. Jh., dessen vornehme Architektur als der größte zusammenhängende National Historic Landmark District der USA gilt, der Feinschmeckerort New Albany und das Künstlerstädtchen Jeffersonville, die sich beide gegenüber von Louisville an den Fluss schmiegen, die **Marengo Cave** (☎ 812-365-2705; www.marengocave.com; 400 E State Rd 64, Marengo; Führungen Erw./Kind ab 18/10 US$; ⏲ Juni–Aug. 9–18 Uhr, Sept.–Mai 9–17 Uhr) mit atemberaubenden unterirdischen Formationen und das **Elternhaus** (☎ 812-937-4541; www.nps.gov/libo; 3027 E South St, Lincoln City; ⏲ 8–15 Uhr) GRATIS des früheren US-Präsidenten Abraham Lincoln in der Nähe von Dale. Hinzu kommen außerdem Kanutrips, Ferienbauernhöfe und besuchenswerte Brauereien.

Schlafen & Essen

★ **Pepin Mansion** B&B $$
(☎ 812-725-9186; www.thepepinmansion.com; 1003 E Main St, New Albany; DZ ab 145 US$; P ❄ 📶) Das schön anzuschauende Haus von 1851 im Italianate-Stil in New Albanys historischer Mansion Row hat kunstvolle, handbemalte Decken, Originalparkettfußböden, Gaslüster und viele weitere Details aus damaliger Zeit. Die vier Zimmer sind voller Antiquitäten, haben aber dennoch moderne Annehmlichkeiten (z. B. TVs von Roku). Sie sind alle spektakulär, wenn auch sehr unterschiedlich. Am tollsten ist die Culbertson Suite mit der freistehenden Badewanne mit Klauenfüßen.

INDIANA AMISH COUNTRY

In der Gegend um Shipshewana und Middlebury lebt die drittgrößte Amish-Gemeinde der USA. Hier klappern Pferdekutschen vorbei, während Männer mit langen Bärten die gepflegten Felder von Hand pflügen – alles ist nicht weit von der Interstate entfernt und doch eine komplett andere Welt.

Am besten folgt man einfach einer beliebigen Landstraße zwischen den beiden Orten. Dabei sieht man häufig Familien, die auf ihren Veranden Bienenwachskerzen, Steppdecken und frisches Obst und Gemüse verkaufen – mit Sicherheit eine tolle Alternative zu den oft touristisch angehauchten Läden und Restaurants an der Hauptstraße. Achtung: Sonntags ist hier fast alles geschlossen!

Die Indiana Toll Rd (I-80/90) durchquert die Region in Richtung Norden. Am Hwy 20 aus Richtung Süden liegen Middlebury und Shipshewana (ca. 7 Meilen/11 km voneinander entfernt).

Exchange AMERIKANISCH $$

(☎812-948-6501; www.exchangeforfood.com; 118 W Main St, New Albany; Hauptgerichte 11–27 US$; ⌚Mo–Do 11–22, Fr & Sa 11–23, So 16–20 Uhr; 📶) Unterm Strich ist New Albanys bestes Restaurant einen Zwischenstopp in diesem Ort wert. Himmelhohe unverputzte Steinwände und ihrem Namen gerecht werdende Ventilatoren von Big Ass Fans beherrschen das hippe Industrieflair. In puncto Essen bestellen sich die Gäste als Vorspeise gern Ziegenkäseplätzchen mit Bacon, Dattel-Aioli und Honig. Weiter geht's mit gebackenem Blaubeer-Brie, leckerem Burger mit schwarzen Bohnen oder anderem hervorragendem Kneipenessen.

ℹ Praktische Informationen

Ohio River Scenic Byway (www.ohioriverbyway.com) bietet Infos zum Byway. Vistor Centers gibt's in **Jeffersonville** (☎812-280-5566; www.gosoin.com; 305 Southern Indiana Ave; ⌚Mo–Sa 10–17, So 12–17 Uhr) und **Madison** (☎812-265-2956; www.visitmadison.org; 601 W First St; ⌚April–Mitte Dez. Mo–Fr 9–17, Sa 9–16, So 11–16 Uhr, Mitte Dez.–März Mo–Fr 9–17, Sa 10–15, So 11–15 Uhr).

ℹ An- & Weiterreise

Louisville und Cincinnati sind die dem Ort nächstgelegenen größeren Verkehrsknotenpunkte. Der Louisville International Airport (S. 440) befindet sich 8 Meilen (13 km) südlich von Jeffersonville und liegt 13 Meilen (21 km) von New Albany entfernt.

Zusätzlich zu den Einzelstrecken des Ohio River Scenic Byway verläuft die I-64 quer durch die Region. Zur Info: Madison liegt rund 75 Meilen (121 km) östlich der Marengo Cave, die sich wiederum rund 55 Meilen (89 km) östlich des Lincoln Boyhood National Memorial befindet.

Nördliches Indiana

Indianas flacher Norden ist industriell geprägt, bietet aber eine Reihe von Überraschungen, darunter Sanddünen (in einem der neuesten Nationalpark Amerikas), Oldtimer, Amish-Kuchen und das berühmte Dark-Lord-Bier.

Indiana Dunes

Die Indiana Dunes sind nicht nur einer der neuesten Nationalparks der USA, sie sind auch bekannt für sonnige Strände, Schilf und bewaldete Campingplätze. Die Gegend ist im Sommer beliebt bei Sonnenanbetern aus Chicago und dem ganzen nördlichen Indiana. Weitere Highlights der Gegend sind die vielen Pflanzenarten (mehr als 1100 Spezies gedeihen hier, von Kakteen bis zu Kiefern) und Vögel (370 Spezies). Schöne Wanderwege schlängeln sich durch Dünen und Wälder.

Die Indiana Dunes kann man im Rahmen eines Tagesausflugs von Chicago aus besuchen. Zum Übernachten bieten sich die kleinen Orte Chesterton (am nächsten gelegen, beliebt bei Trainspottern) und Valparaiso (am nettesten, gute Lokale) an.

◉ Sehenswertes & Aktivitäten

Indiana Dunes National Park NATIONALPARK

(☎219-926-7561; www.nps.gov/indu; 1100 N Mineral Springs Rd, Porter; ⌚6–23 Uhr) GRATIS Die Indiana Dunes, die 2019 zum 61. Nationalpark der USA erklärt wurden, erstrecken sich 24 km am Ufer des Lake Michigan entlang. Schwimmen ist überall am Ufer erlaubt. Einen kurzen Fußmarsch von den Stränden entfernt führen mehrere Wanderwege kreuz und quer durch die Dünen und Wälder. Am besten sind der Bailly-Chellberg Trail (4 km), der sich an einer noch immer bewirtschafteten Farm aus den 1870er-Jahren vorbeischlängelt, und der Heron Rookery Trail (3,2 km), wo sich Kanadareiher tummeln (obwohl es keine Kolonie gibt) und Wildblumen blühen.

Pedal Power RADFAHREN
(☎ 219-921-3085; www.pedalpowerrentals.com; 1215 Hwy 49; Leihfahrrad pro Std./Tag 9/36 US$; ⏲ Ende Mai–Anfang Okt. Sa & So 9–19 Uhr) Am Ende der Sackgasse neben dem Indiana Dunes Visitor Center gibt's Leihfahrräder inklusive Schutzhelm, Schloss und Routenkarte. Vom Shop aus führt der Dunes-Kankakee Trail (2 Meilen/3,2 km) zum **Indiana Dunes State Park** (☎ 219-926-1952; www.in.gov/dnr/parklake; Chesterton; ⏲ 7–23 Uhr). Pedal Power bietet auch geführte Touren an (beispielsweise die samstägliche Strand-Sonnenuntergangstour, 15 US$/Pers.; Details s. Website).

Schlafen & Essen

Riley's Railhouse B&B $
(☎ 219-395-9999; www.rileysrailhouse.com; 123 N 4th St, Chesterton; DZ 120–160 US$; ❄ 📶) Thema des schicken B&Bs in Chesterton in einem stillgelegten Güterbahnhof von 1914 ist die Eisenbahn. Es gibt einen Aufenthaltsraum mit Kamin und recycelten Designer-Stücken, eine Bar und eine große offene Küche, in der Richard ein fantastisches Frühstück zubereitet. Die modernen Zimmer – sowohl die im Bahnhof als auch die in den antiken Waggons – sind gemütlich eingerichtet und mit Lok-Motiven geschmückt. Zwei große Labradoodles bewachen hier die Anlage.

Octave Grill BURGER $
(www.octavegrill.com; 105 S Calumet Rd, Chesterton; Burger 8,50–11,75 US$; ⏲ Mo–Fr 15–22, Sa 12–23, So 12–21 Uhr; 📶) Die Burger im Octave Grill bestehen aus Fleisch von Weiderindern und sind turmhoch mit Leckereien belegt. Sie gelten als die besten im ganzen Porter County. Und tatsächlich sind sie auf den Punkt gebraten und richtig schön saftig und fettig. Auch wird hier eine wunderbare Auswahl von fünf ständig wechselnden Craft-Bieren angeboten.

Praktische Informationen

Indiana Dunes Visitor Center (☎ 219-395-1882; www.indianadunes.com; 1215 Hwy 49; ⏲ Juni–Aug. 8–18 Uhr, Sept.–Mai 8.30–16.30 Uhr) Der beste Ausgangspunkt für einen Besuch der Dunes: Hier bekommen Besucher Regionalinfos (auch über die Strände) und Karten für Wander-, Radel- oder Vogelbeobachtungstouren. Zudem führt das Zentrum ein eigenes Verzeichnis mit Wanderungen und anderen Outdoor-Aktivitäten unter der Leitung von Rangern.

An- & Weiterreise

Die Indiana Toll Rd (I-80/90), die I-94 und die Hwys 12, 20 und 49 verlaufen allesamt am Seeufer. Die Ausfahrten zu den Dunes sind jeweils mit großen braunen Schildern gekennzeichnet.

Pendlerzüge der **South Shore Line** (www.mysouthshoreline.com) verkehren auf der Strecke zwischen Chicago und South Bend. Die Stationen Dune Park und Beverly Shores liegen jeweils 1,5 Meilen (2,4 km) von den Stränden entfernt.

South Bend

Die Bewohner einiger Städte sagen: „Football ist eine Religion". Und in South Bend,

ABSEITS DER ÜBLICHEN PFADE

AUBURN

Auburn ist Pflicht für Oldtimer-Fans. Hier produzierte die Cord Company in den 1920er- und 1930er-Jahren die beliebtesten Autos der USA. Zwei eindrucksvolle Automobilmuseen – das **Auburn Cord Duesenberg Museum** (www.automobilemuseum.org; 1600 S Wayne St; Erw./Kind 12,50/7,50 US$; ⏲ 9–17 Uhr) und das **National Automotive and Truck Museum** (www.natmus.org; 1000 Gordon Buehrig Pl; Erw./Kind 10/5 US$; ⏲ 9–17 Uhr) – liegen praktischerweise direkt nebeneinander. Seinen Tag beenden kann man dann mit einem Abstecher in dem **Mad Anthony's Auburn Tap Room** (☎ 260-927-0500; www.madbrew.com/auburn; 114 N Main St, Auburn; ⏲ Mo–Do 11–23, Fr & Sa 11–24, So 11–22 Uhr), wo man lokale Biere und recht gutes Kneipenessen bekommt.

Auburn liegt ca. 50 Meilen (80 km) südöstlich vom Amish Country und ca. 25 Meilen (40 km) nördlich von Fort Wayne.

der Heimat der University of Notre Dame, ist das ernst gemeint. Das Stadion mit 80 000 Plätzen wird von „Touchdown Jesus" dominiert (ein Wandbild zeigt den auferstandenen Christus mit erhobenen Armen. Die Pose ähnelt jedoch sehr stark der eines Schiedsrichters, der einen Touchdown anzeigt). Der berühmte Uni-Campus ist Indianas zweitgrößte Touristenattraktion nach dem Indianapolis Motor Speedway und einen Zwischenstopp wert. Aber South Bend hat mehr zu bieten als nur Schweinsleder. (Football wird schließlich nur an zwölf Tagen im Jahr gespielt).

Sehenswertes & Aktivitäten

Studebaker National Museum MUSEUM
(www.studebakermuseum.org; 201 S Chapin St; Erw./Kind 10/6 US$; Mo–Sa 10–17, So ab 12 Uhr) South Bend war einst der Werksstandort des Autoherstellers Studebaker. Dieses Museum zeigt schöne Oldtimer, die früher hier gebaut wurden. Unter den funkelnden Vehikeln auf drei Stockwerken sind u. a. ein toller Packard von 1956, alte Pferdekutschen und gepanzerte Militärfahrzeuge. Der Eingang liegt an der Thomas St. Im selben Gebäude befindet sich auch ein stadtgeschichtliches Museum.

Notre Dame Tours STADTSPAZIERGÄNGE
(574-631-5726; www.nd.edu/visitors; 111 Eck Center) GRATIS Am Eck Visitor Center beginnen diese Rundgänge über den hübschen Uni-Campus (3,2 km, 75 Min.; Mo–Fr meist min. 10 & 15 Uhr). Das Gelände mit zwei Seen und Architektur im gotischen Stil wird von der berühmten Goldkuppel des Hauptgebäudes dominiert.

Schlafen & Essen

★ **Oliver Inn** B&B $$
(574-232-4545; www.oliverinn.com; 630 W Washington St; DZ 140–220 US$, Carriage House 330 US$;) Das elegante, in Lachsrosa und Grün gehaltene B&B befindet sich in einem Gebäude von 1886 im Queen-Anne-Stil – mit Ecktürmchen, gebogenen Erkerfenstern, Spindeln und Balustraden. Die neun Zimmer strotzen vor Erhabenheit und Romantik (das wirklich geräumige Clem-Studebaker-Zimmer wartet mit Parkettfußboden und einen Kamin auf). Alice und Tom haben Chicago hinter sich gelassen und sind jetzt die liebenswürdigsten Gastgeber, die man sich überhaupt nur vorstellen kann. Zum Frühstück stehen Kerzen auf dem Tisch.

Oh Mamma's on the Avenue FEINKOST $
(www.facebook.com/OhMamma; 1202 Mishawaka Ave; Sandwiches 6–10 US$; Di–Fr 10–18, Sa 9–16 Uhr) Der reizende Mix aus Lebensmittel- und Feinkostladen punktet u. a. mit äußerst freundlichem Personal und großzügigen Kostproben. Im Angebot sind hier z. B. getoastete Sandwiches, frisch gebackenes Brot, Cannoli, Eiscreme und viele regionale Käsesorten (darunter toller selbst hergestellter Ziegenkäse). Das Essen kann an ein paar Tischen vor Ort vertilgt oder mitgenommen werden.

Praktische Informationen

Eck Visitors Center (www.tour.nd.edu/locations/eck-visitors-center; 100 Eck Center, Notre Dame; Mo–Fr 8–17, Sa & So 12–16 Uhr)

An- & Weiterreise

Der überraschend große **Flughafen** von South Bend (574-282-4590; www.flysbn.com; 4477 Progress Dr) bietet Flüge u. a. nach Chicago und Detroit. Dort halten auch Pendlerzüge der **South Shore Line** (www.mysouthshoreline.com) auf dem Weg nach/ab Chicago (einfache Strecke zur Millennium Station 14,25 US$). Die Hauptzufahrtsstraßen zur Stadt sind die Indiana Toll Rd (I-80/90) und der Hwy 20.

OHIO

Ohio, der Bundesstaat mit der siebtgrößten Bevölkerung des Landes, hat eine gespaltene Persönlichkeit: Einerseits präsentiert er sich in den Großstädten Cleveland, Cincinnati und Columbus mit vielen abgefahrenen Restaurants, IPA-verliebten Brauereien und ehemaligen Museen von seiner urbanen Seite. Cleveland im Norden birst vor Lebenslust und Temperament, während Cincinnati im Süden geruhsamer und eher europäisch wirkt. Mittendrin liegt Columbus als modernes Zentrum von Kunst und Technik. Auf der anderen Seite gibt's das ländliche Ohio, von der riesigen Gemeinde der Amischen, die immer noch in Pferdewagen auf den Straßen unterwegs sind, bis hin zu den Schwarzbrennern in den Hügeln des Südostens. In Ohio findet man eine faszinierende Mischung, und nur kurze Entfernungen trennen ganz verschiedene Lebensarten. Zu all dem kommen noch die schnellsten Achterbahnen der Welt, brummende Partyinseln, Hippie-Städtchen, Pie-Läden und ein nebelverhangener Nationalpark.

Praktische Informationen

Ohio Highway Conditions (www.ohgo.com)

Ohio State Park Information Hier werden Campingreservierungen angenommen; Zelt- und Wohnmobilstellplätze kosten 17 bis 43 US$ zzgl. 8 US$ Buchungsgebühr. Der Eintritt in State Parks ist kostenlos; in einigen gibt's gratis WLAN.

Tourism Ohio (www.ohio.org)

Cleveland

Cleveland bekennt sich stolz zu seinem Rust-Belt-Image. Zwar dominieren die rauchende Stahlfabriken nicht mehr die Wirtschaft, dennoch ist das Aussehen der Stadt immer noch von Industrie geprägt. Bahngleise, Hubbrücken und schmucklose Lagerhäuser pflastern die Ufer des Lake Erie (Eriesee) und des Cuyahoga River, doch haben sich inzwischen auch stilvolle Restaurants, Brauereien und Galerien in den alten Fabriken eingenistet, und entlang der Wasserwege erstrecken sich neu angelegte Radwege. Zu den Hauptattraktionen zählen die Rock and Roll Hall of Fame und das Museum of Art, doch am meisten los ist in den Vierteln der Stadt, die zu Fuß durchquerbar sind. Bei einem Bummel durch Ohio City, Tremont, Collinwood oder Asiatown kann man sich auf den Märkten und in den Eckkneipen unter die Einheimischen mischen und bei einem Bier Geschichten über Familienunternehmen lauschen, die von den aus Slowenien stammenden Großeltern gegründet wurden, über ewig andauernde Rivalitäten zwischen verschiedenen Sportvereinen oder auch darüber, wie die Stadt sich aus finanziellem Ruin und flächendeckender Umweltverschmutzung zurück ins Leben gekämpft hat. Echtes Rust-Belt-Leben ist Clevelands Visitenkarte!

Sehenswertes

★ Rock and Roll Hall of Fame & Museum MUSEUM
(216-781-7625; www.rockhall.com; 1100 E 9th St; Erw./Kind 24/16 US$; tgl. 10–17.30 Uhr, Juni–Aug. Mi & Sa bis 21 Uhr) Clevelands Top-Attraktion wirkt wie ein vollgestopfter Dachboden mit erstaunlichen Fundstücken: Jimi Hendrix' Stratocaster, Keith Moons Plateauschuhe, John Lennons Sgt.-Pepper-Anzug und der Hassbrief eines Fidschianers an die Rolling Stones aus dem Jahr 1966. Multimediaausstellungen beschäftigen sich mit der Geschichte und dem sozialen Kontext der Rockmusik und der Musiker, die sie schufen.

★ Cleveland Museum of Art MUSEUM
(216-421-7340; www.clevelandart.org; 11150 East Blvd; Di, Do, Sa & So 10–17, Mi & Fr bis 21 Uhr) GRATIS Clevelands kolossales Kunstmuseum beherbergt eine hervorragende Sammlung europäischer Gemälde sowie afrikanische, asiatische und amerikanische Kunst. Im 2. Stock warten berühmte Meisterwerke von Impressionisten, Surrealisten und von Picasso. In allen Sälen versorgen interaktive Touchscreens die Besucher auf lustige Weise mit zusätzlichen Infos. Noch mehr Inhalte bietet die Gratis-App ArtLens, die auch diverse Themenrundgänge vorschlägt. Im überwältigenden, lichtdurchfluteten Atrium beginnen täglich um 13 Uhr kostenlose Führungen zu den Highlights des Museums.

Great Lakes Science Center MUSEUM
(216-694-2000; www.greatscience.com; 601 Erieside Ave; Erw./Kind 17/14 US$; Mo–Sa 10–17, So ab 12 Uhr; Sept.–Mai Mo geschl.) Das Great Lakes Science Center ist eines von zehn Museen des Landes, die zur NASA gehören. Es entführt Besucher mit seinen Raketen, Mondsteinen und der Apollo-Kapsel von 1973 in die Tiefen des Alls, widmet sich aber auch den Umweltproblemen an den Großen Seen.

The Flats UFERBEREICH
Bei den Flats am Cuyahoga River handelt es sich um ein altes Industriegebiet, das in ein Nightlife-Zentrum umgewandelt wurde. Das Areal blickt auf eine wechselvolle Vergangenheit zurück: Nach Jahren der Vernachlässigung ist es nun wieder im Kommen. Am Ostufer gibt's Bars, stilvolle Restaurants, eine Promenade und einen Pavillon für Freiluftkonzerte. Das etwas trendigere und weitläufigere Ostufer wartet u.a. mit einer alten Autowerkstatt auf, die nun ein Mix aus Brauerei und Winzerei ist. Zudem findet man dort einen Skaterpark und ein paar alte Kaschemmen.

Schlafen

★ Cleveland Hostel HOSTEL $
(216-394-0616; www.theclevelandhostel.com; 2090 W 25th St; B/Zi. ab 26/68 US$;) Dieses Hostel in Ohio City, nur ein paar Schritte von einer RTA-Haltestelle und dem West Side Market entfernt, ist einfach fantastisch.

Es hat 15 Zimmer – sowohl Mehrbett- als auch kleinere Zimmer. Alle sind frisch in sanften Farben gestrichen und mit flauschigen Bettdecken und eleganter Dekoration ausgestattet. Wenn man dann noch die nette Dachterrasse, das Café in der Lobby mit frisch geröstetem Kaffee und den kostenlosen Parkplatz hinzunimmt, überrascht es eigentlich nicht, dass es hier immer proppenvoll ist.

★Kimpton Schofield Hotel HOTEL **$$**
(☎216-357-3250; www.theschofieldhotel.com; 2000 E 9th St; Zi. 180–270 US$, Parken 36 US$; P ❄ 📶 🐾) Das Schofield in einem restaurierten Innenstadtgebäude von 1902 ist das richtige Quartier für coole Hipster: Abgefahrene Kunst (z. B. Drucke von Spielzeugautos), bunte Uhren und Lampen bzw. Stühle mit Art-déco-Touch zieren die geräumigen Zimmer. Unter den kostenlosen Extras sind Mietfahrräder, ein Abendtreff mit Wein und akustische Leihgitarren für eigene Jam-Sessions im Zimmer. Parken kostet 36 US$.

Metropolitan at the 9 HOTEL **$$$**
(☎216-239-1200; www.metropolitancleveland.com; 2017 E 9th St; Zi. 199–319 US$; P ❄ @ 📶 🐾) Das Hotel gehört zur gehobenen Marriott-Kette und bietet eine saisonale Dachterrassen-Lounge, einen überdachten Hundepark, ein hoteleigenes Theater für Live-Vorstellungen und eine unterirdische Cocktail-Lounge in den alten Bankgewölben des Gebäudes. Die 156 recht großen Zimmer haben einen Sitzbereich, 55-Zoll-Flachbildfernseher und zeitgenössisches Dekor. Parken kostet 36 US$.

Essen

Die angesagtesten Restaurants liegen in der E 4th St, in Ohio City und in Tremont. Internationale Küche gibt's in Little Italy und in Asiatown. Gulasch, Kohlrouladen und andere osteuropäische Gerichte findet man überall in der Stadt, zumal in Cleveland landesweit die meisten Ungarn, Slowenen und Slowaken leben. Der **West Side Market** (www.westsidemarket.org; 1979 W 25th St; ⌚Mo & Mi 7–16, Fr & Sa 7–18, So 10–16 Uhr) ist ein guter Ort zur Erkundung der kulinarischen Landschaft.

★Larder Delicatessen & Bakery FEINKOST **$**
(☎216-912-8203; https://larderdb.com; 1455 W 29th St; Sandwiches 9–12 US$; ⌚Di–Sa 10–19, So bis 14 Uhr) 🌿 Das in einer historischen Feuerwache untergebrachte Larder verströmt eine altmodische Atmosphäre. Gläser mit eingelegtem Gemüse säumen die Wände, und in dem vollgestopften Verkaufsraum gibt's alles von Walnüssen bis hin zu getrockneten Bohnen und Gerste. Der für den Beard Award nominierte Chefkoch macht mächtige Sandwiches, z. B. mit saftigem Brathähnchen oder Schnitzel mit Apfel-Krautsalat auf dick geschnittenem Brot. Das hausgemachte Root Beer und die Schoko-Limo sind ebenfalls köstlich.

Nate's Deli NAHÖSTLICH **$**
(☎216-696-7529; www.natesohiocity.com; 1923 W 25th St; Hauptgerichte 8–16 US$; ⌚Mo–Fr 10–17, Sa bis 16 Uhr) Das kleine, schlichte Lokal bietet einen ungewöhnlichen Mix aus nahöstlichen Gerichten und köstlichen Sandwiches. Die Optionen reichen von gefüllten Weinblättern bis hin zu Reuben-Sandwiches (Roggenbrot mit Cornedbeef, Schweizer Käse und Sauerkraut), knusprigen Falafel und selbst gemachter Hühnernudelsuppe. Das Lokal in Ohio City gibt's schon seit mehr als 30 Jahren.

★Citizen Pie PIZZA **$$**
(☎216-860-1388; www.citizenpie.com; 2144 W 25th St; Hauptgerichte 14–17 US$; ⌚Di–Do 11.30–21, Fr & Sa bis 22, So bis 20 Uhr) Die Pizza Neapolitana kommt hier aus einem echt italienischen Ofen. Man kann dabei zusehen, wie die Pizza in den glühenden Ofen geschoben und 90 Sekunden später mit perfekt geschmolzenem Käse und knusprig gebräuntem Boden wieder herausgeholt wird. Die geräucherte Peperoni ist einfach unschlagbar. In der winzigen Pizzeria gibt's nur ein paar Plätze am Tresen und einige Tische.

Lola AMERIKANISCH **$$$**
(☎216-621-5652; www.lolabistro.com; 2058 E 4th St; Hauptgerichte 30–45 US$; ⌚So–Do 17–22, Fr & Sa bis 23 Uhr) Michael Symon stammt aus Cleveland und hat seine Heimat mit dem Lola zum Gourmet-Ziel gemacht. Bekannt ist er für seine Tattoos, Auftritte auf Food Network TV und die vielen US-Awards. Unter den saisonal wechselnden Gerichten sind z. B. Nierenzapfen mit Essigsauce oder geschmorte Lammhüfte mit Minze und Wurzelgemüse. Die funkelnde Bar und die offene Küche tragen zum eleganten Ambiente bei.

Ausgehen & Nachtleben

Tremont hat jede Menge schicke Bars, Ohio City zahllose Brauereien. Im Zentrum konzentriert sich die Action auf die wiederbelebten Flats und den jungen, testosterongesteuerten Warehouse District im Bereich der W 6th St. Die meisten Locations haben bis 2 Uhr geöffnet.

★ Platform Beer Co BRAUEREI

(☎216-202-1386; www.platformbeer.co; 4125 Lorain Ave; ⏲Mo–Do 15–24, Fr 15–1, Sa 10–2, So 10–22 Uhr) In dem Schankraum mit silbern schimmernden Tanks laben sich coole Typen jedes Alters an einfallsreichen Saisonbieren für 5 bis 6 US$, Pale Ales und mehr als 30 Bieren vom Fass. Bei warmem Wetter zieht es alle raus an die Picknicktische auf der Terrasse. Die Lage am Südrand von Ohio City ist ein wenig abseits vom Schuss, doch das dürfte sich durch Bauprojekte bald ändern.

Noble Beast Brewing Co KLEINBRAUEREI

(☎216-417-8588; www.noblebeastbeer.com; 1470 Lakeside Ave; ⏲So & Di–Do 11–23, Fr & Sa bis 1 Uhr) Kein Wunder, dass so viele Einheimische im Noble Beast rumhängen, denn hier fühlt man sich wie zu Hause: Von der Decke hängen Pflanzen, durch das Oberlicht kommt Sonne rein, und bei warmem Wetter strömt eine luftige Brise durch die geöffneten Garagentore. Vom Nachmittag bis zum Abend tummeln sich Büroangestellte und junge Städter bei Bier nach deutscher Art oder Obstbieren an den Tischen.

★ Millard Fillmore Presidential Library BAR

(☎216-481-9444; 15617 Waterloo Rd; ⏲Mo–Sa 16–2.30, So bis 0.30 Uhr) Wenn man Freunden vom Besuch der Millard Fillmore Presidential Library berichtet, werden sie von solch intellektueller Wissbegierde beeindruckt sein – aber noch mehr, sobald sie herausfinden, das es sich dabei um eine Craft-Bier-Kaschemme im aufstrebenden Collinwood handelt. Fillmore (13. US-Präsident) stammte ursprünglich aus New York. Das tut einem coolen Barnamen in Cleveland aber keinen Abbruch.

Jerman's Cafe BAR

(☎216-361-8771; 3840 St Clair Ave NE; ⏲Mo–Sa 11–24 Uhr) Die zweitälteste Bar der Stadt wurde 1908 von dem slowenischen Einwanderer John Jerman eröffnet. Dessen Familie betreibt den herrlich altmodischen Laden bis heute. Unter Deckenelementen aus geprägtem Zink laufen hier Baseballspiele der Indians auf mehreren TVs. Die kleine Fassbierauswahl beinhaltet meist ein deutsches Lager. Die freundlichen Barkeeper und

ABSTECHER

CUYAHOGA VALLEY NATIONAL PARK

Wie eine große, kalte Schlange windet sich der Cuyahoga River durch ein bewaldetes Tal und wird seinem indianischen Namen, der „Krummer Fluss" (der vielleicht aber auch „Ort des Unterkiefers" bedeuten könnte), voll gerecht. Der sprechende Name passt zu der mystischen Schönheit, die der einzige Nationalpark in Ohio an einem kühlen Morgen ausstrahlt, wenn Nebelschwaden durch die Wälder ziehen, der Ruf der Kanadagänse erschallt und Kanadareiher über ihren Jagdgründen flattern.

In der Frühzeit der USA war dies das Grenzland für die Siedler in den östlichen Kolonien, während in der Region gleichzeitig große Konföderationen amerikanischer Ureinwohner lebten. Heute kann man hier, nur 20 Meilen (32 km) außerhalb von Cleveland und 18 Meilen (29 km) außerhalb von Akron, auf Wegen wandern, die an reißenden Wasserfällen und dunklen Schluchten vorbeiführen. Das Grenzland-Flair und die Spuren eines großen, indigenen Volkes sind immer noch präsent.

Das **Boston Store Visitor Center** (☎330-657-2752; www.nps.gov/cuva; 1550 Boston Mills Rd, Boston Village; ⏲Sept.–Mai 9.30–17 Uhr, Juni–Aug. 9–18 Uhr) ist das Hauptbesucherzentrum. Es ist in einem Lagerhaus und Wohnheim aus dem 19. Jh. untergebracht. Hier findet man hilfsbereite Ranger, informative Ausstellungen, Wanderkarten und aktuelle Infos zu Wegsperrungen. Inzwischen sollte das neue Boston Mill Visitor Center in einer viel größeren Einrichtung jenseits des Flusses die Funktion des alten übernommen haben.

Der Park ist per Auto von Cleveland (20 Meilen/32 km) oder Akron (18 Meilen/29 km) aus leicht zu erreichen und liegt gleich abseits der I-77.

Wer eine entspannende Zugfahrt vorzieht, fährt mit der **Cuyahoga Valley Scenic Railroad** (CVSR; ☎800-468-4070; www.cvsr.org; 27 Ridge St, Akron; Erw. 15–28 US$, Kind 10–23 US$).

Stammgäste erzählen gern Geschichten aus der guten alten Zeit.

Unterhaltung

Infos zu Veranstaltungen finden sich im *Scene* (www.clevescene.com) und in der Freitagsausgabe der örtlichen Tageszeitung *Plain Dealer* (www.cleveland.com).

Happy Dog LIVEMUSIK
(216-651-9474; www.happydogcleveland.com; 5801 Detroit Ave; Mo–Mi 16–0.30, Do & So ab 11, Fr & Sa 11–2.30 Uhr) Im Viertel Gordon Square gibt's hier Hotdogs in 50 verschiedenen Varianten (z. B. mit schwarzem Trüffel für Gourmets oder mit stückiger Erdnussbutter für Geschmacksverirrte). Für Unterhaltung beim Essen sorgen zusammengewürfelte Livebands, DJs, Geschichtenerzähler und wissenschaftliche Vorträge.

Severance Hall KLASSISCHE MUSIK
(216-231-1111; www.clevelandorchestra.com; 11001 Euclid Ave) Nahe den Museen am University Circle beheimatet dieser Prachtbau mit klassischen und Art-déco-Elementen das gefeierte Cleveland Symphony Orchestra (Konzertsaison Aug.–Mai).

Progressive Field BASEBALL
(216-420-4487; www.mlb.com/indians; 2401 Ontario St) Hier spielen die Cleveland Indians (auch „The Tribe", der Stamm, genannt). Dank der guten Sichtlinien lassen sich in diesem Stadion die Spiele prima verfolgen. Die billigsten Tickets im lärmigen District kosten 15 US$ für einen Stehplatz inklusive Bier.

Rocket Mortgage Fieldhouse BASKETBALL
(216-420-2000; www.nba.com/cavaliers; 1 Center Ct) Die Cleveland Cavaliers spielen Basketball im Fieldhouse, das 2019 nach einer 185 Mio. US$ teuren Renovierung, die ihm ein schickes Glasatrium und neue öffentliche Flächen bescherte, wiedereröffnet wurde. Die Arena dient auch als Veranstaltungsort für große Konzerte.

NICHT VERSÄUMEN

DIE RASANTEN ACHTERBAHNEN VON CEDAR POINT

Der **Cedar Point Amusement Park** (419-627-2350; www.cedarpoint.com; 1 Cedar Point Dr; Erw./Kind 73/45 US$; Juni–Aug. 10–22 Uhr, Mai, Sept. & Okt. kürzere Öffnungszeiten) zählt mit seinen 18 rasanten Achterbahnen zu den besten Vergnügungsparks der Welt. Eine der schwindelerregendsten ist der Top Thrill Dragster, eine der höchsten und schnellsten Achterbahnen der Welt. Die Bahn erreicht eine Höhe von 128 m und Geschwindigkeiten von 193 km. Bei der Steel Vengeance erlebt man 27 Sekunden Schwerelosigkeit, so viel wie bei keinem anderen Fahrtgeschäft der Welt. Und im flügelartigen GateKeeper rast man durch Loopings, Spiralen und die höchste Inversion (Überschlagselement) der Welt.

Praktische Informationen

Cleveland Visitors Center (216-875-6680; 334 Euclid Ave; Mo–Sa 9–18 Uhr) In diesem Visitor Center gibt es superfreundliche Angestellte, die einen mit Karten und Broschüren für Brauereitouren versorgen und bei der Zimmerreservierung helfen.

Cool Cleveland (www.coolcleveland.com) Kunst- und Kulturveranstaltungen.

Destination Cleveland (www.thisiscleveland.com) Offizielle Website, die mit zahllosen Infos beim Planen hilft.

Ohio City (www.ohiocity.org) Hat alle Infos übers Essen und Trinken in dem Viertel.

Tremont (www.experiencetremont.com) Alles zu Restaurants, Bars und Galerien.

Anreise & Unterwegs vor Ort

Der **Cleveland Hopkins International Airport** (CLE; 216-265-6000; www.clevelandairport.com; 5300 Riverside Dr) liegt 11 Meilen (18 km) südwestlich vom Zentrum und ist von dort mit dem Zug der Red Line (2,50 US$) in weniger als 30 Minuten zu erreichen. Ein Taxi in die Innenstadt kostet rund 40 US$. Uber und Lyft sind in der Regel etwas günstiger.

Vom Zentrum aus bietet **Greyhound** (216-781-0520; www.greyhound.com; 1465 Chester Ave) häufige Busverbindungen nach Chicago (29–76 US$, 7½ Std.) und New York City (60–113 US$, 9–13 Std.). **Megabus** (www.megabus.com; 2115 E 22nd St) fährt ebenfalls nach Chicago und ist oft preiswerter.

Amtrak (216-696-5115; www.amtrak.com; 200 Cleveland Memorial Shoreway) fährt einmal am Tag nach Chicago (59–113 US$, 7 Std.) und New York City (84–162 US$, 13 Std.). Im Bahnhof gibt's weder Geldautomaten noch WLAN oder einen Wartebereich.

Die Regional Transit Authority (www.riderta.com) betreibt den Zug der Red Line, der den Flughafen und Ohio City bedient, sowie den

HealthLine-Bus, der von der Innenstadt entlang der Euclid Ave zu den Museen am University Circle fährt. Die einzelne Fahrt kostet 2,50 US$, eine Tageskarte 5,50 US$. Kostenlose Trolleys drehen zudem um die wichtigsten Geschäfts- und Entertainment-Zonen der Innenstadt ihre Runden.

UH Bikes (www.uhbikes.com) ist Clevelands Bikesharing-Programm mit insgesamt 250 Fahrrädern an 29 Verleihstationen (die meisten davon in Downtown und am University Circle). Eine 30-minütige Fahrt kostet 3,50 US$. Am einfachsten funktioniert das System, wenn man sich die App herunterlädt.

Wer ein Taxi braucht, ruft bei **Americab** (☎ 216-881-1111) an.

Erie Lakeshore & Islands

Im Sommer gehört dieses Urlaubsgebiet zu den belebtesten Regionen in Ohio. Dann hauen hier Bootstouristen auf den Putz, während Wagemutige mit Achterbahnen fahren und Outdoor-Fans per Fahrrad oder Kajak losziehen. Außerhalb der Hauptsaison (Mitte Mai–Mitte Sept.) hat vor Ort fast alles geschlossen.

Kelleys Island

Die grüne und ruhige Insel Kelleys Island wird vor allem von Familien als Wochenendziel geschätzt. Hier warten hübsche Häuser aus dem 19. Jh., Zeichnungen, die Indianer hinterlassen haben, ein schöner Strand und eiszeitliche Gletscherriefen in der Landschaft. Hinzu kommen alte Kalksteinbrüche, die ebenfalls sehr malerisch sind.

Sehenswertes & Aktivitäten

Kelleys Islands State Park STATE PARK
(☎ 419-746-2546; http://parks.ohiodnr.gov/kelleysisland; Division St, Kelleys Island) GRATIS Dieser Park verfügt über einen beliebten Campingplatz mit 126 Zelt- und Wohnmobil-Stellplätzen (17–39 US$), ein Wanderwegenetz (umfasst fast 10 km) in einer Landschaft voller Vögel und einen abgeschiedenen Sandstrand auf der nördlichen Inselseite. Vor allem der Strand und das seichte Wasser machen den Park bei Familien sehr beliebt.

Glacial Grooves GEOLOGISCHE STÄTTE
(Division St. Kelleys Island; ⏲ Sonnenaufgang–Sonnenuntergang) GRATIS Die gewaltigen Furchen im Kalkstein (bis zu 122 m lang, 11 m breit und 3 m tief) entstanden vor rund 18 000 Jahren durch Gletschererosion. Weltweit sind sie die größten und am leichtesten zugänglichen ihrer Art. Treppen und ein Laufsteg sorgen dafür, dass man das Phänomen bequem bestaunen kann.

> **ABSTECHER**
>
> **PELEE ISLAND**
>
> Pelee Island ist die größte Insel im Eriesee und gehört zu Kanada. Auf der grünen und ruhigen Insel mit Weingütern kann man prima Vögel beobachten. Die **Pelee Island Ferry** (☎ 800-661-2220; www.ontarioferries.com; 109 W Shoreline Dr; Erw./Kind 13,75/6,75 US$, Auto 30 US$) unternimmt die 105-minütige Überfahrt von Sandusky nach Pelee Island und weiter zum Festland von Ontario. Infos zu Unterkünften und zur Reiseplanung findet man unter www.pelee.com.

Praktische Informationen

Kelleys Island Chamber of Commerce (www.kelleysislandchamber.com) Nützliche Infos zu Unterkünften, Restaurants und Aktivitäten.

An- & Weiterreise

Die Fähren von **Kelleys Island Ferry** (☎ 419-798-9763; www.kelleysislandferry.com; abseits der W Main St, Marblehead) starten jede Stunde (im Sommer alle 30 Min.) in dem winzigen Nest Marblehead (einfache Strecke Erw./Kind 10/6,25 US$, Auto 16 US$, ca. 20 Min.).

Jet Express (☎ 800-245-1538; www.jet-express.com; 101 W Shoreline Dr) legt in Sandusky (einfache Strecke Erw./Kind 20/3 US$, keine Autos, 25 Min.) ab und schippert weiter nach Put-in-Bay auf South Bass Island (einfache Strecke Erw./Kind 15/3 US$, keine Autos, 20 Min.). Beide Firmen legen im zentralen Siedlungsbereich von Kelleys Island an: Jet Express am unteren Ende der Division St, Kelleys Island Ferry rund 0,5 Meilen (800 m) weiter östlich an der Seaway Marina.

Ohio Amish Country

In den ländlichen Countys Wayne und Holmes ist die größte Amish-Gemeinde der USA beheimatet. Ein Besuch bei den Amish ist wie eine Reise mit der Zeitmaschine in eine vorindustrielle Zeit.

Als Nachkommen von konservativen deutsch-schweizerischen religiösen Splittergruppen, die im 18 Jh. nach Amerika auswanderten, halten sich die Amish immer noch mehr oder weniger an deren *Ordnung*

(Lebensstil). Viele – wenn auch nicht alle – befolgen die Regeln, nach denen es verboten ist, Strom, Telefone und motorisierte Fahrzeuge zu benutzen. Sie tragen traditionelle Kleidung, bewirtschaften ihr Land mit Pflug und Maultieren und fahren mit Pferdekutschen zur Kirche.

Ein Aufenthalt in der Region verspricht ein geruhsames Tempo: Man kann Pie essen, bei einer Auktion eine Ziege ersteigern oder auf einem Pferd reiten. Die idyllische Gegend ist teilweise zwar unverhohlen touristisch, dennoch gibt's da immer eine Nebenstraße, die einen vorbeiführt an Weiden voller grasender Kühe und an Farmen, die auf der Vorderterrasse frische Eier, Imkerbedarf oder Windmühlenteile verkaufen. Sonntags ist hier fast alles geschlossen.

Sehenswertes

Kidron an der Rte 52 ist ein guter Ausgangspunkt. Etwas weiter südlich liegt **Berlin**, das mit unzähligen Krimskrams-Läden aufwartende Zentrum der Gegend. Die größte Stadt in der Region ist **Millersburg**, wo es fast mehr Antiquitätengeschäfte als Amische gibt. Die US 62 verbindet die beiden „Zentren". Noch weiter ab vom Schuss gelangt man auf der Rte 557 oder der County Rd 70 durch ländliche Gegenden ins kleine **Charm**, das etwa 5 Meilen (8 km) südlich von Berlin liegt. **Sugarcreek**, 10 Meilen (16 km) westlich, wirkt mit seiner alpinen Architektur und den riesigen Kuckucksuhren wie ein Stück Schweiz.

Achtung: Bei den Amish (Amischen) ist Fotografieren in der Regel tabu; daher sollte man hier niemanden ohne seine Einwilligung fotografieren.

Lehman's HAUSHALTSWAREN
(☎800-438-5346; www.lehmans.com; 4779 Kidron Rd, Kidron; ⏲Mo–Sa 9–18 Uhr, Jan.–Mai 9–17 Uhr) Das Lehman's muss man gesehen haben: In einer fast 3000 m² großen Scheune versorgt der Laden die Amish-Gemeinde mit dem größten regionalen Angebot von modern aussehenden Geräten, die ohne Strom funktionieren (z. B. Holzöfen, Taschenlampen zum Aufziehen, Fleischwölfe mit Handkurbel).

Schlafen & Essen

Inn at Honey Run INN $$$
(☎330-674-0011; www.innathoneyrun.com; 6920 County Rd 203, Millersburg; Zi. 199–329 US$; ❄📶) Innerhalb von Minuten nach Ankunft auf dieser bewaldeten Anlage fällt aller Stress von einem ab. In dem Komplex gibt es 25 Zimmer im Lodge-artigen Hauptgebäude und zwölf weitere Zimmer, die wie Honigwaben im Frank-Lloyd-Wright-Stil in den Hügelhang gebaut wurden. Alle Unterkünfte sind geräumig, in Erdfarben gehalten und haben coole Vogelfutterhäuschen vor dem Fenster. Wanderwege, Kunstinstallationen unter freiem Himmel und gut gepflegte Bienenstöcke tragen zum hübschen Natur-Ambiente bei.

★ **Boyd & Wurthmann Restaurant** AMERIKANISCH $
(☎330-893-4000; www.boydandwurthmann.com; 4819 Main St, Berlin; Hauptgerichte 7–13 US$; ⏲Mo–Sa 17.30–19.30 Uhr) Die Riesenpfannkuchen, die Pasteten in täglich 20 Geschmacksvarianten, die dicken Sandwiches und die Spezialitäten der Amish (z. B. paniertes Steak) locken Einheimische und Touristen gleichermaßen an. Nur Barzahlung.

Praktische Informationen

Holmes County Chamber of Commerce (www.visitamishcountry.com)

Anreise & Unterwegs vor Ort

Das Amish Country liegt zwischen Cleveland (80 Meilen/129 km Richtung Norden) und Columbus (100 Meilen/320 km Richtung Südwesten). Das Gebiet wird im Westen von der I-71 und im Osten von der I-77 flankiert. Abseits dieser Interstates führen schmale und kurvige Landstraßen zu den kleinen Ortschaften der Gegend.

Columbus

Ohios Hauptstadt (und zugleich die größte Stadt) hat nicht gerade viel Tamtam zu bieten. Doch das, was es an Mega-Attraktionen, landschaftlicher Schönheit und wilden Kuriositäten vermissen lässt, macht Columbus durch eine unerwartete Kunst- und Gastroszene wieder wett. Und was noch besser ist: Columbus schont den Geldbeutel, was den über 59 000 Studenten der Ohio State University zu verdanken ist (der Campus ist der zweitgrößte der USA). Angezogen von den niedrigen Lebenshaltungskosten und der von der Maxime „einfach loslegen und ausprobieren" geprägten Stimmung haben sich hier außerdem auch Unternehmer, Techniktypen und Künstler angesiedelt. Auch wenn es nicht gleich offensichtlich ist, unter seiner Oberfläche brodelt Columbus vor Kreativität.

Sehenswertes & Aktivitäten

Gleich nördlich der Innenstadt lohnt die Short North, ein sanierter Abschnitt der High St mit Galerien für zeitgenössische Kunst, schicken Boutiquen und jeder Menge Bars und Restaurants, einen Bummel.

★ COSI MUSEUM

(614-228-2674; www.cosi.org; 333 W Broad St; Erw./Kind 25/20 US$; 10–17 Uhr, im Winter Mo & Di geschl.;) Das Center of Science and Industry ist eines der besten Museen für Kinder landesweit. Das Gebäude ist mit mehr als 300 interaktiven Exponaten vollgestopft; die Highlights sind die Dinosaurier-Ausstellung (mit einem mechanischen T-Rex), die Weltraum-Ausstellung (mit dem begehbaren Nachbaus einer Raumstation) und die Fahrt auf einem Hochseil-Einrad. Die atemberaubende Anlage umfasst auch wissenschaftliche Liveshows, Ohios größtes Planetarium (zzgl. 5 US$) und ein 3-D-Kino (zzgl. 5 US$).

Pizzuti Collection MUSEUM

(614-221-6801; www.pizzuti.columbusmuseum.org; 632 N Park St; 10 US$; Mi–Sa 10–17, So ab 12 Uhr) Die unglaubliche Sammlung zeitgenössischer Gemälde, Skulpturen, Filme, Fotos und Drucke wird in Ausstellungen gezeigt, die etwa alle drei Monate wechseln. Man weiß vorher nie genau, was zu sehen ist, doch man kann sicher sein, dass die Ausstellung provokativ ist und den Fokus auf ungehörte Stimmen aus aller Welt lenkt. Das Anwesen besteht aus einem hübschen, klassischen Gebäude mit drei Etagen voller Kunstwerke und einem reizenden Skulpturengarten. Das Museum ist angeschlossen an das Columbus Museum of Art.

Columbus Food Tours ESSEN & TRINKEN

(614-440-3177; www.columbusfoodadventures.com; Tour 58–72 US$) Die von Feinschmeckern geleiteten Touren führen durch verschiedene Viertel bzw. haben verschiedene Themen (Taco-Trucks, Desserts, Kaffee), manche finden zu Fuß statt, andere im Kleinbus. Die meisten dauern drei bis vier Stunden. Die Ausgangspunkte sind ebenfalls unterschiedlich.

Schlafen & Essen

BrewDog DogHouse BOUTIQUEHOTEL $$

(614-908-3051; www.brewdog.com; 96 Gender Rd, Canal Winchester; Zi. 175–200 US$;) Die schottische Brauerei BrewDog, die für ihren Wagemut bekannt ist, betreibt eine große Anlage in Canal Winchester, rund 15 Meilen (24 km) südöstlich von Downtown Columbus. Zu dieser Anlage gehört jetzt auch ein Hotel mit 32 Zimmern. Ja, richtig: Ein Hotel in der Brauerei, und jedes der Zimmer ist modern-industriell gestaltet und besitzt einen Zapfhahn sowie einen Bierkühlschrank in der Dusche.

> **GERMAN VILLAGE: COLUMBUS, OHIO**
>
> Das erstaunlich große, ganz aus Backstein erbaute „deutsche Dorf" liegt 800 m südlich vom Zentrum. Das restaurierte Viertel aus dem 19. Jh. wartet mit Bierhallen, Kopfsteinpflaster, Parks mit vielen Kunstwerken und Häusern im italienischen und im Queen-Anne-Stil auf.

Katalina's FRÜHSTÜCK $

(614-294-2233; www.katalinascafe.com; 1105 Pennsylvania Ave; Hauptgerichte 10–13 US$; 8–15 Uhr) Es scheint, als ob ganz Columbus zum Frühstücken ins Katalina's ginge. Das farbenfrohe Café versteckt sich in einer alten Tankstelle, wo die Gäste sich gern auf den vollgekritzelten Wänden und Tischen verewigen dürfen. Berühmt ist das Katalina's für seine Pancake-Bällchen (mit Nutella oder Kürbis-Apfel-Butter gefüllt), den süß-scharfen Schinken, seine Frühstücks-Tacos und seine Sandwiches mit Schweinefleisch und Ei.

★ Skillet FRÜHSTÜCK $$

(614-443-2266; www.skilletruf.com; 410 E Whittier St; Hauptgerichte 14–21 US$; Mi–So 8–14 Uhr) Dieses winzige Lokal im German Village serviert rustikale, lokale Brunch-Klassiker. Die Karte wechselt ständig, aber man kann sich den Teller oft mit warmen Zimtschnecken oder geschmorten Schweinebäckchen mit Sauce und Grütze füllen. Der Laden ist fast immer voll; Reservierungen sind nicht möglich. Am Wochenende kann man 30 Minuten vor Ankunft anrufen und sich auf die Warteliste setzen lassen.

Ausgehen & Nachtleben

Land-Grant Brewing Company KLEINBRAUEREI

(614-427-3946; www.landgrantbrewing.com; 424 W Town St; Mo–Mi 15.30–22, Do 11.30–22, Fr & Sa 11.30–24, So 11.30–20 Uhr) An den großen Picknicktischen des Land-Grant diskutieren

Bierfreunde über die Vorzüge des trüb-trockenen IPA, des baltischen Porter und des mexikanischen Lager. Insgesamt gibt's hier 24 Biere vom Fass und Probierpaletten für alle, die sich nicht entscheiden können oder wollen. Food-Trucks stehen bei Hunger der Gäste bereit, beispielsweise verkauft Ray Ray's Hog Pit von Donnerstag bis Sonntag Grillspeisen.

Shoppen

Book Loft BÜCHER

(☎ 614-464-1774; www.bookloft.com; 631 S 3rd St; ⏰ 10–23 Uhr) Für Leseratten ist dieser weitläufige Buchladen in German Village in einem Häuserblock aus der Zeit vor dem Bürgerkrieg ein Paradies. In dem Labyrinth aus 32 Räumen verliert man sich inmitten der Regale voller Bestseller, Kinderbücher, Mangas, Memoiren und anderer Bücher – alle neu und viele zu Schnäppchenpreisen.

Praktische Informationen

Columbus Convention & Visitors Bureau (☎ 866-397-2657; www.experiencecolumbus.com; 277 W Nationwide Blvd; ⏰ Mo–Fr 8–17, Sa 10–16, So 12–17 Uhr) Die Touristeninformation im Arena District hat gutes Personal und einen Souvenirladen mit Produkten aus der Region.

An- & Weiterreise

Der **John Glenn Columbus International Airport** (CMH; ☎ 614-239-4000; www.flycolumbus.com; 4600 International Gateway) liegt 10 Meilen (16 km) östlich der Stadt. Ein Taxi oder eine Mitfahrgelegenheit ins Zentrum kostet etwa 30 US$.

Greyhound (☎ 614-221-4642; www.greyhound.com; 111 E Town St) lässt mindestens sechs Busse am Tag nach Cincinnati (11–21 US$, 2 Std.) und Cleveland (13–23 US$, 2½ Std.) fahren.

Yellow Springs

Das künstlerische, unkonventionelle, kleine Yellow Springs war in den 1960er- und 1970er-Jahren dank der Antioch University ein Zentrum der Gegenkultur. Im hiesigen Kifferladen kann man zwar auch heute noch eine Bong kaufen, doch inzwischen pflastern Galerien, Kunsthandwerksläden und nachhaltige Lokale die Downtown. In dem netten Örtchen lässt es sich prima ein, zwei Tage aushalten. Man kann beispielsweise die hiesige Milchfarm besuchen, um eine Kuh zu melken oder ein hier hergestelltes Eis zu schlecken. Die umliegende Parklandschaft begeistert mit Kalksteinschluchten, Wasserfällen und zum Kanufahren geeigneten Flüssen.

Sehenswertes

★ **Young's Jersey Dairy** FARM

(☎ 937-325-0629; www.youngsdairy.com; 6880 Springfield-Xenia Rd; ⏰ Juni–Aug. 9–23 Uhr, Sept.–Mai kürzere Öffnungszeiten; 👪) GRATIS Das Young's ist eine aktive Milchfarm mit einer berühmten Eisdiele: Vielen Leuten zufolge mixt der Dairy Store die besten Milchshakes in Ohio. Hier gibt's außerdem viele witzige Aktivitäten für Familien, z.B. Minigolf, Schlagballkäfige, Ziegen füttern oder zusehen, wie Kühe gemolken werden (letzteres 16.30–17.30 Uhr). Für die Nutzung der Golf- und Schlagballanlagen bezahlt man eine Gebühr, das Beobachten der Tiere ist gratis. Auf dem Gelände befindet sich auch das Restaurant Golden Jersey Inn.

Schlafen & Essen

Morgan House B&B $$

(☎ 937-767-1761; www.arthurmorganhouse.com; 120 W Limestone St; Zi. 145–180 US$; ❄ 📶) Die sechs komfortablen Zimmer sind mit superweicher Bettwäsche und eigenen Badezimmern ausgestattet. Zum Frühstück gibt's Bio-Produkte. Das B&B liegt in Gehweite zum Hauptgeschäftsviertel.

Winds Cafe AMERIKANISCH $$$

(☎ 937-767-1144; www.windscafe.com; 215 Xenia Ave; Hauptgerichte 24–30 US$; ⏰ Di–Sa 11.30–14 & 17–22, So 10–15 Uhr) Das Winds hat vor mehr als 40 Jahren als Hippie-Kooperative angefangen und sich zu einem raffinierten Feinschmecker-Lokal gemausert, das saisonale Gerichte wie Crêpes mit Spargel in Feigensauce und Rhabarber-Heilbutt auftischt. Zur Wahl stehen kleine und große Portionen, Cocktails und Wein. Für einen Tisch in dem gemütlichen Restaurant empfiehlt sich eine Reservierung.

An- & Weiterreise

Yellow Springs liegt etwa 18 Meilen (29 km) nordöstlich von Dayton, mit dem es über die – welch Wunder – Dayton–Yellow Springs Rd verbunden ist.

Dayton

Dayton setzt voll auf seinen Beinamen „Geburtsstätte der Luftfahrt", und die

Wright-Sehenswürdigkeiten halten tatsächlich auch, was er verspricht. Eine Besichtigung der vollgestellten Werkstatt, in der einst Orville und Wilbur ihre Ideen in die Tat umsetzten, und des einsamen Feldes, auf dem sie ihre Flugzeuge testeten, ist überraschend ergreifend. Zudem gibt's hier das Air Force Museum, ein weitläufiges Wunderland für Luftfahrtfans. Der riesige Hangar-Komplex beherbergt praktisch jeden Flugzeugtyp, der jemals in den USA gebaut wurde.

Sehenswertes

★ National Museum of the US Air Force MUSEUM

(☎ 937-255-3286; www.nationalmuseum.af.mil; 1100 Spaatz St; 9–17 Uhr) GRATIS Das gigantische Museum liegt 6 Meilen (10 km) nordöstlich von Dayton auf dem Gelände der Wright-Patterson Air Force Base. Hier findet man so ziemlich alles von einem Flyer der Gebrüder Wright aus dem Jahr 1909 bis hin zu einer Sopwith Camel (Doppeldecker aus dem Ersten Weltkrieg) und einem entschärften Exemplar einer Atombombe vom Typ der „Little Boy", die über Hiroshima abgeworfen wurde. In den Hangars stehen endlose Reihen von Flugzeugen, Raketen und anderen Flugmaschinen. Auf jeden Fall sollte man das Building 4 nicht auslassen, in dem Raumfähren und Präsidentenmaschinen (darunter auch die erste Air Force One) zu sehen sind. Insgesamt braucht man etwa drei Stunden für einen Besuch, Fans der Luftfahrt sicherlich noch mehr.

Carillon Historical Park HISTORISCHE STÄTTE

(☎ 937-293-2841; www.daytonhistory.org; 1000 Carillon Blvd; Erw./Kind 10/7 US$; Mo–Sa 9.30–17, So ab 12 Uhr) Zu den Highlights in diesem historischen Park gehören das Wright Brothers National Museum, wo man den Doppeldecker Wright Flyer III aus dem Jahr 1905 und eine Nachbildung der Werkstatt der Gebrüder Wright zu sehen bekommt, sowie die Carillon Brewing Company, eine Brauerei im Stil der 1850er-Jahre, wo man natürlich an Ort und Stelle die Erzeugnisse probieren kann.

Essen & Ausgehen

Warped Wing Brewing Company KLEINBRAUEREI

(☎ 937-222-7003; www.warpedwing.com; 26 Wyandot St; Di–Do 17–22, Fr 15–24, Sa 12–24, So 12–20 Uhr) Die Brauerei hat ihren Namen von dem Konzept der Flügelverwindung der Gebrüder Wright, ihrer bahnbrechenden, das Fliegen ermöglichenden Idee. Die Kreationen dieser Brauerei sind ebenso faszinierend. Viele Bierfans halten die hiesigen IPAs, Stouts, Lager und Cucumber Sour Ales für die besten Biere der Stadt. Ebenso exzellent sind das hausgemachte Root Beer und das Ingwerbier.

An- & Weiterreise

Dayton hat einen recht großen Flughafen nördlich der Stadt. Auch Greyhound-Busse fahren in die gleich weit von Cincinnati (13–25 US$, 1½ Std., 4-mal tgl.) und Columbus (13–25 US$, 1½ Std., 6-mal tgl.) entfernt gelegene Stadt.

Cincinnati

Cincinnati liegt am Ufer des Ohio River. Die Stadt überrascht mit ihrer Schönheit, aber auch mit ihren Neonlichtern, den Vierteln im europäischen Stil und der unverhohlenen Begeisterung der Einwohner für das *five-way* (so heißt das berühmte Chili der Stadt). Angesichts des großen Angebots sollte man sich zumindest ein Fußballspiel anschauen, am Ufer mit den vielen Brücken spazieren gehen und dem Bauchrednerpuppen-Museum einen Besuch abstatten.

Sehenswertes & Aktivitäten

National Underground Railroad Freedom Center MUSEUM

(☎ 513-333-7500; www.freedomcenter.org; 50 E Freedom Way; Erw./Kind 15/10,50 US$; So & Mo 12–17, Di–Sa 10–17 Uhr, Okt.–Feb. Mo geschl.) Cincinnati war eine wichtige Zwischenstation der Underground Railroad, eines Netzwerks, das den Sklaven zur Flucht nach Norden verhalf, und damit ein Zentrum der Antisklaverei-Bewegung. Das Center zeigt Artefakte aus jener Zeit, z. B. einen unheimlichen Käfig voller Fesseln, in dem einst Sklaven für die Versteigerung eingesperrt wurden. Das Museum behandelt auch die heutigen Kämpfe um Bürgerrechte. Die Virtual-Reality-Ausstellung zu Rosa Parks (zzgl. 5 US$) zeigt, wie's geht: Die Besucher setzen ein Headset und eine Datenbrille auf und erleben dann in der Haut von Rosa Parks, wie es damals im Bus war, sich zu weigern, seinen Sitzplatz abzugeben.

Cincinnati Museum Center MUSEUM

(☎ 513-287-7000; www.cincymuseum.org; 1301 Western Ave; Erw./Kind 14,50/10,50US$; 10–17

Uhr;) Dieser Museumskomplex befindet sich im Union Terminal von 1933, einem Art-déco-Schmuckstück, das noch immer von Amtrak genutzt wird. Das Innere zieren fantastische Wandgemälde aus lokalen Rookwood-Kacheln. Die Anlage umfasst ein schickes Naturkundemuseum (mit einer Höhle und echten Fledermäusen), ein Museum für Kinder, ein Geschichtsmuseum, ein IMAX-Dome-Kino und einen Saal für Wanderausstellungen.

Der Eintrittspreis gilt für den Besuch der drei Museen; das Theater und Sonderausstellungen kosten extra. Parken schlägt mit 6 US$ zu Buche.

American Sign Museum MUSEUM
(513-541-6366; www.americansignmuseum.org 1330 Monmouth Ave; Erw./Kind 15/frei US$; Mi–Sa 10–16, So ab 12 Uhr) In diesem Museum in einer alten Fallschirmfabrik befindet sich ein überwältigender Schatz: eine Vielzahl von blinkenden Leuchtreklamen. Wer die alten Neonschilder der Drive-Ins mit den gedrungenen Dschinns, dem Frisch's Big Boy und anderen nostalgischen Motiven betrachtet, dem gehen die Augen über. Einstündige Führungen beginnen um 11 und 14 Uhr und beinhalten auch einen Besuch der Werkstatt, in der Neonschilder hergestellt werden.

Contemporary Arts Center MUSEUM
(CAC; 513-345-8400; www.contemporaryartscenter.org; 44 E 6th St; Sa–Mo 10–16, Mi–Fr bis 21 Uhr;) GRATIS Das in einem Avantgarde-Gebäude der Star-Architektin Zaha Hadid untergebrachte Zentrum zeigt moderne Kunst. Die kostenlosen Ausstellungen – etwa eine Art Retrospektive der fantasievollen Scherenschnitte des Straßenkünstlers Swoon oder surreale Multimedia-Skulpturen von Chris Larson – wechseln etwa alle drei Monate. Kinder lieben das interaktive UnMuseum im 6. Stock.

Roebling Suspension Bridge BRÜCKE
(www.roeblingbridge.org) Die elegante Brücke von 1867 war ein Vorläufer von John Roeblings berühmter Brooklyn Bridge in New York. Mit ihren romanischen Bogen und den vielen Kabeln ist die Brücke, die Cincinnati mit Covington, Kentucky, verbindet, ein Instagram-Star. Es ist cool, über die Brücke zu laufen, während die vorbeifahrenden Autos die Brücke zum „Singen" bringen – das Geräusch entsteht durch das Fahren über die Gitter.

Geführte Touren

American Legacy Tours STADTSPAZIERGANG
(www.americanlegacytours.com; 1332 Vine St; Tour 90 Min. 25 US$) Dieser Veranstalter bietet eine Vielzahl historischer Stadtrundgänge an. Am besten ist die Queen City Underground Tour, die in alte Lagerkeller tief unter dem Viertel Over-the-Rhine hinabführt und letztendlich in einer modernen Brauereischenke endet.

Feste & Events

Oktoberfest ESSEN & TRINKEN
(www.oktoberfestzinzinnati.com; Mitte Sept.) Deutsches Bier, Bratwurst und Feierlaune: Mit mehr als einer halben Million Besuchern ist dies das größte Oktoberfest in den USA. Es findet in der W 2nd und der 3rd St in der Downtown zwischen der Walnut und der Elm St statt.

Schlafen

Symphony Hotel B&B $$
(513-721-3353; www.symphonyhotel.com; 210 W 14th St; Zi. 139–249 US$) Um die Ecke von der Music Hall bietet dieses Hotel neun Zimmer in einem traditionellen, ein wenig italienisch anmutenden Gebäude. Jedes ist nach einem klassischen Komponisten benannt und im jeweiligen Stil mit entsprechenden Möbeln wie Himmelbetten oder verzierten Kirschholz-Schränken eingerichtet. Das Frühstück und der Parkplatz sind im Preis inbegriffen.

21c Museum Hotel Cincinnati HOTEL $$$
(513-578-6600; www.21cmuseumhotels.com; 609 Walnut St; Zi. 189–379 US$; P @) Als Außenstelle des beliebten Arthotels in Louisville liegt das 21c neben dem Contemporary Arts Center. Die modernen Zimmer sind mit Nespresso-Maschinen, kostenlosem WLAN, flauschigen Betten und darüber hinaus mit Kunstwerken gut ausgestattet. Die Lobby ist eine öffentliche Galerie, daher kann jeder hier ungeniert die psychedelischen Videos und Aktskulpuren betrachten. Das Restaurant und die Dachbar des Hotels ziehen Scharen von Gästen an. Parken kostet 38 US$.

Essen

Eli's BBQ GRILLGERICHTE $
(513-533-1957; www.elisbarbeque.com; 3313 Riverside Dr; Hauptgerichte 7–16 US$; 11–21 Uhr) Das Eli's ist ein winziger Laden, der ein grandioses Barbecue zaubert – darum reicht

die Schlange hier auch immer bis zur Tür raus. Man bestellt an der Theke, sucht sich einen Platz und wartet, dass die Bedienungen die über Hickoryholz geräucherten Spare Ribs auf einem roten Plastiktablett servieren. Das Fleisch ist zart, die Sauce süß, aber mit rauchigem Kick, und die Jalapeño-Cheddar-Grütze macht schlicht süchtig.

Ausgehen & Nachtleben

★ **Rhinegeist Brewery** BRAUEREI
(☎ 513-381-1367; www.rhinegeist.com; 1910 Elm St, 2. OG; ⏲ Mo–Do 15–24, Fr 15–2, Sa 12–2, So 12–21 Uhr) Im hopfenlastigen Clubhaus von Rhinegeist kippen sich Gerstensaftfans etwa 20 verschiedene Fassbiere (u.a. Truth IPA) hinter die Binde. Beim Zechen an Picknicktischen kann man dabei zuschauen, wie die frisch befüllten Flaschen vom Fließband laufen. Alternativ bietet sich eine Partie Tischtennis oder Bean-Bag-Werfen in der großen, offenen Lagerhalle an. Die Brauerei ist eine der größten in Ohio. Von der Bar auf der Dachterrasse bietet sich ein netter Blick auf die Skyline.

★ **Longfellow** COCKTAILBAR
(☎ 513-549-0744; www.longfellowbar.com; 1233 Clay St; ⏲ Di–Fr 16–2, Sa & So 14–2 Uhr) Das Longfellow in einem historischen Gebäude wirkt mit seinem knarrenden Hartholzboden, den unverputzten Backsteinwänden und dem total gemütlichen, in Kerzenschein getauchten Ambiente wie ein Amsterdamer Café. Aus den Boxen tönt Punkmusik. Schicke Einheimische knüpfen hier bei Wein, Kleinbrauereibieren oder Cocktails (beispielsweise Spruce Goose, einem erfrischendem, aber ausgesprochen starkem Cocktail mit Gin, Tonic, Limetten und Honig) Kontakte.

Unterhaltung

Nippert Stadium FUSSBALL
(☎ 513-977-5425; www.fccincinnati.com; 2700 Bearcats Way; Tickets 15–50 US$) In dem Stadion trägt der FC Cincinnati, das neue Major-League-Fußballteam der Stadt, seine Heimspiele aus. Die Mannschaft ist bekannt für ihre fanatischen Fans, die in die Trikotfarben Orange und Blau hüllen, und für die Anfangsrituale, die vor jedem Spiel zelebriert werden; dazu gehört auch der pompöse Einmarsch mit Trommeln und Leuchtgeschossen in das Stadion.

Great American Ballpark BASEBALL
(☎ 513-765-7000; www.reds.com; 100 Main St) Cincy, das Zuhause der Reds – des ersten Baseball-Profiteams – ist ein großartiger Ort, um sich ein Spiel anzusehen. Dieses Stadion mit allen Schikanen und Möglichkeiten steht direkt am Fluss, und die zahlreichen Bierstände servieren erstklassiges lokales Gebräu.

Praktische Informationen

Cincinnati Visitor Center (☎ 513-534-5877; www.cincinnatiusa.com; 511 Walnut St; ⏲ Sept.–Mai 11–17 Uhr, Juni–Aug. 9–18 Uhr) Die Touristeninformation am Fountain Sq hat Stadtpläne und Infos.

Anreise & Unterwegs vor Ort

Der **Cincinnati/Northern Kentucky International Airport** (CVG; www.cvgairport.com; 3087 Terminal Dr, Hebron) befindet sich 13 Meilen (21 km) weiter südlich in Kentucky. In die Downtown gelangt man mit dem TANK-Bus (2 US$), der am östlichen Ende der Gepäckausgabe abfährt. Eine Taxifahrt kostet 35 US$; wer mit Uber und Lyft fährt, kommt meist etwas günstiger an sein Ziel.

Greyhound (☎ 513-352-6012; www.greyhound.com; 1005 Gilbert Ave) hat täglich Busse nach Columbus (2 Std.), Indianapolis (2½ Std.) und Chicago (7 Std.). Megabus (www.megabus.com) bedient dieselben Strecken mit Abfahrt in Downtown und an der University of Cincinnati (Infos zu den genauen Abfahrtsadressen gibt's auf der Website).

Auf dem Weg nach Chicago (9½ Std.) oder Washington DC (14½ Std.) halten die Züge von Amtrak dreimal pro Woche mitten in der Nacht am **Union Terminal** (☎ 800-872-7245; 1301 Western Ave). Es gibt keinen Fahrkartenschalter vor Ort; die Fahrkarten müssen im Voraus online gekauft werden.

Metro (www.go-metro.com; Fahrpreis 1,75 US$) betreibt die Ortsbusse und sorgt für die Anbindung an die Busse der Transit Authority of Northern Kentucky (www.tankbus.org). Ganz nützlich ist der Bus 1 zwischen Downtown und Mt. Adams.

Red Bike (www.cincyredbike.org) bietet 442 Fahrräder an 57 Stationen, überwiegend in Downtown und in Over-the-Rhine. Eine Tageskarte kostet 8 US$ und berechtigt unbegrenzt zu 60-minütigen Fahrten in einem Zeitfenster von 24 Stunden. Die Fahrräder müssen jede Stunde an eine Station angeschlossen werden; falls das nicht passiert, wird ein Aufpreis fällig. An den Stationen gibt es jeweils auch mehrere E-Bikes.

Cincinnatis **Straßenbahn** (www.cincinnatibellconnector.com) fährt eine praktische, 5,5 km lange Schleife, die The Banks, Downtown und Over-the-Rhine (einschließlich Findlay Market) miteinander verbindet. Eine Tageskarte kostet 2 US$.

Südöstliches Ohio

Ohios Südostecke vereint den größten Teil von dessen Waldgebieten mit den sanften Hügeln am Fuß der Appalachian Mountains und ein paar vereinzelten Farmen. Teilweise ist die Gegend schöner, als man vielleicht denken würde. Die Region Hocking Hills in der Nähe von Logan beeindruckt mit Flüssen und Wasserfällen, Sandstein-Klippen und höhlenartigen Formationen. Ein Stück weiter liegt Athens, eine Universitätsstadt und das freigeistige Zentrum der Region. Im Osten, rund um Chillicothe, ragen die geheimnisvollen Mounds der amerikanischen Ureinwohner in den Feldern auf.

Athens

Athens eignet sich gut als hübscher Ausgangspunkt für die Erkundung des südöstlichen Ohios. Es liegt an der Kreuzung des US 50 und des US 33 inmitten bewaldeter Hügel und wurde rund um den Campus der Ohio University erbaut (der die Hälfte der Stadt ausmacht). Alte Backsteingebäude säumen die Hauptstraßen, während sich die jungen, künstlerischen Einwohner in den Cafés und trendigen Musikläden tummeln.

Schlafen

Bodhi Tree Guesthouse B&B $$
(☎740-707-2050; www.bodhitreeguesthouse.com; 8950 Lavelle Rd; Zi. 150–200 US$) Die vier Zimmer in diesem ruhigen, hippiemäßigen Farmhaus sind geschmackvoll modern (wenn auch sparsam) eingerichtet. Es gibt keine Fernseher, dafür aber WLAN und ein ausgewogenes Frühstück mit regionalem Käse, Eiern, Obst und Joghurt. Das Haus ist von der 1,6 ha großen Bio-Farm umgeben. Das Fitnessstudio auf dem Gelände bietet Yoga-Kurse und Massagen an. Die Anlage liegt eine etwa 3 Meilen (5 km) lange Fahrt vom Zentrum Athens' entfernt.

Ausgehen

Little Fish Brewing Co KLEINBRAUEREI
(☎740-204-6187; www.littlefishbrewing.com; 8675 Armitage Rd; ⊙Mo–Do 15–22, Fr & Sa 11–23, So 11–22 Uhr) Das Little Fish hat sich auf saisonale und fassgereifte Sauerbiere spezialisiert, aber es gibt auch Pale Ales, Porter und Rauchbiere frisch vom Fass. Die Brauer beziehen den Großteil des Getreides und einen Teil des Hopfens aus Ohio; ihr Vorzeigebier jedoch, das Saison du Poisson, wird ausschließlich mit Zutaten aus Ohio gebraut.

An- & Weiterreise

Die nächste Großstadt ist Columbus, 75 Meilen (121 km) nordwestlich über die US 33. **GoBus** (☎888-954-6287; www.ridegobus.com; Ohio University Baker Center, Eingang Oxbow Trail) fährt ein paar Mal am Tag von/nach Downtown Columbus (einfache Strecke 10 US$, 2 Std.).

Logan

Logan ist ein praktisches Basislager für die Erkundung der Gegend um die Hocking

ABSTECHER

DIE MOUNDS VON OHIO

Die Gegend südlich von Columbus war ein Zentrum der antiken Hopewell-Kultur, die riesige geometrische „Mounds" (Erd- und Grabhügel) aus der Zeit von 200 v. Chr. bis 500 n. Chr. hinterließ. Der **Hopewell Culture National Historical Park** (☎740-774-1126; www.nps.gov/hocu; 16062 Hwy 104, Chillicothe; ⊙Sonnenaufgang–Sonnenuntergang) erzählt ihre Geschichte. Das Visitor Center (8.30–17 Uhr) bietet faszinierende Hintergrundinformationen, aber am eindrucksvollsten ist eine Wanderung zu den verschieden geformten Hügeln, die über die 5 ha große Mound City verteilt liegen, eine mysteriöse Stadt der Toten. Die Anlage befindet sich 3 Meilen (5 km) nördlich von Chillicothe, neben einem von Ohios größten Gefängnissen.

Serpent Mound (☎937-587-2796; www.ohiohistory.org; 3850 Hwy 73, Peebles; 8 US$/Auto; ⊙9 Uhr–Sonnenuntergang) ist vielleicht der faszinierende der Ureinwohner-Hügel, die im Südosten Ohios zu finden sind. Diese riesige, ausgerollte Schlange erstreckt sich über 400 m und ist die größte bildhafte Hügelstruktur der Welt. Man kann rundherum gehen oder den Aussichtsturm erklimmen und den Blick von oben genießen. Die Stätte liegt ziemlich ab vom Schuss, ist aber so faszinierend, dass sich die Mühe lohnt. Sie befindet sich 50 Meilen (80 km) südwestlich von Chillicothe.

Hills. In der von spektakulären Schluchten und Grotten geprägten Landschaft sind Wandern, Kanufahren, Campen und andere Freiluftaktivitäten ein Muss. Im Hocking Hills State Park verliert man sich tagsüber in der grünen Landschaft und schaut nachts in den Sternenhimmel, und Logan bietet skurrile Lokalkultur, etwa ein Waschbrett-Museum und eine Schwarzbrennerei.

Sehenswertes & Aktivitäten

Hocking Hills State Park STATE PARK
(☎740-385-6842; http://parks.ohiodnr.gov/hockinghills; 19852 Hwy 664) GRATIS Ohios beliebtester Park lohnt zu jeder Jahreszeit einen Besuch, besonders hübsch ist er aber im Herbst. Er bietet fast 50 km an Wanderwegen, die an Wasserfällen und Schluchten vorbei kreuz und quer durch den Wald führen. Die Old Man's Cave ist der Brennpunkt des Parks, und es gibt mehrere weniger als 800 m lange Pfade, die zu malerischen Stellen führen. Im nahe gelegenen Cedar Falls gibt es einen 800 m langen Weg an steilen Felswänden entlang zu einem friedlichen Wasserfall mit Becken. Der Park breitet sich 12 Meilen (19 km) südwestlich von Logan aus.

Hocking Hills Adventures KANUFAHREN
(☎740-385-8685; www.hockinghillscanoeing.com; 31251 Chieftain Dr; Kajak-/Kanutrip ab 23/39 US$; ⏲April–Okt.) Bietet eine Reihe von Trips, die man ohne Führer auf dem Hocking River unternehmen kann, von zweistündigen Ausflügen bis hin zu ganztägigen Expeditionen. Einmal im Monat wird eine nächtliche Paddeltour im Mondschein mit Tiki-Fackeln angeboten. Der Veranstalter vermietet auf dem Gelände auch Stellplätze für Zelte und Wohnmobile (26–35 US$) sowie rustikale Hütten (65–95 US$). Letztere haben allerdings keine Badezimmer, und Gäste müssen ihre Bettwäsche selbst mitbringen.

An- & Weiterreise

Die US 33 ist die Hauptstraße nach Logan. GoBus (S. 636) hat täglich mehrere Busse, die auf dem Weg zwischen Downtown Columbus (10 US$, 80 Min.) und Athens (10 US$, 40 Min.) im Ort halten.

MICHIGAN

Mehr, mehr, mehr! Michigan ist der Bundesstaat der Superlative im Mittleren Westen. Hier gibt's mehr Strände als an der Atlantikküste. Mehr als die Hälfte des Staates ist von Wäldern bedeckt. Und hier werden mehr Kirschen und Beeren in Pies eingebacken als irgendwo sonst in den USA. Außerdem ist Detroit die aufregendste Stadt im Mittleren Westen und erfindet sich tagtäglich mit Straßenkunst und frischer Architektur neu.

Michigan hat erstklassigen Grundbesitz zu bieten und ist von vier der fünf Großen Seen – Lake Superior, Lake Michigan, Lake Huron und Lake Erie – umgeben. Inseln sprenkeln die Küste – Mackinac, Manitou und Isle Royale sind fantastische Ziele für Besucher. Weitere Highlights sind die Surfstrände sowie farbige Sandsteinklippen und Sanddünen, auf denen man wandern kann.

Der Staat besteht aus zwei Hälften: Die größere von ihnen ist Lower Peninsula und wie ein Fausthandschuh geformt, die kleinere, weniger bevölkerte ist Upper Peninsula und sieht mit etwas Fantasie aus wie ein Pantoffel. Beide sind durch die atemberaubende Mackinac Bridge verbunden, die die Straits of Mackinac überspannt.

Praktische Informationen

Michigan Highway Conditions (www.michigan.gov/mdot)

Michigan State Park Information Wer mit dem Auto in einen Park fahren will, benötigt eine Genehmigung (pro Tag/Jahr 9/33 US$). Zelt- und Wohnmobil-Stellplätze kosten 15 bis 45 US$; Reservierungen werden angenommen (www.midnrreservations.com; Gebühr 8 US$). In einigen Parks gibt es WLAN.

Travel Michigan (www.michigan.org)

Detroit

Nach jahrzehntelanger Vernachlässigung geht's mit Detroit wieder aufwärts. Es ist, als wäre die ganze Stadt in einem Koffeinrausch frei wirbelnder Ideen. Hierher zieht es immer mehr junge, kreative Leute, die verwaiste Gebäude in Brennereien, Cafés, Galerien und Schokoladenläden verwandeln. In Downtown fallen einem angesichts der außergewöhnlichen Art-déco-Wolkenkratzer, der skurrilen öffentlichen Parks und der abgefahrenen Straßenkunst glatt die Augen aus dem Kopf. Tagsüber verkörpern faszinierende Sehenswürdigkeiten die Geschichte der Autoindustrie in Detroit. Abends zeigen Musiker in den zeitlosen Jazzclubs ihr Können. Hübsche Radtouren und weitläufige

Detroit

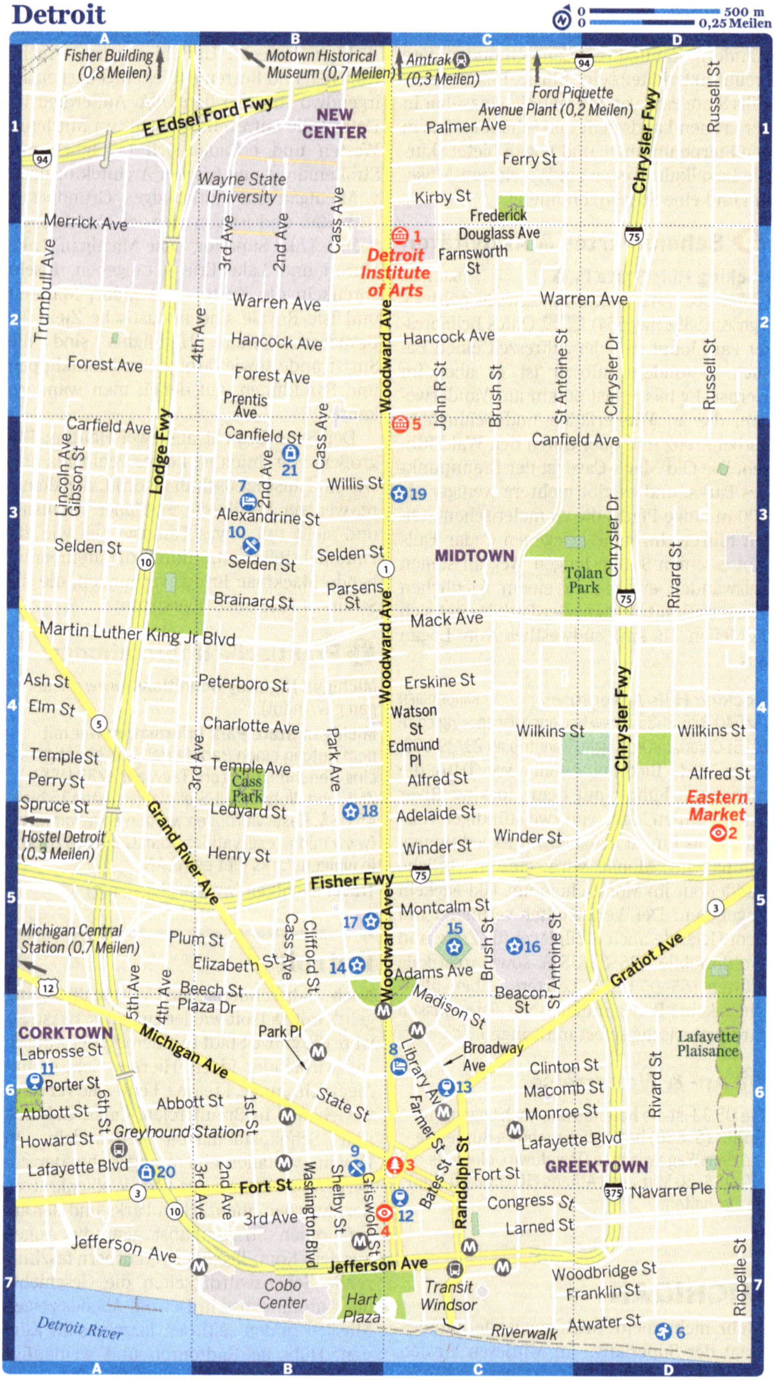
0 500 m
0 0,25 Meilen
A
B
C
D
1
2
3
4
5
6
7
Fisher Building (0,8 Meilen)
Motown Historical Museum (0,7 Meilen)
Amtrak (0,3 Meilen)
Ford Piquette Avenue Plant (0,2 Meilen)
E Edsel Ford Fwy
94
NEW CENTER
Palmer Ave
Ferry St
Russell St
Chrysler Fwy
Wayne State University
Kirby St
Frederick
Douglass Ave
Farnsworth St
75
Merrick Ave
3rd Ave
2nd Ave
Cass Ave
1
Detroit Institute of Arts
Trumbull Ave
Warren Ave
Woodward Ave
Hancock Ave
4th Ave
Forest Ave
Prentis Ave
John R St
Brush St
St Antoine St
Chrysler Dr
Carfield Ave
Canfield St
Canfield Ave
5
Lincoln Ave
Gibson St
Lodge Fwy
21
7
Willis St
19
Alexandrine St
10
Selden St
MIDTOWN
Tolan Park
Rivard St
Parsens St
Brainard St
Mack Ave
Martin Luther King Jr Blvd
Ash St
Peterboro St
Erskine St
Elm St
Charlotte Ave
Watson St
Edmund Pl
Wilkins St
Temple St
Park Ave
Perry St
Temple Ave
Cass Park
Alfred St
Spruce St
Ledyard St
18
Adelaide St
Eastern Market
2
Hostel Detroit (0,3 Meilen)
Grand River Ave
Henry St
Winder St
Fisher Fwy
Montcalm St
3
Michigan Central Station (0,7 Meilen)
Plum St
Clifford St
17
15
16
Elizabeth St
14
Adams Ave
Gratiot Ave
12
5th Ave
4th Ave
Beech St
Plaza Dr
Madison St
Beacon St
CORKTOWN
Park Pl
8
Broadway Ave
Lafayette Plaisance
Labrosse St
Michigan Ave
Library Av
Clinton St
11
Porter St
13
Macomb St
6th St
Abbott St
1st St
State St
Farmer St
Monroe St
Howard St
Greyhound Station
Lafayette Blvd
9
Bates St
Randolph St
Lafayette Blvd
20
Washington Blvd
Shelby St
Griswold St
Fort St
GREEKTOWN
Navarre Ple
375
Congress St
3rd Ave
12
4
Larned St
Jefferson Ave
Riopelle St
Woodbridge St
Cobo Center
Hart Plaza
Transit Windsor
Franklin St
Detroit River
Riverwalk
Atwater St
6

Märkte tragen ebenfalls zum energiegeladenen Charme der Stadt bei.

Geschichte

Der Forschungsreisende Antoine de La Mothe Cadillac gründete Detroit im Jahre 1701. Doch das Glück kam in den 1920er-Jahren, als Henry Ford mit der Autoproduktion begann. Er hat das Auto nicht erfunden, auch wenn das mancher US-Amerikaner vielleicht meint, aber er hat die Arbeit am Montageband und die Massenproduktionstechniken perfektioniert. Das Resultat war das Model T, das erste Auto der USA, das sich die Mittelschicht leisten konnte.

Detroit wurde schnell die Welthauptstadt der Autoindustrie. General Motors (GM), Chrysler und Ford hatten und haben alle ihren Hauptsitz in der Nähe von Detroit. Die 1950er-Jahre waren die Blütezeit der Stadt, als die Einwohnerzahl die 2-Mio.-Grenze überschritt und Motown-Musik durch die Luft waberte. Doch 1967 wurden die Stadt und ihre Industrie von Rassenunruhen erschüttert und in den 1970er-Jahren schließlich durch die Konkurrenz der japanischen Autokonzerne. Detroit erlebte eine Ära des Niedergangs, in dessen Folge die Stadt zwei Drittel ihrer Einwohner verlor.

Im Juli 2013 meldete Detroit den größten Bankrott in der Geschichte der USA: 18 Mrd. US$. Die Stadt schnallte den Gürtel danach extrem eng und überwand die Pleite im Dezember 2014 schlussendlich. Seither geht es mit Downtown dank eines Immobilien-Booms wieder bergauf, aber für viele Langzeiteinwohner außerhalb des Zentrums hat sich das Blatt noch längst nicht gewendet.

ABSTECHER

BELLE ISLE PARK

Der hübsche **Belle Isle Park** (www.belleisleconservancy.org; Auto/Fahrrad 9 US$/frei; ⌚5–22 Uhr) liegt mitten im Detroit River. Das gesamte Gebiet ist Parkgelände, wo einen Kajakfahrten, Wanderwege und ein Gewächshaus mit Glaskuppel erwarten. Es gibt auch einen Strand, einen Zoo, ein Aquarium und ein Meeresmuseum. Die einzelnen Attraktionen sind alle mit dem Eintrittspreis abgedeckt. Hier kann man wunderbar Rad fahren.

Sehenswertes

★ **Detroit Institute of Arts** MUSEUM
(DIA; ☎313-833-7900; www.dia.org; 5200 Woodward Ave; Erw./Kind 14/6 US$; ⌚Di–Do 9–16, Fr 9–22, Sa & So 10–17 Uhr) Das DIA beherbergt eine der besten Kunstsammlungen der Welt. Das Herzstück ist Diego Riveras Wandgemälde Detroit Industry, das einen kompletten Raum einnimmt und die Arbeitergeschichte der Stadt widerspiegelt. Außerdem sieht man in den über 100 Galerien Picassos, Caravaggios, Rüstungen, moderne afro-amerikanische Gemälde, Marionetten und jede Menge mehr.

★ **Fisher Building** ARCHITEKTUR
(☎313-872-1000; www.thefisherbuilding.com; 3011 W Grand Boulevard) Dieses Gebäude von 1928

Detroit

Highlights
1 Detroit Institute of Arts ... C2
2 Eastern Market ... D5

Sehenswertes
3 Campus Martius Park ... C6
4 Guardian Building ... C7
5 Museum of Contemporary Art Detroit ... C3

Aktivitäten, Kurse & Touren
6 Wheelhouse Bikes ... D7

Schlafen
7 El Moore Lodge ... B3
8 Shinola Hotel ... C6

Essen
9 Dime Store ... B6
10 Parks & Rec Diner ... B5

Ausgehen & Nachtleben
11 Batch Brewing Company ... A6
12 Grand Trunk Pub ... C7
13 Standby ... C6

Unterhaltung
14 Cliff Bell's ... B5
15 Comerica Park ... C5
16 Ford Field ... C5
17 Fox Theatre ... B5
18 Little Caesars Arena ... B5
19 Magic Stick ... C3

Shoppen
20 John K. King Used & Rare Books ... A6
Pure Detroit ... (siehe 4)
21 Third Man Records ... B3

ist ein Meisterwerk des Erbauers von Detroit, Albert Kahn. Die imposante Art-déco-Fassade wurde mit Granit aus Minnesota und Marmor aus Maryland erbaut, und drinnen kann sich das Gebäude mit jeder italienischen Kathedrale messen. Von den hoch aufragenden Gewölbedecken, die mit aufwendigen handbemalten Mustern übersät sind, bis hin zu den strahlenden Mosaiken des ungarischen Künstlers Géza Maróti und dem glänzenden Marmor an den Wänden kennt der Gestaltungsreichtum keine Grenzen.

★ Eastern Market MARKT

(www.easternmarket.org; Adelaide St & Russell St) Stände mit Obst und Gemüse, Käse, Gewürzen und Blumen füllen samstags diese großen Hallen, aber auch von Montag bis Freitag kann man durch die Spezialitätengeschäfte (inklusive einer Erdnussrösterei) und Cafés bummeln, die die Hallen in der Russell und Market St säumen. Außerdem finden von Juni bis September dienstags ein kleinerer und sonntags ein Kunsthandwerkermarkt mit Food-Trucks statt. Die Wandgemälde sind hingegen täglich zu bewundern: Der Eastern Market hat sich zu einem international bekannten Mekka für Straßenkunst entwickelt.

Campus Martius Park PARK

(www.downtowndetroitparks.com; 800 Woodward Ave; 🐻) Dieser öffentliche Park im Zentrum von Detroits Downtown ist der perfekte Ort, um an einem sonnigen Nachmittag genüsslich zu faulenzen. In der Mitte des Parks plätschert ein Springbrunnen, der gesäumt ist von Tischen mit Sonnenschirmen. Daneben lockt in den wärmeren Monaten ein netter Sandstrand mit Liegestühlen; im Winter verwandelt sich der Platz in die beliebteste Eisbahn der Stadt. Außerdem gibt es hier eine Konzertbühne und im Sommer ein improvisiertes Restaurant mit Bar. Am Fuß des Parks steht das Michigan Soldiers & Sailors Monument.

Guardian Building ARCHITEKTUR

(☎313-963-4567; www.guardianbuilding.com; 500 Griswold St; ⏲Mo–Sa 8.30–18, So 11–17 Uhr) Das markante 40-stöckige rote Backsteingebäude mit grünen und weißen Akzenten sollte die „Kathedrale des Finanzwesens" sein und war bei seiner Eröffnung im Jahr 1929 das höchste gemauerte Gebäude der Welt. Im Inneren präsentiert es sich als Farbenexplosion aus Marmor, Mosaiken und Wandgemälden, die stilistische Einflüsse der Azteken, des Art déco und der Region aufweisen. Dies ist vermutlich das schönste Bank-of-America-Gebäude, das man je gesehen haben wird. Der Tourveranstalter **Pure Detroit** (☎313-963-1440; www.puredetroit.com; ⏲Mo–Sa 9.30–18, So 11–17 Uhr), der hier seine Flaggschiff-Filiale hat, bietet an den meisten Samstagen und Sonntagen Führungen durch das Gebäude an.

Museum of Contemporary Art Detroit MUSEUM

(MOCAD; ☎313-832-6622; www.mocadetroit.org; 4454 Woodward Ave; empfohlene Spende 5 US$; ⏲Mi, Sa & So 11–17, Do & Fr bis 20 Uhr) Das MOCAD befindet sich in einem verlassenen, mit Graffiti übersäten Autohaus. Heizlampen baumeln an der Decke über den sehr speziellen Ausstellungen, die alle paar Monate wechseln. Regelmäßig finden Konzerte und Literaturveranstaltungen statt. Die Café-Cocktail Bar vor Ort ist beliebt.

Motown Historical Museum MUSEUM

(☎313-875-2264; www.motownmuseum.org; 2648 W Grand Blvd; Erw./Kind 15/10 US$; ⏲Juni & Aug. Di–Fr & So 10–18, Sa bis 20 Uhr, Sept.–Mai Di–Sa bis 18 Uhr) Mit einem Kredit von 800 US$ gründete Berry Gordy 1959 in dieser unscheinbaren Häuserzeile Motown Records – und legte damit den Grundstein für die Karrieren von großen Stars wie Stevie Wonder, Diana Ross, Marvin Gaye und Michael Jackson. Das Label zog zwar 1972 nach Los Angeles um, doch man kann noch immer das bescheidene Studio A besuchen und sich anschauen, wo die Stars ihre ersten Hits aufgenommen haben.

Ford Piquette Avenue Plant MUSEUM

(☎313-872-8759; www.fordpiquetteplant.org; 461 Piquette Ave; Erw./Kind 12 US$/frei; ⏲April–Okt. Mi–So 10–16 Uhr) Henry Ford produzierte in dieser berühmten Fabrik das erste Model T. Im Eintritt enthalten sind eine lange Führung mit begeisterten Guides sowie ein Blick auf jede Menge glänzender Oldtimer; der älteste davon stammt aus dem Jahr 1904. Das Museum liegt etwa 1 Meile (1,6 km) nordöstlich vom Detroit Institute of Arts.

Aktivitäten

★ Slow Roll RADFAHREN

(www.slowroll.bike; ⏲Ende Mai–Okt. Mo) Bis zu 6000 Radfahrer kommen jeden Montag zu der 13 bis 19 km langen Radtour, die jeweils durch ein anderes Viertel Detroits führt, zusammen. Dies ist eine tolle Möglichkeit, Einheimische kennenzulernen. Detroiter aller Altersgruppen und Fitnessniveaus nehmen an der Radtour teil. Auf der Website findet man den jeweiligen Treffpunkt der Woche. Start ist bis Anfang September jeweils um 18 Uhr, dann bis Ende Oktober jeweils um 17.30 Uhr.

Riverwalk & Dequindre Cut STADTSPAZIERGANG
(www.detroitriverfront.org) Dieser tolle, fast 5 km lange Weg erstreckt sich am Ufer des aufgewühlten Detroit River – von der Hart Plaza bis zur Mt. Elliott St im Osten. Er führt vorbei an mehreren Parks, Freilufttheatern, Flussschiffen und Angelstellen und soll später einmal auf der **Belle Isle** mit ihren vielen Stränden enden (derzeit muss man noch über die Jefferson Ave gehen). In der Nähe der Orleans St zweigt auf halber Strecke Richtung Norden der 2,5 km lange Dequindre Cut Greenway vom Riverwalk ab. Über ihn erreicht man bequem den Eastern Market.

Geführte Touren

★ **Pure Detroit Tours** STADTSPAZIERGANG
(☎ 855-874-7873; www.puredetroit.com; ⊙ Sa & So) GRATIS Pure Detroit ist ein Lieferant lokal inspirierter Geschenkartikel und bietet zudem Führungen durch einige der besten Sehenswürdigkeiten der Stadt an, u. a. durch das Fisher Building, das Guardian Building und die Packard Plant. Die Führer, meist Lokalhistoriker, sind ebenso kompetent wie freundlich. Einfach bei einer der fünf Filialen in der Stadt vorbeischauen oder einen Blick auf die Website werfen!

Wheelhouse Bikes RADFAHREN
(☎ 313-656-2453; www.wheelhousedetroit.com; 1340 E Atwater St; 2 Std. 17 US$; ⊙ Mo–Do 11–19, Fr & Sa 10–20, So 10–17 Uhr; im Winter verkürzte Öffnungszeiten) Die Stadt lässt sich wunderbar mit dem Fahrrad erkunden. Wheelhouse verleiht robuste Drahtesel (inkl. Helm & Schloss) an der Rivard Plaza am Riverwalk. Es gibt Thementouren (45 US$ inkl. Fahrrad) durch die Stadtviertel, zu architektonischen Highlights und städtischen Farmen.

Feste & Events

North American International Auto Show KULTUR
(www.naias.com; 1 Washington Blvd; 14 US$; ⊙ Mitte Jan.) Im Cobo Center können Mitte Januar zwei Wochen lang jede Menge Autos besichtigt werden.

Movement Electronic Music Festival MUSIK
(www.movement.us; Ecke Jefferson & Woodward Ave; Tageskarte 85 US$; ⊙ Ende Mai) Am Memorial-Day-Wochenende findet auf der Hart Plaza das weltgrößte Festival für elektronische Musik statt.

Schlafen

Detroit erlebt einen Hotel-Boom: Mehrere Designer-Häuser eröffneten in den letzten Jahren in Downtown und Midtown, und weitere sind in Planung. In diesen Gegenden gibt's haufenweise über Airbnb vermietete Wohnungen, die eine günstigere Alternative darstellen. Auf die Preise kommen je nach Größe und Lage der Unterkunft noch 9 bis 15 % Steuern hinzu.

Hostel Detroit HOSTEL $
(☎ 313-451-0333; www.hosteldetroit.com; 2700 Vermont St; B 30–39 US$, Zi. 64–74 US$; P ❄ @ ☜) Freiwillige haben das alte Gebäude mit recycelten Materialien renoviert, es von innen und außen bunt bemalt und mit Spenden das Mobiliar zusammengewürfelt. Es gibt zwei Schlafsäle mit je zehn Betten, zwei mit je vier Betten und eine Handvoll privater Zimmer; alle teilen sich die vier Badezimmer und die drei Küchen. Buchungen sind nur online möglich (min. 24 Std. im Voraus!).

El Moore Lodge BOUTIQUEHOTEL $$
(☎ 313-924-4374; www.elmoore.com; 624 W Alexandrine St; Zi. 75–170 US$, Hütte ab 200 US$; P ❄ ☜) 🍃 Eine einzigartige Bleibe in Midtown mit einer tollen freundlichen Atmosphäre! Das El Moore befindet sich in einem mit Zinnen bewehrten Gebäude von 1898, das renoviert wurde und jetzt über Solarzellen und eine geothermische Heiz- und Kühlanlage verfügt. Wiederverwertetes Holz und Fliesen prägen das Innere. Die elf unterschiedlichen Zimmer reichen von Kellerkammern mit zwei Etagenbetten bis hin zu schicken „Hütten" auf dem Dach mit eigenem Balkon.

★ **Shinola Hotel** DESIGNHOTEL $$$
(☎ 313-356-1400; www.shinolahotel.com; 1400 Woodward Ave; Zi. 215–325 US$; P ❄ ☜ 🐾) Das gleichnamige Detroiter Unternehmen für Luxusuhren hat sein Geschäft ausgeweitet und ist mit dem stilsicheren Shinola ins Hotelgewerbe eingestiegen. Es bietet 129 Zim-

INSIDERWISSEN

DETROITS RUINEN

Die heruntergekommenen Gebäude, die sich die meisten vorstellen, wenn sie an Detroit denken, sind nicht mehr so zahlreich wie früher – zumindest nicht in Downtown, wo dank engagierter Einheimischer und privater Investoren viele architektonische Schmuckstücke liebevoll restauriert wurden und in neuem Glanz erstrahlen. Nationale Ketten sind ebenfalls auf diesen Zug aufgesprungen, seit sich das Blatt für die Stadt zum Guten zu wenden scheint, darunter Läden von Madewell und Nike und Hotelketten wie Element und Aloft, die zuvor leerstehende Gewerbegebäude übernahmen.

Überall im Stadtzentrum wird gebaut. Das kommt sogar berühmten Ruinen zu Gute – Gebäuden wie der **Michigan Central Station** (2405 W Vernor Hwy) und der **Packard Plant** (E Grand Blvd Höhe Concord St), die als unrettbar verloren galten. Erstere wird für 350 Mio. US$ zum neuen Innovationscampus der Ford Motor Company ausgebaut, letztere (langsam) in einen Büro- und Unterhaltungskomplex umgewandelt.

Trotzdem: In der 360 km² großen Stadt stehen nach wie vor zahlreiche Gebäude leer, vor allem außerhalb des Stadtkerns. Detroits Tage als Magnet für Besucher, die von Ruinen magisch angelockt werden, sind allerdings gezählt. Achtung: Das Betreten leerstehender Gebäude ist verboten!

mer in Erdfarben mit Hartholzböden, modernen Möbeln aus der Mitte des vorigen Jahrhunderts, großen Fenstern, die viel Sonnenlicht hineinlassen, und regionalem Bier in der Minibar; einige haben sogar Plattenspieler und Schallplatten. Die Lage in Downtown ist super-bequem dank der Nähe zu den Sportstadien, zur QLine und zu Läden.

Essen

In Detroits kulinarischer Szene herrscht Hochbetrieb, und besonders in Downtown, Midtown und Corktown findet man hippe Restaurants. Schicke Lokale gibt's auch in zwei nahe gelegenen Vorstädten, und zwar im fußläufigen, schwulenfreundlichen Ferndale an der 9 Mile Rd und der Woodward Ave sowie in Royal Oak, gleich nördlich von Ferndale zwischen der 12 Mile Rd und der 13 Mile Rd.

★ Sister Pie PIES $

(☎313-447-5550; www.sisterpie.com; 8066 Kercheval Ave; Backwaren 1–5 US$, Stück Pie 4 US$; ⊙Mo–Fr 8–16, Sa & So 9 Uhr–ausverkauft) Die Inhaberin Lisa Ludwinski (Finalistin im Wettbewerb um den James Beard Award 2019) und ihre Armee von Bäckerinnen zaubern in diesem Eckladen unglaubliche Köstlichkeiten. Einfach fabelhaft sind die blättrigen Pies z.B. mit Milchschokolade im Schachbrettmuster, gesalzenem Ahornsirup oder Marshmallow-Buttertoffees, und auch die auf der Zunge zergehenden Erdnussbutter-Paprika-Cookies lassen einen nach mehr lechzen. Hier werden alle Leckereien mit saisonalen Zutaten von Farmen aus der Region zubereitet!

Dime Store AMERIKANISCH $

(☎313-962-9106; www.eatdimestore.com; 719 Griswold St; Hauptgerichte 9–14 US$; ⊙8–15 Uhr) Das gemütliche Restaurant im Diner-Stil setzt seine Gäste auf schwere Drehstühle. Zu kaltem Bier gibt's hier z.B. Reuben-Sandwiches mit Entenfleisch oder Pommes mit Trüffel-Mayonnaise. Die sehr beliebten Brunch-Gerichte mit viel Ei sind ganztägig zu haben.

★ Detroit Vegan Soul VEGAN $$

(☎313-649-2759; www.detroitvegansoul.com; 8029 Agnes St; Hauptgerichte 13–17 US$; ⊙Di–Sa 12–20 Uhr;) Schon beim Betreten des mit hellem Holz dekorierten Cafés, in dem man von Hippies bedient wird, gerät man angesichts der Fülle von Soul-Food-Gerichten, die rein zufällig auch noch vegan sind, ins Staunen. Am besten setzt man auf die Soul Platter mit Augenbohnen, Süßkartoffeln in Ahornsirup-Glasur, Makkaroni mit Käse, geräuchertem Blattkohl und einem Maismehl-Muffin. Auf der Karte stehen auch Wels und Barbecue (beides auf Tofu-Basis).

Selden Standard AMERIKANISCH $$$

(☎313-438-5055; www.seldenstandard.com; 3921 2nd Ave; kleine Teller 12–18 US$; ⊙Mo–Fr 11–14.30 & 17–22, Sa & So 10–14 & 17–22 Uhr) Im Selden Standard kommt das Essen direkt vom Hof auf den Tisch. Dies ist eines jener Restaurants, die ihre Butter selbst schlagen und ihre eigene Pasta bereiten. Die Karte wechselt ständig, doch in der Regel gibt's Gerichte wie frisch gefangene Forelle und Ravioli mit Knollensellerie sowie einfallsreiche Cocktails.

Ausgehen & Nachtleben

★ Standby COCKTAILBAR

(☎ 313-241-5719; www.standbydetroit.com; 225 Gratiot Ave; ⊙ 17–2 Uhr) Das Standby versteckt sich in der Gasse, die „The Belt" genannt wird. Wer es findet, wird mit kreativ-verrückten Cocktails wie Snake in the Grass (Gin, Limette, Sellerie und mit Stickstoff untergemischter Sareptasenf) belohnt. Die ausgelassene Bar ist am Wochenende schnell voll; Reservierung empfohlen.

Batch Brewing Company KLEINBRAUEREI

(☎ 313-338-8008; www.batchbrewingcompany.com; 1400 Porter St; ⊙ Mo–Do 11–22, Fr & Sa 11–24, So 10–20 Uhr) Der kleine Schankraum des Batch ist an den meisten Abenden in der Woche rappelvoll. An einem Tisch spielt man Brettspiele, am Nebentisch sitzt vielleicht ein junges Pärchen bei einem Date, und an anderer Stelle reden Arbeitskollegen über Geschäftliches. Lagerbiere deutscher Art und Pale Ales sind die Dauerbrenner unter den 18 Fassbieren; es gibt aber auch ein paar Monster-Doppelbockbiere und Double IPAs.

Grand Trunk Pub BAR

(☎ 313-961-3043; www.grandtrunk.pub; 612 Woodward Ave; ⊙ Mo–Fr 11–2, Sa & So ab 10 Uhr) Dieser Raum mit hoher Decke war einst die Fahrkartenhalle der Grand Trunk Railroad und ist immer noch recht belebt – die Gäste bleiben heute aber gern ein bisschen länger hier. Aus gutem Grund: Die Bierauswahl ist groß, und die Speisekarte bietet alles, was man braucht. Auf der Terrasse kann man dank der Fußgängerzone in der Woodward Ave ausgezeichnet Leute gucken.

☆ Unterhaltung

Cliff Bell's JAZZ

(☎ 313-961-2543; www.cliffbells.com; 2030 Park Ave; ⊙ Di–Fr 17–24, Sa 17–0.30, So 11–22 Uhr) Mit seinem von Kerzenschein und Art-déco-Dekor geprägten Ambiente und den hier auftretenden lokalen Jazzbands zieht das Cliff Bell's ein buntes, junges Publikum an. Den eleganten, mit Mahagoniholz und Messing verzierten Club gibt es schon seit 1935. Die Konzerte werktags sind in der Regel kostenlos, am Wochenende zahlt man 10 bis 15 US$.

Magic Stick LIVEMUSIK

(☎ 313-833-9700; www.majesticdetroit.com; 4120–4140 Woodward Ave; ⊙ 11–2 Uhr) Im schon ziemlich abgeratzten Magic Stick kann man aufstrebende Rapper und Rockbands erleben. Im angeschlossenen Majestic Theater finden größere Shows statt. Die Veranstaltungsräume haben zwar in den letzten Jahren etwas Glanz verloren, dennoch wird man an den meisten Abenden coole Bands zu sehen und zu hören bekommen. Die Anlage umfasst auch eine Bowlingbahn, eine Dachterrasse und eine Pizzeria.

Fox Theatre DARSTELLENDE KUNST

(☎ 313-471-6611; www.olympiaentertainment.com; 2211 Woodward Ave) Das opulente Theater wurde 1928 im orientalischen Stil erbaut und ist eines der Wahrzeichen von Detroit. Es ist eines der wenigen Häuser, die während der zahlreichen Aufs und Abs der Stadt durchgehend ein Programm auf die Bühne brachten. Zuerst wurden hier Stummfilme gezeigt (es gibt hier noch immer zwei Orgeln), heute

VON MOWTOWN BIS ROCK CITY

Motown Records und Soul machten Detroit in den 1960er-Jahren bekannt. Auf diesen glatten Sound antworteten die Stooges und MC5 im folgenden Jahrzehnt mit hämmerndem Punkrock. 1976 erhielt die Stadt durch einen Song von Kiss den Beinamen *Rock City* (zu Detroits Glück war die Rückseite der Single, *Beth*, aber deutlich erfolgreicher). In den frühen 2000er-Jahren hat härterer Garage-Rock die Stadt mit heimischen Stars wie den White Stripes, den Von Bondies und den Dirtbombs erneut ins musikalische Rampenlicht gerückt, während Eminem den Rap in Detroit heimisch machte. Und dann ist da noch Techno, die elektronische Tanzmusik, die DJs Mitte der 1980er-Jahre in der Stadt kreierten. Techno stützte sich auf Synthesizer-Melodien und komplexe maschinelle Rhythmen und wurde zu einer weltweiten Sensation. Zu Ehren dieses Stils findet in Detroit auch heute noch das größte Festival elektronischer Musik (S. 641) statt. Infos zu aktuellen Shows und eine Liste der Clubs findet man in kostenlosen Publikationen wie *Metro Times*.

treten im Fox Comedians, Top-Musiker und Broadway-Künstler auf.

Comerica Park BASEBALL
(☎313-962-4000; www.detroittigers.com; 2100 Woodward Ave; 👪) Im Comerica, einem der am besten ausgestatteten Stadien der Liga, spielen die Detroit Tigers Baseball. Der Park ist besonders kinderfreundlich, hat ein kleines Riesenrad und ein Karussell (2 US$/ Fahrt).

Little Caesars Arena STADION
(☎313-471-6606; www.olympiaentertainment.com; 2645 Woodward Ave) Dieses schicke Stadion für große Konzerte und Sportevents wurde 2017 eröffnet. Detroits wilde Profihockeymannschaft, die Red Wings (www.nhl.com/redwings), und das Profibasketballteam Pistons (www.nba.com/pistons) spielen hier von Oktober bis April.

Ford Field FOOTBALL
(☎877-212-8898; www.detroitlions.com; 2000 Brush St) Die Profi-Footballer der Detroit Lions spielen in diesem überdachten Stadion neben dem Comerica Park.

Shoppen

★ John K. King Used & Rare Books BÜCHER
(☎313-961-0622; www.johnkingbooksdetroit.com; 901 W Lafayette Blvd; ⌚Mo–Sa 9.30–17.30 Uhr) Dieser überladene, mehrstöckige Buchladen ist ein Wahrzeichen Detroits und ein Paradies für Bücherfreunde. In den verstaubten Regalen stehen unzählige Schätze, und schon ein Streifzug durch das Gebäude ist ein Abenteuer.

★ Third Man Records MUSIK
(☎313-209-5205; www.thirdmanrecords.com; 441 W Canfield St; ⌚Mo–Sa 10–19, So 11–17 Uhr) Es macht unglaublich viel Spaß, das Third Man zu erkunden, das von dem ortsansässigen Jack White eröffnet wurde. Der Laden verkauft natürlich Schallplatten, Plattenspieler, T-Shirts und andere Dinge, doch das coolste sind die Aufnahmekabinen (wo man für 20 US$ selbst eine Platte aufnehmen kann) und die Anlage zum Pressen von Schallplatten, in die man kostenlos reinschauen kann. An ausgewählten Samstagen finden auch Führungen statt (15 US$).

Praktische Informationen

Detroit Convention & Visitors Bureau
(☎800-338-7648; www.visitdetroit.com)

Anreise & Unterwegs vor Ort

Der **Detroit Metro Airport** (DTW; ☎734-247-7678; www.metroairport.com; 11050 Rogell Dr) ist eine Drehscheibe von Delta Airlines und liegt etwa 20 Meilen (32 km) südwestlich von Detroit. Es gibt nur wenige Transportoptionen in die Stadt: Ein Taxi kostet um die 50 US$; Lyft und Uber sind normalerweise etwas günstiger. Der Bus 261 Fast Michigan SMART (Fahrpreis 2 US$) fährt über die Michigan Ave und braucht bis Downtown eine Stunde.

Greyhound (☎313-961-8011; 1001 Howard St) fährt zu verschiedenen Städten in Michigan und darüber hinaus, u. a. nach Grand Rapids (21–40 US$, 4½ Std.) und Traverse City (45–55 US$, 7½ Std.). Megabus (www.megabus.com/us) fährt täglich von/nach Chicago (25–45 US$, 5½ Std.); Abfahrt in Detroit ist in Downtown und an der Wayne State University. Die genauen Abfahrtsstellen findet man auf der Website.

Pro Tag fahren drei Amtrak-Züge von der **Detroit Station** (☎313-873-3442; 11 W Baltimore Ave) – der Bahnhof liegt direkt neben der QLine-Haltestelle Baltimore St – nach Chicago (39–93 US$, 5½ Std.). Wer Richtung Osten nach New York (95–223 US$, 16½ Std.) oder zu Zielen dazwischen will, wird von hier aus zuerst mit dem Bus nach Toledo gefahren.

Die **QLine-Straßenbahn** (www.qlinedetroit.com; einfache Strecke 1,50 US$, Tageskarte 3 US$) ist ein praktisches Verkehrsmittel entlang der Woodward Ave ab der Congress St in Downtown, vorbei an den Sportstätten und Museen in Midtown bis zum Amtrak-Bahnhof und dem W Grand Blvd am nördlichen Ende der Strecke.

MoGo (www.mogodetroit.org) ist Detroits Bikesharing-Programm mit insgesamt 44 Stationen in Downtown und Midtown. Eine Tageskarte kostet 8 US$ und berechtigt unbegrenzt zu 30-minütigen Fahrten in einem Zeitfenster von 24 Stunden. Wird das Rad aber nicht nach 30 Minuten an einer der Stationen angedockt, wird ein Aufpreis fällig.

Transit Windsor (☎519-944-4111; www.citywindsor.ca/transitwindsor) betreibt den Tunnel Bus nach Windsor in Kanada (Fahrpreis 5 US$/C$). Der Bus startet an mehreren Orten in Downtown, z. B. an der Mariner's Church (Ecke Randolph St & Jefferson Ave) nahe dem Eingang zum Detroit-Windsor Tunnel. Reisepass nicht vergessen!

Uber und Lyft sind in Detroit sehr beliebt. Ein Taxi bestellt man bei Checker Cab unter ☎313-963-7000.

Dearborn

Das nur einen Steinwurf von Detroit entfernte Dearborn ist der Standort des Henry

OLDTIMER IN MICHIGAN

Michigan ist zwar auch für Sanddünen, Strände und Mackinac-Island-Fudge bekannt, vor allem aber für seine Autos. Auch wenn es in dieser Hinsicht in den letzten Jahren nicht so gut lief, erinnert der Bundesstaat mithilfe verschiedener Automuseen an die glorreichen Zeiten. Die folgenden Sammlungen liegen alle ein paar Autostunden von der Motor City entfernt.

Henry Ford Museum Dieses Museum in Dearborn platzt vor Oldtimern aus allen Nähten; u. a. ist der erste Wagen zu sehen, den Henry Ford je gebaut hat. Im Greenfield Village nebenan kann man in einem Model T fahren, das 1923 vom Fließband rollte.

Automotive Hall of Fame (313-240-4000; www.automotivehalloffame.org; 21400 Oakwood Blvd; Erw./Kind 10/4 US$; Mai–Sept. Mi–So 9–17 Uhr, Okt.–April nur Fr–So) Die interaktive Auto Hall gleich neben dem Henry Ford Museum widmet sich den Menschen hinter den Autos, etwa Ferdinand Porsche und Soichiro Honda.

Gilmore Car Museum (269-671-5089; www.gilmorecarmuseum.org; 6865 Hickory Rd, Hickory Corners; Erw./Kind 15/10 US$; Mo–Fr 9–17, Sa & So bis 18 Uhr) Dieser Museumskomplex nördlich von Kalamazoo am Hwy 43 umfasst rund 20 Schuppen, auf die sich fast 400 Oldtimer verteilen, darunter 15 Rolls Royce,beispielsweiser ein Silver Ghost aus dem Jahr 1910.

RE Olds Transportation Museum (517-372-0529; www.reoldsmuseum.org; 240 Museum Dr, Lansing; Erw./Kind 7/5 US$; ganzjährig Di–Sa 10–17 Uhr, April–Okt. So 12–17 Uhr) Die riesige Garage ist randvoll mit glänzenden Oldtimern, die teilweise über 130 Jahre alt sind.

Ford Museum, eines der schönsten Museumskomplexe der USA. Hier findet sich auch die größte Gemeinde arabischstämmiger Amerikaner im Land. Ein Besuch verspricht einen faszinierenden Einblick in die örtliche Kultur.

Sehenswertes

★ Henry Ford Museum
MUSEUM

(313-982-6001; www.thehenryford.org; 20900 Oakwood Blvd; Erw./Kind 24/18 US$; 9.30–17 Uhr) Das Henry Ford Museum zeigt eine faszinierende Bandbreite amerikanischer Kultur (teils makaber), beispielsweise den Stuhl, auf dem Lincoln während des Attentats saß, die Präsidenten-Limousine, in der Kennedy ermordet wurde, das hotdogförmige Wienermobile von Oscar Mayer (unbedingt fotografieren!) und den Bus, in dem Rosa Parks sich weigerte, ihren Platz zu verlassen. Aber keine Sorge: Hier gibt's auch jede Menge Oldtimer zu bestaunen. Parken kostet 6 US$.

Greenfield Village
MUSEUM

(313-982-6001; www.thehenryford.org; 20900 Oakwood Blvd; Erw./Kind 27/20,25 US$; April–Okt. tgl. 9.30–17 Uhr, Nov. & Dez. Fr–So;) Die Freiluftattraktion Greenfield Village ist ungefähr 32 ha groß und befindet sich neben dem Henry Ford Museum (und ist ein Teil des Gesamtkomplexes). Anschauen kann man sich auf dem Gelände einige historische Gebäude, die aus dem ganzen Land hierher gebracht, wiederaufgebaut und restauriert wurden – darunter befinden sich beispielsweise Thomas Edisons Labor aus Menlo Park und die Flugzeugwerkstatt der Wright Brothers.

Ford Rouge Factory
FABRIKFÜHRUNG

(312-982-6001; www.thehenryford.org; Erw./Kind 18/13,50 US$; Mo–Sa 9.30–15 Uhr) In der Fabrik, mit der Henry Ford erstmals sein geschlossenes System der Massenfertigung perfektionierte, kann man heutzutage zuschauen, wie F-150-Trucks vom Montageband rollen. Die Besichtigungstouren ohne Guide beginnen am Henry Ford Museum, von wo einen Busse zur Fabrik bringen. Um alles zu sehen, benötigt man ein paar Stunden.

An- & Weiterreise

Dearborn liegt 10 Meilen (16 km) westlich von Downtown Detroit und ungefähr genauso weit östlich vom Detroit Metro Airport; eine Fahrgelegenheit zu beiden Orten kostet rund 20 US$. Die I-94 ist die Hauptstraße in den Ort. Vom Amtrak-Bahnhof am Henry Ford Museum verkehren Züge nach Detroit (6,50–17 US$, 25 Min., 3-mal tgl.).

Ann Arbor

Das liberale und kultivierte Ann Arbor ist Sitz der University of Michigan. Die zu Fuß erkundbare Downtown gleich neben dem Campus ist übersät mit Fair-Trade-Cafés, Buchläden und Brauereikneipen. Sie ist zudem ein Schlemmerparadies: Zingerman's Delicatessen machte vor Jahrzehnten den Anfang, und heute entstehen überall einfallsreiche und gemütliche Restaurants, die Gemüse und Fleisch frisch von der Farm verwenden.

Sehenswertes

Ann Arbor Farmers Market MARKT
(734-794-6255; www.a2farmersmarket.org; 315 Detroit St; ⌚ Mai–Dez. Mi & Sa 7–15 Uhr, Jan.–April Sa 8–15 Uhr) Angesichts der vielen Obstgärten und Farmen in der Umgebung ist es kein Wunder, dass dieser Markt bis zum Bersten mit allem Erdenklichen – von Mixed Pickles bis hin zu Sets für die Pilzzucht – gefüllt ist. Er befindet sich im Zentrum in der Nähe von Zingerman's Delicatessen. Sonntags findet hier ein Kunsthandwerksmarkt statt, auf dem zwischen 11 und 16 Uhr Schmuck, Keramik und Textilien angeboten werden.

Schlafen & Essen

Burnt Toast Inn B&B $$
(☎ 734-395-4114; www.burnttoastinn.com; 415 W William St; Zi. 135–225 US$; ❄ 📶) Das farbenfrohe Haus bietet fünf Zimmer mit einer Mischung aus soliden Antiquitäten und abgedrehter Kunst. Die Bewohner zweier Zimmer teilen sich ein Bad, die übrigen Zimmer verfügen über eigene Bäder. Das B&B hat eine hervorragende Lage an einer grünen Straße in fußläufiger Entfernung zur Downtown und zum Uni-Campus. Der hübsche Garten und die große Veranda sorgen zusätzlich für Gemütlichkeit. Das Frühstück mit frischem Brot aus dem Ort, Milch, Müsli und anderen Leckerbissen ist im Preis inbegriffen.

★ **Lunch Room** VEGAN $
(☎ 734-224-8859; www.thelunchrooma2.com; 407 N 5th Ave; Hauptgerichte 9–14 US$; ⌚ Mo–Sa 11–21, So ab 15 Uhr; 🌱) Man bestellt an der mit Gewürzdosen dekorierten Theke und wartet dann an einem der eng gestellten Tische auf seinen Veggie-Burger mit Tofu-Schinken, die kurz in der Pfanne gebratenen koreanischen Süßkartoffel-Nudeln, den Grillkäse mit Himbeeren und Basilikum oder eines der anderen einfallsreichen und aromatischen veganen Gerichte. Die Bar serviert Bier, Wein und Cocktails. Das Lokal befindet sich im Kerrytown Market & Shops Complex.

★ **Zingerman's Delicatessen** FEINKOST $$
(☎ 734-663-3354; www.zingermansdeli.com; 422 Detroit St; Sandwiches 14–19 US$; ⌚ 7–21 Uhr) Der Laden, der das Gebiet als Schlemmerparadies etablierte, türmt örtliche Bio-Produkte und Spezialitäten auf seine Sandwiches. Zu dem ausgedehnten Komplex in Downtown gehören auch ein Kaffeehaus und eine Bäckerei.

Touristeninformation

Destination Ann Arbor (www.visitannarbor.org) Infos zu Unterkünften und mehr.

An- & Weiterreise

Detroits Flughafen liegt 30 Meilen (48 km) östlich; zu ihm fahren Shuttle-Busse (einfache Strecke 12–15 US$). Amtrak-Züge halten auf dem Weg von/nach Detroit (12–15 US$) dreimal täglich in Ann Arbor. Der Bahnhof liegt in Downtown und wird auch von Greyhound genutzt. Megabus bedient die Stadt ebenfalls; die Haltestelle ist aber weit vom Zentrum entfernt.

Zentrales Michigan

Das Landesinnere von Michigan liegt mitten in der Lower Peninsula und wechselt zwischen fruchtbarem Farmland und von Highways durchzogenen Gebieten. Die größeren Städte bieten coole Kunst, und in der ganzen Region versteht man was vom Bierbrauen.

Lansing & East Lansing

Das recht kleine Lansing ist die Hauptstadt des Bundesstaats. Ein paar Kilometer östlich liegt East Lansing mit der Michigan State University. Beide Orte lohnen einen Boxenstopp wegen ein paar eindrucksvoller Museen und der schlichten Freuden von Bier, Baseball und Eiscreme frisch aus der Molkerei.

Sehenswertes & Aktivitäten

Broad Art Museum MUSEUM
(☎ 517-884-4800; www.broadmuseum.msu.edu; 547 E Circle Dr, East Lansing; ⌚ Di–So 12–19 Uhr) GRATIS Dieses spektakuläre Parallelogramm aus Edelstahl und Glas wurde von der renommierten Architektin Zaha Hadid ent-

worfen. Die Sammlung im Inneren reicht von griechischen Keramiken bis zu Gemälden Salvador Dalís. Der Großteil der Ausstellungsfläche ist avantgardistischen Werken gewidmet.

Lansing River Trail WANDERN & TREKKEN
(www.lansingrivertrail.org) Dieser 32 km lange Flusspfad verläuft am Grand River entlang vom Nordrand der Stadt ins Zentrum und schlängelt sich dann parallel zum Red Cedar River zur Universität. Er ist bei Joggern und Radfahrern beliebt. Der Abschnitt in der Innenstadt verbindet mehrere Attraktionen miteinander, darunter das RE Olds Transportation Museum, ein Kindermuseum, ein Zoo und eine Fischtreppe.

Schlafen & Essen

Wild Goose Inn B&B $$
(☎517-333-3334; www.wildgooseinn.com; 512 Albert St, East Lansing; Zi. 159–179 US$; 📶) Das Wild Goose Inn ist ein B&B mit sechs Zimmern, einen Block vom Michigan State Campus entfernt in East Lansing. Alle Zimmer haben einen Kamin und die meisten einen Whirlpool. Das Dekor ist recht unaufdringlich – abgesehen vom Arbor-Zimmer mit seinen wilden falschen Ästen!

Ausgehen & Nachtleben

Ellison Brewery and Spirits KLEINBRAUEREI
(☎517-203-5498; www.ellisonbrewing.com; 4903 Dawn Ave, East Lansing; ⏲Mo & Di 15–22, Mi & Do 15–23, Fr & Sa 12–24, So 12–20 Uhr) Die Brauerei versteckt sich in einem schlichten Lagerhaus in einem Industriegebiet von East Lansing. An der Wellblechtheke bestellt man ein Tiramisu (Stout mit Kaffee), ein Three Stacks (Sour Ale mit Boysenbeere), ein Relativity (Double-IPA) oder ein anderes der 14 Fassbiere frisch aus dem Tank hinter dem Barkeeper. In dem Lokal entspannen sich viele Einheimische bei einem Bier.

Praktische Informationen

Greater Lansing CVB (www.lansing.org)

An- & Weiterreise

Amtrak-Züge auf der Blue Water Route halten in East Lansing; der Zug fährt einmal täglich von/nach Chicago (30–53 US$, 4 Std.). Greyhound hat Haltestellen in Lansing und East Lansing; die Busse fahren nach Detroit (10–28 US$, 2–3 Std., 4- bis 5-mal tgl.) und Grand Rapids (14–23 US$, 70–95 Min., 5- bis 6-mal tgl.). Die wichtigsten Autobahnen in die Stadt sind die I-96, I-69 und der Hwy 127.

Lansing besitzt einen winzigen Flughafen; der nächste Flughafen mit internationalen Flügen befindet sich in Detroit (87 Meilen/140 km südöstlich).

Grand Rapids

Grand Rapids, die zweitgrößte Stadt Michigans, verdankt ihre Atmosphäre dem Bier. Rund 25 Kleinbrauereien arbeiten in der Stadt, und Bierkenner kommen in Scharen wegen der Qualität, der niedrigen Preise und der Nähe der einzelnen Brauereien zueinander. Rund um die Bierbrauer hat sich eine gastronomische Szene etabliert; fast jede Woche macht ein Restaurant mit Gerichten frisch von der Farm auf den Tisch hier neu auf. Sehenswert sind auch der mit Werken großer Namen prunkende Skulpturenpark und die eleganten Herrenhäuser in Heritage Hill.

Sehenswertes

Frederik Meijer Gardens & Sculpture Park GARTEN
(☎616-957-1580; www.meijergardens.org; 1000 E Beltline NE; Erw./Kind 14,50/7 US$; ⏲Mo & Mi–Sa 9–17, Di 9–21, So 11–17 Uhr) Der 64 ha große Garten beeindruckt mit seiner Blütenpracht und mächtigen Werken, u.a. von Auguste Rodin und Henry Moore. Im Mittelpunkt der Anlage steht der Skulpturenpark, an dessen Wegen und Rasenflächen 50 Werke von Künstlern wie Ai Weiwei, Claes Oldenburg und Anish Kapoor zu bewundern sind. Hinreißend ist auch das fünfstöckige Gewächshaus mit seinen vielen tropischen Pflanzen. Im Garten für Kinder gibt's viel zu riechen, zu berühren und zu graben. Ein weiteres Highlight ist der beschauliche japanische Garten. Die Anlage liegt 5 Meilen (8 km) östlich der Downtown, zu erreichen über die I-196.

Gerald R. Ford Museum MUSEUM
(☎616-254-0400; www.fordlibrarymuseum.gov; 303 Pearl St NW; Erw./Kind 10/4 US$; ⏲Mo–Sa 9–17, So 12–17 Uhr) Dieses Museum im Zentrum ist dem bislang einzigen US-Präsidenten aus Michigan gewidmet. Ford wurde Staatsoberhaupt, nachdem Richard Nixon und dessen Vizepräsident Spiro Agnew von ihren Ämtern zurückgetreten waren. Das Museum beleuchtet diese bizarre Periode der US-Geschichte auf hervorragende Weise – es zeigt sogar die Werkzeuge, die beim

GRAND RAPIDS, DIE „BEER CITY"

Wie konnte Grand Rapids, eine Stadt, die für die Produktion langweiliger Büromöbel bekannt war, zur angesagten Beer City werden? Als die Möbelfabriken im Lauf der Jahre schlossen, hinterließen sie viele Industriebauten und damit billigen, für Brauer idealen Raum. Und angesichts der zwölf Colleges und Universitäten in der Stadt fehlte auch ein junges, durstiges Publikum nicht.

So nahmen die ersten Brauereien den Betrieb auf, zunächst weitgehend unbemerkt, bis Grand Rapids 2012 vom landesweiten Blog Beer Examiner zur besten Bierstadt der USA gewählt wurde. Das wiederholte sich 2013, und die Szene blühte nun so richtig auf.

Grand Rapids besitzt heute rund 25 Kleinbrauereien im Stadtgebiet und etwa 20 weitere in umliegenden Ortschaften. Der **Ale Trail** bringt einen hin (einen Plan kann man unter www.experiencegr.com/beer herunterladen). Die Szene ist so populär, weil die Brauereien dicht beieinander liegen – viele sind nur einen Fußmarsch voneinander entfernt – und die Preise vergleichsweise günstig sind.

Die Brauereien sind auf Biertouristen eingestellt und machen es ihnen leicht, ihre Produkte zu verkosten. Jede Probierstube bietet „Flights", bei denen man sich die 0,15-l-Gläschen der Biere zusammenstellen kann, die man probieren möchte. In den Brauereien sollte man nach dem **Brewsader Passport** fragen, einem praktischen Büchlein, das alle Brauereien auflistet. Wer auf seiner Runde acht Stempel sammelt, erhält ein kostenloses Brewsader-T-Shirt. Man kann sich die **Brewsader App** herunterladen und bei jeder Brauerei, die man besucht, einchecken.

Zu den besten Adressen in der Stadt zählen **Brewery Vivant** (☎616-719-1604; www.breweryvivant.com; 925 Cherry St SE; ⏲Mo–Do 15–23, Fr 15–24, Sa 11–24, So 12–22 Uhr) in einer alten Kapelle mit Bieren belgischer Art, die riesige **Founders Brewing Co** (☎616-776-1195; www.foundersbrewing.com; 235 Grandville Ave SW; ⏲Mo–Sa 11–2, So bis 24 Uhr;) mit Rock-'n'-Roll-Vibe, die **Mitten Brewing Company** (☎616-608-5612; www.mittenbrewing.com; 527 Leonard St NW; ⏲So & Mo 11.30–22, Di–Sa bis 24 Uhr) in einer coolen alten Feuerwache mit großem Biersortiment und die einfallsreiche **Harmony Brewing Company** (☎616-233-0063; www.harmonybeer.com; 1551 Lake Dr SE; ⏲Mo 11–22, Di–Sa 11–24, So 12–22 Uhr), ein Schmuckstück der Nachbarschaft. Die Brauereien bieten auch tolles Essen, und das braucht man, um den Abend aufrecht durchzustehen.

Watergate-Einbruch verwendet wurden. Ford und dessen Frau Betty sind auf dem Museumsgelände beigesetzt.

Geführte Touren

Grand Rapids Beer Tours ESSEN & TRINKEN
(☎616-901-9719; www.grbeertours.com; 250 Grandville Ave SW; Tour 4/6 Std. 55/75 US$) Mit Kleinbussen geht's zu drei oder vier Brauereien (je nach Länge der Tour). Ein Guide führt die Besucher durch die Produktionsanlagen und zu Verkostungen, bei denen man pro Brauerei vier große Proben trinkt. Los geht's vor dem Busbahnhof in Grand Rapids. An den Touren können maximal 14 Personen teilnehmen. Sie sind schnell ausgebucht, man sollte also wenn möglich vorab reservieren.

Schlafen & Essen

CityFlats Hotel HOTEL $$
(☎616-608-1720; www.cityflatshotel.com; 83 Monroe Center St NW; Zi. 175–275 US$;) Die Zimmer dieses umweltfreundlichen Hotels bieten ihren Bewohnern große Fenster und viel natürliches Licht sowie Bambus-Bettwäsche, Korkböden und lokal produzierte Möbel aus recyceltem Holz. Das Gebäude trägt das Goldzertifikat des Programms Leadership in Energy and Environmental Design (LEED) und hat eine praktische Lage in Downtown nahe den Museen, Brauereien und Restaurants.

★ **Downtown Market Grand Rapids** MARKT $
(☎616-805-5308; www.downtownmarketgr.com; 435 Ionia Ave SW; Backwaren 2–5 US$, Hauptgerichte 10–16 US$; ⏲So–Do 10–19, Fr 10–20, Sa 9–20 Uhr;) Schlemmer fühlen sich in diesem stilvollen Food-Court wie zu Hause und genießen das Essen an den besten Ständen wie Slows Bar BQ, Fish Lads (hervorragende Fish & Chips), Love's Ice Cream oder Madcap Coffee. In der Hauptetage gibt's Tische und Bänke mit deckenhohen Fenstern. Noch mehr Tische stehen den Gästen oben neben

einem großen Gemüse-Gewächshaus zur Verfügung.

Green Well AMERIKANISCH $$
(☎ 616-808-3566; www.thegreenwell.com; 924 Cherry St SE; Hauptgerichte 15–20 US$; ⏲ So–Di 11–22, Mi & Do bis 23, Fr & Sa bis 24 Uhr) Im Green Well stehen Burger, grünes Curry und gegrilltes Schweinefleisch mit Polenta auf der Karte. Alles wird aus nachhaltig produzierten Zutaten gezaubert. Bier spielt bei vielen Gerichten eine Rolle, z.B. bei den in Bier gegarten Muscheln oder dem Bier-Käse. An der Bar werden schwer zu findende Biere aus Michigan gezapft und regionale Weine ausgeschenkt (auch Probiergläschen). An den Wänden hängen eindrucksvolle Werke örtlicher Künstler, die man auch kaufen kann.

Praktische Informationen

Grand Rapids CVB (www.experiencegr.com) Online lassen sich Karten und Infos für Brauereitouren auf eigene Faust finden.

An- & Weiterreise

Grand Rapids verfügt über einen recht großen Flughafen mit Flügen in viele US-amerikanische Städte. Amtrak-Züge fahren dreimal täglich von/nach Chicago (einer direkt, zwei mit Bustransfer in Kalamazoo; 35–70 US$, 4 Std.); der Bahnhof liegt in der Innenstadt nahe der Founders Brewing Co.

Der **Busbahnhof** (☎ 616-456-1700; 250 Grandville Ave SW) befindet sich direkt gegenüber Founders; Busse fahren u. a. nach Lansing (14–23 US$, 70–95 Min., 5- bis 6-mal tgl.) und Traverse City (25–30 US$, 4¾ Std., tgl.). Die wichtigsten Fernstraßen in die Stadt sind die I-96, die I-196 und die US 131.

Gold Coast

Das Ufer des Lake Michigan wird nicht umsonst Gold Coast genannt. Michigans 500 km lange Westküste bietet endlose Strände, Dünen, Weingüter, Obstgärten und kleine Städte mit Gasthäusern, die im Sommer boomen und im Winter im Schnee versinken.

Grand Haven

Grand Haven lockt mit den klassischen, altmodischen Attributen eines Strandorts, also mit einer Uferpromenade, ein paar Eisdielen, supersauberem Sand und romantischen Sonnenuntergängen. Die Bars und Restaurants sind jeden Abend gut besucht, und alle Leute versammeln sich bei Einbruch der Nacht zu der spektakulären Show des Musik-Springbrunnens. Nimmt man noch die Möglichkeiten zum Surfen und Radfahren und die einfallsreichen Brauereien hinzu, versteht man, warum Grand Haven im Sommer brummt.

Sehenswertes & Aktivitäten

Chinook Pier PIER
(301 N Harbor Dr) Am Chinook Pier ist viel los. Es gibt eine saisonal betriebene Minigolfanlage (Erw./Kind 3/2 US$), einen Bauernmarkt (Mi & Sa 8–13 Uhr) sowie den **Wet Mitten Surf Shop** (☎ 616-844-3388; www.wetmittensurfshop.com; ⏲ Mo–Sa 10–20, So 12.30–19 Uhr) und andere Wassersportveranstalter. Vor allem ist der Pier berühmt für die Fischerboote, die man chartern kann. Die Boote fahren hinaus auf die Jagd nach Königslachsen und Seeforellen, die gelegentlich an die 10 kg schwer sind. Es ist wirklich faszinierend, zuzuschauen, wie die Boote am Ende des Tages zurückkehren und die Fischer anschließend ihren Fang zur Schau stellen.

Musical Fountain SPRINGBRUNNEN
(www.ghfountain.com; 101 N Harbor Dr, Waterfront Stadium; ⏲ Mai–Sept. Sonnenuntergang) Im Sommer versammelt sich abends alles zu der Vorstellung des Musik-Springbrunnens. Es hat Tradition, die auf glühende Lichter und Musik abgestimmten, in die Luft spritzenden Wasserfontänen zu bewundern. Die 25-minütige Vorstellung findet im Juni, Juli und August jeden Abend und im Mai und September jeweils freitags und samstags statt. Der Springbrunnen steht am Westufer des Grand River, die Zuschauer beobachten das Geschehen aber von den Freiluftplätzen im Waterfront Stadium am Ostufer des Flusses aus.

Schlafen

Boyden House B&B $$
(☎ 616-846-3538; www.boydenhouse.com; 301 S 5th St; Zi. 120–255 US$; ❄ 📶) Das weitläufige viktorianische Wohnhaus mit prachtvoller Holzvertäfelung bietet acht Zimmer mit einer Mischung aus antikem und modernem Dekor. Einige haben einen eigenen Balkon, andere eine Badewanne mit Klauenfüßen oder einen Kamin, aber alle komfortable Federbetten, eigene Bäder, Flachbildfernseher und WLAN. Das warme Frühstück ist ein

ABSTECHER

MUSKEGON

Muskegon (37 290 Ew.), die größte Stadt am Westufer, besitzt in ihrer historischen Innenstadt elegante Bauten, die Holzbarone im späten 19. Jh. im Bestreben, sich damit gegenseitig auszustechen, errichteten. Hippe Tavernen, Saftbars, Bistros und Galerien residieren heute in den Gebäuden an der Western Ave und in den benachbarten Blocks. Die **Pigeon Hill Brewing Company** (☎231-375-5184; www.pigeonhillbrew.com; 500 W Western Ave; ⊙Mo–Do 12–22, Fr & Sa bis 24, So bis 20 Uhr) zeigt, wie es gemacht wird: Einheimische stemmen hier Humpen mit diversen Stouts und IPAs in einer ehemaligen Garage, deren Türen hochgehen, wenn frische Luft hineingelassen werden soll.

Abenteuersportfans finden hier ihre Spielplätze. Der **Muskegon Winter Sports Complex** (☎877-879-5843; www.msports.org; 462 Scenic Dr) besitzt eine der wenigen öffentlichen Rodelbahnen im Land, der **Pere Marquette Beach** (Beach Street Rd; ⊙6–23 Uhr) ist ein Hotspot zum Kiteboarden und Stehpaddeln und Mitte Juli Schauplatz des **Great Lakes Surf Festival** (www.greatlakessurffestival.com).

Von Muskegon legt außerdem die Fähre **Lake Express** (☎866-914-1010; www.lake-express.com; 1918 Lakeshore Dr; einfache Strecke Erw./Kind/Auto 96/39/105 US$; ⊙Mai–Okt.) hinüber nach Milwaukee in Wisconsin ab. Im **Shoreline Inn** (☎231-727-8483; www.shorelineinn.com; 750 Terrace Point Rd; Zi. 120–190 US$; ❄@🛜🏊) findet man Unterkunft am Wasser, wenn man vor oder nach der Bootsfahrt noch einen Platz zum Schlafen suchen sollte.

Die Stadt liegt 15 Meilen (24 km) nördlich von Grand Haven an der US 31. Weitere Infos gibt's unter www.visitmuskegon.org.

richtiges Fest. Bis zum Strand läuft man ungefähr 1,6 km.

✕ Essen & Ausgehen

Morning Star Café FRÜHSTÜCK $

(☎616-844-1131; 711 Washington Ave; Hauptgerichte 6–12 US$; ⊙6.30–14.30 Uhr) Das bunte, launig dekorierte Café bietet das beste Frühstück der Stadt. Top sind die Blaubeer-Hafer-Pfannkuchen, die Crêpes mit Kürbis und Schmelzkäse und das Rührei mit Schinken und Maisbrot, es gibt aber noch viele andere Gerichte, darunter einige aus dem US-amerikanischen Südwesten.

Odd Side Ales KLEINBRAUEREI

(☎616-935-7326; www.oddsideales.com; 41 Washington Ave; ⊙Mo–Do 11.30–23, Fr & Sa bis 24, So bis 22 Uhr) Diese Brauerei produziert einige besondere, experimentelle Biere, z. B. das Mayan Mocha Stout (mit Kaffee, Zimt, Muskat und Habenero-Chilis) oder das Aestas Sour Ale (in Eichenfässern gereift mit Meersalz, Koriander, Erdbeere und Gurke). Die gemütliche Brauereikneipe wurde kürzlich stark vergrößert und bietet jetzt mehr als 40 Biere vom Fass.

ℹ Praktische Informationen

Grand Haven CVB (www.visitgrandhaven.com) Hat Infos zu Unterkünften, Aktivitäten und Events.

ℹ An- & Weiterreise

Man braucht ein Auto, um nach Grand Haven zu gelangen. Die US 31 ist die direkteste Verbindung in die Stadt und zu ihrer Hauptstraße, der Washington Ave. Die nächstgelegenen Städte mit Bus-, Zug- und Flugverbindungen sind Grand Rapids (34 Meilen/55 km östlich) und Holland (23 Meilen/37 km südlich).

Saugatuck & Douglas

Saugatuck ist einer der beliebtesten Ferienorte der Gold Coast und für seine große Kunstgemeinde, die vielen B&Bs und seine schwulenfreundliche Atmosphäre bekannt. Douglas, seine Partnerstadt, liegt ca. 1 Meile (1,6 km) südlich; beide sind mehr oder weniger miteinander verschmolzen.

Der Ort ist zwar ein bisschen touristisch, aber zugleich auch ziemlich lässig: Den Uferbereich teilen sich Eis schleckende Familien, Yuppie-Bootsbesitzer und Martini trinkende schwule Pärchen. Galerien und Läden nehmen die kompakte Innenstadt ein. Am Wochenende wird's hier besonders voll.

⊙ Sehenswertes & Aktivitäten

Oval Beach STRAND

(Oval Beach Dr, Saugatuck; ⊙8–22 Uhr) Rettungsschwimmer bewachen diesen langen Strand mit feinem Sand, Toiletten und Imbissständen. Die Zahl der Einrichtungen ist aber so klein, dass die Dünenidylle nicht getrübt wird. Parken kostet 10 US$. Wer Lust auf eine etwas abenteuerlichere Anreise hat, nimmt die Kettenfähre und marschiert über den Mt. Baldhead.

Mt. Baldhead SPAZIERGANG
(Saugatuck) Es macht Spaß, die Stufen zum Gipfel dieser 60 m hohen Düne zu erklimmen, eine Weile die grandiose Aussicht von oben zu genießen und dann auf der anderen Seite zum Oval Beach hinunterzurennen. Man erreicht die Stufen mit der Kettenfähre; vom Dock geht's zu Fuß nach rechts (Richtung Norden).

Schlafen & Essen

★ **Pines Motorlodge** MOTEL $$
(☎ 269-857-5211; www.thepinesmotorlodge.com; 56 Blue Star Hwy, Douglas; Zi. 139–249 US$;) Zwischen den Tannen in Douglas warten in dieser Unterkunft Zimmer mit Kiefernholzmöbeln und Tiki-Lampen im coolen Retrostil. Gemeinschaftsbereiche mit Gartenstühlen tragen zur fröhlichen und geselligen Atmosphäre bei.

★ **Farmhouse Deli** FEINKOST $
(☎ 269-455-5274; www.thefarmhousedeli.com; 100 Blue Star Hwy, Douglas; Hauptgerichte 8–12 US$; ⏰ 9–19 Uhr;) Der Laden könnte sich mit seinem Aussehen zufriedengeben – das schäbig-schicke Farmhausdekor ist echt zuckersüß –, setzt aber mit wirklich erstklassigem Essen noch einen obendrauf. Das Cubano Sandwich (mit Pulled Pork, Porchetta & Gruyère-Käse), der Hühnchensalat mit Estragon, der aromatische Ziegenkäse, die gesunden Säfte und die im Haus gebackenen Croissants, Kuchen und Cookies (besonders die fantastischen Ingwerplätzchen) sind wahrlich beeindruckend – unbedingt ausprobieren!

Ausgehen

Virtue Cider WEINGUT
(☎ 269-722-3232; www.virtuecider.com; 2170 62nd St, Fennville; ⏰ Mo–Mi 12–19, Do–So bis 20 Uhr) Auf der Virtue's Farm in Fennville kann man sich zwischen blökenden Schafen, grunzenden Schweinen und gackernden Hühnern einen Humpen genehmigen. Die Schankstube ist eine Scheune voller Fässer. Unter den 13 Ciders vom Fass ragen der frische, trockene Brut und der leicht süßliche Percheron heraus. Probiergedecke sind ebenfalls erhältlich.

Praktische Informationen

Saugatuck/Douglas CVB (www.saugatuck.com) Reiseplanungsinfos für Gourmets, Familien, Schwule und Lesben.

An- & Weiterreise

Die meisten Besucher fahren mit dem Auto nach Saugatuck/Douglas. Die I-196/US 31 verläuft östlich der beiden Städte, der Blue Star Hwy führt in sie hinein. Der nächste Amtrak-Bahnhof befindet sich in Holland, rund 12 Meilen (19 km) nördlich.

Sleeping Bear Dunes National Lakeshore

Grandiose Seeblicke vom Gipfel kolossaler Sanddünen? Wasser, so blau wie in der Karibik? Kilometerlange unberührte Strände? Abgeschiedene Inseln mit mystisch wirkenden Bäumen? All das gibt's in den Sleeping Bear Dunes, und obendrein saftig grüne Wälder, herrliche Tageswanderungen und glasklare Wasserstraßen für Paddler. Der Nationalpark erstreckt sich nördlich von Frankfort bis kurz vor Leland auf der Leelanau Peninsula. In der Gegend befinden sich auch ein paar hübsche Städtchen.

Sehenswertes & Aktivitäten

Manitou Islands INSEL
(25 US$/Fam.) Die von Wäldern bedeckten Manitou Islands bieten Abenteuer abseits der ausgetretenen Pfade. Sie gehören zur Sleeping Bear Dunes National Lakeshore, daher auch die Eintrittsgebühr. North Manitou ist für Campingmöglichkeiten unterm Sternenzelt bekannt, während sich South Manitou für Tagesausflüge in die Wildnis anbietet. Die meisten Besucher kommen zum Kajakfahren oder Wandern hierher; das 11 km lange Valley of the Giants, das durch einen beinahe außerirdisch anmutenden Zedernwald auf South Manitou führt, ist besonders beliebt. **Manitou Island Transit** (☎ 231-256-9061; www.manitoutransit.com; 207 River St, Leland; hin & zurück Erw./Kind 42/21 US$) unterhält Fähren ab Leland; die Fahrt dauert anderthalb Stunden.

Dune Climb WANDERN & TREKKEN
(Hwy 109, Glen Arbor; ⏰ 24 Std.) Der Dune Climb ist die beliebteste Attraktion des Parks: Man stapft die 60 m hohe Düne hinauf und rennt oder rollt sie dann wieder hinunter. Wer die Beinmuskeln trainieren will, kann auf einer anderthalbstündigen, an-

HARBOR COUNTRY

Harbor Country umfasst acht kleine Städtchen am See, die mit Stränden, Weingütern, Antiquitätenläden und wundervoll rustikalem Charme locken.

New Buffalo ist die größte Gemeinde. Hier gibt's einen Surfladen, einen belebten öffentlichen Strand, Eisdielen und eine Bierkirche. Three Oaks ist der einzige Ort in Harbor, der im Landesinneren liegt (6 Meilen/10 km landeinwärts am Hwy 12). Hier trifft in einer lässigen Mischung aus Farmen und Kunst Green Acres auf Greenwich Village. Tagsüber kann man auf Nebenstraßen radeln und in Antiquitätenläden stöbern und abends in der Brennerei Cocktails trinken und das volkstümliche Theater besuchen. Union Pier, Lakeside, Harbert und Sawyer sind weitere hübsche Städtchen voller historischer Gasthäuser, Brauereien und Galerien. Mehrere Weingüter rund um die Gemeinden bieten Verkostungen an.

Infos finden sich auf der Website der Harbor Country Chamber of Commerce (www.harborcountry.org).

strengenden Wanderung bis zum Lake Michigan weiterziehen; da sollte man aber unbedingt Wasser mitnehmen. An der Düne gibt's einen Parkplatz und Toiletten. Sie liegt am Hwy 109, 5 Meilen (8 km) nördlich von Empire.

Sleeping Bear Heritage Trail RADFAHREN
(www.sleepingbeartrail.org; Empire) Der 22 Meilen (35 km) lange asphaltierte Weg führt von Empire zur Bohemian Rd (County Rd 669) vorbei an traumhaften Wäldern, idyllischen Ortschaften und dem Dune Climb. Hier tummeln sich Wanderer und Radfahrer. Auf der Strecke geht's meist sanft hinauf und hinunter, am südlichen Ende gibt's aber auch einige höhere Hügel. Startpunkte mit Parkplätzen finden sich etwa alle 3 Meilen (4,8 km); gut geeignet ist der an der Bar Lake Rd nahe Empire.

Schlafen & Essen

Glen Arbor B&B B&B $$
(☎231-334-6789; www.glenarborlodging.com; 6548 Western Ave, Glen Arbor; Zi. 155–290 US$, ohne Bad 115–160 US$; ⏲Mitte Nov.–April geschl.) Die Besitzer haben dieses 100 Jahre alte Farmhaus in ein sonniges B&B mit sechs Themenzimmern im Stil eines französischen Landgasthofs verwandelt.

Empire Village Inn AMERIKANISCH $
(☎231-326-5101; www.empirevillageinn.com; 11601 S Lacore Rd, Empire; Hauptgerichte 10–17 US$; ⏲12–22 Uhr) Man kann sich in diesem Nurdachhaus einen Platz an den abgewetzten Holztischen suchen und eines der lokalen Biere vom Fass bestellen, während man auf die ausgezeichnete Pizza wartet. Die Burger und Sandwiches sind auch gut, ebenso wie das hausgemachte Root Beer. Der perfekte Laden, um nach einer langen Tageswanderung oder Radtour wieder aufzutanken, wenn einen das lärmende Getümmel nicht stört!

Ausgehen

Stormcloud Brewing Company KLEINBRAUEREI
(☎231-352-0118; www.stormcloudbrewing.com; 303 Main St, Frankfort; ⏲So–Do 11.30–22, Fr & Sa bis 23 Uhr) Biere belgischer Art zeichnen diese Brauerei aus. Das Rainmaker Ale ist preisgekrönt (Bronze beim Great American Beer Festival), und es gibt 15 weitere ungewöhnliche, teils fruchtige Fassbiere. Dazu passen die Fladenbrote und die Platten zum Teilen prima, z.B. der geräucherte Weißfisch auf Toast. Es gibt auch glutenfreie und vegane Optionen.

Praktische Informationen

Sleeping Bear Dunes National Lakeshore Visitor Center (☎231-326-4700; www.nps.gov; 9922 W Front St, Empire; ⏲Juni–Aug. 8–18 Uhr, Sept.–Mai 8.30–16 Uhr) Im Besucherbüro des Parks in Empire erhält man Infos, Wanderkarten und Fahrzeuggenehmigungen (pro Woche/Jahr 25/45 US$).

An- & Weiterreise

Der Park ist nur per Auto erreichbar. Die US 31 ist der Haupthighway in die Gegend. Von ihm biegt man auf den Hwy 22 ab, der durch den Park führt. Der nächste Flughafen liegt rund 50 Meilen (80 km) östlich in Traverse City.

Traverse City

Michigans belebte „Kirschenhauptstadt" ist die größte Stadt in der Nordhälfte der Lower Peninsula und wirkt etwas zersiedelt. Allerdings kann man von hier aus prima die Sleeping Bear Dunes, die Weingüter der Mission Peninsula, diverse Obstgärten (mit Möglichkeiten zum Selbstpflücken) und andere regionale Attraktionen besuchen. Die kulinarische und die Kunstszene sind toll und mit denen in viel größeren Städten vergleichbar.

Sehenswertes & Aktivitäten

Eine Autotour zu den Weingütern ist Pflicht! Von Traverse City aus führt der Hwy 37 nordwärts zum Ende der Old Mission Peninsula mit ihren vielen Reben und Obstbäumen (20 Meilen/32 km). Dort hat man dann die Qual der Wahl. Die Weingüter sind ganzjährig geöffnet, im Winter allerdings kürzer.

Brys Estate Vineyard & Winery WEINGUT
(☎231-223-9303; www.brysestate.com; 3309 Blue Water Rd; ⌚Ende Mai–Anfang Sept. Mo–Sa 11–19, So bis 18 Uhr, restliches Jahr kürzere Öffnungszeiten) Michigans ausgezeichnete Weine schmecken auf der weiten Terrasse des Brys Estate, von der man einen herrlichen Blick in die Weinberge und auf die Bucht hat, noch einmal so gut. Verkostungen gibt's ab 8 US$8; Käse- und Wurstplatten sind auch erhältlich.

Paddle TC WASSERSPORT
(☎231-492-0223; www.paddletc.com; 111 E Grandview Pkwy, Clinch Park; Kajak ab 30 US$/Std., Tour ab 45 US$; ⌚Mai–Okt. 9–21 Uhr) Verleiht Fahrräder, Kajaks und Stehpaddelbretter (ab 30 US$/Std.). Geführte Touren und Unterricht sind ebenfalls im Angebot; sehr zu empfehlen ist die KaBrew Tour (69 US$), eine Kajak- und Radtour zu örtlichen Brauereien. Termine telefonisch erfragen!

Schlafen & Essen

Sugar Beach Resort HOTEL $$
(☎231-938-0100; www.tcbeaches.com; 1773 US 31 N; Zi. 150–250 US$; ❄📶🏊) Das Resort hat ordentliche Preise und liegt direkt am Wasser. Die Zimmer sind nicht besonders schick, aber gepflegt und verfügen über kleine Kühlschränke, Kaffeemaschinen und Mikrowellen. Die teureren Zimmer bieten einen Balkon mit Aussicht. Das kontinentale Frühstück ist im Preis inbegriffen. Auf die Schlussrechnung wird eine Resortgebühr von 4 % aufgeschlagen.

★ **Filling Station** PIZZA $
(☎231-946-8168; www.thefillingstationmicrobrewery.com; 642 Railroad Pl; Hauptgerichte 10–16 US$; ⌚Mo–Do 11.30–23, Fr & Sa 11.30–24, So 12–22 Uhr) Das familiengeführte Restaurant in einem ehemaligen Betriebsbahnhof serviert seit 2012 Holzofenpizzas, frische grüne Salate und Kleinbrauereibier. An der Tafel stehen saisonale Spezialitäten wie die Oktoberfest-Pizza mit Bratwurst, Sauerkraut und Senf-Crème-fraîche angeschrieben. Zum süßen Abschluss gibt's dann noch eine S'mores-Dessertpizza.

Ausgehen

★ **Short's Production Facility Pull Barn** BRAUEREI
(☎231-498-2300; www.shortsbrewing.com; 211 Industrial Park Dr; ⌚Ende Mai–Anfang Sept. Mo–Fr 12–20, Sa & So 11–21 Uhr) Bierfans lieben die Brauerei wegen des Huma Lupa Licious IPA und des Juicy Brut Ale und strömen in Scharen zu diesem großen Biergarten in Elk Rapids 18 Meilen (29 km) nordöstlich von Traverse City. Die Leute sitzen gemütlich an Picknicktischen im Schatten, üben sich ab und zu im Beanbag-Werfen und verbringen den Nachmittag in guter Gesellschaft der 15 Fassbiere.

Praktische Informationen

Traverse City Tourism (www.traversecity.com)

An- & Weiterreise

Von dem kleinen Flughafen von Traverse City aus gehen täglich mehrere Flüge nach Chicago, Detroit und Minneapolis. Die US 31 ist der Haupt-Highway in die Stadt. Indian Trails (www.indiantrails.com) betreibt täglich einen Bus von/nach Grand Rapids (einfache Strecke 25–30 US$, 4¾ Std.).

Charlevoix & Petoskey

Die beiden Städte gehören zu den wohlhabendsten an Michigans Westküste und warten mit Marinas voller Jachten und schicken Sommerhäusern auf. Snobistisch geht es hier aber nicht zu, und es gibt einige ausgefallene Abenteuer zu erleben. Hier kann man Strandgut sammeln, Inselwanderungen unternehmen und sich auf die Spuren von Ernest Hemingway begeben.

Schlafen

★ **Stafford's Perry Hotel** HOTEL $$
(☎231-347-4000; www.staffords.com; 100 Lewis St, Petoskey; Zi. 169–279 US$; ❄@📶) Das Perry Hotel ist ein prächtiges historisches Hotel. Hemingway übernachtete hier einmal (1916 nach einem Wander- und Campingausflug in die Region). Das Haus bietet

HEMMINGWAY-STÄTTEN

Verschiedene Schriftsteller sind mit dem Nordwesten Michigans verbunden, aber keiner ist so berühmt wie Ernest Hemingway, der die Sommer seiner Jugend im Ferienhaus seiner Familie am Walloon Lake verbrachte. Hemingway-Fans reisen oft durch die Gegend, um die Orte zu besuchen, die in seinen Geschichten verewigt sind.

Horton Bay General Store (☎ 231-582-7827; www.hortonbaygeneralstore.com; 5115 Boyne City Rd, Boyne City; ⌚ Mi & Do 8–14, Fr–So 8–14 & 18–21 Uhr, Mitte Okt.–Mitte Mai geschl.) Ein Stück nördlich von Charlevoix zweigt die Boyne City Rd nach Osten ab, führt am Lake Charlevoix vorbei und schließlich nach Horton Bay. Hemingway-Fans werden den Laden mit seiner „hohen Scheinfassade" aus der Kurzgeschichte *Oben in Michigan* wiedererkennen. Der altmodische Laden verkauft heute Lebensmittel, Souvenirs, Sandwiches und Eis und serviert am Wochenende abends Wein und Tapas (eine Reservierung ist empfehlenswert).

Little Traverse History Museum (☎ 231-347-2620; www.petoskeymuseum.org; 100 Depot Ct, Petoskey; 3 US$; ⌚ Mo–Sa 10–16 Uhr, Mitte Okt.–Ende Mai geschl.) Weiter nördlich an der US 31 kann man in Petoskey halten und sich die Hemingway-Sammlung im Museum anschauen, darunter seltene Erstausgaben, die der Autor bei einem Besuch 1947 für einen Freund signierte.

City Park Grill (☎ 231-347-0101; www.cityparkgrill.com; 432 E Lake St, Petoskey; ⌚ So–Do 11.30–22, Fr & Sa bis 1.30 Uhr) Ein paar Blocks vom Museum entfernt, kann man sich in dieser Bar, in der Hemingway Stammgast war, einen Drink genehmigen. Bei Tour Hemingway's Michigan (www.mihemingwaytour.com) bekommt man die nötigen Infos für Ausflüge in Eigenregie.

komfortable Betten, antike Möbel und einen gemütlichen Pub. Die teureren Zimmer gewähren Ausblick auf die Bucht.

Ausgehen

★ **Beards Brewery** KLEINBRAUEREI
(☎ 231-753-2221; www.beardsbrewery.com; 215 E Lake St, Petoskey; ⌚ Di–Do 11.30–22, Fr 11.30–23, Sa 10–23, So 11.30–21 Uhr) Ein paar bärtige Braumeister taten sich zusammen und eröffneten das Beards. Sie kennen sich aus, wie die 20 Fassbiere, darunter hopfige IPAs, säuerliche Saisons und nussige Brown Ales, beweisen. Die Brauerei ist ein geselliger Treff mit Quizabenden und örtlichen Musikern. Vom herrlichen Freiluft-Patio blickt man auf die Bucht; eine Feuergrube sorgt in kühlen Nächten für Wärme.

An- & Weiterreise

Die US 31 ist die Hauptfernstraße in die Gegend und verbindet auch die beiden rund 17 Meilen (27 km) voneinander entfernten Städte Charlevoix und Petoskey. Der nächste Flughafen befindet sich in Traverse City.

Um nach Beaver Island zu gelangen, nimmt man im Ortszentrum von Charlevoix die **Fähre** (☎ 231-547-2311; www.bibco.com; 103 Bridge Park Dr, Charlevoix; einfache Strecke Erw./Kind/Auto 32,50/20/105 US$; ⌚ Mitte April–Ende Dez.). Die Fahrt dauert zwei Stunden. Wer sein Auto mitnehmen will, sollte vorab reservieren.

Straits of Mackinac

Das Gebiet zwischen den beiden Halbinseln Michigans blickt, was Befestigungsanlagen und Süßwaren betrifft, auf eine lange Tradition zurück. Die autofreie Insel Mackinac Island ist *der* Touristenmagnet Michigans schlechthin.

Eine der spektakulärsten Sehenswürdigkeiten hier ist die 5 Meilen (8 km) lange Mackinac Bridge (auch „Big Mac" genannt), die die Straits of Mackinac überspannt. Die Mautgebühr von 4 US$ ist jeden Penny wert: Einen derartigen unglaublichen Blick auf zwei der Großen Seen, zwei Halbinseln und Hunderte Inseln gibt's kein zweites Mal! Zur Erinnerung: Obwohl der Name anders geschrieben wird, spricht man *meck-in-ao*.

Mackinaw City

Am Südende der Mackinac Bridge liegt das touristische Mackinaw City an der I-75. Der Ort dient hauptsächlich als Sprungbrett zur Mackinac Island, bietet jedoch auch ein paar interessante historische Sehenswürdigkeiten.

Sehenswertes

Colonial Michilimackinac HISTORISCHE STÄTTE
(☎231-436-5564; www.mackinacparks.com; 102 W Straits Ave; Erw./Kind 12,50/7,25 US$; ⌚Juni–Aug. 9–19 Uhr, Mai & Sept.–Anfang Okt. bis 17 Uhr; 👪) Neben der Big-Mac-Brücke (das Visitor Center befindet sich unter der Brücke) liegt Colonial Michilimackinac. Dieses National Historic Landmark besteht aus einem Fort mit einer rekonstruierten Palisade, die 1715 von den Franzosen errichtet wurde. Kostümierte Darsteller kochen und handwerkeln hier wie damals.

An- & Weiterreise

Die Hauptstraße nach Mackinaw City ist die I-75. Die Anlegedocks von **Star Line** (☎800-638-9892; www.mackinacferry.com; 801 S Huron Ave; hin & zurück Erw./Kind/Fahrrad 27/15/12 US$) und **Shepler's** (☎800-828-6157; www.sheplersferry.com; 556 E Central Ave; hin & zurück Erw./Kind/Fahrrad 27/15/11 US$; ⌚Ende April–Okt.) liegen unweit der Interstate. Beide betreiben Fähren nach Mackinac Island. Die Überfahrt dauert 20 Minuten; die Fähren fahren im Frühjahr und Herbst tagsüber mindestens stündlich und im Juni, Juli und August bis zu viermal pro Stunde. An beiden Docks gibt's Parkplätze, auf denen man sein Auto tagsüber kostenlos abstellen kann; über Nacht kostet das Parken 5 US$.

Mackinac Island

Mackinac Island ist das touristische Juwel Michigans. Hin kommt man entweder ab Mackinaw City oder ab St. Ignace mit der Fähre. Die Lage der Insel am Übergang zwischen dem Lake Michigan und dem Lake Huron machte sie zum wertvollen Hafen für den nordamerikanischen Pelzhandel – und zu einem Ort, um den Briten und Amerikaner mehrmals gegeneinander kämpfen.

Das wichtigste Jahr in der Geschichte dieser 810 ha großen Insel war 1898 – jenes Jahr, in dem die Autos von der Insel verbannt wurden, um den Tourismus anzukurbeln. Heute werden alle Ausflüge mit Pferden oder per Fahrrad gemacht; sogar die Polizei benutzt auf ihren Patrouillen durch die Stadt Drahtesel. Besonders an Sommerwochenenden fallen Horden von Touristen, die von den Insulanern Fudgies genannt werden, über die Insel her. Doch wenn abends die letzte Fähre ablegt und mit ihr auch die letzten Tagesausflügler verschwinden, offenbart sich der wahre Reiz des Eilands, und man driftet in eine andere, gemächlichere Welt ab. 80 % der Insel stehen als State Park unter Schutz. Zwischen November und April ist so gut wie alles zu.

Arch Rock NATURATTRAKTION
GRATIS Dieser mächtige Kalksteinbogen ragt 45 m über den Lake Huron und ist das perfekte Motiv für ein spektakuläres Foto. Er ist auf zwei Arten zugänglich: über die Treppe, die von der Straße am Seeufer hinaufführt, oder vom Inselinneren über die Arch Rock Rd. Gegen Mittag wimmelt es von Reisegruppen, man kommt also besser am frühen Morgen.

Fort Mackinac HISTORISCHE STÄTTE
(☎906-847-3328; www.mackinacparks.com; 7127 Huron Rd; Erw./Kind 13,50/7,75 US$; ⌚Juni–Aug. 9.30–19 Uhr, Mai & Sept.–Mitte Okt. kürzere Öffnungszeiten, Mitte Okt.–April geschl.; 👪) Fort Mackinac erhebt sich auf Kalksteinklippen nahe der Downtown. Es wurde 1780 von den Briten erbaut und ist eines der am besten erhaltenen Forts im Land. Kostümierte Darsteller sowie Kanonen- und Gewehrschüsse (alle 30 Min.) machen vor allem bei den Kids mächtig Eindruck. Im Teezimmer kann man einen Happen essen und von den Freilufttischen die herrliche Aussicht auf den Ort und die Straits of Mackinac genießen.

Praktische Informationen

Mackinac Island Visitor Center (☎906-847-3783; www.mackinacisland.org; 7274 Main St; ⌚Mai–Okt. 9–17 Uhr) Kiosk in der Innenstadt mit Wander- und Radkarten.

An- & Weiterreise

Die beiden Fährunternehmen **Shepler's** (☎800-828-6157; www.sheplersferry.com; Main St; hin & zurück Erw./Kind/Fahrrad 27/15/11 US$; ⌚Ende April–Okt.) und **Star Line** (☎800-638-9892; www.mackinacferry.com; Main St; hin & zurück Erw./Kind/Fahrrad 27/15/12 US$) fahren von Mackinaw City und St. Ignace hierher und berechnen ungefähr die gleichen Preise. Wer online bucht, fährt etwas billiger. Die Fähren fahren im Frühjahr und Herbst tagsüber mindestens stündlich und im Sommer bis zu viermal stündlich. Die Überfahrt dauert rund 20 Minuten. Beide Unternehmen haben Parkplätze, wo man sein Auto abstellen kann (tagsüber kostenlos, über Nacht 5 US$).

Upper Peninsula

Die Upper Peninsula (UP) ist eines der Highlights im Mittleren Westen. Sie ist wild und einsam, 90% des Gebiets sind von Laubwäldern bedeckt. Gerade einmal 45 Meilen (72 km) Fernstraße durchqueren die Wälder, auf die sich eine Handvoll Städte verteilen. Marquette ist die größte unter ihnen. Zwischen den Orten gibt es endlos lange Uferstreifen am Lake Huron, Lake Michigan und Lake Superior, malerische kleine Straßen – und Pasteten. Die Rezepte für die Pot Pies mit Fleisch und Gemüse wurden vor 150 Jahren von Bergarbeitern aus Cornwall mitgebracht.

Hier oben im Norden betritt man eine andere Welt. Die Bewohner der UP, die auch „Yoopers" genannt werden, sehen sich selbst eigentlich gar nicht wirklich als Einwohner Michigans – sie haben in der Vergangenheit sogar schon damit gedroht, sich unabhängig zu machen.

Pictured Rocks National Lakeshore

Die Pictured Rocks National Lakeshore erstreckt sich über erstklassiges Gelände am Lake Superior und besteht aus einer Reihe wilder Klippen und Höhlen, in denen blaue und grüne Mineralien den roten und gelben Sandstein in ein Kaleidoskop aus Farben verwandeln. Die County Rd H-58 führt auf 52 Meilen (84 km) geruhsam durch den Park von Grand Marais im Osten bis nach Munising im Westen. Beide Orte sind gute Ausgangspunkte zur Erkundung des Gebiets. Dazwischen finden sich Wanderwege am See; bei Kajaktouren kann man wunderbar die Schiffswracks vor Ort, die Wasserfälle und die wundervoll bunte Geologie in Augenschein nehmen.

Sehenswertes & Aktivitäten

Zu den größten Attraktionen (von Ost nach West) gehören das **Au Sable Point Lighthouse** (County Rd H-58, Grand Marais) mit seinen Schiffswracks, der von Achaten übersäte **Twelvemile Beach** (County Rd H-58, Grand Marais), die **Chapel Falls** (Chapel Rd, Munising) mit zahlreichen Wanderwegen und das **Miners Castle** (Miners Castle Rd, Munising), das einen tollen Ausblick bietet. Bootsfahrten und Kajaktouren am Ufer entlang sind ausgezeichnet, um die spektakuläre Landschaft in sich aufzunehmen.

Pictured Rock Cruises BOOTFAHREN
(☎906-387-2379; www.picturedrocks.com; 100 City Park Dr, Munising; 2½-stündige Tour Erw./Kind 38/10 US$; ⏲Mitte Mai–Mitte Okt.) Die Boote, auf denen man an Deck und geschützt drinnen sitzen kann, fahren 16 Meilen (26 km) am Ufer entlang. Sie legen an der städtischen Anlegestelle in Munising ab und fahren bis Miners Castle. Besonders schön sind die Bootsfahrten in den Sonnenuntergang. Es empfiehlt sich allerdings, vorab zu reservieren.

ABSTECHER

SAULT STE. MARIE

Das 1668 gegründete Sault Ste. Marie (13 550 Ew.) ist Michigans älteste Stadt und die drittälteste in den USA. Heute ist sie ein geschäftiger Hafen und ein Grenzübergang nach Kanada – die Schwesterstadt Sault Ste. Marie in Ontario zwinkert einem von der anderen Seite der Brücke zu. Das ist zwar alles schon ganz prima, aber der beste Grund für einen Besuch ist, zuzuschauen, wenn schwer beladene Frachter das Schiffshebewerk Soo Locks passieren.

Die Action kann man im **Soo Locks Visitor Center** (☎906-253-9290; Portage Ave; ⏲Mitte Mai–Mitte Okt. 9–21 Uhr) GRATIS erleben. Es zeigt Ausstellungen und Videos und bietet Aussichtsplattformen, von denen man zusehen kann, wie 300 m lange Schiffe vom Lake Superior zum Lake Huron einen Höhenunterschied von 7 m überwinden. Das ist schon sehr eindrucksvoll. Anschließend kann man einen Block weiter in **Karl's Cuisine, Winery & Brewery** (☎906-0253-1900; www.karlscuisine.com; 447 W Portage Ave; Hauptgerichte 13–24 US$; ⏲Mi–Sa 11–21 Uhr) Pasteten, Weißfisch aus dem Lake Superior und Pastagerichte sowie im Haus gebrannten Schnaps genießen.

Die I-75 ist die Hauptstraße in die Stadt, die 59 Meilen (95 km) nördlich von Mackinaw City liegt. Um die Schleusen zu erreichen, nimmt man die Ausfahrt 394 von der Interstate und hält sich links. Um weiter nach Kanada zu fahren, fährt man zur International Bridge. Der Grenzübergang ist rund um die Uhr geöffnet. Weitere Infos findet man unter www.saultstemarie.com.

ABSEITS DER ÜBLICHEN PFADE

KEWEENAW PENINSULA & ISLE ROYALE NATIONAL PARK

Die Keweenaw Peninsula ist der nördlichste Zipfel der Upper Peninsula, ein wildes Waldland, das einsam in den Lake Superior hineinragt. Temperamentvolle Kleinstädte, Konfitüren herstellende Mönche und herrliche Bergstraßen warten auf Abenteurer, die sich auf diese Reise einlassen.

Die US 41 ist der wichtigste Highway auf der Halbinsel. Auf ihr gelangt man nach Houghton (8000 Ew.), das die größte Ortschaft der Keweenaw Peninsula ist. Da hier die Michigan Tech University ihren Sitz hat, wimmelt es nur so von Studenten. Der Ort ist auch das Sprungbrett zum **Isle Royale National Park**, den im Sommer Fähren und Wasserflugzeuge ansteuern. In der **Keweenaw Brewing Company** (906-482-5596; www.kbc.beer; 408 Shelden Ave, Houghton; Mo–Mi 15–22, Do–Sa 11–23, So 12–20 Uhr) erhält man einen Einblick in die örtliche Szene. Das Pint für 3 US$ kann man am Kamin genießen.

Im Isle Royale National Park – auf einer 544 km² großen Insel im Lake Superior – gibt's weder Autos noch Straßen, sondern nur Ruhe und Frieden. In den Park kommen pro Jahr weniger Besucher als in den Yellowstone National Park an einem Tag, sodass man das 266 km umfassende Wanderwegenetz und die 2000 durch den Wald streifenden Elche ganz für sich allein hat.

Fährt man 25 Meilen (40 km) weiter und biegt auf den Hwy 26 nach Norden ab, gelangt man kurz hinter Eagle River zum **Jampot** (www.poorrockabbey.com; 6500 Hwy 26, Eagle Harbor; Backwaren 1–3 US$; Mai–Mitte Okt. Di–Sa 10–17 Uhr). Bärtige Mönche in schwarzen Roben arbeiten in der Bäckerei, stellen Konfitüre aus gesammelten Beeren her, bereiten Kaffee aus im Haus gerösteten Bohnen und backen Muffins.

Weiter geht's noch 9 Meilen (14,5 km) auf dem Hwy 26. Gleich hinter Lake Bailey erblickt man die Abzweigung zum **Brockway Mountain Drive** (Eagle Harbor). Die 10 Meilen (16 km) lange Fahrt auf dem Grat des namensgebenden Hügels gewährt herrliche Ausblicke auf den Lake Superior. Sie endet im winzigen Copper Harbor, von wo ebenfalls eine Fähre zur Isle Royale ablegt. Weitere Infos findet man unter www.copperharbor.org.

Pictured Rocks Kayaking KAJAKFAHREN
(906-387-5500; www.paddlepicturedrocks.com; 1348 Commercial St, Munising; 4½-stündige Tour Erw./Kind 149/110 US$; Ende Mai–Sept.) Das Unternehmen bringt die Teilnehmer mit einem 17 m langen Passagierschiff hinaus und setzt sie in der Nähe der bekanntesten Höhlen und Felsbogen ab. Ein Führer leitet die anschließende Tour, die gut für Anfänger geeignet ist, weil man nur rund zwei Stunden paddelt. Die Touren starten täglich um 9 und 14.30 Uhr.

An- & Weiterreise

Um hierher zu kommen, braucht man ein eigenes Auto. Der nächste Flughafen liegt in Marquette, 42 Meilen (68 km) weiter westlich. Die wichtigsten Straßen in der Gegend sind der Hwy 28 und der Hwy 94. Die County Rd H-58 führt durch Pictured Rocks; im Winter ist sie wegen des Schnees gesperrt.

Die **Grand Island Ferry** (906-387-2600; www.grandislandup.com; N8016 Grand Island Landing Rd, Munising; hin & zurück Erw./Kind 20/15 US$; Ende Mai–Mitte Okt.) unternimmt täglich drei- bis zehnmal die 15-minütige Überfahrt zur Insel.

Marquette

Marquette liegt direkt am Seeufer und ist der perfekte Ausgangspunkt, wenn man die Region ein paar Tage lang erkunden möchte. Es ist die größte (und schneereichste) Stadt der Upper Peninsula und ein bekanntes Mekka für Outdoor-Fans. Wälder, Strände und Klippen bilden den perfekten Abenteuerspielplatz und sind zudem nur einen Katzensprung von der Innenstadt entfernt. Die Einheimischen fahren im Winter Ski und Snowboard und rauschen im Sommer mit Fatbikes über die Radwege. Außerdem ist hier die Northern Michigan University zu Hause, was der Stadt eine recht junge Einwohnerschaft beschert. Das historische Zentrum lockt Traveller mit Bier und gutem Essen an.

Sehenswertes & Aktivitäten

Da Yoopers Tourist Trap and Museum MUSEUM
(906-485-5595; www.dayoopers.com; 490 N Steel St; Mo–Fr 10–18, Sa & So 10–17 Uhr) GRATIS Hier finden Besucher Big Gus, die größte Kettensäge der Welt, und Big Ernie, das längste Ge-

wehr der Welt. Kitsch satt serviert das Da Yoopers Tourist Trap and Museum, 15 Meilen (24 km) westlich von Marquette am Hwy 28/41 gleich hinter Ishpeming. Im Laden findet man Geschenke wie Polyesterschlipse mit Elchmotiv oder Windspiele, die aus Bierdosen zusammengebastelt wurden.

Down Wind Sports KAJAKFAHREN
(☎906-226-7112; www.downwindsports.com; 514 N 3rd St; ⌚Mo–Fr 10–19, Sa bis 17, So 11–15 Uhr) Down Wind verleiht alle erdenkliche Ausrüstung und informiert über Kajaktouren, Fliegenfischen, Surfen, Eisklettern und andere Abenteuer.

Schlafen

Landmark Inn HISTORISCHES HOTEL $$
(☎906-228-2580; www.thelandmarkinn.com; 230 N Front St; Zi. 179–249 US$; ❄📶) Das elegante, sechsstöckige Hotel ist in einem historischen Gebäude am See untergebracht. Angeblich sollen hier sogar ein paar Gespenster hausen.

Praktische Informationen

Visitor Center (2201 US 41; ⌚9–17.30 Uhr) Das Besucherzentrum in einem Blockhaus am Stadtrand hat Broschüren zu örtlichen Wanderwegen und Wasserfällen.

An- & Weiterreise

Die US 41 und der Hwy 28 sind die wichtigsten Straßen in die Stadt. Marquette besitzt einen kleinen Flughafen, von dem aus Flüge nach Detroit, Chicago und Minneapolis gehen. Busse von Indian Trails (www.indiantrails.com) fahren täglich nach Milwaukee (60–80 US$, 8 Std.) und Hancock (18–25 US$, 3 Std.).

Porcupine Mountains Wilderness State Park

Michigans größter State Park umfasst annähernd 150 km an Wanderwegen und bietet Besuchern Wildnis pur. „The Porkies“, wie er auch genannt wird, ist so wildromantisch, dass sogar die Holzindustrie ihn im frühen 19. Jh. links liegen ließ und der Park heute über das größte Urwaldgebiet zwischen den Rocky Mountains und den Adirondacks verfügt. Neben den 300 Jahre alten Hemlocktannen sind die Porkies auch für ihre Wasserfälle, die 30 km unberührte Küste am Lake Superior, die umherziehenden Schwarzbären und den Blick auf den atemberaubenden Lake of the Clouds bekannt.

Sehenswertes & Aktivitäten

Lake of the Clouds SEE
(Hwy 107, Ontonagon; 9 US$/Auto) Dieser See ist die meistfotografierte Attraktion des Porcupine Mountains Wilderness State Parks. Nachdem man im Visitor Center die Eintrittsgebühr zum Park bezahlt hat, geht’s zum Ende des Hwy 107, wo man einen nur 100 m langen Weg hinaufsteigt und mit einem atemberaubenden Blick auf das schimmernde Wasser unter einem belohnt wird. Längere Wanderungen beginnen am Parkplatz.

Porcupine Mountain Ski Area SKIFAHREN
(☎906-885-5209; www.porkiesfun.com; Hwy 107, Ontonagon; halber/ganzer Tag 33/43 US$; ⌚Dez.–Anfang April) Im Winter herrscht auf den Abfahrtspisten (Höhenunterschied 240 m) und den Langlaufloipen (insgesamt 42 km) viel Betrieb. Man kann hier auch Ski und Snowboards (je 27 US$/Tag) sowie Schneeschuhe (15 US$/Tag) mieten.

Praktische Informationen

Friends of the Porkies (www.porkies.org) Infos zu Events und zur örtlichen Kunst.

Porcupine Mountains and Ontonagon Area CVB (www.porcupineup.com) Liste der Wasserfälle und Aktivitäten.

Porcupine Mountains Visitor Center (☎906-885-5275; www.michigan.gov/porkies; S Boundary Rd, Ontonagon; ⌚Mitte Mai–Mitte Okt. 8–18 Uhr) Hier bekommt man die Genehmigung zur Einfahrt mit dem Auto (9/33 US$ pro Tag/Jahr) und zum Übernachten im Hinterland.

An- & Weiterreise

Um herzukommen, braucht man ein eigenes Auto. Die wichtigste Straße in dieses Gebiet ist die US 45.

WISCONSIN

Wisconsin is(s)t Käse und stolz darauf. Die Kühe des US-Staates geben Milch für knapp 1,2 Mrd. kg Cheddar, Gouda und ähnliche Köstlichkeiten – das ist ein Viertel aller Laibe, die in den USA entstehen. Auf den hiesigen Nummernschildern steht voller Stolz „Dairy State“ (Staat der Molkereien). Die Leute hier nennen sich sogar selbst „Käseköpfe“ und betonen das noch, indem sie zu besonderen Gelegenheiten – vor allem bei den Footballspielen der Green Bay Packers –

Schaumgummihüte in der Form von Käsestücken tragen.

Man muss sich also auf die Sache mit dem Käse einlassen, denn die Chancen stehen gut, dass man länger im Bundesstaat bleibt. Wisconsin hat eine Menge zu bieten: die zerklüfteten Klippen und Leuchttürme im Door County, Kajakfahrten durch Meereshöhlen an der Apostle Islands National Lakeshore, den Green-Bay-Football-Schrein Lambeau Field, Kuhfladenwerfen am Hwy 12 und nicht zuletzt viel Bier, Kunst und Festivals in Milwaukee und Madison.

Praktische Informationen

Wisconsin B&B Association (www.wbba.org) Praktische Auflistung der B&Bs im Bundesstaat nach Stadt und Region.

Wisconsin Department of Tourism (www.travelwisconsin.com) Veröffentlicht tonnenweise kostenlose Führer zu Themen wie Radfahren, Golf oder Landstraßen und bietet eine kostenlose App.

Wisconsin Highway Conditions (www.511wi.gov) Praktisch, um im Winter Infos zum Straßenzustand zu erhalten.

Wisconsin Milk Marketing Board (www.wisconsincheese.com) Auf der kostenlosen Karte *A Traveler's Guide to America's Dairyland* sind alle Käsereien des Bundesstaats verzeichnet.

Wisconsin State Park Information (☎ 608-266-2181; www.dnr.wi.gov/topic/parks) Für Parkbesuche benötigt man eine Genehmigung (Fahrzeug pro Tag/Jahr 11/38 US$). Stellplätze kosten zwischen 21 und 35 US$; Reservierungen sind möglich.

Milwaukee

Milwaukee hat ein Problem: Es ist wirklich klasse, taucht aber auf keinem Radar auf. Die Stadt gilt noch immer als Arbeiterstadt mit Bier, Bowlingbahnen und Polka-Sälen. Dabei bietet sie auch Sehenswürdigkeiten wie das von Calatrava entworfene Kunstmuseum, das coole Harley-Davidson Museum oder stilvolle Lokale und Boutiquen, die Wisconsins größte Stadt in einen betont lässigen Ort verwandelt haben.

Milwaukees andauernde Verbindung mit Bier ist kein Zufall. Die Stadt wurde in den 1840er-Jahren von deutschen Einwanderern besiedelt, und viele gründeten kleine Brauereien. Ein paar Jahrzehnte später wurde der Gerstensaft durch die Einführung der Brautechnologie in großem Maßstab ein wichtiger Industriezweig der Stadt. Milwaukee bekam den Spitznamen „Brew City", als Pabst, Schlitz, Blatz, Miller und 80 weitere Brauereien hier Bier produzierten. Heute ist von den landesweiten Marken nur noch Miller geblieben, aber kleinere Brauereien sind wieder groß im Geschäft, und die Bars in der Stadt servieren die besten Kleinbrauereibiere aus Wisconsin und der Region.

Sehenswertes & Aktivitäten

Östlich der Stadt säumen Parks das Ufer des Lake Michigan. Der malerische Riverwalk führt auf beiden Ufern des Milwaukee River durch die Downtown.

★ Harley-Davidson Museum MUSEUM
(☎ 414-287-2789; www.harley-davidson.com; 400 W Canal St; Erw./Kind 20/10 US$; ⏲ Mai–Sept. Fr–Mi 9–18, Do 9–20 Uhr, Okt.–April Fr–Mi 10–18, Do 10–20 Uhr) Hunderte Motorräder (darunter die protzigen Maschinen von Elvis und Evel Knievel) dokumentieren die Veränderung des Stils im Verlauf der Jahrzehnte. In der Experience Gallery im Erdgeschoss können sich Besucher auf verschiedene Bikes schwingen und als „Rocker" fotografieren lassen. Auch wer nicht Motorrad fährt, wird an den interaktiven Ausstellungen und den wild aussehenden Besucherscharen in Lederkluft seinen Spaß haben.

★ Milwaukee Art Museum MUSEUM
(☎ 414-224-3200; www.mam.org; 700 N Art Museum Dr; Erw./Kind 19 US$/frei; ⏲ Di, Mi & Fr–So 10–17, Do bis 20 Uhr) Diese Institution am Seeufer muss man einfach gesehen haben: Ein atemberaubender Pavillon nach einem Entwurf von Santiago Calatrava öffnet und schließt hier täglich seine „Flügel" (10, 12 & 17, Do 20 Uhr) – ein toller Anblick, der von der vorgelagerten Hängebrücke aus am eindrucksvollsten ist. Im Inneren des Museums gibt's u. a. großartige Volkskunst, sogenannte *outsider art* (Werke von Autodidakten) und eine große Sammlung mit Ge-

NICHT VERSÄUMEN

DER BRONZE FONZ

Der **Bronze Fonz** (an der Ostseite des Riverwalk) steht gleich südlich der Wells St im Zentrum und soll Milwaukees meistfotografierte Attraktion sein. Der Fonz (alias Arthur Fonzarelli) war eine Figur der 1970er-Jahre-Fernsehserie *Happy Days*, die vor Ort spielt. Mal ehrlich: Ist seine blaue Hose eher hui oder eher pfui?

mälden von Georgia O'Keeffe zu sehen. Seit der Renovierung im Jahr 2015 sind zusätzlich noch Ausstellungen zu den Bereichen Fotografie und neue Medien hinzugekommen.

American Black Holocaust Museum MUSEUM

(ABHM; www.abhmuseum.org; 411 W North Ave) Das Museum will mittels Bildern und Berichten die Geschichte dessen erzählen, was es als „Holocaust an den Schwarzen" bezeichnet – gemeint sind damit die Verschleppung von Sklaven aus Afrika, die Sklaverei in den US-amerikanischen Südstaaten, die Entwicklungen nach dem Bürgerkrieg und die Kämpfe der Bürgerrechtsbewegung. Die Einrichtung wurde 1984 als virtuelles Museum von James Cameron gegründet, der als 16-jähriger Junge nur knapp einem Lynchmord entkam. Auf der Website erfährt man, ob das Museum nach der Umgestaltung im Jahr 2019 inzwischen wieder eröffnet ist.

Miller Brewing Company BRAUEREI

(☎414-931-2337; www.millercoors.com; 4251 W State St; Touren 10 US$; ⊙Juni–Aug. Mo–Sa 10.30–16.30 Uhr, Sept.–Mai Mo–Sa bis 15.30 Uhr) GRATIS 1855 gegründet, bewahrt die historische Miller-Anlage Milwaukees Biererbe. Legionen von Gerstensaft-Fans stehen hier für die stundenlangen Gratisführungen an. Auch wenn das Bier aus Massenproduktion vielleicht nicht jedermanns Geschmack ist, beeindruckt die Fabrik doch allein schon durch ihre Dimensionen: Besucher besichtigen u.a. das Verpackungswerk, wo 2000 Dosen pro Minute abgefüllt werden. Im Lagerhaus warten 500 000 Kästen auf ihren Abtransport. Und am Ende jeder Tour gibt's eine großzügige Verkostung mit drei Proben in voller Größe. Ausweis nicht vergessen!

Feste & Events

★ **Summerfest** MUSIK

(www.summerfest.com; 639 E Summerfest Pl; Tageskarte 23 US$; ⊙Ende Juni–Anfang Juli) Es trägt den Untertitel „das größte Musikfestival der Welt", und tatsächlich treten hier elf Tage auf elf Bühnen lang Hunderte Rock-, Blues-, Jazz-, Country- und Alternative-Bands auf. Die Kulisse ist genauso fantastisch: Die Konzerte finden in Downtown auf dem Festivalgelände am See (alias Henry Maier Festival Park) statt. Die Headliner-Gigs kosten extra.

Schlafen

★ **Ambassador** HOTEL $

(☎877-935-2189; www.ambassadormilwaukee.com; 2308 W Wisconsin Ave; Zi. 119–139 US$; P ❄ @ ≈) Das renovierte Art-déco-Schmuckstück im Westen der Stadt nahe der Marquette University ist eine günstige, zentral gelegene Option. Architekturfans werden die vielen Details aus der Zeit des „Jazz Age" zu schätzen wissen, z.B. die polierten Marmorböden im Foyer und die bronzenen Fahrstuhltüren. Das Restaurant hat die Atmosphäre eines Supper Clubs, und in der angrenzenden Bar gibt's perfekt gemixten Old Fashioned nach Wisconsin-Art.

Brewhouse Inn & Suites HOTEL $$

(☎414-810-3350; www.brewhousesuites.com; 1215 N 10th St; Zi. 199–249 US$; P ❄ @ ≈) Dieses Hotel ist im toll renovierten Komplex der alten Pabst Brewery untergebracht. Die 90 großen Zimmer im Steampunk-Stil warten jeweils mit Kochgelegenheit und Gratis-WLAN auf. Parken kostet 28 US$. Das Brewhouse liegt am äußersten Westrand der Innenstadt; zu Fuß sind's etwa 800 m bis zur belebten Old World 3rd St und gute 3,2 km bis zum Festivalgelände.

Iron Horse Hotel HOTEL $$$

(☎888-543-4766; www.theironhorsehotel.com; 500 W Florida St; Zi. 250–360 US$; P ❄ ≈) Die Lage des Hotels in Milwaukees aufstrebendem, aber immer noch etwas raubeinigem Fifth Ward rechtfertigt nicht wirklich den hohen Preis. Die Zimmer sind aber groß, und uns gefällt das industriell gestaltete Innere mit Pfosten-Riegel-Konstruktion und unverputzten Backsteinwänden. Das Hotel liegt in Gehweite zum Harley-Davidson Museum und einigen tollen Restaurants und Bars. Parken kostet 30 US$.

Essen

Gute Gegenden für die Restaurantsuche sind z.B. die deutsch angehauchte Old World 3rd St im Zentrum oder die multikulturelle E Brady St an der Kreuzung mit der N Farwell Ave. Ebenfalls interessant ist der Third Ward, dessen viele Gastropubs die N Milwaukee St südlich der I-94 säumen.

★ **Birch + Butcher** AMERIKANISCH $$

(☎414-323-7372; www.birchandbutcher.com; 459 E Pleasant St; Hauptgerichte 22–34 US$; ⊙Mo–Do 7.30–21, Fr & Sa bis 22, So bis 14 Uhr; ≈ ✎) Das Restaurant behauptet, das einzige in der Stadt zu sein, wo das Essen wirklich über

INSIDERWISSEN

FISH FRIES & SUPPER CLUBS

Wisconsin hat besondere kulinarische Traditionen, mit denen man bei einem Besuch des Bundesstaats bestimmt einmal in Berührung kommt:

Fish Fry Freitag ist der heilige Tag des *fish fry*. Dieses Mahl aus Kabeljau im Bierteig, Pommes und Krautsalat kam vor einigen Jahren in Mode. Einheimische nutzen das Ganze, um sich gesellig bei einem preiswerten Essen zu treffen und gemeinsam den Beginn des Wochenendes zu feiern. In vielen Bars und Restaurants wird diesem Brauch immer noch stark gehuldigt, z. B. in der **Lakefront Brewery** (☎ 414-372-8800; www.lakefrontbrewery.com; 1872 N Commerce St; 45-minütige Führung 11 US$; ⌚ Mo–Do 11–20, Fr 11–21, Sa 9–21, So 10–17 Uhr) in Milwaukee.

Supper Club Diese altmodischen Restaurants sind im oberen Mittleren Westen weit verbreitet. Sie entstanden in den 1930er-Jahren und haben meist auch heute noch eine gewisse Retro-Atmosphäre. Typische Merkmale sind eine Einrichtung aus Holz, Surf & Turf (Fleisch und Meeresfrüchte) auf der Karte, Naschtabletts mit Radieschen und Karotten auf den Tischen – und eine ellenlange Cocktailkarte (weitere Details unter www.wisconsinsupperclubs.net.). Das Old Fashioned (S. 665) in Madison ist eine moderne Version solcher Lokale und nach dem unverzichtbaren Supper-Club-Drink auf Brandy-Basis benannt.

offenem Herdfeuer gebraten und gegrillt wird. Die Resultate jedenfalls überzeugen. Auf der verführerischen Karte stehen gegrillter Fisch, Steaks und Gemüsegerichte. Zum Brunch am Wochenende kommen viele Gäste wegen ungewöhnlicher Angebote wie Weißfisch-Bagel oder Pulled-Pork aus der Schulter mit Polenta. Der Speisesaal ist geräumig und entspannt.

Pitch's Lounge & Restaurant STEAK $$
(☎ 414-272-9313; www.pitchsribs.com; 1801 N Humboldt Ave; Hauptgerichte 18–26 US$; ⌚ So–Do 17–22, Fr & Sa 15–23 Uhr; 📶) Steaks, Koteletts, Meeresfrüchte und Rippchen nach Art des Hauses stehen auf der Karte dieses Supper Clubs, der seit den 1940er-Jahren groß im Geschäft ist. Der ruhige Speisesaal führt einen Jahrzehnte in die Vergangenheit zurück in jene Zeit, wo ein Ausgehabend immer mit einem Old Fashioned begann. Beim Fischessen am Freitagabend empfiehlt sich der traditionelle Kabeljau in Bierteig.

Ardent AMERIKANISCH $$$
(☎ 414-897-7022; www.ardentmke.com; 1751 N Farwell St; Probiermenü 95 US$; ⌚ Mi–Sa 18–22 Uhr; 📶) Milwaukees Feinschmecker bekommen schon weiche Knie, wenn sie die ständig wechselnden, farmfrischen Gerichte des Beard-nominierten Kochs nur riechen. Für das im winzigen Gastraum servierte Abendessen lässt man sich hier Zeit; jeden Abend wird das zehngängige Probiermenu in zwei „Sitzungen" serviert. Man muss weit im Voraus reservieren oder weicht einfach nach nebenan ins Schwester-Restaurant aus, das von Mittwoch bis Samstag zwischen 18 und 1 Uhr geöffnet ist und köstliche Ramen-Nudeln zaubert.

Ausgehen & Unterhaltung

★ **Champion's** BAR
(☎ 414-332-2440; www.championspub.com; 2417 N Bartlett Ave; ⌚ Mo–Fr 15–2, Sa ab 13, So ab 11.30 Uhr; 📶) Das Lokal ist die richtige Wahl, wenn man nach einer ruhigen, freundlichen und authentischen Bar sucht. Sie ist seit den 1950er-Jahren ein Eckpfeiler des Viertels und hat sich seit jener Zeit nicht viel verändert. Hier findet man freundliche Einheimische, New Glarus Spotted Cow vom Fass und draußen einen Biergarten für einen entspannten Sommerabend.

Hi Hat COCKTAILBAR
(☎ 414-225-9330; www.hihatlounge.com; 1701 N Arlington Place, Ecke E Brady St; ⌚ Mo–Fr 16–2, Sa & So 10–2 Uhr; 📶) Eine der besten Kneipen der Stadt gehört zu einer Reihe legendärer Bars an der E Brady St gleich nördlich vom Zentrum. Die Bar erstreckt sich über zwei Stockwerke, und gleich nebenan befindet sich eine Sportsbar. Die Cocktails und die Deko sind retro; abends treten gelegentlich Livebands auf.

★ **Rave** LIVEMUSIK
(Eagles Club; ☎ 414-342-7283; www.therave.com; 2401 West Wisconsin Ave; Konzert ab 25 US$; ⌚ Show ab 20 Uhr; 📶; 🚌) Der ehemalige Eagles Club wurde 1926 erbaut. Hier traten viele

NICHT VERSÄUMEN

RENNENDE WÜRSTE

Natürlich sieht man nach ein paar Stadionbieren schon mal seltsame Dinge. Doch eine Gruppe riesiger Würste, die am Rand des Miller Park um die Wette läuft? In der Mitte des sechstens Innings ist das keine Halluzination – denn dann sprinten die berühmten „Racing Sausages" (Rennende Würste; fünf verkleidete Personen) um das Spielfeld herum, um den Fans einzuheizen. Wer sich mit dererlei Fleischwaren nicht auskennt: Um die Publikumsgunst buhlen Brat (Bratwurst), Polish Sausage (polnische Wurst), Italian Sausage (italienische Wurst), Hot Dog und Chorizo.

legendäre Musiker und Bands auf, von Guy Lombardo über Glenn Miller, Buddy Holly, Bob Dylan und den Sex Pistols bis hin zu Ed Sheeran. Der Laden ist immer noch groß im Geschäft und bietet abends Shows auf einer von sechs Bühnen. Das Programm und Infos zu den Tickets findet man auf der Website.

★ **Miller Park** BASEBALL
(☎ 414-902-4400; www.brewers.com; 1 Brewers Way; ⌚ Kartenschalter Mo–Fr 9–19, Sa 9–17, So 11–17 Uhr) Von April bis Ende September spielen die National League Milwaukee Brewers Baseball im sagenumwobenen Miller Park, der über ein ausfahrbares Dach und echten Rasen verfügt. Tickets gibt's online oder an der Stadionkasse. Das Stadion liegt rund 5 Meilen (8 km) westlich von Downtown. An Spieltagen fährt der Brewers-Line-Bus dorthin, den man an der Wisconsin Ave nehmen kann.

Praktische Informationen

Milwaukee Convention & Visitors Bureau (☎ 800-554-1448; www.visitmilwaukee.org; 648 N Plankinton Ave; ⌚ Mo–Fr 8–17 Uhr)

Anreise & Unterwegs vor Ort

Der **General Mitchell International Airport** (MKE; ☎ 414-747-5245; www.mitchellairport.com; 5300 S Howell Ave) liegt 8 Meilen (13 km) südlich der Innenstadt. Bus 80 (2,25 US$) fährt hierher; ein Taxi kostet 35 US$.

Die **Lake-Express-Fähre** (☎ 866-914-1010; www.lake-express.com; 2330 S Lincoln Memorial Dr; einfach Strecke pro Erw./Kind/Auto ab 96/39/105 US$; ⌚ Mai–Okt.) fährt von der Downtown (das Terminal befindet sich ein paar Kilometer südlich des Stadtzentrums) nach Muskegon, MI, und bietet so leichten Zugang zu Michigans schöner, von Stränden gesäumter Gold Coast.

Mehrere Busunternehmen nutzen die **Milwaukee Intermodal Station** (433 St. Paul Ave). Badger Bus (www.badgerbus.com) fährt 8-mal täglich nach Madison (20 US$, 2 Std.). Greyhound (www.greyhound.com) und Megabus (www.megabus.com) bieten häufige Verbindungen nach Chicago (2 Std.) und Minneapolis (6½–7 Std.).

Amtrak (www.amtrakhiawatha.com) lässt siebenmal täglich den *Hiawatha*-Zug nach/von Chicago (25–35 US$, 1½ Std.) fahren und nutzt ebenfalls die Milwaukee Intermodal Station.

Das Zentrum von Milwaukee, das den Downtown-Bereich, den Riverwalk und angrenzende Viertel wie North Side und Third Ward umfasst, ist ziemlich ausgedehnt, kann aber mit bequemem Schuhwerk durchaus gut zu Fuß erkundet werden.

Südliches Zentral-Wisconsin

Dieser Teil Wisconsins wird oft übersehen, hat aber durchaus seinen einmaligen, überraschenden Reiz. Abgesehen davon, dass das Gebiet grün und weitgehend unberührt ist, wird es auch eng mit dem Architekten Frank Lloyd Wright verbunden. Wright lebte und arbeitete längere Zeit in der Nähe von Spring Green und unterhielt ein Atelier in Taliesin. Wrights Schüler entwarfen mehrere bedeutende Gebäude in und rund um Spring Green.

Fährt man südwärts in den Green County, könnte man versucht sein, seinen Pass bereitzuhalten, denn die Verbindungen der Region zur Schweiz sind unübersehbar. Die hiesigen Molkereien produzieren große Mengen Käse. New Glarus ist der richtige Ort, um Raclette und Käsefondue zu genießen, und Monroe, der Sitz der Kreisverwaltung, besitzt eine ganze Menge Limburger-Lokale. Madison ist das kulturelle Juwel der Gegend, eine muntere Bundesstaatshauptstadt, die sich gut zu Fuß oder per Rad erkunden lässt und eine ausgelassene Studentenszene und einige ausgezeichnete Restaurants, Bars und Partytreffs besitzt.

Green County

Diese ländliche Gegend hat die landesweit höchste Dichte an Käseherstellern. Auf der Fahrt durch das Gebiet kann man an den örtlichen Farmen und Läden Halt machen und alles über hand- und maschinell gefertigte Sorten erfahren, von Gruyère bis Gouda, von Weißkäse bis Molke. Warum der ganze Käse hier? Das liegt am kalksteinreichen Boden der Gegend, auf dem ganz besonderes Gras wächst, das ein ganz besonderes Futter für Kühe ist, was wiederum zu ganz besonderer Milch und somit zu ganz besonderem Käse führt. Dies wussten auch schon die Europäer aus der Alten Welt, vor allem die Schweizer. Sie strömten im frühen 19. Jh. in diese Region und brachten ihr Käseherstellungs-Know-how mit.

Das hübsche New Glarus ist mit Schweizer Flaggen ausstaffiert, die an die kulturellen und wirtschaftlichen Wurzeln der Stadt erinnern, und bietet sich zu einem vergnüglichen Bummel an. An Kuhglocken, Kuckucksuhren und stimmungsvollen Restaurants und Bars, in denen man die örtlichen Produkte probieren kann, herrscht kein Mangel. Monroe, die größte Stadt und der Verwaltungssitz des Green County, ist ebenfalls voller Käsegeschichte und Limburger-Gerichten.

Essen & Ausgehen

New Glarus Brewery BRAUEREI
(608-527-5850; www.newglarusbrewing.com; 2400 Hwy 69, New Glarus; Führung 30 US$; Probierraum Mo–Sa 10–17, So ab 12 Uhr, Führung Fr 13 Uhr;) Die auf einem Hügel rund 1 Meile (1,6 km) südlich von New Glarus gelegene Brauerei wird im ganzen Bundesstaat für ihr ausgezeichnetes Spotted Cow Ale und das ungewöhnliche Belgian Red (mit Kirschen aus dem Door County) gepriesen. Bei einem Besuch schlendert man durch die Brauerei und gönnt sich dann im Probierraum ein Pint (8–9,50 US$) oder das Verkostungsgedeck mit drei Bieren (8 US$). Am Freitag haben angehende Braumeister die Gelegenheit zu einer dreistündigen „Werkstattführung“ (30 US$).

Praktische Informationen

Green County Tourism (www.greencounty.org) Sehr umfangreiche, gut gestaltete Tourismus-Website.

Traveler's Guide to America's Dairyland (www.eatwisconsincheese.com) Gute Karte mit Tour zu den örtlichen Molkereien und Produktionsstätten.

An- & Weiterreise

Madison ist die nächstgelegene Stadt und das wichtigste Transportzentrum. Von hier braucht man ein Auto, um Green County zu besuchen. Der Hwy 69 ist die Hauptverkehrsader und verbindet Madison, New Glarus und Monroe.

ABSTECHER

FRANK LLOYD WRIGHTS RACINE

In vielerlei Hinsicht ist das südöstlich gelegene Racine eine wenig bemerkenswerte Industriestadt, es besitzt aber einige Sehenswürdigkeiten von Frank Lloyd Wright, die für Architekturinteressierte ein Muss sind. Zudem kann man hier auch gut das übergroße Gebäck des Bundesstaats verkosten, das als „Kringle“ bekannt ist.

Wright-Fans beginnen ihre Erkundung mit dem **SC Johnson Administration Building & Research Tower** (262-260-2154; www.scjohnson.com/visit; 1525 Howe St; Führungen März–Dez. Do–So 10 & 14 Uhr) GRATIS, wo der Architekt gleich mehrere eindrucksvolle Gebäude entwarf. Bei den kostenlosen 90-minütigen Führungen sieht man das 1939 errichtete Administration Building, ein prächtiges Gebäude mit hohen, pilzförmigen Stützen in dem riesigen Great Workroom und insgesamt 69 km an Pyrex-Glasröhrenfenstern, die weiches natürliches Licht hereinlassen. Man sieht auch den 1950 fertiggestellten Research Tower, in dem Raid, Off und andere bekannte Produkte entwickelt wurden. Der Turm besitzt 15 Etagen mit kurvigen Ziegelbändern und noch mehr Pyrex-Fenstern.

Rund 5 Meilen (8 km) nördlich der Downtown liegt **Wingspread** (262-681-3353; www.scjohnson.com/visit; 33 E Four Mile Rd; März–Dez. Mi–Fr 9.30–15.30, Sa 11.30–15.30, So 12–14.30 Uhr) GRATIS, das Haus, das Frank Lloyd Wright für H. F. Johnson Jr. entwarf, einen der Geschäftsführer des Unternehmens SC Johnson. Es ist das letzte und größte von Wrights Gebäuden im Prairie-Stil und wurde 1939 fertiggestellt. Es ist schlichtweg riesig, hat über 500 Fenster und einen 10 m hohen Schornstein. Die kostenlosen Führungen durch das Gebäude dauern eine Stunde und müssen vorab gebucht werden.

Die I-94 führt nach Racine; die Stadt liegt 30 Meilen (48 km) südlich von Milwaukee und 75 Meilen (121 km) nördlich von Chicago.

Die meisten Straßen der Region sind gemütlich befahrbare zweispurige Landstraßen.

Madison

Madison bekommt viel Lob zu hören – es ist eine Stadt, in der man hervorragend umherschlendern oder auf der Straße Rad fahren kann. Sie ist am vegetarier-, schwulen- und umweltfreundlichsten – und überhaupt: Sie ist die rundum freundlichste Stadt der USA. Madison versteckt sich auf einer schmalen Landenge zwischen dem Mendota Lake und dem Monona Lake und ist eine nette Mischung aus der kleinen, grünen Hauptstadt eines US-Staats und einer liberalen, gelehrten Unistadt.

Die Erkundung beginnt am Capitol Sq, um den herum mehrere Museen liegen. Das Gebäude des Capitols und die meisten Attraktionen der Stadt, darunter auch die Museen, kann man kostenlos besichtigen. Von dort geht es weiter in Richtung der Seen, wo Natursehenswürdigkeiten, beispielsweise ein Arboretum und ein botanischer Garten, zu finden sind. Da dies nun mal Wisconsin ist, ist der Weg vom botanischen Garten zum nächsten Biergarten auch nicht weit. Madison hat ein munteres Nachtleben. Die übliche Ansammlung von Studentenbars und Clubs findet sich an der State St. An der Williamson St nordöstlich des Capitols, die die Einheimischen schlicht „Willy" nennen, siedeln sich inzwischen immer mehr Restaurants und Bars an.

Sehenswertes

★ Dane County Farmers Market ESSEN&TRINKEN
(www.dcfm.org; Capitol Sq; Mitte April–Anfang Nov. Sa 6.15–13.45 Uhr) Samstags übernimmt ein Basar der Köstlichkeiten den Capitol Sq. Er gehört zu den größten Märkten des Landes und ist für traditionell gefertigten Käse und Brot bekannt. Kunsthandwerker und Musiker tragen zum Flair bei. Im Winter zieht der Markt nach drinnen um und findet an verschiedenen Orten mittwochs statt.

ABSTECHER

DER SKURRILE HIGHWAY 12

Ungewöhnliche Attraktionen reihen sich am Hwy 12 im Süden von Zentral-Wisconsin aneinander; alle in einem Umkreis von 55 Meilen (90 km):

National Mustard Museum (800-438-6878; www.mustardmuseum.com; 7477 Hubbard Ave, Middleton; 10–17 Uhr, Jan.–März Di geschlossen) GRATIS Dieses Museum ist der lächerlich intensiven Leidenschaft eines einzigen Mannes zu verdanken und beherbergt ca. 6000 Senfsorten und die dazu passenden bizarren Memorabilia. Zum Glück nimmt sich das Museum selbst nicht zu ernst: CMO (Chief Mustard Officer) Barry Levenson ist jederzeit für Fragen offen. Es befindet sich in Middleton, gleich nordwestlich von Madison.

Cow Chip Throw (www.wiscowchip.com; Grand Ave & First St, Prairie du Sac; 1. Wochenende im Sept.) In Prairie du Sac findet der alljährliche Cow Chip Throw statt, bei dem 800 Wettkämpfer getrocknete Kuhfladen werfen, so weit sie nur können. Der Rekord liegt derzeit bei 75 m.

Dr. Evermor's Sculpture Park (608-219-7830; www.worldofdrevermor.com; S7703, Hwy 12, Bluffview; Mo & Do–Sa 11–17, So ab 12 Uhr) GRATIS Der Doc hat alte Rohre, Vergaser und anderen Metallschrott zu einer halluzinogenen Welt aus futuristischen Vögeln, Drachen und anderen bizarren Gebilden verschweißt. Das Highlight ist das gigantische, von einem Ei gekrönte Forevertron, das früher einmal als größte Schrottskulptur der Welt im Guinness-Buch der Rekorde stand. Den Eingang zum Park zu finden, ist gar nicht so einfach: Er befindet sich hinter dem Delaney's Surplus am US 12; eine kleine Straße führt gleich südlich vom Delaney's hierher. Die Öffnungszeiten sind etwas konfus; am besten ruft man vorher an.

Wisconsin Dells (800-223-3557; www.wisdells.com; Hwy 12;) Das Dells ist ein gigantisches Zentrum voller kitschiger Zerstreuungen, darunter über 20 Wasserparks, Wasserski-Shows und fantastische Minigolfanlagen. Es steht in krassem Kontrast zur wunderschönen Natur der Gegend mit malerischen Kalksteinformationen, die vom Wisconsin River gebildet wurden. Am besten erlebt man die eigentliche Attraktion auf einer Bootstour auf dem nahen Mirror Lake oder einer Wanderung im Devil's Lake State Park.

Olbrich Botanical Gardens GARTEN

(☎ 608-246-4550; www.olbrich.org; 3330 Atwood Ave; Gewächshaus 2 US$, Garten Eintritt frei; ⏲ Gewächshaus 10–16 Uhr, Garten April–Aug. 9–20 Uhr, Sept. & Okt. bis 18 Uhr, Nov.–März bis 16 Uhr) Zu der 6,5 ha großen Anlage gehört auch ein ungewöhnlicher vergoldeter Thai-Pavillon. Das Bolz Conservatory beherbergt seltene tropische Pflanzen, frei fliegende Vögel und umherflatternde Schmetterlinge (Mitte Juli–Mitte Aug.).

Chazen Museum of Art MUSEUM

(☎ 608-263-2246; www.chazen.wisc.edu; 750 University Ave; ⏲ Di, Mi & Fr 9–17, Do 9–21, Sa & So 11–17 Uhr) GRATIS Das Kunstmuseum der Universität ist nicht nur einfach fabelhaft, sondern auch novh riesig und um ein paar Klassen besser als ein typisches Campus-Museum. Die größten Schätze der Sammlung, die viele Genres umfasst, befinden sich in der dritten Etage und reichen von niederländischen Alten Meistern bis zu Porzellanvasen der Qing-Dynastie, Skulpturen von Picasso und Pop-Art von Andy Warhol. Von September bis Mitte Mai finden sonntags kostenlose Konzerte und Kinovorführungen statt.

Schlafen

Hotel Ruby Marie BOUTIQUEHOTEL $$

(☎ 608-327-7829; www.rubymarie.com; 524 E Wilson St; Zi. 159–179 US$; P @ ☰) Das idyllische Schmuckstück in zentraler Lage begann im 19. Jh. als bescheidenes Eisenbahnhotel. Inzwischen wurde es zwar mit allen modernen Einrichtungen nachgerüstet, hat sich aber dennoch stimmungsvoll-altmodische Details wie Kamine und Himmelbetten bewahrt. Einige Zimmer verfügen über einen Whirlpool. Das im Preis inbegriffene Frühstücksbüfett ist wohl das beste in ganz Madison.

Graduate Madison BOUTIQUEHOTEL $$

(☎ 608-257-4391; www.graduatehotels.com/madison; 601 Langdon St; Zi. 139–219 US$; P ❄ ☰ 🐾) Dieses Hotel mit 72 Zimmern liegt einen Block vom Campus entfernt in unmittelbarer Nähe des Trubels der State St. Es versprüht ein hippes Akademiker-Flair, bei dem modernes Dekor auf Karomuster und Kunstwerke mit Literaturthema trifft. Die Zimmer des Graduate Madison sind eher klein und können ein bisschen viel Lärm abkriegen, aber die Lage des Hotels ist einfach unschlagbar.

ABSTECHER

SPRING GREEN

Spring Green ist eine winzige Stadt mit viel Kultur. Hier befindet sich **Taliesin** (☎ 608-588-7900; www.taliesinpreservation.org; 5607 County Rd C; ⏲ Mai–Okt. 9–17.30 Uhr), Frank Lloyd Wrights vielgerühmtes Wohnhaus mit Architektenschule. Das renommierte **American Players Theatre** (☎ 608-588-2361; www.americanplayers.org; 5950 Golf Course Rd) ist ebenfalls hier zu Hause und bringt zwischen Bäumen Klassiker auf die Freiluftbühne (Sachen fürs Picknick mitnehmen!). Viel Skurriles hat das **House on the Rock** (☎ 608-935-3639; www.thehouseontherock.com; 5754 Hwy 23; Erw./Kind 15/9 US$; ⏲ Mai–Mitte Okt. 9–17 Uhr, Mitte Okt.–Nov. & Mitte März–April nur Do–Mo, Mitte Nov.–Mitte März geschl.) zu bieten. Der kunstlastige Tag endet mit einer Übernachtung in dem im Prärie-Stil errichteten **Usonian Inn** (☎ 608-588-2323; www.usonianinn.com; E 5116 US 14; Zi. 100–135 US$; ❄ ☰).

Spring Green liegt rund 40 Meilen (64 km) westlich von Madison an der US 14.

Essen & Ausgehen

★ **Old Fashioned** AMERIKANISCH $$

(☎ 608-310-4545; www.theoldfashioned.com; 23 N Pinckney St; Hauptgerichte 12–25 US$; ⏲ Mo–Fr 7–2, Sa 9–2, So 9–22 Uhr; ☰ ✎) Mit seiner dunklen Holzeinrichtung erinnert das Old Fashioned an einen Supper Club (einen traditionellen Restauranttyp, der in diesem US-Staat weit verbreitet ist). Auf der Karte stehen ausschließlich hiesige Spezialitäten wie Amerikanischer Zander, Käsesuppe und Würstchen. Angesichts der 150 regionalen Flaschenbiere hat man hier die Qual der Wahl. Daher empfiehlt sich alternativ ein Probierset (4 oder 8 Gläschen) mit ein paar der 50 Fassbiere aus Wisconsin.

L'Etoile AMERIKANISCH $$$

(☎ 608-251-0500; www.letoile-restaurant.com; 1 S Pinckney St; Hauptgerichte 44–52 US$, mehrgängiges Verkostungsmenu ab 150 US$; ⏲ Di–Do 17.30–21.30, Fr & Sa ab 17 Uhr; ☰) 🌿 Das L'Etoile begann schon vor mehr als drei Jahrzehnten, Gerichte mit farmfrischen Zutaten auf den Tisch zu bringen. Es ist immer noch das beste Restaurant dieser Art und serviert in seinem zwanglos-eleganten Speisesaal kreative

ABSTECHER

EAU CLAIRE

Eau Claire (68 590 Ew.) sonnt sich im Glanz einiger freundlicher landesweiter Medien, die die Stadt wegen ihrer progressiven Hipster-Atmosphäre mit Austin und Portland verglichen, und die Stadtverwaltung preist den Ort gar als „Indie-Hauptstadt des Mittleren Westens" an. Man muss schon sehr bemüht hinschauen, um irgendeine Ähnlichkeit mit den genannten Städten zu entdecken, aber Eau Claire besitzt tatsächlich einige tolle Bars und Restaurants, eine ordentliche Livemusikszene und einige hübsche Übernachtungsoptionen.

Die Stadt wurde Mitte des 19. Jhs. gegründet und war dank ihrer strategischen Lage am Zusammenfluss zweier wichtiger Flüsse, des Eau Claire und des Chippewa River, jahrzehntelang der Mittelpunkt der örtlichen Holzindustrie. Heute ist von diesem Gewerbezweig nicht mehr viel übrig, dafür bietet die Lage am Fluss neben schöner Aussicht bei gutem Wetter auch lustige Aktivitäten auf dem Wasser, darunter Rafting und Tubing.

Im Zentrum von Eau Claire gibt's zwei abgefahrene Übernachtungsoptionen: das hippe Boutiquehotel **Oxbow** (715-839-0601; www.theoxbowhotel.com; 516 Galloway St; Zi./Suite 145/185 US$; P) und das renovierte historische **Lismore** (715-835-8888; www.doubletree3.hilton.com; 333 Gibson St; Zi./Suite 130/220 US$; P @); hinzu kommen einige sehr gute Restaurants und eine muntere Bar- und Kneipenszene.

Eine aktuelle Liste der Events und Festivals und ein guter Überblick über das, was man hier unternehmen kann, finden sich unter www.visiteauclaire.com.

Eau Claire liegt an der I-94, einer wichtigen Ost-West-Autobahn. Der US Hwy 12, eine historische Fernstraße, die sich quer durchs Land zieht, führt durch die Downtown.

Fleisch-, Fisch- und Gemüsegerichte aus ausschließlich lokalen Zutaten. Vorab reservieren!

★ **Memorial Union** PUB

(608-265-3000; www.union.wisc.edu/visit/memorial-union; 800 Langdon St; Mo–Fr 7–24, Sa & So ab 8 Uhr;) Das Union auf dem Campus ist *der* Treff in Madison. Auf der Terrasse mit Blick auf den Lake Mendota gibt's Kleinbrauereibier und kostenlose Livemusik und Filmvorführungen (Mo abends). Die Eisdiele drinnen verkauft mächtige Kugeln Eis aus Milch von der Molkerei der Universität.

Praktische Informationen

Madison Convention & Visitors Bureau (www.visitmadison.com)

An- & Weiterreise

Badger Bus (www.badgerbus.com) hat auf dem Campus in der 700 Langdon St eine Haltestelle (neben dem Memorial Union) für Fahrten nach/von Milwaukee (20 US$, 2 Std.). Megabus (www.megabus.com) nutzt dieselbe Haltestelle für Fahrten nach Chicago (30 US$, 4 Std.) und Minneapolis (50–60 US$, 5 Std.).

Westliches Wisconsin

Das westliche Wisconsin lockt mit herrlich grünen Hügeln und zuckersüßen Städtchen mit von Bäumen beschatteten Straßen. Zweispurige Landstraßen schlängeln sich durch die Region, und nicht selten wartet hinter der nächsten Kurve ein erstklassiges Restaurant.

Der Mississippi bildet die Südwestgrenze; parallel dazu verlaufen einige der schönsten Abschnitte der Great River Rd – der Straße, die dem Old Man River über seine komplette Länge von 3700 km folgt. Als schöne Zwischenstopps empfehlen sich Stockholm (Kuchen), Pepin (für Fans von Laura Ingalls Wilder), Nelson (Käse und Eis), La Crosse (Geschichte, Kultur und Bars) und Potosi (Bier).

Bei Straßentouren ins Hinterland entdeckt man Radwege in Sparta, Bio-Farmen und Rundscheunen in Viroqua und eine Sehenswürdigkeit von Frank Lloyd Wright im Städtchen Richland Center. Die alte Holzfäller- und Industriestadt Eau Claire hat eine sehr gute Livemusikszene und ist darum bemüht, sich als eine Miniatur-Version von Austin oder Portland zu präsentieren.

Östliches Wisconsin

Der östliche Teil des Bundesstaats ist dank der kilometerlangen zerklüfteten Küste als Urlaubsziel zum Bootfahren, Schwimmen und Angeln beliebt. Die strahlenden Leuchttürme und die stimmungsvoll maritimen

Gemeinden laden zum Verweilen ein. Einsame Inseln, köstlich-scharfe Fischgerichte und Football-Schreine warten obendrein, und irgendwo ist immer ein See oder Wald in der Nähe, wenn man ein bisschen Natur tanken will.

Door County, eine lange, schmale Halbinsel, die hinter Green Bay in den Lake Michigan hineinragt, ist ein beliebtes Sommerrefugium für Menschen aus dem gesamten Mittleren Westen. Die Besucher kommen wegen der Küste, der Möglichkeit zum Campen und Radfahren, vor allem aber wegen jener zeitlosen Sommerfrische-Stimmung, die im Juli und August in den Küstenresorts herrscht. Wahre Eremiten eilen schnurstracks nordwärts zur abgelegenen Washington Island und zur noch abgelegeneren Rock Island. Green Bay ist ein unerwartetes Vergnügen: Fans der in der NFL spielenden Green Bay Packers genießen die Stadionführungen und Football-Geschichte, alle übrigen die entspannte, kleinstädtische Atmosphäre.

Green Bay

Für Football-Fans ist Green Bay ein Synonym für die Green Bay Packers, das legendäre Team mit dem bei Weitem kleinsten Markt in der National Football League, das in den vergangenen 100 Jahren 13 Meisterschaften, darunter vier Super Bowls, gewonnen hat. Das Team ist das einzige nicht profitorientierte, einer Gemeinde gehörende in der NFL, und vielleicht auch deshalb sind die Fans so treu (und tragen zum Spiel Schaumstoff-Käseecken auf dem Kopf). Für eingefleischte Football-Fans ist die Stadt ein Paradies, in dem Stadionführungen, der Besuch der Hall of Fame und vielleicht sogar die Chance, ein Spiel live zu erleben, auf der Agenda stehen.

Doch Green Bay besteht glücklicherweise nicht nur aus Football. Die Stadt hat eine sich schnell wiederbelebende Downtown mit vielen ordentlichen Restaurants und authentischen Bars und Schenken. Der bezaubernde Flusshafen De Pere mit seiner Prise topaktuellem Schick liegt nur ein paar Kilometer entfernt.

Sehenswertes & Aktivitäten

Green Bay Packers Hall of Fame MUSEUM
(☎920-569-7512; www.lambeaufield.com; 1265 Lombardi Ave; Erw./Kind 15/12 US$; ⌚Mo–Sa 9–18, So 10–17 Uhr) Die zweistöckige Hall of Fame im Atrium neben dem Lambeau Field ist vollgestopft mit Green-Bay-Packer-Memorabilia, funkelnden Trophäen und Filmen über das sagenumwobene NFL-Team, die jeden Footballfan begeistern. Die Eintrittskarten erhält man an dem Schalter, an dem auch Stadionführungen verkauft werden; beides zusammen gibt's zum reduzierten Preis. Alle Optionen und Preise stehen auf der Website.

National Railroad Museum MUSEUM
(☎920-437-7623; www.nationalrrmuseum.org; 2285 S Broadway; Erw./Kind 10/7,50 US$; ⌚Mo–Sa 9–17, So 11–17 Uhr, Jan.–März Mo geschl.; 👪) Hier sollte man die Packers einmal für einen Augenblick vergessen, denn das riesige Museum ist ein absolutes Muss für jeden Eisenbahnfan: Es zeigt einige der größten Loks, die jemals Fracht in die großen Güterbahnhöfe von Green Bay schleppten. Im Sommer werden auch Zugfahrten (2 US$) für die Besucher angeboten.

Lambeau Stadium STADIONFÜHRUNG
(☎920-569-7512; www.lambeaufield.com; 1265 Lombardi Ave; klassische Führung Erw./Kind 15/9 US$; ⌚Führungen tgl. 10, 11, 12, 13, 14.30, 15.30 & 16.30 Uhr) Die Führungen sind ein Muss für Football-Fans, gleichgültig wie alt sie sind und welchem Team ihr Herz gehört. Angeboten werden drei Touren unterschiedlicher Dauer, aber die meisten Besucher begnügen sich mit der einstündigen „klassischen" Führung, bei der man die Luxuslogen oben besucht und (das Highlight!) auch auf das Spielfeld hinaus gehen kann. Die Guides haben viele tolle Storys über die Packers auf Lager.

Schlafen & Essen

Hotel Northland HOTEL $$
(☎920-393-7499; www.thehotelnorthland.com; 304 N Adams St; Zi. ab 149 US$; P ❄ @ 📶) Das Northland, ein Wahrzeichen der Downtown von Green Bay, wurde in den 1920er-Jahren als größtes Hotel im Bundesstaat eröffnet. Nach einigen mageren Jahren ist es inzwischen als Teil der Sammlung luxuriöser „Autograph"-Hotels der Marriott-Kette zu neuem Leben erwacht. Das geräumige, mit dunklem Holz getäfelte Foyer und die öffentlichen Bereiche haben sich altmodischen Charme bewahrt, die Zimmer sind hingegen heller und moderner. Im Erdgeschoss des Hotels gibt's auch ein gutes Restaurant.

An- & Weiterreise

Green Bay hat einen kleinen Flughafen, von dem aus Flüge nach Chicago, Minneapolis, Detroit und Atlanta gehen.

Greyhound hat einen Busbahnhof in der Stadt mit regelmäßigen Bussen nach Milwaukee (20 US$, 3 Std.) und Chicago (25 US$, 5 Std.).

Autofahrer erreichen Green Bay von Osten her über die I-43 und von Westen über die I-41.

Door County

Es lässt sich nicht leugnen: Mit seiner felsigen Küste, den malerischen Leuchttürmen, den Kirschgärten und den kleinen Dörfern aus dem 19. Jh. ist das Door County einfach zauberhaft. Flitterwöchner, Familien und Outdoor-Fans strömen in Scharen hierher, um die Parklandschaften zu genießen, die sich über die ganze Region erstrecken und mit kleinen Weilern mit schindelverkleideten Häuschen, einladenden Cafés, Galerien und gemütlichen Pensionen gesprenkelt sind.

Der Landkreis erstreckt sich über eine schmale Halbinsel, die 120 km in den Lake Michigan hineinragt. Sturgeon Bay am südlichen Ende, der Verwaltungssitz und die einzige wirkliche Stadt des Kreises, besitzt einige ordentliche Museen. In Richtung Norden ist die dem eigentlichen See zugewandte Seite die malerischere und ruhigere; hier liegen die Gemeinden Jacksonport und Baileys Harbor. Auf der Green Bay zugewandten Seite geht's aktiver zu; hier heißen Dörfer wie Egg Harbor, Fish Creek, Ephraim und Sister Bay Traveller willkommen. Der Sommer ist die Hauptsaison. Von November bis April sind rund die Hälfte aller Geschäfte geschlossen.

Sehenswertes & Aktivitäten

Cave Point County Park PARK

(☎920-746-9959; www.co.door.wi.gov; 5360 Schauer Rd; ⏰6–23 Uhr) GRATIS Wenn sich die Wellen tosend in den Höhlen unterhalb der Küstenklippen brechen, muss einfach jeder zugeben, dass die Natur hier atemberaubend ist. Hobbyfotografen finden hier tolle Motive, und Wander- und Radwege führen zu Punkten mit toller Aussicht. Besonders schön: Der Park liegt abseits vom Schuss und ist weniger stark frequentiert als die anderen State Parks. Zudem ist der Eintritt frei.

Newport State Park STATE PARK

(☎Campingplatz 888-947-2757; www.dnr.wi.gov; 475 County Rd NP; 11 US$/Fahrzeug; ⏰6–23 Uhr) Dies ist einer der ruhigsten Parks im Door County. Er versteckt sich am nördlichen Rand der Halbinsel und hat einen schönen Strand, 48 km an Wanderwegen (die Hälfte davon dienen auch als Trails für Querfeldein-Radfahrer) und eine begrenzte Zahl ganzjährig nutzbarer Stellplätze in abgeschiedener Lage im Wald (Übernachtungswillige sollten sie vorab reservieren). Hier kann man auch prima Vögel und Sterne beobachten.

Bay Shore Outfitters OUTDOOR

(☎920-854-7598; www.kayakdoorcounty.com; 2457 S Bay Shore Dr, Sister Bay; ⏰Mai–Okt. Mo–Sa 10–17, So bis 16 Uhr) Verleiht Kajaks, Stehpaddelbretter und Wintersportausrüstung und veranstaltet verschiedene Kajaktouren (ab 55 US$/2 Std.).

Schlafen & Essen

★ **White Gull Inn** HOTEL $$$

(☎920-868-3517; www.whitegullinn.com; 4225 Main St, Fish Creek; Zi. 270–330 US$; P ❄ @ 📶) Der schimmernde, weiß verschalte Gasthof in kurzer Gehweite zur Bucht und zum zentral gelegenen Fish Creek könnte direkt aus der Zeitschrift *Town & Country* stammen. Die Zimmer haben Blümchentapeten und Himmelbetten. Der Inn ist ganzjährig geöffnet; in der Nebensaison fallen die Preise.

Bluefront Cafe AMERIKANISCH $

(☎920-743-9218; www.thebluefrontcafe.com; 86 W Maple St, Sturgeon Bay; Hauptgerichte 10–13 US$; ⏰Di–So 11–15 Uhr) Das winzige Café-Restaurant ist mit Abstand das beste Mittagslokal in Sturgeon Bay. Man hat die Wahl aus einem bunten Mix gut zubereiteter Gerichte wie Glasaugenbarsch-Sandwiches, Fischtacos und hausgemachtem Hackbraten sowie exotischeren Gerichten wie Hühnchencurry, vietnamesischem *banh mi* und asiatischen Hühnchen-Wraps. Der einzige Nachteil sind die begrenzten Öffnungszeiten.

Praktische Informationen

Door County Visitor Bureau (☎920-743-4456; www.doorcounty.com; 1015 Green Bay Rd; ⏰April Mo–Fr 8–17, Sa ab 10 Uhr, Mai–Okt. Mo–Fr 8–18, Sa & So ab 9 Uhr, Nov.–März Mo–Fr 8–17, Sa & So 10–16 Uhr; 📶) Die Haupttouristeninformation des Landkreises liegt gleich südlich von Sturgeon Bay und ist eine gute Adresse für örtliche Infos und Karten zu Aktivitäten. Es gibt Broschüren zu Kunstgalerien, Radtouren und Leuchttürmen.

Egg Harbor Visitor Bureau (920-868-3717; www.doorcounty.com; 4666 Orchard Rd, Egg Harbor; Mai–Sept. Mo–Sa 10–17, So 10–15 Uhr, Okt.–April Fr 12–17, Sa 10–17, So 11–14 Uhr;)

Fish Creek Visitor Bureau (920-868-2316; www.doorcounty.com; 4097 Main St, Fish Creek; Mai–Okt. Mo–Sa 10–17, So 10–15 Uhr, Nov.–April Fr 12–17, Sa 10–17, So 11–14 Uhr;)

Sister Bay Visitor Bureau (920-854-2812; www.doorcounty.com; 2380 Gateway Dr, Sister Bay; Mai–Okt. Mo–Sa 10–17, So 10–15 Uhr;)

Sturgeon Bay Visitor Bureau (920-743-6246; www.doorcounty.com; 36 S 3rd Ave, Sturgeon Bay; Mai–Okt. Mo–Fr 9–17, Sa 9–15 Uhr;)

An- & Weiterreise

Man braucht ein Auto, um das Door County zu erkunden. Zwei kleine Highways führen auf die Halbinsel: Hwy 57 verläuft parallel zum Lake Michigan, Hwy 42 entlang der Green Bay (dem Gewässer, nicht der Stadt). Am Wochenende kann der Verkehr ziemlich heftig sein.

Nördliches Wisconsin

Der Norden ist eine dünn besiedelte Region aus Wäldern und Seen, in der die Menschen im Sommer paddeln und angeln und im Winter Ski und Schneemobil fahren. Die Mountainbike-Wege werden immer weiter ausgebaut und ziehen zahlreiche Fatbike-Fahrer an. Der Großteil der Gegend ist im Nicolet National Forest bzw. Chequamegon National Forest geschützt; beide Schutzgebiete bieten tolle Möglichkeiten für verschiedene Aktivitäten. Es sind jedoch die windumtosten Apostle Islands, die allen anderen die Schau stehlen.

Apostle Islands

Die 21 schroffen, vom National Park Service verwalteten Apostle Islands, die an der Nordspitze des Bundesstaats im Lake Superior liegen, sind ein Highlight in Wisconsin. Dort gibt's nur Wälder, Wind, Klippen und Höhlen, aber keine Infrastruktur. Diverse Veranstalter bieten saisonale Bootstouren um die Inseln an, und auch Kajaktouren sind sehr beliebt. Als Startpunkt fungiert Bayfield, ein belebter Ferienort mit steilen Straßen, Gebäuden aus viktorianischer Zeit, Apfelplantagen und keinem einzigen Fastfood-Restaurant. Die Besucher kommen nicht nur zum Kajakfahren, sondern auch, um entspannte Wanderungen und Radtouren zu unternehmen, sich in den verschlafenen Läden von Bayfield umzuschauen und gutes Essen zu genießen.

Madeline Island, eine der Apostle Islands, die nicht zum Nationalpark gehört, ist ein beliebtes Ziel für einen Tagesausflug mit der Fähre und besitzt einen schönen State Park mit einem Campingplatz. Die Strandorte nördlich und westlich von Bayfield, z. B. Cornucopia, wirken an einem sonnigen Julinachmittag wie ein Stück vom Paradies.

Sehenswertes & Aktivitäten

Auf einer Kajaktour rund um die Apostles erlebt man grandiose Landschaft mit zahlreichen Steinbogen und hoch aus dem Wasser ragenden Säulen aus rotem Fels. Die Höhlen auf dem Festland nahe Meyers Beach und die zerklüfteten Küsten von Devils Island und Sand Island sind die Hauptattraktionen. Man sollte jedoch beachten, dass sich die Gewässer hier vor allem für erfahrene Paddler eignen. Neulinge sollten einen Führer anheuern, da das Klima oft rau und windig ist. Der Nationalpark gibt die Broschüre *Paddling in the Apostles* heraus, die Infos zu Startpunkten von Kajaktouren und Tipps zur Vorbereitung enthält.

Zu den beliebten Veranstaltern, die halb- und ganztägige Ausflüge anbieten, zählen **Lost Creek Outfitters** (715-953-2223; www.lostcreekadventures.org; 22475 Hwy 13, Cornucopia; Tour halber/ganzer Tag 60/119 US$; Juni–Sept.) und **Trek & Trail** (715-779-3595; www.trek-trail.com; 7 Washington Ave, Bayfield; Tour halber/ganzer Tag 60/119 US$; Juni–Sept.).

Schlafen & Essen

Für das Campen auf den Inseln des Nationalparks ist eine Genehmigung (15 US$/Nacht) erforderlich, die man sich vorab online (www.recreation.gov; Reservierungsgebühr 10 US$) beschaffen muss.

In Bayfield gibt's jede Menge ordentliche Motels, B&Bs und schicke Gästehäuser, auf Madeline Island ein paar Gästehäuser und Cottages. Für Juli und August sollte man weit im Voraus buchen, insbesondere in beliebten Ferienorten.

★ **Old Rittenhouse Inn** B&B $$
(715-779-5111; www.rittenhouseinn.com; 301 Rittenhouse Ave, Bayfield; Zi. 160–230 US$; P ❄ @) Wer Spitze, knarrende Dielen und ein romantisches Refugium zu schätzen weiß, ist in diesem schönen viktorianischen Ge-

ABSTECHER

SCENIC DRIVE: HIGHWAY 13

Der Hwy 13 schlängelt sich zwischen Bayfield und Superior durch wunderschöne Landschaft. Richtung Osten säumt er den Lake Superior und führt vorbei an der Chippewa-Gemeinde **Red Cliff** und dem Festlandabschnitt der Apostle Islands, der mit einem Strand aufwartet. **Cornucopia** ist ein typisches Küstendorf und erfreut sich toller Sonnenuntergänge. Richtung Westen führt die Straße durch eine zeitlose Landschaft aus Wäldern und Farmen. Näheres gibt's unter www.lakesuperiorbyway.org.

bäude auf einem hohen Hügel mit weitem Blick aufs Wasser genau richtig. Das Haus hat eine ideale Lage in fußläufiger Entfernung zum Hafen und den Restaurants der Innenstadt. Auch wer hier nicht übernachtet, sollte einen Tisch fürs Frühstück reservieren, das in dem wunderschönen, mit Antiquitäten eingerichteten Speisesaal serviert wird.

★ **Fat Radish** AMERIKANISCH $$
(☎715-779-9700; www.thefatradish.weebly.com; 200 Rittenhouse Ave, Bayfield; Sandwiches 7–10 US$, Hauptgerichte 16–24 US$; ⏲Mo–Sa 9–15 & 17–21, So 9–14 Uhr, Winter Mo geschl.; 📶) 🍃 Für seine Feinkost greift das Radish auf hochwertige, nachhaltig produzierte Zutaten zurück. Der Laden liegt an den Anlegestellen und ist daher praktisch, um sich mit Snacks für eine Bootstour einzudecken. Abends serviert der Chefkoch einen leckeren Mix aus Rindfleisch- und Fischgerichten; besonders herrlich sind die Fischtacos. Es gibt auch viele vegane und vegetarische Vorspeisen. Vorab reservieren!

ℹ Praktische Informationen

Apostle Islands National Lakeshore Visitors Center (☎715-779-3397; www.nps.gov/apis; 410 Washington Ave, Bayfield; ⏲Ende Mai–Sept. 8–16.30 Uhr, restliches Jahr Sa & So geschl.) Hat Infos zum Campen, Paddeln und Wandern.

Bayfield Chamber of Commerce (☎715-779-3335; www.bayfield.org; 42 S Broad St, Bayfield; ⏲6–20 Uhr) Hält gute Listen der Unterkünfte und Aktivitäten in Bayfield und den umliegenden Orten bereit.

Madeline Island Information Station (☎715-747-2051; www.madferry.com; Washington Ave, Bayfield; ⏲Mai–Okt. 9–18 Uhr) Das Büro neben dem Madeline Island Ferry Terminal in Bayfield ist die erste Anlaufstelle, um sich über Madeline Island zu informieren.

ℹ An- & Weiterreise

Die **Madeline Island Ferry** (☎715-747-2051; www.madferry.com; Washington Ave, Bayfield; hin & zurück Erw./Kind/Fahrrad/Auto 15/7/7,50/27 US$; ⏲Okt.–Mai 7.30–17.30 Uhr, Juni–Sept. bis ca. 22 Uhr) unternimmt die 25-minütige Überfahrt von Bayfield nach Madeline Island. Die Fähre verkehrt das ganze Jahr lang, außer wenn das Wasser zugefroren ist und sich eine Eisbrücke bildet (in der Regel Jan.–März).

Apostle Islands Cruises (☎715-779-3925; www.apostleisland.com; 2 N Front St, Bayfield; große Tour Erw./Kind 46/27 US$; ⏲Mitte Mai–Mitte Okt.) setzt Kajakfahrer an verschiedenen Inseln ab. Erfahrene Kajakfahrer können auch selbst zu einigen der näher gelegenen Inseln paddeln.

Der Hwy 13 ist die Hauptstraßenverbindung nach Bayfield.

MINNESOTA

Ist Minnesota wirklich das Land der 10 000 Seen, mit denen es immer wirbt? Aber sicher doch! Tatsächlich aber hat sich der Bundesstaat in seiner typisch bescheidenen Art sogar noch unter Wert verkauft – es sind nämlich 11 842 Seen. Für Traveller ist das eine tolle Nachricht: Unerschrockene Outdoor-Freaks können ihre Paddel in die Boundary Waters tauchen; dort breitet die Nacht einen Teppich aus Sternen aus und als Wiegenlied erklingt das Heulen der Wölfe.

Wer weiter jenseits gebahnter Pfade vorstoßen will, kann zum Voyageurs National Park reisen, wo es mehr Wasser als Straßen gibt. Und wem das alles zu weit weg ist, der hält sich an die Zwillingsstädte Minneapolis und St. Paul, wo man an jeder Ecke auf etwas Cooles oder Kulturelles stößt. Wer schließlich eine Mischung aus Großstadt und herrlicher Natur sucht, auf den wartet der spektakuläre, von Frachtschiffen wimmelnde Hafen von Duluth.

ℹ Praktische Informationen

Minnesota Highway Conditions (www.511mn.org) Praktisch, um sich vor dem Aufbruch über die winterlichen Straßenverhältnisse zu informieren.

Minnesota Office of Tourism (www.exploreminnesota.com) Offizielles Tourismus-Portal von Minnesota.

Minnesota State Park Information (☎ Reservierungen 866-857-2757; www.dnr.state.mn.us) Für die Einfahrt in den Park ist eine Genehmigung erforderlich (pro Tag/Jahr 7/35 US$). Zelt- und Wohnmobilstellplätze kosten 15 bis 31 US$; man kann sie auch reservieren (online 7 US$, telefonisch 10 US$).

Minneapolis

Die größte und am stärksten künstlerisch geprägte Stadt der Prärie empfängt Besucher mit allem, was wachsender Wohlstand so mit sich bringt: mondänen Kunstmuseen, wilden Rockclubs, avantgardistischen Theatern, Bio-Küche und ethnischen Restaurants. Sogar im Winter ist hier immer kräftig was los. Obendrein sind die Einheimischen frei von Allüren und ein echtes Paradebeispiel für „Minnesota Nice“: Hier wird einem ständig und überall ein schöner Tag gewünscht – egal ob bei Regen, Schnee oder Sonnenschein.

Die Stadt verdankt ihre Existenz dem Mississippi. Wassergetriebene Sägemühlen am Fluss brachten in der Mitte des 19. Jhs. einen Boom im Holzhandel mit sich. Auch der Weizen aus der Prärie musste verarbeitet werden, und so sorgten schon bald Getreidemühlen für das nächste große Geschäft. Ende des 19. Jhs. wuchs die Bevölkerungszahl dank der unzähligen Einwanderer, die vor allem aus Skandinavien und Deutschland in die Stadt kamen. In den letzten Jahrzehnten gab es neue Einwanderungswellen, z. B. von Menschen aus Vietnam und Somalia.

Sehenswertes & Aktivitäten

★ **Walker Art Center** MUSEUM
(☎ 612-375-7600; www.walkerart.org; 1750 Hennepin Ave; Erw./Kind 15 US$/frei ⏲ Di, Mi & So 11–17, Do 11–21, Fr & Sa 11–18 Uhr) Die tolle ständige Sammlung zeigt Kunst und Fotografie des 20. Jhs. (u. a. Werke berühmter Maler und Pop-Art-Künstler aus den USA). Von Ende Juni bis Ende August veranstaltet das großartige Museum außerdem sehr beliebte Gratiskonzerte und Filmvorführungen (Montagabends), die jenseits der Fußgängerbrücke im Loring Park stattfinden.

Minneapolis Sculpture Garden GARTEN
(www.walkerart.org/visit/garden; 725 Vineland Pl; ⏲ 6–24 Uhr) GRATIS Viel moderne Kunst (u. a. Claes Oldenburgs oft fotografiertes Werk Spoonbridge & Cherry) ziert diesen 7,7 ha großen Garten neben dem Walker Art Center. Auf dem Gelände steht auch das Cowles Conservatory, in dem massenweise exotische Treibhauspflanzen blühen. Im Sommer (Mai–Sept.) sorgt eine schräge Minigolfanlage (Erw./Kind 10/8 US$) inmitten der Skulpturen für zusätzlichen Spaß.

★ **Endless Bridge** AUSSICHTSPUNKT
(Guthrie Theater; 818 2nd St S; ⏲ 8–20 Uhr, an Theaterabenden bis 23 Uhr) GRATIS Im Inneren des kobaltblauen Guthrie Theater geht's mit der Rolltreppe hinauf zur Endless Bridge mit Blick auf den Mississippi. Die freitragende Aussichtsplattform endet quasi im Nichts

MINNEAPOLIS MIT KINDERN

Es gibt viele weitere Ausflugsziele, die für Kinder geeignet sind, zum Beispiel in St. Paul, der Mall of America und Fort Snelling.

Minnesota Zoo (☎ 952-431-9500; www.mnzoo.org; 13000 Zoo Blvd; Erw./Kind 18/12 US$; ⏲ Mai–Sept. 9–18 Uhr, Okt.–April bis 16 Uhr; 👪) Der renommierte Zoo liegt 20 Meilen (32 km) südlich der Stadt im vorstädtischen Apple Valley. Doch die recht lange Anfahrt belohnt Besucher mit über 400 Arten in naturnahen Gehegen. Der Schwerpunkt liegt dabei auf Tieren aus kälteren Klimazonen. Parken kostet 7 US$.

Valleyfair (☎ 952-445-7600; www.valleyfair.com; 1 Valleyfair Dr, Shakopee; Erw./Kind 55/37 US$; ⏲ Juni–Aug. ab 10 Uhr, Mai, Sept. & Okt. kürzere Öffnungszeiten; 👪) Falls einem die Rides in der Mall of America noch nicht reichen sollten, heißt's auf zu diesem großen Vergnügungspark, der 22 Meilen (35 km) weiter südwestlich in Shakopee liegt. Der Dinopark mit animatronischen Effekten (zzgl. 5 US$) ist ein echter Kracher. Onlinebuchung bringt Ermäßigung; Parken kostet 12 US$.

Children's Theatre Company (☎ 612-874-0400; www.childrenstheatre.org; 2400 3rd Ave S; Vorführungen 15–70 US$; Kartenverkauf Di–Fr 11–17 Uhr; 👪) Diese örtliche Truppe ist so gut, dass sie einen Tony Award für „außergewöhnliches regionales Theater“ gewonnen hat.

Minneapolis

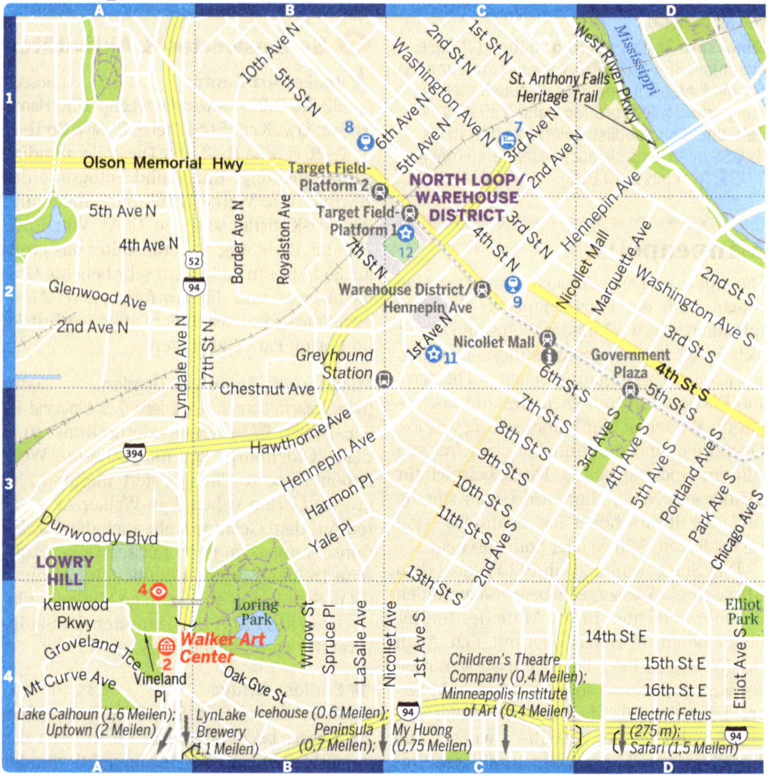

Minneapolis

Highlights

1 Endless Bridge E2
2 Walker Art Center A4
3 Weisman Art Museum G3

Sehenswertes

4 Minneapolis Sculpture Garden A4

Aktivitäten, Kurse & Touren

5 St. Anthony Falls Heritage Trail E2

Schlafen

6 Aloft E3
7 Hewing Hotel C1

Ausgehen & Nachtleben

8 Fulton Beer B1
9 Gay Nineties C2
10 Wilde Cafe E1

Unterhaltung

11 First Avenue & 7th St Entry C2
Guthrie Theater .... (siehe 1)
12 Target Field C2
13 US Bank Stadium E3

und kann auch ohne Theaterkarte betreten werden, da sie als öffentlicher Platz gedacht ist. Einen ebenso herrlichen Blick bietet die Amber Box im 9. Stock des Theaters.

★ Weisman Art Museum MUSEUM

(☎ 612-625-9494; www.wam.umn.edu; 333 E River Parkway; ⏲ Di, Do & Fr 10–17, Mi 10–20, Sa & So 11–17 Uhr) GRATIS Dieses Museum in einem verschachtelten silberfarbigen Bau von Frank Gehry ist ein Highlight der Universität (und der Stadt). Die tollen Sammlungen in den luftigen Hauptgalerien zeigen amerikanische Kunst aus dem 20. Jh., Keramiken, koreanische Möbel und Arbeiten auf Papier.

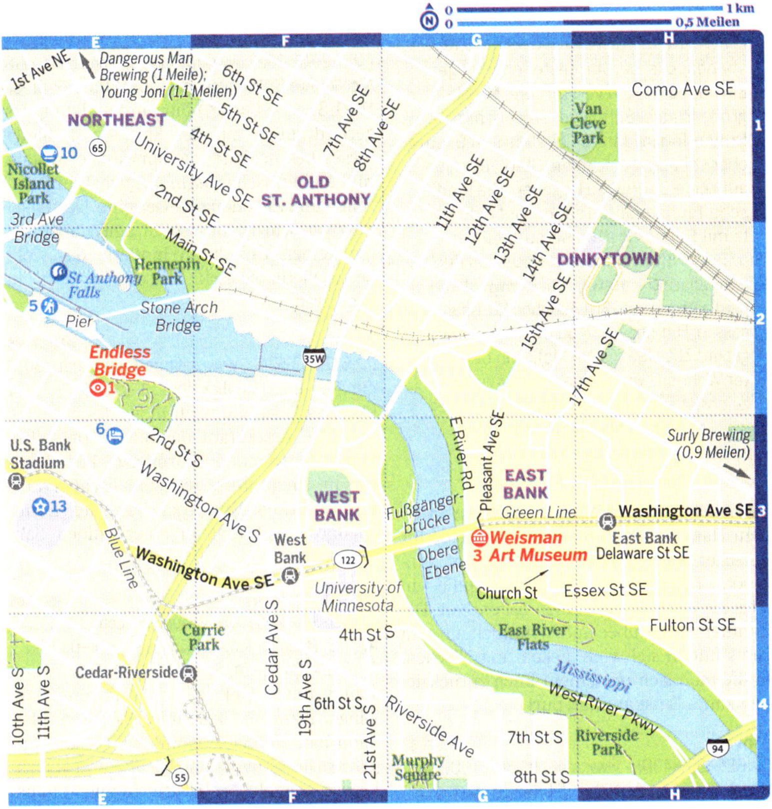

Minneapolis Institute of Art MUSEUM
(☎612-870-3000; https://new.artsmia.org; 2400 3rd Ave S; ⏲Di, Mi & Sa 10–17, Do & Fr 10–21, So 11–17 Uhr) GRATIS Diese riesige Schatztruhe beherbergt einen beeindruckenden Querschnitt durch die Kunstgeschichte. Eindrucksvoll sind die Sammlungen moderner und zeitgenössischer Kunst, aber auch die Säle mit asiatischer Kunst (2. Stock) und Kunstgewerbe (3. Stock) sind Highlights. Für einen Besuch sollte man mindestens ein paar Stunden einplanen. Das Museum liegt 1 Meile (1,6 km) südlich von Downtown an der 3rd Ave S.

St. Anthony Falls Heritage Trail SPAZIERENGEHEN
Der knapp 3 km lange Weg mit Informationstafeln gibt einen interessanten Einblick in die Stadtgeschichte und bietet obendrein den besten Zugang zum Ufer des Mississippis. Er beginnt am unteren Ende der Portland Ave und führt über die wunderschöne autofreie Stone Arch Bridge, die einen guten Blick auf die gestuften St. Anthony Falls bietet.

Feste & Events

Art-A-Whirl KUNST
(www.nemaa.org; ⏲Mitte Mai) Das ausgeflippte Kunstgalerie-Event im ganzen Nordosten von Minneapolis dauert ein ganzes Wochenende lang und läutet in der Stadt den Frühling ein. Überall im Viertel beteiligen sich die Ateliers.

Twin Cities Pride SCHWULE & LESBEN
(www.tcpride.org; 1382 Willow St, Loring Park; ⏲Mitte Juni) Dieses Festival ist eines der größten jener Art in den USA und lockt jährlich mehr als 300 000 Feierfreudige nach Loring Park.

Schlafen

★ **Wales House** PENSION $
(☎612-331-3931; www.waleshouse.com; 1115 5th St SE; Zi. 95 US$, ohne Bad 90 US$; P ❄ 📶) Das

PRINCE WAR HIER!

Minneapolis' berühmtester ehemaliger Einwohner ist die verstorbene Musikgröße Prince. Schon vor seinem allzu frühen Tod im Jahr 2016 strömten Besucher scharenweise in die Stadt, um sich auf seine Spuren zu begeben. Die städtische Touristeninformation gibt eine Karte mit Prince-Stätten heraus, auf der u.a. sein Elternhaus, das Haus aus Purple Rain und **Paisley Park** (www.officialpaisleypark.com; 7801 Audubon Rd, Chanhassen; Führung ab 38,50 US$, Servicegebühr 7,50 US$; Do–Mo), sein berühmter Wohnsitz mit Aufnahmestudio, verzeichnet sind. Weitere Infos gibt's unter www.minneapolis.org/princes-minneapolis.

historische B&B mit zehn Zimmern in einem Haus von 1910 dient oft als Bleibe für Forscher von der nahen University of Minnesota. Die Gastgeber Kelly und Julie tun alles für einen angenehmen Aufenthalt. Die Zimmer sind sauber und gemütlich, und im Haus finden sich viele Ecken und Nischen, in die man sich mit einem Buch zurückziehen kann. Entspannung pur!

Aloft HOTEL $$

(612-455-8400; www.mariott.com; 900 Washington Ave S; Zi. 159–265 US$; P) Die zweckmäßig eingerichteten Zimmer im Industriestil sprechen vor allem jüngere Gäste an. In der clubartigen Lobby gibt's Brettspiele, eine Cocktail-Lounge und Snacks rund um die Uhr. Vorhanden sind auch ein kleiner Pool, ein anständiger Fitnessraum und eine Bikesharing-Station draußen vor dem Eingang. Parken kostet 25 US$.

Hewing Hotel HOTEL $$

(651-468-0400; www.hewinghotel.com; 300 Washington Ave N; Zi. 140–260 US$; P) Das Hotel liegt in North Loop und bietet 124 Zimmer auf dem Gelände eines 100 Jahre alten Lagerhauses für landwirtschaftliche Maschinen. Die Atmosphäre ist rustikal und gemütlich. Die schönen Zimmer haben Deckenbalken, unverputzte Backsteinwände und naturlastiges Dekor, z.B. Tapeten mit Reh-Aufdruck und karierte Wolldecken. Das Hotel liegt in Gehweite des Trubels in Downtown, und es gibt auf dem Gelände auch ein Bar-Restaurant. Parken kostet 46 US$.

Essen

My Huong VIETNAMESISCH $

(612-702-2922; www.myhuongkitchen.com; 2718 Nicollet Ave S; Hauptgerichte 10–14 US$; Di–Sa 11–21, So bis 18 Uhr;) Für ein Publikum, das gern draußen auf der Straße isst, bietet dieses bescheidene vietnamesische Restaurant authentisches *banh mi*, *pho*, Frühlingsrollen und Zitronengras-Gerichte. Das Lokal ist zwar winzig, das sollte einen aber auf gar keinen Fall daran hindern, das wohl beste vietnamesische Essen vor Ort zu probieren.

Safari SOMALISCH $

(612-353-5341; www.safarirestaurant.net; 3010 4th Avenue S; Hauptgerichte 12–15 US$; 11–24 Uhr) Das Lokal gilt weithin als das beste somalische Restaurant der Stadt. Hier gibt's Hühnchen-*suqaar*, marinierte Fleischstücke in einem würzigen somalischem Reis und „Chicken Fantastic" (gegrillte Hähnchenbrust auf Reis in einer milden Sahnesauce).

★ **Young Joni** PIZZA $$

(612-345-5719; www.youngjoni.com; 165 13th Ave NE; Hauptgerichte 14–19 US$; Di–Do 16–23, Fr 16–24, Sa 12–24, So 12–22 Uhr) Das Young Joni vereint zwei scheinbar unvereinbare Dinge: Pizza und koreanisches Essen. Man kann hier eine Holzofen-Pizza mit knuspriger Kruste, Gruyère und Ricotta und als Beilage scharfe Muscheln, Kimchi und Tofu bestellen. Das klingt zwar seltsam, die Gerichte sind aber grandios. Ein weiteres Plus: In dem hippen Laden mit Industrie-Schick versteckt sich hinten eine Bar. Wenn das rote Licht leuchtet, fließen die Cocktails in Strömen.

Butcher & the Boar AMERIKANISCH $$$

(612-238-8888; www.butcherandtheboar.com; 1121 Hennepin Ave; Hauptgerichte 35–60 US$; Mo–Do 17–22.30, Fr & Sa 17–23, So 17–22 Uhr;) Der Speiseraum mit Kerzenlicht und vielen Kupferelementen ist ein Paradies für Fleischfans: Unter den vielen hausgemachten Gerichten aus totem Tier sind z. B. Wildschweinschinken mit Landbutter oder knusprig gebratene Kalbswürste. Idealerweise bestellt man sich einen Probierteller. Die 30 verschiedenen Regionalbiere vom Fass werden durch eine ellenlange Bourbon-Karte mit Probieroptionen ergänzt. Eine Reservierung ist ratsam. Alternativ bieten sich die kleineren Fleischgerichte im belebten Biergarten an.

Unterhaltung

First Avenue & 7th St Entry LIVEMUSIK
(☎612-332-1775; www.first-avenue.com; 701 1st Ave N; Shows ab 20 US$) Das ehrwürdige Urgestein der örtlichen Musikszene besteht aus zwei Clubs: Im größeren First Avenue spielen bekannte US-Bands, während hoffnungsvolle Newcomer normalerweise im kleineren 7th St Entry auftreten. Die Sterne an der Außenfassade repräsentieren all jene Bands, die hier schon auf der Bühne gestanden haben. Die Tickets kauft man über die Website.

Guthrie Theater THEATER
(☎612-377-2224; www.guthrietheater.org; 818 2nd St S; Shows 30–90 US$; ⌚Kartenschalter 11–17 Uhr) Das Spitzenensemble von Minneapolis hat eine gigantische Bühne. Unverkaufte Tickets gehen 30 Minuten vor Vorstellungsbeginn für 15 bis 35 US$ über die Theke (nur gegen Barzahlung). KostenloseAudioführungen für eine Besichtigung des schrillen Gebäudes kann man von der Website herunterladen.

Target Field BASEBALL
(☎800-338-9467; www.mlb.com/twins; 353 N 5th St; Blue, Green Line) Das Stadion in Downtown ist die Heimat des Major-League-Baseball-Teams der Minnesota Twins. Die Spielzeit dauert von April bis Oktober (jedenfalls wenn die Twins gut genug spielen und nicht schon vorher ausscheiden). Das Stadion zeichnet sich durch außergewöhnlich gute Speisen und Getränke aus der Region aus.

US Bank Stadium ZUSCHAUERSPORT
(☎612-338-4537; www.vikings.com; 900 5th St S; ; Blue, Green Line) Das National-Football-League-Team der Minnesota Vikings spielt von September bis Dezember sonntags in dieser schicken Halle mit den Glaswänden. Welche Spiele angesetzt sind und wann, steht auf der Website; Tickets sind online erhältlich.

Shoppen

Electric Fetus MUSIK
(☎612-870-9300; www.electricfetus.com; 2000 4th Ave S; ⌚Mo–Fr 9–21, Sa 9–20, So 11–18 Uhr) Der unabhängige Plattenladen verkauft ein riesiges Sortiment neuer und gebrauchter CDs und Schallplatten sowie abgefahrene Mützen, T-Shirts und Weihrauch. Hier bekommt man alle Infos zur örtlichen Musikszene und auch Konzerttickets (das Anschlagbrett hinter dem Tresen studieren!). Prince stöberte hier gern, und der Laden hat natürlich auch eine große Auswahl seiner Titel auf Lager.

Mall of America MALL
(☎952-883-8800; www.mallofamerica.com; abseits der I-494 an der 24th Ave; ⌚Mo–Sa 10–21.30, So 11–19 Uhr; ; Blue Line) Das größte Einkaufszentrum der USA bietet neben den üblichen Läden, Kinos und Restaurants auch noch eine Hochzeitskapelle, eine **Minigolfanlage** (☎952-883-8777; 3. Stock; 12 US$/Pers.; ⌚Mo–Sa 10–21.30, So 11–19 Uhr) mit 18 Löchern, eine Zipline sowie einen Vergnügungspark, das **Nickelodeon Universe** (☎952-883-8800; www.nickelodeonuniverse.com; ⌚Mo–Sa 10–21.30, So 11–19 Uhr) mit 28 Rides, darunter ein paar ziemlich schwindelerregenden Achterbahnen. Der Eintritt selbst ist frei. Ein den ganzen Tag gültiges Armband für unbegrenzte Nutzung der Rides kostet 37 US$; man kann für die Rides

LGBTIQ+-SZENE IN MINNEAPOLIS

Minneapolis gehört zu den Städten mit den höchsten Bevölkerungsanteil an Schwulen, Lesben, Bisexuellen und Transgendern (LGBTIQ+) im Land, und es macht sich sehr für deren Rechte stark. Infos über die Szene findet man in dem kostenlosen Magazin *Lavender* (www.lavendermagazine.com), das alle 14 Tage erscheint und in den Cafés der Stadt ausliegt. Das hiesige Pride Festival (S. 673) ist eines der größten in den USA und lockt mehr als 300 000 Feierlustige an. Highlights:

Wilde Cafe (☎612-331-4544; www.wildecafe.com; 65 Main St SE; ⌚So–Do 7–21, Fr & Sa bis 23 Uhr;) Köstliches Gebäck, Tische am Fluss und viktorianisches Ambiente, das auch seinem Namensvetter Oscar Wilde zur Ehre gereicht hätte. Lavender wählte es einst zum „besten Café" der Stadt.

Gay Nineties (☎612-333-7755; www.gay90s.com; 408 Hennepin Ave; Grundpreis 5–10 US$; ⌚Mo–Sa 8–2, So ab 10 Uhr;) Diesen Club gibt's schon ewig. Schwule und Heteros strömen hierher, um zu tanzen, etwas zu essen oder eine Travestie-Show zu besuchen.

SCHANKRAUM-BOOM

Minneapolis schwimmt mit auf der Regionalbierwelle – die meisten örtlichen Kleinbrauereien haben eigene Schankräume. Prima Adressen, um den Gerstensaft frisch aus dem Tank zu probieren:

LynLake Brewery (☎612-224-9682; www.lynlakebrewery.com; 2934 Lyndale Ave S; ⌚Mo–Do 17–22, Fr 17–1, Sa 12–1, So 12–22 Uhr; 📶) Herrliches Ambiente: Die Brauerei sitzt in einem stimmungsvollen, umgebauten ehemaligen Theater mit einer coolen Dachterrasse.

Fulton Beer (☎612-333-3208; www.fultonbeer.com; 414 6th Ave N; ⌚Di–Do 15–22, Fr 15–23, Sa 11–23, So 11–18 Uhr) Das hiesige Angebot beinhaltet normalerweise je ein tolles Pale und Blonde Ale. Gemeinsam gebechert wird an Picknicktischen im Lagerhaus. Die Brauerei liegt nur wenige Blocks vom Baseballstadion entfernt und ist an Spieltagen entsprechend stark besucht.

Dangerous Man Brewing (☎612-236-4087; www.dangerousmanbrewing.com; 1304 2nd St NE; ⌚Di–Do 16–22, Fr 15–24, Sa 12–24, So 12–20 Uhr) Im hippen Viertel Northeast werden starke Biere à la Europa ausgeschenkt. Gäste dürfen ihr eigenes Essen mitbringen (Tipp: einen Block Richtung Osten gibt's einen Laden mit sehr guten Fish & Chips).

Surly Brewing (☎763-999-4040; www.surlybrewing.com; 520 Malcolm Ave SE; ⌚So–Do 11–23, Fr & Sa bis 24 Uhr; 📶; 🚇Green Line) Der riesige, familienfreundliche Schankraum des Surly erstrahlt im Industrie-Schick und wird von den Einheimischen förmlich überrannt. Sie lassen sich die wechselnden Biere vom Fass und die fleischlastigen Snacks schmecken. Die Brauerei befindet sich im Viertel Prospect Park, nahe der Universität und nur einen kurzen Fußweg von der Green-Line-Haltestelle Prospect Park entfernt.

aber auch problemlos einzeln bezahlen (3,60–7,20 US$).

ℹ Praktische Informationen

Minneapolis Visitor Information (☎612-397-9278; www.minneapolis.org; 505 Nicollet Mall, Suite 100; ⌚Mo–Fr 9–18, Sa bis 17, So bis 15 Uhr; 📶) Das Personal dieser Touristeninformation in Downtown hilft Besuchern eifrig bei der Aufstellung eines Reiseplans und der Suche nach Verkehrsmitteln, Restaurants und Bars. Es gibt zahlreiche Broschüren und Stadtpläne sowie einen Souvenir- und Geschenkeladen.

ℹ An- & Weiterreise

Der Minneapolis–St. Paul International Airport (S. 678), 10 Meilen (16 km) südlich des Zentrums von Minneapolis, ist ein wichtiges regionales Flugkreuz mit Direktverbindungen zu vielen US-amerikanischen Städten. Delta Airlines bietet Direktflüge von/nach Europa. Der Flughafen besteht aus den beiden Terminals Lindbergh und Humphrey; die meisten Fluglinien nutzen allerdings Ersteren. Beim Kauf von Tickets immer genau checken, von welchem Terminal der Flug startet!

In beiden Terminals gibt's Geldautomaten und Autovermietungen. Am günstigsten gelangt man mit der Blue Line der Stadtbahn vom Flughafen in die Downtown von Minneapolis (normal/Berufsverkehr 2/2,50 US$, 25 Min.). Ein Taxi kostet rund 45 US$.

Busse von **Greyhound** (☎612-371-3325; www.greyhound.com; 950 Hawthorne Ave; 📶) fahren häufig nach Milwaukee (30–40 US$, 7 Std.), Chicago (35–45 US$, 9 Std.) und Duluth (25–30 US$, 3 Std.).

Megabus (www.megabus.com) fährt per Express nach Milwaukee (40–45 US$, 6½ Std.) und Chicago (45 US$, 8½ Std.). Die Busse starten von der Innenstadt und von der Universität; die exakten Startpunkte sind auf der Website zu finden.

Amtrak-Züge fahren den schimmernden Bahnhof Union Depot (S. 678) im benachbarten St. Paul an. Es gibt täglich Züge nach Chicago (35 US$, 8 Std.) und Milwaukee (30 US$, 7 Std.).

ℹ Unterwegs vor Ort

Minneapolis belegt einen der vordersten Plätze unter den Fahrradstädten der USA. **Nice Ride** (www.niceridemn.org) ist das örtliche Bike-sharing-Programm mit 1800 limettengrünen Fahrrädern an 200 Selbstbedienungsstationen überall in der Zwillingsstadt. Eine 30-minütige Fahrt kostet 3 US$; einfach die Kreditkarte hineinstecken, den Code erhalten und das Fahrrad aufschließen! Infos zum Radfahren und Streckenpläne finden sich auf der Website des **Minneapolis Bicycle Program** (www.ci.minneapolis.mn.us/bicycles).

Für längere Ausflugstouren sind traditionelle Fahrradverleihe geeigneter. In der Stadt gibt's mehrere davon.

Wheel Fun Rentals (Kiosk am Bde Maka Ska; ☎ 612-823-5765; www.wheelfunrentals.com; 3000 Calhoun Parkway E, unteres Ende der W Lake St; Fahrrad pro Std./Tag 12/40 US$; ⌚ Ende Mai–Mitte Aug. 9–20.30 Uhr, Mitte Aug.–Ende Okt. kürzere Öffnungszeiten) liegt praktisch in der Nähe von Uptown und verleiht Mountainbikes und Tandems entweder pro Stunde oder pro Tag.

Metro Transit (☎ 612-373-3333; www.metrotransit.org; ⌚ Berufsverkehr/ansonsten 2,50/2 US$) Betreibt die praktische Stadtbahnlinie Blue Line zwischen Downtown und der Mall of America (mit Zwischenhalt am Flughafen). Die Green Line verbindet die Downtown von Minneapolis mit dem Bahnhof Union Depot in der Downtown von St. Paul.

Fahrkarten und Tageskarten (6,50 US$) zieht man aus den an allen Stationen aufgestellten Automaten. Die Fahrkarten gelten auch für die öffentlichen Stadtbusse.

St. Paul

St. Paul, Minnesotas Hauptstadt, ist kleiner und ruhiger als ihre Zwillingsschwester Minneapolis im Westen. Während Minneapolis für Glitzer und Gewühl steht, ist St. Paul ordentlicher und hat sich mehr von seinem historischen Charakter bewahrt. Auch die touristische Infrastruktur ist in St. Paul bescheidener, auch wenn sich die Hauptstadt durch viele Brauereien und Brauereikneipen auszeichnet.

St. Paul lohnt einen Tagesausflug von Minneapolis aus: Man kann durch die historischen Wohnstraßen südwestlich der Downtown, insbesondere die Summit Ave, spazieren oder sich näher am Mississippi in Irvine Park Herrenhäuser aus dem späten 19. und frühen 20. Jh. anschauen. Das ist auch das Gelände von F. Scott Fitzgerald: Sowohl sein Geburtshaus als auch das Haus, in dem er wohnte, als er *Diesseits vom Paradies* veröffentlichte, stehen noch.

Sehenswertes & Aktivitäten

Landmark Center MUSEUM
(☎ 651-292-3225; www.landmarkcenter.org; 75 W 5th St; ⌚ Mo–Fr 8–17, Do 8–20, Sa 10–17, So 12–17 Uhr) Das von Türmchen gezierte Landmark Center in der Downtown stammt von 1902 und diente einst als Bundesgericht, in dem Gangstern wie Alvin „Creepy" Karpis der Prozess gemacht wurde. Plaketten neben den verschiedenen Räumen zeigen, wer hier alles der Gerechtigkeit zugeführt wurde. Neben dem Visitor Center beherbergt das Gebäude auch ein paar kleine Museen (eines widmet sich Kunst aus Holz, ein anderes der Musik).

Down In History Tours STADTSPAZIERGANG
(☎ 651-292-1220; www.wabashastreetcaves.com; 215 S Wabasha St; Stadtspaziergang 9–10 US$; ⌚ Mai–Sept. Mo 16, Do 17, Sa & So 11 Uhr) Die 45-minütigen Führungen erkunden die unterirdischen Kavernen von St. Paul, die Gangster einst als Flüsterkneipen nutzten. Der Spaß ist am Donnerstagabend besonders groß, wenn eine Swingband in den Kavernen spielt (zzgl. 8 US$).

Feste & Events

St. Paul Winter Carnival KULTUR
(www.wintercarnival.com; ⌚ Ende Jan.–Anfang Feb.) Zehn Tage mit Eisskulpturen, Eislaufen und Eisfischen rund um den Rice Park und an anderen Orten in der Stadt.

Schlafen & Essen

★ **Hotel 340** BOUTIQUEHOTEL $$
(☎ 651-280-4120; www.hotel340.com; 340 Cedar St; Zi. 109–199 US$; P ❄ @ ☎) Dieses Hotel mit viel altmodischer Atmosphäre bietet normalerweise ein sehr gutes Preis-Leistungs-Verhältnis. Die 56 Zimmer in einem stattlichen Altbau warten mit Hartholzböden und vornehmer Bettwäsche auf. In der zweistöckigen Lobby gibt's einen großen offenen Kamin und eine hübsche, kleine Bar (die Rezeptionisten fungieren auch als Barkeeper). Parken kostet 17 US$ pro Nacht.

Covington Inn B&B $$
(☎ 651-292-1411; www.covingtoninn.com; 100 Harriet Island Rd; Zi. 165–250 US$; P ❄ ☎) Dieses B&B in Harriet Island bietet vier Zimmer auf einem auf dem Mississippi schaukelnden Schlepper. Man kann zusehen, wie der Schiffsverkehr vorbeizieht, während man seinen Morgenkaffee genießt. Die stattlichen Zimmer sind mit freundlichen Farbklecksen versehen, und jedes hat einen Gaskamin, der einen im Winter warmhält.

★ **Keg & Case** FOOD-COURT $
(☎ 651-443-6060; www.kegandcase.com; 928 7th St W; Sandwiches 12–15 US$; ⌚ So–Fr 6.30–22, Sa bis 24 Uhr; ☎ ☎) Fabelhafter Food-Court in einer schick umgebauten Brauerei mit Ständen, an denen Sandwiches mit örtlichen Zutaten, Pizzas, Eiscreme und andere Leckereien zu haben sind. Neben Imbissständen gibt's hier auch Stände, die Pilze, Würzsaucen, Gelees und Geschenkartikel

ABSTECHER

STILLWATER

Das hügelige Stillwater (19 400 Ew.) am unteren St. Croix River ist eine alte Holzfällerstadt mit schön restaurierten Gebäuden aus dem 19. Jh., vorbeifahrenden Schaufelraddampfern und jeder Menge Antiquitätenläden. Der Ort ist touristisch, besitzt aber altmodischen Charme. Stillwater erklärt sich stolz zur Geburtsstätte Minnesotas, denn 1848 taten sich Siedler aus den damaligen riesigen Nordwestterritorien Wisconsins zusammen, um in einer Petition an den US-Kongress einen eigenen Bundesstaat zu fordern. Sie einigten sich dabei auf den Namen Minnesota, den der Staat auch erhielt, als er schließlich 1858 in die Union aufgenommen wurde.

Prima übernachten kann man im Boutiquehotel **Lora** (☎651-571-3500; www.lorahotel.com; 402 Main St S; Zi. 160–260 US$; P ❄ @ 📶).

Discover Stillwater (www.discoverstillwater.com) bietet eine gute Auflistung der hiesigen Sehenswürdigkeiten und Aktivitäten.

Um von Minneapolis-St. Paul hinzukommen, nimmt man die I-694 und biegt dann auf den Hwy 36 ab.

anbieten. Der Ausflug in den Süden der Stadt lohnt sich. Es gibt auch viele Angebote für Vegetarier.

Cook AMERIKANISCH $
(☎651-756-1787; www.cookstp.com; 1124 Payne Ave; Hauptgerichte 10–15 US$; ⊙Mo, Do & Fr 7–14, Sa & So 7–15 Uhr) Dieses nette, sonnige Lokal serviert kreative Diner-Gerichte (Arme Ritter mit Ingwer, vegetarische Curry-Burger, Sandwiches mit geschmorten Rippchen), einige mit koreanischer Note. Der Koch zaubert freitagabends ein koreanisches Abendessen. Der Laden befindet sich im aufstrebenden Viertel East Side, in dem noch weitere Feinschmeckerlokale in der Payne Ave locken.

Ausgehen & Unterhaltung

Summit Brewing Company BRAUEREI
(☎651-265-7800; www.summitbrewing.com; 910 Montreal Circle; ⊙Do & Fr 14–21, Sa 12–21, So 12–18 Uhr) Summit ist zwar eine der größten Brauereien im Bundesstaat, ihre Bierhalle ist aber angenehm entspannt. Drinnen gibt's eine weitläufige offene Fläche mit Gemeinschaftstischen, großen Fenstern und rund 14 Bieren vom Fass. Draußen steht Gästen eine Terrasse mit Blick auf die Klippen am Fluss zur Verfügung. Probieren sollte man das Keller Pils, das Oatmeal Stout oder irgendeines der Biere aus der experimentellen Serie Unchained. Die Preise sind wirklich vernünftig.

Allianz Field ZUSCHAUERSPORT
(www.mnufc.com; 400 Snelling Ave N) Das schimmernde Heimstadion des Minnesota United FC, der in der North American Soccer League spielt, wurde 2019 eröffnet. Aktuelle Spieltermine stehen auf der Website; die Tickets sind online erhältlich.

Fitzgerald Theater THEATER
(☎651-290-1200; www.thefitzgeraldtheater.com; 10 E Exchange St) In dem stimmungsvollen Theater treten Musiker, Comedians und Autoren mit großem Namen in Zusammenarbeit mit dem Minnesota Public Radio auf. Eine Liste der Events und Ticketinfos findet man auf der Website.

Praktische Informationen

Mississippi River Visitor Center (☎651-293-0200; www.nps.gov; 120 W Kellogg Blvd; ⊙So & Di–Do 9.30–17, Fr & Sa bis 21 Uhr) Das Visitor Center des National Park Service befindet sich in einer Nische der Lobby des Wissenschaftsmuseums. Hier gibt's Wanderkarten und viele Informationen zu den kostenlosen, von Rangern geführten Aktivitäten. Im Sommer gehören dazu kurze Wanderungen und Radtouren, im Winter Dinge wie Eisfischen und Schneeschuh-Touren.

St. Paul Visitor Center (☎651-292-3225; www.visitsaintpaul.com; 75 W 5th St; ⊙Mo–Sa 10–16, So ab 12 Uhr) Im Landmark Center; eine gute erste Anlaufstelle für Karten und Infos zu Wanderungen in Eigenregie.

Anreise & Unterwegs vor Ort

Vom **Union Depot** (☎651-202-2700; www.uniondepot.org; 214 E 4th St; 📶), dem prächtigen Bahnhof von St. Paul, fahren nicht nur Amtrak-Züge, sondern auch Greyhound-Busse, Stadtbusse und die Green Line der Stadtbahn.

Der **Minneapolis–St. Paul International Airport** (MSP; ☎612-726-5555; www.mspairport.com; 4300 Glumack Dr, St. Paul; 📶; 🚇 Blue

Line) liegt 15 Meilen (24 km) südwestlich von St. Paul. Der Bus 54 (Berufsverkehr/ansonsten 2,50/2 US$, 25 Min.) fährt zur Innenstadt. Ein Taxi kostet rund 35 US$.

Metro Transit (www.metrotransit.org) betreibt den Stadtbusverkehr in Minneapolis und St. Paul und auch die praktische Green-Line-Stadtbahnlinie (Berufsverkehr/ansonsten 2,50/2 US$) zwischen dem Union Depot in St. Paul und der Downtown von Minneapolis.

Südliches Minnesota

Das südliche Minnesota bietet einen frischen Mix aus historischen Städten am Fluss, ländlichen Dörfern im Bluff Country und abgedrehten Attraktionen, darunter das Frühstücksfleisch gewidmete **Spam Museum** (☎507-437-5100; www.spam.com; 101 3rd Ave NE, Austin; ⏲Mai–Sept. Mo–Sa 10–18, So 11–17 Uhr, Okt.–April Mo–Sa 10–17, So 11–16 Uhr) GRATIS und das **weltgrößte Garnknäuel** (1st St, Darwin; ⏲24 Std.) GRATIS.

Zu den stimmungsvollsten Städten am Wasser gehören Stillwater (Antiquitäten-Hochburg), Red Wing (für seine Red Wing Shoes – eigentlich eher feste Stiefel – und Salzkeramik bekannt) und Wabasha (wo sich Adler versammeln). Auf diesem Abschnitt der Great River Rd, der Panoramastraße, die sich an den Mississippi schmiegt, reihen sich aber noch ein paar andere interessante Städtchen aneinander. Je nach Lust und Laune kann man unterwegs immer mal wieder für ein Stück Kuchen oder in einem kitschigen Gartenzwerg-Laden Halt machen.

Im Landesinneren und im Süden ist das Bluff Country von hübschen Kalksteinklippen und winzigen Dörfern durchzogen. Lanesboro eignet sich besonders für Radtouren direkt vom Zug weg. Harmony, südlich von Lanesboro, ist das Zentrum der Amish-Gemeinde und ein weiterer einladender Ort.

In den Städten am Fluss gibt's Pensionen und B&Bs in alten restaurierten Gebäuden, in Stillwater ist die Auswahl besonders groß. Auch im Bluff Country locken neben Campingplätze zahlreiche B&Bs.

Diners und Cafés alter Schule sind weit verbreitet, insbesondere an der Great River Rd. Aber scheinbar mitten im Nirgendwo finden sich hier auch überraschend stilvolle Einkehroptionen.

Die Great River Rd, alias Hwy 61, verläuft längs des Mississippi. Wenn man eine Brücke auf die zu Wisconsin gehörende Seite überquert, heißt sie Hwy 35. Minneapolis ist eine bis zwei Fahrtstunden von den meisten Attraktionen in der Region entfernt.

Nördliches Minnesota

Das nördliche Minnesota ist ein echter Abenteuerspielplatz. Die riesige Boundary Waters Wilderness ist die Hauptattraktion, und von Mai bis Ende September tummeln sich Kajak- und Kanufahrer auf den vielen sagenhaften Seen des Bundesstaats, doch ist die Gegend so groß, dass man dennoch den Eindruck hat, ganz für sich allein unterwegs zu sein. Beliebte saisonale Ziele sind auch das von roten Klippen gesäumte Ufer des Lake Superior und die Gewässer des Voyageurs National Park.

Der Norden besitzt auch ein bedeutendes historisches Erbe. Jahrzehntelang wurde in Duluth, der größten Hafenstadt der Region, das Eisenerz für Fabriken überall im Mittleren Westen verschifft. Man kann sich in Duluth die alten Schiffe anschauen und auch etwas von dem neuen Schwung erleben, der von den Kleinbrauereien ausgeht. In der alten Bergarbeiterstadt Hibbing im Herzen des Iron Range District findet man einen Eisenerz-Tagebau von solcher Größe, dass man das Gebiet als den „Grand Canyon von Minnesota" bezeichnet.

Duluth

Duluth ist eine raubeinige, zupackende Hafenstadt, die Besuchern Einblick in ihre geschichtenreiche Vergangenheit als großes Verladezentrum gewährt, aber auch einige großstädtische Kultureinrichtungen, Restaurants und Bars zu bieten hat. Duluth wurde im 20. Jh. als bedeutender Exporteur hochwertigen Eisenerzes wohlhabend, das auf mächtigen Frachtern über die Großen Seen zu den Fabriken und Schmelzhütten in Michigan, Indiana und Ohio geschafft wurde. Der Hafen hatte in den 1970er- und 1980er-Jahren zu leiden, als die Hütten geschlossen wurden und die Erzlager erschöpft waren. Die Schifffahrt ist auch heute noch ein wichtiger Gewerbezweig in der Stadt, doch haben die Offiziellen inzwischen auch den Tourismus als Einnahmequelle für die örtliche Wirtschaft entdeckt. Nahe dem Hafen finden sich eine ganze Reihe interessanter Sehenswürdigkeiten aus der industriellen Vergangenheit der Stadt sowie eine aufblühende Abenteuersport-

INSIDERWISSEN

DYLAN IN DULUTH

Bob Dylan wird zwar meist mit Hibbing und der Iron Range in Verbindung gebracht, wurde aber 1941 in Duluth geboren. Entlang der Superior St und der London Rd weisen die braun-weißen Schilder des **Bob Dylan Way** (www.bobdylanway.com) auf Orte hin, die etwas mit der Songwriter-Legende zu tun haben. Darunter ist z. B. das Arsenal, wo Dylan ein Konzert von Buddy Holly erlebte und daraufhin beschloss, Musiker zu werden. Selbst ausfindig machen muss man jedoch sein **Geburtshaus** (519 N 3rd Ave E), das ein paar Blocks nordöstlich der Innenstadt auf einem Hügel steht. Dort lebte der kleine Bob bis zu seinem sechsten Lebensjahr im obersten Stockwerk, bis die Familie landeinwärts nach Hibbing umzog. Achtung: Hierbei handelt es sich um ein nicht gekennzeichnetes Privathaus, das nur von der Straße aus betrachtet werden kann.

Szene. Die Downtown erneuert sich schnell, und in den früher verkommenen Straßen westlich der Downtown hat sich eine lustige Kleinbrauereibier- und Cider-Subkultur angesiedelt.

Sehenswertes & Aktivitäten

Aerial Lift Bridge BRÜCKE
Das Hauptwahrzeichen von Duluth hebt seinen mächtigen Mittelteil, um die tutenden Schiffe in den Hafen hineinzulassen. Pro Jahr passieren rund 1000 Frachtschiffe die Hubbrücke.

Maritime Visitor Center MUSEUM
(☎218-720-5260; www.lsmma.com; 600 S Lake Ave; ⊙Juni–Aug. 10–21 Uhr, Sept.–Mai kürzere Öffnungszeiten) GRATIS Neben der Aerial Lift Bridge informieren hier Computerbildschirme darüber, wann große Kähne unter dem Bauwerk hindurchschippern. Höchst sehenswert sind auch die coolen Schiffsmodelle und die Ausstellungen zu Wracks in den Großen Seen.

Duluth Traverse RADFAHREN
(www.coggs.com) Ein 64 km langer Mountainbike-Trail durch die Stadt und das umliegende Gebiet? Radler sind begeistert vom Duluth Traverse, einem einspurigen Trail, der nach und nach eröffnet wird und mehrere bereits bestehende Radwege miteinander verbindet. Nach der Fertigstellung des Wegs wird kein Einwohner von Duluth weiter als ein paar Minuten von der Strecke entfernt sein. Auch Läufer, Wanderer und Schneeschuhwanderer können auf der Duluth Traverse mit den Kiefern Zwiesprache halten.

Duluth Experience ABENTEUER
(☎218-464-6337; www.theduluthexperience.com; Tour ab 79 US$) Dieser Veranstalter bietet eine Reihe von Kajak-, Rad- und Brauereitouren; Ausrüstung und Transportmittel werden gestellt. Die meisten Ausflüge beginnen am Fitger's Inn.

Schlafen

Park Point Marina Inn HOTEL $$
(☎218-491-7111; www.parkpointmarinainn.com; 1033 Minnesota Ave; Zi. 110–170 US$; P ❄ @ 🛜 ≋) Das makellose Hotel steht südlich der Aerial Lift Bridge an der Stelle, die in den Lake Superior hineinragt. Luxus darf man hier nicht erwarten, wohl aber gepflegte Zimmer und öffentliche Bereiche und für Kinder einen sauberen Pool. Die Attraktionen rund um den Canal Park sind zehn Gehminuten entfernt, aber für alles Übrige braucht man ein eigenes Auto.

Fitger's Inn HOTEL $$$
(☎218-722-8826; www.fitgers.com; 600 E Superior St; Zi. 185–290 US$; P @ 🛜) Die 62 großen Zimmer des Fitger's Inn, von denen jedes ein bisschen anders gestaltet ist, befinden sich in den Räumlichkeiten einer ehemaligen Brauerei. Die Unterkunft liegt am Lakewalk, und die teureren Zimmer bieten auch einen wunderbaren Blick aufs Wasser. Das kostenlose Shuttle zu den örtlichen Sehenswürdigkeiten ist eine ziemlich praktische Sache.

Essen

Corktown Deli & Brews FEINKOST $
(☎218-606-1607; www.corktowndeli.com; 1906 W Superior St; Hauptgerichte 10–13 US$; ⊙So–Do 7.45–21, Fr & Sa bis 22 Uhr) Der muntere, zwanglose Deli im Lincoln Park Craft District ist mit Abstand das beste Mittagslokal in der Gegend. Man setzt sich an einen Tisch oder an die Theke und wählt anschließend aus der riesigen Auswahl ausgezeichneter Sandwiches und Salate; besonders empfehlenswert ist die Sorte „Lake Superior" (mit Wildreis und geräuchertem Weißfisch). An der Tafel steht das tägliche Angebot von Craft-Bieren.

★OMC Smokehouse BARBECUE $$
(☎ 218-606-1611; www.omcsmokehouse.com; 1909 W Superior St; Hauptgerichte 15–30 US$; ⌚ So–Do 11–21, Fr & Sa bis 22 Uhr) „OMC" steht für *Oink, Moo, Cluck* (grunz, muh, gacker), doch angesichts der hervorragenden Qualität des Räucherfleischs und einfallsreicher Gerichte wie Wels-Tacos und Schweinefleisch mit Maisgrütze lassen wir das durchgehen. Bei Getränken steht ein großes Sortiment örtlicher Kleinbrauereibiere von Bent Paddle und Castle Danger bereit. Der Grill befindet sich im Lincoln Park Craft District.

New Scenic Cafe AMERIKANISCH $$$
(☎ 218-525-6274; www.newsceniccafe.com; 5461 North Shore Dr; Sandwiches 15–17 US$, Hauptgerichte 26–32 US$; ⌚ So–Do 11–21, Fr & Sa 11–22 Uhr) Gourmets aus der ganzen Gegend pilgern zum New Scenic Cafe, das 8 Meilen (13 km) hinter Duluth am Old Hwy 61 liegt. In einem schlichten Raum mit Holzvertäfelung kommen z. B. rustikaler Lachs mit Sahnelauch oder Kuchen mit drei verschiedenen Beerensorten auf den Tisch. Dazu gibt's eine weite Aussicht auf den See. Vorab reservieren!

Ausgehen & Unterhaltung

Duluth Cider BAR
(☎ 218-464-1111; www.duluthcider.com; 2307 W Superior St; ⌚ Mo–Do 12–22, Fr & Sa bis 23, So bis 20 Uhr; 📶) Der Cider-Betrieb mit Probierstube im Lincoln Park Craft District hat sich in den alten Stallungen der Post von Duluth eingenistet und bietet ein kreatives Angebot von starken Apfel-Ciders, u. a. mit Tequila-Eiche, Orange und Erdbeere.

Norshor Theatre THEATER
(☎ 218-733-7555; www.norshortheatre.com; 211 E Superior St) Das Wahrzeichen steht im Mittelpunkt der städtischen Anstrengungen zur Wiederbelebung des zentralen Geschäftsviertels. Hier werden Theatervorstellungen, Konzerte und Vorführungen von Filmklassikern gegeben. Was gerade stattfindet, steht auf der Website.

Praktische Informationen

Duluth Visitors Center (☎ 800-438-5884; www.visitduluth.com; 21 W Superior St; ⌚ Mo–Fr 8.30–17 Uhr) Hier kann man sich einen Stadtführer mitnehmen; auf der Website gibt's Sonderangebote und Coupons.

An- & Weiterreise

Busse von **Greyhound** (☎ 218-722-5591; www.greyhound.com; 228 W Michigan St) fahren mehrmals täglich nach Minneapolis (25–30 US$, 3 Std.).

North Shore

Ein Ausflug hierher wird vom Wasser dominiert – vor allem dank des riesigen, stürmischen Lake Superior. Mit Erz beladene Frachter ziehen durch die Häfen, kleine Fischerflotten holen den Fang des Tages ein, und von Wellen umtoste Klippen bieten grandiose Ausblicke, falls man Lust auf eine Wanderung hat. Zahlreiche Flusstäler, Wasserfälle, Wanderwege und Städtchen durchziehen die Landschaft, die sich bis zur kanadischen Grenze erstreckt.

Zu den Highlights am Ufer-Highway nördlich von Duluth gehören mehrere State Parks, die alle ihren einmaligen Reiz haben.

SCENIC DRIVE: DER HIGHWAY 61

Der Hwy 61 beschwört zahlreiche Bilder herauf: Bob Dylan (er stammt aus der Region) machte ihn 1965 auf seinem wütenden Album *Highway 61 Revisited* zum Mythos. Als berühmter „Blues Highway" führt diese Route am Mississippi entlang bis nach New Orleans hinunter. Im Norden Minnesotas ruft sie vor dem geistigen Auge rote Klippen und Strandwälder hervor, während sie dem Ufer des Lake Superior folgt.

Tatsächlich verhält sich die Sache aber etwas komplizierter und erfordert ein paar Erklärungen: Der Blues Highway ist eigentlich die US 61, die gleich nördlich der Twin Cities beginnt. Beim Hwy 61 handelt es sich um eine staatliche Scenic Road ab Duluth. Für noch mehr Verwirrung sorgt die Tatsache, dass es zwischen Duluth und Two Harbors zwei Straßen mit der Nummer 61 gibt: eine vierspurige Schnellstraße und den reizvolleren Old Highway 61 (alias North Shore Scenic Drive) mit zwei Spuren. Letzterer beginnt als London Rd in Duluth und führt gleich nach dem Eingang zum Brighton Beach nach rechts. Hinter Two Harbors wird er wieder einspurig und verläuft quer durch eine herrliche Landschaft bis zur kanadischen Grenze. Weitere Infos zum North Shore Scenic Drive gibt's unter www.superiorbyways.com (auf *The Routes* klicken!).

Wilde Schluchten und spektakuläre Wasserfälle finden sich im Gooseberry Falls, im Judge C.R. Magney sowie im Temperance River State Park. Ein einsamer Leuchtturm steht am Split Rock unweit von Two Harbors.

Das malerische Künstlerrefugium Grand Marais mit seinen relativ großstädtischen Einrichtungen wie guten Restaurants und Bars schließt die Autotour ab. Der ruhige Hafen und die Uferlandschaft locken Maler und andere Romantiker schon seit mehr als 70 Jahren in das Städtchen.

Sehenswertes & Aktivitäten

Der 483 km lange **Superior Hiking Trail** (www.shta.org) folgt dem Bergrücken, der zwischen Duluth und der kanadischen Grenze direkt am Seeufer emporragt. Dabei passiert er u.a. rote Felsen mit spektakulären Aussichtspunkten; gelegentlich lassen sich unterwegs auch Elche oder Schwarzbären blicken. Alle 5 bis 10 Meilen (8–16 km) gibt's einen Parkplatz mit Zugang zum Trail – ideal für Tageswanderungen! Der **Superior Shuttle** (218-834-5511; www.superiorhikingshuttle.com; ab 20 US$; Mitte Mai–Mitte Okt. Fr–So) sammelt Wanderer an insgesamt 17 Haltestellen entlang der Strecke auf und macht ihnen das Leben so noch einfacher. Für Übernachtungswillige stehen mehrere Lodges und 86 Campingplätze in der Wildnis zur Verfügung (für mehr Details s. Website des Trails). Die gesamte Route kann gratis ohne Reservierungen oder Genehmigungen genutzt werden. Das **Trail Office** (218-834-2700; www.superiorhiking.org; 731 7th Ave, Suite 2; Mo, Do & Fr 10–16.30 Uhr) in Two Harbors gibt Karten aus und hilft bei der Planung.

Split Rock Lighthouse State Park STATE PARK
(218-595-7625; www.dnr.state.mn.us; 3755 Split Rock Lighthouse Rd, Two Harbours; Auto 7 US$/Auto, Leuchtturm Erw./Kind 10/8 US$; Mitte Mai–Mitte Okt. 10–18 Uhr, Mitte Okt.–Mitte Mai Do–Mo 11–16 Uhr) Dies ist der meistbesuchte Ort in ganz North Shore. Die eigentliche Attraktion ist eine State Historic Site, die extra kostet. Geführte Touren sind erhältlich (und beginnen stündlich), aber man kann das Gelände auch allein erkunden. Wer nichts gegen Treppen hat, kann die Klippen zum Strand hinunterklettern – hin und zurück jeweils etwa 170 Stufen – und die unglaubliche Aussicht auf den Leuchtturm und das umliegende Ufer genießen.

Sawtooth Outfitters KAJAKFAHREN
(218-663-7643; www.sawtoothoutfitters.com; 7216 Hwy 61, Tofte; Mai–Ende Okt. & Mitte–Ende Dez. tgl. 8–18 Uhr, Jan.–Anfang April Do–Mo 8–18 Uhr) Bietet geführte Kajaktouren (halber/ganzer Tag 60/120 US$) für alle Paddler-Level auf dem Temperance River und dem Lake Superior sowie einfachere Touren auf von vielen Tieren bevölkerten Inlandseen an. Sawtooth verleiht auch Mountainbikes (ab 22 US$/Tag), falls man Lust hat, auf den zahlreichen Wegen der Gegend zu radeln, z.B. auf dem beliebten Gitchi Gami State Bike Trail (www.ggta.org).

Schlafen & Essen

★ **Hungry Hippie Farm & Hostel** HOSTEL $
(218-387-2256; www.hungryhippiehostel.com/the-farm; 410 County Rd 14; B/Zi. 35/60 US$; P ❄ Wi-Fi) Wer schon mal davon geträumt hat, allem zu entkommen, kann in diesem abgeschiedenen Farmhaus-Hostel 8 Meilen (12,9 km) östlich von Grand Marais seine Fantasie ausleben. Die Zimmer bieten Bauernhaus-Schick wie aus einem Innenarchitektur-Magazin. Man wird freundlich empfangen und hat die Wahl zwischen einem Bett in einem Sechs-Bett-Schlafsaal oder einem eigenen Zimmer.

★ **Northern Rail Traincar Inn** HOTEL $$
(218-834-0955; www.northernrail.net; 1730 Hwy 3; Zi./Suite 139/199 US$; ❄ Wi-Fi) Die Unterkunft mit 17 Zimmern in umgebauten Güterwaggons ist schon sehr cool. Die Quartiere sind zwar recht klein, aber skurril thematisch (viktorianisch, Golf, Elche, Safari) gestaltet und verfügen über eigene Badezimmer und Fernseher mit DVD-Geräten. Der WLAN-Empfang ist in den Stahlwaggons ein bisschen Glückssache, aber in der Lobby gut. Das kontinentale Frühstück ist im Preis enthalten.

Naniboujou Lodge LODGE $$
(218-387-2688; www.naniboujou.com; 20 Naniboujou Trail; Zi. 130–180 US$; Ende Mai–Ende Okt.; P ❄ Wi-Fi) Dieses Anwesen wurde in den 1920er-Jahren erbaut und war früher der Privatclub von Babe Ruth und seinen Zeitgenossen, die in der Great Hall Zigarren rauchten und sich am 6 m hohen Steinkamin aufwärmten. Das Schmuckstück ist die mächtige Kuppeldecke in der Halle, die im atemberaubenden Design der Cree-Indianer in psychedelischen Farben bemalt ist. Das Dekor in den Zimmern variiert, aber alle

Quartiere versprühen eine tolle, trauliche Atmosphäre. Die Lodge liegt 14 Meilen (22 km) nordöstlich von Grand Marais.

★ **Gun Flint Tavern** AMERIKANISCH $$
(218-387-1563; www.gunflinttavern.com; 111 W Wisconsin St; Hauptgerichte 18–25 US$; 11–22 Uhr;) Das zentral gelegene Restaurant mit Schenke hat ausgezeichnete Suppen und Sandwiches, die besten Burger der Stadt und abends herzhaftere Gerichte wie Steaks und Amerikanischen Zander. Ein gutes Sortiment von saisonalen und beliebten Kleinbrauereibieren gibt's vom Fass, und die angrenzende Lounge Raven macht nach Restaurantschluss weiter. Für das Abendessen vorab reservieren!

An- & Weiterreise

Der Hwy 61 ist die wichtigste Verbindungsstraße an der North Shore. Diese Panoramastraße erstreckt sich bis nach Kanada. Duluth ist die nächste größere Stadt mit einem Flughafen. Die öffentlichen Verkehrsmittel sind hier spärlich – um herumzukommen, ist man weitgehend auf das eigene Auto angewiesen.

Boundary Waters

Die fantastisch unberührte, abgeschiedene Boundary Waters Canoe Area Wilderness (BWCAW) gehört zu den besten Paddelgebieten der Welt. Über 1000 Seen und Flüsse durchziehen dieses von Kiefern bewachsene, 4500 km² große Gebiet. Naturliebhaber pilgern wegen der 2500 km an Kanurouten, der vielfältigen Tierwelt und der herrlichen Einsamkeit hierher. Wer kein Problem damit hat, eine ordentliche Strecke zu paddeln, ist ganz allein mit den Elchen, Bären, Wölfen und Seetauchern, die diese Landschaft bevölkern.

Es ist auch möglich, die Region nur im Rahmen eines Tagesausflugs zu besuchen, aber die meisten kampieren mindestens eine Nacht hier. Erfahrene Paddler strömen in Scharen hierher, aber Anfänger sind ebenso willkommen. Die notwendige Ausrüstung gibt's in lokalen Lodges und bei diversen Anbietern. Das interessante Städtchen Ely (sprich: *ie*-lieh) nordöstlich der Iron Range ist der beste Ausgangspunkt. Hier findet man zahlreiche Unterkünfte, Restaurants und Outdoor-Anbieter. Man kann die Boundary Waters auch vom Küstenstädtchen Grand Marais erreichen, wenn man dem Gunflint Trail (www.gunflint-trail.com) bzw. dem Hwy 12 folgt.

Von Mai bis September kommen praktisch alle zum Kanufahren hierher. Im Winter ist Ely als Hundeschlitten-Stadt bekannt. **Ely Bike & Kicksled** (218-365-2453; www.elybikeandkicksled.com; 125 N Central Ave, Ely; Mountainbike pro Std./Tag 8/40 US$; Do–Sa 9.30–17 Uhr) vermietet von Mai bis September Fahrräder und im Winter Tretschlitten.

Man muss sich auf ein echtes Wildnisabenteuer einstellen, wenn man in den Boundary Waters eine Kanutour plant. Das **Superior National Forest Office** (218-626-4395; www.fs.usda.gov/attmain/superior/specialplaces) gibt den praktischen *BWCAW Trip Planning Guide* heraus. Er enthält Informationen zur richtigen Ausrüstung und erklärt, wo man die benötigten Eintrittsgenehmigungen erhält. Fürs Campen braucht man eine Übernachtungsgenehmigung vom **National Park Service** (Campinggenehmigung 877-444-6777; www.recreation.gov; Übernachtungsgenehmigung Erw./Kind 16/8 US$ zzgl. Reservierungsgebühr 6 US$). Für Tagesbesuche benötigt man ebenfalls eine, allerdings kostenlose, Genehmigung; man erhält sie an den Kiosken am Eingang zur BWCAW oder in Ranger-Stationen. Man sollte unbedingt vorab planen, weil die Genehmigungen limitiert und daher oft vergriffen sind. Die Tourveranstalter können bei der logistischen Planung helfen.

Neben abgeschiedenen Campingplätzen bietet die Gegend zahlreiche Lodges, in denen jedoch häufig ein Mindestaufenthalt gilt (meist 3 Tage). Im Zentrum von Ely gibt's verschiedene Mittelklassepensionen und kleine Hotels. Im Juli und August ist viel los, dann unbedingt vorab buchen!

Praktische Informationen

Kawishiwi Ranger Station (218-365-7600; www.fs.usda.gov; 1393 Hwy 169, Ely; Mai–Sept. 8–16.30 Uhr, Okt.–April Sa & So geschl.) Bietet Experteninfos zu Camping und Kanufahren in der BWCAW sowie Tipps zu Ausflügen und zu den benötigten Genehmigungen.

An- & Weiterreise

Der Hwy 169 (der in Ely zur Sheridan St wird) verbindet Boundary Waters mit der Iron Range und den dortigen Ortschaften. Der Hwy 1 verbindet Boundary Waters mit dem Ufer des Lake Superior.

Voyageurs National Park

Der im Norden gelegene Voyageurs National Park (www.nps.gov/voya), der die Grenze zwischen den USA und Kanada markiert, ist eine feuchte Wildnis von 882 km² Größe. Der Park besteht zu fast 40 % aus Wasserflächen und ist nur zu Fuß und per Motorboot zugänglich – zum Kanufahren sind die meisten Gewässer zu groß und zu rau. Im Sommer kommen die Besucher zum Bootfahren, Schwimmen und Fischen zum Kabetogama, dem Namakan, dem Sand Point, dem Crane und dem Rainy Lake, den fünf wichtigsten Seen im Park. Im Winter stehen Skilanglauf und Motorschlittenfahrten auf speziell markierten Trails auf dem Programm. Neben Spaß auf dem Wasser bietet der Park auch viele Wildtiere, darunter Hirsche, Elche, Schwarzbären und Nashornpelikane.

Im 17. Jh. begannen frankokanadische Pelzhändler, die sogenannten Voyageurs, die Großen Seen und die nördlichen Flüsse per Kanu zu erforschen. Schon zu Beginn des 20. Jhs. wurde die Schaffung eines Nationalparks in diesem Gebiet erwogen, offiziell wurde er aber erst in den 1970er-Jahren gegründet.

Wenn die Boote für den Winter eingemottet werden, holt man die Schneemobile heraus. Der Nationalpark ist ein Hotspot für diesen Sport; 177 km markierter und gewarteter Pisten führen durch den Kiefernwald. Karten und Ratschläge erhält man im Rainy Lake Visitor Center. Das Besucherzentrum verleiht auch kostenlos Schneeschuhe und Langlaufski für die örtlichen Loipen, von denen ein paar ganz nahe am Zentrum beginnen. Eine Eisstraße für Autos umspannt die Bootsanlegestellen an den Besucherzentren Ash River und Kabetogama Lake. Nahe dem Besucherzentrum Kabetogama gibt's auch einen lustigen Hügel zum Schlittenfahren.

ℹ Praktische Informationen

Die Besucherzentren des Parks sind mit dem Auto erreichbar und jeweils gute Ausgangspunkte für einen Besuch des Parks.

Ash River (☎ 218-374-3221; Mead Wood Rd; ⏲ Ende Mai–Ende Sept. 9–17 Uhr) Das Personal des saisonal geöffneten Zentrums bietet gelegentlich geführte Wanderungen zu den Buchten und Klippen an.

Destination Voyageurs National Park (www.dvnpmn.com) Infos zu Unterkünften und Aktivitäten in den Gemeinden rund um den Park.

Kabetogama Lake (☎ 218-875-2111; abseits des Hwy 53; ⏲ Ende Mai–Ende Sept. 9–17 Uhr) Saisonal geöffnetes Zentrum mit von Rangern geleiteten Aktivitäten.

Rainy Lake Visitor Center (☎ 218-286-5258; abseits des Hwy 11; ⏲ Juni–Sept. 9–17 Uhr, Okt.–Mai Do–So 10–16.30 Uhr) Das Hauptbüro des Parks liegt 11 Meilen (17,7 km) östlich von International Falls gleich abseits des Hwy 11. Im Sommer veranstalten Ranger geführte Wanderungen und Bootstouren, im Winter werden Schneeschuhe und Ski vermietet.

ℹ An- & Weiterreise

Der Hwy 53 ist der wichtigste Highway der Region. Er sind rund fünf Stunden Fahrt von den Twin Cities (oder 3 Std. ab Duluth) nach Crane Lake, Ash River oder zum Lake Kabetogama. In International Falls, nahe dem Nordwestrand des Parks, befinden sich der nächste Flughafen und ein viel genutzter Grenzübergang nach Kanada.

Die Nationalparks der USA

Die Nationalparks sind Amerikas große Hinterhöfe. Keine Autotour durch die USA wäre komplett ohne einen Besuch von mindestens einem dieser bemerkenswerten Naturschätze voll unberührter Wildnis, seltener Tiere und bedeutender Geschichte. Der National Park Service (NPS), der 2016 sein hundertjähriges Jubiläum feierte, verwaltet die über 60 prachtvollen Nationalparks des Landes, zu denen noch tausende Schutzgebiete unter Bundesverwaltung kommen.

Oben Grand Canyon National Park (S. 929)

Inhalt

1

Entwicklung

Die Landschaft in vielen Parks sieht noch so aus wie vor Jahrhunderten. Die Inseln vor der Atlantikküste, die Ebenen und Büffelherden der Great Plains, die Rocky Mountains und die Mammutbäume, die an der Pazifikküste Wache stehen, sind Natur-Highlights, die einfach begeistern.

Go West!

Historisch gesehen hat der riesige Appetit der Nation nach Land und Naturschätzen nicht nur zur Doktrin der „Manifest Destiny" (der „offenkundigen Bestimmung" zur Expansion) geführt. Auch ein Boom des Baus von Farmen, Viehzäunen, Staudämmen, Straßen und Eisenbahngleisen quer durch den Kontinent ging damit einher. Diese Infrastruktur verschlang schnell große Teile der Wildnis von den Appalachen zum mächtigen Mississippi und bis weit hinein in den Westen. Als Reaktion auf diese Entwicklung wurde der National Parks Service ins Leben gerufen, um ein Netz von öffentlichem Land unter Bundesverwaltung zu erschaffen.

Stimmen in der Wildnis

Während einer Reise nach Dakota hatte der Maler und Autor George Catlin 1831 einen Traum. Als er sah, welchen Schaden die Ausweitung der USA im Westen der Natur und den Indianervölkern zufügte, rief er zur Gründung eines „Nationalparks zum Schutz von Mensch und Tier in dieser wilden, erhabenen Schönheit der Natur" auf. 40 Jahre später richtete der Kongress den Yellowstone National Park als ersten Nationalpark der USA ein.

Als im späten 19. Jh. eine erstarkende Naturschutzbewegung die Massen begeisterte, entstanden der Yosemite, Sequoia,

2

1. Zion National Park (S. 971) **2.** Kojote im Yellowstone National Park (S. 866)

Mount Rainier und viele andere Nationalparks. Der vielseitige Naturfreund John Muir begeisterte die Öffentlichkeit von seiner Idee eines Nationalparksystems, indem er Vorträge hielt und über den spirituellen Wert der Natur schrieb, der weit über den wirtschaftlichen Gewinn hinausgehe.

Zuwachs für die Parks

Nachdem Präsident Theodore Roosevelt 1903 zusammen mit Muir den Yosemite National Park besucht hatte, setzte sich der passionierte Großwildjäger und Viehzüchter für die Einrichtung weiterer Schutzgebiete und Parks ein. Mit dem „Antiquities Act" von 1906 (unterzeichnet vom Präsidenten) wurden archäologische Stätten der Ureinwohner wie Mesa Verde und zwei Jahre später auch der Grand Canyon unter Schutz gestellt.

Der NPS (National Park Service) wurde im Jahr 1916 gegründet; der erste Direktor war der Selfmade-Millionär Stephen Mather. In den 1930er-Jahren stellte Präsident Franklin D. Roosevelt dann 50 weitere Stätten und Monumente unter NPS-Schutz.

Auch nach dem Zweiten Weltkrieg wuchs die Zahl der vom NPS verwalteten Parks. In den 1960er-Jahren leistete Präsidentengattin „Lady Bird" Johnson einen Beitrag zum Bericht *With Heritage So Rich*, der die Grundlage des National Historic Preservation Act von 1966 zur Ausweitung des Nationalparksystems bildete. Ihr ist es zu verdanken, dass unter Präsident Lyndon B. Johnson mehr Gesetze zum Schutz von Umwelt und Natur verabschiedet wurden als von jeder anderen US-Regierung seit Franklin D. Roosevelt.

1

Nationalparks heute

Im Jahr 2021 unterzeichnete Präsident Joe Biden ein Gesetz, das den Schutz einiger Nationalparks wiederherstellte, die unter der Trump-Regierung stark verkleinert worden waren. Auch die Mittel für Personal und Instandhaltung wurden erhöht.

Unter der Regierung von Donald Trump schrumpfte 2017 das Bears Ears National Monument um rund 85% von 5463 auf 647 km² und das 1996 ausgewiesene Grand Staircase Escalante National Monument um 3484 km².

Obwohl der Kongress vorgeschrieben hatte, dass das Land nicht verkauft werden dürfe, standen nun Millionen Hektar früherer Schutzgebiete der Ausbeutung offen, was diesen unberührten, kulturell bedeutenden Landschaften höchstwahrscheinlich irreversiblen Schaden zugefügt hätte. Weitreichender Widerstand von Interessenvertretern der amerikanischen Ureinwohner und von Umweltschutzgruppen erhob sich.

Anfang 2019 forderte der längste Verwaltungs-Shutdown der US-Geschichte auch vom NPS seinen Tribut. Da Mitarbeiter in den Zwangsurlaub geschickt wurden, waren viele Parks ohne Schutz und Überwachung. Im Joshua Tree National Park fuhren Vandalen querfeldein durch Kilometer unberührter Wüste und zerstörten mehrere Josua-Palmlilien. In anderen Parks gab es eine Zunahme menschengemachten Mülls und eine Unterbrechung wissenschaftlicher Untersuchungen, darunter eine Studie zur Wasserqualität, die seit 1979 im Shenandoah National Park läuft.

Im Jahr 2021 wurden die Grenzen des Bears Ears National Monument und des Grand Staircase Escalante National Mo-

PGIAM / GETTY IMAGES ©

PHOTOSBYANDY / SHUTTERSTOCK ©

1. Campen im Arches National Park (S. 965)
2. Junge Schwarzbären, Great Smoky Mountains National Park (S. 398)
3. Raften auf dem Colorado River, Grand Canyon National Park (S. 937)

DRAPER WHITE / GETTY IMAGES ©

nument wieder auf den Stand von 2017 zurückgesetzt und die Verpachtung an Öl- und Gasunternehmen auf öffentlichem Grund und Boden gestoppt.

Im Jahr 2020 wurde die New River Gorge in West Virginia zum bisher letzten, dem 63. Nationalpark ernannt. Aktuelle Informationen über den NPS und die neuesten Änderungen findet man unter www.nps.gov.

Praktische Tipps für Besucher

Die Parkeintrittsgebühren betragen zwischen 0 und 35 US$ pro Fahrzeug; sie könnten in den nächsten Jahren steigen.

Der Pass „America the Beautiful" (80 US$; www.nps.gov/planyourvisit/passes.htm) gewährt bis zu vier Erwachsenen und ihren Kindern unter 16 Jahren zwölf Monate lang Eintritt zu allen Naherholungsgebieten der USA. Man erhält sie an Parkeingängen und bei Visitor Centers. Dort gibt's auch lebenslang gültige Seniorenpässe (80 US$) und Gratistickets für Menschen mit Behinderungen. Da es kaum Geldautomaten gibt, braucht man Bargeld für Campingplatz, Genehmigungen, Touren und Aktivitäten.

Unterkünfte und Campingplätze sollte man weit im Voraus buchen; für die Sommerferien mehr als ein halbes Jahr. Bei einigen Plätzen gilt: „Wer zuerst kommt, mahlt zuerst." Dann sollte man zwischen 10 und 12 Uhr dort sein, wenn andere abreisen. Für Touren über Nacht und manche Tagestouren braucht man Genehmigungen, die oft limitiert sind – auch diese lange im Voraus beantragen! Einige Parkläden verkaufen (oder verleihen) überteuerte Ausrüstung, aber nicht alles ist vorrätig – also möglichst die Ausrüstung mitbringen!

KENCANNING / GETTY IMAGES ©

1. Great Smoky Mountains National Park (S. 398) 2. Shenandoah National Park (S. 358) 3. Alligator, Everglades National Park (S. 532) 4. Acadia National Park (S. 283)

ORHAN CAM / SHUTTERSTOCK ©

Osten

Die Ostküste lädt ein zu einem Streifzug von Neuenglands wilden und wettergegerbten Ufern bis zu den puderzuckerfeinen Palmenstränden Floridas. Oder man lernt die Vielfalt der historischen Stätten in der Hauptstadt der USA, Washington D.C., kennen und rollt danach auf dem sehr sehenswerten Blue Ridge Pkwy durch die idyllischen, altertümlichen Appalachen.

Great Smoky Mountains National Park

Dies ist der meistbesuchte Nationalpark der USA. In dem bergigen Waldgebiet der Süd-Appalachen haben Schwarzbären, Weißwedelhirsche, geweihtragende Wapitis, wildlebende Truthähne und mehr als 1500 Blütenpflanzen ihre Heimat.

Acadia National Park

Hier genießt man den ersten Sonnenaufgang des neuen Jahres auf dem Cadillac Mountain, dem höchsten Punkt der US-Ostküste. Im Sommer besucht man dann die Inseln „am Ende der Welt", die vor der schroffen, windgepeitschten Küste im Nordatlantik liegen.

Shenandoah National Park

Man fährt von den Great Smoky Mountains auf dem historischen Blue Ridge Pkwy nordwärts, an den Bergdörfern der Appalachen vorbei, zum Shenandoah National Park, wo Wasserfälle und Waldwege warten – nur 75 Meilen (120 km) von der Hauptstadt entfernt.

Everglades National Park

In den karibisch anmutenden Buchten und „Flüssen aus Gras" leben Krokodile, Pumas, Rosaflamingos und sanftmütige Manatis. Der Park ist ein Paradies für Tierbeobachter, das gilt insbesondere für die „Hammocks", die einmaligen Bauminseln inmitten der Überflutungsebenen.

Mammoth Cave National Park

In den mehr als 640 km langen erforschten Gängen des weltweit größten Höhlensystems fließen viele unterirdische Flüsse, und überall finden sich futuristisch aussehende Stalaktiten und Stalagmiten.

1

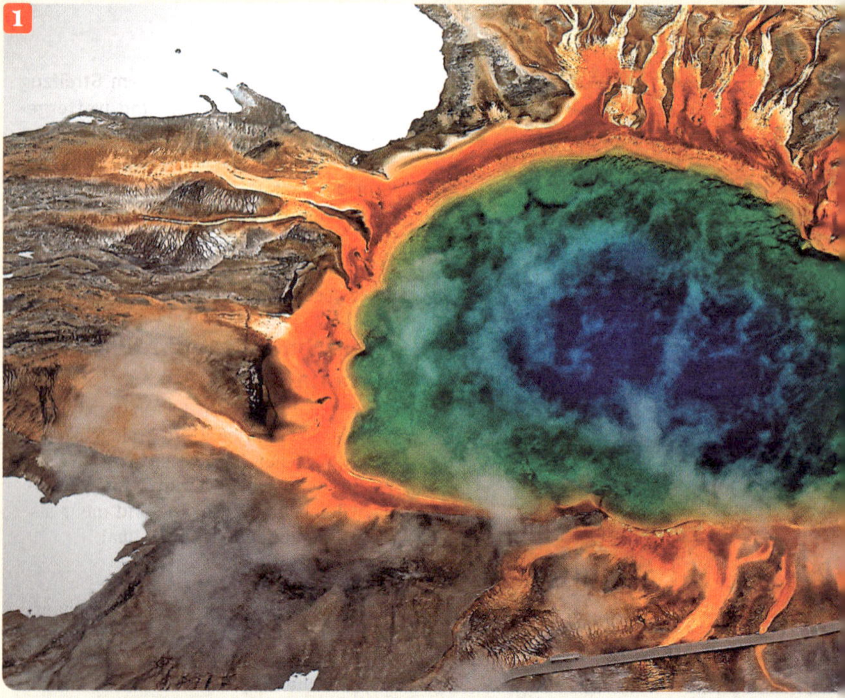

2

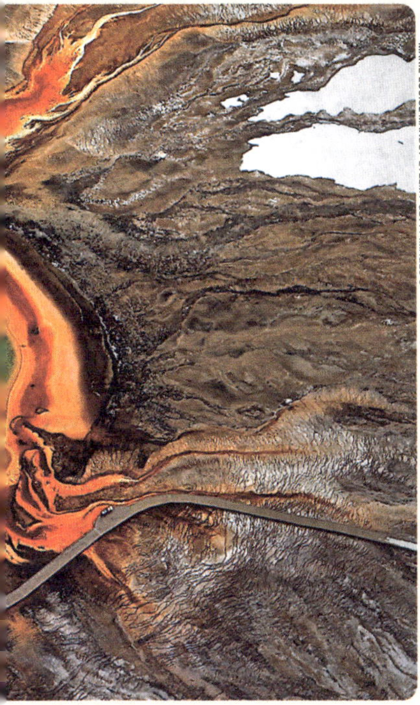

MARIE-LOUISE MANDL / EYEEM / GETTY IMAGES ©

Great Plains & Rocky Mountains

In Amerikas meistgeschätzten Nationalparks findet man Wiesen, übersät von Wildblumen, schroffe Klippen und ruhige Seen an der kontinentalen Wasserscheide. Reich an Tieren, indigenen Traditionen und der Geschichte des Alten Westens sind die Rocky Mountains und die Great Plains der Inbegriff des amerikanischen Grenzlands.

Yellowstone National Park

Der älteste Nationalpark der USA ist voller Geysire und großartiger Fauna – z. B. Grizzlys, Bisons und Wapitis. Er ist Nordamerikas größtes intaktes Ökosystem.

Rocky Mountain National Park

Das zerklüftete Gebirge über der kontinentalen Wasserscheide ist nur eines der Highlights dieses tollen Parks mit mehr als 150 Seen und insgesamt 720 Flusskilometern durch duftende Pinienwälder.

Glacier National Park

Die 50 Meilen (80 km) lange Hochgebirgsstraße Going-to-the-Sun-Road scheint dem Gesetz der Schwerkraft zu widersprechen, wenn sie sich in schwindelerregender Höhe durch die Berglandschaft windet, die von den Ureinwohnern das „Rückgrat der Welt“ genannt wird.

Badlands National Park

Inmitten der Prärie, in der Bisons und Dickhornschafe umherstreifen, ist der Park mit dem abschreckenden Namen ein faszinierendes Freilichtmuseum der Geologie, in dem Versteinerungen und Fossilien Aufschlüsse über die prähistorische Vergangenheit Nordamerikas geben.

Mesa Verde National Park

Unter den Felsüberhängen des Colorado Plateaus liegen ganze Dörfer aus den bestens erhaltenen Felsbehausungen jener Ureinwohner, die jahrhundertelang in der abgelegenen Four-Corners-Region gelebt haben.

1. Grand Prismatic Spring (S. 867), Yellowstone National Park
2. Pueblo-Klippenbehausungen, Mesa Verde National Park (S. 855)
3. Wapitihirsch, Rocky Mountain National Park (S. 837)

3

Südwesten

Man braucht Zeit, um die vielen von Flüssen gegrabenen Canyons, ausgedörrten Wüsten und archäologischen Stätten der Ureinwohner im Südwesten zu erkunden. Eine riesige Schlucht, in die sich einer der mächtigsten Flüsse der USA eingekerbt hat, ist nur der Anfang. Das ganze Hinterland ist übersät mit riesigen Sanddünen, tiefen, gewundenen Canyons und meterhohen Kakteen.

Grand Canyon National Park

Der Grand Canyon, das wohl berühmteste Naturdenkmal der USA, bietet ein unglaubliches Spektakel: farbige Gesteinsschichten, die vom Wasser des Colorado ausgewaschen wurden. Je nach Wetter und Tageszeit verändert sich die Farbe der weit in die Landschaft hineinragenden Kuppeln und Spitzen.

Zion National Park

Die Pioniere glaubten fast, sie hätten das Gelobte Land erreicht, als sie zu der von einem Fluss geschaffenen Wüstenoase kamen. Hier kann man sich in einen Slot Canyon abseilen oder sich an Drahtseilen zum luftigen Aussichtspunkt auf dem Angels Landing hinaufhangeln.

Bryce Canyon National Park

Der Bryce Canyon gehört zur gleichen geologischen Formation wie der Grand Canyon – der „Grand Staircase“, einer skurrilen Landschaft aus roten Steinsäulen, einige so hoch wie zehnstöckige Häuser.

Arches National Park

Direkt vor den Toren des Outdoor-Hotspots Moab in Utah erstreckt sich dieser herrliche Naturpark mit mehr als 2000 natürlich entstandenen Sandsteinbogen, die im Licht der auf- und untergehenden Sonne glühend rot leuchten.

Saguaro National Park

Wie Wahrzeichen des Westens strecken sich die Säulenkakteen in diesem Wüstenpark in Arizona Richtung Himmel. Kojoten heulen, Fleckenkäuzchen buhen und Wüstenschildkröten kriechen durch die trockene Landschaft.

FRANK BACH / SHUTTERSTOCK ©

1. Havasupai Canyon, Grand Canyon National Park (S. 938) 2. Arches National Park (S. 965) 3. Weg zum Angels Landing, Zion National Park (S. 971) 4. Saguaro National Park (S. 946)

CHARLES HARKER / GETTY IMAGES ©

JUSTEK16 / SHUTTERSTOCK ©

1. Kajakfahren auf dem Lake Crescent, Olympic National Park (S. 1147) 2. Yosemite National Park (S. 1116) 3. Redwood National Park (S. 1109) 4. Death Valley National Park (S. 1053)

HAVESEEN / SHUTTERSTOCK ©

Westküste

Donnernde Wasserfälle, gletscherbedeckte Gipfel und die höchsten und ältesten Bäume der Welt sind nur einige Naturwunder Kaliforniens. Im Nordwesten findet man rauchende Vulkane, neblige Regenwälder und unerschlossene Strände.

Yosemite National Park

Vereiste Gletschertäler, alpine Blumenwiesen, Wälder mit Riesenmammutbäumen (Sequoias) und gigantische Wasserfälle, die über nackte Granitfelsen stürzen, prägen den zweitältesten Nationalpark der USA.

Olympic National Park

Er ist ein Paradies aus ursprünglichen Regenwäldern, nebelverhangenen Bergen, die von Gletschern durchzogen sind, und einsamen Naturstränden an der Pazifikküste. Im renaturierten Elwha River, wo zuvor der weltweit größte Rückbau eines Staudamms erfolgte, tummeln sich wieder die Lachse.

Death Valley National Park & Joshua Tree National Park

Hier kann man riesige Sanddünen hinunterrutschen und auf dem ausgetrockneten Salzsee von Badwater im höllisch heißen Death Valley über den tiefsten Punkt der USA spazieren – oder in der südkalifornischen Wüste zwischen mächtigen Felsbrocken, durch Fächerpalmoasen und ganze Wälder aus den charakteristischen Joshua Trees (Palmlilien) wandern.

Mt. Rainier National Park

Der von Gletschern bedeckte Gigant ist zuletzt vor 120 Jahren ausgebrochen, prägt mit seinem Rumpeln aber immer noch die Vulkanlandschaft der Cascades Range im Nordwesten. Selbst mitten im Sommer liegen noch kleine Schneefelder zwischen den Wiesen voller Wildblumen.

Redwood National Park

Uralte Mammutbäume stehen an der oft nebligen, nordkalifornischen Küste. Hier kann man auch einen Roosevelt-Wapiti entdecken oder sich irgendwo – am rauen Strand – in die Fluten stürzen.

Waimoku Falls, Haleakalā National Park (S. 1233)

Grenzland

Seit etwas mehr als 50 Jahren vertreten die USA die Ansicht, dass die abgelegenen Staaten Alaska und Hawaii so einmalige Naturerlebnisse bieten wie kein anderer der „Lower 48". Aktive Vulkane, riesige Gletscher, seltene und gefährdete Tier- und Pflanzenarten sowie viele historische Stätten machen die Nationalparks hier zu einem lohnenden Ziel.

Alaska

1980 wurde mit dem Alaska National Interest Lands Conservation Act eine mehr als 190 350 km² große Wildnis als Nationalpark ausgewiesen, womit der damalige Präsident Jimmy Carter mit einem Federstrich die vom NPS verwaltete Fläche mehr als verdoppelte.

Heute kann man in den Parks Kenai Fjords und Glacier Bay Gletschern beim Kalben zusehen, im Katmai Bären beim Lachsfang beobachten und im Denali mit dem Mt. McKinley den höchsten Berg der USA besteigen. Entlang des Seewegs der Inside Passage kann man in Sitka Totempfähle bewundern und in Skagway auf den Spuren der Goldgräber des Goldrauschs am Klondike im 19. Jh. wandeln.

Hawaii

Der abgelegenste Bundesstaat der USA ist ein tropisches Inselparadies. Auf der Hauptinsel Big Island bzw. Hawaii befinden sich die weltweit am längsten ununterbrochen aktiven Vulkane, und so ist es möglich, im Hawaii Volcanoes National Park flüssige Lava zu bestaunen. Zur Abkühlung kann man an der Kona-Küste mit Meeresschildkröten schnorcheln. Im Haleakala National Park auf Maui wandert man durch einen Vulkankrater, und auf Oahu muss man natürlich das USS Arizona Memorial zum Gedenken an den japanischen Angriff auf Pearl Harbor im Zweiten Weltkrieg besichtigen.

Great Plains

Inhalt ➡

Gut essen

- MB Haskett Delicatessen (S. 730)
- Cheever's Cafe (S. 754)
- Shaved Duck (S. 708)

Schön übernachten

- Hotel Alex Johnson (S. 736)
- Barn Anew (S. 747)
- Hotel Donaldson (S. 728)
- Hotel Deco (S. 742)
- Hotel Campbell (S. 758)

Auf in die Great Plains!

Um diese riesige Region im Herzen der USA besser zu verstehen, muss man den Namen zerlegen. „Great" (groß) bedeutet, dass es hier eine großartige Landschaft, ebensolche Menschen und großartiges Essen gibt. Was die „Plains" angeht: „Ebenen" klingt fade – was falsch ist, denn inmitten der endlosen Weiten locken weltoffene Oasen wie Kansas City, alpine Wunder wie die Black Hills und hohe Steilufer an Mississippi und Missouri. Es gibt dort inspirierende Erzählungen von Kommen und Gehen, von den Okies, die über die Route 66 vor einer Dürre flohen, über Lewis und Clark, die das amerikanische Frontier-Land bereisten, bis hin zu den Fünf Zivilisierten Stämmen (engl. Five Civilized Tribes), die auf dem Trail of Tears nach Westen zogen.

Das Problem sind die riesigen Entfernungen zwischen den betörenden Landschaften dieser Region. Viele Attraktionen liegen in der Nähe der Interstate, etliche aber auch an den Landstraßen, den *blue highways* aus den Liedtexten.

Reisezeit

St. Louis

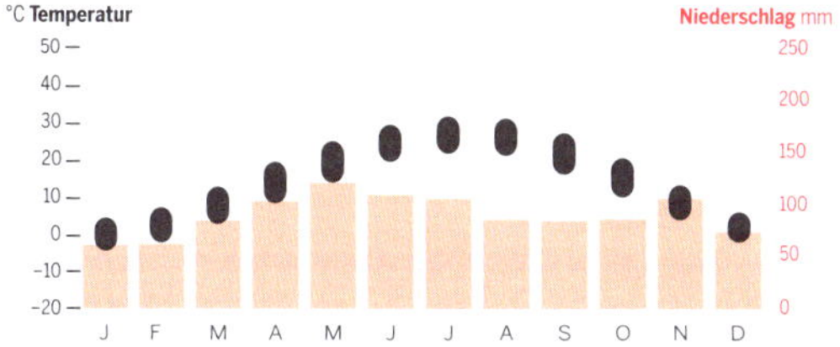

April, Mai, Sept. & Okt. Höchsttemperaturen im Norden um 13 °C, im Süden wärmer; wenig Touristen.

Juni–Aug. Unwetter und sogar Tornados; schwülheiße Tage und blühende Wildblumen.

Nov.–März Weniger Sehenswürdigkeiten geöffnet. Straßensperrungen wegen Blizzards möglich.

Highlights

1 **St. Louis** (S. 703) In einer der großen, alten Städte Amerikas in den Rhythmus des Blues eintauchen

2 **Black Hills** (S. 733) In dieser grünen Oase oberhalb der goldenen Ebenen ansehnliche Berge erklimmen

3 **Theodore Roosevelt National Park** (S. 729) Die stark zerklüfteten, fremdartigen Landschaften der recht unbekannten Badlands bestaunen

4 **Kansas City** (S. 714) Sich mit großartigen Barbecues den Bauch vollschlagen und dazu im Takt des Kansas City Jazz mit dem Fuß wippen

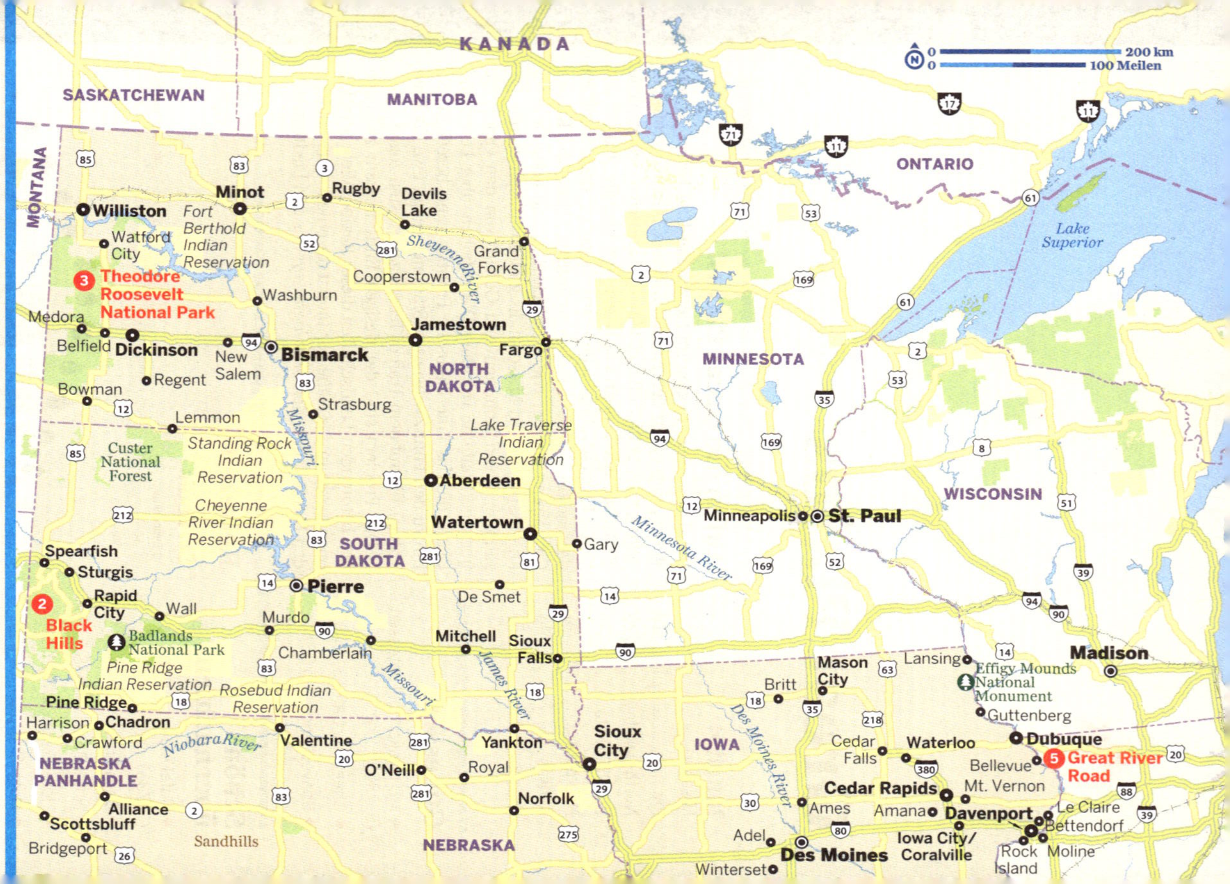

5 Great River Road (S. 727) Bei der Fahrt entlang der hohen Klippen Iowas den Ausblick auf den Mississippi genießen

6 Westliches Oklahoma (S. 756) Im Land, wo der Westen beginnt, Wapitis und Bisons aufspüren und kleine, verschlafene Ortschaften entdecken, in denen Steppengras über die Straßen rollt

7 Route 66 (S. 713) Sich auf der sagenumwobenen Mother Road auf eine von Neonlichtern beleuchtete Zeitreise begeben

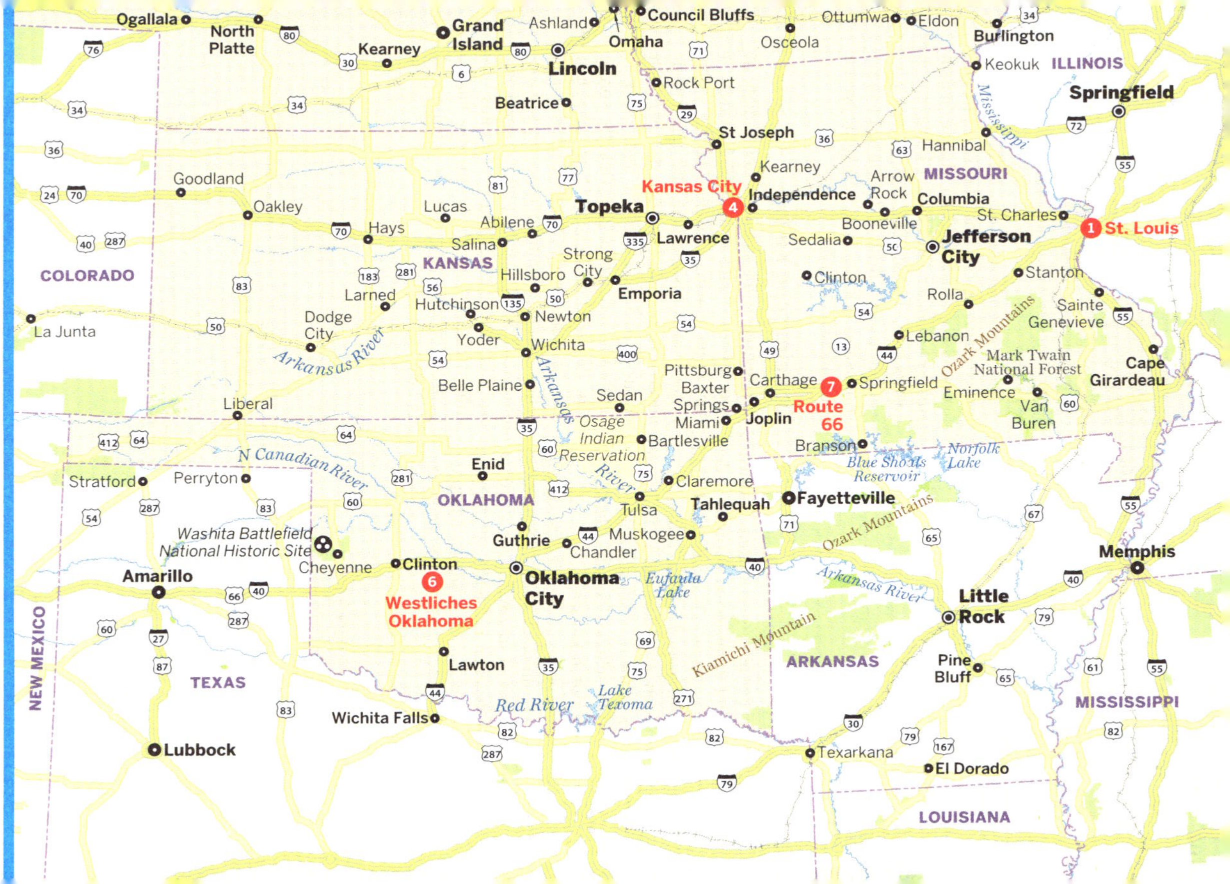

Geschichte

Vor 11000 Jahren jagten hier Nomaden Mammuts mit dem Speer, lange bevor die mit Kanonen bewaffneten Spanier gegen 1630 das Pferd (zufällig) ins Land brachten. Französische Forschungsreisende auf der Jagd nach Pelzen drangen weit ins Landesinnere vor und beanspruchten den größten Teil des Gebiets zwischen dem Mississippi und den Rocky Mountains für Frankreich. 1763 ging das Territorium an Spanien, 1800 fiel es an Frankreich zurück, und 1803 wurde es dann im Louisiana Purchase an die USA verkauft.

Der Landhunger der Siedler drängte die Stämme der amerikanischen Ureinwohner nach Westen ab. Das geschah häufig mit Gewalt, wie bei der 1838/39 erfolgten „Umsiedlung" der Fünf Zivilisierten Stämme – der Cherokee, Chickasaw, Choctaw, Creek und Seminole – auf dem „Pfad der Tränen", der aus dem Osten Amerikas nach Oklahoma führte. Die Pioniere stießen weiter nach Westen vor und schufen Wege wie den Santa Fe Trail quer durch Kansas.

Die Ureinwohner, u.a. die Osage und Sioux, hatten unterschiedliche Schicksale, die meisten waren tragisch. Viele siedelten sich in abgelegenen Gebieten verstreut in der ganzen Region an, andere kämpften um Land, das ihnen einst versprochen worden war.

Im 20. Jh. veränderten Eisenbahn, Stacheldrahtzäune und Öl die Landschaft. Die Staubstürme der 1930er-Jahre ruinierten viele satte Farmer, die sich schließlich zum Aufbruch nach Westen entschlossen. Noch heute wirken viele Regionen unheimlich verlassen.

Die Konsolidierung der Farmen in den letzten Jahrzehnten und die Lockung der ökonomisch aufstrebenden Städte haben Hunderte kleiner Ortschaften buchstäblich austrocknen lassen. Die frustrierten Einwohner in einer Region, die einst für ihren Populismus bekannt war, wählen deswegen zunehmend konservativ.

Einheimische Kultur

Die Menschen, die sich nach den Indianern in den Great Plains niederließen, waren in der Regel einem schweren Leben voller Entbehrung, Unsicherheit und Einsamkeit ausgesetzt; und viele wurden darüber auch verrückt. Andere gaben auf und zogen irgendwann fort (verlassene Gehöfte sprenkeln die gesamte Region). Nur Menschen mit entschlossenem, unerschütterlichem Selbstvertrauen konnten unter diesen Bedingungen Erfolg haben, und der angeborene und anerzogene Individualismus bestimmt noch heute die Kultur der Plains. Ruhige Zurückhaltung gilt als wichtig und höflich.

DIE GREAT PLAINS IN ...

... einer Woche

Die ersten zwei oder drei Tage verbringt man in St. Louis (S. 703), bevor man auf der Great River Road (S. 727) am Mississippi entlang nach Iowa fährt. Unterwegs geht es vorbei an den volkstümlichen Amana-Kolonien (S. 723) ins Madison County (S. 721) mit seinem ländlichen Flair und den berühmten Brücken. Fährt man weiter in Richtung Westen, trifft man auf Nebraskas Hwy 2 (S. 745), der durch die abgelegenen Sandhills führt. Nun nach Norden abbiegen, wo in South Dakota die wunderbaren Black Hills (S. 733) und der Badlands National Park (S. 732) warten, die beide um die noch verbleibende Zeit buhlen.

... zwei Wochen

In zwei Wochen kann man mit dem eigenen Auto einen großen Teil der Plains erkunden. Die erste Woche folgt man der obigen Tour, dann geht es von South Dakota nach Süden in den Nebraska Panhandle (S. 746), mit Stopps an faszinierenden, abgelegenen Orten wie den Agate Fossil Beds (S. 747) und Scotts Bluff (S. 746). Die Fahrt führt weiter nach Kansas und auf die US 50 Richtung Osten. Unterwegs besucht man das außerordentliche Cosmosphere (S. 750) in Hutchinson. Dann geht es Richtung Süden nach Oklahoma, wo man in Oklahoma City (S. 752) auf die historische Route 66 trifft. Von dort fährt man nach Tulsa (S. 756) im Nordosten. Man folgt der Mother Road bis nach Missouri, erkundet dort die üppig grünen Ozark Mountains (S. 711) und düst auch noch kurz hinauf nach Kansas City (S. 714), bevor die Reise wieder in St. Louis endet.

Anreise & Unterwegs vor Ort

Die wichtigsten Flughäfen befinden sich in St. Louis, Kansas City und Omaha. Sie alle bieten Verbindungen in die größeren US-amerikanischen Städte. Dutzende weitere Flughäfen in der Region haben Flüge zu wichtigen Luftkreuzen wie Chicago, Denver und Dallas.

Busse von Greyhound (www.greyhound.com) decken einige Interstates ab, mancherorts springen Jefferson Lines (www.jeffersonlines.com) und Burlington Trailways (www.burlington trailways.com) in die Bresche, doch viele kleine re Ortschaften haben gar keinen Busanschluss.

Amtrak (www.amtrak.com) fährt auf vier Hauptstrecken durch die Great Plains, sodass man hierher leicht per Zug kommt. Allerdings kann man sich in der Region dann kaum per Zug von einem Ort zum anderen bewegen, abgesehen von der Strecke zwischen St. Louis und Kansas City.

MISSOURI

Der bevölkerungsreichste Staat in den Plains hält für Besucher einen Mix aus kultiviertem Großstadtleben und prächtigen ländlichen Gegenden bereit. St. Louis und Kansas City sind die interessantesten Städte der Region, die allein für sich eine Reise wert sind. Da Missouri aber mehr Waldgebiete und gleichzeitig weniger Ackerland hat als die Nachbarstaaten, finden sich hier auch viele unberührte Gebiete und weite, offene Landschaften, vor allem im Hügelland der Ozark Mountains, in denen verwinkelte Täler zu Erkundungstouren oder auch nur zum gemütlichen Herumzuckeln mit dem Auto einladen. Vielleicht erlebt man ja in diesem Bundesstaat ein Abenteuer, das eines Mark Twains würdig wäre? Der berühmte Schriftsteller stammte jedenfalls aus Hannibal.

Praktische Informationen

Missouri Division of Tourism (www.visit mo.com)

Bed & Breakfast Inns of Missouri (www. bbim.org)

Missouri State Parks (www.mostateparks.com) Der Besuch der State Parks ist kostenlos.

St. Louis

318 100 EW.

Wer nach St. Louis kommt, taucht ein in die einzigartige Atmosphäre der größten Stadt der Great Plains. Bier, Bowling und Baseball gehören zu den Hauptattraktionen, aber auch Geschichte und Kultur – viel davon steht mit dem Mississippi in Verbindung – sind ein wichtiger Teil des Ganzen. Und dann gibt es natürlich das Wahrzeichen, den Gateway Arch, den man auf Millionen Bildern gesehen hat und der in der Realität noch viel imposanter ist. Viele Musiklegenden, darunter Scott Joplin, Chuck Berry, Tina Turner und Miles Davis, begannen hier ihre Karrieren, und die ausschweifenden Livemusiktreffs halten das musikalische Feuer nach wie vor am Brennen.

Die alte Stadt am Fluss besitzt eine tolle Restaurant- und Barszene, für deren Erkundung man schon einen oder mehrere zusätzliche Tage einplanen kann.

Sehenswertes

★ Gateway Arch National Park NATIONALPARK

(Karte S. 706; ☎877-982-1410; www.gatewayarch.com; 11 N 4th St; Bahnfahrt Erw./Kind ab 12/8 US$; ⏲Gelände 5–23 Uhr, Arch Juni–Aug. 8–22 Uhr, Sept.–Mai 9–18 Uhr, letzter Zug 1 Std. vor Schließung; 👪) Als Symbol für St. Louis hat der Gateway Arch alle Erwartungen übertroffen, die seine Unterstützer 1965 bei der Eröffnung hatten. Heute bildet der silbern schimmernde Bogen als Eiffelturm der Great Plains den Mittelpunkt des kürzlich nach ihm umbenannten Nationalparks. Der Bogen ragt 192 m hoch und verkörpert St. Louis' historische Rolle als „Tor zum Westen". Der Bogen ist ein Entwurf des legendären finnisch-amerikanischen Architekten Eero Saarinen (1910–1961).

Die Bahn bringt Besucher hinauf zum engen Scheitelpunkt an der Spitze. Die Tickets bucht man vorab online oder telefonisch. Bei starkem Andrang können die Tickets für den gleichen Tag vergriffen sein. Am Fuß befindet sich das interessante **Museum at the Gateway Arch** (Karte S. 706; www.nps.gov/jeff; Gateway Arch; Erw./Kind 3 US$/frei; ⏲ Juni–Aug. 8–22 Uhr, Sept.–Mai 9–18 Uhr; 👪). Man kann auch Tickets für die Dokumentation *Monument to the Dream* (Erw./Kind 7/3 US$) kaufen. Es sind verschiedene Kombitickets erhältlich, mit denen man Geld sparen kann; manche beinhalten auch Fahrten mit Gateway Arch Riverboats (S. 707).

Rechtzeitig zum 50. Geburtstag des Arch wurde das Gebiet um ihn herum in einem massiven Projekt umgestaltet. Der große **Luther Ely Smith Square** (Karte S. 706; www.archpark.org; 20 N 4th St) GRATIS überdeckt nun

Großraum St. Louis

Großraum St. Louis

Highlights
1 Forest Park A1

Sehenswertes
2 Anheuser-Busch Brewery C3
3 Missouri History Museum A1
4 St. Louis Art Museum A1
5 St. Louis Science Center B2
6 St. Louis Zoo A2

Aktivitäten, Kurse & Touren
7 Boathouse A1
8 Steinberg Skating Rink B1

Schlafen
9 Cheshire A2
10 Moonrise Hotel A1
11 Parkway Hotel B1

Essen
12 Adriana's B2
Boathouse at Forest Park .... (siehe 7)
13 Charlie Gitto's B2
14 Crown Candy Kitchen D1
15 Eleven Eleven Mississippi C2
16 Joanie's Pizzeria D3
17 Mama Toscano's B2
18 Shaved Duck C3
19 Ted Drewes A3

Ausgehen & Nachtleben
20 Blueberry Hill A1
21 Civil Life Brewing Co B3
22 Earthbound Brewing C3
23 Urban Chestnut Grove Brewery & Bierhall B2

Unterhaltung
24 Old Rock House D2
25 Venice Cafe C3

Shoppen
26 Left Bank Books B1

die hässliche I-44 und verbindet den Bogen und seinen Park mit dem **Old Courthouse** (Karte S. 706; ☎314-655-1700; www.gatewayarch.com; ⏲8–16.30 Uhr) GRATIS und dem Rest von Downtown. Das ist eine große und willkommene Verbesserung.

Ein Pro-Tipp am Rande: Das Parkgelände rund um den Bogen ist ein toller Ort, um den Massen zu entkommen und mit Blick auf den Mississippi zu entspannen!

★ City Museum MUSEUM

(Karte S. 706; www.citymuseum.org; 701 N 15th St; 16 US$, inkl. Dachterrasse 21 US$; ⏲Mo–Do 9–17, Fr & Sa bis 24, So 11–17 Uhr; 👪) Das schräge Museum in einer riesigen, alten Schuhfabrik ist das wohl skurrilste Highlight jedes St.-Louis-Besuchs. Das Museum of Mirth, Mystery & Mayhem gibt die Stimmung vor. Hier kann man herumrennen und -hopsen und Ausstellungen aller Art sowie eine sieben Stockwerke hohe Rutsche bestaunen. Die nur im Sommer geöffnete Dachterrasse bietet jede Menge abgedrehten Spaß, darunter ein prächtiges Riesenrad und eine rasante Rutsche.

★ **Forest Park** PARK
(Karte S. 704; ☎ 314-367-7275; www.forestparkforever.org; umgeben von Lindell Blvd, Kingshighway Blvd & I-64; ⏱ 6–22 Uhr; 👪) GRATIS New York City mag den Central Park haben, aber St. Louis besitzt den um 214 ha größeren Forest Park. Die prächtige, 555 ha große Grünanlage war der Schauplatz der Weltausstellung von 1904. Hier kann man dem Großstadttrubel wunderbar entfliehen, außerdem bietet der Park zahlreiche Attraktionen, von denen viele kostenlos sind. Nicht weit entfernt befinden sich die beiden Viertel The Loop und Central West End, die perfekt zu Fuß erkundet werden können. Das Visitor & Education Center (S. 709) residiert in einem alten Straßenbahnpavillon und verfügt über ein Café. Dort starten kostenlose Stadtführungen, man kann sich aber auch einen Audioguide ausleihen.

National Blues Museum MUSEUM
(Karte S. 704; ☎ 314-925-0016; www.nationalbluesmuseum.org; 615 Washington Ave; Erw./Kind 15/10 US$; ⏱ Di & Sa 10–17, Fr bis 21, So & Mo 12–17 Uhr) Dieses auffällige Museum befasst sich mit Blues-Legenden wie dem hiesigen Helden Chuck Berry, zeigt gleichzeitig aber auch, auf wie viele Genres (darunter moderner Rock, Folk, R&B und weitere Musikstile) der Blues Einfluss genommen hat. Es gibt interaktive Ausstellungen über Größen wie etwa Jack White sowie Storys über die Anfänge des Genres und seiner (fast ausschließlich weiblichen) Pioniere.

St. Louis Art Museum MUSEUM
(Karte S. 704; www.slam.org; 1 Fine Arts Dr, Forest Park; ⏱ Di–Do, Sa & So 10–17, Fr bis 21 Uhr) GRATIS Der prächtige Beaux-Arts-Palast (mit einem beeindruckenden modernen Flügel) wurde ursprünglich für die Weltausstellung gebaut. Heute beherbergt er dieses traditionsreiche Museum, dessen Sammlung verschiedene Epochen und Stile umfasst und einige bekannte Namen von Picasso über Van Gogh bis Warhol beherbergt. Der betörende Grace Taylor Broughton Sculpture Garden wurde 2015 eröffnet.

STADTVIERTEL IN ST. LOUIS

Die interessantesten Stadtviertel von St. Louis liegen rund um Downtown, das Herz der Stadt.

Central West End Direkt östlich vom Forest Park, ein schickes Zentrum für Nachtleben und Shoppen.

Grand Center Befindet sich in Midtown und hat viele kulturelle Attraktionen, Theater und historische Gebäude.

The Hill Italoamerikanisches Viertel mit guten Feinkostläden und Restaurants.

Lafayette Square Historisch, hip und teuer.

The Loop Nordwestlich vom Forest Park; den Delmar Boulevard säumen coole Geschäfte und Nachtclubs.

Soulard Im ältesten Viertel der Stadt gibt's gute Cafés, Bars und Blues.

South Grand Im Aufwind begriffenes Boheme-Viertel rund um den schönen Tower Grove Park mit zahlreichen Restaurants aller Herren Länder.

St. Louis Zoo ZOO
(Karte S. 704; ☎ 314-781-0900; www.stlzoo.org; 1 Government Dr, Forest Park; Gebühr für einige Ausstellungen; ⏱ tgl. 9–17 Uhr, Mai–Sept. Fr–So bis 19 Uhr; P 👪) GRATIS Ein Highlight des in thematische Zonen unterteilten großen Parks ist das faszinierende Gebiet River's Edge mit afrikanischen Tieren. Unbedingt hallo sagen muss man auch dem Superstar des Zoos, Kali, der Eisbärin. Achtung: Für einige Dinge, z. B. die Seelöwenshow, werden Eintrittsgebühren von durchschnittlich 4 US$ pro Person erhoben.

St. Louis Science Center MUSEUM
(Karte S. 704; ☎ 314-289-4400; www.slsc.org; 5050 Oakland Ave, Forest Park; ⏱ Mo–Sa 9.30–17.30, So ab 11 Uhr; P 👪) GRATIS Die interaktiven Ausstellungen in diesem dreistöckigen Museum sind auf Kinder und junggebliebene Erwachsene ausgerichtet. Besucher erwarten Live-Vorführungen, Dinosaurier, ein Planetarium und ein IMAX-Kino (dessen Besuch zusätzliche Eintrittsgebühren kostet). Das Museum ist über eine spektakuläre Fußgängerbrücke mit dem Forest Park verbunden.

Downtown St. Louis

Downtown St. Louis

Highlights

1 City Museum B1
2 Gateway Arch National Park D2

Sehenswertes

3 Luther Ely Smith Square C2
Museum at the Gateway Arch.. (siehe 2)
4 National Blues Museum C1
5 Old Courthouse & Museum C2

Aktivitäten, Kurse & Touren

6 Gateway Arch Riverboats D3

Schlafen

7 Missouri Athletic Club C1

Essen

8 Broadway Oyster Bar C3
9 Imo's C2
10 Park Avenue Coffee C1

Ausgehen & Nachtleben

11 Bridge Tap House & Wine Bar C2
12 Schlafly Tap Room A1

Missouri History Museum MUSEUM

(Karte S. 704; ☎ 314-746-4599; www.mohistory.org; 5700 Lindell Blvd, Forest Park; ⏲ Mi–Mo 10–17, Di bis 20 Uhr; P) GRATIS Das Museum präsentiert die Geschichte von St. Louis, in der u. a. die Weltausstellung, ein Nachbau von Charles Lindberghs Flugzeugs *Spirit of St Louis* und viele Bluesmusiker die Hauptrollen spielten. Sehr bewegend sind die mündlichen Zeugnisse von Menschen, die gegen die Rassentrennung kämpften.

Aktivitäten

Boathouse BOOTFAHREN

(Karte S. 704; ☎ 314-722-6872; www.boathousestl.com; 6101 Government Dr, Forest Park; Bootsverleih ab 15 US$/Std.; ⏲ bei günstigem Wetter, 11 Uhr–ca. 1 Std. vor Sonnenuntergang) Bei warmem Wetter kann man sich hier ein Ruderboot ausleihen und damit auf dem Post-Dispatch Lake im Forest Park herumpaddeln. Pärchen sollten nach den Moonlight Paddleboat Picnics fragen, die von Mai bis Oktober jeden Donnerstagabend angeboten werden. Auch Kanus und Kajaks werden vermietet. Vor Ort gibt's auch ein gutes **Restaurant** (Karte S. 704; ☎ 314-366-1555; Hauptgerichte 11–24 US$; ⏲ Mo–Do 11–20, Fr & Sa bis 21, So 10–19 Uhr).

Steinberg Skating Rink SCHLITTSCHUHLAUFEN

(Karte S. 704; ☎ 314-367-7465; www.steinbergskatingrink.com; 400 Jefferson Dr, Forest Park; Eintritt 8 US$, Schlittschuhverleih 7 US$; ⏲ Mitte Nov.–Feb. So–Do 10–21, Fr & Sa bis 24 Uhr) Der Trost schlechthin bei kaltem Wetter: Spaß auf dem Eis!

Feste & Events

Big Muddy Blues Festival MUSIK
(www.bigmuddybluesfestival.com; Laclede's Landing; ⌚Anfang Sept.) Am Labor-Day-Wochenende gibt's Blues auf drei Bühnen am Ufer bei Laclede's Landing.

Geführte Touren

Gateway Arch Riverboats BOOTSTOUR
(Karte S. 706; ☎877-982-1410; www.gatewayarch.com; 50 S Leonor K. Sullivan Blvd; 1-stündige Tour Erw./Kind ab 19/8 US$; ⌚März–Nov.) Auf nachgebauten Dampfschiffen des 19. Jhs. tuckert man gemütlich den Big Muddy hinauf. In der Saison werden die Fahrten zur Mittagszeit von einem Park-Ranger kommentiert; die Fahrten nach 15 Uhr finden nur statt, wenn genügend Nachfrage ist. Angeboten werden auch zahlreiche Dinner- und Bar-Kreuzfahrten. Es gibt verschiedene Kombitickets inklusive der Attraktionen im Gateway Arch National Park (S. 703).

Schlafen

★ **Cheshire** HOTEL $$
(Karte S. 704; ☎314-647-7300; www.cheshirestl.com; 6300 Clayton Rd; Zi. 145–250 US$; P ❄ 📶 🏊) Dieses gehobene Gasthaus nahe dem Forest Park (S. 705) versprüht mit seinen Buntglasfenstern und dem allgegenwärtigen Thema britische Literatur jede Menge Charakter. Das Sammelsurium an Kunstwerken, antiken Möbeln und (gelegentlich furchteinflößenden) ausgestopften Tieren ist irgendwie entzückend.

Parkway Hotel HOTEL $$
(Karte S. 704; ☎314-256-7777; www.theparkwayhotel.com; 4550 Forest Park Ave; Zi. 160–250 US$; P ❄ @ 📶) Mitten im Trubel des noblen Central West End befindet sich dieses unabhängige Hotel mit acht Etagen und 217 umgestalteten Zimmern (mit Kühlschrank und Mikrowelle) in einem prächtigen Kalksteingebäude. Essen vom warmen Frühstücksbüfett ist im Preis enthalten, und die Lage direkt gegenüber vom Forest Park (S. 705) ist unschlagbar. Die Inneneinrichtung ist elegant und modern.

Missouri Athletic Club HOTEL $$
(Karte S. 706; ☎314-231-7220; www.mac-stl.org; 405 Washington Ave; Zi. 115–160 US$; P ❄ 📶) Stilvolle Übernachtung im Zentrum und in der Nähe vom Gateway Arch (S. 703): Der Missouri Athletic Club ist ein prächtiges altes Haus mit 73 schönen, traditionell gestalteten Gästezimmern.

Moonrise Hotel BOUTIQUEHOTEL $$
(Karte S. 704; ☎314-721-1111; www.moonrisehotel.com; 6177 Delmar Blvd; Zi. 155–450 US$; P ❄ 📶 🐾) Das stilvolle, achtstöckige Moonrise im energiegeladenen Viertel The Loop ist sehr markant. Seine 125 Zimmer mit Mondmotiven bieten tollen Komfort.

LOKALE SPEZIALITÄTEN IN ST. LOUIS

Toasted Ravioli Sie werden mit Fleisch gefüllt, paniert und dann frittiert, und praktisch jedes Restaurant in The Hill bietet sie an. Besonders berühmt sind die im **Mama Toscano's** (Karte S. 704; ☎314-776-2926; www.mamatoscano.com; 2201 Macklind Ave; Hauptgerichte 6–15 US$; ⌚Di–Fr 8–17.30, Sa bis 17 Uhr) oder auch die im **Charlie Gitto's** (Karte S. 704; ☎314-772-8898; www.charliegittos.com; 5226 Shaw Ave; Hauptgerichte 16–30 US$; ⌚Mo–Do 17–22, Fr & Sa bis 23, So 16–21 Uhr; P).

St. Louis Pizza Die in quadratische Stücke geschnittene Pizza mit dünnem Boden kann süchtig machen. Eine wichtige Zutat ist Provel-Käse, eine vor Ort beliebte, klebrige Mischung aus Cheddar, Schweizer Käse und Provolone. Die lokale Kette **Imo's** (Karte S. 706; ☎314-641-8899; www.imospizza.com; 1 S Broadway; Hauptgerichte ab 10 US$; ⌚Mo–Sa 11–19 Uhr), die über 70 Filialen im Großraum besitzt, backt die besten. Sehr beliebt ist auch die Pizza mit Provel-Käse von **Joanie's Pizzeria** (Karte S. 704; ☎314-865-1994; www.joanies.com; 2101 Menard St; Hauptgerichte 10–15 US$; ⌚So–Mi 11–23, Do–Sa bis 24 Uhr, Bar 11–2 Uhr).

Frozen Custard Generationen haben die örtliche Version von Eiscreme schon im historischen **Ted Drewes** (Karte S. 704; ☎314-481-2652; www.teddrewes.com; 6726 Chippewa St; Kugel 2–6 US$; ⌚Feb.–Dez. 11–23 Uhr) südwestlich vom Stadtzentrum an der alten Route 66 genossen. Es gibt noch eine kleinere, nur im Sommer geöffnete Filiale südlich des Stadtzentrums (4224 S Grand Blvd). Frozen Custard unterscheidet sich von üblichem Eis durch die Zugabe von Eigelb – es ist daher cremiger und kalorienreicher.

Essen

★ Adriana's ITALIENISCH $
(Karte S. 704; ☎314-773-3833; www.adrianasonthehill.com; 5101 Shaw Ave, The Hill; Hauptgerichte 5–10 US$; ⊙Mo–Sa 10.30–15 Uhr) In dem nach Kräutern duftenden italienischen Feinkostladen in Familienbesitz bekommen die heißhungrigen Gäste mittags frische Salate und Sandwiches (Tipp: das Hill Boy mit viel Fleisch) vorgesetzt. Lecker sind auch die Pizzas mit dünnem Boden. Nach den Spezialitäten fragen, die nicht auf der Karte stehen! Man muss mit Wartezeiten rechnen.

★ Crown Candy Kitchen CAFÉ $
(Karte S. 704; ☎314-621-9650; www.crowncandykitchen.net; 1401 St. Louis Ave; Hauptgerichte 5–10 US$; ⊙Mo–Do 10.30–20, Fr & Sa bis 21 Uhr; 👪) Das authentische, familiengeführte Lokal macht Familien seit 1913 fröhlich. Die Eisbecher (mit leckerer Karamellsauce) werden mit Löffel serviert, die Floats strömen, und auch das berühmte BLT-Sandwich ist zu empfehlen. Hausgemachte Süßigkeiten runden das Ganze ab.

Park Avenue Coffee CAFÉ $
(Karte S. 706; ☎314-231-5282; www.parkavenuecoffee.com; 417 N 10th St; ⊙7–18 Uhr) Eine einmalige Spezialität aus St. Louis ist der Butter Cake, eine Leckerei, die wie eine himmlische Kreuzung zwischen Kuchen und Toffee schmeckt. Die kleine örtliche Kaffeehauskette verkauft herrliche Butter Cakes in Dutzenden Geschmacksvarianten. Zum schwarzen Kaffee schmeckt die Version mit Zitrone und Himbeere besonders gut.

HIESIGE BIERE

Schlafly (Karte S. 706; ☎314-241-2337; www.schlafly.com; 2100 Locust St; ⊙Mo–Do 11–22, Fr & Sa bis 24, So 12–21 Uhr), **Civil Life** (Karte S. 704; www.thecivillife.com; 3714 Holt Ave; ⊙Di–Do 16–23, Fr & Sa 12–23, So 11–21 Uhr), **Earthbound Brewing** (Karte S. 704; ☎314-769-9576; www.earthboundbeer.com; 2724 Cherokee St; ⊙Di–Fr 16–24, Sa ab 12, So 12–22 Uhr) und **Urban Chestnut** (Karte S. 704; ☎314-222-0143; www.urbanchestnut.com; 4465 Manchester Ave; ⊙Mo–Do 11–23, Fr & Sa bis 1, So bis 21 Uhr) sind ausgezeichnete örtliche Kleinbrauereien, die einen vergessen lassen, dass man sich in der Heimat des Bud befindet. Die Website STL Hops (www.stlhops.com) bietet einen ausgezeichneten Guide zu den hiesigen Bieren und den Kneipen, wo man sie bekommt.

★ Broadway Oyster Bar CAJUN $$
(Karte S. 706; ☎314-621-8811; www.broadwayoysterbar.com; 736 S Broadway; Hauptgerichte 10–20 US$; ⊙11–3 Uhr) Das Restaurant, das nebenbei teilweise als Bar und als Livemusikbühne fungiert, hat das ganze Jahr über Konjunktur. Wenn die Sonne scheint, zieht es die Gäste nach draußen, wo sie sich Cajun-Delikatessen wie Langusten schmecken lassen. Vor und nach Spielen der Cardinals ist hier der Teufel los.

★ Shaved Duck AMERIKANISCH $$
(Karte S. 704; ☎314-776-1407; www.theshavedduck.com; 2900 Virginia Ave; Hauptgerichte 10–23 US$; ⊙Mo 11–21, Di–Sa bis 22, So 12–20 Uhr) Das Shaved Duck, eine Institution von South Grand, schmeißt schon früh am Tag die Grills an und serviert ausgezeichnete Barbecue-Gerichte, darunter auch die Spezialität des Hauses, geräucherte Ente. Außerdem gibt's tolle Sandwiches und Gemüsebeilagen. An Werktagen packen abends Musiker die Instrumente aus.

★ Eleven Eleven Mississippi TOSKANISCH $$
(Karte S. 704; ☎314-241-9999; www.1111-m.com; 1111 Mississippi Ave; Hauptgerichte 9–25 US$; ⊙Mo–Do 11–22, Fr bis 24, Sa 17–24 Uhr; 🖉) In einer alten Schuhfabrik hat sich dieses beliebte Bistro mit Weinbar eingerichtet. Die besten Abendgerichte haben toskanisches Flair; die Zutaten stammen von lokalen Farmen. Außerdem stehen auf der saisonal wechselnden Karte Sandwiches, Pizzas, Steaks und Gerichte für Vegetarier. Eine hervorragende Weinauswahl gibt es ebenfalls.

Ausgehen & Nachtleben

In Laclede's Landing, Soulard und The Loop gibt's Unmengen Pubs und Bars, die oft auch Livemusik bieten. Die meisten Bars schließen um 1.30 Uhr, einige haben auch eine Lizenz, um bis 3 Uhr zu öffnen.

The Grove, ein Abschnitt der Manchester Ave zwischen dem Kingshighway Blvd und der S Vandeventer Ave, ist das Zentrum der LGBTIQ+-Communitys der Stadt. Mehr Infos gibt's auf der Website *Vital Voice* (www.thevitalvoice.com).

★ Blueberry Hill BAR
(Karte S. 704; ☎314-727-4444; www.blueberryhill.com; 6504 Delmar Blvd; ⊙11 Uhr–open end) Bis zu seinem Tod im Jahr 2017 rockte der in

St. Louis geborene Chuck Berry ab und an diese kleine Kellerbar. Hier treten große und kleine Bands auf, und es gibt gutes Kneipenessen (Hauptgerichte 8–15 US$), Videospiele, Darts und mit Erinnerungsstücken der Popkultur übersäte Wände.

Bridge Tap House & Wine Bar BAR
(Karte S. 706; ☎ 314-241-8141; www.thebridgestl.com; 1004 Locust St; ⌚ Mo–Sa 11–1, So bis 23 Uhr) In dieser romantischen Bar kann man es sich auf einem Sofa bequem machen oder sich mit den Ellenbogen auf dem Tisch aufstützen und erlesene Weine oder das beste lokale Bier (mehr als 55 Sorten vom Fass) zu verschiedenen exquisiten Kleinigkeiten von der saisonalen Speisekarte genießen.

☆ Unterhaltung

★ Venice Cafe BLUES, JAZZ
(Karte S. 704; ☎ 314-772-5994; www.thevenicecafe.com; 1903 Pestalozzi St; ⌚ Mo–Sa 16–1 Uhr) Ein echtes Kuriositätenkabinett: Das Innere dieses zweistöckigen Clubs ist ein Meisterwerk der Mosaikkunst, während der große Garten draußen mit Volkskunst und funkelnden Lichtern übersät ist. Unwiderstehlich: Die Getränke sind billig, und jeden Tag gibt's live gespielten Blues, Rock und Jazz.

Old Rock House LIVEMUSIK
(Karte S. 704; ☎ 314-534-1111; www.oldrockhouse.com; 1200 S 7th St) In dem tollen, heißen Club treten Stars aus der Region auf. Hier werden u. a. (alter und neuer) Rock, Blues, Country, Punk und Metal gespielt.

Shoppen

★ Left Bank Books BÜCHER
(Karte S. 704; ☎ 314-367-6731; www.left-bank.com; 399 N Euclid Ave; ⌚ Mo–Sa 10–22, So 11–18 Uhr) Der tolle eigenständige Buchladen verkauft neue und gebrauchte Bücher. Örtliche Autoren empfehlen Bücher, und häufig gibt's auch Lesungen.

Praktische Informationen

Explore St. Louis (Karte S. 706; ☎ 314-421-1023; www.explorestlouis.com; Gateway Arch Visitor Center, Luther Ely Smith Square, Westeingang; ⌚ 9–17 Uhr; 📶) Eine tolle Quelle für Infos; eine weitere Filiale ist am Flughafen.

Forest Park Visitor & Education Center (Karte S. 704; ☎ 314-367-7275; www.forestparkforever.org; 5595 Grand Dr; ⌚ Mo–Fr 6–20, Sa & So bis 19 Uhr 📶) Das Infozentrum ist in einem alten Straßenbahn-Pavillon untergebracht und hat ein Café. Hier starten auch kostenlose Spaziergänge. Alternativ leiht man sich einen Audioguide aus.

BELGISCHES BUDWEISER

Als eine der größten Bierfabriken der Welt veranstaltet die **Anheuser-Busch Brewery** (Karte S. 704; ☎ 314-577-2626; www.budweisertours.com; Ecke 12th & Lynch Sts; ⌚ März–Okt. 10–17 Uhr, Nov.–Feb. 11–16.30 Uhr) Führungen, die ganz im Zeichen des Marketing stehen. Besucher können sich die Abfüllanlage und die Clydesdale-Pferde anschauen. Noch ein Hinweis: Der Kauf dieser Ikone von St. Louis (und Amerika) durch die belgische InBev im Jahr 2008 ist für die Einheimischen ein wunder Punkt. Und man sollte sich auch verkneifen zu fragen: „Wie schaffen Sie es eigentlich, das ganze Aroma loszuwerden?“

An- & Weiterreise

Der **St. Louis Lambert International Airport** (STL; www.flystl.com; I-70, Exit 238A), einer der wichtigsten Flughäfen der Great Plains, liegt 12 Meilen (19,3 km) nordwestlich der Innenstadt, zu erreichen mit der Stadtbahn MetroLink (2,50 US$) und dem Taxi (ca. 45 US$).

Der *Lincoln Service* der Amtrak (www.amtrak.com) fährt fünfmal täglich nach Chicago (ab 25 US$, 5½ Std.). Der *Missouri River Runner* fährt zweimal täglich nach Kansas City (ab 34 US$, 5½ Std.) und der *Texas Eagle* täglich nach Dallas (16 Std.). Die Züge halten am **Gateway Transportation Center** (Karte S. 706; 430 S 15th St).

Busse von Greyhound (www.greyhound.com) fahren ab dem Gateway Transportation Center mehrmals täglich nach Chicago (18 US$, 5–7 Std.), Memphis (26 US$, 6 Std.), Kansas City (24 US$, 4½ Std.) und zu vielen weiteren Städten.

Vom gleichen Busbahnhof bietet Megabus (www.megabus.com) Verbindungen nach Chicago schon für 10 US$ (einfache Strecke).

Unterwegs vor Ort

Metro (www.metrostlouis.org) betreibt die Stadtbusse und die Stadtbahn MetroLink, die den Flughafen, The Loop, Central West End, das Gateway Transportation Center (S. 709)/Union Station und die Downtown miteinander verbinden. Die Busse 30 und 40 fahren von Downtown nach Soulard. Ein einfacher Fahrschein kostet für den Bus 2 US$ und für die Stadtbahn 2,50 US$, eine Tageskarte 7,50 US$.

St. Louis County Cabs (☎ 314-991-5300; www.countycab.com) Taxis kann man hier telefonisch, online oder über die App bestellen.

St. Charles

70 300 EW.

Die nur 20 Meilen (32 km) nordwestlich von St. Louis am Missouri gelegene Stadt wurde 1769 von den Franzosen gegründet. Die kopfsteingepflasterte Main St bildet den Mittelpunkt einer gut erhaltenen Innenstadt mit Kunsthandwerkerläden, Cafés und Feinkostgeschäften. Das **Visitor Center** (800-366-2427; www.historicstcharles.com; 230 S Main St; Mo–Fr 8–17, Sa ab 10, So ab 12 Uhr) bietet online einen ausgezeichneten Audioguide für einen Stadtspaziergang, der auch einige der raren französisch-kolonialen Bauten im Viertel Frenchtown gleich nördlich der Innenstadt berücksichtigt.

Der 240 Meilen (386 km) lange Katy Trail (S. 712), der durch den Bundesstaat führt, passiert auch St. Charles.

Lewis & Clark Boat House & Museum MUSEUM
(636-947-3199; www.lewisandclarkcenter.org; 1050 S Riverside Dr; Erw./Kind 5/2 US$; Mo–Sa 10–17, So ab 12 Uhr) Lewis und Clark begannen am 21. Mai 1804 ihre Reise in St. Charles. An diesem Tag wird das Ereignis alljährlich hier nachgestellt. Das Museum enthält Ausstellungen zu der Entdeckungsreise und Nachbauten der verwendeten Boote.

★ **Boone's Colonial Inn** B&B $$$
(636-493-1077; www.boonescolonialinn.com; 322 S Main St; Zi. 190–300 US$; P ✻ ≋) Die vier Suiten in den 1820 aus Stein errichteten Reihenhäusern sind schicke Rückzugsorte. Wenn kein Platz mehr frei ist, kann man es in der Schwesterunterkunft, dem Boone's Lick Trail Inn, probieren, der fünf Häuserblocks entfernt liegt. Gastgeberin beider Inns ist Venetia; sie ist eine unglaublich gute Informationsquelle, was die Stadt und ihre Geschichte angeht.

An- & Weiterreise

St. Charles liegt nur 20 Meilen (32 km) nordwestlich von St. Louis. Das St. Charles Area Transit System (SCAT) beinhaltet einen Pendlerbus, der über die I-70 verkehrt und die North Hanley Station in St. Louis anfährt, von wo aus Anschluss an den MetroLink besteht.

Hannibal

Wenn die Luft schwül auf diesem alten Städtchen am Fluss lastet, glaubt man fast, das Tuten eines Schaufelraddampfers zu hören. Hannibal, in dem Mark Twain seine Kindheit verbrachte, liegt 115 Meilen (185 km) nordwestlich von St. Louis und besitzt authentische historische Viertel und viele Stätten (z. B. Höhlen), die an den Autor und die Figuren Tom Sawyer und Huck Finn erinnern.

★ **Mark Twain Boyhood Home & Museum** MUSEUM
(573-221-9010; www.marktwainmuseum.org; 120 N Main St; Erw./Kind 12/6 US$; Mitte März–Dez. 9–17 Uhr, Jan.–Mitte März 10–16 Uhr;) Das Museum präsentiert acht Gebäude, darunter zwei, in denen Mark Twain einst wohnte, und das von Laura Hawkins, dem Vorbild der Becky Thatcher aus *Tom Sawyers Abenteuer*. Unbedingt anschauen sollte man sich auch die von Twain inspirierten Gemälde Norman Rockwells in der Museum Gallery. Im Sommer liest ein Schauspieler aus Mark Twains Schriften.

Praktische Informationen

Hannibal Convention and Visitors Bureau
(573-221-2477; www.visithannibal.com; 505 N 3rd St; Mo–Fr 9–17, Sa & So bis 16 Uhr) Das Besucherzentrum hat Unmengen Informationen zu Mark Twain.

An- & Weiterreise

Hannibal liegt 115 Meilen (185 km) nordwestlich von St. Louis, zu erreichen über den Hwy 61 oder die längere, aber malerischere MO 79. Burlington Trailways (www.burlingtontrailways.com) verbindet beide Städte mit einem täglich fahrenden Bus (40 US$, 2¼ Std.).

Springfield

167 400 EW.

Ob man nun auf der Route 66 dahinbraust oder auf der Fahrt von oder nach Branson im Süden ist – Springfield bietet sich perfekt zu einem Zwischenstopp an. Die kleine, kompakte Downtown ist von attraktiven historischen Backsteingebäuden geprägt. Ebenso ansprechend und historisch ist das Viertel um die Commercial St im Norden, wo es eine gute Auswahl von Restaurants und Bars gibt.

Sehenswertes

Fantastic Caverns HÖHLE
(417-833-2010; www.fantasticcaverns.com; 4872 N Farm Rd 125; Erw./Kind 26/17 US$; April–Aug. 8–20 Uhr, restliches Jahr kürzere Öffnungszeiten)

Alle Arten geologischer Wunder erwarten einen in diesen Höhlen, die sich durch den erodierten Kalkstein unter den Ozarks 8 Meilen (12,9 km) nordwestlich der Downtown von Springfield erstrecken. Wie zahllose Reklametafeln unausgesetzt verkünden, werden die Besucher in von Jeeps gezogenen Anhängern um die Stalaktiten gefahren und brauchen keinen Schritt zu laufen. Zu dem Naturwunder gibt's auch gute Infos, die erläutern, wie bloße Wassertropfen solche schönen geologischen Erscheinungen hervorbringen.

Wilson's Creek National Battlefield HISTORISCHE STÄTTE

(☎ 417-732-2662; www.nps.gov/wicr; 6424 W Farm Road 182, Republic; Erw./Kind 10 US$/frei) Die große, hügelige Freifläche fasziniert Besucher. Sie ist der Ort der ersten größeren Schlacht, die im Bürgerkrieg westlich des Mississippi ausgefochten wurde. Das Gelände sieht noch weitgehend so aus wie 1861, als eine große Streitmacht der Union versuchte, hier konföderierte Truppen zu überraschen. Nach einem Tag heftiger Kämpfe, bei denen 2500 Soldaten fielen, zogen sich die Unionstruppen zurück. Besucher können die 4,9 Meilen (7,9 km) lange Schleife über das Schlachtfeld mit dem Auto, dem Fahrrad oder zu Fuß erkunden. Schilder erläutern, wo genau was passierte.

Schlafen & Essen

★ Best Western Route 66 Rail Haven MOTEL $

(☎ 417-866-1963; www.bestwestern.com; 203 S Glenstone Ave; Zi. 70–120 US$; ❄ 📶 🏊) Das perfekt erhaltene und wo nötig modernisierte Motel von 1956 ist ein echter Route-66-Klassiker. Innen zeigt das von den Besitzern liebevoll restaurierte Motel stilvolles Dekor aus der Mitte des vorigen Jahrhunderts; draußen gibt's einen großen Pool. Die Zimmer verfügen über Mikrowelle und Kühlschrank.

★ Artisan's Oven CAFÉ $

(☎ 417-885-5030; www.theartisansoven.com; 206 E Commercial St; Hauptgerichte 5–12 US$; ⌚ Mo–Fr 7–16, Sa bis 14 Uhr; 📶) Die außergewöhnliche Bäckerei mit Café serviert Sandwiches, die zu den besten im südwestlichen Missouri zählen. Man kann hier essen oder die Sachen mitnehmen. Alle Brote sind hausgemacht. Zu den weiteren leckeren Angeboten zählen Zimtrollen, Blaubeer-Muffins und hausgemachtes Müsli. Man sollte Platz für ein Stück Pie lassen.

ABSTECHER

SAINTE GENEVIEVE

65 Meilen (105 km) südlich von St. Louis liegt diese kleine, von Franzosen gegründete Stadt mit viel Geschichte am Ufer des Mississippi. Viele der restaurierten Gebäude aus dem 18. und 19. Jh. beherbergen heute B&Bs oder Geschenkeläden. Auf der **Route du Vin** (www.rdvwinetrail.com) kann man außerhalb der Stadt eine der besten Weinstraßen Missouris und die an ihr liegenden fünf Weingüter erkunden.

Der **Cave Vineyard** (☎ 573-543-5284; www.cavevineyard.com; 21124 Cave Rd; ⌚ April–Okt. 10–18 Uhr, Nov.–März bis 17 Uhr) im Ort ist tatsächlich ein Weingut mit einer Höhle (in der man Wein trinken kann). Für eine Übernachtung bietet sich der **Inn St. Gemme Beauvais** (☎ 573-883-5744; www.innstgemme.com; 78 N Main St; Zi. 100–190 US$; ❄ 📶) an, das am längsten ununterbrochen betriebene B&B in Missouri.

Praktische Informationen

Route 66 Springfield Visitor Center (☎ 800-678-8767; www.springfieldmo.org; 815 E St. Louis St; ⌚ 8–17 Uhr; 📶) Die superfreundliche, ausgezeichnete Touristeninformation versorgt einen mit einem Erfrischungsgetränk und beantwortet alle Fragen. Sie hat umfangreiches Material über die Route 66 auf Lager.

An- & Weiterreise

Greyhound-Busse fahren auf der I-44 Richtung Nordosten nach St. Louis (40 US$, 4 Std., 4-mal tgl.) und Richtung Südwesten nach Tulsa (38 US$, 3½ Std., 4-mal tgl.). Jefferson Lines (www.jeffersonlines.com) hat Busse zum nördlich gelegenen Kansas City (29 US$, 4 Std., 1-mal tgl.).

Die Ozarks

Das Hochplateau der Ozarks erstreckt sich über das südliche Missouri bis hinein ins nördliche Arkansas und östliche Oklahoma. Die meisten Traveller kommen ins schicke Branson, obwohl die eigentlichen Reize der Region weiter draußen in den sanft geschwungenen Hügeln und tiefen Klüften schlummern, wo glückliche Besucher sich scharenweise auf von Wildbächen gespeisten Flüssen stromabwärts treiben lassen.

Nördlich der US 60 bieten die Ozark National Scenic Riverways (S. 712) – das sind der

AUF ZUM KATY!

Der **Katy Trail State Park** (☎573-449-7402; www.katytrailstatepark.com; ⊙Sonnenaufgang–Sonnenuntergang; 👪), der längste Wander- und Radweg der USA auf einer aufgegebenen Bahntrasse, beginnt in Machens nahe St. Louis und St. Charles und endet in Clinton, 70 Meilen (113 km) südwestlich von Kansas City. Die 240 Meilen (386 km) lange Route durchquert den Bundesstaat von Ost nach West und führt durch einige beschauliche, ländlich-waldige Gebiete und stimmungsvolle kleine Ortschaften. Da der Trail auf der stillgelegten Trasse der Missouri-Kansas-Texas Railroad (Katy genannt) angelegt wurde, ist er recht eben, hat breite Kurven und einen glatten Kiesbelag. Damit ist er für Radler und Wanderer fast jedes Niveaus gut geeignet.

Current und der Jacks Fork River – 134 Meilen (216 km) Wasserwege voller wunderbarer Möglichkeiten zum Kanufahren und Tubing (Verleiher sind reichlich vorhanden). An den Wochenenden herrscht oft viel und turbulenter Betrieb. Die Verwaltung des Parks, Ausrüster und Motels befinden sich in Van Buren. Doch auch Eminence ist eine gute Basis. An den Flüssen gibt es viele Campingplätze. Der kurvenreiche Hwy E und der Hwy 19 sind landschaftliche Highlights.

In der Gegend liegen vergessene, kleine Ortschaften und teilweise beliebte, teilweise abgelegene, aber schöne State Parks.

Sehenswertes & Aktivitäten

★ Echo Bluff State Park STATE PARK

(☎844-322-3246; www.echobluffstatepark.com; 34489 Echo Bluff Dr, Eminence; ⊙Sonnenaufgang–22 Uhr; 👪) GRATIS Mit üppig grünen Wäldern und tollen Einrichtungen, die einem erstklassigen Nationalpark alle Ehre machen würden, ist Echo Bluff ein echtes Highlight der Ozarks. Der 2016 eröffnete State Park bietet eine weitläufige, aus Stein erbaute Lodge, geräumige Hütten und viele Campingoptionen. Ein toller Ausgangspunkt für Wanderungen, Angelausflüge, Moutainbiketouren und Bootstouren auf dem Fluss.

★ Taum Sauk Mountain State Park STATE PARK

(☎573-546-2450; www.mostateparks.com/park/taum-sauk-mountain-state-park; Hwy. CC, Middle Brook) GRATIS Viele State Parks in Missouri sind dem Spaß und Aktivitäten wie Angeln und Tubing geweiht, dieser jedoch nicht. Hier kann man den höchsten Gipfel des Bundesstaats, den Taum Sauk Mountain (540 m) besteigen und sich unter einem der höchsten Wasserfälle des Bundesstaats, den 40 m hohen Mina Sauk Falls, abkühlen. Beide Attraktionen erreicht man auf Wegen durch den mit Felsen gespickten, ungezähmten Wald – eine recht herausfordernde und daher interessante Tour. Der Blick über das Ozark-Plateau vom Gipfel aus ist besonders im Herbst einfach wunderschön.

Ozark National Scenic Riverways NATIONALPARK

(☎573-323-4236; www.nps.gov/ozar; 404 Water-cress Dr, Van Buren; ⊙Park 24 Std., Visitor Center Juni–Aug. tgl. 8–16.30 Uhr, Sept.–Mai Mo–Fr) GRATIS Zwei wilde Ströme, der Current und der Jacks Fork, winden sich in diesem 32 000 ha großen, vom National Park Service verwalteten Gebiet durch die raue Landschaft der Ozarks. Besucher erwarten hier zahllose Naturaktivitäten, unter denen vor allem Kanufahren und Floßfahrten beliebt sind. Zahlreiche natürliche Quellen speisen den Fluss, die bekannteste ist die **Big Spring** (www.nps.gov/ozar/planyourvisit/big-spring.htm; Pea Vine Rd, Van Buren). Auch Wanderungen sind beliebt, insbesondere auf dem in 13 Etappen unterteilten, rund 565 km langen **Ozark Trail** (☎573-436-0540; www.ozarktrail.com).

Harvey's Alley Spring Canoe Rental KANUFAHREN

(☎573-226-3386; www.harveysalleyspring.com; 13863 Hwy 106, Alley Spring Campground, Eminence; Kanuverleih ab 45 US$/Tag; ⊙Juni–Aug. 8–20 Uhr, restliche Monate kürzere Öffnungszeiten) Unter den Veranstaltern am Current River zeichnet sich dieser durch eine einladende, auch Neulinge ansprechende Haltung aus. Hier kann man Kanus und Kajaks mieten und Transportangebote nutzen, bei denen man sein Auto an einer Stelle abstellt, sich den Fluss hinuntertreiben lässt und anschließend dort abgeholt wird. Der Veranstalter organisiert auch geführte Touren.

Schlafen & Essen

Die kleinen Orte Van Buren und Eminence bieten malerische Campingplätze, schlichte Motels, rustikale Hütten und pittoreske Resorts am Flussufer. Erstklassige Unterkünfte gibt's zudem auch im Echo Bluff State Park.

Campingplätze stehen Besuchern praktisch überall zur Verfügung. In Branson und Umgebung finden Traveller nahezu unbegrenzt viele Übernachtungsoptionen.

Landing Current River HOTEL **$$**
(☎573-323-8156; www.eatsleepfloat.com; 106 Olive St, Van Buren; Zi. 95–160 US$) Das malerische Hotel an den Ufern des Current River nahe Van Buren ist die ideale Ausgangsbasis zur Erkundung der Ozark National Scenic Riverways. Alle Zimmer haben Balkone mit Blick auf den Fluss. Es können auch Kanu- oder Raftingtouren mit ein bis fünf Camping-Übernachtungen unterwegs gebucht werden.

Slice of Pie BÄCKEREI **$**
(☎573-364-6203; www.asliceofpierolla.com; 601 Kingshighway St, Rolla; Snacks ab 4 US$; ⏲10–22 Uhr) Pies! Wer liebt sie nicht – und wann hat man zuletzt ein gutes Stück gegessen? Inmitten der herrschenden gastronomischen Mittelmäßigkeit ist dieser von einer Familie geführte Pie-Shop herausragend. Täglich gibt's andere Varianten, und die beliebtesten sind schnell ausverkauft. Am besten bestellt man einen „Pie Sampler" – eine Büchse mit acht verschiedenen Stücken des Gebäcks –, und nimmt sie zu seinen Abenteuern in den Ozarks mit.

ROUTE 66: GET YOUR KICKS IN MISSOURI

Ein langer Abschnitt der Mother Road führt durch den Show-Me-Staat. In **St. Louis** geht's los; dort hat Ted Drewes (S. 707) in der Chippewa St direkt an der Route 66 schon Generationen von Fans der Straße mit Frozen Custard versorgt. Durch die Stadt führen einige gut ausgeschilderte historische Routen.

Auf der I-44 (die Interstate wurde in Missouri über den größten Teil der Route 66 gebaut) geht es Richtung Westen die Mother Road runter zum **Route 66 State Park** (☎636-938-7198; www.mostateparks.com; N Outer Rd, I-44, Exit 266; ⏲7 Uhr–30 Min. nach Sonnenuntergang, Museum März–Nov. 9–16.30 Uhr) GRATIS mit einem Visitor Center und Museum in einem 1935 erbauten Rasthaus. Die Ausstellung zeigt zwar historische Szenen aus St. Louis und Umgebung, doch am spannendsten ist die Geschichte der Stadt Times Beach, die einst genau hier stand. Sie wurde mit Dioxin verseucht, sodass die Regierung in den 1980er-Jahren das komplette Gebiet dem Erdboden gleichmachen musste.

Auf der I-44 geht's Richtung Südwesten nach **Stanton**, dort folgt man den Schildern zu den von Familien belagerten **Meramec Caverns** (☎573-468-3166; www.americascave.com; I-44, Exit 230, Stanton; Erw./Kind 22/12 US$; ⏲Juli & Aug. 8.30–19.30 Uhr, Mai & Juni 9–19 Uhr, Sept.–April kürzere Öffnungszeiten; 👪), die wegen ihrer Bürgerkriegsgeschichte und ihres kitschigen Charmes genauso interessant sind wie wegen ihrer Stalaktiten, sowie zum **Jesse James Wax Museum** (☎573-927-5233; www.jessejameswaxmuseum.com; I-44, Exit 230, Stanton; Erw./Kind 10/5 US$; ⏲Juni–Aug. tgl. 9–18 Uhr, April–Mai & Sept.–Okt. Sa & So 9–17 Uhr), das der Verschwörungstheorie anhängt, James habe seinen Tod nur vorgetäuscht und in Wahrheit bis 1951 gelebt.

Das **Route 66 Museum & Research Center** (☎417-532-2148; www.lebanon-laclede.lib.mo.us; 915 S Jefferson Ave; ⏲Mo–Do 8–20, Fr & Sa bis 17 Uhr) GRATIS in der Bibliothek von **Lebanon** zeigt Erinnerungsstücke aus Vergangenheit und Gegenwart. Übernachten kann man in dem aus den 1940er-Jahren stammenden **Munger Moss Motel** (☎417-532-3111; www.mungermoss.com; 1336 E Seminole Ave (Rte 66), nahe I-44, Exit 130; Zi. ab 60 US$; ❄📶🏊), das mit einem riesigen Neonschild wirbt und dessen Inhaber echte Fans der Mother Road sind.

Wer will, kann aber auch noch bis **Springfield** weiterfahren und im kultigen Best Western Route 66 Rail Haven (S. 711) übernachten. Anschließend gondelt man auf dem Hwy 96 nach **Carthage**, einem Städtchen aus der Bürgerkriegsära mit einem historischen Stadtplatz und dem **66 Drive-In Theatre** (☎417-359-5959; www.66drivein.com; 17231 Old 66 Blvd, Carthage; Erw./Kind 8/4 US$; ⏲nach Einbruch der Dunkelheit April–Sept. Do–So; 👪). In **Joplin** wechselt man auf den State Hwy 66 und vor der Grenze nach Kansas auf die alte Route 66 (die Streckenführung vor den 1940er-Jahren).

Eine tolle Quelle für Infos ist die Route 66 Association of Missouri (www.missouri66.org). Unbedingt besuchen sollte man zudem das **Conway Welcome Center** (☎417-589-0023; I-44 Meile 110, nahe Conway; ⏲8–17 Uhr), das ganz in Route-66-Thematik aufgemacht ist und jede Menge interessante Details zu dieser geschichtsträchtigen Straße bietet.

Anreise & Unterwegs vor Ort

Der Charme des Ozark-Plateaus beruht auch auf der abgeschiedenen Lage. Um die Region jenseits von Branson zu erkunden, muss man sich auf eine kurvenreiche Fahrt auf zweispurigen Landstraßen einlassen. Öffentliche Verkehrsmittel existieren in den Ozarks nicht.

Branson

Das kitschige Branson präsentiert sich ohne jede Scham als fröhlicher Touristenort. Hauptattraktion sind die über 50 Theater, in denen über 100 Countrymusik-, Zauber- und Comedyshows laufen. Der „76 Strip" (Hwy 76) mit seinen Neonlichtern hat auf mehreren Kilometern Länge Motels, Restaurants, Wachsfigurenkabinette, Fudgeries, Vergnügungsparks und Theater zu bieten. Wenige Minuten Fahrt außerhalb erwartet einen aber bereits die unberührte Wildnis der Ozarks.

Sehenswertes

Silver Dollar City VERGNÜGUNGSPARK
(☎800-831-4386; www.silverdollarcity.com; 399 Silver Dollar City Pkwy; Erw./Kind pro Tag 68/58 US$; ⌚Öffnungszeiten variieren) Der riesige Vergnügungspark westlich vom Ort – ein echtes Original Bransons – punktet mit Achterbahnen, Wasserrutschen, einem Feuerwehr-Themenbereich und Musikshows.

Table Rock Lake SEE
(www.visittablerocklake.com) Der Table Rock Lake, der sich 2 Meilen (3,2 km) südwestlich von Branson durch die Hügel schlängelt, ist ein zu Recht beliebtes Ausflugsziel zum Bootfahren, Angeln, Campen und für weitere Outdoor-Aktivitäten.

Schlafen & Essen

★ **Branson Hotel** B&B $$
(☎417-544-9814; www.thebransonhotel.com; 214 W Main St; Zi. 130–180 US$; ❄📶) Das 1903 erbaute edle B&B mit neun Zimmern ist mitten in der Altstadt, weit weg vom hektischen Kommerz am Strip, und hat eine großartige Weinbar. Kinder sind hier nicht erwünscht.

★ **Dobyns Dining Room** AMERIKANISCH $$
(☎417-239-1900; www.keetercenter.edu; 1 Opportunity Ave, Keeter Center; Hauptgerichte 8–20 US$; ⌚Mo–Sa 10.30–20, So 10–14 Uhr) Das Restaurant am College of the Ozarks, in dem vor allem hiesige Studenten arbeiten und auch die Eiscreme produzieren, ist die gehobenste Essensoption in Branson. Die Location ist großartig (im schicken Landhausstil gehalten), der Service tadellos (die Angestellten bekommen allesamt ein „sehr gut") und die Preise sind angemessen (besonders zur Mittagszeit).

Gettin' Basted BARBECUE $$
(☎417-320-6357; www.gettinbasted.com; 2845 W Hwy 76; Hauptgerichte 9–25 US$; ⌚11–22 Uhr) Rinderbrust, Pulled Pork und geräucherte Ente, der Heilige Gral des Barbecue, sind die Highlights in einem der besten Restaurants am Strip. Die Grillmeister sind preisgekrönt.

Unterhaltung

Branson's Famous Baldknobbers LIVE PERFORMANCE
(☎417-231-4999; www./baldknobbers.com; 645 Hwy 165, Branson Famous Theatre; Erw./Kind 39/19 US$; ⌚meist April–Dez.) Wer nach Branson kommt, sollte sich diese komödiantische Musikshow ansehen, mit der 1959 alles begann. Drei Generationen der Familie Mabe und viele „Gäste" spielen Country und Gospel, tanzen und liefern abgeschmackte Comedy, bei der falsche Hasenzähne für Gejohle sorgen. Das Unternehmen wurde in der Reality-TV-Serie *Branson Famous* vorgestellt.

Praktische Informationen

Branson/Lakes Area Convention and Visitors Bureau (☎417-334-4084; www.explorebranson.com; 4100 Gretna Rd, Shoppes at Branson Meadows; ⌚Mo–Fr 8–17 Uhr) Die Touristeninformation hat viele Infos und eine tolle Website.

Anreise & Unterwegs vor Ort

Branson versteckt sich in der malerischen südlichen Ecke des Bundesstaats und ist überraschend schwer zu erreichen, was aber auch heißt, dass man zum Herkommen über schöne, ländliche Nebenstraßen durch die Ozarks fährt.

Der **Branson Airport** (BKG; www.flybranson.com; 4000 Branson Airport Blvd) 10 Meilen (16 km) südlich des Hwy 76 Strip ist ein kleiner Flugplatz mit Flügen von Frontier Airlines von/nach Chicago, Denver und Dallas.

Jefferson Lines (www.jeffersonlines.com) betreibt Busse nach Kansas City (35 US$, 5 Std., 1-mal tgl.).

Im Sommer sind die Straßen oft mit SUVs verstopft, sodass man zu Fuß schneller vorankommt als mit dem Auto. Allerdings sind viele Besucher dazu zu bequem.

Kansas City

489 000 EW.

Mit seinen feurigen Barbecues (mehr als 100 Restaurants tischen Grillfleisch auf), seinen funkelnden Springbrunnen (mehr als 200; so viel wie in Rome) und dem Jazz überall ist Kansas City eine der ansprechendsten Städte in den USA und ganz gewiss ein unverzichtbares Highlight der Great Plains. Museen von Weltklasse und urige Viertel voller Kunst buhlen zusätzlich um die Aufmerksamkeit der Besucher. Hier kann man leicht mehrere Tage abtauchen und die Stimmung der Stadt in sich aufnehmen.

Sehenswertes

Dic State Line Rd trennt KCMO (Kansas City, Missouri) und KCK (Kansas City, Kansas). Letzteres ist ein fader Vorort, der Reisenden wenig zu bieten hat. In KCMO gibt es einige markante Gegenden, darunter die Downtown mit vielen Art-déco-Bauwerken.

★ Negro Leagues Baseball Museum MUSEUM
(☎816-221-1920; www.nlbm.com; 1616 E 18th St; Erw./Kind 10/6 US$; ⌚Di–Sa 9–18, So 12–18 Uhr) Dieses umfassende Museum widmet sich der weniger bekannten Geschichte der afroamerikanischen Baseball-Teams wie den KC Monarchs und den New York Black Yankees, die großen Zulauf hatten, bis die Rassentrennung im Baseball endgültig der Vergangenheit angehörte. Es ist Teil des Komplexes **Museums at 18th & Vine**.

★ National WWI Museum MUSEUM
(☎816-888-8100; www.theworldwar.org; 2 Memorial Dr; Erw./Kind 18/10 US$; ⌚Juni–Aug. tgl. 10–17 Uhr, Sept.–Mai Di–So; P) Man betritt das eindrucksvolle, moderne Museum über einen verglasten Gang, der über ein Feld mit roten Mohnblumen führt, die ein Symbol des Gedenkens an den Ersten Weltkrieg sind. Die detaillierten, fesselnden Ausstellungen informieren Besucher über einen Krieg, den viele US-Amerikaner nahezu vergessen haben. Einziger Kritikpunkt: Der Militärtechnik und den Uniformen wird hier mehr Raum gegeben als den schrecklichen Erfahrungen des Stellungskriegs in den Schützengräben. Das Museum wird von dem historischen Liberty Memorial bekrönt, von dem sich ein weiter Blick über die Stadt bietet.

★ Nelson-Atkins Museum of Art MUSEUM
(☎816-751-1278; www.nelson-atkins.org; 4525 Oak St; ⌚Mo, Mi, Sa & So 10–17, Do & Fr bis 21 Uhr; P) GRATIS Riesige Badmintonbälle umgeben dieses enzyklopädisch aufgebaute Museum (welches das Netz darstellen soll). Die Einrichtung zeigt herausragende europäische Malerei und Fotografie sowie asiatische Kunstsammlungen. Der kostenlose Eintritt, ein toller Skulpturengarten und eine umfangreiche Sammlung erstklassiger Werke sind Grund genug für einen Besuch. Blockbuster-Sonderausstellungen kosten Eintritt.

BRUNNENTOUR

Die mehr als 200 großen und kleinen Brunnen in Kansas City sind nicht nur eine Augenweide, viele sind wirklich spektakuläre Kunstwerke. Eine tolle Infoquelle ist die Website der City of Fountains Foundation (www.kcfountains.com) mit Karten, Informationen und einer Brunnentour zum Download. Zu den schönsten Exemplaren zählen die **J.C. Nichols Memorial Fountain** nahe der Country Club Plaza und die **Crown Center Square Fountain**.

Union Station HISTORISCHES GEBÄUDE
(☎816-460-2020; www.unionstation.org; 30 W Pershing Rd; Bahnhof frei, Science City 13,25 US$; ⌚Öffnungszeiten variieren; 👪) Die 1914 eröffnete Union Station in Kansas City ist ein hervorragendes unter jenen prächtigen Bahnhofsgebäuden, für die die USA berühmt waren. Heute ist die Anlage schön renoviert und beherbergt neben dem Bahnhof, an dem täglich vier Amtrak-Züge halten, eine ganze Reihe von Attraktionen. Dazu gehören das interaktive Wissenschaftsmuseum Science City, ein Planetarium, Läden, eine Event-Location, ein Eisenbahnmuseum und eine riesige, kostenlose Modellbahn, die zu Weihnachten die Massen anlockt.

Geführte Touren

Kansas City Walking Tours SPAZIERGANG
(☎816-725-0794; www.kcwalkingtours.com; 200 Main St; Tour ab 48 US$) Die Stadtspaziergänge durch River Market umfassen auch eine zweistündige kulinarische Tour, bei denen man tief in den City Market und die umliegenden Blocks eintaucht. Weitere Touren nutzen die ausgezeichnete KC Streetcar zur Erkundung der Stadt.

Feste & Events

American Royal World Series of Barbecue ESSEN & TRINKEN
(www.americanroyal.com; 400 Speedway Blvd, Kansas Speedway; Tickets 6–55 US$; ⌚Sept.) Seit

über 40 Jahren findet der weltweit größte Barbecue-Wettbewerb an einem Wochenende in Kansas City statt. Beteiligt sind mehr als 500 Teams aus dem In- und Ausland.

Schlafen

★ Jefferson House B&B B&B $$
(☎816-673-6291; www.jeffersonhousekc.com; 1728 Jefferson St; Zi. 155–195 US$; P ❄ 📶) Das Jefferson House ist flippiger als die meisten zu B&Bs umgewandelten Herrenhäuser in Missouri und bietet eine Mischung aus Moderne und Tradition. Es gibt nur drei Zimmer, von denen eines Ausblick über die Stadt gewährt. Die vielen stilvollen Züge verraten einen ausgezeichneten Geschmack; hervorragend ist auch das Frühstück.

Aladdin BOUTIQUEHOTEL $$
(☎816-421-8888; www.hialaddin.com; 1215 Wyandotte St; Zi. 120–220 US$; ❄ 📶) Das zur Kette Holiday Inn gehörende 16-stöckige Hotel wurde 1925 erbaut; durch eine Restaurierung erstrahlt es wieder im Glanz italienisch-neoromanischer Pracht. Die 193 Zimmer sind kompakt, aber stilvoll. Das Hotel, das einst eine legendäre Absteige von Gangstern und von Greta Garbo war, ist wahrlich kein übliches Kettenhotel.

Southmoreland on the Plaza B&B $$
(☎816-531-7979; www.southmoreland.com; 116 E 46th St, Country Club Plaza; Zi. 130–250 US$; P ❄ 📶) Die zwölf Zimmer in diesem noblen B&B sind wie die Wohnungen wohlhabender Bekannter aus dem Country-Club eingerichtet. Das große, alte Herrenhaus steht zwischen den Kunstmuseen und dem **Plaza** (☎816-753-0100; www.countryclubplaza.com). Als Extras gibt's Whirlpools, Sherry, einen Kamin und anderes. Einige Zimmer verfügen über einen Sitzbereich im Freien, aber auch die anderen sind gemütlich.

Essen

★ Betty Rae's Ice Cream EIS $
(☎816-214-8753; www.bettyraes.com; 412 Delaware St; ab 4 US$; ⏱ So–Do 11–22, Fr & Sa bis 23 Uhr; 👪) In dieser Eisdiele gibt's das vielleicht beste Eis in den Great Plains. Man hat die Wahl zwischen 25 Geschmacksrichtungen der wunderbar sahnigen Leckerei; besonders zu empfehlen ist die Version mit Lavendelhonig. Nachdem man die Warteschlange hinter sich gebracht hat, entspannt man sich im Schatten auf dem Patio.

Winstead's Steakburger BURGER $
(☎816-753-2244; www.winsteadssteakburger.com; 101 Emmanuel Cleaver II Blvd; Hauptgerichte 4–6 US$; ⏱ So–Do 6.30–24, Fr & Sa bis 1 Uhr) Gut gelaunte Kellner tischen in dieser Institution von 1940 an der Country Club Plaza Familien, verkaterten Hipstern und allen anderen Gästen erstklassige Burger auf. Unbedingt die Zwiebelringe und das Chili probieren – oder das Frühstück!

★ Golden Ox STEAKS $$
(☎816-842-2866; www.goldenoxkc.com; 1600 Genessee St; Hauptgerichte 12–60 US$; ⏱ Di–Sa 17–22, So 16–21 Uhr) Das erste Steak wurde im Golden Ox 1949 serviert, als das Gelände am

TOLLES BARBECUE IN KANSAS CITY

Besucher sollten sich auf keinen Fall die Rinderbrust, das Schweinefleisch, das Hähnchen und die Rippchen entgehen lassen, die hier überall in der Stadt fachmännisch über Hickory-Holz geräuchert werden. Typisch ist über einer offenen Feuerstelle geräuchertes und mit kräftigen Essigsaucen mariniertes Fleisch. Ins Schwärmen geraten die Gäste regelmäßig über die *burnt ends*, die knusprigen Randstücke des geräucherten Schweinefleischs oder der Rinderbrust. Großartig!

Q39 (☎816-255-3753; www.q39kc.com; 1000 W 39th St; Hauptgerichte 9–30 US$; ⏱ Mo–Do 11–22, Fr & Sa bis 23, So bis 21 Uhr; P) Barbecue als feine, aber nicht seelenlose Küche.

Arthur Bryant's (☎816-231-1123; www.arthurbryantsbbq.com; 1727 Brooklyn Ave; Hauptgerichte 9–16 US$; ⏱ Mo–Sa 10–21, So 11–20 Uhr; P) Die wunderbare feurige Sauce ist allein schon Grund genug für einen Besuch.

Joe's Kansas City Bar-B-Que (☎913-722-3366; www.joeskc.com; 3002 W 47th Ave; Hauptgerichte 8–26 US$; ⏱ Mo–Do 11–21, Fr & Sa bis 22 Uhr; P) Die Schlangen vor der Tür beweisen, wie beliebt die saftigen Pulled-Pork-Sandwiches sind.

LC's Bar-B-Q (☎816-923-4484; www.lcsbarbq.com; 5800 Blue Pkwy; Hauptgerichte 9–22 US$; ⏱ Mo–Sa 11–21 Uhr; P) Für alle, die ihre Sauce süß und sämig schätzen.

Ufer noch die Schlachthöfe von Kansas City beherbergte. Mit den Jahren wurde es als bestes Steakrestaurant legendär. Auch nach dem Abriss der Schlachthöfe machte das Lokal weiter. Auch nach seiner Renovierung bietet es noch die besten Steaks der Stadt.

Ausgehen & Nachtleben

Up-Down BAR
(☎816-982-9455; www.updownkc.com; 101 Southwest Blvd; ⊙Mo–Fr 15–1, Sa 11–1, So 11–24 Uhr) Diese beliebte Bar mit Spielautomaten gleich südlich der Downtown weckt mit vielen Spielen von Flipper bis zu Video-Games das Kind in jedem Gast. Außerdem gibt's große Terrassen und tolle Musik. Zum hervorragenden Angebot von Fassbieren gehören alle Biere der **Boulevard Brewery** (☎816-474-7095; www.boulevard.com; 2501 Southwest Blvd; Führung ab 5 US$; ⊙Mo–Do 11–20, Fr & Sa 10–21, So bis 18 Uhr), die direkt oberhalb auf dem Hügel gebraut werden.

Border Brewing Co BRAUEREI
(☎816-315-6807; www.borderbrewco.com; 406 E 18 St; ⊙Mi & Do 16–21, Fr & Sa 12–23, So 12–20 Uhr) Das Border braut seine Biere mit besonders viel Hopfen und Zugaben von Zitrone oder Beeren. Das Angebot wechselt mit den Jahreszeiten. Die zugehörige Braustube im Viertel Crossroads ist kompakt und einladend. Im Sommer wird die Front geöffnet, und man kann auf der weitläufigen Terrasse draußen sitzen.

Tom's Town DESTILLERIE
(☎816-541-2400; www.toms-town.com; 1701 Main St; Führung 10 US$; ⊙Di–Fr 16–24, Sa 14–24, So 14–22 Uhr) Tom's Town war nach der Prohibitionszeit die erste legale Brennerei in der Innenstadt von Kansas City und ist eine Hommage an Tom Pendergast, unter dessen politischer Herrschaft die Flüsterkneipen blühten. Am besten bestellt man einen hausgemachten Wodka, Gin oder Bourbon und lässt sich von der Art-déco-Einrichtung in jene Tage zurückversetzen, als Kansas City als das „Paris der Great Plains" bekannt war. Auf der Karte stehen kreative Häppchen.

Unterhaltung

Den besten Veranstaltungskalender findet man im kostenlosen Wochenblatt *Pitch* (www.thepitchkc.com).

★ **Mutual Musicians Foundation** JAZZ
(☎816-471-5212; www.mutualmusicianslive.com; 1823 Highland Ave; ⊙Sa & So 0–5 Uhr) Im ehemaligen Saal der Gewerkschaft der afroamerikanischen Musiker unweit vom historischen Jazzviertel rund um die 18th & Vine finden schon seit 1930 nächtliche Jamsessions statt. Berühmte Veteranen der Szene spielen hier mit ganz jungen Talenten. Der Laden ist freundlich und wirkt kein bisschen arrogant. An der kleinen Bar gibt's billige Drinks in Plastikbechern. Der Eintritt ist frei (allerdings wird eine Spende von 10 US$ erbeten). Geöffnet ist nur Freitag- und Samstagnacht.

Blue Room Jazz Club LIVEMUSIK
(www.americanjazzmuseum.org; 1600 E 18th St; Mo & Do frei, Fr & Sa Grundpreis variiert; ⊙Mo & Do 17–23, Fr & Sa bis 1 Uhr) Der schicke Club, der für Jazz, Blues und Instrumentalmusik bekannt ist, gehört zum **American Jazz Museum** (☎816-474-8463; 1616 E 18th St; Erw./Kind 10/6 US$; ⊙Di–Sa 9–18, So 12–18 Uhr, Juni–Aug. auch Mo 9–18 Uhr). Bei den kostenlosen Konzerten montags und donnerstags treten örtliche Talente auf. Am Wochenende gehört der Saal tourenden Bands. Größere Konzerte finden im angrenzenden Gem Theater statt.

Truman Sports Complex STADION
(I-70, Exit 9) Die Einheimischen begeistern sich leidenschaftlich für das Major-League-Baseball-Team der Royals (das 2015 die World Series gewann) und die nicht ganz so erfolgreichen Chiefs, die in der NFL spielen. Die glamourösen Stadien beider Teams liegen nebeneinander östlich der Stadt in der Nähe von Independence.

Praktische Informationen

Greater Kansas City Visitor Center (☎816-691-3800; www.visitkc.com; 1321 Baltimore Ave; ⊙Mo–Fr 9–17, Sa 10–15 Uhr) Weitere Filialen finden sich u. a. im National WWI Museum (S. 715) und in der Union Station.

Missouri Welcome Center (☎816-889-3330; www.visitmo.com; 4010 Blue Ridge Cutoff, Truman Sports Complex; ⊙Mo–Fr 8.30–16.30 Uhr) Karten zum gesamten Bundesstaat und Infos am Exit 9 der I-70.

An- & Weiterreise

Der **Kansas City International Airport** (MCI; www.flykci.com; abseits von I-29-Exit 13) ist eine verwirrend aufgebaute Anlage kreisförmig angelegter Terminals 15 Meilen (24 km) nordwestlich von Downtown und bietet gute Inlandsflugverbindungen. Ein Taxi zur Downtown/Plaza kostet rund 40 bis 45 US$. Billiger kommt man mit dem **Super Shuttle** (☎800-258-3826; www.supershuttle.com; ab 25 US$) ans Ziel.

Die Züge von Amtrak (www.amtrak.com) halten in der majestätischen **Union Station** (www.unionstation.org; 30 W Pershing Rd; ⏲ 6–24 Uhr). Der Zug *Missouri River Runner* fährt zweimal täglich nach St. Louis (ab 34 US$, 5½ Std.); der Zug *Southwest Chief* hält hier täglich auf der Fahrt zwischen Chicago über Omaha nach Los Angeles.

Greyhound (☎ 816-221-2835; www.greyhound.com; 1101 Troost St) betreibt täglich Busse nach St. Louis (24 US$, 4½ Std.) von dem unpraktisch östlich von Downtown gelegenen Halteplatz aus.

Jefferson Lines (☎ 816-221-2885; www.jeffersonlines.com; 1101 Troost St, Greyhound Terminal) bietet Verbindungen auf der I-29 nordwärts nach Omaha (49 US$, 3 Std.), auf der I-35 nach Des Moines (32 US$, 3½ Std.) und Richtung Südwesten nach Tulsa (50 US$, 5 Std.).

Unterwegs vor Ort

Einzelfahrten mit Ride KC (www.ridekc.org) kosten 1,50 US$, eine Tageskarte 3 US$. Die Fahrkarten kann man im Bus kaufen. Bus 47 verkehrt regelmäßig zwischen der Downtown, Westport und der Country Club Plaza.

Die sehr praktische, kostenlose **KC Streetcar** (www.kcstreetcar.org; ⏲ Mo–Do 6–24, Fr bis 2, Sa 7–2, So 7–23 Uhr) verkehrt hauptsächlich entlang der Main St von River Market durch Downtown bis zur Union Station und zum Crown Center (3,2 km; alle 10–15 Min.).

Independence

117 300 EW.

Das Bilderbuchstädtchen Independence entspricht genau dem Klischee einer alten Kleinstadt im Mittleren Westen. Harry S. Truman lebte hier 64 Jahre lang, auch während seiner Amtszeit als US-Präsident (1945–1953). Vor Ort gibt's einige sehr sehenswerte Museen und Trumans Wohnhaus – das heute durch seine Schlichtheit und Zugänglichkeit überrascht – zu besichtigen.

Sehenswertes

★ Truman Home HISTORISCHES GEBÄUDE
(☎ Ticketinfo 816-254-9929; www.nps.gov/hstr; 219 N Delaware St; Führungen Erw./Kind 5 US$/frei; ⏲ 9–16.30 Uhr, Nov.–Mai Mo geschl.) GRATIS Besucher können sich hier ein Bild davon machen, wie einfach Harry und Bess (1885–1982) in diesem schlichten, charmanten Holzhaus lebten. Es ist mit Gegenständen aus ihrem Besitz eingerichtet; fast könnte man glauben, das Paar käme gleich raus, um hallo zu sagen. Truman lebte hier von 1919 bis 1972. Im Ruhestand empfing er Würdenträger in dem gewollt schmucklos-faden Vorderzimmer – es heißt, er habe gehofft, keiner der Besucher würde länger als 30 Minuten bleiben. Karten für die Führungen bekommt man im Visitor Center (S. 718).

Schlafen & Essen

Higher Ground Hotel HOTEL $$
(☎ 816-836-0292; www.highergroundhotel.com; 200 N Delaware St; Zi. 90–130 US$; ❄ 📶) Das Hotel mit 30 Zimmern gegenüber dem Truman Home wirkt von außen unscheinbar, doch an den freundlichen Korridoren warten gut ausgestattete, individuell gestaltete Zimmer, von denen manche einen Ausblick in den hübschen Garten bieten. Das Hotel liegt in praktischer Nähe zu dem (bescheidenen) Nachtleben von Independence.

Englewood Cafe AMERIKANISCH $
(☎ 816-461-9588; 10904 E Winner Rd; Hauptgerichte 6–12 US$; ⏲ Mo, Mi & Fr 6–20, Di & Do 12–15, Sa & So 6–14 Uhr) Der eine kurze Fahrt vom Truman Home entfernte Diner ist an dem roten Neonschild im Fenster zu erkennen. Der Schmorbraten lockt die Leute von meilenweit her an, und auch wegen der vielen hausgemachten Pies kommen sie gern immer wieder.

Praktische Informationen

Truman Home Visitor Center (☎ 816-254-9929; www.nps.gov/hstr; 223 N Main St; ⏲ 8.30–17 Uhr) Tickets zur Führung durch das Truman Home (S. 718) werden hier nach dem Prinzip „Wer zuerst kommt, mahlt zuerst" ausgegeben. Es gibt auch einen guten Buchladen.

An- & Weiterreise

Independence liegt eine 20-minütige Fahrt östlich von Kansas City. An öffentlichen Verkehrsmitteln gibt's den Bus 24, der für die Fahrt vom Grand Blvd in der Downtown von Kansas City nach Independence 50 Minuten braucht.

St. Joseph

76 400 EW.

Die raue Stadt am Missouri, einst ein bedeutender Ausgangspunkt für Pioniere, wirkt an manchen Stellen vielleicht etwas verwahrlost, wartet aber in ihrer vor Kurzem erst wiederbelebten Innenstadt mit schrägen Läden und Restaurants auf, die sich in verlassenen Geschäften niedergelassen haben. Zudem gibt's hier eine ganze Reihe interessanter Museen. Mehr über St. Joseph erfährt man im Visitor Center nahe der I-29.

Sehenswertes

Glore Psychiatric Museum MUSEUM
(816-232-8471; www.stjosephmuseum.org; 3406 Frederick Ave; Erw./Kind 6/4 US$; Mo–Sa 10–17, So ab 13 Uhr) Im einstigen „Staatlichen Irrenhaus Nr. 2" gibt dieses Museum einen schockierend-faszinierenden Einblick in inzwischen abgeschaffte Behandlungsmethoden wie die Lobotomie und das „Überraschungsbad". Das Ticket gilt auch für drei weitere Museen auf dem Gelände, die sich mit Indianerkunst, der Geschichte hiesiger Afroamerikaner und Puppen beschäftigen.

Schlafen

★ **Shakespeare Chateau** B&B $$
(816-232-2667; www.shakespearechateau.com; 809 Hall St; Zi. 135–200 US$;) Dieses elegante Herrenhaus von 1885 hat fünf geräumige Gästezimmer im Obergeschoss und eine Handvoll Gemeinschaftssalons im Erdgeschoss, in denen man die Opulenz der Vergangenheit auf sich wirken lassen kann. Das Haus hat insgesamt 47 Buntglasfenster (das Meisterwerk im Treppenhaus ist besonders toll) sowie tief hängende Kronleuchter, Schnitzereien aus Kirschbaumholz und eine hochwertige Kunstsammlung. Dieses Chateau bringt jeden zum Staunen!

Essen & Ausgehen

Ben Magoon's Famous Delicatessen KNEIPENKOST $
(816-232-3611; www.magoonsdeli.com; 632 S 8th St; Hauptgerichte 7–8 US$; Mo–Sa 11–1.30 Uhr, Küche Mo–Do bis 15, Fr & Sa bis 21 Uhr) Diese Schenke in der Innenstadt datiert bis in die 1920er-Jahre zurück, als der echte Ben Magoon begann, seine beliebten Sandwiches zu servieren. Die gegenwärtigen Inhaber setzen die Tradition fort, und auch Magoons originales Reuben-Sandwich ist noch immer im Angebot. Die Drinks sind kreativ und enthalten frische Zutaten; die Bierkarte ist gut. An vielen Abenden gibt's Livemusik.

★ **Tiger's Den** BAR
(816-617-2108; 519 Felix St; Mo-Mi 15–23, Do–Sa ab 11 Uhr) Diese Mischung aus Secondhand-Buchladen und Cocktailbar ist der Stoff, aus dem Hemingways Träume waren. Hier kann man sich in eines der Plüschsofas setzen und Drinks bestellen, die von den Werken in den Bücherregalen inspiriert sind, etwa Agatha Christies Sparkling Cyanide oder einen Tequila Mockingbird.

Praktische Informationen

St. Joseph Visitor Center (816-232-1839; www.stjomo.com; 502 N Woodbine Rd, nahe I-29, Exit 47; Mo–Fr 9–15 Uhr, Juni–Aug. auch Sa) Detaillierte Infos zu den vielen Museen vor Ort gibt's im Besucherzentrum nahe der I-29.

An- & Weiterreise

St. Joseph liegt ca. eine Stunde nördlich von Kansas City an der I-29. Greyhound-Busse fahren auf der I-29 nach Kansas City (12 US$, 1 Std., 2-mal tgl.).

IOWA

Die Felswände am Mississippi und die Loess Hills am Missouri bilden die Grenzen des Staates mit seinem weiten Farmland. Dazwischen liegen die Schriftsteller-Stadt Iowa City, die Kommunen der Amana-Kolonien und reizende Kleinstädte, etwa jene mit den überdachten Brücken im Madison County.

Alle vier Jahre rückt Iowa in den Fokus der Öffentlichkeit und nährt oder zerstört die Hoffnungen von Anwärtern auf das Präsidentenamt: Der Iowa Caucus (die Vorwahlen von Iowa) eröffnet den Wahlkampf. Die Siege von George W. Bush im Jahr 2000 und von Barack Obama im Jahr 2008 überraschten viele Experten, waren rückblickend aber der Auftakt ihres siegreichen Wahlkampfs.

Praktische Informationen

Iowa Tourism Office (www.traveliowa.com)

Iowa State Parks (www.iowadnr.gov) Ein Besuch in den State Parks ist kostenlos.

Des Moines

217 500 EW.

Des Moines bedeutet „von den Mönchen" und nicht etwa „im Mais", wie man angesichts der Felder ringsum vermuten könnte. Iowas schnell wachsende Hauptstadt wartet mit einem prächtigen State Capitol, geschäftigen Enklaven wie dem East Village und einer der besten State Fairs des Landes auf. Alles in allem ist sie wirklich eine Übernachtung wert, doch dann kann man auch schon weiterziehen, um den Rest Iowas zu erkunden.

Sehenswertes

★ **State Capitol** HISTORISCHES GEBÄUDE
(515-281-5591; www.legis.iowa.gov/resources/tourCapitol; Ecke E 9th St & Grand Ave; Mo–Fr

8–17, Sa 9–16 Uhr) GRATIS Von der funkelnden goldenen Kuppel über die Wendeltreppen bis zum Buntglas in der juristischen Bibliothek scheinen alle Details in dem prunkvollen, 1886 erbauten Capitol einander ausstechen zu wollen. Bei den kostenlosen Führungen können Besucher die Kuppel bis zur halben Höhe erklimmen. Im Geschenkeladen gibt's jede Menge Souvenirs aus Iowa.

Valley Junction GEBIET
(www.valleyjunction.com; Ecke 5th St & Maple St) Das historische alte Dorf gehört heute zur Stadt West Des Moines. Das fünf Blocks lange Geschäftsviertel an der Fifth St ist hier das Interessanteste. Mehr als 60 unabhängige Läden, Bars, Bäckereien, Cafés und andere Geschäfte reihen sich in der Zeile der attraktiven, alten Backsteingebäude aneinander. Es gibt hier weder Gentrifizierung und auch keine Läden von Marken oder Ketten. Super zum Bummeln!

Des Moines Art Center MUSEUM
(515-277-4405; www.desmoinesartcenter.org; 4700 Grand Ave; Di–Mi & Fr–So 11–16, Do bis 21 Uhr) GRATIS Der Museumskomplex ist ein Monument einiger der bedeutendsten Architekten der Moderne: Einzelne Teile wurden von Eliel Saarinen, von I.M. Pei und von Richard Meier entworfen. Drinnen findet sich eine solide Sammlung von Kunst ab dem 19. Jh., darunter Werke von Matisse, Georgia O'Keefe, Rodin und Warhol. Unbedingt sehenswert ist auch der zum Museum gehörende, näher am Zentrum gelegene **Pappajohn Sculpture Park** (515-277-4405; www.desmoinesartcenter.org; 1330 Grand Ave; 6–24 Uhr) GRATIS.

Feste & Events

★ Iowa State Fair VOLKSFEST
(800-545-3247; www.iowastatefair.org; Ecke E 30th St & E University Ave; Erw./Kind 12/6 US$; Mitte Aug. 7–1 Uhr;) Dieses elftägige Event, das über 1 Mio. Besucher anzieht, hat viel mehr zu bieten als nur Country-Musik und Butterskulpturen. Bewundernswert sind die preisgekrönten Farmtiere, köstlich die Vielfalt der Leckereien vom Spieß. Die State Fair war der Schauplatz des Musicals *State Fair* von Rodgers und Hammerstein sowie seiner Verfilmung aus dem Jahr 1945.

Schlafen

Des Lux Hotel BOUTIQUEHOTEL $$$
(515-288-5800; www.desluxhotel.com; 800 Locust St; Zi. 180–350 US$;) Das elegante fünfstöckige Bürogebäude in Downtown wurde in ein Luxushotel mit nur 51 Zimmern umgewandelt. Es hat mehr Charakter als die Kettenhotels und bietet viele Extras, darunter ein üppiges Frühstück.

Renaissance Savery Hotel HISTORISCHES HOTEL $$$
(515-244-2151; www.marriott.com; 401 Locust St; Zi. 160–400 US$;) Das 1919 erbaute elfstöckige Hotel im Colonial-Revival-Stil hat ein würdevolles Erscheinungsbild. Die 233 komfortablen Zimmer weisen den üblichen, verlässlichen Stil der Hotelkette auf.

Essen

Machine Shed AMERIKANISCH $
(515-270-6818; www.machineshed.com/urbandale; 11151 Hickman Rd, Urbandale; Hauptgerichte 6–15 US$;) Das ausgezeichnete Restaurant mit herzhafter Kost findet sich im Westen nahe dem Exit 125 der I-35/80 und den Living History Farms. Der muntere Laden setzt mit tollem Frühstück und beliebten Gerichten wie *chicken-fried steak* (paniertes Rindersteak) und Schweinelende auf erstklassige Qualität. Die größte Herausforderung besteht darin, Platz für den Bananencreme-Pie zu lassen. Perfekt für einen Zwischenstopp, wenn man auf der Interstate vorbeifährt.

★ Roca AMERIKANISCH $$
(515-282-3663; www.rocadsm.com; 208 Court Ave; Hauptgerichte 14–30 US$; Mo–Do 15–22, Fr & Sa bis 24, So 16–21 Uhr) Einfallsreiche, frische saisonale Gerichte sind das Markenzeichen dieses stets überfüllten Lokals im Industrieschick im Zentrum. Die Gäste teilen sich kleine und große Portionen vertrauter und weniger vertrauter Gerichte, die alle mit Pfiff aus örtlichen Zutaten zubereitet sind. Zu Shrimps und Polenta gibt's Kartoffelkroketten. Die Auswahl an Weinen und Cocktails ist vorzüglich und die Happy Hour ein Ereignis.

Tumea & Sons ITALIENISCH $$
(515-282-7976; www.tumeaandsons.net; 1501 SE 1st St; Hauptgerichte 9–30 US$; Mo–Do 11–14 & 16.30–21, Fr 11–14 & 16.30–22, Sa 16.30–22 Uhr) Generationen von Einheimischen haben in diesem familiengeführten Restaurant schon Klassiker der italienischen Hausmannskost genossen. Während man auf den Tisch wartet, kann man an der Bar ein erstaunlich günstiges Mixgetränk genießen. Dann studiert man die Karte mit vielen Pasta- und Saucen-Kombinationen. Die Steaks sind so gut wie die Frikadellen. Draußen gibt's einen Bocciaplatz im Schatten von Weinranken.

Ausgehen

★ Iowa Taproom KLEINBRAUEREIBIER
(☎ 515-243-0827; www.iowataproom.com; 215 E 3rd St; ⊙ Mo–Sa 11–24, So bis 22 Uhr) Die besten Biere von mehr als 30 Brauereien in Iowa werden in diesem ganz auf heimische Produkte setzenden Pub in East Village angeboten. Der Laden bietet das zu erwartende industrielle Ambiente (im einem von diversen Betrieben genutzten Fabrikgebäude von 1882) und hat tolle Burger und andere einfache Gerichte, die gut zum Bier passen.

Black Sheep BAR
(www.facebook.com/blacksheepdsm; 223 E Walnut St; ⊙ Mi–Sa 19–2 Uhr) Tequila und Vampire sind zwei der Hauptthemen in der schrillsten Bar in East Village. Der Schein der roten Neonlichter lockt die Kundschaft in den kleinen Kellerraum, wo DJs auflegen und die Leute wild tanzen. Beach Goth ist ein beliebtes Motto hier.

Shoppen

★ Des Moines Downtown Farmers Market MARKT
(☎ 515-286-4928; www.dsmpartnership.com/desmoinesfarmersmarket; Ecke Court Ave & 4th St; ⊙ Mai–Okt. Sa 7–12 Uhr) Rund 95 % des Landes von Iowa gelten als sehr fruchtbar – ein höherer Prozentsatz als in jedem anderen Bundesstaat der USA. Auf diesem beliebten Bauernmarkt findet man die besten Produkte des Staates. An Hunderten Ständen werden Obst und Gemüse, Fertiggerichte, Backwaren, Hauptgerichte, Snacks, Kunsthandwerk und vieles mehr verkauft. Die Kunden strömen jede Woche in Massen herbei.

An- & Weiterreise

Der 3 Meilen (4,8 km) südwestlich der Stadt gelegene **Des Moines International Airport** (DSM; ☎ 515-256-5050; www.dsmairport.com; 5800 Fleur Dr) bietet Flüge in US-amerikanische Großstädte und Zentren.

Burlington Trailways (www.burlingtontrailways.com) betreibt täglich verkehrende Busse, die über die I-80 nach Omaha (43 US$, 2¼ Std.) und Chicago (52 US$, 6 Std.) fahren. Jefferson Lines (www.jeffersonlines.com) fährt auf der I-35 nach Kansas City (32 US$, 3¼ Std.).

Sioux City

82 600 EW.

Das direkt am Missouri River gelegene Sioux City ist ein prima Zwischenstopp auf der Reise von/nach South Dakota. Es gibt hier ein ausgezeichnetes Museum zu den Entdeckern Lewis und Clark sowie einige klassische Restaurants, die Jahrzehnte in die Zeit zurückreichen, als die Stadt noch ein wichtiges, vor allem für seine riesigen (inzwischen überwiegend geschlossenen) Schlachthöfe bekanntes Industriezentrum war.

Lewis & Clark Interpretive Center MUSEUM
(☎ 712-224-5242; www.siouxcitylcic.com; 900 Larsen Park Rd, nahe I-29, Exit 149; ⊙ Di–Fr 9–17, Sa & So ab 12 Uhr; 👪) GRATIS Sergeant Charles Floyd starb am 20. August 1804 vermutlich an einer Blinddarmentzündung und war damit der einzige Todesfall unter den Teilnehmern der Expedition von Lewis und Clark. Mehr darüber und über andere Aspekte der Forschungsreise erfährt man im Lewis & Clark Interpretive Center direkt am Missouri.

Tastee Inn & Out FASTFOOD $
(☎ 712-255-0857; www.tasteeinnandout.com; 2610 Gordon Dr; Hauptgerichte 4–7 US$; ⊙ So–Do 11–23, Fr & Sa bis 24 Uhr) Diese Institution von Sioux City wird seit 1955 von der Familie Calligan geführt und ist ein Drive-In (sitzen kann man nur im eigenen Auto). Es gibt hier zwei Spezialitäten: Tastee, ein beliebtes regi-

MADISON COUNTY

Dieses malerische County, das etwa 30 Meilen (48 km) südwestlich von Des Moines liegt, döste ein halbes Jahrhundert vor sich hin, bis Robert James Wallers rührseliger Bestseller *Die Brücken am Fluss* und die gleichnamige Verfilmung mit Clint Eastwood und Meryl Streep aus dem Jahr 1995 Hunderte Fans herbrachten, die die Brücken sehen wollten, wo die Leidenschaft zwischen Robert und Francesca entbrannte.

Die Farmen und das offene Land in dieser Gegend sind angenehm beschaulich und die Städtchen schön wie aus dem Bilderbuch. In **St. Charles** steht die älteste der noch erhaltenen überdachten Brücken, die übrigen fünf und ein prächtiges **Gerichtsgebäude** (☎ 515-462-4451; www.madisoncoia.us; 112 John Wayne Dr; ⊙ 8–16.30 Uhr) GRATIS mit silberner Kuppel finden sich im Touristenstädtchen **Winterset**. Zwischen beiden Ortschaften liegen ein paar Weingüter, Brauereien und Cider-Mostereien.

onales Sandwich mit gebratenem Rinderhack, Zwiebeln und orangefarbenem Käse, und panierte und gebratene Zwiebel-Chips.

An- & Weiterreise

Jefferson Lines (www.jeffersonlines.com) betreibt täglich zwei Busse auf der I-29 Richtung Süden nach Omaha (39 US$, 95 Min.) und Richtung Norden nach Sioux Falls (28 US$, 80 Min.).

Davenport

102300 EW.

Davenport ist die größte und ansprechendste der Quad Cities, die sich in dieser Region um die Ufer des Mississippi ballen (die übrigen drei sind Bettendorf in Iowa sowie Moline und Rock Island in Illinois). Die Stadt besitzt eine tolle Lage und ein großes Netz von Wander- und Radwegen.

Sehenswertes

Figge Art Museum MUSEUM
(563-326-7804; www.figgeartmuseum.org; 225 W 2nd St; Erw./Kind 10/4 US$; Di, Mi, Fr & Sa 10–17, Do bis 21, So 12–17 Uhr) Das gläserne Figge Art Museum funkelt am Rande der River Road. In seiner Regionalsammlung über den Mittleren Westen sind u.a. Werke des aus Iowa stammenden *American-Gothic*-Malers Grant Wood ausgestellt. Auch die erstklassigen Sammlungen von Kunst aus Haiti und über den mexikanischen Kolonialstil sind absolut sehenswert.

Schlafen & Essen

★ **Beiderbecke Bed & Breakfast** B&B $
(563-323-0047; www.beiderbeckeinn.com; 532 W 7th St; Zi. 95–110 US$;) Dies ist das im viktorianischen Stick-Stil erbaute Wohnhaus der Großeltern der Jazzlegende Bix Beiderbecke. Mittlerweile wurde es in ein B&B mit vier Zimmern, unglaublichen coolen Wandtapeten und wild gemusterten Teppichen umgebaut. Die Zimmer sind geräumig, zwei davon gewähren einen schönen Ausblick auf den Fluss.

Freight House Farmers Market MARKT $
(563-322-6009; www.freighthousefarmersmarket.com; 421 W River Dr; Mi 16–20, Sa 8–13, So 10–14 Uhr) Der ganzjährig stattfindende Markt in einem alten Bahnlagerhaus am Ufer ist die richtige Adresse für Bio-Lebensmittel, örtliche Kleinbrauereibiere und Deli-Sandwichs. Saisonal gibt's um den zweistöckigen Backsteinkomplex auch einen fantastischen Freiluftmarkt mit jeder Menge Obst und Gemüse aus der Region.

Praktische Informationen

Das **Visitor Center** (563-322-3911; www.visitquadcities.com; 136 E 3rd St, RiverCenter; ganzjährig Mo–Fr 8.30–17 Uhr, Mai–Okt. auch Sa 9–16 Uhr) befindet sich im RiverCenter-Komplex im Stadtzentrum. Es hat Infos zu der gesamten Umgebung der Quad Cities.

An- & Weiterreise

Davenport liegt an der Grenze zu Illinois. Greyhound (www.greyhound.com) betreibt täglich mehrere Busse nach Chicago (30 US$, 3 Std.), Burlington Trailways (www.burlingtontrailways.com) bedient die größeren Städte in Iowa.

Iowa City

75800 EW.

Die jugendlich-künstlerisch angehauchte Atmosphäre verdankt die Stadt dem Campus der University of Iowa. Er erstreckt sich zu beiden Seiten des (mit schönen Uferwegen versehenen) Iowa River und geht im Osten in die charmante Downtown über. Im Sommer, wenn weniger Studenten da sind, wird es in der Stadt etwas ruhiger.

Die Literaturworkshops der Universität sind renommiert und trugen Iowa City 2008 den Titel „UNESCO-Literaturstadt" ein. Eine beißende Parodie auf die Stadt und die Uni ist Jane Smileys Roman *Moo*. Wenn Zeit bleibt, lohnen das gute Kunst- und das Naturkundemuseum der University of Iowa einen Besuch.

Der Nachbarort Coralville hat das, was es in Iowa City nicht gibt – jede Menge Kettenläden und Einkaufszentren.

Sehenswertes

Herbert Hoover National Historic Site MUSEUM
(319-643-2541; www.nps.gov/heho; 110 Parkside Dr, West Branch, nahe der I-80, Exit 254; Stätte Eintritt frei, Museum Erw./Kind 10/3 US$; 9–17 Uhr) Herbert Hoover war von 1929 bis 1933 der Präsident der USA, weshalb sein Name auf immer mit der Weltwirtschaftskrise verbunden bleibt, dem ökonomischen Zusammenbruch, der Millionen in Arbeitslosigkeit und Not stürzte. Hoover hatte ein sehr langes Leben (1874–1964), das er weitgehend in den Dienst der Öffentlichkeit stellte. Dieser Komplex beinhaltet das Haus und einige Nachbargebäude aus der Zeit zwischen Hoovers Geburt und

seinem neunten Lebensjahr, als er zur Waise wurde und die Region verließ. Das Museum stellt sein Leben in den Kontext der Zeit.

Schlafen & Essen

★ Brown Street Inn B&B $$
(☎319-338-0435; www.brownstreetinn.com; 430 Brown St; Zi. 110–170 US$;) Himmelbetten und andere Antiquitäten schmücken die sechs Zimmer dieses 1913 im Dutch Colonial Style erbauten Hauses unweit der Downtown. Die freundlichen Besitzer geben gern Auskunft über das benachbarte Haus, in dem Kurt Vonnegut die ersten Kapitel seines Romans *Schlachthof 5 oder Der Kinderkreuzzug* verfasste.

Clinton Street Social Club GASTHAUS $$
(☎319-351-1690; www.clintonstreetsocial.com; 18½ S Clinton St; Hauptgerichte 11–28 US$; ⊙Küche 16–22; Bar 16-1 Uhr) Das elegante Gasthaus im 1. Stock bringt Gerichte aus lokalen Zutaten auf den Tisch, und an der langen Cocktailbar werden Drinks ausgeschenkt, die es in sich haben. Montagabends werden Filmklassiker gezeigt, und mindestens zweimal im Monat stehen donnerstags Jazzkünstler live auf der Bühne. Oft trifft man hier Professoren an, die während der *social hour* (Mo–Fr 16–18 Uhr) Cocktails und Kneipenessen zum halben Preis bestellen.

An- & Weiterreise

Iowa City liegt gleich abseits der I-80. Busse von Burlington Trailways (www.burlingtontrailways.com) verbinden Iowa City mit Des Moines (18 US$, 2 Std.), Davenport (12 US$, 1 Std.) und anderen Städten in Iowa.

Amana-Kolonien

Diese sieben Dörfer liegen gleich nördlich der I-80 an einer 17 Meilen (27 km) langen Schleife. Die Dörfer wurden zwischen den Jahren 1855 und 1861 von Inspirierten (Anhängern von Inspirationsgemeinden) als deutsche religiöse Gemeinschaften gegründet, die bis zur Weltwirtschaftskrise ein utopisches Leben ohne Privateigentum und Lohnzahlungen führten. Anders als die Amischen und die Mennoniten sind die Inspirierten der modernen Technik (und auch dem Tourismus) gegenüber aufgeschlossen.

Heute geben die sieben gut erhaltenen, zurückhaltend-geschmackvollen Dörfer einen Einblick in eine einzigartige religiöse Kultur, und es werden kunsthandwerkliche Gegenstände, Käse, Backwaren und Weine zum Kauf angeboten.

ABSEITS DER ÜBLICHEN PFADE

ELDON

Im winzigen Eldon, ca. 100 Meilen (150 km) südöstlich von Des Moines, kann man einfach irgendein „Werkzeug" aus dem Kofferraum nehmen und sich damit für seine ganz individuelle Version des berühmten Gemäldes *American Gothic* (1930) in Positur werfen. Das Originalhaus steht gegenüber vom **American Gothic House Center** (☎641-652-3352; www.americangothichouse.net; American Gothic St; ⊙Di–Sa 10–17, So & Mo 13–16 Uhr) GRATIS, welches das Kunstwerk interpretiert, das Millionen Parodien inspiriert hat. Es verleiht sogar Kostüme für individuelle Selfie-Parodien. Das Gemälde selbst hängt im Art Institute of Chicago.

Sehenswertes

Amana Heritage Museum MUSEUM
(☎319-622-3567; www.amanaheritage.org; 705 44th Ave, Amana; Erw./Kind 8/4 US$; ⊙April–Okt. Mo–Sa 10–17, So 12–16 Uhr, März, Nov. & Dez. Sa 10–17 Uhr) Das Museum gibt einen guten Überblick über die Kolonien. Man sollte nach den Routenvorschlägen für Fußgänger und Autofahrer fragen, auf die man mit dem Handy Zugriff hat.

Schlafen & Essen

Zuber's Homestead Hotel INN $
(☎319-622-3911; www.zubershomesteadhotel.com; 2206 44th Ave, Homestead; Zi. 100–140 US$;) Jedes der 15 Zimmer in diesem Backsteingebäude aus den 1860er-Jahren ist individuell zu einem Thema aus Iowa gestaltet. Ein Merkblatt des Besitzers stellt einen Tagesausflug durch die Gegend vor, auf dem man dieses Thema weiter erkunden kann. Im Preis ist ein warmes Frühstück vom Büfett enthalten.

Amana Meat Shop & Smokehouse DELI $
(☎800-373-6328; www.amanameatshop.com; 4513 F St, Amana; Snacks ab 3 US$; ⊙Mo–Sa 9–17, So 10–16 Uhr) In diesem Schatzhaus vor Ort hergestellter Käse und Wurstwaren findet man alle Zutaten für ein Picknick.

Praktische Informationen

Amana Colonies Visitors Center (☎319-622-7622; www.amanacolonies.com; 622 46th Ave,

Amana; ⏲ Mai–Okt. Mo–Sa 9–17, So 10–17 Uhr, Nov.–April tgl. 10–16 Uhr) In dem in einem alten Kornspeicher untergebrachten Zentrum erhält man die wesentliche Karte mit Erläuterungen. Nach den Bus- und Wandertouren fragen!

An- & Weiterreise

In den Kolonien fahren keine öffentlichen Verkehrsmittel.

Cedar Valley

Cedar Valley ist ein regionales Zentrum für Outdoor-Erholung mit zahlreichen Routen zum Radfahren, Wandern und Paddeln. Im Herzen der Region liegen die Städte Waterloo und Cedar Falls. Im letzteren Ort gibt's fünf John-Deere-Traktorfabriken. Hier erhält man auch die beliebten grün-gelben Caps, die man überall im Mittleren Westen sieht. Es gibt einige herrschaftliche, alte Gebäude in der ansonsten schäbigen Downtown. Ganz in der Nähe von Cedar Falls liegt Waterloo, der schicke, kleine Schwesterort mit einer krummen Main St voller Boutiquen und Cafés.

Geführte Touren

John Deere Tractor Cab Assembly Tours FÜHRUNG
(☎800-765-9588; www.deere.com; 3500 E Donald St, Waterloo; ⏲ Führungen Mo–Fr 8, 10 & 13 Uhr) GRATIS Bei den lustigen, 90-minütigen Führungen, bei denen man von Traktoren gezogen wird, erfährt man, wie Traktorteile gebaut werden. Teilnehmer müssen mindestens 13 Jahre alt sein und die Führung mindestens 48 Stunden im Voraus reservieren. Anschließend besucht man das **John Deere Tractor & Engine Museum** (☎319-292-6126; www.deere.com; 500 Westfield Ave, Waterloo; ⏲ Mo–Sa 9–17, So 12–16 Uhr) GRATIS.

NICHT VERSÄUMEN

SILOS & SMOKESTACKS NATIONAL HERITAGE AREA

Das Silos & Smokestacks National Heritage, das sich über 37 Countys im Nordosten Iowas erstreckt, wird vom National Park Service ausgewiesen und verwaltet. Es umfasst über 100 Stätten und Regionen, die an die industrielle Vergangenheit und an die frühere Bilderbuchlandwirtschaft der Region erinnern. Einige Highlights sind die malerischen Steilufer des **Effigy Mounds National Monument** (S. 727) die rustikalen Dörfer der Amana-Kolonien (S. 723) und die informativen Ausstellungen des National Mississippi River Museum & Aquarium (S. 725). Das Gebiet besteht vorwiegend aus Nebenstraßen. Sehr hilfreich ist der jährlich veröffentlichte Guide *Silos & Smokestacks*, der in Hotels und Visitor Centers ausliegt; informieren kann man sich auf www.silosandsmokestacks.org.

Schlafen & Essen

★ **Black Hawk Hotel** HISTORISCHES HOTEL $$
(☎319-277-1161; www.theblackhawkhotel.com; 115 Main St, Cedar Falls; Zi. 100–200 US$; P ❄ 📶) Das am längsten ununterbrochen geöffnete Hotel westlich des Mississippis ist ein echter Schatz in der Downtown von Cedar Falls. Das 1853 eröffnete Haus wurde immer in gutem Zustand gehalten. Es bietet 28 Zimmer in dem historischen Hotel und 15 billigere in einem modernen Bau dahinter. Das Restaurant und die Bar servieren innovative Gerichte mit farmfrischen Zutaten sowie Drinks.

An- & Weiterreise

Burlington Trailways (www.burlingtontrailways.com) betreibt täglich Nahverkehrsbusse nach Dubuque (34 US$, 2 Std.) im Osten und Des Moines (37 US$, 5 Std.) im Westen.

Mt. Vernon

4440 EW.

In einem Bundesstaat, der vor hübschen Städten nur so strotzt, ist Mt. Vernon eine der schönsten. Es liegt am historischen Lincoln Hwy – einer der ersten Routen, die quer über den Kontinent führten – und wartet mit von Bäumen gesäumten Straßen auf, an denen sich Antiquitätenhändler, Kunstgalerien und vielfältige kleine Läden drängen.

Big Grove Brewery MODERN-AMERIKANISCH $$
(☎319-624-2337; www.biggrovebrewery.com; 101 W Main St, Solon; Hauptgerichte 9–28 US$; ⏲ Küche Di–Do & So 11–21, Fr & Sa 11- 22 Uhr) Diese Brauerei macht mit ihrer tollen Hausmannskost aus Iowa alles richtig. Die Zutaten sind saisonal und regional und passen hervorragend zu den vor Ort gebrauten Bieren. Zu finden ist die Anlage 10 Meilen (16 km) südlich von Mt. Vernon im Nachbarort Solon.

Praktische Informationen

Mt. Vernon Visitors Center (☎319-210-9935; www.visitmvl.com; 311 1st St NW; ⏲ Mo–Fr

9–16 Uhr) Hier holt man sich den Stadtplan für eine Audioführung in Eigenregie durch das historische Mt. Vernon.

An- & Weiterreise

Mt. Vernon liegt 20 Meilen (32 km) nördlich von Iowa City an der IA-1. Es gibt hier keine öffentlichen Verkehrsmittel.

Dubuque

58 300 EW.

Diese historische Stadt mit ihren viktorianischen Wohnhäusern aus dem 19. Jh., die die schmalen Straßen zwischen dem Mississippi und sieben Kalksteinhügeln säumen, ist ein wunderbarer Ausgangspunkt zur Erkundung der Great River Road (S. 727). Man kann einen Spaziergang auf dem 14,5 km langen Uferweg unternehmen und dabei Viertel erkunden, die sich dank der Steuereinnahmen der neuen Kasinos am Ufer inmitten einer Stadterneuerung befinden.

Nicht auslassen sollte man den gentrifizierten Millwork District unmittelbar nördlich der Downtown hinter der 6th St. In den alten Sägewerken haben sich tolle Restaurants und Bars angesiedelt.

Sehenswertes

★ **National Mississippi River Museum & Aquarium** MUSEUM
(☎563-557-9545; www.rivermuseum.com; 350 E 3rd St; Erw./Kind 18/13 US$; ⌚Juni–Aug. 9–18 Uhr, Sept.–Mai 10–17 Uhr, Nov.–Feb. Mo geschl.; 👪) In diesem eindrucksvollen Museum in einem großen Komplex erfährt man alles über das Leben am Mississippi. Die Ausstellungen behandeln die Dampfschifffahrt auf dem Fluss, das Leben unter Wasser und die indigenen Bewohner am Mississippi. Zu den interaktiven Exponaten zählen Streichelbecken, wo man z. B. erfährt, wie sich Quallen anfühlen.

Schlafen & Essen

Hotel Julien HISTORISCHES HOTEL $$
(☎563-556-4200; www.hoteljuliendubuque.com; 200 Main St; Zi. 110–250 US$; ❄📶) Das achtstöckige historische Hotel Julien wurde 1915 gebaut und gehörte einst Al Capone. Nach einer aufwendigen Modernisierung kommt es nun sehr elegant daher und ist ein perfektes Gegenstück zu den vielen Kettenhotels.

Brazen Open Kitchen AMERIKANISCH $$
(☎563-587-8899; www.brazenopenkitchen.com; 955 Washington St; Hauptgerichte 16–37 US$; ⌚Di–Do 16.30–21, Fr & Sa bis 22, So 22–2 Uhr) Die poetische Speisekarte dieses stilvollen Restaurants mit bernsteinfarbener Beleuchtung im Millwork District ist nach folgenden Kategorien eingeteilt: Wurzeln + Erde, Mehl + Wasser, Farm + Fisch. Die darunter gelisteten Gerichte der saisonalen modern-amerikanischen Küche, sind ein Traum. Zudem gibt's eine umfangreiche Weinkarte und kreative Cocktails, die an der langen Bar aus Holz serviert werden.

Praktische Informationen

Dubuque Visitor Center (☎800-798-8844; www.traveldubuque.com; 280 Main St; ⌚Mo–Sa 9–17, So 10–15 Uhr) Das Besucherzentrum in Downtown hat Infos zur gesamten Region und dem ganzen Bundesstaat.

An- & Weiterreise

Dubuque liegt nur drei Stunden westlich von Chicago, zu erreichen über die US 20 und die I-90. Burlington Trailways (www.burlingtontrailways.com) betreibt täglich einen Bus Richtung Westen, der auf einer gewundenen Strecke (u. a. über Waterloo, Cedar Rapids und Ames) nach Des Moines (50 US$, 7 Std.) fährt. Ein weiterer Bus fährt Richtung Osten nach Chicago (45 US$, 4½ Std.).

Iowa Great Lakes

Die Iowa Great Lakes bestehen aus drei großen, klaren blauen Seen und einem Dutzend kleinerer. Seit über einem Jahrhundert machen Familien hier Urlaub; für viele Menschen aus Iowa ist es eine schöne Kindheitserinnerung, in langen lauen Nächten an den Seeufern gesessen zu haben.

Schwimmen, Boot fahren und angeln sind die beliebtesten Aktivitäten, und die Stadt **Arnolds Park**, das Zentrum des Trubels, besitzt einen Vergnügungspark. Bei einer Reise durchs nördliche Iowa kommen die Seen überraschend in Sicht, denn es gibt kaum einen Hinweis in der mit Getreidefeldern bedeckten Landschaft, dass mittendrin Senken mit so großen Wasserflächen existieren könnten – bis man fast am Ufer steht.

Die Hauptachse in der Gegend, die US 71, ist leider eine reizlose Straße mit Einkaufszentren, Fastfood-Läden und etwas Leichtindustrie. Hier fährt man einfach an das beschauliche Ufer und blickt nicht zurück.

Sehenswertes

Die drei wichtigsten der Iowa Great Lakes haben alle einen jeweils anderen Charakter.

Der **Big Spirit Lake** ist mit rund 2300 ha Fläche der größte und feinste. Die kleinen Uferparks sind bei jungen Familien und Besuchern beliebt, die gern Zeit damit verbringen, auf den großen, ruhigen See hinauszublicken. Das entspannte Dorf lädt zu Spaziergängen ein und hat ein paar nette Cafés, Pubs und Service-Einrichtungen. Der See besaß verschiedene indianische Namen, die alle in etwa „See der Geister" bedeuteten.

Der **East Lake Okoboji** ist ein 10 km langer, schmaler, dickdarmförmiger See, der die beiden Welten der Region der Iowa Great Lakes in jeder Hinsicht verbindet. Im Norden bildet er die Kulisse für die gepflegten Straßen der Gemeinde Spirit Lake, im Süden schließt er mit Bars und Booten an den Trubel auf seinem westlichen Gegenstück an.

Der **West Lake Okoboji** ist der ursprüngliche Feriensee. Hier finden sich Arnolds Park und eine Menge Vergnügungs- und Freizeiteinrichtungen, Ferienlager, Resorts etc. Der See ist der beliebteste Iowas; die Sioux nannten ihn Minnetonka, was „großes Gewässer" bedeutet.

★ Arnolds Park Amusement Park VERGNÜGUNGSPARK

(☎712-332-2183; www.arnoldspark.com; 37 Lake St, Arnolds Park; Tageskarte ab 35 US$; ⌚Öffnungszeiten variieren, Mitte Mai–Anfang Sept.; 👪) Der in die 1880er-Jahre zurückreichende altmodische Vergnügungspark am See ist ein echter Spaß. „The Legend" ist die siebtälteste Holzachterbahn der Welt und stammt aus dem Jahr 1930. Weitere Fahrgeschäfte wenden sich an jedes Alter und Temperament. Der Park ist ein zwangloser Ort der schlichten Freuden und gehört interessanterweise einer gemeinnützigen Stiftung, die sich auf ein ehrgeiziges Restaurierungsprogramm eingelassen hat. Bereits fertiggestellt sind u. a. die Metallachterbahn „Wild Mouse" und die Rutsche „Funhouse Slide".

★ Gull Point State Park STATE PARK

(☎712-337-3211; www.iowadnr.gov; 1500 Harpen St, Milford; 👪) GRATIS Der beste State Park vor Ort liegt am Westufer des West Okoboji Lake. Er bietet einen Strand, schöne Picknickbereiche am See und einen ausgezeichneten, 2,1 km langen Naturpfad.

ℹ Praktische Informationen

Visitor Center (☎712-322-6550; www.vacationokoboji.com; 243 W Broadway, Arnolds Park; ⌚Mo–Fr 9–17 Uhr) Die ehrenamtlichen Mitarbeiter in Arnolds Park können alle Fragen zu den Iowa Great Lakes beantworten und bieten Infos zur Region und zum Bundesstaat. Das Besucherzentrum teilt sich den Komplex mit dem **Maritime Museum** (☎712-332-2183; www.arnoldspark.com; ⌚Öffnungszeiten variieren, Mitte Mai–Anfang Sept.).

ℹ An- & Weiterreise

In der Region der Iowa Great Lakes gibt's keine öffentlichen Verkehrsmittel.

ABSTECHER

CEDAR RAPIDS

Die kleine Industriestadt Cedar Rapids, die von osteuropäischen Einwanderern aufgebaut wurde und von der Fleischverarbeitung lebte, lohnt einen Abstecher von der I-80 nach Norden. Zudem ist die US 30 die weit interessantere Straße und führt direkt durch den Ort.

Man kann sich das **Atelier** (☎319-366-7503; www.crma.org; 810 2nd Avenue SE; ⌚April–Dez. Sa & So 12–16 Uhr) GRATIS anschauen, in dem Grant Wood sein berühmtestes Gemälde, *American Gothic*, schuf, und dann durch das neu belebte Viertel NewBo am Cedar River spazieren und sich traditionelles tschechisches Gebäck aus der **Sykora Bakery** (☎319-364-5271; www.facebook.com/sykorabakery; 73 16th Ave SW; Snacks ab 2 US$; ⌚Mo–Sa 7–19, So 10–17 Uhr) holen.

NORTH DAKOTA

Im einsamen North Dakota erstrecken sich die Getreidefelder – im Frühjahr und Sommer grün, im Herbst gelbbraun, im Winter weiß –, so weit das Auge reicht. Abgesehen von den zerklüfteten Badlands im äußersten Westen ist das Land ziemlich flach. Meist verstellt allenfalls die Ruine eines alten, aufgegebenen Gehöfts den Blick zum Horizont.

North Dakota ist einer der Bundesstaaten mit den wenigsten Besuchern. Das Fehlen von Urlaubern bedeutet aber nicht, dass der Bundesstaat verschlafenes Hinterland wäre. Vielmehr hat der (nach der geologischen Formation unter der Oberfläche benannte) Bakken-Öl-Boom den gesamten nordwestlichen Quadranten in eine einzige Bohrstelle verwandelt. Nachts tauchen die Feuer des abgebrannten Gases die ganze Landschaft in einen höllischen Schein. Einst verschlafene

ABSTECHER

IOWAS GREAT RIVER ROAD

Iowas Great River Road führt überwiegend am Mississippi und dem östlichen Rand des Bundesstaats entlang. Sie setzt sich aus mehreren Landstraßen zusammen und durchquert einige herrlich isoliert liegende Städte am Mississippi. Im äußersten Nordosten Iowas fährt man in **Lansing**, einem hübschen Erholungsort mit einem großartigen Panoramablick auf drei Staaten vom **Mt. Hosmer Park**, auf die Straße auf.

Auf der Fahrt weiter nach Süden gelangt man zum **Effigy Mounds National Monument** (☎563-873-3491; www.nps.gov/efmo; Hwy 76, Marquette; ⏲Juni–Aug. 9–17 Uhr, Sept.–Mai bis 16 Uhr) GRATIS, wo auf Klippen über dem Mississippi Hunderte figürlich gestaltete Grabhügel amerikanischer Ureinwohner zu sehen sind. Bei einem Spaziergang auf den grünen Wegen kann man dem Gesang der Vögel lauschen.

Dann folgen die benachbarten Orte **Marquette** und **McGregor**, zwei hübsche historische Dörfer, deren Hauptstraßen zu einem kurzen Bummel einladen. McGregor ist das Tor zum **Pikes Peak State Park** (☎563-873-2341; www.iowadnr.gov/Places-to-Go/State-Parks; 32264 Pikes Peak Rd, McGregor; Stellplatz Mai–Sept. ab 11–19 US$, Okt.–April 6–14 US$) GRATIS, einem Naturschutzgebiet am Zusammenfluss des Wisconsin River und des Mississippi mit zehn verbundenen Wanderwegen und Aussicht vom Campinggelände auf dem Hügel.

Dann geht's hinunter nach **Guttenberg**. Die moderne Stadt wartet mit einer Laden- und Restaurantzeile am Ufer auf. Dann folgt das regionale Zentrum **Dubuque**, wo man sich im eindrucksvollen National Mississippi River Museum & Aquarium (S. 725) über das Leben am Mississippi informieren kann. Es ist Teil einer großen Uferbebauung und behandelt in seinen Ausstellungen die Dampfschifffahrt, die Lebensformen im Fluss und die Geschichte der indigenen Völker, die am Mississippi siedelten.

An einem besonders malerischen Straßenabschnitt südlich von Dubuque liegt **Bellevue**, das seinem Namen mit schönen Ausblicken auf den Fluss und in die grüne Landschaft voll gerecht wird. Rast machen kann man in **Potter's Mill** (☎563-872-3838; www.pottersmill.net; 300 Potter Dr, Bellevue; Hauptgerichte 10–23 US$; ⏲So–Do 11–20, Fr & Sa bis 21 Uhr, Okt.–April Mo geschl.), einer alten Getreidemühle, wo man herzhafte Südstaatenküche genießen und dabei Livejazz und Blues lauschen kann. Weiter südlich folgt **Clinton** mit Uferwegen und dem **Eagle Point Park** (☎563-243-1260; 3923 N 3rd St, Clinton; ⏲Sonnenaufgang–Sonnenuntergang) GRATIS, wo man von einer 30 m hohen Klippe (mit einer Burg) einen weiten Blick über den Fluss genießt.

Ab hier wird die Landschaft flacher und der Blick weiter. Bald schon sind die geschäftigen Straßen von **Davenport**, der größten der sogenannten Quad Cities, erreicht. Weiter südlich besitzt **Burlington** ein ausgezeichnetes Besucherzentrum. Der Ort bietet sich zu einer kurzen Pause an, ehe die Fahrt hinter dem **Old Fort Madison**, der Rekonstruktion der ältesten US-amerikanischen Garnison des Mittleren Westen am Oberlauf des Mississippi, in **Keokuk** zu Ende geht.

Weitere Infos zur Route findet man unter www.iowagreatriverroad.com.

Ortschaften wie Williston und Watford City haben sich in Industriegebiete verwandelt.

Nahe der Grenze zu Montana findet sich schöne Natur, die einen Trip rechtfertigt, und am Missouri reihen sich Sehenswürdigkeiten aneinander, die mit der Expedition von Lewis und Clark in Zusammenhang stehen.

ℹ Praktische Informationen

North Dakota Tourism (www.ndtourism.com)

North Dakota Bed & Breakfast Association (www.ndbba.com)

North Dakota State Parks (www.parkrec.nd.gov) Die Einfahrtsgebühr für Fahrzeuge beträgt 7/35 US$ pro Tag/Jahr.

Fargo

122 000 EW.

Die größte Stadt North Dakotas wurde nach William Fargo von der Wells Fargo Bank benannt und war ein Handelsposten für Pelze, außerdem Pionierstadt, Hauptstadt für Schnellscheidungen und Zufluchtsort von Teilnehmern am staatlichen Zeugenschutzprogramm. Die Stadt war Vorbild für das Fargo im Film *Fargo* der Cohen-Brüder (und der an diesen anschließenden Fernsehserie), auch wenn der Film jenseits des Red River in Minnesota gedreht wurde und spielt. Einen Akzent, der sehr an die unvergessliche,

MOUNTAIN STANDARD TIME IN NORTH DAKOTA

Das südwestliche Viertel von North Dakota einschließlich Medora tickt nach der Mountain Standard Time; hier ist es eine Stunde früher als im Rest des Staates, wo die Central Standard Time gilt.

von Frances McDormand gespielte Filmfigur erinnert, hört man hier trotzdem häufig.

Wie in vielen Teilen North Dakotas gibt's auch in Fargo nur wenige wirkliche Sehenswürdigkeiten. Die Stadt besitzt aber einen ansteckenden Schwung und in der Downtown einige attraktive Backsteingebäude, die einen Zwischenstopp mit Übernachtung rechtfertigen.

Sehenswertes

Plains Art Museum MUSEUM
(☎701-551-6100; www.plainsart.org; 704 1st Ave N; ⌚Di–Mi & Fr–Sa 11–17, Do bis 21 Uhr) GRATIS Dieses ambitionierte kostenlose Museum in einem renovierten Lagerhaus zeigt anspruchsvolle Ausstellungen. Die ständige Sammlung umfasst auch zeitgenössische Werke von amerikanischen Ureinwohnern.

Fargo Woodchipper VISITOR CENTER
(☎701-282-3653; www.fargomoorhead.org; 2001 44th St, I-94, Exit 348; ⌚Juni–Sept. Mo–Fr 8–20, Sa & So 9–18 Uhr, Mai–Sept. Mo–Fr 8–17, Sa 9–16 Uhr) GRATIS Fargo kostet den Ruhm, den ihm der gleichnamige Film eingebracht hat, redlich aus; das sieht man ganz deutlich im Visitor Center der Stadt, in dem sich der Original-Häcksler befindet, in dessen Schlund Gaear in einer berühmten Szene die Reste von Carls Leichnam stopft und dabei von Marge entdeckt wird. Besucher können sie mit Hüten im Stil des Films nachspielen und ein künstliches Bein hineinstopfen (beides wird gestellt) – natürlich ohne Leiche!

Schlafen & Essen

★ **Hotel Donaldson** HOTEL $$
(☎701-478-1000; www.hoteldonaldson.com; 101 Broadway; Zi. ab 185 US$; ❄@☮) Die einstige Absteige wurde stilvoll und elegant umgestaltet und bietet heute 17 gut ausgestattete Suiten, die alle von einem hiesigen Künstler gestaltet wurden. Außerdem locken hier das schickste Restaurant der Stadt, eine Dachbar und ein Whirlpool! Jeden Abend um 17 Uhr gibt's kostenlos Wein und Käse.

Wurst Bier Hall DEUTSCH $
(☎701-478-2437; www.wurstfargo.com; 630 1st Ave N; Hauptgerichte 6–12 US$; ⌚11–23 Uhr; ☑) Die stets gut besuchte Bierhalle deutscher Art setzt auf einfallsreiche Würstchen-Sandwiches, ausgefallene Fleischgerichte und ein kreatives Angebot von mehr als 40 Fassbieren. Es gibt sogar Optionen für Vegetarier.

An- & Weiterreise

Der **Hector International Airport** (FAR; ☎701-241-8168; www.fargoairport.com; 2801 32nd Ave N) ist der am meisten ausgelastete Flughafen im Bundesstaat mit Flügen von/zu regionalen Luftkreuzen wie Chicago, Minneapolis und Denver. Jefferson Lines (www.jeffersonlines.com) betreibt ab der Downtown von Fargo täglich Busse nach Bismarck (40 US$, 3 Std.), Minneapolis (45 US$, 4 Std.) und Sioux Falls (40 US$, 4 Std.). Der Amtrak-Zug *Empire Builder* verbindet Fargo mit St. Paul (47 US$, 5½ Std., 1-mal tgl.).

Bismarck

72 900 EW.

Wie die umliegenden Weizenfelder erlebt Bismarck, North Dakotas Hauptstadt, einen schnellen, aber üppigen Sommer. In der übrigen Zeit mummelt sich die Stadt für die langen Winter ein, denn dann fällt die Durchschnittstemperatur auf bis zu –20 °C. In der kompakten Downtown gibt's eine bescheidene Auswahl von Läden und Restaurants; das zersiedelte Gebiet drum herum ist aber wenig reizvoll. Gleich westlich schließt sich jenseits des Missouri die Industriestadt Mandan an.

Die Stadt wurde nach dem deutschen Reichskanzler des 19. Jhs. benannt, weil man hoffte, so deutsche Auswanderer anzulocken. Tatsächlich kamen deutsche Zuwanderer in Scharen, doch gibt es keinen Hinweis darauf, dass der Name der Stadt dabei irgendeine Rolle spielte.

★ **North Dakota Heritage Center** MUSEUM
(☎701-328-2666; www.history.nd.gov; 612 East Boulevard Ave, Capitol Hill; ⌚Mo–Fr 8–17, Sa & So ab 10 Uhr) GRATIS Hinter der Statue von Sacagawea, der Shoshone-Indianerin, die Lewis und Clark bei ihrer Expedition im Jahr 1804 führte, informiert das historische Museum des Bundesstaats über alles Mögliche, von norwegischen Junggesellen-Farmern bis zu den vielen Atombomben und Raketen, die überall im Bundesstaat in Silos lagern.

Fort Abraham Lincoln State Park HISTORISCHE STÄTTE (☎701-667-6340; www.parkrec.nd.gov/fort-abraham-lincoln-state-park; abseits des Hwy 1806; 7 US$/Fahrzeug, Führung Erw./Kind 8/5 US$; ⏰Park 9–17 Uhr) Das Highlight dieses attraktiven ländlichen Parks am Westufer des Missouri ist das On-a-Slant Indian Village mit fünf nachgebauten Erdhütten der Mandan. Im Fort (mit mehreren nachgebauten Gebäuden) legte Custer den letzten Halt vor der Schlacht am Little Bighorn ein. Der Park liegt 7 Meilen (11,3 km) südlich von Mandan und ca. 13 Meilen (21 km) von der Downtown Bismarcks entfernt. Es gibt hier umfangreiche Wanderwege und im Sommer geführte Touren.

Praktische Informationen

Bismarck-Mandan Visitor Center (☎701-222-4308; www.noboundariesnd.com; 1600 Burnt Boat Dr, I-94, Exit 157; ⏰Mo–Fr 7.30–17 Uhr) Hat Unmengen North-Dakota-Souvenirs.

An- & Weiterreise

Der **Bismarck Airport** (BIS; www.bismarckairport.com; 2301 University Dr) liegt 3 Meilen (4,8 km) südöstlich der Stadt und wird ab regionalen Drehkreuzen wie Denver, Minneapolis und Chicago angeflogen. Jefferson Lines (www.jeffersonlines.com) schickt täglich Busse nach Fargo (40 US$, 3 Std.).

Theodore Roosevelt National Park

Nachdem der zukünftige Präsident Theodore Roosevelt mit Anfang 20 in nur wenigen Stunden seine Mutter und seine Frau verloren hatte, zog er sich aus New York hierher an diesen einsamen Ort zurück. Es heißt, dass die Zeit, die er in den Dakota Badlands verbrachte, ihn zu einem engagierten Naturschützer machte, und während seiner Amtszeit ließ er 93 Mio. ha staatlichen Landes stilllegen, eine Fläche größer als Texas. Sein bleibendes Vermächtnis ist der **Theodore Roosevelt National Park** (☎701-623-4466; www.nps.gov/thro; 7-Tages-Pass 30 US$/Fahrzeug; ⏰Park 24 Std.), einer der am meisten unterschätzten Parks überhaupt.

In dieser surrealen hügeligen Gegend aus gestreifter Erde wimmelt nur so von Wildtieren: Es gibt Maultierhirsche, Wildpferde, Dickhornschafe, Elche, Bisons, etwa 200 Vogelarten und natürlich Präriehunde mit ihren ausgedehnten unterirdischen Anlagen. Die beste Zeit, um Tiere zu beobachten, ist der Sonnenaufgang; der Sonnenuntergang lockt hingegen mit tollen Schattenspielen auf den einsamen Spitzkuppen, die noch einmal in leuchtenden Farbtönen erstrahlen, bevor sie vom Dunkel der Nacht verschwinden.

Schlafen

Der Erholungsort Medora ist eine gute Ausgangsbasis mit komfortablen Unterkünften für jeden Geldbeutel. Im Park gibt's zwei Campingplätze, von denen der **Cottonwood Campground** (☎701-623-4466; www.recreation.gov; E River Rd; Zeltstellplatz 7–14 US$; ⏰ganzjährig) der beliebtere ist. Wildcamping im Hinterland ist für bis zu 14 aufeinanderfolgende Tage erlaubt; die kostenlose Genehmigung erhält man in den Visitor Centers.

Praktische Informationen

Der Park besitzt drei Besucherzentren, von denen das **South Unit Visitor Center** (abseits der I-94, Exits 24 & 27, Medora; ⏰Juni–Sept. Mountain Standard Time 8–18 Uhr, Okt.–Mai bis 16.30 Uhr), hinter dem sich Theodore Roosevelts alte Hütte befindet, das größte ist.

An- & Weiterreise

Der Park besteht aus der North und der South Unit, die 70 Meilen (113 km) voneinander entfernt sind. Die South Unit befindet sich in Medora, 135 Meilen (217 km) westlich von Bismarck an der I-94. Hier liegt das Hauptbesucherzentrum des Parks, und es herrscht dank der Nähe zur I-94 ein höheres Besucheraufkommen. Die abgelegenere und einsamere North Unit liegt nördlich, 15 Meilen (24 km) südlich von Watford City, und ist über die US 85 zu erreichen. Um hinzukommen, braucht man ein eigenes Auto.

Die nächstgelegenen Flughäfen sind der Theodore Roosevelt Regional Airport in Dickinson (42 Meilen/68 km östlich der South Unit) mit Direktflügen nach Denver und der Sloulin Field International Airport in Williston (61 Meilen/98 km nördlich der North Unit) mit Flügen nach Minneapolis und Denver.

Medora liegt vier Fahrtstunden nördlich von Rapid City, South Dakota.

SOUTH DAKOTA

Sanft gewellte Prärien und flache, fruchtbare Täler prägen den Großteil dieses schier endlosen, schönen Bundesstaats. Doch im Südwesten ist die Hölle los – natürlich nur im weitesten Sinne: Der Badlands National Park ist die geologische Entsprechung eines Feuerwerks.

Die Black Hills sind ganz großes Kino – majestätisch, herausfordernd, geheimnisvoll und, ja, frustrierend. Als Sehenswürdigkeit kommt nur noch die New Yorker Freiheitsstatue dem Mt. Rushmore gleich.

ℹ Praktische Informationen

South Dakota Department of Tourism (www.travelsd.com)

Bed & Breakfast Innkeepers of South Dakota (www.southdakotabb.com)

South Dakota State Parks (www.gfp.sd.gov) Die Einfahrtgenehmigung für Fahrzeuge kostet 6/30 US$ pro Tag/Jahr.

Sioux Falls

176 900 EW.

South Dakotas größte Stadt macht ihrem Namen mit dem Falls Park, wo der Big Sioux River über eine lange Reihe von Felswänden in die Tiefe stürzt, alle Ehre. Gleich südlich des Parks liegt die muntere Downtown mit einer florierenden Gourmetszene und einigen der besten Restaurants in der Region.

★ **Falls Park** PARK

(131 E Falls Park Dr; ⏲5–24 Uhr) In diesem malerischen, grasbedeckten Park kann man auf kleinen Wegen zur Hauptattraktion der Sioux Fälle spazieren: zum Wasserfall. Der Falls Park ist bei verliebten Pärchen beliebt und hat ein schön gelegenes Café, gut platzierte Aussichtspunkte und Picknicktische. Zwischen Mitte November und Mitte Januar verwandelt er sich in ein Winterwunderland mit 355 000 funkelnden Lichtern.

ENCHANTED HIGHWAY

Am Enchanted Hwy, der von Exit 72 der I-94 32 Meilen (52 km) schnurgerade nach Süden führt, stehen riesige, bizarre Metallskulpturen von Menschen und Tieren der Region, die der Künstler Gary Greff geschaffen hat. Übernachten kann man in einem thematisch ausgerichtetem Motel, dem **Enchanted Castle** (☎701-563-4858; www.enchantedcastlend.com; 607 Main St, Regent; Zi. 100–135 US$; ❄@☏), einer umgebauten ehemaligen Grundschule mit Zinnen.

Zu den Kunstwerken an der Straße zählt die weltgrößte Altmetall-Skulptur, das 33,5 m hohe Werk *Geese in Flight* (Gänse im Flug).

★ **MB Haskett Delicatessen** MODERN-AMERIKANISCH $$

(☎605-367-1100; www.mbhaskett.com; 324 S Phillips Ave; Hauptgerichte 8–24 US$; ⏲Mo 7–16, Di–Do bis 21, Fr bis 22, Sa 8–22, So 8–15 Uhr) In Michael Hasketts Café im Retrostil wird den ganzen Tag über tolles Essen serviert, vom Frühstück bis zum Abendessen. Die ständig wechselnden Gerichte sind von den Jahreszeiten und Einflüssen aus aller Welt inspiriert.

ℹ Praktische Informationen

Sioux Falls Visitor Information Center (☎605-367-7430; www.visitsiouxfalls.com; 900 N Phillips Ave; ⏲Mai–Sept. 9–21 Uhr, Okt.–April kürzere Öffnungszeiten) Das Besucherzentrum im Falls Park hat Infos zur ganzen Stadt und einen Beobachtungsturm.

ℹ An- & Weiterreise

Vom **Sioux Falls Regional Airport** (FSD; ☎605-336-0762; www.sfairport.com; 2801 N Jaycee Lane) gehen Flüge von/zu den großen regionalen Luftkreuzen wie Chicago, Denver und Minneapolis. Busse von Jefferson Lines (www.jeffersonlines.com) fahren auf der I-90 nach Rapid City (74 US$, 6 Std., 1-mal tgl.) und auf der I-29 2-mal täglich nach Fargo (50 US$, 4 Std.) und Omaha (50 US$, 3½ Std.).

Chamberlain

2400 EW.

Chamberlain (Exit 263) liegt pittoresk an der Stelle der I-90, wo diese den schlammigen Missouri quert. Die Stadt am Exit 263 hat einige lohnende Anlaufstellen, bei denen man mehr über die hiesigen Indianerstämme sowie die historische Expedition von Lewis und Clark erfährt, die auch durch diese Gegend führte.

Chamberlain ist der interessanteste Abstecher von der I-90. Es liegt in einem riesigen Gebiet von South Dakota, das sich seit den Zusammenstößen der amerikanischen Ureinwohner und der US-Armee im 19. Jh. kaum verändert hat. Der **Native American Scenic Byway** (scenicbyways.info) beginnt in Chamberlain auf dem Hwy 50 und schlängelt sich 100 Meilen (161 km) auf dem Hwy 1806 am Missouri entlang durch hügeliges, raues Land gen Nordwesten bis nach Pierre.

★ **Akta Lakota Museum & Cultural Center** MUSEUM

(☎800-798-3452; www.aktalakota.org; 1301 N Main St; St. Joseph's Indian School; empfohlene Spende 5 US$; ⏲Mai–Okt. Mo–Sa 8–18, So 9–17 Uhr, Nov.–

April Mo–Fr 8–16.30 Uhr) Dieses hervorragende Museum und kulturelle Zentrum an der St. Joseph's Indian School zeigt Ausstellungen zur Kultur der Lakota und zeitgenössische Kunst mehrerer Stämme. Im Souvenirladen gibt's vor Ort hergestellten Schmuck, Steppdecken und Traumfänger.

Lewis & Clark Information Center MUSEUM
(☎605-734-4562; I-90, Exit 264; ⏲Mitte Mai–Sept. 8.30–16.30 Uhr) GRATIS Auf diesem Rastplatz südlich der Stadt gibt's Ausstellungen über das unerschrockene Duo und seine Reisen unten auf dem Missouri in den Jahren 1804 bis 1806, die hier vorbeiführten.

An- & Weiterreise

Chamberlain liegt rund 100 Meilen (160 km) südöstlich von Pierre am Native American Scenic Byway. Jefferson Lines (www.jeffersonlines.com) betreibt einen Bus täglich, der entlang der I-90 verkehrt.

Pierre

14 000 EW.

Pierre (sprich: pier) liegt wirklich malerisch am Missouri und ist ein ganz guter Zwischenstopp mitten im Zentrum von South Dakota. Zudem ist es die Hauptstadt des Bundesstaats, aber einfach zu klein, um sich wie ein Zentrum der Macht anzufühlen.

Die Anreise ist schon mehr als der halbe Spaß: Der **Native American Scenic Byway** (www.scenicbyways.info) beginnt in Chamberlain am Hwy 50 und windet sich auf 100 kurvenreichen Meilen (160 km) am Missouri entlang durch die hügelige, raue Landschaft nordwestwärts bis nach Pierre. Die Strecke folgt überwiegend dem Hwy 1806.

Sehenswertes

South Dakota Cultural Heritage Center MUSEUM
(☎605-773-3458; www.history.sd.gov; 900 Governors Dr; Erw./Kind 4 US$/frei; ⏲Juni–Aug. Mo–Sa 9–18.30, So 13–16.30 Uhr, Sept.–Mai bis 16.30 Uhr) Zu den Exponaten dieses in ökologischer Hinsicht bahnbrechenden Museums (es liegt komplett unter der Erde) gehört ein blutiges Geistertanzhemd aus Wounded Knee. Die Ausstellungen erläutern die Geschichte des Bundesstaats von der Zeit vor der europäischen Besiedlung bis hin zu seiner Rolle als Basis für Raketenstellungen und Atombomben während des Kalten Krieges.

Schlafen & Essen

Hitching Horse Inn B&B $
(☎605-494-0550; 635 N Euclid Ave; Zi. 60–100 US$; ❄📶) Der einladende Gasthof mit vier Zimmern versprüht zurückhaltenden Charme und ist im Gegensatz zu anderen B&Bs frei von erstickendem Zierkram. Zwei Zimmer haben Whirlpools, und im 1. Stock gibt's eine bei den Einheimischen beliebte Bier- und Weinbar mit Reiterthema.

Cattleman's Club STEAKS $$
(☎605-224-9774; www.cattlemansclubsteakhouse.com; 29608 Hwy 34; Hauptgerichte 8–35 US$; ⏲Mo–Sa 17–22 Uhr) Das berühmte Steakhaus 6 Meilen (9,7 km) östlich von Pierre gewährt prächtige Ausblicke auf den Missouri. Das Steak unbedingt rosa und saftig bestellen!

An- & Weiterreise

Pier liegt genau in der Mitte South Dakotas und ist mit dem Auto (vorwiegend auf der I-90) etwa dreieinhalb Stunden von Sioux Falls und drei Stunden von Rapid City entfernt. Jefferson Lines (www.jeffersonlines.com) schickt täglich Busse von Pierre nach Rapid City (346 US$, 3¾ Std.) und Sioux Falls (55 US$, 4½ Std.).

Wall

870 EW.

Dies ist der Ort, den Tausende Reklametafeln bewerben: Der auf Hunderte Meilen im Umkreis angepriesene Touristenmagnet Wall Drug, ein nachgebauter Frontier-Komplex, ist ein Grund, hier anzuhalten.

Sehenswertes

★**Wall Drug** WAHRZEICHEN
(☎605-279-2175; www.walldrug.com; 510 Main St; ⏲7–21 Uhr; 👪) Wall Drug ist eine erstaunlich nette Touristenattraktion alter Schule. Es gibt tatsächlich Kaffee für 0,05 US$, kostenloses Eiswasser, gute Donuts und genug Unterhaltung und Lockangebote, um jeden Fan von Ramsch und Tinnef zu begeistern. Und inmitten all des Tands findet sich auch noch ein hervorragender Buchladen mit einer tollen Auswahl regionaler Titel. Hinter dem Haus kann man auf dem Fabeltier Jackalope reiten und historische Fotos bewundern.

Story of Wounded Knee MUSEUM
(☎605-279-2573; www.woundedkneemuseum.org; 207 10th Ave; Erw./Kind 6 US$/frei; ⏲Ende Mai–Sept. 10–17 Uhr) Das kleine Museum erzählt mittels Fotos und Berichten vom Massaker

von Wounded Knee aus der Sicht der Lakota. Es vermittelt mehr Einsichten als alles, was sich an der eigentlichen Stätte findet.

Delta-09 Missile Silo HISTORISCHE STÄTTE
(195th Ave, I-90, Exit 116; ⏲9–15 Uhr) GRATIS Dieses Raketensilo aus der Zeit des Kalten Krieges liegt an einer unbefestigten Straße 5 Meilen (8 km) südöstlich von Wall und gibt einen Einblick in das riesige Netz ähnlicher Stätten, die zu jener Zeit, als die USA meinten, sich gegen einen sowjetischen Atomangriff absichern zu müssen, überall im amerikanischen Kernland entstanden. Das Silo kann man auch ohne Ticket durch eine Glasabdeckung betrachten. Es gehört zur **Minuteman Missile National Historic Site** (☎Führungsreservierungen 866-601-5129; www.nps.gov/mimi; I-90, Exit 131; Visitor Center Eintritt frei, Führung Erw./Kind 12/8 US$; ⏲Visitor Center 8–16 Uhr, Führungen Raketensilo 9–15 Uhr); das Visitor Center befindet sich 15 Meilen (24,1 km) südöstlich.

Praktische Informationen

National Grasslands Visitors Center (☎605-279-2125; www.blackhillsparks.org; 798 Main St; ⏲Mo–Fr 8–16.30 Uhr) Das National Grasslands Visitors Center in Wall zeigt gute Ausstellungen zu diesem unterschätzten komplexen Ökosystem, das einen großen Teil des Landes zwischen Wall und den Badlands einnimmt.

An- & Weiterreise

Wall liegt eine knappe Fahrtstunde östlich von Rapid City, zu erreichen über die I-90. Die Busse von Jefferson Lines (www.jeffersonlines.com) halten hier auf ihrer Fahrt auf der I-90.

Badlands National Park

Die außerirdisch anmutende, nur durch das fantastische Farbenspiel etwas sanfter wirkende Landschaft des **Badlands National Park** (☎605-433-5361; www.nps.gov/badl; Hwy 240; 7-Tages-Pass für den Park Fahrrad/Auto 12/25 US$) besteht aus spektakulären kahlen Felswänden und -spitzen, die in die trockene Luft zu stechen scheinen. Kein Wunder, dass die amerikanischen Ureinwohner sie *mako sica* (schlechtes Land) nannten! Blickt man von den verwitterten Wänden, die die Badlands umgeben, über die bizarren Formationen, wirken sie wie ein ausgedörrter Ozean.

Die **North Unit** des Parks kann man mit dem Auto in einem halben Tag sehen, wer aber etwas mehr Zeit mitbringt, sollte auch einige der kurzen Wanderwege gehen, die einen direkt in dieses erdfarbene Wunderland bringen, darunter der surreale **Door Trail**, der nicht weit vom Ben Reifel Visitor Center (S. 732) entfernt beginnt. Die schwerer zugängliche Stronghold Unit liegt in der Pine Ridge Indian Reservation und wird von Reisenden oft links liegengelassen. Zwischen den beiden Units verläuft der Hwy 44, der für die Fahrt zwischen den Badlands und Rapid City eine landschaftlich reizvolle Alternative darstellt.

Sehenswertes

★**Hwy 240 Badlands Loop Rd** GEBIET
Die meisten Reisenden besuchen die North Unit des Badlands National Park, und diese faszinierende Straße ist ihre Hauptverkehrsader. Sie ist problemlos von der I-90 (Exits 110 & 131) zu erreichen. Wer es eilig hat (und nicht hinter einem Wohnmobil herzuckelt), kann die Strecke gut in einer Stunde zurücklegen. Hier wimmelt es nur so von Aussichtspunkten und herrlichen Blicken, und auch Tiere werden häufig gesichtet.

Sage Creek Rim Rd GEBIET
Der Abschnitt der Badlands entlang dieser Schotterstraße westlich des Hwy 240 empfängt weit weniger Besucher als die Stätten an der Badlands Loop Rd (S. 732). Es gibt hier malerische Aussichtspunkte und kleine, einsame Ortschaften als Zwischenstopps. Die meisten Hinterland-Wanderer und Camper kommen hierher, wenn sie den Massen entfliehen wollen. Da es unterwegs fast kein Wasser und kaum Schatten gibt, sollte man nicht unvorbereitet in die Wildnis aufbrechen.

Schlafen

Im Park stehen Besuchern zwei Campingplätze und eine Lodge zur Verfügung, die jedoch außerhalb der Saison geschlossen hat. Hotels finden sich an der I-90 in Kadoka und Wall. In der Nähe des südlichen Eingangs bei Interior gibt's auch Campingplätze und Gasthäuser.

Praktische Informationen

Ben Reifel Visitor Center (☎605-433-5361; www.nps.gov/badl; Hwy 240; 7-Tages-Pass für den Park Fahrrad/Auto 12/25 US$; ⏲Juni–Aug. 7–19 Uhr, April, Mai, Sept. & Okt. bis 8–17 Uhr, Nov.–März bis 8–16 Uhr) Im größten Besucherzentrum des Parks gibt's gute Ausstellungen und Tipps, wo man das Auto stehen lassen kann, wenn man die geologischen Wunder aus der Nähe bestaunen will.

White River Visitor Center (☎605-455-2878; Hwy 27; ⊙Juni–Aug. 9–17 Uhr) Kleine Infostelle in der wenig besuchten Stronghold Unit.

Anreise & Unterwegs vor Ort

Der Badlands National Park liegt rund 70 Meilen (113 km) östlich von Rapid City. Es gibt mehrere nördliche und südliche Zugangspunkte zum Park. Zum Park und in ihm fahren keine öffentlichen Verkehrsmittel.

Pine Ridge Indian Reservation

Die Heimat der Oglala Lakota Sioux liegt südlich des Badlands National Park und ist einer der ärmsten Landstriche der USA: Mehr als die Hälfte der Bevölkerung lebt unterhalb der Armutsgrenze. Obwohl die Stätte manchmal ein bisschen viel verstörende Realität verströmt, sind Besucher hier herzlich willkommen. Man sollte den Sender KILI (90,1 FM) einschalten, hier wird oft traditionelle Musik gespielt.

Geschichte

Im Jahr 1890 verbreitete sich der neue Geistertanzkult wie ein Lauffeuer. Seine Anhänger unter den Lakota glaubten, die Ahnen würden zurückkehren und den weißen Mann vernichten. Bei den Soldaten und Siedlern in der Region kam Furcht auf, und die frenetischen Kreistänze wurden alsbald verboten. Die 7. US-Kavallerie umstellte eine Gruppe der Lakota unter Häuptling Big Foot und führte sie zu dem Dorf Wounded Knee.

Am 29. Dezember löste sich (niemand weiß, wer dafür verantwortlich war) ein Schuss, als die Soldaten gerade begannen, die Ureinwohner auf Waffen zu durchsuchen. Es folgte ein entsetzliches Massaker, dem mehr als 250 Männer, Frauen und Kinder, überwiegend unbewaffnet, zum Opfer fielen: eine der schändlichen Untaten in der US-Geschichte. Auch 25 Soldaten wurden getötet.

Sehenswertes

Wounded Knee Massacre Site HISTORISCHE STÄTTE

(Hwy 27) Ein verblasstes Schild markiert 16 Meilen (25,7 km) nordöstlich der Ortschaft Pine Ridge die Stätte des Massakers. Es ist sinnvoll, sich vor der Ankunft über die Ereignisse informiert zu haben. Das Massengrab findet sich auf der Hügelspitze in der Nähe einer Kirche. Kleine Gedenkstätten entstehen täglich inmitten der Steine, auf denen Dutzende Namen verzeichnet sind. Der Ort ist einsam und bietet eine weite Aussicht. Hier trifft man vielleicht auf Einheimische, die auf eine Spende hoffen. Auf einer improvisierten Zeitleiste sind Massaker verzeichnet, die an amerikanischen Ureinwohnern verübt wurden.

Red Cloud Heritage Center MUSEUM

(☎605-867-8257; www.redcloudschool.org; 100 Mission Dr, Pine Ridge; ⊙Juni–Aug. Mo–Sa 8–18, So 10–17 Uhr, Sept.–Mai Di–Sa 9–17 Uhr) GRATIS Das gut kuratierte Kunstmuseum zeigt traditionelle und zeitgenössische Werke und hat einen Laden, in dem örtliches Kunsthandwerk verkauft wird. Beeindruckend sind die nach dem Massaker von Wounded Knee aufgenommenen Fotos der gefrorenen Leichen, in deren Gesichtern der Schock festgeschrieben ist. Das Zentrum befindet sich 4 Meilen (6,4 km) nördlich von Pine Ridge am Hwy 18 bei der Red Cloud Indian School.

An- & Weiterreise

Der Ort Pine Ridge liegt nahe der Grenze zu Nebraska rund zwei Stunden südlich von Rapid City und ist über den Hwy 27 zu erreichen. In dieser Region fahren keine öffentlichen Verkehrsmittel.

Black Hills

Die Black Hills gelten als immergrüne Inseln in einem Meer von mit Grasland bedeckten Hochebenen. Die atemberaubende Region an der Grenze zwischen Wyoming und South Dakota zieht mit ihren gewundenen Canyons und malerisch verwitterten, bis zu 2100 m hohen Gipfeln viele Besucher in ihren Bann. Der Name der Region, „schwarze Hügel", lei-

ABSEITS DER ÜBLICHEN PFADE

MITCHELL: DER CORN PALACE

Der **Corn Palace** (☎605-995-8430; www.cornpalace.com; 604 N Main St; ⊙Juni–Aug. 8–21 Uhr, Sept.–Mai kürzere Öffnungszeiten) ist der King der Roadside-Attraktionen. Er bewegt jedes Jahr über eine halbe Million Menschen dazu, von der I-90 abzufahren. Fast 300 000 Kornähren werden jeweils benötigt, um die Tafeln mit Wandbildern an der Außenseite des Gebäudes neu anzufertigen. Wer die Bilder genau betrachtet, findet vielleicht ein Körnchen Wahrheit darin ... Drinnen dokumentieren Fotos die Entwicklung der Fassade über die Jahre hinweg.

Black Hills & Badlands National Park

tet sich von den düsteren, mit Ponderosa-Kiefern bewachsenen Hängen ab und wurde von den Lakota-Sioux übernommen. Im 1868 geschlossenen Vertrag von Fort Laramie wurde den Ureinwohnern zugesichert, dass ihnen das Land für immer gehören sollte. Doch nach der Entdeckung von Gold hielt man sich nicht mehr an die Vereinbarung, und die Sioux wurden nur sechs Jahre später auf wertloses Land in der Ebene vertrieben. Der Film *Der mit dem Wolf tanzt* (1990) behandelt einige Kapitel aus dieser Geschichte.

Wer die idyllischen Nebenstraßen, die Höhlen, Bisonherden, Wälder, Deadwood

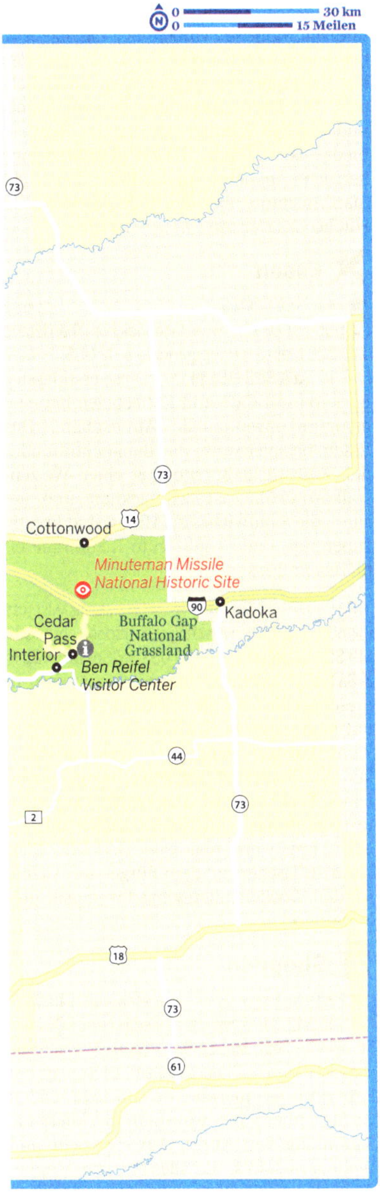

und Denkmäler wie Mt. Rushmore oder das Crazy Horse Monument sehen und die Outdoor-Aktivitäten (Rad und Boot fahren, klettern, wandern, Ski-Abfahrt oder Goldwäsche) ausprobieren möchte, braucht mehrere Tage. Zwischen den Attraktionen lauern aber auch kitschige Touristenfallen.

Praktische Informationen

Besucher sollten die Zeit der **Sturgis Motorcycle Rally** (☎ 605-720-0800; www.sturgismotorcyclerally.com; ⌚ Anfang Aug.) Anfang August meiden, denn dann machen Rowdys die Straßen und Unterkünfte unsicher. Zwischen Oktober und April sind viele Einrichtungen geschlossen.

Black Hills Visitor Center (☎ 605-355-3700; www.blackhillsbadlands.com; I-90, Exit 61, Rapid City, 1851 Discovery Circle; ⌚ Juni–Aug. 8–19 Uhr, Sept.–Mai bis 17 Uhr; 📶) Das Besucherzentrum hat tonnenweise Infos und auch informative und nützliche Apps im Angebot.

Anreise & Unterwegs vor Ort

Der **Rapid City Regional Airport** (RAP; ☎ 605-394-4195; www.rapairport.com; 4550 Terminal Rd) liegt 9 Meilen (14,4 km) südöstlich von Rapid City. Er ist das Haupttor für Trips in die Badlands und die Black Hills und bietet Flüge von/zu den großen US-amerikanischen Flugkreuzen. Busse von Jefferson Lines (www.jeffersonlines.com) fahren auf der I-90 ostwärts nach Sioux Falls (74 US$, 6 Std., 1-mal tgl.) und westwärts nach Wyoming.

Zu den Black Hills (und in ihrem Gebiet) verkehren keine öffentlichen Verkehrsmittel; am besten besucht man die Region mit dem eigenen Auto.

Rapid City

74 500 EW.

„Rapid" ist die ansprechende Hauptstadt der Region. Ihr weltoffenes Flair zeigt sich am besten in der faszinierenden, munteren Downtown, die sich prima zu Fuß erkunden lässt. Mit ihren gut erhaltenen Backsteingebäuden, in denen hochwertige Läden und gehobene Restaurants untergebracht sind, ist sie ein guter städtischer Ausgangspunkt für die Erkundung der Black Hills, besonders für diejenigen Traveller, die auf einen gewissen Komfort nicht verzichten wollen.

Sehenswertes

Im Black Hills Visitor Center und im Visitor Center (S. 737) der Stadt bekommen Besucher eine Broschüre für einen Stadtspaziergang zu den historischen Gebäuden und öffentlichen Kunstwerken Rapids. Wasserspaß gibt es in der Downtown auf dem **Main St Square**, auf dem auch regelmäßig Veranstaltungen stattfinden. Ganz in der Nähe in der **Art Alley** (nördl. der Main St zw. 6th St & 7th St) haben urbane Graffiti und Pop Art eine gewöhnliche Gasse in ein buntes Kaleidoskop verwandelt. Und neben den Statuen der Präsidenten stehen in der ganzen Stadt auch **Dinosaurierstatuen**.

Die Betreiber von familienfreundlichen, aber unverhohlen kitschig-touristischen Attraktionen versuchen entlang des Hwy 16 auf dem Weg zum Mt. Rushmore, Besuchern das Geld aus der Tasche zu ziehen.

★ **City of Presidents** STATUE

(www.visitrapidcity.com/things-to-do/city-presidents; 631 Main St; Infocenter Mai–Sept. Mo–Sa 12–21, So bis 17 Uhr, restliche Monate kürzere Öffnungszeiten) GRATIS Lebensgroße Statuen aller ehemaligen US-amerikanischen Präsidenten, von einem verschlagen blickenden Nixon bis zu einem triumphierenden Harry S. Truman, schmücken die Straßenecken im Zentrum von Rapid City. Lagepläne, um alle 43 Statuen aufzuspüren, gibt's online und in dem freundlichen Infozentrum an der Main St (wo auch Eis verkauft wird). Der letzte, lange erwartete Neuzugang ist seit Ende 2019 die Statue von Barack Obama an der Ecke St. Joseph und Fourth St.

Journey Museum & Learning Center MUSEUM

(605-394-6923; www.journeymuseum.org; 222 New York St; Erw./Kind 12/7 US$; Mai–Sept. Mo–Sa 9–18, So 11–17 Uhr, Okt.–April Mo–Sa 10–17, So 13–17 Uhr;) Die eindrucksvolle Einrichtung in Downtown vereint vier Museen in einem und wirft einen Blick auf die Region von der Vorgeschichte bis zur Gegenwart. Die Exponate stammen aus den Sammlungen des vielgerühmten **Museum of Geology** (605-394-2467; http://museum.sdsmt.edu; 501 E St. Joseph St, O'Harra Bldg; Juni–Aug. Mo–Sa 9–18 Uhr, Sept.–Mai Mo–Sa 8.30–16 Uhr) GRATIS, des Sioux Indian Museum, des Minnilusa Pioneer Museum und des South Dakota Archaeological Research Center.

Schlafen

Rushmore Hotel & Suits HOTEL $$

(605-348-8300; www.therushmorehotel.com; 445 Mt. Rushmore Rd; Zi. 100–200 US$;) Dieses mehrstöckige Hotel wurde in ein hochwertiges, umweltfreundliches Juwel mitten in der Downtown umgewandelt. Viele der Möbel sind aus recycelten Materialien hergestellt. Der Marmorboden in der Lobby ist ein echter Hingucker.

★ **Hotel Alex Johnson** HOTEL $$$

(605-342-1210; www.alexjohnson.com; 523 6th St; Zi. 150–300 US$;) Das Design dieses 1927 erbauten Klassikers kombiniert auf magische Weise germanische Tudor-Architektur und traditionelle Symbole der Lakota, etwa bei der bemalten Decke der Lobby und den aus Kriegsspeeren angefertigten Kronleuchtern. Die Dachterrassenbar ist umwerfend, und die 143 Zimmer wurden im Retrostil modernisiert (einige davon gewähren eine herrliche Aussicht). An der Rezeption erhält man Auskunft über die Rolle des Hotels in Hitchcocks *Der unsichtbare Dritte*.

Essen

★ **Harriet & Oak** CAFÉ $

(605-791-0396; www.facebook.com/harrietandoak; 329 Main St; Hauptgerichte 5–12 US$; Mo–Fr 7–18, Sa & So 8–16 Uhr;) Diese erstklassige Bäckerei mit Café und Kaffeeladen hat eine lustig-unkonventionelle Atmosphäre. Das Essen, beispielsweise das Bananenbrot oder der Frühstücks-Burrito aus einer Weizenvollkorntortilla, ist schmackhaft und gesund, die Sandwiches zu Mittag sind kreativ zubereitet, und es gibt gute Kleinbrauereibiere vom Fass.

Tally's Silver Spoon AMERIKANISCH $$

(605-342-7621; www.tallyssilverspoon.com; 530 6th St; Hauptgerichte 6–30 US$; So–Do 7–21, Fr & Sa bis 22 Uhr) Carter oder Reagan? Vorn in diesem schicken Café mit Bar in Downtown hat man einen Blick auf beide Statuen und kann darüber nachdenken, welchen Politiker man bevorzugt, während man gehobene Diner-Kost verspeist. Die Frühstücksgerichte sind immer eine prima Sache; abends gibt's kreativere regionale Gerichte. Man kann an Tischen auf dem Bürgersteig sitzen. An den Wochenenden gibt's Livemusik. Toller Service!

Shoppen

★ **Prairie Edge** KUNST & KUNSTHANDWERK

(605-342-3408; www.prairieedge.com; 606 Main St; Mai–Sept. Mo–Sa 9–19, So 11–17 Uhr, restliches Jahr kürzere Öffnungszeiten) Dieser an ein Labyrinth erinnernde dreistöckige Laden verfügt über eine wahrhaft faszinierende Sammlung von Kunst, Möbelstücken und Wohnaccessoires, die allesamt von Mitgliedern der Indianerstämme der nördlichen Plains hergestellt wurden. Zudem findet man hier antiquarische Bücher und alle nötigen Utensilien, um seine eigenen von den amerikanischen Ureinwohnern inspirierten Kunstwerke zu gestalten. In den Galerien im Obergeschoss lagern teilweise bessere Stücke als in so manchem Regionalmuseum!

NICHT VERSÄUMEN

MT. RUSHMORE

Auf den Straßen, die zu diesem unglaublich populären Denkmal führen, versetzt der Anblick von Washingtons Nase Touristen immer wieder in Erstaunen, doch ist dies nur ein Vorgeschmack auf die volle Wirkung dieser aus dem Berghang gearbeiteten Skulpturen, wenn man sie aus der Nähe betrachtet (nachdem man den weniger eindrucksvollen Parkplatz und den Zugangsweg hinter sich gelassen hat). Denn nun sieht man die 18 m hohen Granitköpfe von George Washington, Thomas Jefferson, Abraham Lincoln und Theodore Roosevelt in voller Pracht in die Ferne glotzen.

Zum Glück kann man den Massen leicht entkommen, das **Mt. Rushmore National Memorial** (☎605-574-2523; www.nps.gov/moru; abseits des Hwy 244; Parken 10 US$; ⌚Juni–Aug. 5–23 Uhr, Sept. bis 21 Uhr, restliche Monate weit kürzere Öffnungszeiten) in vollen Zügen genießen und die künstlerischen Fähigkeiten des Bildhauers Gutzon Borglum und die ungeheure Leistung der Arbeiter bestaunen, die das Denkmal zwischen 1927 und 1941 schufen, weil sich nur wenige Besucher auf den Wegen um die Stätte tummeln.

Die offiziellen Informationszentren des Park Service haben tolle Buchläden. Getrost links liegen lassen kann man den kitschigen Souvenirladen Xanterra und das mittelmäßige Carvers Cafe, das in *Der unsichtbare Dritte* als Schauplatz der vorgetäuschten Ermordung von Cary Grant weit besser aussah. Auch das Hauptmuseum ist nicht berauschend.

Mt. Rushmore liegt eine halbe Fahrtstunde südwestlich von Rapid City, zu erreichen über die US 16. Von Rapid City aus starten organisierte Touren nach Mt. Rushmore, öffentliche Busse fahren aber nicht dorthin.

Praktische Informationen

Rapid City Visitor Information Center (www.visitrapidcity.com; 512 Main St, Main Street Square; ⌚Mo–Fr 8–17 Uhr) Die hilfreiche Touristeninformation hat ihren Sitz am Main Street Square.

Deadwood

1300 EW.

Deadwood, einst der Inbegriff von Gesetzlosigkeit, zieht heute mit Dutzenden großen und kleinen Spielhallen eine ganz andere Art von Glücksrittern an, die auf die Gesichter der harten Typen, welche die Stadt einst auf Gold gründeten, wohl nicht mehr als ein müdes Lächeln zaubern würden. Andererseits ist es schließlich das locker sitzende Geld der Verlierer, mit dem die Sanierung Deadwoods bezahlt wird … Das Städtchen lohnt eine Erkundung, sofern man den Glücksspielrummel ignoriert.

In den 1870er-Jahren siedelten sich eifrige Goldsucher hier illegal an. Heute ist Deadwood ein National Historic Landmark mit stimmungsvollen Straßen, die von Gebäuden aus der Zeit des Goldrauschs gesäumt werden, welche mit dem Geld aus dem Glücksspiel aufwendig restauriert wurden. Die sagenumwobene Vergangenheit von Deadwood, die durch die gleichnamige HBO-Fernsehserie und den Spielfilm von 2019 Berühmtheit erlangte, lässt sich leicht entdecken. In der Stadt wird Wild Bill Hickok verehrt, der hier 1876 beim Glücksspiel durch einen Schuss in den Hinterkopf getötet wurde.

Sehenswertes

★**Mt. Moriah Cemetery** FRIEDHOF
(☎605-578-2600; 2 Mt. Moriah Dr; Erw./Kind 2 US$/frei, Führung 10/5 US$; ⌚Juni–Aug. 8–18 Uhr, Sept.–Mai Sonnenaufgang–Sonnenuntergang) Calamity Jane (geb. Martha Jane Burke, 1852–1903) und Wild Bill Hickok (1837–1876) ruhen auf dem sehr steilen Friedhof oben auf dem Boot Hill Seite an Seite. Am besten holt man sich einen Lageplan und macht sich an die Erkundung. Bustouren machen hier Halt.

Adams Museum MUSEUM
(☎605-578-1714; www.deadwoodhistory.com; 54 Sherman St; Eintritt gegen Spende Erw./Kind 5/2 US$; ⌚Mai–Sept. 9–17 Uhr, Okt.–April Di–So 10–16 Uhr) Das kürzlich wiederbelebte Museum fängt die bunte Vergangenheit der Stadt ausgezeichnet ein. Es gibt auch einen kleinen Laden mit Büchern über die Region.

Schlafen & Essen

Bullock Hotel HISTORISCHES HOTEL **$$**
(☎605-578-1745; www.historicbullock.com; 633 Main St; Zi. 70–200 US$; ❄📶) Fans der Fernsehserie *Deadwood* werden sich an den mit sich ringenden, aber dennoch aufrechten

Sheriff Seth Bullock erinnern. Dieses Hotel wurde 1895 von dem echten Bullock eröffnet. Die 28 Zimmer sind modern eingerichtet, wahren aber den historischen Charme des Gebäudes. Wie die meisten der hiesigen Hotels verfügt auch das Bullock über ein Kasino.

Deadwood Social Club ITALIENISCH **$$**
(☎800-952-9398; www.saloon10.com; 657 Main St; Hauptgerichte 20–30 US$; ⏲So–Do 16–21, Fr & Sa bis 22 Uhr) Das geschäftige Restaurant, das sich das Gelände mit dem historischen **Saloon No. 10** (⏲Küche 11–21 Uhr, Bar 8–2 Uhr) teilt, bringt beliebte italienische Gerichte und Steaks auf die Tische und hat eine umfangreiche Weinkarte. Gäste können ihren Drink oder ihr Nachtmahl auch unter den Sternen oben auf der netten Dachterrasse genießen.

Praktische Informationen

Das prächtige **Deadwood History & Information Center** (☎800-999-1876; www.deadwood.com; 3 Siever St; ⏲Juni–Aug. 8–19 Uhr, Sept.–Mai 9–17 Uhr) im restaurierten Bahndepot hat bergeweise örtliche Informationen für Traveller und zeigt Ausstellungen und Fotos zur Geschichte der Stadt. Wer mag, kann sich hier die Broschüre für einen Stadtspaziergang geben lassen.

Lead

3000 EW.

Auf einem steilen Hügel über Deadwood liegt Lead (sprich: lied), das rauen Charme besitzt und noch viele Narben aus der Zeit des Bergbaus aufweist. Heute zeigt sich hier aber auch ein Hauch Gentrifizierung, weil Physiker in weißen Overalls, die tief unten in den alten Bergwerksschächten Experimente durchführen, die raubeinigen Bergarbeiter ersetzt haben. Im Winter ist der Ort eine solide Basisstation für alle, die in den nahen Resorts Ski fahren wollen.

Die Broschüre mit dem historischen Stadtrundgang ist überall im Ort kostenlos aufzutreiben und enthält die Anleitung zu einem tollen Spaziergang.

Sanford Lab Homestake Visitor Center MINE
(☎605-584-3110; www.sanfordlabhomestake.com; 160 W Main St; Aussichtsbereich frei, Führung Erw./Kind 8/7 US$; ⏲9–17 Uhr) Hier kann man in die 380 m tiefe Homestake Gold Mine hinunterschauen und sehen, was der Tagebau einem Berg antun kann. In der Nähe liegen die Schächte der Mine, die über 2,4 km in die Tiefe führen und heute für physikalische Forschungen genutzt werden – die Ausstellungen im Besucherzentrum erläutern das Ganze. Für 10 US$ kann man von der Aussichtsterrasse Golfbälle in die scheinbar bodenlose Tiefe schlagen.

★ **Town Hall Inn** HISTORISCHES HOTEL **$**
(☎605-584-1112; www.townhallinn.com; 215 W Main St; Zi. 50–120 US$; 📶) Die Unterkunft mit zwölf Zimmern ist in der 1912 erbauten Town Hall untergebracht. Das ehemalige Rathaus bietet geräumige Suiten, die nach ihren früheren Verwendungszwecken benannt und eingerichtet wurden, von der städtischen Richterkammer und dem Geschworenenzimmer bis hin zum Büro des Bürgermeisters.

Black Hills National Forest

Der größte Teil der Black Hills liegt in diesem fast 5000 km² großen Gebiet, das aus einer Mischung aus geschützten und bewirtschafteten Wäldern besteht und an den meisten Straßen von Parzellen in Privatbesitz unterbrochen wird. Die Landschaft ist fantastisch, egal ob man sich auf den insgesamt 724 km an Wanderwegen tief in den Wald hineinbegibt oder mit dem Auto auf den Nebenstraßen und in unbefestigten Feuerschneisen fährt.

Sehenswertes & Aktivitäten

Der Spearfish Canyon Scenic Byway (www.byways.org) ist eine 20 Meilen (32 km) lange, von Wasserfällen gesäumte kurvenreiche Straße, die von Spearfish aus mitten in die Hügel führt. Hinter jeder Kurve verbirgt sich etwas Sehenswertes, das einen Stopp lohnt, und wer etwas länger wartet, kann die Biber beim Bau ihrer Bauten belauschen. Die Straße ist eine prima Alternative zur I-90, wenn man auf dem Weg nach Lead und Deadwood ist.

★ **George S. Mickelson Trail** WANDERN
(☎605-584-3896; www.mickelsontrail.com; Tages-/Jahreskarte 4/15 US$) Der 175 km lange George S. Mickelson Trail führt auf einer stillgelegten Bahntrasse entlang durch den Großteil des Black Hills Forest von Deadwood über Hill City und Custer nach Edgemont. In den verschiedenen Orten am Trail, den man von 15 Startpunkten aus in Angriff nehmen kann, kann man Fahrräder ausleihen. Auf der Website kann man einen nützlichen Trail-Guide herunterladen.

Schlafen

Überall im Wald gibt's gute Campingmöglichkeiten, darunter 30 einfache Campingplätze (Stellplatz ohne Dusche & Strom 14–25 US$), sowie Hütten (35 US$); im Sommer sollte man reservieren (877-444-6777, www.recreation.gov). Campen im Hinterland ist kostenlos und fast überall erlaubt. Das Entfachen offener Feuer ist verboten.

Spearfish Canyon Lodge LODGE **$$**
(☎605-584-3435; www.spfcanyon.com; 10619 Roughlock Falls Rd, abseits der US 14A, Lead; Zi. 90–260 US$; ❄📶🐾) Das ländliche Refugium liegt 13 Meilen (20,9 km) südlich von Spearfish in praktischer Nähe zu Wanderwegen und Wildbächen. Der mächtige Kamin in der Lobby sorgt für Charme; die 54 modernen, gemütlichen Zimmer sind mit Pinienholz verkleidet. Auf der Terrasse gibt's einen Whirlpool.

Praktische Informationen

Pactola Visitor Center (☎605-343-8755; www.fs.usda.gov/blackhills; US 385 nahe Hwy 44; ⏲Mitte Mai–Aug. 9–17 Uhr) Das moderne Besucherzentrum thront am Pactola Reservoir zwischen Hill City und Rapid City. Eine malerische Stelle für ein Picknick!

Hill City

1000 EW.

Hill City ist einer der ansprechenderen Orte oben in den Hügeln und weniger hektisch als beispielsweise Keystone. Außerhalb der Sommersaison ist hier aber praktisch alles geschlossen. An der Hauptstraße gibt's Cafés, viele Galerien, niedliche Süßwarengeschäfte und Läden mit Western-Zubehör.

★**1880 Train** TOUR
(☎605-574-2222; www.1880train.com; 222 Railroad Ave, Hill City; Erw./Kind hin & zurück 29/14 US$; ⏲Mitte Mai–Dez.) Der klassische Dampfzug tuckert 16 km durch das zerklüftete Gelände von Keystone nach Hill City. Es gibt täglich eine bis fünf Fahrten in beide Richtungen. Gleich neben dem Bahnhof befindet sich ein Eisenbahnmuseum.

★**Alpine Inn** HISTORISCHES HOTEL **$$**
(☎605-574-2749; www.alpineinnhillcity.com; 133 Main St; Zi. 80–180 US$; ⏲Restaurant 11–14.30 & 17–21 Uhr; 📶) Direkt im Ortszentrum bietet der 1884 erbaute Alpine Inn komfortable Zimmer in herrschaftlichen Rottönen. Das Restaurant serviert deftige Kost mit deutschem Einschlag (Hauptgerichte 8–15 US$).

Custer State Park

Der einzige Grund dafür, dass der 287 km² große **Custer State Park** (☎605-255-4515; www.custerstatepark.com; 7-Tages-Pass 20 US$/Fahrzeug; ⏲24 Std.) kein Nationalpark ist, liegt darin, dass der Staat ihn sich zuerst „geschnappt" hat. Hier leben eine der größten freilaufenden Bisonherden der Welt (ca. 1500 Tiere), die berühmten *begging burros* (Esel, die Besucher anbetteln) und über 200 Vogelarten. Außerdem gibt es hier Elche, Gabelantilopen, Bergziegen, Dickhornschafe, Kojoten, Präriehunde, Berglöwen und Rotluchse.

Im Park gibt's fünf beeindruckende Resorts (www.custerresorts.com) – vorab buchen! – und neun Campingplätze (Stellplatz Zelt 19–35 US$). Auf vier der Campingplätze werden auch gut ausgestattete Campinghütten (50 US$) vermietet. Sylvan Lake ist der am malerischsten gelegene (und beliebteste) Campingplatz, sodass man unbedingt rechtzeitig reservieren muss (über www.campsd.com). Im Sommer stehen die Chancen ohne Reservierung überall schlecht. Campen im Hinterland (pro Nacht 7 US$/Pers.) ist nur in der French Creek Natural Area erlaubt.

Praktische Informationen

Das an der Ostseite des Custer State Park gelegene **Custer State Park Visitor Center** (☎605-255-4020; www.custerstatepark.com; Kreuzung US 16A & Wildlife Loop Rd; ⏲Juni–Aug. 8–20 Uhr, Sept.–Mai bis 16 Uhr) bietet gute Ausstellungen, geführte Naturwanderungen und andere Aktivitäten.

Custer City

1900 EW.

Custer City (oder einfach Custer) ist ein größeres Zentrum in den Black Hills an der Kreuzung der US 16 und der US 385. Die Hauptstraße leidet unter starkem Verkehr, aber es gibt hier eine gute Auswahl von Restaurants und Unterkünften sowie eines der besten Besucherzentren in der Region. Das Städtchen liegt in der Nähe des Custer State Park und von Mt. Rushmore.

Sehenswertes

Crazy Horse Memorial DENKMAL
(☎605-673-4681; www.crazyhorsememorial.org; 12151 Ave of the Chiefs, abseits der US 385; pro Pers./Auto 12/30 US$; ⏲Juni–Sept. 7–22 Uhr; Okt.–Mai kürzere Öffnungszeiten) Das mit 169 m Höhe größte Denkmal der Welt ist noch immer im Bau (und es ist noch viel zu tun).

ABSTECHER

WIND CAVE NATIONAL PARK

Der **Park** (☎605-745-4600; www.nps.gov/wica; abseits der US 385; Eintritt frei, Führung 10–30 US$; ⏲Visitor Center Juni–Mitte Aug. 8–19 Uhr, Mitte Aug.–Mai kürzere Öffnungszeiten) schützt eine 114 km² große Fläche mit Grasland und Wäldern und liegt gleich südlich vom Custer State Park (S. 739). Das wichtigste Highlight ist natürlich die Höhle, in der sich über 236 km kartografierter Gänge befinden. Die starken Windböen, die am Eingang, aber nicht in der Höhle selbst zu spüren sind, gaben der Höhle ihren Namen. Im Visitor Center erfährt man Genaueres zu den verschiedenen angebotenen **Führungen**, von der einstündigen Tour bei Kerzenschein bis zur vierstündigen Krabbelpartie.

Nach der Fertigstellung wird es den Sioux-Häuptling hoch zu Ross zeigen, wie er zum Horizont weist und sagt: „Mein Land ist dort, wo meine Toten begraben sind."

Niemand wagt, festzulegen, wann die Skulptur vollendet sein wird – das Gesicht wurde 1998 als fertig gefeiert. Man kann den Berg zwar in der Ferne sehen, doch um dichter heranzukommen, muss man 4 US$ für die Fahrt im Transporter hinblättern.

Jewel Cave National Monument HÖHLE
(☎605-673-8300; www.nps.gov/jeca; abseits der US 16; Führungen Erw. 4–31 US$, Kind 0–8 US$; ⏲Visitor Center Juni–Sept. 8–18 Uhr, Okt.–Mai 8.30–16.30 Uhr) Wenn man nur eine einzige Höhle in den Black Hills besuchen will, ist diese eine gute Wahl. Sie liegt 13 Meilen (20,9 km) westlich von Custer und verdankt ihren Namen den Kalzitkristallen, die große Teile ihrer Felswände bedecken. Bisher sind rund 300 km (das sind 3% der geschätzten Gesamtlänge) kartografiert – die Höhle ist die drittlängste bekannte Höhle weltweit. Die Führungen unterscheiden sich in Länge und Schwierigkeitsgrad; sie können drei bis 90 Tage im Voraus reserviert werden (605-717-7629, www.blackhillsvacations.com). Das Besucherzentrum zeigt interessante Ausstellungen.

Schlafen

Rocket Motel MOTEL $
(☎605-673-4401; www.rocketmotel.com; 211 Mt. Rushmore Rd; Zi. 60–160 US$; ❄📶) Schon das flotte Neonschild draußen macht dieses Motel alten Stils zu einer guten Option. Das Rocket hat aber zudem noch eine gute Lage im Zentrum, ist gepflegt und hat sehr günstige Preise. Der Werbespruch des Hauses *It's a blast from the past!* (Es ist eine Druckwelle aus der Vergangenheit) trifft hier voll ins Schwarze.

Praktische Informationen

Visitor Center (☎605-673-2244; www.custersd.com; 615 Washington St; ⏲Mo–Fr 8–17, Sa 9–17, So 10–16 Uhr) Die beste Touristeninformation in den Black Hills hilft einem bei allen Fragen weiter. Es gibt hier Unmengen Broschüren und Lesestoff.

Hot Springs

3500 EW.

Das attraktive, gemächliche Städtchen liegt südlich des Hauptrundwegs durch die Black Hills und besitzt schmucke rote Sandsteingebäude aus den 1890er-Jahren, die im Schein der untergehenden Sonne aufleuchten. Die Hauptattraktion sind aber die warmen Mineralquellen, die den Fall River speisen.

Man kann seine Wasserflasche an den **Kidney Springs** gleich südlich vom Visitor Center auffüllen und unter den ganzjährig 22 °C warmen **Cascade Falls**, die sich 11 Meilen (17,7 km) südlich an der US 71 befinden, ein Bad nehmen.

Mammoth Site HISTORISCHE STÄTTE
(☎605-745-6017; www.mammothsite.com; 1800 US 18 Bypass; Erw./Kind 11/8 US$; ⏲Mitte Mai–Mitte Aug. 8–20 Uhr, Mitte Aug.–Mitte Mai kürzere Öffnungszeiten) In direkter nähe zum Zentrum ist dies die größte unverändert belassene Fossilienfundstätte des Landes. Hier verendeten vor ca. 26 000 Jahren Hunderte Tiere in einem Erdfall. Man kann auf der archäologischen Stätte frei herumgehen.

Red Rock River Resort HOTEL $
(☎605-745-4400; www.redrockriverresort.com; 603 N River St; Zi. 85–150 US$; ❄📶) Das Resort im Zentrum bietet gemütliche, stilvolle Zimmer in einem schönen roten Sandsteingebäude von 1891 sowie Wellness-Einrichtungen (Tageskarte für Nichtgäste 25 US$) mit optionalen Anwendungen und Massagen.

Praktische Informationen

Hot Springs Visitor Center (☎605-745-4140; www.hotsprings-sd.com; 630 N River St; ⏲Mai–Okt. Mo–Sa 9–17.30, So 12–16 Uhr) Die Touristeninformation befindet sich in einem 1891 erbauten Bahnhof.

NEBRASKA

Der Cornhusker State (in dem tatsächlich viel Getreide wächst) besitzt schöne Flusstäler, ist aber an vielen Stellen so karg und öde, dass es einen in Trance versetzen könnte. Die Spuren der Vergangenheit – große Fundstätten von Dinoüberresten, Zeugnisse der Kultur der amerikanischen Ureinwohner und der harten Arbeit der Siedler – erzählen von einer dramatischen Geschichte. Neben vielen kleinen Ortschaften bieten die beiden Großstädte Omaha und Lincoln urbanes Leben und Kultur. Wer dieses gleichförmige Land richtig kennenlernen will, sollte die kleineren Nebenstraßen nutzen: die US 30 statt der I-80, die US 20 in die Black Hills oder die einsame, prachtvolle US 2.

Praktische Informationen

Nebraska Tourism Commission (www.visitnebraska.com)

Nebraska Association of Bed & Breakfasts (www.nebraskabb.com)

Nebraska State Parks (www.outdoornebraska.gov) Die Einfahrtsgenehmigung für Fahrzeuge kostet durchschnittlich 8/46 US$ pro Tag/Jahr.

Omaha

466 900 EW.

Omaha eignet sich nicht für einen kurzen Zwischenstopp: Angesichts des Viertels Old Market mit seinen Backsteingebäuden und Kopfsteinstraßen, des boomenden Ufergebiets, einer munteren Gastronomie und Musikszene sowie mehrerer guter Museen können sich hier ein paar Stunden schnell in mehrere Tage Aufenthalt verwandeln.

Omaha erlangte als Verkehrsknotenpunkt Bedeutung. Die Lage am Missouri und die Nähe zum Platte River machten den Ort zu einer wichtigen Zwischenstation auf dem Oregon Trail, dem California Trail und dem Mormon Trail; später erstreckte sich die Union Pacific Railroad von hier nach Westen. Heute gehört Omaha landesweit zu den Top Ten, was die Zahl der Milliardäre betrifft; viele umsatzstarke Unternehmen sitzen hier. Dank mehrerer reicher Wohltäter (z. B. dem Investor Warren Buffett) fließen erstaunliche Summen dieses Geldes zurück an die Stadt.

Sehenswertes

★ Riverfront FLUSSUFER

(8th St & Riverfront Dr) Das Gebiet am Ufer des Missouri feiert die Vergangenheit und Gegenwart der Wasserstraße. Zu den Highlights zählen die architektonisch beeindruckende **Bob Kerrey Pedestrian Bridge** (705 Riverfront Dr) hinüber nach Iowa, der **Heartland of America Park** (800 Douglas St) mit seinen Springbrunnen und üppigen Gärten sowie die **Lewis & Clark Landing** (345 Riverfront Dr), wo die Entdecker 1804 an Land gingen. Am Ufer befindet sich auch das **Lewis & Clark National Historic Trail Visitor Center** (☎402-661-1804; www.nps.gov/lecl; 601 Riverfront Dr; ⊙Mai–Okt. Mo–Fr 8–17, Sa & So ab 9.30 Uhr, Nov.–April Mo–Fr 8–16.30 Uhr), in dem es Ausstellungen und einen Buchladen gibt.

★ Union Pacific Railroad Museum MUSEUM

(☎712-329-8307; www.uprrmuseum.org; 200 Pearl St, Council Bluffs; ⊙Do–Sa 10–16 Uhr) GRATIS Gleich auf der anderen Seite des Flusses im hübschen, kleinen Zentrum von Council Bluff, Iowa, erzählt dieses interaktive Museum die Geschichte der profitabelsten Eisenbahn der Welt und jener Eisenbahngesellschaft, die hier in den 1860er-Jahren mit dem Bau der Strecke begann, die quer über den Kontinent nach Westen führte. Die dreistöckige Ausstellung ist eine nostalgiereiche Ode an das Reisen mit dem Zug und beleuchtet, wie diese Entwicklung Amerika für immer veränderte.

Omaha's Henry Doorly Zoo & Aquarium ZOO

(☎402-733-8401; www.omahazoo.com; 3701 S 10th St; Erw./Kind Mai–Sept. 22/16 US$, restliche Monate niedrigere Eintrittspreise; ⊙April–Okt. 9–18 Uhr, Nov.–März 10–17 Uhr; 👪) Die größte Indoor-Wüste der Welt? Check. Das größte Nachtgehege der Welt? Check. Der größte Indoor-Regenwald Amerikas? Check. Ein Aquarium mit Habitaten von der Arktis bis zu Korallenriffen? Und wieder: check. Diese Superlative sprechen für sich. Bei einem Bummel durch den riesigen, gut gestalteten Komplex kann man leicht einen ganzen Tag zubringen. Der Zoo wird häufig als der beste in den gesamten USA bezeichnet. Gegen Aufpreis kann man besondere Begegnungen mit Tieren vereinbaren.

Durham Museum MUSEUM

(☎402-444-5071; www.durhammuseum.org; 801 S 10th St; Erw./Kind 11/7 US$; ⊙ganzjährig Di 10–20, Mi–Sa bis 17, So 13–17 Uhr, Juni–Aug. & Dez. auch Mo 10–17 Uhr) Mit ihren für eine Kathedrale geeigneten hohen Fenstern, den geometrischen Kronleuchtern, verzierten Decken und den Bahnarbeiter darstellenden Reliefs an der Fassade bietet die hoch aufragende, im Art-déco-Stil erbaute Union Station einen hinreißenden Anblick. Das schöne Museum behandelt die Lokalgeschichte von der Expedition von Lewis und Clark bis hin zu den Schlachthöfen von Omaha und zu den Zügen, die einst an dem stillgelegten Bahnhof hielten. Am altmodischen Imbiss gibt's immer noch Hotdogs und Sprudel.

★ Hot Shops Art Center KUNSTZENTRUM
(☎402-342-6452; www.hotshopsartcenter.com; 1301 Nicholas St; ⊙Mo–Fr 9–18, Sa & So 11–17 Uhr) Beim Betreten dieses dreistöckigen Kunstzentrums (ein ehemaliges Matratzenlager) fühlt man sich, als ob man durch einen Kaninchenbau in ein alternatives Universum schlüpfen würde, das sich fest in der Hand exzentrischer Künstler befindet. Die „Hot Shops", die dem Ganzen seinen Namen verpassten, sind die Künstlerwerkstätten von Glasbläsern, Töpfern, Bronzegießern und Schmieden, die im unteren Teil des Gebäudes das Fundament bilden. Darüber befinden sich 55 Ateliers, in denen Künstler ihre Werke schaffen und ausstellen. Hier kann man einfach mal zwischen den labyrinthischen Ateliers umherschlendern, sich für Kunstunterricht anmelden oder eine der monatlich stattfindenden Veranstaltungen besuchen.

LUFTWAFFENSTÜTZPUNKTE IN OMAHA

Die großen Militärflugzeuge, die langsam über den Himmel ziehen, sind wahrscheinlich auf dem Weg zu einem der großen Luftwaffenstützpunkte in der Region um Omaha.

Nach dem Zweiten Weltkrieg war die Offutt Air Force Base in Omaha Sitz des Strategic Air Command der US-Luftwaffe, der mit Atombomben bestückten Staffel, die in *Dr. Seltsam* erläutert wird. Dieses Erbe dokumentiert das höhlenartige **Strategic Air Command & Aerospace Museum** (☎402-944-3100; www.sacmuseum.org; 28210 West Park Hwy, I-80, Exit 426; Erw./Kind 12/6 US$; ⊙9–17 Uhr) mit einer riesigen Sammlung von Bombern von der B-17 über die B-52 bis zur B-1. Mit den Auswirkungen der Bomben beschäftigt sich das Museum aber nicht. Die Anlage befindet sich 30 Meilen (48 km) südwestlich von Omaha, das damit noch gut im Todesradius einer Bombe von 1 Megatonne liegt.

Geführte Touren

★ Nebraska Tour Company TOUR
(☎402-881-3548; www.nebraskatourcompany.com; geführte Tour ab 30 US$) Stadtspaziergänge, Brauerei- oder Weinguttouren sowie Exkursionen zu den verborgenen Schätzen von Omaha finden sich im Angebot dieses ausgezeichneten Tourveranstalters. Die Touren zu Geschichte und Kunst werden von örtlichen Experten geleitet. Der Rundgang durch Old Market gehört zu den beliebtesten Stadtspaziergängen.

Schlafen

★ Hotel Deco HISTORISCHES HOTEL $$
(☎402-991-4981; www.hoteldecoomaha.com; 1504 Harney St; Zi. ab 140 US$; ❄📶) Das Hotel befindet sich in einem umgewidmeten, hoch aufragenden Gewerbegebäude von 1930, das, wie der Name verrät, im schicken Art-déco-Stil errichtet wurde. Die Zimmer sind sehr komfortabel und präsentieren sich im Stil ihrer Zeit in einer Farbpalette aus Silber, Grau, Schwarz und Weiß. Die öffentlichen Bereiche sind prächtig, und das Steakhaus Monarch im Haus hat einen guten Ruf.

Magnolia Hotel HISTORISCHES HOTEL $$
(☎402-341-2500; www.magnoliahotelomaha.com; 1615 Howard St; Zi. 140–250 US$; ❄@📶🐾) Das Boutiquehotel in einem restaurierten, 1923 im italienischen Stil erbauten mehrstöckigen Gebäude befindet sich in der Nähe von Old Market. Die 145 Zimmer sind modern und dynamisch gestaltet. Abends gibt's als kostenloses Betthupferl Milch und Kekse.

Essen

★ Johnny's Cafe STEAKS $$
(☎402-731-4774; 4702 S 27th St; Hauptgerichte 15–35 US$; ⊙Mo–Fr 11–14, Mo–Do 17–21, Fr & Sa bis 22 Uhr) Das vor Ort legendäre Steakhaus wird schon seit 1922 von derselben Familie geführt. Das Restaurant ist ein lebendes Dekor-Museum mit eigens angefertigten Kunstwerken, die Teil des üppigen Interieurs aus den 1950er-Jahren sind (auf Wunsch erhält man eine Führung). Man nimmt auf einem der eleganten, mit Rollen ausgestatteten Stühle Platz und trifft seine Wahl unter den ausgezeichneten Steaks und anderen Fleischgerichten.

Ein perfektes Mahl: die berühmten Zwiebelringe des Hauses, der Haussalat mit Blauschimmelkäse und das Omaha-Clubsteak. Die Portionen sind riesig.

Upstream Brewing Company AMERIKANISCH **$$**
(☎402-344-0200; www.upstreambrewing.com; 514 S 11th St; Hauptgerichte 10–30 US$; ⊙Mo–Do 11–1, Fr & Sa bis 2, So 10–24 Uhr) Das Bier in dieser riesigen, alten Feuerwache im Old Market ist sehr aromatisch, und der Knoblauch im Caesar Salad sorgt für genügend Antrieb, um es über den Missouri bis hinüber nach Iowa zu schaffen. Die Steaks sind dick und entsprechen den hiesigen Standards. Es gibt Tische draußen auf dem Bürgersteig, eine Dachterrasse sowie eine riesige Bar.

Au Courant Restaurant BISTRO **$$**
(☎402-505-9917; www.aucourantrestaurant.com; 6064 Maple St; Hauptgerichte 13–27 US$; ⊙Di–Sa 17 Uhr–open end) In dem künstlerisch angehauchten Restaurant gibt's farmfrische Kost mit französischem Einschlag. Die Bar ist ein echter Publikumsmagnet: Nachdem die letzte Mahlzeit serviert wurde, verweilen die Gäste hier bei kreativen Cocktails. Das Au Courant ragt unter den vielen Restaurants im Viertel Benson heraus.

Ausgehen & Nachtleben

★**Mister Toad's** PUB
(☎402-345-4488; www.mrtoadspub.com; 1002 Howard St; ⊙So–Fr 14–2, Sa 12–2 Uhr) Hier sitzt man draußen auf Bänken unter hohen Bäumen oder schnappt sich drinnen einen Ecktisch. Das Lokal ist mit Holz eingerichtet, schon ein bisschen abgewetzt und flirtet mit dem Status einer echten Kneipe. Am Sonntagabend gibt's Livejazz und am Mittwochabend Ray Williams am Klavier.

Shoppen

Omaha Farmers Market MARKT
(www.omahafarmersmarket.com; Ecke 11th & Jackson St; ⊙Mai–Mitte Okt. Sa 8–12.30 Uhr; 👪) Dutzende Verkäufer bieten auf diesem riesigen, beliebten Markt, der passenderweise in Old Market beheimatet ist, das Beste von Nebraskas Farmen und Lebensmittelerzeugern feil. Neben ausgezeichnetem Obst und Gemüse gibt's auch Backwaren, Imbisskost und Kleinbrauereibiere.

Praktische Informationen

Omaha Visitor Center (☎866-937-6624; www.visitomaha.com; 1001 Farnam St; ⊙Mo–Fr 9–16.30, Sa 10–16, So 10–14 Uhr; 📶) Die Touristeninformation nahe Old Market hat Infos zur gesamten Region.

An- & Weiterreise

Das **Eppley Airfield** (OMA; www.flyoma.com; 4501 Abbott Dr) liegt nur 3 Meilen (4,8 km) nordöstlich von Downtown und bietet Flüge in die gesamte Region und zu US-amerikanischen Großstädten.

Der *California Zephyr* von Amtrak hält auf der Strecke zwischen Chicago (62 US$, 9½ Std., 1-mal tgl.) über Denver (66 US$, 9½ Std., 1-mal tgl.) nach Nordkalifornien in Omaha.

Jefferson Lines (www.jeffersonlines.com) betreibt Busse auf der I-29 nordwärts nach Sioux Falls (50 US$, 3½ Std., 1-mal tgl.) und südwärts nach Kansas City (49 US$, 3 Std., 2-mal tgl.). Greyhound-Busse verkehren auf der I-80. Megabus (www.megabus.com) verbindet Omaha u. a. mit Des Moines (20 US$, 4 Std., 1-mal tgl.).

Lincoln

284 700 EW.

Lincoln erinnert Besucher daran, dass Nebraska nicht nur aus Maisfeldern und Prärie besteht. Nicht nur wegen ihres munteren Nachtlebens, das Lincoln dem großen, zentral gelegenen Campus der University of Nebraska verdankt, eignet sich die Stadt prima für eine Übernachtung. Doch angesichts des freundlichen Midwest-Flairs beschließt man vielleicht sogar, etwas länger zu bleiben. Als Sitz von Parlament und Regierung besitzt Lincoln eine aufgeschlossene politische Atmosphäre.

Sehenswertes

Nebraska History Museum MUSEUM
(☎402-471-4782; www.nebraskahistory.org; 131 Centennial Mall N; ⊙Mo–Fr 10–17.30, Sa 13–17.30 Uhr) GRATIS Angefangen mit dem großen Saal über die ersten Bewohner Nebraskas erläutert das Museum die Geschichte des Cornhusker State. Hier kann man ein Grassodenhaus der Pioniere mit den Erdbehausungen der Pawnee vergleichen.

Lincoln Children's Museum MUSEUM
(☎402-477-4000; www.lincolnchildrensmuseum.org; 1420 P St; Erw./Kind 10/11 US$; ⊙Mo–Mi, Fr & Sa 9.30–17, Do bis 20, So 13–17 Uhr; 👪) Drei Etagen voller Aufregung und Spaß begeistern Kinder jedes Alters in diesem Museum in Downtown. Feuerwehrautos, eine Mondlandefähre, eine Präriehundkolonie, verrückte Wasserexperimente und vieles mehr verbinden Spaß und Lernen.

ABSTECHER

KEARNEY

Kearney (sprich: karni) ist ein lohnender Stopp auf der monotonen Fahrt auf der I-80. Die Stadt hat eine ansprechende, von Backsteinhäusern geprägte Downtown an den Gleisen der Union Pacific Railroad und einige bemerkenswerte Attraktionen, darunter das protzige **Great Platte River Road Archway Monument** (☎308-237-1000; www.archway.org; 3060 E 1st St, nahe dem I-80-Exit 275; Erw./Kind 13/6 US$; ⌚Mai–Sept. Mo–Sa 9–18, So 12–18 Uhr, Okt.–April bis 17 Uhr; 👪). Und zusätzlich gibt es hier auch einige hervorragende Restaurants und Bars.

Die Stadt war lange eine wichtige Zwischenstation: Im 19. Jh. liefen hier die wichtigsten Pionierstraßen in den Westen zusammen, der California Trail und der Oregon Trail.

Kearney liegt 180 Meilen (290 km) westlich von Omaha an der I-80. Express Arrow (www.expressarrow.com) betreibt Busse auf der I-80.

State Capitol WAHRZEICHEN
(☎402-471-0448; www.capitol.org; 1445 K St; ⌚Mo–Fr 8–17, Sa ab 10, So 13 Uhr, Führung stündl.) GRATIS Von außen betrachtet stellt Nebraskas 122 m hohes, 1932 erbautes State Capitol einen bemerkenswerten Gipfel phallischer Architektur dar – wie viele andere hohe Gebäude in den Plains wird es häufig als „Penis der Prärie" bezeichnet. Das Innere ist dagegen reich an Symbolik und kombiniert seltsamerweise klassizistische mit Art-déco-Motiven. Von den Aussichtsterrassen im 14. Stock genießt man einen tollen Blick.

Schlafen & Essen

Rogers House B&B $$
(☎402-476-6961; www.rogershouseinn.com; 2145 B St; Zi. 100–170 US$; ❄📶) Die sieben geräumigen Zimmer nehmen ein 100 Jahre altes Backsteinhaus nahe des Zentrums ein. Die Einrichtung verzichtet erfrischenderweise auf den Kitsch, der für viele B&Bs typisch ist. Morgens dürfen sich die Gäste auf ein herzhaftes Zwei-Gänge-Frühstück freuen.

Hub Cafe CAFÉ $
(☎402-474-2453; www.hubcafelincoln.com; 250 N 21st St; Hauptgerichte 5–11 US$; ⌚Di–So 7.30–14.30 Uhr) Direkt in dem Amphitheater an Lincolns Hauptplatz, der Union Plaza, serviert dieses kreative Café den ganzen Tag über Frühstücksgerichte mit lokalen Zutaten. Zu empfehlen sind die *huevos rancheros* oder das gegrillte Käsesandwich mit viel Pesto. Der Kaffee ist ausgezeichnet; man kann auch an Tischen draußen in der Sonne sitzen.

★**UNL Dairy Store** EISCREME $
(☎402-472-2828; www.dairystore.unl.edu; 114 Food Industry Complex, nahe Ecke Holdrege St & N 33rd St; Snacks ab 3 US$; ⌚10–21 Uhr) Landwirtschaftsstudenten machen in diesem Laden auf dem East Campus Eiscreme aus Milch von der universitätseigenen Kuhherde. Das Eis in einem Dutzend Geschmacksrichtungen ist erstaunlich cremig. Angeboten werden auch diverse Sorten hausgemachten Käses. Während man auf seinen Eisbecher wartet, kann man mit den Studenten über Tierhaltung plaudern.

Ausgehen & Nachtleben

Zoo Bar BAR
(☎402-435-8754; www.zoobar.com; 136 N 14th St; ⌚15–2 Uhr) Generationen von Einheimischen haben schon in dieser schwitzigen Kneipe gefeiert. An den meisten Abenden gibt's Livekonzerte mit Blues, Jazz oder Rock. Der Laden ist in jeder Hinsicht eine Institution.

Other Room COCKTAILBAR
(☎402-261-4608; www.facebook.com/theotherroomlincoln; 824 P St; ⌚17–1 Uhr) Die unbeschilderte Bar ist an der schwarzen Tür erkennbar, neben der sich ein Türklopfer in Form eines Löwenkopfs befindet. Wenn das Licht über der Tür grün ist, kann man anklopfen. Wenn es rot ist, muss man draußen darauf warten, dass in der kleinen Flüsterkneipe, in der nur 25 Gäste Platz finden, etwas frei wird. Die Bar hat fantastische Cocktails, angeblich im „Stil vor der Prohibitionszeit".

Praktische Informationen

Lincoln Visitor Center (☎402-434-5348; www.lincoln.org; 201 N 7th St; ⌚Juni–Aug. Mo–Fr 9–18, Sa 8–14, So ab 10 Uhr, Sept.–Mai kürzere Öffnungszeiten) Im historischen ehemaligen Bahnhof Haymarket.

An- & Weiterreise

Lincoln liegt 55 Meilen (89 km) südwestlich von Omaha an der I-80. Megabus (www.megabus.com) verbindet beide Städte einmal täglich (10 US$, 1 Std.). Der Amtrak-Zug *California Zephyr* hält auf der Fahrt zwischen Chicago und Nordkalifornien täglich in Lincoln.

Grand Island

51400 EW.

Grand Island ist eine für Nebraska typische mittelgroße Stadt im üppigen Platte River Valley, die jeden Frühling zum Leben erwacht, wenn Hunderttausende Kanadakraniche sich auf einem Stück bedrohten Lebensraums gleich südlich der Stadtgrenzen versammeln. Vogelfans und Biologen aus der ganzen Welt kommen dann hierher, um die riesige Wanderbewegung zu beobachten, die auch als Nordamerikas großartigstes Phänomen in der Tierwelt beworben wird.

Das ganze Jahr über ist das Stuhr Museum of the Prairie Pioneer einen Besuch wert.

★ Crane Trust Nature & Visitor Center NATURSCHUTZGEBIET
(☎ 308-382-1820; www.cranetrust.org; 9325 S Alda Rd, I-80, Exit 305; ⌚ Mo–Sa 9–17 Uhr) GRATIS Flussaufwärts von Grand Island rasten am Platte River während der Frühlingswanderung (Mitte Feb.–Anfang April) ungefähr 500000 Kanada-Kraniche (80% des weltweiten Bestands) und 15 Mio. anderer Wasservögel. Fachkundige Guides leiten während der Saison die Sandhill Crane Migration Tours (35 US$, 2½ Std., Reservierung im Voraus), die zu hervorragenden Beobachtungsstellen am Fluss führen. Das Naturzentrum ist ein guter Ort, um die Tiere zu beobachten, und bietet das ganze Jahr über lohnende Wanderungen an.

★ Stuhr Museum of the Prairie Pioneer MUSEUM
(☎ 308-385-5316; www.stuhrmuseum.org; 3133 W Hwy 34, nahe I-80, Exit 312; Erw./Kind 8/6 US$; ⌚ Mo–Sa 9–17, So ab 12 Uhr, Jan.–März Mo geschl.; 👪) Die Anlage verbindet auf bemerkenswerte Weise Exponate unterm Dach mit einem großen Museumsdorf. Man erfährt, wie sehr sich, dank des Reichtums, den die Eisenbahn brachte, die hiesigen Lebensverhältnisse zwischen 1860 und 1890 verbesserten.

An- & Weiterreise

Grand Island liegt 145 Meilen (233 km) westlich von Omaha an der I-80. Express Arrow (www.expressarrow.com) betreibt Busse auf der I-80.

North Platte

23900 EW.

Der Name North Platte sagt durchschnittlichen Travellern wahrscheinlich nichts, doch eingefleischte Bahnfans wissen, dass sich hier der größte Rangierbahnhof der Welt befindet: der Bailey Yard der Union Pacific. Geschichtsinteressierte wiederum wollen den Ort sehen, wo Bill Cody mit seiner berühmten Rodeo-Show *Buffalo Bill's Wild West* begann. Codys Pioniergeist lebt weiter, auch wenn jeden Tag Hunderte Züge die Stadt passieren.

Sehenswertes

Golden Spike Tower TURM
(☎ 308-532-9920; www.goldenspiketower.com; 1249 N Homestead Rd; Erw./Kind 7/5 US$; ⌚ Mai–Sept. 9–19 Uhr, Okt.–April 10–17 Uhr; 👪) Von dem achtstöckigen Aussichtsturm mit Innen- und Außenplattform bietet sich ein weiter Blick auf den Union Pacific's Bailey Yard, den größten Rangierbahnhof der Welt. Das Gelände des Bailey Yard ist 1150 ha groß und fertigt in 24 Stunden 10000 Eisenbahnwaggons ab.

Buffalo Bill Ranch State Historical Park HISTORISCHE STÄTTE
(☎ 308-535-8035; www.outdoornebraska.gov/buffalobillranch; 2921 Scouts Rest Ranch Rd; Museum Erw./Kind 2/1 US$, Fahrzeuggenehmigung für das Gelände 8 US$; ⌚ Juni–Aug. 8–17 Uhr, Ende April–Mai & Sept.–Anfang Okt. Sa 10–16, So 12–16 Uhr; 👪) Zu dem Park, der einst die Heimat von Bill Cody war (dem Vater des Rodeos und der berühmten Wildwestshow), gehört ein lustiges Museum in Codys Haus, in dem sein buntes Leben nacherzählt wird.

Schlafen

Husker Inn MOTEL $
(☎ 308-534-6960; www.huskerinn.com; 721 E 4th St; Zi. 50–60 US$; ❄ 📶) Dieses schlichte, alt-

ABSEITS DER ÜBLICHEN PFADE

SCENIC DRIVE: DIE SANDHILLS VON NEBRASKA

Nebraskas **Hwy 2** zweigt bei Grand Island von der I-80 nach Nordwesten ab und führt 272 Meilen (438 km) durch Broken Bow bis nach Alliance im Panhandle. Er durchquert eines der abgelegensten Gebiete des Landes, die einsamen und zauberhaften Sandhills – 49000 km² grasbedeckter Sanddünen. Das ist das wahre Reisen in den Great Plains: Der Wind pfeift in den Ohren, in der Ferne erklingt der Ruf eines Falken, und der Himmel ist einfach unendlich.

modische Motel mit 21 Zimmern übertrifft mit seinem schön gepflegten Gelände, den makellos sauberen (wenn auch kleinen) Zimmern und den leckeren, hausgemachten Köstlichkeiten, die es bei der Anreise gibt, alle Erwartungen.

An- & Weiterreise

North Platte liegt 275 Meilen (443 km) westlich von Omaha an der I-80. Express Arrow (www.expressarrow.com) betreibt Busse, die auf der I-80 verkehren.

Valentine

2800 EW.

Glücklicherweise versucht „America's Heart City" nicht, ihrem Namen alle Ehre zu machen und ihn auszuschlachten. Der Ort liegt am Rand der Sandhills und ist ein guter Ausgangspunkt, um die gewundenen Schluchten des staatlich geschützten Niobrara National Scenic River mit dem Kanu, dem Kajak oder in einem Reifenschlauch zu durchqueren.

Aktivitäten

Valentine liegt im Zentrum eines Umbauprojekts, das eines Tages der längste Trail auf ehemaligen Bahntrassen in den USA werden wird, des bei Radfahrern beliebten **Cowboy Trails** (www.bikecowboytrail.com).

Im Sommer kommen viele Traveller, um sich den Niobrara River hinuntertreiben zu lassen. Die nackten Kalksteinklippen, üppigen Wälder und mehr als 200 von Quellen gespeiste Wasserfälle an den Ufern des Flusses bringen alle Klischees über das „flache Nebraska" ins Wanken. Die meisten Flusstouren starten hier.

Brewers Canoers & Tubers KANUFAHREN
(☎402-376-2046; www.brewerscanoers.com; 433 E US 20/83; geführte Tubing-Touren 20–50 US$; ⊙Touren Juni–Aug. tgl., Verleih ganzjährig) Brewers gehört zu den ältesten Veranstaltern in der Gegend und war der erste, der Tubing auf dem Niobrara River anbot. Man kann hier Kanus, Kajaks und Tubes mieten und einen Transfer zum Start- und Zielpunkt vereinbaren. Außerdem gibt's geführte Touren für fast jeden Geschmack.

Schlafen & Essen

Trade Winds Motel MOTEL $
(☎402-376-1600; www.tradewindslodge.com; 1009 E US 20/83; Zi. 70–140 US$; ❄📶🐾) Im klassischen Trade Winds Motel in einem roten Backsteinbau stehen Gästen mehr als 32 komfortable und saubere Zimmer mit Kühlschränken und Mikrowellen zur Verfügung. Eine tolle unabhängige Unterkunft mit warmem kontinentalem Frühstück!

Peppermill STEAKS $$
(☎402-376-2800; www.peppermillvalentine.com; 502 E Hwy 20; Hauptgerichte 12–30 US$; ⊙Mo–Fr 11–22, Sa & So 15–22 Uhr) Die schummrig beleuchtete Institution in Valentine, die sich auf von Hand geschnittene Steaks aus Nebraska spezialisiert hat, gehört zu den interessantesten Steakhäusern im Bundesstaat. Die Steaks sind dick, saftig und perfekt zubereitet. Bei einem „Mulligan", einem Lendenstück, welches das Markenzeichen des Restaurants ist, verzeiht man mühelos die uninspirierte Einrichtung. Man bekommt hier auch Burger und Salate.

An- & Weiterreise

Das abgelegene Valentine liegt eine Stunde nördlich des Hwy 2, der Panoramastraße (S. 745) durch die Sandhills. Öffentliche Verkehrsmittel fahren in dieser Region nicht.

Nebraska Panhandle

Der entlegene, wenig besuchte Nebraska Panhandle ist für viele Besucher das faszinierendste Gebiet des Bundesstaats. Bis zum Horizont erstrecken sich raue, einsame Landschaften, die sich im Verlauf der Jahrtausende kaum verändert haben. Eine gute Ausgangsbasis ist **Scottsbluff**. Besonders malerisch ist die Fahrt auf dem **Hwy 29** (auch „Fossil Freeway" genannt) Richtung Norden, der auf die ebenso reizvolle Straße US 20 stößt.

Sehenswertes

★**Scotts Bluff National Monument** PARK
(☎308-436-9700; www.nps.gov/scbl; 190276 Old Oregon Trail, Gering; ⊙Visitor Center Juni–Aug. 8–18 Uhr, Sept.–Mai bis 16.30 Uhr) Scotts Bluff ist seit Jahrhunderten ein Leuchtfeuer für Reisende. Es erhebt sich 244 m über die flachen Ebenen des westlichen Nebraskas und war in der Mitte des 19. Jhs. eine wichtige Station auf dem Oregon Trail. Noch heute sind im Park Wagenspuren zu sehen. Das **Visitor Center** zeigt Ausstellungen und das Personal informiert über Wanderungen und Autotouren zum Bluff hoch. Das National

ABSEITS DER I-80 NEBRASKAS SEELE ENTDECKEN

Kaum ein Traveller wird poetisch werden, wenn er auf seine Zeit auf der I-80 in Nebraska zurückblickt. Eine Ausfahrt folgt auf die andere, und zu sehen gibt's nur einen Wald von Schildern, die Fastfood-Restaurants bewerben. Doch nur ein paar Kilometer abseits der I-80 wartet ein ganz anderes Nebraska mit einer Reihe stimmungsvoller, kleiner Städte, Diners, Roadside-Attraktionen, historischer Artefakte, Bahngleise, auf denen kilometerlange Züge fahren, grüner Parks am Ufer des Platte River und mehr.

Die Verbindung zu dieser Fülle interessanter Abstecher ist die US 30, die alte, meist zweispurige Fernstraße parallel zur I-80. Sie reicht bis ins Jahr 1913 zurück, als die ersten Abschnitte des Lincoln Hwy, der ersten Transkontinentalstraße der USA, fertiggestellt wurden. Ein typisches Beispiel für das, was einen jenseits der I-80 erwartet, ist das hübsche, kleine Städtchen **Gothenburg** (1 Meile/1,6 km nördlich der I-80, Exit 211). In der ordentlichen, von Backsteingebäuden geprägten Downtown gibt's diverse Highlights, darunter Donut-Läden, die keiner Kette angehören. In der Nähe befindet sich die restaurierte, 1860 erbaute **Pony Express Station** (☎308-537-9876; www.ponyexpressstation.org; 1500 Lake Ave, Gothenburg; ⏲Mai–Sept. 9–19 Uhr, April & Okt. bis 15 Uhr, Nov.–März nach Vereinbarung) GRATIS.

Das Praktische an der US 30 ist, dass man je nach Zeitplan, Lust und Laune von der I-80 abfahren und zu ihr zurückkehren kann. In den Touristeninformationen liegt die kostenlose Broschüre *Nebraska Lincoln Highway Historic Byway Guide* aus. Darin sind Hunderte Dinge aufgelistet, die man an der US 30 sehen oder tun kann.

Monument befindet sich 8 km (5 Meilen) südlich der Stadt Scottsbluff.

★ Agate Fossil Beds National Monument MONUMENT

(☎308-436-9760; www.nps.gov/agfo; 301 River Rd, abseits des Hwy 29, Harrison; ⏲Mai–Sept. 9–17 Uhr, Okt.–April 8–16 Uhr) GRATIS Vor 20 Mio. Jahren sah es in diesem Teil Nebraskas so aus wie heute in der afrikanischen Serengeti-Wüste: Er war ein Treffpunkt der unterschiedlichsten Tiere. Heute befinden sich an diesem isolierten Ort Tausende Knochen jener vorzeitlichen Säugetiere. Die Ausstellungen und Rundgänge informieren detailliert über die erstaunlichen Funde – und noch wird immer wieder Neues gefunden. Sehr interessant sind auch die Bone Cabin, das Fossil eines buddelnden Bibers und die Ausstellungen zu den amerikanischen Ureinwohnern.

Chimney Rock National Historic Site NATURSTÄTTE

(☎308-586-2581; Chimney Rock Rd, abseits des US 26, Bayard; Visitors Center Erw./Kind 3 US$/frei; ⏲9–17 Uhr) Am Horizont erheben sich jahrhundertealte, atemberaubende Steiluferformationen und stellen sichtbare Verbindungen zwischen Reisenden der Gegenwart und den Pionieren aus vergangenen Zeiten her. Eine dieser Verbindungen ist **Chimney Rock**, der sich innerhalb der Chimney Rock National Historic Site befindet. Die 37 m hohe, zerbrechliche Spitze des Chimney Rock war bereits für die Pioniere ein faszinierender Orientierungspunkt und findet in Hunderten Tagebüchern Erwähnung. Er markierte auch das Ende des ersten Abschnitts der Reise und den Beginn des harten, aber letzten Stücks bis zur Küste.

Schlafen

★ Barn Anew B&B $$

(☎308-632-8647; www.barnanew.com; 170549 County Rd L, Mitchell; Zi. 140–160 US$; ❄📶) Das charmante B&B residiert in einer restaurierten Scheune auf einer alten Zuckerrübenfarm. Artefakte amerikanischer Ureinwohner von Museumsqualität, die aus der Sammlung der Besitzer stammen, zieren die Wände, und der Ausblick auf das 3 Meilen (4,8 km) entfernte Scotts Bluff ist hinreißend. Wer Lust auf ein kleines Abenteuer hat, kann in einem der beiden Pionier-Planwagen übernachten, die zu gemütlichen Zimmern umgebaut wurden.

Essen & Ausgehen

Tangled Tumbleweed CAFÉ $

(☎308-633-3867; 1823 Ave A, Scottsbluff; Hauptgerichte 8–15 US$; ⏲Mi–Sa 10–22 Uhr) Dieser Laden in Scottsbluff ist teils ein Geschäft für Wohnaccessoires (mit vom Besitzer selbst gefertigten Produkten) und teils ein erstklassiges Restaurant mit aus aller Welt bunt zusammengewürfelten frischen und saisonalen Gerichten. Zu den kleinen Gerichten kommt ein wechselndes Sortiment von Weinen und

Kleinbrauereibieren hinzu. An warmen Abenden sitzt man draußen auf der Terrasse.

Flyover Brewing Company BRAUEREI
(☎308-575-0335; www.flyoverbrewingcompany.com; 1824 Broadway, Scottsbluff; ⏲Mi–Fr 15–23, Sa & So ab 11 Uhr) Wer in dieser attraktiven Brauerei mit acht im Haus gebrauten Bieren etwas trinkt, genießt definitiv ein gutes Gebräu. An lauen Abenden sitzt man auf der Terrasse und genießt eine nach eigenem Wunsch belegte Pizza (10 US$).

An- & Weiterreise

Die einsame Panhandle-Region breitet sich näher an Denver und Rapid City aus als an Omaha. Beide Städte liegen in entgegengesetzten Richtungen drei Autostunden von Scottsbluff entfernt. In der Region gibt es kein öffentliches Verkehrsnetz.

KANSAS

Böse Hexen und gelbe Ziegelsteinwege, hitzige Auseinandersetzungen um die Sklaverei und Tornados, die so stark sind, dass sie ganze Städte in Schutt und Asche legen – das sind die fantasievolleren Vorstellungen, die man von Kansas haben kann. Doch die goldenen, sich in alle Richtungen wiegenden Getreidefelder sind das typischste – und auch realistischste – moderne Klischee.

Die grünen, sanften Hügel und der endlose Horizont sind von einer schlichten Schönheit. Orte wie Chase County begeistern alle, die das Zurückhaltende schätzen. Besucher halten sich am besten an das Motto der Great Plaines: die Interstates links liegen zu lassen und stattdessen auf den zweispurigen Straßen eigene Entdeckungen zu machen. Die Website www.kansassampler.org ist eine hervorragende Informationsquelle.

ABSTECHER

CARHENGE

Das aus 39 ausrangierten Autos bestehende **Carhenge** (☎308-762-3569; www.carhenge.com; Hwy 87, Alliance; ⏲24 Std., ist eine Hommage an das Auto. Diese getreue Nachstellung von Stonehenge mit weiterer Kunst aus Autoteilen steht auf einem Feld 3 Meilen (4,8 km) nördlich von Alliance und der Kreuzung mit der in die Black Hills von South Dakota führenden US 385.

Praktische Informationen

Kansas Travel & Tourism (www.travelks.com)

Kansas Bed & Breakfast Association (www.kbba.com)

Kansas State Parks (www.ksoutdoors.com) Die Fahrzeuggenehmigung kostet 5/25 US$ pro Tag/Jahr.

Wichita

390 600 EW.

Die größte Stadt in Kansas war schon immer ein lohnender Zwischenstopp – von ihren frühen Tagen als Cowboystadt am Beginn des Chisholm Trails in den 1870er-Jahren bis zur heutigen Rolle als Flugzeughauptstadt der Welt, in der – u. a. von Cessna – mehr als die Hälfte aller normalen Flugzeuge der Welt und große Teile von Boeing-Maschinen (von Subunternehmen) gebaut werden.

Sehenswert sind die Attraktionen, die mit dem Wilden Westen verbunden sind, darunter das Old Cowtown Museum (S. 748). In der Altstadt kann man abends gut das Nachtleben genießen.

Sehenswertes

★**Old Cowtown Museum** MUSEUM
(☎316-350-3323; www.oldcowtown.org; 1865 Museum Blvd; Erw./Kind 9/6 US$; ⏲Di–Sa 10–17, So ab 12 Uhr; 👪) Das Freilichtmuseum lässt den Wilden Westen wieder auferstehen (den aus dem Fernsehen). Für Kinder sind die über 50 Gebäude aus der Zeit der Pioniere, die nachgestellten Schießereien (April–Okt.) und die Guides in Cowboy-Kostümen ein riesengroßer Spaß. Die Spaziergänge am Fluss sind einfach herrlich.

Exploration Place MUSEUM
(☎316-660-0600; www.exploration.org; 300 N McLean Blvd; Erw./Kind ab 13,50/8 US$; ⏲Mo–Sa 10–17, So 12–17 Uhr; 👪) Direkt am Zusammenfluss der Flüsse steht dieses architektonisch auffällige Museum für Kinder mit vielen coolen Exponaten, darunter einer Tornadokammer, wo Besucher die 120 km/h schnellen Winde am eigenen Leib spüren können, und ein großartiges Erosionsmodell, das zeigt, wie Wasser ein neues, kleines Kansas erschafft. Ein Saal ist den Erfolgen und Fehlschlägen der hiesigen Luftfahrtindustrie gewidmet.

Schlafen

Hotel at Old Town HOTEL $$
(☎316-267-4800; www.hotelatoldtown.com; 830 E 1st St; Zi. 105–200 US$; P❄@📶) Inmitten des

AUF DER JAGD NACH TORNADOS

Große Teile der Great Plains werden häufig von schweren Unwettern heimgesucht: von heftigen Wolkenbrüchen, Hagel mit tennisballgroßen Eisbrocken und spektakulären Gewittern. Doch die absoluten Stars dieser meteorologischen Albträume sind die Tornados. Sie sind weit weniger freundlich als der Wirbelsturm, der Dorothy nach Oz davontrug; sie bringen jedes Jahr Tod und Zerstörung von den Great Plains bis zu den zentralen Bundesstaaten weiter im Osten der USA.

Mit Windgeschwindigkeiten von teilweise mehr als 480 km/h sind Tornados ehrfurchtgebietend und furchterregend zugleich. Dennoch kommen jedes Jahr, angelockt von Schaulust und dem Spektakel der Elemente, viele Leute mit der Hoffnung in die Region, einen Wolkentrichter zu sehen.

Tourveranstalter nutzen Transporter voller Spezialausrüstung, um Stürme über mehrere Bundesstaaten zu „jagen". Eine Garantie, dass die Teilnehmer wirklich einen Sturm erleben werden, gibt es aber nicht. Die Kosten betragen durchschnittlich 200 bis 400 US$ pro Tag bei mehrtägigen Touren; zwischen April und Juni (vor allem im Mai) sind die Chancen am besten. Veranstalter sind u. a.:

Cloud 9 Tours (☎ 405-323-1145; www.cloud9tours.com; 2-wöchige Tour 3100 US$)

Silver Lining Tours (☎ 720-273-3948; www.silverliningtours.com; mehrtägige Tour ab 1550 US$)

Tempest Tours (☎ 817-274-9313; www.tempesttours.com; mehrtägige Tour ab 2400 US$)

Lee Sandlins Buch *Storm Kings: The Untold History of America's First Tornado Chasers* bietet eine ausgezeichnete, von Überraschungen nur so strotzende Darstellung der frühen Tornadoforschung. Lesenswert sind auch die Erinnerungen des Tornadojagdveteranen Roger Hill in *Hunting Nature's Fury*. Und Brantley Hargroves *The Man Who Caught the Storm: The Life of Legendary Tornado Chaser Tim Samaras* erzählt von der Leidenschaft eines Tornadojägers, der während einer Sturmbeobachtung ums Leben kam.

Nachtlebens der Old Town residiert das restaurierte Hotel in der 1906 erbauten Fabrik der Keen Kutter Corp., eines Herstellers von Haushaltswaren. Die 115 Zimmer haben hohe Decken und Kücheneinrichtungen.

Essen & Ausgehen

★ **Doo-Dah Diner** DINER $
(☎ 316-265-7011; www.doodahdiner.com; 206 E Kellogg Dr; Hauptgerichte 8–15 US$; ⌚ Di–Fr 7–14, Sa & So ab 8 Uhr) Das Doo-Dah ist ein Vorbild für alle Diner: Der brummende, bei Einheimischen sehr beliebte Laden in Downtown hat erstklassiges Essen im Angebot, beispielsweise Corned-Beef-Hash, Arme Ritter aus Bananenbrot oder auch Eggs Benedict. Das kürzlich umgestaltete Lokal wird regelmäßig als Wichitas beliebtestes Restaurant genannt.

Anchor CRAFT-BIER
(☎ 316-260-8989; www.anchorwichita.com; 1109 E Douglas Ave; Hauptgerichte 9–20 US$; ⌚ 11 Uhr–Open End) Der altmodische Pub am Rand der Old Town hat hohe Decken, einen gefliesten Boden, die beste Bierauswahl im ganzen Bundesstaat und schmackhaftes Essen. Die guten Burger und Tagesgerichte stellen die umliegenden Ketten- und Themenbars weit in den Schatten.

An- & Weiterreise

Der **Wichita Dwight D. Eisenhower National Airport** (ICT; ☎ 316-946-4700; www.flywichita.com; 2277 Eisenhower Airport Pkwy) 7 Meilen (11,3 km) westlich der Stadt bietet Flüge von/zu den großen Luftkreuzen. Greyhound-Busse fahren südwärts nach Oklahoma City (50 US$, 3 Std.) und Richtung Nordosten nach Kansas City (454 US$, 3 Std.).

Lawrence

96 900 EW.

Lawrence ist seit seinen Anfängen eine Insel fortschrittlicher Politik: Der Ort wurde 1854 von Gegnern der Sklaverei gegründet. Als wichtige Zwischenstation für die Underground Railroad war er Schauplatz des Konflikts zwischen Gegnern und Befürwortern der Sklaverei. Der freisinnige Geist der Stadt hat bis heute überdauert, beflügelt nicht zuletzt von den Lehrenden und Studierenden der University of Kansas. Lawrence ist eine

NICHT VERSÄUMEN

COSMOSPHERE

Das erstaunliche **Museum** (☎800-397-0330; www.cosmo.org; 1100 N Plum St, Hutchinson; Pass für alle Attraktionen Erw./Kind 26/17 US$, nur Museum 13,50/10 US$; ⏲Mo–Sa 9–19, So ab 12 Uhr; 👪) ist die vielleicht überraschendste Sehenswürdigkeit in Kansas und beschreibt das Wettrennen zum Mond besser als irgendein anderes Museum auf der Welt. Faszinierende Exponate und Artefakte wie die Kommandokapsel der Apollo 13 und ganze Raketen werden einen stundenlang fesseln. Da versteht man leicht, warum das Museum regelmäßig mit dem Bau von Kulissen für Filme wie Apollo 13 beauftragt wird, die das Wettrennen ins All porträtieren. Das Museum kann man im Rahmen eines kleinen Tagesausflugs von Wichita aus oder als Abstecher während einer Fahrt auf der I-70 oder US 50 besuchen.

Der Pass für alle Attraktionen gilt auch für das Planetarium und den Weltraumsimulator.

der lebendigsten College-Städte in den gesamten USA.

Sehenswertes

Den Mittelpunkt der ansprechenden Downtown, in der die Städter und Studenten zusammenkommen, ist die Massachusetts St, die in diesem Teil des Landes eine der schönsten Straßen für einen Bummel ist. Der Kansas River ist ein zusätzliches Highlight.

Schlafen

Eldridge Hotel HISTORISCHES HOTEL $$
(☎785-749-5011; www.eldridgehotel.com; 701 Massachusetts St; Zi. 120–180 US$; ❄📶) Die 48 modernen Suiten mit zwei Zimmern in dem historischen, 1926 erbauten Hotel im Zentrum sind mit antikisierten Einrichtungsgegenständen ausgestattet. Die Bar und das Restaurant haben Stil, und spuken soll es hier auch. Das Haus hat eine tolle Lage, wenn man das Nachtleben erkunden will.

Halcyon House B&B B&B $
(☎785-841-0314; www.thehalcyonhouse.com; 1000 Ohio St; Zi. 70–130 US$; ❄📶) Die neun farbenfrohen Zimmer (die Bewohner von je zweien teilen sich ein Bad) lassen viel Sonnenlicht herein. Es gibt hier einen landschaftlich schön gestalteten Garten und hausgemachte Backwaren zum Frühstück. Die Downtown und der Universitätscampus sind nur einen kurzen Spaziergang entfernt.

Essen & Ausgehen

★**Free State Brewing** KNEIPENKOST $
(☎785-843-4555; www.freestatebrewing.com; 636 Massachusetts St; Hauptgerichte 8–20 US$; ⏲Mo–Sa 11–24, So 12–23 Uhr) Das Lokal ist eines von vielen guten an der Massachusetts St in Downtown. Dies war die erste Brauerei, die in Kansas gegründet wurde, nachdem die Prohibitionsaktivistin Carrie Nation 1880 die Schließung einer Brauerei durchsetzte. Die Biere sind ausgezeichnet, und das Speisenangebot, das täglich besondere Gerichte beinhaltet, ist kreativ. Zu jedem Zeitpunkt stehen mindestens zwölf Fassbiere zur Auswahl.

Wheatfields Bakery Cafe CAFÉ $
(☎785-841-5553; http://wheatfieldsbakery.com; 904 Vermont St; Hauptgerichte 5–14 US$; ⏲Mo–Fr 6.30–20, Sa bis 18.30, So 7.30–16 Uhr; 📶) Die renommierte Bäckerei nutzt einen riesigen, holzbefeuerten Ofen zum Backen ihrer Brote, deretwegen Fans selbst aus Kansas City anreisen. Es gibt hier eine richtige Frühstückskarte und mittags und abends eine kleine Palette kalter und warmer Gerichte. Viele Zutaten für die Speisen stammen aus der Gegend. Man kann draußen an Tischen sitzen.

Henry's BAR
(☎785-331-3511; www.facebook.com/henryson8th; 11 E 8th St; ⏲7–2 Uhr; 📶) Im Erdgeschoss des Henry's befindet sich ein Kaffeehaus mit schummriger Beleuchtung, Underground-Musik und zum Kauf angebotenen Kunstwerken an den Wänden. Im Obergeschoss ist eine unkonventionelle Bar untergebracht, die bei den Trendsettern der Stadt beliebt ist – ein echter College-Town-Klassiker!

Praktische Informationen

Lawrence Visitor Center (☎785-865-5282; www.unmistakablylawrence.com; 402 N 2nd St; ⏲Mo–Sa 9–17, So 13–17 Uhr) Die Touristeninformation befindet sich im restaurierten alten Union-Pacific-Bahnhof, vom Zentrum aus gesehen am anderen Flussufer.

An- & Weiterreise

Lawrence liegt eine kurze halbe Fahrtstunde östlich von Topeka und 45 Minuten westlich von Kansas City an der I-70. Der Amtrak-Zug

Southwest Chief hält auf der Fahrt von Chicago nach Los Angeles täglich in Lawrence. Greyhound-Busse fahren westwärts auf der I-70, südwärts nach Wichita und ostwärts nach Kansas City und darüber hinaus.

Topeka

126600 EW.

Kansas entscheidende Rolle im Kampf um die Gleichberechtigung der Rassen in den USA ist in der ansonsten langweiligen Hauptstadt Topeka dokumentiert. Das aufstrebende Kunstviertel im historischen North Topeka (wenig überraschend Noto genannt) ist eine Attraktion mit bunt zusammengewürfelten Läden, Galerien und Restaurants, von denen sich viele an oder in der Nähe der N Kansas Ave befinden.

Sehenswertes

★ Brown v. Board of Education National Historic Site MUSEUM

(785-354-4273; www.nps.gov/brvb; 1515 SE Monroe St; Mo–Sa 9–17 Uhr, April–Okt. auch So) GRATIS In den 1950er-Jahren erforderte es sehr viel Mut, sich gegen die Rassentrennungsgesetze aufzulehnen. In diesem Museum werden die Geschichten solcher couragierter Menschen erzählt. Die nationale historische Stätte befindet sich in der Monroe Elementary School, die eine der afroamerikanischen Schulen Topekas war, bis 1954 die bahnbrechende Entscheidung des Obersten Gerichtshof fiel, die die Rassentrennung an amerikanischen Schulen verbot. Die Ausstellung thematisiert die gesamte Bürgerrechtsbewegung.

Schlafen & Essen

Senate Luxury Suites HOTEL $$

(785-233-5050; www.senatesuites.com; 900 SW Tyler St; Zi. 80–160 US$; P ❄) Das Hotel mit 51 Zimmern nahe dem Capitol ist zwar nicht so luxuriös, wie der Name vermuten lässt, aber doch eine der besseren Adressen in Topeka. Das Gebäude beherbergte einst Apartments, daher sind die Zimmer geräumig (und teilweise mit Balkon und Einbauküchen ausgestattet). Im Untergeschoss gibt es einen kleinen Fitnessraum mit Whirlpool.

Bobo's Drive In FAST FOOD $

(785-234-4511; 2300 SW 10th Ave; Hauptgerichte 4–7 US$; Mo–Sa 11–20 Uhr) Das rosa Neonschild weist den Weg zu diesem klassischen Drive-in, der u.a. wegen seiner Cheeseburger, hausgemachten Zwiebelringe und

ROUTE 66: GET YOUR KICKS IN KANSAS

Nur 13 Meilen (21 km) der Mother Road (weniger als 1% ihrer Gesamtstrecke) führen durch den Sunflower State, aber es gibt trotzdem viel zu sehen. Bei der Fahrt aus Missouri auf dem Hwy 66 kommt man zuerst durch das von den Narben des Bergbaus geprägte **Galena**, das während der Weltwirtschaftskrise turbulente Zeiten erlebte. Hier inspirierte ein rostiger, alter Abschleppwagen die Pixar-Animatoren zur Figur Mater in *Cars* (das Vorbild steht vor einer restaurierten Tankstelle im Ort an der Route 66 an der Kreuzung der Front und der S Main St).

4 Meilen (6,4 km) weiter westlich kann man an dem roten Backsteingebäude von **Nelson's Old Riverton Store** (620-848-3330; www.eislerbros.com; 7109 SE Hwy 66, Riverton; Mo–Sa 7.30–20, So 12–19 Uhr) anhalten und sich mit erstklassigen Sandwiches und Route-66-Souvenirs eindecken. Das Anwesen von 1925 sieht fast noch so aus wie zu seiner Entstehungszeit – einschließlich des Blechdachs und des Klohäuschens. In Betracht kommt ein Abstecher 20 Meilen (32 km) nach Norden ins **Crawford County**, wo legendäre Brathähnchen das Markenzeichen mehrerer berühmter Restaurants rund um Pittsburg sind. Eines der besten ist **Chicken Mary's** (620-231-9510; http://chicken-marys.com; 1133 E 600th Ave, Pittsburg; Gerichte ab 8 US$; Di–Sa 16–20.30, So 11–20 Uhr).

Ansonsten kreuzt man den Hwy 400 und fährt auf dem Hwy 69 bzw. der alten Route 66 weiter zur berühmten **Marsh Arch Bridge** von 1923. Von hier sind es weniger als 3 Meilen (4,8 km) Richtung Süden bis **Baxter Springs**, der Stätte eines Massakers während des Bürgerkriegs und zahlreicher Banküberfälle. In einer restaurierten Phillips-66-Tankstelle von 1939 residiert das **Kansas Route 66 Visitor Center** (620-856-2385; www.baxterspringsmuseum.org; Ecke 10th St & Military Ave, Baxter Springs; Visitor Center März–Okt. Öffnungszeiten variieren, Museum Di–Sa 10–16.30, So 13–16 Uhr) GRATIS. Die Military Ave (US 69A) bringt einen weiter nach Oklahoma.

Milchshakes geschätzt wird. Platz lassen für den berühmten Apple Pie!

An- & Weiterreise

Topeka liegt rund eine Stunde westlich von Kansas City an der I-70. Greyhound-Busse fahren westwärts auf der I-70, Richtung Südwesten nach Wichita und ostwärts nach Kansas City und weiter.

Chase County

Diesen fast genau quadratischen Landkreis hat William Least Heat-Moon in seinem Bestseller *PrairyErth* Kilometer für Kilometer erkundet. Im County liegen die schönen, welligen Flint Hills, wo sich zwei Drittel der verbliebenen Hochgrasprärien der USA befinden. Man sollte sich einen Tag Zeit nehmen, um das üppige Land und die beiden angrenzenden Kleinstädte Strong City und Cottonwood Falls zu erkunden.

Sehenswertes

★Tallgrass Prairie National Preserve NATURSCHUTZGEBIET
(☎620-273-8494; www.nps.gov/tapr; Hwy 177; ⌚Gebäude 9–16.30 Uhr, Wege 24 Std.) GRATIS Das 44,5 km² große Naturschutzgebiet, das 2 Meilen (3,2 km) nordwestlich von Strong City liegt, ist mit seinen 65 km an malerischen Wegen der perfekte Ort für eine Wanderung durch die Prärie. 2009 wurde der Bison hier wieder angesiedelt, und heute leben im Reservat um die 100 Tiere und teilen sich das Gebiet mit Präriehühnern (deren Paarungsrituale legendär sind!). Ranger veranstalten Führungen zu einer noch erhaltenen Ranch und Bustouren durch die Prärie, die am Visitor Center beginnen und bei denen sie vermitteln, wie außergewöhnlich dieses Ökosystem ist (weniger als 4 % der ursprünglichen Prärie Nordamerikas sind heute noch zu sehen).

Essen & Ausgehen

Ad Astra Food & Drink AMERIKANISCH $$
(☎620-273-8440; www.adastrafoodanddrink.com; 318 Cottonwood St, Strong City; Hauptgerichte 10–18 US$; ⌚Do 17–21, Fr–So 11–22 Uhr) Die fachkundige Zubereitung der amerikanischen Klassiker mit frischen Zutaten macht die saisonalen Angebote dieses stilvollen Restaurants in Strong City so ansprechend. Es gibt tolle Folk-Musik, Werke örtlicher Künstler an den Wänden und Kleinbrauereibier vom Fass. Das Lokal liegt in der Nähe des historischen Bahnhofs der Stadt.

An- & Weiterreise

Die historische US 50 führt mitten durch das Chase County. In der Region fahren keine öffentlichen Verkehrsmittel.

OKLAHOMA

Oklahoma bedeutet in der Sprache der Choctaw „rote Menschen". Angesichts der leuchtend roten Erde fragt man sich, ob damit nicht eher eine wortwörtliche als eine ethnische Aussage gemacht werden sollte. Das Land hat große Bedeutung für die amerikanischen Ureinwohner, da hier nicht weniger als 39 verschiedene Stämme leben. Entsprechend vielfältig sind die Museen und die Kultur.

Auch die Cowboys spielen im Sooner State eine große Rolle. Zwar haben Pick-ups das Pferd ersetzt, aber noch immer besticht die Weite, nur unterbrochen von den Städten Oklahoma City und Tulsa. An Oklahomas Teil der Route 66 reihen sich die Highlights der „Mother Road" aneinander, und man passiert viele stimmungsvolle, alte Orte.

Praktische Informationen

Oklahoma Tourism & Recreation Department (www.travelok.com)

Oklahoma Bed & Breakfast Association (www.okbba.com)

Oklahoma State Parks (www.travelok.com/state_parks) Die meisten Parks können tagsüber kostenlos besucht werden.

Oklahoma City

643 600 EW.

Das oft als O.K.C. abgekürzte Oklahoma City liegt fast genau in der Mitte des Bundesstaats und ist das kulturelle und politische Zentrum Oklahomas. Die Stadt hat sich über die Jahre sehr angestrengt, um mehr zu werden als eine bloße Cowboystadt, auch wenn sie das Erbe der Cowboys natürlich nicht verleugnet. Oklahoma City eignet sich gut, um die Fahrt auf der Route 66 zu unterbrechen.

Die Stadt bleibt für immer mit dem Bombenanschlag von 1995 auf das Alfred P. Murrah Federal Building verbunden; die Gedenkstätten für dieses Verbrechen sind bewegend. Außerhalb des Zentrums gibt es interessante Viertel wie der Paseo Arts District.

ABSTECHER

DODGE CITY

Dodge City, wo die berühmten Gesetzeshüter Bat Masterson und Wyatt Earp – gelegentlich auch mal erfolgreich – versuchten, Recht und Ordnung durchzusetzen, hatte in den 1870er- und 1880er-Jahren einen ausgesprochen schlechten Ruf. Die langlebige Fernsehserie *Rauchende Colts* (1955–1975) beflügelte das Interesse an der Geschichte der Stadt, wobei historische Authentizität hier hinter Spaß und Ausgelassenheit immer nur die zweite Geige spielte.

Heutzutage vermarktet Dodge City sein Erbe nach Kräften, während gleichzeitig in riesigen Fabriken mehr als 10 000 Rinder pro Tag geschlachtet werden. Für manche Traveller mag das ein Grund sein, einen großen Bogen um die Stadt zu machen, aber sie ist doch ein guter Zwischenstopp bei der Fahrt auf der historischen US 50.

Die historische Downtown – abseits der Attraktionen – ist gut geeignet für einen Bummel. Im Visitor Center gibt's Karten und Audioguides für historische Stadtspaziergänge und Autofahrten.

Erhaltene **Wagenradspuren des Santa Fe Trails** finden sich rund 9 Meilen (14,5 km) westlich der Stadt abseits der US 50. Die Stätte ist gut ausgeschildert. Einen visuellen und olfaktorischen Eindruck von dem, was Dodge City heute wirtschaftlich am Laufen hält, kann man sich 3 Meilen (4,8 km) östlich des Visitor Center von einer **Aussichtsplattform** an der US 283 verschaffen, wo man einen weiten Blick über zwei gewaltige Schlachthöfe und Fleischverarbeitungsfabriken hat.

Im **Visitor Center** (☎800-653-9378; www.visitdodgecity.org; 400 W Wyatt Earp Blvd; ⌚Juni–Aug. tgl. 8–18.30, Sept.–Mai Mo–Fr 8–17 Uhr) gibt's Infos zu ganz Kansas.

Dodge City liegt rund 150 Meilen (241 km) westlich von Wichita an der US 400. Der Amtrak-Zug *Southwest Chief* hält auf seiner Fahrt von Chicago nach L.A. täglich hier.

Sehenswertes

★ National Cowboy & Western Heritage Museum MUSEUM
(☎405-478-2250; www.nationalcowboymuseum.org; 1700 NE 63rd St; Erw./Kind 12,50/6 US$; ⌚Mo–Sa 10–17, So 12–17 Uhr) Nur die Gerüche fehlen hier: Die lebendigen historischen Ausstellungen werden ergänzt durch eine nachgebaute Pioniersiedlung und eine großartige Sammlung von Western-Malerei und -Skulpturen mit vielen Werken von Charles M. Russell und Frederic Remington.

★ Oklahoma City National Memorial & Museum MUSEUM
(☎405-235-3313; www.oklahomacitynationalmemorial.org; 620 N Harvey Ave; Erw./Student 15/12 US$; ⌚Mo–Sa 9–18, So 12–18 Uhr; letzter Ticketverkauf 1 Std. vor Schließung) Die Geschichte des schrecklichsten von Amerikanern verübten Terroranschlags am 19. April 1995 in den USA wird in diesem ergreifenden Museum erzählt. Die Einrichtung drückt nicht auf die Tränendrüsen, sondern lässt die entsetzlichen Ereignisse für sich selbst sprechen. Das **Symbolic Memorial** im Freien besteht aus 168 leeren Stühlen, einen für jeden Menschen, der bei dem Anschlag getötet wurde (die 19 kleineren Stühle sind für die Kinder, die in der Kindertagesstätte starben).

Paseo Arts District GEBIET
(www.thepaseo.org; NW 30th St & Paseo) Mit seiner Architektur im Spanish-Revival-Stil, munteren Bars und mehr als 20 abgefahrenen Kunstgalerien ist dies die unkonventionellste Ecke von Oklahoma City.

Centennial Land Run Monument SKULPTUREN
(www.visitokc.com/listings/oklahoma-land-run-monument/467/; 200 Centennial Ave; ⌚24 Std.) GRATIS Vier Dutzend riesige Bronzeskulpturen stellen verteilt über ein mehrere hundert Fuß großes offenes Gelände in der Nähe von Bricktown das Chaos und die Dramatik der Landnahme des Jahres 1889 dar, bei der ein großer Teil des künftigen Bundesstaats besiedelt wurde und amerikanische Ureinwohner von ihrem Land vertrieben wurden. Trotz der andauernden Kontroverse bleibt der „Land Rush" ein Teil der Seele Oklahomas.

Stockyards City GEBIET
(www.stockyardscity.org; Agnew Ave & Exchange Ave) In Stockyards City südwestlich von Downtown stößt man auf echte Cowboys, zum einen in den Läden und Restaurants, die sie mit allem Nötigen versorgen, zum anderen in den Oklahoma National Stockyards, dem größten Kälbermarkt der Welt, den es seit 1910 gibt.

Oklahoma History Center MUSEUM
(☎405-521-2491; www.okhistory.org/historycenter; 800 Nazih Zuhdi Dr; Erw./Kind 7/4 US$; ⊙Mo–Sa 10–17 Uhr) Nahe dem **Capitol** (☎405-521-3356; www.okhouse.gov; 2300 N Lincoln Blvd; ⊙Mo–Fr 7–19, Sa & So 9–16 Uhr, Führungen Mo–Fr 9–15 Uhr) GRATIS erzählt dieses Museum mithilfe interaktiver Ausstellungen die Geschichte des Sooner State aus der Sicht der Menschen. Es gibt auch gute Ausstellungen zu den amerikanischen Ureinwohnern.

Schlafen

Lincoln Inn MOTEL $
(☎405-528-7563; www.lincolninnokc.com; 5405 N Lincoln Blvd; Zi. ab 50 US$; P❄🛜🏊🐾) Die beste Budgetoption in Oklahoma City befindet sich abseits der I-44, nicht weit vom State Capitol entfernt. Es gibt einen großen Pool und einen kleinen Fitnessraum. Der Zugang zu den Zimmern erfolgt über einen innen gelegenen Korridor.

★**Colcord Hotel** BOUTIQUEHOTEL $$
(☎405-601-4300; www.colcordhotel.com; 15 N Robinson Ave; Zi. ab 180 US$; P❄@🛜) Oklahoma Citys ältester, 1911 errichteter Wolkenkratzer ist heute ein zwölfstöckiges Luxushotel. Viele originale Elemente, darunter das marmorverkleidete Foyer, sind erhalten geblieben. Die 108 Zimmer sind hingegen stilvoll und topmodern. Das Hotel befindet sich in der Nähe von Bricktown.

Grandison Inn at Maney Park B&B $$
(☎405-232-8778; www.grandisoninn.com; 1200 N Shartel Ave; Zi. 140–190 US$; P❄🛜) In einem vornehmen Viertel der Stadt, gleich nordwestlich von Downtown, begrüßt das elegante, klassische B&B von 1904 die Gäste seiner acht Zimmer mit viel historischem Charme und modernen Annehmlichkeiten. Die Holzarbeiten im Haus – darunter als Glanzstück die herrliche Treppe – sind hervorragend.

Essen

★**Nic's Grill** BURGER $
(☎405-524-0999; www.nicsokc.com; 1201 N Pennsylvania Ave; Hauptgerichte 10 US$; ⊙Mo–Fr 10.30–14, Sa 11–15 Uhr) Die Hamburger in dieser Filiale werden landesweit gerühmt. Wegen der begrenzten Öffnungszeiten bilden sich oft lange Schlangen von Leuten, die eines der saftigen Prachtstücke ergattern wollen. Man sollte unbedingt einen Burger mit Jalapeños wählen.

Pho Lien Hoa VIETNAMESISCH $
(☎405-521-8087; 901 NW 23rd St; Hauptgerichte ab 8 US$; ⊙8.30–21 Uhr) Viele vietnamesische Flüchtlinge siedelten sich nach dem Vietnamkrieg Mitte der 1970er-Jahre in Oklahoma an, und viele eröffneten hier auch Restaurants. Eines der besten ist dieses unscheinbare, schmucklose Lokal in einem langweiligen Einkaufszentrum. Das Essen aber könnte gar nicht frischer und authentischer sein als hier. Nur Barzahlung!

Sunnyside Diner DINER $
(☎405-778-8861; www.eatatsunnyside.com; 916 NW 6th St; Hauptgerichte 5–12 US$; ⊙6–15 Uhr; 👪) Das beste Frühstück der Stadt bietet dieser scheinbar ganz traditionelle Diner. Aber schon ein Bissen von den frischen Blaubeerpfannkuchen oder von den Eggs Benedict macht klar, dass man sein Morgenparadies entdeckt hat. Es gibt hier auch eine ausgezeichnete Kinderkarte.

★**Cheever's Cafe** MODERN-AMERIKANISCH $$
(☎405-525-7007; www.cheeverscafe.com; 2409 N Hudson Ave; Hauptgerichte 10–40 US$; ⊙So–Do 11–21, Fr & Sa bis 22.30 Uhr) Der frühere Blumenladen im Art-déco-Stil ist heute ein gehobenes Café mit ausgezeichneten, von der Südstaaten- und der mexikanischen Küche beeinflussten Gerichten. Die Karte ändert sich saisonal und beinhaltet Gerichte aus örtlich produzierten Zutaten. Das Eiscreme-Dessert ist der Stoff, aus dem die Träume sind, und das panierte Steak ist das beste im ganzen Bundesstaat.

★**Cattlemen's Steakhouse** STEAKS $$
(☎405-236-0416; www.cattlemensrestaurant.com; 1309 S Agnew Ave; Hauptgerichte 7–30 US$; ⊙So–Do 6–22, Fr & Sa bis 24 Uhr) Das legendärste Restaurant von Oklahoma City ist eine Institution in Stockyards City, die schon seit 1910 Cowboys und Städter mit Steaks versorgt. An der Theke (wo man die Wartezeit auf einen Tisch überbrücken kann) und in den gemütlichen Sitzecken werden heute noch Geschäfte abgeschlossen. Man sollte die Salatbeilage mit dem hausgemachten Knoblauch-Dressing genießen und auch nicht auf ein paar Zwiebelringe verzichten. Das Frühstück ist ein Geheimtipp von echten Kennern.

Ausgehen & Unterhaltung

Pump Bar BAR
(☎405-702-8898; www.pumpbar.net; 2425 N Walker Ave; ⊙Mo–Fr 16–2, Sa & So ab 11 Uhr) Diese Bar in einer ehemaligen Tankstelle macht… äh…

ROUTE 66: GET YOUR KICKS IN OKLAHOMA

Oklahomas Verbindung zur Mother Road reicht tief: Der wichtigste Befürworter der Straße, Cyrus Avery, stammte aus dem Staat, während der Weltwirtschaftskrise flohen Farmer aus Oklahoma auf der Route 66 gen Westen, deren Not John Steinbeck in *Früchte des Zorns* beschrieb, und in Oklahoma sind mehr Kilometer der ursprünglichen Straße erhalten als in jedem anderen Bundesstaat. Die Oklahoma Route 66 Association (www.oklahomaroute66.com) gibt eine tolle Broschüre heraus, die in Visitor Centers erhältlich ist.

Kurz nachdem man den Bundesstaat von Kansas her kommend auf der US 69A erreicht hat, gelangt man nach **Miami**. Jenseits des Neosho River südlich der Ortschaft liegt der erste von zwei originalen, nur 2,75 m breiten Straßenabschnitten. Der zweite, die E 140 Rd (nach Westen abbiegen!), folgt kurz nach dem ersten unmittelbar vor der I-44. Man überquert die I-44 zweimal, ehe man in **Vinita** ankommt. Das Restaurant **Clanton's** (918-256-9053; www.clantonscafe.com; 319 E Illinois Ave, Vinita; Hauptgerichte 4–12 US$; Mo–Fr 6–20, Sa bis 14 Uhr) stammt von 1927 und ist der richtige Ort für panierte Steaks und *calf fries* (gewöhnungsbedürftig: Rinderhoden).

30 Meilen (48 km) weiter lohnt **Foyil** einen 4 Meilen (6,4 km) langen Abstecher auf dem Hwy 28A, um sich den „größten Totempfahl der Welt" anzuschauen. Nach weiteren 10 Meilen (16 km) ist **Claremore** mit dem **Will Rogers Memorial Museum** (918-341-0719; www.willrogers.com; 1720 W Will Rogers Blvd; Erw./Kind 7/3 US$; März–Okt. 10–17 Uhr, Nov.–Feb. Mi–So) erreicht.

Als nächstes folgt in **Catoosa** gleich vor Tulsa eines der meistfotografierten Wahrzeichen der Route 66: der 25 m lange **Blue Whale** (2680 N Hwy 66, Catoosa; 8–18 Uhr), die Hauptattraktion eines längst verschwundenen Wasserparks. Die East 11th St bringt einen mitten durch **Tulsa** mit seinen vielen Art-déco-Bauten; unbedingt sehenswert ist das **Meadow Gold Sign** (www.meadowgolddistrict.com; 1324 E 11th St), ein wundervolles restauriertes Neonschild aus den 1930er-Jahren an der S Quaker Ave. Der Southwest Blvd führt über den Fluss und aus der Stadt hinaus.

Der State Hwy 66 von Tulsa nach Oklahoma City ist eine der längsten verbliebenen ununterbrochenen Abschnitte der Mother Road (110 Meilen/177 km). In **Chandler**, 60 Meilen (97 km) südwestlich von Tulsa zeichnet das **Route 66 Interpretive Center** (405-258-1300; www.route66interpretivecenter.org; 400 E 1st St, Chandler; Erw./Kind 5/4 US$; Juni–Aug. Mo–Sa 10–17 Uhr, Sept.–Mai Mo geschl.) das Erlebnis des Fahrens auf dieser Straße durch die Jahrzehnte nach.

Die Route 66 folgt der US 77 nach **Oklahoma City**. Man verlässt Oklahoma City, indem man nach Norden auf die May Ave und hinter **Ann's Chicken Fry House** (405-943-8915; 4106 NW 39th St; Hauptgerichte 5–12 US$; Di–Sa 11–20.30 Uhr) nach Westen auf die NW 39th St abbiegt. Dahinter folgt die Strecke der geschäftigen I-40 nach Westen.

El Reno, 20 Meilen (32 km) westlich von Oklahoma City, ist die Heimat des *fried-onion burger* (ca. 3 US$), eines Imbissklassikers. Unter den historischen Drive-ins und Kneipen ist **Sid's Diner** (405-262-7757; www.sidsdinerelreno.com; 300 S Choctaw Ave, El Reno; Hauptgerichte ab 4 US$; Mo–Sa 7–20 Uhr) zu empfehlen, der auch Tische im Freien hat.

Rund 17 Meilen (27 km) westlich von El Reno nimmt man den Abschnitt der US 281, der nördlich der I-40 zwischen den Exits 108 und 101 verläuft. Wo er den Canadian River auf der **Pony Bridge** (US 281, nahe Bridgeport) überquert, sollte man am Westende anhalten. Hier wurde im Film *Früchte des Zorns* (1939) der Großvater beerdigt.

Westlich von **Hydro** und dem Hwy 58 finden sich die Überreste des legendären Rasthauses **Lucille's**. Ca. 4 Meilen (6,4 km) weiter, kurz vor **Weatherford**, trägt das heutige **Lucille's Roadhouse** (580-772-8808; www.lucillesroadhouse.com; 1301 N Airport Rd, I-40, Exit 84, Weatherford; Hauptgerichte 6–25 US$; Mo–Sa 6–22, So 11–21 Uhr) das Erbe weiter.

In **Clinton** ermöglicht das **Route 66 Museum** (580-323-7866; www.route66.org; 2229 W Gary Blvd, Clinton; Erw./Kind 7/4 US$; Mai–Aug. Mo–Sa 9–19, So 13–18 Uhr, Sept.–April kürzere Öffnungszeiten) einen Rundgang durch 60 Jahre Geschichte und Musik der Straße.

30 Meilen (48 km) weiter westlich folgt in **Elk City** das **National Route 66 Museum** (580-225-3234; 320 W 3rd St/Hwy 66, Elk City; Erw./Kind 5/4 US$; Mo–Sa 9–17 Uhr, April–Okt. auch So 14–17 Uhr). Bei **Texola** führt die Route 66 hinüber nach Texas.

richtig Spaß. Der große Hof (auf dem einst die Zapfsäulen standen) ist mit rosafarbenen Flamingos und ausgestopften Kakteen dekoriert. Die Drinks werden in komischen Behältern serviert, die eitwas nach Hawaii aussehen. Lustige Einheimische aus der Nachbarschaft bevölkern das Lokal. Schräg!

Oklahoma City Thunder BASKETBALL
(www.nba.com/thunder; 100 W Reno Ave; Tickets ab 40 US$) Das NBA-Team Thunder spielt in der Chesapeake Energy Arena in Downtown. Es hat seit 2009 in jeder Saison die Playoffs erreicht.

Shoppen

Langston's BEKLEIDUNG
(☎405-235-9536; www.langstons.com; 2224 Exchange Ave; ⏲Mo–Sa 10–20, So 12–17 Uhr) Hier bekommt man Westernkleidung und -zubehör aller Art. Allein die Schuhauswahl ist überwältigend.

Praktische Informationen

Oklahoma City Visitor Information Center (☎405-602-5141; www.visitokc.com; 58 W Sheridan Ave; ⏲Mo–Fr 9–18 Uhr) Die Touristeninformation in der nordöstlichen Ecke des Cox Convention Center hat Infos u. a. zu den Attraktionen, Restaurants und Events in der Gegend.

An- & Weiterreise

Der **Will Rogers World Airport** (OKC; ☎405-316-3271; www.flyokc.com; 7100 Terminal Dr) liegt 5 Meilen (8 km) südwestlich der Downtown; eine Taxifahrt ins Zentrum kostet rund 25 US$. Der Flughafen bietet Flüge von/zu US-amerikanischen Flugkreuzen.

Der Amtrak-Zug (www.amtrak.com) *Heartland Flyer* fährt vom **Santa Fe Depot** (100 S EK Gaylord Blvd) nach Fort Worth (31 US$, 4 Std., 1-mal tgl.).

Greyhound (☎405-606-4382; www.greyhound.com; 1948 E Reno Ave) betreibt täglich Busse nach Dallas (35 US$, 5 Std.), Wichita (30 US$, 3 Std.), Tulsa (20 US$, 2 Std., 5-mal tgl.) und zu anderen Zielen, u. a. solchen westlich an der I-40.

Westliches Oklahoma

Westlich von Oklahoma City in Richtung Texas geht das Land in weite, offene Prärien über, die nirgends so schön sind wie in den Wichita Mountains. Dank dieser Hügel, einiger Route-66-Attraktionen und Stätten der amerikanischen Ureinwohner ist das westliche Oklahoma ideal für einen Roadtrip.

Washita Battlefield National Historic Site GESCHICHTE
(☎580-497-2742; www.nps.gov/waba; Hwy 47A; Cheyenne ⏲Stätte Sonnenaufgang–Sonnenuntergang, Visitor Center 8–6.30 Uhr) GRATIS Am 27. November 1868 starteten George Custers Truppen in der Morgendämmerung einen Angriff auf das friedliche Dorf des Häuptlings Black Kettle. Es war ein Massaker, bei dem Männer, Frauen, Kinder und Haustiere regelrecht abgeschlachtet wurden. Manche meinen, dass das schlechte Karma wegen dieser Tat acht Jahre später auf Custer zurückfiel. Über die **Stätte** des Massakers, die sich kaum verändert hat, führen Wege. Im hervorragenden, 0,7 Meilen (1,1 km) entfernten Visitor Center befindet sich ein gutes **Museum**; die saisonal angebotenen Führungen und Vorträge lohnen allemal.

Die Stätte liegt 2 Meilen (3,2 km) westlich von Cheyenne und 30 Meilen (48 km) nördlich der I-40, von der man sie über die US 283 erreicht. Sie ist umgeben vom **Black Kettle National Grassland**, wo es schöne Panoramastraßen und kostenlose Campingplätze gibt.

An- & Weiterreise

Wer den Spuren der Route 66 folgt, wird das westliche Oklahoma hauptsächlich auf der I-40 durchqueren (Exit 32 nach Cheyenne und zum Washita Battlefield nehmen; S. 756). Auf der I-44 gelangt man von Oklahoma City hinunter nach **Fort Sill** (☎580-442-5123; http://sill-www.army.mil/museum/; 6701 Sheridan Rd, Visitors Control Center; ⏲Di–Sa 9–17 Uhr) und zu den Wichita Mountains. Greyhound betreibt einen Bus auf der I-40 nach Amarillo, Texas.

Tulsa

401800 EW.

Tulsa, die selbst ernannte „Ölhauptstadt der Welt", hat sich nie wirklich die Hände an dem schwarzen Gold schmutzig gemacht, das andernorts im Bundesstaat aus dem Boden quillt. Hier haben vielmehr etliche Energieunternehmen ihren Sitz, die ihr Geld mit dem Bohren nach Öl, dem Verkauf und als Zulieferer verdienen. Der daraus stammende stetige Wohlstand half einst dabei, Tulsas prunkvolles Zentrum mit seinen vielen Art-déco-Gebäuden zu erschaffen.

Heute leidet Tulsa unter vorstädtischer Zersiedelung, aber der Brady Arts District in Downtown ist hübsch. Die Stadt hat auch viele Route-66-Sehenswürdigkeiten und Geschäfte sowie eine muntere Musikszene.

Sehenswertes

In der Downtown von Tulsa gibt's so viel Art-déco-Architektur, dass die Stadt einst als „Terracotta City“ bekannt war (weil dieses Baumaterial in der Regel dazu diente, die für diesen Stil typische architektonische Detaillierung zu schaffen). Das **Philcade Building** (www.tulsaartdecomuseum.com; 511 S Boston Ave; Ausstellungen im Foyer Mo–Sa 8–21, So bis 15 Uhr) mit seinem prächtigen T-förmigen Foyer, das unweit von ihm stehende **Philtower Building** (427 S Boston Ave) und die **Boston Avenue United Methodist Church** (918-583-5181; www.bostonavenue.org; 1301 S Boston Ave; Mo–Fr 8.30–17, So 8–17 Uhr, Führung So 12 Uhr) am Ende der Downtown sind hervorragende Beispiele des Art déco.

Unbedingt besuchen sollte man das **Decopolis** (918-382-7388; www.decopolis.net; 502 S Boston Ave; Mo & Di 10–18, Mi–Sa bis 21, So 11–15 Uhr); Infos und einen Stadtspaziergangs-Guide zum Herunterladen findet man unter www.visittulsa.com (unter *self-guided art deco walking tour*).

Der gerade im Entstehen begriffene **Brady Arts District** hat seinen Mittelpunkt an der Brady und der Main St unmittelbar nördlich von Downtown. In dem Viertel gibt's Galerien, Treffpunkte, gute Restaurants und viele Parkplätze.

★ Woody Guthrie Center MUSEUM

(918-574-2710; www.woodyguthriecenter.org; 102E Brady St; Erw./Kind 12 US$/frei; Di–So 10–18 Uhr) In den 1930er-Jahren erlangte Woody Guthrie mit seinen Folk-Balladen Ruhm, in denen er Geschichten aus der Dust Bowl und von der Wirtschaftskrise erzählte. Sein Leben und seine Musik stehen im Mittelpunkt dieses eindrucksvollen neuen Museums, in dem man seine Werke hören und seinem Erbe in den Songs von Bob Dylan und anderen begegnen kann. Abendkonzerte werden auf der Bühne des Theaters aufgeführt (Termine und Uhrzeiten finden sich auf der Museums-Website).

★ Oklahoma Jazz Hall of Fame MUSEUM

(918-928-5299; www.okjazz.org; 5 S Boston Ave; So Jazzkonzerte Erw./Kind 15/5 US$; Mo–Fr 9–17 Uhr, Livemusik Di 18–22 & So 16–19.30 Uhr) GRATIS Tulsas schöner Bahnhof, die Union Station, ist wieder von Geräuschen erfüllt, doch heute sind sie melodisch statt kakophonisch. Während der ersten Hälfte des 20. Jhs. war Tulsa ein Knotenpunkt der amerikanischen Musik. Hier trafen sich einheimische Künstler und solche, die von weither kamen. Die umfassenden Ausstellungen beschäftigen sich mit Größen wie Charlie Christian, Ernie Fields Senior und Wallace Willis. Die Jazzkonzerte am Sonntag finden im Grand Concourse statt, in dem einst strikte Rassentrennung herrschte. Dienstagabends werden kostenlose Jamsessions veranstaltet.

★ Gilcrease Museum MUSEUM

(918-596-2700; www.gilcrease.org; 1400 Gilcrease Museum Rd; Erw./Kind 8 US$/frei; Museum Di–So 10–17 Uhr, Garten 6–23 Uhr) Nordwestlich der Downtown, abseits des Hwy 64, liegt dieses herrliche Museum auf dem gepflegten Anwesen von Thomas Gilcrease, einem Angehörigen der Muscogee Creek Nation, der auf seiner zugewiesenen Parzelle Öl entdeckte. In den Ausstellungen werden Kunst, Textilien, Töpferwaren und andere Artefakte amerikanischer Ureinwohner gezeigt. Die kostenlos besuchbaren Gartenanlagen drum herum bieten sich zu einem schönen Spaziergang an.

Philbrook Museum of Art MUSEUM

(918-749-7941; www.philbrook.org; 2727 S Rockford Rd; Erw./Kind 9 US$/frei; Mi, Do, Sa & So 9–17, Fr bis 20 Uhr) Südlich der Stadt werden in der von einem prächtigen Park umgebenen, italienisch angehauchten Villa eines Ölmagnaten schöne Werke amerikanischer Ureinwohner und Werke internationaler Alter Meister ausgestellt. **Philbrook Downtown** (116 E Brady St; Erw./Kind 7 US$/frei; Mi–So 11–17, Fr bis 21 Uhr), die Dependance des Muse-

DIE RASSENUNRUHEN IN TULSA VON 1921

Am Memorial Day, dem 30. Mai 1921, waren ein afroamerikanischer Mann und eine weiße Frau allein in einem Fahrstuhl in der Downtown von Tulsa, und die Frau schrie. Das Wieso und Warum des ganzen Vorfalls wurde nie geklärt, aber dieses Ereignis löste drei Tage andauernde Rassenkrawalle aus, bei denen 35 Blocks von Tulsas größtem Schwarzenviertel Greenwood von umherziehenden Gangs zerstört und sogar aus Flugzeugen bombardiert wurden. Tausende wurden obdachlos, Hunderte verletzt und um die 100 Personen ermordet.

Mehr über die Unruhen erfährt man im **John Hope Franklin Reconciliation Park** (www.jhfcenter.org; 290 N Elgin Ave; 8–20 Uhr).

ums im Brady Arts District, zeigt zeitgenössische Kunst.

Schlafen

Desert Hills Motel MOTEL $
(☎918-834-3311; 5220 E 11th St; Zi. ab 60 US$; P ❄ 📶) Der leuchtende Neon-Kaktus am Eingang lockt Gäste in dieses restaurierte Motel aus den 1950er-Jahren. Die 50 mit Kühlschrank und Mikrowelle ausgestatteten Zimmer sind schräg versetzt um den Parkplatz angeordnet. Das Motel befindet sich 5 Meilen östlich der Downtown an der 11th St, die zur historischen Route 66 gehört.

★ **Hotel Campbell** HOTEL $$
(☎918-744-5500; www.thecampbellhotel.com; 2636 E 11th St; Zi. 140–210 US$; P ❄ @ 📶) Das historische, 1927 errichtete Hotel östlich der Downtown erstrahlt seit seiner Restaurierung wieder im Glanz der Route-66-Ära. Die 26 luxuriösen Zimmer sind mit Hartholzböden und eleganten Stilmöbeln ausgestattet. Nach einer Führung fragen!

Hotel Ambassador HOTEL $$$
(☎918-587-8200; www.ambassadortulsa.com; 1324 S Main St; Zi. 200–400 US$; P ❄ @ 📶) In der Eingangshalle des 1929 erbauten, zehnstöckigen Hotels hängen Fotos, die es vor seiner aufwendigen Renovierung zeigen. Die öffentlichen Räume sind entsprechend prachtvoll. Die 55 Zimmer wurden frisch erneuert und versprühen ein modernes Flair; dadurch wirken sie einen Tick größer.

Essen

★ **Elmer's** BARBECUE $
(918-742-6524; www.elmersbbqtulsa.com; 4130 S Peoria Ave; Hauptgerichte 7–26 US$; ⏲Di–Mi 11–19, Do–Sa bis 20 Uhr) Ein legendäres Grillrestaurant, dessen Star auf der Speisekarte das potenziell tödliche „Badwich" ist, eine krasse Kombi aus fachmännisch geräucherten Würstchen, Speck, Rind- und Schweinefleisch und mehr. Es gibt auch Räucherlachs und eine fantastische Beilage: grüne Bohnen mit saftigen Stücken Rippenfleisch. Der Speisesaal ist hell; es steht ein Piano drin.

Ike's Chili House DINER $
(☎918-838-9410; www.ikeschilius.com; 1503 E 11th St; Hauptgerichte 5–9 US$; ⏲Mo–Fr 10–19, Sa bis 15 Uhr) Das Ike's serviert seit über 110 Jahren Chili, und die klassische Variante ist besonders beliebt. Das Chili gibt's ohne alles oder mit Fritos (eine lokale Sensation), einem Hotdog, Pommes oder Spaghetti. Oben drauf kommen Peperoni, Zwiebeln, Jalapeños, Saltines (gesalzene Weizencracker) und Cheddarkäse – lecker! Ein Route-66-Klassiker!

Ausgehen & Unterhaltung

American Solera BRAUEREI
(☎918-779-7763; www.americansolera.com; 108 E 18th St; ⏲Mo–Do 16–21, Fr & Sa 12–23, So 12–21 Uhr) Dieser Pub ist ein prima Ziel im Ausgehviertel SoBo und ideal, um die preisgekrönten Biere von American Solera zu probieren, darunter das Norton Fellowship, ein Sour Ale mit Zugabe der heimischen Rebsorte Norton. Aber auch die Sour IPAs und die fruchtigen Ales sind hervorragend.

Mercury Lounge BAR
(www.mercurylounge918.com; 1747 S Boston Ave; ⏲14–2 Uhr) Aus einer ehemaligen Tankstelle ist eine klassische Kneipe mit Billardtisch und zwei Patios entstanden, auf denen man prima die vielen lauen Abende in Tulsa verbringen kann. An manchen Abenden spielen örtliche Top-Rockbands.

★ **Cain's Ballroom** LIVEMUSIK
(☎918-584-2306; www.cainsballroom.com; 423 N Main St) Angehende Rockstars treten auf den Brettern auf, auf denen Bob Wills in den 1930er-Jahren Western Swing spielte und die Sex Pistols 1978 für Chaos sorgten (heute noch ist das Loch zu sehen, das Sid Vicious in die Wand schlug).

Anreise & Unterwegs vor Ort

Der **Tulsa International Airport** (☎918-838-5000; www.tulsaairports.com; 7777 Airport Dr) nordöstlich vom Zentrum bietet Flüge zu wichtigen Luftkreuzen in den gesamten USA.

Greyhound (www.greyhound.com; 317 S Detroit Ave) betreibt Busse u. a. nach Oklahoma City (20 US$, 2 Std., 5-mal tgl.) und Muskogee (26 US$, 1 Std., 1-mal tgl.). Busse von Jefferson Lines (www.jeffersonlines.com) fahren nach Bartlesville (22 US$, 1 Std., 1-mal tgl.).

Tulsa Transit (☎918-582-2100; www.tulsatransit.org; 319 S Denver Ave; 2 Std./Tageskarte 1,75/3,75 US$) betreibt Busse von seinem Busbahnhof in Downtown zum Flughafen und zu weiteren Punkten im Großraum von Tulsa.

Guthrie

11350 EW.

Guthrie nennt sich gern „Offbeat Oklahoma" (unkonventionelles Oklahoma), und dieses Etikett steht der künstlerisch angehauchten

Gemeinde gut. Guthrie ist stolz auf seine Bluegrass-Musikszene – nach Konzerten der örtlichen Byron Berline Band schauen! Im historischen Zentrum residieren Galerien und Antiquitätenläden in den viktorianischen, aus Ziegeln und Naturstein errichteten Gebäuden. Das rund 30 Meilen (48 km) nördlich von Oklahoma City gelegene Städtchen war die erste Hauptstadt des Bundesstaats.

Frontier Drugstore Museum MUSEUM
(☎405-282-1895; www.drugmuseum.org; 214 W Oklahoma Ave; empfohlene Spende 3 US$; ⏲Di–Sa 10–17 Uhr) Ein verrücktes, kleines Museum, in dem die verblüffenden Heilmittel ausgestellt sind (z. B. Gläser mit Blutegeln), die in den Apotheken der Pionierstädte um die Jahrhundertwende verkauft wurden.

Pollard Inn HISTORISCHES HOTEL $$
(☎405-517-9266; www.pollardbb.com; 124 W Harrison Ave; Zi. ab 135 US$; ❄📶) An den Zinndecken kann man noch die Einschusslöcher der vielen Überfälle sehen, die diese Bank mit Gasthof zu Pionierzeiten erlebt hat. Die zwölf Zimmer sind geräumig und erinnern an Guthries Blütezeit. Erfreulicherweise vermeidet das – authentische – Dekor den Kitsch, der für manche B&Bs typisch ist.

ℹ An- & Weiterreise

Guthrie liegt 30 Meilen (48 km) nördlich von Oklahoma City, zu erreichen über die I-35. Es gibt hier keine öffentlichen Verkehrsmittel.

Anadarko

6600 EW.

In diesem Gebiet gibt es acht Stammesländer, und die Kinder der vielen verschiedenen Stämme gehen in Anadarko zur Schule. Hier finden regelmäßig indianische Versammlungen und Veranstaltungen statt, und wer gern einmal in die Kultur der amerikanischen Ureinwohner eintauchen möchte, ist hier genau richtig.

National Hall of Fame for Famous American Indians DENKMAL
(☎405-247-5555; www.americanindianhof.com; 901 E Central Blvd, Hwy 62; ⏲Gelände 24 Std., Visitor Center Mo–Sa 9–17, So ab 12 Uhr) GRATIS Ein kurzer Spaziergang im Freien führt an 41 Bronzebüsten weltbekannter amerikanischer Ureinwohner vorbei, darunter Persönlichkeiten wie Pocahontas, Geronimo und Sitting Bull. Das nahe gelegene Visitor Center hält eine gute Auswahl von Büchern über die amerikanischen Ureinwohner Oklahomas bereit.

Southern Plains Indian Museum MUSEUM
(☎405-247-6221; www.doi.gov/iacb/southern-plains-indian-museum; 801 E Central Blvd; ⏲Di–Fr 10–16.30 Uhr; 👪) GRATIS Das Museum beherbergt eine kleine, aber vielfältige Sammlung von Kleidung, Waffen und Musikinstrumenten der Prärieindianer sowie eine Sammlung von Kunst amerikanischer Ureinwohner.

ℹ An- & Weiterreise

Anadarko liegt etwas mehr als eine Fahrtstunde südwestlich von Oklahoma City. In der Region gibt's keine öffentlichen Verkehrsmittel.

Muskogee

37 900 EW.

Der Namensgeber von Merle Haggards Hit aus dem Jahr 1969, *Okie from Muskogee*, liegt am Arkansas River. Muskogee war und ist in gewisser Weise immer noch das Land der Creek und Cherokee. Es ist ein hervorragender Ort, um mehr über die Kultur der amerikanischen Ureinwohner – vor allem vor Beginn des 19. Jhs. – zu erfahren.

MEDICINE PARK

Dieser reizende Erholungsort am Fluss lockt Reisende mit seiner malerischen Lage und seiner einzigartigen Pflastersteinarchitektur (die Gebäude sind aus abgerundeten roten Steinen erbaut). Es ist diese Art von Ort, an dem sich Künstler und Forellenfischer gleichermaßen wohlfühlen und wo angelegte Parks in ein unvergleichliches Prärieparadies übergehen. Der Ort liegt gerade einmal eine Meile (1,6 km) vom **Wichita Mountains Wildlife Refuge** (☎580-429-3222; www.fws.gov/refuge/wichita_mountains; 20539 State Hwy 115, Cache; ⏲Visitor Center 9–17 Uhr; 👪🐾) GRATIS, entfernt, wo Scharen von Elchen, Büffeln und Langhornrindern frei umherstreifen.

Medicine Park liegt etwa eineinhalb Autostunden (vorwiegend auf der I-44) südwestlich von Oklahoma City. Es gibt keine öffentlichen Verkehrsmittel.

ABSTECHER

FRANK LLOYD WRIGHT IN BARTLESVILLE

Die Stadt spiegelt immer noch den Reichtum wider, den sie dem ersten Öl-Boom im Jahr 1905 verdankte. Das Erdölimperium Phillips hat gut finanzierte Museen und eine riesige Villa hinterlassen. Darüber ragt der 1956 erbaute, 67 m hohe **Price Tower** (918-336-1000; www.pricetower.org; 510 Dewey Ave; Galerie Erw./Kind 6 US$/frei, Führung Erw./Kind 15/10 US$; Galerie Di–Sa 10–20, So 12–17 Uhr, Führungen Di–Sa 11 & 14, So 14 Uhr) auf, der einzige Wolkenkratzer, den Frank Lloyd Wright je baute.

Von innen und außen wirkt der Turm wie das Zusammentreffen einer Nummer des *Architectural Digest* mit *Die Jetsons*. In den 1990er-Jahren stand das Gebäude fast leer, heute residieren hier im Erdgeschoss eine Kunstgalerie und in den obersten Stockwerken das **Inn at Price Tower** (www.pricetower.org/stay; Zi. ab 135 US$; P ❄ 📶). In den klapprigen Fahrstühlen kann man hinauffahren zur Bar im 15. Stock.

Bartlesville liegt 45 Meilen (72 km) nördlich von Tulsa an der US 75. Jefferson Lines (www.jeffersonlines.com) bedient diese Strecke einmal täglich (22 US$, 1 Std.).

Sehenswertes

Fort Gibson Historic Site HISTORISCHE STÄTTE
(918-478-4088; www.okhistory.org/sites/fortgibson; 907 N Garrison Rd, Fort Gibson; Erw./Kind 7/4 US$; Di–Sa 10–17 Uhr) Das 1824 als Grenzfestung errichtete Fort Gibson spielte eine entscheidende und unrühmliche Rolle beim Trail of Tears (Pfad der Tränen). Hier hatte die „Umsiedlungskommission" in den 1830er-Jahren ihren Sitz, und hier wurden die überlebenden Creek und Seminolen nach der erzwungenen Vertreibung interniert und anschließend über das ganze Territorium verteilt. Das Gelände und die restaurierten Gebäuden vermitteln einen guten Eindruck vom militärischen Leben vor 180 Jahren. Das Fort befindet sich 7 Meilen (11,3 km) nordöstlich des Zentrums von Muskogee.

Five Civilized Tribes Museum MUSEUM
(918-683-1701; www.fivetribes.org; 1101 Honor Heights Dr, Agency Hill; Erw./Student 3/1,50 US$; Mo–Fr 10–17, Sa bis 14 Uhr) Das Museum in einem 1875 errichteten Gebäude der Union Indian Agency erinnert an die Kulturen der „Fünf zivilisierten Stämme" (die Cherokee, Chickasaw, Choctaw, Creek (Muscogee) und Seminolen), die zwangsweise auf dem „Pfad der Tränen" aus dem Südosten der USA nach Oklahoma vertrieben wurden.

Essen

Harmony House BÄCKEREI $
(918-687-8653; www.harmonyhouse4lunch.com; 208 S 7th St; Hauptgerichte 8–10 US$; Café Mo–Sa 11–14.30 Uhr, Bäckerei Mo–Fr 9–17, Sa bis 15 Uhr) Frisch gebackene Kekse auf dem Tisch, Karaffen mit Aprikosen-Eistee und jede Menge Schnickschnack sorgen dafür, dass man sich wie in Omas guter Stube fühlt. Es gibt auch Suppen, Salate und Sandwiches, die Gäste kommen aber vor allem wegen der Desserts aus der Bäckerei, z. B. wegen des Toll House Pie (mit Schoko-Cookies als leckerer Zutat).

An- & Weiterreise

Muskogee liegt 50 Meilen (80 km) südöstlich von Tulsa. Greyhound verbindet beide Städte mit einem täglich fahrenden Bus (26 US$, 1 Std.).

Tahlequah

16 700 EW.

Tahlequah (sprich: tel-*ah*-kwoh) ist seit 1839 die Hauptstadt der Cherokee. Das sehr gute **Cherokee Heritage Center** (918-456-6007; www.cherokeeheritage.org; 21192 S Keeler Dr; Erw./Kind 12/7 US$; Mai–Okt. Mo–Sa 9–17 Uhr, Nov.–Apr. Di–Sa) liegt in Park Hill, das einst als „Athen des Indianer-Territoriums" bekannt war. Das kompakte Zentrum wartet dank der Northeastern State University mit einer jugendlichen Energie und dynamischen Geschäften und Restaurants auf.

Blue Fern B & B B & B $
(918-316-6973; www.bluefernbedandbreakfast.net; 224 W Chickasaw St; Zi. 110–140 US$; ❄ 📶) Das viktorianische Haus wurde 1904 erbaut, noch vor der Geburtsstunde des Staates Oklahoma, liebevoll restauriert und in ein farbenfrohes B & B umgewandelt. Jedes der drei Zimmer hat seinen eigenen Gaskamin, zwei von ihnen eine Küchennische. Entspannen kann man auf der breiten Veranda.

An- & Weiterreise

Tahlequah liegt 65 Meilen (105 km) südöstlich von Tulsa. Hierher fahren keine öffentlichen Verkehrsmittel.

Texas

Inhalt ➡

Gut essen

- Franklin Barbecue (S. 769)
- Javier's (S. 802)
- Pieous (S. 779)
- Killen's Barbecue (S. 789)
- L&J Cafe (S. 815)

Schön übernachten

- Hotel Emma (S. 776)
- Indian Lodge (S. 811)
- Hotel Van Zandt (S. 769)
- Hotel ZaZa Houston (S. 784)
- El Cosmico (S. 812)

Auf nach Texas!

Die Titelmusik von *Dallas* aufgedreht und los geht die Reise: Texas ist riesig und weitläufig – wäre es ein Land, läge es größenmäßig weltweit auf Platz 40! Und die Kreativität seiner Bewohner steht seiner immensen Fläche in nichts nach.

Rinderfarmen, Pick-ups, Cowboystiefel und der unverkennbare texanische Akzent – natürlich gehört all dies zur hiesigen Kultur. Aber Texas ist kein Wildwest-Themenpark. Bei einem Staat dieser Größe ist für jeden etwas dabei.

Den Besucher erwarten Strände, ja, auch weitläufige Nationalparks, historische Städte, Einkaufszentren im Format von Kleinstädten, ein pulsierendes Nachtleben und eine dynamische Musikszene. Zudem machen die beinahe ganzjährig warmen Temperaturen Texas zum idealen Ziel für Outdoor-Fans, die zum Wandern, Radfahren, Klettern und Kajakfahren kommen. Man kann sich also aussuchen, welches Abenteuer einen am meisten reizt: Der Lone Star State ist zu allem bereit.

Reisezeit

Austin

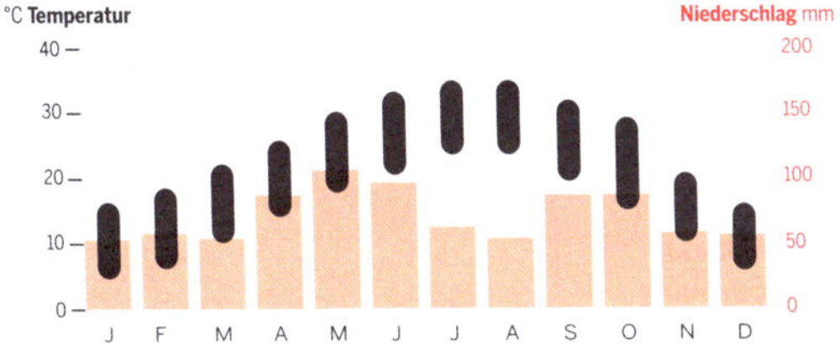

März Die Wärme während des Spring Break lockt Collegestudenten und Familien mit Kindern an.

April & Mai Wildblumen an den Straßen, überall gibt's Festivals. Die Sommerhitze kommt erst noch.

Okt. Die Touristenströme verebben, die Hitze lässt nach, doch es ist noch warm genug für Shorts.

Highlights

1 Gruene Hall (S. 777) Über den abgewetzten Boden des ältesten Tanzsaales von Texas gleiten

2 River Walk (S. 773) Auf San Antonios Promenade an Cafés und Restaurants vorbeischlendern

3 Austin (S. 764) Jede Menge Livemusik, Hinterhofbars und kreative Food Trucks genießen

4 Sixth Floor Museum (S. 797) In diesem einzigartigen Museum in Dallas den Verschwörungstheorien um die Ermordung von JFK nachgehen

5 Fort Worth (S. 804) Zusehen, wie ganze Herden von Longhorn-Rindern durch die staubigen Straßen getrieben werden

6 Big Bend National Park (S. 807) In diesem herrlichen Nationalpark eine ganz andere Seite des wilden Texas erleben

7 Galveston (S. 790) Den historischen Überlebenskünstler an der Golfküste kennenlernen

8 Menil Collection (S. 782) Die verblüffende Sammlung surrealistischer Kunst im Houston Museum District bestaunen

9 Padre Island National Seashore (S. 794) Die Dünenlandschaft und Wasserwege der unter Naturschutz stehenden, spektakulären Küste erkunden

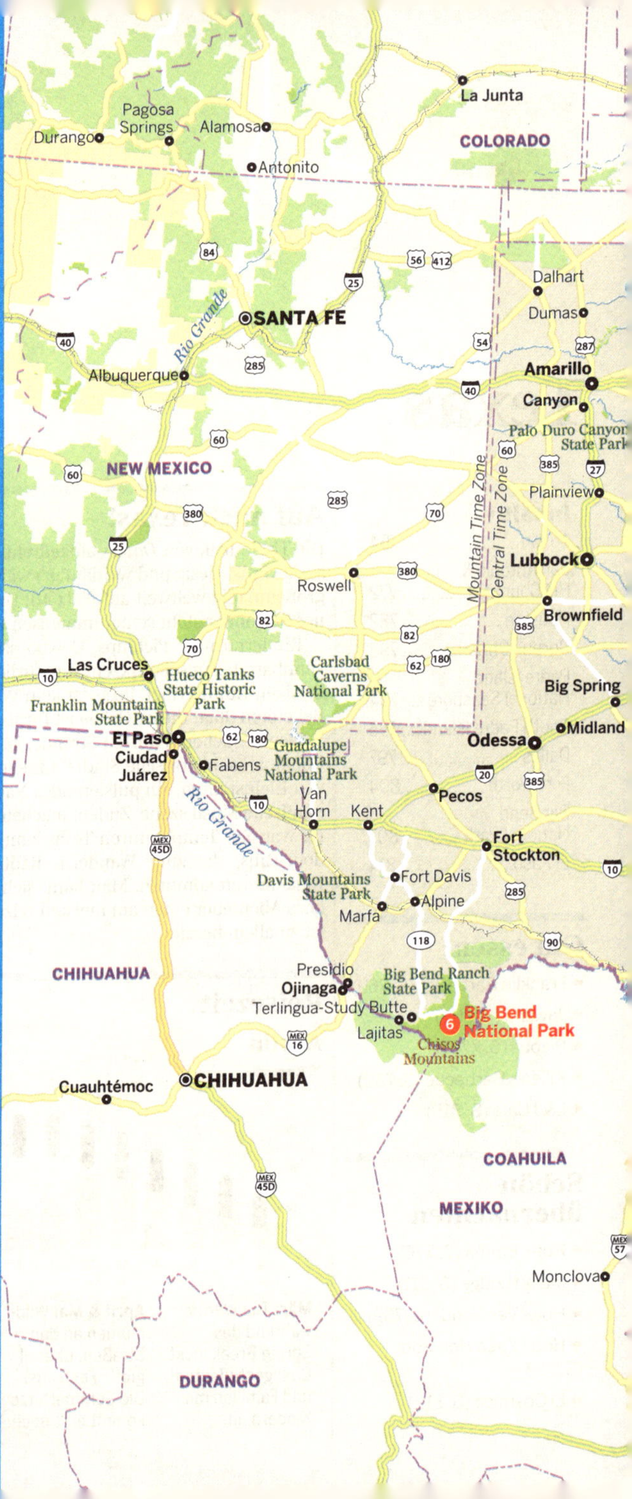

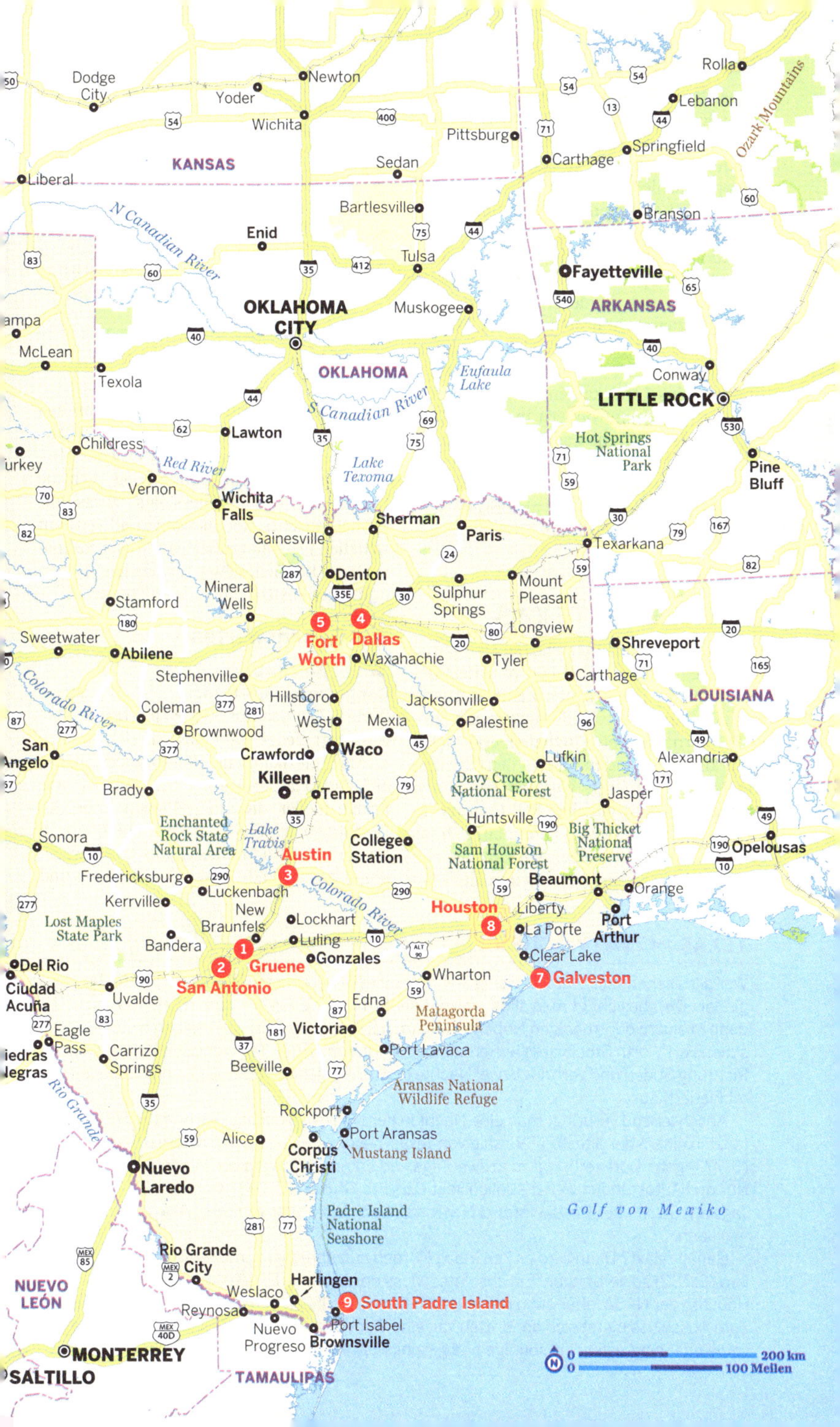

KANSAS
OKLAHOMA
ARKANSAS
LOUISIANA
NUEVO LEÓN
TAMAULIPAS
Dodge City
Newton
Yoder
Wichita
Liberal
Pittsburg
Sedan
Bartlesville
Enid
Tulsa
OKLAHOMA CITY
Muskogee
Lawton
Texola
McLean
Childress
Vernon
Wichita Falls
Gainesville
Sherman
Paris
Denton
Rolla
Lebanon
Springfield
Carthage
Branson
Ozark Mountains
Fayetteville
Conway
LITTLE ROCK
Hot Springs National Park
Pine Bluff
Texarkana
N Canadian River
S Canadian River
Red River
Eufaula Lake
Lake Texoma
Mount Pleasant
Sulphur Springs
Mineral Wells
Stamford
Sweetwater
Abilene
Fort Worth
Dallas
Waxahachie
Longview
Tyler
Shreveport
Carthage
Stephenville
Coleman
Brownwood
Hillsboro
West
Mexia
Jacksonville
Palestine
San Angelo
Colorado River
Crawford
Waco
Killeen
Temple
Brady
Lufkin
Davy Crockett National Forest
Jasper
Alexandria
Huntsville
Big Thicket National Preserve
Sam Houston National Forest
Opelousas
Enchanted Rock State Natural Area
Lake Travis
Austin
College Station
Sonora
Fredericksburg
Luckenbach
Kerrville
New Braunfels
Lockhart
Luling
Gonzales
Bandera
Gruene
San Antonio
Lost Maples State Park
Del Rio
Ciudad Acuña
Uvalde
Eagle Pass
Carrizo Springs
Houston
Liberty
Beaumont
Orange
Port Arthur
La Porte
Clear Lake
Galveston
Wharton
Edna
Matagorda Peninsula
Victoria
Port Lavaca
Beeville
Aransas National Wildlife Refuge
Rockport
Port Aransas
Alice
Corpus Christi
Mustang Island
Rio Grande
Nuevo Laredo
Padre Island National Seashore
Golf von Mexiko
Rio Grande City
Harlingen
Weslaco
Reynosa
South Padre Island
Nuevo Progreso
Port Isabel
Brownsville
MONTERREY
SALTILLO
0 200 km
0 100 Meilen

Geschichte

Texas war nicht immer schon Texas. Aber es war auch nicht Mexiko, USA, Spanien oder Frankreich oder eines der anderen sechs Länder, zu denen der riesige Staat im Lauf seiner Geschichte gehörte. Nicht weniger als achtmal änderten sich Oberhoheit und Namen, wobei die kurzlebige, kleine Republik Rio Grande nicht einmal mitgezählt ist. Die ältesten Spuren menschlicher Besiedelung finden sich in der Hochebene *llano estacado* zwischen Texas und New Mexico. Über die ersten indigenen Völker ist nicht viel bekannt, doch als im 16. Jh. die ersten Europäer ins Land kamen, lebten mehrere Stämme von Ureinwohnern in dieser Region, darunter auch die Caddo, deren Namen und kulturellen Einfluss man bis heute überall in Ost-Texas findet. Ihrer einzigartigen Geschichte ist auch die historische Stätte Caddo Mounds gewidmet.

ZENTRALES TEXAS

Das zentrale Texas unterscheidet sich durch seine Seen, Flüsse und Hügel vom Rest des Bundesstaats. Die urbanen Zentren Austin und San Antonio – beide jeweils mit großem internationalen Flughafen und vielen Unterkünften – sind nur 80 Meilen (129 km) voneinander entfernt. Westlich von ihnen erstreckt sich das hügelige Hill Country. In dieser vielfältigen Region kann man sich ins großstädtische Nachtleben stürzen, die Geschichte der USA nachverfolgen, malerische Weinberge entdecken, köstliches Tex-Mex-Essen verputzen und jede Menge Spaß im Freien haben, z.B. beim Wandern, Tubing oder Bewundern der Wildblumen.

An- & Weiterreise

Der Bergstrom International Airport (S. 771) in Austin zählt mehr als 15 Mio. Fluggäste pro Jahr, der San Antonio International Airport (S. 778) mehr als 10 Mio. Auf beiden Flughäfen gibt es Büros der verschiedenen Autovermietungen.

Austin

932 000 EW.

Mit einer Bevölkerungszahl, die ungebremst auf die Million zusteuert, und fast 30 Mio. Besuchern im Jahr ist Austin in jeder Hinsicht eine Großstadt. Dennoch hat sich die Hauptstadt des Bundesstaats Texas ihr kleinstädtisches Herz bewahrt und verdient sich die Liebe mit großartiger Musik, kulinarischem Können, gewitzten Einheimischen und einer ansteckenden Geselligkeit.

Sehenswertes

★ **Bat Colony Under Congress Avenue Bridge** BRÜCKE

(Karte S. 766; Congress Ave; April–Nov. Sonnenuntergang) Jedes Jahr lassen sich bis zu 1,5 Mio. Mexikanische Bulldoggfledermäuse auf einer Plattform unter der Congress Ave Bridge nieder, die am südlichen Ende der Downtown den Colorado River überquert. In Austin ist es Tradition, sich ans grasbewachsene Ufer des Lady Bird Lake zu setzen und

TEXAS IN ZWEI WOCHEN

Wer alles sehen will, aber nur wenig Zeit hat, sollte mit drei Tagen in **Dallas** (S. 797) beginnen. Dort besichtigt man alles, was mit der Ermordung von JFK zu tun hat, und isst dann in einem der trendigen Nobelviertel. Am nächsten Tag fährt man zu den historischen Fort Worth Stockyards außerhalb der Stadt. Am dritten Tag verlässt man diese in Richtung Süden und verbringt zwei Nächte in **Austin**, genießt Livemusik und beobachtet Fledermäuse.

Anschließend verbringt man eine Nacht in der Wildwestsiedlung **Gruene** (S. 777) und tanzt in einem der ältesten Tanzsäle von Texas, bevor es weiter nach **San Antonio** (S. 773) geht. Dort verbringt man zwei Tage und erkundet The Alamo und den River Walk. Nur drei Autostunden weiter südlich liegt **Corpus Christi** (S. 793), wo man sich einige Tage am Strand der **Padre Island National Seashore** oder von **Port Aransas** ausruhen kann.

Genug relaxt? Dann wird es Zeit, nach Norden aufzubrechen, um drei Tage in **Houston** (S. 782) zu verbringen. Ein absolutes Muss dort ist natürlich das Space Center Houston der NASA, aber auch der Museum District sollte nicht ausgelassen werden. Zum Abschluss bietet sich am dritten Tag eine Wanderung zum Big Thicket National Preserve oder ein Ausflug ins sonnige und geschichtsträchtige **Galveston** an.

die Fledermäuse dabei zu beobachten, wie sie bei Dämmerung einem schwarzen, laut rauschendem Fluss gleich ausschwärmen. Schätzungsweise 13 500 kg Insekten vertilgen sie bei ihrer nächtlichen Pirsch. Das Spektakel lässt sich am besten im August beobachten.

★ Texas State Capitol HISTORISCHES GEBÄUDE
(Karte S. 766; Führungen 512-305-8402; Ecke 11th St & Congress Ave; Mo–Fr 7–22, Sa & So 9–20 Uhr;) GRATIS Das 1888 mit leuchtend rotem Granit erbaute Parlamentsgebäude ist das größte der USA – womit wieder einmal bewiesen wäre, dass in Texas alles immer etwas größer als anderswo ist. Man sollte unbedingt reinschauen, schon um einen Blick in die hübsche Rotunde zu werfen, nach oben zur Kuppel zu schauen und die durch die gekrümmte Decke geschaffene „Flüstergalerie“ auszuprobieren.

Mexic-Arte Museum MUSEUM
(Karte S. 766; 512-480-9373; www.mexic-artemuseum.org; 419 Congress Ave; Erw./Kind unter 12 Jahren/Student 7/1/4 US$, So Eintritt frei; Mo–Do 10–18, Fr & Sa bis 17, So 12–17 Uhr, während des SXSW geschl.) Das wundervolle, bunt zusammengewürfelte Museum in Downtown zeigt Arbeiten von Künstlern mit mexikanischen Wurzeln. Die Ausstellungen wechseln alle zwei Monate. Viele Werke gehören zur Dauersammlung, die geschnitzte Holzmasken, moderne lateinamerikanische Gemälde, historische Fotografien und zeitgenössische Kunst umfasst. Nicht versäumen sollte man die hintere Galerie, in der neue Talente ihre experimentelle Kunst vorstellen.

Bob Bullock Texas State History Museum MUSEUM
(512-936-8746; www.thestoryoftexas.com; 1800 Congress Ave; Erw./Kind 13/9 US$; Mo–Sa 9–17, So 12–17 Uhr) Das große, glitzernde und mit interaktiven Hightech-Exponaten vollgestopfte Museum widmet sich der Geschichte des Lone Star State von seinen frühesten Bewohnern über die mexikanische Ära bis heute. Das Highlight ist der erste Stock, wo man das Wrack des 1686 vor der Golfküste gesunkenen französischen Schiffs *La Belle* sowie aus diesem geborgene Artefakte sehen kann. Für den Museumsbesuch sollte man sich ein paar Stunden Zeit nehmen.

Lyndon Baines Johnson (LBJ) Library & Museum MUSEUM
(512-721-0200; www.lbjlibrary.org; 2313 Red River St; Erw./Kind 13–17 Jahre 10/3 US$; 9–17 Uhr) Das Museum widmet sich dem 36. Präsidenten der USA, der seine politische Karriere in Austin begann und auch noch 50 Jahre nach seinem Ausscheiden aus dem Amt die Massen begeistert. Abgesehen vom albernen, mechanisch gesteuerten LBJ, der die Besucher mit den beliebtesten Anekdoten des Präsidenten erfreut, ist die Ausstellung faszinierend und umfangreich. Sie beleuchtet wichtige Ereignisse der 1960er-Jahre wie das Attentat auf Präsident Kennedy, Johnsons Rolle in der Verabschiedung der Bürgerrechtsgesetze und den Vietnamkrieg am Ende seiner Amtszeit.

Thinkery MUSEUM
(512-469-6200; www.thinkeryaustin.org; 1830 Simond Ave; Erw./Kind unter 2 Jahren 12 US$/frei; Di, Do & Fr 10–17, Mi 10–20, Sa & So 10–18 Uhr;) Das riesige Museum nördlich der Innenstadt inspiriert Kinder und Jugendliche. In dem roten, kastenförmigen Gebäude können sie in Wissenschaft, Technik und Kunst selbst aktiv werden. So machen sie nasse Erfahrungen mit der Dynamik von Flüssigkeiten, bauen LED-Lampen, untersuchen chemische Reaktionen im Küchenlabor und mehr. Draußen gibt es einen spektakulären Spielplatz mit Netzen und Klettergeräten. Montags ist das Museum geschlossen, es sei denn, es stehen Baby Bloomers oder andere Veranstaltungen auf dem Programm.

Museum of the Weird MUSEUM
(Karte S. 766; 512-476-5493; www.museumoftheweird.com; 412 E 6th St; Erw./Kind 12/8 US$; 10–24 Uhr) Den Eintritt bezahlt man im Shop und tritt dann in das einzigartige Kuriositätenkabinett ein. Den Anfang macht ein Gang voller Schrumpfköpfe, missgebildeter Säugetiere und anderer seltsamer Artefakte. Höhepunkt des Sammelsuriums ist der legendäre Eismann aus Minnesota. Um festzustellen, ob unter dem Eis tatsächlich eine prähistorische Leiche liegt, kann man ganz nah an ihn herangehen. Danach kann man sich in Ruhe eine Live-Show zu physischem Heldentum und Wagemut ansehen.

Aktivitäten

Barton Springs Pool SCHWIMMEN
(512-974-6300; 2201 Barton Springs Rd; Erw./Kind 9/5 US$; 5–22 Uhr) Zu heiß? Nicht mehr lange! Bei Temperaturen von bis zu 40 °C bietet dieses mit eiskaltem Quellwasser gespeiste Naturschwimmbad eine willkommene Abkühlung. Der von bis zu 100 Jahre alten Pekannussbäumen beschattete Bereich rund um das Becken ist vor allem an

Austin

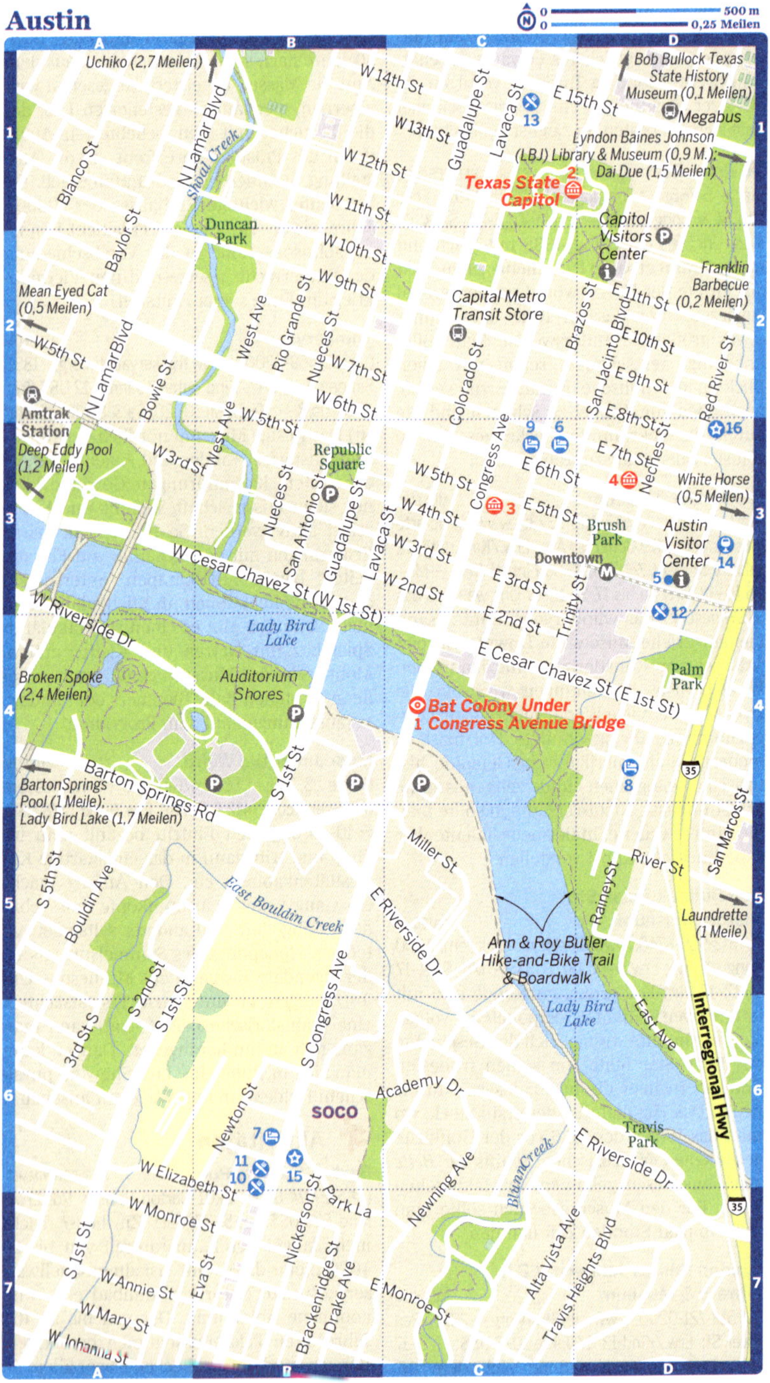
0 500 m
0 0,25 Meilen
A
B
C
D
1
2
3
4
5
6
7
Uchiko (2,7 Meilen)
W 14th St
Guadalupe St
Lavaca St
E 15th St
13
Bob Bullock Texas State History Museum (0,1 Meilen)
Megabus
W 13th St
W 12th St
N Lamar Blvd
Shoal Creek
Blanco St
Lyndon Baines Johnson (LBJ) Library & Museum (0,9 M.); Dai Due (1,5 Meilen)
2
Texas State Capitol
W 11th St
Duncan Park
Baylor St
W 10th St
Capitol Visitors Center
W 9th St
Franklin Barbecue (0,2 Meilen)
Mean Eyed Cat (0,5 Meilen)
West Ave
Rio Grande St
Nueces St
Capital Metro Transit Store
E 11th St
Brazos St
W 5th St
N Lamar Blvd
W 7th St
E 10th St
San Jacinto Blvd
E 9th St
Red River St
Bowie St
W 6th St
Colorado St
E 8th St
Amtrak Station
West Ave
W 5th St
Congress Ave
9
6
Neches St
16
Deep Eddy Pool (1,2 Meilen)
W 3rd St
Republic Square
E 7th St
E 6th St
W 5th St
4
White Horse (0,5 Meilen)
Nueces St
San Antonio St
Guadalupe St
3
E 5th St
W 4th St
Brush Park
Austin Visitor Center
Lavaca St
W 3rd St
Downtown
14
W Cesar Chavez St (W 1st St)
W 2nd St
E 3rd St
5
Trinity St
W Riverside Dr
12
Lady Bird Lake
E 2nd St
E Cesar Chavez St (E 1st St)
Palm Park
Broken Spoke (2,4 Meilen)
Auditorium Shores
Bat Colony Under
1 Congress Avenue Bridge
8
35
Barton Springs Rd
S 1st St
Barton Springs Pool (1 Meile); Lady Bird Lake (1,7 Meilen)
San Marcos St
Miller St
River St
S 5th St
Bouldin Ave
East Bouldin Creek
E Riverside Dr
Rainey St
Laundrette (1 Meile)
Ann & Roy Butler Hike-and-Bike Trail & Boardwalk
S 2nd St
S 1st St
S Congress Ave
Lady Bird Lake
East Ave
3rd St S
Interregional Hwy
Academy Dr
SOCO
Newton St
7
Travis Park
11
10
15
E Riverside Dr
W Elizabeth St
Nickerson St
Park La
Newning Ave
Blunn Creek
W Monroe St
Alta Vista Ave
Travis Heights Blvd
S 1st St
Eva St
Brackenridge St
Drake Ave
E Monroe St
W Annie St
W Mary St
W Inhanna St

Austin

Highlights
1 Bat Colony Under Congress Avenue Bridge ... C4
2 Texas State Capitol ... C1

Sehenswertes
3 Mexic-Arte Museum ... C3
4 Museum of the Weird ... D3

Aktivitäten, Kurse & Touren
5 Downtown Walking Tours ... D3

Schlafen
6 Firehouse Hostel ... C3
7 Hotel San José ... B6
8 Hotel Van Zandt ... D4
9 The Driskill ... C3

Essen
10 Güero's Taco Bar ... B6
11 Hopdoddy Burger Bar ... B6
12 Moonshine Patio Bar & Grill ... D4
13 Texas Chili Parlor ... C1

Ausgehen & Nachtleben
14 Easy Tiger ... D3

Unterhaltung
15 Continental Club ... B6
16 Stubb's Bar-B-Q ... D3

heißen Sommertagen ein beliebter – und rappelvoller – Treffpunkt.

Deep Eddy Pool SCHWIMMEN
(☎512-472-8546; www.deepeddy.org; 401 Deep Eddy Ave; Erw./Kind unter 11 Jahren/12–17 Jahre 9/5/4 US$; ⊙Mo–Fr 8–22, Sa & So bis 21 Uhr) Das älteste Schwimmbad von Texas umfasst ein altes Badehaus aus den 1930er-Jahren, das während der Weltwirtschaftskrise als Arbeitsbeschaffungsmaßnahme gebaut wurde. Das von Pappeln umgebene Freibad wird gespeist von kalten Quellen. Es gibt separate Bereiche für Nichtschwimmer und Schwimmer, die ihre Bahnen ziehen.

Lady Bird Lake KANUFAHREN
(☎512-459-0999; www.rowingdock.com; 2418 Stratford Dr; ⊙9–20 Uhr) Der nach der Präsidentengattin „Lady Bird" Johnson benannte See sieht eher wie ein breiter Fluss aus. Kein Wunder: Hier wurde der Colorado aufgestaut. An der Bootsanlegestelle werden montags bis donnerstags Kajaks, SUP-Bretter und Kanus für 10–20 US$/Stunde verliehen. Am Wochenende steigen die Preise ein wenig.

Geführte Touren

Texpert Tours STADTFÜHRUNGEN
(☎512-383-8989; www.texperttours.com; ab 100 US$/Std., mind. 3 Std.) Die Führungen des freundlichen Radiomoderators Howie Richey (alias Texas Back Roads Scholar) sind eine interessante Alternative zu den üblichen Bus- und Minibus-Touren. Bei den lehrreichen Rundgängen erzählt er historische Anekdoten und verweist auf Besonderheiten in Umwelt und Naturkunde. Bei der dreistündigen Führung durch Austins innenstadt besuchen die Teilnehmer das State Capitol sowie das Governor's Mansion und steigen zum Mt. Bonnell hinauf.

Downtown Walking Tour STADTSPAZIERGÄNGE
(Karte S. 766; ☎512-478-0098; www.austintexas.org; 602 E 4th St; 10 US$; ⊙wechselnde Termine) Das Austin Visitor Center (S. 771) bietet drei verschiedene, 75 minütige Stadtführungen durch Downtown an. Start ist entweder an den Stufen des Capitols oder vor dem Visitor Center. Die Termine findet man online; möglichst 48 Stunden im Voraus reservieren.

Festivals & Events

★ **South by Southwest** MUSIK, FILM
(SXSW; www.sxsw.com; Einzel-Festival 825–1325 US$, Kombi-Pass 1150–1650 US$; ⊙Mitte März) Das größte jährliche Treffen der amerikanischen Musikindustrie bezieht mittlerweile auch Film, Interaktive Medien und Comedy ein. Während der zweiwöchigen Veranstaltung wird Austin von Besuchern regelrecht belagert, und viele der neuen Einwohner kamen einst zunächst nur her, um ein wenig Livemusik zu hören. Der Zutritt zu den Festivalevents ist nur mit dem gekauften Armband möglich, aber viele Bands geben auch Gratis-Konzerte.

Austin City Limits Music Festival MUSIK
(www.aclfestival.com; Zilker Park; 1-/3-Tagespass 100/255 US$; ⊙Okt.) Was machen Musikfans im Herbst? Sie vergnügen sich beim Austin City Limits Festival, das zwar nicht so groß wie das SXSW ist, aber von Jahr zu Jahr immer weiter wächst. Das Festival im Zilker Park erstreckt sich über die ersten zwei Wochenenden im Oktober. Gebucht sind mehr als 100 beeindruckende Acts vom Kaliber eines Paul McCartney. Kein Wunder, dass es schon Monate im Voraus ausverkauft ist.

Schlafen

Firehouse Hostel HOSTEL $

(Karte S. 766; ☎ 512-201-2522; www.firehousehostel.com; 605 Brazos St; B 33–35 US$, DZ 109–139 US$;) Das schicke Hostel in einer ehemaligen Feuerwache direkt gegenüber vom historischen Hotel Driskill in der Innenstadt von Austin wurde 2013 eröffnet, wirkt aber noch so frisch wie damals. Neben Economy- und Deluxe-Schlafsälen gibt es hier auch private Zimmer ohne oder mit angeschlossenem Bad. Die Lage könnte nicht besser sein.

Emma Long Metropolitan Park CAMPING $

(☎ 512-974-1831; www.austintexas.gov; 1600 City Park Rd; Stellplatz 10 US$, Stellplatz Zelt mit Anschlüssen 10–20 US$, Stellplatz Wohnmobil mit Anschlüssen 20–25 US$, Eintrittsgebühr pro Fahrzeug Mo–Do/Fr–So 5/10 US$; Tor 7–22 Uhr; P) Der mehr als 400 ha große „City Park" am Lake Austin, 16 Meilen (25,6 km) nordwestlich der Innenstadt, ist der einzige Campingplatz im Stadtgebiet von Austin. Hier kann man herrlich schwimmen, in der Sonne liegen, angeln und Boot fahren. Er zieht oft viele Feiernde an, besonders an den Wochenenden. Online-Reservierung erforderlich.

★ **Hotel San José** BOUTIQUEHOTEL $$

(Karte S. 766; ☎ 512-852-2350; www.sanjosehotel.com; 1316 S Congress Ave; DZ/Suite ab 189/257 US$; P) Das alte 1930er-Jahre-Motel wurde von der gefeierten einheimischen Hotelmanagerin Liz Lambert in ein schickes Refugium umgemodelt. Die stuckverzierten Bungalows punkten mit minimalistischen, ordentlichen Zimmern. Es gibt einen hübschen (wenn auch kleinen), von Bambus gesäumten Pool und eine für Austin typische Hofbar, die berühmt dafür ist, dass hier Promis gerne aus- und eingehen. South Congress (SoCo) ist mittlerweise ziemlich angesagt – und hier ist man gleich mitten drin.

★ **The Driskill** HISTORISCHES HOTEL $$

(Karte S. 766; ☎ 512-439-1234; www.driskillhotel.com; 604 Brazos St; DZ/Suite ab 190/280 US$; P@) Jede Stadt bräuchte ein so schönes historisches Hotel. Dieses hier wurde aus heimischem Naturstein von einem wohlhabenden Rinderzüchter aus dem 19. Jh. erbaut. Obwohl es mittlerweile zur Hyatt-Kette gehört, findet man hier kein hoteltypisches Dekor; stattdessen ist alles Texas pur, vor allem die Bar mit an die Wand montierten Köpfen von Longhorn-Rindern, Ledersofas und einer Buntglas-Kuppel. In den eleganten Zimmern bleibt man von ausgestopften Tieren verschont.

Lone Star Court HOTEL $$

(☎ 512-814-2625; www.lonestarcourt.com; 10901 Domain Dr; Zi./Suite ab 220/330 US$; P) Dieses stilvolle Hotel, 9 Meilen nördlich der Innenstadt, strahlt die coole Lässigkeit eines Cowboys aus. Die geräumigen Zimmer haben schicke Türen im Stil von Scheunentoren, die altmodischen Kühlschränke sind mit Bier aus lokalen Brauereien gefüllt. Im Hof befinden sich Feuerstel-

TEXAS MIT KINDERN

San Antonio & Hill Country

Historische Stätten mit Begleitbüchern für Kinder und Themenparks machen San Antonio zu einem äußerst familienfreundlichen Ziel. In Kerrville und New Braunfels im Hill Country kann man tolle Tubingtouren auf dem Fluss unternehmen.

Golfküste & südliches Texas

Entlang der südlichen Golfküste reiht sich ein Strand an den anderen, von denen einige über touristische Einrichtungen und Unterhaltungsprogramm verfügen, andere einfach nur ruhig und naturbelassen sind. Auf **Galveston Island** gibt es komplett erschlossene Strände, Aktivitäten am Pier, Wasser- und Vergnügungsparks, die Kindern Spaß machen. In Corpus Christi befindet sich das USS Lexington Museum, das riesige Texas State Aquarium und eine hübsche Uferpromenade.

Houston

Das Houston Museum of Natural Science bietet Chemie, Energietechnik und andere Wissenschaften zum Anfassen.

Dallas & Panhandle Plains

Arlington verfügt über einen schönen Themen- und Aquapark.

len, auf denen man cowboymäßig Bohnen und Kaffee kochen …, äh nein, ganz modern sein S'More grillen kann. Im hoteleigenen Restaurant Water Trough gibt's öfters Livemusik und ein leckeres warmes Frühstück.

★ Hotel Van Zandt HOTEL **$$$**
(Karte S. 766; ☎ 512-542-5300; www.hotelvanzandt.com; 605 Davis St; DZ./Suite ab 250/450 US$; P ᯤ ≋ 🐾) Im nach dem texanischen Singer-Songwriter Townes Van Zandt benannten Hotel der Kimpton-Kette wird viel Wert auf Details gelegt. Der Kronleuchter aus Waldhörnern an der Decke der Lobby und Lederstühle mit einfachen Schnallen verweisen auf die Wertschätzung von Musik und Cowboys in der Stadt. Die Zimmer mit den riesigen Fenstern sind individuell ausgestattet, teilweise auch mit Blick auf den Lady Bird Lake.

Essen

★ Franklin Barbecue BARBECUE **$**
(☎ 512-653-1187; www.franklinbbq.com; 900 E 11th St; Sandwiches 7–12.50 US$, Rippchen/Brust 19/25 US$ pro 450 g; ⏲ Di–So 11–14 Uhr) In dem berühmten Grillrestaurant gibt's nur Mittagessen – und das auch nur, bis alles ausverkauft ist, was in der Regel lange vor 14 Uhr der Fall ist. Deshalb bilden sich schon ab 10 Uhr (9 Uhr am Wochenende) lange Warteschlangen. Um die Wartezeit zu nutzen, kann man Bier und Getränke für alle mitbringen und jede Menge Kontakte knüpfen, bis man dann endlich die fette Rinderbrust auf dem Teller hat.

Hopdoddy Burger Bar BURGER **$**
(Karte S. 766; ☎ 512-243-7505; www.hopdoddy.com; 1400 S Congress Ave; Burger 7–13 US$; ⏲ So–Do 17–3, Fr & Sa bis 4 Uhr; ᯤ) Bis um die Ecke stehen die Leute für Burger, Pommes und Shakes an – und das nicht etwa, weil dies Mangelware in Austin wäre. Vielmehr liegt es daran, dass im Flaggschiff der Hopdoddy-Kette alles mit viel Liebe zubereitet wird. Zudem kommt das Rindfleisch aus artgerechter Tierhaltung, es werden nur Zutaten aus der Region verwendet und die Buns kommen immer frisch aus dem Ofen. Und auch das schicke, moderne Gebäude ist recht hübsch.

Texas Chili Parlor TEX-MEX **$**
(Karte S. 766; ☎ 512-472-2828; 1409 Lavaca St; Hauptgerichte 4–10 US$; ⏲ Mo–Sa 11–2, So bis 1 Uhr) Hier dreht sich alles ums X! Wenn man in dem großen Speisesaal hinter der absolut langweiligen Fassade dieser Institution von Austin sein Chili bestellt, muss man auf die Kategorie achten: „X" bedeutet mild, „XX" scharf und „XXX" höllisch scharf. Natürlich gibt's auch etwas anderes als Chili, z. B. Frito Pie – also Chili auf Fritos Chips.

★ Güero's Taco Bar TEX-MEX **$$**
(Karte S. 766; ☎ 512-447-7688; www.gueros.com; 1412 S Congress Ave; Frühstück 5–7 US$, Mittag- & Abendessen 9–38 US$; ⏲ Mo–Mi 11–22, Do & Fr 11–23, Sa 8–23, So 11–22 Uhr; ᯤ) Der Klassiker in einer ehemaligen großen Futter- und Samenhandlung vom Ende des 19. Jhs. ist stets gut besucht. Das Tex-Mex-Essen ist sicher nicht das beste der Stadt, doch die kostenlosen Chips mit Salsa, die erfrischenden Margaritas und die fröhliche Stimmung sorgen dafür, dass man sich bestens amüsiert. Sehr gut sind die hausgemachten Maistortillas und die Hühnchen-Tortilla-Suppe.

Launderette MODERN-AMERIKANISCH **$$**
(☎ 512-382-1599; www.launderetteaustin.com; 2115 Holly St; Hauptgerichte 18–42 US$; ⏲ tgl. 11–14.30, So–Do 17–22, Fr & Sa bis 23 Uhr) Das stilvolle, stromlinienförmige Design des Launderette, das sich in einem brillant umgewandelten ehemaligen Waschsalon befindet, bildet eine schöne Kulisse für die köstliche, mediterran inspirierte Küche. Unter den vielen Highlights finden sich Krabbentoast, auf dem Holzfeuergrill gegarter Tintenfisch, Rosenkohl mit Apfel-Schinken-Mus, ein perfekt zubereitetes Brick Chicken (Hühnchen, das platt gedrückt wurde, damit es gleichmäßig gart) und ganzer gegrillter Wolfsbarsch.

Moonshine Patio Bar & Grill AMERIKANISCH **$$**
(Karte S. 766; ☎ 512-236-9599; www.moonshinegrill.com; 303 Red River St; Hauptgerichte abends 14–25 US$; ⏲ Mo–Do 11–22, Fr & Sa bis 23, So 9–14 & 17–22 Uhr) Das historische Gebäude aus der Mitte der 1850er-Jahre ist ein bemerkenswertes Überbleibsel aus den Anfängen Austins. Heute beherbergt es ein großes und zu Recht beliebtes Restaurant, das gehobene Hausmannskost mit Südstaateneinfluss wie Shrimps und Grütze oder paniertes Steak serviert. Zur Happy Hour gibt's Vorspeisen zum halben Preis, und sonntags wird ein üppiges Brunch-Buffet (20 US$) aufgebaut. Man speist entweder drinnen oder draußen im Hof unter den Pekannussbäumen.

★ Uchiko JAPANISCH **$$$**
(☎ 512-916-4808; www.uchikoaustin.com; 4200 N Lamar Blvd; kleine Teller 4–28 US$, Sushi 10–16 US$; ⏲ So–Do 17–22, Fr & Sa bis 23 Uhr) Chefkoch Tyson Cole hat sich nicht auf den Lor-

beeren für sein erfolgreiches Restaurant Uchi ausgeruht, sondern in North Lamar das geschäftige Uchiko eröffnet, das sich selbst als „Japanese Farmhouse Dining" bezeichnet. Wenn in japanischen Bauernhäusern tatsächlich solche fantastischen, einzigartigen Delikatessen aufgetischt werden, sollte Japan das nächste Reiseziel werden! Reservierung unbedingt empfohlen.

★ Dai Due AMERIKANISCH $$$
(☎ 512-719-3332; www.daidue.com; 2406 Manor Rd; Frühstück & Mittagessen 13–22 US$, Abendessen 21–69 US$; ⏲ Di–Fr 11–15 & 17–22, Sa & So ab 10 Uhr) Selbst ein Frühstück mit Eiern und Würstchen ist unvergesslich in dem hoch gelobten Favoriten von East Austin. Alle Zutaten stammen von Feldern, Flüssen und Jagdgebieten in ganz Texas sowie aus dem Golf von Mexiko. Köstlichkeiten wie Wild und Weidetiere sind leider auf das „Club dinner" beschränkt. Das Fleisch wird aber auch in der hauseigenen Metzgerei verkauft.

Ausgehen & Nachtleben

In Austin gibt es Unmengen von Bars. Die legendäre Kneipenszene der 6th St erstreckt sich mittlerweile bis in die angrenzenden Hauptverkehrsstraßen, vor allem die Red River St. Während viele Lokale in der 6th St einfache Bars für Studenten und Touristen sind, verkehren in den Bars der Red River St eher die Einheimischen. Ein paar Straßen weiter südlich werden in der Rainey St alte Bungalows in kleine Bars umgewandelt.

NICHT VERSÄUMEN

BROKEN SPOKE

Wer den für Texas so typischen Two Step lernen möchte, sollte dies unbedingt im **Broken Spoke** (☎ 512-442-6189; www.brokenspokeaustintx.net; 3201 S Lamar Blvd; ⏲ Di 16–23.30, Mi & Do 11–24, Fr & Sa 11–1.30 Uhr) tun. Das original texanische Tanzlokal ist seit 1964 das Eldorado für alle Honky-Tonk-Fans. Auf der überfüllten Tanzfläche stampfen grobe Kerle in Stiefeln und Jeans neben Hipstern, Studenten und trendigen Müßiggängern. Für alle ist ein solcher Tanzabend ein wesentlicher Bestandteil des Lebens in Austin. (Das Lokal ist gut an der großen alten Eiche zu erkennen, die vor dem Haus aus einem alten Wagenrad wächst.)

★ Little Longhorn Saloon BAR
(www.thelittlelonghornsaloon.com; 5434 Burnet Rd; ⏲ Di & Mi 17–24, Do–Sa bis 1, So 14–22 Uhr) Der kleine Saloon in einem Gebäude aus Betonschalsteinen, 5 Meilen nördlich der Downtown, gehört zu den Bars, die bei den Einheimischen besonders beliebt sind – und das schon bevor das Hühnerschiss-Bingo am Sonntagabend landesweit berühmt wurde. Inzwischen ist die Bar am Bingoabend so rappelvoll, dass man das arme Huhn kaum sieht – das Ganze macht dennoch unheimlich Spaß! An den meisten anderen Abenden gibt's Livemusik.

Easy Tiger BIERGARTEN
(Karte S. 766; ☎ 512-614-4972; www.easytigeraustin.com; 709 E 6th St; ⏲ So–Mi 11–24, Do–Sa bis 2 Uhr) Das einladende Easy Tiger mit Biergarten, gehobener, geselliger Atmosphäre und Blick auf Waller Creek ist die eine Bar an der „Dirty 6th", die alle Einheimischen lieben. An der Kreidetafel stehen die angebotenen Craft-Biere wie das sehr beliebte Electric Jellyfish. Das leckere Brot für die einfallsreichen Sandwiches wird in der Bäckerei im Obergeschoss (7–2 Uhr) gebacken, das Fleisch vor Ort zubereitet.

Mean Eyed Cat BAR
(☎ 512-920-6645; www.themeaneyedcat.com; 1621 W 5th St; ⏲ 11–2 Uhr) Es ist nicht ganz sicher, ob die 2004 eröffnete Bar wirklich ganz legal ist. Aber egal, wenn sie Johnny Cash gewidmet ist, kann sie nicht so verkehrt sein. Die Wände der ehemaligen Sägenreparaturwerkstatt sind mit seinen Albumcovern, Konzertplakaten und anderen Erinnerungsstücken geschmückt. Im schönen Hof steht eine 300 Jahre alte Eiche.

Unterhaltung

Austin nennt sich „Welthauptstadt der Livemusik" – und das zu Recht! Musik ist nicht nur das Wichtigste am Abend, sondern auch ein bedeutender Wirtschaftszweig der Stadt: Bands und Künstler aus aller Welt buhlen in den zahllosen Clubs und Bars um Aufmerksamkeit. Die meisten Bars sind bis 2 Uhr geöffnet, manche Clubs sogar bis 4 Uhr.

★ Continental Club LIVEMUSIK
(Karte S. 766); ☎ 512-441-2444; www.continentalclub.com; 1315 S Congress Ave; ⏲ Mo–Fr 16–2, Sa ab 13, So ab 15 Uhr) In der Bar im Stil der 1950er-Jahre wird nicht nur passiv den besten Musikgruppen der Region zugehört, sondern auch aktiv das Tanzbein geschwun-

LGBTIQ+-SZENE IN TEXAS

Texas ist grundsätzlich konservativ. In den größeren Städten gibt es zwar schwule, lesbische und transsexuelle Gemeinschaften, doch außer bei den Pride-Paraden und vielleicht in Austin bekennen sie sich zu ihrer Sexualität nicht in der Öffentlichkeit. Vor allem in ländlichen Gegenden reagieren die Einheimischen auf jegliche Anzeichen homosexueller Zuneigung sehr negativ, mitunter gar aggressiv.

GayCities (www.gaycities.com) sind umfangreiche Listen für alle größeren Städte in Texas.

Die **National Gay & Lesbian Task Force** (www.thetaskforce.org) ist eine bundesweit beachtete Gruppierung, die sich für Schwule und Lesben einsetzt.

This Week in Texas (https://thisweekintexas.com) ist eine Zeitschrift, die Verzeichnisse von Geschäften und Bars im ganzen Staat veröffentlicht.

gen. Montagabends spielt oft der Lokalmatador Dale Watson mit seinen Lone Stars auf (22.15 Uhr).

White Horse LIVEMUSIK
(www.thewhitehorseaustin.com; 500 Comal St; ⌚15–2 Uhr) Frauen bleibt hier gar nichts anderes übrig, als beim Two Step mitzutanzen und sich mit all den Tänzern und Hipstern wie eine große glückliche Familie zu fühlen. Man kann aber auch Billard spielen, einen Tanzkurs machen oder im Hof in Ruhe ein Bierchen genießen. Jeden Abend gibt's Livemusik – nur am Wochenende wird eine kleine Gebühr erhoben –, der Whiskey kommt direkt aus dem Fass. Eine tolle Kneipe.

Stubb's Bar-B-Q LIVEMUSIK
(Karte S. 766; ☎512-480-8341; www.stubbsaustin.com; 801 Red River St; ⌚Mo–Do 11–22, Fr & Sa 11–23, So 10.30–21 Uhr) Fast jeden Abend gibt es hier Livemusik, wobei erstklassige Bands aus der Region ebenso auf der Bühne stehen wie Gruppen aus aller Welt. Bei gutem Wetter finden die Konzerte im Hof am Waller Creek statt. Es gibt zwei Bühnen, eine kleinere in der Bar und die größere Freiluftbühne. Jeden Sonntag findet ein Gospelbrunch um 10.30 Uhr und um 12.30 Uhr statt.

ℹ Praktische Informationen

Austin Visitor Center (Karte S. 766; ☎512-478-0098; www.austintexas.org; 602 E 4th St; ⌚Mo–Sa 9–17, So ab 10 Uhr) Die Touristeninformation in Downtown hat Karten, Broschüren und einen Souvenirladen.

Capitol Visitors Center (CVC; Karte S. 766; ☎512-305-8400; www.tspb.texas.gov/prop/tcvc/cvc/cvc.html; 112 E 11th St; ⌚Mo–Sa 9–17, So 12–17 Uhr) Broschüren für die Besichtigung des Capitols sowie Infos und Stadtpläne bzw. Karten für Austin und den gesamten Bundesstaat.

ℹ An- & Weiterreise

Der **Austin-Bergstrom International Airport** (AUS; ☎512-530-2242; www.austintexas.gov/airport; 3600 Presidential Blvd) liegt etwa 10 Meilen (16 km) südöstlich der Downtown. Die Fahrt von/zur Innenstadt kostet mit dem Taxi etwa 30 US$, mit dem Capital-Metro-Bus 20 (fährt alle 15 Min.) dagegen nur 1,25 US$.

Austins Greyhound-**Busbahnhof** (☎512-458-4463; 916 E Koenig Lane) liegt 4 Meilen (6,4 km) nördlich der Downtown, abseits der I-35. Von hier fahren häufig Busse zu anderen großen Städten in Texas. Vom Busbahnhof zur Innenstadt (oder umgekehrt) gelangt man mit dem CapMetro-Bus 7 (Duval; 1,25 US$). Eine Haltestelle von **Megabus** (Karte S. 766; www.megabus.com; 1500 San Jacinto Blvd) befindet sich am San Jacinto Blvd, an der nordöstlichen Ecke des Capitol-Geländes.

Der **Amtrak-Bahnhof** (www.amtrak.com; 250 N Lamar Blvd) liegt weniger als 1 Meile westlich der Downtown. Hier hält der *Texas Eagle* auf der Fahrt zwischen Chicago und Los Angeles, der in Texas außerdem noch in Dallas, Fort Worth, San Antonio, Alpine und El Paso Station macht. Der Bahnhof hat einen kostenlosen Parkplatz und einen überdachten Wartebereich, aber kein Personal.

ℹ Unterwegs vor Ort

Austins praktischer öffentlicher Nahverkehr wird betrieben durch **Capital Metro** (CapMetro; ☎512-474-1200, Reisezentrum 512-389-7454; www.capmetro.org; ⌚Reisezentrum Mo–Fr 7.30–17.30 Uhr). Auskünfte und Infos erhält man telefonisch oder direkt im **Capital Metro Transit Store** (Reisezentrum, Karte S. 766; ☎512-389-7454; www.capmetro.org; 209 W 9th St; ⌚Mo–Fr 7.30–17.30 Uhr) im Zentrum. Eine Fahrt in den regulären Stadtbussen kostet 1,25 US$, Fahrten auf Expressrouten sind teurer; Kinder bis zu sechs Jahren fahren gratis. Fast alle Busse von CapMetro und auch viele Shuttlebusse von UT haben vorne kostenlose Fahrradständer.

Rund um Austin

Nordwestlich der Stadt wurde der Colorado an mehreren Stellen zu den **Highland Lakes** aufgestaut. Die sechs Seen, die über ein Netz von Grünstreifen und Parks miteinander verbunden sind, bilden ein beliebtes Naherholungsgebiet. In den letzten Jahren kam es immer wieder zu Dürren, doch wenn genügend Wasser da ist, strömen die Menschen vor allem zu dem knapp 7700 ha großen **Lake Travis**.

Im Bootshafen kann man Boote und Jetskis leihen oder am FKK-Badestrand des staatlichen **Hippie Hollow park** (☎512-854-7275; https://parks.traviscountytx.gov; 7000 Comanche Trail, Austin; Tageskarte Fahrzeug/Fahrrad 15/8 US$; ⏲9 Uhr–Dämmerung) entspannen. Übernachten kann man im **Lakeway Resort & Spa** (☎512-261-6600; www.lakewayresortandspa.com; 101 Lakeway Dr, Austin; DZ ab 159 US$; P❄@📶🏊). Darf's mehr Luxus sein? Dann lockt das **Lake Austin Spa Resort** (☎512-372-7300; www.lakeaustin.com; 1705 S Quinlan Park Rd, nahe FM 2222, Austin; 2 Übernachtungen ab 1530 US$; P❄📶🏊🐾), eines der besten Wellnesshotels in Texas – es ist ideal, um sich so richtig verwöhnen zu lassen.

Lockhart

13 800 EW.

Es gibt nur einen guten Grund für eine Stippvisite im winzigen Lockhart: Das Parlament von Texas hat das Städtchen ganz offiziell zur „Barbecue-Hauptstadt von Texas" erklärt. Damit ist Lockhart in Wahrheit zugleich auch *die* Grill-Welthauptstadt! Hier kann man für 15 US$ oder weniger in einem der von der Zeitschrift *Texas Monthly* gekürten zehn besten Grillrestaurants des Bundesstaats großartig schlemmen.

Essen

★ **Black's Barbecue** BARBECUE $

(☎512-398-2712; www.blacksbbq.com; 215 N Main St; Sandwiches 6,50–12 US$, Rinderbrust 18 US$/450 g; ⏲So–Do 10–20, Fr & Sa bis 20.30 Uhr) Der beliebte Dauerbrenner mit Tierköpfen und Fotos alter Highschool-Football-Teams an den Wänden wird schon seit 1932 von derselben Familie geführt. Präsident Lyndon B. Johnson mochte die Würstchen so sehr, dass er Black's als Caterer für eine Party in Washington, D.C., anheuerte. Hier gibt's auch gute Salate, Gemüse und Desserts. Der Innenraum ist zwar nicht besonders schick, dennoch ist dies unserer Meinung nach das gastlichste Grilllokal in Lockhart.

Smitty's Market BARBECUE $

(☎512-398-9344; www.smittysmarket.com; 208 S Commerce St; Rinderbrust 14,90 US$/450 g; ⏲Mo–Fr 7–18, Sa bis 18.30, So 9–18.30 Uhr) Die rauchgeschwärzte Küche und der gemütliche Speisesaal sind noch im Originalzustand (früher waren die Messer mit Ketten am Tisch befestigt). Zur Auswahl steht eine große Palette saftig gegrillter Fleischbatzen – wer mageres Fleisch vorzieht, kann sich den Fettrand vom Bruststück abschneiden lassen.

Kreuz Market BARBECUE $

(☎512-398-2361; www.kreuzmarket.com; 619 N Colorado St; Rinderbrust 18.50 US$/450 g; ⏲Mo–Sa 10.30–20, So 10.30–18 Uhr) Das scheunenähnliche Restaurant, das es schon seit 1900 gibt, legt Wert auf den puren Genuss. Es wäre eine Beleidigung, hier eine Grillsauce zu verlangen. Es gibt keine und das Fleisch braucht auch keine. Punkt! Ebenso verpönt sind Gabeln. Schließlich sind Servietten im Überfluss vorhanden.

An- & Weiterreise

Lockhart liegt 30 Meilen (48 km) südlich von Austin. Die schnellste Anfahrt von Austin ist auf der I-35 S und der TX 130 S; auf letzterer wird allerdings eine Maut von etwa 2 US$ fällig, je nachdem wo man auffährt.

San Antonio & Hill Country

San Antonio, das stark vom Tourismus profitiert, bietet eine Menge Sehenswürdigkeiten für jeden Geschmack. Da wäre zunächst der bunte, europäisch anmutende River Walk, an dem sich fernab vom Verkehr Cafés und Bars aneinanderreihen. Aber auch sonst verwöhnt die Stadt ihre Besucher mit Museen aller Art, Themenparks, historischen Stätten und Outdooraktivitäten. Besonders beliebt ist The Alamo als Schauplatz der berühmtesten Schlacht im Unabhängigkeitskampf der Texaner gegen Mexiko. Vier weitere, gut erhaltene spanische Missionen befinden sich ebenfalls in der Stadt.

San Antonio ist ein gutes Basislager für die Erkundung des Hill Country. Die reizvolle Region ist bekannt für ihre bunten Wildblumenwiesen, die bis an die Schnellstraßen heranreichen, bezaubernde kleine Städte, hervorragende Weingüter und – natürlich – Hügel. Touristisches Zentrum des Hill Coun-

ABSTECHER

BASTROP

Bastrop, der Inbegriff einer texanischen Kleinstadt, nur 30 Meilen (48 km) südöstlich von Austin, trägt den Titel der „historischsten Kleinstadt von Texas". Mehr als 130 Gebäude des Orts sind in die Denkmalliste eingetragen, vor allem aber wegen des sanierten niedlichen **historischen Zentrums** (www.bastropdowntown.com) kann man hier gut einen oder zwei Tage zubringen. Am ersten Freitag im Monat findet in dem munteren Städtchen ein **Kunstspaziergang** (17.30–20.30 Uhr) statt.

Bastrop befindet sich auch in der Nähe mehrerer für Familien geeigneter Parks. Die Attraktionen reichen von den Nachbildungen prähistorischer Tiere im **Dinosaur Park** (☎512-321-6262; www.thedinopark.com; 893 Union Chapel Rd, Cedar Creek; Erw./Kind 9/8 US$; ⌚Ende Mai–Mitte Aug. tgl. 10–16 Uhr, Mitte Aug.–Ende Mai Do–So; 👪) bis zu den Wanderwegen und Seilrutschen im **McKinney Roughs Nature Park** (☎512-303-5073; www.lcra.org; 1884 TX 71, Cedar Creek; Erw./Kind 5 US$/frei; ⌚Visitor Center 8–17 Uhr, Trails 8 Uhr–Sonnenuntergang). Eine 12 Meilen (19,3 km) lange Panoramastraße führt durch den **Bastrop State Park** (☎512-321-2101; www.tpwd.texas.gov; Hwy 21, Bastrop; Erw./Kind unter 13 Jahren 5 US$/frei) mit Hütten, die in den 1930er-Jahren vom Civilian Conservation Corps gebaut wurden.

An Unterkünften sind hier B&Bs und Hütten am interessantesten. Im **Pecan Street Inn** (☎512-321-3315; www.pecanstreetinn.com; 1010 Pecan St, Bastrop; DZ 109–119 US$, Suite 129–139 US$) dreht sich alles um Pekannüsse. Die Unterkunft liegt – wenig überraschend – im Schatten von Pekannussbäumen, weshalb die Nüsse auch gern in die Frühstückspfannkuchen gemischt werden. Entlang des Hwy 21 westlich des Colorado gibt es ein paar Kettenhotels und unabhängige Motels.

In der Main St im Zentrum befinden sich Bäckereien und Cafés, die auch mexikanisches Essen und Steaks anbieten, sowie Pubs mit Kneipenessen. **Maxine's** (☎512-303-0919; www.maxinescafe.com; 905 Main St, Bastrop; Hauptgerichte Frühstück 6–25 US$, Mittag- und Abendessen 9–22.50 US$; ⌚So–Do 7–15, Fr & Sa bis 21 Uhr) ist ein zauberhaftes Südstaaten-Restaurant, das mittags klassische BLT-Sandwiches mit Schinken, Salat und gebratenen grünen Tomaten serviert.

Weitere Infos gibt's beim **Bastrop Museum & Visitor Center** (☎512-303-0904; www.bastropcountyhistoricalsociety.com; 904 Main St, Bastrop; Erw./Kind unter 12 Jahren 5 US$/frei; ⌚Mo–Sa 10–17, So 13–16 Uhr).

try ist Fredericksburg, die überwältigende Schönheit dieser Region erschließt sich aber eher, wenn man ohne ein festes Ziel einfach den kurvigen Straßen folgt und immer mal wieder anhält.

San Antonio

1,5 MIO. EW.

San Antonio ist unter den Großstädten in Texas nicht nur die schönste, sondern angesichts seines 300. Geburtstags im Jahr 2018 auch die älteste. Wie eh und je erfreut es seine Besucher. Das legendäre Fort Alamo, das Symbol der texanischen Unabhängigkeit, befindet sich mitten in der Stadt. Zauberhaft präsentiert sich der River Walk, ein Netz von hübschen Wegen unten am Fluss, die mit Bars und Restaurants gesäumt sind und einen entspannten Bummel durch die Downtown und darüber hinaus bieten.

Hinzu kommen noch historische Gebäude von verfallenen alten Missionskirchen bis hin zu umfunktionierten Wahrzeichen des Industriezeitalters, einige herrliche Parks und Museen und ein richtig kosmopolitischer Mix aus Menschen und Kulturen. Kein Wunder, dass San Antonio derzeit die am schnellsten wachsende Stadt in den USA ist!

Sehenswertes

★ River Walk UFERPROMENADE
(Karte S. 774; www.thesanantonioriverwalk.com)
Der 24 km lange River Walk, ein kleines Stück Europa mitten im Zentrum von San Antonio, gehört zu einem Besuch in der Stadt unbedingt dazu. Die charmanten Kanäle und Uferwege gleich unterhalb der Straßen in Downtown laden zum gemächlichen Bummeln ein, vorbei an Landschaftsgärten, Ufercafés und Fußgängerbrücken, die sich über das Wasser wölben.

★ Fort Alamo HISTORISCHES GEBÄUDE
(Karte S. 774; ☎210-225-1391; www.thealamo.org; 300 Alamo Plaza; ⌚Sept.–Mai 9–17.30 Uhr, Juni–

San Antonio

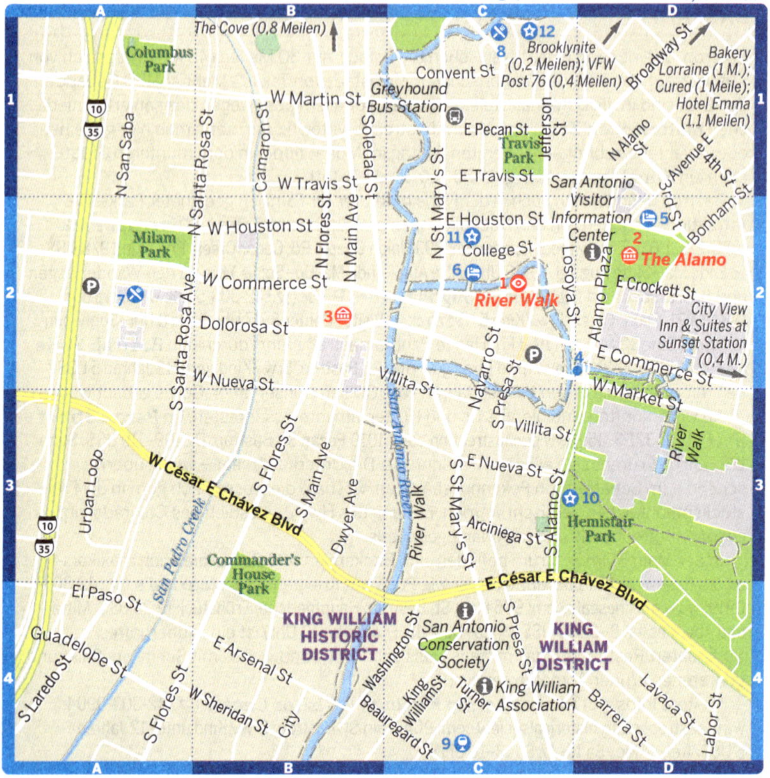

Aug. bis 21 Uhr) GRATIS Für die stolzen Texaner ist das sagenumwobene Fort Alamo am zentralen Platz von San Antonio weniger eine touristische Sehenswürdigkeit als ein Wallfahrtsort. Vielen Besuchern steigen Tränen in die Augen, wenn sie die Stätte der Belagerung von 1836 erkunden, bei der ein paar Hundert Revolutionäre um Davy Crockett, William Travis und James Bowie bei der Verteidigung des Forts gegen Tausende mexikanische Soldaten ums Leben kamen.

★ McNay Art Museum MUSEUM
(☎ 210-824-5368; www.mcnayart.org; 6000 N New Braunfels Ave; Erw./Kind unter 20 Jahren 20 US$/frei, Sonderausstellungen extra; ⊙ Mi & Fr 10–18, Do bis 21, Sa bis 17, So 12–17 Uhr, Gelände März–Okt. 7–19 Uhr, Nov.–Feb. bis 18 Uhr) Diese 5 Meilen nördlich der Downtown gelegene Prachtvilla im Spanish Colonial Revival Style ist wahrhaft spektakulär und gehörte ursprünglich Marion Koogler McNay. Die Sammlung europäischer und amerikanischer Kunst, die sie nach ihrem Tod im Jahr 1950 großzügig der Stadt hinterließ, ist sogar noch spektakulärer. Beim Rundgang von Zimmer zu Zimmer entdeckt man einen Schatz nach dem anderen, darunter Picassos *Frau mit Federhut* und Van Goghs *Zwei Mädchen beim Spaziergang entlang der Felder* sowie Werke von Matisse, Cézanne, Munch, Rodin u. a.

San Fernando Cathedral HISTORISCHES GEBÄUDE
(Karte S. 774; ☎ 210-227-1297; www.sfcathedral.org; 115 W Main Plaza; ⊙ Souvenirladen Mo–Sa 9–13 & 14–17, So 8.30–15.30 Uhr) Die 1731 gegründete Kathedrale von San Antonio ist die älteste Kirche in Texas. Von besonderem Interesse für heutige Besucher ist die Sound-&-Light-Show *San Antonio: The Saga*, die an vier Abenden in der Woche (Di & Fr–So 21, 21.30 & 22 Uhr; Eintritt frei; www.mainplaza.org) mit einer effektvoll bunt leuchtenden Projektion auf die Fassade der Kathedrale die Geschichte der Stadt erzählt.

San Antonio

Highlights
1 River Walk C2
2 The Alamo D2

Sehenswertes
3 San Fernando Cathedral B2

Aktivitäten, Kurse & Touren
4 Go Rio D2

Schlafen
5 Emily Morgan Hotel D2
6 Omni La Mansion del Rio C2

Essen
Las Canarias .... (siehe 6)
7 Mi Tierra Cafe & Bakery A2
8 Ocho at Hotel Havana C1

Ausgehen & Nachtleben
9 Friendly Spot Ice House C4

Unterhaltung
10 Magik Children's Theatre C3
11 Majestic Theatre C2
San Antonio Symphony .... (siehe 12)
12 Tobin Center for the Performing Arts C1

Brackenridge Park PARK
(www.brackenridgepark.org; 3700 N St Marys St; 5–23 Uhr;) In dem 139 ha großen Park nördlich von Downtown kann man nahe der Trinity University einen schönen Tag mit der Familie verbringen. Für Zeitvertreib sorgen der **San Antonio Zoo** (☎210-734-7184; www.sazoo.org; 3903 N St Marys St; Erw./Kind 16,90/13,35 US$; Mo–Fr 9–17, Sa & So bis 18 Uhr, Juni–Aug. Sa & So bis 20 Uhr;), der **Kiddie Park** (☎210-824-4351; www.kiddiepark.com; 3015 Broadway; 1 Ticket 2,50 US$, 6 Tickets 11,25 US$, Tageskarte 13 US$; März–Aug. Mi–So 10–19 Uhr, Sept.–Feb. Fr–So 10–19 Uhr;), die **Mini-Bahn** *San Antonio Zoo Eagle* (4 US$), ein altmodisches **Karussell** (2,50 US$) und der **Japanische Teegarten** (☎210-212-4814; www.saparksfoundation.org/japanese-tea-garden; 3853 N St Marys St; Sonnenaufgang–Sonnenuntergang) GRATIS.

Witte Museum MUSEUM
(☎210-357-1900; www.wittemuseum.org; 3801 Broadway St; Erw./Kind 4–11 Jahre 14/10 US$, Di 15–20 Uhr Eintritt frei; Mo & Mi–Sa 10–17, Di bis 20, So 12–17 Uhr;) Das Witte (sprich „witty") am östlichen Rand des Brackenridge Park ist ein faszinierendes Museum für Naturkunde, Wissenschaft und texanische Geschichte. Mit seinen interaktiven Ausstellungen zu Themenbereichen wie Dinosaurier, die Völker des Pecos und die regionale Fauna zielt es vor allem auf die hiesigen Schulkinder ab. In der Eingangshalle hängt ein Modell eines geflügelten *Quetzalcoatlus*, der größten Flugsaurier-Art, die jemals existiert hat.

Aktivitäten

SWell Cycle RADFAHREN
(B-Cycle; ☎210-281-0101; www.sanantonio.bcycle.com; Tages-/Monatskarte 12/18 US$) In der ganzen Innenstadt stehen Fahrräder, die als SWell Cycle gekennzeichnet, aber eher unter dem früheren Namen des Bikesharing-Programms B-Cycle bekannt sind. Doch egal, unter welchem Namen – dank der Räder ist's praktisch und verlockend einfach, sich auf ein Rad zu schwingen und beispielsweise eine Sightseeingtour über die Downtown hinaus zu unternehmen. Schließt man das Rad anschließend an eine der Verleihstationen an, hört das Taxameter auf zu laufen. Will man weiterziehen, steigt man einfach aufs nächste Rad und fährt wieder los.

Go Rio BOOTFAHREN
(Karte S. 774; ☎210-227-4746; www.goriocruises.com; 706 River Walk; Bootstour 12 US$, Flusstaxi einf. Fahrt 10 US$, Tageskarte 24 Std. ab 12 US$; 9–22 Uhr) Diese 35-minütigen, kommentierten Bootsrundfahrten starten alle 15 bis 20 Minuten und geben einen guten Überblick über den Fluss samt einer kleinen Geschichtsstunde. Man braucht keine Reservierung. Tickets kauft man online, an dem Ticketkiosk 706 River Walk oder an einer der anderen Anlegestellen, die auf der Website aufgeführt sind.

Schlafen

★ **City View Inn & Suites at Sunset Station** MOTEL $
(☎210-222-2220; www.cityviewinns.com; 1306 E Commerce St; DZ ab 84 US$;) Das schmale, kleine Gebäude mit drei Etagen voller sauberer, moderner und recht großer Zimmer liegt 1 Meile östlich von Fort Alamo und nur zwei Häuserblocks vom Amtrak-Bahnhof gleich abseits der I-37. Das Motel bietet praktisch keine Gemeinschaftseinrichtungen, ist aber freundlich und eine gute Bleibe, wenn man nur gut schlafen, sein Gepäck abstellen und kostenlos parken will.

Emily Morgan Hotel BOUTIQUEHOTEL $$
(Karte S. 774; ☎210-225-5100; www.emilymorganhotel.com; 705 E Houston St; DZ 189–229 US$, Suite ab 239 US$;) Bei dem Namen denkt man sofort an Blumenmuster und

Spitzendeckchen, doch das historische Hotel gleich hinter dem Fort Alamo ist richtig stylish und gehört heute zur Hilton-Kette. Die Zimmer im Boutiquestil sind sauber, groß und mit allen luxuriösen Annehmlichkeiten ausgestattet.

★ Hotel Emma BOUTIQUEHOTEL **$$$**
(☎ 210-448-8300; www.thehotelemma.com; 136 E Grayson St; Zi./Suite ab 276/596 US$;) Steampunk und Glamour – das geht? Und wie! Das beweist dieses Vorzeigehotel, das sich in einer ehemaligen Brauerei aus dem 19. Jh. mitten im Pearl District befindet. Die Gemeinschaftsbereiche beeindrucken mit einer faszinierenden Mischung aus viktorianischem Dekor und postindustriellen Elementen wie gigantischen Rohren, die sich durch das Foyer ziehen. Und die Gästezimmer versprühen den Charme einer stylish-schicken, aber unaufdringlichen texanischen Ranch.

Omni La Mansion del Rio HISTORISCHES HOTEL **$$$**
(Karte S. 774; ☎ 210-518-1000; www.lamansion.com; 112 College St; Zi./Suite ab 238/809 US$;) Das fantastische Downtown-Hotel im Stil einer spanisch-mexikanischen Hazienda befindet sich in den Gebäuden einer kirchlichen Schule des 19. Jhs. Es steht an einem ruhigen Abschnitt des River Walk und wird auch von Stars und anderen Persönlichkeiten sehr geschätzt. Es werden Wellnessbehandlungen auf dem Zimmer angeboten, es gibt einen beheizten Pool im Freien und das hauseigene Restaurant **Las Canarias**.

Essen

Bakery Lorraine CAFÉ **$**
(☎ 210-862-5582; www.bakerylorraine.com; 306 Pearl Pkwy; Gebäck 3–6 US$, Salate & Sandwiches 7–10 US$; ⏲ 7–20 Uhr) Es gibt einen Grund, warum im Pearl District scheinbar alle eine Box von der Bakery Lorraine mit sich herumtragen: Die Backwaren sind schlicht umwerfend! Makronen, Tartes, Cookies – hier kommt niemand mit leeren Händen raus. Außerdem gibt's viele Sitzplätze in dem hellen Café und einen Hof mit Tischen für warme Frühlingstage. Hier kann man auch gut ein Gourmet-Sandwich oder einen Salat zu Mittag essen.

Green Vegetarian Cuisine VEGETARISCH **$**
(☎ 210-320-5865; www.eatatgreen.com; 200 E Grayson St; Hauptgerichte früh 4–8 US$, mittags & abends 8–12 US$; ⏲ Mo–Do 8–21, Fr bis 20, So 9–21 Uhr, Sa geschl.;) Auch das ist Texas! San Antonios erstes vegetarisches Restaurant hat eine tolle Lage im Komplex der Pearl Brewery und bietet viele Sitzplätze im Freien. Die Gerichte wie Champignon-Burger, der Kichererbsen-Burger „Big Nasty", die Fish & Chips ohne Fisch und die Enchiladas sind nicht nur zu 100 % veggie, sondern auch zu 100 % koscher – und auf Wunsch bekommt man alles auch komplett vegan.

Ocho at Hotel Havana KUBANISCH **$$**
(Karte S. 774; ☎ 210-222-2008; www.havanasanantonio.com; 1015 Navarro St; Hauptgerichte früh 12–16 US$, mittags & abends 12–28 US$; ⏲ So–Do 7–22, Fr & Sa bis 24 Uhr;) Das Hotel-Restaurant befindet sich in einem hohen, schmalen, verglasten Gewächshaus oberhalb des ruhigen Nordabschnitts des River Walk – an einem warmen Abend ein netter 20-minütiger Spaziergang von der Downtown entfernt. Die kubanisch angehauchte Karte ist relativ kurz, doch die Hauptgerichte wie Schweinekotelett am Knochen und Chorizo-Rosenkohl sind hervorragend. Außerdem bekommt man hier alles von Frühstück bis zu spätabendlichen Cocktails.

Mi Tierra Cafe & Bakery TEX-MEX **$$**
(Karte S. 774; ☎ 210-225-1262; www.mitierracafe.com; Market Sq, 218 Produce Row; Hauptgerichte 9–29 US$; ⏲ 24 Std.) Teils Restaurant, teils Bäckerei und eine totale Explosion von Licht und Farbe, wo der Weihnachtsschmuck das ganze Jahr über hängt. Dieser Koloss am Market Sq tischt seit 1941 mexikanische Gerichte auf. Durch die Speiseräume huschen die Kellner und Mariachi-Bands, während sich an der Theke mit Gebäck und Pies zum Mitnehmen stets eine lange Warteschlange bildet. Der Laden ist rund um die Uhr geöffnet, sodass man sich auch nachts um 3 Uhr eine Enchilada krallen kann.

★ Cured AMERIKANISCH **$$$**
(☎ 210-314-3929; www.curedatpearl.com; 306 Pearl Pkwy; Mittagessen 12–28 US$, Abendessen 20–42 US$; ⏲ Mo–Fr 11–15 & 17–23, Sa 10–15 und 17–23 Uhr) In diesem Publikumsliebling im Pearl District baumeln große Fleischstücke mitten im Speiseraum von der Decke. Auf den Wurstplatten (20–36 US$) türmen sich Fleisch, Brotaufstriche, Mixed Pickles und Cracker. Als Mittagstisch gibt es immer Feinschmecker-Po'boys-Sandwiches, ein paar Salate und andere Sandwiches. Abends kommen Fleischesser mit Schweinebäckchen, gebratenem Knochenmark, gut gewürzten Wachteln u. v. m. auf ihre Kosten.

Las Canarias NEU-AMERIKANISCH $$$
(Karte S. 774; 210-518-1063; www.omnihotels.com; 112 College St; Hauptgerichte früh 11–19 US$, mittags 12–21 US$, abends 27–49 US$; Mo–Do 6.30–22, Fr & Sa bis 23, So 10–22 Uhr) Amerikanische Klassiker erhalten in diesem charakteristischen Restaurant in dem gehobenen Omni La Mansion del Rio (S. 776) einen Hauch von internationalem Flair. Lust auf Shrimps und Grütze mit Chorizo? Auf dem Hof am River Walk herrscht eine romantischere Stimmung als drinnen im Restaurant.

Ausgehen & Nachtleben

★ Friendly Spot Ice House BAR
(Karte S. 774; 210-224-2337; www.thefriendlyspot.com; 943 S Alamo St; 12–24 Uhr;) Hier scheint eher ein Nachbarschaftsfest stattzufinden, bei dem alle mitfeiern. Was könnte auch einladender sein als ein Hof voller bunter Liegestühle im Schatten eines Pekannussbaums? Väter (mit ihren Hunden) trinken ihr Bierchen – es gibt 300 Biere aus der Flasche und 76 vom Fass! –, während sich die Kinder auf dem Spielplatz vergnügen.

VFW Post 76 BAR
(210-223-4581; www.vfwpost76ontheriverwalk.org; 10 10th St; Mo–Do 12–24, Fr–So bis 2 Uhr) Die versteckte, kleine Bar am River Walk, in der Nähe des Pearl-Gebäudes, verdient eigentlich einen Orden für herausragenden Service. Dabei ist es eine sehr klassische Bar, in der Hipster neben Alteingesessenen ihr Bier aus der Flasche trinken. Die Bar befindet sich in einem zweistöckigen viktorianischen Gebäude, das der älteste Außenposten in Texas für Veteranen der Kriege im Ausland ist.

The Cove BIERHALLE
(210-227-2683; www.thecove.us; 606 W Cypress St; Di–Do & So 11–23, Fr & Sa bis 24 Uhr;) Livemusik ist nur ein der Gründe für den Besuch in diesem Bierpalast, in dem man es sich bei mehr als 50 texanischen Bieren vom Fass richtig gut gehen lassen kann. Das Cove ist eine einzigartige Mischung aus Imbissstand, Café, Waschsalon, Autowaschanlage und sogar Kinderspielplatz! Das **Restaurant** (210-227-2683; www.thecove.us; 606 W Cypress St; Taco 4–5 US$, Burger 9–13 US$; Di–Do & So 11–22, Fr & Sa bis 23 Uhr;) schließt dienstags bis samstags eine Stunde vor der Bar.

Unterhaltung

Magik Children's Theatre THEATER
(Karte S. 774; 210-227-2751; www.magiktheatre.org; 420 S Alamo St; 15 US$; Theaterkasse Mo–Fr 9–17, Sa & So 12–16 Uhr;) Das fröhliche Ensemble bringt nicht nur Adaptionen von belieben Kinderbüchern auf die Bühne, son-

UNTERWEGS IM HILL COUNTRY

Bei den vielen Ausflugszielen rund um San Antonio fällt die Wahl sehr schwer, doch wer etwas Zeit übrig hat, kann mit der folgenden Fahrt eine ganze Menge sehen. Die gesamte Strecke kann in viereinhalb Stunden abgefahren werden, doch bleibt es jedem selbst überlassen, das Tempo und die jeweilige Aufenthaltsdauer zu bestimmen.

Von San Antonio geht es auf der I-10 Richtung Nordwesten, wobei man in **Boerne** und **Comfort** einen Zwischenstopp einlegen kann, um nach Antiquitäten zu stöbern. In **Kerrville** kann man Cowboykunst bewundern oder im Guadalupe River schwimmen. Von Kerrville führt der Hwy 16 direkt nach Fredericksburg (S. 779), der inoffizielen Hauptstadt des Hill Country. Dort kann man im winzigen Luckenbach (S. 778) Livemusik unter schattigen Bäumen genießen.

Weiter im Osten liegt die **LBJ Ranch** (Visitor Center Nationalpark 830-868-7128, Visitor Center Staatspark 830-644-2252; www.nps.gov/lyjo; Hwy 290, Stonewall; 9–17.30 Uhr, letzter Einlass 16 Uhr) GRATIS, in **Johnson City** ist das Haus zu besichtigen, in dem Präsident Johnson seine Kindheit verbrachte. Nach einem kühlen Bier und einer kleinen Stärkung in **Dripping Springs** geht es weiter Richtung Süden nach **Wimberley** mit seinen riesigen Stiefeln. Der nächste Stopp ist in San Marcos, dem Land der großen Firmenoutlets. Unbedingt besuchen sollte man auch **das älteste Tanzlokal von Texas** (830-606-1281; www.gruenehall.com; 1280 Gruene Rd; Mo–Fr 11–24, Sa 10–1, So bis 21 Uhr) in **Gruene**, was nur einen kleinen Umweg bedeutet. Südlich davon liegt **New Braunfels**, wo man in großen Reifenschläuchen auf dem Guadalupe River treiben kann. Von dort sind es nur noch 32 Meilen (51,2 km) zurück nach San Antonio.

ABSTECHER

LUCKENBACH

Das winzige Luckenbach ist ideal, um zu entspannen, Leute kennenzulernen und die gemütliche Kleinstadtatmosphäre zu genießen. Dabei ist Luckenbach eigentlich gar keine „Kleinstadt", sondern eher eine Ansammlung von alten Wildwestgebäuden. Der Zugang ist normalerweise kostenlos, doch zu Veranstaltungen wird Eintritt verlangt. Den Mittelpunkt des „städtischen" Lebens bildet der ehemalige Handelsposten von 1849, der sich heute **Luckenbach General Store** (☎830-997-3224; www.luckenbachtexas.com; 412 Luckenbach Town Loop; ⊙So–Do 9–23, Fr 9–24, Sa 9–1 Uhr) nennt und auch als Postamt, Saloon und Gemeindezentrum dient.

Trotz fehlender Einrichtungen gibt's einen randvollen Veranstaltungskalender mit viel Musik, der auf der Homepage des Geschäftes zu finden ist. Manchmal geht es schon um 13 Uhr los, manchmal auch erst um 17 Uhr. Am Wochenende spielen Bands in der Regel auch in der alten **Dance Hall** (☎830-997-3224; www.luckenbachtexas.com; Luckenbach Town Loop), einem texanischen Klassiker. Zu den Konzerten an den Wochenenden des 4. Juli und des Labor Day strömen noch mehr Besucher in den Ort. Und, es sollte auch noch erwähnt werden, Luckenbach kam sogar in einem 1976 veröffentlichten Riesenhit von Countrysänger Waylon Jennings vor. Aber das weiß man ja ...

Um vom nahen Fredericksburg hierher zu kommen, fährt man 5 Meilen (8km) auf der US 290 Richtung Südosten und dann noch 4,5 Meilen (7,2 km) auf der FM 1376 in Richtung Süden.

dern auch witzige Original-Musicals und moderne Versionen texanischer Legenden und klassischer Märchen wie das originelle, zweisprachige *La Cinderella*. Auf der Website gibt's alle Infos zu den zeitgenössischen Stücken für Erwachsene sowie die Shakespeare-Aufführungen im Sommer am River Walk.

Majestic Theatre THEATER
(Karte S. 774; ☎210-226-5700, Theaterkasse 210-226-3333; www.majesticempire.com; 224 E Houston St; ⊙Theaterkasse Mo–Fr 10–17 Uhr, Sa wechselnde Öffnungszeiten) Das historische Stadttheater in Downtown bringt das ganze Jahr über Konzerte, durch Amerika tourende Broadway-Shows und andere Live-Events auf die Bühne.

Tobin Center for the Performing Arts THEATER
(Karte S. 774; ☎210-223-8624; www.tobincenter.org; 100 Auditorium Circle; ⊙Theaterkasse Mo–Fr 10–18, Sa bis 14 Uhr, sowie 1 Std. vor Veranstaltungsbeginn) Nach einer sieben Jahre dauernden umfassenden Renovierung erstrahlt San Antonios Stadttheater am River Walk in neuem Glanz. Hier finden Aufführungen des **Ballet San Antonio** (www.balletsanantonio.org) und Konzerte des Orchesters **San Antonio Symphony** (Karte S. 774; ☎210-223-8624; www.sasymphony.org; 100 Auditorium Circle; Tickets ab 15 US$) statt.

Außerdem zeigt das hauseigene innovative Theaterensemble **Attic Rep** (www.atticrep.org) bissige und anspruchsvolle Produktionen zu aktuellen Themen.

Wenn auch die Anfahrt zum Theater etwas Besonderes sein soll, nimmt man ein Wassertaxi (S. 775).

ℹ Praktische Informationen

San Antonio Visitor Information Center (Karte S. 774; ☎210-244-2000; www.visitsanantonio.com; 317 Alamo Plaza; ⊙9–17 Uhr) Die offizielle Touristeninformation der Stadt befindet sich gegenüber von Fort Alamo. Die Mitarbeiter versorgen Besucher mit Stadtplänen und Broschüren, beantworten Fragen, buchen Touren und stellen Fahrkarten für die Busse und Straßenbahnen von VIA aus. Auf der Website findet man jede Menge nützliche Infos.

King William Association (Karte S. 774; ☎210-227-8786; www.ourkwa.org; 122 Madison St; ⊙Mo–Fr 9–15 Uhr) Hier gibt's einen Plan für einen Rundgang durch den King William District, den man sich auch von der Website herunterladen kann.

ℹ An- & Weiterreise

Der **San Antonio International Airport** (SAT; ☎210-207-3433; www.sanantonio.gov/sat; 9800 Airport Blvd) liegt 8 Meilen (13 km) nördlich der Innenstadt, gleich nördlich der Kreuzung von Loop 410 und US 281. Es gibt häufige Flugverbindungen zu Zielen in Texas, dem Rest der USA und in Mexiko. Terminal A wird von Aero Mexico, Alaska Airlines, Delta, Frontier, Interjet, Southwest, US Airways und Volaris genutzt, Terminal B von American und United Airlines.

Der Flughafen ist mit Taxis, öffentlichen Verkehrsmitteln, Shuttles sowie Uber, Lyft und GetMe zu erreichen.

Greyhound (Karte S. 774; ☎ 210-270-5868; www.greyhound.com; 500 N St Marys St) hat einen Busbahnhof in Downtown, **Megabus** (☎ 877-462-6342; www.usmegabus.com; 840 Probandt St) nutzt eine Haltestelle 3 Meilen (5 km) südlich von Downtown und fährt nach Houston, Austin und Dallas-Fort Worth.

Fredericksburg

11400 EW.

Eine Fahrt kreuz und quer durch das Hill Country empfiehlt sich zwar sehr, doch wer nur Zeit für eine Stadt hat, sollte Fredericksburg wählen. Die deutsche Siedlung aus dem 19. Jh. ist zwar klein, aber voller Charme. Auf den Straßenschildern ist „Willkommen" zu lesen – und so fühlt man sich tatsächlich, wenn man die Hauptstraße mit ihren vielen historischen Gebäuden entdeckt, die heute deutsche Restaurants, Biergärten, Antiquitätenläden und Weinstuben beherbergen. Ebenso einladend sind die heiteren Inns und B&Bs. Sehr interessant sind auch die Museen in der Downtown.

Viele Geschäfte sind zwar typische Touristenläden mit T-Shirts, Süßigkeiten und merkwürdigen Lederschildimitaten, doch es gibt auch einige interessante Geschäfte, in denen man herrlich stöbern kann. Außerdem ist Fredericksburg ein großartiger Ausgangspunkt zur Erkundung der Pfirsichplantagen und Weingüter sowie von abgelegeneren Orten wie Enchanted Rock, Johnson City und dem winzigen Luckenbach, das nur 10 Meilen (16 km) in südöstlicher Richtung entfernt ist.

Sehenswertes & Aktivitäten

National Museum of the Pacific War MUSEUM

(☎ 830-997-8600; www.pacificwarmuseum.org; 340 E Main St; Erw./Kind 15/7 US$; ⌚ 9–17 Uhr) Im Pazifikkrieg verloren 1941–1945 mehr als 100 000 amerikanische Soldaten ihr Leben. Das einzige Museum in den USA, das sich ausschließlich diesem Krieg widmet, verteilt sich über drei Stätten in der Innenstadt von Fredericksburg. Die ganze Geschichte erfährt man in der riesigen **George H.W. Bush Gallery**, die ergänzendes und ergreifendes Filmmaterial zu dem Konflikt sowie Original-Flugzeuge und U-Boote zeigt. Das **Admiral Nimitz Museum** schildert das Leben und Wirken von Fredericksburgs berühmtestem Sohn, während auf den Innen- und Außenflächen der 0,8 ha großen **Pacific Combat Zone** Patrouillen-Torpedo-Boote und militärische Fahrzeuge angeschaut werden können.

Pioneer Museum HISTORISCHE STÄTTE

(☎ 830-990-8441; www.pioneermuseum.net; 325 W Main St; Erw./Kind 6–17 Jahre 7,50/3 US$; ⌚ Mo–Sa 10–17 Uhr) Einen faszinierenden Einblick in das Leben der ersten Siedler von Fredericksburg erhält man bei einem Bummel durch dieses grasbewachsene Freiluftmuseum in Downtown.

Die Besucher können dabei auf eigene Faust die zehn restaurierten historischen Gebäude von Blockhütten und robusten Steinhäusern bis hin zu Scheunen und einer Schmiede besichtigen und drinnen alle Artefakte inspizieren. Kostümierte Darsteller demonstrieren Handwerkskünste wie die Seilerei, während die verschiedenen Ausstellungen Geschichten über die Lokalprominenz erzählen.

Old Tunnel Wildlife Management Area TIERBEOBACHTUNG

(☎ 866-978-2287; http://tpwd.texas.gov/state-parks/old-tunnel; 10619 Old San Antonio Rd; ⌚ Sonnenaufgang–17 Uhr, Fledermausbeobachtung Mai–Okt. nach 17 Uhr) Von Mai bis Oktober versammeln sich die Besucher bei Sonnenuntergang auf zwei Aussichtsbereichen, um zu beobachten, wie 3 Mio. Mexikanische Bulldoggfledermäuse auf der Suche nach ihrem Nachtmahl aus einem stillgelegten Eisenbahntunnel schwärmen. Der **untere Bereich** für bis zu 70 Gäste (Do–So; Eintritt

INSIDERWISSEN

GUTE PIZZA IN DRIPPING SPRINGS

Pieous (☎ 512-394-7041; www.facebook.com/pieous; 166 Hargraves Dr, Belterra Village; Pizza 10–16 US$; ⌚ Mo–Fr 11–14 & 16–21, Sa 11–21, So bis 20 Uhr; P) Heiliger Strohsack, dieses Lokal mit Holzofenpizza in einer Mall 7 Meilen (11,3 km) östlich von Dripping Springs – fast schon in Austin – serviert mal wirklich gute Pies! Getreu dem zum neckischen Namen passenden Motto „Essen ist unsere Religion" konzentriert man sich hier auf frische und hausgemachte Zutaten. Die beliebten Pastramis werden in einem Barbecue Smoker zubereitet.

NEW BRAUNFELS: TUBING AUF DEM GUADALUPE RIVER

In einem großen Reifenschlauch auf dem Guadalupe River dahinzugleiten, ist schon eine alte Tradition im texanischen Sommer. Der größte Teil des Flusses ist ruhig, doch es gibt auch ein paar schöne Stromschnellen, damit es nicht zu langweilig wird.

Zahllose Veranstalter verleihen Reifenschläuche, Flöße, Kajaks und Kanus. Mit Bussen geht's flussaufwärts und dann in drei bis vier Stunden wieder zurück zur Anlegestelle. Packt man dann noch eine Kühltasche mit Essen und Getränken (keine Flaschen!) in einen weiteren Reifenschlauch mit verstärktem Boden, ist der Tag perfekt. Unbedingt mitzubringen sind Sonnenschutz, Hut und Trinkwasser. Außerdem sollte man Schuhe oder Sandalen tragen, die nass werden können. Bevor man den Proviant einkauft, sollte man sich genau erkundigen, welche Behälter und Kühltaschen erlaubt sind.

Viele Veranstalter lassen einem die Wahl zwischen Reifen mit verstärktem Boden und regulären alten Reifenschläuchen – nicht immer ist damit auch ein Preisunterschied verbunden. Ein Reifen mit verstärktem Boden schützt den Rücken vor den Felsen im Flussbett, die immer stärker hervortreten, je länger es in der Region nicht geregnet hat (was im Sommer mehrere Monate zurückliegen kann. Auf den Websites der Veranstalter sollte man nach Rabatten für Online-Buchung suchen, vor allem aber auch nach Hinweisen zu den aktuellen Bedingungen auf dem Fluss, damit man weiß, was einen erwartet.

Zu den Veranstaltern in New Braunfels, die Reifenschläuche vermieten, zählen die **Gruene River Company** (☎830-625-2800; www.gruenerivercompany.com; 1404 Gruene Rd; Reifen 20 US$; ⌚Sept.–Mai 10–14 Uhr, Juni–Aug. 9–16 Uhr) und **Rockin' 'R' River Rides** (☎830-629-9999; www.rockinr.com; 1405 Gruene Rd; Reifen 23 US$, Floß ab 40 US$; ⌚So–Fr 9–17, Sa ab 8 Uhr). In dem Preis dieser Unternehmen ist auch ein Shuttleservice enthalten; gegen Aufpreis erhält man außerdem einen Reifen mit einer Eiskiste, in der man unterwegs seine Getränke kühlen kann.

5 US$ für einen Banksitzplatz) gewährt einen näheren Blick auf die Tierchen, die täglich geöffnete **obere Plattform** ist kostenlos.

Schlafen & Essen

Sunset Inn & Suites MOTEL $

(☎830-997-9581; www.sunset-inn.com; 900 S Adams St; DZ 56 US$, Suite 119 US$; P ❄ 📶) Das altmodische und recht charmante familienbetriebene Motel liegt etwa 1 Meile (1,6 km) südlich der Downtown am Highway Richtung Kerrville und ist unschlagbar preisgünstig. Die schlichten Zimmer bieten heimelige Details wie reizende gesteppte Bettdecken. Und vor jedem Zimmer stehen Stühle, wo die Gäste zusammenkommen und bei Sonnenuntergang ein Schwätzchen halten.

Cotton Gin Village HÜTTEN $$

(☎830-990-8381; www.cottonginlodging.com; 2805 S Hwy 16; Hütte 199 US$; P 📶) Außen rustikal, innen schick und elegant. Die Stein- und Holzhütten südlich der Stadt sind eine tolle, ruhige Unterkunft weit weg von den Massen der Stadt und den anderen Besuchern. Jede Hütte hat einen gemauerten Kamin. Lust auf ein romantisches Versteck? Dann nichts wie los!

Fredericksburg Inn & Suites MOTEL $$

(☎830-997-0202; www.fredericksburg-inn.com; 201 S Washington St; DZ 199–219 US$, Suite 249 US$; P ❄ 📶 🏊 🐾) Die zweistöckige Anlage in Gehweite zur Main St steht an der Spitze der Mittelklassemotels und wurde so gebaut, dass es genauso wie das historische Haus aussieht, hinter dem es steht. Hier gibt's u. a. einen einladenden Swimmingpool mit Wasserrutsche und einen großen Whirlpool. Die Zimmer selber sind unscheinbar, aber sauber und gut ausgestattet. Für Haustiere zahlt man zusätzlich 50 US$ pro Aufenthalt.

★ **Vaudeville** BISTRO $$

(☎830-992-3234; www.vaudeville-living.com; 230 E Main St; Hauptgerichte mittags 15–20 US$, abends 16–38 US$, Festpreismenü 48 US$; ⌚Mo–Do 10–16, Fr & Sa bis 21, So bis 17 Uhr) Das elegante Kellerbistro, das sich unter einem totschicken Design- und Einrichtungsladen versteckt, sieht aus wie eine aufgemotzte Milchbar. Die Leute, die hier zu Mittag essen, sind ebenso stylish wie die Ausstattung. Doch passend zu den Gourmet-Salaten und Sandwiches herrscht die für das Hill Country typische herzliche Gastfreundschaft. Abendessen wird nur am Wochenende serviert und kommt mit üppigen Vorspeisen wie gegrilltem Lammkarree, Entenconfit oder gebratenem Thunfisch auf den Tisch.

Praktische Informationen

Fredericksburg Visitor Information Center (☎888-997-3600, 830-997-6523; www.visitfredericksburgtx.com; 302 E Austin St; ⏲Mo–Fr 8.30–17, Sa 9–17, So 11–15 Uhr; 📶) Die freundlichen Angestellten in diesem hübschen Gebäude, einen Häuserblock abseits der Main St nahe dem Pacific War Museum, haben Tipps zu den hiesigen Sehenswürdigkeiten auf Lager. Es gibt hier auch viele Parkplätze, falls man auf der Main St nicht fündig wird.

Anreise & Unterwegs vor Ort

Ohne Auto ist die Anreise nach Fredericksburg nicht einfach (vermutlich kommt man ohnehin auch deshalb hierher, um mit dem Auto das Hill Country zu erkunden). Die US 290, die von Austin westwärts nach Fredericksburg führt, wird in der Stadt zur Main St und der Hwy 16 zwischen Fredericksburg und Kerrville zur S Adams St.

Der nächste Busbahnhof befindet sich in Kerrville, Greyhound hält aber zum Absetzen und Aufnehmen von Fahrgästen auch an der **Shell-Tankstelle Stripes** (2204 Hwy 16 S, Stripes Shell Station), 2,5 Meilen (4 km) südwestlich der Downtown. **Stagecoach Taxi and Shuttle** (☎830-385-7722; www.stagecoachtaxiandshuttle.com) bietet Stadtrundfahrten, einen Shuttleservice und Fahrten zu den Flughäfen in San Antonio bzw. Austin an.

In Fredericksburg selbst kann man sich bei **Hill Country Bicycle Works** (☎830-990-2609; www.hillcountrybicycle.com; 702 E Main St; Fahrrad 30–70 US$/Tag; ⏲Mo, Di, Do & Fr 10–18, Sa 10–16 Uhr) ein Fahrrad leihen und damit die Stadt und die Umgebung erkunden.

Bandera

900 EW.

Selbst im Cowboyland Texas ist es heutzutage schwierig, echte Cowboys zu treffen. Nicht so in Bandera, das sich selbst als Cowboy-Hauptstadt der Welt bezeichnet. Immerhin gibt's hier jede Menge Ferienranches und überall werden Ausritte und Rodeos angeboten. Aber welchen Grund gibt's noch, nach Bandera zu kommen? Natürlich um in einer der vielen Cowboy-Kneipen und urigen Honky-Tonk-Bars ordentlich Bier zu tanken, zu guter Livemusik abzutanzen und in feuchtfröhlicher Runde mit den netten Einheimischen ins Gespräch zu kommen.

Sehenswertes & Aktivitäten

Frontier Times Museum MUSEUM
(☎830-796-3864; www.frontiertimesmuseum.org; 510 13th St; Erw./Kind 6–17 Jahre/Senior 6/2/4 US$; ⏲Mo–Sa 10–16.30 Uhr) Einen kleinen interessanten Einblick in Banderas Vergangenheit bietet dieses Museum. Es zeigt Kunst des Wilden Westens, Cowboy-Utensilien wie Gewehre und Brandeisen sowie die vom Museumsgründer J. Marvin Hunter zusammengetragene Kuriositätensammlung, zu der u.a. eine zweigesichtige Ziege gehört.

Schlafen

River Front Motel HÜTTEN $
(☎830-328-5110; www.theriverfrontmotel.com; 1103 Maple St; Hütte 99 US$; P❄📶🐾) Der freundliche Familienbetrieb südlich der Downtown vermietet elf sehr einfache, freistehende Hütten am Fluss, die jeweils über Kühlschrank, Kaffeemaschine und Kabel-TV verfügen. Damit bieten sie ein ausgezeichnetes Preis-Leistungs-Verhältnis. Ein Haustier kostet 15 US$ pro Nacht.

Praktische Informationen

Bandera Visitor Center (CVB; ☎830-796-3045; www.banderacowboycapital.com; 126 Hwy 16; ⏲Mo–Fr 9–17, Sa 10–15 Uhr) Die

FERIENRANCHES

Bandera ist bekannt für seine rund ein Dutzend Ferienranches, die meist aus einem riesigen Haus inmitten eines mehrere Hundert Hektar großen Grundstücks bestehen und generell auf den Tourismus ausgerichtet sind. Auf einer typischen Ranch kann man für rund 35 bis 50 US$ pro Stunde Ausritte unternehmen und erhält für einen kleinen Aufpreis auch eine Mahlzeit. Viele Ranches veranstalten auch Reitausflüge in die 2173 ha große **Hill Country State Natural Area** 10 Meilen (16 km) südwestlich der Stadt. Nach texanischer Rechtslage dürfen Reiter übrigens nicht mehr als 240 lb (108,8 kg) wiegen.

Für Besucher, die länger bleiben wollen, bieten die Ranches auch All-Inclusive-Pakete mit Ausritten, Mahlzeiten und Unterkunft an. Zur Unterhaltung veranstalten manche auch Heuwagenfahrten, Lagerfeuer und Barbecues.

freundlichen Mitarbeiter haben nützliche Informationen. Das Visitor Center befindet sich einen halben Block abseits der Main St.

An- & Weiterreise

Der schnellste Weg von Kerrville nach Bandera führt über den Hwy 173 (Bandera Hwy). Malerischer ist allerdings die Strecke über den Hwy 16 nach Süden, über Berg und Tal und an Medina vorbei. Die 50 Meilen (80 km) lange Fahrt von San Antonio nach Bandera führt über die I-10 nach Westen und dann über den Hwy 16 nach Norden.

Nachdem der Hwy 16 Bandera von Osten erreicht hat, folgt er der Cypress St neben dem Fluss am südlichen Stadtrand entlang. Anschließend führt er nach Norden auf die Main St, die Nord-Süd-Achse durch die Downtown, und verlässt die Stadt am nordwestlichen Ende.

ÖSTLICHES TEXAS

Es ist bodenständiger als Dallas und zugeknöpfter als Austin – Houston ist reich und kultiviert, zeigt das aber nicht allzu offen. Dies erkennt man daran, dass selbst in den preisgekrönten Restaurants der großen Küchenchefs zumeist kein Krawattenzwang herrscht. Und dass man nach dem Besuch eines Weltklasse-Museums billiges Bier in einer Hinterhofbar trinkt. Die vielen Attraktionen verteilen sich auf mehrere Enklaven in der größten und weitläufigsten Stadt des Bundesstaates.

Es ist ein Leichtes, dem Betonlabyrinth der unzähligen Interstates zu entkommen. Schöne Tagesausflüge führen zur NASA und zu dem Ort, an dem Texas seine Unabhängigkeit erlangte. Im Washington County kann man in Antiquitätenläden stöbern, historischen Spuren folgen oder einfach die schöne Landschaft genießen. Weiter im Nordosten von Texas locken die Piney Woods mit meterhohen Bäumen, kurvigen Straßen, herrlicher Natur und alten Südstaatenstädten wie Jefferson und Nacogdoches. Und in deren kleinen Straßen riecht es überall verführerisch nach Barbecue, gebratenen Hühnchen und Steaks.

Houston

2,3 MIO. EW.

In der entspannten Metropole treffen Pickups und Cowboystiefel auf Highheels, Hightech und anspruchsvolle Kultur. Houston, die größte Stadt in Texas und die viertgrößte in den USA, hat alles, was man im Lone Star State erwarten würde – und noch viel mehr. Die Welthauptstadt der Energieindustrie rühmt sich, den höchsten Lebensstandard des Landes zu bieten. All der Reichtum aus der Ölförderung hat sich vielfach bezahlt gemacht. Die Museen, allen voran die Menil Collection und die angeschlossene Rothko Chapel, sind großartig und auch die Restaurant- und Unterhaltungsszene sind über die Grenzen der Region hinaus berühmt.

Diverse Wohnviertel und Enklaven von Restaurants und Luxusgeschäften erstrecken sich über das ganze weitläufige Stadtgebiet bis an die Ränder. Man kann sich in den vielen Pubs, Höfen und Parks aber auch bodenständiger amüsieren. Allerdings sollte man den drückend heißen Sommer in Houston nicht unterschätzen. Und man sollte bedenken, dass sich eine der größten Attraktionen der Stadt – das Space Center Houston der NASA – außerhalb der Stadt befindet und die Anfahrt auf der I-45 gut 30 Minuten dauert.

Sehenswertes & Aktivitäten

★ Houston Museum of Natural Science MUSEUM
(Karte S. 786; ☎713-639-4629; www.hmns.org; 5555 Hermann Park Dr; Erw./Kind 25/15 US$, Do 14–17 Uhr Eintritt frei; ⌚9–17 Uhr; 👪; 🚊Hermann Park/Rice U) Für das riesige und absolut fantastische Museum – das berühmteste in Texas – reicht unmöglich ein Tag! Schon allein die einmalige Dauerausstellung umfasst bunte Modelle und massive Skelette von Dinosauriern, echte Mumien aus dem Alten Ägypten, Nachbildungen von Azteken-Tempeln, seltene Edelsteine wie einen blauen Topas mit 2000 Karat sowie interaktive Exponate zur Biosphäre der Erde.

★ Menil Collection MUSEUM
(Karte S. 786; ☎713-525-9400; www.menil.org; 1533 Sul Ross St; ⌚Mi–So 11–19 Uhr) GRATIS Wie der Name bereits verrät, handelt es sich bei der Menil Collection um außergewöhnliche Kunst und archäologische Artefakte, die das aus Houston stammende Paar John und Dominique de Menil gesammelt hat. Die Galerie befindet sich in einem modernistischen, von Renzo Piano entworfenen Gebäude und zeigt immer nur eine sorgfältig zusammengestellte Auswahl der Sammlung. Die repräsentativen Werke umspannen alle Zeitalter – angefangen von Schnitzereien aus der Eiszeit über fast 5000 Jahre alte Kykladen-Figuren und Benin-Bronzen bis hin zu Werken

von Pablo Picasso, Francis Bacon, Andy Warhol und Kara Walker.

★ Rothko Chapel MUSEUM

(Karte S. 786; ☎ 713-524-9839; www.rothkochapel.org; 3900 Yupon St at Sul Ross St; ⊙ Di, Mi & Fr–So 10–18, Do 10–13 Uhr, Mo geschl.) GRATIS Die Menils gaben 1964 dem amerikanischen abstrakten Expressionist Mark Rothko (1903–1970) den Auftrag, eine nicht konfessionelle Kapelle zu gestalten, der der Künstler die letzten Jahre seines Lebens widmete. Das achteckige Backsteingebäude beherbergt heute 14 große Gemälde von Rothko. Auf den ersten Blick wirken die Bilder einfach nur schwarz, doch je länger man in diesem höchst meditativen Raum verbringt, desto mehr Feinheiten erkennt man – genau, wie Rothko es beabsichtigt hatte. Kein Wunder also, dass der Besuch der Kapelle für Viele ein zutiefst bewegendes, fast spirituelles Erlebnis ist.

Das neue Suzanne Booth Welcome House, auf der anderen Straßenseite gegenüber der Kapelle, hat weitere Informationen zur Kapelle und ihrer Geschichte.

★ Buffalo Bayou Park PARK

(☎ 713-752-0314; http://buffalobayou.org; Shepherd Dr bis Sabine St, zw. Allen Pkwy & Memorial Dr; ⊙ die meisten Areale Sonnenaufgang–Sonnenuntergang; 👪 🐾) Der 65 ha große Stadtpark folgt dem sich schlängelnden Buffalo Bayou westlich von Downtown und ist für Fußgänger leicht zugänglich; an seinem Verlauf gibt's viele Parkplätze. Im Park hat man einen weiten Blick zurück auf die Skyline der Downtown und findet viele Bereiche für Sport, Meditation oder Kunstausstellungen. U.a. kann man hier Kajaktouren mit **Bayou City Adventures** (☎ 713-538-7433; http://bayoucityadventures.org; Lost Lake Visitor Center, 3324 Allen Pkwy; Kajaktour ab 60 US$; ⊙ 9–17 Uhr) unternehmen oder sich bei **Buffalo Bayou Rentals** (☎ 713-955-4455; www.bayoubikerental.com; 105 Sabine St, Buffalo Bayou Park, Water Works; Verleih ab 12 US$/Std.; ⊙ Sommer tgl. 10 Uhr–Sonnenuntergang, ansonsten nur Sa & So) ein Fahrrad ausleihen.

Museum of Fine Arts, Houston MUSEUM

(Karte S. 786; ☎ 713-639-7300; www.mfah.org; 1001 Bissonnet St; Erw./Kind 17/10 US$, Do Eintritt frei; ⊙ Di & Mi 10–17, Do bis 21, Fr & Sa bis 19, So 12.15–19 Uhr; 🚊 Museum District) Der landesweit renommierte Kunstpalast bietet zum Auftakt eine Ausstellung „Schätze der antiken Welt“ und besitzt auch eine schöne Sammlung präkolumbischer Goldschätze aus Südamerika. Der Schwerpunkt liegt jedoch auf einem Überblick über das Kunstschaffen von der Renaissance über die Impressionisten bis zur europäischen und US-amerikanischen Malerei aus der Zeit nach dem Zweiten Weltkrieg. Zu der Sammlung gehören u.a. bedeutende Werke von Tintoretto, Rembrandt und Picasso.

Lone Star Flight Museum MUSEUM

(☎ 346-708-2517; http://lsfm.org; Ellington Airport, 11551 Aerospace Ave; Erw./Kind 15/13 US$; ⊙ Di–Sa 9–17, So ab 12 Uhr) Das Museum ist in einer herrlichen neuen Einrichtung 17 Meilen (27 km) südöstlich von Houston untergebrachte, nachdem dessen früheres Heim in Galveston vom Hurrikan Ike 2008 verwüstet worden war. Es feiert die texanische Luftfahrtgeschichte: In den beiden Hangars stehen restaurierte Kampfflugzeuge des Zweiten Weltkriegs wie die auf Tiefflugangriffe spezialisierte Thunderbolt sowie gastweise auch andere Maschinen, z.B. russische MiG-Düsenjäger. Möchtegern-Piloten können sich an Flugsimulatoren versuchen.

Viele verbinden den Besucher des Museums mit einem Abstecher zum 8 Meilen (12,9 km) südöstlich gelegenen Space Center (S. 789).

Hermann Park Railroad OUTDOOR

(Karte S. 786; ☎ 713-526-2183; www.hermannpark.org; 6102 Hermann Park Dr, Kinder Station, Lake Plaza; 3,75 US$/Fahrt; ⊙ 10–18 Uhr; 👪; 🚊 Hermann Park/Rice U) Kinder haben ihren Spaß an der Miniaturbahn, die eine 18-minütige Schleife durch den Hermann Park dreht. Unterwegs gibt's drei Haltepunkte, an denen die Passagiere beliebig aus- und zusteigen können.

Geführte Touren

Texana Tours STADTFÜHRUNGEN

(☎ 281-772-9526; www.texanatours.com; wechselnde Preise) Ein waschechter Einheimischer führt die Besucher drei Stunden lang durch die wichtigsten Stadtviertel von Houston und erzählt dabei eine Unmenge von interessanten Details über die Stadt. Andere thematische Touren führen weiter, zur NASA und darüber hinaus. Die Preise richten sich nach der Größe der Gruppe.

Houston Culinary Tours ESSEN & TRINKEN

(☎ 713-554-1735; www.visithoustontexas.com; Tour ab 65 US$) Einmal im Monat laden Chefköche und andere Promis der Szene zu kulinarischen Führungen durch die Stadt ein. Die Preise variieren je nachdem, wie viel tatsächlich gegessen wird. Man sollte frühzeitig reservieren!

Festivals & Events

★ Houston Art Car Parade AUTOKORSO

(www.thehoustonartcarparade.com; entlang der Smith St, Downtown; ⏱ 2. Sa im April) Jede Menge verrückte, aufgemotzte Autos – Fahrzeuge à la *Mad Max*, Dinosaurier, riesige Wüstenrennmäuse und mehr – lassen sich beim größten alternativen Event der Stadt auf den Straßen sehen. Der Korso hat seinen Mittelpunkt an der Smith St in Downtown, setzt sich dann auf dem Allen Pkwy an der Südseite des Buffalo Bayou Park fort und wird durch ein das ganze Wochenende dauernde Festivitäten ergänzt; dazu gehören Konzerte und ein legendärer Ball (Tickets weit im Voraus kaufen!).

Juneteenth Emancipation Celebration KULTUR

(http://juneteenthfest.com; Emancipation Park, 3018 Dowling St; ⏱ Mitte Juni) Bei diesem Fest im Emancipation Park wird die afroamerikanische Kultur mit viel Gospel, Jazz und Blues gefeiert. Zur Erinnerung an die Sklavenbefreiung 1865 in Texas findet das Fest immer rund um den 19. Juni statt.

Schlafen

Die Mehrzahl der wenigen Hotels, die sich in Houston durch historischen Charme oder Design hervortun, stehen in Downtown und fordern nicht nur hohe Zimmerpreise, sondern auch Parkgebühren von 25 bis 40 US$ pro Nacht. Die meisten übrigen Unterkünfte sind typische Kettenhotels, die immer billiger werden, je weiter abseits vom Zentrum sie liegen. Midtown, Montrose oder der Museum District sind geeignete Viertel, um in praktischer Nähe zu den Museen, Läden und Restaurants zu übernachten.

★ La Maison in Midtown INN $$

(Karte S. 786; ☎ 713-529-3600; www.lamaisonmidtown.com; 2800 Brazos St; DZ 170–230 US$; P ❄ 📶; 🚊 McGowen Station) In dem eigens errichteten urbanen Inn verspürt man echte Südstaaten-Gastlichkeit, wenn man auf der umlaufenden Veranda frühstückt oder den Blick auf die Skyline genießt. Alle sieben Zimmer sind individuell dekoriert und mit dem Fahrstuhl erreichbar. Das Frühstück ist im Preis inbegriffen.

★ Hotel ZaZa Houston DESIGNHOTEL $$

(Karte S. 786; ☎ 713-526-1991; www.hotelzaza.com; 5701 Main St; DZ ab 199 US$; P ❄ @ 📶 🏊; 🚊 Museum District) Hip, extravagant und fantastisch: Alles im Hotel ZaZa Houston – von den an ein Bordell erinnernden Farben bis hin zu den immer wieder auftauchenden Zebramustern – ist fröhlich und nett. Die Standardzimmer sind groß, aber nicht außergewöhnlich; wir bevorzugen die Konzept-Suiten wie das exzentrische Geisha House oder die dem Raumfahrtzeitalter gewidmete Suite „Houston We Have a Problem". Die Lage mit Blick auf den Hermann Park im Museum District ist wirklich unschlagbar.

Aloft Houston Downtown HOTEL $$

(Karte S. 786; ☎ 713-225-0200; www.alofthoustondowntown.com; 820 Fannin St; DZ ab 155 US$; P ❄ 📶 🏊; 🚊 Central Station) Das Hotel der Marriott-Kette befindet sich in einem historischen Wirtschaftsgebäude. Auf zehn Stockwerke verteilen sich die modern eingerichteten Zimmer. Nach den vielen Umbauten im Lauf der Jahre ist vom ehemaligen Charme nicht mehr viel zu spüren, dafür gibt es viele trendige Details wie das coole Design des herrlichen Dachpools.

Sam Houston Hotel HISTORISCHES HOTEL $$

(Karte S. 786; ☎ 832-200-8800; www.thesamhoustonhotel.com; 1117 Prairie St; DZ ab 193 US$; P ❄ @ 📶 🐾; 🚊 Preston) Die schicken, aber entspannten, recht kleinen Zimmer in diesem historischen zehnstöckigen Gebäude von 1924 besitzen ein zeitgenössisches, ganz in Grau gestaltetes Dekor und luxuriöse Extras wie flauschige Handtücher und Gourmet-Kaffeemaschinen. Das Hotel gehört heute zur Hilton-Kette, begann aber bescheiden als Budgethotel für reisende Vertreter.

Hotel Icon HOTEL $$

(Karte S. 786; ☎ 713-224-4266; www.hotelicon.com; 220 Main St; DZ ab 199 US$; P ❄ @ 📶; 🚊 Preston) Das prunkvoll rot-golden verzierte Foyer des heute zum Marriott-Imperium gehörenden Hotels atmet Geschichte. Es residiert in einem Bankgebäude von 1911, einem Wahrzeichen der Stadt, und prunkt mit einem Empfangsbereich im Tresorraum, hohen Marmorsäulen und Kassettendecken. Der antike Fahrstuhl bringt einen zu den schicken, modernen Zimmern.

Essen

Eines der markantesten Wahrzeichen von Houston ist die Restaurantszene der Stadt. Die Einheimischen gehen für ihr Leben gern essen, und so findet man von gemütlichen Tex-Mex-Restaurants über rauchende Barbecues bis zu kreativen Bistros mit erstklassigen Küchenchefs alles, was Herz und Gaumen begehren. Attraktive Möglichkeiten gibt's daher in den meisten Gegenden der Stadt. Infos über die aktuellen Neuzugänge bieten *Texas Monthly* sowie www.thrillist.com/Houston oder www.houston.eater.com.

★ Lankford Grocery BURGER $
(Karte S. 786; ☎713-522-9555; 88 Dennis St; Hauptgerichte 7–13 US$; ⌚Mo–Sa 7–15 Uhr) In dem altmodischen Lebensmittelgeschäft werden heute dicke, saftige, von Würzsaucen triefende Burger serviert, die zu den besten der Stadt zählen. Der Innenraum ist chaotisch, aber es gibt auch draußen viele Plätze. Die Stammgäste scherzen miteinander, während die eifrigen Kellner die Angebote des Tages herunterrasseln. Wer dem Ansturm zur Mittagszeit entgehen will, kommt etwas früher.

Crawfish & Noodles VIETNAMESISCH $
(☎281-988-8098; www.crawfishandnoodles.com; 11360 Bellaire Blvd; Hauptgerichte 10–18 US$; ⌚Mo, Mi & Do 15–22, Di 17–22, Fr 15–23, Sa 12–23, So 12–22 Uhr) Seit Einwanderer aus Vietnam in das Fischereigewerbe an der Golfküste einstiegen, lag es nahe, vietnamesisch zubereitete Meeresfrüchte mit der Cajun-Küche zu kombinieren. Das glänzende, sehr erfolgreiche Restaurant sticht aus der endlosen Reihe asiatischer Supermärkte und Restaurants westlich der Innenstadt hervor. Die im Namen angedeutete Paarung steht übrigens nicht auf der Karte, vielmehr bestellt man einfach eine Portion gedämpfter Krebse oder Krabben und dazu eine Schale pikanter Reisnudeln. Einfach lecker!

Local Foods AMERIKANISCH $
(Karte S. 786; ☎713-227-0531; www.houstonlocalfoods.com; 420 Main St; Hauptgerichte 12–17 US$; ⌚10–20 Uhr) Die geschäftige Downtown-Filiale dieser ständig wachsenden Houstoner Café-Kette residiert in einem auffälligen Art-déco-Gebäude und hat die Herzen der Einheimischen mit frischen, geschmacksintensiven Gerichten wie dem würzigen Falafel-Sandwich mit süßem Erbsen-Hummus erobert. Zutaten bei anderen gesunden Gerichten sind z. B. Grünkohl und Quinoa.

Kitchen at The Dunlavy AMERIKANISCH $
(☎713-360-6477; www.thedunlavy.com; 3422 Allen Pkwy; Hauptgerichte 7–14 US$; ⌚7–14 Uhr) Das prächtige Restaurant mit Kronleuchtern und einem (optionalen) Parkservice ist im Wesentlichen ein Parkcafé neben dem Lost Lake Visitor Center im Buffalo Bayou Park. Das Essen ist einfallsreich und kreativ. Man bestellt am Tresen und genießt aus dem Speisesaal mit hoher Decke den Blick auf den Lost Lake (der gar nicht verloren, sondern nur ein paar Schritte vom Highway entfernt ist).

★ Original Ninfas MEXIKANISCH $$
(☎713-228-1175; www.ninfas.com; 2704 Navigation Blvd; Hauptgerichte 13–29 US$; ⌚Mo–Fr 11–22, Sa & So ab 10 Uhr) Das formelle, aber freundliche große mexikanische Restaurant gleich östlich von Downtown ist eine echte Institution. Seit den 1970er-Jahren genießen die Einheimischen hier die legendären Diablo-Shrimps, Tacos al carbon (mit über Holzkohle gebratenem Rindfleisch) und hervorragende, hausgemachte Tamales. Das Lokal bietet einen tollen Service, sehr gute Salsas und einen geräumigen, schattigen Patio.

The Hay Merchant MODERN-AMERIKANISCH $$
(Karte S. 786; ☎713-528-9800; www.haymerchant.com; 1100 Westheimer Rd; Hauptgerichte 10–45 US$; ⌚So–Mi 11–24, Do–Sa bis 2 Uhr; 🚌Ensemble) Chefkoch Chris Shepherd ist dafür bekannt, die multikulturellen Einflüsse der Stadt zu verschmelzen. Hier bietet er erstklassige Restaurantkost in einem Pub-Ambiente. Das wechselnde Angebot der Fass- und/oder Kleinbrauereibiere ist wahrlich beeindruckend, die hervorragenden Gerichte reichen vom Markenzeichen, geschmorter Ziege auf koreanische Art mit Klößen, bis zu Platten, die man sich teilen kann, z. B. der halbe Schweinekopf, ein knuspriges Festmahl für vier Personen.

★ Brennan's of Houston KREOLISCH $$$
(Karte S. 786; ☎713-522-9711; www.brennanshouston.com; 3300 Smith St; Hauptgerichte 19–42 US$; ⌚tgl. 17.45–22, Mo–Sa 11–14, So 10–14 Uhr) Der berühmteste Koch von New Orleans führt dieses feine Restaurant in Midtown. Das ist aber nicht nur ein Ableger, sondern ein ganz eigener Feinschmeckertempel, in dem die Küche von New Orleans mit der von Texas fusioniert. Alle Zutaten sind superfrisch, die Speisekarte richtet sich nach der Saison. Der Service ist ausgezeichnet und der Speisesaal sehr elegant. Einen

Central Houston

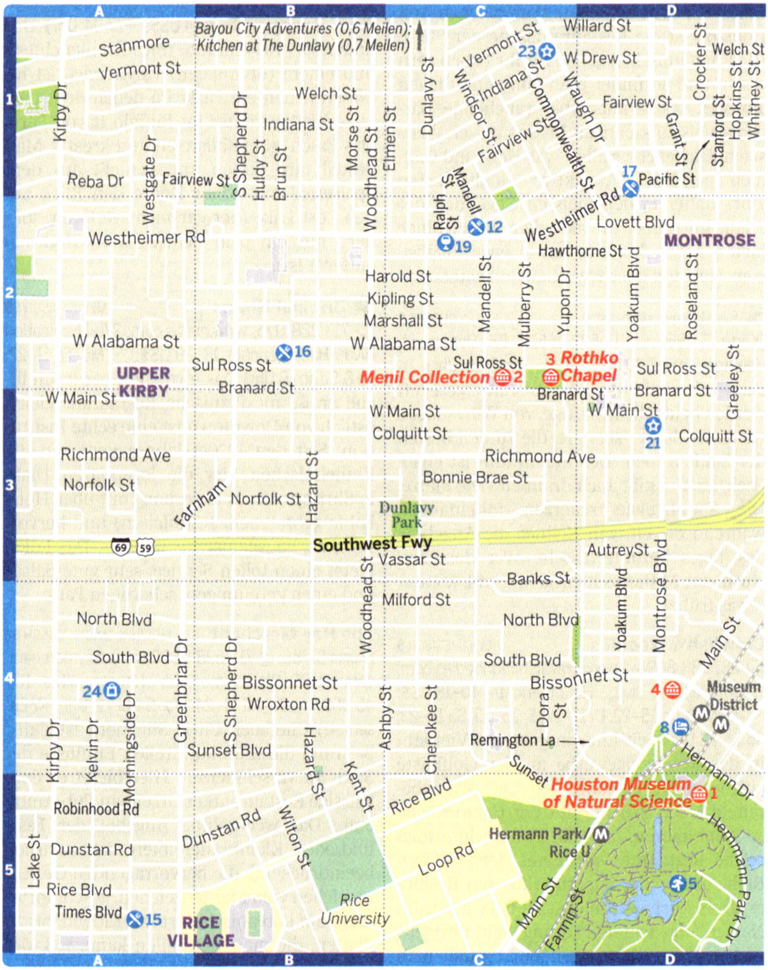

Tisch im hübschen Innenhof muss man im Voraus reservieren.

Hugo's MEXIKANISCH $$$

(Karte S. 786; ☎ 713-524-7744; www.hugosrestaurant.net; 1600 Westheimer Rd; Hauptgerichte 15–37 US$; ⏲ Mo–Do 11–22, Fr & Sa bis 23, So 10–21 Uhr) In dieser viel gepriesenen Bodega in Montrose erhebt Chefkoch Hugo Ortega die regionale mexikanische Küche und Straßenkost zur hohen Kunst. Viele Namen auf der Speisekarte klingen vertraut, aber die gut gewürzten Fleischgerichte und Speisen à la Oaxaca haben viel mehr mit Mexiko als mit Tex-Mex zu tun. Vorab reservieren!

Ausgehen & Nachtleben

★ **La Carafe** BAR

(Karte S. 786; ☎ 713-229-9399; 813 Congress St; ⏲ 13–2 Uhr) Die Bar La Carafe befindet sich im ältesten Gebäude Houstons (um 1848) und muss die stimmungsvollste Bar der Stadt sein. Dafür sorgen die unverputzten Mauerwände, die Sepia-Fotos an den Wänden, das warme Licht und die flackernden Kerzen. Außerdem gibt es hier eine tolle Jukebox. Das Publikum ist bunt gemischt und immer gut drauf. An den Wochenenden öffnet die Bar im Obergeschoss mit einem Balkon im zweiten Stock, von dem aus man

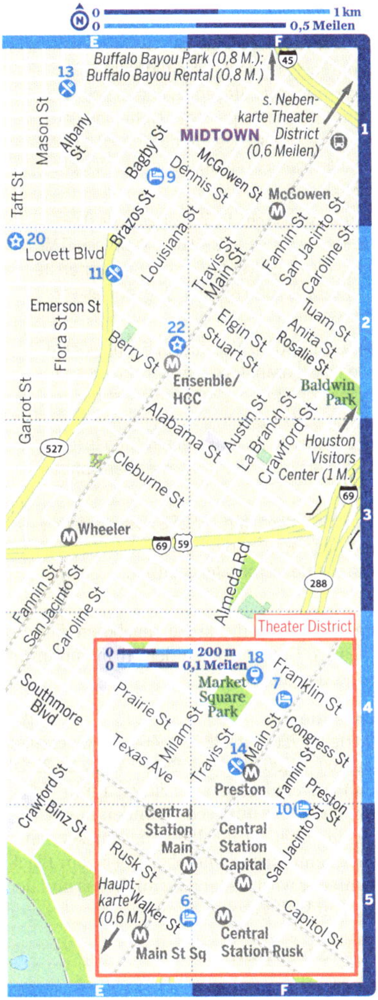

einen wunderbaren Blick auf den Market Square hat.

Moon Tower Inn BIERGARTEN

(www.damngoodfoodcoldassbeer.com; 3004 Canal St; ⏲ Mo–Do 12–2, Fr & Sa bis 3, So bis 24 Uhr) Der einfache Schuppen mit unkonventioneller Warehouse-District-Atmosphäre lockt ein munteres Publikum unterschiedlichster Altersklassen an. Man sitzt an Picknicktischen auf dem riesigen, mit Lichterketten geschmückten Hof und lässt sich die schaumigen, hausgemachten Craft-Biere und die Burger, Würstchen und sonstigen Speisen schmecken.

Central Houston

Highlights

1 Houston Museum of Natural Science D5
2 Menil Collection C2
3 Rothko Chapel C2

Sehenswertes

4 Museum of Fine Arts, Houston D4

Aktivitäten, Kurse & Touren

5 Hermann Park Railroad D5

Schlafen

6 Aloft Houston Downtown E5
7 Hotel Icon F4
8 Hotel ZaZa Houston D4
9 La Maison in Midtown E1
10 Sam Houston Hotel F5

Essen

11 Brennan's of Houston E2
12 Hugo's C2
13 Lankford Grocery E1
14 Local Foods F4
15 Oh My Gogi! A5
16 Tacos Tierra Caliente B2
17 The Hay Merchant D1

Ausgehen & Nachtleben

18 La Carafe F4
19 Poison Girl Cocktail Lounge C2

Unterhaltung

20 AvantGarden E2
21 Cézanne D3
22 Match E2
23 Rudyard's Pub C1

Shoppen

24 Brazos Bookstore A4

Poison Girl Cocktail Lounge BAR

(Karte S. 786; ☎ 713-527-9929; 1641 Westheimer Rd; ⏲ 15–2 Uhr) Ein künstlerisch angehauchter Innenraum mit alten Flipperautomaten und ein toller Patio hinter dem Haus mit einer Statue des altvertrauten Kool Aid Man ergeben eine sehr coole Kneipe, die ein buntes Publikum anlockt. Man sitzt draußen oder drinnen in einer dunklen Ecke.

☆ Unterhaltung

★ **Match** LIVEVERANSTALTUNGEN

(Midtown Arts and Theater Center Houston; Karte S. 786; ☎ 713-521-4533; https://matchouston.org; 3400 Main St; Ⓜ Ensemble/HCC) Die eindrucksvolle, 2017 eröffnete Veranstaltungsstätte wird von mehr als 500 kulturellen Gruppen und Organisationen aus Houston genutzt,

IMMER UNTERWEGS: HOUSTONS FOOD TRUCKS

Anders als in manchen anderen Städten fahren die Foodtrucks in Houston tatsächlich herum. An einem Tag kann derselbe Wagen an zwei oder drei Stellen zu finden sein. Die aktuellen Standorte findet man online, oft trifft man sie allerdings in der Nähe der Bars und Cafés in Montrose an. Aufgrund der Parkplatzbeschränkungen findet man die Food Trucks kaum in Downtown, dafür aber häufig etwa auf den Parkplätzen der Menil Collection (S. 782) und des Museum of Fine Arts (S. 783).

Oh My Gogi! (Karte S. 786; ☎281-694-4644; www.ohmygogi.com; 5555 Morningside Dr; Hauptgerichte 3–8 US$; ⏲Di 21–0, Mi bis 1, Do bis 2, Fr & Sa bis 3, So 20–0 Uhr; Dryden/TMC) Der Food Truck in perfekter Lage zu den Bars an der Rice University ist bei Studenten besonders beliebt. Mit seinen koreanischen Barbecue-Tacos und Kimchi-Quesadillas verschmilzt er zwei kulinarische Traditionen Houstons.

Tacos Tierra Caliente (Karte S. 786; ☎713-584-9359; 2003 W Alabama St; Hauptgerichte 2–5 US$; ⏲Mo–Sa 7.30–23, So bis 22 Uhr) Die Kundschaft drängt sich immer um diesen klapprigen Imbisswagen, der Houstons beste Tacos anbietet – zu empfehlen ist der Pastor (mit würzigem Schweinebraten). Es gibt keine Sitzmöglichkeit, aber an den Tischen vor dem benachbarten West Alabama Ice House kann man seinen Taco futtern und dazu ein kaltes Bier trinken. Früher am Tag serviert der Food Truck mexikanisches Frühstück.

Waffle Bus (☎713-391-6301; www.thewafflebus.com; Hauptgerichte 3–7 US$) Die Waffeln und Waffelsandwiches gibt es süß und salzig (mit Käse, Räucherlachs etc.). Der Wagen steht meist in der Nähe der Universität und hat in der Regel mittags geöffnet.

die im teuren Theater District in Downtown nicht zum Zuge kommen. In dem Komplex gibt's vier Säle mit Platz für 70 bis 350 Zuschauer, die hier u.a. Theater, Tanz und Musik geboten bekommen. Unbedingt einen Blick auf den anregenden Veranstaltungskalender werfen!

Rudyard's Pub LIVEVERANSTALTUNGEN
(Karte S. 786; ☎713-521-0521; www.rudyardspub.com; 2010 Waugh Dr; ⏲Mo–Do 16–2, Fr–So ab 11.30 Uhr) Das Rudyard's hat an den meisten Abenden Live-Events, darunter meist Auftritte trendiger Indie-Bands an den Wochenenden, Comedy montags und Karaoke dienstags. Dank einer guten Auswahl an Craft-Bieren, guter Kneipenkost (zu empfehlen sind besonders die Burger) und einer Terrasse zur Straße kann man in diesem „britischen Pub" prima abhängen, auch wenn gerade einmal nichts auf dem Programm steht.

AvantGarden LIVEVERANSTALTUNGEN
(Karte S. 786; ☎832-287-5577; www.avantgardenhouston.com; 411 Westheimer Rd; ⏲Mo–Sa 18–2 Uhr) Dies ist der Mittelpunkt der alternativen Szene in Houston. Das alte Haus hat einen tollen Hof mit Garten und organisiert von merkwürdigem Theater über Dichterlesungen bis zu Live-Gigs eine bunte Mischung an Veranstaltungen. Manchmal werden auch Modellierkurse angeboten. Für die kreative Unterstützung der Hirnwindungen sorgt die gute Bar.

Cézanne JAZZ
(Karte S. 786; ☎832-592-7464; www.cezannejazz.com; 4100 Montrose Blvd; ⏲Fr & Sa 21–24 Uhr) Der eindeutig beste Jazz-Club in Houston hat leider nur sechs Stunden in der Woche geöffnet. In der kleinen, schicken, aber sehr gemütlichen Pianobar über dem Black Labrador wird bester Jazz aus Texas und der ganzen Welt gespielt.

Shoppen

★**Brazos Bookstore** BÜCHER
(Karte S. 786; ☎713-523-0701; www.brazosbookstore.com; 2421 Bissonnet St; ⏲Mo–Sa 10–20, So 12–18 Uhr) Houstons wichtigster unabhängiger Buchladen existiert seit 1974. Der Laden bietet ein sorgsam ausgewähltes, vorwiegend literarisches Sortiment. Hier kann man wunderbar nach Büchern aus der Region stöbern oder bei regelmäßig stattfindenden Lesungen Autoren begegnen.

Casa Ramirez Folkart Gallery KUNST
(☎713-880-2420; 241 W 19th St; ⏲Di–Fr 10–17, Sa bis 18, So 12–17 Uhr) Der schöne Laden bietet altmodische Kunst und Kunsthandwerk aus Mexiko sowie einzigartige Stücke von erstklassigen Künstlern von südlich der Grenze.

Praktische Informationen

Das **Houston Visitors Center** (☎713-853-8100; www.visithoustontexas.com; 701 Avenida de las Americas; ⏲Mo–Sa 10–18 Uhr) nahe dem Kongresszentrum in Downtown ist zugleich Geschenke- und Souvenirladen.

An- & Weiterreise

Houston besitzt zwei Flughäfen.

George Bush Intercontinental Airport (IAH; ☎281-230-3100; www.fly2houston.com/iah; 2800 N Terminal Rd, abseits der I-59, Beltway 8 oder I-45;) Houstons wichtigster Flughafen liegt 22 Meilen (35,4 km) nördlich von Downtown und ist ein wichtiges Luftkreuz von United Airlines sowie anderen nationalen und internationalen Fluglinien. Da die Anlage sehr unübersichtlich ist, sollte man ausreichend Zeit einplanen, um sich seinen Weg durch das Labyrinth zu bahnen.

William P. Hobby Airport (HOU; ☎713-640-3000; www.fly2houston.com/hobby; 7800 Airport Blvd;) Der hauptsächlich von Southwest Airlines und anderen Inlandsfluglinien genutzte kleine Flughafen liegt 10 Meilen (16 km) südöstlich der Stadt.

Vom **Greyhound-Busbahnhof** (Karte S. 786; ☎713-759-6565; www.greyhound.com; 2121 Main St; Downtown) in Downtown fahren Busse zu Zielen in ganz Texas.

Auf seiner Fahrt zwischen New Orleans und Los Angeles hält der *Sunset Limited* dreimal pro Woche in beiden Richtungen am **Amtrak-Bahnhof** (☎800-872-7245; www.amtrak.com; 902 Washington Ave) in Houston. Weitere Haltepunkte des Zugs in Texas sind San Antonio und El Paso.

Unterwegs vor Ort

Während die Metrorail in Houston eine praktische Verbindung zwischen der Downtown und dem Museum District darstellt, deckt der ÖPNV den ausgedehnten Großraum nur schlecht ab. Wer ohne Auto unterwegs ist, muss sich auf viele Fahrten mit Taxis oder Fahrdiensten einstellen.

Clear Lake & Umgebung

Keine 30 Meilen (48 km) südlichöstlich von Downtown Houston erstreckt sich der Großraum Clear Lake mit dem sehr berühmten Space Center Houston, einigen großen historischen Stätten, vielen Aquaparks und einem sehr beliebten Vergnügungspark.

Nördlich davon mündet der Buffalo Bayou in den San Jacinto River, der schließlich in den Golf fließt. Dort befindet sich die Industriestadt La Porte mit einigen lohnenden Sehenswürdigkeiten. Am Abfluss des Clear Lake liegen die Orte Seabrook und Kemah, wobei letzterer ein lebhaftes Dorf am Wasser mit vielen Unterhaltungsmöglichkeiten und Restaurants ist. Die ganze Gegend kann gut als Tagesausflug auf dem Weg nach Calveston besucht werden, doch angesichts der vielen möglichen Aktivitäten – und des Verkehrs von und nach Houston – empfiehlt sich eine Übernachtung. Doch egal, was und wie man plant – auf jeden Fall sollte man bei Killen's das beste Barbecue in der Umgebung von Houston probieren.

Sehenswertes

★ Space Center Houston MUSEUM

(☎281-244-2100; http://spacecenter.org; 1601 NASA Pkwy; Erw./Kind 30/25 US$; ⏲10–17 Uhr, Sommer & Ferienzeit 9–18 Uhr oder später; letzte Führung beginnt 2 Std. vor Schließung) Dem Traum von einer Landung auf dem Mond kommt man wohl nirgendwo näher als im Visitor Center/Museum neben dem Johnson Space Center der NASA. Interaktive Ausstellungen erläutern vergangene, gegenwärtige und künftige Missionen und werfen einen erwartungsfrohen Blick auf kommende Expeditionen zum Mars. Auf den Bühnen gibt's kurze Präsentationen mit Publikumsbeteiligung, die genau das Richtige für begeisterte Kinder sind. Häufig starten 90-minütige Tram-Touren zum eigentlichen Space Center, wo das Kontrollzentrum (das „Houston" aus „Houston, wir haben ein Problem"), die Trainingseinrichtung für Astronauten und der Raketenpark die Highlights sind.

Rocket Park HISTORISCHE STÄTTE

(☎281-244-2100; http://spacecenter.org; 1601 NASA Pkwy, Johnson Space Center; ⏲9–18 Uhr) GRATIS Ein eindrucksvoller, aber auch trauriger Anblick: Die nie benutzte Saturn-V-Rakete liegt horizontal in einem Hangar gleich innerhalb des Johnson Space Center. Sie ist ein Exemplar des stärksten Raketentyps, den die USA jemals besaßen und der die Astronauten bei den Mondflügen ins All brachte. Sehen kann man sie nur im Rahmen der Tram-Touren des Space Centers. Da das Gebäude sehr eng ist, kann man nicht erkennen, wie groß (111 m) die Rakete wirklich ist, aber man spürt, welche Kraft in ihr steckt.

Essen

★ Killen's Barbecue BARBECUE $$

(☎281-485-2272; www.killensbarbecue.com; 3613 E Broadway St, Pearland; Hauptgerichte 9–32 US$; ⏲Di–Do & So 11–20, Fr & Sa 11–21 Uhr) Das winzige Holzhaus mit schönem Hof auf grasbewachsenem Gelände ist ein Wallfahrtsort für alle Barbecue-Fans. Mit Rinderbruststücken, Rippchen, Würstchen, Pulled Pork und anderen Leckereien bietet Ronnie Killen seinen Gästen den Himmel des Fleischgenusses auf Erden. Es ist einfach alles köstlich – nicht nur das Fleisch, sondern auch die eigentlich langweiligen Beilagen wie der Coleslaw und der Sahnemais aus stets frischen Zutaten sind hervorragend.

Praktische Information

Weitere Infos über die Gebiete südlich von Houston bietet das Bay Area Houston Convention & Visitors Bureau (www.visitbayareahouston.com).

An- & Weiterreise

Hier ist man auf ein Auto angewiesen; die I-45 führt mitten durch die Region.

GOLFKÜSTE & SÜDLICHES TEXAS

„Amerikas dritte Küste", wie die Golfküste hier genannt wird, unterscheidet sich gewaltig von Ort zu Ort. Ein Strandort wie Port Aransas ist z. B. ein Hort der Ruhe verglichen mit dem wilden Treiben in South Padre Island. Außerdem gibt's hier viele Stätten, die für die dramatische Geschichte des Bundesstaats stehen: von der Schlacht von Palo Alto, wo die ersten Schüsse im Mexikanisch-Amerikanischen Krieg fielen, bis hin zur Hafenstadt Galveston mit ihrer langen, komplizierten Geschichte.

Entlang des Rio Grande beherrscht die Grenzpolitik alle Aspekte des täglichen Lebens. So bildet dieses einzigartige Gebiet in vielerlei Hinsicht eine multikulturelle, zweisprachige Region, die weder die Identität Mexikos noch die von Texas hat und die für eine kurze Zeit sogar ein unabhängiger Staat war. Als politische Einheit hat die Republik Rio Grande zwar nicht überlebt, doch ihre einmalige Historie durchdringt bis heute die Städte und abgelegenen Gebiete von Brownsville bis Laredo und auch noch darüber hinaus.

Galveston

50 500 EW.

Galveston Island präsentiert sich teils als geschichtsträchtige Stadt des Südens, teils als sonnenverbranntes Strandparadies. Die Barriereinsel nahe dem nördlichsten Punkt der langen texanischen Küste ist der bevorzugte Strand für die Einwohner von Houston. Nach den Verwüstungen, die der Hurrikan Ike im Jahr 2008 anrichtete, hat sie mehr oder weniger zur Normalität zurückgefunden. Die Stadt Galveston im Norden der Insel besitzt vielleicht nicht die schönsten Strände des Bundesstaats, dafür aber eine Kulisse voller historischen Charmes unter südlicher Sonne.

Geschichte

Die Geschichte und Mutter Natur meinten es nicht immer gut mit Galveston Island. Die ersten Europäer kamen 1528, als eine Gruppe schiffbrüchiger spanischer Entdecker monatelang hier lebte, teils im Kontakt mit den hiesigen Karankawa, teils auf der Flucht vor ihnen, und nach dem Weg ins heutige Mexiko suchte. Der berüchtigte Pirat Jean Laffite gründete auf Galveston 1817 die erste (allerdings gesetzlose und feierlustige) Siedlung. Die Party war vorbei, als Laffite verjagt wurde und die Stadt, in der fast 1000 Menschen gelebt hatten, hinter ihm in Flammen aufging. Kein Wunder, dass auch heute noch von vergrabenen Schätzen die Rede ist ...

Nachdem in der Mitte der 1830er-Jahren Landerschließer kamen und Galveston im Jahr 1839 Stadtrechte erhielt, stieg es schnell zum drittgrößten Hafen der USA und zu einem Sprungbrett für Siedler auf, die weiter in Richtung Westen wollten. Zu Beginn des 20. Jhs. war Galveston schließlich die größte Stadt in Texas und konnte sich einer Reihe erster Errungenschaft im Bundesstaat rühmen, darunter des ersten Opernhauses (1870) und der ersten elektrischen Beleuchtung (1883).

All das veränderte sich durch eine Reihe von Katastrophen, die die beherrschende Stellung der Stadt an der texanischen Küste schließlich beendeten. 1885 verschlang eine Feuersbrunst im Strand District 42 Straßenblocks und zerstörte mehr als 500 Gebäude und Wohnhäuser. Am 8. September verwüstete ein Hurrikan, der als „Great Storm" in Erinnerung geblieben ist, die gesamte Insel. Davon erholte sich die Stadt nicht mehr, sie verlor ihre Bedeutung als Hafenstadt und den Großteil ihrer Bevölkerung an das nahe gelegene Houston. Der Niedergang setzte sich fort, als nach dem Bau des Houston Ship Channel im Jahr 1914 die Ozeanriesen nicht länger den Hafen von Galveston anlaufen mussten, sondern gleich bis nach Houston schippern konnten. Erst in den 1970er-Jahren wurde das Potenzial der Strände für großflächige Investitionen genutzt und im ersten Jahrzehnt des 21. Jhs. florierte die örtliche Wirtschaft, bis im Jahr 2008 der Hurrikan Ike zuschlug. Der Wiederaufbau kam zwar schleppend voran, doch die Wirtschaft der Insel hat wieder Fahrt aufgenommen. Und glücklicherweise verursachte der Hurrikan Harvey im Jahr 2017 kaum bleibende Schäden.

Sehenswertes & Aktivitäten

★ Bishop's Palace HISTORISCHES GEBÄUDE
(☎409-762-2475; www.galvestonhistory.org; 1402 Broadway (Ave J); Erw./Kind 14/9 US$; ⊙So–Fr 10–17, Sa bis 18 Uhr) Das aufwendige gotische Herrenhaus wurde in den 1880er-Jahren für die Familie Gresham erbaut und 1923 zur Residenz des katholischen Bischofs von Galveston erklärt, da sich gleich in der Nähe die Sacred Heart Church erhebt. Hinter der einschüchternden Fassade entdeckt man ein prächtiges Inneres mit einer mächtigen Rotunde in der Mitte, Geheimtreppen, künstlich belichtetem Buntglas und anderen lustigen Details. Der Audioguide erläutert die Geschichte des Bauwerks; Rabattgutscheine für die Besichtigung sind an vielen Stellen erhältlich.

Bryan Museum MUSEUM
(☎409-632-7685; www.thebryanmuseum.org; 1315 21st St; Erw./Kind 14/5 US$; ⊙Di–So 10–17 Uhr) Das ausgezeichnete Museum im 1895 erbauten ehemaligen Waisenhaus von Galveston zeigt Dokumente und Artefakte zur Geschichte der Region und des Bundesstaats aus der Sammlung der Familie Bryan. Sehenswert sind u. a. das geigenförmige Gewehr eines Südstaatensoldaten inklusive Samtkoffer, die Wildwestgemälde von Frank Reaugh und ein Diorama mit Miniatursoldaten, das die Schlacht von San Jacinto (1836) darstellt.

East Beach STRAND
(☎409-797-5111; www.galveston.com/eastbeach; 1923 Boddecker Dr, abseits vom Seawall Blvd; Fahrzeug Mo–Do 12 US$, Fr–So 15 US$; ⊙Sonnenaufgang–Sonnenuntergang) Die auch Apffel Park genannte weite Fläche aus festgetretenem Sand befindet sich im äußersten Nordosten der Insel. An Sommerwochenenden wird das Gelände zu einer Partyzone unter freiem Himmel mit Livekonzerten; die großen Schilder erklären: „Trinken erlaubt“.

Strand Historical District AREAL
(www.galveston.com/downtowntour; zw. 25th & 20th St, Strand & Church St) Bei einem Bummel durch den Strand District gewinnt man einen Eindruck von Galvestons glorreicher Vergangenheit im späten 19. Jh. Pferdewagen klappern auf alten Straßenbahngleisen an den aufwendigen Backsteinfassaden viktorianischer Gebäude vorbei, in denen sich heute Läden und Restaurants finden. Mehrere Gebäude sind mit Informationstafeln ausgeschildert. Sehenswert ist das noch genutzte prächtige Opernhaus (S. 792) aus dem Jahr 1894.

Moody Mansion & Museum HISTORISCHES GEBÄUDE
(☎409-762-7668; www.moodymansion.org; 2618 Broadway (Ave J); Erw./Kind 12/6 US$; ⊙10–18 Uhr; letzter Einlass 17 Uhr) Das 2600 m² große Wohnhaus von 1895 ist eines der prächtigsten Anwesen auf der Insel und kündet immer noch vom Glanz Galvestons während seiner Blütezeit. Mit dem Audioguide kann man 20 Zimmer besichtigen, die mit originalen Möbeln der Familie eingerichtet sind; der Besuch dauert ungefähr eine Stunde.

★ Artist Boat Kayak Adventures KAJAKFAHREN
(☎409-770-0722; www.artistboat.org; 1021 61st Street Suite 200-A; Tour 2/4 Std. 50/75 US$ pro Pers.; 👪) Die gemeinnützige Umwelt- und Kunstorganisation bietet lehrreiche Programme, die Natur und Kultur verschmelzen. Die kreativen, faszinierenden Kajaktouren durch die Feuchtgebiete um Galveston Island legen den Schwerpunkt auf Wissenschaft und Kunst und sind ideal für Familien mit Kindern (Reservierung erforderlich). Man sollte sich auch nach den ermäßigten Touren erkundigen, mit deren Erlös das Coastal Heritage Preserve vor der West Bay unterstützt wird. Die aktuellen Tourtermine stehen auf der Website.

Schlafen & Essen

Hotel Galvez HISTORISCHES HOTEL **$$**
(☎409-515-2154; www.hotelgalvez.com; 2024 Seawall Blvd; Zi. 199–399 US$; ❄📶🏊) In dem historischen Hotel von 1911, das heute zur Wyndham-Kette gehört, wohnt man umringt von Palmen im spanischen Kolonialstil-Luxus. Es gibt ein Spa mit Anwendungen wie Milchbädern zur Muskelentspannung oder Algenwickel – am besten fragt man nach Pauschalangeboten. Von der Poolterrasse hat man einen schönen Blick auf den

Golf. Die billigsten, zur Stadt hin gelegenen Zimmer sind überraschend klein.

★ **Maceo Spice & Import** CAJUN $
(☎ 409-763-3331; www.maceospice.com; 2706 Market St; Hauptgerichte 10–16 US$; ⏲ Mo–Sa 11–15, So 10–14 Uhr) Der ausgezeichnete Markt für importierte Gewürze serviert auch die besten Muffuletta-Sandwiches und Cajun-Gerichte der Stadt. Die Tische stehen eng gedrängt zwischen den Regalen. Der Markt ist zwar bis 17 Uhr geöffnet, doch Mittagessen gibt es nur bis 15 Uhr.

Nick's Kitchen & Beach Bar MEERESFRÜCHTE $$
(☎ 409-761-5502; http://nicksgalveston.com; 3828 Seawall Blvd; Hauptgerichte 13–26 US$; ⏲ Mo–Fr 11–22, Sa & So bis 22.30 Uhr) Der zwanglosere Ableger des Gaido's im selben Gebäude am Meer ist zugleich spaßiger. Im Prinzip gibt's das gleiche frische Seafood, das hier aber nicht nach aufwendigen Rezepten zubereitet, sondern einfach auf dem Grill gebraten wird. Man sitzt draußen, blickt auf den Golf und sinnt über die verblüffenden Gerichte nach. Alles ist einfach lecker.

Gaido's MEERESFRÜCHTE $$$
(☎ 409-761-5500; www.gaidos.com; 3802 Seawall Blvd; Hauptgerichte 17–42 US$; ⏲ So–Do 11–21, Fr & Sa bis 22 Uhr; ❄) Seit 1911 in Familienhand, ist das Gaido's ein Lieblingslokal der Einwohner von Galveston. In einem Ambiente aus zurückhaltenden Farben und weißen Tischtüchern werden hier große Platten mit kompromisslos guten Meeresfrüchten aufgefahren (allein die rohen oder gedämpften Austern sind ein Gedicht). Das Lokal ist dabei nicht extrem schick. Wer eine zwanglosere Atmosphäre vorzieht, isst im Ableger Nick's Kitchen & Beach Bar.

Ausgehen & Unterhaltung

Galveston Island Brewing KLEINBRAUEREI
(☎ 409-740-7000; www.galvestonislandbrewing.com; 8423 Stewart Rd; ⏲ Mo–Do 15–22, Fr 15–24, Sa 12–24, So 15–21 Uhr; 👪) Hier wird ausgezeichnetes Bier gebraut, darunter das erfrischende „Tiki Wheat", das je zur Hälfte aus Weizen und aus Gerste besteht. Alle Biere können frisch vom Fass vor Ort getrunken werden. Im grünen Hof kann man sich entspannen und den Sonnenuntergang beobachten, während sich die Kinder auf dem Spielplatz austoben. Dabei kommt man schnell mit den freundlichen Einwohnern aus Galveston ins Gespräch.

Spot BAR
(☎ 409-621-5237; http://thespot.islandfamous.com; 3204 Seawall Blvd; ⏲ So–Do 11–22, Fr & Sa 11–23 Uhr) Der laute und riesige Komplex mit Blick auf den Golf ist die beste Bar der Stadt. Zu den verschiedenen Räumen gehört auch eine Hawaii-Bar mit viel Bambus. Ganz oben befindet sich die luftige Bar Sideyard mit Gartenmöbeln auf Kunstrasen. Als gute Basis für die vielen tollen Cocktails empfehlen sich die leckeren Burger und Tacos. Am Wochenende gibt's meistens Livemusik.

Grand 1894 Opera House THEATER
(☎ 409-765-1894; www.thegrand.com; 2020 Postoffice St; ⏲ Theaterkasse Mo–Sa 9–17 Uhr) Das schön restaurierte Opernhaus von 1894 verkörpert bestens die Kultur und den Wohlstand der Stadt an der Wende zum 20. Jh. Heute stehen hier populäre Konzerte, Broadwayshows und Theateraufführungen auf dem Programm. An veranstaltungsfreien Tagen kann man das Haus auf eigene Faust besichtigen. Der Spielplan steht auf der Website.

Praktische Informationen

Im **Galveston Island Visitors Center** (☎ 409-797-5144; www.galveston.com; Ashton Villa (Ave J), 2328 Broadway; ⏲ 9–17 Uhr) erhält man eine Vielzahl von Vorschlägen für Unternehmungen (und Restaurants). Außerdem werden ermäßigte Eintrittskarten (www.galvestonislandpass.com) für die großen Sehenswürdigkeiten verkauft.

An der Südseite des kleinen Hafens stehen in der Wharf Rd eine Reihe von **Fishing Boat Information Booths** (Wharf Rd; ⏲ 6–19 Uhr), die Angeltouren und Partyboote anbieten, während man bei der Verwaltung des **Galveston Yacht Basin** (☎ 409-765-3000; http://galvestonyachtbasin.com; 715 N Holiday Dr; ⏲ 9–17 Uhr) Informationen über andere Tourangebote erhält.

Anreise & Unterwegs vor Ort

Von Houston fährt man 51 Meilen (81,5 km) auf der I-45 in Richtung Südosten. Einmal auf der Insel angekommen, verwandelt sich der Highway zur Broadway Ave und führt direkt zu den historischen Stadtviertel. Um zum Seawall Blvd zu kommen, muss man in die 61st St abbiegen.

Wer von östlich gelegenen Orten wie Beaumont und Port Arthur anreist, wählt am besten die TX-87-Boote der **Galveston–Port Bolivar Ferry** (☎ 409-795-2230; http://traffic.houstontranstar.org/ferrytimes; 1 Ferry Rd; ⏲ 24 Std.), die rund um die Uhr von der einsamen Bolivar Peninsula nach Galveston Island schippern. Dabei lohnt es sich auch, die Halbinsel auf der Küstenstraße zu erkunden.

Südlich des Gebiets von Moody Gardens setzt sich der Seawall Blvd als San Luis Pass Rd und dann als Bluewater Hwy über die gesamte Länge der Insel fort, ehe die Straße bei Brazosport aufs Festland zurückführt. Wenn auf der Interstate wenig Verkehr ist, braucht man für die Fahrt über diese interessante Nebenstraße ungefähr eine halbe Stunde mehr, um nach Rockport oder Corpus Christi zu gelangen; angesichts der Verkehrsverhältnisse rund um Houston ist man in der Regel auf dieser Strecke aber sogar schneller.

Innerhalb der Stadt ist der **Galveston Island Trolley** (www.galvestontrolley.com), der von **Island Transit** (☎ 409-797-3900; www.galvestontx.gov; Erw./Kind 1/0,50 US$) betrieben wird, eine ausgezeichnete Verbindung zwischen Strand District und Seawall; eine separate Strecke verläuft zwischen Stewart Reach und Moody Gardens am Seawall entlang. Beide Strecken treffen an der Kreuzung 21st St und Seawall zusammen. Da der Busverkehr auf der Insel auf Pendler und Schüler, nicht aber auf Touristen ausgelegt ist, braucht man ansonsten ein eigenes Auto.

Corpus Christi

326 500 EW.

Die Stadt, die einfach auch „Corpus" genannt wird und den Spitznamen „Funkelnde Stadt am Meer" trägt, ist ein wachsender, lebenssprühender Ort an der gleichnamigen, ruhigen Bucht. Sie lockt mit vielen Attraktionen und verführt mit steter Sonne.

Die Spanier benannten die Bucht nach dem römisch-katholischen Feiertag „Corpus Christi" (Fronleichnam), an dem Alons o Álvarez de Piñeda 1519 ihre ruhigen Gewässer entdeckte. Der Ort, der erst in den frühen 1800er-Jahren gegründet wurde, nahm später denselben Namen an. Gelbfieber im 19. Jh. und ein Hurrikan 1919 verhinderten ein schnelleres Wachsen des Ortes. Der Aufschwung kam erst mit dem Bau des Shoreline Blvd und des Tiefseehafens in den Jahren 1933 bis 1941 sowie mit dem Boom infolge der Migration während des Zweiten Weltkriegs. Obwohl der Stadtkern verschlafen abseits des Wassers liegt, floriert die Wirtschaft; im American Bank Center finden viele Messen und Tagungen statt.

Sehenswertes

Texas State Aquarium AQUARIUM
(☎ 361-881-1230; www.texasstateaquarium.org; 2710 N Shoreline Blvd, North Beach; Erw./Kind 36/26 US$; ⏲ 10–18 Uhr; 🅿) Gleich gegenüber der Downtown am südlichen Ende von North Beach erfährt man alles über die Meeresbewohner an der Golfküste. Bei drei großen Aquarien kommt man Haien, Rochen, Quallen und anderen Tieren ganz nahe; weitere Ausstellungen erkunden Meeresbewohner aller Art. Zu den regelmäßig stattfindenden 30-minütigen Vorführungen zählen die Fütterung der Rochen, fliegende Raubvögel, Schildkröten- und Tauchshows.

Art Museum of South Texas MUSEUM
(☎ 361-825-3500; www.artmuseumofsouthtexas.org; 1902 N Shoreline Blvd; Erw./Kind 8 US$/frei; ⏲ Di–Sa 10–17, So 13–17 Uhr; 🅿) Das moderne Museum in spektakulärer Uferlage schräg gegenüber dem Museum of Science & History legt den Schwerpunkt auf zeitgenössische amerikanische Kunst. In der Abteilung zur spanischen Kolonialzeit werden interessante Werke Seite an Seite mit präkolumbischen Artefakten präsentiert. Am ersten Freitag im Monat beträgt der Eintritt nur 1 US$.

USS Lexington Museum MUSEUM
(☎ 316-888-4873; www.usslexington.com; 2914 N Shoreline Blvd, North Beach; Erw./Kind 17/12 US$; ⏲ 9–17 Uhr, Juni–Aug. bis 18 Uhr) Der 274 m lange Flugzeugträger, der gleich nördlich des Schifffahrtskanals und des Aquariums vor Anker liegt, dominiert die Bucht von Corpus Christi. Die *Lexington* war während des Zweiten Weltkriegs im Einsatz und wurde 1991 endgültig außer Dienst gestellt. Hightech-Exponate ermöglichen es den Besuchern, auf fünf selbst geführten Rundgängen, die Kriegsereignisse nachzuvollziehen. Jeden Abend wird das Schiff gespenstisch mit blauen Lichtern angestrahlt – getreu dem Spitznamen „der blaue Geist", den es im Krieg trug. Im Eintrittspreis ist ein 3-D-Film im an Bord befindlichen Mega Theater enthalten; gegen Aufpreis gibt es sogar Escape Games.

Museum of Science & History MUSEUM
(☎ 361-826-4667; www.ccmuseum.com; 1900 N Chaparral St; Erw./Kind 11/9 US$; ⏲ Mo–Sa 10–17, So 12–17 Uhr; Sept.–Mitte Juni Mo geschl.; 👪) Das unterhaltsame Museum erkundet die Naturgeschichte von Texas und zeigt Goldbarren und gewaltige Silberscheiben, die aus den Wracks dreier spanischer Schiffe geborgen wurden, die 1534 in der Nähe Schiffbruch erlitten. Man kann der gescheiterten Expedition des französischen Entdeckers La Salle folgen und in der speziellen Galerie „Guns & Ammo" einen Blick auf historische und moderne Schusswaffen werfen. Außerdem gibt's ein großes Science Center über zwei Etagen, das auf Kinder ausgerichtet ist.

Schlafen

Best Western Corpus Christi HOTEL $
(☎361-883-5111; www.bestwestern.com; 300 N Shoreline Blvd; Zi. 125–150 US$; P ❄ 📶 🏊 🐾) Dieses Haus einer Hotelkette ist nicht weiter bemerkenswert, liegt aber direkt am Ufer in praktischer Nähe zur Downtown und bietet auf elf Etagen ordentliche, recht große Zimmer mit Balkonen. Von der Bar neben dem Pool auf dem Dach hat man einen schönen Blick auf den Golf.

Hotel DeVille HOTEL $
(☎361-882-3500; www.hoteldevillecc.com; 3500 E Surfside Blvd, North Beach; Zi. 142 US$, Suite 450 US$; ❄ 📶) Das freundliche moderne Hotel liegt rund 150 m vom North Beach ist an der verspielt farbenfrohen Fassade und einem eigenen Riesenrad leicht zu erkennen. Die Zimmer im Hotel sind geräumig und vergleichsweise nüchtern. Es gibt auch eine Suite mit drei Schlafzimmern, die Platz für acht Gäste bietet.

Essen & Ausgehen

El Mexicano MEXIKANISCH $
(☎361-885-0117; 2110 Laredo St; Gerichte 6–10 US$; ⏲Mo–Sa 5.30–22, So 7–15 Uhr) Der einladende, schlichte mexikanische Diner serviert klasse Essen zu tollen Preisen. Schon frühmorgens kann man sehr günstig (ab 2,15 US$) frühstücken, aber auch nach 11 Uhr speist man hier gut und günstig.

Blackbeard's on the Beach TEX-MEX $
(☎361-884-1030; http://blackbeards.restaurant; 3117 E Surfside Blvd, North Beach; Hauptgerichte 8–24 US$; ⏲So–Do 11–21, Fr & Sa bis 22 Uhr; 📶) Das ausgelassene Lokal in North Beach serviert schmackhafte mexikanische und US-amerikanische Kost. Der Schwerpunkt liegt auf Meeresfrüchten von Fischtacos bis zu gebratenem Thunfisch. Man trinkt billige Margaritas und entspannt bei Livemusik. Wer Geburtstag hat, bekommt ein Getränk gratis.

★ **Brewster Street Icehouse** BAR
(☎361-884-2739; www.brewsterstreet.net; 1724 N Tancahua St; ⏲So–Mi 11–23, Do–Sa 11–2 Uhr; 📶) Der Inbegriff eines texanischen Icehouse (also einer Mischung aus Kneipe und Lebensmittelladen). Hier kann man mit seinen Kindern Burger essen, mit seinen Freunden ein Bierchen kippen oder nach einem Spiel auf dem Whataburger Field Livemusik (zzgl. 10 US$) genießen. Donnerstags wird hier Texas Country gespielt, freitags bis sonntags sind auch andere Genres dran. Das Essen ist ziemlich gut, auch das Mittagsspezial für 9 US$.

House of Rock BAR
(☎361-882-7625; www.texashouseofrock.com; 511 Starr St; ⏲Mo–Fr 11–2, Sa & So ab 12 Uhr; 📶) Das House of Rock fühlt sich an wie die Verlängerung des heimischen Wohnzimmers. Insgesamt könnte der Laden jedoch etwas cooler und die Musik etwas besser sein. Die Bar (ab 21 Jahre) und das Restaurant (ohne Altersbeschränkung) sind täglich geöffnet; der Eintritt ist kostenlos. Der große Veranstaltungsbereich öffnet nur für Konzerte, aber davon gibt es hier jede Menge. Auf der Website findet man Infos zu den Events.

Praktische Informationen

Das freundliche Personal im **Corpus Christi Visitor Information Center** (☎361-561-2000; www.visitcorpuschristitx.org; 1521 N Chaparral St; ⏲9–17 Uhr) ein paar Blocks südlich der Harbor Bridge hat viele Tipps auf Lager, beispielsweise zu Restaurants, Attraktionen und Unterkünften.

An- & Weiterreise

Der **Corpus Christi International Airport** (CRP; ☎361-289-0171; www.corpuschristiairport.com; 1000 International Dr) liegt 9 Meilen (14,5 km) westlich von Downtown an der Kreuzung des International Dr mit der TX 44. American fliegt zum Dallas/Fort Worth International Airport, United zum George Bush Intercontinental Airport Houston und Southwest zum William P. Hobby Airport ebenfalls in Houston.

Greyhound (☎361-226-4393; www.greyhound.com; 602 N Staples St; ⏲6.30–23.30 Uhr) betreibt regelmäßig verkehrende Busse u. a. nach Houston (29 US$, 4 Std.), Brownsville (17 US$, 3½ Std.) und San Antonio (26 US$, 2½ Std.).

Padre Island National Seashore

Der südliche Teil von **North Padre Island** (☎361-949-8068; www.nps.gov/pais; Park Rd 22; Auto pro 1/7 Tage 10/20 US$; ⏲Park 24 Std.) ist der weltweit längste unerschlossene Teil einer Barriereinsel und wird vom National Park Service (NPS) verwaltet. Das Schutzgebiet umfasst 105 km an weißen Sand- und Muschelstränden, grasbewachsene Dünen und die sehr salzige Laguna Madre.

Die Insel beheimatet die Flora und Fauna, die auch andernorts entlang der Küste anzutreffen. Man kann wunderbar Vögel beobachten, aber auch Kojoten, Weißwedelhirsche, Meeresschildkröten und andere Tiere. Die Insel eignet sich hervorragend für einen Tagesausflug für all jene, die die Schönheit der Natur genießen oder der Zivilisation entkommen möchten.

Das **Malaquite Beach Visitor Center** (☎361-949-8068; www.nps.gov/pais; North Padre Island; ⌚9–17 Uhr), am Strand vor dem Ende der asphaltierten Straße, hat ausgezeichnete Infos, Duschen, Toiletten, Picknickeinrichtungen und einen kleinen Laden mit Fertiggerichten und Souvenirs. Man kann nachschauen, welche Führungen angesetzt sind; eine Wanderung beginnt in der Regel um 11 Uhr am Strand.

Auf North Padre Island wird die durch Corpus Christi führende TX 358 zum PR 22/ South Padre Island Dr (kurz SPID). Die Straße führt dann 13 Meilen (21 km) nach Süden zum Eingang der National Seashore und dann weitere 3,5 Meilen (5,6 km) bis zum Malaquite Beach Visitor Center (S. 795). Von dort an gibt's auf den nächsten knapp 100 km nur Strände und Dünen!

Achtung: Die Padre Island National Seashore (auf North Padre Island) ist von South Padre Island durch den Mansfield Channel getrennt. Es gibt keine Verkehrsverbindungen über den Kanal; der Ferienort South Padre Island ist nur aus dem äußersten Süden von Texas erreichbar.

South Padre Island

2850 EW.

Das Städtchen South Padre Island (SPI) bedeckt die südlichsten 8 km der South Padre Island. Der beliebte Erholungsort arbeitet hart daran, sein sonniges Klima auszunutzen. Das Wasser ist die meiste Zeit des Jahres warm, die Strände sind sauber und die relaxten Einheimischen empfangen jeden Reisenden herzlich, der den 4 km langen Queen Isabella Causeway vom Festland überquert. Die einheimische Bevölkerung wird nahezu immer um 10 000 oder mehr Besucher verstärkt, während der Saison sind's noch mehr.

Januar und Februar, wenn das Wetter mild oder sogar noch ein bisschen kühl ist, sind die ruhigsten Monate, um SPI zu besuchen (wenngleich dann noch viele Texaner hier Urlaub machen). Die belebtesten und teuersten Zeiten sind der Spring Break der Studenten (im März, mit Ausnahme der ersten Woche) und der Sommer, wenn die milden Golfwinde die Küstenregionen erträglicher machen als das drückend heiße Inland und sich die normalerweise eher kühle Atmosphäre in eine wochenlange hedonistische Party verwandelt.

Sehenswertes & Aktivitäten

★ **Sea Turtle, Inc** TIERSCHUTZGEBIET
(☎956-761-4511; www.seaturtleinc.org; 6617 Padre Blvd; Erw./Kind Juni–Mitte Aug. 10/4 US$, Mitte Aug.–Mai 6/4 US$; ⌚Juni–Mitte Aug. Di–So 10–17 Uhr, Mitte Aug.–Mai bis 16 Uhr) Nein, man darf die Meeresschildkröten nicht anfassen! Dafür sieht man gerettete Schildkröten aus nächster Nähe und kann sich aus erster Hand über die langsame Erholung der Bestände der vom Aussterben bedrohten Atlantik-Bastardschildkröte informieren. Das Zentrum dient als Hospital für verletzte Tiere, bietet Lehrprogramme für die Öffentlichkeit und wildert junge Schildkröten aus, sobald sie groß genug sind, um alleine zurechtzukommen. Im Sommer werden an mehreren Tagen die Jungtiere bei Sonnenaufgang freigesetzt; Infos auf der Website.

South Padre Island Birding & Nature Center NATURSCHUTZGEBIET
(☎956-761-6801; www.southpadreislandbirding.com; 6801 Padre Blvd; Erw./Kind 6/3 US$; ⌚9–17 Uhr) Plankenwege führen in diesem 20 ha großen Naturschutzgebiet vorbei an versteckten Beobachtungsstellen und Aussichtstürmen durch die Dünen. Hier kann man nach Schmetterlingen, Reihern, Alligatoren, Schildkröten und Krabben Ausschau halten und sich in der prächtigen Ausstellungshalle mit den Unterschieden zwischen Dünenwiesen, Salzmarschen und Gezeitenschwemmland befassen. Draußen sind auf einem Schwarzen Brett die jüngsten Sichtungen aufgeführt. Das Besucherzentrum ist nur während der Geschäftszeit geöffnet, Gäste mit gültigem Eintrittsticket können die Plankenwege aber von Sonnenauf- bis -untergang nutzen.

North End STRAND
(Padre Blvd (Park Rd 100), North End; ⌚24 Std.) GRATIS Der Padre Blvd endet 19 km nördlich der Isla Blanca. Von hier aus ziehen sich weitere 32 km Sand und Dünen hinauf zum Mansfield Channel. Nackte Sonnenanbeter, Angler, Vogelbeobachter und andere Outdoor-Fans können hier einen halben Hektar Strand ihr eigen nennen. Fahrzeuge können zwar auf dem Strand fahren, aber man muss auf weiche Stellen im Sand achten.

Sandy Feet SANDBURGEN
(☎956-459-2928; www.sandyfeet.com; 117 E Saturn Lane; Gruppenkurs ab 50 US$; ⏲nach Vereinbarung; 👪) Alles, was man schon immer über den Bau von Sandburgen wissen wollte, erfährt man in den 30-minütigen Einführungskursen (50 US$) oder mehrstündigen Meisterklassen (ab 180 US$). Online gibt's Infos zu dem kostenlosen Programm „Sand Camp", bei dem im Sommer nachmittags Burgen gebaut werden (Mo–Do 17 Uhr).

Schlafen

★ **Palms Resort** MOTEL $$
(☎800-466-1316; www.palmsresortcafe.com; 3616 Gulf Blvd; Zi. 184–250 US$; ❄📶🏊) Das freundliche, zweistöckige Motel liegt direkt am Meer neben den Grasdünen am Golf. Die Zimmer bieten zwar keinen Blick auf das Wasser, doch das tolle Restaurant mit Bar am Strand macht das wieder wett. Die Einheiten sind groß und sauber und mit Keramikfliesen, Kühlschränken und Mikrowellen ausgestattet.

Tiki Condominium Hotel RESORT $$
(☎956-761-2694; https://thetikispi.com; 6608 Padre Blvd; Zi. 135–290 US$; ❄📶🏊🐾) Das polynesisch aufgemachte alte Hotel am Nordende des Ferienorts South Padre Island hält die Tiki-Klischees hoch. Die Einheiten bieten jeweils ein bis drei Schlafzimmer und eine voll ausgestattete Küche. Selbst die hintersten Zimmer sind nicht weit vom Strand und noch weniger weit von beiden Swimmingpools entfernt. Man muss mindestens zwei Nächte buchen. Auf den Preis wird eine einmalige Reinigungsgebühr von 75 US$ aufgeschlagen. Haustiere sind gegen einen Aufpreis (ebenfalls 75 US$) willkommen.

Essen & Ausgehen

Sea Ranch MEERESFRÜCHTE $$
(☎956-761-1314; www.searanchrestaurant.com; 1 Padre Blvd; Hauptgerichte 15–27 US$; ⏲So–Do 17–21, Fr & Sa bis 22 Uhr) Das nur abends geöffnete Restaurant mit Blick auf den Hafen hat etwas mehr Klasse als die üblichen Strandlokale in South Padre Island, ein elegantes Flair und eine beeindruckende Auswahl an fangfrischen Meeresfrüchten und Steaks vom Angus-Rind. Keine Reservierung, aber das Warten lohnt sich.

Pier 19 MEERESFRÜCHTE $$
(☎956-761-7437; www.pier19.us; 1 Padre Blvd; Hauptgerichte 9,50–25 US$; ⏲7–23 Uhr; 📶) Auf einem weit ins Wasser vorspringenden Kai nahe dem südlichen Ende von South Padre Island bietet dieses weitläufige Restaurant eine riesige Auswahl an gebratenen Meeresfrüchten, Burger, Ceviches, Fischtacos, Po'boys u.v.m. Wer einfach nur einen Sundowner genießen will, marschiert schnurstracks zur Bar am Ende des Lokals und erfreut sich an dem Bilderbuchausblick.

★ **Padre Island Brewing Company** MIKROBRAUEREI
(☎956-761-9585; www.pibrewingcompany.com; 3400 Padre Blvd; ⏲11.30–22, Fr & Sa bis 23 Uhr) Auch wenn sie nicht am Strand liegt, lohnt diese Mikrobrauerei einen Besuch wegen ihrer wechselnden Auswahl an einheimische Bieren. Das Probiermenü (7 US$) umfasst knapp 2 l Gerstensaft bzw. fünf Fassbiere. Wer bereits sein Lieblingsbier gefunden hat, bestellt einfach einen Pitcher für 12,75 US$. Beliebt sind die Burger, Pizzas und anderen Kneipengerichte, es gibt aber auch eine umfassende Meeresfrüchtekarte. Hauptgerichte kosten zwischen 10 und 28 US$.

Wanna Wanna Beach Bar & Grill BAR
(☎956-761-7677; www.wannawanna.com; 5100 Gulf Blvd, Beach Access 19; ⏲11–22.30 Uhr) Die relaxte Strandbar mit Restaurant am Sandstrand hinter dem **Wanna Wanna Inn** (☎956-761-7677; www.wannawanna.com; 5100 Gulf Blvd; Zi. 169–199 US$; ❄📶) erfüllt alle Klischees. Man sitzt barfuß auf der Terrasse unter Sonnenschirmen aus Palmblättern und genießt die Brandung, die Aussicht und an Wochenenden auch Livemusik. Die Burger und anderen einfachen Gerichte (7–15 US$) schmecken, können aber von einem großen, eiskalten Getränk einfach nicht getoppt werden.

Praktische Informationen

Das **South Padre Island Convention & Visitors Bureau** (☎956-761-4412; www.sopadre.com; 610 Padre Blvd; ⏲9–17 Uhr) hat Broschüren mit Infos zu Einrichtungen für Touristen und zeigt Ausstellungen zur Insel und ihrer Geschichte.

An- & Weiterreise

Auf der Insel gibt's keinen Anschluss an den öffentlichen Fernverkehr. Die nächstgelegene Option ist die **Greyhound-Station** (☎956-546-2264; www.greyhound.com; 755 International Blvd, Suite H; ⏲4–24 Uhr) in Brownsville.

Wer es auf SPI geschafft hat, braucht nicht unbedingt ein Auto. Der erschlossene Bereich ist relativ überschaubar und kann leicht zu Fuß oder mit dem Fahrrad erkundet werden. Darüber hinaus gibt es einen Shuttlebus auf der Insel und über den Causeway nach Port Isabel und weiter zum Brownsville Airport.

DALLAS-FORT WORTH

Dallas und Fort Worth mögen Nachbarn sein, sie sind aber keine Zwillinge. Die beiden Städte wirken seit jeher so unterschiedlich wie ein BMW und ein Kleintransporter. Jenseits ihrer kontrastreichen Fassaden teilen die beiden Städte jedoch ihre Liebe zur Bildungskultur (und zur Alltagskultur) sowie zum guten traditionellen texanischen Amüsement. Eine Vielzahl von fabelhaften kleinen Städtchen wie Waxahachie und McKinney macht die umliegende Region zu einem Tagesausflug wert.

Wer den ganzen Dunst hinter sich lässt, wird mit dem Panhandle und den Central Plains den Teil von Texas entdecken, der für Fremde den Bundesstaat am ehesten verkörpert: eine Gegend mit weitläufigen Viehfarmen, wo die Menschen ihren Lebensunterhalt noch immer auf dem Rücken eines Pferdes verdienen. Die Landschaft erscheint endlos, unterbrochen nur von Strommasten und Windmühlen – bis der nächste riesige Canyon auftaucht und in eine andere Welt hinabzustürzen scheint.

Dallas

1,35 MIO. EW.

Dallas, das „Big D", ist die am meisten von Mythen umrankte texanische Stadt mit viel Stoff, aus dem amerikanische Legenden gestrickt werden. Eine Zeit lang bestimmte die Fernsehserie *Dallas* das Bild der USA in aller Welt, bis heute noch eine Legende sind dagegen die Dallas Cowboys und ihre Cheerleader. Im Gegensatz zu vielen anderen texanischen Städte ist Dallas nicht vom zyklischen Auf und Ab der Ölindustrie abhängig und präsentiert sich als die am schnellsten wachsende Metropolregion des Landes. Hier sitzt viel Geld – und das trägt man auffällig gern zur Schau.

Die ausgezeichneten Museen in dem riesigen, kürzlich erschlossenen Arts District in Downtown zeigen erstklassige Kunstausstellungen, während unübersehbare Gedenkstätten an die Ermordung von Präsident John F. Kennedy im Jahr 1963 erinnern.

Will man Dallas richtig kennenlernen, sollte man die verschiedenen Viertel erkunden, etwa das heruntergekommene Deep Ellum, das eine Schlüsselrolle in der Geschichte des Blues und des Jazz spielte, die zeitgenössischen Hipster-Hochburgen Lower Greenville oder den Bishop Arts District.

Sehenswertes & Aktivitäten

★ Sixth Floor Museum MUSEUM

(Karte S. 800; ☎ 214-747-6660; www.jfk.org; Book Depository, 411 Elm St; Erw./Kind 18/14 US$; ⌚ Di–So 10–18, Mo 12–18 Uhr; Light Rail West End) Jede Stadt verzichtet gern auf den traurigen Ruhm, Schauplatz eines Attentats gewesen zu sein, zumal bei einem Opfer wie dem US-Präsidenten John F. Kennedy. Bei einem Dallas-Besuch kann man in das Ereignis eintauchen, das 1963 die Welt erschütterte. In dem ehemaligen Gebäude eines texanischen Schulbuchlagers kann man den Raum untersuchen, in dem der damals hier angestellte Lee Harvey Oswald im Hinterhalt lag.

★ Pioneer Plaza PLATZ

(Karte S. 800; Ecke S Griffin & Young St) An der Pioneer Plaza kann man einen Blick auf das größte Bronze-Monument der Welt werfen, das zudem eine tolle Kulisse für Fotos abgibt. Im Mittelpunkt der Plaza stehen 40 überlebensgroße, wie zu einem Viehtrieb zusammengestellte Longhorn-Rinder aus Bronze – die Gruppe strahlt eine unverkennbare, beeindruckende Kraft aus.

★ Dallas Arboretum & Botanical Gardens GÄRTEN

(☎ 214-515-6615; www.dallasarboretum.org; 8525 Garland Rd; Erw./Kind 15/10 US$; ⌚ 9–17 Uhr) Entlang der Ufer des White Rock Lake, 6 Meilen (9,7 km) nordöstlich des Stadtzentrums, liegt dieses herrliche 27 ha große Arboretum, das in Themenbereichen wie den Sunken Garden und den Woman's Garden Pflanzen und Blumen zeigt. Hier gibt's oft Hochzeitsgesellschaften zu sehen, die zwischen Blumen für Fotos posieren. Während der Wildblumensaison im Frühling wird es in dem Areal so voll, dass die nahe gelegenen Straßen gesperrt werden.

Dallas Museum of Art MUSEUM

(Karte S. 800; www.dallasmuseumofart.org; 1717 N Harwood St; ⌚ Di, Mi, Fr–So 11–17, Do bis 21 Uhr; 👪; Light Rail St Paul) GRATIS Das große Museum bietet einen hochkarätigen Rundgang durch die Kunst der Welt von der Antike bis zur Gegenwart. Die archäologischen Schätze reichen von griechischen, römischen und

Dallas–Fort Worth

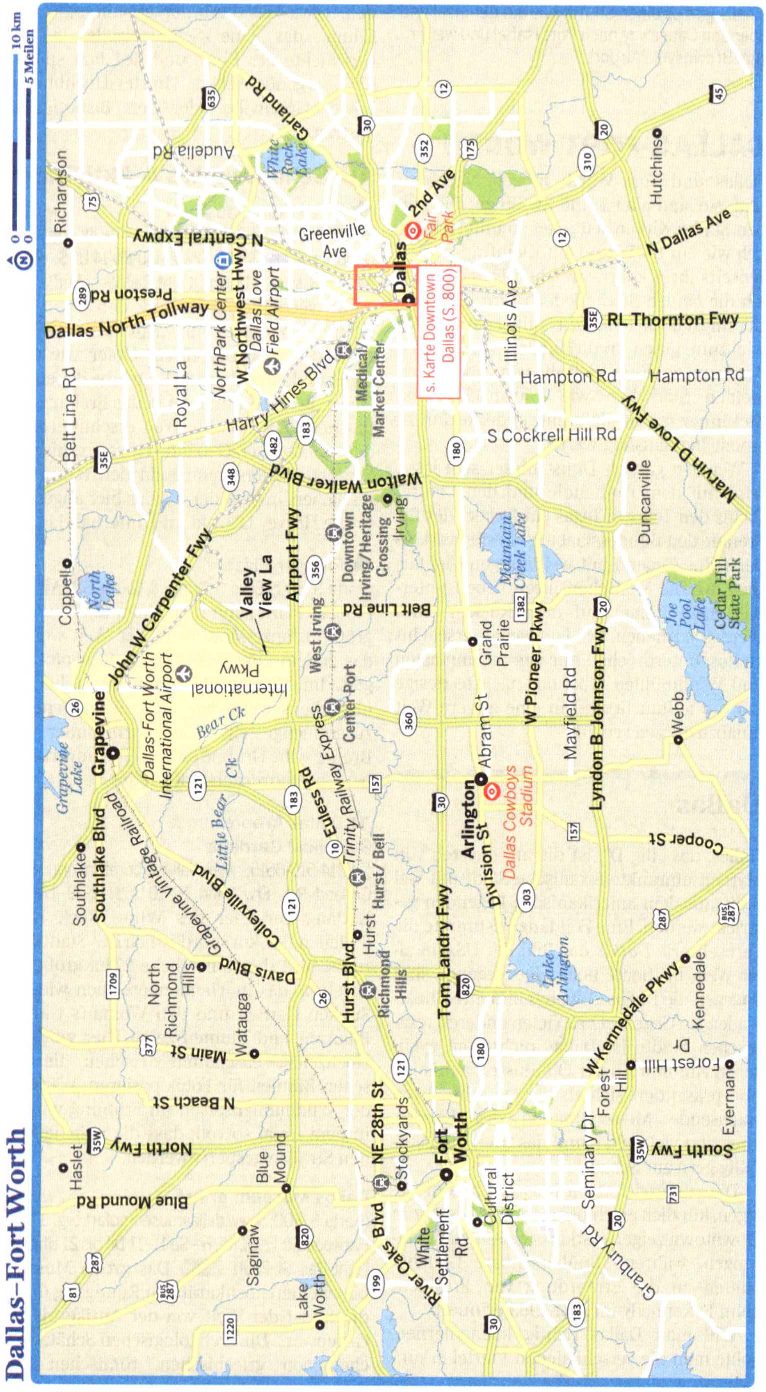

etruskischen Meisterwerken bis zu wundervollen Schalen der Mimbres-Pueblokultur aus New Mexico und zu einer präkolumbischen Goldmaske aus Peru. Neben Gemälden von Picasso, Monet und van Gogh findet man hier US-amerikanische Werke wie Edward Hoppers rätselhaftes Gemälde *Lighthouse Hill* und Frederic Churchs herrliches Bild *The Icebergs*. Die nach dem Vorbild von Coco Chanels mediterranem Herrenhaus gestaltete Villa birgt Gemälde des britischen Staatsmanns Winston Churchill.

Dealey Plaza & the Grassy Knoll HISTORISCHE STÄTTE
(Karte S. 800; Light Rail West End) Der winzige Park wurde berühmt durch seine Lage an der Straße, auf der John F. Kennedys Fahrzeugkonvoi im November 1963 beschossen wurde. Heute ist er ein bewegendes, gespenstisch vertrautes US-amerikanisches Geschichtsdenkmal. Angelegt wurde er bereits 1935, um das Zentrum der ursprünglichen Besiedlung von Dallas zu markieren.

Perot Museum of Nature & Science MUSEUM
(Karte S. 800; ☎ 214-428-5555; www.perotmuseum.org; 2201 N Field St; Erw./Kind ab 20/13 US$; ⌚ Mo–Sa 10–17, So 11–17 Uhr; 👪; Light Rail St Paul) Das hochmoderne Museum, ein aufgehender Stern im Arts District, erregt von außen wie von innen Staunen. Die auf mehrere Etagen verteilten, besonders auf Schulklassen ausgerichteten interaktiven Exponate erlauben es den Besuchern, eigene Flugmaschinen zu entwerfen, durchs Sonnensystem zu reisen, Roboter zu steuern und sich mit Dinosauriern wie den an einen Aal erinnernden Dallasaurus zu tummeln. Und wie sollte es in Texas auch anders sein, erfährt man auch viel über Energiegewinnung. So informiert z. B. eine zehnminütige Simulation übers „Fracking".

Nasher Sculpture Center MUSEUM
(Karte S. 800; ☎ 214-242-5100; www.nashersculpturecenter.org; 2001 Flora St; Erw./Kind 10 US$/frei; ⌚ Di–So 11–17 Uhr; Light Rail St Paul) Das fabelhafte Skulpturenmuseum aus Stahl und Glas erhebt sich schräg gegenüber dem Dallas Museum of Art in Downtown. Bereits das von Renzo Piano entworfene Gebäude ist ein Kunstwerk, himmlisch ist auch der Skulpturengarten. Raymond und Patsy Nasher haben eine der größten privaten Skulpturensammlungen der Welt zusammengetragen, zu der beispielsweise Werke von Calder, de Kooning, Rodin, Serra und Miró gehören.

Dallas Heritage Village HISTORISCHE STÄTTE
(Karte S. 800; ☎ 214-421-5141; www.dallasheritagevillage.org; 1515 S Harwood St; Erw./Kind 10/6 US$; ⌚ Di–Sa 10–16, So 12–16 Uhr; Light Rail Cedars) Das Freilichtmuseum liegt in einem bewaldeten Parkgelände knapp 1 Meile südlich von Downtown. Es umfasst 38 historische Gebäude, die von ihren ursprünglichen Standorten hierher versetzt wurden, darunter ein Tipi oder ein Farmhaus aus der Zeit des amerikanischen Bürgerkriegs. Somit vermittelt das Museumsdorf einen lehrreichen Eindruck vom Leben im nördlichen Texas zwischen etwa 1840 und 1910.

Reunion Tower WAHRZEICHEN
(Karte S. 800; ☎ 214-712-7040; www.reuniontower.com; 300 Reunion Blvd E; Erw./Kind ab 17/8 US$; ⌚ Öffnungszeiten saisonabhängig; Light Rail Union Station) Was ist 50 Stockwerke hoch und hat eine drei Stockwerke umfassende Kugelkuppel mit 260 blinkenden Lichtern? Es ist natürlich der Reunion Tower, das inoffizielle Wahrzeichen von Dallas. Wer möchte, kann tiefer in die Tasche greifen und in 68 Sekunden mit dem Aufzug nach oben schießen, um den Panoramablick zu genießen. Ein Fußgängertunnel verbindet den Reunion Tower mit der Union Station und dem Hyatt Regency Dallas.

Katy Trail SPAZIERGANG
(Karte S. 800; ☎ 214-303-1180; www.katytraildallas.org; ⌚ 5–24 Uhr) Wer beim Spazierengehen, Laufen oder Radfahren sehen und gesehen werden will, nimmt den von Bäumen gesäumten Katy Trail in Angriff. Er führt vom American Airlines Center in Downtown auf einer ehemaligen Bahntrasse über knapp 6 km durch sehenswerte Viertel fast bis zur Southern Methodist University (SMU). Manche Abschnitte der Strecke wirken regelrecht ländlich. Durch schrittweise durchgeführte Erweiterungen wird die Strecke nach und nach mit anderen Wanderwegen verbunden.

Feste & Events

★ **State Fair of Texas** VOLKSFEST
(www.bigtex.com; Fair Park, 3921 Martin Luther King Jr Blvd; Erw./Kind 18/14 US$; ⌚ Ende Sept.–Mitte Okt.) Das riesige Volksfest ist für viele Texaner das Highlight im Herbst. Hier kann man in einem der größten Riesenräder Nordamerikas fahren, Corn Dogs futtern (angeblich

Downtown Dallas

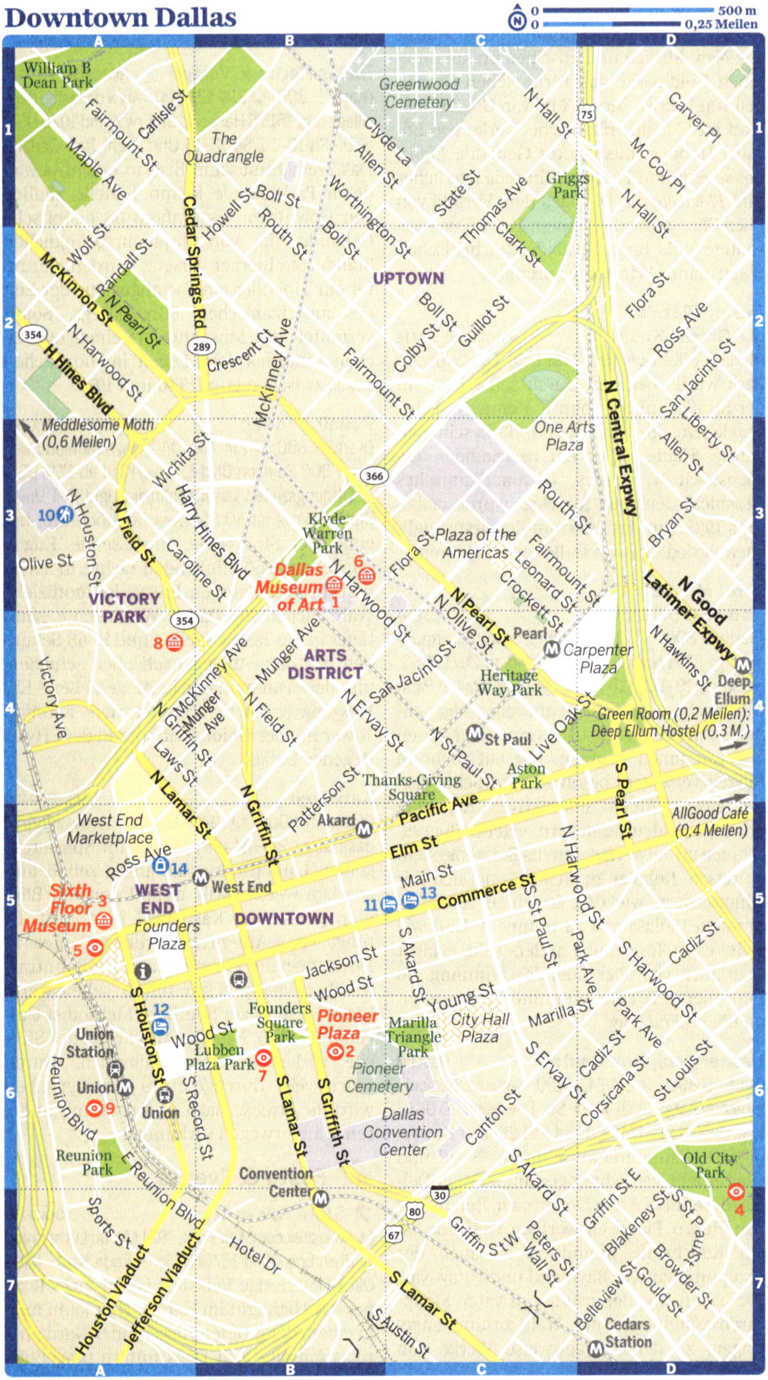

Downtown Dallas

wurden die Maismehl-Hotdogs hier erfunden) und preisgekrönte Kühe, Schafe und Patchworkdecken bewundern.

Martin Luther King Jr. Parade PARADE
(Jan.) Seit fast 40 Jahren ist Dallas Gastgeber eines der größten Events des Landes, das das Leben des Bürgerrechtlers feiert. Am dritten Montag im Januar führt die Parade, eine festliche Mischung aus Umzugswagen und Blaskapellen, vom MLK Blvd und Lamar zum Fair Park.

Schlafen

★ **Belmont Hotel** BOUTIQUEHOTEL $
(866-870-8010; www.belmontdallas.com; 901 Fort Worth Ave; DZ ab 87 US$;) Die stilvollen Bungalows dieses Hotels nur gut 3 km westlich von Downtown bilden einen herrlich entspannten Gegenpol zu den protzigeren Unterkünften in Dallas. Die ganze Anlage wirkt seelenvoll und präsentiert sich im Stil der Stromlinien-Moderne – der Art-déco-Variante der 1940er-Jahre. Die Gartenzimmer mit großer Badewanne, leuchtend blauen Fliesen, Kelim und Blick auf die Stadt sind am schönsten.

Deep Ellum Hostel HOSTEL $
(214-712-8118; www.deepellumhostel.com; 2801 Elm St; B 33–41 US$, Zi. 109 US$, Suite 129 US$;) Wenn man sich ins Nachtleben von Dallas stürzen will, ist man in diesem Hostel goldrichtig – man hört es nämlich, ob man will oder nicht. Die 2018 eröffnete Herberge besitzt Beschläge aus poliertem dunklen Holz, eine geräumige Gemeinschaftsküche, neun Schlafsäle und Zimmer (mit eigenen Bädern) für bis zu vier Personen. Die gleichen Inhaber betreiben auch die angrenzende spanische Cocktailbar Izkina und das Firehouse Hostel in Austin.

The Lumen HOTEL $$
(214-219-2400; www.thelumendallas.com; 6101 Hillcrest Ave; Zi. 190–243 US$;) Die ultramoderne Neugestaltung eines aus Beton errichteten Motels aus den 1960er-Jahren liegt schräg gegenüber der SMU und wird dem Hype nicht ganz gerecht. Die durch die Lobby spazierenden Pudel und Shih Tzus, die Videobibliothek und der starke Kaffee am Morgen sammeln dennoch eindeutig Pluspunkte. Außerdem gibt's eine luftige Lounge auf der Dachterrasse.

Magnolia Hotel HISTORISCHES HOTEL $$
(Karte S. 800; 214-915-6500; www.magnoliahotels.com; 1401 Commerce St; Zi. ab 216 US$;) Das elegante Hotel in dem 29-stöckigen Magnolia Petroleum Company Building von 1922 verspricht einen luxuriösen Aufenthalt. Die großen Zimmer zeigen Details der Zeit wie Holzjalousien und Stilmöbel; die mehr als 100 Suiten verfügen über Einbauküchen.

La Quinta Inns & Suites Downtown HOTEL $$
(Karte S. 800; 214-761-9090; www.laquintadallasdowntown.com; 302 S Houston St; Zi. ab 169 US$;) Eines der besseren Angebote in der Downtown, gegenüber der Union Station. Dieses Kettenhotel macht das generische Blau durch einzigartiges Design und ein Gebäude von 1925 wett. Im Preis inbegriffen ist ein kleines Frühstück.

★ **Adolphus** HISTORISCHES HOTEL $$$
(Karte S. 800; 214-742-8200; www.adolphus.com; 1321 Commerce St; DZ 260–305 US$; ; Stadtbahn Akard) Hier kann man sich auf altmodische Art wie ein König oder eine Königin fühlen (ja, Queen Elizabeth hat hier auch schon übernachtet). Die 422 Zimmer führen zurück in die Zeit, als Gentlemen Krawatten trugen und Hotels wahrhaft grandios waren und nicht Bastionen des ästhetischen Minimalismus. Schon eine Erkundungstour durch die 22 Stockwerke dieses Labyrinths von 1912, das heute Teil des Marriott-Imperiums ist, verspricht ein

Abenteuer. Die Zimmergrößen unterscheiden sich gewaltig.

Essen

Anders als im touristischen West End gibt's in der Downtown von Dallas kaum interessante Restaurants. Im gleich östlich gelegenen Deep Ellum, einfach die Elm St nach Osten hinauf, findet sich eine bunte Mischung von Angeboten. Zu den erstklassigen Restaurantvierteln außerhalb des Stadtzentrums zählen das gut zu Fuß erkundende Lower Greenfield, der Arts District und die westliche Vorstadt sowie der weiter südwestlich gelegene schrille Bishop Arts District.

★Sonny Bryan's Smokehouse BARBECUE $
(☎214-357-7120; www.sonnybryans.com; 2202 Inwood Rd; Hauptgerichte 6–19 US$; ⏲24 Std.) Dallas' beliebtestes Grillrestaurant hat auch eine praktisch gelegene Filiale in Downtown, das authentischere Erlebnis bleibt aber das 4 Meilen (6,4 km) nordwestlich gelegene Stammhaus. Man kann sogar zum Frühstück herkommen – die Lust auf Rauchiges hier rund um die Uhr befriedigt wird.

AllGood Café TEX-MEX $
(☎214-742-5362; www.allgoodcafe.com; 2934 Main St; Hauptgerichte 9–17 US$; ⏲Di–Sa 8–21, So bis 19, Mo bis 14 Uhr; ✎) Der schrille Eck-Diner in Deep Ellum sieht sich als „Boheme-Bistro" und ist ein echtes zweites Wohnzimmer. Familien ebenso wie Rockertypen mampfen hier Tex-Mex-Frühstück oder gönnen sich den Mittagstisch für 9 US$ (z. B. Schweinekoteletts und Sauce und eine Vielzahl vegetarischer Optionen). Freitags bis sonntags gibt's Livemusik auf einer kleinen Bühne.

★Meddlesome Moth MODERN-AMERIKANISCH $$
(☎214-628-7900; www.mothinthe.net; 1621 Oak Lawn Ave; Hauptgerichte 10–20 US$; ⏲Mo–Do 11–24, Fr & Sa bis 1, So 10–22 Uhr) Der quirlige Gastropub 2 Meilen (3,2 km) nordwestlich der Downtown ist ein Magnet für einheimische Freundesgrüppchen, die sich hier treffen und bei Muscheln auf belgische Art, Shrimps mit hausgemachter Grütze oder tollen Burgern einen Abend verweilen. Auch schön angerichtete Platte zum Teilen gibt es, außerdem gute Cocktails und ein hervorragendes wechselndes Sortiment von Craft-Bieren (darunter 40 vom Fass).

Kalachandji's VEGETARISCH $$
(☎214-821-1048; www.kalachandjis.com; 5430 Gurley Ave; Buffet mittags/abends 12/15 US$; ⏲Di–Fr 11.30–14 & 17.30–21, Sa & So 12–15 & 17.30–21 Uhr; ✎) Der üppig dekorierte Hare-Krishna-Tempel 3 Meilen (4,8 km) östlich der Downtown ist eine herrliche Abwechslung zu den vielen fleischlastigen Verführungen in Texas. Das kleine, vielfältige Büfett bietet den Gästen u.a. Basmati-Reis, Currys, Sareptasenf, Papadams und Chutneys, Pakora, Tamarindentee und andere Spezialitäten des Tages. Essen kann man draußen in dem friedlichen, mit Pflanzen geschmückten Hof.

★Javier's MEXIKANISCH $$$
(☎214-521-4211; www.javiers.net; 4912 Cole Ave; Hauptgerichte 22–35 US$; ⏲So–Mi 17.30–22, Do bis 22.30, Fr & Sa bis 23 Uhr) Das sehr kultivierte Restaurant bringt die feine Küche der alten Ciudad de México auf ein neues Niveau – alle Vorstellungen über Tex-Mex-Küche darf man in dem dunklen und ruhigen Ambiente mit viel Leder getrost vergessen. Pikantes Fleisch steht im Mittelpunkt. Die mexikanisch gewürzten Steaks bringen den Geschmack des Rindfleischs richtig zur Geltung. Am besten lässt man sich einen Tisch unter den Sternen geben.

Abacus AMERIKANISCH $$$
(☎214-559-3111; www.abacus-restaurant.com; 4511 McKinney Ave; Hauptgerichte 23–49 US$, Verkostungsmenü ab 80 US$; ⏲Di–Do 17–22, Fr & Sa bis 23 Uhr; 📶) Fleischliebhaber, die mehr wollen als ein zu einer Kette gehörendes Steakhaus, und überhaupt alle, die einfallsreiche zeitgenössische Küche zu schätzen wissen, sollten im Abacus 3 Meilen (4,8 km) nördlich der Downtown voll auf ihre Kosten kommen. Beginnen kann man mit Sushi oder den ungeheuer beliebten Hummercocktails (22 US$), danach entscheidet man sich für eine Auswahl kleiner, saisonaler Gerichte oder hält sich an die hervorragenden Steaks und die reichhaltigen Fisch-Hauptgerichte. Das Restaurant verfügt über eine ausgezeichnete Bar.

Ausgehen & Nachtleben

Green Room BAR
(☎214-748-7666; www.dallasgreenroom.com; 2715 Elm St; ⏲Di–So 16–2 Uhr) Im Ausgehviertel Deep Ellum ist der Green Room beliebt wegen seines guten Publikums, seiner Dachterrasse, die zum Cocktailschlürfen einlädt, und seines ausgezeichneten Essens. Die Karte reicht von Snacks bis zu Hauptgerichten (Tacos, Burger und Poutine). Man kann aus drei Barbereichen wählen.

Unterhaltung

★ Kessler Theater LIVEMUSIK
(☎214-272-8346; www.thekessler.org; 1230 W Davis St; ⏲18–24 Uhr) Die Neonlichtern außen locken viele Besucher ins Innere dieses Art-déco-Wahrzeichens von Oak Cliff. Das ehemalige Nachbarschaftskino wurde in eine intime Konzertstätte verwandelt. Die Preise für Getränke sind o.k., die Bands und Vorführungen gut (Dragshows!) und die Atmosphäre ist bodenständig-unterhaltsam.

★ Sons of Hermann Hall LIVEMUSIK
(☎214-747-4422; www.sonsofhermann.com; 3414 Elm St; ⏲Mi & Do 19–24, Fr & Sa bis 2 Uhr) Seit mehr als 100 Jahren ist diese klassische texanische Tanzhalle eine feste Größe in Deep Ellum und zugleich ein Chamäleon: Abschleppkneipe, Livemusiktreff, Kaschemme und Swingtanzclub in einem. Hier kann man tief ins Herz von „Big D" eintauchen. Die Öffnungszeiten variieren; am besten informiert man sich vorab, was gerade auf dem Programm steht.

Granada Theater LIVEMUSIK
(☎214-824-9933; www.granadatheater.com; 3524 Greenville Ave) Das ehemalige Filmtheater ist seit Langem eine Institution in Lower Greenwood und gilt weithin als die beste Livemusikstätte der Stadt. Die Termine der Konzerte, meist von Rock- oder Country-Bands, findet man auf der Website.

Balcony Club LIVEMUSIK
(☎214-826-8104; www.balconyclub.com; 1825 Abrams Rd; ⏲Bar 17–2 Uhr) Das mysteriöse Refugium im Obergeschoss wirkt wie ein Geheimtipp, ist tatsächlich aber eine Pilgerstätte für Jazzfans. Der Treff mit smaragdgrünen Wänden, einer winzigen Bühne und einer lauschigen, nischenförmigen Terrasse über dem Landmark Theater lockt Leute jeden Alters mit abendlicher Livemusik (nicht nur Jazz) und kecken Drinks wie „Moonlight Martini" oder „Three-way Tropical Punch".

Shoppen

★ Wild Bill's Western Store KLEIDUNG
(Karte S. 800; ☎214-954-1050; www.wildbillswestern.com; 311 N Market St; ⏲Mo & Di 10–19, Mi–Sa bis 21, So 10–18 Uhr; Light Rail West End) Wild Bill's ist ein West-End-Mekka der Western-Klamotten. Hier gibt's Stetsons, Schlangenlederstiefel, Öljacken, riesige Gürtelschnallen, strassbesetzte T-Shirts, lustige Kitsch-Souvenirs, Spielzeugpistolen und anderes Spielzeug, Country-CDs u.v.m. Am besten schaut man sich bei einem kühlen Bier um.

Highland Park Village EINKAUFSZENTRUM
(☎214-443-9898; www.hpvillage.com; Preston Rd & Mockingbird Lane; ⏲Öffnungszeiten variieren) Wer mal wieder richtig was sehen, nach Luft schnappen und seine Kreditkarte überstrapazieren möchte, sollte sich zu dem im spanischen Stil errichteten Highland Park Village im sehr vornehmen Highland Park aufmachen, das von sich behauptet, die älteste suburbane Mall der Welt zu sein. Wer Jimmy Choo und Carolina Herrera zu seinen Freunden zählt, wird sich hier zu Hause fühlen.

Praktische Informationen

Dallas Visitors Center (Karte S. 800; ☎214-571-1316; www.visitdallas.com; Old Red Courthouse, 100 S Houston St; ⏲9–17 Uhr; 📶) Die nützliche Touristeninformation gegenüber der Dealey Plaza beantwortet Fragen und verteilt Stadtführer.

An- & Weiterreise

Der **Dallas-Fort Worth International Airport** (DFW; ☎972-973-3112; www.dfwairport.com; 2400 Aviation Dr) liegt 19 Meilen (31 km) nordwestlich der Stadt (über die I-35 E) und ist ein Drehkreuz von American Airlines. Große Fluglinien bieten umfassende nationale und internationale Verbindungen.

Der **Dallas Love Field Airport** (DAL; ☎214-670-5683; www.dallas-lovefield.com; 8008 Herb Kelleher Way), 6 Meilen (ca. 9,7 km) nordwestlich der Stadt, ist ein Drehkreuz von Southwest Airlines. Er bietet umfassende nationale Verbindungen.

Greyhound-Busse (www.greyhound.com) fahren von der **Dallas Bus Station** (Karte S. 800; ☎214-849-6831; 205 S Lamar St) alle großen Städte in der Region an.

Der *Texas Eagle* von **Amtrak** (www.amtrak.com) hält auf der Strecke San Antonio–Chicago an der **Union Station** (☎800-872-7245; www.unionstationdallas.com; 400 S Houston St; Light Rail Union Station) in Downtown, die auch ein Drehkreuz für lokalen Durchgangsverkehr ist.

Unterwegs vor Ort

DART (Dallas Area Rapid Transit; ☎214-979-1111; www.dart.org; einf. Fahrt 2,50 US$, Tageskarte 6 US$) betreibt Busse und ein ausgedehntes Stadtbahnnetz, das die Downtown mit Vororten verbindet. Fahrkarten erhält man an Bord der Busse und an den Automaten der Stadtbahnstationen. DART betreibt darüber den Trinity Railway Express zwischen der Dallas

Union Station und Fort Worth (1 Std.) und die Dallas Streetcar zwischen der Union Station und dem Bishop Arts District.

Von Downtown nach Uptown fährt die historische, kostenlose Straßenbahn **M-Line Trolley** (☎ 214-855-0006; www.mata.org; ⌚ Mo–Do 7–22, Fr bis 24, Sa 10–24, So bis 22 Uhr). Sie startet an der DART-Station St. Paul und fährt über den Arts District die McKinney Ave hinauf zur City Place/Uptown Station.

Die Züge des **Trinity Railway Express** (TRE; ☎ Info 214-979-1111; www.trinityrailwayexpress.org; 221 W Lancaster Ave; einf. Fahrt 1/2 Zonen 2,50/5 US$, Tageskarte 1/2 Zonen 5/12 US$; ⌚ Mo–Sa 5–1 Uhr alle halbe Std.) verbinden die Union Station in Dallas mit Fort Worth (1 Std.). Kostenlose Shuttles pendeln zwischen der Station CenterPort/DFW Airport und dem Flughafen.

Fort Worth

874 000 EW.

In Fort Worth, so heißt es, beginnt der Westen. Immer noch herrscht Cowboy-Flair in der Stadt, die während des großen Viehtriebs am Ende des 19. Jhs. berühmt wurde. Damals stapften mehr als 10 Mio. Rinder auf dem Chisholm Trail durch Fort Worth. Heute sind die legendären Viehhöfe die Hauptattraktion. Dort gibt's zweimal täglich kleine Viehtriebe, an allen Wochenenden Rodeos und außerdem noch das Billy Bob's, die größte Countrymusik-Kaschemme der Welt.

Die Downtown von Fort Worth liegt 3 Meilen weiter südlich und birst von Restaurants und Bars – vor allem rund um den Sundance Sq. Der nicht weit westlich davon gelegene Cultural District wartet mit drei faszinierenden Kunstmuseen auf.

Auf jeden Fall ist Fort Worth nicht so etwas wie der „folkloristische Begleiter" von Dallas. Denn die Stadt hat ihren eigenen widerspenstigen Kopf und ist viel freundlicher, grüner und sauberer als die nahe Nachbarstadt. Fazit? Hier gibt's viel zu tun und wenig Getue.

Sehenswertes

★ Stockyards — HISTORISCHE STÄTTE

(☎ 817-624-4741; www.fortworthstockyards.org; 130 E Exchange Ave) Läden mit Western-Klamotten und -Krimskrams, Saloons und Steakhäuser residieren heute in den Stockyards-Gebäuden aus der Ära des Wilden Westens. Zwar wirkt das Ganze zuweilen touristisch, nicht aber ohne gewisse Authentizität. Nicht verpassen sollte man den täglich stattfindenden kleinen Viehtrieb in der E Exchange Ave mit den Longhorn-Rindern der kleinen Fort-Worth-Herde. Zunächst holt man sich die Infos im Fort Worth Stockyards Visitor Center (S. 806).

★ Fort Worth Herd — HISTORISCHE STÄTTE

(☎ 817-336-4373; www.fortworth.com/the-herd; 131 E Exchange Ave; ⌚ Viehtrieb 11.30 & 16 Uhr) Jeden Morgen und Nachmittag versammeln sich Schaulustige an der E Exchange Ave, um zu erleben, wie Cowboys in authentischen Kostümen des 19. Jhs. die 16 Langhornrinder der Fort-Worth-Herde die Straße hinuntertreiben. In der übrigen Zeit kann man sich die Tiere in ihrem Pferch hinter dem Livestock Exchange Building anschauen; zu jedem Tier gibt's ein Schild mit einem Foto und seinem Namen.

★ Kimbell Art Museum — MUSEUM

(☎ 817-332-8451; www.kimbellart.org; 3333 Camp Bowie Blvd; ⌚ Di–Do & Sa 10–17, Fr 12–20, So bis 17 Uhr) GRATIS Das kleine Kimbell Art Museum besitzt Schätze aus Griechenland, Ägypten, China, Japan und dem antiken Amerika, wirklich außerordentlich ist aber seine Kunstsammlung mit Werken namhafter europäischer Künstler. Abgesehen von Michelangelos ältestem bekannten Gemälde, der *Versuchung des hl. Antonius*, enthält die Dauersammlung Meisterwerke aller großen Meister, von Rembrandt über van Gogh bis zu Matisse, Cézanne und Gauguin.

Modern Art Museum of Fort Worth — MUSEUM

(☎ 817-738-9215; www.themodern.org; 3200 Darnell St; Erw./Kind 16 US$/frei; ⌚ Di–Do, Sa & So 10–17, Fr bis 20 Uhr) Untergebracht in einem eindrucksvollen Gebäude gegenüber dem Kimbell Art Museum zeigt dieses inspirierende Museum Gemälde u.a. von Picasso, Mark Rothko und Francis Bacon sowie Skulpturen wie das von Anselm Kiefer aus Blei gefertigte *Buch mit Flügeln* oder Martin Puryears hohe hölzerne *Leiter für Booker T. Washington*.

Amon Carter Museum of American Art — MUSEUM

(☎ 817-738-1933; www.cartermuseum.org; 3501 Camp Bowie Blvd; ⌚ Di, Mi, Fr & Sa 10–17, Do bis 20, So 12–17 Uhr) GRATIS Der texanische Ölmagnat Amon Carter begann in den 1930er-Jahren, die Kunst des amerikanischen Westens zu sammeln. Seit seinem Tod wurde die eindrucksvolle Sammlung, zu der Gemälde und Skulpturen von Frederic Remington und Charles M. Russell gehörten, um Werke von

John Singer Sargent, Georgia O'Keeffe, Winslow Homer und Alexander Calder ergänzt.

Bureau of Engraving & Printing MUSEUM

(☎817-231-4000; www.moneyfactory.gov; 9000 Blue Mound Rd; ⊙Di–Fr 8.30–17.30 Uhr) GRATIS Fort Worth ist einer der beiden Standorte, an denen US-amerikanisches Papiergeld gedruckt wird. Diese Einrichtung des US-amerikanischen Finanzministeriums 8 Meilen (12,9 km) nördlich der Stockyards produziert die grünen Scheine, mit denen Verlobungsringe gekauft, Rauschgift geschnupft, Wetten geschlossen, Trinkgeld gegeben, Babysitter bezahlt und wegen dem Kriege geführt werden. Man braucht keine Reservierung, um sich die Druckerpresse im Rahmen einer selbst geführten Tour anzuschauen, muss aber mit einer halben Stunde für den Sicherheitscheck rechnen.

National Cowgirl Museum MUSEUM

(☎817-336-4475; www.cowgirl.net; 1720 Gendy St; Erw./Kind 12/6 US$; ⊙Di–Sa 10–17, So 12–17 Uhr) Das luftige, eindrucksvolle Museum erkundet den Mythos und die Realität von Cowgirls in der US-amerikanischen Kultur. Das Museum bietet anhand von Exponaten, zu denen strassbesetzte Kostüme und seltene Filmaufnahmen gehören, einen unterhaltsamen und lehrreichen Ritt durch die Geschichte. Die 2019 eröffnete Erweiterung konzentriert sich auf das Verhältnis von Frauen und Pferden. Nach dem Besuch wird man ein ganz neues Verständnis für diese hart arbeitenden Frauen haben.

Geführte Touren

★Stockyards Guided Walking Tour SPAZIERGANG

(☎817-625-9715; www.fortworthstockyards.com/tours; Stockyards Station, 140 E Exchange Ave; Erw./Kind ab 8/5 US$; ⊙tgl.) Pro Tag werden drei oder vier Spaziergänge angeboten, die die Geschichte der Viehhöfe erkunden. Bei den längeren Touren steht auch das Honky-Tonk Billy Bob's mit auf dem Programm.

Schlafen

Hotel Texas INN $

(☎817-624-2224; www.magnusonhotels.com/hotel/hotel-texas-fort-worth; 2415 Ellis Ave; Zi. ab 76 US$; ⊖❄☜) 1939 als „zweites Zuhause des Viehtreibers" erbaut, ist das schlichte Hotel nur einen Block vom Geschehen in den Stockyards entfernt. Die Zimmer sind klein und einfach, aber hübsch eingerichtet, mit Western-Kunst geschmückt und viel billiger als jede andere Option im Viertel – das gesparte Geld kann man in ein gutes Steak reinvestieren!

★Stockyards Hotel HISTORISCHES HOTEL $$

(☎817-625-6427; www.stockyardshotel.com; 109 E Exchange Ave; DZ 199–349 US$; ❄☜) Der 1907 eröffnete, schöne Hotel-Oldtimer zelebriert sein Cowboy-Erbe mit Wildwestkunst, mehr als 50 komfortablen Zimmern im Cowboy-Stil sowie einem prächtigen Wildwest-Foyer mit viel Leder. Im Bonny-&-Clyde-Zimmer haben die beiden Outlaws tatsächlich auf ihrer Flucht 1933 übernachtet. Die falschen Einschusslöcher und Bonnies 38er-Revolver verstärken die dramatische Atmosphäre.

Hilton Fort Worth HISTORISCHES HOTEL $$

(☎817-870-2100; www.hilton.com; 815 Main St; DZ ab 165 US$; ❄@☜) Das 1921 als Hotel Texas erbaute Wahrzeichen im Herzen der Downtown bietet 294 Zimmer auf 15 Etagen. Die Gästezimmer sind geschmackvoll mit dunklem Holz, gerahmten historischen Fotos und luxuriösen Polstermöbeln ausgestattet und verfügen über moderne Bäder. Geparkt werden darf nur mit Parkdienst.

John F. Kennedy verbrachte hier die Nacht, bevor er am 22. November 1963 nach Dallas fuhr; daran erinnert die Statue vor dem Hotel.

Essen

★Heim Barbecue BARBECUE $

(☎817-882-6970; www.heimbbq.com; 1109 W Magnolia Ave; Hauptgerichte 9–18 US$; ⊙Mi–Mo 11–22 Uhr) Die Familie, die hinter diesem Lokal steht, widmet sich kenntnisreich und leidenschaftlich der Aufgabe, Barbecue für ein neues Zeitalter zu kreieren. Die Würstchen, die Rinderbrust (natürlich!), der Truthahn, das Pulled Pork und alles andere ist rauchig-köstlich. Man sollte nicht zu viel Zeit lassen, denn die Fleischgerichte sind täglich schnell ausverkauft. Auf jeden Fall sollte man noch Platz für den Bananenpudding lassen.

Kincaid's BURGER $

(☎817-732-2881; www.kincaidshamburgers.com; 4901 Camp Bowie Blvd; Hauptgerichte 5–9 US$; ⊙Mo–Sa 11–20, So bis 15 Uhr) Dieser ehemalige, mit Picknicktischen vollgestopfte Lebensmittelladen mit seinen hässlich grünen Wänden ist eine Institution von Fort Worth. Er serviert dicke, saftige, von Würzsauce triefende Burger, die zu den besten in der Region zählen.

Casablanca Coffee FRÜHSTÜCK $
(☎817-862-7149; 215 W 8th St; Hauptgerichte 5–10 US$; ⏲Mo–Do 6.30–15, Fr bis 13 Uhr) Dank der freundlichen marokkanischen Inhaberin Driss hat das winzige Ladenlokal in Downtown viel Charme. Zu den Frühstücks- und Mittagsgerichten zählen Spinat-Omelettes, gefülltes Pita und Gebäck; den Kaffee gibt's „traditionell" oder „marokkanisch" (superstark).

Woodshed Smokehouse BARBECUE $$
(☎817-877-4545; www.woodshedsmokehouse.com; 3201 Riverfront Dr; Hauptgerichte 9–28 US$; ⏲Mo–Do 11–22, Fr & Sa 8–23, So 8–22 Uhr;) In dem ungeheuer erfolgreichen Lokal am Trinity River serviert der texanisch Promikoch Tim Love Gourmet-Barbecue und mehr, z. B. Schalen mit dunklem Ramen. Dank der luftige Lage am Ufer und der umweltfreundlichen Gestaltung kann auf eine Klimaanlage verzichtet werden. Mittwochs bis sonntags spielen auf der großen Terrasse Bluegrass-Bands.

H3 Ranch STEAKS $$$
(☎817-624-1246; www.h3ranch.com; 1059 E Exchange Ave; Hauptgerichte 19–50 US$; ⏲Mo–Do 11–22, Fr bis 23, Sa 9–23, So bis 22 Uhr) Wer zu den Stockyards pilgert, um ein Steak zu essen, sollte sich für dieses Steakhaus entscheiden. Man verspeist das über Hickory-Feuer gegrillte Rindersteak unter dem Blick eines an der Wand montierten Langhornrinderkopfs.

Ausgehen & Nachtleben

★ **Lola's Saloon** BAR
(☎817-877-0666; www.lolassaloon.com; 2736 W 6th St; ⏲Mo–Fr 14–2, Sa & So 12–2 Uhr) Diese Kneipe mit treuer, einheimischer Fanschar verspricht ein intimes Musikerlebnis. An den meisten Abenden spielen Bands (Indie, Honky-Tonk, Bluegrass, experimentell etc.) für das lustige, bunt gemischte Publikum. Draußen auf der kleinen Terrasse kann man Luft schöpfen. Wenn es keine Livemusik gibt, hat die Jukebox Suchtpotenzial.

★ **Usual Bar** COCKTAILBAR
(☎817-810-0114; www.facebook.com/theusualbar; 1408 W Magnolia Ave; ⏲Mo–Fr 16–2, Sa & So ab 17 Uhr) Der Appetit auf kunstvolle Cocktails zieht jeden Abend scharenweise Hipster in diese Bar, die so charmante Drinks wie den „Maximillian-aire" und den „Parlor" serviert. Man kann auch Humor beweisen und einfach einen gut gemixten „Sidecar" bestellen. Tolle Terrasse.

Fort Brewery BRAUEREI
(☎817-923-8000; www.fortbrewery.com; 1001 W Magnolia Ave; ⏲Mo–Sa 11–24, So bis 22 Uhr;) Die beste Brauerei von Fort Worth bietet sechs eigene und eine wechselnde Auswahl anderer Biere vom Fass. Man sitzt in dem Speisesaal mit unverputzten Backsteinwänden oder draußen auf der Terrasse. Zu essen gibt's Pizza mit dünnem Boden in einem Dutzend einfallsreicher Varianten.

☆ Unterhaltung

Billy Bob's Texas LIVEMUSIK
(☎817-624-7117; www.billybobstexas.com; 2520 Rodeo Plaza; Grundpreis So–Do 2–5 US$, Fr & Sa unterschiedlich; ⏲Mo & Di 11–22, Mi bis 23, Do–Sa bis 2, So 12–22 Uhr) Die Anlage war zunächst eine Viehscheune, dann eine Flugzeugfabrik. Heute beherbergt sie das größte Honky-Tonk der Welt mit 40 Theken und Platz für 6000 Gäste. Auf zwei Bühnen treten Country-Stars, DJs und House-Bands auf. Freitag- und samstagabends gibt's in der überdachten Arena Bullenreiten und im Hauptgebäude Wettbewerbe im Reiten auf dem mechanischen Bullen.

Texas Motor Speedway SPORT
(☎817-215-8500; www.texasmotorspeedway.com; Ecke Hwy 114 & I-35, Ausfahrt 72; Führung Erw./Kind 10/8 US$; ⏲Mo–Fr 9–17, Sa 10–17, So 12–17 Uhr) Hier kann man die NASCAR erleben. Das größte Event ist die Texas 500 im November, aber auch das restliche Jahr über finden Rennen statt. Man kann auch mit einem Rennfahrer über die Strecke düsen (ab 125 US$). Sie liegt 20 Meilen (32 km) nördlich von Downtown an der I-35 W.

Praktische Informationen

Fort Worth Stockyards Visitor Center (☎817-624-4741; www.fortworthstockyards.org; 2501 Rodeo Plaza; ⏲9–17 Uhr) Hier erfährt man alle Details über den Stockyards National Historic District.

Main Street Visitor Center (☎817-698-3300; 508 Main St;) Die hilfreiche Touristeninformation in der Downtown von Fort Worth bietet Infos zur gesamten Region.

An- & Weiterreise

Der Dallas-Fort Worth International Airport (S. 803) liegt 22 Meilen (35,4 km) nordöstlich von Fort Worth.

Busse und Züge in Fort Worth teilen sich das **Intermodal Transportation Center** (☎817-215-8654; 1001 Jones St), was das Umsteigen vereinfacht.

Der *Texas Eagle* von **Amtrak** (☎800-872-7245; www.amtrak.com; 1001 Jones St) hält auf seinem Weg westwärts nach San Antonio und ostwärts nach Chicago in Fort Worth. Der *Heartland Flyer* fährt nach Oklahoma City.

Die Züge des Trinity Railway Express (S. 804) fahren zwischen Fort Worth und der Union Station in Dallas (1 Std.). Unterwegs halten die Züge an der Station CenterPort/DFW Airport, von wo kostenlose Shuttles zum Flughafen fahren.

Greyhound (www.greyhound.com; 1001 Jones St) betreibt täglich mehrere Busse von der Downtown von Fort Worth nach Dallas (13–15 US$; 40–45 Min.). Weitere Busse fahren in größere texanische Städte.

WESTLICHES TEXAS

Willkommen im Land der unendlichen Weiten! Auf der Fahrt über die I-10 gibt's zwar kaum mehr zu sehen als struppiges Gebüsch und viel Himmel, doch gleich abseits der Autobahn bieten sich Ausblicke, die so atemberaubend wie endlos sind. Manchmal erinnert das zerklüftete Terrain an die Kulisse alter Western und dann wieder verwandelt es sich in eine Landschaft wie von einem anderen Planeten, etwa wenn plötzlich riesige Felsformationen aus der Wüste auftauchen.

Aber was kann man hier unternehmen? Sehr viel! Beispielsweise einen Nationalpark erkunden, der fast so groß ist wie Rhode Island. In kleinen Ortschaften anhalten, die mit minimalistischer Kunst, Planetenbeobachtungspartys oder den Ruinen faszinierender Geisterstädte aufwarten. Oder die neusten Mikrobrauereien im frisch erwachten El Paso erkunden. Und sich dabei mit den freundlichen Einheimischen unterhalten, falls man dazu in der Stimmung ist. So passt man sich ganz automatisch an die wohltuende Langsamkeit von West-Texas an.

Big Bend National Park

Jeder weiß, dass Texas riesig ist. Die wirklich Größe des Bundesstaates lässt sich aber erst bei einem Besuch dieses **Nationalparks** (☎432-477-2251; www.nps.gov/bibe; US Hwy 385, Panther Junction; 7-Tage-Pass 30 US$/Fahrzeug) ermessen. Wer durch den 3242 km² großen Big Bend National Park fährt, bekommt ein Gefühl dafür was „groß" wirklich bedeutet. Der Park umfasst eine unglaublich vielfältige Landschaft – genug, um Entdeckungsreisen für ein ganzes Leben zu bieten, aber doch bestens erschlossen mit Straßen und Wegen, die es Besuchern ermöglichen, auch in zwei oder drei Tagen viel zu sehen.

Die allermeisten Besucher kommen in nur ein Gebiet des Nationalparks, das Chisos Basin. Tatsächlich sind die **Chisos Mountains** auch wunderschön und kein Trip in den Park kann auf einen Ausflug in das Hochland verzichten. Man sollte bei seinem Besuch aber unbeding auch Abstecher in die **Chihuahua-Wüste** mit ihren merkwürdigen Tieren und anpassungsfähigen Pflanzen sowie zum **Rio Grande** unternehmen, der die Grenze zwischen den USA und Mexiko bildet.

Die Hauptverwaltung und das wichtigste **Visitor Center** (S. 808) befinden sich an der Panther Junction, die an der Hauptstraße 29 Meilen (47 km) südlich des Eingangs an der Persimmon Gap und 22 Meilen (35 km) östlich des Eingangs Maverick (nahe Study Butte) liegt. Eine **Tankstelle** (☎432-477-2294; Panther Junction; ⌚Lebensmittelladen Mai–Sept. 7–18.30, Juni–Aug. 8–17.30 Uhr, Zapfsäulen 24 Std.) bietet Benzin, Reparaturen und eine kleine Auswahl an Snacks und Getränken.

Von der Panther Junction ist es eine 10 Meilen (16 km) lange Fahrt zum Chisos Basin. Aufgrund scharfer Kurven und extremer Steigungen ist die Chisos Basin Rd unpassierbar für Wohnmobile über 7 m Länge bzw. Wohnwagen über 6 m Länge.

Eine weitere wichtige Straße führt 20 Meilen (32 km) in südöstlicher Richtung zum Rio Grande Village, wo es die einzigen weiteren **Zapfsäulen** (☎432-477-2293; Rio Grande Village; ⌚Okt.–Mai 8–19 Uhr, Juni–Sept. bis 17 Uhr) innerhalb des Parks gibt – das ist durchaus gut zu wissen, da man sehr weit von überall sonst entfernt ist!

Die andere bedeutende Straße, der 30 Meilen (48 km) lange Ross Maxwell Scenic Dr, zweigt westlich der Panther Junction von der Hauptstraße des Parks ab.

Aktivitäten

Der Big Bend bietet Wanderwege mit einer Gesamtlänge von über 320 km. Daher ist es kein Wunder, dass Wandern die Hauptaktivität im Park ist. Nähere Infos gibt es in den Visitor Centers.

★ **Lost Mine Trail** WANDERN
(www.nps.gov/bibe; Chisos Basin Rd) Bei dieser Wanderung in den Chisos Mountains dreht sich alles um die Aussicht, die immer besser

wird, während man 300 Höhenmeter überwindet und man sich schließlich auf gleicher Höhe mit **Casa Grande**, **Lost Mine Peak** und – am höchsten Punkt – der **Sierra del Carmen** befindet. Wenn man glaubt, den Gipfel endlich erreicht zu haben, sollte man noch weiter gehen: Der Pfad endet an einem spektakulären Abgrund, der über einen langen kahlen Grat erreicht wird.

Der gesamte Rundweg hat eine Länge von 7,7 km, für die man mindestens zwei Stunden einplanen sollte. Der einzige Wermutstropfen ist, dass es am Ausgangspunkt, auf der Straße 1,2 Meilen (1,9 km) vom Besucherzentrum entfernt, nur wenige Parkplätze gibt. Bei begrenzter Zeit kann man sich damit begnügen, die Aussicht vom ersten Bergrücken, 1,6 km hinter dem Startpunkt, zu genießen.

Santa Elena Canyon Trail WANDERN

(www.nps.gov/bibe) Wenn man keine Zeit hat, sich den Rio Grande hinuntertreiben zu lassen, sollte man in den engen, von nackten Felswänden eingefassten Santa Elena Canyon wandern. Vom Ende des Ross Maxwell Scenic Dr am östlichen Ende der Schlucht führt der prächtige 2,7 km lange Rundweg in Serpentinen über das Wirrwarr der Felsen und das Gehölz am Fluss. Ziemlich zu Beginn der Wanderung muss man den Terlingua Creek durchwaten.

Schlafen

Camper mit Zelt oder kleineren, autarken Wohnmobilen können die drei Hauptcampingplätze benutzen. Einige nehmen Reservierungen an, andere vergeben die Plätze nach Verfügbarkeit. Die Campingplätze füllen sich während der Collegeferien im Frühjahr sowie an Thanksgiving und Weihnachten. Es gibt auch einfache Stellplätze an den Straßen im Hinterland.

Chisos Basin Campground CAMPING $

(☎877-444-6777; www.nps.gov/bibe; Stellplatz Zelt & Wohnmobil 14 US$) Von den wichtigsten Campingplätzen liegt dieser besonders zentral, gleich in der Nähe des **Chisos Lodge Restaurant** (Lodge Dining Room; www.chisosmountainslodge.com; Chisos Mountain Lodge; Mittagessen 8–13 US$, Abendessen 10–22 US$; ⏱7–10, 11–16 & 17–21 Uhr), des **Basin Store** (☎432-477-2291; Chisos Basin; ⏱7–21 Uhr) und mehrerer beliebter Wanderwege. Es gibt hier 60 Stellplätze, gemauerte Unterstände, Picknicktische und Sanitäranlagen in der Nähe. Die meisten Stellplätze werden nach dem Prinzip „Wer zuerst kommt, mahlt zuerst" vergeben, zwischen dem 15. November und dem Mai können jedoch 26 vorab unter www.recreation.gov reserviert werden.

Chisos Mountain Lodge MOTEL $

(☎877-386-4383, 432-477-2291; www.chisosmountainslodge.com; Zi. Lodge & Motel 143–147 US$, Cottage 162 US$; P ❄ 📶 🐾) Die vier, gemeinsam als Chisos Mountain Lodge bekannten und von Forever Resorts geführten Unterkünfte im Chisos Basin sind gut, wenn auch nicht großartig. Außerhalb des Parks findet man bessere, dafür aber ist hier die Landschaft schöner und man hat den Vorteil, nach der Wanderung nicht erst 45 Minuten bis zu seinem Quartier fahren zu müssen. Ein Reservierung ist unverzichtbar, obwohl es schon häufiger vorkommt, dass durch Absagen auch mal kurzfristig was frei wird.

Praktische Informationen

Neben der Parkverwaltung und dem Besucherzentrum in **Panther Junction** (Main Visitor Center; ☎432-477-1158; www.nps.gov/bibe; ⏱8.30–17 Uhr) gibt's noch ein weiteres ganzjährig geöffnetes Visitor Center im **Chisos Basin** (☎432-477-2264; www.nps.gov/bibe; ⏱8.30–12 & 13–16 Uhr). Nur von November bis Ende April sind die Besucherzentren am **Persimmon Gap** (☎432-477-2393; www.nps.gov/bibe; ⏱Nov.–April 10–12 & 13–16 Uhr), in **Castolon** (☎432-477-2666; www.nps.gov/bibe; ⏱Nov.–April 10–12 & 13–16 Uhr) und im **Rio Grande Village** (☎432-477-2271; www.nps.gov/bibe; ⏱Nov.–April 9–12 & 13–16.30 Uhr) geöffnet.

Wer Infos dazu braucht, wie man das Beste aus einem Besuch herausholen kann, sollte mit den Park Rangern sprechen und für anstehende Lern- und Infoaktivitäten einen Blick auf die Anschlagtafeln werfen. Es gibt außerdem kostenlose Faltblättern zu bestimmten Themen, z. B. Biodiversität, Wandern und Trekken, Geologie, Archäologie und Dinosaurier.

Anreise & Unterwegs vor Ort

Es gibt keine öffentlichen Verkehrsmittel zum oder im Park. Die am nächsten gelegenen Bus- oder Bahnlinien führen durch Alpine, 100 Meilen (160,9 km) nordwestlich der Panther Junction. Die nächsten größeren Flughäfen befindet sich gar 220 Meilen (354 km) nordöstlich in Midland oder 314 Meilen (505,3 km) nordwestlich in El Paso (S. 814).

Tanken kann man an den Tankstellen an der Panther Junction (S. 807) und im Rio Grande Village (S. 808).

Die Grenzpatrouille betreibt Checkpoints für Fahrzeuge, die aus Richtung Big Bend kommen.

ABSTECHER

RIVER ROAD

Westlich von Lajitas schmiegt sich die **Route 170** (die auch als River Road oder Camino del Rio bekannt ist) an den Rio Grande und führt durch eine der spektakulärsten und einsamsten Landschaften im Big Bend. Denn nur wenige Besucher lassen sich auf diese abenteuerliche Strecke ein, obwohl sie für jedes Auto mit guten Bremsen geeignet ist. Einfach anschnallen und aufpassen: Auf der einen Seite hat man den Rio Grande und drum herum merkwürdige geologische Formationen. Und an einer Stelle gibt's ein Gefälle von 15 % – mehr ist nicht erlaubt. Unterwegs kann man anhalten und leichte kurze Wanderungen unternehmen oder einfach nur in die Landschaft blicken.

Von Presidio aus fährt man auf der US 67 nordwärts nach Marfa. Wenn man auf derselben Straße zurückfahren will, sollte man wenigstens bis zum **Colorado Canyon** (20 Meilen/32 km westlich von Lajitas) fahren, um die schönste Landschaft gesehen zu haben.

Wer kein US-Bürger ist, wird aufgefordert seinen Pass vorzuzeigen.

Big Bend Ranch State Park

Der 1259 km² große **Big Bend Ranch State Park** (☎432-358-4444; http://tpwd.texas.gov; abseits der Rte 170; Erw. Okt.–April/Mai–Sept. 5/3 US$, Kind unter 13 Jahren frei) erstreckt sich über die Wüste zwischen Lajitas und Presidio und vom Rio Grande gen Norden in eine der unberührtesten Gegenden Nordamerikas. Auf der riesigen, ehemaligen Ranch finden sich viele bemerkenswerte Landmarken, unter denen der **Solitario** hervorragt, eine kuppelförmige Formation, die vor rund 36 Mio. Jahren durch eine gewaltige Vulkaneruption in die Höhe getrieben wurde. Die entstandene Caldera misst 12,9 km von Osten nach Westen und 14,5 km von Norden nach Süden.

Die malerische River Road (S. 809) schlängelt sich neben dem Rio Grande auf der FM 170 durch den Park – wer auf ihr nur durchfährt, muss keine Eintrittsgebühr bezahlen. Abfahrten von der Straße erlauben es, die Gegend zu bewundern und/oder sich dem Fluss zu nähern; Boote können an verschiedenen Stellen zu Wasser gelassen werden bzw. wieder anlanden. Tagesausflügler können sich auf kurzen Wanderwegen die Beine vertreten und dabei die bemerkenswerte Landschaft ein wenig erkunden. Durchs Hinterland ziehen sich kreuz und quer rauere und längere Wanderwege und Mountainbike-Trails.

Schlafen

Mit dem Fahrzeug erreichbare Stellplätze (12 US$) mit Picknicktischen, Feuergruben und Plumpsklos gibt's auf vier Campingplätzen an der FM 170 und auch im Inneren des Parks. Im Hinterland, wo es keine ausgewiesenen Campingplätze gibt, kann man auf rustikalste Weise zelten (10 US$). Alle Camper müssen eine Genehmigung einholen und reservieren (512-389-8919).

Praktische Informationen

Hilfreiche Infos findet man in der Parkzeitung *El Solitario*, die es gedruckt und online gibt.

Barton Warnock Visitor Center (☎432-424-3327; http://tpwd.texas.gov; FM 170; Parkeintritt Erw. Okt.–April/Mai–Sept. 5/3 US$, Kind unter 13 Jahren frei; ⏲8–16.30 Uhr)

Fort Leaton State Historic Site (☎432-229-3613; http://tpwd.texas.gov; FM 170 E, Presidio; Erw. Nov.–April/Mai–Okt. 5/3 US$, Kind unter 13 Jahren frei; ⏲Do–Mo 8–16.30 Uhr)

Sauceda Ranger Station (☎432-358-4444; http://tpwd.texas.gov; 1900 Sauceda Ranch Rd; ⏲8–18 Uhr) Diesen Vorposten im Parkinnern erreicht man über eine 27 Meilen (43,5 km) lange Anfahrt über eine unbefestigte, nicht immer gut passierbare Straße. GPS-Koordinaten und Karten stehen auf der Website des Parks.

An- & Weiterreise

Das Barton Warnock Visitor Center (S. 809) am östlichen Ende des Parks liegt 95 Meilen (153 km) südlich von Alpine. Der westliche Eingang beim Fort Leaton State Historic Park, 47 Meilen (76 km) auf der River Road gen Westen, befindet sich 63 Meilen (101 km) südlich von Marfa.

Eine landschaftlich schöne und empfehlenswerte **Rundtour** umfasst Alpine, Terlingua, die River Road/FM 170 durch den Park und Marfa.

Zentrales westliches Texas

Die kleinen Städtchen im Westen von Texas sind mittlerweile mehr als nur die Tore zum

Big Bend National Park (S. 807). Fort Davis, Marfa, Alpine und Marathon versprühen ein Flair der Gelassenheit und können Traveller auf der Durchreise problemlos bei Laune halten. Kunstfans genießen die Galerien und Museen in Marfa, während Outdoor-Abenteurer in den Davis Mountains wandern und campen; hier kann zudem im McDonald Observatory die Sterne erkunden. Auch wer auf ausgefallene Sehenswürdigkeiten, Bars und Unterkünfte steht, ist in der Region bestens aufgehoben: Hier gibt es von Geisterlichtern bis zu Tipis alles – nur eben ein bisschen unkonventioneller.

Fort Davis & Davis Mountains

Mit seiner Lage von mehr als 1500 m über dem Meeresspiegel hat Fort Davis gegenüber dem Rest von Texas den Vorteil der Höhe und des damit verbundenen kühleren Klimas. Daher ist es eine beliebte Oase im Sommer, wenn die Einwohner des westlichen Texas in die Berge fliehen, um der sengenden Hitze zu entkommen. Das Gebiet gehört zur Chihuahua-Wüste und den Davis Mountains und zeichnet sich durch eine gestaffelte Landschaft aus, in der die weiten offenen Flächen urplötzlich von hochragenden Felsformationen unterbrochen werden.

Die Ortschaft entstand neben dem gleichnamigen Fort, das 1854 errichtet wurde, um die nach Westen ziehenden Pioniere und Goldsucher vor den Angriffen der Comanche und Apachen zu schützen. Der Ort hat sich eine zu seiner Geschichte passende Wildwestatmosphäre bewahrt.

Sehenswertes & Aktivitäten

★ McDonald Observatory STERNWARTE

(☎432-426-3640; www.mcdonaldobservatory.org; 3640 Dark Sky Dr; Tageskarte Erw./Kind 6–12 Jahre/unter 6 Jahren 8/7 US$/frei; ⏲Visitor Center 10–17.30 Uhr; 👪) Fernab von der Lichtverschmutzung der großen Städte besitzt West-Texas einen so klaren und dunklen Himmel, wie man ihn in Nordamerika kaum sonst wo findet – perfekte Voraussetzungen für eine Sternwarte. Einige der größten Teleskope der Welt stehen auf dem Gipfel des Mt. Locke (2070 m); sie sind so riesig, dass man sie schon aus weiter Entfernung sieht. Die beliebten Sternenpartys (Di, Fr & Sa, Termine saisonal unterschiedlich) sind ein echter Thrill für wissenschaftlich interessierte Kids. Die Teilnehmer lernen dabei den Nachthimmel auf eine ganz neue Art kennen.

Davis Mountains State Park STATE PARK

(☎432-426-3337; http://tpwd.texas.gov; Hwy 118; Erw./Kind unter 13 Jahre 6 US$/frei) Die majestätischen Sonnenauf- und -untergänge in diesem abgelegenen Park sind die schönsten, die wir je gesehen haben – und wir haben viele gesehen. Dieser wundervolle Ort liegt nur 3 Meilen (4,8 km) nordwestlich von Fort Davis am Hwy 118, inmitten der größten Bergkette von Texas. Wandern, Mountainbiken, Reiten (mit dem eigenen Pferd) und die Beobachtung von Vögeln und Nachthimmel sind beliebte Aktivitäten (im Parkhauptquartier gibt es eine Liste mit hier lebenden Vögeln). Für Besucher, die übernachten wollen, gibt's gleich innerhalb des Parks einen Campingplatz und die Indian Lodge (S. 811).

Fort Davis National Historic Site HISTORISCHE STÄTTE

(☎432-426-3224; www.nps.gov/foda; Hwy 17; Erw./Kind unter 16 Jahren 10 US$/frei; ⏲8–17 Uhr; 🐾) Das 1854 errichtete, gut erhaltene und schön gelegene Grenzfort ist nach dem damaligen US-Kriegsminister Jefferson Davis benannt. Zwischen 1867 und 1881 waren hier ausschließlich afroamerikanische Soldaten stationiert. 1891 wurde es aufgegeben, doch sind noch mehr als 20 Gebäude und über 100 Ruinen erhalten. Fünf Gebäude sind heute mit Möbeln der damaligen Zeit eingerichtet. In regelmäßigen Abständen ertönen Trompetensignale und im Sommer erzählen kostümierte Darsteller Geschichten aus dem militärischen Leben. In den eingerichteten Baracken stehen an den einzelnen Betten die Namen der Soldaten, die 1884 hier schliefen.

Balmorhea State Park SCHWIMMEN

(☎432-375-2370; http://tpwd.texas.gov; Hwy 17; Erw./Kind unter 13 Jahren 7 US$/frei; ⏲8 Uhr–Sonnenuntergang oder höchstens bis 19.30 Uhr) Schwimmen, Tauchen und Schnorcheln sind die Attraktionen in diesem 18,6 ha großen State Park, einer echten Oase in der westtexanischen Wüste. Hier findet sich der größte von Quellen gespeiste Swimmingpool in den USA; er wurde in den 1930er-Jahren vom Civilian Conservation Corps gebaut, bedeckt eine Fläche von etwa 0,5 ha und ist bis zu 7,6 m tief. Das Wasser hat das ganze Jahr über eine Temperatur von ungefähr 24 °C.

Schlafen & Essen

Stone Village Tourist Camp MOTEL $
(☎432-426-3941; www.stonevillagetouristcamp.com; 509 N State St; Camp Room 44 US$, Motelzi. 81–98 US$, Suite 111 US$; P 📶 🏊) In diesem charmanten, kleinen und sehr zentral gelegenen alten Motel gibt's zweierlei Unterkünfte: Die normalen Zimmer sind freundlich und komfortabel, die viel einfacheren Camp Rooms besitzen Betonböden, Steinwände, Strom, WLAN und Waschbecken, die aber nur zwischen Ostern und Oktober mit Wasser versorgt werden. Sie teilen sich die Badezimmer (eines für Männer und eines für Frauen), die voneinander durch Wandschirme und Trennvorhänge abgetrennt sind.

Indian Lodge INN $$
(☎Lodge 432-426-3254, Reservierungen 512-389-8982; http://tpwd.texas.gov; Hwy 118, Davis Mountains State Park; Zi. 105–125 US$, Suite 150 US$; P ❄ 📶 🏊) Das gleich hinter dem Eingang des Davis Mountains State Park (S. 810) gelegene historische Gästehaus mit 39 Zimmern könnte schon für sich allein ein State Park sein. Die Anlage wurde in den 1930er-Jahren vom Civilian Conservation Corps gebaut und wirkt mit ihren fast 50 cm dicken Lehmziegelwänden, handgeschnitzten Möbeln aus Zedernholz und Decken aus Kiefernholz wie ein Pueblo in den Südweststaaten der USA – allerdings eines mit einem Swimmingpool und einem Geschenkeladen. Früh reservieren!

Stone Village Market MARKT, SANDWICHES $
(☎432-426-2226; www.stonevillagetouristcamp.com; 509 N State St; Sandwiches 5–7 US$; ⏲7–19 Uhr; 📶) Auf der Suche nach dem perfekten Sandwich für ein Sonnenuntergangspicknick? Dann sollte die Deli-Theke in diesem freundlichen Markt ansteuern und sich den Cranberry-Mandel-Hühnchen-Salat gönnen. Im restlichen Markt gibt es jede Menge Snacks und Getränke, mit denen man sein Picknick abrunden kann.

Praktische Informationen

Fort Davis Chamber of Commerce (☎432-426-3015; www.fortdavis.com; 100 Memorial Sq; ⏲Mo–Fr 9–16 Uhr) Das Besucherzentrum von Fort Davis liegt an der Kreuzung der Hwys 118 und 17.

An- & Weiterreise

Es fahren keine regelmäßig verkehrenden öffentlichen Transportmittel nach Fort Davis oder in die Davis Mountains. Von El Paso und San Antonio kann man per Zug der Bus in das nahe gelegene Alpine (24 Meilen/39 km entfernt) gelangen und dort ein Auto mieten.

Die nächsten Flughäfen sind der **Midland International Airport**, 60 Meilen nordöstlich (96,6 km), und der **El Paso International Airport** (ELP; ☎915-212-0330; www.elpasointernationalairport.com; 6701 Convair Rd; 📶), 200 Meilen (ca. 321,9 km) nordwestlich.

Marfa

1800 EW.

Im winzigen, staubigen Marfa treffen die New Yorker Kunstszene, die Cowboykultur des westlichen Texas und das Grenzkontrollregime aufeinander, existieren aber nebeneinander, ohne sich viel anzuhaben. Das die Stimmung skurril, aber nicht konfliktträchtig ist, liegt vielleicht auch an den verblüffenden Marfa-Lichtern (S. 812).

Das in den 1880er-Jahren gegründete Marfa verdankt seinen kulturellen Ruhm der zweiten Hälfte des vorigen Jahrhunderts: 1956 drehten Rock Hudson, Elizabeth Taylor und James Dean hier den Film *Giganten*, später dann diente der Ort noch als Kulisse für *There Will Be Blood* und *No Country for Old Men*.

Was die New Yorker angeht: Marfa ist ein Wallfahrtsort für Kunstliebhaber, dank einer der größten Installationen minimalistischer Kunst, die Galerien, ausgeflippte Unterkünfte und interessante Restaurants angelockt hat. Die US-Grenzschutzpolizei hat hier einen Hauptsitz und ihre Präsenz wurde in den letzten Jahren sichtbar ausgeweitet.

Sehenswertes

★**Chinati Foundation Museum** MUSEUM
(☎432-729-4362; www.chinati.org; 1 Calvary Row; Erw./Student Tour mit vollständiger Sammlung 25/10 US$, mit ausgewählten Werken 20/10 US$; ⏲Mi–So 9–17 Uhr, Tour mit vollständiger Sammlung 10 oder 10.30 Uhr, mit ausgewählten Werken 11 oder 11.30 Uhr) Wenn man die historische Artilleriehütte mit ihren riesigen Fenstern, weitläufigen Wüstenausblicken und sonnengesprenkelten Aluminiumboxen betritt, macht das Trara um Marfa plötzlich Sinn. Der Künstler Donald Judd hat Marfa eigenhändig auf die Kunstlandkarte der Welt gesetzt, als er dieses Museum auf dem Standort eines ehemaligen Armeepostens errichtete. Das Gelände und die verlassenen Gebäude beherbergen heute eine der größten Dauerausstellungen minimalistischer Kunst welt-

WAS ZUR HÖLLE? PRADA & TARGET!

Man fährt auf einem staubigen, zweispurigen Highway im westlichen Texas, also mitten im Nirgendwo, und erblickt plötzlich einer Fata Morgana gleich am fernen Horizont ein kleines, einsames Gebäude. Beim Vorbeifahren erkennt man dann, ja was dann? Einen Prada-Laden! Die als **Prada Marfa** bezeichnete Kunstinstallation (genau genommen liegt sie 1,5 Meilen nördlich von Valentine) ist eine Initiative der Betreiber des Ballroom Marfa und tatsächlich ein winziger Laden, der von Prada die Erlaubnis erhalten hat, das Logo der Firma zu benutzen. Hinter dessen Schaufenstern ist die Prada-Collection aus dem Jahr 2005 zu sehen. Rein kann man allerdings nicht – man soll hier nichts kaufen, sondern über unser Konsumverhalten nachdenken. Der Plan war, dass die Installation mit der Zeit verfällt, noch sieht sie aber tipptopp aus.

Im Osten liegt am Hwy 90, auf halber Strecke zwischen Alpine and Marathon, das **Target Marathon** (Hwy 90), eine Kunstinstallation aus dem Jahr 2016, die dem Prada Marfa einen Stoß zu versetzen scheint. Was kommt als nächstes? Bitte Bescheid sagen, falls man etwas Neues entdeckt ...

weit. Der ganze Ort ist eine atemberaubende Mischung aus Kunst, Architektur und Landschaft.

Marfa Mystery Lights Viewing Area AUSSICHTSPUNKT
(Hwy 90) Geisterlichter, Wunderlichter – wie immer man sie nennen mag, die flackernden Leuchterscheinungen unterhalb der Chinati Mountains regen seit mehr als 100 Jahren die Fantasien der Traveller an. In vielen Nächten scheint das Wunder einfach nur in den Scheinwerfern in der Ferne vorbeifahrender Autos zu bestehen, allerdings reichen recht überzeugende Beschreibungen von mysteriösen Lichtern am Horizont weit in die Zeit zurück, ehe es Autos gab. Wer will, kann sein Beobachtungsglück auf dem mit Bänken, Feldstechern und Toiletten ausgestatteten Aussichtsbereich 9 Meilen (14,5 km) östlich von Marfa am Hwy 90/67 versuchen.

Ballroom Marfa GALERIE
(☎ 432-729-3600; www.ballroommarfa.org; 108 E San Antonio St; empfohlene Spende 5 US$; ⏲ Mi–Sa 10–18, So bis 15 Uhr) GRATIS Man sollte sich unbedingt erkundigen, was im Ballroom Marfa los ist, einer gemeinnützigen Kunststätte in einer ehemaligen Tanzhalle. Der Fokus liegt auf unkonventionellen, interessanten Projekten wie etwa Filminstallationen und ausgezeichneten monatlichen Konzerten.

Schlafen

★ **El Cosmico** CAMPING $
(☎ 432-729-1950; www.elcosmico.com; 802 S Highland Ave; Stellplatz Zelt 20 US$/Pers., Safarizelte 95 US$, Tipis & Jurten 165 US$, Wohnwagen 165–210 US$; P 📶 🐾) Marfas „Glampground“ dürfte eine der verrücktesten Unterkünfte in Texas sein – man kann hier in modernen, umgebauten Wohnwagen, Tipis, Safarizelten oder sogar einer Jurte schlafen –, ist aber nicht jedermanns Sache. Das Gelände ist trocken und staubig, man muss vielleicht im Freien duschen und es gibt keine Klimaanlagen (glücklicherweise ist es nachts kühl hier).

★ **Hotel St. George** BOUTIQUEHOTEL $$
(☎ 432-729-3700; www.marfasaintgeorge.com; 105 S Highland Ave; Zi. ab US$225; ❄ @ 🐾) In einem Ort mit Hang zu minimalistischen Kuben muss dies wohl unser Favorit sein: Die Designerzimmer, die 2016 für Gäste öffneten, sind die Idee des Einheimischen und Vorstandsmitgliedes der Chinati Foundation Tim Crowley. Details und Dekor spiegeln erlesene Kunstfertigkeit, regionale Geschichte und die für Marfa typische Kreativität wider, von auffälliger Kunst bis hin zur kleinen, aber einladenden Buchhandlung **Marfa Book Company** (☎ 432-729-3700; www.marfabookco.com; Hotel St George, 105 S Highland Ave; ⏲ 9–20 Uhr).

Essen & Ausgehen

Food Shark FOOD TRUCK $
(www.facebook.com/foodsharkmarfa; 909 W San Antonio St; Hauptgerichte 8–12 US$; ⏲ Mi–Sa 12–15 Uhr; ✎) Es ist leicht, den an der Hauptstraße geparkten klapprigen alten Anhänger zu verpassen. Wer aber während der begrenzten Öffnungszeiten durch die Stadt kommt, sollte hier unbedingt den superfrischen griechischen Salat und „Marfalafel“, die Spezialität des Food Shark, probieren.

Man kann vor dem Wagen in einem hübschen kleinen Wüstengarten essen. Die ausgezeichneten Tagesspecials sind schnell ausverkauft.

Cochineal AMERIKANISCH $$$
(432-729-3300; www.cochinealmarfa.com; 107 W San Antonio St; kleine Teller 10–18 US$, Hauptgerichte ca. 18–28 US$; Do–Mo 17.30–22 Uhr;) Die wechselnde Karte des stilvollen, aber minimalistischen Restaurants (mit einem Garten) ist wegen ihrer hochwertigen Bio-Zutaten ein Magnet für Feinschmecker. Um die volle Erfahrung zu machen, sollte man sich anstelle eines Hauptgerichts ruhig ein paar kleine Teller teilen (vielleicht Rinderbrust-Tacos, Austern-Pilz-Risotto oder hausgemachte Ramen-Suppe mit Entenbrust). Eine Reservierung ist ratsam.

Praktische Informationen

Marfa Visitor Center (432-729-4772; www.visitmarfa.com; 302 S Highland Ave; Mo–Fr 8–17, Sa 10–13 Uhr) Im Besucherzentrum gibt's viele tolle Infos zu Galerien, Restaurants und Attraktionen der Umgebung. Sehr hilfreich ist das Informationsblatt zu den Restaurants, in dem die Öffnungszeiten aller Lokale in der Stadt aufgeführt sind.

An- & Weiterreise

Es gibt einen Flughafen in Marfa, von dem man allerdings nur dann abfliegen kann, wenn man selbst ein Flugzeug chartert. Die nächsten kommerziellen Flughäfen liegen 180 Meilen (290 km) nordöstlich in **Midland** bzw. 190 Meilen (305 km) nordwestlich in El Paso (S. 814).

Man kann alternativ mit einem Greyhound-Bus hierher kommen. Die **Busstation** (432-729-1992; www.greyhound.com; 1412 Berlin St) befindet sich gleich westlich vom Zentrum. Wer mit dem Zug anreisen will, kann mit dem Amtrak-Zug ins nahe gelegene Alpine fahren (26 Meilen/42 km entfernt).

Alpine

6100 EW.

Alpine markiert quasi die Mitte zwischen den Orten Fort Davis, Marfa und Marathon, von denen es jeweils eine halbe Fahrtstunde entfernt ist, und eignet sich so wunderbar als Ausgangspunkt zur Erkundung der Region. Das Städtchen besitzt viele Hotels und Restaurants und bietet als einziger Ort mit mehr als 5000 Einwohnern in der Gegend und Verwaltungssitz des Brewster County Dienstleistungen und Einrichtungen, von denen die anderen Orte hier nur träumen können, so u.a. das einzige College mit vollem vierjährigen Unterrichtsprogramm und das einzige moderne Krankenhaus. Alpine ist zudem ein Verkehrsknotenpunkt mit einem Amtrak-Bahnhof mitten in Downtown.

Vor allem aber ist die Stadt ein hübscher Ort zum Verweilen mit einem charmanten altmodischen Zentrum und sehr freundlichen Einwohnern.

Der Hwy 90, der durchs Zentrum führt, teilt sich in zwei Einbahnstraßen: Die Ave E führt nach Westen, die Holland Ave nach Osten.

Sehenswertes

Museum of the Big Bend MUSEUM
(432-837-8143; www.museumofthebigbend.com; 400 N Harrison St, Entrance 4, Sul Ross State University; Di–Sa 9–17, So 13–17 Uhr; P) GRATIS Das wundervolle kleine Museum auf dem Campus der Sul Ross State University zeigt in der Gegend gefundene Meeresfossilien, Bildzeichen amerikanischer Ureinwohner, Exponate zu den spanischen Entdeckern und – natürlich – zur Ära der Cowboys, darunter einen Küchenwagen in Originalgröße. Hier stehen Multimedia-Ausstellungen mit eindrucksvollen Nachstellungen im Mittelpunkt, nicht Schaukästen voller Relikte.

Schlafen & Essen

Maverick Inn MOTEL $
(432-837-0628; www.themaverickinn.com; 1200 E Holland Ave; Zi. 105–145 US$; P) Traveller, die auf den Straßen kreuz und quer die Gegend erkunden, werden sich wie zu Hause fühlen in diesem altmodisch-aufgemachten und schick renovierten Motel, das mit Luxusbettwäsche und Flachbildfernsehern aufwartet. Die Casitas mit Lehmziegelimitaten haben Möbel im texanischen Stil und Terrakottaböden, und der Pool ist nach einem heißen, staubigen Tag ungeheuer verführerisch. Man kann sich eine Gitarre ausleihen und im Foyer in Bildbänden über Texas schmökern. Uns gefällt das Motel!

★ **Holland Hotel** HISTORISCHES HOTEL $$
(432-837-2800; www.thehollandhoteltexas.com; 209 W Holland Ave; EZ 75 US$, DZ 135–185 US$, Suite 155–250 US$; P) Das wunderschöne Gebäude im spanischen Kolonialstil wurde 1928 erbaut und besitzt elegante Zimmer mit geschnitzten Holzmöbeln, Wildwestkunst und schicken Badezimmern. Das Foyer ist mit Ledersesseln und einer Balkendecke ein prima Ort zum Entspannen;

gleich daneben findet sich das recht gute Restaurant **Century**. Das schickste Zimmer ist das „Crow's Nest" (250 US$) in der 4. Etage, während das winzige „Nina's Room" (75 US$) ideal für Traveller ist, die alleine unterwegs sind.

Alicia's Burrito Place MEXIKANISCH **$**
(☎ 432-837-2802; 708 E Gallego Ave; Hauptgerichte 5–12 US$; ⌚ Mo & Mi 9–15, Di & Do–So 8–15 Uhr) Das Alicias ist bekannt für seine schnellen und scharfen Frühstücksburritos. Eier, Speck und andere Zutaten werden zu Gerichten zusammengerollt, die man gleich aus der Hand essen kann. Ein unschlagbares Mittel gegen den einen oder anderen Kater. Der mexikanische Cheeseburger ist ebenfalls der Hit. Hier kann man seine Bestellung auch vom Auto aus abgeben. Nur Barzahlung möglich.

Reata STEAKS **$$**
(☎ 432-837-9232; www.reata.net; 203 N 5th St; Mittagessen 10–15 US$, Abendessen 13–40 US$; ⌚ Mo–Sa 11.30–14 & 17–22 Uhr; P) Dieses gelbe, mit Zinnschindeln gekrönte Ranchhaus, das nach der Rinderfarm aus dem Film *Giganten* von 1956 benannt ist, versprüht einen gehobenen Charme – zumindest im vorderen Teil, wo sich eher die „seriösen" Gäste aufhalten. Weiter hinten befinden sich dagegen eine lebhafte Bar und eine schattige Terrasse, wo eine ganz andere Stimmung herrscht. Hier kann man sich kreuz und quer durch die Steak- und mexikanische Speisekarte futtern und dazu eine Margarita trinken.

Ausgehen & Unterhaltung

Railroad Blues LIVEMUSIK
(☎ 432-837-3103; www.railroadblues.com; 504 W Holland Ave; ⌚ Mo–Sa 16–2 Uhr) Das Railroad Blues ist der Ort in Alpine für Livemusik und bietet zugleich die größte Bierauswahl im Big Bend Country. Der Club zeigt eine beeindruckende Liste von Musikern und zieht manchmal Bands aus Austin an, die auf Ihrer Tournee Richtung Westen unterwegs sind. Wer sich einfach nur ein bisschen unterhalten möchte, sollte während der Happy Hour herkommen (16–19 Uhr).

Praktische Informationen

Die **Alpine Chamber of Commerce** (☎ 432-837-2326; www.visitalpinetx.com; 106 N 3rd St; ⌚ Mo–Fr 9–17, Sa bis 14 Uhr) bietet die Broschüre *Historic Walking Tour*, auf der 44 Stopps im Zentrum eingezeichnet sind.

An- & Weiterreise

Es gibt keine planmäßigen Flüge in dieser Gegend, aber Alpines **Flughafen** nördlich der Stadt am Hwy 118 kann von gecharterten Flugzeugen angeflogen werden.

Greyhound (☎ 432-837-5497; www.greyhound.com; KCS Quick Stop, 2305 E Hwy 90; ⌚ 6–22 Uhr) betreibt Busse von und nach El Paso und San Antonio, mit Umsteigen in Fort Stockton. Die Fahrkarten kann man online oder in dem Lebensmittelgeschäft kaufen, an dem der Bus hält.

Die Amtrak-Züge *Texas Eagle* und *Sunset Limited* halten am **Bahnhof** (☎ 800-872-7245; www.amtrak.com; 102 W Holland Ave). Da die Züge häufig mit Verspätung fahren, sollte man vor dem Aufbruch am besten auf der Amtrak-Website aktuelle Infos einholen.

El Paso

684 000 EW.

El Paso galt lang als verschlafene Stadt im tiefsten Westen von Texas und lebte unbeachtet vor sich hin, während sein berühmt-berüchtigter mexikanischer Nachbarstadt Ciudad Juárez die Schlagzeilen bestimmte. Doch nun macht auch El Paso Schlagzeilen: Dass sich der frühere Kongressabgeordnete Beto O'Rourke für den US-Senat bewarb und seine (schließlich zurückgezogene) Kandidatur für den Präsidentschaftswahlkampf 2020 anmeldete, sorgte ebenso für landesweite Aufmerksamkeit wie die wiederholten Besuche von Präsident Trump, der für seine Grenzpolitik die Werbetrommel rührte. Durch einen Bauboom – und wir sprechen hier nicht von der geplanten Grenzmauer – hat die Innenstadt von El Paso ein neues Gesicht erhalten. Die Stadt besitzt jetzt eine Hand voll neuer Hoteltürme, eine restaurierte Straßenbahnlinie, das Baseballteam der Chihuahuas und Mikrobrauereien.

Outdoor-Enthusiasten genießen die wunderbaren Möglichkeiten zum Radfahren und Wandern im Franklin Mountains State Park. Und wer lieber in der Zivilisation bleibt, findet erstklassige Museen, in denen der Eintritt frei ist. Und eine einladende Kleinstadtatmosphäre hat die gastfreundliche Stadt ohnehin.

Sehenswertes & Aktivitäten

★ **El Paso Museum of Art** MUSEUM
(☎ 915-212-0300; www.epma.art; 1 Arts Festival Plaza; ⌚ Di, Mi, Fr & Sa 9–17, Do bis 21, So 12–17 Uhr; P) GRATIS Das wirklich schöne kleine Muse-

um residiert in einem früheren Greyhound-Busbahnhof. Besonders stolz ist man auf die aus dem 13. Jh. stammende byzantinische *Maria mit dem Kind*, aber auch die Sammlung mit Kunst aus dem US-amerikanischen Südwesten ist eindrucksvoll. Faszinierende moderne Werke runden die Sammlung wunderbar ab. Und das Beste: Um die ganzen Schätze zu bestaunen, wird nicht mal ein Eintritt fällig – einfach vorbildlich!

El Paso Holocaust Museum MUSEUM

(☎915-351-0048; www.elpasoholocaustmuseum.org; 715 N Oregon St; Di–Fr 9–17, Sa & So 13–17 Uhr; P) GRATIS El Paso ist nicht gerade ein naheliegender Standort für ein Holocaust-Museum. Das von in der Stadt lebenden Holocaust-Überlebenden gegründete ausgezeichnete kleine Museum überzeugt aber mit nachdenklich stimmenden, bewegenden Ausstellungen, deren einfallsreiche Präsentation auf größte Wirkung setzt.

Franklin Mountains State Park PARK

(☎915-566-6441; www.tpwd.texas.gov; 1331 McKelligon Canyon Rd; Erw./Kind unter 13 Jahren 5 US$/frei; Tom Mays Unit Mai–Mitte Sept. 8–17 Uhr, April–Mitte Sept. Mo–Fr 8–17, Sa & So 6.30–20 Uhr) Der mit mehr als 9700 ha größte städtische Park in den USA führt einen im Nu aus der Stadt in die unter dem 2192 m hohen North Franklin Peak liegende Heimat von Katzenfretten, Kojoten und anderen kleineren Säugern und Reptilien. Die meisten der tollen Mountainbike- und Wanderwege finden sich in der **Tom Mays Unit** entlang der Transmountain Rd, östlich der I-10.

Ysleta Mission HISTORISCHES GEBÄUDE

(La Misión de Corpus Christi San Antonio de la Ysleta del Sur; Our Lady of Mount Carmel; ☎915-859-9848; www.ysletamission.org; 131 S Zaragoza Rd; Mo & Mi–Fr 9–13 & 14–17, Di 10–13 & 14–17 Uhr; P) GRATIS Die Isleta Mission ist die älteste kontinuierlich existierende christliche Gemeinde in Texas. Sie wurde 1680 von Spaniern und dem Volk der Tigua gegründet, die nach dem Pueblo-Aufstand aus dem heutigen New Mexico geflohen waren. Das ursprüngliche, 1682 von den Tigua errichtete Gebäude wurde Mitte des 19. Jhs. durch die heutige Adobe-Konstruktion ersetzt. Der **Glockenturm** mit der silbernen Kuppel wurde einige Jahrzehnte später hinzugefügt.

Border Patrol Museum MUSEUM

(☎915-759-6060; www.borderpatrolmuseum.com; 4315 Woodrow Bean Transmountain Rd; Di–Sa 9–17 Uhr; P) GRATIS Das kleine, aber informative Museum berichtet von der Geschichte der US-amerikanischen Grenzpolizei, die 1924 gegründet wurde; drei Tage zuvor hatte der Kongress den National Origins Act verabschiedet, der die Einwanderung durch die Zuteilung von Quoten nach Herkunftsländern stark einschränkte. Die ausgestellten Werkzeuge und Fahrzeuge, die verwendet wurden, um die Grenze zu passieren und der Festnahme zu entgehen, ist faszinierend. Sie reichen von Leitern und Booten bis zu motorisierten Flugdrachen.

Schlafen & Essen

Gardner Hotel HISTORISCHES HOTEL $

(☎915-532-3661; www.gardnerhotel.com; 311 E Franklin Ave; B 26 US$, Zi. 44–62 US$;) In El Pasos ältestem Hotel hat sich wenig verändert, seit der Gangster John Dillinger hier in den 1930er-Jahren in Zimmer 221 übernachtete. Um es zu würdigen, muss man wohl einen Sinn für Geschichte mitbringen. Von den mit Möbeln der Zeit und Ventilatoren ausgestatteten Zimmern teilen sich einige das Bad, andere haben ein eigenes. Außerdem gibt's vier Schlafsäle mit jeweils vier Betten, aber nur zwei kostenlose Parkplätze. An den Wochenenden kann es hier sehr laut werden.

Hotel Indigo HOTEL $$

(☎915-532-5200; www.hotelindigo.com; 325 N Kansas St; Zi. ab 157 US$; P @) Das Indigo ist zu einem Ziel in der Downtown geworden. Hier finden sich junge Geschäftsreisende auf Durchreise und Einheimische, die in der schicken Bar Cocktails schlürfen. Die einladenden, modernen Zimmer liegen oberhalb des 5. Stocks, wo sich auf einer Dachterrasse die Lobby, die Bar und der Pool befinden – die Aussicht ist also großartig. In der Bar am Pool wird am Freitag- und Samstagabend lautstark gefeiert.

L&J Cafe MEXIKANISCH $

(☎915-566-8418; www.landjcafe.com; 3622 E Missouri Ave; Hauptgerichte 9–14 US$; So–Mi 9–21, Do & Fr 9–22 Uhr, Sa 8–22, So 8–21 Uhr; P) Eines der beliebtesten mexikanischen Restaurants in El Paso. Das L&J serviert leckere Tacos, Fajitas und seine berühmte Enchiladas mit grünem Chili sowie einen legendären *menudo* (Kutteleintopf) an den Wochenenden. Es liegt neben dem historischen Concordia-Friedhof und sieht auf den ersten Blick ein bisschen zwielichtig aus. Man sollte sich aber nicht abschrecken lassen: Das Café gibt es bereits seit 1927 und das Innere ist wesentlich einladender.

★ **Crave Kitchen & Bar** AMERIKANISCH $$

(☎ 915-351-3677; www.cravekitchenandbar.com; 300 Cincinnati Ave, Kern Place; Hauptgerichte Frühstück 8–19,50 US$, Mittag- & Abendessen 11,50–29 US$; ⊙ Mo–Sa 7–23, So bis 18 Uhr) Die Crave Kitchen gewinnt Extrapunkte für Design – vom coolen Schild bis zum Besteck, das von der Decke hängt. Das hippe kleine Restaurant serviert seinen Gästen kreative Lieblingsgerichte: Mac'n'Cheese mit grünem Chili, saftige Burger mit Waffelpommes aus Süßkartoffeln und üppige Frühstücke. Auf der Karte stehen außerdem jede Menge Craft-Biere.

Cattleman's Steakhouse STEAKS $$$

(☎ 915-544-3200; www.cattlemansranch.com; Indian Cliffs Ranch, Fabens; Hauptgerichte 30–50 US$; ⊙ Mo–Fr 17–22, Sa 12.30–22, So 12.30–21 Uhr; 👪) Diese Rinderfarm liegt 35 Meilen (56 km) südöstlich der Downtown – von der Ausfahrt 49 der I-10 folgt man der Ausschilderung für 4,7 Meilen (7,6 km) Richtung Nordosten. Die Einheimischen würden aber bestimmt sogar 300 km weit fahren, nur um hier zu essen. Denn das gute Essen wird hier von einer noch schöneren Landschaft übertroffen. Die Portionen sind mächtig; für nur 6 US$ kann man sich einen Hauptgang teilen und dazu so viele Beilagen nehmen, wie man möchte.

☆ Unterhaltung

Abraham Chavez Theatre THEATER

(☎ 915-534-0609; www.elpasolive.com; 1 Civic Center Plaza) Das Abraham Chavez Theatre erinnert von außen ein wenig an einen Sombrero. Es beherbergt die meisten großen Musikorganisationen von El Paso, darunter das **El Paso Symphony Orchestra** (☎ 915-532-3776; www.epso.org), **Showtime! El Paso** (☎ 915-247-2726; www.showtimeelpaso.com) und die **El Paso Opera** (☎ 915-581-5534; www.epopera.org). Darüber hinaus gastieren hier Konzerte und Theaterstücke.

McKelligon Canyon Amphitheater LIVEPERFORMANCE

(☎ 915-534-0600; www.vivaelpaso.org; McKelligon Canyon Rd) Das Musical **Viva El Paso!** (☎ 915-231-1100; www.vivaelpaso.org; Erw./Kind unter 13 Jahren 20/12 US$; ⊙ Mitte Juni–Juli) wird im Juni und Juli an Freitag- und Samstagabenden in diesem malerischen Open-Air-Amphitheater aufgeführt. Es befindet sich im Franklin Mountains State Park, 7 Meilen (11 km) nördlich der Downtown.

ℹ Praktische Informationen

El Paso Visitor Center (☎ 915-534-0661; www.visitelpaso.com; 400 W San Antonio Ave, Union Depot; ⊙ Mo–Fr 9–16, Sa bis 14 Uhr)

Franklin Mountains State Park Visitor Center (☎ 915-566-6441; www.tpwd.texas.gov; 1331 McKelligon Canyon Rd; ⊙ Mo–Fr 8–16 Uhr)

Mission Valley Visitors Information Center (☎ 915-851-9997; http://visitelpasomissiontrail.com; 9065 Alameda Ave; ⊙ Mo–Fr 9–16, Sa & So bis 15 Uhr 📶) Die Website bietet Infos über die Geschichte des Mission Trail und zu einem selbst geführten Spaziergang durch San Elizario.

ℹ An- & Weiterreise

Der El Paso International Airport (S. 811) 8 Meilen (12,9 km) nordöstlich der Downtown ist mit Bussen (33 & 50), Taxis und Shuttles erreichbar. Southwest Airlines hat die meisten Flüge, weitere vertretene Fluglinien sind American, Delta, United und Alaska.

Der **Greyhound-Busbahnhof** (☎ 915-532-5095; www.greyhound.com; 200 W San Antonio Ave) von El Paso liegt am südwestlichen Rand der Downtown.

Zwei Amtrak-Strecken bedienen El Pasos Bahnhof **Union Depot** (☎ 800-872-7245; www.amtrak.com; 700 W San Francisco Ave), der sich eine halbe Meile (800 m) südwestlich der Innenstadt befindet. Der *Texas Eagle* verbindet Los Angeles über San Antonio, Austin, Fort Worth und Dallas mit Chicago, der *Sunset Limited* Los Angeles über San Antonio und Houston mit New Orleans. Infos zu Fahrplänen und Preisen erhält man online.

Guadalupe Mountains National Park

Nur wenige Texaner scheinen etwas über die Guadalupe Mountains zu wissen. Dabei ist der **Guadalupe Mountains National Park** (☎ 915-828-3251; www.nps.gov/gumo; US Hwy 62/180; Wochenpass Erw./Kind unter 16 Jahren 7 US$/frei; ⊙ Visitor Center 8–16.30 Uhr) ein echtes texanisches Highlight. Hier befindet sich der höchste Punkt im Bundesstaat, der 2667 m hohe **Guadalupe Peak**. Die gleich südlich von New Mexico und 110 Meilen (177 km) östlich von El Paso gelegene Wüstenenklave ist wirklich von nirgendwo aus schnell zu erreichen. Um den Park bei einem Tagesbesuch am besten auszukosten, fährt man vom Pine Springs Visitor Center

12 Meilen (19,3 km) Richtung Nordosten zum **McKittrick Canyon**, wo man das schönste Herbstlaub in ganz West-Texas bewundern kann.

Mehr als die Hälfte des Parks ist ein ausgewiesenes Landschaftsschutzgebiet; der Park Service köchelt die Erschließung auf Sparflamme, um den wilden Charakter der Gegend zu bewahren. Es gibt keine Restaurants und keine festen Unterkünfte wie auch nur wenige Dienstleistungen und Programme. Man sollte also vorab für einen vollen Tank und eine gut gefüllte Kühltasche sorgen. Da es innerhalb des eigentlichen Parks keine asphaltierten Straßen gibt, muss man wandern, um die Schönheit dieses Hochlands zu erleben.

Informative Aktivitäten finden an Sommerabenden im Amphitheater des Pine-Springs-Campingplatzes statt sowie mehrmals pro Woche im Frühjahr. Die Themen hängen von den Interessen der Ranger ab und reichen von der Beobachtung des Nachthimmels bis zu geologischen Inhalten.

Praktische Informationen

Das **Pine Springs Visitor Center** (915-828-3251; www.nps.gov/gumo; US Hwy 62/180; 8–16.30 Uhr) und die **Dog Canyon Ranger Station** bieten Infos, Toiletten und Trinkwasser, das Besucherzentrum **McKittrick Canyon** Wasser, Toiletten und Freiluftausstellungen.

Karten zum Herunterladen finden sich auf der Website des Parks.

An- & Weiterreise

Der Guadalupe Mountains National Park liegt am Hwy 62/180, 110 Meilen (177 km) östlich von El Paso und 55 Meilen (ca. 88 km) südwestlich von Carlsbad, NM. Die nächsten Tankstellen befinden sich 35 Meilen (56 km) in jeder Richtung entlang des Hwy 62/180, während die nächste Werkstatt in Whites City, NM, zu finden ist, 45 Minuten nordöstlich von Carlsbad am Hwy 62/180.

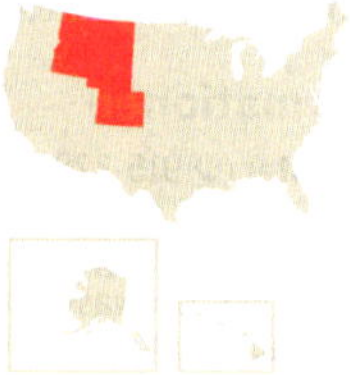

Rocky Mountains

Inhalt ➡

Gut essen

- Frasca (S. 834)
- Follow Yer' Nose BBQ (S. 877)
- Snake River Grill (S. 864)
- Sweet Melissa's (S. 861)

Schön übernachten

- Broadmoor (S. 849)
- Nagle Warren Mansion Bed & Breakfast (S. 859)
- Mill House (S. 862)
- Wort Hotel (S. 864)

Auf in die Rocky Mountains!

Willkommen im epischen Teil der USA: In Colorado, Wyoming, Montana und Idaho treffen die Großen Ebenen des amerikanischen Westens auf die Rocky Mountains. Diese gehören zu den herrlichsten Gebirgen der Welt – man blickt zahllose Male an ihnen empor und verfällt angesichts der Schönheit stets aufs Neue in ehrfürchtiges Schweigen.

Indigene Geschichte durchdringt diese Region, in der die Ureinwohner jahrtausendelang lebten, jagten und schließlich um ihre Existenz kämpften. Von diesen Schlachten zeugen heute viele ergreifende Denkmale. Zudem bieten die Rockies Städte wie Boise, Jackson oder Denver, die Spitzenrestaurants und Kleinbrauereien mit urbaner Coolness paaren.

Hier draußen im Land der Grizzlys, Wölfe, Rothirsche und Bisons lockt aber vor allem der Ruf der Wildnis: Die Nationalparks Yellowstone, Rocky Mountain, Grand Teton und Glacier sind einfach einzigartig und bieten Besuchern fast endlose Möglichkeiten für Erkundungen.

Reisezeit

Denver

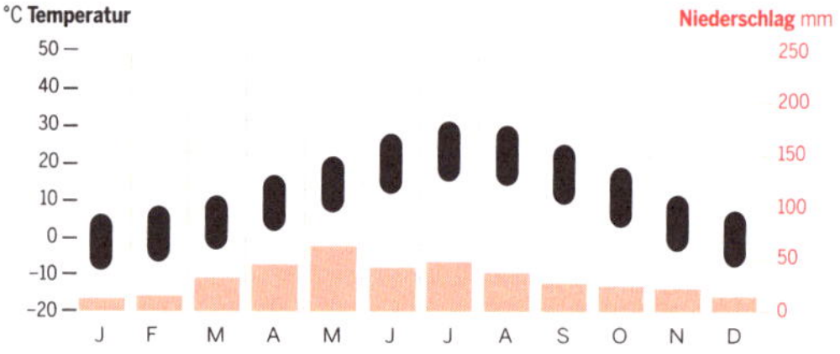

Juni–Aug. Lange sonnige Tage, ideal zum Radfahren, Wandern und Märkte und Festivals besuchen.

Sept. & Okt. Im Herbst ist viel weniger los und daher gibt es tolle Sonderangebote bei Unterkünften.

Jan.–März Schneebedeckte Gipfel, Pulverschneehänge und Après-Ski-Partys vom Feinsten.

Geschichte

Als französische Fallensteller und die Spanier im späten 18. Jh. die Rocky Mountains „entdeckten", lebten hier schon mehrere indianische Stammesverbände, die den Völkern der Nez Percé, der Shoshone, der Crow, der Lakota und der Ute angehörten. Diese Tatsache hielt die Eroberung durch die Europäer kaum auf, und verschiedene Staaten wetteiferten darum, sogenanntes „herrenloses" Land für sich zu beanspruchen, es zu verteidigen, zu verkaufen und zu kaufen.

Beim Louisiana Purchase kauften die jungen USA Frankreich den Anspruch auf das gesamte Land östlich der Kontinentalen Wasserscheide ab. Kurz darauf wurden Meriwether Lewis und William Clark losgeschickt, um das Land zu vermessen und darüber zu berichten, was man hier eigentlich erworben hatte. Bei ihrer 2½-jährigen Forschungsreise bewältigten sie nahezu 13 000 km; die Berichte von ihren Entdeckungen lockten andere Abenteurer an, so dass die Besiedlung langsam in Gang kam.

DIE ROCKY MOUNTAINS IN ...

... zwei Wochen

Am besten beginnt man das Abenteuer Rocky Mountains in der Gegend von Denver. Dort kann man ein Tubing-Abenteuer starten, Vintage-Klamotten kaufen oder im outdoorverrückten, unkonventionellen Boulder (S. 832) Radtouren machen und dann in einem Straßencafé die liberale Atmosphäre in sich aufsaugen. Danach genießt man die Aussicht im Rocky Mountain National Park (S. 837), bevor man sich auf der I-70 gen Westen aufmacht, um sich in den Bergen rund um Breckenridge auszutoben; hier finden sich auch einige der besten Anfängerpisten Colorados. Unbedingt aufsuchen sollte man den Ski- und Mountainbike-Hotspot von Steamboat Springs (S. 839), bevor man die Grenze nach Wyoming überquert.

Einen Eindruck vom Leben in einer Präriestadt gewinnt man in Cheyenne (S. 859). Danach sollte man in Lander (S. 861), dem Eldorado für Bergsteiger, stoppen. Von hier geht's weiter Richtung Nordwesten ins schicke Jackson (S. 862) und in den majestätischen Grand Teton National Park (S. 871), bevor man den einzigartigen Yellowstone National Park (S. 866) erreicht. Für die Erkundung dieses natürlichen Wunderlandes voller Geysire sollte man mindestens drei Tage einplanen.

Dann überquert man die Staatsgrenze zum „Big Sky Country" und setzt gemächlich den Weg Richtung Nordwesten durch Montana fort. Man hält im flippigen Bozeman (S. 875) und dem lebhaften Missoula (S. 880) an. Die Tour sollte in Idaho enden, wo die Einwohner des aufstrebenden Boise (S. 886) ihre baskischen Wurzeln pflegen.

... einem Monat

Wer einen Monat zur Verfügung hat, kann tief in die Region eintauchen und die abseits der ausgetretenen Pfade gelegenen Schätze erleben. Man folgt zunächst dem Fahrplan für die Rockies in zwei Wochen, biegt aber im Südwesten nach Colorado ab und erreicht eine aufstrebende Weinbauregion, bevor man Wyoming besucht. Dann geht's auf die nur für Autos mit Allradanrieb geeigneten Pfade um Ouray (S. 851). Unser Tipp: unbedingt einen Besuch im Mesa Verde National Park (S. 855) mit seinen alten Felsbehausungen einplanen!

In Montana sollte man den Glacier National Park (S. 883) besuchen, so lange man noch Gletscher bewundern kann. In Idaho kann man dann länger in Sun Valley (S. 888) umherstreifen und im entzückenden kleinen Ketchum die Läden, Pubs und köstlichen Bio-Restaurants erkunden (S. 881). Es ist genug Zeit, einige der phantastisch abgelegenen und malerischen Nebenstrecken entlangzufahren. Auf jeden Fall sollte man dem Hwy 75 von Sun Valley nordwärts nach Stanley (S. 890) folgen. Dieses atemberaubende Bergdörfchen an den weiten Ufern des Salmon River ist rundum vom Gebiet eines National Forest umgeben. Stanley bietet zudem großartige Möglichkeiten zum Forellenfischen und ist Ausgangspunkt für gemächliche oder auch rasante Rafting-Touren.

Auf dem Hwy 21 (dem Ponderosa Pine Scenic Byway) von Stanley nach Boise fährt man lang durch dichte Ponderosa-Wälder und an einigen ausgezeichneten, einsamen Campingplätzen am Fluss vorbei – von denen manche Thermalquellen mit Becken haben.

Highlights

❶ **Yellowstone National Park** (S. 866) Zwischen Thermalquellen und Geysiren Bären, Wölfe und Bisons entdecken

❷ **Aspen** (S. 844) In Colorados wichtigstem Partyresort in die Hollywood-Cowboy-Atmosphäre eintauchen

❸ **Grand Teton National Park** (S. 871) Inmitten zerklüfteter Berge wandern und klettern

❹ **Boulder** (S. 832) Sich in dem hochgelegenen städtischen Outdoor-Paradies austoben

❺ **Southwest Colorado** (S. 849) Die lebendigen Wildweststädte in den San Juan Mountains erkunden

6 Glacier National Park (S. 883) An der Going-to-the-Sun Road Naturwunder in ihrer ganzen Pracht fotografieren

7 Sun Valley (S. 888) In Idahos Winter-Spielwiese mit Promis durch den Pulverschnee wedeln

8 Rocky Mountain National Park (S. 837) Mit dem Auto oder dem Zug majestätische Höhen erklimmen

9 Little Bighorn Battlefield National Monument (S. 879) Den Schauplatz einer legendären Schlacht um den Westen der USA besuchen

10 Missoula (S. 880) Coolen, urbanen Kleinstadt-Vibe à la Montana beim Bummeln am Flussufer aufsaugen

Bis ins 20. Jh. zogen Wagentrecks in die Rockies und noch weiter. Der Prozess wurde durch die Fertigstellung der transkontinentalen Eisenbahn durch das südliche Wyoming in den späten 1860er-Jahren beschleunigt.

Um die Siedler unterzubringen, vertrieben die Vereinigten Staaten die Spanier und die Briten aus dem Grenzland im Westen sowie – in einer höchst unrühmlichen Zeit – den größten Teil der hier lebenden Indianer. Die US-Regierung unterzeichnete zahllose Verträge, um die Einwände der indigenen Völker gegen die Ausweitung der Siedlungen zu entschärfen. Stets brach sie diese und drängte die Indianerstämme in immer kleinere Reservate. Als Goldsucher in das Indianerterritorium von Montana vordrangen und die US-Armee Forts entlang des Bozeman Trail errichtete, löste dies mehrere Kriege mit den Lakota, Cheyenne, Arapaho und anderen Stämmen aus.

Ein Gold- und Silberrausch ging der Aufnahme Colorados als Bundesstaat in die USA (1876) voraus. Bald folgten auch Montana (1889), Wyoming (1890) und Idaho (1890). Bergbau, Viehzucht und Holzgewinnung spielten eine wichtige Rolle bei der regionalen wirtschaftlichen Entwicklung, die zu einer Zunahme von Investitionen seitens der Finanzwirtschaft und der Industrie sorgten. Bergwerksbesitzer, weiße Farmer und Rancher besaßen im späten 19. Jh. die Macht, aber die Zyklen des Aufschwungs und Niedergangs in diesen Industriezweigen und ein Ressourcenmanagement, das keinen Wert auf Nachhaltigkeit legte, forderten ihren Tribut von der Landschaft.

Als die Wirtschaft nach dem Zweiten Weltkrieg aufblühte, begannen die Nationalparks Urlauber anzulocken, und das Bewusstsein für die Notwendigkeit des Umweltschutzes wuchs. Der Tourismus wurde in allen vier Bundesstaaten zum führenden Wirtschaftszweig, dicht gefolgt (vor allem in Colorado) vom Militärwesen.

Die politischen Veränderungen der letzten Jahre setzen viele Schutzgebiete in der Rocky-Mountain-Region aufs Spiel. Bestimmte Interessengruppen drängen ständig auf eine verstärkte Ausbeutung der Ressourcen und die Erschließung von Bundesland, das damit der Allgemeinheit entzogen werden könnte.

Land & Klima

Die Rocky Mountains erstrecken sich von der kanadischen Provinz British Columbia bis ins nördliche Mexiko und sind damit Nordamerikas längste Gebirgskette. Insgesamt bestehen sie aus über 100 separaten Gebirgszügen, die größtenteils vor ca. 80 Mio. Jahren während der Laramischen Faltungsphase entstanden. Damals schob sich eine ozeanische Platte flach unter die Nordamerikanische Platte und bewegte sich direkt unter der Erdoberfläche vorwärts. Dies drängte die Rockies nach oben, zur Seite und manchmal auch übereinander – wie im Fall der Lewis-Überschiebung (Lewis Overthrust Fault) im Glacier National Park, wo kilometerdicke ältere Felsen rund 80 km weit über jüngerer Felsen hinweggeschoben wurden. Im Lauf der Zeit schliff (Gletscher-) Erosion die Gipfel dann zu ihrer heutigen Form ab. Dabei wurden Felsschichten freigelegt, die von der langen und chaotischen Vergangenheit zeugen.

Mit dem Rückzug der Gletscher am Ende der letzten Eiszeit wurden die Rockies lebensfreundlicher. Bis heute sind sie jedoch von Wetterextremen geprägt und sind im Winter weitflächig von einer mächtigen Schneeschicht bedeckt. Dies zwingt große Säugetiere zur Futtersuche in tiefer gelegenen Gefilden – sofern sie nicht wie die Bären Winterschlaf halten. Der weiche und trockene Pulverschnee ist wiederum ein Segen für Wintersportler, die sich hier fröhlich austoben: Begriffe wie *champagne powder* (Champagner-Puder) und *cold smoke* (kalter Rauch) erwecken bei Skifahrern von der Pazifikküste großen Neid.

Frühjahr ist eine schlammige Zeit; der Schnee schmilzt, und die Laubbäume knospen. In vielen Bergregionen setzt wärmeres Wetter erst Ende Juni ein. In den kurzen Sommermonaten (Juli–Ende Sept.) müssen alle Pflanzen ihren Reproduktionszyklus absolvieren, sodass die Hochgebirgswiesen dann in allen Farben des Regenbogens schimmern. Menschen nutzen diese Monate für ihre Erholung und Radfahrer und Rucksackwanderer überschwemmen die Trails – vor allem in großen Teilen Colorados.

In den Rockies kann es das ganze Jahr über Schneefälle geben, obwohl die ersten Schneegestöber in der Regel erst Anfang Oktober auftreten, während das Laub der Amerikanischen Zitterpappeln die Hänge in schimmerndes Gold taucht. Die Tage sind noch warm, aber die Nächte kühl, und die Besuchermassen sind weitgehend verschwunden. So ist das wahrscheinlich die beste Jahreszeit für einen Besuch der Region.

Anreise & Unterwegs vor Ort

Denver besitzt den einzigen großen internationalen Flughafen (S. 831) im Bereich der Rocky Mountains. Von Denver und Colorado Springs aus gibt's Flüge mit kleineren Maschinen nach Jackson/Wyoming, Boise/Idaho, Bozeman/Montana und Aspen/Colorado sowie zu weiteren Zielen. Für Ziele im Westen und Norden der Region kann Salt Lake City in Utah das bequemere Luftkreuz sein.

Amtrak (www.amtrak.com) betreibt zwei Zuglinien durch die Region. Der *California Zephyr* verkehrt täglich zwischen Emeryville in Kalifornien und Chicago in Illinois und hat sechs Haltepunkte in Colorado, darunter Denver, Fraser-Winter Park, Glenwood Springs und Grand Junction. Der *Empire Builder* fährt täglich von Seattle in Washington oder von Portland in Oregon, nach Chicago und hat 12 Haltepunkte in Montana (darunter Whitefish, East Glacier und West Glacier) sowie einen in Idaho (Sandpoint).

Greyhound-Busse (☎ 214-849-8100; www.greyhound.com) bedienen manche Gebiete in den Rocky Mountains, für eine gründliche Erkundung ist man aber auf das Auto angewiesen.

COLORADO

Colorado wirkt bemerkenswert vielfältig, schön und erhaben. Neben endlosen Pulverschnee-Pisten locken hier Outdoor-Abenteuer, 300 Sonnentage pro Jahr sowie überraschend kosmopolitische Kunst- und Restaurantszenen.

Praktische Informationen

Bureau of Land Management Colorado (BLM; ☎ 303-239-3600, 800-877-8339; www.co.blm.gov; 2850 Youngfield St, Lakewood; ⏲ Mo–Fr 8.30–16 Uhr; 🚌 28) Infos u. a. zu historischen Stätten und Wanderwegen.

Camping USA (www.camping-usa.com) Eine gute Adresse, die mehr als 12 000 Campingplätze in ihrer Datenbank hat.

Colorado Parks & Wildlife (CPW; Karte S. 824; ☎ 303-297-1192; https://cpw.state.co.us; 1313 Sherman St, Denver; ⏲ Mo–Fr 8–17 Uhr) Verwaltet mehr als 40 State Parks und 300 Naturschutzgebiete; nimmt Reservierungen für Campingplätze vor.

Colorado Road & Traffic Conditions (☎ 511; www.codot.gov; ⏲ 24 Std.) Liefert aktuelle Infos zur Verkehrslage auf den Highways in Colorado und hat auch Radwegekarten.

Colorado Travel & Tourism Authority (☎ 800-265-6723; www.colorado.com) Liefert detaillierte Infos u. a. zu den Sehenswürdigkeiten und Aktivitäten im ganzen Bundesstaat.

KURZINFOS COLORADO

Spitzname Centennial State

Bevölkerung 5,7 Mio. Ew.

Fläche 269 601 km²

Hauptstadt Denver (693 100 Ew.)

Weitere Städte Boulder (97 385 Ew.), Colorado Springs (445 830 Ew.)

Verkaufssteuer 2,9 % (bundesstaatlich) plus diverse kommunale Steuern

Geburtsort von Ute-Stammesführer Ouray (1833–1880); South-Park-Schöpfer Trey Parker (geb. 1969); Schauspielerin Amy Adams (geb. 1974); Bergsteiger Tommy Caldwell (geb. 1978)

Gipfel über 14 000 Fuß (4267 m) 53, 54 oder 58 (je nach Zählung)

Politische Ausrichtung Swing State

Berühmt für Sonnentage (300/Jahr), die höchstgelegenen Weinberge und die längste Skiabfahrt der „Lower 48"

Kitschigstes Souvenir Hirschhuf-Flaschenöffner

Entfernungen Denver–Vail 100 Meilen (160 km), Boulder–Rocky Mountain National Park 38 Meilen (61 km)

Denver

Denver hat eine der schnellsten Wachstumsraten aller amerikanischen Großstädte und ist auch sonst auf dem Weg nach „oben" Hierfür sorgen schönes Wetter, schöne Menschen, gute Restaurants, noch bessere Bars und eine recht belebte Kunst- bzw. Musikszene.

Wie in allen alten US-Metropolen hat auch hier jedes Stadtviertel sein eigenes Gesicht: In River North (RiNo) findet man (Straßen-)Kunst und Lagerhäuser. Highlands und Lower Highlands (LoHi) haben konventionellere Restaurant- und Einkaufsmeilen. In South Broadway dreht sich alles um Leder und Provokation. Das Stadtzentrum besteht aus Lower Downtown (LoDo) mit spaßigen Bars, dem historischen Five Points, dem Santa Fe Arts District und dem Nobelviertel Cherry Creek. Und durch ganz Denver zieht sich ein großartiges Netz aus Radwegen und Parks.

Zudem locken nur ein paar Fahrtstunden entfernt riesige Wildnisgebiete, erstklassige Ski- und Wandermöglichkeiten und noch vieles mehr.

Denver

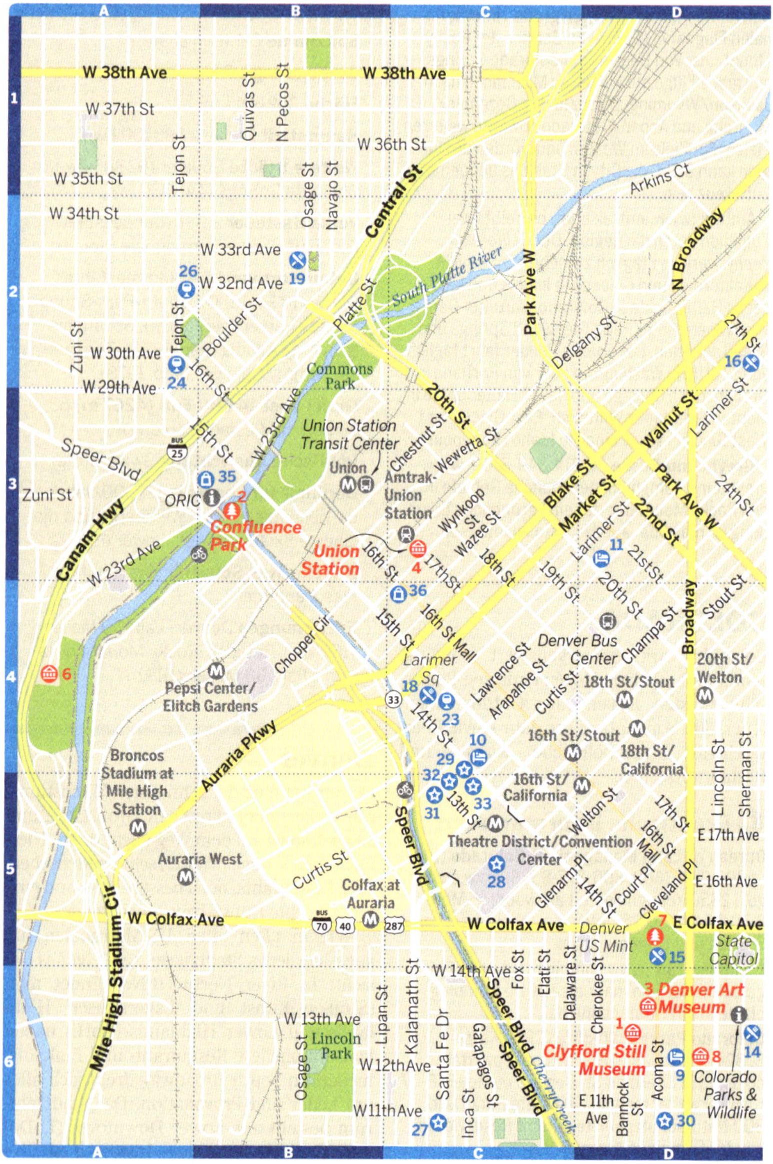

Sehenswertes & Aktivitäten

★ **Denver Art Museum** MUSEUM

(DAM; Karte S. 824; ☎ Tickets 720-865-5000; www.denverartmuseum.org; 100 W 14th Ave; Erw./Kind 13 US$/frei, 1. Sa im Monat frei; ⏲ Di–Do, Sa & So 10–17, Fr bis 20 Uhr; P 👪; 🚌 0, 52) 🍃 Das Denver Art Museum (DAM) hat eine der größten Sammlungen von Kunst der amerikanischen Ureinwohner in den USA und veranstaltet multimediale Sonderausstellungen, die beispielsweise den Schätzen der britischen Kunst oder den Kostümen von *Star Wars* gewidmet sind. Die Abteilung der

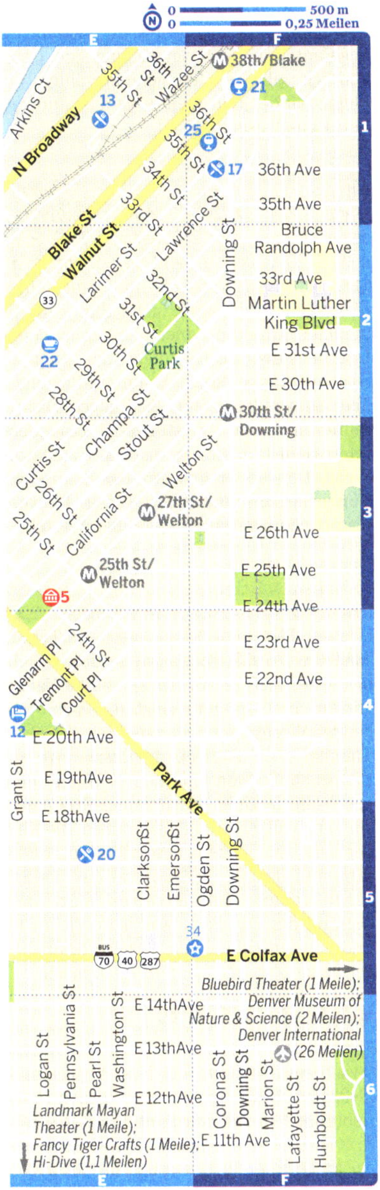

Denver

Highlights
1 Clyfford Still Museum D6
2 Confluence Park B3
3 Denver Art Museum D6
4 Union Station C3

Sehenswertes
5 Blair-Caldwell African American Museum E3
6 Children's Museum Denver Marisco Campus A4
7 Civic Center Park D5
8 History Colorado Center D6

Schlafen
9 Art – a Hotel D6
Crawford Hotel .... (siehe 4)
10 Curtis C4
11 Hostel Fish D3
12 Queen Anne Bed & Breakfast Inn E4

Essen
13 Acorn E1
14 City O' City D6
15 Civic Center Eats D5
16 Denver Central Market D2
17 Hop Alley F1
18 Rioja C4
19 Root Down B2
20 Steuben's Food Service E5

Ausgehen & Nachtleben
21 Black Shirt Brewing Co F1
22 Crema Coffee House E2
23 Crú C4
24 Linger A2
25 Tracks F1
26 Williams & Graham A2

Unterhaltung
27 Colorado Ballet C6
28 Colorado Convention Center C5
29 Colorado Symphony Orchestra C4
30 Curious Theatre D6
31 Denver Center for the Performing Arts C5
32 Denver Performing Arts Complex C5
33 Ellie Caulkins Opera House C5
34 Ogden Theatre F5
Opera Colorado .... (siehe 33)

Shoppen
35 REI B3
36 Tattered Cover Bookstore C4

Dauerausstellung, die sich der Kunst aus dem Westen der USA widmet, ist zu Recht berühmt. Das Denver Art Museum ist keinesfalls ein altmodisches, verstaubtes Kunstmuseum; Kinder lieben es besonders, sich mit den interaktiven Exponaten zu befassen.

★ Confluence Park PARK

(Karte S. 824; 2200 15th St; ; 10, 28, 32, 44) Dort, wo der Cherry Creek in den South Platte River mündet, liegt das Zentrum von Denvers sonnenverliebter Freizeitkultur. Hier kann man gut ein Nachmittagspicknick veranstalten, und es gibt auch einen Wildwasserpark für Kajaks und Reifenschläuche. Familien tummeln sich am kleinen Strand, wo seichtes Wasser zum Spielen einlädt.

Children's Museum Denver Marisco Campus MUSEUM

(Karte S. 824; 303-433-7444; www.mychildsmuseum.org; 2121 Children's Museum Dr; Eintritt 14 US$; Mo, Di, Do & Fr 9–16, Mi bis 19.30, Sa & So 10–17 Uhr; ; 10) Das Museum gehört zu den angesagtesten Attraktionen der Stadt – zumindest für Kids: Unter den Highlights sind ein verglastes Klettergerüst mit drei Ebenen (Schutzhelme werden gestellt), eine Kinderküche mit Kochkursen zum Mitmachen, ein Kunstatelier (214 m²), eine Werkstatt und eine lebensgroße Murmelbahn. Zudem gibt's hier einen riesigen Freiluft-Spielplatz mit vielen Möglichkeiten zum Klettern, Buddeln und Planschen. Ganz kleine Besucher freuen sich über die speziellen Spielbereiche mit Spaß für Kinder, die noch krabbeln oder gerade das Laufen lernen.

★ Clyfford Still Museum MUSEUM

(Karte S. 824; 720-354-4880; www.clyffordstillmuseum.org; 1250 Bannock St; Erw./Kind 10 US$/frei; Di–Do, Sa & So 10–17, Fr bis 20 Uhr; ; 0, 52) Das faszinierende Museum ist ausschließlich dem Werk und dem Erbe Clyfford Stills gewidmet. Die Sammlung umfasst über 2400 Werke – 95 % des gesamten Oeuvres dieses kühnen und narzisstischen Vertreters des Abstrakten Expressionismus. In seinem Testament verfügte Still, dass seine Werke nur an einem einzigen Ort im Zusammenhang gezeigt werden dürfen, daher baute Denver dieses Museum. In der Woche werden kostenlose Führungen angeboten, deren Zeiten und Termine auf der Website stehen.

History Colorado Center MUSEUM

(Karte S. 824; 303-447-8679; www.historycoloradocenter.org; 1200 Broadway; Erw./Kind 14/8 US$; 10–17 Uhr; P ; 0, 10) Colorados Wurzeln als Grenzland und seine modernen High-Tech-Triumphe lassen sich in diesem pointierten, smarten und charmanten Museum erkunden. Es gibt viele interaktive Exponate, darunter eine an Jules Verne erinnernde „Zeitmaschine“, die über eine riesige Landkarte von Colorado fährt, auf der Schlüsselmomente aus der Geschichte des Centennial State verzeichnet sind. Gelegentlich gibt es Geschichtenerzählen für kleine Kinder und andere Veranstaltungen bevor das Museum öffnet.

Blair-Caldwell African American Museum MUSEUM

(Karte S. 824; 720-865-2401; https://history.denverlibrary.org/blair; 2401 Welton St, 3. OG; Mo & Mi 12–20, Di, Do & Fr 10–18, Sa 9–17 Uhr; P ; 43, D) GRATIS Versteckt im 3. Stock einer öffentlichen Bibliothek bietet dieses multimediale Museum einen ausgezeichneten Überblick über die Geschichte der Afroamerikaner in der Rocky-Mountain-Region – über Einwanderung und Siedlungen, Diskriminierung und Leistungen. Besonders interessant sind die Exponate zu Wellington Webb, Denvers erstem afroamerikanischen Bürgermeister, und zu Five Points, Denvers historischem afroamerikanischen Viertel.

Denver Museum of Nature & Science MUSEUM

(DMNS; 303-370-6000; www.dmns.org; 2001 Colorado Blvd; Erw./Kind Museum 19/14 US$, IMAX-Kino 7/6 US$, Planetarium 5/4 US$; 9–17 Uhr; P ; 20, 32, 40) Das klassische Naturwissenschaftsmuseum zeigt u. a. hervorragende Wechselausstellungen zu diversen Themen (z. B. Pompeji, mythische Wesen, Biomechanik von Insekten). Unter den gleichsam faszinierenden Dauer-Exponaten sind auch all jene coolen Dioramen, die Kinder seit jeher lieben. Besonders unterhaltsam sind das **IMAX-Kino** und das **Gates-Planetarium**. Der Komplex liegt am Ostrand des City Park, was nette Picknicks und/oder anschließende Besuche des nahegelegenen Zoos stressfrei möglich macht.

Feste & Events

First Friday KULTUR

(www.rivernorthart.com; 1. Fr des Monats meist 18–22 Uhr) GRATIS Bei dem abendlichen Galeriebummel durch den Santa Fe und RiNo Arts District erfreuen sich Denvers Einwohner an kostenlosem Wein und interessanten Gesprächen. Dann haben auch Galerien in kleineren Stadtvierteln (z. B. Berkeley, South Pearl) geöffnet.

Five Points Jazz Festival MUSIK

(www.artsandvenuesdenver.com; Welton St; Mai; ; 12, 28, 43, D) GRATIS Das eintägige Jazzfest am dritten Samstag im Mai feiert das

ABSTECHER

BESTE TAGESWANDERUNGEN & RADTOUREN AB DENVER

Maximal eine Fahrtstunde von Denver entfernt beginnen zahllose Tageswanderungen und Radrouten. Beispiele:

Golden Gate Canyon State Park (☎303-582-3707; www.cpw.state.co.us; 92 Crawford Gulch Rd; Zugang 7 US$, Camping 20–26 US$; ⏲5–22 Uhr;) Ein riesiger Park (4856 ha) zwischen Golden und Nederland; bietet viele Möglichkeiten zum Wandern und Klettern.

Staunton State Park (☎303-816-0912; www.parks.state.co.us/parks; 12102 S Elk Creek Rd; Zugang pro Pers./Kfz 4/8 US$; ⏲7–21 Uhr;) Colorados neuester State Park auf dem Gelände einer historischen Ranch (40 Meilen/64,4 km westlich von Denver); zwischen 2469 und 3048 m Höhe wartet hier eine sehr abwechslungsreiche Landschaft (z. B. grüne Wiesen, spektakuläre Granitfelsen).

Waterton Canyon (☎303-634-3745; www.denverwater.org/recreation/waterton-canyon-strontia-springs-resevoir; 11300 Waterton Rd; ⏲30 Min. vor Sonnenaufgang–30 Min. nach Sonnenuntergang;) Hübscher Canyon südlich von Denver; gleich westlich vom Chatfield Reservoir führt hier ein leichter Wanderweg (10,5 km) zum Strontia Springs Dam.

Buffalo Creek Mountain Bike Area (www.frmbp.org; 18268 S Buffalo Creek Rd, Pine; ⏲7–19 Uhr;) Prima für Mountainbiker, die Singletrails mögen; das Routennetz (64 km) umfasst auch die Abschnitte des Colorado Trail, auf denen Fahrräder erlaubt sind.

historische afroamerikanische Viertel Five Points, in dem es früher mehrere Jazzclubs gab. Mehr als 50 Bands spielen auf Bühnen, die in der Welton St aufgebaut werden. Diverse kinderfreundliche Aktivitäten – Instrumentenbau, Trommelkreise, Gesichtsbemalung – werden angeboten, sodass dies ein Event ist, das allen Spaß macht.

Great American Beer Festival BIER
(☎303-447-0816; www.greatamericanbeerfestival.com; 700 14th St; Eintritt 85 US$; ⏲Sept. oder Okt.; 🚌1, 8, 19, 48, 🚊D, F, H) Von allen US-Bundesstaaten hat Colorado die meisten Craft-Bier-Produzenten pro Einwohner. So präsentiert dieses ungemein beliebte Event über 500 Brauereien von „Big Players" bis zu passionierten Heim-Brauern. Aufgrund seiner Größe steigt es im **Colorado Convention Center** (Karte S. 824; ☎303-228-8000; www.denverconvention.com; 700 14th St; ; 🚌1, 8, 19, 48, 🚊D, F, H). Die Tickets sind meist schon im Voraus ausverkauft.

Schlafen

★ **Hostel Fish** HOSTEL $
(Karte S. 824; ☎303-954-0962; www.hostelfish.com; 1217 20th St; B/Zi. ab 40/190 US$; ; 🚌38) Das schicke Hostel ist eine Oase für Budgettraveller. Die stilvollen, modernen und sauberen Schlafsäle mit Stockbetten für 5 bis 10 Personen sind nach Themen gestaltet – Aspen, Graffiti, Vintage Biker. Die Matratzen sind dick, die Decken weich, und für jeden Gast gibt's ein Schließfach und eine Ladestation. Die Gemeinschaftsküche und regelmäßige Kneipenbummel sorgen dafür, dass man leicht neue Bekanntschaften schließt.

★ **Queen Anne Bed & Breakfast Inn** B&B $$
(Karte S. 824; ☎303-296-6666; www.queenannebnb.com; 2147 Tremont Pl; Zi./Suite ab 165/230 US$; P; 🚌28, 32) Sanfte Kammermusikklänge rieseln in den Gemeinschaftsbereichen, frische Blumen, gepflegte Gärten und Weinproben am Abend schaffen ein romantisches Ambiente in diesem umweltbewusst geführten B&B, das in zwei viktorianischen Wohnhäusern der späten 1880er-Jahre untergebracht ist. Dank der viktorianischen Antiquitäten, eigenen Whirlpools und exquisiten Wandbildern hat jedes Zimmer seinen individuellen Charakter.

★ **Crawford Hotel** HOTEL $$$
(Karte S. 824; ☎855-362-5098; www.thecrawfordhotel.com; 1701 Wynkoop St, Union Station; Zi. ab 290 US$, Suite ab 529 US$; ; 🚌55L, 72L, 120L, FF2, 🚊A, B, C, E, W) Das Hotel in der historischen Union Station (S. 832) ist ein Beispiel für Denvers erstaunliche Verwandlung. Die Zimmer sind luxuriös und stilvoll, sie haben hohe Decken und altmodische Details wie Art-déco-Kopfteile an den Betten und Badewannen mit Klauenfüßen. Der Service ist makellos, und die Bahnhofsbar Terminal ist ein netter Treff. Nur ein paar Schritte entfernt hält die Stadtbahn zum Denver International Airport (S. 831).

Curtis HOTEL $$$
(Karte S. 824; ☎303-571-0300; www.thecurtis.com; 1405 Curtis St; Zi. 309–449 US$; 9, 10, 15, 20, 28, 32, 38, 43, 44) Im Curtis betritt man eine Wunderwelt à la Warhol: die 13 Etagen sind jeweils einem anderen Genre der amerikanischen Popkultur gewidmet. Die Zimmer sind geräumig und sehr modern. Die Achtsamkeit auf Details – sowohl im Dekor als auch im Service zeichnet dieses einzigartige Hotel aus. Obwohl es vom Doubletree verwaltet wird, ist es ein einzigartiges Hotel im Herzen der Downtown.

★ **Art – a Hotel** BOUTIQUEHOTEL $$$
(Karte S. 824; ☎303-572-8000; www.thearthotel.com; 1201 Broadway; Zi. ab 400 US$; 0, 6, 10, 52) Wie der Name vermuten lässt, sind die Gästezimmer und Gemeinschaftsbereiche mit großartiger Kunst geschmückt – passend zur Lage gleich um die Ecke vom Denver Art Museum (S. 824). Die Zimmer sind recht groß und modern, und die weite Terrasse (geöffnet für die Öffentlichkeit) mit Feuergruben und tollem Ausblick ist ideal für einen Cocktail zur Happy Hour.

Essen

Denvers Gastro-Szene boomt: Scheinbar jeden Monat eröffnen hier neue Restaurants, Cafés und Food Trucks (aktuelle Übersicht unter www.5280.com). Downtown bietet die größte kulinarische Vielfalt. Ein paar der besten örtlichen Lokale liegen aber auch in leicht zu Fuß erkundbaren Vierteln wie LoHi, RiNo, South Broadway, Uptown oder Five Points. Draußen im Vorort Aurora lockt Denvers leckerste Ethno-Küche.

★ **Denver Central Market** FOOD-COURT $
(Karte S. 824; www.denvercentralmarket.com; 2669 Larimer St; So–Do 8–21, Fr & Sa bis 22 Uhr; 44, 48) Der Gourmetmarkt in einem umgebauten Lagerhaus überzeugt mit Stil und einem vielseitigen Angebot. Hier findet man hausgemachte Pasta, Feinschmecker-Sandwiches, Holzofenpizzas und Straßen-Tacos. Man kann sich auch nur einen Cocktail an der Bar holen und dann vom Obststand zum Chocolatier schlendern. Man isst an Gemeinschaftstischen oder auf der Terrasse an der Straße.

Civic Center Eats FOOD TRUCK $
(Karte S. 824; ☎303-861-4633; www.civiccenterconservancy.org; Ecke Broadway & Colfax Ave, Civic Center Park; Hauptgerichte 5–10 US$; Mai–Okt. Di–Do 11–14 Uhr; 0, 9, 10, 52) Wenn es warm wird, kann man im **Civic Center Park** gut zu Mittag essen. Unzählige Food Trucks – das Angebot reicht von Grillspeisen und Pizzas bis zu Sushi und indischen Gerichten – fahren in den Park und servieren herzhafte Mahlzeiten. Tische werden aufgestellt, Livebands spielen, und Büroangestellte picknicken auf dem Gras. Hier zeigt sich Denver von seiner besten Seite.

★ **Hop Alley** CHINESISCH $$
(Karte S. 824; ☎720-379-8340; www.hopalleydenver.com; 3500 Larimer St; Hauptgerichte 10–25 US$; Mo–Sa 17.30–22.30 Uhr; 12, 44) Hop Alley war eine abschätzige Bezeichnung für Denvers ärmliche Chinatown. Sie existierte in den 1880er-Jahren, bis rassistische Unruhen und rassistische Gesetze die Gemeinde zerstreuten. Das kleine, muntere Restaurant in einer ehemaligen Sojasaucenfabrik greift den Spitznamen auf und bietet authentische, aber einfallsreiche chinesische Gerichte sowie kreative Cocktails, die nach den chinesischen Tierkreiszeichen benannt sind.

★ **Acorn** AMERIKANISCH $$$
(Karte S. 824; ☎720-542-3721; www.denveracorn.com; 3350 Brighton Blvd, Source; Gerichte 14–30 US$; Mo–Sa 11.30–22, So ab 17.30 Uhr; 12, 20, 48) Der mit Eichenholz befeuerte Ofen und der Grill sind die Stars in diesem hervorragenden Restaurant, in dem die Mahlzeiten aus kleinen Platten mit innovativen Gerichten bestehen, die man gut teilen kann. Die Karte wechselt saisonal, aber Gerichte wie knusprig gebratenes eingelegtes Gemüse, über Eichenfeuer gegrillte Spargelbrokkoli und Pozole mit geräuchertem Schweinefleisch sind die Hits. Wem das Abendessen zu teuer ist, kann nachmittags (14.30–17.30 Uhr) kommen – die Auswahl ist zwar kleiner, aber die Preise sind günstiger.

Rioja MODERN-AMERIKANISCH $$$
(Karte S. 824; ☎303-820-2282; www.riojadenver.com; 1431 Larimer St; Hauptgerichte 20–40 US$; Mi–Fr 11.30–14.30, Sa & So ab 10, tgl. 17–22 Uhr; 10, 28, 32, 38, 44) Eines von Denvers innovativsten Restaurant ist wie Colorado: fesch, nobel und geschäftig, zugleich aber entspannt und zwanglos. Die Küche mit traditionell italienischen und spanischen Einflüssen wird durch moderne kulinarische Ansätze verfeinert.

★ **Root Down** MODERN-AMERIKANISCH $$$
(Karte S. 824; ☎303-993-4200; www.rootdowndenver.com; 1600 W 33rd Ave; kleine Platten

8–19 US$, Hauptgerichte 14–35 US$; ⏲So–Do 17–22, Fr & Sa 17–23, Fr 11–14, Sa & So 10–14.30 Uhr; ; 🚌19, 52) In einer umgebauten Tankstelle, ist dies eines der ehrgeizigsten gastronomischen Konzepte in der Stadt, das nachhaltige, farmfrische Zutaten, raffinierte Kombinationen und den Einsatz für umweltschonende Energieeffizienz vereint. Die Karte wechselt saisonal, sehr zu empfehlen sind das Süßkartoffel-Falafel und die kleinen Colorado-Lamm-Sandwiches. Es gibt viele vegetarische, vegane, rohe und glutenfreie Gerichte.

Ausgehen & Nachtleben

Zu Denvers wichtigsten Vierteln in Sachen Nachtleben zählen Uptown mit Schwulenbars und einem Publikum aus jungen Berufstätigen, LoDo mit rauen Sportbars und harten Kneipen, RiNo mit Hipster-Treffs, LoHi mit einem bunten Mix verschiedener Bars und South Broadway und Colfax, wo sich Möchtegerns alter Schule vergnügen.

★Black Shirt Brewing Co BRAUEREI

(Karte S. 824; ☎303-993-2799; www.blackshirtbrewingco.com; 3719 Walnut St; ⏲So–Do 11–22, Fr & Sa bis 24 Uhr; ; 🚌12, 44, 🚆A) Die Kleinbrauerei braut ausschließlich Red Ales, deren Herstellung zwei Monate bis drei Jahre dauert. Die Braumeister schätzen ihre Produkte so sehr, dass sie eigens schiefe Gläser entwickelten, in denen sich das Aroma besser entfalten soll. In der beliebten Braustube gehören gutes Essen und Livemusik mit dazu. Die Küche liefert Pizzas aus dem Backsteinofen und Gourmet-Salate.

★Crema Coffee House CAFÉ

(Karte S. 824; ☎720-284-9648; www.cremacoffeehouse.net; 2862 Larimer St; ⏲7–17 Uhr; ; 🚌44) Noah Price, ein Modedesigner, der auf Kaffee umgesattelt hat, nimmt seinen Job ernst und wählt, braut und serviert Denvers absolut besten Kaffee. Der Espresso und der Kaffee aus der Presskanne sind perfekt, aber seine Spitzenstellung verdankt das Café dem hellen Latte, fein gewürzten Eistees und spektakulären Gerichten – von marokkanischen Fleischbällchen bis hin zu Erdnussbutter- und Marmeladensandwiches mit Ziegenkäse.

Williams & Graham COCKTAILBAR

(Karte S. 824; ☎303-997-8886; www.williamsandgraham.com; 3160 Tejon St; ⏲17–1 Uhr; 🚌32,44) Denvers beste Flüsterkneipe sieht aus wie ein Buchladen aus dem Wilden Westen, aber wenn man nach einem Platz verlangt, schiebt der Kassierer eine Bücherwand beiseite und geleitet einen tiefer hinein in die Ära. Hier erwarten einen poliertes Holz, glänzende Messingarmaturen, alte Lampen, verzierte Zinndecken und Barkeeper mit Schürzen. Die kreativen Cocktails werden so kunstvoll gemixt, dass sie fast zu schade zum Trinken sind. Fast!

Linger LOUNGE

(Karte S. 824; ☎303-993-3120; www.lingerdenver.com; 2030 W 30th Ave; ⏲Di–Do 11.30–14.30 & 16–22, Fr bis 23, Sa 10–14.30 & 16–23, So 10–14.30 Uhr; 🚌28, 32, 44) Der weitläufige Komplex in LoHi befindet sich in der früheren Leichenhalle des Olinger-Bestattungsinstituts. Abends ist das „O" nicht beleuchtet, und das Linger bleibt übrig. Es gibt eine interessante internationale Speisekarte, aber die meisten Leute kommen wegen der eleganten Atmosphäre und der strahlenden Dachterrassenbar. Es gibt sogar eine Replik des Wohnwagens, der durch die Klamotte *Ich glaub', mich knutscht ein Elch!* mit Bill Murray berühmt wurde.

Tracks SCHWULENDISCO

(Karte S. 824; ☎303-863-7326; www.tracksdenver.com; 3500 Walnut St; Eintritt bis 22 Uhr frei, danach 10 US$ ⏲Fr & Sa 21–2 Uhr, So–Do wechselnde Öffnungszeiten; 🚌44, 🚆A) Denvers beste Schwulendisco bietet einen prima Szene-Mix aus ausgesprochen hübschen Jungs und ebenso ansprechender Musik. Das Programm beinhaltet u. a. Partys für Gäste ab 18 Jahren (Do) und Travestieshows (Fr). Samstags ist immer am meisten los.

Crú WEINBAR

(Karte S. 824; ☎303-893-9463; www.cruawinebar.com; 1442 Larimer St; ⏲Mo–Do 14–24, Fr & Sa 12–2, So 10.30–15 Uhr; 🚌10, 28, 32, 38, 44) Weinetiketten und Gläser, Stimmungsbeleuchtung und sanfte Musik bestimmen die elegante Weinbar am Larimer Sq. Das Lokal wirkt so maßgefertigt, dass man sich wundert, wenn man erfährt, dass es zu einer Kette (Dallas, Austin) gehört. Zur Happy Hour (Mo–Fr 16–18.30 Uhr) gibt's kleine Gerichte wie Muscheln und Ziegenkäse-Beignets, und eine Probepalette Wein kostet dann 3 US$ weniger.

Unterhaltung

Denvers riesiges Unterhaltungsangebot reicht von lauschigen Jazzclubs bis zum großartigen Denver Center for the Performing Arts (S. 830). Dabei ist für jeden Geschmack etwas am Start: Fast an jeder Ecke gibt's hier Theater und Livemusik – ergänzt durch Comedy, Kino, Tanz, jährliche Festivals und angesagte Shows für alle Altersstufen. Zudem gehört Denver landesweit zu den wenigen Städten, die Teams in allen vier großen US-Sportarten haben. Hinzu kommen noch ein Profi-Fußballclub und eine Lacrosse-Mannschaft.

★ Denver Performing Arts Complex DARSTELLENDE KUNST
(Karte S. 824; ☎720-865-4220; www.artscomplex.com; Ecke 14th St & Champa St; 🚌9, 15, 28, 32, 38, 43, 44) Der riesige Komplex – einer der größten seiner Art – nimmt vier Straßenblocks ein und beherbergt 10 wichtige Spielstätten, darunter das historische **Ellie Caulkins Opera House** und die Boettcher Concert Hall. Der Komplex ist Sitz des **Colorado Ballet** (Karte S. 824; ☎303-837-8888; www.coloradoballet.org; 1075 Santa Fe Dr; ⏲Theaterkasse Mo–Fr 9–17 Uhr; 👪; 🚌1, 9), des **Denver Center for the Performing Arts** (Karte S. 824; ☎303-893-4100; www.denvercenter.org; 1101 13th St; ⏲Theaterkasse Mo–Sa 10–18 Uhr & 1 Std. vor Vorstellungsbeginn; 👪; 🚌9, 15, 28, 32, 38, 43, 44), der **Opera Colorado** (Karte S. 824; ☎303-468-2030; www.operacolorado.org; ⏲Theaterkasse Mo–Fr 10–17 Uhr; 👪; 🚌9, 15, 28, 32, 38, 43, 44) und des Colorado Symphony Orchestra (S. 830). Wer nicht weiß, was er mit dem Abend anfangen soll, wird einen Besuch hier nicht bereuen.

★ Curious Theatre THEATER
(Karte S. 824; ☎303-623-0524; www.curioustheatre.org; 1080 Acoma St; ⏲Theaterkasse Di–Sa 14–18 Uhr; 🚌0, 6, 52) „Kein Mut, keine Geschichte" lautet das Motto dieser preisgekrönten Theatertruppe, die in einer umgebauten Kirche spielt. Die Stücke präsentieren zum Nachdenken anregende Geschichten, die Fragen wie soziale Gerechtigkeit, Rassismus, Einwanderung oder den Umgang mit Sexualität aufgreifen. Nach jeder Vorstellung diskutieren die Schauspieler mit dem Publikum über alles von der Handlung des Stücks bis zum Bühnenbild. Tickets ab 18 US$.

Hi-Dive LIVEMUSIK
(☎303-733-0230; www.hi-dive.com; 7 S Broadway; 🚌0) Lokale Rockgrößen und tourende Indie-Bands treten auf der Bühne des Hi-Dive im Herzen von Denvers Livemusikszene auf. Bei großen Shows wird es ohrenbetäubend laut, es herrscht drangvolle Enge und der Schweiß rinnt in Strömen. Mit einem Wort: perfekt!

Ogden Theatre LIVEMUSIK
(Karte S. 824; ☎303-832-1874; www.ogdentheatre.com; 935 E Colfax Ave; ⏲Ticketschalter Sa 10–14 Uhr, an Vorstellungstagen 1 Std. vor Einlass; 🚌15) Einer von Denvers besten Livemusik-Clubs. Das Ogden Theatre hat eine wechselvolle Geschichte: 1917 erbaut, stand es viele Jahre verlassen da und wäre in den frühen 1990er-Jahren fast abgerissen worden. Inzwischen steht es aber auf der Liste des National Register of Historic Places. Hier sind schon Acts wie Edward Sharpe & the Magnetic Zeros und Lady Gaga aufgetreten.

Colorado Symphony Orchestra KLASSISCHE MUSIK
(CSO; Karte S. 824; ☎303-623-7876; www.coloradosymphony.org; 1000 14th St, Boettcher Concert Hall; ⏲Theaterkasse Mo–Fr 10–18, Sa ab 12 Uhr; 👪; 🚌9, 15, 28, 32, 38, 43, 44) Die Boettcher Concert Hall im Denver Performing Arts Complex (S. 830) ist Sitz dieses renommierten Sinfonieorchesters. Die Konzerte der „Masterworks"-Saison füllen jährlich 21 Wochen, hinzu kommen Konzerte für ein breiteres Publikum – beispielsweise als Begleitorchester bei Filmvorführungen wie *La La Land* oder *Harry Potter und der Gefangene von Azkaban*.

Bluebird Theater LIVEMUSIK
(☎303-377-1666; www.bluebirdtheater.net; 3317 E Colfax Ave; 👪; 🚌15) Das mittelgroße Theater verlangt für die Stehplätze einen allgemeinen Eintrittspreis und bietet eine tolle Akustik sowie gute Sicht vom Rang. Hier hat man oft die letzte Gelegenheit Bands zu erleben, bevor sie richtig berühmt werden: Die Denver-Favoriten Lumineers und DeVotchKa machten hier erste Schlagzeilen.

Landmark Mayan Theatre KINO
(☎303-744-6799; www.landmarktheatres.com; 110 Broadway; 👪; 🚌0) Auch ohne die schicke Tonanlage und die riesige Leinwand ist dies der beste Ort, um in Denver einen Film anzusehen. Der Filmpalast aus den 1930er-Jahren ist ein romantisches, historisches Schmuckstück – und Bier gibt's auch.

Shoppen

★ Tattered Cover Bookstore BÜCHER
(Karte S. 824; ☎303-436-1070; www.tatteredcover.com; 1628 16th St; ⏲Mo–Fr 6.30–21, Sa 9–21, So 10–18 Uhr; 📶👪; 🚌10, 19, 28, 32, 44, MallRide) In Denvers beliebtem unabhängigen Buchladen

gibt's viele Ecken, in die man sich mit einem Buch zurückziehen kann. Der Laden birst fast von neuen und gebrauchten Büchern und hat auch ein gutes Sortiment an regionalen Reiseführern und Sachbüchern zu den westlichen Staaten der USA und zur Folklore des Westens. Es gibt noch eine zweite, kleinere Filiale an der Colfax nahe dem City Park.

REI SPORT & OUTDOOR

(Recreational Equipment Incorporated; Karte S. 824; ☎303-756-3100; www.rei.com; 1416 Platte St; ⏲Mo–Sa 9–21, So bis 19 Uhr; 👪; 🚌10, 28, 32, 44) Das Flaggschiff unter den Outdoor-Händlern und unverzichtbare Station für alle, die in die Berge aufbrechen oder einfach nur durch Confluence schlendern wollen. Der Laden hat das notwendige Equipment und Karten zum Campen, Radfahren, Klettern und Skifahren. Er verleiht auch Ausrüstung. An der Pinnacle, einer 14 m hohen roten Indoor-Kletterwand, kann man sich einklettern.

Fancy Tiger Crafts KUNSTHANDWERK

(☎303-733-3855; www.fancytigercrafts.com; 59 Broadway; ⏲Mo & Mi–Sa 10–19, Di bis 21, So 11–18 Uhr; 👪; 🚌0) Wer aufs Häkeln und Wattieren steht, Pullover strickt und zu viele Tattoos hat, ist in dieser raffinierten Neuauflage von Omas Garnladen, der die Anlaufstelle für Denvers auf Handarbeiten stehende Hipster ist, gerade richtig. Es gibt eine irre Auswahl an Stoffen, Garnen und Büchern und hinten Kurse (teilweise veranstaltet von Jessica, der „Mistress of Patchwork").

ℹ Praktische Informationen

Die Website des Tourist Information Center (www.denver.org) liefert hervorragende Infos zu Events in Denver.

ORIC (Outdoor Recreation Information Center; Karte S. 824; ☎REI-Zentrale 303-756-3100; www.oriconline.org; 1416 Platte St; ⏲verschiedene Öffnungszeiten; 📶; 🚌10, 28, 32, 44) Der Infoschalter im REI ist ein Muss für alle, die außerhalb der Stadt Outdoor-Abenteuer erleben wollen. Hier bekommt man Landkarten und kompetente Informationen zu Reiseplanung und Reisesicherheit. Der Schalter ist mit Freiwilligen besetzt, daher variieren die Öffnungszeiten erheblich, aber an Wochenendnachmittagen dürfte immer geöffnet sein.

ℹ An- & Weiterreise

BUS

Denver Bus Center (Karte S. 824; ☎303-293-6555; 1055 19th St; ⏲6–24 Uhr; 📶; 🚌8, 48) Wird u. a. von allen Greyhound-Bussen benutzt, die regelmäßig entlang der Front Range und auf Transkontinentalstrecken verkehren.

Epic Mountain Express (☎800-525-6363; www.epicmountainexpress.com; 8500 Peña Blvd, Denver International Airport; 📶👪; 🚆A) Schickt Shuttles ab dem Denver International Airport (DIA), Downtown und Morrison zu Zielen im Summit County. Darunter sind z. B. Breckenridge und Keystone (Erw./Kind 66/35 US$, 2½ Std.) oder Vail (Erw./Kind 84/44 US$, 3 Std.).

Colorado Springs Shuttle (☎877-587-3456; www.coloradoshuttle.com; 8500 Peña Blvd, Denver International Airport; 📶👪; 🚆A) Fährt vom DIA nach Colorado Springs (Erw./Kind 50/25 US$, 2 Std.).

Regional Transportation District (RTD; Karte S. 824; ☎303-299-6000; www.rtd-denver.com; 1600 Blake St; 🚌10, 19, 28, 32, 44, MallRide) Ab der Union Station (S. 832) rollen RTD-Linienbusse nach Boulder (Rte FF1, 4,50 US$) und nehmen dabei Fahrräder im Gepäckraum mit. Ab der Ecke Colfax and Broadway fährt Linie 16L nach Golden (4,50 US$).

FLUGZEUG

Denver International Airport (DIA; ☎303-342-2000; www.flydenver.com; 8500 Peña Blvd; ⏲24 Std.; 📶👪; 🚆A) Gehört zu den betriebsamsten US-Großflughäfen und hat eine fahrerlose U-Bahn, die das Terminal mit den drei Gate-Hallen (*concourses*) verbindet. Concourse C liegt fast 1,6 km vom Terminal entfernt.

Die Distanz zum Zentrum beträgt 24 Meilen (38,6 km). Wer von dort aus zum DIA will, folgt der I-70 und nimmt Exit 238 (Peña Blvd). Dann sind's noch einmal 12 Meilen (19,3 km) bis zum

ABSEITS DER ÜBLICHEN PFADE

LIVE IM RED ROCKS!

Das **Red Rocks Park & Amphitheatre** (☎720-865-2494; www.redrocksonline.com; 18300 W Alameda Pkwy; Morrison ⏲5–23 Uhr; 👪) liegt 15 Meilen (24,1 km) südwestlich von Denver zwischen 122 m hohen Felswänden aus rotem Sandstein. Die Akustik ist so gut, dass schon viele Künstler hier Alben aufgenommen haben. Die 9000 Plätze fassende Arena mit herrlichem Ausblick zieht den ganzen Sommer über bekannte Bands an. Dass man hier seine Lieblingsband in einer der außergewöhnlichsten Musikstätten der Welt live bei einem Konzert erleben kann, ist für viele allein schon ein Grund, nach Colorado zu reisen.

Hauptterminal, dessen Fiberglasdach mit Teflon-Bezug vom Spiegelbild der fernen Berge geziert wird. Alternativ fahren RTD-Züge (S. 831) ab der Union Station zum Flughafen.

ZUG

Amtrak (☎800-872-7245; www.amtrak.com) Zwischen Chicago (121–325 US$, 19 Std.) und San Francisco (144–446 US$, 33 Std.) hält der Zug *California Zephyr* täglich an Denvers schmucker **Union Station** (Karte S. 824; ☎303-592-6712; www.unionstationindenver.com; 1701 Wynkoop St; P; 55L, 72L,120L, FF2, A, B, C, E, W).

Unterwegs vor Ort

FAHRRAD

Viele örtliche Straßen haben spezielle Fahrradspuren. Hinzu kommt ein sehr gutes Radwegnetz, das auch aus der Stadt hinausführt. Unter diesen Routen sind z. B. der Platte River Pkwy, der Cherry Creek Bike Path und eine Strecke bis hinaus nach Golden (einfache Strecke ca. 2 Std.). Die hervorragenden Websites von Bike Denver (www.bikedenver.org) und City of Denver (www.denvergov.org) liefern jeweils erschöpfende Infos für Radler (u. a. in Form von herunterladbaren Stadtplänen mit einzeichneten Radwegen). Zudem ist in Denver auch App-basiertes Bikesharing mit Lyft und Jump möglich.

B-Cycle (☎303-825-3325; www.denverbcycle.com; Mitgliedschaft 9 US$/Tag; ⏲5–24 Uhr;) Bikesharing-Firma mit über 80 Verleihstationen in ganz Denver; die Tagesmitgliedschaft beinhaltet beliebig viele Gratisfahrten mit einer Maximaldauer von jeweils 30 Minuten.

VOM/ZUM FLUGHAFEN

Das Ground Transportation Center im zentralen Terminal-Bereich des DIA (Level 5) beherbergt Vertretungen von allen örtlichen Transportfirmen. Zudem lassen sich hier kostenlose Hotelshuttles (günstigste Option vom/zum Flughafen) über spezielle Gratis-Telefone bestellen.

Draußen vor dem Eingang halten Vans, Shuttlebusse, Limousinen-Services und Taxis (nach Downtown ca. 60 US$ zzgl. Trinkgeld). Auch Fahrten mit Uber und Lyft sind sehr beliebt.

Viele Firmen wie **SuperShuttle** (☎800-258-3826; www.supershuttle.com; ⏲24 Std.; A) fahren vom DIA auch zur Front Range und zu verschiedenen Berg- bzw. Skigebieten im Umland.

Die RTD-Stadtbahnlinie A (S. 831; 10,50, 45 Min.) bringt Passagiere vom Flughafen nach Downtown und hält unterwegs in diversen Vororten.

ÖFFENTLICHER NAHVERKEHR

Regional Transportation District (RTD) betreibt Nahverkehrsmittel im Bereich von Denver und Boulder (Stadt-/Regionalfahrten 3/5,25 US$). Auf der Website gibt's Fahrplaninfos (inkl. Strecken, Preise) und einen Routenplaner.

TAXI

In Denver operieren zwei große Taxifirmen mit Door-to-Door-Service. App-basierte Mitfahrdienste sind hier sehr beliebt.

Metro Taxi (☎303-333-3333; www.metrotaxidenver.com; ⏲24 Std.)

Yellow Cab (☎303-777-7777; www.denveryellowcab.com; ⏲24 Std.)

Boulder

Hippie-Stadt, Yuppie-Tummelplatz, Angeber-Pflaster, schönster Ort der Welt: Boulder steht für allerlei Klischees (die wie so oft auch ein Fünkchen Wahrheit enthalten). Jenseits davon ist sein wahrer Charakter aber einfach wunderbar.

Herz der Stadt ist die University of Colorado mit mächtigen Steingebäuden auf gepflegtem Gelände. Die akademische Atmosphäre beschert Boulder auch jede Menge Kunst, Kultur und Livemusik – ebenso Hippie-Trommel-Treffen und komplexe intellektuelle Debatten.

Rund um den Campus erstreckt sich ein attraktiver Mix aus kleinen Einkaufsstraßen (darunter die verkehrsberuhigte Pearl Street Mall), Spazierwegen, Parks und 100 Jahre alten Häusern im viktorianischen Stil.

Direkt am Stadtrand lockt eines von Amerikas besten Freizeitpark-Systemen mit großartigen Outdoor-Abenteuern.

Sehenswertes & Aktivitäten

★Chautauqua Park PARK

(☎303-442-3282; www.chautauqua.com; 900 Baseline Rd; HOP 2) Der historische Park ist ein lokales Wahrzeichen und das Tor zu Boulders schönsten Freiflächen unterhalb der markanten Flatirons. Auf dem weitläufigen, üppig grünen Rasengelände tummeln sich picknickende Familien, Sonnenanbeter, Frisbee-Werfer, CU-Studenten, Wanderer, Kletterer und Querfeldeinläufer. Aufgrund der großen Beliebtheit sind die örtlichen Parkplätze häufig komplett belegt. An Sommerwochenenden fahren daher kommunale Gratis-Shuttles von Parkplätzen inner- und außerhalb der Stadt hierher (detaillierte Infos findet man unter http://parktopark.org).

Dairy Arts Center KUNSTZENTRUM

(☎303-440-7826; www.thedairy.org; 2590 Walnut St; unterschiedliche Preise; P; HOP) Die zu einem Kunstzentrum umgewandelte historische Meierei ist eine der wichtigsten Kulturstätten in Boulder. Die topmoderne Einrichtung umfasst drei Bühnen, vier Ausstellungssäle und ein Kino mit 60 Plätzen. Irgendetwas ist hier immer los – von Vorträgen und Theatervorstellungen bis zu modernem Tanz und Kunstausstellungen. Auf dem Gelände gibt's auch ein kleines Café und eine Bar.

★ **Boulder Creek** WASSERSPORT
(👪) Ein immer beliebtes Sommerritual in Boulder besteht darin, in einem Reifenschlauch den Boulder Creek hinunter zu fahren. Die meisten Leute lassen ihren Reifen im **Eben G. Fine Park** (Boulder Canyon Dr; P 👪 🐾; 🚌205, N) zu Wasser und lassen sich dann bis zur 30th St oder sogar bis zur 55th St treiben. Unbedingt die Wassermenge prüfen, insbesondere früh in der Saison, denn bei mehr als 5,7 m^3/Sek. kann das Treibenlassen zu einem echten Rodeo werden.

Eldorado Canyon State Park OUTDOOR-AKTIVITÄTEN
(📞303-494-3943; https://cpw.state.co.us/placestogo/parks/EldoradoCanyon; 9 Kneale Rd, Eldorado Springs; Zugang 9 US$; ⏲Sonnenaufgang–Sonnenuntergang, Visitor Center 9–17 Uhr) Ca. 5 Meilen (8 km) südwestlich von Boulder machen Routen mit Schwierigkeitsgrad 5,5 bis 5,14 diesen Park zu einem der besten Kletterreviere der USA. Der Schwerpunkt liegt dabei auf traditionellem Rissklettern. Das ca. 20 km lange Wanderwegnetz mit Verbindung zum Chautauqua Park eignet sich für alle Besucher. Zudem gibt's hier ein öffentliches Schwimmbecken, das mit dem berühmten kalten Quellwasser des Canyons gefüllt ist.

Local Table Tours GASTRO-TOUREN
(📞303-909-5747; www.localtabletours.com; Touren 49–79 US$; ⏲wechselnde Termine; 🐾) 🍃 Die spaßigen Gastro-Spaziergänge durch das Stadtzentrum geben Einblicke in die Lokalküche (inkl. Insider-Infos zu Essen und Wein). Darunter sind auch Themen-Touren zu Bier, Cocktails, Kaffee oder Schokolade. Besucht werden vor allem Betriebe, die Einheimischen gehören und regionale bzw. nachhaltig hergestellte Produkte verwenden.

Feste & Events

Bolder Boulder SPORT
(📞303-444-7223; www.bolderboulder.com; Erw./Kind ab 73/58 US$; ⏲Memorial Day; 👪; 🚌209, STAMPEDE) Der vielleicht spaßigste 10-km-Lauf der USA führt quer durch Boulder zum Folsom Field (Football-Stadion der CU). Unter den über 50 000 Teilnehmern sind auch Profis und kostümierte Läufer. Livebands und Feiervolk säumen die Strecke.

Boulder Creek Festival MUSIK, ESSEN
(📞303-777-6887; www.bouldercreekfest.com; Canyon Blvd, Central Park; ⏲Mai; 👪; 🚌203, 204, 225, AB, B, DASH, DD, DM, GS, SKIP) GRATIS Das riesige Fest wird als Auftakt des Sommers vermarktet und erlebt seinen Höhepunkt und Abschluss mit dem Bolder Boulder (S. 833). In mindestens zehn Event-Bereichen treten mehr als 30 Live-Unterhalter auf. Es gibt Jahrmarktsattraktionen und 500 Verkaufsstände, Essen und Trinken, Unterhaltung und Sonnenschein. Wer mag das nicht?

Schlafen

★ **Chautauqua Lodge & Cottages** HISTORISCHES HOTEL $$
(📞303-952-1611; www.chautauqua.com; 900 Baseline Rd; Zi. ab 129 US$, Cottages ab 200 US$; P 🚭 ❄ 📶 🐾; 🚌HOP 2) Unsere erste Wahl unter den Unterkünften vor Ort ist diese Lodge gleich neben den schönen Wanderwegen zu den Flatirons in einem grünen Viertel innerhalb des Chautauqua Park. Es gibt moderne Zimmer und Cottages mit ein bis drei Schlafzimmern, Veranden und Patchwork-Bettdecken. Die Anlage ist ideal für Familien und Leute mit Haustieren. Alle Unterkünfte haben komplett ausgestattete Küchen; die Einheimischen frühstücken gern auf der umlaufenden Veranda der Chautauqua Dining Hall.

Boulder Adventure Lodge HOTEL $$
(A-Lodge; 📞303-444-0882; www.a-lodge.com; 91 Fourmile Canyon Dr; Zeltplatz/B/Zi. 45/65/189 US$; P 🚭 ❄ 📶 🏊; 🚌N) Besucher kommen nach Boulder, um etwas in der Natur zu unternehmen – warum also nicht gleich näher beim Geschehen wohnen? Von dieser etwas außerhalb liegenden Lodge aus kann man wandern, radfahren, klettern und angeln. Die Zimmer – von Schlafsälen bis zu Suiten – sind schlicht, aber gut ausgestattet. Es gibt u.a. einen Pool und eine Feuergrube. Das freundliche Gemeinschaftsgefühl zwischen Gästen und Personal ist sehr angenehm.

Briar Rose B&B B&B $$
(📞303-442-3007; www.briarrosebb.com; 2151 Arapahoe Ave; Zi. ab 184 US$; ❄ 📶; 🚌JUMP) 🍃 Das tolle B&B mit behaglicher Atmosphäre liegt

nur einen Steinwurf von der Naropa University entfernt. Ein Landschaftsgarten mit hohem Zaun schirmt das ruhige Wohnhaus von der betriebsamen Arapahoe Ave ab. Einer der Inhaber ist praktizierender Zen-Mönch – daher die buddhistischen Einflüsse in den gemütlichen Zimmern. Beim vegetarischen Bio-Frühstück stehen viele verschiedene Teesorten zur Auswahl. Zudem gibt's hier ein Leihfahrrad für Gäste.

★St. Julien Hotel & Spa HOTEL **$$$**
(☎720-406-9696, Reservierungen 877-303-0900; www.stjulien.com; 900 Walnut St; Zi./Suite ab 400/495 US$; P ❄ @ ☜ ≋; 🚌205, HOP, SKIP) Boulders beste Vier-Sterne-Unterkunft liegt im Herzen der Downtown und ist modern und elegant. Fotos der umliegenden Landschaft zieren die Korkwände, die für ein warmes Ambiente sorgen. Auf der hinteren Terrasse hat man einen fabelhaften Ausblick auf die Flatirons, und gelegentlich live Weltmusik, Jazzkonzerte und beliebte lateinamerikanische Dance-Partys. Die Zimmer sind großzügig und schick. Das Spa auf dem Gelände gilt als eines der besten in der Gegend.

Essen

★Rayback Collective FOOD TRUCK **$**
(☎303-214-2127; www.therayback.com; 2775 Valmont Rd; Hauptgerichte 6–12 US$; ⊙Mo–Fr 11–22, Sa bis 23, So bis 21 Uhr; 🍴👪🐾; 🚌205, BOLT) Das einstige Lagerhaus für Sanitärbedarf ist zu einer städtischen Oase geworden, in der man das Gemeinschaftsgefühl der Stadt erlebt. Es gibt eine große Außenfläche mit Feuergrube und Rasenspielen, eine Lounge mit bequemen Stühlen und Livemusik, eine Bar, die Biere aus Colorado und Kombucha ausschenkt, und einen Food-Truck-Park mit vielen guten Gerichten. Auf dem Gelände sind Jung, Alt und auch Haustiere willkommen.

Rincón Argentino ARGENTINISCH **$**
(☎303-442-4133; www.rinconargentinoboulder.com; 2525 Arapahoe Ave; Hauptgerichte 4–13 US$; ⊙Mo–Do 11–20, Fr & Sa bis 21 Uhr; 🍴👪; 🚌JUMP) Das Shopping-Plaza-Ambiente sollte einen nicht abschrecken, denn das Rincón Argentino bietet authentische argentinische Aromen. Es backt frische Empanadas – kleine pikante, mit Hackfleisch oder Mozzarella und Basilikum gefüllte Teigtaschen –, zu denen ein Glas Malbec prima schmeckt. Es gibt auch *milanesas* (Sandwiches mit panierten Rinderkoteletts) und Krüge mit Mate-Tee, einer belebenden Alternative zum Kaffee.

Oak at Fourteenth MODERN-AMERIKANISCH **$$**
(☎303-444-3622; www.oakatfourteenth.com; 1400 Pearl St; Hauptgerichte 13–30 US$; ⊙Mo–Sa 11.30–22, So ab 17.30 Uhr; 🚌205, 206) Das innovative, Einheimischen gehörende Lokal serviert erstklassige Cocktails und schmackhafte kleine Teller für ein stilvolles Abendessen. Zu den herausragenden Gerichten aus farmfrischen Zutaten gehören die gegrillte Schweinelende im Schinkenmantel und Gurken-Sashimi mit Passionsfrucht. Die Portionen sind klein, was auffällt, weil die Speisen eben so lecker sind. Die Kellner beraten einen gut. Der einzige Nachteil: Es ist in der Regel recht laut, also nicht der Ort für intime Geständnisse.

★Brasserie Ten Ten BISTRO **$$**
(☎303-998-1010; www.brasserietenten.com; 1011 Walnut St; Hauptgerichte 15–27 US$; ⊙Mo–Do 11–22, Fr 11–23, Sa 9–23, So 9–21 Uhr; 🚌203, 204, 225, AB, B) Das bei Studenten und Professoren gleichermaßen beliebte sonnige französische Bistro bietet raffinierte Speisen und eine elegante Atmosphäre, geprägt von frischen Blumen, hohen Marmortischen und glänzendem Messing. Das Lokal ist schick, aber nicht hochnäsig und hat tolle Happy-Hour-Sonderangebote bei Crêpes, kleinen Sandwiches, Muscheln und Bier. Unbedingt probieren sollte man die Trüffel-Fritten.

Salt MODERN-AMERIKANISCH **$$**
(☎303-444-7258; www.saltthebistro.com; 1047 Pearl St; Hauptgerichte 15–30 US$; ⊙Mo–Do 11–21, Fr & Sa 11–23, So 10–21 Uhr; 👪; 🚌208, HOP, SKIP) Farmfrische Küche wird in Boulder zwar überall versprochen, aber dieses Restaurant bietet sie tatsächlich und übertrifft die Erwartungen. Die hausgemachten Fettuccine mit Schoten, Radicchio und Kräutersahne sind ein echtes Vergnügen. Aber auch mit Fleisch kennt sich das Salt aus: Es stammt von mit Gras gefütterten Tieren aus der Region und wird hervorragend zubereitet: mit Fett begossen, geschmort und langsam gegart. Wer nicht weiß, wofür er sich entscheiden soll, wird von den kompetenten Kellnern bestens beraten.

★Frasca ITALIENISCH **$$$**
(☎303-442-6966; www.frascafoodandwine.com; 1738 Pearl St; Hauptgerichte 35 US$, Verkostungsmenü 65–130 US$; ⊙Mo–Do 17.30–21.30, Fr bis 22.30, Sa 17–22.30 Uhr; 🍴; 🚌HOP, 204) Viele in Boulder halten das Frasca für das beste Res-

taurant: Das Weinangebot wurde mit dem James Beard Award ausgezeichnet, die Küche ist makellos und verwendet nur die frischesten Zutaten direkt von der Farm. Zu den wechselnden Gerichten gehören geschmorter Schweinebraten, hausgemachte Gnocchi und gegrillte Wachteln mit Lauch und Erbsensprossen. Es empfiehlt sich Tage oder besser Wochen im Voraus zu reservieren. Montags gibt's ein „günstiges" Verkostungsmenü (65 US$) mit passenden Weinen.

Ausgehen & Unterhaltung

★ Mountain Sun BRAUEREI

(☎ 303-546-0886; www.mountainsunpub.com; 1535 Pearl St; ⌚ 11–1 Uhr; 👪; 🚌 HOP, 205, 206) Boulders beliebteste Brauerei ist typisch für die Stadt und punktet vor allem mit ihrem Gemeinschafts-Vibe: Vom Yuppie bis zum Hippie labt sich hier jedermann fröhlich an den vielen leckeren Biersorten. Zum Gerstensaft gibt's zudem noch köstliches Kneipenessen (Tipp: die Burger und das Chili con Carne). Dank Brettspielen und Kindergerichten fühlen sich hier auch Familien rundum wohl.

Avery Brewing Company BRAUEREI

(☎ 303-440-4324; www.averybrewing.com; 4910 Nautilus Ct; ⌚ Di–So 11–23, Mo ab 15 Uhr; 🚌 205) Wie groß darf eine Kleinbrauerei sein? Mit einem imposanten zweistöckigen Gebäude und einem Souvenirladen, in dem Hüte und T-Shirts verkauft werden, geht das Avery an die Grenze. Aber die Terrasse im 1. Stock und die Schankstube sind munter und lustig; oben herrscht eher ruhige Restaurant-Atmosphäre. Eines ist sicher: Das Bier ist hervorragend, vom Apricot Sour bis zum teuflischen Mephistopheles Stout.

Bitter Bar COCKTAILBAR

(☎ 303-442-3050; www.thebitterbar.com; 835 Walnut St; ⌚ Mo–Do 17–24, Fr & Sa bis 2 Uhr; 🚌 HOP) Im schicken Bitter versumpft es sich gediegen bei grandiosen Cocktails (z. B. Kiss the Sky mit Lavendel oder Guns n' Roses mit Holunderblütensirup). Dazu trägt auch die Happy Hour bis 20 Uhr bei. Auf der Terrasse kann man bestens plaudern.

Boulder Dushanbe Teahouse TEEHAUS

(☎ 303-442-4993; www.boulderteahouse.com; 1770 13th St; Hauptgerichte 8–24 US$; ⌚ 8–21 Uhr; 👪; 🚌 203, 204, 205, 206, 208, 225, DASH, JUMP, SKIP) Nichts hat ein schöneres Ambiente zu bieten als dieses tadschikische Teehaus, ein Geschenk von Boulders Partnerstadt Duschanbe. Die aufwendigen Schnitzereien und Malereien wurden in acht Jahren am Rand des **Central Park** (Canyon Blvd; P 👪; 🚌 206, JUMP) zusammengesetzt.

eTown Hall LIVEMUSIK

(☎ 303-443-8696; www.etown.org; 1535 Spruce St; ab 25 US$; ⌚ unterschiedliche Öffnungszeiten; 🚌 HOP) Die schöne, brandneue und mit Solarstrom betriebene Stätte in einer umgewandelten Kirche ist der Sitz der Radio-Show *eTown* (die auf National Public Radio zu hören ist). Bei der Show treten aufstrebende und bekannte Künstler auf, und man kann bei den Aufnahmen in dem 200 Plätze fassenden Theater live dabei sein. Die Aufnahmen werden meist abends an Werktagen gemacht und dauern von 19 bis 21 Uhr.

Shoppen

★ Pearl Street Mall EINKAUFSMEILE

(www.boulderdowntown.com; Pearl St zw. 9th & 15th St; 👪 🐾; 🚌 205, 206, 208, HOP, SKIP) Die Hauptattraktion im Zentrum ist diese belebte Fußgängerzone mit Bars, Galerien und Restaurants. Kinder erklimmen hier Felsbrocken und planschen in Springbrunnen, während am Wochenende oft auch viele Straßenkünstler zugange sind. Ganzjährig (vor allem im Sommer) gibt's außerdem or-

BOULDER COUNTY FARMERS MARKET

Boulder County Farmers Market (☎ 303-910-2236; www.boulderfarmers.org; 13th St, zw. Canyon Blvd & Arapahoe Ave; ⌚ April–Nov. Sa 8–14 Uhr, Mai–Okt. Mi 16–20 Uhr; 🖉 👪 🐾; 🚌 203, 204, 205, 206, 208, 225, DASH, JUMP, SKIP) bietet im Frühjahr und Sommer ein buntes Durcheinander von Bio-Lebensmitteln aus der Region. Man findet Blumen und Kräuter, kopfgroße Pilze, feine Kürbisblüten, knusprige Brezeln, vegane Dips, Rindfleisch von mit Gras gefütterten Tieren, Rohkost-Müsli und Joghurt. Die Imbissbuden präsentieren alle möglichen internationalen Gerichte. Livemusik gehört genauso dazu wie ein Familienpicknick im Park am Boulder Creek.

ganisierte Livekonzerte und diverse andere Events.

★ **Boulder Book Store** BÜCHER
(☎303-447-2074; www.boulderbookstore.net; 1107 Pearl St; ⏱Mo–Sa 10–22, So bis 21 Uhr; 🛜👪; 🚌208, HOP, SKIP) Boulders beliebtester Indie-Buchladen hat eine riesige Abteilung mit Reiseliteratur (Erdgeschoss). Zudem gibt's hier alle angesagten Neuerscheinungen (Belletristik wie Sachbücher). Die Website und der Aushang am Eingang informieren über örtliche Autorenbesuche. Besucher können sich auch einfach in eine Ecke verziehen und eine Weile schmökern.

★ **Common Threads** KLEIDUNG
(☎303-449-5431; www.shopcommonthreads.com; 2707 Spruce St; ⏱Mo, Di & Do–Sa 10–18, Mi bis 19 Uhr; 🚌205, BOLT, HOP) Secondhand-Shopping auf Haute-Couture-Niveau bietet dieser großartige Laden, in dem man sogar Taschen von Choos und Prada findet. Die Preise sind höher als in einem normalen Secondhand-Laden, aber Kleidung, Schuhe und Taschen sind stets in gutem Zustand, und die Designer-Ware ist garantiert echt. Es gibt auch lustige Kurse, in denen man erfährt, wie man Kleidungsstücke ändern und kreieren kann.

Praktische Informationen

Boulder Ranger District (☎303-541-2500; www.fs.usda.gov; 2140 Yarmouth Ave; ⏱Mo–Fr 8.30–16.30 Uhr; 🚌204) Das Büro des US Forest Service hat Informationen zu den National Forests rund um den Rocky Mountain National Park, darunter auch zu Campingplätzen und Wanderwegen zwischen den Wäldern und dem Nationalpark.

Boulder Visitor Center (☎303-442-2911; www.bouldercoloradousa.com; 2440 Pearl St; ⏱Mo–Fr 8.30–17 Uhr; 🚌HOP) Das Visitor Center in der Boulder Chamber of Commerce bietet grundlegende Infos, Karten und Tipps zu nahegelegenen Wanderwegen und anderen Aktivitäten. Ein leichter zugänglicher **Touristeninformationskiosk** (☎303-417-1365; Ecke Pearl St & 13th St; ⏱10–20 Uhr; 🚌208, HOP, SKIP) befindet sich an der Pearl Street Mall vor dem Gerichtsgebäude.

Downtown Boulder (www.boulderdowntown.com) Ein Verband von einigen innerstädtischen Geschäftsleuten, der umfassende Restaurant- und Veranstaltungsverzeichnisse zu Downtown Boulder (inkl. der Pearl Street Mall) herausgibt.

Get Boulder (www.getboulder.com) Lokales Online- und Printmagazin mit nützlichen Infos zu Aktivitäten in Boulder.

Anreise & Unterwegs vor Ort

AUTO & MOTORRAD

Boulders Besucher brauchen eigentlich kein eigenes Kraftfahrzeug: Spezielle Fahrradspuren und Radwege machen die Stadt ideal für Erkundungen per Pedal-Power. Im Zentrum geht's auch leicht zu Fuß voran. Zudem bedienen RTD-Busse (S. 831) neben dem ganzen Stadtgebiet auch Denver (inkl. DIA) und Nederland.

FAHRRAD

In Boulder ist ein eigener Drahtesel schon fast ein Muss: Die meisten Straßen haben spezielle Fahrradspuren. Viele Berufspendler nutzen den großartigen Boulder Creek Bike Path. Daher gibt's hier auch viele Verleiher:

Boulder B-Cycle (☎303-532-4412; https://boulder.bcycle.com; Leihfahrrad 8 US$/24 Std.; ⏱Büro Mo–Fr 9–17, Sa 10–15 Uhr) Beliebtes Bikesharing-Programm (Online-Anmeldung erforderlich) mit Verleihstationen in der ganzen Stadt; die Räder lassen sich stunden- oder tageweise mieten.

Full Cycle (☎303-440-7771; www.fullcyclebikes.com; 1211 13th St; Leihfahrrad 25–95 US$/Tag; ⏱Mo–Fr 10–19, Sa bis 18, So bis 17 Uhr; 👪; 🚌203, 204, 225, AB, B, DASH, DD, GS, SKIP) Toller Fahrradladen, der neben günstigen Stadträdern auch höherwertige Rennräder und MTB-Fullys verleiht. Das Personal liefert Infos zu den besten örtlichen Radrouten, bei denen das Spektrum vom leichten Boulder Creek Trail bis zur strapaziösen Bergfahrt hinauf nach Flagstaff (6,4 km) reicht. An der E Pearl gibt's eine Filiale.

University Bicycles (☎303-444-4196; www.ubikes.com; 839 Pearl St; Leihfahrrad ab 25 US$/Tag; ⏱Mo–Fr 10–19, Sa bis 18, So bis 17 Uhr; 👪; 🚌HOP) Von Boulders vielen Fahrradverleihern hat dieser riesige Laden das größte Bike-Sortiment und das hilfsbereiteste Personal.

FLUGZEUG

Der Denver International Airport (S. 831) liegt nur 45 Meilen (72 km) von Boulder entfernt und ist die am häufigsten genutzte Option bei Anreise per Flugzeug.

Green Ride (☎303-997-0238; www.greenrideboulder.com; 4800 Baseline Rd, D110; einfache Strecke 30–40 US$) Günstiger und praktischer Shuttleservice, der den Denver International Airport mit Boulder und dessen Vororten verbindet (3.25–23.25 Uhr stündlich). Die billigsten Fahrten starten am Depot. Bei Reisegruppen gibt's Rabatt für weitere Passagiere.

SuperShuttle (☎303-444-0808; www.supershuttle.com; einfache Strecke ab 84 US$) Privater Kleinbus-Service zum Flughafen; der Grundpreis gilt für maximal drei Personen. Gruppen ab vier Personen sind mit einem Taxi günstiger dran, sofern sich die Gepäckmenge in Grenzen hält.

Northern Mountains

Auf beiden Seiten der kontinentalen Wasserscheide erstrecken sich die Granit-Giganten von Colorados Northern Mountains in alle Richtungen. Sie ermöglichen Alpin-Abenteuer, entspannte Skifahrten und tolle Wander- oder Radtouren. Zudem laden viele Flüsse zum Raften, Angeln und Bootfahren ein.

Rocky Mountain National Park

Der **Rocky Mountain National Park** (www.nps.gov/romo; Zugang 1/7 Tage Auto 25/35 US$, Motorrad 25/30 US$, Fußgänger, Buspassagier & Radfahrer 15/20 US$, Jahrespass 80 US$) ist das Prunkstück unter Colorados Nationalparks. Auf 1075 km² warten hier Granitgipfel, Bergseen, Wildblumen-Wiesen, Wanderwege, Nächte unterm Sternenzelt und große wie kleine Abenteuer für jeden Geschmack.

In der Hauptsaison im Sommer geht's hier wie in vielen US-Nationalparks zu wie in einem Zoo. Abseits der Hauptwege herrschen aber herrliche Ruhe und Einsamkeit in der geschützten Heimat von vielen Wildtieren (z.B. Elche, Rothirsche, Dickhornschafe, Schwarzbären). Die hohen Berge der Region sind eine Herausforderung für Kletterer. Familien und Sightseeing-Touristen folgen dagegen gern der Trail Ridge Road über das Dach der Rockies, nehmen an Aktivitäten unter Ranger-Leitung teil oder machen Kurzwanderungen durch die Wildnis.

Der Winter im Park ist ganz anders: Dann liegt überall Stille über der zauberhaft verschneiten Landschaft.

Sehenswertes & Aktivitäten

Der Park eignet sich für Wanderer aller Leistungsstufen. Hierfür sorgt ein mehr als 480 km langes Wegenetz, das alle Facetten des vielfältigen Terrains zeigt. Für Besucher mit Kindern empfehlen sich die leichten Routen im **Wild Basin** zu den Calypso Falls oder zum Gem Lake im Bereich der **Lumpy Ridge**. Extrem Ehrgeizige mit starken Beinen und ausreichend Erfahrung werden dagegen den anspruchsvollen Aufstieg zum Gipfel des **Longs Peak** meistern wollen. Doch egal bei welcher Route: Vor dem Start ist es immer ratsam, zur Akklimatisierung mindestens einmal in ca. 2100–2400 m Höhe zu übernachten. Bis Anfang Juli können viele Pfade noch verschneit sein und starker (Schmelz-)Wasserablauf kann das Vorankommen erschweren. Achtung: Im Winter besteht Lawinengefahr! Zu dieser Jahreszeit sollten Parkbesucher unbedingt angemessen ausgerüstet sein und genau wissen, was sie tun. Hunde und andere Haustiere sind auf den Wanderpfaden ganzjährig nicht gestattet. Camping in der Wildnis erfordert grundsätzlich eine **Genehmigung** (☎970-586-1242; www.nps.gov/romo; 1000 W Hwy 36, Estes Park, CO 80517).

Ganz wichtig beim Bergsteigen und -wandern in Colorado: Wer den jeweiligen Gipfel bis etwa 12 Uhr nicht erreicht hat, sollte auf jeden Fall umkehren – unabhängig davon, wie nah das Ziel eventuell schon ist. So senkt man am besten das Risiko, von einem Blitz erschlagen zu werden!

★ Moraine Park Discovery Center MUSEUM
(☎970-586-1206; Bear Lake Rd; ⏲Juni–Okt. 9–16.30 Uhr; 👪) GRATIS Das Gebäude wurde 1923 vom Civilian Conservation Corps als Visitor Center des Parks erbaut und vor kurzem renoviert. Heute beherbergt es Ausstellungen zur Geologie, zu den Gletschern und zu Pflanzen und Tieren. Kinder lieben die interaktiven Exponate und den 800 m langen Naturpfad vor der Tür.

Schlafen

Glacier Basin Campground CAMPING $
(☎877-444-6777; www.recreation.gov; abseits der Bear Lake Rd; Stellplatz Zelt & Wohnmobil im Sommer 26 US$) Immergrüne Vegetation umgibt diesen erschlossenen Campingplatz, der mit viel Sonne und Schatten aufwartet. Neben einem großen Bereich für Gästegruppen mit Zelten gibt's auf dem Gelände auch Stellplätze für Wohnmobile (ohne Stromanschlüsse!). Den ganzen Sommer über halten hier die Shuttlebusse, die auf der Bear Lake Rd unterwegs sind. Über die Website reservieren.

Aspenglen Campground CAMPING $
(☎877-444-6777; www.recreation.gov; State Hwy 34; Stellplatz Zelt & Wohnmobil 26 US$; ⏲nur im Sommer) Mit nur 54 Stellplätzen der kleinste Campingplatz mit Reservierungsmöglichkeit. Die meisten sind ausschließlich für Zelte gedacht, einige davon nur zu Fuß erreichbar. Die Zahl der Wohnwagen ist begrenzt. Das ist der ruhigste Platz, obwohl er sehr leicht zugänglich ist (5 Meilen/8 km west-

lich von Estes Park auf der US 34). Die Reservierung erfolgt über die Website.

Moraine Park Campground CAMPING $
(☎877-444-6777; www.recreation.gov; abseits der Bear Lake Rd; Stellplatz Zelt & Wohnmobil Sommer 26 US$, Winter 18 US$) Der größte Campingplatz des Parks liegt abseits der Bear Lake Rd in einem Gelbkiefernwald rund 2,5 Meilen (4 km) südlich des Beaver Meadows Visitor Center (S. 838) und bietet 244 Stellplätze. Die nur zu Fuß erreichbaren Stellplätze für Zelter im D Loop sind für all jene zu empfehlen, die ein bisschen Ruhe haben wollen. Stellplätze reserviert man auf der Website.

Olive Ridge Campground CAMPING $
(☎303-541-2500; www.recreation.gov; State Hwy 7; Stellplatz Zelt/Wohnmobil 15,75/31,50 US$; ⏲Mitte Mai–Nov.) Der gepflegte USFS-Campingplatz bietet Zugang zu den Anfängen von vier Wanderrouten: St. Vrain Mountain, Wild Basin, Longs Peak und Twin Sisters. Die größtenteils reservierungsfreien Stellplätze sind im Sommer mitunter komplett belegt.

ℹ Praktische Informationen

Zur Zugangsgebühr für den Park (S. 837) kommen noch die separaten Kosten für die obligatorische Camping-Genehmigung (S. 837; 30 US$/7 Tage, max. 7 Pers.) hinzu, wenn man die insgesamt 260 ausgewiesenen Zeltplätze in der Wildnis nutzen will. Von Mai bis Oktober ist dabei Lebensmittelaufbewahrung in einem bärensicheren Behälter vorgeschrieben. Die erschlossenen Campingplätze stellen Gästen solche Container zur Verfügung.

Alpine Visitor Center (www.nps.gov/romo; Fall River Pass; ⏲Ende Mai–Mitte Juni & Anfang Sept.–Mitte Okt. 10.30–16.30 Uhr, Ende Juni–Anfang Sept. 9–17 Uhr; 👪)

Beaver Meadows Visitor Center (☎970-586-1206; www.nps.gov/romo; US Hwy 36; ⏲Ende Juni–Ende Aug. 8–21 Uhr, übriges Jahr bis 16.30 od. 17 Uhr; 👪)

Kawuneeche Visitor Center (☎970-627-3471; 16018 US Hwy 34; ⏲letzte Maiwoche–Labor Day 8–18 Uhr, Labor Day–Sept. bis 17 Uhr, Okt.–Mai bis 16.30 Uhr; 👪)

ℹ An- & Weiterreise

Die Trail Ridge Rd (US 34) ist die einzige Ost-West-Straßenverbindung durch den Park; der östliche Zugang von der I-25 und Loveland über die US 34 folgt dem Big Thompson River Canyon. Die direkteste Verbindung von Boulder aus folgt der US 36 durch Lyons bis zu den östlichen Eingängen. Ein weiterer Zugang aus Süden über den gebirgigen Hwy 7 führt an **Enos Mills Cabin** (☎970-586-4706; www.enosmills.com; 6760 Hwy 7; Erw./Kind 20/10 US$; ⏲Sommer Di & Mi 11–16 Uhr, nur nach Vereinbarung; 👪) vorbei und bietet Verbindungen zu den Campingplätzen und den Startpunkten der Wege auf der Ostseite der Kontinentalen Wasserscheide. Da im Winter die US 34 durch den Park gesperrt ist, kann man dann die Westseite des Parks nur über die US 40 bei Granby erreichen.

Auf der Ostseite gibt es zwei Zufahrten: **Fall River** (US 34) und **Beaver Meadows** (US 36). Die **Grand Lake Entrance Station** (US 34) ist der einzige Zugang auf der Westseite. Durch das Kawuneeche Valley entlang der Oberläufe des Colorado kommt man das ganze Jahr über zum **Timber Creek Campground** (Trail Ridge Rd, US Hwy 34, Stellplatz Zelt & Wohnmobil 26 US$). Die wichtigsten Zentren für die Ostseite des Parks sind das Alpine Visitor Center (S.838), das hoch an der Trail Ridge Rd und der Bear Lake Rd liegt; diese führen zu den Campingplätzen, Wanderwegen und zum Moraine Park Museum (S. 837).

Nördlich von Estes Park führt die Devils Gulch Rd zu mehreren Wanderwegen. Weiter auf der Devils Gulch Rd kommt man durch das Dorf Glen Haven. Von hier aus erreicht man den Startpunkt der Wanderwege und den Eingang zum Park entlang des North Folk Big Thompson River.

ℹ Unterwegs vor Ort

Die meisten Besucher kommen im eigenen Auto über die lange und kurvenreiche Trail Ridge Rd (US 34) und überqueren auf ihr die Kontinentale Wasserscheide. Es ist aber auch möglich, ohne eigenes Auto in den Park zu gelangen. Im Sommer fährt mehrmals täglich ein kostenloser Shuttlebus vom **Estes Park Visitor Center** (☎970-577-9900; www.visitestespark.com; 500 Big Thompson Ave; ⏲Juni–Aug. 9–20 Uhr, Sept.–Mai Mo–Fr 8–17, Sa 9–17, So 10–16 Uhr), der Wanderer zu einem Park-and-Ride-Platz mit Anschluss zu weiteren Shuttles bringt. Ganzjährig fährt ein Shuttle vom Glacier-Basin-Parkplatz zum Bear Lake im tiefer gelegenen Bereich des Parks. Während der Spitzenzeit im Sommer fährt ein zweiter Shuttle zwischen dem Campingplatz Moraine Park und dem Glacier-Basin-Parkplatz (Mitte Aug.–Ende Sept. nur Wochenende).

Mit öffentlichen Verkehrsmitteln oder per Fahrrad geht's zweifellos am leichtesten in den stark überlaufenen Park hinein.

Estes Park

Estes Park liegt direkt am Rand des Rocky Mountain National Park. Der Ort selbst ist ein Durcheinander aus T-Shirt-Läden, Eisdielen, Bürgersteigen voller Touristen und verstopften Straßen voller Wohnmobile. Doch wenn der Lake Estes in der Sonne glitzert oder man einen Nachmittagskaffee auf der Flusspromenade trinkt, lässt sich hier durchaus auch etwas Zen-Atmosphäre finden.

Aktivitäten

★ Colorado Mountain School KLETTERN
(☎720-387-8944; https://coloradomountainschool.com; 341 Moraine Ave; geführte Halbtages-Klettertouren ab 300 US$/Pers.) Kurz gesagt: Es gibt keine bessere Anlaufstelle in Colorado für Kletterer – diese Einrichtung ist der größte Anbieter der Region. Die CMS hat die erfahrensten Guides und ist die einzige Organisation, die im Rocky Mountain National Park tätig sein darf. Es werden die unterschiedlichsten Kurse unter Anleitung von hevorragenden Lehrern angeboten.

Schlafen

Estes Park KOA CAMPING $
(☎800-562-1887, 970-586-2888; www.estesparkkoa.com; 2051 Big Thompson Ave; Stellplatz Zelt 52–58 US$, Wohnmobil 52–85 US$, Hütten ab 87 US$;) Angesichts vieler ausgezeichneter Campingoptionen gleich die Straße hinauf im Rocky Mountain National Park wirkt dieser auf Wohnmobile ausgerichtete Platz an der Straße nicht sonderlich reizvoll. Wer aber vor dem Start ins Abenteuer einen Tag ausruhen will, freut sich über die Nähe zur Stadt.

★ YMCA of the Rockies – Estes Park Center RESORT $$
(☎888-613-9622; www.ymcarockies.org; 2515 Tunnel Rd; Zi. ab 145 US$, Hütte ab 160 US$; P) Das Estes Park Center ist keine dieser typischen YMCA-Herbergen, sondern ein beliebtes Feriendomizil für Familien. Auf einem riesigen alpinen Gelände bietet es noble Einzel- oder Doppelzimmer im Motelstil sowie geräumige Hütten, in denen bis zu zehn Personen übernachten können. Die Einrichtung ist einfach und zweckdienlich.

Stanley Hotel HOTEL $$
(☎970-577-4000; www.stanleyhotel.com; 333 Wonderview Ave; Zi. ab 150 US$; P) Das weiße Hotel im Stil des Georgian Colonial Revival steht in herrlichem Kontrast zu den hoch aufragenden Gipfeln des Rocky Mountain National Park am Horizont. Es ist ein beliebtes Luxusrefugium der Einheimischen und inspirierte einst sogar Stephen King zu seinem Kultroman *Shining*. Die Zimmereinrichtung sorgt für etwas altmodisches Wildwest-Flair, aber ansonsten sind alle modernen Annehmlichkeiten vorhanden.

Black Canyon LODGE $$
(☎800-897-3730; www.blackcanyoninn.com; 800 MacGregor Ave; EZ/2BZ/3BZ ab 150/200/400 US$; P) Super zum Schwelgen: Auf attraktivem, ruhigem Gelände (5,6 ha) warten hier luxuriöse Suiten und eine „rustikale" Blockhütte mit Whirlpool. Die Zimmer haben eine dunkle Holzeinrichtung, offene Kamine aus Stein und gewebte Wandtteppiche in dunklen, intensiven Farben.

Essen

Ed's Cantina & Grill MEXIKANISCH $
(☎970-586-2919; www.edscantina.com; 390 E Elkhorn Ave; Hauptgerichte 9–12 US$; Mo–Fr 11–open end, Sa & So 8–22 Uhr;) Mit einer Terrasse am Fluss ist das Ed's ein toller Ort, um bei einer Margarita zu entspannen. Das Restaurant, das mexikanische und US-Klassiker serviert, setzt mit Ledersitzecken und Primärfarben auf Retro-Flair.

Smokin' Dave's BBQ & Tap House BARBECUE $$
(☎866-674-2793; www.smokindavesbbq.com; 820 Moraine Ave; Hauptgerichte 8–20 US$; So–Do 11–21, Fr & Sa bis 22 Uhr;) In Colorados Bergstädtchen gibt's allerlei miese Grillrestaurants. Doch das Dave's gehört definitiv nicht dazu: Buffalo Ribs und Pulled Pork werden hier mit würziger Sauce (leicht süßlich-rauchig) und knusprig frittierten Süßkartoffel-Pommes serviert. Die große Bierauswahl ist ebenso hervorragend. Am örtlichen Golfplatz hat das Lokal einen Ableger.

An- & Weiterreise

Estes Park Shuttle (☎970-586-5151; www.estesparkshuttle.com; einfache Strecke/hin & zurück 45/85 US$) Verbindet den Flughafen Denver mit Estes Park (2 Std., ca. 4-mal tgl.).

Steamboat Springs

Steamboat steht für pure Magie à la Colorado: Im Umkreis warten jede Menge Outdoor-Abenteuer und Familienspaß, während die Skimöglichkeiten im Champagne-Powder-Pulverschnee zu den besten der Welt gehören. Gleichzeitig geben sich die Einheimischen angenehm direkt und zugleich bescheiden.

Am Rand des Western Slope wurde Steamboat vor 100 Jahren als Eisenbahn-Knotenpunkt gegründet. In seiner gut erhaltenen Old Town mit Nobelbistros und historischen Bars tummeln sich heute u. a. echte Cowboys, feierwütige Skifahrer und Millionäre. Im Sommer empfehlen sich auch Uferspaziergänge am Yampa River.

Aktivitäten

Steamboat Mountain Resort WINTERSPORT
(Ticketbüro 970-871-5252; www.steamboat.com; 2305 Mt Werner Circle; Liftpass Erw./Kind 175/110 US$; Ticketbüro 8–17 Uhr) Die nackten Fakten zum Wintersportgebiet Steamboat untermauern den lokalen Anspruch auf den Namen Ski Town, USA: 165 Pisten, 1118 m Höhenunterschied und fast 1214 ha Fläche. Erstklassiger Pulverschnee, höchst abwechslungsreiche Abfahrten zwischen Bäumen und Pisten aller Schwierigkeitsgrade machen das Ganze zur hiesigen Hauptattraktion – und zu einem der familienfreundlichsten Skiorte der USA.

★ **Strawberry Park Hot Springs** THERMALQUELLEN
(970-879-0342; www.strawberryhotsprings.com; 44200 County Rd; pro Tag Erw./Kind 15/8 US$; So–Do 10–22.30, Fr & Sa bis 24 Uhr;) Steamboats beliebtestes Thermalbad liegt außerhalb der Stadtgrenzen. Es bietet wunderbar naturnahe Entspannung, die natürlichen Teiche liegen hübsch neben einem Fluss. Nach Einbruch der Dunkelheit ist die Anlage Erwachsenen vorbehalten und Bekleidung optional (heute tragen aber die meisten Badeanzüge) – bei einem Besuch zu dieser Zeit sollte man eine Stirnlampe dabei haben. An den Wochenenden muss man damit rechnen, 15 bis 45 Minuten auf einen Parkplatz zu warten.

Orange Peel Bikes FAHRRADVERLEIH
(970-879-2957; www.orangepeelbikes.com; 1136 Yampa St; Leihfahrrad 45–75 US$/Tag; Mo–Fr 10–18, Sa bis 17 Uhr;) Am Ende der Yampa St liegt Steamboats coolster Fahrradverleih in einem kegelförmigen Gebäude, das optisch an eine Marsstation erinnert. Der Laden liegt perfekt, wenn man einen Drahtesel mieten und damit gleich im Anschluss die Wege am Howelsen Hill in Angriff nehmen will. Das Team aus kompetenten Bike-Experten und -Mechanikern liefert zahllose Infos (inkl. Karten) zu lokalen Routen.

Bucking Rainbow Outfitters RAFTING
(970-879-8747; www.buckingrainbow.com; 730 Lincoln Ave; Tubing inkl. Shuttles 20 US$, Rafting 50–100 US$, Fliegenfischen 150–500 US$) Der hervorragende Ausrüster führt alles Nötige für diverse Outdoor-Aktivitäten (u.a. Fliegenfischen, Rafting) und hat auch das beste Fliegen-Sortiment der ganzen Gegend. Bekannt ist er aber vor allem für seine halb- oder ganztägigen Rafting-Trips auf dem Yampa und anderen Flüssen. Geführtes Fliegenfischen innerhalb des Stadtgebiets (2 Std. ab 155 US$/Pers.) ist hier ebenfalls im Angebot. Die Tubing-Touren starten vor dem Sunpies Bistro an der Yampa St und sind eine großartige Option für einen netten Nachmittag.

Old Town Hot Springs THERMALQUELLEN
(970-879-1828; www.oldtownhotsprings.org; 136 Lincoln Ave; Erw./Kind 18/12 US$, Wasserrutsche 2–7 US$; Mo–Fr 5.30–22, Sa 7–21, So 8–21 Uhr;) Hier, mitten im Ortszentrum, ist das Wasser wärmer als bei den meisten anderen Thermalquellen in der Gegend. Die Ute kannten diese Quellen als „Medizin-Quellen"; dem mineralhaltigen Wasser werden Heilkräfte nachgesagt. Da es hier eine 70 m lange Wasserrutsche, eine Kletterwand und viele seichte Stellen gibt, ist dieses Thermalbad das am besten für Familien geeignete vor Ort.

Schlafen & Essen

★ **Vista Verde Guest Ranch** RANCH $$$
(800-526-7433; www.vistaverde.com; 31100 Seedhouse Rd; pro Woche & Pers. Sommer/Winter ab 5125/3195 US$;) Die Gäste von Colorados luxuriösester Spitzenklasse-Ferienranch unternehmen tagsüber Ausritte mit dem kompetenten Personal. Abends sitzen sie dann in einer eleganten Lodge am offenen Kamin und schlummern schließlich in hochwertiger Bettwäsche. Das nötige Kleingeld vorausgesetzt.

Rex's American Bar & Grill AMERIKANISCH $
(970-870-0438; www.rexsgrill.com; 3190 S Lincoln Ave; Hauptgerichte 11–15 US$; 7–23 Uhr; P) Das Rex's serviert Leckeres aus Fleisch (z.B. Bison-Burger, Wapiti-Wurst, Steaks vom Freilandrind) – so köstlich, dass die Lage als Anhängsel des Holiday Inn irrelevant wird. Es zählt auch zu Steamboats familienfreundlichsten Lokalen und hat als einziges Restaurant der Stadt bis 23 Uhr geöffnet.

★ **Laundry** AMERIKANISCH $$
(970-870-0681; www.thelaundryrestaurant.com; 127 11th St; kleine Teller 10–16 US$, große Teller 35–38 US$; 16.30–2 Uhr) Dieses Lokal der neuen Generation hat mit das beste Essen vor Ort. Hier gibt's kreative, schön angerich-

tete Versionen von beliebten einfachen Gerichten und Wurstplatten sowie große Steaks, Grillspeisen und Eingemachtes. Sparfüchse lieben die kleinen Teller, die man teilen kann und die eine reiche Auswahl bieten.

Praktische Informationen

Steamboat Springs Visitor Center (970-879-0880; www.steamboat-chamber.com; 125 Anglers Dr; Mo–Fr 8–17, Sa 10–15 Uhr) Gegenüber der Sundance Plaza gibt's hier viele Lokalinfos. Die Website ist eine tolle Planungshilfe.

USFS Hahns Peak Ranger Office (970-879-1870; www.fs.usda.gov; 925 Weiss Dr; Mo–Sa 8–17 Uhr) Die Ranger des Büros liefern Infos zu umliegenden National Forests (z. B. Mount Zirkel Wilderness) und zu Aktivitäten in der Region (u. a. Wandern, Mountainbiken, Angeln). Zudem gibt's hier Outdoor-Genehmigungen.

An- & Weiterreise

Die meisten Besucher fahren ab Denver über den Hwy 40 und den Rabbit Ears Pass nach Steamboat.

Yampa Valley Regional Airport (YVRA; 970-276-5000; 11005 RCR 51A, Hayden) Liegt 22 Meilen (35,4 km) westlich von Steamboat und wird im Winter direkt ab vielen US-Großstädten angeflogen.

Go Alpine (970-879-2800; www.goalpine.com; 1755 Lincoln Ave) Taxi- und Shuttle-Service, der mehrmals täglich zwischen Steamboat und dem Denver International Airport (DIA; 93 US$, einfache Strecke 4 Std.) verkehrt. Die Firma fährt auch zum Yampa Valley Regional Airport (einfache Strecke 39 US$) und betreibt zudem ein Stadttaxi innerhalb von Steamboat.

Greyhound-Busbahnhof (800-231-2222; www.greyhound.com; 1505 Lincoln Ave) Auf der Route Denver–Salt Lake City (US 40) halten Greyhound-Busse hier ca. 0,5 Meilen (800 m) westlich der Stadt. Die einfache Strecke nach Denver (4 Std.) Denver kostet 35 bis 43 US.

Storm Mountain Express (877-844-8787; www.stormmountainexpress.com) Shuttle-Service zum Yampa Valley Regional Airport (einfache Strecke 39 US$) und zu anderen Zielen; Fahrten zum DIA und nach Vail sind aber sehr teuer.

Zentrales Colorado

Im zentralen Colorado warten die himmelhohen Rocky Mountains mit zahllosen Attraktionen auf. Ein Großteil der regionalen Abenteuer konzentriert sich auf legendäre Skiorte wie Aspen, Vail und Breckenridge. Diese sind auch im Sommer super für allerlei Outdoor-Aktivitäten (z. B. Wandern, Mountainbiken) in der weiten Bergwildnis.

Die unbekannteren Gebiete rund um South Park und Leadville kombinieren erstklassige Möglichkeiten zum Raften und Bergsteigen mit kilometerweiter Aussicht. Ansonsten kann man hier z. B. Bergseen besuchen, Wildtiere beobachten, mit Dampfzügen fahren und Landstraßen zu verlassenen Bergbaustädten folgen.

Die Region steht zudem für scherzhafte Pietätlosigkeit, wilde Partys und jede Menge Streiche im typischen Alpin-Stil. Ein Teil des Spaßes ist bereits der Kontakt mit den sonnenverwöhnten und breit lächelnden Einheimischen.

Winter Park

Das bodenständige Winter Park Resort liegt weniger als zwei Fahrtstunden von Denver entfernt und ist bei Skifahrern aus dem Bereich der Front Range sehr beliebt: Diese kommen jedes Wochenende hierher, um auf frisch präparierten Pisten talwärts zu wedeln. Unter den Abfahrten sind gewalzte und proppevolle Anfänger-Hänge genauso wie die extrem anspruchsvollen Weltklasse-Buckelpisten von Mary Jane. Das Resort betreibt auch eines der landesweit besten Spezialprogramme für Wintersportler mit Handicap.

Der sympathische Ort mit gewissen Anleihen an die 1970er-Jahre ist ganzjährig eine hervorragende Ausgangsbasis für Unternehmungen. Die meisten Einrichtungen konzentrieren sich auf das Skidorf (südlich des eigentlichen Winter Park) und die Hauptstraße (US 40), an der auch das Visitor Center liegt. Von hier aus führt der Hwy 40 zum nahtlos angrenzenden Fraser, dann nach Tabernash und schließlich zur Rückseite des Rocky Mountain National Park.

Aktivitäten

Neben Abfahrtspisten und Langlaufloipen bietet Winter Park Mountainbike-Trails aller Schwierigkeitsgrade in einer Gesamtlänge von fast 1000 km. Der asphaltierte, 5,5 Meilen (8,9 km) lange **Fraser River Trail** führt vom Skiresort durch das Tal nach Fraser und verbindet die verschiedenen Radwege. Karten des Wegenetzes erhält man im **Visitor Center** (970-726-4118; www.winterpark-info.com; 78841 Hwy 40; 9–17 Uhr). Mit Fatbikes kann man hier sogar im Winter radeln.

Schlafen & Essen

Richtung Winter Park liegen zwei reservierungsfreie USFS-Campingplätze abseits des Hwy 40: Ca. 5 Meilen (8 km) außerhalb der Stadt befindet sich **Robber's Roost** (Hwy 40; Stellplatz Zelt & Wohnmobil 20 US$; Mitte Juni–Aug.;) ohne Trinkwasser. Ungefähr 1 Meile (1,6 km) vor dem Resort erreicht man **Idlewild** (Hwy 40; Stellplatz Zelt & Wohnmobil 20 US$; Ende Mai–Sept.;). Von den vielen kostenlosen Campingmöglichkeiten im umliegenden National Forest empfiehlt sich die hochgelegene Option **Rollins Pass** (USFS Rd 149; Mitte Juni–Mitte Nov.). Im Ort selbst gibt's vor allem Ferienwohnungen, aber auch ein paar interessante Hotels und Lodges.

★ Devil's Thumb Ranch LODGE **$$$**
(970-726-7000; www.devilsthumbranch.com; 3530 County Rd 83; Lodge Zi. ab 350 US$, Hütte ab 450 US$;) Die hochgelegene Ranch ist die nobelste Bleibe im Umkreis von Winter Park und eine gute Ausgangsbasis für ganzjährige **Aktivitäten** (Wandern 10 US$, Reiten 85–175 US$, Seilrutschen 55–110 US$;). Ihre Zimmer wirken elegant, aber nicht übertrieben vornehm. Die Lodge im schicken Cowboy-Stil ist ideal für ein romantisches Wochenende. Die Hütten empfehlen sich für Gruppen oder Gäste, die mehr Privatsphäre wollen. Man sollte sehr früh reservieren.

★ Pepe Osaka's Fish Taco JAPANISCH **$**
(970-726-7159; https://pepeosakasfishtacos.com; 78707 US Hwy 40; 2 Tacos 13–15 US$; tgl. 16–21 & Sa–So 12–15 Uhr) Wer Sushi und Fisch-Tacos mag, wird gegen Sushi-Tacos nichts haben. In diesem Lokal, das Gerichte anbietet, die sich der Nikkei-Cuisine zuordnen lassen (für alle, die nicht auf dem neusten Stand sind: der japanisch-peruanischen Fusion-Küche), gibt's ausgezeichnet gewürzte Thunfisch-Tacos, Ahi-*poke*-Ceviche-Tacos und Tacos mit schwarz gebratenem Mahi-Mahi *al pastor*. Dazu gibt's leckere gebratene Kochbananen und Margaritas.

Breckenridge & Umgebung

Einzigartig im Summit County: Breckenridge wurde nicht als Skiort gegründet. Vielmehr entstand es vor über 100 Jahren mit viel Anstrengung als hoffnungsvolle Bergbaustadt. Das malerische historische Zentrum beherbergt heute T-Shirt-Läden, Nobelrestaurants und umgebaute Gasthöfe im viktorianischen Stil.

Sehenswertes & Aktivitäten

★ Barney Ford Museum MUSEUM
(www.breckheritage.com; 111 E Washington Ave; Eintritt gegen Spende 5 US$; Di–So 11–15 Uhr, saisonal unterschiedliche Öffnungszeiten) GRATIS Barney Ford war ein entflohener Sklave, der zu einem wohlhabenden Unternehmer und zu einem Bürgerrechtspionier in Colorado wurde. Im Verlauf seines an Wechselfällen reichen, tragischen und triumphierenden Lebens verbrachte er zweimal längere Zeit in Breckenridge (wo er einen rund um die Uhr geöffneten Imbissstand betrieb, der Delikatessen wie z. B. Austern servierte). Ford besaß auch ein Restaurant und ein Hotel in Denver. Das Museum residiert in dem Haus, in dem er von 1882 bis 1890 wohnte.

Breckenridge Ski Area WINTERSPORT
(800-789-7669; www.breckenridge.com; Skipass Erw./Kind 189/123 US$; Nov.–Mitte April 8.30–16 Uhr;) Das Skigebiet umfasst fünf Berge (Bergspitzen 6 bis 10) auf einer Fläche von 11,74 km² und hat einige der besten Pisten für Anfänger und fortgeschrittenere Anfänger in Colorado, aber auch viele aufregende hochalpine Pisten. Vier Funparks und eine Superpipe komplettieren das Angebot.

Schlafen

Bivvi Hostel HOSTEL **$**
(970-423-6553; www.thebivvi.com; 9511 Hwy 9; B Winter/Sommer ab 85/29 US$; P) Das moderne Hostel mit der Anmutung einer Blockhütte punktet mit Stil, Freundlichkeit und günstigen Preisen. Die Schlafsäle für vier bis sechs Personen haben private Schließfächer und angeschlossene Bäder. Das Frühstück ist kostenlos; chillen kann man im schrillen Gemeinschaftsraum oder draußen auf der prächtigen Terrasse, die mit Gasgrill und Whirlpool ausgestattet ist. Privatzimmer sind ebenfalls im Angebot.

Essen & Ausgehen

★ Breckenridge Distillery AMERIKANISCH **$$**
(970-547-9759; www.breckenridgedistillery.com; 1925 Airport Rd; kleine Gerichte 10–18 US$; Di–Sa 16–21 Uhr) Im cool-urbanen Ambiente serviert diese **Brennerei** (970-547-9759; www.breckenridgedistillery.com; 1925 Airport Rd; Di–Sa 11–21, So & Mo bis 18 Uhr) eine vielfältige Auswahl an Speisen. Basis hierfür sind die appetitlichen Einfälle der hochkarätigen Küchenchefs, die z. B. mühelos zwischen göttlichen *cacio e pepe* (Käse-Spaghetti à la Rom), Hähnchenleber im Blätterteig oder

Datteln mit Mascarpone wechseln. Die meist kleinen Gerichte eignen sich hervorragend für Gemeinschafts-Genuss mit erstklassigen Cocktails.

Crown CAFÉ
(☎ 970-453-6022; www.thecrownbreckenridge.com; 215 S Main St; ⏲ 7.30–20 Uhr; 📶) Das brummende Café ist der gesellige Mittelpunkt und gewissermaßen das Wohnzimmer der Stadt. Bei einem Becher Silver-Canyon-Kaffee und einem Sandwich oder Salat hört man den neuesten Klatsch der Stadt.

Broken Compass Brewing BRAUEREI
(☎ 970-368-2772; www.brokencompassbrewing.com; 68 Continental Ct; ⏲ 11.30–23 Uhr) Das Broken Compass in einem Industriekomplex am Nordende der Airport Road gilt allgemein als die beste Brauerei in Breck. Beim hauseigenen Coconut Porter oder Chili Pepper Pale lässt man sich mit Freunden in den alten Sessellift sinken. Alle zwei Stunden fährt ein Shuttle zwischen der Brauerei und der Stadt.

Praktische Informationen

Visitor Center (☎ 877-864-0868; www.gobreck.com; 203 S Main St; ⏲ 9–18 Uhr; 📶) Neben jeder Menge Landkarten und Broschüren hat das Visitor Center auch ein hübsches Museum am Fluss, das sich der Goldgräbervergangenheit der Stadt widmet.

An- & Weiterreise

Breckenridge liegt 80 Meilen (ca. 129 km) westlich von Denver und ist über die I-70 bis zur Ausfahrt 203 und dann den Hwy 9 in südlicher Richtung zu erreichen.

Vail

Vail liegt unterhalb der Gore Range an der I-70 und bietet alles, was man sich von einem Urlaubsort im Gebirge wünscht. Die Siedlungsbereiche am unteren Ende des Skigebiets haben die Optik und Atmosphäre eines Tiroler Bergdorfs. An gepflasterten Bürgersteigen findet man hier ein paar von Colorados besten Restaurants. Und die großartige, gut betuchte Gästeschar macht beim Aprés-Ski die Nacht zum Tag.

Sehenswertes & Aktivitäten

Der Reiz von Vail ist kein Geheimnis: Die zahllosen Outdoor-Aktivitäten im Winter und Sommer machen den Ort so attraktiv. In der „Schlammsaison" (Mitte April–Ende Mai & Nov.) gibt's aber kaum Optionen für Besucher: Dann sind hier weder Skifahren noch Hochgebirgswandern möglich.

DEN ERSTEN 4000ER ERKLETTERN

Der als „Colorados leichtester Viertausender" bekannte **Quandary Peak** (www.14ers.com; County Rd 851) nimmt mit 4348 m den 15. Platz der höchsten Gipfel im Bundesstaat ein. Obwohl man auf der Strecke viele Hunde und Kinder sieht, darf man sich von „leichtest" nicht irreführen lassen: Der Gipfel ist immer noch 4,8 strapaziöse Kilometer vom Startpunkt des Weges entfernt.

Für die Wanderung eignen sich die Monate zwischen Juni und September.

★ **Vail Mountain** WINTERSPORT
(☎ 970-754-8245; www.vail.com; Liftpass Erw./Kind 189/130 US$; ⏲ Nov.–Mitte April 9–16 Uhr; 👪) Mit 195 Abfahrten und drei Hinderniparks auf 2140 ha Wintersport-Terrain zählt Vail Mountain zu den besten Skigebieten der Welt – aber (ähem) mit den höchsten Liftpass-Preise Nordamerikas. Eine eventuelle Pisten-Premiere in Colorado feiert man am besten hier – idealerweise an einem heiteren Tag mit frischem Pulverschnee. Ab drei Nutzungstagen lohnt sich der Epic Pass.

Vail to Breckenridge Bike Path RADFAHREN
(www.summitbiking.org) Über 14 km erstreckt sich dieser befestigte, autofreie Radweg von East Vail zum höchsten Punkt des Vail Pass (Höhenunterschied 558 m). Von dort aus führt er über 22,5 km hinunter nach Frisco. Nach Breckenridge sind es dann weitere 14,5 km. Wer nur bergab rollen möchte, nimmt den Shuttle-Bus von **Bike Valet** (☎ 970-476-7770; www.bikevalet.net; 616 W Lionshead Cir; Leihfahrrad ab 51 US$/Tag; ⏲ 9–18 Uhr; 👪) und genießt die Rückfahrt nach Vail per Fahrrad.

Schlafen

Gore Creek Campground CAMPING $
(☎ 877-444-6777; www.recreation.gov; Bighorn Rd; Stellplatz Zelt 22–24 US$; ⏲ Mitte Mai–Sept.; 🐾) Dieser Campingplatz am Ende der Bighorn Rd hat 19 Zeltstellplätze mit Picknicktischen und Feuerrosten, die versteckt zwischen Bäumen am Gore Creek liegen. In der Nähe gibt es ausgezeichnete Angelplätze – es lohnt sich, auf dem Slate Creek Trail oder

dem Deluge Lake Trail zu wandern; letzterer führt zu einem fischreichen See. Der Campingplatz liegt 6 Meilen (9,6 km) östlich von Vail Village und ist über die I-70 (Exit 180, Richtung East Vail) zu erreichen.

★ Sebastian Hotel HOTEL **$$$**
(☎800-354-6908; www.thesebastianvail.com; 16 Vail Rd; Zi. Winter/Sommer ab 800/300 US$; P ❄ 📶 🏊 🐾) Luxuriös und modern, punktet dieses raffinierte Hotel mit geschmackvoller zeitgenössischer Kunst und einer eindrucksvollen Liste von Annehmlichkeiten, darunter einem Skiservice, einem Luxus-Spa und einem „Adventure Concierge". Im Sommer fallen die Zimmerpreise auf normales Niveau – die perfekte Zeit, um in der Tapas-Bar zu verweilen und die spektakuläre Poollandschaft mit Whirlpools zu genießen, die wie Sekt sprudeln und überschäumen.

Austria Haus HOTEL **$$$**
(☎866-921-4050; www.austriahaushotel.com; 242 E Meadow Dr; Zi. Winter/Sommer ab 500/290 US$; P ❄ 📶 🏊) Das Austria Haus ist eines der ältesten Unternehmen vor Ort und bietet sowohl Hotelzimmer als auch Ferienwohnungen (mehr Infos unter www.austriahaus club.com), man sollte sich also darüber im Klaren sein, was man bucht. Im Hotel sorgen charmante Details wie holzgetäfelte Türdurchgänge, Berberteppiche und Marmorbäder für einen angenehmen Aufenthalt. Beim großzügigen morgendlichen Frühstücksbüffet tankt man auf.

Essen & Ausgehen

★ Westside Cafe DINER **$**
(☎970-476-7890; www.westsidecafe.net; 2211 N Frontage Rd; Hauptgerichte 9–16 US$; ⌚Mo–Mi 7–15, Do–So bis 22 Uhr; 📶 👪) Das in einer Einkaufszeile in West Vail zu findende Westside ist eine örtliche Institution. Den ganzen Tag über gibt's tolle Frühstückspfannen – z. B. „My Big Fat Greek Skillet" mit Rührei, Gyros, roten Zwiebeln, Tomaten, Feta und warmem Pita –, und daneben die üblichen kalorienreichen Sachen, die man vor oder nach einem Tag auf den Pisten so dringend braucht.

★ Game Creek Restaurant AMERIKANISCH **$$$**
(☎970-754-4275; www.gamecreekvail.com; Game Creek Bowl; 4-/5-Gänge-Menü 115/135 US$; ⌚Dez.–April Di–Sa 17.30–21 Uhr, Ende Juni–Aug. Do–Sa 17.30–20.30 & So 11–14 Uhr; 🍷 👪) Dieses Gourmetrestaurant liegt hoch oben in der spektakulären Game Creek Bowl. Mit der Eagle Bahn Gondola fährt man hinauf zum Eagle's Nest, von wo einen ein Shuttle (im Winter eine Pistenraupe) zu dem Restaurant im Stil einer Lodge bringt. Auf der Karte stehen amerikanisch-französische Gerichte; Highlights sind Wildschweinbraten, Hirschlende und saftige Lammkeulen. Reservieren erforderlich!

Sweet Basil AMERIKANISCH **$$$**
(☎970-476-0125; www.sweetbasilvail.com; 193 Gore Creek Dr; Hauptgerichte mittags 18–22 US$, abends 27–48 US$; ⌚11.30–14.30 & 18 Uhr–open end) 🍃 Das Sweet Basil (eröffnet 1977) zählt bis heute zu Vails besten Restaurants: Die vielfältige US-Küche auf der saisonal wechselnden Karte ist stets ausgezeichnet und einfallsreich. In großartigem Ambiente gibt's hier meist auch Klassiker wie Colorado-Lamm oder scharf angebratene Rocky-Mountain-Forelle. Vor allem in der Hauptsaison ist Reservierung im Voraus Pflicht.

Praktische Informationen

Vail Visitor Center (☎970-477-3522; www.vailgov.com; 241 S Frontage Rd; ⌚Winter 8.30–17.30 Uhr, Sommer bis 20 Uhr; 📶) Direkt neben dem Transportation Center gibt's hier Infos zu Vail (inkl. Aktivitäten), Karten und Last-Minute-Hotelangebote. Am Parkhauseingang befindet sich das größere Lionshead Welcome Center.

Anreise & Unterwegs vor Ort

Eagle County Regional Airport (EGE; ☎970-328-2680; www.flyvail.com; 217 Eldon Wilson Dr, Gypsum) Liegt 35 Meilen (56 km) westlich von Vail und bietet Flugverbindung zu Zielen in den ganzen USA (oft über Denver). Vor Ort sind auch Autovermieter vertreten.

Aspen

Das traumhafte Aspen gehört zu den berühmtesten Bergorten der Welt:

An den vier Skihängen warten ein paar von Colorados besten Champagne-Powder-Pisten. Im historischen Ortskern finden sich Spitzenrestaurants an fast jeder Ecke. Zudem durchdringt schickes Understatement hier beinahe alles – ob Aktivitäten, Sehenswürdigkeiten, Küche oder Atmosphäre. Das Gesamtpaket verspricht einen unvergesslichen Urlaub in den Bergen.

Aspen bietet zu jeder Jahreszeit ein anderes Gesicht: Im Herbst erstrahlt auf den umliegenden Hügeln ein wogendes Meer aus goldfarbenem Espenlaub. Der Winter steht im Zeichen von belebten Pisten und maximaler Feierwut. Zu Frühjahrsbeginn erblühen die ersten Blumen rund um die spiegelblanken Bergseen. Und der grandiose Sommer kombiniert Musikfestivals, Kunst und das Erkunden endlos langer Wanderwege an perfekten Tagen unter Colorados hellblauem Himmel.

Sehenswertes & Aktivitäten

Aspen Art Museum MUSEUM
(☎970-925-8050; www.aspenartmuseum.org; 637 E Hyman Ave; ⏲Di–So 10–18 Uhr) GRATIS Das großartige Gebäude dieses Museums hat eine organisch wirkende Gitterfassade aus Holz (entworfen von Pritzker-Preisträger Shigeru Ban). Die drei Ausstellungsebenen beherbergen keine ständige Sammlung: Zu sehen gibt's hier nur Wechselausstellungen mit kühner, innovativer Kunst der modernen Art (Gemälde, Skulpturen, Fotografien, Video-Installationen; auch in gemischten Medienformen). Die Werke stammen z. B. von Mamma Andersson, Mark Manders und Susan Philipsz. Im coolen Dachcafé kann man bei schöner Aussicht speisen. Kunstfans werden nicht enttäuscht sein.

★ **Aspen Center for Environmental Studies** NATUR
(ACES; ☎970-925-5756; www.aspennature.org; 100 Puppy Smith St, Hallam Lake; ⏲Mo–Fr 9–17 Uhr; 👪) Das Aspen Center for Environmental Studies verwaltet das 10 ha große Hallam Lake Naturschutzgebiet, das sich an den Roaring Fork River schmiegt und kilometerlange Wanderwege im Hunter Creek Valley umfasst. Die Wissenschaftler des Zentrums, die es als ihre Aufgabe sehen, den Naturschutz voranzubringen, veranstalten kostenlose geführte Wanderungen und Schneeschuh-Touren, Raubvogelschauen (Adler und Eulen gehören zu den Bewohnern des Gebiets) und Programme für die Jüngsten.

★ **Snowmass Ski Resort** WINTERSPORT
(☎800-525-6200; www.aspensnowmass.com; Liftpass für 4 Berge Erw./Kind 174/116 US$; ⏲Dez.–Mitte April 9–16 Uhr; 👪) Die Hauptattraktion von Snowmass ist ziemlich klar: Wintersport auf jeder Menge Pulverschnee. Extrem-Skifreaks finden hier ein paar ziemlich steile Hänge. Der allgemeine Schwerpunkt liegt aber auf den vielen Pisten für Anfänger, Fortgeschrittene und Erfahrene. Zur sehr hohen Familienfreundlichkeit des Ganzen trägt auch das Snowmass Village mit Hotels und Restaurants bei.

Maroon Bells WANDERN, SKIFAHREN
Wer nur einen Tag zur Verfügung hat, um sich hier an der unberührten Natur zu erfreuen, sollte diesen im Schatten von Colorados kultigsten Bergen verbringen: den pyramidenförmigen Zwillingsgipfeln des **North Maroon Peak** (4271 m) und des **South Maroon Peak** (4315 m). 11 Meilen (17,7 km) südwestlich von Aspen sind die Ufer des **Maroon Lake** ein hinreißendes Gelände vor der Kulisse der hohen, geriffelten Gipfel.

Schlafen

★ **Difficult Campground** CAMPING $
(☎877-444-6777; www.recreation.gov; Hwy 82; Stellplatz Zelt & Wohnmobil 24–26 US$; ⏲Mitte Mai–Sept.; 🐾) Der größte Campingplatz im Gebiet von Aspen ist einer von vier Plätzen am Fuß des Independence Pass und der einzige, der Reservierungen annimmt. Er befindet sich ca. 5 Meilen (8 km) westlich der Stadt und liegt am niedrigsten (2438 m). Weiter oben liegen die drei kleineren Campingplätze **Weller**, **Lincoln Gulch** und **Lost Man**. Wasser ist vorhanden, es gibt aber keine Elektroanschlüsse für Wohnmobile.

Annabelle Inn HOTEL $$
(☎877-266-2466; www.annabelleinn.com; 232 W Main St; Zi. Winter/Sommer ab 250/200 US$; P❄@📶) Das reizende Annabelle Inn in zentraler Lage ist sympathisch, bodenständig und etwas schräg. Sein Ambiente erinnert an eine altmodische europäische Skihütte. Die Zimmer mit Flachbild-TVs und warmen Federbetten wirken gemütlich, aber nicht verkitscht. Vor einem langen Ski- oder Wandertag gibt's hier ein großartiges Frühstück. Danach warten ein Whirlpool und ein offener Kamin.

Limelight Hotel HOTEL $$$
(☎855-925-3025; www.limelighthotel.com; 355 S Monarch St; Zi. Winter/Sommer ab 500/250 US$; P❄📶🏊🐾) Mit elegantem Modernismus aus Backstein und Glas steht das trendige Limelight für Aspens neue Hotelgeneration. Die geräumigen Zimmer haben stilvolle Einrichtungselemente (z. B. Granitwaschbecken, Kopfbretter mit Lederbezug) und Balkone bzw. Dachterrassen mit Bergblick. Weitere Annehmlichkeiten wie ein großartiges Frühstück und Shuttles zu allen umliegenden Skigebieten runden das wunderbare Gesamtpaket ab. Nahe der Seilbahn von Snowmass (S. 845) gibt's einen gleichnamigen Ableger.

Essen & Ausgehen

★ Pyramid Bistro CAFÉ $$
(☎970-925-5338; www.pyramidbistro.com; 221 E Main St; Hauptgerichte mittags 12–18 US$, abends 19–29 US$; ⏰11.30–21.30 Uhr; 📝) 🌿 Das vegetarische Feinschmeckercafé im obersten Stock von **Explore Booksellers** (☎970-925-5336; www.explorebooksellers.com; 221 E Main St; ⏰10–21 Uhr; 📶) serviert köstliche Kreationen, z. B. Süßkartoffel-Gnocchi mit Ziegenkäse, kleine Sandwiches mit roten Linsen und Quinoa-Salat mit Avocado, Gojibeeren und Sesam-Vinaigrette. Das Restaurant ist beim Thema „Essen für Gesundheitsbewusste" in Aspen mit Abstand die beste Wahl.

Matsuhisa JAPANISCH $$$
(☎970-544-6628; www.matsuhisarestaurants.com; 303 E Main St; Hauptgerichte 29–42 US$, Sushi 8–12 US$/2 Stücke; ⏰17.30 Uhr–open end) Das umgebaute Haus, die erste Filiale von Nobu Matsuhisas bekannter globaler Kette in Colorado, ist anheimelnder als der Ableger in Vail und liefert immer noch spektakuläre Gerichte wie Schwarzer Zackenbarsch mit Miso, Schwarzer Seehecht mit Trüffeln oder aromatische Seeigeleier.

Aspen Brewing Co BRAUEREI
(☎970-920-2739; www.aspenbrewingcompany.com; 304 E Hopkins Ave; ⏰12 Uhr–open end; 📶) Fünf eigene Biersorten und ein sonniger Balkon mit Bergblick machen den Laden zur besten Entspannungsadresse nach einem langen Tag an der frischen Luft. Die Biere reichen vom aromatischen This Year's Blonde über das starke Independence Pass Ale (IPA) und das lieblichere Conundrum Red Ale bis zum schokoladigen Pyramid Peak Porter.

Woody Creek Tavern PUB
(☎970-923-4585; www.woodycreektavern.com; 2 Woody Creek Plaza, 2858 Upper River Rd; ⏰11–22 Uhr) Der hundertprozentige Agaven-Tequila und die Margaritas mit frischem Limonen rechtfertigen die 8 Meilen (12,9 km) lange Anfahrt aus Aspen mit dem Auto – oder mit dem Fahrrad über den **Rio Grande Trail** (www.riograndetrail.com; Puppy Smith St). Die Wände der abgefahren-rustikalen Taverne, die seit 1980 bei Einheimischen beliebt ist und die Lieblingskneipe des verstorbenen, berühmten Gonzo-Journalisten Hunter S. Thompson war, sind mit Zeitungsausschnitten, Fotos von Gästen und allerlei Krimskrams dekoriert.

Praktische Informationen

Aspen-Sopris Ranger District (☎970-925-3445; www.fs.usda.gov/whiteriver; 806 W Hallam St; ⏰Mo–Fr 8–16.30 Uhr) Zum Aspen-Sopris Ranger District (vom USFS verwaltet) gehören das Roaring Fork Valley sowie das Gebiet zwischen Independence Pass und Glenwood Springs (inkl. der Maroon Bells Wilderness). In diesem Büro gibt's Karten, Wandertipps und Informationen zu den rund 20 Campingplätzen.

Aspen Visitor Center (☎970-925-1940; www.aspenchamber.org; 425 Rio Grande Pl; ⏰Mo–Fr 8.30–17 Uhr) Kleines Büro gegenüber vom Rio Grande Park, das Besucher u. a. in puncto Wanderrouten, Restaurants und Outdoor-Abenteuer berät.

Cooper Street Kiosk (Ecke E Cooper Ave & S Galena St; ⏰10–18 Uhr) Karten, Broschüren und Zeitschriften.

Anreise & Unterwegs vor Ort

Aspen-Pitkin County Airport (ASE; ☎970-920-5380; www.aspenairport.com; 233 E Airport Rd; 📶) Ein geschäftiger Flughafen, der etwa 4 Meilen (6,4 km) nordwestlich von Aspen am Hwy 82 liegt. Ganzjährig gibt's hier Direktflüge nach/ab Denver sowie saisonale Nonstop-Verbindungen zu/ab acht anderen US-Großstädten (z. B. L. A., Chicago). Vor Ort sind diverse Autovermieter vertreten. Kostenlose Busse pendeln zwischen Flughafen und Stadt (alle 10–15 Min.).

Roaring Fork Transportation Authority (RFTA; ☎970-925-8484; www.rfta.com; 430 E Durant Ave; ⏰6.15–2.15 Uhr; 📶) Betreibt u. a. kostenlose Shuttlebusse, die Aspen mit den Skigebieten Highlands, Snowmass und Buttermilk verbinden. Der VelociRFTA bedient Basalt (4 US$, 25 Min.), Carbondale (6 US$, 45 Min.) und Glenwood Springs (7 US$, 1 Std.) weiter unten im Tal.

Salida

Unter Colorados Sonne lebt es sich in Salida nochmal eine Runde besser: Der lokale Mix aus fröhlicher Bergatmosphäre, historischem Charme und leichtem Zugang zu grandioser Wildnis ist fast unschlagbar. Im weitläufigen, alten Ortskern (makellos erhalten) gibt's erstklassige Kunsthandwerks- und Antiquitätenläden.

Zudem ist dies eines von Amerikas besten Rafting-Revieren: Mitten durch Salida strömt der Arkansas River, der von familienfreundlichen Strecken der Kategorie II bis hin zu heftigen Stromschnellen der Kategorie V alle möglichen Optionen bietet. Dank der Tallage unterhalb eines Gebirgsmassivs sind auch die Möglichkeiten für Wanderer, Mountainbiker und Skifahrer ganz hervorragend. Da hat man die Qual der Wahl – Abenteuer warten hier an jeder Ecke.

Abends heißt's dann den nächsten Outdoor-Tag in einer von Salidas vielen gemütlichen Kleinbrauereien planen. Im Sommer sind die Besucherzahlen hier am höchsten.

Aktivitäten

Mountainbiker und Wanderer finden in unmittelbarer Nähe der Stadt einige tolle Routen: den **Continental Divide Trail** (www.continentaldividetrail.org), den **Colorado Trail** (www.coloradotrail.org) und den **Rainbow Trail**. Wer sich nicht abmühen will, nimmt die **Gondelbahn** (719-539-4091; www.monarchcrest.net; Erw./Kind 10/5 US$; Mitte Mai–Mitte Sept. 8.30–17.30 Uhr), die vom Monarch Pass fast 300 m aufwärts auf den Gipfel der Monarch Ridge führt. Auch die **Monarch Ski Area** (719-530-5000; www.skimonarch.com; 23715 Hwy 50; Liftpass Erw./Kind 84/40 US$; Dez.–Mitte April;) punktet mit überraschend attraktivem Terrain und erschwinglichen Preisen. Regionale Hauptattraktion sind aber natürlich die tollen Rafting-Touren auf dem Arkansas River (S. 848). Hierbei reicht das Spektrum von familienfreundlichen Trips und Optionen mit Angeln bis hin zu heftigeren Herausforderungen auf Strecken wie Numbers, Royal Gorge oder Brown's Canyon.

★ **Absolute Bikes** RADFAHREN
(719-539-9295; www.absolutebikes.com; 330 W Sackett Ave; Fahrrad 25–105 US$/Tag, Touren ab 175 US$; 9–18 Uhr;) Die erste Anlaufstelle für Radler bietet Karten, Ausrüstung und Ratschläge. Der Laden vermietet Straßenräder und Mountainbikes und unterhält – sehr wichtig – auch Shuttles zu den Tour-Startpunkten. Es gibt auch eine tolle Auswahl geführter Radtouren, beispielsweise zur Geisterstadt St. Elmo oder zum Monarch Crest Trail.

★ **Monarch Crest Trail** MOUNTAINBIKEN
Diese Route ist einer der berühmtesten Trails in Colorado, ein extremes 32 bis 56 km langes Abenteuer. Vom Monarch Pass (3448 m) folgt die Strecke dem offenen Bergkamm 19 km bis zum Marshall Pass. Von dort fährt man entweder auf einer alten Bahntrasse hinunter nach Poncha Springs oder weiter auf dem Rainbow Trail. Die klassische Tour bietet fabelhafte Ausblicke aus großer Höhe.

Schlafen

In Salida gibt's ein gutes Hostel und Hotel im Zentrum sowie eine große Menge typischer Motels am Rand des Ortes. Die **Arkansas Headwaters Recreation Area** (719-539-7289; http://cpw.state.co.us; 307 W Sackett Ave; 8–17 Uhr, Sa & So 12–13 Uhr geschl.) betreibt sechs Campingplätze (Wasser selber mitbringen!) am Fluss, darunter **Hecla Junction** (719-539-7289; http://coloradostateparks.reserveamerica.com; Hwy 285, Meile 135; Stellplatz Zelt & Wohnmobil 18 US$, zzgl. Tagesgebühr 7 US$;). Ein weiterer toller Campingplatz ist **Monarch Park** (877-444-6777; www.recreation.gov; abseits des Hwy 50; Stellplatz Zelt & Wohnmobil 18 US$; Juni–Sept.;) oben am Pass nahe den Wander- und Radwegen des Monarch Crest und des Rainbow Trail.

★ **Simple Lodge & Hostel** HOSTEL $
(719-650-7381; www.simplelodge.com; 224 E 1st St; B/DZ/4BZ 24/65/84 US$; P@) Hätte Colorado doch nur mehr Unterkünfte dieser Art! Das von den superfreundlichen Mel und Justin geführte Hostel ist einfach, aber stilvoll und hat eine komplett ausgestattete Küche und einen gemütlichen Gemeinschaftsbereich, in dem man sich wie zu Hause fühlt. Das Hostel ist bei Radfahrern beliebt, die hier auf der Rte 50 von Küste zu Küste unterwegs sind. Sehr gut möglich also, dass man hier interessanten Typen begegnet.

Essen

The Fritz TAPAS $
(719-539-0364; https://thefritzsalida.com; 113 E Sackett St; Tapas 6–10 US$, Hauptgerichte 11–16 US$; 11–21 Uhr;) Diese lustige Kneipe am Fluss serviert prima Tapas amerikanischer Art, z. B. Makkaroni mit drei Käsesorten, Schinken, Fritten und Trüffel-Aioli, gebratene Gelbflossenthun-Wantans oder Brie-Ciabatta mit Dattel-Konfitüre. Es gibt auch tolle Burger mit Rindfleisch von mit Gras gefütterten Tieren sowie Salate und Sandwiches. Dazu findet man ein gutes Sortiment örtlicher Fassbiere.

★ **Amícas** PIZZERIA $$
(719-539-5219; www.amicassalida.com; 127 F St; Pizzas & Panini 6,90–13 US$; Mo–Mi 11–21, Do–So 7–21 Uhr;) Holzofenpizzas mit dünnem Boden, Panini, hausgemachte Lasagne plus selbst gebraute Fassbiersorten gefällig? Der entspannte Treff mit hoher Decke ist ein echter Volltreffer – perfekt, um die leer gepumpten Akkus wieder aufzufüllen! Am

ABSTECHER

RAFTING AUF DEM ARKANSAS RIVER

Der Arkansas River entspringt bei Leadville, fließt an der Ostflanke von Buena Vista hinunter und weiter durch das Browns Canyon National Monument, bis er mit Klasse-V-Fließgeschwindigkeit durch die spektakuläre Royal Gorge schießt. Der Fluss ist der vielfältigste, längste und wildeste im Bundesstaat. Eisige Wasserspritzer durchnässen einen, während sich das Boot in die tosenden Wellen stürzt; die durchnässte Crew gibt der Strömung nach, und setzt rückwärts um einen großen Felsbrocken. Für erfahrene Sportler ein Riesenspaß!

besten genießt man eine Pizza Michelangelo (Pesto, Wurst, Ziegenkäse) oder eine Vesuvio (Artischockenherzen, sonnengetrocknete Tomaten, geröstete Paprika) zu einem kühlen Glas Headwaters India Pale Ale.

Praktische Informationen

Salida Chamber of Commerce (☎719-539-2068; www.nowthisiscolorado.com; 406 W Rainbow Blvd; ⏱Mo–Fr 9–17 Uhr) Allgemeine Infos für Reisende.

USFS Ranger Office (☎719-539-3591; www.fs.usda.gov; 5575 Cleora Rd; ⏱Mo–Fr 8–16.30 Uhr) Östlich der Stadt, abseits vom Hwy 50, gibt's Infos zu Campingplätzen und Wanderwegen in der Sawatch Range und der nördlichen Sangre de Cristo Range.

An- & Weiterreise

Am Ausgang des Arkansas River Valley liegt Salida erstklassig an der Kreuzung von Hwy 285 und Hwy 50. Die Stadt war früher ein Bahnknoten, weshalb man bei der Erkundung der Gegend auf die eine oder andere stillgelegte Bahntrasse stößt. Gunnison, Colorado Springs, die Great Sand Dunes und Summit County sind alle innerhalb von ein oder zwei Fahrtstunden erreichbar – wenn man über ein eigenes Auto verfügt.

Colorado Springs

Das interessante Colorado Springs ist in den letzten Jahren rasant gewachsen, hat sich aber dennoch einen Teil seines provinziellen Flairs bewahrt. Und liegt grandios: Über der Stadt thront der Pikes Peak, während in der Nähe die senkrechten Sandsteintürme des Garden of the Gods aufragen. Die Atmosphäre in den reizenden kleinen Vierteln erinnert an ein beschauliches Bergdorf. Gleichzeitig sind hier rechtsextreme US-Evangelikale und eine große Militärbasis zu Hause. Doch jenseits politischer Aspekte ist das Erkunden von Stadt und Umgebung ein Highlight jedes Trips durch Colorado. Alle örtlichen Attraktionen lassen sich in maximal zwei Tagen abklappern.

Im Westen von Colorado Springs liegen Manitou Springs und Old Colorado City mit zauberhaften Läden und Bistros. Draußen im Vorgebirge warten herrliche Outdoor-Abenteuer (z. B. Wandern, Mountainbiken), Felssiedlungen, Höhlentouren und Autotouren zur Spitze des Pikes Peak.

Sehenswertes & Aktivitäten

★ **Pikes Peak** BERG
(☎719-385-7325; www.springsgov.com; Maut Erw./Kind 15/5 US$; ⏱Juni–Aug. 7.30–20 Uhr, Sept. bis 17 Uhr, Okt.–Mai 9–15 Uhr; P) Der Pikes Peak gehört mit seinen 4300 m nur haarscharf zu Colorados 54 über 14 000 Fuß hohen Bergen, ist aber sicher der berühmteste davon. Die Ute-Indianer nannten ihn „Sonnenberg", eine treffende Bezeichnung für diesen majestätischen Gipfel, der die südliche Front Range überragt. Er erhebt sich fast senkrecht 2255 m aus der Ebene empor und wird jährlich von über 500 000 Besuchern erklommen.

★ **Garden of the Gods** PARK
(www.gardenofgods.com; 1805 N 30th St; ⏱5–21 Uhr; P) GRATIS Diese herrliche Ader aus rotem, ca. 290 Mio. Jahre altem Sandstein tritt auch anderswo entlang von Colorados Front Range zutage. Die hiesige Hintergrundkulisse aus wunderschön schlanken Felsnadeln ist aber besonders herrlich. Parkbesucher können auf befestigten oder unbefestigten Wegen wandeln, ein Picknick genießen und Kletterer beobachten, die ihre Fähigkeiten am teilweise bröckeligen Fels testen.

Schlafen

Mining Exchange HOTEL $$
(☎719-323-2000; www.wyndhamhotels.com; 8 S Nevada Ave; Zi. ab 225 US$; P❄📶) Das stilvollste Hotel vor Ort (eröffnet 2012) befindet sich in der ehemaligen historischen Bank, in der Cripple-Creek-Goldsucher ihre Funde um die vorletzte Jahrhundertwende herum zu Bargeld machten. Hiervon zeugt bis heute die Tresorraumtür in der Lobby. Rund 3,65 m hohe Decken, freiliegende Backsteinwände und lederbezogenes Mobiliar sorgen für einladendes, modernes Flair.

★ Broadmoor RESORT $$$

(☎866-620-7083; www.broadmoor.com; 1 Lake Ave; Zi. ab 335 US$;) Das Broadmoor zählt zu den führenden Fünfsterne-Resorts der USA. Sein weitläufiges grünes Gelände mit eigenem See liegt vor den blau-grünen Hängen des Cheyenne Mountain. Die 784 Zimmer sind ultimativ komfortabel. Auch alles andere ist hier vom Feinsten – darunter ein Pool, ein erstklassiger Golfplatz, ein grandioses Spa und viele Restaurants bzw. Bars. Für Naturfreunde empfehlen sich die „Luxus-Zeltlager" (Wilderness Camps).

★ Garden of the Gods Resort RESORT $$$

(☎719-632-5541; www.gardenofthegodsclub.com; 3320 Mesa Rd; DZ/Suite ab 380/465 US$;) Das elegante Resort mit nur ganz wenigen Stil-Anleihen an den US-Südwesten bietet die beste Aussicht der Stadt. Genauer: auf den Garden of the Gods. Zur Auswahl stehen hier Zimmer, Suiten, Bungalows und Hütten. Von allen Quartieren gelangen Gäste leicht zum Spa-Bereich mit Infinity Pool. Golfer freuen sich über die Pauschalangebote mit Unterkunft und Platznutzung.

Essen & Ausgehen

Shuga's CAFE $

(☎719-328-1412; www.facebook.com/shugasbar; 702 S Cascade Ave; Gerichte 8–9 US$; ⏲11–24 Uhr;) Wer dachte, dass Colorado Springs nicht hip sein kann, der wird hier eines Besseren belehrt. Das Personal des Cafés im Südstaaten-Stil hat ein Händchen für leckere Espressogetränke und Cocktails. Das kleine weiße Haus mit Papierkranichen und roten Vinylstühlen ist unglaublich niedlich ausgestattet; man kann auch auf der Terrasse sitzen. Das Essen – BLT-Sandwich (Schinken, Salat, Tomate) mit Brie auf Rosmarintoast oder brasilianische Kokos-Shrimps-Suppe – ist klasse.

★ Uchenna ÄTHIOPISCH $$

(☎719-634-5070; www.uchennaalive.com; 2501 W Colorado Ave, Suite 105; Hauptgerichte 12–22 US$; ⏲Di–So 12–14 & 17–20 Uhr;) Chefköchin Maya lernte die Rezepte von ihrer Mutter, ehe sie nach Amerika kam. Die Hausmannskost und die familienfreundliche Atmosphäre in diesem authentisch-äthiopischen Restaurant überzeugen. Es gibt würzige Fleischgerichte und vegetarische Angebote und dazu *injera* (gesäuertes Fladenbrot).

★ Marigold FRANZÖSISCH $$

(☎719-599-4776; www.marigoldcafeandbakery.com; 4605 Centennial Blvd; Hauptgerichte mittags 8–13 US$, abends 11–24 US$; ⏲Bistro 11–14.30 & 17–21 Uhr, Bäckerei Mo–Sa 8–21 Uhr) Der brummende Mix aus Bäckerei und französischem Bistro liegt weit draußen beim Garden of the Gods. Das Essen schmeichelt gleichermaßen dem Gaumen und dem Geldbeutel. Serviert werden neben Salaten und Pizzas z. B. auch Marseillaise mit Schnapper oder Knoblauch-Brathähnchen mit Rosmarin. Unbedingt Platz im Magen für die Zitronentörtchen oder den Schokoladenkuchen mit Doppel- oder Dreifach-Mousse (!) lassen!

An- & Weiterreise

Colorado Springs Airport (COS; ☎719-550-1900; www.flycos.com; 7770 Milton E Proby Pkwy;) Attraktive Anreise-Alternative zum Flughafen Denver; hauptsächlich United und Delta bieten hier Verbindung zu/ab diversen US-Großstädten. Mangels öffentlicher Verkehrsmittel bleibt für den Weg zur/ab der Stadt nur ein Taxi oder Mietwagen.

Greyhound (☎800-231-2222; www.greyhound.com) Bedient die Route Colorado Springs–Denver (ab 13 US$, 1½ Std., bis zu 6-mal tgl.) ab dem **Colorado Springs Downtown Transit Terminal** (☎719-385-7433; 127 E Kiowa St; ⏲Mo–Fr 8–17 Uhr). Dort gibt's Infos zu allen örtlichen Busverbindungen (inkl. Fahr- und Streckenpläne).

Südliches Colorado

Colorados Süden ist genauso schön wie sein Norden: Hier erheben sich die mächtigen Gebirgsketten San Juan und Sangre de Cristo.

Crested Butte

Crested Butte zählt zu den besten Bergorten der Welt. Durch sein tolles Skigebiet ziehen sich ein paar von Colorados steilsten Abfahrten. Dies war auch einer der Geburtsorte des Mountainbikens. In der umliegenden Wildnis lädt ein gigantisches Netz aus Wegen zu Erkundungen per pedes oder Fahrrad ein. Idyllische Bergseen, Gipfel mit Schneekappe, Hänge voller Amerikanischer Espen und andere Naturattraktionen machen die Landschaft äußerst malerisch.

Sehenswertes & Aktivitäten

★ Crested Butte Center for the Arts KUNSTZENTRUM

(☎970-349-7487; www.crestedbuttearts.org; 606 6th St; wechselnde Ticketpreise; ⏲10–18 Uhr;) Hier sorgt immer etwas Interessantes für Betrieb: Das tolle Programm beinhaltet u.a. Livekonzerte, Theatervorstellungen und Wechselausstellungen mit Werken einheimischer Künstler. Besonders attraktiv sind die Kurse, Workshops und Vortragsreihen.

★ Crested Butte Mountain Resort WINTERSPORT
(☎970-349-2222; www.skicb.com; 12 Snowmass Rd; Liftpass Erw./Kind 125/70 US$; 👪) Eines von Colorados besten Skigebieten – bekannt für extrem steile Abfahrten, tiefen Pulverschnee, fröhliche Einwohner und bodenständigen Skiort-Spaß. Und auch eines von Amerikas letzten Wintersport-Revieren der alten wilden Art: Skifahren steht hier immer noch für Rebellentum (die Einheimischen wedeln mitunter sogar nackt zu Tal). Sowie für Authentizität in Form echter Freiheit, offenen Worten und schlichter Freude an frischem Pulverschnee unter blauem Himmel.

Alpineer MOUNTAINBIKEN
(☎970-349-5210; www.alpineer.com; 419 6th St; Leihfahrrad 29–75 US$/Tag) Der tolle Laden unter einheimischer Leitung versorgt dieses MTB-Mekka mit Karten, Infos und Leihfahrrädern (Tipp: der Aufpreis für ein sehr komfortables Fully lohnt sich!). Zudem gibt's hier ein gutes Kleider-Sortiment für Damen und Herren. Alternativ können Kunden auch Ski-, Wander- und Campingausrüstung mieten.

Schlafen

Inn at Crested Butte BOUTIQUEHOTEL $$
(☎970-349-2111, gebührenfrei 877-343-211; www.innatcrestedbutte.com; 510 Whiterock Ave; DZ 110–250 US$; P ❄ 📶 🐾) Das renovierte Boutiquehotel bietet nette Unterkunft in einem stilvollen und luxuriösen Ambiente. Das Haus ist eine der sympathischsten Feriendomizile in Crested Butte: Es gibt nur eine Handvoll Zimmer, von denen manche sich zu einem Balkon mit Blick auf den Mt. Crested Butte öffnen. Alle Zimmer sind mit Antiquitäten, Flachbild-TVs, Kaffeemaschinen und Minibars ausgestattet.

★ Ruby of Crested Butte B&B $$$
(☎800-390-1338; www.therubyofcrestedbutte.com; 624 Gothic Ave; DZ 300–350 US$, Suite ab 400 US$; P ⊖ ❄ 📶 🐾) Bis hinunter zu den Schüsseln mit Geleebohnen und Nüssen in der stilvollen Gemeinschaftslounge ist dieses B&B durchdacht ausgestattet. Die hervorragenden Zimmer haben Fußbodenheizung, Flachbild-TVs mit DVD-Playern und einer Auswahl von DVDs, iPod-Anschlüsse und hochwertige Bettwäsche. Es gibt einen Whirlpool, Bibliothek, Trockenraum für die Skiausrüstung und kostenlose Retro-Stadträder. Die Gastgeber helfen gern bei der Reservierung von Restaurants sowie von anderen Dienstleistungen.

Essen & Ausgehen

★ Secret Stash PIZZA $$
(☎970-349-6245; www.secretstash.com; 303 Elk Ave; Hauptgerichte 12–18 US$; ⏲8 Uhr–open end; 🌶 👪) Das große, schrill-lässige Lokal wird von den Einheimischen wegen seiner phänomenalen Küche und der originellen Cocktails geliebt. Der frühere Gemischtwarenladen ist jetzt mit Wandteppichen dekoriert und hat die Bestuhlung eines Teehauses. Pizza ist die hiesige Spezialität: Die „Notorious Fig"-Version (mit Prosciutto, frischen Feigen und Trüffelöl) gewann die World Pizza Championship. Zuvor kann man gesalzene und gepfefferte Fritten knabbern.

Soupçon FRANZÖSISCH $$$
(☎970-349-5448; www.soupconcb.com; 127 Elk Ave; Hauptgerichte 39–47 US$; ⏲18–22.30 Uhr) 🍃 Das charaktervolle Winz-Bistro in einer alten Bergmannshütte verführt seine Gäste mit einfallsreicher französischer Küche. Die wechselnden Gerichte enthalten Fleisch und Bio-Produkte aus der Region. Hier gibt's nur wenige Tische – d.h. rechtzeitig reservieren!

★ Montanya BRENNEREI
(www.montanyarum.com; 212 Elk Ave; Snacks 3–12 US$; ⏲11–21 Uhr; 👪) Die hochwertigen Rumsorten dieser Brennerei ernten viele begeisterte Kritiken. Die hauseigene Bar kreiert aus der Variante mit Basilikum-Aroma einen himmlischen Basiltini, der auch noch frisch gepressten Grapefruit- und Limettensaft enthält. Zudem warten hier leckere Mocktails (alkoholfreie Cocktails), Betriebsführungen, Gratis-Verkostungen, recht gutes Essen im Street-Food-Stil und gelegentliche Livemusik. Der Laden ist abends oft rappelvoll, eignet sich nachmittags aber prima für Familien.

Praktische Informationen

Crested Butte Visitor Center (☎970-349-6438; www.crestedbuttechamber.com; 601 Elk Ave; ⏲9–17 Uhr) Gleich hinter dem Ortseingang gibt's hier an der Hauptstraße viele Karten und Broschüren.

An- & Weiterreise

Crested Butte liegt ca. vier Autostunden von Denver und rund dreieinhalb Autostunden von Colorado Springs entfernt. Selbstfahrer nehmen die US 50 bis Gunnison und folgen von dort aus dem Hwy 135 noch ca. 30 Minuten gen Norden.

Gunnison Airport (GUC; ☎970-641-2304; www.gunnisoncounty.org/airport; 519 Rio Grande Ave) Wird im Winter von Linienflügen bedient.

Ouray

Mit prächtigen, die Kesselschlucht umrahmenden Eisfällen und erholsamen Thermalquellen auf dem Talboden ist Ouray (ausgesprochen: Ju-ray) selbst für die Verhältnisse in Colorado privilegiert. Der Ort ist ein Spitzenziel für Eiskletterer, aber auch Wanderer und Fans von Geländewagentouren gewinnen dem rauen und gelegentlich hinreißenden Charme der Gegend viel ab. Die Stadt präsentiert sich als ein gut erhaltenes, 400 m langes Bergarbeiterdorf zwischen imposanten Gipfeln. Die Sonne scheint hier aber nur selten, weshalb die Atmosphäre etwas an *Twin Peaks* erinnert.

Aktivitäten

★Million Dollar Highway PANORAMASTRASSE
Der gesamte US Hwy 550 wird als Million Dollar Hwy bezeichnet, aber genauer gilt das für den hinreißenden Abschnitt, der südlich von Ouray durch die Uncompahgre Gorge hinauf zum Red Mountain Pass (3358 m) führt. Die Hochgebirgslandschaft ist wahrlich ehrfurchtgebietend; bei der Fahrt nach Süden Richtung Silverton fährt man am Außenrand der schmalen, kurvenreichen Straße, nur einen Herzschlag entfernt vom Sturz in die Tiefe.

Ouray Hot Springs THERMALQUELLEN
(☎970-325-7073; www.ourayhotsprings.com; 1200 Main St; Erw./Kind 18/12 US$; ⏲Juni–Aug. 10–22 Uhr, Sept.–Mai Mo–Fr 12–21, Sa & So 11–21 Uhr; 👪) Das historische Ouray Hot Springs verspricht ein heilsames Bad oder kindischen Spaß. Das natürliche Quellwasser ist kristallklar und frei von dem Schwefelgeruch, der manch andere Thermalquellen prägt. Es gibt ein Langschwimmbecken, Wasserrutschen, eine Kletterwand über einem Plansch-Pool und erstklassige Bäderbereiche (38–41 °C). Zum Komplex gehören auch eine Fitnesshalle und ein Massagedienst.

Ouray Ice Park KLETTERN
(☎970-325-4061; www.ourayicepark.com; County Rd 361; Mitgliedschaft 40–150 US$; ⏲Mitte Dez.–März 7–17 Uhr; 👪) Fans aus aller Welt kommen zum Eisklettern in den weltweit ersten öffentlichen Eispark, der einen 3 km langen Abschnitt der Uncompahgre Gorge umfasst. Der aufregende (wenn auch frostige) Park bietet Schwierigkeitsgrade für unterschiedlichstes Können. Beratung erhält man bei einem lokalen Guide-Service.

Feste & Events

Ouray Ice Festival KULTUR
(☎970-325-4288; www.ourayicefestival.com; Abendevents Eintritt gegen Spende; ⏲Jan.; 👪) Das Ouray Ice Festival bietet vier Tage lang Kletterwettbewerbe, Abendessen, Diavorträge und Beratung. Kinder können an einer Kletterwand erste Griffe üben. Das Zuschauen bei den Wettbewerben ist kostenlos, wer aber an den diversen Abendveranstaltungen teilnehmen möchte, muss eine Spende für den Eispark leisten. Wenn man einmal dabei ist, bekommt man Freibier von der beliebten Colorado-Mikrobrauerei New Belgium.

Schlafen & Essen

Amphitheater Forest Service Campground CAMPING $
(☎877-444-6777; www.recreation.gov; US Hwy 550; Stellplatz Zelt 24 US$; ⏲Juni–Aug.) Auf dem tollen hochgelegenen Campingplatz kann man wunderbar unter Bäumen zelten. Da diese aber teilweise umfallen bzw. zusammenbrechen, hat der USFS nun dadurch eventuell gefährdete Stellplätze gesperrt. In der Urlaubszeit gelten am Wochenende drei Mindestübernachtungen. Südlich der Stadt führt eine beschilderte Abzweigung (links) vom Hwy 550 zum Gelände.

★Wiesbaden HOTEL $$
(☎970-325-4347; www.wiesbadenhotsprings.com; 625 5th St; Zi. 133–350 US$; 🚭📶🏊) Das schräge, eigenartige New-Age-Hotel Wiesbaden punktet mit einer eigenen natürlichen Dampfgrotte, die einst auch von Häuptling Ouray benutzt wurde. Die Zimmer mit gesteppten Tagesdecken sind romantisch und gemütlich, das Highlight ist aber die sonnendurchflutete Suite mit einer Natursteinwand. Morgens schlendern die Gäste in dicken Morgenröcken herum, schlürfen den kostenlosen Biokaffee oder -tee, entspannen sich oder warten einfach nur auf die Massagen.

Box Canyon Lodge & Hot Springs LODGE $$
(☎970-325-4981, 800-327-5080; www.boxcanyonouray.com; 45 3rd Ave; Zi. ab 200 US$; 📶) 🍃 Nicht jedes Hotel hat eine Heizung mit Erdwärme, geräumige und frische, mit Kiefernholz getäfelte Zimmer und von Quellwasser gespeiste Whirlpools im Freien – ideal für ein

romantisches Bad mit Blick in die Sterne. Die gute Gastlichkeit verrät sich in kostenlosen Äpfeln und Wasser in Flaschen. Das Haus ist beliebt, daher vorab reservieren!

Bon Ton Restaurant FRANZÖSISCH, ITALIENISCH **$$$**
(☎970-325-4419; www.bontonrestaurant.com; 426 Main St; Hauptgerichte 16–40 US$; ⏰Do–Mo 17.30–23, Sa & So 9.30–12.30 Uhr; 🍷) Im Erdgeschoss des historischen St. Elmo Hotel serviert das schöne Bon Ton seit 100 Jahren Abendessen. Unter seinen französisch-italienischen Gerichten sind z.B. Entenbraten mit gepfefferter Kirschsauce oder Tortellini mit Bauchspeck und Schalotten. Dazu gibt's eine große Weinauswahl. Auch der Wochenend-Brunch mit Champagner ist empfehlenswert.

Praktische Informationen

Ouray Visitor Center (☎970-325-4746, 800-228-1876; www.ouraycolorado.com; 1230 Main St; ⏰Mo–Sa 9–18, So 10–16 Uhr; 📶) Hinter dem Thermalbad.

An- & Weiterreise

Ouray liegt am Hwy 550, ca. 70 Meilen (113 km) nördlich von Durango, 24 Meilen (39 km) nördlich von Silverton und 37 Meilen (60 km) südlich von Montrose. Mangels Regionalbussen brauchen Besucher ein eigenes Fahrzeug.

Telluride

Hohe Gipfel auf drei Seiten schotten Telluride vom Großteil des Umlands ab. Die alte Bergbaustadt ist einzigartig: In ganz Colorado erinnert die lokale Atmosphäre am stärksten an ein Schweizer Bergdorf. Von der Hauptstraße im Ortskern schaut man aus unmittelbarer Nähe direkt auf die mächtigen Gebirgszüge.

Neben einem recht guten Skigebiet bietet Telluride auch viele Möglichkeiten zum Wandern und Radfahren. Zudem steigt hier eines von Colorados besten Sommer-Festivals. Die wenigen Restaurants und Bars der Stadt sind alle sehr empfehlenswert.

Aktivitäten

Telluride Ski Resort WINTERSPORT
(☎970-728-7533, 888-288-7360; www.tellurideskiresort.com; 565 Mountain Village Blvd; Erw./Kind ganztägiges Liftticket 139/83 US$) Telluride als Paradies für echte Skifahrer ist bekannt für sein steiles und tiefes Terrain mit steilen Pisten und tiefem Pulverschnee, während alle anderen den prächtigen Ausblick in die San Juan Mountains und die gesellige Atmosphäre des Ortes lieben. Das Resort umfasst drei unterschiedliche Skigebiete, die mit 16 Skiliften erschlossen werden. Ein großer Teil des Geländes besteht aus mittelschweren und schweren Pisten, aber auch Anfänger finden genügend Auswahl.

Im Sommer öffnet hier ein **Mountainbike-Park** (Liftpass 36 US$/Tag).

★ **Ashley Boling** GESCHICHTE
(☎970-728-6639; 20 US$/Pers.; ⏰nach Vereinbarung) Der Einheimische Ashley Boling veranstaltet seit mehr als 20 Jahren faszinierende historische Stadtspaziergänge durch Telluride. Sie dauern über eine Stunde und werden ganzjährig angeboten. Die Preise gelten für mindestens drei Teilnehmer, aber auch ab zwei Teilnehmern wird nicht übermäßig viel verlangt. Reservierung erforderlich!

Feste & Events

Telluride Bluegrass Festival MUSIK
(☎800-624-2422; www.planetbluegrass.com; Ticket für 1/4 Tage 90/255 US$; ⏰Ende Juni) Vier Tage lang (inkl. Wochenende) lockt dieses fröhliche Open-Air-Festival zahllose Besucher mit erstklassiger Bluegrass-Musik. Die Konzerte dauern bis spät in die Nacht, während Verkaufsstände mit vielfältiger Küche und regionalen Craft-Bieren fürs leibliche Wohl sorgen. Camping während des Events ist sehr beliebt. Von der guten Organisation des Ganzen zeugt auch die Website mit Infos zu Stellplätzen, Shuttle-Services und Pauschalangeboten (Konzerttickets inkl. Camping).

Schlafen

★ **Telluride Town Park Campground** CAMPING **$**
(☎970-728-2173; www.telluride-co.gov/181/campground; 500 E Colorado Ave; Stellplatz mit/ohne Autoparkplatz 33/19 US$; ⏰Mitte Mai–Mitte Okt.; 📶🏊) Der Platz mit 43 Stellplätzen liegt praktisch am Bach und direkt im Ortszentrum. Es gibt Duschen, Badestellen und Tennis. Die Plätze werden nach dem Prinzip: Wer zuerst kommt, mahlt zuerst vergeben – aber nicht in der Festivalzeit (da wendet man sich im Voraus an die Festival-Organisatoren). Etwas Nachtleben wird auch geboten.

New Sheridan Hotel HOTEL **$$**
(☎970-728-4351, 800-200-1891; www.newsheridan.com; 231 W Colorado Ave; DZ ab 220 US$; 🚭📶) Das elegante und dezente historische Hotel wurde 1895 aus Backstein errichtet und ist ein hübsches Basislager zur Erkun-

dung von Telluride. Die Zimmer haben hohe Decken, frische Bettwäsche und kuschelige Flanelldecken. Auf der Terrasse gibt's einen Whirlpool mit Blick in die Berge. Die Downtown-Lage ist perfekt, aber einige Zimmer sind für den Preis wirklich klein.

Inn at Lost Creek BOUTIQUEHOTEL **$$$**
(☎970-728-5678; www.innatlostcreek.com; 119 Lost Creek Lane, Mountain Village; Zi. 275–500 US$;) Das üppige Boutiquehotel in Mountain Village ist behaglich und liegt praktisch am Fuß des Hauptlifts von Telluride. Der Service ist persönlich, und die makellosen Zimmer sind im Southwestern-Design mit alpinem Hartholz und Zinnverzierungen ausgestaltet. Auf dem Dach gibt's zwei Spas. Pauschalangebote stehen auf der Website.

Essen & Ausgehen

In Telluride kann man besser Party machen als sonstwo im südlichen Colorado. Das hat aber seinen Preis: Generell sind Drinks hier nicht mal ansatzweise günstig. Vielerorts sorgen Livebands für Unterhaltung.

Tacos del Gnar MEXIKANISCH **$**
(☎970-728-7938; www.gnarlytacos.com; 123 S Oak St; Hauptgerichte 7–14 US$; ⌚Di–Sa 12–21 Uhr;) Das ist die zweite Filiale eines schlichten Taco-Ladens, der ohne Stilambitionen einzig auf Geschmack setzt. Die Tacos sorgen mit Anleihen bei koreanischen Grillspeisen und asiatischen Aromen für zufriedene Kunden.

Oak BARBECUE **$$**
(New Fat Alley; ☎970-728-3985; www.oakstelluride.com; 250 San Juan Ave, Talstation von Sessellift 8; Hauptgerichte 11–23 US$; ⌚11–22 Uhr;) Direkt neben der kostenlosen Seilbahn gibt's hier günstige, leckere Kalorienbomben mit hohem Klecker-Faktor. Das Angebot steht auf einer Kreidetafel; ansonsten lässt man sich einfach von anderen Gästen inspirieren. Im Zweifelsfall empfiehlt sich das Pulled-Pork-Sandwich mit Krautsalat – dazu unbedingt auch die knusprigen Süßkartoffel-Pommes bestellen! Die Sonderangebote mit Bier sind unschlagbar.

★ **Chop House** MODERN-AMERIKANISCH **$$$**
(☎970-728-4531; www.newsheridan.com; 231 W Colorado Ave, New Sheridan Hotel; Hauptgerichte 26–65 US$; ⌚17–2 Uhr) Mit hervorragendem Service und einem schicken Dekor aus Bänken, die mit besticktem Samt bezogen sind, ist dieses Restaurant eine gute Wahl für ein intimes Dinner. Nach der Käseplatte stehen Gerichte aus dem Westen Amerikas auf der Karte, z. B. exquisite Spannrippe vom Wapiti und Ravioli mit Tomaten-Relish und Ricotta aus der Milch örtlicher Schafe. Zum Schluss gibt's ein Stück glutenfreien dunklen Schokoladenkuchen in frischer Karamellsauce.

New Sheridan Bar BAR
(☎970-728-3911; www.newsheridan.com; 231 W Colorado Ave, New Sheridan Hotel; ⌚17–2 Uhr) In dieser Bar drängen sich die Reichen und Schönen, aber in der Nebensaison entdeckt man authentisches Lokalkolorit. Im Sommer eilt man am besten schnurstracks auf die luftige Dachterrasse. Die alten Einschusslöcher in der Wand zeugen vom tapferen Überleben der Bar, während das angrenzende Hotel in der Zeit, als der Bergbau seinen Niedergang erlebte, seine Kronleuchter und Antiquitäten zur Begleichung der Heizkosten verscherbeln musste.

Unterhaltung

Fly Me to the Moon Saloon LIVEMUSIK
(☎970-728-6666; www.facebook.com/flymetothemoonsaloon; 132 E Colorado Ave; ⌚15–2 Uhr) In Tellurides feierwütigstem Party-Schuppen heißt's entfesselt zu Livemusik schwofen.

Sheridan Opera House THEATER
(☎970-728-4539; www.sheridanoperahouse.com; 110 N Oak St;) Dieses historische Theater mit burleskem Charme ist der Fixstern in Tellurides kulturellem Leben. Es beherbergt das Telluride Repertory Theater und bietet häufig spezielle Veranstaltungen für Kinder.

Praktische Informationen

Telluride Central Reservations (☎888-355-8743; 700 W Colorado Ave; ⌚Mo–Sa 9–17, So 10–13 Uhr) Bucht Unterkünfte und verkauft Festival-Tickets.

Telluride Visitor Center (☎888-353-5473, 970-728-3041; www.telluride.com; 230 W Colorado Ave; ⌚Winter 10–17 Uhr, Sommer bis 19 Uhr) Gute Infos und großes Sortiment an Printmaterial.

Wilkinson Public Library (☎970-728-4519; www.telluridelibrary.org; 100 W Pacific Ave; ⌚Mo–Do 10–20, Fr & Sa bis 18, So12–17 Uhr;) Gute Quelle für Karten und Lokalinfos; veranstaltet auch ein paar öffentliche Events mit freiem Eintritt.

Anreise & Unterwegs vor Ort

Montrose Regional Airport (MTJ; ☎970-249-3203; www.montroseairport.com; 2100 Airport Rd) Rund 65 Meilen (105 km) nördlich von Telluride besteht hier während der Skisaison

Direktverbindung nach/ab Denver (mit United), Houston und Phoenix – ebenso zu/ab wenigen Großstädten an der US-Ostküste.

Telluride Airport (TEX; ☎ 970-778-5051; www.tellurideairport.com; 1500 Last Dollar Rd) Auf dem lokalen Hochplateau landen und starten hier Pendlermaschinen, sofern das Wetter mitspielt. Andernfalls erfolgt die Flugabwicklung über Montrose.

Telluride Express (☎ 970-728-6000; www.tellurideexpress.com) Günstige Shuttles zwischen Telluride und dem Montrose bzw. Telluride Airport.

Silverton

Mit einer Umgebung aus verschneiten Gipfeln und der rußgeschwärzten Geschichte einer schäbigen Bergbaustadt scheint Silverton eher nach Alaska als in die „Lower 48" zu passen. Doch es liegt nun mal in Colorado – und bietet diverse Möglichkeiten für Besucher, die auf Schneemobilfahren, Radeln, Fliegenfischen oder schlichtes Sonnenbaden im Hochgebirge stehen. Zudem erhebt sich hier einer von Amerikas einzigartigen Skibergen: der grandiose, aber äußerst anspruchsvolle Silverton Mountain mit dem einzigen Einsessel-Skilift der USA.

Der Ort hat zwei Straßen, aber nur eine ist geteert. In der Greene St liegen die meisten Geschäfte, die z. B. hausgemachtes Dörrfleisch, Karamellen und Federschmuck verkaufen. Die immer noch unbefestigte berüchtigte Blair St – die in Empire St umgetauft wurde– verläuft parallel zur Greene St. Zur Zeit des Silberrauschs florierten hier die Bordelle und Zechbuden.

Aktivitäten

★ Silverton Railroad Depot ZUGTOUR
(☎ 970-387-5416, gebührenfrei 877-872-4607; www.durangotrain.com; 12th St; hin & zurück Erw./Kind 4–11 Jahre ab 114/80 US$; ⏲ Fahrten 13.45, 14.30 & 15 Uhr; 👪) Das Silverton Railroad Depot ist einer der beiden Endbahnhöfe der Durango & Silverton Narrow Gauge Railroad (S. 856). Fahrkarten für diesen großartigen Schmalspur-Dampfzug (hin & zurück oder nur einfache Strecke) sind direkt beim Depot sowie online über die Website erhältlich. Der Ticketpreis beinhaltet stets Zugang zum örtlichen Silverton Freight Yard Museum; dessen Besuch ist jeweils innerhalb von zwei Tagen vor und nach dem Zugtrip möglich. Die Betreiberfirma offeriert optional auch Hinfahrt per Zug plus Rückfahrt per Bus (deutlich schneller).

★ Silverton Mountain Ski Area WINTERSPORT
(☎ 970-387-5706; www.silvertonmountain.com; State Hwy 110; Skifahren mit/ohne Guide 179/79 US$; ⏲ Skifahren mit Guide Dez.–März Do–So, ohne Guide Ende März–April) Dieses Skigebiet ist definitiv nichts für Anfänger. Vielmehr eignet es sich ideal für erfahrene Extrem-Wintersportler, die nach neuen Adrenalinkicks suchen. Ein Einsessel-Lift fährt ganz nach oben. Von dort aus geht's dann per pedes zu vielen herrlichen Abfahrten, unter denen auch ein paar von Colorados besten unpräparierten Pulverschnee-Pisten sind. Je nach Jahreszeit ist die Begleitung durch einen Guide vorgeschrieben.

San Juan Backcountry OFFROAD-TOUR
(☎ 970-387-5565; www.sanjuanbackcountry.com; 1119 Greene St; Touren 40–140 US$; ⏲ Mai–Okt.; 👪) Diese Firma veranstaltet Offroad-Touren durch die herrliche Wildnis der San Juan Mountains rund um Silverton. Als Fahrzeuge kommen dabei entweder umgebaute, offene Chevy Suburbans oder Quads zum Einsatz. Diese können jeweils auch von Selbstfahrern für eigene Erkundungen gemietet werden. Das Team leitet zudem Rafting-Trips auf dem Lower Animas River im Gebiet von Durango.

Schlafen & Essen

Inn of the Rockies at the Historic Alma House B&B $$
(☎ 970-387-5336; www.innoftherockies.com; 220 E 10th St; Zi. 125–200 US$; P ⊜ ❄) Eine Einheimische namens Alma eröffnete 1898 diesen Gasthof, der heute ein B&B mit zehn einzigartigen Zimmern voller viktorianischer Antiquitäten ist. Gastfreundlichkeit wird hier ganz groß geschrieben. Besondere Erwähnung verdient das Frühstück im Speiseraum mit Kronleuchtern. Im Garten lädt ein Whirlpool zum Entspannen nach einem langen Tag ein.

Wyman Hotel B&B $$
(☎ 877-504-5272; www.thewyman.com; 1371 Greene St; DZ ab 250–375 US$; ⏲ Nov. geschl.; ⊜ 📶) Das Wyman befindet sich in einem schmucken, umgebauten Sandsteinhaus von 1902 (steht heute unter Denkmalschutz). Seine schicken Zimmer punkten mit einem Mix aus skandinavischer Subtilität und geschmackvollem Minimalismus – eine stilvolle Alternative zum üblichen Kitsch. Eine historische Freiluftküche säumt die geschotterte Terrasse hinten.

Grand Restaurant & Saloon AMERIKANISCH $$
(☎970-387-5527; www.grandimperialhotel.com; 1219 Greene St; Hauptgerichte 8–26 US$; ⏲Mai–Okt. 11–15 Uhr, mitunter auch 17–21 Uhr; 👪) In dem stimmungsvollen Lokal empfehlen sich vor allem die Burger und Club-Sandwiches. Die Hauptattraktionen sind das automatische Klavier und das historische Dekor. Die Bar mit Ausschanklizenz für Spirituosen ist bei Einheimischen wie Reisenden sehr beliebt.

An- & Weiterreise

Am Hwy 550 liegt Silverton etwa auf halber Strecke zwischen Montrose (ca. 60 Meilen/96,5 km Richtung Norden) und Durango (ca. 48 Meilen/77 km Richtung Süden).

Wer kein Selbstfahrer ist, erreicht die Stadt nur mit der Durango & Silverton Narrow Gauge Railroad (S. 856) oder den Privatbussen, die die Zugpassagiere optional zurückbringen.

Mesa Verde National Park

Über 700 Jahre nach dem Verschwinden seiner Bewohner ist Mesa Verde immer noch von Geheimnissen umwittert: Niemand weiß genau, warum die frühen Pueblo-Indianer (Ancestral Puebloans) in den 1300er-Jahren ihre komplexen Felssiedlungen aufgaben. Heute ist die Stätte ein Wunderland für Abenteurer jeden Alters: Besucher können hier über Leitern zu den alten Gruben- und Lehmhäusern hinaufsteigen, Felskunst bewundern und in die Rätsel des präkolumbischen Amerikas eintauchen.

Der **Mesa Verde National Park** (☎970-529-4465; www.nps.gov/meve; Zugang für 7 Tage mit Auto/Motorrad Mai–Okt. 25/20 US$, Nov.–April 15/10 US$; P 👪 🐾) 🍃 schützt 210 km² des nördlichsten Mesa-Teils, der sich südlich von Cortez und Mancos erstreckt. Auf dem Hochplateau verteilen sich hier überall Canyons und kleinere Tafelberge mit Stätten der frühen Pueblo-Indianer.

Sehenswertes & Aktivitäten

Besucher mit wenig Zeit besichtigen am besten das Chapin Mesa Museum und nehmen dann an einer Ranger-Führung durch eine der Felssiedlungen teil. Hinweis: Diese Touren erfordern jeweils persönliche Reservierung (max. 2 Tage im Voraus möglich).

Es lohnt sich aber, ein, zwei Tage zu bleiben, um sich einer von Rangern geleiteten Führung zum Cliff Palace und zum Balcony House anzuschließen, die Wetherill Mesa (die ruhigere Seite des Canyons) zu erkunden, sich das Museum genau anzuschauen oder an einem der Lagerfeuer-Programme teilzunehmen, die auf dem Morefield Campground veranstaltet werden.

Chapin Mesa Museum MUSEUM
(☎970-529-4475; www.nps.gov/meve; Chapin Mesa Rd; Zugang inkl. Zutritt in den Park; ⏲April–Mitte Okt. 8–18.30, Mitte Okt.–April bis 17 Uhr; P 👪) Das Chapin Mesa Museum zeigt Ausstellungen zum Park und ist ein guter erster Stopp. Das Museumspersonal hilft am Wochenende mit Infos weiter, wenn die Parkverwaltung geschlossen ist.

Chapin Mesa ARCHÄOLOGISCHE STÄTTE
(Ranger-Führung 5 US$; ⏲Stätte ganzjährig, Ranger-Führungen April–Okt.) Die größte Ansammlung früher Pueblo-Behausungen befindet sich auf der Chapin Mesa. Ein befestigter Rundweg (ca. 800 m) verbindet hier die am besten zugänglichen Stätten des Parks miteinander: die dicht gedrängte **Far View Site** und das große **Spruce Tree House** (Chapin Mesa Rd; Zugang im Parkeintritt enthalten; P 👪) 🍃. Letzteres ist gerade für Besucher gesperrt, von der Aussichtsplattform des Museums aus ist es aber gut zu sehen.

Wetherill Mesa ARCHÄOLOGISCHE STÄTTE
(Führung 5 US$/Pers.) Besucher der zweitgrößten Siedlungsgruppe können zwei gesicherte Wohnplattformen und zwei Felsbehausungen besichtigen. Zu den letzteren gehört das Long House (geöffnet Ende Mai–Aug.; Zugang nur mit Führung).

Aramark Mesa Verde WANDERN & TREKKEN
(☎970-529-4421; www.visitmesaverde.com; Mile 15, Far View Lodge; Erw. 70–75 US$) Der Park-Konzessionär veranstaltet diverse Privat- und Gruppentouren durch den ganzen Park (Mai–Mitte Okt. tgl.; Preise jeweils inkl. Führungen & Busshuttles). Gebucht werden kann online oder beim Firmenbüro in der Far View Lodge.

Schlafen & Essen

Morefield Campground CAMPING $
(☎970-529-4465; www.visitmesaverde.com; Mile 4; Stellplatz Zelt 33 US$, Stellplatz Wohnmobil ohne/mit Wasser- & Stromanschluss 33/45 US$; ⏲Mai–Anfang Okt.; 🐾) 🍃 Rund 4 Meilen (6,4 km) hinter dem Eingangstor betreibt Aramark auch den Campingplatz des Parks. Die 445 regulären Rasenstellplätze für Zelte liegen günstig in der Nähe des Morefield Village. Dort gibt's einen Gemischtwarenladen, eine Tankstelle, ein Restaurant, Duschen und eine Wäscherei.

Far View Lodge LODGE $$
(☎ gebührenfrei 800-449-2288; www.visitmesaverde.com; Mile 15; Zi. 165–230 US$, Hund zzgl. 10 US$/Übern.; ⏲ Mitte April–Okt.; P ⊖ ❄ 📶 🐾) 15 Meilen (24 km) hinter dem Parkeingang thront die geschmackvolle Lodge im Pueblo-Stil auf einem Tafelberg. Die 150 Zimmer im Stil des Südwestens verfügen teils über offene *kiva*-Kamine und/oder Privatbalkone mit tollem Blick auf den Sonnenuntergang über der Mesa. In den Standard-Quartieren ohne TV und Klimaanlage kann's jedoch im Sommer tagsüber ziemlich heiß werden.

Metate Room MODERN-AMERIKANISCH $$$
(☎ 800-449-2288; www.visitmesaverde.com; Meile 15, Far View Lodge; Hauptgerichte 20–36 US$; ⏲ April–Mitte Okt. 7–10 & 17.30–21.30 Uhr, Mitte Okt.–März 17–19.30 Uhr; 🍷 👪) 🌿 Das mit einem Preis für kulinarische Exzellenz ausgezeichnete gehobene Restaurant in der Far View Lodge bietet innovative Gerichte, die von den Nahrungsmitteln und Aromen der amerikanischen Ureinwohner inspiriert sind, z. B. gefüllte Poblano-Chilis, Schweinebauch mit Kaktusfeige und kalte Räucherforelle. Kein übliches Nationalparklokal und zudem mit grandioser Aussicht gesegnet.

ℹ Praktische Informationen

Mesa Verde Visitor & Research Center
(☎ 970-529-4465; www.nps.gov/meve; ⏲ Juni–Anfang Sept. 7.30–19 Uhr, Anfang Sept.–Mitte Okt. & Mitte April–Mai 8–17 Uhr, Mitte Okt.–Mitte April geschl.; 📶 👪) Riesiges Zentrum mit Trinkwasser, WLAN, öffentlichen Toiletten und Artefakten von Museums-Qualität. Die örtlichen Infoschalter verkaufen auch Tickets für Ranger-Führungen (Cliff Palace, Balcony House, Long House).

Durango

Diese historische Bergbaustadt gleicht einem Paradies. Hierfür sorgen u. a. äußerst coole Einheimische, leichter Zugang zu Outdoor-Abenteuern (Rafting, Radeln, Skifahren) und spaßiges Nachtleben (befeuert von den örtlichen College-Studenten). Viele tolle Restaurants, Bars und Boutiquen runden das perfekte Gesamtpaket ab.

Aktivitäten

★ **Durango & Silverton Narrow Gauge Railroad** ZUGTOUR
(☎ 970-247-2733; www.durangotrain.com; 479 Main Ave; hin & zurück Erw./Kind 4–11 Jahre ab 114/80 US$; 👪) In Durango ist eine Fahrt mit der Durango & Silverton Narrow Gauge Railroad einfach Pflicht. Seit 125 Jahren folgen die Oldtimer-Dampfzüge der malerischen Schmalspur-Trasse nordwärts nach Silverton (einfache Strecke 72 km, 3½ Std.). Dort bleiben zwei Stunden für Erkundungen, bis es per Zug oder Bus wieder zurückgeht (Skyway Tour mit Rückfahrt per Bus nur Mai–Okt.).

Mild to Wild Rafting RAFTEN
(☎ 970-247-4789, gebührenfrei 800-567-6745; www.mild2wildrafting.com; 50 Animas View Dr; Touren ab 55 US$; ⏲ 9–17 Uhr; 👪) Im Frühjahr und Sommer gehört Wildwasser-Rafting zu den beliebtesten Sportarten in Durango. Mild to Wild Rafting ist eines von zahlreichen Unternehmen in der Stadt, die Rafting-Ausflüge auf dem Animas River anbieten. Anfänger sollten die einstündige Rafting-Einführung buchen, während Abenteuerlustige (und Erfahrene) sich für Touren auf dem Oberlauf des Animas (mit Stromschnellen der Klassen III bis V) entscheiden.

Purgatory WINTERSPORT
(☎ 970-247-9000; www.purgatoryresort.com; 1 Skier Pl; Liftpass Erw./Kind ab 89/60 US$; ⏲ Mitte Nov.–März; 👪) Durangos Wintersport-Highlight liegt 25 Meilen (40,2 km) weiter nördlich am Hwy 550. Das Resort (Schneefall 6,6 m/Jahr) bietet 486 ha Nutzfläche mit unterschiedlich schweren Pisten. Darunter sind neben ein paar steileren Abfahrten auch viele präparierte Strecken mit guter Eignung für Familien. Zudem gibt's hier zwei Terrain-Parks mit zahlreichen Möglichkeiten für experimentierfreudige Snowboarder. Das Publikum besteht meist aus Einheimischen.

Schlafen

★ **Rochester House** HOTEL $$
(☎ 970-385-1920, gebührenfrei 800-664-1920; www.rochesterhotel.com; 721 E 2nd Ave; DZ 190–300 US$; ⊖ ❄ 📶 🐾) Inspiriert von alten Western – in den Gängen hängen Filmposter und Schirmdachlampen – wirkt das Rochester ein wenig wie altes Hollywood im modernen Westen. Die Zimmer sind geräumig und haben hohe Decken. Zwei konventionelle Gemeinschaftsräume, in denen Gebäck serviert wird, sowie ein Frühstücksraum in einem alten Bahnwaggon sind weitere Pluspunkte hier. Haustiere sind willkommen.

Antlers on the Creek B&B $$
(☎ 970-259-1565; www.antlersonthecreek.com; 999 Lightner Creek Rd; Zi. ab 180 US$; P 📶) Die Unterkunft liegt auf einem zum Verweilen

einladenden friedlichen Gelände am Bach, umgeben von Pappeln und ausgedehnten Rasenflächen. Zwischen dem geräumigen Haupthaus und der Remise befinden sich sieben geschmackvolle Zimmer, die mit Whirlpools, üppiger Bettwäsche und Gaskaminen ausgestattet sind. Es gibt ein hervorragendes Drei-Gänge-Frühstück und einen großen Whirlpool in der offenen Gartenlaube. Das B&B ist ganzjährig geöffnet.

General Palmer Hotel HOTEL $$
(☎970-247-4747, gebührenfrei 800-523-3358; www.generalpalmer.com; 567 Main Ave; Zi. ab 160 US$; P ❄ @ ᯤ) Das elegante Hotel aus viktorianischer Zeit (1898) präsentiert sich altjüngferlich mit Blümchentapeten, Teddys auf jedem Bett und Betten mit vier Zinnpfosten. Die Zimmer sind klein, aber schön, und wer nicht fernsehen will, holt sich einfach ein Brettspiel an der Rezeption. Highlights sind die gemütliche Bibliothek und das entspannende Solarium.

Essen & Ausgehen

★**James Ranch** MARKT $
(☎970-385-9143; www.jamesranch.net; 33800 US Hwy 550; Hauptgerichte 5–18 US$; ⏲Mo–Sa 11–19 Uhr) Wer eine Straßentour auf dem San Juan Skyway macht, sollte bei der von einer Familie geführten James Ranch 10 Meilen (16 km) außerhalb von Durango vorbeischauen. Dort gibt es einen Markt und einen sehr guten Grillstand, der das auf der Farm produzierte Bio-Rindfleisch und Bio-Gemüse verwendet. Die Steak-Sandwiches und die Sandwiches mit frischem Schmelzkäse und karamellisierten Zwiebeln sind prima. Die Kinder freuen sich über die Ziegen.

El Moro GASTROPUB $$
(☎970-259-5555; www.elmorotavern.com; 945 Main Ave; Hauptgerichte 12–30 US$; ⏲Mo–Fr 11–24, Sa & So 9–24 Uhr) Es gibt zwei Gründe zum Herkommen: die guten, nach Gästewunsch gemixten Cocktails an der Bar und die innovativen kleinen Teller auf denen z. B. gebratener Blumenkohl auf koreanische Art, verschiedene Käsesorten, hausgemachte Wurst und frische Salate serviert werden. Das Lokal ist zwar die wichtigste Hipster-Spielwiese in Durango, aber alle fühlen sich hier wohl.

★**Bookcase & the Barber** COCKTAILBAR
(☎970-764-4123; www.bookcaseandbarber.com; 601 E 2nd Ave, Suite B; ⏲14–24 Uhr) Die moderne Flüsterkneipe ist vielleicht Durangos ansprechendstes Nachtlokal: Hinter einer schweren Bücherwand versteckt sich ein Raum mit Stimmungsbeleuchtung, und die exquisiten Cocktails sind ihre 12 US$ tatsächlich wert. Man betritt den Laden durch den Friseursalon, braucht aber das Passwort (es steht irgendwo auf der Facebook-Seite). Zu empfehlen ist die würzige *paloma celosa* („eifersüchtige Taube“), eine Kombination aus Tequila, Grapefruitsaft und Ancho-Chili.

Ska Brewing Company BRAUEREI
(☎970-247-5792; www.skabrewing.com; 225 Girard St; Hauptgerichte 9–15 US$; ⏲Mo–Fr 9–21, Sa 11–21, So bis 19 Uhr) Die aromatischen und vielseitigen Biere sind die besten selbstgemachten der Stadt. Die kleine, freundliche Probierstube war einst vor allem eine Produktionsstätte, ist im Verlauf der Jahre aber immer beliebter geworden. Heute drängen sich hier die Leute, um nach der Arbeit ein Bier unter Freunden zu trinken.

Praktische Informationen

Durango Public Library (☎970-375-3380; www.durangopubliclibrary.org; 1900 E 3rd Ave; ⏲Mo–Mi 9–20, Do 10–17.30, Fr & Sa ab 9 Uhr; ᯤ) Praktische Quelle für Regionalinfos.

Durango Welcome Center (☎970-247-3500, www.durango.org; 802 Main Ave; ⏲So–Do 9–19, Fr & Sa bis 21 Uhr; ᯤ) Hervorragendes Infozentrum im Zentrum. Südlich von Durango liegt ein zweites **Visitor Center** (111 S Camino del Rio) an der Ausfahrt Santa Rita vom US Hwy 550.

San Juan-Rio Grande National Forest HQ (☎970-247-4874; www.fs.fed.us/r2/sanjuan; 15 Burnett Ct; ⏲Mo–Sa 9–17 Uhr) Liegt ca. 0,5 Meilen (800 m) westlich von Durango abseits des US Hwy 160. Hier gibt's Infos (inkl. Karten) für Camper und Wanderer.

Anreise & Unterwegs vor Ort

Durango-La Plata County Airport (DRO; ☎970-247-8143; www.flydurango.com; 1000 Airport Rd) Rund 18 Meilen (29 km) südwestlich von Durango (über US Hwy 160 und Hwy 172) bieten United und American Airlines hier jeweils Direktflüge nach Denver an. American startet zusätzlich nach Dallas-Fort Worth und Phoenix. United bedient saisonal (Sommer) auch Chicago, Houston und L. A.

Great Sand Dunes National Park

Der surreale **Great Sand Dunes National Park** (☎719-378-6399; www.nps.gov/grsa; 11999 Hwy 150; ⏲Juni–Aug. 8.30–17 Uhr, Sept.–Mai 9–16.30 Uhr; 👪) gehört zu Colorados eindrucksvollsten Naturwundern. Inmitten von schroffen Gipfeln und Ebenen voller Gestrüpp beschert dieses wahrhaftige Sandmeer seinen Besuchern verwirrende optische Illusionen – hier entfaltet die Natur ihre ganze Magie.

Bei der Anfahrt über den Hwy 150 kann man beobachten, wie die Schatten auf den Dünen durch die wechselnden Einfallswinkel des Sonnenlichts wandern. Am spektakulärsten ist der Abend, wenn die Hügel einen scharfen Kontrast im Schein der tief stehenden Sonne bilden. Bei Wanderungen durch das Dünenareal offenbart sich dessen Veränderlichkeit aus der Nähe: Wie ein unzufriedener Bildhauer formt der stets blasende Wind die Sandlandschaft ständig neu.

Die meisten Besucher begrenzen ihre Aktivitäten auf den Bereich, in dem der Medano Creek den Hauptteil der Dünen von den mächtigen Sangre de Cristo Mountains trennt. Die übrigen 85% des Parks sind als natürliche Wildnis geschützt und nur etwas für durchtrainierte, erfahrene Outdoor-Freaks mit viel Mut.

Wandern & Trekken

Das weite Sandmeer ist die Hauptattraktion für Wanderer, obwohl es hier keine ausgewiesenen Wege gibt. Zwei inoffizielle Routen bieten tolle Panoramablicke auf die Dünen. Die erste davon führt von einem Parkplatz hinter dem Visitor Center zur Spitze der High Dune (hin & zurück ca. 4 km), die trotz ihres Namens nicht die höchste örtliche Düne ist. Achtung: Dieser Weg ist sehr anstrengend – beim Erklimmen der Sandhänge rutscht man nach jedem Schritt scheinbar gleich wieder um einen halben zurück! Wer genug Kondition hat, kann von der High Dune aus gleich noch das zweite lohnenswerte Ziel in Anriff nehmen: Etwas weiter westlich erhebt sich mit der Star Dune (229 m) der höchste Sandberg des Parks.

Vom Great Sand Dunes National Park Visitor Center (S. 857) führt ein kurzer Weg zur Mosca Picnic Area neben dem knöcheltiefen Medano Creek, den man durchwaten muss (wenn der Bach Wasser führt), um die Dünen zu erreichen. Vom Visitor Center aus jenseits der Straße führt der Mosca Pass Trail hinauf in die Sangre de Cristo Wilderness.

Schlafen & Essen

★ **Zapata Falls Campground** CAMPING $

(☎719-852-7074; www.fs.usda.gov; BLM Rd 5415; Stellplatz Zelt & Wohnmobil 11 US$; 🐾) Rund 7 Meilen (11,2 km) südlich des Nationalparks bietet dieser Campingplatz dank seiner Höhenlage (2743 m) in der Sangre de Cristo Range einen grandiosen Blick auf das San Luis Valley. Hier gibt's 23 reservierungsfreie Stellplätze, aber kein Trinkwasser. Zudem ist die 3,6 Meilen (5,8 km) lange Zufahrtsstraße steil, unbefestigt und in recht schlechtem Zustand – unbedingt angepasst fahren! Die Mühen lohnen sich aber vor allem für Einsamkeits-Fans vollauf.

Zapata Ranch RANCH $$$

(☎719-378-2356; www.zranch.org; 5303 Hwy 150; 2 Übern. inkl. VP 875 US$/Pers.) Nature Conservancy ist Eigentümer und Betreiber dieser exklusiven Ranch, die sich ideal für passionierte Reiter eignet. Inmitten von Pappelhainen werden hier Rinder und Bisons gezüchtet. Vom Hauptgebäude (ein restauriertes Blockhaus aus dem 19. Jh.) schaut man auf die fernen Dünen. Der Preis beinhaltet neben Vollpension auch geführte Ausritte. Andere Abenteuer-Aktivitäten wie Klettern oder Rafting sind ebenfalls möglich, kosten aber jeweils extra.

An- & Weiterreise

Der Great Sand Dunes National Park liegt 33 Meilen (53 km) nordöstlich von Alamosa und ist nicht mit öffentlichen Verkehrsmitteln erreichbar.

WYOMING

Der Großteil Wyomings ist typisch für die Großen Plains: weites, menschenleeres und windiges Tiefland mit Hügeln voller Wüstenbeifuß, die unter blauem Himmel von der Sonne versengt werden. Die wenigen Siedlungen sind sehr geschichtsträchtig und zeugen vom Mut der alten Pioniere: Einst verlief hier der Oregon Trail, während Banditen die Region unsicher machten. Auch die heutigen Einwohner sind sich offenbar einig, dass dieser Teil des US-Westens weiterhin wild bleiben soll. Cody und Laramie stehen jeweils für ein Stück lebendige Geschichte, während Jackson und Lander die modernen Außenposten der Revolution im „Neuen Westen" sind.

Zugleich hat Amerikas bevölkerungsärmster Bundesstaat auch spektakuläre Berge, eine vielfältige Natur und eine einmalige Geologie. Während man sich der grandiosen und wahrhaft ursprünglichen Teton Range nähert, werden die Gipfel zwischen der Snowy Range bei Laramie und der Granitwildnis der Wind River Range hinter Lander immer imposanter. Ganz zu schweigen vom Yellowstone National Park, der zu den schönsten Orten in den „Lower 48“ zählt.

Praktische Informationen

Travel Wyoming (☎800-225-5996, 307-777-7777; www.travelwyoming.com) Wyomings hervorragende Tourismus-Website.

Wapiti Ranger Station (☎307-587-3925) Älteste Ranger-Station der USA.

Wyoming State Parks & Historic Sites (☎307-777-6323; http://wyoparks.state.wy.us) Informiert über die 13 State Parks und 26 historischen Stätten in Wyoming; Camping-Reservierungen sind online oder telefonisch möglich.

Cheyenne

Das windige Cheyenne war einst als Magic City (Zauberstadt) bekannt, da es scheinbar über Nacht am Rand der Ebenen entstand und dann sehr schnell wuchs. Heute begeistert Wyomings Hauptstadt nicht unbedingt mit ihrem Erscheinungsbild. Doch unter der rauen Schale verbirgt sich freundlicher Charme – so wie bei den abgehärteten Cowboys, die man hier trifft. Bei einem Bummel zum Eisenbahnmuseum (Union Pacific Railway Depot) und zu den anderen örtlichen Museen wird schnell klar: Cheyenne ist weitaus mehr als nur eine praktische Zwischenstation an der I-80.

Sehenswertes

Frontier Days Old West Museum MUSEUM
(☎307-778-7290; www.oldwestmuseum.org; 4610 Carey Ave; Erw./Kind 10 US$/frei; ⏲9–17 Uhr; 👪) Für ein tieferes Verständnis der Pionier-Vergangenheit und Rodeo-Gegenwart von Cheyenne sollte man das ganzjährig geöffnete Museum auf dem Frontier-Days-Rodeogelände besuchen. Hier gibt's jede Menge Rodeotrophäen, von Sätteln bis zu Siegerpokalen, zudem Cowboy-Kunst und Cowboy-Fotografie, eine Sammlung von Pferdekutschen und jede Menge Geschichte und Geschichten, wie z.B. von Steamboat, dem unbezähmbaren Wildpferd, das aber wohl nicht das Pferd ist, das auf den Nummernschildern in Wyoming abgebildet ist (was jedoch viele glauben).

Feste & Events

Cheyenne Frontier Days RODEO
(☎307-778-7222; www.cfdrodeo.com; 4610 Carey Ave; Rodeo 17–55 US$/Tag, Konzerte 20–75 US$; ⏲letzte 2 Wochen im Juli; 👪) In der letzten kompletten Juliwoche stehen beim größten Freiluft-Rodeo der Welt 10 Tage lang alles Landestypische, Lassowerfen, Bullenreiten, Zureiten, Singen und Tanzen auf dem Programm. Es gibt Flugschauen, Umzüge, Melodramen, Jahrmarktsattraktionen und Chili-Kochwettbewerbe, eine muntere Frontier Town, ein indianisches Dorf und morgens kostenlose Rodeo-Proben.

KURZINFOS WYOMING

Spitzname Equality State

Bevölkerung 577 740 Ew.

Fläche 253 596 km²

Hauptstadt Cheyenne (63 600 Ew.)

Weitere Städte Laramie (32 300 Ew.), Jackson (10 500 Ew.), Cody (9890 Ew.)

Verkaufssteuer 4 % (bundesstaatlich)

Geburtsort des Künstlers Jackson Pollock (1912–1956)

Heimat des Frauenwahlrechts, Kohlebergbaus; von Geysiren, Wölfen, Yellowstone

Politische Ausrichtung Erzkonservativ (außer Teton County)

Berühmt für Rodeo, Ranches, den früheren US-Vizepräsidenten Dick Cheney

Interessante Tatsache Flächenmäßig zehntgrößter, aber bevölkerungsärmster aller US-Bundesstaaten

Höchster Berg Gannett Peak (4209 m)

Entfernungen Cheyenne–Jackson 432 Meilen (695 km)

Schlafen & Essen

★ **Nagle Warren Mansion B & B** B & B $$
(☎307-637-3333; www.naglewarrenmansion.com; 222 E 17th St; Zi. ab 195 US$; ❄📶🐾) Die historische Villa von 1888 gehört zu Wyomings stimmungsvollsten Unterkünften und ist eine echte Besonderheit: Originales Strukturleder ziert bis heute die Innendecken. Die zwölf großen und eleganten Zimmer sind mit regionalen Antiquitäten aus dem späten 19. Jh. eingerichtet. Zudem warten hier ein Whirlpool, ein Lesezimmer in einem Dachturm und klassische Schwinn-Leihfahrräder aus dem Jahr 1954.

★ **Historic Plains Hotel** HISTORISCHES HOTEL $
(☎307-638-3311; 1600 Central Ave; Zi. ab 140 US$; 📶) Dieser schmucke Oldtimer von 1911 hat

Gemeinschaftsbereiche, die nur so vor historischem Charme strotzen. Der alte Aufzug des Hotels wurde einst gezielt so klein konstruiert, dass Cowboys ihre Pferde nicht heimlich in ihre Obergeschosszimmer mitnehmen konnten. Am besten ein Zimmer auf der Straßenseite wählen: Die Quartiere am internen Lichtschacht sind etwas düster.

★ **Bunkhouse Bar & Grill** STEAKS $$
(☎307-632-6184; www.bunkhousebar.com; 1064 Happy Jack Rd; Hauptgerichte 10–28 US$; ⊙So–Do 11–21, Fr & Sa bis 23.30 Uhr) Das legendäre Bunkhouse liegt westlich von Cheyenne an der W-210, ist aber die Anfahrt wert: Etwa seit 1898 gibt's hier anständige Regionalküche auf Fleischbasis – vor allem Klassiker wie Steaks und Burger. Spezialität des Hauses ist das bemerkenswerte Bunk-Nut Sandwich: *Rocky Mountain oysters* (frittierte Stierhoden) mit Schmelzkäse auf angeröstetem Knoblauchbrot. Der Laden bietet sogar Livemusik (Fr & Sa abends).

★ **Restaurant at the Plains** AMERIKANISCH $$
(☎307-638-3311; www.theplainshotel.com; 1600 Central Ave; Hauptgerichte mittags 8–13 US$, abends 15–24 US$; ⊙Di–So 12–15 & 18–22 Uhr) Das Hausrestaurant des Historic Plains Hotel ist angeblich das beste Lokal der Stadt. Abends gibt's hier ein paar großartige Gerichte wie Lachs mit Krabben-Füllung oder Tenderloin-Steak mit Bourbon-Glasur. Mit Burgern, Sandwiches und einer Suppen- bzw. Salatbar ist das Mittagsangebot leichter.

Ausgehen & Nachtleben

Accomplice Brewing Company CRAFT-BIER
(☎307-632-2337; www.accomplicebeer.com; 115 W 15th, Depot; ⊙So–Do 11–22, Fr & Sa bis 24 Uhr; 📶🐾) Cheyennes neueste Kleinbrauerei im historischen Union Pacific Railway Depot ermöglicht Fassbier-Verkosten per SB-Ausschank. Von den leckeren Gerstensaftsorten empfehlen sich vor allem das Nue Dogma Pale Ale und das Lincoln Squared IPA. Das Essen ist genauso lecker. Dementsprechend ist hier immer viel los.

★ **Nagle Warren Mansion B&B** TEEHAUS
(☎307-637-3333; www.naglewarrenmansion.com; 222 E 17th St; High Tea 12 US$/Pers.; ⊙Fr & Sa 14–16 Uhr; Reservierung erforderlich) In den historischen Räumlichkeiten der stimmungsvollen Villa gibt's nachmittags traditionellen High Tea im Stil des alten Westens (inkl. Scones, Kekse, Sandwiches, Süßgebäck).

Praktische Informationen

Cheyenne Visitor Center (☎800-426-5009, 307-778-3133; www.cheyenne.org; 1 Depot Sq/121 W 15th St; ⊙Mo–Fr 9–17, Sa bis 15, So 11–15 Uhr; 📶) Hat eine Website mit umfangreichen Lokalinfos und ist auch Startpunkt von **Trolley-Touren** (☎307-778-3133; www.cheyennetrolley.com; 121 W 15th St, Depot Plaza; Erw./Kind 12/6 US$; ⊙Mai–Sept. 10, 11.30, 13, 14.30 & 16 Uhr) durch das Stadtzentrum.

Wyoming Travel & Tourism (☎800-225-5996; www.wyomingtourism.org; 5611 High Plains Rd; ⊙Mo–Fr 9–17 Uhr) Einen Zwischenstopp wert: Gleich südlich von Cheyenne gibt's hier neben einem Rastplatz an der I-25 jede Menge Infos. Auf Besucher warten auch kinderfreundliche Ausstellungen zu regionalen Tieren, Pflanzen, Aktivitäten und Umweltaspekten.

Anreise & Unterwegs vor Ort

Für die Hauptstadt eines US-Bundesstaats ist Cheyenne nur recht schwer erreichbar.

Busbahnhof (☎307-635-1327; www.greyhound.com; 5401 Walker Rd, Rodeway Inn) Am nördlichen Stadtende startet hier Greyhound zu diversen Zielen. Alternativ bedient Black Hills Stage Lines/Express Arrow dieselben Routen und bietet dabei z. B. Direktverbindung nach Denver (40 US$, 2¼ Std.) oder Salt Lake City (133 US$, 8½ Std.).

Cheyenne Airport (CYS; ☎307-634-7071; www.cheyenneairport.com; 200 E 8th Ave) Wenig betriebsamer Flughafen mit Flügen nach Denver (jeden Do).

Laramie

Auf dem Weg durch Wyoming lohnt Laramie einen Zwischenstopp mit Übernachtung: Die University of Wyoming (einzige Vier-Jahres-Universität des Bundesstaats) belebt die sonst recht verschlafene Präriestadt mit einem steten Zustrom von hippen Studenten. Im kleinen historischen Zentrum drängen sich im Rastermaß ausgerichtete Blocks aus Backstein-Bauten zwischen Bahngleisen – interessant genug für einen einstündigen Schaufensterbummel. Auf dem Uni-Campus animieren Museen zu einem informativen Spaziergang. Laramies Hauptattraktion ist aber das Wyoming Territorial Prison: In diesem gut erhaltenen Stück Wild-West-Geschichte saß einst Butch Cassidy ein.

Sehenswertes

★ **Wyoming Territorial Prison** MUSEUM
(☎307-745-3733; www.wyomingterritorialprison.com; 975 Snowy Range Rd; Erw./Kind 7/3,50 US$;

Mai–Sept. 8–19 Uhr, Okt.–April Mi–Sa 10–15 Uhr;) Dieses Gefängnis war das einzige in dem Butch Cassidy – 1894 bis 1896 wegen schweren Diebstahls – jemals einsaß; als er freikam, war er ein gut vernetzter Krimineller, der schnell zu einem der berühmtesten Räuber in der Geschichte wurde. In einem hinteren Raum wird seine spannende Lebensgeschichte ausgebreitet, während einem die Fotografien von anderen Desperados und Outlaws bei einem Rundgang durch den Hauptzellentrakt über die Schulter schauen. Draußen kann man die Fabrik besichtigen, in der die Gefangenen im Rahmen einer kurzlebigen Maßnahme zur Erzielung von Einkünften über 700 Besen pro Tag produzierten.

Geological Museum MUSEUM
(307-766-2646; www.uwyo.edu/geomuseum; S. H. Knight Geology Bldg, University of Wyoming; Mo–Sa 10–16 Uhr) GRATIS Die Morrison-Formation, eine Abfolge von Sedimentgestein aus der Jurazeit, erstreckt sich von New Mexico bis Montana und hat ihr Zentrum in Wyoming. Die Schicht ist eine ergiebige Quelle von Dinosaurierfossilien, von denen eine Auswahl in dem winzigen Universitätsmuseum ausgestellt ist, darunter ein 22,9 m großer *Apatosaurus excelsus* (früher Brontosaurus genannt)und ein *Diatryma gigantea* (ein 2,13 m hoher, vielleicht fleischfressender Vogel, der in Wyoming entdeckt wurde). Im neuen „Prep Lab" kann man zusehen, wie die Forscher brüchige Fossilien aus solidem Fels befreien – faszinierend!

Schlafen

Gas Lite Motel MOTEL $
(307-399-6176; 960 N 3rd St; EZ/DZ 55/65 US$;) Das Gas Lite Motel fällt auf – aber vor allem durch das Plastikpferd und den Hahn auf dem Dach sowie die verwitterten Sperrholz-Cowboys, die am Geländer lümmeln, und nicht durch die Modernität seiner Einrichtungen. Die Zimmer sind zwar betagt, aber sauber, die Betreiber recht freundlich, und der geforderte Preis (der variiert) ist o.k.

★ **Mad Carpenter Inn** B&B $$
(307-742-0870; www.madcarpenterinn.net; 353 N 8th St; Zi. 95–125 US$;) Mit Gartenanlagen, warmem Frühstück und komfortablen Zimmern verbindet das Mad Carpenter Inn Wärme mit Klasse. Im Spielzimmer gibt's Billard und Tischtennis, und das freistehende „Doll House" mit Einbauküche und Whirlpool ist ein echtes Schnäppchen für ein Paar, das ein ruhiges Refugium sucht.

Essen & Ausgehen

★ **Sweet Melissa's** VEGETARISCH $
(307-742-9607; www.facebook.com/sweetmelissacafe; 213 S 1st St; Hauptgerichte 8,50–14 US$; Mo–Do 11–21, Fr & Sa bis 22 Uhr;) Das Sweet Melissa's mit hervorragendem Service serviert zweifellos das gesündeste Essen in der Region. Unter den vegetarischen und glutenfreien Köstlichkeiten sind z. B. Käsemakkaroni mit Gorgonzola und Lauch. Besonders lecker sind die frittierten Blumenkohlröschen.

Wyoming's Rib & Chop House AMERIKANISCH $$
(307-460-9090; www.ribandchophouse.com; 2415 Grand Ave; Hauptgerichte 11–24 US$; 11–22 Uhr) Uramerikanische Atmosphäre der modernen Art prägt dieses ungemein beliebte Lokal. Nach dem Anstehen kann man hier aus vielerlei Gerichten (z. B. langsam gegarte Rippchen, Steak vom schwarzen Angusrind, Pilze mit Krabben-Füllung, Blätterteigpastete mit Hummer) auswählen. Beim Vertilgen sorgen dann Sportübertragungen auf fast einem Dutzend TVs für Unterhaltung.

Coal Creek Coffee Co KAFFEE
(307-745-7737; www.coalcreekcoffee.com; 110 E Grand Ave; Hauptgerichte 5–11 US$; 6–23 Uhr;) Das Coal Creek Coffee hat erstklassigen Kaffee und ist, wie man sich ein Café wünscht: modern und stilvoll, sogar hipp, aber nicht auf unangenehme Art. Wenn die Fair-Trade-Bohnen und der kundig zubereitete Latte zu sehr nach Vormittag schmecken, geht's einfach hinüber ins **Coal Creek Tap** im Westflügel, wo einen mehr als ein Dutzend Fassbiere erwarten.

An- & Weiterreise

Laramie Regional Airport (307-742-4164; www.laramieairport.com; 555 General Brees Rd/Hwy 130) Rund 5 Meilen (8 km) westlich der Stadt besteht hier Verbindung nach Denver (2-mal tgl.) und zu kleineren Regionalflughäfen.

Greyhound (307-745-7394; www.greyhound.com; 1952 N Banner Rd) Fährt ab der Tankstelle „Diamond Shamrock" (lokale Bezeichnung; die aktuelle Betreiberfirma ist unbekannt) u. a. nach Denver (40 US$, 3 Std.).

Lander

Lander liegt nahe den Ausläufern der Wind River Range und war schon immer eine Grenzstadt. Gegründet wurde es als Fort an einer Abzweigung des Oregon Trail. Später trieben sich hier oft Gesetzlose und Pferdediebe am Endpunkt einer Bahnlinie herum. Lander ist auch das Tor zur Wind River Indian Reservation (9000 km^2), wo indigene Eastern Shoshone und hierher vertriebene Northern Arapaho gemeinsam am Fuß von Wyomings höchstem Berg leben.

Der Ort ist bei Kletterern, Wanderern und anderen Aktiv-Abenteurern sehr beliebt. Wegen seiner abgeschiedenen Lage animiert er aber nur wenige Besucher zu längeren Aufenthalten. So ist die lokale Atmosphäre mit ihrem entspannten Mix aus altem und neuem Westen nach wie vor recht ruhig.

Sehenswertes & Aktivitäten

Sinks Canyon State Park PARK

(☎307-332-3077; www.sinkscanyonstatepark.org; 3079 Sinks Canyon Rd; Stellplatz Zelt & Wohnmobil 11–16 US$; ⌚Visitor Center Juni–Sept. 9–18 Uhr) Im Mittelpunkt des schönen Sinks Canyon State Park 6 Meilen (9,7 km) südwestlich von Lander am Hwy 131 steht ein seltsames Naturschauspiel: Die mittlere Gabelung des Popo Agie River verschwindet plötzlich gurgelnd in einer kleinen Höhle im porösen Madison-Kalkstein. Das Wasser tritt 400 m weiter (wärmer und mit größerer Schüttung) wieder zutage, braucht für die unterirdische Reise aber, wie Wissenschaftler ermittelt haben, annähernd zwei Stunden.

Schlafen

Outlaw Cabins B&B $$

(☎307-332-9655; www.outlawcabins.com; 2411 Squaw Creek Rd; Hütten 125 US$) Auf der bewirtschafteten Ranch stehen zwei wirklich schöne Hütten. Die „Lawman" wurde von einem County-Sheriff vor 120 Jahren gebaut, ist aber gepflegt und für moderne Bedürfnisse renoviert. Uns gefällt aber besonders „Outlaw", weil sich diese Hütte durch Wildwest-Flair auszeichnet. Beide Hütten sind schön eingerichtet und haben ruhige Veranden, auf denen man abhängen kann.

★ **Mill House** BOUTIQUEHOTEL $$

(☎307-349-9254; http://millhouselander.com/; 125 Main St; Suite ab 190 US$; 📶) Eine von Wyomings besten Unterkünften: Landers stilvollste Bleibe ist in der alten Mühle der Stadt. Das kunstvoll umgebaute Haus empfängt Gäste mit freiliegendem Backstein, Holzfußböden und Pastelltönen, die von einem Bewusstsein für modernes Design zeugen. Die Suiten sind individuell eingerichtet. Optional kann man auch das ganze Gebäude mieten.

Essen

Middle Fork FRÜHSTÜCK $

(☎307-335-5035; www.themiddleforklander.com; 351 Main St; Hauptgerichte 6–11 US$; ⌚Mo–Sa 7–14, So 9–14 Uhr; 📶🖋) In dem großen, spartanisch eingerichteten Raum kann man sich ganz auf das ausgezeichnete Essen konzentrieren. Zu den hausgemachten Backwaren gibt's Eggs Benedict und selbstgemachte Corned-Beef-Haschees, die man mit Mimosas herunterspülen kann.

★ **Cowfish** GRILL $$

(☎307-332-8227; www.cowfishlander.com; 148 Main St; Brunch 9–16 US$, Abendessen 17–35 US$; ⌚Mo–Fr 17–22, Sa & So 9–14 & 17–22 Uhr; 📶) Landers gehobenes Restaurant bietet sich für ein romantisches Dinner im Kerzenschein mit Rosenkohl-Carbonara oder einem mit Kaffee eingeriebenen Rib-Eye-Steak an. In der angeschlossenen Braustube gibt's das gleiche Essen in zwangloserer Atmosphäre zwischen den Maischkesseln, aus denen wechselnde Bierkreationen kommen – viele sind ausgezeichnet, man sollte aber ein paar probieren, ehe man sich für eine entscheidet.

Praktische Informationen

Lander Visitor Center (☎307-332-3892; www.landerchamber.org; 160 N 1st St; ⌚Mo–Fr 9–17 Uhr)

An- & Weiterreise

Wind River Transportation Authority (☎307-856-7118; www.wrtabuslines.com; Ecke West Main St & Baldwin Creek Rd, Shopko; einfache Strecke 1 US$) Betreibt neben normalen Linienbussen zwischen Riverton und Lander (Mo–Fr) auch reservierungspflichtige Shuttlebusse nach Casper und Jackson (Preise variieren jeweils je nach Passagierzahl). Selbstfahrer erreichen die regionalen Wanderwege und Kletterfelsen jedoch definitiv am leichtesten.

Jackson

In einem grünen Tal liegt Jackson zwischen ein paar von Amerikas schroffsten und wildesten Bergen. Auf den ersten Blick sieht's hier aus wie anderswo im ländlichen Wyoming: vorgeblendete Fassaden, hölzerne Bürgersteige mit Überdachung, Saloons an jeder Ecke. Der Ort ist aber definitiv anders – vielmehr gehört er zu den interessantesten seiner Art im Bundesstaat:

Hier trifft man weitaus mehr eingefleischte Kletterer, Radler und Skifahrer (bei ihren

Barista-Jobs an ihrer tiefen Bräune zu erkennen) als Cowboys. Zudem verirren sich Promis und Elche gleich oft auf die örtlichen Straßen. Jacksons Vornehmheit und Popularität bedeuten durchaus gewisse (preisliche) Nachteile für Traveller. Dafür entschädigen das muntere urbane Flair, die erfrischende kulinarische Vielfalt sowie die zahlreichen Aktivitäten inner- und außerhalb der Stadt.

Sehenswertes & Aktivitäten

★ National Museum of Wildlife Art MUSEUM
(Karte S. 872; ☎307-733-5771; www.wildlifeart.org; 2820 Rungius Rd; Erw./Kind 15/6 US$; ⊙Mai–Okt. 9–17 Uhr, Nov.–April Di–Sa 9–17, So 11–17 Uhr;) Die hier ausgestellten Hauptwerke von Bierstadt, Rungius, Remington und Russell hauchen den dargestellten Tieren auf eindrucksvolle Weise Leben ein. Die im Freien aufgestellten Skulpturen und das seltsame von einer schottischen Burgruine inspirierte Gebäude lohnen einen Halt, selbst wenn das Museum geschlossen ist.

National Elk Refuge NATURSCHUTZGEBIET
(Karte S. 872; ☎307-733-9212; www.fws.gov/refuge/national_elk_refuge; Hwy 89; Schlittenfahrt Erw./Kind 25/15 US$; ⊙Mitte Dez.–Mitte April 10–16 Uhr) GRATIS Dieses Refugium schützt Jacksons Herden von mehreren Tausenden Wapitihirschen, denen hier im Winter zwischen November und Mai ein sicherer Lebensraum geboten wird. Im Sommer kann man sich beim Visitor Center (S. 865) von Jackson nach den besten Plätzen zur Beobachtung der Wapitis erkundigen. Die einstündigen Pferdeschlittenfahrten sind das Highlight im Winter; Karten gibt's im Visitor Center.

★ Jackson Hole Mountain Resort WINTERSPORT
(Karte S. 872; ☎307-733-2292; www.jacksonhole.com; Erw./Kind Skipass 155/94 US$, Grand Adventure Pass 75 US$; ⊙Nov.–April & Juni–Sept.) Dieser Berg ist monumental: Ob man sich auf Skiern, mit Snowboard, Wanderstiefeln oder einem Mountainbike an ihn wagt, der Jackson Hole Mountain macht demütig. Mit einem Höhenunterschied von über 1200 m, einigen der schwierigsten Pisten weltweit und durchschnittlich 1000 cm Schnee steht das 1012 ha große Skigebiet ganz oben auf der Wunschliste der Wintersportler.

★ Continental Divide Dogsled Adventures HUNDESCHLITTENFAHRT
(Karte S. 872; ☎307-455-3052; www.dogsledadventures.com; halbtägige Tour inkl. Shuttles & Mittagessen 305 US$; ⊙Dez.–April) Billy Snodgrass (fünfmaliger Teilnehmer am Iditarod-Rennen) organisiert halbtägige Hundeschlitten-Touren durch Wyomings winterliche Wildnis. Seine Kunden werden zuerst von ihrer Unterkunft in Jackson zum Togwotee Pass gebracht. Dort besteigen sie Gespanne, die rasant von acht bis 14 Alaskan Huskys gezogen und von Guides gesteuert werden. Bei der lautlosen Gleitfahrt gibt's auch geschichtliche Infos und Legenden aus der Welt dieses Sports zu hören.

Jackson Hole Paragliding GLEITSCHIRMFLIEGEN
(Karte S. 872; ☎307-739-2626; www.jhparagliding.com; Tandemflüge 345 US$; ⊙Mai–Okt.) Schöner als ein Aufenthalt in der Teton Range ist nur ein Flug über deren Berge: Diese Tandemflüge mit erfahrenen Piloten starten morgens vom Jackson Hole Mountain Resort (S. 863) und nachmittags vom Skigebiet **Snow King** (Karte S. 872; ☎307-201-5464; https://snowkingmountain.com; 400 E Snow King Ave; Liftpass Erw./Kind 58/48 US$). Interessenten brauchen keine Paragliding-Erfahrung; es gelten aber Alters- und Gewichtsgrenzen.

Feste & Events

Grand Teton Music Festival MUSIK
(GTMF; ☎307-733-1128; www.gtmf.org; Walk Festival Hall, Teton Village; ⊙Juli & Aug.) Beim sommerlichen GTMF handelt es sich um eine fast durchgängige Klassik-Konzertreihe in großartiger Umgebung. Dabei tritt u.a. das Festival Orchestra mit bekannten Musikern und Dirigenten aus aller Welt auf (Fr 20, Sa 18 Uhr). Das Programm GTMF Presents rückt bemerkenswerte Talente ins Rampenlicht (meist Mi). Bei den kostenlosen Familienkonzerten geht's zwangloser zu.

Schlafen

Jacksons Unterkünfte verteilen sich auf die eigentliche Stadt und das Jackson Hole Mountain Resort (S. 863). Generell sind Qualität und Preis hier hoch. Trotz der großen Anzahl von örtlichen Unterkünften ist Reservierung für die Hauptsaison im Sommer und Winter unerlässlich. Im nahen Wald gibt's ein paar wenige Campingplätze. Die meisten davon erfordern aber eine lange Anfahrt über oft schlechte Straßen.

The Hostel HOSTEL $
(Karte S. 872; ☎307-733-3415; www.thehostel.us; 3315 Village Dr, Teton Village; B 32–55 US$, Zi. 50–170 US$;) Die bei Skifahrern sehr beliebte Unterkunft besteht schon so lange,

dass sie keinen besonderen Namen braucht: alle kennen das „Hostel". Die günstigen Privatzimmer und engen Schlafsäle mit Stockbetten für vier Personen liegen mitten im Geschehen (man hält sich im Haus also nur zum Schlafen auf). Die geräumige Lounge mit Kamin, Tischtennis- und Tischfußballtisch sowie Skiwachs-Station ist ideal, um andere Leute kennenzulernen.

Antler Inn HOTEL **$$**
(Karte S. 872; ☎ 307-733-2535; www.townsquareinns.com/antler-inn; 43 W Pearl Ave; Zi. 85–220 US$, Hütte 115–290 US$;) Mitten im Getümmel von Jackson bietet dieser ausgedehnte Komplex saubere und komfortable Zimmer, die teilweise Kamine und Badewannen haben. In den preiswerteren „Cedar Log Rooms" fühlt man sich wie in einer behaglichen Blockhütte – was kein Wunder ist, da es sich tatsächlich um echte Blockhütten handelt, die anderswo in Wyoming abgebaut und hinten an das Hotel angebaut wurden.

Modern Mountain Motel MOTEL **$$$**
(Karte S. 872; ☎ 307-733-4340; https://mountainmodernmotel.com; 380 W Broadway; Zi. 125–330 US$; P) Das Modern Mountain hebt das gute alte Motelkonzept auf ein modernes Level: Hier wartet ein Mix aus Funktionalität und Stil. Dies äußert sich z. B. in einem Lagerraum für Wintersport-Ausrüstung und wandgroßen Schwarzweißfotos bzw. Karten. So sind die 135 Zimmer oft verdientermaßen komplett ausgebucht.

★ **Wort Hotel** HISTORISCHES HOTEL **$$$**
(Karte S. 872; ☎ 307-733-2190; www.worthotel.com; 50 N Glenwood St; Zi. ab 450 US$; @) In dem luxuriösen historischen Hotel, das mit den Jahren nur besser geworden ist, herrscht ein für Wyoming typisches Flair. Knorrige Kiefernmöbel und handgearbeitete Tagesdecken bestimmen die Zimmer mit großem Bad und Whirlpool. Der beste Portier-Service der Stadt hilft, den Reiseplan mit Outdoor-Abenteuern auszufüllen. Selbst wer sich das Wohnen hier nicht leisten kann oder will, sollte in der alten **Silver Dollar Bar** im Erdgeschoss vorbeischauen.

★ **Rusty Parrot Lodge & Spa** LODGE **$$$**
(Karte S. 872; ☎ 888-739-1749; www.rustyparrot.com; 175 N Jackson St; Zi. ab 475 US$;) Mit ihrer wunderbaren Wild-West-Kunstsammlung (u. a. Skulturen von Remington) wirkt diese Lodge ungemein elegant und luxuriös. Der erstklassige Service verwöhnt die Gäste genauso wie die Zimmer, die mit gepflegten offenen Kaminen und vornehmen Teddybären auf den Betten punkten. Wer nicht Ski fährt, kann im hauseigenen Spa höchst hedonistische Arnika-Sportmassagen und Lavendel-Kräuterwickel genießen.

Das Hotelrestaurant serviert internationale Spitzenküche der einfallsreichen Art.

Essen

Persephone BÄCKEREI **$**
(Karte S. 872; ☎ 307-200-6708; www.persephonebakery.com; 145 E Broadway; Hauptgerichte 8–13 US$; ◷ Mo–Sa 7–18, So bis 17 Uhr;) Rustikale Brotsorten, riesige Plunderteilchen, tolles Frühstück: Bei der französischen Winz-Bäckerei mit weiß verputzten Wänden nimmt man die Wartezeit gern in Kauf. Im Sommer bietet die große Terrasse zusätzlichen Platz fürs längere Verweilen bei Kaffee oder einem Bloody-Mary-Krug.

★ **Gun Barrel** STEAKS **$$**
(Karte S. 872; ☎ 307-733-3287; http://jackson.gunbarrel.com; 852 W Broadway; Hauptgerichte 16–56 US$; ◷ 17.30 Uhr–open end) In Jacksons bestem Steakhaus, in dem die Bison-Hochrippe und das Wapiti-Kotelett mit dem gegrillten Ribeye-Steak mit Knochen um den Titel des „besten Stücks" wetteifert, bilden sich Schlangen bis vor die Tür. Man kann sich den Spaß machen, das Fleisch der Tierart zu wählen, die einen gerade anstiert: Das Haus war früher das Natur- und Taxidermie-Museum, und viele der einstigen „Mieter" sind immer noch da.

Mangy Moose Saloon KNEIPENESSEN **$$**
(Karte S. 872; ☎ 307-733-4913; www.mangymoose.com; 3295 Village Dr, Teton Village; Hauptgerichte mittags 8–23 US$, abends 18–48 US$; ◷ 7–21 Uhr, Saloon 11–2 Uhr;) Im Jackson Hole Mountain Resort (S. 863) ist das Mangy Moose seit über 50 Jahren das lärmige Epizentrum für Après-Ski, bekannte Bands, Essen am Pistenrand und diversen Bergurlaubs-Unfug. Die riesige Kneipe mit anständiger Salatbar serviert Fleisch aus regionaler Produktion in Form von Chili, Bison-Burgern und Steaks. Das zugehörige Rocky Mountain Oyster Cafe stillt den Frühstückshunger.

Snake River Grill AMERIKANISCH **$$$**
(Karte S. 872; ☎ 307-733-0557; www.snakerivergrill.com; 84 E Broadway; Hauptgerichte 22–62 US$; ◷ 17.30–21 Uhr) Dieses Grillrestaurant paart einen offenen Kamin mit eleganten weißen Tischtüchern und einer langen Weinkarte. Serviert wird hier bemerkens-

wert gute Spitzenküche im US-Stil. Probierenswert sind u.a. der pfannengebratene Alaska-Heilbutt oder die Wagyu-Rippchen. Dazu empfehlen sich die Trüffel-Pommes in gusseisernen Schüsseln. Für den Nachtisch ist das Sorbet mit angerösteten Erdbeeren eine gute Wahl.

Ausgehen & Nachtleben

Von Brauereien und Bars bis zu Konzerten und Theatervorstellung gibt's in Jackson keinen Mangel an Möglichkeiten, einen unterhaltsamen Abend zu erleben, besonders während der Hauptsaison im Sommer und im Winter. Infos zu den aktuellen Events findet man im *Jackson Hole News & Guide* (www.jhnewsandguide.com); man kann sich aber auch einfach in Downtown umschauen und selbst herausfinden, wo gerade die beste Stimmung herrscht.

★ Snake River Brewing Co KLEINBRAUEREI
(Karte S. 872; ☎ 307-739-2337; www.snakeriverbrewing.com; 265 S Millward St; ⏲ Küche 11–23 Uhr, Ausschank open end; 📶) Angesichts des Aufgebots vor Ort gebrauter Craft-Biere (von denen manche Preise gewonnen haben) ist es kein Wunder, dass dieses Lokal – ein modern-industrielles Lagerhaus mit zwei Etagen und vielen, aber nicht zu vielen TVs, in denen Sport-Events laufen – bei den jungen, aktiven Outdoor-Abenteurern besonders beliebt ist. Auf der Speisekarte stehen Holzofenpizzas, Bison-Burger und Pasta (Hauptgerichte 12–21 US$).

The Rose COCKTAILBAR
(Karte S. 872; ☎ 307-733-1500; www.therosejh.com; 50 W Broadway; ⏲ Do–Sa 17.30–2, So, Di & Mi 20–1.30 Uhr) Die schicke kleine Lounge im Obergeschoss des Pink Garter Theatre serviert Jacksons beste Cocktails und hat Separees mit rotem Lederbezug.

Praktische Informationen

Beim örtlichen Visitor Center gibt's den *Jackson Hole Traveler Visitor Guide* mit sehr guten Infos.

Jackson Hole & Greater Yellowstone Visitor Center (Karte S. 872; ☎ 307-733-3316; www.jacksonholechamber.com; 532 N Cache St; ⏲ Juni–Sept. 8–19 Uhr; 📶) Hier gibt's alle erdenklichen Infos zu Jackson, zu den umliegenden Nationalparks, zur regionalen Natur und zu vielen weiteren Aspekten. Besucher können zudem ein paar nette Ausstellungen besichtigen, Nationalpark-Pässe kaufen und Angel- bzw. Jagdlizenzen erwerben. Zudem leistet das Personal höchst kompetente Planungshilfe.

Anreise & Unterwegs vor Ort

Jackson Hole Airport (JAC; Karte S. 872; ☎ 307-733-7682; www.jacksonholeairport.com; 1250 E Airport Rd) Liegt 7 Meilen (11,3 km) nördlich von Jackson im Grand Teton National Park. Täglich gibt's hier Direktflüge nach Chicago, Dallas, Denver, Los Angeles, Minneapolis, Phoenix, Salt Lake City und San Francisco – ergänzt durch viele saisonale Verbindungen.

Alltrans (Mountain States Express; ☎ 800-652-9510, 307-733-1719; www.jacksonholealltrans.com) Schickt Shuttlebusse nach Salt Lake City (82 US$, 5¼ Std.) und im Winter auch zum Skigebiet Grand Targhee (Erw./Kind inkl. Liftpass 128/97 US$).

Greyhound (www.greyhound.com) Bietet Fernbus-Verbindung nach Denver (ab 90 US$, 23½ Std.).

Cody

Man hat einige Optionen, um in den Yellowstone National Park zu gelangen, und der Weg über Cody sollte ganz oben auf der Liste stehen. Und zwar nicht nur wegen der hinreißenden Fahrt längs der nördlichen Gabelung des Shoshone River – die Theodore Roosevelt einst die „50 schönsten Meilen Amerikas" nannte, sondern auch wegen der Stadt.

Cody pflegt sein Wildwest-Image, ein Erbe, das bis zu seinem Gründer William Frederick Cody, genannt Buffalo Bill, zurückreicht. Der arbeitete als Kundschafter für die Armee, war ein berüchtigter Büffeljäger und schließlich ein Showman, der jahrelang mit seinen Wildwest-Shows um die Welt zog. Und so dreht sich die Stadt um allnächtliche Rodeos im Sommer, laute Saloons und ein erstklassiges Museum, das von Buffalo Bills Nachlass ausgeht und an sich schon ein lohnendes Ziel darstellt.

Sehenswertes

★ Buffalo Bill Center of the West MUSEUM
(☎ 307-587-4771; www.centerofthewest.org; 720 Sheridan Ave; Erw./Kind 19,50/13 US$; ⏲ Mai–Mitte Sept. 8–18 Uhr, Mitte Sept.–Okt. bis 17 Uhr, Nov., März & April 10–17 Uhr, Dez.–Feb. Do–So 10–17 Uhr) Wyomings eindrucksvollste Attraktion aus Menschenhand ist Pflicht: Die sechs Museen des weitläufigen Komplexes beleuchten alles, was mit dem Wilden Westen zu tun hat. Gezeigt werden hier z.B. Ausstellungen zu Buffalo Bills spektakulären, weltberühmten Wild-West-Shows oder ausdrucksstarke Kunst, die vom Leben in der Grenzregion inspiriert ist. Unter den Highlights sind Ted-

dy Roosevelts Sattel, ein sogenannter Busy Beaver Ball und einer der weltgrößten Wigwams aus Büffelhaut. Ebenso faszinierend sind die Exponate im **Plains Indian Museum**. Das **Draper Museum of Natural History** portraitiert auf großartige Weise das Ökosystem der Yellowstone-Region. Die Tickets gelten jeweils für zwei aufeinanderfolgende Tage (die man auch braucht!) und sind bei Online-Buchung etwas günstiger.

Schlafen

Irma Hotel HISTORISCHES HOTEL **$$**
(☎307-587-4221; www.irmahotel.com; 1192 Sheridan Ave; Zi. 155–175 US$, Suite 230 US$; ❄📶) Das 1902 von Buffalo Bill als Eckpfeiler seiner geplanten Stadt errichtete knarrende Hotel hat altmodischen Charme mit ein paar modernen Details. Die originalen historischen Suiten haben hohe Decken und sind nach früheren Gästen (Annie Oakley, Calamity Jane) benannt; die etwas moderneren Zimmer im Anbau sind sehr ähnlich, kosten aber weniger (haben aber immer noch Toiletten mit klassischer Spülkette).

The Cody HOTEL **$$$**
(☎307-587-5915; www.thecody.com; 232 W Yellowstone Ave; DZ 260–290 US$; Preise jeweils inkl. Frühstück; ❄📶🏊) 🍃 Das Cody im schicken Stil des Neuen Westens zählt zu den luxuriösesten Hotels der Stadt. Sein Ökobewusstsein zeigt sich u.a. an den kostenlosen Leihfahrrädern für Gäste oder an den Wandvertäfelungen aus Holz von recycelten Parkbänken. Zur Wahl stehen hier auch Balkonzimmer abseits der Straße (zzgl. 10 US$) und King-Suiten mit Whirlpool (zzgl. 30 US$).

Cody Cowboy Village HÜTTEN **$$**
(☎307-587-7555; www.thecodycowboyvillage.com; 203 W Yellowstone Ave; Zi. & Hütte 100–230 US$; jeweils inkl. Frühstück; ⏰Mai–Mitte Okt.; 📶🏊🐾) Die beliebte und gut geführte Anlage vermietet moderne, stilvolle Hütten mit kleinen Veranden. Darunter sind Doppel-Varianten genauso wie einzeln stehende Quartiere im Suiten-Stil. Auf dem Gelände gibt's auch ein großes Tauchbecken unter freiem Himmel.

Essen

★ **The Local** MODERN-AMERIKANISCH **$$**
(☎307-586-4262; www.thelocalcody.com; 1134 13th St; Gerichte mittags 11–14 US$, abends 9–38 US$; ⏰Di–Sa 9–14 & 17–20 Uhr; 🖊) 🍃 Wenn einem Codys Cowboy-Küche zunehmend die Arterien verstopft, empfiehlt sich das Local als Alternative: Hier gibt's frisches Essen aus regionalen Bio-Produkten (z.B. Falafel-Sandwiches, gegrillte Forelle).

Cassie's Western Saloon STEAK **$$**
(☎307-527-5500; https://cassies.com; 214 Yellowstone Ave; Gerichte mittags 12–29 US$, Steaks 22–50 US$; ⏰Restaurantbetrieb 11–22 Uhr, Barbetrieb bis 2 Uhr) Das klassische Rasthaus hatte früher einen recht schlechten Ruf. Auch heute gibt's hier gelegentlich noch Kneipenschlägereien. Das Barpublikum bechert kräftig zu fetziger Country- und Westernmusik. Futtern kann man im angeschlossenen Supper Club, der zarte Steaks (270–1020 g) serviert.

Unterhaltung

Cody Nite Rodeo RODEO
(☎307-587-5155; www.codystampederodeo.com; 519 W Yellowstone Ave; Erw./Kind 21/10,50 US$; ⏰Juni–Aug. ab 20 Uhr) Das typische Kleinstadt-Rodeo ist eine lokale Tradition. Manchen Tierschützern sind derlei Veranstaltungen ein Dorn im Auge.

An- & Weiterreise

Der spektakuläre Buffalo Bill Cody Scenic Byway (dem edlen Namensgeber sei Dank!) führt von Cody aus zum Yellowstone National Park.

Yellowstone Regional Airport (COD; ☎307-587-5096; www.flyyra.com; 2101 Roger Sedam Dr) Kleiner Flughafen am östlichen Stadtrand, der das ansonsten abgeschiedene Cody im Sommer mit Salt Lake City und Denver verbindet.

Yellowstone National Park

Der älteste **Nationalpark** (Karte S. 868; ☎307-344-7381; www.nps.gov/yell; Grand Loop Rd, Mammoth; Kfz 35 US$; ⏰Nordeingang ganzjährig, Südeingang Mai–Okt.) der USA wird von zahllosen Elchen, Wapitis, Bisons, Grizzlys und Wölfen bevölkert. Ein paar der unberührtesten Landschaften Amerikas laden hier zu Erkundungen ein.

Yellowstone beheimatet auch über 60% aller Geysire der Welt. In diesen natürlichen Thermalquellen mit unterirdischem Reservoir staut sich Dampf, der bei Überdruck schließlich zusammen mit kochendem Wasser durch den sogenannten Eruptionskanal an die Erdoberfläche geschleudert wird. Das erstaunliche Ergebnis ist eine hohe Fontäne, die regelmäßig auftritt. Die genaue Frequenz wird dabei jeweils von der Zeit bestimmt, die bis zum Erreichen der Überdruckgrenze verstreicht. Rund um Yellowstones Geysire finden sich noch viele weitere geologische Phänomene wie kunterbunte Mineralquellen und blubbernde Schlammtöpfe. All dies lockt jedes Jahr mehr als 4 Mio. Besucher hierher. Genauso eindrucksvoll sind die Canyons, Berge und Wälder des Parks.

Sehenswertes

Geyser Country

Das Geyser Country macht das Yellowstone-Plateau absolut einzigartig auf der Welt: Hier befinden sich die spektakulärsten geothermalen Phänomene des Parks (gleichzeitig über 50 % des globalen Bestands). Darunter ist auch die weltweit höchste Konzentration von Geysiren (mehr als 200 auf 3,9 km²).

Zu den Highlights gehören der **Old Faithful** (Karte S. 868), das **Upper Geyser Basin** (Karte S. 868) und die Grand Prismatic Spring (S. 867). Die meisten Geysire säumen die nasse Lebensader des Beckens: den Firehole River, dessen Zuflüsse insgesamt 21 der 110 Wasserfälle im Park speisen. Der Firehole und der Madison River bieten auch hervorragende Möglichkeiten zum Fliegenfischen. Auf den Wiesen an ihren Ufern tummeln sich viele Wildtiere.

Old Faithful Visitor Education Center VISITOR CENTER
(Karte S. 868; ☎ 307-545-2751; Old Faithful; ⏲ Juni–Sept. 8–20 Uhr, Dez.–März 9–17 Uhr, Frühjahr & Herbst wechselnde Öffnungszeiten; 👪) 🍃 In dem umweltfreundlich gestalteten Zentrum dreht sich alles um Yellowstones geothermale Phänomene: Hier werden die Unterschiede zwischen Geysiren, heißen Quellen, Fumarolen und Schlammtöpfen erklärt. Besucher erfahren zudem, warum es im Mammoth Country keine Geysire gibt. Kinder freuen sich über die interaktiven Young Scientist Displays, unter denen auch eine funktionierende Geysir-Simulation ist. Vor Ort hängen auch die voraussichtlichen Eruptionszeiten von ein paar der bekanntesten Yellowstone-Geysire aus.

★ **Grand Prismatic Spring** HEISSE QUELLE
(Karte S. 868; Midway Geyser Basin) Mit 113 m Umfang und 37 m Tiefe ist die Grand Prismatic Spring die größte und tiefste heiße Quelle und nach der Ansicht von vielen auch die schönste thermale Erscheinung im Park. Plankenwege führen rund um den dampfenden, in vielen Farben schillernden Teich und seinen in allen Regenbogenfarben prunkenden Algenring. Von oben betrachtet, sieht die Quelle aus wie ein riesiges blaues Auge, das wundervolle, vielfarbige Tränen weint.

> ABSTECHER
>
> **PANORAMAFAHRT: DAS DACH DER ROCKIES**
>
> Je nach persönlicher Ansicht ist der **Beartooth Highway** (www.beartoothhighway.com; Hwy 212; ⏲ Ende Mai–Mitte Okt.) entweder die schönste Anfahrtsoption nach Yellowstone, die aufregendste Motorradroute der USA oder Amerikas malerischste Panoramastraße. Die schwindelerregende, kurvige Asphaltstrecke ist aber wohl all dies auf einmal. Hangaufwärts führt sie zu einer anderen Welt hoch oberhalb der Baumgrenze: einem hügeligen Plateau mit Bergtundra, Bergseen und Schneeziegen. Bei grandioser Aussicht kann man dort oben sehr gut angeln und buchstäblich atemberaubend wandern.

Mammoth Country

Das Mammoth Country ist bekannt für seine majestätischen geothermalen Terrassen und die mächtige Gallatin Range im Nordwesten.

Hauptanlaufpunkt für Besucher (und Wapitis) ist hier die Mammoth Junction (1902 m), die 5 Meilen (8 km) südlich vom North Entrance auf einem Plateau über dem Mammoth Campground liegt. Gleich südlich der Kreuzung findet man mit den Mammoth Hot Springs das geothermale Highlight dieses Parkbereichs. Von dort aus führen Straßen südwärts zum Norris Geyser Basin (21 Meilen/34 km) und nach Osten zur Tower-Roosevelt Junction (18 Meilen/29 km).

Tower-Roosevelt Country

In diesem abgeschiedenen, malerischen und unerschlossenen Parkbereich warten u.a. versteinerte Wälder. Durch das artenreiche **Lamar Valley** (Karte S. 868) fließen hier der Slough und der Pebble Creek mit Forellenbeständen. Ein weiteres Highlight ist die spektakuläre, schroffe Absaroka Range.

Canyon Country

Wanderwege führen zu einigen malerischen Aussichtspunkten an bzw. auf den Felsen, Steilhängen und Wasserfällen des Grand

Yellowstone National Park

Canyon of the Yellowstone. Hier gräbt der Fluss bis heute eine Schlucht durch ein uraltes, goldfarbenes Geysir-Becken – am eindrucksvollsten bei den **Lower Falls**. Entlang des South Rim Drive geht's zum **Artist Point** (Karte S. 868; South Rim Dr, Canyon), dem spektakulärsten Aussichtspunkt am Canyon. Über den **North Rim Drive** gelangt man zu den gewaltigen Felskanten an den Upper und Lower Falls.

Grand Canyon of the Yellowstone CANYON
(Karte S. 868) Ein absolutes Highlight des Parks lockt hier nahe des Canyon Village:

Yellowstone National Park

Highlights
1 Artist Point ... B3
2 Grand Prismatic Spring ... A5
3 Lamar Valley ... D2
4 Upper Geyser Basin ... A5

Sehenswertes
5 Albright Visitor Center ... A2
6 Grand Canyon of the Yellowstone ... C3
7 Old Faithful ... A5
Old Faithful Visitor Education Center ... (siehe 7)
8 Yellowstone National Park ... C4

Aktivitäten, Kurse & Touren
9 Bunsen Peak & Osprey Falls ... A2
10 Fairy Falls Trail & Twin Buttes ... A5
11 Lone Star Geyser Trail ... A5
12 Mt. Washburn ... C3
13 South Rim Trail & Ribbon Lake ... C3

Schlafen
14 Indian Creek Campground ... A2
15 Lake Yellowstone Hotel ... C4
16 Lewis Lake Campground ... B6
17 Madison Campground ... A4
18 Mammoth Campground ... B2
19 Norris Campground ... A3
Old Faithful Inn ... (siehe 7)
20 Pebble Creek Campground ... D2
21 Slough Creek Campground ... C2
22 Tower Fall Campground ... C2

Essen
Lake Yellowstone Hotel Dining Room ... (siehe 15)
Mammoth Hot Springs Dining Room ... (siehe 5)

Nach seinem ruhigen, schleifenförmigen Laufs nördlich des Yellowstone Lake stürzt der Yellowstone River plötzlich über die Upper Falls. Dann donnert er über die deutlich höheren Lower Falls und tobt schließlich durch die 300 m tiefe Schlucht. An deren Rand bieten malerische Aussichtspunkte und Wanderwege vielerlei tolle Perspektiven auf das farbenfrohe Naturschauspiel.

Lake Country

Der Yellowstone Lake (2357 m) ist das Herz des Lake Country. Er gehört zu den weltgrößten Bergseen und beheimatet Amerikas größten Inlandsbestand von Cutthroat-Forellen. Von seinem Nordende fließt der Yellowstone River durch das Hayden Valley in den Grand Canyon of the Yellowstone. Das Süd- bzw. Ostufer säumen die steile Absaroka Range und die unberührte Region Thorofare, die zu den wildesten und abgeschiedensten Landstrichen der „Lower 48" gehören. Diese Wasser-Wildnis mit Vulkanstränden erkundet man am besten per **Bootstour** (Karte S. 872; ☎307-734-9227; www.jennylakeboating.com; hin & zurück Erw./Kind 2–11 Jahre Shuttlefahrt 15/8 US$, Panoramafahrt 19/11 US$; ⊙Juni–Ende Sept. 7–19 Uhr) oder Seekajak.

Aktivitäten

★ Bunsen Peak & Osprey Falls WANDERN & TREKKEN, MOUNTAINBIKEN
(Karte S. 868) Zu Saisonbeginn ist der Bunsen Peak (2610 m) mit Traumaussicht in alle Himmelsrichtungen ein beliebtes Ziel für halbtägige Wanderungen. Die Route lässt sich optional zum anspruchsvolleren Tages-Trek erweitern. Hierzu steigt man an der flacheren Ostflanke des Bergs zur Bunsen Peak Rd hinab und klettert von dort aus den *tiiiieeeefen* (244 m) Abhang zum Fuß der wenig besuchten Osprey Falls hinunter.

Lone Star Geyser Trail WANDERN & TREKKEN, RADFAHREN
(Karte S. 868) Dieser leichte, befestigte Spazier- und Radweg entlang einer früheren Anliegerstraße eignet sich gut für Familien. Vorbei an Kiefern führt er zu einem der größten Geysire abseits von Yellowstones touristischen Hauptpfaden: Der abgeschiedene Lone Star bricht alle drei Stunden für zwei bis 30 Minuten aus. Seine Fontäne erreicht eine Höhe von 9 bis 14 m – ein Anblick, den man sich möglichst nicht entgehen lassen sollte.

Mt. Washburn WANDERN & TREKKEN, MOUNTAINBIKEN
(Karte S. 868; Tower-Roosevelt) Yellowstones beliebteste Wanderung (hin & zurück 10,3 km, 4 Std.) ist anstrengend: Vom Dunraven Pass führt sie hinauf zum Feuerwachturm auf dem Gipfel des Mt. Washburn. Dieser bietet einen Rundumblick auf den Park und die Dickhornschafe in der Umgebung. Alternativ lässt sich der Berg von Norden her per Fahrrad über die unbefestigte Chittenden Rd bezwingen. Achtung: Beide Routen sind oft bis Ende Juni wegen Schnees gesperrt.

Fairy Falls Trail & Twin Buttes WANDERN
(Karte S. 868) Ein beliebtes Wanderziel sind die Fairy Falls (60 m), die sich in der nord-

westlichen Ecke des Midway Geyser Basin verstecken. Hinter den Fairy Falls führt der Weg weiter zu einem versteckten Areal mit thermaler Aktivität zu Füßen der Twin Buttes. Die hiesigen Geysire sind nicht erschlossen, sodass man sie wahrscheinlich für sich allein hat – ganz anders als bei der von Besuchermassen umlagerten Grand Prismatic Spring (S. 867).

Schlafen

Im Park gibt's NPS- und private Campingplätze, Hütten, Lodges und Hotels. Reservierungen sind im Sommer unbedingt nötig, wo sie möglich sind. Viele Unterkünfte finden sich auch in den Zugangsorten Cody, Gardiner und West Yellowstone.

Die besten Budgetoptionen sind die sieben lokalen NPS-Campingplätze (jeweils reservierungsfrei): **Mammoth** (Karte S. 868; Mammoth; Stellplatz 20 US$; ganzjährig), **Tower Fall** (Karte S. 868; Tower-Roosevelt; Stellplatz 15 US$; Mitte Mai–Ende Sept.), **Indian Creek** (Karte S. 868; Mammoth; Stellplatz 15 US$; Anfang Juni–Mitte Sept.), **Pebble Creek** (Karte S. 868; Stellplatz 15 US$; Mitte Juni–Ende Sept.), **Slough Creek** (Karte S. 868; Tower-Roosevelt; Stellplatz 15 US$; Mitte Juni–Anfang Okt.), **Lewis Lake** (Karte S. 868; Südeingang; Stellplatz 15 US$; Mitte Juni–Okt.) und der Norris Campground (S. 870).

Xanterra (307-344-7311; www.yellowstonenationalparklodges.com) betreibt fünf weitere Campingplätze, die jeweils mit Reservierungsmöglichkeit, Kaltwasserbädern, Trinkwasser und WCs aufwarten. Der Platz Fishing Bridge bietet zusätzlich Wohnmobilstellplätze mit allen erforderlichen Anschlüssen.

Norris Campground CAMPING $
(Karte S. 868; Norris; Zeltplätze 20 US$; Mitte Mai–Sept.) In einem malerischen offenen Wäldchen aus Amerikanischen Strandkiefern liegt dieser Campingplatz, einer der schönsten im Park, auf einem sonnigen Hügel mit Blick auf den Gibbon River und die umliegenden Wiesen. Die Stellplätze werden nach dem Prinzip „Wer zuerst kommt, mahlt zuerst" vergeben, und die besten am Fluss sind schnell besetzt. Um 19.30 Uhr gibt's Gespräche am Lagerfeuer; Brennholz wird zwischen 19 und 20.30 Uhr verkauft. Die Stromgeneratoren dürfen von 8 bis 20 Uhr laufen.

Madison Campground CAMPING $
(Karte S. 868; 307-344-7311; www.yellowstonenationalparklodges.com; W Entrance Rd, Madison; Zeltplätze 26 US$; Mai–Okt.) Der Old Faithful und dem Westeingang am nächsten gelegene Campingplatz liegt über dem Madison River auf einer weiten Wiese in einem sonnigen, offenen Wald. Bisons und die größte Wapitiherde des Parks grasen oft auf den Wiesen weiter im Westen, sodass man prima Tiere beobachten kann. Der Platz ist auch ideal, wenn man im Madison River fliegenfischen will. Seinen Stellplatz sollte man vorab reservieren.

★ **Old Faithful Inn** HOTEL $$
(Karte S. 868; 307-344-7311; www.yellowstonenationalparklodges.com; Old Faithful; DZ mit Gemeinschaftsbad/eigenem Bad ab 167/288 US$, Zi. 368–437 US$; Anfang Mai–Anfang Okt.) Ein urtypisches Yellowstone-Erlebnis ist eine Übernachtung in diesem historischen Blockhaus mit meisterhafter Architektur. Allein die Lobby lohnt einen Besuch – und sei es nur, um am gigantischen Rhyolith-Kamin zu sitzen und dem Pianisten im Obergeschoss zu lauschen. Die günstigsten Old-House-Zimmer mit Holzwänden und originalen Waschbecken sind am stimmungsvollsten. Ihre Bäder liegen aber draußen am Korridor.

Lake Yellowstone Hotel HOTEL $$$
(Karte S. 868; 866-439-7375; www.yellowstonenationalparklodges.com; Hütte 209 US$, Sandpiper Lodge Zi. 305–341 US$, Hotel Zi. 277–632 US$; Mitte Mai–Anfang Okt.; @) Strahlend gelb dominiert dieses riesige Hotel aus der Kolonialzeit das Nordufer des Lake Yellowstone. Hoher Romantikfaktor trifft hier auf historisches Ambiente. Seit 1895 sind die Zimmer (damals 4 US$/Übernachtung) aber etwas teurer geworden. Die Quartiere am See kosten einen Aufpreis und sind am schnellsten ausgebucht, garantieren aber keine Aussicht aufs Wasser. Die kleinen Hütten verfügen jeweils über zwei Doppelbetten. Internetan-

DER SOUTH RIM TRAIL

Südöstlich vom South Rim des Yellowstone Canyon winden sich **Wanderwege** (Karte S. 868) durch Wiesen und Wälder. Die Pfade passieren auch ein paar kleine Seen wie den **Ribbon Lake**. Der South Rim Trail (9,7 km, 4 Std.) verbindet einige dieser Routen per Rundkurs miteinander und bietet dabei einen Traumblick auf den Grand Canyon of the Yellowstone (S. 868). Zudem führt er an mehreren Seen und sogar einem Thermalgebiet in der Wildnis vorbei.

DEN MASSEN ENTKOMMEN

Das Yellowstone-Wunderland zieht im Juli und August täglich bis zu 30 000 und im ganzen Jahr mehr als 4 Mio. Besucher an. Wenn man die folgenden Ratschläge beachtet, kann man dem schlimmsten Massenandrang entgehen:

Im Mai oder Oktober kommen! Dann stehen zwar weniger Service-Einrichtungen zur Verfügung, es sind aber auch viel weniger Besucher im Park unterwegs.

Eine Wanderung machen! 95 % aller Besucher setzen keinen Fuß auf einen Trail im Hinterland, und nur 1 % campen (Genehmigung erforderlich) auf einem Platz im Gelände.

Den Park per Rad erkunden! Auf den meisten Campingplätzen gibt es unausgelastete Stellplätze für Wanderer oder Radler, und mit dem Rad fährt man an jedem Stau vorbei.

Dem Beispiel der Wildtiere folgen! Die goldenen Stunden nach Sonnenaufgang und vor Sonnenuntergang ausnutzen!

Ein Lunchpaket einpacken! Einfach auf einem der vielen schönen, malerischen Picknickplätze im Park, die oft übersehen werden, essen.

Sich warm einpacken! In den Wintermonaten hat man einen Ausbruch des Old Faithful praktisch ganz für sich allein.

schluss (nur LAN) gibt's ausschließlich in den Zimmern im Hauptgebäude.

Essen

★ Mammoth Hot Springs Dining Room AMERIKANISCH $$
(Karte S. 868; Mammoth; Hauptgerichte abends 12–26 US$; ⌚ Mai–Mitte Sept. 6.30–10, 11.30–14.30 & 17–22 Uhr, Mitte Sept.–Ende Okt. bis 21 Uhr; 📶) Das elegante Lokal bietet ein paar Überraschungen: Beim vornehmen Abendessen gibt's hier beispielsweise leckeren Thai-Curry mit Miesmuscheln als Vorspeise. Darauf folgen vielleicht Hackbraten à la Montana oder Forelle mit Pistazien-Parmesan-Kruste. Zum Nachtisch empfiehlt sich die Yellowstone Caldera: eine warme Schokoladentorte mit Trüffeln und namensgemäß geschmolzener Mitte. Reservierung ist nur im Winter erforderlich.

Lake Yellowstone Hotel Dining Room AMERIKANISCH $$$
(Karte S. 868; ☎ 307-344-7311; www.yellowstonenationalparklodges.com; Lake Village; Hauptgerichte abends 16–37 US$; ⌚ Mitte Mai–Anfang Okt. 6.30–10, 11.30–14.30 & 17–22 Uhr; ✎) Wer stilvoll im Hausrestaurant des Lake Yellowstone Hotel speisen will, sollte sich unbedingt schick in Schale werfen. Mittags gibt's hier z. B. Forelle, Sandwiches und Salat mit pochierten Birnen. Abends (Reservierung erforderlich) wird dann mit Vorspeisen wie Hummer-Ravioli und Hauptgerichten wie Rinderlende, Wapiti-Kotelett, Wachteln oder Lammkarree auf Montana-Art noch etwas draufgelegt.

Praktische Informationen

Obwohl Yellowstone ganzjährig geöffnet ist, sind die meisten Parkstraßen im Winter gesperrt. Der Zugang (Wanderer/Kfz 15/30 US$; inkl. Grand Teton 50 US$) gilt jeweils für sieben Tage.

Albright Visitor Center (Karte S. 868; ☎ 307-344-2263; www.nps.gov/yell/planyourvisit/mammothvc.htm; Mammoth; ⌚ Mitte Juni–Aug. 8–18 Uhr, Sept.–Mitte Juni 9–17 Uhr) Hier gibt es den einzigen WLAN-Zugang im Park; in ganz Yellowstone ist der Handy-Empfang eingeschränkt.

An- & Weiterreise

Die meisten Yellowstone-Besucher fliegen nach Jackson (WY) oder Bozeman (MT). Über Billings (MT) ist die Anreise aber oft günstiger. Besucher brauchen ein eigenes Fahrzeug: Zum und im Nationalpark fahren keinerlei öffentliche Verkehrsmittel.

Grand Teton National Park

Die grandiose Teton Range fasziniert und inspiriert ihre Betrachter bzw. Besucher schon immer. Viele Bären, Elche und Wapitis bevölkern den hiesigen **Nationalpark** (Karte S. 872; ☎ 307-739-3300; www.nps.gov/grte; Zugang pro Auto/Motorrad 35/30 US$, Fußgänger & Radfahrer 20 US$), der auch eine zentrale Rolle in der Geschichte des amerikanischen Bergsteigens spielt.

Gletscher formten einst die etwa zwölf imposanten Gipfel rund um den einmaligen Grand Teton (4199 m). Das Massiv wirkt bereits von unten betrachtet einfach atem-

Grand Teton National Park

beraubend und zeigt sich beim Wandern umso herrlicher – dies gilt vor allem für die Sommermonate: Dann kann man im Grand-Teton National Park durch spektakuläre Schluchten mit duftenden Wäldern hinauf zu idyllischen Bergeseen inmitten von Wildblumen trekken.

Sehenswertes & Aktivitäten

Das fast 400 km lange **Wanderwegnetz** bietet Outdoor-Fans viel Auswahl. **Klettern** und **Angeln** sind hier ebenfalls möglich. Übernachtungen in der Wildnis erfordern aber eine Genehmigung (Backcountry Permit).

Grand Teton National Park

Highlights
1 National Museum of Wildlife Art B5

Sehenswertes
2 Grand Teton National Park B4
3 Mormon Row B4
4 National Elk Refuge B5
5 Oxbow Bend C3

Aktivitäten, Kurse & Touren
Adventure Sports ....(siehe 25)
6 Continental Divide Dogsled Adventures D3
7 Death Canyon Trail B4
8 Garnet Canyon B3
9 Jackson Hole Mountain Resort B4
Jackson Hole Paragliding ....(siehe 9)
10 Jenny Lake Boating B3
11 Snow King Resort D6

Schlafen
12 Antler Inn D5
13 Climbers' Ranch B4
14 Colter Bay Village B3
15 Jackson Lake Lodge C3
16 Jenny Lake Lodge B3
17 Modern Mountain Motel C5
18 Rusty Parrot Lodge & Spa C5
The Hostel ....(siehe 9)
19 Wort Hotel D5

Essen
Blue Heron Lounge ....(siehe 15)
Dornan's Chuckwagon ....(siehe 25)
Dornan's Trading Post ....(siehe 25)
20 Gun Barrel B5
Jenny Lake Lodge Dining Room...(siehe 16)
Mangy Moose Saloon ....(siehe 9)
21 Persephone D5
Pizza & Pasta Company ....(siehe 25)
22 Snake River Grill D5

Ausgehen & Nachtleben
23 Snake River Brewing Co D6
24 The Rose D5

Praktisches
25 Craig Thomas Discovery & Visitor Center B4

Skilanglauf und **Schneeschuhlaufen** sind die besten Optionen für winterliche Parkerkundungen. Broschüren mit detaillierten Routenvorschlägen gibt's beim Craig Thomas Discovery & Visitor Center.

Craig Thomas Discovery & Visitor Center TOURISTENINFORMATION
(Karte S. 872; ☎307-739-3399; www.nps.gov/grte/planyourvisit/ctdvc.htm; Teton Park Rd, Moose; ⏲Juni–Aug. 8–19 Uhr, März–Mai, Sept. & Okt. wechselnde Öffnungszeiten;) Das vorbildlich organisierte und gestaltete Visitor Center sollte bei einem Besuch hier immer die erste Anlaufstelle sein: Die Ranger helfen bei der Planung des Aufenthalts und stellen Campinggenehmigungen aus. Eine topografische Reliefkarte erleichtert einem die Orientierung vor Ort noch weiter. Zudem erläutern informative, interaktive und kindgerechte Ausstellungen alles Interessante am jeweiligen Ziel.

Mormon Row GEISTERSTADT
(Karte S. 872; Antelope Flats Rd; P) Die Geisterstadt ist das wohl beliebteste Fotomotiv im Park – aus gutem Grund: Die alten Holzscheunen, Häuser und Lattenzäune vor perfekt imposanter Teton-Kulisse sind der Inbegriff einer ländlichen Idylle. Errichtet wurden sie in den 1890er-Jahren von mormonischen Siedlern, die das fruchtbare Schwemmland bestellten und es mittels kilometerlanger, von Hand angelegter Gräben bewässerten.

Oxbow Bend FLUSS
(Karte S. 872; N Park Rd; P) Eine der malerischsten Stellen für Wildtierbeobachtungen im Grand Teton National Park ist der Oxbow Bend vor der hinreißenden Kulisse des sich im Wasser spiegelnden Mt. Moran. In der Morgen- und Abenddämmerung lassen sich die Elche, Wapitis, Kanadakraniche, Fischadler, Weißkopfseeadler, Trompeterschwäne, Kanadagänse, Kanadareiher und Nashornpelikane am besten beobachten. Der Flussarm entstand, als das schneller fließende Wasser des Flusses das Außenufer erodierte, während sich an der langsamer fließenden Innenseite Sedimente ablagerten.

Death Canyon Trail WANDERN & TREKKEN
(Karte S. 872) Eine der besten Wanderungen im Park – sowohl in puncto Herausforderung als auch bezüglich der Schönheit der Landschaft. Die Route führt zunächst hinauf zum Aussichtspunkt am Phelps Lake (1,6 km) und dann hinab zum Talboden, wo sie dem Death Canyon folgt.

Garnet Canyon WANDERN & TREKKEN, KLETTERN
(Karte S. 872) Hier beginnen die beliebtesten Klettertouren zum Middle, South und Grand Teton. Vor allem letzterer erfordert vorherige Routenkenntnis und solide Fähig-

keiten im technischen Klettern. Die 6,4 km lange Wanderung zum Startpunkt des Aufstiegs begeistert aber selbst Nicht-Kletterer.

Grand Teton Multiuse Bike Path RADFAHREN
(www.nps.gov/grte/planyourvisit/bike.htm; ⌚ Mai–Okt. Sonnenaufgang–Sonnenuntergang) Dieser Rad- und Multifunktionsweg eignet sich bestens für beschaulichere bzw. gemächlichere Touren durch den Park. Vom Jackson Visitor Center (S. 865) führt er über 32,2 km zur **Jenny Lake Ranger Station** (Karte S. 872; ☎ 307-739-3343; 407 Jenny Lake Campground Road, Moose, WY; ⌚ Juni–Aug. 8–17 Uhr). Wer eine kürzere Distanz bevorzugt, mietet bei **Dornan's** (Karte S. 872; ☎ 307-733-3307; www.dornans.com; ⌚ 9–18 Uhr) in Moose einen Drahtesel und fährt damit zum Jenny Lake (13 km).

Schlafen

★ Climbers' Ranch HÜTTEN $
(☎ 307-733-7271; www.americanalpineclub.org/grand-teton-climbers-ranch; End Highlands Rd; B 27 US$; ⌚ Juni–Sept.; P) Diese rustikalen Blockhütten des American Alpine Club dienten ursprünglich als Refugium für ernsthafte Kletterer. Heute stehen sie auch Wanderern offen, die genauso von der spektakulären Lage im Park profitieren. Vorhanden sind ein Sanitärhäuschen mit Duschen und ein geschützter Kochbereich mit abschließbaren Kühlfächern. Schlafsack und Kopfkissen müssen selbst mitgebracht werden (die Stockbetten sind ohne Bettzeug, dafür aber spottbillig).

Colter Bay Village HÜTTEN $$
(Karte S. 872; ☎ 307-543-3100; www.gtlc.com/lodges/colter-bay-village; Colter Bay; Zelthütte 76 US$, Hütte mit Bad 189–267 US$; ⌚ Zelthütten Juni–Anfang Sept., Hütten Ende Mai–Ende Sept.; P) Diese belebte Anlage ähnelt einem Dorf. Die komfortablen Blockhütten (teils historisch) sind hier die beste Wahl. Denn die spartanischen Zelthütten aus Holz und Leinwand versprühen den Charme eines sibirischen Gulags: Die Ausstattung besteht in diesem Fall jeweils nur aus kahlen Stockbetten, einem Holzofen, einem Picknicktisch, einem Freiluftgrill und einem externen Bad. Schlafsäcke können vor Ort ausgeliehen werden.

★ Jackson Lake Lodge LODGE $$$
(Karte S. 872; ☎ 307-543-3100; www.gtlc.com/lodges/jackson-lake-lodge; Jackson Lake Lodge Rd; Zi. & Hütte 339–459 US$, Suite 850 US$; ⌚ Mitte Mai–Anfang Okt.; P 📶 ❄ 🐾) Weiche Bettwäsche, riesige Panoramafenster mit Bergblick und lange, verschlungene Wanderwege machen die teuerste Lodge der Teton Range ideal für Romantiker. Am besten sind die Zimmer im Hauptgebäude und die abgeschiedenen Moose Pond View Cottages, die Veranden mit toller Aussicht haben. Die 348 normalen Hütten aus Betonziegeln wirken zumindest äußerlich überteuert: Sie bieten keine Aussicht und erinnern optisch an eine Barackensiedlung. Dank Renovierung ist ihr Inneres aber nun ganz nett.

★ Jenny Lake Lodge LODGE $$$
(Karte S. 872; ☎ 307-543-3100; www.gtlc.com/lodges/jenny-lake-lodge; Jenny Lake Scenic Dr; Hütte All-inclusive ab 542 US$; ⌚ Juni–Anfang Okt.; P) Gealtertes Holz, Daunendecken und bunte Steppdecken geben den eleganten Hütten dieser Lodge eine behagliche Atmosphäre. Darin wohnt es sich nicht gerade günstig. Das Signature-Stay-Pauschalangebot beinhaltet jedoch Frühstück, fünfgängiges Abendessen, Fahrradbenutzung und geführtes Reiten. An Regentagen können es sich Gäste im Hauptgebäude am offenen Kamin gemütlich machen, wobei Regale voller Gesellschaftsspiele und Bücher für Unterhaltung sorgen.

Essen

Pizza & Pasta Company PIZZA $
(Karte S. 872; ☎ 307-733-2415; www.dornans.com; Moose; Hauptgerichte 10–13 US$, Pizzas 9–17 US$; ⌚ ganzjährig 11.30–21.30 Uhr; 📶) Das Dachrestaurant des Resorts **Dornan's** (Karte S. 872; ☎ 307-733-2415; www.dornans.com; Moose; ⌚ 8–20 Uhr) gehört zu den wenigen eigenständigen Lokalen im Park und ist ideal für eine Pizza nebst Bier: Über den Snake River und den Menor's Ferry Historic District hinweg schaut man hier auf die mächtigen Tetons. Die Aussicht ist jedoch besser als das Essen und der mitunter lahme Service.

Blue Heron Lounge BAR, BARBECUE $$
(Karte S. 872; ☎ 307-543-2811; www.gtlc.com/dining/blue-heron-lounge-jackson-lake-lodge; Jackson Lake Lodge; Hauptgerichte 11–23 US$; ⌚ Mitte Mai–Sept. 11–24 Uhr) Die hübsche Eckbar des Blue Heron hat deckenhohe Fenster (beginnen auf Kniehöhe) und ist perfekt für Sundowner. Neben Drinks gibt's hier kleine Teller mit leckeren Wurstwaren und Salaten aus lokaler Produktion. Bei Schönwetter brutzelt zusätzlich Köstliches auf dem Freiluftgrill. Ab und zu ist auch Livemusik geboten.

Dornan's Chuckwagon BARBECUE $$
(Karte S. 872; ☎307-733-2415; www.dornans.com; Moose; Hauptgerichte morgens & mittags 8–20 US$, abends 9–35 US$; ⊙Juni–Aug. 7–11, 12–15 & 17–21 Uhr) Dieses Freiluft-Lokal ist bei Familien sehr beliebt (u.a. wegen der Rabatte für Kinder). Morgens gibt's hier Sauerteig-Pfannkuchen und Eier aus der Grillpfanne, mittags kleine Gerichte und Sandwiches. Abends garen dann Rindfleisch, Rippchen und Forelle in dampfenden Schmortöpfen; ergänzend eröffnet noch eine gewaltige Salattheke. Die Picknicktische bieten einen unvergleichlichen Blick auf den Grant Teton. Regelmäßige Livemusik (Di–Do 17.30–20.30 Uhr).

★ **Jenny Lake Lodge Dining Room** AMERIKANISCH $$$
(Karte S. 872; ☎307-543-3351; www.gtlc.com/dining/the-dining-room-at-jenny-lake-lodge; Jenny Lake Lodge; Gerichte mittags 12–18 US$, 5-gängiges Festpreismenü abends 98 US$; ⊙7.30–10, 11.30–13.30 & 18–21 Uhr) Mitten in der Teton Range lockt hier im herrlich behaglichen Ambiente ein möglicherweise einmaliges Erlebnis: der Genuss eines fünfgängigen Abendmenüs in der Wildnis (Reservierung erforderlich; schick anziehen!) – das ist zwar nicht gerade günstig, aber sein Geld vollauf wert. Morgens serviert das Lokal u.a. perfekte Eier Benedict mit Krabbenfleisch. Mittags können sich hungrige Wanderer z.B. Wapiti-Lende und Daikon-Salat mit Wassermelone schmecken lassen.

Praktische Informationen

Die Zugangsgenehmigungen für den Park (Fußgänger/Radfahrer/Kfz 20/30/35 US$) gelten jeweils sieben Tage.

An- & Weiterreise

Der Grand Teton National Park beginnt 4,5 Meilen (7,2 km) nördlich von Jackson und hat drei Eingänge: Am nächsten zur Stadt liegt der **Südeingang** (South Entrance; Karte S. 872; Teton Park Rd, Moose Village; ⊙wechselnde Öffnungszeiten) westlich der Moose Junction. Ab dem Teton Village führt die Moose-Wilson Rd (ca. 1 Meile/1,6 km) nordwärts zum **südwestlichen Eingang** (Southwest Entrance; Karte S. 872; Moose-Wilson Rd; ⊙wechselnde Öffnungszeiten). Und wer von Yellowstone aus Richtung Süden fährt, nimmt den **Nordeingang** (North Entrance; Karte S. 872; Hwy 287; ⊙wechselnde Öffnungszeiten), der 3 Meilen (4,8 km) innerhalb des Parks und gleich nördlich der Moran Junction an der US 89/191/287zu finden ist. Im Park selbst gibt's aktuell keine regelmäßigen Shuttle-Services. Diverse Privatfirmen in Jackson bieten aber geführte Touren an.

Der Jackson Hole Airport (S. 865) liegt innerhalb des Parks und bietet regelmäßige Flugverbindungen.

MONTANA

Willkommen im „Land des weiten Himmels", wo die Great Plains auf die Rocky Mountains treffen und fast alles möglich erscheint. Wildnis prägt ganz Montana. Dies gilt beispielsweise für die südlichen Täler, die sich vor Yellowstone bis zur Absaroka-Beartooth Wilderness erstrecken. Ebenso für die Bob Marshall Wilderness und die American Prairie Reserve. Und auch für das Herz des Bundesstaats, wo der Horizont oft endlos wirkt. In geringer Distanz zueinander warten die hippen Städte Missoula und Bozeman jeweils mit urbaner Atmosphäre, vielen Brauereikneipen, sehr guten Restaurants und immer mehr Spitzenküche auf. Montana beheimatet zudem das Little Bighorn Battlefield und als seine Hauptattraktion den Glacier National Park. Dessen glazial geformte Berglandschaft gehört zu Nordamerikas grandiosesten Gegenden.

Praktische Informationen

In ganz Montana gibt's kommunale Touristeninformationen. Die besseren davon befinden sich in **Bozeman** (☎406-586-5421; www.bozemancvb.com; 2000 Commerce Way; ⊙Mo–Fr 8–17 Uhr), **Billings** (☎800-735-2635, 406-252-4016; www.visitbillings.com; 815 S 27th St; ⊙Mo–Fr 8.30–17 Uhr), Helena (S. 878), **West Yellowstone** (☎406-646-7701; www.destinationyellowstone.com; 30 Yellowstone Ave; ⊙Mitte Mai–Aug. tgl. 8–20 Uhr, Sept.–Mitte Mai Mo–Fr 8–16 Uhr; 📶) und Missoula (S. 880).

Visit Montana (☎800-847-4868; www.visitmt.com) Montanas informative Tourismus-Website mit Karten, Online-Reiseführern und Routenvorschlägen.

Bozeman & Gallatin Valley

Bozeman ist so, wie all die früher hippen, heute überlaufenen Bergstädte in Colorado einst waren. Das lässige Rancher-Erbe alter Schule steht gegenüber den neuen West-Pionieren mit ihren Mountainbikes, Skiern und Klettergerätschaften noch im Vordergrund, aber das ändert sich schnell, denn Bozeman ist heute eine der am schnellsten wachsenden Städte Amerikas. Die historischen In-

KURZINFOS MONTANA

Spitzname Treasure State, Big Sky Country

Bevölkerung 1062000 Ew.

Fläche 380838 km²

Hauptstadt Helena (31400 Ew.)

Weitere Städte Billings (109600 Ew.), Missoula (73300 Ew.), Bozeman (46600 Ew.)

Verkaufssteuer Es gibt keine staatliche Verkaufssteuer.

Geburtsort von Filmstar Gary Cooper (1901–1961), dem Motorrad-Teufelskerl Evel Knievel (1938–2007), der Schauspielerin Michelle Williams (geb. 1980)

Heimat der Crow-, Blackfeet-, Chippewa-, Gros Ventre- und Salish-Indianer

Politische Ausrichtung Republikanische Rancher und Ölbarone übertreffen meist zahlenmäßig die demokratischen Studenten und progressiven Wähler in den linksgerichteten Städten Bozeman und Missoula.

Berühmt für Fliegenfischen, Cowboys und Grizzly-Bären

Interessante Tatsache Auf einigen Highways von Montana gab es bis in die 1990er-Jahre kein Tempolimit!

Entfernungen Bozeman–Denver 695 Meilen (1118 km), Missoula–Whitefish 133 Meilen (214 km)

nenstadtgebäude beherbergen nun viele Brauereikneipen und Boutiquen, haben aber ihren staubigen Charme behalten. In den umliegenden Bridger und Gallatin Mountains trifft man teils tagelang keine Menschen an.

Das bewaldete Gallatin Valley hinauf stehen zahllose Apartment- und Privatwohnhäuser unter dem weiten Himmel. Bridger Bowl wirkt dagegen so rückständig, dass man sich fragt, ob dort überhaupt noch jemand lebt. Kurz gesagt: Bozeman sollte man möglichst schnell besuchen, solange dies noch eine der coolsten unbekannten Städte in den Rockies ist.

Sehenswertes & Aktivitäten

★ Museum of the Rockies MUSEUM
(☎406-994-2251; www.museumoftherockies.org; 600 W Kagy Blvd; Erw./Kind 14,50/9,50 US$; ⏲ Juni–Aug. 8–18 Uhr, Sept.–Mai 9–17 Uhr) Unbedingt Montanas unterhaltsamstes Museum besuchen: Die hervorragenden Ausstellungen erklären u.a. die geologische Geschichte der Rockies. Unter den Dinosaurier-Exponaten sind der unglaublich stark bezahnte Kiefer eines Edmontosaurus, der größte T-Rex-Schädel der Welt und ein komplettes T-Rex-Skelett (mit nur wenig kleinerem Schädel). Interessant sind auch die Lasershows im Planetarium und der Living-History-Freiluftbereich (im Winter geschl.).

★ Bridger Bowl Ski Area WINTERSPORT
(☎406-587-2111; www.bridgerbowl.com; 15795 Bridger Canyon Rd; Liftpass Erw./Kind 64/25 US$; ⏲ Mitte Dez.–April) Im führenden gemeinnützigen Skigebiet der USA dreht sich alles nur um Wintersport und nicht um Gewinnmaximierung: Der kleine Hügel (810 ha) in Gemeindebesitz ist geprägt von passionierten Skifahrern, erschwinglichen Preisen und überraschend guten Pisten. Das Ganze liegt 16 Meilen (25,7 km) nördlich von Bozeman.

Big Sky Resort WINTERSPORT
(☎800-548-4486; www.bigskyresort.com; 50 Big Sky Resort Rd; Liftpass für Wintersportler/Radfahrer 142/46 US$) Nordamerikas viertgrößtes Skigebiet steht für Wintersport im ganz großen Stil: Vier Berge bieten hier eine befahrbare Gesamtfläche von 23,5 km² (60% davon für Fortgeschrittene bzw. Erfahrene), auf die pro Jahr über 10 m Pulverschnee fallen. Und wenn diese geschmolzen sind, fahren die Lifte hinauf zu einem mehr als 64 km langen Netz aus MTB-Trails und Wanderwegen. So lohnt sich ein Besuch auch im Sommer.

Explore Rentals OUTDOOR
(Phasmid; ☎406-922-0179; www.explore-rentals.com; 32 Dollar Dr; ⏲ Mo–Sa 9–17, So 10–16 Uhr) Man steigt aus dem Flugzeug, und ein Auto mit Gepäckträger, Wohnwagen, Koch-Set, Schlafsack, Rucksack, Zelt, Bärenspray und Angelausrüstung steht schon bereit für das geplante Outdoor-Abenteuer. Nur ein Traum? Vielleicht hat man aber auch nur einen Kocher vergessen. Explore hilft auch dann weiter, denn der Laden vermietet nahezu alles. Reservierungen sind unbedingt notwendig.

Schlafen

Die meisten großen Kettenmotels finden sich nördlich von Downtown Bozeman an der 7th Ave nahe der I-90, ein paar Budgetoptionen auch östlich der Downtown. Im Gallatin Valley in Richtung Big Sky gibt's viele Campingmöglichkeiten.

★ Howlers Inn B&B $$

(☎406-587-2050; www.howlersinn.com; 3185 Jackson Creek Rd; Zi. 135–180 US$, Hütte 225 US$; 📶) Wolfsfans aufgepasst: Rund 15 Minuten außerhalb von Bozeman schafft dieses B&B die finanzielle Basis für ein schönes Reservat (1,6 ha) mit geretteten Wölfen (in Gefangenschaft geboren). Am Rand des umzäunten, naturbelassenen Areals stehen ein Haupthaus mit drei großen Quartieren im Western-Stil und eine separate Remise mit zwei Schlafzimmern. Zwei Mindestübernachtungen von Mai bis Mitte Oktober.

The Lark MOTEL $$

(☎406-624-3070; www.larkbozeman.com; 122 W Main St; Zi. 130–270 US$; ❄📶) Mit fröhlichen Gelbtönen, flotten Zimmern und moderner grafischer Gestaltung lässt das hippe Lark seine frühere Existenz als schäbiges Motel weit hinter sich. Prima ist auch die Lage: Gäste erreichen die Bars und Restaurants im Stadtzentrum leicht zu Fuß.

★ Rainbow Ranch Lodge RESORT $$

(☎406-995-4132; www.rainbowranchbigsky.com; Hwy 191; Zi. 180–420 US$; 📶🐾) Das rustikale, aber ultraschicke Resort vermietet diverse exklusive Zimmer am Teich- und Flussufer. Die meisten Quartiere punkten mit Balkonen, offenen Kaminen aus Stein und Zugang zum romantischen Whirlpool im Freien. Bei weitem am stilvollsten sind die Varianten namens Pondside Luxury. Das Anwesen liegt 5 Meilen (8 km) südlich der Abzweigung zum Skigebiet Big Sky und 12 Meilen (19,3 km) nördlich vom Yellowstone National Park.

Essen & Ausgehen

Mit vielen Brauereien und einer munteren Livemusik-Szene bietet Bozeman jede Menge Spaß. Einen guten Konzert-Kalender gibt's auf der Website von Bozone (www.bozone.com).

★ Nova Cafe CAFÉ $

(☎406-587-3973; www.thenovacafe.com; 312 E Main St; Frühstück 7,50–13 US$, Hauptgerichte 10–14 US$; ⏰7–14 Uhr; 📶🖋) 🍃 Das Nova mit seiner modernen Retro-Atmosphäre ist bei Einheimischen sehr beliebt. Unter den hiesigen Highlights ist leckerer Reissalat mit Ingwer und Zitronengras. Die Sauce hollandaise schmeckt zwar etwas süßlich, aber ansonsten genauso hervorragend wie das restliche Angebot. Zudem bietet das Lokal eine spezielle Auswahl für Veganer. Am Eingang informiert eine interessante Landkarte über die Herkunft der einzelnen Zutaten.

★ Follow Yer' Nose BBQ BARBECUE $

(☎406-599-7302; www.followyernosebbq.com; 504 N Broadway; Hauptgerichte 10–20 US$; ⏰So–Di 14–20, Mi–Sa ab 12 Uhr) Das Follow Yer' Nose serviert ein paar von Montanas besten Grillgerichten – genauer: alle stark durchgegarten Klassiker aus dem Smoker (jeweils perfekt zubereitet). Deren Fans mussten sich jahrelang hinaus ins ländliche Paradise Valley begeben. Doch das ist vorbei: Der Laden betreibt nun diesen ganzjährig geöffneten Ableger direkt neben der **Bozeman Brewing Company** (☎406-585-9142; www.bozemanbrewing.com; 504 N Broadway; ⏰Mo–Do, Sa & So 14–20, Fr ab 12 Uhr).

★ Montana Ale Works KNEIPE

(☎406-587-7700; www.montanaaleworks.com; 611 E Main St; ⏰16 Uhr–open end) Die verlässlich gute Restaurantkneipe befindet sich in einem früheren Frachtlager der Northern Pacific Railway. In dessen schickem Industrie-Ambiente gibt's hier äußerst leckeres Essen (Hauptgerichte 11–26) zu 30 Craft-Bier-Sorten vom Fass (darunter das einheimische Bozones). Das Personal serviert Gästen auch gern Kostproben von allen angebotenen Gerstensäften. Für Unterhaltung sorgen Pooltische und Gelegenheiten zum Leutebeobachten.

★ Rockford Coffee Roasters CAFÉ

(☎406-556-1053; www.rockfordcoffee.com; 18 E Main St; ⏰Mo–Fr 6.30–19, Sa & So ab 7.30 Uhr) In Bozemans bestem und coolstem Café hängen Künstler und andere Kreative ab. Im noblen, aber zwanglosen Ambiete mit hohen Decken und freiliegendem Backstein gibt's hier hervorragende Koffeingetränke.

Bozeman Taproom & Fill Station BIERGARTEN

(☎406-577-2337; www.bozemantaproom.com; 101 N Rouse Ave; ⏰So–Do 11–24, Fr & Sa bis 1 Uhr) Das Lokal mit Freiluft-Biergarten auf dem Dach gehört zu Bozemans coolsten Gerstensaftquellen: Aus 75 Zapfhähnen laufen hier 44 Sorten vom Fass. Diese lassen sich beliebig zu individuellen Probiergedecken kombinieren und auch in mitnehmbare Krüge abfüllen. Hungrige Gäste können sich nebenbei an Hotdogs und Sandwiches laben.

An- & Weiterreise

Bozeman Yellowstone International Airport (BZN; ☎406-388-8321; www.bozemanairport.com; 850 Gallatin Field Rd) Rund 8 Meilen (13 km) nordwestlich vom Zentrum besteht hier Verbindung zu den meisten US-Großflughäfen (u. a. Atlanta, NYC, Chicago, Denver, Seattle, Dallas, Salt Lake City, San Francisco, Minneapolis).

Jefferson Lines (☎612-499-3468; www.jeffersonlines.com; 1500 North 7th Ave; ⏲12–17 Uhr) Benutzt eine unbeschilderte Bushaltstelle, die nahe dem Gartencenter auf der Südseite des Super Walmart liegt und auch Anschluss zu Greyhound-Linien bietet. Von 12 bis 17 Uhr parkt in der Nähe ein auffälliges Firmenauto von Jefferson, bei dem man Tickets kaufen und Gepäck einchecken kann. Das Unternehmen bedient u. a. Missoula (ab 55 US$, 3½ Std.), Billings (ab 42 US$, 2¼ Std.) und Denver (ab 149 US$, 14¾ Std.).

Billings

Es ist kaum zu glauben, dass das ruhige Billings die größte Stadt Montanas ist. Das freundliche Öl- und Viehzuchtzentrum ist mit Sicherheit keine Pflichtattraktion, eignet sich aber gut für einen Zwischenstopp mit ordentlicher Übernachtung oder als Anreisepunkt zum Yellowstone National Park über den atemberaubenden Beartooth Hwy.

Für Geschichtsfans lohnen sich Abstecher zum Pompey's Pillar National Monument und zum weiter entfernten Little Bighorn Battlefield National Monument. Wer den modernen Westen bevorzugt, wird wahrscheinlich den etwas rauen Charme des Stadtzentrums mögen.

Schlafen

Die meisten örtlichen Kettenmotels konzentrieren sich außerhalb von Billings auf die Ausfahrt 446 der I-90. Alternativ gibt's im Zentrum ein paar eigenständige Unterkünfte (teils hervorragend, teils mittelmäßig).

Dude Rancher Lodge MOTEL $
(☎406-545-6331; www.duderancherlodge.com; 415 N 29th St; DZ ab 75 US$; ❄@📶🐾) Das historische Motel wirkt im Zentrum etwas deplatziert, ist aber ganz gut in Schuss: Etwa 50 % der Zimmer wurden anständig renoviert. Westernmäßige Stilelemente wie Nut-Feder-Holzwände und Teppiche mit Viehbrandzeichen geben dem Ganzen eine einladende Rustikalität. Einheimische frühstücken gern im angeschlossenen Diner.

Northern Hotel HOTEL $$
(☎406-867-6767; www.northernhotel.com; 19 N Broadway; Zi./Suite 165/215 US$; ❄📶) Das Northern kombiniert historische Eleganz mit flotten und modernen Einrichtungen, die deutlich über normalem Business-Hotelniveau rangieren. Das dazugehörige Diner aus den 1950er-Jahren serviert Frühstück und Mittagessen.

Essen & Ausgehen

McCormick Cafe FRÜHSTÜCK $
(☎406-255-9555; www.mccormickcafe.com; 2419 Montana Ave; Frühstück 6–10 US$, Gerichte 9–12 US$; ⏲Mo–Fr 7–14, Sa & So ab 8 Uhr; 📶) Das beliebte und belebte McCormick im Zentrum war ursprünglich ein Internetcafé. Serviert werden hier Espresso, Frühstücksmüsli, gute Sandwiches und Crêpes im französischen Stil.

★ **Walkers Grill** AMERIKANISCH $$
(☎406-245-9291; www.walkersgrill.com; 2700 1st Ave N; Tapas 8–14 US$, Hauptgerichte 16–34 US$; ⏲Mo–Do 16–22, Fr bis 22.30, Sa 17–22.30, So bis 22 Uhr) Das elegante Nobelrestaurant mit großen Fenstern und Livejazz (für Details s. Website) würde auch gut nach Manhattan passen – wo die Lampen aus Stacheldraht aber wahrscheinlich wegfallen würden, oder vielleicht auch nicht. Zu stets aromatischen, saisonal wechselnden Speisen (gute Grillgerichte, leckere Tapas am Tresen) gibt's hier Cocktails, die von kompetenten Barkeepern gemixt werden.

Überbrew KLEINBRAUEREI
(☎406-534-6960; www.facebook.com/uberbrew; 2305 Montana Ave; ⏲11–21 Uhr, Bier bis 20 Uhr) Die gepflegteste unter dem halben Dutzend Kleinbrauereien in Billings produziert preisgekrönte Biere, die deutlich besser sind als die der Konkurrenz. Auch das Essen ist nicht schlecht: Zur in Bier marinierten Bockwurst trinkt man am besten ein White-Noise-Hefeweizen, das sich dreimal so gut verkauft wie die anderen Fassbiere.

An- & Weiterreise

Gleich abseits der I-90 liegt das Zentrum von Billings in einem breiten Tal, durch das der Yellowstone River strömt.

Helena

Beim Vorbeifahren auf der Interstate kann man das winzige Helena leicht übersehen –

was aber sehr schade wäre: Jenseits des tristen, zweckgeprägten Geschäfts- bzw. Gewerbebezirks liegen Last Chance Gulch und Old Helena. Dort strahlen imposante (Back-)Steingebäude mit vielen Bogen und Winkeln eine entschlossene Dauerhaftigkeit aus. Der historische Kern macht den wahren Charme der Stadt aus, während der verstreute moderne Teil recht langweilig wirkt.

Aktivitäten

★ The Trail Rider OUTDOOR

(☎ 406-449-2107; www.bikehelena.com/trail-rider; Ecke Broadway & Last Chance Gulch; ⌚ Ende Mai–Sept. Mi–So) In den Sommermonaten bringt ein eigens eingerichteter Stadtbus mit Fahrradanhänger Mountainbiker und Radfahrer zu einem von drei Startpunkten, von denen aus man auf einem langen Single Trail zurück in die Stadt radeln kann. Zu den Zielen gehören der Mt. Helena Ridge Trail, die Mt. Ascension Trails und der Continental Divide Trail am MacDonald Pass.

Schlafen

Sanders B&B $$

(☎ 406-442-3309; www.sandersbb.com; 328 N Ewing St; Zi. 150–175 US$; ❄ 📶) Das im alten Villenviertel gelegene historische B&B gehörte einst Wilbur Sanders, einem Rechtsanwalt in der Grenzregion und der erste Senator von Montana. Heute gibt es hier sieben elegante Gästezimmer, einen wunderbaren alten Salon und eine luftige Veranda vorne. Die Zimmer sind jeweils verschieden und durchdacht dekoriert. Geführt wird das Haus von einem Verwandten der Artistenfamilie Ringling; es ist mit entsprechenden Andenken ausstaffiert.

Essen & Ausgehen

★ General Mercantile KAFFEE

(☎ 406-442-6028; www.generalmerc.com; 413 N Last Chance Gulch; ⌚ Mo–Fr 8–17.30, Sa 9–17, So 11–16 Uhr; 📶) Man muss sich durch alle mögliche, hier zum Kauf angebotene Montana-

ABSTECHER

CUSTERS LETZTES GEFECHT

Der interessanteste Abstecher von Billings aus führt zum **Little Bighorn Battlefield National Monument** (☎ 406-638-2621; www.nps.gov/libi; 756 Battlefield Tour Rd; 25 US$/Auto; ⌚ Juni–Sept. 8–20, Okt.–Mai bis 16.30 Uhr), das 65 Meilen (105 km) außerhalb der Stadt im trockenen Tiefland der Crow (Apsaalooke) Indian Reservation liegt. Die Stätte markiert den Schauplatz einer der bekanntesten Schlachten der US-Ureinwohner: Hier erlebte General George Custer sein berühmtes „letztes Gefecht“ (Custer's Last Stand), bei dem er von den vereinten Cheyenne und Lakota-Sioux bezwungen wurde. Gleichzeitig war dies aber auch der letzte militärische Sieg der indigenen Amerikaner: Die US-Regierung übte schon bald darauf Vergeltung und brachte die Gegend innerhalb von zehn Jahren unter ihre Kontrolle.

Custer und seine 272 Soldaten hatten sich einmal zu viel mit den regionalen Stämmen angelegt. Daraufhin wurden sie bei Little Bighorn von einer indigenen Übermacht unter den Lakota-Sioux-Häuptlingen Crazy Horse und Sitting Bull umzingelt. Beim folgenden Massaker am 25. und 26. Juni 1876 erlitten die US-Truppen vernichtende Verluste. Das örtliche Visitor Center dokumentiert dieses oft dargestellte Ereignis u. a. mit einem hervorragenden Video.

Durch die Stätte führt eine 5 Meilen (8 km) lange Straße mit vielen Haltebuchten. An diesen erwecken Infotafeln die Schlacht zum Leben (u. a. mit Originalzitaten aus Regierungs- und indigenen Quellen). In Sichtweite zur Straße kennzeichnen überall weiße Grabsteine die Todesorte von gefallenen Soldaten auf den Feldern und in den Tälern. Nahe dem Last Stand Hill (höchster Punkt des Schlachtfelds) ehrt das faszinierende Indian Memorial die lokale Geschichte der Sioux und Cheyenne. Im Sommer veranstaltet **Apsaalooke Tours** (☎ 406-679-2790; www.crow-nsn.gov/apsaalooke-tours.html; Erw./Kind 10/5 US$; ⌚ Führungen Memorial Day–Labor Day 10, 11, 12, 14 & 15 Uhr) vor Ort Führungen unter der Leitung von Stammesangehörigen der Crow bzw. Apsaalooke.

Der Eingang zur Stätte liegt 1 Meile (1,6 km) östlich der I-90 an der US 212. In der Nähe (ca. 6 Meilen/9,7 km westlich von Hardin) stellt das **Custer's Last Stand Reenactment** (www.littlebighornreenactment.com; Little Bighorn National Monument; Erw./Kind 20/10 US$; ⌚ letztes Wochenende im Juni) die Schlacht jedes Jahr lautstark nach.

Ware – Kolibri-Futterhäuschen, Postkarten und hausgemachte Marmelade – hindurchwinden, um zum vielleicht besten Kaffee im Universum vorzudringen. Mit seinem Espresso kann man sich in eine ruhige Nische setzen und darüber nachdenken, wie man wohl mit einem Meerjungfrau-Schwanz oder einem Kraken-Schnurrbart aussehen würde – beides wird hier auch zum Kauf angeboten.

Praktische Informationen

Helena Visitor Center (406-442-4120; www.helenamt.com; 225 Cruse Ave; Mo–Fr 8–17 Uhr) Lokalinfos.

Montana Fish, Wildlife & Parks (406-444-2535; http://fwp.mt.gov; 1420 E 6th Ave)

Montana Outfitters & Guides Association (406-449-3578; www.montanaoutfitters.org; 5 Microwave Hill Rd, Montana City) Dachverband der regionalen Outdoor-Anbieter bzw. -ausrüster und Tourguides; informiert u.a. über Angel- und Jagdmöglichkeiten oder Ferien-Ranches in der Umgebung.

An- & Weiterreise

Helena Regional Airport (HNL; 406-442-2821; www.helenaairport.com; 2850 Mercer Loop) Liegt 2 Meilen (3,2 km) nördlich von Helenas Zentrum und bietet Verbindung zu diversen regionalen Großstädten (u.a. Salt Lake City, Seattle, Denver, Minneapolis). Eine 12 Mio. US$ teure Erweiterung des Flughafens wurde 2020 abgeschlossen.

Salt Lake Express (www.saltlakeexpress.com; 1415 N Montana Ave) Schickt Busse südwärts nach Butte (29,25 US$, 1¼ Std.), wo Anschluss zum Greyhound-Routennetz besteht.

Missoula

Auf Reiseplänen von Travellern gehört Missoula regelmäßig zu den beliebtesten US-Kleinstädten. Kein Wunder: Das Zentrum mit niedrigen Gebäuden lässt sich leicht zu Fuß erkunden; am Fluss führen viele Spazierwege am Fluss entlang. Die Studenten der örtlichen University of Montana sorgen für eine sehr muntere Atmosphäre auf den Straßen. Zudem sind die Einheimischen spürbar stolz auf ihre Stadt und halten sich gern an der frischen Luft auf. So sitzen sie im Sommer lieber draußen als drinnen und nutzen für Nachmittagsausflüge oft das lange Wegenetz, das sich durch Missoula und Umgebung zieht. Außerdem gibt's hier dann auch fast andauernd Bauernmärkte, Konzerte im Park, Freiluftkino und ähnliche gesellige Events. Der kurvige Clark Fork River ist im Stadtbereich bei Stehpaddlern beliebt und weiter flussabwärts bei Fliegenfischern. Kurz: Insgesamt ist dies eine der sympathischsten Städte im Westen der USA.

Sehenswertes & Aktivitäten

★ Garnet Ghost Town — GEISTERSTADT

(406-329-3914; www.garnetghosttown.org; Bear Gulch Rd; Erw./Kind 3 US$/frei; Juni–Sept. 9.30–16.30 Uhr;) Das stimmungsvolle Garnet wurde im späten 19. Jh. gegründet und bereits in den 1930er-Jahren wieder komplett aufgegeben. Über ein Dutzend Gebäude im Zustand des „angehaltenen Verfalls“ versetzen einen hier zurück in die Zeit des Goldrauschs, während der noch weitere Siedlungen in Amerika fast über Nacht entstanden und genauso schnell wieder verschwanden. Rund 40 Meilen (64,4 km) östlich von Missoula führen unbefestigte Waldstraßen von der Missoula–Butte Road (90) zur Stätte. Die Abzweigung ist beschildert; auf der Website gibt's eine detaillierte Wegbeschreibung. Führungen lassen sich vorab per Telefon arrangieren.

Smokejumper Visitor Center — MUSEUM

(406-329-4934; www.fs.fed.us/science-technology/fire/smokejumpers/missoula/center; 5765 West Broadway; Juni–Aug. 8.30–17 Uhr, Führungen 10, 11, 13, 14, 15 & 16 Uhr) GRATIS Dieses Visitor Center befindet sich auf einer aktiven Basis für Feuerwehr-Fallschirmspringer. Es würdigt die immer gefährlicher werdende Arbeit der heroischen Waldbrand-Bekämpfer(innen) mit nachdenklich stimmenden Ausstellungen. Hauptattraktion sind aber die Führungen (45–60 Min.) durch die Einrichtung, in der die Feuerwehrleute leben, trainieren und ihre eigenen Fallschirme nähen. Für einen literarischen Eindruck von ihrem riskanten Job empfiehlt sich der Roman *Junge Männer im Feuer* (1993; Norman MacLean).

A Carousel for Missoula — KARUSSELL, SPIELPLATZ

(406-549-8382; www.carouselformissoula.com; 101 Carousel Dr, Caras Park; Erw./Kind 2,25/0,75 US$; Sept.–Mai 11–17.30 Uhr, Juni–Aug. bis 19 Uhr;) Die Holzpferde des klassischen Karussells im Caras Park wurden von einheimischen Künstlern von Hand geschnitzt und individuell bemalt. So haben sie jeweils eine eigene Geschichte zu erzählen. Das wahre Highlight ist aber die Story im Hintergrund – genauer: wie der Traum eines Mannes eine ganze Gemeinde vereint hat, um ein nostalgisches Stück Innenstadt zu restaurieren. Das Karussell teilt sich ein Gelände mit dem fantasievollen Märchen-Spielplatz Dragon Hollow.

Mount Sentinel WANDERN

(Campus Dr) Ein steiler Serpentinenweg führt hinter dem Football-Stadion der University of Montana hinauf zu einem weißgetünchten, kilometerweit sichtbaren „M" aus Beton auf dem Gipfel des 1572 m hohen Mt. Sentinel. Es lohnt sich, an einem warmen Sommerabend hinaufzuklettern und den herrlichen Blick auf die von vielen geliebte Stadt und ihre spektakuläre Umgebung zu werfen.

Der Startpunkt befindet sich im Phyllis Washington Park am Ostrand des Campus.

Schlafen & Essen

★ **Shady Spruce Hostel** HOSTEL $

(☎406-285-1197; www.shadysprucehostel.com; 204 E Spruce St; B 35–40 US$, EZ/Suite 55/85 US$; ❄📶) Die Hostel-Renaissance in den USA ist eine tolle Sache. Und das große, saubere und helle Shady Spruce ist wiederum ein würdiger Vertreter dieses Trends. Das umgebaute Haus wurde vor ein paar Jahren eröffnet und hält seinen Standard bis heute. Wer nicht zur einen Block entfernten Innenstadt laufen will, kann hier auch Fahrräder ausleihen.

Goldsmith's B&B B&B $$

(☎406-728-1585; www.missoulabedandbreakfast.com; 809 E Front St; Zi. 160–210 US$; ❄📶🐾) Bevor dieses einladende Gebäude in zwei riesigen Stücken ans Flussufer versetzt und zu einem einladenden B&B wurde, befand sich hier eine Studentenverbindung und zuvor diente es als Sitz des Präsidenten der University of Montana. Die modern-viktorianischen Zimmer sind alle komfortabel, aber besonders gut gefällt uns die Greenough Suite mit Schreibtisch und einer privaten Terrasse mit Blick auf den Fluss.

★ **Market on Front** CAFÉ $

(☎406-541-0246; www.marketonfront.com; 201 E Front St; Hauptgerichte 5–10 US$; ⏲Mo–Fr & So 8–19, Sa bis 20 Uhr; 📶) 🍃 Das zwanglose, coole Café ist rundum reizvoll: Hier gibt's Gratis-WLAN, freundliches Personal und viele Fenster, dank derer man sich drinnen fast im Freien wähnt. Neben köstlichen Sandwiches (frisch belegt) und üppigen Frühstücksschalen umfasst das Essensangebot auch leckeren Picknick-Proviant (u.a. Bio-Schokolade) zum Mitnehmen – am besten kombiniert mit den regionalen Tees und Biersorten.

★ **Pearl Cafe** FRANZÖSISCH $$$

(☎406-541-0231; http://pearlcafe.us; 231 E Front St; Hauptgerichte 23–38 US$; ⏲Mo–Sa 17–21 Uhr) Unser kulinarisches Highlight in Missoula kombiniert französische Landküche mit Elementen im Stil des US-Westens. Von den Ergebnissen empfehlen sich beispielsweise die Garnelen mit Walnüssen und Kräutern oder der gegrillte Lachs mit Senfbutter. Wer's traditionell mag, kann hier aber auch klassisches Filet mignon bestellen. Der Service ist kompetent; die Atmosphäre wirkt nobel, aber nicht zu formell. Trotzdem: Schick anziehen!

Ausgehen & Nachtleben

Für seine Größe hat Missoula eine überrschend hochkarätige Livemusik-Szene. Im Zentrum findet man zwanglose Brauereikneipen und Brennereien genauso wie traditionelle Bars mit Profi-Personal.

★ **Top Hat Lounge** LOUNGE

(☎406-830-4640; www.tophatlounge.com; 134 W Front St; ⏲Mo–Do 11–22, Fr & Sa bis 2 Uhr) Einer von Montanas besten Livemusik-Läden: In der schummrigen Lounge legt Missoula richtig los. An den meisten Wochenenden finden hier Konzerte statt. Der Bühnenraum bietet genug Platz zum Tanzen. Gleichzeitig ist er so klein, dass man meint, die Band spiele nur für einen allein.

★ **Liquid Planet** CAFÉ

(☎406-541-4541; www.liquidplanet.com; 223 N Higgins; ⏲7.30–21 Uhr; 📶) 🍃 Missoula liebt gute Getränke schon immer. So überraschte es kaum, dass ein Uni-Professor hier im Jahr 2003 diesen nachhaltig ausgerichteten Mix aus Café, Rösterei und Getränkeladen eröffnete. Das Angebot umfasst neben erlesenen Weinen und Craft-Bieren auch Sportdrinks, offenen Tee und Kaffeebohnen zum Selbermahlen (mit handgeschriebenen Herkunftsnachweisen).

Praktische Informationen

Missoula Visitor Center (☎800-526-3465; www.destinationmissoula.org; 101 E Main St; ⏲Mo–Fr 8–17 Uhr) Destination Missoula betreibt im Stadtzentrum dieses kleine Büro (keine Anmeldung erforderl.) mit nützlicher Website.

An- & Weiterreise

Missoula International Airport (MSO; ☎406-728-4381; www.flymissoula.com; 5225 Hwy 10 W) Rund 5 Meilen (8 km) westlich von Missoula gibt's hier u. a. Linienflüge nach Salt Lake City, Denver, Phoenix, L. A., San Francisco, Portland, Seattle und Minneapolis – ergänzt durch saisonale Verbindungen nach Atlanta und Chicago.

Greyhound (☎406-549-2339; www.greyhound.com; 1660 W Broadway) Bedient den Großteil des Bundesstaats und hält 1 Meile (1,6 km) westlich der Stadt an einem firmeneigenen Busbahnhof. Von dort aus geht's z. B. nach Bozeman (ab 52 US$, 3½ Std.), Denver (ab 164 US$, 17¼ Std.), Portland (ab 78 US$, 9½ Std.) und Seattle (ab 83 US$, ca. 10 Std.)

Whitefish

Das winzige Whitefisch scheint sich momentan vom entspannten, outdoor-orientierten Bergstädtchen zur pelzgefütterten Schickeria-Spielwiese zu entwickeln. Ganz so weit ist es glücklicherweise aber noch nicht. Dennoch wirkt diese charismatische, koffeingetränkte New-West-Stadt bereits verdächtig vornehm. Hier gibt's hübsche Restaurants, einen historischen Bahnhof und ein unterschätztes Skigebiet. Hinzu kommt ein schnell wachsendes Wegenetz mit sehr guten Möglichkeiten zum Wandern und Radeln. Die Einheimischen sind nach wie vor entschieden bodenständig: Sie messen ihren Reichtum nicht in Geld, sondern in der Zahl verbrachter Ski- und Outdoor-Tage. Ein Besuch von Whitefish lohnt sich – am besten, solange ein Besuch noch erschwinglich ist.

Aktivitäten

Whitefish Legacy Partners WANDERN & TREKKEN
(☎406-862-3880; www.whitefishlegacy.org; 525 Railway St; ⏲wechselnde Öffnungszeiten) Das wachsende Wegenetz rund um Whitefish ist ideal zum Wandern und Mountainbiken. Die treibende Kraft hinter dem Ausbau ist die Organisation Whitefish Legacy Partners, die u. a. mit geführten Themenwanderungen zu Wildblumen, Bären und giftigen Pflanzen für das Projekt wirbt. Dieses zielt primär auf Einheimische ab, heißt aber jedermann willkommen.

Whitefish Mountain Resort WINTERSPORT, MOUNTAINBIKEN
(☎406-862-2900; www.skiwhitefish.com; Big Mountain Rd; Liftpass für Skifahrer/Radfahrer 81/41 US$) Das große Whitefish Mountain Resort (früher Big Mountain) ist ein traditionelles Skigebiet mit entspannter Atmosphäre. Familien fühlen sich hier genauso pudelwohl wie erfahrene Skiläufer und Snowboarder: Abseits der normalen Pisten locken extrem anspruchsvolle Baumhänge der Kategorie Double Black Diamond (teilweise nur zu Fuß erreichbar). Der Berg ist für Nebelwetter bekannt; an klaren Tagen bietet sein Gipfel aber eine unvergleichliche Aussicht. Wenn frischer Pulverschnee fällt, lassen Einheimische ihre normalen Alltagsjobs links liegen und präparieren die örtlichen Abfahrten.

Schlafen

★ **Whitefish Bike Retreat** HOSTEL $
(☎406-260-0274; www.whitefishbikeretreat.com; 855 Beaver Lake Rd; Stellplatz Zelt/B/Zi. 40/50/110 US$; ❄📶) Pflicht für Zweirad-Enthusiasten: Der passionierte Outdoor-Fan Cricket Butler leitet diesen bewaldeten Komplex, der eine Ode an das Radfahren ist. Das große Haus mit poliertem Holz beherbergt neben Schlafsälen mit Stockbetten auch Privatzimmer und einen Gemeinschaftsbereich. In letzterem lässt es sich prima abhängen, wenn man nicht gerade über die Wege auf dem Gelände flitzt oder den großartigen Whitefish Trail in der Nähe erkundet. Hardcore-Radler können von der Stadt aus hierher strampeln.

Firebrand BOUTIQUEHOTEL $$
(☎406-863-1900; www.firebrandhotel.com; 650 E 3rd St; Zi. ab 140 US$; ❄@📶) Der schmucke Backsteinbau ist das bei weitem attraktivste Hotel im Zentrum und hat definitiv Klasse. Die großen Zimmer sind ungemein komfortabel. Zudem gibt's hier ein Spa, ein Fitnessstudio, ein Hausrestaurant mit Bar und einen Whirlpool auf dem Dach.

Lodge at Whitefish Lake RESORT $$$
(☎406-863-4000; www.lodgeatwhitefishlake.com; 1380 Wisconsin Ave; Zi. ab 285 US$; ❄📶🏊) Die rundum elegante und kultivierte Lodge wird immer wieder unter Montanas beste Luxushotels gewählt. Die Unterkunftspalette auf dem weitläufigen Gelände reicht von Standardzimmern bis hin zu Apartments mit allem Drum und Dran. Alle Quartiere punkten jedoch mit klassischem Nobel-Dekor und sehr viel Komfort. Das Hausrestaurant am Seeufer und die Tiki-Bar am Pool sind jeweils hervorragend zum Genießen des Sonnenuntergangs geeignet.

Essen & Ausgehen

Loula's CAFÉ $
(☎ 406-862-5614; www.whitefishrestaurant.com; 300 E 2nd St; Frühstück 7–12 US$, Hauptgerichte mittags 8–13 US$, abends 10–20 US$; ⊙ Mo–So 7–14, Do–So auch 17–21.30 Uhr; ☎) Das Untergeschoss eines 100 Jahre alten Freimaurertempels beherbergt dieses belebte Café mit einheimischer Kunst an den Wänden und kulinarischen Meistern in der Küche. Zum Frühstück empfehlen sich hier die Eier Benedict mit Trüffeln und vor allem die köstlichen Armen Ritter, die mit Zitronencreme gefüllt und üppig mit Himbeersauce begossen sind. Später serviert das Lokal u. a. Burger, Salate, schwarz angebratenen Wildlachs und Blätterteigpastete mit Hühnerfleisch.

★ **Spotted Bear Spirits** BRENNEREI
(☎ 406-730-2436; www.spottedbearspirits.com; 503 Railway St, Suite A; ⊙ 12–20 Uhr; ☎) Diese Brennerei kombiniert ihre preisgekrönten Spirituosen (Wodka, Gin, Agavenschnaps) mit geheimen Mischungen aus Kräutern und Gewürzen. Das Ergebnis sind absolut einzigartige Cocktails (ebenfalls preisgekrönt), die man bei Bedarf auch entspannt auf einem Sofa im Obergeschoss genießen kann. Die Inhaber entwickeln gerade einen Spotted Bear Whisky, der das Sortiment in ein bis zwei Jahren ergänzen soll.

Montana Coffee Traders KAFFEE
(☎ 406-862-7667; www.coffeetraders.com; 110 Central Ave; ⊙ Mo–Sa 7–18, So 8–16 Uhr; ☎) Whitefishs Kleinrösterei betreibt dieses stets gut besuchte Café mit Geschenkeladen im alten Skyles-Gebäude im Stadtzentrum. Die Fair-Trade-Bio-Bohnen werden in einem alten Farmhaus am Hwy 93 geröstet, das man besichtigen kann (Fr 10 Uhr mit Reservierung).

Praktische Informationen

Whitefish Visitor Center (☎ 877-862-3548; www.explorewhitefish.com; 307 Spokane Ave; ⊙ Mo–Fr 9–17 Uhr) Hilfreich und professionell geführt; die hervorragende Website liefert viele aktuelle Infos (z. B. zu Events, Aktivitäten, Unterkünften, Restaurants).

An- & Weiterreise

Glacier Park International Airport (S. 885) Rund 11 Meilen (18 km) südlich von Whitefish gibt's hier täglich Flüge nach Denver, Minneapolis, Salt Lake City und Seattle – im Sommer ergänzt durch diverse saisonale Verbindungen (z. B. nach Chicago, Dallas oder L. A.).

Amtrak (☎ 406-862-2268; www.amtrak.com/empire-builder-train; 500 Depot St; ⊙ 6–13.30 & 16.30–24 Uhr) Die malerischste Anreise-Option nach Whitefish ist der Zug *Empire Builder*, der auch über West Glacier (7,50 US$, 30 Min.) und East Glacier (16 US$, 2 Std.) zum Glacier National Park fährt.

Glacier National Park

Nur wenige Gebiete auf Erden sind derart grandios und ursprünglich wie der **Glacier National Park** (www.nps.gov/glac; 7 Tage Zugang per Auto/Motorrad 35/30 US$, Fußgänger & Radfahrer 20 US$). Dieser wurde 1910 beim ersten Aufblühen der US-Naturschutzbewegung ausgewiesen und gehört in den USA zu den eindrucksvollsten seiner Art – zusammen mit Yellowstone, Yosemite und dem Grand Canyon.

Die von Gletschern abgeschliffenen Überreste einer uralten Überschiebung ergeben eine herrliche Landschaft aus hohen, schneebedeckten Gipfeln mit mächtigen Wasserfällen und türkisfarbenen Seen. Die Berge sind von dichten Wäldern mit einem praktisch intakten präkolumbischen Ökosystem umgeben. Hier streifen noch immer viele Grizzlybären umher, und der Parkverwaltung gelingt es, das Gelände zugänglich und zugleich authentisch wild zu halten.

Der Park ist berühmt für seine historischen „Parkitecture"-Lodges, die spektakuläre Going-to-the-Sun Rd und Wanderwege in einer Gesamtlänge von 1190 km. Diese Infrastruktur sorgt dafür, dass Besucher viele der wilden, hinreißenden, ca. 3856 km² umfassenden Landschaften in den Hochlagen des nordamerikanischen Kontinents leicht erreichen können.

ABSTECHER

NATIONAL BISON RANGE

Die **National Bison Range** (☎ 406-644-2211; www.fws.gov/refuge/national_bison_range; 58355 Bison Range Rd, Moiese; ⊙ Sonnenaufgang–Sonnenuntergang, Visitor Center 9–17 Uhr) in Montanas Nordwesten eignet sich hervorragend zum Beobachten von Tieren, die man anderswo eventuell kaum zu Gesicht bekommt: Hier tummeln sich Bisons, Schwarzbären, ein paar Raubtiere, über 200 verschiedene Vögel und einige Hirsch- bzw. Antilopenarten.

Sehenswertes & Aktivitäten

Die Visitor Centers und Rangerstationen im Glacier National Park verkaufen Führer und stellen Wanderkarten zur Verfügung. Die Visitor Centers in Apgar und St Mary sind von Mai bis Oktober täglich geöffnet, das Logan Pass Visitor Center dann, wenn die Going-to-the-Sun Rd nicht gesperrt ist. Die Rangerstationen Many Glacier, Two Medicine und Polebridge schließen Ende September.

Logan Pass Visitor Center VISITOR CENTER
(☎406-888-7800; Going-to-the-Sun Rd; ⏱Ende Juni–Ende Aug. 9–19 Uhr, Sept. 9.30–16 Uhr) Von allen Visitor Centers im Park liegt dieses hier definitiv am schönsten. In dem Gebäude gibt's Informationen, interaktive Ausstellungen und einen guten Souvenirshop. Vor Ort beginnen zudem der **Hidden Lake Overlook Trail** und der Highline Trail.

Bird Woman Falls WASSERFALL
(Going-to-the-Sun Rd) Von der künstlichen Weeping Wall blickt man über das Tal hinweg auf dieses nasse Naturwunder in der Ferne: die spektakulären Bird Woman Falls (152 m), die aus einem der vielen Hängetäler des Parks herabstürzen. Aussicht auf die Fälle bieten auch mehrere Haltbuchten am Westrand der Going-to-the Sun Rd.

Sunrift Gorge CANYON
(Going-to-the-Sun Rd) Gleich abseits der Going-to-the-Sun Rd liegt an einer Shuttle-Haltestelle diese schmale Schlucht, die im Lauf der Jahrtausende vom glazialen Schmelzwasser des rauschenden Baring Creek gegraben wurde. Mit der **Baring Bridge** kann man hier ein klassisches Beispiel für die rustikale Architektur an der Going-to-the-Sun Rd bewundern. Ein kurzer Pfad führt hinunter zu den dunstigen **Baring Falls**. Das Reynolds Creek Fire vernichtete 2015 den Großteil des Baumbestands in der Umgebung.

Jackson Glacier Overlook AUSSICHTSPUNKT
In kurzer Laufentfernung zum Startpunkt des Gunsight Pass Trail liegt diese beliebte Haltebucht mit Panoramablick auf den fünftgrößten Gletscher des Parks. Dessen Eis erstreckt sich nahe dem Gipfel des Mt. Jackson (3064 m), der zu den höchsten Bergen der Region gehört.

★**Going-to-the-Sun Road** PANORAMASTRASSE
(www.nps.gov/glac/planyourvisit/goingtothesunroad.htm; ⏱Ende Juni–Ende Sept.) Die 50 Meilen (80,5 km) lange Straße gehört zu den spektakulärsten Panoramastrecken Amerikas. Dieses nun denkmalgeschützte Wunder des Bauingenieurswesens wurde einst eigens angelegt, um Erkundungen des Parkinneren ohne Wanderzwang zu ermöglichen. Die Route führt auch über den Logan Pass (2026 m); unterwegs wird sie von Wanderwegen, Wasserfällen und vielen Stellen mit endlos weiter Aussicht gesäumt. Mit ihrer Eröffnung beginnt jedes Jahr offiziell die höchst betriebsame Sommersaison im Glacier National Park.

★**Highline Trail** WANDERN
(Logan Pass) Der Highline Trail führt quer über die berühmte Garden Wall zum **Granite Park Chalet**, einer von zwei historischen Lodges, die nur für Wanderer erreichbar sind. Im Sommer sind die Hänge mit alpinen Pflanzen und Wildblumen bedeckt, und die Aussicht ist fabelhaft. Da der Weg auf 12,2 km lediglich 244 m ansteigt, gerät man beim Wandern auch nicht außer Atem.

Avalanche Lake Trail WANDERN
(nördlich des Lake McDonald) Diese leichte Einführung in das Wandern im Glacier National Park lohnt mit unberührten Bergseen, Wasserfällen und Kaskaden. Der 3,7 km lange Weg ist vergleichsweise einfach und gut mit einem Shuttle erreichbar. Daher ist er in der Spitzensaison unweigerlich überlaufen: Alle, von Familien in Badelatschen bis zu Senioren mit Gehhilfen machen sich daran, die Baumgrenze zu überwinden.

Glacier Park Boat Co. BOOTSFAHRT
(☎406-257-2426; www.glacierparkboats.com; Erw./Kind 18,25/9,25 US$) Auf fünf der schönen Bergseen im Park betreibt Glacier Boat Co. insgesamt sechs historische Boote (teilweise aus den 1920er-Jahren). In einigen Fällen beinhaltet der Fahrtpreis dabei eine **geführte Kurzwanderung** unter der kompetenten Leitung von oft humorvollen Rangern. Die Firmen-Filialen am Lake McDonald, Mary, Many Glacier und Two Medicine vermieten auch Wasserfahrzeuge für sportlich Motivierte (Ruderboot/Kajak/Paddelbrett pro Std. 18/18/10 US$).

Schlafen

Im Park gibt's insgesamt 13 NPS-Campingplätze (Details unter see www.nps.gov).

★**Izaak Walton Inn** HISTORISCHES HOTEL $$
(☎406-888-5700; www.izaakwaltoninn.com; 290 Izaak Walton Inn Rd, Essex; Zi. 109–179 US$, Hütten

& Begleitwagen 199–249 US$; ⏲ das ganze Jahr über; 📶) Das historische Gasthaus im Tudor-Stil liegt ganz nah an der Südgrenze des Glacier National Park und wurde 1939 erbaut, um örtliches Bahnpersonal zu beherbergen. Es ist auch heute noch ein Bedarfshaltepunkt (Aussteigewunsch anmelden!) an der *Empire Builder* Route der Amtrak – eine romantische Form der Anreise. Man kann hier auch in Zug-Begleitwagen mit Einbauküchen übernachten – oder in einer historischen GN441-Lokomotive, die zur Luxussuite für vier Personen umgebaut wurde (329 US$).

★ Many Glacier Hotel HISTORISCHES HOTEL **$$**
(☎ 303-265-7010; www.glaciernationalparklodges.com; 1 Many Glacier Rd; Zi. 207–322 US$, Suite 476 US$; ⏲ Mitte Juni–Mitte Sept.; 📶) In herrlicher Lage dominiert diese riesige Lodge das nordöstliche Ufer des Swiftcurrent Lake. Sie wurde 1915 von der Great Northern Railway errichtet und erinnert optisch an eine Schweizer Berghütte (ein Teil des männlichen Personal trägt sogar Lederhosen). Die rustikalen, aber komfortablen Zimmer werden seit 15 Jahren fortlaufend renoviert. Die Deluxe-Varianten punkten mit boutiquemäßigen Elementen wie modern gefliesten Nobelbädern.

Essen

In Sommer gibt's im Glacier National Park Lebensmittelläden mit Camping-Vorräten in Apgar, in der Lake McDonald Lodge, in Rising Sun und im Swiftcurrent Motor Inn. Die meisten Lodges haben eigene Restaurants. Die Restaurants in West Glacier und St. Mary servieren hauptsächlich herzhafte Kost für Wanderer.

Wenn man auf einem Campingplatz oder in einem Picknickbereich kocht, muss man angemessene Schutzmaßnahmen gegen Bären treffen und darf seine Nahrungsmittel nicht unbeaufsichtigt lassen.

★ Serrano's Mexican Restaurant MEXIKANISCH **$**
(☎ 406-226-9392; www.serranosmexican.com; 29 Dawson Ave, East Glacier; Hauptgerichte 14–21 US$; ⏲ Mai–Sept. 17–22 Uhr; 📶) Das Restaurant, das in East Glacier Park am meisten von sich reden macht, serviert ein tolles *chile relleno* und ist für seine ausgezeichneten, eiskalten Margaritas, günstigen Burritos, Enchiladas und Quesadillas bekannt. Es residiert in der 1909 erbauten Dawson-Blockhütte. Auf Warten einstellen!

KOSTENLOSER PARKSHUTTLE

Das Auto stehen lassen und mit weniger Stress mehr sehen: Zwischen dem Apgar Visitor Center und dem St. Mary Visitor Center steuert der kostenlose **Shuttleservice** (www.nps.gov/glac; ⏲ Juli & Aug. 7–19 Uhr) des Parks alle wichtigen Punkte entlang der Going-to-the-Sun Rd an (beliebiges Aus- und Zusteigen möglich). Abhängig von der jeweiligen Verkehrslage brechen die Busse alle 15 bis 30 Minuten in Apgar und alle 40 Minuten in St. Mary (Ostseite) auf. Die letzte Talfahrten ab dem Logan Pass starten um 19 Uhr.

Belton Chalet Grill & Taproom AMERIKANISCH **$$$**
(☎ 406-888-5000; www.beltonchalet.com; 12575 Hwy 2, West Yellowstone; Hauptgerichte 24–35 US$; ⏲ Restaurant 17–21 Uhr, Schankraum ab 15 Uhr) West Glaciers bestes Restaurant befindet sich in einem der ältesten Gebäude des Orts. Abgesehen von den Kellnerinnen in nachgemachter Schweizer Milchmädchen-Tracht hat sich hier im Lauf der Zeit einiges verändert. Die Küche des Lokals leitet seit zwei Saisons ein Einheimischer aus Whitefish, der Raffiniertes aus regionalen Zutaten kreiert. Unter den Hauptgerichten ist z.B. Bison-Hackbraten mit Spargelbrokkoli und fettreichen Schweinespeck-Streifen.

Praktische Informationen

Glacier National Park Headquarters (☎ 406-888-7800; www.nps.gov/glac; West Glacier; ⏲ Mo–Fr 8–16.30 Uhr)

Anreise & Unterwegs vor Ort

Glacier Park International Airport (FCA; ☎ 406-257-5994; www.iflyglacier.com; 4170 Hwy 2 East, Kalispell; 📶) Bietet ganzjährig Verbindung nach Salt Lake City, Minneapolis, Denver, Seattle und Las Vegas – ergänzt durch saisonale Flüge nach Atlanta, Oakland, L. A., Chicago und Portland. Der Flughafen wird von Alaska, Allegiant, American Airlines, Delta und United bedient.

Great Falls International Airport (GTF; www.flygtf.com) Liegt 140 Meilen (225 km)südlich von East Glacier.

Amtrak (www.amtrak.com) Der Zug *Empire Builder* hält täglich in **West Glacier** (⏲ ganzjährig) und **East Glacier Park** (⏲ April–Okt.) sowie bei Bedarf auch in Browning.

Xanterra schickt Shuttles (Erw. 6–10 US$, Kind 3–5 US$, 10–20 Min.) ab West Glacier zu den firmeneigenen Lodges am westlichen Parkrand.

Glacier Park Collection by Pursuit bietet Shuttles (ab 15 US$, 1 Std.) ab East Glacier Park nach St. Mary und Whitefish.

Apgar Transit Center Kostenlose Shuttlebusse des Glacier National Park (S. 883; beliebiges Aus- und Zusteigen möglich) fahren von hier aus über die Going-to-the-Sun Rd nach St. Mary; dabei werden alle wichtigen Wanderweg-Startpunkte bedient. Am Transit Center starten auch die klassischen geführten **Red Bus Tours** (☎855-733-4522; www.glaciernationalparklodges.com/red-bus-tours; Erw. 46–100 US$, Kind 23–50 US$; ⏲Mitte Mai–Ende Okt.) der lizenzierten Privatfirma Xanterra.

Selbstfahrer sollten sich auf schmale Serpentinenstraßen, Staus und häufigen Parkplatzmangel entlang der Going-to-the-Sun Rd einstellen.

IDAHO

Infolge seiner Lage zwischen Montana und Oregon wird Idaho oft zugunsten seiner beiden bekannteren Nachbarn ignoriert. Dieser ziemlich große Landstreifen gehört aber definitiv zu den unterschätztesten Reisezielen im amerikanischen Westen: Hier erheben sich 114 Gebirgszüge mit ein paar der schroffsten Gipfel in den „Lower 48“. Über 60 % der Staatsfläche sind öffentliches Land – mit 15 783 km² an Wildnisgebieten rangiert Idaho unter den US-Bundesstaaten in dieser Kategorie auf dem dritten Platz.

Die Hauptstadt Boise verspricht einen angenehmen Aufenthalt; Sun Valley ist einer von Amerikas klassischen Skiorten. Unter den regionalen Naturschätzen sind der Craters of the Moon National Park, die National Bison Range und das Teton Valley – ebenso die spektakuläre Sawtooth National Recreation Area, die im Westen zu den besten Revieren für Aktiv-Abenteuer zählt.

Boise

Boise gehört zu den unbekanntesten Bundesstaats-Hauptstädten der USA, hält aber einige Überraschungen parat: Idahos größte Stadt wirkt erfrischend modern, urban und trendig. Das belebte Zentrum mit Fußgängerzonen, Bistros und noblen Weinbars würde auch an der US-Ostküste eine gute Figur machen. Hinauf in die umliegenden Hügel führt ein Netz von Wanderwegen, die es mit ihren besten Pendants in Colorado aufnehmen können. Rafting und Tubing durch den Boise River Greenbelt macht genauso viel Spaß wie auf den beliebten Flüssen rund um Austin in Texas. Und eine dampfende Paella-Pfanne im Viertel Basque Block versetzt einen gefühlsmäßig nach Bilbao. Angesichts der vielen Möglichkeiten fällt Erstbesuchern eine gezielte Orientierung eventuell schwer. Doch Boise ist auf jeden Fall einen Abstecher wert – zumindest, wenn man bereits in der Nähe unterwegs ist.

Sehenswertes & Aktivitäten

★Basque Block STADTVIERTEL

(www.thebasqueblock.com; Grove St zw. 6th St & Capitol Blvd) Boises Basque Block ist die Heimat einer der größten baskischstämmigen Gemeinden außerhalb Spaniens. Die Vorfahren der ca. 15 000 Gemeindemitglieder wanderten zwischen 1910 und 1920 ein, um als Schafhirten zu arbeiten – damals lebten hier noch siebenmal mehr Schafe als Menschen. Nur wenige Nachkommen dieser Basken haben heute noch denselben Beruf. Viele der alten Großfamilien wohnen aber immer noch im Viertel und beleben es deutlich sicht- bzw. spürbar mit ihrer vielfältigen, einzigartigen Kultur.

Boise River Greenbelt PARK

(http://parks.cityofboise.org) Das leuchtend grüne Treasure Valley verdankt seine Existenz ursprünglich einem ehrgeizigen Plan aus den 1960er-Jahren. Dieser sollte die Auen des Boise River vor der Erschließung bewahren und so Freiflächen in der schnell wachsenden Stadt erhalten. Heute entstehen hier immer mehr Parks und Museen am von Bäumen gesäumten Fluss. Dazwischen verläuft ein Netz von Mehrzweckwegen (über 48 km). Im Sommer ist der Greenbelt auch ein Tummelplatz von zahllosen Rafting- bzw. Tubing-Fans. Hierfür sorgt u.a. der örtliche Wildwasserpark mit per Hydraulik gesteuerten Wellen (landesweit einer größten seiner Art).

World Center for Birds of Prey VOGELSCHUTZGEBIET

(Peregrine Fund; ☎208-362-8687; www.peregrinefund.org/visit; 5668 W Flying Hawk Lane; Erw./Kind 10/5 US$; ⏲März–Nov. Di–So 10–17 Uhr, Dez.–Feb. 10–16 Uhr) Die weltweiten Raubvogelschutzprogramme des Peregrine Fund haben zur Erholung der Bestände vieler Arten geführt, die kurz vor dem Aussterben standen. Zu ihnen gehört auch der berühmte Kalifornische Kondor, der hier erfolgreich in

Gefangenschaft brütet, sodass die Jungvögel in Kalifornien und im Grand Canyon freigesetzt werden können. Ein Kondor-Paar lebt in diesem Zentrum zusammen mit anderen eindrucksvollen Vögeln, darunter der nördliche Aplomadofalke, bei dessen Brutpaaren Männchen und Weibchen gemeinsam auf die Jagd nach Wachtelammern gehen. Die Greifvögel-Vorstellungen sind großartig.

Idaho State Museum MUSEUM

(208-334-2120; https://history.idaho.gov/location/museum; 610 N Julia Davis Dr; Erw./Kind 10/5 US$; Mo–Sa 10–17, So ab 12 Uhr) Eine mehrjährige Renovierung hat dieses Museum neu belebt. Neben traditionellen Ausstellungen faszinieren hier nun auch multimediale Installationen mit Infos zu Idahos Staatsgeschichte. Besonders interessant ist die Origins Gallery mit Tonaufnahmen von indigenen Stimmen.

Ridge to Rivers Trail System WANDERN

(208-493-2531; www.ridgetorivers.org;) Rund 306 km Wander- und Mountainbike-Wege ziehen sich durch die Gebirgsausläufer nordöstlich der Stadt und führen durch Wiesen, an mit Sträuchern bewachsenen Hängen und von Bäumen gesäumten Bächen entlang bis in den Boise National Forest. Die Möglichkeiten für Touren sind schier endlos. Die besten Startpunkte sind der Cottonwood Creek Trailhead östlich des Kapitols und der **Camel's Back Park** im Norden.

Boise River Float PARK, BOOTSFAHRT

(www.boiseriverraftandtube.com; 4049 S Eckert Rd, Barber Park; Leihgebühr Schlauch/Kajak/Gummifloß für 4 Pers. 12/35/45 US$, Parken Mo–Do 5 US$, Fr–So 6 US$; Juni–Aug. je nach Wasserstand Mo–Do 12–17, Fr bis 18, Sa & So 10–18 Uhr;) An sonnigen Sommertagen gibt's in Boise nichts Besseres, als sich den Fluss hinuntertreiben zu lassen. Zu diesem Zweck lassen sich im Barber Park diverse Wasserfahrzeuge von Einzelschläuchen bis hin zu Gummiflößen für sechs Personen mieten. Damit geht's dann auf eigene Faust stromabwärts bis zum Ann Morrison Park (ca. 10 km, 1½–3 Std.).

Schlafen

★ **Boise Guest House** PENSION $$

(208-761-6798; www.boiseguesthouse.com; 614 N 5th St; Suite 180–230 US$;) Das attraktive alte Haus ist ein echtes Heim auf Reisen.

KURZINFOS IDAHO

Spitzname Gem State

Bevölkerung 1,75 Mio. Ew.

Fläche 216 445 km²

Hauptstadt Boise (226 600 Ew.)

Weitere Städte Idaho Falls (61 100 Ew.)

Verkaufssteuer 6 %

Geburtsort der Führerin der Lewis-und-Clark-Expedition, Sacagawea (1788–1812); der Politikerin Sarah Palin (geb. 1964); des Dichters Ezra Pound (1885–1972)

Heimat von Sterngranaten (Edelsteinen), Sun Valley (Skiort)

Politische Ausrichtung verlässlich republikanisch mit kleinen demokratischen Enklaven (z. B. Sun Valley)

Berühmt für Kartoffeln, Wildnis, den ersten Sessellift der Welt

Nordamerikas tiefste Flussschlucht Idahos Hells Canyon (2,4 km)

Entfernungen Boise–Idaho Falls 280 Meilen (450 km), Lewiston–Coeur d'Alene 116 Meilen (187 km)

Es beherbergt eine Handvoll moderner Suiten, die außer mit Kochnischen auch mit komfortabel und geschmackvoll gestalteten Wohnbereichen ausgestattet sind. Alle Quartiere bieten Zugang zum ruhigen Hinterhof mit großem Grill. Weitere Pluspunkte sind die Waschküche und die rot-weißen Cruiser-Leihfahrräder.

Inn at 500 HOTEL $$

(208-227-0500; www.innat500.com; 500 S Capitol Blvd; Zi. 215–280 US$, Suite 290–325 US$;) Endlich ein Luxus-Boutiquehotel, das sich nicht mit dem Herausputzen des Foyers begnügt. Kunstwerke, einmalige Dioramen und geblasene Glaswaren – alles von örtlichen Künstlern – schmücken die Korridore und Zimmer und sorgen für eine freundliche Atmosphäre, die sich deutlich gegenüber der Übernachtung in einem guten Standardhotel auszeichnet. Das Haus liegt in Gehweite zu Downtown Boise.

Essen

Die Restaurantpalette in Boises belebtem Zentrum reicht von zwanglos bis förmlich. Ein spezielles Highlight hier sind die zahlreichen baskischen Spezialitäten. Auf die 8th St konzentrieren sich besonders viele Lokale. Noch lässiger ist das Viertel Hyde Park an der 13th St, das sich für Snacks nach dem Wandern empfiehlt.

★**Goldy's Breakfast Bistro** FRÜHSTÜCK $
(☎208-345-4100; www.goldysbreakfastbistro.com; 108 S Capitol Blvd; Hauptgerichte 6–20 US$; ⊙Mo–Fr 6.30–14, Sa & So ab 7.30 Uhr) Ein Ei ist nur ein Ei? Das ist vielleicht nicht ganz richtig: Im Goldy's kann man sich theoretisch 866 320 verschiedene Frühstücksoptionen auf Eierbasis selbst zusammenstellen. Für diese Zahl gibt's unsererseits aber keine Garantie – beim Nachrechnen waren wir schon zu sehr mit Sauce hollandaise abgefüllt. Wer weniger denken will, bestellt einfach die Eier Benedict, ein Frittata-Omelett oder einen der mächtigen Frühstücks-Burritos. Durch einen Samtvorhang geht's hinein ins Lokal; besonders zu empfehlen sind die Tische auf der Empore.

Fork MODERN-AMERIKANISCH $$
(☎207-287-1700; https://boisefork.com; 199 N 8th St; Hauptgerichte 10–34 US$; ⊙Mo–Do 11.30–22, Fr bis 23, Sa 9.30–23, So 9.30–21 Uhr;) Das große Restaurant in dem alten Bankgebäude an einer Ecke in Downtown ist immer eine gute Wahl, ganz besonders aber beim Wochenend-Brunch. Die Pazifischen Taschenkrebse mit Rührei passen hervorragend zur Hausspezialität Spargel-„Fritten". An sonnigen Sommertagen sorgt eine Fork Lemonade für Erfrischung.

Ausgehen & Nachtleben

★**Bodovino** WEINBAR
(☎208-336-8466; www.bodovino.com; 404 S 8th St; ⊙Mo–Do 11–23, Fr & Sa bis 1, So bis 21 Uhr;) Für Sommeliers und Kampftrinker ist die hiesige Auswahl an offenen Weinen gleichermaßen höchst gefährlich. Vor allem, weil die 144 verschiedenen Weine von SB-Wandautomaten ausgeschenkt werden (optional auch in Form von Kostproben).

Bardenay BRENNEREI
(☎208-426-0538; www.bardenay.com; 610 Grove St; Cocktails ab 8 US$; ⊙Mo–Fr 11 Uhr–open end, Sa & So ab 10 Uhr) Das Bardenay im Basque Block war einst die erste „Brennereikneipe" der USA. Bis heute ist dies eine einzigartige Schänke, die vor Ort eigenen Rum herstellt und Whiskey bis zur (baldigen) Verkaufsreife lagert. Die riesige Cocktail-Auswahl basiert auf Spirituosen aus allen drei Bardenay-Produktionsstätten in Idaho. Zu empfehlen ist z. B. der starke Sunday Morning Paper (eine Art Bloody Mary mit Wodka und Zitronensaft).

Praktische Informationen

Visitor Center (☎208-810-7324; www.boise.org; 8th St & Grove St, Grove Plaza; ⊙Mo–Sa 9–18 Uhr) Bietet viel Printmaterial zu Boise und Umgebung; auf der Website gibt's einen nützlichen Veranstaltungskalender.

Anreise & Unterwegs vor Ort

Boise Municipal Airport (BOI; ☎208-383-3110; www.iflyboise.com; 3201 Airport Way, I-84, Ausfahrt 53) Kleiner, aber betriebsamer und gut erreichbarer Flughafen mit Direktverbindungen zu diversen US-Großstädten (u. a. Denver, Las Vegas, Phoenix, Portland, Salt Lake City, Seattle, San Francisco, L. A., Dallas, Chicago).

Busbahnhof (www.greyhound.com; 1212 W Bannock St; ⊙6–11 & 16–24 Uhr) Greyhound fährt von hier aus nach Spokane (ab 45 US$, 8½–10 Std.), Missoula (ab 78 US$, 15 Std.), Pendleton (ab 37 US$, 5 Std.), Portland (ab 74 US$, 9½ Std.), Twin Falls (ab 32 US$, 2¼ Std.) und Salt Lake City (ab 64 US$, 7 Std.).

Green Bike (☎208-345-7433; https://boise.greenbike.com; pro Std./Monat 5/15 US$) Das Bikesharing-Programm mit über 100 Fahrrädern an mehr als 20 Verleihstationen ist definitiv die coolste Option, um Boise emissionsfrei zu erkunden. Die Drahtesel lassen sich per Online-Reservierung oder App-Nutzung entsperren. Die Stationen im Stadtzentrum wurden inzwischen um Pendants im Boise River Greenbelt (S. 886) und in anderen örtlichen Parks ergänzt.

Ketchum & Sun Valley

Sun Valley liegt in einer der schönsten Naturlandschaften Idahos und ist ein Stück Ski-Geschichte: Der Ort ist das erste eigens angelegte Skiresort in den USA. Es wurde von der Union Pacific Railroad eingerichtet, die damit die Auslastung ihrer Züge steigern wollte. Eröffnet wurde es 1936 mit viel Tamtam, einer luxuriösen Muster-Lodge und dem ersten Sessellift der Welt.

Das Skigebiet und die Stadt Ketchum wurden schon bald durch Prominente wie Ernest Hemingway, Clark Gable oder Gary Cooper bekannt. Deren kostenlose Aufenthalte finanzierte Averell Harriman (Politiker, Eisenbahnerbe und Gründer von Sun Valley) als Werbetrick. Seitdem zieht es immer wieder glamouröse Gäste aus Hollywood hierher.

Dennoch ist Sun Valley bis heute schön und erschwinglich. Auf seine Besucher warten auch diverse Thermalquellen sowie viele Outdoor-Optionen, die nichts mit Wintersport zu tun haben (Wandern, Angeln, Jagen, Mountainbiken). Ab dem Galena Pass erstreckt sich das Gebiet bis hinunter in die Gebirgsausläufer bei Hailey.

Aktivitäten

★ Galena Lodge OUTDOOR
(☎ 208-726-4010; www.galenalodge.com; 15187 Hwy 75; Skilanglaufpass Erw./Kind 17 US$/kostenlos; ⌚ Lodge 9–16 Uhr, Küche 11–15.30 Uhr) Kilometerlange Mountainbike-Trails und präparierte Langlaufloipen gehen von dieser coolen Lodge aus, die Ausrüstung vermietet und Mittagessen serviert, damit man während der sportlichen Betätigung bei Kräften bleibt. Die Lodge befindet sich 23 Meilen (37 km) nördlich von Ketchum.

Sun Valley Resort WINTERSPORT
(☎ 888-490-5950; www.sunvalley.com; Ketchum; Winter Skiticket 90–145 US$) Sun Valley ist ein Inbegriff für luxuriöses Skifahren, seit hier 1936 der weltweit erste Sessellift installiert wurde. Heute kann man zwar überall bequem sitzend zu den Pisten gelangen, aber die Menschen kommen immer noch wegen des lockeren Pulverschnees und der Gelegenheit, Promis zu sichten, hierher. Die beiden Berge – der **Dollar Mountain** mit leichten Pisten und großen Geländeparks östlich und der **Bald Mountain** mit seinen schwarzen und blauen Pisten westlich der Stadt – sorgen für eine große Auswahl.

Wood River Trail System OUTDOOR
(www.bcrd.org/wood-river-trail-summer.php) Wenn sich eine Gemeinde für Outdoor-Aktivitäten engagiert, kommt oft etwas Gutes dabei heraus. So auch hier: Dieses asphaltierte Wegenetz (51,5 km) entlang der alten Union-Pacific-Bahntrasse verbindet die wichtigsten Punkte von Sun Valley mit den Ortschaften Ketchum, Hailey und Bellevue (20 Meilen/32,2 km weiter südlich). Im Tal gibt's mehrere Fahrradverleiher.

Schlafen

Ketchum hat nur ein paar Hotels, wobei es aber in allen Preiskategorien zumindest eine anständige Option gibt. Die Tarife variieren saisonal und sind im Winter am höchsten. Budgetreisende finden ein Hostel in der eigentlichen Stadt. Zudem können sie im nahen Umkreis gratis auf Arealen des Bureau of Land Management (BLM) und des Forest Service campen.

Tamarack Lodge HOTEL $$
(☎ 208-726-3344; www.tamaracksunvalley.com; 291 Walnut Ave; Zi./Suite ab 165/215 US$; ❄ 📶 🏊 🐾) Das betagte, aber saubere Tamarack im Stadtzentrum versprüht den netten Charme eines Skihotels aus den 1970er-Jahren. Die geschmackvollen Zimmer sind teilweise etwas düster, besitzen aber jeweils einen Balkon und oft auch einen offenen Kamin. Alle Gäste haben Zugang zum Whirlpool und zum Hallenbad.

★ Limelight Hotel HOTEL $$$
(☎ 208-726-0888; www.limelighthotels.com/ketchum; 151 Main St; Zi. 260–545 US$; 📶 🏊) Das coolste Hotel in Ketchums Zentrum hat eine attraktive Steinfassade, hinter der sich semiluxuriöse Zimmer in dezenten Erdtönen verbergen. Die Quartiere in den oberen Stockwerken bieten teils eine schöne Aussicht durch deckenhohe Fenster. Mit einer Bar, mehreren Restaurants und diversen Dienstleistungen (u.a. Ausrüstungsverleih) ist hier für fast alles gesorgt.

Sun Valley Lodge HOTEL $$$
(☎ 208-622-2001; www.sunvalley.com; 1 Sun Valley Rd; Gasthof/Lodge Zi. ab 355/445 US$; ❄ @ 📶 🏊) Die schicke Lodge aus den 1930er-Jahren ist das älteste und beste Hotel in Sun Valley. Schon vor der aufhübschenden Renovierung im Jahr 2015 sind hier viele Promis abgestiegen. Die Standardzimmer sind kleiner als die teureren Varianten, bieten aber ansonsten genau dieselben Annehmlichkeiten (u.a. haben alle ein großes Bad mit Wanne). Im dazugehörigen Gasthof wohnt man günstiger.

Essen & Ausgehen

Bevor man sich die (regelmäßige) Livemusikszene im Valley anschaut, geht's zum Après-ski ins **Apple's** (☎ 208-726-7067; www.facebook.com/applesbarandgrill; 205 Picabo St; ⌚ 11–18 Uhr). In den schickeren Bars sperrt man den „Pöbel" gern aus. Wenn man Pech hat und zu dieser Kategorie gezählt wird, bleibt einem immer noch ein Hocker an der Bar des **Casino Club** (The Casbah; ☎ 208-726-9901; www.facebook.com/thecasbah36; 220 N Main St; ⌚ 11–2 Uhr).

The Kneadery FRÜHSTÜCK $
(☎ 208-726-9462; www.kneadery.com; 260 N Leadville Ave; Hauptgerichte 10–15 US$; ⌚ 8–14 Uhr) Das Lokal abseits der Hauptstraße in

ABSTECHER

MONDKRATER

In Idahos äußerstem Süden erstreckt sich zwischen Sun Valley und Idaho Falls eines der ungewöhnlichsten Gebiete des Westens: die **Craters of the Moon National Monument & Preserve** (☎208-527-1300; www.nps.gov/crmo; 1266 Craters Loop Rd; ⊙Visitor Center Ende Mai–Mitte Sept. 8–18 Uhr, Mitte Sept.–Ende Mai bis 16.30 Uhr). Dieses beschrieb Präsident Calvin Coolidge einst anlässlich der Parkgründung (1924) als „bizarre und malerische Landschaft mit einzigartigem Charakter". Und tatsächlich erinnert das Ganze stark an eine Mondlandschaft:

Vor ca. 15 000 Jahren begann eine Reihe von verheerenden Vulkanausbrüchen in der Snake River Plain – die letzte örtliche Eruption ereignete sich vor nur 2000 Jahren. Dies resultierte in einer heute 3035 km² großen Ödnis mit außerirdisch anmutenden Kratern, Klüften und Lavatunneln bzw. -höhlen.

Zwischen Arco and Carey führt die US 93/26/20 zum National Monument. Hinter dem **Visitor Center** am Eingang schlängeln sich Wanderwege und befahrbare Straßen durch den Park. Die Highlights für Wanderer sind dabei der **North Crater Trail** (ganzjährig geöffnet) und der **Tree Molds Trail** (nur im Sommer geöffnet). Die **Loop Road** (geöffnet Mai–Sept.) passiert ein paar der spektakulärsten Geländeformationen. Zu diesen gehören z. B. die **Cave Area**, der **Inferno Cone** mit grandiosem Gipfelblick oder der **Devil's Orchard**, dessen inselartige Lavablöcke von Schlackenkegeln umgeben werden.

einer alten Blockhütte mit Kamin, Kunst des amerikanischen Westens und einem von der Decke hängenden Kanu aus Birkenrinde ist eine solide Wahl für Frühstück und Mittagessen. Das Ambiente ist fast genauso toll wie die Pfannkuchen.

★ **Enoteca** INTERNATIONAL **$$**
(☎208-928-6280; www.ketchum-enoteca.com; 300 N Main St; Hauptgerichte 8–16 US$; ⊙17–21 Uhr) Die früheren Inhaber des Ketchum Grill betreiben nun das elegante, sanft beleuchtete Enoteca. Neben kleinen Gerichten im Tapas-Stil locken hier auch üppigere und genauso leckere Speisen. Das Angebot umfasst beispielsweise Holzofenpizzas, Käsemakkaroni, Forelle à la Idaho, Rauchfleisch, Käsevarianten und Entenconfit. Dazu gibt's großartige Weine.

★ **Pioneer Saloon** STEAKS **$$$**
(☎208-726-3139; www.pioneersaloon.com; 320 N Main St; Hauptgerichte 15–36 US$; ⊙17–22 Uhr, Bar 16 Uhr–open end) Die besten Steaks in Ketchum (manche meinen, in ganz Idaho) gibt's in dieser ehemaligen illegalen Spielhalle, die heute ganz ungeniert im Western-Stil mit Hirschköpfen, alten Gewehren (eines gehörte Ernest Hemingway) und Munitions-Reklamebrettern ausstaffiert ist. Wer keine Vorliebe für rotes Fleisch hat, hält sich an die Fischgerichte, das leckere Mango-Chutney oder das Kebab mit gegrilltem Hühnchen und Gemüse.

ℹ Praktische Informationen

Sun Valley/Ketchum Visitor Center (☎208-726-3423; www.visitsunvalley.com; 491 Sun Valley Rd; ⊙6–19 Uhr; 📶) Von 9 bis 18 Uhr besetzen Freiwillige das Büro und liefern zahlreiche Infos. Während der übrigen Öffnungszeit kann man sich hier selbst an Karten und Broschüren bedienen.

ℹ Anreise & Unterwegs vor Ort

Friedman Memorial Airport (SUN; ☎208-788-4956; www.iflysun.com; 1616 Airport Circle, Hailey) Liegt 12 Meilen (19 km) südlich von Ketchum und bietet Verbindung zu den meisten Großstädten im Westen der USA (tgl. nach L. A., San Francisco, Seattle, Salt Lake City, Denver; 2-mal wöchentlich nach Portland). Die Anreise ist aber mitunter günstiger, wenn man nach Boise fliegt und von dort den **Sun Valley Express** (Caldwell Transportation; ☎208-576-7381; www.sunvalleyexpress.com; einfache Strecke Erw./Kind 90/80 US$, 3 Std.) nimmt.

Mountain Rides (☎208-788-7433; www.mountainrides.org) Gratisshuttles innerhalb von Ketchum plus kostenpflichtige Fahrten nach/ab Hailey (Erw./Kind 3/2 US$).

Stanley

Das vielleicht malerischste Nest in ganz Idaho ist nicht viel mehr als eine Gruppe von rustikalen Blockhütten am Fuß der schroffen Sawtooth Range. Den Großteil des Jahres über ist Stanely eingeschneit und sehr ruhig. Doch das ändert sich im kurzen

Sommer, wenn hier die Abenteurer einfallen. Darunter sind Wildwasser-Paddler, die den erstklassigen Middle Fork befahren wollen, und Angler, die es auf die vielen Lachse und Forellen in den blauen Flüssen der Umgebung abgesehen haben. Hinzu kommen noch andere Outdoor-Fans, die vor dem Aufbruch zu den imposanten Gipfeln und versteckten Tälern der Sawtooth Range noch ein paar Vorräte brauchen.

Aktivitäten

★ Sawtooth National Recreation Area NATUR
(☎208-423-7500; www.fs.usda.gov/sawtooth) In der spektakulären Sawtooth National Recreation Area gibt's Flüsse für Bootsfahrer, Berge für Kletterer, mehr als 300 Seen für Angler und über 1127 km an Trails für Wanderer und Mountainbiker. Das Erholungsgebiet umfasst 3030 km² öffentliches Land zwischen Stanley und Ketchum und bietet unvergleichliche Erkundungs- und Freizeitmöglichkeiten.

Solitude River Trips RAFTING
(☎208-806-1218, 800-396-1776; www.rivertrips.com; 6-tägige Rafting-Touren 2690 US$/Pers.; ⌚Juni–Aug.) Veranstaltet mehrtägige Rafting-Touren auf dem berühmten Middle Fork des Salmon River. Bei den hervorragenden Trips zeltet man am Flussufer und genießt köstliches Essen (von den Guides selbst zubereitet).

White Otter RAFTING
(☎208-788-5005; www.whiteotter.com; 100 Yankee Fork Rd & Hwy 75, Sunbeam; Tagestouren mit Gummi-Kajaks 160 US$/Pers., halbtägige Rafting-Touren Erw./Kind 80/65 US$) Die empfehlenswerte Firma gehört zu den wenigen lokalen Rafting-Anbietern unter einheimischer Leitung. Neben spaßigen Tagestrips durch Stromschnellen der Kategorie III organisiert sie Touren mit aufblasbaren Gummi-Kajaks.

Schlafen & Essen

Sawtooth Hotel HOTEL $
(☎208-721-2459; www.sawtoothhotel.com; 755 Ace of Diamonds St; DZ mit/ohne Bad 115/80 US$; ⌚Mitte Mai–Mitte Okt.; 📶) Das Hotel in einem nostalgischen Blockhaus-Motel von 1931 wurde zwar komfortabel renoviert, hat sich aber dennoch seine für den Ort typische Gastlichkeit bewahrt. Die sechs Zimmer sind im altmodischen Landhausstil möbliert, zwei verfügen über ein eigenes Bad. Zwar gibt es weder TVs noch schnelles WLAN, aber ausgezeichnetes Essen (Hauptgerichte 14–23 US$) mit vegetarischen und glutenfreien Optionen und eine kleinen Auswahl ordentlicher Weine.

★ Stanley Baking Company BÄCKEREI $
(www.stanleybakingco.com; 250 Wall St; Hauptgerichte 9–13 US$; ⌚Mitte Mai–Okt. 7–14 Uhr) Die legendäre Bäckerei, in der man auch brunchen kann, liegt mitten im Nirgendwo und ist ein Muss. Die kleine Blockhütte ist fünf Monate im Jahr geöffnet und der einzige Ort im Dorf, wo man wahrscheinlich anstehen muss. Der Grund sind die hervorragenden hausgemachten Backwaren, die Hafer-Pfannkuchen und das fabelhafte Sandwich mit Bratenfleisch.

Bridge Street Grill BARBECUE $$
(☎208-774-2208; www.bridgestgrill.com; Hwy 75, Lower Stanley; Hauptgerichte 11–23 US$; ⌚11–22 Uhr) Stanleys Umgebung ist buchstäblich bildschön. Der Blick darauf ist aber irgendwie noch berauschender, wenn er von der belebten Terrasse des Bridge Street Grill am Flussufer ausgeht. Vor allem, wenn man dabei ein kaltes Bier in der Hand hält – und gleichzeitig etwas hausgeräucherte Rinderbrust oder einen Border Burger mit Käse und grüner Chili-Sauce vertilgt.

Der Südwesten

Inhalt ➡

Gut essen

- Kai Restaurant (S. 919)
- Cafe Pasqual's (S. 982)
- Red Iguana (S. 954)
- Kerouac's (S. 911)

Schön übernachten

- Washington School House (S. 959)
- NoMad (S. 899)
- La Fonda (S. 981)
- Arizona Biltmore Resort & Spa (S. 915)
- Hotel Luna Mystica (S. 988)

Auf in den Südwesten!

Zerklüftet. Schön. Unterhaltsam. Der Südwesten ist das raue Hinterland der USA, das Abenteuerlustige mit spektakulären Landschaften aus roten Felsen, den Legenden um schießwütige Cowboys und dem scharfen Gaumenkitzel des grünen Chili-Eintopfs lockt. Die Region zeugt mit rätselhaften Piktogrammen und verlassenen Felsbehausungen, zerfallenden spanischen Missionen und Bergbaustädten von indigenem Erbe und der beschwerlichen Blütezeit des Wilden Westens. Und auch heute wird Geschichte geschrieben: Astronomen und Raketenbauer greifen nach den Sternen, und urbane Zentren und skurrile Bergorte locken Künstler und Unternehmen an. Ein Highlight für Reisende? Das malerische Straßennetz, das die schönsten und bedeutendsten Attraktionen verbindet. Es sind nicht nur die Landschaften, die eine Reise durch den Südwesten unvergesslich machen, sondern vor allem der Anblick eines Saguaro-Kaktus, ein Gespräch mit einem Hopi-Künstler oder das Aroma des Chili-Eintopfs.

Reisezeit

Las Vegas

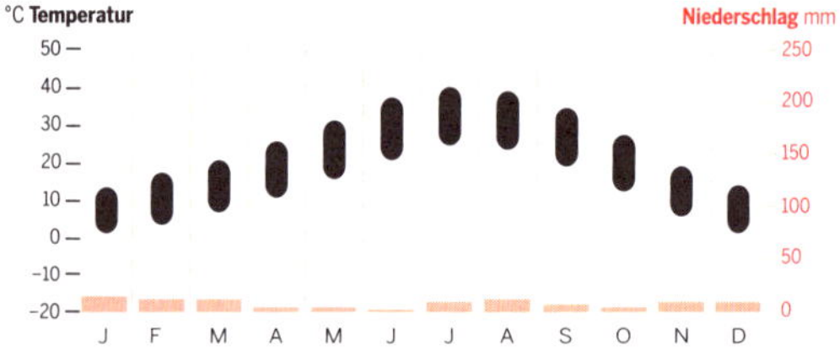

Jan. Skifahren bei Taos und Flagstaff. In Park City locken Pisten und das Sundance Film Festival.

Juni–Aug. Die beste Zeit für einen Besuch der Nationalparks in New Mexico, Utah und Nord-Arizona.

Sept.–Nov. In den Grand Canyon klettern oder die bunten Blätter im Norden von New Mexico bestaunen.

Geschichte

Um 100 n. Chr. hatten sich im Südwesten drei vorherrschende Kulturen herausgebildet: die Hohokam der Wüste, die Mogollon der zentralen Berge und Täler und die *Ancestral Puebloans* (frühe Pueblo-Indianer). Die Archäologen bezeichneten Letztere früher als Anasazi, was in der Navajo-Sprache „Alte Feinde" bedeutet; dieser Begriff wird heute allerdings nicht mehr verwendet.

Francisco Vásquez de Coronado führte 1540 die erste große Expedition nach Nordamerika an (mit 300 Soldaten, Hunderten indigenen Führern sowie Viehherden). Diese Expedition markierte auch den ersten großen blutigen Zusammenstoß zwischen spanischen Entdeckern und Ureinwohnern.

Neben dem bewaffneten Konflikt schleppten die Europäer auch Pocken, Masern und Typhus ein, gegen die die indigenen Einwohner keine Abwehrkräfte hatten. Die Pueblo-Bevölkerung wurde durch diese Krankheiten dezimiert, was Kulturen und Handelswege zerrüttete und sich als zerstörerische Kraft erwies, die den bewaffneten Kampf weit in den Schatten stellte.

Im 19. Jh. schritt die Erschließung des Südwestens rasch voran. Das war in erster Linie der Eisenbahn und der geologischen Kartierung zu verdanken. Als die USA nach Westen expandierten, vertrieb die Armee gewaltsam ganze Völker amerikanischer Ureinwohner in den grausamen Indianerkriegen. Gold- und Silberminen zogen Glücksritter an, und praktisch über Nacht schossen die gesetzlosen Goldgräberstädte des Wilden Westens aus dem Boden. Bald brachte die Santa Fe Railroad Scharen von Touristen in den Westen.

Die moderne Besiedlung hängt eng mit der Nutzung des Wassers zusammen. Nach dem Reclamation Act von 1902 finanzierte die Bundesregierung die Errichtung von Staudämmen, um die Flüsse zu regulieren und die Wüste zu bewässern. Erbitterte Streitigkeiten über Wasserrechte dauern bis heute an, gerade angesichts des gewaltigen Booms im Wohnungsbau und der dramatischen Dürre in jüngster Zeit. Das zweite heiß diskutierte Thema der letzten Jahre waren, insbesondere im Süden Arizonas, illegale Einwanderer aus Mexiko.

Einheimische Kultur

Robuste Individualität ist der kulturelle Ausdruck des Südwestens. Aber die Realität

DER SÜDWESTEN IN ...

... einer Woche

Museen und eine aufkeimende Kunstszene geben **Phoenix** ein inspirierendes Flair – der optimale Ausgangspunkt für die Tour. Morgens folgt man der Camelback Rd nach **Scottsdale**, um in der Old Town zu shoppen und sich die Galerien anzusehen. In **Sedona** weiter nördlich kann man seine spirituellen Batterien aufladen, bevor man sich von den Dimensionen des **Grand Canyon** den Atem rauben lässt. Danach hat man die Wahl zwischen Glitzern und Natur: Wer das Glitzern vorzieht, nimmt die **Route 66**, überquert die Brücke neben dem **Hoover Dam** und taucht dann in die Traumwelt von **Las Vegas** ein. Wer sich für die Natur entscheidet, fährt vom Grand Canyon aus nach Osten ins Navajo-Gebiet, lässt sich von den gewaltigen Steinformationen im **Monument Valley Navajo Tribal Park** ins Staunen versetzen und tritt dann im **Canyon de Chelly National Monument** eine Reise in die Vergangenheit an.

... zwei Wochen

Los geht's im schillernden **Las Vegas**, bevor man sich in **Flagstaff** entspannt und anschließend in die gähnenden Abgründe im **Grand Canyon National Park** blickt. Man könnte sich das studentische **Tucson** anschauen oder im **Saguaro National Park** zwischen riesigen Kakteen wandeln. Dann heißt es die Revolverhelden in **Tombstone** bestaunen, bevor man sich das ausgefallene viktorianische **Bisbee** anschaut.

Nun bitte die Sonnenbrille aufsetzen: Die Dünen im **White Sands National Monument**, New Mexico, sind strahlend weiß. **Santa Fe** lockt alle Arten von Kunstliebhabern. Man könnte ein Pueblo in **Taos** besuchen und den Sonnenaufgang im traumhaften **Monument Valley Navajo Tribal Park** beobachten. Dann geht's nach Utah, in die Nationalparks **Canyonlands** und **Arches** mit ihren roten Felsformationen. Der **Bryce Canyon** ist die richtige Kulisse für Hoodoo-„Rituale", bevor man den **Zion National Park** besucht.

Highlights

1 Grand Canyon National Park (S. 929) Den Sonnenuntergang vom South Rim aus beobachten

2 Santa Fe (S. 978) Die kulturelle Vielfalt von Meow Wolf bis internationalerVolkskunst entdecken

3 Angels Landing (Zion) (S. 971) Durch den majestätischen Canyon im Zion National Park in Utah wandern

4 Las Vegas (S. 896) Herausfinden, dass es noch knalliger, künstlicher und verantwortungsloser ist als erwartet

5 Sedona (S. 922) Sich freuen, dass auch die kommerzialisierte Hippie-Kultur der einzigartigen Stadt inmitten roter Sandsteinklippen nichts anhaben kann

6 Route 66 (S. 942) Auf der „Mother Road" durch einsame Landschaften und nostalgische Kleinstädte fahren

7 Moab (S. 962) Sich in der überwältigenden Landschaft so richtig austoben, mit Mountainbiken, Wandern, Raften und Camping

8 Monument Valley (S. 941) Die fotogenen Stars zahlloser Western aus der Nähe sehen

9 Acoma Pueblo (S. 977) Eine der ältesten Gemeinschaften des Landes auf ihrem himmelhohen Tafelberg kennenlernen

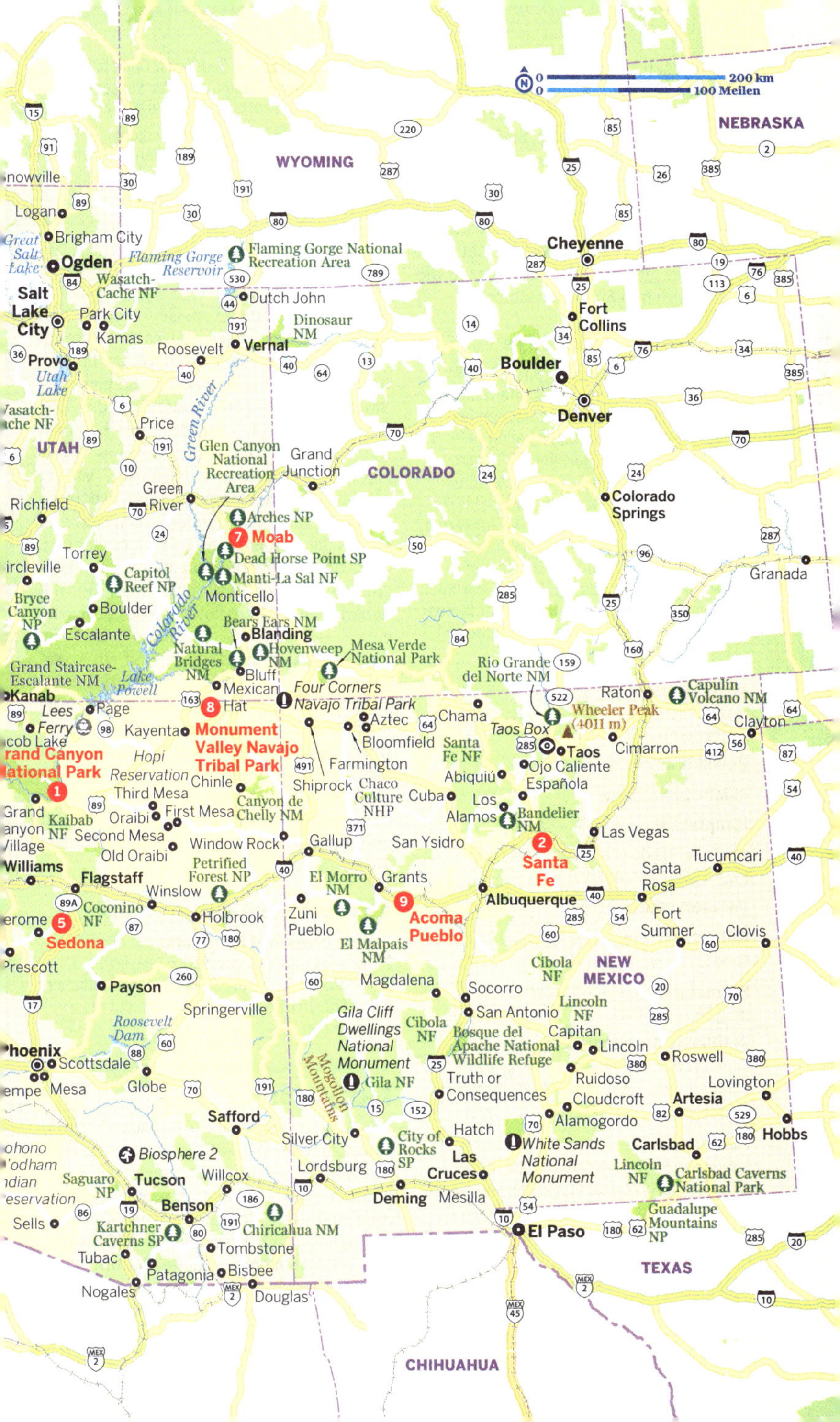
200 km
100 Meilen
WYOMING
NEBRASKA
UTAH
COLORADO
NEW MEXICO
TEXAS
CHIHUAHUA
Snowville
Logan
Brigham City
Great Salt Lake
Ogden
Salt Lake City
Flaming Gorge Reservoir
Flaming Gorge National Recreation Area
Wasatch-Cache NF
Dutch John
Park City
Kamas
Provo
Utah Lake
Roosevelt
Vernal
Dinosaur NM
Wasatch-Cache NF
Price
Green River
Glen Canyon National Recreation Area
Grand Junction
Cheyenne
Fort Collins
Boulder
Denver
Colorado Springs
Granada
Richfield
Green River
Arches NP
7 Moab
Dead Horse Point SP
Manti-La Sal NF
Torrey
Circleville
Capitol Reef NP
Monticello
Bryce Canyon NP
Boulder
Escalante
Colorado River
Bears Ears NM
Blanding
Natural Bridges NM
Hovenweep NM
Mesa Verde National Park
Grand Staircase-Escalante NM
Lake Powell
Bluff
Mexican Hat
Four Corners Navajo Tribal Park
Rio Grande del Norte NM
Raton
Capulin Volcano NM
Kanab
Lees Ferry
Page
Jacob Lake
8
Kayenta
Monument Valley Navajo Tribal Park
Aztec
Chama
Wheeler Peak (4011 m)
Taos Box
Taos
Cimarron
Clayton
Grand Canyon National Park
1
Hopi Reservation
Bloomfield
Farmington
Santa Fe NF
Ojo Caliente
Abiquiú
Española
Chinle
Shiprock
Chaco Culture NHP
Cuba
Los Alamos
Bandelier NM
Third Mesa
Canyon de Chelly NM
Grand Canyon Village
Kaibab NF
Oraibi
First Mesa
Second Mesa
Old Oraibi
Window Rock
Gallup
San Ysidro
Las Vegas
2 Santa Fe
Tucumcari
Santa Rosa
Williams
Flagstaff
Petrified Forest NP
Winslow
El Morro NM
Grants
Albuquerque
Coconino NF
Jerome
5 Sedona
Holbrook
Zuni Pueblo
9 Acoma Pueblo
El Malpais NM
Fort Sumner
Clovis
Prescott
Payson
Magdalena
Cibola NF
Socorro
Springerville
San Antonio
Lincoln NF
Gila Cliff Dwellings National Monument
Cibola NF
Bosque del Apache National Wildlife Refuge
Capitan
Lincoln
Roswell
Roosevelt Dam
Mogollon Mountains
Phoenix
Scottsdale
Tempe
Mesa
Globe
Gila NF
Truth or Consequences
Ruidoso
Lovington
Cloudcroft
Artesia
Safford
Alamogordo
Hobbs
Silver City
City of Rocks SP
Hatch
White Sands National Monument
Carlsbad
Tohono O'odham Indian Reservation
Biosphere 2
Saguaro NP
Tucson
Willcox
Lordsburg
Las Cruces
Lincoln NF
Carlsbad Caverns National Park
Deming
Mesilla
Benson
Sells
Kartchner Caverns SP
Chiricahua NM
Guadalupe Mountains NP
El Paso
Tombstone
Tubac
Patagonia
Bisbee
Nogales
Douglas

ist ein bisschen komplexer. Die wesentlichen Identitäten der Region, die sich auf drei Bevölkerungsgruppen – Angloamerikaner, Hispanier und die indigene Bevölkerung – konzentrieren, sind so unüberschaubar und unterschiedlich wie das Land, das sie geformt hat. Egal ob ihre persönliche Religion Aliens, Kunst, Kernspaltung, Glücksspielautomaten, Peyote oder Joseph Smith einschließt – es gibt für jeden viel Platz in diesem wunderbaren Stück von Amerika.

Anreise & Unterwegs vor Ort

Der McCarran International Airport (S. 907) in Las Vegas und der Sky Harbor International Airport (S. 921) in Phoenix sind die wichtigsten Flughäfen der Region; beide haben viele nationale und internationale Verbindungen.

Greyhound-Busse halten in den größeren Städten, fahren jedoch kaum in Nationalparks oder entlegenere Orte wie Moab. Die Zugverbindungen von Amtrak sind noch eingeschränkter, allerdings sind viele Städte im Südwesten an das Schienennetz angeschlossen. Andere, darunter Santa Fe und Phoenix, werden von Amtrak-Bussen bedient. Der *California Zephyr* durchquert Utah und Nevada, der *Southwest Chief* hält in Arizona und New Mexico, und der *Sunset Limited* fährt durch Süd-Arizona und New Mexico.

Um entlegene Ortschaften, Ausgangspunkte von Wanderwegen und Badestellen zu erreichen, und um die Region intensiver zu erkunden, ist letztendlich ein Mietwagen vonnöten.

KURZINFOS NEVADA

Spitzname Silver State

Bevölkerung 3,03 Mio.

Fläche 284 381 km²

Hauptstadt Carson City (54 439 Ew.)

Weitere Städte Las Vegas (641 700 Ew.), Reno (248 853 Ew.)

Verkaufssteuer 4,6 %

Geburtsort von Andre Agassi (1970), Greg LeMond (1961)

Heimat des Spielautomaten, Burning-Man-Festival

Politische Ausrichtung Nevada hat sechs Wahlmänner. Bei den Präsidentschaftswahlen 2016 machte Clinton das Rennen.

Berühmt für die Comstock Lode von 1859 (das Bergwerk mit den größten Silbervorkommen des Landes), legales Glücksspiel und legale Prostitution (mit Ausnahme einiger Countys) sowie liberale Alkoholgesetze (Bars dürfen rund um die Uhr geöffnet sein)

Entfernungen Las Vegas–Reno 452 Meilen (727 km), Great Basin National Park–Las Vegas 313 Meilen (504 km)

NEVADA

Nevada ist geprägt von Gegensätzen und Widersprüchen – hier gibt es zugleich ein Nebeneinander von wüstenartigen Ebenen und hohen, schneebedeckten Bergen, und Stöckelschuhe gehören genauso in den Koffer wie Skistiefel. Viele Besucher kommen nur wegen der Hauptattraktion Las Vegas: Nevadas glitzerndes Wüstenjuwel ist ein Mekka für Vergnügungssüchtige, wo Privileg und Armut aufeinanderprallen und drei Viertel der Bevölkerung des Staates wohnen.

In dem liberalen Staat bestehen nebeneinander ländliche Bordelle und Mormonenkirchen, Kasinos und Cowboys. Abgelegene Geisterstädte erinnern an die Pionierzeit und die Hoffnung auf ein besseres Leben. Aber Nevadas zugkräftigste Attraktion ist (zu Recht!) die Natur: Hier warten der durch Reno rauschende Truckee River, das klare Wasser des Lake Tahoe und die bewaldeten Gipfel, die Salztonebene der Black Rock Desert, wo das Festival Burning Man gefeiert wird, das riesige Great Basin und mit dem kargen Hwy 50 die „einsamste Straße in Amerika".

Praktische Informationen

Nevada Division of State Parks (☎ 775-684-2770; www.parks.nv.gov; 901 S Stewart St, 5. St.; ⌚ Mo–Fr 8–17 Uhr) Stellplätze in staatlichen Parks (10–15 US$/Nacht) können nicht reserviert werden.

Las Vegas

Die Wüstenstadt ist das ultimative Vergnügungsparadies. Wo sonst kann man im antiken Rom feiern, um Mitternacht dann den Bund der Ehe eingehen, in Ägypten aufwachen und unter dem Eiffelturm brunchen? Ob man sich mit passionierten Glücksspielern messen möchte, Haute Couture oder kitschige Souvenirs erstehen oder in einer Bar aus Eis eine neonfarbene, fast 1 m hohe Margarita oder einen Frozen Wodka Martini schlürfen möchte – hier ist alles möglich!

Doch in der surrealen Wüstenlandschaft der Euphorie und des tiefen Falls sammelt sich auch Staub auf den Neonreklamen ehemals klangvoller Namen des Strip, während ein paar Meter weiter der Baustellenlärm widerhallt. Mit mehr als 40 Mio. Besuchern im Jahr ist Las Vegas heute so attraktiv wie nie. Hotels und Bars schließen und öffnen in schnellem Wechsel, und ständig lassen sich neue Pop-Diven fest engagieren.

Die größten Kasinos der Stadt, gigantische unergründliche Mischformen aus Themenpark, Spielhölle, Shopping- und Restaurantmeile sowie Hotel- und Theaterdistrikt, säumen den legendären Strip. Nach deren Erkundung lockt das kompakte Zentrum mit Vegas' nostalgischen Wurzeln, Indie-Shops und Cocktailbars, in denen die hiesige Kultur floriert. Jenseits davon beschäftigen sich faszinierende Museen mit der atomaren und der Gangstervergangenheit der Stadt.

Sehenswertes

Die Sehenswürdigkeiten von Las Vegas finden sich vor allem an dem 4,2 Meilen (6,7 km) langen Abschnitt des Las Vegas Blvd zwischen dem Mandalay Bay im Süden (Russell Rd) und dem Stratosphere im Norden (Sahara Ave) sowie in der Innenstadt rund um die Kreuzung von Las Vegas Blvd (hier N Las Vegas Blvd) und Fremont St. Man beachte, dass die Straße unter demselben Namen über 2 Meilen zwischen der Innenstadt und dem nördlichen Ende des Strip weiter verläuft, ohne viel Interessantes zu bieten. Wer beschließt, das Verbindungsstück zwischen den beiden zu Fuß zu gehen, wird schnell die Wüstenhitze verfluchen. Mitfahrgelegenheiten, die Monorail und Deuce-Busse sind wesentlich bessere Möglichkeiten der Fortbewegung in dieser unwirklichen (und unwirtlichen) Stadt.

The Strip

★ Aria — WAHRZEICHEN

(CityCenter; Karte S. 898; www.aria.com; 3780 S Las Vegas Blvd; P) Die Symbiose von riesigem Hotel und „Einkaufszentrum" ist wahrlich nichts Neues, dieser futuristische Komplex aus einer kleinen Galaxie supermoderner, extravaganter Hotels rund um die glitzernden **Shops at Crystals** (Karte S. 898; www.simon.com/mall/the-shops-at-crystals; Mo–Do 10–23, Fr–So 10–24 Uhr) jedoch schon. Zu den Nobelhotels gehören das zurückhaltend stylische **Vdara** (Karte S. 898; 702-590-2111; www.vdara.com; 2600 W Harmon Ave, Aria; Suite ab 103/189 US$ pro Werktag/Wochenende; P), das opulente **Waldorf Astoria** (Karte S. 898; www.waldorfastorialasvegas.com; 3752 S Las Vegas Blvd; Zi. ab 200 US$; P) und das architektonisch einzigartige **Aria**, dessen elegantes Kasino die passende Kulisse für die vielen schlichtweg umwerfenden Restaurants bildet. Die Hotels im CityCenter haben zusammen über 6700 Zimmer!

★ Bellagio — KASINO

(Karte S. 898; 702-693-7111; www.bellagio.com; 3600 S Las Vegas Blvd; 24 Std.; P) Das Bellagio-Erlebnis geht über seine dekadente Kasinoebene mit Spieltischen für hohe Einsätze und über 2300 Spielautomaten hinaus. Einheimische sagen, dass die Chancen hier alles andere als gut sind. Als ein Austragungsort der World Poker Tour werden im für Turniere geeigneten Pokerraum des Bellagio rund um die Uhr Speisen direkt aus der Küche zum Spieltisch gebracht. Die meisten Gäste kommen jedoch wegen der überwältigenden Architektur der Anlage, der Innenräume und Einrichtungen, darunter die **Conservatory & Botanical Gardens** (Karte S. 898; 24 Std.; P) GRATIS, die **Gallery of Fine Art** (Karte S. 898; 702-693-7871; Erw./Kind unter 12 Jahren 18 US$/frei; 10–20 Uhr, letzter Eintritt 19.30 Uhr; P), die unübersehbaren **Fountains of Bellagio** (Karte S. 898; Shows Mo–Fr 15–20, Sa 12–20, So 11–19 Uhr, alle 30 Min., Mo–Sa 20–24, So ab 19 Uhr alle 15 Min.; P) GRATIS und die über 2000 mundgeblasenen Glasblumen, die die Lobby des Hotels (S. 902) schmücken.

★ Caesars Palace — KASINO

(Karte S. 898; 866-227-5938; www.caesars.com/caesars-palace; 3570 S Las Vegas Blvd; 24 Std.; P) Caesars Palace behauptet, dass sein elegant renovierter Kasinobereich mehr 1-Mio.-Dollar-Spielautomaten hat als jedes andere Kasino auf der Welt, aber er kann sich auch vieler anderer Dinge rühmen. Die Schwergewichte der Unterhaltungsbranche, Celine Dion und Elton John, „besitzen" das eigens für sie gebaute **Colosseum** (Karte S. 898; 866-227-5938; www.thecolosseum.com; Tickets 55–500 US$), Modefreaks tummeln sich in **The Forum Shops** (Karte S. 898; 702-893-4800; www.simon.com/mall/the-forum-shops-at-caesars-palace; So–Do 10–23, Fr & Sa 10–24 Uhr), während die Hotelgäste in der Garden of the Gods Pool Oasis Cocktails schlürfen. Nachts ist der Megaclub **Omnia** (Karte S. 898; 702-785-6200; www.omnia

Las Vegas

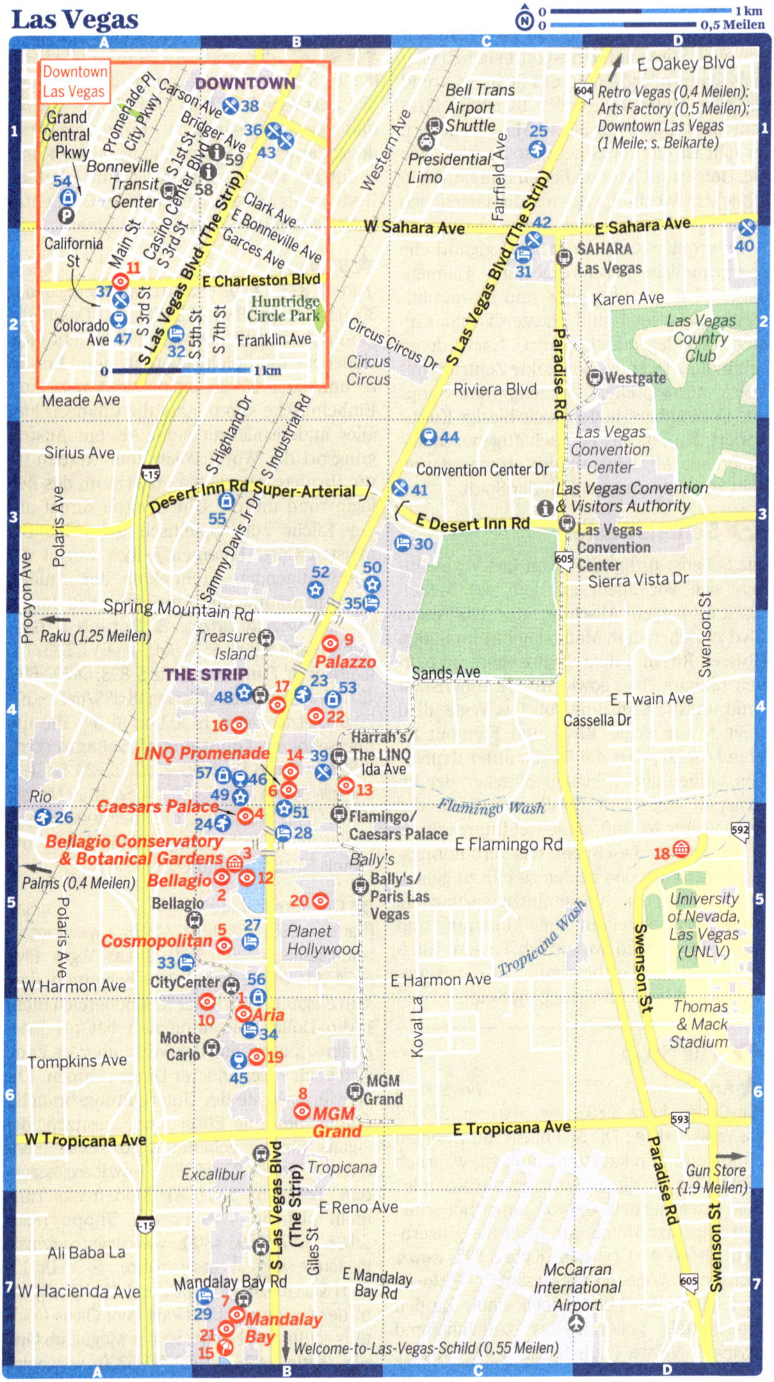

DER SÜDWESTEN NEVADA

Las Vegas

Highlights
1 Aria ... B6
2 Bellagio ... B5
3 Bellagio Conservatory & Botanical Gardens ... B5
4 Caesars Palace ... B5
5 Cosmopolitan ... B5
6 LINQ Promenade ... B4
7 Mandalay Bay ... B7
8 MGM Grand ... B6
9 Palazzo ... B4

Sehenswertes
10 Aria ... B6
11 Arts Factory ... A2
Bellagio Gallery of Fine Art ... (siehe 2)
12 Fountains of Bellagio ... B5
13 High Roller ... B4
14 LINQ Casino ... B4
15 Mandalay Bay Beach ... B7
16 Mirage ... B4
17 Mirage Volcano ... B4
18 National Atomic Testing Museum ... D5
19 NoMad ... B6
20 Paris Las Vegas ... B5
21 Shark Reef Aquarium ... B7
22 Venetian ... B4

Aktivitäten, Kurse & Touren
23 Gondola Ride ... B4
24 Qua Baths & Spa ... B5
25 Stratosphere Thrill Rides ... C1
26 VooDoo ZipLine ... A5

Schlafen
Aria Las Vegas Resort ... (siehe 10)
Aria Sky Suites & Villas ... (siehe 10)
Bellagio ... (siehe 2)
27 Cosmopolitan ... B5
28 Cromwell Las Vegas ... B5
29 Delano ... B7
30 Encore ... C3
Four Seasons Hotel ... (siehe 7)
LINQ Hotel ... (siehe 14)
Mandalay Bay ... (siehe 7)
NoMad ... (siehe 19)
31 Sahara Las Vegas ... C2
32 Thunderbird Hotel ... A2
33 Vdara ... A5
34 Waldorf Astoria ... B6
35 Wynn ... B3

Essen
36 Carson Kitchen ... B1
Catch ... (siehe 10)
37 Esther's Kitchen ... A2
Giada ... (siehe 28)
38 Hugo's Cellar ... B1
39 Jaburrito ... B4
Joël Robuchon ... (siehe 8)
40 Lotus of Siam ... D2
Milk Bar ... (siehe 27)
Morimoto ... (siehe 8)
Peppermill ... (siehe 44)
41 Tacos El Gordo ... C3
42 Umami Burger ... C2
43 VegeNation ... B1

Ausgehen & Nachtleben
Drai's Beachclub & Nightclub ... (siehe 28)
44 Fireside Lounge ... C3
Hakkasan ... (siehe 8)
45 NoMad Bar ... B6
46 Omnia ... B4
47 ReBAR ... A2
Skyfall Lounge ... (siehe 29)
XS ... (siehe 30)

Unterhaltung
48 Aces of Comedy ... B4
49 Colosseum ... B4
House of Blues Gospel Brunch ... (siehe 7)
50 Le Rêve the Dream ... B3
51 Legends in Concert ... B5
O ... (siehe 3)
52 Tix 4 Tonight ... B3

Shoppen
53 Grand Canal Shoppes at the Venetian ... B4
54 Las Vegas Premium Outlets North ... A1
55 Planet 13 ... B3
Retro Vegas ... (siehe 37)
56 Läden im Crystals ... B5
57 The Forum Shops ... B4

Praktisches
58 Clark County Marriage License Bureau ... B1
59 Office of Civil Marriages ... B1

clubs.com/las-vegas; Eintritt Frauen/Männer ab 20/40 US$; ⏲ Di & Do–So 22.30–4 Uhr) der einzige Ort diesseits von Ibiza, wo man sich richtig berauschen kann.

NoMad KASINO
(Karte S. 898; ☎ 702-730-7000; www.thenomadhotel.com; 3772 S Las Vegas Blvd; ⏲ 24 Std.) Wenn es in Las Vegas überhaupt ein elegantes Kasino gibt, dann am ehesten dieses. Hochkarätiges Roulette, Blackjack und Baccara werden hier unter einer Tiffany-Glasdecke gespielt. Der Pool ist den Majorelle-Gärten in Marokko nachempfunden und werktags relativ entspannend (am Wochenende steigen jedoch laute Jemaa-Partys).

LINQ Casino KASINO

(Karte S. 898; ☎800-634-6441; www.caesars.com/linq; 3535 S Las Vegas Blvd; ⏲24 Std.; P) Mit seiner frischen, jungen, flippigen Atmosphäre profitiert eines der neuesten Kasinos in Vegas auch davon, dass es eines der kleinsten ist – es hat etwas mehr als 60 Tische und gut 750 Spielautomaten. Der Laden vermittelt ein luftiges Gefühl von Weite, und es gibt an den Tischen Stühle mit hohen Lehnen und weinrotem Kunstleder. Und wenn man genug hat, findet man direkt vor der Tür das frivole Unterhaltungsangebot der **LINQ Promenade** (Karte S. 898; ☎800-634-6441; www.caesars.com/linq; ⏲24 Std.; P).

Venetian KASINO

(Karte S. 898; ☎702-414-1000; www.venetian.com; 3355 S Las Vegas Blvd; ⏲24 Std.; P) Dieses königliche Kasino ist knapp 11150 m² groß, hat Marmorfußböden und von Hand gemalte Deckenfresken, 120 Spieltische, eine erstklassige Lounge und ein elegantes Nichtraucher-Pokerzimmer, in dem auch Damen willkommen sind (anders als in den Pokerzimmern der meisten anderen Kasinos). Zusammen mit seinem jüngeren Ableger **Palazzo** (Karte S. 898; ☎702-607-7777; www.palazzo.com; 3325 S Las Vegas Blvd; ⏲24 Std.; P) nebenan ist es das flächenmäßig größte Kasino in Las Vegas. Ein weiteres Highlight dieses Mini-Nachbaus von Venedig ist die Fahrt mit der Gondel (S. 901) auf dem Grand Canal.

★ **Cosmopolitan** KASINO

(Karte S. 898; ☎702-698-7000; www.cosmopolitanlasvegas.com; 3708 S Las Vegas Blvd; ⏲24 Std.; P) Für Hipster, die bisher zu cool für Las Vegas waren, gibt es nun endlich einen Ort, an dem sie ganz ohne Ironie die Ästhetik des Strips aushalten oder sogar genießen können. Wie das neueste It-Girl von Hollywood sieht das Cosmopolitan-Kasino zu jeder Zeit umwerfend aus. Durch die Lobby mit tollen Elementen schiebt sich ein unablässiger Strom unbefangener Besuchergruppen.

★ **Mandalay Bay** KASINO

(Karte S. 898; ☎702-632-7700; www.mandalaybay.com; 3950 S Las Vegas Blvd; ⏲24 Std.; P 👪) Seit seiner Eröffnung 1999 an der Stelle der früheren Hacienda aus den 1950er-Jahren beherrscht das Mandalay den südlichen Strip. Sein Thema mag tropisch sein, aber es ist ganz sicher nicht schäbig, auch nicht sein 12500 m² großes Kasino. Gut gekleidete Sportfans finden den Weg in das vornehme Wettbüro nahe dem High-Stake-Pokerraum. Das Mandalay Bay verfügt über viele Topattraktionen, die sich einer Rangordnung verweigern, darunter das mehrstöckige **Shark Reef Aquarium** (Karte S. 898; ; ☎702-632-4555; www.sharkreef.com; Erw./Kind 25/19 US$; ⏲So–Do 10–20, Fr & Sa 10–22 Uhr; P 👪), dekadente Schönheitsfarmen, jede Menge unverwechselbarer Restaurants und der unübertroffene **Mandalay Bay Beach** (Karte S. 898; ☎702-632-4760; www.mandalaybay.com/en/amenities/beach.html; ⏲Pool 8–19 Uhr, Moorea Beach Club ab 10 Uhr; 👪).

Paris Las Vegas KASINO

(Karte S. 898; ☎877-796-2096; www.caesars.com/paris-las-vegas; 3655 S Las Vegas Blvd; ⏲24 Std.; P) Diese Miniaturversion der französischen Hauptstadt mag nicht den wahren Charme der Stadt der Lichter versprühen, doch die Nachbildungen ihrer Wahrzeichen, darunter das 34-stöckige Hotel de Ville sowie die Fassaden des Pariser Opernhauses und des Louvre bescheren Familien und allen, die das Original noch nicht gesehen haben, einen vergnüglichen Besuch. Seine gewölbten Kasinodecken spiegeln einen sonnigen Himmel über unzähligen Tischen und Automaten vor, und die hochpreisigen französischen Rouletteräder – ohne 0 und 00 – erhöhen die Chancen minimal.

High Roller RIESENRAD

(Karte S. 898; ☎702-777-2782; www.caesars.com/linq/high-roller; LINQ Promenade; Erw./Kind ab 22/9 US$, nach 17 Uhr 32/19 US$; ⏲11.30–1.30 Uhr; P 👪; 🚌Flamingo oder Harrah's/Linq) Das größte Riesenrad der Welt erhebt sich 167 m hoch über der LINQ Promenade (S. 900). Die 28 klimatisierten Gondeln bestehen aus handgefertigtem italienischem Glas. Nachts wird das Rad von 2000 farbigen LED-Lichtern beleuchtet. Eine Umdrehung dauert etwa 30 Minuten, jede Gondel bietet Platz für 40 Personen. Von 16 bis 19 Uhr steht in ausgewählten Gondeln eine *All-you-can-drink*-Bar (35 US$ bzw. 47 US$ ab 17 Uhr) für Erwachsene (ab 21 Jahre) zur Verfügung. Das kann auch schnell ausarten!

Mirage Volcano AREAL

(Karte S. 898; ☎702-791-7111; www.mirage.com; Mirage; ⏲Shows 21 & 22 Uhr; 👪) GRATIS Wenn der künstliche Vulkan des Mirage mit viel Getöse aus einer über 1 ha großen Lagune ausbricht, kommt der Verkehr auf dem Strip zum Erliegen. Rauchschwaden, die aus der Spitze dringen, deuten darauf hin, dass das feurige Inferno nach polynesischer Art bald beginnt. Für die musikalische Untermalung sorgen ein Drummer von Grateful Dead und ein indianischer Tabla-Musiker.

Downtown & abseits des Strip

Die fünf Häuserblocks lange Fußgängerzone **Fremont Street Experience** (702-678-5600; www.vegasexperience.com; Fremont St Mall; Shows ständl. Sonnenuntergang–24 oder 1 Uhr; Deuce, SDX) GRATIS ist der Mittelpunkt von Downtown. Wo das heutige Las Vegas entstand, befinden sich eine Menge traditioneller Kasinos – und keine Angst, sie überzeugen immer noch! Weiter nach Süden dreht sich im **Arts District** (www.18b.org) alles um die **Arts Factory** (Karte S. 898; 702-383-9907; www.theartsfactory.com; 107 E Charleston Blvd; 9–18 Uhr; Deuce, SDX), und weiter östlich auf der Fremont St findet man ein bezauberndes, kleines Sammelsurium von hippen Bars und angesagten Restaurants.

★ Mob Museum MUSEUM
(702-229-2734; www.themobmuseum.org; 300 Stewart Ave; Erw./Kind 27/17 US$; 9–21 Uhr; P; Deuce) Schwer zu sagen, was eindrucksvoller ist: Das historische Bundesgerichtsgebäude, in dem das Museum untergebracht ist, und in dem 1950/51 noch Gangster verhört wurden, oder die sorgfältig zusammengestellte Ausstellung über die Geschichte des organisierten Verbrechens in Amerika. Interessant ist auch, dass das Museum von einem früheren Spezialagenten des FBI geleitet wird. Neben interaktiver FBI-Ausrüstung und Ausstellungsstücken zur Gangsterwelt präsentiert das Museum auch Verhöre der Gangster.

National Atomic Testing Museum MUSEUM
(Karte S. 898; 702-794-5151; www.nationalatomictestingmuseum.org; 755 Flamingo Rd E, Desert Research Institute; Erw./Kind 22/16 US$; Mo–Sa 10–17, So 12–17 Uhr; 202) Die faszinierende Multimedia-Ausstellung dokumentiert die Wissenschaft, Technologie und Sozialgeschichte des „Atomzeitalters“ vom Zweiten Weltkrieg bis zum weltweiten Verbot von Atomtests 1992. Die Besucher können an der (ganz legalen, aber trotzdem schrecklichen) Simulation eines Atomtests teilnehmen und alles über die nukleare Vergangenheit, Gegenwart und Zukunft des südlichen Nevada und die ökologischen Auswirkungen der Atomtests erfahren sowie die Lebensweise der Ureinwohner Amerikas kennenlernen. Unbedingt beachten sollte man auch das Kassenhäuschen: es ist ein Nachbau des Wachpostens auf dem Testgelände in der Wüste von Nevada.

Aktivitäten

★ Qua Baths & Spa SPA
(Karte S. 898; 866-782-0655; www.caesars.com/caesars-palace; Caesars Palace; Tageskarte Fitnesscenter 25 US$, inkl. Spa-Einrichtungen 50 US$; 6–20 Uhr) Das Qua versprüht das Flair antiker römischer Badekultur. Beliebt ist das „Bath Liqueur“, bei dem eine individuell abgestimmte Mischung aus Kräutern und Ölen das Bade-Erlebnis in der eigenen Wanne verschönert. Der Frauenbereich umfasst einen Teesalon, einen Kräuterschwitzraum und einen arktischen Eisraum mit künstlichem Schnee, der Männerbereich einen Herrenfriseur und große TVs mit Sportprogramm.

★ Desert Adventures KAJAKFAHREN
(702-293-5026; www.kayaklasvegas.com; 1647 Nevada Hwy; Tagestour mit dem Kajak auf dem Colorado 195 US$; April–Okt. 9–18 Uhr, Nov.–März 10–16 Uhr) Der Veranstalter bietet Kajaktouren und Stehpaddeln auf dem Lake Mead und dem Colorado an. Erfahrene Paddler können sich auch einfach ein Kanu oder Kajak ausleihen und die Wasserwelt auf eigene Faust erkunden. Desert Adventures hat auch Angeltouren, geführte Wanderungen und Bootstouren, darunter eine ruhige Bootsfahrt auf dem Colorado durch den Black Canyon (199 US$), im Programm.

Gondola Ride BOOTSFAHRT
(Karte S. 898; 877-691-1997; www.venetian.com/resort/attractions/gondola-rides.html; Venetian; Gruppenfahrt 29 US$/Pers., Kind unter 3 Jahren frei, Fahrt für 2 Pers. 116 US$; drinnen So–Do 10–23, Fr & Sa 10–2 Uhr, draußen 11–22 Uhr je nach Wetter;) Wie in Venedig kann man auch mitten in Las Vegas mit der Gondel fahren. Die Gäste können zwischen einer Fahrt im Mondschein auf dem winzigen See des Venetian am Strip oder auf den Kanälen im Inneren entlang von Geschäften und Restaurants wählen. Tickets werden im **Grand Canal Shoppes at the Venetian** (Karte S. 898; 702-414-4525; www.grandcanalshoppes.com; 3377 S Las Vegas Blvd, Venetian; So–Do 10–23, Fr & Sa 10–24 Uhr) verkauft.

Schlafen

Die Übernachtungspreise in Las Vegas schwanken von Tag zu Tag. An Werktagen zahlt man im Allgemeinen aber weniger

NERVENKITZEL IN LAS VEGAS

Stratosphere (Karte S. 898; ☎ 702-380-7777; www.stratospherehotel.com/ThrillRides; Stratosphere; Aufzug Erw. 20 US$, inkl. 3 Fahrten 35 US$, Tageskarte 40 US$; ⌚ So–Do 10–1, Fr & Sa 10–2 Uhr; Sahara) Die Achterbahn 110 Stockwerke über dem Strip ist das höchste Fahrgeschäft der Welt.

Sky Combat Ace (☎ 888-494-5850; www.skycombatace.com; 1420 Jet Stream Dr #100; ab 299 US$) Ein Kampfflieger fliegt mit seinen Passagieren simulierte Kampfeinsätze und extreme Flugschauübungen.

VooDoo ZipLine (Karte S. 898; ☎ 702-388-0477; www.voodoozipline.com; Rio; ab 25 US$; ⌚ 11–24 Uhr) Die einmalige Gelegenheit, an einer Seilrutsche zwischen zwei Wolkenkratzern zu schweben.

Gravady (☎ 702-843-0395; www.gravady.com; 7350 Prairie Falcon Rd #120; 1-stündiger Flug Erw./Kind 15/12 US$; ⌚ Mo–Mi 9–21, Do ab 15.30, Fr & Sa 9–11, So 11–19 Uhr;) In dem Trampolin-Park in Summerlin kann man sich mit den Kindern so richtig austoben.

Speedvegas (☎ 702-874-8888; www.speedvegas.com; 14200 S Las Vegas Blvd; Runden 39–99 US$, Experiences 395–1800 US$; ⌚ 10–16.30 Uhr) Auf Vegas' einziger speziell angefertigter Rennstrecke kann man die Reifen eines Sportwagens zum Rauchen bringen.

Richard Petty Driving Experience (☎ 800-237-3889; www.drivepetty.com; 7000 N Las Vegas Blvd, Las Vegas Motor Speedway; Ride-alongs ab 136 US$, Rundenfahrten ab 199 US$; ⌚ unregelmäßige Zeiten) Hier hat man die Chance, als Beifahrer bei einem Qualifikationsrennen das Nascar-Feeling zu erleben.

als am Wochenende. Fast jedes Hotel am Strip verlangt eine zusätzliche „Resortgebühr" *(resort fee)* von 30 bis 45 US$ pro Übernachtung.

The Strip

★ Cosmopolitan KASINOHOTEL $$$
(Karte S. 898; ☎ 702-698-7575, 702-698-7000; www.cosmopolitanlasvegas.com; 3708 S Las Vegas Blvd; Zi. ab 140 US$; P ❄ @ ≋; Deuce) Mit mindestens acht ganz unterschiedlichen und gleichermaßen stilvollen Zimmertypen zur Auswahl bietet Cosmo die hippsten Zimmer am Strip an. Ihre Größe rangiert von überdimensional bis dekadent. Außerdem sind ca. 2200 von den rund 2900 Zimmern mit einem Balkon ausgestattet (bis auf die im Erdgeschoss), viele sogar mit einer japanischen Badewanne. Alle haben elegante Möblierung und Designeigenarten – es macht Spaß, sie zu entdecken.

★ Mandalay Bay KASINOHOTEL $$
(Karte S. 898; ☎ 702-632-7700; www.mandalaybay.com; 3950 S Las Vegas Blvd; Zi. werktags/Wochenende ab 79/388 US$; P ❄ @ ≋) Das luxuriöse Kasinohotel Mandalay Bay (S. 900) ist der Blickfang des südlichen Strips. Es verfügt über stilvolle Zimmer, deren Klasse für sich spricht. Und dann sind da natürlich noch das exklusive **Four Seasons Hotel** (Karte S. 898; ☎ 702-632-5000; www.fourseasons.com/lasvegas; Zi. werktags/Wochenende ab 305/440 US$; P ❄ @ ≋) und das Boutiquehotel **Delano** (Karte S. 898; ☎ 702-632-7888; www.delanolasvegas.com; Zi. werktags/Wochenende ab 143/369 US$; P ❄ @ ≋) auf dem Gelände. Hinzu kommt ein vielfältiges Angebot bemerkenswerter Attraktionen und Annehmlichkeiten, darunter auch der Mandalay Bay Beach (S. 900).

★ Bellagio KASINOHOTEL $$
(Karte S. 898; ☎ 702-693-7111; www.bellagio.com; 3600 S Las Vegas Blvd; Zi. werktags/Wochenende ab 169/399 US$; P ❄ @ ≋) Bei seiner Eröffnung 1998 war das Bellagio das teuerste Hotel der Welt. Bis heute gehört das in Würde gealterte Hotel zu den besten der USA. Die riesigen Zimmer verbinden klassischen Stil mit modernen Annehmlichkeiten und sind farblich in Platin, Indigoblau, mattem Weißgold oder herbstlichem Orange mit grünen Tupfern gehalten. Tagesdecken aus Kaschmir, gedämpfte Beleuchtung und elektrische Vorhänge komplettieren die Ausstattung.

Aria Las Vegas Resort KASINOHOTEL $$
(Karte S. 898; ☎ 702-590-7111; www.aria.com; 3730 S Las Vegas Blvd, CityCenter; Zi. werktags/Wochenende ab 119/169 US$; P ❄ @ ≋) Im Gegensatz zu den meisten anderen Megahotels am Strip ist dieses schicke Resorthotel (S. 897) nach keinem bestimmten Thema gestaltet. Stattdessen sind die mehr als 4000

Luxuszimmer mit 48 m² und die 560 Turmsuiten mit mehr als 85 m² sehr geräumig, sehr luxuriös und wohltuend gestaltet. Jedes Zimmer bietet zudem Ausblick nach zwei Seiten. Den ultimativen Luxus (und Preis) bieten jedoch die **Aria Sky Suites & Villas** (Karte S. 898; ☎702-590-7111; www.aria.com; 3730 S Las Vegas Blvd, Aria; Suite 400 US$), ein eigenes Hotel im Hotel.

LINQ Hotel KASINOHOTEL **$$**
(Karte S. 898; ☎800-634-6441; www.caesars.com/linq; 3535 S Las Vegas Blvd; Zi. ab 99 US$; P ❄ 📶 ≋ 🐾) Das Hotel wurde erst Ende 2014 eröffnet und hieß ursprünglich Quad. Mittlerweile hat es sich als solide Mittelklasseoption etabliert. Die frischen weißen Zimmer mit bunten Farbtupfern sind mit schicken Möbeln eingerichtet, und die Gäste kommen in den Genuss der zahlreichen Annehmlichkeiten (das Haus ist Teil der Caesars-Gruppe). Zudem hat das Hotel eine gute Lage an der LINQ Promenade (S. 900).

Sahara Las Vegas HOTEL **$$**
(Karte S. 898; ☎888-696-2121; www.saharalasvegas.com; 2535 S Las Vegas Blvd; DZ ab 90 US$; P ❄ 📶 ≋) Das SLS nahm 2011 die Stelle des Saharas ein und nun, nach einer 100 Mio. US$ teuren, im Jahr 2020 abgeschlossenen Renovierung, hat das Sahara wieder das SLS ersetzt. Der skurrile Stil des Hotels ist ansteckend.

★ **Cromwell Las Vegas** BOUTIQUEHOTEL **$$$**
(Karte S. 898; ☎702-777-3777; www.caesars.com/cromwell; 3595 S Las Vegas Blvd; Zi. ab 288 US$; P ❄ 📶 ≋ 🐾) Wenn man zwischen 20 und 30 Jahre alt ist, mit den coolen Kids mithalten kann oder einfach so stylisch ist – unabhängig vom Alter –, ist man im Cromwell genau richtig. Die Lage könnte nicht besser sein, und es gibt oft supergünstige Preise für die schicken Zimmer im Erdgeschoss. Sonst noch was? Wer Lust auf Party hat, geht ins **Drai's** (Karte S. 898; ☎702-777-3800; www.draisgroup.com/las-vegas/; Eintritt Nachtclub 20–50 US$; ⏲Nachtclub Do–So 22.30–4 Uhr, Strandclub Fr–So 11–18 Uhr) oder ins feine Restaurant **Giada** (Karte S. 898; ☎855-442-3271; www.caesars.com/cromwell; Hauptgerichte 24–60 US$; ⏲17–22.30 Uhr, Brunch Fr–So 9–15 Uhr).

NoMad KASINOHOTEL **$$$**
(Karte S. 898; www.thenomadhotel.com/las-vegas; 3772 S Las Vegas Blvd, Park MGM; Zi. ab 249 US$; P ❄ 📶 ≋) Das NoMad ist in Wirklichkeit ziemlich verrückt und übertreibt es ganz schön: Es ist ein Hotel im Hotel im Hotel. Das Gute daran sind die exquisit eingerichteten Zimmer, zumeist mit frei stehender Badewanne und maßgefertigten Möbeln. Im Restaurant mit Bar herrscht ausgelassene Partystimmung. Das Kasino ist auch nobler als die meisten anderen.

Downtown & abseits des Strip

★ **Thunderbird Hotel** BOUTIQUEHOTEL **$**
(Karte S. 898; ☎702-489-7500; www.thunderbirdhotellasvegas.com; 1215 S Las Vegas Blvd; DZ ab 39 US$; P ❄ 📶 ≋) Das auf alt getrimmte Hotel liegt versteckt zwischen dem nördlichen Strip und der Fremont St. Es bietet großartige Preise, frische, abgefahrene Zimmer mit Altholzmöbeln und eine fröhliche, junge Atmosphäre. Boutiquehotel? Hostel? Weder noch – es ist irgendetwas dazwischen.

Das Viertel ist nicht das allerbeste, vor allem nachts kann es gefährlich werden. Deshalb sollte man hier möglichst nicht zu Fuß unterwegs sein.

Golden Nugget KASINOHOTEL **$**
(☎702-385-7111; www.goldennugget.com; 129 Fremont St E; DZ ab 49 US$; P ❄ @ 📶 ≋) In diesem schicken Haus in der Fremont St fühlt man sich wie in der glamourösen Blütezeit von Las Vegas in den 1950er-Jahren. Die Zimmer im Rush Tower sind die besten im Haus.

Essen

Der Strip hatte über Jahre eine große Dichte an prominenten Köchen. *All-you-can-eat-*Büfetts und 10-US$-Steaks gibt es immer noch, aber die wohlhabenden Besucher von heute verlangen raffiniertere kulinarische Erlebnisse. Sie wollen Menüs, die von berühmten Trendsettern entworfen wurden – selbst wen jene sie nicht persönlich zubereitet haben.

The Strip

★ **Umami Burger** BURGER **$**
(Karte S. 898; ☎702-761-7614; www.umamiburger.com; 2535 S Las Vegas Blvd, SLS; Burger 12–15 US$; ⏲11–22 Uhr; P) Der Burger-Laden im SLS (S. 903) ist einer der besten am Strip. Die saftigen Burger wurden vom Magazin *GQ* zu den „Burgern des Jahres" gekürt. Es gibt auch einen Biergarten und eine große Auswahl Craft-Biere. Den neuen veganen „Impossible"-Burger, um den gerade so viel Aufhebens gemacht wird, bekommen Gäste hier ebenfalls.

★ Tacos El Gordo MEXIKANISCH $

(Karte S. 898; ☎702-982-5420; www.tacoselgordobc.com; 3049 S Las Vegas Blvd; kleine Gerichte 3–12 US$; ⏲ 10–2, Fr & Sa bis 4 Uhr; P ✎ ♿; 🚌 Deuce, SDX) Der Taco-Laden nach Tijuana-Art aus Südkalifornien ist die richtige Adresse am späten Abend, wenn man fast pleite ist und Gelüste nach Tacos mit *carne asada* (Rindfleisch) oder *adobada* (in Chili eingelegtem Schweinefleisch) in heißen, von Hand hergestellten Tortillas hat. Für experimentierfreudige Gäste gibt's die typischen Varianten mit *sesos* (Rinderhirn), *cabeza* (gebratenem Rinderkopf) und verschiedenen Innereien.

★ Milk Bar DESSERTS $

(Karte S. 898; ☎7020-698-7000; www.cosmopolitanlasvegas.com; Cosmopolitan; Softeis ab 6 US$; ⏲ 9–1, Fr & Sa 9–2 Uhr) Das für die Desserts bei Momofuku verantwortliche Wunderkind Christina Tosi löst mit ihrer Milchbar wahre Begeisterungsstürme in Las Vegas aus. Ihr Softeis mit Müsli, die Maiskekse und der Trüffelkuchen sind aber auch wirklich himmlisch!

Jaburrito SUSHI $

(Karte S. 898; ☎702-901-7375; www.jaburritos.com; LINQ Promenade; Speisen/Getränke 10–13 US$; ⏲ So–Do 11–23, Fr & Sa 11–24 Uhr) Es ist so einfach: Man kombiniere Nori- (Algen-) Sushi mit einem Burrito. Dabei kann man nichts falsch machen, oder? Eigentlich nicht… und es ist superlecker! Und als Nachtisch gibt's witzige Mochi-Eisbällchen.

Peppermill DINER $$

(Karte S. 898; ☎702-735-4177; www.peppermilllasvegas.com; 2985 S Las Vegas Blvd; Hauptgerichte 13–31 US$; ⏲ 24 Std.) In dem altmodischen Diner mit halbrunden Sitznischen fühlt man sich wie im alten Vegas. Hier treffen sich Cowboys aus Nevada und Politiker aus der Innenstadt spätabends zum deftigen Essen oder frühmorgens zum Frühstück. In der sexy **Fireside Lounge** (Karte S. 898; ☎702-735-7635) gibt's tropische Cocktails.

★ Joël Robuchon FRANZÖSISCH $$$

(Karte S. 898; ☎702-891-7925; www.mgmgrand.com; MGM Grand; Probiermenüs 120–425 US$; ⏲ 17.30–22 Uhr) Der umjubelte „Koch des Jahrhunderts" führt die kulinarische Invasion der Franzosen auf dem Strip an. Die edlen Speiseräume mit Leder und Samt in direkter Nachbarschaft zu den Spieltischen des **MGM Grand's** (Karte S. 898; ☎877-880-0880; www.mgmgrand.com; 3799 S Las Vegas Blvd; ⏲ 24 Std.; P ♿) versprühen das Flair einer Dinnerparty in einer Pariser Villa in den 1930er-Jahren. Aufwendige Probiermenüs mit saisonalen Zutaten versprechen ein unvergessliches Erlebnis für die Geschmacksknospen – meist zu Recht!

★ Morimoto FUSION $$$

(Karte S. 898; ☎702-891-3001; www.mgmgrand.com; MGM Grand; Hauptgerichte 24–75 US$; ⏲ 17–22, Fr & Sa bis 22.30 Uhr) Die neueste Inkarnation des Fernsehkochs Masaharu Morimoto in Las Vegas ist sein gleichnamiges Vorzeigerestaurant, das seinen japanischen Wurzeln und der Küche dieser Stadt huldigt, die ihm weltweit den Rang einer Legende verschafft hat. Hier zu essen, ist in jeder denkbaren Weise ein Erlebnis, das unserer Meinung nach jeden Cent wert ist.

★ Catch SEAFOOD $$$

(Karte S. 898; ☎702-590-5757; https://aria.mgmresorts.com; Aria; Hauptgerichte ab 40 US$; ⏲ 17.30–23.30 Uhr; P ❄) Nach der 7 Mio. US$ teuren Renovierung konnte das Restaurant nur schöner werden. Die umfangreiche Speisekarte wird von Meeresfrüchten dominiert, die hier auf asiatische Art zubereitet werden. Das Ergebnis sind Sashimi mit Trüffeln, ganze Fische und Krustentiere (wer so richtig Eindruck schinden will, bestellt einen ganzen, in Sake gedämpften Hummer).

Downtown & abseits des Strip

★ VegeNation VEGAN $

(Karte S. 898; ☎702-366-8515; https://vegenationlv.com; 616 E Carson Ave; Hauptgerichte 13 US$; ⏲ So–Do 8–21, Fr & Sa 8–22 Uhr; 📶 ✎) 🌿 Aufgrund einer schweren Erkrankung musste Küchenchef Donald Lemperle zum Vegetarier werden. Nach dieser Erfahrung eröffnete er sein veganes Café in der Innenstadt. Für seine pflanzlichen Tacos, Sandwiches, Pizzas und Desserts verwendet er nur Erzeugnisse aus Gemeinschaftsgärten der Region. Das wissen nicht nur die Einheimischen zu schätzen. Und es gibt sogar CBD-Kombucha. Willkommen im Vegas des 21. Jhs.!

★ Esther's Kitchen ITALIENISCH $$

(Karte S. 898; ☎702-570-7864; www.estherslv.com; 1130 S Casino Center Blvd; Pasta ab 15 US$; ⏲ Mo–Fr 11–15 & 17–22, Sa & So 10–15 & 17–22 Uhr; ❄ 📶) Die Einheimischen sind zu Recht verrückt nach der hausgemachten Pasta mit Saucen der Saison und dem traditionellen Sauerteigbrot des kleinen Bistros im Künstlerviertel. Hier ist alles superlecker, aber echt unschlagbar sind die Anchovis-Knoblauchbutter, die es zum Sauerteigbrot gibt, und der Grünkohl-Blumenkohl-Salat.

★ **Carson Kitchen** AMERIKANISCH $$
(Karte S. 898; ☎ 702-473-9523; www.carsonkitchen.com; 124 S 6th St; Tapas & Hauptgerichte 8–22 US$; ⊙ Do–Sa 11.30–3, So–Mi bis 22 Uhr; 🚌 Deuce) Dieses kleine Restaurant im industriellen Design mit freigelegten Balken, nackten Glühbirnen und klobigen Gemeinschaftstischen ist bei Kennern von Downtown angesagt, wenn diese dem Getümmel der Fremont St oder den hohen Preisen am Strip entkommen wollen. Auf den Tellern zum Teilen werden bunter Blumenkohl, Wassermelone und Fetasalat sowie dekadente Käsemakkaroni serviert. Es gibt außerdem eine kreative Getränkekarte.

★ **Lotus of Siam** THAILÄNDISCH $$
(Karte S. 898; ☎ 702-735-3033; www.lotusofsiamlv.com; 953 E Sahara Ave; Hauptgerichte 9–30 US$; ⊙ tgl. 17.30–22, Mo–Fr auch 11–14.30 Uhr; 🖉; 🚌 SDX) Saipin Chutimas echte nordthailändische Küche wurde mit fast ebenso vielen Preisen ausgezeichnet wie ihr geografisch breit gefächerter Weinkeller. Einige Kritiker halten das Lotus für das beste thailändische Restaurant der USA, und sie könnten durchaus recht haben. Um das winzige, unscheinbare Lokal in einem Einkaufszentrum am Strip zu finden, folgt man einfach den Menschenmassen. Unbedingt reservieren!

Hugo's Cellar AMERIKANISCH $$$
(Karte S. 898; ☎ 702-385-4011; www.hugoscellar.com; Fremont St Mall, Fremont Street Experience, Four Queens Casino; Hauptgerichte 34–62 US$; ⊙ 17–22 Uhr) Dies ist das alte Vegas in seiner besten Form! In dem dunklen, clubähnlichen Keller unter dem Four-Queens-Kasino ist der Kunde noch König. Jede Dame erhält eine Rose, der Salat wird am Tisch angemacht, und das Personal ist aufmerksam, aber nicht aufdringlich. Mit Veal Oscar, Beef Wellington und Kirsch-Jubilee fühlt man sich zurück ins Jahr 1959 versetzt. Unbedingt reservieren!

Ausgehen & Nachtleben

The Strip

★ **Hakkasan** CLUB
(Karte S. 898; ☎ 702-891-3838; http://hakkasannightclub.com; MGM Grand; Eintritt 20–75 US$; ⊙ Do–So 22.30–4 Uhr) In dem asiatisch inspirierten Luxus-Club legen international bekannte DJs wie Tiësto und Steve Aoki auf. Die Haupttanzfläche ist von VIP-Lounges und deckenhohen LED-Bildschirmen umgeben. Etwas ausgefallenere Musik gibt's im traulichen Ling Ling Club mit Ledersofas und von hinten beleuchtetem Bernsteinglas.

Türsteher achten auf die korrekte Kleidung (Abendkleidung, keine Sportkleidung, Männer nur in Oberhemden).

ÜBERALL BÜFETTS

Extravagante *All-you-can-eat*-Büfetts haben eine lange Tradition in Sin City. Zu den besten gehören:

Bacchanal Buffet (3570 Las Vegas Blvd S, Caesars Palace; 40–65 US$/Erw., Mo–Fr 7.30–22, Sa & So 8–22 Uhr)

Wicked Spoon Buffet (3708 Las Vegas Blvd S, Cosmopolitan; 28–49 US$/Erw., So–Do 8–21, Fr & Sa 8–22 Uhr)

Buffet at Wynn (3131 Las Vegas Blvd S; Wynn; 32–60 US$/Pers., 7.30–21.30 Uhr)

NoMad Bar COCKTAILBAR
(Karte S. 898; ☎ 702-730-6785; www.mgmresorts.com; NoMad Hotel; Cocktails 17 US$; ⊙ Mo–Do 17–23, Fr & Sa 17–1, So 11–17 Uhr) Der letzte Neuzugang der Cocktailszene in Vegas ist durch das prachtvolle Restaurant zu erreichen. Die Bar ist sehr schön, und die Cocktails sind nicht von dieser Welt und ihren deftigen Preis durchaus wert.

Skyfall Lounge BAR
(Karte S. 898; ☎ 702-632-7575; www.delanolasvegas.com; Delano; ⊙ So–Do 17–24, Fr & Sa 17–1 Uhr) Von der Bar auf dem Dach des Hotels Delano im Mandalay Bay (S. 900) hat man einen unglaublichen Blick auf den südlichen Strip. Bei leckeren Cocktails kann man den Sonnenuntergang über den Spring Mountains im Westen beobachten und danach zu sanfter DJ-Musik (ab 21 Uhr) die Nacht durchtanzen.

XS CLUB
(Karte S. 898; ☎ 702-770-0097; www.xslasvegas.com; Encore; Eintritt 20–30 US$; ⊙ Fr–So 22.30–4 Uhr) Innerhalb von nur wenigen Jahren ist das XS zu einem der angesagtesten Clubs geworden. Sein Markenzeichen ist extravagantes goldenes Dekor und pompöses Design. Über der Theke, wo die Gäste Schlange stehen, schweben überlebensgroße weibliche Torsos mit üppigen Kurven. Berühmte

Elektronik-DJs bringen die Tanzfläche zum Beben, während sich der Jetset mit Flaschen und Gläsern in die VIP-Hütten beim Pool zurückzieht.

Downtown & abseits des Strip

Einheimische und Traveller, die sich gut in Vegas auskennen, gehen lieber in den **Fremont East Entertainment District** (www.fremonteast.com), um das beste (bodenständige) Nachtleben der Stadt zu genießen. Das Viertel erstreckt sich über vier Blocks östlich des Las Vegas Blvd und entlang der Fremont St.

★ ReBAR BAR

(Karte S. 898; ☎702-349-2283; www.rebarlv.com; 1225 S Main St; ⊙So–Mi 13–24, Do 13–1, Fr & Sa 13–2 Uhr) Las Vegas ist die Heimat des Kitsch und liebt ordentliche Bars. Die ReBAR kann mit beidem aufwarten. Die Bar im Künstlerviertel ist voller seltsamer Gerätschaften, alten Kneipenschildern, ultrahässlicher Bierkrüge und unglaublichem Krimskrams. Während man die uralten Souvenirs an den Wänden studiert, kann man eines der recht ordentlichen Biere oder etwas Hochprozentiges auf die gute, alte Zeit trinken.

Unterhaltung

In Las Vegas wird immer viel geboten. Ticketmaster (www.ticketmaster.com) verkauft Tickets für fast alle Veranstaltungen. **Tix 4 Tonight** (Karte S. 898; ☎877-849-4868; www.tix4tonight.com; 3200 S Las Vegas Blvd, Fashion Show Mall; ⊙10–20 Uhr) bietet Karten zum halben Preis für eine begrenzte Auswahl von Vorstellungen am selben Tag sowie kleine Rabatte auf Shows, die „ständig ausverkauft" sind.

Nachtclubs & Livemusik

Nachtclubs sind ernstzunehmende Unternehmen in Las Vegas. Die Eintrittspreise schwanken stark; sie hängen immer wieder von der Laune des Personals am Eingang ab, vom Verhältnis zwischen Frauen und Männern und davon, wie voll es ist. Wer im Voraus beim VIP Host des jeweiligen Clubs reserviert, erspart sich die Warteschlange. Die meisten größeren Läden beschäftigen am späten Nachmittag und frühen Abend Türpersonal. Oft haben Hotel-Concierges kostenlose Eintrittskarten für die Clubs oder nehmen Reservierungen vor. Beim „Bottle Service" erspart man sich in der Regel Eintrittsgelder und Wartezeiten, allerdings ist dieser sehr teuer.

★ House of Blues Gospel Brunch LIVEMUSIK

(Karte S. 898; ☎702-632-7600; www.houseofblues.com/lasvegas; Mandalay Bay; Erw./Kind unter 11 Jahren 54/27 US$; ⊙Einlass So 10 & 13 Uhr; 👪) Wer am Samstagabend so richtig gesündigt hat, kann bei dem Gospel-Brunch am Sonntag Vergebung erlangen. Im Eintritt enthalten sind unbegrenzt viele Bloody Marys und wohltuende Klassiker der Südstaatenküche wie Jambalaya, Hühnchen und Waffeln, Maisbrot mit Jalapeños und warmer Bananenbrotpudding. Die Tickets kauft man am besten im Voraus, da sie schnell ausverkauft sind.

Legends in Concert LIVEMUSIK

(Karte S. 898; ☎702-777-2782; www.legendsinconcert.com; Tropicana; Tickets ab 50 US$; ⊙Shows 16, 19.30 & 21.30 Uhr) Die Top-Showproduktion von Las Vegas zeigt wirklich talentierte singende und tanzende Künstler, die berühmte Stars imitieren, denen sie zum Verwechseln ähneln, z. B. die Beatles, Elvis, Madonna, James Brown, Britney Spears, Shania Twain und viele mehr.

Shows

Bei Hunderten Shows hat man in Vegas die Qual der Wahl. Die Vorführungen des Cirque du Soleil sind aber allesamt absolut unvergesslich.

★ Le Rêve the Dream THEATER

(Karte S. 898; ☎702-770-9966; http://boxoffice.wynnlasvegas.com; Wynn; Tickets 115–175 US$; ⊙Shows Fr–Di 19 & 21.30 Uhr) Unterwasserakrobatik von erfahrenen Tauchern sind das Herzstücke dieser Show in einem runden Wassertheater, das aus einem 3 800 000 l Wasser fassenden Becken besteht. Kritiker bezeichnen es als eine wenig inspirierte Version von *O*, der Wassershow des Cirque du Soleil, während begeisterte Fans vom romantischen Unterwassertango, den spektakulären Sprüngen und den visuellen Abenteuern begeistert sind. Die günstigsten Plätze befinden sich in der „Splash Zone".

O THEATER

(Karte S. 898; ☎702-693-8866; www.cirquedusoleil.com/o; Bellagio; Tickets 99–212 US$; ⊙Mi–So 19 & 21.30 Uhr) Phonetisch steht das O für das französische Wort für Wasser *(eau)*. Mit einer geschmeidigen internationalen Besetzung, die in, auf und über dem Wasser agiert, erzählt das Programm *O* des Cirque du Soleil die Geschichte des Theaters durch die Zeiten hinweg. Es ist ein spektakuläres Meisterstück der Imagination und Technik, und man zahlt viel dafür, um das Spektakel zu sehen – dies ist eine der wenigen Shows am Strip, die selten ermäßigte Tickets verkauft.

★ **Aces of Comedy** COMEDY
(Karte S. 898; ☎ 702-792-7777; www.mirage.com; 3004 S Las Vegas Blvd, Mirage; Tickets 40–100 US$; ⌚ wechselnde Zeiten, Ticketschalter Do–Mo 10–22, Di & Mi bis 20 Uhr) Man wird kaum eine bessere Zusammenstellung unter der Crème de la Crème der Stand-up-Comedians finden als jene, die ganzjährig im **Mirage** (Karte S. 898; ☎ 702-791-7111; ⌚ 24 Std.; P) auftritt: Hier kommen Stars wie Jay Leno, Joe Rogan und George Lopez auf die Bühne. Tickets kann man im Voraus online oder telefonisch kaufen. Alternativ geht man zum Ticketschalter des **Cirque du Soleil** (☎ 877-924-7783; www.cirquedusoleil.com/las-vegas; reduzierte Tickets ab 49 US$, Normalpreis ab 69 US$) im Mirage.

Shoppen

★ **Las Vegas Premium Outlets North** EINKAUFSZENTRUM
(Karte S. 898; ☎ 702-474-7500; www.premiumoutlets.com/vegasnorth; 875 S Grand Central Pkwy; ⌚ Mo–Sa 9–21, So 9–20 Uhr; 👪; 🚌 SDX) Im größten Outlet-Center von Vegas sind 120 Marken vertreten, darunter Nobelmarken wie Armani, Brooks Brothers, Diane von Furstenberg, Kate Spade, Michael Kors und Theory, aber auch lässigere Lieblingsmarken wie Banana Republic, Diesel, Nike und Adidas.

Planet 13 APOTHEKE
(Karte S. 898; ☎ 702-815-1313; www.planet13lasvegas.com; 2548 W Desert Inn Rd; ⌚ 24 Std.; 📶) Das gibt es auch nur in Las Vegas: Der „Cannabis-Supermarkt und Unterhaltungskomplex“, wie es sich selbst bezeichnet, ist ein Imperium aus mehreren Häuserblocks, das alles rund um das magische Kraut verkauft. Persönliche Berater führen die Kunden durch das Produktlabyrinth aus Blüten, Samen, Lebensmitteln, Ölen und Accessoires. Selbst wer kein Fan von Cannabis ist, sollte sich dieses einmalige Shopping-Erlebnis nicht entgehen lassen.

Retro Vegas VINTAGE
(Karte S. 898; ☎ 702-384-2700; www.retro-vegas.com; 1131 S Main St; ⌚ Mo–Sa 11–18, So 12–17 Uhr; 🚌 108, Deuce) Der leuchtend pinkfarbene Antiquitätenladen befindet sich ganz in der Nähe des Künstlerviertels in der Innenstadt. Hier findet man tolle Schätze aus den 1950er-, 1960er- und 1970er-Jahren: Kunstwerke und Heimdeko, alte Souvenirs aus Vegas wie Aschenbecher der Kasinohotels. Im Angebot sind auch Secondhand-Kleidung, Handtaschen und Accessoires von Red Kat.

VALLEY OF FIRE STATE PARK

Das **Besucherzentrum** (⌚ 8.30–16.30 Uhr) des **Valley of Fire State Park** (Karte S. 932; ☎ 702-397-2088; www.parks.nv.gov/parks/valley-of-fire; Valley of Fire Hwy, Overton; 10 US$/Fahrzeug; ⌚ 7–19 Uhr) ist rund 50 Meilen (80 km) von der Innenstadt von Las Vegas entfernt. Hier sollte man unbedingt kurz vorbeischauen, um sich einen Überblick über die grandiose, mehr als 161 km² große Wüstenlandschaft aus rotem Sandstein, versteinerten Bäumen und uralten Felsenmalereien der amerikanischen Ureinwohner (am Atlatl Rock) zu verschaffen. Der Park wurde 1935 als erster Nationalpark Nevadas ausgewiesen. Die psychedelische Landschaft wurde in Tausenden Jahren von Wind und Wasser geschaffen.

Praktische Informationen

NOTFALL & MEDIZINISCHE VERSORGUNG

Polizei (☎ 911 (im Notfall) oder 702-828-3111)

Sunrise Hospital & Medical Center (☎ 702-731-8000; www.sunrisehospital.com; 3186 S Maryland Pkwy; ⌚ 24 Std.) Spezielle Traumaabteilung für Kinder und eine rund um die Uhr besetzte Notfallaufnahme.

University Medical Center (UMC; ☎ 702-383-2000; www.umcsn.com; 1800 W Charleston Blvd; ⌚ 24 Std.) Süd-Nevadas bestes Traumazentrum; die Notfallaufnahme ist rund um die Uhr besetzt.

TOURISTENINFORMATION

Las Vegas Convention & Visitors Authority (LVCVA; Karte S. 898; ☎ 702-892-7575; www.lasvegas.com; 3150 Paradise Rd; ⌚ Mo–Fr 8–17 Uhr; 🚌 im Las Vegas Convention Center)

Anreise & Unterwegs vor Ort

Las Vegas ist über den **McCarran International Airport** (LAS; Karte S. 898; ☎ 702-261-5211; www.mccarran.com; 5757 Wayne Newton Blvd; 📶) zu erreichen. Er liegt am südlichen Ende des Strip. Zu den weiter außerhalb liegenden Gates fährt eine kostenlose, barrierefreie Straßenbahn, zwischen den Terminals 1 und 3 verkehren kostenlose Shuttle-Busse, ebenso zum **McCarran Rent-a-Car Center** (☎702-261-6001; www.mccarran.com/Transportation/RentalCars; 7135 Gillespie St; ⏲24 Std.).

Shuttle-Busse fahren auch zu den Hotels am Strip (einfache Strecke 6 US$) bzw. in der Innenstadt und abseits des Strip (ab 8US$). Ein Taxi zum Strip kostet mindestens 15 US$ plus Trinkgeld. Der Fahrer sollte unbedingt die oberirdischen Straßen und nicht den Tunnel der I-15 *(long-hauling)* zum Flughafen benutzen. Eine Mitfahrgelegenheit kostet ab 13 US$.

Greyhound betreibt Fernbusse von Las Vegas nach Reno (81 US$, 9½ Std.) und Salt Lake City (ab 40 US$, 8 Std.) sowie mit Ermäßigung regelmäßig von und nach Los Angeles (ab 20 US$, 5–8 Std.). Aus- und Einsteigen kann man an einer Haltestelle in der Innenstadt, ganz in der Nähe der Fremont Street Experience. Zum Strip verkehren Busse von **SDX** in Richtung Süden (Ticket für 2 Std. 6 US$). **Megabus** (www.megabus.com) fährt täglich vom **South Strip Transfer Terminal** (SSTT; ☎702-228-7433; www.rtcsnv.com; 6675 Gillespie St; ⏲24 Std.) direkt in drei Städte im südlichen Kalifornien: Los Angeles (ab 19 US$, 6 Std.), Anaheim (ab 15 US$, 6½ Std.) und Riverside (ab 10 US$, 4¼ Std.). Bei Buchung im Voraus sind die Preise niedriger.

Ein gutes Angebot ist die Tageskarte für die Busse von Deuce und die schnelleren Busse von SDX (die jedoch nicht immer rund um die Uhr verkehren und auch nicht alle Kasinos anfahren).

Rund um Las Vegas

Der **Lake Mead** und der **Hoover Dam** sind die meistbesuchten Attraktionen der **Lake Mead National Recreation Area** (☎Infoschalter 702-293-8906, Visitor Center 702-293-8990; www.nps.gov/lake; Lakeshore Scenic Dr; Auto 10 US$/7 Tage; ⏲24 Std.; 👪). Zu dem Erholungsgebiet gehören neben dem 110 Meilen (177 km) langen Lake Mead der 67 Meilen (108 km) lange Lake Mohave sowie die riesigen Wüstengebiete rund um die Seen. Das exzellente **Visitor Center** (Alan Bible Visitor Center; ☎702-293-8990; www.nps.gov/lake; Lakeshore Scenic Dr, beim US Hwy 93; 25 US$/Fahrzeug; ⏲9–16.30 Uhr) am Hwy 93 auf halber Strecke zwischen Boulder City und dem Hoover Dam hat Informationen zu Freizeitaktivitäten und der Wüste. Von hier schlängelt sich die North Shore Rd um den See – eine wirklich malerische Route.

Der in einem weichen Bogen verlaufende, 220 m hohe **Hoover Dam** (☎866-730-9097, 702-494-2517; www.usbr.gov/lc/hooverdam; beim Hwy 93; inkl. Parkgebühr 10 US$; ⏲9–17 Uhr; 👪), ein Bauwerk im Art-déco-Stil, überspannt die Grenze zwischen Arizona und Nevada und schafft einen großartigen Kontrast zur kargen Landschaft. Sehr lohnend ist ein Abstecher zur **Mike O'Callaghan-Pat Tillman Memorial Bridge** (Hwy 93). Der Fußgängerweg der Brücke gewährt wunderschöne Blicke stromabwärts auf den Hoover Dam.

In der Innenstadt im nahen Boulder City lädt das **Milo's** (☎702-293-9540; www.milosbouldercity.com; 534 Nevada Hwy; Hauptgerichte 9–14 US$; ⏲11–21 Uhr) zu einem entspannten Mittag- oder Abendessen ein. Die frischen Sandwiches, Salate und Gourmet-Käseplatten werden an Tischen draußen vor der Weinbar serviert.

Red Rock Canyon National Conservation Area — NATURSCHUTZGEBIET

(☎702-515-5350; www.redrockcanyonlv.org; 1000 Scenic Loop Dr; Auto/Fahrrad 15/5 US$; ⏲Panoramastraße April–Sept. 6–20 Uhr, März & Okt 6–19 Uhr, Nov.–Feb. 6–17 Uhr; 👪) Die spektakulären Ausblicke in diesem Naturschutzgebiet begeistern Einheimische und Besucher aus der ganzen Welt gleichermaßen. Der Canyon, dessen rote Steilwände gut 900 m hoch sind, entstand vermutlich vor rund 65 Mio. Jahren durch starke tektonische Verschiebungen. Eine 13 Meilen (20,8 km) lange Rundstraße führt am Canyon entlang und bietet faszinierende Ausblicke. Auf den Parkplätzen entlang der Straße beginnen immer wieder Wanderwege und Klettersteige.

Der Canyon ist 13 Meilen (20,8 km) vom Strip und 3 Meilen (4,8 km) von Summerlin entfernt.

Westliches Nevada

Der Westen des Staates, geprägt von der Sierra Nevada mit ihren Koniferen, fällt bei Genoa steil ab. Er ist eine weitläufige, baumlose Steppe, bewachsen von Beifuß, der einen üppigen grüngrauen Teppich über den hügeligen Ebenen des Great Basin bildet. Vom Sandstrand des Lake Tahoe bis zum historischen Dörfchen Virginia City, dem kleinen Reno, Burning Man, Black Rock und mehr bietet der Westen Nevadas jede Menge Abwechslung.

Reno

In Renos Downtown können Besucher morgens in einem der zwei Dutzend Kasinos spielen, dann die Straße hinunterlaufen und die Stromschnellen im Truckee River Whitewater Park in Angriff nehmen. Genau diese Kontraste machen den Reiz der „größten Kleinstadt der Welt" aus, die sowohl ihre Glücksspielwurzeln hochhält als auch als erstklassige Basis für Outdoor-Abenteuer bekannt ist. Um sich ein Stück vom Hightech-Kuchen Kaliforniens zu sichern, baute Tesla 2016 hier eine Megafabrik, die seitdem wohlhabende junge Leute in die Stadt zieht. Die Sierra Nevada und der Lake Tahoe sind jeweils nur eine Autostunde entfernt, und die Region lockt mit weiteren Seen, Skigebieten und Wanderwegen. Die N Virginia St in der Innenstadt zwischen I-80 und dem Truckee River ist die Kasinomeile. Südlich des Flusses wird sie zur S Virginia St.

Sehenswertes

★ National Automobile Museum MUSEUM
(☎775-333-9300; www.automuseum.org; 10 S Lake St; Erw./Kind 12/6 US$; ⏲Mo–Sa 9.30–17.30, So 10–16 Uhr) In diesem fesselnden Museum illustrieren stilisierte Straßenszenen ein Jahrhundert Automobilgeschichte. Die riesige, eindrucksvolle Sammlung umfasst einzigartige Fahrzeuge wie James Deans Mercury von 1949 aus dem Film *...denn sie wissen nicht, was sie tun*, einen Phantom Corsair aus dem Jahr 1938 und einen DeLorean mit einem Überzug aus 24-karätigem Gold. Zudem zeigen Wechselausstellungen alle möglichen frisierten und wunderbar altmodischen Gefährte.

Nevada Museum of Art MUSEUM
(☎775-329-3333; www.nevadaart.org; 160 W Liberty St; Erw./Kind 10/1 US$; ⏲Mi & Fr–So 10–17, Do bis 20 Uhr) In einem funkelnden Bau, inspiriert von den geologischen Formationen der Black Rock Desert nördlich der Stadt, führt eine freitragende Treppe zu den Galerien, die Wechselausstellungen und abwechslungsreiche Sammlungen zum Westen der USA, zum Alltag und zu moderner Landschaftsfotografie präsentieren. 2016 eröffnete das Museum seinen 6,2 Mio. Dollar teuren Funktionsbereich Sky Room. Besuchern steht es frei, den Sky Room – im Grunde ein sagenhaftes Penthouse mit Patio auf dem Dach mit super Aussicht – zu erkunden und zu genießen (vorausgesetzt, er wird nicht gerade genutzt).

Galena Creek Recreation Area NATURSCHUTZGEBIET
(☎775-849-4948; www.galenacreekvisitorcenter.org/trail-map.html; 18250 Mt. Rose Hwy; ⏲24 Std.) GRATIS 19 Meilen (30 km) von Reno entfernt führt ein komplexes Netz aus reizvollen Wanderwegen, das an diesem Erholungsgebiet im Humboldt-Toiyabe National Forest beginnt, mitten in die Wildnis. Im **Galena Creek Visitor Center** (⏲Di–So 9–16 Uhr) bekommt man Infos über die aktuellen Bedingungen und wird freundlich beraten.

Aktivitäten

Von Reno aus fährt man 30 bis 60 Minuten bis zu den Skigebieten beim Lake Tahoe. In vielen Hotels und Kasinos gibt's Pauschalen für Übernachtungen und Skifahren.

Im städtisch verwalteten Truckee River Whitewater Park (www.reno.gov), wenige Schritte von den Kasinos entfernt, sind die Stromschnellen der Kategorien II und III sowohl für Kinder zur Fahrt mit einem Gummischlauch (Tubing) als auch für professionelle Kajakfahrer geeignet. Zwei Parcours führen um Wingfield Park herum, eine kleine Flussinsel, auf der im Sommer kostenlose Konzerte stattfinden. **Tahoe Whitewater Tours** (☎775-787-5000; www.gowhitewater.com; 400 Island Ave; Kajakverleih ab 48 US$) und **Sierra Adventures** (☎775-323-8928, 866-323-8928; www.wildsierra.com; Truckee River Lane; Kajakverleih ab 22 US$) bieten Kajakausflüge und -kurse an.

Schlafen

Die Übernachtungspreise schwanken sehr stark. Am günstigsten kommt man meist sonntags bis donnerstags davon, die Freitage sind teurer, und an Samstagen zahlt man manchmal dreimal so viel wie werktags.

Im Sommer lädt der **Mt. Rose** (☎877-444-6777; www.recreation.gov; Mt Rose Hwy/Hwy 431; Stellplatz Wohnmobil & Zelt 20–50 US$; ⏲Mitte Juni–Sept.; P) zum Zelten in luftigen Höhen ein. Traumhaft!

Sands Regency HOTEL $
(☎775-348-2200; www.sandsregency.com; 345 N Arlington Ave; Zi. ab 35 US$; P) Das

WANDERWEGE RUND UM RENO

Infos über Wanderwege und Mountainbike-Strecken in der Region, etwa den Mt. Rose Summit Trail und den Tahoe-Pyramid Bikeway, können bei *Truckee Meadows Trails Guide* (https://www.washoecounty.us/parks/files/TrailsGuideFinal.pdf) heruntergeladen werden.

Hotel hat die größten Standardzimmer der Stadt, die in fröhlichen tropischen Farben gehalten sind. Die besten Zimmer befinden sich im Empress Tower. Freitag und Samstag steigen die Preise auf das Dreifache, doch an Werktagen sind sie recht moderat (angesichts des Fitnessraums und des Swimmingpools im 17. Stock).

★ Whitney Peak DESIGNHOTEL **$$**
(☎ 775-398-5400; www.whitneypeakhotel.com; 255 N Virginia St; DZ ab 129 US$; P ❄ 📶) 🍃 Dieses unabhängige, innovative, abgefahrene, freundliche Nichtraucherhotel ohne Kasino in der Innenstadt muss man einfach mögen. Die großen Zimmer sind peppig und witzig im Stil der großartigen Landschaft gestaltet und sparen nicht an angenehmen Designerdetails. Es gibt einen eigenen Hausmeisterservice, eine Kletterwand im Freien und ein gutes Restaurant. Das Personal ist freundlich und professionell.

Renaissance Reno Downtown HOTEL **$$**
(☎ 775-682-3900; www.marriott.com/hotels/travel/rnobr-renaissance-reno-downtown-hotel; 1 Lake St; Zi. ab 135 US$; P 📶 🏊) Es gehört zwar zu einer Hotelkette, wirkt aber wie ein Boutiquehotel (was es früher auch war). Die frisch renovierten, übergroßen Zimmer sind modern gestaltet und erinnern an stylische, aber gemütliche Wohnzimmer. Mit dem schönsten Swimmingpool der Stadt auf dem Dach ist es eine tolle Alternative zu den Kasinohotels.

Essen

★ Great Full Gardens GESUNDES **$**
(☎ 775-324-2013; 555 S Virginia St; Bowls ab 10 US$; ⏲ 8–21, So 8–14 Uhr; P 🌶) Die umfangreiche Speisekarte ist voller Salate, Smoothies und Sandwiches, die so gesund sind, dass man sich danach ruhig noch einen Cocktail oder zwei gönnen kann. Die leckeren Getreide-Bowls sind nach Lifestyle-Kategorien unterteilt: vegan, paläo und makrobiotisch. Wer scharf auf Chili ist, muss unbedingt die hausgemachte Würzsauce probieren.

Gold 'n Silver Inn DINER **$**
(☎ 775-323-2696; www.goldnsilverreno.com; 790 W 4th St; Hauptgerichte 6–20 US$; ⏲ 24 Std.) Seit über 50 Jahren aus Reno nicht wegzudenken, bietet dieser etwas heruntergekommene, aber superfreundliche und rund um die Uhr geöffnete Diner eine umfangreiche Speisekarte, auf der typisch amerikanische Gerichte wie Hackbraten, Tellergerichte, ganztägiges Frühstück und Burger stehen – von den wirklich unglaublichen Karamell-Milchshakes wollen wir an dieser Stelle gar nicht erst anfangen.

Louis' Basque Corner BASKISCH **$$**
(☎ 775-323-7203; www.louisbasquecorner.com; 301 E 4th St; Abendessen 12–29 US$; ⏲ Di–Sa 11–21.30, So & Mo 16–21.30 Uhr) An großen Tischen werden Lammfleisch, Kaninchen, Bries und noch mehr Lamm für mehrere Personen serviert. Dabei werden aus Wildfremden ganz schnell *vieux amis*.

Wild River Grille GRILL **$$**
(☎ 775-847-455; www.wildrivergrille.com; 17 S Virginia St; Hauptgerichte 21–37 US$; ⏲ 11–21 Uhr; 🌶) Im Wild River Grille lieben die Gäste die raffiniert-lässigen Speisen und das vielfältige Angebot einer kreativen Küche, von Gruyère-Kroketten bis zu Hummer-Ravioli, aber vor allem die wunderbare Terrasse mit Blick auf den Truckee River. Dies ist auch der beste Ort in der Stadt für einen Drink an einem lauen Sommerabend.

Unterhaltung

Die beste Infoquelle für Veranstaltungen ist das kostenlose Wochenmagazin *Reno News & Review* (www.newsreview.com).

Praktische Informationen

Reno-Sparks Convention & Visitors Authority Visitor Center (☎ 775-682-3800; www.visitrenotahoe.com; 135 N Sierra St; ⏲ 9–18 Uhr)

Anreise & Unterwegs vor Ort

Der **Reno-Tahoe International Airport** (RNO; www.renoairport.com; 📶) liegt rund 5 Meilen (8 km) südöstlich der Innenstadt. Er wird von den meisten großen Fluggesellschaften angeflogen und bietet Verbindungen in die gesamte USA und die ganze Welt.

Der **North Lake Tahoe Express** (☎ 866-216-5222; www.northlaketahoeexpress.com; einfache Strecke 49 US$) betreibt einen Shuttle-Service zwischen dem Flughafen und mehreren Orten am Nordufer des Lake Tahoe (6- bis 8-mal tgl., 3.30–24 Uhr). Der **South Tahoe Airporter** (☎ 866-898-2463; www.southtahoeairporter.com; einfache Strecke Erw./Kind 33/20 US$) fährt mit mehreren Shuttle-Bussen täglich vom Flughafen zu den Stateline-Kasinos.

Greyhound (☎ 800-231-2222; www.greyhound.com) verkehrt mehrmals täglich von San Francisco nach Reno (ab 18 US$, min. 5 Std.). Bei Buchung im Voraus wird's billiger.

Mit dem *California Zephyr* von **Amtrak** (☎800-872-7245; www.amtrak.com) kommt man einmal pro Tag von Emeryville/San Francisco (55 US$, 7½ Std.) nach Reno.

Die mit WLAN ausgestatteten Fernbusse von **RTC Washoe** (☎775-348-0400; www.rtcwashoe.com) fahren sechsmal täglich nach Carson City (5 US$, 1 Std.). Von dort tuckern die BlueGo-Busse des **Tahoe Transportation District** (☎775-589-5500; www.tahoetransportation.org) unregelmäßig weiter zum Stateline Transit Center in South Lake Tahoe (Erw./Kind 4/2 US$ inkl. RTC Fernbus-Transfer, 1 Std.).

Great Basin

Eine Tour durch das Great Basin ist ein tolles Erlebnis, das einen nicht mehr loslassen wird. All jene, die von einem echten Roadtrip träumen, werden die faszinierenden alten Städte und die ungewöhnlichen Sehenswürdigkeiten an den einsamen Wüsten-Highways lieben.

Am Highway 50

Der transkontinentale Hwy 50 führt mitten durch Nevada und verbindet Carson City im Westen mit dem Great Basin National Park im Osten. Er ist besser unter seinem Spitznamen „Loneliest Road in America" (Einsamste Straße Amerikas) bekannt, gehörte früher zum Lincoln Hwy und folgt der Route des Overland Stagecoach, des Pony Express und der ersten transkontinentalen Telegrafenlinie. Man trifft nur auf wenige Orte, und die Geräuschkulisse beschränkt sich auf das Brummen des Motors und das Rauschen des Windes.

Etwa 25 Meilen (40 km) südöstlich von Fallon lohnt die **Sand Mountain Recreation Area** (☎775-885-6000; www.blm.gov/nv; Eintritt für 7 Tage 40 US$, Di–Mi frei; ⌚24 Std.; P) mit ihrer über 180 m langen Sanddüne und den Ruinen einer Station des Pony Express einen Besuch. Unmittelbar östlich davon kann man sich in der **Middlegate Station** (☎775-423-7134; www.facebook.com/middlegate.station; 42500 Austin Hwy, Ecke Hwys 50 & 361; Hauptgerichte 6–17 US$; ⌚6–2 Uhr), einer alten Postkutschenstation, mit einem saftigen Burger stärken und dann den kurz danach folgenden **Shoe Tree** an der Nordseite des Hwy 50 mit alten Turnschuhen schmücken.

Wer den Hwy 50 hinter sich gebracht hat, wird mit dem atemberaubenden und fast menschenleeren **Great Basin National Park** (☎775-234-7331; www.nps.gov/grba; 100 Great Basin; ⌚24 Std.) GRATIS belohnt. In dem Park nahe der Grenze zwischen Nevada und Utah ragt der knapp 4000 m hohe Wheeler Peak einsam aus der Wüste auf. Auf den fantastischen Wanderwegen unterhalb des Gipfels kommt man an Gletscherseen, uralten Kiefern und sogar einem Eisfeld vorbei. Der Eintritt ist frei. Im Sommer kann man sich im **Lehman Caves Visitor Center** (www.nps.gov/grba; 5500 W Hwy 488, Baker; ⌚8–16.30 Uhr) nördlich von Baker über den Park informieren. Auf den Campingplätzen kann man den Sternenhimmel beobachten.

Wer lieber ein Dach über dem Kopf möchte, kann es im **Stargazer Inn** (☎775-234-7323; stay@stargazernevada.com; 115 S Baker Ave, Baker, Hwy 50; Zi. ab 78 US$; P ⊖ ❄ ≋ 🐾) 🍃 versuchen. Das umgebaute Motel befindet sich in Baker. Das hauseigene Restaurant **Kerouac's** (☎775-234-7323; 115 S Baker Rd, Baker; Pizza ab 12 US$; ⌚April–Okt. 7–10 & 17–20.30 Uhr; P ❄) ist bekannt für seine Holzofenpizzas und die kreativen Cocktails.

> **ABSTECHER**
>
> **BURNING MAN**
>
> **Burning Man** (www.burningman.com; Eintritt 425 US$; ⌚Aug.) Für eine Woche im August kommen die Festivalbesucher („Burners") aus der ganzen Welt in die Black Rock Desert und bauen die temporäre Black Rock City, nur um alles wieder abzureißen und die überdimensionale Figur eines Mannes zu verbrennen. Dazwischen gibt es Frieden, Liebe, Musik, Kunst, Nacktheit, Drogen, Sex und Ausgelassenheit in einem sicheren Raum, wo die Teilnehmer die Prinzipien des Festivals hochhalten.

An den Highways 375 & 93

Der Hwy 375 wird auch der „extraterrestrische Highway" genannt, einerseits wegen der vielen Ufos, die an der Strecke gesichtet wurden, andererseits weil er den Hwy 93 in der Nähe der streng geheimen **Area 51**, eines Teils des Luftwaffenstützpunkts Nellis, kreuzt. Angeblich werden hier erbeutete Ufos versteckt. Manche halten den Hwy 375 für noch nervtötender als die Loneliest Road; auf dem einsamen asphaltierten Straßenabschnitt kommen einem kaum Autos entgegen. In dem winzigen Ort Rachel am Hwy 375 heißt das **Little A'Le'Inn** (☎775-729-2515; www.littlealeinn.com; 9631 Old Mill St, Rachel;

Wohnmobilstellplatz 20 US$, Zi. 45–190 US$; ⌚Restaurant 8–22 Uhr; ❄📶🐾) Erdlinge und Aliens gleichermaßen willkommen und verkauft außerirdische Souvenirs; Reisen ins Weltall sind im Preis aber nicht enthalten.

ARIZONA

Arizona ist ideal für Roadtrips. Gewiss, der Staat hat atemberaubende Landschaften – Monument Valley, den Grand Canyon, Cathedral Rock –, aber in Erinnerung bleiben die langen, romantischen Meilen unter dem grenzenlosen Himmel, während man die Juwelen dazwischen besucht. Jede Fahrt offenbart mehr von der Seele des Staates: Eine Dosis familiärer Freundlichkeit findet man auf der Route 66 nach Flagstaff; um den schieren Willen von Arizonas Grubenbaronen zu verstehen, fährt man auf der gewundenen Straße durch das wilde Jerome, und die Geschichte der indigenen Bevölkerung wird einem nahegebracht, wenn man auf der Hochebene an 1000 Jahre alten Hopi-Dörfern vorbeifährt.

Geschichte

Indianische Stämme lebten schon seit Jahrtausenden in Arizona, als Francisco Vásquez de Coronado 1540 mit seiner Expedition in Mexico City aufbrach und als erster Europäer den Grand Canyon und den Colorado River erreichte. Es folgten Scharen von Siedlern und Missionaren, sodass die USA Arizona nach dem mexikanisch-amerikanischen Krieg Mitte des 19. Jhs. annektierte. Die Indianerkriege, in denen die US-Armee die Indianer unterwarf, um die weißen Siedler zu schützen und Land in Besitz zu nehmen, endeten offiziell 1886 mit der Kapitulation des Apachen-Häuptlings Geronimo.

Die Ankunft der Eisenbahn und der expandierende Bergbau lockten noch mehr Siedler in das Gebiet. Nachdem Präsident Theodore Roosevelt Arizona 1903 besucht hatte, förderte er den Bau von Flussdämmen, um das ganze Jahr über Ackerland und Menschen mit Wasser versorgen zu können. Das ebnete den Weg zu einem weiteren Schritt: 1912 wurde Arizona als letzter der 48 Kernstaaten der USA in die Union aufgenommen.

Aufgrund der 400 km langen Grenze zu Mexiko steht der Staat immer wieder an vorderster Front der Einwanderungsproblematik. Derzeit sind viele Grenzübergänge, z. B. der in Yuma, hoffnungslos überlastet, da die Zahl der Asylbewerber aus Mittelamerika steil ansteigt. Die Auffanglager sind randvoll, sodass viele Einwanderer in provisorischen Zeltlagern auf ihre Anhörung warten müssen.

ℹ Praktische Informationen

In Arizona gilt die Mountain Standard Time (MST). Es ist der einzige Staat im Westen ohne Sommerzeit; die Ausnahme von der Ausnahme bildet das Navajo-Reservat.

Im Allgemeinen sind die Unterkunftspreise im Süden von Arizona (inkl. Phoenix, Tucson und Yuma) im Winter und Frühling – der Hauptsaison – sehr viel höher als im übrigen Jahr. In den heißeren Gegenden locken im Sommer tolle Schnäppchen.

Arizona Office of Tourism (☎602-364-3700; www.tourism.az.gov) Kostenlose Infos über den Bundesstaat.

Arizona State Parks (☎877-697-2757; www.azstateparks.com) 16 der State Parks verfügen über Campingplätze; eine Online-Reservierung ist möglich.

Die **Public Lands Interpretative Association** informiert über den USFS, den NPS, das Bureau of Land Management (BLM) sowie staatliche Gebiete und Parks.

Phoenix

Phoenix ist Arizonas unbestreitbares kulturelles und wirtschaftliches Zentrum, eine florierende Wüstenmetropole, die sich mit der besten südwestlichen und mexikanischen Küche überhaupt rühmt. Und mit mehr als 300 Sonnentagen im Jahr ist es ein ansprechendes Vorhaben, das Valley of the Sun („Tal der Sonne") zu erkunden – außer natürlich in der mörderischen Hitze von Juni bis August.

Das kulturelle Angebot von Phoenix umfasst eine Oper, eine Sinfonie, mehrere Theater und drei der schönsten Museen des Staates – Heard Museum, Phoenix Art Museum und Musical Instrument Museum –, während der Desert Botanical Garden eine fantastische Einführung in die Flora und Fauna der Region bietet. Für Sportfans gibt es Profiteams für Baseball, Football, Basketball und Eishockey sowie über 200 Golfplätze.

👁 Sehenswertes

Greater Phoenix besteht aus mehreren eigenständigen Städten. Phoenix selbst ist die größte davon und kombiniert businesshaftes Auftreten mit erstklassigen Museen, einer blühenden Kulturszene und tollen Sportanlagen. Südöstlich davon schmiegt sich die lebendige Studentenstadt Tempe (sprich: *tem*-pie) an den 2 Meilen (3 km) langen Tempe Town Lake, während das vorstädtische Mesa weiter östlich einige interessante Museen bereithält. Nordöstlich von Phoenix erstrecken sich zwei schicke Enklaven: Scottsdale, bekannt für seine kitschig-niedliche Altstadt, Galerien und Luxusresorts, sowie Paradise Valley, das vor allem als Wohngebiet dient.

Phoenix

★ Heard Museum — MUSEUM

(Karte S. 916; ☎ 602-252-8848; https://heard.org; 2301 N Central Ave; Erw./Senior/Kind 18/13,50/7,50 US$; ⏲ Mo–Sa 9.30–17, So ab 11 Uhr; P) Das außergewöhnliche Museum widmet sich der Geschichte, dem Alltag, der Kunst und der Kultur von Indianerstämmen im Südwesten. Besucher erwarten Kunstgalerien, ethnografische Exponate, Filme, eine Ausstellung, die die Fantasie von Kindern anregt, und eine beispiellose Sammlung von Hopi-*kachinas* (kunstvolle Geisterpuppen viele davon sind Spenden des Präsidentschaftskandidaten Barry Goldwater). Das Heard Museum stellt Qualität über Quantität und ist eines der besten Museen seiner Art in den USA.

★ Musical Instrument Museum — MUSEUM

(☎ 480-478-6000; www.themim.org; 4725 E Mayo Blvd; Erw./Jugendl./Kind 20/15/10 US$; ⏲ 9–17 Uhr; P) Vom Daumenklavier aus Uganda bis zu den Ukulelen aus Hawaii und den Bootslauten aus Indonesien: In diesem lebendigen Museum der Musikinstrumente aus der ganzen Welt kommen die Ohren auf ihre Kosten. Über 200 Länder und Territorien sind in fünf regionalen Galerien vertreten, von denen viele mit Tonaufnahmen aufwarten, wenn man in „Hörweite“ kommt (Kopfhörer sind vorhanden). Man kann auch in der Experiences Gallery die Trommel schlagen und mit Taylor Swift oder Elvis Presley in der Artist Gallery abrocken.

★ Desert Botanical Garden — GÄRTEN

(Karte S. 916; ☎ 480-941-1225; www.dbg.org; 1201 N Galvin Pkwy; Erw./Kind 25/13 US$; ⏲ Okt.–April 8–20 Uhr, Mai–Sept. 7–20 Uhr) Glockenblumen und mexikanischer Goldmohn sind nur zwei der farbenfrohen Attraktionen, die von März bis Mai entlang dem Desert Wildflower Loop Trail in diesem sehr gepflegten botanischen Garten blühen. Hier kann man wunderbar in die Natur eintauchen und dabei etwas über die Pflanzenwelt der Wüste erfahren. Rundwege führen an einer eindrucksvollen Vielfalt pflanzlicher Wüstenbewohner vorbei, die thematisch angeordnet sind (z. B. gibt es den Sonoran-Desert-Naturpfad und einen Wüstengarten mit essbaren Pflanzen). Die Anlage ist das ganze Jahr hindurch überwältigend, aber während der Frühlingsblüte ist sie am buntesten.

Phoenix Art Museum — MUSEUM

(Karte S. 916; ☎ 602-257-1880; www.phxart.org; 1625 N Central Ave; Erw./Senior/Kind 23/20/14 US$; ⏲ Di & Do–Sa 10–17, Mi bis 21, So 12–17 Uhr; P 👪) Arizonas erste Adresse für die schönen Künste zeigt u. a. Werke von Claude Monet, Diego Rivera und Georgia O'Keeffe. In der Western Gallery entdeckt man, wie die erstaunliche Landschaft Arizonas alle inspiriert hat, von den frühen Pionieren bis zu den Vertretern der Moderne. Wer mit Kindern unterwegs ist, holt sich bei der Besucherinformation ein Kidpack, erkundet die kunstvoll gefertigten Miniaturmodelle der Thorne Rooms oder besichtigt die PhxArt-Kids Gallery.

KURZINFOS ARIZONA

Spitzname Grand Canyon State

Bevölkerung 7,17 Mio.

Fläche 295,25 km²

Hauptstadt Phoenix (1,66 Mio. Ew.)

Weitere Städte Tucson (535 677 Ew.), Flagstaff (71 975 Ew.), Sedona (10 336 Ew.)

Verkaufssteuer 5,6 %

Geburtsort von Cesar Chavez (1927–1993), Sängerin Linda Ronstadt (1946)

Heimat des O. K. Corral, von in Künstlerkolonien verwandelten Bergbaustädten

Politische Ausrichtung Die Mehrheit wählt die Republikaner.

Berühmt für Grand Canyon, Saguaro-Kakteen

Bestes Souvenir Rosa Neonlampe in Form eines Kaktus von einem Stand an der Straße

Entfernungen Phoenix–Grand Canyon Village 235 Meilen (376 km), Tucson–Sedona 230 Meilen (368 km)

Scottsdale

Eine Liste der permanenten und wechselnden Kunstausstellungen, die zumeist sehr interessant sind, findet sich auf www.scottsdalepublicart.org.

Old Town Scottsdale STADTVIERTEL
(Karte S. 916; www.oldtownscottsdaleaz.com) Versteckt zwischen Einkaufszentren und Bistros liegt die Old Town, eine Westernstadt voller kitschiger Gebäude, überdachter Bürgersteige und Läden, die „indianische" Massenware verkaufen. Es gibt auch ein Museum, Skulpturen, Saloons, ein paar Galerien mit echter indianischer Kunst und im Winter sogar Pferdekutschen und singende Cowboys.

Taliesin West ARCHITEKTUR
(☎888-516-0811; www.franklloydwright.org; 12621 N Frank Lloyd Wright Blvd; Führungen 35–75 US$; ⊙Okt.–Mai 8.30–18 Uhr, Juni–Sept. kürzere Öffnungszeiten, Juni–Aug. Di & Mi geschl.) Taliesin West war das Wüstenhaus und Atelier von Frank Lloyd Wright, einem der bedeutendsten US-amerikanischen Architekten des 20. Jhs. Es wurde zwischen 1938 und 1940 gebaut und ist ein erstklassiges Beispiel der organischen Architektur, die Elemente und Strukturen der umliegenden Natur aufgreift. Heute beherbergt es eine Architekturschule und ist ein National Historical Monument, das im Rahmen von Führungen besichtigt werden kann. Eine Reservierung ist erforderlich.

Tempe

Die **Arizona State University** (ASU; Karte S. 916; ☎480-965-2100; www.asu.edu) wurde im Jahr 1885 gegründet, hat rund 50 000 Studenten und ist das Herz und die Seele von Tempe. Das **Gammage Auditorium** (Karte S. 916; ☎Ticketschalter 480-965-3434, Führungen 480-965-6912; www.asugammage.com; 1200 S Forest Ave, Ecke Mill Ave & Apache Blvd; Eintritt frei, Performances ab 50 US$; ⊙Ticketschalter Sommer Mo–Do 10–17, restliches Jahr Mo–Fr bis 18 Uhr) war Frank Lloyd Wrights letztes großes Werk. Tempes wichtigste Straße, die **Mill Avenue**, ist von Downtown Phoenix aus problemlos mit der Straßenbahn zu erreichen. Sie wird von Restaurantketten, Mottobars und Studentenkneipen gesäumt. Es lohnt sich auch, einen Abstecher zum künstlichen **Tempe Town Lake** (Karte S. 916; www.tempe.gov/lake) zu unternehmen, auf dem man Boot fahren und um den man herumwandern kann.

Mesa

★ **Arizona Museum of Natural History** MUSEUM
(☎480-644-2230; www.arizonamuseumofnaturalhistory.org; 53 N MacDonald St, Mesa; Erw./Senior/Kind 12/10/7 US$; ⊙Di–Fr 10–17, Sa ab 11, So ab 13 Uhr) Auch wenn man nicht in Mesa übernachtet, lohnt dieses Museum einen Besuch, insbesondere wenn man mit Kindern reist, die Dinosaurier cool finden (und tun das nicht alle?). Neben dem mehrstöckigen Dinosaur Mountain gibt es hier viele lebensgroße Gipsfiguren der gigantischen Tiere sowie den Oberschenkelknochen eines Apatosaurus, den man auch anfassen darf. Andere Ausstellungsstücke sind der Vergangenheit des Südwestens vor der europäischen Eroberung und der allgemeineren Geschichte Nord- und Südamerikas gewidmet, von einem prähistorischen Dorf der Hohokam bis hin zu einem ganzen Saal, der sich mit den alten mittelamerikanischen Kulturen beschäftigt.

PHOENIX MIT KINDERN

Wet 'n' Wild Phoenix (☎623-201-2000; www.wetnwildphoenix.com; 4243 W Pinnacle Peak Rd, Glendale; Größe über/unter 1,20 m 44/34 US$, Senior 33 US$; ⊙Juni–Juli So–Do 10.30–20, Fr & Sa bis 22 Uhr, März–Mai & Aug.–Okt. kürzere Öffnungszeiten) Der Wasserpark bietet Swimmingpools, Wasserrutschen, Wellenbecken, Wasserfälle und Raftinganlagen. Er liegt in Glendale, 2 Meilen (3 km) westlich der I-17 an Exit 217.

Children's Museum of Phoenix (Karte S. 916; ☎602-253-0501; www.childrensmuseumofphoenix.org; 215 N 7th St; 15 US$; ⊙Di–So 9–16 Uhr; 👪) Ein Wunderland interaktiver (und insgeheim pädagogischer) Exponate zum Anfassen, Erklettern und Bemalen.

Arizona Science Center (Karte S. 916; ☎602-716-2000; www.azscience.org; 600 E Washington St; Erw./Kind 18/13 US$; ⊙10–17 Uhr) In dem Hightech-Tempel für Entdecker gibt es über 300 Ausstellungsstücke zum Anfassen und ein Planetarium.

Aktivitäten

★ Camelback Mountain WANDERN & TREKKEN
(Karte S. 916; ☎602-261-8318; www.phoenix.gov; ⏲Sonnenaufgang–Sonnenuntergang) Der 822 m hohe Zwillingsberg liegt mitten in Phoenix. Die Wanderwege Cholla Trail (6131 E Cholla Lane) und Echo Canyon Trail (4925 E McDonald Dr) sind zwar kurz, aber steil. Immerhin sind auf knapp 2 km 384 Höhenmeter zu bewältigen. Dazwischen sind immer wieder größere Felsen zu überwinden. Die immense Anstrengung wird mit einem atemberaubenden Ausblick belohnt. Man sollte aber früh kommen, denn vor allem der Echo Canyon Trail ist äußerst beliebt.

Salt River Recreation WASSERSPORT
(☎480-984-3305; www.saltrivertubing.com; 9200 N Bush Hwy; Schlauchboot & Shuttle 17 US$; ⏲Mai–Ende Sept. 9–18.30 Uhr) Bei Salt River Recreation kann man sich im Schlauchboot auf dem Lower Salt River durch den urwüchsigen Tonto National Forest treiben lassen. Start ist im nordöstlichen Mesa, rund 15 Meilen (24 km) nördlich vom Highway 60 an der Power Rd. Die Fahrten dauern zwei, drei oder fünf Stunden einschließlich der Rückfahrt im Shuttle-Bus. Nur Barzahlung möglich.

Cactus Adventures MOUNTAINBIKEN
(☎480-688-4743; www.cactusadventures.com; Leihrad halber Tag ab 45 US$; ⏲8–20 Uhr) Der Veranstalter verleiht nicht nur Fahrräder aller Art, sondern bietet auch Wander- und Radtouren (ab 250 US$) in die Parks der Umgebung an. Die Leihräder werden zum Startpunkt des Radwegs gebracht. Es gibt keine Filiale vor Ort. Alles muss im Voraus gebucht werden.

Ponderosa Stables REITEN
(☎602-268-1261; www.arizona-horses.com; 10215 S Central Ave; 1/2/3 Std. Reiten 40/60/80 US$; ⏲9–20 Uhr) Man kann morgens, mittags, abends oder zum Sonnenuntergang durch den schönen weitläufigen South Mountain Park reiten. Unbedingt vorher reservieren! Der Reitstall ist 7 Meilen (11 km) südlich der Innenstadt von Phoenix, direkt an der Central Ave. Die dreistündigen Ausritte werden nur mit mindestens zwei Teilnehmern durchgeführt.

Feste & Events

First Fridays KUNST
(www.artlinkphoenix.com; ⏲1. & 3. Fr im Monat 18–22 Uhr) Jeden 1. und 3. Freitag im Monat drängen sich bis zu 20 000 Menschen in den Straßen der Innenstadt, um die mehr als 70 Galerien und Veranstaltungsorte zu besuchen. Wer nicht von Institution zu Institution laufen möchte, kann mit einer der drei Straßenbahnen fahren.

Arizona State Fair VOLKSFEST
(☎602-252-6771; www.azstatefair.com; 1826 W McDowell Rd, Phoenix; ⏲Okt.) Diese Messe lockt jeden Oktober über 1 Mio. Menschen auf die Arizona State Fairgrounds, wo ein Rodeo, Fahrbetriebe, Unterhaltung, Vorführungen von Nutztieren, ein Tortenwettessen und jede Menge Aufführungen geboten werden.

Schlafen

Phoenix

HI Phoenix Hostel HOSTEL $
(Karte S. 916; ☎602-254-9803; www.phxhostel.org; 1026 N 9th St; B/EZ/DZ 30/45/65 US$; ❄@☜) In diesem kleinen Hostel wird man gern wieder zum Backpacker. Die witzigen Inhaber kennen sich gut in Phoenix aus und zeigen es ihren Gästen mit Freude. Das Haus mit 22 Betten steht in einem Wohnviertel und hat einen schönen Garten mit lauschigen Plätzchen. Der „Sprechtisch", an dem Laptops und andere elektronische Geräte täglich von 8 bis 10 und von 17 bis 22 Uhr verboten sind, ist eine sehr gesellige Einrichtung.

Maricopa Manor B&B $$
(Karte S. 916; ☎800-292-6403, 602-264-9200; www.maricopamanor.com; 15 W Pasadena Ave; Suite 190–240 US$; P☜≋) Dieses kleine Haus im spanischen Ranch-Stil nahe der belebten Central Ave hat sechs individuell gestaltete Suiten, viele mit Glastüren zur Terrasse. Von dieser schaut man auf den Bereich mit Pool, Garten und Brunnen. Obwohl das Maricopa Manor zentral gelegen ist, hat es genügend schattige Winkel im Garten, in die man sich zurückziehen kann.

★ Arizona Biltmore Resort & Spa RESORT $$$
(Karte S. 916; ☎800-950-0086, 602-955-6600; www.arizonabiltmore.com; 2400 E Missouri Ave; DZ ab 400 US$; P❄@☜≋🐾) Mit der von Frank Lloyd Wright inspirierten Architektur und einem Gästebuch, in das sich Irving Berlin, Marilyn Monroe und viele Präsidenten eingetragen haben, eignet sich das Biltmore perfekt, um in den Zauber des Gestern einzutauchen. Das Resort nimmt ein weitläufiges Gelände ein und verfügt über mehr

Phoenix

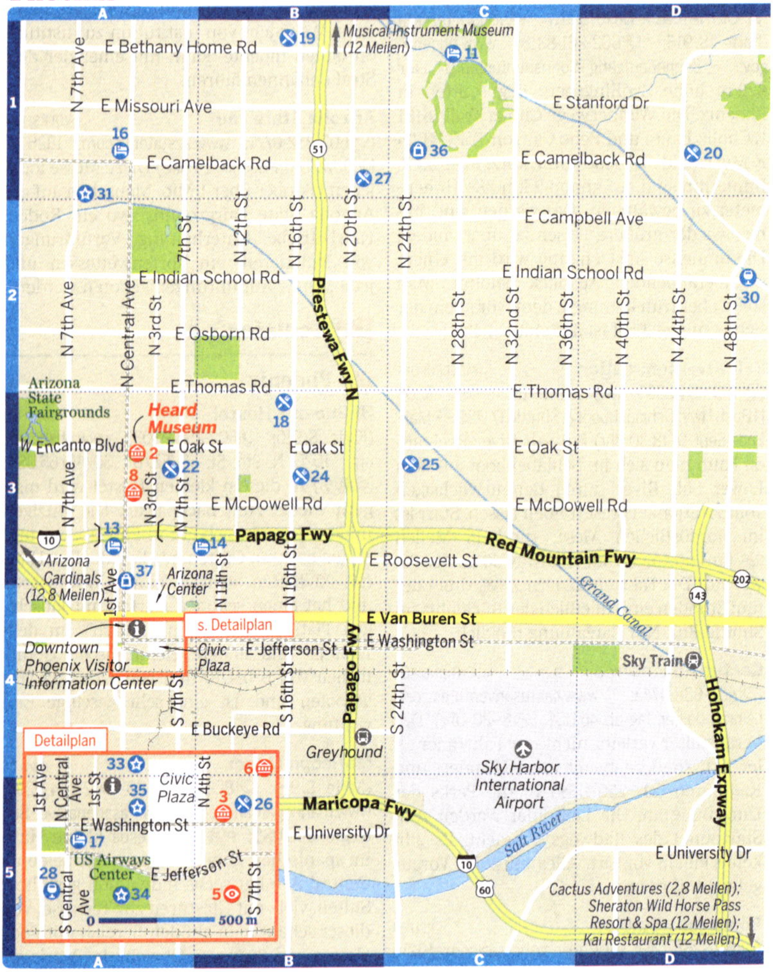

als 700 Zimmer, zwei Golfplätze, mehrere Pools und jede Menge luxuriöser Details.

Palomar Phoenix HOTEL $$$

(Karte S. 916; ☎602-253-6633, Reservierung 877-488-1908; www.hotelpalomar-phoenix.com; 2 E Jefferson St; Zi./Suite ab 350/360 US$; P ❄ 📶 🏊 🐾) Zottelige Kissen, Lampen in Geweihform und Porträts blauer Kühe: Uns gefallen die Eigenarten des 242 Zimmer umfassenden Palomar. Die Unterkünfte sind überdurchschnittlich groß, außerdem frisch, modern und mit Yogamatten, Bademänteln mit Tiermotiven sowie italienischer Frette-Bettwäsche ausgestattet. Abends gibt es einen Weinempfang, und die großen Baseball- und Basketballstadien von Phoenix liegen um die Ecke.

Found:Re DESIGNHOTEL $$$

(Karte S. 916; ☎602-875-8000; www.foundrehotels.com; 1100 N Central Ave; Zi. 280–360 US$; P ❄ 📶 🏊 🐾) Das Hotel voller Kunst ist wirklich cool und ziemlich frech (es fällt schwer, den Blick von Burt Reynolds' nacktem Körper am Eingang abzuwenden). Die 104 Zimmer sind sehr gemütlich und haben ebenerdige Duschen, hochwertige Bettwäsche, deckenhohe Fenster und glänzende Betonböden. Haustiere dürfen kostenlos mit.

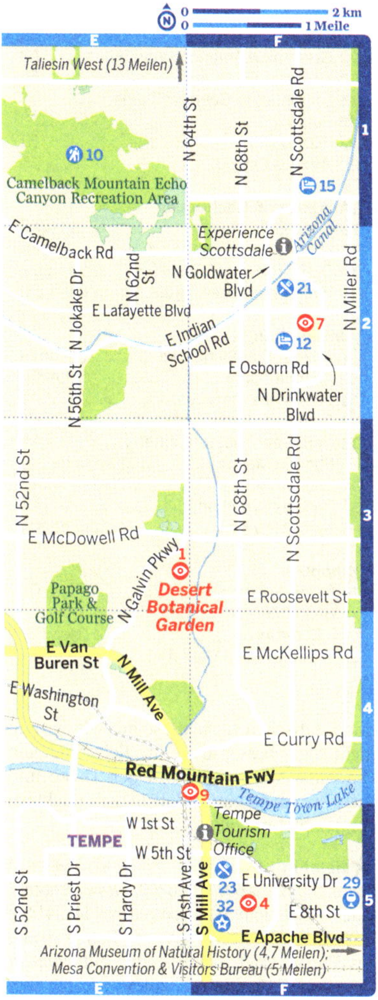

Scottsdale

Hotel Adeline MOTEL $$

(Karte S. 916; 480-284-7700; www.hoteladeline.com; 5101 N Scottsdale Rd; DZ ab 213 US$;) Mit Möbeln aus den 1950er-Jahren ist das frisch renovierte Motel eine trendige Alternative zu den nüchternen Nobelherbergen in Scottsdale. Der von Palmen gesäumte Pool begeistert vor allem die jüngeren Gäste.

★ **Bespoke Inn, Cafe & Bicycles** BOUTIQUEHOTEL $$$

(Karte S. 916; 844-861-6715; www.bespokeinn.com; 3701 N Marshall Way; DZ ab 450 US$;) Ein Stück „europäische“ Gastlichkeit mitten in Scottsdale: Neben acht Zimmern bietet das luftige Hotel Schokoladenscones im hauseigenen Café, einen Infinity-Pool und City-Bikes von Pashley zur Erkundung der Umgebung. Die luxuriösen Zimmer sind mit netten Details wie handgefertigten Möbeln und Nickelarmaturen ausgestattet. Im hoteleigenen Restaurant Virtu werden Feinschmecker-Menüs serviert. Hier sollte man lange im Voraus buchen.

Tempe

Sheraton Wild Horse Pass Resort & Spa RESORT $$$

(602-225-0100; www.mariott.com; 5594 W Wild Horse Pass Blvd, Chandler; Zi. ab 360 US$;) Bei Sonnenuntergang lassen sich am einsamen Horizont manchmal die namensgebenden Wildpferde vor der Silhouette der South Mountains blicken. Das 500 Zimmer umfassende Resort gehört der indigenen Gemeinschaft des Gila River, erstreckt sich auf deren weitläufigem Reservat südlich von Tempe und ist eine eindrucksvolle Mischung aus modernem Luxus und indianischen Elementen. Die kuppelförmige Lobby befindet sich in einem mit Wandbildern geschmückten Rundhaus, und die Zimmer spiegeln die Traditionen hiesiger Stämme wieder.

Essen

Phoenix

La Santisima Gourmet Tacos MEXIKANISCH $

(Karte S. 916; 602-254-6330; www.lasantisimagourmet.com; 1919 N 16th St; Tacos 2,50–10 US$; Mo–Sa 11–22, So 11–21 Uhr) Trotz des „Gourmets“ im Namen ist das Restaurant eher das Gegenteil – das Besteck ist aus Plastik, und im Hintergrund läuft Hard Rock. Die Tacos im mexikanischen Stil sind das Aushängeschild, der absolute Hit aber ist die Salsa-Bar, die eine große Auswahl fantastischer Kreationen mit Pekan- und Erdnüssen, Yambohnen und aztekischem Chipotle bietet. Sagenhafte Horchatas gibt's auch.

★ **Pizzeria Bianco** PIZZA $$

(Karte S. 916; 602-258-8300; www.pizzeriabianco.com; 623 E Adams St, Heritage Sq; Pizzas 14–19 US$; Mo–Mi 11–21, Do–Sa 11–22, So 12–20 Uhr) Trotz Auszeichnung mit dem James-Beard-Preis kehrte Küchenchef Chris Bianco zu seinem Holzofen zurück und backt wieder knusprige Pizza, die so heiß begehrt ist wie nie. Das winzige Restaurant am Heri-

Phoenix

Highlights
1 Desert Botanical Garden E3
2 Heard Museum A3

Sehenswertes
3 Arizona Science Center B5
4 Arizona State University F5
5 Chase Field B5
6 Children's Museum of Phoenix B4
7 Old Town Scottsdale F2
8 Phoenix Art Museum A3
9 Tempe Town Lake F4

Aktivitäten, Kurse & Touren
10 Camelback Mountain E1

Schlafen
11 Arizona Biltmore Resort & Spa C1
12 Bespoke Inn, Cafe & Bicycles F2
13 Found:Re A3
14 HI Phoenix Hostel B3
15 Hotel Adeline F1
16 Maricopa Manor A1
17 Palomar Phoenix A5

Essen
18 Barrio Café B3
19 Dick's Hideaway B1
20 Flower Child D1
21 FnB F2
22 Green New American Vegetarian A3
23 House of Tricks F5
24 La Santisima Gourmet Tacos B3
25 Pa'la C3
27 Pizzeria Bianco B1
26 Pizzeria Bianco B5

Ausgehen & Nachtleben
28 Bitter & Twisted A5
29 Four Peaks Brewing Company F5
30 OHSO Brewery & Distillery D2
Wren House Brewing .... (siehe 25)

Unterhaltung
Arizona Diamondbacks .... (siehe 5)
Arizona Opera .... (siehe 35)
31 Char's Has the Blues A1
32 Gammage Auditorium F5
33 Herberger Theater Center A4
Phoenix Mercury .... (siehe 34)
34 Phoenix Suns A5
35 Phoenix Symphony A5
Symphony Hall .... (siehe 35)

Shoppen
36 Biltmore Fashion Park C1
Heard Museum Shop & Bookstore .... (siehe 2)
37 Phoenix Public Market A3

tage Sq hat eine **Filiale** (Karte S. 916; ☎602-368-3273; www.pizzeriabianco.com; 4743 N 20th St; Pizzas 14–19 US$; ⏰So–Do 11–21, Fr & Sa 11–22 Uhr; 📶) im Town & Country Shopping Center in der Nähe des Biltmore Fashion Park.

Flower Child AMERIKANISCH $
(Karte S. 916; ☎602-429-6222; www.iamaflowerchild.com; 5013 N 44th St; Hauptgerichte 8,25–12 US$; ⏰11–21 Uhr) Es gehört zwar zu einer Kette, doch das Essen hier ist gesund, preiswert und sooooo gut. Im Angebot sind Salate, Bowls mit alten Getreidesorten, Pho-Suppe und kleine Gerichte sowie Kombucha und Bier vom Fass. Das Restaurant liegt direkt beim Camelback Mountain.

Green New American Vegetarian VEGAN $
(Karte S. 916; ☎602-258-1870; www.greenvegetarian.com; 2022 N 7th St; Hauptgerichte 7,25–9,75 US$; ⏰Mo–Sa 11–21 Uhr; 🌿) Die Ansprüche an veganes Essen werden für immer hoch bleiben, nachdem man in diesem hippen Café gespeist hat, wo Küchenchef Damon Brasch leckere vegane und vegetarische Gerichte kocht. Mit Fleischersatz zubereitet, schmecken die Burger, Po'boys und asiatischen Gerichte so gut wie – wenn nicht sogar besser als – ihre fleischhaltigen Pendants. Man bestellt an der Theke und sucht sich dann einen Platz in dem nüchtern eingerichteten Lokal.

★ **Barrio Café** MEXIKANISCH $$
(Karte S. 916; ☎602-636-0240; www.barriocafe.com; 2814 N 16th St; Hauptgerichte 14–34 US$; ⏰Di–Sa 11–22, So bis 21 Uhr; 🌿) Das Personal des Barrio trägt T-Shirts, die mit *comida chingona* („Verdammt gutes Essen") beschriftet sind – und diese lügen nicht. Das ist mexikanische Küche, wie sie kreativer nicht sein könnte: Auf wie vielen Karten findet man schon Guacamole mit Granatapfelkernen, gebutterten Maiskolben mit Chipotle, gereiftem Käse, Koriander und Limette oder mit Ziegenmilchkaramell gefüllte Churros? Täglich von 14 bis 17 Uhr gibt's die Getränke zum halben Preis. Keine Reservierungen.

★ **Pa'la** MEDITERRAN $$
(Karte S. 916; ☎602-795-9500; www.palakitchen.com; 2107 N 24th St; Hauptgerichte 12–22 US$; ⏰Mi–Sa 11–21, Di 11–3 Uhr) Es ist klein, einfach, und man bestellt direkt an der Theke. Die lässige, umweltfreundliche Ausstattung sollte

aber nicht darüber hinwegtäuschen, dass dieses Restaurant wirklich außergewöhnlich ist. Küchenchef Claudio Urciuoli legt den Schwerpunkt auf Gemüse der Saison und gegrillte Meeresfrüchte aus nachhaltiger Fischerei und sorgt damit für kulinarische Glanzlichter zu vernünftigen Preisen.

★ **Dick's Hideaway** NEW-MEXICO-KÜCHE $$
(Karte S. 916; ☎ 602-241-1881; www.richardsonsnm.com; 6008 N 16th St; Brunch 14–21 US$, Hauptgerichte 16–32 US$; ⏲ So–Mi 8–23, Do–Sa bis 24 Uhr) In diesem kleinen Lokal kommt Küche aus New Mexico auf den Tisch. An kleinen Tischen neben der Bar oder am Gemeinschaftstisch im Nebenraum können sich Gäste herzhafte, leckere, mit Merkén (Chiligewürz) verfeinerte Gerichte schmecken lassen, von Enchiladas über Tamales bis hin zu *rellenos*. Unser Favorit ist das „Hideaway" zum Frühstück, zu dem die Bloody Marys mit einem Schuss Bier verfeinert werden.

House of Tricks AMERIKANISCH $$$
(Karte S. 916; ☎ 480-968-1114; www.houseoftricks.com; 114 E 7th St; Mittagessen 13–15 US$, Abendessen 25–33 US$; ⏲ Mo–Sa 11–22 Uhr) Nein, sie sind keine Magier, aber dennoch begeistern Robin und Robert Trick mit einer vielseitigen modernen amerikanischen Karte, die Einflüsse aus dem Südwesten, dem Mittelmeerraum und Asien aufgreift. Die holzüberdachte Gartenterrasse ist meist mit Stammgästen und Laufkundschaft gefüllt, aber die Tische in den zwei traditionellen Cottages sind genauso gemütlich.

Scottsdale

Andreoli ITALIENISCH $$
(☎ 480-614-1980; www.andreoli-grocer.com; 8880 E Via Linda; Sandwich ab 9,25 US$, Hauptgerichte 20–34 US$; ⏲ Mo–Sa 10–21 Uhr) Inhaber Giovanni Scorzo stammt aus Kalabrien. Deshalb bilden sich vor seinem Feinschmeckerlokal auch immer Schlangen. Egal, ob ein Panino zum Mitnehmen oder eines der täglich wechselnden hausgemachten Pastagerichte, alles ist erstklassig. Keine Reservierungen.

★ **FnB** GOURMET $$$
(Karte S. 916; ☎ 480-284-4777; www.fnbrestaurant.com; 7125 E 5th Ave; Hauptgerichte 26–36 US$; ⏲ Di–Sa 17–22, So 17–21 Uhr) Eine romantische Atmosphäre und kulinarische Meisterwerke sorgen für ein unvergessliches Abendessen in Scottsdale. Charleen Badman, die 2019 als beste Küchenchefin des Südwestens ausgezeichnet wurde, verarbeitet Erzeugnisse und Wein aus der Region zu modernen Kreationen: zu kleinen vegetarischen Leckereien mit gegrilltem Spargel und Polenta, Eiern und Tepin oder geröstetem Brokkoli mit Joghurt, Grapefruit und Dukkah – einfach göttlich. Unbedingt reservieren!

Tempe

★ **Kai Restaurant** AMERIKANISCH-INDIANISCH $$$
(☎ 602-225-0100; 5594 W Wild Horse Pass Blvd, Chandler; Hauptgerichte 46–62 US$, Probiermenüs 145–245 US$; ⏲ Di–Sa 5.30–21 Uhr) Das Kai („Saat") ist auf veredelte indianische Küche spezialisiert, bei der traditionelle Kulturpflanzen vom Ufer des Gila River zum Einsatz kommen. Angeboten werden Kreationen wie Bisonfilet mit Räuchermais-Püree und Chollakaktusknospen oder Muscheln mit über Mesquitenholz geräuchertem Kaviar und Tepary-Bohnen-Kruste. Das unaufdringliche Personal ist top, die Weinkarte ist fachmännisch zusammengestellt, und der Raum ist mit indianischer Kunst dekoriert.

Das Kai liegt nahe dem Sheraton Wild Horse Pass Resort & Spa bei der Gila River Indian Reservation. Buchung im Voraus und gepflegte Kleidung werden erwartet (keine kurzen Hosen oder Hüte).

Ausgehen & Nachtleben

★ **Wren House Brewing** BRAUEREI
(Karte S. 916; ☎ 602-244-9184; www.wrenhousebrewing.com; 2125 N 24th St; ⏲ So–Do 12–22, Fr & Sa 11–24 Uhr; 📶) In dem umgebauten Wohnhaus trinkt man das Bier aus der besten kleinen Brauerei in Phoenix direkt an der Theke. Das *Sin cuidados* ist ein herbes Land-Ale mit Aprikosennote und sündhaft lecker. Mehr Alkohol haben die beiden Triple IPAs.

Bitter & Twisted COCKTAILBAR
(Karte S. 916; ☎ 602-340-1924; www.bitterandtwistedaz.com; 1 W Jefferson St; ⏲ Di–Sa 16–2 Uhr) Diese elegante Bar in den ehemaligen Arizona Prohibition Headquarters, in der Gäste platziert werden, hat ein Riesenangebot toller Cocktails und einige tolle Gerichte als solide Unterlage. Insbesondere der Dragon Dumpling Burger lässt einem das Wasser im Mund zusammenlaufen – ein Burger mit Schweine- und Rindfleisch, Sichuan-Essiggemüse und Dumpling-Sauce.

Four Peaks Brewing Company BRAUEREI
(Karte S. 916; ☎ 480-303-9967; www.fourpeaks.com; 1340 E 8th St; ⏲ Mo–Mi 11–24, Fr & Sa 11–2, So 9–24 Uhr; 📶) Hipster, Familien, Anhänger

von Craft-Bier und sonstige Durstige finden sich fröhlich in diesem Backstein-Brauhaus aus den 1890er-Jahren ein, lassen sich ihre Krüge mit Kilt Lifter oder Pitchfork Pale vom Fass füllen oder quatschen bei einem oder zwei Bier. Es gibt auch einen schmackhaften Imbiss (Sa; online reservieren), einen Souvenirshop und weitere Standorte in Tempe, Scottsdale und Phoenix Sky Harbor.

Unterhaltung

Veranstaltungshinweise gibt's im *Arizona Republic Calendar* (www.azcentral.com/thingstodo/events) sowie in der *Phoenix New Times* (www.phoenixnewtimes.com).

In der **Symphony Hall** (Karte S. 916; ☎602-262-6225; www.phoenixconventioncenter.com; 75 N 2nd St) befinden sich die **Arizona Opera** (Karte S. 916; ☎602-266-7464; www.azopera.com) und die **Phoenix Symphony** (Karte S. 916; ☎Tickets 602-495-1999; www.phoenixsymphony.org). Das Sinfonieorchester tritt auch auf anderen Bühnen in der Region auf. Die **Arizona Diamondbacks** (Karte S. 916; ☎602-462-6500; http://arizona.diamondbacks.mlb.com) spielen Baseball im klimatisierten **Chase-Field**-Stadion in der Innenstadt (Karte S. 916; ☎Führungen 602-462-6799; www.mlb.com/dbacks; 401 E Jefferson St; Erw./Senior/Kind 7/5/3 US$; ⏲Führungen Mo–Sa 9.30, 11 & 12.30 Uhr sowie an Spieltagen). Das Männer-Basketball-Team der **Phoenix Suns** (Karte S. 916; ☎602-379-7867; www.nba.com/suns) und die Basketball-Frauen von **Phoenix Mercury** (Karte S. 916; ☎602-252-9622; www.wnba.com/mercury) spielen in der **Talking Stick Resort Arena** in der Innenstadt (201 E Jefferson St). Die **Arizona Cardinals** (☎623-433-7101; www.azcardinals.com; 1 Cardinals Dr, Glendale) treten im **State Farm Stadium** in Glendale zum Football an. In dem früheren Stadion der University of Phoenix fand 2015 der Super Bowl statt.

Herberger Theater Center THEATER
(Karte S. 916; ☎602-252-8497; www.herbergertheater.org; 222 E Monroe St; ⏲Ticketschalter Mo–Fr 10–17, Sa & So ab 12 Uhr & 1 Std. vor Vorstellungsbeginn) Das Center beherbergt mehrere Theaterkompanien und drei Bühnen; es bietet außerdem Tourneetheatern eine Bühne. Der Schwerpunkt liegt auf Schauspiel und Musical, aber ab und zu gibt es hier auch Ballette, Opern und Ausstellungen regionaler Kunst.

Char's Has the Blues BLUES
(Karte S. 916; ☎602-230-0205; www.charshastheblues.com; 4631 N 7th Ave; ⏲20–1 Uhr) Hinter der schäbigen Fassade verbirgt sich ein dunkler, intimer und sehr einladender Blues- und R&B-Schuppen, in dem zwar fast jeden Abend gute Livebands auftreten, der aber irgendwie immer noch als Geheimtipp gilt. Der Eintritt ist manchmal frei, kann aber auch bis zu 7 US$ kosten.

Shoppen

Phoenix Public Market MARKT
(Karte S. 916; ☎602-625-6736; www.phxpublicmarket.com; 721 N Central Ave; ⏲Okt.–April Sa 8–13 Uhr, Mai–Sept. Sa 8–12 Uhr) Auf dem größten Bauernmarkt in Arizona werden die besten Erzeugnisse des Staates angeboten. Neben frischem Obst und Gemüse gibt es hier auch indigene Lebensmittel, wunderbares Brot, Gewürze, Pasten und Salsas, Bio-Fleisch, Grill-Trucks und jede Menge mehr Vor-Ort-Snacks. Schmuck, Textilien und Pflegeprodukte gehören ebenfalls zum Angebot.

Heard Museum Shop & Bookstore KUNSTHANDWERK
(Karte S. 916; ☎602-346-8190; www.heardmuseumshop.com; 2301 N Central Ave; ⏲Mo–Sa 9.30–17, So ab 11 Uhr; 📶) Dieser Museumsladen hat eine erstklassige Kollektion von indianischem Kunsthandwerk. Allein die Vielfalt und Qualität der Kachina-Puppen ist beeindruckend. Schmuck, Keramik, Bücher amerikanischer Ureinwohner und eine große Auswahl an Kunst sind ebenfalls zu finden, während der Buchladen ein breites Spektrum von Büchern über die indianischen Kulturen im Südwesten anbietet.

Biltmore Fashion Park EINKAUFSZENTRUM
(Karte S. 916; ☎602-955-8400; www.shopbiltmore.com; 2502 E Camelback Rd; ⏲Mo–Sa 10–20, So 12–18 Uhr) Gut aufgestellt an ihrem Standort an der Camelback Rd südlich des Arizona Biltmore Resort punktet diese exklusive Mall mit einer Fülle hochwertiger Modegeschäfte.

Praktische Informationen

NOTFALL & MEDIZINISCHE VERSORGUNG

Polizei (Notfälle ☎911, Dienststelle 602-262-6151; www.phoenix.gov/police; 620 W Washington St)

Die Notaufnahmen im **Banner – University Medical Center Phoenix** (☎602-839-2000; www.bannerhealth.com; 1111 E McDowell Rd) und im **St. Joseph's Hospital & Medical Center** (☎602-406-3000; www.dignityhealth.org; 350 W Thomas Rd) sind rund um die Uhr besetzt.

TOURISTENINFORMATION

Downtown Phoenix Visitor Information Center (Karte S. 916; ☎877-225-5749; www.visitphoenix.com; 125 N 2nd St, Suite 120; ⌚Mo–Fr 8–17 Uhr) Die Touristeninformation ist eine unerschöpfliche Quelle für Infos über das Tal. Das Büro befindet sich gegenüber vom Hotel Hyatt Regency.

Experience Scottsdale (Karte S. 916; ☎800-782-1117, 480-421-1004; www.experiencescottsdale.com; 7014 E Camelback Rd; ⌚Mo–Sa 9–18, So 10–17 Uhr) im Food Court des Scottsdale Fashion Square.

Mesa Convention & Visitors Bureau (☎800-283-6372, 480-827-4700; www.visitmesa.com; 120 N Center St; ⌚Mo–Fr 8–17 Uhr)

Tempe Tourism Office (Karte S. 916; ☎866-914-1052; www.tempetourism.com; 222 S Mill Ave, Suite 120; ⌚Mo–Fr 8.30–17 Uhr)

An- & Weiterreise

Der **Sky Harbor International Airport** (PHX; Karte S. 916; ☎602-273-3300; www.skyharbor.com; 3400 E Sky Harbor Blvd;) befindet sich 3 Meilen (4,8 km) südöstlich der Innenstadt. Hier starten und landen Flieger der US-Gesellschaften United, American und Delta sowie von British Airways. Zwischen den drei Terminals (2, 3 und 4; Terminal 1 wurde 1990 abgerissen) und den Parkplätzen fahren kostenlose Shuttle-Busse und der **Phoenix Sky Train** (www.skyharbor.com/phxskytrain; ⌚24 Std.).

Greyhound (Karte S. 916; ☎602-389-4200; www.greyhound.com; 2115 E Buckeye Rd) fährt nach Tucson (14 US$, 2 Std., 9-mal tgl.), Flagstaff (25 US$, 3 Std., 6-mal tgl.), Albuquerque (ab 68 US$, 9½ Std., 3-mal tgl.) und Los Angeles (ab 31 US$, 7½ Std., 10-mal tgl.). Die Busse der Linie 13 von Valley Metro verkehren zwischen dem Flughafen und dem Busbahnhof von Greyhound. Allerdings muss man dem Fahrer sagen, dass man bei Greyhound aussteigen will.

Eine Mitfahrgelegenheit beim Tür-zu-Tür-Shuttle-Service vom Flughafen in die Stadt bietet **Super Shuttle** (☎800-258-3826; www.supershuttle.com). Die Fahrt vom Flughafen in die Innenstadt von Phoenix oder Tempe kostet rund 14 US$, nach Old Town Scottsdale und nach Mesa 19 US$. Ein Taxi oder eine private Mitfahrgelegenheit vom Flughafen in die Innenstadt kostet dagegen zwischen 16 und 20 US$.

Der Phoenix Sky Train (S. 921) fährt durch die Terminals 3 und 4 zur Station der Metro Light Rail an der Ecke 44th St und E Washington St. Dabei passiert er auch den östlichen Economy-Parkplatz des Flughafens. Stadtbus 13 fährt ebenfalls vom Flughafen in die Stadt (2 US$/Fahrt).

Valley Metro (☎602-253-5000; www.valleymetro.org) betreibt Busverbindungen im gesamten Valley und eine Straßenbahn mit einem 32 km langen Schienennetz zwischen dem Norden und Downtown Phoenix, Tempe/ASU und Downtown Mesa. Der Preis für die Straßenbahn und die Busse beträgt 2 US$ pro Fahrt (ohne Umsteigen), für ein Tagesticket muss man 4 US$ bezahlen. Die Busse fahren täglich zu unregelmäßigen Zeiten.

Zentrales Arizona

Nördlich von Phoenix lockt das waldreiche, bergige und sehr viel kühlere Colorado Plateau mit malerischen Stätten und vielen Sehenswürdigkeiten. Hier können Besucher auf spirituelle Reisen gehen, durch nach Gelb-Kiefer duftende Canyons wandern, alte indianische Behausungen bewundern und in die Geschichte des Wilden Westens eintauchen.

Der wichtigste Ort, Flagstaff, ist eine lebendige, charmante Studentenstadt, über die man zum South Rim des Grand Canyon gelangt. Sommer, Frühling und Herbst sind die beste Zeit für einen Besuch. Auf der I-17 bewältigt man die 145 Meilen (233 km) von Phoenix nach Flagstaff in etwas mehr als zwei Stunden. Wer sich für den Hwy 89 entscheidet, benötigt mehr Zeit, wird jedoch mit wunderschönen Landschaften und toller Abwechslung belohnt.

Prescott

Ein historisches viktorianisches Zentrum und eine faszinierende Wild-West-Vergangenheit: In Prescott trifft der Mittlere Westen auf das Land der Cowboys. Über 500 Gebäude sind in das National Register of Historic Places aufgenommen, gelten also als schützenswert. Hier findet auch das älteste Rodeo der Welt statt, während die berüchtigte Reihe alter Saloons, bekannt als Whiskey Row, ihre Stammgäste immer noch mit jeder Menge Alkohol versorgt. Wer seine Kenntnisse der örtlichen Geschichte vervollständigen möchte, sollte das faszinierende **Sharlot Hall Museum** (☎928-445-3122; www.sharlot.org; 415 W Gurley St; Erw./Senior/Kind 9/8/5 US$; ⌚Mai–Sept. Mo–Sa 10–17, So 12–16 Uhr, Okt.–April bis 16 Uhr) in der Innenstadt besuchen.

Gleich südlich des Zentrums bietet die fröhliche **Motor Lodge** (☎928-717-0157; www.themotorlodge.com; 503 S Montezuma St; Zi./Suite ab 140/160 US$;) ihren Gästen zwölf schicke Bungalows, die die zentrale Auffahrt säumen, und Indie-Flair im besten Sinne.

SCENIC DRIVES: PANORAMA-STRECKEN IN ARIZONA

Oak Creek Canyon Auf dem Hwy 89A zwischen Flagstaff und Sedona geht's an Badelöchern, Felsstürzen und purpurfarbenen Steinwänden vorbei.

Hwy 89/89A Wickenburg-Sedona Der „Alte Westen" trifft den „Neuen" – eine entspannte Tour, vorbei an Viehfarmen, Minenstädten, Kunstgalerien und schicken Weingütern.

Patagonia–Sonoita Scenic Road Die richtige Route für Vogelfans führt durch die Weinregion im südlichen Arizona (Hwy 82 & Hwy 83).

Kayenta–Monument Valley Man fühlt sich wie der Hauptdarsteller in seinem eigenen Western, wenn man an den filmreifen roten Felsen im Navajo-Land gleich neben dem Hwy 163 vorbeifährt.

Vermilion Cliffs Scenic Road Der Hwy 89A ist eine einsame Straße, die „Condor Country", den North Rim des Grand Canyon und Mormonensiedlungen miteinander verbindet.

Zum Frühstück schlendert man in das freundliche **Local** (928-237-4724; 520 W Sheldon St; Hauptgerichte 9,50–16 US$; 7–14.30 Uhr;), in dem Selbstgebackenes und ein klassisches Südwest-Frühstück auf den Tisch kommen. Cajun- und Südwest-Spezialitäten bringen die nötige Würze ins einladende **Iron Springs Cafe** (928-443-8848; www.ironspringscafe.com; 1501 Iron Springs Rd; Brunch & Mittagessen 9–12,50 US$, Dinner 9–25,50 US$; Mi–Sa 11–20, So 9–14 Uhr), das in einem alten Bahnhof, 3 Meilen (5 km) nordwestlich der Innenstadt, untergebracht ist.

Das **Palace** (928-541-1996; www.historicpalace.com; 120 S Montezuma St; So–Do 11–22, Fr & Sa bis 23 Uhr) gehört zur Whiskey Row und ist ein stimmungsvoller Ort für einen Drink. Hinter der Schwingtür verbirgt sich ein großer Raum mit einer Brunswick-Bar. Das **Visitor Center** (928-445-2000; www.prescott.org; 117 W Goodwin St; Mo–Fr 9–17, Sa & So 10–14 Uhr) hält Besucherinfos bereit.

Jerome

Die wiederbelebte Geisterstadt war während des Bergbau-Booms im späten 19. Jh. als „Wickedest Town in the West" (etwa: gefährlichste Stadt im Westen) bekannt, heute beherbergen die sorgfältig restaurierten Gebäude jedoch Galerien, Restaurants, B&Bs und Weinprobierstuben.

Lust auf eine Mutprobe? Dann ab auf die gläserne Plattform in 581 m Höhe über dem Bergbauschacht im **Audrey Headframe Park** (Karte S. 926; www.jeromehistoricalsociety.com; 55 Douglas Rd; 8–17 Uhr) GRATIS! Der Schacht ist rund 198 m tiefer als das Empire State Building hoch ist! Im ausgezeichneten **Jerome State Historic Park** (Karte S. 926; 928-634-5381; www.azstateparks.com/jerome; 100 Douglas Rd; Erw./Kind 7/4 US$; 8.30–17 Uhr) direkt daneben befindet sich das gut erhaltene Herrenhaus des Bergbaumagnats Jimmy „Rawhide" Douglas von 1916.

Das **Jerome Grand Hotel** (Karte S. 926; 928-634-8200; www.jeromegrandhotel.com; 200 Hill St; Zi. 165–300 US$, Suite 400–525 US$;) erinnert an seine Vergangenheit als Krankenhaus des Bergwerks mit alten medizinischen Instrumenten in den Korridoren und einer unterhaltsamen Geisterführung für Kinder. Im benachbarten **Asylum Restaurant** (Karte S. 926; 928-639-3197; www.asylumrestaurant.com; 200 Hill St; Mittagessen 14–23,50 US$, Abendessen 23,50–40 US$; 11–15.30 & 17–21 Uhr;) kann man bei einem guten Essen und einem Glas Wein die atemberaubende Aussicht genießen.

Danach empfiehlt sich die lebhafte **Spirit Room Bar** (Karte S. 926; 928-634-8809; www.spiritroom.com; 166 Main St; 11–24 Uhr) in der Innenstadt. Im **Flatiron Café** (Karte S. 926; 928-634-2733; www.theflatironjerome.com; 416 Main St; Hauptgerichte 8–13,50 US$; Do–Mo 8.30–15.30 Uhr) an der Y-Kreuzung gibt's hervorragendes Frühstück und Mittagessen sowie köstliche Kaffeespezialitäten. Weitere Infos erteilt die **Chamber of Commerce** (Karte S. 926; 928-634-2900; www.jeromechamber.com; 310 Hull Ave; meist tgl. 11–15 Uhr).

Sedona

Zwischen majestätischen Felsformationen aus rotem Sandstein am südlichen Ende des 16 Meilen (26 km) langen Oak Creek Canyon gelegen, zieht Sedona Künstler und spirituelle Menschen an, aber auch Tagesausflügler aus Phoenix, die der drückenden Hitze entfliehen wollen. Viele New-Age-Anhänger glauben, dass es in der Gegend zahlreiche Vortexe – Sammelpunkte für elektromagnetische Energie – gibt, und bieten alle möglichen alternativen Heilmittel und Praktiken an. Mit Handfesterem warten die umliegenden Canyons auf: mit ausgezeichneten Wander-, Mountainbike-, Bade- und Campingmöglichkeiten.

Sehenswertes & Aktivitäten

New-Age-Anhänger sind davon überzeugt, dass die Felsen, Klippen und Flüsse in Sedona die Glückseligkeit von Mutter Erde bündeln. Die bekanntesten Vortexe sind **Bell Rock** (Karte S. 926; Hwy 179) beim Dorf Oak Creek östlich des Hwy 179, **Cathedral Rock** (Karte S. 926; Back O Beyond Rd) bei Red Rock Crossing, **Airport Mesa** (Karte S. 926; Airport Rd) und **Boynton Canyon** (Karte S. 926; Dry Creek Rd, Coconino NF). Die Airport Rd ist auch ideal, um den in allen Farben glühenden Sonnenuntergang zu beobachten.

Red Rock State Park — PARK

(Karte S. 926; 928-282-6907; www.azstateparks.com/red-rock; 4050 Red Rock Loop Rd; Erw./Kind 7/4 US$; 8–17 Uhr) Der 115 ha große Park, den man nicht mit dem Slide Rock State Park (S. 923) verwechseln sollte, umfasst ein Zentrum mit Infos zur Umwelt, Picknickplätze und ein 8 km langes Netz gut markierter, miteinander verbundener Wanderwege inmitten einer tollen Kulisse aus roten Felsen. Die Wege reichen von bequemen Spazierwegen am Fluss entlang bis zu mäßigen Anstiegen hinauf zu dramatischen Bergrücken. Ranger führen Naturspaziergänge und Vogelbeobachtungstouren an. Baden im Fluss ist verboten. Der Park liegt 14 km westlich von Downtown Sedona abseits vom Highway 89A, östlich vom Ende des 24 km langen Lime Kiln Trail.

Slide Rock State Park — SCHWIMMEN

(Karte S. 926; 928-282-3034; www.azstateparks.com/slide-rock; 6871 N Hwy 89A; mit Auto März–Sept. Mo–Do 20 US$, Fr–So 30 US$, Okt.–Feb. 10 US$; Mai–Aug. 8–19 Uhr, restliches Jahr kürzere Öffnungszeiten) Eine der beliebtesten und am stärksten überlaufenen Attraktionen Sedonas ist der Park 7 Meilen (11,2 km) nördlich der Stadt. Auf einer 24 m hohen Sandsteinrutsche rauschen die Schwimmer in den Oak Creek. Kurze Wanderwege führen vorbei an alten Hütten, landwirtschaftlichen Geräten und einem Apfelgarten. Die größte Attraktion sind jedoch die Felsenrutschen.

West Fork Trail — WANDERN & TREKKEN

(Karte S. 926; Hwy 89A; Tageskarte 10/2 US$ pro Fahrzeug/Fahrrad; 8–19 Uhr) Der zu Recht beliebte Wanderweg schlängelt sich durch einen Canyon, dessen Felswände teilweise mehr als 60 m hoch sind, und überquert dabei gut ein Dutzend Mal den Oak Creek.

WEINPROBE IM VERDE VALLEY

Es gibt immer mehr Weinberge, Weingüter und Probierstuben im gut bewässerten Tal des Verde River. Starglanz bringt Maynard James Keenan, Frontsänger der Band Tool und Besitzer von Caduceus Cellars und Merkin Vineyards. Sein Dokumentarfilm von 2010 *Blood into Vine* wirft einen kompromisslosen Blick auf die Weinbranche.

In Cottonwood kann man mit dem Auto oder auf dem Verde River zu den **Alcantara Vineyards** (Karte S. 926; 928-649-8463; www.alcantaravineyard.com; 3445 S Grapevine Way; Weinverkostung 10–15 US$; 11–17 Uhr) fahren. Doch auch in der Altstadt laden folgende Weingüter zu Verkostungen ein: **Arizona Stronghold** (Karte S. 926; 928-639-2789; www.azstronghold.com; 1023 N Main St; Weinverkostung 9 US$; So–Do 12–19, Fr & Sa 12–21 Uhr), **Merkin Vineyards Osteria** (Karte S. 926; 928-639-1001; www.merkinvineyardsosteria.com; 1001 N Main St; 11–21 Uhr;) und **Pillsbury Wine Company** (Karte S. 926; 928-639-0646; www.pillsburywine.com; 1012 N Main St; Weinverkostung 8–12 US$; So–Do 11–18, Fr & Sa 11–21 Uhr).

In Jerome geht man hinauf zu Keenan's **Caduceus Cellars** (Karte S. 926; 928-639-9463; www.caduceus.org; 158 Main St; Weinverkostung 15 US$; So–Do 11–18, Fr & Sa 11–20 Uhr) beim Connor Hotel.

Drei Weingüter haben ihre Verkostungsräume in der Page Springs Rd östlich von Cornville: **Page Springs Cellars** (Karte S. 926; 928-639-3004; www.pagespringscellars.com; 1500 Page Springs Rd, Cornville; Weinverkostung 11 US$; So–Mi 11–19, Do–Sa 11–21 Uhr) mit eigenem Bistro, das freundliche **Oak Creek Vineyards** (Karte S. 926; 928-649-0290; www.oakcreekvineyards.net; 1555 N Page Springs Rd, Cornville; Weinverkostung 10 US$; So–Do 10–18, Fr & Sa 10–20 Uhr) und das **Javelina Leap Vineyard** (Karte S. 926; 928-649-2681; www.javelinaleapwinery.com; 1565 Page Springs Rd, Cornville; Weinverkostung 12 US$; 11–18 Uhr) mit sanfter Rockmusik als Hintergrundbeschallung.

RED ROCK PASS

Wer die Parkplätze im National Forest rund um Sedona und den Oak Creek Canyon nutzen möchte, braucht einen Red Rock Pass. Dieser ist bei Ranger-Stationen, Visitor Centers und Automaten an den meisten Startpunkten von Wegen und auf Picknickplätzen erhältlich. Der Pass kostet 5 US$ pro Tag bzw. 15 US$ pro Woche und muss von außen sichtbar im Auto angebracht werden. Wer nur kurz anhält, um Fotos zu machen oder die Aussicht zu genießen, benötigt ihn nicht, dasselbe gilt für Inhaber des Federal Interagency Pass.

Auf den ersten 4,8 km ist der Weg noch markiert. Danach läuft man einfach 22,4 km weiter flussaufwärts. Es gibt kaum Parkplätze. Deshalb sollte man spätestens um 8.30 Uhr hier sein.

Pink Jeep Tours JEEPTOUR
(Karte S. 926; ☎800-873-3662; www.pinkadventuretours.com; 204 N Hwy 89A; ⏲6–22 Uhr) Die Jeeps dieses Oldies der Tourismusindustrie in Sedona scheinen allgegenwärtig zu sein. Wer eine der holprigen, witzigen Touren mitgemacht hat, weiß, warum sie so beliebt sind. Im Angebot sind 15 spannende Abenteuertouren auf halsbrecherischen Rüttelpisten, die zwei (Erw. ab 65 US$, Kind ab 60 US$) bis vier Stunden (Erw. ab 155 US$, Kind ab 140 US$) dauern.

Schlafen

In Sedona und benachbarten Oak Creek Canyon gibt's viele hübsche B&Bs, Hütten am Creek, Motels und große Resorts. Im Red Rock Canyon ist Wildcamping verboten. Die Forstverwaltung betreibt drei Campingplätze, zumeist mit Anschlüssen fürs Wohnmobil, im Wald von Oak Creek Canyon, direkt am Hwy Alt 89. Ein Stellplatz kostet 22 US$; man braucht dafür keinen Red Rock Pass. Auf allen Campingplätzen können einige der Stellplätze reserviert werden. Der ganzjährig geöffnete Manzanita 6 Meilen (9,6 km) nördlich der Stadt hat 18 Stellplätze und Duschen. 11,5 Meilen (18,4 km) nördlich liegt Cave Springs (84 Plätze & Duschen). Pine Flat 12,5 Meilen (20 km) nördlich hat 56 Plätze.

Cozy Cactus B&B $$
(Karte S. 926; ☎928-284-0082; www.cozycactus.com; 80 Canyon Circle Dr, Village of Oak Creek; DZ 275-345 US$; ❄📶) Das Sieben-Zimmer-B&B, geführt von Carrie und Mark, eignet sich gut für Outdoor-Freunde. Das Haus im Stil des Südwestens stößt an den Agave Trail und liegt gleich um die Ecke des radfahrerfreundlichen Bell Rock Pathway. Nach dem Abenteuer macht man es sich an der Feuerstelle auf der rückwärtigen Terrasse gemütlich, beobachtet Wildtiere oder guckt in die Sterne und freut sich auf das Drei-Gänge-Frühstück am nächsten Morgen.

★ **El Portal** INN $$$
(Karte S. 926; ☎928-203-9405; www.elportalsedona.com; 95 Portal Lane; Zi. 300–500 US$; ❄📶🐾) 🍃 Dieses trauliche, kleine Gasthaus ist eine schöne Mischung aus Südwest- und Craftsman-Stil. Es ist ein Fleck entspannter Luxus, der sich gegenüber den Galerien und Restaurants von Tlaquepaque versteckt und abseits des von Touristen überlaufenen Zentrums von Sedona liegt. Das El Portal wirkt rustikal, aber durchdacht und wartet mit wiederverwendetem Holz, Navajo-Läufern, Flusssteinen und dicken Lehmwänden auf.

Essen & Ausgehen

Sedona Memories FEINKOST $
(Karte S. 926; ☎928-282-0032; 321 Jordan Rd; Sandwiches 8,50 US$; ⏲Mo–Fr 10–14 Uhr) In diesem winzigen Laden kommen riesige Sandwiches aus hausgemachtem Brot auf den Tisch. Es gibt sie auch praktisch verpackt zum Mitnehmen – perfekt für ein Picknick. Alternativ kann man sie auf der ruhigen Veranda futtern. Nach der Bestellung gibt's einen Gratiskeks.

Black Cow Café EIS $
(☎928-203-9868; 229 N Hwy 89A; Kugel Eis 3,75 US$; ⏲10.30–21 Uhr) Die „Schwarze Kuh" soll das beste Eis der Stadt haben. Sehr empfehlenswert ist die Sorte „Feigenkaktus".

★ **Elote Cafe** MEXIKANISCH $$$
(Karte S. 926; ☎928-203-0105; www.elotecafe.com; Arabella Hotel, 771 Hwy 179; Hauptgerichte 23–29 US$; ⏲Di–Sa 17–22 Uhr) Hier gibt's das beste authentische mexikanische Essen der Region, und einige der traditionellen Gerichte sind so selten, dass man sie auch nirgendwo sonst findet. So etwa das namensgebende *elote* (gegrillter Mais mit scharfer Mayonnaise, Limette und Cotija-Käse) oder geräuchertes Hühnchen mit Guajillo-Chili. Reservierungen sind nicht möglich. Man kommt einfach so früh wie möglich, bestellt einen Margarita und lernt neue Leute kennen.

Hudson AMERIKANISCH $$$
(Karte S. 926; ☎ 928-862-4099; www.thehudson sedona.com; Hillside Shopping Center, 671 Hwy 179; Hauptgerichte 15–43 US$; ⏲ 11.30–21 Uhr) Rippchen mit Feigenkaktus, Ravioli mit Butternusskürbis-Füllung, Fireball-Chicken-Wings mit Whiskey und eine gute Salatauswahl sorgen für städtisches Flair in Sedona. Doch nicht nur das Essen lohnt sich hier. Die halbrunden Sitzbänke und die Terrasse bieten einen spektakulären Ausblick. Außerdem gibt's eine hervorragende Bar.

Praktische Informationen

Viele sogenannte „Touristeninformationen" verkaufen nur Anteile an Ferienwohnungen. Bei den folgenden sind tatsächlich der Red Rock Pass und kostenlose Wanderführer und -karten erhältlich.

Red Rock Country Visitor Center (Karte S. 926; ☎ 928-203-2900; www.fs.usda.gov/coconino; 8375 Hwy 179; ⏲ 9–16.30 Uhr) Südlich des Dorfes Oak Creek.

Sedona Chamber of Commerce Visitor Center (Karte S. 926; ☎ 928-282-7722; www.visitsedona.com; 331 Forest Rd; ⏲ 8.30–17 Uhr) In der Fußgängerzone der Oberstadt von Sedona.

Anreise & Unterwegs vor Ort

Ace Xpress (☎ 928-649-2720; www.acexshuttle.com; einfache Strecke /hin & zurück Erw. 68/109 US$, Kind 35/55 US$) und **Groome Transportation** (☎ 928-350-8466; www.groometransportation.com; einfache Strecke Erw./Kind 55/28 US$) betreiben einen Shuttle-Dienst zwischen Sedona und dem Sky Harbor International Airport in Phoenix.

Amtrak und Greyhound halten jeweils im nahen Flagstaff.

Mit einem Jeep von **Barlow Jeep Rentals** (☎ 928-282-8700; www.barlows.us; 3009 W Hwy 89A; halber/ganzer Tag/3 Tage 295/395/585 US$; ⏲ 8–21 Uhr) kann man das Gelände am besten erkunden. Straßenkarten und Routeninfos gibt's kostenlos dazu. **Bob's Taxi** (☎ 982-282-1234) eignet sich gut für die Stadt, Leihwagen gibt es bei **Enterprise** (☎ 928-282-2052; www.enterprise.com; 2090 W Hwy 89A; ab 50 US$/Tag; ⏲ Mo–Fr 8–17.30, Sa 9–14 Uhr).

Flagstaff

Flagstaffs entspannter Charme basiert auf mehreren Komponenten: auf der fußgängerfreundlichen historischen Innenstadt voller Bauwerke im lokaltypischen Stil und auf Wander- und Skifahroptionen im größten Gelbkiefernwald des Landes. Die Einwohner Flagstaffs sind glücklich, sportlich und knabbern eher an einem Müsliriegel, als dass sie sich mit Cowboys duellieren; Straßenmusiker spielen Bluegrass, und Radeln wird hier großgeschrieben. Die Northern Arizona University (NAU) sorgt für eine studentische Atmosphäre, und auch die Eisenbahngeschichte spielt unverändert eine wichtige Rolle für die Identität der Stadt. Außerdem schätzt man gutes Bier, frisch geröstete Kaffeebohnen und überhaupt viel Spaß. Das alles macht Arizonas Norden zu einem perfekten Feriengebiet.

Sehenswertes

★ **Lowell Observatory** OBSERVATORIUM
(Karte S. 926; ☎ 928-774-3358; www.lowell.edu; 1400 W Mars Hill Rd; Erw./Senior/Kind 17/16/10 US$; ⏲ Mo–Sa 10–22, So 10–17 Uhr) Astronomen aufgepasst! Das nationale Wahrzeichen auf einem Hügel westlich der Innenstadt wurde 1894 von Percival Lowell erbaut. 1930 wurde hier Pluto erstmals gesichtet. Tagsüber kann man einen Blick durchs Sonnenteleskop werfen oder eine Führung machen. Abends können Besucher den Sternenhimmel durch die vielen Teleskope beobachten, sofern es das Wetter zulässt. Im Oktober 2019 wurde das Giovale Open Deck Observatory (GODO) mit sechs Teleskopen und interaktiven Ausstellungsstücken eröffnet.

★ **Museum of Northern Arizona** MUSEUM
(Karte S. 926; ☎ 928-774-5213; www.musnaz.org; 3101 N Fort Valley Rd; Erw./Senior/Kind 12/10/8 US$; ⏲ Mo–Sa 10–17, So 12–17 Uhr) Ein ansprechendes Haus im Craftsman-Stil mitten in einem Kiefernwäldchen beherbergt dieses kleine, aber hervorragende Museum. Seine Schwerpunkte sind Archäologie, Geschichte und Kultur der indigenen Bevölkerung, außerdem Geologie, Biologie und Kunst. Die faszinierenden ständigen Sammlungen werden ergänzt durch Ausstellungen zu Themen wie John James Audubons Gemälde von nordamerikanischen Säugetieren. Auf dem Weg zum Grand Canyon ist es eine wunderbare Einführung in die Kultur- und Naturgeschichte der Region.

Riordan Mansion State Historic Park HISTORISCHE STÄTTE
(Karte S. 926; ☎ 928-779-4395; www.azstateparks.com/riordan-mansion; 409 W Riordan Rd; Führung Erw./Kind 10/5 US$; ⏲ Mai–Okt. 9.30–17, Nov.–April Do–Mo 10.30–17 Uhr) Nachdem sie mit ihrer Arizona Lumber Company im Holzgeschäft ein Vermögen gemacht hatten, ließen

Von Flagstaff nach Sedona

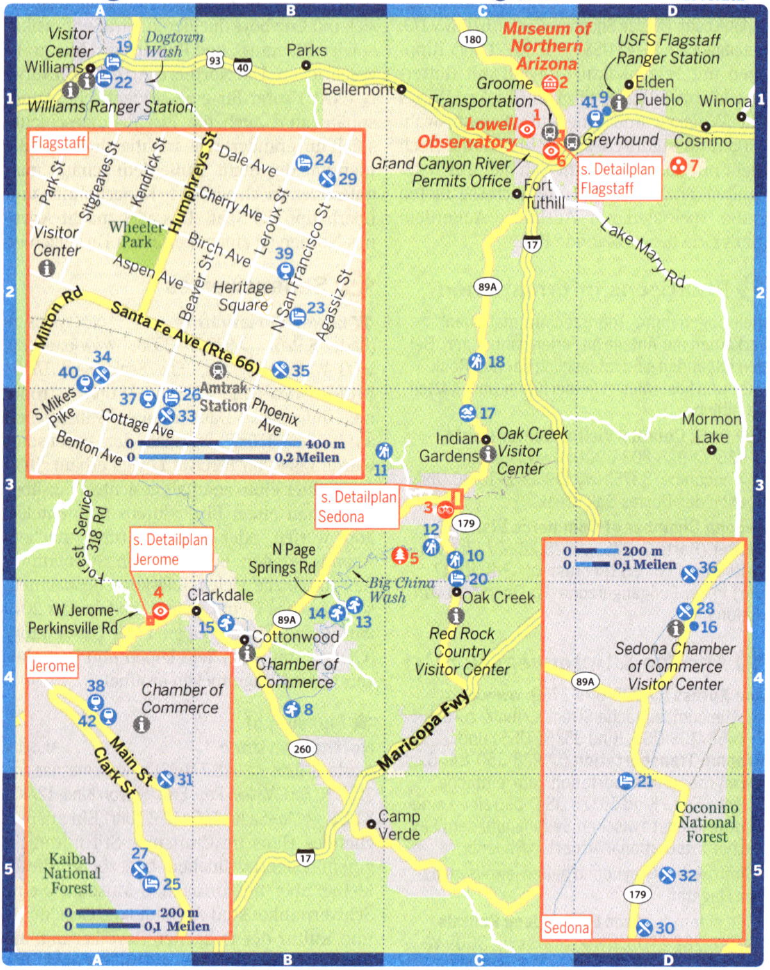

die Brüder Michael und Timothy Riordan 1904 dieses Doppelhaus bauen. Der Entwurf im Craftsman-Stil war die Idee des Architekten Charles Whittlesey, der auch El Tovar in Grand Canyon Village entwarf. Außen weist es handgearbeitete Schindeln, Holzplatten als Wandverkleidung und rustikalen Stein auf. Die Inneneinrichtung mit Edison- und Stickley-Möbeln, Tiffany-Lampen und Steinway-Flügel huldigt dem Arts-and-Crafts-Stil.

Aktivitäten

Flagstaff Bicycle Revolution MOUNTAINBIKEN
(Karte S. 926; ☎ 928-774-3042; www.flagbikerev.com; 3 S Mikes Pike; 24 Std. Hardtail/Full Suspension 45/70 US$; ⏲ Mo–Fr 8–18, Sa & So 9–17 Uhr) Der beste Mountainbike-Laden in Flagstaff verleiht Hardtails (ohne Rear-Suspension) und Full-Suspension-Bikes. Damit kann man von dem Laden (zwischen einer tollen Pizzeria und einer Bierbar) direkt losfahren.

Arizona Snowbowl SKIFAHREN
(Karte S. 932; ☎ 928-779-1951; www.snowbowl.ski; 9300 N Snowbowl Rd; Skipass Erw./Kind 89/59 US$; ⏲ Nov.–April 9–16 Uhr) Rund 14 Meilen (22 km) nördlich der Innenstadt von Flagstaff befindet sich dieses kleine, feine Skigebiet mit acht Liften und 55 Pisten in 2800 bis 3500 m Höhe.

Von Flagstaff nach Sedona

Highlights
1 Lowell Observatory C1
2 Museum of Northern Arizona C1

Sehenswertes
3 Airport Mesa C3
4 Audrey Headframe Park A4
Jerome State Historic Park .... (siehe 4)
5 Red Rock State Park C3
6 Riordan Mansion State Historic Park C1
7 Walnut Canyon D1

Aktivitäten, Kurse & Touren
8 Alcantara Vineyards B4
9 Arizona Raft Adventures D1
Arizona Stronghold .... (siehe 15)
10 Bell Rock C3
11 Boynton Canyon B3
12 Cathedral Rock C3
Flagstaff Bicycle Revolution .... (siehe 34)
Grand Canyon Railway .... (siehe 22)
Javelina Leap Vineyard .... (siehe 13)
13 Oak Creek Vineyards B4
14 Page Springs Cellars B4
15 Pillsbury Wine Company B4
16 Pink Jeep Tours D4
17 Slide Rock State Park C3
18 West Fork Trail C2

Schlafen
19 Canyon Motel & RV Park A1
20 Cozy Cactus C3
21 El Portal D5
22 Grand Canyon Hotel A1
23 Hotel Monte Vista B2
24 Inn at 410 .... B1
25 Jerome Grand Hotel A5
26 Motel DuBeau A3
Red Garter Inn .... (siehe 22)

Essen
27 Asylum Restaurant A5
28 Black Cow Café D4
29 Brix Restaurant & Wine Bar B1
30 Elote Cafe D5
31 Flatiron Café A5
32 Hudson D5
33 Macy's A3
34 Pizzicletta A2
35 Proper Meats + Provisions B2
36 Sedona Memories D3

Ausgehen & Nachtleben
37 Beaver Street Brewery A3
38 Caduceus Cellars A4
39 Hops on Birch B2
Merkin Vineyards Osteria .... (siehe 15)
40 Mother Road Brewing Company A2
41 Museum Club D1
42 Spirit Room A4

Von Juni bis Mitte Oktober kann man mit dem Sessellift auf 3500 m hinauffahren und dort wandern, Vorträge der Ranger hören, in einem Mini-Seilgarten klettern oder den Blick auf die Wüste und die Berge genießen.

Schlafen

Anders als im Süden Arizonas ist hier im Sommer die Hauptsaison.

★ **Motel DuBeau** MOTEL $

(Karte S. 926; ☎928-774-6731; www.modubeau.com; 19 W Phoenix Ave; B/Zi. ab 29/87 US$; P @ 📶) Das 1929 als erstes Motel in Flagstaff gebaute Haus hat saubere, gepflegte Zimmer. Neben den Gästezimmern mit Kühlschrank und Kabel-TV gibt's auch einen Schlafsaal mit sieben Betten, eine Küche und einen Waschsalon. Allerdings sind die Zimmer im Sommer nicht klimatisiert. Das hauseigene Nomads serviert Bier, Wein und warmes Essen.

★ **Inn at 410** B&B $$

(Karte S. 926; ☎928-774-0088; www.inn410.com; 410 N Leroux St; Zi. 210–325 US$; P ❄ 📶) Das umfassend renovierte Haus von 1894 beherbergt zehn geräumige, wunderschön eingerichtete thematisch gestaltete Gästezimmer, alle mit Kühlschrank und Bad. Viele bieten Himmelbetten und herrliche Ausblicke. Zu dem nur einen kurzen Fußweg vom Zentrum entfernten Haus gehören ein schattiger Garten mit Obstbäumen und ein gemütlicher Speiseraum, in dem das umfangreiche Gourmetfrühstück und Nachmittagssnacks serviert werden.

Hotel Monte Vista HISTORISCHES HOTEL $$

(Karte S. 926; ☎928-779-6971; www.hotelmontevista.com; 100 N San Francisco St; Zi. 130–190 US$; ❄ 📶) Eine riesige, altmodische Neonreklame prangt über dem Hotel aus dem Jahr 1926. Drinnen ist es auch nicht viel moderner: verschiedene Lampenschirme mit Federn, alte Möbel, grelle Farben und in Sachen Ausstattung ein wildes Sammelsurium. Die Zimmer sind nach Filmstars benannt, die hier einst übernachteten, und auch Hausgeister treten regelmäßig in Erscheinung. Die Nachteile: Es ist laut, das WLAN funktioniert in vielen Zimmern nicht, und parken muss man an der Straße.

Essen

Der hohe Studentenanteil und die generelle Liebe zum guten Leben sorgen dafür, dass es in Flagstaff weit bessere Restaurants gibt als anderswo im nördlichen Arizona. Es gibt aber auch zahlreiche Lebensmittelläden, in denen man sich mit Proviant für die Fahrt zum Grand Canyon eindecken kann.

★ Macy's — CAFÉ $

(Karte S. 926; ☎928-774-2243; www.macyscoffee.net; 14 S Beaver St; Hauptgerichte 6–9,50 US$; ⊙6–18 Uhr;) Der köstliche Kaffee dieser Institution in Flagstaff wird seit den 1980er-Jahren in dem alten, knallroten Röstautomaten in der Ecke geröstet. Das wissen die örtlichen Studenten und Koffeinsüchtigen zu schätzen. Auf der vegetarischen Speisekarte stehen auch viele vegane Gerichte sowie traditionelle Café-Speisen wie Gebäck, gedämpfte Eier, Waffeln, Joghurt mit Müsli, Salate und vegetarische Sandwiches.

Pizzicletta — PIZZA $

(Karte S. 926; ☎928-774-3242; www.pizzicletta.com; 203 W Phoenix Ave; Pizza 12–16 US$; ⊙So–Do 17–21, Fr & Sa 17–22 Uhr) Die winzige Pizzeria befindet sich in einem schmalen, weißen Backsteinhaus. Die ausgezeichnete Pizza aus dem Holzofen wird üppig mit feinen Zutaten wie Rucola und lange gereiftem Schinken belegt. Der Innenraum ist im Industriedesign gehalten. Vor der offenen Küche steht ein langer Tisch mit schmiedeeisernen Stühlen und nackten Glühbirnen. Während man aufs Essen wartet, kann man in der **Mother Road Brewing Company** (Karte S. 926; ☎928-774-9139; www.motherroadbeer.com; 7 S Mikes Pike; ⊙Di & Mi 14–21, Do 14–22, Fr & Sa 12–22, So 12–21 Uhr;) nebenan ein Bier trinken.

Brix Restaurant & Wine Bar — INTERNATIONAL $$$

(Karte S. 926; ☎928-213-1021; www.brixflagstaff.com; 413 N San Francisco St; Hauptgerichte 23–40 US$; ⊙Di–So 17–21 Uhr) Das hübsche Restaurant mit Backsteinmauern und einer urigen Kupfertheke serviert saisonales Essen aus der Region in bester Qualität. Das Schwesterunternehmen Proper Meats + Provisions liefert Wurst und Fleisch von freilaufenden Schweinen und Zutaten wie Nudeln mit Wurst aus Kalabrien, Grünkohl und eingelegte Zitronen. Die Weinkarte ist ebenfalls gut. Reservierung empfohlen!

CAMPINGPLÄTZE RUND UM FLAGSTAFF

Im Coconino National Forest rund um Flagstaff ist Wildcamping erlaubt. Weitere Campingplätze gibt's im Oak Creek Canyon südlich der Stadt und im Sunset Crater im Norden.

Ausgehen & Unterhaltung

Auskünfte über Feste und Musikveranstaltungen erteilt das **Visitor Center** (Karte S. 926; ☎928-213-2951; www.flagstaffarizona.org; 1 E Rte 66; ⊙Mo–Sa 8–17, So 9–16 Uhr). Eine gute Quelle ist auch www.flagstaff365.com. Im Sommer kommen die Leute jeden Freitag- und Samstagabend mit Decken zum Heritage Square, um dort kostenlos Musik zu hören und Filme für die ganze Familie anzuschauen. Los geht es jeweils um 17 Uhr.

Donnerstags erscheint das kostenlose *Flagstaff Live!* (www.azdailysun.com/flaglive_new) mit Infos zu aktuellen Shows und Veranstaltungen in der Stadt.

★ Hops on Birch — PUB

(Karte S. 926; ☎928-440-5380; www.hopsonbirch.com; 22 E Birch Ave; ⊙12–1.30 Uhr;) Der schöne, einfache Pub hat 34 ständig wechselnde Biere vom Fass, an fünf Abenden der Woche Livemusik und freundliche einheimische Gäste. Wie für Flagstaff typisch, sind auch Hunde willkommen.

Museum Club — BAR

(Karte S. 926; ☎928-440-5214; www.museumclub.net; 3404 E Rte 66; ⊙11–2 Uhr) Das Rasthaus mit Countrymusik an der Route 66 gibt es schon seit 1936. Im Inneren der riesigen Blockhütte befinden sich eine Tanzfläche aus Holz, ausgestopfte Tiere an den Wänden und eine üppig bestückte Mahagoni-Bar. Aber wieso der Name? Ganz einfach: 1931 befand sich hier ein Museum für Tierpräparate.

Praktische Informationen

USFS Flagstaff Ranger Station (Karte S. 926; ☎928-526-0866; www.fs.usda.gov/coconino; 5075 N Hwy 89; ⊙Mo–Fr 8–16 Uhr) Bietet Infos zum Campen und Wandern am Mt. Elden, Humphreys Peak und O'Leary Peak nördlich von Flagstaff.

Visitor Center (S. 928) Im Besucherzentrum im Amtrak-Bahnhof hängt eine große Karte von Flagstaff. Dazu gibt's Infos zu Sehenswürdigkeiten und möglichen Unternehmungen.

An- & Weiterreise

Greyhound (Karte S. 926; ☎928-774-4573; www.greyhound.com; 880 E Butler Ave; ⌚10–17.30 Uhr) Auf ihrem Weg nach Albuquerque, Las Vegas, Los Angeles und Phoenix halten die Busse auch in Flagstaff. Die Shuttle-Busse von **Groome Transportation** (Karte S. 926; ☎928-350-8466; www.groometransportation.com) verkehren zwischen Flagstaff und dem Grand Canyon National Park, Williams, Sedona und dem Sky Harbor International Airport in Phoenix.

Auf seiner täglichen Fahrt von Chicago nach Los Angeles hält der *Southwest Chief* von **Amtrak** (☎928-774-8679; www.amtrak.com; 1 E Rte 66; ⌚24 Std.) auch in Flagstaff.

Die Stadtbusse von **Mountain Line Transit** (☎928-779-6624; www.mountainline.az.gov; einfache Strecke Erw./Kind 1,25/0,60 US$) verkehren täglich auf mehreren Routen. Eine praktische Übersichtskarte ist beim Visitor Center erhältlich. Die Busse verfügen auch über Rollstuhlrampen.

Taxis kann man bei **Action Cab** (☎928-774-4427; www.facebook.com/actioncabtaxiandtours) bestellen. Viele große Autovermietungen haben ein Büro am Flughafen und im Zentrum.

Williams

Das freundliche Williams liegt 60 Meilen (96 km) südlich von Grand Canyon Village und 35 Meilen (56 km) westlich von Flagstaff und ist ein charmantes Tor zum Canyon. Klassische Motels und Imbissbuden reihen sich entlang der Route 66 aneinander, und das alte Schulgebäude sowie der ehemalige Bahnhof erinnern an rustikalere Zeiten.

Die meisten Touristen kommen hierher, um eine Fahrt mit der **Grand Canyon Railway** (Karte S. 926; ☎800-843-8724; www.thetrain.com; 233 N Grand Canyon Bvd, Railway Depot; hin & zurück Erw./Kind ab 67/32 US$; ⌚Abfahrt 9.30 Uhr) aus der Zeit um 1900 zum South Rim zu unternehmen. Abfahrt in Williams ist um 9.30 Uhr, die Rückfahrt ist um 17.45 Uhr. Selbst wer kein ausgesprochener Eisenbahnfan ist, wird großen Spaß an dieser stressfreien Fahrt durch die malerische Landschaft zum Grand Canyon haben. Zudem erzählen Schauspieler in historischen Kostümen, wie es früher hier so war, und dazu wird natürlich Folkmusik auf dem Banjo gespielt.

Das **Red Garter Inn** (Karte S. 926; ☎800-328-1484; www.redgarter.com; 137 W Railroad Ave; DZ 175–200 US$; ❄📶) ist ein ehemaliges Bordell, in dem die Damen ihren Freiern aus dem Fenster zuwinkten, bis es 1897 in ein B&B umgewandelt wurde. Die vier Zimmer sind mit netten Details aus der damaligen Zeit ausgestattet. In der Bäckerei im Erdgeschoss kriegt man guten Kaffee. Das schräge, kleine **Grand Canyon Hotel** (Karte S. 926; ☎928-635-1419; www.thegrandcanyonhotel.com; 145 W Route 66; B 37US$, Zi. 80–150 US$; ⌚April–Nov.; P❄@📶) hat kleine Mottozimmer, einen Schlafsaal, eine umgebaute Remise und keine TVs. Im **Canyon Motel & RV Park** (Karte S. 926; ☎928-635-9371; www.thecanyonmotel.com; 1900 E Rodeo Rd; Stellplatz Zelt/Wohnmobil ab 30/42 US$, Waggon/Dienstwagen ab 110/205 US$; ❄📶🏊) östlich der Innenstadt kann man in einem Dienstwagen der Santa-Fe-Bahn von 1929 oder einem eleganten Eisenbahnwaggon übernachten.

Grand Canyon National Park

Egal wie viel man über den **Grand Canyon** (Karte S. 932; ☎928-638-7888; www.nps.gov/grca; 20 South Entrance Rd; 7-Tage-Pass Auto/Pers. 35/20 US$) gelesen und wie viele Fotos man gesehen hat, nichts kann einen auf die Realität vorbereiten. Zunächst ziehen den Beobachter die unglaublichen Ausmaße des Canyons in ihren Bann. Gleichermaßen eindrucksvoll sind die dramatischen Felsschichten, die einen genaueren Blick lohnen, sowie die kunstvollen Details in Form von zerklüfteten Plateaus, bröckeligen Steintürmen und weinroten Felsgraten, die das Spiel von Licht und Schatten angemessen in Szene setzt.

Auf dem Grund der gewaltigen Schlucht windet sich der Colorado (genau genommen 446 km des Flusses). Er hat den Canyon in den letzten 6 Mio. Jahren geformt und Steine freigelegt, die bis zu 2 Mrd. Jahre alt sind – halb so alt wie die Erde! North Rim und South Rim (die Nord- bzw. Südkante der Schlucht) sind für zwei recht unterschiedliche Erfahrungen gut. Sie sind mit dem Auto mehr als 200 Meilen (über 300 km) voneinander entfernt, und nur wenige Reisende besuchen beide Gebiete im Rahmen von ein und derselben Tour. Die meisten Besucher geben dem South Rim den Vorzug, weil er leicht zu erreichen ist und mit vielen Service-Einrichtungen und herrlichen Aussichten aufwartet. Der ruhigere North Rim liegt auf 2500 m (300 m höher als der South Rim). In seinem kühleren Klima wachsen Wildblumen auf den Wiesen und hohe Espen- und Fichtengehölzer.

NICHT VERSÄUMEN

WALNUT CANYON

Die Sinagua-Felsbehausungen im **Walnut Canyon** (Karte S. 926; ☎928-526-3367; www.nps.gov/waca; I-40, Exit 204; Erw./Kinder 15 US$/frei; ⌚Juni–Okt. 8–17 Uhr, Nov.–Mai ab 9 Uhr, Trails schließen 1 Std. früher) befinden sich in den fast senkrecht aufragenden Wänden eines kleinen Kalksteinbergs inmitten dieses atemberaubenden bewaldeten Canyons. Der 1,6 km lange Island Trail führt über 56 Höhenmeter (über 200 Stufen) steil bergab, vorbei an 25 Kammern unter den natürlichen Felsüberhängen des kurvenreichen Berges. Der kürzere, rollstuhlgerechte Rim Trail gewährt mehrere Ausblicke auf die Felsbehausungen von der anderen Seite des Canyons.

Der Juni ist der trockenste Monat, im Juli und August regnet es am meisten. Im Januar liegt die durchschnittliche Nachttemperatur bei –11 bis –7 °C und die Tageshöchsttemperatur bei etwa 4 °C. Im Sommer herrschen im Canyon regelmäßig mehr als 38 °C. Der South Rim ist das ganze Jahr über zugänglich, aber die meisten Besucher werden zwischen Ende Mai und Anfang September gezählt. Der North Rim ist von Mitte Mai bis Mitte Oktober erreichbar.

Praktische Informationen

Der Ort mit der besten Infrastruktur im Grand Canyon National Park ist **Grand Canyon Village**, 6 Meilen (10 km) nördlich der South Rim Entrance Station. Der einzige Eingang zum North Rim liegt 30 Meilen (48 km) südlich von Jacob Lake am Hwy 67; der eigentliche North Rim liegt weitere 14 Meilen (23 km) in Richtung Süden. North Rim und South Rim trennen 215 Meilen (346 km) mit dem Wagen, zu Fuß quer durch den Canyon sind es 21 Meilen (34 km), per Luftlinie 10 Meilen (16 km).

Das Parkticket ist sieben Tage lang für North und South Rim gültig. Wer eine Wanderung mit Übernachtung unternehmen und auf dem Parkgelände campen möchte, braucht eine Genehmigung. Das **Backcountry Information Center** (Karte S. 932; ☎928-638-7875; www.nps.gov/grca/planyourvisit/blackcountry-permit.htm; Grand Canyon Village; ⌚8–12 & 13–17 Uhr, Telefon Mo–Fr 8–17 Uhr; 🚌Village) nimmt Anträge für Wandergenehmigungen (10 US$, zzgl. 8 US$/Pers. & Nacht) nur für den laufenden und die darauf folgenden vier Monate an. Die Chancen stehen recht gut, wenn man sich früh darum kümmert und Alternativrouten angibt. Reservierungen können persönlich, per Post oder Fax, nicht aber per Telefon oder E-Mail, vorgenommen werden. Weitere Infos gibt's unter www.nps.gov/grca/planyourvisit/backcountry-permit.htm.

Wer ohne Genehmigung am South Rim ankommt, muss sich erst einmal im zuständigen Büro in der **Maswik Lodge** (Karte S. 932; ☎928-638-2631, advanced reservations 888-297-2757; www.grandcanyonlodges.com; 202 South Village Loop Dr, Grand Canyon Village; Zi. South/North 215/304 US$; P ❄ @ 📶; 🚌Village) in die Warteschlange stellen. Zum Schutz der Umwelt wird im Park kein Wasser in Flaschen mehr verkauft. Dafür kann man mitgebrachte Wasserflaschen entlang des Rim und im **Canyon Village Market** (Karte S. 932; ☎928-638-2262; www.visitgrandcanyon.com; Market Plaza, Grand Canyon Village; Sandwiches & Pizzas 6–11 US$; ⌚Ende Mai–Sept. 6.30–21 Uhr, Feinkostgeschäft bis 20 Uhr, im übrigen Jahr kürzere Öffnungszeiten; 🚌Village) auffüllen.

VISITOR CENTER AM SOUTH RIM

Grand Canyon Visitor Center (Karte S. 932; ☎Hauptquartier 928-638-7888; www.nps.gov/grca/planyourvisit/visitorcenters.htm; Grand Canyon Visitor Center Plaza, Grand Canyon Village; ⌚9–17 Uhr; 🚌Village, 🚌Kaibab/Rim, 🚌Tusayan (1. März–30. Sept.) Das Besucherzentrum und der **Visitor Center Plaza Park Store** (Karte S. 932; ☎Grand Canyon Association 800-858-2808; www.grandcanyon.org; ⌚Juni–Aug. 8–20 Uhr, restliches Jahr kürzere Öffnungszeiten) befinden sich auf einem großen Platz, 300 m hinter dem Mather Point. Auf großen Stelltafeln finden sich Infos über Wanderwege, Touren, Angebote der Ranger und das Wetter.

National Geographic Visitor Center (Karte S. 932; ☎928-638-2468; www.explorethecanyon.com; 450 Hwy 64; IMAX Erw./Kind 14/10 US$; ⌚Visitor Center März–Okt. 8–22 Uhr, Nov.–Feb. 9–20 Uhr, Kino März–Okt. 8.30–20.30 Uhr, Nov.–Feb. 9.30–18.30 Uhr; 🚌Tusayan) in Tusayan, 7 Meilen (11,2 km) südlich des Grand Canyon Village. Wer bereits hier die 30 US$ Einfahrgebühr bezahlt, erspart sich eine mögliche Warteschlange vor der Parkeinfahrt. Das IMAX-Kino zeigt den spektakulären Film *Grand Canyon – The Hidden Secrets*. Neben den genannten Besucherzentren gibt es auch im Park selbst weitere Infos:

Desert View Watchtower (Karte S. 932; ☎928-638-8960; www.nps.gov/grca/learn/photosmultimedia/mary-colter---indian-watchtower.htm; Desert View, Desert View Dr; ⌚April–Sept. 8–19 Uhr, Okt.–März 8–18 Uhr; letzter Aufstieg 30 Min. vor Schließung; P 👪)

Kolb Studio (Karte S. 932; ☎928-638-2771; www.nps.gov/grca/planyourvisit/art-exhibits.

htm; Rim Trail, Grand Canyon Village Historic District; ⌚ März–Mai & Sept.–Nov. 8–19 Uhr, Dez–Feb. 8–18 Uhr, Juni–Aug. 8–20 Uhr; 🚌 Village (Haltestelle des Hermits Rest Route Transfer), 🚌 Hermits Rest (1. März–30. Nov.; Village Route Transfer)

Tusayan Museum & Ruins (Karte S. 932; ☎ 928-638-7888; www.nps.gov/grca; Desert View Dr; ⌚ 9–17 Uhr; P 👪)

Verkamp's Visitor Center (Karte S. 932; ☎ 928-638-7888; www.nps.gov/grca/planyourvisit/verkamps.htm; Rim Trail, Grand Canyon Village Historic District; ⌚ März–Ende Mai & Sept.–Nov. 8–19 Uhr, Dez.–Feb. 8–18 Uhr, Ende Mai–Aug. 8–20 Uhr; 🚌 Village (Haltestelle Train Depot oder Village East)

Yavapai Geology Museum (Karte S. 932; ☎ 928-638-7888; www.nps.gov/grca/planyourvisit/yavapai-geo.htm; Rim Trail, Grand Canyon Village Historic District; ⌚ März–Ende Mai & Sept.–Nov. 8–19 Uhr, Dez.–Feb. 8–18 Uhr, Ende Mai–Aug. 8–20 Uhr; P 👪; 🚌 Kaibab/Rim)

South Rim

Wer kein Problem mit Menschenmassen hat, wird sich am South Rim wohlfühlen, denn hier gibt's ein komplettes Dorf mit Unterkünften, Restaurants, Buchläden, einem Supermarkt und einem Deli. Museen und historische Steinhäuser erläutern die Geschichte des Parks, während Ranger täglich Programme zu Themen wie Geologie und der wiederauflebenden Kondor-Population anbieten. Auch im Sommer, wenn Tagesausflügler in Massen einfallen, findet man ruhige Plätzchen, z. B. bei einer Tageswanderung unterhalb des Rims oder indem man sich ein paar hundert Meter von den malerischen Aussichtspunkten entfernt.

Aktivitäten

Autofahren & Wandern

Eine **malerische Route** führt westlich vom Grand Canyon Village auf der Hermit Rd am Rand der Schlucht entlang. Von März bis November darf die 11 km lange Straße nicht von Privatwagen befahren werden; stattdessen nimmt man einfach den kostenlosen Shuttle-Bus. Die Strecke kann auch gut mit dem Fahrrad bewältigt werden, da relativ wenig Verkehr herrscht. Zu Stopps unterwegs verlocken traumhafte Aussichten, zudem liefern Schilder Infos zum Canyon.

Der **Desert View Drive** beginnt östlich vom Grand Canyon Village und folgt der Schluchtkante 26 Meilen (42 km) bis zum Desert View, dem Osteingang des Parks. Parkbuchten ermöglichen tolle Aussichten.

Die **Wanderwege** entlang des South Rim bieten etwas für jeden Fitnessgrad. Die beliebteste und einfachste Route im Park ist der **Rim Trail**. Er taucht in die struppigen Kiefernbestände des Kaibab National Forest ein und verbindet auf einer Strecke von 21 km einige Aussichtspunkte und historische Stätten miteinander. Manche Abschnitte sind asphaltiert, und sämtliche Aussichtspunkte können mit einer der drei Shuttle-Bus-Linien erreicht werden. Auf dem **Trail of Time**, der gleich westlich vom Yavapai Geology Museum an den Rim Trail grenzt, repräsentiert jeder Meter 1 Mio. Jahre Erdgeschichte.

Wanderungen hinab in den Canyon sind anstrengend, deshalb begnügen sich die meisten Besucher mit kurzen Tagesausflügen. Man muss sich bewusst machen, dass der Rückweg bergauf aus der Schlucht sehr viel härter ist als der Abstieg auf dem Hin-

ABSTECHER

SUNSET CRATER VOLCANO NATIONAL MONUMENT

Um 1064 brach hier ein **Vulkan** (Karte S. 932; ☎ 928-526-0502; www.nps.gov/sucr; Park Loop Rd 545; Auto/Motorrad/Fahrrad & Fußgänger 25/20/15 US$; ⌚ Visitor Center 9–17 Uhr, Park 24 Std.) aus, der seine Asche über eine Fläche von 2072 km² verteilte. Dabei entstanden ein Aschenkegel und der Kana-A-Lavastrom. Heute ist der 2441 m hohe Sunset Crater ruhig. Eine kurze Wanderung führt über den Bonito-Lavastrom (entstanden ca. 1180) zum Lenox Crater (2135 m) hoch. Wer mehr will, kann zu Fuß oder mit dem Fahrrad den 2725 m hohen O'Leary Peak erklimmen (hin & zurück 12,8 km). Es gibt auch einen einfachen, 480 m langen, rollstuhlgerechten Rundweg, von dem man einen schönen Blick auf den Lavastrom hat.

Der Sunset Crater befindet sich 19 Meilen (30 km) nordöstlich von Flagstaff. In der Parkgebühr enthalten ist der Eintritt zum nahe gelegenen **Wupatki National Monument** (Karte S. 932; ☎ 928-679-2365; www.nps.gov/wupa; Park Loop Rd 545; Auto/Motorrad/Fahrrad/Fußgänger 25/20/15/15 US$; ⌚ Visitor Center 9–17 Uhr, Park Sonnenaufgang–Sonnenuntergang). Das Ticket gilt sieben Tage lang.

Grand Canyon National Park

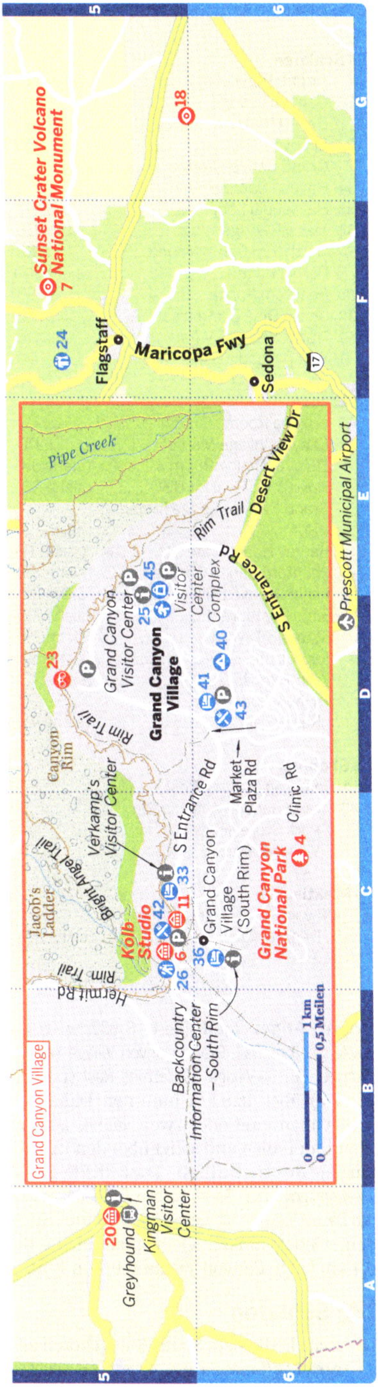

weg. Zudem sollte man nicht versuchen, die gesamte Strecke zum Colorado und zurück an einem Tag zu bewältigen. Die beliebteste Route ist der wunderschöne **Bright Angel Trail**. Entlang des malerischen, 13 km langen Abstiegs zum Fluss gibt es vier günstige Umkehrpunkte. Im Sommer kann die Hitze mörderisch sein; wer eine Tageswanderung unternimmt, könnte an einem der beiden Rasthäuser umkehren (hin & zurück 5 bzw. 10 km) oder sich bei Sonnenaufgang auf den Weg machen, um die längeren Routen zum **Indian Garden** oder **Plateau Point** (hin & zurück 15 bzw. 20 km) zu bewältigen.

Der steilere und sehr viel ungeschütztere **South Kaibab Trail** gehört zu den schönsten Wegen im Park. Hier gibt es eindrucksvolle Landschaft und unverstellte Rundumblicke. Wanderer, die in der **Phantom Ranch** übernachten wollen, wählen für den Abstieg meist diesen Weg und für den Rückweg am nächsten Tag den Bright Angel Trail. Im Sommer kann der Aufstieg auf dem South Kaibab Trail gefährlich sein, dann raten die Ranger Tagesausflüglern, für den schönsten Kurztrip am Aussichtspunkt **Cedar Ridge** (hin & zurück ca. 5 km) umzukehren.

Radfahren

Bright Angel Bicycles & Cafe at Mather Point FAHRRADVERLEIH

(Karte S. 932; ☎ Fahrradladen 928-638-3055, Reservierungen 928-679-0992; www.bikegrandcanyon.com; Grand Canyon Visitor Center Complex; Rad Erw./Kind bis 16 Jahre 8–19 Uhr 24 Std. 47/31,50 US$, 5 Std. 31,50/20 US$, Rollstuhl 10,50 US$, Einzel-/Zwillingsbuggy bis 8 Std. 18/31 US$; ⌚ Mai–Mitte Sept. 8–18 Uhr, Mitte Sept.–Okt. 9–17 Uhr, März & April 8–17 Uhr; 👪; 🚌 Village, 🚌 Kaibab/Rim) Verleiht Fahrräder und organisiert Touren. Man muss online oder telefonisch reservieren. Nur in der Hauptsaison von Juni bis Mitte August ist auch spontan etwas zu bekommen. Helme sind im Preis inbegriffen. Spezielle Anhänger sind auf Anfrage erhältlich. Beim empfehlenswerten zweistündigen **Hermit Shuttle Package** (Erw./Kind 36/26 US$) werden die Teilnehmer vom Geschäft zum **Hopi Point** (Karte S. 932; www.nps.gov/grca; Rim Trail, Hermit Rd; P; 🚌 Hermits Rest West- (1. März–30. Nov.) gebracht und nach der Tour in **Hermits Rest** (Karte S. 932; ☎ 928-638-2351; www.nps.gov/grca/learn/photosmultimedia/colter_hermits_photos.htm; Hermit Rd; ⌚ Mai–Sept. 8–20 Uhr, Okt.–März 9–17 Uhr, April 9–18.30 Uhr; 👪; 🚌 Hermits Rest (1. März–30. Nov.) wieder abgeholt.

Grand Canyon National Park

Highlights
1 Best Friends Animal Sanctuary D1
2 Desert View Watchtower E3
3 Grand Canyon Lodge G2
4 Grand Canyon National Park C6
5 Horseshoe Bend F1
6 Kolb Studio C5
7 Sunset Crater Volcano National Monument F5
8 Valley of Fire State Park A2
9 Wupatki National Monument F4

Sehenswertes
10 Antelope Point F1
11 Bright Angel Lodge C5
12 Bright Angel Point E3
13 Dangling Rope G1
14 Grand Canyon Caverns & Inn C4
15 Grand Canyon West B3
16 Hermits Rest E3
17 Hopi Point E3
18 Meteor Crater G5
19 National Geographic Visitor Center & IMAX Theater E3
20 Route 66 Museum A5
21 The Toadstools E1
22 Tusayan Museum & Ruin E3
23 Yavapai Point and Geology Museum D5

Aktivitäten, Kurse & Touren
24 Arizona Snowbowl F5
25 Bright Angel Bicycles & Cafe at Mather Point D5
26 Bright Angel Trail C5
Canyon Trail Rides .... (siehe 3)
27 Cape Final Trail E3
28 Condor Release Site at Vermilion Cliffs E1
29 Ekis' Antelope Canyon Tours F1
Grand Canyon Mule Rides .... (siehe 6)
Lake Powell Paddleboards .... (siehe 29)
30 North Kaibab Trail G1
31 South Kaibab Trail E3

Schlafen
Bright Angel Lodge .... (siehe 11)
32 Canyons Lodge D1
Desert View Campground .... (siehe 2)
33 El Tovar C5
Grand Canyon Lodge .... (siehe 3)
34 Havasu Campground D3
35 Havasupai Lodge D3
36 Maswik Lodge C6
37 North Rim Campground G2
Parry Lodge .... (siehe 32)
38 Phantom Ranch E3
39 Shash Diné EcoRetreat F2
40 Trailer Village RV Park D6
41 Yavapai Lodge D6

Essen
42 Arizona Room C5
43 Canyon Village Market D6
El Tovar Dining Room .... (siehe 33)
Floyd & Co Real Pit BBQ .... (siehe 20)
Grand Canyon Lodge Dining Room .... (siehe 3)
Harvey House Cafe .... (siehe 11)
Phantom Ranch Canteen .... (siehe 38)
Ranch House Grille .... (siehe 29)
Sego Restaurant .... (siehe 32)
State 48 Tavern .... (siehe 29)
Supai Cafe .... (siehe 35)
Vermillion 45 .... (siehe 32)
Yavapai Lodge Restaurant .... (siehe 41)

Shoppen
44 Cameron Trading Post F4
45 Grand Canyon Association Park Store am Visitor Center E5

Praktisches
Navajo Parks & Recreation Department .... (siehe 29)

Geführte Touren

★ **Grand Canyon Mule Rides** MULI-TOUREN
(Karte S. 932; ☎888-297-2757, Reservierungen für den folgenden Tag 928-638-2631; www.grandcanyonlodges.com/plan/mule-rides; Bright Angel Lodge, Grand Canyon Village Historic District; 2-stündige Muli-Tour 143 US$, Muli-Tour mit 1/2 Übernachtungen inkl. Mahlzeiten & Unterkunft 606/875 US$ bzw. 1057/1440 US$ für 2 Pers.; ⌚Touren sind zu wechselnden Zeiten ganzjährig möglich; 🚻) Die einzige Möglichkeit, in den Canyon hinabzusteigen, ist, wenn man auf der Phantom Ranch (S. 935) übernachtet. Die Touren mit zehn Mulis folgen dem **Bright Angel Trail** (Karte S. 932; www.nps.gov/grca; Rim Trail, Grand Canyon Village Historic District; 🚻; 🚌Village, 🚌Hermits Rest (1. März–30. Nov.) über 16,8 km hinunter. Dann verbringt man eine oder zwei Nächte auf der Phantom Ranch und steigt über den 12,5 km langen **South Kaibab Trail** (Karte S. 932; www.nps.gov/grca; South Kaibab Trailhead, abseits des Desert View Dr; 🚌Kaibab/Rim) in fünf Stunden wieder hinauf. Oder man bucht die 6,4 km lange Canyon Vistas-Tour am Rim.

Schlafen

Die sechs Lodges am South Rim gehören alle zu **Xanterra** (Grand Canyon Lodges; ☎Buchungen im Voraus 888-297-2757, aus dem Ausland 303-297-2757, Buchungen bis zu 48 Std. im Voraus 928-638-2631; www.xanterra.com; 10 Albright St, Grand Canyon). Vor allem im Sommer sollte man vorab reservieren, bei der Phantom Ranch neben dem Colorado ruft man am besten direkt an. Wer für denselben Tag reservieren oder einen Gast erreichen möchte, ruft beim South Rim **Switchboard** (928-638-2631) an. Sind keine Unterkünfte im Park mehr frei, sollte man es in Tusayan (am Südeingang), Valle (31 Meilen/49,5 km südlich), Cameron (53 Meilen/85 km östlich), Williams (ca. 60 Meilen/100 km südlich) oder Flagstaff (80 Meilen/129 km südöstlich) versuchen. Mit Ausnahme des Desert View sind alle Campingplätze und Lodges ganzjährig geöffnet.

★ Desert View Campground CAMPING $

(Karte S. 932; www.nps.gov/grca/planyourvisit/cg-sr.htm; Desert View, Desert View Dr; Stellplatz 12 US$; Mitte April–Mitte Okt.; P) Der Campingplatz des NPS liegt mitten in einem Wacholderwald, 25 Meilen (40 km) vom zentralen Grand Canyon Village entfernt und dicht am Rim. Er ist relativ ruhig und verfügt über 50 große Stellplätze, die nicht reserviert werden können. Die besten Chancen hat man im Laufe des Vormittags, wenn viele Leute ihre Zelte abbrechen. Um die Mittagszeit ist er dann oft wieder voll.

Es gibt Toiletten und Trinkwasser, aber keine Duschen und keine Anschlüsse fürs Wohnmobil. Direkt daneben ist ein kleiner Gemischtwarenladen für das Nötigste.

★ Bright Angel Lodge LODGE $

(Karte S. 932; Reservierung im Voraus 888-297-2757, Reservierung bis zu 48 Std. im Voraus 928-638-2631; www.grandcanyonlodges.com; Rim Trail, Grand Canyon Village Historic District; Zi./Hütte ab 140/243 US$; P; Village) Die **historische Lodge** (Karte S. 932; 928-638-2631; www.nps.gov/grca/learn/photosmultimedia/colter_ba_photos.htm; Rim Trail, Grand Canyon Village Historic District; P; Village) aus Holz und Stein von 1935 auf einem Gesims des Canyon hat einfache Zimmer und einen netten Gemeinschaftsraum. Die einfache Buckey and Powell Lodge ist eine tolle Budget-Unterkunft mit schönen Zimmern (Kühlschrank, aber kein TV) nahe beim Rim. Die rustikalen Rim Cabins und Suites gehören zu den besten Unterkünften am South Rim.

Phantom Ranch HÜTTE & SCHLAFSAAL $

(Karte S. 932; 888-297-2757; www.grandcanyonlodges.com; auf dem Grund des Canyons, 15,8 km am Bright Angel unterhalb des South Rim, 11,8 km am South Kaibab unterhalb des South Rim, 21,8 km am North Kaibab unterhalb des North Rim; B 65 US$, DZ in Hütte 169 US$, jeweils per Losentscheid;) Die lagerähnliche Anlage auf dem Grund des Grand Canyon besteht aus freistehenden Hütten für zwei bis zehn Personen und vier Schlafsälen mit jeweils fünf Stockbetten, die aber nur Wanderern zur Verfügung stehen und nach Geschlechtern getrennt sind. Im Preis enthalten sind Bettwäsche, Seife und Handtücher, nicht jedoch die Mahlzeiten, die aber beim Buchen des Schlafplatzes gleich bestellt werden können. Die Phantom Ranch ist mit Mulis, zu Fuß oder einem Floß auf dem Colorado zu erreichen.

Trailer Village RV Park WOHNWAGENPARK $

(Karte S. 932; 877-404-4611; www.visitgrandcanyon.com; Market Plaza, Grand Canyon Village; Stellplatz mit Anschlüssen für Wohnmobile 49–59 US$; ganzjährig; P; Village Osten) Auf dem Campingplatz inmitten der recht öden Landschaft stehen die Wohnmobile in Reih und Glied auf befestigten Parzellen. Außerdem gibt's Picknicktische, Grillstellen und alle Anschlüsse, dafür aber nur Münzduschen, und der Waschsalon ist im 800 m entfernten **Camper Services** (928-638-6350; www.visitgrandcanyon.com/trailer-village-rv-park/rv-camper-services; Market Plaza, Grand Canyon Village; wechselnde Öffnungszeiten; Village). Zum Rim kann man auf dem 1,6 km langen Greenway Trail zu Fuß laufen oder mit dem Rad fahren.

Yavapai Lodge MOTEL $$

(Karte S. 932; 877-404-4611; www.visitgrandcanyon.com/yavapai-lodge; Market Plaza, Grand Canyon Village; Zi. 168–212 US$; ganzjärig; P@; Village) In einem Wacholderwald 1,6 km vom Rim entfernt stehen 16 motelähnliche Häuser. Die hübschen klimatisierten Zimmer im zweistöckigen Yavapai East bieten Platz für bis zu sechs Personen. In den Familienzimmern stehen Gästen Stockbetten zur Verfügung. In die Zimmer für bis zu vier Personen im einstöckigen Yavapai West dürfen auch Haustiere mitgebracht werden. Allerdings sind die Zimmer schon etwas älter und haben keine Klimaanlage.

★ El Tovar LODGE $$$

(Karte S. 932; Reservierung im Voraus 888-297-2757, Reservierung bis zu 48 Std. im Voraus 928-638-2631; www.grandcanyonlodges.com; Rim Trail, Grand Canyon Village Historic District; Zi. 263–354 US$; ganzjährig; P; Village West (Haltestelle Eisenbahndepot) Das schöne Holzhaus von 1905 steht direkt am Rim Trail am Rand der Schlucht. Die Gemeinschaftsräume sind voller altmodischer Eleganz und Charme. Leider ist in den 78 Zimmern und Suiten nicht mehr viel von der historischen Schönheit zu spüren. Einige der besseren sind ganz hübsch, mit Himmelbetten oder Balkon mit Aussicht, doch die Standardzimmer sind im nüchternen Stil von einfachen Motels gehalten. Die Lage und der Service sind jedoch einzigartig.

Essen & Ausgehen

Grand Canyon Village bietet alle Arten von kulinarischen Optionen, auch wenn ja niemand wegen des Essens hierher kommt. Das Arizona Room, El Tovar und **Harvey House Cafe** (Karte S. 932; 928-638-2631; www.grandcanyonlodges.com/dine/harvey-house-cafe; Bright Angel Lodge, Grand Canyon Village Historic District; Hauptgerichte 13–21 US$; 6.30–22 Uhr; ; Village West) sind die einzigen richtigen Restaurants am South Rim. Ansonsten bieten ein paar Bars kleine Gerichte und Snacks. Die anderen Restaurants sind im Stil einer Cafeteria gehalten oder servieren Fast Food. Im Arizona Room und El Tovar sind Reservierungen (für abends) möglich.

Die **Phantom Ranch Canteen** (Karte S. 932; US 888-297-2757, aus dem Ausland 303-297-2757; www.grandcanyonlodges.com/dine/phantom-ranch-cafe; Phantom Ranch, Grund des Canyon; Frühstück 23–65 US$, abends vegetarischer Eintopf/Steak 24/48 US$; April–Okt. Frühstück 5 & 6.30 Uhr, Nov.–März 5.30 & 7 Uhr, Abendessen 17 & 18.30 Uhr, Kantine Nov.–März 8–16 & 20–22 Uhr) am Colorado weit unterhalb des Rim tischt familiäres Frühstück und Abendessen auf. Beides muss im Voraus bestellt werden.

Yavapai Lodge Restaurant CAFETERIA $

(Karte S. 932; www.visitgrandcanyon.com; Yavapai Lodge, Grand Canyon Village; Frühstück 7–9 US$, Mittag- & Abendessen 10–16 US$; 7–21 Uhr; P ; Village) Das Frühstück genießt man vom Büfett (15 US$) oder à la carte. Mittags und abends gibt's Grillgerichte, warme und kalte Sandwiches sowie Pizza und dazu Bier und Wein. Die Gäste geben ihre Bestellung auf einem Touchscreen ein, holen sich ihre Getränke und warten, bis ihr Essen fertig ist und ausgerufen wird. Das Ganze ist gut organisiert und praktisch, hat aber den Charme einer Betriebskantine.

★ **El Tovar Dining Room** AMERIKANISCH $$$

(Karte S. 932; 928-638-2631; www.grandcanyonlodges.com/dine/el-tovar-dining-room-and-lounge; El Tovar, Grand Canyon Village Historic District; Hauptgerichte 20–30 US$; Restaurant 6.30–10.30, 11.15–14 & 16.30–21.30 Uhr, Bar 11.30–23 Uhr; P ; Village) Ein klassischer Diner bester Qualität. Die dunklen Holztische sind mit weißen Tischtüchern und feinem Porzellan gedeckt, die tollen Wandmalereien zeigen Darstellungen der Indianerstämme, und durch die riesigen Fenster blickt man auf den Rim Trail und in den Canyon. Zum Frühstück kommt u. a. das Pfannkuchen-Trio El Tovar (Buttermilch-, Maismehl- und Buchweizenpfannkuchen mit Pinienkernbutter und Kaktusfeigensirup) oder gebratene Forelle mit zwei Eiern auf den Tisch.

Arizona Room AMERIKANISCH $$$

(Karte S. 932; ex 6432 928-638-2631; www.grandcanyonlodges.com/dine/arizona-room; Bright Angel Lodge, Grand Canyon Village Historic District; Mittagessen 13–26 US$, Abendessen 27–40 US$; Feb.–Okt. 11.30–15 & 16.30–21.30 Uhr, Nov.–Jan. nur abends; ; Village) An der Decke hängen Kronleuchter aus Hirschgeweihen, durch die großen Fenster blickt man auf den Rim Trail und den Canyon. Die saisonale Karte ist geprägt von der Küche des Westens. Reservierungen (für abends) sind online oder telefonisch bis zu 30 Tage im Voraus möglich, aber meist genügt eine Woche.

Anreise & Unterwegs vor Ort

Die meisten Besucher erkunden den Canyon mit einem Mietwagen oder als Mitglied einer Reisegruppe. Einen Parkplatz im Grand Canyon Village zu finden, ist nicht immer einfach. Innerhalb des Parks bedienen kostenlose Shuttles drei Routen (rund um Grand Canyon Village, Richtung Westen auf der Hermits Rest Route und Richtung Osten auf der Kaibab Trail Route). Die Busse fahren etwa alle 15 Minuten (ab einer Stunde vor Sonnenuntergang bis eine Stunde danach). Im Sommer fährt an der Bright Angel Lodge der kostenlose Shuttle Hiker's Express ab. Er passiert frühmorgens das Backcountry Information Center und das Grand Canyon Visitor Center, dann geht's zum Startpunkt des South Kaibab Trail.

North Rim

Der North Rim bietet wohltuende Einsamkeit. Es gibt keine Shuttle-Busse oder Bustouren, keine Museen, keine Einkaufszentren, Schulen oder Tankstellen. Tatsächlich findet man hier lediglich eine klassische Lodge im Nationalpark am Schluchtrand, einen Campingplatz, ein Motel, einen Gemischtwarenladen und ein weitläufiges

Wegenetz, das zwischen sonnigen Wildblumenwiesen, schlanken Espen und hohen Ponderosa-Kiefern hindurchführt.

Der Eingang zum North Rim liegt 24 Meilen (39 km) südlich des **Jacob Lake** am Hwy 67. Die Grand Canyon Lodge (S. 938) befindet sich weitere 20 Meilen (32 km) dahinter. Aufgrund der Höhe von über 2400 m ist es hier rund 6 °C kälter als am South Rim – auch im Sommer benötigt man abends einen Pullover. Sämtliche Einrichtungen am North Rim sind von Mitte Oktober bis Mitte Mai geschlossen, man kann jedoch in den Park fahren und auf dem Campingplatz übernachten, bis Schnee die Straße ab Jacob Lake unpassierbar macht.

Aktivitäten

Der kurze, leicht zu bewältigende, befestigte Weg (800 m) zum **Bright Angel Point** (Karte S. 932; www.nps.gov/grca) ist ein Muss. Er beginnt an der Rückseite der Grand Canyon Lodge und führt zu einem schmalen Felsausläufer, der tollen Ausblick gewährt.

Der **North Kaibab Trail** (Karte S. 932; www.nps.gov/grca; Innerer Canyon) ist der einzige Wanderweg vom North Rim zum Fluss, der regelmäßig gewartet wird. Er ist mit Wegen zum South Rim im Gebiet der Phantom Ranch verbunden. Die ersten 8 km sind am steilsten; es geht über 900 m hinab zu den **Roaring Springs**. Die Tageswanderung erfreut sich großer Beliebtheit. Wer eine kürzere Strecke unterhalb der Schluchtkante bevorzugt, kann ca. 1 km bis zum **Coconino Overlook** oder 3 km bis zum **Supai Tunnel** laufen. So erhält man einen Vorgeschmack auf das steile Terrain im Canyon. Für den 45 km langen Rundweg zum Colorado River benötigt man mehrere Tage.

Eine kurze Wanderung am Schluchtrand, die sich gut für Familien eignet, ist der 6 km lange Rundweg **Cape Final** (Karte S. 932; www.nps.gov/grca; Cape Royal Rd) am **Walhalla Plateau** östlich der Grand Canyon Lodge, der durch Gelbkiefernwälder zu beeindruckenden Aussichtspunkten am östlichen Grand Canyon führt.

Canyon Trail Rides MULI-TOUREN
(Karte S. 932; ☎ 435-679-8665; www.canyonrides.com; North Rim; Muli-Tour 1/3 Std. 45/90 US$; ⏲ Mitte Mai–Mitte Okt. 7.30, 8.30, 12.30, 13.30, 14.30 Uhr) Die Muli-Touren kann man bis zu einem Jahr im Voraus buchen, doch anders als am South Rim lässt sich so eine Tour hier manchmal auch spontan am „Mule Desk" in der Grand Canyon Lodge organisieren. Die Touren führen nicht bis zum Colorado hinunter, doch auf dem North Kaibab Trail bekommt man einen guten Eindruck vom Leben unterhalb des Rim.

Für jede der drei Touren gelten bestimmte Alters- und Gewichtsgrenzen. Generell muss man mindestens sieben Jahre alt sein und darf höchstens 100 kg wiegen.

Die Ritte kann man eine Woche im Voraus online oder unter ☎ 928-638-9875 buchen.

RAFTING AUF DEM COLORADO

Eine Bootsfahrt auf dem Colorado River ist ein geradezu episches, adrenalingeladenes Abenteuer, bei dem man über mehrere Tage von jeglicher Zivilisation abgeschnitten ist. An einer Stelle stürzen die Lava Falls auf einer Strecke von nur 275 m rekordverdächtige 11 m hinab. Eigentliches Highlight ist jedoch der Blick auf den Grand Canyon von unten und nicht, wie sonst üblich, von oben – außerdem machen Ruinen, Wracks und Felsmalereien Geschichte lebendig. Die organisierten Touren dauern drei Tage bis drei Wochen, wobei verschiedene Boote zum Einsatz kommen.

Arizona Raft Adventures (Karte S. 926; ☎ 800-786-7238, 928-526-8200; www.azraft.com; 4050 East Huntington Dr, Flagstaff, AZ 86004; 6–16 Tage Rafting 2305–4675 US$, 8/10 Tage mit dem Motorboot 2945/3455 US$) Bietet mehrtägige Touren mit Motor- und Ruderboot sowie Kajak (oder Kombinationen davon). Außerdem gibt es spezielle Touren zum Fotografieren, mit Musik oder „Yoga und Kajak". Ausführliche Infos auf der Website.

Arizona River Runners (☎ 800-477-7238, 602-867-4866; www.raftarizona.com; 15211 North Cave Creek Rd, Suite A, Phoenix AZ, 85032; 3-tägige Motorboot-Tour inkl. Ranch-Besuch ab 1475 US$, 13-tägige Ruderboottour durch den Canyon ab 4145 US$) Seit 1970 hat dieser Veranstalter Touren mit Ruder- und Motorbooten im Programm. Daneben gibt es im kühleren April noch „spezielle" Wanderungen, die fünf bis 15 Tage dauern. Das Unternehmen ist auch auf Reisende mit besonderen Bedürfnissen eingerichtet und bietet spezielle Touren für Personen mit Behinderungen.

Schlafen & Essen

North Rim Campground CAMPING $
(Karte S. 932; ☎877-444-6777; www.recreation.gov; Stellplatz Zelt 18 US$, Wohnmobil 18–25 US$; ⏲Reservierungen 15. Mai–15. Okt., keine Reservierungen 16.–31. Okt.; 🐾) Der Campingplatz des NPS befindet sich 1,5 Meilen (2,4 km) nördlich der Grand Canyon Lodge und bietet schattige, ebene Stellplätze unter Pinien. Die Parzellen 11, 14, 15, 16 und 18 bieten Blick auf den Canyon (und kosten deshalb 25 US$), doch Parzelle 10 ist auch sehr schön. Man kann – und sollte – seinen Platz bis zu sechs Monate im Voraus online reservieren.

Es gibt auch Zeltplätze für spontan vorbeikommende Wanderer und Radfahrer. Auf dem Platz stehen Wasser, ein Laden, eine Snackbar, Münzduschen und Waschmaschinen zur Verfügung, aber keine Anschlüsse fürs Wohnmobil.

Grand Canyon Lodge HISTORISCHES HOTEL $$
(Karte S. 932; ☎Reservierung im Voraus 877-386-4383, Buchung für den gleichen Tag 928-638-2611; www.grandcanyonforever.com; Zi./Hütte ab 146/161 US$; ⏲15. Mai–15. Okt.) 🍃 Die Gästezimmer sind nicht in der **Lodge** (Karte S. 932) selbst, sondern meist in Blockhütten in der Nähe. Nur vier dieser Hütten bieten Blick auf den Canyon und kosten deshalb 22 US$ mehr als die anderen. Trotzdem müssen sie mindestens ein Jahr im Voraus gebucht werden.

Grand Canyon Lodge Dining Room AMERIKANISCH $$
(Karte S. 932; ☎Mai–Okt. 928-638-8560; www.grandcanyonforever.com/dining; Frühstück 8–11 US$, Mittagessen 10–15 US$, Abendessen 18–35 US$; ⏲15. Mai–15. Okt 6.30–10, 11.30–14.30 & 16.30–21.30 Uhr; 🍸👪) Auf der soliden Abendkarte stehen zwar Büffelsteaks, Forelle aus dem Westen und ein paar vegetarische Gerichte, doch die sind alle nichts Besonderes. Hierher kommt man wegen der Aussicht. Das Mittagessen ist ganz in Ordnung, das Frühstücksbüfett aber eine Katastrophe. Deshalb sollte man lieber etwas von der Karte bestellen. Natürlich sind die Tische am Fenster am besten, doch die Fenster sind so groß, dass man auch von den anderen Tischen aus einen tollen Blick auf den Canyon hat.

Wer es versäumt, abends einen Tisch zu reservieren, kann immer noch auf das Büfett am anderen Ende der Eingangshalle ausweichen (33 US$; 16.30–18.15 Uhr). Die von Hand geschnittenen Steaks sind wunderbar, die Beilagen im Stil einer Cafeteria jedoch enttäuschend.

Praktische Informationen

Backcountry Information Center – North Rim (Karte S. 932; ☎928-638-7875; www.nps.gov/grca; Administrative Bldg; ⏲15. Mai–15. Okt. 8–17 Uhr) Hier bekommt man die Genehmigung fürs Campen am oder unterhalb des Rim und auf dem Tuweep Campground sowie fürs Zelten in der Zeit vom 1. November bis zum 14. Mai.

Kaibab National Forest Visitor Center (Jacob Lake) Bietet recht dürftige Infos über die weit verstreuten Campingplätze und Aussichtspunkte außerhalb des Parks.

North Rim Visitor Center (Karte S. 932; ☎928-638-7888; www.nps.gov/grca; ⏲15. Mai–15. Okt. 8–18 Uhr) Hier, neben der Grand Canyon Lodge, bekommt man die besten Infos über den Park und die Startpunkte der von Rangern geführten Wanderungen in die Natur.

An- & Weiterreise

Die einzige Zufahrtsstraße zum North Rim des Grand Canyon ist der Highway 67, der beim ersten Schneefall gesperrt und im Frühjahr nach der Schneeschmelze wieder geöffnet wird (die genauen Daten schwanken).

Obwohl der North Rim nur 11 Meilen (18 km) Luftlinie vom South Rim entfernt liegt, ist es eine ermüdende vier bis fünf Stunden und 215 Meilen (346 km) lange Fahrt über kurvenreiche Wüstenstraßen zwischen hier und Grand Canyon Village. Man kann selbst fahren oder mit dem **Trans-Canyon Shuttle** (☎928-638-2820; www.trans-canyonshuttle.com; einfache Strecke 90 US$). Reservierungen mindestens zwei Wochen im Voraus vornehmen!

Obwohl viele Wege die beiden Rims miteinander verbinden, sollte die dreitägige Tour nur von erfahrenen Schluchtenwanderern in bester körperlicher Verfassung gegangen werden.

Rund um den Grand Canyon

Havasupai Canyon

In einem versteckten Neben-Canyon locken hier eindrucksvolle, von Quellen gespeiste Wasserfälle und azurblaue Badestellen. Der wunderschöne Ort ist nicht leicht zu erreichen, doch die Wanderung hin und zurück macht das Erlebnis unvergesslich und zu einem großartigen Abenteuer.

Der Havasu Canyon liegt in der Havasupai Indian Reservation, nur 35 Meilen (56 km) Luftlinie westlich des South Rim. Mit dem Auto sind hingegen 195 Meilen (314 km) zu bewältigen. Die vier Wasserfälle befinden sich auf einem 10 Meilen (16 km) langen Abschnitt unterhalb der Schluchtkante. Zugang hat man über einen mittelschweren Wanderweg, der am Hualapai Hilltop beginnt und über eine 62 Meilen (100 km) lange Straße zu erreichen ist, die 7 Meilen (11 km) östlich von Peach Springs von der Route 66 abzweigt.

Bei den Touren muss man immer einmal übernachten und das im Voraus buchen.

Im Dorf Supai bei Km 12,8 befindet sich die **Supai Lodge** (Karte S. 932; ☎928-448-2111, 928-448-2201; www.theofficialhavasupaitribe.com; Supai; Zi. für max. 4 Pers. 440 US$ zzgl. Parkeintritt 110 US$/Pers., ⊙Feb.–Nov.; ❄). Für die einfachen Motelzimmer spricht nur die Lage. Sie müssen bis zu einem Jahr im Voraus gebucht werden. Das **Supai Cafe** (Karte S. 932; Supai; Hauptgerichte 5,50–13 US$; ⊙wechselnde Öffnungszeiten) serviert Hamburger, Burritos mit Bohnen und gebratene Tacos.

Der **Havasu Campground** (Karte S. 932; ☎928-448-2180; www.havasupaireservations.com; Havasu Canyon; 3 Nächte 300–375 US$/Pers.; ⊙Feb.–Nov.) in 2 Meilen (3,2 km) Entfernung ist ein primitiver Campingplatz an einem Creek. Es gibt ein paar Komposttoiletten und Trinkwasser. Der Campingplatz bietet zwar Platz für 350 Personen pro Nacht, doch die Stellplätze sind nicht immer gut markiert, und so kann es recht eng und chaotisch werden. Eine Campinggenehmigung zu bekommen, ist praktisch ein Ding der Unmöglichkeit. Wer es trotzdem versuchen will, muss mindestens ein Jahr vor Antritt der Reise tätig werden.

Im Havasu Canyon befinden sich schöne Wasserfälle und türkisgrüne Badebecken.

Ausführliche Infos über Fahrten in den Havasu Canyon findet man auf www.theofficialhavasupaitribe.com.

Hualapai Reservation

Das Gebiet „Grand Canyon West“, das sich rund 215 Meilen (344 km) westlich des South Rim und 70 Meilen (112 km) nordöstlich von Kingman erstreckt, gehört *nicht* zum Grand Canyon National Park, sondern ist im Besitz der Hualapai.

Auch wenn es deutlich näher aussieht, dauert die Autofahrt von Peach Springs aus immer noch zwei Stunden. Die genaue Lage sollte man sich zuvor im Internet ansehen, denn in dieser abgelegenen Gegend gibt es keinen Mobilfunkempfang. Die Einfahrt führt durch einen wunderbaren Wald von Joshua Trees.

Grand Canyon West AUSSICHTSPUNKT
(Karte S. 932; ☎928-769-2636, 888-868-9378; www.grandcanyonwest.com; Hualapai Reservation; 47–77 US$; ⊙April–Sept. 7–19 Uhr, Okt.–März 8–17 Uhr) In diese von den Hualapai verwaltete Gegend des Grand Canyon kommt man nur im Rahmen einer besonderen Tour. Dabei fährt man in einem Shuttle-Bus zu den schönsten Aussichtspunkten am westlichen Rand und kann jederzeit aus- und wieder einsteigen. Neben der Fahrt zu zwei Aussichtspunkten umfassen die Touren auch Cowboy-Aktionen in einer künstlichen Wildwest-Stadt und kleinere Vorführungen von Indianern. Der **Skywalk**, eine gläserne Plattform in 1216 m Höhe über dem Canyon-Grund ist hier die Hauptattraktion – für alle, die schwindelfrei sind.

Nördliches & östliches Arizona

Zwischen den imposanten Tafelbergen des Monument Valley, dem blauen Wasser des Lake Powell und den versteinerten Bäumen im Petrified Forest National Park erstrecken sich wunderschöne Landschaften mit einer uralten Geschichte. Dieses Gebiet wird schon seit Jahrhunderten von Indianern bewohnt und wird vom Navajo Reservat dominiert, das auch als Navajo Nation bekannt ist; es erstreckt sich bis in die angrenzenden Staaten. Hier befindet sich zudem ein Hopi-Reservat, das komplett vom Land der Navajo umschlossen ist.

Lake Powell

Der zweitgrößte Stausee des Landes erstreckt sich nördlich von Arizona bis nach Utah hinein. Er liegt inmitten spektakulärer roter Felsformationen, tief eingeschnittener Canyons und einer atemberaubenden Wüstenlandschaft. Er ist auch Teil des Wassersportparadieses der **Glen Canyon National Recreation Area** (☎928-608-6200; www.nps.gov/glca; Wochenkarte pro Fahrzeug/Fußgänger oder Fahrradfahrer 30 US$/15 US$). **Lake Powell Paddleboards** (Karte S. 932; ☎928-645-4017; www.lakepowellpaddleboards.com; 836 Vista Ave; Paddelbrett/Kajak/Fahrrad pro Tag 40/30/35 US$; ⊙April–Sept. 8–18 Uhr, Okt.–März 9–17 Uhr) verleiht SUP-Bretter und Kajaks.

Der See entstand durch den Bau des Glen-Canyon-Staudamms, 2,5 Meilen (4 km) nördlich von Page, das dadurch zu einer Art Hauptstadt der Region wurde. Das Carl Hayden Visitor Center befindet sich direkt beim Staudamm.

Der Besuch des unwirklichen **Antelope Canyon**, eines spektakulären Sandsteinschachts, ist nur im Rahmen einer von den Navajo geführten Tour möglich. Die meisten Veranstalter bieten Touren in den leichter erreichbaren **Upper Antelope Canyon**. Die Fahrt geht über extrem holprige Pisten und ähnelt eher einem Viehtrieb. Empfehlenswert sind **Roger Ekis' Antelope Canyon Tours** (Karte S. 932; ☎928-645-9102; www.antelopecanyon.com; 22 S Lake Powell Blvd; Erw./Kind ab 60/50 US$; ⏲Touren 7–16.30 Uhr). Der schwieriger erreichbare **Lower Antelope Canyon** ist weniger überlaufen.

Ein zu Recht beliebter Wanderweg ist der knapp 2 km lange Rundweg zum **Horseshoe Bend** (Karte S. 932; Hwy 89; Parken 10 US$; ⏲Sonnenaufgang–Sonnenuntergang), wo sich der Colorado hufeisenförmig um einen Felsvorsprung windet. Der Startpunkt des Wanderwegs ist südlich von Page am Hwy 89, direkt hinter dem Meilenstein 541.

Der Hwy 89 ist zugleich die Hauptstraße von Page. Hier steht ein Kettenhotel neben dem anderen. Schönere Unterkünfte als diese gibt's in der 8th Ave. Die atemberaubende Schönheit des Navajo-Lands lässt sich besonders gut im **Shash Diné EcoRetreat** (Karte S. 932; ☎928-640-3701; www.shashdine.com; unweit des Hwy 89; Zi. 150–200 US$) genießen. Die Gäste der Familien-Ranch werden in traditionellen Indianerhütten, Schäferwagen, Zelten oder Hütten untergebracht. Frühstück ist im Preis inbegriffen. Das selbst mitgebrachte Abendessen kann man am Lagerfeuer zubereiten und genießen.

Gutes Frühstück bietet auch der **Ranch House Grille** (Karte S. 932; ☎928-645-1420; www.ranchhousegrille.com/page; 819 N Navajo Dr; Hauptgerichte 9–15 US$; ⏲6–15 Uhr) in Page. Die Portionen sind riesig, der Service flink. Zum Abendessen bietet sich dann die **State 48 Tavern** (Karte S. 932; ☎928-645-1912; www.state48tavern.com; 614 N Navajo Dr; Sandwiches 12–14 US$, Hauptgerichte 18–27 US$; ⏲Mi–Fr & Mo 17–22, Sa & So 11–22 Uhr) an. Hier gibt es Burger mit Birne und Gorgonzola und Tacos mit Kokosshrimps sowie eine gute Auswahl von Bieren.

Navajo Nation

Die Navajo Nation ist riesig: Mit knapp 70 000 km² ist sie größer als mancher US-Bundesstaat und umfasst Teile von Arizona, New Mexico, Colorado und Utah. Zu ihr gehören auch Landschaften von überwältigender Schönheit und natürlich die lebendige Kultur, Sprache, Einrichtungen, Bauernhöfe und Häuser der Diné (Navajo), der größten amerikanischen indianischen Nation.

Anders als das restliche Arizona hat die Navajo Nation eine Sommerzeit, im Sommer ist das Reservat dem Staat Arizona also eine Stunde voraus. Unter www.navajonationparks.org findet man Infos zum Wandern, Campen und über die erforderlichen Genehmigungen.

CAMERON

Die historische Siedlung ist das Tor zum Osteingang des Grand Canyon South Rim, der 32 Meilen (51,2 km) entfernt ist. Das winzige, windgepeitschte Dorf ist eine der wenigen Sehenswürdigkeiten am Hwy 89

HOPI RESERVATION

Die Hopi sind direkte Nachfahren der frühen Pueblo-Indianer und haben sich in den vergangenen 500 Jahren von allen Indianerstämmen der USA am wenigsten verändert. Ihr Dorf Old Oraibi ist möglicherweise die älteste kontinuierlich bewohnte Siedlung in Nordamerika. Das Land der Hopi ist vom Reservat der Navajo Nation von allen Seiten eingeschlossen. Der Hwy 264 führt an den drei Tafelbergen First, Second und Third Mesa vorbei, die das Kernstück des Reservats bilden.

Auf der Second Mesa, 8 Meilen (12,8 km) westlich der First Mesa, befindet sich das **Hopi Cultural Center Restaurant & Inn** (☎928-734-2401; www.hopiculturalcenter.com; Mile 379, Hwy 264; Zi. ab 100 US$; ⏲Restaurant 7–21 Uhr; ❄📶🐾). Es ist praktisch die einzige touristische Einrichtung in der gesamten Hopi Reservation. Neben Essen und Unterkunft bietet es auch ein kleines **Museum** (☎928-734-6650; Mile 379, Hwy 264; Erw./Kind 3/1 US$; ⏲Mo–Fr 8.30–17, Sa 9–15 Uhr). Dieses zeigt jede Menge historischer Fotos und kulturelle Gegenstände der Hopi.

Im gesamten Reservat sind Fotos, Zeichnungen und Videoaufnahmen nicht erlaubt. Alkohol und Drogen sind ebenfalls verboten.

zwischen Flagstaff und Page. Der **Cameron Trading Post** (Karte S. 932; ☎928-679-2231; www.camerontradingpost.com; Hwy 89; ⏲März–Okt. 6–22 Uhr, Nov.–Feb. verkürzte Öffnungszeiten) gleich nördlich der Abzweigung vom Hwy 64 zum Grand Canyon bietet nicht nur Essen und Unterkunft, sondern ist auch ein Souvenirladen und ein Postamt.

NAVAJO NATIONAL MONUMENT

Die erhabenen, gut erhaltenen alten Felsbehausungen der Pueblo-Indianer von Betatakin und Keet Seel stehen als **Navajo National Monument** (☎928-672-2700; www.nps.gov/nava; Hwy 564; ⏲Visitor Center Juni–Anfang Sept. 8–17.30 Uhr, restliches Jahr 9–17 Uhr) GRATIS unter Schutz und können nur zu Fuß erreicht werden. Die Tour ist nicht gerade ein Spaziergang im Park, aber es hat etwas wahrhaft Magisches, wenn man sich diesen alten Steindörfern unter Pinyon-Kiefern und Wacholder in relativer Einsamkeit nähert. Der National Park Service kontrolliert den Zugang zu dieser Stätte und betreibt das Visitor Center, das viele Informationen bereithält und ausgezeichnetes Personal hat.

Während der Sommermonate gilt im Park die Sommerzeit.

CANYON DE CHELLY NATIONAL MONUMENT

Dieser vielfingerige Canyon (sprich: du-*schei*) umfasst ein paar wunderschöne Stätten der Pueblo-Indianer, u.a. alte Felsbehausungen. Seit Jahrhunderten sind hier Navajo-Bauern ansässig. Sie überwintern am Rand der Schlucht und verbringen den Frühling und Sommer in Hogans (traditionelle Rundhäuser) auf dem Grund des Canyons. Der Canyon gehört den Navajo und wird vom NPS verwaltet. Hogans dürfen nur mit einem Touristenführer betreten werden, und bevor man Fotos von Menschen macht, bittet man immer erst um Erlaubnis.

Die einzige Unterkunft im Park ist die **Thunderbird Lodge** (☎928-674-5842, 800-679-2473; www.thunderbirdlodge.com; Rural Rte 7; Zi. 100–130 US$; ❄📶🐾), die etwas außerhalb des eigentlichen Canyons liegt. Es gibt gemütliche Zimmer und eine preiswerte Cafeteria, die Navajo-Küche und amerikanische Gerichte serviert. Der Campingplatz unter Leitung der Navajo in der Nähe verfügt über rund 90 Stellplätze (14 US$) mit Wasser, aber ohne Duschen, die nach dem Prinzip „Wer zuerst kommt, mahlt zuerst" vergeben werden. Hier kann nur bar bezahlt werden. Der ruhige **Spider Rock Campground** (☎928-781-2016, 928-781-2014; www.spiderrockcampground.com; Navajo Hwy 7; Stellplatz Zelt/Wohnmobil 11/16 US$, Hütte 31–47 US$; 📶🐾) unter Pinien und Wacholderbäumen am South Rim Drive steht ebenfalls unter Leitung der Navajo.

Das **Visitor Center** (☎928-674-5500; www.nps.gov/cach; Rte 7; ⏲8–17 Uhr) des Canyon de Chelly liegt 3 Meilen (5 km) von der Rte 191 entfernt beim kleinen Dorf Chinle in der Nähe der Mündung des Canyons. Zwei malerische Straßen verlaufen entlang der Ränder des Canyons, dessen Grund man im Rahmen einer geführten Tour erkunden kann. Eine Liste mit Anbietern gibt es beim Visitor Center und auf der Website des Parks. Die einzige Wanderroute im Park, die auch ohne Guide zugänglich ist, ist der kurze, aber sehr spektakuläre Rundweg, der zur faszinierenden **White House Ruin** hinabführt.

MONUMENT VALLEY NAVAJO TRIBAL PARK

Wenn das Monument Valley über der Wüste ins Blickfeld kommt, erscheint es einem seltsam bekannt. Die ziegelroten Felssäulen, steil aufragenden Tafelberge und Felstürme sind die Stars zahlloser Filme und der Werbung in TV und Zeitschriften. So sind sie längst Teil unseres modernen Bewusstseins. Und die unglaubliche Schönheit des Monument Valley wird durch die öde Landschaft seiner Umgebung noch verstärkt.

Wer sich die Steinformationen genauer ansehen möchte, muss den **Monument Valley Navajo Tribal Park** (☎435-727-5870; www.navajonationparks.org; Fahrzeug für 4 Pers. 20 US$; ⏲Zufahrt April–Sept. 6–19 Uhr, Okt.–März 8–16.30 Uhr, Visitor Center April–Sept. 6–20 Uhr, Okt.–März 8–17 Uhr) besuchen. Dort wartet ein holpriger, unbefestigter 15 Meilen (24 km) langer Scenic Drive mit traumhaften Blicken ins Tal. Man kann ihn selbst abfahren oder eine Tour bei einem der Stände am Parkplatz buchen. Tourgruppen gelangen auch in Bereiche, die für Privatwagen gesperrt sind (1½ Std. 65 US$; 2 Std. 150 US$).

Das sandsteinfarbene **View Hotel** (☎435-727-5555; www.monumentvalleyview.com; Indian Rte 42, Monument Valley Navajo Tribal Park; Zi./Suite ab 210/349 US$; ❄@📶) mitten im Park fügt sich nahtlos in die Landschaft ein. Die meisten der 95 Zimmer haben einen eigenen Balkon mit Blick auf die Felsen. Das Navajo-Essen im zugehörigen Restaurant (Hauptgerichte 11–15 US$, kein Alkohol) ist lange nicht so sensationell, aber die Aussicht macht das mehr als wett.

Der traumhaft schön gelegene **View Campground** (☎435-727-5802; www.monumentvalleyview.com/campground; Indian Rte 42, Monument Valley Navajo Tribal Park; Stellplatz Zelt od. Wohnmobil 30 US$; ⌚März–Okt.) ist ein recht günstiger Campingplatz; die historische **Goulding's Lodge** (☎435-727-3231; www.gouldings.com; Monument Valley, Utah; DZ ab 245 US$, Apt. 310–330 US$; ❄📶🏊🐾) auf der anderen Straßenseite in Utah hat einfache Zimmer, Stellplätze und kleine Hütten. Im Sommer muss man lange im Voraus buchen. Falls im Monument Valley alles ausgebucht sein sollte, gibt es im 20 Meilen (32 km) weiter südlich gelegenen Kayenta eine Handvoll akzeptabler Motels und gerade noch akzeptabler Restaurants, wie das **Wetherill Inn** (☎928-697-3231; www.wetherill-inn.com; 1000 Main St/Hwy 163; Zi. 155 US$; ❄@📶🏊).

Petrified Forest National Park

Außergewöhnliche versteinerte Holzstücke, die aus einer Zeit vor jener der Dinosaurier stammen, und die farbenfrohe Sandlandschaft der Painted Desert machen den **Nationalpark** (☎928-524-6228; www.nps.gov/pefo; Fahrzeug/Fahrrad 20/10 US$; ⌚Mitte April–Aug. 7–19 Uhr, restliches Jahr kürzere Öffnungszeiten) zu einem einzigartigen Naturspektakel. Der Park grenzt an die I-40 (Exit 311), 25 Meilen (40 km) östlich von **Holbrook**. Im **Visitor Center** (☎928-524-6228; 1 Park Rd, Petrified Forest National Park; ⌚Mitte April–Mitte Okt. 8–18 Uhr, restliches Jahr bis 17 Uhr), nur eine halbe Meile (0,8 km) nördlich der I-40, gibt es Karten und Infos zu geführten Touren. Dahinter bietet eine 28 Meilen (45 km) lange geteerte Parkstraße malerische Ausblicke. Es gibt keine Campingplätze, dafür jedoch mehrere kurze, rund 2 bis 3 km lange Wege, die durch Ansammlungen versteinerter Holzfragmente und vorbei an alten Holzbehausungen der Ureinwohner führen. Wer im wilden Hinterland campen will, muss sich dafür am Visitor Center eine kostenlose Genehmigung besorgen.

Westliches Arizona

Sonnenanbeter zieht es an den Colorado River in Lake Havasu City, Nostalgiker fahren die Route 66 entlang, die bei Kingman über einige der am besten erhaltenen Abschnitte verfügt. Weiter südlich, jenseits der I-10 in Richtung Mexiko, erstreckt sich eine der wildesten und ödesten Landschaften im Westen. Wenn man sowieso in der Gegend ist, kann man ein paar Sehenswürdigkeiten be-

SEHENSWÜRDIGKEITEN DER ROUTE 66

400 Meilen (640 km) des amerikanischen Highways führen durch Arizona. Entlang der Straße finden sich jede Menge besondere Attraktionen. Von West nach Ost sind das.

Wildesel von Oatman Die Wildesel (*burros* genannt)sind Nachkommen der früher in den Bergwerken eingesetzten Tiere. Heute stehen sie mitten auf der Straße und warten darauf, dass sie jemand füttert.

Grand Canyon Caverns & Inn (Karte S. 932; ☎928-422-3223; www.gccaverns.com; Mile 115, Rte 66; Führung Erw./Kind ab 16/11 US$; ⌚Mai–Sept. 9–17 Uhr, Okt.–April 9.30–16 Uhr) Bei der Führung werden die 21 Stockwerke des unterirdischen Labyrinths voller mumifizierter Luchse, Vorräte zur zivilen Verteidigung und einem 900 US$ teuren Motelzimmer (oder eher einer Höhle) besichtigt.

Burma Shave Die rotweißen Reklametafeln aus einer längst vergangenen Zeit stehen vor allem zwischen den Grand Canyon Caverns und Seligman.

Snow Cap Drive-In (☎928-422-3291; www.delgadillossnowcap.t2-food.com; 301 East Chino; Hauptgerichte 5–6,50 US$; ⌚März–Nov. 10–18 Uhr) Die merkwürdige Mischung aus Burger-Lokal und Eisdiele besteht seit 1953 in Seligman.

Meteor Crater (Karte S. 932; ☎800-289-5898; www.meteorcrater.com; Meteor Crater Rd; Erw./Senior/Kind 18/16/9 US$; ⌚Juni–Mitte Sept. 7–19 Uhr, Mitte Sept.–Mai 8–17 Uhr) Der Krater 38 Meilen (61 km) östlich von Flagstaff ist 167 m tief und hat einen Durchmesser von knapp 1,6 km.

Wigwam Motel (☎928-524-3048; www.galerie-kokopelli.com/wigwam; 811 W Hopi Dr; Zi. 70–76 US$; ❄) Die Wigwams des Motels in Holbrook sind aus Beton und mit Möbeln aus Walnussholz eingerichtet.

sichtigen, echte Attraktionen fehlen jedoch – es sei denn, man ist ein erklärter Fan der Route 66 oder von Bootsfahrten.

Rund um Kingman

Unter den Liebhabern der Route 66 ist Kingman das Hauptdrehkreuz des längsten ununterbrochenen Abschnitts des historischen Highways, der von Topock nach Seligman führt. Unter den Gebäuden aus dem frühen 20. Jh. befindet sich auch die ehemalige Methodistenkirche an der Ecke 5th und Spring St, in der Clark Gable und Carole Lombard 1939 heimlich heirateten. Lokalmatador Andy Devine hatte seinen Hollywood-Durchbruch als ständig benebelter Kutscher in John Fords Film *Ringo* von 1939, der mit dem Oscar ausgezeichnet wurde.

Das historische **Kingman Visitor Center** (Karte S. 932; ☎928-753-6106, 866-427-7866; www.gokingman.com; 120 W Andy Devine Ave; ⏱8–17 Uhr) befindet sich in einem ehemaligen Elektrizitätswerk. Neben einem kleinen, aber guten Museum zur Geschichte der Route 66 und einer Ausstellung mit Elektroautos gibt's hier auch Karten und Broschüren.

Von Mittwoch bis Sonntag lohnt es sich, zum **Hualapai Mountain Resort** (☎928-757-3545; www.hmresort.net; 4525 Hualapai Mountain Rd; Zi./Suite ab 79/159 US$; ⏱Mi–So; 🐾) hinaufzufahren, denn dann ist das Restaurant unter meterhohen Kiefern geöffnet. Leckeres Rauchfleisch gibt's im **Floyd & Co Real Pit BBQ** (Karte S. 932; ☎928-757-8227; www.floydandcompany.com; 420 E Beale St; Hauptgerichte 8,50–13 US$; ⏱Di–Do 11–20, Fr & Sa 11–21 Uhr).

Südliches Arizona

Dies ist ein Land der Stetsons und Sporen, in dem am Lagerfeuer unter einem sternenklaren, samtschwarzen Himmel Cowboyballaden gesungen werden und Steaks auf dem Grill brutzeln. Die belebte Studentenstadt Tucson ist Mittelpunkt einer weitläufigen Region, in der lange, staubige Highways an hügeligen Ausblicken und steilen, schroffen Bergzügen vorbeiführen. So weit das Auge reicht, sieht man die majestätischen Saguaro-Kakteen, das Wahrzeichen der Region.

Tucson

Tucson (sprich: *tuh*-son) ist eine überraschend unterhaltsame und kulturell höchst interessante Stadt, die zudem jede Menge Outdoor-Aktivitäten bietet. Die zweitgrößte Stadt Arizonas liegt in einer von wild zerklüfteten Bergen umgebenen Ebene und ist geprägt durch ein friedliches Miteinander der Einwohner mit indianischen, spanischen, mexikanischen und englischen Wurzeln. Traditionsbewusste Stadtteile und Gebäude aus dem 19. Jh. zeugen von einem Gemeinschaftssinn und einer langen Geschichte, die man im modernen und zersiedelten Phoenix vergeblich sucht. Die vielen schrägen Secondhand- und Trödelläden, abgefahrenen Restaurants und kultigen Kneipen wiederum zeugen von den 40 000 Studenten, die an der University of Arizona (UA) eingeschrieben sind.

Sehenswertes & Aktivitäten

Downtown Tucson und das historische Viertel liegen östlich der Ausfahrt 258 der I-10. Der Campus der University of Arizona befindet sich 1 Meile (1,6 km) nordöstlich von Downtown; die Hauptdurchgangsstraße 4th Ave ist gesäumt von vielen Cafés, Bars und interessanten Läden. Viele der sagenhaften Schätze der Stadt liegen am Stadtrand oder sogar jenseits der Stadtgrenzen.

★ **Arizona-Sonora Desert Museum** MUSEUM
(☎520-883-2702; www.desertmuseum.org; 2021 N Kinney Rd; Erw./Senior/Kind 22/20/9 US$; ⏱Okt.–Feb. 8.30–17 Uhr, März–Sept. 7.30–17 Uhr, Juni–Aug. Sa bis 22 Uhr) Die 40 ha große Mischung aus Zoo, botanischem Garten und Museum ist eine Hommage an die Sonora-Wüste und beheimatet Kakteen, Kojoten und handtellergroße Kolibris. Erwachsene und Kinder können sich hier gut einen halben Tag lang vergnügen. Wüstenbewohner, darunter gewitzt ausschauende Nasenbären und verspielte Präriehunde, bewohnen die natürlich gestalteten Gehege. Wüstenpflanzen bedecken das Gelände. Fachleute veranstalten Vorführungen. Kinderwagen und Rollstühle sind verfügbar, und es gibt einen Geschenkeladen, eine Kunstgalerie, ein Restaurant und ein Café.

Arizona State Museum MUSEUM
(☎520-621-6302; www.statemuseum.arizona.edu; 1013 E University Blvd; Erw./Senior/Kind 5/6 US$/frei; ⏱Mo–Sa 10–17 Uhr) Mehr über die Geschichte und Kultur der indigenen Völker dieser Region erfährt man im Arizona State Museum, dem ältesten und größten anthropologischen Museum im Südwesten der USA. Die Ausstellung zur Kulturgeschichte der Indianervölker ist umfangreich, aber

übersichtlich und spricht Laien genauso an wie Geschichtskenner. Ebenfalls lohnend sind die vielbewunderte Mineraliensammlung und die herrliche Kollektion von Navajo-Textilien.

Old Tucson Studios FILMSTUDIOS
(☎520-883-0100; www.oldtucson.com; 201 S Kinney Rd; Erw./Senior/Kind 20/18/11 US$; ⏲im Allgemeinen Fr–So 10–17 Uhr, Sept. geschl.; 🐾) Das „Hollywood der Wüste" stellt das Tuscon der 1860er-Jahre dar und wurde 1939 für den Film *Arizona* gebaut. Hunderte Filme folgten und brachten Stars wie Clint Eastwood und Leonardo DiCaprio in die Wüste. Heute ist die Anlage ein Western-Themenpark mit Schießereien, Postkutschenfahrten, Stunt-Shows und Saloons mit Tänzerinnen. Die Öffnungszeiten variieren je nach Monat und sind auf der Homepage zu finden.

Tucson Museum of Art MUSEUM
(☎520-624-2333; www.tucsonmuseumofart.org; 140 N Main Ave; Erw./Senior/Kind 12/10/7 US$; ⏲Di–So 10–17 Uhr) Für eine relativ kleine Stadt hat Tucson ein eindrucksvolles Kunstmuseum mit einer respektablen Sammlung nordamerikanischer, lateinamerikanischer und moderner Kunst und einer Dauerausstellung präkolumbischer Artefakte, die das Herz von Indiana Jones höher schlagen lassen würde. Hinzu kommen Sonderausstellungen, ein toller Geschenkeladen und ein paar bemerkenswerte historische Wohnhäuser im umliegenden Block. Am ersten Donnerstag im Monat bleibt das Museum bei freiem Eintritt (ab 17 Uhr) bis 20 Uhr geöffnet.

Pima Air & Space Museum MUSEUM
(☎520-574-0462; www.pimaair.org; 6000 E Valencia Rd; Erw./Senior/Kind 16,50/13,75/10 US$; ⏲9–17 Uhr, letzter Einlass 15 Uhr) Das Spionageflugzeug SR-71 Blackbird und ein riesiger B-52-Bomber sind die Highlights des außergewöhnlichen privaten Luftfahrtmuseums. Anhand von mehr als 300 Fliegern in Hallen und auf dem Flugfeld wird die Entwicklung der zivilen und militärischen Luftfahrt erzählt. Um sie alle zu sehen, braucht man mindestens zwei Stunden. Für die Besichtigung auf eigene Faust gibt's die Navigations-App des Museums. Oder man bucht eine einstündige Tour mit der Museumsbahn (6 US$). Sie fährt von November bis Mai jeweils um 10, 11.30, 13.30 und 15 Uhr.

★**Pedego** FAHRRADVERLEIH
(☎520-441-9782; www.pedegoelectricbikes.com; 4340 N Campbell Ave, Suite 107B; Fahrrad halber/ganzer Tag ab 45/65 US$, Mountainbike 80/125 US$; ⏲Mi–So 7–15 Uhr) Wer schon immer mal ein E-Bike ausprobieren wollte, kann das hier tun. Das Geschäft ist nur ein paar Schritte vom Loop entfernt, sodass es eine ganze Menge zu erkunden gibt. Es werden auch Mountainbikes verliehen. Damit werden die steilen Anstiege jedoch zur echten Strapaze.

Feste & Events

Tucson Gem & Mineral Show MINERALIEN
(☎520-332-5773; www.tgms.org; ⏲Feb.) Das Highlight im Veranstaltungskalender der Stadt findet immer am zweiten ganzen Wochenende im Februar statt und ist zugleich die größte Edelstein- und Mineralienschau der Welt. Gut 250 Händler präsentieren ihre Schätze im Tucson Convention Center und an weiteren Orten überall in der Stadt.

Schlafen

Die Unterkunftspreise schwanken beträchtlich, am günstigsten sind sie im Sommer und Herbst. Wer unter den Sternen inmitten der Saguaros übernachten will, kann es auf dem **Gilbert Ray Campground** (☎520-883-4200; www.webcms.pima.gov; 8451 W McCain Loop Rd; Stellplatz Zelt/Wohnmobil 10/20 US$; 🐾) nahe dem westlichen Abschnitt des Saguaro National Park versuchen.

★**Hotel Congress** HISTORISCHES HOTEL **$$**
(☎520-622-8848; www.hotelcongress.com; 311 E Congress St; DZ ab 120 US$; ❄📶🐾) In Tucsons vielleicht berühmtestem Hotel wurden der berüchtigte Bankräuber John Dillinger und seine Gang 1934 bei einem Feuerausbruch gefangen genommen. Das 1919 erbaute, schön restaurierte, charismatische Hotel wirkt trotz historischer Details wie Wählscheibentelefonen und Radios mit Holzgehäusen sehr modern (kein TV). Zum Haus gehören auch ein beliebtes Café, eine Bar und ein Club.

★**Catalina Park Inn** B&B **$$**
(☎520-792-4541; www.catalinaparkinn.com; 309 E 1st St; Zi. 125–195 US$; ⏲Ende Sept.–Mai; ❄@📶🐾) Stilvoll, gastfreundlich und gemütlich ist dieses einladende B&B gleich westlich der University of Arizona. Die aus dem Jahr 1927 stammende Villa im mediterranen Stil wurde liebevoll restauriert und bietet jetzt sechs unterschiedlich gestaltete Zimmer. Das tolle Frühstück mit Burritos, Croissants, Armen Rittern und vielem mehr sollte man sich keinesfalls entgehen lassen.

Under Canvas GLAMPING $$
(☎ 520-303-9412; www.undercanvas.com; 14301 E Speedway; Zelt ab 149 US$; ⏱ Sept.–Mai;) Hier erfüllt sich der Traum, direkt in der Sonora-Wüste übernachten zu können, ohne Angst vor Schlangen haben zu müssen. Der luxuriöse Campingplatz ist nur zehn Minuten Fahrt vom Saguaro National Park entfernt. Es gibt drei Zeltkategorien (Deluxe, Stargazer und Safari), die alle über ein Doppelbett, Bad und Dusche verfügen.

★ **Hacienda del Sol** RANCH $$$
(☎ 520-299-1501; www.haciendadelsol.com; 5501 N Hacienda del Sol Rd; Zi. ab 300 US$;) Das entspannende Refugium auf einem Hügel wurde in den 1920er-Jahren als vornehme Mädchenschule erbaut. Die Zimmer in einem künstlerisch gestalteten Südwest-Stil weisen viele Details wie geschnitzte Deckenbalken und Jalousietüren auf, die die Brise vom Hof hereinlassen. In der Hacienda del Sol wohnten bereits Legenden wie Spencer Tracy, Katharine Hepburn und John Wayne – sie bietet also auch viel Geschichte. Das Restaurant Grill im Haus ist fabelhaft.

Essen

★ **Tumerico** VEGETARISCH $
(☎ 520-240-6947; www.tumerico.com; 2526 E 6th St; Mahlzeit 14 US$; ⏱ Mi–Sa 8–20, So 10–19, Di 10–15 Uhr;) Warum dieses Restaurant so beliebt ist? Ganz einfach: wegen der mit Gemüse und Jackfrucht gefüllten Tacos, der Tostadas Frida Kahlo, *sopes* (belegte Tortillas) mit Korianderpesto, Bowls mit Kokoscurry, des Kombuchas vom Fass und der Cannabis-Lattes. Wird eine Bestellung mit *all powers* aufgenommen, beinhaltet diese Suppe, Salsa, Reis, Bohnen, Gemüse und Kaffee, nicht aber den hellorangefarbenen Kurkuma-Schnaps.

Prep & Pastry FRÜHSTÜCK $
(☎ 520-326-7737; www.prepandpastry.com; 3073 N Campbell Ave; Hauptgerichte 9,50–14 US$; ⏱ 7–15 Uhr) Im besten Frühstückslokal in Tucson kann man nicht reservieren, sondern muss sich geduldig in die Warteschlange stellen. Dafür bekommt man dann Entenconfit, gefüllte Croissants (mit Nutella oder grünen Chilis) und Arme Ritter, aber auch Gesünderes wie eine Quinoa-Bowl und Rührei mit Kichererbsen. Wer will, kann dazu auch Mimosas, Bloody Marys oder Sekt trinken.

★ **Cafe Poca Cosa** MEXIKANISCH $$
(☎ 520-622-6400; www.cafepocacosatucson.com; 110 E Pennington St; Hauptgerichte mittags 16–20 US$, abends 22–30 US$; ⏱ Di–Do 11–21, Fr & Sa bis 22 Uhr) Chefköchin Suzana Davilas preisgekröntes neumexikanisches Bistro ist ein Muss für die Freunde mexikanischer Küche in Tucson. Die mit Kreide in Englisch und Spanisch auf eine Tafel geschriebene Karte wandert von Tisch zu Tisch, weil die Gerichte zweimal täglich wechseln – alles ist frisch zubereitet, innovativ und schön angerichtet. Unentschlossene bestellen am besten das „Plato Poca Cosa“ und lassen Suzana die Auswahl treffen. Hier kann man auch tolle Margaritas schlürfen.

El Charro Café MEXIKANISCH $$
(☎ 520-622-1922; www.elcharrocafe.com; 311 N Court Ave; Hauptgerichte mittags 10–15 US$, abends 13–20 US$; ⏱ 10–21 Uhr;) Die weitläufige, muntere Hazienda liefert schon seit 1922 tolles mexikanisches Essen. Das Restaurant ist besonders bekannt für sein *carne seca*, sonnengedörrtes, mageres Rindfleisch, das gewässert, zerkleinert und mit grünen Chilis und Zwiebeln gegrillt wird. Die sagenhaften Margaritas haben es in sich und helfen, die Zeit zu vertreiben, während man auf seinen Tisch wartet. Es gibt auch vegane Gerichte.

Ausgehen & Unterhaltung

Die Congress St in Downtown und die 4th Ave nahe der University of Arizona sind gut besuchte Partyzonen.

★ **Che's Lounge** BAR
(☎ 520-623-2088; www.cheslounge.com; 350 N 4th Ave; ⏱ 12–2 Uhr) Die etwas schmuddelige, aber ungeheuer beliebte Bar hat eine riesige, runde Theke. Das Bier ist günstig, und von Donnerstag bis Sonntag gibt's Essen von Geronimo's Revenge Food Truck. Besonders beliebt ist die Bar bei Studenten, die die Livemusik am Samstagabend (und im Sommer auch sonntagnachmittags von 16 bis 19 Uhr) schätzen.

Tap & Bottle BAR
(☎ 520-344-8999; www.thetapandbottle.com; 403 N 6th Ave; ⏱ So–Mi 12–23,Do–Sa 12–24 Uhr) Die Bar in einem Backsteingebäude hat eine fantastische Auswahl von Fassbieren, belgischen Bieren und Cocktails sowie offenen Weinen.

Monsoon Chocolate CAFÉ
(☎ 520-396-3189; www.monsoonchocolate.com; 234 E 22nd St; ⏱ Mo–Fr 10–18, Sa 8–18, So 10–16 Uhr;) In der hervorragenden Konfiserie im Süden von Tucson kann man je nach Wetter

eine heiße mexikanische Schokolade oder eher einen Frocho (Schokoladen-Granita mit Kokossahne) genießen. Dazu gibt's dekadente Mezcal-Schokolade, Schoko-Tacos und vieles mehr. Aber es werden auch einfaches Café-Essen und ausgezeichneter Kaffee serviert. Außerdem bekommt man vegane und glutenfreie Speisen.

Club Congress LIVEMUSIK
(☎520-622-8848; www.hotelcongress.com; 311 E Congress St; ⌚Livemusik ab 19 Uhr, Clubnächte ab 22 Uhr) Röhrenjeansträger, zersauste Hipster, in die Jahre gekommene Folk-Liebhaber und aufgebrezelte Frauen – die Klientel in Tucsons angesagtestem Club im Hotel Congress, das in Würde altert, ist bunt gemischt. Das gilt auch für die Musik, für die meistens die besten lokalen und regionalen Talente sorgen; an manchen Abenden legen auch DJs auf. Für einen Drink ohne Schnickschnack gibt's die Lobby Bar mit ihren Cocktails und den seit 1919 bestehenden Tap Room.

Praktische Informationen

Allgemeine Infos zu Tucson erhält man im **Arizona University Visitor Center** (☎520-624-1817; www.visittucson.org; 811 N Euclid Ave; ⌚Mo–Fr 9–17, Sa & So bis 16 Uhr); spezifische Informationen zum Coronado National Forest, beispielsweise über die Anfahrt und die Campingmöglichkeiten, bekommt man im **Coronado National Forest Supervisor's Office** (☎520-388-8300; www.fs.usda.gov/coronado; 300 W Congress St, Federal Bldg; ⌚Mo–Fr 8–16.30 Uhr) in Downtown.

Anreise & Unterwegs vor Ort

Der **Tucson International Airport** (☎520-573-8100; www.flytucson.com; 7250 S Tucson Blvd; 📶) liegt 8 Meilen (12,8 km) südlich der Innenstadt. Sechs Fluggesellschaften lassen Direktflüge nach Chicago, Houston, Los Angeles und Seattle starten.

Greyhound (☎520-792-3475; www.greyhound.com; 801 E 12th St) fährt zehnmal täglich nach Phoenix (ab 12 US$, 2 Std.) und in andere Städte. **Flixbus** (www.flixbus.com; 1119 E 6th St, University of Arizona, 6th St Garage) bietet etwas bessere Verbindungen nach Phoenix (10 US$).

Der *Sunset Limited* von **Amtrak** (☎520-623-4442; www.amtrak.com; 400 N Toole Ave) fährt auf seinem Weg nach Los Angeles (10 Std., 3-mal/Woche) und New Orleans (36 Std., 3-mal/Woche) auch durch Tucson.

Das **Ronstadt Transit Center** (215 E Congress St, auf Höhe 6th Ave) ist die wichtigste Station für die Stadtbusse von **Sun Tran** (☎520-792-9222; www.suntran.com), die im gesamten Großraum Tucson verkehren. Das Einzel-/Tagesticket kostet 1,75 bzw. 4 US$ und muss bar bezahlt oder am Fahrkartenautomaten gezogen werden. Dieselben Preise gelten auch für die Straßenbahnen von **SunLink** (⌚Mo–Mi 7–22, Do & Fr 7–2, Sa 8–2, So 8–20 Uhr).

Rund um Tucson

Alle im Folgenden genannten Ziele sind weniger als eineinhalb Stunden Fahrt von Tucson entfernt und geben hervorragende Tagesausflüge ab.

Saguaro National Park

Saguaros (sprich: sa-*wah*-ros) stehen wie keine andere Pflanze für den Südwesten der USA, und dieser **National Park** (☎Rincon 520-733-5153, Tucson 520-733-5158, Parkinformation 520-733-5100; www.nps.gov/sagu; 7-Tage-Pass pro Auto/Motorrad/Fahrrad 20/15/10 US$; ⌚Sonnenaufgang–Sonnenuntergang) schützt eine ganze Armee dieser majestätischen, stacheligen Gesellen. Der Wüstenpark besteht aus zwei Abschnitten, die 30 Meilen (48,3 km) voneinander entfernt westlich bzw. östlich von Tucson liegen. In beiden Abschnitten – dem Rincon Mountain District im Osten und dem Tucson Mountain District im Westen – gibt's Wanderwege und Wüstenflora; wer nur Zeit für einen Parkteil hat, sollte sich für den spektakuläreren westlichen Abschnitt entscheiden.

Der größere Abschnitt ist der **Rincon Mountain District** rund 15 Meilen (24,1 km) östlich von Tucsons Downtown. Im **Red Hills Visitor Center** (☎520-733-5158; www.nps.gov/sagu; 2700 N Kinney Rd; ⌚9–17 Uhr) erhält man Infos zu Tageswanderungen, Ausritten und zum Campen im Hinterland. Fürs Campen braucht man eine Genehmigung (Stellplatz 8 US$/Tag), die man bis 12 Uhr am Tag der Wanderung eingeholt haben muss. Über den kurvenreichen **Cactus Forest Scenic Loop Drive**, eine 8 Meilen (12,9 km) lange asphaltierte Straße, auf der Autos und Fahrräder zugelassen sind, erreicht man Picknickbereiche, Startpunkte von Wegen und Aussichtspunkte.

Wanderer, die nicht viel Zeit haben, begnügen sich mit dem 1,6 km langen (hin & zurück) **Freeman Homestead Trail**, der zu einem Hain mit gewaltigen Saguaro-Kakteen führt. Ein echtes Wüstenabenteuer ist der steile und felsige, 32,2 km lange Tanque Verde Ridge Trail, der auf den Gipfel des Mica Mountain (2641 m) und zurück führt (für eine Übernachtung braucht man eine Genehmigung). Wer nicht marschieren will, kann mit dem Familienunternehmen **Houston's Horseback Riding** (☎520-298-7450; www.tucsonhorsebackriding.com; 12801 E Speedway Bvd; 2-stündiger Ausritt 80 US$/Pers.) Ausritte in den östlichen Parkabschnitt machen.

Der **Tucson Mountain District** westlich der Stadt hat eine eigene Filiale des Red Hills Visitor Center. Der **Scenic Bajada Loop Drive**, eine 6 Meilen (9,7 km) lange planierte Rundpiste durch den Kakteenwald, beginnt 1,5 Meilen (2,4 km) nördlich vom Visitor Center. Zwei kurze, leichte und lohnende Wanderungen sind der 1,3 km lange **Valley View Overlook Trail** (vom Aussichtspunkt hat man bei Sonnenuntergang einen herrlichen Ausblick) und der 800 m lange **Signal Hill Trail** mit unzähligen uralten Petroglyphen. Strapaziöser ist der empfehlenswerte 11,3 km lange **King Canyon Trail**, der 3,2 km südlich des Visitor Center nahe dem Arizona-Sonora Desert Museum beginnt. Der 800 m lange **Desert Discovery Trail**, ein Lehrpfad 1,6 km nordwestlich vom Visitor Center, ist auch für Rollstuhlfahrer geeignet. Die angegebenen Längen für alle vier Wege beziehen sich auf die gesamte Distanz hin und zurück.

Bei den mächtigen Saguaro-Kakteen spricht man übrigens von Armen, nicht von Ästen oder Zweigen, wie die Parkführer gern betonen. Angesichts der menschenähnlichen Gestalt der Pflanzen leuchtet das auch unmittelbar ein.

Saguaro-Kakteen wachsen sehr langsam: Sie brauchen fast 15 Jahre, um eine Höhe von 30 cm zu erreichen; nach 50 Jahren sind sie dann 2,13 m hoch. Und erst nach fast einem Jahrhundert entwickeln sie ihr typisches, vielarmiges Erscheinungsbild. Die beste Zeit für einen Besuch ist der April, wenn die Kakteenblüte beginnt – die hübschen, weißen Blüten sind die Staatsblume Arizonas. Im Juni oder Juli sind die Blüten den reifen, roten Früchten gewichen, die die hiesigen Natives essen. Die Fußsoldaten der Pflanzenarmee bilden die Ocotillos mit ihren spinnenartigen Ästen, die flauschigen Chollas, die an grüne Bohnen erinnernden Pencil-Chollas und Hunderte weitere Pflanzenspezies. Es ist verboten, Saguaro-Kakteen zu beschädigen oder zu entfernen!

Wohnwagen mit einer Länge von über 10,5 m und Autos mit einer Breite von mehr als 2,5 m sind auf den engen Panoramastraßen des Parks nicht zugelassen.

Westlich von Tuscon

Wer die Einsamkeit sucht, folgt dem Hwy 86 von Tuscon aus nach Westen in die Teile der Sonora-Wüste, die am dünnsten besiedelt sind. Man wird jedoch allenthalben den grün-weißen Trucks der Grenzpatrouillen begegnen. Das **Kitt Peak National Observatory** (☎520-318-8726; www.noao.edu/kpno; Hwy 86; Touren Erw./Kind 11/7 US$; ⌚9–15.45 Uhr) etwa 75 Minuten von Tuscon entfernt beherbergt die größte Sammlung optischer Teleskope der Welt. Die Führungen dauern etwa eine Stunde. Die abendlichen Demonstrationen lohnen sich und sollten zwei bis vier Wochen im Voraus gebucht werden (Erw. 50 US$; kein Programm von Mitte Juli–Aug.) – trockene, klare Nächte ermöglichen einen atemberaubenden Blick ins All.

Tipps: warm anziehen, in Tucson volltanken (die dem Observatorium am nächsten gelegene Tankstelle ist 30 Meilen bzw. 48 km entfernt) und Kinder unter acht Jahren zu Hause lassen (sie dürfen bei den abendlichen Führungen nicht mit). Der Picknickplatz ist nachts ein beliebter Treffpunkt von Hobby-Astronomen.

Wer einfach mal alles hinter sich lassen will, sollte das riesige, exotische **Organ Pipe Cactus National Monument** (☎520-387-6849; www.nps.gov/orpi; Hwy 85; pro Auto 25 US$) an der mexikanischen Grenze besuchen. Das

NICHT VERSÄUMEN

MINI-ZEITMASCHINE IM MUSEUM OF MINIATURES

Das in die Bereiche „Enchanted Realm", „Exploring the World" und „History Gallery" unterteilte unterhaltsame **Museum of Miniatures** (☎520-881-0606; www.theminitimemachine.org; 4455 E Camp Lowell Dr, Tucson; Erw./Senior/Kind 10,50/8,50/7 US$; ⌚Di–Sa 9–16, So ab 10 Uhr; 👪) präsentiert fantastische, historische und schlichtweg faszinierende Mini-Dioramen. Besucher können durch ein Weihnachtsdorf mit Schneekugel-Flair spazieren, in winzige Minihäuser aus dem 17. und 18. Jh. spähen und nach den klitzekleinen Bewohnern eines verzauberten Baums suchen. Das Museum entwickelte sich aus einer Privatsammlung der 1930er-Jahre und macht Eltern vielleicht sogar noch mehr Spaß als ihren Kindern.

traumhaft schöne, unwirtliche Terrain bietet einer erstaunlich großen Zahl von Tieren und Pflanzen einen Lebensraum, darunter 28 Kaktusarten. Am wichtigsten ist natürlich der namensgebende Orgelpfeifenkaktus. Der große Säulenkaktus unterscheidet sich durch die von der Basis ausgehenden Zweige von dem häufigeren Saguaro.

Der 21 Meilen (34 km) lange **Ajo Mountain Drive** führt durch eine spektakuläre Landschaft aus steilen, zerklüfteten Felswänden und feuerroten Steinen. Der **Twin Peaks Campground** (☎877-444-6777, Vorwahl 7302; www.recreation.gov; 10 Organ Pipe Dr; Stellplatz Zelt & Wohnmobil 20 US$) nahe dem Visitor Center hat 208 Stellplätze (Reservierung ist nicht möglich).

Südlich von Tucson

Die eindrucksvolle **Mission San Xavier del Bac** (☎520-294-2624; www.patronatosanxavier.org; 1950 W San Xavier Rd; Spenden erbeten; ⌚Museum 8.30–16.30 Uhr, Kirche 7–17 Uhr) in der San Xavier Reservation, 8 Meilen (13 km) südlich von Downtown Tucson, ist das älteste Gebäude der hispanischen Ära in Arizona. Die elegante Fassade ist eine Mischung aus maurischer und byzantinischer Architektur und weist Elemente der mexikanischen Spätrenaissance auf; das Innere der Mission ist überraschend kunstvoll geschmückt.

Bei Ausfahrt 69, 16 Meilen (25,7 km) südlich der Mission, befindet sich das **Titan Missile Museum** (☎520-625-7736; www.titanmissilemuseum.org; 1580 Duval Mine Rd, Sahuarita; Erw./Senior/Kind 10,50/9,50/7 US$; ⌚Nov.–April So–Fr 9.45–17, Sa ab 8.45 Uhr, letzte Führung 15.45 Uhr, Mai–Okt. kürzere Öffnungszeiten), eine unterirdische Anlage zum Abschuss von Interkontinentalraketen aus der Zeit des Kalten Krieges. Die informativen Führungen sind schaurig und sollten vorab gebucht werden.

Wer sich für Geschichte interessiert oder Kunsthandwerk kaufen will, sollte ins 48 Meilen (77,2 km) südlich von Tucson gelegene Dorf Tubac (www.tubacaz.com) fahren. Hier verteilen sich mehr als 100 Galerien, Ateliers und Läden um ein Presidio aus der spanischen Kolonialzeit.

SCHARFE HOTDOGS

Im **El Guero Canelo** (☎520-295-9005; www.elguerocanelo.com; 5201 S 12th Ave; Hotdogs 3,50–4 US$, Hauptgerichte 7,75–10,50 US$; ⌚So–Do 10–22, Fr & Sa 8.30–24 Uhr) gibt's das für Tucson typische Gericht, den Sonora-Hotdog. Er ist das superleckere Ergebnis der Mischung von mexikanischer Küche mit Amerikas Hang zum Exzess. Ein mit Speck umwickeltes Würstchen im Brötchen wird mit Tomatillo-Salsa, Pintobohnen, geriebenem Käse, Mayonnaise, Ketchup, Senf, gehackten Tomaten und Zwiebeln bedeckt. Der Hotdog ist hier so beliebt, dass er noch von drei weiteren Lokalen in Tucson angeboten wird. Das El Guero Canelo hat jedoch die besten.

Patagonia & Mountain Empire

Das Ufergebiet zwischen der Grenze zu Mexiko, den Santa Rita Mountains und den Patagonia Mountains gehört zu den schönsten Landschaften Arizonas. Die idyllische Gegend lockt Vogelbeobachter und Weinfans gleichermaßen an. Die Pfade des Schutzgebiets **Patagonia-Sonoita Creek Preserve** (☎520-394-2400; www.nature.org/arizona; 150 Blue Heaven Rd, Patagonia; 8 US$; ⌚April–Sept. Mi–So 6.30–16 Uhr, Okt.–März Mi–So 7.30–16 Uhr) sind bei Vogel- und Naturliebhabern beliebt. Die zauberhaften Weiden- und Baumwollwälder an Bächen werden von der Naturschutzorganisation Nature Conservancy verwaltet. Die Hauptzugvogelsaison dauert von April bis Mai bzw. Ende August bis September.

Für einen entspannten Nachmittag mit Weinverkostung bieten sich die Dörfer **Sonoita** und **Elgin** mit ihren Weingütern nördlich von Patagonia an. In Patagonia selbst kann man dann abends eine leckere Feinschmeckerpizza im **Velvet Elvis** (☎520-394-0069; www.facebook.com/velvetelvispizza; 292 Naugle Ave, Patagonia; Pizza 12–26 US$; ⌚Do–So 11.30–20.30 Uhr ; 📶) essen. Das gemütliche **Duquesne House** (☎520-394-2732; www.theduquesnehouse.com; 357 Duquesne Ave, Patagonia; Zi. 140 US$; ❄@📶) war früher ein Wohnheim für Bergarbeiter und bietet heute große Zimmer und einen schönen Garten.

Im kleinen **Visitor Center** (☎520-394-7750; www.patagoniaaz.com, 299 McKeown Ave, Patagonia; ⌚Okt.–Mai tgl. 10–16 Uhr, Juni–Sept. Fr–So 10–16 Uhr) sind Infos über die Stadt und ihre Umgebung erhältlich.

Südöstliches Arizona

Im südlichöstlichen Arizona gibt's jede Menge Stätten, die in der Folklore des Wilden Westens legendär sind. Dazu gehören die prima erhaltene Bergwerkssiedlung Bisbee, der O.K. Corral in Tombstone und das Chiricahua National Monument mit seiner Traumlandschaft aus bizarren Steinsäulen.

Kartchner Caverns State Park

Das Wunderland aus Spitzen, Sinterwänden, Röhren, Säulen, Sinterröhrchen und anderen filigranen Formationen entwickelt sich seit 5 Mio. Jahren, wurde aber wunderbarerweise erst 1974 entdeckt. Die genaue Lage wurde dann noch weitere 25 Jahre geheim gehalten, um die Eröffnung einiger Bereiche als **Kartchner Caverns State Park** (☎ Information 520-586-4100, Reservierung 877-697-2757; www.azstateparks.com/kartchner; 2980 Hwy 90; pro Auto 7 US$, Führungen Erw./Kind 23/13 US$; ⏲ Ende Dez.–Mitte Mai Park 7–18 Uhr, Visitor Center 8–18 Uhr, Rest des Jahres kürzere Öffnungszeiten) vorzubereiten. Zwei Touren, die beide eindrucksvoll sind und jeweils rund 90 Minuten dauern, werden angeboten.

Die Führungen durch den Big Room werden ungefähr Mitte April eingestellt, wenn eine Kolonie weiblicher Glattnasenfledermäuse aus Mexiko hier ankommt, um in der Höhle Ende Juni ihre Jungen zu gebären. Die Fledermäuse und ihre Jungen bleiben bis gegen Mitte September hier, ehe sie in ihre Winterquartiere fliegen. Während die Fledermäuse die Höhle bewohnen, bleibt sie für das Publikum geschlossen.

Im Park gibt's einen Campingplatz (mit Hütten); der Eingang befindet sich 9 Meilen (14,5 km) südlich der I-10 (Ausfahrt 302), abseits des Hwy 90.

Tombstone

Die Stadt, die sich selbst als „zu zäh zum Sterben" bezeichnet, war im 19. Jh. eine blühende Bergarbeiterstadt. Der Whiskey floss in Strömen, große und kleine Streitereien wurden mit dem Revolver geklärt, vorzugsweise im berühmten O.K. Corral. Heute ist Tombstone ein nationales Wahrzeichen, wo Besucher die alten Westernhäuser bewundern, mit der Kutsche fahren und bei Schießereien zuschauen können.

Und natürlich muss man den legendären **O.K. Corral** (☎ 520-457-3456; www.ok-corral.com; Allen St, zw. 3rd St & 4th St; mit/ohne Schießerei 10/6 US$; ⏲ 10–16 Uhr) gesehen haben, wo am 26. Oktober 1881 die Schießerei zwischen den Earp-Brüdern und Doc Holliday auf der einen und den McLaurys mit Billy Clanton auf der anderen Seite stattfand. Die McClaurys, Clanton und vielen anderen Opfer der damaligen schießwütigen Zeit ruhen nun einträchtig auf dem **Boothill Graveyard** (☎ 520-457-3300; www.tombstoneboothillgiftshop.com; 408 Hwy 80; Erw./Kind 3 US$/frei; ⏲ 8–18 Uhr) am Hwy 80 nördlich der Stadt.

Unbedingt sehenswert ist auch das verstaubte **Bird Cage Theater** (☎ 520-457-3421; www.tombstonebirdcage.com; 517 E Allen St; Erw./Senior & Kind 14/12 US$; ⏲ 9–18 Uhr), das einst Tanzhalle, Saloon und Bordell war und heute voller historischer Kuriositäten ist. Darunter befindet sich auch ein Meermann. Im **Visitor Center** (☎ 888-457-3929; www.tombstonechamber.com; 395 E Allen St, at 4th St; ⏲ Mo–Do 9–16, Fr–So 9–17 Uhr) gibt's Wanderkarten.

Bisbee

Mit ihrem altmodischen, unaufgesetzten Charme präsentiert sich die ehemalige Kupferbergbausiedlung Bisbee heute als hübscher Mix aus alternden Bohemiens, eleganten Gebäuden, opulenten Restaurants und bezaubernden Hotels. Die meisten Geschäfte befinden sich im Historic District (Old Bisbee) längs der Subway und der Main St.

Wer möchte, kann pensionierten Arbeitern, die früher in der Mine tätig waren, bei der **Queen Mine Tour** (☎ 520-432-2071; www.queenminetour.com; 478 Dart Rd, abseits des Hwy 80; Erw./Kind 13/5,50 US$; ⏲ 9–17 Uhr) unter die Erde folgen. Das Queen Mine Building gleich südlich der Downtown beherbergt das örtliche **Visitor Center** (☎ 520-432-3554; www.discoverbisbee.com; 478 Dart Rd; ⏲ Mo–Fr 8–17, Sa & So 10–16 Uhr), welches ein geeigneter Ausgangspunkt für eine Erkundung ist. Gleich außerhalb der Stadt ist die **Lavender Pit** ein hässliches, aber eindrucksvolles Zeugnis des Tagebaus.

Übernachten kann man im **Shady Dell RV Park** (☎ 520-432-3567; www.theshadydell.com; 1 Douglas Rd, Lowell; Wohnwagen 105–145 US$; ⏲ Sommer & Winter geschl.; ❄), einem herrlich altmodischen Trailer-Park. Die sorgsam restaurierten Airstream-Wohnwagen sind fein säuberlich abgezäunt und mit lustigen Möbeln ausstaffiert. Verdampfungskühler sorgen für kalte Luft. Im skurrilen, unterhaltsamen **Bisbee Grand Hotel** (☎ 520-432-5900; www.bisbeegrandhotel.com; 61 Main St; DZ/Suite ab 94/135 US$; ❄ 📶) kann man in einem drinnen aufgestellten Planwagen übernachten. Im gesamten Hotel wird der alte Westen mit Dekor aus viktorianischer Zeit und einem Western-Saloon wieder lebendig.

Gutes Essen findet man an der Main St; einfach selbst umschauen und im Restaurant der eigenen Wahl einkehren – alle sind gut! Feine amerikanische Kost bietet das stilvolle **Cafe Roka** (☎520-432-5153; www.caferoka.com; 35 Main St; Hauptgerichte abends 18,50–31,50 US$; ⏲Mi–Sa 17–21, So 16–20 Uhr) mit einem Vier-Gänge-Abendmenü aus Salat, Suppe, Sorbet und einer wechselnden Auswahl beliebter Hauptgerichte. Weiter die Main St hinauf lockt das **Screaming Banshee** (☎520-432-1300; www.screamingbansheepizza.net; 200 Tombstone Canyon Rd; Pizzas 14–19 US$; ⏲Mi 16–21, Do–So 11–22, So 11–21 Uhr) mit Holzofenpizza und Punk-Rock-Stil. Bars ballen sich am passend benannten Brewery Gulch am südlichen Ende der Main St.

Chiricahua National Monument

Die hoch aufragenden Felssäulen des abgeschiedenen, aber faszinierenden **Chiricahua National Monument** (☎520-824-3560; www.nps.gov/chir; 12856 E Rhyolite Creek Rd; ⏲Visitor Center 8.30–16.30 Uhr; 🐾) GRATIS in den Chiricahua Mountains sind teilweise Hunderte Fuß hoch und sehen oft aus, als wollten sie jeden Moment umkippen. Der 8 Meilen (13 km) lange **Bonita Canyon Scenic Drive** führt zum Massai Point (fast 2100 m). Dort stehen Tausende Steinsäulen an den Hängen wie eine versteinerte Armee. Es gibt zahlreiche Wanderwege; wer nur wenig Zeit hat, sollte mindestens eine halbe Meile auf dem **Echo Canyon Trail** bleiben, um sich die Grottoes anzusehen, eine umwerfende „Kathedrale" aus gigantischen Felsbrocken. Dort kann man sich eine Weile still hinlegen und dem sachtem Rauschen des Windes lauschen. Das National Monument befindet sich 36 Meilen (58 km) südöstlich von Willcox, abseits des Hwy 186/181.

UTAH

Willkommen auf der prächtigsten Spielwiese der Natur! Von den roten Tafelbergen über enge Schluchten und Pulverschneehänge bis hin zu den abschüssigen Felswegen bietet Utah ein hinreißendes und vielfältiges Terrain mit tollen Möglichkeiten zum Radfahren, Wandern und Skifahren. Das Gelände ist zudem wirklich gut zugänglich: 65 % der Landfläche sind öffentlich, und es gibt 14 Nationalparks bzw. National Monuments.

Rote Klippen, farbenfrohe Felsnadeln und eine schier endlose Sandstein-Wüste prägen den Süden; die Kiefernwälder und schneebedeckten Gipfel der Wasatch Mountains kennzeichnen den Norden Utahs. Dazwischen liegen alte Pioniersiedlungen, Stätten mit uralter Felskunst und Ruinen sowie Spuren von Dinosauriern.

Die von Mormonen geprägten ländlichen Ortschaften sind teilweise sehr ruhig und konservativ, aber die raue Schönheit lockt auch eher fortschrittlich eingestellte Outdoor-Typen an. Insbesondere Salt Lake City (SLC) und Park City besitzen deshalb auch ein munteres Nachtleben und eine ausgeprägte gastronomische Szene. Also heißt es: Wanderstiefel anziehen und reichlich Wasser mitbringen, um Utahs wildes, malerisches Hinterland zu entdecken!

Geschichte

Die frühen Pueblo-Indianer und die Fremont-Indianer waren die ersten Bewohner in der Gegend. Sie haben Spuren in Form von Felsbildern und Ruinen hinterlassen. Als die europäischstämmigen Siedler Utah in großer Zahl erreichten, lebten hier aber bereits moderne Völker: die Ute, Paiute und Navajo. In den späten 1840er-Jahren kamen die ersten Mormonen – religiöse Flüchtlinge – in die Region. Angeführt wurden sie von Brigham Young, dem zweiten Präsidenten der „Kirche Jesu Christi der Heiligen der Letzten Tage". Sie versuchten noch das letzte Fleckchen Erde in ihrem neuen Staat zu besiedeln, wie ungastlich es auch sein mochte, was unweigerlich zu Scharmützeln mit den Ureinwohnern führte – und in mehr als nur einer Geisterstadt resultierte.

Nachdem die USA das Territorium Utah von Mexiko hinzugewonnen hatten, scheiterten fast 50 Jahre lang mehrere Versuche Utahs, als Bundesstaat anerkannt zu werden, weil die Mormonen Polygamie praktizierten (sprich: Männer hatten mehrere Ehefrauen). Die Situation verschärfte sich bis 1890, als der Mormonenanführer Wilford Woodruff eine göttliche Offenbarung hatte, woraufhin die Kirche die „Vielweiberei" offiziell aufgab. 1896 wurde Utah der 45. Staat der USA. Die moderne Mormonenkirche, die Church of Jesus Christ of Latter Day Saints (LDS), hat unverändert großen Einfluss im Staat.

Praktische Informationen

Utah Office of Tourism (☎800-200-1160; www.utah.com) Gibt den kostenlosen *Utah Travel Guide* heraus und hat mehrere Visitor Centers. Sechssprachige Website.

Utah State Parks & Recreation Department (☎ 801-538-7220; www.stateparks.utah.gov) Hat einen Guide zu den mehr als 40 State Parks (online & in Visitor Centers erhältlich).

Anreise & Unterwegs vor Ort

Der nächste Flughafen ist in Salt Lake City (S. 956). Dort landen Flugzeuge aus Mexiko, Kanada, England, Europa sowie aus den USA. Autovermietungen gibt es in den größeren Städten und Touristenhochburgen. Der Amtrak-Zug (www.amtrak.com), der täglich zwischen Oakland, CA, (19 Std.) und Chicago (34 Std.) verkehrt, hält auch in Salt Lake City. Greyhound (www.greyound.com) fährt von Salt Lake City nach Las Vegas, NV, (8 Std.) und Denver, CO (10½ Std.).

Utah ist kein großer Bundesstaat, aber überwiegend ländlich. Wenn man nicht gerade in Salt Lake City oder Park City unterwegs ist, braucht man ein Auto. Für einen Besuch der Parks im südlichen Utah kann es günstiger sein, nach Las Vegas zu fliegen und dort ein Auto zu mieten.

KURZINFOS UTAH

Spitzname Beehive State

Bevölkerung 3,16 Mio.

Fläche 219 890 km²

Hauptstadt Salt Lake City (200 591 Ew.), Großraum (1,15 Mio. Ew.)

Weitere Städte St. George (84 400 Ew.)

Verkaufssteuer 4,85 %

Geburtsort von den Entertainern Donny (1957) und Marie (1959) Osmond und Butch Cassidy (1866–1908)

Heimat der Olympischen Winterspiele 2002

Politische Ausrichtung Überwiegend konservativ

Berühmt für Mormonen, rote Canyons, Polygamie

Bestes Souvenir T-Shirt des Wasatch Brew Pub: „Polygamy Porter – Warum nur eins?"

Salt Lake City

Das funkelnde Salt Lake City (SLC) mit seinem blauen Himmel vor den schneebedeckten Bergen ist Utahs Hauptstadt. Die einzige Stadt Utahs mit einem internationalen Flughafen besitzt trotzdem noch eine kleinstädtische Anmutung. In der Downtown kommt man leicht zurecht; abends ist es hier ziemlich ruhig. Kaum zu glauben, dass immerhin 1,2 Mio. Menschen im Großraum wohnen! Zwar ist Salt Lake City für die Anhänger der Kirche Jesu Christi der Heiligen der Letzten Tage (LDS) so etwas wie der Vatikan – der Glaubensgemeinschaft gehört hier auch viel Land –, aber weniger als die Hälfte der Einwohner sind LDS-Mitglieder. Die Universität und der exzellente Zugang zur Natur locken sehr unterschiedliche Einwohner in die Stadt. Ein liberaler Geist herrscht in den Cafés und Yogakursen, und man sieht auch viele aufwendige Tattoos. Gourmets werden in diversen Restaurants mit internationalen Speisen und Bio-Gerichten fündig. Wen die Natur lockt, der ist gerade einmal 45 Minuten von den wundervollen Wanderwegen und Skipisten der Wasatch Mountains entfernt. Freundliche Leute, tolles Essen und Outdoor-Abenteuer – was will man mehr?

Sehenswertes & Aktivitäten

Die meisten Sehenswürdigkeiten der LDS ballen sich nahe dem Bezugspunkt der Adressen in der Stadt: der Kreuzung der Main mit der South Temple St. Die Straßen haben hier eine Breite von 40,23 m; sie wurden so konzipiert, dass ein von vier Ochsen gezogener Wagen auf ihnen wenden konnte. Mit der Freilegung des City Creek erfuhr die Downtown eine Renaissance. Östlich davon liegt der University-Foothills District mit den meisten Museen und den kinderfreundlichen Attraktionen.

Temple Square Area

Temple Square PLATZ

(www.visittemplesquare.com; Ecke S Temple St & N State St; ⌚ Gelände 24 Std., Besucherzentrum 9–21 Uhr) GRATIS Die berühmteste Sehenswürdigkeit der Stadt ist ein 4 ha großer Häuserblock, der von einer 4,5 m hohen Mauer umgeben ist. Die von Mormonen geleiteten kostenlosen Führungen dauern 30 Minuten und beginnen beim Visitor Center am Eingang in der North Temple St. Außerdem stehen überall weitere Mormonen bereit, um Fragen der Besucher zu beantworten. (Dabei muss man keine Angst haben, bekehrt zu werden, es sei denn, man wünscht es.) Die Kirche ist wegen Renovierung noch bis 2024 geschlossen, doch die anderen Gebäude können besichtigt werden.

Church History Museum MUSEUM

(☎ 801-240-3310; https://history.lds.org/section/museum; 45 N West Temple St; ⌚ Mo–Fr 9–21, Sa

10–18 Uhr) GRATIS Das interaktive Museum direkt neben dem Temple Sq (S. 951) zeigt eine beeindruckende Ausstellung über die Geschichte des Wilden Westens und schöne Kunstwerke.

Salt Lake Temple RELIGIÖSE STÄTTE
(☎801-240-2640; https://churchofjesuschristtemples.org/salt-lake-temple; 50 W North Temple St, Temple Sq) Mitten auf dem Temple Sq (S. 951) erhebt sich der knapp 64 m hohe Salt Lake Temple. Auf der höchsten Spitze der Kirche steht eine Statue des Engels Moroni, der dem Gründer der Kirche Jesu Christi der Heiligen der Letzten Tage, Joseph Smith, erschienen sein soll. Gerüchten zufolge sollen bei der Renovierung der Kirche alte Einschusslöcher in der goldenen Oberfläche entdeckt worden sein. Die Kirche und Gottesdienste sind für die Öffentlichkeit nicht zugänglich. Nur Mormonen mit gutem Leumund haben Zutritt. Die Kirche wird noch bis 2024 renoviert, um sie erdbebensicherer zu machen.

Tabernacle CHRISTLICHE STÄTTE
(www.mormontabernaclechoir.org; Temple Sq; ⏲9–21 Uhr) GRATIS Das Auditorium von 1867 mit Kuppeldach und einer massiven Orgel mit 11 000 Pfeifen hat eine unglaubliche Akustik. Lässt man vorn eine Stecknadel fallen, ist dies ganz hinten, rund 60 m entfernt, noch zu hören. Montags bis samstags um 12 Uhr sowie sonntags um 14 Uhr finden frei zugängliche Orgelkonzerte statt.

Beehive House HISTORISCHE STÄTTE
(☎801-240-2681; www.lds.org/visitbeehivehouse; 67 E South Temple St; ⏲Mo–Sa 10–18 Uhr) GRATIS Brigham Young lebte in diesem Haus mit einer seiner vielen Frauen samt Familie während eines großen Teils seiner Amtszeit als Gouverneur des Territoriums Utah und LDS-Präsident. Das Haus kann man nur im Rahmen einer Führung besuchen, die von LSD-Angehörigen durchgeführt werden und inhaltlich verschieden ausfallen: Mal überwiegen historische Informationen, mal der Glaubenseifer.

Rund um die Innenstadt

Utah State Capitol HISTORISCHES GEBÄUDE
(☎801-538-1800; www.utahstatecapitol.utah.gov; 350 N State St; ⏲Mo–Do 7–20, Sa & So 8–18 Uhr; Visitor Center Mo–Fr 9–17 Uhr) GRATIS Das prächtige State Capitol von 1916 steht zwischen 500 Kirschbäumen auf einem Hügel nördlich des Temple Sq. Drinnen zieren bunte Wandbilder der Works Progress Administration (WPA) von Pionieren, Trappern und Missionaren einen Teil der Kuppel. Kostenlose Führungen (Mo–Fr 9–16 Uhr stündl.) beginnen am Visitor Center im 1. Stock; Ausgangspunkt von Touren in Eigenregie ist ebenfalls das Visitor Center.

Clark Planetarium MUSEUM
(☎385-468-7827; www.clarkplanetarium.org; 110 S 400 W; Erw./Kind 9/7 US$; ⏲So–Mi 10.30–19, Do–Sa 10.30–23 Uhr) Das Planetarium präsentiert den Sternenhimmel mit modernster und großartigster 3D-Technik. Es gibt auch eine kostenlose Wissenschaftsausstellung und ein IMAX-Kino. Die Anlage befindet sich am Rand des **Gateway** (☎801-456-0000; www.shopthegateway.com; 400 W 100 S; ⏲Mo–Sa 10–21, So 12–18 Uhr), eines riesigen Einkaufszentrums mit Außengelände rund um das alte Eisenbahndepot.

University-Foothill District & Umgebung

★Natural History Museum of Utah MUSEUM
(☎801-581-6927; www.unhmu.utah.edu; 301 Wakara Way, Rio Tinto Center; Erw./Kind 3–12 J. 15/10 US$; ⏲Do–Di 10–17, Mi bis 21 Uhr; P) Die atemberaubende Architektur des Rio Tinto Centers zeigt sich insbesondere in einem mehrstöckigen „Canyon“ im Inneren, in dem die Exponate ihre ganze Wirkung entfalten können. Schicht um Schicht kann man so die geschichtliche Entwicklung der Natur wie auch die der indigenen Völker erkunden. Am eindruckvollsten ist die Ausstellung *The Past Worlds*, die einem unglaubliche – und höchst unterschiedliche! – Perspektiven auf die riesige Dinosaurier-Fossilien-Sammlung gestattet.

This is the Place Heritage Park HISTORISCHE STÄTTE
(☎801-582-1847; www.thisistheplace.org; 2601 E Sunnyside Ave; Erw./Kind 14/10 US$; ⏲10–17 Uhr; P 👪) Der 182 ha große Heritage Park ist der Ankunft der Mormonen im Jahr 1847 gewidmet. Das Herzstück ist ein historisches Dorf, in dem kostümierte Schauspieler von Juni bis August das Leben in der Mitte des 19. Jhs. darstellen. Im Eintrittspreis inbegriffen sind eine Fahrt mit der Touristenbahn und verschiedene Aktivitäten. Im restlichen Jahr sind nur Teile der Anlage (zu unterschiedlichen Preisen) zugänglich, von außen kann man die 50 historischen Heime

jedoch jederzeit besichtigen. Teils handelt es sich um Nachbauten, teils um Originale wie beim Farmhaus von Brigham Young.

Red Butte Garden GARTEN
(www.redbuttegarden.org; 300 Wakara Way; Erw./Kind 14/7 US$; ⏲ Okt.–März 9–17 Uhr, April & Sept. 9–19.30 Uhr, Mai–Aug. 9–21 Uhr; P) Das 400 ha große Gelände besteht aus Landschaftsgärten und naturbelassenen Gärten. Schöne Wanderwege in einer Gesamtlänge von 8 km ziehen sich durch das Gelände am Fuß der Wasatch-Kette. Im Sommer finden hier auch Open-Air-Konzerte statt. Genaue Infos hält die Homepage bereit. In der Nebensaison und bei Konzerten ist der Park nur bis Sonnenuntergang geöffnet.

Schlafen

Die Kettenhotels ballen sich in Downtown um die S 200 W nahe der 500 S und der 600 S; weitere liegen in Mid-Valley (abseits der I-215) und nahe des Flughafens. In Hotels der Spitzenklasse sind die Preise an den Wochenenden am niedrigsten. Das Parken in Downtown ist häufig nicht im Preis enthalten. Campingplätze und Ausweichquartiere findet man in den Wasatch Mountains.

Kimball Condominiums APARTMETBLOCK $
(☎801-363-4000; www.thekimball.com; 150 N Main St; Apt. ab 95 US$; P ❄ ☰) Die komplett ausgestatteten Apartments sind nur einen halben Block vom Temple Sq entfernt. Das Angebot reicht von älteren Studios mit Schrankbetten bis zu frisch renovierten, großen Apartments mit zwei Schlafzimmern für bis zu sechs Personen. Alle haben eine eigene Küche, und die Lage ist erstklassig. Preise auf Anfrage.

★ **Engen Hus** B&B $$
(☎801-450-6703; www.engenhusutah.com; 2275 E 6200 S; Zi. 139–179 US$; ☰) Das hübsche Haus hat eine ideale Lage für Ausflüge in die Berge und bietet vier Zimmer mit Flachbild-TVs und handgewebten Decken auf Massivholzbetten. Die Gastgeber kennen sich mit den örtlichen Wandermöglichkeiten aus. Brettspiele, eine Terrasse mit Whirlpool und eine Waschküche sorgen für Behaglichkeit. Auf dem Frühstücksbüfett stehen z. B. Arme Ritter mit Karamell. Ein Zimmer ist für Rollstuhlfahrer geeignet.

★ **Inn on the Hill** INN $$
(☎801-328-1466; www.inn-on-the-hill.com; 225 N State St; Zi. 150–260 US$; P @ ☰) Kunstvolle Holzarbeiten und Tiffany-Glas mit Maxfield-Parrish-Motiven schmücken diese weitläufige Villa im Neorenaissance-Stil von 1906. Die Gästezimmer sind klassisch und komfortabel, jedoch nicht spießig, und bieten Whirlpoolwannen sowie teilweise Kami-

SALT LAKE CITY MIT KINDERN

Salt Lake City ist überaus kinderfreundlich. Das wunderbar interaktive **Discovery Gateway** (☎801-456-5437; www.discoverygateway.org; 444 W 100 S; 12,50 US$; ⏲ Mo–Do 10–18, Fr & Sa 10–19, So 12–18 Uhr; 👪) regt die Fantasie und alle Sinne an.

Auf der **Wheeler Historic Farm** (☎385-468-1755; www.wheelerfarm.com; 6351 S 900 E; Planwagenfahrt 3 US$, Hausbesichtigung Erw./Kind 4/2 US$; ⏲ Sonnenaufgang–Sonnenuntergang; 👪) GRATIS von 1898 dürfen die Kids beim Melken helfen. Im Sommer werden auch Planwagenfahrten mit dem Traktor unternommen.

Im knapp 17 ha großen **Hogle Zoo** (☎801-584-1700; www.hoglezoo.org; 2600 Sunnyside Ave; Erw./Kind 17/13 US$; ⏲ März–Okt. 9–18 Uhr, Nov.–Feb. 10–17 Uhr; P 👪) leben mehr als 800 Tiere in verschiedenen Lebensräumen. Bei den täglichen Vorführungen erfahren die Kinder mehr über ihre Lieblingstiere.

Im **Tracy Aviary** (☎801-596-8500; www.tracyaviary.org; 589 E 1300 S; Erw./Kind 12/8 US$; ⏲ 9–17 Uhr; 👪) dürfen die kleinen Besucher den Pelikanen Fische zuwerfen und bei vielen anderen Aktionen und Vorführungen mitmachen. In dem Park leben Vögel aus der ganzen Welt.

Mit verschiedenen Gärten, einer bewirtschafteten Farm mit Streichelzoo, Golfplatz, riesigem Kino, Museum, Restaurants und Geschäften sowie einem **Schmetterlings-Biosphärengebiet** (☎801-768-2300; Erw./Kind 20/15 US$; ⏲ Mo–Sa 10–20 Uhr; P 👪) hat der 22,5 ha große Thanksgiving Point in Lehi alles, was Kindern Spaß macht. Außerdem ist das dortige Museum of Ancient Life (S. 954) eines der technisch besten interaktiven Dinosauriermuseen des Staates. Lehi liegt 28 Meilen (45 km) südlich der Innenstadt von Salt Lake City. Zu erreichen ist die Stadt über die I-15 (Exit 287).

NICHT VERSÄUMEN

MUSEUM OF ANCIENT LIFE

Das familienfreundliche **Museum** (☎801-768-2300; www.thanksgivingpoint.org; 3003 N Thanksgiving Way, Lehi; nur Museum Erw./Kind 20/15 US$; ⏲Mo–Sa 10–20 Uhr; P) verfügt über die größte Ausstellung von Dinosaurierskeletten der Welt. Die zumeist interaktiven Ausstellungen sind chronologisch angeordnet und informieren über die in aller Welt gefundenen Fossilien. Kinder können Knochen ausgraben, in den Ausstellungsstücken nach versteckten Kobolden suchen und sich im Labor als Paläontologen betätigen (Sa, gegen Aufpreis).

ne und Balkone. Zu den ansprechenden Aufenthaltsbereichen gehören Terrassen, ein Billardraum, eine Bibliothek und ein Speisesaal, in dem vom Chefkoch zubereitetes Frühstück serviert wird.

DeSoto Tudor HOMESTAY $$
(☎801-503-9810, 801-835-4009; www.desototudoroncapitolhill.com; 545 DeSoto St E; Suite 159 US$;) Bewohner des gemütlichen Zimmers in einem Wohnhaus am Capitol Hill genießen vollen Familienanschluss. Es gibt ein ausgezeichnetes Frühstück, Drinks und Snacks in der Küche, einen eigenen Whirlpool im Freien mit Blick auf die Stadt und jede Menge nette Gespräche.

Essen

Tosh's Ramen RAMEN $
(☎801-466-7000; www.toshsramen.com; 1465 S State St; Hauptgerichte 9–15 US$; ⏲Mo–Sa 11.30–15 & 17–21 Uhr; P) Die japanischen Nudeln werden in riesigen Schüsseln mit feiner Brühe und knackigen Sprossen serviert, auf Wunsch auch mit einem pochierten Ei – wie in Japan! Dennoch sollte man noch etwas Platz für die süßen oder scharfen Chicken Wings lassen. Man muss aber früh da sein, um einen Platz in dem kleinen Lokal in einer unscheinbaren Mall zu bekommen.

Oh Mai VIETNAMESISCH $
(☎801-467-6882; www.ohmaisandwich.com; 3425 State St; Sandwiches 5–7 US$; ⏲Mo–Sa 10–21 Uhr; P) Für die vietnamesischen Banh-mi-Sandwiches wird knuspriges Baguette mit Süßem und Scharfem belegt, z. B. mit geschmortem Schweinebauch und Jalapeños. Es gibt aber auch vegane und vegetarische Sandwiches. Das Oh Mai hat mehrere Filialen in der Stadt, doch das Original im Süden von Salt Lake City ist am authentischsten.

Over the Counter Cafe FRÜHSTÜCK $
(☎801-487-8725; www.overthecountercafe.weebly.com; 2343 E 3300 S; Hauptgerichte 5–10 US$; ⏲6.30–14 Uhr; P) Das schmuddelige, kleine Lokal mit Sitznischen und Theke rund um den offenen Grill ist äußerst beliebt. Hier gibt's Pfannkuchen aus alten Getreidesorten, Arme Ritter mit frischen Heidelbeeren und Zitrone sowie riesige Schweinesteaks.

★ **Red Iguana** MEXIKANISCH $
(☎801-322-1489; www.rediguana.com; 736 W North Temple St; Hauptgerichte 10–18 US$; ⏲Mo–Do 11–22, Fr & Sa bis 23, So 9–21 Uhr) Hier präsentiert sich Mexiko von seiner authentischsten, aromatischsten und leckersten Seite – kein Wunder, dass sich vor dem familienbetriebenen Restaurant oft Schlangen bilden! Wer sich nicht zwischen den sechs Mole-Saucen mit Chili und Schokolade entscheiden kann, fragt nach einer Kostprobe. Das unglaublich zarte *cochinita pibil* (geschmortes gezupftes Schweinefleisch) schmeckt, als wäre es tagelang weichgekocht worden.

White Horse AMERIKANISCH $$
(☎801-363-0137; www.whitehorseslc.com; 325 Main St; Hauptgerichte 10–28 US$; ⏲11–1 Uhr;) Aus den vielen Alkoholika hinter der Theke werden innovative Cocktails gemixt. Dazu gibt's leckere Essen wie Wagyu-Cheeseburger mit geräuchertem Schweinebauch.

Ausgehen & Nachtleben

Das Nachtleben von Salt Lake City wird von Brauereikneipen und Bars geprägt. Hier hat niemand etwas dagegen, wenn man nur trinkt und eine Kleinigkeit dazu isst. Infos zu Livemusik in den Bars gibt's im *City Weekly* (www.cityweekly.net).

★ **Fisher Brewing Company** BRAUEREI
(☎801-487-2337; www.fisherbeer.com; 320 W 800 S; ⏲So–Do 11–22, Fr & Sa 11–1 Uhr) Die kleine Brauerei in einem ehemaligen Autogeschäft im Granary District produziert das beste Bier der Gegend. Tony Fisher und seine Partner setzen die Tradition seines deutschen Ururgroßvaters Albert Fisher fort, der die damals noch wesentlich größere A. Fisher Brewing Company von 1884 bis 1967 leitete.

Beer Bar KNEIPE
(☎801-355-2287; www.beerbarslc.com; 161 E 200 S; ⏲11–1 Uhr) Mit großen Holztischen sowie über

140 Bier- und 13 Wurstsorten holt die Beer Bar ein Stück Bayern nach Salt Lake City. Die Kundschaft ist gemischt und viel informeller als in der angeschlossenen Bar X nebenan. Ein toller Ort, um sich mit Freunden zu treffen und neue Bekanntschaften zu schließen, auch wenn es hier immer recht laut ist.

Bar X COCKTAILBAR
(☎801-355-2287; www.beerbarslc.com; 155 E 200 S; ⏲Mo–Sa 16–1, So 19–1 Uhr) Diese Bar ist so schummrig beleuchtet und abgefahren, dass man kaum glaubt, dass man nur ein kleines Stück vom Temple Sq (S. 951) entfernt ist. Man macht es sich in der immer gut besuchten Bar mit einem Moscow Mule gemütlich und lauscht der Musik (Motown oder Funk) oder den Gesprächen am Nebentisch.

Jack Mormon Coffee Co KAFFEE
(☎801-359-2979; www.jackmormoncoffee.com; 82 E St; ⏲Mo–Sa 8–18 Uhr; 📶) Die beste Rösterei Utahs serviert ganz gute Espresso-Spezialitäten. Bei steigenden Temperaturen bevorzugen die Gäste aber einen Jack Frost.

☆ Unterhaltung

Die besten Clubs und Livemusik-Locations in Utah hat Salt Lake City. Infos und Tipps sind im *City Weekly* (www.cityweekly.net) zu finden. Außerdem finden das ganze Jahr über Sportveranstaltungen statt. Rund um den Temple Sq (S. 951) ist auch jede Menge klassischer Unterhaltung geboten.

Musik

★ **Mormon Tabernacle Choir** LIVEMUSIK
(☎801-570-0080, 801-240-4150; www.tabernaclechoir.org) Eine Vorführung des weltbekannten Mormon Tabernacle Choir gehört zum Pflichtprogramm eines Besuchs in Salt Lake City. Jeden Sonntag um 9.30 Uhr wird eine Liveshow gesendet. Von September bis November und von Januar bis Mai kann man zudem im Tabernacle (S. 952) live dabei sein. Die Proben (Do 19.30–20.30 Uhr) sind öffentlich zugänglich und kostenlos.

Garage on Beck LIVEMUSIK
(☎801-521-3904; www.garageonbeck.com; 1199 Beck St; ⏲11–1 Uhr) In der ehemaligen Autowerkstatt gibt's jedes Wochenende Livemusik im Hinterhof. Trotz Bar und Grillrestaurant sind nur wenige Parkplätze vorhanden.

Theater

Im Sommer finden Konzerte im Temple Sq (S. 951), in der **Bibliothek** (☎891-524-8200; www.slcpl.org; 210 E 400 S; ⏲Mo–Do 9–21, Fr & Sa 9–18, So 13–17 Uhr; 👪) und im Red Butte Garden (S. 953) statt. Der Salt Lake City Arts Council veröffentlicht den Event-Kalender auf seiner Website (www.slcgov.com/calendars). Tickets sind bei **ArtTix** (☎801-355-2787, 385-468-1010; www.artsaltlake.org) erhältlich.

Eccles Theatre THEATER
(☎385-468-1010; www.artsaltlake.org; 131 S Main St) Das 2016 eröffnete prachtvolle Gebäude hat zwei Theatersäle (mit jeweils 2500 Plätzen), in denen Broadway-Shows, Konzerte und andere Veranstaltungen stattfinden.

Sport

Utah Jazz BASKETBALL
(☎801-325-2500; www.nba.com/jazz; 301 S Temple St) Die Profimannschaft der Männer spielt in der **Vivint Smart Home Arena** (☎801-325-2000; www.vivintarena.com; 301 S Temple St), wo auch Konzerte stattfinden.

Real Salt Lake FUSSBALL
(☎844-732-5849; www.rsl.com; 9256 State St, Rio Tinto Stadium; ⏲März–Okt.) Die Fußballmannschaft der ersten Liga hat eine treue Fangemeinde, die ihre Spiele im **Rio Tinto Stadium** (☎801-727-2700; www.riotintostadium.com; 9256 State St, Sandy) verfolgt.

🛍 Shoppen

Der Abschnitt der Broadway Ave (300 South) zwischen 100 und 300 East St ist gesäumt von interessanten Boutiquen, Antiquitätenläden und Cafés. Salt Lake City ver-

THE BOOK OF MORMON, DAS MUSICAL

Singende und tanzenden Mormonen-Missionare? Am Broadway ist auch das möglich. Im Frühjahr 2011 feierte das Musical *The Book of Mormon* im Eugene O'Neill Theatre in New York City seine von der Kritik gelobte Premiere. Die heitere Satire über LDS-Missionare in Uganda stammt von den Schöpfern des Musicals *Avenue Q* und der TV-Animationsserie *South Park*. Daher ist es kein Wunder, dass das Mormonen-Musical neun Tony Awards einheimste.

Die offizielle, recht maßvolle Antwort der LDS-Kirche verzichtete auf direkte Kritik. Es wurde jedoch betont, dass das Musical vielleicht ganz unterhaltsam sei, die Schriften des Buches Mormon aber das Leben verändern könnten.

fügt auch über einige Kunsthandwerkerläden und Galerien, die die Traditionen der Pionierzeit in Utah fortsetzen. Die meisten sind in Block 300 der W Pierpont Ave zu finden. Sie beteiligen sich auch regelmäßig am **Craft Lake City Festival** (www.craftlakecity.com) im August.

Praktische Informationen

NOTFALL & MEDIZINISCHE VERSORGUNG

Polizei (801-799-3000; www.slcpd.com; 475 S 300 E; Stadtwache Mo–Fr 8–17 Uhr)

Salt Lake Regional Medical Center (801-350-4111; www.saltlakeregional.org; 1050 E South Temple St; Notaufnahme 24 Std.)

University of Utah Hospital (801-581-2121; www.healthcare.utah.edu; 50 N Medical Dr)

TOURISTENINFORMATION

Das Public Lands Information Center informiert über die öffentlich verwalteten Gebiete in der Gegend (State Parks, BLM, USFS), darunter auch den Wasatch-Cache National Forest.

Visit Salt Lake (801-534-4900; www.visitsaltlake.com; 90 S West Temple St, Salt Palace Convention Center; 9–17 Uhr) Das Visitor Center gibt eine kostenlose Broschüre heraus und hat einen großen Souvenirshop.

Anreise & Unterwegs vor Ort

Der **Salt Lake City International Airport** (SLC; 801-575-2400; www.slcairport.com; 776 N Terminal Dr;) ist 5 Meilen (8 km) nordwestlich der Innenstadt. Hier starten und landen zumeist Inlandsflüge, aber auch Direktflüge nach Kanada, Mexiko und Europa. **Express Shuttle** (801-596-1600; www.expressshuttleutah.com; Sammelbus in die Innenstadt 13–20 US$) verkehrt mit kleinen Sammelbussen zwischen Flughafen und Innenstadt.

Greyhound (800-231-2222; www.greyhound.com; 300 S 600 W;) Bietet Busverbindungen in die gesamte USA. Im **Union Pacific Rail Depot** (www.amtrak.com; 340 S 600 W) halten täglich Züge von **Amtrak** (800-231-2222; www.amtrak.com; 340 S 600 W), die dann weiter nach Denver und Kalifornien fahren.

Utah Transit Authority (UTA; 801-743-3882; www.rideuta.com;) Betreibt die Straßenbahnen zum Flughafen und in der Innenstadt. Bus 550 fährt vom Parkhaus zwischen Terminal 1 und 2 in die Innenstadt.

Park City & Wasatch Mountains

Utah ist das Paradies für Skifahrer und Snowboarder. Hier gibt's einige der besten Pisten Nordamerikas. Jedes Jahr fallen zwischen 0,75 und 1,3 m lockeren, trockenen Schnees, und man hat Tausende Hektar hochalpines Terrain zum Austoben. In den Wasatch Mountains, die hinter SLC aufragen, liegen viele Skiorte, man kann wandern, zelten und mountainbiken. Und dann ist da noch das mondäne Park City mit seiner luxuriösen Infrastruktur und dem berühmten Filmfestival.

Skiresorts bei Salt Lake City

Durch den Einfluss des Great Salt Lake bekommen diese Resorts fast doppelt so viel Schnee ab wie Park City. Die vier Resorts liegen 30 bis 45 Meilen (48–72 km) östlich von

GIBT ES IN UTAH IRGENDWO ALKOHOL?

Ja,es gibt durchaus Alkohol in Utah. Obwohl viele der außergewöhnlichen Gesetze immer noch in Kraft sind, werden sie in den letzten Jahren doch etwas lässiger gehandhabt, und die einstigen Privatclubs sind verschwunden. Einige Regeln sind jedoch zu beachten:

- Die wenigsten Restaurants haben eine Lizenz für Hochprozentiges. Die meisten schenken nur Bier und Wein aus. Wer etwas trinken möchte, muss auch Essen bestellen.
- Minderjährige haben keinen Zutritt in Bars.
- Mischgetränke und Wein gibt's erst ab mittags, Bier mit 4% Alkohol schon ab 10 Uhr. Flaschenbier mit mehr Alkohol bekommt man nur in ein paar Bars und Restaurants und in den meisten Brauereien.
- Mischgetränke dürfen nur maximal 42,5 g primären Alkohol oder 70,8 g Alkohol insgesamt (mit sekundärem Alkohol) enthalten. Deshalb sind auch kein Long Island Iced Tea und keine doppelten Schnäpse erhältlich.
- Alkohol in Flaschen darf nur in den staatlichen Spirituosengeschäften verkauft werden, Bier mit 4% Alkohol und Malzgetränke auch in Lebensmittel- und Gemischtwarenläden. Die staatlichen Geschäfte sind nur von Montag bis Samstag geöffnet.

SLCs Downtown am Ende zweier Canyons. Im Sommer locken die Wander- und Radwege, die von den Canyons ausgehen.

Aktivitäten

★ Alta WINTERSPORT

(☎801-359-1078; www.alta.com; Little Cottonwood Canyon; Tagespass Skilift Erw./Kind 116/60 US$) Eingefleischte Skifahrer pilgern nach Alta am höchsten Punkt des Tals. Hier sind keine Snowboarder zugelassen, deswegen halten sich die Schneedecke und präparierte Pisten länger. Weite Pulverschneehänge, Schluchten, steile Abfahrten und Lichtungen wie **East Greeley**, **Devil's Castle** und **High Rustler** tragen zur Bekanntheit des Resorts bei. Achtung: Es ist möglich, dass man nie wieder woanders Ski fahren möchte!

★ Snowbird WINTERSPORT

(☎800-232-9542; www.snowbird.com; Hwy 210, Little Cottonwood Canyon; Tagesticket Skilift Erw./Kind 125/60 US$) Das größte und betriebsamste der Resorts bietet tolle Wintersportbedingungen mit steilen Pisten und tiefem Schnee. Im Sommer gelangt man mit Liften zu zahlreichen Wanderwegen. Die Pendelbahn fährt das ganze Jahr über.

Solitude WINTERSPORT

(☎801-534-1400; www.skisolitude.com; 12000 Big Cottonwood Canyon Rd; Tagesliftkarte Erw./Kind 109/75 US$) Das exklusive Dorf im europäischen Stil liegt mitten in einem ausgezeichneten Skigebiet. Das **Nordic Center** (☎801-536-5774; www.solitudemountain.com/winter-activities/nordic-skiing-nordic-center; Tageskarte Erw./Kind 20/15 US$; ⏲Dez.–Mitte April 8.30–16.30 Uhr) bietet Langlauf im Winter und Bergwandern im Sommer.

Brighton WINTERSPORT

(☎801-532-4731; www.brightonresort.com; 8302 Brighton Loop Rd; Tagespass Skilift Erw./Kind unter 11 Jahren 94 US$/ frei) Brighton ist bei lässigen Herumtreibern und Snowboardern beliebt, davon sollte man sich aber nicht abschrecken lassen. Das kleine Resort, in dem viele Einheimische das Skifahren lernen, ist noch immer eine gute Wahl für Anfänger, vor allem für Snowboarder. Dichte Kiefernwälder säumen breite präparierte Wege und weite Pisten, zudem bieten sich Traumblicke vom Gipfel.

Park City

Bei Schneefall wirkt die Main Street mit ihren 100 Jahre alten Gebäude wie die real gewordene Landschaft einer Schneekugel. Die frühere Silberminenstadt, die Boom und Pleite erlebte, ist heute eine schöne Ortschaft mit Eigentumswohnungen und Villen, die sich über die Täler verteilen. Utahs beste Wintersportadresse hat fabelhafte Restaurants und kulturelle Angebote. Seit kürzlich das angrenzende Canyons Resort angeschlossen wurde, ist Park City der größte Skiort in Nordamerika.

Park City wurde international bekannt, als bei den Olympischen Winterspielen von 2002 die Slalom-, Riesenslalom- und Rodelwettbewerbe hier ausgetragen wurden. Heute befindet sich das permanente Trainingszentrum des US-amerikanischen Skiteams in Park City. Meist schneit es bis Mitte April.

Im Sommer überwiegen die Einheimischen, die sich auf den Wanderwegen und Mountainbike-Trails zwischen den nahen Gipfeln tummeln. Von Juni bis August liegen die Temperaturen durchschnittlich bei über 20 °C; die Nächte sind kühl. Im Frühjahr und Herbst ist es oft regnerisch und trist. Die Resort-Einrichtungen, die schon im Sommer gegenüber dem Winter eingeschränkt sind, machen in dieser Zeit komplett dicht.

Sehenswertes

★ Utah Olympic Park FREIZEITPARK

(☎435-658-4200; www.utaholympiclegacy.org; 3419 Olympic Pkwy; Museum frei, Erlebnis-Tagespass Erw./Kind 80/55 US$; ⏲9–18 Uhr, Touren 11–16 Uhr) Während der Winterolympiade 2002 fanden hier die Wettbewerbe im Skisprung, Bob, Skeleton, in der nordischen Kombination und im Rodeln statt. Bis heute werden im Olympiapark nationale Wettkämpfe ausgetragen. Es gibt Skisprungschanzen von 10, 20, 40, 64, 90 und 120 m Höhe sowie eine Rodel- und Bobbahn. Das US-amerikanische Skiteam trainiert hier das ganze Jahr über. Im Sommer landen Freestyler in einem blubberndem Pool und die Skispringer auf einem mit Plastik überzogenen Abhang. Die Trainingszeiten erfährt man telefonisch; das Zuschauen ist kostenlos.

★ Park City Museum MUSEUM

(☎435-649-7457; www.parkcityhistory.org; 528 Main St; Erw./Kind 12/5 US$; ⏲Mo–Sa 10–19, So 12–18 Uhr) Das gut konzipierte, interaktive Museum widmet sich den geschichtlichen Highlights der Stadt als boomendes Zentrum des Bergbaus, als Hippie-Treff und als erstklassiges Wintersportresort. Es gibt faszinierende Exponate zum ersten unterirdischen Skilift der Welt, einen echten Kerker im Untergeschoss und eine 3D-Karte, die die Minenschächte unter dem Berg zeigt.

Aktivitäten

Natürlich steht Skifahren hier an erster Stelle, doch es sind auch jede Menge anderer Aktivitäten im Winter und Sommer möglich. Die meisten Veranstalter haben ihren Sitz in den Orten Canyons (S. 958), Park City Mountain (S. 958) und Deer Valley.

Deer Valley WINTERSPORT, ABENTEUERSPORT
(☎435-649-1000, Schneemobilfahren 435-645-7669; www.deervalley.com; 2250 Deer Valley Dr; Tageskarte Skilift Erw./Kind 169/105 US$, Gondelfahrt hin & zurück 22 US$; ⏲Schneemobilfahren 9–17 Uhr) In diesem Resort der Superlative wird man richtig verwöhnt, weil an alles gedacht wurde: von Taschentuchspendern am Fuß der Hänge bis zu Personal, das sich um die Skier kümmert. Bei den Olympischen Winterspielen 2002 wurden hier die Slalom- und Freestyle-Wettbewerbe ausgetragen; das Resort ist zudem berühmt für seine erstklassigen Restaurants, den erlesenen Service und die gepflegten, nicht überfüllten Hänge.

Park City Mountain Resort WINTERSPORT, ABENTEUERSPORT
(☎435-649-8111; www.parkcitymountain.com; 1345 Lowell Ave; Liftticket Erw./Kind 156/100 US$; 👪) Von Snowboardern bis zu Eltern mit Kleinkindern tummeln sich alle beim Skifahren im Park City Mountain Resort, dem Austragungsort der olympischen Snowboard- und Riesenslalom-Wettbewerbe. Das familienfreundliche Gelände ist gut erreichbar, da es direkt über der Downtown aufragt.

Canyons Village at Park City WINTERSPORT, ABENTEUERSPORT
(☎435-649-5400; www.parkcitymountain.com; 4000 Canyons Resort Dr; Liftticket Erw./Kind 156/100 US$) Mit Verbesserungsmaßnahmen, die einen zweistelligen Millionenbetrag kosteten, strebt das jetzt mit dem Park City Mountain Resort (S. 958) verschmolzene Canyons Village nach Erneuerung. Zu diesen gehören der erste „Bubblelift" Nordamerikas (ein Sessellift mit umschlossenen Kabinen und Sitzheizung), weitere Serviceleistungen, neue Trails für Fortgeschrittene auf 121 ha Fläche und der Ausbau der Schneekanonen-Kapazitäten. Das Resort erstreckt sich nun über neun mit Espen bewachsene Gipfel 4 Meilen (6,4 km) außerhalb der Stadt nahe dem Freeway.

Feste & Events

Sundance Film Festival FILMFESTIVAL
(☎888-285-7790; www.sundance.org/festival; ⏲Ende Jan.) Independent-Streifen, ihre Macher, Filmstars und Fans lassen die Stadt Ende Januar zehn Tage lang aus allen Nähten platzen. Pässe, Festival-Pauschalangebote und die wenigen Einzeltickets sind schon weit im Voraus ausverkauft. Lange vorher planen!

Schlafen

Von Mitte Dezember bis Mitte April ist hier Hauptsaison. Dann gilt zumeist eine Mindestaufenthaltsdauer. Besonders teuer ist es über Weihnachten, Neujahr und während des Sundance Film Festival. Außerhalb der Saison fallen die Preise dann oft um die Hälfte oder noch weiter. Wer sich ins Nachtleben stürzen will, muss im alten Ort bleiben. Das komplette Verzeichnis der Apartments, Hotels und Resorts in Park City ist unter www.visitparkcity.com zu finden.

Park City Hostel HOSTEL $
(☎435-731-8811; www.parkcityhostel.com; 1781 Sidewinder Dr; B/Zi. mit Gemeinschaftsbad ab 45/90 US$; P❄📶) Das Hostel ist praktisch die einzige Budgetunterkunft der Stadt. Die Gäste treffen sich im holzgetäfelten Gemeinschaftsraum im Erdgeschoss oder bei der wöchentlichen Grillparty auf der Dachterrasse. Es gibt Schlafsäle (gemischt oder nur für Frauen) mit sechs Betten und Gästezimmer mit Gemeinschaftsbad. Außerdem werden Rad- und Kneipentouren organisiert.

Newpark Resort HOTEL $$
(☎435-649-3600; www.newparkresort.com; 1476 Newpark Blvd; Zi. ab 175 US$; P❄📶🏊) Das schicke Hotel befindet sich in einem großen Einkaufszentrum. Es punktet mit Fußbodenheizung und erhöhten Betten mit Daunendecken. Außerdem verfügen die Zimmer über Holzmöbel, Flachbildfernseher und Kaffeemaschine, teilweise auch Küchen. Es gibt einen Swimmingpool und Whirlpool, aber kein Frühstück.

Peaks Hotel HOTEL $$
(☎435-649-5000; www.parkcitypeaks.com; 2346 Park Ave; DZ/Suite 219–319 US$; P❄@📶🏊) Neben komfortablen, modernen Zimmern gehören ein beheiztes Außenbecken, ein Whirlpool, ein Restaurant und eine Bar zum Programm. In der Nebensaison gibt's tolle Angebote. Von Dezember bis April ist Frühstück im Preis inbegriffen.

★ **Washington School House** BOUTIQUEHOTEL $$$

(435-649-3800; www.washingtonschoolhouse.com; 543 Park Ave; Zi. 1000 US$;) Unter der Leitung des Architekten Trip Bennett wurde das Schulhaus aus Kalksandstein von 1898 in ein luxuriöses Boutiquehotel mit zwölf Suiten verwandelt. Man fragt sich allerdings, ob die Kinder sich hier tatsächlich auf den Unterricht konzentrierten oder lieber durch die knapp 3 m hohen Fenster auf die Berge hinausblickten. Von Mai bis November kostet ein Zimmer nur 405 US$.

Essen

Park City ist bekannt für ausgezeichnete gehobene Gastronomie – eine Mahlzeit zu vernünftigen Preisen ist hier viel schwerer zu finden. In den Skiresorts gibt's in der Saison viele Gelegenheiten zum Essen. In den Spitzenrestaurants muss man im Winter fürs Abendessen reservieren. Von April bis Ende November haben die Restaurants verkürzte Öffnungszeiten; viele sind auch für längere Zeit, vor allem im Mai, ganz geschlossen.

Five5eeds FRÜHSTÜCK $

(435-901-8242; www.five5eeds.com; 1600 Snow Creek Dr; Hauptgerichte 10–16 US$; 7.30–15 Uhr;) In dem australischen Café gibt's das beste Frühstück der Stadt: Eggs Benedict mit scharfem Pulled Pork, gebratene Eier nach marokkanischer Art und tolle vegetarische Gerichte. Der Kaffee ist gut und stark.

Vessel Kitchen CAFÉ $

(435-200-8864; www.vesselkitchen.com; 1784 Uinta Way; Hauptgerichte 9–15 US$; 11–21 Uhr;) Die Cafeteria im Einkaufszentrum ist bekannt für gute, schnelle Snacks. Bei Kombucha vom Fass, Toast mit Avocado, Wintersalaten und Eintöpfen ist für jeden etwas dabei, auch für Kinder. Auf der Speisekarte stehen aber auch geschmortes Rindfleisch mit Süßkartoffelbrei und Forelle mit Miso und Kürbis-Spaghetti.

Cortona Italian Cafe ITALIENISCH $$

(435-608-1373; www.cortonaparkcity.com; 1612 Ute Blvd; Hauptgerichte 19–32 US$; Di–Sa 17–20.30 Uhr) Das kleine, stimmungsvolle italienische Restaurant liegt weitab der Hauptstraße, lockt aber mit frischen, toskanisch inspirierten Nudelgerichten. Highlights der beeindruckenden Speisekarte sind Lasagne und Fettucine mit Fleischbällen, die aber beide im Voraus bestellt werden müssen. Alles andere wird frisch zubereitet – das kann schon mal bis zu 30 Minuten dauern, doch das Warten lohnt sich. Reservieren!

★ **Riverhorse on Main** AMERIKANISCH $$$

(435-649-3536; www.riverhorseparkcity.com; 540 Main St; Hauptgerichte 42–92 US$; 17–21 Uhr;) Die Küche ist bodenständig und exotisch zugleich und bietet Köstlichkeiten wie Krabbenküchlein, gefüllten Eichelkürbis und Heilbutt mit Macadamia-Kruste. Es gibt auch eine rein vegetarische Speisekarte. Ein deckenhohes Fenster und die schicke, moderne Einrichtung sorgen für eine stilvolle Atmosphäre in dem preisgekrönten Restaurant. Unbedingt im Voraus reservieren!

Ausgehen & Nachtleben

Das Nachtleben spielt sich vor allem in der Hauptstraße ab. Im Winter ist hier jeden Abend was los, außerhalb der Saison nur am Wochenende. Viele Restaurants haben auch eine gute Bar, z. B. das **Squatters** (435-649-9868; www.squatters.com; 1900 Park Ave; Burger 10–16 US$, Hauptgerichte 11–24 US$; So–Do 8–22, Fr & Sa 8–23 Uhr;) und der **Wasatch Brew Pub** (435-649-0900; www.wasatchbeers.com; 250 Main St; Hauptgerichte 10–25 US$; Mo–Fr 11–22, Sa & So 10–22 Uhr;). Noch mehr los ist in der Altstadt.

★ **High West Distillery** BAR

(435-649-8300; www.highwest.com; 703 Park Ave; 11–21 Uhr, Führungen 13 & 14.30, Mo–Do auch 11.30, Fr–So 13 & 14.30 Uhr) Die ehemalige Fahrzeugvermietung und Oldtimer-Werkstatt ist nun der angesagteste Nachtclub von Park City. In die von einem Biochemiker gegründete Brennerei kann man auch auf Skiern einfahren und den legendären Bourbon oder Roggenwhiskey probieren. Die guten Führungen durch die Brennerei sind kostenlos.

Spur BAR

(435-615-1618; www.thespurbarandgrill.com; 352 Main St; 10–1 Uhr) Hier gibt's jeden Abend Livemusik (Rock, Folk, Blues und Elektronik). Die Musik spielt im Erdgeschoss im Hinterzimmer, und von der Terrasse im Obergeschoss blickt man direkt auf die Hauptstraße.

Praktische Informationen

Visitor Information Center (435-658-9616; www.visitparkcity.com; 1794 Olympic Pkwy; 9–18 Uhr;) Riesiges Visitor Center mit Kaffeebar, Terrasse und Traumausblick auf die Berge beim **Olympic Park** (S. 957). Online gibt es Guides für Besucher.

Anreise & Unterwegs vor Ort

Das Zentrum von Park City liegt 5 Meilen (8 km) südlich der Ausfahrt 145 von der I-80, 32 Meilen (51,5 km) östlich von Salt Lake City und 40 Meilen (64,4 km) entfernt vom **Salt Lake City International Airport** (S. 956).

Bus 902 (☎801-743-3882; www.rideuta.com; einfache Strecke 4,50 US$) verkehrt im Winter mehrmals täglich zwischen Salt Lake City und Park City. Die private **Canyon Transportation** (☎801-255-1841; www.canyontransport.com; Sammelbus nach Park City Erw./Kind 41/28 US$) fährt mit kleinen Sammelbussen von den Bergorten zum Flughafen, übernimmt Transfers von Ort zu Ort und verleiht Jeeps.

Der ausgezeichnete und kostenlose **öffentliche Nahverkehr** (☎435-615-5350; www.parkcity.org/departments/transit-bus; 558 Swede Alley; ⏲7–24 Uhr) deckt den größten Teil von Park City und die drei Skiorte ab. So ist hier kein eigenes Fahrzeug erforderlich.

Nordöstliches Utah

Das nordöstliche Utah ist ein wildes Hochland. Große Teile von ihm liegen mehr als 1500 m über dem Meeresspiegel. Die meisten Traveller kommen wegen des Dinosaur National Monument, man findet aber in der Gegend noch weitere Stätten mit Dinofossilien und Museen sowie Ruinen und Felskunst der antiken Fremont-Kultur. In der Nähe der Grenze zu Wyoming locken die Uinta Mountains und die Flaming Gorge Forellenangler und Naturfreunde an.

Vernal

Als die Stadt, die dem Dinosaur National Monument am nächsten liegt, begrüßt Vernal Besucher standesgemäß mit einem großen rosaroten Dino. Der informative Film, die interaktiven Exponate, die Videos und die riesigen Fossilien im **Utah Field House of Natural History State Park Museum** (☎435-789-3799; www.stateparks.utah.gov/utah-field-house; 496 E Main St; Erw./Kind 7/3,50 US$; ⏲Juni–Aug. 9–19 Uhr, Sept.–Mai bis 17 Uhr; 👪) sind eine wunderbare Einführung in die Dinowelt Utahs.

Don Hatch River Expeditions (☎435-789-4316, 800-342-8243; www.donhatchrivertrips.com; 221 N 400 E; Tagestour Erw./Kind 119/99 US$; ⏲Mai–Sept.), die sich vor Kurzem mit OARS zusammengeschlossen haben, bieten verschiedene Touren in der Stadt und in die Region an, die zwischen einem Tag und fünf Tagen dauern.

Das **Dinosaur Inn** (☎435-315-0123; www.dinoinn.com; 251 E Main St; Zi. ab 80 US$; P❄📶🏊) ist wesentlich gemütlicher und freundlicher als die vielen Kettenhotels in der Hauptstraße. Dabei ist das **Holiday Inn Express & Suites** (☎435-789-4654; www.ihg.com; 1515 W Hwy 40; Zi. 121–162 US$; ❄📶🏊) zumindest etwas nobler als seine Konkurrenten. Zum Abendessen empfiehlt sich das ausgezeichnete Pub der **Vernal Brewing Company** (☎435-781-2337; www.vernalbrewingcompany.com; 55 S 500 E; Hauptgerichte 12–28 US$; ⏲Mo–Do 11.30–20, Fr & Sa 11.30–21 Uhr; P📶).

Dinosaur National Monument

Mit dem **Dinosaur National Monument** (☎435-781-7700; www.nps.gov/dino; 11625 E 1500 S, Jensen; 7-Tage-Pass pro Fahrzeug/Motorrad/Fußgänger 25/20/15 US$; ⏲24 Std.) beiderseits der Grenze zwischen Utah und Colorado wurde 1909 ein riesiges Feld mit Dinosaurierfossilien entdeckt. Auch wenn die Abschnitte beider Bundesstaaten wunderschön sind, ist es doch Utah, das mit den Knochen aufwarten kann. Äußerst sehenswert ist das **Quarry Exhibit** (www.nps.gov/dino; Fahrzeug 20 US$; ⏲Memorial Day–Labor Day 8–19 Uhr, restliches Jahr 8–16.30 Uhr), eine eingezäunte, teilweise freigelegte Felswand, in der mehr als 1600 Knochen stecken. Im Sommer fahren Shuttle-Busse zum Steinbruch selbst, der 15 Meilen (24 km) nordöstlich des **Quarry Visitor Center** (☎435-781-7700; www.nps.gov/dino/planyourvisit/quarry-exhibit-hall.htm; 11625 E 1500 S, Jensen; Fahrzeug 25 US$; ⏲Ende Mai–Mitte Sept. 8–17.30 Uhr, Mitte Sept.–Mitte Mai 9–17 Uhr) in Vernal am Hwy 149 liegt. Außerhalb der Saison muss man in einem von einem Ranger geleiteten Konvoi fahren. Unterhalb des Parkplatzes beginnt der 3,5 km lange Rundweg Fossil Discovery Trail, der zu einer Ansammlung riesiger Oberschenkelknochen im Felsen führt. Wer mehr über diese einzigartigen Fossilien erfahren möchte, kann an einer von einem Ranger geführten Wanderung teilnehmen.

Die **Canyon Area** in Colorado, 30 Meilen (48 km) weiter östlich außerhalb von Dinosaur, CO, beherbergt das zentrale **Visitor Center** (☎970-374-3000; 4545 E Hwy 40; ⏲Mai–Sept. 8–17 Uhr, Sept.–Mai 9–17 Uhr) des Monuments und bietet einige eindrucksvolle Aussichtspunkte. Wegen der höheren Lage ist dieser Teil jedoch aufgrund von Schnee bis ins späte Frühjahr nicht zugänglich. In beiden Abschnitten gibt es verschiedene Wanderwege, informative Autorouten,

Zugang zum Green und Yampa River sowie Campingplätze (8–15 US$/Stellplatz).

Flaming Gorge National Recreation Area

Der nach seinen feuerroten Sandsteinfelsen benannte Park erstreckt sich über 600 km an der Küste entlang und gehört zum Flusssystem des Green River. Das Resort **Red Canyon Lodge** (☎435-889-3759; www.redcanyonlodge.com; 2450 W Red Canyon Lodge, Dutch John; Hütte für 2/4 Pers. ab 169/179 US$;) ermöglicht Aktivitäten wie Fliegenfischen, Rudern, Rafting und Reiten. Die hübschen rustikalen Hütten haben keinen Fernseher. Dafür gibt's WLAN im Restaurant. Das **Nine Mile Bunk & Breakfast** (☎435-637-2572; www.9mileranch.com; 9 Mile Canyon Rd; Zi. ohne/mit Bad ab 80/90 US$, Hütte mit Gemeinschaftsbad 60–95 US$, Stellplatz 15 US$; ⏱April–Nov.) bietet Themenzimmer, eine Blockhütte und Campingplätze. Außerdem werden Touren in den Canyon organisiert.

Über öffentliche Campingplätze informieren die **USFS Flaming Gorge Headquarters** (☎435-784-3445; www.fs.usda.gov/ashley; 25 W Hwy 43, Manila; Park-Tagesgebühr 5 US$; ⏱Mo–Fr 8–17 Uhr). Das Gebiet liegt auf einer Höhe von 1841 m, sodass die Sommer hier angenehm sind.

Moab & Südöstliches Utah

In dieser felsigen, zerklüfteten und von Wüste geprägten Ecke des Colorado-Plateaus erlebt man die elementare Schönheit der Erde. Abgesehen von wenigen, mit Kiefern bedeckten Bergen gibt es kaum Vegetation, die

BEARS EARS NATIONAL MONUMENT

Als Präsident Barack Obama im Dezember 2016 **Bears Ears** (www.fs.fed.us/visit/bears-ears-national-monument) als National Monument auswies, stellte er eine Landschaft von 5470 km² unter staatlichen Schutz. Sie ist voller uralter Felsenwohnungen, Ponderosakieferwälder, 4000 Jahre alter Felszeichnungen, Mesas, Canyons und grandioser Felsformationen. Doch schon im Dezember 2017 verkleinerte Präsident Donald Trump den Park um satte 85 % auf nur noch 817 km². Gleichzeitig verkleinerte er das Grand Staircase-Escalante National Monument (S. 969) auf knapp die Hälfte, sodass es jetzt nur noch 4062 km² groß ist.

Umweltschützer befürchteten schwere ökologische Schäden durch diese Maßnahmen, da Trump sich auch bemühte, neue Arbeitsplätze in der fossilen Energieindustrie zu schaffen. Durch die Lockerung der Umweltschutzbestimmungen wird die Genehmigung neuer Bergbau- und Erschließungsprojekte deutlich erleichtert. Um dies zu verhindern, wurden mehrere Klagen auf Bundesebene eingereicht.

An seinem ersten Tag im Amt forderte Präsident Joe Biden eine Überprüfung der Verkleinerung des Monuments, und im Oktober 2021 stellte er die Grenzen von 2016 wieder her. Zudem behielt er die von Trump an anderer Stelle hinzugefügten zusätzlichen 44,5 km² bei, wodurch das Schutzgebiet auf über 5500 km² anwuchs. Das BLM erhielt außerdem mehr Personal und Mittel, um die steigenden Besucherzahlen zu bewältigen.

Das Bears Ears National Monument wurde ursprünglich auf Antrag von fünf Stämmen der amerikanischen Ureinwohner geschaffen. Die Navajo, Hopi, Zuni, Ute Mountain und Ute Indian erhofften sich dadurch den Erhalt der archäologischen Stätten, die bis zu 8500 Jahre alt sind. Tatsächlich werden die Stätten immer wieder verwüstet und zerstört.

Zu den einzigartigen Wahrzeichen des Nationalparks gehören die **Bears Ears Buttes**, **Cedar Mesa**, **White Canyon**, **San Juan River**, **Indian Creek**, **Comb Ridge**, **Goosenecks State Park** (☎435-678-2238; www.stateparks.utah.gov; Rd 316; Fahrzeug 5 US$, Campingplatz 10 US$; ⏱24 Std.) und **Valley of the Gods** (www.blm.gov). Wie schon David Roberts in *In Search of the Old Ones* schrieb, handelt es sich dabei um erstklassige Naturschätze.

Das **Bears Ears Education Center** (☎435-672-2402; www.friendsofcedarmesa.org/bears-ears-center; 567 W Main St; ⏱März–Nov. Do–Mo 9–17 Uhr) in Bluff ist ein Projekt der gemeinnützigen Umweltorganisation Friends of Cedar Mesa und wurde gegründet, um den Besuchern die Bedeutung des Respekts vor der Natur und der Kultur der amerikanischen Ureinwohner nahezubringen. Ausführliche Infos sind auf www.friendsofcedarmesa.org und www.bearsearscoalition.org zu finden.

das eindrucksvolle Wirken von Zeit, Wasser und Wind verdeckt. Hier finden sich die Tausenden roten Felsbogen im Arches National Park, die Flusscanyons mit ihren nackten Felswänden vom Canyonlands National Park bis zum Lake Powell und die hinreißenden Monolithe und Mesas des Monument Valley. Das Städtchen Moab ist der beste Ausgangspunkt für Outdoor-Abenteuer wie Jeeptouren, spannende Wildwasserfahrten und andere geführte Touren aller Art. Die Massen völlig hinter sich lassen kann man bei Touren zu den Stätten antiker Felskunst und zu den Siedlungen der frühen Pueblo-Indianer, die sich kilometerweit über abgelegenes und unerschlossenes Land verteilen.

Green River

Die „Wassermelonenhauptstadt der Welt" ist eine gute Basis für Raftingabenteuer auf dem gleichnamigen Fluss und dem Colorado. Der legendäre einarmige Bürgerkriegsveteran, Geologe und Ethnologe John Wesley Powell nahm die beiden Flüsse 1869 und 1871 als Erster in Augenschein. Im **John Wesley Powell River History Museum** (☎435-564-3427; www.johnwesleypowell.com; 1765 E Main St; Erw./Kind 6/2 US$; ⏲April–Okt. Mo–Sa 9–19, So 12–17 Uhr, Nov.–März 9–17 Uhr) kann man mehr über seine fantastischen Reisen erfahren, zudem beherbergt es das hiesige Visitor Center.

Holiday River Expeditions (☎435-564-3273, 800-624-6323; www.bikeraft.com; 10 Holiday River St; Tagestour 210 US$; ⏲Mai–Sept. 8–17 Uhr) organisiert eintägige Raftingtouren im Westwater Canyon und mehrtägige Exkursionen. Wanderer sollten mit dem einfachen **Little Wild Horse Canyon** (www.utah.com/little-wild-horse-canyon) beginnen. Die Skyfall Guestrooms sind drei farbenfrohe Zimmer am Fluss, die jeweils nach einer der einzigartigen geologischen Formationen der Gegend gestaltet sind. Das **Robbers Roost Motel** (☎435-564-3452; www.rrmotel.com; 325 W Main St; Zi. ab 53 US$; P ❄ 📶 🐾) ist ein günstiger, angenehmer Familienbetrieb. Alternativen sind der **Green River State Park Campground** (☎800-322-3770; www.reserveamerica.com; Green River Blvd; Stellplatz Zelt & Wohnmobil 35 US$, Hütte 75 US$) oder eines der zahllosen Kettenmotels an der Kreuzung von W Main St (Business 70) mit der I-70.

Einheimische und Besucher lassen sich in **Ray's Tavern** (☎435-564-3511; www.facebook.com/raystavern; 25 S Broadway; Gerichte 9–28 US$; ⏲11–21.30 Uhr, 📶), der hiesigen Kneipe, Hamburger und frische Pommes schmecken. Green River liegt 182 Meilen (293 km) südöstlich von Salt Lake City und 52 Meilen (84 km) nordwestlich von Moab. Hier hält der täglich verkehrende *California Zephyr* von **Amtrak** (☎800-872-7245; www.amtrak.com; 250 S Broadway) nach Denver, CO (ab 62 US$, 10¾ Std.).

Moab

Nach einem staubigen Tag unterwegs lockt Moab, das Basislager der Abenteuer-Aktivitäten im südlichen Utah, mit Whirlpools im Freien und Kneipenkost. Die Massen strömen herbei, um sich in Utahs Freizeithauptstadt zu vergnügen. Von Wanderern bis zu Geländewagenfahrern geben sich alle dem Erholungskult hin.

Von März bis Oktober ist das Städtchen überlaufen. Die Auswirkungen all der vielen Menschen, Fahrräder und Geländewagen auf die fragile Ökologie der Wüste ist ein ernsthaftes Problem. Die hiesigen Menschen lieben das Land, auch wenn sie sich nicht unbedingt darüber einig sind, wie es geschützt werden sollte. Wem der starke Verkehr auf die Nerven geht, der kann praktisch im Nu in die weite Wüste verschwinden.

Aktivitäten

★ **Canyonlands Field Institute** TOUREN
(☎435-259-7750; www.cfimoab.org; 1320 S Hwy 191; ⏲Mo–Fr 8.30–16.30 Uhr) Die gemeinnützige Organisation verwendet die Einnahmen aus ihren Touren für Outdoor-Trainingsprogramme für Jugendliche und die Ausbildung lokaler Führer. Im Sommer werden auch gelegentlich Workshops und Seminare angeboten. Zu den besten Touren gehören Ausflüge zum Colorado und eine dreitägige Exkursion zu Geologie und Archäologie der Gegend.

Corona Arch Trail WANDERN & TREKKEN
(www.utah.com/hiking/arches-national-park/bowtie-corona-arches) Der recht einfache Wanderweg führt zu Felsenmalereien und zwei spektakulären, aber kaum besuchten Felsenbogen. Der Startpunkt liegt 10 Meilen (16 km) entfernt an der Potash Rd (Hwy 279). Dann folgt man den Steinmännchen über das Geröllfeld zum **Bowtie Arch** und zum **Corona Arch**. Den riesigen Corona Arch sieht man schon von Weitem und erkennt ihn sofort, denn es gibt ein berühmtes Foto, auf dem ein Flugzeug durch ihn hin-

durchfliegt. Für die 4,8 km lange Wanderung sollte man zwei Stunden einplanen.

Sheri Griffith River Expeditions RAFTING
(☎435-259-8229; www.griffithexp.com; 2231 S Hwy 191; Flussfahrt ab 95 US$; ⊙8–18 Uhr) Seit 1971 bietet der Rafting-Spezialist eine große Auswahl von Touren auf dem Colorado, dem Green River und dem Yampa River an. Sie reichen von familienfreundlichen Floßfahrten bis zu Wildwasserrafting im Cataract Canyon und dauern zwischen einem Tag und zwei Wochen.

★ **Rim Cyclery** MOUNTAINBIKEN
(☎435-259-5333; www.rimcyclery.com; 94 W 100 N; Mountainbike ab 40 US$/Tag; ⊙8–18 Uhr) Das älteste Fahrradgeschäft in Moab verleiht und repariert nicht nur Fahrräder, sondern hat auch ein Mountainbike-Museum. Im Winter werden Langlaufskier verliehen.

Schlafen

Außerhalb der Saison (März–Okt.) fallen die Preise um bis zu 50 %, und viele kleinere Unterkünfte sind von November bis März geschlossen. Die meisten Bleiben bieten Whirlpools und Mini-Kühlschränke und die Motels auch Waschsalons. Radfahrer sollten sich erkundigen, ob die Unterkunft über sichere Abstellplätze für Räder oder nur über eine nicht abschließbare Kammer verfügt.

Es gibt zwar viele Motels, aber die sind oft ausgebucht, deswegen sollte man so weit wie möglich im Voraus reservieren. Eine ausführliche Liste mit Unterkünften findet man unter www.discovermoab.com.

Auf den **BLM-Campingplätzen** (☎435-259-2100; www.discovermoab.com/blm-campgrounds; Hwy 128; Stellplatz Zelt 20 US$; ⊙ganzjährig) am Hwy 128 entlang des Colorado kann man keine Plätze reservieren. In der Hauptsaison informiert man sich beim Moab Information Center (S. 964), welche schon voll sind.

Kokopelli Lodge MOTEL $
(☎435-259-7615; www.kokopellilodge.com; 72 S 100 E; Zi. ab 98 US$;) Das tolle, preiswerte Motel ist eine gelungene Mischung aus Retro-Stil und Wüstenschick. Zu den Annehmlichkeiten gehören ein Whirlpool, ein Grill und ein sicherer Fahrradabstellplatz.

Moab Rustic Inn MOTEL $
(☎435-259-6177; www.moabrusticinn.com; 120 E 100 S; Zi. ab 119 US$; P) Geräumige Zimmer mit großen Kühlschränken, ein beheizter Swimmingpool, freundliches Personal, zentrale Lage und ein Waschsalon machen dieses Motel zu einer der besten Budgetunterkünfte der Stadt.

ABSTECHER

ANTELOPE ISLAND STATE PARK

Antelope Island State Park (☎801-725-9263; https://stateparks.utah.gov/parks/antelope-island; Antelope Dr; Tageskarte 10 US$/Fahrzeug, Stellplatz Zelt & Wohnmobil ohne Anschlüsse 20 US$; ⊙6–22 Uhr, Besucherzentrum 9–18 Uhr) Weiße Sandstrände, Vögel und Büffel sind die Attraktionen des schönen, 24 km langen Antelope Island State Park. Er liegt auf der größten Insel des Great Salt Lake und wird von 600 amerikanischen Bisons (Büffeln) bewohnt. Die Tiere werden jedes Jahr im Oktober zusammengetrieben und von Tierärzten untersucht – ein unglaubliches Spektakel. Außerdem lassen sich im Herbst und Frühjahr hier Hunderttausende Zugvögel nieder.

Pack Creek Ranch RANCH $$
(☎435-259-5091, 888-879-6622; www.packcreekranch.com; Abbey Rd, abseits des La Sal Mountain Loop; Hütte 175–265 US$; P) Die Blockhütten dieses versteckten Paradieses stehen unter hohen Pappeln und Weiden in den La Sal Mountains 610 m oberhalb von Moab. Die meisten haben Kamine, alle verfügen über Küchen und Gasgrills (Lebensmittel mitbringen!). Es gibt weder TVs noch Telefon. Edward Abbey gehört zu den Künstlern und Autoren, die hierher kamen, um sich inspirieren zu lassen. Zu den Extras zählen ein Whirlpool und eine Sauna im Haus.

★ **Sunflower Hill Inn** INN $$$
(☎435-259-2974; www.sunflowerhill.com; 185 N 300 E; Zi. 246–328 US$; P) Wow! Eine der besten Unterkünfte der Stadt ist ein erstklassiges B&B mit zwölf Zimmern in ruhiger, ländlicher Umgebung. Die gemütlichsten Zimmer befinden sich im Wohnhaus aus dem frühen 20. Jh. neben den Zedern und über dem Anbau. Alle Zimmer beinhalten Betten mit Steppdecken und Antiquitäten, einige auch einen Whirlpool. Kinder unter zehn Jahren haben keinen Zutritt.

Sorrel River Ranch LUXUSHOTEL $$$
(☎435-259-4642; www.sorrelriver.com; Mile 17, Hwy 128; Zi. ab 629 US$; P@) Ein altes Gehöft von 1903 ist heute das einzige Luxusresort und Feinschmeckerrestaurant im

NICHT VERSÄUMEN

ROBERT REDFORDS SUNDANCE RESORT

Robert Redfords **Skiresort** (☎801-223-4849; 8841 N Alpine Loop Rd; Tagesliftpass Erw./Kind 85/58 US$, Leihgebühr Ski & Snowboard ab 35 US$) könnte idyllischer nicht sein. Es gibt vier Sessellifte und einen Anfängerhügel. Das Skigebiet am Nordosthang des Mt. Timpanogos reicht bis auf 654 m hinauf. Die meisten Pisten sind mittelschwer bis anspruchsvoll. Hier findet auch das Sundance Film Festival statt (S. 958), und das gemeinnützige Sundance Institute hat hier seinen Sitz.

südöstlichen Utah. Neben der Lodge und den Blockhütten befinden sich auf dem 971 ha großen Gelände auch Reitbahnen und Alfalfa-Felder, die sich bis zum Colorado erstrecken. Das Resort ist sehr rustikal, mit offenen Kaminen in den Zimmern, handgefertigten Holzbetten, Tischen mit Kupferplatten und Whirlpools. In der Hauptsaison muss man mindestens zwei Nächte bleiben.

Essen

Moab verfügt über eine große Auswahl von Restaurants und Bars, vom Backpacker-Café bis zum noblen Feinschmeckerrestaurant. Der Restaurantführer *Moab Menu Guide* (www.moabmenuguide.com) ist in allen Unterkünften der Stadt erhältlich. Von Dezember bis März schließen viele Restaurants ganz oder für einzelne Tage.

Milt's Stop & Eat BURGER $

(☎435-259-7424; www.miltsstopandeat.com; 356 Mill Creek Dr; Hauptgerichte 4–10 US$; ⌚Di–So 11–20 Uhr) Fettig und sündhaft lecker! Eigentlich ist dies nur ein klassischer Burger-Imbiss, in dem seit 1954 nichts mehr verändert wurde. Die Burger werden mit dem Fleisch von Weiderindern oder Büffelfleisch zubereitet, die Pommes werden von Hand geschnitten, und dazu gibt's sensationelle Shakes. Deshalb sind die Warteschlangen oft ziemlich lang. Zudem liegt der Laden sehr günstig am **Slickrock Trail** (☎435-259-2444; www.utah.com/mountain-biking/slickrock; Sand Flats Recreation Area, Sand Flats Rd; Auto/Radfahrer 5/2 US$).

Thai Bella THAI $$

(☎435-355-0555; www.facebook.com/thaibella2019; 218 N 110 W; Hauptgerichte 15–30 US$; ⌚Mo–Fr 13–21.30, Sa & So 15–21.30 Uhr; 🌶) Unter den sich ständig vermehrenden thailändischen Restaurants in Moab ist dieses mit Abstand das beste. Auf der Speisekarte stehen beliebte Klassiker wie scharfe gebratene Nudeln und Tom-Yum-Suppe, aber auch Muscheln aus Neuseeland mit süßem Basilikum und zahllose vegetarische Gerichte. Das Restaurant liegt in einem zweistöckigen Gebäude von 1896 mit schattigem Garten.

Sabaku Sushi SUSHI $$

(☎435-259-4455; www.sabakusushi.com; 90 E Center St; Rollen 8–16 US$, Hauptgerichte 17–19 US$; ⌚Di–So 17–21 Uhr; 📶) Das Meer ist zwar unendlich weit entfernt, aber dank nächtlicher Anlieferung aus Hawaii bekommt man in diesem kleinen Sushi-Ladenlokal trotzdem eine kreative Auswahl frischer Reisrollen, fangfrischen Fischs und ein paar Spezialitäten aus Utah. Zur Happy Hour (Di–Do 17–18 Uhr) gibt's die Rollen günstiger.

★ **Desert Bistro** SÜDSTAATEN $$$

(☎435-259-0756; www.desertbistro.com; 36 S 100 W; Hauptgerichte 28–45 US$; ⌚17–21 Uhr) Wildfleisch und frisch eingeflogene Meeresfrüchte werden hier stylish zubereitet. Das freundliche Restaurant mit weißen Tischtüchern befindet sich in einem ehemaligen Wohnhaus. Es gibt feine Lendchen vom Bison, gebratene Kammmuscheln in Limetten-Adobo und Wedge Salad mit selbst geräucherter Entenbrust. Alles ist hausgemacht, vom frisch gebackenen Brot bis zu köstlichem Gebäck. Außerdem gibt's hier eine ausgezeichnete Weinkarte. Unbedingt reservieren!

Praktische Informationen

Das **Moab Information Center** (☎435-259-8825; www.discovermoab.com/visitor-center; 38 E Center St; ⌚Mo–Sa 8–19, So 9–18 Uhr; 📶) bietet ausgezeichnete Infos über Parks, Wanderwege, Aktivitäten, Camping und das Wetter in der Gegend. Es gibt auch einen Buchladen, und das Personal ist sehr hilfsbereit.

Anreise & Unterwegs vor Ort

Moab ist 235 Meilen (376 km) südöstlich von Salt Lake City, 150 Meilen (240 km) nordöstlich des Capitol Reef National Park und 115 Meilen (184 km) südwestlich von Grand Junction in Colorada.

Der **Canyonlands Field Airport** (CNY; ☎435-259-0408; www.moabairport.com; 110 W Aviation Way, nahe Hwy 191) liegt 16 Meilen (25,6 km) nördlich der Stadt. Von hier gibt es Flüge von und nach Denver. Große Autovermietungen wie **Enterprise** (☎435-259-8505; www.

enterprise.com; 1197 S Hwy 191; ⌚ Mo–Fr 8–17 Uhr) und andere haben jeweils eine Vertretung im Flughafen.

SkyWest fliegt täglich mit **United Airlines** (☎ 800-864-8331; www.united.com) nach Denver.

Um nach Grand Junction, CO, zum Flughafen oder nach Salt Lake City zu gelangen, kann man Shuttle-Busse und -Kleinbusse bestellen, z. B. bei **Porcupine Shuttle** (☎ 435-260-0896; www.porcupineshuttle.com), **Roadrunner Shuttle** (☎ 435-259-9402; www.roadrunnershuttle.com) und **Canyonlands Shuttle** (☎ 435-210-4757; www.canyonlandsshuttle.com).

Zur Erkundung der Umgebung von Moab und der Nationalparks ist jedoch ein eigenes Fahrzeug erforderlich. Der Hwy 191 führt als Main St durch die Stadt.

In der Hauptsaison herrscht hier sehr viel Verkehr. Es gibt auch zahlreiche Radwege in und um die Stadt. Eine ausführliche Karte ist beim Moab Information Center (S. 964) erhältlich.

Coyote Shuttle (☎ 435-260-2097; www.coyoteshuttle.com) und Porcupine Shuttle fahren auf Bestellung zum Canyonlands Field Airport. Außerdem bieten sie einen Shuttle-Service für Wanderer und Radfahrer sowie zum Fluss.

Arches National Park

Gigantische Sandsteinbogen, schneebedeckte Gipfel und Wüstenlandschaften prägen den **Arches National Park** (☎ 435-719-2299; www.nps.gov/arch; Hwy 191; 7-Tage-Pass Fahrzeug/Motorrad/Fußgänger 30/25/15 US$; ⌚ 24 Std., Visitor Center April–Sept. 7.30–17 Uhr, Okt.–März 9–16 Uhr). Mit mehr als 2000 Exemplaren auf 308 km² ist dies die größte Ansammlung von Felsenbogen der Welt. Knapp 1,5 Mio. Besucher pilgern jedes Jahr hierher. Der Park liegt 5 Meilen (8 km) nördlich von Moab und ist gut an einem Tag zu erkunden. Die spektakulärsten Bogen sind auf befestigten Straßen oder über kurze Wanderwege zu erreichen. Besonders schön ist der Besuch in der Nacht, wenn es kühler ist und die Landschaft im Mondlicht gespenstisch wirkt.

Zu den Highlights am zentralen Scenic Drive gehören der **Balanced Rock**, der neben der Hauptstraße durch den Park aufragt, und für Wanderer der moderate bis anstrengende knapp 5 km lange Rundweg, der über Slickrock-Sandstein hinauf zum inoffiziellen Wahrzeichen des Bundesstaats führt, dem **Delicate Arch** (am späten Nachmittag ist das Licht besonders schön).

Danach passiert die Straße die spektakulär schmalen Canyons und labyrinthartigen Felsformationen des **Fiery Furnace**. Sehr empfehlenswert sind dreistündige, von Rangern geführte Wanderungen, die in der Regel im Voraus gebucht werden müssen. Sie sind nicht einfach, so müssen die Teilnehmer z. B. über Steinbrocken klettern, auf Felsen hinaufsteigen und sich zwischen engen Wänden hindurchquetschen.

Der Scenic Drive endet 19 Meilen (31 km) vom Visitor Center entfernt bei **Devils Garden**. Hier beginnt ein Rundwanderweg (hin & zurück 3,2–12,4 km), der zu mindestens acht Felsbogen führt. Die meisten Besucher laufen aber nur die relativ einfache, 2 km lange Strecke bis zum 88 m langen Landscape Arch, der der Schwerkraft zu trotzen scheint. Von März bis Oktober müssen die Stellplätze auf dem **Devils Garden Campground** (☎ 877-444-6777; www.recreation.gov; Stellplatz Zelt & Wohnmobil 25 US$) reserviert werden. Duschen und Stromanschlüsse gibt es nicht.

Wegen Wasserknappheit und der Hitze wagen nur wenige Besucher längere Wanderungen im Park, obwohl die entsprechenden Backpacker-Genehmigungen kostenlos sind (beim Visitor Center erhältlich).

Canyonlands National Park

Der **Canyonlands National Park** (☎ 435-719-2313; www.nps.gov/cany/index.htm; 7-Tage-Pass Fahrzeug/Motorrad/Fußgänger 30/25/15 US$, Stellplatz Zelt & Wohnmobil ohne Anschlüsse 15–20 US$; ⌚ 24 Std.) ist eine verwitterte Urweltlandschaft aus steinernen Rippen, Brücken, Nadeln, Spitzen, Kratern, Mesas und Tafelbergen. Durch diese 1365 km² große Wüstenwildnis führen nur wenige Straßen und Flüsse. Wer hier wandern, raften oder mit dem Jeep fahren möchte, muss unbedingt genügend Treibstoff, Essen und Wasser mitnehmen.

Die Canyons des Colorados und des Green River unterteilen den Park in vier komplett voneinander getrennte Gebiete. Das passend benannte **Island in the Sky** liegt nur 30 Meilen (48 km) nordwestlich von Moab. Es besteht im wesentlichen aus einer knapp 2000 m hohen abgeflachten Mesa, die einen sagenhaften Ausblick über die endlose Landschaft bietet. Vom **Visitor Center** (☎ 435-259-4712; www.nps.gov/cany; Hwy 313; ⌚ März–Dez. 8–18 Uhr, Jan. & Feb. Fr–Di 8–17 Uhr) führt eine Panoramastraße an mehreren Aussichtspunkten und Startpunkten von Wanderwegen vorbei, bevor sie nach 12 Meilen (19,2 km) am **Grand View Point** endet. Dort beginnt ein gewundener Wanderweg von 1,6 km Länge am Rand der Mesa entlang.

REGIONALE EINTRITTSPÄSSE

Southeast Utah Parks Pass (55 US$/Fahrzeug) Der Pass für Nationalparks im Südosten Utahs gilt ein Jahr lang für die Nationalparks Arches (S. 965) und Canyonlands (S. 965), wo der Wochenpass 30 US$/Fahrzeug kostet, sowie für das Natural Bridges National Monument (S. 967).

National Park Service Passes (www.nps.gov/findapark/passes.htm, Fahrzeug mit Erw./Senior 80/20 US$) Die Pässe sind online und in den jeweiligen Parks erhältlich. Sie gewähren ein Jahr lang Eintritt zu allen Erholungsgebieten des Bundes in Utah und anderswo. Damit werden gleichzeitig die großartigen Parks im Südwesten unterstützt.

Ein äußerst schöner Wanderweg ist auch der 800 m lange Rundweg zum viel fotografierten **Mesa Arch**, einem schmalen Bogen an den Klippen, durch den der wunderbare Washer Woman Arch zu sehen ist. Der **Island in the Sky Campground** (Willow Flat; ☎435-719-2313; www.nps.gov/cany/planyourvisit/camping.htm; Stellplatz Zelt & Wohnmobil 15 US$; ⌚ganzjährig) ist 7 Meilen (11,2 km) vom Besucherzentrum entfernt. Er hat zwölf Stellplätze und Plumpsklos, aber kein Wasser und keine Anschlüsse fürs Wohnmobil. Die Plätze können auch nicht reserviert werden. Hartgesottene Mountainbiker können sich auf die primitive **White Rim Road** (Island in the Sky) wagen, eine 70 Meilen (112 km) lange Runde um den Island-in-the-Sky-Distrikt.

Der wilde, abgeschiedene **Needles District** ist nach den Felsnadeln aus orangefarbenem und weißem Sandstein benannt, die aus dem Wüstenboden herausragen. Er eignet sich ideal für Rucksacktouren und Ausflüge ins Gelände. Zum **Visitor Center** (☎435-259-4711; www.nps.gov/cany; Hwy 211; ⌚8–16.30 Uhr) geht's von Moab aus auf dem Hwy 191 über 40 Meilen (64 km) Richtung Süden und dann über den Hwy 211 nach Westen. Dieses Gebiet lockt mit langen anstrengenden Wanderungen, nicht mit geruhsamen Panoramatouren. Der tolle **Chesler Park/Joint Trail Loop** führt über 18 km durch die struppige Wüste, vorbei an hoch aufragenden, rot-weiß-gestreiften Felstürmen, und durch tiefe, schmale Slot Canyons, die teilweise nur 0,6 m breit sind. Die Höhenunterschiede sind moderat, die Länge macht den Weg jedoch zu einer Tageswanderung für Fortgeschrittene. Der **Needles Campground** (Squaw Flat; ☎435-719-2313; www.nps.gov/cany/planyourvisit/camping.htm; Stellplatz Zelt & Wohnmobil 20 US$; ⌚ganzjährig) mit 27 Stellplätzen 3 Meilen (5 km) westlich des Visitor Centers ist von Frühling bis Herbst immer gut gebucht. Es gibt Spülklos und fließendes Wasser, aber keine Duschen oder Stromanschlüsse. Keine Reservierungen!

Neben der üblichen Eintrittsgebühr werden in dem Park auch Gebühren für Genehmigungen und Reservierungen, Übernachtungen, Mountainbiken, Jeep- und Flussfahrten fällig. Genehmigungen für 14 Tage sind erhältlich beim **Island in the Sky Visitor Center** (☎435-259-4712; www.nps.gov/cany; Hwy 313; ⌚März–Dez. 8–18 Uhr, Jan. & Feb. Fr–Di 8–17 Uhr), **Needles Visitor Center** (☎435-259-4711; www.nps.gov/cany; Hwy 211; ⌚8–16.30 Uhr) und bei der **Hans Flat Ranger Station** (☎435-259-2652; www.nps.gov/cany; Recreation Rd 777, Hans Flat; ⌚8–16.30 Uhr). Reservierungen sind online (https://canypermits.nps.gov/index.cfm) und bei den **Arches & Canyonlands National Park Headquarters** (☎435-719-2100; www.nps.gov/cany; 2282 SW Resource Blvd; ⌚Mo–Fr 8–16.30 Uhr) in Moab möglich. Zu den weiter entfernten Gegenden westlich der Flüsse, die nur südwestlich der Stadt Green River zugänglich sind, gehören der **Horseshoe Canyon** mit seinen wunderbaren Felsenmalereien und das **Maze** am äußersten Rand des Parks.

Dead Horse Point State Park

In dem kleinen, aber feinen **Dead Horse Point State Park** (☎435-259-2614; www.stateparks.utah.gov/parks/dead-horse; Hwy 313; Tagesticket Fahrzeug/Zelt/Wohnmobil 20/35/40 US$, Jurte 140 US$; ⌚Park 6–22 Uhr, Visitor Center 9–17 Uhr) wurden zahllose Filme gedreht, darunter auch die besten Szenen von *Thelma & Louise*. Er eignet sich nicht zum Wandern, doch ein kurzer Abstecher vom Hwy 313 auf dem Weg zum Island in the Sky im Canyonlands National Park wird mit einem atemberaubenden Blick belohnt: über rote Felsencanyons mit weißen Klippen sieht man bis zum Colorado, den Canyonlands und den La Sal Mountains am Horizont. Das ausgezeichnete **Visitor Center** (☎435-259-2614; www.stateparks.utah.gov/parks/dead-horse; ⌚9–17 Uhr) bietet eine Ausstellung, On-demand-Videos, Bücher und Karten sowie im Sommer Wanderungen und Vorträge der Ranger. Südlich davon liegt ein **Campingplatz** (☎800-322-3770; www.reserveamerica.com; Stellplatz/Jurte 40/140 US$) mit 21 Stellplätzen und Wasser, aber ohne Duschen und Anschlüsse fürs Wohnmobil. Unbedingt reservieren!

Bluff

Die kleine Gemeinde (320 Ew.) 100 Meilen (161 km) südlich von Moab ist eine praktische, entspannte Basis für Ausflüge in den einsamen, wunderschönen Südosten Utahs. Bluff wurde 1880 von Mormonen-Pionieren gegründet und liegt zwischen roten Felsen und Nationalparks nahe der Kreuzung von Hwy 191 und Hwy 162 am San Juan River. Abgesehen von einem Handelsposten und ein paar Restaurants und Unterkünften gibt es hier nicht viel.

Far Out Expeditions (☎435-672-2294; www.faroutexpeditions.com; 690 E Mulberry Ave; Tour halber/ganzer Tag 200/325 US$) bietet ein- und mehrtägige Touren zu Felsenmalereien und Ruinen im abgelegenen Hinterland der Region. Der auf Geschichte und Geologie spezialisierte Veranstalter **Wild Rivers Expeditions** (☎435-672-2244; www.riversandruins.com; 2625 S Hwy 191, Bluff; Halbtagestour Erw./Kind 200/140 US$) organisiert Rafting-Touren auf dem San Juan River zu historischen Stätten. Die gastfreundliche **Recapture Lodge** (☎435-672-2281; www.recapturelodge.com; 250 Main St; DZ 98 US$; P ⊖ ❄ @ ☜ ≋) ist eine gemütliche, rustikale Unterkunft. Die Besitzer kennen sich bestens in der Region aus und helfen gern bei der Tourenplanung. Das **Valley of the Gods B&B** (☎970-749-1164; www.valleyofthegodsbandb.com; nahe Hwy 261; EZ 145 US$, DZ 175–195 US$; P), eine der ältesten Farmen der Gegend, ist immer noch weitab der Zivilisation.

Das künstlerische **Comb Ridge Eat & Drink** (☎435-485-5555; www.combridgeeatanddrink.com; 680 Main St; Frühstück 5–7 US$, Abendessen 10–17 US$; ⊙Mi–Sa 11.30–15 & 17–21, So 9.30–14 &17–21 Uhr; ☜ ✓) serviert hervorragenden Kaffee und Pfannkuchen aus blauem Mais in einem Holz-Adobe-Gebäude, im **Cottonwood Steakhouse** (☎435-672-2282; www.cottonwoodsteakhouse.com; 409 W Main St; Hauptgerichte 17–29 US$; ⊙März–Nov. 17.30–21.30 Uhr; ☜) im Westernstil bekommt man hingegen riesige Grillsteaks mit Bohnen.

Hovenweep National Monument

Das wunderbare, aber wenig besuchte **Hovenweep** (☎970-562-4282; www.nps.gov/hove; McElmo Rte, nahe Hwy 262; Stellplatz Zelt & Wohnmobil 15 US$; ⊙Park Sonnenaufgang–Sonnenuntergang, Visitor Center Juni–Sept.8–18 Uhr, Okt.–Mai 9–17 Uhr) GRATIS, das in der Ute-Sprache „verlassenes Tal“ heißt, lockt mit uralten Pueblo-Stätten, deren eindrucksvolle Türme und Kornspeicher inmitten flacher Wüstencanyons stehen. Zur Square Tower Group führt ein kurzer Weg ab der Ranger-Station. Die anderen Stätten sind weiter entfernt. Der **Campingplatz** (☎970-562-4282; www.nps.gov/hove; McElmo Rte, Hovenweep National Monument; Stellplatz Zelt & Wohnmobil 10–15 US$) hat 31 einfache Stellplätze (ohne Duschen und ohne Anschlüsse fürs Wohnmobil), die nicht reserviert werden können. Die Hauptzufahrt erfolgt östlich des Hwy 191 über den Hwy 262 via Hatch Trading Post, mehr als 40 Meilen (64 km) nordöstlich von Bluff.

Natural Bridges National Monument

55 Meilen (88 km) nordwestlich von Bluff liegt in völliger Abgeschiedenheit das **Natural Bridges National Monument** (www.nps.gov/nabr; Hwy 275; 7-Tages-Pass 20 US$/Auto; Stellplatz Zelt & Wohnmobil 15 US$; ⊙24 Std., Visitor Center April–Mai 9–17 Uhr, Okt.–März Do–Mo 9–17 Uhr) mit seinem Canyon aus weißem Sandstein (jawohl, weiß, nicht rot!), in dem drei imposante und leicht zugängliche natürliche Brücken zu bestaunen sind. Die älteste, die **Owachomo Bridge**, ist 55 m lang, aber nur 3 m breit. Auf einer ebenen, 9 Meilen (14 km) langen Panoramastraße kann man sich einen Überblick verschaffen. Die zwölf einfachen Stellplätze auf dem Campingplatz ohne Duschen und Stromanschlüsse können nicht reserviert werden. Es gibt ein wenig Platz für zusätzliche Zelte, die nächsten Dienstleistungen findet man jedoch erst in Blanding, etwa 40 Meilen (64 km) weiter östlich.

Zion & Südwestliches Utah

Hier kann man die blutroten Canyons des Zion National Park bestaunen, unter den filigranen rosa- und orangefarbenen Minaretten des Bryce Canyon wandern und an den wirbelförmigen grauweißen und purpurroten Hügeln des Capitol Reef vorbeifahren. Das südwestliche Utah ist so spektakulär, dass der größte Teil des Geländes als Nationalpark, National Forest, State Park oder BLM Wilderness unter Schutz steht. Das ganze Gebiet lädt mit engen Schluchten, rosa Sanddünen und wellenartigen Sandsteinformationen zur Erkundung ein.

Capitol Reef National Park

Nicht so überlaufen wie die übrigen Nationalparks und dabei nicht minder schön ist der **Capitol Reef National Park** (435-425-3791; www.nps.gov/care/index.htm; Ecke Hwy 24 & Scenic Dr; Scenic Drive; pro Auto/zu Fuß 20/10 US$, Stellplatz Zelt & Wohnmobil 20 US$; 24 Std., Visitor Center 8–16 Uhr). Innerhalb seiner Grenzen verläuft der Großteil des 100 Meilen (161 km) langen Waterpocket Fold, einer Erdfalte, die vor 65 Mio. Jahren entstanden ist. Die freigelegten Gesteinsschichten zeigen eine Art Querschnitt durch die Erdgeschichte und sind von einer geradezu künstlerischen Farbintensität.

Der Hwy 24 führt zwar geradewegs durch den Park, doch wesentlich schöner ist es, wenn man auf dem **Capitol Reef Scenic Drive** (www.nps.gov/care/planyourvisit/scenicdrive.htm; 7-Tage-Karte 20/10 US$ pro Fahrzeug/Person) in Richtung Süden fährt. Die befestigte Sackgasse ist 7,9 Meilen (12,6 km) lang und verläuft durch Obstgärten, die einst zu einer Mormonensiedlung gehörten. In der Erntezeit darf man hier Kirschen, Pfirsiche und Äpfel pflücken und danach in der historischen **Gifford Homestead** (435-425-3791; www.nps.gov/care/learn/historyculture/giffordhomestead.htm; Scenic Dr; März–Okt. 8–17 Uhr) eine Pause einlegen. Die Anlage ist mittlerweile ein Museum, in dem kleine Obsttörtchen verkauft werden. Unterwegs kann man eine tolle Wanderung zum **Grand Wash** und zur **Capitol Gorge** einlegen, die beide am Boden eines schmalen Canyons entlangführen. Der unglaublich grüne und schattige **Campingplatz** (435-425-3791; www.recreation.gov; Campground Rd, Fruita; Stellplatz 20 US$) hat keine Duschen und keine Anschlüsse fürs Wohnmobil. Er ist von Frühlingsanfang bis Herbst geöffnet, die Plätze werden nach dem Prinzip „Wer zuerst kommt, mahlt zuerst" vergeben.

Torrey

Die 15 Meilen (24,1 km) westlich vom Capitol Reef National Park gelegene kleine Pionierstadt Torrey dient den meisten Besuchern als Standquartier. Neben ein paar Gebäuden aus der Zeit des Wilden Westens gibt's etwa ein Dutzend Restaurants und Motels.

Das im Cowboy-Stil eingerichtete **Capitol Reef Resort** (435-425-3761; www.capitolreefresort.com; 2600 E Hwy 24; Zi. 169–209 US$, Hütten & Tipis ab 269 US$; P) gehört zu den Unterkünften, die dem gleichnamigen Nationalpark besonders nahe liegen. Ländliche Eleganz prägt das 1914 errichtete **Torrey Schoolhouse B&B** (435-491-0230; www.torreyschoolhouse.com; 150 N Center St; Zi. 125–165 US$; April–Okt.;), und jedes der luftigen Zimmer hat eine Geschichte zu erzählen (z.B. soll hier mal Butch Cassidy einer Tanzveranstaltung beigewohnt haben). Nach dem Gourmet-Frühstück entspannt man sich im Garten oder in der großen Lounge im 1. Stock.

Der rustikale **Torrey Grill & BBQ** (435-609-6997; www.torreygrillandbbq.com; 1110 W Hwy 24; Hauptgerichte 18–24 US$; April–Okt Mo–Sa 17–21 Uhr; P) hinter einem Wohnwagenpark serviert fantastische Spare Ribs, geräucherte Rindersteaks und hausgemachten Apfelkuchen mit Eis.

Boulder

Der winzige Außenposten **Boulder** (www.boulderutah.com; 240 Ew.) liegt nur 32 Meilen (51 km) südlich von Torrey am Hwy 12, allerdings muss man den Boulder Mountain überqueren, um dorthin zu gelangen. Hier beginnt die hübsche **Burr Trail Rd**, die ostwärts durch den nordöstlichen Teil des Grand Staircase-Escalante National Monument führt, bis sie schließlich zur Schotterpiste wird und sich hinauf zum Capitol Reef oder hinab zur Bullfrog Marina am Lake Powell schlängelt.

Das kleine **Anasazi State Park Museum** (435-335-7308; www.stateparks.utah.gov/parks/anasazi; 460 N Hwy 12; 5 US$; April–Okt. 8–18 Uhr, Nov.–März 8–16 Uhr) zeigt Artefakte und eine ganze indigene Siedlung, die von 1130 bis 1175 v.Chr. bewohnt war. Die luxuriösen Zimmer der **Boulder Mountain Lodge** (435-335-7460; www.boulder-utah.com; 20 N Hwy 12; Zi./Apt./Suite ab 140/230/325 US$; P @) liegen inmitten eines 60 ha großen Wildschutzgebiets. So kann man im Außen-Whirlpool den Blick auf die Berge genießen und Vögel beobachten. Im hauseigenen **Hell's Backbone Grill** (435-335-7464; www.hellsbackbonegrill.com; 20 N Hwy 12, Boulder Mountain Lodge; Frühstück 9–14 US$, Mittagessen 12–18 US$, Abendessen 23–37 US$; März–Nov. 7–14 & 17–21 Uhr;) gibt's gute, bodenständige Küche aus der Region. Im Voraus reservieren! Der **Burr Trail Outpost** (435-335-

7565; www.burrtrailoutpost.com; 14 N Hwy 12; April–Sept.7.30–19 Uhr, Okt.–März 8–17 Uhr;) ganz in der Nähe bietet Bio-Kaffee und üppige hausgemachte Desserts.

Grand Staircase-Escalante National Monument

Das **Grand Staircase-Escalante National Monument** (GSENM; 435-644-1300; www.blm.gov/visit/kanab-visitor-center; 745 Hwy 89, Kanab; 24 Std.) GRATIS liegt in einer ausgedörrten Region, die so unwirtlich ist, dass sie als letzte auf dem US-amerikanischen Festland kartografiert wurde. Mit 6879 km² ist es so groß wie Delaware und Rhode Island zusammen. Die nächstgelegenen Einrichtungen für Besucher und die GSENM Visitor Centers befinden sich in Boulder und Escalante am Hwy 12 im Norden bzw. Kanab am US 89 im Süden. Davon abgesehen ist die Infrastruktur minimal. Was bleibt, ist ein riesiges unbewohntes Canyon-Land voller Jeep-Pisten, die abenteuerlustige Reisende mit genug Zeit, der richtigen Ausrüstung und der entsprechenden Vorbereitung begeistern werden.

Die am leichtesten zugängliche und am häufigsten genutzte Strecke im Park ist die 10 km lange Rundroute zu dem wunderschönen mehrfarbigen Wasserfall beim **Lower Calf Creek** (Hwy 12, Mile 75,; Tagespass 5 US$; Sonnenaufgang–Sonnenuntergang) zwischen Boulder und Escalante. Die 14 meist gefragten Stellplätze am **Calf Creek Campground** (435-826-5499; www.blm.gov/visit/half-creek-recreation-area-campground; Hwy 12; Stellplatz Zelt & Wohnwagen 15 US$) abseits des Hwy 12 sind schnell belegt und können nicht reserviert werden. Duschen und Stromanschlüsse gibt es nicht.

Escalante

Über die 800-Seelen-Ortschaft Escalante gelangen Besucher zum National Monument. Sie ist die größte Siedlung im Umkreis von vielen, vielen Kilometern. Boulder ist eine 30 Meilen (48 km) lange, gemächliche, verschlungene Autofahrt entfernt, Torrey 65 Meilen (105 km). Escalante eignet sich gut als Ausgangsbasis für Ausflüge zum angrenzenden Grand Staircase-Escalante National Monument. Das wunderbare **Escalante Interagency Visitor Center** (435-826-5499; www.blm.gov/visit/escalante-interagency-visitor-center; 775 W Main St; 8–16.30 Uhr) ist eine großartige Informationsquelle zu geschützten Gebieten und den Wäldern der Gegend.

Escalante Outfitters (435-826-4266; www.escalanteoutfitters.com; 310 W Main St; Naturkundetouren 45 US$, Fliegenfischen ab 225 US$; 7–21 Uhr) ist eine Oase für Traveller: Der Buchladen verkauft auch Landkarten, Campingausrüstung und Alkohol (!) und vermittelt Tourführer für die Region. Außerdem gibt's ein nettes Café, in dem man sich mit hausgemachtem Frühstück, Pizza und Salaten stärken kann. Schließlich werden auch noch winzige, rustikale Hütten vermietet (ab 55 US$). Der alteingesessene Veranstalter **Excursions of Escalante** (800-839-7567; www.excursionsofescalante.com; 125 E Main St; ganztägige Canyon-Tour 185 US$; Mitte März–Okt. Mo–Fr 8–17, Sa 8–12 Uhr) bietet Canyon-Touren, Klettern und Fotosafaris an.

Weitere schöne Unterkünfte in der Stadt sind das **Canyons B&B** (435-826-4747; www.canyonsbnb.com; 120 E Main St; DZ 160 US$; März–Nov.;) mit noblen Hütten rund um einen schattigen Hof, und die **Escalante Yurts** (435-826-4222; www.escalanteyurts.com; 1605 N Pine Creek Rd; Jurte 235–345 US$; P), wo noble Jurten auf einem 80 ha großen Gelände stehen. **Mimi's Bakery & Deli** (435-826-4036; www.facebook.com/mimisbakeryescalante; 190 W Main St; Gebäck & Sandwiches 3–7 US$; Di–Sa 7–16 Uhr;) bietet köstliches französisches Gebäck und Sandwiches.

Bryce Canyon National Park

Die Grand Staircase, die „große Treppe", ist eine Reihe von stufenähnlich aufgeworfenen Gesteinsschichten, die nördlich des Grand Canyon aufsteigen. Ihren Höhepunkt bilden die Pink Cliffs in diesem verdientermaßen beliebten **Nationalpark** (435-834-5322; www.nps.gov/brca; Hwy 63, Bryce; 7-Tages-Pass Auto/Motorrad/Pers. 35/30/20 US$; 24 Std.; Visitor Center Mai–Sept. 8–20 Uhr, Okt. & April bis 18 Uhr, Nov.–März bis 16.30 Uhr). Tatsächlich erwartet Besucher hier kein richtiger Canyon, sondern ein Amphitheater aus erodierten Felsen mit wundersamen pastellfarbenen Nadeln und Zinnen, Türmchen, Säulen und an Totempfahle erinnernden Hoodoos. Der Park liegt 50 Meilen (80 km) südwestlich von Escalante; vom Hwy 12 biegt man auf den Hwy 63 nach Süden ab.

Der **Rim Road Scenic Drive** auf 2400 m ist 18 Meilen (29 km) lang. Er folgt grob der Schluchtkante und passiert das **Visitor Center** (435-834-5322; www.nps.gov/brca; Hwy 63; Mai–Sept. 8–20 Uhr, Okt. & April bis 18 Uhr, Nov.–März bis 16.30 Uhr;), die Lodge, traumhafte Aussichtspunkte – besonders

NICHT VERSÄUMEN

NEWSPAPER ROCK STATE HISTORIC MONUMENT

Das winzige Erholungsgebiet besteht im Wesentlichen aus einer einzigen, großen Sandsteinwand (Hwy 211, Monticello) mit mehr als 300 Petroglyphen, die im Verlauf von 2000 Jahren von den Ute und den frühen Pueblo-Indianern geschaffen wurden. Die vielen roten Figuren heben sich auf dem Felsen von einem Hintergrund aus schwarzem „Wüsten-Firnis" ab und sind ein prima Fotomotiv. Die Stätte liegt 50 Meilen (80,5 km) südlich von Moab, östlich des Canyonlands National Park am Hwy 211.

toll ist der **Inspiration Point** – sowie Startpunkte von Wanderwegen, bevor er am **Rainbow Point** (2800 m) endet. Von Anfang Mai bis Anfang Oktober fährt ein kostenloser Shuttle-Bus (8–min. 17.30 Uhr) von einem Sammelpunkt nördlich des Parks bis zum **Bryce Amphitheater** ganz im Süden.

Im Park gibt's zwei Campingplätze. Für beide kann man einen Stellplatz auf der Website des Parks reservieren. Der **Sunset Campground** (☎877-444-6777; www.recreation.gov; Bryce Canyon Rd; Stellplatz Zelt/Wohnmobil 20/30 US$; ⏲April–Sept.) hat zwar mehr Bäume, ist aber nicht das ganze Jahr über geöffnet. Im Laden des benachbarten **North Campground** (☎877-444-6777; www.recreation.gov; Bryce Canyon Rd; Stellplatz Zelt/Wohnmobil 20/30 US$) kann man duschen und Wäsche waschen, beides mit Münzen. Im Sommer sind auch die nicht reservierten Plätze bis zum Mittag vergeben.

Die **Bryce Canyon Lodge** (☎435-834-8700, 877-386-4383; www.brycecanyonforever.com; Hwy 63; Zi. & Hütten 223–270 US$; ⏲April–Okt. @ 📶) aus den 1920er-Jahren hat den Charme einer rustikalen Berghütte. Es gibt Zimmer mit zeitgenössischem Mobiliar in modernen hotelähnlichen Einheiten und Doppelhütten mit dünnen Wänden, Gasöfen und Veranda. Kein Fernsehen. Das **Restaurant der Lodge** (☎435-834-5361; www.brycecanyonforever.com/dining; Bryce Canyon Rd; Frühstück & Mittagessen 10–20 US$, Abendessen 10–35 US$; ⏲April–Okt. 7–22 Uhr) ist ausgezeichnet, aber teuer. Das **Bryce Canyon Pines Restaurant** (☎435-834-5441; www.brycecanyonrestaurant.com; Hwy 12; Frühstück & Mittagessen 9,50–14 US$, Abendessen 12–24 US$; ⏲7–20 Uhr) ist dagegen ein klassischer Diner.

Unmittelbar nördlich der Parkgrenze befindet sich das **Ruby's Inn** (www.rubysinn.com; 1000 S Hwy 63), ein Resortkomplex mit mehreren Motelunterkünften, einem Campingplatz, verschiedenen Restaurants, Western-Kunst und Wäscheservice. Daneben können Gäste Lebensmittel kaufen, tanken und einen Hubschrauberflug unternehmen.

Essen und Unterkünfte gibt es außerdem 11 Meilen (18 km) weiter östlich über den Hwy 12 in dem kleinen Ort **Tropic** (www.brycecanyoncountry.com).

Kanab

Am Südrand des Grand Staircase-Escalante National Monument liegt das einsame Kanab (4687 Ew.) inmitten einer riesigen, rauen Wüste. Hier wurden von den 1920er- bis in die 1970er-Jahre Dutzende Western gedreht. Und Kanab selbst sieht immer noch wie eine Stadt des Wilden Westens aus.

Tierfreunde können das **Best Friends Animal Sanctuary** (Karte S. 932; ☎435-644-2001; www.bestfriends.org; 5001 Angel Canyon Rd, Hwy 89; ⏲8–17 Uhr; 👪) GRATIS besuchen, den größten Tiergnadenhof des Landes.

In der ziemlich altmodischen **Parry Lodge** (Karte S. 932; ☎435-644-2601; www.parrylodge.com; 89 E Center St; Zi. ab 139–159 US$; ⏲März–Nov.; ❄📶🏊🐾) nächtigten schon John Wayne, Gregory Peck und andere Filmstars. Die renovierte **Canyons Lodge** (Karte S. 932; ☎435-644-3069; www.canyonslodge.com; 236 N 300 W; Zi. ab 109–199 US$; ❄@📶🏊🐾) ist ein Motel mit künstlerischer Western-Atmosphäre. Immerhin hängen an den Wänden der Zimmer Originale. Wer hier übernachtet, kann zum Essen ins französisch-italienische Bistro **Vermillion 45** (Karte S. 932; ☎435-644-3300; www.vermillion45.com; 210 S 110 E; Hauptgerichte 14–25 US$; ⏲Mi–So 11–23 Uhr) oder das noble **Sego** (Karte S. 932; ☎435-644-5680; www.segokanab.com; 190 N 300 W; Hauptgerichte 13–30 US$; ⏲April–Okt. Mo–Sa 18–22 Uhr, Nov.–März Mo–Sa 17–21 Uhr; 📶) gehen. In Letzterem kommen grandiose Gerichte wie Wildpilze mit Ziegenkäse oder Nudeln mit rotem Krabbencurry auf den Tisch.

Im **GSENM Visitor Center** (Karte S. 932; ☎435-644-1300; www.blm.gov/visit/kanab-visitor-center; 745 E Hwy 89; ⏲8–16.30 Uhr) können Infos zum Monument erfragt werden, im **Kane County Office of Tourism** (Karte S. 932; ☎435-644-5033; www.visitsouthernutah.com; 78 S 100 E; ⏲8–19 Uhr) spezielle Infos über die Stadt und die Drehorte.

Zion National Park

Bereit für eine Überdosis atemberaubender Landschaften? Im **Zion National Park** (☎ 435-772-3256; www.nps.gov/zion; Hwy 9; 7-Tages-Pass Auto/Motorrad/Person 35/30/20 US$; ⏱ 24 Std., Visitor Center Sept.–Mai 8–17 Uhr, Juni–Aug. bis 19 Uhr) warten an jeder Ecke großartige Ausblicke. Besucher können die rot-weißen Felsen des **Zion Canyon** bewundern, die hoch über dem **Virgin River** thronen, nach der Bewältigung von rund 425 Höhenmetern den Blick vom Aussichtspunkt **Angels Landing** genießen oder flussabwärts durch die berüchtigten **Narrows** wandern. Darüber hinaus gibt es auch verstecktere Schönheiten wie hängende Felsen, winzige Grotten und Hochebenen voller Wildblumenwiesen. Aufgrund der üppigen Vegetation und geringen Höhe wirken die wunderschönen Felsformationen um einiges grüner als die in den kargen Parks im Osten.

Der Großteil der Besucher gelangt über den Boden des Zion Canyon in den Park. Sogar die anstrengendsten Wanderwege sind von Mai bis September, wenn nur Shuttles zugelassen sind, stark frequentiert. Wer nur Zeit für eine einzige Aktivität hat, sollte den 6 Meilen (10 km) langen **Scenic Drive** wählen, der ins Herz des Zion Canyon führt. Von Mitte März bis Anfang November ist man auf die kostenlosen Shuttles am **Visitor Center** (☎ 435-772-3256; www.nps.gov/zion; Kolob Canyons Rd; ⏱ Ende Mai–Sept. 8–17, Rest des Jahres bis 16.30 Uhr) angewiesen, man kann jedoch nach Belieben an den Aussichtsplattformen und Startpunkten der Wanderwege aus- und wieder zusteigen.

Von den einfachen bis moderat schwierigen Wegen ist der befestigte, 1,6 km lange **Riverside Walk** am Ende der Straße ein guter Start. Sehr viel anstrengender ist der 9 km lange **Angels Landing Trail**; man überwindet 430 Höhenmeter, und zum Schluss geht es über einen schmalen Grat mit senkrecht abfallenden Wänden – nichts für Leute mit Höhenangst! –, aber der Blick auf den Zion Canyon ist phänomenal. Hin und zurück braucht man etwa vier Stunden.

Die bekannteste Backcountry-Route führt durch die unvergesslichen **Narrows**. Auf der 26 km langen Strecke geht's durch die schmalen Canyons entlang der Nordgabelung des Virgin River (Juni–Okt.). Man muss sich auf nasse Füße einstellen: Mindestens die Hälfte der zwölfstündigen Wanderung führt durch den Fluss. Am besten teilt man die Route auf zwei Tage auf und übernachtet auf einem Campingplatz (vorab reservieren!); alternativ richtet man die Planung nach dem letzten Park-Shuttle. Bei dieser Wanderung ist man auf die Shuttles angewiesen, die zu den Startpunkten der Routen fahren.

Östlich des Parkhaupteingangs führt der Hwy 9 über sechs enge Serpentinen hinauf bis zum 1,1 Meilen (1,7 km) langen Zion-Mt. Carmel Tunnel. Das Wunder der Ingenieurskunst wurde Ende der 1920er-Jahre erbaut. Kurz darauf ändert sich die Landschaft komplett: zu zerfurchtem Slickrock-Sandstein in verschiedenen Farben mit der bergigen **Checkerboard Mesa** als Höhepunkt.

Auf dem schattigen **Watchman Campground** (☎ 877-444-6777; www.recreation.gov; Hwy 9; Stellplatz Zelt/Wohnmobil ohne Anschlüsse 20/30 US$; 🐾) sollte man sich lange im Voraus einen Platz am Fluss reservieren. Beim benachbarten **South Campground** (☎ 877-444-6777; www.recreation.gov; Hwy 9; Stellplatz Zelt & Wohnmobil 20 US$; 🐾) ist keine Reservierung möglich. Die rustikale **Zion Lodge** (☎ 888-297-2757, Buchung für den gleichen Tag 435-772-7700; www.zionlodge.com; Zion Canyon Scenic Dr; Zi./Hütte 227/260 US$; ❄@📶) auf halbem Weg der Panoramastraße durch den Canyon hat einfache Motelzimmer und Hütten mit Gasöfen. Zimmer und Hütten verfügen jeweils über eine Holzveranda mit tollem Blick auf die roten Felsen, nicht aber über Fernseher. Auch vom hauseigenen Restaurant **Red Rock Grill** (☎ 435-772-7760; Zion Canyon Scenic Dr, Zion Lodge; Frühstück & Sandwiches 6–17 US$, Abendessen 16,50–30 US$; ⏱ März–Okt. 6.30–10 & 11.30–22 Uhr, Nov.–Feb. wechselnde Öffnungszeiten) hat man einen tol-

SCENIC DRIVE: HIGHWAY 12

Der **Hwy 12 Scenic Byway** (www.scenicbyway12.com; Hwy 12), die abwechslungsreichste und eindrucksvollste Straße in Utah, windet sich auf 124 Meilen (200 km) durch das raue Schluchtenland westlich vom Bryce Canyon bis in die Nähe des Capitol Reef. Der Abschnitt zwischen Escalante und Torrey führt durch eine Mondlandschaft aus Slickrock-Sandstein, passiert schmale Grate und überquert den 3350 m hohen Boulder Mountain. Fast alle Attraktionen zwischen Torrey und Panguitch liegen am Hwy 12 oder in dessen Nähe.

len Blick. Außerhalb des Parks finden sich in Springdale weitere Einrichtungen.

Achtung: Auch wer nur auf dem öffentlichen Hwy 9 durch den Park fahren will, muss die Eintrittsgebühr bezahlen.

Springdale

Die kleine Stadt an der südlichen Haupteinfahrt zum Zion National Park ist die perfekte Parkstadt, auch wenn sich auf der Hauptstraße der Verkehr meistens staut. Atemberaubende rote Felsklippen bilden die Kulisse für bunte Cafés und Bio-Restaurants sowie jede Menge Galerien, unabhängiger Motels und B&Bs.

Neben Wanderungen im Nationalpark bieten die Veranstalter hier auch Klettern, Canyon-Touren, Mountainbiken und Jeepfahrten in die Umgebung an. **Zion Adventure Company** (☎435-772-1001; www.zionadventures.com; 36 Lion Blvd; Canyoning-Tagestour ab 189 US$; ⏲Ende Mai–Ende Sept. 7–20 Uhr, restliches Jahr verkürzte Öffnungszeiten) bietet ausgezeichnete Touren, Ausrüstung für die Narrows und Shuttles für Wanderer und Radfahrer. **Zion Cycles** (☎435-772-0400; www.zioncycles.com; 868 Zion Park Blvd; Leihfahrrad halber/ganzer Tag ab 30/40 US$, Fahrradträger ab 15 US$; ⏲Feb.–Nov. 9–18 Uhr) ist das beste Fahrradgeschäft der Stadt.

Das **Desert Pearl Inn** (☎888-828-0898, 435-772-8888; www.desertpearl.com; 707 Zion Park Blvd; Zi. 269–299 US$; ❄@📶🏊) hat die stylischsten Zimmer in Springdale, das **Red Rock Inn** (☎435-772-3139; www.redrockinn.com; 998 Zion Park Blvd; Zi. 105–309 US$; ❄📶) acht romantische Hütten im modernen Landhausstil.

Das sehr traditionelle **Zion Canyon B&B** (☎435-772-9466; www.zioncanyonbnb.com; 101 Kokopelli Circle; Zi. 149–215 US$; ❄📶) bietet Feinschmeckerfrühstück und einen winzigen Wellnessbereich. Der Bungalow des **Under the Eaves Inn** (☎435-772-9466; www.undertheeaves.com; 980 Zion Park Blvd; Zi. 99–189 US$; P❄📶) aus den 1930er-Jahren ist voller kreativer Kunstwerke und Artefakte, die der Besitzer gesammelt hat. Fürs Frühstück gibt's einen Gutschein für ein Restaurant der Stadt.

Kaffee und *trés bonnes crepes* – süß und salzig –bekommt man z. B. im **MeMe's Cafe** (☎435-772-0114; www.memescafezion.com; 975 Zion Park Blvd; Hauptgerichte 11–18 US$; ⏲7–21 Uhr). Es gibt aber auch Panini und Waffeln, und zum Abendessen Rinderbrust und Pulled Pork. Eine Option fürs Abendessen sind auch **Oscar's Cafe** (☎435-772-3232; www.cafeoscars.com; 948 Zion Park Blvd; Hauptgerichte 12–20 US$, Frühstück 6–13 US$; ⏲7–21 Uhr) und das rustikale **Bit & Spur Restaurant & Saloon** (☎435-772-3498; www.bitandspur.com; 1212 Zion Park Blvd; Hauptgerichte 14–30 US$; ⏲März–Okt. 17–23 Uhr, Nov.–Feb. Fr–So 17–23 Uhr; 📶). Im ausgezeichneten Hotel-Restaurant **King's Landing** (☎435-772-7422; www.klbzion.com; 1515 Zion Park Blvd, Driftwood Lodge; Hauptgerichte 18–38 US$; ⏲17–21 Uhr; ✍) muss man vorher reservieren.

NEW MEXICO

Das „Land of Enchantment" (Land der Verzauberung) übt wirklich einen faszinierenden Zauber aus. Licht und Schatten treiben ihr Spiel auf den mit Wacholder bewachsenen Hügeln, Gipsdünen glühen im Feuerschein der untergehenden Sonne, die Rio Grande Gorge bildet einen tiefen Riss durch das Taos-Plateau. Ja, diese Landschaft ist wirklich zauberhaft und ganz leicht zu Fuß, mit dem Rad oder Boot zu erkunden. Von ihrer ebenso faszinierenden Geschichte künden uralte Pueblos, Häuser und Gefängnisse für Trapper und Gesetzlose sowie die vielen Lehmziegelkirchen voller religiöser Kunstwerke – ganz zu schweigen von den chilischarfen Enchiladas, unzähligen Kleinbrauereien und der Serie *Better Call Saul.* Genau wie Meow Wolf würde man sich am liebsten sofort auf den Weg machen.

Der unglaubliche Zauber von New Mexico kommt vielleicht am besten in den einfachen Gemälden von Georgia O'Keeffe zum Ausdruck. Bei ihrem ersten Besuch rief die Künstlerin aus: „Wow! Meine Güte, ist das wundervoll! Warum hat mir keiner gesagt, dass es so schön ist?"

Aber mal ernsthaft: wie auch?

Geschichte

Die Kultur der frühen Pueblo-Indianer begann im 8. Jh. aufzublühen, und nicht viel später wurde mit der Errichtung der eindrucksvollsten Bauten im Chaco Canyon begonnen. Zu der Zeit, als Francisco Vasquez de Coronado im 16. Jh. hierher kam, waren viele Pueblo-Indianer in das Tal des Rio Grande gezogen und hatten die vorherrschende Stellung inne. Nachdem Santa Fe um 1610 als spanische Kolonialhauptstadt gegründet worden war, schwärmten spanische Kolonisten ins nördliche New Mexico aus, und katholische Missionare begannen mit ihren oft gewaltsamen Versuchen, die Pueblo-Indianer zu bekehren. Nach dem Pueblo-Aufstand von 1680 hielten die amerikanischen Ureinwohner Santa Fe besetzt; erst 1692 konnte Don Diego de Vargas die Stadt zurückerobern.

Die USA besetzten New Mexico 1846 im Verlauf des Mexikanisch-Amerikanischen Krieges; 1850 wurde das Gebiet zu einem US-Territorium. Kriege mit den indigenen Völkern der Navajo, Apache und Comanche veränderten die Region, und mit der Ankunft der Eisenbahn in den 1870er-Jahren setzte ein wirtschaftlicher Aufschwung ein.

Maler und Schriftsteller gründeten im frühen 20. Jh. Künstlerkolonien in Santa Fe und Taos, und im Jahr 1912 wurde New Mexico zum 47. Bundesstaat der USA. Eine Gruppe von Wissenschaftlern kam 1943 nach Los Alamos, wo sie unter strengen Geheimhaltungsbedingungen die Atombombe entwickelten. Vier Jahre später soll, so behaupten jedenfalls Verschwörungstheoretiker, ein UFO außerhalb von Roswell abgestürzt sein.

Praktische Informationen

Infos zum Abschnitt der Route 66 in New Mexico finden sich unter www.rt66nm.org.

New Mexico State Parks (www.emnrd.state.nm.us) Infos zu State Parks mit einem Link für Campingplatz-Reservierungen.

New Mexico Tourism (www.newmexico.org) Infos zu Reiseplanung, Aktivitäten und Events.

Recreation.gov (www.recreation.gov) Reservierungen für Stellplätze und Touren in Nationalparks und National Forests.

Albuquerque

Der Verkehrsknotenpunkt in der Wüste ist genau die richtige Mischung aus Stadt und Wildnis. Die Sandia Mountains leuchten bei Sonnenuntergang in allen Rottönen, der Rio Grande ist von Pappeln gesäumt wie die Route 66 mit Dinern, und hier lebten Walter White und Saul Goodman. Albuquerque ist zwar die größte Stadt des Staates, doch bei Sonnenuntergang ist immer noch das Heulen der Kojoten zu hören.

Außerhalb der Stadt gibt es jede Menge toller Wander- und Mountainbike-Strecken, während moderne Museen in der Stadt die Kultur der Pueblos, neumexikanische Kunst und das Weltall zum Thema haben. Hier kann man einen Gang zurückschalten, gemütlich zu den Felsenmalereien in der Wüste wandern, Enchiladas mit rotem Chili und lokales Bier genießen. Wenn man sich durch die vielen großartigen Brauereien hier probieren will, dauert das schon eine Weile.

Sehenswertes

Altstadt

Von der Stadtgründung 1706 bis zur Ankunft der Eisenbahn 1880 war die Plaza rund um die winzige Kirche **San Felipe de Neri** (www.sanfelipedeneri.org; 2005 N Plaza NW, Old Town Plaza; ⌚tgl. 7–17.30, Museum Mo–Fr 9.30–16.30, Sa 9.30–17 Uhr) von 1793 der Dreh- und Angelpunkt von Albuquerque. Heute ist die Altstadt die größte Attraktion der Stadt.

★ **Albuquerque Museum** MUSEUM
(☎505-243-7255; www.cabq.gov/museum; 2000 Mountain Rd NW; Erw./Jugendl. 13–18 Jahre/Kind 4–12 Jahre 6/6/3 US$; ⌚Di–So 9–17 Uhr; P) Das erstklassige Museum hieß früher „Albuquerque Museum für Kunst & Geschichte" und sollte keinesfalls verpasst werden. Die mitreißende Galerie zur Geschichte der Stadt ist fantastisch, interaktiv und verständlich auf-

KURZINFOS NEW MEXICO

Spitzname Land of Enchantment

Bevölkerung 2,1 Mio.

Fläche 314 604 km²

Hauptstadt Santa Fe (80 880 Ew.)

Weitere Städte Albuquerque (560 200 Ew.), Las Cruces (102 296 Ew.)

Verkaufssteuer 5,1–9,25 %

Geburtsort von John Denver (1943–1997) und Smokey Bear (1950–76)

Heimat des International UFO Museum & Research Center (Roswell)

Politische Ausrichtung Der „violette" Staat ist im Norden eher liberal, im Süden konservativ.

Berühmt für uralte Pueblos, die erste Atombombe (1945), die Stelle, an der Bugs Bunny links abbiegen sollte

Wichtigste Frage „Rot oder grün?" (Farbe der Chilisauce)

Höchster/tiefster Punkt Wheeler Peak (4001 m) / Red Bluff Reservoir (864 m)

Entfernungen Albuquerque–Santa Fe 50 Meilen (80 km), Santa Fe–Taos 70 Meilen (112 km)

bereitet. Die Dauerausstellung zu New Mexicos Kunst reicht von den Taos bis ins 20. Jh. Sonntagvormittags ist der Eintritt frei. Von April bis November werden sonntags, dienstags, donnerstags und freitags kostenlose Führungen durch die Altstadt angeboten. Sie beginnen jeweils um 11 Uhr.

★ American International Rattlesnake Museum MUSEUM
(☎505-242-6569; www.rattlesnakes.com; 202 San Felipe St NW; Erw./Kind 6/4 US$; ⏲Juni–Aug. Mo–Sa 10–18, So 13–17 Uhr; Sept.–Mai Mo–Fr 11.30–17.30, Sa 10–18, So 13–17 Uhr) Wer sich für Schlangen und andere schlüpfrige Wesen interessiert, den wird dieses Museum faszinieren. Schlangenphobiker erleben angesichts der weltgrößten Sammlung von Klapperschlangen ihren persönlichen Alptraum. Daneben sind Bierflaschen mit Schlangenmotiven und Briefmarken aller amerikanischen Städte namens „Rattlesnake“ ausgestellt.

Rund um die Stadt

★ Indian Pueblo Cultural Center MUSEUM
(IPCC; ☎505-843-7270; www.indianpueblo.org; 2401 12th St NW; Erw./Kind 5–17 Jahre 8,40/5,40 US$; ⏲9–17 Uhr; P) Das Kulturzentrum, das von den 19 Pueblo-Völkern in New Mexico gemeinsam geleitet wird, ist ein Muss bei jedem Besuch in Albuquerque. Das 2016 umfangreich sanierte Museum hat eine faszinierende Sammlung zur kollektiven Geschichte der Pueblos und einzelnen traditionellen Kunstfertigkeiten. In den Galerien finden zudem ständig wechselnde Ausstellungen statt. Das Museum ist in einem halbrunden Gebäude rund um eine Plaza untergebracht, auf der regelmäßig Tänze und Kunsthandwerk vorgeführt werden. Das **Pueblo Harvest Cafe** (☎505-724-3510; www.puebloharvestcafe.com; 2401 12th St NW; Mittagessen 13–20 SU$, Abendessen 12–40 US$; ⏲Mo–Sa 7–21, So 7–16 Uhr; 🌶👪) ist sehr empfehlenswert. Dazu gehören auch ein großer Souvenirshop und ein kleines Einzelhandelsgeschäft.

Petroglyph National Monument ARCHÄOLOGISCHE STÄTTE
(☎505-899-0205; www.nps.gov/petr; 6001 Unser Blvd NW; ⏲Besucherzentrum 8–16.30 Uhr; P) GRATIS In den Lavafeldern des großen Wüstenparks westlich des Rio Grande sind mehr als 23 000 uralte Felszeichnungen (1000 v. Chr.–1700 n. Chr.) zu finden. Mehrere Wege führen kreuz und quer durch das Gebiet: **Boca Negra Canyon** ist der am besten zugängliche und am meisten genutzte (8.30–16.30 Uhr; Parken werktags/ Wochenende 1/2 US$), **Piedras Marcadas** führt zu rund 300 Felszeichnungen (Sonnenaufgang–Sonnenuntergang), **Rinconada Canyon** ist ein schöner Weg durch die Wüste (hin & zurück 3,5 km, Sonnenaufgang–Sonnenuntergang), führt aber leider kaum an irgendwelchen Felszeichnungen vorbei.

Sandia Peak Tramway SEILBAHN
(☎505-856-7325; www.sandiapeak.com; 30 Tramway Rd NE; Erw./Jugendl. 13–20 Jahre/Kind 25/20/15 US$, Parken 2 US$; ⏲Juni–Aug. Mi–So 9–21 Uhr, Sept.–Mai Di 17–21 Uhr; P) Die mit 4,3 km längste Seilbahn der USA führt aus der Wüste im Nordosten der Stadt zum 3155 m hohen Sandia Crest hinauf. Der Ausblick ist zu jeder Zeit spektakulär, besonders atemberaubend aber bei Sonnenuntergang. Auf dem Gipfel gibt's mehrere Souvenirläden. Zum Zeitpunkt der Recherche kamen gerade ein neues Nobelrestaurant und eine Skybar dazu. Schöne Wanderwege führen durch die Wälder. Wer hinunter (oder hinauf) laufen will, bezahlt nur 15 US$ für die einfache Strecke.

ALBUQUERQUE MIT KINDERN

Albuquerque bietet jede Menge Tolles für Kinder, von interaktiven Museen bis zu fantastischen Wanderungen.

¡Explora! (☎505-224-8300; www.explora.us; 1701 Mountain Rd NW; Erw./Kind 1–11 Jahre 10/6 US$; ⏲Mo–Sa 10–18, So 12–18 Uhr; P 👪) Das fantastische interaktive Museum bietet für jedes Alter etwas, vom Hochseilrad bis zur umwerfenden Licht-Schatten-Farben-Show (unbedingt mit dem Aufzug fahren!).

New Mexico Museum of Natural History & Science (☎505-841-2800; www.nmnaturalhistory.org; 1801 Mountain Rd NW; Erw./Kind 3–12 Jahre 8/5 US$; ⏲9–17 Uhr; P 👪) Dinosaurier begeistern jedes Kind: Dieses riesige, moderne Museum am nordöstlichen Rand der Altstadt ist vom Atrium bis unters Dach vollgestopft mit T-Rex und seinen Artgenossen sowie anderen Urviechern.

Aktivitäten

Die allgegenwärtigen Sandia Mountains und die weniger überlaufenen Manzano Mountains locken mit Outdoor-Aktivitäten, u.a. Wandern, Skifahren (alpin und Langlauf), Mountainbiken, Klettern und Zelten.

Radfahren ist die ideale Möglichkeit, Albuquerque ganz nach Lust und Laune zu erkunden. Neben Radwegen innerhalb der Stadt finden Mountainbiker Trails in den Hügelausläufern östlich der Stadt und den malerischen **Paseo del Bosque** (www.cabq.gov; ⊙Sonnenaufgang–Sonnenuntergang) am Rio Grande. Details zum ausgezeichneten Radwegenetz finden sich unter www.bikeabq.org.

Für Fans der Serien *Breaking Bad* und *Better Call Saul* ist Albuquerque ein Paradies, denn hier kann man alle Drehorte besichtigen. Dafür kann man sich bei **Routes Rentals** (☎505-933-5667; www.routesrentals.com; 404 San Felipe St NW; Leihgebühr 4/24 Std. ab 20/35 US$; ⊙März–Nov. 8–18 Uhr, Dez.–Feb. 8–17.30 Uhr) ein Fahrrad ausleihen oder im Wohnmobil mit **Breaking Bad RV Tours** (1919 Old Town Rd; 3-stündige Tour 75 US$/Pers.) eine Stadtrundfahrt machen.

Elena Gallegos Open Space WANDERN & TREKKEN, MOUNTAINBIKEN

(☎505-452-5200; www.cabq.gov; Simms Park Rd; Parkplatz werktags/Wochenende 1/2 US$; ⊙April–Okt. 7–21 Uhr, Nov.–März bis 19 Uhr) Die westlichen Ausläufer der Sandia Mountains sind Albuquerques Outdoor-Spielplatz, und die Hochwüstenlandschaft ist wirklich herrlich. Neben mehreren Picknickbereichen liegen in diesem Abschnitt Ausgangspunkte von Wander-, Lauf- und Mountainbike-Wegen; einige Strecken sind auch für Rollstuhlfahrer geeignet. Man sollte früh kommen, bevor es zu heiß wird, oder aber spät, um bei Sonnenuntergang begleitet vom Geheul einsamer Kojoten die Panoramaaussicht zu genießen. Einfache Wegkarten findet man am Eingang.

Feste & Events

Ein ausführlicher Veranstaltungskalender steht in der Freitagsausgabe des *Albuquerque Journal* (www.abqjournal.com).

Gathering of Nations Powwow KULTUR

(www.gatheringofnations.com; ⊙Ende April) Auf dem Programm stehen Tanzwettbewerbe, Kunst und Kunsthandwerk amerikanischer Ureinwohner und die Wahl zur „Miss Indian World“. Findet Ende April statt.

★ **International Balloon Fiesta** BALLONFAHREN

(www.balloonfiesta.com; 10 US$ ⊙Anfang Okt.) Wer jemals den Tiger aus der Kellogg's-Werbung im Riesenformat im Hof seines Hotels hat landen sehen, wird das nicht so schnell vergessen! Genau solche Dinge passieren während des größten Heißluftballon-Festivals der Welt. Ansonsten stehen an jedem der neun Tage um das erste und zweite Oktoberwochenende Massenstarts auf dem Programm.

Schlafen

★ **El Vado** MOTEL $

(☎510-361-1667; www.elvadoabq.com; 2500 Central Ave SW; Zi. 137–150 US$, Suite 150–180 US$) Das renovierte Adobe-Gebäude an der Route 66 ist jetzt strahlend weiß. Bei Sonnenaufgang fliegen oft Heißluftballons praktisch direkt übers Haus. Im Innenhof des Motels von 1937 befinden sich ein Swimmingpool, eine Bar und eine Handvoll Restaurants. Das Ganze ist sehr hip, aber gemütlich. Die Ausstattung ist im Stil der 1950er-Jahre gehalten.

Andaluz BOUTIQUEHOTEL $$

(☎505-388-0088; www.hotelandaluz.com; 125 2nd St NW; Zi./Suite ab 191/206 US$; P ❄ @ 📶 🐾) Das schönste historische Hotel ganz Albuquerques wurde 1939 mitten in der Innenstadt gebaut. Bei der zwischenzeitlich erfolgten Modernisierung wurden alte Details beibehalten, darunter auch der wunderschöne Innenhof, wo gemütliche Nischen mit Tischen und Sofas zum Entspannen einladen. Die Zimmer sind mit allergikerfreundlichem Bettzeug und Teppichen ausgestattet, das Restaurant **Más Tapas Y Vino** (☎505-923-9080; Tapas 8–22 US$, Hauptgerichte 26–38 US$; ⊙7–14 & 17–21.30 Uhr) ist bemerkenswert, und auf dem Dach befindet sich die **Ibiza Bar & Patio**.

Böttger Mansion B&B $$

(☎505-243-3639; www.bottger.com; 110 San Felipe St NW; Zi. 120–169 US$; P ❄ @ 📶) Wegen des freundlichen Besitzers hebt sich dieses gut ausgestattete B&B (erb. 1912), das einen einminütigen Fußmarsch von der Plaza entfernt liegt, von der Konkurrenz ab. Drei der sieben mit Antiquitäten ausgestatteten Themenzimmer haben Zierwände, eines verfügt außerdem über einen Whirlpool. Das üppige Frühstück wird in einem von Heckenkirschen gesäumten Hof serviert, der Vogelliebhaber begeistern wird. Zu illustren Gästen in der Vergangenheit gehörten Elvis, Janis Joplin und Machine Gun Kelly.

★ **Los Poblanos** B&B **$$$**
(☎ 505-344-9297; www.lospoblanos.com; 4803 Rio Grande Blvd NW; Zi./Suite ab 255/340 US$; P ❄ @ 📶 🏊) Das bezaubernde Gästehaus mit 20 Zimmern steht auf einer denkmalgeschützten Ranch aus den 1930er-Jahren eine fünfminütige Autofahrt nördlich der Altstadt. Das 100 ha große Gelände voller Gärten, Lavendelfelder und einer Bio-Farm liegt ganz in der Nähe des Rio Grande. Die prachtvollen Zimmer sind jeweils mit einem *kiva*-Kamin ausgestattet. Im preisgekrönten Restaurant **Campo** werden die Erzeugnisse der Farm im Holzofen verarbeitet.

Frühstück ist im Preis nicht enthalten, kann aber im Campo eingenommen werden, oder man isst etwas im **Farm Store**. In der rustikal-schicken **Bar Campo** gibt's tolle Cocktails. Von Mitte Juni bis Juli blüht hier der Lavendel.

Essen

★ **Pop Fizz** MEXIKANISCH **$**
(☎ 505-508-1082; www.pop-fizz.net; 1701 4th St SW, National Hispanic Cultural Center; Eis am Stiel ab 2,50 US$, Snacks 6–9 US$; ⏲ Mo 11–18, Di–Do & Sa 11–19, Fr & Sa 11–20 Uhr; 📶 👪) Die nur aus natürlichen Rohstoffen hergestellten *paletas* (Stieleis) sind der Hit. Es gibt sie in den Sorten Gurke-Chili-Zitrone, Mango und Ananas mit Habaneros. Oder lieber einen Taco mit Zimt-Churro-Eis? Erhältlich sind auch andere verrückte Köstlichkeiten, z.B. Carne Asada, Sonora-Hotdogs und Frito-Pies. Das Mangoeis mit Chili ist eine Offenbarung.

★ **Golden Crown Panaderia** BÄCKEREI **$**
(☎ 505-243-2424; www.goldencrown.biz; 1103 Mountain Rd NW; Gebäck 1–3 US$, Hauptgerichte 10–25 US$; ⏲ Di–Sa 7–20, So ab 10 Uhr) Alle lieben Nachbarschaftsbäckereien mit Café. In diesem gemütlichen, alten Lehmziegelgebäude erwarten einen aufmerksames Personal, ofenfrisches Brot und Pizza (mit grünem Chili oder blauem Mais im Teig), fruchtige Empanadas, samtiger Espresso und Kekse. Man sollte vorher anrufen, wenn man sich einen Laib Brot mit grünem Chili sichern will – die sind schnell ausverkauft. Am besten isst man das Brot gleich warm draußen auf der Terrasse.

Frontier NEW-MEXICO-KÜCHE **$**
(☎ 505-266-0550; www.frontierrestaurant.com; 2400 Central Ave SE; Hauptgerichte 4–14 US$; ⏲ 5–1 Uhr; 👪) Die riesige Cantina erstreckt sich über mehrere Räume, in denen unglaubliche Köstlichkeiten serviert werden: gigantische Zimtbrötchen, gebratene Enchiladas und tolle *huevos rancheros*. Das Ganze wirkt zwar wie ein Fast-Food-Laden, doch die Atmosphäre und Preise sind unschlagbar.

Level 5 US-AMERIKANISCH **$$**
(☎ 505-246-9989; www.hotelchaco.com; 2000 Bellemah Ave; 14–54 US$; ⏲ tgl. 7–14, So–Mi auch 16.30–22, Do–Sa 16.30–23 Uhr) Wow, was für ein Ausblick! Das atemberaubende Panorama von Albuquerque, flankiert von den Sandia Mountains, ist von drinnen und draußen zu sehen, denn das schicke Restaurant ist auf dem Dach des Hotel Chaco. Bedient wird man von gut gelauntem Personal, wenn auch mitunter etwas nachlässig. Die kurze, saisonale Karte ist fantastisch. Die meisten Zutaten stammen aus dem Hotelgarten.

★ **Artichoke Cafe** MODERN-AMERIKANISCH **$$$**
(☎ 505-243-0200; www.artichokecafe.com; 424 Central Ave SE; Hauptgerichte mittags 12–19 US$, abends 24–39 US$; ⏲ Mo–Fr 11–14.30 & 17–21, Sa 17–22, So 17–21 Uhr) Elegant und zurückhaltend ist das Bistro, kreativ die Feinschmeckerküche. Deshalb zählt das Artichoke auch zu den besten Restaurants in Albuquerque. Abends ist der schottische Lachs zu empfehlen. Das Lokal liegt am östlichen Rand der Innenstadt, zwischen dem Busbahnhof und der I-40.

Ausgehen & Unterhaltung

In der **Popejoy Hall** (☎ 505-277-3824; www.popejoypresents.com; 203 Cornell Dr NE) finden Konzerte mit den großen Stars statt. Außerdem sind hier die städtische Oper, das Theater und das Sinfonieorchester zu Hause. Im **Launch Pad** (☎ 505-764-8887; www.launchpadrocks.com; 618 Central Ave SW) treten vor allem Bands aus der Region auf. Infos zu allen Veranstaltungen finden sich im kostenlosen Wochenmagazin *Alibi* (www.alibi.com).

★ **Marble Brewery** KLEINBRAUEREI
(☎ 505-243-2739; www.marblebrewery.com; 111 Marble Ave NW; ⏲ Mo–Sa 12–24, So 12–22.30 Uhr) Die urige Kneipe der gleichnamigen Brauerei in der Innenstadt hat einen gemütlichen Innenraum für den Winter und im Sommer einen Biergarten, wo abends Bands aus der Region spielen. Außerdem gibt's eine Dachterrasse. Unbedingt das Red Ale probieren! In der Regel stehen auch ein oder zwei Food-Trucks vor dem Haus.

Java Joe's CAFÉ
(☎ 505-765-1514; www.downtownjavajoes.com; 906 Park Ave SW; ⊙ 6.30–15.30 Uhr; 👪 🐾) Das Java Joe's ist heute wohl vor allem für den explosiven Kurzauftritt in *Breaking Bad* bekannt. Das gemütliche Café ist aber auch sonst ein guter Ort für einen Kaffee-Stopp oder eine Schüssel vom schärfsten Chili in der Stadt.

Anodyne BAR
(☎ 505-244-1820; 409 Central Ave NW; ⊙ Mo–Sa 16–2, So 19–24 Uhr) Bücherregale an den Wänden, Holzdecken, Stühle mit superdicken Polstern und ein toller Billardtisch sorgen für eine gemütliche Atmosphäre in der riesigen Bar in der Central Ave. Dazu gibt's mehr als 100 Flaschenbiere.

ℹ Praktische Informationen

NOTFALL & MEDIZINISCHE VERSORGUNG

Polizei (☎ 505-768-2200; www.cabq.gov/police; 400 Roma Ave NW)

Presbyterian Hospital (☎ 505-841-1234; www.phs.org; 1100 Central Ave SE; ⊙ 24 Std. Notaufnahme)

UNM Hospital (☎ 505-272-2111; 2211 Lomas Blvd NE; ⊙ 24 Std. Notaufnahme) Das Krankenhaus ist auch ein Zentrum für Traumata der Stufe 1.

TOURISTENINFORMATION

Old Town Information Center (☎ 505-243-3215; www.visitalbuquerque.org; 303 Romero Ave NW; ⊙ Nov.–April 10–17 Uhr, Mai–Okt. 10–18 Uhr) Hier sind jede Menge Infos erhältlich. Das Büro liegt an der Plaza Don Luis.

ℹ Anreise & Unterwegs vor Ort

BUS

Das **Alvarado Transportation Center** (☎ 505-423-7433; www.cabq.gov/transit; Ecke 100 1st St SW & Central Ave) ist der Busbahnhof von **Greyhound** (☎ 505-243-4435, 800-231-2222; www.greyhound.com; 320 1st St SW). Die Busse fahren in viele Orte des Staates und des Landes, aber nicht nach Santa Fe und Taos.

ABQ Ride (☎ 505-243-7433; www.cabq.gov/transit; 100 1st St SW; Erw./Kind 1/0,35 US$, Tageskarte 2 US$) Die Stadtbusse fahren an Werktagen zu den meisten Stationen in Albuquerque und täglich zu den großen Sehenswürdigkeiten.

FLUGZEUG

Der **Albuquerque International Sunport** (ABQ; ☎ 505-244-7700; www.abqsunport.com; 2200 Sunport Blvd SE; 📶) ist der größte Flughafen in New Mexico. Er liegt 5 Meilen (8 km) südöstlich der Innenstadt und wird von vielen Fluggesellschaften angeflogen. Kostenlose Shuttle-Busse verbinden den Terminal mit dem Sunport Car Rental Center in 3400 University Blvd SE, wo sich die Autovermietungen des Flughafens befinden.

Der **Sandia Shuttle** (☎ 888-775-5696; www.sandiashuttle.com; einfache Strecke nach Santa Fe 33 US$; ⊙ 8.45–23.45 Uhr) fährt täglich 19-mal nach Santa Fe.

ZUG

Der *Southwest Chief* hält am **Amtrak-Bahnhof** (☎ 800-872-7245; www.amtrak.com; 320 1st St SW) von Albuquerque, der zum Alvarado Transportation Center gehört. Die Züge fahren in Richtung Osten nach Chicago (ab 149 US$, 26 Std.) und in Richtung Westen nach Los Angeles (ab 67 US$, 16¾ Std.), jeweils einmal pro Tag.

Die Pendlerbahn des **New Mexico Rail Runner Express** (www.riometro.org; Erw./Kind 10/5 US$) nutzt den Bahnhof ebenfalls. Es gibt mehrere Haltestellen im Großraum Albuquerque und, was für Traveller wichtiger ist, sie fährt in Richtung Norden auch bis nach Santa Fe (einfache Strecke 10 US$, 1¾ Std.), und zwar achtmal an Wochentagen, viermal am Samstag und dreimal am Sonntag.

An der I-40

Zwar kann man theoretisch in weniger als fünf Stunden von Albuquerque nach Flagstaff, AZ, fahren, doch die National Monuments und die Pueblos an der Strecke sind einen Besuch wert. Wer eine landschaftlich schöne Tour unternehmen möchte, nimmt ab Grants den Hwy 53 nach Südwesten, der zu allen im Folgenden genannten Sehenswürdigkeiten (außer nach Acoma) führt. Der Hwy 602 verläuft gen Norden nach Gallup.

Acoma Pueblo

Die spektakuläre „Himmelsstadt" thront auf einer Mesa 2130 m über dem Meeresspiegel und 111,6 m über dem umliegenden Plateau. Sie ist eine der ältesten, ununterbrochen bewohnten Siedlungen in Nordamerika. Schon seit dem 11. Jh. leben hier Pueblo-Völker, die die berühmten Töpferwaren herstellen. Stadtführungen beginnen im **Kulturzentrum** (☎ 800-747-0181; www.acomaskycity.org; Rte 38; Führung Erw./Kind 25/17 US$; ⊙ Führungen Mitte März–Okt. 9.30–15.30 Uhr, Nov.–Mitte März 9.30–14.30 Uhr; Ⓟ) am Fuß der Mesa und dauern 90 Minuten. Am schönsten ist die

Anfahrt über die I-40, die man an der Ausfahrt 102, 60 Meilen (96 km) westlich von Albuquerque verlässt. Eine ausführliche Wegbeschreibung findet sich auf der Website des Kulturzentrums. Dort steht auch, wenn die Stadt wegen einer Zeremonie oder aus anderen Gründen geschlossen ist.

El Morro National Monument

Der 61 m hohe Sandsteinvorsprung am **El Morro National Monument** (☎505-783-4226; www.nps.gov/elmo; Hwy 53; ⏲Besucherzentrum Juni–Aug. 9–18 Uhr, Sept.–Mai 9–17 Uhr, Wanderwege werden 1 Std. früher gesperrt; P) GRATIS, auch bekannt als „Felsen der Inschriften", ist schon seit Jahrtausenden eine Oase der Reisenden. Tausende eingeritzter Zeichen – von Felszeichnungen im Pueblo auf dem Gipfel (von ca. 1275) bis zu kunstvollen Inschriften der spanischen Konquistadoren und englischen Pioniere – stellen ein einzigartiges historisches Zeugnis dar. Man sollte sich unbedingt die Zeit nehmen, nach dem kurzen **Inscription Rock Trail** noch den **Mesa Top Trail** hinaufzulaufen und den tollen Panoramablick zu genießen. Der Felsen befindet sich rund 38 Meilen (61 km) südwestlich von Grants und ist über den Hwy 53 erreichbar.

Zuni Pueblo

Die Zuni sind für ihre feinen Silberintarsien bekannt. Sie verkaufen sie in Geschäften am Hwy 53. Im **Zuni Tourism Visitor Center** (☎505-782-7238; www.zunitourism.com; 1239 Hwy 53; 1-stündige Führungen 20 US$; ⏲Mo–Fr 9–17.30 Uhr, Juli–Sept. zusätzl. Sa 9–16 Uhr) erhält man Infos und Fotogenehmigungen und kann Touren durch das Pueblo buchen. Vorbei an den Steinhäusern und wie Bienenkörbe geformten Lehmziegelöfen geht's zur **Our Lady of Guadalupe Mission**. Die Kachina-(Geist-)Wandbilder sind beeindruckend. Im **A:shiwi A:wan Museum & Heritage Center** (☎505-782-4403; www.ashiwi-museum.org; Ojo Caliente Rd; ⏲Mo–Fr 8–17 Uhr) GRATIS sind alte Fotos und Stammesartefakte zu sehen.

Das nette **Inn at Halona** (☎505-782-4547; www.halona.com; 23b Pia Mesa Rd; Zi. ab 85 US$; P 📶) zieren Zuni-Kunst und -Handwerk. Es hat acht Zimmer und ist die einzige Unterkunft im Pueblo.

Santa Fe

Missionen, Museen und Meow Wolf – diese drei Ms spielen eine große Rolle in der „etwas anderen Stadt", die ihre eigenen Regeln macht, ohne dabei ihre lange, bewegte Geschichte zu vergessen. Bei einem Spaziergang durch die Viertel mit Adobe-Gebäuden und über die geschäftige Plaza, die nach wie vor das Zentrum bildet, offenbart sich die zeitlose, erdverbundene Seele Santa Fes. Eine Hauptattraktion ist die künstlerische Seite der Stadt: Hier gibt es mehr Museen und Galerien, als man bei einem einzigen Besuch erkunden kann.

Santa Fe ist auch die höchstgelegene Landeshauptstadt der USA (2130 m). Der Ort am Fuß der Sangre de Cristo Mountains ist eine fantastische Basis für Wanderungen, Mountainbiketouren und fürs Skifahren. Danach kann man die von Chilis geprägte Küche genießen, auf der Plaza Türkis- und Silberschmuck direkt von den Ureinwohnern kaufen, die bemerkenswerten Kirchen besuchen oder einfach die jahrhundertealten Pappelalleen entlangspazieren und über einen Umzug hierher nachdenken.

Sehenswertes

★ Plaza — PLATZ

(Karte S. 980) Schon seit mehr als 400 Jahren ist die Plaza das Zentrum von Santa Fe. Zuerst war sie das nördliche Ende des Camino Real aus Mexiko, später dann das Ziel der Pioniere auf dem Santa Fe Trail. Heute ist der grasbewachsene Platz von Touristen bevölkert, die vom Museum zur nächsten Margarita schlendern, vorbei an Imbissständen, Skateboardern und Straßenmusikanten. Im Säulengang des Gouverneurspalastes an der Nordseite verkaufen amerikanische Ureinwohner Schmuck und Töpferwaren.

★ Georgia O'Keeffe Museum — MUSEUM

(Karte S. 980; ☎505-946-1000; www.okeeffemuseum.org; 217 Johnson St; Erw./Kind 13 US$/frei; ⏲Sa–Do 10–17, Fr bis 19 Uhr) In zehn schön ausgeleuchteten Sälen eines weitläufigen Adobe-Gebäudes aus dem 20. Jh. zeigt dieses Museum die weltweit größte Sammlung der Werke von Georgia O'Keeffe. Die Künstlerin ist vor allem bekannt für ihre leuchtenden New-Mexico-Landschaften, die Wechselausstellungen decken aber ihre gesamte Laufbahn von ihren Anfängen bis zu den Jahren auf der Ghost Ranch ab. Ihre berühmtesten Bilder befinden sich im Besitz größerer Museen in aller Welt, deswegen kann man hier viele weniger bekannte Werke entdecken, die durch den kühnen Pinselstrich und kräftige Farben beeindrucken.

Meow Wolf MUSEUM
(☎505-395-6369; www.meowwolf.com; 1352 Rufina Circle; Erw./Kind 29/21 US$; ⊙So, Mo, Mi & Do 10–20, Fr & Sa bis 22 Uhr, Mitte Juni–Mitte Aug. ab 9 Uhr; P ♿) Wer einen Abstecher in eine andere Dimension unternehmen will, aber keinen Schlüssel dafür hat, ist im House of Eternal Return von Meow Wolf vielleicht richtig. Der Grundgedanke ist einfallsreich: Die Besucher erkunden ein nachgestaltetes viktorianisches Haus nach Beweisen, die mit dem Verschwinden einer kalifornischen Familie zu tun haben. Dabei folgen sie einer Erzählung, die (oft über geheime Verbindungsgänge) immer tiefer in die Fragmente eines Multiversums hineinführt, das aus einmaligen, interaktiven Kunstinstallationen besteht.

Aktivitäten

Die **Pecos Wilderness** und der **Santa Fe National Forest** östlich der Stadt bieten ein über 1600 km langes Netz an Wander- und Radwegen. Manche davon führen auf über 3600 m hohe Gipfel. Karten und Infos gibt's beim Public Lands Information Center, zudem sollte man sich vorab die Wettervorhersage ansehen, da Gewitter im Sommer keine Seltenheit sind.

Mellow Velo (Karte S. 980; ☎505-995-8356; www.mellowvelo.com; 132 E Marcy St; Mountainbike ab 40 US$/Tag; ⊙Mitte Mai–Okt. Mo–Fr 9.30–18, Sa & So 9.30–17 Uhr, Nov.–Mitte Mai verkürzte Öffnungszeiten) verleiht Mountainbikes und gibt Tipps zu Touren. Veranstalter wie **New Wave Rafting Co** (☎800-984-1444; www.newwaverafting.com; Erw./Kind 6–11 Jahre ab 60/49 US$; ⊙Mitte April–Aug.) bieten Wildwasser-Rafting in der Rio Grande Gorge, der wilden Taos Box und der Rio Chama Wilderness.

Dale Ball Trails MOUNTAINBIKEN, WANDERN & TREKKEN
(www.santafenm.gov/trails_1; Cerro Gordo Rd, nahe Upper Canyon Rd) Mehr als 32 km Mountainbikestrecken und Wanderwege mit fantastischem Ausblick auf die Wüste und die Berge sind nur eine kurze Fahrt von der Innenstadt entfernt. Der 15,5 km lange Outer Limits Trail ist eine klassische Strecke mit schneller Einzelspur im Norden und einem technischeren Abschnitt in der Mitte. Ein schöner Wanderweg ist der 6,4 km lange Rundweg zum Picacho Peak mit steilen, aber machbaren 380 Höhenmetern.

Ski Santa Fe SKIFAHREN
(☎505-982-4429; www.skisantafe.com; Hwy 475; Liftticket Erw./13–23 Jahre/Kind 80/62/54 US$; ⊙Dez.–März 9–16 Uhr) Das Skigebiet ist zwar kleiner als das berühmtere außerhalb von Taos und wird deshalb oft übersehen, es bietet aber den gleichen lockeren Pulverschnee (wenn auch etwas weniger), und der Startpunkt ist sogar höher (3155 m) gelegen. Das Gebiet befindet sich nur 16 Meilen (25,7 km) außerhalb der Stadt und eignet sich nicht nur für Familien, sondern auch für Skicracks. Letztere kommen wegen der Waldwiesen, steilen Buckelpisten und langen, präparierten Abfahrten hierher.

Santa Fe School of Cooking KOCHEN
(Karte S. 980; ☎505-983-4511; www.santafeschoolofcooking.com; 125 N Guadalupe St; 2-stündige Kurse 80 US$, 3-stündige Kurse ab 82 US$; ⊙Mo–Fr 9.30–17.30, Sa bis 17, So 10.30–15.30 Uhr) In den Workshops lernt man, die Grundlagen der Südwest-Küche zu meistern und versucht sich an *chile rellenos* (gefüllten Chilis), Tamales oder komplizierteren Würzsaucen wie Senf-Mango-Habanero. Die MItarbeiter veranstalten auch diverse beliebte kulinarische Spaziergänge mit Restaurantbesuchen.

Feste & Events

★**International Folk Art Market** KULTUR
(☎505-992-7600; www.folkartalliance.org; ⊙Mitte Juli) Der weltweit größte Markt für Volkskunst lockt 150 Künstler aus 50 Ländern zu einem festlichen Wochenende mit Kunsthandwerksverkauf und Kulturveranstaltungen an.

Santa Fe Indian Market KULTUR
(☎505-983-5220; www.swaia.org; ⊙Aug.) Am Wochenende nach dem dritten Donnerstag im August lassen rund 1000 Künstler von 220 Stämmen und Völkern ihre Arbeiten von einer Jury bewerten. Dazu strömen mehr als 100 000 Besucher auf die Plaza, in die offenen Ateliers und zu Filmvorführungen der Ureinwohner. Am Freitag und Samstag werden die Kunstwerke zur Bewertung vorgestellt und die Preise vergeben, am Sonntag treten dann die Schnäppchenjäger in Aktion.

★**Santa Fe Fiesta & Burning of Zozobra** KULTUR
(☎505-913-1517; www.santafefiesta.org; ⊙Anfang Sept.) Die zehntägige Feier der Wiederbesiedlung von Santa Fe 1692 nach dem Pueblo-Aufstand von 1680 umfasst Konzerte, eine Kerzenprozession und die beliebte Haustier-

Santa Fe

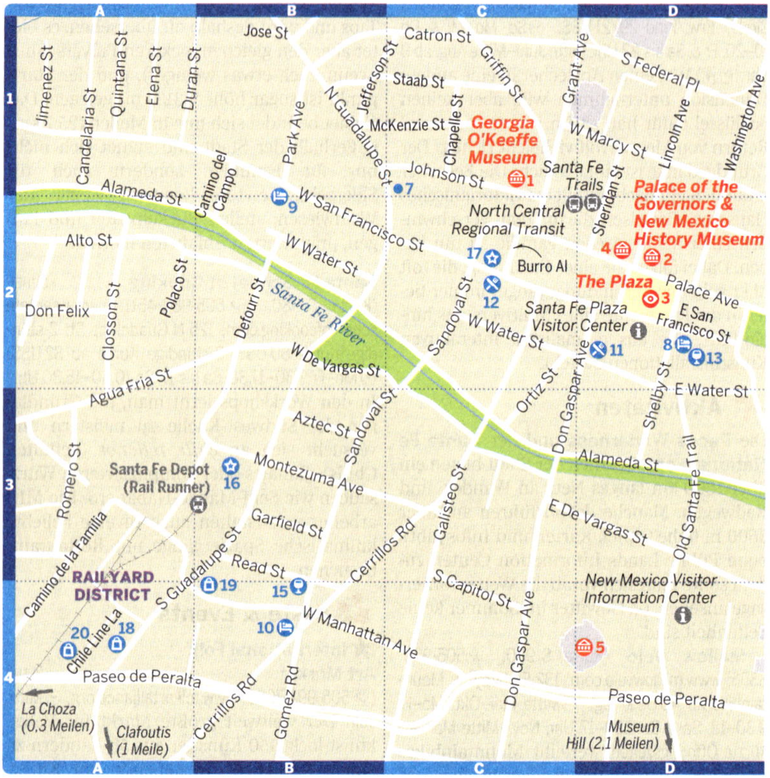

parade. Die Party beginnt am Freitag mit der sehenswerten Verbrennung von **Zozobra** (www.burnzozobra.com), einer 15 m hohen Figur des „Old Man Gloom" im Fort Marcy Park, zu der sich rund 60 000 Zuschauer versammeln.

Schlafen

Silver Saddle Motel MOTEL $
(☎505-471-7663; www.santafesilversaddlemotel.com; 2810 Cerrillos Rd; Zi. 68–85 US$; P ❄ @ 📶 🐾) Die altmodische, leicht kitschige Route-66-Motelanlage bietet vor Ort in der Budgetkategorie das beste Preis-Leistungs-Verhältnis. Einige Zimmer haben schön geflieste Einbauküchen, alle sind mit schattenspendenden Holzkolonnaden und Cowboy-Dekor versehen – am schönsten sind die Zimmer „Kenny Rogers" und „Wyatt Earp". Das Motel liegt 3 Meilen (4,8 km) südwestlich der Plaza an der stark befahrenen Cerrillos Rd. Die Haustiergebühr beträgt 10 US$ pro Nacht.

Black Canyon Campground CAMPING $
(☎877-444-6777; www.recreation.gov; Hwy 475; Stellplatz Zelt & Wohnmobil 10 US$; ⏲ Mai–Mitte Okt.) Der schöne abgelegene Campingplatz der Forstverwaltung ist nur 8 Meilen (12,8 km) von der Plaza entfernt. Er hat 36 Stellplätze und Wasserversorgung, aber keine Anschlüsse fürs Wohnmobil. Ganz in der Nähe gibt's auch gute Rad- und Wanderwege. Ist der Platz voll, kann man ein Stück weiter in den Hyde Memorial State Park fahren. Die Campingplätze Big Tesuque und Aspen Basin (kostenlos, aber ohne Trinkwasser) sind auch näher am Skigebiet.

★ **Santa Fe Motel & Inn** HOTEL $$
(Karte S. 980; ☎505-982-1039; www.santafemotel.com; 510 Cerrillos Rd; Zi. ab 159 US$, Casitas ab 239 US$; P ❄ @ 📶 🐾) Dieses Innenstadthotel nahe dem Railyard ist in der Nebensaison ein echtes Schnäppchen. Dank bunter Fliesen, strahlender Farbtöne und Zinnspiegeln versprühen sogar die Motelzimmer das

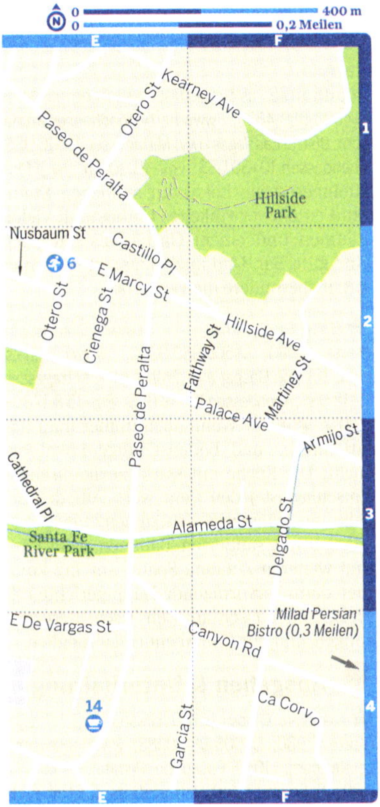

Santa Fe

Highlights
1 Georgia O'Keeffe Museum C1
2 Palace of the Governors & New Mexico History Museum D2
3 The Plaza D2

Sehenswertes
4 New Mexico Museum of Art D2
5 State Capitol D4

Aktivitäten, Kurse & Touren
6 Mellow Velo E2
7 Santa Fe School of Cooking C1

Schlafen
8 La Fonda D2
9 Las Palomas B2
10 Santa Fe Motel & Inn B4

Essen
11 Cafe Pasqual's D2
12 Tia Sophia's C2

Ausgehen & Nachtleben
13 Bell Tower Bar D2
14 Kakawa Chocolate House E4
15 Santa Fe Spirits B4

Unterhaltung
16 Jean Cocteau Cinema B3
17 Lensic Performing Arts Center C2

Shoppen
18 Blue Rain A4
19 Kowboyz B4
20 Santa Fe Farmers Market A4

Flair eines typischen Südweststaaten-B&Bs. Die etwas teureren Casitas im Innenhof verfügen über *kiva*-Öfen und kleine Veranden. Das warme englische Frühstück (inklusive) wird im Sommer im Freien serviert.

Las Palomas BOUTIQUEHOTEL $$
(Karte S. 980; ☎505-982-5560; www.laspalomas.com; 460 W San Francisco St; Zi. ab 169 US$; P ❄ 📶 🐾) Das Hotel befindet sich in der Nähe der Kreuzung von W San Francisco St und Park Ave, 800 m von der Plaza entfernt, und besteht aus mehreren niederen Gebäuden mit rustikal-modernen Zimmern. Allerdings wird es dem hohen Anspruch eines Top-Hotels nicht ganz gerecht, denn es gibt einige Kuriositäten, z. B. nicht wirklich schließende Rollläden. Die Zimmer haben immerhin einen Gas- oder Holzofen.

★ **La Fonda** HISTORISCHES HOTEL $$$
(Karte S. 980; ☎505-982-5511; www.lafondasantafe.com; 100 E San Francisco St; Zi. ab 419 US$; P ❄ @ 📶 🏊 🐾) Das schönste historische Hotel der Stadt ist seit Langem als „Inn am Ende des Santa Fe Trail" bekannt. Der weitläufige, alte Lehmziegelbau gleich hinter der Plaza hat sich seine gleichermaßen vornehme wie gemütliche Atmosphäre bewahrt. Hierfür sorgen u. a. wunderschöne folkloristische Fenster und Wandbilder. Auf dem Dach über den tollen Luxussuiten befindet sich die **Bell Tower Bar** (Karte S. 980; 100 E San Francisco St; ⏲Mai–Nov. Mo–Fr 15 Uhr–Sonnenuntergang, Sa & So 12 Uhr–Sonnenuntergang, Dez.–April geschl.) mit Traumausblick auf den Sonnenuntergang.

Essen

★ **La Choza** NEW-MEXICO-KÜCHE $
(☎505-982-0909; www.lachozasf.com; 905 Alarid St; Hauptgerichte mittags 10–18 US$, abends 12–25 US$; ⏲Mo–Sa 11.30–14.30 & 17–21 Uhr; P 👪) Blaumais-Burritos, der festliche Innenraum und eine umfangreiche Margari-

ta-Karte machen das La Choza zu einem ewigen (und farbenfrohen) Favoriten bei wählerischen Restaurantbesuchern in Santa Fe. Unter den vielen New-Mexico-Restaurants vor Ort zeichnet sich dieses durch verlässliche Qualität aus. Wie beim Schwesterrestaurant Shed sollte man früh kommen oder vorab reservieren.

Tia Sophia's NEW-MEXICO-KÜCHE **$**
(Karte S. 980; ☎505-983-9880; www.tiasophias.com; 210 W San Francisco St; Frühstück 8–11 US$, Mittagessen 9–12 US$; ⊙Mo–Sa 7–14, So 8–13 Uhr;) Dieser alteingesessene Santa-Fe-Klassiker ist immer rappelvoll, wobei unter den Gästen fast mehr einheimische Künstler und Promis als Traveller sind. Besonders empfehlenswert ist das Frühstück mit tollen Burritos und anderen Southwestern-Klassikern. Aber auch das Mittagessen ist verdammt lecker. Unser Tipp: die perfekt zubereiteten *chile rellenos* (gefüllte Chili-Paprika) oder eines der wechselnden Tagesgerichte. Ein Regal voller Bücher unterhält die kleinen Gäste.

Clafoutis FRANZÖSISCH **$**
(☎505-988-1809; 333 Cordova Rd; Gebäck 2–6 US$, Hauptgerichte 5–13 US$; ⊙Mo–Sa 7–16 Uhr) Schon Oscar Wilde bemerkte: „Die einzige Möglichkeit, einer Versuchung zu widerstehen, ist, ihr nachzugeben." Genau mit dieser Einstellung sollte man diese *super bon* französische Konditorei besuchen. Egal, ob verführerisches Gebäck (wie *beignets* am Samstag) zum Mitnehmen oder köstliche Crêpes, Omeletts, Quiches und Käse-Sandwiches zum Frühstück oder Mittagessen – alles ist eine Versuchung!

★ **Jambo Cafe** AFRIKANISCH **$$**
(☎505-473-1269; www.jambocafe.net; 2010 Cerrillos Rd; Hauptgerichte 10–17 US$; ⊙Mo–Sa 11–21 Uhr) Das afrikanisch angehauchte Café ist von der Straße aus kaum zu finden, weil es sich in einem Einkaufszentrum versteckt. Drinnen ist es nett – hier sind stets viele Einheimische, die bei Reggae aus den Boxen Ziegen , Hühnchen- und Linsencurrys, vegetarische Sandwiches und Roti-Fladenbrot genießen.

Milad Persian Bistro NAHÖSTLICH **$$**
(☎505-303-3581; www.miladbistro.com; 802 Canyon Rd; kleine Gerichte 3–16 US$, Hauptgerichte 14–22 US$; ⊙Di–Do 17–22, Fr–So 11–22 Uhr) Das nette Bistro in der Canyon Rd bietet raffiniert gewürzte Fleischspieße und üppige Salate. Im gemütlichen Hof kann man toll sitzen und bei einem Glas Wein die Leute beobachten – oder auch noch ein zweites Glas trinken.

Harry's Roadhouse US-AMERIKANISCH, NEW-MEXICO-KÜCHE **$$**
(☎505-989-4629; www.harrysroadhousesantafe.com; 96 Old Las Vegas Hwy; Mittagessen 10–16 US$, Abendessen 10–30 US$; ⊙7–21.30 Uhr;) Das alteingesessene Lokal am südlichen Stadtrand ist ein verwinkeltes Cottage mit vielen Räumen und einem Garten. Es hat auch eine gute Bar. Und auch sonst ist *alles* hier gut, insbesondere die Desserts.

★ **Cafe Pasqual's** NEW-MEXICO-KÜCHE **$$$**
(Karte S. 980; ☎505-983-9340; www.pasquals.com; 121 Don Gaspar Ave; Frühstück & Mittagessen 11–18 US$, Abendessen 15–39 US$; ⊙8–15 & 17.30–22 Uhr;) Wann auch immer man das farbenfrohe und bodenständige Lokal besucht: Die Küche mit stark mexikanischem Einschlag ist jeden Cent wert. Auf der berühmten Frühstückskarte stehen *huevos motuleños* mit sautierten Bananen, Feta-Käse und weiteren Zutaten. Später am Tag kommen dann hervorragende Hauptgerichte mit Fleisch oder Fisch auf den Tisch. Reservierungen sind nur fürs Abendessen möglich.

Ausgehen & Unterhaltung

★ **Kakawa Chocolate House** CAFÉ
(Karte S. 980; ☎505-982-0388; www.kakawachocolates.com; 1050 Paseo de Peralta; ⊙Mo–Sa 9.30–18, So ab 12 Uhr) Schokofans sollten sich diese Hommage an die Kakaobohne nicht entgehen lassen. Hier gibt's nicht den vertrauten warmen Kakao mit Marshmallows, sondern Gebräue, die auf historischen Rezepten beruhen und in zwei Kategorien unterteilt sind: europäische (z. B. aus dem Frankreich des 17. Jhs.) und mesoamerikanische (Maya & Azteken) Getränke. Neben Trinkschokolade warten hier auch herrliche Schokopralinen (z. B. mit Kaktusfeige und Mescal) und pikante Chili-Karamellen.

★ **Santa Fe Spirits** DESTILLERIE
(Karte S. 980; ☎505-780-5906; https://santafespirits.com; 308 Read St; ⊙So 15–20, Mo bis 21, Di–Do bis 21.30, Fr & Sa bis 22 Uhr) Die Probierpalette der lokalen Destillerie weist eine eindrucksvolle Reihe von Schnäpsen auf, darunter Colkegan Single Malt, Wheeler's Gin und Expedition Vodka. Die Probierstube in der Stadt ist dank Ledersesseln und Deckenbalken ein trauliches Plätzchen für einen Aperitif. Interessierte können eine Führung (stündl.) durch die Destillerie buchen.

NICHT VERSÄUMEN

DAS MUSEUM OF NEW MEXICO

Zum Museum of New Mexico gehören vier ausgezeichnete Museen in Santa Fe. Zwei sind an der Plaza, die anderen beiden in Museum Hill, 2 Meilen (3,2 km) weiter südwestlich.

Palace of the Governors & New Mexico History Museum (Karte S. 980; ☎505-476-5100; www.palaceofthegovernors.org; 105 W Palace Ave; Erw./Kind 12 US$/frei; ⏱10–17 Uhr, Nov.–April Mo geschl.) Das älteste öffentliche Gebäude der USA von 1610 war einst das Wohnhaus des ersten spanischen Gouverneurs von New Mexico. Nach der Revolution von 1680 wurde es von Pueblo-Indianern besetzt, bevor es 1846 der Sitz der ersten US-amerikanischen Gouverneure wurde. Das benachbarte New Mexico History Museum erzählt sehr anschaulich die Geschichte des Staates seit der Ankunft der Spanier um 1500. Der Eingang zum Palace befindet sich im Museum.

New Mexico Museum of Art (Karte S. 980; ☎505-476-5072; www.nmartmuseum.org; 107 W Palace Ave; Erw./Kind 12 US$/frei; ⏱Di–So 10–17 Uhr, Führungen 13.30 Uhr) Das Museumsgebäude wurde 1917 errichtet und ist ein erstklassiges frühes Beispiel für Santa Fes Pueblo-Revival-Architektur. Seit knapp 100 Jahren sammelt und zeigt es Werke regionaler Künstler. Es ist eine wahre Schatztruhe großer Namen, die New Mexico in der Kulturlandschaft etabliert haben – von Taos Society of Artists bis zu Georgia O'Keeffe. Darüber hinaus lädt der hübsche Bau mit kühlem, kleinem Garten zu einem Spaziergang ein. Ständig wechselnde Ausstellungen sorgen für aktuelle Relevanz.

Museum of International Folk Art (☎505-476-1200; www.internationalfolkart.org; 706 Camino Lejo; Erw./Kind 12 US$/frei; ⏱10–17 Uhr, Nov.–April Mo geschl.; Ⓟ) Santa Fes ungewöhnlichstes und unterhaltsamstes Museum legt den Schwerpunkt auf die weltweit größte Sammlung von Volkskunst. Die riesige Hauptgalerie zeigt skurrile und faszinierende Objekte aus über 100 Ländern. Winzige Figuren scheinen in komplett nachgebauten Dorf- und Stadtszenerien ihren Geschäften nachzugehen, und Puppen, Masken, Spielzeug und Gewänder schmücken die Wände. Die wechselnden Ausstellungen in den anderen Flügeln sind folkloristischer Kunst und Kultur aus der ganzen Welt gewidmet.

Museum of Indian Arts & Culture (☎505-476-1269; www.indianartsandculture.org; 710 Camino Lejo; Erw./Kind 12 US$/frei; ⏱10–17 Uhr, Sept.–Mai Mo geschl.; Ⓟ) Das erstklassige Museum erläutert Ursprünge und Geschichte der verschiedenen indigenen Stämme des Südwestens, inklusive ihrer so unterschiedlichen kulturellen Traditionen. Angehörige der Pueblo-Indianer, der Navajo und der Apachen beschreiben ihre heutige Lebensrealität, daneben gibt es eine großartige Sammlung mit moderner und alter Keramik sowie fantasievolle zeitgenössische Ausstellungen.

★ Santa Fe Opera OPER
(☎505-986-5900; www.santafeopera.org; Hwy 84/285, Tesuque; Führungen Erw./Kind 10 US$/frei; ⏱Juli–Aug., Führungen Juni–Aug. Mo–Fr 9 Uhr) Viele kommen nur wegen der Oper nach Santa Fe: Sie begeistert mit Blick auf eine Sandsteinwildnis, gekrönt von Sonnenuntergangs- und Mondaufgängen. Auf der Bühne geben berühmte Talente Meisterwerke zum Besten. Dennoch ist dies immer noch der Wilde Westen: Zuschauer können problemlos Jeans tragen. Shuttles (Online-Reservierung erforderl.) verbinden das Theater mit Santa Fe (25 US$) und Albuquerque (40 US$).

Lensic Performing Arts Center DARSTELLENDE KUNST
(Karte S. 980; ☎505-988-7050; www.lensic.org; 211 W San Francisco St) Dieses Theater in einem wunderschön renovierten Kino von 1930 zeigt tourende Produktionen und Filmklassiker. Zudem treten sieben Ensembles auf, darunter das Aspen Santa Fe Ballet und das Santa Fe Symphony Orchestra & Chorus.

Jean Cocteau Cinema KINO
(Karte S. 980; ☎505-466-5528; www.jeancocteaucinema.com; 418 Montezuma Ave) Das von George R. R. Martin im Jahr 2013 wiederbelebte Kino ist die wichtigste Stätte vor Ort, um Indie-Filme zu gucken. Es gibt hier auch Signierstunden, Livekonzerte und eine Bar.

Shoppen

★ Santa Fe Farmers Market MARKT
(Karte S. 980; ☎505-983-4098; www.santafefarmersmarket.com; 1607 Paseo de Peralta auf Höhe

Guadalupe St; ⌚ Juni–Sept. Sa 7–13 Uhr, Okt.–Mai Sa 8–13 Uhr, je nach Saison auch Di & Mi; 👪) Auf dem riesigen Markt mit Innen- und Außenbereich werden die Erzeugnisse aus der Region verkauft, darunter viele alte Obst- und Gemüsesorten und Bioprodukte. Außerdem gibt's hausgemachte Leckereien, preiswertes Essen, Naturkosmetikprodukte und Kunsthandwerk.

Blue Rain KUNST

(Karte S. 980; ☎ 505-954-9902; www.blueraingallery.com; 544 S Guadalupe St; ⌚ Mo–Fr 10–18, Sa bis 17 Uhr) Die große Galerie im Railyard District ist die Top-Adresse vor Ort für zeitgenössische indianische sowie regionale Kunst. In der Regel finden mehrere Ausstellungen gleichzeitig statt. Man findet hier alles von modernen Töpferwaren und Skulpturen bis hin zu beeindruckenden Landschaftsbildern und Porträts.

Kowboyz KLEIDUNG

(Karte S. 980; ☎ 505-984-1256; www.kowboyz.com; 345 W Manhattan Ave; ⌚ 10–17.30 Uhr) Dieser Secondhand-Laden verkauft alles, was man für einen echten Cowboy-Look braucht. Während die T-Shirts günstig sind, muss man für die tollen Stiefel tief in die Tasche greifen. Zur Kundschaft gehören auch Filmrequisiteure, die nach authentischen Western-Outfits suchen.

Praktische Informationen

NOTFALL & MEDIZINISCHE VERSORGUNG

Christus St Vincent Hospital (☎ 505-983-3361; www.stvin.org; 455 St Michaels Dr; ⌚ 24 Std. Notaufnahme)

Polizei (☎ 505-428-3710; 2515 Camino Entrada)

TOURISTENINFORMATION

New Mexico Visitor Information Center (Karte S. 980; ☎ 505-827-7336; www.newmexico.org; 491 Old Santa Fe Trail; ⌚ Mo–Fr 10–17 Uhr) Das Personal dieses Büros im Lamy-Gebäude von 1878 ist sehr freundlich und hält gute Tipps und kostenlosen Kaffee bereit.

Public Lands Information Center (☎ 505-954-2002; www.publiclands.org; 301 Dinosaur Trail; ⌚ Mo–Fr 8–16.30 Uhr) Bei den äußerst hilfsbereiten Mitarbeitern sind Karten und Infos über ganz New Mexico erhältlich. Außerdem informiert das Personal sehr ausführlich über die verschiedenen Wanderwege.

Santa Fe Plaza Visitor Center (Karte S. 980; ☎ 800-777-2489; www.santafe.org; 66 E San Francisco St, Suite 3, Plaza Galeria; ⌚ 10–18 Uhr) In dem Büro in der Plaza Galeria sind Karten und Broschüren erhältlich. Ein weiteres Büro des Besucherzentrums befindet sich in Railyard (410 S Guadalupe St).

Anreise & Unterwegs vor Ort

Der kleine **Santa Fe Municipal Airport** (SAF; ☎ 505-955-2900; www.santafenm.gov/airport; 121 Aviation Dr) bietet tägliche Verbindungen nach Denver, Dallas und Phoenix. Der Flughafen befindet sich 10 Meilen (16 km) südwestlich der Innenstadt.

Der **Sandia Shuttle Express** (☎ 888-775-5696; www.sandiashuttle.com; $33) verbindet Santa Fe mit dem Flughafen Albuquerque Sunport.

North Central Regional Transit (Karte S. 980; ☎ 505-629-4725; www.ncrtd.org) bietet an Werktagen einen kostenlosen Shuttle-Service von Santa Fes Innenstadt nach Española. Von dort fahren dann Shuttle-Busse nach Taos, Los Alamos, Ojo Caliente und in andere Orte im Norden. Abfahrt und Ankunft ist jeweils an der Bushaltestelle der Santa Fe Trails beim Sheridan Transit Center in der Sheridan St, einen Block nordwestlich der Plaza.

Am Wochenende fährt der **Taos Express** (☎ 866-206-0754; www.taosexpress.com; 5 US$; ⌚ Sa & So) nordwärts nach Taos. Abfahrt ist an der Kreuzung der Guadalupe und der Montezuma St beim Railyard.

Der Pendlerzug **Rail Runner** (S. 977) bietet werktags acht und am Wochenende sieben Verbindungen nach Albuquerque; die Züge fahren vom Railyard und halten an der South Capitol Station, 1 Meile (1,6 km) südwestlich. Die Fahrt dauert rund eindreiviertel Stunden. Ankommende Fahrgäste können die kostenlosen Busse von Santa Fe Trails nutzen.

Die Züge von **Amtrak** (800-872-7245; www.amtrak.com) halten am Bahnhof Lamy, 17 Meilen (27,4 km) südöstlich der Stadt, von wo alle 30 Minuten Busse nach Santa Fe fahren.

Auf der Fahrt zwischen Santa Fe und Albuquerque sollte man möglichst den Hwy 14 (Turquoise Trail) nehmen, der durch die alte Bergwerkssiedlung (und heutige Künstlerkolonie) Madrid, 28 Meilen (45,1 km) südlich von Santa Fe, führt.

Der kostenlose **Santa Fe Pick-Up** wartet auf die Rail-Runner-Züge und fährt dann bis 17.30 Uhr durch die Innenstadt und nach Museum Hill. Unterwegs hält er etwa alle 15 Minuten an.

Die Busse von **Santa Fe Trails** (Karte S. 980; ☎ 505-955-2001; www.santafenm.gov/transit; Erw./Kind 1 US$/frei, Tageskarte 2 US$) fahren am Transit Center in der Innenstadt ab. Für Besucher der Stadt besonders praktisch sind die Linien M nach Museum Hill und 2 durch die Cerrillos Rd.

Rund um Santa Fe

Las Vegas

Las Vegas, nicht zu verwechseln mit dem schillernden Spielerparadies in Nevada, ist eine der hübschesten Kleinstädte in New Mexico und zugleich auch die größte und älteste Gemeinde östlich der Sangre de Cristo Mountains. In der gut zu Fuß erkundbaren Downtown gibt's eine hübsche Old Town Plaza und rund 900 Gebäude im Südwest- und viktorianischen Stil, die auch im National Register of Historic Places aufgeführt sind.

Das 1882 erbaute und ein Jahrhundert später sorgfältig renovierte **Plaza Hotel** (505-425-3591; http://plazahotellvnm.com; 230 Plaza St; Zi. 89–149 US$;) ist sehr elegant und die berühmteste Unterkunft in Las Vegas, nicht zuletzt wegen des Kinofilms *No Country For Old Men*. Das ebenfalls restaurierte Schwesterhotel **Castañeda Hotel** (505-425-3591; www.castanedahotel.org; 524 Railroad Ave; Zi. 89–149 US$, Suite 169 US$;) war das erste einer Reihe von Hotels, die der legendäre Hotelier Fred Harvey entlang der Eisenbahnstrecke baute. 2019 wurde es wieder eröffnet.

Im **Traveler's Cafe** (505-426-8638; www.facebook.com/travelerscafenm; 1814 Plaza St; Gebäck 1–4 US$, Salate & Sandwiches 6–9 US$; Mo–Sa 7–19 Uhr;) direkt am zentralen Platz bekommt man Kaffee und Sandwiches.

Los Alamos

Das streng geheime Manhattan-Projekt nahm 1943 in Los Alamos seinen Anfang und verwandelte das verschlafene Nest auf dem Plateau einer Mesa in ein geschäftiges Labor, in dem Superhirne herumtüftelten. Hier, in der „Stadt, die nicht existierte", wurde die erste Atombombe entwickelt, und das unter absoluter Geheimhaltung. Heute versprüht die Stadt dynamisches Flair. Wer Lust auf eine Shoppingtour hat, findet hier T-Shirts mit aufgedrucktem Atompilz neben „La Bomba"-Wein und Büchern zur Pueblo-Geschichte und zu Wanderungen in der Wildnis.

Natürlich kann man das **Los Alamos National Laboratory** nicht besuchen, denn hier wird immer noch Forschung betrieben. Doch das interaktive **Bradbury Science Museum** (505-667-4444; www.lanl.gov/museum; 1350 Central Ave; Di–Sa 10–17, So & Mo 13–17 Uhr; P) GRATIS erzählt mit faszinierenden Ausstellungsstücken die Geschichte der Atomenergie. Im Besucherzentrum im Manhattan Project National Historic Park kann man noch mehr über die geheime Stadt erfahren und mithilfe einer Karte bedeutende Stätten in der Innenstadt und rund um die Mesa besuchen. Außerdem gibt's noch das kleine, sehr interessante **Los Alamos Historical Museum** (505-662-6272; www.losalamoshistory.org; 1050 Bathtub Row; 5 US$; Mo–Fr 9–17, Sa & So 10–16 Uhr) auf dem Gelände der ehemaligen Los Alamos Ranch School. Die Jungenschule mitten in der Natur wurde geschlossen, als Los Alamos zum atomaren Forschungszentrum wurde.

Im **Blue Window Bistro** (505-662-6305; www.labluewindowbistro.com; 1789 Central Ave; Mittagessen 9–13 US$, Abendessen 9–32 US$; Mo–Fr 11–14.30, Mo–Sa 17–20.30 Uhr) gibt es Burger und Enchiladas. Danach kann man in der städtischen **Bathtub Row Brewing** (505-500-8381; www.bathtubrowbrewing.coop; 163 Central Park Sq; So–Do 14–22, Fr & Sa 14–23 Uhr;) noch ein Bier trinken.

Bandelier National Monument

Die frühen Pueblo-Indianer lebten in den Felsen des schönen Frijoles Canyon, der heute im **Bandelier National Monument** (505-672-3861; www.nps.gov/band; Hwy 4; Einlass für eine Woche 20 US$/Fahrzeug; Sonnenaufgang–Sonnenuntergang; P) unter Schutz steht. Abenteuerlustige können auf Leitern in alte Höhlen und *kivas* (Kammern) klettern, die bis Mitte des 16. Jhs. bewohnt waren. Für das Campen auf freiem Gelände (das wegen Überflutungsgefahr von Juli bis Mitte September nur oben auf der Mesa gestattet ist) braucht man eine kostenlose Genehmigung. Rund 100 Stellplätze bietet der Juniper Campground unter den Bäumen ganz in der Nähe des Eingangs zum National Monument.

Von Mitte Mai bis Mitte Oktober kann man um 9 und 15 Uhr mit dem Shuttle-Bus vom **White Rock Visitor Center** (505-672-3193; www.nps.gov/band; 115 Hwy 4, White Rock; Mitte Mai–Mitte Okt. 8–18 Uhr, restliches Jahr 10–14 Uhr), 8,5 Meilen (13,6 km) weiter nördlich am Hwy 4, nach Bandelier fahren.

Abiquiu

Das spanisch geprägte Dorf Abiquiu (klingt wie „Barbecue") am Hwy 84 liegt eine rund 45-minütige Autofahrt nordwestlich von

STRASSENGALERIEN AM CANYON

Einst war die Canyon Rd ein Fußweg der Pueblo-Indianer und später die Hauptstraße einer spanischen Bauernsiedlung. Seit den 1920er-Jahren wandelte sie sich dann zu Santa Fes berühmtester Kunst-Avenue, als Künstler, unter ihnen die Los Cinco Pintores (fünf Maler mit einer Vorliebe für die Landschaften New Mexicos), wegen der günstigen Mieten hierher zogen.

Heute ist die Canyon Rd eine Top-Attraktion. Hier finden sich mehr als 100 der mehr als 300 Galerien der Stadt. Das Zentrum der munteren Kunstszene von Santa Fe bietet alles von indianischen Antiquitäten über Meisterwerke der Santa Fe School bis hin zu provokanten modernen Werken. Man sollte sich bei einem Galeriebummel nicht überwältigen lassen – einfach zwanglos umschauen!

Von Mai bis Oktober ist freitagabends hier richtig was los: Zwischen 17 und 19 Uhr veranstalten die Galerien glanzvolle Eröffnungen. Das sind gesellschaftliche Großereignisse, bei denen die Besucher in den Galerien stöbern und sich mit den Künstlern unterhalten können. Dazu gibt's Käse, Weißwein und Cidre.

Santa Fe. Berühmt ist es für die Künstlerin Georgia O'Keeffe, die von 1949 bis zu ihrem Tod 1986 hier lebte und malte. Die traumhafte Landschaft – der Chama River windet sich an Ackerland und spektakulären Felsformationen vorbei – zieht nach wie vor Künstler an.

Als erstes sollte man im neuen **Georgia O'Keeffe Welcome Center** (505-946-1000; www.okeeffemuseum.org; 21220 Hwy 84; 8.30–17 Uhr; P) vorbeischauen, um sich einen Überblick über die Sehenswürdigkeiten zu verschaffen, die im Zusammenhang mit der Künstlerin stehen. Das Zentrum bietet aber auch einstündige **Touren** (505-685-4539; www.okeeffemuseum.org; normale Tour 40 US$; Anfang März–Mitte Nov. Di–Sa) zum Adobe-Haus von Goergia O'Keeffe an. Die Touren sind jedoch oft schon Monate im Voraus ausgebucht.

15 Meilen (24 km) weiter nordwestlich liegt die 84 000 ha große **Ghost Ranch** (505-685-1000; www.ghostranch.org; Hwy 84; Tageskarte Erw./Kind 5/3 US$; Besucherzentrum 8–21 Uhr; P), auf die sich O'Keeffe oft zurückgezogen hat. Neben fantastischen Wanderwegen gibt's hier auch ein **Dinosauriermuseum** und einfache **Unterkünfte** (505-685-1000; www.ghostranch.org; Stellplatz Zelt & Wohnmobil 35–45 US$, DZ 99 US$, Zi. mit/ohne Bad ab 169/159 US$; @), und man kann reiten (95 US$) oder verschiedene Touren in Angriff nehmen. Vor dem Besuch sollte man sich unbedingt auf der Website informieren.

Das hübsche **Abiquiú Inn** (505-685-4378; www.abiquiuinn.com; 21120 Hwy 84; Zi. ab 170 US$, Casita 250 US$; P) ist eine weitläufige Ansammlung von Pseudo-Adobe-Häusern im Schatten von Bäumen. Die geräumigen Casitas haben eine kleine Küche. Das hauseigene Restaurant **Cafe Abiquiú** (505-685-4378; www.abiquiuinn.com; Abiquiú Inn; Frühstück 6–12 US$, Mittag- & Abendessen 10–29 US$; 7–21 Uhr;) bietet die üblichen Spezialitäten aus New Mexico.

Ojo Caliente

Mit mehr als 150 Jahren ist das **Ojo Caliente Mineral Springs Resort & Spa** (505-583-2233; www.ojospa.com; 50 Los Baños Dr; Zi. 209 US$, Cottage 249 US$, Suite ab 319 US$, Stellplatz Zelt & Wohnmobil 40 US$; P) eines der ältesten Kurbäder des Landes. Die Pueblo-Indianer nutzen die Thermalquellen noch viel länger. Das Resort liegt 50 Meilen (80 km) nördlich von Santa Fe am Hwy 285. Das Wasser in den elf Becken hat unterschiedliche mineralische Zusammensetzungen. Die Zimmer des historischen Hotels sind schön, aber nichts Besonderes. Daneben gibt es luxuriöse Suiten in kräftigen Farben und mit *kiva*-Kaminen und Whirlpool sowie Cottages im Stil von New Mexico. Im **Artesian Restaurant** (www.ojospa.com; 50 Los Baños Dr; Mittagessen 11–16 US$, Abendessen 16–38 US$; tgl. 7.30–11, 11.30–14.30 & 17–21 Uhr, Sommer Fr & Sa bis 21.30 Uhr;) werden Bio-Produkte aus der Region zu hervorragenden Gerichten verarbeitet.

Taos

Selbst im Land der Verzauberung sticht Taos mit seiner spektakulären Szenerie heraus: Schneebedeckte, 3750 m hohe Gipfel erheben sich hinter der Stadt, und nach Westen erstreckt sich eine mit Salbei bedeckte Hochebene, die dann plötzlich 244 m tief in die Rio Grande Gorge abfällt. Der Himmel präsentiert sich mal in strahlendem Saphirblau, mal mit riesigen Gewitterwolken, angesichts derer selbst die Berge klein wirken. Und dann sind da auch noch die fantastischen Sonnenuntergänge!

Der Taos Pueblo, ein Juwel der Lehmziegelarchitektur, gehört zu den ältesten ununterbrochen bewohnten Siedlungen in den USA, und die lange Stadtgeschichte reicht von den Konquistadoren über Cowboys bis zu Künstlern. Die Stadt Taos wiederum ist ein entspannter, exzentrischer Ort mit typischen Adobe-Gebäuden, fabelhaften Museen, skurrilen Cafés und tollen Restaurants. Zu den 5000 Einwohnern zählen Bohemiens und Hippies, Fans alternativer Energien und alteingesessene, spanischstämmige Familien. Das Städtchen ist ländlich und weltzugewandt, aber auch ein bisschen abgedreht.

Sehenswertes

★ Millicent Rogers Museum MUSEUM

(☎575-758-2462; www.millicentrogers.org; 1504 Millicent Rogers Rd; Erw./Kind 6–16 Jahre 10/2 US$; ⌚10–17 Uhr; P) Das großartige Museum 4 Meilen (6,5 km) nordwestlich der Plaza beherbergt die Privatsammlung der Ölerbin und Modeikone Millicent Rogers, die 1947 nach Taos zog. Es zeigt hispanische Volkskunst, Webereien der Navajo und sogar von Rogers selbst entworfenen modernistischen Schmuck. Der Schwerpunkt liegt jedoch auf indianischen Keramiken, vor allem auf den wunderschönen komplett schwarzen Werken, die Maria Martínez aus San Ildefonso Pueblo im 20. Jh. anfertigte.

Rio Grande Gorge Bridge BRÜCKE & CANYON

(P) Die schwindelerregende Stahlbrücke von 1965 führt den Hwy 64 rund 12 Meilen (19,2 km) nordwestlich von Taos über den Rio Grande. Manchen Quellen zufolge ist sie die siebthöchste Brücke der USA. Sie ist knapp 172 m hoch und 182 m lang. Von der Brücke kann man in die zerklüftete Schlucht und nach Westen über das Taos Plateau blicken. Auf der Ostseite verkaufen fliegende Händler Schmuck, Salbei und andere Souvenirs.

Der **West Rim Trail** führt vom Parkplatz auf der westlichen Seite über 9 Meilen (14,4 km) nach Süden. Unterwegs hat man einen tollen Blick auf das Plateau und die Sangre de Cristo Mountains.

Martínez Hacienda MUSEUM

(☎575-758-1000; www.taoshistoricmuseums.org; 708 Hacienda Way, abseits der Lower Ranchitos Rd; Erw./Kind 8/4 US$, ⌚Mo 11–16, Di, Fr & Sa, So ab 12 Uhr; P) Das befestigte Gehöft aus Lehmziegeln wurde 1804 errichtet und liegt 2 Meilen (3 km) südwestlich der Plaza mitten in den Feldern. Einst diente es als Handelsposten für Kaufleute, die zuerst von Mexiko-Stadt aus dem Camino Real Richtung Norden folgten und später dem Santa Fe Trail nach Westen. Die 21 Zimmer säumen einen Innenhof und sind mit den wenigen Besitztümern eingerichtet, die sich selbst eine wohlhabende Familie in der damaligen Zeit kaum leisten konnte. Vor Ort finden regelmäßig Kulturveranstaltungen statt.

Harwood Museum of Art MUSEUM

(☎575-758-9826; www.harwoodmuseum.org; 238 Ledoux St; Erw./Kind 10 US$/frei; ⌚Di–Fr 10–17, Sa & So ab 12 Uhr; P) Ein großartiger, weitläufiger Adobe-Komplex aus der Mitte des 19. Jhs. beherbergt attraktiv präsentierte historische und zeitgenössische Gemälde, Zeichnungen, Drucke, Skulpturen und Fotografien, die vor allem von Künstlern aus dem Norden New Mexicos stammen. Harwood wurde 1923 gegründet und ist somit das zweitälteste Museum des Bundestaats. Schwerpunkte sind hiesige hispanische Traditionen und die Taos-Schule des 20. Jhs.

San Francisco de Asís Church KIRCHE

(☎575-751-0518; St. Francis Plaza, Ranchos de Taos; ⌚9–16 Uhr, im Winter wechselnde Öffnungszeiten; P) Die hübsche Kirche in Ranchos de Taos 4 Meilen (6,4 km) südlich der Taos Plaza unweit des Hwy 68 wurde 1815 fertiggestellt. Die für ihre Rundungen und strengen Winkel bekannte Adobe-Kirche wurde immer wieder von Georgia O'Keeffe gemalt und von Ansel Adams fotografiert. Die Gottesdienste am Wochenende finden samstags um 8 (auf Spanisch) und 17 Uhr und sonntags um 10 Uhr statt.

Earthships ARCHITEKTUR

(☎575-613-4409; www.earthship.com; Hwy 64; Touren auf eigene Faust 8 US$; ⌚Juni–Aug. 9–17 Uhr, Sept.–Mai 10–16 Uhr; P) Die moderne Pioniergemeinde ist das geistige Kind des Architekten Michael Reynolds. Die 70 Earthships (Erdschiffe) bestehen aus recycelten Materialien wie gebrauchten Autoreifen oder Dosen. Sie sind auf drei Seiten mit Erde bedeckt und heizen bzw. kühlen sich selbst. Zudem produzieren sie ihren eigenen Strom und sammeln ihr eigenes Wasser, während die Bewohner Lebensmittel selbst anbauen. Das Gelände bietet noch Platz für 60 weitere Earthships. Falls möglich, sollte man sich für eine Nacht einquartieren, (☎575-751-0462; www.earthship.com; Hwy 64; Earthships 169–410 US$; P📶🐾), denn die „Führung" ist enttäuschend. Das Visitor Center liegt 1,5 Meilen (ca. 2,5 km) westlich der Rio Grande Gorge Bridge am US Hwy 64.

Aktivitäten

Im Sommer sind Wildwasserfahrten durch die Taos Box, den von steilen Klippen umrahmten Lauf des Rio Grande, beliebt. Es gibt auch viele ausgezeichnete Wanderwege und Mountainbike-Trails. Mit einem 3602 m hohen Gipfel und einem Abhang mit 998 m Höhenunterschied bietet das **Taos Ski Valley** (☎866-968-7386; www.skitaos.org; Liftticket Erw./Jugendliche/Kind 98/81/61 US$; ⏲9–16 Uhr) Ski- und Snowboard-Möglichkeiten, die zu den anspruchsvollsten in den USA zählen, und trotzdem geht es hier immer noch lässig und entspannt zu.

Los Rios River Runners RAFTING
(☎575-776-8854; www.losriosriverrunners.com; halber Tag Erw./Kind 54/44 $; ⏲Ende April–Sept.) Die Halbtagestouren – in Einer- oder Zweierkajaks – finden auf dem Racecourse statt, die Tagestouren in der Box (Mindestalter 12 Jahre). Außerdem werden Touren mit mehreren Übernachtungen auf dem wundervollen Chama angeboten. Beim „Native Cultures Feast and Float" werden die Touren von einem amerikanischen Ureinwohner geführt, und es gibt Mittagessen bei einer einheimischen Pueblo-Familie. Die Rafting-Touren finden nur bei ausreichendem Wasserstand statt.

CHIMAYÓ

Das „amerikanische Lourdes", die außerordentlich hübsche Lehmziegelkapelle **El Santuario de Chimayó** (☎505-351-4360; www.elsantuariodechimayo.us; 15 Santuario Dr; ⏲Mai–Sept. 9–18 Uhr, Okt.–April bis 17 Uhr; P) GRATIS mit zwei Türmen, steht mitten in den Bergen der sogenannten High Road östlich des Hwy 84, 28 Meilen (45 km) nördlich von Santa Fe. Sie wurde 1826 an einer Stelle errichtet, an der die Erde wundersame Heilkräfte besitzen soll. Bis heute kommen Gläubige, um *tierra bendita* (heilige Erde) aus einer kleinen Grube im Gebäudeinneren auf schmerzende Körperstellen zu reiben. Während der Karwoche wandern rund 30 000 Pilger von Santa Fe, Albuquerque und anderen Orten nach Chimayó. Das Ganze ist die größte Pilgerprozession der USA. Das Kunstwerk im *santuario* ist für sich genommen einen Besuch wert. Danach kann man sich im **Rancho de Chimayó** (☎505-351-4444; www.ranchodechimayo.com; County Rd 98; Mittagessen 9–11 US$, Abendessen 12–27 US$; ⏲Di–Fr 11.30–20.30, Sa & So ab 8.30 Uhr) ein deftiges Mittag- oder Abendessen schmecken lassen.

Schlafen

Hotel Luna Mystica WOHNWAGENPARK $
(☎505-977-2424; www.hotellunamystica.com; 25 ABC Mesa Rd; Wohnmobil 95–195 US$, Baracke 25 US$; P📶🐾) Der neue Wohnwagenpark auf der Taos Mesa zwischen den Sangre de Cristos Mountains und der Rio Grande Gorge 8 Meilen (12,8 km) nordwestlich der Innenstadt bietet Oldtimer-Wohnmobile und eine grandiose Aussicht. Die schicken Wohnwagen sind jeweils mit Bad und Küche sowie einer Feuerstelle ausgestattet. Außer in der hostelähnlichen Baracke sind auch überall Duschen vorhanden.

★ **Doña Luz Inn** B&B $$
(☎575-758-9000; www.stayintaos.com; 114 Kit Carson Rd; Zi. 119–209 US$; P❄@📶🐾) Das lebhafte, zentral gelegene B&B ist eine Herzensangelegenheit seines Besitzers Paul Castillo. Die farbenfrohen Zimmer sind passend zu unterschiedlichen Themen gestaltet, etwa zur spanischen Kolonialzeit oder à la Indianer, und mit vielen Kunstwerken, Wandgemälden und Artefakten geschmückt. Außerdem haben sie einen Adobe-Kamin und eine Küchenzeile. Ganz oben (und über viele Treppen zu erreichen) ist der herrliche Rainbow Room mit Whirlpool und eigener Dachterrasse, von der man einen fantastischen Blick auf die Stadt hat.

★ **Historic Taos Inn** HISTORISCHES HOTEL $$
(☎575-758-2233; www.taosinn.com; 125 Paseo del Pueblo Norte; Zi. ab 179 US$; P❄📶) Die 45 Zimmer des charmanten, gut besuchten alten Gästehauses versprühen jede Menge Flair, dafür sorgt die Einrichtung im Südweststaatenstil mit massiven Holzelementen und Lehmziegelkaminen, die aber teilweise nur Dekozwecken dienen. In der berühmten Adobe Bar im gemütlichen zentralen Atrium wird jeden Abend Livemusik gespielt. Wer etwas ruhiger schlafen möchte, wählt besser ein Zimmer in einem der sepa-

raten Flügel. Es gibt außerdem ein gutes **Restaurant** (☎575-758-1977; www.taosinn.com; 125 Paseo del Pueblo Norte, Historic Taos Inn; Frühstück & Mittagessen 9–17 US$, Abendessen 17–28 US$; ⏲Mo–Fr 11–15 & 17–21, Sa & So 7.30–14.30 & 17–21 Uhr).

Essen

Taos Diner DINER $
(☎575-758-2374; 908 Paseo del Pueblo Norte; Hauptgerichte 4–14 US$; ⏲7–15 Uhr; 👪) Das hervorragende Diner-Essen wird durch den südwestlichen Bio-Touch noch besser. Der Diner ist ein beliebter Treffpunkt für Männer aus den Bergen, etwas heruntergekommene Typen, Singles und Touristen. Die Burritos zum Frühstück sind der Hit. Es gibt auch noch eine Filiale südlich der Plaza (216B Paseo del Pueblo Sur).

Love Apple NEW-MEXICO-KÜCHE $$
(☎575-751-0050; www.theloveapple.net; 803 Paseo del Pueblo Norte; Hauptgerichte 16–18 US$; ⏲Di–So 17–21 Uhr) So ein Restaurant gibt's wirklich nur in New Mexico! Von der rustikalen Ausstattung in einer umgebauten Adobe-Kapelle aus dem 19. Jh. bis zum leckeren Essen aus (meist) Bio-Zutaten aus der Region ist alles einzigartig. Bei den Gerichten handelt es sich um Hamburger mit rotem Chili, Blauschimmelkäse und Rindfleisch aus der Region, Tamales mit Mole-Sauce und Lendchen vom Wildschwein. Es wird nur Bargeld akzeptiert, und es gibt keinen Geldautomaten vor Ort.

★ **Lambert's** MODERN-AMERIKANISCH $$$
(☎575-758-1009; www.lambertsoftaos.com; 123 Bent St; Mittagessen 10–15 US$, Abendessen 23–38 US$; ⏲11.30–21 Uhr; 🖉👪) Das beständig als „bestes Restaurant in Taos" gelobte Lokal befindet sich in einem zauberhaften alten Adobe-Gebäude nördlich der Plaza. Es ist gemütlich und romantisch, die zeitgenössische Küche ist wunderbar und bietet mittags gegrillte Schweinesteaks und abends Gerichte wie Enchiladas mit Mango-Hühnchen oder Lammkeule aus Colorado.

Die berühmten frisch gepressten Margaritas kosten in der Happy Hour (14.30–18.30 Uhr) nur 6 US$..

Ausgehen & Unterhaltung

Adobe Bar BAR
(☎575-758-2233; 125 Paseo del Pueblo Norte; ⏲11–22 Uhr, Musik ab 18.30 Uhr) Die Adobe Bar hat das gewisse Etwas: Jeden Abend scheint hier irgendwann ganz Taos aufzutauchen, um bei Livemusik (Bluegrass, Jazz etc.; keine Cover-Versionen) und den berühmten Cowboy-Buddha-Margaritas in der gemütlichen Atmosphäre des überdachten Atriums zu entspannen. Wer länger bleibt, kann auch jederzeit Gerichte von der günstigen Barkarte bestellen.

Taos Mesa Brewery BRAUEREI
(☎575-753-1900; www.taosmesabrewing.com; 20 ABC Mesa Rd; ⏲12–23 Uhr) In dem Lokal in einem ehemaligen Hangar des Flughafens bekommt man tolles Bier zu Livemusik und Tacos à la carte. Den beliebten Treffpunkt von Wanderern und zum Après-Ski sollte man keinesfalls verpassen. Um genügend Raum für die Livemusik – meist Funk am Freitag, Bluegrass am Samstag und Two Step am Sonntag – zu lassen, ist die Zahl der Sitzplätze im Innenraum recht begrenzt. Es gibt auch noch eine weitere **Kneipe der Brauerei** (☎575-758-1900; www.taosmesabrewing.com; 201 Paseo del Pueblo Sur; ⏲12–23 Uhr) in der Stadt

Shoppen

Taos ist seit jeher ein Mekka für Künstler, davon zeugt eine große Zahl von Galerien und Ateliers in der und rund um die Stadt. Eigenständige Geschäfte und Galerien säumen die Fußgängerzone **John Dunn Shops** (www.johndunnshops.com) zwischen Bent St und Taos Plaza.

Östlich der Plaza ist der **El Rincón Trading Post** (☎575-758-9188; 114 Kit Carson Rd; ⏲Mo–Fr 9–17, Sa 10–17, So 11–17 Uhr), wo man jede Menge klassische Erinnerungsstücke an den Wilden Westen findet.

An- & Weiterreise

Von Santa Fe aus nimmt man entweder die landschaftlich reizvolle High Road über die Highways 76 und 518, an deren Rand lohnende Galerien, Dörfer und Stätten locken, oder fährt über den Hwy 68 durch die fantastische Landschaft am Rio Grande.

Die Busse von **North Central Regional Transit** (www.www.ncrtd.org) fahren durch den gesamten Norden des zentralen New Mexico, u. a. auch nach Santa Fe. Abfahrt und Ankunft ist bei den Büros von Taos County in der Nähe der Paseo del Pueblo Sur, 1,6 km südlich der Plaza.

Taos Express (S. 984) bietet samstags und sonntags einen Shuttle-Service nach Santa Fe (einfache Strecke Erw./Kind 5 US$/frei). Dort hat man Anschluss an die Züge von Rail Runner von und nach Albuquerque.

NICHT VERSÄUMEN

TAOS PUEBLO

Taos Pueblo (☎575-758-1028; www.taospueblo.com; Taos Pueblo Rd; Erw./Kind unter 11 Jahren 16 US$/frei; ⏲Mo–Sa 8–16.30, So 8.30–16.30 Uhr, Mitte Feb.–Mitte April geschl.) besteht aus zwei fünfstöckigen Adobe-Gebäuden. Sie stehen beiderseits des Río Pueblo de Taos vor dem Hintergrund der atemberaubenden Sangre de Cristos Mountains. Sie gelten als Paradebeispiel der alten Pueblo-Architektur und wurden vermutlich um 1450 fertiggestellt. Sie sind heute noch so erhalten, wie sie die ersten spanischen Entdecker vorfanden. Nur die hübsche, kleine katholische Missionskirche wurde nachträglich hinzugefügt.

Die Bewohner führen die Besucher (gegen eine Spende) durch das Pueblo und erklären seine Geschichte und Umgebung. Außerdem wird schöner Schmuck, Keramik und anderes Kunsthandwerk verkauft. Gelegentlich bäckt man auch immer noch Brot in den traditionellen runden Adobe-Öfen. Von Februar bis April ist das Pueblo zehn Wochen lang geschlossen, ebenso bei Zeremonien und besonderen Veranstaltungen. Die genauen Termine erfährt man telefonisch oder auf der Website.

Nordwestliches New Mexico

New Mexicos wilder Nordwesten ist von weiten, menschenleeren Flächen geprägt. Das Gebiet heißt immer noch „Indian Country", denn große Teile gehören den Völkern der Navajo, Zuñi, Acoma, Apache und Laguna. Neben bemerkenswerten uralten Stätten gibt es in diesem Teil New Mexicos einsame indigene Siedlungen. Und nach dem Kulturerlebnis kann man mit einer historischen Schmalspurbahn durch die Berge fahren, über hinreißendes Ödland wandern oder die Angel nach großen Forellen auswerfen.

Farmington & Umgebung

Farmington ist die größte Stadt im Nordwesten New Mexicos und eignet sich gut als Basis für Entdeckungstouren ins Four-Corners-Gebiet (Vierländereck). Das **Visitors Bureau** (☎505-326-7602; www.farmingtonnm.org; 3041 E Main St; ⏲Mo–Sa 8–17 Uhr) hat genauere Infos. **Shiprock**, ein 518 m hoher Vulkanschlot, ragt über der Landschaft im Westen empor. Er diente den angelsächsischen Pionieren als Orientierungspunkt und ist den Navajo heilig.

14 Meilen (22,4 km) nordöstlich von Farmington befindet sich das 108 ha große **Aztec Ruins National Monument** (☎505-334-6174; www.nps.gov/azru; 725 Ruins Rd; ⏲Mitte Mai–Aug. 8–18 Uhr, Sept. & Okt. 8–16 Uhr, Nov.–Mitte Mai 9–16 Uhr; P) GRATIS. Mit einem Innendurchmesser von knapp 15 m ist es die größte wiederaufgebaute *kiva* des Landes. Ein paar Schritte weiter gelangt man durch niedrige Türen in die dunklen Räume der West Ruin.

Rund 35 Meilen (56 km) südlich von Farmington erstreckt sich entlang des Hwy 371 die ursprüngliche **Bisti/De-Na-Zin Wilderness Area** (www.blm.gov/visit/bisti-de-na-zin-wilderness). Die surreale Landschaft ist voller bizarrer Felsformationen, die besonders bei Sonnenuntergang in allen Farben leuchten. Ein Paradies für Wüstenfans! Im **BLM-Büro** (☎505-564-7600; www.blm.gov/new-mexico; 6251 College Blvd; ⏲Mo–Fr 7.45–16.30 Uhr) in Farmington bekommt man Infos darüber.

Das hübsche **Silver River Adobe Inn B&B** (☎505-325-8219; www.silveradobe.com; 3151 W Main St; Zi. 115–205 US$; ❄📶) mit drei Zimmern ist eine Oase der Ruhe und liegt zwischen Bäumen am San Juan River. Dem hippen **Three Rivers Eatery & Brewhouse** (☎505-324-2187; www.threeriversbrewery.com; 101 E Main St; Hauptgerichte 10–27 US$, Pizza 8–22 US$; ⏲11–22 Uhr; 📶👪) gelingt es, trendy und kinderfreundlich zugleich zu sein. Neben guten Steaks gibt es Kneipenkost und Bier aus eigener Herstellung. Das mit Abstand beste Restaurant der Stadt!

Chaco Culture National Historical Park

Der faszinierende **Chaco National Park** (☎505-786 7014; www.nps.gov/chcu; 7-Tage-Pass 25 US$/Fahrzeug; ⏲7 Uhr–Sonnenuntergang; P) mitten in einer einsamen Hochwüste war schon vor 5000 Jahren besiedelt. Davon zeugen die uralten Gebäude der Pueblo.

Die Siedlung im Chaco Canyon war in erster Linie ein bedeutendes Zentrum des Handels und für Zeremonien. Sie war aber auch ein Meisterwerk der Stadtplanung. Das **Pueblo Bonito** ist vier Stockwerke hoch und könnte 600 bis 800 Räume und *kivas* enthalten haben. Man kann auf eigene Faust durch den Park fahren oder Wanderungen ins Hinterland unternehmen. Der 3,2 km lange **Rundwanderweg** (Canyon Loop Rd) führt zum Pueblo Bonito Overlook, wo man einen tollen Blick auf das Pueblo und den Canyon hat. Im Sommer werden auch Himmelsbeobachtungen angeboten. Der abgelegene Park liegt etwa 80 Meilen (128 km) südlich von Farmington und ist mit öffentlichen Verkehrsmitteln nicht zu erreichen. Die Fahrt über zumeist unbefestigte Straßen ist extrem holprig. Der **Gallo Campground** (☎877-444-6777; www.recreation.gov; Stellplatz Zelt & Wohnmobil 15 US$) liegt 1 Meile (1,6 km) östlich des Besucherzentrums. Es gibt keine Anschlüsse fürs Wohnmobil.

Nordöstliches New Mexico

Östlich von Santa Fe gehen die grünen Sangre de Cristo Mountains in eine riesige Hochebene über. Staubiges Grasland erstreckt sich bis zum Horizont – oder zumindest bis Texas. Die von Vulkanen übersäte Landschaft ist von Rinderherden und Dinosaurierfossilien geprägt. Die Viehwirtschaft ist hier der größte Wirtschaftsfaktor, und in vielen Gegenden sieht man mehr Rinder als Autos – und manchmal auch Bisons. Auf der Philmont Ranch in Cimarron treffen sich jeden Sommer die Pfadfinder der ganzen USA, doch seit der Eröffnung ihres National Scouting Museum könnte in der Stadt künftig das ganze Jahr über etwas los sein.

Der Santa Fe Trail, auf dem die frühen Händler mit Planwagen reisten, verlief von Missouri nach New Mexico. An manchen Stellen abseits der I-25 zwischen Santa Fe und Raton kann man immer noch die Spurrillen sehen. Die Gegend ist genau das Richtige, wenn man den Alten Westen ohne Konsum-Hype erleben will.

Cimarron

Cimarron gehörte einst zu den gefährlichsten Pflastern im Wilden Westen; der spanische Name bedeutet zu deutsch „wild". Es heißt, dass Mord in den 1870er-Jahren an der Tagesordnung war und es eine Schlagzeile wert war, wenn mal zur Abwechslung nichts geschehen war. Eine Zeitung titelte z. B.: „Alles ruhig in Cimarron. Seit drei Tagen wurde niemand ermordet."

Die einfache Stadt lockt vor allem Naturliebhaber, die die großartige Umgebung genießen möchten. Wer von oder nach Taos fährt, kommt durch den grandiosen **Cimarron Canyon State Park**. Der Canyon mit den steil aufragenden Felswänden ist ideal zum Wandern, Forellenangeln und Campen. Hier befindet sich auch die **Philmont Scout Ranch** (☎575-376-1136; www.philmontscoutranch.org; 17 Deer Run Rd; ⏲Juni–Aug. 8–17.30 Uhr, restliches Jahr kürzere Öffnungszeiten; Ⓟ) GRATIS, ein knapp 555 km² großes Feldlager für Pfadfinder aus ganz Amerika. Seit Kurzem gehören zu der Ranch auch das kleine, faszinierende **National Scouting Museum** (☎575-376-1136; www.philmontscoutranch.org; Hwy 21; ⏲8–17 Uhr; Ⓟ) GRATIS und ein paar andere Museen.

Wer will, kann sogar in einem der gruseligsten Spukhotels der USA, dem **St. James** (☎575-376-2664; www.exstjames.com; 617 Collison St; Zi. 85–135 US$; ❄📶) von 1872, essen oder übernachten. In einem Zimmer soll es so sehr spuken, dass es niemals vermietet wird. Hier schlugen sich schon viele Legenden des Wilden Westens die Nächte um die Ohren, darunter Buffalo Bill, Annie Oakley, Wyatt Earp und Jesse James. An der Rezeption hängt eine Liste, wer wen in der Hotelbar erschossen hat. Eine Alternative ist das **Blu Dragonfly Brewing** (☎575-376-1110; www.bludragonflybrewing.com; 301 E 9th St; ⏲Mo–Do 11–21, Fr & Sa 11–22 Uhr) in derselben Straße. Hier bekommt man nur Bier und Grillgerichte.

Capulin Volcano National Monument

Der 395 m hohe **Capulin** (☎575-278-2201; www.nps.gov/cavo; 7-Tage-Karte 20 US$/Fahrzeug; ⏲8–16.30 Uhr; Ⓟ) ist der am einfachsten zu besteigende Vulkan der Gegend. Eine 2 Meilen (3,2 km) lange Straße windet sich zum Parkplatz am Kraterrand (2487 m) hoch. Von dort führen Wege um und in den Krater. Der Parkeingang liegt 3 Meilen (4,8 km) nördlich des Dorfes Capulin und 30 Meilen (48 km) östlich von Raton am Hwy 87.

Südwestliches New Mexico

Das Tal des Rio Grande erstreckt sich von Albuquerque über die sprudelnden Thermalquellen von Truth or Consequences bis nach Mexiko und Texas. Irgendwo dazwischen liegt der größte landwirtschaftliche Schatz von New Mexico: Hatch, die sogenannte Chili-Hauptstadt der Welt. Östlich des Flusses ist das Land so trocken, dass es seit den Zeiten der spanischen Eroberer als „Jornada del Muerto" bezeichnet wird. Der in etwa mit „Reise des toten Mannes" zu übersetzende Landstrich ist ein gefürchteter Abschnitt der El Camino Real de Tierra Adentro, einer spanischen Handelsroute seit 1598. Nach der Zündung der ersten Atombombe wurde die Gegend in „Trinity Site" umbenannt.

Abgesehen von Las Cruces, der zweitgrößten Stadt im Bundesstaat, ist diese Gegend sehr dünn besiedelt. Im Westen verspricht der raue Gila National Forest Backcountry-Abenteuer, und im Mimbres Valley lassen sich archäologische Schätze entdecken.

Truth or Consequences & Umgebung

In der schrägen, kleinen Stadt Truth or Consequences („T or C") ist eine unbändige Lebenslust zu spüren. Sie wurde in den 1880er-Jahren bei den Thermalquellen gegründet. Ursprünglich hieß sie einfach nur Hot Springs (Heiße Quellen), doch 1950 wurde sie nach dem damals populären Radioquiz in Truth or Consequences (Wahrheit oder Pflicht) umbenannt. Heutzutage ist sie eher bekannt für den **Spaceport America** (☎844-727-7223; www.spaceportamerica.com; County Rd A021; Erw./Kind 45/30 US$), wo Richard Branson von Virgin Galactic und andere Weltraumpioniere wohlhabenden Touristen den Flug ins Weltall ermöglichen wollen. Die nicht ganz so Wohlhabenden können an einer Führung durch die Anlage teilnehmen und sich in einen Fliehkraftbeschleuniger setzen.

Rund 60 Meilen (96 km) weiter nördlich erstreckt sich das 233 km² große Sumpf- und Weideland des **Bosque del Apache National Wildlife Refuge** (☎575-835-1828; www.fws.gov/refuge/bosque_del_apache; Hwy 1; Fahrzeug 5 US$; ⏲Sonnenaufgang–Sonnenuntergang 🅿). Hier überwintern Kanadakraniche und Schneegänse.

Schlafen

★Riverbend Hot Springs BOUTIQUEHOTEL $$
(☎575-894-7625; www.riverbendhotsprings.com; 100 Austin St; Zi. 99–259 US$, Stellplatz Wohnmobil 75 US$; 🅿❄📶🐾) Das charmante Hotel wartet mit einer tollen Lage neben dem Rio Grande auf und ist das einzige vor Ort mit Außen-Whirlpools am Fluss; diese sind gefliest, überdacht und einfach traumhaft. Einheimische Künstler haben die Zimmer farbenfroh dekoriert, wobei die Auswahl von motelartigen Quartieren bis zu einer Suite mit drei Schlafzimmern reicht. Gäste können die Gemeinschaftsbecken gratis benutzen, für Privatbecken werden hingegen 10 US$ fällig. Keine Kinder unter zwölf Jahren!

Blackstone Hotsprings BOUTIQUEHOTEL $$
(☎575-894-0894; www.blackstonehotsprings.com; 410 Austin St; Zi. 90–175 US$; 🅿❄📶🐾) Das Hotel ist ganz im Geist von T or C gehalten, hat aber auch einen noblen Touch. Die zwölf Zimmer sind jeweils im Stil einer klassischen TV-Serie gestaltet, von *Die Jetsons* über *Golden Girls* bis zu *Alle lieben Lucy*. Welches das beste ist, muss jeder selbst beurteilen. Die zehn Zimmer im Hauptgebäude haben eine übergroße Badewanne oder einen Wasserfall, die beide von den Thermalquellen gespeist werden.

Ausgehen & Nachtleben

Passion Pie Cafe CAFÉ $
(☎575-894-0008; www.facebook.com/passionpiecafe; 406 Main St; Frühstück & Hauptgerichte mittags 6–10 US$; ⏲7–15 Uhr; 📶) Durch die Fenster des Espressocafés kann man beobachten, wie T or C in den Morgen startet. Dabei empfehlen sich Frühstückswaffeln wie die Varianten „Elvis" mit Erdnussbutter oder „Fat Elvis" mit Erdnussbutter und Speck. Später kommen dann viele gesunde Salate und Sandwiches auf den Tisch.

Truth or Consequences Brewing Co KLEINBRAUEREI
(☎575-297-0289; www.torcbeer.com; 410 N Broadway; ⏲Mo–Mi 15–21.30, Do 12–22, Fr & Sa 12–23, So 12–21.30 Uhr) In der großen, freundlichen Bar fühlt man sich an wie in einer alteingesessenen Stammkneipe – und doch wurde sie erst 2017 eröffnet. Im schönen Innenhof schmecken die süffigen Ales und Lagers noch besser. Besonders zu empfehlen ist das Cosmic Blonde. Auch wer allein kommt, fühlt sich hier wohl.

Las Cruces & Umgebung

Las Cruces und die ältere, kleinere Schwesterstadt Mesilla liegen am Rand eines großen Beckens unterhalb der geriffelten Organ Mountains an der Kreuzung zweier wichtiger Autobahnen, der I-10 und der I-25. Ein bunter Mix aus Jung und Alt prägt Las

Cruces. Die 14 000 Studierenden der New Mexico State University (NMSU) sorgen für jugendliche Lebendigkeit, und es dank der 350 Sonnentage im Jahr und der vielen Golfplätze wird der Ort auch zu einem beliebten Domizil für Rentner.

Sehenswertes

Für viele ist der Besuch des benachbarten **Mesilla** (auch als Old Mesilla bekannt) das Highlight eines Aufenthalts in Las Cruces. Wenn man sich ein paar Querstraßen von der Plaza in Old Mesilla entfernt, kann man sich einen Eindruck von der Essenz einer typischen Südwest-Stadt aus dem 19. Jh. mit hispanischer Tradition verschaffen.

★ New Mexico Farm & Ranch Heritage Museum MUSEUM

(☎575-522-4100; www.nmfarmandranchmuseum.org; 4100 Dripping Springs Rd; Erw./Kind 4–17 Jahre 5/3 US$; ⏲Mo–Sa 9–17, So ab 12 Uhr; P ♿) Das großartige Museum zeigt nicht nur interessante Ausstellungen zu New Mexicos Landwirtschaftsgeschichte, sondern auch lebendes Nutzvieh. Auf den Koppeln der bewirtschafteten Farm tummeln sich neben verschiedenen Rinderrassen auch Pferde, Esel, Schafe und Ziegen. Um die Tiere kümmern sich wortkarge Cowboys, die Besuchern kaum mehr Infos geben, aber dem Ganzen Authentizität verleihen. Für 450 US$ kann man sich hier sogar ein Pony kaufen. Einmal täglich gibt es Melkvorführungen, einmal pro Woche werden zudem Schmiedehandwerk, Wollspinnen, Weben und traditionelles Kochen gezeigt.

White Sands Missile Test Center Museum MUSEUM

(☎575-678-3358; www.wsmr.army.mil/PAO/Pages/RangeMuseum.aspx; abseits des Hwy 70; ⏲Museum Mo–Fr 8–16.30, Sa & So 10–15 Uhr, Freigelände Sonnenaufgang–Sonnenuntergang; P) GRATIS Das Museum 25 Meilen (40 km) östlich von Las Cruces am Hwy 70 erzählt die Geschichte der Militärtechnik in New Mexico. Es gehört zur White Sands Missile Range, einem wichtigen Testgelände seit 1945. Zu sehen sind ein Raketengarten, eine echte V2-Rakete und das Museum mit jeder Menge Abwehrtechnik. Besucher müssen vor dem Tor zum Test Center parken und sich am Eingang ausweisen.

Schlafen

Best Western Mission Inn MOTEL $

(☎575-524-8591; www.bwmissioninn.com; 1765 S Main St; Zi. Ab 85 US$; P ❄ 📶 🏊 🐾) Dies ist die perfekte Unterkunft: Es handelt sich zwar um ein Kettenmotel an der Straße, doch die Zimmer sind sehr schön ausgestattet mit hübschen Fliesen, Steinzeug und farbenfrohem Design. Zudem sind sie groß und gemütlich. Und der Preis ist unschlagbar! Jedes Zimmer ist mit einer Mikrowelle und einem Kühlschrank ausgestattet. Frühstück ist im Preis inbegriffen.

Hotel Encanto de Las Cruces HOTEL $$

(☎505-522-4300; www.hotelencanto.com; 705 S Telshor Blvd; Zi./Suite ab 149/209 US$; P ❄ @ 📶 🏊 🐾) Das Resort im spanischen Kolonialstil ist das beste der großen Hotels in der Stadt. Die 200 großen Zimmer sind in den warmen Tönen des Südwestens gehalten, der Swimmingpool ist von Palmen gesäumt, es gibt einen Fitnessraum, ein Lokal und eine Bar mit Terrasse. Vierbeiner dürfen auch hier übernachten; das kostet allerdings 25 US$ pro Tag.

Essen & Ausgehen

Chala's Wood-Fired Grill NEW-MEXICO-KÜCHE $

(☎575-652-4143; 2790 Ave de Mesilla, Mesilla; Hauptgerichte 4–12 US$; ⏲Mo–Do 8–21, Fr & Sa bis 22, So bis 20 Uhr) Mit im Haus geräucherten Carnitas und Truthähnen, hausgemachtem Schinken und Chili-Schweinefleisch-Würstchen, außerdem *calabacitas* (mit Kürbis und Mais), Quinoa-Salat und Bio-Grüngemüse hat dieses entspannte Lokal deutlich mehr zu bieten als die übliche Diner-Kost in New Mexico. Es befindet sich am südlichen Ende von Mesilla und hat Essen zu günstigen Preisen.

ABSTECHER

EINBLICK IN DEN KOSMOS

Hinter der Stadt Magdalena am Hwy 60, 130 Meilen (208 km) südwestlich von Albuquerque, befindet sich das faszinierende **Very Large Array** (VLA; ☎505-835-7410; https://public.nrao.edu/visit/very-large-array; Kreuzung US 60 & Hwy 52, Magdalena; Erw./Kind unter 17 Jahren 6 US$/frei; ⏲8.30 Uhr–Sonnenuntergang P). Das Radioteleskop im Hochland besteht aus 27 riesigen Parabolantennen. Im Besucherzentrum kann man sich einen kurzen Film ansehen und dann das Gelände auf eigene Faust besichtigen. Durch ein Fenster kann man auch einen Blick ins Kontrollgebäude werfen.

Double Eagle BAR
(☎575-523-6700; www.double-eagle-mesilla.com; 308 Calle de Guadalupe, Mesilla; ⌚Mo–Sa 11–22, So 11–21 Uhr) Mit dunklem Holz und Samtvorhängen ist die fantastische, alte Bar an der Plaza ein Paradebeispiel für die Üppigkeit des Wilden Westens. Die Stimmung ist ebenso gut wie die Cocktails. Zu essen gibt's kontinentale und südwestliche Küche, vor allem aber Steaks. Das Ganze steht unter Denkmalschutz, und natürlich spukt es hier auch.

Auf der Karte stehen mehr als 40 Margarita-Variationen.

ℹ Praktische Informationen

Las Cruces Visitors Center (☎575-541-2444; www.lascrucescvb.org; 336 S Main St; ⌚Mo–Fr 8–17 Uhr; 📶)

Mesilla Visitor Center (☎575-524-3262; www.oldmesilla.org; 2231 Ave de Mesilla, Mesilla; ⌚Mo–Fr 8–17 Uhr)

ℹ An- & Weiterreise

Busse von **Greyhound** (☎575-523-1824; www.greyhound.com; 800 E Thorpe Rd, Chucky's Convenience Store) fahren zu allen größeren Zielen in der Region, darunter El Paso, Albuquerque und Tucson. Die Bushaltestelle befindet sich rund 7 Meilen (11,3 km) nördlich der Stadt.

Der **Las Cruces Shuttle Service** (☎575-525-1784; www.lascrucesshuttle.com) lässt acht bis zehn Kleinbusse täglich zum El Paso International Airport (einfache Strecke 50 US$, pro weitere Pers. 35 US$) sowie auf Anfrage Shuttles nach Deming, Silver City und zu weiteren Zielen fahren.

Silver City & Umgebung

In Silver City, 113 Meilen (182 km) nordwestlich von Las Cruces, ist der Geist des Wilden Westens noch lebendig, und es würde einen nicht groß wundern, wenn plötzlich Billy the Kid höchstpersönlich (er wuchs hier auf) vorbeispazieren würde. Die Zeiten haben sich dennoch geändert: Das Cowboy-und-Trapper-Flair wird mehr und mehr durch Kunstgalerien und Cafés verfälscht.

Silver City ist außerdem der Ausgangspunkt für Outdoor-Aktivitäten im **Gila National Forest**, dessen wildes abgeschiedenes Terrain sich für Skilanglauf, Wandern, Campen und Angeln anbietet. Eine kurvige, 42 Meilen (68 km) lange Straße führt binnen zweier Stunden Fahrt nach Norden zum **Gila Cliff Dwellings National Monument** (☎575-536-9461; www.nps.gov/gicl; Hwy 15; Erw./Kind unter 16 Jahren 10 US$/frei; ⌚Rundweg 9–16 Uhr, Visitor Center 8–16.30 Uhr), das im 13. Jh. von den Mogollon bewohnt wurde. Die rätselhaften und relativ abgeschieden gelegenen Felsbehausungen sind über einen 1,5 km langen Rundweg zu erreichen und sehen noch genauso aus wie zur ersten Jahrtausendwende. Wer sich für Piktogramme interessiert, sollte am **Lower Scorpion Campground** anhalten und dem kurzen markierten Pfad folgen.

Eigentümlich abgerundete Monolithen machen den **City of Rocks State Park** zu einer faszinierenden Spielwiese. Zwischen den Gesteinsformationen kann man wunderbar **zelten** (☎575-536-2800; www.emnrd.state.nm.us/SPD; 327 Hwy 61; Stellplatz Zelt/Wohnmobil 10/14 US$); Tische und Feuerstellen sind vorhanden. Besonders tolle Felsen stehen am Stellplatz 43 („The Lynx" – der Luchs). Um hierher zu kommen, folgt man 33 Meilen (53 km) südöstlich von Silver City dem Hwy 180 und dann dem Hwy 61.

Für einen ersten Einblick in die Geschichte von Silver City sollte man im **Palace Hotel** (☎575-388-1811; www.silvercitypalacehotel.com; 106 W Broadway; Zi./Suite ab 62/98 US$; ❄📶) übernachten. Das einfache Hotel mit 22 Zimmern und dem Charme des frühen 19. Jhs. (kein Aufzug, alte Armaturen) ist ideal für alle, die die ewig gleichen Kettenhotels satthaben.

Die Restaurants in der Innenstadt reichen vom gemütlichen, lässigen Café **Javalina** (☎575-388-1350; www.javalinacoffeehouse.com; 117 W Market St; ⌚6–18 Uhr; 📶) bis zum äußerst empfehlenswerten gastronomischen Abenteuer **Revel** (☎575-388-4920; www.eatdrinkrevel.com; 304 N Bullard St; Hauptgerichte mittags 10–23 US$, abends 17–40 US$; ⌚Mo & Di, Do & Fr 11–21, Sa & So 9–21 Uhr). Wer die örtliche Kultur kennenlernen will, muss 7 Meilen (11 km) weiter nördlich nach Pinos Altos fahren und dort den stimmungsvollen **Buckhorn Saloon** (☎575-538-9911; www.buckhornsaloonandoperahouse.com; 32 Main St, Pinos Altos; Hauptgerichte 11–56 US$; ⌚Mo–Sa 16–22 Uhr) besuchen. Spezialität des Hauses sind Steaks, und fast jeden Abend gibt's Livemusik. Unbedingt vorab reservieren!

ℹ Praktische Informationen

Gila National Forest Ranger Station (☎575-388-8201; www.fs.fed.us/r3/gila; 3005 E Camino del Bosque; ⌚Mo–Fr 8–16.30 Uhr)

Besucherzentrum (☎575-538-5555; www.silvercitytourism.org; 201 N Hudson St; ⌚Mo–

Sa 9–17, So 10–14 Uhr) In dem Büro mit hilfsbereiten Mitarbeitern erfährt man alles, was man über Silver City wissen muss.

Südöstliches New Mexico

Im trockenen Südosten von New Mexico sind zwei außergewöhnliche Naturwunder versteckt: das bezaubernde White Sands National Monument und der wunderbare Carlsbad Caverns National Park. Ebenso beeindruckend, wenn auch weit weniger bekannt, sind die Tausenden Felszeichnungen der Three Rivers Petroglyph Site und die Lavalandschaft der Valley of Fires Recreation Area. Diese Region ist auch die Heimat unzähliger Legenden des Staates: der Aliens von Roswell, von Billy the Kid aus Lincoln und von Smokey Bear in Capitan. Die weite Ebene gehört zum größten Teil zur heißen, wilden Chihuahua-Wüste, die einst komplett unter Wasser lag. Dagegen ist es in den beliebten Orten Cloudcroft und Ruidoso wesentlich kühler.

White Sands National Monument

Hier kann man zwischen blendenden, hoch aufragenden weißen Sandhügeln umherrutschen, -rollen und -schlittern. 16 Meilen (25,7 km) südwestlich von Alamogordo (15 Meilen/24,1 km südwestlich vom Hwy 82/70) bedeckt Gips ein mehr als 710 km² großes Gebiet und schafft eine hell leuchtende Mondlandschaft, das **White Sands National Monument** (☎575-479-6124; www.nps.gov/whsa; pro Fahrzeug/Motorrad 20/10 US$ oder Erw./Kind unter 16 Jahren 10 US$/frei (je nachdem, was günstiger ist); ⏲Juni–Aug. 7–21 Uhr, Sept.–Mai bis Sonnenuntergang; P). Die faszinierenden, windverwehten Dünen, die auch als Kulisse für den Heimatplaneten des von David Bowie verkörperten Außerirdischen aus dem Film *Der Mann, der vom Himmel fiel* dienten, sind ein Highlight jeder New-Mexico-Reise. Auf keinen Fall die Sonnenbrille vergessen – der Sand ist so blendend hell wie Schnee!

Für 19 US$ kann man einen Plastikuntersatz im Souvenirladen des Besucherzentrums kaufen und damit die Dünen hinunterrodeln. Das macht Spaß, und man kann den Untersatz anschließend für 5 US$ an den Laden zurückverkaufen. Im Parkkalender finden sich zudem Spaziergänge bei Sonnenuntergang. Stellplätze im Hinterland ohne Wasser, Toiletten und Reservierungsmöglichkeiten sind 1 Meile (1,6 km) von der Panoramastraße entfernt. Man muss sich die Genehmigung zum Campen (3 US$) persönlich im Besucherzentrum holen, spätestens eine Stunde vor Sonnenuntergang.

Alamogordo & Umgebung

Der Wüstenort Alamogordo ist vor allem bekannt für seine Weltraum- und Atomforschung. Das vierstöckige **New Mexico Museum of Space History** (☎575-437-2840; www.nmspacemuseum.org; 3198 Hwy 2001; Erw./Kind 4–12 Jahre 8/6 US$; ⏲Mi–Sa & Mo 10–17, So 12–17 Uhr; P 🚻) zeigt eine ausgezeichnete Ausstellung über die Weltraumforschung und die einzelnen Raumfahrtprogramme. Im dazu gehörenden **New Horizons Dome Theater** (Erw./Kind 8/6 US$) werden hervorragende Filme zu dem Thema gezeigt.

Der White Sands Blvd ist von Motels gesäumt, darunter auch das gute Kettenmotel **Super 8** (☎575-434-4205; www.wyndhamhotels.com; 3204 N White Sands Blvd; Zi. ab 73 US$; P ❄ @ 📶). Ein guter Campingplatz ist der **Oliver Lee State Park** (☎575-437-8284; www.nmparks.com; 409 Dog Canyon Rd; Stellplatz Zelt/Wohnmobil 10/14 US$), 12 Meilen (19 km) südlich von Alamogordo. Das lebhafte **Rizo's** (☎575-434-2607; www.facebook.com/rizosmexicanrestaurant; 1480 N White Sands Blvd; Hauptgerichte 6–17 US$; ⏲Di–Sa 9–21, So 9–18 Uhr; 📶) serviert gutes mexikanisches Essen.

Cloudcroft

Das kleine Dorf in den Bergen ist eine tolle Abwechslung von der heißen Ebene. Die Gebäude stammen vom Anfang des 19. Jhs., es gibt jede Menge Outdoor-Aktivitäten, und der Ort ist eine gute, entspannte Basis für Erkundungstouren. **High Altitude** (☎575-682-1229; www.highaltitudenm.com; 310 Burro Ave; Mountainbike ab 35 US$/Tag; ⏲Mo–Do 10–17.30, Fr & Sa 10–18, So 10–17 Uhr) verleiht Mountainbikes und gibt Tipps für Trips.

Das **Lodge Resort & Spa** (☎800-395-6343; www.thelodgeresort.com; 601 Corona Pl; Zi./Suite ab 135/195 US$; P @ 📶 🏊) ist eines der schönsten historischen Hotels im Südwesten. Die Zimmer im Haupthotel im bayrischen Stil sind mit alten Möbeln aus der viktorianischen Zeit ausgestattet. Das recht preiswerte **Cloudcroft Mountain Park Hostel** (☎575-682-0555; www.cloudcrofthostel.com; 1049 Hwy 82; B 19 US$, Zi. ohne Bad 37–64 US$; P 📶 🐾) befindet sich auf einem 112 ha großen, bewaldeten Gelände westlich der Stadt. **Rebecca's** (☎575-682-3131; www.

thelodgeresort.com; Lodge Resort, 601 Corona Pl; Hauptgerichte mittags 9–20 US$, abends 24–40 US$; ⌚Mo–Do 11.30–15 & 17.30–20, Fr & Sa 11.30–15 & 17.30–21, So 7–10.30 & 11–14 Uhr) serviert das beste Essen des Ortes. Gutes Bier bekommt man in der **Cloudcroft Brewing Co** (☎575-682-2337; www.facebook.com/cloudcroftbrewingcompany; 1301 Burro Ave; ⌚So & Mo, Mi & Do 11–21, Fr & Sa 11–22 Uhr).

Ruidoso

Der Ferienort klebt am Osthang des Sierra Blanca Peak (3642 m). Hier ist das ganze Jahr über etwas los, vor allem aber im Sommer, wenn es viel Kunst zu bestaunen gibt. Im Winter ist die Region ein attraktives Skigebiet mit einer bekannten Rennstrecke. Durch die Stadt fließt der hübsche Rio Ruidoso, in dem man gut angeln kann.

Sehenswertes & Aktivitäten

Wer sich die Beine vertreten möchte, kann die einfach zugänglichen Waldwege an der Cedar Creek Rd westlich der Smokey Bear Ranger Station ablaufen, z.B. den USFS Fitness Trail oder die mäandernden Wege der Cedar Creek Picnic Area. Zu kurz? Für längere Tages- oder mehrtägige Touren bieten sich die zahlreichen Treks in der White Mountain Wilderness nördlich der Stadt an. In dieser Gegend muss man immer auf dem Laufenden sein, was die Bestimmungen zu offenen Feuern betrifft. Wenn es sehr trocken ist, wird der Wald manchmal gesperrt.

ABSTECHER

ORGAN MOUNTAINS-DESERT PEAKS NATIONAL MONUMENT

Der knapp 1295 km² große neueste **Nationalpark** (☎575-522-1219; www.blm.gov/visit/omp; 5 US$/Fahrzeug; ⌚8–17 Uhr; P) New Mexicos besteht aus mehreren Teilen, die sich in einem Radius von 80 km rund um Las Cruces erstrecken. Der größte Teil ist für Besucher nicht zugänglich, doch die Erkundung der bis zu 2736 m hohen Organ Mountains westlich der Stadt ist möglich. Beim **Dripping Springs Visitor Center** beginnen mehrere Wanderwege, darunter der schöne 4,8 km lange Rundweg Dripping Springs Trail, der an den 100 Jahre alten Überresten eines Sanatoriums und Hotels vorbeiführt.

Hubbard Museum of the American West MUSEUM
(☎575-378-4142; www.hubbardmuseum.org; 26301 Hwy 70; Erw./Kind 6–16 Jahre 7/2 US$; ⌚Do–Mo 9–17 Uhr; P) Das kommunale Museum mit Schwerpunkt auf Lokalgeschichte zeigt eine tolle Galerie mit alten Fotos. Zu sehen sind außerdem indianische Kachinas, Warbonnets, Waffen und Keramiken. Verschiedene Exponate haben einen Bezug zu Pferden, schließlich war hier ursprünglich das Museum of the Horse untergebracht. Besucher sollten sich außerdem auf das stille Örtchen begeben, denn dort wird die faszinierende, wenn auch vollkommen belanglose Geschichte der Toilette erläutert.

Ski Apache SKIFAHREN
(☎575-464-3600; www.skiapache.com; 1286 Ski Run Rd, Alto; Liftpass Erw./Teenager/Kind 74/65/54 US$; ⌚9–16 Uhr) Das Skigebiet am Sierra Blanca Peak 18 Meilen (28,8 km) nordwestlich von Ruidoso gehört tatsächlich den Apachen. Es ist wohl das beste Skigebiet südlich von Albuquerque und dazu recht preiswert. Allerdings ist es nicht sehr schneesicher. Deshalb sollte man sich vorher über die aktuellen Bedingungen informieren. Im Sommer kann man mit der Seilbahn fahren (Erw./Kind 35/25 US$), wandern, mountainbiken und sich im Seilrutschen versuchen (ab 95 US$).

Schlafen & Essen

Das Vermieten von Hütten ist in Ruidoso sehr beliebt. Die meisten haben Küchen und Grills, viele auch Kamine und Terrassen. Einige Hütten im Dorf sind beengt; die neueren befinden sich konzentriert im Upper Canyon. An den Forststraßen auf dem Weg ins Skigebiet gibt's kostenlose einfache Stellplätze. Wer genauere Details zu den Campingplätzen braucht, fragt in der **Ranger Station** (☎575-257-4095; www.fs.usda.gov/lincoln; 901 Mechem Dr; ⌚Mo–Fr 8–16 Uhr, Ende Mai–Anfang Sept. auch Sa) nach.

Sitzmark Chalet HOTEL $
(☎575-257-4140; www.sitzmark-chalet.com; 627 Sudderth Dr; Zi. ab 83 US$; P) Die skihüttenartige Unterkunft bietet 17 einfache, aber nette Zimmer. Pluspunkte gibt's für die Picknicktische, Grillstellen und einen Whirlpool für bis zu acht Personen.

Upper Canyon Inn LODGE $$
(☎575-214-7170; www.uppercanyoninn.com; 215 Main Rd; Zi./Hütte 149/169 US$; P) Das

Angebot reicht hier von einfach und preiswert bis zu rustikal-schick und luxuriös. Die größeren Einheiten sind nicht automatisch teurer. Deshalb sollte man sich einige ansehen, bevor man sich entscheidet. Die teureren Hütten haben eine schöne Innenausstattung mit viel Holz und einen Whirlpool. Die Rezeption hat die Adresse 2959 Sudderth Dr.

★ Cornerstone Bakery CAFÉ $
(☎575-257-1842; www.cornerstonebakerycafe.com; 1712 Sudderth Dr; Hauptgerichte 7–12 US$; ⏲Mo & Di, Do & Fr 7–15, Sa & So bis 16 Uhr;) Das absolut unwiderstehliche Bäckereicafé unter einheimischer Leitung ist extrem beliebt. Ob Brot, Backwaren, Espresso, Omeletts oder belegte Croissants: Hier schmeckt alles einfach lecker. Wer sich lange genug im Cornerstone aufhält, wird schnell süchtig!

☆ Unterhaltung

Ruidoso Downs Racetrack SPORTPLATZ
(☎575-378-4431; www.raceruidoso.com; 26225 Hwy 70; Sitzplatz Tribüne kostenlos; ⏲Mitte Mai–Anfang Sept. Fr–Mo; P) GRATIS Am Labor Day richtet sich die Aufmerksamkeit der Nation auf den Ruidoso Downs Racetrack, denn dann beginnt hier das All American Futurity, das Quarter-Horse-Pferderennen mit den weltweit höchsten Wettbeträgen (rund 3 Mio. US$). Zum Komplex gehören auch die Racehorse Hall of Fame und das kleine Billy the Kid Casino.

Flying J Ranch LIVEMUSIK
(☎575-336-4330; www.flyingjranch.com; 1028 Hwy 48N, Alto; Erw./Kind 28/16 US$; ⏲Ende Mai–Anfang Sept. Mo–Sa ab 17.30 Uhr, Sa nur bis Mitte Okt.;) Familien mit Kindern werden dieses „Westerndorf" lieben: 1,5 Meilen (2,4 km) nördlich von Alto finden hier lange Unterhaltungsabende mit Schießereien, Ponyreiten und Westernmusik statt. Das cowboymäßige Essen wird in Planwagen aufgetischt.

ℹ Praktische Informationen

Visitor Center (☎575-257-7395; www.ruidosonow.com; 720 Sudderth Dr; ⏲Mo–Fr 8–17, Sa 9–15 Uhr) Hier gibt's Infos über mögliche Aktivitäten im Ruidoso-Tal und Lincoln County.

Lincoln & Capitan

Fans des Wilden Westens dürfen keinesfalls das kleine Lincoln auslassen. 12 Meilen (19 km) östlich von Capitan verläuft der **Billy the Kid National Scenic Byway** (www.billybyway.com). Hier fanden die Schießereien des Lincoln County War statt, durch die Billy the Kid zur Legende wurde. Die ganze Stadt ist fast vollständig im Originalzustand erhalten. Die sehr ursprüngliche Hauptstraße wurde zur **Lincoln Historic Site** (☎575-653-4082; www.nmmonuments.org/lincoln; US 380; Erw./Kind 5 US$/frei; ⏲Visitor Center & Gericht 9–17 Uhr, sonstige Gebäude 9–16.30 Uhr; P).

Eintrittskarten für die historischen Gebäude sind im **Anderson-Freeman Visitors Center** (http://oldlincolntown.org; US 380; ⏲9–17 Uhr) erhältlich. Dort gibt es auch eine Ausstellung zu den Buffalo Soldiers, Apachen und dem Lincoln County War. Danach sollte man unbedingt das faszinierende **Courthouse Museum** besuchen. Aus diesem Gerichtsgebäude gelang Billy the Kid seine gewagteste – und gewalttätigste – Flucht. In der **Bonito Valley Brewing Co** (☎575-653-4810; www.facebook.com/bonitovalleybrewing; 692 Calle La Placita; ⏲Do–Mo 12–21 Uhr) in der Hauptstraße kann man ein gutes Bier trinken.

Genau wie Lincoln ist auch das gemütliche Capitan von den herrlichen Bergen des Lincoln National Forest umgeben. Die Hauptattraktion für Kinder ist der **Smokey Bear Historical Park** (☎575-354-2748; www.emnrd.state.nm.us; 118 W Smokey Bear Blvd, Capitan; Erw./Kind 7–12 Jahre 2/1 US$; ⏲9–16.30 Uhr), wo auch der Namensgeber des Maskottchens begraben ist.

Roswell

1947 schlug ein geheimnisvolles Flugobjekt auf dem Gelände einer Ranch bei Roswell ein. Das Ereignis hätte weiter kein Aufsehen erregt, hätte das Militär nicht alles versucht, um es zu vertuschen. Das wiederum konnte für viele nur eines bedeuten: Das Flugobjekt war ein Raumschiff der Aliens! Durch die weltweite Aufmerksamkeit und Erfindungsgabe der Einheimischen wurde die Stadt danach zur „extraterrestrischen Zone". Auf die Straßenlaternen wurden weiße Kugeln montiert, und die Touristen reisten in Bussen an, um ein Souvenir zu ergattern.

Glaubende und Kitschfans müssen sich unbedingt das **International UFO Museum & Research Center** (☎575-625-9495; www.roswellufomuseum.com; 114 N Main St; Erw./Kind 5–15 Jahre 5/2 US$; ⏲9–17 Uhr) ansehen. Anfang Juli findet zudem das **Roswell UFO Festival** (www.roswellufofestival.com) statt.

Seitdem reiht sich in der N Main St ein langweiliges Kettenmotel ans andere. Wesentlich schöner ist das **Heritage Inn** (☎575-748-2552; www.artesiaheritageinn.com; 209 W

NICHT VERSÄUMEN

CARLSBAD CAVERNS NATIONAL PARK

Eine Höhle ist vielleicht nicht so interessant wie Mammutbäume, Geysire oder der Grand Canyon, doch für den **Carlsbad Caverns National Park** (575-785-2232, Infos zu Fledermäusen 575-236-1374; www.nps.gov/cave; 727 Carlsbad Cavern Hwy; 3-Tage-Pass Erw./Kind unter 16 Jahren 15 US/frei; Höhlen Ende Mai–Anfang Sept. 8.30–17 Uhr, Anfang Sept.–Ende Mai 8.30–15.30 Uhr; P) gilt das eindeutig nicht: Um in die Hauptkammer des riesigen Höhlensystems zu gelangen, muss man entweder mit einem Aufzug so weit unter die Erde fahren, wie das Empire State Building hoch ist, oder einen gruseligen 2 km langen unterirdischen Spaziergang unternehmen, bei dem es ständig auf und ab geht.

Main St, Artesia; Zi./Suite 109/119 US$; P @) in Artesia, rund 36 Meilen (57,6 km) südlich von Roswell.

Im **Los Cerritos** (575-622-4919; www.loscerritosmk.com; 2103 N Main St; Hauptgerichte 7–15 US$; Mo–Sa 7–21, So 7–17 Uhr) gibt's einfaches, gutes mexikanisches Essen. Im **Big D's Downtown Dive** (575-627-0776; www.facebook.com/bigdsdowntowndive; 505 N Main St; Hauptgerichte 7–13 US$; Mo–Sa 11–21 Uhr) dagegen amerikanisches wie Salate, Sandwiches und Burger. Auch das **Adobe Rose** (575-476-6157; www.adoberoserestaurant.com; 1614 N 13th St, Artesia; Hauptgerichte mittags 10–23 US$, abends 12–32 US$; Mo & Mi 11–21, Do 10.30–21, Fr 11–23, Sa 17–23, So 9–15 Uhr) in Artesia bietet leckere Gerichte aus New Mexico und tolle Margaritas, die zu Recht gelobt werden.

Ausführliche Infos über die Gegend bekommt man im **Visitors Bureau** (575-623-3442; http://roswell-nm.gov/749/Visitors-Center; 426 N Main St; So & Mo 10–15, Di–Fr 9–17, Sa 9–16 Uhr;). **Greyhound** (575-622-2510; www.greyhound.com; 515 N Main St, Pecos Trails Transit) fährt nach Las Cruces.

Carlsbad

Carlsbad ist die Stadt, die dem Carlsbad Caverns National Park und den Guadalupe Mountains am nächsten liegt. Der nordwestliche **Living Desert State Park** (575-887-5516; www.emnrd.state.nm.us; 1504 Miehls Dr N, beim Hwy 285; Erw./Kind 7–12 Jahre 5/3 US$; Juni–Aug. 8–17 Uhr, Sept.–Mai 9 Uhr, Einlass in den Zoo bis 15.30 Uhr) ist ein toller Ort, wenn man mehr über die Wüstenflora und -fauna lernen möchte. Auf einem netten, ca. 2 km langen Pfad werden verschiedene Lebensräume in der Chihuahua-Wüste erläutert, mit lebenden Antilopen, Wölfen, Rennkuckucken und mehr.

Die seit Kurzem boomende Ölindustrie sorgt jedoch dafür, dass selbst ein einfaches Motelzimmer hier wesentlich mehr kostet als anderswo im Staat. Deshalb ist es sinnvoller, Carlsbad in einem längeren Tagesausflug von Roswell oder Alamogordo aus zu besuchen. Das einzig schöne, wenn auch überteuerte Hotel ist das **Trinity Hotel** (575-234-9891; www.thetrinityhotel.com; 201 S Canal St; Zi. 239–269 US$;) im ehemaligen Gebäude der First National Bank. Das Wohnzimmer einer Suite befindet sich direkt im früheren Tresorraum. Das hauseigene Restaurant ist das nobelste in Carlsbad.

Das fröhliche **Blue House Bakery & Cafe** (575-628-0555; www.facebook.com/BlueHouseBakeryAndCafe; 609 N Canyon St; Gebäck 3–6 US$, Hauptgerichte 4–6 US$; Mo–Sa 6–12 Uhr) hat den besten Kaffee der ganzen Gegend. Die freundliche **Guadalupe Mountain Brewing Co** (575-887-8747; www.gmbrewingco.com; 3324 National Parks Hwy; Di–Fr 11–14, Di–Do 17–21, Fr 17–22, Sa 16–22 Uhr) zwischen dem Nationalpark und der Innenstadt von Carlsbad ist ideal für eine Pizza mit Bier nach der Wanderung.

Greyhound (575-628-3088; www.greyhound.com; 106 W Greene St/US 180) Die Busse nach El Paso, Texas, und Las Cruces fahren beim Road Runner Express ab, knapp 500 m südlich der Innenstadt.

Kalifornien

Inhalt ➡

Gut essen

- Chez Panisse (S. 1100)
- Grand Central Market (S. 1022)
- June Bug Cafe (S. 1118)
- Puesto at the Headquarters (S. 1042)

Schön übernachten

- Arrive Hotel (S. 1047)
- Auberge du Soleil (S. 1101)
- McCloud River Mercantile Hotel (S. 1114)

Auf nach Kalifornien!

Vom nebelverhangenen Norden Kaliforniens bis zu den sonnigen Stränden Südkaliforniens – verglichen mit dem traumhaft schönen Golden State wirkt Disneyland völlig normal. Gegensätze und Widersprüche sind hier Normalität, alternative Lebensstile und Hightech existieren Seite an Seite. Kalifornien lockt mit dynamischen Metropolen, aber auch mit rauer Wildnis, schneebedeckten Bergen, weiten Wüsten und einer schier endlosen, spektakulären Küste.

In Kalifornien begann Mitte des 19. Jhs. der große Goldrausch, hier besang der Naturforscher John Muir die „Berge des Lichts" der Sierra Nevada, hier definierten Jack Kerouac und die Beat Generation, was Unterwegssein wirklich bedeutet, und hier entstanden die großen Traumfabriken der IT-Branche und der Unterhaltung. Vor allem aber ist Kalifornien ein Bundesstaat, der das gute Leben feiert, ob nun beim Genuss einer Flasche edlen Rotweins, bei der Besteigung eines Viertausenders oder beim Surfen am Pazifik.

Reisezeit

Los Angeles

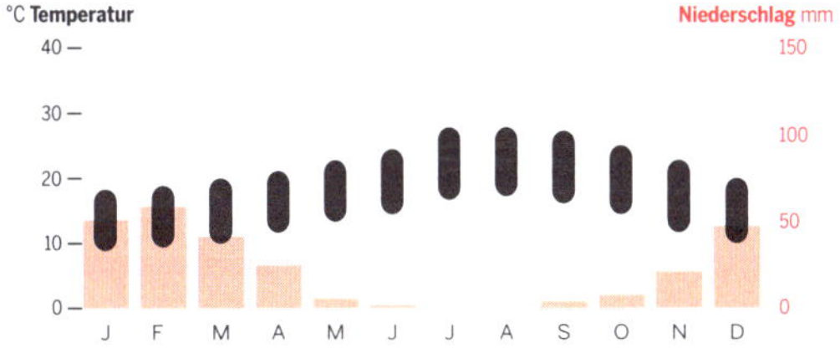

Juni–Aug. Meist sonnig, gelegentlich Küstennebel. In den Sommerferien strömen die Massen herbei.

April–Mai & Sept.–Okt. Nachts kühler, tagsüber nur selten Wolken. Zeit für Schnäppchen.

Nov.–März In den Skigebieten und in den warmen Wüstenregionen Südkaliforniens ist Hauptsaison.

Highlights

1 Yosemite National Park (S. 1116) Wasserfälle bewundern und Granitgipfel besteigen

2 Los Angeles (S. 1002) In die multikulturellen Stadtviertel, die Hollywood-Studios und das glamouröse Nachtleben eintauchen

3 Big Sur (S. 1062) An der Bohème-Küste von Big Sur die Fahrt auf dem Highway 1 entlang bizarrer Meeresklippen genießen

4 San Francisco (S. 1070) Mit der Seilbahn auf die grandiosen Hügel dieser oft nebelverhangenen, aber immer wunderbaren Stadt an der Bay fahren

5 Disneyland Resort® (S. 1030) Sich im „Happiest

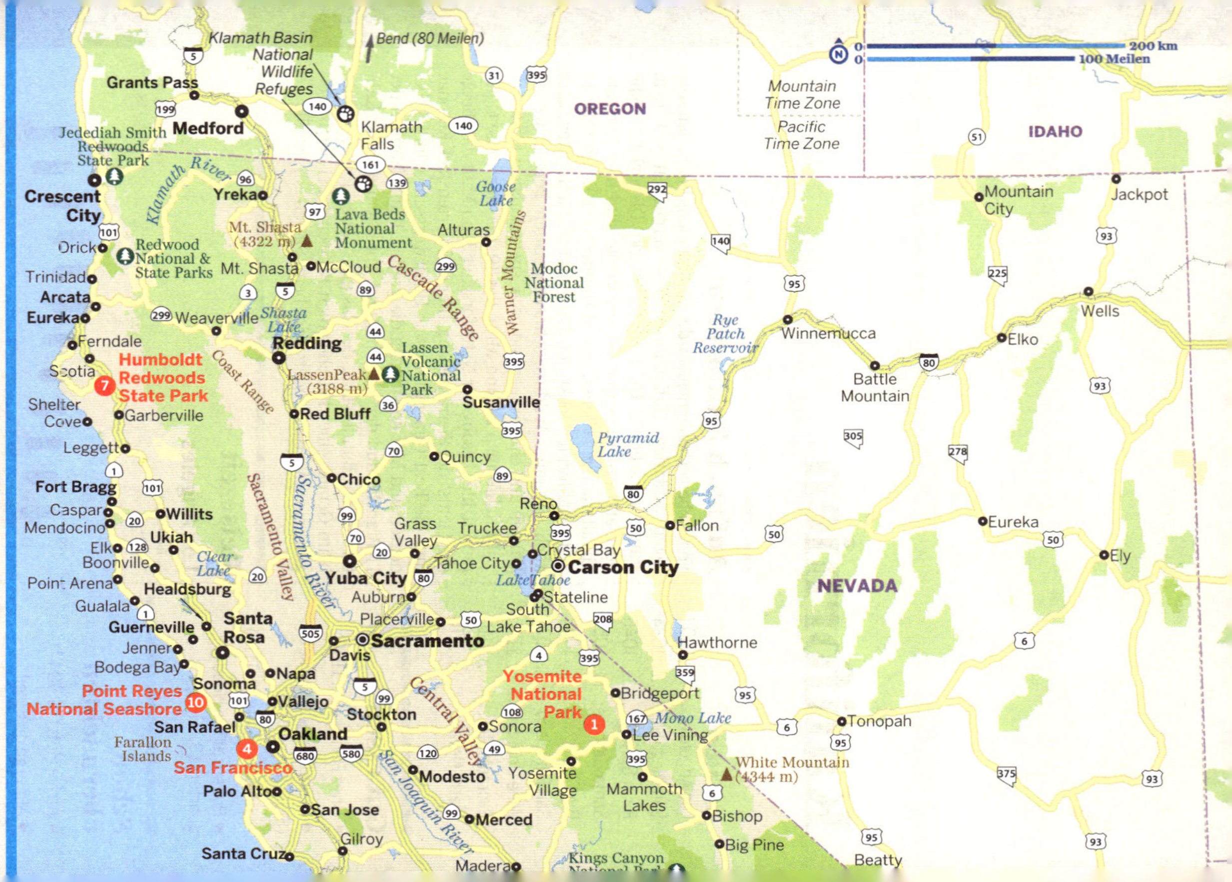

Place on Earth“ Kindheitsträume erfüllen

6 San Diego (S. 1047) An sonnigen Stränden auf perfekten Wellen surfen

7 Humboldt Redwoods State Park (S. 1108) Entlang der Avenue of the Giants den Kopf in den Nacken legen und die höchsten Bäume der Welt bestaunen

8 Palm Springs (S. 1046) Im steten Sonnenschein und im Glamour der Mitte des 20. Jhs. baden

9 Death Valley National Park (S. 1053) Über Sanddünen wandern und Wildwest-Geisterstädte entdecken

10 Point Reyes National Seashore (S. 1047) Auf einer windgepeitschten Halbinsel Wale, Seeelefanten und Tule-Wapitis erspähen

Geschichte

500 indianische Nationen nannten dieses Land eineinhalb Jahrtausende lang ihre Heimat, bis im 16. Jh. die ersten Europäer kamen und ihm einen neuen Namen gaben: Kalifornien. Es folgten spanische Eroberer und Priester, die dem Ruf Gottes bzw. dem des Goldes folgten. Sie gaben ihre von Ungeziefer geplagten Missionen und *presidios* (Festungen) aber bald wieder auf und zogen gen Mexiko ab. Das aufsässige Territorium wurde mit dem Vertrag von Guadalupe Hidalgo an die USA abgetreten, nur wenige Monate, bevor hier 1848 Gold entdeckt wurde. Viele Generationen kamen, angelockt vom California Dreamin', auf der Suche nach Gold, Ruhm und Selbstbestimmung an die Pazifikküste, ließen sich hier nieder und schrieben Geschichte.

Kalifornien aktuell

Der Golden State hat Frankreich überholt und liegt inzwischen auf Platz 6 der weltweit größten Volkswirtschaften. Aber genau wie bei einem Kind, das zu schnell gewachsen ist, weiß auch Kalifornien bisher noch nicht so richtig mit den Problemen umzugehen, die solch ein rapides Wachstum mit sich bringt – Wohnungsmangel, Verkehrsinfarkte und steigende Lebenshaltungskosten. Dank Hollywood-Blockbustern und legalisiertem Marihuana-Konsum ist Wirklichkeitsflucht dabei immer eine Option. Langsam, aber sicher nimmt Kalifornien seinen internationalen Status an und übernimmt bei globalen Themen wie Umweltstandards, Online-Datenschutz, gleichgeschlechtlicher Ehe und Rechten von Einwanderern eine führende Rolle.

LOS ANGELES

Wer glaubt, dass er Los Angeles durchschaut hat, und die Stadt auf Promiluder, Smog, Staus, Bikini-Girls und Möchtegern-Pop-Sternchen reduziert, sollte noch einmal genauer hinschauen. L.A. definiert sich durch simple, lebensbejahende Momente: einen coolen Jazz-Age-Cocktail nach Mitternacht, einen Spaziergang im Griffith Park mit seinen Salbeisträuchern, einen rosafarbenen Sonnenuntergang mit Trommelmusik am Venice Beach oder die Suche nach einem leckeren Taco. Hollywood und Downtown L.A. erleben gerade eine Renaissance, Kunst, Musik, Gastronomie und Mode laufen auf Hochtouren. Je genauer man

KURZINFOS KALIFORNIEN

Spitzname Golden State

Staatsmotto Eureka („Heureka")

Bevölkerung 39,5 Mio.

Fläche 403 468 km²

Capital city Sacramento (508 529 Ew.)

Weitere Städte Los Angeles (3 990 456 Ew.), San Diego (1 425 976 Ew.), San Francisco (883 305 Ew.)

Verkaufssteuer 7,25–10,25 % (je nach Kommune)

Geburtsort von Schriftsteller John Steinbeck (1902–1968), Fotograf Ansel Adams (1902–1984), US-Präsident Richard Nixon (1913–1994), Popkultur-Ikone Marilyn Monroe (1926–1962)

Heimat des höchsten (Mt. Whitney) und des tiefsten Punktes (Death Valley) der Lower 48 (USA ohne Alaska und Hawaii) sowie der weltweit ältesten, höchsten und mächtigsten Bäume (Langlebige Kiefern, Küsten- bzw. Riesenmammutbäume)

Politische Ausrichtung Mehrheitlich demokratisch mit republikanischer Minderheit; jeder vierte kalifornische Wähler wählt unabhängig.

Berühmt für Disneyland, Erdbeben, Hollywood, Hippies, Silicon Valley, Surfen

Kitschigstes Souvenir „Mystery Spot"-Autoaufkleber

Entfernungen Los Angeles–San Francisco 380 Meilen (611 km), San Francisco–Yosemite Valley 190 Meilen (306 km)

KALIFORNIEN IN …

… einer Woche

Kalifornien kompakt: Los geht's im beachy **Los Angeles**, gefolgt von einem Abstecher nach **Disneyland**. Dann geht es die windige **Central Coast** hinauf, mit Zwischenstopps in **Santa Barbara** und **Big Sur**. In **San Francisco** steht eine ordentliche Prise Großstadtkultur an. Von dort geht's landeinwärts, um im **Yosemite National Park** die Natur zu bestaunen, und schließlich wieder zurück nach L.A.

… zwei Wochen

Grundsätzlich ist die Reiseroute die gleiche wie bei einer Woche, nur dass man sie deutlich entspannter angehen kann. Außerdem hat man Zeit für zusätzliche Abstecher, die beispielsweise ins nordkalifornische **Wine Country**, zum **Lake Tahoe** hoch oben in der Sierra Nevada, zu den tollen Stränden von Orange County oder ins entspannte **San Diego** führen könnten, aber auch in den **Joshua Tree National Park** nahe dem schicken Wüsten-Resort **Palm Springs**.

… einem Monat

Über die bereits angegebenen Ziele hinaus sind noch weitere Ausflüge möglich. Von San Francisco aus fährt man die neblige **North Coast** hinauf, angefangen mit der **Point Reyes National Seashore** in Marin County. Man schlendert durch die viktorianischen Städtchen **Mendocino** und **Eureka**, verliert sich an der **Lost Coast** und wandert durch die mit Farnen bewachsenen **Redwood National & State Parks**. Im Binnenland schießt man ein Erinnerungsfoto des **Mt. Shasta**, fährt durch den **Lassen Volcanic National Park** und zieht durch Kaliforniens historisches **Gold Country**. Man folgt dem Kamm der **Eastern Sierra** und fährt schließlich auf kurvenreicher Straße hinunter in den **Death Valley National Park**.

„La-La Land" erkundet, umso mehr wird man es lieben.

Sehenswertes

Downtown L.A. ist ca. 20 km vom Pazifik entfernt und hat Geschichte, intellektuelle Kunst und Kultur zu bieten. Nordwestlich von Downtown wartet das wieder hippe Hollywood auf Besucher, während urbaner Designerschick und eine schwul-lesbische Szene West Hollywood prägen. Südlich von WeHo ist die Museum Row der Hauptanziehungspunkt von Mid-City. Weiter westlich befinden sich das noble Beverly Hills, Westwood in der Nähe vom Campus der University of California, Los Angeles (UCLA), und West L.A. Zu den Orten mit Strandzugang gehören das kinderfreundliche Santa Monica, Venice mit seiner Schickimicki-Einwohnerschaft, Malibu mit seinen Stars und das pulsierende Long Beach. Pasadena mit seinem vielen Grün liegt nordöstlich von Downtown.

Downtown

Einige Ecken von Downtown L.A. (DTLA) sind zwar immer noch recht zwielichtig, doch der Aufschwung, der vor gut zehn Jahren begann, hält an. Downtown ist ein weitläufiges Gebiet mit verschiedenen eigenständigen Stadtvierteln, die ganz individuelle Identitäten und Attraktionen besitzen.

Im kompakten, bunten und autofreien historischen Viertel **El Pueblo de Los Angeles** kann man die spanisch-mexikanischen Wurzeln der Stadt erleben. Seine Hauptader ist die fröhliche **Olvera St** (Karte S. 1010; www.calleolvera.com; [Kinder]; [M] Union Station, [Bus] Union Station), in der man handgearbeitete folkloristische Souvenirs kaufen und danach Tacos und mit Zucker bestreute Churros essen kann. Die **Union Station** (Karte S. 1010; www.amtrak.com; 800 N Alameda St; [P]) wurde an der Stelle von L.A.s ursprünglicher Chinatown gebaut und war bei der Eröffnung 1939 der prächtigste Bahnhof der USA. Das Bauwerk ist ein Musterbeispiel für den Mission-Revival-Stil, gepaart mit Art-déco- und indianischen Elementen. Die „neue" **Chinatown** (Karte S. 1010; www.chinatownla.com) liegt etwa 800 m weiter nördlich um den Broadway und die Hill St. Hier wimmelt es nur so von Dim-Sum-Läden, Kräuterapotheken, Kuriositätenläden, hipsterfreundlichen Restaurants und progressiven Kunstgalerien.

Großraum Los Angeles

Südwestlich der Union Station erstreckt sich **Little Tokyo** mit Einkaufszentren, buddhistischen Tempeln, traditionellen Gärten, authentischen Sushi-Bars und Nudelläden. Östlich davon liegt der boomende **Arts District**, eine der kreativsten Ecken der Stadt mit den passenden Restaurants und Geschäften.

South Park ist ungeachtet seines Namens kein Park, sondern ein aufstrebendes Viertel rund um das Convention Center und den Restaurant- und Unterhaltungskomplex **LA Live** (Karte S. 1010; ☎ 213-763-5483; www.lalive.com; 800 W Olympic Blvd; P 👪; M Blue/Expo Line bis Pico Station).

★ Broad

MUSEUM

(Karte S. 1010; ☎ 213-232-6200; www.thebroad.org; 221 S Grand Ave; ⌚ Di & Mi 11–17, Do & Fr bis 20, Sa 10–20, So bis 18 Uhr; P 👪; M Red/Purple Line bis Civic Center/Grand Park) GRATIS Seit dem Tag seiner Eröffnung im September 2015 ist das Broad ein Muss für Fans zeitgenössischer Kunst. Hier ist die Weltklassesammlung des hiesigen Philanthropen, Immobilienmoguls und Milliardärs Eli Broad und seiner Frau Edythe untergebracht. Diese besteht aus über 2000 Kunstwerken aus der Nachkriegszeit von Größen wie Cindy Sherman, Jeff Koons, Andy Warhol, Roy Lichtenstein, Robert Rauschenberg, Keith Haring und Kara Walker.

★ Walt Disney Concert Hall

BEMERKENSWERTES GEBÄUDE

(Karte S. 1010; ☎ 323-850-2000; www.laphil.org; 111 S Grand Ave; P; M Red/Purple Lines bis Civic Center/Grand Park) GRATIS Das berühmte Konzerthaus, in dem Stahl, Musik und psychedelische Architektur wunderbar miteinander verschmelzen, ist die Heimat des Los Angeles Philharmonic Orchestra. Hier treten aber auch moderne Bands wie Phoenix und traditionelle Jazzmusiker wie Sonny Rollins auf. Frank Gehry, der visionäre Architekt der 2003 eröffneten Halle, hat hier alle Register seines Könnens gezogen: Das Haus ist eine der Schwerkraft trotzende Edelstahlskulptur mit gebogenen, sich wie Segel blähenden Wänden.

★ MOCA Grand

MUSEUM

(Museum of Contemporary Art; Karte S. 1010; ☎ 213-626-6222; www.moca.org; 250 S Grand Ave; Erw./Kind 15 US$/frei, Do 17–20 Uhr frei; ⌚ Mo, Mi & Fr 11–18, Do bis 20, Sa & So bis 17 Uhr; M Red/Purple Line bis Civic Center/Grand Park) Die grandiose Kunstsammlung des MOCA konzentriert sich auf die Zeit von den 1940er-Jahren bis heute. Zu den vielen hier vertretenen berühmten Künstlern gehören Mark Rothko, Dan Flavin, Willem de Kooning, Joseph Cornell und David Hockney, deren Werke in der ständigen wie auch in Sonderausstellungen zu sehen sind. Das Museumsgebäude wurde 1986 vom japanischen Architekten Arata Isozaki geschaffen, der 2019 den renommierten Pritzker-Preis erhielt. Die Ausstellungsräume befinden sich unter der Erde, doch Oberlichter sorgen für Helligkeit.

Japanese American National Museum

MUSEUM

(Karte S. 1010; ☎ 213-625-0414; www.janm.org; 100 N Central Ave; Erw./Sen. & Kind 12/6 US$, Do 17–20 Uhr & jeden 3. Do im Monat ganzer Tag frei; ⌚ Di, Mi & Fr–So 11–17, Do 12–20 Uhr; 👪; M Gold Line bis Little Tokyo/Arts District) Dieses Museum – das erste des Landes, das dem Leben der japanischen Einwanderer gewidmet ist

Großraum Los Angeles

– eignet sich als gute erste Anlaufstelle in Little Tokyo. Der erste Stock ist der Dauerausstellung „Common Ground" gewidmet, die die Entwicklung der japanisch-amerikanischen Kultur seit Ende des 19. Jhs. unter die Lupe nimmt und einen bewegenden Einblick in das schmerzliche Kapitel der Internierungslager im Zweiten Weltkrieg vermittelt. Danach kann man im ruhigen Garten über das Gesehene sinnieren oder im gut sortierten Andenkenladen stöbern.

★ Grammy Museum MUSEUM

(Karte S. 1010; ☎213-765-6800; www.grammymuseum.org; 800 W Olympic Blvd; Erw./Kind, Senior & Student 15/13 US$; ⏲So, Mo, Mi & Do 10.30–18.30, Fr & Sa 10–20 Uhr; P 👪; M Blue/Expo Line bis Pico Station) Dieses Museum ist das Highlight von LA Live (S. 1004). Auf drei Etagen werden in seinen interaktiven Ausstellungen unterschiedliche musikalische Genres erklärt, abgegrenzt und ihre Verbindungen aufgezeigt. Die Wechselausstellungen zeigen z. B. Kleidungsstücken von Stars wie Michael Jackson, Whitney Houston und Beyoncé, handgeschriebene Notizen von Count Basie und Taylor Swift oder Musikinstrumente, auf denen einst Rocklegenden spielten. Lust auf mehr? Dann kann man sich in interaktiven Soundräumen selbst im Singen, Mixen und Remixen versuchen.

LA Plaza MUSEUM

(La Plaza de Cultura y Artes; Karte S. 1010; ☎ 213-542-6259; www.lapca.org; 501 N Main St; ⏲ Mo, Mi & Do 12–17, Fr–So bis 18 Uhr; 👪; Ⓜ Union Station) GRATIS In diesem Museum werden die Erfahrungen der aus Mexiko stammenden Einwohner von Los Angeles chronologisch geschildert: von der spanischen Kolonisation im späten 18. Jh. und dem Mexikanisch-Amerikanischen Krieg (als die Grenze durch das ursprüngliche Pueblo-Land verlief) über die Zoot Suit Riots bis zum Aktivisten César Chávez und dem Chicana Movement. Zu sehen sind etwa ein Nachbau der Main St der 1920er-Jahre und Wechselausstellungen moderner und zeitgenössischer Arbeiten von in L. A. lebenden Latino-Künstlern.

Exposition Park & Umgebung

Dieser Park gleich südlich des Campus der University of Southern California (USC) bietet so viele kinderfreundliche Museen, das man hier gut einen ganzen Tag verbringen kann. Zu den besonderen Sehenswürdigkeiten unter freiem Himmel zählen der **Rose Garden** (Karte S. 1004; ☎ 213-763-0114; www.laparks.org/expo/garden; 701 State Dr, Exposition Park; ⏲ 16. März–31. Dez. 8.30 Uhr–Sonnenuntergang; Ⓟ; Ⓜ Expo Line to Exposition Park/USC) GRATIS und das **Los Angeles Memorial Coliseum**, in dem die Olympischen Sommerspiele 1932 und 1984 ausgetragen wurden. Parkplätze kosten um die 10 US$. Von Downtown aus die Metro Expo Line oder den DASH Minibus F nehmen.

★ Watts Towers WAHRZEICHEN

(Karte S. 1004; ☎ 213-847-4646; www.wattstowers.org; 1761-1765 E 107th St, Watts; ⏲ Führungen Do & Fr 11–15, Sa 10.30–15, So 12–15 Uhr; Ⓟ; Ⓜ Blue Line bis 103rd St) Die drei „gotischen" Türme der grandiosen Watts Towers gehören zu den größten Monumenten der Volkskunst weltweit. 1921 beschloss der italienische Einwanderer Simon Rodia, „etwas Großes zu schaffen." Die folgenden 33 Jahre verbrachte er damit, diese skurrile, abstrakte Skulptur aus einem bunt gemischten Sortiment von Fundstücken wie grünen 7-Up-Flaschen, Muscheln, Felsen und Tonscherben zusammenzuflicken.

California Science Center MUSEUM

(Karte S. 1004; ☎ Filmprogramm 213-744-2019, Info 323-724-3623; www.californiasciencecenter.org; 700

LOS ANGELES IN ...

Die Entfernungen in L. A. sind gigantisch. Angesichts des dichten Verkehrs sollte man viel Zeit einplanen und den Tag nicht allzu sehr vollstopfen.

... einem Tag

Zunächst sollte man sich auf dem **Original Farmers Market** für den Tag stärken. Danach kann man dann auf dem **Hollywood Walk of Fame** am Hollywood Blvd den Stern seines Lieblingsstars suchen. Echte Promis sieht man vielleicht in den trendigen Boutiquen auf dem paparazziverseuchten **Robertson Boulevard**, sofern man nicht ein Quäntchen Natur im **Griffith Park** vorziehen mag. Nun fährt man nach Westen zum tollen **Getty Center** oder hinaus zum **Venice Boardwalk**, um sich den Rummel an der Küste anzuschauen. Schließlich sieht man in **Santa Monica** zu, wie die Sonne im Pazifik versinkt.

... zwei Tagen

Nachdem man das sich rasant entwickelnde **Downtown L. A.** erkundet hat, geht's im **El Pueblo de Los Angeles** zurück zu den Wurzeln der Stadt. Anschließend katapultiert man sich dann mit der spektakulären **Walt Disney Concert Hall** und dem **Museum Broad**, das den Cultural Corridor in der Grand Ave krönt, in die Zukunft. Nach einem Snack im **Grand Central Market** vertritt man sich zwischen den historischen Gebäuden von Downtown, in den **Galerien im Arts District** und **Little Tokyo** die Beine. Im **LA Live**, dem schicken Entertainment-Center in South Park, besucht man das multimediale **Grammy Museum**. Abends geht's dann auf die Dancefloors der Clubs in **Hollywood**.

Exposition Park Dr, Exposition Park; Film im IMAX-Kino Erw./Stud. & Senior/Kind 8,95/7,95/6,75 US$; ⏲10–17 Uhr; 🚸) GRATIS Der größte Besuchermagnet des Science Center ist das Space Shuttle Endeavour, eine von gerade einmal vier Raumfähren im ganzen Land! Daneben gibt es in dem riesigen, mehrstöckigen Multimedia-Museum mit seinen Knöpfen, Schaltern und Hebeln jede Menge weitere Attraktionen, die das Kind in jedem wecken, etwa den Erdbebensimulator und die riesige Techno-Puppe Tess. Der Eintritt ist kostenlos, Sonderausstellungen, Aktivitäten und Filme im IMAX-Kino kosten aber extra.

Natural History Museum of Los Angeles MUSEUM
(Karte S. 1004; ☎213-763-3466; www.nhm.org; 900 Exposition Blvd, Exposition Park; Erw./Student & Senior/Kind 15/12/7 US$, ⏲9.30–17 Uhr; P 🚸; M Expo Line bis Expo/Vermont) Von Dinos bis zu Diamanten, von Bären bis zu Käfern und von Fauchschaben bis zu afrikanischen Elefanten – ein Besuch in diesem Museum führt einen rund um den Globus und Millionen Jahre zurück in die Vergangenheit. Das Ganze befindet sich in einem wunderschönen, 1913 errichteten Gebäude im Spanish-Renaissance-Stil, das als Kulisse der Columbia University in Tobey McGuires erstem *Spider-Man*-Film diente – ja, genau hier wurde Peter Parker von der radioaktiven Spinne gebissen. Man kann hier gut und gerne mehrere Stunden verbringen.

Hollywood

So wie sich ein alternder Filmstar gelegentlich liften lässt, so unterzieht sich auch Hollywood einer Generalsanierung. Zwar ist der Glamour seines goldenen Zeitalters in der Mitte des 20. Jhs. noch nicht ganz wieder erreicht, doch es ist es nicht mehr so schäbig wie Ende des Jahrhunderts, wenngleich diese Erneuerung ihre Zeit braucht. Der **Hollywood Walk of Fame** (Karte S. 1014; www.walkoffame.com; Hollywood Blvd; M Red Line bis Hollywood/Highland) ehrt über 2600 Persönlichkeiten mit Bronzesternen, die im Bürgersteig eingelassen sind.

Die Metro Red Line hält unter dem **Hollywood & Highland** (Karte S. 1014; www.hollywoodandhighland.com; 6801 Hollywood Blvd; ⏲Mo–Sa 10–22, So 10–19 Uhr; 🚸; M Red Line bis Hollywood/Highland), einem mehrstöckigen Einkaufszentrum mit schönem Blick auf den berühmten Hollywood-Schriftzug, der 1923 als Werbung für eine neue Wohnsiedlung namens Hollywoodland angebracht wurde. Auf dem Parkplatz der Mall zahlt man (mit Einkaufsstempel) für zwei Stunden 3 US$ (max. 17 US$/Tag).

★TCL Chinese Theatre WAHRZEICHEN
(Grauman's Chinese Theatre; Karte S. 1014; ☎323-461-3331; www.tclchinesetheatres.com; 6925 Hollywood Blvd; 🚸; M Red Line bis Hollywood/Highland) GRATIS Wer schon immer einmal in George Clooneys Fußstapfen treten wollte, kann dies hier tun: Seine Fuß- und Handabdrücke und die Dutzender weiterer Stars sind ein für allemal im Vorhof dieses weltberühmten Kinopalastes in Zement verewigt. Er wurde 1927 eröffnet und ist im Stil einer exotischen Pagode erbaut, komplett mit Tempelglocken und steinernen Himmelshunden aus China. Hier kann man herausfinden, wie groß Arnolds Schwarzeneggers Füße wirklich sind sowie Betty Grables Beine, Whoopi Goldbergs Zöpfe, Daniel Radcliffes Zauberstab oder die Räder von R2-D2 suchen.

★Hollywood Museum MUSEUM
(Karte S. 1014; ☎323-464-7776; www.thehollywoodmuseum.com; 1660 N Highland Ave; Erw./Stud. & Senior/Kind 15/12/5 US$; ⏲Mi–So 10–17 Uhr; M Red Line bis Hollywood/Highland) Die vier mit Kostümen und Requisiten aus Film und Fernsehen vollgestopften Stockwerke sind unbedingt einen Besuch wert. Die etwas muffige Hommage an die Stars des alten Hollywood ist im 1914 erbauten Max Factor Building untergebracht. Dieses wurde 1935 als glamouröser Schönheitssalon unter der Leitung von Max Factor, einem polnisch-jüdischen Geschäftsmann und führenden Make-up-Künstler, wiedereröffnet. Hier verlieh er den Gesichtern der berühmtesten Schauspielerinnen die Magie, die sie so berühmt machte.

Hollywood Forever Cemetery FRIEDHOF
(Karte S. 1004; ☎323-469-1181; www.hollywoodforever.com; 6000 Santa Monica Blvd; geführte Touren 20 US$; ⏲8.30–17 Uhr, geführte Touren an den meisten Samstag 10 Uhr; P) GRATIS Der Friedhof weist eine paradiesische Landschaftsgestaltung auf. Die prahlerischen Grabsteine und monumentalen Mausoleen liefern eine passende letzte Ruhestätte für einige der berühmtesten Stars Hollywoods. Hier liegen u. a. Cecil B. DeMille, Mickey Rooney, Jayne Mansfield sowie die Punk-Rock-Legenden Johnny und Dee Dee Ramone. Rudolph Valentino ruht im Cathedral Mausoleum (geöffnet 10–14 Uhr) und Judy Garland in der Abbey of the Psalms.

Griffith Park

Amerikas größter **Stadtpark** (Karte S. 1004; ☎323-644-2050; www.laparks.org/griffithpark; 4730 Crystal Springs Dr; ⏰5–22.30 Uhr, Wanderwege Sonnenaufgang–Sonnenuntergang; P 👪) GRATIS ist fünfmal so groß wie der New Yorker Central Park. Im Park gibt's eine Freiluftbühne, einen **Zoo** (Karte S. 1004; ☎323-644-4200; www.lazoo.org; 5333 Zoo Dr, Griffith Park; Erw./Senior/Kind 21/18/16 US$; ⏰10–17 Uhr, 25.12. geschl.; P 👪), ein Observatorium, ein Museum, ein Karussell, alte Kleinbahnen, Spielplätze, Golf- und Tennisplätze und mehr als 80 km Wanderwege, die auch zur aus der Fernsehserie *Batman* bekannten Höhle führen.

★ Griffith Observatory — MUSEUM

(Karte S. 1004; ☎213-473-0890; www.griffithobservatory.org; 2800 E Observatory Rd; Eintritt frei, Vorstellungen im Planetarium Erw./Stud. & Senior/Kind 7/5/3 US$; ⏰Di–Fr 12–22, Sa & So ab 10 Uhr; P 👪; 🚌DASH Observatory) GRATIS Die markante Sternwarte von 1935 bietet von ihrem Sitz hoch oben an den Südhängen des Mt. Hollywood einen tollen Blick ins All. Sie besitzt den fortschrittlichsten Sternenprojektor der Welt und mithilfe von Touchscreens werden irre astronomische Themen und Phänomene erklärt: von der Entwicklung des Teleskops über ultraviolette Röntgenstrahlung, mit der unser Sonnensystem vermessen wird, bis hin zum Kosmos selbst. Und dann ist da natürlich noch der Ausblick, der (an klaren Tagen) über das gesamte Becken von L. A., die umliegenden Berge und den Pazifik reicht.

★ Autry Museum of the American West — MUSEUM

(Karte S. 1004; ☎323-667-2000; http://theautry.org; 4700 Western Heritage Way, Griffith Park; Erw./Senior& Student/Kind 14/10/6 US$, 2. Di im Monat frei; ⏰Di–Fr 10–16, Sa & So bis 17 Uhr; P 👪) Der singende Cowboy Gene Autry schuf dieses großes, leider völlig unterschätzte Museum, das die Geschichte und die Menschen des amerikanischen Westens und ihre Verbindungen zur heutigen Kultur aus einer modernen Perspektive betrachtet. Die Themenpalette der Dauerausstellung reicht von den Traditionen der Ureinwohner über die Viehtriebe des 19. Jhs. und das Alltagsleben im Frontier-Gebiet (besonders sehenswert ist die schön geschnitzte alte Saloonbar) bis zu den Kostümen und Artefakten aus Hollywood-Western. Tolle Sonderausstellungen widmen sich Themen wie der Route 66, der Chicano-Tageszeitung *La Raza*, die in den 1960er- und 1970er-Jahren erschien, und dem von Ureinwohnern abstammenden Künstler Harry Fonseca.

West Hollywood & Mid-City

In WeHo flattern Regenbogenfahnen stolz über den Santa Monica Boulevard, während Promis die Klatschreporter mit ihren Eskapaden in den Clubs am legendenumwobenen Sunset Strip beglücken. Die Boutiquen auf dem **Robertson Boulevard** und an der **Melrose Avenue** versorgen Hollywood-Stars und -Sternchen mit fescher, ultraschicker Mode. WeHo ist außerdem ein Nährboden für avantgardistisches Wohndesign, Mode und Kunst, vor allem im **West Hollywood Design District** (http://westhollywooddesigndistrict.com). In der Mid-City weiter südlich säumen einige der besten Museen der Stadt die Museum Row, einen kurzen Abschnitt des Wilshire Blvd östlich der Fairfax Ave.

★ Los Angeles County Museum of Art — MUSEUM

(LACMA; Karte S. 1018; ☎323-857-6000; www.lacma.org; 5905 Wilshire Blvd, Mid-City; Erw./Stud. & Senior/Kind 25/21 US$/frei, 2. Di im Monat & an manchen Feiertagen frei; ⏰Mo, Di & Do 11–17, Fr bis 20, Sa & So 10–19 Uhr; P; 🚌Metro-Linien 20, 217, 720, 780 bis Wilshire & Fairfax) Das LACMA, das größte Museum im Westen der USA, beeindruckt mit einer tiefgründigen und reichen Sammlung. Hier sind Werke aller großen Künstler ausgestellt – Rembrandt, Cézanne, Magritte, Mary Cassatt, Ansel Adams – sowie Unmengen von Skulpturen aus China, Japan, dem präkolumbischen Amerika, dem alten Griechenland, Rom und Ägypten. Die neuesten Errungenschaften sind etwa riesige Freiluftinstallationen wie Chris Burdens *Urban Light* (ein surrealer Selfie-Hintergrund mit Hunderten alter Straßenlaternen aus L. A.) und Michael Heizers *Levitated Mass* (ein überraschend inspirierender, 340 t schwerer Felsbrocken, unter dem ein Fußweg hindurchführt).

La Brea Tar Pits & Museum — MUSEUM

(Karte S. 1018; www.tarpits.org; 5801 Wilshire Blvd, Mid-City; Erw./Student & Senior/Kind 15/12/7 US$, Sept.–Juni 1. Di im Monat frei; ⏰9.30–17 Uhr; P 👪) Mammuts, Säbelzahntiger und der *Canis dirus* (eine ausgestorbene Hundeart) zogen in prähistorischer Zeit durch die Savanne der Region L. A.s. Das alles weiß man, seitdem in den La Brea Tar Pits, einer der weltweit ergiebigsten und berühmtesten

Downtown Los Angeles

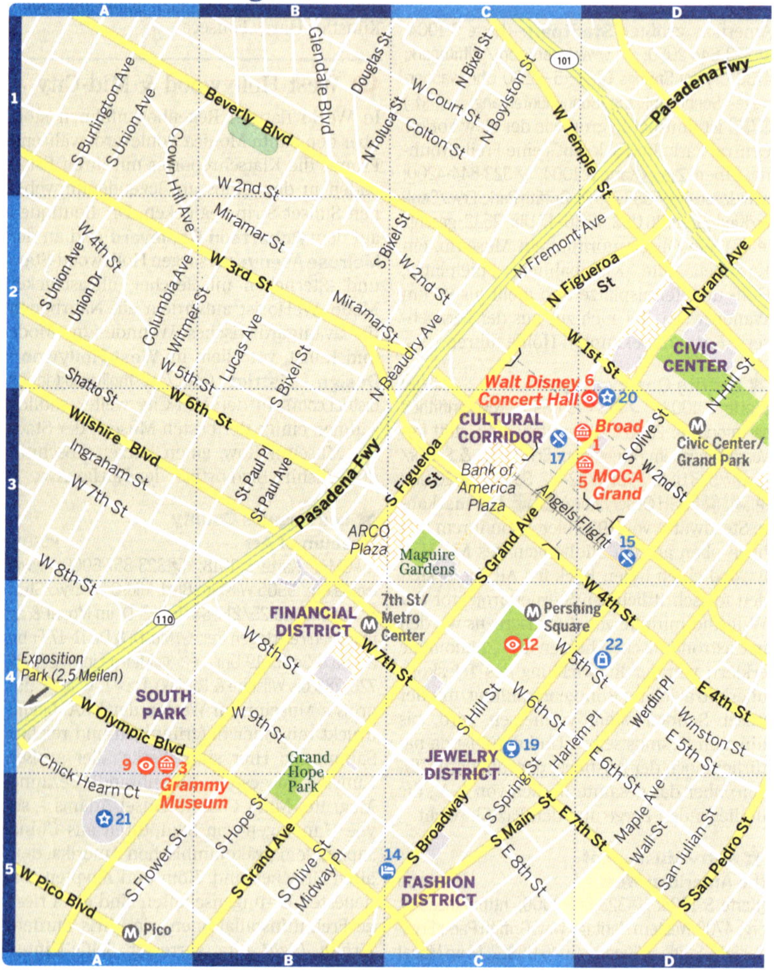

Fossilienfundstätten, ein archäologischer Schatz aus Schädeln und Knochen ausgebuddelt worden ist. In dem Museum können junge Dinojäger mehr über Fossilien erfahren und lernen bei den Führungen und Vorträgen in den Laboren die Welt der Paläontologie kennen.

Beverly Hills & The Westside

In Westwood befindet sich der gepflegte Campus der UCLA. Beverly Hills kann mit dem **Rodeo Drive** (Karte S. 1004) aufwarten, einem erstklassigen Ort zum Sehen und Gesehenwerden –ein Bummel auf dem Rodeo Drive ist einfach ein Muss, wenn man L.A. besucht. In Hollywood starten geführte Touren zu den Häusern von Prominenten.

★ Getty Center MUSEUM

(Karte S. 1004; ☎ 310-440-7300; www.getty.edu; 1200 Getty Center Dr, abseits des I-405 Fwy; ⏲ Di–Fr & So 10–17.30, Sa bis 21 Uhr; P 👪; 🚌 734, 234) GRATIS Das milliardenteure Getty Center hoch oben über der Stadt bietet gleich ein dreifaches Vergnügen: eine traumhafte Kunstsammlung mit Werken von mittelalterlichen Triptychen bis hin zu barocken Skulpturen und impressionistischen Gemälden, die avantgardistische Architektur von Richard

Downtown Los Angeles

Highlights
1 Broad D3
2 City Hall E3
3 Grammy Museum A4
4 Hauser & Wirth F4
5 MOCA Grand D3
6 Walt Disney Concert Hall D3

Sehenswertes
7 Chinatown E1
8 Japanese American National Museum E4
9 LA Live A4
10 LA Plaza E2
11 Olvera Street E2
12 Pershing Square C4
13 Union Station F3

Schlafen
14 Ace Hotel C5

Essen
15 Grand Central Market D3
16 Howlin' Ray's E1
Manuela .... (siehe 4)
17 Otium C3

Ausgehen & Nachtleben
18 Angel City Brewery E4
19 Clifton's Republic C4

Unterhaltung
LA Clippers .... (siehe 21)
LA Lakers .... (siehe 21)
20 Los Angeles Philharmonic D3
21 Staples Center A5

Shoppen
22 Last Bookstore in Los Angeles D4
23 Raggedy Threads E4

Meier und der je nach Jahreszeit unterschiedlich gestaltete wunderschöne Garten. Der Eintritt ist frei, der Parkplatz kostet jedoch 20 US$ (nach 15 Uhr 15 US$).

★ **Museum of Tolerance** MUSEUM
(Karte S. 1004; ☎ Reservierungen 310-772-2505; www.museumoftolerance.com; 9786 W Pico Blvd; Erw./Senior/Student 15,50/12,50/11,50 US$, Anne-Frank-Ausstellung 15,50/13,50/12,50 US$; ⏲ So, Mi & Fr 10–17, Do bis 21.30 Uhr, Nov.–März Fr bis 15.30 Uhr; P) Das vom Simon Wiesenthal Center betriebene, kraftvolle und zutiefst bewegende Museum zieht seine Besucher mithilfe interaktiver Technologien in seinen Bann und will sie zu Diskussionen und zum Nachdenken über Rassismus und Bigotterie anstoßen. Besondere Aufmerksamkeit wird dem Holocaust gewidmet: Im Untergeschoss befasst sich eine große Ausstellung mit den sozialen, politischen und wirtschaftlichen Umständen, die zum Völkermord an den Juden geführt haben, sowie mit den Schicksalen Millionen verfolgter Juden. Das Museum in ersten Stock beherbergt eine weitere bemerkenswerte Ausstellung: ein sehr persönlicher Blick auf das Leben und das Wirken Anne Franks.

★ **Frederick R. Weisman Art Foundation** MUSEUM
(Karte S. 1004; ☎ 310-277-5321; www.weismanfoundation.org; 265 N Carolwood Dr; ⏲ 90-minütige Führungen Mo–Fr 10.30 & 14 Uhr, nur nach An-

meldung) GRATIS Der verstorbene Unternehmer und Philanthrop Frederick R. Weisman hatte eine unersättliche Leidenschaft für die Kunst, was bei der Besichtigung seines ehemaligen Wohnhauses in Holmby Hills mehr als deutlich wird. Vom Keller bis ins Dachgeschoss lagern in dem Herrenhaus mit hübsch gepflegtem Anwesen außergewöhnliche Werke von Visionären wie Picasso, Kandinsky, Miró, Magritte, Rothko, Warhol, Rauschenberg und Ruscha. Es gibt sogar ein Motorrad, das von Keith Haring bemalt wurde. Führungen müssen mindestens ein paar Tage im Voraus reserviert werden.

Westwood Village Memorial Park Cemetery FRIEDHOF
(Karte S. 1004; ☎310-474-1579; 1218 Glendon Ave, Westwood; ⊙8–18 Uhr; P) Auf diesem kleinen Friedhof hinter den Hochhäusern des Wilshire Blvd kann man eine ruhige Stunde mit den Größen der Unterhaltungsbranche verbringen. Im Mausoleum im Nordosten befindet sich die schlichte Grabstätte Marilyn Monroes, direkt südlich davon steht das Sanctuary of Love mit Dean Martins Grabstätte. Unter dem Rasen in der Mitte haben zahlreiche Berühmtheiten ihre letzte Ruhe gefunden, darunter die Schauspielerin Natalie Wood, das Pin-up-Girl Bettie Page und der Sänger Roy Orbinson (sein nicht gekennzeichnetes Grab befindet sich links von einer Markierung mit der Aufschrift „Grandma Martha Monroe").

⊙ Malibu

Hier dreht sich natürlich alles um den Strand, sei es am **El Matador** (☎818-880-0363; 32215 Pacific Coast Hwy; P), wo man sich sein Fleckchen Sand zwischen den Felstürmen und Oben-ohne-Sonnenanbeterinnen hart erkämpfen muss, oder an den breiten, gelben Sandstränden von Zuma und Westward. Viele Promis wohnen hier und werden manchmal beim Einkaufen im riesigen **Malibu Country Mart** (Karte S. 1004; ☎310-456-7300; www.malibucountrymart.com; 3835 Cross Creek Rd; ⊙Mo–Sa 10–24, So bis 22 Uhr; 👪; 🚌MTA-Linie 534) gesichtet.

Der von Schluchten durchzogene **Malibu Creek State Park** (Karte S. 1004; ☎818-880-0367; www.malibucreekstatepark.org; 1925 Las Virgenes Rd, Cornell; Parken 12 US$; ⊙Sonnenaufgang–Sonnenuntergang) ist einer von Malibus Naturattraktionen und ein beliebter Drehort für Film und Fernsehen. Er punktet aber vor allem mit unzähligen Wanderwegen (Parkplatz 12 US$) und einigen berühmten Stränden wie dem treffend benannten Surfrider in der Nähe vom Malibu Pier, dem geheimnisvollen El Matador, dem Familienliebling Zuma Beach und dem wilden Point Dume (Parken am Strand 3–12,50 US$).

★ Getty Villa MUSEUM
(Karte S. 1004; ☎310-430-7300; www.getty.edu; 17985 Pacific Coast Hwy, Pacific Palisades; ⊙Mi–Mo 10–17 Uhr; P 👪; 🚌Linie 534 bis Coastline Dr) GRATIS Der Nachbau einer römischen Villa aus dem 1. Jh. liegt grandios an einem Hang mit Blick aufs Meer. Das fast 26 ha große Anwesen bildet eine fantastische Kulisse für die exquisiten griechischen, römischen und etruskischen Antiquitäten, die von dem Ölmagnaten J. Paul Getty gesammelt wurden; einige Stücke sind bis zu 7000 Jahre alt. In den Galerien, Peristylen, Innenhöfen und üppigen, gepflegten Gärten verstecken sich jede Menge Friese, Büsten und Mosaike. Die Hall of Colored Marbles enthält jahrtausendealte geschliffene, geblasene und gefärbte Glaskunst und atemberaubende geometrische Muster. Weitere Highlights sind der Pompeji-Brunnen und der Heraklestempel.

⊙ Santa Monica

Die „Schönheit am Strand" verbindet urbane Coolness mit relaxter Atmosphäre. Traveller, Teenager und Straßenkünstler sorgen auf der autofreien, von Ladenketten gesäumten Third Street Promenade für Trubel. Mehr Lokalkolorit bieten die schicke Montana Ave oder die vielschichtige Main St, das Zentrum des Viertels, das früher den Spitznamen „Dogtown" trug und die Geburtsstätte des Skateboardens ist. In den meisten öffentlichen Parkhäusern im Zentrum kann man 90 Minuten lang kostenlos parken.

★ Santa Monica Pier WAHRZEICHEN
(Karte S. 1021; ☎310-458-8901; www.santamonicapier.org; 👪) Der oft fotografierte Pier bildete einst das Ende der legendären Route 66 und erfreut sich unter Touristen heute noch großer Beliebtheit. Er wurde 1908 errichtet und ist das reizvollste Wahrzeichen der Stadt. Sein Herzstück ist der Vergnügungspark **Pacific Park** (Karte S. 1021; ☎310-260-8744; www.pacpark.com; 380 Santa Monica Pier; pro Fahrt 5–10 US$, Tageskarte Erw./Kind unter 8 Jahren 35/19 US$; ⊙tgl., Öffnungszeiten variieren saisonal; 👪; Ⓜ Expo Line bis Downtown Santa Monica) mit Spielhallen, Rummelattraktionen, einem Riesenrad und einer Achterbahn. In

der Nähe befinden sich ein historisches **Karussell** (Karte S. 1021; ☎310-394-8042; Erw./Kind 2/1 US$; ⊙ Öffnungszeiten variieren; 👪) und ein **Aquarium** (Karte S. 1021; ☎310-393-6149; www.healthebay.org; 1600 Ocean Front Walk; Erw./Kind 5 US$/frei; ⊙Mo–Do 14–18, Fr–Sa 12.30–18 Uhr; 👪; Ⓜ Expo Line bis Downtown Santa Monica) 🍃. Am fotogensten ist der Pier vor der Kulisse des Sonnenuntergangs oder während der kostenlosen Konzerte und Open-Air-Filmvorführungen, die den ganzen Sommer über stattfinden.

Venice

Auf dem **Boardwalk** (Ocean Front Walk; Karte S. 1021; Venice Pier bis Rose Ave), einem einzigartigen Erlebnis, werden alle Sinne mit Reizen bombardiert. Muskulöse Bodybuilder posen neben Straßenkünstlern und Verkäufern von Sonnenbrillen, String-Bikinis, mexikanischen Ponchos und Cannabis. Gleichzeitig düsen Radfahrer und Inlineskater über den Fahrradweg, während Skateboarder und Graffiti-Künstler ihre eigenen Bereiche bespielen. Ein paar Blocks weiter verläuft der **Abbot Kinney Blvd** (Karte S. 1021; 🚌 Big Blue Bus Linie 18), das Zentrum des „neuen Venice" mit vielen trendigen Boutiquen, Restaurants und Cafés. Eine ruhige Pause versprechen die **Venice Canals** (Karte S. 1004) mit ihren ausgefallenen und modernistischen Häusern entlang der Wasserwege, denen das Viertel seinen Namen verdankt.

Long Beach

Long Beach erstreckt sich entlang der Südseite des L.A. County. Hier befinden sich Amerikas größter Containerschiffhafen und – auf der anderen Seite eines Kanals – der Hafen von L.A. Im geschäftigen Zentrum

FÜHRUNGEN DURCH DIE FILM-UND FERNSEHSTUDIOS

Während einer Tour durch ein Filmstudio erfährt man viel Wissenswertes über die Scheinwelt des Films und Fernsehens, etwa dass es eine Woche dauert, um eine halbstündige Sitcom zu drehen. Oder dass man in den meisten Aufnahmen keine Decke sieht, da dort die zahllosen Lichter und Lampen hängen. Die Chancen, einen Star zu Gesicht zu bekommen, stehen hier besonders gut, sofern man nicht gerade während der Drehpausen von Mai bis August vorbeischaut – dann herrscht hier tote Hose. Wer an einer Führung teilnehmen möchte, muss eine Reservierung tätigen und außerdem seinen Ausweis mitführen.

Paramount (Karte S. 1004; ☎323-956-1777; www.paramountstudiotour.com; 5555 Melrose Ave; normale/VIP Führung 60/189 US$, Führungen nach Einbruch der Dunkelheit 99 US$; ⊙Führung 9.30–17 Uhr, letzte Führung 15 Uhr) *Star Trek*, *Indiana Jones* und *Shrek* sind nur einige der Blockbuster, die auf Paramounts Konto gehen. Paramount ist das älteste Filmstudio und das einzige, das tatsächlich noch in Hollywood selbst angesiedelt ist. Zweistündige Führungen hinter die Kulissen und die Tonbühnen werden das ganze Jahr über täglich angeboten und von leidenschaftlichen, kenntnisreichen Guides geleitet.

Sony (Karte S. 1004; ☎310-244-8687; www.sonypicturesstudiostours.com; 10202 W Washington Blvd; Führung 50 US$; ⊙Führung normalerweise Mo–Fr 9.30, 10.30, 13.30 & 14.30 Uhr; Ⓜ Expo Line to Culver City) Die zweistündigen Führungen werden nur unter der Woche angeboten und schließen eine Besichtigung der Tonbühnen mit ein, auf denen *Men in Black*, *Spiderman* und *3 Engel für Charlie* gefilmt wurden. Als dies noch das Gelände des ehrwürdigen MGM-Studios war, hoppelten hier bei den Dreharbeiten zu *Der Zauberer von Oz* die Munchkins über die gelbe Ziegelsteinstraße.

Warner Bros (Karte S. 1004; ☎877-492-8687, 818-972-8687; www.wbstudiotour.com; 3400 Warner Blvd, Burbank; Führungen Erw./Kind 8–12 Jahre ab 72/62 US$; ⊙8.30–15.30 Uhr, Juni–Aug. länger; 🚌155, 222, 501 halten rund 350 m vom Tour Center entfernt) Den authentischsten und unterhaltsamsten Blick hinter die Kulissen eines großen Filmstudios erhält man bei dieser Tour. Sie besteht aus einer zweistündigen Führung und dem Zutritt zu Studio 48, wo man sich selbst umsehen kann. Ganz am Anfang wird ein Video mit den erfolgreichsten Filmen von WB gezeigt, darunter *...denn sie wissen nicht, was sie tun* und *La La Land*. Dann geht's mit einer kleinen Bahn zu den Tonbühnen, hinter die Kulissen und zu den technischen Abteilungen, etwa zu den Requisiten, dem Kostümfundus und der Malerwerkstatt. Die Touren werden täglich normalerweise jede halbe Stunde angeboten.

Hollywood

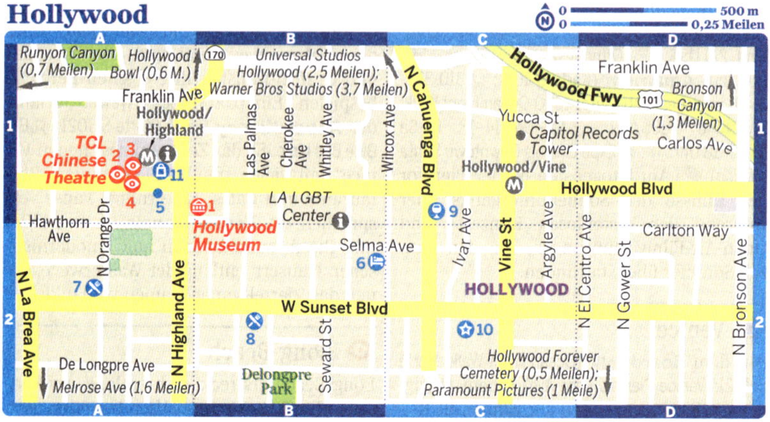

Hollywood

Highlights
1 Hollywood Museum ... B1
2 TCL Chinese Theatre ... A1

Sehenswertes
3 Dolby Theatre ... A1
4 Hollywood Walk of Fame ... A1

Aktivitäten, Kurse & Touren
5 TMZ Celebrity Tour ... A1

Schlafen
6 Mama Shelter ... B2

Essen
7 In & Out Burger ... A2
8 Luv2eat ... B2

Ausgehen & Nachtleben
Rooftop Bar at Mama Shelter ... (siehe 6)
9 Tramp Stamp Granny's ... C1

Unterhaltung
10 ArcLight Cinemas ... C2

Shoppen
11 Hollywood & Highland ... A1

von Long Beach rund um die Pine Ave, wo es von Restaurants und Bars nur so wimmelt, und in der sanierten Uferzone ist von diesen industriellen Aktivitäten allerdings wenig zu merken. Die Fahrt mit der Metro Blue Line von Downtown L.A. nach Long Beach dauert nicht einmal eine Stunde. Minibusse von Passport (www.lbtransit.com) pendeln kostenlos zu den wichtigen touristischen Attraktionen.

★ **Battleship Iowa** MUSEUM, DENKMAL

(Karte S. 1004; ☎877-446-9261; www.pacificbattleship.com; 250 S Harbor Blvd, San Pedro; Erw./Senior/Kind 20/17/12 US$; ⏲10–17 Uhr, letzter Einlass 16 Uhr; P 🚻; 🚇Metro Silver Line) Das Schlachtschiff war im Zweiten Weltkrieg und im Kalten Krieg im Einsatz und ist nun dauerhaft in der San Pedro Bay vertäut. Das riesige Schiff – mit 270 m ist es 1,5 m länger als die Titanic – erreicht die Höhe eines 18-stöckigen Gebäudes und ist Besuchern heute als Museum zugänglich. Wer sich die zugehörige kostenlose App heruntergeladen hat, kann auf der Landungsbrücke eine selbst geführte Audiotour starten. Bei dieser sieht man die Kabine von Franklin D. Roosevelt, Geschütztürme und die Bordküche, die während des Zweiten Weltkriegs 8000 heiße Mahlzeiten am Tag zubereitete.

★ **Aquarium of the Pacific** AQUARIUM

(Karte S. 1004; ☎Tickets 562-590-3100; www.aquariumofpacific.org; 100 Aquarium Way, Long Beach; Erw./Senior/Kind 30/27/19 US$; ⏲9–18 Uhr; P 🚻) Das Aquarium of the Pacific gehört zu den faszinierendsten Erlebnissen in Long Beach. In dem großen Hightech-Aquarium kann man pfeilschnelle Haie, tanzende Quallen und spielende Seelöwen bewundern. Über 11 000 Tiere leben hier in vier der Natur nachempfundenen Habitaten: den Buchten und Lagunen von Baja California, dem eisig kalten Nordpazifik, tropischen Korallenriffen und heimischen Algenwäldern. Der großartige neue, 2700 m² große Pavillon Pacific Visions nutzt Geräusche und Berührungen, Kunst, hochmoderne Videotechnologie und natürliche Exponate, um die Beziehung zwischen Mensch und Ozean und das Thema Nachhaltigkeit zu beleuchten.

★ **Museum of Latin American Art** MUSEUM
(Karte S. 1004; ☎ 562-437-1689; www.molaa.org; 628 Alamitos Ave, Long Beach; Erw./Senior& Student/Kind Mi–Sa 10/7 US$/frei, So frei; ⌚ Mi & Fr–So 11–17, Do bis 21 Uhr; P) Dieses Kleinod zeigt als einziges Museum in den USA Kunstwerke, die nach 1945 in Lateinamerika und in den Latino-Gemeinschaften in den USA entstanden sind. Zu sehen sind sie in wichtigen Sonder- und Wanderausstellungen, die zum Nachdenken anregen. Zuletzt widmeten sich diese z. B. karibischer Kunst, Tattoo-Kunst und dem Werk des aus L. A. stammenden Künstlers Frank Romero.

Pasadena

Das reiche und vornehme Pasadena erstreckt sich unterhalb der hohen San Gabriel Mountains. Das urbane Los Angeles wirkt hier Lichtjahre entfernt. Pasadena ist berühmt für seine schönen Arts-&-Crafts-Bauten vom Anfang des 20. Jhs. und die Tournament of Roses Parade am Neujahrstag. Man kann zwischen den Läden, Cafés, Bars und Restaurants der Old Town Pasadena am Colorado Blvd östlich der Pasadena Ave flanieren. Die Züge der Metro Gold Line verbinden Pasadena mit Downtown L. A. (20 Min.).

★ **Huntington Library, Art Collections & Botanical Gardens** MUSEUM, GARTEN
(Karte S. 1004; ☎ 626-405-2100; www.huntington.org; 1151 Oxford Rd, San Marino; Erw. Mo–Fr/Sa, Sa & Feiertag 25/29 US$, Kind 13 US$, 1. Do im Monat frei; ⌚ Mi–Mo 10–17 Uhr; P) Huntington zählt zu den herrlichsten und inspirierendsten Orten von L. A. und ist zu Recht ein Highlight jeder Kalifornienreise. Dies beruht auf dem erstklassigen Mix aus Kunst, Literatur und Geschichte und seinen fast 50 ha großen Gärten, die verschiedene Themen aufgreifen und von denen jeder an sich schon einen Besuch wert wäre. Auf dem stattlichen Anwesen gibt es so viel zu sehen, dass man sich fragt, wo man beginnen soll. Selbst wenn man nur das Wichtigste sehen möchte, sollte man drei bis vier Stunden einplanen.

★ **Gamble House** ARCHITEKTUR
(Karte S. 1004; ☎ Buchladen 626-449-4178, Info 626-793-3334, Tickets 844-325-0812; https://gamblehouse.org; 4 Westmoreland Pl, Pasadena; Führung Erw./Stud. & Senior/Kind 15/12,50 US$/frei; ⌚ Führungen Di 10.30, 11.30, 13.30, Do & Fr 11.30–15, Sa & So 12–15 Uhr, P) Das Herrenhaus im Nordwesten von Pasadenas Zentrum wurde schon als eines der zehn architektonisch bedeutsamsten Wohnhäuser in Amerika tituliert. Das Meisterwerk kalifornischer Arts-&-Crafts-Architektur aus dem Jahr 1908 wurde von Charles und Henry Greene für den Procter-&-Gamble-Erben David Gamble geschaffen. Das ganze Gebäude ist ein einziges Kunstwerk: Sockel, Möbel und Ausstattung sind der südkalifornischen Landschaft und der japanischen und chinesischen Architektur nachempfunden.

Norton Simon Museum MUSEUM
(Karte S. 1004; ☎ 626-449-6840; www.nortonsimon.org; 411 W Colorado Blvd, Pasadena; Erw./Stud. & Senior/Kind 15/12 US$/frei; ⌚ Mo, Mi & Do 12–17, Fr & Sa 11–20, So 11–17 Uhr; P) Rodins *Bürger von Calais* bewachen den Eingang, sind aber „nur" die Ouvertüre zu der umfangreichen Kunstsammlung dieses exquisiten Museums. Norton Simon (1907–1993), ein von Kunst besessener Industrieller mit Midas-Anwandlungen, steckte seine Millionen in eine ansehnliche Sammlung westlicher Arbeiten und asiatischer Skulpturen. Die ausführlichen Erklärungen helfen bestens dabei, die Geschichte hinter jedem Werk zu verstehen.

Aktivitäten

Obwohl die Bewohner von Los Angeles jede Menge Zeit im Stau verbringen, lieben sie es doch, Sport zu treiben. Und ihre Stadt ist wie gemacht für Adrenalin und Geschwindigkeit: Spektakuläre Wanderwege in den Bergen, eines der größten urbanen Naturschutzgebiete des Landes und traumhafte Surfstrände liegen direkt vor der Haustür. Hinzu kommen fast 300 Tage Sonnenschein im Jahr. Wie soll man es den Einheimischen da verübeln, dass sie so wahnsinnig gut aussehen?

Wandern

Wer meint, das Wandern nicht unbedingt eine für L. A. typische Freizeitbeschäftigung ist, der sollte sein Urteil noch einmal überdenken: Immerhin ist die Stadt von zwei Bergketten und zahlreichen Schluchten umgeben. Die Wege in den **San Gabriel Mountains** führen vom Mt. Wilson hinein in eine von Granitgipfeln geprägte Wildnis, die einst die Heimat der Gabrielino-Indianer war; hier wurde außerdem der letzte Grizzlybär in Kalifornien gesichtet. Die Chumash

INSIDERWISSEN

L.A. FÜR INSIDER

Filmklassiker an besonderen Orten Es ist immer etwas Besonders (und verblüffenderweise überhaupt nicht gespenstisch), wenn Cinespia (http://cinespia.org) im Sommer auf dem Hollywood Forever Cemetery (S. 1008) einen Film zeigt. Die Wand eines gigantischen Mausoleums dient dabei als Leinwand. Ein völlig anderes Erlebnis bieten die gelegentlichen Filmvorführungen in historischen, ansonsten nicht für Besucher zugänglichen Kinos in Downtown.

Architektonische Streifzüge Bei einem zweieinhalbstündigen Stadtspaziergang der Los Angeles Conservancy (S. 1017) entdeckt man die faszinierenden historischen und architektonischen Perlen in Downtown L.A., von Art-déco-Penthäusern bis zu einem Beaux-Arts-Ballsaal und einem faszinierenden Stummfilmkino. Die Organisation veranstaltet zudem in einigen der alten Kinos, die auch von Cinespia genutzt werden, die Filmreihe „Last Remaining Seats".

Mit den Köchen einkaufen Im ganzen County bieten Bauernmärkte Kaliforniens Erzeugnisse, gewürzt mit einer kräftigen Brise lokaler Kultur. Auf dem berühmten Farmers Market in Santa Monica (S. 1024) kaufen mittwochs und freitags oft Spitzenköche ein. Und der Donnerstagsmarkt auf dem südlichen Rasen der **LA City Hall** (Karte S. 1010; ☎213-485-2121; www.lacity.org; 200 N Spring St; ⊙Mo–Fr 9–17 Uhr) GRATIS spendet 10 % seiner Einnahmen der Los Angeles River Artists and Business Association (LARABA).

Reizvolle Autotouren Ein paar wunderschöne Autorouten, die optisch viel zu bieten haben, liegen direkt vor der Tür. Der kurvenreiche Mulholland Drive bildet die Grenze zwischen dem Los Angeles Basin und dem San Fernando Valley und bietet auf beiden Seiten atemberaubende Ausblicke. Die fantastischen Aussichten aufs Meer während der 14 Meilen (22,5 km) langen Fahrt von San Pedro auf dem Palos Verdes Drive nach Westen lassen einen vergessen, dass man sich in der zweitgrößten Metropole der USA befindet.

durchstreiften die **Santa Monica Mountains** (www.nps.gov/samo/index.htm), die zwar kleiner sind, dennoch aber spektakuläre Ausblicke bieten auf die mit niedrigen Hartlaubgehölz (Chaparral) bewachsene Berge und steilen Abhänge zum Pazifik hin. Der **Backbone Trail** verläuft über die gesamte Bergkette, am schönsten ist jedoch die Wanderung zum Sandstone Peak. Auch Tagestouren im **Topanga Canyon State Park** (Karte S. 1004; ☎310-455-2465; www.parks.ca.gov; 20828 Entrada Rd, Topanga; 10 US$/Fahrzeug; ⊙8 Uhr–Sonnenuntergang), im **Malibu Canyon** (Karte S. 1004; Malibu Canyon Rd, Malibu) sowie in den State Parks Point Mugu und **Leo Carrillo** (☎310-457-8143; www.parks.ca.gov; 35000 W Pacific Coast Hwy, Malibu; 12 US$/Fahrzeug; ⊙8–22 Uhr; P 🚻) sind großartig. Wer nur ein oder zwei Stunden Zeit im Gepäck hat, sollte sich am besten im **Runyon Canyon** (Karte S. 1004; www.runyoncanyonhike.com; 2000 N Fuller Ave; ⊙Sonnenaufgang–Sonnenuntergang) oder im **Bronson Canyon** (Karte S. 1004; ☎818-243-1145; www.laparks.org; 3200 Canyon Dr; ⊙5–22.30 Uhr) in Hollywood umschauen. Ausführlichere Infos zu Wanderwegen in und um Südkalifornien findet man unter www.trails.com und www.modernhiker.com.

Yoga

Die in L.A. beliebteste Yogarichtung ist Hatha-Yoga. Doch es wäre natürlich nicht L.A., wenn es nicht auch etwas Ungewöhnliches zu bieten hätte. Zu den Highlights zählen das Vinyasa-Yoga zu Hip-Hop- und R&B-Musik im Studio Y7 (www.y7-studio.com) in West Hollywood und die sonntäglichen Bier-Yoga-Klassen in der nahe gelegene Angel City Brewery (S. 1025).

Radfahren & Inlineskaten

Auf dem **South Bay Bicycle Trail** (Karte S. 1021; ⊙Sonnenaufgang–Sonnenuntergang; 🚻), der auf dem größten Teil der 35 km zwischen Santa Monica und Pacific Palisades parallel zum Strand verläuft, kann man in herrlicher Umgebung Rad fahren oder skaten. In den geschäftigen Strandorten gibt's zahlreiche Verleihs. Am Wochenende wird es allerdings richtig voll.

Surfen & Schwimmen

Zu den besten Badespots zählen der Strand im **Leo Carrillo State Park** in Malibu, der **Santa Monica State Beach** und der **Hermosa Beach** in South Bay. Der **Surfrider Beach** in Malibu ist ein legendärer Surfertreff. Parkgebühren und Wasserqualität variieren je nach Jahreszeit – es empfiehlt sich vorab ein Blick auf die „Beach Report Card" unter http://brc.healthebay.org.

Geführte Touren

★ Los Angeles Conservancy STADTSPAZIERGANG

(☎213-623-2489; www.laconservancy.org; Erw./Kind 15/10 US$) Beim zweieinhalbstündigen Stadtspaziergang dieser gemeinnützigen Gruppe erkundet man die beeindruckenden historischen und architektonischen Schmuckstücke von Downtown L.A.: vom Art-déco-Penthouse über Beaux-arts-Ballsäle bis hin zu glanzvollen Stummfilmtheatern. Um einige der großartigen historischen Kinos der Stadt in Aktion zu erleben, bietet das Conservancy die Filmserie „Last Remaining Seats" an, bei der in vergoldeten Theatern alte Klassiker gezeigt werden.

★ Esotouric BUSTOUR

(☎213-915-8687; www.esotouric.com; Tour 64 US$) Im Rahmen der unkonventionellen und unterhaltsamen Stadtspaziergänge und Bustouren lernt man sowohl die schrecklichen als auch die faszinierenden Schattenseiten von L.A. kennen. Die Thementouren führen zu Orten berühmter Verbrechen (Fall der schwarzen Dahlie), gefeierter Autoren (von Chandler bis Bukowski) und mehr.

TMZ Celebrity Tour BUS

(Karte S. 1014; ☎844-869-8687; www.tmz.com/tour; 6822 Hollywood Blvd; Erw./Kind 52/32 US$; ⏲Touren starten an den meisten Tagen von 10 bis 17 Uhr, zusätzliche Zeiten s. Website; Ⓜ Red Line bis Hollywood/Highland) Seien wir doch mal ehrlich: Na klar möchte man gern Promis sehen, einen Blick auf ihre Häuser erhaschen und sich über ihre Sorgen amüsieren. Die superlustigen Touren in offenen Bussen dauern zwei Stunden, und höchstwahrscheinlich begegnet man einigen der Stars, die regelmäßig auf der Boulevardwebsite TMZ auftauchen – und vielleicht fährt sogar ein Stargast im Bus mit.

Feste & Events

First Friday STRASSENKARNEVAL

(www.abbotkinneyfirstfridays.com; ⏲1. Fr im Monat 17–23 Uhr) Für das einmal im Monat stattfindende Straßenfest bleiben die Geschäfte entlang des Abbot Kinney Blvd länger geöffnet und überall stehen Food-Trucks.

Academy Awards FILM

(www.oscars.org; ⏲Ende Feb.) Beim größten Event Hollywoods können Besucher vor dem **Dolby Theatre** (Karte S. 1014; ☎323-308-6300; www.dolbytheatre.com; 6801 Hollywood Blvd; Touren Erw./Kind, Senior & Student 25/19 US$; ⏲10.30–16 Uhr; Ⓟ; Ⓜ Red Line bis Hollywood/Highland) ihre Lieblingsfilmstars auf dem roten Teppich von der Seite aus bewundern. Wer zu den etwa 700 Glücklichen gehören will, sollte sich schon im November oder Dezember bewerben – sonst muss man sich die Oscar-Verleihung im Fernsehen anschauen.

Día de los Muertos KULTUR

(Tag der Toten; ⏲Anfang Nov.) Die aus Mexiko stammenden Bewohner der Stadt ehren ihre Verstorbenen am und um den 2. November mit Kostümparaden, Totenschädeln aus Zucker, Picknicks an ihren Gräbern, Kerzenprozessionen und wunderschönen Altären. In der ganzen Stadt finden Veranstaltungen statt, u.a. in der Olvera St und auf dem Hollywood Forever Cemetery.

Schlafen

Von Rock'n'Roll-Hotels in Downtown bis zu berühmten Refugien in Hollywood und Unterkünften am Strand – die Palette an Übernachtungsmöglichkeiten in L.A. ist einfach überwältigend. Dennoch ist es wichtig, rechtzeitig im Voraus zu planen. Man sollte sich gut informieren, um herauszufinden, welches Quartier am besten zu den eigenen Besichtigungsplänen, zum persönlichen Stil und den eigenen Interessen passt. Dann gilt es, das Internet nach Sonderangeboten zu durchforsten. Wer es einrichten kann, sollte zwischen Januar und April kommen – dann sind die Zimmerpreise und die Auslastung in der Regel am niedrigsten (sofern man nicht in der Woche der Oscar-Verleihung hier ist).

Downtown

Ace Hotel HOTEL $$$

(Karte S. 1010; ☎213-623-3233; www.acehotel.com/losangeles; 929 S Broadway; Zi./Loft-Wohnungen ab 300/450 US$; Ⓟ❄📶🏊) Das nach wie vor absolut angesagte Hotel mit seinen 182 Zimmern wartet mit jeder Menge schrägen Details auf: Wandgemälde der Haas-Brüder in der Lobby und im Restaurant, winzige Themen-Cocktails in der Dachterrassenbar sowie Retro-Zimmer mit Bademänteln im Boxerstil, leeren Notenblättern und – in vielen, aber nicht allen Zimmern – einem Aufnahmegerät oder einer Gitarre. Die kleinen Zimmer können etwas beengend wirken, deshalb lieber die mittelgroße Option wählen. Der Parkservice kostet 40 US$ pro Nacht.

West Hollywood & Mid-City

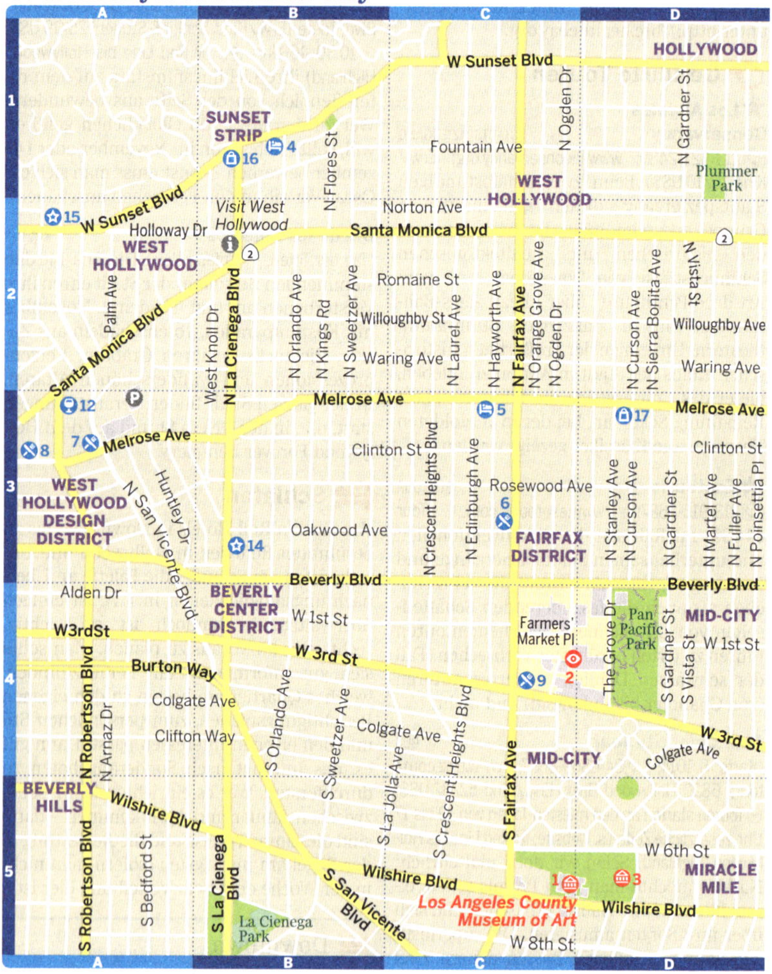

Hollywood

★ **Mama Shelter** BOUTIQUEHOTEL $$

(Karte S. 1014; ☎ 323-785-6666; www.mamashelter.com; 6500 Selma Ave; Zi. ab 189 US$; ❄@📶; Ⓜ Red Line bis Hollywood/Vine) Das angesagte, erschwingliche Mama Shelter ist recht verspielt: mit einem Kaugummiautomaten in der Lobby, einem Tischkicker und einem Livestream der Selfies und Videos von Gästen. Die Standardzimmer sind klein, aber cool und ausgestattet mit hochwertigen Betten und Bettwäsche sowie Metro-Fliesen im Bad und relativ großen Duschen. Nette und verrückte Extras im Zimmer sind etwa Drehbücher, Masken und Apple TVs mit kostenlosem Netflix. Die Dachterrassenbar (S. 1025) ist eine der besten der Stadt.

West Hollywood & Mid-City

Palihotel BOUTIQUEHOTEL $$

(Karte S. 1018; ☎ 323-272-4588; www.pali-hotel.com; 7950 Melrose Ave, Mid-City; Zi. ab 175 US$; P@📶) Ein rustikales, mit Holz verkleidetes Äußere, glänzende Betonfußböden in der Lobby, Spa mit Thai-Massage und 32 moderne, in zwei Farbtönen gestaltete Zimmer mit Flatscreens an den Wänden und genügend

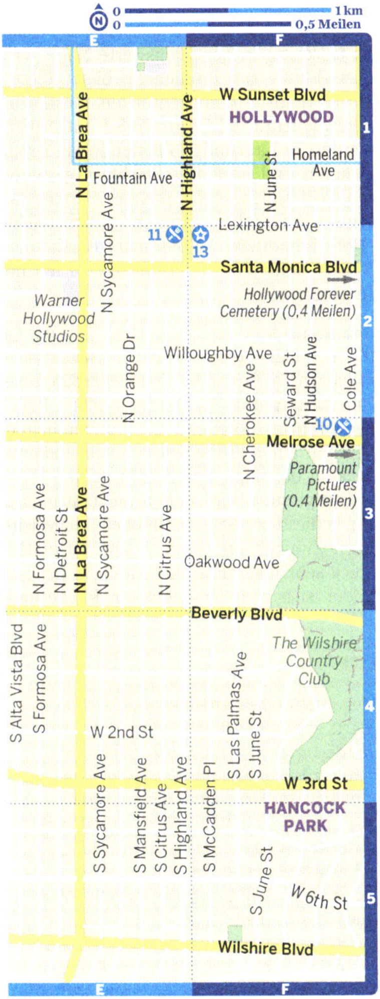

West Hollywood & Mid-City

Highlights

1 Los Angeles County Museum of Art C5

Sehenswertes

2 Grove C4
3 La Brea Tar Pits & Museum D5

Schlafen

4 Mondrian B1
5 Palihotel C3

Essen

6 Canter's C3
7 Catch LA A3
8 Gracias Madre A3
9 Original Farmers Market C4
10 Providence F3
11 Salt's Cure E2

Ausgehen & Nachtleben

12 Abbey A3

Unterhaltung

13 Celebration Theatre F2
14 Largo at the Coronet B3
15 Whisky-a-Go-Go A2

Shoppen

16 Fred Segal B1
17 Melrose Avenue D3

Platz für ein Sofa – das Palihotel muss man einfach mögen. Einige Zimmer haben eine Terrasse. Alles in allem bekommt man fantastisch viel für sein Geld geboten.

★ **Mondrian** HOTEL $$
(Karte S. 1018; ☎ 323-650-8999, Reservierungen 800-606-6090; www.mondrianhotel.com; 8440 Sunset Blvd, West Hollywood; Zi./Suite ab 329/369 US$; P @ ≈) Dieser schicke, elegante Turm ist seit den 1990er-Jahren ein Vorzeigestück von L.A. Den Eingang am Sunset Strip umrahmen riesige Türen, die sich auf eine mit minimalistischer Eleganz gestaltete Lobby öffnen: weiße Wände, helles Holz, wehende Vorhänge und Mitarbeiter, die wie Models aussehen. Oben führen die Flure, stimmungsvoll erhellt von winzigen Leuchtkästen des berühmten Lichtkünstlers James Turrell, zu unlängst renovierten Zimmern mit Kronleuchtern, Regenduschen und Daunenbetten.

Beverly Hills

Montage HOTEL $$$
(Karte S. 1004; ☎ 310-860-7800; www.montagebeverlyhills.com; 225 N Canon Dr, Beverly Hills; Zi./Suite ab 695/1175 US$; P @ ≈) Das Montage mit seinen 201 Zimmern findet eine gute Balance zwischen Eleganz, Herzlichkeit und Freundlichkeit und zieht damit die Reichen und die Schönen an. Am wunderbaren Pool auf der Dachterrasse treffen sich Models und Multimillionäre zum Mittagessen, während das weitläufige Fünf-Sterne-Spa in marokkanisch inspiriertem Luxus gemischte, aber auch nach Geschlechtern getrennte Tauchbecken anbietet. Die Zimmer sind klassisch eingerichtet mit maßgearbeiteten Matratzen von Sealy, zwei Marmorwaschbe-

cken, geräumigen Duschen und extratiefen Badewannen.

Avalon Hotel HOTEL $$$
(Karte S. 1004; 844-328-2566, 310-277-5221; www.avalon-hotel.com/beverly-hills; 9400 W Olympic Blvd, Beverly Hills; Zi. ab 309 US$;) Hier trifft der Stil der Fifties auf den Chic des 21. Jhs. Im früheren Leben des Hotels als Mehrparteienhaus hatte Marilyn Monroe einst ein Apartment hier, vielleicht auch deswegen ist es bei Angehörigen des Mode-Business sehr beliebt. Die flippigen Retro-Zimmer sind jedes für sich einzigartig, die meisten haben gewölbte Wände, Schreibtische und Nachttische mit Marmorplatten sowie verspielte Kunst und Skulpturen. Ein tolles Extra ist etwa der Pool in Form einer Acht. Alles in allem bekommt man hier erschwinglichen Luxus geboten.

Santa Monica

HI Los Angeles – Santa Monica HOSTEL $
(Karte S. 1021; 310-393-9913; www.hilosangeles.org; 1436 2nd St; B 38–70 US$, Zi. mit Gemeinschaftsbad 130–150 US$, mit eigenem Bad 180–220 US$; ; M Expo Line bis Downtown Santa Monica) In beneidenswerte Nähe zum Strand und zur Promenade bietet dieses Hostel renovierte Einrichtungen, für die anderswo deutlich höhere Preise aufgerufen werden. Es hat rund 275 Betten in sauberen, sicheren und nach Geschlechtern getrennten Schlafsälen sowie private Zimmer im Hipster-Chic. Die Gemeinschaftsbereiche (Hof, Bibliothek, TV-Zimmer, Esszimmer, Küche) laden zum Relaxen und Surfen im Internet ein.

Sea Shore Motel MOTEL $
(Karte S. 1021; 310-392-2787; www.seashoremotel.com; 2637 Main St; Zi. 140–195 US$, Suite 240–300 US$;) Das freundliche, familiengeführte Motel mit 25 Wohneinheiten liegt nur einen Frisbeewurf vom Strand entfernt in der angesagten Main St (die Vierfachverglasung hält den Straßenlärm ab). Die gefliesten, mit Rattanmöbeln eingerichteten Zimmer sind einfach und im ersten Stock sehr hoch. Ein paar Türen weiter befinden sich Familiensuiten mit Küche und

DIE KALIFORNISCHEN WASSERKRIEGE

Ohne Wasser hätte das aride L.A. nie zu einer Megametropole werden können. Als die Bevölkerung der Stadt Anfang des 20. Jahrhunderts sprunghaft wuchs, wurde klar, dass das Grundwasser bald nicht mehr ausreichen würde, um den damaligen Wasserbedarf zu decken, geschweige denn ein weiteres Wachstum zu ermöglichen. Wasser musste also importiert werden, und Fred Eaton, ein ehemaliger Bürgermeister von L.A., und William Mulholland, der mächtige Leiter des L.A. Department of Water & Power, wussten genau, wie und wo sie es herbekommen konnten: über ein Aquädukt aus dem Owens Valley, das sehr viel Wasser aus den Bergen der Sierra Nevada erhält.

Dass im Owens Valley aber Farmer lebten, die das Wasser zur Bewässerung brauchten, störte weder die beiden Männer noch die Regierung, die die unethischen Aktionen von L.A. beim Erwerb von Land und der Sicherung von Wasserrechten in diesem Gebiet aktiv unterstützte. Die Wähler gaben Mulholland die mehr als 25 Mio. US$, die für den Bau des Aquädukts benötigt wurden. Das Aquädukt von Los Angeles, das eine erstaunliche technische Leistung war – es durchquerte auf einer Länge von 375 km sowohl karge Wüstenböden als auch zerklüftetes Berggelände –, wurde 1913 mit großem Tamtam eröffnet.

Das Owens Valley jedoch sollte nie wieder dasselbe sein. Da die meisten Zuflüsse umgeleitet wurden, schrumpfte der Owens Lake schnell zusammen. Eine erbitterte Fehde zwischen Landwirten und Viehzüchtern aus L.A. und dem Owens Valley nahm an Heftigkeit zu, als einige Projektgegner versuchten, das Aquädukt zu sabotieren, indem sie einen Teil davon in die Luft sprengten. Alles vergeblich! 1928 besaß L.A. 90 % des Wassers im Owens Valley und die Landwirtschaft war praktisch tot. Diese frühen Wasserkriege bildeten die Grundlage für den Film Noir *Chinatown* (1974).

Auch heute bezieht L.A. noch immer mehr als die Hälfte seines Wassers aus diesem Aquädukt, das 1940 um weitere 169 km bis zum Mono Basin verlängert wurde. Der Rest des Wassers der Stadt stammt aus dem Colorado und dem Feather Rivers und nur etwa 15 % aus dem Grundwasser des San Fernando Valley. In Zeiten extremer Trockenheit gelten für die Einwohner und Unternehmen von L.A. Wasserbeschränkungen – deshalb muss man in Restaurants eventuell ausdrücklich um Trinkwasser bitten.

Santa Monica & Venice

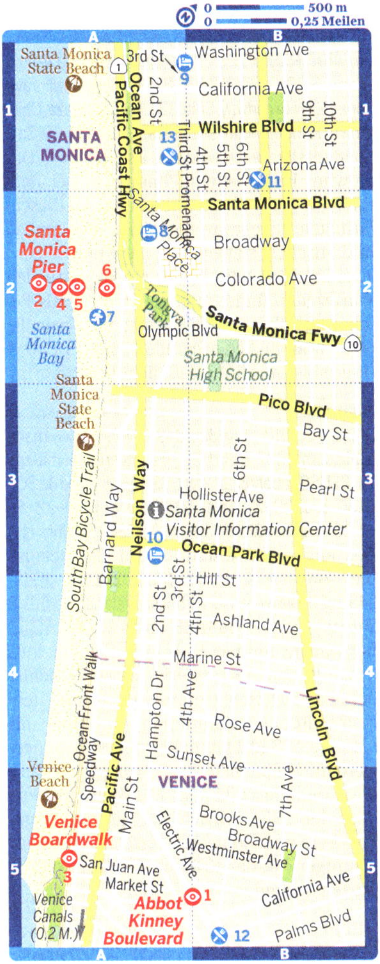

Santa Monica & Venice

Highlights
1 Abbot Kinney Boulevard B5
2 Santa Monica Pier A2
3 Venice Boardwalk A5

Sehenswertes
4 Pacific Park A2
5 Santa Monica Pier Aquarium A2
6 Santa Monica Pier Carousel A2

Aktivitäten, Kurse & Touren
7 South Bay Bicycle Trail A2

Schlafen
8 HI Los Angeles – Santa Monica A2
9 Palihouse A1
10 Sea Shore Motel A3

Essen
11 Cassia B1
12 Gjelina B5
13 Santa Monica Farmers Markets A1

Balkon, bei denen es sich eigentlich um komplett eingerichtete Apartments handelt.

Palihouse BOUTIQUEHOTEL **$$$**
(Karte S. 1021; ☎310-394-1279; www.palihousesantamonica.com; 1001 3rd St; Zi. ab 295 US$; P ❄ @ ᯤ 🐾) Die coolste Hotelkette von L.A. ist nicht Ace, sondern Palihouse. Diese Filiale hier ist im einstigen Spanish Colonial Embassy Hotel von 1927 untergebracht und hat 38 Zimmer, Wohnstudios und Apartments mit einem Schlafzimmer. Hier treffen Antiquitäten und Hipster-Chic aufeinander. Jedes der komfortablen Zimmer ist anders gestaltet, besonders schön sind aber die mit Schreibtischen im Picknick-Look und Tapeten mit komplexen Tierzeichnungen. Die meisten Zimmer sind mit kompletter Küche ausgestattet. Ein toller Gag sind die Kaffeetassen mit täuschend echten Bildern von Fischen.

Long Beach

Hotel Maya BOUTIQUEHOTEL **$**
(Karte S. 1004; ☎562-435-7676; https://hotelmayalongbeach.com; 700 Queensway Dr, Long Beach; Zi. ab 179 US$; P ❄ @ ᯤ 🏊 🐾) Westlich der *Queen Mary* begeistert dieses Boutiquehotel gleich beim Betreten der Lobby mit rostigem Stahl, Glas und magentafarbenen Wänden. Die 199 Zimmer halten mit Fliesen in Korallentönen, Kopfteilen aus Flusssteinen an den Betten und Maya-Dekoration, was der Eingangsbereich verspricht. Die vier sechseckigen Gebäude aus den 1970er-Jahren stehen auf einem 2,4 ha großen Grundstück voller Palmen und bieten einen tollen Blick auf das Zentrum von Long Beach. Da stimmt das Preis-Leistungs-Verhältnis.

Pasadena

Bissell House B&B B&B **$$**
(Karte S. 1004; ☎626-441-3535; www.bissellhouse.com; 201 S Orange Grove Ave, South Pasadena; Zi. ab 159 US$; P ᯤ 🏊) Antiquitäten, Holzböden und knisterndes Kaminfeuer machen dieses romantische viktorianische (1887) B&B in der Millionaire's Row zu einer Bastion der Wärme

und Gastfreundlichkeit. Der von einer Hecke umgebene Garten mutet wie ein Heiligtum an. Es gibt einen Pool, in dem man sich an heißen Tagen wunderbar abkühlen kann. Das Prince-Albert-Zimmer hat eine tolle Tapete und eine Badewanne mit Krallenfüßen. Alle sieben Zimmer haben ein eigenes Bad.

Essen

Wer nach Los Angeles kommt, der sollte jede Menge Appetit mitbringen. Der Kulturenmix der Stadt spiegelt sich im gastronomischen Angebot wider, das ebenso global wie üppig ist. Neben vielen authentischen internationalen Gerichten – von kantonesischen *xiao long bao* bis hin zu ligurischer *farinata* – sind es aber vor allem die Fusion-Neuinterpretationen von traditionellen Speisen, die so besonders sind. Schon mal koreanisch-mexikanische Tacos probiert? Oder einen veganen Frischkäse-Donut mit Marmelade, Basilikum und Balsamicocreme? L.A. kann vieles sein, aber eine kulinarische Einöde ist es definitiv nicht!

Downtown

★Grand Central Market MARKT
(Karte S. 1010; www.grandcentralmarket.com; 317 S Broadway; 8–22 Uhr; ; Red/Purple Line bis Pershing Sq) L.A.s Markthalle im Beaux-Arts-Stil wurde vom erfolgreichen Architekten John Parkinson entworfen, früher befand sich darin ein von Frank Lloyd Wright genutztes Büro. Seit 1917 befriedigt die Location kulinarische Bedürfnisse und ist inzwischen zum Gourmet-Mekka von DTLA aufgestiegen. Am besten stürzt man sich einfach ins Gewirr der mit Neonschildern versehenen Stände und Theken, die alles Erdenkliche von frischem Obst und Gemüse und Nüssen bis hin zu brutzelndem thailändischen Street Food, Hipster-Frühstück, moderner Feinkost, handgemachter Pasta und Kaffeespezialitäten anbieten.

Guisados TACOS $
(Karte S. 1004; 323-264-7201; www.guisados.co; 2100 E Cesar Chavez Ave, Boyle Heights; Tacos ab 2,95 US$; Mo–Fr 9–20, Sa bis 21, So bis 17 Uhr; Gold Line bis Mariachi Plaza) Der Grund für die stadtweite Bekanntheit des Guisados sind seine *tacos de guisados:* dicke, warme, aus nixtamalisiertem Maismehl gebackene Tortillas mit langsam gegarten, heißen, rauchigen Füllungen, die auf Bestellung zubereitet werden. Man sollte sich etwas Gutes tun und den Probierteller (7,25 US$) mit sechs Mini-Tacos bestellen. Der Taco *chiles torreados* (blasige, angekohlte Chilis) ist ein Muss für alle, die gern würzig essen.

Howlin' Ray's HÄHNCHEN, SÜDSTAATENKÜCHE
(Karte S. 1010; 213-935-8399; www.howlinrays.com; 727 N Broadway, Suite 128, Far East Plaza, Chinatown; Hauptgerichte 9–16 US$; Di–Fr 11–19, Sa & So 10–19 Uhr; P; Gold Line bis Chinatown) Das Howlin' Ray's ist ein Phänomen, bei dem man gar nicht übertreiben kann. An diesem lärmigen Take-away mit vielen Bierbänken und -tischen stellen sich die Kunden gern zwei Stunden oder länger an (die aktuellen Wartezeiten findet man bei Twitter). Als Belohnung gibt's Brathähnchen im Nashville Style und in Schärfegraden von „country“ (mild) bis „howlin“ (bloß nicht berühren!).

Manuela MODERN-AMERIKANISCH $
(Karte S. 1010; 323-849-0480; www.manuela-la.com; 907 E 3rd St; Hauptgerichte mittags 16–21 US$, abends 22–48 US$; Mi & Do 11.30–15.30 & 17.30–22, Fr 11.30–15.30 & 17.30–22, Sa 10–16 & 17.30–23, So 10–16 & 17.30–22 Uhr;) Das angesagte Restaurant im Galeriekomplex **Hauser & Wirth** (Karte S. 1010; 213-943-1620; www.hauserwirthlosangeles.com; 901 E 3rd St; Mi & Fr–So 11–18, Do bis 20 Uhr) GRATIS hat warme, mit viel Holz eingerichtete, loftartige Räume. Es serviert kreative Gerichte, bei denen Fleisch, Gemüse, Fisch und Meeresfrüchte aus Kalifornien großartig mit rauchigen Südstaatenakzenten kombiniert werden. Empfehlenswerte Vorspeisen sind die Creme-Biscuits, die gegrillten Austern oder der gelbe Pfirsichsalat mit geschlagenem Feta und Honigessig, gefolgt von einem Hauptgericht, das Kräuter aus dem eigenen Garten abrunden.

Otium MODERN-AMERIKANISCH $$
(Karte S. 1010; 213-935-8500; http://otiumla.com; 222 S Hope St, Downtown; Gerichte 8–60 US$; Di–Do 11.30–14.30 & 17.30–22, Fr 11.30–14.30 & 17.30–23, Sa 11–14.30 & 17.30–23, So 11–14.30 & 17.30–22 Uhr; ; Red/Purple Line bis Civic Center/Grand Park) Ein modernistischer Pavillon neben dem Broad (S. 1005) beherbergt dieses fröhliche, derzeit total angesagte Restaurant unter der Leitung des Chefkochs Timothy Hollingsworth. Dieser versteht es, hochwertige Zutaten auf sehr überraschende Weise zu kombinieren. So finden sich beispielsweise Wildreis und Amarant in einem wunderbar präsentierten Salat mit Avocado, Roter Bete und Granatapfel, und Oktopus wird mit grünem Knoblauch, Totentrompeten (Pilze) und *tom kha* (thailändische Ko-

kosbrühe) serviert. Richtig satt machen die riesigen Steaks (bis 185 US$).

Hollywood

In & Out Burger BURGER
(Karte S. 1014; ☎800-786-1000; www.in-n-out.com; 7009 Sunset Blvd; Burger ab 2,10 US$; ⏰So–Do 10.30–1, Fr & Sa bis 1.30 Uhr; 👪; Ⓜ Red Line bis Hollywood/Highland) Diese Burgerkette aus L. A. ist für Einheimische wie Besucher ein regelrechtes Pilgerziel. Es ist zwar Fast Food, doch das mit Stil! Seit 1949 bereitet das In & Out u. a. von Hand gefertigte Burger mit frischem (nicht gefrorenem) Rindfleisch oder handgeschnittene Pommes zu. Der schlichte Burger ist üppig mit Salat, Tomate, einem Überraschungsdressing (z. B. Thousand Island) und rohen oder sautierten Zwiebeln belegt.

Luv2eat THAILÄNDISCH
(Karte S. 1014; ☎323-498-5835; www.luv2eatthai.com; 6660 W Sunset Blvd, Hollywood; Hauptgerichte 9–16 US$; ⏰11–15.30 & 16.30–23.30 Uhr; Ⓟ) Auf keinen Fall sollte man sich von dem sonderbaren Namen und der Lage in einem Einkaufskomplex abschrecken lassen: Das Luv2eat ist für Fans der thailändische Küche ein wahrer Tempel. Chefköche sind der in der Kochschule Cordon Bleu und in der Polo Lounge (S. 1025) ausgebildete Fern und die in Thailand aufgewachsene Plaa. Sie servieren großzügige Portionen authentischer Spezialgerichte, die man selbst in dieser mit Thai-Restaurants reich bestückten Stadt normalerweise nicht bekommt. Dabei setzen sie durchaus Maßstäbe.

Salt's Cure MODERN-AMERIKANISCH $
(Karte S. 1018; ☎323-465-7258; http://saltscure.com; 1155 N Highland Ave; Hauptgerichte mittags 12–24 US$, abends 18–36 US$; ⏰Mo 11–15, Di–Fr bis 22, Sa 10–22, So 10–15 Uhr) Das mit Holztäfelung und Betonboden gestaltete Salt's Cure steht stolz für lokale Produkte. Die Speisekarte feiert kalifornische Lebensmittel aller Art, von saisonalem Gemüse bis zu vor Ort geräuchertem Fleisch aus Hausschlachtung. Rustikale Hausmannskost wird hier in anspruchsvollen Varianten serviert, etwa Capocollo mit Chilipaste oder zarte Entenbrust mit beeindruckend leichten Hafermehl-Pfannkuchen und Brombeerkompott.

★ **Providence** MODERN-AMERIKANISCH $$
(Karte S. 1018; ☎323-460-4170; www.providencela.com; 5955 Melrose Ave; Hauptgerichte mittags 38–48 US$, Probiermenüs abends 120–240 US$; ⏰Mo–Fr 12–14 & 18–22, Sa 17.30–22, So 17.30–21 Uhr; Ⓟ) Der mit dem James Beard Award ausgezeichnete Chefkoch Michael Cimarusti hat für das Providence zwei Michelin-Sternen erkocht. Seit Jahren gehört es beständig zu den besten Restaurants der Stadt. Auf den Tisch kommen faszinierende, nuancenreiche Gerichte mit exzellenten Meeresfrüchten, etwa Seeohren gepaart mit Aubergine, Rüben und Nori oder dekadent mit Macadamianüssen und erdigen schwarzen Trüffeln kombinierter Hummer. À la carte kann man nur mittags speisen.

West Hollywood & Mid-City

Original Farmers Market MARKT
(Karte S. 1018; ☎323-933-9211; www.farmersmarketla.com; 6333 W 3rd St; ⏰Mo–Fr 9–21, Sa bis 20, So 10–19 Uhr; Ⓟ👪) Auf dem Bauernmarkt bekommt man den ganzen Tag gutes, einfaches Essen, was besonders praktisch ist, wenn man mit Kindern unterwegs ist. Die Gänge säumen Stände aller Art, die Gumbo, typische Diner-Gerichte, französische Bistroküche, Nudeln à la Singapur oder Tacos anbieten. Man kann sich zum Essen hinsetzen oder das Bestellte mitnehmen. Vorher oder hinterher lohnt ein Besuch im benachbarten Einkaufszentrum **Grove** (Karte S. 1018; www.thegrovela.com; 189 The Grove Dr; Ⓟ👪; 🚍MTA-Linien 16, 17, 780 bis Wilshire & Fairfax).

Gracias Madre VEGAN, MEXIKANISCH $
(Karte S. 1018; ☎323-978-2170; www.graciasmadreweho.com; 8905 Melrose Ave, West Hollywood; Hauptgerichte mittags 12–17 US$, abends 12–18 US$; ⏰Mo–Fr 11–23, Sa & So ab 10 Uhr; 🌶) Das Gracias Madre zeigt, wie geschmackvoll – und schick – mexikanische Veggie-Biokost sein kann. Man kann auf der eleganten Terrasse oder im gemütlichen Inneren sitzen und das gesunde Essen genießen: Süßkartoffel-*flautas*, Kokos-„Schinken", Kochbananen-„Quesadillas" und leckere Schüssel-Gerichte. Das Restaurant überrascht mit Innovationen wie Cashewnuss-„Käse", Pilz-„Chorizo" oder Palmherzen-„Krabbenkuchen".

Canter's FEINKOST $
(Karte S. 1018; ☎323-651-2030; www.cantersdeli.com; 419 N Fairfax Ave, Mid-City; Hauptgerichte 8–29 US$; ⏰24 Std.; Ⓟ) Einen besseren traditionellen Diner als das Canter's wird man kaum finden. Seit 1931 ist er im traditionell jüdischen Viertel Fairfax eine Institution. Rund um die Uhr servieren abgeklärte Kellnerinnen in einem langen Raum mit Feinkost- und Backwarentheke am Eingang obli-

gatorische Gerichte wie Pastrami, Corned Beef und Matzeknödelsuppe und Frühstück.

Catch LA FUSION $$
(Karte S. 1018; 323-347-6060; http://catchrestaurants.com/catchla; 8715 Melrose Ave, West Hollywood; Gerichte zum Teilen 8–39 US$, Hauptgerichte abends 34–79 US$; tgl. 17–2, Sa & So auch 11–15 Uhr; P) Ein Liebling der Szene von L. A. Am Eingang lauern nicht selten Paparazzi prominenten Gästen auf, während der Türsteher die Reservierung prüft. Sobald man aber das Dachrestaurant mit Bar im zweiten Stock in West Hollywood betritt, ist das alles vergessen. Die von pazifisch inspirierte Küche bietet fantastische Cocktails und Gerichte zum Teilen, z. B. Trüffel-Sashimi, Wraps mit schwarzem Zackenbarsch und Salat oder Jakobsmuscheln und Blumenkohl mit brauner Tamarindenbutter.

Santa Monica

Santa Monica Farmers Markets MARKT $
(Karte S. 1021; www.smgov.net/portals/farmersmarket; Arizona Ave, zw. 2nd St & 3rd St; Arizona Ave Mi 8.30–13.30, Sa 8–13 Uhr) Zur echten Santa-Monica-Erfahrung gehört auch ein Besuch eines der Bauernmärkte im Freien, auf denen Bio-Obst und -Gemüse, Blumen, Gebäck und frische Austern angeboten werden. Am besten ist der Mittwochsmarkt an der Kreuzung 3rd St/Arizona. Hier ist die Auswahl am besten und die Erzeugnisse sind ausnehmend frisch. Auch die hiesigen Küchenchefs kaufen dort am liebsten ein.

★ **Cassia** SÜDOSTASIATISCH $$$
(Karte S. 1021; 310-393-6699; www.cassiala.com; 1314 7th St; Vorspeisen 12–18 US$, Hauptgerichte 19–76 US$; So–Do 17–22, Fr & Sa bis 23 Uhr; P) Seit seiner Eröffnung 2015 hat es das offene, luftige Cassia auf so ziemlich jede Bestenliste in L. A. und im ganzen Land geschafft. Chefkoch Bryant Ng schöpft aus seinen chinesisch-singapurischen Wurzeln und zaubert Gerichte wie *kaya*-Toast (mit Kokosmarmelade, Butter und wachsweichem Ei), „sonnengebräunte" Garnelen und einen alles umfassenden vietnamesischen Pot-au-feu: Eintopf mit Rippchen, Gemüse, Knochenmark und köstlichen Beilagen.

Venice

★ **Gjelina** AMERIKANISCH $$$
(Karte S. 1021; 310-450-1429; www.gjelina.com; 1429 Abbot Kinney Blvd, Venice; Vegetarisches, Salate & Pizzas 10–18 US$, große Portionen 15–45 US$; 8–24 Uhr; Big Blue Bus Linie 18) Wenn es ein Restaurant gibt, das das neue Venice am treffendsten verkörpert, so ist es dieses hier. Man sichert sich einen Platz zwischen den Hipstern und Yuppies am Gemeinschaftstisch oder ergattert seinen eigenen Holztisch auf der eleganten Steinterrasse und verspeist dann einfallsreiche kleine Gerichte (z. B. mit Chili und Minze gewürzte rohe Stachelmakrele mit einem Olivenöl-Blutorange-Dressing). Sensationell sind die Holzofenpizzas mit dünner Kruste.

Pasadena

La Grande Orange KALIFORNISCH $
(Karte S. 1004; 626-356-4444; www.lgostationcafe.com; 260 S Raymond Ave, Pasadena; Pizzas 15–17 US$, Hauptgerichte 15–47 US$; Mo–Do 11–22, Fr bis 23, Sa 10–23, So 9–21 Uhr; M Gold Line bis Del Mar) Pasadenas alter Bahnhof von 1911 wurde schön renoviert und in dieses freundliche und beliebte Restaurant mit tollen alten Holzbalken verwandelt. Die Küche befindet sich im früheren Ticketschalter und bringt Neue Amerikanische Küche auf den Tisch: über Mesquiteholz gegrillte Burger und Meeresfrüchte, Salate und teurere Aged Steaks aus dem Mittleren Westen. An der großen Bar kann man die Züge der Gold Line vorbeifahren sehen.

Ausgehen & Nachtleben

Ob es nun ein Bio-CBD-Espresso, ein Craft-Cocktail mit Campari und Erdnussbutter nach der Fat-Washing-Methode oder ein saisonales Gebräu mit Oolong-Tee aus Chinatown sein soll, L. A. hält selbst für die höchsten und exzentrischsten Ansprüche stets etwas bereit. Ob in postindustriellen Kaffeeröstereien und Brauereien, Lounges aus den 1950er-Jahren, klassischen Martinibars in Hollywood oder Bowlingzentren mit Cocktailbar: In Los Angeles werden alle Drinks mit einem gewissen Etwas serviert. Da bleibt einem eigentlich nichts anderes übrig, als sein Glas zu heben und auf die coolste Stadt der USA anzustoßen.

Downtown

Clifton's Republic COCKTAILBAR
(Karte S. 1010; 213-627-1673; www.cliftonsla.com; 648 S Broadway; Di–Do 11–24, Fr bis 2, Sa 10–2.30, So 10–24 Uhr; M Red/Purple Line bis Pershing Sq) Das 1935 eröffnete und nach einer 10 Mio. US$ schweren Renovierung wie-

derauferstandene Clifton erstreckt sich über mehrere Etagen, zieht ein ganz gemischtes Publikum an und entzieht sich jeder Beschreibung. Die Getränke bestellt man inmitten von ausgestopften Waldtieren an einem gotischen Kirchenaltar, im Schatten von (falschen) 12 m hohen Mammutbäumen tanzen Burlesk-Darsteller den Shimmy und draußen auf der anderen Seite der Glastür lockt ein luxuriöses Südseeparadies mit einem umgebauten Schnellboot als DJ-Pult.

Angel City Brewery MIKROBRAUEREI
(Karte S. 1010; ☎ 213-622-1261; www.angelcitybrewery.com; 216 S Alameda St; ⏰ Mo–Do 16–1, Fr bis 2, Sa 12–2, So 12–1 Uhr) Hier, wo einst die Seile für Hängebrücken und ähnliche Konstruktionen hergestellt wurden, werden heute Craft-Biere gebraut und ausgeschenkt. Das beliebte Lokal an der Grenze des Arts District ist der perfekte Ort, um sich ein India Pale Ale oder einen Imperial Stout mit Chaigewürzen zu gönnen, der Musik zu lauschen und nebenher ein paar Tacos aus einem Food Truck zu verdrücken.

Hollywood

Rooftop Bar at Mama Shelter BAR
(Karte S. 1014; ☎ 323-785-6600; www.mamashelter.com/en/los-angeles/restaurants/rooftop; 6500 Selma Ave; ⏰ Mo–Do 12–1, Fr & Sa 11–2, So 11–1 Uhr; Ⓜ Red Line bis Hollywood/Vine) Weniger eine klassische Hoteldachbar als vielmehr eine üppige tropische Oase mit farbenfrohen Liegen und Blick auf die Neonschilder Hollywoods und die Skyline von L.A. Die Küche bietet witzige Barsnacks wie *boujee fries* und tolle Tacos. Ob Hotelgäste oder Einheimische von den nahen BuzzFeed-Büros – alle lieben die geruhsamen Cocktailstunden, den Blick auf die Wahrzeichen der Stadt und das übergroße Jenga-Spiel.

Tramp Stamp Granny's BAR
(Karte S. 1014; ☎ 323-498-5626; www.trampstampgrannys.com; 1638 N Cahuenga Blvd; ⏰ Di & Mi 20–1, Do & Fr 18–1, Sa 20–2 Uhr; Ⓜ Red Line bis Hollywood/Vine) Mitten in Hollywood befindet sich diese Pianobar, die Darren Criss, dem Star aus *Glee* und *The Assassination of Gianni Versace*, gehört. Sie ist ein bisschen nobel, ein bisschen trashig und durch und durch amüsant. Die Hände der talentierten Pianisten gleiten über die Tasten und die Gäste singen bei ihren Lieblingssongs mit. Es gibt sogar Themenabende, z. B. Disney. Die Drinks sind stark und kreativ.

West Hollywood

Abbey SCHWULE & LESBEN
(Karte S. 1018; ☎ 310-289-8410; www.theabbeyweho.com; 692 N Robertson Blvd, West Hollywood; ⏰ Mo–Do 11–2, Fr ab 10, Sa & So ab 9 Uhr) Von manchen wird das Abbey als die beste Schwulenbar der Welt bezeichnet. Früher ein bescheidenes Kaffeehaus, hat es sich zu WeHos angesagtestem Bar-Club-Restaurant entwickelt. Es gibt Martinis und Mojitos in so vielen Varianten, dass man glauben könnte, die Drinks wären hier erfunden worden. Zudem wird hochwertiges Kneipenessens serviert (Hauptgerichte 14–21 US$).

Beverly Hills

Polo Lounge COCKTAILBAR
(Karte S. 1004; ☎ 310-887-2777; www.dorchestercollection.com/en/los-angeles/the-beverly-hills-hotel; Beverly Hills Hotel, 9641 Sunset Blvd, Beverly Hills; ⏰ 7–1.30 Uhr) Hier wartet die klassische L. A.-Erfahrung: Man mache sich schick und schlürfe an der legendären Bar dieses Hotels in Beverly Hills einen Cocktail. Charlie Chaplin hatte für die Sitznische eins eine dauerhafte Reservierung zum Mittagessen und H. R. Haldeman und John Ehrlichman erfuhren hier 1972 vom Watergate-Einbruch. Sonntags gibt's einen bekannten Jazz-Brunch (Erw./Kind 95/20 US$).

Long Beach

Pike BAR
(Karte S. 1004; ☎ 562-437-4453; www.pikelongbeach.com; 1836 E 4th St, Long Beach; ⏰ Mo–Fr 11–2, Sa & So ab 9 Uhr; 🚌 Line 22) Neben dem Retro Row liegt diese Spelunke mit nautischem Motto, die Chris Reece gehört, einem Mitglied der Band Social Distortion. Hier treten jeden Abend coole junge Musiker auf (kein Eintritt!) und das Bier wird in Pitchern oder Flaschen serviert. Es gibt auch Cocktails wie Mezcarita und Greenchelada (eine *michelada* mit Gurke, Jalapeño und Limette).

☆ Unterhaltung

Hollywood Bowl KONZERTE
(Karte S. 1004; ☎ 323-850-2000; www.hollywoodbowl.com; 2301 N Highland Ave; Eintritt Proben frei, Eintritt Vorstellungen verschieden; ⏰ Juni–Sept.) Was wäre ein Sommer in L.A. ohne einen Besuch dieses riesigen Freiluft-Amphitheaters in den Hollywood Hills? Von Juni bis September gibt's hier Musik unterm Sternenhimmel – von Sinfonieorchestern und

Jazzbands bis hin zu großen Namen wie Blondie, Bryan Ferry und Angélique Kidjo. Pullover oder Decke nicht vergessen, denn abends wird es ganz schön kühl.

Geffen Playhouse THEATER
(Karte S. 1004; ☎310-208-5454; www.geffenplayhouse.com; 10886 Le Conte Ave, Westwood) Der Entertainment-Mogul David Geffen investierte über 17 Mio. US$, um dieses Theater im mediterranen Stil zu sanieren. Während der Spielzeiten sind sowohl amerikanische Klassiker als auch neue Stücke zu sehen, und nicht selten stehen aus Film und TV bekannte Schauspieler auf der Bühne.

Los Angeles Philharmonic KLASSISCHE MUSIK
(Karte S. 1010; ☎323-850-2000; www.laphil.org; 111 S Grand Ave) L. A.s erstklassige Philharmoniker führen ihre topaktuellen Stücke in der Walt Disney Concert Hall (S. 1005) unter der Leitung des venezolanischen Maestros Gustavo Dudamel auf.

Dodger Stadium BASEBALL
(Karte S. 1004; ☎866-363-4377; www.dodgers.com; 1000 Vin Scully Ave) Nur wenige Clubs können in puncto Geschichte – die Dodgers haben Jackie Robinson, Sandy Koufax, Kirk Gibson und den Sportkommentator Vin Scully vorzuweisen –, Erfolg und treuen Fans mit den Dodgers mithalten. Ihr von Palmen und den San Gabriel Mountains umrahmtes Stadion aus den 1950er-Jahren gilt noch immer als eine der schönsten Baseballarenen überhaupt. Die beste Sicht hat man von den Plätzen hinter dem Schlagmal, man kann es sich aber auch im „All you can eat"-Pavillon am Right Field gut gehen lassen.

Largo at the Coronet LIVEMUSIK, THEATER
(Karte S. 1018; ☎310-855-0530; www.largo-la.com; 366 N La Cienega Blvd, Mid-City) Schon in den ersten Tagen der Fairfax Ave war das Largo ein Ort für anspruchsvolle Popkultur (hier wurde Zach Galifinakis zum Star). Das Largo ist jetzt Teil des Coronet Theatre Com-

LGBTIQ+-SZENE IN L. A.

L. A. ist eine der tolerantesten Städte des gesamten Landes und hat maßgeblich zur Entwicklung einer schwul-lesbischen Kultur in den USA beigetragen. Auch im restlichen County gibt es natürlich LGBTIQ+-Communitys, die Regenbogenflagge wird aber mit besonderem Stolz in Boystown geschwenkt, entlang des Santa Monica Blvd in West Hollywood, der von Dutzenden dynamischen Bars, Cafés, Restaurants, Fitnessstudios und Clubs gesäumt ist. Die meisten sind auf eine schwule Klientel ausgerichtet, es gibt aber auch viele Lesben, Transsexuelle und gemischtes Publikum. Am meisten ist hier donnerstag- bis sonntagabends los.

Wer sich nicht ins Nachtleben stürzen möchte, findet in L. A. sicher auch zahlreiche andere Möglichkeiten, Gleichgesinnte zu treffen, mit ihnen ins Gespräch zu kommen und sie vielleicht sogar besser kennenzulernen. Wer das draußen an der frischen Luft tun möchte, ist beim Laufclub **Frontrunners** (www.lafrontrunners.com) und beim Wanderclub **Great Outdoors** (www.greatoutdoorsla.org) an der richtigen Adresse. Letzterer bietet Wanderungen (tagsüber und auch abends) und Stadtspaziergänge durch verschiedene Viertel an. Einen Einblick in die faszinierende Geschichte der homosexuellen Szene bieten die Stadtspaziergänge von **Out & About Tours** (www.thelavendereffect.org/tours; Touren ab 30 US$).

Schwules Theater gibt's überall in der Stadt, doch das **Celebration Theatre** (Karte S. 1018; ☎323-957-1884; www.celebrationtheatre.com; 6760 Lexington Ave, Hollywood) gehört zu den führenden Bühnen für LGBTIQ+-Theater in den USA. Das **Cavern Club Theater** (Karte S. 1004; www.cavernclubtheater.com; 1920 Hyperion Ave, Silver Lake) überschreitet gerne auch mal Grenzen, besonders mit seinen auffälligen Drag-Künstlern. Es befindet sich unter dem Restaurant Casita del Campo. Wer das Glück hat, gerade in der Stadt zu sein, wenn die **Gay Men's Chorus of Los Angeles** (www.gmcla.org) auftreten, sollte sich das nicht entgehen lassen. Diese großartige Truppe gibt es schon seit 1979.

Die Festivalsaison beginnt zwischen Mitte und Ende Mai mit der **Long Beach Pride Celebration** (☎562-987-9191; www.longbeachpride.com; 450 E Shoreline Dr, Long Beach; Umzug frei, Eintritt Festival Erw./Kind & Senior 25 US$/frei; ⌚Mitte Mai) und geht dann Mitte Juni beim dreitägigen **LA Pride** (www.lapride.org) mit einem Umzug auf dem Santa Monica Blvd weiter. Zu Halloween (31. Okt.) versammeln sich auf der gleichen Straße 500 000 ausgefallen kostümierte Partyfans aller Ausrichtungen.

L.A. FÜR KINDER

In L.A. ist es ein Kinderspiel, den Nachwuchs bei Laune zu halten. Der weitläufige Los Angeles Zoo (S. 1009) im familienfreundlichen Griffith Park ist eine sichere Bank. Kleine Dinofans werden von den La Brea Tar Pits (S. 1009) und dem Natural History Museum (S. 1008) begeistert sein, angehende Naturforscher drängen sich im Griffith Observatory (S. 1009) und im California Science Center (S. 1007). Meereslebewesen locken ins Aquarium of the Pacific (S. 1014) in Long Beach. Im Vergnügungspark auf dem Santa Monica Pier (S. 1012) amüsieren sich Menschen jeden Alters. Eher etwas für Teens und Twens sind die Aktivitäten der **Universal Studios Hollywood** (Karte S. 1004; ☎800-864-8377; www.universalstudioshollywood.com; 100 Universal City Plaza, Universal City; regulärer Eintritt für 1/2 Tage ab 109/149 US$, Kind unter 3 Jahren frei; ⏲Öffnungszeiten variieren; P; M Red Line bis Universal City). Disneyland (S. 1030) und Knott's Berry Farm (S. 1031) im benachbarten Orange County sind das Nonplusultra in Sachen Themenparks.

plex und bietet hochkarätige Comedy z.B. von Sarah Silverman und Jon Hodgman. Zudem wird regelmäßig Nachtmusik etwa von der Preservation Hall Jazz Band gespielt.

ArcLight Cinemas KINO

(Karte S. 1014; ☎323-464-1478; www.arclightcinemas.com; 6360 W Sunset Blvd; M Red Line bis Hollywood/Vine) Zugewiesene Sitzplätze, gute Chancen, Stars zu begegnen, und ein abwechslungsreiches Programm, das Mainstream- ebenso wie Arthouse-Filme umfasst – das Kino mit seinen 14 Sälen ist das beste der Stadt. Wem das Programm zusagt, der sollte unbedingt einen Film im großartigen Cinerama Dome von 1963 sehen. Weitere Pluspunkte sammeln die Vorstellungen für Besucher ab 21 Jahre, bei denen auch Alkohol gestattet ist, und die Gesprächsrunden mit Regisseuren, Autoren und Schauspielern. Vier Stunden Parken kostet 3 US$.

LA Lakers BASKETBALL

(Karte S. 1010; ☎888-929-7849; www.nba.com/lakers; Tickets ab 65 US$) Das berühmtere der beiden NBA-Basketballteams aus L.A. – das zweite sind die **Clippers** (Karte S. 1010; ☎213-204-2900; www.nba.com/clippers; Tickets ab 20 US$). Die Lakers spielen im **Staples Center** (Karte S. 1010; ☎213-742-7100; www.staplescenter.com; 1111 S Figueroa St) in Downtown. Nur wenige Teams können mit den historischen Erfolgen des Clubs mithalten – viele Spieler sind so legendär, dass sie nur unter ihrem Vornamen bekannt sind: Kareem, Magic, Shaq, Kobe, LeBron. In den letzten paar Jahren waren die Ergebnisse allerdings enttäuschend.

Shoppen

Wer von sich selbst behauptet, ein Shopping-Muffel zu sein, wird dies nach einer Reise nach Los Angeles eventuell revidieren müssen. L.A. ist ein Profi, wenn es darum geht, Kreditkartenlimits auszureizen. Aber es wäre ja auch wirklich ein Jammer, wenn man das supersüße Kleid im Vintage-Look oder die Stofftasche mit dem coolen Spruch zurücklassen müsste. Und nur diese tolle Lampe im Fifties-Chic bietet die richtige Beleuchtung für das signierte Hollywood-Drehbuch, das man ergattern konnte. Die Stadt ist voller Kreativität und schrulliger Ideen – und das ist auch in den Schaufenstern und Regalen unverkennbar.

Downtown

Raggedy Threads VINTAGE

(Karte S. 1010; ☎213-620-1188; www.raggedythreads.com; 330 E 2nd St; ⏲Mo–Sa 12–19, So bis 18 Uhr; M Gold Line bis Little Tokyo/Arts District) Ein gigantischer Laden mit amerikanischen Vintage-Klamotten ganz in der Nähe der Haupteinkaufsmeile in Little Tokyo. Es gibt jede Menge schöne, ziemlich verschlissene Jeansteile sowie eine bemerkenswerte Auswahl an Overalls von vor 1950 aus den USA, Japan und Frankreich, weiche T-Shirts, ein paar viktorianische Kleider und eine schöne Türkis-Sammlung zu günstigen Preisen.

Last Bookstore in Los Angeles BÜCHER

(Karte S. 1010; ☎213-488-0599; www.lastbookstorela.com; 453 S Spring St; ⏲Mo–Do 10–22, Fr & Sa bis 23, Sa bis 21 Uhr) Alles begann mit einem nur vom Inhaber betriebenen Laden. Heute ist dies der größte kalifornische Buchladen für neue und gebrauchte Schmöker, der schon optisch ein Genuss ist. Er erstreckt sich auf zwei Etagen eines früheren Bankgebäudes. Im Erdgeschoss befinden sich Schränke mit Raritäten, oben gibt's eine Horror- und Krimihöhle, einen Büchertunnel

FASHION DISTRICT

Schnäppchenjäger lieben den hektischen, 100 Blocks großen Modedistrikt im Südwesten der Downtown. Hier kann man prima Beute machen, doch wer zum ersten Mal hier ist, fühlt sich oft von der schieren Größe und gewaltigen Auswahl schlichtweg überfordert. Zur Orientierung sollte man einen Blick auf www.fashiondistrict.org werfen.

und ein paar Kunstgalerien. Außerdem gibt's ein fantastisches Schallplattensortiment.

West Hollywood

Melrose Avenue MODE & ACCESSOIRES

(Karte S. 1018) Die legendäre und coole Shoppingmeile ist fürs Sehen und Gesehenwerden ebenso berühmt wie für ihre Geschäfte. Hier sieht man Haare (und Menschen) aller Farbschattierungen und Stile und bekommt alles von Gothic-Schmuck über großartige Vintage-Klamotten und maßgefertigte Sneakers bis zu Hanf und ausgestopften Stachelschweinen – sofern man das nötige Kleingeld hat. Die Einkaufsmeile erstreckt sich zwischen der Fairfax Ave und der La Brea Ave.

Fred Segal MODE & ACCESSOIRES

(Karte S. 1018; ☎323-432-0560; www.fredsegal.com; 8500 Sunset Blvd, West Hollywood; ⏲Mo–Sa 10–21, So 11–18 Uhr) Ein Besuch im Fred Segal bei einer Shoppingtour in L.A. ist ein Muss. Das 1200 m² große Labyrinth aus Edelboutiquen ist unlängst von seinem langjährigen Standort in der Melrose Ave hierher umgezogen. Unter dem unglaublich schicken, leicht versnobten Dach suchen die Schönen und Berühmten nach der aktuellsten Couture im California-Casual-Stil. „Schnäppchen" gibt's hier nur beim Summer Sale und im Januar.

Pasadena

Rose Bowl Flea Markt MARKT

(Karte S. 1004; www.rgcshows.com; 1001 Rose Bowl Dr, Pasadena; Eintritt ab 9 US$; ⏲jeden 2. So im Monat 9–16.30 Uhr, letzter Einlass 15 Uhr, bevorzugter früher Einlass ab 5 Uhr) Seit den 1960er-Jahren findet auf dem Football-Feld am Rose Bowl Stadium jeden Monat, bei Regen wie bei Sonnenschein, der „Flea Market of the Stars" statt. Dann strömen scharenweise Kauflustige auf der Suche nach dem nächsten tollen Fundstück herbei – mehr als 2500 Verkäufer und etwa 20 000 Besucher tummeln sich hier. Ein Riesenspaß! Fürs leibliche Wohl sorgen Rummelplatzsnacks wie Burger, Hotdogs, Pommes, Würste, Sushi (schließlich ist das L. A.) sowie Limonade und Cocktails.

Praktische Informationen

GEFAHREN & ÄRGERNISSE

Trotz der geradezu apokalyptischen Gefahren, die die Unterhaltungsindustrie der Stadt zuschreibt – Waffen, Gewaltverbrechen, Erdbeben –, ist Los Angeles insgesamt eine recht sichere Stadt für Besucher. Die größte Gefahr sind wahrscheinlich Verkehrsunfälle (immer anschnallen, so ist es auch Gesetz!). Der Verkehr ist im Alltag auch das größte Ärgernis – auf mysteriöse Weise können sich Staus auch dann bilden, wenn man am wenigsten damit rechnet.

MEDIEN

Eater LA (http://la.eater.com) Aktuelle News aus der sich ständig verändernden Restaurantszene der Stadt und Restaurantkritiken.

KCRW 89.9 FM (www.kcrw.com) Der beste Radiosender der Stadt gehört zum Radionetzwerk National Public Radio (NPR) und ist ganz nah am kulturellen Puls von L. A. Er bietet vielseitige und unabhängige Musik und intelligente Gespräche und veranstaltet Shows und Events in ganz Südkalifornien.

LA Weekly (www.laweekly.com) Kostenlose alternative Wochenzeitung mit Nachrichten sowie Konzert- und Veranstaltungskalender.

LAist (http://laist.com) Kultur, Unterhaltung, Essen und Klatsch rund um die Popkultur.

Los Angeles Magazine (www.lamag.com) Lifestyle-Monatsmagazin mit nützlichem Restaurantführer und tollen Themenbeiträgen.

Los Angeles Times (www.latimes.com) Große Tageszeitung aus dem Mitte-Links-Spektrum.

MEDIZINISCHE VERSORGUNG

Cedars-Sinai Medical Center (☎310-423-3277; http://cedars-sinai.edu; 8700 Beverly Blvd) Rund um die Uhr geöffnete Notaufnahme am Rande von West Hollywood.

Keck Medicine of USC (☎323-226-2622; www.keckmedicine.org; 1500 San Pablo St) Rund um die Uhr geöffnete Notaufnahme gleich östlich der Downtown.

Ronald Reagan UCLA Medical Center (☎310-825-9111; www.uclahealth.org; 757 Westwood Plaza, Westwood) Rund um die Uhr geöffnete Notaufnahme auf dem Campus der UCLA.

TOURISTENINFORMATION

Downtown LA Visitor Center (Karte S. 1010; www.discoverlosangeles.com; Union Station, 800 N Alameda St; ⏲9–17 Uhr; Ⓜ Red/Purple/Gold Line bis Union Station) Karten und allgemeine touristische Auskünfte; in der Lobby der Union Station.

Los Angeles Visitor Information Center (Karte S. 1014; ☎323-467-6412; www.discoverlosangeles.com; Hollywood & Highland, 6801 Hollywood Blvd; ⊙Mo–Sa 9–22, So 10–19 Uhr; Ⓜ Red Line bis Hollywood/Highland) Die Haupttouristeninformation von L. A. ist in Hollywood. Sie hält Karten, Broschüren und Auskünfte zu Unterkünften bereit und verkauft Tickets für Vergnügungsparks und andere Attraktionen.

Santa Monica Visitor Information Center (Karte S. 1021; ☎800-544-5319; www.santamonica.com; 2427 Main St) Santa Monicas Haupttouristeninformation hat hilfsbereite Mitarbeiter sowie kostenlose Stadtführer und Karten.

ℹ An- & Weiterreise

AUTO

Die schnellste Route aus San Francisco und Nordkalifornien nach L. A. ist die I-5 durch das San Joaquin Valley. Auf dem Hwy 101 dauert die Fahrt länger, ist aber landschaftlich reizvoller. Die schönste, aber auch langsamste Route ist der Hwy 1 (Pacific Coast Hwy, abgekürzt PCH).

Von San Diego und anderen Orten im Süden nimmt man die I-5. Wer aus Las Vegas oder vom Grand Canyon kommt, fährt auf der I-15 nach Süden bis zur I-10 und auf dieser dann westwärts schnurstracks hinein nach Los Angeles.

BUS

Der Hauptbusterminal von **Greyhound** (Karte S. 1004; ☎213-629-8401; www.greyhound.com; 1716 E 7th St) befindet sich in einem Industriegebiet von Downtown, daher sollte man nach Möglichkeit nicht nach Einbruch der Dunkelheit ankommen. Einige Greyhound-Busse fahren direkt zum Terminal in **North Hollywood** (11239 Magnolia Blvd), ein paar kommen auch durch **Long Beach** (1498 Long Beach Blvd).

FLUGZEUG

Das wichtigste Tor nach L. A. ist der **Los Angeles International Airport** (LAX; Karte S. 1004; www.lawa.org/welcomeLAX.aspx; 1 World Way). Zwischen seinen neun Terminals pendelt der kostenlose LAX Shuttle A, der immer auf der unteren Ebene (Ankunft) der Terminals abfährt. Dort halten auch Taxis und die Shuttles von Hotels und Autovermietungen. Ticketschalter und Check-in-Schalter befinden sich immer auf der oberen (Abflug-)Ebene der Terminals.

Das Drehkreuz der meisten internationalen Fluggesellschaften ist das Tom Bradley International Terminal.

Einige Inlandsflüge landen auch auf dem **Burbank Hollywood Airport** (BUR, Bob Hope Airport; Karte S. 1004; www.burbankairport.com; 2627 N Hollywood Way, Burbank), der sehr günstig liegt, wenn man nach Hollywood, Downtown oder Pasadena möchte. Im Süden liegt an der Grenze zum Orange County der kleine **Long Beach Airport** (Karte S. 1004; www.lgb.org; 4100 Donald Douglas Dr, Long Beach), der von Alaska, JetBlue und Southwest angeflogen wird und besonders praktisch ist, wenn man nach Disneyland möchte.

ZUG

Die Züge von **Amtrak** (www.amtrak.com) nutzen die historische **Union Station** (☎800-872-7245; www.amtrak.com; 800 N Alameda St) in der Downtown. Folgende Fernzüge halten in L. A.: der *Coast Starlight* nach Seattle (tgl.), der *Southwest Chief* nach Chicago (tgl.) und der *Sunset Limited* nach New Orleans (3-mal wöchentl. Woche). Der *Pacific Surfliner* fährt mehrmals täglich nach San Diego, Santa Barbara und San Luis Obispo und kommt dabei auch durch L. A.

ℹ Unterwegs vor Ort

AUTO & MOTORRAD

Die üblichen internationalen Autovermietungen unterhalten am LAX-Flughafen und in der ganzen Stadt Filialen. Die Büros und Fahrzeugstellplätze befinden sich außerhalb des Flughafens, doch alle Firmen betreiben kostenlose Shuttlebusse, die von der unteren Ebene abfahren. Der Verkehr in L. A. gehört zum schlimmsten im gesamten Land. Fahrten in den Rushhours (7–9 & 15.30–18.30 Uhr) sollte man tunlichst vermeiden!

VOM/ZUM FLUGHAFEN

Busse von **LAX FlyAway** (☎866-435-9529; www.lawa.org/FlyAway) fahren für 9,75 US$ ohne Zwischenhalt nach Downtown zur Patsaouras Transit Plaza an der Union Station (45 Min.), nach Hollywood (8 US$, 1–1½ Std.), nach Van Nuys (9 US$, 50 Min.) und nach Long Beach (9 US$, 50 Min.).

Um einen Linienbus zu nehmen, fährt man mit dem kostenlosen Shuttlebus vom Flughafen in Richtung Parkplatz C. Er hält am LAX City Bus Center, einem Knotenpunkt für Busse ins gesamte Los Angeles County.

Taxis sind jederzeit verfügbar und warten vor den Terminals. Der Festpreis nach Downtown L. A. beträgt 46,50 US$ plus 4 US$ LAX-Flughafensteuer; als Trinkgeld sind 15 bis 20 % üblich.

Fahrten mit Mitfahrdiensten wie Uber und Lyft können 30 bis 40 % günstiger sein als Taxis. Diese Firmen setzen ihre Fahrgäste auf der Abflugsebene (oben) ab und holen sie dort auch ab, und zwar an den mit den Buchstaben A bis G gekennzeichneten Schildern draußen vor den Terminals.

ÖFFENTLICHE VERKEHRSMITTEL

Den Großteil der öffentlichen Verkehrsmittel verwaltet **Metro** (☎323-466-3876; www.metro.

net), das auf seiner Website Streckenkarten, Fahrpläne und Hilfe bei der Fahrtenplanung anbietet.

Um mit den Metro-Zügen und -Bussen zu fahren, wird eine aufladbare TAP-Karte benötigt. Man kann sie für 1 US$ an den TAP-Automaten in allen Metro-Stationen kaufen und einen festen Bargeldbetrag oder ein Tagesticket aufladen. Ein normales Ticket kostet 1,75 US$ pro Einzelfahrt, ein Tageskarte/Wochenkarte mit unbegrenzten Fahrten 7/25 US$.

TAP-Karten gelten auch in den DASH-Bussen und den städtischen Bussen. Sie können an den Verkaufsautomaten oder online auf der TAP-Website (www.taptogo.net) aufgeladen werden.

TAXI

Weil sie (meistens) günstiger sind und besseren Service bieten, haben die Mitfahrdienste Uber und Lyft die klassischen Taxis stark verdrängt.

Beverly Hills Cab (☎800-273-6611; www.beverlyhillscabco.com) Solides, zuverlässiges Unternehmen mit guten Preisen für Fahrten zum Flughafen und einem großen Einsatzgebiet.

Taxi Taxi (☎310-444-4444; www.santamonicataxi.com) Die wohl beste und professionellste Taxiflotte der Stadt. Die Taxis bringen Fahrgäste überall hin, holen sie aber nur in Santa Monica ab.

SÜDKALIFORNISCHE KÜSTE

Disneyland & Anaheim

Micky ist einfach ein Glückspilz! Die unwiderstehliche, 1928 vom Trickfilmzeichner Walt Disney erfundene Maus löste einen unglaublichen Rummel aus, der sie in puncto Bekanntheit, Umsatz und Einfluss zu einem Megastar machte. Zudem lebt Micky in Disneyland, dem „Happiest Place on Earth", einer fantasievollen, technisch ausgeklügelten Hyperrealität, in der die Straßen immer sauber und die Angestellten, „Cast Members" (Mitwirkende) genannt, immer fröhlich sind und jeden Tag Paraden stattfinden.

Heute besteht das **Disneyland Resort®** (Karte S. 1004; ☎714-781-4636; www.disneyland.com; 1313 Harbor Blvd; Tageskarte Erw. 104–149 US$, Kind 3–9 Jahre 96–141 US$, 2-Tagesticket Erw./Kind 3–9 Jahre 225/210 US$; ⏲tgl. geöffnet, Öffnungszeiten variieren saisonal) aus dem ursprünglichen Disneyland Park und dem neueren Freizeitpark Disney California Adventure. Den mehr als 14 Mio. Kindern, Großeltern, Flitterwöchnern und Touristen aus aller Welt, die jedes Jahr herkommen, verheißt es nach wie vor magische Erlebnisse.

Die ganz normale Stadt Anaheim, die rund um Disneyland gewachsen ist, wartet mit ein paar überraschend coolen Ecken auf, die nicht das Geringste mit dem Trubel rund um Micky Maus zu tun haben.

Sehenswertes & Aktivitäten

Der makellose und mustergültige **Disneyland Park®** entspricht immer noch Walt Disneys ursprünglichen Plänen. Hier finden sich unzählige Fahrgeschäfte und ein paar der Attraktionen, die am stärksten mit dem Namen Disney verknüpft sind: Main Street USA, Sleeping Beauty Castle, Tomorrowland und – als neuster Publikumshit – Star Wars: Galaxy's Edge.

Der größere, aber nicht so überfüllte Park **Disney California Adventure®** feiert die natürlichen und kulturellen Schätze des „Golden State", kann aber hinsichtlich der Dichte und des Einfallsreichtums der Attraktionen nicht mit dem Originalpark mithalten – was man z. B. mit dem neuen Avengers Campus ausgleichen will. Die besten Fahrgeschäfte befinden sich auf dem altmodischen kalifornischen Vergnügungspier: Soarin' Around the World (ein virtueller Gleitschirmflug) und Guardians of the Galaxy – Mission: BREAKOUT!, bei dem man einen 56 m hohen Aufzugschacht hinunterrast.

Wer alle Rides (Fahrgeschäfte) in beiden Themenparks erleben will, benötigt mindestens zwei Tage, da die Wartezeiten vor den Top-Attraktionen (vor allem im Sommer) eine Stunde und mehr betragen können. Um die Wartezeit zu reduzieren, sollte man werktags noch vor der Öffnungszeit kommen, sein Ticket online kaufen und ausdrucken und das Fastpass-System nutzen, das einem für ausgewählte Rides und Attraktionen einen festen Zeitpunkt zuteilt. Die saisonalen Öffnungszeiten und die Termine von Paraden, Shows und Feuerwerk stehen auf der Website.

Während das Disneyland Resort den Tourismus der Stadt Anaheim natürlich fest im Griff hat, lohnt doch ein Besuch der sanierten Viertel rund ums Rathaus: des **Anaheim Packing District** (Karte S. 1004; www.anaheimpackingdistrict.com; S Anaheim Bl) und der **Center Street** (Karte S. 1004; www.centerstreetanaheim.com; W Center St). In dieser befindet sich auch das von Frank Gehry entworfene Eishockeystadion, in dem die Anaheim Ducks trainieren. Es ist öffentlich zugänglich.

Schlafen

Wer das komplette Disney-Erlebnis möchte, kann im Disneyland Resort in drei verschiedenen Hotels übernachten. Allerdings gibt's in Anaheim gleich hinter den Toren des Parks weniger teure Unterkünfte. Ein preiswerteres Vergnügungsparkhotel ist **Knott's Berry Farm** (Karte S. 1004; ☎714-995-1111; www.knotts.com/stay/knotts-berry-farm-hotel; 7675 Crescent Ave, Buena Park; Zi. 79–169 US$; P @ 🛜 🏊).

Disneyland Resort

★ Disney's Grand Californian Hotel & Spa RESORT $$$

(Karte S. 1004; ☎Info 714-635-2300, Reservierungen 714-956-6425; https://disneyland.disney.go.com/grand-californian-hotel; 1600 S Disneyland Dr; Zi. ab 507 US$; P ❄ @ 🛜 🏊) Über der kathedralenartigen Lobby des sechsstöckigen Grand Californian, Disneys Hommage an den Architekturstil des Arts and Crafts Movement, erheben sich mächtige Holzbalken. Die bequemen, kürzlich renovierten Zimmer bieten Betten mit dreifachen Laken, Daunenkissen, Bademäntel und maßgearbeitete Möbel. Draußen windet sich die Wasserrutsche um einen künstlichen Redwoodstamm. Und abends kommen die Kinder bei Gutenachtgeschichten vor dem riesigen Kamin in der Lobby zur Ruhe.

Disneyland Hotel HOTEL $$

(Karte S. 1004; ☎714-778-6600; www.disneyland.com; 1150 Magic Way, Anaheim; Zi. ab 409 US$; P @ 🛜 🏊) Das älteste Hotel des Parks entstand 1955, also im Jahr der Eröffnung Disneylands, wurde aber schwungvoll und mit einer kräftigen Prise Disney-Flair modernisiert. Es hat drei Türme mit jeweils einer eigenen Themenlobby (Abenteuer, Fantasie und Pioniere). Die 972 großen Zimmer haben Bäder mit Wandlampenhaltern in der Form von Micky-Maus-Händen und im Stil des Sleeping Beauty Castle verzierte Wände.

Anaheim

Best Western Plus Stovall's Inn MOTEL $$

(Karte S. 1004; ☎714-778-1880; www.bestwestern.com; 1110 W Katella Ave; Zi. 99–175 US$; P 🚭 ❄ @ 🛜 🏊) Generationen von Gästen haben bereits in diesem Hotel mit seinen 289 Zimmern übernachtet, das nur 15 Gehminuten von Disneyland entfernt ist. Zum Haus gehören zwei Pools, zwei Whirlpools, ein Fitnessraum, ein Kinderbecken und ein Formschnittgarten. Die renovierten wie eleganten Zimmer in modernem Design sind makellos sauber. Alle verfügen über eine Klimaanlage, eine Mikrowelle und einen Minikühlschrank. Im Preis ist ein warmes Frühstück inbegriffen; Gäste können die Waschküche nutzen.

Ayres Hotel Anaheim HOTEL $

(Karte S. 1004; ☎714-634-2106; www.ayreshotels.com/anaheim; 2550 E Katella Ave; Zi. 139–259 US$; P 🚭 ❄ @ 🛜 🏊 🐾; 🚌ARTIC, 🚆Amtrak bis ARTIC) Die gut geführte kleine Businesshotelkette ist solide und ihr Geld wert. Die 133 unlängst renovierten Zimmer bieten Mikrowelle, Minikühlschrank, Safe, Bar und Pillow-Top-Matratzen. Das Design ist von der kalifornischen Arts and Craft Movement inspiriert. Die Zimmer in der vierten Etage haben besonders hohe Decken. Ein komplettes Frühstück und von Montag bis Donnerstag gesellige Stunden am Abend mit Bier, Wein und Snacks sind im Preis enthalten.

Essen & Ausgehen

Von Brezeln in Micky-Maus-Form (4 US$) und Jumbo-Putenkeulen (10 US$) für unterwegs bis zu Gourmet-Mahlzeiten – preislich gibt's nach oben keine Grenze – herrscht kein Mangel an Essensoptionen. Die meisten sind allerdings teuer und auf den Massengeschmack zugeschnitten. Bei **Disney Dining** (☎714-781-3463; http://disneyland.disney.go.com/dining) kann man bis zu 60 Tage im Voraus telefonisch einen Tisch reservieren. Die Öffnungszeiten der Restaurants ändern sich saisonal und manchmal auch täglich. Die aktuellen Öffnungszeiten erfährt man in der Disneyland-App und auf der Website von Disney Dining.

Wer nicht unbedingt Lust auf Micky-Maus-Essen hat, fährt einfach zum Anaheim Packing District (3 Meilen/5 km nordöstlich), nach Old Towne Orange (7 Meilen/11 km südöstlich), Little Arabia (3 Meilen/5 km westlich) oder Little Saigon (8 Meilen/13 km südwestlich).

Disneyland Resort

Earl of Sandwich SANDWICHES $

(Karte S. 1004; ☎714-817-7476; www.earlofsandwichusa.com; Downtown Disney; Hauptgerichte 6,50–9 US$; ⏰So–Do 8–23, Fr & Sa 8–24 Uhr; 👪) In diesem Sandwich-Lokal in der Nähe vom Disneyland Hotel (S. 1031) werden getoastete Sandwiches über den Tresen gereicht, die sowohl großen, als auch kleinen Gästen schmecken. Das Sandwich „Original 1762" ist mit Roastbeef, Cheddar und Meerrettich

ABSTECHER

KNOTT'S BERRY FARM

Was, Disney hat nicht gereicht? Noch mehr Fahrgeschäfte und Zuckerwatte gibt's in **Knott's Berry Farm** (Karte S. 1004; ☎714-220-5200; www.knotts.com; 8039 Beach Blvd, Buena Park; Erw./Kind 3–11 Jahre 84/54 US$; ⊙ab 10 Uhr, Schließzeiten variieren zw. 17–23 Uhr; P 👪). In diesem Old-West-Vergnügungspark mit seinen ziemlich heftigen Rides können jugendliche Tempofanatiker testen, wie mutig sie wirklich sind. Für Unbehagen im Magen sorgen u. a. die „Schreimaschine" Boomerang, der hölzerne GhostRider und der Xcelerator im Stil der 1950er-Jahre. Kleine Kinder werden sich über die zahmere Action im Camp Snoopy freuen. Von Ende September bis Ende Oktober ist abends Halloween angesagt; dann verwandelt sich der Park in die „Knott's Scary Farm".

Wem die Sommerhitze zu viel wird, der kann sich nebenan im Wasserpark **Knott's Soak City** (Karte S. 1004; ☎714-220-5200; www.knotts.com/play/soak-city; 8039 Beach Blvd, Buena Park; Erw./Kind 3–11 Jahre 53/43 US$; ⊙Mitte Mai–Mitte Sept. 10–17, 18 od. 19 Uhr; P 👪) abkühlen. Zeit und Geld spart, wer sein Ticket für beide Parks online kauft und ausdruckt.

belegt. Lecker ist auch der „Chipotle-Chicken". Pizzas, Salate und Frühstücksgerichte sind ebenfalls im Programm.

Ralph Brennan's New Orleans Jazz Kitchen CAJUN $$
(Karte S. 1004; ☎714-776-5200; http://rbjazzkitchen.com; Downtown Disney; Hauptgerichte mittags 15,50–25 US$, abends 26,50–39,50 US$; ⊙So–Do 8–22, Fr & Sa bis 23 Uhr; 👪) Am Wochenende spielen in dieser Restobar Jazzcombos und unter der Woche gibt's Pianoabende. Serviert werden Gerichte in New Orleans' Cajun-Stil und kreolische Küche: Okraschoten, Po' Boy Sandwiches und Jambalaya. Zudem gibt's einige (nicht allzu abenteuerliche) Kindergerichte und Cocktailspezialitäten. Wer nicht genügend Zeit mitbringt, um sich zu setzen, bekommt auf Wunsch auch ein schnelles Frühstück oder Mittagessen.

★ **Napa Rose** KALIFORNISCH $$$
(Karte S. 1004; ☎714-300-7170; https://disneyland.disney.go.com/dining; Grand Californian Hotel & Spa; Hauptgerichte 38–48 US$, ⊙17.30–22 Uhr; 👪) Das beste Restaurant im Disneyland Resort hat Stühle mit hohen Lehnen im Arts-&-Crafts-Stil und hohe Decken. Aus der Küche kommen saisonale „California Wine Country"-Speisen (d. h. aus NorCal) – fast wie im Schloss von Dornröschen. Kindermenüs gibt's ebenfalls. Reservierung erforderlich! Das Hotel betritt man vom Disney California Adventure oder von Downtown Disney.

Anaheim

★ **Pour Vida** MEXIKANISCH $
(Karte S. 1004; ☎657-208-3889; www.pourvidalatinflavor.com; 185 W Center St Promenade; Tacos 2–8 US$; ⊙Mo 10–19, Di–Do bis 21, Fr bis 22, Sa 9–22, So 9–20.30 Uhr) Küchenchef Jimmy hat schon in einigen der besten Restaurants von L. A. gearbeitet, hat sich nun aber seiner mexikanischen Wurzeln besonnen und legt sein Augenmerk auf Gourmet-Tacos: Steaks mit Ananaskrone, Tempura-Austern, Romanesco-Blumenkohl ... *caramba*! Selbst die Tortillas sind etwas Besonderes, nach einem geheimen Rezept mit Tinte vom Tintenfisch und Spinat zubereitet. Das Ambiente ist bewusst zwanglos mit Backsteinen, Zement und Kreidetafeln an den Wänden.

ℹ Praktische Informationen

Im Park kann man sich mit Fragen oder Problemen an alle „Cast Members" wenden oder die **City Hall** (Karte S. 1004; ☎714-781-4565; Main Street USA) in Disneyland bzw. die Guest Relations Lobby im Disney California Adventure besuchen.

Dort kann man auch ausländische Währungen tauschen. In beiden Parks und in Downtown Disney gibt's außerdem mehrere Geldautomaten.

ℹ Anreise & Unterwegs vor Ort

Disneyland und Anaheim erreicht man mit dem Auto (über die I-5) und mit den Zügen von Amtrak und Metrolink, die zum Transitzentrum **ARTIC** (Anaheim Regional Transportation Intermodal Center; 2150 E Katella Ave, Anaheim) in Anaheim fahren. Von dort ist es noch eine kurze Fahrt mit dem Taxi, einem Mitfahrunternehmen oder dem Shuttle von **Anaheim Resort Transportation** (ART; ☎888-364-2787; www.rideart.org; Erw./Kind Einzelfahrt 3/1 US$, Tagsticket 6/2,50 US$, Mehrtagestickets sind ebenfalls erhältlich) bis nach Disneyland selbst. Der nächste Flughafen ist der **John Wayne Airport** (SNA; Karte S. 1004; www.ocair.com; 18601 Airport Way, Santa Ana) in Orange County.

Die mit Biodiesel angetriebene Kleinbahn Disneyland Railroad tuckert im Uhrzeigersinn rund um Disneyland und hält an der Main Street USA, am New Orleans Square, bei Mickey's Toon Town und bei Tomorrowland. Für eine komplette Runde benötigt sie etwa 20 Minuten. Zwischen den Haltestellen Tomorrowland und Main Street USA kann man die Dioramen Grand Canyon und „Primeval World" im Stil von Jurassic Park sehen. Von Tomorrowland fährt eine emissionsfreie Monorail direkt nach Downtown Disney.

Orange County Beaches

Wer *O.C., California* oder *The Real Housewives* gesehen hat, glaubt vielleicht zu wissen, was man von der riesigen Vorstadtansammlung zwischen L.A. und San Diego mit der prächtigen 68 km langen Küstenlinie zu erwarten hat. In Wirklichkeit hat aber jeder Strandort im Orange County sein ganz eigenes Flair. Gut gebaute Typen mit einem fetten Hummer als fahrbarem Untersatz und Botox-Schönheiten leben hier Seite an Seite mit lässigen Surfern und freakigen Künstlern.

Seal Beach & Huntington Beach

Das altmodische **Seal Beach** gleich hinter der Grenze zwischen dem L.A. County und dem Orange County ist ein erfrischend unkommerzielles Städtchen mit einem malerischen, gut zu Fuß zu erkundenden Zentrum. Knapp 10 Meilen (16 km) weiter südlich auf dem Pacific Coast Hwy (Hwy 1) kommt **Huntington Beach** alias „Surf City, USA", der Inbegriff des südkalifornischen Surfer-Lifestyles. In den Bars und Cafés in HBs Main St gibt's Fischtacos und Happy-Hour-Specials zuhauf; und ganz in der Nähe befindet sich das winzige **Surfing Museum** (Karte S. 1004; ✆714-960-3483; www.surfingmuseum.org; 411 Olive Ave; Eintritt 3 US$; ⏲Di–So 12–17 Uhr).

In Huntington Beach befindet sich das elegante, friedliche Hotel **Paséa** (Karte S. 1004; ✆855-622-2472; http://meritagecollection.com/paseahotel; 21080 Pacific Coast Hwy; Zi. Mai–Aug. ab 359 US$, Rest des Jahres ab 280 US$; P ⊖ ❄ @ ᯤ ≋). Die Flure sind in unterschiedlichen Blauthemen gestaltet, von Jeansblau bis Himmelblau, und die 250 minimalistischen, hohen Zimmer haben alle Balkons mit Meerblick. Zudem bietet das Hotel einen umwerfenden Pool, einen Fitnessraum und ein Spa im balinesischen Stil. Und – als wäre das noch nicht genug – eine Verbindung zum **Pacific City** (Karte S. 1004; www.gopacificcity.com; 21010 Pacific Coast Hwy; ⏲Öffnungszeiten variieren) mit seinem einzigartigen tollen Food Court. Besonders zu empfehlen sind die Sandwiches von Burnt Crumbs – die Variante mit Spaghetti und gegrilltem Käse macht sich auf Instagram toll –, die australischen Fleischpasteten von Pie Not, der Kaffee von Portola und die Eiscreme von Han's. Man kann das Essen mit auf die Terrasse nehmen, wo die Aussicht am schönsten ist.

Newport Beach & Balboa Peninsula

Als nächstes kommt die schickste der Strandgemeinden von O.C.: **Newport Beach** mit seinen unzähligen Jachten. Familien und Teenager zieht es zur **Balboa Peninsula** mit ihren Stränden, dem alten Holzpier und dem witzigen Vergnügungszentrum. In der Nähe des 1906 errichteten Balboa Pavilion legt die **Balboa Island Ferry** (Karte S. 1004; www.balboaislandferry.com; 410 S Bay Front; Erw./Kind 1/0,50 US$, Auto mit

ABSTECHER

MISSION SAN JUAN CAPISTRANO

Ein Abstecher von den Stränden in Orange County führt landeinwärts zur **Mission San Juan Capistrano** (✆949-234-1300; www.missionsjc.com; 26801 Ortega Hwy; Erw./Kind 10/7 US$; ⏲9–17 Uhr; 👪), einer der am schönsten restaurierten kalifornischen Missionen aus der spanischen Kolonialzeit. Für einen Spaziergang auf dem Gelände sollte man sich mindestens eine Stunde Zeit lassen, zu sehen sind Ziegeldächer, Arkaden, blühende Gärten, Brunnen und Höfe, die Unterkünfte der Pater, die Kasernen und der Friedhof.

Die 1782 erbaute, weiß getünchte Serra Chapel, in deren Inneren sich restaurierte Fresken befinden, soll eines der ältesten erhaltenen Gebäude Kaliforniens sein. Auf jeden Fall ist sie das einzige noch existierende Bauwerk, in dem Junípero Serra, der Gründer der Mission, die Messe abhielt. Serra gründete die Mission am 1. November 1776 und kümmerte sich viele Jahre persönlich um diese.

Im Eintritt enthalten ist ein lohnender Audioguide mit vielen interessanten Geschichten, die von Einheimischen erzählt werden.

Fahrer 2 US$; ⌚So–Do 6.30–24, Fr & Sa 6.30–2 Uhr) zur Balboa Island ab, wo man historische Strandhäuser bewundern und in der Marine Ave in Boutiquen stöbern kann.

Die **Bear Flag Fish Company** (Karte S. 1004; ☎949-673-3474; www.bearflagfishco.com; 3421 Via Lido,; Hauptgerichte 10–16 US$; ⌚Di–Sa 11–21, So & Mo 11–20 Uhr; 👪) ist *das* Lokal für riesige Fisch-Tacos, Ahi-Burritos, absolut frische Ceviche und Austern. Man nimmt sich die gewünschte Speise aus der Eistruhe und sucht sich einen Platz an einem der Picknicktische. Frischere Meeresfrüchte bekommt man nur, wenn man sie selbst fängt und gleich an Bord verputzt.

Laguna Beach

Auf der Fahrt weiter nach Süden führt der Hwy 1 vorbei an den wilden Stränden des **Crystal Cove State Park** (Karte S. 1004; ☎949-494-3539; www.parks.ca.gov; 8471 N Coast Hwy; Auto 15 US$; ⌚6 Uhr–Sonnenuntergang; P 👪) 🍃 und schließlich hinunter zum **Laguna Beach**, O.C.s kultiviertester Küstengemeinde. Einsame Strände, spiegelglattes Wasser und mit Eukalyptusbäumen bewachsene Hügel sorgen für Riviera-Atmosphäre. Kunstgalerien säumen die engen Straßen des „Dorfs" und den Coastal Hwy mit dem **Laguna Art Museum** (☎949-494-8971; www.lagunaartmuseum.org; 307 Cliff Dr; Erw./Student & Senior/Kind unter 13 Jahren 7/5/frei US$, 1. Do im Monat 17–21 Uhr Eintritt frei; ⌚Fr–Di 11–17, Do 11–21 Uhr), in dem moderne und zeitgenössische kalifornische Werke bewundert werden können. Mitten im Ortszentrum am Main Beach kann man die Schönheit der Natur in sich aufsaugen.

Die Gäste würden schon allein wegen des Meerblicks und der unglaublichen Sonnenuntergänge herbeiströmen, doch das genügt dem Gourmet-Restaurant **Driftwood** (☎949-715-7700; www.driftwoodkitchen.com; 619 Sleepy Hollow Lane; Hauptgerichte mittags 15–37 US$, abends 25–44 US$; ⌚Mo–Fr 9–10.30 & 11–14.30, So–Do 17–21.30, Fr & Sa bis 22.30, Sa & So 9–14.30 Uhr) nicht: Im Mittelpunkt der saisonalen Speisekarten stehen gute, frische, nachhaltig produzierte Meeresfrüchte, es gibt aber auch Fleischgerichte.

Wer im Sommer hier ist, sollte auf keinen Fall das **Festival of Arts** (www.foapom.com; 650 Laguna Canyon Rd; Eintritt 7–10 US$; ⌚Juli & Aug. Mo–Fr 12–23.30, Sa & So 10–23.30 Uhr; 👪) verpassen, das zwei Monate lang Originalkunstwerke in jeder Gestalt würdigt. Etwa 140 Aussteller präsentieren ihre Werke, von Malerei und handgefertigten Möbeln bis zu Beinschnitzerei. Daneben gibt's kinderfreundliche Kunstworkshops und täglich Livemusik und Unterhaltung.

San Diego

San Diego bezeichnet sich selbst ganz schamlos als „America's Finest City". Diese kesse Selbstgefälligkeit und das sonnige Gemüt färben natürlich auch auf die Menschen ab, die hier wohnen. Die Stadt fühlt sich an wie ein Zusammenschluss aus kleinen Ortschaften, die jeweils ihre eigene Persönlichkeit besitzen, in Wirklichkeit ist San Diego aber die achtgrößte Stadt der USA – und vielleicht diejenige, mit dem entspanntesten Flair.

Diese Stadt muss man einfach lieben: Sie lockt mit vielen weltberühmten Attraktionen für die ganze Familie, darunter der Zoo und die Museen im Balboa Park, einer lebendigen Downtown, wunderbaren Wanderwegen für jedermann, über 60 Stränden und dem besten Wetter Amerikas.

Sehenswertes

Downtown & Embarcadero

San Diegos Downtown ist das wichtigste Geschäfts-, Finanz- und Tagungszentrum der Region. Das Stadtzentrum verströmt zwar nicht die intensive urbane Energie anderer Innenstädte, doch im historischen **Gaslamp Quarter** – einst eine berüchtigte Meile voller Saloons, Spielhöllen und Bordellen, die Stingaree genannt wurde – kann man prima shoppen, essen gehen und abends ausgehen; auch die Hipster-Hochburgen **East Village** und **North Park** lohnen einen Besuch. Der **Embarcadero** liegt am Wasser und lädt zu einem Spaziergang ein. In der nordwestlichsten Ecke Downtowns strotzt das dynamische **Little Italy** von ungewöhnlichen, trendigen Restaurants.

★ **Maritime Museum** MUSEUM

(Karte S. 1038; ☎619-234-9153; www.sdmaritime.org; 1492 N Harbor Dr; Erw./Kind 18/8 US$; ⌚Ende Mai–Anfang Sept. 9–21 Uhr, Anfang Sept.–Ende Mai bis 20 Uhr; 👪) Diese Sammlung von elf historischen Segelschiffen, Dampfern und U-Booten kann man gar nicht verfehlen: einfach nach dem 30 m hohen Mast des mit einem Eisenrumpf versehenen Rahseglers *Star of India* schauen. Der Windjammer wurde 1863 vom Stapel gelassen und fuhr auf der Handelsroute von England nach Indien.

Auch ein Nachbau der *San Salvador*, mit der der Entdecker Juan Rodriguez Cabrillo 1542 die Küste San Diegos erreichte, liegt vor Anker. Man kann Stunden damit zubringen, sich die Exponate anzuschauen und auf den Schiffen umherzustreifen.

USS Midway Museum MUSEUM

(Karte S. 1038; ☎619-544-9600; www.midway.org; 910 N Harbor Dr; Erw./Kind 22/9 US$; ⏲10–17 Uhr, letzter Einlass 16 Uhr; P) Der riesige Flugzeugträger USS *Midway* gehörte von 1945 bis 1991 zu den Flaggschiffen der Marine und kam zuletzt im ersten Golfkrieg bei Kampfhandlungen zum Einsatz. Auf dem Flugdeck kann man etwa zwei Dutzend restaurierte Flugzeuge besichtigen, darunter eine F-14 Tomcat und ein Kampfjet vom Typ F-4 Phantom. Eine im Eintrittspreis enthaltene Audiotour führt die Besucher über die Oberdecks zur Brücke, zur Einsatzzentrale des Admirals, zur Arrestzelle und in das „pri-Fly" genannte Flugkontrollzentrum, das das Äquivalent zum Flughafen-Tower bildet.

Museum of Contemporary Art MUSEUM

(MCASD Downtown; Karte S. 1038; ☎858-454-3541; www.mcasd.org; 1001 Kettner Blvd; Erw./Pers. unter 25 Jahren 10 US$/frei; ⏲Do–Di 11–17 Uhr) Das renommierte Museum befindet sich im modernisierten Gepäckgebäude des Santa Fe Depot und präsentiert Wechselausstellungen, die die ganze Bandbreite künstlerischen Ausdrucks von den 1950er-Jahren bis heute zeigen. Seine besonderen Stärken sind Minimalismus, Pop-Art, Konzeptkunst und Kunst aus Südkalifornien. Am dritten Donnerstag im Monat hat das Museum länger geöffnet, dann ist der Eintritt von 17 bis 20 Uhr frei.

Coronado

Eine 2,5 km lange Brücke verbindet Coronado Island, das eigentlich eine Halbinsel ist, mit dem Festland. Die Hauptattraktion der Halbinsel ist das **Hotel del Coronado** (Karte S. 1036; ☎Führungen 619-522-8100, 619-435-6611; www.hoteldel.com; 1500 Orange Ave; Führungen 40 US$; ⏲Führungen tgl. 10 Uhr, Sa & So 14 Uhr; P) GRATIS. Berühmtheit erlangte dieses wegen seiner viktorianischen Architektur und seines illustren Gästebuchs, in dem Namen wie Thomas Edinson, Babe Ruth und Marilyn Monroe stehen.

Vom Cabrillo National Monument (S. 1039) auf der Halbinsel **Point Loma** am Eingang der Bucht bietet sich ein weiter Blick übers Meer und auf die Stadt. An der **Mission Bay** nordwestlich der Downtown gibt's Lagunen, einen Park und viele Freizeitmöglichkeiten, von Wasserski über Camping bis zur SeaWorld. Die nahe gelegenen Küstenviertel Ocean Beach, Mission Beach und Pacific Beach sind typisch für Südkaliforniens Strandszene.

Die **Coronado Ferry** (Karte S. 1038; ☎800-442-7847; www.flagshipsd.com; 990 N Harbor Dr; einfache Fahrt 5 US$; ⏲So–Do 9–21.30, Fr & Sa bis 22.30 Uhr) pendelt stündlich zwischen dem **Broadway Pier** (1050 N Harbor Dr) am Embarcadero und dem Convention Center in Downtown. Alle Fähren legen in Coronado am Ende der 1st St an. Dort verleiht **Bikes & Beyond** (Karte S. 1036; ☎619-435-7180; www.bikes-and-beyond.com; 1201 1st St; pro Std./Tag ab 8/30 Uhr; ⏲9 Uhr–Sonnenuntergang) Cruiser-Bikes und Tandems. Mit diesen kann man wunderbar über Coronados weiße Sandstrände radeln, die sich entlang des Silver Strand nach Süden ziehen.

Balboa Park

Der Balboa Park ist eine städtische Oase mit mehr als einem Dutzend Museen, prächtigen Gärten, schöner Architektur, Veranstaltungsstätten und einem Zoo. Gebäude im Beaux-Arts- und im spanischen Kolonialstil aus dem frühen 20. Jh. (ein Überbleibsel der Weltausstellungen) säumen die Plazas an der von Osten nach Westen verlaufenden Promenade El Prado.

Der kostenlose Bus Balboa Park Tram dreht ununterbrochen eine Runde durch den Park. Noch schöner ist's aber, diesen zu Fuß zu erkunden, vorbei am 1915 erbauten **Spreckels Organ Pavilion** (Karte S. 1042; ☎619-702-8138; http://spreckelsorgan.org) GRATIS, den Galerien und Geschäften des **Spanish Village Art Center** (Karte S. 1042; ☎619-233-9050; http://spanishvillageart.com; 1770 Village Pl; ⏲11–16 Uhr) GRATIS und den Ausstellungshäusern am **United Nations Building** mit verschiedenen internationalen Themen.

San Diego Zoo ZOO

(Karte S. 1042; ☎619-231-1515; https://zoo.sandiegozoo.org; 2920 Zoo Dr; Tagesticket Erw./Kind ab 56/46 US$; 2-Visit Pass für Zoo und/oder Safaripark Erw./Kind 90/80 US$; ⏲Mitte Juni–Anfang Sept. 9–21 Uhr, Anfang Sept.–Mitte Juni bis 17 oder 18 Uhr; pc) Der zu Recht berühmte Zoo ist eine der größten Attraktionen Südkaliforniens. In ihm leben 3000 Tiere aus mehr als 650 Arten in einer wunderschön angelegten Umgebung, meistens in Gehegen, die ihrem na-

Großraum San Diego

Großraum San Diego

Highlights
1 Birch Aquarium at Scripps ... A2
2 Children's Pool ... A2
3 Old Town San Diego State Historic Park ... B5

Sehenswertes
4 Belmont Park ... A4
5 Cabrillo National Monument ... A7
6 Hotel del Coronado ... C7
7 Junípero Serra Museum ... B5
8 Mission & Pacific Beaches Boardwalk ... A4
9 Mission Basilica San Diego de Alcalá ... D4

Aktivitäten, Kurse & Touren
10 Bikes & Beyond ... C6
11 Cheap Rentals ... A4
12 Hike Bike Kayak ... A2
13 Pacific Beach Surf Shop ... A4
14 San Diego-La Jolla Underwater Park ... A2

Schlafen
15 Campland on the Bay ... B4
16 Crystal Pier Hotel & Cottages ... A4
Hotel del Coronado ... (siehe 6)
17 Inn at Sunset Cliffs ... A5
18 Pearl Hotel ... B5

Essen
19 Hash House a Go Go ... C5
20 Hodad's ... A5
21 Liberty Public Market ... B5
22 Old Town Mexican Café ... B5
23 Pacific Beach Fish Shop ... B4
24 Point Loma Seafoods ... B6

türlichen Lebensraum nachempfunden sind. Der Schwesterpark **San Diego Zoo Safari Park** (760-747-8702; www.sdzsafaripark.org; 15500 San Pasqual Valley Rd, Escondido; Tagesticket Erw./Kind ab 56/46 US$, 2-Visit Pass für Safaripark und/oder Zoo Erw./Kind 90/80 US$; 9–18 Uhr; P) liegt im nördlichen San Diego County.

Es lohnt sich, gleich morgens zu kommen, wenn viele Tiere am aktivsten sind; manche werden aber auch nachmittags noch einmal munter. Am Eingang des Zoos gibt's einen Plan zum Mitnehmen, mit dem jeder seine Lieblingstiere auch ganz sicher findet.

Fleet Science Center — MUSEUM

(Karte S. 1042; 619-238-1233; www.rhfleet.org; 1875 El Prado; Erw./Kind 3–12 Jahre inkl. IMAX-Film 22/19 US$; Mo–Do 10–17, Fr–So bis 18 Uhr) Dieses Mitmach-Wissenschaftsmuseum, eines der besten der Museen im Balboa Park, zeigt interaktive Ausstellungen, darunter ein Raum für kleine Kinder. Besucher können gigantische Strukturen errichten, zu einer menschlichen Batterie werden oder Vorführungen des mysteriösen Tesla Coil erleben. Das Highlight ist jedoch das **Giant Dome Theater**, das täglich verschiedene Filme und Planetarium-Shows zeigt.

San Diego Natural History Museum — MUSEUM

(The Nat; Karte S. 1042; 877-946-7797; www.sdnhm.org; 1788 El Prado; Erw./Kind 3–17 Jahre/unter 2 Jahren 29/12 US$/frei; 10–17 Uhr) Das „Nat" beherbergt in wunderschönen Räumen 7,5 Mio. Ausstellungsstücke, u. a. Felsen, Fossilien und ausgestopfte Tiere, ein beeindruckendes Dinosaurierskelett und eine erhellende Ausstellung zu der Frage, wie der Klimawandel Kaliforniens Wasserversorgung beeinflusst. Kinder werden die 2-D- und 3-D-Filme über die Welt der Natur auf der Riesenleinwand im Kino und die an den meisten Wochenenden angebotenen unterhaltsamen Bildungsprogramme lieben.

San Diego Museum of Art — MUSEUM

(SDMA; Karte S. 1042; 619-232-7931; www.sdmart.org; 1450 El Prado; Erw./Student/Kind unter 17 Jahren 15/8 US$/frei; Mo, Di, Do & Sa 10–17, Fr bis 20,So 12–17 Uhr) Die alten spanischen Meister El Greco und Goya und eine respektable Auswahl an Werken anderer internationaler Schwergewichte – von Matisse bis Magritte und von Cassat bis Rivera – stehen im Rampenlicht der ständigen Sammlung des SMDA. Ein weiterer Schwerpunkt ist die amerikanische Landschaftsmalerei; und auch in der Asiatischen Galerie hängen ein paar echte Hingucker. Freitags zwischen 17 bis 20 Uhr kostet der Eintritt nur 5 US$.

San Diego Air & Space Museum — MUSEUM

(Karte S. 1042; 619-234-8291; www.sandiegoairandspace.org; 2001 Pan American Plaza; Erw./Jugendlicher/Kind unter 2 Jahren 20/11 US$/frei; 10–16.30 Uhr) Dieses runde Museum ist eine Ode an die Luftfahrt und zeigt eine umfangreiche Ausstellung historischer Flugzeuge und -geräte sowohl als Originale wie auch als Nachbauten und Modelle, darunter ein Heißluftballon von 1783, ein Kommandomodul aus dem Raumschiff Apollo und einen Kobra-Helikopter aus der Zeit des Vietnamkrieges. Außerdem kann man Erinnerungsstücke von legendären Piloten wie

Downtown San Diego

Charles Lindbergh und dem Astronauten John Glenn bewundern und im Kino 3-D- und 4-D-Filme anschauen.

Old Town & Mission Valley

★ Old Town San Diego State Historic Park HISTORISCHE STÄTTE

(Karte S. 1036; ☎ 619-220-5422; www.parks.ca.gov; 4002 Wallace St; ⏲ Visitor Center & Museen Mai–Sept. 10–17 Uhr, Okt.–April Mo–Do 10–16, Fr–So bis 17 Uhr; P) GRATIS Die Altstadt befindet sich am Ort der ersten europäischen Siedlung in San Diego und besteht aus einer Gruppe restaurierter historischer Gebäude aus dem 19. Jh., die geschichtsträchtige Exponate, Souvenirläden und Cafés beherbergen. Einen Besuch beginnt man am besten im Visitor Center, das sich im **Robinson-Rose House** von 1853 befindet und ein schönes Modell des *pueblo* im Jahr 1872 zeigt; hier bekommt man auch die Broschüre (3 US$) für einen selbst geführten Rundgang. Täglich um 11 und 14 Uhr leiten die Mitarbeiter kostenlose Führungen.

Mission Basilica San Diego de Alcalá KIRCHE

(Karte S. 1036; ☎ 619-281-8449; www.missionsandiego.org; 10818 San Diego Mission Rd; Erw./Kind/unter 5 Jahren 5/2 US$/frei; ⏲ 9–16.30 Uhr; P) Padre Junípero Serra gründete 1769 auf dem Presidio Hill in der Nähe der heutigen Altstadt die erste seiner 21 kalifornischen Missionen. Fünf Jahre später wurde sie jedoch etwa 10 km flussaufwärts verlegt, näher ran ans Trinkwasser und die dortigen fruchtbaren Böden. Die Mission wurde mehrfach zerstört, wiederaufgebaut und erweitert; die heutige Mission ist das fünfte Bauwerk an dieser Stelle. Sie hat eine aktive Kirchengemeinde. Ihr Besuch lohnt nicht nur wegen ihrer historischen Bedeutung, im friedlichen Garten kann man auch umringt von Bougainvilleen und beim Klang vom Vogelgezwitscher herrlich entspannen.

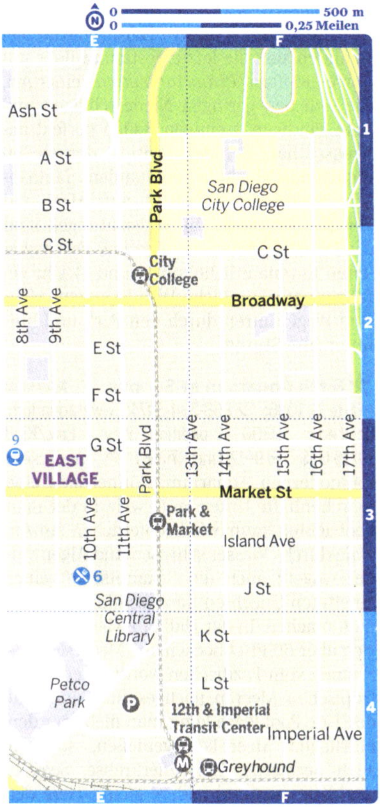

Downtown San Diego

Highlights
1 Maritime Museum A1

Sehenswertes
2 Museum of Contemporary Art B2
3 USS Midway Museum A2

Aktivitäten, Kurse & Touren
4 Flagship Cruises A2

Schlafen
5 Kimpton Solamar D3

Essen
6 Basic E3
7 Puesto at the Headquarters B3

Ausgehen & Nachtleben
8 Bang Bang D3
9 Noble Experiment E3
10 Prohibition Lounge D3

Unterhaltung
11 Arts Tix D2
12 Balboa Theatre D2
13 House of Blues D2

Junípero Serra Museum MUSEUM

(Karte S. 1036; ☎619-232-6203; www.sandiegohistory.org/serra_museum; 2727 Presidio Dr; Eintritt gegen Spende; ⏲Anfang Juni–Anfang Sept. Fr–So 10–16 Uhr, Anfang Sept.–Anfang Juni Sa & So bis 17 Uhr; P) Dieses Museum im spanischen Revival-Stil auf dem Presidio Hill markiert die Stelle, an der sich die Mission San Diego de Alcalá ursprünglich befand. Die kleine Sammlung von Objekten und Bildern gibt einen Einblick in die Anfangstage der Besiedlung Kaliforniens durch die Europäer.

Point Loma

Auf der Karte gleicht Point Loma einem Elefantenrüssel, der den Eingang in die San Diego Bay beschützt. Highlights hier sind das **Cabrillo National Monument** (Karte S. 1036; ☎619-557-5450; www.nps.gov/cabr; 1800 Cabrillo Memorial Dr; Auto/Fußgänger 20/10 US$; ⏲9–17 Uhr, Gezeitenpools bis 16.30 Uhr; P) am Ende des Rüssels, die Geschäfte und Restaurants des **Liberty Public Market** (Karte S. 1036; ☎619-487-9346; http://libertypublicmarket.com; 2820 Historic Decatur Rd; Gerichte 5–20 US$; ⏲11–19 Uhr P) an seinem Beginn und das Seafood auf **Shelter Island**.

Mission Bay & Strände

In den drei Strandorten San Diegos blüht der Hedonismus: Armeen gebräunter und straffer Körper tummeln sich im Sand. Westlich der amöbenförmigen Mission Bay sind das surferfreundliche **Mission Beach** und sein nördlicher Nachbar **Pacific Beach** (PB) durch den autofreien **Ocean Front Walk** (Karte S. 1036) GRATIS verbunden, der von Skatern, Joggern und Radfahrern wimmelt.

Südlich von Mission Bay warten im bohemehaften **Ocean Beach** (OB) ein Angelpier, Beachvolleyballfelder und gute Surfbedingungen. An der Hauptstraße, der **Newport Ave**, finden sich jede Menge raubeinige Bars, lässige Restaurants, Tattoo-Shops und Läden, die Surfausrüstung, alte Klamotten und Trödel verkaufen.

Belmont Park VERGNÜGUNGSPARK

(Karte S. 1036; ☎858-488-1549; www.belmontpark.com; 3146 Mission Blvd; pro Fahrgeschäft oder Attraktion 4–7 US$, Tagesticket für alle Fahrgeschäfte pro Pers. unter/über 1,22 m 34/24 US$, inkl. Attraktionen 56/46 US$; So–Do 11–22, Fr & Sa bis 23 Uhr, im Winter kürzere Öffnungszeiten; P) Schon seit 1925 ist dieser traditionelle Vergnügungspark für Familien eine Institution am Mission Beach. Die Hauptattraktion ist der Giant Dipper, eine traditionelle Holzachterbahn mit einer Höchstgeschwindigkeit von 80 km/h. Kleine Kinder fahren dagegen begeistert mit dem liebevoll nachgebauten Liberty Carousel, das mit Szenen aus der Geschichte San Diegos bemalt ist. Neuere Attraktionen hier sind u.a. Escape Rooms, ein 7-D-Kino und eine Seilrutsche. Achtung: Für viele Fahrgeschäfte gilt eine Mindestkörpergröße.

La Jolla

Der Nobelvorort La Jolla (span. für „Juwel", la-*hoi*-jah ausgesprochen) besteht aus schimmernden Stränden und einem schicken Zentrum mit Boutiquen und Cafés und schmiegt sich an einen der schönsten Küstenstreifen von SoCal. Zu den Attraktionen am Meer gehören der **Children's Pool** (La Jolla Seals; Karte S. 1036; 850 Coast Blvd; 24hr;), in dem sich jetzt keine Kinder mehr, sondern bellende Seelöwen tummeln, Kajakfahrten, das Erkunden von Meereshöhlen in der **La Jolla Cove** und Schnorcheln im **San Diego-La Jolla Underwater Park** (Karte S. 1036).

Torrey Pines State Natural Reserve STATE PARK
(858-755-2063; www.torreypine.org; 12600 N Torrey Pines Rd; 7.15 Uhr–Sonnenuntergang, Visitor Center Okt.–April 9–16, Mai–Sept. bis 18 Uhr; P) GRATIS In diesem Naturschutzgebiet befinden sich die letzte Festlandwälder mit Torrey-Kiefern *(Pinus torreyana)*, einer Art, die sich den geringen Niederschlägen und dem sandigen, steinigen Boden perfekt angepasst hat. Bei der Erosion der steilen Sandsteinschluchten entstanden fantastische Strukturen. Der Blick aufs Meer und gen Norden sowie die Walsichtungen sind großartig. An Wochenenden und Feiertagen leiten Ehrenamtliche um 10 und 14 Uhr geführte naturkundliche Wanderungen. Mehrere Wege führen durch den Park und hinunter zum Strand.

★ **Birch Aquarium at Scripps** AQUARIUM
(Karte S. 1036; 858-534-3474; www.aquarium.ucsd.edu; 2300 Expedition Way; Erw./Kind 19/15 US$; 9–17 Uhr; P) In diesem topmodernen Aquarium eröffnet sich eine märchenhafte Unterwasserwelt, in der man beobachten kann, wie Seepferdchen tanzen, Haie durchs Wasser schießen und Algenwälder wogen; auch die Bekanntschaft einer geretteten Unechten Karettschildkröte kann man machen. In der Hall of Fishes befinden sich über 60 Fischbecken, die Meereslebensräumen vom Pazifischen Nordwesten bis zu tropischen Meeren nachgestaltet sind. Auf der Tide Pool Plaza kann man nicht nur den herrlichen Meerblick genießen, sondern auch Seesterne, Einsiedlerkrebse, Seegurken, Hummer und andere kleine Tiere der Gezeitenzone hautnah erleben.

SURFEN IN SAN DIEGO

Eine ganze Menge Einwohner San Diegos sind nur wegen der Surfspots in die Stadt gezogen – und die sind wirklich der Hammer. Selbst Anfänger werden verstehen, warum das Surfen hier so beliebt ist.

Der Herbst bringt eine starke Brandung und die Santa-Ana-Winde vor der Küste. Im Sommer kommen die Wellen aus südlicher und südwestlicher Richtung, im Winter aus dem Westen und Nordwesten. Im Frühling herrscht öfter auflandiger Wind, trotzdem können die Surfbedingungen immer noch gut sein. Die aktuellsten Strand-, Wetter- und Surfinformationen bekommt man telefonisch bei den **San Diego County Lifeguard Services** (619-221-8824; www.sandiego.gov/lifeguards).

Newbies sollten es am Mission Beach oder am Pacific Beach (S. 1039) versuchen, wo es Beach Breaks (mit weichem Sandboden) gibt. Am **Tourmaline Surfing Park** rund 1,5 km weiter nördlich herrscht meistens viel Betrieb; Fortgeschrittene, die sich mit Reefbreaks auskennen, demonstrieren hier ihr Können.

Die Preise für Leihausrüstung hängen stark von deren Qualität ab. Soft Boards gibt es pro Tag/Stunde ab etwa 7/20 US$, inklusive Neoprenanzug ab 13/32 US$. **Cheap Rentals** (Karte S. 1036; 858-488-9070; https://cheap-rentals.com; 3689 Mission Blvd, Pacific Beach; Fahrrad pro Tag ab 15 US$; 10–18 Uhr) und der **Pacific Beach Surf Shop** (Karte S. 1036; 858-373-1138; www.pbsurfshop.com; 4208 Oliver Ct; 90 Min. Privatunterricht 80–100 US$; 8–18.30 Uhr) bieten auch Kombipakete an.

Aktivitäten

In und um San Diego gibt's viele Wanderwege, doch die meisten Aktivitäten unter freiem Himmel drehen sich ums Meer, auf dem sich Surfer und Stehpaddler, Kajaks und andere Boote tummeln.

Flagship Cruises BOOTSFAHRTEN
(Karte S. 1038; ☎619-234-4111; www.flagshipsd.com; 990 N Harbor Dr; 2-stünd. Hafenrundfahrt Erw./Kind 32/16 US$) Dieser Veranstalter ist schon seit 1915 im Geschäft. Er veranstaltet Hafenrundfahrten, Dinnerfahrten und in der Saison Walbeobachtungstouren. Die Touren starten am Embarcadero.

Hike Bike Kayak ABENTEUERSPORT
(Karte S. 1036; ☎858-551-9510; www.hikebikekayak.com; 2222 Avenida de la Playa; Kajakverleih ab 35 US$, geführte Touren 49–79 US$; ⏲9 Uhr–Sonnenuntergang) HBK bietet verschiedene Touren an, z. B. die beliebte Kajaktour zu den Buchten und Höhen von La Jolla und eine Fahrradtour, bei der es den Mt. Soldedaruns hinunter und an der Küste entlanggeht. Verleiht auch Kajaks, Bodyboards, Surfbretter und Ausrüstung zum Schnorcheln und Stehpaddeln.

Schlafen

Die San Diego Tourism Authority betreibt eine **Zimmerreservierungs-Hotline** (☎800-350-6205; www.sandiego.org).

Campland on the Bay (Karte S. 1036; ☎858-581-4260; www.campland.com; 2211 Pacific Beach Dr, Mission Bay; Wohnmobil- & Zeltstellplätze Juni–Aug. 100–456 US$, Sept.–Mai 55–364 US$; P 📶 🏊 🐾) in Mission Bay und **KOA** (☎619-427-3601; www.sandiegokoa.com; 111 N 2nd Ave, Chula Vista; Wohnmobil- & Zeltstellplätze mit Versorgungsanschlüssen 60/90 US$, Standard-/Deluxe-Hütten ab 120/200 US$; P @ 📶 🏊 🐾) etwa 8 Meilen (13 km) weiter südlich sind voll ausgestattete Campingplätze, die vor allem auf Gruppen und Familien eingestellt sind.

Downtown & Umgebung

★ **Kimpton Solamar** HOTEL $
(Karte S. 1038; ☎619-819-9500; www.hotelsolamar.com; 435 6th Ave; Zi. 150–300 US$; P ❄ @ 📶 🏊 🐾) Die 235 Zimmer des Solamar sind hip, aber bezahlbar. Die Zimmereinrichtung ist bunt zusammengewürfelt: ausgefallene Lampen, gemusterte Teppiche, Yogamatten und tapezierte Bäder. Relaxen kann man am beheizten Pool, wo es auch Feuerstellen gibt, oder in der Bar, in der während der *social hour* kostenlose Drinks und Snacks serviert werden. Parken kostet 47 US$.

Strände

Inn at Sunset Cliffs HOTEL $
(Karte S. 1036; ☎619-222-7901; www.innatsunsetcliffs.com; 1370 Sunset Cliffs Blvd; Zi./Suite ab 200/315 US$; P ⊖ ❄ @ 📶 🏊) In diesem charmanten Hotel aus den 1950er-Jahren, das einen privaten Besitzer hat, wird man morgens vom Donnern der Brandung an der felsigen Küste geweckt. Die 24 Zimmer und Suiten (teilweise mit komplett ausgestatteter Küche) verteilen sich rund um einem mit Blumen reichlich bedeckten Innenhof, in dessen Mitte sich ein beheizter Pool befindet. Sie wurden 2018 mit Laminatboden, hellen Möbeln und schönen Bädern versehen und strahlen nun in frischen Blau- und Weißtönen.

Pearl Hotel BOUTIQUEHOTEL $
(Karte S. 1036; ☎619-226-6100; www.thepearlsd.com; 1410 Rosecrans St, Point Loma; Zi. 120–290 US$; P ❄ 📶 🏊) Diesem Kleinod von 1959 sieht man sein Alter an. Aus diesem Grund haben die neuen Besitzer es für viel Geld modernisiert, dabei aber die Grundstruktur des Gebäudes erhalten. Die 23 Zimmer verteilen sich um einen winzigen Pool, an dem sich mittwochabends Gäste und Einheimische zum „Dive-in“-Kino treffen.

Crystal Pier Hotel & Cottages COTTAGE $$
(Karte S. 1036; ☎858-483-6983; www.crystalpier.com; 4500 Ocean Blvd, Pacific Beach; Einheiten Juni–Sept. 225–450 US$, Okt.–März 185–350 US$; P ⊖ 📶) Das charmante Crystal Pier besteht aus 29 luftigen Cottages aus den 1930er-Jahren, die direkt auf einem hölzernen Pier errichtet wurden und große Terrassen mit traumhaftem Meerblick haben; 28 davon sind mit einer kleinen Küche ausgestattet. In den neuen größeren Cottages können bis zu sechs Personen übernachten. Wer im Sommer kommen will, muss gut und gern acht bis elf Monate im Voraus reservieren! Der Mindestaufenthalt variiert je nach Saison. Ein Parkplatz ist im Preis enthalten.

Hotel del Coronado LUXUSHOTEL $$
(Karte S. 1036; ☎619-435-6611; www.hoteldel.com; 1500 Orange Ave; Zi. ab 319 US$; P ⊖ ❄ @ 📶 🏊 🐾) San Diegos Hotelikone mit über 100-jähriger Geschichte wird heute von der Hilton-Kette gemanagt und bietet immer noch echtes Coronado-Flair. Der Pool, der Wellnessbereich, Boutiquen, Restaurants, schöne Grünanla-

Balboa Park & Umgebung

Balboa Park & Umgebung

Sehenswertes

1 Fleet Science Center D1
2 San Diego Air & Space Museum C2
3 San Diego Museum of Art C1
4 San Diego Natural History Museum... D1
5 San Diego Zoo D1
6 Spanish Village Art Center D1
7 Spreckels Organ Pavilion D1

Essen

8 Juniper & Ivy A2

gen und ein weißer Sandstrand lassen keine Wünsche offen. Selbst die einfachen Zimmer haben luxuriöse Marmorbäder. Man sollte darauf achten, dass man ein Zimmer im Haupthotel aus der viktorianischen Ära bucht und nicht im angrenzenden Zimmerturm aus den 1970er-Jahren.

Essen

San Diego hat eine florierende Restaurantszene, deren Schwerpunkt auf mexikanischer und kalifornischer Küche sowie auf Seafood liegt. Die Einheimischen essen gern früh, meist gegen 18 oder 19 Uhr, und viele Restaurants schließen bereits gegen 22 Uhr. Das Frühstück ist hier sehr üppig. Es gibt eine große Szene mit Gourmetrestaurants und Lokalen, die das Motto „Vom Hof auf den Tisch" pflegen, besonders in Little Italy und teilweise in North Park.

Downtown & Umgebung

★ Old Town Mexican Café MEXIKANISCH

(Karte S. 1036; ☎619-297-4330; www.oldtownmexcafe.com; 2489 San Diego Ave; Hauptgerichte 5–7 US$; ⌚So–Do 19–23, Fr & Sa bis 24 Uhr; 👪) Schon seit den 1970er-Jahren serviert dieses lebhafte mexikanische Restaurant ungeachtet seines klischeehaften, folkloristischen Ambientes authentische Küche aus dem Nachbarland im Süden. Es ist ein Genuss, zu beobachten, wie die Mitarbeiter im Blitztempo Tortillas servieren, während man an einer Margarita nippt und sich auf sein Essen freut. Wie wär's etwa mit knusprigen *carnitas* und saftigen Rippchen?

★ Puesto at the Headquarters MEXIKANISCH $

(Karte S. 1038; ☎610-233-8880; www.eatpuesto.com; 789 W Harbor Dr; 3 Tacos 17 US$; ⌚11–22 Uhr) Das lebhafte Restaurant im alten Polizeihauptquartier serviert modernes mexikanisches Streetfood, das uns einfach umgehauen hat. Am besten beginnt man mit cremiger Guacamole und probiert dann die kreativen Tacos: Hühnchen in Hibiskus-Chipotle-Sauce mit Avocado und Ananas-Habanero-Salsa in einer Tortilla aus blauem Mais. Man kann sich das Essen draußen auf der Terrasse schmecken lassen oder drinnen umgeben von Wandbildern und üppigen Topfpflanzen.

Basic PIZZA $

(Karte S. 1038; ☎619 531-8869; www.barbasic.com; 410 10th Ave; kleine/große Pizza ab 15/33 US$; ⌚11.30–2 Uhr; 📶) Hipster aus dem East Village lieben die knusprigen Pizzas aus dem Steinofen, die in dem hohen Raum serviert werden. Als Belag gibt's das Übliche, aber auch Ungewöhnliches wie *pie and mash* mit Mozzarella, Kartoffelbrei und Schinkenspeck. Runtergespült wird das Ganze einem Craft-Bier oder einem Cocktail.

★ Juniper & Ivy KALIFORNISCH $$
(Karte S. 1042; ☎619-269-9036; www.juniperandivy.com; 2228 Kettner Blvd; kleine Teller 13–28 US$, Hauptgerichte 19-48; ⏱So–Do 17–22, Fr & Sa bis 23 Uhr) Dieses Projekt des Starkochs Richard Blais steht an der vordersten Front der neuen Gourmetrestaurants in Little Italy. Mit stets frischen und saisonalen Zutaten, die größtenteils aus der Region stammen, betreibt er wahre Hexenkunst. Die Karte befindet sich ständig im Wandel, doch Gerichte zum Teilen und die unwiderstehlichen Buttermilch-Biscuits stehen immer drauf. Das Essen wird wunderschön präsentiert, passend zum besonderen Ambiente des großen Speiseraums mit einer hohen Balkendecke in einem ehemaligen Lagerhaus.

Balboa Park & Umgebung

Waypoint Public GASTROPUB
(Karte S. 1036; ☎619-255-8778; www.waypointpublic.com; 3794 30th St, North Park; Hauptgerichte 10–17 US$; ⏱Mo–Mi 11–22, Do bis 23, Fr bis 1, Sa 8–1, So bis 22 Uhr; 🐾) Die Klassiker des Waypoint sind darauf angelegt, dass sie zum Craft-Bier passen. Im Mittelpunkt stehen Burger und Sandwiches, darunter ein tolles Tri-Tip-Sandwich mit Whisky-Pfefferkorn-Sauce und Blauschimmelkäse. Als Dessert locken *beeramisu* und Crème brûlée mit Lavendel. Die tollen Wände bestehen aus recyceltem Holz und die gläsernen Garagentüren lassen sich hochziehen, sodass man prima die Hipster-Szene im lebhaften North Park beobachten kann.

★ Hash House a Go Go AMERIKANISCH $
(Karte S. 1036; ☎619-298-4646; www.hashhouseagogo.com; 3628 5th Ave, Hillcrest; Hauptgerichte Frühstück 12–22 US$, abends 15–29 US$; ⏱tgl. 7.30–14.30, Di–So auch 17.30–21 Uhr) In diesem immer gut besuchten Bungalow mit einem altmodischen Gastraum und einer luftigen Terrasse gibt's deftiges *twisted farm food* (abgewandelte Bauerngerichte) aus dem amerikanischen Mittleren Westen. Die Eier Benedict bilden kleine Türme, die Pfannkuchen sind riesig und die *hash browns* werden auf sieben Arten zubereitet – da ist man gut für den Tag gerüstet.

Strände

★ Pacific Beach Fish Shop SEAFOOD
(Karte S. 1036; ☎858-483-1008; www.thefishshoppb.com; 1775 Garnet Ave; Tacos/Fischteller ab 5/16 US$; ⏱11–22 Uhr) Das trendige Lokale kann man gar nicht verpassen – draußen hängt ein riesiger Schwertwisch. An der Theke kann man aus mehr als zehn Sorten frischen Fischs wählen, von Ahi-Thunfisch bis zu Gelbschwanzthunfisch, danach entscheidet man sich für die Marinade – die Auswahl reicht von Knoblauchbutter bis zu Chipotle-Glasur – und schließlich für die Zubereitungsart. Wir wär's z. B. mit einem Fischteller mit Reis und Salat, einem Taco oder einem Sandwich?

★ Hodad's BURGER $
(Karte S. 1036; ☎619-224-4623; www.hodadies.com; 5010 Newport Ave, Ocean Beach; Burger 5–15 US$; ⏱11–22 Uhr) Schon zu Flower-Power-Zeiten anno 1969 wurden in O.B.s legendärem Burgerlokal leckere Shakes, bergeweise Zwiebelringe und köstliche, in Papier eingewickelte Hamburger serviert. An den Wänden hängen kunterbunte Nummernschilder, aus den Lautsprechern dröhnt

DOWNTOWN SAN DIEGO

Als Alonzo E. Horton 1867 die New Town San Diego gründete, war die Hauptstraße, die 5th Ave von Saloons, Spielhöllen, Bordellen und Opiumhöhlen gesäumt. Sie wurde als Stingaree berühmt-berüchtig – das Zuhause der unerwünschten Menschen der Stadt. In den 1960er-Jahren war das Viertel dann zu einer Reihe von Absteigequartieren und Bars verkommen. In den frühen 1980er-Jahren, als man über einen Abriss nachdachte, retteten Proteste von Denkmalschützern das Gebiet.

Und das war auch gut so. Der zentrale Bereich der Innenstadt, der heute als Gaslamp Quarter bekannt ist, beherbergt nun erstklassige Immobilien. In hübsch restaurierten Gebäuden aus den 1870er- bis 1920er-Jahren sind nun Restaurants, Bars, Galerien und Theater untergebracht – umgeben von schmiedeeisernen Straßenlaternen, Bäumen und Bürgersteigen aus Ziegeln. Das 16 Blocks umfassende Gebiet südlich des Broadway zwischen der 4th Ave und der 6th Ave ist als National Historic District ausgewiesen. Allerdings gibt es hier immer noch Schattenseiten. z. B. ein paar Geschäfte, die „Erwachsenenunterhaltung" anbieten und viele Obdachlosen.

Grunge oder Surf-Rock und der bärtige, tätowierte Kellner macht es sich beim Aufnehmen der Bestellung schon mal neben den Gästen auf der Bank bequem. Kein Hemd? Keine Schuhe? Kein Problem, Kumpel!

★ **Point Loma Seafoods** SEAFOOD
(Karte S. 1036; ☎ 619-223-1109; www.pointlomaseafoods.com; 2805 Emerson St, Point Loma; Hauptgerichte 8–17 US$; ⏲ Mo–Sa 9–19, So 10–19 Uhr) Das fangfrische Seafood auf diesem Fischmarkt, den es schon ewig zu geben scheint, wird zu Sandwiches und Salaten, gebraten und als Sushi zubereitet. Man bestellt an der Theke und schnappt sich dann einen Platz an einem der Picknicktische oben auf der Terrasse mit Blick auf den Hafen. Fantastisches Preis-Leistungs-Verhältnis.

Ausgehen & Nachtleben

San Diegos Nachtleben ist so vielfältig, wie es sich für eine weltoffene Großstadt geziemt. Es reicht von Craft-Bier-Bars, Livemusik-Pubs und klassischen amerikanischen Billardbars bis hin zu Strandbars mit Südsee-Cocktails, Schwulenclubs mit Dragshows und sogar ein paar versteckten Flüsterkneipen. Oder man macht sich auf den Weg und erkundet die rund 100 Craft-Bier-Brauereien und Weingüter in Temecula.

★ **Bang Bang** CLUB
(Karte S. 1038; ☎ 619-677-2264; www.bangbangsd.com; 526 Market St; Eintritt 20–30 US$; ⏲ Mi, Do & Sa 17–23, Fr & Sa bis 2 Uhr) Dieser Hotspot im Gaslamp Quarter serviert an fünf Tagen pro Woche Sushi und asiatische Snacks und verwandelt sich freitags und samstags in einen feurigen Danceclub, aus dessen Boxen EDM, Minimal Music und Deep House dröhnen. Eine alte Treppe im Stil der Tokioer U-Bahn führt in den Club, wo man sich unter die schillernden, fröhlichen Gäste mischen kann, die sich unter der riesigen Discokugel tummeln, oder sich mit seinen Freunden eine riesige Schale Punch teilen kann. Cocktails kosten 15 US$.

Noble Experiment BAR
(Karte S. 1038; ☎ 619-888-4713; http://nobleexperimentsd.com; 777 G St; ⏲ Di–So 18–2 Uhr) Die Tür, die in diese „Flüsterkneipe" im Restaurant Neighborhood führt, sieht auf den ersten Blick wie ein Stapel Fässer aus. Dennoch ist die Bar mit nur 30 Sitzplätzen so bekannt, dass man reservieren muss. Am besten bestellt man den „Dealer's Choice" und studiert die Bronzeschädel und Ölgemälde, während der Barkeeper einen maßgeschneiderten Cocktail nach Wunsch mixt.

Prohibition Lounge COCKTAILBAR
(Karte S. 1038; http://prohibitionsd.com; 548 5th Ave; ⏲ Di–So 20–13.30 Uhr) Den unscheinbaren Eingang in der 5th Ave mit der Aufschrift „Eddie O'Hare's Law Office" muss man erst einmal finden. Erst dann kann man den Lichtschalter drücken, um die Mitarbeiter an der Tür auf sich aufmerksam zu machen. Diese bringen einen in den stimmungsvoll beleuchteten Keller mit dem Flair der Prohibition der 1920er-Jahre. Wenn es das Date nicht schafft, dass man sentimental wird, dann schaffen es die fantasievollen Craft-Cocktails. Schick anziehen und das Handy ausschalten!

Unterhaltung

In den städtischen Zeitungen *CityBeat* und *San Diego Union Tribune* findet man die Termine der aktuellen Filme, Theatervorstellungen, Galerien und Konzert in der Stadt. **Arts Tix** (Karte S. 1038; ☎ 858-437-9850; www.sdartstix.com; Horton Plaza Park, South Pavilion; ⏲ Di–Do 10–16, Fr & Sa bis 18, So bis 14 Uhr) verkauft in einem Kiosk an der Horton Plaza um bis zu 50 % reduzierte Tickets für Vorstellungen am selben Tag bzw. am nächsten Vormittag und bietet verbilligte Tickets für andere Events. Tickets für Konzerte in San Diego bekommt man auch bei Ticketmaster (www.ticketmaster.com).

Balboa Theatre DARSTELLENDE KÜNSTE
(Karte S. 1038; ☎ 619-570-1100; http://sandiegotheatres.org; 868 4th Ave) Das elegante, 1924 erbaute Theater war ursprünglich ein Vaudeville- und Filmtheater, unterhielt dann in den 1930er-Jahren die wachsenden Latino-Bevölkerung mit mexikanischen Filmen und war im Zweiten Weltkriegs eine Unterkunft für unverheiratete Soldaten der US Navy. Heute präsentiert es ein breites Spektrum, von Broadway-Shows über Comedy bis zu Opern.

House of Blues LIVEMUSIK
(Karte S. 1038; ☎ 619-299-2583; www.houseofblues.com/sandiego; 1055 5th Ave; ⏲ Konzerte in der Regel 19 Uhr) In diesem Konzertsaal im Gaslamp Quarter finden ganz unterschiedliche Konzerte statt, teilweise mit freiem Eintritt, so z. B. ein sonntäglicher Gospel-Brunch, bei dem gute Laune garantiert ist, und wilde Partynächte. Am besten kommt man wegen der täglichen Happy Hour (16–18 Uhr) zeitig.

Praktische Informationen

MEDIEN

Die kostenlosen Zeitschriften *San Diego Citybeat* (http://sdcitybeat.com) und *San Diego Reader* (www.sdreader.com) informieren über die aktive Musik-, Kunst- und Theaterszene der Stadt. Sie liegen in Geschäften und Cafés aus.

KPBS 89.5 FM (www.kpbs.org) Nationaler öffentlicher Radiosender.

San Diego Magazine (www.sandiegomagazine.com) Monatlich erscheinendes Hochglanzmagazin.

San Diego Union Tribune (www.sandiegounion tribune.com) Die wichtigste Tageszeitung der Stadt.

MEDIZINISCHE VERSORGUNG

Scripps Mercy Hospital (☎619-294-8111; www.scripps.org; 4077 5th Ave; ⏲24 Std.) Hat eine rund um die Uhr geöffnete Notaufnahme. In der Stadt gibt es auch mehrere durchgehend geöffnete Apotheken, z. B. die CVS-Apotheken in der Garnet Ave in Pacific Beach, in der University Ave in North Park und in der Market St im Gaslamp Quarter.

TOURISTENINFORMATION

Coronado Visitor Center (Karte S. 1036; ☎619-437-8788; www.coronadovisitorcenter.com; 1100 Orange Ave; ⏲Mo–Fr 9–17, Sa & So 10–17 Uhr)

San Diego Visitor Info Center (Karte S. 1038; ☎619-236-1242; www.sandiegovisit.org; 996 N Harbor Dr; ⏲9–17 Uhr) Gegenüber vom B St Cruise Ship Terminal; die hilfsbereiten Mitarbeiter haben sehr detaillierte Karten der einzelnen Stadtviertel, verkaufen ermäßigte Tickets für Attraktionen und betreiben eine Hotline für Hotelreservierungen.

NÜTZLICHE WEBSITES

Gaslamp Quarter Association (http://gaslamp.org) Auf dieser Website erfährt man alles, was man über das lebhafte Gaslamp Quarter wissen muss, darunter auch Geheimtipps zur Parkplatzsuche.

San Diego Tourism Authority (www.sandiego.org) Hotels, Sehenswürdigkeiten, Restaurants, Autovermietungen und mehr; hier kann man auch Reservierungen vornehmen.

An- & Weiterreise

AUTO & MOTORRAD

Für die 125 Meilen (201 km) zwischen San Diego und Downtown L. A. sollte man außerhalb der Stoßzeiten zwei Stunden einplanen. Während der Rushhour muss man jedoch auf alles gefasst sein. Wenn das Auto mit mindestens zwei Personen besetzt ist, kann man allerdings die sogenannten „high-occupancy vehicle lanes" nutzen, was bei starkem Verkehr beträchtlich Zeit spart.

BUS

Busse von **Greyhound** (Karte S. 1038; ☎619-515-1100; www.greyhound.com; 1313 National Ave; ⏲5–23.45 Uhr; 📶) fahren häufig nach Los Angeles (ab 12 US$, 3–3½ Std.), daneben gibt es pro Tag mehrere weitere Busse nach Anaheim (ab 14 US$, 2½ Std.). Wer mit dem Bus nach San Francisco (ab 49 US$, 11–13 Std., etwa 7-mal tgl.) will, muss in L. A. umsteigen.

Mehrmals täglich verkehren auch Busse von Flixbus (www.flixbus.com) nach L. A., wo man in andere Busse u. a. nach Las Vegas, Palm Springs und San Francisco umsteigen kann. Die Fahrpreise richten sich nach der Nachfrage, sind aber in der Regel sehr günstig.

FLUGZEUG

Am **San Diego International Airport** (SAN; Karte S. 1036; ☎619-400-2400; www.san.org; 3325 N Harbor Dr; 📶), der nur 5 km westlich von Downtown liegt, kommen hauptsächlich Inlandsflüge an. Alle wichtigen US-Fluggesellschaften wie auch u. a. British Airways und Lufthansa fliegen San Diego an.

ZUG

Der *Pacific Surfliner* von Amtrak fährt mehrmals täglich vom historischen **Santa Fe Depot** (Amtrak Station; ☎800-872-7245; www.amtrak.com; 1050 Kettner Blvd) nach Anaheim (2 Std.), L. A. (3 Std.) und Santa Barbara (5¾ Std.); einige Züge fahren weiter Richtung Norden nach San Luis Obispo (8½ Std.). Im San Diego County, halten die Züge in Solana Beach, Oceanside, San Clemente und San Juan Capistrano. Tickets kosten ab ca. 35 US$. Unterwegs bieten sich wunderschöne Blicke auf die Küste.

Unterwegs vor Ort

Die meisten Leute fahren in San Diego zwar mit dem Auto, dabei kann man einen ganzen Urlaub zu Fuß und mit den städtischen Bussen und Straßenbahnen des Metropolitan Transit System (www.sdmts.com) verbringen. In den meisten Bussen und Straßenbahnen kostet ein Einzelfahrschein 2,25/2,50 US$, jedoch berechtigt dieser nicht zum Umsteigen. Wer mehr als zwei Fahrten am Tag plant, sollte daher eine Tageskarte kaufen (1/2/3/4 Tage 5/9/12/15 US$). Dafür wird eine aufladbare Compass Card (einmalig 2 US$) benötigt; erhältlich ist diese an den Ticketautomaten an den Straßenbahnhaltestellen und im **MTS Transit Store** (☎619-234-1060; www.sdmts.com; 1255 Imperial Ave; ⏲Mo–Fr 8–17 Uhr), der auch Streckenpläne hat. Im Bus kann man auch ohne Compass Card eine Tageskarte kaufen (7 US$; passend zahlen).

PALM SPRINGS & DIE WÜSTEN

Südkaliforniens Wüstengebiet erstreckt sich vom mondänen Palm Springs bis zum menschenleeren Death Valley und nimmt 25 % des Bundesstaates ein. Die auf den ersten Blick wie eine trostlose Einöde wirkende Landschaft offenbart bald ihre perfekte Schönheit: Verwitterte Vulkangipfel, hohe Sanddünen, violett getönte Berge, Kakteengärten, winzige Wildblumen, die im Frühling aus dem steinharten Boden sprießen, Eidechsen, die an riesigen Felsbrocken vorbeihuschen und unzählige Sterne am nächtlichen Himmel – Kaliforniens Wüsten verströmen eine spirituelle Ruhe, sind überraschend pittoresk und üben auf Künstler ebenso wie auf Filmstars, Kletterer und Offroad-Abenteurer einen unwiderstehlichen Reiz aus.

Palm Springs

Hey Baby, das Rat Pack ist zurück – oder zumindest sein Lieblingstreff. In den 1950er- und 1960er-Jahren war das rund 160 km östlich von L.A. gelegene Palm Springs der swingende Rückzugsort von Frank Sinatra, Elvis Presley und anderen Hollywood-Stars. Nachdem das Rat Pack seine Sachen gepackt hatte, hielten Rentner in Golfklamotten Einzug in Palm Springs. Mitte der 1990er-Jahre entdeckten dann auch die jüngeren Generationen den charmanten Retro-Chic und die eleganten, modernen Gebäude der Stararchitekten aus der Mitte des 20. Jhs. für sich. Heute mischen sich in Palm Springs ganz gelassen Rentner und Urlauber mit Hipstern, Wanderern und einer stolzen LGBTQI+-Gemeinde. Ein tolles Ziel für einen kurzen Ausflug von L. A. und der ganzen Welt.

Sehenswertes & Aktivitäten

20 Meilen (32 km) westlich von Palm Springs kann man von der I-10 aus nördlich der Straße die **World's Biggest Dinosaurs** (☎951-922-8700; www.cabazondinosaurs.com; 50770 Seminole Dr, Cabazon; Erw./Kind 13/11 US$; ⌚Mo–Fr 9–18, Sa & So bis 19 Uhr; P 👪) sehen.

★ Palm Springs Aerial Tramway SEILBAHN
(☎760-325-1391; www.pstramway.com; 1 Tram Way, Palm Springs; Erw./Kind 26/17 US$, Parken 8 US$; ⌚1. Bergfahrt Mo–Fr 10, Sa & So 8 Uhr, letzte Bergfahrt tgl. 20 Uhr, letzte Talfahrt tgl. 21.45 Uhr; je nach Saison unterschiedlich; P 👪) Die Seilbahn mit sich drehenden Gondeln klettert während ihres 4 km langen Aufstiegs in nur zehn Minuten über 1800 Höhenmeter nach oben und durchquert dabei fünf Vegetationszonen, von der Sonora-Wüste unten bis hinauf zum nach Kiefern duftenden Mt. San Jacinto State Park. An der Bergstation (2609 m) kann es bis zu 22 °C kühler sein als unten am Wüstenboden. Großartig ist der Ausblick von hier oben; außerdem kann man in zwei Restaurants essen (dann bietet sich der „Ride 'n' Dine"-Pass an), 80 km Wanderwege erkunden oder im Naturkundemuseum vorbeischauen.

★ Sunnylands HISTORISCHES GEBÄUDE, GÄRTEN
(☎760-202-2222; www.sunnylands.org; 37977 Bob Hope Dr, Rancho Mirage; Visitor Center & Gärten frei, Führungen Haus 48 US$; ⌚Führungen Mi–So, Visitor Center & Gärten Mitte Sept.–Anfang Juni Do–So 8.30–16 Uhr; P) Auf diesem 81 ha großen Winteranwesen einer der einflussreichsten amerikanischen Familien des 20. Jhs., des Industriellen-, Diplomaten- und Philanthropen-Ehepaars Walter (1908–2002) und Leonore (1918–2009) Annenberg, waren früher US-Präsidenten, Hollywood-Stars und Staatschefs zu Gast. Das Haupthaus, ein mit Kunstwerken gefülltes Meisterstück der Mid-Century-Architektur von A. Quincy Jones, kann nur in einer 90-minütigen Führung besucht werden, die man lang im Voraus buchen sollte. Die Ausstellungen im 2012 erbauten Visitor Center und die prächtigen Wüstengärten, die von impressionistischen Gemälden inspiriert sind, stehen auch Besuchern ohne Voranmeldung offen.

★ Palm Springs Art Museum MUSEUM
(☎760-322-4800; www.psmuseum.org; 101 Museum Dr, Palm Springs; Erw./Student 14/6 US$; ⌚Fr–Di 10–17, Do 12–20 Uhr; P) Ein Must see für Kunstfans. Die Wechselausstellungen zeigen Werke aus der fantastischen Sammlung internationaler moderner und zeitgenössischer Malerei, Bildhauerei, Fotografie und Glaskunst. Die Dauerausstellung präsentiert Arbeiten von Henry Moore, Ed Ruscha, Mark di Suvero, Frederic Remington und vielen anderen bedeutenden Künstlern. Weitere Highlights sind die Glaskunst von Dale Chihuly und William Morris und eine Sammlung präkolumbischer Figurinen. Donnerstags von 16 bis 20 Uhr ist der Eintritt frei.

Living Desert Zoo & Gardens ZOO
(☎760-346-5694; www.livingdesert.org; 47900 Portola Ave, Palm Desert; Erw./Kind 20/10 US$; ⌚Okt.–Mai 9–17 Uhr, Juni–Sept. 8–13.30 Uhr;

(P 🚻) 🍃 In diesem beeindruckenden Tierpark kann man eine Vielzahl von Wüstenpflanzen und -tieren sowie Ausstellungen über die Geologie der Region und die Kultur der hiesigen Ureinwohner bewundern. Zu den Highlights gehören das öffentlich zugängliche Wildtier-Krankenhaus und das „afrikanische" Dorf mit Fairtrade-Markt und einem Geschichten-Hain. Kamelritte, Giraffenfüttern, eine Runde auf dem Karussell der bedrohten Tierarten und die Fahrt mit dem „Hop on, Hop off"-Shuttle kosten extra. Ein Besuch ist ebenso lehrreich wie unterhaltsam und die 15 Meilen (24 km) lange Fahrt hinunter ins Tal absolut wert. Für den Besuch sollte man zwei bis drei Stunden einplanen.

Indian Canyons WANDERN
(☎760-323-6018; www.indian-canyons.com; 38520 S Palm Canyon Dr, Palm Springs; Erw./Kind 9/5 US$; ⊙Okt.–Juni tgl. 8–17 Uhr, Juli–Sept. Fr–So) Die Bäche aus den San Jacinto Mountains versorgen die Pflanzenvielfalt in den Oasen rund um Palm Springs mit lebensnotwendigem Nass. Die Canyons, die seit Jahrhunderten das Zuhause amerikanischer Ureinwohner sind, präsentieren sich als ein Paradies für Wanderer. Der Palm Canyon Trail führt zur weltweit größten Oase mit Fächerpalmen, der Murray Canyon Trail zu einem saisonal Wasser führenden Wasserfall und der Andreas Canyon Trail zu Felsformationen, die einen ganzjährig Wasser führenden Bach säumen.

Schlafen

Palm Springs und die Wüstenstädte im Coachella Valley bieten eine bemerkenswerte Vielfalt an Unterkünften, darunter auch schöne Boutiquehotels mit Vintage-Flair, Luxusresorts und Häuser von Motelketten. Einige akzeptieren keine Kinder.

★ **Arrive Hotel** HOTEL $
(☎760-227-7037; www.arrivehotels.com; 1551 N Palm Canyon Dr, Palm Springs; Studios 190–390 US$; P ⊖ ❄ 📶 ≋ 🐾) 🍃 Das stilvolle Hotel, dessen Bar zugleich als Rezeption fungiert, besteht hauptsächlich aus rostigem Stahl, Holz und Beton. Die 32 geräumigen Zimmer ohne Telefon haben teilweise eine Terrasse und erfüllen viele Hipster-Wünsche: Regenduschen, Apple TV und schicke Badprodukte. Am Wochenende verwandeln sich der Pool, die Bar und das Restaurant in eine lebhafte Partyzone für Hotelgäste und Einheimische.

★ **El Morocco Inn & Spa** BOUTIQUEHOTEL $
(☎760-288-2527; http://elmoroccoinn.com; 66810 4th St, Desert Hot Springs; Zi. 150–230 US$; ⊙Check-in 8.30–19 Uhr oder nach Vereinbarung; P ⊖ ❄ 📶 ≋) In dem wunderschönen Refugium, in dem alle Zeichen auf Romantik stehen, folgt man dem Ruf der Kasbah. Zwölf exotisch eingerichtete Zimmer liegen rund um eine Poolterrasse, auf der die engagierten Gastgebern zur Happy Hour kostenlose „Moroccotinis" servieren. Im hauseigenen Spa werden verlockende Behandlungen angeboten, beispielsweise eine Massage namens „Marokkanischer Regen", bei der ätherische Öle zur Entgiftung eingesetzt werden. Das Frühstück ist im Preis enthalten.

Caliente Tropics MOTEL $
(☎760-327-1391; www.calientetropics.com; 411 E Palm Canyon Dr, Palm Springs; Zi. ab 170 US$; P ❄ 📶 ≋ 🐾) Am Pool dieser 1964 errichteten, modernisierten Motorlodge im Tiki-Stil amüsierten sich früher Frank Sinatra und das Rat Pack. Hier kann man den Tag mit einem tropischen Drink in der schummrig beleuchteten Reef Bar beschließen, ehe man in seinem geräumigen, mit Südsee-Postern dekorierten Zimmer auf der hochwertigen Matratze ins Land der Träume entschwebt.

★ **L'Horizon** BOUTIQUEHOTEL $$
(☎760-323-1858; http://lhorizonpalmsprings.com; 1050 E Palm Canyon Dr, Palm Springs; Zi. ab 340 US$; P ❄ 📶 ≋ 🐾) In dem anheimelnden, von William F. Cody entworfenen Hotel entspannten sich schon Marilyn Monroe und Ronald Reagan am Pool. Mittlerweile wurde das L'Horizon restauriert und in ein elegantes, schickes Wüstenresort nur für Erwachsene verwandelt, das Duschen im Freien, einen chemiefreien Pool und private Terrassen bietet.

Essen

Eine Reihe neuer Restaurants, die auf der Höhe des Zeitgeists sind, hat das Niveau der Restaurantszene der Stadt deutlich erhöht. Die aufregendsten von ihnen, die teils mit markantem Design herausragen, säumen den N Palm Canyon Dr im Designviertel Uptown.

★ **Cheeky's** KALIFORNISCH
(☎760-327-7595; www.cheekysps.com; 622 N Palm Canyon Dr; Hauptgerichte 9–15 US$; ⊙8–14 Uhr; ❄) In diesem Frühstücks- und Mittagslokal wartet man zwar mitunter lange und auch der Service ist so lala, doch das Motto der Küche ist „Vom Hof auf den Tisch" und

die Gerichte auf der Karte sprühen nur so vor witziger Kreativität. Die Speisekarte wechselt wöchentlich, beliebte Speisen wie die cremigen Rühreier und die Burger mit Fleisch von Weiderindern und Pesto-Pommes sind aber immer im Angebot.

Trio KALIFORNISCH $

(☎760-864-8746; www.triopalmsprings.com; 707 N Palm Canyon Dr; Hauptgerichte mittags 10–22 US$, abends 15–32 US$; ⏲Mo–Do 11–22, Fr bis 23, Sa 10–23, So 10–22 Uhr; 📶) Das Erfolgsgeheimnis des modernistischen Restaurants aus den 1960er-Jahren: moderne Varianten amerikanischer Hausmannskost (grandioser Yankee-Schmorbraten!), auffällige Kunst und Panoramafenster. Das Drei-Gänge-Abendmenü zum Festpreis von 23 US$ (bis 18 Uhr) ist ein echtes Schnäppchen. Und die ganztägige Happy Hour mit Barsnacks und billigen Drinks zieht nach Feierabend eine muntere Gästeschar an.

★ **Workshop Kitchen + Bar** AMERIKANISCH $$

(☎760-459-3451; www.workshoppalmsprings.com; 800 N Palm Canyon Dr; kleine Teller 16–21 US$, Hauptgerichte 28–38 US$; ⏲Mo–Do 17–22, Fr & Sa bis 23, So 10–14 Uhr; ❄) Hinter einem prächtig verzierten Gebäude aus den 1920er-Jahren in El Paseo führt eine große, mit Olivenbäumen bepflanzte Terrasse zu diesem atemberaubend schönen Ort. In der Mitte steht ein langer Gemeinschaftstisch, der von stimmungsvoll beleuchteten Nischen gesäumt wird. Die Küche kreiert aus Marktzutaten im Stil des 21. Jhs. interpretierte amerikanische Klassiker, die Bar gehört zu den angesagtesten Adressen der Stadt.

Ausgehen & Nachtleben

Ausgehen war in Palm Springs schon immer eine stilvolle Angelegenheit. Viele Bars und Restaurants haben sehr beliebte Happy Hours, die manchmal den ganzen Tag dauern. Ein paar „Flüsterkneipen" bereichern die Cocktailszene und auch Craft-Bier lockt viele Gäste an. In der schwulen Community ist der Freitagabend der große Ausgehabend.

Die Arenas Rd östlich des Indian Canyon Dr ist das Zentrum des schwul-lesbischen Nachtlebens.

★ **Bootlegger Tiki** COCKTAILBAR

(☎760-318-4154; www.bootleggertiki.com; 1101 N Palm Canyon Dr; ⏲16–2 Uhr) Das purpurrote Licht in der winzigen Tiki-Bar mit Kugelfischlampen und Rattanwänden zaubert selbst käsigen Hipstern einen gesunden Teint ins Gesicht. Und natürlich tun auch die kunstvoll gemixten Cocktails ihr Übriges.

Birba BAR

(☎760-327-5678; www.birbaps.com; 622 N Palm Canyon Dr; ⏲Nov.–Mai Di–So 17–23 Uhr, Juni–Okt. Mi, Do & So 18–22, Fr & Sa bis 23 Uhr; 📶) An warmen Abenden verströmt die von Hecken gesäumte Terrasse des Birba mit ihren funkelnden Lichtern und den in den Boden eingelassenen Feuerstellen Dolce-Vita-Flair. Man kann bei einem Glas Frizzante oder einem süffigen Cocktail wie z. B. dem Heated Snake auf Tequilabasis entspannen und sich dazu eine Pizza oder einen Teller mit Käse und Prosciutto genehmigen.

Shoppen

Kunstgalerien, Design- und Modeboutiquen, darunter das fabelhafte **Trina Turk** (☎760-416-2856; www.trinaturk.com; 891 N Palm Canyon Dr; ⏲Mo–Sa 10–18, So 11–17 Uhr), konzentrieren sich in „Uptown" am North Palm Canyon Dr. Secondhand-, Vintage- und Kommissionsläden gibt's in Downtown Palm Springs und talabwärts am Hwy 111. Luxusmarken sind rund um El Paseo in Palm Desert beheimatet. Und Schnäppchenjäger sollten die Desert Hill Premium Outlets 20 Meilen (32 km) weiter westlich an der I-10 ansteuern.

Praktische Informationen

Palm Springs Historical Society (☎760-323-8297; www.pshistoricalsociety.org; 221 S Palm Canyon Dr; ⏲10–16 Uhr) Die gemeinnützige geführte Organisation, bei der Freiwillige tätig sind, betreibt zwei Museen und bietet geführte Touren mit Schwerpunkt Lokalgeschichte, Architektur und Promis an.

Palm Springs Modern App Die kostenlose App für iPhone und Android informiert über mehr als 80 berühmte Privathäuser und öffentliche Gebäude im Mid-Century-Stil. Videos, Fotos, Tondokumente und Fotos bereichern die dreistündigen Touren.

Palm Springs Visitors Center (☎760-778-8418; www.visitpalmsprings.com; 2901 N Palm Canyon Dr; ⏲9–17 Uhr) Das offizielle Visitor Centre bietet viel Infomaterial und ist gut besetzt. Es befindet sich 5 km nördlich des Zentrums an der Abzweigung zur Palm Springs Aerial Tram in einer von Albert Frey entworfenen Tankstelle von 1965.

Anreise & Unterwegs vor Ort

Der **Palm Springs International Airport** (PSP; ☎760-318-3800; www.palmspringsairport.com; 3400 E Tahquitz Canyon Way) ist ein regionaler Flughafen, der ganzjährig von zehn Fluggesellschaften angeflogen wird, darunter United, American, Virgin, Delta und Alaska. Von hier starten Flüge zu Zielen in ganz Nordamerika.

Palm Springs und das Coachella Valley sind so platt wie eine Flunder und ständig werden neue Radwege gebaut. Viele Hotels verleihen Fahrräder, ebenso wie **Bike Palm Springs** (☎ 760-832-8912; www.bikepsrentals.com; 194 S Indian Canyon Dr; Standardrad/Kinderrad/E-Bike/Tandem halber Tag ab 25/15/45/40 US$, ganzer Tag 35/20/60/50 US$; ⏲ Okt.–Mai 8–17 Uhr, Juni–Sept. 8–10 Uhr) sowie **Funseekers** (☎ 760-647-6042, 760-340-3861; www.palmdesertbikerentals.com; 73-865 Hwy 111, Palm Desert; Fahrrad je 24 Std./3 Tage/Woche ab 25/60/95 US$; ⏲ Mo–Fr 8.30–17, Sa & So bis 16 Uhr) in Palm Desert.

SunLine (☎ 760-343-3451; www.sunline.org; Tickets 1 US$) Die mit alternativen Kraftstoffen betriebenen, öffentlichen Busse verkehren ganzjährig im Tal, sind allerdings nicht sonderlich flott. Bus 111 fährt über den Hwy 111 von Palm Springs nach Palm Desert (1 Std.) und Indio (1½ Std.). Die Busse sind mit Klimaanlage, Rollstuhllift und einem Fahrradständer ausgerüstet. Nur Barzahlung (passend zahlen)!

Joshua Tree National Park

Die seltsamen Josua-Palmlilien – tatsächlich sind es baumhohe Yucca-Palmen –, die wie Kreaturen aus einem Buch von Dr. Seuss aussehen, begrüßen Besucher in diesem 3200 km² großen **Nationalpark** (☎ 760-367-5500; www.nps.gov/jotr; 7-Tage-Karte 30 US$/Auto; P 👪) an der Übergangszone zweier Wüsten: der niedrigen und trockenen Colorado-Wüste und der höheren, feuchteren und etwas kühleren Mojave-Wüste.

Unter Sportkletterern gilt „JT" als einer der besten Spots Kaliforniens, Wanderer lieben die versteckten, schattigen, von natürlichen Quellen und kleinen Bächen gespeisten Fächerpalmenoasen und Mountainbiker sind von den Aussichten in der Wüste regelrecht hypnotisiert.

Im Frühling bilden die Josua-Palmlilien ganz oben eine riesige einzelne cremefarbene Blüte. Ihren Namen erhielt die Pflanze von mormonischen Siedlern – die nach oben gerichteten Äste erinnerten sie an den Anblick des biblischen Propheten Josua, der mit ausgebreiteten Armen den Weg ins Gelobte Land weist. Viele Künstler ließen sich von der mystischen Atmosphäre dieser bizarren, mit riesigen Felsen übersäten Landschaft inspirieren; das berühmteste Beispiel ist das Hit-Album *The Joshua Tree* von U2 aus dem Jahr 1987.

Sehenswertes & Aktivitäten

Wer wenig Zeit hat, sollte sich auf das nördliche Ende des Parks konzentrieren, wo Josua-Palmlilien und bizarre Felsformationen eine spektakuläre Landschaft bilden. Die Fahrt vom Westeingang in Joshua Tree zum Oasis Visitor Center in Twentynine Palms (oder umgekehrt) dauert etwa zwei Stunden und ist eine tolle Einführung. Am Straßenrand gibt es zahlreiche Parkbuchten, sodass man die Natur aus der Nähe betrachten kann – natürlich geht das auch auf den zahlreichen Wanderwegen.

Auf den jeweils rund 1,5 km langen Rundwegen **Barker Dam** und **Hidden Valley** gelangt man rasch ins Innere der bizarren Landschaft des Nationalparks. Zum Sonnenuntergang sollte man zum **Keys View** fahren, wo sich ein grandioser Blick auf den Park und das gesamte Coachella Valley bietet.

Wer sich für die Geschichte der Pioniere interessiert, kann an einer Führung in der **Keys Ranch** (☎ Reservierungen 760-367-5522; www.nps.gov/jotr; Führungen Erw./Kind 6–11 Jahre 10/5 US$, zzgl. Nationalparkeintritt; ⏲ Führungen Okt.–Mai; P 👪) teilnehmen, die vorher gebucht werden muss.

Das südliche Ende des Parks bildet eine karge, windige Wüstenlandschaft. Eines der Highlights in diesem Teil des Parks ist der **Cholla Cactus Garden** (Rundweg 400 m). Wer Lust auf eine malerische Geländewagentour hat, kann die holprige, 18 Meilen (29 km) lange **Geology Tour Road** in Angriff nehmen, die übrigens auch für Mountainbikes geöffnet ist.

Schlafen

Im Park gibt's acht Campingplätze, von denen aber nur zwei über Trinkwasser, Spültoiletten und Entsorgungsstationen verfügen: **Cottonwood** (☎ 760-367-5500, Reservierungen 877-444-6777; www.nps.gov/jotr; Pinto Basin Rd; Stellplatz Wohnmobil & Zelt 20 US$; P) und **Black Rock** (☎ 760-367-5500, Reservierungen 877-444-6777; www.nps.gov/jotr; Joshua Lane; Stellplatz Wohnmobil & Zelt 20 US$; P). Beide Plätzen nehmen Reservierungen vor, ebenso wie **Indian Cove** (☎ 760-362-4367, Reservierungen 877-444-6777; www.nps.gov/jotr; Indian Cove Rd, Twentynine Palms; Stellplatz Wohnmobil & Zelt 20 US$; P) und Jumbo Rocks. Auf allen anderen Plätzen gilt das Motto „Wer zuerst kommt, mahlt zuerst"; dort gibt es Plumpsklos, Picknicktische und Feuerkörbe. Duschen gibt's auf keinem Platz, dafür aber im **Coyote Corner** (☎ 760-366-9683; www.jt

ABSTECHER

PIONEERTOWN

Pioneertown (Pioneertown Rd; 24 Std.; P) GRATIS etwa 5 Meilen (8 km) nördlich vom 29 Palms Hwy/Hwy 62 gleicht einer Grenzstadt aus den 1870er-Jahren, wurde aber tatsächlich 1946 als Kulisse für Hollywood-Western errichtet. Zu den ersten Investoren gehörten Gene Autry und Roy Rogers. In den 1940er- und 1950er-Jahren wurden hier über 50 Filme und mehrere Fernsehserien gedreht. Nicht nur Kids werden ihren Spaß daran haben, zwischen den alten Gebäuden herumzuspazieren und sich in der Honky-Tonk-Kneipe zu stärken. In der „Mane St" finden von September bis Juni an jedem zweiten und vierten Samstag um 14.30 Uhr nachgestellte Schießereien statt.

Wer länger bleiben will, kann im **Pioneertown Motel** (760-365-7001; www.pioneertown-motel.com; 5040 Curtis Rd, Pioneertown; DZ ab 185 US$; P) wohnen, in dem einst während der Dreharbeiten Filmstars übernachteten. Die neuen Besitzer haben die elegant-rustikalen Zimmer mit satteldachartigen Decken, indianischen Teppichen, dekorativen Western-Elementen und den unverzichtbaren modernen Annehmlichkeiten ausgestattet.

coyotecorner.com; 6535 Park Blvd, Joshua Tree; 9–18 Uhr) in Joshua Tree. Nähere Infos unter www.nps.gov/jotr oder telefonisch unter 760-367-5500.

Zwischen Oktober und Mai sind spätestens donnerstagnachmittags alle Zeltplätze komplett belegt, besonders im Frühling zur Blütezeit. Wer zu spät kommt, kann auf den Ausweichcampingplätzen des Bureau of Land Management (BLM) nördlich und südlich vom Park oder auf privaten Parkplätzen übernachten; Einzelheiten siehe www.nps.gov/jotr/planyourvisit/camping-outside-of-the-park.htm.

Viele Budget- und Mittelklassemotels säumen den Hwy 62. In Twentynine Palms und Yucca Valley findet man hauptsächlich Filialen amerikanischer Hotelketten. Joshua Tree sowie Pioneertown und Landers nördlich vom Hwy 62 haben dagegen Unterkünfte mit viel mehr Charme und Charakter.

Harmony Motel MOTEL
(760-401-1309, 760-367-3351; www.harmonymotel.com; 71161 29 Palms Hwy/Hwy 62, Twentynine Palms; Zi. 90–95 US$; P) In diesem Motel aus den 1950er-Jahren, das von der charmanten Ash tadellos in Schuss gehalten wird, übernachtete U2 während der Arbeit an ihrem Album *The Joshua Tree*. Es hat einen kleinen Pool und sieben große, fröhlich bemalte und hübsch dekorierte Zimmer (teils mit Miniküche), die um einen winzigen Wüstengarten mit spektakulärer Aussicht liegen. In der Gästeküche stehen kostenloser Kaffee und Tee bereit.

★ **Kate's Lazy Desert** HÜTTEN $
(845-688-7200; www.lazymeadow.com; 58380 Botkin Rd, Landers; Airstreams Mo–Do 175 US$, Fr & Sa 200 US$; P) Kate Pierson von der Rockband B-52s ist die Besitzerin dieses Wüstencamps mit winzigem Pool (Mai–Okt.) und sechs von Künstlern gestalteten Airstream-Wohnwagen. Sie tragen Namen wie „Tinkerbell", „Planet Air" oder „Hot Lava" und sind mit passendem Fantasia-Popdesign, einem Doppelbett und einer Kochnische ausgestattet

★ **Sacred Sands** PENSION $$
(760-974-2353, 760-424-6407; www.sacredsands.com; 63155 Quail Springs Rd, Joshua Tree; Studios/Suite 339/369 US$; P) Diese beiden Suiten im schicken Wüstendesign befinden sich sehr abgelegen in total ruhiger Umgebung und sind ein traumhaftes romantisches Refugium. Sie haben eine Küchenecke und eine private Terrasse mit Dusche im Freien, Whirlpool und Hängebett, in dem man unter dem Sternenhimmel übernachten kann. Der Blick über die Wüstenhügel hinüber zum Joshua Tree National Park ist großartig. Im Preis enthalten ist ein Kühlschrank mit den Zutaten fürs Frühstück. Der Mindestaufenthalt beträgt zwei Nächte.

Essen

Im Park selbst kann man kein Essen kaufen, doch in den Ortschaften am Hwy 62 – vor allem in Yucca Valley – gibt es Supermärkte und Minimärkte sowie Restaurants, deren Bandbreite von traditionellen, familiengeführten Restaurants mit sehr deftigem Essen bis zu Bio-Feinkostläden, coolen Diners und multikulturellen Lokalen reicht. Samstagvormittags treffen sich die Einheimischen zum Schwatzen und Einkaufen auf dem **Farmers Market** (www.joshuatreefarmersmarket.com; 61705 29 Palms Hwy/Hwy 62, Joshua Tree; Sa 8–13 Uhr) in Joshua Tree. Bevor man zum Wandern, Klettern oder einer Autotour aufbricht, kann man im **Crossroads Cafe** (☎760-366-5414; www.crossroadscafejtree.com; 61715 29 Palms Hwy/Hwy 62, Joshua Tree; Hauptgerichte 9–17 US$; ⌚7–21 Uhr; 📶 👶), einer Institution der Stadt, Energie tanken.

★ **La Copine** INTERNATIONAL $
(☎760-289-8537; www.lacopinekitchen.com; 848 Old Woman Springs Rd, Flamingo Heights; Gerichte 8–24 US$; ⌚Do–Sa 14–19 Uhr; ❄) Es ist ein langer Weg von Philadelphia bis in die Wüste, doch Nikki und Claire wagten es und zogen mit ihrem Pop-up-Restaurant in eine dauerhaftes Lokal aus Ziegeln und Mörtel. Ihr Bistro am Straßenrand serviert Gerichte, die den Zeitgeist widerspiegeln, z. B. Salat mit Räucherlachs und pochiertem Ei, Garnelen-Ceviche oder Banh-Mi-Sandwiches. Keine Reservierungen.

ℹ Praktische Informationen

Der Nationalparkpass kostet 30 US$ pro Fahrzeug und gilt für sieben Tage. Man bekommt ihn an den drei Parkeingängen sowie in den Besucherzentren des National Park Service (NPS) in **Joshua Tree** (www.nps.gov/jotr; 6554 Park Blvd, Joshua Tree; ⌚8–17 Uhr; 📶), **Oasis** (☎760-367-5522; www.nps.gov/jotr; 74485 National Park Dr, Twentynine Palms; ⌚8.30–17 Uhr) und **Cottonwood** (www.nps.gov/jotr; Cottonwood Springs; ⌚8.30–16 Uhr; 👶). Ein kostenloser Shuttlebus verkehrt von November bis Februar und im Mai am Wochenende (Fr–Sa), im März und April täglich. Er startet stündlich am Twentynine Palms Transit Center und am Oasis Visitor Center und hält an wichtigen Punkten im nördlichen Teil des Parks. Ein Nationalparkpass ist für die Benutzung nicht erforderlich.

Abgesehen von Toiletten gibt es im Park keinerlei Einrichtungen, daher muss man Trinkwasser und Essen selbst mitbringen. In den Städten am 29 Palms Hwy (Hwy 62) am Nordrand des Parks – Yucca Valley, Joshua Tree und Twentynine Palms – kann man tanken und einkaufen. Die nächste größere Stadt im Süden (an der I-10) ist Indio.

Anza-Borrego Desert State Park

Der von einem Urmeer und tektonischen Kräften geformte **Anza-Borrego Desert State Park** (☎760-767-4205; www.parks.ca.gov; P) 🍃 ist riesig und besitzt kaum eine Infrastruktur. Mit einer Fläche von 2590 km² ist er der drittgrößte State Park Kaliforniens. Wie Piktogramme und Felszeichnungen beweisen, lebten hier schon vor über 10 000 Jahren Menschen. Der Park ist nach dem spanischen Entdecker Juan Bautista de Anza benannt, der 1774 auf der Suche nach einem Landweg von Mexiko an die kalifornische Küste hier vorbeikam. Unterwegs begegneten ihm zahllose *borregos*, die Wildschafe, deren Weidegebiete sich einst bis nach Baja California tief im Süden erstreckten. Aufgrund von Trockenheit, Krankheiten, Wilderei und Unfällen mit Offroad-Fahrern leben hier nur noch einige Hundert Tiere. In den 1850er-Jahren wurde Anza-Borrego eine Station auf der Butterfield Overland Route, auf der Postkutschen zwischen St. Louis und San Francisco verkehrten.

◉ Sehenswertes & Aktivitäten

Das **Visitor Center** (☎760-767-4205; www.parks.ca.gov; 200 Palm Canyon Dr, Borrego Springs; ⌚Mitte Okt.–Mitte Mai tgl. 9–17 Uhr, Mitte Mai–Mitte Sept. nur Sa, So & Feiertage) des Parks liegt 2 Meilen westlich des Zentrums von Borrego Springs. Es zeigt naturgeschichtliche Ausstellungen, hat Infomaterial zum Mitnehmen und gibt aktuelle Auskünfte zu den Straßenbedingungen. Die Fahrt durch den Park ist kostenlos; wer jedoch campen, wandern oder picknicken will, muss eine Tagesparkgebühr zahlen (10 US$ pro Fahrzeug). Es gibt fast 500 Meilen (800 km) unbefestigte Straßen, die sich nur mit einem geländetauglichen Fahrzeug mit Allradantrieb bewältigen lassen. Bei Wanderungen immer ausreichend Wasser mitnehmen!

Zu den Highlights des Parks, die man auch mit einem normalen PKW erreichen kann, gehören die sehr beliebte 5 km lange Rundwanderung **Borrego Palm Canyon Nature Trail** und die einfache, 3 km lange Rundwanderung **Pictograph Trail** im Blair Valley, wo Piktogrammen amerikanischer Ureinwohner und verschiedenen Spuren der Pioniere zu sehen sind. Die recht anstrengende, 14 km lange Rundwanderung **Maidenhair Falls Trail** führt in den Hellhole Canyon. Ehe man aufbricht, sollte man sich immer im Visitor Center über die Straßen- und Wegbedingungen informieren.

Weiter südlich kann man im **Agua Caliente Regional Park** (☎760-765-1188; www.sdparks.org; 39555 Great Southern Overland Stage Route of 1849/County Rte S2; 3 US$/Fahrzeug, Pool 3 US$/Pers.; ⌚Sept.–Mai 9.30 Uhr–Sonnenuntergang) in Thermalwasserbecken relaxen.

Über 500 Meilen (800 km) der befestigten und unbefestigten Straßen des Parks (niemals aber Wanderwege) sind für Mountainbiker geöffnet. Beliebte Routen sind der Grapevine Canyon Trail abseits des Hwy 78 und der Canyon Sin Nombre Trail in den Carrizo Badlands. Flachere Gebiete sind das Blair Valley und der Split Mountain, genauere Infos erhält man beim Visitor Center.

Schlafen

In und um Borrego Springs finden sich ein paar Motels und Hotels, die aber alle nur in der Saison geöffnet haben. Die einzige Alternative ist Campen. Es gibt Campingplätze mit Infrastruktur, aber das Zelten in der Wildnis im Hinterland ist überall erlaubt. Wichtig: Der Abstand geparkter Fahrzeuge zur Straße darf höchstens eine Fahrzeuglänge betragen und Campingfeuer dürfen nur in Metallbehältern angezündet werden. Das Sammeln von Pflanzen (auch von abgestorbenen) ist streng verboten.

Borrego Palm Canyon Campground CAMPING
(760-800-444-7275; www.reservecalifornia.com; 200 Palm Canyon Dr, Borrego Springs; Stellplatz Zelt/Wohnmobil 25/35 US$; P) Der Campingplatz in der Nähe des Visitor Center des Anza-Borrego Desert State Park ist ein toller Ausgangspunkt für die Erkundung des Parks. Er ist zwar groß, doch dank seiner modernen Annehmlichkeiten wie Trinkwasser, Spültoiletten und warmen Münzduschen füllt er sich am Wochenende immer schnell.

★ **La Casa del Zorro** RESORT $$
(760-767-0100; www.lacasadelzorro.com; 3845 Yaqui Pass Rd; Mitte Okt.–April Zi. ab240 US$, Mitte Okt.–Mai 90–160 US$; P) Nach einer Rundumerneuerung ist das altehrwürdige, 1937 erbaute Resort nun wieder die prächtigste Unterkunft der Region. Die 67 elegant-rustikalen Zimmer mit Poolblick und die für Familien geeigneten Casitas mit Gewölbedecken und Marmorbädern verströmen Wüstenromantik. Auf dem 17 ha großen, gepflegten Gelände verteilen sich sage und schreibe 28 Pools und Whirlpools, ein Tennisplatz, eine fröhliche Bar und ein Gourmetrestaurant.

Essen

In Borrego Springs gibt's mehrere Restaurants, von schlichten mexikanischen Lokalen bis zu Nobelrestaurants. Der beste Supermarkt, der **Center Market** (760-767-3311; www.centermarket-borrego.com; 590 Palm Canyon Dr, Borrego Springs; Mo–Sa 8.30–18.30, So bis 17 Uhr; P), befindet sich ebenfalls in Borrego Springs. Im Sommer verkürzen viele Lokale ihre Öffnungszeiten oder legen Ruhetage ein.

★ **Red Ocotillo** INTERNATIONAL $
(760-767-7400; http://redocotillo.com; 721 Avenida Sureste, Borrego Springs; Hauptgerichte 11–20 US$; 7–20.30 Uhr;) Freie Tische sind in diesem kunstvoll bemalten, charmanten Restaurant in einem Bungalow im Zentrum von Borrego Springs so selten wie Pfützen in der Wüste. Morgens versorgen die Frühstücksburritos die Gäste mit den nötigen Kohlenhydraten für eine lange Wanderung, mittags locken üppige Sandwiches und abends Rippchen und Linguine mit hausgemachten Pesto.

Praktische Informationen

Borrego Springs hat einen Geldautomaten, zwei Tankstellen, einen Supermarkt und eine Post, die alle am Palm Canyon Dr liegen. Öffentliches kostenloses WLAN gibt's rund um den Christmas Circle.

Bei der Wildflower Hotline (760-767-4684) erhält man Infos zur Blütezeit der Wildblumen.

Mojave National Preserve

Wen es „mitten ins Nirgendwo" zieht, der ist in der Wildnis des **Mojave National Preserve** (760-252-6100; www.nps.gov/moja; zw. I-15 & I-40; P) GRATIS richtig. Das fast 6500 km² große Schutzgebiet wird von Sanddünen, Josua-Palmlilien und vulkanischen Schlackekegeln geprägt und ist der Lebensraum von Schafen, Hasen und Wüstenschildkröten. Achtung: Benzin bekommt man hier nirgendwo!

Südöstlich von Baker und der I-15 führt die Kelbaker Rd durch eine gespenstische Schlackekegel-Landschaft zum **Kelso Depot**, einem Bahnhof im Missionsstil aus den 1920er-Jahren. Heute beherbergt er das größte **Visitor Center** (760-252-6100; www.nps.gov/moja; Kelbaker Rd, Kelso; 9–17 Uhr) des Parks, das ausgezeichnete historische und naturgeschichtliche Ausstellungen zeigt.

Nach weiteren 12 Meilen (19 km) auf der Kelbaker Richtung Süden erreicht man die **Kelso Dunes**. Bei günstigen Bedingungen erzeugt der wandernde Sand ein tiefes Brummen – manchmal kann man dieses Geräusch auch auslösen, wenn man auf der Düne bergab rennt.

Am Kelso Depot zweigt die Kelso–Cima Rd Richtung Nordosten ab. Nach ca. 27 Mei-

ABSEITS DER ÜBLICHEN PFADE

SALTON SEA & SALVATION MOUNTAIN

Östlich von Anza-Borrego und südlich von Joshua Tree bietet sich ein vollkommen unerwarteter Anblick: Mitten in der Wüste taucht der **Salton Sea** (☎760-393-3810; www.parks.ca.gov; 100-225 State Park Rd, North Shore; Tagesnutzung 7 US$/Auto; ⏲Park 24 Std., Visitor Center 10–16 Uhr; P) auf, der größte See Kaliforniens. Er wurde 1905 künstlich geschaffen: Eine Springflut zerstörte Bewässerungskanäle, die das Wasser des Colorado River zu den Farmen des Imperial Valley bringen sollten. Bis heute ist der See der Lebensraum von etwa 400 Zugvogelarten. Der steigende Salzgehalt – eine Folge von phosphor- und stickstoffhaltigen Abwässern aus der Landwirtschaft, die jahrzehntelang unkontrolliert eingeleitet wurden – bedroht jedoch ihr Überleben.

Es geht noch bizarrer: Der 30 m hohe **Salvation Mountain** (☎760-624-8754; www.salvationmountaininc.org; 603 E Beal Rd, Niland; Spenden erbeten; ⏲Morgendämmerung–Abenddämmerung; P) ist das Lebenswerk des Folk-Künstlers Leonard Knight (1931–2014). Er besteht aus per Hand angerührtem Lehm, ist kunterbunt bemalt und mit Blumen, Fundstücken und christlichen Botschaften geschmückt.

len (43 km) erhebt sich an der Kelso-Cima Rd der **Cima Dome,** ein 451 m hoher Granitbrocken, der mit vulkanischen Schlackekegeln und verkrusteter Lava bedeckt ist. Auf seinen Hängen wachsen die größten **Josua-Palmlilienwälder** der Welt. Auf dem 5 km langen Rundwege **Teutonia Peak**, der 5 Meilen (8 km) nordwestlich der Cima Junction an der Cima Rd beginnt, kann man die Natur aus nächster Nähe erleben.

Im Mojave National Preserve gibt es keine Geschäfte oder Restaurants, weshalb man sich vor der Fahrt hierher in Baker am Nordwestrand des Parks an der I-15 mit allem Notwendigen eindecken sollte. Dort gibt's auch zahlreiche billige, langweilige Motels. Wenn man von Nordosten kommt, sind die Kasinohotel in Primm an der Grenze zu Nevada eine etwas bessere Option. An der I-40 ist der letzte Ort mit Unterkünften Needles. Im Schutzgebiet selbst kann man nur campen.

Death Valley National Park

Allein schon der Name beschwört Höllenbilder einer gnadenlosen, heißen, kahlen und lebensfeindlichen Einöde alttestamentarischen Ausmaßes herauf. Bei näherer Betrachtung entpuppen sich Natur und Landschaft des **Death Valley** (☎760-786-3200; www.nps.gov/deva; 7-Tage-Pass pro Auto 30 US$; P 🚻) aber als absolut spektakulär: Wer sich ins Tal des Todes aufmacht, darf singende Sanddünen sehen, vom Wasser geformte Canyons, Felsbrocken, die über den Wüstenboden wandern, erloschene Vulkankrater, von Palmen umgebene Oasen, schroffe Berge von über 3300 m Höhe und eine vielfältige endemische Tierwelt. Das Death Valley ist eine Gegend der Superlative, die einige US-Rekorde hält, nämlich den der höchsten gemessenen Temperatur (57 °C) und des tiefsten Punktes (Badwater, fast 86 m unter dem Meeresspiegel). Außerdem ist der Nationalpark mit über 13 628 km² der größte außerhalb Alaskas.

Furnace Creek ist mit dem Hauptbesucherzentrum des Parks, einem Gemischtwarenladen, einer Tankstelle, einer Post, Geldautomaten, WLAN, einem Golfplatz, Unterkünften und Restaurants das kommerzielle Zentrum des Death Valley.

Parkpässe kosten 30 US$ pro Fahrzeug und sind sieben Tage gültig; man erhält sie an Automaten an den Zugangsstraßen zum Park sowie im Besucherzentrum.

Sehenswertes & Aktivitäten

Im Sommer sollte man auf den befestigten Straßen bleiben, seine Aktivitäten im Freien auf die frühen Morgenstunden und den Abend legen und die höher gelegenen Regionen des Parks besuchen. Von **Furnace Creek** führt die Straße 5 Meilen (8 km) Richtung Südosten zum **Zabriskie Point,** wo sich eine spektakuläre Aussicht auf das Tal und das golden schimmernde Ödland mit seinen von der Erosion geformten Wellen, Falten und Rinnen bietet. Weitere 20 Meilen (32 km) südöstlich davon kann man von **Dante's View** an klaren Tagen gleichzeitig den höchsten Punkt (Mt. Whitney, 4421 m) und den tiefsten Punkt (Badwater) der kontinentalen USA sehen.

Badwater, 15 Meilen (24 km) von Furnace Creek entfernt, ist eine gespenstisch schöne Landschaft aus rissigen Salzebenen. Unterwegs kann man eine kurze Wanderung in den **Golden Canyon** unternehmen. Den 9 Meilen (14 km) langen Abstecher auf dem **Artists Drive** legt man am besten auf den späten Nachmittag, wenn die Mineralien und die Vulkanasche der Schlucht in einer prächtigen Farbpalette erstrahlen.

23 Meilen (37 km) nordwestlich von Furnace Creek kann man in der Nähe von Stovepipe Wells Village über die an die Sahara erinnernden Sanddünen von **Mesquite Flat** marschieren, die bei Sonnenaufgang und bei Vollmond wahrhaft magisch anmuten. Ein Erlebnis ist es auch, zwischen den in vielen Farbtönen schimmernden Wänden des **Mosaic Canyon** umherzuklettern.

Das skurrile **Scotty's Castle** (☎760-786-3200; www.nps.gov/deva; ⏲geschl.), ca. 55 Meilen (89 km) nordwestlich von Furnace Creek, war Walter E. Scotts Wohnhaus. „Death Valley Scotty" war ein begnadeter Märchenerzähler, der die Menschen mit seinen Geschichten über Gold hinters Licht führte. Wegen Überflutungs- und Feuerschäden ist Scotty's Castle derzeit geschlossen.

Schlafen & Essen

Campingoptionen gibt es im Park in Hülle und Fülle, wer aber ein solides Dach über dem Kopf möchte, findet nur eine begrenzte Anzahl teurer und im Frühling oft auch ausgebuchter Unterkünfte. Alternativ übernachtet man in den Orten Beatty (40 Meilen/65 km von Furnace Creek), Lone Pine (40 Meilen/65 km), Death Valley Junction (30 Meilen/48 km) oder Tecopa (70 Meilen/113 km). Etwas weiter weg liegen u. a. Ridgecrest (120 Meilen/193 km) und Las Vegas (140 Meilen/225 km).

Camper sollten Vorräte mitbringen, denn die Geschäfte in Stopepipe Wells, Furnace Creek und Panamint Springs sind außerordentlich teuer. Gleiches gilt meistens für die eher mittelmäßigen Restaurants.

Mesquite Spring Campground CAMPING
(☎760-786-3200; www.nps.gov/deva; Hwy 190; Stellplatz Wohnmobil & Zelt 14 US$) Ganz im Norden des Parks bietet dieser Campingplatz 430 Stellplätze, die nicht reserviert werden können. Er ist eine praktische Basis für den Ubehebe Crater und die Racetrack Rd. Auf einer Höhe von 550 m ist's hier zudem deutlich kühler als in den unteren Wüstenregionen. Die Stellplätze sind mit Feuerstellen und Tischen ausgestattet; es gibt Wasser und Spültoiletten. Keine Wohnmobil-Anschlüsse.

Ranch at Death Valley RESORT $
(☎760-786-2345; www.oasisatdeathvalley.com; Hwy 190, Furnace Creek; DZ ab 190 US$; P ⊖ ❄ 🛜 ≋) Dieses weitläufige, auf Familien zugeschnittene Resort hat 224 Zimmer mit Terrasse oder Balkon in ein- oder zweistöckigen Gebäuden, die die Rasenflächen und Wege säumen. Es wurde unlängst modernisiert und hat nun eine hübsche Plaza im spanischen Kolonialstil. Der Gemischtwarenladen und die Saloon-Bar wurden ebenfalls verschönert. Außerdem gibt's einen Spielplatz, einen von Quellwasser gespeisten Pool, Tennisplätze, einen Golfplatz und das **Borax Museum** (☎760-786-2345; www.furnacecreekresort.com; abseits des Hwy 190, Furnace Creek; ⏲Okt.–März 9–21 Uhr, im Sommer wechselnde Öffnungszeiten; P 👪) GRATIS.

★ **Inn at Death Valley** HOTEL $$
(☎760-786-2345, Reservierungen 800-236-7916; www.oasisatdeathvalley.com; Furnace Creek, Hwy 190; DZ ab 390 US$; P ⊖ ❄ @ 🛜 ≋) In dem 1927 im spanischen Missionsstil erbauten Hotel rollt man morgens aus dem Bett, schiebt die Vorhänge zur Seite und kann schon die Farben der Wüste zählen. Nach einem schweißtreibenden Tag kann man dann am von Quellen gespeisten Pool mit Spa und Poolbar, in der gemütlich eingerichteten Lounge oder in der Bibliothek entspannen und die Aussicht auf das Valley genießen. Durch und durch stilvoll!

Praktische Informationen

Furnace Creek Visitor Center (☎760-786-3200; www.nps.gov/deva; Furnace Creek; ⏲8–17 Uhr; 🛜) Das moderne Besucherzentrum zeigt fesselnde Ausstellungen über das Ökosystem des Parks und über die indigenen Stämme. Es hat einen Souvenirladen, saubere Toiletten, (lahmes) WLAN und freundliche Ranger, die Fragen beantworten und bei der Planung der Unternehmungen im Park helfen. Wer zum ersten Mal hier ist, sollte sich den tollen 20-minütigen Film ansehen. Auskünfte über das Programm der von Rangern geführten Aktivitäten sind ebenfalls hier zu bekommen.

CENTRAL COAST

Dieser märchenhafte Streifen an der kalifornischen Küste wird allzu oft vergessen oder auf der Fahrt zwischen San Francisco und L.A. nur schnell durchquert. Wer sich die Zeit nimmt, entdeckt wilde Strände, neblige Redwood-Wälder mit versteckten heißen

Quellen und sanft gewellte goldene Hügeln mit fruchtbaren Rebgärten und Farmland.

Die Küstenstraße Hwy 1 spielt alle landschaftlichen Trümpfe aus. Die Hippie-Stadt Santa Cruz und die historische Hafenstadt Monterey sind die Tore zur rauen Wildnis der bei Künstlern und Aussteigern beliebten Küste von Big Sur. Die traumhafte Route führt hinunter zum pompösen Hearst Castle, vorbei an Leuchttürmen und steilen Klippen, über denen der gefährdete Kondor durch die Lüfte gleitet.

Der durchs Inland führende Hwy 101 folgt der Route des Camino Real (Königsstraße) der spanischen Konquistadoren und Franziskanermönche. Entlang der Strecke erlebt man das landwirtschaftliche Kernland Kaliforniens, man fährt durch die florierende Wein- und Craft-Bier-Region Paso Robles und vorbei an Missionen, die die Kolonialzeit überdauert haben. Danach kann man in der Universitätsstadt San Luis Obispo, die von sonnendurchfluteten Strandorten und Vulkangipfeln umringt ist, wieder in die friedliche Idylle der Natur eintauchen.

Santa Barbara

Perfektes Wetter, wunderschöne Architektur, exzellente Bars und Restaurants und Aktivitäten für jeden Geschmack und Geldbeutel machen Santa Barbara zu einem tollen Ort zum Leben (was einem die Einheimischen auch stolz bestätigen werden) – und zu einem Muss für Traveller in Südkalifornien. Man beginnt den Tag am besten mit einem Besuch der Kirche im spanischen Missionsstil und lässt sich dann einfach treiben.

Sehenswertes

Der **Stearns Wharf** (www.stearnswharf.org; tgl. geöffnet; P) GRATIS von 1872 mit Blick auf die gut besuchten städtischen Strände ist der älteste ununterbrochen betriebene Holzpier an der Westküste. Heute ist er übersät von Touristenshops und Restaurants. Außerhalb der Stadt am Hwy 101 locken die größeren, von Palmen gesäumten **staatlichen Strände** von Carpinteria (12 Meilen/19 km östlich), sowie von El Capitan und Refugio (20 Meilen/32 km westlich).

★ Old Mission Santa Barbara KIRCHE

(805-682-4713; www.santabarbaramission.org; 2201 Laguna St; Erw./Kind 5-17 Jahre 12/7 US$; Sept.–Juni 9–16.15, Juli & Aug. bis 17.15 Uhr; P) Kaliforniens „Königin der Missionen" thront auf einem Hügel über der Stadt, rund 2 km nördlich des Zentrums. Die imposante Fassade, eine architektonische Hommage an eine altrömische Kapelle, wird von zwei ungewöhnlichen Glockentürmen flankiert. In der steinernen Kirche von 1820 ist umwerfende Chumash-Kunst zu bewundern. Auf dem Friedhof fallen die aufwendigen Mausoleen früher Siedler in Kalifornien auf, während die Gräber Tausender Chumash größtenteils in Vergessenheit geraten sind.

★ MOXI MUSEUM

(Wolf Museum of Exploration & Innovation; 805-770-5000; www.moxi.org; 125 State St; Erw./Kind 15/10 US$; 10–17 Uhr;) Dieses ultramoderne Wissenschaftsmuseum bietet interaktive Ausstellungen und Erlebnisse rund um die Themen Akustik, Technologie, Geschwindigkeit, Optik und Farben, die kleine Besucher garantiert begeistern und bereichern werden. Auf drei Etagen können sie etwas über Musik lernen (und dabei eine Riesengitarre betreten), ein Rennauto bauen und Soundeffekte aus Filmen nachbilden. Toll ist auch der Blick von der Dachterrasse Sky Garden und der Gang über einen Glasboden – nichts für schwache Nerven!

★ Santa Barbara County Courthouse HISTORSCHES GEBÄUDE

(805-962-6464; http://sbcourthouse.org; 1100 Anacapa St; Mo–Fr 8–17, Sa & So 10–17 Uhr) GRATIS Das 1929 im spanisch-maurischen Revival-Stil erbaute Gerichtsgebäude hat handbemalte Decken und schmiedeeiserne Kronleuchter und ist mit Fliesen aus Tunesien und Spanien verziert. Im stillen Wandgemälderaum im ersten Stock warten Impressionen aus der spanischen Kolonialgeschichte. Danach kann man noch den 26 m hohen Glockenturm El Mirador hinaufklettern und durch die Bogen den Panoramablick auf die Stadt, das Meer und die Berge genießen. Wer das Gebäude nicht auf eigene Faust besichtigen will, hat die Möglichkeit, an einer der kostenlosen einstündigen Führungen teilzunehmen, die täglich um 14 Uhr und montags bis freitags auch um 10 Uhr im Mural Room in der zweiten Etage starten.

Aktivitäten

Santa Barbara Sailing Center BOOTSFAHRT

(805-962-2826; www.sbsail.com; Marina 4, abseits des Harbor Way; 9–18 Uhr, im Winter bis 17 Uhr;) An Bord der *Double Dolphin*, einem über 15 m langen Segelkatamaran, kann man eine zweistündige Bootstour entlang

ABSTECHER

RHYOLITE

Unmittelbar östlich der östlichen Parkgrenze des Death Valley (etwa 35 Meilen bzw. 56 km von Furnace Creek) liegt die Geisterstadt **Rhyolite** (abseits des Hwy 374; 24 Std.; P) GRATIS, deren Geschichte typisch für den turbulenten Aufstieg, Boom und Niedergang der Goldgräberstädte im Westen im frühen 20. Jh. ist. Zu ihrer Blütezeit zwischen 1904 und 1916 hatte die Stadt 8000 Einwohner. Zu den interessantesten Häuserruinen gehören der Bahnhof im spanischen Missionsstil, ein dreistöckiges Bankgebäude und ein Haus, das aus 50 000 (!) Bierflaschen gebaut wurde.

Nicht weit von Rhyolite und gleich östlich des Death Valley National Park steht das **Goldwell Open Air Museum** (702-870-9946; www.goldwellmuseum.org; abseits des Hwy 374; Park 24 Std., Visitor Center Mo–Sa 10–16 Uhr, im Sommer bis 14 Uhr; P) GRATIS. Der inzwischen verstorbene belgische Künstler Albert Szukalski begann hier 1984, seine eigene, gespenstische Version von Da Vinci's *Abendmahl* zu schaffen. Bald kamen andere belgische Freunde dazu und steuerten weitere, oft bizarre Arbeiten bei. Heute gibt's hier sieben Skulpturen, ein Besucherzentrum und einen kleinen Laden.

der Küste oder bei Sonnenuntergang (40 US$) erleben und von Mitte Februar bis Mitte Mai an einer Walbeobachtungstour (50 US$) teilnehmen. Außerdem sind einstündige Hafenrundfahrten im Programm, bei denen andere Meeresbewohner gesichtet werden (25 US$). Der Veranstalter bietet auch Kajak- und Stehpaddeltouren und den Verleih des entsprechenden Equipments an.

Condor Express BOOTSFAHRT

(805-882-0088; https://condorexpress.com; 301 W Cabrillo Blvd; Bootsfahrt 150/270 Min. Erw. ab 50/99 US$, Kind 5–12 Jahre ab 30/50 US$;) Die Walbeobachtungstouren finden an Bord des Hochgeschwindigkeitskatamarans *Condor Express* statt. Es wird versprochen, dass die Teilnehmer Wale sehen. Klappt dies im ersten Versuch nicht, bekommt man einen Gutschein und kann einen zweiten starten.

Schlafen

Gut festhalten: Selbst einfache Motelzimmer am Strand kosten im Sommer über 200 US$. Keinesfalls sollte man ohne Reservierung kommen und darauf vertrauen, noch etwas einigermaßen Günstiges zu ergattern, schon gar nicht am Wochenende. Einige gute renovierte Motels liegen zwischen dem Hafen und Hwy 101, von wo man praktisch überall leicht zu Fuß hinkommt. Im oberen Teil der State St und am Hwy 101 Richtung Goleta im Norden sowie Richtung Carpinteria, Ventura und Camarillo im Süden konzentrieren sich günstigere Motels.

★ **Santa Barbara Auto Camp** CAMPING $

(888-405-7553; http://autocamp.com/sb; 2717 De La Vina St; DZ 180–390 US$; P) Neben einem historischen Wohnmobilpark nördlich vom Zentrum nahe des oberen Endes der State St stehen die sechs silbern funkelnden Airstream-Wohnwagen, in denen man stilvoll im Vintage-Ambiente und Retro-Chic übernachtet. Die im frischen Mid-Century-Stil gestalteten Wohnwagen sind mit TV, schicker Bettwäsche und Kosmetika sowie mit einer einfachen Küche, einer Terrasse mit Elektrogrill und zwei Cruiser-Bikes ausgestattet.

Harbor House Inn GASTHAUS $

(805-962-9745; www.harborhouseinn.com; 104 Bath St; Zi. ab190 US$; P) Zwei Blocks nördlich vom Strand steht dieses tadellos geführte Gasthaus mit in Sandtönen dekorierten Studios, die Hartholzböden, kleine Küchen und solch moderne Annehmlichkeiten wie SmartTVs mit kostenlosem Netflix und Hulu bieten. Wer mindestens zwei Nächte bleibt, erhält einen im Preis enthaltenen Willkommens-Frühstückskorb. Zudem kann man kostenlos Strandtücher, Stühle, Sonnenschirme und Dreigangfahrräder leihen.

★ **Hotel Californian** BOUTIQUEHOTEL $$

(www.thehotelcalifornian.com; 36 State St; Zi. ab 400 US$; P) Das Hotel Californian ist der Newcomer am einst heruntergekommenen unteren Ende der State St und ein Vorreiter bei der Erneuerung des Viertels. Schon wegen der fantastische Lage (neben dem Strand, dem Stearns Wharf und der Funk Zone) lohnt es sich, hier abzusteigen. Doch das ist noch nicht das Ende der Fahnenstange: Der bestechende architektonische Mix aus spanischem Kolonial- und nordafrikanisch-maurischem Stil sorgt für ein glamouröses Flair.

Essen

In der State St im Zentrum gibt's zahlreiche Restaurants und selbst am Sterns Wharf und am Pier finden sich unter den Touristenfallen einige echte Perlen. Kreativere Küchen konzentrieren sich in der Funk Zone. In der Milpas St östlich des Zentrums gibt's ein paar tolle Taco-Läden. Sehr beliebte Restaurants oder solche, in denen man unbedingt essen möchte, sollte man ein, zwei Wochen vorher reservieren, besonders an Sommerwochenenden.

La Super-Rica Taqueria MEXIKANISCH
(805-963-4940; 622 N Milpas St; Tacos 2,50 US$; Do–Di 11–21 Uhr;) Obwohl es in der Stadt viele gute mexikanische Restaurants gibt, strömen tagtäglich Einheimische wie Touristen ins La Super-Rica. Alle wollen unbedingt die Gerichte probieren, die Julia Child, die inzwischen verstorbene Ikone der Kulinarik, so liebte. Am besten reiht man sich einfach draußen vor der luftigen *casita* in die Schlange ein und bildet sich selbst ein Urteil über die berühmten Tacos, Tamales und anderen typisch mexikanischen Gerichte.

★ **Mesa Verde** VEGAN $
(805-963-4474; http://mesaverderestaurant.com; 1919 Cliff Dr; Teller zum Teilen 10–18 US$; Mo–Fr 11–21, Sa & So 11–15.30 & 17–21 Uhr;) Auf der Karte des Mesa Verde, einem der besten vegetarischen Restaurants der Stadt, stehen so viele köstliche, kreative, komplett vegane Gerichte zum Teilen, dass die Entscheidung schwer fallen dürfte. Um der Qual der Wahl zu entgehen, bestellt man einfach eine Auswahl von allem und macht sich auf aromatische Köstlichkeiten gefasst. Auch Fleischesser sind willkommen (und werden hier vielleicht sogar bekehrt). Nur Barzahlung.

★ **Lark** KALIFORNISCH $$
(805-284-0370; www.thelarksb.com; 131 Anacapa St; Teller zum Teilen 12–32 US$, Hauptgerichte 19–48; US$ Di–Sa 17–22 Uhr, Bar bis 24 Uhr; P) Das vom Küchenchef geführte Lark eignet sich bestens, um die vielen Erzeugnisse probieren, die der Boden und das Meer Südkaliforniens hervorbringen. Das legere, lebhafte Restaurant ist nach einem historischen Pullman-Eisenbahnwaggon benannt und befindet sich in einem früheren Fischmarkt in der Funk Zone. Die saisonale Speisekarte präsentiert inspirierende Geschmackskombinationen, etwa Rosenkohl mit Datteln oder über Wacholderholz geräucherte Entenbrust. Reservierung empfohlen.

Ausgehen & Nachtleben

Viele der lebhaften Bars in der State St bieten eine Happy Hour, winzige Tanzflächen und ausgelassene Studentenabende. Eine trendigere, niveauvollere Alternative ist die Funk Zone mit ihrem breit gefächerten Angebot an Bars und Weinverkostungsräumen.

★ **Figueroa Mountain Brewing Co** CRAFT-BIER
(805-694-2252; www.figmtnbrew.com; 137 Anacapa St; 11–23 Uhr) Vater und Sohn – beide Brauer – sind mit ihrem hopfigen und mit einer Goldmedaille ausgezeichneten IPA, ihrem dänischen Red Lager und ihrem Double-IPA von Santa Barbaras Wine Country in die Funk Zone umgezogen. Die fachkundigen Angestellten beraten gern bei der Auswahl. Das Bier trinkt man entweder im Schankraum, der Surferstil und Wildwest-Ambiente kombiniert und mit Postern im Vintage-Stil dekoriert ist, oder auf der Terrasse, wo Akustikmusiker spielen.

Praktische Information

Outdoors Santa Barbara Visitors Center (805-456-8752; http://outdoorsb.sbmm.org; 4. Stock, 113 Harbor Way; So–Fr 11–17, Sa bis 15 Uhr) Das mit Freiwilligen besetzte Besucherzentrum befindet sich im selben Gebäude wie das Santa Barbara Maritime Museum und bietet Infos über den Channel Islands National Park. Es hat eine Terrasse mit Hafenblick.

Santa Barbara Visitors Center (805-965-3021, 805-568-1811; www.santabarbaraca.com; 1 Garden St; Feb.–Okt. Mo–Sa 9–17, So 10–17 Uhr, Nov.–Jan. bis 16 Uhr). Hier gibt's Karten, Broschüren und Tipps der hilfsbereiten Mitarbeiter, wie man das Beste aus dem Aufenthalt in der Stadt macht. Auf der Website kann man nützliche Karten und Routen für individuelle Stadtbesichtigungen herunterladen, die Themen wie Essen und Trinken, Wein, Kunstgalerien oder Outdoor-Aktivitäten abdecken.

Anreise & Unterwegs vor Ort

Wer vom Hwy 101 kommt und ins Zentrum will, nimmt die Ausfahrten Garden St oder Carrillo St.

Greyhound (805-965-7551; www.greyhound.com; 224 Chapala St;) bietet täglich ein paar Direktbusse nach L.A. (ab 14 US$, 3 Std.), Santa Cruz (ab 42 US$, 6 Std.) und San Francisco (ab 42 US$, 9 Std.). Züge von **Amtrak** (800-872-7245; www.amtrak.com; 209 State St) fahren Richtung Süden über Carpinteria, Ventura und den Flughafen Burbank nach L.A. (ab 31 US$, 2¾ Std.) und Richtung Norden nach San Luis Obispo (ab 34 US$, Std.) und Oakland (ab 54 US$, 8¾ Std.) mit Halt in Paso Robles, Salinas und San Jose.

Die Nahverkehrsbusse vom **Metropolitan Transit District** (MTD; ☎805-963-3366; www.sbmtd.gov) kosten pro Fahrt 1,75 US$ (nur Barzahlung, passend zahlen). Sie sind mit Fahrradständern ausgerüstet und kurven durch die ganze Stadt und in die angrenzenden Ortschaften. Nach einem kostenlosen Umstieg fragt man beim Einsteigen. Fahrräder verleiht **Wheel Fun Rentals** (☎805-966-2282; http://wheelfunrentalssb.com; 24 E Mason St; ⏲April–Mitte Okt. 8–20 Uhr, Mitte Okt.–März bis 18 Uhr; 👪), das günstig in der Funk Zone in der Nähe des Stearns Wharf liegt.

Von Santa Barbara nach San Luis Obispo

Auf dem Hwy 101 kann man in weniger als zwei Stunden nach San Luis Obispo rasen ... oder man macht aus der Fahrt eine Tagestour mit Abstechern zu Weingütern, historischen Missionen und versteckten Stränden.

Santa Ynez Valley & Santa Maria Valley

Eine malerische Autotour durchs Hinterland folgt nördlich von Santa Barbara dem Hwy 154 und führt durch die Weinregionen (www.sbcountywines.com) des Santa Ynez Valley und des Santa Maria Valley. Wer Weingüter mit Kultstatus entdecken will, kann sich einer Tour von **Sustainable Vine Wine Tours** (☎805-698-3911; www.sustainablevinewinetours.com; Touren ab 150 US$) 🍃 anschließen oder dem ländlichen **Foxen Canyon Wine Trail** (www.foxencanyonwinetrail.com) Richtung Norden folgen. In der Stadt **Los Olivos** gibt's zwei Dutzend Weinverkostungsräume und das **Los Olivos Wine Merchant & Café** (☎805-688-7265; www.winemerchantcafe.com; 2879 Grand Ave; Hauptgerichte 15–28 US$; ⏲Mo–Do 11.30–20, Fr bis 20.30, Sa 11–20.30, So 11–20 Uhr), ein charmantes, kalifornisch-mediterranes Bistro mit Weinbar.

Solvang

Weiter südlich liegt das von dänischen Einwanderern gegründete Dorf Solvang (www.solvangusa.com) mit zahlreichen Windmühlen und märchenhaften Bäckereien. Im **Succulent Café** (☎805-691-9444; www.succulentcafe.com; 1555 Mission Dr; Hauptgerichte Frühstück & Mittagessen 5–15 US$, Abendessen 16–37 US$; ⏲Mo & Mi–Fr 10–15, Sa & So 8.30–15, So & Mo 17–21 Uhr & 17– Uhr; 🖉🐾) 🍃 kann man sich mit French Toast mit Vanille-Aroma, Wurstwaren oder Filet im Schinkenmantel stärken. Alles für ein Picknick und ein Barbecue bekommt man im **El Rancho Marketplace** (☎805-688-4300; http://elranchomarket.com; 2886 Mission Dr; ⏲6–23 Uhr), östlich der im 19. Jh. erbauten spanischen **Mission** (☎805-688-4815; www.missionsantaines.org; 1760 Mission Dr; Erw./Kind unter 12 Jahren 5 US$/frei; ⏲9–17 Uhr; P) der Stadt.

Lompoc & Umgebung

Von Solvang fährt man auf dem Hwy 246 weiter und erreicht etwa 15 Meilen (24 km) westlich der Kreuzung mit dem Hwy 101 den **La Purísima Mission State Historic Park** (☎805-733-3713; www.lapurisimamission.org; 2295 Purísima Rd, Lompoc; 6 US$/Fahrzeug; ⏲Park 9–17 Uhr, Visitor Center ganzjährig Di–So 10–16, Juli & Aug. auch Mo 11–15 Uhr; P 👪) 🍃. Die wunderbar restaurierte Mission ist mit ihren blühenden Gärten, Viehgehegen und Adobe-Gebäuden eine der stimmungsvollsten kalifornischen Missionen aus der spanischen Kolonialzeit. Südlich von Lompoc zweigt die kurvenreiche Jalama Rd vom Hwy 1 ab und erreicht nach 20 Meilen (32 km) den windgepeitschten **Jalama Beach County Park** (☎805-568-2461; www.countyofsb.org/parks/jalama; Jalama Beach Rd, Lompoc; 10 US$/Fahrzeug). Eine Übernachtung auf dem extrem beliebten **Campingplatz** (☎805-568-2460; www.countyofsb.org/parks/jalama.sbc; 9999 Jalama Rd, Lompoc; Stellplatz Zelt/Wohnmobil/Hütten ab 35/50/190 US$; P 🐾) sollte man im Voraus buchen; hier gibt es auch einfache Hütten mit Küchenecke.

Pismo Beach & Umgebung

Dort, wo der Hwy 1 wieder auf den Hwy 101 trifft, liegt **Pismo Beach** mit einem langen, friedlichen Sandstrand und einem **Schmetterlingshain** (☎805-773-5301; www.monarchbutterfly.org; Hwy 1; ⏲Ende Okt.–Feb. 10–16 Uhr; 👪) 🍃 GRATIS, in dem wandernde Monarchfalter von Ende Oktober bis Februar in Eukalyptusbäumen überwintern. Der angrenzende **North Beach Campground** (☎805-473-7220, Reservierungen 800-444-7275; www.reservecalifornia.com; 399 S Dolliver St; Stellplatz Wohnmobil & Zelt 35 US$; 🐾) bietet einen Strandzugang und warme Duschen. Am Meer und am Hwy 101 stehen Dutzende Motels und Hotels, die aber im Sommer schnell ausgebucht sind, besonders an den Wochenenden.

ABSEITS DER ÜBLICHEN PFADE

CHANNEL ISLANDS NATIONAL PARK

Der **Channel Islands National Park** (☎805-658-5730; www.nps.gov/chis; 1901 Spinnaker Dr, Ventura; ⏲ Visitor Center 8.30–17 Uhr) GRATIS besteht aus fünf unbewohnten Inseln vor der Küste von Ventura, auf denen über 150 endemische Tier- und Pflanzenarten leben. Er ist ein Paradies für Taucher, Wanderer, Kajakfahrer, Camper und Naturliebhaber.

Boote legen am Ventura Harbor ab, 32 Meilen (51 km) südlich von Santa Barbara am Hwy 101. Dort befindet sich auch das **Visitor Center** (Robert J Lagomarsino Visitor Center; ☎805-658-5730; www.nps.gov/chis; 1901 Spinnaker Dr, Ventura; ⏲ 8.30–17 Uhr; 👪), das Infos und Karten hat. Der größte Veranstalter von Bootstouren ist **Island Packers Cruises** (☎805-642-1393; http://islandpackers.com; 1691 Spinnaker Dr, Ventura; Channel-Island-Tagestour ab 59 US$, Tierbeobachtungstour 38 US$); im Voraus buchen! Wer hier zelten möchte, sollte zunächst den Transport organisieren und anschließend auf www.recreation.gov Stellplätze reservieren. Essen und Trinkwasser muss man mitbringen.

Die **Pismo Lighthouse Suites** (☎805-773-2411; www.pismolighthousesuites.com; 2411 Price St; Suite 190–500 US$; P ⊖ @ 📶 🏊 🐾) bieten alles, was Familien im Urlaub brauchen, sogar ein riesiges Open-Air-Schachbrett. Bei **Old West Cinnamon Rolls** (☎805-773-1428; www.oldwestcinnamonrolls.com; 861 Dolliver St; Brötchen 3–4 US$; ⏲ 6.30–17.30 Uhr; 👪) im Zentrum von Pismo bekommt man klebrige Leckereien. Weiter oben im **Cracked Crab** (☎805-773-2722; www.crackedcrab.com; 751 Price St; Hauptgerichte 16–61 US$; ⏲ So–Do 11–21, Fr & Sa bis 22 Uhr; 👪) sollte man sich auf jeden Fall ein Plastiklätzchen umbinden, ehe die frischen Meeresfrüchte eimerweise auf dem mit Fleischerpapier belegten Tisch landen.

Die nahe gelegene Stadt **Avila Beach** hat eine sonnige Uferpromenade, einen stimmungsvollen Angelpier aus knarzendem Holz und einen historischen **Leuchtturm** (☎805-773-2411; www.pismolighthousesuites.com; 2411 Price St; Suite 190–500 US$; P ⊖ @ 📶 🏊 🐾). Auf dem Weg zurück zum Hwy 101 kann man in der **Avila Valley Barn** (☎805-595-2816; www.avilavalleybarn.com; 560 Avila Beach Dr; ⏲ Mai–Sept. 9–18 Uhr, April, Okt. & Nov. 9–17 Uhr, Dez.–März Do–Mo 9–17 Uhr; 👪) Obst pflücken und Ziegen füttern und sich danach in einem privaten Redwood-Whirlpool in den **Sycamore Mineral Springs** (☎805-595-7302; www.sycamoresprings.com; 1215 Avila Beach Dr; 1 Std. 17,50–22,50 US$/Pers; ⏲ 8–24 Uhr, letzte Reservierung 22.30 Uhr) aalen und den Sternenhimmel bewundern.

San Luis Obispo

San Luis Obispo liegt fast auf halber Strecke zwischen L.A. und San Franciso an der Kreuzung des Hwy 101 und des Hwy 1, weshalb die Stadt ein beliebter Übernachtungsstopp bei Road Trippern ist. Außerdem eignet sie sich gut als Ausgangsort, um die Küstenstädte Pismo Beach, Avila Beach und Morro Bay sowie das Hearst Castle zu besuchen. Viele eigene große Attraktionen hat das erfrischend ruhige San Luis Obispo nicht zu bieten, außer vielleicht der spanischen **Mission** (☎805-543-6850; www.missionsanluisobispo.org; 751 Palm St; empfohlene Spende 5 US$; ⏲ Ende März–Okt. 9–17 Uhr, Nov.–Mitte März 9–16 Uhr; 👪) und dem unkonventionelle Madonna Inn. Dafür besitzt es eine beneidenswert hohe Lebensqualität, zu der auch die Student der California Polytechnic State University (kurz Cal Poly) beitragen, die die Straßen, Bars und Cafés mit einer gesunden Prise Trubel füllen. Am besten versucht man, donnerstags nach SLO zu kommen, wenn der Farmers Market die Higuera St im Zentrum in eine Partymeile mit Livemusik und Grillständen verwandelt.

Schlafen

Viele Hotels ballen sich in der Nähe des Hwy 101, besonders abseits der Monterey St nordöstlich vom Stadtzentrum und rund um die Santa Rosa St (Hwy 1). In jüngster Zeit wurden einige neue Unterkünfte eröffnet, die das Übernachtungsangebot der Stadt bereichert haben.

HI Hostel Obispo HOSTEL
(☎805-544-4678; www.hostelobispo.com; 1617 Santa Rosa St; B 33–45 US$, Zi. mit Gemeinschaftsbad 65 US$; ⏲ 11–16.30 Uhr geschl.; P ⊖ @ 📶) Das avocadofarbene Hostel residiert in einem umgebauten viktorianischen Haus an einer von Bäumen gesäumten Straße, weshalb es schon beinahe den Charme eines

B&B versprüht. Es liegt günstig in der Nähe von SLOs Bahnhof. In der Gemeinschaftsküche, der Lounge mit Kamin und dem Garten kann man andere Traveller kennenlernen, außerdem kann man ein Fahrrad ausleihen (ab 10 US$/Tag), um die Stadt zu erkunden. Zum Frühstück gibt's kostenlose Pancakes aus Sauerteig und Kaffee. BYOT (bring your own towel; eigene Handtücher mitbringen). Check-in ist von 16.30 bis 22 Uhr.

Madonna Inn HOTEL $
(☎805-543-3000; www.madonnainn.com; 100 Madonna Rd; Zi. 209–329 US$, plus Resortgebühr 15 US$/Nacht; P ❄ @ ☎ ≋) Das fantastisch tuntige Madonna Inn ist eine knallige Praline, die schon vom Hwy 101 aus sichtbar ist. Neugierige Gäste aus aller Welt und ironieverliebte Hipster sind von den 110 Themenzimmern wie „Yosemite Rock", „Caveman" und dem schräg-rosafarbenen „Floral Fantasy" (Fotos findet man im Internet) begeistert. Kurzum: Hier wird garantiert jede Fantasie wahr. Auch wer nicht in dem Inn übernachtet, sollte eine die Sinne verwirrende Runde ums Hauptgebäude drehen. WLAN gibt's nur in den öffentlichen Bereichen.

Essen & Ausgehen

Im Zentrum von SLO gibt's einige hervorragende Restaurants, die den frischen regionalen Produkten, für die die Region steht, und dem Erbe als Weingebiet gerecht werden.

Bars voller College-Studenten säumen die Higuera St. Auch Craft-Bier-Fans sind hier richtig, und Weinliebhaber können vielerorts die regionalen Weine probieren.

Luna Red FUSION $
(☎805-540-5243; www.lunaredslo.com; 1023 Chorro St; kleine Teller 4–17 US$, Hauptgerichte 23–27 US$; ⏲Mo–Do 11.30–22, Fr bis 1, Sa 10–1, So bis 22 Uhr; ☎ ✎) Lokale Produkte vom Land und aus dem Meer prägen die international inspirierte Speisekarte mit kleinen Gerichte, die ebenso wie die üppige Paella direkt aus der Pfanne zum Teilen gedacht sind. Innen sorgen Cocktails und Laternen für ein gehobenes Ambiente. Bei schönem Wetter ist aber die Terrasse draußen mit Blick auf die Mission der schönste Ort für einen geruhsamen Brunch am Wochenende oder einen Drink am späten Abend. Reservierung empfohlen.

Guiseppe's Cucina Rustica ITALIENISCH $
(☎805-541-9922; www.giuseppesrestaurant.com; 849 Monterey St; Pizzas ab 15 US$, Hauptgerichte 15–39 US$; ⏲tgl. 11.30–15, So–Do 16.30–21.30, Fr & Sa bis 22.30 Uhr; ☎) Im nach Knoblauch duftenden Guiseppe's kann man ein entspanntes Mittagessen mit schmackhaften Salaten, Pizzas und Antipasti genießen, die mit Zutaten von der Farm des Besitzers zubereitet werden. Hinter dem Haus befindet sich ein schattiger Hof, der sich auch bestens für ein ausgiebiges Abendessen mit Hähnchen Parmigiana und einem Glas kräftigen Wein aus dem SLO County eignet. Von hier blickt man direkt auf die Fassade des historischen Sinsheimer-Brothers-Gebäudes.

Luis Wine Bar WEINBAR
(☎805-762-4747; www.luiswinebar.com; 1021 Higuera St; ⏲So–Do 15–23, Fr & Sa bis 24 Uhr) Diese Weinbar im Zentrum ist eine urbane, aber unprätentiöse Alternative zu den lauten Kneipen, in denen sich viele Studenten tummeln. Etwa die Hälfte der ca. 60 Weine auf der Karte werden auch offen ausgeschenkt. Eine gute Auswahl an Craft-Bieren, Käse- und Wurstplatten komplettiert das Angebot.

Praktische Informationen

San Luis Obispo Visitor Center (☎805-781-2777; www.visitslo.com; 895 Monterey St; ⏲So–Mi 9.30–17, Do–Sa bis 18 Uhr)

An- & Weiterreise

Amtrak (☎800-872-7245; www.amtrak.com; 1011 Railroad Ave) betreibt täglich den *Coast Starlight* zwischen Seattle und L. A. und zweimal am Tag den *Pacific Surfliner* zwischen SLO und San Diego. Beide Züge fahren nach Süden über Santa Barbara (ab 28 US$, 2½ Std.) und L. A. (ab 43 US$, 5½ Std.). Der *Coast Starlight* fährt über Paso Robles, Salinas (ab 29 US$, 3 Std.) und Oakland (ab 42 US$, 6 Std.). Mehrere Direktbusse haben Anschluss an Regionalzüge.

Unterwegs vor Ort

SLO Transit (☎805-541-2877; www.slocity.org; Einzelfahrschein 1,50 US$, Tagespass 3,25 US$) bietet täglich Busverbindungen auf acht festen Linien innerhalb des Stadtgebiets. Das Unternehmen betreibt auch den **Old SLO Trolley** (Tickets 0,50 US$; ⏲ganzjährig Do 17–21 Uhr, Juni–Anfang Sept. Do & Fr 17–21 Uhr, April–Okt. Do & Sa 17–21 Uhr), der an den genannten Tagen zwischen 17 und 21 Uhr alle 20 Minuten eine Runde zwischen Downtown und der oberen Monterey St dreht.

Die Busse der **SLO Regional Transit Authority** (RTA; ☎805-541-2228; www.slorta.org; Einzelfahrschein 1,75–3,25 US$) bedienen Ziele im gesamten County und fahren u. a. zum Hearst Castle Visitor Center (nur am Wochenende), nach Pismo Beach und nach Morro Bay. Alle Routen laufen im **Transit Center** (Ecke Palm St & Osos St) im Stadtzentrum zusammen.

Von Morro Bay zum Hearst Castle

Der berühmte Hwy 1 schlängelt sich auf dieser malerischen Route durch die Weinregion, an der Küste entlang und an Leuchttürmen vorbei und führt bis zum pompösen Hearst Castle.

Morro Bay & Umgebung

Etwa 12 Meilen (19 km) nordwestlich von San Luis Obispo liegt am Hwy 1 das Fischerstädtchen Morro Bay. Der vom Meeresboden aufsteigende vulkanische **Morro Rock** gibt einen Vorgeschmack auf die kommende spektakuläre Küstenlandschaft. (Die Kraftwerkschlote im Hintergrund ignoriert man am besten einfach.) Am mit Touristenläden vollgepackten Embarcadero kann man eine Bootstour beginnen oder ein Kajak ausleihen. Mittelklassehotels konzentrieren sich weiter oben rund um die Harbor St und die Main St und am Hwy 1. **Giovanni's Fish Market & Galley** (805-772-2123; www.giovannisfishmarket.com; 1001 Front St; Hauptgerichte 5–15 US$; Markt 9–18 Uhr, Restaurant 11–18 Uhr;) serviert fantastische Fisch'n'Chips mit Knoblauchpommes.

Südlich von Morro Bay kann man in zwei State Parks Küstenwanderungen unternehmen und **campen** (Reservierungen 800-444-7275; www.reservecalifornia.com; Stellplatz Zelt/Wohnmobil 35/50 US$;). Der erste ist der **Morro Bay State Park** (Museum 805-772-2694, Park 805-772-6101; www.parks.ca.gov; 60 State Park Rd; Parkeinritt frei, Museum Erw./Kind unter17 Jahren 3 US$/frei; Park 6–22 Uhr, Museum 10–17 Uhr; P), der auch ein auf Kinder zugeschnittenes naturhistorisches Museum hat. Weiter südlich liegt der noch wildere **Montaña de Oro State Park** (805-772-6101; www.parks.ca.gov; 3550 Pecho Valley Rd, Los Osos; 6–22 Uhr; P) GRATIS mit seinen Küstenklippen, Gezeitenbecken, Sanddünen, Gipfelwanderungen und Mountainbike-Trails. Der spanische Name „Goldberg" rührt vom einheimischen kalifornischen Mohn her, der im Frühling die Hänge bedeckt.

Cayucos

Auf dem Hwy 1 vom Zentrum Morro Bays nordwärts erwartet der **Taco Temple** (805-772-4965; www.tacotemple.com; 2680 Main St; Hauptgerichte 8–17; 11–21 Uhr;), ein unscheinbares Lokal auf dem Parkplatz eines Supermarkts, seine Gäste mit köstlichem kalifornisch-mexikanischem Essen; die Portionen sind riesig und müssen bar bezahlt werden. Weiter nördlich im entspannten Cayucos gehört zu den Vintage-Motels in der Ocean Ave auch das niedliche familiengeführte **Seaside Motel** (805-995-3809; www.seasidemotel.com; 42 S Ocean Ave; DZ 110–180 US$; P). Wer mehr Komfort wünscht, kann sich im **Shoreline Inn on the Beach** (805-995-3681; www.cayucosshorelineinn.com; 1 N Ocean Ave; Zi. 200–250 US$; P) vom Geräusch der Brandung in den Schlaf säuseln lassen.

Paso Robles Wine Country

Nördlich vom nur 18 Einwohner zählenden Harmony führt der Hwy 46 Richtung Osten zu den Weingüter des Paso Robles Wine County (www.pasowine.com). Wer Lust auf eine hopfige Alternative hat, kann die **Firestone Walker Brewing Company** (805-225-5913; www.firestonebeer.com; 1400 Ramada Dr; Führungen ab 10 US$; Visitor Center Mo–Do 10–17, Fr–So bis 18 Uhr; P) abseits des Hwy 101 in Paso Robles besuchen, die täglich Brauereiführungen anbietet (Reservierung empfohlen). Man kann die hier gebrauten Biere aber auch einfach im Visitor Center probieren oder im Restaurant etwas essen.

Cambria & Hearst Castle

Im idyllischen Cambria, das nördlich von Harmony am Hwy 1 liegt, kann man am überirdisch schönen Moonstone Beach übernachten, z. B. im **Blue Dolphin Inn** (805-927-3300; www.cambriainns.com; 6470 Moonstone Beach Dr; Zi. 189–429 US$; P), in modernen Zimmern mit romantischen Kaminen. Landeinwärts im **Cambria Palms Motel** (805-927-4485; www.cambriapalmsmotel.com; 2662 Main St; Zi. 100–125 US$; Check-in 15–21 Uhr; P) schlafen die Gäste im Retro-Ambiente der 1950er-Jahre. Das **Indigo Moon** (805-927-2911; www.indigomooncafe.com; 1980 Main St; Hauptgerichte mittags 10–22 US$, abends 18–38 US$; 11–15 & 17–21 Uhr;) ist ein traditioneller Käse- und Weinladen mit luftigem Bistro und serviert mittags Salate mit marktfrischen Zutaten und abends aufwendigere Cali-Gerichte. Das für seinen Olallieberry-Kuchen berühmt **Linn's Easy as Pie Cafe** (805-924-3050;

ABSTECHER

PINNACLES NATIONAL PARK

Mit seinen zerklüfteten Monolithen, den nackten Felswänden der Schluchten und den verwinkelten Höhlen, die in Millionen von Jahren durch Erosion entstanden sind, ist der **Pinnacles National Park** (☎831-389-4486; www.nps.gov/pinn; 5000 Hwy 146, Paicines; 15 US$/Auto; ⏲Park 24 Std., Besucherzentrum Ost 9.30–17 Uhr, Besucherzentrum West 9–16.30 Uhr; P 👪) aus geologischer Sicht besonders spektakulär. Neben den Wanderwegen und Kletterrouten sind die beiden Talus-Höhlen die größte Attraktion des Parks. Die **Balconies Cave** ist immer geöffnet, die **Bear Gulch Cove** in der Regel von Mitte Mai bis Mitte Juli geschlossen, wenn die Townsend-Langohrfledermäuse der hier beheimateten Kolonie ihre Jungen aufziehen. Wer im Park unterwegs ist, sollte auch nach den vom Aussterben bedrohten Kalifornischen Kondoren Ausschau halten, die am Himmel ihre Kreise ziehen.

Am besten besucht man den Pinnacles National Park im Frühling oder Herbst – im Sommer ist's einfach zu heiß!

www.linnsfruitbin.com; 4251 Bridge St; Gerichte 8–12 US$; ⏲Mo–Do 10–19, Fr & Sa bis 20 Uhr; 👪), hat eine sonnige Terrasse und eine Takeaway-Theke.

Das **Hearst Castle** (☎Reservierungen 800-444-4445; www.hearstcastle.org; 750 Hearst Castle Rd; Führung Erw./Kind 5–12 Jahre ab 25/12 US$; ⏲ab 9 Uhr; P 👪), das etwa 10 Meilen (16 km) nördlich von Cambria auf einem Hügel thront, ist Kaliforniens berühmtestes Monument des Reichtums und des Ehrgeizes. Auf diesem fantastischen Anwesen mit funkelnden Pools, blühenden Gärten und zahlreichen europäischen Antiquitäten empfing der Zeitungsmagnat William Randolph Hearst Hollywood-Stars und Blaublüter. Besichtigen kann man es nur auf einer Führung – entweder bucht man vorher online oder man taucht einfach auf und vertraut seinem Glück.

Auf der anderen Seite des Hwy 1 verkauft das **Sebastian's** (☎805-927-3307; www.facebook.com/SebastiansSanSimeon; 442 SLO-San Simeon Rd; Hauptgerichte 9–14 US$; ⏲Di–So 11–16 Uhr) mit Blick auf einen historischen Walfangpier Burger mit Rindfleisch von der Hearst Ranch und gigantische Sandwiches für ein spontanes Picknick am Strand. Fährt man auf dem Hwy 1 weitere 5 Meilen (8 km) südwärts, kommt man in San Simeon an einer Reihe blasser Budget- und Mittelklassemotels vorbei und erreicht schließlich den **Hearst San Simeon State Park** (☎805-772-6101; www.reservecalifornia.com; Hwy 1; Stellplatz Zelt/Wohnmobil 20/35 US$), auf dem sowohl ganz einfache als auch ausgebaute Stellplätze an einem Bach gibt.

Am Point Piedras Blancas lebt eine **riesige Seeelefantenkolonie**. Die Meeressäuger pflanzen sich hier fort, schlafen, tollen herum und werden am Strand gelegentlich auch mal aggressiv – man sollte ausreichend Abstand zu diesen Wildtieren halten, die sich trotz ihrer Masse im Sand wesentlich schneller bewegen können als Menschen. Am ausgeschilderten Aussichtspunkt, etwa 4,5 Meilen (7 km) nördlich von Hearst Castle, gibt's auch Infotafeln. Die Seeelefanten tummeln sich das ganze Jahr über hier, doch besonders spannend geht es während der Brunft- und Wurfzeit von Januar bis Ende März zu. Die nahe gelegene **Piedras Blancas Light Station** (☎805-927-7361; www.piedrasblancas.gov; Hwy 1, San Simeon; Führungen Erw./Kind 6–17 Jahre 10/5 US$; ⏲Führungen Mitte Juni–Aug. Mo, Di & Do–Sa 9.45 Uhr, Sept.–Mitte Juni Di, Do & Sa 9.45 Uhr) von 1875 erfreut sich einer außergewöhnlich malerischen Lage. Man kann sie nur im Rahmen einer Führung besichtigen, die man online buchen kann.

Big Sur

Viel ist schon geschrieben worden über die raue Schönheit und Kraft dieses 160 km langen, zerklüfteten Küstenabschnitts südlich von Monterey Bay. Big Sur bezeichnet mehr einen Gemütszustand denn einen Ort, den man auf einer Karte findet. Hier gibt es keine Ampeln, Banken oder Einkaufsmeilen. Wenn die Sonne untergegangen ist, sind der Mond und die Sterne die einzige Straßenbeleuchtung – sofern der Sommernebel die nicht auch noch verhüllt.

Unterkünfte, Verpflegung und Benzin sind hier teuer. Da die Zimmernachfrage das ganze Jahr über vor allem an den Wochenenden hoch ist, empfiehlt es sich, vorab zu buchen. Der kostenlose, sehr informative *Big Sur Guide* (www.bigsurcalifornia.org) ist fast überall erhältlich. In den State Parks des Big Sur berechtigt die Parkquittung (10 US$/Auto) zum Eintritt am gleichen Tag in alle Parks.

Gorda & Umgebung

Etwa 25 Meilen (40 km) vom Hearst Castle entfernt liegt das winzige Gorda mit dem **Treebones Resort** (805-927-2390; www.treebonesresort.com; 71895 Hwy 1; Stellplätze 95 US$, Jurte mit Gemeinschaftsbad 320 US$;), wo man in einfachen Jurten auf den Klippen übernachtet. Der United States Forest Service (USFS) unterhält ganz in der Nähe vom Hwy 1 zwei einfache Campingplätze: den schattigen **Plaskett Creek Campground** (Reservierungen 877-477-6777; www.recreation.gov; Hwy 1; Zelt-& Wohnmobilstellplatz 35 US$) und den am Meer gelegenen **Kirk Creek Campground** (805-434-1996, Reservierungen 877-444-6777; www.recreation.gov; Hwy 1; Zelt-& Wohnmobilstellplatz 35 US$).

20 Meilen (32 km) nördlich von Gorda befinden sich die esoterisch angehauchten **Esalen Hot Springs** (831-667-3000; www.esalen.org; 55000 Hwy 1; pro Pers. 35 US$; 1–3 Uhr) des für seine New-Age-Workshops berühmten Esalen Institut. Die Thermalwasserpools sind 1 bis 3 Uhr geöffnet, wohlgemerkt nachts. Ab 9 Uhr kann man online für denselben Tag reservieren – und in der Regel ist nach ein paar Minuten alles ausgebucht. Einfach surreal!

Weitere 3 Meilen (4,8 km) nördlich verstecken sich im teilweise gesperrten **Julia Pfeiffer Burns State Park** (831-667-2315; www.parks.ca.gov; Hwy 1; Tagesnutzung 10 US$/Auto; 30 Min. vor Sonnenaufgang–30 Min. nach Sonnenuntergang;) die 24 m hohen **McWay Falls**, einer der wenigen Wasserfälle an der kalifornischen Küste. Vom Aussichtspunkt kann man prima Fotos davon knipsen, wie das Wasser über Granitfelsen – je nach Gezeiten – in den Ozean oder auf den Strand fällt.

Henry Miller Memorial Library & Umgebung

8 Meilen (13 km) nördlich vom Julia Pfeiffer Burns State Park erreicht man die unkonventionelle **Henry Miller Memorial Library** (831-667-2574; www.henrymiller.org; 48603 Hwy 1; Mi–Mo 11–17 Uhr) GRATIS, das Kunstzentrum und die Seele der Boheme-Szene Big Surs. Hier gibt's einen vollgepackten Buchladen und exzentrische Skulpturen im Freien, außerdem finden Veranstaltungen wie Konzerte statt. Ein Stück die Straße hoch thront oben auf den Klippen das **Nepenthe** (831-667-2345; www.nepenthebigsur.com; 48510 Hwy 1; Hauptgerichte mittags 18–24 US$, abends 18–52 US$; 11.30–22 Uhr;), dessen Name „Insel ohne Sorgen" bedeutet. Angesichts der fantastischen Aussicht spielt das Essen hier nur die zweite Geige.

Die meisten kommerziellen Einrichtungen Big Surs konzentrieren sich direkt nördlich vom Hwy 1, darunter private Campingplätze mit rustikalen Hütten, Motels, Restaurants, Tankstellen und Geschäfte. Im **Big Sur Deli & General Store** (831-667-2225; www.bigsurdeli.com; Big Sur Village; Sandwiches 4–9 US$; 7–20 Uhr;) direkt an der Post bekommt man alles für ein Picknick, im angeschlossenen legeren **Big Sur Taphouse** (831-667-2197; www.bigsurtaphouse.com; Big Sur Village; 12–22 Uhr;) gibt's Craft-Bier, mexikanische Kneipengerichte und Brettspiele.

Gleich nördlich zweigt die 2 Meilen (3,2 km) lange schmale wie kurvenreiche Sycamore Canyon Rd ab. Sie führt hinunter zum sichelförmigen **Pfeiffer Beach** (805-434-1996; www.campone.com; Sycamore Canyon Rd; Tagesnutzung 10 US$/Auto; 9–20 Uhr;), vor dem im Meer ein hoher Felsbogen aufragt. Wegen der starken Strömung ist das Schwimmen hier zu gefährlich, dafür kann man aber im violett schimmernden Sand entspannen.

Pfeiffer Big Sur State Park

Zurück auf dem Hwy 1 lohnt ein Stopp an der **Big Sur Station** (831-667-2315; 47555 Hwy 1; 9–16 Uhr;), wo es Infos zum Campen und Wandern gibt (und Toiletten und ein gutes Mobilfunknetz). Hinter der Station erstreckt sich der **Pfeiffer Big Sur State Park** (831-667-2315; www.parks.ca.gov; 47225 Hwy 1; 10 US$/Auto; 30 Min. vor Sonnenaufgang–30 Min. nach Sonnenuntergang;) mit Redwood-Wäldern, durch die sich viele sonnige Wanderwege ziehen. Für den **Campingplatz** (Reservierungen 800-444-7275; www.reservecalifornia.com; 47225 Hwy 1; Zelt-& Wohnmobilstellplatz 35–50 US$;) sollte man reservieren. Alternativ kann man sich etwas Luxus gönnen und im unglaublich romantischen **Post Ranch Inn** (831-667-2200; www.postranchinn.com; 47900 Hwy 1; DZ ab 995 US$;) von der privaten Terrasse die Brandung tief unten beobachten.

Ein weiteres Kleinod ist das **Glen Oaks** (831-667-2105; www.glenoaksbigsur.com; 47080 Hwy 1; DZ 300–650 US$;), eine Redwood- und Adobe-Motorlodge aus den 1950er-Jahren, die in ein Luxusrefugium mit Holzhütten und -bungalows verwandelt wurde. Die Zimmer im nahe gelegenen **Big**

Sur River Inn (☎831-667-2700; www.bigsurriverinn.com; 46840 Hwy 1; Hauptgerichte Frühstück & Mittagessen 12–27 US$, Abendessen 12–40 US$; ⏲8–21 Uhr; P) sind ein bisschen langweiliger, doch das Restaurant an einem Bach serviert solide amerikanische Gerichte und tollen Apfelkuchen.

Andrew Molera State Park

Den etwa 5 Meilen (8 km) vom Big Sur River Inn entfernten **Andrew Molera State Park** (☎831-667-2315; www.parks.ca.gov; Hwy 1; Tagesnutzung 10 US$/Auto; ⏲30 Min. vor Sonnenaufgang–30 Min. nach Sonnenuntergang; P) sollte man auf keinen Fall verpassen. Wiesen, Wasserfälle, Meeresklippen und raue Stränden prägen seine wunderschöne, von Wanderwegen durchzogene Landschaft. Im **Discovery Center** (☎831-620-0702; www.ventanaws.org/discovery_center; Andrew Molera State Park; ⏲Ende Mai–Anfang Sept. Sa & So 10–16 Uhr; P) GRATIS erfährt man alles über den gefährdeten Kalifornischen Kondor. Vom unbefestigten Parkplatz führt ein 500 m langer Weg zu einem ganz einfachen **Campingplatz** (Trail Camp; www.parks.ca.gov; Hwy 1; Zeltstellplatz 25 US$), der keine Reservierungen annimmt.

Point Sur State Historic Park

6 Meilen (knapp 10 km) vor der berühmten **Bixby Creek Bridge** kann man an einer Führung – je nach Jahreszeit auch im Mondschein – im 1889 erbauten Leuchtturm im **Point Sur State Historic Park** (☎831-625-4419; www.pointsur.org; abseits des Hwy 1; Erw./Kind 6–17 Jahre ab 15/5 US$; US$ ⏲Führungen April–Sept. Mi & Sa 10 & 14 Uhr, Okt.–März Mi 13, Sa & So 10 Uhr) GRATIS teilnehmen. Die Termine der Führungen und die Wegbeschreibung zum Treffpunkt erfährt man online oder telefonisch. Unbedingt früh kommen, denn die Teilnehmerzahl ist begrenzt und Reservierungen sind nicht möglich.

UNTERWEGS AUF DEM HIGHWAY 1

Auf dem schmalen, zweispurigen Highway durch Big Sur und darüber hinaus geht es nur sehr langsam voran. Für die 140 Meilen (225 km) von der Monterey Peninsula bis nach San Luis Obispo sollte man mindestens drei Stunden einplanen – und wesentlich mehr, wenn man unterwegs anhalten und die Küste erkunden will. Nach Einbruch der Dunkelheit sollte man nicht mehr auf dem Highway 1 unterwegs sein: Dann ist die Fahrt riskant und obendrein vergebliche Liebesmüh, weil man von der grandiosen Küstenlandschaft nichts sieht. Auf Radfahrer achten und unbedingt die ausgeschilderten Ausweichstellen benutzen, um schnellere Fahrzeuge überholen zu lassen!

Carmel-by-the-Sea

Das idyllische Carmel verströmt die gediegene Atmosphäre eines Country Clubs. Seine Bewohner kümmern sich mit einer schon fast grenzwertigen Hingabe um ihre Hunde. Und in der Ocean Ave, der ruhigen Hauptstraße des Orts, schlendern Damen mit Hüten und Einkaufstüten schicker Labels zum Mittagessen und fahren adrette Herren ihre Cabrios aus.

Sehenswertes & Aktivitäten

Wer die hektischen Einkaufsstraßen im Zentrum von Carmel verlässt und durch die von Bäumen gesäumten Viertel streift, kann dort charmante und eigenwillige Domizile entdecken. Die Hänsel-und-Gretel-Häuser an der Torres St zwischen der 5th und der 6th Ave sehen aus, als seien sie aus einem Märchenbuch entsprungen. Ein weiteres augenfälliges Haus in der Guadalupe St nahe der 6th Ave ist schiffsförmig und wurde aus Flusssteinen und recycelten Schiffsteilen gebaut.

★ **Point Lobos State Natural Reserve** STATE PARK
(☎831-624-4909; www.pointlobos.org; Hwy 1; 10 US$/Auto; ⏲Mitte Mai–Anfang Nov. 8–19 Uhr, letzter Einlass 18.30 Uhr, Anfang Nov.–Mitte März bis 17 Uhr; P) Sie bellen, sie faulenzen, sie baden – und es macht tierischen Spaß, sie zu beobachten: Die Seelöwen sind die Stars dieses State Parks, der etwa 4 Meilen (6,5 km) südlich von Carmel aber auch eine spektakuläre Felsenküste und tolle Gezeitenbecken zu bieten hat. Selbst wer nur für eine kürzere Wanderungen durch die fantastische Landschaft vorbeischaut, wird den Abstecher nicht bereuen. Im Schutzgebiet stehen nur 150 Parkplätze zur Verfügung, die im Sommer schnell weg sind. Wer dem Gedränge aus dem Weg gehen möchte, sollte vor 9.30 oder nach 15 Uhr kommen. Alternativ parkt man am Hwy 1 und läuft in den State Park.

★ Mission San Carlos Borromeo de Carmelo KIRCHE
(☎ 831-624-1271; www.carmelmission.org; 3080 Rio Rd; Erw./Kind 7–17 Jahre 9,50/5 US$; ⌚ 9.30–17 Uhr) Carmels wunderschöne Mission ist eine friedliche Oase mit blühenden Gärten und einer Basilika mit dicken Mauern und vielen Kunstwerken und Objekten aus der spanischen Kolonialzeit. Ursprünglich gründete der Franziskanermönch Junípero Serra die Mission 1770 im nahen Monterrey, doch wegen des kargen Bodens und des unsittlichen Einflusses der spanischen Soldaten musste sie zwei Jahre später nach Carmel verlegt werden. Sie wurde die Basis von Serra, der hier 1784 auch starb.

Schlafen

Im Sommer und an den Wochenenden sind die schockierend überteuerten Boutiquehotels, Inns und B&Bs ratzfatz ausgebucht. Im **Carmel Visitor Center** (☎ 831-624-2522; www.carmelcalifornia.org; Ocean Ave zw. Junipero & Mission, 2. OG, Carmel Plaza; ⌚ 10–17 Uhr) kann man sich nach Last-Minute-Angeboten erkundigen. Weiter nördlich in Monterey gibt's Unterkünfte mit besserem Preis-Leistungs-Verhältnis.

Essen & Ausgehen

Schummrige Beleuchtung und ein niedriger Geräuschpegel, der ruhige Gespräche ermöglicht, sind typisch für die traditionellen Restaurants Carmels, in einigen ist das Ambiente aber auch moderner und lebhafter. Wer spätabends etwas trinken gehen möchte, besucht am besten das coole, lebendige **Barmel** (☎ 831-626-2095; www.facebook.com/BarmelByTheSea; San Carlos St zw. Ocean Ave & 7th Ave; ⌚ Mo–Sa 15–2, So bis 24 Uhr).

★ Cultura Comida y Bebida MEXIKANISCH $
(☎ 831-250-7005; www.culturacarmel.com; Dolores St zw. 5th Ave & 6th Ave; Hauptgerichte 19–32 US$; ⌚ tgl. 17.30–24, Sa & So auch 10.30–15.30 Uhr;) Das lebhafte, elegante Restaurant in einem von Mauern eingefassten Hof verbindet Kunst und Kerzenlicht mit von der Küche des mexikanischen Oaxas inspiriertem Essen und einer tollen Auswahl an Mezcals. Das gehobene und zugleich entspannte Ambiente eignet sich für einen romantischen Abend ebenso wie für ein Abendessen in einer größeren Gruppe.

La Bicyclette FRANZÖSISCH $
(☎ 831-622-9899; www.labicycletterestaurant.com; Ecke Dolores St & 7th Ave; Hauptgerichte mittags 19–29 US$, abends 20–44 US$; ⌚ 11–15.30 & 16.45–22 Uhr) Dieses Bistro serviert rustikale französische Hausmannskost aus saisonalen Zutaten und hat eine offene Küche mit Pizzaholzofen. Hervorragend sind die regionalen offenen Weine. Ein toller Ort für ein entspanntes Mittagessen.

Monterey

Im immer noch herrlich rauen Monterey dreht sich alles ums Meer. Viele Besucher kommen einzig wegen des Weltklasse-Aquariums an der Küste des Monterey Bay National Marine Sanctuary, das dichte Kelpwälder und eine herrlich vielfältige Meeresfauna mit Seehunden, Seelöwen, Delfinen und Walen schützt.

Sehenswertes

Das Aquarium befindet sich am Rande des Geländes der **Cannery Row** (), einer ehemaligen Fabrik für Sardinenkonserven, die Monterey in den 1930er-Jahren zur Sardinenhauptstadt der Welt machte. Heute ist es ein reiner Touri-Streifen mit Souvenirshops und gewöhnlichen Lokalen in gefakten Retrogebäuden. Mehr Authentizität findet man bei den restaurierten kolonialzeitlichen und mexikanischen Gebäuden im Zentrum.

★ Monterey Bay Aquarium AQUARIUM
(☎ Info 831-648-4800, Tickets 866-963-9645; www.montereybayaquarium.org; 886 Cannery Row; Erw./Kind 3–12 Jahre/13–17 Jahre 50/30/40 US$, Tour 15 US$; ⌚ Mai–Aug. 9.30–18 Uhr, Sept.–April 10–17 Uhr;) Das faszinierendste Erlebnis in Monterey ist der Besuch des riesigen Aquariums, das auf dem Gelände einer großen Sardinenfabrik erbaut wurde. Hier werden alle Arten von Wasserlebewesen präsentiert, von Seesternen und schleimigen Seeschnecken bis zu munteren Seeottern und überraschend flinken, 360 kg schweren Thunfischen. Das Aquarium ist aber mehr als nur eine beeindruckende Ansammlung von Glasbecken – gut durchdachte Schautafeln erklären den kulturellen und historischen Kontext der Bucht.

Monterey State Historic Park HISTORISCHE STÄTTE
(☎ 831-649-2907, 831-649-7118; www.parks.ca.gov/mshp; 20 Custom House Plaza; ⌚ Pacific House Di–So 10–16 Uhr) GRATIS In Old Monterey steht eine außergewöhnliche Ansammlung von Backstein- und Lehmziegelbauten aus dem 19. Jh., die zu einem Staatspark zusammen-

gefasst wurden. Die Gebäude kann man im Rahmen einer 3,2 km langen selbst geführten Tour namens „Path of History" besichtigen; Infos hierzu gibt's im Pacific House Museum, das auch als Hauptquartier des Parks fungiert. Die Highlights der Route sind das nahe Custom House und die Old Whaling Station. Wegen der Budgetkürzungen für Staatsparks wurde ein komplizierter Zeitplan aufgestellt, nach dem mal das eine, mal das andere Gebäude geöffnet ist.

Aktivitäten

Vor der Küste von Monterey Bay kann man das ganze Jahr über Wale beobachten. Die Saison für Blau- und Buckelwale dauert von April bis Anfang Dezember und zwischen Mitte Dezember und März ziehen hier Grauwale vorüber. Die Ausflugsboote von **Sanctuary Cruises** (Info 831-917-1042, Tickets 831-350-4090; www.sanctuarycruises.com; 7881 Sandholdt Rd; Tour 45–55 US$;) legen am Fisherman's Wharf und bei Moss Landing ab. Die Touren sollten mindestens einen Tag im Voraus gebucht werden. Außerdem sollte man sich auf eine kalte Bootsfahrt auf einer kabbeligen bis rauen See gefasst machen.

Monterey Bay Whale Watch BOOTSFAHRT
(831-375-4658; www.gowhales.com; Fisherman's Wharf; 3-stündige Tour Erw./Kind 4–12 Jahre 49/39 US$;) Direkt am Fisherman's Wharf befindet sich einer der ältesten Anbieter von Walbeobachtungstouren von Monterey. Die Bootstouren finden morgens und nachmittags statt. Sachkundige Meeresbiologen bieten einen Extraeinblick in die Wasserbewohner und ihr Habitat. Bekommt man bei der Tour keinen Wal zu Gesicht, erhält man eine weitere Fahrt gratis.

Adventures by the Sea RADFAHREN, KAJAKFAHREN
(831-372-1807; www.adventuresbythesea.com; 299 Cannery Row; Radverleih 35 US$/Tag, SUP-Set 50 US$, 1-/2-Sitzer-Kajak 35/60 US$, Kajaktour ab 60 US$; 9 Uhr–Sonnenuntergang;) Dieser Anbieter kann einiges: Von Kajakfahrten mit Seeottern über Kajaktouren über den Kelpwäldern bis zu Paddelbrettkursen sowie Erkundungsfahrten auf Hybrid- oder E-Bikes. Es gibt insgesamt sechs Filialen, die größte und am zentralsten gelegene befindet sich in der Cannery Row.

Aquarius Dive Shop TAUCHEN
(831-375-1933; www.aquariusdivers.com; 2040 Del Monte Ave; Verleih von Schnorchel-/Tauchausrüstung 35/65 US$, geführte Tauchgänge ab 65 US$; Mo–Do 9–18, Fr bis 19, Sa 7–19, So 7–18 Uhr) Bei diesem 5-Sterne-PADI-Betrieb gibt es einen Ausrüstungsverleih, Kurse und geführte Tauchgänge in der Monterey Bay.

Schlafen

Bei besonderen Veranstaltungen, an Wochenenden und im Sommer sollte man vorab reservieren. Wer den Touristenmassen und den überhöhten Preisen der Cannery Row entgehen will, schaut sich in Pacific Grove um. Billigere Motels säumen die Munras Ave südlich der Downtown und die N Fremont St östlich des Hwy 1.

HI Monterey Hostel HOSTEL $
(831-649-0375; www.montereyhostel.org; 778 Hawthorne St; B 49–60 US$, 3BZ/4BZ mit Gemeinschaftsbad 129/149 US$; P @) Das einfache, saubere Hostel liegt vier Blocks von der Cannery Row und dem Aquarium entfernt und bietet gleichgeschlechtliche und gemischte Schlafsäle sowie private Zimmer für drei bis fünf Personen. Die Tage beginnen mit einem Frühstück aus selbst gemachten Pancakes und enden bisweilen mit Grillpartys oder einem Erfahrungsaustausch in der Lounge mit Klavier. Check-in ist von 14 bis 22 Uhr.

Monterey Hotel HOTEL $$
(831-375-3184; www.montereyhotel.com; 407 Calle Principal; Zi. 210–450 US$; P) Einen Katzensprung vom Fisherman's Wharf entfernt bietet dieses Hotel in einem viktorianischen Gebäude von 1904 69 Zimmer, die mit historischem Charakter, antiken Möbeln, Deckenventilatoren, hübschen Fensterläden und mitunter auch Kaminen aufwarten. Die „historischen" Zimmer sind etwas winzig; wer mehr Bewegungsfreiheit wünscht, wählt die „Deluxe"-Kategorie. Das Frühstück ist im Preis inbegriffen.

★ **Jabberwock** B&B $$$
(831-372-4777; www.jabberwockinn.com; 598 Laine St; Zi. 240–400 US$; @) Das Arts-and-Crafts-Gebäude von 1911 mit beigen Schindeln ist durch das dichte Blätterwerk kaum zu sehen. Durch die sieben makellosen Zimmer zieht sich das verspielte Motiv von *Alice im Wunderland*. Einige der Zimmer haben auch einen Kamin und einen Whirlpool. Bei Wein und Horsd'œuvre am Nachmittag kann man sich bei den freundlichen Gastgebern nach den vielen architektonischen Elementen erkundigen, die im Haus erhalten

geblieben sind. Am Wochenende muss man mindestens zwei Nächte bleiben. Das Frühstück ist inklusive.

Essen

Abseits der Touristenzonen gibt es in Monterey einige kulinarische Schätze zu entdecken. Oberhalb der Cannery Row findet man an der Lighthouse Ave zwanglose, preiswerte Lokale – vom hawaiianischen Grill über Thai-Stuben bis zu Sushi- und Kebablokalen. In Downtown rund um die Alvarado St gibt's auch modernere und gehobenere Restaurants.

LouLou's Griddle in the Middle AMERIKANISCH $
(☎831-372-0568; www.loulousgriddle.com; Municipal Wharf 2; Hauptgerichte 9–15 US$; ⊙Mi–Mo 7.30–15 Uhr;) Das skurrile Diner am Municipal Wharf ist bekannt für seine riesigen Pancakes und Omelettes mit frischer Salsa und köstlichen frittierten Kartoffeln zum Frühstück und für Meeresfrüchte und Burger zum Mittagessen.

Zab Zab NORDTHAILÄNDISCH $
(☎831-747-2225; www.zabzabmonterey.com; 401 Lighthouse Ave; Hauptgerichte 11–19 US$; ⊙Di–Fr 11–14.30 & 17–21, Sa & So 12–21 Uhr;) Ein Favorit unter den entspannten Landesküchen an der Lighthouse Avenue ist das Zab Zab mit seinen robusten Aromen aus dem Nordosten Thailands. Der nette Innenraum im Landhausstil ist perfekt für kühlere Tage, aber im Sommer toppt nichts die von einem hübsch überwucherten Garten umgebene Terrasse.

★ **Montrio Bistro** KALIFORNISCH $$$
(☎831-648-8880; www.montrio.com; 414 Calle Principal; Teller zum Teilen 6,50–20 US$, Hauptgerichte 20–46 US$; ⊙So–Do 16.30–22, Fr & Sa bis 23 Uhr;) In dem Bollwerk der hiesigen Restaurantszene in einer Feuerwache von 1910 hängen „Wolken“ von der Decke, zu denen sich Rohrskulpturen emporschlängeln – augenscheinlich wird hier viel Wert auf Design gelegt. Erfreulicherweise schneiden dennoch auch die modern-amerikanischen Gerichte aus lokal gejagten und gesammelten Zutaten gut ab. Preiswerte Getränke und Snacks während der Happy Hour (tgl. bis 18.30 Uhr) überzeugen auch den letzten Skeptiker.

Praktische Informationen

Monterey Visitors Center (☎831-657-6400; www.seemonterey.com; 401 Camino el Estero; ⊙Mai–Aug. 10–18 Uhr, Sept.–April bis 17 Uhr) Kostenlose Broschüren für Reisende und Buchung von Unterkünften im Monterey County.

An- & Weiterreise

Monterey-Salinas Transit (MST; ☎888-678-2871; www.mst.org; Jules Simoneau Plaza; einfache Strecke 1,50–3,50 US$, Tageskarte 10 US$) betreibt Orts- und Regionalbusse, darunter Routen nach Pacific Grove, Carmel, Big Sur (nur Wochenende, im Sommer tgl.) und Salinas. Die Linien laufen in Downtown an der **Transit Plaza** (Ecke Pearl & Alvarado Sts) zusammen.

Zwischen Ende Mai und Anfang September pendeln kostenlose Trolleybusse von MST täglich von 10 bis 19 oder 20 Uhr durch Downtown, Fisherman's Wharf und Cannery Row (Sept.–April nur am Wochenende).

Santa Cruz

Santa Cruz ist das Zentrum der Gegenkultur, eine gefühlsduselige New-Age-Stadt, bekannt für ihre linksliberale Politik und ihre unbeschwerte Lebenseinstellung – außer bei Hunden, die so gut wie nie von der Leine dürfen, und bei Parkuhren, die sieben Tage die Woche in Betrieb sind.

Santa Cruz ist eine Stadt mit ausgelassenem Spaß und einer munteren, aber chaotischen Downtown. Am Ufer liegt die berühmte Strandpromenade und in den Hügeln fassen Mammutbaumhaine den Campus der University of California Santa Cruz (UCSC) ein. Man sollte mindestens einen halben Tag einplanen. Wer aber die Leute in ihren mit Klimperkram behangenen Röcken, ihren Kristallanhängern und Rastafari-Locken näher kennenlernen will, sollte etwas länger bleiben und sich einfach kopfüber unter die Surfer, Studenten, Punks und exzentrischen Charaktere vor Ort mischen.

Sehenswertes & Aktivitäten

In Santa Cruz macht es viel Spaß, einfach umherzuschlendern, zu shoppen und den Leuten rund um die **Pacific Avenue** zuzuschauen. Den Strand und den **Santa Cruz Wharf** (www.santacruzwharf.com) erreicht man zu Fuß in 15 Minuten. Hier buhlen Seafood-Restaurants, Souvenirläden und bellende Seelöwen um Aufmerksamkeit.

Der **West Cliff Drive** mit Blick aufs Meer folgt dem Ufer entlang südwestlich vom Municipal Wharf und verläuft parallel zu einem gepflasterten, gemütlichen Weg. Der bei Familien beliebte, sandige **Natural Bridges State Beach** (☎831-423-4609; www.parks.ca.

gov; 2531 W Cliff Dr; 10 $/Auto; Strand 8 Uhr–Sonnenuntergang, Besucherzentrum 10–16 Uhr; P) mit tollen Sonnenuntergängen und einer natürlichen Sandsteinbrücke eignet sich hervorragend zum Beobachten von Wildtieren.

Die preisgekrönte **Richard Schmidt Surf School** (831-423-0928; www.richardschmidt.com; 849 Almar Ave; Gruppenunterricht 2 Std./Einzelunterricht 1 Std. 100/130 US$;) bietet Unterricht in kleinen Gruppen am Cowell Beach oder am Pleasure Point in Capitola. Erfahrene Surfer können Boards und sonstiges Equipment im **O'Neill Surf Shop** (831-475-4151; www.oneill.com; 1115 41st Ave, Capitola; Wetsuit-/Surfboard-Verleih ab 20/30 US$; Mo–Fr 9–20, Sa & So ab 8 Uhr) leihen oder kaufen.

★ Santa Cruz Beach Boardwalk VERGNÜGUNGSPARK
(831-423-5590; www.beachboardwalk.com; 400 Beach St; Bohlenweg frei, 4–7 US$/Fahrt, Tageskarte 40 US$; Ende Mai–Aug. tgl., Sept.–April an den meisten Wochenenden, wetterabhängig; P) Der älteste Vergnügungspark an der Westküste wurde 1907 direkt am Strand gegründet und hat eine wunderbar amerikanische Old-School-Atmosphäre. Der Duft von Zuckerwatte vermischt sich mit der salzigen Seeluft, während jauchzende Kids kopfüber in den Karussells hängen. Zu den berühmten Fahrgeschäften mit Nervenkitzel gehören der **Giant Dipper**, eine Holzachterbahn von 1924, und das **Looff-Karussell** von 1911; sie stehen beide unter Denkmalschutz. Im Sommer werden mittwochs kostenlos Filme gezeigt und freitagabends gibt es Konzerte von Rock-Veteranen, von denen man eigentlich dachte, sie wären schon längst gestorben.

★ Seymour Marine Discovery Center MUSEUM
(831-459-3800; http://seymourcenter.ucsc.edu; 100 McAllister Way; Erw./Kind 3–16 Jahre 9/7 US$; Sept.–Juni Di–So 10–17 Uhr, Juli & Aug. tgl.; P) Das Bildungszentrum gehört zum Long Marine Laboratory der UCSC. Zu den interaktiven naturkundlichen Ausstellungen gehören Gezeitentümpel und Aquarien. Draußen können die Besucher das größte Blauwalskelett der Welt bestaunen.

Santa Cruz Surfing Museum MUSEUM
(831-420-6289; 701 W Cliff Dr; Eintritt gegen Spende; 4. Juli–Anfang Sept. Do–Di 10–17 Uhr, Anfang Sept.–3. Juli Do–Mo 12–16 Uhr;) Rund 1,5 km südwestlich vom Municipal Wharf an der Küste entlang liegt dieses winzige Museum in einem alten Leuchtturm und zeigt Erinnerungsstücke wie alte Surfbretter aus Redwood-Holz. Passenderweise blickt der Lighthouse Point auf zwei beliebte Surfstrände.

★ Santa Cruz Food Tour ESSEN
(866-736-6343; www.santacruzfoodtour.com; 69 US$/Pers.; April–Okt. Fr & So 14.30–18 Uhr) Die sehr empfehlenswerten kulinarischen Stadtführungen eignen sich perfekt, um in die progressive, globale und kultivierte Restaurantszene von Santa Cruz einzutauchen. Die Führer bieten zudem eine gesunde Portion Ortskenntnis und interessante Einblicke in die Geschichte, Kultur und Architektur von Santa Cruz. Der Spaziergang ist zwar nur gut 3 km lang, dennoch isst man unterwegs so viel, dass die meisten Teilnehmer danach kein Abendessen mehr benötigen.

Schlafen

Trotz einiger Neueröffnungen von Hotels hat Santa Cruz nicht genug Betten, um die Nachfrage zu befriedigen. Zu Spitzenzeiten zahlt man für ganz durchschnittliche Zimmer horrende Preise. Die Qualität der Unterkünfte nahe dem Boardwalk am Strand deckt die ganze Bandbreite von freundlich bis scheußlich ab. Ordentliche Motels findet man an der Ocean St. landeinwärts und an der Mission St. (Hwy 1). Es sind weitere Hotels in Planung, was das Angebot an Quartieren auf kurze bis mittlere Sicht verbessern sollte.

Wer an den State Beaches abseits des Hwy 1 südlich von Santa Cruz oder in den nebligen Santa Cruz Mountains abseits des Hwy 9 **campen** (800-444-7275; www.reservecalifornia.com; Stellplatz Zelt/Wohnmobil 35/65 US$) will, sollte früh buchen. Zu den familienfreundlichen Campingplätzen zählen der Cowell Redwoods State Park in Felton und der New Brighton State Beach in Capitola.

HI Santa Cruz Hostel HOSTEL $
(831-423-8304; www.hi-santacruz.org; 321 Main St; B 28–42 US$, Zi. mit Gemeinschaftsbad 85–160 US$; Büro 8–11 & 15–21 Uhr; @) Dieses niedliche Hostel für Traveller mit kleinem Geldbeutel ist in fünf weitläufigen viktorianischen Cottages untergebracht und von blühenden Gärten umgeben. Die Anlage liegt nur zwei Blocks vom Strand entfernt. Kochen kann man in der Gemeinschaftsküche, DVD schauen (kostenloser Verleih) in der cool eingerichteten Lounge mit Kamin. Größter Haken: die Sperrstunde um Mitternacht.

Dream Inn HOTEL $$$
(☎ 831-740-8069; www.dreaminnsantacruz.com; 175 W Cliff Dr; Zi. 270–560 US$; P ⊖ ❄ @ ≋ ☒) Das Dream Inn ist stolz darauf, in Santa Cruz das einzige Hotel am Ozean zu sein. Zudem bietet es geräumige Zimmer mit Retrochic-Charme und türkisfarbenen Akzenten. Von den Privatbalkonen hat man einen spektakulären Blick auf die Bucht. Der schicke Pool vor dem sandigen Cowell Beach ist nur ein paar Schritte entfernt.

Babbling Brook Inn B&B $$$
(☎ 831-427-2437; www.babblingbrookinn.com; 1025 Laurel St; Zi. 280–370 US$; ⊖ ≋) Dieses B&B wurde rund um einen plätschernden Bach inmitten verschlungener Gärten mit alten Kiefern und Mammutbäumen errichtet. Die holzverkleidete Pension bietet 13 gemütliche Zimmer, die nach impressionistischen Malern benannt und mit einem französischen Touch eingerichtet sind. Die meisten haben Gaskamine, einige Whirlpools und alle Federbetten. Es gibt kostenlosen Wein und Horsd'oeuvres am Nachmittag sowie ein üppiges Frühstück.

Essen

In Santa Cruz kann man gut essen gehen, und das Angebot auf den Speisekarten hat sich in den letzten Jahren deutlich verbessert. Meeresfrüchte sind oft vertreten, meistens regional, saisonal und bio. In der Pacific Ave in Downtown gibt's einige ausgezeichnete mittlere bis gehobene Optionen, in der Mission St, nahe der UCSC, und in der 41st Ave in Capitola findet man günstigere Lokale.

★ **Soif** KALIFORNISCH $$
(☎ 831-423-2020; www.soifwine.com; 105 Walnut Ave; Hauptgerichte 18–34 US$; ⊙ So–Di 17–21, Mi & Do 12–21, Fr & Sa 12–22 Uhr; ✎) 🌿 Seit Jahren ein Favorit der Einheimischen. Das schicke und kosmopolitische Lokal verarbeitet überwiegend einheimische Produkte und zaubert daraus hervorragende Kreationen gegensätzlicher Aromen: Japanische Teppichmuscheln kuscheln mit Chorizo und Fenchel, Entenbrust mit gerösteten Feigen. Für jedes Gericht gibt es den perfekten Wein, den man bei Gefallen im zugehörigen Weinladen kaufen kann.

Akira Santa Cruz JAPANISCH $$
(☎ 831-600-7093; www.akirasantacruz.com; 1222 Soquel Ave; Nigiri 4–10 US$, Maki 7–17 US$; ⊙ 11–23 Uhr; ✎) Neben Sake, Craft-Bieren und der Surferatmosphäre findet man im Akira eine Speisekarte mit einer großen Vielfalt an Sushi aus salzig-frischem Thunfisch, Lachs, Aal und Schalentieren und neue Variationen der japanischen Küche. Die Bentoboxen fürs Mittagessen (11,50–16 US$) haben ein gutes Preis-Leistungs-Verhältnis. Eine ganze Seite widmet sich klassischen und innovativen vegetarischen Optionen.

Ausgehen & Nachtleben

Downtown Santa Cruz ist voller Bars, Lounges und Cafés. Folgt man der Mission St (Hwy 1) nach Westen, findet man in den von einem unkonventionellen Industrial-Flair geprägten Höfen der Swift und der Ingalls St diverse Kleinbrauereien und Weinverkostungsstuben.

★ **515** COCKTAILBAR
(☎ 831-425-5051; www.515santacruz.com; 515 Cedar St; ⊙ So–Di 17–24, Mi–Sa bis 1.30 Uhr) Dieser bei Einheimischen beliebte Cocktail-Salon ist perfekt für einen gepflegten Zechabend. Am besten lässt man sich in einen der riesigen Sessel mitten zwischen schickem Vintage-Dekor fallen und genießt die auf amerikanischen Klassikern basierenden und meisterhaft zubereiteten Drinks. Le Pamplemousse, ein köstlicher Mix aus Wodka, Aperol und Zitrone, wird allseits gerne getrunken.

Verve Coffee Roasters CAFÉ
(☎ 831-600-7784; www.vervecoffee.com; 1540 Pacific Ave; ⊙ 6.30–21 Uhr; ≋) In diesem Industrial-Zen-Café mit hohen Decken kann man den Surfern und Hipstern bei einem fein gerösteten und nach allen Regeln der Kunst zubereiteten Espresso oder einer Tasse starkem Filterkaffee Gesellschaft leisten. Sortenreiner Kaffee und selbst gemachte Mischungen sind hier an der Tagesordnung. Das moderne Design zeigt, was man aus Holz alles zaubern kann.

Lupulo Craft Beer House MIKROBRAUEREI
(☎ 831-454-8306; www.lupulosc.com; 233 Cathcart St; ⊙ Mo–Do 11.30–22, Fr bis 23.30, Sa 10–23.30, So 11–22 Uhr) Die nach dem spanischen Wort für Hopfen benannte Bierstube in Downtown ist ein Muss für Bierfreunde. Neben modernem Dekor gibt's hier ständig wechselnde Fassbiere – darunter oft schwierig zu bekommende saisonale Biere aus lokalen Brauereien – und gute Snacks (4–15 US$) wie Empanadas, Tacos und Wurstplatten. Die fast 400 Flaschen- und Dosenbiere sorgen für Schnappatmung bei entscheidungsschwachen Zechern.

Praktische Informationen

Santa Cruz Visitor Center (831-425-1234; www.santacruz.org; 303 Water St, Suite 100; Mo–Fr 9–12 & 13–16, Sa & So 11–15 Uhr)

Anreise & Unterwegs vor Ort

Santa Cruz liegt 75 Meilen (121 km) südlich von San Francisco und ist über den Hwy 1 an der Küste oder den Hwy 17, eine fürchterlich schmale, kurvenreiche Bergstraße, zu erreichen. Monterey liegt etwa 45 Meilen (72 km) weiter südlich am Hwy 1.

Santa Cruz Shuttles (831-421-9883; www.santacruzshuttles.com) betreibt Shuttlebusse von/zu den Flughäfen in San Jose (55 US$), San Francisco (85 US$) und Oakland (85 US$).

Greyhound (831-423-4082; www.greyhound.com; 920 Pacific Ave;) hat täglich ein paar Busse nach San Francisco (ab 16 US$, 3½ Std.), Salinas (ab 12 US$, 1 Std.), Santa Barbara (ab 39 US$, 5½ Std.) und Los Angeles (ab 22 US$, 9 Std.) im Fahrplan.

Santa Cruz Metro (831-425-8600; www.scmtd.com; 920 Pacific Ave; einfache Strecke/Tageskarte 2/6 US$) betreibt ein Stadt- und Regionalbusnetz, dessen Knotenpunkt das **Metro Center** (831-425-8600; www.scmtd.com; 920 Pacific Ave; einfache Strecke/Tageskarte 2/6 US$) in Downtown ist. Der Expressbus auf dem Hwy 17 verbindet Santa Cruz mit dem Amtrak/CalTrain-Bahnhof in San Jose (7 US$, 50 Min., stündl. 1- bis 2-mal).

Von Ende Mai bis Anfang September pendelt der emissionsfreie **Santa Cruz Electric Shuttle** (www.santacruztrolley.com; einfache Strecke 0,25 US$ Ende Mai–Anfang Sept. 12–20 Uhr) zwischen der Downtown und dem Strand (tgl. 12–20 Uhr).

SAN FRANCISCO & BAY AREA

San Francisco

Aufbrezeln, Jacke schnappen und rein in die fabelhafte, morgens oft in Nebel gehüllte Stadt. Bye-bye Hemmungen, Hello San Francisco!

Sehenswertes

Die meisten größeren Museen liegen in Downtown, das de Young Museum und die California Academy of Sciences aber im Golden Gate Park. Mission, Chinatown, North Beach und The Haight sind die geschichtsträchtigsten Viertel der Stadt. Galerien ballen sich in Downtown und North Beach, in Mission, Potrero Flats und Dogpatch. Parks auf den Hügeln gibt's stadtweit, aber die höchsten mit der besten Aussicht sind der Russian Hill, der Nob Hill und der Telegraph Hill.

Downtown, Civic Center & SoMa

Downtown bietet das Komplettpaket: Kunstgalerien, piekfeine Hotels, Theater mit Erstaufführungen, Malls und riesige Unterhaltungszentren. Der von Luxuswarenhäusern umgebene, immer belebte **Union Sq** (Karte S. 1076; zw. Geary, Powell, Post & Stockton Sts; Powell-Mason, Powell-Hyde, M Powell, B Powell) war schon immer ein Schauplatz der Proteste, ob Demos zugunsten der Union zu Zeiten des Amerikanischen Bürgerkriegs oder AIDS-Mahnwachen.

Civic Center ist in unterschiedlichste Zonen aufgeteilt: tolle Darbietungen und asiatische Kunstschätze auf der einen Seite der City Hall, Kneipen und Suppenküchen auf der anderen. Und manche Reisende zieht es wegen der High-Tech-Schnäppchen nach South of Market (SoMa), andere wegen der hohen Kunst – aber fast jeder landet auf einer der Tanzflächen.

★ **San Francisco Museum of Modern Art** MUSEUM

(SFMOMA; Karte S. 1076; 415-357-4000; www.sfmoma.org; 151 3rd St; Erw./19–24 Jahre/unter 18 Jahren 25/19 US$/frei; Fr–Di 10–17, Do bis 21 Uhr, Atrium Mo–Fr 8 Uhr; ; 5, 6, 7, 14, 19, 21, 31, 38, M Montgomery, B Montgomery) Das aufs Dreifache erweiterte San Francisco Museum of Modern Art ist ein beeindruckendes Prachtexemplar, das auf sieben Galerieebenen eine riesige Sammlung moderner und zeitgenössischer Meisterwerke zeigt. Dabei hat es das SFMOMA seit seiner Gründung 1935 immer wieder verstanden, seine Grenzen neu zu definieren. Es war schon immer ein visionärer, früher Förderer von neu aufkeimenden Kunstformen wie die Fotografie, Installationen, Videos, Performance Art, digitale Kunst und Industriedesign. Selbst in der Weltwirtschaftskrise hatte das SFMOMA eine Welt unendlicher Möglichkeiten vor Augen, die in San Francisco ihren Anfang nahm.

Asian Art Museum MUSEUM

(Karte S. 1076; 415-581-3500; www.asianart.org; 200 Larkin St; Erw./Student/Kind 15/10 US$/frei, 1. So im Monat frei; Di, Mi & Fr–So 10–17, Do bis 21 Uhr; 👪; Ⓜ Civic Center, Ⓑ Civic Center) Die drei Stockwerke hier umfassen 6000 Jahre asiatischer Kunst. Sie entführen die Besucher auf eine fantastische Reise, auf denen sie subtile chinesischen Tuschmalereien oder verführerische Schnitzereien aus Hindutempeln genau so entdecken können wie elegante islamische Kalligrafien und Werke des innovativen japanischen Minimalismus. Neben der größten Sammlung asiatischer Kunst außerhalb Asiens (18 000 Werke) hat das Museum ausgezeichnete Angebote für alle Altersgruppen, von Schattentheater und Teeverkostungen mit Sterneköchen bis zu interkulturellen DJ-Mashups.

Contemporary Jewish Museum MUSEUM

(Karte S. 1076; ☎ 415-655-7856; www.thecjm.org; 736 Mission St; Erw./Student/Kind 14/12 US$/frei, Do nach 17 Uhr 8 US$; ⏰ Mo, Di & Fr–So 11–17, Do bis 20 Uhr; 👪; 🚌 14, 30, 45, Ⓑ Montgomery, Ⓜ Montgomery) Dieser blaue Stahlwürfel, der wie durch ein Wunder nur auf einer Ecke balanciert, passt zu der Institution, die konventionelle Vorstellungen von Kunst und Religion völlig auf den Kopf stellt. Der Architekt Daniel Libeskind erweiterte ein Backstein-Kraftwerk von 1907 zu diesem rationalen, mystischen und kraftvollen Museum auf und fügte stahlblaue Elemente hinzu, die das hebräische Wort *l'chaim* (Leben) formen. Doch es ist der Auftrag zeitgenössischer Kunstausstellungen, die das Gebäude wirklich zum Leben erwecken.

Museum of the African Diaspora MUSEUM

(MoAD; Karte S. 1076; ☎ 415-358-7200; www.moadsf.org; 685 Mission St; Erw./Student/Kind 10/5 US$/frei; ⏰ Mi–Sa 11–18, So 12–17 Uhr; Ⓟ 👪; 🚌 14, 30, 45, Ⓜ Montgomery, Ⓑ Montgomery) Das MoAD lässt Menschen aus aller Welt die epische Geschichte der Afrikanischen Diaspora erzählen. Sehenswert ist beispielsweise das bewegende Video von Erzählungen von Sklaven, die Maya Angelou vorträgt. Die Ausstellungen wechseln vierteljährlich, herausragend waren u. a. eine Hommage an Grace Jones, die New-Wave-Ikone der 1980er-Jahre, Fotografien von modernen afrikanischen Wahrzeichen des Architekten David Adjaye und Alison Saars Skulpturen von Gestalten, die von der Geschichte geprägt wurden. Zum Veranstaltungsprogramm gehören Poetry Slams, spirituelle Musik der Yoruba und Vorträge, die sich z. B. mit der Frage beschäftigen, was aus dem kostenlosen, einst von den Black Panthers eingerichteten Schulfrühstück wurde.

Glide Memorial United Methodist Church KIRCHE

(Karte S. 1076; ☎ 415-674-6090; www.glide.org; 330 Ellis St; ⏰ Gottesdienste So 9 & 11 Uhr; 👪; 🚌 38, Ⓜ Powell, Ⓑ Powell) Wenn der Glide-Gospelchor in Regenbogengewändern eintritt und sich das Herz aus dem Leib singt, bricht die Gemeinde mit mehr als 2000 Mitgliedern in Jubel, Umarmungen und Tänze aus. Die ausgelassenen Gottesdienste am Sonn-

SAN FRANCISCO IN …

… einem Tag

Einen Lederriemen in der Powell-Mason Cable Car schnappen und gut festhalten: Es geht auf und ab! Am Washington Square Park feuern einen die Papageien beim Aufstieg zum mit tollem Rundumblick lockenden **Coit Tower** an; geschmückt ist dieser mit Wandbildern aus den 1930er-Jahren, die den Arbeitern der Stadt huldigen. Danach geht's mit der vorab gebuchten Fähre nach **Alcatraz**, wo einem der D-Block Gänsehaut bereitet. Mit der Powell-Mason Cable Car fährt man nun nach North Beach mit der berühmten Buchhandlung **City Lights Books** – ein Wahrzeichen für die Redefreiheit. Die beste Pasta in North Beach gibt'szum Abschluss des Tages im **Cotogna,** auf die wildesten Nächte im Westen kann man mit kräftigen Pisco Sours im **Comstock Saloon** anstoßen.

… zwei Tagen

Tag zwei beginnt in **The Mission** mit den Wandbildern auf Garagentoren in der **Balmy Alley**, danach lädt die **Mission Dolores** zum Nachdenken ein. Nachdem man ein paar Burritos verputzt hat, geht's nach **The Haight**, wo man in Vintage-Boutiquen Flashbacks erlebt und sich *den* Schauplatz des Summer of Love anschauen kann: den **Golden Gate Park**. Vom Dach des **de Young Museum** genießt man den Blick über die Bucht, schlendert dann durch die **California Academy of Sciences** und bietet schließlich dem Wind auf der **Golden Gate Bridge** die Stirn.

San Francisco & Bay Area

0 20 km
0 10 Meilen

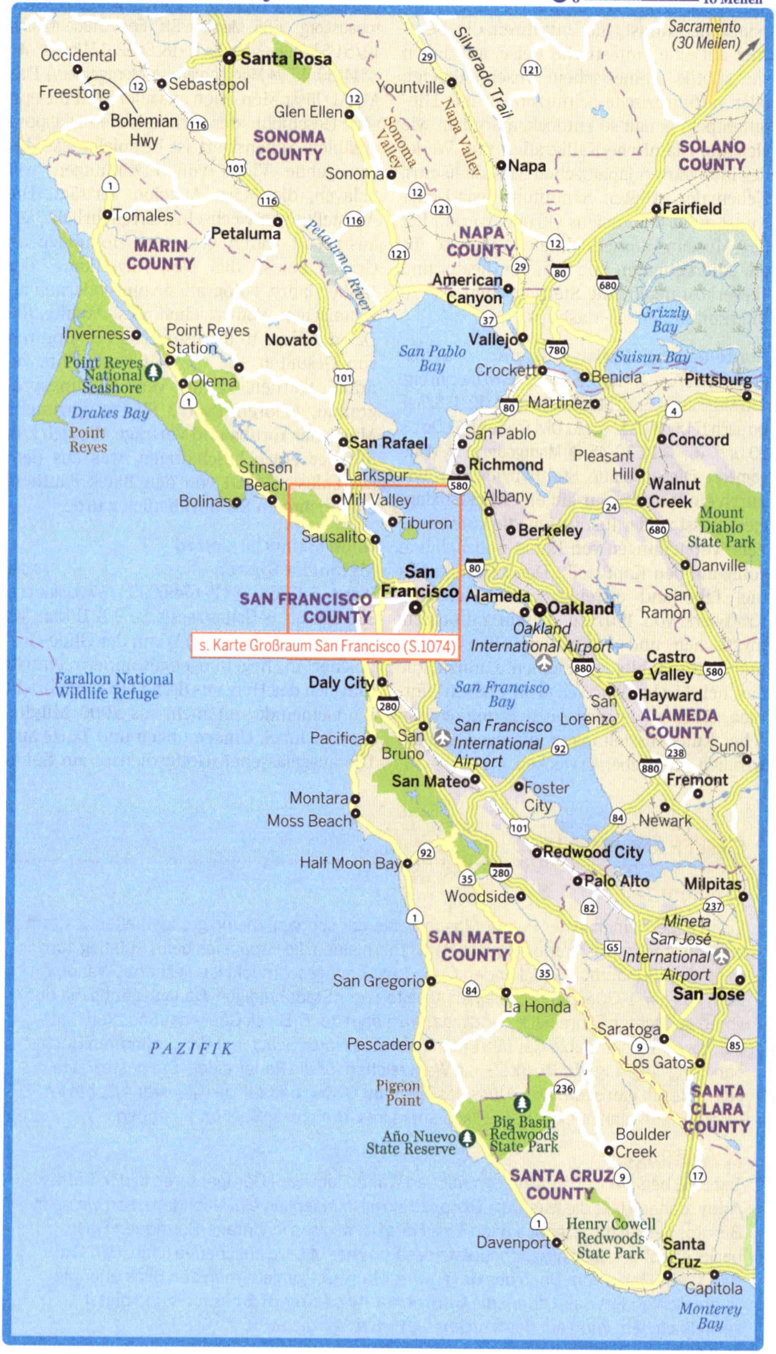

tag präsentieren San Francisco von seiner offensten und positivsten Seite, da sie das ganze Spektrum von kultureller und sozialer Zugehörigkeit, Geschlecht, Orientierung und Befähigung umspannen. Nach den Gottesdiensten engagieren sich die Gemeindemitglieder auch weiter in diesem Sinne: Sie servieren pro Tag 2000 kostenlose Mahlzeiten und versorgen obdachlose Menschen mit Unterkünften und emotionaler Unterstützung. Freiwillige Helfer sind jederzeit willkommen.

Powell St Cable Car Turnaround WAHRZEICHEN

(Karte S. 1076; www.sfmta.com; Ecke Powell & Market St; Powell-Mason, Mason-Hyde, M Powell, B Powell) Wer an der Ecke Powell und Market St durch die Schar der Fahrgäste späht, kann beobachten, wie der Fahrer aus der Straßenbahn springt und das Gefährt ganz langsam auf der hölzernen Drehscheibe in die entgegengesetzte Richtung wendet. Da die Cable Cars nur in eine Richtung verkehren können, müssen diese an der Endstation der Powell-St-Linien gewendet werden. Fahrgäste drängen sich hier vom Vormittag bis zum Abend, um einen Platz zu ergattern; drum herum sorgen lärmende Straßenkünstler und Weltuntergangspropheten für Unterhaltung.

Embarcadero

★ Ferry Building WAHRZEICHEN

(Karte S. 1076; 415-983-8000; www.ferrybuildingmarketplace.com; Ecke Market St & Embarcadero; Mo–Fr 10–19, Sa 8–18, So 11–17 Uhr; ; 2, 6, 9, 14, 21, 31, M Embarcadero, B Embarcadero) Das einstige Verkehrszentrum wurde zu einem Gourmetmekka umgewandelt: Hier blüht der Hedonismus und Feinschmecker verpassen bei Sonoma-Austern, Sekt, Craft-Bieren, Burgern mit Rindfleisch aus dem Marin County, vor Ort geröstetem Kaffee und frisch gebackenen Cupcakes gern ihre Fähre. Auch Starköche lassen sich oft auf dem Bauernmarkt (S. 1088) blicken, der das ganze Jahr rund um das Gebäude stattfindet.

★ Exploratorium MUSEUM

(Karte S. 1076; 415-528-4444; www.exploratorium.edu; Pier 15/17; Erw./Kind 29.95/19.95 US$, Do 18–22 Uhr 19.95 US$; Di–So 10–17 Uhr, Do 18–22 Uhr nur Pers. über 18 Jahre; P ; M GRATIS) Steckt hinter Skateboarden eine Wissenschaft? Fließt in Australien das Wasser in Waschbecken wirklich gegen den Uhrzeigersinn ab? In San Franciscos interaktivem Wissenschaftsmuseum erfährt man Dinge, die man gern in der Schule gelernt hätte. Indem das Museum Wissenschaft mit Kunst und der Untersuchung der menschlichen Wahrnehmung verknüpft, regt es dazu an, vorgefasste Formen des Weltverständnisses in Frage zu stellen. Die Anlage ist faszinierend: Ein 3,6 ha großer, verglaster Pier ragt in die San Francisco Bay; die großen Bereiche unter freiem Himmel kann man rund um die Uhr kostenlos erkunden.

Transamerica Pyramid & Redwood Park BEMERKENSWERTES GEBÄUDE

(Karte S. 1076; www.thepyramidcenter.com; 600 Montgomery St; Mo–Fr 10–15 Uhr; M Embarcadero, B Embarcadero) Die Pyramide von 1972 ist das prägende Kennzeichen der Skyline von San Francisco, erbaut wurde sie über einem während des Goldrauschs aufgegebenen Walfangschiff. Vor der Pyramide erstreckt sich auf 2000 m² ein Redwood-Wäldchen an der Stelle, wo Mark Twains Lieblingskneipe und die Zeitungsredaktion standen, in der Sun Yat-sen seine Proklamation der Republik China verfasste. Die hierher verpflanzten Redwoods haben zwar flache Wurzeln, doch deren in sich verflochtene Struktur ermöglicht es ihnen, unglaubliche Höhen zu erreichen – selbst Twain hätte keine passendere Metapher für San Francisco schreiben können.

Chinatown & North Beach

Die Grant Ave mag vielleicht das wirtschaftliche Herz von Chinatown sein, seine Seele ist jedoch der **Waverly Place** (Karte S. 1076; 1, 30, California, Powell-Mason, M T), der von historischen Klinkerbauten und mit Flaggen geschmückten Balkonen gesäumt wird. Chinatowns 41 historische **Gassen** (Karte S. 1076; zw. Grant Ave, Stockton St, California St & Broadway; 1, 30, 45, Powell-Hyde, Powell-Mason, California) haben seit 1849 vieles erlebt: Goldrausch und Revolution, Räucherstäbchen und Opium, Feuer und eiskalte Empfänge. **Chinatown Alleyway Tours** (Karte S. 1076; 415-984-1478; www.chinatownalleywaytours.org; Portsmouth Sq; Erw./Student 26/16 US$; Tour Sa 11 Uhr; ; 1, 8, 10, 12, 30, 41, 45, California, Powell-Mason, Powell-Hyde) und **Chinatown Heritage Walking Tours** (Karte S. 1076; 415-986-1822; https://tour.cccsf.us; Chinese Culture Center, Hilton Hotel, 3. OG, 750 Kearny St; Erw. 30–40 US$, Student 20–30 US$; ; 1, 8, 10, 12, 30, 41, 45, California, Powell-Mason,

Großraum San Francisco

Powell-Hyde) bieten Stadtspaziergänge an, die sie auf eine Zeitreise zu bedeutsamen Momenten der US-amerikanischen Geschichte mitnehmen; die Anbieter unterstützen die hiesige Gemeinde.

Wilde Papageien kreisen über den italienischen Cafés und Künstlerbars von North Beach. Hier gibt's genug Espresso für ein eigenes Beatpoesie-Revival.

★ Coit Tower — KUNST IM ÖFFENTLICHEN RAUM

(Karte S. 1076; ☎415-249-0995; www.sfrecpark.org; Telegraph Hill Blvd; Fahrstuhlnutzung für Nichtanwohner Erw./Kind 9/6 US$, Wandgemäldetour komplett/nur 2. OG 9/6 US$; ⊙April–Okt. 10–18 Uhr, Nov.–März bis 17 Uhr; 🚌39) Der Coit Tower steht wie ein Ausrufezeichen in San Franciscos Stadtbild und bietet einen Rundumblick auf die Innenstadt. Zu sehen sind auch die in den 1930er-Jahren durch die Works Progress Administration (WPA) in Auftrag gegebenen Wandgemälde, die den Arbeitern San Franciscos ein Denkmal setzen. Zu Beginn als kommunistische Propaganda verunglimpft, gelten sie heute als nationales Wahrzeichen. Für einen 360-Grad-Panoramablick auf die Stadt aus 64 m Höhe nimmt man den Aufzug zur Aussichtsplattform im Freien. Und um die Wandgemälde zu sehen, bucht man online die von Dozenten geführten, 30- bis 40-minütigen Touren – entweder zu allen Gemälden (9 US$) oder nur zu den sieben kürzlich restaurierten Wandgemälden entlang einer versteckten Wendeltreppe (6 US$).

★ City Lights Books — KULTURZENTRUM

(Karte S. 1076; ☎415-362-8193; www.citylights.com; 261 Columbus Ave; ⊙10–24 Uhr; 👪; 🚌8, 10, 12, 30, 41, 45, 🚋Powell-Mason, Powell-Hyde, Ⓜ T) Seit Gründer und Poet Lawrence Ferlinghetti und Geschäftsführer Shigeyoshi Murao 1957 vor Gericht ihr Recht durchsetzten, Allen Ginsbergs großartiges Gedicht *Howl* (deutsch: *Das Geheul*) zu veröffentlichen, herrschen hier freier Geist und freie Rede.

Großraum San Francisco

Auf dem Poet's Chair im Obergeschoss mit Blick auf die Jack Kerouac Alley kann man sein Recht auf freie Lektüre wahrnehmen, im Zwischengeschoss sich mit Zeitschriften eindecken und im Erdgeschoss in der neuen Abteilung „Pedagogies of Resistance" radikalen Ideen nachhängen.

Beat Museum MUSEUM

(Karte S. 1076; 800-537-6822; www.kerouac.com; 540 Broadway; Erw./Student 8/5 US$, Stadtspaziergang 30 US$; Museum 10–19 Uhr, Stadtspaziergänge Sa 14–16 Uhr; 8, 10, 12, 30, 41, 45, Powell-Mason) Hier kommt man der Beatnik-Erfahrung so nahe, wie das möglich ist, ohne gegen ein Gesetz zu verstoßen. Die über 1000 Exponate in der wahrhaft bunten Sammlung umfassen Hervorragendes (die verbotene Ausgabe von Ginsbergs *Howl* mit den Anmerkungen des Autors) und Lächerliches (über die Kerouac-Wackelkopfpuppen kann man nur den Kopf schütteln). Im Erdgeschoss kann man in klapprigen Kinosesseln, die nach großen Dichtern, Haustieren und Haschisch duften, Filme der Beat-Ära schauen und im Obergeschoss an Schreinen für einzelne Protagonisten der Beat Generation seinen Respekt zollen. Geplante Arbeiten, die das Gebäude noch erdbebensicherer machen soll, könnten eine Schließung bedeuten: Also vorher anrufen!

Russian Hill & Nob Hill

Die Spitzkehren im 900er-Block der **Lombard Street** (Karte S. 1076; Powell-Hyde) hat man auf Tausenden Fotos gesehen. Fälschlicherweise wurde sie als „kurvenreichste Straße der Welt" betitelt. Das ändert aber nichts daran, dass sie mit ihren liebevoll gepflegten Blumenbeeten und ihrem roten Ziegelpflaster zweifellos unglaublich malerisch ist. Hier sollte man sich San Franciscos Zwillingshügel ansehen – man hüpft von einer Cable Car, nutzt die Happy Hour in einer Tiki-Bar, lauscht dem Orgelspiel in der Kathedrale oder bewundert einfach das Funkeln der Lichter der Bay Bridge.

★ Cable Car Museum HISTORISCHE STÄTTE

(Karte S. 1076; 415-474-1887; www.cablecarmuseum.org; 1201 Mason St; Spende erbeten; April–Sept. 10–18 Uhr, Okt.–März bis 17 Uhr; ; Powell-Mason, Powell-Hyde) GRATIS Das Summen, das man unter den Gleisen der Cable Cars vernimmt, ist der Klang von San Franciscos „Spitzen"-Technologie bei der Arbeit. Getriebe schnappen und Drahtseile surren, während die alten Maschinen über die Hügel gezogen werden, die einst für Pferde und Busse zu steil waren – in diesem funktionstüchtigen Seilschuppen kann man die Kabel aus nächster Nähe bewundern. Außerdem befinden sich hier drei originale Cable Cars von 1870; und haufenweise San-Francisco-Memorabilien (echte Cable Car-Glocken!) bekommt man im Museumsshop.

★ Diego Rivera Gallery GALERIE

(Karte S. 1076; 415-771-7020; www.sfai.edu; 800 Chestnut St; 9–19 Uhr; 30, Powell-Mason) GRATIS Diego Riveras *The Making of a Fresco Showing the Building of a City* aus dem Jahr 1931 ist ein *trompe l'oeil*-Fresko in einem Fresko. Das Bild zeigt den Künstler, wie er innehält und sein eigenes Werk wie auch das stetig im Entstehen begriffene San Francisco betrachtet. Das Fresko nimmt eine ganze Wand in der Diego Rivera Gallery des **San Francisco Art Institute** (SFAI; Karte S. 1076; 415-771-7020; www.sfai.edu; 800 Chestnut St; Walter & McBean Galleries Di 11–19, Mi–Sa bis 18 Uhr, Diego Rivera Gallery 9–19 Uhr; 30, Powell-Mason) GRATIS ein. Ein denkwürdiges Erlebnis ist ein Besuch des Terrassencafés, wo man bei einer Tasse Kaffee oder

Downtown San Francisco

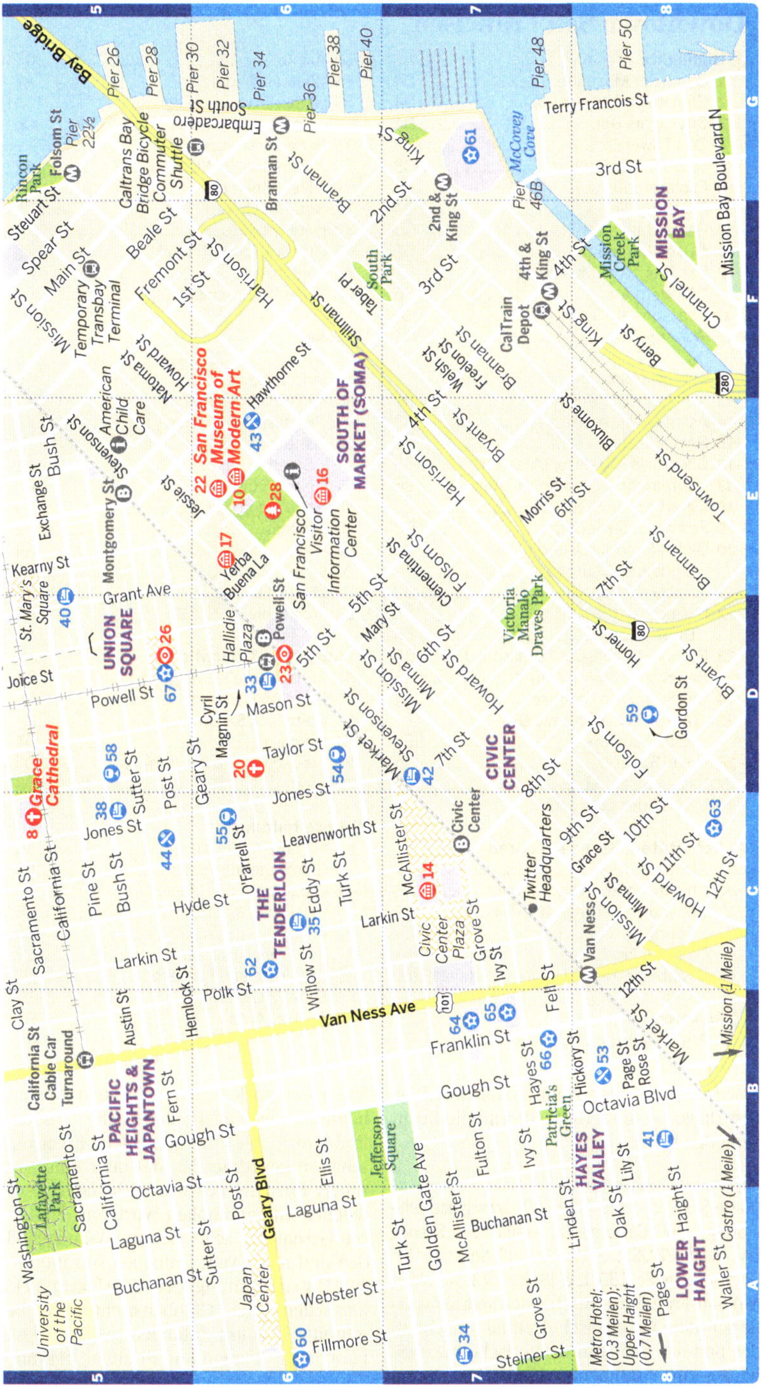

Bay Bridge
Pier 26
Pier 28
Pier 30
Pier 32
Pier 34
Pier 36
Pier 38
Pier 40
Pier 48
Pier 50
Rincon Park
Folsom St
Pier 22½
Steuart St
Spear St
Main St
Mission St
Temporary Transbay Terminal
Caltrans Bay Bridge Bicycle Commuter Shuttle
Beale St
Fremont St
1st St
Harrison St
Embarcadero
South St
Brannan St
Bryant St
2nd St
King St
2nd & King St
3rd St
South Park
Taber Pl
Stillman St
Howard St
Natoma St
American Child Care
Stevenson St
Bush St
Exchange St
Montgomery St
Jessie St
San Francisco Museum of Modern Art
22
10
17
28
43
Hawthorne St
SOUTH OF MARKET (SOMA)
16
San Francisco Visitor Information Center
Yerba Buena La
Kearny St
St. Mary's Square
40
Grant Ave
UNION SQUARE
26
67
Joice St
Powell St
Hallidie Plaza
Powell St
23
33
5th St
Mary St
Mission St
Minna St
6th St
Howard St
Clementina St
Folsom St
Harrison St
4th St
Bryant St
Welsh St
Freelon St
Brannan St
CalTrain Depot
4th & King St
4th St
King St
Berry St
Channel St
MISSION BAY
Mission Creek Park
Mission Bay Boulevard N
3rd St
Terry Francois St
Pier 46B
McCovey Cove
61
Blaxome St
Townsend St
Morris St
6th St
Brannan St
7th St
Victoria Manalo Draves Park
Homer St
Bryant St
Gordon St
59
Folsom St
Grace Cathedral
8
Sacramento St
California St
Pine St
Bush St
Jones St
38
58
Sutter St
Post St
44
Geary St
Cyril Magnin St
Mason St
Taylor St
20
Jones St
54
Stevenson St
Market St
42
7th St
CIVIC CENTER
8th St
55
O'Farrell St
Leavenworth St
McAllister St
Civic Center
14
Hyde St
THE TENDERLOIN
35
Eddy St
Turk St
Larkin St
Civic Center Plaza
Grove St
Ivy St
Twitter Headquarters
9th St
Grace St
10th St
11th St
Howard St
63
12th St
Minna St
Mission St
Van Ness
Clay St
Sacramento St
Larkin St
Hemlock St
Polk St
62
Willow St
Van Ness Ave
101
64
65
Franklin St
Fell St
12th St
Market St
Mission (1 Meile)
California St Cable Car Turnaround
Austin St
PACIFIC HEIGHTS & JAPANTOWN
Fern St
Gough St
Gough St
Hayes St
66
Hickory St
53
Page St
Rose St
Octavia Blvd
Washington St
Lafayette Park
Sacramento St
California St
Octavia St
Laguna St
Post St
Geary Blvd
Ellis St
Laguna St
Jefferson Square
Golden Gate Ave
Turk St
McAllister St
Fulton St
Ivy St
Patricia's Green
HAYES VALLEY
Lily St
41
Buchanan St
Linden St
Oak St
Haight St
Castro (1 Meile)
University of the Pacific
Buchanan St
Sutter St
Japan Center
Webster St
Fillmore St
60
34
Steiner St
Grove St
Page St
LOWER HAIGHT
Waller St
Metro Hotel; (0,3 Meilen); Upper Haight (0,7 Meilen)

Downtown San Francisco

Highlights
1 Cable Car Museum D4
2 Chinatown Alleyways D4
3 City Lights Books D4
4 Coit Tower D3
5 Diego Rivera Gallery C3
6 Exploratorium E3
7 Ferry Building F4
8 Grace Cathedral C5
9 Musée Mécanique C2
10 San Francisco Museum of Modern Art E6
11 Sea Lions at Pier 39 .... D1
12 Waverly Place D4

Sehenswertes
13 Aquarium of the Bay D2
14 Asian Art Museum C7
15 Beat Museum D4
16 Children's Creativity Museum E6
17 Contemporary Jewish Museum E6
18 Filbert Street Steps E3
19 Francisco Street Steps D2
20 Glide Memorial United Methodist Church D6
21 Lombard Street C3
22 Museum of the African Diaspora E6
23 Powell St Cable Car Turnaround D6
San Francisco Art Institute .... (siehe 5)
24 San Francisco Carousel D1
25 Transamerica Pyramid & Redwood Park E4
26 Union Square D5
27 Vallejo Street Steps C4
28 Yerba Buena Gardens E6

Aktivitäten, Kurse & Touren
29 Alcatraz Cruises E2
30 Chinatown Alleyway Tours E4
31 Chinatown Heritage Walking Tours E4
Emperor Norton's Fantastic Time Machine .... (siehe 26)

Schlafen
32 Argonaut Hotel B2
33 Axiom D6
34 Chateau Tivoli A7
35 HI San Francisco City Center C6
36 HI San Francisco Fisherman's Wharf A2
37 Hotel Bohème D3
38 Hotel Mayflower C5
39 Hotel Vitale F4
40 Orchard Garden Hotel D5
41 Parsonage B8
42 Yotel San Francisco D7

Essen
43 Benu E6
44 farm:table C5
45 Ferry Plaza Farmers Market F4
46 Fisherman's Wharf Crab Stands C2
47 Golden Boy D3
48 Good Mong Kok D4
49 Greens A2
50 Kaiyo A4
51 Liguria Bakery D3
52 Mister Jiu's D4
53 Rich Table B8

Ausgehen & Nachtleben
54 Aunt Charlie's Lounge D6
55 Bourbon & Branch C6
56 Comstock Saloon D4
57 Li Po D4
58 Stookey's Club Moderne D5
59 Stud D8

Unterhaltung
60 Fillmore Auditorium A6
61 Giants Stadium G7
62 Great American Music Hall C6
63 Oasis C8
64 San Francisco Ballet B7
65 San Francisco Symphony B7
66 SFJAZZ Center B7
67 TIX Bay Area D5

einem Espresso den Panoramablick auf die von Diego bewunderte Stadt und die Bucht genießen kann.

★ **Grace Cathedral** KIRCHE
(Karte S. 1076; ☎ 415-749-6300; www.gracecathedral.org; 1100 California St; empfohlene Spende Erw./Kind 3/2 US$; ⏲ Mo–Sa 8–18, So bis 19 Uhr, Gottesdienste So 8.30, 11 & 18 Uhr; 🚌 1, 🚋 California) San Franciscos Bischofskathedrale wurde seit dem Goldrausch dreimal umgebaut, der Bau des heutigen neugotischen Gotteshauses aus Stahlbeton dauerte 40 Jahre. Unter den spektakulären Buntglasfenstern befindet sich auch die Reihe „Human Endeavor“, die menschlichen Errungenschaften gewidmet ist, darunter eines mit Albert Einstein, der von wirbelnden Kernteilchen emporgehoben wird. San Franciscos Geschichte zeigt sich auf Wandgemälden und reicht vom Erdbeben von 1906 bis zur Unterzeichnung der UN-Charta 1945. Menschen aller Glaubensrichtungen beschreiten die mit Intarsien geschmückten Labyrinthe drinnen und draußen, die ruhe-

lose Seelen durch drei spirituelle Phasen geleiten sollen: Loslassen, Empfangen und Zurückgeben.

The Marina, Fisherman's Wharf & Presidio

Seit dem Goldrausch war diese Uferregion Ankunftspunkt für Neuankömmlinge – und ist noch heute Schauplatz für Seelöwen-Kapriolen und Abfahrten nach Alcatraz. Im Westen der Marina entstanden schicke Boutiquen auf ehemaligen Kuhweiden und Bio-Restaurants am Ufer. Im angrenzenden Presidio findet man Shakespeare in allen Facetten und öffentliche Nacktheit auf einem früheren Armeestützpunkt.

★ Golden Gate Bridge BRÜCKE

(Karte S. 1074; Mautinformationen 877-229-8655; www.goldengatebridge.org/visitors; Hwy 101; nordwärts umsonst, südwärts 7–8 US$; 28, alle Golden-Gate-Transit-Busse) Die Einwohner San Franciscos streiten gerne und leidenschaftlich über jedes Thema, vor allem wenn es um ihr Wahrzeichen geht. Einigkeit herrscht jedoch darüber, dass es ein Segen ist, dass sich die Navy bei dem Design der Brücke nicht durchsetzen konnte – die Verantwortlichen bevorzugten einen klotzigen Betonbogen mit signalgelben Streifen und lehnten den schwebenden Art-déco-Entwurf der Architekten Gertrude und Irving Murrow und des Ingenieurs Joseph B. Strauss ab, der sich glücklicherweise durchsetzte.

★ Sea Lions at Pier 39 SEELÖWEN

(Karte S. 1076; 415-623-4734; www.pier39.com; Pier 39, Ecke Beach St & Embarcadero; 24 Std.; ; 47, Powell-Mason, M E, F) Seelöwen haben 1989 San Franciscos begehrtestes Ufergelände übernommen und lassen sich seither hier sehen. Natürlich wurden die speckigen Gesellen schnell zu San Franciscos Lieblingsmaskottchen. Da die kalifornischen Gesetze vorschreiben, dass Boote Meeressäugern den Vorrang lassen müssen, blieb den Jachteigentümern keine andere Wahl, als wertvolle Liegeplätze für die bis zu 1000 Seelöwen zu räumen. Zwischen Januar und Juli robben die riesigen Säuger auf die Docks ... und auch zu anderen Zeiten, wann immer sie Lust auf ein Sonnenbad haben.

Crissy Field PARK

(Karte S. 306; www.nps.gov; 1199 East Beach; P ; 30, PresidiGo-Shuttle) Der ehemalige Militärflugplatz ist heute ein Naturschutzgebiet am Wasser mit grandiosem Blick auf die Golden Gate Bridge. Wo einst Militärflugzeuge zur Landung ansetzten, drängen sich jetzt Vogelbeobachter im ruhigen Schilf der Gezeitenmarsch. Jogger tummeln sich auf den Wegen am Strand und der einzige Sicherheitsalarm wird von jungen Hunden ausgelöst, die argwöhnisch die Surfer beschnüffeln. An nebligen Tagen kann man in der ökozertifizierten **Warming Hut** (Karte S. 1074; 415-561-3042; www.parksconservancy.org/visit/eat/warming-hut.html; 983 Marine Dr; Artikel 4–9 US$; 9–17 Uhr; P ; PresidiGo Shuttle) in Naturführern blättern und einen Fair-Trade-Kaffee genießen.

The Mission & The Castro

Am besten erlebt man The Mission mit einem Buch in der einen und einem Burrito in der anderen Hand, mitten zwischen Wandgemälden, Sonnenschein und der üblichen Meute aus Filmemachern, Technikfreaks, Lebensmittelhändlern, Skatern und Schriftstellern. Die Calle 24 (24th St) ist das Zentrum lateinamerikanischer Kultur San Franciscos, The Mission ist zudem ein Magnet für aus Südostasien stammende Amerikaner, Lesben und Dandys. In The Castro heißen Regenbogenflaggen alle und jeden im weltweit führenden Reiseziel der LGBTQ-Szene willkommen.

★ Clarion Alley KUNST IM ÖFFENTLICHEN RAUM

(Karte S. 1080; https://clarionalleymuralproject.org; zw. 17th & 18th Sts; 14, 22, 33, B 16th St Mission, M 16th St Mission) Auf San Franciscos Open-Air-Bühne für Street-Art sieht man Künstler ihre alten Werke aufbessern oder neue gestalten – und das mit der uneingeschränkten Zustimmung der Anwohner und der Kuratoren des Clarion Alley Collective. Nur wenige der Arbeiten halten sich mehrere Jahre, so z. B. Megan Wilsons blütenreiches Werk *Tax the Rich* oder Jet Martinez' Phantasielandschaft, die einen Ausschnitt der Clarion Alley in den Umrissen eines Mannes widerspiegelt. Hemmungslose Kunstkritiker übernehmen häufig das Ostende der Straße – aktuelle Wandbilder entstehen also meistens am Westende.

★ Women's Building BEMERKENSWERTES GEBÄUDE

(Karte S. 1080; 415-431-1180; www.womensbuilding.org; 3543 18th St; 14, 22, 33, 49, B 16th St Mission, M J) Das erste Gemeindezentrum der USA, das Frauen gehört und von Frauen ge-

The Mission & The Castro

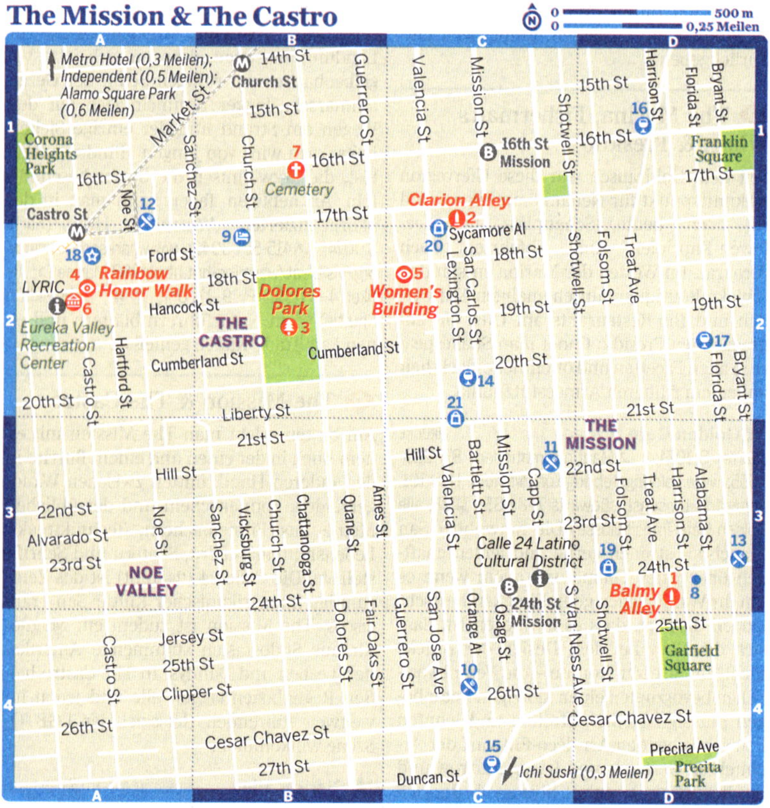

führt wird, ist seit 1979 ein bekanntes und geliebtes Wahrzeichen in Mission. Geschmückt wird es von einem der beeindruckendsten Wandgemälde des Viertels: Das *Maestrapeace* von 1994 zeigt Bilder von äußerst einflussreichen Frauen wie der Nobelpreisträgerin Rigoberta Menchú, der Dichterin Audre Lorde, der Künstlerin Georgia O'Keeffe und der früheren US-Surgeon-Generalin Dr. Joycelyn Elders.

★ Balmy Alley KUNST IM ÖFFENTLICHEN RAUM

(Karte S. 1080; ☎ 415-285-2287; www.precitaeyes.org; zw. 24th & 25th Sts; 🚌 10, 12, 14, 27, 48, Ⓑ 24th St Mission) Angeregt von Diego Riveras Wandbildern im San Francisco der 1930er-Jahre und provoziert von der US-amerikanischen Mittelamerikapolitik machten sich *muralistas* (Wandmaler) in den 1970er-Jahren daran, die politische Landschaft zu verändern. Angeführt von Mia Gonzalez fertigten sie ein Wandbild nach dem anderen an. Die ersten Arbeiten der Mujeres Muralistas („Weibliche Wandmaler") und der Placa („Zeichensetzer") bildeten eine gemeinsame künstlerische Front. Seit über 30 Jahren können heute in der Balmy Alley Wandgemälde bewundert werden, von einem Gemälde zu Ehren des El-Salvador-Aktivisten Erzbischof Óscar Romero bis zu einer Hommage an Frida Kahlo, Georgia O'Keeffe und andere bahnbrechende Künstlerinnen.

Mission Dolores KIRCHE

(Misión San Francisco de Asís; Karte S. 1080; ☎ 415-621-8203; www.missiondolores.org; 3321 16th St; Erw./Kind 7/5 US$; ⏲ Mai–Okt. 9–16.30 Uhr, Nov.–April bis 16 Uhr; 🚌 22, 33, Ⓑ 16th St Mission, Ⓜ J) Dem ältesten Gebäude verdankt die Stadt ihren Namen: der weiß getünchten, aus Lehmziegeln erbauten Misión San Francisco de Asís. Die Mission wurde 1776 gegründet und ab 1782 neu aufgebaut. Heute steht das bescheidende Adobe-Bauwerk im Schatten der benachbarten prächtigen **Basilika** von 1913, die hochgezogen wurde, nachdem die

The Mission & The Castro

Highlights
1 Balmy Alley ... D3
2 Clarion Alley ... C1
3 Dolores Park ... B2
4 Rainbow Honor Walk ... A2
5 Women's Building ... C2

Sehenswertes
6 GLBT History Museum ... A2
7 Mission Dolores ... B1

Aktivitäten, Kurse & Touren
8 Precita Eyes Mission Mural Tours ... D3

Schlafen
9 Parker Guest House ... B2

Essen
10 Al's Place ... C4
11 Californios ... C3
12 Frances ... A1
13 La Palma Mexicatessen ... D3

Ausgehen & Nachtleben
14 20 Spot ... C2
15 El Rio ... C4
16 Jolene's ... D1
17 Trick Dog ... D2

Unterhaltung
18 Castro Theatre ... A2

Shoppen
19 Adobe Books & Backroom Gallery ... D3
20 Community Thrift ... C2
21 Gravel & Gold ... C2

neugotische Backstein-Kathedrale von 1876 beim Erdbeben von 1906 einstürzte. Ihre Buntglasfenster zeigen die 21 kalifornischen Missionen. Und dem Namen der Mission Dolores entsprechend bilden sieben Tafeln die Sieben Schmerzen Mariens ab.

The Haight

In Haight ist der Hippie-Idealismus zu Hause – Straßenmusiker, anarchistische Comics und psychedelische Wandgemälde noch und nöcher. Einheimisches Design und Gourmetlokale findet man in Hayes Valley, wo Zen-Mönche und Jazzlegenden umherwandeln.

★ Haight Street STRASSE

(Karte S. 1082; zw. Central & Stanyan Sts; 7, 22, 33, 43, MN) War es nun im Herbst 1966 oder im Winter 1967? In Haight heißt es, dass man wohl nicht dabei gewesen ist, wenn man sich nicht an den Summer of Love erinnern kann. Der Nebel war durchsetzt mit dem Rauch von Marihuana, Sandelholz und verbrannten Einberufungsbefehlen, tagelang wurde über bizarre Plakate von Grateful Dead meditiert und die Kreuzung der **Haight und Ashbury Streets** (Karte S. 1082; 6, 7, 33, 37, 43) wurde zum Wendepunkt einer ganzen Generation. Die Mitglieder der Gegenkultur von Haight nannten sich Freaks und Blumenkinder; der Kolumnist Herb Caen des *San Francisco Chronicle* taufte sie „Hippies".

Golden Gate & Umgebung

Hardcore-Surfer und Gourmet-Freunde treffen sich in den nebligen Avenues um den Golden Gate Park. In diesem absolut entspannten Weltdorf gibt's Bluegrass und koreanische Grilllokale, Discgolf und Tiki-Cocktails, französisches Gebäck und Nachmittagsvorstellungen von Kultfilmen. Jenseits des Parks erstrecken sich überwiegend Wohnstraßen in Richtung Ocean Beach und die Zeit scheint sich zu verlangsamen.

★ Golden Gate Park PARK

(Karte S. 1082; https://goldengatepark.com; zw. Stanyan St & Great Hwy; P; 5, 7, 18, 21, 28, 29, 33, 44, MN) GRATIS Von Bonsais und Büffeln über Rotholzbäume und Proteste, von Blumen, Frisbees und Straßenmusik bis zu Freigeistern – im Golden Gate Park gibt's alles, was die Bewohner San Franciscos an ihrer Stadt so lieben. Man könnte eine Woche lang herumlaufen und hätte nicht alles gesehen. Zu den wichtigsten Attraktionen gehören: das **de Young Museum** (Karte S. 1082; 415-750-3600; http://deyoung.famsf.org; 50 Hagiwara Tea Garden Dr; Erw./Kind 15 US$/frei, 1. Di im Monat frei; Di–So 9.30–17.15 Uhr; 5, 7, 44, MN), die **California Academy of Sciences** (Karte S. 1082; 415-379-8000; www.calacademy.org; 55 Music Concourse Dr; Erw./Student/Kind 35,95/30,95/25,95 US$; Mo–Sa 9.30–17, So ab 11 Uhr; P; 5, 6, 7, 21, 31, 33, 44, MN), der **San Francisco Botanical Garden** (Strybing Arboretum; Karte S. 1082; 415-661-1316; www.sfbg.org; 1199 9th Ave; Erw./Kind 9/2 US$, tgl. vor 9 Uhr morgens & am 2. Di des Monats frei; 7.30–17 Uhr, Sommer & Frühling länger, letztmöglicher Eintritt 1 Std. vor Schließung, Buchladen 10–16 Uhr; 6, 7, 44, MN), der **Japanese Tea Garden** (Karte S. 1082; 415-752-1171; www.japaneseteagardensf.com; 75 Hagiwara Tea Garden

The Richmond, The Haight & Golden Gate Park

The Richmond, The Haight & Golden Gate Park

Dr; Erw./Kind 8/2 US$, Mo, Mi & Fr vor 10 Uhr frei; März–Okt. 9–18 Uhr, Nov.–Feb. bis 16.45 Uhr; P; 5, 7, 44, M N), das **Conservatory of Flowers** (Karte S. 1082; 415-831-2090; www.conservatoryofflowers.org; 100 John F Kennedy Dr; Erw./Student/Kind 9/6/3 US$, 1. Di im Monat frei; Di–So 10–18 Uhr; 5, 7, 21, 33, M N) und der **Stow Lake** (Karte S. 1082; www.sfrecpark.org; 5–24 Uhr; 7, 44, M N).

Geführte Touren

★ **Precita Eyes Mission Mural Tours** STADTSPAZIERGANG
(Karte S. 1080; 415-285-2287; www.precitaeyes.org; 2981 24th St; Erw./Kind 20/3 US$; 12, 14, 48, 49, Z24th St Mission) Die diversen von Wandmalern geführten Spaziergänge am Wochenende beinhalten rund 60 bis 70 Wandgemälde in Mission in einem Umkreis von sechs bis zehn Blocks rund um die Balmy Alley (S. 1080). Der kürzeste Spaziergang dauert eine Stunde, die längste (ins Detail gehenden, private) Tour, der Classic Mural Walk, zweieinviertel Stunden. Die Erlöse der gemeinnützigen Organisation fließen in den Erhalt der Arbeiten.

Public Library City Guides FÜHRUNGEN
(415-557-4266; www.sfcityguides.org) GRATIS Einheimische Historiker leiten ehrenamtlich gemeinnützige Viertel- und Motto-Führungen: Victorian San Francisco, Castro Tales, Alfred Hitchcock's San Francisco, Gold Rush City, Deco Downtown, Secrets of Fisherman's Wharf, Russian Hill Stairways und mehr. Für die begehrte Tour Diego Rivera Mural im Stock Exchange Luncheon Club sollte man vorab reservieren. Trinkgeld ist willkommen.

Emperor Norton's Fantastic Time Machine STADTSPAZIERGANG
(Karte S. 1076; 415-548-1710; www.sftimemachine.com; 30 US$; Do & Sa 11 Uhr, Ufertour So 11 Uhr; 30, 38, B Powell St, M Powell St, Powell-Mason, Powell-Hyde) Hurra! In San Francisco wurde eine Zeitmaschine erfunden! Sie nennt sich Schuh und erlaubt es ihrem Träger, sich Norton, dem selbsternannten „Kaiser Amerikas" (in Form des Historikers Joseph Amster), auf seiner rund 3 km langen Tour anzuschließen. Dabei geht es um die heimtückischsten, durchtriebensten, erhebendsten und legendärsten Ecken der Welt – oder zumindest westlich von Berkeley. Am Sonntag werden Touren am Wasser angeboten, die am Ferry Building starten. Alle anderen Stadtspaziergänge beginnen am Dewey Monument am Union Sq.

Schlafen

Die Hotelpreise in San Francisco gehören zu den höchsten der Welt. Man sollte weit – sehr weit! – im Voraus planen und Schnäppchen mitnehmen, wenn man sie sieht. Wer die Wahl hat: San Franciscos Boutiqueunterkünfte sind den Ketten definitiv vorzuziehen – aber man sollte nehmen, was man passend zum eigenen Geldbeutel bekommt.

Downtown, Civic Center & SoMa

★ **HI San Francisco City Center** HOSTEL $
(Karte S. 1076; 415-474-5721; www.sfhostels.org; 685 Ellis St; B 33–70 US$, Zi. 90–165 US$; @; 19, 38, 47, 49) Das siebenstöckige Atherton Hotel aus den 1920er-Jahren wurde 2001 zu einem überdurchschnittlich guten Hostel umgebaut, in dem alle Zimmer, auch die Schlafsäle, mit eigenen Bädern aufwarten. Bonuspunkte verdient sich das Hostel zusätzlich durch seine Umweltbewusstsein: So wird das Haus überwiegend mit Solarstrom versorgt und die Duschköpfe ändern die Farbe, je länger man duscht.

★ **Yotel San Francisco** HOTEL $

(Karte S. 1076; ☎ 415-829-0000; www.yotel.com/en/hotels/yotel-san-francisco; 1095 Market St; DZ 149–209 US$; ❄ 📶; 🚌 6, 7, 9, 21, Ⓑ Civic Center, Ⓜ Civic Center) Das schicke Hotel in der Innenstadt, das kürzlich in das traditionsreiche Grant-Gebäude umgezogen ist, ist für Yotel, eine Kette mit kompakten, technisch fortschrittlichen Luxusunterkünften, das erste Haus an der Westküste. Das durchdachte Design spart überall Zeit und Platz: von Check-in-Automaten über verstellbare „Smartbeds" (die sich in Sofas verwandeln) bis zu verspielten „Himmelskabinen", gemütliche Hochbetten mit extralangen Matratzen und großen Flatscreen-TVs.

★ **Axiom** BOUTIQUEHOTEL $$

(Karte S. 1076; ☎ 415-392-9466; www.axiomhotel.com; 28 Cyril Magnin St; DZ 189–342 US$; @ 📶 🐾; 🚋 Powell-Mason, Powell-Hyde, Ⓑ Powell, Ⓜ Powell) Viele Hotels in Downtown wollen High-Tech-Appeal ausstrahlen – diesem hier gelingt es auch. Die Lobby beeindruckt mit LED-Leuchten, Marmor und vernietetem Stahl, das Spielzimmer wirkt mit seinen Spielautomaten und Tischkickern wie die Zentrale eines Start-up-Unternehmens. Die Gästezimmer haben niedrige Sofas aus grauem Flanell, große Doppelbetten auf Plattformen, eigene Highspeed-WLAN-Router für Apple-, Google- und Samsung-Geräte und Bluetooth-Bedienelemente für dieses und jenes.

Hotel Vitale BOUTIQUEHOTEL $$$

(Karte S. 1076; ☎ 415-278-3700; www.hotelvitale.com; 8 Mission St; Zi. 385–675 US$; ❄ @ 📶 🐾; Ⓜ Embarcadero, Ⓑ Embarcadero) Wem ein Verehrer oder ein Personalchef hier ein Zimmer gebucht hat, der weiß, dass es der andere ernst meint. Hinter dem Büroturmlook des direkt am Wasser gelegenen Vitale versteckt sich ein schickes Hotel mit elegantem und hochmodernem Luxusinventar. Die Betten haben seidenweiche, hochwertige Bettwäsche, es gibt ein großartiges Spa mit zwei Whirlpools auf dem Dach und die Zimmer zur Bucht hin bieten einen unglaublichen Blick auf die Bay Bridge. Gleich gegenüber kann man im Ferry Building toll essen.

Hotel Mayflower HISTORISCHES HOTEL $

(Karte S. 1076; ☎ 415-673-7010; www.sfmayflowerhotel.com; 975 Bush St; DZ 130–190 US$; P 🚭 ❄ 📶; 🚌 2, 3, 27) Eine gute Lage, Komfort und Charakter – und das nur halb so teuer wie in den anderen Unterkünften den Block runter. Das 1926 erbaute Hotel Mayflower hat eine Lobby im Stil einer spanischen Mission und einen alten Gitterkorbaufzug direkt aus einem Hitchcock-Film. Die Gästezimmer sind gemütlich und schlicht, aber blitzblank sowie mit sepiabraunen Bildern von San Francisco und schmiedeeisernen Bettgestellen versehen. Im Preis inbegriffen ist ein Muffinfrühstück; Parken kostet nur 20 US$.

North Beach & Chinatown

★ **Hotel Bohème** BOUTIQUEHOTEL $$

(Karte S. 1076; ☎ 415-433-9111; www.hotelboheme.com; 444 Columbus Ave; Zi. 195–295 US$; 🚭 @ 📶; 🚌 10, 12, 30, 41, 45, Ⓜ T) Das farbenfrohe, geschichtsträchtige und unverschämt romantische Boutiquehotel ist typisch für North Beach. Sein Erscheinungsbild ist geprägt von Farbschemas der Jazz-Ära, schmiedeeiserneren Bettgestellen, Lampen mit Papierschirmen sowie Gedichten und Kunstwerken der Beat-Ära an den Wänden. Die historischen Zimmer sind ziemlich klein und liegen mitunter an der lauten Columbus Ave (die Zimmer nach hinten sind ruhiger); außerdem sind die Badezimmer winzig. Aber vor allem nach einem Kneipenbummel könnte man hier gut einen Roman schreiben. Kein Aufzug, kein Parkplatz.

Orchard Garden Hotel BOUTIQUEHOTEL $$$

(Karte S. 1076; ☎ 415-393-9917; www.theorchardgardenhotel.com; 466 Bush St; Zi. 278–332 US$; P 🚭 ❄ @ 📶; 🚌 2, 3, 30, 45, Ⓑ Montgomery) 🌿 San Franciscos erstes LEED-zertifiziertes Hotel tickt durch und durch grün: Es verwendet nachhaltig gewonnenes Holz, chemiefreie Reinigungsmittel und recycelte Stoffe. Dabei muss man sich nicht zwischen Komfort und gutem Gewissen entscheiden, denn die wohltuend ruhigen Zimmer sind überraschend luxuriös, etwa dank der hochwertigen Daunenkissen, der Decken aus ägyptischer Baumwolle oder der Bio-Badprodukten. Die sonnige Dachterrasse ist der perfekte Ort, um den Tag ausklingen zu lassen. Angebote gibt's bei Direktbuchung, Frühstück und Parken sind inklusive.

The Marina, Fisherman's Wharf & Presidio

★ **HI San Francisco Fisherman's Wharf** HOSTEL $

(Karte S. 1076; ☎ 415-771-7277; www.hiusa.org; Fort Mason, Bldg 240; B 40–64 US$, Zi. 116–160 US$; P @ 📶; 🚌 28, 30, 47, 49) Die prakti-

NICHT VERSÄUMEN

ALCATRAZ

Über 150 Jahre lang ließ der Name **Alcatraz** (Karte S. 1074; ☎ Alcatraz Cruises 415-981-7625; www.alcatrazcruises.com; Touren Erw./Kind 5–11 Jahre tagsüber 38,35/23,50 US$, abends 45,50/27,05 US$; ⏲ Callcenter 8–19 Uhr, Fähren von Pier 33 8.45–15.50 Uhr halbstündl., Abendtouren 17.55 & 18.30 Uhr; 👪) Unschuldige schaudern und sorgte bei Schuldigen für Schweißausbrüche. Im Verlauf der Jahrzehnte war die Insel ein Militärgefängnis, ein abschreckendes Hochsicherheitsgefängnis und ein umstrittenes Gelände zwischen indianischen Aktivisten und dem FBI. Schon der erste Schritt auf den „Felsen" scheint eine unheilvolle Melodie hervorzurufen.

Berichte aus erster Hand über das Alltagsleben im Hochsicherheitsgefängnis sind in der preisgekrönten Audiotour von **Alcatraz Cruises** (Karte S. 1076; ☎ 415-981-7625; www.alcatrazcruises.com; Pier 33; Touren tagsüber Erw./Kind/Fam. 38,35/23,50/115,70 US$, abends Erw./Kind 45,50/27,05 US$; Ⓜ E, F) enthalten. Man sollte aber die Kopfhörer mal einen Augenblick abnehmen, um das Geräusch des sorglosen Stadtlebens zu hören, das übers Wasser herüberdringt: Das war die qualvolle Verlockung, die die Fluchtversuche trotz der geringen Erfolgsaussichten – die Strömung ist einfach zu heftig – lohnend erscheinen ließ. Alcatraz galt als ausbruchssicher, 1962 jedoch flohen die Brüder Anglin und Frank Morris auf einem improvisierten Floß und wurden nie wieder gesehen. Die Sicherheitsmaßnahmen und der Unterhalt der Anlage erwiesen sich als zu teuer und so wurde die Gefängnisinsel 1963 schließlich den Vögeln überlassen.

sche Innenstadtlage tauscht man hier gegen eine parkähnliche Umgebung mit Traumblick aufs Wasser ein. Das Hostel in einem ehemaligen Armeehospital hat sehr preiswerte Privatzimmer und (nicht ausschließlich nach Geschlechtern getrennte) Schlafsäle mit vier bis 22 Betten – die an der Tür stehenden Etagenbetten 1 und 2 sollte man meiden. Es gibt nur Gemeinschaftsbäder, aber eine riesige Küche sowie ein Café mit Blick auf die Bucht. Begrenzte Anzahl kostenloser Parkplätze.

★ **Inn at the Presidio** HOTEL $$
(Karte S. 1074; ☎ 415-800-7356; www.presidiolodging.com; 42 Moraga Ave; Zi. 310–495 US$; P 🚭 @ 📶 🐾; 🚌 43, PresidiGo-Shuttle) 🍃 Das dreistöckige, rote Backsteinhaus wurde 1903 als Junggesellenquartier für Armeeoffiziere in The Presidio errichtet und 2012 zu einer schicken Nationalpark-Lodge mit viel Leder, Leinen und Holz umgebaut. Es verfügt über große, vornehme Zimmer mit Federbetten und Laken aus ägyptischer Baumwolle. In den Suiten gibt's Kamine und rundherum viel Natur mit Wanderwegen. Ein Taxi ins Zentrum kostet 25 bis 30 US$.

★ **Argonaut Hotel** BOUTIQUEHOTEL $$$
(Karte S. 1076; ☎ 415-563-0800, 415-345-5519; www.argonauthotel.com; 495 Jefferson St; Zi. ab 389 US$; P 🚭 ❄ 📶 🐾; 🚌 19, 47, 49, 🚋 Powell-Hyde) 🍃 Das beste Hotel in Fisherman's Wharf, 1908 als Konservenfabrik erbaut, hat über 100 Jahre alte Holzbalken und unverputzte Backsteinwände. Die Zimmer sind in einem etwas übertriebenen nautischen Stil eingerichtet, z. B. mit Spiegeln in Bullaugenform und flauschigen, dunkelblauen Teppichen. Zwar verfügen alle Räume über die Annehmlichkeiten eines gehobenen Hotels (ultrabequeme Betten, iPod-Docks), manche sind aber winzig und bekommen wenig Sonnenlicht ab. Parken kostet ab 65 US$.

The Mission & The Castro

★ **Parker Guest House** B&B $$$
(Karte S. 1080; ☎ 415-621-3222; www.parkerguesthouse.com; 520 Church St; DZ 249–289 US$, mit Gemeinschaftsbad 209–249 US$; P @ 📶; 🚌 33, Ⓜ J) 🍃 Die stattlichste Schwulenunterkunft in Castro nimmt zwei sonnengelbe edwardianische Herrenhäuser ein, die durch geheime Gärten verbunden sind. Die Gästezimmer haben den modernen Twist: imposante, einladende Betten mit dicken Daunendecken und glänzende Bäder mit Retro-Fliesen. Wundervoll lässt es sich bei einem Wein in der verglasten Veranda oder mit einem Sherry vor dem Kamin in der Bibliothek entspannen. Und beim tollen Kontinentalfrühstück verweilt man auch gerne länger.

The Haight

★ **Parsonage** B&B $$
(Karte S. 1076; ☎ 415-863-3699; www.theparsonage.com; 198 Haight St; Zi. 240–280 US$; @ 📶;

Alcatraz

HALBTAGESTOUR

Mit der Fähre fährt man von Pier 33 2,5 km durch die Bucht, um das ehemals berüchtigtste Gefängnis der USA zu erreichen. Sobald man am ❶ **Ferry Dock & Pier** gelandet ist, beginnt der gut 500 m lange Marsch zur Spitze der Insel und zum Gefängnis. Wer nicht laufen will, wartet auf die Tram, die zweimal stündlich fährt.

Beim Aufstieg zum ❷ **Wachgebäude** zeigt sich, wie steil die Insel ist: Ehe Alcatraz als Gefängnis diente, war es eine Festung. In den 1850er-Jahren trug das Militär die felsige Küste zu nahezu vertikalen Klippen ab. Schiffe konnten danach nur in einem einzigen Hafenbecken anlegen, das von den Hauptgebäuden durch eine Schleuse getrennt war. Drinnen kann man durch den Bodenrost einen Blick auf das ursprüngliche Gefängnis werfen.

Ehrenamtliche Helfer pflegen die ❸ **Officer's Row Gardens** – ein Kontrast zu den überwachsenen Rosenbüschen um die ausgebrannte Hülle des ❹ **Hauses des Direktors**. Auf dem Hügel, beim Eingangstor zum ❺ **Hauptzellenblock**, blitzt immer wieder Schönes auf, z. B. der Blick auf die ❻ **Golden Gate Bridge**. ❼ **Historische Zeichen und Graffiti** sind über dem Haupttor des Verwaltungsgebäudes zu erkennen. Nun geht es hinein in das Gefängnis, wo man u. a. die ehemalige ❽ **Zelle von Frank Morris**, dem berühmtesten Ausbrecher aus Alcatraz, besichtigt.

TOP-TIPPS

➡ Einen Besuch ohne Führung mindestens einen Monat im Voraus buchen, eine geführte Abendtour noch früher! Infos zu Führungen durch die Gartenanlagen gibt's unter www.alcatrazgardens.org.

➡ Auf der Insel muss man viel laufen, zwei bis drei Stunden sollte man für den Besuch daher schon einplanen! Für die Rückfahrt muss man nicht reservieren, man kann jede Fähre nehmen.

➡ Auf der Insel gibt es keine Verpflegung (nur Wasser), man kann aber nahe der Anlegestelle picknicken. Das Wetter ändert sich schnell – entsprechende Kleidung mitnehmen!

ADRIEN_G/SHUTTERSTOCK ©

Historische Zeichen & Graffiti
Die amerikanischen Ureinwohner, die die Insel von 1969 bis 1971 besetzt hielten, versahen den Wasserturm mit dem Graffiti „Home of the Free Indian Land". Über dem Tor zum Zellenblock kann man sehen, wie sie bei dem Wappen mit Adler und Fahne die roten und weißen Streifen veränderten, um damit das Wort „Free" zu schreiben.

DOPTIS/SHUTTERSTOCK ©

Warden's House
Ein Feuer zerstörte das Warden's House und andere Gebäude während der Besetzung durch die indigenen Amerikaner. Die Regierung beschuldigte die indigenen Amerikaner, die wiederum beschuldigten Agents Provocateurs, die im Auftrag der Nixon-Administration die öffentliche Sympathie für sie unterminieren sollten.

Officers' Row Gardens
Im 19. Jh. brachten Soldaten Muttererde auf die Insel, um sie durch die Anlage von Gärten zu verschönern. Zuverlässige Gefängnisinsassen wurden später mit der Pflege betraut – Elliott Michener erzählte, dass ihn diese Arbeit bei Verstand hielt. Heute kümmern sich Historiker, Ornithologen und Archäologen um die Auswahl der Pflanzen.

Hauptzellenblock

In der Mitte des 20. Jhs. beherbergte das Hochsicherheitsgefängnis die berüchtigtsten Verbrecher jener Zeit, darunter Al Capone und Robert Stroud, den „Vogelmann von Alcatraz“ (der aber seine ornithologischen Studien tatsächlich in Leavenworth durchführte).

FRANCKREPORTER/GETTY IMAGES ©

Blick auf die Golden Gate Bridge

Die Golden Gate Bridge erstreckt sich am Horizont. Den besten Blick hat man vom Gipfel der Insel an der Eagle Plaza, nahe dem Eingang zum Zellenblock sowie am Ufer entlang des Agave Trail (nur Sept.–Jan.).

Wachgebäude

Das älteste Gebäude hier stammt von 1857. Man sieht noch Überreste der früheren Zugbrücke und des Grabens. Zur Zeit des Amerikanischen Bürgerkriegs wurde das Untergeschoss ein Militärverlies – der Anfang der Gefängnisinsel.

Zelle von Frank Morris

In der Zelle 138 von Block B sieht man eine Nachbildung der Kopfattrappe, die Frank Morris in seinem Bett hinterließ, um die Wachen zu täuschen. Mit Erfolg: 1962 gelang ihm sein berühmter Ausbruch aus Alcatraz.

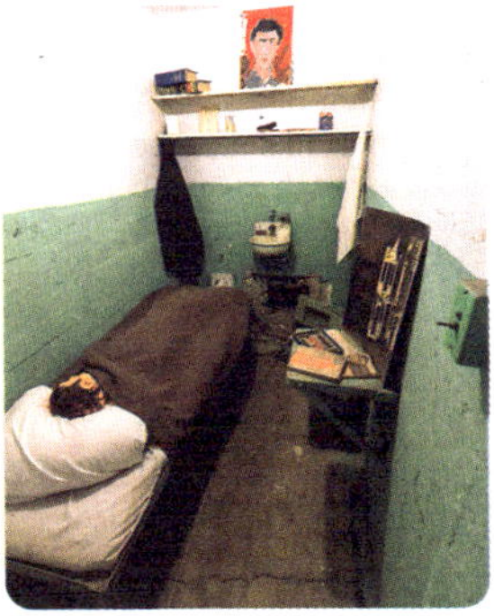

OSCITY/SHUTTERSTOCK ©

Ferry Dock & Pier

Eine riesige Wandkarte dient zur Orientierung auf der Insel. Im Bldg 64 informieren Kurzfilme und Ausstellungen über die Geschichte des Gefängnisses und die Besetzung der Insel durch Ureinwohner.

🚌 6, 71, Ⓜ F) Die 23 Zimmer dieses italienisch angehauchten, viktorianischen Herrenhauses von 1883 sind nach den Grand Dames der Stadt benannt und haben sich einige herrliche Originalmerkmale bewahrt, darunter Kronleuchter aus Rotmessing und Kamine aus Carrara-Marmor. Die großen, luftigen Zimmer sind mit herrlich altmodischen Betten und kuscheligen, in SF hergestellten Matratzen von McRoskey ausgestattet. In einigen Zimmern finden sich Holzkamine. Das Frühstück wird im etwas steifen Speisesaal eingenommen, abends gibt's Brandy und heiße Schokolade vor dem Zubettgehen. Hier gilt ein Mindestaufenthalt von zwei Nächten.

Chateau Tivoli B&B $$
(Karte S. 1076; ☎ 415-776-5462; www.chateautivoli.com; 1057 Steiner St; DZ 205–215 US$, mit Gemeinschaftsbad 160–185 US$, 4BZ 220-325 US$; 📶; 🚌 5, 22) Seit 1892 bietet die vergoldete, mit Türmchen bewehrte Villa der Nachbarschaft Anlass zu Gerede. Einst hausten hier Isadora Duncan, Mark Twain und (so heißt es) der Geist einer viktorianischen Operndiva. Die neun mit Antiquitäten ausstaffierten Zimmer und Suiten sind echt romantisch. Die meisten haben Badezimmer mit Klauenfüßen, zwei Zimmer teilen sich ein Bad. Es gibt weder Fahrstuhl noch Fernseher im Haus.

Essen

Downtown, Civic Center & SoMa

Ferry Plaza Farmers Market MARKT $
(Karte S. 1076; ☎ 415-291-3276; www.cuesa.org; Ecke Market St & Embarcadero; Street Food 3–12 US$; ⏲ Di & Do 10–14, Sa ab 8 Uhr; 🖋 👪; 🚌 2, 6, 9, 14, 21, 31, Ⓜ Embarcadero, Ⓑ Embarcadero) 🍃 Der Markt im Ferry Building ist Stolz und Freude der hiesigen Gourmets: Hier verkaufen über 100 erstklassige Anbieter kalifornisches Bio-Obst und -Gemüse, Fleisch von Weidetieren und andere leckere Produkte zu fairen Preisen. An Samstagen kann man Spitzenköchen beim Einkaufen zuschauen und sich später bei einem Picknick an der Bucht koreanische Tacos von Namu, Porchetta von RoliRoti, Tomaten von Dirty Girl, Käse von Nicasio und Obsttaschen von Frog Hollow schmecken lassen.

farm:table AMERIKANISCH $
(Karte S. 1076; ☎ 415-300-5652; www.farmtablesf.com; 754 Post St; Gerichte 6–9 US$; ⏲ Di–Fr 7.15–13, Sa & So 8–14 Uhr; 🖋; 🚌 2, 3, 27, 38) 🍃 Dieser tapfere kleine Laden in einer Schaufensterfront ist ein Lichtblick zwischen all den Betonbauten der Innenstadt. Serviert werden saisonale Bio-Produkte aus Kalifornien in Form von Frühstück mit frischem Gebäck und Mittagessen mit Zutaten direkt vom Bauernhof. Auf der tagesaktuellen Speisekarte könnten z. B. hausgemachte Cerealien, leckere Tartes und innovative Toastvariationen – Ingwerpfirsich und Mascarpone auf Vollkornsauerteig! –stehen. Der Laden ist winzig, hat aber eine makellose Küche und tollen Kaffee.

★ **Benu** KALIFORNISCH, FUSION $$$
(Karte S. 1076; ☎ 415-685-4860; www.benusf.com; 22 Hawthorne St; Verkostungsmenü 310 US$; ⏲ Di–Do 17.30–20.30, Fr & Sa bis 21 Uhr; 🚌 10, 12, 14, 30, 45) San Francisco ist schon seit 150 Jahren Vorreiter der asiatischen Fusionküche, die panpazifischen Kreationen von Inhaber und Chefkoch Corey Lee sind jedoch atemberaubend: Suppe mit Stopfleber-Klößchen, Pazifische Taschenkrebse mit Trüffelcreme oder Lees falsche Haifischflossensuppe, die so „echt" erscheint, dass man glaubt, es schwämme der weiße Hai darin. Ein Abendessen im Benu ist sündhaft teuer – da macht es den Kohl auch nicht mehr fett, wenn man sich dazu die vom Star-Sommelier Yoon Ha ausgewählten passenden Weine kredenzen lässt (210 US$). Ach ja, eine Servicegebühr von 20 % gibt es auch noch.

North Beach & Chinatown

★ **Liguria Bakery** BÄCKEREI $
(Karte S. 1076; ☎ 415-421-3786; 1700 Stockton St; Focaccia 4–6 US$; ⏲ Di–Fr 8–14, Sa 7–14, So 7–12 Uhr; 🖋 👪; 🚌 8, 30, 39, 41, 45, 🚋 Powell-Mason, Ⓜ T) Kunststudenten mit trübem Blick und italienische Großmütter stellen sich hier Punkt 8 Uhr für eine Zimt-Rosinen-Focaccia an, die noch warm direkt aus dem 100 Jahre alten Ofen kommt. Wer etwas trödelt und erst um 9 Uhr aufläuft, kann noch zwischen Tomate und dem Klassiker mit Rosmarin und Knoblauch wählen. Nachzügler aufgepasst: Wenn es nichts mehr gibt, schließen sie. Man kann die Focaccia im Wachspapier oder eingepackt fürs Picknick mitnehmen, sollte sich jedoch nicht der Illusion hingeben, dass man es tatsächlich schafft, etwas für später aufzuheben. Nur Barzahlung.

★ **Golden Boy** PIZZA $
(Karte S. 1076; ☎ 415-982-9738; www.goldenboypizza.com; 542 Green St; Stück 3,25–4,25 US$; ⏲ So–Do 11.30–24, Fr & Sa bis 2 Uhr; 🚌 8, 30, 39, 41,

45, Powell-Mason) Auf der Karte wird eine klare Ansage gemacht: „If you don't see it don't ask 4 it" – „Siehst du es nicht, frag nicht danach!" Das Golden Boy macht Punks glücklich. Die *pizzaioli* (Pizzabäcker) Sodini zaubern hier seit 1978 in zweiter Generation die perfekten genuesischen Pizzas mit Focaccia-Kruste, die genau richtig zäh, knusprig und heiß aus dem Ofen kommen. Oben drauf kommen Zutaten wie Pesto oder Muscheln und Knoblauch. Man nimmt sich ein rechteckiges Stück und ein Bier vom Fass und genießt alles an der Metalltheke.

★ **Mister Jiu's** CHINESISCH, KALIFORNISCH **$$**

(Karte S. 1076; 415-857-9688; http://misterjius.com; 28 Waverly Pl; Hauptgerichte 14–45 US$; Di–Sa 17.30–22.30 Uhr; 30, California, M T) In dieser historischen Banketthalle in Chinatown werden schon seit den 1880er-Jahren Erfolge gefeiert – heute ist's allerdings schon ein Erfolg, einen Tisch im Mister Jiu's zu ergattern, ein Grund zu feiern. Man kann sich von Chefkoch Brandon Jew ein denkwürdiges Bankett aus chinesischen Klassikern mit kalifornischem Einschlag zusammenstellen lassen: Wachtel und Klebreis mit Feigen, heiße und säuerliche Taschenkrebssuppe, Wagyu-Rinderlende und gebratener Reis mit Thunfischherz. Und nicht den Nachtisch vergessen: Konditormeisterin Melissa Chous gesalzene Pflaumen-Sesambällchen sind Aromabomben.

★ **Good Mong Kok** DIM SUM **$**

(Karte S. 1076; 415-397-2688; 1039 Stockton St; Kloß 2–5 US$; 7–18 Uhr; 30, 45, Powell-Mason, California, M T) Fragt man Einwohner von Chinatown, wo sie ihr Dim Sum essen, ist die Antwort entweder bei Oma oder bei Good Mong Kok. Vor der Tür dieser Bäckerei stehen die Leute Schlange für die Klößchen, die aus riesigen Dampfgarern in Mitnehmbehälter gefüllt werden, um diese dann auf dem Portsmouth Sq zu genießen. Die Karte ändert sich minütlich bis stündlich, aber es gibt auf jeden Fall Klassiker wie *siu mai, har gow* mit Shrimps und Grillfleischbrötchen. Chilisauce und Essig bringt man selbst mit.

The Marina, Fisherman's Wharf & Presidio

Fisherman's Wharf

Crab Stands MEERESFRÜCHTE **$**

(Karte S. 1076; Taylor St; Hauptgerichte 5–22 US$; M F) Am Ende der Taylor St, dem Epizentrum von Fisherman's Wharf, rühren Männer und Frauen mit hochgekrempelten Ärmeln an Krabbenimbissständen in großen, dampfenden Kesseln mit Kalifornischen Taschenkrebsen. Taschenkrebssaison ist normalerweise von Winter bis Frühling, Shrimps und andere Meeresfrüchte gibt's das ganze Jahr.

★ **Kaiyo** FUSION **$$**

(Karte S. 1076; 415-525-4804; https://kaiyosf.com; 1838 Union St; kleine Teller 12–28 US$, Teller zum Teilen 19–28 US$; Di, Mi & So 17–22, Do & Sa bis 23, Sa & So 10.30–15 Uhr; 41, 45) Cow Hollows verspieltestes und einfallsreichstes neues Restaurant bietet einen köstlich intensiven Einblick in die Küche der japanisch-peruanischen Diaspora. Der Pisco und die Whiskeycocktails sind nach Animefiguren benannt und eine neongrüne moosbedeckte Wand verläuft über die gesamte Länge des Speisesaals im *izakaya*-Stil. Aber das wahre Erlebnis ist das Essen.

Greens VEGETARISCH, KALIFORNISCH **$$**

(Karte S. 1076; 415-771-6222; www.greensrestaurant.com; 2 Marina Blvd, Bldg A, Fort Mason Center; Hauptgerichte 18–28 US$; Mo 17.30–21, Di–Do 11.30–14.30 & 17.30–21, Fr 11.30–14.30 & 17–21, Sa & So 10.30–14.30 & 17–21 Uhr; ; 22, 28, 30, 43, 47, 49) Nicht einmal Profi-Fleischesser würden bemerken, dass in dem herzhaften Chili mit schwarzen Bohnen oder den anderen geschmacksintensiven vegetarischen Gerichten des Greens kein Fleisch enthalten ist. Sie werden mit Zutaten zubereitet, die auf einer Zen-Farm im Marin County angebaut werden. Auch die Aussicht ist eine Wucht: Die Golden Gate Bridge erhebt sich unmittelbar vor den vielen Fenstern des Speiseraums. Das zugehörige Café hat Mittagsgerichte zum Mitnehmen. Wer sein Essen oder auch den Brunch am Samstag und Sonntag jedoch hier genießen möchte, der sollte unbedingt reservieren.

★ **Atelier Crenn** FRANZÖSISCH **$$$**

(Karte S. 1074; 415-440-0460; www.ateliercrenn.com; 3127 Fillmore St; Verkostungsmenü 335 US$; Di–Sa 17–21 Uhr; 22, 28, 30, 43) Die Karte ist als Gedicht verfasst, die typischen Kugeln aus weißer Schokolade sind mit einem Schuss Apfelwein gefüllt. Das mag ein ungewöhnlicher Anfang für ein Essen sein, aber dann geht's erst richtig los: Zum Reiskuchen mit Elefantenrüsselmuscheln in einer Glasglocke, die mit Flüssigstickstoff gefrostet wird, und etwa einem Dutzend mehr Gerichten ließ sich Chefkoch Dominique Crenn von seiner Kindheit in der Bretagne inspirieren.

Spazierfahrt
San Francisco mit dem Cable Car

START POWELL ST CABLE CAR TURNAROUND
ZIEL FERRY BUILDING
LÄNGE 3,2 KM; 2 STD.

Die Fahrt mit einer Cable Car ist *die* Vergnügungstour. Am ❶ **Powell St Cable Car Turnaround** (S. 1073) kann man zuschauen, wie die Fahrer die Wagen auf einer Holzplattform wenden, bevor man an dem altmodischen Kiosk eine Muni-Tageskarte (23 US$) kauft. An Bord der roten Powell-Hyde Cable Car beginnt die Fahrt auf den Nob Hill.

Die Stadtplaner im 19. Jh. waren skeptisch gegenüber den „Drahtseil-Bahnen" des Erfinders Andrew Hallidie – längst sind sie bereits im 21. Jh. angekommen und nur selten gab es Störungen. Hallidies Cable Cars überstanden sogar das Erdbeben und das Feuer von 1906, die Häuser des „Snob Hill" zerstörten, und brachten die Gläubigen zur wiederaufgebauten ❷ **Grace Cathedral** (S. 1078).

Wieder in der Bahn genießt man den Ausblick auf die Bucht und fährt, vorbei an der kurvenreichen und blumengesäumten ❸ **Lombard Street** (S. 1075), zum ❹ **Fisherman's Wharf**. Der Endbahnhof ist nach Friedel Klussmann benannt, die 1947 die Cable Cars vor Modernisierungsplänen bewahrte.

Am Kai kann man auf dem U-Boot ❺ **USS Pampanito** die Erleichterung nachempfinden, die die Matrosen im Zweiten Weltkrieg beim Anblick von San Francisco verspürt haben müssen. Bei den traditionellen Arkade-Spielen im ❻ **Musée Mécanique** (S. 1112) ist man hautnah bei Schlägereien in Westernsaloons dabei, bevor es mit der Powell-Mason Cable Car nach North Beach geht.

Am ❼ **San Francisco Art Institute** (S. 1075) wartet Diego Riveras Stadtlandschaft von 1934, Hungrige zieht es zur ❽ **Liguria Bakery** (S. 1088). Dann folgt ein Bummel durch North Beach und Chinatown. Oder man fährt mit der Powell-Mason-Linie auf einer Zeitreise durch die ❾ **Chinese Historical Society of America**. Unweit von hier wartet die älteste Cable-Car-Linie der Stadt, die California St Cable Car. Endstation ist in der Nähe des ❿ **Ferry Building** (S. 1073), wo Happy Hours mit Champagner und Austern warten.

The Mission & The Castro

★ La Palma Mexicatessen MEXIKANISCH $

(Karte S. 1080; ☎ 415-647-1500; www.lapalmasf.com; 2884 24th St; Tamales, Tacos & Huaraches 3–10 US$; ⌚ Mo–Sa 8–18, So bis 17 Uhr; ; 🚌 12, 14, 27, 48, Ⓑ 24th St Mission) Einfach dem Applaus folgen: So hört sich im La Palma die Herstellung von Bio-Tortillas an. Im Mission District ist das La Palma die Mutter aller handgemachten Tamales und *pupusas* (Tortillataschen) mit Kartoffeln und *chicharones* (Schweinefleischkruste). Ebenfalls nicht von schlechten Eltern ist das *carnitas* (langsam gegartes Schweinefleisch), der *cotija* (Oaxaca-Käse) und die würzige Tomatillo-Sauce. Man nimmt sich was mit oder setzt sich mit einer kleinen Armee von Freunden, die einem beim Aufessen helfen, an die sonnigen Tische an der Straße.

★ Al's Place KALIFORNISCH $$

(Karte S. 1080; ☎ 415-416-6136; www.alsplacesf.com; 1499 Valencia St; Teller zum Teilen 15–21 US$; ⌚ Mi–So 17.30–22 Uhr; ; 🚌 12, 14, 49, Ⓜ J, Ⓑ 24th St Mission) Die Gerichte im Al's präsentieren angestammte heimische Zutaten, feine pazifische Meeresfrüchte und Fleisch von Weidetieren. Die sonnenverwöhnten Aromen und exquisiten Texturen kommen durch die sorgfältige Zubereitung richtig zur Geltung, beispielsweise beim knusprigen Kabeljau mit schaumigem Limettendip oder den gegrillten Pfirsichen mit samtiger Stopfleber. Die Gerichte hier sind nur halb so groß wie anderswo, aber dreimal so aromatisch – man bestellt also zwei oder drei und erlebt Kalifornien von seiner traumhaften Seite.

Frances KALIFORNISCH $$$

(Karte S. 1080; ☎ 415-621-3870; www.frances-sf.com; 3870 17th St; Hauptgerichte 26–34 US$; ⌚ So & Di–Do 17–22, Fr & Sa bis 22.30 Uhr; 🚌 24, 33, Ⓜ F, K, L, M) Die rebellische Köchin und Besitzerin Melissa Perello hat für ihr gehobenes Essen einen Michelin-Stern erhalten, verließ dann aber Downtown, um dieses Nachbarschaftsbistro zu eröffnen, dessen Gerichte sich am Marktangebot orientieren. Auf der täglich wechselnden Speisekarte gehen rustikale Aromen und luxuriöse Texturen mit makelloser Umsetzung einher: Aus der Küche kommen z. B. selbst gemachte Schafsmilch-Ricotta-Pasta mit Butternut-Kürbis und knusprigen Kürbiskernen oder saftige Schweinekoteletts mit Blutorange und erdigen japanischen Süßkartoffeln. Dazu gibt's Kultweine direkt aus dem Wine Country, der glasweise serviert wird.

The Haight

★ Brenda's Meat & Three SÜDSTAATEN $$

(Karte S. 1074; ☎ 415-926-8657; http://brendasmeatandthree.com; 919 Divisadero St; Hauptgerichte 9–20 US$; ⌚ Mi–Mo 8–22 Uhr; 🚌 5, 21, 24, 38) Der Name sagt es schon: Hier gibt es einen fleischigen Hauptgang und drei Beilagen – obwohl nur Superhelden das Schinkensteak mit kreolischer Red-Eye-Bratensauce und Maisgrütze verdrücken können, ganz zu schweigen von den Keksen mit Sahnefüllung und den Eiern. Die Portionen, die Küchenchefin Brenda Buenviaje serviert, haben die typische Südstaatengröße. Das erklärt auch die langen Brunch-Schlangen mit Marathonläufern und Partylöwen, die am Vorabend vergessen haben zu essen. Früh kommen, Süßkartoffel-Pfannkuchen bestellen (und teilen) und hoffen, dass es Flusskrebs-Specials gibt.

Rich Table KALIFORNISCH $$

(Karte S. 1076; ☎ 415-355-9085; http://richtablesf.com; 199 Gough St; Hauptgerichte 17–37 US$; ⌚ So–Do 17.30–22, Fr & Sa bis 22.30 Uhr; 🚌 5, 6, 7, 21, 47, 49, Ⓜ Van Ness) Hier werden die abgefahrensten Gelüste befriedigt. Überwältigende Gerichte wie Steinpilz-Donuts, Sardinenchips und Funnel Cakes mit *burrata* (Mozzarella-Frischkäse) sprengen jeden Abend die Instagram-Accounts. Sarah und Evan Rich sind nicht nur ein Ehepaar, sondern auch die Köche und Besitzer des Rich Table. Mit ihren saisonalen kalifornischen Gerichten kitzeln sie die Seele von SFJAZZ-Stars und den Scharfsinn der Silicon-Valley-Gemeinde.

Golden Gate Park & Umgebung

★ Arsicault Bakery BÄCKEREI $

(Karte S. 1082; ☎ 415-750-9460; 397 Arguello Blvd; Gebäck 3–7 US$; ⌚ Mo–Fr 7–14.30, Sa & So bis 15.30 Uhr; 🚌 1, 2, 33, 38, 44) Armando Lacayo gab seinen Job im Finanzwesen auf, weil er – wie seine Pariser Großeltern vor ihm – besessen davon ist, Croissants zu backen. Nachdem er seine Technik perfektioniert hatte, eröffnete Lacayo 2015 eine bescheidene Bäckerei in Inner Richmond. Binnen eines Jahres erklärte die Zeitschrift *Bon Appétit* seinen Laden zur besten neuen Bäckerei in Amerika – und die goldenen, fluffigen und buttrigen Croissants sind regelmäßig ausverkauft.

★ Spruce KALIFORNISCH $$$

(Karte S. 1082; ☎ 415-931-5100; www.sprucesf.com; 3640 Sacramento St; Hauptgerichte 19–44 US$; ⌚ Mo–Do 11.30–14 & 17–22, Fr 11.30–14 & 17–23, Sa 10–14 & 17–23, So 10–14 & 17–21 Uhr; 🚌 1, 2, 33, 43) 🍃 VIP ohne Ende: Bakkarat-Kristallleuchter, hellbraune Lederstühle, wechselnde Kunstausstellungen und 2500 Weine. Ladys, die mittags bei höflicher Konversation speisen, genießen Burger mit Fleisch von Weidetieren auf hausgebackenen englischen Muffins voller Essigzwiebeln und alten Tomatensorten, die auf der restauranteigenen Biofarm wachsen. Pommes frites dazu? Oh ja, bitte: Hier wird alles in Entenfett zubereitet.

🍷 Ausgehen & Nachtleben

San Francisco setzte den goldenen Standard für Wild-West-Saloons, bis die Prohibition die Zecher in den 1920er-Jahren in den Untergrund trieb. Heute feiert die Stadt ihre historischen Saloons und Flüsterkneipen – und da das Wine Country und die lokalen Destillerien für stetigen Nachschub an Amerikas bestem Stoff sorgen, geht es im Westen nachts immer noch recht wild zu.

★ Bourbon & Branch BAR

(Karte S. 1076; ☎ 415-346-1735; www.bourbonandbranch.com; 501 Jones St; ⌚ 18–2 Uhr; 🚌 27, 38) In der Hausordnung dieser Flüsterkneipe aus der Zeit der Prohibition steht: Denken Sie nicht einmal daran, einen Cosmopolitan zu bestellen. Zu erkennen ist das Bourbon & Branch am wunderbar irreführenden Schild der Anti-Saloon League. Wer in der zweckentfremdeten Bibliothek einen der preisgekrönten Cocktails trinken möchte, flüstert das Passwort „books“ am O'Farrell-Eingang. Eine Reservierung ist erforderlich, wenn man in einer der Nischen im vorderen Raum oder in der Wilson & Wilson Detective Agency sitzen möchte, einer Film-noir-Flüsterkneipe in der Flüsterkneipe (das Passwort hierzu bekommt man bei der Reservierung mitgeteilt).

★ Comstock Saloon BAR

(Karte S. 1076; ☎ 415-617-0071; www.comstocksaloon.com; 155 Columbus Ave; ⌚ Mo 16–24, Di–Do bis 2, Fr 12–2, Sa 11.30–2, So 11.30–16 Uhr; 🚌 8, 10, 12, 30, 45, 🚋 Powell-Mason, Ⓜ T) In der Glanzzeit dieses Saloons von 1907 erleichterten sich die Herren in die Marmorrinne unterhalb der Bar – das ist heute nicht mehr ratsam. Lieber genießt man dort Comstocks authentischen Pisco Punch und den Martini-Vorläufer Martinez (Gin, Wermut, Bitter und Maraschino-Likör). Zur Happy Hour (16–18 Uhr) prostet man der Statue von Kaiser Norton zu und bleibt für das Familienessen (alles, was das Küchenpersonal isst). Um den Auftritten der Ragtime-Jazzbands zu lauschen, sollte man eine Sitzecke reservieren.

★ Li Po BAR

(Karte S. 1076; ☎ 415-982-0072; www.lipolounge.com; 916 Grant Ave; ⌚ 14–2 Uhr; 🚌 8, 30, 45, 🚋 Powell-Mason, Powell-Hyde, Ⓜ T) Hier kann man wunderbar in einer der Sitznischen aus rotem Vinyl entspannen, in denen schon Allen Ginsberg und Jack Kerouac unter einem goldenen Buddha über den Sinn des Lebens debattierten. Wenn man durch die nachgemachte Höhlentür von 1937 schreitet und den roten Laternen ausweicht, kann man sich ein Tsingtao-Bier oder einen süßen, aber hinterhältig starken Mai Tai bestellen, der mit *baijiu* (Reislikör) gemixt wird. Schroffe Barkeeper, Toiletten im Keller, nur Barzahlung – dies ist eine Bilderbuch-Spelunke.

Stookey's Club Moderne LOUNGE

(Karte S. 1076; www.stookeysclubmoderne.com; 895 Bush St; ⌚ Mo–Sa 16.30–2, So bis 24 Uhr; 🚌 1, 🚋 Powell-Hyde, Powell-Mason, California) In dieser Art-déco-Bar direkt aus einem Dashiell-Hammett-Thriller locken gefährliche Damen ahnungslose Seeleute mit starkem Fusel in nächtliche Abenteuer. Eine chromverkleidete Einrichtung der Streamline Moderne aus den 1930er-Jahren bestimmt das Ambiente, während flachsende Barkeeper in weißen Jacketts die heftigsten Cocktails der Stadt mixen – die wecken Tote auf. Man sollte rechtzeitig kommen, um auf der Hutablage einen Platz für seinen Filzhut zu ergattern, vor allem bei Live-Jazzabenden.

Trick Dog BAR

(Karte S. 1080; ☎ 415-471-2999; www.trickdogbar.com; 3010 20th St; ⌚ 15–2 Uhr; 🚌 12, 14, 49) Die Bar lässt sich von lokalen Phänomenen wie San Franciscos Wandbildern, chinesischen Imbissen und Verschwörungstheorien zu raffinierten Cocktails inspirieren. Alle sechs Monate wechselt das Motto und damit auch die gesamte Karte. Die abenteuerlichen Kreationen beweisen, dass man einem alten Hund neue Tricks beibringen und sich selbst Klassiker wie der Manhattan durchaus gekonnt steigern lassen. Um sich einen Barhocker zu sichern, muss man recht früh dran sein. Oder man setzt sich in das stimmungs-

LGBTIQ+-SZENE IN SAN FRANCISCO

Egal, woher man kommt, wen man liebt oder wer der Vater ist: Hier ist jeder willkommen und fühlt sich schnell zu Hause. In Castro schlägt das Herz der schwulen Szene, aber auch South of Market (SoMa) ist gut bestückt mit brodelnden Tanzclubs und Lederbars. Tenderloin bietet Transgender-Clubs und Queer-Kabarett, während es in The Mission vor allem Frauenbars, Kunstveranstaltungen und Community Spaces gibt.

Der wichtigste Monat im Veranstaltungskalender ist zweifellos der des **SF Pride** (⌚ Juni). Dann strömen mehr als 1,5 Mio. Besucher zu Paraden und Partys. Das erste Museum zur Geschichte der Homosexualität in den USA ist das **GLBT History Museum** (Karte S. 1080; ☎ 415-621-1107; www.glbthistory.org/museum; 4127 18th St; 5 US$, 1. Mi im Monat frei; ⌚ Mo–Sa 11–18, So 12–17 Uhr, Herbst–Frühling Di geschl.; Ⓜ Castro St), das ein Jahrhundert von San Franciscos LGBTIQ+-Gemeinde umspannt, oder man lernt bei einem Bummel durch Castro auf den Spuren des **Rainbow Honor Walk** (Karte S. 1080; http://rainbowhonorwalk.org; Castro St & Market St; Ⓜ Castro St) LGBT-Ikonen kennen.

Im jeden Mittwoch erscheinenden *Bay Area Reporter* (www.ebar.com) finden sich jede Menge News aus der Community und Veranstaltungstipps; auch eine Ausgabe der *San Francisco Bay Times* (http://sfbaytimes.com) ist da hilfreich. Das kostenlose *Gloss Magazine* (www.glossmagazine.net) gibt Auskünfte zum Nachtleben und zu Partys. Oder man steuert folgende Adressen an:

Aunt Charlie's Lounge (Karte S. 1076; ☎ 415-441-2922; www.auntcharlieslounge.com; 133 Turk St; frei–5 US$; ⌚ Mo & Mi 12–24, Di & Do bis 2, Fr bis 00.30, Sa 10–0.30, So 10–24 Uhr; 🚌 27, 31, Ⓜ Powell, Ⓑ Powell) Absolut top für Gender übergreifende Shows und verrückten Tanz in einem winzigen Laden.

El Rio (Karte S. 1080; ☎ 415-282-3325; www.elriosf.com; 3158 Mission St; frei–10 US$; ⌚ Mo–Sa 13–2, So bis 24 Uhr; 🚌 12, 14, 27, 49, Ⓑ 24th St Mission) Weltmusik, Salsa, House, Livebands und die sexyste Terrasse der Stadt.

Stud (Karte S. 1076; ☎ 415-863-6623; www.studsf.com; 399 9th St; 5–8 US$; ⌚ Di–Do 17–2, Fr bis 4, Sa 19–4, So 19–2 Uhr; 🚌 12, 19, 27, 47) Jeden Abend Shows und DJs, dazu das verführerische Aroma von Bourbon, Eau de Cologne und Testosteron.

Oasis (Karte S. 1076; ☎ 415-795-3180; www.sfoasis.com; 298 11th St; Karten 15–35 US$; 🚌 9, 12, 14, 47, Ⓜ Van Ness) San Franciscos hingebungsvolles Drag-Lokal der stadtbekannten Ikonen Heklinka und D'Arcy Drollinger.

Jolene's (Karte S. 1080; ☎ 415-913-7948; http://jolenessf.com; 2700 16th St; ⌚ Do–Fr 16–2, Sa & So ab 11 Uhr; 🚌 12, 22, 55, Ⓑ 16th Mission St) Frauen auf der Tanzfläche, an der Bar, überall auf der Tapete, man ist gleich zu Hause.

Wild Side West (Karte S. 1074; ☎ 415-647-3099; www.wildsidewest.com; 424 Cortland Ave; ⌚ 14–2 Uhr; 🚌 24) In dem Frauengeschichte machenden Skulpturengarten dreht sich alles um Queer und Bier.

voll beleuchtete Loft und gönnt sich einen hochwertigen Kneipenhappen.

20 Spot WEINBAR
(Karte S. 1080; ☎ 415-624-3140; www.20spot.com; 3565 20th St; ⌚ Mo–Do 17–23, Fr & Sa bis 00.30 Uhr; 🚌 14, 22, 33, Ⓑ 16th St Mission) In dieser Nachbarschafts-Weinlounge in einem viktorianischen Gebäude von 1885 entdeckt man sein Herz für Kalifornien. Nachdem der Eckbau jahrzehntelang den Punk-Plattenladen Force of Habit beherbergte – davon zeugt noch das alte Schild –, darf er sich jetzt auch mal zurücklehnen und in Ruhe ein Glas Schaumwein aus dem Hause Donkey and Goat aus Berkeley genießen. Achtung: Die Austern mit eingelegten Kakifrüchten haben Suchtpotenzial.

☆ Unterhaltung

Bei Gold Star Events (www.goldstarevents.com) gibt's Rabatte für Comedy-, Opern- und Theateraufführungen und Konzerte; am Union Square verkauft außerdem **TIX Bay Area** (Karte S. 1076; ☎ 415-433-7827; http://tixbayarea.org; 350 Powell St; 🚋 Powell-Mason, Powell-Hyde, Ⓑ Powell, Ⓜ Powell) vergünstigte Tickets für Shows, die am selben oder am nächsten Tag stattfinden.

★ **San Francisco Symphony** KLASSISCHE MUSIK

(Karte S. 1076; ☎ Konzertkasse 415-864-6000, Hotline für Last-Minute-Tickets 415-503-5577; www.sfsymphony.org; Grove St, zw. Franklin St & Van Ness Ave; Tickets 20–150 US$; 🚌 21, 45, 47, Ⓜ Van Ness, Ⓑ Civic Center) Von dem Augenblick an, wenn Chefdirigent Tilson Thomas auf die Zehenspitzen geht und den Taktstock hebt, spitzt das Publikum gespannt die Ohren, um das glanzvolle, mit einem Grammy ausgezeichnete Orchester zu erleben. Dieses ist berühmt für seine Beethoven- und Mahler-Interpretationen, es gibt aber auch Konzerte kombiniert mit Filmen wie *Star Trek* und kreative Zusammenarbeiten mit Künstlern von Elvis Costello bis Metallica.

★ **SFJAZZ Center** JAZZ

(Karte S. 1076; ☎ 866-920-5299; www.sfjazz.org; 201 Franklin St; Tickets 25–120 US$; 👪; 🚌 5, 6, 7, 21, 47, 49, Ⓜ Van Ness) 🍃 Jazzlegenden und Ausnahmetalente aus aller Welt werden in Nordamerikas neuestem und größtem Jazz-Zentrum vorgestellt. Unten im Joe Henderson Lab hört man frische Variationen klassischer Jazzalben und Poeten, die mit Jazzcombos auftreten. Auf der Hauptbühne kann man Zeuge außergewöhnlicher Joint Ventures werden – von afrokubanischen All-Star-Ensembles über die lautstarken Frauen-Mariachis Flor de Toluache bis zum Balkan-Wandersänger Goran Bregović und seinem Wedding and Funeral Orchestra.

★ **Fillmore Auditorium** LIVEMUSIK

(Karte S. 1076; ☎ 415-346-6000; http://thefillmore.com; 1805 Geary Blvd; Karten ab 20 US$; ⏲ Tageskasse So 10–15 Uhr, an Showabenden zusätzlich 30 Min. vor Einlass bis 22 Uhr; 🚌 22, 38) Jimi Hendrix, Janis Joplin, Grateful Dead – sie alle sind schon im Fillmore aufgetreten. Zum Beweis ist die Bar oben mit alten psychedelischen Postern geschmückt. Auch heute spielen in dem historischen Theater mit einer Kapazität von 1250 Zuschauern Bands, die normalerweise Stadien füllen, bei größeren Shows werden immer noch Gratisposter verteilt. Wer höflich ist und sich den Hippen anschließt, schafft es vielleicht bis direkt vor die Bühne.

★ **Castro Theatre** KINO

(Karte S. 1080; ☎ 415-621-6120; www.castrotheatre.com; 429 Castro St; Erw./Kind, Senior & Matinee 13/10 US$; Ⓜ Castro St) Jeden Abend johlt das Publikum im Castro, wenn die gewaltige Orgel ertönt – und das ist kein Euphemismus. In diesem Art-déco-Filmpalast von 1922 wird die Showtime durch die Melodien einer Wurlitzer-Orgel verkündet. Am Schluss singen alle gemeinsam die Judy-Garland-Hymne San Francisco. Der spanisch-maurisch-asiatische Stil des Architekten Timothy Pflueger inspirierte die Sets vom *Zauberer von Oz*. Nichtsdestotrotz ist die Furcht vor einem Erdbeben bei vielen Einheimischen so groß, dass sie es vermeiden, unter seinem spitzen Metallkronleuchter zu sitzen.

★ **Giants Stadium** BASEBALL

(AT&T Park; Karte S. 1076; ☎ 415-972-2000, Führungen 415-972-2400; http://sanfrancisco.giants.mlb.com; 24 Willie Mays Plaza; Karten 14–349 US$, Stadionführungen Erw./Senior/Kind 22/17/12 US$; ⏲ Führungen unterschiedl. Zeiten; 👪; Ⓜ N, T) Von April bis Oktober toben die Baseballfans hier während der 81 Heimspiele der Giants. Wie jeder eingefleischte Fan erzählen wird, haben die Giants seit 2010 dreimal die World Series gewonnen – und es wird klar, dass die Giants einfach eine weitere Erfolgsserie haben *müssen*, wenn abergläubische Einheimische die Teamfarben Orange und Schwarz sowie – sofern männlich – buschige Bärte tragen (der Kampfruf der Giants lautet nämlich „Fear the Beard" – Fürchtet den Bart!).

★ **Great American Music Hall** LIVE MUSIC

(Karte S. 1076; ☎ 415-885-0750; www.gamh.com; 859 O'Farrell St; Shows 20–45 US$; ⏲ Konzertkasse Mo–Fr 12–18 Uhr, Veranstaltungstage 17–Ende; 👪; 🚌 19, 38, 47, 49) In der opulenten Spielstätte für alle Altersgruppen, einem einstigen Bordell von 1907, gibt jeder sein Bestes: Acts wie The Band Perry legen sich ins Zeug, internationale Legenden wie Salif Keita zieren die Bühne und John Waters veranstaltet Weihnachtsspektakel. Ein Abendessen mit guten Plätzen auf dem Rang, von denen aus man die Show bequem sehen kann, kostet 25 US$. Man kann aber auch im Gedränge des Innenraums abrocken.

San Francisco Ballet TANZ

(Karte S. 1076; ☎ Karten 415-865-2000; www.sfballet.org; 301 Van Ness Ave, War Memorial Opera House; Karten 22–150 US$; ⏲ Ticketverkauf per Telefon Mo–Fr 10–16 Uhr; 🚌 5, 21, 47, 49, Ⓜ Van Ness, Ⓑ Civic Center) Das älteste Ballettensemble der USA führt jedes Jahr über 100 Bühnenshows auf, vom *Nussknacker* (die US-Premiere fand hier statt) bis zur Uraufführungen moderner Stücke. Die Aufführungen finden meistens von Januar bis Mai im War Memo-

SAN FRANCISCO MIT KINDERN

In San Francisco gibt's zwar pro Kopf die wenigsten Kinder aller US-Städte, doch viele Einwohner verdienen sich ihr Geld mit Kinderbelustigung, von Pixar-Animatoren bis zu Videospiel-Designern. Auch sonst strotzt die Stadt vor Attraktionen für den kleinen und großen Nachwuchs.

Da gibt es z. B. das preisgekrönte Exploratorium (S. 1073) mit interaktiven Exponaten, u. a. zur Wissenschaft des Skateboardens und zu in der Dunkelheit leuchtenden Tieren. Im **Musée Mécanique** (Karte S. 1076; ☎415-346-2000; www.museemecanique.com; Pier 45, Shed A; ⏲10–20 Uhr; 👪; 🚌47, 🚋Powell-Mason, Powell-Hyde, Ⓜ E, F) können die Kids die Welt vor Space Invaders retten. Anschließend können sie mutig die Seelöwen am Pier 39 (S. 1079) anbellen und auf dem alten **San Francisco Carousel** (Karte S. 1076; www.pier39.com; Pier 39; 1 Fahrt 5 US$, 3 Fahrten 10 US$; ⏲So–Do 10–21, Fr & Sa bis 22 Uhr; 👪; 🚌47, 🚋Powell-Mason, Ⓜ E, F) ein Einhorn besteigen.

In der Regenwaldkuppel jagt der Nachwuchs Schmetterlinge, im Streichelzoo berührt er Seesterne und im Eel Forest der California Academy of Sciences (S. 1081) darf er herumkreischen. Im **Aquarium of the Bay** (Karte S. 1076; ☎415-623-5300; www.aquariumofthebay.org; Pier 39; Erw./Kind/Familie 28/18/75 US$; ⏲Ende Mai–Anf. Sept. 10–20 Uhr, Rest des Jahres kürzere Öffnungszeiten; 👪; 🚌47, 🚋Powell-Mason, Ⓜ E, F) muss man sich durch den Haitunnel trauen. Im **Children's Creativity Museum** (Karte S. 1076; ☎415-820-3320; http://creativity.org/; 221 4th St; 12,95 US$; ⏲Sommer Di–So 10–16 Uhr, Rest des Jahres Mi–So; 👪; 🚌14, Ⓜ Powell, Ⓑ Powell) dürfen zukünftige Technikbarone ihre eigenen Videospiele und Animationen kreieren. Dampf ablassen können sie schließlich auf den Spielplätzen im **Golden Gate Park** (Koret Children's Quarter; Karte S. 1082; ☎415-831-2700; www.golden-gate-park.com/childrens-playground.html; Karussell pro Fahrt Erw./Kind 2/1 US$; ⏲Sonnenaufgang–Sonnenuntergang, Karussell 10–16.15 Uhr; 👪; 🚌7, 33, Ⓜ N), im **Dolores Park** (Karte S. 1080; http://sfrecpark.org/destination/mission-dolores-park; Dolores St, zw. 18th & 20th Sts; ⏲6–22 Uhr; 👪🐾; 🚌14, 33, 49, Ⓑ 16th St Mission, Ⓜ J) oder in den **Yerba Buena Gardens** (Karte S. 1076; ☎415-820-3550; www.yerbabuenagardens.com; Ecke 3rd & Mission Sts; ⏲6–22 Uhr; 👪; Ⓜ Montgomery, Ⓑ Montgomery).

rial Opera House statt. An der Kasse gibt's am Aufführungstag Stehplatzkarten für 15 bis 20 US$ (ab 4 Std. vor Beginn).

Shoppen

★Park Life GESCHENKE & SOUVENIRS

(Karte S. 1082; ☎415-386-7275; www.parklifestore.com; 220 Clement St; ⏲Mo–Sa 10–19, So bis 18 Uhr; 🚌1, 2, 33, 38, 44) Das Park Life ist gewissermaßen das Schweizer Taschenmesser unter den hippen Warenhäusern der Stadt. Es ist Designerladen, Indie-Verlag und Kunstgalerie in einem. Hier findet man Geschenke, die man lieber selber behalten würde, etwa Spielzeugsoldaten in Yogaposen, Park-Life-Kataloge mit Shaun O'Dells Darstellungen der natürlichen Unordnung der Dinge, düstere Fotos von Todd Hido, die zotteligen Katzen auf zotteligen Teppichen zeigen, oder eine Picasso-Bong.

★Community Thrift KLEIDUNG

(Karte S. 1080; ☎415-861-4910; www.communitythriftsf.org; 623 Valencia St; ⏲10–18.30 Uhr; 🚌14, 22, 33, 49, Ⓑ 16th St Mission) 🌿 Wenn Sammler und Einzelhändler in Mission gute Sachen übrig haben, spenden sie sie gern diesem gemeinnützigen Trödelladen, dessen Erlöse an über 200 hiesige Wohltätigkeitsinitiativen fließen. Umso größer ist die Freude über Schnäppchen wie eine Teetasse mit Marterpfahl für 5 US$, eine Vintage-Windjacke für 10 US$ oder einen Disko-Glitteroverall für 14 US$. Seine eigene Ausschussware kann man täglich bis 17 Uhr spenden und so der Gemeinde was Gutes tun.

Adobe Books & Backroom Gallery BÜCHEREI

(Karte S. 1080; ☎415-864-3936; www.adobebooks.com; 3130 24th St; ⏲Mo–Fr 12–20, Sa & So ab 11 Uhr; 🚌12, 14, 48, 49, Ⓑ 24th St Mission) Inspiration, wo man nur hinsieht: eben erst veröffentlichte Fiction, Kunstbücher in streng limitierter Auflage, superseltene Kochbücher, zerlesene Gedichtbände sowie Launch-Partys für Magazine, Comedyabende und Vernissagen. Am besten mischt man sich einfach unter die Mission-Bewohner, die über die besten Pulp-Fiction-Cover aller Zeiten und die Geschichte von San Francisco

DIE BESTEN EINKAUFSVIERTEL IN SAN FRANCISCO

Für all die toll eingerichteten Wohnungen, gut bestückten Gewürzregale und fabelhaften Klamotten klappern die Bewohner von San Francisco die ganze Stadt ab. Was man wo findet:

Polk Street Vintagelooks, einheimische Kunst, Independent-Designer und clevere Geschenke

Valencia Street Andenken made in San Francisco, Westküstenstil und -düfte, Piratenausstattung

Haight Street Vintage, Drag-Glamour, Steampunk-Klamotten und jede Menge Hüte, außerdem anarchistische Comics, Schallplatten und Skateboards für die komplette SF-Ausrüstung

Hayes Valley Hiesige Designer, Feinschmeckerläden, Wohnaccessoires

Union Square Kaufhäuser und großen Ketten wie Neiman Marcus, Macy's, Saks und Apple

diskutieren (der Gründer Andrew ist ein Genie). Auch der Weg in den hinteren Teil des Ladens lohnt sich: In der Backroom Gallery lernt man Künstler kennen, bevor sie auf der Whitney Biennal in New York landen.

Gravel & Gold HAUSHALTSWAREN
(Karte S. 1080; ☎415-552-0112; www.gravelandgold.com; 3266 21st St; ⏲Mo–Sa 12–19, So bis 17 Uhr; 🚌12, 14, 49, Ⓑ24th St Mission) Im Gravel & Gold geht's zurück in die Vergangenheit der Landkommunen Kaliforniens, ohne die Straßen von Mission zu verlassen. Der Laden feiert Kaliforniens Hippie-Aussteigerbewegung mit handbedruckten Kittelkleidern, den klassischen Boob-print Totes (Tüten mit vielen aufgedruckten Brüsten) und psychedelisch gestreiften Sofakissen. Hier gibt's außerdem kalifornische Haushaltswaren wie handgetöpferte Steingutbecher, Öko-Siebdruckposter und seltene Bücher über die Strandhüttenarchitektur der 1970er-Jahre. Wer lieber etwas selber machen will, kann auch Workshops belegen (s. Website).

Praktische Informationen

GEFAHREN & ÄRGERNISSE

Wie in jeder großen Stadt muss man auch hier wachsam sein, vor allem nachts in Tenderloin, South of Market (SoMa), Upper Haight und im Mission District. Wer sich in den Gegenden nachts alleine bewegt, sollte Ride-Sharings oder ein Taxi in Betracht ziehen, statt auf einen Bus zu warten.

MEDIZINISCHE VERSORGUNG

San Francisco City Clinic (☎415-487-5500; www.sfcityclinic.org; 356 7th St; ⏲Mo, Mi & Fr 8–16, Di 13–18, Do 13–16 Uhr) Kostengünstige Behandlung.

San Francisco General Hospital (Zuckerberg San Franciso General Hospital and Trauma Center; ☎Notfall 415-206-8111, Hauptkrankenhaus 415-206-8000; https://zuckerbergsanfranciscogeneral.org; 1001 Potrero Ave; ⏲24 Std.; 🚌9, 10, 33, 48) Hier finden Travller die beste Notaufnahme bei schweren Verletzungen.

University of California San Francisco Medical Center (☎415-476-1000; www.ucsfhealth.org; 505 Parnassus Ave; ⏲24 Std.; 🚌6, 7, 43, Ⓜ N) Notfallambulanz am führenden Universitätskrankenhaus.

TOURISTENINFORMATION

SF Visitor Information Center (www.sanfrancisco.travel/visitor-information-center) Muni-Fahrkarten, Angebote für Aktivitäten und Veranstaltungskalender.

An- & Weiterreise

BUS

Am **Temporary Transbay Terminal** (Karte S. 1076; Ecke Howard & Main Sts; 🚌5, 38, 41, 71) fahren folgende Busse:

AC Transit (☎510-891-4777; www.actransit.org; einfache Fahrt East Bay/Trans-Bay 2,35/5,50 US$) Busse zur East Bay.

Greyhound (☎800-231-2222; www.greyhound.com) Tägliche Busse nach Los Angeles (21–33 US$, 8–12 Std.), Truckee (32–40 US$, 5½ Std.) nahe dem Lake Tahoe und zu anderen größeren Zielen.

Megabus (☎877-462-6342; https://us.megabus.com) Preiswerte Busverbindungen zwischen San Francisco und Los Angeles, Sacramento und Anaheim.

SamTrans (☎800-660-4287; www.samtrans.com) Busse südwärts nach Palo Alto und zur Pazifikküste.

FLUGZEUG

Einer der geschäftigsten Flughäfen Amerikas, der **San Francisco International Airport** (www.flysfo.com; S McDonnell Rd), befindet sich 14 Meilen (22 km) südlich des Zentrums am Hwy 101 und ist mit dem BART zu erreichen (30 Min.). Wenn man am **Oakland International Airport** (OAK; ☎510-563-3300; www.oaklandairport.com; 1 Airport Dr; 📶; Ⓑ Oakland International Airport), 15 Meilen (24 km) östlich von Downtown, ankommt, dauert die Fahrt nach San Francisco hinein länger; dafür hat der OAK weniger wetterbedingte Flugverspätungen als der SFO.

ZUG

Die Züge der **Amtrak** (☎800-872-7245; www.amtrak.com) bedienen San Francisco über die Bahnhöfe Oakland und Emeryville (nahe Oakland). Vom Jack London Sq in Oakland bringen kostenlose Shuttlebusse die Passagiere zum Ferry Building und zum Caltrain-Bahnhof in San Francisco.

Caltrain (www.caltrain.com; Ecke 4th & King St) Verbindet San Francisco mit den Zentren im Silicon Valley sowie mit San Jose.

Unterwegs vor Ort

Die Einwohner San Franciscos gehen meist zu Fuß oder wählen das Fahrrad, die Muni oder einen Fahrdienst anstelle des Autos oder Taxis. Der Verkehr ist notorisch grauenhaft und Parken nahezu unmöglich. Am besten lässt man das Auto bis zur Weiterreise stehen. Auskünfte zu ÖPNV-Optionen in der Bay Area, zu Ankunfts- und Abfahrtszeiten erhält man unter 511 oder auf www.511.org. Online gibt's auch eine *Muni Street & Transit Map*.

Cable Cars SFs Kabelstraßenbahnen fahren häufig (tgl. 6–0.30 Uhr), wenn auch langsam, sind aber überaus idyllisch. Einzelfahrten kosten 7 US$. Wer viel damit fährt, holt sich am besten einen Muni Passport (23 US$/Tag).

Muni-Straßenbahnen und -Busse Relativ schnell, die verschiedenen Linien fahren aber unterschiedlich häufig; nach 21 Uhr gibt's nur noch wenige Verbindungen. Eine Fahrt kostet 2,75 US$ in bar oder 2,50 US$ mit einer wiederaufladbaren Clipper Card.

BART Hochgeschwindigkeitsverbindung nach East Bay, zur Mission St, zum Flughafen von SF und nach Millbrae, wo man Anschluss an Züge von Caltrain hat.

Taxi Pro Meile zahlt man etwa 3 US$; der Taxameter startet bei 3,50 US$.

Marin County

Auf der anderen Seite der Golden Gate Bridge von San Francisco aus liegt Marin County – eine Ansammlung wohlhabender, bewaldeter Dörfer, die noch zaghaft an ihren Hippie-Wurzeln festhalten, während sich langsam eine konservativere Generation der Tech-Ära breitmacht. Die sich nach Süden erstreckende Halbinsel berührt beinahe den nördlichsten Zipfel der Stadt und grenzt an den Pazifik und die Bucht. Aber Marin County ist wilder und gebirgiger als San Francisco: Auf der zur Küste hin gelegenen Seite der Hügellandschaft wachsen Redwoods, die Brandung kracht gegen die Klippen und überall verlaufen Wander- und Radwege kreuz und quer durch die großartige Landschaft von Point Reyes, Muir Woods und Mt. Tamalpais. Diese Natur ist es, die das Marin County zu einem tollen Ziel für einen Tages- oder Wochenendausflug von San Francisco aus macht.

Marin Headlands

Majestätisch ragen die Klippen und Hügellandschaften der Headlands am Nordende der Golden Gate Bridge aus dem Wasser. Ihre zerklüftete Schönheit ist umso bemerkenswerter, da sie nur ein paar Kilometer von Friscos Zentrum entfernt sind. Aus den 100 Jahren der militärischen Nutzung stehen hier noch ein paar Befestigungsanlagen und Bunker. Ironie des Schicksals: Gerade weil die Headlands Militärgelände waren, stehen die **Parkanlagen** (Karte S. 1074; ☎415-561-4700; www.nps.gov/goga; P) GRATIS heute unter Naturschutz und dürfen sich frei entwickeln. Kein Wunder, dass dieser Park zu den beliebtesten Revieren für Wanderer und Radler in der Bay Area zählt: Pfade schlängeln sich hier durch die Headlands, bieten atemberaubende Ausblicke auf das Meer, die Golden Gate Bridge und San Francisco und führen zu einsamen Stränden und abgelegenen Picknickplätzen.

Von einem kleinen Parkplatz abseits der Field Rd führt ein anstrengender Fußmarsch (ca. 800 m) zum historischen **Point Bonita Lighthouse** (Karte S. 1074; ☎415-331-1540; www.nps.gov/goga/pobo.htm; Sa–Mo 12.30–15.30 Uhr; P) GRATIS. Von der Spitze des Point Bonita bietet sich ein Blick auf die Golden Gate Bridge und die Skyline von San Francisco. Je nach Jahreszeit versammeln sich Gemeine Seehunde auf Felsen in der Nähe. Eine längere Wanderung kann man auf dem **Coastal Trail** (Karte S. 1074; www.nps.gov/goga/planyourvisit/coastal-trail.htm) unternehmen, der sich vom **Rodeo Beach** (Karte S. 1074; www.parksconservancy.org/visit/park-sites/rodeo-beach.html; abseits der Bunker Rd; P) über gut 5,5 km landeinwärts schlängelt, verlassene Militärbunker passiert und dann den Tennessee Valley Trail kreuzt. Die zweite, 5 km lange Etappe führt anschließend die Headlands entlang bis zum **Muir Beach** (Karte S. 1074; www.nps.gov/goga/planyourvisit/muirbeach.htm; abseits des Pacific Way; P).

Oberhalb der Rodeo Lagoon kümmert sich das **Marine Mammal Center** (Karte

S. 1074; ☎415-289-7325; www.marinemammalcenter.org; 2000 Bunker Rd; Eintritt gegen Spende, Audiotour Erw./Kind 9/5 US$; ⏱10–16 Uhr; P) um verletzte, kranke und verwaiste Meeressäuger, bevor sie wieder ausgewildert werden; es organisiert lehrreiche Ausstellungen über diese Tiere und die Gefahren, denen sie ausgesetzt sind.

Mt. Tamalpais State Park

Der majestätische Mt. Tamalpais (kurz Mt. Tam) erhebt sich über dem Marin County und umfasst ein Wander- und Radwegnetz von über 320 km Länge, Seen, Flüsse, Wasserfälle und eine beeindruckende Tiervielfalt – von massenhaft Molchen und Falken bis zu seltenen Füchsen und Berglöwen. Die Wege schlängeln sich über Wiesen vorbei an Eichen und Erdbeerbäumen hin zu atemberaubenden Blicken auf die San Francisco Bay, den Pazifik, Städte, Dörfer und bewaldete Hügel, die sich in der Ferne ausstrecken.

Der friedvolle, 784 m hohe Berg mit dem **Mt. Tamalpais State Park** (Karte S. 1074; ☎415-388-2070; www.parks.ca.gov/mttamalpais; 8 US$/Auto; ⏱7 Uhr–Sonnenuntergang; P) , dem Marin Municipal Water District, dem **Muir Woods National Monument**, mehreren offenen Landflächen im Marin County und einem Teil der Golden Gate Recreation Area ist ein Paradies für Wanderer. Auf der Website von OneTam (www.onetam.org) kann man eine Karte der Bergwege herunterladen und viele Inspirationen für Wanderungen finden.

Eine der besten Touren am Berg ist der **Steep Ravine Trail**, der von der Parkzentrale an der **Pantoll Station** (Karte S. 1074; ☎415-388-2070; www.parks.ca.gov; 801 Panoramic Hwy; ⏱Öffnungszeiten variieren;) einem bewaldeten Bach bis zur Küste folgt (ca. 3,4 km pro Strecke).

Point Reyes National Seashore

Die windumtoste Halbinsel Point Reyes ist eine raue Schönheit, die schon immer Meeressäuger und Zugvögel anlockte; außerdem beherbergt sie mehrere Schiffswracks. Die **Point Reyes National Seashore** (☎415-654-5100; www.nps.gov/pore; P) GRATIS schützt auf 285 km² unberührte Strände und Wildnis und bietet ausgezeichnete Wander- und Campingmöglichkeiten. Man sollte sich unbedingt warm anziehen, da auch die sonnigsten Tage schnell kalt und neblig werden können.

Auf dem westlichsten Zipfel der Halbinsel, in wildem und windumtostem Terrain, thront gefühlt am Ende der Welt das **Point Reyes Lighthouse** (☎415-669-1534; www.nps.gov/pore; am Ende des Sir Francis Drake Blvd; ⏱Fr–Mo 10–16.30 Uhr, Linsenraum Fr–Mo 14.30–16 Uhr; P) GRATIS – ein idealer Ort, um an der Küste Wale zu beobachten. Der Leuchtturm befindet sich unterhalb der Headlands; man erreicht ihn über eine Treppe mit mehr als 300 Stufen. Zahlreiche Strände zieren die Halbinsel und bieten reichlich Möglichkeiten zum Schwimmen und Beobachten von Wildtieren: **Drakes** und **Heart's Desire** sind bei Familien beliebt.

Im **Bear Valley Visitor Center** (☎415-464-5100; www.nps.gov/pore; 1 Bear Valley Rd, Point Reyes Station; ⏱Mo–Fr 10–17, Sa & So 9–17 Uhr), der Zentrale von Point Reyes National Seashore eine Meile (1,6 km) westlich von Olema, gibt's Landkarten, Infos und sehenswerte Exponate.

Berkeley

Die Stadt Berkeley steht für Protest, Aktivismus und linke Politik. Jenseits dieser Attribute ist es eine geschäftige, attraktive Stadt, in der ein Mix aus Yuppies, Hippies und Studenten friedlich nebeneinander leben. Es gibt tolle regionale asiatisch-pazifische Restaurants, zwei Spielzeugläden, lateinamerikanische Lebensmittelläden, hochwertige Bio-Lebensmittelabteilungen und den neblig grünen Campus der University of California, Berkeley („Cal").

Sehenswertes

Die Telegraph Ave ist seit jeher das pulsierende Herz von Berkeleys Akademikerleben: Auf den Bürgersteigen drängeln sich Scharen von Studenten, Post-Doktoranden und jungen Shoppingfreaks an zahllosen Verkaufsständen, Straßenkünstlern und Bettlern vorbei.

★ **Tilden Regional Park** PARK

(☎510-544-2747; www.ebparks.org/parks/tilden; ⏱5–22 Uhr; P ; AC Transit 67) GRATIS Östlich der Stadt wartet Berkeleys schönen Park (8,42 km²) oben in den Hügeln mit einem fast 64 km langen Netz von Wander- und Multifunktionspfaden auf. Das Spektrum der unterschiedlich anspruchsvollen Routen reicht von asphaltierten Spazierwegen bis hin zu hügeligen Kraxeltouren – hier verläuft u. a. ein Teil des herrlichen Bay Area

Ridge Trail. Im Park gibt's zudem einen Miniaturdampfzug (3 US$), einen Kinderbauernhof mit Naturlehrzentrum, einen botanischen Garten mit wunderbar wildem Flair und einen Golfplatz mit 18 Löchern. Obendrein lädt der Lake Anza zum Picknicken und von Frühling bis Herbst auch zum Schwimmen (3,50 US$) ein.

University of California, Berkeley UNIVERSITÄT
(☎ 510-642-6000; www.berkeley.edu; ⊙ Öffnungszeiten variieren P; B Downtown Berkeley) Die „Cal", die älteste Universität Kaliforniens (1866), ist eine der Spitzenuniversitäten des Landes mit 40 000 politisch wachsamen Studenten. Neben dem **California Memorial Stadium** (☎ 510-642-2730; www.californiamemorialstadium.com; 2227 Piedmont Ave; ⊙ Öffnungszeiten variieren; 👪; 🚌 AC Transit 52) bietet das **Koret Visitor Center** (☎ 510-642-5215; http://visit.berkeley.edu; 2227 Piedmont Ave; ⊙ Mo–Fr 8.30–16.30, Sa & So 9–13 Uhr; 🚌 AC Transit 36) Infos und Lagepläne und veranstaltet kostenlose Campus-Führungen (Reservierung erforderlich). Das Wahrzeichen der Cal ist der 1914 erbaute **Campanile** (Sather Tower; ☎ 510-642-6000; http://campanile.berkeley.edu; Erw./Kind 4/3 US$; ⊙ Mo–Fr 10–15.45, Sa 10–16.45, So bis 13.30 & 15–16.45 Uhr; 👪; B Downtown Berkeley) mit seinem Glockenspiel. Ein Fahrstuhl (4 US$) bringt einen nach oben. In der **Bancroft Library** (☎ 510-642-3781; www.lib.berkeley.edu/libraries/bancroft-library; University Dr; ⊙ Archive Mo–Fr 10–16 oder 17 Uhr; B Downtown Berkeley) GRATIS ist das kleine Gold-Nugget ausgestellt, das 1848 den kalifornischen Goldrausch auslöste.

Schlafen

Graduate Berkeley BOUTIQUEHOTEL $$
(☎ 510-845-8981; www.graduatehotels.com/berkeley; 2600 Durant Ave; DZ 180–240 US$; P ⊖ @ 📶 🐾; 🚌 AC Transit 51B) Einen Block vom Campus entfernt betont dieses klassische und nunmehr renovierte Hotel aus dem Jahr 1928 seine Verbindung zur Uni auf scherzhafte Weise: Die Lobby zieren peinliche Jahrbuchfotos und ein Deckenmobile aus Prüfungsbüchern. In den recht kleinen Zimmern gibt's Duschvorhänge mit Wörterbuchmotiven und Nachttischlampen aus umfunktionierten Wasserpfeifen.

★ **Claremont Resort & Spa** RESORT $$$
(☎ 510-843-3000; www.fairmont.com/claremont-berkeley; 41 Tunnel Rd; DZ ab 300 US$; P ⊖ @ 📶 🏊 🐾) Das zu Fairmont gehörende historische Hotel ist das beste an der East Coast: Das glamouröse weiße Haus aus dem Jahr 1915 umfasst elegante Restaurants, ein Fitnesscenter, Swimmingpools, Tennisplätze und einem Spa mit allem Drum und Dran. Die Zimmer mit Blick auf die Bucht sind hervorragend. Das Hotel steht am Fuß der Berkeley Hills abseits des Hwy 13 (Tunnel Rd), nahe der Grenze zu Oakland. Parken kostet 30 US$.

Essen & Ausgehen

★ **Cheese Board Collective** PIZZA $
(☎ 510-549-3183; www.cheeseboardcollective.coop; 1504 & 1512 Shattuck Ave; Stück/halbe Pizza/ganze Pizza 2,75/12/24 US$; ⊙ Di–Sa 11.30–15 & 16.30–20 Uhr; 🌿 👪; 🚌 AC Transit 7) Diese Pizzeria, die seit 1971 als Mitarbeiter-Kooperative geführt wird, hat eine riesige Auswahl an Käsesorten, eine Bäckerei mit vielen verschiedenen Sorten an frischem Brot und jeden Tag neue vegetarische Salate und Pizzas, z. B. mit Spargel und Zwiebel oder gehackten Tomaten und Ziegenkäse. In der Institution der Stadt wird häufig Livemusik gespielt. Auf Warteschlangen einstellen!

★ **Great China Restaurant** CHINESISCH $$
(☎ 510-843-7996; www.greatchinaberkeley.com; 2190 Bancroft Way; Hauptgerichte 13–21 US$; ⊙ Mi–Mo 11.30–14.30, Mo, Mi & Do 17.30–21, Fr bis 21.30, Sa & So 17–21.30 Uhr; B Downtown Berkeley) In Berkeley mangelt es nicht an gutem chinesischem Essen, aber dieses riesige, gehobene Restaurant legt mit seinen nordchinesischen Spezialitäten noch eine Schippe drauf. Es gibt z. B. in Kreuzkümmel geschmortes Lamm, gedünsteter Fisch mit Ingwer und Frühlingszwiebeln oder dreifach gegarten Schweinebauch. Hier geht man mit Freunden hin und bestellt so viel, wie man kann – die Geschmacksknospen werden es nie vergessen.

Gather KALIFORNISCH $$
(☎ 510-809-0400; www.gatherrestaurant.com; 2200 Oxford St; Hauptgerichte abends 18–30 US$; ⊙ Mo–Do 11.30–14 & 17–21, Fr 11.30–14 & 17–22, Sa 10–14 & 17–22, So 10–14 & 17–21 Uhr; 🌿; B Downtown Berkeley) 🍃 Im Gather essen sowohl vegane Gourmets als auch Feinschmecker, die auf Frisches vom Bauernhof stehen. Die Gerichte aus regionalen Zutaten (u. a. nachhaltig erzeugtes Fleisch) kommen aus einer offenen Küche, von deren Überdachung Schlingpflanzen herabhängen. Die Einrichtung des Lokals besteht aus Recyclingholz. Reservieren ist ratsam.

★Chez Panisse KALIFORNISCH $$$

(☎Café 510-548-5049, Restaurant 510-548-5525; www.chezpanisse.com; 1517 Shattuck Ave; Café Hauptgerichte abends 21–35 US$, Restaurant Festpreismenü abends 75–125 US$; ⊙Café Mo–Do 11.30–14.45 & 17–22.30, Fr & Sa 11.30–15 & 17–23 Uhr, Restaurant Platzierung Mo–Sa 17.30 & 20 Uhr; ; AC Transit 7) Feinschmecker pilgern scharenweise in diesen Tempel von Alice Waters, Erfinderin der kalifornischen Cuisine. Das Restaurant befindet sich in einem schönen Arts-&-Crafts-Haus in Berkeleys „Gourmet Ghetto“ . Entweder man geht aufs Ganze und gönnt sich im Erdgeschoss ein Menü zum Festpreis oder man besucht das preiswertere und nicht ganz so formelle Café im Obergeschoss. Einen Monat im Voraus reservieren!

Fieldwork Brewing Company BRAUEREI

(☎510-898-1203; www.fieldworkbrewing.com; 1160 6th St; ⊙So–Do 11–22, Fr & Sa bis 23 Uhr; AC Transit 12) In dieser Brauerei mit Schankraum im Industrial-Look sitzt man auf der Freiluftterrasse und testet Probierdecke mit IPAs oder ein Glas mit reichhaltigem, scharfem Schokoladen-Stout auf mexikanische Art. Hunde sind willkommen; im Eingangsbereich gibt's Vorrichtungen, um sein Fahrrad aufzuhängen. Auf der kleinen Speisekarte stehen auch ein paar Gerichte im kalifornisch-mexikanischen Stil.

Anreise & Unterwegs vor Ort

Um nach Berkeley zu gelangen, nimmt man einen Zug Richtung Richmond und steigt an einem der folgenden drei BART-Bahnhöfe aus: Ashby, Downtown Berkeley oder North Berkeley. Oder man überquert von San Francisco aus die Bay Bridge und folgt entweder der I-80 (Richtung University Ave, Berkeley Marina, Downtown Berkeley und Uni-Campus) oder dem Hwy 24 (Richtung College Ave und Berkeley Hills).

Berkeley erkundet man am besten zu Fuß, mit dem Fahrrad oder den Stadtbussen.

NORDKALIFORNIEN

In Nordkalifornien (Northern California) präsentiert sich der Golden State mit riesigen, aus dem Küstennebel ragenden Redwoods, den Weingütern des Wine Country und den versteckten Thermalquellen von seiner wilden Seite. Der dramatischen Kulisse aus Land und Meer entspricht die unglaubliche Verschiedenheit der Einwohner: Man trifft hier Holzbarone und Bäume umarmende Hippies, Rastafaris mit Dreadlocks und Bio-Rancher, Cannabis-Farmer und Radikale jeder politischer Richtung. Zum Besuch der Region verlocken Spitzenweine, Restaurants mit einer Küche aus frischen, regionalen Zutaten, in Nebel gehüllte Wanderungen unter den größten Bäumen des Planeten und ausufernde Gespräche, die mit einem *Hey, dude!* beginnen.

Wine Country

Überraschend, lyrisch, elegant und kultiviert – Nordkaliforniens Wine Country vereinigt verschiedene Landschaften, Menschen und die diversen Aromen aus den Counties Napa und Sonoma.

Die Landschaft mit ihren Grashügeln, frischen Tälern, immergrünen Bergen und plätschernden Flüssen überrascht an jeder Ecke. Aber eigentlich ist es das Essen und der Wein, die die Besucher anlocken. Die Gegend ist das lukullische Zentrum der USA, und die Restaurants, Weingüter und Verkostungsräume müssen sich hinter der Konkurrenz in Europa nicht verstecken ... im Gegenteil.

Im Westen der Region liegt das Sonoma County. Hier fahren die Einwohner noch in Pickups durch die Gegend, kalte Nebelfinger kriechen vom Meer die Täler hinauf und erzeugen unglaubliche Cool-Climate-Weine.

Im Osten von Eden liegen die Weltklasse-Weingüter des Napa County mit wahrlich überirdisch gutem Essen und viel Platz für ein Nachmittagspicknick oder eine Wanderung.

Beide Täler erreicht man in einer 90-minütigen Fahrt von San Francisco und Oakland. Das weiter im Inland gelegene Napa verfügt über etwa 500 Weingüter und lockt die meisten Besucher an (an Sommerwochenenden ist mit hohem Verkehrsaufkommen zu rechnen). Aber auch das Sonoma County hat mehr als 425 Weingüter zu bieten, das Sonoma Valley um die 40, allerdings geht es hier nicht ganz so kommerziell zu und die Gegend ist weniger überlaufen als der Nachbar. Wer also nur Zeit für eine der beiden Weinregionen hat, ist mit Sonoma gut bedient.

Napa Valley

Napa Valley bietet exakt das, was man erwartet, wenn man ans Wine Country denkt: Schlosskellereien auf Hügeln, gewagte Cabernets, weite Flächen mit Rebstöcken in Reih und Glied, sonnenverwöhnte, grüne

Hänge, stundenlange Feinschmeckermenüs und einige der schönsten und luxuriösesten Boutiquehotels in ganz Kalifornien.

Die meisten Reisen beginnen und enden in der Stadt Napa selbst. Im Zentrum gibt es Verkostungsräume, Livejazz, etliche Optionen zum feinen Speisen sowie bodenständige Kneipen und Lokale, in denen man mit einem jüngeren einheimischen Publikum bis in die Puppen Partys feiern kann.

Sehenswertes & Aktivitäten

★ Hess Collection WEINGUT, GALERIE
(707-255-1144; www.hesscollection.com; 4411 Redwood Rd, Napa; Museum Eintritt & Führungen frei, Verkostung 25–35 US$, Führungen frei; 10–17 Uhr, letzte Verkostung 17 Uhr) Kunstliebhaber sollten sich die Hess Collection anschauen, in deren Sälen mannigfaltige und mitunter großformatige Kunstwerke zu sehen sind, darunter Arbeiten von Francis Bacon und Robert Motherwell. In dem eleganten Verkostungsraum mit Natursteinwänden gibt es bekannte Sorten wie Cabernet Sauvignon und Chardonnay, man sollte sich aber auch den Viognier nicht entgehen lassen. In den wärmeren Monaten wird auch im Garten mit schönem Blick hinunter ins Tal ausgeschenkt. Man sollte reservieren und sich auf eine kurvenreiche Anfahrt einstellen. Flaschenweine kosten zwischen 30 und 100 US$. Eine öffentliche Führung gibt's um 10.30 Uhr.

★ Robert Sinskey Vineyards WEINGUT
(707-944-9090; www.robertsinskey.com; 6320 Silverado Trail, Napa; Verkostung in der Bar 40 US$, Verkostung am Tisch mit Wein & Essen 70–175 US$; 10–16.30 Uhr; P) Der wunderbare, auf einem Hügel thronende Verkostungsraum aus Stein, Redwood und Teakholz ähnelt einer kleinen Kathedrale – nicht unpassend angesichts des sakralen Status, den die Speisen und der Wein hier genießen. Das Gut ist auf einen fruchtigen Bio-Pinot-Noir sowie einige äußerst aromatische weiße Sorten, trockene Rosés und Bordeaux-Weine wie Merlot und Cabernet Franc spezialisiert, die zu guten Essensbegleitern ausgebaut wurden. Zu den Barverkostungen werden Häppchen gereicht, das Essen zu den Verkostungen am Tisch kreiert Chefköchin Maria Sinskey höchstpersönlich. Verkostung am Tisch und die kulinarischen Touren sollte man vorab reservieren.

★ Frog's Leap WEINGUT
(707-963-4704; www.frogsleap.com; 8815 Conn Creek Rd, Rutherford; Weinprobe inkl. Führung 25–35 US$; 10–16 Uhr, nur nach Vereinbarung; P) Pfade winden sich hier durch zauberhafte Gärten und Obstplantagen – mittendrin liegt ein Gehöft von 1884 mit Scheune, Katzen und Hühnern. Die Atmosphäre ist locker, bodenständig und spaßbetont. Das Gut macht vor allem mit seinem Sauvignon Blanc von sich reden, aber auch der Merlot verdient Beachtung. Außerdem gibt's einen trockenen, dezenten und für Napa untypischen Cabernet.

★ Tres Sabores WEINGUT
(707-967-8027; www.tressabores.com; 1620 Sth Whitehall Lane, St Helena; Führung & Verkostung 40 US$; 10.30–15 Uhr, nach Vereinbarung;) Am westlichsten Rand des Tals weichen die Weinberge bewaldeten Hügeln. Hier bildet Tres Sabores ein Tor zum alten Napa. Einen schicken Verkostungsraum und Snobismus sucht man vergeblich, stattdessen gibt es einfach nur einen wunderbaren Wein in spektakulärer Umgebung. Das Gut bricht mit der Vorliebe für Cabernet und produziert hingegen einen vollen, an Burgunder erinnernden Zinfandel und einen spritzigen Sauvignon Blanc, den die *New York Times* unter die zehn besten seiner Art in Kalifornien zählte. Reservierung erforderlich!

Schlafen

Teure wie fabelhafte Hotels verteilen sich über das Napa Valley; die opulentesten Häuser liegen in und rund um St. Helena und Yountville. Calistoga ist ein wenig legerer und günstiger. Die beste Budgetunterkunft ist ohne jeden Zweifel eine Jurte (oder ein Stellplatz) im **Bothe-Napa Valley State Park** (800-444-7275; www.parks.ca.gov; 3801 Hwy 128; Stellplatz Zelt & Wohnmobil 35 US$, Jurte 55–70 US$, Hütte 150–225 US$;).

Napa Winery Inn HOTEL $
(707-257-7220; www.napawineryinn.com; 1998 Trower Ave, Napa; Zi. ab 125 US$; P@) In diesem Hotel mit gutem Preis-Leistungs-Verhältnis sind die renovierten Zimmer mit typischen Kolonialstilmöbeln ausgestattet. Es gibt einen Whirlpool und guten Service. Jeden Abend werden kostenlose Weinempfänge veranstaltet: unter der Woche von 17.30 bis 18.30 Uhr, am Wochenende bis 19 Uhr.

★ Auberge du Soleil LUXUSHOTEL $$$
(707-963-1211; www.aubergedusoleil.com; 180 Rutherford Hill Rd, Rutherford; Zi. 1325–4025 US$;) Die Adresse für ein grenzenlos

romantisches Wochenende – die am Berghang gelegenen Cottages des Auberge sind nicht zu toppen. Die Aussicht bestimmt die Wahl der Unterkunft, ein Zimmer mit Blick ins Tal durch Panoramafenster ist den Preis absolut wert. Die meisten Zimmer haben einen Kamin.

★ Carneros Resort & Spa RESORT **$$$**
(☎707-299-4900; www.carnerosresort.com; 4048 Sonoma Hwy, Napa; Zi. ab 500 US$; P ⊖ ❄ 📶 🏊 🐾) Mit zeitgemäßer Ästhetik und kleinstädtischem Retro-Farmdekor fällt das Carneros Resort & Spa aus dem üblichen Wine-Country-Raster. Die Doppelhaushälften aus Wellblech wirken von außen wie Quartiere für Wanderarbeiter, entpuppen sich aber innen als elegant und schick. Hierfür sorgen das Kirschholzparkett, die mit Kunstleder überzogenen Kopfenden der Betten, offene Kamine, geflieste Bäder mit Fußbodenheizung, große Badewannen und Duschen drinnen und draußen.

Essen

★ Oxbow Public Market MARKT
(☎707-226-6529; www.oxbowpublicmarket.com; 610 & 644 1st St, Napa; ⏲7.30–21.30 Uhr; P 👪) 🍃 Dieser Gourmettreffpunkt bemüht sich sehr um saisonale Lebensmittel und Nachhaltigkeit und dreht sich auch sonst ausschließlich um Kulinarik (Marktstände, Küchenläden und überall gibt's was zu probieren). Manche Stände und Restaurants öffnen früh oder schließen spät. Man sollte ordentlich Hunger mitbringen.

Farmstead MODERNAMERIKANISCH **$$**
(☎707-963-4555; www.longmeadowranch.com; 738 Main St, St Helena; Hauptgerichte 19–33 US$; ⏲Mo–Do 11.30–21.30, Fr & Sa bis 22, So 11–21.30 Uhr; 🍷) 🍃 Der riesige Schuppen mit offenen Balken, großen Ledernischen und Veranda mit Schaukelstühlen lockt Menschen jeden Alters an. Für die bodenständigen, meist über Holzfeuer zubereiteten Gerichte werden Zutaten aus eigenem Anbau und Fleisch von Weiderindern und -lämmern verarbeitet.

★ French Laundry KALIFORNISCH **$$$**
(☎707-944-2380; www.thomaskeller.com/tfl; 6640 Washington St, Yountville; Festpreismenü abends ab 325 US$; ⏲Platzierungen Fr–So 11–12.30, tgl. 17–21 Uhr) Thomas Kellers mit drei Michelin-Sternen ausgezeichnete Restaurant hat den Olymp der kalifornischen Küche erklommen, das dortige hochkarätige kulinarische Erlebnis muss den Vergleich mit der Weltspitze nicht scheuen. Man bucht einen Monat vorab auf der Online-App Tock, wo die Tickets gruppenweise freigegeben werden. Von einer Mahlzeit im French Laundry wird man sein restliches Leben lang schwärmen.

VERKOSTUNGEN BUCHEN

Wegen strenger Bebauungsplänen im County fehlen vielen Weingütern in Napa einfach der Platz, um viele spontane Besucher zu empfangen; sofern man nicht ausschließlich zum Kaufen kommt, muss man vorher anrufen. Das gilt jedoch *nicht* für alle Weingüter. Empfehlenswert ist, eine Verkostung zu buchen sowie eine Reservierung für Mittag- oder Abendessen vorzunehmen und den Rest der Unternehmungen um diese Termine herum zu planen.

Sonoma Valley

Im reizend entspannten, ungezwungenen und lebenslustigen Sonoma Valley betreiben Winzer ihr Handwerk, Gourmets pilgern zu den erstklassigen Restaurants und in der 5260 ha großen Parklandschaft gibt es ausreichend Abenteuer zu erleben.

Das Tal hinauf liegt das winzige Dorf Glen Ellen mit ein paar kleinen Lokalen und Zugang zum schönsten Naturgebiet des Tals, dem **Jack London State Historic Park** (☎707-938-5216; www.jacklondonpark.com; 2400 London Ranch Rd, Glen Ellen; 10 US$/Auto, Cottage 3 US$; ⏲9.30–17 Uhr; P 👪) 🍃, und zu den wunderbaren Weingütern und Sehenswürdigkeiten der Region Kenwood.

Sehenswertes & Aktivitäten

★ Gundlach-Bundschu Winery WEINGUT
(☎707-938-5277; www.gunbun.com; 2000 Denmark St, Sonoma; Verkostung 20–30 US$, inkl. Führung 30–60 US$; ⏲So–Fr 11–17.30 Uhr, April–Okt. bis 19 Uhr, Nov.–März bis 16.30 Uhr; P) 🍃 Kaliforniens ältestes Weingut in Familienhand sieht zwar aus wie ein Schloss, hat aber eine bodenständige Atmosphäre. Aushängeschilder des Guts, das 1858 von einem bayerischen Einwanderer gegründet wurde, sind der Gewürztraminer und der Pinot Noir; „Gun-Bun" war aber auch die erste US-amerikanische Winzerei, die einen unverschnittenen Merlot kelterte. Das Gut liegt am Ende einer kurvenreichen Nebenstraße, die sich auch perfekt zum Radeln eignet. Vor Ort kann man picknicken und wandern. Es gibt

einen kleinen See und häufig Konzerte, darunter ein zweitägiges Folk-Festival im Juni. Wer den Weinkeller mit seinen 1800 Fässern besichtigen will, muss reservieren. Flaschenpreise zwischen 20 und 50 US$.

Benziger WEINGUT
(☎707-935-3000; www.benziger.com; 1883 London Ranch Rd, Glen Ellen; Verkostung 20–50 US$, Führungen 25–50 US$; ⏱Mo-Fr 11–17, Sa & So 10–17 Uhr; P 🚸) 🍃 Wein-Novizen besuchen in Sonoma am besten zuerst Benziger, wo sie einen Crashkurs in Weinherstellung erhalten. Die lohnende Führung (Reservierung empfohlen) beinhaltet eine Fahrt in einem offenen Wagen durch die biodynamisch bewirtschafteten Weinberge (bei geeignetem Wetter) und die Verkostung von fünf Weinen. Man kann hier wunderbar picknicken, sodass der Besuch auch für Familien ein schönes Erlebnis ist. Die in großen Chargen produzierten Weine sind ordentlich, die länger gelagerten Riserva aber hochwertiger – doch eigentlich kommt man wegen der Führung. Flaschenpreise zwischen 20 und 80 US$.

Bartholomew Estate Winery WEINGUT
(☎707-509-0450; www.bartholomewestate.com; 1000 Vineyard Lane, Sonoma; Verkostung 15 US$; ⏱11–16.30 Uhr; P) 🍃 Die ehemalige Bartholomew Park Winery hat sich ins Bartholomew Estate verwandelt, bedingt durch den Wechsel der Besitzer und Winzer der geschichtsträchtigen Weinberge, die seit 1857 kultiviert werden. Hier lässt sich prima ein Nachmittag verbringen, während man Sauvignon Blanc, Rosé und Zinfandel-Vintages probiert, den 5 km langen Weg über die Anlage wandert und die Open-Air-Kunstwerke in der Galerie neben dem Verkostungsraum bewundert.

Schlafen

Die sinnvollsten Standorte zur Erkundung des Tals sind das historische Zentrum von Sonoma und das grüne, romantische Glen Ellen. Um ein paar Cent zu sparen, sieht man sich in Petaluma Richtung Süden um oder sucht sich einen Stellplatz auf dem Campingplatz **Sugarloaf Ridge State Park** (☎707-833-6084; www.reservecalifornia.com/CaliforniaWebHome/; 2605 Adobe Canyon Rd, Kenwood; Stellplatz Wohnmobil & Zelt 35 US$, Online-Reservierungsgebühr 7,99 US$; 🚭 🐾).

Beltane Ranch B&B $$
(☎707-833-4233; www.beltaneranch.com; 11 775 Hwy 12, Glen Ellen; DZ 185–375 US$; P 🚭 📶) 🍃 Inmitten von Pferdekoppeln und Weinbergen fühlt man sich ins Sonoma des 19. Jhs. zurückversetzt. Die freundliche Ranch aus den 1890er-Jahren hat zweistöckige Veranden mit Schaukelstühlen und weißen Korbmöbeln. Obwohl die Unterkunft eigentlich als B&B firmiert, hat jedes Zimmer im amerikanischen Landhausstil wie auch das Cottage seinen eigenen Eingang – Ruhe ist also garantiert, zumal weder Telefon noch TV von der ländlichen Glückseligkeit ablenken.

Olea Hotel BOUTIQUEHOTEL $$$
(☎707-996-5131; www.oleahotel.com; 5131 Warm Springs Rd, Glen Ellen; Zi. ab 340 US$; P 🚭 ❄ 📶 🏊) Die hübsche Anlage zieht sich abseits der Nebenstraße von Glen Ellen einen Hang hinauf. Tadellos saniert nach den Bränden im Jahr 2017 versprüht jedes Zimmer ein anderes Flair. Alle sind sie jedoch mit modernen Drucken geschmückt und hell und heiter eingerichtet; manche haben sogar private Balkone und Kamine. Zimmer 14, 15 und 16 haben Gewölbedecken und die beste Aussicht. Es gibt einen schönen Pool und einen Whirlpool-Lounge-Bereich.

Essen

Im Zentrum von Sonoma und Glen Ellens Jack London Village gibt's einige sehr gute Restaurants. Außerdem unbedingt empfehlenswert ist das luxuriöse und hervorragende Essen mit passenden Weinen in der **St Francis Winery** (☎707-538-9463; www.stfranciswinery.com; 100 Pythian Rd at Hwy 12, Santa Rosa; Verkostung 15 US$, Wein & Käse 25 US$, Wein & Essen 68 US$; ⏱10–17 Uhr).

★ **Cafe La Haye** KALIFORNISCH $$
(☎707-935-5994; www.cafelahaye.com; 140 E Napa St, Sonoma; Hauptgerichte 19–25 US$; ⏱Di–Sa 17.30–21 Uhr) 🍃 Eine von Sonomas besten Adressen, wenn es um moderne amerikanische Küche. Das La Haye bezieht seine Zutaten aus einem Umkreis von maximal 100 km. Der Speiseraum ist zwar stets rappelvoll und der Service mitunter fast schon nachlässig, doch das schlichte, schmackhafte Essen macht das La Haye für viele Feinschmecker dennoch zum Restaurant der ersten Wahl. Lange im Voraus reservieren!

Glen Ellen Star KALIFORNISCH, ITALIENISCH $$$
(☎707-343-1384; www.glenellenstar.com; 13648 Arnold Dr, Glen Ellen; Pizza 15–20 US$, Hauptgerichte 24–50 US$; ⏱So–Do 17.30–21, Fr & Sa bis 21.30 Uhr; 🍷) 🍃 Mit Chefkoch Ari Weiswasser am Ruder, der früher in Thomas Kellers French

Laundry (S. 1102) gearbeitet hat, präsentiert das kleine Bistro das Beste, was die Farmen und Ranches von Sonoma zu bieten haben. Aus lokalen, saisonalen Bio-Zutaten werden hier Gerichte wie Milchlammragout, gebratener Fisch mit Broccoli Di Cicco oder Zuckerrüben mit Harissa-Crumble gezaubert. Reservierung empfohlen.

Healdsburg & Russian River Valley

„The River", wie die Gegend genannt wird, ist schon lange die Sommerfrische für Nordkalifornier, die hier vor allem an den Wochenenden einfallen, um Kanu zu fahren, durch die Landschaft zu streifen, Weine zu probieren, durch Redwood-Wälder zu wandern oder auch einfach nur um zu relaxen. Im Winter, wenn der Fluss Hochwasser führt, ist die Gegend wie ausgestorben.

Die Orte sind genauso unterschiedlich wie die Landschaft. Die hippste und kultivierteste Stadt ist zweifellos das einst verschlafene Bauerndorf Healdsburg, in dem fantastische Restaurants, wunderbare Läden und Verkostungsräume entstanden sind und heute viel Glitzer und Glamour zu finden ist. Die junge, hippe und wachsende Kreisstadt Santa Rosa bietet urbanen Chic, während weiter westlich Städte wie Sebastopol ihren bodenständigen Reiz bewahren.

Sehenswertes & Aktivitäten

★ Macrostie WEINGUT

(☎ 707-473-9303; www.macrostiewinery.com; 4605 Westside Rd, Healdsburg; Verkostung 25–35 US$, inkl. Führung 55 US$; ⏲ Mo–Do 11–17, Fr–So 10–17 Uhr) Sanfte und frische Chardonnays und erdige Pinots, ein erstklassiger Service und der elegante Verkostungsraum verhalfen Macrostie, im Wine Country in aller Munde zu sein. Die Verkostungen finden ganz entspannt und sehr persönlich an Tischen mit wunderschönen Blicken auf die Weinberge statt. Die visionäre Winzerin Heidi Bridenhagen ist die jüngste Frau in diesem Job im Sonoma Valley. Zu den Weinproben kann man sich eine köstliche Charcuterie-Platte mit drei lokalen Käsesorten, Prosciutto, Oliven, Mandeln und Trockenfrüchten gönnen.

Francis Ford Coppola Winery WEINGUT, MUSEUM

(☎ 707-857-1471; www.francisfordcoppolawinery.com; 300 Via Archimedes, Geyserville; Verkostung 15–30 US$; ⏲ 11–18 Uhr; P 👪) Das berühmte Weingut des Filmregisseurs bezeichnet sich selbst als „Weinwunderland". In einem historischen Chateau Souverain bietet das am Hang gelegene Gut ein bisschen was von allem: Weinverkostungen, ein kostenloses Museum mit Film-Memorabilien, ein Geschenkeladen und zwei moderne italienisch-amerikanische Restaurants. Empfehlenswert ist die Privatprobe (25–30 US$) im oberen Stockwerk. Einzelflaschen kosten zwischen 12 und 90 US$. Draußen befinden sich Boccia-Plätze neben zwei **Swimmingpools** (Tageskarte Erw./Kind 35/15 US$; ⏲ Juni–Sept. tgl. 11–18 Uhr, April, Mai & Okt. Fr–So; 👪).

Bella WEINGUT

(☎ 707-395-6136; www.bellawinery.com; 9711 W Dry Creek Rd, Healdsburg; Verkostung 20 US$; ⏲ 11–16.30 Uhr; P) Das stets fröhliche Weingut am oberen Nordende des Tals hat Keller, die direkt in den Berg hineingebaut wurden. Die hauseigenen Tropfen stammen z. B. von 112 Jahre alten Rebstöcken aus dem Alexander Valley. Der Fokus liegt auf großen Roten – Zinfandel und Syrah –, im Sortiment sind aber auch ein vorzüglicher Rosé (super fürs Barbecue) und eine Zinfandel-Spätlese (perfekt zu Brownies). Die tolle Atmosphäre und das dynamische Personal zeichnen das Bella aus. Einzelflaschen kosten zwischen 25 und 55 US$.

Schlafen

Russian River bietet ausgezeichnete Resorts, Pensionen und Cottages, vor allem im gehobenen Healdsburg und in und um Guerneville. In kleineren Städten wie Duncan Mills findet man schwerer eine Unterkunft, aber so gut wie überall ist ein Campingplatz in der Nähe. Santa Rosa hat viele Optionen, darunter auch günstigere Häuser für Budgetreisende.

★ Shanti Permaculture Farm FARMUNTERKUNFT $

(☎ 707-874-2001; www.shantioccidental.com; 16715 Coleman Valley Rd, Occidental; Stellplatz Wohnmobil & Zelt 55–80 US$, Cottage & Jurte 99–225 US$; 🚭 📶) In den Mammutwäldern an der malerischen Coleman Valley Rd versteckt sich diese ultimative nordkalifornische Farmunterkunft. Die sachkundige Besitzerin aus Oregon informiert ihre Gäste über umweltfreundliche Landwirtschaftskonzepte wie Biokohle und Hügelkultur und stellt ihnen ihre Hühner, Enten, Ziegen und ein riesiges Lama vor. Die ganze Sache mag etwas rustikal wirken, aber die Unterkunft ist beeindruckend fantasievoll improvisiert und das Cottage mit einem Schlafzimmer ist überraschend schick.

Astro BOUTIQUEHOTEL $$
(707-200-4655; www.theastro.com; 323 Santa Rosa Ave; Zi. ab 170 US$;) Ein Designertraum! Das Retro-Motel wartet in jedem Zimmer mit wunderbaren, einzigartigen Details auf. Die meisten Möbel stammen noch aus den 1960er-Jahren. Wem eins der Stücke gefällt, kann es käuflich erwerben. In der Lounge und der Bar hinten versammelt man sich, nippt an Martinis oder genießt einfach den Kitsch der Sixties made in California.

★ **Hotel Healdsburg** HOTEL $$$
(707-431-2800; www.hotelhealdsburg.com; 25 Matheson St, Healdsburg; Zi. ab 314 US$;) Direkt an der Plaza hat das modebewusste HH coole, minimalistische Zimmer in Beton und Samt mit erstklassigen Extras wie wundervollen Betten und extratiefen Badewannen. Im Haus gibt's ein Spa mit allem Drum und Dran. Das Restaurant **Dry Creek Kitchen** (707-431-0330; www.drycreekkitchen.com; 317 Healdsburg Ave; Hauptgerichte 32–44 US$, Verkostungsmenü 29 US$, inkl. passendem Wein 48 US$; So–Do 17.30–21.30, Fr & Sa bis 22 Uhr) wird von Promikoch Charlie Palmer geführt.

★ **Applewood Inn** PENSION $$$
(707-869-9093; www.applewoodinn.com; 13 555 Hwy 116, Guerneville; Zi. 275–500 US$;) Das gemütliche Refugium obenauf einem bewaldeten Hügel südlich der Stadt hat wunderschöne Einrichtungsdetails aus den 1920er-Jahren (dunkles Holz und schwere, den Wald widerspiegelnde Möbel). Manche Zimmer sind mit Whirlpool, einer Dusche für zwei und einem Kamin ausgestattet. Zu den weiteren Annehmlichkeiten gehören ein kleines Spa und zwei beheizte Pools. Das Highlight aber ist der Coupon für Gratis-Verkostungen bei mehr als 100 Weingütern.

Essen

Healdsburg ist die gastronomische Hauptstadt des County. Auf seinen Märkten am **Dienstag** (707-824-8717; www.healdsburgfarmersmarket.org; Plaza & Center Sts; 29. Mai–28. Aug. 9–13 Uhr) und **Samstag** (www.healdsburgfarmersmarket.org; North & Vine Sts; Mai–Nov. Sa 8.30–12 Uhr) gibt es viele Stände und kleine Verkostungen. Aber auch Santa Rosa, Sebastopol und Occidental müssen sich diesbezüglich nicht verstecken. Im Allgemeinen ist die Region ein Traum für Feinschmecker, zumal die Preise weitaus vernünftiger sind als drüben im Napa Valley.

Chalkboard KALIFORNISCH $$
(707-473-8030; www.chalkboardhealdsburg.com; 29 North St, Healdsburg; Hauptgerichte 20–27 US$; Mo–Fr 16.30–21, Sa & So 11.30–22 Uhr) Dieses erstklassige Restaurant konzentriert sich mit einer täglich wechselnden Speisekarte darauf, die frischesten Zutaten von lokalen Farmen zu verarbeiten. Die Gerichte, die unter den Gewölbedecken und im sonnigen Hinterhof serviert werden, eignen sich ideal zum Teilen. Als Entrée empfiehlt sich selbst gemachte Pasta oder frische Melonensuppe, gefolgt von einheimischen Jakobsmuscheln, knusprigem Grillhähnchen und Steak.

★ **Backyard** KALIFORNISCH $$$
(707-820-8445; www.backyardforestville.com; 6566 Front St, Forestville; Hauptgerichte mittags & Brunch 14–30 US$, Hauptgerichte abends 22–30 US$; Mo & Fr 11.30–21, Sa 9–21, So bis 20 Uhr) Das entspannte Lokal unter freiem Himmel bezieht Obst, Gemüse und Fleisch ausschließlich von ortsansässigen Bauern oder Fischern – und der Chefkoch verwandelt diese Zutaten meisterhaft in schlichte und köstliche, typisch kalifornische Gerichte. Steak, Piquillo-Paprika und Entenei-Haschee sind wahrscheinlich der beste Brunch der Welt. Der Kaffee und die künstlerischen Donuts sind spitze.

★ **SingleThread Farm-Restaurant-Inn** JAPANISCH $$$
(707-723-4646; www.singlethreadfarms.com; 131 North St, Healdsburg; Verkostungsmenü 293 US$/Pers.; tgl. abends ab 17.30 Uhr, mittags Sa & So ab 11.30 Uhr) Das ehrgeizigste Projekt in Nordkalifornien ist das SingleThread, ein Weltklasserestaurant und zugleich ein Inn, in dem *omotenashi* (herzliche Gastfreundschaft auf Japanisch) herrscht und Gerichte aus einem Elf-Gänge-Menü in handgemachten japanischen *donabe* (Tontöpfe) serviert werden. Die Küche kocht kalifornisch-japanisch und die Gäste buchen ihr Ticket im Voraus unter Angabe ihrer Vorlieben und Diätvorschriften, an die sich der Koch dann auch hält.

North Coast

Das ist nicht das Kalifornien aus den Songs der Beach Boys – hier findet man nur sehr wenige Surfer und keine von Palmen gesäumte Strände. Der zerklüftete Rand des Kontinents ist wild, malerisch und sogar etwas unheimlich: In der mitunter geisterhaft nebligen Region gibt's die höchsten Bäume der Welt, das stärkste Marihuana und eine Reihe eigenwilliger kleiner Ortschaften. Man kann – mit einer Decke und einer Flasche regionalen Weins bewaffnet – Buchten erkunden, den Horizont nach Walen absuchen und abends am Kamin in einem der viktorianischen Häuser entspannen. Weiter nördlich stößt man auf Redwood-Täler, Flüsse und moosbedeckte Wälder. Hier ist das Wetter etwas kühler und klammer.

Auf dem Coastal Highway 1 nach Mendocino

Dieser stellenweise nicht ungefährliche Abschnitt des Hwy 1 führt in Serpentinen vorbei an Fischerdörfern und versteckten Stränden. Von Haltebuchten aus kann man den Horizont über dem Pazifik nach wandernden Walen absuchen und eine Küste bestaunen, deren Felsformationen ständig von einer starken Brandung umspült werden. Für die 110 Meilen (177 km) lange Strecke von Bodega Bay nach Fort Bragg braucht man ohne Zwischenstopp mindestens drei Stunden – nachts oder wenn Nebel aufzieht, stahlharte Nerven und sehr viel mehr Zeit.

BODEGA BAY

Bodega Bay ist die erste Perle einer Kette verschlafener Fischerdörfer an der North Coast. Hier spielt Hitchcocks 1963 gedrehter Psychothriller *Die Vögel*. Heute sind am Himmel zwar keine blutrünstigen Krähen mehr zu sehen, seinen Picknickkorb sollte man aber dennoch im Auge behalten, während man die Felsbogen, stürmischen Buchten und mit Wildblumen bedeckten Klippen im **Sonoma Coast State Park** (www.parks.ca.gov; 8 US$/Auto) erkundet. Dessen Strände ragen über das 16 km nördlich gelegene Jenner hinaus. Das **Bodega Bay Sportfishing Center** (☎707-875-3495; www.bodegabaysportfishing.com; 1410b Bay Flat Rd; Angelausflüge ab 130 US$, Walbeobachtung 60 US$; 🚸) organisiert im Winter Walbeobachtungstouren. Landratten wandern zum Bodega Head oder schwingen sich auf der **Chanslor Ranch** (☎707-589-5040; https://chanslorstables.com; 2660 N Hwy 1; Ausritt ab 40 US$; ⏲9–17 Uhr) in den Sattel.

In der Tradition klassischer Krabbenbuden am Kai serviert das **Spud Point** (☎707-875-9472; www.spudpointcrab.com; 1910 Westshore Rd; Hauptgerichte 6,75–12 US$; ⏲9–17 Uhr; P 🚸) salzig-süße Krabbensandwiches und echten Clam Chowder (der Muscheleintopf räumt regelmäßig Preise ab).

JENNER & UMGEBUNG

Wo der breite, träge Russian River in den Pazifik mündet, liegt **Jenner**, eine Ansammlung von Geschäften und Restaurants auf den Küstenhügeln. Freiwillige Helfer schützen die an der Flussmündung lebenden Seehunde in der Wurfzeit zwischen März und August und beantworten Fragen der Besucher. **Water Treks Ecotours** (☎707-865-2249; www.watertreks.com; 2 Std. Kajaks ab 50 US$, 4 Std. Führungen ab 120 US$; ⏲Zeiten variieren) am Hwy 1 verleiht Kajaks; Reservierung empfohlen.

12 Meilen (19 km) nördlich von Jenner liegt der **Fort Ross State Historic Park** (☎707-847-3437; www.fortross.org; 19005 Hwy 1; 8 US$/Auto; ⏲Park Sonnenaufgang–Sonnenuntergang, Besucherzentrum 10–16.30 Uhr) mit den vom Salz zerfressenen Gebäuden eines 1812 eingerichteten Handelspostens und einer russisch-orthodoxen Kirche. Der ruhige Ort hat eine fesselnde Geschichte: Er war einst der südlichste Punkt der Handelsexpeditionen des russischen Zarenreichs in Nordamerika. Das kleine, nach Holz duftende Museum beherbergt historische Exponate und bietet Schutz vor den an den Klippen wütenden Winden.

SALT POINT STATE PARK

Ein paar Kilometer weiter nördlich befindet sich der **Salt Point State Park** (☎707-847-3221; www.saltpoint.org; 25050 Hwy 1; 8 US$/Auto; ⏲Park Sonnenaufgang–Sonnenuntergang, Visitor Center April–Okt. Sa & So 10–15 Uhr; P) mit unzähligen Wanderwegen, Gezeitenpools und zwei **Campingplätzen** (☎800-444-7275; www.reserveamerica.com; Stellplatz Wohnmobil & Zelt 35 US$; P). Im benachbarten **Kruse Rhododendron State Natural Reserve** leuchten zwischen April und Juni rosa Blumen in den dunstig grünen Wäldern. Kühe grasen auf den Wiesen oben auf Klippen, die sich gen Norden bis zur **Sea Ranch** (www.tsra.org) erstrecken. Dort führen öffentlich zugängliche Wanderwege vom Parkplatz (7 US$/Auto) runter zu winzigen Stränden.

Auf dem Weg nach Point Arena gibt es zwei gute Übernachtungsmöglichkeiten: Camper wenden sich an den **Gualala Point Regional Park** (☎707-785-2377; http://parks.sonomacounty.ca.gov; 42401 Hwy 1, Gualala; Parken 7 US$, Stellplatz Wohnmobil & Zelt 35 US$; ⏲Sommer 6 Uhr–Sonnenuntergang, Winter 8 Uhr–

Sonnenuntergang; P), den besten Drive-in-Campingplatz an diesem Küstenabschnitt. Und in Anchor Bay stehen die **Mar Vista Cottages** (707-884-3522; www.marvistamendocino.com; 35101 Hwy 1, Anchor Bay; Cottage 195–310 US$; P): Die elegant renovierten Fischerhütten aus den 1930er-Jahren bieten ein schlichtes, stylishes Refugium an der Küste mit fortschrittlichem Einsatz für Nachhaltigkeit.

POINT ARENA & UMGEBUNG

Die niedlichste Patisserie an diesem Küstenabschnitt wird an der Main St von Franny und ihrer Mutter Barbara geführt. Die frischen Beerentorten und die kreativen hausgemachten Schoko-Desserts von **Franny's Cup & Saucer** (707-882-2500; www.frannyscupandsaucer.com; 213 Main St; Kuchen ab 2 US$; Mi–Sa 8–16 Uhr) sehen so schön aus, dass man sie zuerst kaum antasten mag. Doch nach dem ersten Bissen legt man schnell jegliche Scheu ab und will noch mehr bestellen.

Zwei Meilen (3,2 km) nördlich des Ortes Point Arena lohnt sich ein Abstecher zum 1908 errichteten und vom Wind umtosten **Point Arena Lighthouse** (707-882-2809; www.pointarenalighthouse.com; 45500 Lighthouse Rd; Erw./Kind 8/1 US$; Mitte Sept.–Mitte Mai 10–15.30 Uhr, Mitte Mai–Mitte Sept. bis 16.30 Uhr; P). Wer die 145 Stufen hinaufsteigt, kann die blinkende Fresnel-Linse in Augenschein nehmen und kommt in den Genuss eines atemberaubenden Blicks über die Küste. Acht Meilen (13 km) nördlich der Stelle, an der der Hwy 128 den Little River überquert, liegt der **Van Damme State Park** (707-937-0851; www.parks.ca.gov; 8001 N Hwy 1, Little River; 8 US$/Auto; Öffnungszeiten variieren; P). Dort führt der beliebte Fern Canyon Trail (hin & zurück 8 km) durch einen saftig grünen Fluss-Canyon mit jungen Redwood-Bäumen. Wer noch gut 1,5 km in die eine oder die andere Richtung läuft, kommt in einen sogenannten Pygmäenwald.

Mendocino

In **Mendocino**, einem historischen Dorf auf einer spektakulären Landspitze, bummeln Baby-Boomer durch Straßen mit Giebelhäusern, die an New England erinnern – mit B&Bs in Wassertürmen, urigen Geschäften und Kunstgalerien. Im **Mendocino Headlands State Park** (www.parks.ca.gov) führen unbefestigte Wege vorbei an Brombeersträuchern, Wildblumen und Zypressen, die über den Felsklippen und der tosenden Brandung Wache stehen. Das **Ford House Museum & Visitor Center** (707-937-5397; www.mendoparks.org; 45035 Main St; 11–16 Uhr) befindet sich ganz in der Nähe.

Gleich südlich der Stadt kann man mit **Catch a Canoe & Bicycles, Too** (707-937-0273; www.catchacanoe.com; 10051 S Big River Rd, The Stanford Inn By The Sea; 3 Std. Kajak, Kanu oder Fahrrad Erw./Kind 35/15 US$; 9–17 Uhr) den Big River hinaufpaddeln. Die nördlich des Ortes gelegene **Point Cabrillo Light Station** (707-937-6123; www.pointcabrillo.org; 45300 Lighthouse Rd; Park Sonnenaufgang–Sonnenuntergang, Leuchtturm 11–16 Uhr) GRATIS aus dem Jahr 1909 eignet sich im Winter perfekt zur Walbeobachtung.

Im stilvollen Mendocino sind der Standard und die Preise der Unterkünfte gleichermaßen hoch; am Wochenende muss man zudem oft zwei Nächte buchen. Für eine Übersicht der Cottages und B&Bs wendet man sich an **Mendocino Coast Reservations** (707-937-5033; www.mendocinovacations.com; 45084 Little Lake St; 9–16 Uhr).

Das **Alegria** (707-937-5150; www.oceanfrontmagic.com; 44781 Main St; Zi. 239–309 US$;) ist perfekt für einen romantischen Aufenthalt: Vom Bett aus sieht man die Küste, von der Terrasse den Ozean, und alle Zimmer haben Holzkamine. Draußen führt ein herrlicher Pfad zu einem schönen bernsteinfarbenen Strand. Im **Andiron Seaside Inn & Cabins** (707-937-1543; http://theandiron.com; 6051 N Hwy 1, Little River; DZ 134–284 US$; P) sind die im hippen Retro-Design der 1950er-Jahre gestalteten Cottages am Straßenrand eine erfrischend verspielte Abwechslung zu Mendocinos ansonsten biederer Rosen- und Spitzendeckchenästhetik.

Raffinierte, kreative Gerichte serviert das **Café Beaujolais** (707-937-5614; www.cafebeaujolais.com; 961 Ukiah St; Hauptgerichte mittags 11–20 US$, abends 24–42 US$; Mi & Do 11.30–14.30, Fr–So bis 15, tgl. 17.30–21 Uhr; P), Mendocinos beliebtes, kalifornisch-französisches Kultrestaurant in einem Bauernhaus von 1893. Die Speisekarte setzt auf regionale Zutaten und wechselt je nach Saison; die Entenbrust ist ein Gedicht. Folgt man den Lichterketten auf einem Holzsteg, gelangt man zu der gemütlichen, lässigen **Luna Trattoria** (707-962-3093; www.lunatrattoria.com; 955 Ukiah St; Hauptgerichte 12–29 US$; Di–Do & So 17–21, Fr & Sa bis 22 Uhr), wo es großzügige Portionen norditalienischen Essens gibt. Das Brot und die Pasta sind hausgemacht. Hinten befindet sich ein schöner Garten.

Auf dem Highway 101 zur Avenue of the Giants

Um schnell in den abgelegensten und wildesten Teil der North Coast hinter dem „Redwood Curtain" zu gelangen, sollte man den kurvigen Hwy 1 gegen den im Landesinneren verlaufenden Hwy 101 eintauschen, der einen hier und da zwingt, in kleinen Orten an roten Ampeln anzuhalten. Abstecher an der Strecke sind die großen Redwood-Wälder hinter Leggett und die verlassene Wildnis der Lost Coast.

Ein kurzer Abstecher vom Hwy 101 kurz vor Ukiah führt einen nach **Boonville** mit der bayerisch anmutenden **Anderson Valley Brewing Company** (707-895-2337; www.avbc.com; 17700 Hwy 253, Boonville; Verkostung ab 10 US$, geführte Touren & Discgolfplatz frei; Sa–Do 11–18, Fr bis 19 Uhr; P) und dem beeindruckenden **Boonville Hotel** (707-895-2210; www.boonvillehotel.com; 14050 Hwy 128, Boonville; DZ 215–395 US$; P); das zugehörige **Restaurant** (Hauptgerichte mittags 10–15 US$, Verkostungsmenü abends ab 48 US$; April–Nov. Do–Sa 18–20, So ab 17.30 Uhr, Dez.–März Fr & Sa 18–20, So 13–14.30 Uhr; P) unter der Regie des renommierten Chefkochs Perry Hoffman bietet besondere Haute Cuisine aus saisonalen Produkten, einheimische Meeresfrüchte und Fleisch mit Kräutern und Pilzen.

UKIAH

Obwohl Ukiah hauptsächlich ein Ort für einen Boxenstopp ist, so lohnt sich ein Halt doch für die kunstvoll zubereitete Pizza im **Cultivo** (707-462-7007; www.cultivorestaurant.com; 108 W Standley St; Pizza 14–19 US$, Hauptgerichte 19–24 US$; Mo–Do 11.30–21, Fr & Sa bis 22 Uhr) oder für ein vegetarisches, asiatisch inspiriertes Mahl im **Jyun Kang Vegetarian Restaurant** (707-468-7966; www.cttbusa.org; City of Ten Thousand Buddhas; Hauptgerichte 6–12 US$; Mi–Mo 11.30–15 Uhr).

LEGGETT

Gleich nördlich des winzigen Leggett am Hwy 101 kann man in der **Standish-Hickey State Recreation Area** (707-925-6482; www.parks.ca.gov; 69350 Hwy 101; pro Tag 8 US$/Auto, Camping inkl. 1 Auto 35 US$, weiteres Auto 8 US$) im Eel River baden und auf Wanderwegen durch ursprüngliche und nachgewachsene Redwood-Wälder wandern. Südlich von Garberville am Hwy 101 befindet sich der **Richardson Grove State Park** (707-247-3318, 707-247-3378; www.parks.ca.gov; 1600 Hwy 101, Garberville; 8 US$/Auto) mit alten, geschützten Redwood-Bäumen am Flussufer. In beiden Parks gibt's erschlossene **Campingplätze** (Reservierungen 800-444-7275; www.reservecalifornia.com; 1600 Hwy 101; Stellplatz Wohnmobil & Zelt 35 US$, Hütte 80 US$; P).

LOST COAST

Die **Lost Coast** lockt Wanderer mit der rauesten Küstenlandschaft Kaliforniens. „Verloren" ging die Küste, als der Highway um die King Range herumgeführt wurde, die wenige Kilometer vom Ozean entfernt 1220 m hoch in den Himmel ragt. Von Garberville führt eine steile und kurvige, 23 Meilen (37 km) lange Asphaltstraße nach **Shelter Cove**. Das hiesige Hauptversorgungszentrum ist aber kaum mehr als ein kleiner Ort am Meer mit Gemischtwarenladen, Cafés und relativ teuren Unterkünften mit Meerblick.

HUMBOLDT REDWOODS STATE PARK

Der 212 km² große **Humboldt Redwoods State Park** (707-946-2409; www.parks.ca.gov; Hwy 101; P) GRATIS am Hwy 101 schützt einige der ältesten Redwood-Bäume Kaliforniens, u. a. mehr als die Hälfte der 100 größten Bäume der Welt. Die prächtigen Baumgruppen können mit denen im viel weiter nördlich gelegenen Redwood National Park durchaus mithalten. Wer keine Zeit für eine Wanderung hat, sollte doch zumindest die beeindruckende **Avenue of the Giants** entlangfahren. Die zweispurige, 32 Meilen (51,5 km) lange Straße verläuft parallel zum Hwy 101. Wer hier **campen** (Information 707-946-1811; Reservierungen 800-444-7275; www.reservecalifornia.com; Stellplatz Zelt & Wohnmobil 20–35 US$; P) will, muss reservieren.

Auf dem Highway 101 von Eureka nach Crescent City

An der südlichen Redwood-Küste, u. a. in Eureka, Arcata and Crescent City, gibt es eine solide Auswahl an Unterkünften. Enthusiastische Camper haben die Wahl zwischen Optionen in der Wildnis an der Lost Coast oder bequemeres Campen in den Staatsparks.

An diesem Abschnitt des Highways findet man unzählige Naturkostläden und Märkte. Eureka und Arcata warten mit besonders guten Restaurants auf.

EUREKA

Hinter den ausufernden Einkaufszentren am Stadtrand präsentiert sich die Altstadt von Eureka mit hübschen viktorianischen Gebäuden, Antiquitätenläden und Restaurants. An Bord der 1910 gebauten blau-weißen **Madaket** (Madaket Cruises; ☎707-445-1910; www.humboldtbaymaritimemuseum.com; 1st St; Bootsfahrt mit Kommentar Erw./Kind 22/18 US$; ⏲Mitte Mai–Mitte Okt. Di–So 13, 14.30 & 16, Mo 13 & 14.30 Uhr; 👪) kann man eine Hafenrundfahrt machen. Die 75-minütige Tour (Erw. 22 US$) startet am Fuß der C St; bei der Cocktailfahrt zu Sonnenuntergang (10 US$) bekommt man seinen Drink an der kleinsten Bar mit Schanklizenz im ganzen Bundesstaat. Das **Visitor Center** (☎707-733-5406; www.fws.gov/refuge/Humboldt_Bay/visit/VisitorCenter.html; 1020 Ranch Rd, Loleta; ⏲8–17 Uhr) befindet sich am Hwy 101 südlich vom Zentrum.

Die Zimmer in dem im viktorianischen Stil geschmackvoll umgebauten Landgasthaus **Carter House Inns** (☎707-444-8062; www.carterhouse.com; 301 L St; Zi. 184–395 US$; P ⊖ 📶 🐾) haben alle modernen Annehmlichkeiten und hochwertige Bettwäsche, die Suiten Whirlpools und Marmorkamine. Hier befindet sich auch das gehobene **Restaurant 301** (☎707-444-8062; www.carterhouse.com; 301 L St; Hauptgerichte 22–38 US$; ⏲17–21 Uhr) 🍃, das moderne kalifornische Gerichte mit Zutaten aus dem eigenen Biogarten serviert.

Das seit eh und je beliebte **Cafe Nooner** (☎707-443-4663; www.cafenooner.com; 409 Opera Alley; Hauptgerichte 10–17 US$; ⏲11–16 Uhr; 👪) mit seinen rot-weiß gemusterten Tischdecken, den fröhlichen Wandgemälden und dem gemütlichen Bistro-Ambiente serviert natürliche, mediterran inspirierte Biokost, z. B. Meze griechischer Art, Kebab, Salate und Suppen. Knusprig dünne Pizza gibt's im immer vollen **Brick & Fire** (☎707-268-8959; www.brickandfirebistro.com; 1630 F St; Hauptgerichte abends 17–24 US$; ⏲Mo & Mi–Fr 11.30–21, Sa & So 17–21 Uhr; 📶).

ARCATA

An der Nordseite der Humboldt Bay liegt Arcata, eine links geprägte Hippie-Hochburg mit vielen Patchulisträuchern. Die Trucks fahren mit Biodiesel zum samstäglichen **Bauernmarkt** (www.humfarm.org; April–Nov. 9–14 Uhr, Dez.–März ab 10 Uhr) auf der zentralen Plaza, die von Kunstgalerien, Läden, Cafés und Bars umgeben ist. Wer im **Finnish Country Sauna & Tubs** (☎707-822-2228; http://cafemokkaarcata.com; 495 J St; 30 Min. Erw./Kind 10,25/2 US$; ⏲So–Do 12–23, Fr & Sa bis 24 Uhr; 👪) ein Bad nehmen will, muss vorher reservieren. Nordöstlich der Downtown befindet sich die umweltbewusste, sozial engagierte **Humboldt State University** (HSU; ☎707-826-3011; www.humboldt.edu; 1 Harpst St; P) 🍃.

Bei einem Halt an Arcatas bestem Lebensmittelmarkt, dem **Wildberries Marketplace** (☎707-822-0095; www.wildberries.com; 747 13th St, Arcata; Sandwich 5–8 US$; ⏲6–24 Uhr; P 🖉), kann man seine Vorräte aufstocken und/oder in der **Six Rivers Brewery** (☎707-839-7580; www.sixriversbrewery.com; 1300 Central Ave, McKinleyville; ⏲So–Mi 11.30–23.30, Do–Sa bis 0.30 Uhr) ein Bier genießen. Die „Brauerei mit Weitsicht" ist eine der ersten von Frauen betriebenen Brauereien Kaliforniens.

TRINIDAD

16 Meilen (26 km) nördlich von Arcata thront das Städtchen **Trinidad** auf einer Klippe mit atemberaubend schönem Blick auf den Fischereihafen. Nachdem man den Bewohnern des Gezeitenbeckens im **HSU Telonicher Marine Laboratory** (☎707-826-3671; www.humboldt.edu/marinelab; 570 Ewing St; 1 US$; ⏲Mo–Fr 9–16.30 Uhr ganzjährig, Aug.–Mai Sa & So 10–17 Uhr; P 👪) 🍃 einen Besuch abgestattet hat, kann man an Sandstränden spazieren gehen oder kurze Wanderungen um Trinidad Head unternehmen. Am Patrick's Point Dr nördlich der Stadt gibt's bewaldete Campingplätze, Hütten und Lodges. Der **Patrick's Point State Park** (☎707-677-3570; www.parks.ca.gov; 4150 Patrick's Point Dr; 8 US$/Auto; ⏲Sonnenauf–Sonnenuntergang; P 👪) 🍃 hat eindrucksvolle felsige Landzungen zu bieten, Strände mit viel Treibgut, den authentischen Nachbau eines Dorfes der Yurok und einen **Campingplatz** (☎Information 707-677-3570; Reservierungen 800-444-7275; www.reservecalifornia.com; 4150 Patrick's Point Dr; Stellplatz Zelt & Wohnmobil 35 US$ plus 8 US$/zusätzlichem Fahrzeug; P 🐾) mit warmen Münzduschen.

REDWOOD NATIONAL PARK

Auf der Fahrt nach Norden führt der Hwy 101 am **Thomas H. Kuchel Visitor Center** (☎707-465-7765; www.nps.gov/redw; Hwy 101, Orick; ⏲Apr.–Okt. 9–17 Uhr, Nov.–März 9–16 Uhr) des Redwood National Parks vorbei. Dieser bildet zusammen mit den drei State Parks Prairie Creek, Del Norte und Jedediah Smith eine Weltnaturerbestätte. Sie umfasst mehr als 40 % aller alten, noch existierenden Red-

ABSTECHER

ORR HOT SPRINGS

Ein Sprung ins Thermalwasser der rustikalen **Orr Hot Springs** (☎707-462-6277; www.orrhotsprings.org; 13201 Orr Springs Rd; Tagesgebühr Erw./Kind 30/25 US$; ⏲nach Absprache 10–22 Uhr) ist einfach himmlisch. Prüde sollte man aber nicht sein: Das Resort, in dem Kleidung optional ist, ist vor allem bei Einheimischen, nostalgischen Hipstern, Backpackern und liberal eingestellten Travellern beliebt. Es gibt private Wannen, eine Sauna, einen Swimmingpool mit Quellwasser und Felsenboden, einen Dampfraum, Massagen und traumhafte Gärten. Unbedingt reservieren.

Es gibt außerdem sechs Jurten sowie **Zimmer** (☎707-462-6277; www.orrhotsprings.org; 13201 Orr Springs Rd; Stellplatz Zelt Erw./Kind 70/35 US$, Zi. & Jurte 220 US$, Cottage 297,60 US$; P), falls man hier länger verweilen möchte.

wood-Wälder. Der Besuch des Nationalparks ist kostenlos, in den State Parks muss man allerdings eine Tagesgebühr von 8 US$ zahlen. Dort befinden sich auch erschlossene Campingplätze (S. 1108). Das Flickwerk aus National- und State Parks erstreckt sich nordwärts bis zur Grenze von Oregon. Mittendrin liegen vereinzelt ein paar Ortschaften. Im Süden erreicht man zunächst den **Redwood National Park** (☎707-464-6101, 707-465-7335; www.nps.gov/redw; Hwy 101, Orick; P) GRATIS, in dem sich ein 2,5 km langer Naturlehrpfad durch den **Lady Bird Johnson Grove** schlängelt.

PRAIRIE CREEK REDWOODS STATE PARK

6 Meilen (10 km) nördlich von Orick führt der zehn Meilen (16 km) lange Newton B Drury Scenic Parkway parallel zum Hwy 101 durch den **Prairie Creek Redwoods State Park** (☎707-465-7335; www.parks.ca.gov; Newton B Drury Scenic Pkwy; Parkgebühr 8 US$/Tag; P). Roosevelt-Wapitis grasen auf der Wiese vor dem **Visitor Center** (☎707-488-2039; www.parks.ca.gov; Newton B Drury Scenic Pkwy; ⏲Mai–Sept. 9–17 Uhr, Okt.–April bis 16 Uhr), an dem auch einige Wanderwege beginnen. Drei Meilen (5 km) weiter südlich führt die vorwiegend unbefestigte Davison Rd nach Nordwesten zum Gold Bluffs Beach und endet schließlich am Ende des Wanderwegs zum üppig bewachsenen **Fern Canyon**.

Nördlich des winzigen Klamath passiert der Hwy 101 die kitschige Attraktion **Trees of Mystery** (☎707-482-2251; www.treesofmystery.net; 15500 Hwy 101; Museum frei, Gondel Erw./Kind 18/9 US$; ⏲9–16.30 Uhr; P).

DEL NORTE COAST REDWOODS STATE PARK

Als nächstes folgt der Del Norte Coast Redwoods State Park mit unberührten Redwood-Wäldern und Küstenabschnitten. Der **Damnation Creek Trail** (hin & zurück 7 km) führt an Redwood-Riesen vorbei etwa 300 m hinunter zu einem versteckten, felsigen Strand, den man am besten bei Ebbe besucht. Der Startpunkt liegt an einem Parkplatz am Hwy 101 beim Meilenmarker 16.

CRESCENT CITY & UMGEBUNG

Das öde Crescent City mit seinem Fischereihafen liegt an einer halbmondförmigen Bucht. 1964 wurde mehr als die Hälfte der Stadt von einer Flutwelle zerstört und danach mit hässlichen Zweckbauten wieder aufgebaut. Bei Ebbe kann man vom Südende der A St hinüber laufen zum 1856 errichteten **Battery Point Lighthouse** (☎707-464-3089; https://delnortehistory.org; South A St; Erw./Kind 5/1 US$; ⏲April–Sept. 10–16 Uhr, Okt.–März Sa & So 10–16 Uhr).

Der **Jedediah Smith Redwoods State Park** (☎707-465-7335; www.parks.ca.gov; Hwy 199, Hiouchi; Tagesparkticket 8 US$; ⏲Sonnenaufgang–Sonnenuntergang; P), der nördlichste Park dieser Gruppe, liegt nordöstlich von Crescent City. Die Redwood-Riesen stehen hier so dicht, dass nur wenige Wege durch den Park führen. Einige leichte Wanderwege beginnen nahe der Schwimmstellen am Fluss beim Hwy 199; auch die Fahrt über die holprige und unbefestigte, 10 Meilen (16 km) lange Panoramastraße Howland Hill Rd lohnt sich. Im **Crescent City Information Center** (☎707-465-7306; www.nps.gov/redw; 1111 2nd St; ⏲April–Okt. 9–17 Uhr, Nov.–März 9–16 Uhr) gibt's Karten und Infos über die Redwood National & State Parks.

Sacramento

Kaliforniens Hauptstadt ist ein Ort der Gegensätze. In der Heimat des **California State Capitol** (☎916-324-0333; http://capitolmuseum.ca.gov; 1315 10th St; ⏲Mo–Fr 8–17, Sa & So ab 9 Uhr) GRATIS stehen während der Rush Hour die SUVs der Politiker Stoßstange an Stoßstange mit den verdreckten, schweren Pickups der Bauern. Die Bewohner von

„Sac" sind ein einfallsreiches Völkchen und haben eine kleine, aber feine Restaurant- und Kunstszene sowie ein lebhaftes Nachtleben aufgebaut. Zu Recht rühmen sie den **Second Saturday**, den einmal im Monat stattfindenden Galeriebummel in Midtown, der zu einem Symbol für die kulturelle Erneuerung der Stadt geworden ist. Und auch auf die Bauernmärkte, Restaurants mit farmfrischen Gerichten und Craft-Biere ist man stolz.

Sehenswertes

★ Golden 1 Center ARENA

(☎ Ticketschalter 916-840-5700; www.golden1center.com; 500 David J Stern Walk) Willkommen in der Arena der Zukunft. Das glänzende Heim der Sacramento Kings ist eine der fortschrittlichsten Sportstätten im Land. Das Stadion wurde nach den strengsten Normen für nachhaltiges Bauen aus lokalen Materialien errichtet. Es wird mit Solarstrom versorgt und mittels fünf Stockwerke hoher Flugzeughangar-Tore gekühlt – diese werden geöffnet und lassen die wohltuende Delta-Brise ins Innere.

★ California Museum MUSEUM

(☎ 916-653-0650; www.californiamuseum.org; 1020 O St; Erw./Kind 9/6,50 US$; Di–Sa 10–17, So 12–17 Uhr;) In dem modernen Museum befindet sich die California Hall of Fame – wohl der einzige Ort, an dem man gleichzeitig César Chávez, Mark Zuckerberg und Amelia Earhart „treffen" kann. Die Ausstellung *California Indians* mit Artefakten und mündlich überlieferten Geschichten von mehr als zehn indigen Stämmen ist ein echtes Highlight.

Schlafen

Die Hauptstadt zieht vor allem Geschäftsreisende an, sodass in Sacramento kein Mangel an Hotels besteht. Viele Häuser bieten während der Sitzungspausen des Parlaments günstige Sonderrabatte an. Wenn man nicht gerade wegen einer Cal Expo in der Stadt ist, sollte man in Downtown oder Midtown absteigen, da dort viele Sehenswürdigkeiten in fußläufiger Entfernung liegen. Wer auf kitschige Motels aus den 1950er-Jahren steht, schaut sich am besten in West Sac jenseits des Flusses die letzten noch existierenden Unterkünfte der Motel Row an der Rte 40 an.

Greens Hotel BOUTIQUEHOTEL $

(☎ 916-921-1736; www.thegreenshotel.com; 1700 Del Paso Blvd; Zi. ab 109 US$; P) Dieses stilvoll renovierte Motel aus den 1950er-Jahren gehört zu den hippsten Unterkünften in Sacramento. Die Gegend ist charmant, es gibt ein süßes Café und eine Kunstgalerie direkt nebenan. Dank der sicheren Parkplätze, einem Pool und geräumigen Anlagen ist das Haus ein idealer Stopp für Familien auf dem Weg vom oder zum Lake Tahoe. Die schicken Zimmer haben auch genug Klasse für ein romantisches Wochenende.

★ Citizen Hotel BOUTIQUEHOTEL $$

(☎ 916-442-2700; www.thecitizenhotel.com; 926 J St; Zi. ab 180 US$; P @) Eine elegante, ultrahippe Renovierung hat den lange leer stehende Beaux-Arts-Turm von 1927 zur coolsten Unterkunft in Downtown verwandelt. Die Details sind beeindruckend: Luxus-Bettwäsche, gestreifte Tapeten und eine Dachterrasse mit tollem Blick auf die Stadt. Im Erdgeschoss befindet sich ein gehobenes **Restaurant** (☎ 916-492-4450; 926 J St; Hauptgerichte 29–55 US$; Mo–Do 6.30–10.30, 11.30–14.30 & 17.30–22, Fr bis 23, Sa 8–14 & 17.30–23, So bis 21 Uhr;), das farmfrische Gerichte serviert.

Essen & Ausgehen

Die überteuerten Restaurants in Old Sacramento oder beim Kapitol sollte man links liegen lassen und sich stattdessen in Midtown oder im Tower District umschauen. Bei einer Fahrt über die J St oder den Broadway kommt man an einigen angesagten, günstigen Restaurants vorbei, die im Sommer ihre Tische nach draußen stellen. Viele Köche nutzen erntefrisches Obst und Gemüse.

★ Empress Tavern NEUAMERIKANISCH $$$

(☎ 916-662-7694; www.empresstavern.com; 1013 K St; Hauptgerichte 24–41 US$; Mo–Do 15–22, Fr bis 23, Sa 17–23 Uhr) Dieses wunderschöne Restaurant in den Katakomben unter dem historischen Crest Theater serviert kreative , eher fleischlastige Gerichte (darunter auch perfekt für Familien geeignete Optionen wie Rinderbäckchen à la Stroganoff und gegrilltes Porterhouse-Steak). Das Lokal beeindruckt mindestens so sehr wie das Essen: Die Bogendecke aus Backstein und die glänzende Bar erinnern an ein Lokal oder eine Flüsterkneipe aus vergangenen Zeiten.

★ Fieldwork Brewing Company BRAUEREI

(☎ 916-329-8367; www.fieldworkbrewing.com; 1805 Capitol Ave; So–Do 11–22, Fr & Sa bis 23 Uhr) Der muntere und ultrahippe Brauereipub hat 22 wechselnde, ausgezeichnete Fassbiere. Verspielte, hopfenbetonte IPA-Variationen wie das beliebte Pulp IPA sind die Spezialität, es gibt aber auch leichtere Saisonbiere, etwa das Salted Watermelon Gose. Dank der kleinen Speisekarte und der Brettspiele kann man hier bei drückend heißem Wetter gut Zeit verbringen.

Anreise & Unterwegs vor Ort

Da Sacramento an der Kreuzung von größeren Highways liegt, ist die Wahrscheinlichkeit hoch, dass man auf dem Weg zu anderen Zielen in Kalifornien durch diese Stadt kommt. Der **Sacramento International Airport** (SMF; 916-929-5411; www.sacramento.aero/smf; 6900 Airport Blvd) liegt vor allem günstig für alle, die in den Yosemite National Park besuchen wollen.

Die Regionalroute 42B von **Yolobus** (530-666-2877; www.yolobus.com) pendelt stündlich zwischen Flughafen und Downtown (2 US$); der Bus fährt auch nach West Sacramento, Woodland und Davis. **Sacramento Regional Transit** (RT; 916-321-2877; www.sacrt.com; einfache Strecke 2,50 US$) betreibt die Stadtbusse, einen Trolley zwischen Old Sacramento und der Downtown sowie Sacramentos Stadtbahnnetz, das die abgelegenen Gemeinden anbindet.

Sacramento eignet sich prima zum Radfahren. Fahrräder verleiht **Trek Bicycles Sacramento** (916-447-2453; www.facebook.com/TrekBicycleSacramento; 2419 K St; 40–100 US$/Tag; Mo–Fr 10–19, Sa bis 18, So 11–17 Uhr).

Gold Country

Heute lockt Hollywood die Träumer an und das Silicon Valley die Glücksritter. Doch es ist nicht das erste Mal, dass Menschen auf der Suche nach ihrer Chance im Golden State landen. Nachdem James Marshall 1848 am American River ein verdächtiges Funkeln aufgefallen war, strömten mehr als 300 000 Goldsucher aus Amerika und dem Rest der Welt in die Ausläufer der Sierra. Bald darauf wurde Kalifornien zum Bundesstaat mit dem offiziellen Motto „Heureka", womit es seinen Ruf als Land der unbegrenzten Möglichkeiten festigte.

Die 49er-Glücksritter sind längst verschwunden, aber bei einer Fahrt auf dem Hwy 49 durch verschlafene Hügelortschaften, vorbei an aus Schindeln gezimmerten Saloons und von Eichen gesäumten Nebenstraßen, wird man in die Wild-West-Ära zurückversetzt, in der das moderne Kalifornien geboren wurde. Zahlreiche Hinweisschilder erzählen Geschichten von Gewalttaten und Banditenwesen rund um den Goldrausch.

Hwy 50 trennt die Northern von den Southern Mines. Bindeglied ist der kurvenreiche Hwy 49 mit vielen Aussichtspunkten auf die berühmten Hügel. Anregungen für Touren gibt's bei der Gold Country Visitors Association (https://visitgoldcountry.com).

Anreise & Unterwegs vor Ort

Man kann die Region mit einem Zug der Transkontinentallinie erreichen, die Sacramento mit Truckee/Reno verbindet und einen Haltepunkt in Auburn hat. Auburn ist das wichtigste Sprungbrett in die Region und liegt nur eine kurze Fahrt auf der I-80 von Sacramento entfernt. In Auburn gelangt man auf den Hwy 49, die klassische Route durchs Gold Country.

Northern Mines

Nevada City, die „Königin der Northern Mines", hat schmale Straßen mit liebevoll restaurierten Gebäuden, winzigen Theatern, Kunstgalerien, Cafés und Geschäften. Im **Visitor Center** (530-265-2692; www.nevadacitychamber.com; 132 Main St; Mo–Fr 9–17, Sa 11–16, So 12–15 Uhr) sind Infos und Karten für selbst geführte Spaziergänge erhältlich. In den **Tahoe National Forest Headquarters** (530-265-4531; www.fs.usda.gov/tahoe; 631 Coyote St; Mo–Fr 8–16.30 Uhr) am Hwy 49 bekommt man Infos zu Campingplätzen und Wanderwegen.

Das Gästehaus **Broad Street Inn** (530-265-2239; www.broadstreetinn.com; 517 W Broad St; Zi. 119–134 US$;) im Herzen der Stadt ist so beliebt, weil es sich aufs Wesentliche konzentriert: Seine sechs preisgünstigen Zimmer sind modern und hell, aber angenehm möbliert und elegant. Das ungewöhnlich freundliche und heitere **Outside Inn** (530-265-2233; http://outsideinn.com; 575 E Broad St; DZ 94–230 US$;) ist die beste Option für aktive Entdecker.

Etwas mehr als eine Meile (1,6 km) östlich von **Grass Valley** und dem Hwy 49 kennzeichnet der **Empire Mine State Historic Park** (530-273-8522; www.empiremine.org; 10791 Empire St; Erw./Kind 6–16 Jahre 7/3 US$; 10–17 Uhr;) die Stelle einer der ergiebigsten Goldminen Kaliforniens. Zwischen 1850 und 1956 wurden hier ca. 180 t Gold gefördert, das heute einen Marktwert von 8 Mrd. US$ besitzt.

Eine der besten Badestellen für einen Sprung ins kühle Nass bei sommerlicher Hitze liegt in der **Auburn State Recreation Area** (530-885-4527; www.parks.ca.gov; 501 El

Dorado St; 10 US$/Auto; ⌚7 Uhr–Sonnenuntergang). Das Erholungsgebiet liegt gleich östlich von Auburn, einem Boxenstopp an der I-80, rund 25 Meilen (40,2 km) südlich von Grass Valley.

In **Coloma** begann der kalifornische Goldrausch. Der am Fluss gelegene **Marshall Gold Discovery State Historic Park** (☎530-622-3470; www.parks.ca.gov; Hwy 49, Coloma; 8 US$/Auto; ⌚Ende Mai–Anf. Sept. 8–20 Uhr, Anf. Sept.–Ende Mai bis 17 Uhr; P) ist eine Hommage an James Marshalls folgenschwere Entdeckung. Hier kann man Gold waschen und sich restaurierte Gebäude anschauen. Der Park beherbergt auch das **Argonaut Farm to Fork Cafe** (☎530-626-7345; www.argonautcafe.com; 331 Hwy 49, Coloma; Gerichte 8–12 US$; ⌚8–16 Uhr;), das wirklich leckere Suppen, Sandwiches, Backwaren und Kaffee serviert.

Southern Mines

In den Orten der Southern Mines zwischen Placerville und Sonora herrscht nur wenig Verkehr und die staubigen Straßen riechen noch immer nach Wildem Westen – auch dank der hier ansässigen kunterbunten Mischung aus Harley-Bikern und Goldsuchern (kein Witz). Einige der Orte wie **Plymouth** (Ol' Pokerville), **Volcano** und **Mokelumne Hill** sind echte Geisterstädte, die langsam in fotogene Zeugen der Vergangenheit zerfallen. Andere Orte wie **Sutter Creek**, **Murphys** und **Angels Camp** wurden als Vorzeigemodelle des viktorianischen Amerika herausgeputzt. Hier kann man sich wunderbar abseits der ausgetretenen Pfade bewegen und familienbetriebene Weingüter oder auch Höhlen entdecken, deren geologische Wunder für die darüber liegenden Souvenirläden entschädigen.

Nette B&Bs, Cafés und Eisdielen gibt's in fast jedem Ort. Wer etwas anderes sucht, testet das **Imperial Hotel** (☎209-267-9172; www.imperialamador.com; 14202 Old Hwy 49, Amador City; Zi. 110–155 US$, Suite 125–195 US$;) in Plymouth. 1879 erbaut, gehört das Haus zu den besonders innovativ renovierten Hotels der Gegend. Schicke Art-déco-Details bringen den warmen, roten Backstein zur Geltung; die vornehme Bar und ein sehr gutes, saisonal ausgerichtetes Restaurant (Hauptgerichte abends 16–38 US$) tun ihr Übriges.

Ein kurzer Abstecher vom Hwy 49 führt zum **Columbia State Historic Park** (☎209-588-9128; www.parks.ca.gov; 11255 Jackson St; ⌚Geschäfte meistens 10–17 Uhr; P) GRATIS. In den Blocks mit authentischen Gebäuden aus den 1850er-Jahren trifft man kostümierte Ladenbesitzer und Straßenmusikanten. In der Nähe von Sonora befindet sich der **Railtown 1897 State Historic Park** (☎209-984-3953; www.railtown1897.org; 10501 Reservoir Rd, Jamestown; Erw./Kind 5/3 US$, inkl. Zugfahrt 15/10 US$; ⌚April–Okt. 9.30–16.30 Uhr, Nov.–März 10–15 Uhr, Zugfahrten April–Okt. Sa & So 10.30–15 Uhr; P); hier werden Zugfahrten durch die umliegenden Hügel angeboten, in denen Hollywood-Western wie *Zwölf Uhr mittags* gedreht wurden.

Kaliforniens Northern Mountains

Die entlegenen, einsamen und unglaublich schönen Northern Mountains gehören zu den am wenigsten besuchten Ecken Kaliforniens. Wer sie erkundet, darf sich auf Wildnis und eine endlose Parade von Landschaftswundern, klaren Seen, rauschenden Flüssen und Wüsten freuen. Die höchsten Gipfel – Lassen, Shasta und die Trinity Alps – haben in geologischer Hinsicht nur wenig gemeinsam, überall aber kann man unter funkelnden Sternen wild campieren.

Von Redding zum Mt. Shasta

Nördlich von Redding schauen Autofahrer die meiste Zeit auf den Mt. Shasta, einen 4322 m hohen, schneebedeckten Goliath am Südende der vulkanischen Cascades Range. Der Anblick des dramatisch in den Himmel ragenden Berges lässt das Herz eines jeden Bergsteigers höher schlagen.

Motels gibt's überall, so auch in Mt. Shasta City. Die meisten Kettenunterkünfte befinden sich in Redding in der Nähe der großen Highways. Campingplätze gibt's en masse, vor allem auf öffentlichem Land.

Die Busse von Greyhound (www.greyhound.com), die nach Norden und Süden auf der I-5 unterwegs sind, halten im Depot (628 S Weed Blvd) in Weed, 8 Meilen (12,9 km) nördlich von Mt. Shasta City an der I-5. Busse fahren u. a. nach Redding (ab 22 US$, 80 Min., 4-mal tgl.), Sacramento (ab 40 US$, 5½ Std., 4-mal tgl.) und San Francisco (ab 55 US$, 7½ Std., 2- bis 3-mal tgl.).

REDDING & UMGEBUNG

Den Touristenbroschüren sollte man keinen Glauben schenken: Redding, der größte Ort der Region, ist ziemlich langweilig. Der beste Grund für einen Abstecher von der I-5 ist die **Sundial Bridge**, eine grandiose Fußgängerbrücke mit Glasboden, die von dem neofuturistischen spanischen Architekten Santiago Calatrava entworfen wurde. Sie führt über den Sacramento River zum **Turtle Bay Exploration Park** (☎ 530-243-8850; www.turtlebay.org; 844 Sundial Bridge Dr; Erw./Kind 16/12 US$, nach 14.30 Uhr 11/7 US$; ⏲ Ende März–Okt. Mo–Sa 9–17, So ab 10 Uhr, Nov.–Mitte März Mi–Fr 9–16.30, Sa & So ab 10 Uhr; 👪), einem kinderfreundlichen Wissenschafts- und Naturzentrum mit botanischem Garten.

6 Meilen (10 km) westlich von Redding kann man im **Shasta State Historic Park** (☎ 520-243-8194; www.parks.ca.gov; 15312 CA 299; Museum Erw./Kind 3/2 US$; ⏲ Do–So 10–17 Uhr) am Hwy 299 eine echte Stadt aus der Goldrausch-Ära erkunden. Obwohl das verheerende Carr-Feuer 2018 in diesem Park wütete, konnten alle Hauptattraktionen gerettet werden. 3 Meilen (4,8 km) weiter westlich war die **Whiskeytown National Recreation Area** (☎ 530-246-1225; www.nps.gov/whis; 14412 Kennedy Memorial Dr, Whiskeytown; ⏲ 10–16 Uhr) der Brandherd des Feuers, das 93 % der 170 000 m² des Parks vernichtete, bevor es 1604 nahegelegene Gebäude zerstörte. Das Besucherzentrum des Parks wurde neu eröffnet und die Menschen kommen wieder zum **Whiskeytown Lake**, an dem es Sandstrände, Wassersportmöglichkeiten und Campingplätze gibt. Aber das Innere des Parks ist noch stark mitgenommen, viele Straßen und alle Wanderwege (u. a. zu Wasserfällen) und Mountainbikerouten sind noch gesperrt. Im verschlafenen **Weaverville**, 35 Meilen (56 km) weiter westlich, bewahrt der **Joss House State Historic Park** (☎ 530-623-5284; www.parks.ca.gov; 630 Main St; Führung Erw./Kind 4/2 US$; ⏲ Führungen stündl. Do–So 10–16 Uhr; P) einen 1874 erbauten, kunstvoll verzierten Tempel chinesischer Einwanderer.

SHASTA LAKE

Nördlich von Redding überquert die I-5 den tiefblauen Shasta Lake. Kaliforniens größten Stausee ist durch den riesigen, von Hausboothäfen und Wohnmobilparks gesäumten **Shasta Dam** (☎ 530-247-8555; www.usbr.gov/mp/ncao/shasta-dam.html; 16349 Shasta Dam Blvd; ⏲ Visitor Center 8–17 Uhr, Führungen Sept.–Mai 9, 11, 13 & 15 Uhr, Juni–Aug. 9, 10.15, 11.30, 13, 14.15, 15.30 Uhr; P 👪) GRATIS entstanden. Hoch oben in den Kalksteinmegalithen am Nordufer des Sees befinden sich die prähistorischen **Lake Shasta Caverns** (☎ 530-238-2341; www.lakeshastacaverns.com; 20359 Shasta Caverns Rd, Lakehead; 2-stündige Führung Erw./Kind 3–15 Jahre 30/18 US$; ⏲ Führungen Ende Mai–Anfang Sept. 9–16 Uhr alle 30 Min., April–Ende Mai & Anf.–Ende Sept. 9–15 Uhr stündl., Okt.–März 10, 12 & 14 Uhr; P 👪). Teil der Höhlenführungen ist auch eine Fahrt in einem Katamaran oder eine Bootsfahrt auf dem See mit Abendessen.

DUNSMUIR

Weitere 35 Meilen (56 km) nördlich liegt an der I-5 Dunsmuir, eine winzige historische Eisenbahnsiedlung mit dynamischen Kunstgalerien in einem malerischen Zentrum. Das schlichte, elegante **Café Maddalena** (☎ 530-235-2725; www.cafemaddalena.com; 5801 Sacramento Ave; Hauptgerichte 21–28 US$; ⏲ Feb.–Dez. Do–So 17–21 Uhr) hat Dunsmuir einen Platz auf der kulinarischen Landkarte verschafft. Die saisonal wechselnde Karte stammt aus der Feder von Chefkoch Brett LaMott (bekannt aus dem Trinity Cafe) und präsentiert Gerichte aus Südeuropa und Nordafrika. Danach geht's zur **Dunsmuir Brewery Works** (☎ 530-235-1900; www.dunsmuirbreweryworks.com; 5701 Dunsmuir Ave; Hauptgerichte 8–14 US$; ⏲ Okt.–März So 11–20, Di–Do bis 20.30, Fr & Sa bis 21 Uhr, April–Sept. längere Öffnungszeiten; 📶) auf ein frisches Ale oder ein wunderbar ausgewogenes Porter.

Im **Railroad Park Resort** (☎ 530-235-4440; www.rrpark.com; 100 Railroad Park Rd; Stellplatz Zelt/Wohnmobil ab 29/37 US$, DZ 135–200 US$; ❄ 📶 🏊 🐾), zwei Meilen (3,2 km) südlich der Stadt, können Besucher in umgerüsteten alten Eisenbahnwaggons und Güterwagen übernachten. Kids werden von dem Gelände begeistert sein, können sie doch hier zwischen Lokomotiven herumtoben und in den zentral gelegenen Pool springen, während ihre Eltern im Whirlpool relaxen.

Sechs Meilen (10 km) südlich der I-5 bietet der **Castle Crags State Park** (☎ 530-235-2684; www.parks.ca.gov; 20022 Castle Creek Rd; 8 US$/Auto; ⏲ Sonnenaufgang–Sonnenuntergang) **Stellplätze** im Wald (☎ Reservierungen 800-444-7275; www.reservecalifornia.com; Stellplatz Zelt & Wohnmobil 25 US$). Vom höchsten Punkt des 9 km langen **Crags Trail**, eines winterfesten Rundwanderwegs, hat man eine atemberaubende Sicht auf den Mt. Shasta.

Direkt nördlich von Dunsmuir lohnt das 1897 erbaute **McCloud River Mercantile Hotel** (☎ 530-964-2330; www.mccloudmercantile.com; 241 Main St; Zi. 139–275 US$; P 🚭 📶) den Abstecher zur Stadt McCloud. Der ehemalige Laden einer Holzfirma wurde ausgezeichnet restauriert und bietet eine altmodische Süßwarentheke und einen Springbrunnen aus den 1930er-Jahren im ersten Stock. Oh, und in der früheren Metzgerei befindet sich heute ein tolles neues Restaurant, das **Mc-Cloud Meat Market and Tavern**.

MT. SHASTA CITY

9 Meilen (14,5 km) nördlich von Dunsmuir lockt Mt. Shasta City Kletterer, Neu-Hippies und Naturfreaks an, die die Schönheit des majestätisch aufragenden Berges bewundern. Der **Everitt Memorial Hwy** oberhalb von Bunny Flat ist normalerweise von Juni bis Oktober schneefrei und geöffnet und führt hinauf auf fast 2500 m. Von dort oben kann man wunderbar den Sonnenuntergang genießen. Vom Ort aus fährt man einfach auf der Lake St gen Osten. Erfahrene Bergsteiger, die Höhen jenseits der 3000-m-Grenze erklimmen wollen, benötigen einen Summit Pass (25 US$), der in der **Mt. Shasta Ranger Station** (530-926-4511; www.fs.usda.gov/stnf; 204 W Alma St; Mo–Fr 8–16.30 Uhr) erhältlich ist. Dort gibt es auch Wetterberichte und topografische Karten. Ausrüstung vermietet der Outdoor-Laden **Fifth Season** (530-926-3606; http://thefifthseason.com; 300 N Mt. Shasta Blvd; April–Nov. Mo–Fr 9–18, Sa 8–18, So 10–17 Uhr, Dez.–März 8–18 Uhr) im Ortszentrum. **Shasta Mountain Guides** (530-926-3117; http://shastaguides.com; 230 N Mt Shasta Blvd; 2-tägige Klettertouren ab 795 US$/Pers.) veranstaltet mehrtägige Bergwanderungen.

Das helle viktorianische Farmhaus von 1904, das **Shasta MountInn** (530-261-1926; www.shastamountinn.com; 203 Birch St; Zi. 150–175 US$;), wirkt nur von außen betagt, innen ist es locker minimalistisch, in kräftigen Farben und mit eleganter Dekoration gestaltet. Die luftigen Zimmer haben traumhafte Betten und bieten einen wundervollen Blick auf den leuchtenden Berg. Im **Seven Suns Coffee & Cafe** (530-926-9701; 1011 S Mt Shasta Blvd; 6–16 Uhr;) gibt's vor Ort gerösteten Bio-Kaffee, im Markt **Berryvale Grocery** (530-926-1576; www.berryvale.com; 305 S Mt Shasta Blvd; Cafégerichte ab 3 US$; Laden 8–20 Uhr, Café bis 19 Uhr;) Lebensmittel und Bio-Produkte.

Northeast Corner

LAVA BEDS NATIONAL MONUMENT

Das **Lava Beds National Monument** (530-667-8113; www.nps.gov/labe; 1 Indian Well HQ, Tulelake; 7-Tagekarte 25 US$/Auto;) ist ein stiller Zeuge jahrhunderterlanger Unruhen. Dieser Park hat wirklich alles zu bieten: Lavaströme, Asche- und Schlackenkegel, Vulkankrater und erstaunliche Lavaröhren. Hier, wo einst der Modoc-Krieg tobte, kann man heute zudem in den Fels geritzte Zeichnungen und an Höhlenwände gemalte Piktogramme der amerikanischen Ureinwohner bewundern. Infos, Taschenlampen und Karten sind im **Visitor Center** (530-667-8113; www.nps.gov/labe; Tulelake; 10–16 Uhr, im Sommer, Frühling & Herbst längere, aber unterschiedliche Öffnungszeiten) erhältlich, in dem man sich auch Schutzhelme und Knieschoner kaufen kann. In der Nähe befindet sich der einfache **Campingplatz** (www.nps.gov/labe/planyourvisit/campgrounds.htm; Stellplatz Zelt & Wohnmobil 10 US$;) des Parks, wo es Trinkwasser gibt.

KLAMATH BASIN NATIONAL WILDLIFE REFUGE COMPLEX

In dem staubigen Ort **Tulelake**, 20 Meilen (32 km) nordöstlich des Parks am Hwy 139, gibt's einfache Motels, ein paar Diner und eine Tankstelle. Der aus sechs separaten Schutzgebieten in Kalifornien und Oregon bestehende **Klamath Basin National Wildlife Refuge Complex** ist eine wichtige Zwischenstation für Zugvögel auf der Pazifikroute und ein bedeutendes Winterquartier für Weißkopfseeadler. Wenn im Frühjahr und Herbst der Höhepunkte der Zugvogelsaison ansteht, sind über 1 Mio. Vögel am Himmel zu sehen. Das **Visitor Center** (530-667-2231; www.klamathbasinrefuges.fws.gov; 4009 Hill Rd, Tulelake; 9–16 Uhr) befindet sich am Hwy 161 etwa 4 Meilen (6,5 km) südlich der Grenze zu Oregon. Die 10 Meilen (16 km) langen Autotouren durch die Schutzgebiete Lower Klamath und Tule Lake bieten ausgezeichnete Möglichkeiten, Vögel zu beobachten. Im Schutzgebiet Upper Klamath gibt's eine 15 km lange Kanustrecke, die am **Rocky Point Resort** (541-356-2287; 28121 Rocky Point Rd, Klamath Falls, OR; Kanu & Kajak pro Stunde/½ Tag/ganzer Tag 20/45/60 US$; April–Okt.;) beginnt. Benzin, Essen und Unterkünfte bekommt man in Klamath Falls, OR, am Hwy 97.

LASSEN VOLCANIC NATIONAL PARK

Im eindrucksvollen **Lassen Volcanic National Park** (530-595-4480; www.nps.gov/lavo; 38050 Hwy 36 E, Mineral; 7-Tagekarte/Auto Mitte April–Nov. 30 US$, Dez.–Mitte Apr. 10 US$;) lassen sich hydrothermale Schwefelteiche, brodelnde Schlammtöpfe und dampfende

Becken betrachten, was wunderbar vom **Bumpass Hell Boardwalk** aus geht. Wer will, kann den **Lassen Peak** (3187 m), den weltweit größten bekannten Lavadom, in Angriff nehmen. Es ist ein anstrengender, aber nicht allzu schwieriger, 8 km langer Rundwanderweg. Der Park hat zwei Zugänge: Der eine befindet sich eine Autostunde östlich am Hwy 44 in der Nähe des beliebten **Manzanita Lake Campground** (☎ Reservierungen 877-444-6777; www.recreation.gov; Stellplatz Zelt & Wohnmobil 15–26 US$;), der zweite liegt eine 40-minütige Autofahrt nordwestlich des Lake Almanor am Hwy 89 bei der **Kom Yah-mah-nee Visitor Facility** (☎ 530-595-4480; www.nps.gov/lavo; 21820 Lassen National Park Hwy, Mineral; ⏲ 9–17 Uhr, Nov.–März Mo & Di geschl.;) . Der durch den Park führende Hwy 89 ist meistens schneefrei und von Juni bis Oktober für Autos geöffnet.

Sierra Nevada

Die mächtige Sierra Nevada, die der Schriftsteller und Naturforscher John Muir als „Range of Light" (Gebirge des Lichts) bezeichnete, bildet das Rückgrat Kaliforniens. Die 644 km lange Phalanx aus zerklüfteten, von Gletschern und Erosion geformten Gipfeln lockt Outdoor-Fans an und fordert sie zugleich heraus. Mit ihren drei Nationalparks (Yosemite, Sequoia und Kings Canyon) ist die Sierra ein faszinierendes und wildes Wunderland der Superlative: Hier finden sich der höchste Gipfel der kontinentalen USA (ohne Alaska), der Mt. Whitney, der mächtigste Wasserfall Nordamerikas (Yosemite Falls) sowie die ältesten und höchsten Bäume der Welt (uralte Grannenkiefer und riesige Mammutbäume).

Yosemite National Park

Der atemberaubende Superstar unter den amerikanischen Nationalparks wurde von der UNESCO zum Weltkulturerbe erklärt. Der **Yosemite National Park** (☎ 209-372-0200; www.nps.gov/yose/index.htm; 35 US$/Fahrzeug) –korrekt wird er „yo-*se*-mi-tie" ausgesprochen – lässt jeden Besucher andächtig staunen. Das smaragdgrüne Yosemite Valley ist von gewaltigen Granitwänden mit Wasserfällen umgeben. Beim Mariposa Grove ragen gewaltige Riesenmammutbäume in den Himmel. Dieser Anblick erfüllt jeden der rund 4 Mio. Besucher, die den ältesten Nationalpark des Landes jedes Jahr besuchen, mit Ehrfurcht. Doch über die Besucherströme sollte man hinwegsehen: Die Pracht dieses Fleckchens Erde offenbart sich im stolzen Profil des Half Dome, im trutzigen El Capitan, in den feuchten Nebeln der Yosemite Falls, den Gemstone Lakes in der subalpinen Wildnis und den unberührten Pfaden von Hetch Hetchy.

Sehenswertes

Es gibt vier Hauptzugänge zum Park (30 US$/Fahrzeug): South Entrance (Hwy 41), Arch Rock (Hwy 140), Big Oak Flat (Hwy 120 W) und Tioga Pass (Hwy 120 E). Der Hwy 120 durchquert den Park als Tioga Rd und verbindet das Yosemite Valley mit der Eastern Sierra.

Yosemite Valley

Dieses spektakuläre Tal wurde vom gewundenen Merced River gegraben. Wogendes Wiesengrün, stattliche Kiefer, tosende Wasserfälle und stille, kühle Wasserflächen, in denen sich gewaltige Granitmonolithen spiegeln – das Yosemite Valley ist durch und durch inspirierend. Im oft überlaufenen und im Verkehr erstickenden **Yosemite Village** befinden sich das größte **Visitor Center** (☎ 209-372-0200; www.nps.gov/yose; 9035 Village Dr; ⏲ 9–17 Uhr) des Parks, ein **Museum** (www.nps.gov/yose; 9037 Village Dr; ⏲ Sommer 9–17 Uhr, Rest des Jahres 10–16 Uhr, oft von 12–13 Uhr geschl.) GRATIS, eine Fotoausstellung, ein Filmtheater, ein Gemischtwarenladen und weitere Service-Einrichtungen. Das Half Dome Village (bzw. Curry Village) ist ein weiteres Zentrum. Hier gibt's öffentliche Duschen und Läden, die Outdoor- und Campingausrüstung vermieten und verkaufen.

Während der Schneeschmelze im Frühling werden die berühmten Wasserfälle des Tals zu donnernden Katarakten. Im Spätsommer sind die meisten dagegen nicht viel mehr als zahme Rinnsale. Als Nordamerikas höchste Wasserfälle stürzen die **Yosemite Falls** (740 m) über drei Stufen in die Tiefe. Zu ihrer Basis führt ein rollstuhlgerechter Weg. Mehr Einsamkeit und ein ganz neuer Blickwinkel belohnen für den strapaziösen Aufstieg über den Serpentinenweg bis zum oberen Rand (hin & zurück 11 km). Andere Wasserfälle im Tal sind ähnlich eindrucksvoll. Nach dem anstrengenden Erklimmen der Granitstufen am **Vernal Fall** erreicht man keuchend dessen obere Fallkante. Dort schweift der Blick über Regenbögen im Gischtnebel hinunter in die Tiefe.

Der gigantische **El Capitan** (2307 m) ist ein nicht zu übersehendes Paradies für Sportkletterer. Der prächtige **Half Dome** (2693 m) thront als Yosemites spirituelles Herz über dem Tal. Beliebteste Foto-Location ist der **Tunnel View** oben am Hwy 41 bei der Einfahrt ins Tal.

Glacier Point

Der spektakuläre Glacier Point (2200 m) überragt die Talsole um 914 m. Hier oben befindet man sich praktisch auf Augenhöhe mit dem Half Dome. Vom Yosemite Valley aus ist diese Stelle in einer Autofahrt (ca. 1 Std.) auf der Glacier Point Rd erreichbar, die vom Hwy 41 abzweigt und normalerweise von Mai bis November geöffnet ist. Wer lieber wandert, absolviert den strapaziösen **Four-Mile Trail** (einfache Strecke ca. 8 km) oder den weniger frequentierten **Panorama Trail** (einfache Strecke 13,7 km) mit vielen Wasserfällen. Wer nur vom Glacier Point bergab laufen will, reserviert einen Platz im **Glacier Point Hikers' Bus** (☎ 888-413-8869; einfache Strecke/hin und zurück 26/52 US$; ⏲ Mitte Mai–Okt.).

Wawona

Eine Autostunde südlich des Yosemite Valley liegt Wawona. Dort befindet sich das **Pioneer Yosemite History Center** (www.nps.gov/yose/planyourvisit/upload/pyhc.pdf; Wawona; Kutschfahrt Erw./Kind 5/4 US$; ⏲ 24 Std., Kutschfahrten Mai–Sept. Mi–So 10–14 Uhr; P 👪) GRATIS mit einer überdachten Brücke, historischen Gebäuden und Fahrten in von Pferden gezogenen Kutschen. Weiter südlich liegt der in den Himmel ragende **Mariposa Grove** mit dem Grizzly Giant und 500 weiteren riesigen Sequoia-Bäumen. Von Frühjahr bis Herbst fahren normalerweise Shuttlebusse hierher.

Tuolumne Meadows

Nach 90 Minuten Autofahrt vom Yosemite Valley aus kommen die Tuolumne Meadows (2621 m; *two*-lu-mi), die größte subalpine Wiese der Sierra Nevada, in Sicht, die Wanderer, Backpacker und Kletterer in die nördliche Wildnis des Parks locken. Mit Wildblumenfeldern, azurblauem Wasser, Granitgipfeln, blanken Felskuppeln und vergleichsweise niedrigeren Temperaturen bildet sie einen starken Gegenpol zum Tal. Die Seen dieses vielfältigen Wander- und Kletterparadieses sind beliebte Reviere zum Baden oder Picknicken. Hierher führt die malerische, nur saisonal befahrbare Tioga Rd. Westlich der Meadows und des **Tenaya Lake** liegt der **Olmsted Point** mit weitem Panoramablick auf den Half Dome.

Hetch Hetchy

40 Meilen (65 km) nordwestlich des Yosemite Valley befindet sich Hetch Hetchy, der wohl umstrittenste Staudamm in der Geschichte der USA. Obwohl das Hetch Hetchy Valley in seinem Ursprungszustand nicht mehr besteht, ist es doch noch immer schön und selten überlaufen. Ein 8,5 km langer Weg (hin & zurück) führt über den Damm und durch einen Tunnel zum Becken der **Wapama Falls**. Dort steht man aufregend nah an einer Wasserwand, die in den glitzernden Stausee stürzt.

Aktivitäten

Bei insgesamt rund 1300 km langen Wanderwegen hat man die Qual der Wahl. Die leichten Wege auf dem Talboden sind oft überlaufen, weiter oben entgeht man dann aber den Massen. Zu den weiteren möglichen Aktivitäten gehören Klettern, Radfahren, Reiten, Schwimmen, Raften und Skilanglauf.

Für Rucksackwanderungen mit Übernachtung braucht man ganzjährig eine Wilderness Permit (ab 10 US$). Ein Quotensystem begrenzt die Zahl der Wanderer, die pro Tag an den verschiedenen Ausgangspunkten starten. Reservierungen sind bis zu 26 Wochen im Voraus möglich. Ansonsten versucht man sein Glück beim Yosemite Valley Wilderness Center (S. 1119) oder bei einer anderen Permit-Ausgabestelle um 11 Uhr am Tag vor der geplanten Wanderung.

Schlafen

Beim Campen, selbst in einem Wohnmobil auf einem Campingplatz nahe dem geschäftigen Yosemite Village, fühlt man sich der Natur näher. Wer im Hinterland campen will, benötigt eine gute Vorbereitung und ein wenig Abenteuerlust. Die Buchung aller Unterkünfte im Park, die nichts mit Camping zu tun haben – dazu gehören auch die Einrichtungen im Housekeeping Camp und Half Dome Village –, nimmt **Aramark/Yosemite Hospitality** (☎ 888-413-8869; www.travelyosemite.com) vor. Reservierungen sind bis zu 366 Tage im Voraus möglich und zwischen April und Oktober unerlässlich. Von Dezember bis März sinken Preise und Nachfrage. Andere Parkbesucher übernachten in anliegenden Städten wie Fish Camp,

CAMPEN IM YOSEMITE NATIONAL PARK

Von März bis September kommt man auf den meisten Campingplätzen im Park schwer unter, zumal im Yosemite Valley keine Plätze nach dem Motto „Wer zuerst kommt, mahlt zuerst" vergeben werden. Außerhalb des Tals füllen sich die Campingplätze um die Mittagszeit, vor allem an Wochenenden und um Feiertage herum.

Fast alle Campingplätze verfügen über Spültoiletten, lediglich Tamarack Flat, Yosemite Creek und Porcupine Flat haben nur Donnerbalken und kein Trinkwasser. Auf den höher gelegenen Plätzen wird es selbst im Sommer nachts recht kühl, also dicke Sachen einpacken. Die **Yosemite Mountaineering School** (209-372-8344; www.travelyosemite.com; Half Dome Village; April–Okt. 8.30–17 Uhr) verleiht Campingausrüstung.

Wer im Besitz einer Wilderness Permit ist, kann die Nächte vor und nach dem Trip auf den Backpacker-Campingplätzen von Tuolumne Meadows, Hetch Hetchy, White Wolf und hinter North Pines im Yosemite Valley verbringen.

Die Öffnungszeiten der saisonalen Campingplätze hängen vom Wetter ab. Verlässliche Auskünfte rund ums Campen bekommt man direkt im Yosemite National Park oder auf www.nps.gov/yose/planyourvisit/campgrounds.htm.

Midpines, El Portal, Mariposa und Groveland, aber die Fahrtzeit zum Park kann sich hinziehen.

★ Majestic Yosemite Hotel — HISTORISCHES HOTEL $$$

(Reservierungen 888-413-8869; www.travelyosemite.com; 1 Ahwahnee Dr; Zi./Suite ab 580/1400 US$;) Dieses prächtige historische Haus (das frühere Ahwahnee) ist die Crème de la Crème der Unterkünfte im Yosemite. Es beeindruckt mit seinen hohen Decken und den stimmungsvollen Lounges, die riesige steinerne Kamine haben. Von den klassisch eingerichteten Zimmern bieten sich herrliche Blicke auf den Glacier Point, den Half Dome und die Yosemite Falls. Die Cottages stehen verstreut auf dem makellos gepflegten Rasen des Hotels. Für die Hauptsaison und für Feiertage muss man mindestens ein Jahr im Voraus buchen.

May Lake High Sierra Camp — HÜTTEN $$$

(www.travelyosemite.com/lodging/high-sierra-camps; Stellplatz Zelt & Wohnmobil 155 US$/Pers.) Da das Camp die am leichtesten erreichbare Anlage in der High Sierra ist, ist es auch für Kinder am besten geeignet. Nichtsdestotrotz erfordert es immer noch einen kilometerlangen Anmarsch. Der Blick auf den Mt. Hoffman ist überwältigend. Frühstück und Abendessen sind im Preis inbegriffen; es gibt Duschen.

Yosemite Valley Lodge — MOTEL $$$

(209-372-1001, Reservierungen 888-413-8869; www.travelyosemite.com; 9006 Yosemite Lodge Dr; Zi. ab 260 US$;) Zu diesem großen Komplex, der einen kurzen Fußweg von den Yosemite Falls entfernt liegt, gehören zahlreiche Restaurants, eine belebte Bar, ein großer Pool und viele andere praktische Einrichtungen. Die Zimmer verteilen sich auf 15 Gebäude und wirken mit ihren rustikalen Holzmöbeln und den markanten Naturfotografien wie eine Kreuzung aus Motel und Lodge. Alle sind mit Kabelfernsehen, Kühlschrank und Kaffeemaschine ausgestattet und bieten einen tollen Blick von den kleinen Terrassen oder Balkons.

Außerhalb von Yosemite

Zu den umliegenden Ortschaften mit einem gemischten Sortiment aus Motels, Hotels, Lodges und B&Bs gehören Fish Camp, Oakhurst, El Portal, Midpines, Mariposa, Groveland und Lee Vining in der Eastern Sierra.

★ Yosemite Bug Rustic Mountain Resort — HOSTEL $

(209-966-6666; www.yosemitebug.com; 6979 Hwy 140, Midpines; Stellplatz Zelt/B/Zelthütten ab 25/38/65 US$, Zi. ab 175 US$, mit Gemeinschaftsbad ab 139 US$;) Die rustikale Oase versteckt sich an einem bewaldeten Hang rund 25 Meilen (40 km) westlich des Parks. Auf dem Areal verteilen sich viele, sehr unterschiedliche Unterkünfte (Hütten, Schlafsäle, Privatzimmer, feste Zelte). Das **June Bug Cafe** (206-966-6666; www.yosemitebug.com/cafe; Yosemite Bug Rustic Mountain Resort, 6979 Hwy 140, Midpines; Hauptgerichte 8–24 US$; 7–10, 11–14 & 18–21 Uhr;) ist sehr zu empfehlen und schon für sich einen Abstecher wert, genau wie die Massagen und das Spa mit Whirlpool und Yogastudio (12 US$/Tag).

★ **Evergreen Lodge** HÜTTEN $$$
(☎ 209-379-2606; www.evergreenlodge.com; 33160 Evergreen Rd, Groveland; Zelte 110–145 US$, Hütten 230–495 US$; ⏲ Jan.–Mitte Feb. meist geschl.; P ⊖ ❄ @ 🛜 ≋) 🍃 Außerhalb des Yosemite National Park nahe dem Eingang zum Hetch Hetchy Valley bietet dieses klassische, nahezu 100 Jahre alte Resort liebevoll dekorierte, gemütliche Hütten, die sich unter den Bäumen verteilen (in jeder gibt's Brettspiele). Die Unterkünfte sind teils rustikal, teils luxuriös. Alle Hütten haben eigene Veranden – störende Telefone oder Fernseher sucht man vergeblich. Wer es einfacher liebt, übernachtet in den gemütlichen, eingerichteten Zelten.

Essen

Im Park gibt es Restaurants für jeden Geschmack und Geldbeutel, von fettigem Fast Food bis hin zu edlen Steaks. Alle bieten auch gute vegetarische Gerichte. Die größte Auswahl gibt's im **Village Store** (Yosemite Village; ⏲ 8–20 Uhr, Sommer bis 22 Uhr), darunter auch Naturkost und einige Biozutaten. Im Half Dome Village, in Wawona, an den Tuolumne Meadows und in der Yosemite Valley Lodge ist das Angebot begrenzter.

Praktische Informationen

Der Eintritt in den Yosemite National Park kostet 35 US$ pro Fahrzeug, 30 US$ pro Motorrad und 20 US$ für Fahrradfahrer und Fußgänger und ist sieben aufeinanderfolgende Tage gültig. Die Tickets werden an den verschiedenen Parkeingängen verkauft, man kann in bar, mit Scheck, Travellerschecks sowie mit Kreditkarte bezahlen. Von Ende Mai bis Anfang Oktober erhält man die Tickets auch in den Besucherzentren in Oakhurst, Groveland, Mariposa und Lee Vining. Online gibt es sie unter https://yourpassnow.com/ParkPass/park/yose.

Beim Betreten des Parks bekommt man eine Karte des National Park Service (NPS) und ein Exemplar der saisonalen Zeitung *Yosemite Guide*, die ein Programm aller Aktivitäten sowie die aktuellen Öffnungszeiten aller Einrichtungen enthält. Die umfassendsten und aktuellsten Informationen findet man auf der offiziellen Website des NPS für den Yosemite National Park (www.nps.gov/yose).

Unter 209-372-0200 gibt es Bandansagen mit Informationen über den Park, über freie Stellplätze auf den Campingplätzen und über Straßen- und Wetterbedingungen.

Yosemite Valley Visitor Center (S. 1116) Der am stärksten frequentierte Informationsschalter des Parks teilt sich das Gebäude im Zentrum des Yosemite Village mit einem von der Yosemite Conservancy geführten Buchladen und einem Teil des Museumskomplexes.

Yosemite Valley Wilderness Center (☎ 209-372-0308; Yosemite Village; ⏲ Mai–Okt. 8–17 Uhr) Wilderness Permits, Karten und Tipps zum Aufenthalt im Hinterland.

Yosemite Medical Clinic (☎ 209-372-4637, Notfall 911; 9000 Ahwahnee Dr, Yosemite Village; ⏲ Anf. Juni–Anf. Juli Mo–Fr 9–19 Uhr, Ende Juli–Mitte Sept. Mo–Sa 9–19 Uhr, Ende Sept.–Ende Mai Mo–Fr bis 17 Uhr) Ein Notdienst steht rund um die Uhr zur Verfügung.

Anreise & Unterwegs vor Ort

Ganzjährig erreicht man Yosemite mit dem Auto von Westen (über die Hwys 120 W & 140) und von Süden (über den Hwy 41) kommend, im Sommer auch von Osten (über den Hwy 120 E) kommend. Die Straßen werden im Winter von Schneepflügen geräumt, doch es kann jederzeit passieren, dass man Schneeketten benötigt. Tanken kann man im Park rund um Wawona oder Crane Flat (zu heftigen Preisen), bei El Portal am Hwy 140 gleich außerhalb der westlichen Parkgrenze und in Lee Vining an der Kreuzung der Hwys 120 und 395 östlich vom Park.

Straßenschilder mit roten Bären markieren die vielen Stellen, an denen Bären von Kraftfahrzeugen angefahren wurden (an die Tausend wurden verletzt und mehr als hundert seit 1995 getötet): also Fuß vom Gas und das ausgewiesene Tempolimit beachten! Besuchern des Valleys wird empfohlen, das Auto zu parken und den **Yosemite Valley Shuttle Bus** (www.nps.gov/yose/planyourvisit/publictransportation.htm; ⏲ 7–22 Uhr) zu nehmen. Dennoch gleicht der Verkehr im Tal manchmal dem Berufsverkehr in L. A..

Yosemite gehört zu den wenigen Nationalparks, die gut mit öffentlichen Verkehrsmitteln zu erreichen sind. Busse von Greyhound und Züge von Amtrak fahren Merced im Westen des Parks an. Von dort geht es weiter mit Nahverkehrsbussen des **Yosemite Area Regional Transportation System** (YARTS; ☎ 877-989-2787; www.yarts.com). Es gibt auch Amtrak-Tickets, die den YARTS-Abschnitt beinhalten – so kommt man mit einem einzigen Fahrschein ganz in den Park. Die Busse fahren mit Zwischenstopps in Mariposa, Midpines und El Portal das ganze Jahr über mehrmals täglich über den Hwy 140 ins Yosemite Valley. Die einfache Fahrt kostet 16 US$ (Kind & Senior 9 US$, 3 Std.) ab Merced.

Am besten erkundet man das Yosemite Valley mit dem Rad. Bequeme Cruiser (pro Std./Tag 12/34 US$) oder ein Rad mit Kinderanhänger (pro Std./Tag 20,25/61 US$) bekommt man an der **Yosemite Valley Lodge** (⏲ nur Sommer 8–18 Uhr, wetterabhängig) oder im **Half Dome Village** (⏲ März–Okt. 10–16 Uhr). Hier kann man auch Kinderwagen und Rollstühle leihen.

Sequoia & Kings Canyon National Parks

Verbunden durch eine Höhenstraße, die einen Nationalwald durchschneidet und an mehrere Wildnisgebiete grenzt, bieten diese zwei Parks unendliche Weite alpinen Glücks. Haine von Riesenmammutbäumen, rauschende Wasserfälle, dramatische Schluchten und spektakuläre Aussichten tauchen nach fast jeder Kurve aus dem Nichts auf. Der General Grant Grove (S. 1120) und der **Giant Forest** (abseits des Generals Hwy) in Kings Canyon bzw. Sequoia sind eindeutig Highlights.

Außerdem kann man hier Höhlen erforschen, klettern, durch die zerklüftete Granitlandschaft der Sierra wandern und sich dem Mt. Whitney (4420 m), dem höchsten Berg der „Lower 48"-Staaten, von seiner Rückseite aus nähern. Dies alles macht die beiden Nationalparks zu zwei der großartigsten der USA.

Die beiden **Parks** (☎559-565-3341; www.nps.gov/seki; 7-Tage-Eintritt 35 US$/Auto; P 👪) gehören zwar nicht zusammen, werden aber als eine Einheit verwaltet und haben eine gemeinsame Eintrittsgebühr; täglich aktualisierte Infos, u.a. zum Straßenzustand, erhält man per Bandansage unter der angegebenen Nummer oder auf der Website der Parks.

Sehenswertes

Sequoia National Park

Zur Einführung in die Ökologie und Geschichte der Riesenmammutbäume ist das winzige **Giant Forest Museum** (☎559-565-3341; www.nps.gov/seki; 47050 Generals Hwy, Ecke Crescent Meadow Rd; ⊙Winter 9–16.30 Uhr, Sommer bis 18 Uhr; P) GRATIS bestens geeignet; es ist für große wie kleine Besucher interessant. Anhand interaktiver Exponate erfährt man alles über die einzelnen Lebensabschnitte der riesigen Bäume, die über 3000 Jahre alt werden können, und über die Brandzyklen, durch die Samen freigegeben werden, die dann auf dem kargen Boden sprießen.

Die einmalige **Crystal Cave** (www.recreation.gov; Crystal Cave Rd, abseits des Generals Hwy; Führungen Erw./Kind/Jugendliche ab 16/5/8 US$; ⊙Ende Mai–Ende Sept.; P), die 1918 zwei Parkmitarbeiter bei einem Angelausflug entdeckten, wurde von einem unterirdischen Fluss geschaffen und birgt Marmorformationen, die schätzungsweise bis zu 100 000 Jahre alt sind. Die Tickets für die 50-minütige Einführungstour sind nur online im Vorverkauf, im Giant Forest Museum oder im Foothills Visitor Center, aber nicht an der Höhle selbst erhältlich. Jacke mitbringen!

Lohnend ist auch ein Abstecher zum **Mineral King Valley** (Mineral King Rd), einem Goldgräber- und Holzfällercamp aus dem späten 19. Jh., das von zerklüfteten Gipfeln und Bergseen umgeben ist. Die 25 Meilen (40 km) lange Panoramafahrt mit fast 700 nervenaufreibenden Haarnadelkurven ist normalerweise von Ende Mai bis Ende Oktober möglich.

Kings Canyon National Park & Scenic Byway

Gleich nördlich vom Grant Grove Village strotzt der **General Grant Grove** (N Grove Trail, abseits des Hwy 180; P 👪) nur so vor majestätischen Giganten. Jenseits davon führt der Hwy 180 über 30 Meilen (48 km) in Serpentinen hinunter in den Kings Canyon, vorbei an kantigen Felswänden mit Wasserfällen. Die Straße trifft auf den **Kings River**, dessen Donnern von den über 2400 m hohen Granitwänden widerhallt und der eine der tiefsten Schluchten Nordamerikas geschaffen hat.

Der **Cedar Grove** (abseits des Hwy 180) unten im Canyon ist der letzte Außenposten, bevor die raue Schönheit der Sierra Nevada beginnt. Eine beliebte Tageswanderung (einfache Strecke 7,5 km) führt von Roads End zu den tosenden **Mist Falls** (Road's End, Hwy 180). Bei Vogelfreunden beliebt ist der einfache Naturwanderweg (Rundweg 2,5 km) rund um die **Zumwalt Meadow** (abseits des Hwy 108; 👪) direkt westlich von Roads End. Ausschau halten sollte man nach durch die Gegenden tapsenden Schwarzbären und stolzierenden Maultierhirschen.

Die landschaftlich schöne Strecke vom Hume Lake nach Cedar Grove Village ist im

DER TIOGA PASS

Der Hwy 120, die einzige Straßenverbindung zwischen dem Yosemite National Park und der Eastern Sierra, führt über den Tioga Pass (3031 m). Auf den meisten Karten wird diese Straße als „im Winter gesperrt" markiert, was zwar richtig, aber auch irreführend ist: In der Regel bleibt die Tioga Rd vom ersten starken Schneefall im Oktober oder November bis in den Mai oder Juni geschlossen. Aktuelle Infos zum Straßenzustand gibt's telefonisch unter ☎209-372-0200 oder online unter www.nps.gov/yose/planyourvisit/conditions.htm.

Allgemeinen von Mitte November bis Ende April gesperrt.

Aktivitäten

Mit ihren markierten Wegen in einer Gesamtlänge von über 1370 km sind die Parks ein Traum für Wanderer. Die Trails sind für erfahrene Wanderer offiziell das ganze Jahr über freigegeben (man braucht im Winter vielleicht Schneeausrüstung, Schneeschuhe, Navigationsgeräte, Steigeisen und Eispickel). Die meisten kommen von Mitte Mai bis Oktober, wenn die Wege besser zu begehen sind.

Im Kings Canyon bietet der Cedar Grove den besten Zugang ins Hinterland, in Sequoia hält man sich an Mineral King und Lodgepole. Die Jennie Lakes Wilderness im Sequoia National Forest bietet unberührte Wiesen und Seen in tieferen Lagen.

In manchen Gebieten sind vom Park genehmigte bärensichere Kanister für mitgebrachtes Essen vorgeschrieben – die eigentlich immer empfehlenswert sind, vor allem bei Touren in die Wildnis (z. B. Rae Lakes Loop). Die Kanister kann man im Besucherzentrum des Parks, an den Rangerstationen am Anfang der Wege oder in den Märkten von Lodgepole, Grant Grove und Cedar Grove Village mieten (ab 5 US$ für 3 Tage). Um Waldbrände zu verhindern, sind in manchen Gebieten im Hinterland Lagerfeuer nur in dafür vorgesehenen Feuerstellen gestattet.

Schlafen

Campen ist die günstigste Art, die Parks zu erleben; in der Hauptsaison (Mai–Okt.) sind die Stellplätze aber natürlich schnell belegt. Es ist ratsam, sich früh einen Stellplatz zu sichern, statt bis abends zu warten. Campen in der Wildnis ist kostenlos (Genehmigungen werden im Sommer nach einem Quotensystem vergeben). Im Sequoia National Park gibt's nur eine offizielle Option zu übernachten. Die meisten Unterkünfte findet man in der Ortschaft Three Rivers, direkt vor dem **Parkeingang Ash Mountain** (Generals Hwy, über Sierra Dr; Auto/Fußgänger/Motorrad 35/20/30 US$).

DNC Parks & Resorts (☎801-559-4930; www.visitsequoia.com) bietet Unterkünfte in den Nationalparks Sequoia und Kings Canyon.

NPS & USFS Campgrounds (☎877-444-6777; www.recreation.gov) unterhält einen Reservierungsservice für viele Campingplätze in den Parks. Unterkünfte im Sequoia National Forest organisiert die **Sequoia-Kings**

NICHT VERSÄUMEN

XXL-WÄLDER

Für alle, die den mächtigsten Bäumen der Welt die Ehre erweisen wollen, gibt es keinen besseren Ort als den Sequoia National Park. Die riesigen Mammutbäume *(Sequoiadendron giganteum)* können bis zu 3000 Jahre alt werden – einige der ältesten Exmplare im Giant Forest standen schon, als das Römische Reich unterging. Der voluminöseste lebende Baum der Erde, der **General Sherman Tree**, ist größer als ein 27-stöckiger Wolkenkratzer, sein mächtiger Stamm hat einen Umfang von 30 m – man verrenkt sich den Hals, wenn man voller Ehrfurcht hoch zu seiner Blätterkrone blickt.

Canyon Park Services Company (☎559-565-3388; www.sequoia-kingscanyon.com).

Cedar Grove Lodge LODGE **$**
(☎559-565-3096; www.visitsequoia.com; 108260 West Side Dr, Cedar Grove Village; Zi. ab 151 US$; ⏰Mitte Mai–Mitte Okt.; P ❄ 📶) Die Lodge am Flussufer ist die einzige Möglichkeit, im Kings Canyon unter einem festen Dach zu übernachten. Es gibt 21 motelartige Zimmer; drei im Erdgeschoss haben Kochnischen und schattige möblierte Terrassen mit tollem Uferblick. In allen Zimmern sind Telefone vorhanden.

★ **Sequoia High Sierra Camp** HÜTTEN **$$$**
(☎866-654-2877; www.sequoiahighsierracamp.com; abseits der Forest Rte 13S12; Zelthütten mit Gemeinschaftsbad inkl. alle Mahlzeiten 500 US$; ⏰Anfang Juni–Mitte Sept.) Das abgelegene, über eine 1,6 km lange Wanderung erreichbare All-Inclusive-Resort im Sequoia National Forest ist ein Nirwana für alle, die Luxus und Camping nicht für einen Widerspruch halten. Die Leinwand-Bungalows sind mit Matratzen mit Kissenkopfteil, Federkissen und behaglichen Wollteppichen ausgestattet. Es gibt nur Gemeinschaftsbäder; die Duschen befinden sich in einem separaten Gebäude. Reservierung erforderlich; normalerweise muss man mindestens zwei Nächte bleiben. Die Preise gelten für zwei Personen pro Zelt.

Essen

Restaurants sind hier spärlich gesät. Die meisten Besucher bringen ihre Lebensmittel mit und kochen zusammen auf dem Campingplatz. Ihre Basis-Vorräte stocken sie in den kleinen Märkten in Lodgepole, Grant Grove und Cedar Grove auf (nicht ganzjährig geöffnet). Schlichte, saisonale Restaurants und Snackbars befinden sich in Wuksachi, John Muir, Cedar Grove, Lodgepole, Stoney Creek und Hume Lake. Three Rivers, gleich südlich von Sequoia, ist ein guter Ort, um sich mit Lebensmitteln einzudecken.

Die wenigen Lodges in den Parks – **Wuksachi** (☎ Infos 866-807-3598, Reservierungen 888-252-5757; www.visitsequoia.com; 64740 Wuksachi Way; Zi. 123–340 US$; P ⊖ ᯤ 🐾), **John Muir** (☎ 877-436-9617; www.visitsequoiakingscanyon.com; 86728 Hwy 180, Grant Grove Village; Zi. ab 210 US$; P ⊖ ᯤ) und Cedar Grove (S. 1120) – haben Restaurants. Gleiches gilt für ein paar Orte im angrenzenden Sequoia National Forest. In Three Rivers, gleich südlich von Sequoia, kann man sich mit Vorräten eindecken.

ℹ Praktische Informationen

Lodgepole Village und Grant Grove Village sind die wichtigsten Anlaufstellen in den Parks. In beiden Orten gibt's ein Visitor Center, eine Post, Märkte und Geldautomaten. In Lodgepole gibt es einen Münzwaschsalon und öffentliche Duschen (nur im Sommer). Benzin ist am Hume Lake (ganzjährig) und Stony Creek (Winter geschl.) auf dem Gelände des National Forest außerhalb des Parks zu stolzen Preisen erhältlich.

Kings Canyon Visitor Center (☎ 559-565-4307; www.nps.gov/seki; Hwy 180, Grant Grove Village; ⊙ Sommer 8–17 Uhr, in der Nebensaison variierende Öffnungszeiten) Im Grant Grove Village des Kings Canyon.

Lodgepole Visitor Center (☎ 559-565-4436; 63100 Lodgepole Rd, Lodgepole Village; ⊙ Ende Mai–Mitte Okt. 7–17 Uhr) Im Herzen des Sequoia National Park.

USFS Hume Lake District Office (☎ 559-338-2251; www.fs.fed.us/r5/sequoia; 35860 E Kings Canyon Rd/Hwy 180, Dunlap; ⊙ Mo–Fr 8–16.30 Uhr) Hier bekommt man Freizeitinformationen und Karten sowie Wildernis Permits und Genehmigungen für Lagerfeuer im Sequoia National Forest. Das Büro liegt mehr als 20 Meilen (32 km) westlich vom Eingang Big Stump.

ℹ Anreise & Unterwegs vor Ort

Die Nationalparks Sequoia und Kings Canyon sind beide per Auto von Westen kommend über die am Hwy 99 gelegenen Städte Fresno oder Visalia zu erreichen. Von Visalia sind es 38 Meilen (61 km) auf dem Hwy 198 Richtung Osten in den Sequoia National Park – kurz bevor man in den Park gelangt, kommt man noch durch Three Rivers. Von Fresno sind es 47 Meilen (76 km) auf dem Hwy 180 Richtung Osten zum Kings Canyon. Die zwei Straßen sind im Sequoia National Park selbst durch den Generals Hwy verbunden. Von Osten gibt es keinen Zugang.

In den Parks kommt man per Auto, Motorrad, Shuttlebus, Fahrrad oder zu Fuß von A nach B. Die Shuttles im Sequoia National Park fahren nur im Sommer.

Eastern Sierra

In den leeren, majestätischen Weiten grenzen gezackte Gipfel an die Wüste – ein dramatischer Gegensatz, der für einen spektakulären Landschaftsmix sorgt. Der Hwy 395 folgt dem gesamten Verlauf des Ostrands der Sierra Nevada. An der Strecke gibt es Abzweigungen zu Kiefernwäldern, Wiesen voller Wildblumen, idyllischen Seen, Thermalquellen und von Gletschern ausgehöhlten Schluchten. Wanderer, Backpacker, Mountainbiker, Angler und Skifahrer ziehen sich gern hierher zurück.

Die meisten Motels finden sich in Bishop, Lone Pine und Bridgeport. Mammoth Lakes hat ein paar Motels, Hotels und Dutzende Gästehäuser, B&Bs, Apartments und Ferienwohnungen. Überall sollte man im Sommer unbedingt vorab reservieren.

Fürs Campen in der freien Natur braucht man eine Genehmigung, die in den Rangerstationen erhältlich ist.

BODIE STATE HISTORIC PARK

Im **Bodie State Historic Park** (☎ 760-616-5040; www.parks.ca.gov/bodie; Hwy 270; Erw./Kind 8/5 US$; ⊙ April–Okt. 9–18 Uhr, Nov.–März bis 16 Uhr; Straße im Winter häufig gesperrt; P 🐾) stehen verwitterte Gebäude aus der Zeit des Goldrauschs auf einer staubigen, windigen Ebene und werden vor dem Verfall geschützt. Anfahrt: etwa sieben Meilen (11 km) südlich von Bridgeport den Hwy 270 nehmen und diesem 13 Meilen (21 km) ostwärts folgen (die letzten drei Meilen bzw. 5 km sind unbefestigt). Im Winter und zu Beginn des Frühjahrs ist die Zufahrtstraße meist wegen Schnees gesperrt.

MONO LAKE

Weiter südlich liegt der **Mono Lake** (www.monolake.org; abseits des Hwy 395). Hier ragen außerirdisch anmutende Tuffsteintürme wie hingetupfte Sandburgen aus dem alkalischen Wasser. Das **Mono Basin Scenic Area Visitor Center** (☎ 760-647-3044; www.fs.usda.gov/inyo; 1 Visitor Center Dr; ⊙ Mai–Sept. 8–17 Uhr, Okt.–Dez. variierende Öffnungszeiten, Jan.–April geschl.;) am Hwy 395 gewährt einen tollen Blick und hat erklärende Exponate. Die besten Fotomotive gibt's allerdings am gut 1,5 km langen Naturlehrpfad an der **South Tufa Area** (Test Station Rd, bei Hwy 120; Erw./Kind 3 US$/frei;). Vom nahe gelegenen Ort Lee Vining führt der Hwy 120 über den nur saisonal geöffneten Tioga Pass (S. 1120) Richtung Westen in den Yosemite National Park.

Eine tolle regionale Attraktion ist der offene Verkostungsraum im **June Lake Brewing** (858-668-6340; www.junelakebrewing.com; 131 S Crawford Ave; Mo, Mi, Do, So 12–20, Fr & Sa bis 21 Uhr), in dem zehn Fassbiere probiert werden können, u. a. das Deer Beer Brown Ale und einige sehr gute IPAs. Die Braumeister schwören, dass das Wasser des June Lake den gewissen Unterschied ausmacht. Verkostungen gibt es für etwa 8 US$.

MAMMOTH LAKES & UMGEBUNG

Auf dem weiteren Weg nach Süden lohnt sich ein Abstecher vom Hwy 395 auf den malerischen 16 Meilen (25 km) langen **June Lake Loop,** wenn man nicht gleich bis **Mammoth Lakes** durchfahren will. Das ganzjährig beliebte Resort mit seinen erstklassigen Skipisten liegt im Schatten des 3368 m hohen **Mammoth Mountain** (760-934-2571, 760-934-2571, Wetterbericht 24 Std. 888-766-9778; www.mammothmountain.com; Zugang über Minaret Rd; Erw./13–17 Jahre/5–12 Jahre /unter 5 Jahre ab 79/65/32 US$/frei). Im Sommer verwandeln sich die Hänge in einen Mountainbike-Park. Auf der Fahrt mit der Gondel kann man einen wunderbaren Blick genießen.

Warm und gemütlich, mit dem Flair einer traditionellen Ski-Lodge und nur einige Schritte von der Ausgangsstation der Panoramagondelbahn entfernt – die Lage des **Mammoth Mountain Inn** (760-934-2581; www.themammothmountaininn.com; 10400 Minaret Rd; Zi. ab 129–239 US$, Apt. ab 259–1199 US$;) ist zu jeder Jahreszeit spektakulär. Die charmante, ganzjährige **Tamarack Lodge** (760-934-2442; www.tamaracklodge.com; 163 Twin Lakes Rd; Zi. ab 129 US$, ohne Bad ab 99 US$, Hütte 255–425 US$;) am Lower Twin Lake ist seit 1924 in Betrieb und hat eine gemütliche Lodge mit Kamin, eine Bar und ein ausgezeichnetes Restaurant sowie elf rustikale Zimmer und 35 Hütten.

In der Gegend rund um das Mammoth Lakes Basin und die Reds Meadow kann man campen und Tageswanderungen unternehmen. Nahe der Reds Meadow ragen die 18 m hohen Basaltsäulen des **Devils Postpile National Monument** (760-934-2289; www.nps.gov/depo; Zugang abseits der Minaret Summit Rd/Reds Meadow Rd; Shuttle Tageskarte Erw./Kind 8/4 US$; Juni–Okt., wetterabhängig) in den Himmel.

Hilfreiche Karten und Infos bekommt man in der Stadt in der **Mammoth Lakes Welcome Center & Ranger Station** (760-924-5500; www.visitmammoth.com; 2510 Hwy 203; 8–17, Winter 8.30–16.30 Uhr). Die **Mammoth Tavern** (760-934-3902; www.mammothtavern.com; 587 Old Mammoth Rd; Hauptgerichte 14–35 US$; Di–Do & So 16–21.30, Fr & Sa 17–22 Uhr) bietet Hausmannskost wie Shepherd's Pie, Fondue und Schweinefilet. Alternativ genießt man im **Skadi** (760-914-0962; www.skadirestaurant.com; 94 Berner St; Hauptgerichte 32–40 US$; Mi–Mo 17 Uhr–open end) die innovativen, norwegisch inspirierten Kreationen von Chefkoch Ian Algerøen, z. B. kanadische Entenbrust mit Preiselbeeren und in der Pfanne gebratene fangfrische Jakobsmuscheln. Reservierung erforderlich.

Liebhaber von Thermalquellen können an der Benton Crossing Rd in einfachen Becken baden oder das dampfende Wasser der Hot Creek Geological Site bestaunen – beide Stätten befinden sich am Hwy 395 südöstlich der Stadt. Bei einem Abstecher nach Benton taucht man in seinen eigenen Whirlpool ein und döst unter dem Mondlicht der **Benton Hot Springs** (760-933-2287; www.bentonhotsprings.org; Hwy 120, Benton; Stellplatz Zelt & Wohnmobil 60–70 US$/2 Pers., B&B Zi. ab 119 US$;). Das kleine historische Resort in einer 150 Jahre alten ehemaligen Silberminenstadt ist in den White Mountains zu Hause. Man wählt zwischen elf geräumigen Stellplätzen mit privaten Whirlpools oder einem Zimmer in dem themenorientierten B&B voller Antiquitäten mit halb privaten Whirlpools.

BISHOP & UMGEBUNG

Weiter südlich führt der Hwy 395 hinunter ins Owens Valley. In Bishop, einem Städtchen mit Pionierflair, befindet sich das historische **Laws Railroad Museum** (760-873-5950; www.lawsmuseum.org; Silver Canyon Rd; empfohlene Spende 10 US$; Sept.–Mai 10–16 Uhr, Juni–Aug. ab 9.30 Uhr;), eine kinderfreundliche Attraktion mit der Möglichkeit, in alten Zügen mitzufahren. Von Bishop aus kommt man zu den besten Angelgründen und Kletterrevieren in der Eastern Sierra; hier ist auch der Hauptausgangspunkt für Treks mit Packeseln. Einen halben Tag sollte man einplanen für die aufregende Fahrt zum **Ancient Bristlecone Pine Forest**. Die knorrigen, außerirdisch anmutenden Bäume – die ältesten der Welt – stehen in über 3000 m Höhe an den Hängen der White Mountains. Die Straße (im Winter und Frühjahr bei Schnee geschl.) ist bis zum **Schulman Grove Visitor Center** (760-873-2500; www.fs.usda.gov/inyo; White Mountain Rd; pro Pers./Auto 3/6 US$; Juni–Aug. 10–17 Uhr, Mai–Juni Fr–So bis 16 Uhr) befestigt, von dort geht's auf Wanderwegen weiter. Vom Hwy 395 in Big Pine fährt man zunächst auf dem Hwy 168 12 Meilen (19 km) Richtung Osten und folgt dann der White Mountain Rd weitere 10 Meilen (16 km) bergauf.

LONE PINE & UMGEBUNG

Richtung Süden führt der Hwy 395 zur **Manzanar National Historic Site** (760-878-2194; www.nps.gov/manz; 5001 Hwy 395; 9–16.30 Uhr; P) GRATIS. Sie erinnert an das Lager, in dem während des Zweiten Weltkriegs 10 000 japanischstämmige Amerikaner ohne legale Grundlage interniert waren. Noch weiter südlich kann man in Lone Pine schließlich einen Blick auf den Mt. Whitney (4421 m), den höchsten Berg in den kontinentalen USA (ohne Alaska), werfen. Die 12 Meilen (19 km) lange Fahrt über die malerische **Whitney Portal Road** (Winter bis Frühjahrsanfang geschl.) ist durch und durch spektakulär. Für den äußerst beliebten Aufstieg zum Gipfel benötigt man eine Genehmigung (21 US$/Pers.), die man unter www.recreation.gov beantragen kann. Im **Eastern Sierra Interagency Visitor Center** (760-876-6222; www.fs.fed.us/r5/inyo; Ecke Hwys 395 & 136; 8–17 Uhr, Winter 8.30–16.30 Uhr) direkt südlich der Stadt sind Wilderness Permits, Infos über Outdoor- und Freizeitaktivitäten sowie Bücher und Landkarten erhältlich.

Ein beliebter Ausgangspunkt für Ausflüge zum Mt. Whitney und eine Dusche nach der Wanderung (öffentliche Duschen sind vorhanden) ist das **Whitney Portal Hostel & Hotel** (760-876-0030; www.whitneyportalstore.com; 238 S Main St; B/DZ ab 32/92 US$;). Es hat die preiswertesten Betten im Ort – für Juli und August sollte man seinen Schlafplatz allerdings Monate im Voraus reservieren. Direkt an der Hauptstraße trifft man auf das allseits beliebte Frühstückslokal **Alabama Hills Cafe** (760-876-4675; www.alabamahillscafe.com; 111 W Post St; Frühstückartikel 9,50–14 US$; Fr–So 6–15, Mo–Do bis 14 Uhr;). Hier sind die Portionen groß, die Brote frisch gebacken und die Suppen herzhaft. Dank der Sandwiches und Obstkuchen ist auch das Mittagessen eine attraktive Option.

Die bizarren Felsen der Alabama Hills westlich von Lone Pine dienten als Kulisse für Hollywood Western. Alte Erinnerungsstücke und Filmplakate sind in der Stadt im **Museum of Western Film History** (760-876-9909; www.museumofwesternfilmhistory.org; 701 S Main St; Erw./unter 12 Jahre 5 US$/frei; Mo–Sa 10–17, So bis 16 Uhr; P) zu bewundern.

Lake Tahoe

Der in unzähligen Grün- und Blautönen schimmernde Lake Tahoe an der Grenze zu Nevada ist der zweittiefste See in den USA und auf 1903 m Höhe auch einer der am höchsten gelegenen Seen im Land. Die Fahrt auf der 72 Meilen (116 km) langen Uferstraße rund um den See ist malerisch, aber auch ganz schön anstrengend. Generell ist das Nordufer ruhig und exklusiv, das Westufer zerklüftet und altmodisch, das Ostufer weitgehend unberührt und das Südufer hektisch und kitschig. Hier liegen ältliche Motels und schicke Kasinos.

Praktische Informationen

Lake Tahoe Visitors Authority (775-588-5900; www.tahoesouth.com; 169 Hwy 50, Stateline, NV; Mo–Fr 9–17 Uhr) Touristische Informationen, Karten, Broschüren und Rabattcoupons, Filiale in Stateline

Lake Tahoe Bicycle Coalition (www.tahoebike.org) Veröffentlicht eine sehr gute Radkarte der Gegend.

Desolation Wilderness Permits (877-444-6777; www.recreation.gov; 5–10 US$/Erw.)

Anreise & Unterwegs vor Ort

Greyhound-Busse und der tägliche **Zephyr**-Zug (800-872-7245; www.amtrak.com) fahren von Reno, Sacramento und San Francisco nach Truckee. Von dort bringen einen **Truckee Transit** (530-550-1212; www.laketahoetransit.com) zum Donner Lake und die Busse von **Tahoe Area Rapid Transit** (TART; 530-550-1212; https://tahoetruckeetransit.com; 10183 Truckee Airport Rd; einfache Strecke/Tageskarte 1,75/3,50 US$) zum Nord- oder Westufer des Sees.

Shuttles von **Tahoe Ski Trips** (925-680-4386; www.tahoeskitrips.net; Bus 89 US$) verbinden San Francisco und andere Abholorte in der Bay Area mit den Skihängen von Tahoe.

Von Spätherbst bis Frühlingsanfang sollten Autofahrer für den Fall eines Wetterumschwungs immer Schneeketten und Notvorräte (Decken, Wasser, Taschenlampen) im Kofferraum haben. Bevor es losgeht, Straßensperren und -bedingungen checken:

California Department of Transportation (Caltrans; ☎ 800-427-7623; www.dot.ca.gov)

Nevada Department of Transportation (NDOT; ☎ 877-687-6237, in Nevada 511; www.nevadadot.com)

Die verlässlichen Busse von Tahoe Area Rapid Transit mit der netten Abkürzung TART fahren ganzjährig am Nordufer entlang bis Incline Village, am Westufer hinunter zum **Ed Z'berg Sugar Pine Point State Park** (☎ 530-525-7982; www.parks.ca.gov; 10 US$/Auto) und nordwärts über den Hwy 89 nach Squaw Valley und Truckee. Die Fahrten auf den Hauptstrecken starten jeden Tag meistens stündlich zwischen 6 und 18 Uhr.

SOUTH LAKE TAHOE & WEST SHORE

Die altmodischen Motels und Lokale am stark befahrenen Hwy 50 in South Lake Tahoe sind immer gut besucht. Das Glücksspiel in den Casino-Hotels von Stateline, direkt hinter der Grenze in Nevada, lockt Tausende an, ebenso das erstklassige Skiresort **Heavenly** (☎ 775-586-7000; www.skiheavenly.com; 3860 Saddle Rd; Erw./Kind 5–12 Jahre/Jugendl. 13–18 Jahre 154/85/126 US$; ⏲ Mo–Fr 9–16, Sa, So & feiertags ab 8.30 Uhr; 👪). Im Sommer hat man bei einer Fahrt mit der Seilbahn des Resorts einen grandiosen Blick auf den See und die **Desolation Wilderness**. Diese kahle, wunderschöne Landschaft mit nackten Granitgipfeln, Gletschertälern und Bergseen ist bei Wanderern extrem beliebt. Karten, Infos und Wilderness Permits über Nacht (5 US$/Erw. od. Hund; Tagespermits frei) gibt's im **USFS Taylor Creek Visitor Center** (☎ 530-543-2674; www.fs.usda.gov/ltbmu; Visitor Center Rd am Hwy 89; ⏲ Ende Mai–Okt. 8–16.30 Uhr), das sich drei Meilen (4,8 km) nördlich der Gablung der Hwys 50 und 89 in der **Tallac Historic Site** (☎ 530-544-7383; www.tahoeheritage.org; Tallac Rd; optionale Führung Erw./Kind 10/5 US$; ⏲ Ende Mai–Sept. tgl. 10–16 Uhr; 🐾) GRATIS befindet, einer schicken, geschützten Ferienanlage aus dem frühen 20. Jh.

Von der sandigen, zum Baden geeigneten **Zephyr Cove** (☎ 775-589-4901; www.zephyrcove.com; 760 Hwy 50; 10 US$/Auto; ⏲ Sonnenaufgang–Sonnenuntergang) hinter der Grenze zu Nevada oder von der Ski Run Marina im Ort schippert **Lake Tahoe Cruises** (☎ 775-586-4906; www.zephyrcove.com; 760 Hwy 50; Erw./Kind ab 65/33 US$) ganzjährig über das „Große Blau". Wer selbst paddeln will, wendet sich an **Kayak Tahoe** (☎ 530-544-2011; www.kayaktahoe.com; 3411 Lake Tahoe Blvd; Einer-/Zweierkajak 1 Std. 25/35 US$, Tag 65/85 US$, Unterricht & Touren ab 50 US$; ⏲ Juni–Sept. 9–17 Uhr). Wieder am Ufer gehören zu den schicken Boutiquemotels das **Alder Inn** (☎ 530-544-4485; www.alderinn.com; 1072 Ski Run Blvd; Zi. 89–149 US$; P ⊖ 📶 ≋ 🐾) und das hippe **Basecamp Hotel** (☎ 530-208-0180; www.basecamphotels.com; 4143 Cedar Ave; DZ 109–229 US$, Schlafsaal für 8 Pers. 209–299 US$, Haustiergebühr 40 US$; 📶 🐾) 🍃 mit Whirlpool auf dem Dach. Alternativ kann man sein Zelt auf dem **Fallen Leaf Campground** (☎ Infos 530-544-0426, Reservierungen 877-444-6777; www.recreation.gov; 2165 Fallen Leaf Lake Rd; Stellplatz Zelt & Wohnmobil 33–35 US$, Jurte 86 US$; ⏲ Mitte Mai–Mitte Okt.; 🐾) am See aufstellen. Zum Auffüllen der Energiereserven bieten sich die Bio-Gerichte im vegetarierfreundlichen **Sprouts** (☎ 530-541-6969; www.sproutscafetahoe.com; 3123 Harrison Ave; Hauptgerichte 7–10 US$; ⏲ 8–20 Uhr; 🌶 👪) oder ein Burger mit Erdnussbutter und Knoblauchfritten in der **Burger Lounge** (☎ 530-542-2010; 717 Emerald Bay Rd; Gerichte 6–10 US$; ⏲ Juni–Sept. 11–20 Uhr, Okt.–Mai Do–Mo bis 19 Uhr; 👪) an.

Der Hwy 89 schlängelt sich nordwestwärts am dicht bewaldeten Westufer entlang zum **Emerald Bay State Park** (☎ 530-541-6498; www.parks.ca.gov; ⏲ Sonnenaufgang–Sonnenuntergang), wo Granitfelsen und Kiefern eine fjordartige Bucht einfassen. Ein steiler, 1,6 km langer Weg führt hinunter zum **Vikingsholm Castle** (☎ 530-525-7232; http://vikingsholm.com; Tour Erw./Kind 7–17 Jahre 10/8 US$; ⏲ Ende Mai–Sept. 10.30–15.30 oder 16 Uhr; P), einer skandinavischen Villa aus den 1920er-Jahren. Von dort führt der 7,2 km lange **Rubicon Trail** nordwärts am Seeufer entlang und vorbei an kleinen Buchten zum **DL Bliss State Park** (☎ 530-525-7277; www.parks.ca.gov; 10 US$/Auto; ⏲ Ende Mai–Sept.; P) 🍃 mit seinen Sandstränden. Weiter nördlich vermieten **Tahoma Meadows B&B Cottages** (☎ 530-525-1553; www.tahomameadows.com; 6821 W Lake Blvd; Cottage 169–339 US$, Haustiergebühr 20 US$; P ⊖ 📶 🐾) Hütten im ländlichen Stil.

NORTH & EAST SHORES

Das Geschäftszentrum **Tahoe City** ist ideal, um Nahrungsmittel und Vorräte zu kaufen und Outdoor-Ausrüstung zu leihen. Von hier ist es nicht weit bis zu dem großen Skiresort **Squaw Valley Alpine Meadows** (☎ 800-403-0206; www.squawalpine.com; 1960 Squaw Valley Rd am Hwy 89, Olympic Valley; Erw./Kind 5–12 Jahre/Jugendl. 13–22 Jahre 169/109/139 US$; ⏲ Mo–Fr 9–16, Sa, So & feiertags ab 8.30 Uhr; 👪), in dem 1960 die Olympischen Winterspiele stattfanden. Zum Après-Ski geht's wieder nach Tahoe ins **Bridgetender Tavern & Grill** (☎530-583-3342; www.tahoebridgetender.com; 65 W Lake Blvd; ⏲Mo–Do 11–23, Fr bis 24, Sa 9–24, So bis 23 Uhr). Morgens lädt das bodenständige **Fire Sign Cafe** (www.firesigncafe.com; 1785 W Lake Blvd; Hauptgerichte 10–15 US$; ⏲7–15 Uhr;) 2 Meilen (3,2 km) weiter südlich zu Eggs Benedict mit hausgeräuchertem Lachs ein.

Im Sommer kann man in **Tahoe Vista** oder **Kings Beach** schwimmen oder Kajak fahren. Rustikal aufgemachte Cottages und Zimmer mit Kochnischen gibt's in der **Cedar Glen Lodge** (☎530-546-4281; www.tahoecedarglen.com; 6589 N Lake Blvd; Zi., Suite & Cottage 219–579 US$, Haustiergebühr 30 US$; @); klein und gepflegt ist das **Hostel Tahoe** (☎530-546-3266; www.hosteltahoe.com; 8931 N Lake Blvd; B/DZ/4BZ ab 35/85/100 US$; @). Östlich der entspannten Uferlokale von Kings Beach führt der Hwy 28 nach Nevada. In einem Casino gleich hinter der Grenze kann man sich eine Show mit Livemusik ansehen. Wer Bars und Bistros mit etwas mehr Action sucht, fährt weiter bis nach Incline Village.

Mit unberührten Stränden, Seen und kilometerlangen Wander- und Radwegen ist der **Lake Tahoe-Nevada State Park** (☎775-831-0494; www.parks.nv.gov; 10/2 US$ pro Auto/Fahrrad; ⏲8 Uhr–1 Std. nach Sonnenuntergang; P) der größte Anziehungspunkt am Ostufer. Im Sommer planschen die Massen im türkisgrünen Wasser von **Sand Harbor**. Der 21 km lange **Flume Trail**, ein heiliger Gral für Mountainbiker, endet weiter südlich beim **Spooner Lake**. In Incline Village vermietet **Flume Trail Bikes** (☎775-298-2501; http://flumetrailtahoe.com; 1115 Tunnel Creek Rd; Mountainbike-Verleih 35–67 US$/Tag, Shuttle 16 US$, Eintritt zum State Park 2 US$; ⏲8–18 Uhr, Winter geschl.) Fahrräder und bietet einen Shuttleservice an.

TRUCKEE & UMGEBUNG

Nördlich vom Lake Tahoe an der I-80 ist Truckee nicht etwa ein Rastplatz für Trucker, sondern ein blühendes Bergstädtchen mit einem historischen Viertel voller Cafés, trendiger Boutiquen und Restaurants. Skihasen können in der Gegend zwischen mehreren Resorts wählen. Dazu gehören z. B. das glamouröse **Northstar California** (☎530-562-1010; www.northstarcalifornia.com; 5001 Northstar Dr am Hwy 267; Erw./Kind 5–12 Jahre/Jugendl. 13–18 Jahre 160/94/131 US$; ⏲8–17 Uhr), das kinderfreundliche **Sugar Bowl** (☎530-426-9000; www.sugarbowl.com; 629 Sugar Bowl Rd, abseits der Donner Pass Rd, Norden; Erw./Kind 6–12 Jahre/Jugendl. 13–22 Jahre 118/69/97 US$; ⏲9–16 Uhr) und das Langläuferparadies **Royal Gorge** (☎530-426-3871; www.royalgorge.com; 9411 Pahatsi Rd, abseits der I-80, Ausfahrt Soda Springs/Norden, Soda Springs; Erw./Jugendl. 13–22 Jahre 35/20 US$; ⏲8.30–16 Uhr;).

Westlich vom Hwy 89 befindet sich der **Donner Summit**, wo im harten Winter von 1846/47 der berühmte Treck der Donner Party steckenblieb. Nur etwa die Hälfte der Menschen überlebte – einige nur, weil sie das Fleisch ihrer toten Freunde aßen. Die schauerliche Geschichte wird im Museum innerhalb des **Donner Memorial State Park** (☎530-582-7892; www.parks.ca.gov; Donner Pass Rd; 5–10 US$/Auto, saisonal unterschiedlich; ⏲Besucherzentrum 10–17 Uhr; P) nacherzählt, in dem man auch **campen** (☎530-582-7894, Reservierungen 800-444-7275; www.reservecalifornia.com; Stellplatz Zelt & Wohnmobil 35 US$; ⏲Ende Mai–Ende Sept.) kann. Der **Donner Lake** in der Nähe ist ein beliebtes Ziel von Badelustigen und Paddlern.

Am Stadtrand von Truckee bietet das mit Ökozertifikat ausgezeichnete **Cedar House Sport Hotel** (☎530-582-5655; www.cedarhousesporthotel.com; 10918 Brockway Rd; Zi. 180–345 US$, Haustiergebühr 50–100 US$; P@) stilvolle Boutiquezimmer und ein ausgezeichnetes Restaurant. Ein großes Glas Donner Party Porter kann man sich in der **Fifty Fifty Brewing Co** (www.fiftyfiftybrewing.com; 11197 Brockway Rd; ⏲So–Do 11.30–21, Fr & Sa bis 21.30 Uhr) genehmigen.

Der Nordwesten

Inhalt ➡

Gut essen

- Chow (S. 1180)
- Ox (S. 1169)
- Sitka & Spruce (S. 1141)

Schön übernachten

- Timberline Lodge (S. 1177)
- Crater Lake Lodge (S. 1181)
- Hotel Monaco (S. 1139)
- Olympic Lights B&B (S. 1153)
- Historic Davenport Hotel (S. 1157)

Auf in den Nordwesten!

Der Nordwesten der USA ist Ausdruck einer besonderen Geisteshaltung. Wo schneebedeckte Vulkane von immergrünen Bäumen umrahmt werden, gedeihen Subkulturen und entstehen neue Trends. Aus zündenden Ideen, hastig auf Servietten gekritzelt, werden die erfolgreichen Unternehmen von morgen. Historisch hat diese Region nicht viel zu bieten, dafür kann man in hochdynamischen Städten wie Seattle und Portland einen Blick in die Zukunft werfen. Bekannt sind diese beiden Städte auch für Food Carts und Straßenbahnen, Kleinbrauereien und Kaffeekultur, grüne Lungen am Stadtrand und Skulpturen in den Straßen.

Der Nordwesten lockt mit seiner unglaublich sauberen Luft, die man am liebsten in Flaschen mit nach Hause nehmen möchte, und mit der Küste am Westende des Kontinents, an der man die kraftvolle Weite des größten Ozeans der Welt erlebt und es Bäume gibt, die älter sind als die Renaissancepaläste in Italien.

Reisezeit

Seattle

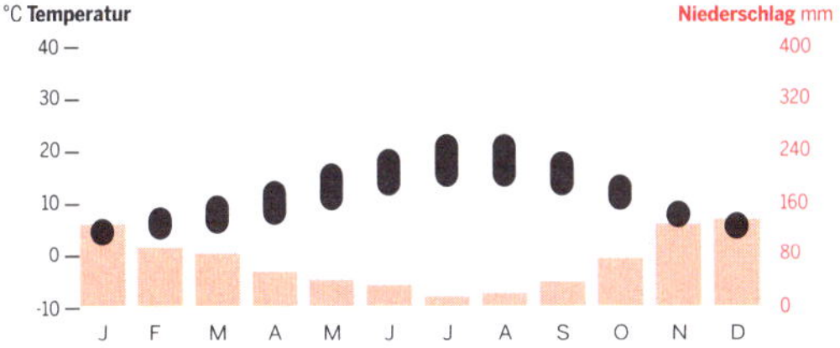

Jan.–März Schneesicherste Zeit zum Skifahren in den Cascades und deren Umgebung.

Mai Festival-Saison: Portland Rose, International Film Festival und Oregon Shakespeare Festival.

Juli–Sept. Beste Zeit zum Wandern: zwischen der Schneeschmelze und den ersten Herbststürmen.

Highlights

1 San Juan Islands (S. 1152) In den ruhigeren Ecken Rad und Kajak fahren

2 Oregon Coast (S. 1181) Die traumhafte Region vom malerischen Astoria bis zum entzückenden Port Orford erkunden

3 Olympic National Park (S. 1147) Bäume bestaunen, die älter sind als die Renaissanceschlösser Europas

4 Pike Place Market (S. 1132) Dem tollsten Freiluftspektakel im pazifischen Nordwesten beiwohnen

5 Portland (S. 1161) Gestärkt mit Bier, Kaffee und Imbissleckereien durch die grünen, ruhigen Viertel schlendern

6 Crater Lake National Park (S. 1181) Die unglaublich tiefblauen Gewässer und das malerische Panorama bewundern

7 Bend (S. 1178) In diesem Outdoor-Mekka mountainbiken, klettern oder Ski fahren

8 Walla Walla (S. 1160) In den umliegenden Weinregionen köstliche Rot- und Weißweine probieren

100 km
50 Meilen
KANADA
British Columbia
Castlegar
Cranbrook (28 Meilen)
Methow Valley
Winthrop
Stehekin
Colville Indian Reservation
Columbia River
Colville
Priest Lake
Lake Roosevelt
Spokane Indian Reservation
Newport
Lake Pend Oreille
Coulee Dam
Lake Chelan
Chelan
Spokane River
MONTANA
Leavenworth
Coulee City
Spokane
Coeur d'Alene
Cœur d'Alene Lake
Wenatchee
Missoula (38 Meilen)
WASHINGTON
Moses Lake
Ellensburg
Colfax
IDAHO
Yakima
Columbia River
Snake River
Pullman
Moscow
Toppenish
Lewiston
Yakama Indian Reservation
Benton City
Kennewick
Walla Walla
8
Blue Mountains
Grande Ronde River
Columbia River
Umatilla
Arlington
Pendleton
Umatilla Indian Reservation
Eagle Cap Wilderness
Imnaha
Hells Canyon National Recreation Area
Enterprise
Joseph
La Grande
Wallowa Mountains
Hells Canyon Dam
John Day River
Oxbow
Halfway
Kimberly
Baker City
Mitchell
John Day Fossil Beds National Monument
John Day
Prineville
Seneca
OREGON
Ontario
Malheur River
Burns
Lake Owyhee
Crane
Harney Lake
Malheur Lake
Jordan Valley
Burns Junction
IDAHO
Summer Lake
Frenchglen
Steens Mtn. (2979 m)
Lake Albert
Boise (20 Meilen)
Warner Lakes
Alvord Desert
Crump Lakes
Lakeview
McDermitt
Goose Lake
NEVADA

Geschichte

Als im 18. Jh. die Europäer in den Nordwesten vordrangen, waren an der Pazifikküste schon lange Indianerstämme wie die Chinook und die Salish ansässig. Im Inland, auf den trockenen Hochebenen zwischen den Cascades (Kaskadenkette) und den Rocky Mountains, lebten die Spokane, die Nez Percé und andere Stämme, die je nach Jahreszeit zwischen den Flusstälern und dem milden Hochland hin- und herzogen.

300 Jahre nach der Entdeckung der Neuen Welt durch Kolumbus begannen spanische und britische Forscher auf der Suche nach der sagenumwobenen Nordwestpassage die nördliche Pazifikküste zu erkunden. 1792 durchsegelte Kapitän George Vancouver als Erster die Gewässer des Puget Sound und erklärte die ganze Region zu britischem Herrschaftsgebiet. Zur selben Zeit entdeckte der Amerikaner Robert Gray die Mündung des Columbia River. Und 1805 durchquerten die Forscher Lewis und Clark die Rocky Mountains, zogen am Columbia River entlang abwärts zum Pazifik und festigten den amerikanischen Anspruch auf die Region.

Die britische Hudson's Bay Company gründete 1824 in Washington Fort Vancouver als Hauptquartier für die Columbia-Region. Das ermöglichte Massen von Siedlern die Zuwanderung, hatte auf die Kultur und Lebensweise der Indianer allerdings einen zerstörerischen Effekt, der vor allem vom Alkohol und von eingeschleppten Krankheiten ausging.

1843 stimmten die Siedler von Champoeg, das am Willamette River südlich von Portland liegt, für die Einrichtung einer provisorischen, von der Hudson's Bay Company unabhängigen Regierung und damit zugleich für den Anschluss an die Vereinigten Staaten, die das Gebiet 1846 formal per Vertrag von den Briten erwarben. Im Lauf des folgenden Jahrzehnts kamen rund 53 000 neue Siedler über den 3220 km langen Oregon Trail in den Nordwesten.

Die Eisenbahn ebnete der Region den Weg in die Zukunft. Bis 1914 waren Landwirtschaft und Holz die Säulen der Wirtschaft. Mit der Eröffnung des Panamakanals und dem Ausbruch des Ersten Weltkriegs wurde der Handel in den Pazifikhäfen dann sehr viel lebendiger. Werften entstanden am Puget Sound, der Flugzeugbauer Boeing richtete bei Seattle ein Werk ein.

Durch große Dammbauprojekte in den 1930er- und 1940er-Jahren konnte man billig Elektrizität erzeugen und Gebiete bewässern. Der Zweite Weltkrieg erhöhte erneut die Nachfrage nach Flugzeugen und Schiffen, die Landwirtschaft blühte weiter auf. Nach dem Krieg wuchs die Bevölkerung von Washington auf das Doppelte der Einwohnerzahl von Oregon an, besonders stark in der Gegend um den Puget Sound.

In den 1980er- und 1990er-Jahren hat sich der wirtschaftliche Schwerpunkt durch den Aufschwung der Hightech-Industrie mit

DER NORDWESTEN IN …

… vier Tagen

Start ist in **Seattle**, um sich die dortigen Hauptattraktionen, z. B. den **Pike Place Market** und das **Seattle Center**, anzusehen. Nach zwei Tagen geht's es weiter nach **Portland**, wo man ganz nach der Manier der Einheimischen mit dem Fahrrad die Bars, Cafés, Food Trucks und Läden abklappern kann.

… einer Woche

In eine ganze Woche passen noch ein paar Outdoor-Highlights wie der **Mt. Rainier**, der **Olympic National Park**, die **Columbia River Gorge** und der **Mt. Hood**. Oder man erkundet die spektakuläre Oregon Coast (z. B. den **Cannon Beach**) oder die historische Hafenstadt **Port Townsend** auf der Olympic Peninsula.

… zwei Wochen

Der **Crater Lake** ist einfach unvergesslich und kann mit einem Besuch in **Ashland** und seinem Shakespeare Festival verbunden werden. Genauso toll sind die himmlischen **San Juan Islands** in der Nähe der Wassergrenze zu Kanada, ebenso **Bend**, das größte Outdoor-Zentrum der Region. Wer gern Wein trinkt, für den ist **Walla Walla** in Washington ein Mekka, in dem es viele schöne Probieräume gibt. Das **Willamette Valley** hingegen ist das Pinot-Noir-Paradies von Oregon.

den Speerspitzen Microsoft in Seattle und Intel in Portland verlagert.

Produktionen mit Wasserkraft und Bewässerungsanlagen entlang des Columbia River haben in den letzten paar Jahrzehnten das Ökosystem des Flusses bedroht, und auch die Holzgewinnung hat ihre Spuren hinterlassen. Gleichwohl hat die Region ihre Umweltbilanz verbessert, indem sie ein paar der umweltfreundlichsten Firmen des Landes angelockt hat und ihre Großstädte zu den grünsten der USA gemacht hat. In puncto Umweltschutz gehören die beiden Nordweststaaten zu den engagiertesten Regionen der USA.

Einheimische Kultur

Das stereotype Bild des Bewohners des amerikanischen Nordwestens zeigt ihn als lässig gekleideten, Café Latte schlürfenden Städter, der einen Hybridwagen fährt, die Demokraten wählt und Kopfhörer trägt, aus denen unermüdlich Grunge- und Indie-Musik à la Nirvana ertönt. Aber wie bei den meisten kurzlebigen Verallgemeinerungen ist die Wirklichkeit sehr viel komplexer.

Gewiss, Seattle und Portland, die urbanen Zentren des Nordwestens, sind für ihre feine Kaffeekultur und unzähligen kleinen Brauereikneipen bekannt. Aber weiter im Osten, im trockenen und weitaus weniger grünen Landesinneren, verläuft das Leben viel traditioneller als in den Städten an der Küste. Hier im Südosten Washingtons finden in den Kleinstädten, die sich entlang des Columbia River Valley und in den trockenen Steppen verstecken, wilde Rodeos statt, die Touristenzentren locken mit Cowboy-Kultur und ein Pott Kaffee ist genau das - kein Latte, kein Matcha Tee.

Im Gegensatz zu der hart arbeitenden Ostküste der USA ist das Leben im Westen lockerer und weniger hektisch. Die Leute hier arbeiten um zu leben - und leben nicht um zu arbeiten. Nach einem verregneten Winter nutzen die Bewohner des pazifischen Nordwestens jede Entschuldigung, um aus dem Arbeitsalltag auszubrechen und einige Stunden (oder auch ganze Tage) im Freien zu verbringen. An den ersten Sommertagen Ende Mai oder Anfang Juni können Besucher einer wahren Völkerwanderung von enthusiastischen Wanderern und Radfahrern beiwohnen, die in die berühmten Nationalparks und in die Wildnis strömen, für die diese Region zu recht bekannt ist.

ℹ Anreise & Unterwegs vor Ort

AUTO

Am bequemsten kommt man mit dem Auto durch den Nordwesten. In der ganzen Region gibt es größere und kleinere Autovermietungen. Die I-5 ist die wichtigste Nord-Süd-Achse. In Washington führt die I-90 von Seattle ostwärts nach Spokane und Idaho. In Oregon zweigt die I-84 von Portland an der Columbia River Gorge gen Osten ab und führt nach Boise in Idaho.

BUS

Greyhound-Busse (www.greyhound.com) fahren entlang der I-5 von Bellingham im Norden Washingtons runter nach Medford im Süden Oregons. Es gibt auch Verbindungen zwischen den USA und Kanada. Ost-West-Verbindungen führen nach Spokane, Yakima, Tri-Cities (Kennewick, Pasco und Richland in Washington), Walla Walla und Pullman in Washington sowie nach Hood River und Pendleton in Oregon. Private Unternehmen fahren die meisten kleineren Dörfer und Städte in der Region an, oftmals mit Verbindungen zu Greyhound oder Amtrak.

FLUGZEUG

Der Seattle-Tacoma International Airport, kurz Sea-Tac genannt, und der Portland International Airport sind die größten Flughäfen der Gegend und bedienen viele nordamerikanische und einige internationale Reiseziele.

SCHIFF/FÄHRE

Die Washington State Ferries (www.wsdot.wa.gov/ferries) verbinden Seattle mit Bainbridge und den Vashon Islands. Weitere WSF-Routen führen von Whidbey Island nach Port Townsend auf der Olympic Peninsula und von Anacortes über die San Juan Islands nach Sidney in British Columbia (BC). Victoria Clipper (www.clippervacations.com) bietet Verbindungen von Seattle nach Victoria, BC, das auch von Port Angeles aus angesteuert wird. Fähren von Alaska Marine Highway (www.dot.state.ak.us/amhs) schippern von Bellingham, WA, nach Alaska.

ZUG

Amtrak (www.amtrak.com) bietet Verbindungen nach Vancouver, BC, und nach Kalifornien an und verbindet dabei Seattle, Portland und weitere große Stadtzentren mit den Cascades und den Coast-Starlight-Routen. Der *Empire Builder* fährt von Seattle und Portland (wird in Spokane zusammengeführt) ostwärts nach Chicago.

WASHINGTON

Der Bundesstaat Washington ist das Herz des pazifischen Nordwestens. Hier finden

Besucher alles, was das Herz begehrt – von der üppig grünen Olympic Peninsula bis hin zu den weißen Gipfeln der Cascade Mountains und den entspannten San Juan Islands, die sich gut mit dem Kajak erkunden lassen. Im Osten zeigt sich der Bundesstaat von einer ganz anderen Seite: Wasserarm, aber wunderschön, mit exklusiven Weingütern, Frühstück für echte Cowboys, Obstplantagen, Weizenfeldern und Pioniergeschichte.

Die größte Stadt ist Seattle, aber auch andere Städte wie Spokane, Bellingham und Olympia haben ihren Charme. Wer das Meiste aus einem Besuch in Washington machen will, sollte jedoch die Städte hinter sich lassen und die Berge und Wälder an der Küste oder auf den Inseln erkunden. Die besten Erlebnisse sind hier ganz unmittelbarer Natur.

Seattle

Man nehme die Intelligenz von Portland in Oregon und paare sie mit der Schönheit von Vancouver in Kanada – das Ergebnis dürfte in etwa so aussehen wie Seattle. Es ist kaum zu glauben, dass die größte Metropole des Nordwestens bis in die 1980er-Jahre nur als US-Stadt „zweiter Klasse" galt. Seitdem hat sie die Mischung aus wagemutiger Innovationsfreude und unerschrockenem Individualismus zu einem der größten Trendsetter der Dotcom-Ära gemacht, dessen Speerspitze aus dem unglaublichen Bündnis aus Café Latte schlürfenden Computerfreaks und selbstverliebten Musikern besteht.

Das mancherorts überraschend elegante, andernorts hypertrendige Seattle ist bekannt für den starken Zusammenhalt in den einzelnen Stadtvierteln, die erstklassige Universität, monströses Verkehrschaos und proaktive Bürgermeister, die sich als grüne Umweltpolitiker verdient machen. Auch wenn die Stadt in jüngster Zeit eine eigene Popkultur hervorgebracht hat, fehlt ihr noch der Mythos einer Metropole wie New York oder Paris. Immerhin hat es den „Berg". Der ist besser unter dem Namen Mt. Rainier bekannt und das alles und alle vereinende Symbol Seattles, ein 4392 m hohes Massiv aus Fels und Eis, das die Einwohner der Stadt permanent daran erinnert, dass die raue Wildnis und ein möglicherweise ausbrechender Vulkan direkt vor der Haustür liegen.

KURZINFOS WASHINGTON

Spitzname Evergreen State

Bevölkerung 7,3 Mio. Ew.

Fläche 184 775 km²

Hauptstadt Olympia (51 609 Ew.)

Weitere Städte Seattle (744 955 Ew.), Spokane (217 108 Ew.), Bellingham (89 045 Ew.)

Verkaufssteuer 6,5 %

Geburtsort von Sänger und Schauspieler Bing Crosby (1903–77), Gitarrist Jimi Hendrix (1942–70), Computer-Guru Bill Gates (geb. 1955), Politikkommentator Glen Beck (geb. 1964), Musikikone Kurt Cobain (1967–94)

Heimat des Mt. St. Helens, von Microsoft, Starbucks, Amazon und dem Evergreen State College

Politik Demokratische Gouverneure seit 1985

Berühmt für Grunge, Kaffee, *Grey's Anatomy*, *Twilight*, Vulkane, Äpfel, Wein, Niederschlag

Staatsgemüse Süßzwiebeln aus Walla Walla

Entfernungen Seattle–Portland 174 Meilen (280 km), Spokane–Port Angeles 365 Meilen (587 km)

Sehenswertes

Downtown

★ **Pike Place Market** MARKT

(Karte S. 1134; ☎ 206-682-7453; www.pikeplacemarket.org; 85 Pike St, Pike Place; ⏲ Mo–Sa 9–18, So bis 17 Uhr; Westlake) Dieser Markt ist ein buntes Potpourri aus Geräuschen, Gerüchen, Persönlichkeiten, Geplänkel und städtischem Treiben in exponierter Uferlage – eine Art Seattle in klein. Der seit 1907 existierende Markt ist noch immer so stimmungsvoll wie eh und je. Hier lernt man die Stadt so kennen, wie sie wirklich ist: allumfassend, vielseitig und absolut einzigartig. Dank der Erweiterung im Jahr 2017 gibt es neuerdings mehr Verkaufsfläche, wettergeschützte Bereiche, zusätzliche Parkplätze und Wohnungen für Senioren mit geringem Einkommen.

★ **Seattle Art Museum** MUSEUM

(SAM; Karte S. 1134; ☎ 206-654-3210; www.seattleartmuseum.org; 1300 1st Ave, Downtown; Erw./Student 25/15 US$; ⏲ Mi & Fr–Mo 10–17, Do bis 21

Uhr; University St) Das Museum kann sich zwar nicht mit den ganz Großen in New York oder Chicago vergleichen, muss sich aber nicht verstecken. Die Kunstsammlung wird stetig mit Neuerwerbungen und Wanderausstellungen aufgefrischt. Das Museum ist vor allem für seine umfangreichen Artefakte amerikanischer Ureinwohner und die Arbeiten lokaler Künstler der Northwest School wie Mark Tobey (1890–1976) bekannt. Ebenfalls vertreten ist moderne amerikanische Kunst. Außerdem zeigt das Museum ein paar aufregende Wanderausstellungen (darunter auch Yayoi Kusamas „Infinity Mirrors").

★ Olympic Sculpture Park PARK
(Karte S. 1134; 206-654-3100; 2901 Western Ave, Belltown; Sonnenaufgang–Sonnenuntergang; 33) GRATIS Diese Meisterleistung der Stadtplanung ist ein offizieller Außenposten des Seattle Art Museum und steht diesem hinsichtlich Design und Aufbereitung in nichts nach. Die grüne Oase, die sich auf einem rückgewonnenen urbanen Abbruchgelände erstreckt, beherbergt über 20 Skulpturen. Man kann sie bewundern, während man über die kurvigen Wege des Parks schlendert. Der Ausblick auf den Puget Sound und die Olympic Peninsula im Hintergrund wird all jene erfreuen, die nach ein paar großartigen Fotomotiven für die sozialen Medien Ausschau halten.

Pioneer Square & International District

Seattles Wiege hat sich die Rauheit ihrer „Skid Row"-Wurzeln erhalten. Das Straßenleben ist ausgelassen und in die roten Backsteingebäude sind Kunstgalerien und Restaurants mit regionaler Küche eingezogen. Das Erbe des International District – Heimat vieler der südostasiatischen Immigrantengemeinden – wartet mit einzigartigen Shopping- und Essensoptionen auf. SoDo („South of Downtown", also „Südlich von Downtown") ist hingegen ein nüchternes Viertel mit Lagerhäusern, das beständig neue Destillerien und Ausgabeapotheken anzieht.

★ Klondike Gold Rush National Historical Park MUSEUM
(Karte S. 1134; 206-553-3000; www.nps.gov/klse; 319 2nd Ave S, Pioneer Sq; Juni–Aug. tgl. 9–17 Uhr, Sept.–Feb. Di–So 10–17 Uhr, März–Mai tgl. 10–17 Uhr; First Hill Streetcar) GRATIS Dieses wunderbare, vom National Park Service betriebene Museum beherbergt Ausstellungsgegenstände, Fotos und Zeitungsartikel aus der Zeit des Goldrauschs am Klondike River im Jahr 1897. Damals fungierte ein energiegeladenes Seattle als Vorratskammer für Goldschürfer, die auf dem Weg ins Yukon Territory in Kanada waren. Der Eintritt würde an jedem anderen Ort 20 US$ kosten – in Seattle ist er kostenlos!

Wing Luke Museum of the Asian Pacific American Experience MUSEUM
(Karte S. 1134; 206-623-5124; www.wingluke.org; 719 S King St, International District; Erw./Kind 17/12 US$; Di–So 10–17 Uhr; First Hill Streetcar) Das schöne Wing Luke Museum dokumentiert die Kultur der Einwanderer aus Asien und dem Pazifikraum. Der Schwerpunkt liegt dabei auf so heiklen Themen wie der Ansiedlung chinesischer Einwanderer in den 1880er-Jahren und der Internierung japanischstämmiger Einwohner im Zweiten Weltkrieg. Gezeigt werden diverse Wechselausstellungen wie zuletzt „A Day in the Life of Bruce Lee". Es gibt auch Kunstausstellungen und eine original erhaltene Wohnung von Einwanderern. Die Teilnahme an Führungen ist ebenfalls möglich; am ersten Donnerstag im Monat ist der Eintritt frei (bei verlängerten Öffnungszeiten bis 20 Uhr).

Seattle Center

★ Space Needle WAHRZEICHEN
(Karte S. 1134; 206-905-2100; www.spaceneedle.com; 400 Broad St, Seattle Center; Erw./Kind 37,50/32,50 US$, inkl. Chihuly Garden & Glass 49/39 US$; Mo–Do 9.30–23, Fr & Sa 9.30–23.30, So 9–23 Uhr; Seattle Center) Der schnittige Turm war bei seiner Erbauung seiner Zeit in puncto Modernität weit voraus. Er wurde für die Weltausstellung im Jahr 1962 erbaut und ist seit über 50 Jahren das Wahrzeichen der Stadt. Die Nadel bildet das Zentrum des Komplexes, der heute **Seattle Center** (Karte S. 1134; 206-684-8582; www.seattlecenter.com; 400 Broad St, Seattle Center; Seattle Center) genannt wird. Mit seinem Aussichtsdeck in Form einer fliegenden Untertasse und dem teuren Drehrestaurant lockt er jedes Jahr mehr als 1 Mio. Besucher an.

★ Museum of Pop Culture MUSEUM
(Karte S. 1134; 206-770-2700; www.mopop.org; 325 5th Ave N, Seattle Center; Erw./Kind 28/19 US$; Jan.–Ende Mai & Sept.–Dez. 10–17 Uhr, Ende

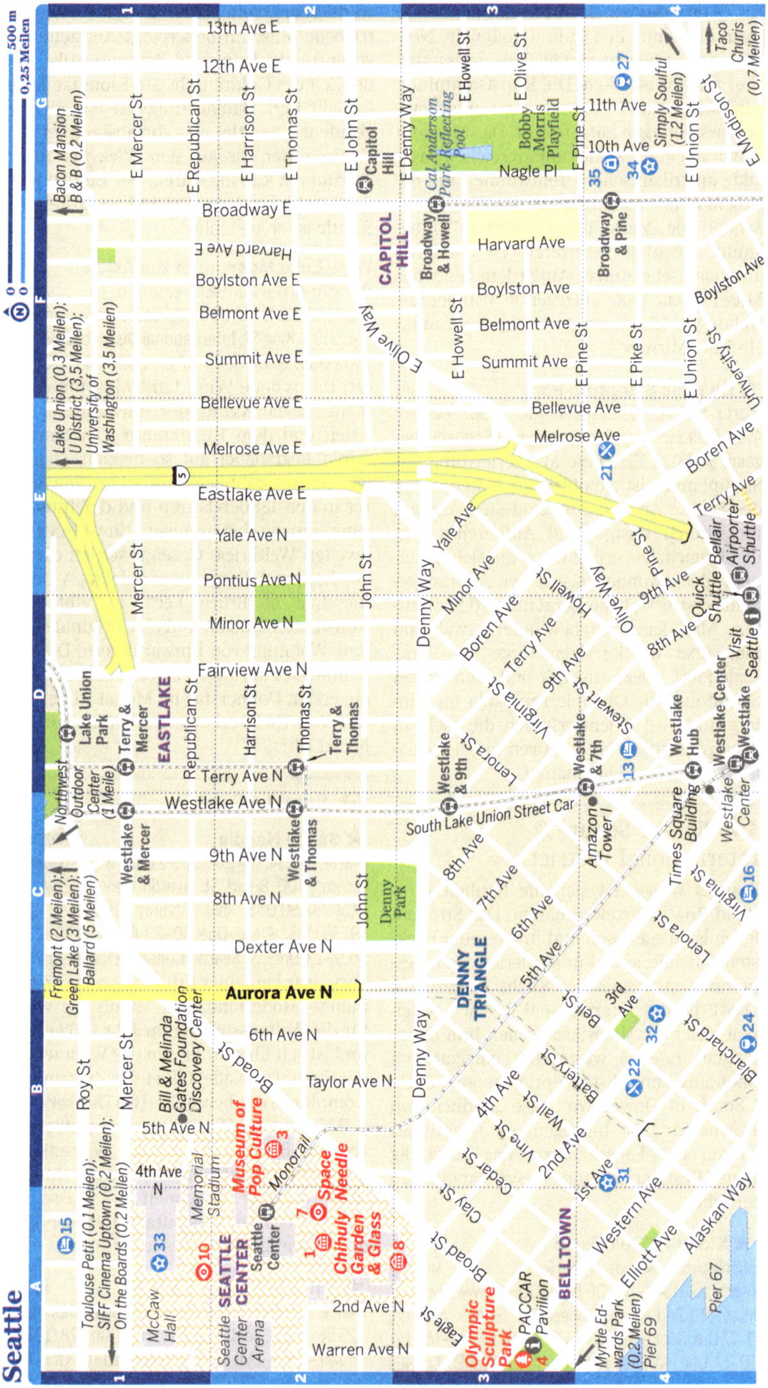
Seattle
500 m
0,25 Meilen
Toulouse Petit (0,1 Meilen); SIFF Cinema Uptown (0,2 Meilen); On the Boards (0,2 Meilen)
Fremont (2 Meilen); Green Lake (3 Meilen); Ballard (5 Meilen)
Northwest Outdoor Center (1 Meile)
Lake Union (0,3 Meilen); U District (3,5 Meilen); University of Washington (3,5 Meilen)
Bacon Mansion B & B (0,2 Meilen)
Taco Churis (0,7 Meilen)
Simply Soulful (1,2 Meilen)
Myrtle Edwards Park (0,2 Meilen)
Seattle Center Arena
McCaw Hall
SEATTLE CENTER
Seattle Center
Memorial Stadium
Museum of Pop Culture
Monorail
Space Needle
Chihuly Garden & Glass
Bill & Melinda Gates Foundation Discovery Center
Olympic Sculpture Park
PACCAR Pavilion
BELLTOWN
DENNY TRIANGLE
EASTLAKE
CAPITOL HILL
Denny Park
Lake Union Park
Cal Anderson Park Reflecting Pool
Bobby Morris Playfield
South Lake Union Street Car
Amazon Tower I
Times Square Building
Westlake Center
Visit Seattle
Quick Shuttle
Bellair Airporter Shuttle
Westlake Hub
Westlake & 9th
Westlake & 7th
Westlake & Mercer
Westlake & Thomas
Terry & Mercer
Terry & Thomas
Broadway & Howell
Broadway & Pine
Capitol Hill
Pier 67
Pier 69
Aurora Ave N
Denny Way
Broadway E
Roy St
Mercer St
Republican St
Harrison St
Thomas St
John St
E Mercer St
E Republican St
E Harrison St
E Thomas St
E John St
E Denny Way
E Howell St
E Olive St
E Pine St
E Pike St
E Union St
E Madison St
E Olive Way
Nagle Pl
13th Ave E
12th Ave E
11th Ave
10th Ave
Harvard Ave E
Boylston Ave E
Belmont Ave E
Summit Ave E
Bellevue Ave E
Melrose Ave E
Eastlake Ave E
Yale Ave N
Pontius Ave N
Minor Ave N
Fairview Ave N
Terry Ave N
Westlake Ave N
9th Ave N
8th Ave N
Dexter Ave N
6th Ave N
Taylor Ave N
5th Ave N
4th Ave N
2nd Ave N
Warren Ave N
Broad St
Harvard Ave
Boylston Ave
Belmont Ave
Summit Ave
Bellevue Ave
Melrose Ave
Boren Ave
Terry Ave
Yale Ave
Minor Ave
Howell St
Olive Way
Pine St
9th Ave
8th Ave
Virginia St
Stewart St
Lenora St
7th Ave
6th Ave
5th Ave
4th Ave
3rd Ave
2nd Ave
1st Ave
Bell St
Battery St
Wall St
Vine St
Cedar St
Clay St
Eagle St
Blanchard St
Western Ave
Elliott Ave
Alaskan Way
University St
Union St

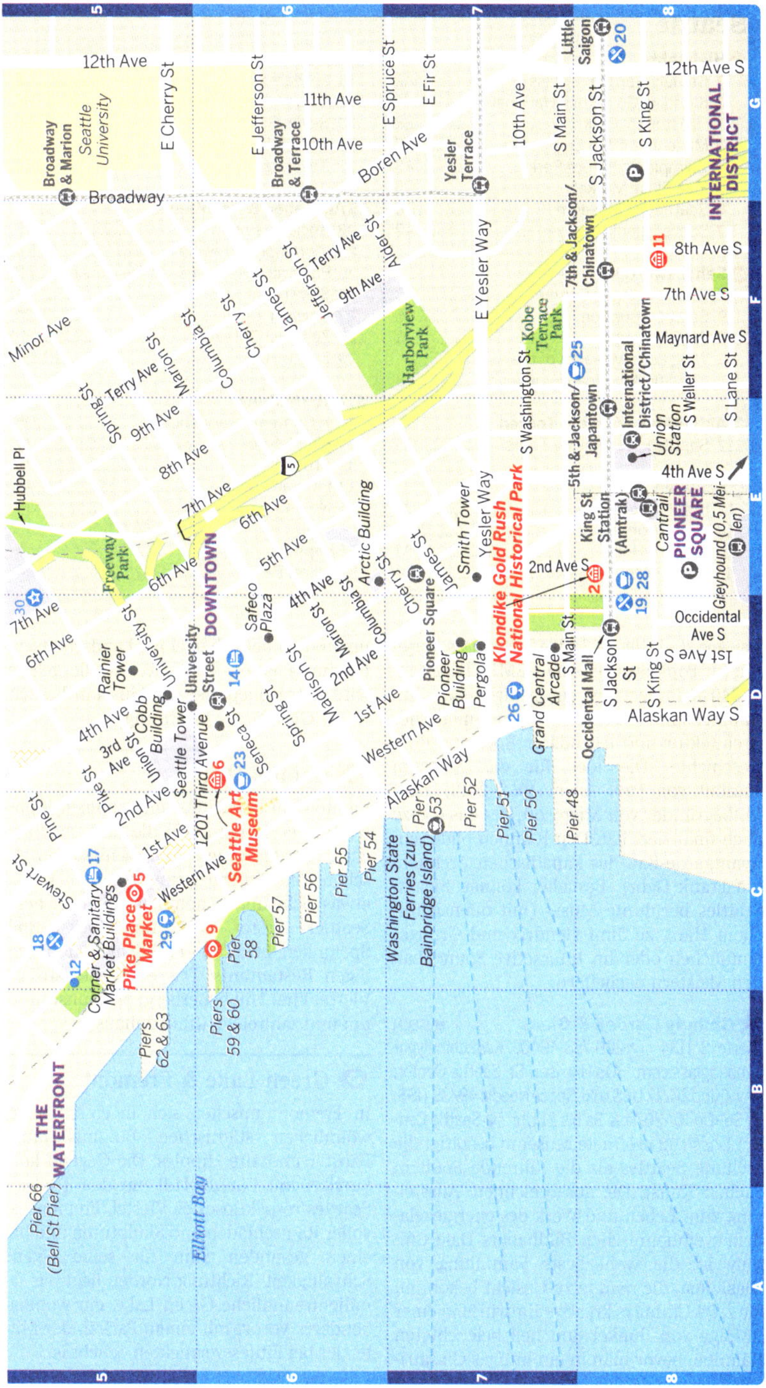
THE WATERFRONT
DOWNTOWN
PIONEER SQUARE
INTERNATIONAL DISTRICT
Little Saigon
Elliott Bay
Pier 66 (Bell St Pier)
Piers 62 & 63
Piers 59 & 60
Pier 58
Pier 57
Pier 56
Pier 55
Pier 54
Pier 53
Pier 52
Pier 51
Pier 50
Pier 48
Washington State Ferries (zur Bainbridge Island)
Pike Place Market
Seattle Art Museum
Klondike Gold Rush National Historical Park
Corner & Sanitary Market Buildings
Rainier Tower
Cobb Building
Seattle Tower
1201 Third Avenue
University Street
Safeco Plaza
Arctic Building
Smith Tower
Pioneer Square
Pioneer Building
Pergola
Grand Central Arcade
Occidental Mall
King St Station (Amtrak)
Cantrail
Union Station
Greyhound (0,5 Meilen)
International District/Chinatown
5th & Jackson/ Japantown
7th & Jackson/ Chinatown
Kobe Terrace Park
Harborview Park
Freeway Park
Yesler Terrace
Broadway & Terrace
Broadway & Marion
Seattle University
Hubbell Pl
Broadway
12th Ave
11th Ave
10th Ave
9th Ave
8th Ave
7th Ave
6th Ave
5th Ave
4th Ave
3rd Ave
2nd Ave
1st Ave
Minor Ave
Terry Ave
Boren Ave
Western Ave
Alaskan Way
Stewart St
Pine St
Pike St
Union St
University St
Seneca St
Spring St
Madison St
Marion St
Columbia St
Cherry St
James St
Jefferson St
Alder St
E Cherry St
E Jefferson St
E Spruce St
E Fir St
Yesler Way
E Yesler Way
S Washington St
S Main St
S Jackson St
S King St
S Weller St
S Lane St
2nd Ave S
4th Ave S
7th Ave S
8th Ave S
12th Ave S
Maynard Ave S
Occidental Ave S
1st Ave S
Alaskan Way S
5
A
B
C
D
E
F
G
5
6
7
8
2
5
6
9
11
12
14
17
18
19
20
23
25
26
28
29
30

Seattle

Highlights
1 Chihuly Garden & Glass ... A2
2 Klondike Gold Rush National Historical Park ... E8
3 Museum of Pop Culture ... B2
4 Olympic Sculpture Park ... A3
5 Pike Place Market ... C5
6 Seattle Art Museum ... D6
7 Space Needle ... A2

Sehenswertes
8 Pacific Science Center ... A3
9 Seattle Aquarium ... C6
10 Seattle Center ... A1
11 Wing Luke Museum of the Asian Pacific American Experience ... F8

Aktivitäten, Kurse & Touren
12 Seattle Free Walking Tours ... C5

Schlafen
13 Hotel Max ... D4
14 Hotel Monaco ... D6
15 Maxwell Hotel ... A1
16 Moore Hotel ... C4
17 Palihotel ... C5

Essen
18 Le Pichet ... C5
19 Salumi Artisan Cured Meats ... D8
20 Seven Stars Pepper ... G8
21 Sitka & Spruce ... E4
22 Tavolàta ... B4

Ausgehen & Nachtleben
23 Ancient Grounds ... D6
24 Cloudburst Brewing ... B4
25 Panama Hotel Tea & Coffee House ... F8
26 Saké Nomi ... D7
27 Unicorn ... G4
28 Zeitgeist Coffee ... E8
29 Zig Zag Café ... C5

Unterhaltung
30 A Contemporary Theatre ... D5
31 Big Picture ... B4
32 Crocodile ... B4
33 Intiman Theatre ... A1
34 Neumos ... G4

Shoppen
35 Elliott Bay Book Company ... G4

Mai–Aug. 10–19 Uhr; Seattle Center) Das Museum für Popkultur (ehemals EMP, „Experience Music Project") ist ein inspirierendes Zusammenspiel aus super-moderner Architektur und legendärer Rock-and-Roll-Geschichte. Die Idee für das Museum stammt von Paul Allen (1953–2018), dem Mitbegründer von Microsoft, der das Ganze auch finanziert hat. Den Rahmen bildet ein Avantgarde-Bau des kanadischen Architekten Frank Gehry. Besucher können hier in Seattles berühmte Musik (mit offensichtlichem Hang zu Jimi Hendrix und Grunge) eintauchen oder im Interactive Sound Lab den Meistern nacheifern.

★ **Chihuly Garden & Glass** MUSEUM
(Karte S. 1134; 206-753-4940; www.chihulygardenandglass.com; 305 Harrison St, Seattle Center; Erw./Kind 26/17 US$, inkl. Space Needle 49/39 US$; So–Do 10–20, Fr & Sa bis 21 Uhr; Seattle Center) Das 2012 eröffnete Museum bestätigt die Stellung Seattles als die führende Stadt in Sachen Kunst. Die ausgezeichnete Ausstellung zum Leben und Werk des energiegeladenen einheimischen Bildhauers Dale Chihuly ist die wohl beste Sammlung von Glaskunst, die man je zu Gesicht bekommt. Sie zeigt Chihulys kreative Entwürfe in einer Abfolge von dunkel und hell beleuchteten Räumen, bevor man in ein luftiges Glasatrium und schließlich in einen Landschaftsgarten im Schatten der Space Needle geleitet wird. Ein Höhepunkt des Museumsbesuchs ist die Glasbläser-Vorführung.

Capitol Hill

Capitol Hill ist Seattles unverhohlen hippstes Viertel, in dem sich die unfassbar Reichen mit den unfassbar Exzentrischen mischen. Die Gentrifizierung hat dem Viertel etwas Schwung genommen, aber es beibt Seattles bester Mix für Rock-'n'-Roll-Spelunken, LGBTIQ+-Fröhlichkeit und trendigen Restaurants. Das eher sittenstrenge Viertel First Hill beherbergt ein Kunstmuseum und zahlreiche Krankenhäuser.

Green Lake & Fremont

In Fremont mischen sich in einem ungewöhnlichen städtischen Bündnis junge Hipster und alte Hippies. Die Gegend konkurriert mit Capitol Hill um den Titel als Seattles respektlosestes Viertel. Fremont ist voller Ramschläden und Skulpturen und hat einen gesunden Sinn für seine eigene Schrulligkeit. Richtung Norden liegt das familienfreundliche Green Lake, ein wohlhabenderer Vorort mit einem Park in der Mitte, der bei Fitnessverrückten beliebt ist.

Fremont Troll SKULPTUREN

(N 36th St & Troll Ave, Fremont; 62) Die ausgefallene Plastik in Form eines Trolls lauert unterhalb des nördlichen Endes der Aurora Bridge an der N 36th St. Mit dem Troll gingen die Künstler Steve Badanes, Will Martin, Donna Walter und Ross Whitehead 1990 bei einem vom Fremont Arts Council gesponserten Kunstwettbewerb als Sieger hervor. Die 5,5 m große Zementfigur, die mit ihrer Hand einen VW-Käfer zerquetscht, ist mittlerweile ein beliebter Platz für nächtliche Biergelage.

Waiting for the Interurban DENKMAL

(N 34th St & Fremont Ave N, Fremont; 62) Seattles beliebtestes öffentliches Kunstwerk *Waiting for the Interurban* wurde aus recyceltem Aluminium gegossen. Es stellt eine Figurengruppe von sechs Menschen dar, die auf einen Zug warten, der niemals kommt. Hin und wieder kleiden die Einwohner die Menschengruppe liebevoll ein, je nach Anlass – dem Wetter, einem Geburtstag oder einem Sieg der Baseballmannschaft Mariners. Das eindeutig menschliche Antlitz des Hundes trägt die Gesichtszüge von Armen Stepanian, dem ehemaligen Bürgermeister von Fremont, der es gewagt hatte, die Skulptur abzulehnen.

Der U-District

Burke Museum MUSEUM

(206-543-5590; www.burkemuseum.org; 4300 15th Ave NE; Erw./Kind 22/14 US$; 10–17, 1. Do im Monat bis 20 Uhr; 70) Dieses Hybridmuseum widmet sich der Naturgeschichte und den indigenen Kulturen der Pazifikküste. Im Inneren befindet sich die wohl beste naturgeschichtliche Sammlung Washingtons mit Schwerpunkt auf der Geologie und der Evolution des Bundesstaates. Es zeigt eindrucksvolle Fossilien, darunter einen 20 000 Jahre alten Säbelzahntiger. Auf keinen Fall sollte man die hervorragende Sammlung von Kwakwaka'wakw-Masken aus British Columbia verpassen.

Ballard

Ballard ist eine ehemalige Seefahrergemeinschaft mit nordischem Erbe. Hier fühlt man sich noch immer wie in einer kleinen Stadt, die von einer größeren umschlossen wird. Das soll jedoch nicht heißen, dass es hier nichts zu sehen gibt. Das Viertel hat sich zu einer der besten Adressen der Stadt für aufregende Restaurants, belebte Bars und mörderisch gutes Shoppen entwickelt.

★ **Hiram M Chittenden Locks** KANAL

(3015 NW 54th St, Ballard; 7–21 Uhr; 44) GRATIS An sonnigen Tagen schimmert Seattle rund um diese Schleuse wie ein impressionistisches Gemälde. Hier stürzen die Süßwasser des Lake Washington und des Lake Union fast 7 m hinab ins Salzwasser des Puget Sound. Man kann quasi direkt danebenstehen und beobachten, wie die Boote hinauf oder hinab (je nach Richtung) gelassen werden. Der Bau des Kanals mit der Schleuse begann 1911; heute passieren jährlich rund 100 000 Boote die Schleuse. Besucher können an der Fischtreppe durch die Glasplatten einen Blick auf das Treiben unter Wasser werfen, durch den botanischen Garten schlendern und ein kleines Museum besuchen.

Aktivitäten

Radfahren

Trotz des häufigen Regens und des hügeligen Geländes ist in der Region Seattle Radfahren als Fortbewegungsart und Freizeitsport sehr beliebt. 2014 führte die Stadt endlich ein öffentliches Bike-Sharing-System ein, das jedoch im März 2017 aufgrund der geringen Inanspruchnahme wieder abgeschafft wurde. 2018 führten dann mehrere Privatunternehmen, z. B. Lyft und Lime, das System wieder ein.

In der Stadt gibt es auf vielen Straßen auch eine Spur für Fahrradfahrer, die grün markiert ist. Die Radwege sind gut instand gehalten, und die freundliche, enthusiastische Radfahrergemeinde teilt sich gern die Straße mit anderen Radlern. Der 32 km lange, gewundene Burke-Gilman Trail ist ein sehr beliebter Radweg, der von Ballard zum

SEATTLE CITYPASS

Wer eine Weile in Seattle bleibt und sich die Hauptsehenswürdigkeiten ansehen will, kann den **CityPASS** (www.citypass.com/seattle; Erw./Kind 5–12 Jahre 99/79 US$) in Betracht ziehen. Der Pass ist neun Tage gültig und gilt für fünf Attraktionen: die Space Needle, das Seattle Aquarium, die Argosy Cruises Seattle Harbor Tour, das Museum of Pop Culture *oder* den Woodland Park Zoo und für das Pacific Science Center *oder* den Chihuly Garden & Glass. Man spart so ca. 49 % der Eintrittskosten und muss nicht anstehen. Der Pass ist online und bei jeder dieser Sehenswürdigkeiten erhältlich.

Log Boom Park in Kenmore in Seattles Eastside führt. Dort geht er in den 18 km langen **Sammamish River Trail** über, der sich am Weingut Chateau Ste Michelle in Woodinville vorbeischlängelt, ehe er am Marymoor Park in Redmond endet.

Weitere gute Orte zum Radfahren gibt's um den **Green Lake** (206-684-4075; 7201 E Green Lake Dr N, Green Lake; 24 Std.; 62), der überlaufen, aber hübsch ist, am hervorragenden **Alki Beach** (206-684-4075; 1702 Alki Ave SW, West Seattle; 4–23.30 Uhr; 37) und näher an der Innenstadt im malerischen **Myrtle Edwards Park** (206-684-4075; 3130 Alaskan Way, Belltown; 24 Std.; 33). Der letzte Weg führt durch Interbay nach Ballard, wo er an den Burke-Gilman-Weg anschließt.

Wer in Seattle Rad fahren möchte, sollte sich die *Seattle Bicycling Guide Map* besorgen. Die Fahrradkarte wird vom City of Seattle's Transportation Bicycle & Pedestrian Program herausgegeben und ist online (www.cityofseattle.net/transportation/bikemaps.htm) und in Fahrradläden erhältlich.

Wassersport

Seattle ist von einer Vielzahl Wasserwege durchzogen, auf denen man prima paddeln kann. So verbindet der **Lakes to Locks Water Trail** den Lake Sammamish nicht nur mit dem Lake Washington und dem Lake Union, sondern über die Hiram M Chittenden Locks auch mit dem Puget Sound. Karten und Infos zu den Einstiegstellen gibt's auf der Website der Washington Water Trails Association (www.wwta.org).

Northwest Outdoor Center KAJAKFAHREN
(206-281-9694; www.nwoc.com; 2100 Westlake Ave N, Lake Union; Verleih Kajak/Stehpaddelbrett 18/20 US$/ Std.; April–Sept. Mo–Fr 10–20, Sa & So 9–18 Uhr, Okt.–März Mo & Di geschl.; 62) Der am Westufer des Lake Union gelegene Anbieter verleiht Kajaks und Stehpaddelbretter. Außerdem bietet er auch Touren und Einführungen ins Meer- und Wildwasserkajakfahren.

Geführte Touren

★ **Seattle Free Walking Tours** STADTSPAZIERGANG
(Karte S. 1134; www.seattlefreewalkingtours.org; 2001 Western Ave, Pike Place) GRATIS Das gemeinnützige Unternehmen veranstaltet einen schönen zweistündigen Stadtspaziergang zum Pike Place, zur Uferpromenade und zum Pioneer Square sowie viele andere Touren. Teilnehmer bezahlen, was sie können – das Unternehmen weist jedoch darauf hin, dass vergleichbare Stadtspaziergänge anderer Veranstalter rund 20 US$ kosten. Reservierungen erfolgen online.

Feste & Events

Seafair VOLKSFEST
(www.seafair.com; Juni–Aug.) Dieses Fest am Wasser ist enorm beliebt und findet – auf die eine oder andere Art – von Juni bis August statt. Hier gibt's Musik, Piratenschiffe, Essensstände und eine Ausrede, bei gutem Wetter im Freien zu sein.

Bumbershoot DARSTELLENDE KUNST
(www.bumbershoot.com; Seattle Center; 3-Tages-Ticket ab 434 US$; Sept.) Viele Leute – nicht nur Einheimische – würden sagen, dass dies eines der besten Kunstfestivals in Seattle ist. Das Bumbershoot ist ein großes Kunst- und Kulturereignis im Seattle Center am La-

SEATTLE MIT KINDERN

Mit Kindern sollte man schnurstracks – und möglichst mit der Monorail – zum Seattle Center fahren. Hier lassen Food Carts, Straßenkünstler, Springbrunnen und Grünflächen keine Langeweile aufkommen. Ein absolutes Muss ist das **Pacific Science Center** (Karte S. 1134; 206-443-2001; www.pacificsciencecenter.org; 200 2nd Ave N, Seattle Center; Erw./Kind 26/18 US$; Mo–Fr 10–17, Sa & So bis 18 Uhr; ; Seattle Center), das mit Virtual-Reality-Exponaten, Lasershows, Hologrammen, einem IMAX-Kino und einem Planetarium unterhält und bildet. Auch die Eltern langweilen sich hier nicht.

Downtown am Pier 59 erfährt man im **Seattle Aquarium** (Karte S. 1134; 206-386-4300; www.seattleaquarium.org; 1483 Alaskan Way, Waterfront; Erw./Kind 35/25 US$; 9.30–17 Uhr; ; University St) auf spielerische Art etwas über die Natur des pazifischen Nordwestens. Noch besser ist der **Woodland Park Zoo** (206-548-2500; www.zoo.org; 5500 Phinney Ave N, Green Lake; Erw./Kind Mai–Sept. 22,95/13,95 US$, Okt.–April 15,50/10,50 US$; Mai–Sept. 9.30–18 Uhr, Okt.–April bis 16 Uhr; ; 5) im Viertel Green Lake, eine der größten Touristenattraktionen Seattles. Der Zoo gehört zu den zehn besten der USA.

bor-Day-Wochenende im September. Es gibt Livemusik, Comedy, Theater, bildende Kunst und Tanz, aber auch Menschenmassen und überfüllte Hotels. Rechtzeitig buchen!

Schlafen

Im Sommer, wenn die Hotels voll sind und die Preise durch die Decke schießen, unbedingt im Voraus buchen.

Moore Hotel HOTEL $
(Karte S. 1134; 206-448-4851; www.moorehotel.com; 1926 2nd Ave, Belltown; DZ mit/ohne Bad ab 165/117 US$; ; 13) Es ist zwar altmodisch und angeblich spukt es hier auch, doch das hippe und skurrile Moore in zentraler Lage ist zweifellos die verlässlichste Bleibe, denn es bietet das ganze Jahr über viele schlichte, aber coole Zimmer zu gleichbleibenden Budgetpreisen. Neben der unschlagbaren Lage gibt's hier auch ein nettes Café im Erdgeschoss und Teppiche im Zebra- und Leopardenmuster.

Hotel Hotel Hostel HOTEL, HOSTEL $
(206-257-4543; www.hotelhotel.co; 3515 Fremont Ave N, Fremont; B 34–36 US$, DZ mit/ohne Bad 140/120 US$; ; 5) Fremonts einziges echtes Hotel ist gut. Es befindet sich in einem ehrwürdigen alten Gebäude mit freigelegten Backsteinmauern und sperrigen Heizungen. Nach Fremont-Art ist das Hotel Hotel eigentlich ein Hostel (mit Schlafsälen), aber es vermarktet sich selbst als preiswertes Hotel, da es auch einige Privatzimmer mit Gemeinschafts- und Privatbädern hat.

Die Einrichtung im Industrieschick sorgt für eine komfortable, wenn auch nicht luxuriöse Atmosphäre. Ein Buffet-Frühstück ist im Preis inbegriffen. Außerdem gibt es einen Gemeinschaftsraum und eine Küche.

★ **University Inn** BOUTIQUEHOTEL $$
(206-632-5055; www.universityinnseattle.com; 4140 Roosevelt Way NE; Zi. ab 226 US$; ; 74) Dieses makellos saubere, moderne, bequem gelegene Hotel ist gut – vor allem wenn man an die Waffeln denkt, die es zum Frühstück gibt (und das im Preis inbegriffen ist). Das Hotel befindet sich vier Blocks vom Campus und nur drei Blocks von der geschäftigen „Ave" entfernt. Die 102 Zimmer sind in drei schicke Kategorien aufgeteilt. Alle bieten als Grundausstattung Kaffeemaschinen, Haartrockner und WLAN; einige haben Balkons, Sofas und Bluetooth-Ladestationen.

★ **Bacon Mansion B & B** B & B $$
(206-329-1864; www.baconmansion.com; 959 Broadway E, Capitol Hill; Zi. mit/ohne Bad 244/189 US$, Suite ab 269 US$; ; 49) Ein 1909 im Tudor-Stil erbautes Herrenhaus, dessen eindrucksvolles Äußeres über den schrulligen Charme seiner freundlichen Besitzer hinwegtäuscht. Das vierstöckige B & B in einem ruhigen Wohnviertel gleich hinter dem Treiben von Capitol Hill ist eines der besten in der Gegend. Zu seinen bezaubernden Annehmlichkeiten gehören ein hübscher Garten und ein Flügel im Aufenthaltsraum, auf dem die Gäste spielen dürfen.

Graduate Seattle HOTEL $$
(206-634-2000; www.graduatehotels.com; 4507 Brooklyn Ave NE; Zi. ab 237 US$;) Dieser Newcomer bringt hippe Kultiviertheit in die Hotelszene des U-District. Eklektische Möbel und Wände mit gerahmten Fotografien sorgen dafür, dass sich dieses Hotel mehr wie ein Ferienhaus als ein neues Hotel anfühlt, aber die Annehmlichkeiten – wie der rund um die Uhr geöffnete Fitnessraum und die unfassbare Dachterassenbar – belehren Gäste eines besseren.

★ **Palihotel** BOUTIQUEHOTEL $$$
(Karte S. 1134; 206-596-0600; www.palisociety.com; 107 Pine St, Downtown; Zi. ab 298 US$;) Dieses neue Hotel ist kein zweckdienlicher Büroturm, sondern ein gediegenes Boutique-Hotel, das Teil einer kleinen, aber schnell wachsenden Kette ist. Das Ambiente im Stil des frühen 20. Jhs. – mit waldgrünen Wänden und gepolsterten Ledersesseln – ist genauso schick wie gemütlich. Obwohl das Hotel auf alt gemacht ist, hat die Renovierung für alle Luxusgüter des 21. Jhs. gesorgt, einschließlich Klimaanlagen und Regenduschen.

★ **Hotel Monaco** BOUTIQUEHOTEL $$$
(Karte S. 1134; 206-621-1770; www.monaco-seattle.com; 1101 4th Ave, Downtown; DZ/Suite 293/406 US$; ; University St) Das markante, von europäischer Eleganz geprägte Monaco in Downtown ist ein typisches Kimpton Hotel. Das illustre Foyer verrät, was die Gäste in den Zimmern erwartet: ausdrucksstarkes, grafisches Dekor und viele Extras (kostenlose Fahrräder, ein Fitnesscenter, kostenlose Weinproben, Yogamatten in den Zimmern).

Maxwell Hotel BOUTIQUEHOTEL $$$
(Karte S. 1134; 206-286-0629; 300 Roy St, Queen Anne; Zi./Suite ab 311/371 US$;

; Rapid Ride D-Line) Das Maxwell im Viertel Lower Queen Anne hat eine riesige Designer-Lobby mit Bodenmosaik und bunter Möblierung, die die Gäste souverän willkommen heißt. Super-chic sind auch die 139 wunderbar modernen Zimmer mit Parkettböden und skandinavischen Betten. Es gibt auch einen kleinen Pool, einen Fitnessraum, kostenlose Leihfahrräder und Gratis-Cupcakes.

Hotel Max BOUTIQUEHOTEL **$$$**
(Karte S. 1134; 206-441-4200; www.hotelmaxseattle.com; 620 Stewart St, Belltown; Zi. ab 263 US$; ; South Lake Union Streetcar) Es ist schwer möglich, hipper zu sein als dieses Hotel, das eine ganze Etage dem Indie-Plattenlabel Sub Pop aus Seattle gewidmet hat (das u.a. dafür verantwortlich war, Nirvana auf eine unvorbereitete Welt loszulassen). Die 5. Etage ehrt die Musik der Band mit riesigen Fotos aus der Grunge-Ära sowie Plattenspielern und Schallplatten in jedem Zimmer. Das künstlerische Leitmotiv zieht sich durch das gesamte Hotel (in der Lobby gibt's z.B. einen Warhol).

Essen

Das beste Essen zum kleinen Preis gibt's auf dem Pike Place Market (S. 1132). Hier kann man aus frischen Erzeugnissen, Backwaren, Feinkost und Gerichten aus aller Welt auswählen – und das alles zum Mitnehmen.

★ **Taco Chukis** TACOS **$**
(www.facebook.com/TacosChukis; 2215 E Union St, CD; Tacos 2,20–2,75 US$; 11–21 Uhr; 2) Derzeit gibt es in Seattle nur wenig, das besser schmeckt als die Tacos von Taco Chukis. Die Zutaten sind einfach – saftiges Schweinefleisch, Guacamole, geschmolzener Käse und würzige, gegrillte Ananas –, aber die Tacos sind so lecker, dass man sich wahrscheinlich gleich wieder zum Bestellen der nächsten Tacos anstellt, sobald man aufgegessen hat.

★ **Salumi Artisan Cured Meats** SANDWICHES **$**
(Karte S. 1134; 206-621-8772; www.salumicuredmeats.com; 404 Occidental Ave S, Pioneer Sq; Sandwiches 10,50–12,50 US$; Mo–Sa 11–15 Uhr; International District/Chinatown) Dieser beliebte Feinkostladen war für die langen Schlangen vor seiner winzigen Fassade bekannt, und obwohl er nun in größere Räumlichkeiten umgezogen ist, muss man noch immer auf die legendären italienischen Salami- und Wurst-Sandwiches (auch mit gegrilltem Lamm, Schweineschulter oder Fleischbällchen) warten. Auf der Karte steht eine feste Auswahl an Sandwiches, die durch täglich wechselnde Sandwiches, Suppen und Nudelgerichte ergänzt wird.

Un Bien KUBANISCH **$**
(206-588-2040; www.unbienseattle.com; 7302 ½ 15th Ave NW, Ballard; Hauptgerichte 11–16 US$; Mi–Sa 11–21, So bis 20 Uhr; RapidRide D Line) Die Warteschlangen in diesem kubanischen Mitnahmelokal, das weit entfernt von Ballards Geschäftszentrum liegt, können lang sein. Aber das Warten lohnt sich, um dann in ein perfektes, saftiges, würziges Schweinefleisch-Sandwich zu beißen. Das Restaurant gehört Brüdern, die hier Familienrezepten Leben einhauchen – man schmeckt die Hingabe bei jedem Bissen.

★ **Bitterroot** BBQ **$$**
(206-588-1577; www.bitterrootbbq.com; 5239 Ballard Ave NW, Ballard; Hauptgerichte 11–19 US$; 11–2 Uhr; 40) Die Leute kommen wegen zweier Dinge ins Bitterroot: Rauchfleisch und Whiskey. Zum Glück kann dieses Restaurant mit dem angenehm modernen Gasthaus-Vibe beides ausgesprochen gut. Das Fleisch gibt es hier in Sandwichform oder auch allein mit Beilagen wie Maisbrot und geröstetem Blumenkohl. Den Whiskey gibt es ebenfalls pur oder in Form von fachmännisch gemixten frischen Cocktails.

★ **Ma'Ono** HAWAIIANISCH **$$**
(206-935-1075; www.maonoseattle.com; 4437 California Ave SW, West Seattle; Hauptgerichte 12–17 US$; Mi & Do 17–22, Fr 17–23, Sa 9–15 & 17–23, So 17–22 Uhr; 55) Das gebratene Hühnchen in diesem Lokal in West-Seattle wird auf einem King's-Hawaiian-Brötchen mit Kohl und einer fantastischen würzigen Sauce serviert und ist eines der besten Dinge zwischen zwei Scheiben Brot, die man momentan in Seattle kaufen kann. Die Sandwiches genießt man am besten bei einem der stets gut besuchten Brunches – z.B. mit einer Guaven-Mimosa und einer Beilage aus gerösteten Süßkartoffeln mit karamellisierter Limette.

★ **Seven Stars Pepper** SZECHUAN **$$**
(Karte S. 1134; 206-568-6446; www.sevenstarspepper.com; 1207 S Jackson St, International District; Hauptgerichte 9–20 US$; Mo–Mi 11–15 & 17–21.30, Do 11–21.30, Fr & Sa bis 22, So bis 21 Uhr; First Hill Streetcar) Man sollte sich nicht von der wenig inspirierenden Lage im 2. Stock

eines heruntergekommenen Einkaufszentrums abschrecken lassen: Dieses Szechuan-Restaurant ist eines der besten der Stadt. Alles auf der Karte ist außergewöhnlich, aber die handgeschnittenen *dan-dan*-Nudeln sind ein Muss: dick und schmackhaft, mit genau dem richtigen Biss.

Le Pichet FRANZÖSISCH **$$**

(Karte S. 1134; ☎206-256-1499; www.lepichetseattle.com; 1933 1st Ave, Pike Place; Hauptgerichte abends 22–25 US$; ⏲8–24 Uhr; Westlake) Gleich hügelaufwärts vom Pike Place Market kann man im Le Pichet *bonjour* sagen; es ist ein niedliches, französisches Bistro mit Pâtés, Käse, Wein, *chocolat* und kultiviertem Pariser Flair. Auf der Karte stehen abends Delikatessen wie Kichererbsen-Crêpe Niçoise und baskischer Meeresfrüchteeintopf. Die Spezialität ist das Brathühnchen (für Zwei, 45 US$) – dafür muss man allerdings eine Wartezeit von einer Stunde einplanen.

★ **Sitka & Spruce** MODERN-AMERIKANISCH **$$$**

(Karte S. 1134; ☎206-324-0662; www.sitkaandspruce.com; 1531 Melrose Ave, Capitol Hill; Gerichte 16–35 US$; ⏲Di–Do 11.30–14 & 17–22, Mo bis 21, Fr bis 23, Sa 10–14 & 17–23, So bis 21 Uhr; ; 10) Der König aller Restaurants mit regionaler Küche begann als Pilotprojekt des gefeierten einheimischen Kochs Matt Dillon. Inzwischen ist das Sitka & Spruce mit seinem Landhausküchendekor und einer ständig wechselnden Karte mit Zutaten von Dillons eigener Farm auf Vashon Island eine Art Institution und Trendsetter geworden. Man kann sich auch diverse Kostproben, z. B. hausgemachte Wurstsorten und Parfait aus gerösteten Spargel und Leber, gönnen. Hier gibt es auch tolle Gerichte für Vegetarier.

★ **Tavolàta** ITALIENISCH **$$$**

(Karte S. 1134; ☎206-838-8008; 2323 2nd Ave, Belltown; Hauptgerichte 18–32 US$; ⏲17–23 Uhr; 13) Die italienisch inspirierte Tavolàta gehört dem Starkoch Ethan Stowell, der in Seattle mehrere Restaurants betreibt. Das Lokal ist nur abends geöffnet und auf hausgemachte Pasta und herzhafte Gerichte spezialisiert, z. B. Wildschweinkarree mit Feigen-*mostarda* (ein süß-scharfer Senf und Fruchtsauce). Viele halten es für eines der besten italienischen Restaurants in der Stadt.

Ausgehen & Nachtleben

★ **Unicorn** BAR

(Karte S. 1134; ☎206-325-6492; www.unicornseattle.com; 1118 E Pike St, Capitol Hill; ⏲Mo–Fr 14–1.45 Uhr, Sa & So ab 11 Uhr; 11) Selbst wenn das Zirkus-Leitmotiv nicht jedermanns Sache ist, lohnt die Hingabe zum Thema dennoch einen Besuch im Unicorn. Cocktails wie der Cereal Killer (aus Wodka mit Fruit-Loop-Geschmack) erinnern an die Freuden eines Riesenlutschers oder an Zuckerwatte, während die farbenfrohe Explosion der Deko und die Flippersammlung selbst die hartgesottensten Zyniker zum Lächeln bringen werden.

★ **Ancient Grounds** CAFÉ

(Karte S. 1134; ☎206-7749-0747; 1220 1st Ave, Downtown; ⏲Mo–Fr 7.30–16.30, Sa 12–18 Uhr; University St) Falls es noch nicht genug ist, dass dieses gemütliche Café einen der besten Espressi der Stadt serviert, fungiert das Ancient Grounds gleichzeitig auch noch als Ausstellungsraum für eine gute Auswahl an Antiquitäten. Während man auf seinen Latte wartet, kann man durch Vintage-Kimonos stöbern oder eine Ausstellung von Holzmasken von indigenen Völkern des pazifischen Nordwestens bewundern.

★ **Saké Nomi** SAKE

(Karte S. 1134; ☎206-467-7253; www.sakenomi.us; 76 S Washington St, Pioneer Sq; 3 Stück 22 US$; ⏲Di, Mi, Fr & Sa 14–22, Do ab 17, So 14–18 Uhr; First Hill Streetcar) Unabhängig davon, ob man ein Kenner oder ein Gelegenheitstrinker des japanischen Reisweins ist, in diesem gemütlichen Laden und Probierraum am Pioneer Square kann man seinen Gaumen kultivieren und seinen kulturellen Horizont erweitern. Das japanisch-amerikanische Ehepaar, das den Laden betreibt, liebt ganz offenkundig, was es tut – das spiegelt sich in dem wunderbaren Probiermenü.

★ **Fremont Brewing Company** BRAUEREI

(☎206-420-2407; www.fremontbrewing.com; 1050 N 34th St, Freemont; ⏲11–21 Uhr; ; 62) Diese Kleinbrauerei hält sich an den derzeitigen Trend und verkauft ihre Waren lieber im angeschlossenen Verkostungsraum als in einer richtigen Kneipe. Nicht nur das Bier ist himmlisch (sehr zu empfehlen ist das saisonale, im Bourbonfass gereifte Abominable), auch der schicke Verkostungsraum im Industriestil und der „urbane" Biergarten sind gesellige Räume, wo scheinbar das ganze Viertel an den Gemeinschaftstischen zusammenkommt.

★ **Zeitgeist Coffee** CAFÉ

(Karte S. 1134; ☎206-583-0497; www.zeitgeistcoffee.com; 171 S Jackson St, Pioneer Sq; ⏲Mo–Fr

BALLARDS BARS & BIERKULTUR

Ballards Bars, Brauereien und Kneipen bilden beinahe ein eigenständiges Viertel. Wer den einheimischen Tratsch hören und die einzigartigen Getränke jedes Bundesstaates kennenlernen möchte, sollte hierher kommen. Es gibt historische, jahrhundertealte Bars, moderne Cocktaillounges, innovative Brauereikneipen – von riesig bis winzig – und Gastropubs mit sorgfältig ausgewähltem Retrodekor.

6–19, Sa ab 7, So 8–18 Uhr; 📶; 🚋 First Hill Street Car) Das wohl beste (und überlaufenste) Indie-Café in Seattle hat u. a. feine *doppio macchiatos*, die zu den süßen Mandel-Croissants und anderen köstlichen Backwaren passen. Das trendig industrielle Ambiente mit Ziegelwänden und großen Fenstern eignet sich prima zum Leutebeobachten. Es gibt auch Suppen, Salate und Sandwiches.

★ Blue Moon BAR
(📞 206-675-9116; www.bluemoonseattle.wordpress.com; 712 NE 45th St; ⏲ Mo–Fr 16–2, Sa & So ab 14 Uhr; 🚌 74) Der legendäre Alternativ-Schuppen wurde erstmalig 1934 eröffnet, um die Aufhebung der Prohibitionsgesetze zu feiern. Die Bar hält viel auf ihre literarischen Gäste wie Dylan Thomas und Allen Ginsberg. Es ist hier ziemlich düster und unvorhersehbar, mit in die Sitze eingeritzten Graffitis und Punk-Poeten, die jederzeit aufspringen und einen Vortrag halten können. Häufig gibt's auch Livemusik.

Zig Zag Café COCKTAILBAR
(Karte S. 1134; 📞 206-625-1146; www.zigzagseattle.com; 1501 Western Ave, Pike Place; ⏲ 17–2 Uhr; 🚇 University St) Wer ein Buch über die kulinarische Geschichte von Seattle schreibt, muss ein Kapitel dem Zig Zag Café widmen. Diese Bar ist legendär: Hier wurde in den frühen 2000er-Jahren der während des Jazz Age beliebte, auf Gin basierende Cocktail „The Last Word" wieder populär gemacht. Der Cocktail wurde zur Mode, und die geschniegelten Barkeeper galten zu Recht als die besten Cocktail-Alchimisten der Stadt!

Cloudburst Brewing KLEINBRAUEREI
(Karte S. 1134; 📞 206-602-6061; www.cloudburstbrew.com; 2116 Western Ave, Belltown; ⏲ Mi–Fr 14–22, Sa & So 12–22 Uhr) Das geistige Kind von Steve Luke, dem ehemaligen experimentellen Brauereimeister von Elysian Brewing, hat sich schnell zu einem Liebling von Seattle entwickelt. Anknüpfend an Lukes erfolgreiche frühere Bier-Kreationen bietet das Cloudburst hopfenreiche Biere mit frechen Namen, und der minimalistische Verkostungsraum ist immer vollgepackt mit Bierfans, die gern die Kleinbrauereien von Seattle unterstützen.

Panama Hotel Tea & Coffee House CAFÉ
(Karte S. 1134; 📞 206-515-4000; www.panamahotel.net; 607 S Main St, International District; Tee 3–6 US$; ⏲ 8–21 Uhr; 📶; 🚋 First Hill Streetcar) Das sehr stimmungsvolle Teehaus im Panama Hotel hat eine dermaßen altmodische Atmosphäre, dass man versucht ist, seinen Laptop gleich wieder wegzupacken (obwohl es hier auch WLAN gibt). Das denkmalgeschützte Gebäude von 1910 beherbergt das einzige verbliebene japanische Badehaus in den USA und dient gleichzeitig als Gedenkstätte für die japanischstämmigen Einwohner des Viertels, die während des Zweiten Weltkrieges in Internierungslager gepfercht wurden.

☆ Unterhaltung

Im *Stranger*, in der *Seattle Weekly* und in den Tageszeitungen finden sich Veranstaltungstipps.

★ Crocodile LIVEMUSIK
(Karte S. 1134; 📞 206-441-4618; www.thecrocodile.com; 2200 2nd Ave, Belltown; 🚌 13) Das Crocodile ist fast schon so lange im Geschäft, um als eine Institution von Seattle durchzugehen. Die lärmige Halle mit Platz für 560 Leute eröffnete 1991 – gerade rechtzeitig, um die Grunge-Welle mitzunehmen. Seitdem hat hier schon jeder Musiker aus der Alternativeszene Seattles gespielt, der etwas auf sich hält – 1992 traten z. B. Nirvana unangekündigt als Vorband von Mudhoney auf.

★ A Contemporary Theatre THEATER
(ACT; Karte S. 1134; 📞 206-292-7676; www.acttheatre.org; 700 Union St, Downtown; 🚇 University St) Dieses Theater beheimatet eines der drei großen Ensembles in der Stadt. Die 30 Mio. US$ teuren Räumlichkeiten am Kreielsheimer Pl werden für Vorführungen mit Seattles besten Schauspielern und gelegentlich für Shows von weltbekannten Theatergrößen genutzt. Die Sitzplätze verteilen sich terrassenförmig rund um die Bühne.

Der Innenraum ist mit wunderschönen architektonischen Verzierungen geschmückt.

Big Picture KINO
(Karte S. 1134; ☎206-256-0566; www.thebigpicture.net; 2505 1st Ave, Belltown; Tickets 14,50 US$) Bei einem Bummel durch Seattles Viertel Belltown könnte man das Big Picture leicht übersehen. Wer sich auskennt, weiß jedoch, dass man in dem „Untergrund"-Kino neue Filme zu erschwinglichen Preisen in intimem Ambiente sehen kann. An der Bar kann man vor Filmbeginn Coktails genießen. Wer einen zweiten gleich mitbezahlt, kann ihn sich während des Films an den Platz bringen lassen.

Neumos LIVEMUSIK
(Karte S. 1134; ☎206-709-9442; www.neumos.com; 925 E Pike St, Capitol Hill; First Hill Streetcar) Dieser Schuppen für Punk, Hip-Hop und Alternative ist neben dem Crocodile (S. 1142) in Belltown einer der angesagtesten kleinen Musiktreffs in Seattle. Die Liste der Musiker, die hier schon auf der Bühne standen, ist zu lang, um sie aufzuzählen, aber wer cool war und durch Seattle kam, spielte vermutlich auch hier. Im Publikum kann's heiß und schwitzig – vielleicht sogar auch müffelig – werden, aber hey, das ist Rock 'n' Roll!

Tractor Tavern LIVEMUSIK
(☎206-789-3599; www.tractortavern.com; 5213 Ballard Ave NW, Ballard; Tickets 8–20 US$; 20–2 Uhr; 40) Eine der wichtigsten Bühnen für Folk und Acoustic in Seattle: Das Tractor bucht einheimische Songwriter, regionale Bands und gute Gruppen auf Tour. Bei der Musik handelt es sich tendenziell um Country, Rockabilly, Folk, Bluegrass und Oldies. Dies ist ein intimer Ort mit einer kleinen Bühne, tollem Sound und gelegentlichem Square Dance als Sahnehäubchen.

Intiman Theatre THEATER
(Karte S. 1134; ☎206-441-7178; www.intiman.org; 201 Mercer St, Seattle Center; Tickets ab 25 US$; ; S Seattle Center) Das beliebte Theaterensemble hat seinen Sitz im Cornish Playhouse im Seattle Center. Die Intendantin Jennifer Zeyl bringt tolle Stücke von Shakespeare und Ibsen mit aufstrebenden Künstlern auf die Bühne.

Shoppen

★ **Elliott Bay Book Company** BÜCHER
(Karte S. 1134; ☎206-624-6600; www.elliottbaybook.com; 1521 10th Ave, Capitol Hill; Mo–Do 10–22, Fr & Sa bis 23, So bis 21 Uhr; First Hill Streetcar) Seattles beliebtester Buchladen hat mehr als 150 000 Titel auf Lager, die in einem großen luftigen Raum mit Holzbalken stehen. Gemütliche Ecken laden zum stundenlangen Schmökern ein. Neben der Größe machen die fachkundigen Empfehlungen der Mitarbeiter und die Ausstellungen von Büchern einheimischer Autoren diesen Ort zu etwas ganz besonderem. Bücherwürmer werden sich auch über die regelmäßigen Lesungen und Signierstunden freuen.

Lucca Great Finds GESCHENKE & SOUVENIRS
(☎206-782-7337; www.luccagreatfinds.com; 5332 Ballard Ave NW, Ballard; Mo–Fr 11–18, Sa bis 19, So 10–17 Uhr) Das Beste an dieser Boutique in Ballard ist, dass sie zwei Shoppingmöglichkeiten bietet: Vorne befindet sich ein schicker Haushaltswarenladen – während man sich hier umschaut, ist man in Gedanken schon dabei, die heimische Wohnung neu einzurichten. Und hinten befindet sich ein Schreibwarenladen, wo es unzählige stylische Geschenkpapiere und reihenweise bezaubernde Grußkarten gibt.

Praktische Informationen

MEDIEN

KEXP 90.3 FM (http://kexp.org) Legendärer Musiksender mit Indie-Musik.

Seattle Magazine (www.seattlemag.com) Ein monatliches Hochglanz-Lifestylemagazin.

Seattle Times (www.seattletimes.com) Die größte Tageszeitung des Bundesstaates.

NOTFALL & MEDIZINISCHE VERSORGUNG

Harborview Medical Center (☎206-744-3000; www.uwmedicine.org/harborview; 325 9th Ave, First Hill; Broadway & Terrace) Komplette medizinische Versorgung mit Notaufnahme.

Seattle Police (☎206-625-5011; www.seattle.gov/police)

TOURISTENINFORMATION

Visit Seattle (Karte S. 1134; ☎206-461-5800; www.visitseattle.org; 701 Pike St, Downtown; Juni–Sept. tgl. 9–17 Uhr, Okt.–Mai Mo–Fr; Westlake) Infoschalter im 1. Stock des Washington State Convention Center. Wenn der Schalter geschlossen ist, kann man sich Broschüren mitnehmen.

An- & Weiterreise

BUS

Diverse Fernbusunternehmen bedienen Seattle; je nach Unternehmen gibt's verschiedene Endhaltestellen.

GRUNGE – DER PUNK VON DER WESTKÜSTE

Die Musik, die allgemein als „Grunge" bezeichnet wird, paarte die Angst der Generation X mit einer fragwürdigen Einstellung zur Körperhygiene und schlug in den frühen 1990er-Jahren in Seattles Szene ein. Die Wut gärte schon seit Jahren – nicht nur in Seattle, sondern auch in den ausgedehnten Vorstädten und Satellitenstädten. Einige machten das Wetter dafür verantwortlich, andere die isolierte geografische Lage des Nordwestens. Wie dem auch sei: Mit dissonanten Tönen und düsteren, manchmal ironischen Texten stürmte eine ungleiche Reihe von Bands höhnisch ans Mikrofon, um in einer Stadt, die von allen bekannten tourenden Rockbands bis dato praktisch ignoriert worden war, eine neue Botschaft zu verkünden. Da waren die Screaming Trees aus dem akademischen Ellensburg, die Melvins aus dem verregneten Montesano und Nirvana aus der Holzfällerstadt Aberdeen. Die Frontfrau von Hole, Courtney Love, hatte Verbindungen nach Olympia, während die Mitglieder von Pearl Jam aus dem ganzen Land stammten.

Historisch gesehen liegen die Wurzeln des Grunge im Punk der Westküste, einem musikalischen Subgenre, das zuerst in Portland, Oregon, in den späten 1970er-Jahren in Erscheinung trat und zwar unter der Führung der Wipers, deren ledergekleidete Anhänger in legendären Spelunken wie dem Satyricon zusammenkamen. Eine weitere musikalische Blüte tauchte in Olympia, Washington, in den frühen 1980er-Jahren auf, wo autodidaktische Musiker wie Beat Happening die Lo-fi-Musik erfanden und schüchtern das Unternehmertum verhöhnten. Durch das Mischen von Heavy-Metal-Elementen und den Nebenerscheinungen einer rastlosen Jugendkultur wurde Seattle schnell zur Kanzel der Alternative Music. In den sich stetig vermehrenden, lärmenden kleinen Treffpunkten konnten sich die ausgelassenen jungen Bands, die mehr daran interessiert waren, Rockmusik zu spielen, als sich selbst zu inszenieren, in einer Mischung aus Aufregung und Lärm verlieren. Es war eine laute, energetische Szene, charakterisiert durch Stagediving, Crowdsurfing und ungestimmten Gitarren, aber getrieben von ungeschliffenem Talent und einigen überraschend eingehenden Melodien. Die Musik füllte ein Vakuum.

Ein wichtiger Faktor in der Erhebung des Grunge zum Superstar war Sub Pop Records, ein unabhängiges Label aus Seattle, das mit seinen Guerilla-Marketing-Taktiken viel Hype verursachte, um seinen Stall an zerlumpten, misstönenden Bands rauszubringen. Im August 1988 veröffentlichte Sub Pop die wegweisende Single „Touch Me I'm Sick" von Mudhoney – ein Wendepunkt. Der Lärm wurde gehört, vor allem von der britischen Musikpresse, deren punkerfahrene Journalisten schnell von der Geburt des „Seattle Sound" berichteten, der von den markenhungrigen Medien später „Grunge" getauft wurde. Die inspirierte Szene von Seattle wuchs rasch: Hunderte neue Bands traten in Erscheinung, alle pro Autodidaktik und Anti-Mode, mit Fokus auf dem Publikum. Bedeutend waren Soundgarden, die später zwei Grammys gewannen, die vom Metal inspirierte Band Alice in Chains und die baldigen Megastars Nirvana und Pearl Jam. Bis Anfang der 1990er-Jahre kam jeder rebellierende Nichtstuer mit genug Geld für Sprit nach Seattle, um sich in den Clubs zu tummeln. Das Ganze war eine mehr als nur aufregende Zeit.

Der Höhepunkt des Grunge kam im Oktober 1992, als Nirvana mit ihrem zweiten Album, dem gelungenen *Nevermind*, Michael Jackson von Platz eins der Charts verdrängten. Aber der Erfolg brachte den Untergang. Nach mehrjährigem Kampf gegen den Mainstream waren Nirvana und der Grunge schließlich ein Teil davon geworden. Die Medien stürzten sich darauf, Grunge-Mode-Seiten erschienen in der Vanity Fair, und Sänger aus Seattle, die noch grün hinter den Ohren waren, räusperten sich nur und bekamen schon einen Plattenvertrag. Viele schreckten zurück, am deutlichsten Nirvana-Sänger und -Songwriter Kurt Cobain, dessen Drogenexzesse 1994 mit seiner Selbsttötung in seinem neuen Haus in Madison Park endeten. Andere Bands kämpften weiter, aber der Funke, der so hell gelodert hatte, war erloschen. Mitte der 1990er-Jahre war der Grunge Geschichte.

Bellair Airporter Shuttle (Karte S. 1134; ☎866-235-5247; www.airporter.com; 705 Pike St, Downtown) Betreibt Busse nach Yakima, Bellingham und Anacortes; hält an der King Street Station (Richtung Yakima) und am Washington State Convention Center (Richtung Bellingham und Anacortes).

Cantrail (Karte S. 1134; www.cantrail.com; Erw./Kind 45/23 US$) Amtraks Buszubringer fährt viermal täglich nach Vancouver (einfache Fahrt ab 42 US$) mit Abfahrt und Ankunft an der King Street Station.

Greyhound (☎206-628-5526; www.greyhound.com; 503 S Royal Brougham Way, SoDo; Stadium) Verbindet Seattle mit Städten im ganzen Land, z. B. Chicago (einfache Fahrt ab 157 US$, 2 Tage, 2-mal tgl.), San Francisco (91 US$, 20 Std., 2-mal tgl.) und Vancouver (Kanada; 18 US$, 4 Std., 3-mal tgl.). Das Unternehmen hat einen eigenen Busbahnhof gleich südlich der King Street Station in SoDo, der mit der Central-Link-Stadtbahn (Stadium Station) zu erreichen ist.

Quick Shuttle (Karte S. 1134; ☎800-665-2122; www.quickcoach.com; Fahrkarten 29–59 US$;) Schnell und effizient. Quick Shuttle betreibt fünf bis sechs Busse täglich nach Vancouver (43 US$). Abfahrt ist am Best Western Executive Inn an der Taylor Ave N, nahe dem Seattle Center, erreichbar mit der Einspurbahn oder zu Fuß Richtung Downtown.

FLUGZEUG

Der **Sea-Tac International Airport** (SEA; ☎206-787-5388; www.portseattle.org/Sea-Tac; 17801 International Blvd;) liegt 13 Meilen (21 km) südlich des Zentrums von Seattle. Von hier aus gibt's Flüge in die gesamten USA und zu einigen Auslandszielen. Auf dem Gelände finden sich Restaurants, Wechselstuben, eine Gepäckaufbewahrung, Autovermietungen, ein Handy-Wartebereich (für Fahrer, die auf ankommende Fahrgäste warten) und gratis WLAN.

SCHIFF/FÄHRE

Die aus Victoria, British Colombia, kommende Fähre **Victoria Clipper** (☎206-448-5000; www.clippervacations.com; 2701 Alaskan Way, Belltown) hält am Pier 69, gleich südlich des Olympic Sculpture Park in Belltown. **Washington State Ferries** (Karte S. 1134; www.bainbridgeisland.com; 801 Alaskan Way, Pier 52, Waterfront; Fußpassagier/Fahrrad/Auto 8,50/9,50/19,15 US$) mit Fähren zwischen Bremerton and Bainbridge Island nutzt den Pier 52.

ZUG

King Street Station (☎206-296-0100; www.amtrak.com; 303 S Jackson St, International District) Amtrak hält in Seattle an der King Street Station. Drei Hauptlinien führen durch die Stadt: der *Amtrak Cascades* (mit Verbindung nach Vancouver, Kanada, sowie Portland und Eugene, Oregon), der sehr malerische *Coast Starlight* (verbindet Seattle mit Oakland und Los Angeles, Kalifornien) und der *Empire Builder* (fährt quer über den Kontinent nach Chicago, Illinois).

Unterwegs vor Ort

VOM/ZUM FLUGHAFEN

Es gibt eine Reihe von Möglichkeiten, um vom Flughafen zur 13 Meilen (20,9 km) entfernten Innenstadt von Seattle zu kommen. Am effizientesten ist die von **Sound Transit** (www.soundtransit.org) betriebene Stadtbahn, die zwischen 5 und 24 Uhr alle 10 bis 15 Minuten fährt. Die Fahrt vom Sea-Tac Airport nach Downtown (Westlake Center) dauert 36 Minuten. Weitere Haltestellen sind Pioneer Sq und International District; die Strecke wurde 2016 bis Capitol Hill und U District erweitert.

Der **Shuttle Express** (☎425-981-7000; www.shuttleexpress.com) hat einen Schalter und einen Abhol- und Absetzpunkt im 3. Stock des Parkhauses am Flughafen. Die Mitfahrdienste sind bequemer als öffentliche Verkehrsmittel und nicht so teuer wie Taxis.

Taxis warten im 3. Stock des Flughafenparkhauses. Eine Fahrt in die Innenstadt kostet mindestens 55 US$.

ÖFFENTLICHE VERKEHRSMITTEL

Die Busse werden von **King County Metro Transit** (☎206-553-3000; http://kingcounty.gov/depts/transportation/metro.aspx), Teil des King County Department of Transportation, betrieben. Auf der Website gibt's Fahrpläne, Karten und einen Routenplaner.

Man zahlt beim Einsteigen in den Bus; der Pauschalpreis beträgt 2,75/1,50 US$ pro Erw./Kind; man bekommt einen Bon, der zum Transfer bis zu dem auf dem Bon angegebenen Zeitpunkt berechtigt.

Monorail (☎206-905-2620; www.seattlemonorail.com; Erw./Jugendliche 2,25/1,25 US$; ⏱Mo–Fr 7.30–23, Sa & So 8.30–23 Uhr) Diese coole, futuristische Bahn wurde für die Weltausstellung von 1962 gebaut und pendelt zwischen zwei Haltestellen: dem Seattle Center und dem Westlake Center. Die Fahrt kostet 2,25/1,25 US$ pro Erw./Kind. Die Fahrzeiten ändern sich während des Jahres, aktuelle Infos gibt's auf der Website.

Seattle Streetcar (www.seattlestreetcar.org; 2,25 US$) Es gibt zwei Straßenbahnlinien: eine von Downtown Seattle (Westlake) bis South Lake Union, die andere vom Pioneer Sq über International District, Central District und First Hill nach Capitol Hill. An den Haltestellen hat man Anschluss an viele Buslinien. Die Straßenbahnen fahren tagsüber etwa alle 15 Minuten.

TAXI

Alle Taxis in Seattle fahren zum gleichen Tarif, der vom King County festgelegt wird: 2,60 US$ für die Anfahrt plus 2,50 US$ pro Meile.

Seattle Orange Cab (☎206-522-8800; www.orangecab.net)

Seattle Yellow Cab (☎206-622-6500; www.seattleyellowcab.com)

STITA Taxi (☎206-246-9999; www.stitataxi.com)

Olympia

Klein, aber oho: Olympia, die Hauptstadt des Bundesstaates Washington, ist in puncto Politik, Musik und Freizeitangebot ein echter Kraftprotz. Das erkennt man schon an den Straßenkünstlern, die sich in der 4th Ave herumtreiben, den geschniegelten Anzugträgern, die über den Rasen des prächtigen Repräsentantenhauses stolzieren, und den Outdoor-Fans in Gore-Tex-Klamotten, die in Olympia übernachten, ehe sie in die schroffen Olympic Mountains aufbrechen. Das fortschrittliche Evergreen State College hat der Stadt längst einen künstlerischen Stempel aufgedrückt (hier studierte der Schöpfer der *Simpsons*, Matt Groening), während die Bars und Pfandleihgeschäfte in der Innenstadt Sprungbretter für die Riot-Grrrl-Musik und den Grunge darstellten.

Olympias Wirtschaft hatte nach dem Kollaps der Holzindustrie zu kämpfen; ein Anstieg der Obdachlosenzahlen war eine der Folgen. Aber auch wenn die Stadt einige raue Ecken hat, lohnt sich dennoch ein Besuch.

Sehenswertes

Washington State Capitol WAHRZEICHEN

(☎360-902-8880; www.olympiawa.gov/community/visiting-the-capitol.aspx; 416 Sid Snyder Ave SW; ⏲Mo–Fr 7–17.30, Sa & So 11–16 Uhr) GRATIS Die Anlage des Capitol befindet sich in einem 12 ha großen Park mit Blick auf den Capitol Lake im Vordergrund und die Olympic Mountains im Hintergrund. Das Highlight der Anlage ist das prächtige **Legislative Building** aus dem Jahr 1927. Der überwältigende Bau aus Säulen und Marmor wird von einer 87 m hohen Kuppel gekrönt, die nur ein bisschen kleiner ist als ihr Namensvetter in Washington, D.C. Kostenlose 50-minütige Führungen werden an Wochentagen stündlich zwischen 10 und 15 Uhr sowie an Wochenenden um 11 Uhr angeboten Sie starten gleich innen am Haupteingang.

Olympia Farmers Market MARKT

(☎360-352-9096; www.olympiafarmersmarket.com; 700 N Capitol Way; ⏲April–Okt. Do–So 10–15 Uhr, Nov. & Dez. Sa & So, Jan.–März Sa) Nur der Pike Place in Seattle ist größer und atmosphärischer als dieser Markt. Hier kann man Kräuter, Gemüse, Blumen, Backwaren und die berühmten Austern kaufen.

Schlafen & Essen

Die meisten von Olympias coolen und budgetfreundlichen Optionen wurden in dringend benötigten bezahlbaren Wohnraum verwandelt, aber es gibt viele Privatunterkünfte (Airbnb usw.) sowie die üblichen Kettenhotels (die hier allerdings nicht gerade günstig sind) und einige hübsche B&Bs.

Swantown Inn B&B $$

(☎360-753-9123; www.swantowninn.com; 1431 11th Ave; Zi. ab 159 US$; ❄📶) In der Tradition der B&Bs des Bundesstaates Washington wartet das Swantown Inn mit tollem Service und akribischer Detailtreue in einem denkmalgeschützten Herrenhaus im Königin-Anne-Stil von 1887 auf. In Sichtweite der imposanten Kuppel des Washington State Capitol beherbergt der historische Bau vier elegant möblierte Zimmer und bietet ein fantastisches hausgemachtes Frühstück.

★ **Traditions Cafe & World Folk Art** GESUNDE KOST $

(☎360-705-2819; www.traditionsfairtrade.com; 300 5th Ave SW; Hauptgerichte 6–12 US$; ⏲Mo–Sa 9–18, So 11–17 Uhr; ✎) 🍃 Die behagliche Hippie-Enklave am Rand des Heritage Park bietet frische Salate, leckere, gesunde Sandwiches (der Räucherlachs mit Zitronen-Tahini Dressing ist der Renner), Kaffeegetränke, Kräutertees, Eis aus der Region, Bier und Wein. Plakate weisen auf Gemeindeveranstaltungen hin, und es gibt eine Bücherecke, die sogenannte „Peace and Social Justice Lending Library“. Das Café ist an einen bunt gemischten Folk-Art-Laden angeschlossen.

Praktische Informationen

Das **State Capitol Visitor Center** (☎360-902-8880; www.olympiawa.gov/community/visiting-the-capitol.aspx; 103 Sid Snyder Ave SW; ⏲Mo–Fr 9–17 Uhr), das vom Olympia-Lacey-Tumwater Visitor & Convention Bureau betrieben wird, bietet Infos über das Washington-State-Capitol-Gelände, Olympia und das Umland sowie den Bundesstaat Washington. Gleich innen am Haupteingang des Legislative Building gibt es ein weiteres Besucherzentrum.

Olympic Peninsula

Die abgelegene, an drei Seiten vom Meer umspülte Olympic Peninsula ähnelt eher einer Insel als einer Halbinsel. Sie ist so *wild* und *western*, wie Amerika nur sein kann. Nur die Cowboys fehlen, doch das wird durch eine seltene, vom Aussterben bedrohte Tier- und Pflanzenwelt und dichten Urwald wettgemacht. Etwa die Hälfte der Halbinsel gehört zum bekanntermaßen feuchten Olympic National Park. Die Küstengebiete befinden sich größtenteils in den Händen der Holzindustrie und der amerikanischen Ureinwohner. Hier gibt's ein paar vereinzelte kleine, aber interessante Siedlungen wie Port Townsend. Im Westen, dem abgeschiedenen Ende der „Lower 48", treffen der tosende Ozean und der Nebelwald mit seinen uralten Bäumen in feuchter Harmonie aufeinander.

Olympic National Park

Der 3641 km² große **Olympic National Park** (www.nps.gov/olym; 7-Tages-Karte 30 US$/Fahrzeug, Fußgänger/Radfahrer 15 US$, Jahreskarte 55 US$) wurde 1909 zum National Monument und 1938 zum Nationalpark erklärt. Er umfasst einen einzigartigen Regenwald, viele schneebedeckte Berge und einen 92 km langen, rauen Küstenstreifen, der 1953 dem Park hinzugefügt wurde. Dies ist eines der schönsten Wildnisgebiete Nordamerikas, das weitgehend auch von menschlicher Besiedelung unberührt geblieben ist. Die Möglichkeiten, die Gegend auf eigene Faust zu erkunden, sind nahezu unbegrenzt; natürlich kann man hier auch prima wandern, angeln und Kajak oder Ski fahren.

ÖSTLICHE ZUGÄNGE

Die unbefestigte Dosewallips River Rd folgt dem Fluss ab dem Hwy 101 (Abzweigung ca. 1 km nördlich des Dosewallips State Park); wegen einer Unterspülung endet die Straße nun bereits nach 8,5 Meilen (13,7 km), dort wo die Wander- und Fahrradwege beginnen. Selbst kürzere Wanderungen auf den beiden Fernwanderwegen, darunter der 14,9 Meilen (24 km) lange Dosewallips River Trail mit Blicken auf den vergletscherten **Mt. Anderson**, sind Grund genug, das Tal zu besuchen. Ein weiterer Parkzugang für Wanderer im Osten ist die **Staircase Ranger Station** (☎360-877-5569; ⌚Mai–Okt.) am Rand des Nationalparks. Von Hoodsport aus gelangt man nach 15 Meilen (24 km) auf dem Hwy 101 dorthin.

Die beiden Campingplätze am Ostrand des Nationalparks sind sehr beliebt: der **Dosewallips State Park** (☎888-226-7688; www.parks.state.wa.us/499/dosewallips; 306996 Hwy 101; primitive Zeltstellplätze 12 US$, Standard-Zeltstellplätze 27–37 US$, Wohnmobilstellplätze 30–45 US$) und der **Skokomish Park Lake Cushman** (☎360-877-5760; www.skokomishpark.com; 7211 N Lake Cushman Rd, Hoodsport; Zelt-/Wohnmobilstellplätze ab 33/52 US$; ⌚Ende Mai–Anfang Sept.). Beide bieten fließendes Wasser, Toiletten und ein paar Stromanschlüsse. Reservierung ist möglich.

NÖRDLICHE ZUGÄNGE

Der am leichtesten zu erreichende und folglich beliebteste Zugang zum Park befindet sich beim **Hurricane Ridge**, 18 Meilen (29 km) südlich von Port Angeles. Am Straßenende steht ein Infozentrum, von dem aus sich ein atemberaubender Blick auf den Mt. Olympus (2428 m) und Dutzende anderer Berggipfel bietet. In einer Höhe von 1585 m muss man auf schlechtes Wetter und – wie der Name schon andeutet – starken Wind gefasst sein. Im Sommer bieten sich zahlreiche Trekking- und Wandermöglichkeiten, im Winter locken die Pisten der kleinen, familienfreundlichen **Hurricane Ridge Ski & Snowboard Area** (www.hurricaneridge.com; Tageskarte für alle Lifte 30–40 US$; ⌚Mitte Dez.–März Sa & So 10–16 Uhr).

Beliebtes Revier für Boots- und Angelausflüge ist der **Lake Crescent**, an dem auch die älteste und preiswerteste **Lodge** (☎888-896-3818; www.olympicnationalparks.com; 416 Lake Crescent Rd; Lodge Zi. ab 139 US$, Hütte ab 245 US$; ⌚Mai–Nov., im Winter begrenzte Verfügbarkeit; P ❄ 📶 🐾) des Parks steht. Im Öko-Restaurant der Lodge werden opulente, köstliche Gerichte aus dem Nordwesten serviert. Von der am Südufer gelegenen **Storm King Ranger Station** (☎360-928-3380; 343 Barnes Point Rd; ⌚Mai–Sept.) führt ein 1,6 km langer Wanderweg durch den uralten Wald zu den Marymere Falls.

Das **Sol Duc Hot Springs Resort** (☎360-327-3583; www.olympicnationalparks.com; 12076 Sol Duc Hot Springs Rd, Port Angeles; Hütte ab 200 US$; ⌚März–Okt.; ❄ 🏊) 🍃 am Sol Duc River bietet Kost und Logis, Massagen und natürlich auch ein Thermalbad. Von hier aus kann man auch tolle Tageswanderungen unternehmen.

WESTLICHE ZUGÄNGE

Die abgelegene, isolierte und weitaus rauere pazifische Seite der Olympic Mountains ist von einem der regnerischsten Mikroklimata des Landes geprägt. Nur über den US 101 erreicht man die hiesigen gemäßigten Regenwälder und die ungezähmte Küste. Der **Hoh River Rainforest** am Ende der 19 Meilen (30,6 km) langen Hoh River Rd ist ein Labyrinth aus tropfenden Farnen und moosbewachsenen Bäumen à la Tolkien. Infos zu Führungen und längeren Wanderungen im Hinterland bekommt man im **Hoh Rain Forest Visitor Center** (☎360-374-6925; ⏰Sept.–Juni 9–16.30 Uhr, Juli & Aug. bis 18 Uhr). Der angeschlossene **Campingplatz** (☎360-374-6925; www.nps.gov/olym/planyourvisit/camping.htm; Stellplatz 20 US$; ⏰ganzjährig) hat keinen Strom und keine Duschen; wer zuerst kommt, mahlt zuerst.

Ein Stück weiter südlich liegt der **Lake Quinault**, ein wunderschöner, von bewaldeten Gipfeln umgebener Gletschersee, der zum Angeln, Bootfahren und Schwimmen sehr beliebt ist. Ein paar der ältesten Bäume des Landes säumen seine Ufer. Die luxuriöse **Lake Quinault Lodge** (☎360-288-2900; www.olympicnationalparks.com; 345 S Shore Rd; Zi. 250–450 US$; ❄📶🏊), ein typisches Beispiel der „Parkitektur" aus den 1920er-Jahren, verfügt über einen lodernden Kamin, einen perfekt getrimmten Rasen und ein gediegenes Restaurant mit Seeblick und gehobener amerikanischer Küche. Eine billigere Bleibe ist das ultrafreundliche **Quinault River Inn** (☎360-288-2237; www.quinaultriverinn.com; 8 River Dr; Zi. 175 US$, Wohnwagen-Stellplatz 50 US$; 🚭❄📶🐾) in Amanda Park, das bei Anglern sehr beliebt ist.

Direkt vor der Lake Quinault Lodge beginnen ein paar kurze Wanderwege. Oder man versucht sich am längeren **Enchanted Valley Trail**, einer mittelschweren, knapp 21 km langen Wanderung, die an der Graves Creek Ranger Station am Ende der South Shore Rd beginnt und bis zu einer großen Wiese mit Wildblumen und zu Erlenwäldchen hinaufführt.

ℹ Praktische Informationen

Der Parkeintritt beträgt 10/25 US$ pro Person/Fahrzeug, ist eine Woche gültig und an den Parkeingängen zu entrichten. Viele Besucherzentren fungieren auch als Rangerstationen des United States Forestry Service (USFS), der Genehmigungen zum Wildcampen (8 US$) erteilt.

Forks Chamber of Commerce (☎360-374-2531; www.forkswa.com; 1411 S Forks Ave; ⏰Mo–Sa 10–17, So 11–16, Mo–Sa bis 16 Uhr, Winter So 11–16 Uhr; 📶)

Olympic National Park Visitor Center (☎360-565-3130; www.nps.gov/olym; 3002 Mt Angeles Rd; ⏰Juli & Aug. 9–18 Uhr, Sept.–Juni bis 16 Uhr)

USFS Headquarters (☎360-956-2402; www.fs.fed.us/r6/olympic; 1835 Black Lake Blvd SW; ⏰Mo–Fr 8–16.30 Uhr)

Port Townsend

Originelle Restaurants, elegante *fin-de-siècle*-Hotels und schräge Festivals über das ganze Jahr hinweg machen Port Townsend zu einer Rarität auf der Olympic Peninsula: einem Wochenendziel, für das man keine Wanderstiefel braucht. Durch acht malerische Meilen (13 km) über einen zweispurigen Highway vom Rest der Gegend abgeschnitten, bietet sich Port Townsend nicht gerade als Basislager zur Erkundung des Nationalparks an, wenn man nicht unbedingt viel hin- und herfahren will. Stattdessen kann man hier absteigen und in Ruhe eines der hübschesten Städtchen im Bundesstaat genießen.

◉ Sehenswertes

Fort Worden State Park STATE PARK
(☎360-344-4412; www.parks.state.wa.us/511/fort-worden; 200 Battery Way; ⏰April–Okt. 6.30 Uhr–Sonnenuntergang, Nov.–März 8 Uhr–Sonnenuntergang) GRATIS In dem interessanten Park innerhalb der Stadtgrenzen von Port Townsend sind die Überreste einer großen Befestigungsanlage zu sehen. Diese wurde in den 1890er-Jahren errichtet, um den strategisch wichtigen Puget Sound vor Angriffen zu schützen, die vor allem durch die Spanier im Krieg von 1898 drohten. Kinofans mit Kennerblick werden die Anlage aus dem Film *Ein Offizier und Gentleman* wiedererkennen.

Besucher können im Rahmen einer Führung die **Commanding Officer's Quarters** (☎360-385-1003; Fort Worden State Park, 200 Battery Way; Erw./Kind 6/1 US$; ⏰Führung nach Vereinbarung), ein Wohnhaus mit zwölf Schlafzimmern, besichtigen. Hier findet man auch das **Puget Sound Coast Artillery Museum** (www.coastartillerymuseum.org; Erw./Kind 4/2 US$; ⏰11–16 Uhr), das die Geschichte der ersten Befestigungsanlagen an der Pazifikküste erzählt. Im **Centrum** (www.centrum.org; Fort Worden State Park) finden ganzjährig Kultur- und Musikprogramme statt.

Wanderungen führen entlang der Landzunge zur **Point Wilson Lighthouse Station** und zu einigen wundervollen windumtosten Stränden. Auf dem Angelpier des Parks steht das **Port Townsend Marine Science Center** (☎360-385-5582; www.ptmsc.org; 532 Battery Way; Erw./Kind 5/3 US$; ⏲April–Okt. Fr–So 12–17 Uhr; 👪) mit seinen vier Streichelbecken und kinderfreundlichen Lernprogrammen. Hier gibt's auch einige Camping- und Übernachtungsmöglichkeiten.

Schlafen & Essen

Manresa Castle HISTORISCHES HOTEL $
(☎360-385-5750; www.manresacastle.com; Ecke 7th St & Sheridan St; DZ ab 75 US$, Suite 149–229 US$; 📶) Eines der charakteristischsten Gebäude von Port Townsend wurde in ein historisches Hotel mit Restaurant verwandelt, das nicht luxuriös ist, aber mit viel Dekor aus der damaligen Zeit aufwartet. Das Haus mit seinen 40 Zimmern wurde vom ersten Bürgermeister der Stadt erbaut. Es steht hoch oben auf einer Klippe über dem Hafen und ist eines der ersten Gebäude, das man sieht, wenn man mit der Fähre ankommt.

★**Palace Hotel** HISTORISCHES HOTEL $$
(☎360-385-0773; www.palacehotelpt.com; 1004 Water St; Zi. ab 150 US$; 📶🐾) Das wunderschöne viktorianische Gebäude aus dem Jahr 1889 war früher ein Bordell der berühmt-berüchtigten Madame Marie, die ihr Geschäft von der Ecksuite im 2. Stock aus führte. Im zweiten Leben ist es nun ein hübsches charaktervolles Hotel im Stil jener Zeit mit antiken Möbeln und allen modernen Annehmlichkeiten. Das Hotel bietet nette Gemeinschaftsbereiche und Zimmer mit Kochnischen. Bei den billigsten Zimmern muss man sich das Bad teilen. An Festivalwochenenden steigen die Preise.

Doc's Marina Grill AMERIKANISCH $$
(☎360-344-3627; www.docsgrill.com; 141 Hudson St; Hauptgerichte 13–28 US$; ⏲11–23 Uhr) In toller Lage an der Marina von Port Townsend bietet das Doc's etwas für jeden Geschmack: Burger, Sandwiches, Fish'n Chips, Salate, Pasta, Steaks, Meeresfrüchte und einige vegetarische Optionen. Es befindet sich in einem historischen Gebäude, das in den 1940er-Jahren als Baracke für Krankenschwestern diente.

★**Finistere** FRANZÖSISCH $$$
(☎360-344-8127; www.restaurantfinistere.com; 1025 Lawrence St; Hauptgerichte abends 24–34 US$, Probiermenü 50 US$; ⏲Mi–Fr 15–21, Sa & So 10–14 & 15–21 Uhr) Als das Sweet Laurette (das sich vorher hier befand) schloss, brach Verzweiflung unter den einheimischen Feinschmeckern aus, aber das Finstere ist ein würdiger Ersatz. Die Mitarbeiter haben vorher Erfahrung gesammelt in Lokalitäten wie dem Per Se, dem Canlis und dem Tilth sowie in anderen zum Umfallen guten Restaurants und dementsprechend großartig sind auch das Essen und der Service hier. Auf der Karte stehen z.B. Safran-Risotto mit Meeresfrüchten, Hasenlasagne, Steaktartar, verschiedene Käseplatten und zum Brunch geräucherte Lachstartine.

Praktische Informationen

Visitor Center (☎360-385-2722; www.ptchamber.org; 2409 Jefferson St; ⏲Mo–Fr 9–17, Sa & So 10–16 Uhr) Hier kann man sich einen nützlichen Stadtplan für Erkundungstouren des historischen Zentrums holen.

An- & Weiterreise

Washington State Ferries (☎206-464-6400; www.wsdot.wa.gov/ferries/; Auto & Fahrer/Passagier 11,90/3,45 US$) Betreibt täglich Fähren, die alle 90 Minuten (öfter in der Hochsaison) vom Fährhafen in Downtown nach Coupeville auf Whidbey Island fahren (35 Min.).

Port Angeles

Man könnte meinen, Port Angeles müsse unter Verlustängsten leiden, denn die Leute kommen vor allem hierher, um gleich wieder zu gehen: entweder auf einer Fähre Richtung Victoria, Kanada, oder auf Ausflügen in den nördlichen Teil des Olympic National Park. Der Großteil der von der Holzindustrie lebenden Stadt, hinter der sich die steile Kulisse der Olympic Mountains erhebt, ist zweckorientiert, aber das Zentrum nahe des Fähranlegers bietet jede Menge Charme.

Aktivitäten

Der **Olympic Discovery Trail** (www.olympicdiscoverytrail.com) ist eine 48 km lange Wander- und Radstrecke zwischen Port Angeles und Sequim. Sie beginnt am Ende der Ediz Hook, der Sandbank rund um die Bucht. Mieträder gibt's bei **Sound Bikes & Kayaks** (☎360-457-1240; www.soundbikeskayaks.com; 120 Front St; Leihfahrrad pro Std./Tag 10/40 US$; ⏲Mo–Sa 10–18, So 11–16 Uhr).

Schlafen & Essen

Downtown Hotel HOTEL $
(☎360-565-1125; www.portangelesdowntownhotel.com; 101 E Front St; DZ mit/ohne Bad 80/

60 US$; ⊖📶) Von außen nichts Besonderes, aber drinnen erstaunlich geräumig und ordentlich – das schnörkellose, familienbetriebene Hotel unten am Fährhafen ist ein gut gehütetes, preiswertes Schnäppchen in Port Angeles. Die altmodischen, aber gemütlichen Zimmer haben Korb- und Holzmöbel; einige blicken aufs Wasser. Die billigsten Zimmer teilen sich ein Bad im Flur. Die Geräuschisolierung lässt zu wünschen übrig, aber die Lage ist top.

Olympic Lodge HOTEL **$$**
(☎360-452-2993; www.olympiclodge.com; 140 Del Guzzi Dr; DZ ab 140 US$; ❄@📶≋) Die komfortabelste Unterkunft in Port Angeles hat herrliche Zimmer, ein Bistro, ein Schwimmbad mit Whirlpool sowie Gratiskekse und -suppen am Nachmittag. Die Preise variieren stark, je nach Tag und Monat.

★ **Next Door Gastropub** AMERIKANISCH **$$**
(☎360-504-2613; www.nextdoorgastropub.com; 113 W First St; Burger 13–16 US$, Hauptgerichte 11–24 US$; ⊙Mo–Do 11–24, Fr & Sa 11–1, So 10–24 Uhr) Zweifelsohne der beste Ort auf der Halbinsel zum Essen und definitiv der beste für Burger (eine gute Wahl ist der Burger „Mrs. Newton“ mit Speck, Feigenmarmelade und Brie-Käse). Der kleine lebhafte Pub fühlt sich an, als hätte jemand ein Stück Portland hierher verpflanzt. Der Pub ist aber längst kein Geheimtipp mehr, man wartet seeeeeehr lange Zeit auf einen Tisch. Toll sind auch die Bierauswahl und der Sonntagsbrunch.

ℹ Praktische Informationen

Port Angeles Visitor Center (☎360-452-2363; www.portangeles.org; 121 E Railroad Ave; ⊙Mai–Sept. Mo–Fr 9.30–17.30, Sa 10–17.30, So 12–15 Uhr, Okt.–April Mo–Sa 10–17, So 12–15 Uhr) Kleines Büro neben dem Fährterminal mit jeder Menge Broschüren und enthusiastischen Freiwilligen.

ℹ An- & Weiterreise

Clallam Transit (☎360-452-4511; www.clallamtransit.com; Fahrpreise pro Pers. 1–10 US$, Tageskarten ab 3 US$) Bietet Busse nach Forks und Sequim, wo man Anschluss an andere Transitbusse rund um die Olympic Peninsula hat.

Coho Vehicle Ferry (☎888-993-3779; www.cohoferry.com; Auto & Fahrer einfache Fahrt 66 US$, Fußpassagiere 19 US$) Bietet Fähren von/nach Victoria, Kanada (1½ Std., 2-mal tgl., im Sommer 4-mal tgl.).

Dungeness Line (☎360-417-0700; www.dungeness-line.com; Gateway Transit Center, 123 E Front St; einfache Fahrt nach Seattle ab 39 US$) Betreibt zweimal täglich Busse zwischen Port Angeles, Sequim, Port Townsend, dem Zentrum von Seattle und dem Seattle-Tacoma International Airport.

Nordwestliche Halbinsel

Verschiedene Reservate der amerikanischen Ureinwohner befinden sich ganz im Nordwesten des Kontinents und heißen Besucher willkommen. Die kleine, sturmerprobte Siedlung **Neah Bay** am Hwy 112 ist die Stätte der Makah Indian Reservation. In deren **Makah Museum** (☎360-645-2711; www.makahmuseum.com; 1880 Bayview Ave; Erw./Kind unter 5 Jahren 6/frei US$; ⊙10–17 Uhr) sind Artefakte ausgestellt, die aus einem der bedeutendsten archäologischen Funde im 500 Jahre alten Makah-Dorf von Ozette stammen. Ein paar Meilen hinter dem Museum führt ein kurzer Fußweg zum spektakulären **Cape Flattery**, einem 91 m hohen Felssporn, der den nordwestlichsten Punkt der „Lower 48“ markiert.

Nicht weit weg vom Hoh River Rainforest und der Küstenlinie liegt **Forks**, ein kleines Holzfällerdorf, das dank des *Twilight*-Hypes Berühmtheit erlangt hat. Der Ort ist ein Startpunkt für Ausflüge in den Olympic National Park. Das **Miller Tree Inn** (☎360-374-6806; www.millertreeinn.com; 654 E Division St; Zi. ab 175 US$; 📶🐾) ist eine gute Unterkunft.

Nordwest-Washington

Zwischen Seattle, den Cascades und Kanada eingeklemmt, wird der Nordwesten Washingtons von drei Seiten geprägt. Sein Zentrum ist das akademische Bellingham; Magneten für Outdoor-Enthusiasten sind die ländlichen San Juan Islands, ein großer Archipel, der wirkt wie ein sepiafarbener Schnappschuss aus vergangenen Zeiten. Hauptanleger für Fähren zu den Inseln sowie nach Victoria, Kanada, ist Anacortes.

Whidbey Island

Whidbey Island ist zwar nicht ganz so abgeschieden (eine Brücke verbindet die Insel an ihrem nördlichsten Punkt mit der angrenzenden Fidalgo Island) oder so nonkonformistisch wie die San Juans, doch das Leben hier ist fast genauso ruhig und ländlich. Außerdem kann die Insel mit sechs State Parks, jeder Menge B&Bs, zwei historischen Fischerdörfern (Langley und Coupeville), berühmten Muscheln und einer florierenden Künstlergemeinde aufwarten.

Der **Deception Pass State Park** (☎360-675-2417; www.parks.state.wa.us/497/deception-pass; 41229 N State Hwy 20; Tageskarte 10 US$; ⏲Sonnenaufgang–Sonnenuntergang) erstreckt sich beiderseits der gleichnamigen Wasserstraße, welche die Whidbey Island und die Fidalgo Island voneinander trennt; er umfasst Seen, Inseln, Campingplätze und 38 Meilen (61 km) lange Wanderwege.

Das **Ebey's Landing National Historical Reserve** (☎360-678-6084; www.nps.gov/ebla; 162 Cemetery Rd, Coupeville) GRATIS umfasst 7042 ha Land mit bewirtschafteten Höfen, geschützten Stränden, zwei State Parks und dem Ort **Coupeville**. Die kleine Siedlung ist eine der ältesten in Washington und bietet eine reizende Uferpromenade, Antiquitätenläden und einige alte Gasthäuser, z. B. das **Captain Whidbey Inn** (☎360-678-4097; www.captainwhidbey.com; 2072 W Captain Whidbey Inn Rd; Zi./Hütten ab 205/420 US$; 📶), eine frisch renovierte Blockhütte von 1907.

Anreise & Unterwegs vor Ort

Die **Washington State Ferries** (WSF; ☎888-808-7977; www.wsdot.wa.gov/ferries) fahren regelmäßig von Clinton nach Mukilteo und von Coupeville nach Port Townsend. Die kostenlosen Busse von **Island Transit** (☎360-678-7771; www.islandtransit.org) fahren täglich (außer So) einmal pro Stunde vom Fährhafen Clinton die gesamte Insel Whidbey hinauf.

Bellingham

Willkommen in einer politisch grünen, liberalen Stadt, die als eine der lebenswertesten Städte bekannt ist und in der ein auffälliger Freigeist, ein Gefühl von „nichts ist zu abgedreht“, herrscht. Hier finden sich milde Manieren und ebensolches Wetter. Die Stadt ist eine ungleiche Allianz aus espressoschlürfenden Studenten, ehrwürdigen Rentner und Triathleten, die bei jedem Wetter unterwegs sind, mit Brauereikneipen an jeder Ecke. Das Zentrum wurde in den letzten Jahre wiederbelebt, mit städtischen Pfaden, stylisch renovierten Fabrikgebäuden, unabhängigen Lebensmittelkooperativen, leckeren Brunchlokalen und – im vornehmen Fairhaven – einem aufgehübschten historischen Bezirk.

Sehenswertes & Aktivitäten

Bellingham bietet Outdoor-Spaß in Hülle und Fülle. Der **Whatcom Falls Park** ist eine unverfälschte Wildnis, die die östlichen Vororte von Bellingham in zwei Teile teilt. Den Höhenunterschied markieren vier Wasserfälle, darunter die **Whirlpool Falls**, die im Sommer ein beliebtes Badeziel sind.

Fairhaven Bicycles RADFAHREN
(☎360-733-4433; www.fairhavenbicycles.com; 1108 11th St; Leihfahrrad ab 50 US$/Tag; ⏲Mo & Mi–Sa 10–18, So 11–17 Uhr) Bellingham ist eine der fahrradfreundlichsten Städte des Nordwestens, mit einem gut ausgebauten Fahrradnetz, das sich Richtung Süden bis zum **Larrabee State Park** (www.parks.state.wa.us/536/larrabee; Chuckanut Dr; ⏲Sonnenaufgang–Sonnenuntergang) erstreckt. Dieser Laden vermietet Fahrräder und hat lokale Radwegkarten.

Moondance Sea Kayak Adventures KAJAKFAHREN
(www.moondancekayak.com; 348 Cove Rd; Halbtagestour Erw./Kind 70/60 US$; ⏲April–Sept.) Wer hinaus aufs Wasser möchte, sollte sich diesen Veranstalter, der familienfreundliche Touren in der Chuckanut Bay anbietet, näher ansehen. Abfahrt ist vom Larrabee State Park (S. 1151).

Schlafen & Essen

Larrabee State Park CAMPINGPLATZ $
(☎888-226-7688, 360-676-2093; www.parks.state.wa.us/536/larrabee; Chuckanut Dr; einfache Stellplätze 12 US$, Zelt-/Wohnmobilstellplätze ab 27/35 US$) 7 Meilen (11,3 km) südlich von Bellingham findet man am malerischen Chuckanut Dr, inmitten von Douglas-Tannen und Zedern, Stellplätze mit Zugang zur Chuckanut Bay und ihren über 20 Meilen (32 km) langen Wander- und Radwegen. Wer leicht schläft: Nachts fahren oft Züge am Campingplatz vorbei – Ohrstöpsel mitbringen!

Heliotrope Hotel MOTEL $
(☎360-201-2914; www.heliotropehotel.com; 2419 Elm St; Zi. mit Gemeinschaftsbad 99 US$, Zi./Suite ab 109/130 US$; 📶🐾) Das Motel aus den 1950er-Jahren wurde stylisch renoviert und bietet nun 17 verschiedene Zimmer im Erdgeschoss, einen uneinsehbaren begrünten Innenhof mit Feuerstelle und einen zentral gelegenen Eingangsbereich, in dem man wunderbar abhängen kann. Es gibt kein Frühstück, aber die Mitarbeiter können Tipps zu vielen Restaurants und Ausgehmöglichkeiten in Laufnähe geben.

★ **Hotel Bellwether** BOUTIQUEHOTEL $$$
(☎360-392-3100; www.hotelbellwether.com; 1 Bellwether Way; Zi. ab 250 US$; 🚭❄@📶🐾) Belling-

hams schönstes und atmosphärischstes Hotel liegt direkt am Ufer mit Blick auf Lummi Island. Die Standardzimmer sind mit italienischen Möbeln und ungarischen Bettüberwürfen ausgestattet; einige punkten mit Blick aufs Wasser. Highlight ist aber die 84 m² große Leuchtturm-Suite (ab 599 US$), ein umgebauter dreistöckiger Leuchtturm mit einer herrlichen Aussicht, die man ganz für sich allein hat. Zum Komplex gehören auch ein Spa und ein Restaurant.

★ **Pepper Sisters** MODERN-AMERIKANISCH **$$**
(☎360-671-3414; www.peppersisters.com; 1055 N State St; Hauptgerichte 11–17 US$; ⏰Di–Do & So 16.30–21, Fr & Sa bis 21.30 Uhr; 🚸) Dieses fröhliche, farbenfrohe Restaurant serviert innovatives Essen, das sich nur schwer kategorisieren lässt: Nennen wir es mal neumexikanisch mit nordamerikanischem Touch. Ausgezeichnet sind die Tostada mit gegrillter Aubergine, die Enchilada mit Chipotle- und rosa Pfefferkörnern und die Southwest-Pizza (mit grünen Chillis, Jack-Käse und Tomatillo-Soße). Für Kinder gibt es eine extra Speisekarte, auf der zur Abwechslung keine Hühnchenstreifen stehen.

Colophon Café CAFÉ **$**
(1208 11th St, Fairhaven; Sandwiches 8–16 US$, Suppen 8–10 US$; ⏰Mo–Do 9–20, Fr & Sa 9–21, So 10–19 Uhr) Das Colophon, das mit Fairhavens berühmtem Buchmekka **Village Books** (www.villagebooks.com; 1210 11th St; ⏰Mo–Sa 9–21, So 10–19 Uhr) verbunden ist, ist ein multiethnisches Esslokal für Leute, die beim Essen von Panini gern Proust lesen. Das für seine afrikanische Erdnusssuppe und Schokoladen-Brandy-Sahne-Pies berühmte Café bietet Sitze innen und einen mit Wein bewachsenen Garten außen und ist bei einheimischen Literaturfans beliebt.

ℹ Praktische Informationen

Downtown Info Center (☎360-671-3990; www.bellingham.org; 1306 Commercial St; ⏰Di–Sa 11–15 Uhr, Sommer bis 17 Uhr) Eine im Zentrum gelegene Filiale von Bellinghams Besucherinformationszentrum.

ℹ An- & Weiterreise

Bellingham ist die Endhaltestelle für Fähren von **Alaska Marine Highway** (AMHS; ☎800-642-0066; www.dot.state.ak.us/amhs; 355 Harris Ave; einfache Fahrt ab 460 US$/Pers.), die einmal pro Woche die Inside Passage hinauf nach Juneau, Skagway und zu anderen Häfen im Südosten Alaskas fahren.

Der **Bellair Airporter Shuttle** (www.airporter.com) fährt rund um die Uhr zum Sea-Tac Airport (hin & zurück 74 US$) und nach Anacortes (hin & zurück 35 US$).

San Juan Islands

Der riesige Archipel besteht aus 172 Inselchen. Wer es sich aber nicht leisten kann, eine Jacht oder ein Wasserflugzeug zu chartern, der wird nur in den Genuss der vier großen Inseln – San Juan, Orcas, Shaw und Lopez – kommen, die täglich von den Washington State Ferries angesteuert werden. Die Inseln sind bekannt für ihre Ruhe, die Möglichkeit, Wale zu beobachten oder im Kajak über die Gewässer zu gleiten, sowie für ihren generellen Nonkonformismus.

Großartig lassen sich die San Juan Islands mit einem seefähigen Kajak oder einem Fahrrad erkunden. Die flache, ländliche Lopez Island eignet sich ebenso wie San Juan gut für einen Tagesausflug mit dem Rad. Wesentlich anspruchsvoller ist das hügelige Gelände von Orcas Island mit dem 8 km langen, steilen Anstieg zum Gipfel des Mt. Constitution.

ℹ Anreise & Unterwegs vor Ort

Zwei Fluglinien haben Linienflüge vom Festland zu den San Juans. **Kenmore Air** (☎866-435-9524; www.kenmoreair.com) fliegt täglich mit Wasserflugzeugen für drei bis zehn Personen von Lake Union und Lake Washington nach Lopez, Orcas und zu den San Juan Islands (einfacher Flug ab ungefähr 150 US$). **San Juan Airlines** (☎800-874-4434; www.sanjuanairlines.com) verkehrt von Anacortes und Bellingham zu den drei Hauptinseln.

Die Fähren von Washington State Ferries (S. 1151) fahren von Anacortes zu den San Juans, einige auch weiter bis nach Sidney in der Nähe von Victoria in Kanada. Angelegt wird auf Lopez Island (45 Min.), in Orcas Landing (60 Min.) und Friday Harbor auf San Juan (75 Min.). Der Fahrpreis ist saisonal unterschiedlich. Hin- und Rückfahrkarten werden nur auf den Fähren in Richtung Westen verkauft, ausgenommen sind die Fähren, die von Sidney zurück in die USA schippern.

Zwischen Mai und Oktober verkehren Shuttle-Busse auf den Inseln Orcas und San Juan.

San Juan Island

San Juan Island ist die inoffizielle Hauptinsel des Archipels. Sie präsentiert sich als harmonischer Mix aus niedrigen bewaldeten Hügeln und kleinen ländlichen Farmen und war im 19. Jh. Schauplatz eines merkwürdigen Konflikts. Die einzige wirkliche Siedlung ist Friday Harbor. Hier befinden sich das Besucherzentrum und die **Chamber of Commerce** (☎360-378-5240; www.sanjuanisland.org; 165 1st St S, Friday Harbor; ⏲10–17 Uhr).

Sehenswertes

San Juan Island National Historical Park HISTORISCHE STÄTTE
(☎360-378-2240; www.nps.gov/sajh; ⏲Besucherzentrum Juni–Aug. 8.30–17 Uhr, Sept.–Mai bis 16.30 Uhr) GRATIS Auch wenn die San Juans eher für ihre Landschaft und weniger für ihre Geschichte bekannt sind, trug sich hier dennoch einer der seltsamsten politischen Konflikte des 19. Jhs. zu: der um den Grenzverlauf entbrannte sogenannte „Schweinekonflikt" zwischen den USA und Großbritannien (so benannt, weil ein Schwein das einzige Opfer war). Dieser merkwürdigen Pattsituation wird in zwei historischen Parks jeweils am Ende der Insel gedacht, wo sich einst die gegnerischen **amerikanischen** (☎360-378-2240; www.nps.gov/sajh; 4668 Cattle Point Rd, Friday Harbor; ⏲Gelände 8.30–23 Uhr) GRATIS und **britischen** (☎360-378-2240; www.nps.gov/sajh; ⏲8.30–23 Uhr) GRATIS Militärlager befanden.

Lime Kiln Point State Park PARK
(☎360-902-8844; www.parks.state.wa.us/540/lime-kiln-point; 1567 Westside Rd; ⏲8 Uhr–Sonnenuntergang) Der schöne Park an der felsigen Westküste überblickt die tiefe Haro Strait und ist angeblich einer der besten Orte der Welt, um von der Küste aus Wale zu beobachten. Das hat sich mittlerweile allerdings herumgesprochen, weshalb die Aussichtsplattformen oft mit erwartungsfrohen Picknickern überfüllt sind. Im Park gibt's auch ein kleines **Infozentrum** (☎360-378-2044; ⏲Juni–Mitte Sept. 11–16 Uhr) GRATIS, Wanderwege, eine restaurierte Kalkbrennerei und das markante **Lime Kiln Lighthouse** von 1919.

Schlafen & Essen

San Juan County Park Campground CAMPINGPLATZ $
(☎360-378-1842; https://secure.itinio.com/sanjuan/island/campsites; 380 West Side Rd; Wanderer- & Radler-Stellplätze Pers. 10 US$/Pers., Zeltstellplätze ab 35 US$) San Juans schönster Campingplatz liegt wunderschön in einem Country Park an der malerischen Westküste. Der Platz umfasst einen Strand und eine Bootsanlegestelle sowie 20 Zeltstellplätze, Toiletten und Picknicktische. Nachts flackern die Lichter von Victoria, Kanada, dramatisch über die Haro Strait. In der Hochsaison ist im Voraus buchen Pflicht.

★ **Olympic Lights B & B** B&B $$
(☎888-211-6195, 360-378-3186; www.olympiclights.com; 146 Starlight Way; Zi. 165–185 US$; ⏲Juni–Sept.; 📶) Dieses großartig restaurierte Farmhaus aus dem Jahr 1895, das auf einer ungeschützten Steilküste mit Blick auf die schneebedeckten Olympic Mountains steht, war einst der Mittelpunkt eines 1,3 km² großen Anwesens und beherbergt heute ein fantastisches B & B mit vier Zimmern. Im Garten blühen Sonnenblumen, und zum herzhaften Frühstück gibt's hausgemachte Buttermilchkekse. Minimum zwei Übernachtungen.

Market Chef DELI $
(☎360-378-4546; 225 A St, Friday Harbor; Sandwich ab 9 US$; ⏲Mo–Fr 10–16 Uhr) 🍃 Der Deli ist sehr beliebt und berühmt für seine deliziösen Sandwiches, z. B. mit Roastbeef und Rucola oder – die Spezialität des Hauses – mit Curry-Eier-Salat, gerösteten Erdnüssen und Chutney. Es gibt auch Salate. Zum Einsatz kommen nur regionale Produkte. Wer an einem Samstag im Sommer hier ist, sollte dem Market Chef auf dem San Juan Island Farmers Market (10–13 Uhr) auf jeden Fall einen Besuch abstatten.

★ **Duck Soup Inn** FUSION $$$
(☎360-378-4878; www.ducksoupsanjuans.com; 50 Duck Soup Lane; Hauptgerichte 21–39 US$; ⏲April–Okt. Mi–So 17–22 Uhr) Das Duck Soup Inn ist nicht billig, aber wirklich gut. Es befindet sich 4 Meilen (6,5 km) nordwestlich von Friday inmitten von Wald und Wasser und bietet die beste Küche auf der Insel. Zutaten aus dem eigenen Kräutergarten finden Verwendung in Gerichten wie Austern, Jakobsmuscheln und äthiopischem Linseneintopf. Auf der umfassenden Weinliste steht der auf der Insel hergestellte Chardonnay.

Orcas Island

Schroffer als Lopez Island, aber weniger bevölkert als San Juan Island: Orcas Island schafft – zumindest bislang – die Balance zwischen Freundlichkeit und Reserviertheit, baulicher Entwicklung und Umweltschutz sowie touristischen Einnahmen und unbezahlbarer Privatsphäre. Der Fährhafen befindet sich in Orcas Landing, 8 Meilen (13 km) südlich der größten Siedlung Eastsound.

Auf dem östlichen Zipfel der Insel erstreckt sich der **Moran State Park** (☎360-376-6173; 3572 Olga Rd; der Discover Pass wird an einigen Parkplätzen gefordert, pro Tag/Jahr 10/35 US$; ⏲April–Sept. 6.30 Uhr–Sonnenuntergang, Okt.–März 8 Uhr–Sonnenuntergang). Er wird vom 734 m hohen Mt. Constitution überragt, von dessen Gipfel man einen tollen Rundumblick hat. Für Wanderer gibt's ein 64 km langes Wegenetz. Außerdem kann man hier gut **campen** (☎360-376-2326; www.moranstatepark.com; Stellplatz ab 25 US$).

Schlafen

Doe Bay Village Resort & Retreat HOSTEL $
(☎360-376-2291; www.doebay.com; 107 Doe Bay Rd, Olga; Zeltplätze ab 60 US$, Hütten ab 100 US$, Jurten ab 80 US$;) Im mit Abstand günstigsten Resort der San Juan Islands herrscht eine Atmosphäre wie in einer Künstler-Hippie-Kommune. Es hat Zeltstellplätze mit Meerblick und mehrere Hütten und Jurten, einige ebenfalls mit Blick aufs Wasser.

Outlook Inn HOTEL $$
(☎360-376-2200; www.outlookinn.com; 171 Main St, Eastsound; Zi./Suite ab 109/250 US$; @) Das älteste (1888) und auffallendste Gebäude in Eastsound ist eine Institution. Die günstigen Zimmer sind gemütlich und sauber (Zimmer 30 ist super), die luxuriösen, mit Kaminen und Whirlpools ausgestatteten Suiten bieten von ihren Balkonen einen atemberaubenden Ausblick auf das Wasser. Zum Inn gehört ein hervorragendes Café.

Essen & Ausgehen

★**Brown Bear Baking** BÄCKEREI $
(Ecke Main St & North Beach Rd, Eastsound; Gebäck 7 US$; ⏲Do–Mo 8–16 Uhr) Niemand zahlt gern 7 US$ für Backwaren – außer man hat die von Brown Bear probiert. Zur Wahl stehen Croissants *aux amandes*, Quiche mit frischen Orcas-Island-Eiern und gebratenem Gemüse, Karamellbrötchen und Obst-Pie. Es gibt aber auch herzhafte Suppen und Sandwiches.

★**Inn at Ship Bay** MEERESFRÜCHTE $$$
(☎877-276-7296; www.innatshipbay.com; 326 Olga Rd; Hauptgerichte 27–36 US$; ⏲Di–Sa 17–22 Uhr) Den Einheimischen zufolge ist dies das feinste Restaurant auf der Insel. Die Leute in der Küche machen Überstunden, um alles von Grund auf nur mit den frischesten lokalen Zutaten selbst zuzubereiten. Meeresfrüchte sind die Spezialität des Hauses. Serviert wird alles in einem reizenden Gewächshaus aus den 1860er-Jahren, ein paar Kilometer südlich von Eastsound. Auf dem Gelände gibt's auch ein Hotel mit elf Zimmern (DZ ab 195 US$). Reservieren ist empfohlen.

Island Hoppin' Brewery BRAUEREI
(www.islandhoppinbrewery.com; 33 Hope Lane, Eastsound; ⏲11–21 Uhr) Die Brauerei an der Mt Baker Rd unweit des Flughafens ist nicht einfach zu finden, aber die Einheimischen wissen auf jeden Fall, wo sie ist. Der Laden ist *der* Ort für lokale Fassbiere. Hierher sollte man nicht hungrig kommen, denn es gibt nur Snacks, dafür darf man aber sein eigenes Essen mitbringen. Wer möchte, liefert sich beim Tischtennis ein Duell.

Lopez Island

Wer nach Lopez – bzw. „Slow-pez", wie die Einheimischen es gern nennen – kommt, sollte das Rad dabeihaben. Mit seinem hügeligen Gelände und den freundlich grüßenden Einwohnern (die für ihren Dreifingerhandgruß, die sogenannte „Lopez-Welle", berühmt sind) eignet sich die Insel hervorragend für Radtouren. Eine gemütliche Spritztour durch die Landschaft kann an einem Tag bewältigt werden. Gut übernachten kann man neben dem Jachthafen im **Lopez Islander Resort** (☎360-468-2233; www.lopezfun.com; 2864 Fisherman Bay Rd; Zi. ab 159 US$;) oder etwas gehobener im **Edenwild Inn** (☎360-468-3238; www.edenwildinn.com; Lopez Rd, Lopez Village; Suite 218 US$;), einem viktorianischen Herrenhaus in einer hübschen, gepflegten Gartenanlage.

Wer kein eigenes Rad hat, kann bei **Village Cycles** (☎360-468-4013; www.villagecycles.net; 214 Lopez Rd; Fahrradverleih 7–13 US$/Std.) ein Fahrrad bestellen und an den Fährhafen liefern lassen.

North Cascades

Die vom Mt. Baker und – zu einem geringeren Teil – vom entfernteren Glacier Peak dominierten North Cascades bestehen aus einem großen Streifen geschützter Wald-, Park- und Wildnisgebieten, welche die weitläufigen Nationalparks Rainier and St. Helens im Süden winzig erscheinen lassen. Das Highlight ist der North Cascades National Park, ein urzeitliches Fleckchen Erde mit uraltem Regenwald, ächzenden Gletschern und ungezähmten Ökosystemen. Die wilde Schönheit des Nationalparks versetzt die gerade mal 2500 Besucher pro Jahr, die bis ins verregnete Innere des Gebiets vordringen, in Staunen. Übersät ist diese raue Landschaft von einer kleinen Handvoll winziger Siedlungen, von denen viele aus nicht mehr als einer Tankstelle, einem Café und einem Gemischtwarenladen bestehen.

Mt. Baker

Wie ein dämonischer Wächter der Geisterwelt erhebt sich der schneebedeckte Mt. Baker über dem glitzernden Wasser des oberen Puget Sound und zieht seit Jahrhunderten Menschen in seinen Bann. Seit dem letzten Ausbruch in den 1850er-Jahren ruht der 3286 m hohe Vulkan, der von zwölf Gletschern umgeben ist. 1999 fiel hier die Rekordmenge von 29 m Schnee in einem Winter!

Der als Mt. Baker Scenic Byway bekannte, gut ausgebaute Hwy 542 windet sich zum 1550 m hoch gelegenen **Artist Point** hinauf, der 56 Meilen (90 km) entfernt von Bellingham liegt. Ganz in der Nähe ist das **Heather Meadows Visitor Center** (Mt. Baker Hwy, Mile 56; ⏲Mitte Juli–Ende Sept. 10–16 Uhr), wo viele Wanderwege beginnen. So führt der 12 km lange **Chain Lakes Loop** rund um mehrere eisige Seen, die von Wiesen voller Heidelbeersträucher gesäumt sind.

In der **Mt. Baker Ski Area** (☎360-734-6771; www.mtbaker.us; Lifttickets Erw./Kind 61/38 US$) gibt es Jahr für Jahr mehr Schnee als in jedem anderen Skigebiet in Nordamerika. Es umfasst 38 Pisten und acht Lifte, der Höhenunterschied beträgt 450 m. Das Gebiet hat unter Snowboardern Kultstatus: Seit 1985 kommen sie jeden Januar zum Legendary Baker Banked Slalom hierher.

Auf dem Weg den Berg hinauf sollte man auf einen Happen im **Graham's** (☎360-599-9883; 9989 Mt. Baker Hwy, Glacier; Hauptgerichte 9–14 US$; ⏲Mo–Fr 12–21, Sa & So 8–21 Uhr) vorbeischauen, einer authentischen Spelunke mit Restaurant. Oder man holt sich bei **Wake & Bakery** (360-599-1658; www.getsconed.com; Bourne St, Glacier; Snacks ab 4 US$; ⏲7.30–17 Uhr) etwas für unterwegs. Beide befinden sich im Ort **Glacier**.

Leavenworth

Das gibt's doch nicht – ein Alpendorf mitten im amerikanischen Nordwesten? Tatsächlich wurde dem ehemaligen Holzfällerort Leavenworth in den 1960er-Jahren ein bayerisches Facelifting verpasst, um den drohenden Ruin nach der Verlegung der transkontinentalen Eisenbahnlinie zu verhindern. Das Holzgeschäft wurde kurzerhand durch den Tourismus ersetzt. Und Leavenworth hat sich sehr erfolgreich in ein typisches Alpendorf verwandelt. Überall gibt's Bier und Schnitzel, die Einwohner, von denen ein Viertel deutschstämmig sind, tragen Lederhosen und Dirndl. Zum Erfolg beigetragen haben natürlich das tolle Bergpanorama und die Tatsache, dass Leavenworth ein günstiges Basislager für Ausflüge in die nahe gelegene Alpine Lakes Wilderness darstellt.

Auskunft über die Outdoor-Angebote in der Gegend erteilt die **Leavenworth Chamber of Commerce** (☎509-548-5807; https://leavenworth.org; 9240 US 2; ⏲Mo–Do 8–17, Fr & Sa 8–18, So 10–16 Uhr): Zu den Highlights gehört der beste Klettersteig in ganz Washington, der sich am **Castle Rock** im Tumwater Canyon befindet, etwa 3 Meilen (4,8 km) nordwestlich an der US 2.

Der **Devil's Gulch** ist ein beliebter Mountainbike-Trail (25 Meilen bzw. 40 km, 4–6 Std.). Der einheimische Ausstatter **Der Sportsmann** (☎509-548-5623; www.dersportsmann.com; 837 Front St; Verleih Langlaufski/Schneeschuhe 18/16 US$; ⏲Mo–Do 10–18, Fr bis 19, Sa 9–19, So 9–18 Uhr) vermietet Mountainbikes.

Schlafen & Essen

Hotel Pension Anna HOTEL $$

(☎509-548-6273; www.pensionanna.com; 926 Commercial St; Zi. ab 240 US$; 📶) Das authentischste bayrische Hotel hier ist blitzblank und unglaublich freundlich. Jedes Zimmer ist mit importiertem Dekor aus Österreich und Deutschland bestückt. Das europäisch inspirierte Frühstück ist im Preis inbegriffen und entlockt den Gästen so manchen fröhlichen Jauchzer. Sehr zu empfehlen ist das Doppelzimmer mit handbemalten Möbeln. Für Familien eignet sich die geräumige Suite in der St.-Joseph-Kapelle nebenan.

Enzian Inn HOTEL $$

(☎509-548-5269; www.enzianinn.com; 590 US 2; DZ ab 240 US$; 📶🏊) In diesem typischen Leavenworth-Hotel beginnt der Tag noch vor dem Frühstück mit dem Alpenhorn. Wer da nicht gleich in seine Lederhosen springt, der lässt sich vielleicht von einer kostenlosen Runde Golf auf dem (von den hauseigenen Ziegen getrimmten) Rasen, den Innen- und Außenpools oder dem Klavierspieler, der allabendlich in der bayrischen Lobby Musikwünsche erfüllt, überzeugen.

München Haus DEUTSCH $
(☎509-548-1158; www.munchenhaus.com; 709 Front St; Bratwurst 4–7 US$; ⊙11–20, Sa & So bis 22 Uhr) Heiße deutsche Würstchen und warme Brezeln sind im Winter ein Muss, denn hier findet die ganze Action draußen statt. Im Sommer sorgt dagegen das bayrische Bier für Abkühlung. Die gemütliche Biergartenatmosphäre wird ergänzt durch die laute, schwungvolle Akkordeon-Hintergrundmusik, entspannte Kellner, einen ganzen Kessel mit Apfelkraut und eine gigantische Senfbar. Die Öffnungszeiten variieren im Sommer.

Lake Chelan

Der lange, schmale Lake Chelan ist der Wasserspielplatz im Zentrum des Bundesstaates. An der Südostspitze des Sees bietet das Städtchen Chelan die meisten Unterkünfte und Dienstleistungen. Außerdem gibt es hier eine **USFS Ranger Station** (☎509-682-4900; www.fs.usda.gov/detail/okawen/about-forest/offices; 428 W Woodin Ave; ⊙Mo–Fr 7.45–16.30 Uhr).

Im **Lake Chelan State Park** (☎509-687-3710; https://parks.state.wa.us/531/Lake-Chelan; 7544 S Lakeshore Rd; Stellplätze primitiv/Standard ab 12/27 US$) gibt es 144 Stellplätze, von denen einige am Seeufer nur mit dem Boot erreichbar sind. Wer lieber in einem richtigen Bett schlafen möchte, kann sich in der Stadt im preiswerten **Midtowner Motel** (☎800-572-0943; www.midtowner.com; 721 E Woodin Ave; Zi. ab 125 US$; ❄@📶🏊) oder im tollen **Riverwalk Inn** (☎509-682-2627; www.riverwalkinnchelan.com; 205 E Wapato Ave; DZ 69–199 US$; 📶🐾) einquartieren.

In der Gegend haben auch mehrere Weingüter eröffnet, viele davon haben hervorragende Restaurants. Zu empfehlen sind die **Tsillan Cellars** (☎509-682-9463; www.tsillancellars.com; 3875 US 97A; ⊙12–18 Uhr) oder das piekfeine italienische **Sorrento's Ristorante** (☎509-682-9463; https://tsillancellars.com/dining; 3875 US 97A; Hauptgerichte 20–38 US$; ⊙tgl. 17 Uhr–spätabends, Sa auch 12–15, So 11–15 Uhr).

Die Busse von **Link Transit** (☎509-662-1155; www.linktransit.com) verbinden Chelan mit Wenatchee und Leavenworth (einfache Fahrt 2,50 US$).

Das schöne **Stehekin** am nördlichen Zipfel des Lake Chelan ist nur per **Boot** (☎509-682-4584; www.ladyofthelake.com; 1418 W Woodin Ave; einfache Fahrt 22–37 US$, hin & zurück 61 US$) oder über eine lange Wanderung über den 28 Meilen (45 km) vom See entfernten Cascade Pass zu erreichen. Jede Menge Informationen über Wanderungen, Campingplätze und Hütten zum Mieten findet man unter www.stehekin.com. Die meisten Einrichtungen sind von Mitte Juni bis Mitte September geöffnet.

Methow Valley

Die Kombination aus Pulverschnee im Winter und viel Sonnenschein im Sommer macht das Methow Valley zu einer der beliebtesten Urlaubsregionen Washingtons. Hier kann man im Sommer radeln, wandern und angeln und im Winter auf Langlaufbrettern das zweitgrößte Loipennetz der USA erkunden.

Die insgesamt 200 km langen Loipen werden von der gemeinnützigen **Methow Valley Sport Trails Association** (MVSTA; ☎509-996-3287; www.methowtrails.org; 309 Riverside Ave, Winthrop; ⊙Mo–Fr 8.30–15.30 Uhr) 🍃 verwaltet, die im Winter auch das größte zusammenhängende Netzwerk an Skirouten von Berghütte zu Berghütte (und von Hotel zu Hotel) in Nordamerika bietet. Das Gute daran ist, dass sich dies wohl noch nicht allzu sehr herumgesprochen hat. Klassische Unterkünfte und einen guten Zugang zu den Ski-, Wander- und Radtouren bietet die exquisite **Sun Mountain Lodge** (☎509-996-2211; www.sunmountainlodge.com; 604 Patterson Lake Rd; Zi. ab 285 US$, Hütte ab 415 US$; ❄📶🏊), 10 Meilen (16 km) westlich von Winthrop. In Winthrop gibt's auch die besten Restaurants, darunter das **Arrowleaf Bistro** (☎509-996-3920; www.arrowleafbistro.com; 253 Riverside Ave; Hauptgerichte 22–28 US$; ⊙Mi–So 16–22 Uhr).

North Cascades National Park

Sogar die Namen der wenig besuchten spektakulären Berge im **North Cascades National Park** (www.nps.gov/noca) klingen wild und ungezähmt: Desolation Peak, Jagged Ridge, Mt. Despair und Mt. Terror. So überrascht es kaum, dass die Gegend einige der besten Abenteuer außerhalb Alaskas bietet.

Erste Anlaufstelle für Besucher ist das **North Cascades Visitor Center** (206-386-4495; 502 Newhalem St, Newhalem; ⊙Mitte Mai–Sept. tgl. 9–17 Uhr) 🍃 in dem kleinen Ort Newhalem am Hwy 20. Die Mitarbeiter sind erfahrene Ranger, die gern ausführlich über die Highlights des Parks informieren.

Übernachten kann man in der außergewöhnlichsten Unterkunft Washingtons, dem **Ross Lake Resort** (☎206-486-3751; www.rosslakeresort.com; 503 Diablo St, Rockport; Hütte 205–385 US$; ⏲Mitte Juni–Ende Okt.;) am westlichen Ufer des gleichnamigen Sees. Die auf Stegen im Wasser stehenden Blockhütten wurden in den 1930er-Jahren für die Holzfäller errichtet, die beim Bau des Ross Dam mitarbeiteten, durch den bald darauf das ganze Tal im Wasser versank. Da zu dem Resort keine Straße führt, müssen Gäste entweder die 3,2 km vom Hwy 20 zu Fuß bewältigen oder das Auto auf dem Parkplatz beim Diablo Dam abstellen und das Shuttleboot des Hotels nutzen.

Nordost-Washington

Spokane

Washingtons zweitgrößte Metropole liegt am Ufer des Spokane River im Zentrum des sogenannten Inland Empire des pazifischen Nordwestens. Spokane beherbergt das beeindruckende Northwest Museum of Arts & Culture, die Gonzaga University, die Stätte der Weltausstellung von 1974 sowie einen dramatischen Wasserfall in der Mitte des gut erhaltenen historischen Stadtzentrums. Hier gibt es noch jede Menge raue Ecken, aber geduldige Besucher können in dieser häufig verschmähten Stadt viele schöne und charmante Orte entdecken.

Sehenswertes

★ Northwest Museum of Arts & Culture MUSEUM
(MAC; ☎509-456-3931; www.northwestmuseum.org; 2316 W 1st Ave; Erw./Kind 10/5 US$; ⏲Di–So 10–17, jeder 3. Do im Monat bis 20 Uhr;) Das Museum in einem imposanten ultramodernen Gebäude im schönen Viertel Browne's Addition lohnt einen Besuch. Es beherbergt eine der schönsten Sammlungen von Artefakten der indigenen Völker des Nordwestens. Das Museum präsentiert außerdem hervorragende Wechselausstellungen, die bedeutende regionale Künstler (z.B. den Glasmeister Dale Chihuly) und kulturelle Phänomene (Steppdecken aus der Pionierzeit, indigene Perlenarbeiten usw.) zeigen.

Riverfront Park PARK
(www.spokaneriverfrontpark.com;) Der Park im Zentrum, Stätte der Weltausstellung von 1974, bietet zahlreiche Highlights, darunter den **Sculpture Walk** mit 17 Stationen und die malerischen **Spokane Falls**. Eine kurze Gondelfahrt mit dem **Spokane Falls SkyRide** (Erw./Kind 7,75/5,75 US$; ⏲11–19 Uhr) lässt Besucher direkt über den Wasserfall schweben. Ebenso sagenhafte Blicke hat man von der **Monroe Street Bridge**, die 1911 erbaut wurde und noch immer eine der größten Betonbrücken der USA ist. Aufgrund von Renovierungsarbeiten sind einige Teil des Parks derzeit nicht zugänglich.

Schlafen & Essen

Hotel Ruby MOTEL $
(☎509-747-1041; www.hotelrubyspokane.com; 901 W 1st Ave; Zi. ab 81 US$; P) Das ehemals einfache Motel, das sich sein 70er-Jahre-Flair bewahren konnte, hat nach einer künstlerischen Neugestaltung coole Originalkunstwerke an den Wänden und eine schicke Cocktaillounge neben der Lobby. Die Zimmer sind mit einem kleinen Kühlschrank und einer Mikrowelle ausgestattet. Gäste können den Fitnessraum im nahen Schwesternhotel, dem Ruby 2, nutzen, das ebenfalls sehr cool ist (Zimmer ab 78 US$). Die Lage im Stadtzentrum ist unschlagbar.

★ Historic Davenport Hotel HISTORISCHES HOTEL $$
(☎800-899-1482; www.thedavenporthotel.com; 10 S Post St; Zi. ab 200 US$;) Das historische Wahrzeichen öffnete 1914 seine Pforten und gilt als eines der besten Hotels im Land. Selbst wer nicht hier absteigt, sollte einen Blick in die exquisite Lobby werfen oder sich einen Drink in der Peacock Lounge genehmigen. Im angrenzenden modernen Davenport Tower gibt's eine Lobby und Bar im Safaristil.

★ Ruins AMERIKANISCH, FUSION $$
(☎509-443-5606; 825 N Monroe St; kleine Gerichte 6–17 US$; ⏲Di–Fr 11–15 & 17–22, Sa 9.30–14 & 17–23, So 9.30–14 & 17–21, Mo 17–22 Uhr) Dieses elegante, kleine Restaurant bietet eine ständig wechselnde Karte mit meist kleinen Gerichten, die perfekt zu den fachmännischen Cocktails passen. Hier gibt es Neuinterpretationen von allen möglichen Klassikern, z.B. Pad Thai, Tacos, Banh Mi und Burger, sowie einige herzhaftere Gerichte (vor kurzem Carne Asada), die man teilen kann (oder auch nicht). Wer spät kommt, kann versuchen, einen Platz an der Bar zu ergattern.

★ Wild Sage American Bistro NORDWESTEN $$$
(www.wildsagebistro.com; 916 W 2nd Ave; Hauptgerichte 18–42 US$; ⏲Mo–Do 16–21, Fr–So bis 22 Uhr) Das heimelige und dennoch einfache

ABSTECHER

GRAND COULEE DAM

Den berühmteren Hoover Dam (in günstiger Lage zwischen Las Vegas und dem Grand Canyon) besuchen rund 1,6 Mio. Traveller pro Jahr, während der viermal größere und wohl auch bedeutendere **Grand Coulee Dam** (in unpraktischer Lage irgendwo im Nirgendwo) nur eine Handvoll Besucher sieht. Wer in der Gegend ist, sollte den Staudamm unbedingt besuchen: Er ist eine der größten Leistungen der Ingenieursbaukunst in den USA und man kann ihn ganz ohne Massenandrang bestaunen.

Das **Grand Coulee Dam Visitor Center** (☎509-633-9265; www.usbr.gov/pn/grandcoulee/visit; ⌚Mitte Mai–Juli 9–23 Uhr, Aug. bis 22.30 Uhr, Sept. bis 21.30 Uhr, Okt.–Mitte Mai bis 17 Uhr) informiert mit Filmen, Fotos und interaktiven Exponaten über die Geschichte des Staudamms und der umliegenden Gegend. Kostenlose Führungen durch die Anlage finden täglich um 10, 12, 14 und 15.30 Uhr statt. Dabei fährt man mit einem verglasten Aufzug 142 m hinunter in das Kraftwerk Nr. 3, wo man von der Beobachtungsterrasse aus einen Blick auf die Generatoren werfen kann.

Dekor und die frischen einheimischen Zutaten, die kreativ und elegant zubereitet werden, machen das Wild Sage zu einem der besten Restaurants von Spokane. Der Heilbutt aus Alaska, das Hühnchen mit Dijon-Senf und der Schichtkuchen mit Kokosnuss sind sehr zu empfehlen. Darüber hinaus gibt es eine Karte mit glutenfreien Gerichten und eine ausgezeichnete Auswahl an Weinen und frischen Cocktails.

Ausgehen & Unterhaltung

Atticus Coffee KAFFEE
(222 N Howard St; Tee/Espresso ab 2/3 US$; ⌚Mo–Sa 7.30–18, So 9–17 Uhr) Der Geschenkeladen mit gutem Sortiment fungiert zugleich als Café; er ist hell und gesellig und lädt zum Lesen sein. Hier gibt es eine super Auswahl an Tees sowie den perfekten Kaffee. Der Versuchung, eine der handgefertigten Tassen, eine Seife oder einen Kannenhalter mit Kitty-Gesicht zu kaufen, kann man kaum widerstehen. Montags bis freitags gibt's WLAN.

No-Li Brewhouse BRAUEREI
(☎509-242-2739; www.nolibrewhouse.com; 1003 E Trent Ave; Hauptgerichte 12–18 US$; ⌚So–Do 11.30–22, Fr & Sa 11–23 Uhr) Ein beliebter Treffpunkt nahe der Gonzaga University. Spokanes beste Mikrobrauerei serviert einige abgedrehte und wunderbare Biere, z. B. ein Kirsch-Ale und ein Stout mit Noten von Kaffeeschokolade und braunem Zucker. Wer Hunger hat, sollte die Fish 'n' Chips probieren – die Panade wird mit dem hellen Ale der Brauerei zubereitet.

Praktische Informationen

Visitor Information Center (☎888-776-5263, 509-744-3341; www.visitspokane.com; 620 W Spokane Falls Blvd; ⌚Juni–Sept. 10–19 Uhr, restliches Jahr bis 18 Uhr) In der Nähe des Ufers. Bietet jede Menge Infos über die Stadt und die Region.

An- & Weiterreise

Spokane International Airport (www.spokaneairports.net) Alaska, American, Delta, Frontier, Southwest und United Airlines bieten Direktflüge zu 16 Städten, z. B. Seattle und Portland (Oregon), San Francisco (Kalifornien), Denver (Colorado), Minneapolis (Montana), Salt Lake City (Utah) und Phoenix (Arizona).

Spokane Intermodal Center (221 W 1st Ave) Von dieser Station fahren Busse und Züge ab.

South Cascades

Die South Cascades sind runder und weniger eingeklemmt als ihre spitzzackigen nördlichen Pendants, aber auch höher. Höhepunkt ist – in vielerlei Hinsicht – der 4392 m hohe Mt. Rainier, der fünfthöchste Berg in den Lower-48-Staaten und wohl einer der spektakulärsten alleinstehenden Berge der Welt. Der feuerspuckende Mt. St. Helens weiter südlich benötigt keine weitere Einführung, während der unbesungene Mt. Adams im Osten wie ein schmollendes Mittelkind finster dreinblickt.

Mt. Rainier National Park

Der fünfthöchste Berg der USA außerhalb Alaskas ist zugleich einer der betörendsten. Der majestätische Mt. Rainier liegt in einem 953 km² großen Nationalpark. Hinauf zum schneebedeckten Gipfel und in den bewaldeten Ausläufern des Berges gibt es zahlreiche Wanderwege und riesige blumenbedeckte

Wiesen. Und der lockende, kegelförmige Gipfel selbst ist eine ausgezeichnete Herausforderung für ehrgeizige Kletterer.

Der **Mt. Rainier National Park** (www.nps.gov/mora; Auto 30 US$; Fußgänger & Fahrradfahrer 15 US$, unter 17 Jahre kostenlos, Jahrespass 55 US$) hat vier Zugänge. Infos zu den Straßenverhältnissen gibt's unter 800-695-7623. Auf der Website des National Park Service (NPS) können Karten und Beschreibungen von Dutzenden Wegen im Park heruntergeladen werden. Die bekannteste Strecke ist der knallharte 150 km lange Wonderland Trail, der den Mt. Rainier komplett umrundet und für den Wanderer zehn bis zwölf Tage einplanen sollten.

Die Campingplätze im Park haben fließendes Wasser und Toiletten, aber keine Duschen und Stromanschlüsse. Im Sommer sollte man die **Campingplätze im Park** (800-365-2267; www.nps.gov/mora; Campingplatz 20 US$) früh reservieren; dies ist bis zu zwei Monate im Voraus telefonisch oder online möglich. Wer im Hinterland übernachten möchte, braucht eine entsprechende Genehmigung. Infos gibt's auf der NPS-Website.

NISQUALLY ENTRANCE

Der Nisqually Entrance ist das beliebteste und praktischste Einfallstor zum Mt. Rainier National Park. Er liegt am Hwy 706 (via Ashford) nahe der südwestlichen Parkecke und ist ganzjährig geöffnet. In Longmire, 7 Meilen (11 km) hinter dem Nisqually Entrance, gibt's ein **Museum mit Informationszentrum** (360-569-6575; Hwy 706, Longmire; Museum ganzjährig 9–16.30 Uhr, Infozentrum Mai–Okt.) GRATIS, einige wichtige Ausgangspunkte für Wanderungen und das rustikale **National Park Inn** (360-569-2275; Hwy 706, Longmire; Zi. mit/ohne Bad ab 203/138 US$,) mit seinem ausgezeichneten Restaurant.

Weitere Wanderwege und Lehrpfade warten beim 12 Meilen (19 km) weiter östlich gelegenen, vornehmeren **Paradise**, das vom informativen **Henry M Jackson Visitor Center** (360-569-6571; Paradise; Mai–Okt. tgl. 10–17 Uhr, Nov.–Apr. Sa & So) betrieben wird. Hier ist auch das traditionelle **Paradise Inn** (360-569-2275; Paradise; Zi. mit/ohne Bad ab 182/123 US$; Mitte Mai–Okt.;) angesiedelt, ein historisches „Parkitektur"-Gasthaus aus dem Jahre 1916. Vom Inn führen Kletterpfade zum Gipfel des Mt. Rainier. Ausgezeichnete viertägige Besteigungen werden von **Rainier Mountaineering Inc** (888-892-5462; www.rmiguides.com; 30027 Hwy 706 E, Ashford; 4-Tages-Klettertour 1163 US$) geleitet.

WEITERE ZUGÄNGE

Die drei anderen Zugänge zum Mt. Rainier National Park sind: **Ohanapecosh**, zu erreichen über den Hwy 123 und Packwood, wo es auch Unterkünfte gibt; **White River** am Hwy 410, zu erreichen über eine Höhenstraße (1950 m), die zu dem wunderschönen Aussichtspunkt bei der **Sunrise Lodge Cafeteria** (Sunrise Park Rd, Sunrise; Hauptgerichte 6–12 US$; Juli & Aug. 10–19 Uhr, Sept. Sa & So 11–15 Uhr) führt; und der abgelegene **Carbon River** in der nordwestlichen Ecke, über den man zum Regenwald im Parkinneren gelangt.

Mt. St. Helens National Volcanic Monument

Was dem Mt. St. Helens an Höhe fehlt, macht er durch seine dunkle Geschichte wett: 57 Menschen starben, als der Vulkan am 18. Mai 1980 mit der Wucht von 1500 Atombomben ausbrach. Die Katastrophe begann mit einem Erdbeben der Stärke 5,1 auf der Richterskala, das den größten Erdrutsch seit Beginn der Geschichtsschreibung auslöste und 596 km² Waldfläche unter Millionen Tonnen Vulkangestein und Asche begrub. Heute findet man hier eine faszinierende Landschaft aus sich erholenden Wäldern, neuen Flusstälern und aschebedeckten Hängen. Erwachsene müssen 8 US$ für den Zugang zu diesem National Monument zahlen.

NORDÖSTLICHER ZUGANG

Beim Haupteingang am Hwy 504 im Nordosten schaut man zuerst im **Silver Lake Visitor Center** (360-274-0962; https://parks.state.wa.us/245/Mount-St-Helens; 3029 Spirit Lake Hwy; Erw./Kind 5 US$/kostenlos; März–Mitte Mai & Mitte Sept.–Okt. 9–16 Uhr, Mitte Mai–Mitte Sept. bis 17 Uhr, Nov.–Feb. Do–Mo 9–16 Uhr;) vorbei, das Filme, Ausstellungen und kostenlose Infos (u. a. auch Wanderkarten) über den Berg bietet. Einen näheren Eindruck von der zerstörerischen Gewalt der Natur bekommt man im **Johnston Ridge Observatory** (360-274-2140; www.fs.usda.gov; 24000 Spirit Lake Hwy; Tageskarte 8 US$; Mitte Mai–Okt. 10–18 Uhr) am Ende des Hwy 504, von wo aus man direkt in den Krater schaut. In der mit nur wenigen Unterkünften gesegneten Gegend bietet das **Eco Park Resort** (360-274-7007; www.ecoparkresort.com; 14000 Spirit Lake Hwy, Toutle; Stellplätze 25 US$, Jurte für 6 Pers. 95 US$, Hütten 150 US$;) Stellplätze, Stromanschlüsse für Wohnmobile und einfache Hütten für zwei oder vier Personen.

SÜDÖSTLICHER & ÖSTLICHER ZUGANG

Wer über den Südost-Zugang beim Städtchen **Cougar** am Hwy 503 kommt, kann sich echten Lavaboden anschauen – u.a. die gut 3 km lange Lavaröhre Ape Cave, die ganzjährig zugänglich ist. Allerdings herrschen hier konstant frostige 5 °C. Jeder Erwachsene sollte zwei Lichtquellen mitbringen oder sich bei **Apes' Headquarters** (☎360-449-7800; Forest Rd. 8303 ⏲Mitte Juni–Anfang Sept. 10–17 Uhr) Laternen für je 5 US$ ausleihen.

Der östliche Zugang ist der abgelegenste, jedoch vermittelt der schwer zugängliche Aussichtspunkt **Windy Ridge** hier einen greifbaren und zugleich unheimlichen Eindruck von der Zerstörung, die der Ausbruch verursacht hat. Er ist oft bis Juni geschlossen. Ein paar Kilometer weiter kann man auf dem 1,5 km langen Harmony Trail (Wanderweg 224) 183 m zum **Spirit Lake** hinuntersteigen.

Zentral- & Südost-Washington

Die sonnigen, trockenen Gegenden in der Mitte und im Südosten Washingtons erinnern an Kalifornien und bieten eine nicht ganz so geheime Geheimwaffe: Wein. Das fruchtbare Land, das an die Flusstäler des Yakima und des Columbia River grenzt (welche wiederum an den Nil erinnern), wird von geschäftstüchtigen neuen Weingütern überflutet, deren hervorragende Tropfen mittlerweile mit denen aus dem Napa und dem Sonoma Valley um Anerkennung konkurrieren. Bisher waren Yakima und das noch attraktivere Ellensburg sehr angesagt, inzwischen aber heißt der echte Star Walla Walla.

Yakima & Ellensburg

Der Hauptgrund für einen Zwischenstopp in Yakima ist der Besuch eines der zahlreichen Weingüter zwischen hier und Benton City; Landkarten gibt's im **Visitor Center** (☎800-221-0751; www.visityakima.com; 101 N 8th St; ⏲Mo–Fr 8.30–17 Uhr).

Eine bessere Basis ist Ellensburg, eine winzige Siedlung 36 Meilen (58 km) nordwestlich von Yakima. Hier findet alljährlich am Labor Day das größte Rodeo des Bundesstaates statt. Im Stadtzentrum befinden sich einige gut erhaltene historische Gebäude. Einen Latte holt man sich am besten beim hiesigen Kaffeeröster **D&M Coffee** (☎509-925-5313; www.dmcoffee.com; 323 N Pearl St; ⏲7–20 Uhr; 📶) 🌿. Und das beste Essen gibt's im **Red Pickle** (☎509-367-0003; 301 N Pine St; Hauptgerichte ab 10 US$, Cocktails 8 US$; ⏲Mi–So 11–21, Di 16–21 Uhr).

Greyhound bedient beide Städte mit Bussen nach Seattle, Spokane und zu Zielen dazwischen.

Walla Walla

Walla Walla hat sich in das angesagteste Weinanbaugebiet außerhalb von Kalifornien verwandelt. Das ehrwürdige Marcus Whitman College ist das kulturelle Wahrzeichen der Stadt, in der es neben schicken Weinprobierstuben auch skurrile Cafés, herrliche Gebäude im Queen-Anne-Stil und einen der besten und lebhaftesten Bauernmärkte in Washington gibt.

Sehenswertes & Aktivitäten

Man muss nicht weinselig sein, um das historische und kulturelle Erbe von Walla Walla zu schätzen. Die Main St. hat jede Menge historische Auszeichnungen erhalten. Um die Geschichte zum Leben zu erwecken, bietet die lokale **Chamber of Commerce** (☎509-525-0850; www.wwvchamber.com; 29 E Sumach St; ⏲Mo–Fr 8.30–17 Uhr) einige interessante Stadtspaziergänge sowie Broschüren und Stadtpläne. Rund um die Main St. gibt's auch diverse Probierräume der Weingüter (Verkostung 5–10 US$).

Fort Walla Walla Museum MUSEUM
(☎509-525-7703; www.fwwm.org; 755 Myra Rd; Erw./Kind 9/4 US$; ⏲März–Okt. 10–17 Uhr, Nov.–Feb. bis 16 Uhr; 👪) Dieses Museum befindet sich in den alten Kavallerieställen des Forts. Davor gibt es ein wiederaufgebautes Dorf aus der Pionierzeit. Die Haupthalle beherbergt Ausstellungsstücke von der Lewis-und-Clark-Expedition und zur lokalen Landwirtschafts- und Militärgeschichte. Die vier großen Stallgebäude umfassen eine Gefängniszelle und Sammlungen landwirtschaftlicher Geräte, darunter eine Plastikreplik eines 33-teiligen Maultiergespanns, das in den 1920er-Jahren für die Weizenernte genutzt wurde.

Waterbrook Wine WEIN
(☎509-522-1262; www.waterbrook.com; 10518 W US 12; Verkostung 5–15 US$; ⏲So–Do 11–17, Fr & Sa bis 18 Uhr) Rund 10 Meilen (16 km) westlich der Stadt liegt dieses große, extrem gepfleg-

te, moderne Weingut. Es hat ein etwas schickes und kommerzielles Flair, aber die Mitarbeiter sind aufmerksam und die Veranda am Teich ist ein großartiger Platz, um an einem sonnigen Tag die große Auswahl an Weinen zu verkosten. Von Donnerstag bis Sonntag gibt es Menüs.

Amavi Cellars WEINGUT
(509-525-3541; www.amavicellars.com; Peppers Bridge Rd; Verkostung 10 US$; ⏲10–16 Uhr) Südlich von Walla Walla kann man inmitten hübscher Weinberge und Apfelgärten einige der bekanntesten Weine des Tals probieren (nicht verpassen sollte man den Syrah und den Cabernet Sauvignon!). Die elegante, aber trotzdem gemütliche Veranda bietet Blicke auf die Blue Mountains.

Schlafen & Essen

Walla Walla Garden Motel MOTEL $
(☎509-529-1220; www.wallawallagardenmotel.com; 2279 Isaacs Ave; Zi./DZ ab 72/94 US$;) Dieses schlichte, familienbetriebene Motel liegt auf halber Strecke zum Flughafen. Das einladende Garden Motel ist auf Radfahrer eingestellt und hat ein sicheres, großes Fahrradlager sowie viele Karten zur Gegend.

Marcus Whitman Hotel HOTEL $$
(☎509-525-2200; www.marcuswhitmanhotel.com; 6 W Rose St; Zi. ab 159 US$; P) Walla Wallas bekanntestes Wahrzeichen ist auch das einzige hohe Gebäude im Ort – unverkennbar dank seines Dachturms. Im Einklang mit den Bemühungen, die historische Erscheinung der Siedlung zu erhalten, wurde der wunderschöne Ziegelbau von 1928 elegant restauriert und ausgestattet: Die vielen Zimmer und Suiten sind in Rost- und Brauntönen gehalten, mit italienischen Möbeln und riesigen Betten bestückt und punkten mit einem tollen Blick auf die nahe gelegenen Blue Mountains.

Graze CAFÉ $
(☎509-522-9991; www.grazeplaces.com; 5 S Colville St; Sandwiches 8–12 US$; ⏲Mo–Sa 10–19.30, So bis 15.30 Uhr;) Die wunderbaren Sandwiches kann man sich für ein Picknick einpacken lassen oder direkt in dem einfachen Café verzehren (falls man einen Tisch ergattert). Unser Tipp: das Puten-Birnen-Panino mit Provolone und Blauschimmelkäse oder Steak-Torta mit eingelegten Jalapeños, Avocado, Tomate, Koriander und Chipotle-Dressing. Es gibt auch viele vegetarische Optionen.

★ Saffron Mediterranean Kitchen MEDITERRAN $$$
(☎509-525-2112; www.saffronmediterraneankitchen.com; 125 W Alder St; Fladenbrote 14–16 US$, Hauptgerichte 25–45 US$; ⏲Mo–Fr 14–21, Sa & So 12–21 Uhr) Hier geht's nicht ums Kochen, sondern um Alchemie: Der Koch nimmt saisonale Produkte und verwandet sie in pures Gold. Auf der mediterran inspirierten Karte stehen Gerichte wie Spargel-Fontina-Fladenbrot, gegrillte Wachteln mit Datteln, Oliven und Auberginen, Lamm und Schweinebauch-Lasagne. Und dann gibt es noch die zugehörigen Weine und eine fantastische Atmosphäre. Im Voraus reservieren.

An- & Weiterreise

Alaska Airlines bietet täglich zwei Flüge zum Seattle-Tacoma International Airport ab dem **Walla Walla Regional Airport** (www.wallawallaairport.com; 45 Terminal Loop) nordöstlich der Stadt an der US 12.

Greyhound hat täglich einen Bus nach Seattle (47 US$, 6 Std.) über Pasco, Yakima und Ellensburg. Nach Spokane steigt man in Pasco um.

OREGON

Es ist schwer, Oregons Landschaft und Einwohner mit wenigen Worten zu beschreiben. Die Landschaft reicht von zerklüfteten Küstenstreifen und üppigen, immergrünen Wäldern bis hin zu öden, fossilienübersäten Wüsten, Vulkanen und Gletschern. Und was die Bevölkerung betrifft – auch die ist bunt gemischt, von konservativen Holzfällern bis zu liberalen Umweltschützern. Aber etwas haben sie gemeinsam: den unabhängigen Geist, die Liebe zur Natur und die leidenschaftliche Begeisterung für ihre Heimat.

Es dauert meist nicht lange, bis auch Besucher die gleiche Begeisterung für Oregon fühlen. Wer würde sich denn nicht in den Anblick des Crater Lake, die Farben der Painted Hills in John Day oder die Wanderwege durch tiefe Wälder und über spektakuläre Gebirgspässe verlieben? Und dann gibt's da noch die Städte: Man kann im hippen Portland wie ein König speisen, in Ashland erstklassige Theaterproduktionen sehen und in Bend jede Menge Biere durchprobieren.

Portland

Der beste Kaffee. Die meisten Food Carts. Hervorragende Craft-Brauereien. Nr.-1-

Hipster-Himmel. Portland ist eine Stadt der Indie-inspirierten Superlative und zugleich bescheidenem, unkonventionellem Charme.

Sehenswertes

Downtown

★ Tom McCall Waterfront Park PARK

(Karte S. 1164; Naito Pkwy) Der beliebte Park am Westufer des Willamette River wurde 1978 nach einer Bauzeit von vier Jahren fertiggestellt. Er ersetzte eine Schnellstraße mit rund 1,5 Meilen (2,5 km) langen gepflasterten Spazierwegen, die jede Menge Grünflächen einschließen und nun Jogger, Inlineskater, Spaziergänger und Radfahrer anziehen. Im Sommer eignet sich der Park hervorragend für große Outdoor-Events wie dem **Oregon Brewers Festival** (www.oregonbrewfest.com; Tom McCall Waterfront Park; Eintritt kostenlos, 10-er Probepaket 20 US$, zusätzliche Proben 1 US$; Ende Juli). Über die Steel Bridge und die Hawthorne Bridge geht es hinüber zur **Eastbank Esplanade**, einem gut 2,6 Meilen (4 km) langen Rundweg.

★ Pioneer Courthouse Square WAHRZEICHEN

(Karte S. 1164; www.thesquarepdx.org; Red, Blue, Green) Der mit Ziegelsteinen gepflasterte Platz ist das Herz von Portland, das auch als „Portlands Wohnzimmer" bezeichnet wird. Auf dem meistbesuchten öffentlichen Platz der Stadt tummeln sich nicht nur Sonnenanbeter oder Büroangestellte, die ihre Mittagspause genießen, sondern es finden hier auch Feste, Kundgebungen, Bauernmärkte und (im Sommer) freitagabends Kinoaufführungen statt, die **Flicks on the Bricks** (Karte S. 1164; https://thesquarepdx.org/events; Juli & Aug. Fr 19 Uhr).

Oregon Historical Society MUSEUM

(Karte S. 1164; 503-222-1741; www.ohs.org; 1200 SW Park Ave; Erw./Kind 10/5 US$; Mo–Sa 10–17, So 12–17 Uhr; Red, Blue) An den von Bäumen beschatteten **South Park Blocks** (Karte S. 1164) liegt das bedeutendste Geschichtsmuseum des Bundesstaates, das im Jahr 2019 um eine 650 m² große interaktive Dauerausstellung ergänzt wurde, die Oregons Geschichte, Bevölkerungsgruppen und Landschaften gewidmet ist. Zu den Stationen gehören eine Kanu-Bauübung, der Nachbau eines Planenwagens, durch den man hindurchlaufen kann, und historische Rollenspiele. Es gibt interessante Abschnitte zu verschiedenen Immigrantengruppen, amerikanischen Ureinwohnerstämmen und den Mühen des Oregon Trail. Im Untergeschoss werden Wechselausstellungen gezeigt. Auf der Website sind die Tage aufgelistet, an denen der Eintritt kostenlos ist.

Portland Art Museum MUSEUM

(Karte S. 1164; 503-226-2811; www.portlandartmuseum.org; 1219 SW Park Ave; Erw./Kind 20 US$/frei; Di, Mi, Sa & So 10–17, Do & Fr bis 20 Uhr; 6, 38, 45, 55, 58, 68, 92, 96, NS Line, A-Loop) Das Portland Art Museum neben den South Park Blocks stellt hervorragende Exponate aus, u.a. Schnitzereien der amerikanischen Ureinwohner, asiatische und amerikanische Kunst, Fotografien und englisches Silber. Im Museum befindet sich auch das Whitsell Auditorium, ein erstklassiges Filmtheater, das häufig seltene oder internationale Filme zeigt und zum Northwest Film Center & School gehört.

Altstadt & Chinatown

Im Zentrum des ausgelassenen Portland aus den 1890er-Jahren – der einst zurecht berüchtigten **Altstadt** – trieben sich damals zwielichtige Gestalten herum. Heute findet man hier hübsche historische Gebäude, den Waterfront Park, den Saturday Market und ein paar gute Nachtclubs.

Der Altstadt wird meist auch die historische **Chinatown** zugeschrieben. Die ist zwar nicht mehr das Zentrum der chinesischen Gemeinde (diese ist an den südostlichen Stadtrand gezogen), aber man kann hier das kunstvolle **Chinatown Gateway** (Karte S. 1164; Ecke W Burnside St & NW 4th Ave; 20), den stillen **Lan Su Chinese Garden** (Karte S. 1164; 503-228-8131; www.lansugarden.org; 239 NW Everett St; Erw./Student 11/8 US$; Mitte Mai–Mitte Okt. 10–19 Uhr, Mitte Okt.–Mitte März bis 17 Uhr, Mitte März–Mitte Mai bis 18 Uhr; 8, 77, Blue, Red) und die sogenannten **Shanghai Tunnels** (Karte S. 1164; 503-622-4798; 120 NW 3rd Ave; Erw./Kind 13/8 US$; 12, 19, 20, Blue, Red) bewundern. Durch die Tunnel werden teilweise Führungen angeboten.

★ Saturday Market MARKT

(Karte S. 1164; 503-222-6072; www.portlandsaturdaymarket.com; 2 SW Naito Pkwy; März–Dez. Sa 10–17, So 11–16.30 Uhr; ; 12, 16, 19, 20, Red, Blue) Die beste Zeit für einen Bummel am Ufer entlang ist das Wochenende. Samstags wird hier dieser berühmte Markt mit Handwerkskunst, Straßenkünstlern und Imbisswägen abgehalten.

Pearl District & Northwest

Das Viertel Northwest umfasst drei verschiedene Bezirke und hat einige der besten Kunstgalerien, trendige Restaurants sowie viele Shoppingmöglichkeiten, die alle durch wunderbar fußgängerfreundliche Straßen miteinander verbunden sind. Nob Hills handwerklich gestaltete Ladenfronten beherbergen gemütliche Nachbarschafts-Restaurants und Einzelhandelsläden zwischen jahrhundertealten viktorianischen Wohnhäusern. Angesichts Portlands schneller Entwicklung ist das industrielle Slabtown im Kommen, mit Apartmenthochhäusern und vielem mehr. Der ehemals industrielle Pearl District mit seinen kopfsteingepflasterten Straßen und alten Laderampen ist nun eines der schicksten Viertel des Bundestaates mit zahlreichen Galerien, Restaurants und Boutiquen.

West Hills

★ Forest Park PARK

(☎503-223-5449; www.forestparkconservancy.org) An den gepflegten Washington Park im Süden (mit dem er über zahlreiche Wege verbunden ist) grenzt der sehr viel wildere 20,6 km² große Forest Park, ein urbaner nordwestlicher Wald, der Pflanzen, Tieren und begeisterten Wanderern ein Zuhause bietet. Die **Portland Audubon Society** (☎503-292-6855; www.audubonportland.org; 5151 NW Cornell Rd; ⌚9–17 Uhr, Nature Store Mo–Sa 10–18 Uhr, So bis 17 Uhr; 🚌20) GRATIS betreibt einen Buchladen und ein Rehabilitationszentrum für Wildtiere und pflegt 6,5 km Wanderwege innerhalb des Forest-Park-Naturschutzgebietes.

Washington Park PARK

(www.washingtonparkpdx.org; 👪; 🚌63, 🚋Blue, Red) Der kultivierte und gepflegte Washington Park beherbergt auf seinem 162 ha großen Gelände einige tolle Attraktionen. Der **International Rose Test Garden** (www.waparkrosefriends.org; 400 SW Kingston Ave; ⌚7.30–21 Uhr; 🚌63) GRATIS bildet das Herzstück von Portlands berühmter Rosenblüte. Hier gibt es über 700 verschiedene Rosenarten und eine tolle Aussicht auf die Stadt zu bewundern. Weiter hügelaufwärts liegt der **Japanese Garden** (☎503-223-1321; www.japanesegarden.org; 611 SW Kingston Ave; Erw./Kind 16,95/11,50; ⌚ Mitte März–Sept. Mo 12–19, Di–So 10–19 Uhr, Okt.–Mitte März Mo 12–16, Di–So 10–16 Uhr; 🚌63), eine weitere Oase der Stille. Wer Kinder dabei hat, sollte im **Oregon Zoo** (☎503-226-1561; www.oregonzoo.org; 4001 SW Canyon Rd; Erw./Kind 17,95/12,95 US$; ⌚Juni–Aug. 9.30–18 Uhr, Sept.–Mai bis 16 Uhr; 👪; 🚌63, 🚋Blue, Red) und im **Portland Children's Museum** (☎503-233-6500; www.portlandcm.org; 4015 SW Canyon Rd; 11 US$, 2. So im Monat 9–12 Uhr 3 US$; ⌚9–17 Uhr; 👪; 🚌63, 🚋Red, Blue) vorbeischauen.

KURZINFOS OREGON

Spitzname Beaver State

Bevölkerung 4,25 Mio. Ew.

Fläche 248 633 km²

Hauptstadt Salem (169 800 Ew.)

Weitere Städte Portland (647 800 Ew.), Eugene (169 000 Ew.), Bend (94 520 Ew.)

Verkaufssteuer Keine

Geburtsort von Ex-US-Präsident Herbert Hoover (1874–1964), Schauspielerin und Tänzerin Ginger Rogers (1911–95), Autor und Witzbold Ken Kesey (1935–2001), Regisseur Gus Van Sant (geb. 1952), dem Erfinder der *Simpsons* Matt Groening (geb. 1954)

Heimat des Oregon Shakespeare Festival, von Nike und dem Crater Lake

Politik Demokratische Gouverneure seit 1987

Berühmt für Wälder, Regen, Mikrobrauereien, Kaffee, antifaschistische Demonstranten

Staatsgetränk Milch (Milchprodukte sind hier sehr wichtig)

Entfernungen Portland–Eugene 110 Meilen (177 km), Portland–Astoria 96 Meilen (154 km); in Oregon darf man zum Großteil nicht selbst tanken.

Nordosten & Südosten

Vom Stadtzentrum aus betrachtet jenseits des Willamette River liegt das **Lloyd Center** (Karte S. 1164; ☎503-282-2511; www.lloydcenter.com; 2201 Lloyd Center; ⌚Mo 10–19, Di–Sa bis 20, So 11–18 Uhr; 🚋Red, Blue, Green), Oregons größte Shopping-Mall. Hier befindet sich die Eislaufbahn, auf der die berühmte Eiskönigin Tonya Harding das Schlittschuhlaufen lernte. Ein paar Straßen weiter südwestlich stehen die unübersehbaren Glastürme des **Oregon Convention Center** (Karte S. 1164; www.oregoncc.org; 777 NE Martin Luther King Jr

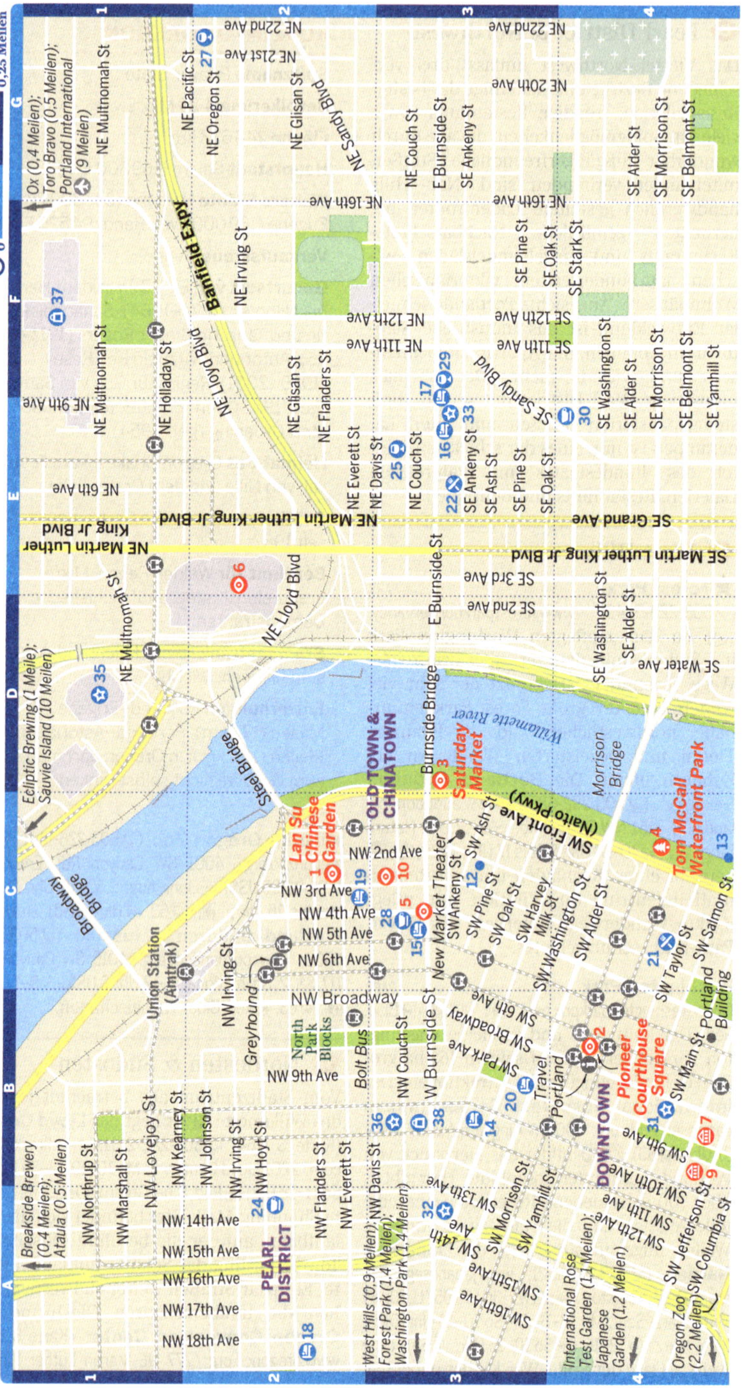
Portland
0 500 m
0 0,25 Meilen
Ox (0,4 Meilen); Toro Bravo (0,5 Meilen); Portland International (9 Meilen)
Ecliptic Brewing (1 Meile); Sauvie Island (10 Meilen)
Breakside Brewery (0,4 Meilen); Ataula (0,5 Meilen)
West Hills (0,9 Meilen); Forest Park (1,4 Meilen); Washington Park (1,4 Meilen)
International Rose Test Garden (1,1 Meilen); Japanese Garden (1,2 Meilen)
Oregon Zoo (2,2 Meilen)
PEARL DISTRICT
OLD TOWN & CHINATOWN
DOWNTOWN
Lan Su Chinese Garden
Pioneer Courthouse Square
Saturday Market
Tom McCall Waterfront Park
Willamette River
Broadway Bridge
Steel Bridge
Burnside Bridge
Morrison Bridge
Union Station (Amtrak)
Greyhound
Bolt Bus
North Park Blocks
Travel Portland
New Market Theater
Portland Building
Banfield Expy
NE Martin Luther King Jr Blvd
SE Martin Luther King Jr Blvd
SE Grand Ave
NE Lloyd Blvd
NE Sandy Blvd
SE Sandy Blvd
SW Front Ave (Naito Pkwy)
E Burnside St
W Burnside St
NE Multnomah St
NE Holladay St
NE Pacific St
NE Oregon St
NE Irving St
NE Glisan St
NE Flanders St
NE Everett St
NE Davis St
NE Couch St
SE Ankeny St
SE Ash St
SE Pine St
SE Oak St
SE Stark St
SE Washington St
SE Alder St
SE Morrison St
SE Belmont St
SE Yamhill St
SE Water Ave
SE 2nd Ave
SE 3rd Ave
NE 6th Ave
NE 9th Ave
NE 11th Ave
NE 12th Ave
NE 16th Ave
NE 20th Ave
NE 21st Ave
NE 22nd Ave
SE 11th Ave
SE 12th Ave
NE 16th Ave
NE 20th Ave
NE 22nd Ave
NW Northrup St
NW Marshall St
NW Lovejoy St
NW Kearney St
NW Johnson St
NW Irving St
NW Hoyt St
NW Flanders St
NW Everett St
NW Davis St
NW Couch St
NW Broadway
NW 2nd Ave
NW 3rd Ave
NW 4th Ave
NW 5th Ave
NW 6th Ave
NW 9th Ave
NW 14th Ave
NW 15th Ave
NW 16th Ave
NW 17th Ave
NW 18th Ave
SW Ankeny St
SW Ash St
SW Pine St
SW Oak St
SW Harvey Milk St
SW Washington St
SW Alder St
SW Morrison St
SW Yamhill St
SW Taylor St
SW Salmon St
SW Main St
SW Jefferson St
SW Columbia St
SW 6th Ave
SW Broadway
SW Park Ave
SW 9th Ave
SW 10th Ave
SW 11th Ave
SW 12th Ave
SW 13th Ave
SW 14th Ave
SW 15th Ave
SW 16th Ave

Blvd; Red, Blue, Green, Yellow). Ganz in der Nähe befindet sich das **Moda Center** (Karte S. 1164; 503-235-8771; www.rosequarter.com/venue/moda-center; 1 N Center Court St; Yellow), wo das Profi-Basketballteam der Trailblazers seine Spiele austrägt.

Ein Stückchen weiter den Willamette River hinauf liegt die **N Mississippi Ave**, die früher von heruntergekommenen Gebäuden gesäumt war, in der es aber heute jede Menge angesagte Läden und Lokale gibt. Im Nordosten liegt die künstlerisch angehauchte **NE Alberta St**, ein langer Streifen mit Kunstgalerien, Boutiquen und Cafés. Nicht verpassen sollte man das Straßenkunst-Event **Last Thursday** (503-823-1052; www.lastthurspdx.org; letzter Do im Monat 18–21 Uhr). Den **SE Hawthorne Blvd** (nahe der SE 39th Ave) haben Hippies voll im Griff: mit Souvenirshops, Cafés, Kaffeeläden und zwei Filialen der Buchladenkette Powell's. Eine begrünte Meile weiter südlich hat sich die **SE Division St** in ein Paradies für Feinschmecker verwandelt. Hier gibt es zahllose ausgezeichnete Restaurants, Bars und Kneipen. Dasselbe gilt für die **E Burnside at NE 28th Ave**, nur das hier alles etwas beengter und schicker ist.

Aktivitäten

Wandern

Mit dem über 2000 ha großen Forest Park (S. 1163) innerhalb der Stadtgrenzen hält Portland Wanderer gut auf Trab. In dem mit der Stadtbahn leicht erreichbaren **Hoyt Arboretum** (503-865-8733; www.hoytarboretum.org; 4000 Fairview Blvd; Wanderwege 5–22 Uhr, Besucherzentrum Mo–Fr 9–16, Sa & So ab 10 Uhr; Washington Park) GRATIS gibt es ein großes Netz an Wanderwegen, und noch mehr erkunden kann man im **Tryon Creek State Natural Area** (503-636-9886; www.oregonstateparks.org; 11321 SW Terwilliger Blvd).

Und wenn das noch nicht reichen sollte, gibt es ja auch noch das Wanderparadies Mt. Hood (S. 1176) und die Columbia River Gorge (S. 1175), die jeweils nur eine Stunde mit dem Auto entfernt sind.

Radfahren

Portland steht auf der Liste der fahrradfreundlichsten Städte der USA oft ganz oben.

Hübsche Radwege gibt's am **Willamette River** in Downtown. Zu empfehlen ist auch der im Vorort Boring beginnende, 34 km lange **Springwater Corridor**.

Mountainbiker können sich auf dem **Leif Erikson Dr** verausgaben. Hervorragende Single Trails und technisch anspruchsvolle

Portland

Highlights

1	Lan Su Chinese Garden	C2
2	Pioneer Courthouse Square	B4
3	Saturday Market	D3
4	Tom McCall Waterfront Park	C4

Sehenswertes

5	Chinatown Gateway	C3
6	Oregon Convention Center	E2
7	Oregon Historical Society	B4
8	Oregon Museum of Science & Industry	D6
9	Portland Art Museum	B4
10	Shanghai Tunnels	C3
11	South Park Blocks	A5

Aktivitäten, Kurse & Touren

12	Pedal Bike Tours	C3
13	Portland Spirit	C4

Schlafen

14	Ace Hotel	B3
15	Hoxton	C3
16	Jupiter Hotel	E3
17	Jupiter Next	F3
18	Northwest Portland Hostel	A2
19	Society Hotel	C2
20	Woodlark	B3

Essen

	Bullard	(siehe 20)
21	Luc Lac	C4
22	Nong's Khao Man Gai	E3
23	OK Omens	G5

Ausgehen & Nachtleben

24	Barista	A2
25	Cider Riot	E3
26	Coava Coffee	E5
27	Culmination Brewing	G2
28	Deadstock Coffee	C3
29	Hey Love	F3
30	Push x Pull	E4

Unterhaltung

31	Arlene Schnitzer Concert Hall	B4
32	Crystal Ballroom	A3
33	Doug Fir Lounge	E3
	Flicks on the Bricks	(siehe 2)
34	Keller Auditorium	B5
35	Moda Center	D1
36	Portland Center Stage	B3

Shoppen

37	Lloyd Center	F1
38	Powell's City of Books	B3

Pisten gibt's am **Hood River** und am **Mt. Hood** (beide je eine Fahrtstunde entfernt).

Malerisches Farmland gibt's auf **Sauvie Island** (www.sauvieisland.org; Hwy 30; Parkschein 10 US$/Tag), 10 Meilen (16 km) nordwestlich von Downtown Portland.

Everybody's Bike Rentals & Tours RADFAHREN
(☎503-358-0152; www.pdxbikerentals.com; 305 NE Wygant St; Radverleih 8–25 US$/Std., Touren ab 39 US$/Pers.; ⏲10–17 Uhr; 🚌6) Es stimmt, dass man Portland am besten mit dem Rad erkunden kann, und dieser Anbieter veranstaltet entspannte, lustige Radtouren durch die Stadt und ihre Umgebung zu Themen wie Wasser und Farmen oder Bier und Parks. Die Tour „Beyond Portlandia" bietet einen „untouristischen" Blick auf die Stadt. Fahrräder kann man hier ebenfalls mieten, von Stadträdern bis hin zu Mountainbikes.

Kajakfahren

Da Portland nahe des Zusammenflusses des Columbia River und des Willamette River liegt, bietet es viele befahrbare Wasserwege.

Portland Kayak Company KAJAKFAHREN
(☎503-459-4050; www.portlandkayak.com; 6600 SW Macadam Ave; Verleih ab 14 US$/Std.; ⏲Mo–Fr 10–18, Sa ab 9, So bis 17 Uhr; 🚌43) Dieser Anbieter verleiht Kajaks (mind. 2 Std.) und veranstaltet neben Einführungen auch Kajaktouren, darunter eine dreistündige Umrundung von Ross Island auf dem Willamette River (49 US$). Diese Tour ist täglich um 10 und 14 Uhr sowie von Mai bis September bei Sonnenuntergang (ab 18 Uhr) möglich.

Geführte Touren

Pedal Bike Tours RADFAHREN
(Karte S. 1164; ☎503-243-2453; www.pedalbiketours.com; 133 SW 2nd Ave; Touren ab 49 US$; ⏲10–18 Uhr; 🚌15, 16, 51, 🚊Blue, Red) Veranstaltet Radtouren zu allen möglichen Themen – Geschichte, Doughnuts, Bier – sowie Tagesausflüge zur Columbia Gorge. Die dreistündige Tour „Bike & Boat" beinhaltet eine historische Fahrradtour durchs Zentrum und einen Ausflug auf dem Wasser mit **Portland Spirit** (Karte S. 1164; ☎503-224-3900; www.portlandspirit.com; Ecke SW Salmon St & Waterfront; Sightseeing-/Dinner-Kreuzfahrt ab 32/78 US$; 🚌4, 10, 14, 15, 30).

Portland Walking Tours STADTSPAZIERGANG
(☎503-774-4522; www.portlandwalkingtours.com; 23–79 US$/Pers.) Bietet jeden Tag Stadtführungen rund ums Thema Essen, Schokolade

und Untergrund an – und eine Geistertour steht zur Wahl. Die Tour „Macher und ihre Ateliers" gewährt einen Blick hinter die Kulissen von Portlands unabhängiger Kreativszene vom Kunsthandwerk und der Holzverarbeitung bis hin zu Lederwaren und einer Brauerei. Alle Führungen haben verschiedene Startpunkte. Reservierung empfohlen!

Feste & Events

Pickathon MUSIK
(www.pickathon.com; 16581 SE Hagen Rd, Happy Valley; Wochenendticket 325 US$; ⊙Aug.) Dieses familienfreundliche Musikfestival gibt es seit 20 Jahren, dank herausragender Aufstellungen von Musikern und einer stressfreien Atmosphäre. Camping ist beim Wochenendticket kostenlos dabei; Kinder unter zwölf Jahren genießen kostenlosen Eintritt in Begleitung eines Elternteils. Es empfiehlt sich, zum Festivalgelände zu radeln. Es befindet sich in Happy Valley, 10 Meilen (16 km) südöstlich des Zentrums.

Feast Portland ESSEN & TRIKEN
(www.feastportland.com; Tickets ab 25 US$; ⊙Mitte Sept.) Bei diesem Festival kann man die besten Gerichte und Getränke der Küche Oregons genießen. Über 30 unterschiedlich große Events stehen zur Auswahl, bei einigen kann man auch mitmachen. Die Erlöse gehen an eine Organisation, die sich für den Kampf gegen Hunger einsetzt. Man sollte früh reservieren, da einige Events Monate im Voraus ausgebucht sind.

Schlafen

Die hier aufgeführten Preise beziehen sich auf die Sommersaison, in der man möglichst vorab reservieren sollte. Die Preise in Spitzenklassehotels hängen stark von der Dauer des Aufenthalts und dem Wochentag ab.

Hawthorne Portland Hostel HOSTEL $
(☎503-236-3380; www.portlandhostel.org; 3031 SE Hawthorne Blvd; B 35–39 US$, DZ mit Gemeinschaftsbad 77 US$; ❄@📶; 🚌14) Das umweltfreundliche Hostel mit zwei Privatzimmern und geräumigen Schlafsälen liegt hervorragend in Hawthorne. Im Sommer finden Open-Mic-Abende im grünen Hinterhof statt, und es gibt einen Fahrradverleih (samt Reparaturwerkstatt). Das Hostel kompostiert, recycelt, verwendet Regenwasser für die Toiletten und hat ein hübsches Öko-Dach. Für Radfahrer gibt's Rabatte.

Northwest Portland Hostel HOSTEL $
(Karte S. 1164; ☎503-241-2783; www.nwportlandhostel.com; 425 NW 18th Ave; B 36–42 US$, DZ mit Gemeinschaftsbad ab 100 US$; ❄@📶; 🚌77) Das freundliche, saubere Hostel in perfekter Lage zwischen dem Pearl District, der NW 21st und der 23rd Ave verteilt sich über vier alte Gebäude mit vielen Gemeinschaftsbereichen (darunter einer kleinen Terrasse und einem Garten-Patio). Die Schlafsäle sind geräumig, und die privaten Zimmer sind so hübsch wie Hotelzimmer, teilen sich aber alle die Badezimmer draußen. Nicht-HI-Mitglieder zahlen 3 US$ zusätzlich.

★ **Kennedy School** HOTEL $$
(☎503-249-3983; www.mcmenamins.com/kennedyschool; 5736 NE 33rd Ave; Zi. 135–235 US$; 📶; 🚌70) Die frühere Grundschule ist heute ein Hotel (man schläft in den alten Klassenzimmern) mit Restaurant, tollem Hofgarten, mehreren Bars, einer Kleinbrauerei und ei-

PORTLAND MIT KINDERN

Der **Washington Park** hat Familien mit kleinen Kindern am meisten zu bieten. Hier befindet sich der tolle Oregon Zoo (S. 1163) in einer schönen, natürlichen Umgebung, die auch Eltern genießen werden. Gleich daneben bieten das Portland Children's Museum (S. 1163) und das **World Forestry Center** (☎503-228-1367; www.worldforestry.org; 4033 SW Canyon Rd; Erw./Kind 8/5 US$; ⊙10–17 Uhr, Di & Mi sowie Labor Day–Memorial Day geschl.; 👪; 🚌63, 🚊Blue, Red) sehr anregende und lehrreiche Aktivitäten und Ausstellungen.

Am anderen Ufer des **Willamette River** ist das **Oregon Museum of Science and Industry** (OMSI; Karte S. 1164; ☎503-797-4000; www.omsi.edu; 1945 SE Water Ave; Erw./Kind 14,50/9,75 US$; ⊙Juni–Aug. 9.30–19 Uhr, Sept.–Mai Di–So bis 17.30 Uhr; 👪; 🚌9, 17, 🚋A Loop, B Loop, 🚊Orange) ein hervorragendes Ausflugsziel mit Kino, Planetarium und sogar einem U-Boot. Weiter südlich sorgt der **Oaks Amusement Park** (☎503-233-5777; www.oakspark.com; 7805 SE Oaks Park Way; Tagesticket 19–41 US$, einzelne Fahrgeschäfte 4,95 US$, Eislaufen 7–7,50 US$; ⊙Öffnungszeiten variieren; 👪; 🚌35, 99) mit Achterbahnen, Minigolf und Jahrmarktsspielen bei Kids für gute Laune.

nem Kino. Gäste können den Pool kostenlos nutzen. Die ganze Schule ist im typischen McMenamins-Stil mit Mosaiken, Fantasiegemälden und alten Fotos dekoriert.

★ **Ace Hotel** BOUTIQUEHOTEL **$$**
(Karte S. 1164; ☎503-228-2277; www.acehotel.com; 1022 Harvey Milk St; EZ mit Gemeinschaftsbad ab 200 US$, DZ ab 285 US$;) Das gut etablierte Hotel vereint erfolgreich Industrie-, Minimal- und Retro-Stile. Von der Fotobox im Foyer bis hin zu den recycelten Stoffen und den Möbeln aus wiederverwertetem Holz wirkt das Hotel sehr schick und typisch für Portland. Zur Anlage gehören ein Stumptown-Kaffeeladen und eine Untergrund-Bar. Die Lage ist unschlagbar.

★ **Society Hotel** HOTEL **$$**
(Karte S. 1164; ☎503-445-0444; www.thesocietyhotel.com; 203 NW 3rd Ave; B 55 US$, DZ ab 130 US$; ; 8, 77, Red, Blue, Green, Orange) Dieses hübsche Hotel im historischen Mariners Building von 1881 – ursprünglich eine Herberge für Seeleute – hat einen tadellosen Sinn für Fashion. Hier gibt es Schlafsäle und Privatzimmer sowie eine belebte Bar und eine Dachterrasse. Mittwochs finden Weinproben statt und donnerstags ein Drag-Bingo. Einige Eckzimmer haben riesige Fenster, durch die das Sonnenlicht fällt.

Jupiter Next BOUTIQUEHOTEL **$$**
(Karte S. 1164; ☎503-230-9200; https://jupiterhotel.com; 900 E Burnside St; DZ ab 180 US$) Dank des Jupiter Next, der gehobenen Schwester des nebenan gelegenen **Jupiter Hotel** (Karte S. 1164; ☎503-230-9200; www.jupiterhotel.com; 800 E Burnside St; DZ ab 149 US$; ; 20) im Retrostil der 1960er-Jahre, bietet Portlands zentraler Ostbezirk nun eine moderne Boutiqueoption. Die sechsstöckige geometrische Struktur ist komplett mit Dachziegeln bedeckt und die 67 Zimmer mit übergroßen Fenstern bieten postkartenartige Ausblicke auf die Stadt. Zu den Pluspunkten gehören digitale Concierges und CBD-Schokolade am Bett.

Hey Love (Karte S. 1164; ☎503-206-6223; www.heylovepdx.com; 920 E Burnside St, Jupiter Next; ⏲7–2 Uhr), die Bar des Hotels, serviert mittags und abends leckere internationale Gerichte; am Wochenende gibt's auch Brunch.

★ **Hoxton** BOUTIQUEHOTEL **$$$**
(Karte S. 1164; ☎503-770-0500; https://thehoxton.com/oregon/portland/hotels; 15 NW 4th Ave; DZ ab 275 US$;) Von den Hoxton Hoteliers mit Sitz in London kommt diese US-Niederlassung direkt am Chinatown Gateway. Durch die weitläufigen Gemeinschaftsbereiche und 119 Zimmer, die es in den üblichen Hoxton-Größen (Shoebox, Snug, Cozy und Roomy) gibt, weht ein modernistischer, ästhetischer Flair, der typisch für den Nordwesten ist. Zu den Standards gehören Frühstücksbeutel, Bücher von Einheimischen und preiswerte Snacks an der Rezeption.

★ **Woodlark** BOUTIQUEHOTEL **$$$**
(Karte S. 1164; ☎503-548-2559; https://woodlarkhotel.com; 813 SW Alder St; DZ ab 275 US$;) Dieses neue Boutiquehotel besteht aus zwei sanierten denkmalgeschützten Gebäuden und bietet aufwendiges Design verbunden mit schicken Annehmlichkeiten. Zeitgenössisches Mobiliar aus den 1950er-Jahren, Tropenpflanzen und Naturelemente schmücken die prächtige Lobby, waldgrüne Polsterkopfteile und Tapeten mit verschiedenen Blattarten die 150 Zimmer. Luxuriöse pflanzenbasierte Pflegeartikel, Fitnessprogramme, die man auf dem eigenen TV ansehen kann, und eine Auswahl an Kopfkissen sowie spirituelle Texte gehören zum Standard.

Essen

Mit Dutzenden junger Spitzenköche, die die Grenzen der regionalen Küche und der anderer Länder überschreiten und das Beste aus heimischen, nachhaltigen Zutaten kreieren, macht sich Portlands Gastronomie mehr und mehr landesweit einen Namen.

★ **Luc Lac** VIETNAMESISCH **$**
(Karte S. 1164; ☎503-222-0047; www.luclackitchen.com; 835 SW 2nd Ave; Hauptgerichte 9–13 US$; ⏲So–Do 11–14.30 & 16–24, Fr & Sa 11–14.30 & 16–4 Uhr) Diese geschäftige vietnamesische Küche im Zentrum zieht mittags die Massen und spätabends die Bargänger an. Hier kommen hervorragende Klassiker wie *pho*, Vermicelli-Bowls und Banh Mi auf den Tisch. Man muss hier zu jeder Tages- und Nachtzeit damit rechnen, anzustehen, um einen Sitz in dem schicken Essraum zu ergattern, dessen Decken Papierschirme schmücken. Während der Happy Hour (16–19 Uhr) herrscht ein etwas entspannteres Ambiente und die kleinen Teller kosten dann nur 3 US$.

★ **Yonder** SÜDSTAATEN **$**
(☎503-444-7947; www.yonderpdx.com; 4636 NE 42nd Ave; Hauptgerichte 8–17 US$; ⏲Mi–So 11–21

Uhr) Yonders ausgezeichnetes Brathühnchen gibt es „dusted“ (d.h. bestreut mit Trockengewürzen), „dipped“ (d.h. in eine scharfe Sauce getaucht) oder „hot“ (also genauso scharf, dass man sich daran erinnert, aber nicht so scharf, dass es weh tut). Dazu wird Maisbrot oder ein Keks mit süßer Hirsebutter serviert. Wer möchte, bestellt dazu eine Beilage, z.B. Mac ‘n' Cheese mit Piment oder mit Speck geschmorte Kohlblätter. Das alles kann man gut mit einem frisch gemixten Cocktail hinunterspülen. Bodenständig gut!

Nong's Khao Man Gai THAI $

(Karte S.1164; ☎503-740-2907; www.khaomangai.com; 609 SE Ankeny St; Hauptgerichte 11–16 US$; ⊙10.50–21 Uhr; 🚌20) Das weithin beliebte Food Cart, mit dem alles begann, gibt es nicht mehr, aber in den konventionellen Lokalen von Nong's wird immer noch das charakteristische Gericht zubereitet: zartes pochiertes Hühnchen mit Reis in einer magischen Sauce. Außerdem finden sich eine Handvoll andere Optionen (darunter vegetarische) sowie Beilagen und hin und wieder Tagesgerichte. Eine weitere Filiale befindet sich in der 417 SW 13th Ave.

★Stammtisch DEUTSCH $$

(☎503-206-7983; www.stammtischpdx.com; 401 NE 28th Ave; kleine Gerichte 5–9 US$, Hauptgerichte 14–24 US$; ⊙Mo–Fr 15–1.30, Sa & So 11–1.30 Uhr; 👪; 🚌19) In dieser dunkleren, gemütlichen Nachbarschaftskneipe kommen herzhafte deutsche Gerichte auf den Tisch – zusammen mit dem jeweils passenden Bier. Auf keinen Fall verpassen sollte man die Maultaschen mit Lauch und Käse in einer hellen Zitronen-Wein-Sauce, die Muscheln mit Landjäger-Würstchen in Weißweinbrühe und das Brathühnchen mit Paprika.

★Bullard SÜDSTAATEN $$

(Karte S.1164; ☎503-222-1670; www.bullardpdx.com; 813 SW Alder St; Hauptgerichte abends 16–32 US$; ⊙Mo–Do 11–15 & 17–22, Fr 11–15 & 17–23, Sa 10–13, So 10–22 Uhr) Im Woodlark Hotel (S.1168) befindet sich diese Hommage an die Wurzeln und die Wahlheimat des Kochs Doug Adams. Die Gerichte auf der fleischlastigen Karte erinnern entschieden an „Texas-trifft-Oregon“. Auf den Tisch kommen z.B. 12 Stunden lang geräucherte Painted-Hills-Rinderrippen mit frischen Mehltortilla, gegrillte Regenbogenforelle mit schwarzen Erbsenaugen und Selleriesalat und Schweinekotelett mit grobem Maismehl und lokalen Kohlblättern.

PORTLANDS FOOD CARTS

Manche der besten Gerichte Portlands kommen aus bescheidenen kleinen Küchen auf Rädern. Überall in der Stadt sammeln sich Food Carts auf Parkplätzen und anderen Freiflächen und bieten hungrigen Spaziergängern die Gelegenheit, ungewöhnliche Gerichte zu günstigen Preisen zu probieren. Viele von Portlands beliebtesten Restaurants begannen als Food Truck und zwar mit Spezialitäten, die so einschlugen, dass Restaurants bezogen werden mussten, um die stetig wachsende Nachfrage zu bedienen.

OK Omens AMERIKANISCH $$

(Karte S.1164; ☎503-231-9959; www.okomens.com; 1758 SE Hawthorne Blvd; Gerichte 8–18 US$; ⊙17–24 Uhr; 🚌14) Das OK Omens ist ein Hit wegen seiner epischen Weinkarte und seiner abenteuerlichen Speisekarte mit Gerichten, die man gut teilen kann. Zu den Lieblingsspeisen gehören ein würziger Caesar-Salat mit in Buttermilch gebratenem Hühnchen, in Hoisin-Sauce geröstete Karotten, anbetungswürdige mit Cheddar gefüllte Beignets, Krabbenpasta mit dünn geschnitten Jalapeños und Burger. Am Sonntag dauert die Happy Hour den ganzen Tag.

★Ava Gene's ITALIENISCH $$$

(☎971-229-0571; www.avagenes.com; 3377 SE Division St; Hauptgerichte 25–35 US$; ⊙Mo–Do 17–22, Fr bis 23, Sa 16.30–23, So 16.30–22 Uhr; 🚌4) Die bekannte, rustikale Trattoria mit italienischer Küche gehört Duane Sorenson, dem Gründer von Stumptown Coffee (S.1170). Es gibt exzellente Pasta und Gemüsegerichte. Beste Zutaten, eine großartige Wein- und Cocktailkarte und ein ausgezeichneter Service runden das lohnende kulinarische Erlebnis ab. Vorab reservieren!

★Ox STEAK $$$

(☎503-284-3366; www.oxpdx.com; 2225 NE Martin Luther King Jr Blvd; Hauptgerichte 14–56 US$; ⊙So–Do 17–22, Fr & Sa bis 23 Uhr; 🚌6) Das gehobene, argentinisch inspirierte Steakhaus ist eines der beliebtesten Restaurants von Portland. Am besten beginnt man mit der Suppe aus geräuchertem Muschelfleisch und macht mit dem genüsslichen Rib-Eye-Steak weiter, das von Rindern stammt, die nur frisches grünes Gras auf dem Speiseplan hatten. Für zwei Personen eignet sich das *asado* (94 US$), ein Grillteller mit verschiedenen Fleischsorten. Vorab reservieren!

Ausgehen & Nachtleben

Trinken – ob Kaffee, Craft-Bier, Cider oder Kombucha – ist praktisch eine Art Freizeitsport in Portland. Im Winter ist es ein guter Grund, um irgendwo einzukehren und dem Regen zu entrinnen, im Sommer eine Entschuldigung, in einem Hof oder auf einer Terrasse zu sitzen und die lang ersehnten Sonnenstrahlen zu genießen. Was auch immer man mag, auf jeden Fall gibt's in Portland eine handgemachte, künstlerische Version davon.

★ Push x Pull KAFFEE
(Karte S. 1164; https://pushxpullcoffee.com; 821 SE Stark St; Mo–Fr 7–17, Sa & So 8–16 Uhr) Ein Laden, in dem viel Liebe steckt, erschaffen von einer Gruppe aus Kaffee-besessenen Freunden. Diese Rösterei mit Café ist auf natürlich verarbeitete Kaffeesorten spezialisiert und bietet eine wechselnde Auswahl an sortenreinen Kaffees sowie lokal gebackene Backwaren. Die hellen Holzpanelen und türkisfarbenen Wände passen perfekt zu der industriellen Schulhauseinrichtung, und die Espressomaschinen sorgen für eine freundliche Atmosphäre – genau wie die wunderbaren herzlichen Besitzer und Mitarbeiter.

★ Barista CAFÉ
(Karte S. 1164; 503-274-1211; www.baristapdx.com; 539 NW 13th Ave; Mo–Fr 6–19, Sa & So ab 7 Uhr; 77) Das winzige, schicke Café des preisgekrönten Baristas Billy Wilson ist eines der besten in Portland. Die Bohnen kommen von speziellen Kaffeeröstereien. Es gibt noch drei weitere Filialen in der Stadt.

Coava Coffee CAFÉ
(Karte S. 1164; 503-894-8134; www.coavacoffee.com; 1300 SE Grand Ave; Mo–Fr 6–18, Sa & So 7–18 Uhr; ; 6, 15, B Loop) Die Deko schöpft den neoindustriellen Look bis ins Extreme aus, doch das funktioniert ganz gut – und zudem liefert das Coava genau das, worauf es ankommt. Man bekommt hier fantastischen Java-Kaffee, und auch der Espresso ist außergewöhnlich gut. Eine zweite Filiale liegt am 2631 SE Hawthorne Blvd.

★ Proud Mary CAFÉ
(503-208-3475; https://proudmarycoffee.com; 2012 NE Alberta St; Mo–Fr 7–16, Sa & So ab 8 Uhr) Aus dem Land der Avocado-Toasts und der Flat Whites (die australisch-neuseeländische Bezeichnung für Espresso Macchiato) kommt Proud Mary, die namhafte, in Melbourne beheimatete Kaffeerösterei, die passenderweise Portland als ihren ersten US-amerikanischen Außenposten wählte. Neben hervorragenden Kaffee gibt es hier köstliches Instagram-fähiges Frühstück, Brunch und Mittagessen, z. B. warmen Vanille-Ricotta-Kuchen, Sandwiches mit geräuchertem Schweinebauch und Erdnusssauce und australische Fleischpasteten sowie frische Säfte.

Deadstock Coffee KAFFEE
(Karte S. 1164; 971-220-8727; www.deadstockcoffee.com; 408 NW Couch St; Mo–Fr 7.30–17, Sa 9–18, So 10–16 Uhr) Deadstocks Ethos, dass „Kaffee eine Droge sein sollte", bemerkt man an den hiesigen Getränken und Mischungen, z. B. dem LeBronald Palmer (eine Mischung aus Eiskaffee, süßem Tee und Limonade) und dem „Fresh Prince" (leicht geröstete äthiopische Kaffeebohnen). Der Besitzer Ian Williams arbeitete sich einst vom Hausmeister zum Schuhdesigner im Hauptsitz von Nike hoch und der Kaffeeladen ist der einzige weltweit, der sich der Turnschuh-Kultur verschrieben hat.

Stumptown Coffee Roasters CAFÉ
(503-230-7702; www.stumptowncoffee.com; 4525 SE Division St; Mo–Fr 6–19, Sa & So ab 7 Uhr; ; 4) Mit dem kleinen, beengten Stumptown fing alles an: Es ist die erste Kleinrösterei, die Portland zu einer großen Nummer in der Kaffeeszene werden ließ.

★ Breakside Brewery BRAUEREI
(503-444-7597; www.breakside.com; 1570 NW 22nd Ave; So–Do 11–22, Fr & Sa bis 23 Uhr; 8) Die Breakside Brewery ist bekannt für ihre experimentellen Gebräue mit Frucht-, Gemüse- und Gewürznoten sowie für ihr landesweit gepriesenes IPA. 2017 zog die Brauerei aus ihrem ursprüngliche Gebäude in der 820 NE Dekum St im Nordosten von Portland in einen größeren Laden in Slabtown um. 16 Fassbiere, gute Kneipengerichte und zwei Ebenen mit Sitzgelegenheiten in einem luftigen Industriegebäude (sowie eine große Terrasse) machen das Breakside zu einer der besten Brauereikneipen in Portland.

★ Culmination Brewing KLEINBRAUEREI
(Karte S. 1164; 971-254-9114; www.culminationbrewing.com; 2117 NE Oregon St; Teller 5–16 US$; So–Do 12–21, Fr & Sa bis 22 Uhr; 12) Die komfortable Probierstube in einem renovierten alten Lagerhaus hat ein paar der besten Biere der Stadt (u. a. das erstklassige

Phaedrus IPA und eine ganze Palette an limitierten saisonalen Bieren) und eine kleine, aber ungewöhnliche Speisekarte. Falls vorhanden, sollte man unbedingt das *pêche* probieren, auch wenn man sonst eigentlich keine obstigen Biere mag.

Ecliptic Brewing BRAUEREI
(☎503-265-8002; www.eclipticbrewing.com; 825 N Cook St; ⊙So–Do 11–22, Fr & Sa bis 23 Uhr; 🚌4) Das Ambiente ist in kühlem Industrie-Stil gehalten, aber das Bier spricht für sich. Die Brauerei wurde von John Harris gegründet, der vorher für McMenamins, Deschutes und Full Sail gebraut hatte. Die Kreationen mit astronomischen Namen (z. B. das preisgekrönte Craft-Bier Spica Pilsner) sind anspruchsvoll und sehr erfolgreich. Für Hungrige gibt's Lamm-Picatta, Spargel-Tempura und ein Sandwich mit Ziegenkäse und Roter Beete.

Cider Riot BRAUEREI
(Karte S. 1164; ☎503-662-8275; www.ciderriot.com; 807 NE Couch St; ⊙Mo–Fr 16–23, Sa 12–23, So 12–21 Uhr; 🚌12, 19, 20) Portlands bester Cider-Hersteller hat jetzt auch seinen eigenen Schankraum, wo man direkt an der Quelle Everybody Pogo, Never Give an Inch oder Plastic Paddy probieren kann. Die Ciders hier sind trocken und komplex und bestehen aus regionalen Äpfeln – und überregionalem Anspruch.

Unterhaltung

Musik, insbesondere Indie-Rock, ist das Hauptaushängeschild von Portland, aber Jazz, Punk, Electronic, Blues, Metal, Hip-Hop und andere Genres haben ebenso ihren Platz in der Szene. Liveauftritte gibt's in bekannten lokalen Treffs, aber auch in unauffälligen Nachbarschaftsbars. Andere Unterhaltung gibt's natürlich in Hülle und Fülle, von Theater und Ballett zu Burlesque und Drag. Außerdem warten viele Kinos und Sportveranstaltungen.

Livemusik

Doug Fir Lounge LIVEMUSIK
(Karte S. 1164; ☎503-231-9663; www.dougfirlounge.com; 830 E Burnside St; ⊙7–2.30 Uhr; 🚌20) Die Doug Fir Lounge verbindet futuristische Elemente mit rustikaler Blockhüttenästhetik und hat dazu beigetragen, dass sich das schäbige Lower Burnside (LoBu) in ein schickes Trendviertel verwandelt hat. Hier stehen großartige Bands auf der Bühne und auch die Soundqualität ist in der Regel hervorragend. Das angeschlossene Restaurant bietet mörderisch gutes Frühstück und Brunch (an den Wochenenden) sowie ein Barmenü (8–13 US$) bis Ladenschluss.

Crystal Ballroom LIVEMUSIK
(Karte S. 1164; ☎503-225-0047; www.crystalballroompdx.com; 1332 W Burnside St; 🚌20) In dem großen historischen Ballsaal sind schon einige Größen aufgetreten, z. B. James Brown und Marvin Gaye in den frühen 1960er-Jahren und Devendra Banhart und Two Door Cinema Club in den letzten Jahren. Die federnde, „bewegliche" Tanzfläche macht das Tanzen fast mühelos.

Mississippi Studios LIVEMUSIK
(☎503-288-3895; www.mississippistudios.com; 3939 N Mississippi Ave; 🚌4) In der intimen Bar kann man gut musikalische Talente, aber auch etablierte Bands in Augenschein nehmen. Es gibt ein grandioses Soundsystem und nebenan ein gutes Restaurant mit Bar und Patio (sowie himmlischen Burgern).

Darstellende Kunst

Portland Center Stage THEATER
(Karte S. 1164; ☎503-445-3700; www.pcs.org; 128 NW 11th Ave; Tickets ab 25 US$; 🚌4, 8, 44, 77) Das bedeutendste Theaterensemble der Stadt spielt in der Portland Armory, einem renovierten Wahrzeichen im Pearl District, das mit der neuesten Bühnentechnik ausgestattet ist.

Arlene Schnitzer Concert Hall KLASSIK
(Karte S. 1164; ☎503-248-4335; www.portland5.com; 1037 SW Broadway; 🚌10, 14, 15, 35, 36, 44, 54, 56) In der schönen, wenn auch akustisch nicht überragenden Konzerthalle von 1928 in Downtown finden verschiedene Shows, Vorträge, Konzerte und andere Veranstaltungen statt.

Keller Auditorium DARSTELLENDE KUNST
(Karte S. 1164; ☎503-248-4335; www.portland5.com; 222 SW Clay St; 🚌38, 45, 55, 92, 96) Im ehemaligen Civic Auditorium von 1917 findet eine Reihe von Veranstaltungen statt: von Konzerten großer Musiker (z. B. Sturgill Simpson) über Aufführungen der Portland Opera (www.portlandopera.org) und des Oregon Ballet Theatre (www.obt.org) bis hin zu einigen Broadway-Produktionen.

Shoppen

Portlands Shoppingzone in Downtown erstreckt sich vom Pioneer Courthouse Sq aus über zwei Blocks und beherbergt die übli-

NICHT VERSÄUMEN

POWELL'S CITY OF BOOKS

Powell's City of Books (Karte S. 1164; ☎ 800-878-7323; www.powells.com; 1005 W Burnside St; ⌚ 9–23 Uhr; 🚌 20) ist eine der größten unabhängigen Buchhandlungen der USA und nimmt einen ganzen Block mit neuen und gebrauchten Büchern ein. Hinzu kommen gut besuchte Lesungen.

Weitere Filialen befinden sich in 3723 SE Hawthorne Blvd (mit einem Buchladen für Heim und Garten nebenan) sowie am Flughafen.

chen Verdächtigen. Im Pearl District wimmelt es von teuren Galerien, Boutiquen und Inneneinrichtungsläden. Am Wochenende sollte man dem Saturday Market am Skidmore Fountain einen Besuch abstatten. Eine sehr angenehme und vornehme Einkaufsstraße ist die NW 23rd Ave.

In Eastside gibt es viele angesagte Einkaufsstraßen, wo auch Restaurants und Cafés sind. Der SE Hawthorne Blvd ist die größte, die N Mississippi Ave die neueste und die NE Alberta St die künstlerischste und flippigste der Shoppingmeilen.

ℹ Praktische Informationen

MEDIEN

KBOO 90.7 FM (www.kboo.fm) Progressiver Lokalsender, der von Freiwilligen betrieben wird; alternative Nachrichten und Ansichten.

Portland Mercury (www.portlandmercury.com) Kostenloses Pendant zu Seattles *The Stranger*.

Willamette Week (www.wweek.com) Kostenlose Wochenzeitung mit lokalen Nachrichten und Kultur.

NOTFALL & MEDIZINISCHE VERSORGUNG

Legacy Good Samaritan Medical Center (☎ 503-413-7711; www.legacyhealth.org; 1015 NW 22nd Ave) Nahe der Downtown.

Portland Police Bureau (☎ 503-823-0000; www.portlandoregon.gov/police; 1111 SW 2nd Ave) Polizei und Notdienst.

TOURISTENINFORMATION

Travel Portland (Karte S. 1164; ☎ 503-275-8355; www.travelportland.com; 701 SW 6th Ave, Pioneer Courthouse Sq; ⌚ Nov.–April Mo–Fr 8.30–17.30, Sa 10–16, So bis 16 Uhr, Mai–Okt. zusätzlich So 10–14 Uhr; 🚊 Red, Blue, Green, Yellow) Superfreundliche Ehrenamtliche arbeiten in diesem Büro am Pioneer Courthouse Sq. Ein kleines Kino zeigt einen zwölfminütigen Film über die Stadt, ein Ticketschalter verkauft Fahrkarten für den TriMet-Bus und die Light Rail.

ℹ An- & Weiterreise

BUS

Bolt Bus (Karte S. 1164; ☎ 877-265-8287; www.boltbus.com) Verbindet Portland u. a. mit Seattle (ab 25 US$), Bellingham (40 US$), Eugene (15 US$) und Vancouver (50 US$). Busse fahren an der Ecke NW 8th Ave und NW Everett St ab.

Greyhound (Karte S. 1164; ☎ 503-243-2361; www.greyhound.com; 550 NW 6th Ave; 🚊 Green, Orange, Yellow) Verbindet Portland mit Städten an der I-5 und der I-84. Zu den Zielen über Oregon hinaus gehören Chicago, Denver, San Francisco, Seattle und Vancouver.

FLUGZEUG

Portland International Airport (☎ 503-460-4234; www.flypdx.com; 7000 NE Airport Way; 📶; 🚊 Red) Vom preisgekrönten Portland International Airport gehen täglich Flüge in die ganzen USA sowie zu mehreren internationalen Zielen. Der Flughafen liegt östlich der I-5 am Ufer des Columbia River und ist in einer 20-minütigen Fahrt vom Stadtzentrum aus zu erreichen.

ZUG

Union Station (☎ 800-872-7245; www.amtrak.com; 800 NW 6th Ave; 🚌 17, 🚊 Green, Yellow) Amtrak-Züge fahren von der Union Station nach Chicago, Oakland, Seattle und Vancouver.

ℹ Unterwegs vor Ort

AUTO

Parkplätze sind an der Ostseite der Stadt in der Regel einfach zu finden. Im Zentrum bieten SmartPark-Parkplätze, einige davon mit Ladestationen für Elektrofahrzeuge, günstige Parkoptionen (siehe www.portlandoregon.gov/transportation/35272). Im Zentrum, im Nordwesten und im Pearl District findet man Parkplätze mit Parkautomaten; hier ist es oft schwieriger, einen Parkplatz zu finden. Car-Sharing-Programme sind ebenfalls beliebt.

In Oregon ist es erst seit dem Jahr 2019 erlaubt, selbst zu tanken. Die meisten Tankstellen haben Tankwärter, die sich kostenlos um alles kümmern.

CHARTER-SERVICE

Für auf Kundenwünsche zugeschnittene Touren mit einem Bus oder Kleinbus wendet man sich an **EcoShuttle** (☎ 503-548-4480; www.ecoshuttle.net; 3 Std. ab 500 US$). Alle Fahrzeuge werden zu 100 % mit Biodiesel betrieben.

FAHRRAD

Clever Cycles (503-334-1560; www.clevercycles.com; 900 SE Hawthorne Blvd; Ausleihe 30 US$/Tag, Lastenräder 60 US$; Mo–Fr 11–18, Sa & So bis 17 Uhr; 10, 14) Verleiht Klapp-, Familien- und Lastenräder.

VOM/ZUM FLUGHAFEN

Die Red Line der von Tri-Met betriebenen MAX Light Rail fährt in rund 40 Minuten vom Zentrum zum Flughafen (Erw./Kind 2,50/1,25 US$). **Blue Star** (503-249-1837; www.bluestarbus.com; einfache Strecke ab 14 US$/Pers.) bietet Shuttlebusse, die zwischen dem Flughafen und mehreren Haltestellen im Zentrum verkehren.

Taxifahrer nehmen ca. 35–40 US$ (plus Trinkgeld) für eine Fahrt vom Flughafen ins Zentrum.

ÖFFENTLICHE VERKEHRSMITTEL

Die MAX Light Rail verbindet die meisten großen Stadtbereiche (und Vororte) und ist leicht zu benutzen. Von vielen Haltestellen kann man mit dem Bus weiterfahren.

TAXI

Taxis kann man rund um die Uhr telefonisch bestellen; im Zentrum kann man sie manchmal auch heranwinken. Freundliche Barkeeper bestellen Gästen auf Wunsch auch ein Taxi. **Broadway Cab** (503-333-3333; www.broadwaycab.com) und **Radio Cab** (503-227-1212; www.radiocab.net) sind zwei verlässliche Anbieter. Mitfahrdienste gibt es jede Menge in Portland.

Willamette Valley

Das fruchtbare, 96 km breite Willamette Valley war für die Pioniere, die vor mehr als 170 Jahren auf dem Oregon Trail gen Westen zogen, der Heilige Gral. Für die Menschen von heute ist es der Gemüsegarten, in dem mehr als 100 verschiedene Produkte geerntet werden – u.a. gedeiht hier auch ein Pinot Noir. Salem, die Hauptstadt Oregons, liegt ca. eine Autostunde von Portland entfernt am nördlichen Talende. Die meisten anderen Sehenswürdigkeiten sind ebenfalls im Rahmen eines Tagesausflugs erreichbar. Weiter im Süden liegt Eugene, eine dynamische Universitätsstadt, in der man sich gut und gern ein, zwei Tage aufhalten kann.

Salem

Oregons Hauptstadt ist bekannt für ihre Kirschbäume, das Art-déco-Kapitol und die Willamette University.

Im **Hallie Ford Museum of Art** (503-370-6855; www.willamette.edu/arts/hfma; 700 State St; Erw./Kind 6 US$/frei; Di frei; Di–Sa 10–17, So 13–17 Uhr) der Willamette University ist die beste Sammlung von Kunst aus dem Nordwesten zu besichtigen, darunter eine beeindruckende Galerie der amerikanischen Ureinwohner.

Das **Oregon State Capitol** (503-986-1388; www.oregonlegislature.gov; 900 Court St NE; Mo–Fr 8–17 Uhr) GRATIS von 1938 wirkt wie eine Kulisse aus einem Film von Cecil B. DeMille. Es werden kostenlose Führungen angeboten. Das weitläufige **Bush House** (503-363-4714; www.salemart.org; 600 Mission St SE; Erw./Kind 6/3 US$; Führungen April–Sept. Do–So 13–16 Uhr, Okt.–März Fr–So), ein Herrenhaus im italienischen Stil aus dem 19. Jh., ist heute ein Museum mit historischen Akzenten wie Originaltapeten und Marmorkaminen.

Das **Visitors Information Center** (503-581-4325; www.travelsalem.com; 388 State St; Mo–Fr 9–17, Sa 10–16 Uhr;) ist eine gute Orientierungshilfe. Salem wird täglich von Bussen von **Greyhound** (www.greyhound.com; 500 13th St SE) und Zügen von **Amtrak** (503-588-1551; www.amtrak.com; 500 13th St SE) angefahren.

Eugene

In „Track Town" gibt's eine großartige Kunstszene, gute Restaurants, ausgelassene Festi-

FRÜHE SIEDLER

John McLoughlin verließ Québec, um die Geschäfte der kanadischen Hudson's Bay Company im Nordwesten zu leiten, die damals hauptsächlich im Pelzhandel tätig war. 1825 gründete er Fort Vancouver am Ufer des Columbia River, nördlich des heutigen Portland..

1829 wandte McLoughlin seine Aufmerksamkeit nach Süden und gründete Oregon City am unteren Willamette River. Er wollte die Kraft der Willamette Falls für den Betrieb eines Sägewerks nutzen. In den 1840er- und 1850er-Jahren meldeten Siedler hier am Ende des Oregon Trail Landansprüche an.

Der zum Meer führende Columbia River und der Willamette River, der Oregon City und Fort Vancouver miteinander verband, sorgten dafür, dass die Entwicklung der Holzindustrie, der Schifffahrt, der Konservenindustrie und der Landwirtschaft in dieser Region einen Aufschwung erlebte.

vals, kilometerlange Uferwege und mehrere hübsche Parks. Die Lage am Zusammenfluss des Willamette River und des McKenzie River, gleich westlich der Cascades, sorgt für viele Möglichkeiten zur Outdoor-Erholung – insbesondere in der Gegend um den McKenzie River, in der Three Sisters Wilderness und am Willamette Pass.

Sehenswertes

Saturday Market MARKT

(☎541-686-8885; www.eugenesaturdaymarket.org; 8th Ave & Oak St; ⊙April–Mitte Nov. Sa 10–17 Uhr) Wer Spaß haben und eine Einführung in Eugenes seltsame Vitalität bekommen möchte, sollte den Samstagsmarkt nicht verpassen, der von April bis November stattfindet. Einheimische Kunsthandwerker verkaufen ihre Produkte und den ganzen Tag über gibt es Livemusik auf der Bühne im Food-Court. Zwischen Thanksgiving und Weihnachten wird der Markt in den **Holiday Market** (☎541-686-8885; www.holidaymarket.org; 796 W 13th Ave, Lane Events Center; ⊙Mitte Nov.–Dez. 10–18 Uhr) umbenannt und zieht nach innen in das Lane Events Center.

Alton Baker Park PARK

(100 Day Island Rd) Der beliebte 1,6 km² große Park am Fluss ist ein Paradies für Radfahrer und Jogger. Er bietet Zugang zum **Ruth Bascom Riverbank Trail System**, einem 19 km langen Radweg, der sich beiderseits des Willamette River erstreckt. Über die DeFazio Bike Bridge gelangt man leicht ins Stadtzentrum.

University of Oregon UNIVERSITÄT

(☎541-346-1000; www.uoregon.edu; 1585 E 13th Ave) Die Universität von Oregon wurde 1872 gegründet und ist die führende akademische Einrichtung des Bundesstaates. Ihre Schwerpunkte sind Kunst, Wissenschaft und Recht. Der Campus ist voller efeubewachsener historischer Gebäude. Zur Anlage gehört der **Pioneer Cemetry** mit Grabsteinen, die einen eindringlichen Eindruck in das Leben und Sterben in der frühen Siedlung vermitteln. Im Sommer werden Campusführungen angeboten.

Schlafen

Eugene bietet eine Handvoll von günstigen Kettenmotels und -hotels sowie einige hübsche Gasthäuser und ein Hostel. Die Preise steigen stark während der wichtigen Football-Spiele (Sept.–Nov.) und universitären Abschlussfeiern (Mitte Juni).

Eugene Whiteaker International Hostel HOSTEL $

(☎541-343-3335; www.eugenehostel.org; 970 W 3rd Ave; B/Zi. ab 35/50 US$;) Das zwanglose Hostel in einem alten, weitläufigen Gebäude bietet künstlerisches Flair, hübsche Vorder- und Hinterhöfe zum Abhängen und ein kostenloses schlichtes Frühstück. Handtücher und Bettzeug sind im Preis inbegriffen.

Essen & Ausgehen

Krob Krua Thai Kitchen THAILÄNDISCH $

(☎541-636-6267; www.krobkrua.com; 254 Lincoln St; Hauptgerichte 7–9 US$; ⊙Di–So 11–21 Uhr) Hervorragende Thaicurrys, Nudelgerichte, Salate, Suppen und Wok-Gerichte kommen in diesem Lokal auf den Tisch, das sich in demselben Gebäude befindet wie das **Wild-Craft Cider Works** (☎541-735-3506; https://wildcraftciderworks.com; 232 Lincoln St; ⊙Di–Do 11.30–21, Fr & Sa bis 23, So bis 20 Uhr), wo man sein Essen im Probierraum genießen und mit einem Cider herunterspülen kann. Empfehlenswert sind die Dungeness-Krabben- und Shrimp-Teigtaschen, die namensgebenden *krob-krua*-Nudeln mit Rind und der gebratene Reis mit grünem Curry.

★**Izakaya Meiji Company** IZAKAYA $$

(☎541-505-8804; www.izakayameiji.com; 345 Van Buren St; kleine Gerichte 3–13 US$; ⊙17–1 Uhr) Diese hippe *izakaya* (japanische Kneipe, die kleine Gerichte serviert) liegt im Herzen des Whiteaker Bezirks und zieht abends die Massen mit fachmännischen Getränken, Sake, Shochu und über 100 verschiedenen Whiskeysorten sowie einer saisonal wechselnden Karte mit Gerichten zum Teilen an. Für Abenteuer aufgelegt? Unbedingt die *shiokara*, eine Delikatesse aus den gesalzenen, fermentierten Eingeweiden eines Tintenfisches, probieren – es ist garantiert gewöhnungsbedürftig. Ansonsten bleibt man einfach beim Curry Udon. Hier kann man nichts falsch machen.

Beppe & Gianni's Trattoria ITALIENISCH $$

(☎541-683-6661; www.beppeandgiannis.net; 1646 E 19th Ave; Hauptgerichte 15–26 US$; ⊙So–Do 17–21, Fr & Sa bis 22 Uhr) Die Trattoria gehört zu den beliebtesten Restaurants in Eugene und tischt hausgemachte Pasta und ausgezeichnete Desserts auf. Warteschlangen sind die Regel, ganz besonders am Wochenende.

★**Ninkasi Brewing Company** BRAUEREI

(☎541-344-2739; www.ninkasibrewing.com; 272 Van Buren St; ⊙So–Mi 12–21, Do–Sa bis 22 Uhr)

Wer Hopfen mag, sollte in diesem Probierraum einige von Oregons charakteristischsten und innovativsten Craft-Biere an der Quelle anzapfen. Es gibt einen hübschen Innenhof und ein wechselndes Angebot von Food Carts (alternativ bringt man sich sein eigenes Essen mit). Brauereiführungen finden montags, mittwochs und freitags um 11 Uhr sowie dienstags, donnerstags und samstags um 16 Uhr statt.

Praktische Informationen

Visitor Center (541-484-5307; www.eugenecascadescoast.org; 754 Olive St; Di–Fr 8–17, Mo ab 9 Uhr) Dieses Besucherzentrum ist nur werktags geöffnet. An den Wochenenden kann man auf das Visitor Center in Springfield (541-484-5307; www.eugenecascadescoast.org; 3312 Gateway St, Springfield; 9–18 Uhr) ausweichen.

Anreise & Unterwegs von Ort

Der **Eugene Airport** (541-682-5544; www.flyeug.com; 28801 Douglas Dr) liegt rund 7 Meilen (11,3 km) nordwestlich vom Stadtzentrum. Er bietet Inlandsflüge.

Greyhound (541-344-6265; www.greyhound.com; 987 Pearl St) betreibt Fernbusse nach Salem, Corvallis, Portland, Medford, Grants Pass, Hood River, Newport und Bend.

Züge fahren vom **Amtrak-Bahnhof** (541-687-1383; www.amtrak.com; 433 Willamette St) zu Portlands Union Station (28 US$, 3 Std., 9-mal tgl.), nach Seattle in Washington und nach Vancouver in Kanada sowie in weitere Städte.

Die Stadtbusse werden vom **Lane Transit District** (541-687-5555; www.ltd.org) betrieben. Leihfahrräder gibt's bei **Paul's Bicycle Way of Life** (541-344-4105; www.bicycleway.com; 556 Charnelton St; Verleih 24–48 US$/Tag; Mo–Fr 10–18, Sa & So bis 17 Uhr).

Columbia River Gorge

Der mächtige Columbia River – gemessen an den Wassermengen ist er der viertgrößte Fluss der USA – bahnt sich seinen 2000 km langen Weg von Alberta in Kanada bis zum Pazifik direkt westlich von Astoria. Auf den letzten 500 km bildet der stark gestaute Wasserweg die Grenze zwischen Washington und Oregon, schneidet sich tief in die Cascade Mountains und erzeugt die spektakuläre Columbia River Gorge. Der Uferstreifen mit seinen vielen Ökosystemen, Wasserfällen und grandiosen Aussichtspunkten ist als National Scenic Area eingestuft. Dieses Gebiet ist eine beliebte Spielwiese für Windsurfer, Radler, Angler und Wanderer.

Nicht weit von Portland entfernt ziehen die **Multnomah Falls** die Touristenmassen an, während das **Vista House** einen umwerfenden Blick auf die Schlucht gewährt. Für alle, die sich die Beine vertreten möchten – die Schlucht ist von Wanderwegen durchzogen.

Hood River & Umgebung

Die 63 Meilen (101,4 km) östlich von Portland an der I-84 gelegene Stadt Hood River ist bekannt für ihre Obstplantagen und Weinberge; zugleich ist sie aber auch ein echtes Mekka für Windsurfer und Kiteboarder. Die hervorragenden Weingüter in der Gegend sorgen für gute Gelegenheiten zu Verkostungen.

Sehenswertes & Aktivitäten

Mt. Hood Railroad ZUGFAHRT
(800-872-4661; www.mthoodrr.com; 110 Railroad Ave; Erw./Kind ab 35/30 US$;) Die 1906 gebaute Bahnstrecke diente einst dem Transport von Früchten und Bauholz aus dem oberen Hood River Valley zum Anschlussbahnhof in Hood River. Heute transportieren die Oldtimer-Züge Besucher unter dem schneebedeckten Gipfel des Mt. Hood und vorbei an duftenden Obstplantagen. Die Strecke ist rund 34 km lang und endet im hübschen Parkdale. Die Fahrpläne und Preise stehen auf der Website. Rechtzeitig reservieren!

Cathedral Ridge Winery WEIN
(800-516-8710; www.cathedralridgewinery.com; 4200 Post Canyon Dr; Verkostung ab 15 US$; 11–17 Uhr) Rote Verschnitte und einige preisgekrönte Tropfen sind das Markenzeichen dieses attraktiven Weinguts in schönem Farmland am Stadtrand. Bei gutem Wetter kann man draußen sitzen und den herrlichen Blick auf den Mt. Hood genießen. Es werden unterschiedliche Führungen und Verkostungen angeboten.

Hood River Waterplay WASSERSPORT
(541-386-9463; www.hoodriverwaterplay.com; I-84 Ausfahrt 64; 2-stündiger Windsurf-Kurs 99 US$, Stehpaddel-Kurs ab 48 US$/Std.; Mai–Okt.) Interesse am Surfen, Segeln mit einem Katamaran, Stehpaddeln oder an etwas Ähnlichem? Dieser Veranstalter am Wasser bietet Kurse und verleiht auch die notwendige Ausrüstung.

Discover Bicycles RADFAHREN
(541-386-4820; www.discoverbicycles.com; 210 State St; Verleih 40–100 US$/Tag; Mo–Sa 10–18, So bis 17 Uhr) Dieser Laden vermietet Straßen- und Hybridräder, Mountainbikes, E-Bikes und Mountain-E-Bikes. Er bietet darüber hinaus Informationen zu Radwegen in der Gegend.

Schlafen & Essen

Hood River Hotel HISTORISCHES HOTEL $$
(541-386-1900; www.hoodriverhotel.com; 102 Oak St; DZ/Suite ab 110/152 US$;) Genau im Herzen des Zentrums bietet dieses im Jahr 2013 wunderschön sanierte Hotel komfortable, hippe und zugleich altmodische Zimmer. Die Betten sind bequem, aber einige Bäder sehr klein. Die Suiten haben die beste Ausstattung und Aussicht. Küchenecken gibt es ebenfalls und auf dem Gelände befinden sich ein ausgezeichnetes Restaurant und eine entspannende Sauna. Im Winter wird mit einer uralten Dampfheizung und Raumheizkörpern geheizt.

Columbia Gorge Hotel HOTEL $$$
(800-345-1921; www.columbiagorgehotel.com; 4000 Westcliff Dr; Zi. 149–439 US$;) Hood Rivers berühmteste Unterkunft ist dieses historische Hotel in spanischem Stil auf einer Klippe hoch über dem Columbia River. Das Ambiente ist elegant, die Anlagen sind schön, und es gibt auf dem Gelände auch ein gutes Restaurant. Die Zimmer sind mit antiken Betten und Möbeln ausstaffiert. Die Zimmer mit Flussblick lohnen den Aufpreis.

★ **pFriem Tasting Room** GASTROPUB $$
(541-321-0490; www.pfriembeer.com; 707 Portway Ave; Hauptgerichte 13–18 US$; 11.30–21 Uhr) Die hochgeschätzten Biere dieser Brauerei sind auf die herzhafte Speisekarte abgestimmt, die alles andere als durchschnittlich ist: Es gibt z. B. Muscheln mit Fritten, Rinderzunge, Schweinefleischpastete und ein Schmortopf mit Lamm und Entenconfit. Das Lokal befindet sich in Ufernahe in einem im Industrieschick erschlossenen Gebiet. Die Tische stehen direkt an den Braufässern.

Praktische Informationen

Chamber of Commerce (541-386-2000; www.hoodriver.org; 720 E Port Marina Dr; April–Okt. Mo–Fr 9–17, Sa & So 10–16 Uhr, Nov.–März Mo–Fr 9–17 Uhr) Touristeninformation für Hood River und die umliegende Gegend.

An- & Weiterreise

Greyhound (541-386-1212; www.greyhound.com; 110 Railroad Ave) Greyhound-Busse verbinden Hood River mit Portland (ab 21 US$, 1 Std., 3-mal tgl.).

Oregon Cascades

Die Oregon Cascades sind von unzähligen Vulkanen geprägt, die schon von fern zu sehen sind. Der Mt. Hood an der Columbia River Gorge ist der höchste Berg Oregons. Hier kann man das ganze Jahr über Ski fahren, auch die Wanderung zum Gipfel stellt kein größeres Problem dar. In Richtung Süden schließen sich der Mt. Jefferson und die Three Sisters an, bevor man den spektakulären Crater Lake erreicht. Der See entstand durch den Ausbruch des Mt. Mazama vor etwa 7000 Jahren, bei dem die gesamte Spitze des Vulkans weggesprengt wurde und der Berg in sich zusammenstürzte.

Mt. Hood

Der höchste Gipfel des Bundesstaates, der Mt. Hood (3426 m), ist an sonnigen Tagen von großen Teilen Nord-Oregons aus zu sehen. Auf Skifahrer, Wanderer und Traveller wirkt er unweigerlich wie ein Magnet. Im Sommer blühen auf den Berghängen Wildblumen und versteckte Teiche schimmern in blau – jede Wanderung wird zu einem unvergesslichen Erlebnis. Im Winter haben die Leute hier nur Skifahren und Langlaufen im Sinn.

Der Mt. Hood ist ganzjährig über den Hwy 26 von Portland (90 km) aus und über den Hwy 35 von Hood River (70 km) aus zu erreichen. Zusammen mit dem Columbia River Hwy bilden diese Straßen den Mt. Hood Loop, eine beliebte, landschaftlich sehr reizvolle Strecke. **Government Camp**, das Zentrum der Action auf dem Berg, liegt am Pass über den Mt. Hood.

Aktivitäten

Skifahren

Der Mt. Hood wird zu Recht wegen seiner Skipisten geliebt. Auf dem Berg gibt es sechs Skigebiete, darunter **Timberline** (503-272-3158; www.timberlinelodge.com; Government Camp; Skipass Erw./Kind 73/63 US$), das Schneeliebhaber mit der längsten Skisaison der USA (fast ganzjährig) lockt. Nicht ganz so weit von Portland entfernt liegt die **Mt. Hood SkiBowl** (503-272-3206; www.ski

bowl.com; Hwy 26; Skipass 59 US$, Nachtskifahren 43 US$), die ebenfalls nicht von schlechten Eltern ist und sich das größte Nachtskigebiet des Landes nennt. Sie ist vor allem bei Großstädtern beliebt, die für ein abendliches Vergnügen im Pulverschnee hierher kommen. Das größte Skigebiet des Berges heißt **Mt. Hood Meadows** (503-337-2222; www.skihood.com; Skipass Erw./Kind bis zu 89/44 US$); hier herrschen normalerweise die besten Schneebedingungen.

Wandern & Trekken

Der Mt. Hood National Forest umfasst erstaunliche 1931 km Wanderwege. An den meisten Ausgangspunkten ist der Northwest Forest Pass (5 US$/Tag) zum Parken erforderlich.

Ein beliebter Rundwanderweg führt über 11 km von der Nähe des Dörfchens Zigzag zu den schönen **Ramona Falls**, die moosbedeckten Basalt hinunterstürzen. Ein weiterer Weg führt 2,4 km von der US 26 rauf zum **Mirror Lake**, 800 m rund um den See und nochmal 3,2 km weiter zu einem Bergkamm.

Der 66 km lange **Timberline Trail** umrundet den Mt. Hood und führt durch schöne Wildnis. Mögliche Abstecher sind die Wanderung zum McNeil Point und die kurze Klettertour zum Bald Mountain. Von der Timberline Lodge führt ein 7,2 km langer Rundweg zum Zigzag Canyon Overlook.

Klettertouren auf den Mt. Hood sind kein Kinderspiel – es ereigneten sich bereits tödliche Unfälle. Nichtsdestotrotz dürfen Hundebesitzer ihre vierbeinigen Freunde mitnehmen. Die Klettertour ist an einem (langen) Tag zu schaffen. **Timberline Mountain Guides** (541-312-9242; www.timberlinemtguides.com; 2-tägige Bergtour 780 US$/Pers.) bietet geführte Touren an.

Schlafen & Essen

Die meisten **Campingplätze** (877-444-6777; www.recreation.gov; Stellplatz für Zelt od. Wohnwagen 16–39 US$) in der Gegend verfügen über Trinkwasser und Komposttoiletten. Für Wochenenden mit großem Besucherandrang sollte man reservieren; allerdings werden in der Regel einige Stellplätze, die nur zu Fuß erreichbar sind, nicht vorab vergeben. Weitere Infos bekommt man bei nahe gelegenen Rangerstationen.

★ Timberline Lodge LODGE $$$
(800-547-1406; www.timberlinelodge.com; 27500 Timberline Rd; B 165–221 US$, DZ ab 180 US$;) Mehr Kleinod als Hotel: Die prächtige historische Timberline Lodge bietet eine große Palette an Zimmern, von Schlafsälen für bis zu zehn Personen bis hin zu luxuriösen Kaminzimmern. Es gibt einen ganzjährig beheizten Außenpool, und die Skilifte und Wanderwege sind nah. Im Haus warten zwei Bars und ein guter Speisesaal. Der Blick auf den Mt. Hood ist eindrucksvoll, die Preise variieren erheblich.

Huckleberry Inn INN $$
(503-272-3325; www.huckleberry-inn.com; 88611 E Government Camp Loop; Zi. 95–165 US$, 10-B-Schlafsaal 160 US$;) Die Unterkunft in toller zentraler Lage in Government Camp hat schlichte, gemütlich-rustikale Zimmer und Schlafsäle für bis zu zehn Personen. In dem zwanglosen Restaurant (das zugleich als Hotelrezeption dient) wird gutes Frühstück serviert. In der Ferienzeit sind die Preise höher.

Rendezvous Grill & Tap Room AMERIKANISCH $$
(503-622-6837; www.thevousgrill.com; 67149 E Hwy 26, Welches; Hauptgerichte 12–29 US$; Di–So 11.30–20, Fr & Sa bis 21 Uhr) Dieses ausgezeichnete Restaurant bietet hervorragende Gerichte, darunter Wildlachs mit karamellisierten Schalotten und Artischockenpüree oder Schweinekoteletts vom Holzkohlegrill mit Rhabarber-Chutney. Mittags gibt's auf der Terrasse Gourmet-Sandwiches, Burger und Salate. Ein weiterer Bonus sind die großartigen Cocktails.

Mt. Hood Brewing Co. PUBESSEN $$
(503-272-3172; www.mthoodbrewing.com; 87304 E Government Camp Loop, Government Camp; Hauptgerichte 12–24 US$; 11–21 Uhr) Das einzige Brauereigasthaus in Government Camp bietet eine freundliche, familiäre Atmosphäre und Kneipenessen wie Pizzas, Sandwiches und Rippchen.

Praktische Informationen

Landkarten, Genehmigungen und Infos gibt's bei den regionalen Rangerstationen. Wer aus Hood River kommt, hält an der **Hood River Ranger Station** (541-352-6002; 6780 OR 35, Parkdale; Mo–Fr 8–16.30 Uhr). Für Ankömmlinge aus Portland liegt die **Zigzag Ranger Station** (503-622-3191; 70220 E Hwy 26; Mo–Sa 7.45–16.30 Uhr) praktischer. Das Mt. Hood **Information Center** (503-272-3301; 88900 E Hwy 26; 9–17 Uhr) befindet sich in Government Camp. Das Wetter kann schnell umschlagen; im Winter sollte man Schneeketten dabei haben!

An- & Weiterreise

Mt. Hood ist von Portland über den Hwy 26 in einer Stunde per Auto nach 56 Meilen (90 km) zu erreichen. Die hübschere, aber längere Alternativroute führt über den Hwy 84 nach Hood River und dann über den Hwy 35 südwärts (1¾ Std., 95 Meilen/153 km).

Der Shuttlebus von **Central Oregon Breeze** (☎800-847-0157; www.cobreeze.com; Government Camp Rest Area, Government Camp Loop), der zwischen Bend und Portland pendelt, macht einen kurzen Zwischenstopp in Government Camp, 6 Meilen (9,7 km) von der Timberline Lodge entfernt. **Sea to Summit** (☎503-286-9333; www.seatosummit.net) bietet im Winter regelmäßig verkehrende Shuttles von Portland in die Skigebiete (hin & zurück ab 59 US$).

Sisters

Einst eine Postkutschenstation und ein Handelsposten für Holzfäller und Rancher, ist Sisters heute ein munteres Touristenziel. Die Hauptstraße ist von Läden, Kunstgalerien und Restaurants gesäumt, die in Gebäuden mit Western-Fassaden residieren. Die Besucher kommen wegen der Bergkulisse, der spektakulären Wanderwege, der interessanten Kultur-Events und wegen eines herrlichen Klimas mit viel Sonnenschein und wenig Niederschlägen.

Am südlichen Ende von Sisters gibt's im **City Park** (City Park Camping; ☎541-323-5220; www.ci.sisters.or.us/creekside-campground; S Locust St; Zelt-/Wohnmobilstellplätze 20/40 US$; April–Nov.) Stellplätze, aber keine Duschen. Besten Komfort bieten die Zimmer in der luxuriösen **Five Pine Lodge** (☎866-974-5900; www.fivepinelodge.com; 1021 Desperado Trail; DZ ab 242 US$, Hütten ab 265 US$; @).

Raffinierte französische Gerichte, die man hier draußen gar nicht erwartet, werden im **Cottonwood Café** (☎541-549-2699; www.cottonwoodinsisters.com; 403 E Hood Ave; Frühstück 9–13 US$, Hauptgerichte mittags 11–13 US$; 8–15 Uhr) aufgetischt. **Three Creeks Brewing** (☎541-549-1963; www.threecreeksbrewing.com; 721 Desperado Ct; Hauptgerichte 12–26 US$, Pizzas 10–14 US$; So–Do 11.30–21 Uhr, Fr & Sa bis 22 Uhr) serviert eigene Biere und Kneipengerichte.

Praktische Informationen

Chamber of Commerce (☎541-549-0251; www.sisterscountry.com; 291 E Main Ave; Mo–Fr 10–15 Uhr)

An- & Weiterreise

Cascades East Transit (☎541-385-8680; https://cascadeseasttransit.com; einfache Fahrt 1,50 US$) verbindet Sisters mit Bend (30 min., 3-mal tgl.) und Redmond (25 Min., 3-mal tgl.).

Bend

Bend ist ein absolutes Naturparadies. Hier kann man vormittags in feinem Pulverschnee Ski fahren, nachmittags eine Kajaktour unternehmen und abends Golf spielen. Genauso gut kann man auch mountainbiken, wandern, bergsteigen, stehpaddeln, fliegenfischen oder klettern – für all das gibt's in der Nähe großartige Möglichkeiten. Bei nahezu 300 Sonnentagen im Jahr ist prima Wetter dabei fast garantiert.

Sehenswertes

★ **High Desert Museum** MUSEUM
(☎541-382-4754; www.highdesertmuseum.org; 59800 Hwy 97; Erw./Kind 12/7 US$; Mai–Okt. 9–17 Uhr, Nov.–April 10–16 Uhr) Mit Nachbildungen eines Indianerlagers, einer Mine und einer alten Westernstadt erzählt das ausgezeichnete Museum, rund 3 Meilen (4,8 km) südlich von Bend, von der Erforschung und Besiedelung des amerikanischen Westens. Auch die Naturgeschichte der Region steht im Blickpunkt: Kinder lieben die Ausstellungen mit lebenden Schlangen, Schildkröten und Forellen; den Greifvögeln und Ottern zuzuschauen macht immer Spaß.

Darüber hinaus gibt's geführte Spaziergänge und andere Events – die Raubvogel-Vorführung ist sehenswert.

Aktivitäten

Bend ist ein Paradies für Mountainbiker mit Hunderten Kilometern von hervorragenden Trails. In der Touristeninformation Visit Bend und an anderen Stellen ist die ordentliche Bend Area Trail Map (12,99 US$; www.adventuremaps.net/shop/product/product/bend-area-trail-map) erhältlich.

Das Highlight unter den Mountainbike-Strecken ist das Wegenetz **Phil's Trail** (www.bendtrails.org/trail/phils-trail-complex). Es besteht aus verschiedenen, ausgezeichneten, schnellen Singletracks, die nur ein paar Minuten von der Stadt entfernt durch den Wald führen. Wer frische Luft schnappen will, sollte den Whoops Trail ausprobieren. Der auf Abenteuer ausgerichtete Veranstalter **Cog Wild** (☎541-385-7002; www.cogwild.com; 255 SW Century Dr, Suite 201; Halbtagestou-

NICHT VERSÄUMEN

SMITH ROCK STATE PARK

Der für seine tollen Klettermöglichkeiten bekannte **Smith Rock State Park** (☎800-551-6949; www.oregonstateparks.org; 9241 NE Crooked River Dr; Tagesgebühr 5 US$) punktet mit rostfarbenen, 240 m hohen Klippen über dem schönen Crooked River. Wer nicht klettern will, findet hier auch gute Wanderwege mit einer Gesamtlänge von mehreren Kilometern – auf einigen Wegen muss man dabei über ein paar Felsen steigen. Im nahe gelegenen Terrebonne gibt's einen Kletter-Shop, ein paar Restaurants und Lebensmittelgeschäfte. Die Felsformationen im Park sind einfach spektakulär.

Campen kann man gleich neben dem Park oder in Skull Hollow (kein Wasser, Stellplatz 5 US$), 8 Meilen (13 km) östlich. Die nächstgelegenen Motels befinden sich einige Kilometer weiter südlich in Redmond.

Smith Rock Climbing Guides Inc (☎541-788-6225; www.smithrockclimbingguides.com; Smith Rock State Park, Terrebonne; halber Tag ab 65 US$/Pers.) bietet diverse Kletterkurse (für Anfänger, mit Vorstiegs- und Eigensicherung, Mehrseillängen und Rettungsklettern, Selbstrettung) sowie geführte Klettertouren zu den berühmten Routen im Smith Rock State Park. Die Ausrüstung ist inbegriffen. Die Preise hängen von der Gruppengröße ab. Nach Vereinbarung geöffnet.

ren ab 60 US$, Verleih 35–80 US$; ⌚9–18 Uhr) vermietetet Fahrräder.

Bend ist auch der Ausgangspunkt zu einigen der besten Skigebiete Oregons, z. B. dem 22 Meilen (35,4 km) südwestlich von Bend gelegenen **Mt. Bachelor Ski Resort** (☎800-829-2442; www.mtbachelor.com; Skipass Erw./Kind 99/56 US$, Langlauf-Tagespass 21/14 US$; ⌚Nov.–Mai; 👪).

Schlafen

An der 3rd St (US 97) gibt's zahlreiche billige Motels, Hotels und Dienstleistungen. Aufgrund der Festivals und Events schießen die Unterkunftspreise an den meisten Wochenenden in die Höhe – am besten bucht man vorab.

Bunk + Brew Hostel HOSTEL $
(☎458-202-1090; www.bunkandbrew.com; 42 NW Hawthorne Ave; B 45 US$, DZ 109–139 US$; ❄@📶) Dieses supergemütliche, zentrale und gesellige Hostel beherbergt Betten im ältesten Backsteingebäude der Stadt. Alles ist zwar klein, aber es fühlt sich wie Zuhause an. Hier wartet eine Sauna, und ein neues Badehaus war beim letzten Besuch im Bau. Es gibt außerdem eine Küche und einen Film-/Video-Raum. Wer mag, kann zu Fuß oder mit dem Fahrrad zu einer Biertour durch die Stadt aufbrechen, die sich direkt vor der Tür befindet.

★ **McMenamins Old St Francis School** HOTEL $$
(☎541-382-5174; www.mcmenamins.com; 700 NW Bond St; Zi. ab 189 US$; 🚭❄📶) Einer der besten McMenamins-Ableger ist dieses alte Schulhaus, das zu einem Hotel umgebaut wurde. Zwei Zimmer haben sogar nebeneinanderstehende Badewannen mit Klauenfüßen. Allein das fabelhafte geflieste Salzwasser-Dampfbad ist einen Besuch wert; Nicht-Gäste können es für 5 US$ nutzen. Ein Gastropub, drei Bars, ein Kino und viel Kunst vervollständigen das Bild.

★ **Oxford Hotel** BOUTIQUEHOTEL $$$
(☎541-382-8436; www.oxfordhotelbend.com; 10 NW Minnesota Ave; Zi. ab 319 US$; 🚭❄📶🐾) 🌿 Bends bestes Boutiquehotel ist zu Recht beliebt. Noch die kleinsten Zimmer sind sehr groß (44 m²) und mit umweltfreundlichen Details wie Sojaschaummatratzen und Korkböden ausgestattet. High-Tech-Fans kommen dank iPod-Anschluss und Schreibtischen mit Smart Panel auf ihre Kosten. Die Suiten verfügen über Küchen und Dampfduschen; im Untergeschoss ist ein edles Restaurant.

Das moderne Design und die schicke, kühle, gedämpfte Farbpalette würden in jede Großstadt passen – hier in dem eher kleinen Bend sind sie ein echtes Highlight.

Essen

The Bite FOOD CART $
(☎541-610-6457; www.thebitetumalo.com; 19860 7th St, Tumalo; Hauptgerichte 8–16 US$; ⌚11–21 Uhr) In großartiger Lage in Tumalo (zwischen Bend und Sisters) gibt's Bier vom Fass in der Bite-Bar, danach holt man sich an einem der Food Carts etwas zu essen und setzt sich draußen an einen Picknicktisch oder

drinnen an die Bar. Viele Leute fahren hier raus, nur um das köstliche, nachhaltige Sushi (mit wild gefangenem Fisch) am Food Cart Ronin Sushi zu kaufen.

★ **El Sancho** MEXIKANISCH $
(☎ 458-206-5973; www.elsanchobend.com; 335 NE Dekalb Ave; Tacos 2,75–3,25 US$; ⌚ 11–22 Uhr) Das fantastische, preiswerte mexikanische Essen wird in einer coolen, atriumartigen Location serviert, die im Sommer geöffnet und im Winter beheizt wird. Jeder Taco – von Chipotle-Hühnchen bis zu Oaxacan-Käse und grünem Chili – ist besser als sonst irgendwo. Als Beilage gibt's gebratene Kochbananen, Tamale, Hühnchen-Tortilla-Suppe und umwerfende Margaritas und Pisco Sours.

★ **Chow** AMERIKANISCH $
(☎ 541-728-0256; www.chowbend.com; 1110 NW Newport Ave; Hauptgerichte 10–17 US$; ⌚ 7–14 Uhr) Die Gerichte mit pochierten Eiern, für die das Chow bekannt ist, sind spektakulär und bestehen aus Schichten köstlicher Dinge, z. B. Polentakuchen, gerösteten Gemüsesorten, mexikanischen Käsesorten und mit Maismehl panierten Tomaten. Keinesfalls sollte man die hausgemachten scharfen Saucen verpassen. Mittags gibt's Gourmet-Sandwiches mit Krabbenbuletten oder Corned Beef. Viele Zutaten stammen aus dem eigenen Garten. Hier gibt es außerdem gute Cocktails.

★ **Sunriver Brewing Co** GASTROPUB $$
(☎ 541-408-9377; www.sunriverbrewingcompany.com; 1005 NW Galveston Ave; Hauptgerichte 12–15 US$; ⌚ So–Do 11–2, Fr & Sa bis 23 Uhr) In einer Stadt mit vielen, vielen Brauereien hebt sich das Sunriver ab, nicht nur wegen seiner köstlichen, preisgekrönten Biere (empfehlenswert ist das Vorzeigebier „Vicious Mosquito IPA"), sondern auch wegen seines großartigen Essens – von Bratwürstchen mit gebratenem Rosenkohl zu cremigen Mac 'n' Cheese mit Rotlachs. Die Kneipenfassade kann geöffnet werden, um an schönen Tagen die Sonne hineinzulassen.

★ **Bos Taurus** STEAK $$$
(☎ 541-241-2735; www.bostaurussteak.com; 163 NW Minnesota Ave; Hauptgerichte 20–79 US$; ⌚ 17–22 Uhr) Wie ein Museum des besten Rindfleischs ist das Bos Taurus ein Muss für Fleischliebhaber. Die Köche hier wählen das Rindfleisch in blinden Geschmackstests von den umliegenden Ranches aus und auch alles andere wurde mit viel Liebe zum Detail perfektioniert. Es gibt immer ein Fischgericht sowie Coq au Vin für alle, die kein Rindfleisch mögen. Der Service ist unfehlbar. Im Voraus reservieren.

Zydeco AMERIKANISCH $$$
(☎ 541-312-2899; www.zydecokitchen.com; 919 NW Bond St; Hauptgerichte abends 17–38 US$; ⌚ Mo–Fr 11.30–14.30 & 17–21, Sa & So 17–21 Uhr) Das Zydeco gehört aus gutem Grund zu den am meisten gepriesenen Restaurants vor Ort. Zum Auftakt wählt man die in Entenschmalz frittierten Pommes oder den Rübchensalat mit Ziegenkäse, als Hauptgang bieten sich z. B. scharf angebratener Ahi-Thunfisch, Jambalaya mit Krebsen oder gebratene Ente mit Pilzsauce an. Vorab reservieren!

ℹ Praktische Informationen

Visit Bend (☎ 541-382-8048; www.visitbend.com; 750 NW Lava Rd; ⌚ Mo–Fr 9–17, Sa & So 10–16 Uhr) Hier erhält man hervorragende Infos und kann Landkarten, Bücher und Freizeitpässe kaufen.

ℹ Anreise & Unterwegs vor Ort

Central Oregon Breeze (☎ 541-389-7469; www.cobreeze.com; 3405 N Hwy 97, Circle K) fährt täglich mindestens zweimal nach Portland (einfache Fahrt 52 US$, im Voraus buchen).

Busse von **High Desert Point** (☎ 541-382-4193; www.oregon-point.com/highdesert-point; Hawthorne Station) verbinden Bend mit Chemult, 65 Meilen (105 km) südlich, wo sich der nächste Bahnhof befindet. Weitere Busse fahren nach Eugene, Ontario und Burns.

Cascades East Transit (☎ 541-385-8680; www.cascadeseasttransit.com) ist das regionale Busunternehmen in Bend und deckt neben dem Stadtbusverkehr auch La Pine, Mt. Bachelor, Sisters, Prineville und Madras ab.

Newberry National Volcanic Monument

Was in 400 000 Jahren durch dramatische seismische Aktivitäten so alles passiert ist, zeigt das **Newberry National Volcanic Monument** (☎ 541-593-2421; www.fs.usda.gov/recarea/deschutes/recarea/?recid=66159; Hwy 97; Tagesgebühr 5 US$; ⌚ Mai–Sept.). Der Besuch beginnt im **Lava Lands Visitor Center** (☎ 541-593-2421; www.fs.usda.gov; 58201 S Hwy 97; ⌚ Ende Mai–Okt. 9–17 Uhr), 13 Meilen (21 km) südlich von Bend. Zu den nahe gelegenen Attraktionen gehören die **Lava Butte**, ein perfekter 152 m hoher Kegel, und die

Lava River Cave, die längste Lavaröhre Oregons. 4 Meilen (6 km) westlich des Besucherzentrums liegen die **Benham Falls**, ein guter Picknickplatz am Deschutes River.

Der **Newberry Crater** war einst der aktivste Vulkan Nordamerikas, nach einer gewaltigen Eruption wurde er zur Caldera. Ganz in der Nähe liegen der **Paulina Lake** und der **East Lake**, tiefe Seen voller Forellen. Über ihnen ragt der 2434 m hohe **Paulina Peak** auf.

Crater Lake National Park

Der Crater Lake ist – ungelogen – so blau, dass einem der Atem stockt. Und wenn man an einem ruhigen Tag hierher kommt, spiegeln sich die umliegenden Klippen in dem tiefen Wasser – ein atemberaubend schönes Naturschauspiel. Der **Crater Lake** (☎541-594-3000; www.nps.gov/crla; 7-Tage Fahrzeugpass Winter/Sommer 15/25 US$) ist Oregons einziger Nationalpark.

Die klassische Tour ist die 33 Meilen (53 km) lange Strecke am Kraterrand entlang (geöffnet ca. Juni bis Mitte Okt.), aber es gibt auch tolle Wander- und Langlaufrouten. In der Gegend fällt oft der meiste Schnee in ganz Nordamerika, weshalb die Uferstraße sowie der Nordeingang mitunter bis Anfang Juli geschlossen sind.

Schlafen kann man in den **Hütten im Mazama Village** (☎888-774-2728; www.craterlakelodges.com; DZ 160 US$; ⏲Ende Mai–Sept.; ⊜) oder in der majestätischen **Crater Lake Lodge** (☎888-774-2728; www.craterlakelodges.com; Zi. ab 197 US$; ⏲Ende Mai–Mitte Okt.; ⊜📶) von 1915. Camper versuchen es am besten auf dem **Mazama Campground** (☎888-774-2728; www.craterlakelodges.com; Mazama Village; Zelt-/Wohnmobilstellplätze 22/32 US$; ⏲Juni–Mitte Okt.; 📶🐾). Weitere Infos gibt es beim **Steel Visitor Center** (☎541-594-3000; www.nps.gov/crla/planyourvisit/visitorcenters.htm; Parkverwaltung; ⏲Mai–Okt. 9–17 Uhr, Nov.–April 10–16 Uhr).

Oregon Coast

Dieser atemberaubende Küstenstreifen liegt am Hwy 101, einem malerischen Highway, der durch Dörfer, Resorts und staatliche Parks (davon gibt es über 70) und endlose Wildnis führt. Ob Camper oder Feinschmecker – diese außergewöhnliche Region hat für jeden etwas zu bieten. Die Gegend ist besonders im Sommer beliebt, Unterkünfte also rechtzeitig reservieren!

Astoria

Das nach John Jacob Astor, Amerikas erstem Millionär, benannte Astoria liegt an der 8 km breiten Mündung des Columbia River und war die erste dauerhafte US-amerikanische Siedlung westlich des Mississippi. Das Städtchen blickt auf eine lange Seefahrtsgeschichte zurück; an dem alten Hafen, wo einst arme Künstler und Schriftsteller wohnten, siedeln sich in den letzten Jahren schicke Hotels und Restaurants an. Landeinwärts finden sich viele historische Häuser, darunter liebevoll restaurierte viktorianische Gebäude – einige von ihnen wurden in romantische B&Bs umgewandelt. Die fehlende Strandatmosphäre hier sorgt für ein besonderes Ambiente an der Küste.

Sehenswertes

Zum Stadtbild gehört auch die 6,6 km lange **Astoria-Megler Bridge**, die längste durchgehende Fachwerk-Stahlbrücke Nordamerikas, die den Columbia River bis nach Washington überspannt. Sie ist vom **Astoria Riverwalk** aus zu sehen, der der Straßenbahnstrecke folgt. **Pier 39** ist ein interessanter überdachter Steg mit einem lockerem Konservenmuseum und netten Esslokalen.

Columbia River Maritime Museum MUSEUM
(☎503-325-2323; www.crmm.org; 1792 Marine Dr; Erw./Kind 14/5 US$; ⏲9.30–17 Uhr; 🚻) Astorias Schifffahrtsvergangenheit wird in diesem wellenförmigen Museum interessant aufgearbeitet. Blickfang ist das ausgemusterte Boot der Küstenwache, das man durch ein großes Außenfenster auf einer künstlichen Welle sieht. Weitere Exponate widmen sich der Lachsverpackungsindustrie und den chinesischen Einwanderern, die den Großteil ihrer Arbeiter stellten, der Geschichte des Handels auf dem Fluss und der Bedeutung der Seelotsen.

Man erhält einen deutlichen Einblick in die tückischen Bedingungen, die dem Gebiet den berechtigten Namen „Friedhof des Pazifiks“ eintrugen.

Fort Stevens State Park PARK
(☎Durchwahl 21 503-861-3170; www.oregonstateparks.org; 100 Peter Iredale Rd, Hammond; Eintritt 5 US$/Tag) Zehn Meilen (16 km) westlich von Astoria schützt dieser Park die historische Militäranlage, von der einst die Mündung des Columbia River überwacht wurde. In der Nähe des **Military Museum** (☎503-861-2000; http://visitftstevens.com; Tagesnut-

zungsgebühr 5 US$; ⏲ Mai–Sept. 10–18 Uhr, Okt.–April bis 16 Uhr) sind Kanonenreihen in die Sanddünen gegraben – interessante Überbleibsel der am stärksten zerstörten Militärgebäude des Forts (Führungen per Truck oder zu Fuß möglich).

Beim kleinen Wrack der *Peter Iredale*, die 1906 aufgelaufen ist, befinden sich ein beliebter Strand, ein Campingplatz und 19 km befestigte Radwege. Vom Parkplatz C hat man einen guten Blick auf das Meer.

Schlafen & Essen

Fort Stevens State Park CAMPING $
(☎503-861-1671; https://oregonstateparks.org; 100 Peter Iredale Rd, Hammond; Stellplatz Zelt/Wohnmobil 22/32 US$, Yurte/Hütte 46/90 US$) Rund 560 Stellplätze (meist für Wohnmobile) bietet dieser beliebte Campingplatz 10 Meilen (16 km) westlich von Astoria. Er ist hervorragend für Familien geeignet; im Sommer sollte man reservieren. Die Zufahrt geht vom Pacific Dr ab.

Commodore Hotel BOUTIQUEHOTEL $$
(☎503-325-4747; www.commodoreastoria.com; 258 14th St; DZ mit/ohne Bad ab 164/89 US$;) Hippe Traveller strömen in dieses aufgestylte Hotel mit attraktiven, aber kleinen, minimalistischen Zimmern. Zur Wahl stehen Zimmer mit Bad oder mit Waschbecken im Raum und Gemeinschaftsbad im Korridor; die „Deluxe"-Zimmer haben die bessere Aussicht. Es gibt ein Foyer im Wohnzimmer-Look mit Café, von 17 bis 19 Uhr kostenlose Proben örtlicher Craft-Biere, eine eindrucksvolle Videothek und Leih-Plattenspieler.

LEWIS & CLARK: DAS ENDE DER REISE

Im November 1805 wankten William Clark und sein Forscherkollege Meriwether Lewis vom Corps of Discovery mit drei Dutzend Männern in eine geschützte Bucht am Columbia River, gut 3 km westlich der heutigen Astoria-Megler Bridge, und beendeten den unbestreitbar längsten Überlandmarsch der amerikanischen Geschichte.

Nach der ersten echten demokratischen Abstimmung in der amerikanischen Geschichte, bei der sowohl eine Frau als auch ein schwarzer Sklave wählen durften, entschied die Gruppe sich dafür, ihr Feldlager 8 km südlich von Astoria beim Fort Clatsop aufzuschlagen. Wo die Truppe 1805/06 einen schrecklichen Winter verbrachte, ist heute der **Lewis and Clark National & Historical Park** (☎503-861-2471; www.nps.gov/lewi; 92343 Fort Clatsop Rd; Erw./Kind 5 US$/frei; Mitte Juni–Aug. 9–18 Uhr, Sept.–Mitte Juni bis 17 Uhr) mit einem Nachbau des Fort Clatsop und einem Besucherzentrum. Im Sommer werden außerdem die historischen Ereignisse nachgestellt.

Bowpicker MEERESFRÜCHTE $
(☎503-791-2942; www.bowpicker.com; Ecke 17th St & Duane St; Gerichte 8–12 US$; ⏲ Mi–So 11–18 Uhr) Auf fast jeder Liste hervorragender Meeresfrüchtelokale steht dieses liebenswerte Restaurant in einem umgebauten Fischerboot aus dem Jahr 1932. Hier gibt's Weißen Thun im Bierteig und Steaks mit Fritten – mehr nicht. Einige behaupten, es sind die besten Fish'n Chips in den gesamten USA.

Fort George Brewery KNEIPENGERICHTE $
(☎503-325-7468; www.fortgeorgebrewery.com; 1483 Duane St; Hauptgerichte 7–17 US$, Pizzas 14–26 US$; ⏲ 11–23, So ab 12 Uhr) Dies ist eine der besten und verlässlichsten Kleinbrauereien im Bundesstaat. Das stimmungsvolle Brauerei-Restaurant residiert in einem historischen Gebäude auf dem Gelände, das die Keimzelle der Siedlung Astoria war. Neben ausgezeichnetem Bier gibt's Gourmet-Burger, hausgemachte Würstchen, Salate und im Obergeschoß Holzofenpizzas. Im Lovell Taproom kann man die Produktionskette bestaunen.

Astoria Coffeehouse & Bistro AMERIKANISCH $$
(☎503-325-1787; www.astoriacoffeehouse.com; 243 11th St; Frühstück & Hauptgerichte mittags 6–18 US$, Hauptgerichte abends 15–32 US$; ⏲ Mo–Do 7–21, So bis 22, Fr & Sa bis 23 Uhr) Das kleine beliebte Café mit angeschlossenem Bistro bietet eine bunte Auswahl an Gerichten, z. B. Rotes Kokosnusscurry mit Hühnchen, Chilli-Relleno-Burger, Fisch-Tacos und Mac 'n' Cheese, das man selbst zusammenstellen kann. Alle Speisen werden vor Ort zubereitet, sogar das Ketchup. Man kann draußen auf dem Bürgersteig sitzen, und die Cocktails sind ausgezeichnet. Fürs Abendessen und für den Sonntagsbrunch wird man auf einen Tisch warten müssen. Täglich gibt's ausgezeichnetes und wechselndes Frühstück (5 US$) sowie Tagesgerichte.

An- & Weiterreise

Northwest Point (☎503-484-4100; http://oregon-point.com/northwest-point) Betreibt täglich Busse nach Seaside, Cannon Beach und Portland. Die Fahrpläne stehen auf der Website.

Pacific Transit (☎360-642-9418; www.pacifictransit.org) Die Busse fahren über die Grenze nach Washington.

Cannon Beach

Das bezaubernde Cannon Beach ist einer der beliebtesten Strandorte an der Küste von Oregon. Mehrere hervorragende Hotels sind auf ein gehobenes Klientel ausgerichtet; gleiches gilt für die vielen Boutiquen und Kunstgalerien vor Ort. Im Sommer sind die Straßen mit Blumen geschmückt. Die Unterkünfte sind teuer und die Straßen verstopft – an einem warmen, sonnigen Samstag muss man lange suchen, bis man einen Parkplatz findet.

Sehenswertes & Aktivitäten

Das spektakulärste Wahrzeichen an der Küste von Oregon ist der 90 m hohe **Haystack Rock**. Zu dem steinernen „Heuhaufen" am südlichen Ende von Cannon Beach kann man bei Ebbe zu Fuß hinüberlaufen. An den Klippen des Basaltfelsens nisten Seevögel, an der Basis ist er von einem Ring aus Gezeitentümpeln umgeben.

Im Naturschutzgebiet des **Ecola State Park** (☎503-436-2844; https://.oregonstateparks.org; Tageskarte 5 US$) im Norden von Cannon Beach präsentiert sich Oregon, wie es traumhafter nicht sein könnte: riesige Felsbrocken im Meer, schäumende Wellen, einsame Strände und ursprüngliche Wälder. Der Naturpark ist 1,5 Meilen (2,4 km) von Cannon Beach entfernt und von unzähligen Wanderwegen durchzogen, darunter auch ein Abschnitt des **Oregon Coast Trail**, der über Tillamook Head nach Seaside führt.

Vor Cannoch Beach selbst kann man nicht surfen, dafür aber sehr gut in der Umgebung. Zu den besten Surfstränden gehören der **Indian Beach** im Ecola State Park 3 Meilen (4,8 km) weiter nördlich und der Küstenabschnitt im **Oswald West State Park** 10 Meilen (16 km) weiter südlich.

Im Ort befindet sich der freundliche **Cleanline Surf Shop** (☎503-738-2061; www.cleanlinesurf.com; 171 Sunset Blvd; Surfbrett/Neoprenanzug ab 20/15 US$; ⊙So–Fr 10–18, Sa 9–18 Uhr), der Surfbretter und Neoprenanzüge verleiht.

Schlafen

Cannon Beach ist ziemlich exklusiv; günstigere Unterkünfte gibt's 7 Meilen (11,3 km) nördlich in Seaside.

★ **Ocean Lodge** HOTEL $$$
(☎503-436-2241, 888-777-4047; www.theoceanlodge.com; 2864 S Pacific St; DZ 219–369 US$;) Das prächtige Hotel hat einige der luxuriösesten Zimmer in Cannon Beach; die meisten haben Meerblick und alle einen Kamin und eine Einbauküche. Für die Gäste gibt's ein kostenloses kontinentales Frühstück, eine DVD-Sammlung mit 800 Titeln und schöne Sitzbereiche. Die Lodge liegt am Strand am südlichen Ende des Orts.

Essen & Ausgehen

Hier findet man alles, von Kaffee-Läden bis hin zu einem Café, das gleichzeitig als edles Restaurant fungiert. Wer nur einfach eine Tasse warme, buttrige Muschelsuppe bei schöner Aussicht genießen möchte, geht zu **Mo's** (☎503-436-1111; www.moschowder.com; 195 W Warren Way; Muschelsuppe 4,25–10 US$; ⊙11–21 Uhr;).

★ **Irish Table** IRISCH $$$
(☎503-436-0708; www.theirishtable.com; 1235 S Hemlock St; Hauptgerichte 26–30 US$; ⊙Fr–Di 17.30–21 Uhr) Das ausgezeichnete Restaurant versteckt sich hinten im Sleepy Monk Coffee und serviert einen Mix aus irischen Speisen und Gerichten des Nordwestens, für die lokale saisonale Zutaten verwendet werden. Die Karte ist kurz und schlicht, aber das Essen ist schmackhaft. Zu empfehlen sind der vegetarische Shepherd's Pie, die Lammkoteletts und das gebratene Piemonter Schultersteak. Wenn Muschelcurry auf der Karte steht, sollte man zuschlagen.

Sleepy Monk Coffee KAFFEE
(☎503-436-2796; www.sleepymonkcoffee.com; 1235 S Hemlock St; Getränke & Snacks 2–7 US$; ⊙Mo, Di & Do 8–15, Fr–So bis 16 Uhr) Wer Bio-Fair-Trade-Kaffee möchte, sollte in dieses kleine Café an der Hauptstraße gehen. Gäste können in dem Adirondack-Stuhl im winzigen Hof sitzen, die köstlichen Kaffees kosten, die auf dem Anwesen geröstet werden, und sich eines der leckeren Gebäckstücke schmecken lassen.

Praktische Informationen

Chamber of Commerce (☎503-436-2623; www.cannonbeach.org; 207 N Spruce St; ⊙10–17 Uhr) Gute Infos, darunter Gezeitenpläne.

Anreise & Unterwegs or Ort

Northwest Point (☎541-484-4100; www.oregon-point.com/northwest-point) Busse fahren jeden Morgen von Astoria nach Portland und auch wieder zurück (einfache Fahrt 18 US$, 3 Std.), mit Halt in Cannon Beach (2 Std.). Fahrkarten gibt's online oder im Beach Store neben dem Cannon Beach Surf.

Sunset Empire Transit (☎503-861-7433; www.ridethebus.org; 900 Marine Dr; einfache Fahrt 3 US$) Busse fahren nach Seaside (1 US$, 13 Min.) oder Astoria (1 US$, 30 Min.) sowie zu anderen Küstenorten. Der Cannon-Beach-Bus fährt entlang der Hemlock St zum Ende des Tolovana Beach; die Fahrpläne ändern sich je nach Tag und Saison.

Tillamook County Transportation (The Wave; ☎503-815-8283; www.tillamookbus.com) Busse starten mehrmals täglich Richtung Süden nach Manzanita (3 US$, 30 Min.) und Lincoln City (9 US$, 2 Std.).

Newport

Zusammen mit Astoria ist Newport die Heimat von Oregons größter kommerzieller Fischereiflotte. Es ist eine lebhafte Touristenstadt mit einigen schönen Stränden und einem Aquarium von Weltklasse. Seit 2011 hat hier die Pazifikflotte der NOAA, der National Oceanic and Atmospheric Administration (Nationale Ozean- und Atmosphärenverwaltung), ihren Sitz. Gute Restaurants sowie ein paar kitschige Attraktionen, Souvenirshops und brüllende Seelöwen gibt es im historischen Buchtbereich. Das unkonventionelle Nye Beach wartet mit Kunstgalerien und einer freundlichen Dorfatmosphäre auf. Die Gegend wurde in den 1860er-Jahren von Fischern entdeckt, die am oberen Ende der Yaquina Bay Austern gefunden hatten.

Sehenswertes

Das großartige **Oregon Coast Aquarium** (☎541-867-3474; www.aquarium.org; 2820 SE Ferry Slip Rd; Erw./3–12 Jahre/13–17 Jahre 25/15/20 US$; ⏲Juni–Aug. 10–18 Uhr, Sept.–Mai bis 17 Uhr; 👪) ist eine Attraktion, die man auf keinen Fall verpassen sollte. Es umfasst u.a. Seeotterbecken, surreale Quallenaquarien und Plexiglastunnel durch ein Haifischbecken. Das nahe gelegene **Hatfield Marine Science Center** (☎541-867-0100; www.hmsc.oregonstate.edu; 2030 SE Marine Science Dr; ⏲Juni–Aug. 10–17 Uhr, Sept.–Mai Do–Mo 10–16 Uhr; 👪) GRATIS ist viel kleiner, aber dennoch einen Besuch wert.

Tolle Gezeitentümpel und Aussichten bietet die **Yaquina Head Outstanding Natural Area** (☎541-574-3100; www.blm.gov/learn/interpretive-centers/yaquina; 750 NW Lighthouse Dr; 7 US$/Fahrzeug; ⏲8 Uhr–Sonnenuntergang, Bildungszentrum 10–18 Uhr) GRATIS, zu der auch der höchste Leuchtturm der Küste und ein interessantes Bildungszentrum gehören.

Schlafen & Essen

Camper kommen im großen beliebten **South Beach State Park** (☎541-867-4715; https://oregonstateparks.org; Stellplatz Zelt/Wohnmobil 21/31 US$, Jurte 47 US$; 🐾), 2 Meilen (3,2 km) südlich am Hwy 101, unter. Bücherratten übernachten im **Sylvia Beach Hotel** (☎541-265-5428; www.sylviabeachhotel.com; 267 NW Cliff St; DZ 150–260 US$; 🚭) und Nautik- und Romantikfans in der **Newport Belle** (☎541-867-6290; http://newportbelle.com; 2126 SE Marine Science Dr, South Beach Marina, H Dock; DZ 165–175 US$; ⏲Feb.–Okt.; 🚭📶), einem Schiff.

Po'boys mit Krebsfleisch, in der Pfanne gebratene Austern und andere schmackhafte Meeresfrüchte bietet **Local Ocean Seafoods** (☎541-574-7959; www.localocean.net; 213 SE Bay Blvd; Hauptgerichte 17–35 US$; ⏲11–21 Uhr, im Winter bis 20 Uhr). Besonders schön ist es an warmen Tagen, wenn die Glaswände zum Hafenbereich geöffnet werden.

Praktische Informationen

Visitor Center (☎541-265-8801; www.newportchamber.org; 555 SW Coast Hwy; ⏲Mo–Fr 8.30–17 Uhr)

Yachats & Umgebung

Zu den bestgehüteten Geheimnissen an der Küste Oregons gehört das hübsche und freundliche Yachats („Ja-*hots*"). Der Ort unten am gewaltigen Cape Perpetua liegt in einer rauen, windigen Landschaft. Wer hierher kommt, möchte einmal allem entfliehen, was an diesem weitgehend unerschlossenen Küstenabschnitt auch ganz leicht ist.

Am Ort vorbei führt der 804 Coast Trail, ein schöner Spazierweg mit Zugang zu Gezeitenbecken und schönen Ausblicken aufs Meer. Der Weg hat im Süden Anschluss an den Amanda Trail, der zur Cape Perpetua Scenic Area führt.

Sehenswertes

★ **Cape Perpetua Scenic Area** PARK
(www.fs.usda.gov; Hwy 101; Tagesgebühr 5 US$)
Der 3 Meilen (4,8 km) südlich von Yachats

gelegene Überrest eines Vulkans wurde 1778 von Captain James Cook gesichtet, der dem Kap auch seinen Namen gab. Das Gebiet ist für spektakuläre Felsformationen und eine raue Brandung bekannt und von zahlreichen Wegen durchzogen, die zu antiken Muschelhaufen, Gezeitenbecken und alten Wäldern führen. Die Aussicht vom Kap ist unglaublich – man erblickt die Vorgebirge von Cape Foulweather bis zum Cape Arago.

Um einen spektakulären Blick auf den Ozean zu werfen, fährt man auf der Overlook Rd bis zur **Cape Perpetua** Day-Use Area.

Tiefe Risse in dem alten Vulkan ermöglichten es den Wellen, durch Erosion schmale Kanäle in das Kap zu graben und faszinierende Monumente wie **Devil's Churn**, rund ½ Meile (800 m) nördlich des Besucherzentrums, hervorzubringen – hier brechen sich die Wellen tosend in einem 9 m langen Meeresarm. Der asphaltierte **Captain Cook Trail** (hin & zurück 1,9 km) ist eine leichte Wanderung zu Gezeitenbecken nahe **Cooks Chasm**, wo bei Flut das Wasser ähnlich wie bei einem Geysir aus einer Meereshöhle emporspritzt. (Bei Cooks Chasm gibt's auch Parkplätze am Hwy 101).

Der **Giant Spruce Trail** (hin & zurück 3,2 km) führt den Cape Creek hinauf zu einer 500 Jahre alten Sitka-Fichte mit einem Durchmesser von 4,5 m. Auf dem **Cook's Ridge–Gwynn Creek Loop Trail** (hin & zurück 10,5 km) gelangt man in tiefe alte Wälder am Gwynn Creek; man folgt dem Oregon Coast Trail nach Süden und wendet auf dem Gwynn Creek Trail, der über Cook's Ridge zum Ausgangspunkt zurückführt.

Das **Besucherzentrum** (☎ 541-547-3289; www.fs.usda.gov/siuslaw; 2400 Hwy 101; 5 US$/Fahrzeug; ⏲ Juni–Aug. 9.30–16.30 Uhr, Sept.–Mai 10–16 Uhr) hat Infos zu den Menschen und der Natur sowie Exponate zum früheren indigenen Volk der Alsea.

Heceta Head Lighthouse LEUCHTTURM
(☎ 541-547-3416; www.hecetalighthouse.com; 5 US$/Tag; ⏲ 11–15 Uhr, Winter bis 14 Uhr) Der 1894 erbaute, halsbrecherisch über dem brodelnden Ozean thronende Leuchtturm 13 Meilen (20,9 km) südlich von Yachats am Hwy 101 ist höchst fotogen und immer noch in Betrieb. Führungen werden angeboten; die Besichtigungszeiten wechseln, vor allem im Winter, deswegen sollte man vorher anrufen. Der schönen Aussicht wegen sollte man im Heceta Head State Park einen Stopp einlegen.

Sea Lion Caves HÖHLE
(☎ 541-547-3111; www.sealioncaves.com; 91560 Hwy 101, Florence; Erw./Kind 14/8 US$; ⏲ 9–17 Uhr; 👪) In einer riesigen Meereshöhle 15 Meilen (24 km) südlich von Yachats hausen Hunderte Stellersche Seelöwen. Ein Aufzug fährt 63 m hinunter zu einem Informationszentrum. Von einem abgeschlossenen Beobachtungsbereich aus kann man den Seelöwen dabei zusehen, wie sie um den besten Platz auf den Felsen kämpfen (und man kann die Seelöwen auch riechen). Von Ende September bis November befinden sich keine Seelöwen in der Höhlen.

Kinder lieben diese Attraktion besonders. Hier gibt es außerdem jede Menge interessante Küstenvögel, nach denen man Ausschau halten kann.

Schlafen & Essen

Ya'Tel Motel MOTEL $
(☎ 541-547-3225; www.yatelmotel.com; Ecke Hwy 101 & 6th St; DZ 69–119 US$; P @ 📶 🐾) Das Motel hat Persönlichkeit und acht große, saubere Zimmer, die teilweise über Kochnischen verfügen. Es gibt auch ein großes Zimmer für sechs Personen (119 US$). Vorn steht ein (auswechselbares) Schild, auf dem Dinge stehen wie: „Immer sauber, meist freundlich".

Green Salmon Coffee House CAFÉ $
(☎ 541-547-3077; www.thegreensalmon.com; 220 Hwy 101; Kaffeegetränke 2–7 US$; ⏲ 7.30–14.30 Uhr; 🌶) 🌿 „Bio" und „Fair-Trade" sind die Schlagworte in diesem eklektischen Café, in dem die Einheimischen bei leckeren Frühstücksgerichten (Gebäck, Bagels mit Räucherlachs, hausgemachtem Haferbrei) zusammensitzen. Die einfallsreiche Liste der warmen Getränke reicht vom üblichem Filterkaffee über Lavendel-Rosmarin-Kakao zu CBD-Tee. Es gibt auch Gerichte für Veganer und einen Büchertausch.

Oregon Dunes National Recreation Area

Die Oregon Dunes erstrecken sich über 80 km zwischen Florence und Coos Bay und sind damit das größte Areal mit Küstendünen in den USA. Die Dünen sind bis zu 150 m hoch und ragen knapp 5 km ins Landesinnere, wo sie auf Küstenwälder mit sonderbaren Ökosystemen und einer artenreichen Tierwelt, insbesondere Vögel, treffen. Das Gebiet inspirierte den Schriftsteller Frank Herbert zu seinem epischen Sci-Fi-

Romanzyklus *Dune*. In der Gegend gibt's Wander- und Reitwege sowie Gelegenheiten zum Bootfahren und Schwimmen. Den Abschnitt südlich von Reedsport sollte man meiden, da hier viele lärmige Strandbuggys das Erlebnis trüben. Touristeninfos gibt's im **Oregon Dunes National Recreation Area Visitor Center** (☎541-271-6000; www.fs.usda.gov/siuslaw; 855 Hwy 101; ⊙Juni–Aug. Mo–Sa 8–16.30 Uhr, Sept.–Mai Mo–Fr) in Reedsport.

Zu den State Parks, in denen man campen kann, gehören der beliebte **Jessie M Honeyman** (☎800-452-5687, 541-997-3641; https://oregonstateparks.org; 84505 Hwy 101 S; Stellplatz Zelt/Wohnmobil 21/31 US$, Jurte 46 US$; 🐾), 3 Meilen (4,8 km) südlich von Florence, und der hübsche, bewaldete **Umpqua Lighthouse** (☎541-271-4118; https://oregonstateparks.org; 460 Lighthouse Rd; Stellplatz Zelt/Wohnmobil 19/29 US$, Jurte/Delux-Jurte 43/92 US$; 🐾), 4 Meilen (6,4 km) südlich von Reedsport. Es gibt aber noch viele weitere Camping-Gelegenheiten in der Gegend.

Port Orford

Der malerische Weiler Port Orford liegt an einem eher seltenen natürlichen Hafen auf einer Landzunge zwischen zwei prächtigen State Parks und bietet viele spektakuläre Ausblicke. Der **Cape Blanco State Park** (☎541-332-2973; https://oregonstateparks.org; Cape Blanco Rd) GRATIS, 9 Meilen (14,5 km) nördlich des Ortes, ist der zweitwestlichste Punkt der kontinentalen USA; die Landspitze wird oft von starken Winden mit Geschwindigkeiten von bis zu 160 km/h heimgesucht. Besucher können hier wandern und das **Cape Blanco Lighthouse** (☎541-332-2207; https://oregonstateparks.org; 91814 Cape Blanco Rd; Eintritt gegen Spende; ⊙April–Okt. Mi–Mo 10–15.15 Uhr) besichtigen. Der im Jahr 1870 erbaute Leuchtturm ist der älteste und höchste noch aktive Leuchtturm in Oregon.

Im **Humbug Mountain State Park** (☎541-332-6774; https://oregonstateparkes.org; Hwy 101), 6 Meilen (9,7 km) südlich von Port Orford, treffen Berge und Meer in feuchter Disharmonie (samt starker Brandung) aufeinander. Den 533 m hohen Gipfel kann man über einen 4,8 km langen Wanderweg durch alte Zedernwälder erklimmen.

Eine günstige Unterkunft bietet das **Castaway-by-the-Sea Motel** (☎541-332-4502; www.castawaybythesea.com; 545 W 5th St; DZ 110–140 US$, Suite 140–185 US$; 🚭@📶🐾), luxuriösere Hütten das **Wildspring Guest Habitat** (☎866-333-9453; www.wildspring.com; 92978 Cemetery Loop Rd; DZ 298–328 US$; 🚭@📶). Wer in dem Fischerdorf gut essen will, lässt sich im schicken **Redfish** (☎541-366-2200; www.redfishportorford.com; Hawthorne Gallery, 517 Jefferson St; Hauptgerichte 10–32 US$; ⊙Mo–Fr 11–21, Sa & So 10–21 Uhr) 🌿 die frischesten Meeresfrüchte vor Ort schmecken.

Süd-Oregon

Mit seinem warmen, sonnigen und trockenen Klima, das dem im nahen Kalifornien entspricht, ist das südliche Oregon der „Bananengürtel" des Bundesstaats und ein lohnendes Ziel für einen Besuch. Eine Reihe ausgewiesener „wilder und malerischer" Flüsse ziehen sich durch die zerklüftete, abgelegene Landschaft, die bekannt ist für anspruchsvolles Wildwasserrafting, erstklassige Stellen zum Fliegenfischen und ausgezeichnete Wanderungen.

Ashland

Die hübsche Stadt ist dank des international renommierten Oregon Shakespeare Festival (OSF), das neun Monate im Jahr läuft und Hunderttausende Theatergänger aus aller Welt anlockt, das kulturelle Zentrum im südlichen Oregon. Das Festival ist Ashlands Hauptattraktion und sorgt im Sommer für Betrieb und für einen ständigen Geldsegen in den vielen schicken Hotels, gehobenen B&Bs und feinen Restaurants der Stadt.

Aber auch ohne das Festival ist Ashland immer noch ein angenehmer Ort, in dessen trendigen Downtown-Straßen sich gut betuchte Kauflustige und jugendliche Bohemiens tummeln. Im Spätherbst und Frühwinter – den wenigen festivalfreien Monaten – kommen die Besucher zum Skifahren auf den nahe gelegenen Mt. Ashland. In der Gegend gibt's außerdem mehrere gute Weingüter, die einen Besuch lohnen.

Sehenswertes & Aktivitäten

Lithia Park PARK

(59 Winburn Way) Neben den drei prächtigen Theatern von Ashland liegt der wohl schönste Stadtpark Oregons, der sich auf 38 ha längs des Ashland Creeks oberhalb des Stadtzentrums erstreckt. Der Park hat sogar einen Platz im National Register of Historic Places erhalten. Er ist mit Springbrunnen, Blumen und Pavillons verziert; es gibt einen

Spielplatz, Waldwege und im Winter eine Eislaufbahn.

Schneider Museum of Art MUSEUM
(☎541-552-6245; http://sma.sou.edu; 1250 Siskiyou Blvd; empfohlene Spende 5 US$; ⏰Mo–Sa 10–16 Uhr) Freunde zeitgenössischer Kunst sollten dem Museum der Southern Oregon University einen Besuch abstatten, das ungefähr jeden Monat neue Ausstellungen zeigt. Die Universität veranstaltet auch Theatervorstellungen, Opernaufführungen und klassische Konzerte.

Momentum River Expeditions RAFTEN
(☎541-488-2525; www.momentumriverexpeditions.com; 3195 East Main St 2; 1-tägige Raftingtouren 185 US$; ⏰April–Sept.) Dieser Veranstalter bietet ein- bis dreitägige Raftingtouren auf dem Upper Klamath River. Im Gegensatz zu vielen Flüssen in Oregon, die im Sommer nur wenig Wasser führen, wartet der Upper Klamath mit schnellfließenden Stromschnellen bis weit in den Sommer hinein auf. Der Veranstalter hat auch Multisport-Touren, die eine Raftingtour mit Mountainbiken, Laufen und Zelten im Hinterland verbinden, im Programm.

Schlafen

Zwischen Mai und Oktober sollte man unbedingt reservieren. Günstigere Zimmer findet man in Medford, 12 Meilen (19,3 km) nördlich von Ashland.

Ashland Hostel HOSTEL $
(☎541-482-9217; www.theashlandhostel.com; 150 N Main St; B 30 US$, Zi. 50–139 US$;) Das zentrale, recht vornehme Hostel (Straßenschuhe sind drinnen unerwünscht) residiert in einem denkmalgeschützten Bungalow. Die meisten Privatzimmer teilen sich die Bäder; einige können zu Schlafsälen zusammengeschlossen werden. Platz zum Entspannen bieten der gemütliche Wohnbereich im Untergeschoss und die schattige Veranda vorne. Haustiere, Alkohol und Nikotin sind auf dem Gelände verboten. Vorher anrufen – die Rezeption ist nicht immer besetzt. Alle Altersgruppen sind willkommen.

Palm BOUTIQUEHOTEL $$
(☎541-482-2636; www.palmcottages.com; 1065 Siskiyou Blvd; DZ 141–289 US$;) Das fabelhafte kleine Motel wurde zu einer Anlage mit 16 bezaubernden Gartenhauszimmern und Suiten (teilweise mit Einbauküchen) umgestaltet. Die grüne Oase an einer belebten Straße hat Rasenflächen und einen Salzwasserpool. In einem nahe gelegenen Haus stehen noch drei weitere große Suiten (ab 249 US$) zur Verfügung. Hier gibt's jede Menge umweltfreundliche Praktiken, z. B. kein Benzin, dafür aber Ladestationen für Elektrofahrzeuge.

Essen & Ausgehen

Morning Glory CAFÉ $
(☎541-488-8636; 1149 Siskiyou Blvd; Hauptgerichte 10–17 US$; ⏰8–13.15 Uhr) Dieses farbenfrohe, gemütliche Café ist eines der besten Frühstückslokale Ashlands. Zu den kreativen Gerichten gehören Alaska-Krabben-Omelette, vegetarisches Haschee mit gerösteten Chilis und Shrimpskuchen mit pochierten Eiern. Mittags gibt es leckere Salate und Sandwiches. Am besten sehr zeitig oder eher spät kommen, um lange Wartezeiten zu vermeiden!

Agave MEXIKANISCH $
(☎541-488-1770; www.agavetaco.net; 5 Granite St; Tacos 3,75–6 US$; ⏰Di–So 11.30–20 Uhr, im Sommer länger) Das beliebte Restaurant verwöhnt seine Gäste mit schmackhaften, einfallsreichen Tacos. Neben traditionellen Speisen wie *carnitas* und Grillhühnchen gibt's auch exotischere Gerichte, z. B. Entengeschnetzeltes oder sautierten Hummer. Außerdem kann man hier Ceviches, Salate und Tamales essen.

Caldera Brewery & Restaurant BRAUEREIKNEIPE $$
(☎541-482-4677; www.calderabrewing.com; 590 Clover Lane; Hauptgerichte 10–23 US$; ⏰11–22 Uhr;) Dieses helle, luftige Brauereirestaurant gleich abseits der I-5 bietet einen hübschen Sitzbereich im Freien mit schönen Ausblicken auf die umliegende Landschaft. Bis 22 Uhr geht's kinderfreundlich zu. Zu essen gibt's Pizza, einfallsreiche Pastagerichte, Burger und gute Salate. Das Ganze spült man mit einem der 40 Fassbiere hinunter. Eine zweite Filiale mit einer eher gemütlichen Kneipenatmosphäre befindet sich in der 31 Water St.

Greenleaf DINER $$
(☎541-482-2808; www.greenleafrestaurant.com; 49 N Main St; Hauptgerichte 10–16 US$; ⏰8–10 Uhr;) Der zwanglose Diner mit Sitzecken und Plätzen am Tresen verwendet nachhaltige Zutaten in innovativen Kombinationen. Es gibt viele vegetarische Optionen, und die Tafel mit den Tagesspezialitäten ist immer einen Blick wert, auch wenn

die reguläre Speisekarte so umfangreich ist, dass man sich bereits damit begnügt. Es gibt sogar eine Karte, auf der nur glutenfreie Speisen stehen.

Praktische Informationen

Ashland Chamber of Commerce (541-482-3486; www.ashlandchamber.com; 110 E Main St; Mo–Fr 9–17 Uhr)

Jacksonville

Dieser kleine, aber reizende ehemalige Goldgräberort ist die älteste Siedlung in Süd-Oregon und wurde als National Historic Landmark eingestuft. Die Hauptstraße ist gesäumt von gut erhaltenen Gebäuden aus den 1880er-Jahren, die heute Boutiquen und Galerien beherbergen. Musikfans sollten auf keinen Fall das **Britt Festival** (541-773-6077; www.brittfest.org; Ecke 1st St & Fir St; Tickets rund 42 US$; Juni–Sept.) verpassen, ein Musikevent von Weltklasse, bei dem Top-Künstler auftreten. Weitere Infos gibt's bei der **Chamber of Commerce** (541-899-8118; www.jacksonvilleoregon.org; 185 N Oregon St; Mai–Okt. tgl. 10–15 Uhr, Nov.–April Mo–Sa bis 14 Uhr).

In Jacksonville warten jede Menge schicke B&Bs; Budgetmotels finden sich eher 6 Meilen (9,6 km) weiter östlich in Medford. Das **Jacksonville Inn** (541-899-1900; www.jacksonvilleinn.com; 175 E California St; Zi. 159–325 US$;) ist die schönste Unterkunft. Sie befindet sich in einem kleinen Gebäude aus dem Jahr 1863 und königliche Zimmer mit Antiquitäten werden hier vermietet. Vor Ort gibt's obendrein ein gutes Restaurant.

Oregon Caves National Monument & Preserve

Die sehr beliebte Höhle (es gibt nur eine) liegt 19 Meilen (30,6 km) östlich von Cave Junction am Hwy 46. Im Rahmen der 90-minütigen Führung werden Gänge in einer Länge von knapp 5 km erkundet – es geht über 520 Steinstufen und durch tropfende Kammern am River Styx entlang. Warm anziehen, rutschfestes Schuhwerk tragen und darauf gefasst sein, nass zu werden!

In **Cave Junction**, 28 Meilen (45 km) südlich von Grants Pass an der US 199 (Redwood Hwy), gibt's die meisten Serviceeinrichtungen. Zu den besten Unterkünften in der Gegend gehört aber das **Out 'n' About Treesort** (541-592-2208; www.treehouses.com; 300 Page Creek Rd, Takilma; Baumhäuser 150–330 US$;) mit supercoolen Baumhäusern im 12 Meilen (19,3 km) südlich gelegenen Katilma. Eine schicke Unterkunft direkt bei der Höhle ist das beeindruckende **Oregon Caves Chateau** (541-592-3400; www.oregoncaveschateau.com; 20000 Caves Hwy; Zi. 117–212 US$; Mai–Okt.;) – am altmodischen Getränkespender sollte man sich unbedingt einen Milchshake holen.

Ost-Oregon

Östlich der Cascades ähnelt der Bundesstaat – geografisch wie kulturell – nur wenig den feuchteren Landstrichen im Westen Oregons. Die Gegend ist nur dünn besiedelt, die größte Stadt Pendleton hat gerade einmal 17 000 Einwohner. Stattdessen findet man hier wüstenähnliche Hochebenen vor, in allen Farben leuchtende Felsformationen, Natronseen und den tiefsten Canyon der USA.

John Day Fossil Beds National Monument

Inmitten des weichen Gesteins und des bröckligen Erdreichs des John Day Country befindet sich eine der tollsten Fossiliensammlungen der Welt; die Fossilien sind zwischen 6 und 50 Mio. Jahre alt. Das National Monument erstreckt sich auf 57 km² über drei verschiedene Zonen: die Sheep Rock Unit, die Painted Hills Unit und die Clarno Unit. Jede bietet Wanderwege und lehrreiche Ausstellungen.

Das ausgezeichnete **Thomas Condon Paleontology Center** (541-987-2333; www.nps.gov/joda; 32651 Hwy 19, Kimberly; März–Mai und Sept. & Okt. tgl. 10–17 Uhr, Nov.–Feb. Di–Sa 10–17 Uhr) GRATIS liegt 2 Meilen (3,2 km) nördlich der US 26 bei der **Sheep Rock Unit**. Ausgestellt sind u. a. ein Dreizehen-Pferd und versteinerte Mistkäfereier sowie viele andere Fossilien und geologisch-geschichtliche Exponate. Wer gern wandert, kann den kurzen Blue Basin Trail ablaufen.

Die **Painted Hills Unit** in der Nähe von Mitchell besteht aus flachen, bunt gestreiften Hügeln, die sich vor über 30 Mio. Jahren formten. Noch einmal 10 Mio. Jahre älter ist die **Clarno Unit** mit freigelegten Schlammläufen, die über einen Wald aus der Eozän-Ära geschwemmt wurden und markante weiße Klippen mit Steinspitzen und Türmchen geformt haben.

NICHT VERSÄUMEN

OREGON SHAKESPEARE FESTIVAL

Als junge Stadt kam Ashland in den Genuss kultureller Bildungsprogramme der Methodistenkirche, der sogenannten „Chautauqua-Serie". In den 1930er-Jahren war einer der dafür gebauten Veranstaltungsorte, die Chautauqua Hall, bis auf eine baufällige Hülle aus Holz verfallen. Angus Bowmer, ein Theaterprofessor am örtlichen College, erkannte die Ähnlichkeit der dachlosen Konstruktion mit Shakespeares Globe Theatre in London. Er überredete die Stadt, zwei Aufführungen von Shakespeare-Stücken und einen Boxkampf (das hätte Shakespeare gefallen) im Rahmen der Feiern zum 4. Juli 1935 zu finanzieren. Die Aufführungen wurden ein großer Erfolg und damit war das **OSF** (OSF; ☎541-482-4331; www.osfashland.org; Ecke Main & Pioneer Sts; Tickets 30–136 US$; ⏲Feb.–Okt. Di–So) geboren.

Obwohl der Fokus auf den Werken von Shakespeare sowie auf Elisabethanischen Stücken liegt, zeigt das OSF ebenso viele Neuinszenierungen und zeitgenössische Stücke. Elf Produktionen laufen in drei Theatern: dem **Elizabethan Theatre** (Juni– Okt.) im Freien, dem **Angus Bowmer Theatre** und dem intimen **Thomas Theatre**. Kinder unter 6 Jahre haben keinen Zutritt. Die Karten für die Aufführungen sind schnell ausverkauft, aber manchmal gibt's eine Stunde vor Vorstellungsbeginn noch (in der Regel günstigere) Last-Minute-Karten an der Theaterkasse.

Im **OSF Welcome Center** (☎541-482-2111; 76 N Main St; ⏲Di–So 11–17 Uhr) gibt's Infos zu anderen Events, z. B. akademischen Vorträgen, Lesungen von Theaterstücken, Konzerten und Gesprächen vor Vorstellungsbeginn. Angeboten werden auch Backstage-Führungen (Erw./Kind 20/14 US$), die man mindestens eine Woche im Voraus buchen sollte.

Rafting ist beliebt auf dem John Day River, dem längsten frei fließenden Fluss des Bundesstaates. **Oregon River Experiences** (☎800-827-1358; www.oregonriver.com; 4-/5-/9-tägige Touren pro Pers. 675/795/1365 US$; ⏲Mai–Juni) veranstaltet Touren von bis zu neun Tagen. Außerdem gibt's gute Möglichkeiten zum Angeln von Schwarzbarschen und Regenbogenforellen. Weitere Infos erhalten Besucher beim Oregon Department of Fish & Wildlife (www.dfw.state.or.us).

In den meisten Städten der Gegend gibt es mindestens ein Hotel, darunter das stimmungsvolle **Historic Oregon Hotel** (☎541-462-3027; www.theoregonhotel.net; 104 E Main St, Mitchell; DZ mit/ohne Bad ab 65/55 US$; 📶) in Mitchell. In John Day finden sich die meisten Einrichtungen des Bezirks und in der Region liegen auch mehrere Campingplätze (Stellplätze 5 US$), z. B. Lone Pine und Big Bend, beide am Hwy 402.

Wallowa Mountains Area

Die Wallowa Mountains gehören mit ihren gletscherbedeckten Gipfeln und den kristallklaren Seen zu den schönsten Naturgebieten in Oregon. Der einzige Nachteil sind die Unmengen Besucher, die im Sommer hierher kommen, vor allem in die hübsche Gegend um den Wallowa Lake.

Aber man kann den Menschenmassen auf einer langen Wanderung in die nahe gelegene **Eagle Cap Wilderness** entkommen – z. B. im Rahmen der 9,6 km langen Tour zum **Aneroid Lake** oder dem 12,8 km langen Marsch auf dem **Ice Lake Trail**.

Gleich nördlich der Berge im Wallowa Valley liegt **Enterprise**, ein gemütliches Provinznest mit einigen Motels, z. B. dem **Ponderosa** (☎541-426-3186; www.thepondero samotel.com; 102 E Greenwood St; Zi. ab 90 US$; ❄📶🐾). Wer Lust auf Bier und gutes Essen hat, darf auf keinen Fall die Mikrobrauerei der Stadt, **Terminal Gravity Brewing** (☎541-426-3000; www.terminalgravitybrewing.com; 803 SE School St; Hauptgerichte 9–17 US$; ⏲11–21, So & Mo bis 20 Uhr), verpassen. Nur 6 Meilen (9,6 km) weiter südlich liegt der schicke Nachbar von Enterprise, die vornehme Ortschaft **Joseph**. Die Hauptstraße ist gesäumt von teuren Galerien, künstlerisch angehauchten Boutiquen und einigen guten Esslokalen.

Hells Canyon

Der mächtige Snake River brauchte 13 Mio. Jahre, um seinen Lauf 2438 m tief in das Hochplateau des östlichen Oregon zu graben und damit die tiefste Schlucht Nordamerikas zu schaffen.

Für eine tolle Aussicht sollte man von Joseph 30 Meilen (48,3 km) nordostwärts nach Imnaha fahren, wo eine langsam zu befahrende, 24 Meilen (38,6 km) lange

Schotterpiste hinauf zum **Hat Point** führt. Von hier überblickt man die Wallowa Mountains, die Idaho Seven Devils, den Imnaha River und die Wildnis des Canyons. Die Straße ist von Ende Mai bis zum ersten Schneefall für den Verkehr freigegeben; für die Hin- und Rückfahrt sollte man jeweils zwei Stunden einplanen.

Wildwasser-Action und spektakuläre Landschaft gibt's am **Hells Canyon Dam**, 25 Meilen (40,2 km) nördlich der kleinen Gemeinde Oxbow. Einige Meilen hinter dem Damm endet die Straße am **Hells Canyon Visitors Center** (www.fs.usda.gov; Hells Canyon Rd, Hells Canyon Dam; ⌚ Mai–Okt. 8–16 Uhr), wo man gute Infos zu den Campingplätzen und Wanderwegen der Gegend erhält. Dahinter bewältigt der Snake River mit wilden Stromschnellen einen Höhenunterschied von fast 400 m. Der Fluss ist nur mit einem Jetboot oder Rafting-Floß befahrbar. **Hells Canyon Adventures** (☎ 800-422-3568; www.hellscanyonadventures.com; 4200 Hells Canyon Dam Rd; Jetboot-Touren Erw./Kind ab 100/70 US$; ⌚ Mai–Sept.) ist der Hauptveranstalter für Rafting-Ausflüge und Jetboot-Touren (Reservierung erforderlich).

In der Gegend finden sich viele Campingplätze und feste Unterkünfte. Gleich außerhalb von Imnaha liegt beispielsweise das wunderschöne **Imnaha River Inn** (☎ 541-577-6002; www.imnahariverinn.com; 73946 Rimrock Rd; EZ/DZ ohne Bad ab 75/135 US$), ein B&B mit Tiertrophäen wie zu Hemingways Zeiten. Mehr Einrichtungen befinden sich in den Ortschaften Enterprise, Joseph und Halfway.

Steens Mountain & Alvord Desert

Der höchste Gipfel im südöstlichen Oregon, der 2979 m hohe Steens Mountain, ist Teil eines massiven, knapp 50 km langen Bruchschollengebirges, das vor rund 15 Mio. Jahren entstand.

In Frenchglen beginnt Oregons höchstgelegene Straße, die **Steens Mountain Loop Rd**, eine 59 Meilen (95 km) lange Schotterpiste. Hier hat man den besten Blick auf den Gebirgszug und Zugang zu Campingplätzen und Wanderwegen. Entlang der Piste wachsen Salbeisträucher, Wacholder und Espenwälder, bis man ganz oben schließlich auf spärliche, steinige Tundra stößt. Der 25 Meilen (40,2 km) oberhalb von Frenchglen gelegene **Kiger Gorge Viewpoint** bietet einen überwältigenden Ausblick. Für die gesamte Strecke braucht man ohne anzuhalten rund drei Stunden. Wer die Attraktionen aber gebührend würdigen will, sollte deutlich mehr Zeit einplanen. Die Ostseite des Steens Mountain ist auch von der **Fields-Denio Rd** aus zu sehen, die durch die Alvord Desert zwischen den Hwys 205 und 78 führt. Unbedingt volltanken, viel Wasser mitnehmen und zu jeder Jahreszeit mit Wetterumschwüngen rechnen!

Frenchglen hat zwar nur zwölf Einwohner, aber trotzdem steht hier das historische **Frenchglen Hotel** (☎ 541-493-2825; www.frenchglenhotel.com; 39184 Hwy 205; DZ/3BZ ohne Bad 79/87 US$, Drovers' Inn DZ/4BZ 125/145 US$; ⌚ Mitte-März–Anfang Nov.; ⊖ ❄ ≋ 🐾) mit acht kleinen Zimmern, riesigen Mahlzeiten (fürs Abendessen reservieren) und einem kleinen Laden mit einer saisonal betriebenen Zapfsäule – das war es dann aber auch. Campingmöglichkeiten finden sich an der Steens Mountain Loop Rd, darunter auch der hübsche Campingplatz **Page Springs** (8 US$/Fahrzeug, ganzjährig geöffnet). Einige weitere Campingplätze liegen weiter längs der Rundstraße, sind aber nur im Sommer zugänglich. Auf allen diesen Campinglätzen gibt es Wasser. Das Campen im Hinterland ist in den Steens erlaubt und kostenlos.

Alaska

Inhalt ➡

Gut essen

- Snow City Café (S. 1195)
- Pel'Meni (S. 1203)
- Rustic Goat (S. 1196)
- Bar Harbor Restaurant (S. 1210)
- Ludvig's Bistro (S. 1201)

Schön übernachten

- Gustavus Inn (S. 1208)
- Copper Whale Inn (S. 1195)
- Ultima Thule Lodge (S. 1199)
- Inn at Creek Street (S. 1209)
- Mendenhall Lake Campground (S. 1203)

Auf nach Alaska!

Unverfälscht, rau, erbarmungslos und riesig: Alaska ist ein Land, das Urinstinkte weckt und das Jack London mit dem „Ruf der Wildnis" assoziierte. Anders als einst London und seine Gefährten aus der Goldrauschzeit können Besucher heute wesentlich einfacher und bequemer in diese Wildnis vordringen. Gerade die gute Erreichbarkeit seiner Naturschönheiten spricht für einen Besuch des 49. Bundesstaats. Nirgendwo sonst in Nordamerika besteht die realistische Chance, einen bisher unbestiegenen Berg zu erklimmen, dort zu wandern, wohin noch nie ein Mensch seinen Fuß hingesetzt hat, oder einen Nationalpark zu erkunden, der pro Jahr weniger Besucher hat als die Internationale Raumstation.

Mit spärlicher Netzabdeckung und wenigen Hipster-Cafés mit WLAN ist Alaska eine Region, in der man selbst gefragt ist. Ob man sich nun allein mit Rucksack und Abwehrspray gegen Bären auf den Weg macht oder sich einem „Sourdough" (landeskundiger Guide) anvertraut, man wird stets reich belohnt.

Reisezeit

Anchorage

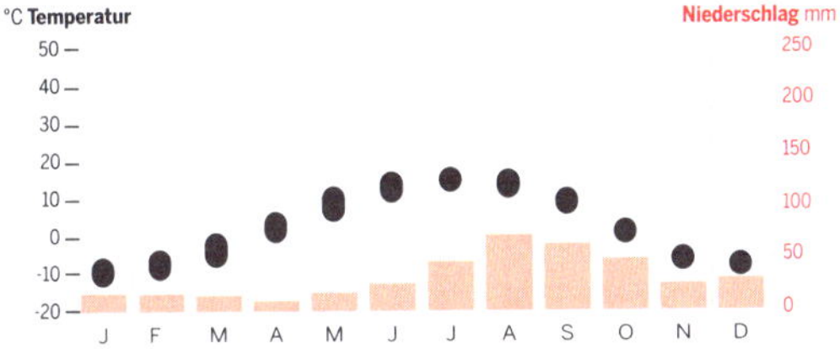

Juni & Juli Sommersonnenwende-Festivals und 20-Stunden-Tage; Höhepunkt der Lachswanderung.

Ende Sept. Geheimnisvolle Nordlichter erscheinen allmählich am nächtlichen Himmel.

Feb. Mit längeren Tagen und wärmeren Temperaturen ist Ende Februar die beste Zeit für den Wintersport.

Highlights

1 Denali National Park & Preserve (S. 1211) Die riesigen Eismassen des Mt. McKinley (Denali) bestaunen

2 Anchorage (S. 1194) Das erstklassige Anchorage Museum erkunden und dann das sommerliche Nachtleben genießen

3 Glacier Bay (S. 1207) Sehen (und hören!), wie Eisbrocken dramatisch von der Wand des Margerie Glacier fallen

4 Sitka (S. 1200) Fesselnde Einblicke in die Geschichte des russischen Alaska bekommen

5 Mendenhall Glacier (S. 1202) Entlang Alaskas beliebtestem Fluss aus Eis wandern

6 Chilkoot Trail (S. 1207) In der Nähe von Skagway den Spuren der Klondike-Goldsucher von 1898 folgen

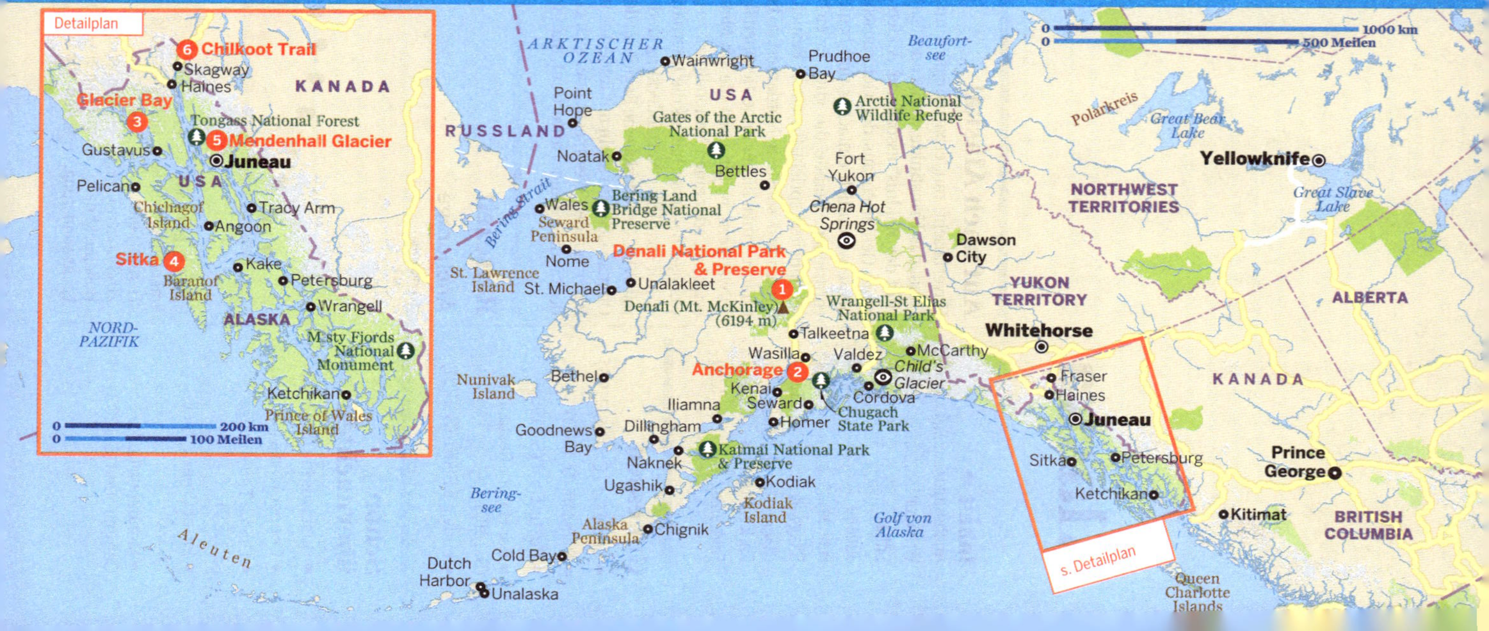

Geschichte

Vor 20 000 Jahren wanderten die Ureinwohner Alaskas – Athabasken, Aleuten und Inuit sowie die Küstenstämme der Tlingit und Haida – über die Landbrücke der Beringstraße ein. Im 18. Jh. kamen die Europäer in mehreren Wellen: zuerst britische und französische Forschungsreisende, dann russische Walfänger und Pelzhändler. Sie gaben den geografischen Gegebenheiten Namen, eigneten sich Otterpelze an und ließen die Eingeborenen verwirrt und verstört zurück.

Die Napoleonischen Kriege hatten den russischen Staatshaushalt ausbluten lassen, und so konnte 1867 der US-amerikanische Außenminister William H. Seward den Russen das Territorium für 7,2 Mio. US$ abkaufen – das sind weniger als 0,5 ¢ pro 10 Ar. Ein Aufschrei über „Seward's Folly" („Sewards Dummheit") ging durch die Vereinigten Staaten, aber bald zeigten sich die Reichtümer des Landes: zunächst Wale, dann Lachs, Gold und schließlich Öl. Nachdem die Japaner im Zweiten Weltkrieg die Aleuten bombardiert und besetzt hatten, baute das Militär den berühmten Alcan (Alaska-Canada) Hwy, der das Territorium mit dem Rest der USA verband. Der knapp 2500 km lange Alcan trug seinen Teil dazu bei, dass aus dem Nachkriegsalaska 1959 der 49. Bundesstaat der USA wurde.

Das Erdbeben am Karfreitag 1964 sorgte in Alaska für großes Chaos, das aber schnell vergessen war, als unter der Prudhoe Bay Erdöllager entdeckt wurden, was der Grund für den Bau einer 1270 km langen Pipeline nach Valdez war. Seither fällt es den meisten Bewohnern Alaskas schwer, über den Tellerrand zu schauen und an etwas anderes als an Öl-Dollar zu denken.

1989 lief die *Exxon Valdez*, ein 300 m langer Öltanker, ein paar Stunden vor dem Hafen von Valdez auf das Bligh Reef auf und es liefen fast 42 Mio. l Öl in den Prince William Sound. So wurden etwa 2522 km Küste verseucht, es kamen geschätzte 100 000 bis 250 000 Vögel und 2800 Seeotter ums Leben, und die Fischpopulationen wurden deutlich dezimiert. Die Fischerei und auch die Tierpopulationen haben sich langsam von dem Unglück erholt, aber trotzdem ist an vielen Stränden noch immer Öl unter dem Sand zu finden.

Im Jahr 2006 überraschte Sarah Palin, die vormalige Bürgermeisterin von Wasilla, die politische Welt, als sie den amtierenden Gouverneur schlug und damit Alaskas erste Frau in diesem Amt und zugleich mit 42 Jahren jüngste Amtsinhaberin wurde. Zwei Jahre später nominierte der republikanische Präsidentschaftskandidat John McCain sie zu seiner Vizepräsidentschaftskandidatin, um mit ihr gemeinsam gegen das Duo Obama/Biden anzutreten. Weniger internationale Aufmerksamkeit erlangte der Republikaner Ted Stevens, der 2009 beim Ausscheiden aus dem Senat seinen Staat 41 Jahre vertreten hatte – die längste Amtszeit eines republikanischen Senators überhaupt.

Im Jahr 2015 legalisierte Alaska den Besitz von Marihuana für den Eigenkonsum und war damit der dritte Staat der USA, der grünes Licht für Cannabis gab. Andere politische Fragen wurden nicht mit einer solchen Entschiedenheit gelöst; die Bohrungen im Arctic National Wildlife Refuge sind nach wie vor ein ökologischer Brennpunkt, ebenso wie die mögliche Erschließung der Pebble Mine, die an die Bristol Bay, das größte Fanggebiet für Sockeye-Lachs in der Welt, angrenzen würde.

Geografie & Klima

Erzählt zu bekommen, dass der Denali der höchste Berg Nordamerikas ist, ist eine Sache – ihn im Denali National Park tatsächlich in den Himmel ragen zu sehen, eine andere. Der Berg ist so hoch, so massiv und so überwältigend, dass einige Besucher schon aus den Parkbussen herausgepurzelt sind. Und auch als Bundesstaat kann Alaska sich sehen lassen: Wie der Denali ist auch Alaska so riesig, wild und unbewohnt, dass man es erst glaubt, wenn man dort war.

An- & Weiterreise

Egal ob man aus den USA oder aus Übersee kommt, der Besuch Alaskas ist für jeden eine Reise in fremdes Land. Die Alaska-Marine-Highway-Fähre braucht von den Lower 48 („den Unteren 48") fast eine ganze Woche nach Whittier am Prince William Sound. Auf dem Landweg brauchen Autofahrer aus dem Mittleren Westen der USA zehn Tage bis nach Fairbanks.

Die schnellste und preiswerteste Art, um vom US-Festland nach Alaska zu kommen, ist mit dem Flugzeug. Von etlichen Städten bestehen Nonstop-Verbindungen. Es ist fast unmöglich, von Asien oder Europa direkt nach Alaska zu fliegen, da nur wenige internationale Fluggesellschaften Anchorage ansteuern. Eine Ausnahme bilden die saisonabhängigen Flüge der **Condor Airlines** (☎ 866-960-7915; www.condor.com) ab Frankfurt. Internationale Traveller kommen in der Regel über Seattle, Portland, Minneapolis oder Denver nach Alaska.

ANCHORAGE

Die Einheimischen sagen, dass Anchorage nur 30 Minuten von Alaska entfernt sei. Der Big Apple des Nordens ist mit keiner anderen Stadt zu vergleichen – sie liegt eingekeilt zwischen 1500 m hohen Gipfeln und einer Bucht voller Lachse und Wale.

Auf den ersten Blick mögen der Verkehr, die großen Einkaufsmeilen und die Zersiedelung auf manche Besucher abschreckend wirken. In den Einkaufszentren gibt es aber zahlreiche erstklassige Restaurants, die frische Meeresfrüchte und Produkte von regionalen Bauernhöfen verarbeiten. Und die beiden Straßen in und aus der Stadt führen direkt in einsame Gegenden mit einer atemberaubenden, majestätischen Wildnis, die weltweit ihresgleichen sucht. In dieser einmaligen Stadt spazieren Bären über Radwege, stillen Elche ihren Hunger in den öffentlichen Gärten, und Einheimische holen Lachse aus einem Bach unweit der Hotels und Geschäftshäuser.

Wer einmal in diese Stadt mit ihren vielen Parks, Museen und Restaurants eingetaucht ist, versteht, warum sich hier jeder zweite Bewohner Alaskas zu Hause fühlt.

Sehenswertes

★ Anchorage Museum — MUSEUM

(www.anchoragemuseum.org; 625 C St; Erw./Kind 18/9 US$; ⏲Di–Sa 10–18, So ab 12 Uhr; 👪) Diese Einrichtung von Weltklasse ist das kulturelle Juwel von Anchorage. Das schon zuvor größte Museum im Bundesstaat bekam durch den neuen Westflügel mit seiner vierstöckigen glitzernden Spiegelfassade 7432 m² weitere Ausstellungsfläche hinzu, darüber hinaus wird im Rasmuson-Flügel Kunst aus dem internationalen Norden gezeigt. Das absolute Highlight des Museums ist das **Smithsonian Arctic Studies Center**, in dem mehr als 600 Objekte der Ureinwohner Alaskas ausgestellt sind – u.a. Kunstwerke, Werkzeuge, Masken und Haushaltsgegenstände –, die zuvor in Washington, D.C., untergebracht waren.

★ Alaska Native Heritage Center — KULTURZENTRUM

(☎907-330-8000; www.alaskanative.net; 8800 Heritage Center Dr; Erw./Kind 25/17 US$; ⏲Mitte Mai–Mitte Sept. 9–17 Uhr) Wer nicht die Möglichkeit hat, in die Wildnis hinauszufahren, um die Kulturen der Ureinwohner Alaskas aus erster Hand kennenzulernen, sollte unbedingt diesem 10,5 ha großen Zentrum einen Besuch abstatten: Hier erfährt man, wie Menschen überlebten – und glücklich lebten –, ehe es Zentralheizungen gab. Das Alaska Native Heritage Center ist viel mehr als nur ein Museum, es ist ein Wissenspool der Sprachen, Kunst und Kulturen, die überleben, egal wie viele Sitcoms durch die Stratosphäre über Alaska flimmern. Es ist mit viel Liebe gemacht und von unschätzbarem Wert.

Alaska Zoo — ZOO

(www.alaskazoo.org; 4731 O'Malley Rd; Erw./Kind 15/7 US$; ⏲9–21 Uhr; 👪) In diesem Zoo kann man die einzigartige Tierwelt der Arktis bewundern. Er ist der einzige in Nordamerika, der sich auf Tiere des Nordens wie Schneeleoparden, Sibirische Tiger und Tibet-Yaks spezialisiert hat. Hier kann man viele in Alaska heimische Arten bestaunen, von Bärenmardern und Elchen über Karibus bis hin zu Dall-Schafen. Kinder werden bestimmt von den Bären entzückt sein. In diesem Zoo leben zwar alle in Alaska heimischen Arten, die Hauptattraktion sind aber ganz eindeutig die Eisbären.

Alaska Native Medical Center — GALERIE

(www.anmc.org; 4315 Diplomacy Dr; ⏲24 Std.) GRATIS In diesem Krankenhaus befindet sich eine fantastische Sammlung von Kunstwerken und Artefakten der Ureinwohner Alaskas. Man fährt mit dem Fahrstuhl ins oberste Stockwerk und läuft die Treppe hinunter vorbei an Puppen, Korbwaren und Werkzeugen aus ganz Alaska. Es ist eine kleine, aber sehr lohnenswerte Ausstellung.

Ship Creek Viewing Platform — AUSSICHTSPUNKT

GRATIS Von der Mitte bis zum Ende des Sommers laichen Königs-, Silber- und Buckellachse im Ship Creek, der historischen Stätte der Fischercamps der Tanainas. Von einem Aussichtspunkt aus kann man die zahlreichen großen Fische beobachten, wie sie sich ihrem Schicksal nähern. Bei Flut ist das Ufer gesäumt von Anglern, die auf einen guten Fang hoffen – bessere innerstädtische Fischgründe als hier gibt es wohl nirgendwo in den USA. Um zu der Aussichtsplattform zu gelangen, nimmt man die C St nach Norden, überquert die Ship Creek Bridge und biegt dann rechts in die Whitney Rd ein.

LGBTIQ+-REISENDE

Alaskas schwul-lesbische Gemeinschaft ist sehr viel weniger offen als die in anderen amerikanischen Großstädten, und die Bewohner Alaskas sind in dieser Hinsicht weit weniger tolerant. 1998 wurde in Alaska mit einem Verfassungszusatz die gleichgeschlechtliche Ehe verboten. Aber trotz allem ist nach dem Urteil Obergefell vs. Hodges (2015), mit dem die gleichgeschlechtliche Ehe in den USA legalisiert wurde, eine allmähliche Veränderung spürbar. In Meinungsumfragen zum Thema zeigt sich, dass die Akzeptanz unter der Bevölkerung Alaskas insgesamt zugenommen hat.

In Anchorage, Alaskas einziger wirklich großen Stadt, gibt es **Identity Inc** (☎907-929-4528; www.identityinc.org) mit einer Beratungsstelle für Schwule und Lesben, ein paar Schwulenclubs und -bars sowie Mitte Juni das einwöchige PrideFest (http://alaskapride.org). Die Southeast Alaska Gay & Lesbian Alliance (www.seagla.org) mit Hauptsitz in Juneau bietet Links und Reiselisten für LGBTIQ+-Reisende.

Die Menschen in Alaska haben zwar meist die Einstellung „leben und leben lassen", aber sie verhalten sich nicht immer so, wenn es um LGBTIQ+-Besucher geht. Im Zweifelsfall sollten sich gleichgeschlechtliche Paare daher am besten diskret verhalten.

Alaska Aviation Heritage Museum MUSEUM
(☎907-248-5325; www.alaskaairmuseum.org; 4721 Aircraft Dr; Erw./Kind 17/10 US$; ⌚10–18 Uhr) Das Museum am Südufer des Lake Hood, des weltweit verkehrsreichsten Landeplatzes für Wasserflugzeuge, ist eine Hommage an Alaskas schillernde Buschpiloten und ihre von abenteuerlichen Geschichten umrankten Flugzeuge. Zu sehen sind 25 Flugzeuge sowie historische Fotos und Erinnerungsstücke zu fliegerischen Leistungen, vom ersten Flug nach Fairbanks (1913) bis hin zur Frühgeschichte von Alaska Airlines.

Geführte Touren

★ **Alaska Railroad** EISENBAHN
(☎Kundenbetreuung 907-265-2494, Reservierungen 800-544-0552; www.akrr.com; 411 W 1st Ave) Angeboten werden etliche Tagestouren ab Anchorage, die mit einer Zugfahrt beginnen. Die neunstündige Spencer Glacier Float Tour (242 US$/Pers.) führt zum Spencer Lake; eine einfache Floßfahrt durch die Eisberge ist im Preis inbegriffen. Die Glacier Quest Cruise (223 US$) geht nach Whittier und beinhaltet eine vierstündige Bootsfahrt im Prince William Sound: Hier kann man den Blick auf kalbende Gletscher bei leckeren Krabbenküchlein genießen.

Ghost Tours of Anchorage GESCHICHTE
(☎907-274-4678; www.ghosttoursofanchorage.com; 15 US$/Pers.; ⌚Di–So 19.30 Uhr) Die hervorragenden, spleenigen, 90-minütigen Spaziergänge durch die Innenstadt finden im Sommer jeden Abend (bei jedem Wetter) statt. Wer teilnehmen möchte, kommt einfach vor das Snow City Café (4th Ave Ecke L St), wo der vielleicht berühmt-berüchtigtste Mord in der Geschichte von Anchorage verübt wurde.

Schlafen

Bent Prop Inn Midtown HOSTEL $
(☎907-222-5220; www.bentpropinn.com; 3104 Eide St; B 30–35 US$; 📶) Die winzigen Schlafsäle sind ein echtes Schnäppchen. In den umgebauten Einzimmerapartments mit Küche und Wohnzimmer können vier Personen übernachten – hier trifft Schlafsaal auf Suite. In den normalen, nicht nach Geschlechtern getrennten Schlafsälen stehen sechs Betten. Es gibt zwei Küchen, Münzwaschmaschinen und einen großen TV. Das Privatapartment kostet 149 US$.

★ **Copper Whale Inn** INN $$
(☎907-258-7999; www.copperwhale.com; Ecke W 5th Ave & L St; Zi. 200–240 US$, Suite 290 US$; @📶) Mit idealer Lage im Stadtzentrum und einem hellen, eleganten Interieur ist dieses Gästehaus eine der besten Mittelklasse-Unterkünfte in Anchorage. Die Suite besitzt eine voll eingerichtete Küche. In den beiden Innenhöfen mit künstlichen Wasserfällen kann man sich prima entspannen und endlich in Ruhe seinen Roman zu Ende lesen. Von vielen Zimmern und aus dem Frühstücksraum hat man einen Ausblick auf den Cook Inlet und erhascht mit etwas Glück einen Blick auf ein paar Belugawale.

Anchorage Grand Hotel LUXUSHOTEL $$
(☎907-929-8888; www.anchoragegrand.com; 505 W 2nd Ave; Zi. 199 US$; @📶) Das umgebaute Apartmenthaus in einer ruhigen Straße bietet seinen Gästen 31 geräumige Suiten mit

komplett eingerichteter Küche und separaten Wohn- und Schlafbereichen. Von vielen der Suiten hat man einen wunderschönen Blick auf den Ship Creek und das Cook Inlet. Aufgrund der komfortablen Lage mitten im Stadtzentrum kommt man schnell überall hin.

Hotel Captain Cook HOTEL **$$$**
(☎ 907-276-6000; www.captaincook.com; 939 W 5th Ave; Zi. 295/370 US$;) Die Grande Dame der Unterkünfte in Anchorage hat noch immer viel Aristokratisches zu bieten, so auch passend gekleidete Portiers. Im Angebot enthalten sind auch zahlreiche Annehmlichkeiten und Luxusgeschäfte: so beispielsweise diverse Whirlpools, ein Fitnessclub, ein Schönheitssalon, ein Juwelier und insgesamt vier Restaurants, darunter auch die berühmte Bar Crow's Nest im obersten Stockwerk des Hotels.

Essen

★ **Snow City Café** CAFÉ **$**
(☎ 907-272-2489; www.snowcitycafe.com; 1034 W 4th Ave; Frühstück 8–15 US$, Mittagessen 10–15 US$; Mo–Fr 6.30–15, Sa & So 6.30–16 Uhr;) Das viel besuchte Café wird von den Lesern der *Anchorage Press* immer wieder zum besten Frühstückslokal der Stadt gewählt. Es serviert seiner bunt gemischten Kundschaft – von tätowiert bis geschniegelt – gesunde Kost. Zum Frühstück sollte man auf die üblichen Eier mit Toast verzichten und stattdessen ein „Crabby"-Omelett oder Eggs Benedict mit geräuchertem Rotlachs bestellen.

Fromagio's Artisan Cheese SANDWICHES **$**
(www.fromagioscheese.com; 3555 Arctic Blvd; Sandwiches 11 US$; Di–Sa 11–18, So & Mo geschl.) Ein Käsehändler, der Gourmet-Sandwiches zubereitet. Hier sollte man mittags ein paar der exotischen Käsesorten probieren und sich anschließend ein Picknick zusammenstellen.

Rustic Goat BISTRO **$$**
(☎ 907-334-8100; www.rusticgoatak.com; 2800 Turnagain St; Pizzas 14–16 US$, Hauptgerichte 18–32 US$; Mo–Do 6–22, Fr 6–23, Sa 7–23, So 7–22 Uhr) Das süße, kleine Bistro befindet sich zwar im Vorortbezirk Turnagain, erweckt aber den Eindruck eines innerstädtischen Lofts. Durch die großen Fenster der beiden Stockwerke mit viel altem Holz hat man einen schönen Blick auf die Chugach Mountains. Auf der Speisekarte stehen u. a. Pizza aus dem Holzkohleofen, Steaks und Salate. Vormittags ist es einfach nur ein lockeres Café.

Ausgehen & Nachtleben

Williwaw BAR
(www.williwawsocial.com; 609 F St; Mo–Fr 11–open end, Sa ab 10 Uhr, So geschl.) Man fühlt sich fast wie in einer großen Stadt, wenn man einen sonnigen Abend in der Bar auf der Dachterrasse mitten in Anchorages Downtown verbringt. In der versteckt gelegenen Speakeasy-Kneipe (wer rein will, benötigt ein Passwort – auf das Münztelefon in der Lobby achten) werden fantastische Drinks serviert. An den Wochenenden gibt's im

ABSTECHER

DIE WILDE KODIAK ISLAND

Kodiak Island ist eine Insel des Überflusses. Man denke nur an die berühmte Unterart des Braunbären, die zweitgrößten Bären der Welt (nach den Eisbären): Ausgewachsene männliche Kodiakbären bringen in dem intakten Ökosystem der Insel bis zu 780 kg auf die Waage, schier unbegrenzt ist ihr Nahrungsangebot an fetten Lachsen, die in den hiesigen Seen und Flüssen laichen.

Die Insel gehört zum Kodiak-Archipel und ist nach Big Island (Hawaii) die zweitgrößte Insel der USA. Ökologisch gesehen bildet sie eine Brücke zwischen dem bewaldeten Panhandle Alaskas und den baumlosen Aleuten. Die samtgrünen Berge und geschützten eisfreien Buchten waren der Grund, warum die Russen hier ihre ersten Siedlungen in Alaska errichteten. Und noch heute ankern vor der Insel einige der wichtigsten Fischereiflotten der USA.

Die Hauptattraktion der Insel besteht – abgesehen von den Bären – darin, dass sie typisch Alaska ist. Nur ein kleiner Bereich im Nordosten von Kodiak ist bevölkert. Der Rest ist Wildnis ohne Straßen und steht unter der Verwaltung der Kodiak National Wildlife Refuge.

Die meisten Besucher kommen mit dem Flugzeug oder mit dem Boot über die Stadt Kodiak nach Kodiak Island.

1. OG Livemusik. Tagsüber mutiert die Bar zu einem Café, in dem man wunderbar einen Espresso trinken kann.

Bernie's Bungalow Lounge LOUNGE
(www.bernieslounge.com; 626 D St; ⌚Mo–Do 11–24, Fr bis 2.30, Sa 14–3.30 Uhr) Hübsche Leute, nette Drinks – wer in diese Lounge kommt, will sehen und gesehen werden. Der offene Innenhof mit wasserspeiender Schlange ist der schönste in Anchorage. An Sommerwochenenden legen DJs im VIP-Room oben bis spät in die Nacht auf.

☆ Unterhaltung

★ **Cyrano's Theatre Company** THEATER
(☎907-274-2599; www.cyranos.org; 3800 Debarr Rd) Das kleine, aber wohl beste Theater der Stadt liegt außerhalb des Zentrums und bringt alles auf die Bühne: von *Hamlet* bis hin zu *Archy and Mehitabel*, einem Jazzmusical mit Texten von Mel Brooks nach den Comics von Don Marquis, in denen eine Küchenschabe und eine Straßenkatze die Hauptfiguren sind. Dabei ist das Theater stets offen für neue Stücke. Vorstellungen finden meistens donnerstags bis sonntags statt.

Alaska Center for the Performing Arts THEATER
(☎Tickets 907-263-2787; www.myalaskacenter.com; 621 W 6th Ave) Traveller werden von dem 40 Minuten langen Film *Aurora: Alaska's Great Northern Lights* (Erw./Kind 15/7 US$), der im Sommer von 9 bis 21 Uhr immer zur vollen Stunde im Sydney Laurence Theatre gezeigt wird, beeindruckt sein. In diesem Zentrum sind auch die **Anchorage Opera** (☎907-279-2557; www.anchorageopera.org), das **Anchorage Symphony Orchestra** (☎907-274-8668; www.anchoragesymphony.org), die **Anchorage Concert Association** (☎907-272-1471; www.anchorageconcerts.org) und das **Alaska Dance Theatre** (☎907-277-9591; www.alaskadancetheatre.org) untergebracht.

Chilkoot Charlie's LIVEMUSIK
(☎907-272-1010; www.koots.com; 2435 Spenard Rd; ⌚Mo–Do 11.45–2.30, Fr & Sa 10.30–3, So bis 2.30 Uhr) Das „Koots", wie die Einheimischen den beliebtesten Club der Stadt nennen, ist ein echtes Wahrzeichen. In dem weitläufigen Holzgebäude gibt es zehn Bars, vier Tanzflächen und Sägemehl auf dem Fußboden. Es werden viele Live-Acts und jeden Abend mindestens einmal etwas Witziges geboten.

ℹ Praktische Informationen

Alaska Public Lands Information Center (☎907-644-3680; www.alaskacenters.gov; 605 W 4th Ave, Suite 105; ⌚9–17 Uhr) Das Info-Zentrum befindet sich im Federal Building (man muss sich ausweisen, wenn man rein will). Hier sind Faltblätter für Wanderer, Mountainbiker, Kajakfahrer, Fossiliensucher und auch für alle anderen Outdoor-Fans über praktisch jedes Naturareal im Bundesstaat erhältlich. Zudem gibt es ausgezeichnete Ausstellungen, kostenlose Filmvorführungen und lustige Dioramen. Außerdem bieten Ranger um 11 und 15.15 Uhr geführte Spaziergänge an.

Anchorage Convention & Visitors Bureau (☎907-276-4118; www.anchorage.net) Hilfreiche Website. Vor dem Trip anrufen und bitten, dass einem ein Führer zugewiesen wird.

Log Cabin & Downtown Information Center (☎907-257-2363; www.anchorage.net; 524 W 4th Ave; ⌚8–19 Uhr) Broschüren, Landkarten, Busfahrpläne, Stadtführer in mehreren Sprachen und eine Rasenfläche auf dem Dach.

Visitors Center (☎Inlandsterminal 907-266-2437, Internationaler Terminal 907-266-2657; Anchorage International Airport; ⌚9–16 Uhr) Schalter des Visitors Center befinden sich in beiden Flughafen-Terminals in der Nähe der Gepäckausgabebänder.

ℹ An- und Weiterreise

AUTO

Wenn möglich, sollte man vermeiden, sich ein Auto direkt am Flughafen von Anchorage zu mieten, denn dort fallen 11,11 % Flughafenmietsteuer an. Autovermieter in Anchorage sind im Allgemeinen billiger. Sie können ihre Kunden zwar nicht am Flughafen abholen, aber wenn man das Fahrzeug während der Bürozeiten zurückgibt, bieten einige Autovermieter die Rückfahrt zum Flughafen an.

Auch sollte man nicht vergessen, dass die Automiete im Mai oder September in der Regel 30 % niedriger ist als im Juni, Juli und August.

BUS

Anchorage ist ein Verkehrsknotenpunkt für Passagier- und Frachtverkehr. Täglich werden verschiedene Städte angefahren. Wer mit dem Bus fahren will, sollte immer vorher anrufen, denn Alaskas Busunternehmen sind so unzuverlässig wie ein Vulkan auf der Alaska Peninsula.

Alaska Park Connection (☎800-266-8625; www.alaskacoach.com) Fährt täglich von Anchorage gen Norden nach Talkeetna (65 US$, 2½ Std.) und zum Denali National Park (90 US$, 6 Std.) und gen Süden nach Seward (65 US$, 3 Std.).

Alaska/Yukon Trails (☎907-888-5659; www.alaskashuttle.com) Betreibt einen Bus den

George Parks Hwy hinauf nach Denali (75 US$, 6 Std.) und Fairbanks (99 US$, 9 Std.).

Homer Stage Lines (☎907-868-3914; http://stagelineinhomer.com) Fährt nach Homer (90 US$, 4½ Std.) mit Zwischenstopps in Städten an der Strecke.

Interior Alaska Bus Line (☎800-770-6652; www.interioralaskabusline.com) Verkehrt regelmäßig zwischen Anchorage und Glennallen (70 US$, 3 Std.), Tok (115 US$, 8 Std.) und Fairbanks (160 US$, 17 Std.) mit Zwischenstopps in Städten an der Strecke.

Seward Bus Line (☎907-563-0800; www.sewardbuslines.net) Pendelt zwischen Anchorage und Seward (50 US$, 3 Std.). Gegen einen Aufpreis von 5 US$ kann man einen Bringe- bzw. Abholdienst vom Flughafen vereinbaren.

FLUGZEUG

Ted Stevens Anchorage International Airport (ANC; www.dot.state.ak.us/anc; 📶; 🚌7) Die große Mehrheit der Alaska-Besucher und fast alle internationalen Flüge kommen hier auf Alaskas größtem Flughafen an.

ZUG

Alaska Railroad (☎800-544-0552; www.akrr.com) Der *Denali Star* fährt vom Betriebshof im Stadtzentrum täglich in Richtung Norden nach Talkeetna (Erw./Kind 106/53 US$), zum Denali National Park (174/87 US$) und nach Fairbanks (249/125 US$). Der *Coastal Classic* hält in Girdwood (84/42 US$) und Seward (110/55 US$) und mit dem *Glacial Discovery* hat man Anschluss nach Whittier (89/45 US$). Im Mai und September sind die Fahrpreise günstiger.

SÜDOST-ALASKA

Südost-Alaska ist so gar nicht typisch für *Alaska*. Während der Großteil des Bundesstaates aus baumlosen Flächen mit Permafrostboden besteht, ist der Panhandle ein schmaler, langer Regenwald, der sich über 870 km von Icy Bay in der Nähe von Yakutat gen Süden bis zum Portland Canal erstreckt. Er bietet eisblaue Gletscher, schroffe schneebedeckte Berge, hohe Sitka-Fichten und um die 1000 Inseln, die als Alexander Archipelago bekannt sind.

Vor dem Zweiten Weltkrieg war der Südosten Alaskas Herz und Seele und Juneau nicht nur die Hauptstadt, sondern auch die größte Stadt des Bundesstaates. Heute ist die Region gekennzeichnet durch große Bäume und kleine Städte. Jede Gemeinde hat ihre eigene Geschichte und ihren eigenen Charme: vom norwegisch beeinflussten Petersburg bis zum russisch angehauchten Sitka. In Skagway ist das Goldrauschfieber noch immer zu spüren, und in der Nähe von Juneau kann man ein Dutzend Gletscher bestaunen. Jede Stadt ist einzigartig, auch sind sie untereinander nicht durch Straßen verbunden. Mit einer der staatlichen Fähren oder auf einer Kreuzfahrt kommt man in all diese Orte mit ihren vielen unterschiedlichen Eigenheiten.

Wrangell

Wrangell ist Südost-Alaskas raue, ruppige Küstenstadt – eine kleine Boom-Bust-Fischergemeinde, die in ihrer Geschichte von den Tlingit und später von den Russen und Briten beherrscht wurde. Piekfein geht es hier nicht zu. Dem Ort fehlt es an Fischereireichtum wie in Petersburg oder auch an einer an Kreuzfahrtschiffen orientierten Wirtschaft wie in Ketchikan. Wrangell hegt und pflegt seinen Outback-Status, und die Bewohner ziehen den kalten Norden dem regnerischen Panhandle vor. Der Zusammenbruch der Holzwirtschaft in den 1990er-Jahren war für die Stadt ein schwerer Schlag, von dem sie sich erst vor Kurzem erholt hat.

In Wrangell legt kaum einer einen Zwischenstopp ein. Wenn doch, dann nur um Bären am Anan-Observatorium zu beobachten und das unglaubliche Stikine River Delta in der Nähe zu erkunden. Das Umland, ein Mix aus sumpfiger Tundra und bewaldeten Bergen, bietet gute Möglichkeiten zum Wandern, ein Umstand, der auch dem schottisch-US-amerikanischen Naturalisten John Muir nicht entgangen ist, der sich 1879 anlässlich des ersten seiner vier Alaska-Besuche von hier auf den Weg machte.

Sehenswertes & Aktivitäten

★ Wrangell Museum MUSEUM
(☎907-874-3770; www.wrangell.com/museum; 296 Campbell Dr; Erw./Kind/Fam. 5/2/12 US$; ⌚April–Sept. Mo–Sa 10–17 Uhr, Okt.–März Fr & Sa 13–17 Uhr) Das eindrucksvolle Museum würdigt die bunte Geschichte und die Charaktere, die Wrangell prägten. Beim Rundgang durch die vielen Räume setzt automatisch ein Audio-Kommentar ein und erklärt jedes Kapitel der Ortsgeschichte, von der Kultur der Tlingit und der Goldrauschära bis hin zu der Zeit, als Hollywood mit *Die Sieben vom Holzfällercamp* den Ort entdeckte. Man kann sich eine Sammlung von Kunst aus Alaska anschauen, zu der auch ein Ge-

mälde von Sydney Laurence gehört, und sich wundern, dass die kleine Stadt zwei Mal von US-amerikanischen Präsidenten besucht wurde.

Im Winter ist das Museum genau genommen nur an zwei Tagen in der Woche geöffnet, allerdings kann man normalerweise an Wochentagen einen Besuch zwischen 9 und 17 Uhr telefonisch vereinbaren.

Petroglyph Beach ARCHÄOLOGISCHE STÄTTE
(Evergreen Ave;) GRATIS Wer glaubt, dass die Geschichte Alaskas mit dem Klondike-Goldrausch begann, liegt falsch. Für Historiker und Anthropologen ist dieser staatliche Park am Nordrand von Wrangell fast schon ein Muss, denn hier kann man primitive Felsbilder sehen, von denen man annimmt, dass sie mindestens 1000 Jahre alt sind. Außerdem gibt es eine Aussichtsplattform mit Ausstellungsstücken, Nachahmungen und den dazugehörigen Erklärungen und Anzeigetafeln. Rechts abbiegen und am Strand etwa 45 m nach Norden laufen. Kurz vor dem Erreichen des Fischkutterwracks kann man verblasste Bilder an großen Felsen entdecken. Viele dieser Bilder ähneln Spiralen und Gesichtern.

★ **Anan Creek Wildlife Observatory** TIERBEOBACHTUNG
(907-225-3101; www.fs.usda.gov/detail/r10/specialplaces; Genehmigung 10 US$; Juli & Aug. 8–18 Uhr) Knapp 50 km südöstlich von Wrangell auf dem Festland befindet sich der Anan Creek, der Ort mit der größten Buckellachswanderung in Südost-Alaska. Hier kann man beobachten, wie Adler, Seehunde, Schwarzbären und Braunbären die hier laichenden Buckellachse verputzen. Auch ist es einer der wenigen Orte in Alaska, an denen Schwarz- und Braunbären zusammenleben – oder zumindest miteinander auskommen. Von Anfang Juli bis August ist eine Genehmigung erforderlich.

Schlafen & Essen

Wrangell Hostel HOSTEL $
(907-874-3534; 220 Church St; B 20 US$; Juni–Sept.) Das einfache Hostel in der First Presbyterian Church hat nach Geschlechtern getrennte Schlafsäle mit Luftmatratzen, Duschen sowie eine große Küche und einen Speisesaal. Eine Sperrstunde gibt es nicht, bei Dauerregen darf man auch den ganzen Tag in der Unterkunft bleiben. Es gibt kein Schild. Wenn sich die Kirchentür nicht öffnen lässt, einfach anklopfen.

★ **Ultima Thule Lodge** LUXUSHOTEL $$$
(907-854-4500; www.ultimathulelodge.com; 4-Nächte-4-Tage-Pauschale 7950 US$/Pers.) Diese Luxusunterkunft befindet sich in einer einsamen Ecke im Wrangell-St Elias National Park am Chitina River. Die nächste Straße ist über 160 km weit entfernt. Eine dermaßen grandiose Luxuslodge erwartet man in einer derart unwirtlichen Gegend eigentlich nicht. Aber Ultima Thule ist weit davon entfernt, nur noch ein weiteres teures Resort zu sein, es ist vielmehr ebenso elegant, geschmackvoll, unprätentiös und wunderschön wie die Gegend drumherum.

★ **Stikine Inn Restaurant** AMERIKANISCH $$
(907-874-3388; www.stikineinn.com/dining; 107 Stikine Ave; Hauptgerichte mittags 14–18 US$,

ALASKA MIT KINDERN

Das Beste, das Alaska zu bieten hat, findet man nicht in muffigen Museen oder Vergnügungsparks mit aufregenden Fahrgeschäften. Es sind vielmehr die zahlreichen Outdoor-Abenteuer, die Natur und die Landschaft, die die ganze Familie – ob groß oder klein – faszinieren werden.

Pioneer Park (907-459-1087; Airport Way; Geschäfte & Museen Ende Mai–Anfang Sept. 12–20 Uhr, Park 5–24 Uhr; P) Zugfahrten, gebackener Lachs und echte Pionier-Geschichte unterhalten den Nachwuchs in Fairbanks.

Mendenhall Glacier (S. 1202) Beim Anblick dieser umwerfenden und leicht zu erreichenden Naturschönheit wird wohl jede Altersgruppe in Verzückung geraten.

Sitka Sound (907-752-0660; www.kayaksitka.com) Ruhiges Wasser, viele bewaldete Inseln und gute Tourveranstalter – die besten Voraussetzungen für die ganze Familie, um einen Ausflug im Seekajak zu unternehmen.

Petroglyph Beach In Wrangell kann man sich bei Ebbe auf die Suche nach uralten Felszeichnungen und Meereslebewesen machen.

abends 16–30 US$; ⌚11–20 Uhr) Es gehört nicht viel dazu, das beste Restaurant in Wrangell zu sein, aber das Stikine ist wirklich etwas Besonderes. Hier kommen Speisen wie Rotbarsch-Tacos und Po'boy-Sandwiches mit Hummer aus der Küche, alles schmeckt himmlisch und die Preise sind angemessen. Hier ist alles tiptop, vom Blick (auf Wasser und Fischerboote) bis hin zum Service (der so freundlich ist, wie es sich für eine kleine Stadt in Alaska gehört).

Praktische Informationen

USFS Office (☎907-874-2323; www.fs.usda.gov; 525 Bennet St; ⌚Mo–Fr 8–16.30 Uhr) Das 0,75 Meilen (1,2 km) nördlich der Stadt gelegene Büro bietet Infos über USFS-Hütten in der Region, Wanderwege und Campingplätze.

Wrangell Visitor Center (☎800-367-9745, 907-874-2829; www.wrangell.com; 293 Campbell Dr; ⌚Mo–Sa 10–17 Uhr) Die Touristeninformation in dem vornehmen Nolan Center hat den kostenlosen *Wrangell Guide* vorrätig und zeigt in einem kleinen Vorführraum einen zehnminütigen Film über die Gegend.

An- & Weiterreise

Alaska Airlines (S. 1212) fliegt täglich auf dem sogenannten „Milk Run" nach Norden und Süden, so auch nach Seattle, Ketchikan, Petersburg, Juneau und Anchorage. Es heißt, dass der Flug gen Norden nach Petersburg mit nur neun Minuten der kürzeste der Welt sei – bei gutem Wetter kommt man in den Genuss eines unschlagbaren Blicks.

Der **Flughafen** (☎907-874-3309, 907-874-3107; Airport Rd) ist nur etwas mehr als 1 Meile (1,6 km) vom Stadtzentrum entfernt und mit wenig Gepäck ein angenehmer Spaziergang.

Sitka

Es ist nicht immer einfach, Überbleibsel von Alaskas über 135 Jahre andauernder Liebelei mit dem Russischen Kaiserreich zu entdecken. Anders in Sitka: Dieses glitzernde Juwel einer Stadt am Pazifik im westlichen Teil der Baranof Island ist eine der ältesten nicht-indianischen Siedlungen in diesem Bundesstaat und die ehemalige Hauptstadt von Russisch-Alaska (die damals unter dem Namen New Archangel bekannt war).

Besucher mögen an Sitka vor allem die gelungene Mischung aus Geschichte und natürlicher Schönheit. Schaut man über den Sitka Sound, sieht man am Horizont den imposanten Mt. Edgecumbe, einen erloschenen Vulkan mit einem ähnlich anmutigen Kegel wie Japans Fuji. Davor befinden sich unzählig viele kleine, bewaldete Inseln, die bei Sonnenuntergang wunderschön zerklüftete Silhouetten abgeben und mit den schneebedeckten Bergen und den scharfen Granitgipfeln im Osten von Sitka um Aufmerksamkeit ringen. Und in der Stadt selbst verstecken sich hinter jeder Ecke malerische Reste aus Sitkas russischer Vergangenheit. Sitka ist ähnlich wie Skagway, nur mit weniger Touristen.

Sehenswertes & Aktivitäten

★ Sitka National Historical Park HISTORISCHE STÄTTE
(☎907-747-0110; www.nps.gov/sitk; Lincoln St; ⌚Wanderwege 6–22 Uhr, Touristeninformation Mai–Sept. 8–16.30 Uhr) GRATIS Dieses geheimnisvolle Nebeneinander von großen Bäumen und Totempfählen ist Alaskas kleinster Nationalpark und der Ort, an dem die Tlingit 1804 schließlich von den Russen besiegt wurden.

Der 1,6 km lange **Totem Trail** führt die Besucher an insgesamt 18 Totempfählen vorbei, die 1904 auf der Weltausstellung in St. Louis ausgestellt waren und dann in diesen Park versetzt wurden. Die faszinierenden Totempfähle, die in einem dichten Regenwald am Meer stehen und oft in Nebel gehüllt sind, sind längst zu einem Symbol für den Nationalpark und die Stadt geworden.

★ Russian Bishop's House HISTORISCHES GEBÄUDE
(☎907-747-0110; Lincoln St; ⌚Mai–Sept. 8–16.30 Uhr) GRATIS Das östlich vom Zentrum in der Lincoln St gelegene Russian Bishop's House ist das älteste vollständig erhaltene russische Gebäude in Sitka. Das 1843 von finnischen Schreinern aus Sitka-Fichtenholz errichtete einstöckige Blockhaus ist eines von nur vier erhaltenen Beispielen kolonialer russischer Architektur in Nordamerika. Der National Park Service (NPS) hat das Gebäude sorgfältig restaurieren und in den Zustand von 1853 zurückversetzen lassen, als es als Schule genutzt wurde und zugleich Wohnsitz des russischen Bischofs Innozenz (Innokenti Weniaminow) war.

Sitka Sound Science Center AQUARIUM
(☎907-747-8878; www.sitkascience.org; 834 Lincoln St; 5 US$; ⌚9–16 Uhr; 👪) Kinder werden das Aufzucht- und Wissenschaftszentrum lieben. Die Fassade wurde restauriert und hat jetzt wieder ihr ursprüngliches Aussehen. Im Inneren befinden sich fünf Aquari-

en, darunter die beeindruckende, 3000 l fassende „Wall of Water" sowie drei Becken, in denen Kinder Seeanemonen, Seegurken und Seesterne anfassen können.

Whale Park PARK

(Sawmill Creek Rd) Wer sich keine Kreuzfahrt durch die Natur leisten kann, sollte dem Whale Park 4 Meilen (6 km) südlich des Stadtzentrums einen Besuch abstatten. Hier kann man über eine Uferpromenade spazieren und durch gebührenfreie Spektive den Ozean nach Walen absuchen. Am besten ist aber, den Walgesängen aus dem „Hydrofon" zu lauschen. Der Herbst ist die beste Zeit, um Wale zu sehen, denn zwischen September und Ende Dezember versammeln sich hier bis zu 80 dieser gigantischen Zeitgenossen – vor allem Buckelwale.

Alaska Raptor Center NATURSCHUTZGEBIET

(907-747-8662; www.alaskaraptor.org; 1000 Raptor Way; Erw./Kind 13/6 US$; Mai–Sept. 8–16 Uhr; P) Das Zentrum ist weder ein Zoo, noch ist es eine Vogelshow für Kids. Es ist vielmehr ein Krankenhaus und Reha-Zentrum für verletzte Greifvögel, und zwar ein wirklich gutes. In dem fast 7 ha großen Zentrum werden pro Jahr 200 hilfsbedürftige Vögel behandelt; am eindrucksvollsten ist die 1858 m² große Flugtrainingseinrichtung, die verletzten Adlern, Eulen, Falken und Habichten hilft, ihre Flugfähigkeit zurückzugewinnen.

Schlafen

Sitka International Hostel HOSTEL $

(907-747-8661; www.sitkahostel.org; 109 Jeff Davis St; B/DZ 24/65 US$;) Sitkas tolles Hostel befindet sich im Stadtzentrum im historischen Tillie Paul Manor, das einst als Krankenhaus fungierte. Das attraktive Gebäude, in dem man Unmengen Infos bekommt und zahlreiche interessante Erinnerungsstücke bestaunen kann, hat einen Schlafsaal für Männer mit eigener Küche und mehrere Schlafsäle für Frauen sowie ein Familienzimmer, eine weitere kleine Küche und eine Sonnenterrasse mit einem grandiosen Blick auf die Berge.

Cascade Creek Inn INN $$

(907-747-6804; www.cascadecreekinnandcharters.com; 2035 Halibut Point Rd; Zi. 170–210 US$;) Dieses schöne Holzgasthaus, das direkt oberhalb der Küstenlinie steht, verfügt über zehn Zimmer mit Privatbalkon und Blick aufs Meer. Die vier Zimmer im obersten Stockwerk haben außerdem eine kleine Küche. O.k., die Unterkunft liegt 2,5 Meilen (4 km) nördlich der Stadt, aber die Terrasse mit Blick auf den Ozean ist es wert, dass man mit dem Bus ins Stadtzentrum fahren muss.

Aspen Suites Hotel HOTEL $$$

(907-747-3477; www.aspenhotelsak.com/sitka; 210 Lake St; Suite 289–300 US$; P@) Diese Kette hat in den letzten Jahren in mehrere Städte Alaskas – darunter auch in Juneau und Haines – Einzug gehalten. Das Hotel in Sitka bietet die Aspen-typischen Annehmlichkeiten: großzügige Business-Suiten mit Kochecken, Sofas und großen Bädern. Zudem gibt es ein hoteleigenes Fitnessstudio und überall herrscht klinische Sauberkeit (und Frische).

Essen & Ausgehen

★ Ludvig's Bistro MEDITERRAN $$$

(907-966-3663; www.ludvigsbistro.com; 256 Katlian St; Hauptgerichte 28–40 US$; 16.30–21 Uhr) Raffinesse in der Wildnis! Sitkas kühnstes Restaurant hat gerade einmal sieben Tische und ein paar Hocker an der blau gefliesten Messingtheke. Die nach eigener Beschreibung „rustikal-mediterrane Küche" setzt voll und ganz auf regionale Produkte, selbst beim Meersalz gibt es keine Ausnahme. Wenn die Seafood-Paella auf der Karte steht, sollte man unbedingt zugreifen. Das traditionelle spanische Reisgericht gibt's mit frischen Meeresfrüchten und allem, was den Fischern an diesem Tag ins Netz gegangen ist.

★ Baranof Island Brewing Co BRAUEREI

(907-747-2739; www.baranofislandbrewing.com; 1209 Sawmill Creek Rd; 14–20 Uhr;) Das Baranof befindet sich seit Juli 2017 in einer schönen neuen Schankstube. Die Brauerei ist eine hiesige Legende und beliefert jede Kneipe und jede Bar in der Stadt. Der Renner ist aber die Schankstube. Hier sollte man sich ein Brett mit vier bis sechs Kostproben bestellen und unbedingt darauf achten, dass Halibut Point Hefeweizen und Redoubt Red Ale dabei sind.

Praktische Informationen

Sitka Information Center (907-747-8604; www.sitka.org; 104 Lake St; Mo–Fr 9–16.30 Uhr) Das Büro mit ultra hilfsbereiten Mitarbeitern befindet sich im Stadtzentrum gegenüber vom Westmark Hotel. Wenn Kreuzfahrtschiffe in der Stadt sind, ist auch der Schalter in der

Harigan Centennial Hall (907-747-3225; 330 Harbor Dr; 9–17 Uhr) besetzt.

USFS Sitka Ranger District Office (907-747-6671, Infos vom Band 907-747-6685; 2108 Halibut Point Rd; Mo–Fr 8–16.30 Uhr) Infos über Wanderwege, Campingmöglichkeiten und USFS-Hütten. Das Büro befindet sich 2 Meilen (3,2 km) nördlich der Stadt. Zentraler ist das Visitor Center am Sitka National Historical Park (S. 1200).

An- & Weiterreise

Sitka Airport (SIT; 907-966-2960; Airport Rd) Auf der Japonski Island, 1,5 Meilen (2,4 km) bzw. 20 Minuten zu Fuß westlich vom Stadtzentrum. Die grüne Buslinie Ride Sitka fährt zur Insel und hält am Flughafen kurz an.

Alaska Airlines (S. 1212) Flüge von/nach Juneau (45 Min.) und Ketchikan (1 Std.).

Harris Aircraft Services (907-966-3050; www.harrisair.com; Airport Rd) Wasserflugzeuge fliegen zu kleinen Gemeinden und USFS-Hütten sowie in größere Städte im Südosten wie etwa Juneau.

Juneau

Juneau ist eine Hauptstadt, die von Kontrasten und Konflikten geprägt ist. Sie grenzt an eine Wasserstraße, die nie einfriert, liegt aber unterhalb eines Eisfelds, das niemals schmilzt. Sie war die erste Gemeinde im Südosten, die eine Kopfsteuer auf Passagiere der Kreuzfahrtschiffe erhob, zieht aber noch immer mehr als eine Million von ihnen pro Jahr an. Sie ist die Hauptstadt des Bundesstaates, aber seit den 1980er-Jahren versuchen die Bewohner Alaskas sie zu verlegen. Sie hat keine Straßen, die irgendwohin führen, aber die Hälfte der Bewohner und auch der Bürgermeister waren gegen den Plan, auch nur eine zu bauen, die irgendwohin ginge.

Herzlich willkommen in der seltsamsten Hauptstadt eines amerikanischen Bundesstaates. Im Winter brummt es wie in einem Bienenstock: Gesetzgeber, ergebene Berater und Lobbyisten, sie alle befinden sich in einem politischen Kampf. Im Sommer ist sie die Stadt für unzählige Outdoor-Abenteurer. Kaum zehn Minuten vom Stadtzentrum entfernt beginnen fantastische Wanderwege, in einer Entfernung von nur 12 Meilen (19 km) kalbt ein riesiger Gletscher in einen See, und im Hafen starten Boote und Wasserflugzeuge in Gegenden, in denen man Bären und Wale beobachten und an einer Zipline durch die Luft rasen kann.

Sehenswertes & Aktivitäten

★ Mendenhall Glacier GLETSCHER

In Juneau gewesen zu sein und den Mendenhall Glacier nicht gesehen zu haben, ist wie ein Besuch in Rom ohne Besichtigung des Kolosseums. Juneaus berühmtester Eisstrom und beliebteste Attraktion erstreckt sich von seinem Ursprung, dem Juneau Icefield, über eine Länge von 21 km, erreicht eine Breite von 800 m und endet im Mendenhall Lake mit seinen zahlreichen Eisbergen.

Alaska State Museum MUSEUM

(907-465-2901; www.museums.state.ak.us; 395 Whittier St; Erw./Kind 12 US$/frei; Mai–Aug. 9–17, Sept.–April 10–16 Uhr;) Das Museum wurde abgerissen und 2016 in einem neuen schicken 140 Mio. US$ teuren Komplex wieder eingerichtet. Das Ergebnis ist wahrhaft beeindruckend. Das gelegentlich auch SLAM (State Library, Archives and Museum) genannte Museum beherbergt zusammen mit dem Staatsarchiv unterschiedliche Artefakte sowie einen Andenkenladen, das Raven Cafe, ein Auditorium, einen Forschungsraum und eine historische Bücherei. Der wunderschön gestaltete Museumskatalog informiert ausführlich über die Geschichte und Geografie des Bundesstaates, angefangen bei den Kanus der Ureinwohner bis hin zur Ölindustrie.

Mt. Roberts Tramway SEILBAHN

(888-461-8726; www.mountrobertstramway.com; 490 S Franklin St; Erw./Kind 35/18 US$; Mo 11–21, Di–So ab 8 Uhr;) Für eine gerade einmal fünfminütige Seilbahnfahrt ist diese zwar verhältnismäßig teuer, aber ihre Lage ist schlicht traumhaft. Von der Anlegestelle der Kreuzfahrtschiffe bringt die Tramway Besucher direkt 533 m hinauf zur Baumgrenze auf dem Mt. Roberts. Dort warten ein Restaurant, Andenkenläden, eine kleine Greifvogelwarte und ein Vorführraum, in dem ein Film über die Kultur der Tlingit gezeigt wird.

★ Kawanti Adventures ABENTEUERSPORT

(907-225-8400; www.kawanti.com; Erw./Kind 169/119 US$) Diese vielleicht adrenalingeladensten Pisten in Alaska befinden sich im wunderschönen Skigebiet Eaglecrest auf Douglas Island. Bei diesem Abenteuer bleibt genügend Zeit, um zwischendurch in komplett abgeschlossenen Baumhäusern durchzuatmen, bevor zum Abschluss eine Runde Axtwerfen ansteht.

Feste & Events

★ Celebration KULTUR
(www.sealaskaheritage.org/institute/celebration; Juni) Immer im Juni der Jahre mit geraden Jahreszahlen versammeln sich die Tlingit, Haida und Tsimshian, die drei Hauptstämme Südost-Alaskas, zu einem Fest mit dem passenden Namen „Celebration". Es ist das größte Kulturevent der indigenen Bevölkerung Alaskas. Die Stimmung entspricht dem Namen: In erster Linie geht es darum, die alten Traditionen – Tanz, Musik und Kunst –, die im frühen 20. Jh. fast in Vergessenheit geraten waren, zu zelebrieren und zu neuem Leben zu erwecken.

Schlafen

★ Mendenhall Lake Campground CAMPING $
(Reservierung 877-444-6777; www.recreation.gov; Montana Creek Rd; Zelt-/Wohnmobilstellplatz 10/28 US$) Einer der schönsten USFS-Campingplätze in ganz Alaska. Der Platz mit 69 Stellplätzen (davon 17 mit Anschlüssen für Wohnmobile) befindet sich an der Montana Creek Rd unweit der Mendenhall Loop Rd und verfügt über einen separaten Bereich mit sieben Stellplätzen, die nur zu Fuß zu erreichen sind. Die Stellplätze säumen den Mendenhall Lake und von vielen hat man einen spektakulären Blick auf die Eisberge oder sogar auf den kalbenden Gletscher.

Die Stellplätze verteilen sich im Wald, 20 von ihnen können im Voraus reserviert werden.

Alaskan Hotel HOTEL $
(800-327-9347, 907-586-1000; www.thealaskanhotel.com; 167 S Franklin St; Zi. mit/ohne Bad 110/90 US$;) Herzlich willkommen in dem absolut typischen Goldrausch-Hotel mit bunt gemusterten Tapeten und Teppichen, vielen Holzpanelen und Wänden, die – könnten sie sprechen – bestimmt einige Possen von damals zum Besten geben würden (es ist nämlich das älteste noch betriebene Hotel und stammt aus dem Jahr 1913).

★ Silverbow Inn BOUTIQUEHOTEL $$$
(907-586-4146; www.silverbowinn.com; 120 2nd St; Zi. 109–289 US$; @) Die (für Alaskas Verhältnisse) schicke Boutiqueunterkunft hat elf Zimmer. In dem 100 Jahre alten Gebäude trifft Retro auf Neues; es gibt Antiquitäten, moderne Zimmer mit Bad, breite und schmale Doppelbetten sowie Flachbild-TVs. Vom Whirlpool auf der Terrasse im ersten Obergeschoss hat man einen schönen Blick auf die Berge von Douglas Island. Morgens gibt's Frühstück und nachmittags eine „Happy Hour" mit Kakao und Keksen.

Essen

★ Pel'Meni TEIGTASCHEN $
(2 Marine Way; Teigtaschen 7 US$; So–Do 11.30–1.30, Fr & Sa bis 3.30 Uhr) Juneau gehörte nie zu Russisch-Alaska, was die Stadt aber nicht daran hinderte, der schleichenden Pelmeni-Invasion zu erliegen. Die hausgemachten russischen Teigtaschen sind mit Kartoffeln oder Rindfleisch gefüllt und mit scharfer Sauce, Curry und Koriander gewürzt. Dazu gibt's auf Wunsch Sauerrahm und Roggenbrot.

★ Saffron INDISCH $$
(907-586-1036; www.facebook.com/saffronindiancomfortcuisine; 112 N Franklin St; Hauptgerichte 8–19 US$; Mo–Fr 11–15 & 17–21, Sa 17–21 Uhr;) Im Saffron flirtet Juneau mit *nuevo* indischen Gerichten, und das Ergebnis kann sich durchaus sehen lassen. Neben den aromatischen, vorwiegend vegetarischen Currys (darunter auch leckerer Spinat-Panir) gibt es mehrere unterschiedliche Brotsorten. Mittags kommen *thalis* (kleine Teller mit ein wenig von diesem und ein wenig von jenem) aus der Küche. Alle Gerichte werden mit frischen Zutaten zubereitet, und die exotischen Düfte aus der Küche steigen einem schon auf der Straße in die Nase.

Tracy's King Crab Shack SEAFOOD $$
(907-723-1811; www.kingcrabshack.com; 432 S Franklin St; Krebse 13–45 US$; 10.30–21 Uhr) Tracy's ist das beste Lokal am Anleger für Kreuzfahrtschiffe. Auf der Promenade zwischen einem Bierstand und einem Souvenirladen serviert das kleine Restaurant köstliche Krebsschwanzsuppe, kleine Krebsküchlein und 1,5-kg-Körbe mit Königskrabbenstücken (110 US$) – genug für bis zu sechs Personen.

Ausgehen & Nachtleben

Alaskan Brewing Company BRAUEREI
(907-780-5866; www.alaskanbeer.com; 5364 Commercial Blvd; Mai–Sept. tgl. 11–19 Uhr, Okt.–April Mo–Sa 12–19, So bis 18 Uhr) Alaskas größte Brauerei wurde 1986 gegründet und gilt mit ihrer langen Craft-Bier-Geschichte seit jeher als Pionier in dieser Branche. Das bernsteinfarbene Ale (und anderes Gebräu) wird in ganz Alaska getrunken und das zu Recht. Achtung – es handelt sich hier nicht um eine Brauereikneipe, sondern um eine Probierstube mit Führungen. Auch befindet sich die

DIE BÄREN VON ADMIRALTY ISLAND & PACK CREEK

Nur 15 Meilen (24 km) südlich von Juneau ist das Admiralty Island National Monument, ein fast 3870 km² großes Naturschutzgebiet, von dem 90 % als Wildnis ausgewiesen sind. Hier leben viele ganz unterschiedliche Tiere – von Sitka-Schwarzwedelhirschen und nistenden Weißkopfseeadlern bis hin zu Seehunden, Seelöwen und Buckelwalen –, aber wirklich bekannt ist die Admiralty Island für ihre Bären. Auf der 154 km langen Insel leben die meisten Bären Alaskas, die Population beläuft sich auf geschätzte 1500 Braunbären, das sind mehr als in allen 48 Lower States zusammen. Deshalb nannten die Tlingit die Insel Admiralty Kootznoowoo, d. h. „Bärenfestung".

Pack Creek (Genehmigungen Erw. 20–50 US$, Kind 10–25 US$) Die Hauptattraktion ist für Besucher des Admiralty Island National Monument der Pack Creek, der von 1219 m hohen Bergen hinunter in den Seymour Canal an der Ostseite der Insel strömt. Die großflächigen Sandbänke an der Flussmündung ziehen im Juli und August unzählige Bären an, die sich hier auf die Lachse stürzen. Dieser Umstand und noch dazu die Nähe zu Juneau machen aus dieser Gegend einen beliebten Ort, an dem man wunderbar Tiere beobachten und fotografieren kann.

Alaska Seaplanes (☎907-789-3331; www.flyalaskaseaplanes.com) bietet täglich Flüge von Juneau nach Angoon (154 US$, 40 Minuten), den einzigen Ort auf Admiralty Island, an. Außerdem haben sie eine Flightseeing Bear Tour (Bärenbeobachtung von oben) zum Pack Creek (849 US$) im Programm.

Brauerei nicht im Stadtzentrum, sondern 5 Meilen (8 km) nordwestlich in Lemon Creek.

ℹ Praktische Informationen

Alaska Division of Parks (☎907-465-4563; www.dnr.state.ak.us/parks; 400 Willoughby Ave; ⊙Mo–Fr 8–16.30 Uhr) Im 4. OG des Natural Resources Building sind Infos über State Parks und die Vermietung von Hütten erhältlich.

Juneau Visitor Center (☎907-586-2201; www.traveljuneau.com; 800 Glacier Ave; ⊙8–17 Uhr) Das Visitor Center befindet sich im Terminal für Kreuzfahrtschiffe direkt neben der Mt. Roberts Tramway. Hier bekommt man Infos über Juneau sowie über Wanderwege und Unterkünfte. Das Zentrum betreibt außerdem kleine Schalter am Flughafen, am Fähr-Terminal und im **Stadtzentrum** (Marine Way; ⊙wechselnde Öffnungszeiten) in der Nähe der Bibliothek.

USFS Juneau Ranger District Office (☎907-586-8800; www.fs.usda.gov/detail/tongass/about-forest/offices; 8510 Mendenhall Loop Rd; ⊙Mo–Fr 8–16.30 Uhr) Das beeindruckende Büro im Mendenhall Valley ist der Ort für Infos über Hütten, Wanderwege, Kajakfahrten und Genehmigungen für den Pack Creek, wo man Bären beobachten kann. Es ist auch das für das Admiralty Island National Monument zuständige USFS Office.

ℹ An- & Weiterreise

Der **Juneau International Airport** (JNU; ☎907-789-7821; 1873 Shell Simmons Dr) liegt 9 Meilen (14 km) nordwestlich des Stadtzentrums. Es fahren Busse zum Flughafen.

Alaska Airlines (S. 1212) fliegt im Sommer täglich nach Seattle (2 Std.), in alle größeren Städte im Südosten, nach Glacier Bay (30 Min.), Anchorage (2 Std.) und Cordova (2½ Std.).

Alaska Seaplanes (☎907-789-3331; www.flyalaskaseaplanes.com) fliegt täglich mit Wasserflugzeugen von Juneau nach Angoon (154 US$), Gustavus (119 US$), Pelican (189 US$) und Tenakee Springs (154 US$).

Haines

Als Erstes stellt man in Haines fest, dass es *nicht* Skagway ist, dieses 33 Seemeilen (61 km) nördlich gelegene touristische Prachtstück. Haines ist vielmehr eine ruhige, unabhängige, unscheinbare Stadt mit einheimischen Künstlern, abenteuerlustigen Outdoorfreaks und Bewohnern, die das ruhige Leben hier in vollen Zügen genießen. Besucher kommen hierher, um Weißkopfseeadler zu beobachten, die 1000 Jahre alte Chilkat-Tlingit-Kultur kennenzulernen, über die Reste alter Militärbaracken nachzusinnen und die beste Nightlife-Szene in einer amerikanischen Stadt dieser Größe zu genießen.

Nachdem die Holzfällerei in den 1970er-Jahren schwere Zeiten durchlebte, wurde sich in Haines mehr auf den Tourismus konzentriert, allerdings nicht so sehr auf Kreuzfahrtschiffe (pro Saison zählt Haines nur 40 000 Kreuzfahrtgäste), sondern vielmehr auf Individualreisende. Im Sommer ist Haines besonders bei Wohnmobilfahrern beliebt, im Winter bei Skifahrern, die sich mit dem Heli ins weiße Paradies fliegen lassen. Folglich sind die Geschäfte hier typisch Haines, und die Person hinter dem Ladentisch ist höchstwahrscheinlich auch der Inhaber des Ladens.

Sehenswertes & Aktivitäten

★ Jilkaat Kwaan Cultural Heritage & Bald Eagle Preserve Visitor Center KULTURZENTRUM
(907-767-5485; www.jilkaatkwaanheritagecenter.org; 9 Chilkat Ave; Erw./Kind 15/7,50 US$; Mo–Fr 10–16, Sa ab 12 Uhr, Okt.–April geschl.) Das neue Kulturzentrum ist Teil einer begrüßenswerten Renaissance der Kunst und Kultur der Tlingit in Alaska. Es befindet sich 22 Meilen (35 km) nördlich von Haines in dem alten Eingeborenendorf Klukwan. In dem Zentrum gibt es einige der wertvollsten Erbstücke der Kultur der Ureinwohner Alaskas, u.a. vier kunstvoll gearbeitete Hauspfosten und ein Regenschutz (die legendäre „Walhaussammlung"). Diese Exponate wurden vor über 200 Jahren von einem Michelangelo der Tlingits geschnitzt und können erst seit Kurzem von den Besuchern bewundert werden.

Fort Seward HISTORISCHE STÄTTE
(www.nps.gov/places/fort-william-h-seward.htm; Ft Seward Dr) Alaskas ersten ständig besetzten Militärposten erreicht man, indem man sich an der Kreuzung Front St–Haines Hwy bergauf (in Richtung Osten) bewegt. Das 1903 errichtete und nach dem Zweiten Weltkrieg stillgelegte Fort steht jetzt unter Denkmalschutz und hat in den Originalgebäuden eine Handvoll Restaurants, Lodges und Kunstgalerien zu bieten. Im Visitor Center ist eine Karte des Forts erhältlich, man kann aber auch nur so herumspazieren und die Infotafeln studieren.

Fjord Express BOOTFAHREN
(907-766-3395, 800-320-0146; www.alaskafjordlines.com; Small-Boat Harbor; Erw./Kind 179/149 US$) Keine Zeit, in Juneau eine Bootstour zu machen? Mit dem Katamaran von Fjord Express geht's durch den Lynn Canal (mit Zwischenstopps zum Beobachten von Walen, Seelöwen und anderen Tieren) vorbei an Juneaus Hauptsehenswürdigkeiten und mit dem Bus zurück nach Haines. Ein kleines Frühstück und Abendessen sind im Preis enthalten. Los geht's in Haines um 8.30 Uhr, zurück ist man dann gegen 19.30 Uhr.
Die einfache Fahrt kostet 135 US$.

Schlafen

Bear Creek Cabins & Hostel HOSTEL $
(907-766-2259; www.bearcreekcabinsalaska.com; Small Tract Rd; B/Hütte 20/68 US$;) Eines der wenigen ordentlichen Hostels in Südost-Alaska. Es liegt 20 Gehminuten außerhalb des Orts – der Mud Bay Rd folgen und an ihrem Rechtsknick geradeaus die Small Tract Rd entlanggehen (2,4 km). Die Anlage besteht aus acht Hütten (für jeweils bis zu vier Personen), die rund um einen mit Gras bewachsenen Gemeinschaftsbereich angeordnet sind.

Aspen Suites Hotel HOTEL $$
(907-766-2211; www.aspenhotelsak.com/haines; 409 Main St; Zi. 159-169 US$; P) Eines der sechs Aspen-Hotels in Alaska. Das schicke Haus bietet Zimmer im Look von kleinen Apartments mit Kochecken und bequemen Sofas. An der Rezeption steht für die Gäste ein Kaffeeautomat bereit, es gibt ein kleines Fitnessstudio und überall herrscht glänzende Sauberkeit.

Essen & Ausgehen

★ Fireweed Restaurant BISTRO $$
(907-766-3838; 37 Blacksmith Rd; Salate 10–19 US$, Pizzas 14–30 US$; Di–Sa 16.30–21 Uhr;) Das saubere, helle und lockere Bistro befindet sich in einem alten Gebäude von Fort Seward. Die Salate sind angesichts der Vorliebe für Frittiertes im Südosten Alaskas eine erfrischende Abwechslung. Auf der Speisekarte finden sich daher auch Worte wie *organic*, *veggie* und *grilled* statt wie üblich *deep fried* und *captain's special*.

★ Haines Brewing Company BRAUEREI
(907-766-3823; www.hainesbrewing.com; Ecke Main St & 4th Ave; Mo–Sa 12–19 Uhr) Die 1999 gegründete Haines Brewing Company ist wahrscheinlich eine der besten kleinen Brauereien Amerikas. Kürzlich wurde im Zentrum von Haines ein netter neuer Verkostungsraum eröffnet. In dem schönen Bau aus Holz und Glas kann man alle hier gebrauten Lieblingsbiere der Einheimischen probieren, u.a. Spruce Tip Ale, Elder Rock Red und das starke Black Fang (mit einem Alkoholgehalt von 8,2 %).

Praktische Informationen

Alaska Division of Parks (Mo–Fr 8–17 Uhr) Telefonische Infos zu State Parks und Wandermöglichkeiten.

Haines Convention & Visitors Bureau (907-766-6418; www.visithaines.com; 122 2nd Ave;

⌚Mo–Fr 8–17, Sa & So 9–16 Uhr) Hier gibt's Toiletten, kostenlosen Kaffee und stapelweise Infomaterial für Traveller. Wer den Alaska Hwy (ALCAN Hwy) befahren will, bekommt hier auch viele Infos zum angrenzenden Yukon Territory in Kanada.

An- & Weiterreise

Flugzeuge steuern Haines nicht an. Mit **Alaska Seaplanes** (907-789-3331; www.flyalaskaseaplanes.com) kommt man aber siebenmal pro Tag nach Juneau (134 US$). Der Flughafen liegt 3 Meilen (knapp 5 km) nordwestlich der Stadt am Haines Hwy.

Skagway

Auf den ersten Blick erweckt Skagway den Eindruck eines Vergnügungsparks, denn im Sommer spucken die Kreuzfahrtschiffe hier eine Million Tagestouristen aus, die über die sonnigen Promenaden herfallen. Aber diese Stadt mit spukenden Klondike-Geistern und geschönten, unechten Häuserfassaden ist nicht das Las Vegas des Nordens. Ganz im Gegenteil – Skagway hat eine sehr reale Vergangenheit.

Sehenswertes & Aktivitäten

★ Klondike Gold Rush National Historical Park Museum & Visitor Center — MUSEUM

(907-983-9200; www.nps.gov/klgo; Broadway St, an der 2nd Ave; ⌚Mai–Sept. 8.30–17.30 Uhr) GRATIS Das erst kürzlich aufgepeppte NPS Center befindet sich im Originaldepot der White Pass & Yukon Route von 1898 und erstreckt sich über zwei miteinander verbundene Gebäude. In dem einen ist ein kleines Museum beherbergt, das den Klondike-Hintergrund mit Schwerpunkt auf die beiden Routen Chilkoot Pass und White Pass erklärt. Das zweite Gebäude ist ein von Parkrangern betriebenes Visitor Center.

Skagway Museum — MUSEUM

(907-983-2420; Ecke 7th Ave & Spring St; Erw./Kind 2 US$/frei; ⌚Mo–Fr 9–17, Sa 10–17, So 10–16 Uhr) Das Skagway Museum ist nicht nur eines der schönsten Museen in einer Ortschaft mit viel Konkurrenz, sondern überhaupt eines der besten im Südosten Alaskas. Es ist im ersten Stock des ehrwürdigen, 100 Jahre alten McCabe Building, einer früheren Oberschule, untergebracht und widmet sich mit Körben, Ketten und Schnitzereien von Ureinwohnern und – natürlich – mit einer Vielzahl von Ausstellungsstücken zum Klondike-Goldrausch den vielen Aspekten der Geschichte Skagways.

★ White Pass & Yukon Route Railroad — EISENBAHN

(800-343-7373; www.wpyr.com; 231 2nd Ave; ⌚Mai–Sept.) Die spektakuläre Eisenbahn aus der Goldrauschzeit startet in Skagway, AK, Fraser, British Columbia, und Carcross sowie Whitehorse, Yukon. Die Strecke wurde zwischen 1898 und 1900 über den White Pass angelegt, also gerade richtig, um auf der Erfolgswelle des Goldrauschs mitschwimmen zu können. Im Zweiten Weltkrieg wurde die Bahn dann für den Transport der Truppen nach Whitehorse in Kanada benutzt.

Skagway Float Tours — RAFTING

(907-983-3688; www.skagwayfloat.com; 3rd & Broadway St; ⌚Mo–Sa 9–18.30, So bis 16 Uhr) Wie wär's mit etwas Spaß und Freude auf dem Fluss? Dann ist die dreistündige Dyea-Tour mit 45-minütiger Floßfahrt auf dem ruhigen Taiya River (Erw./Kind 85/65 US$) genau das Richtige. Es gibt zwei Touren pro Tag, eine um 9 und eine um 13.30 Uhr. Die vierstündige Hike & Float Tour (110/90 US$) umfasst eine 3 km lange Wanderung auf dem Chilkoot Trail und eine Floßfahrt zurück. Diese Tour wird mehrmals täglich (am Wochenende weniger häufig) angeboten.

Schlafen

Morning Wood Hotel — HOTEL $

(907-983-3200; www.skagwayhotelandrestaurant.com/morning-wood-hotel; 444 4th Ave; Zi. mit/ohne Bad 175/99 US$;) Ein freundliches neues Hotel mit hübscher, wenn auch typisch unechter Holzfassade. Die (nach hinten raus liegenden) Zimmer sind nichts Besonderes, haben aber zumindest Bäder mit Luxusausstattung und bunten Farbakzenten. Zum Hotel gehören außerdem ein Restaurant und eine Bar.

Skagway Inn — INN $$

(907-983-2289; www.skagwayinn.com; Broadway St, an der 7th Ave; Zi. 159–264 US$; @) Die schöne Unterkunft im Stadtzentrum befindet sich in einem restaurierten viktorianischen Gebäude aus dem Jahr 1897, das ursprünglich ein Bordell war (gibt es in Skagway überhaupt ein altes Haus, das kein Bordell war?). Es hat zehn Zimmer, vier davon mit Gemeinschaftsbad. Alle sind klein, aber mit antiken Kommoden, Eisenbetten und Truhen eingerichtet und nach den „Damen“ benannt, die hier gearbeitet haben.

Das Frühstück ist im Preis enthalten, ebenso der Transport von der Fähre, vom Flughafen oder Zug und zurück.

Essen & Drinking

Woadie's South East Seafood SEAFOOD $$
(☎907-983-3133; State St & 4th Ave; Hauptgerichte 14–19 US$; ⏲Mo–Do 11.30–19, Fr & Sa 12–18 Uhr) In dem Imbisswagen mit eigener Terrasse, Sonnenschutzdach und Picknicktischen wird der beste Fisch der Stadt in affenartiger Geschwindigkeit zubereitet. Die frischen Austern, Krabben und den Heilbutt bestellt man direkt am Wagen. Die Betreiber haben nichts dagegen, wenn die Gäste ihren eigenen Alkohol mitbringen.

Skagway Fish Company SEAFOOD $$$
(☎907-983-3474; Congress Way; Hauptgerichte 18–52 US$; ⏲11–21 Uhr) Dieses Restaurant mit Blick über den Hafen und Krabbenfallen an der Decke ist eine kulinarische Hommage an Fisch. Aus der Küche kommen Köstlichkeiten wie mit Königskrabben, Shrimps und Gemüse gefüllter Heilbutt oder leckere Königskrabbensuppe. Überraschenderweise kommen viele Einheimische aber hierher, um Babybackribs zu essen. Die dazugehörige Bar bietet den besten Blick der ganzen Stadt.

Praktische Informationen

Klondike Gold Rush National Historical Park Museum & Visitor Center (S. 1206)
Allgemeine Infos über historische Stätten in Skagway, Museen und kostenlose Stadtspaziergänge. Das Zentrum steht unter der Verwaltung des National Park Service.

Skagway Convention & Visitors Bureau (☎907-983-2854; www.skagway.com; Ecke Broadway St & 2nd Ave; ⏲Mo–Fr 8–18, Sa & So bis 17 Uhr) Aktuelle Infos über Unterkünfte, geführte Touren und Restaurants sind in diesem Büro in der nicht zu übersehenden **Arctic Brotherhood Hall** (Broadway St, an der 2nd Ave) erhältlich.

Trail Center (☎907-983-9234; www.nps.gov/klgo; Broadway St, zw. 5th & 6th Ave; ⏲Juni–Sept. 8–17 Uhr) Wer den Chilkoot Trail in Angriff nehmen möchte, muss einen Tag vorher hier erscheinen, um sich den Streckenpass zu besorgen, die aktuellen Weg- und Wetterbedingungen einzuholen und sich das vorgeschriebene Bärenvideo anzuschauen. Sachkundige Ranger vom US NPS und Parks Canada sind vor Ort, um Fragen zu beantworten.

An- & Weiterreise

Yukon-Alaska Tourist Tours (☎866-626-7383, Whitehorse 867-668-5944; www.yukonalaskatouristtours.com) fährt mit Bussen nach Whitehorse (einfache Fahrt 72 US$). Abfahrt ist täglich um 14.30 Uhr am Zugdepot in Skagway.

NICHT VERSÄUMEN

CHILKOOT TRAIL

Der **Chilkoot Trail** (☎907-983-9234; www.nps.gov/klgo; Broadway St an der 2nd Ave, Skagway) ist die ultimative Trekking-Route, auf der von 1897 bis 1898 mehr als 30 000 Klondike-Goldgräber ihr Glück suchten. Der Trail trägt auch die Spitznamen „Last Great Adventure" und „Meanest 33 Miles in America". Der Weg ist legendär und jeden Sommer wandern über 3000 Personen drei bis fünf Tage lang auf der historischen Strecke von Dyea (Alaska) nach Bennett (British Columbia, Kanada).

Glacier Bay National Park & Preserve

Glacier Bay ist das Kronjuwel der Kreuzfahrtindustrie und ein Traumziel aller Kajakfahrer. Sieben gewaltige Meeresgletscher schieben sich aus den Bergen hervor und füllen das Meer mit gigantischen Eisbergen in unzähligen Formen, Größen und Blautönen und bilden zusammen den Glacier Bay National Park and Preserve: eine eisige, weltberühmte Wildnis.

Abgesehen von den vielen Meeresgletschern ist Glacier Bay auch Lebensraum für Buckelwale. Ebenso wurden in der Glacier Bay schon Schweinswale, Seeotter, Braun- und Schwarzbären, Wölfe, Elche und Schneeziegen gesichtet.

Der Ausflug in den Park ist selbst für Alaska-Standard eine teure Angelegenheit. Von Juneau aus muss man mit mindestens 400 US$ pro Person rechnen. Von den 500 000 Besuchern pro Jahr kommen über 95 % mit dem Schiff, das sie noch nicht einmal verlassen. Die restlichen 5 % sind Mitglieder von Tourgruppen auf dem Weg zu ihrer Unterkunft und Backpacker, die sich auf dem kostenlosen Campingplatz versammeln.

Sehenswertes & Aktivitäten

Gustavus STADT
(☎907-500-5143; www.gustavusak.com) Etwa 9 Meilen (14 km) von Bartlett Cove entfernt liegt die kleine Siedlung Gustavus, eine überaus interessante Landgemeinschaft. Die

400 hier lebenden Menschen gehören ganz unterschiedlichen Berufsgruppen an – Ärzte, Rechtsanwälte, ehemalige Regierungsangestellte, Künstler. Sie alle haben jeder für sich entschieden, aus der Tretmühle auszubrechen, um mitten im Wald in der Einsamkeit zu leben. Elektrischen Strom gibt es hier erst seit Anfang der 1980er-Jahre, und in einigen Häusern muss man sich das Wasser ins Waschbecken pumpen oder Feuer anmachen, wenn man warm duschen möchte.

Spirit Walker Expeditions KAJAKFAHREN
(☎800-529-2537; www.seakayakalaska.com; 1 Grandpa's Farm Rd) Kajak-Spezialist Spirit Walker organisiert Paddelausflüge zum Point Adolphus, wo sich im Sommer Buckelwale versammeln. Die Trips beginnen mit einer kurzen Bootsfahrt, auf der die Kajaks über Icy Strait nach Point Adolphus gezogen werden. Ein Paddeltag kostet 489 US$ (bei vier oder mehr Teilnehmern 399 US$/Pers.), drei Paddeltage gibt's für 1239 US$.

Schlafen & Essen

Bartlett Cove Campground CAMPING $
(www.nps.gov/glba; frei) Der 400 m südlich von der Glacier Bay Lodge gelegene NPS-Campingplatz befindet sich in einem üppig grünen Wald an der Küste. Es ist nicht nötig, einen der kostenlosen Stellplätze zu reservieren, denn hier scheint es immer irgendwo ein freies Plätzchen zu geben. Wohnmobile sind auf dem Platz nicht zugelassen.

Glacier Bay Lodge LODGE $$
(☎888-229-8687; www.visitglacierbay.com; 199 Bartlett Cove Rd; Zi. 219–249 US$; ⊙Mai–Sept.) Eigentlich ist dies eine Nationalparklodge und die einzige Unterkunft im Park selbst. Diese Lodge für Selbstversorger mit 55 Zimmern, einem knisternden Feuer im großen Steinkamin und einem Speisesaal, in dem sich abends in der Regel eine bunte Mischung aus Parkangestellten, Travellern und Einheimischen aus Gustavus tummelt, liegt an der Bartlett Cove, 8 Meilen (13 km) nordwestlich von Gustavus.

★ **Gustavus Inn** INN $$$
(☎907-697-2254; www.gustavusinn.com; Meile 1, Gustavus Rd; Zi. alles inkl. 250 US$/Pers.; P 📶) 🍃 Diese reizende, seit vielen Jahren beliebte Lodge in Familienhand steht zu Recht in jedem Reisebericht über Alaska. Die Unterkunft ist durch und durch modern und komfortabel, ohne dabei steril zu wirken oder ihren volkstümlichen Touch zu verlieren. Das All-Inclusive-Gasthaus ist bekannt für seine Gourmetküche: Gemüse aus dem eigenen Garten und frische Meeresfrüchte nach Hausfrauenart.

Sunnyside Market CAFÉ $
(☎907-697-3060; www.facebook.com/SunnysideMarketGustavus; 3 State Dock Rd; Sandwiches 7–10 US$; ⊙8–19 Uhr; 📶) 🍃 Der nette Markt mit Café verkauft Bio-Artikel, köstliche Sandwiches und Frühstücksburritos. Drinnen kann man sich an zwei Tischen einen Platz suchen, draußen auf der sonnigen Terrasse hat man eine größere Auswahl an Tischen. Samstags findet eine Art Kunstmarkt statt.

ℹ Praktische Informationen

Glacier Bay National Park Visitor Center (☎907-697-2661; www.nps.gov/glba; ⊙11–20 Uhr) In diesem Zentrum im 1. OG der Glacier Bay Lodge ist eine kleine Ausstellung, ein Buchladen und ein Informationsschalter beherbergt. Es werden täglich geführte Wanderungen, Filme über den Park und Diavorträge geboten.

Gustavus Visitors Association (☎907-500-5143; www.gustavusak.com) Auf der Website stehen Infos en masse.

Visitor Information Station (☎907-697-2627; www.nps.gov/glba; ⊙Juni–Aug. 7–19 Uhr, Mai & Sept. 8–17 Uhr) Camper sowie Kajak- und Bootfahrer können an der Visitor Information Station am Ende des öffentlichen Anlegers in der Bartlett Cove anhalten. Hier sind Hinterland- und Bootsgenehmigungen sowie Logistik-Infos erhältlich, außerdem wird ein 20-minütiges Orientierungsvideo gezeigt.

ℹ An- & Weiterreise

Alaska Airlines (S. 1212) fliegt täglich von Juneau nach Gustavus (25 Min.).

Alaska Seaplanes (☎907-789-3331; www.flyalaskaseaplanes.com) verkehrt bis zu fünfmal täglich zwischen Gustavus und Juneau (eine Strecke 119 US$).

Am preiswertesten erreicht man Gustavus über den **Alaska Marine Highway** (☎800-642-0066; www.ferryalaska.com). Mehrmals pro Woche verkehrt die MV *LeConte* zwischen Juneau und Gustavus (einfache Strecke 44 US$, 4½ Std.), unterwegs sind des Öfteren Wale zu sehen. **TLC Taxis** (☎907-697-2239) warten am Fähranleger auf ankommende Gäste. Die Fahrt nach Bartlett Cove kostet 15 US$ pro Person.

Ketchikan

Fast an Alaskas südlichstem Zipfel, dort, wo der Panhandle nach British Columbia hineinragt, liegt das verregnete Ketchikan. Die viertgrößte Stadt des Bundesstaates erstreckt sich auf einem schmalen Küstenstreifen auf der an die Tongass Narrows grenzenden Revillagigedo Island. Ketchikan ist für seine kommerzielle Lachsfischerei und das Erbe der Haida und Tlingit bekannt. Es gibt wohl keinen besseren Ort in den USA, an dem man Totempfähle in all ihrer farbenfrohen Pracht bewundern kann. Alljährlich legen in Ketchikan zwischen Mai und September unzählige Kreuzfahrtschiffe an und spucken etwa 1 Mio. Gäste aus, die die Stadt in eine Art Touristen-Zirkus verwandeln. Einige von ihnen bleiben und pendeln auf Fähren zwischen Andenkenläden und Totempfählen hin und her. Andere steigen in Boote oder Wasserflugzeuge und lassen sich zu dem majestätischen Misty Fiords National Monument und in die Wildnis bringen.

Trotz des saisonalen Wahnsinns konnte sich Ketchikan ein beachtliches Erbe bewahren, z. B. die **Creek Street** mit ihrem Durcheinander von Häusern mit Schindelfassaden, die auf Stelzen über einem Fluss gebaut sind.

Sehenswertes

★ Saxman Native Village & Totem Park HISTORISCHE STÄTTE

(☎907-225-4421; www.capefoxtours.com; 5 US$; ⏲8–17 Uhr) Am South Tongass Hwy, 2,5 Meilen (4 km) südlich von Ketchikan, liegt dieses Tlingit-Dorf mit 475 Einwohnern und 24 Totempfählen, die aus verlassenen Dörfern im Südosten stammen und in den 1930er-Jahren restauriert oder neu geschnitzt wurden. Darunter befindet sich eine Replik des Lincoln Pole (das Original steht im Alaska State Museum in Juneau), der 1883 geschnitzt wurde und mit einem Abbild von Abraham Lincoln versehen ist. Er soll an den ersten weißen Menschen erinnern, der hier gesichtet wurde. Der Ort ist auch unter dem Namen Saxman Totem Park bekannt.

Southeast Alaska Discovery Center MUSEUM

(www.alaskacenters.gov; 50 Main St; Erw./Kind 5 US$/frei; ⏲8–16 Uhr; 👪) Drei große Totempfähle stehen im Eingangsbereich dieses unter der Verwaltung des NPS stehenden Zentrums. An der Decke ist ein Schwarm von Silberlachsen angebracht, der die Besucher zu einem nachgebauten Ausschnitt von gemäßigtem Regenwald leitet. In der Halle im Obergeschoss zeigen Ausstellungen alles über die Ökosysteme Südost-Alaskas und die Traditionen der Ureinwohner.

Schlafen

Last Chance Campground CAMPING $

(www.recreation.gov; Ward Lake Rd; Zelt- & Wohnmobilstellplatz 10 US$) Der schön gelegene Campingplatz nördlich von Ketchikan, ein paar Kilometer vom Ward Lake und von vier weiteren Seen entfernt, bietet 19 Stellplätze und drei Wege durch den dichten Regenwald.

Ketchikan Hostel HOSTEL $

(☎907-225-3319; www.ketchikanhostel.com; 400 Main St; B 20 US$; ⏲Mai–Sept.) Wie in vielen anderen Städten Alaskas befindet sich auch Ketchikans „Hostel" in einer (methodistischen) Kirche, ohne Hinweisschild auf der Straße. Es gibt eine große Küche, drei kleine Gemeinschaftsbereiche und nach Geschlechtern getrennte Schlafsäle. Die Unterkunft ist sauber und einfach (ab 23 Uhr ist Ausgangssperre). Im Juli sollte man reservieren.

★ Inn at Creek Street – New York Hotel BOUTIQUEHOTEL $$

(☎907-225-0246; www.thenewyorkhotel.com; 207 Stedman St; Zi. 89–149 US$; 📶) Das historische Boutiquehotel bietet seinen Gästen eine Mischung aus altmodischem Ambiente und modernem Komfort. Die acht Zimmer im Stil der 1920er-Jahre sind mit Flachbild-TV, Kühlschrank und Bad ausgestattet. Auf den Betten dürfen weiche Quilts natürlich nicht fehlen.

Essen

Burger Queen BURGER $

(☎907-225-6060; 518 Water St; Burger 7–10 US$; ⏲Di–Sa 11–19, So & Mo bis 15 Uhr) Ketchikans beliebtes Burger-Lokal gehört definitiv keiner Kette an. Im Angebot sind zehn Burger-Varianten, darunter eine mit einer Krakauer *und* einem Hamburger, sowie 30 verschiedene Milkshakes. Das kleine Lokal befindet sich direkt nördlich des Straßentunnels und ist so etwas wie eine lokale Legende.

Alaska Fish House FISH & CHIPS $$

(☎907-225-4055; 3 Salmon Landing; Hauptgerichte 13–24 US$; ⏲10–21 Uhr) Erst wählt man den Fisch (Kabeljau, Lachs oder Heilbutt) und dann das Drumherum – Panade oder Brötchen. Die Pommes sind Standard. Und danach gibt's dann Krebse – als Ganzes oder nur die Scheren. Wem der Sinn nicht nach Seafood steht, bestellt sich einfach einen Hamburger.

★ **Bar Harbor Restaurant** MODERN AMERIKANISCH $$$
(☎907-225-2813; 55 Schoenbar Ct, Berth 4; Hauptgerichte 22–42 US$; ⏲Mo–Sa 10–15 & 17–20, So 10–15 Uhr) Das etwas hochpreisige Fischrestaurant wird von den Einheimischen gern als das bestes Lokal der Stadt angepriesen. Es wurde vor nicht allzu langer Zeit an einem neuen Anleger für Kreuzfahrtschiffe, Berth 4, wieder eröffnet. Man sollte sich auf mehr Gäste als üblich einstellen, die hier in modernem, maritimem Ambiente kreativ zubereitete Meeresfrüchte und Fischsuppen genießen.

ℹ Praktische Informationen

Ketchikan Visitor Information & Tour Center (☎907-225-6166; www.visit-ketchikan.com; 131 Front St, City Dock; ⏲7–18 Uhr) Großes, modernes Gebäude am Anleger der Kreuzfahrtschiffe. Hier gibt's Broschüren, kostenlose Karten, Service-Telefone und Toiletten. Nebenan befindet sich ein riesiges Zentrum mit bis zu 20 Schaltern, an denen verschiedene Veranstalter im Sommer Aktivitäten und Kreuzfahrttouren anbieten. An diesen Schaltern können die meisten Aktivitäten gebucht werden.

Southeast Alaska Discovery Center (☎907-228-6220; www.alaskacenters.gov/visitors-centers/ketchikan; 50 Main St; ⏲Mai–Sept. tgl. 8–16 Uhr) Im Alaska Public Lands Information Center braucht man nicht die Eintrittsgebühr zu bezahlen, um Informationen über das Angebot an Aktivitäten zu erhalten. Hier werden auch Tickets für den Park verkauft.

ℹ An- & Weiterreise

Der **Alaska Marine Highway Ferry Terminal** (☎907-228-7255, Reservierung 800-642-0066; www.dot.state.ak.us/amhs; 3501 Tongass Ave) von Ketchikan befindet sich 2 Meilen (3 km) nördlich des Stadtzentrums.

Fähren gen Norden fahren im Sommer fast täglich nach Wrangell (68 US$, 6 Std.), Petersburg (79 US$, 9½ Std.), Sitka (135 US$, 25 Std.), Juneau (138 US$, 24 Std.) und Haines (167 US$, 26 Std.), gen Süden starten sie mindestens einmal wöchentlich nach Bellingham, WA (342 US$, 40 Std.), und auch nach Prince Rupert in Kanada (69 US$, 7½ Std.).

Inter-Island Ferry Authority (☎907-225-4838; www.interislandferry.com) Diese Schiffe können auch Fahrzeuge transportieren. Sie starten am Fährterminal in Ketchikan täglich um 15.30 Uhr nach Hollis auf der Prince of Wales Island (einfache Fahrt Erw./Kind 49/22,50 US$, 3 Std.). Die Preise sind unterschiedlich und richten sich nach der Fahrzeuglänge. Ein Kleinwagen kostet 50 US$ (eine Strecke)

FAIRBANKS

Fairbanks ist die einzige „Stadt" im Inneren Alaskas und die größte Siedlung im Umkreis von mehreren hundert Meilen, die aber viele Merkmale einer echten Kleinstadt aufweist. Jeder scheint jeden zu kennen, und zu „jeder" gehören auch ein paar faszinierende Typen – Schlittenhundzüchter, Umweltschutzaktivisten, Studenten, Knarrenfanatiker, Armeeangehörige, Outdoorfreaks, Buschpiloten und andere Sonderlinge. Da Fairbanks am Schnittpunkt sagenhafter Routen liegt – nach Norden zur Arktis, nach Osten nach Kanada und nach Süden zum Denali – wird man hier unweigerlich etwas Zeit verbringen und es wird bestimmt nicht langweilig werden.

Es ist eine weitläufige Stadt mit zugegebenermaßen hässlichen Einkaufsmeilen, aber die Wohnstraßen in der kompakten Innenstadt sind bildhübsch, und im Winter ist Fairbanks die perfekte Basis, um Nordlichter zu bestaunen.

◎ Sehenswertes & Aktivitäten

★ **University of Alaska Museum of the North** MUSEUM
(☎907-474-7505; www.uaf.edu/museum; 907 Yukon Dr; Erw./Kind 14/8 US$) ⏲Juni–Aug tgl. 9–19 Uhr, Sept.–Mai Mo–Sa 9–17 Uhr) Eines der besten Museen Alaskas ist in einem Gebäude untergebracht, dessen moderne Architektur den Eindruck einer Mischung aus Iglu und Nordlicht erweckt. Es bietet reich bestückte Ausstellungen über Geologie, Geschichte, Kultur und zahlreiche wissenswerte Kleinigkeiten sämtlicher Regionen des Bundesstaates. Die Besucher werden von einem fast 3 m großen und 567 kg schweren ausgestopften Bären begrüßt. Die Exponate sind sehr durchdacht angeordnet und beleuchten die einzelnen Regionen Alaskas als geografische und kulturelle Einheiten.

Morris Thompson Cultural & Visitors Center KULTURZENTRUM
(☎907-459-3700; www.morristhompsoncenter.org; 101 Dunkel St; ⏲Mitte Mai–Mitte Sept. 8–21 Uhr, Mitte Sept.–Mitte Mai 8–17 Uhr; Ⓟ) Es gibt mehrere Kandidaten, die für die Auszeichnung als „bestes Visitor Center Alaskas" in Frage kommen, und dieses könnte das Rennen machen, denn es ist ein klug aufgebauter Mix aus Museum, Informationsbüro und Kulturzentrum. Drinnen werden Ausstellungen über die Geschichte Alaskas und die

DENALI NATIONAL PARK & PRESERVE

In unserem kollektiven Bewusstsein steht Alaska für raue Wildnis. Aber das kann auch abschreckend wirken. Für viele Reisende ist die gründliche Erkundung dieses amerikanischen Grenzlandes eine angsteinflößende Vorstellung.

Der **Denali National Park & Preserve** (907-683-9532; www.nps.gov/dena; George Parks Hwy; 15 US$; P) ist ein Fleckchen Erde, das einerseits urzeitlich, andererseits leicht zugänglich ist. Hier kann man Grizzlybären, Elche, Karibus und sogar Wölfe ganz entspannt aus dem Fenster der Busse erspähen. Wer aber lieber auf eigene Faust unterwegs ist, auf den warten fast 24 300 km² Tundra, boreale Nadelwälder und schneebedeckte Berge. Damit ist der Park größer als Massachusetts. Und all dies im Schatten des Denali, was in der athapaskischen Sprache der Ureinwohner „Der Große" bedeutet. Früher war der Berg unter dem Namen Mt. McKinley bekannt. Er ist mit 6190 m der höchste Gipfel Nordamerikas und ein Wahrzeichen für alles, was in Alaska wild und ehrfurchtgebietend ist.

Im Hochsommer müssen Stellplätze im Park mindestens sechs Monate im Voraus reserviert werden, für Unterkünfte außerhalb des Parks reichen drei Monate. Die Eintrittsgebühr in den Park beträgt 15 US$ pro Person, das Ticket ist sieben Tage gültig.

Die einzige durch den Park führende Straße, die 92 Meilen (148 km) lange, unbefestigte Park Rd, ist im Sommer ab Meile 15 für Privatfahrzeuge gesperrt. Von dort verkehren von Mitte Mai bis September Shuttlebusse. Manchmal, wenn der Schnee schon Anfang April schmilzt, dürfen Besucher – solange die Shuttlebusse noch nicht im Einsatz sind – bis Meile 30 fahren. Der Eingangsbereich des Parks, in dem sich die meisten Besucher konzentrieren, reicht etwa 4 Meilen (6,5 km) die Park Rd hinauf. Hier befinden sich die Parkverwaltung, das Visitor Center und der Hauptcampingplatz sowie das **Wilderness Access Center** (WAC; 907-683-9532; Meile 0,5, Park Rd; Ende Mai–Mitte Sept. 5–19 Uhr), wo man die Eintrittsgebühr für den Park bezahlt und Stellplätze sowie Shuttlebusse buchen kann, die einen tiefer in den Park hineinbringen. Im **Backcountry Information Center** (BIC; Backcountry Office Mitte Mai–Mitte Sept. 907-683-9590, allgemeine Infos ganzjährig 907-683-9532; Meile 0,5, Park Rd; Ende Mai–Mitte Sept. 9–18 Uhr) gegenüber vom WAC bekommen Backpacker Wandergenehmigungen fürs Hinterland und bärensichere Behälter.

Abgesehen von Campingplätzen gibt es kaum Unterkünfte und nur ein Restaurant im Park. Die meisten Besucher übernachten in den nahe gelegenen Orten Canyon, McKinley Village, Carlo Creek und Healy.

Vom 15. Mai bis zum 1. Juni geht es im Park gerade erst los und der Zugang ins Hinterland ist nur begrenzt möglich. Es gibt nur wenige Besucher, und die Shuttlebusse fahren nur bis zum **Toklat River** (Meile 53, Park Rd; Ende Mai–Mitte Sept. 9–19 Uhr) GRATIS. Vom 1. bis zum 8. Juni ist dann schon mehr los und die Busse fahren bis zum **Eielson Visitor Center** (907-683-9532; www.nps.gov/dena/planyourvisit/the-eielson-visitor-center.htm; Meile 66, Park Rd; Anfang Juni–Mitte Sept. 9–17.30 Uhr) GRATIS. Vom 8. Juni bis Ende August läuft im Park schließlich alles auf Hochtouren.

Nach dem zweiten Donnerstag nach dem Labor Day im September stellen die Shuttlebusse ihren Dienst ein. Dann folgen ein paar Tage, an denen einige Auserwählte mit ihren Privatfahrzeugen je nach Wetterlage die Park Rd befahren dürfen. Danach wird die Straße für den gesamten Verkehr bis Mai gesperrt.

Die meisten Lodges in der Gegend sind im Winter geschlossen. Der **Riley Creek Campground** (www.nps.gov/dena; Meile 0,25, Park Rd; Zeltstellplatz 15 US$, Wohnmobilstellplatz 24–30 US$) ist geöffnet und die Stellplätze kosten in dieser Zeit nichts, aber es gibt kein Wasser und auch die Abwasseranlage ist nicht in Betrieb. Mit der richtigen Ausrüstung kann man auf der nicht geräumten Park Rd und im restlichen Park Skilanglaufen, Schneeschuhwandern und Hundeschlitten fahren.

Kultur der Ureinwohner sowie Filmvorführungen und Kulturveranstaltungen geboten. Draußen auf dem Gelände sollte man sich die historische Hütte und den Bogen aus Elchgeweihen anschauen.

Geführte Touren

Northern Alaska Tour Co PANORAMAFLÜGE
(907-474-8600; www.northernalaska.com) Der nördliche Polarkreis mag ja eine imaginäre

Linie sein, gehört aber zu Fairbanks' Highlights, und so boomen kleinere Gesellschaften, die Flüge über den Polarkreis machen. Dieser Veranstalter bietet u.a. Tagesflüge nach Barrow (990 US$) und Minibustouren zum Polarkreis (180–220 US$) an.

Schlafen

Sven's Basecamp Hostel HOSTEL, CAMPING $
(907-456-7836; www.svenshostel.com; 3505 Davis Rd; Zeltstellplatz 9 US$, Zelt/Hütte/Baumhaus 35/85/135 US$;) Sven aus der Schweiz heißt Traveller und Vagabunden jeder Art in seinem schönen, facettenreichen Hostel willkommen. Hier trifft man die unerschrockensten, verschwitzten Abenteurer Alaskas und hört viele verrückte Reisegeschichten. Übernachtet wird in Hütten, in Gemeinschaftszelten, einem schicken Baumhaus oder im eigenen Zelt. Es gibt Münzduschen, einen Kicker, Bücher, einen Fernsehraum und eine Küche.

Springhill Suites HOTEL $$$
(907-451-6552; www.marriott.com; 575 1st Ave; Zi. 320 US$;) Der Ableger der Marriott-Kette wurde renoviert und hat saubere Zimmer mit Werken regionaler Künstler. Die Lage am Chena River mitten im Zentrum ist unschlagbar. Zu den Annehmlichkeiten hier gehören ein Hallenbad und ein Fitnessstudio.

Essen & Ausgehen

Big Daddy's BBQ & Banquet Hall BARBECUE $$
(907-452-2501; www.bigdaddysbarb-q.com; 107 Wickersham St; Hauptgerichte 9–19 US$; Mo–Sa 11–22, So 12–21 Uhr) Die Betreiber sagen, dass das nördlichste Lokal mit Southern Barbecue in den USA ein absolutes Muss ist. Und wer langsam geräucherte Rippchen, saftige Bruststücke, Schalen mit gebackenen Bohnen und cremige Käse-Makkaroni mag, wird hier mit Sicherheit nicht enttäuscht werden. Zum Essen gibt's ein kühles Bier vom Fass und danach rollt man dann förmlich aus der Tür.

Pike's Landing AMERIKANISCH $$$
(907-479-6500; www.pikes-landing.com; 4438 Airport Way; Hauptgerichte 18–43 US$; 11–23 Uhr) Das Pike's am Fluss bietet einen gemütlichen Speiseraum, eine riesige Terrasse mit Blick aufs Wasser und Gerichte aus Amerika und vor allem aus Alaska, u.a. Prime-Rib-Sandwiches, gebratener Lachs und Kokos-Shrimps. Für abends sollte man reservieren.

The Big I BAR
(907-456-6437; 122 Turner St; So–Do 10–2, Fr 10–3.30, Sa 9–2 Uhr;) In dieser exzellenten Bar gibt's einen großen Sitzbereich im Freien, schicke Barkeeper, grauhaarige Einheimische und viel Busch-Kitsch an den Wänden, der aussieht, als sei er seit Beringia nicht mehr abgestaubt worden. Manchmal bringen Livemusik-Acts Leben in die Bude.

Praktische Informationen

Alaska Public Lands Information Center (907-459-3730; www.alaskacenters.gov/visitors-centers/fairbanks; 101 Dunkel St, Fairbanks; 8–18 Uhr) Das Information Center im Morris Thompson Cultural & Visitors Center ist ein Muss für die Planung eines Alaska- oder Nationalparkbesuchs sowie für Reservierungen. Zudem sind hier detaillierte Broschüren über den Steese, Elliot, Taylor und Denali Hwy erhältlich.

Department of Fish & Game Office (907-459-7206; www.adfg.alaska.gov; 1300 College Rd)

Fairbanks Convention & Visitors Bureau (907-456-5774; www.explorefairbanks.com; 101 Dunkel St; Mitte Mai–Mitte Sept. 8–21 Uhr, Mitte Sept.–Mitte Mai 8–17 Uhr)

An- & Weiterreise

Alaska Airlines (800-252-7522; www.alaskaair.com) fliegt direkt nach Anchorage, wo es täglich Flüge in das übrige Alaska, in die Lower 48 und nach Übersee gibt. Delta und Alaska fliegen direkt nach Seattle. In den Busch kommt man mit **Ravn Alaska** (907-266-8394; www.flyravn.com), **Warbelow's Air Ventures** (907-474-0518; www.warbelows.com; 3758 University Ave S) oder **Wright Air Service** (907-474-0502; www.wrightairservice.com; 3842 University Ave).

Die **Alaska Railroad** (800-544-0552, 907-265-2494; www.alaskarailroad.com) startet von Mitte Mai bis Mitte September täglich um 8.15 Uhr in Fairbanks und ist um 12.00 Uhr im Denali National Park & Preserve (Erw./Kind 77/39 US$), um 16.40 Uhr in Talkeetna (Erw./Kind 147/74 US$), um 18.15 Uhr in Wasila (Erw./Kind 249/125 US$) und um 20 Uhr in Anchorage (Erw./Kind 249/125 US$). Der **Bahnhof** (800-544-0552; www.alaskarailroad.com; 1031 Alaska Railroad Depot Road; 6.30–14.30 Uhr) liegt am südlichen Ende der Danby St. Die Red-Line-Busse von **MACS** (Metropolitan Area Commuter Service; 907-459-1010; http://fnsb.us/transportation/Pages/MACS.aspx) pendeln zum Bahnhof.

Hawaii

Inhalt ➡

Gut essen

➡ Hy's Steakhouse (S. 1221)

➡ Umekes Fishmarket Bar & Grill (S. 1224)

➡ Frida's Mexican Beach House (S. 1231)

Schön übernachten

➡ Halekulani (S. 1220)

➡ Four Seasons Resort Hualalai (S. 1226)

➡ Royal Grove Hotel (S. 1220)

➡ Hanalei Dolphin Cottages (S. 1235)

Auf nach Hawaii!

Fotos dieser im kobaltblauen Pazifik gelegenen Inseln sind einfach traumhaft, ohne dass man sie für Kataloge noch aufhübschen müsste. Sie zeigen die Vielfalt der Natur in ihrer herrlichsten Form, von Vulkanen über Regenwaldwasserfälle bis hin zu aquamarinblauen Buchten. Ob beim Surfen, Schwimmen, Angeln oder Picknick mit der *'ohana* (Großfamilie und Freunde), die Begegnung mit der Natur ist von *aloha 'aina* – Liebe und Respekt für das Land – durchdrungen.

Jenseits der Postkartenbilder bewahrt Hawaii stolz seine multikulturelle Identität, unabhängig vom US-Festland. Spam, Shave-Ice, Surfen, Ukulele- und Slack-Key-Gitarrenmusik, Hula, Pidgin, Aloha-Shirts und *rubbah slippah* (Flip-Flops) sind nur einige der Bausteine des täglichen Lebens im Inselstil. Alles hier fühlt sich locker, unaufdringlich und lässig an. Hier ist jeder willkommen, ob surfende Globetrotter, frisch verheiratete Paare in den Flitterwochen oder große Mehrgenerationen-Familien mit lebhaften Kindern.

Reisezeit

Honolulu

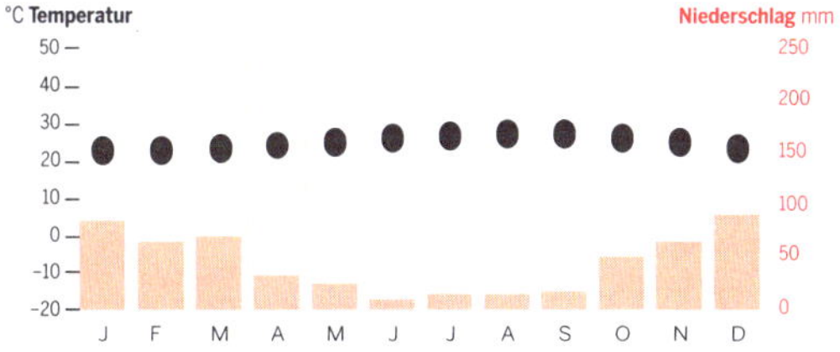

Dez.–April & Juni–Aug. Höchste Preise; Hauptsaison für Touristen, Surfer und Walbeobachter.

Mai & Sept. Zwischensaison; meist sonnig und wolkenlos.

Okt. & Nov. Trocken und heiß; weniger Besucher und günstigere Unterkünfte.

Highlights

❶ **Kaua'i** (S. 1233) An der beeindruckenden Na Pali Coast entlangwandern und anschließend in der herrlichen Hanalei Bay abhängen

❷ **Maui** (S. 1230) Auf dem Hana Hwy an der Küste an schwarzen Sandstränden und Regenwaldwasserfällen vorbeikurven

❸ **Haleakalā National Park** (S. 1233) Die Morgendämmerung über dem „Haus der aufgehenden Sonne" erleben

❹ **Pearl Harbor** (S. 1221) Die gesunkene USS *Arizona* besichtigen, eine dramatische Erinnerung an die strategische Bedeutung der Inseln im Pazifik

❺ **Waimea Canyon** (S. 1235) Anspruchsvolle Wanderungen zu von vulkanischen Felsformationen umgebenen Wasserfällen unternehmen

❻ **Mauna Kea** (S.1227) Auf dem Gipfel von Hawaiis höchstem Berg auf Big Island die Sterne bewundern

❼ **Wailua River** (S. 1234) Auf dem heiligen Fluss mit dem Kajak zu Wasserfällen mit Badeteichen paddeln

❽ **Kohala Mountain Road** (S. 1229) Einen kleinen Roadtrip in die ausgedehnten Weiten von Big Island unternehmen

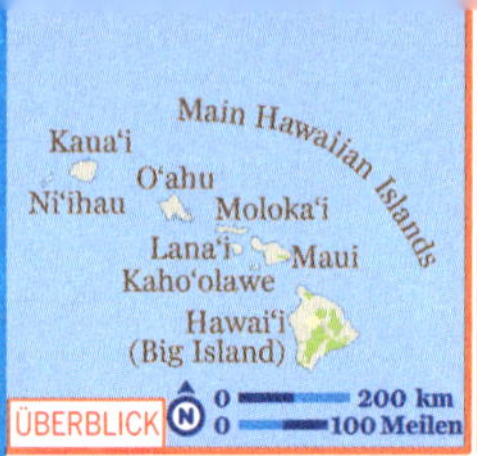

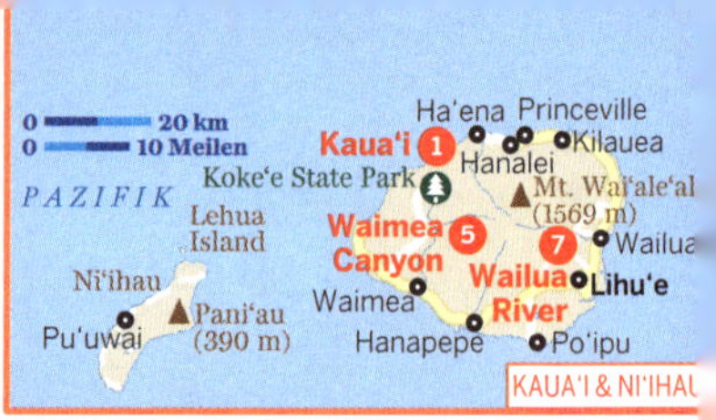

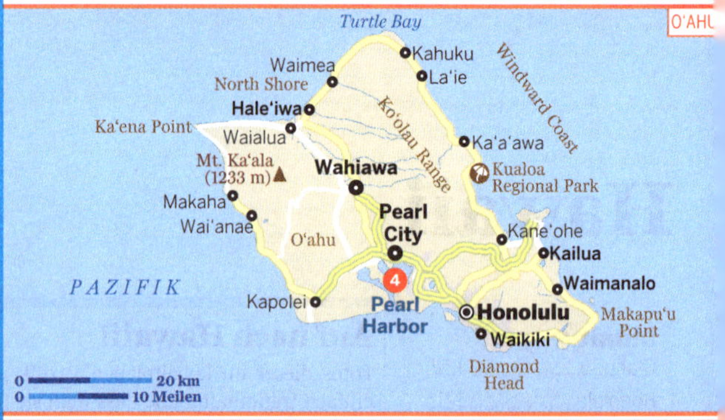

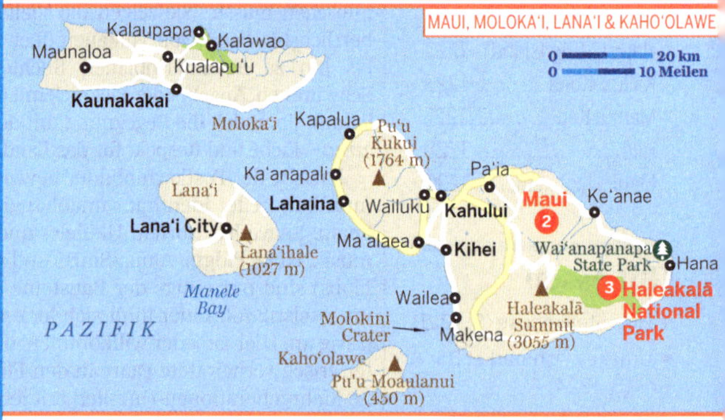

Geschichte

Hawaiis Entdeckung und Besiedlung ist eine der Sagen der Menschheit, die mit der Ankunft der Polynesier begann, die ihren Weg zu den winzigen Inseln – den abgelegensten der Welt – mitten im größten Ozean der Welt fanden. Es verging fast ein Jahrtausend, bis die westlichen Entdecker, Walfänger, Missionare und Unternehmer mit ihren Schiffen eintrafen. Während des turbulenten 19. Jhs. kamen Einwanderer aus der ganzen Welt, um auf Hawaiis Plantagen zu arbeiten. 1893 wurde die Monarchie, die Kamehameha der Große gegründet hatte, gestürzt, womit der Weg für die US-amerikanische Annektierung geebnet war.

Sprache

Auf Hawaii gibt es zwei Amtssprachen: Englisch und Hawaiisch. Die mehrsilbigen Wörter mit vielen Vokalen des Hawaiischen sehen vielleicht ein bisschen entmutigend aus, aber die Aussprache ist ziemlich eindeutig, und mit etwas Übung bekommt man das bald problemlos hin. Zusätzlich gibt es eine inoffizielle Sprache, das Pidgin (früher „Hawai'i Creole English" genannt) mit einem entspannten, beschwingten Akzent und einem bunten Wortschatz, das die Alltagssprache durchsetzt.

Das Satzzeichen *'okina* (') ist der Knacklaut der hawaiischen Sprache und bestimmt die Aussprache und die Bedeutung der Wörter. In diesem Führer bezieht sich Hawai'i (mit *'okina*) auf die Insel Hawai'i (Big Island), auf das alte Volk Hawai'i und das Königreich Hawai'i vor der Verstaatlichung. Hawaii (ohne *'okina*) meint das US-Territorium, das 1959 ein amerikanischer Bundesstaat wurde.

Allerdings entscheidet in Hawaii jede Organisation selbst, ob sie das *'okina* verwendet oder nicht – so z.B. die University of Hawai'i in Manoa.

O'AHU

O'ahu ist ein Angriff auf die Sinne: Da sind tropische Aromen und Temperaturen, türkisfarbenes Wasser, ein Kaleidoskop bunter Fische, grüner Regenwald und die sinnliche Landschaft – und es gibt jede Menge zu unternehmen.

Auf O'ahu, einer Insel mitten im Pazifik sind die Menschen unkompliziert, maßvoll

HAWAII

HAWAII IN ...

... vier Tagen

Wer auf einer Pazifiküberfahrt einen Zwischenstopp in Hawaii einlegt, wird in Honolulu an Land gehen und sollte die paar Tage, die er hat, auf O'ahu verbringen. Wenn nicht gerade Surfen und Sonnenbaden am Waikiki Beach (S. 1218) anstehen, lohnen sich ein Besuch in Honolulus Museen und ein Spaziergang durch Chinatown (S. 1217), eine Wanderung zum Gipfel des Diamond Head (S. 1222) oder ein Schnorcheltrip zur Hanauma Bay (S. 1222).

... einer Woche

Wenn man eine Woche bleiben kann, ist genug Zeit für eine weitere Insel, z.B. Hawai'i (Big Island; S. 1223). Hier kann man an den goldfarbenen Stränden von North Kona (S. 1225) und South Kohala (S. 1226) abhängen, in South Kona (S. 1225) Kaffeeplantagen besichtigen, den höchsten Gipfel des Archipels, den Mauna Kea (S. 1227), erklimmen und im Hawai'i Volcanoes National Park (S. 1229) die Göttin Pele mit einem *aloha* grüßen.

... zwei Wochen

Bei zwei Wochen Zeit sollte man eine dritte Insel besuchen. Auf Kaua'i (S. 1233) stehen Kajaktrips entlang des Wailua River (S. 1234) auf dem Programm, wo man am Fuß eines Wasserfalls im Urwald baden kann, oder eine Wanderung im Waimea Canyon (S. 1235). Alternativ kann man beim Surfen in der Hanalei Bay (S. 1234) einen Hang 10 versuchen und Trecking- oder Paddeltouren an der Na Pali Coast (S. 1235) mit ihren beeindruckenden Klippen unternehmen. Wer sich für Maui (S. 1230) entscheidet, kann die alte Walfängerstadt Lahaina (S. 1231) besuchen, den Sonnenaufgang über dem Vulkankrater im Haleakalā National Park (S. 1233) erleben, von einem Boot aus Wale beobachten, schnorcheln oder tauchen.

und zwanglos, sie versprühen unverfälschtes *aloha* und Lebensfreude. Alle wissen, wie viel Glück sie haben, in diesem Tropenparadies zu wohnen, und O'ahu verteidigt stolz seine eigene Identität gegenüber dem amerikanischen Festland.

Honolulu

Hier in Honolulu, weit weg von den überfüllten Plätzen von Waikiki, bekommt man das wahre Hawaii zu Gesicht. Als ausgelassene polynesische Hauptstadt sorgt Honolulu für die verschiedensten inseltypischen Erlebnisse.

Man futtert sich beispielsweise durch die panasiatischen Straßen von Chinatown, wo sich im 19. Jh. einst Walfänger prügelten und zugewanderte Händler ihre Geschäfte betrieben. Der Blick schweift zum Wahrzeichen Aloha Tower sowie über die Backsteingebäude aus der viktorianischen Zeit, darunter der einzige Königspalast der USA. Man schlendert zum weltweit größten Freiluft-Shoppingcenter bei Ala Moana und kann die beeindruckenden Kunstmuseen der Stadt bewundern.

Am Hafen lässt der Ozean die Palmen rauschen, und in der kühlen, nebelverschleierten Ko'olau Range kann man von Wanderwegen durch den Wald aus postkartenreife Stadtansichten genießen. Bei Sonnenuntergang verspricht ein Spaziergang auf Magic Island Abkühlung, alternativ nimmt man am Ala Moana Beach ein Bad im Pazifik. Zu später Stunde locken Chinatowns interessante Kunst und das Nachtleben.

Sehenswertes & Aktivitäten

Honolulus kompakte Innenstadt liegt nur einen Steinwurf vom Hafen entfernt. Ganz in der Nähe drängen sich in den geschäftigen Straßen der Chinatown Märkte, Antiquitätenläden, Kunstgalerien und hippe Bars. Zwischen dem Zentrum und Waikiki liegt Ala Moana, Hawaiis größte Mall und der beste Strand der Stadt. Der Campus der University of Hawai'i bildet das Tor zum Manoa Valley. Ein paar abgelegenere Sehenswürdigkeiten, etwa das Bishop Museum, lohnen einen Abstecher.

★ **Bishop Museum** MUSEUM
(☎808-847-3511; www.bishopmuseum.org; 1525 Bernice St; Erw./Kind 25/17 US$; ⏲9–17 Uhr; P 👪) Das hawaiianische Pendant zum Smithsonian Institute in Washington, D. C., präsentiert eine bemerkenswerte Reihe kul-

LGBTIQ+-SZENE IN HAWAII

Im Bundesstaat Hawaii gilt ein strenger Minderheitenschutz, und auch die Privatsphäre ist verfassungsrechtlich geschützt – dazu gehören einvernehmliche sexuelle Beziehungen zwischen Erwachsenen.

Die Einheimischen sind im Allgemeinen sehr auf den Schutz ihrer Privatsphäre bedacht, sodass man selten Händchen haltende Paare und Austausch von Zärtlichkeiten in der Öffentlichkeit sieht, ob schwul, lesbisch oder hetero. Das LGBTIQ+-Alltagsleben kocht eher auf kleiner Flamme – man trifft sich eher einmal zu Picknicks und Dinnerpartys als in Nachtclubs. Selbst in Waikiki, dem entspannten Zentrum der örtlichen Schwulenszene, gibt es nur etwa ein halbes Dutzend Bars, Clubs und Restaurants. Trotzdem ist Hawaii ein beliebtes Reiseziel für queere Traveller, auf die ein kleines Netzwerk von Schwulen geführter und schwulenfreundlicher B&Bs, Pensionen und Hotels wartet. Weitere Empfehlungen zu Unterkünften, Stränden, Veranstaltungen usw. halten die folgenden Websites bereit:

Out Traveler (www.outtraveler.com/hawaii) Kostenlose Online-Reiseberichte für Traveller, die der LGBTIQ+-Gemeinschaft angehören.

Pride Guide Hawaii (www.gogayhawaii.com) Kostenloser Guide zu schwulenfreundlichen Aktivitäten, Unterkünften, Restaurants, zu Nachtleben, Shopping, Festivals, Hochzeiten und mehr.

Hawai'i LGBT Legacy Foundation (http://hawaiilgbtlegacyfoundation.com) Aktuelle News, Tipps und ein Veranstaltungskalender für Schwule und Lesben, hauptsächlich auf O'ahu.

Purple Roofs (www.purpleroofs.com) Online-Verzeichnis von schwulengeführten und schwulenfreundlichen B&Bs, Ferienwohnungen, Pensionen und Hotels.

tureller- und naturgeschichtlicher Exponate. Das Bishop Museum zählt zweifelsohne zu den weltweit besten Museen, die sich der Anthropologie Polynesiens widmen. Ursprünglich zeigte das 1889 zu Ehren von Prinzessin Bernice Pauahi Bishop, einer Nachfahrin der Kamehameha-Dynastie, gegründete Museum ausschließlich hawaiianische und königliche Artefakte, inzwischen aber wird hier die Kultur ganz Polynesiens gewürdigt.

★ Märkte in Chinatown MARKT
(www.chinatownnow.com; 8–18 Uhr) Das quirlige, geschäftliche Leben von Chinatown spielt sich rund um die Märkte und Lebensmittelläden des Viertels ab. Nudelfabriken, Bäckereien und Marktbuden säumen die schmalen Gehwege, auf denen sich Großmütter mit Einkaufswagen und geschäftige Familien drängen, die gerade ihre Alltagsbesorgungen erledigen. Seit 1904 eine Institution ist der **O'ahu Market**, der alle Zutaten im Sortiment hat, die ein chinesischer Koch so brauchen könnte: Ingwerwurzeln, frischen Tintenfisch, Wachteleier, Jasminreis, Thunfischstücke, Spargelbohnen und eingesalzene Quallen. Wer einen Schweinskopf an den Ständen entdeckt, hat sich einen Bubble Tea verdient.

★ 'Iolani Palace PALAST
(808-522-0832; www.iolanipalace.org; 364 S King St; Anlage frei, Galerien im UG Erw./Kind 5/3 US$, Audiotour 20/6 US$, geführte Tour 27/6 US$; Mo–Sa 9–16 Uhr) Kein anderer Ort lässt die Geschichte Hawaiis auf ergreifendere Weise spürbar werden. Der Palast wurde 1882 unter König David Kalakaua erbaut. Zu dieser Zeit folgte die hawaiische Monarchie häufig dem diplomatischen Protokoll der viktorianischen Welt. Der König reiste ins Ausland, traf sich mit anderen Herrschern und empfing seinerseits ausländische Botschafter. Obwohl der Palast für seine Zeit äußerst modern und opulent war, konnte er zur Erhaltung der Souveränität von Hawaii am Ende nichts beitragen: Vor allem US-amerikanische Geschäftsinteressen führten 1893 schließlich zur Abschaffung des Königsreichs.

Blue Hawaiian Helicopters RUNDFLÜGE
(800-745-2583, 808-871-8844; www.bluehawaiian.com; 99 Kaulele Pl; Touren 230–570 US$) Dies ist vielleicht die interessanteste Aktivität, die man auf O'ahu unternehmen kann. Der 45-minütige Blue-Skies-of-O'ahu-Flug führt über Honolulu, Waikiki, Diamond Head, Hanauma Bay und die gesamte Windward Coast, dann über die North Shore, das Zentrum von O'ahu und Pearl Harbor. Alle Informationen, darunter Videoclips, finden sich auf der Website. Weit im Voraus buchen!

Schlafen

Hostelling International (HI) Honolulu HOSTEL $
(808-946-0591; www.hostelsaloha.com; 2323a Seaview Ave, Universitätsviertel; B/Zi. 28/66 US$; Rezeption 8–12 & 16–24 Uhr; P @) Das gepflegte, kleine Haus in einer ruhigen, abgelegenen Wohnstraße nahe des UH Manoa-Campus, nur eine kurze Busfahrt von Waikiki entfernt, bietet nach Geschlechtern getrennte Schlafsäle und schlichte Zimmer mit Ventilatoren. Hier übernachten viele Studenten auf Wohnungssuche, darum ist das Haus häufig voll. Es gibt eine Küche, einen Waschraum, Spinde und zwei kostenlose Parkplätze.

Aston at the Executive Centre Hotel HOTEL $$
(855-945-4090; www.astonexecutivecentre.com; 1088 Bishop St, Downtown; Zi. ab 239 US$; @) Honolulus einziges Hotel in der Innenstadt ist auf Geschäftsreisende und Gäste mit längeren Aufenthalten ausgelegt. Die großen, modernen Suiten haben Kochnischen, die Apartments mit einem Schlafzimmer sogar eine komplette Küche sowie Waschmaschine und Trockner. Ein Fitnesscenter, ein beheiztes Sportbecken und das im Preis inbegriffene kontinentale Frühstück runden die Spitzenklasse-Annehmlichkeiten ab. Das Haus befindet sich in der Nähe der Restaurants der Innenstadt und Chinatowns.

Essen

★ Tamura's Poke SEAFOOD $
(808-735-7100; www.tamurasupermarket.com/daily-poke-menu; 3496 Wai'alae Ave, Kaimuki; Poke 9–12 US$; Mo–Sa 9.30–21, So bis 20 Uhr; P) Den wohl besten *poke* der Insel gibt es im unscheinbar aussehenden Tamura's Fine Wines & Liquors in der Wai'alae Rd. Gleich hinter dem Eingang geht man rechts zur *poke*-Ecke und lässt den Anblick erst einmal auf sich wirken. Der „Spicy Ahi" und der geräucherte Marlin sind wirklich zum Niederknien. Vor dem Kauf darf gern probiert werden.

Sadie's BBQ Inn KOREANISCH $$

(☎808-454-4488; http://sadiesbbqinn.com; 850 Kamehameha Hwy, Pearl City; Hauptgerichte 14–19 US$; ⏲10–21 Uhr) Sadie's ist ein nettes, einheimisches Lokal im Pearl City Shopping Center, das sich auf authentische koreanische Küche spezialisiert hat. Die Auswahl leckerer Gerichte umfasst Loco Moco, Chicken Katsu (jeweils 13,95 US$) und gedünstetes Kalbi (24,95 US$), die alle in großzügigen Portionen serviert werden. Nette rote Nischen säumen den Essbereich, und an einem Take-out-Fenster kriegt man auch etwas zum Mitnehmen. Man hat die Wahl zwischen den Tagesangeboten von einer handgeschriebenen Tafel oder verschiedenen Banchan (kleinen Gerichten).

Ausgehen & Nachtleben

★ **La Mariana Sailing Club** BAR

(☎808-848-2800; www.lamarianasailingclub.com; 50 Sand Island Access Rd, Greater Honolulu; ⏲11–21 Uhr) Zeitschleife! Wer sagt denn, dass alle tollen Tiki-Bars vor die Hunde gegangen sind? In dem frechen, kitschigen Laden aus den 1950er-Jahren an der Lagune tummeln sich Jachtbesitzer und leidgeprüfte Einheimische. Die klassischen Mai Tais sind genauso gut wie die anderen tropischen Getränke, komplett mit Tiki-Rührstäbchen und Schirmchen. Draußen am Wasser lässt es sich herrlich von einem Segeltörn nach Tahiti träumen.

★ **Tea at 1024** TEEHAUS

(☎808-521-9596; www.teaat1024.net; 1024 Nu'uanu Ave, Chinatown; ⏲Mi–Fr 11–13, Sa & So Einlass um 11, 13 & 15 Uhr) Der Teesalon versetzt Gäste zurück in eine andere Zeit. Zum Tee nach Wahl gibt es delikate Sandwiches, Scones und Kuchen, während man durchs Fenster entspannt das geschäftige Treiben in Chinatown beobachten kann. Sogar an Hüte ist gedacht, um dem Ambiente zu entsprechen. Das Tagesmenü kostet ab 24,95 US$ pro Person – man sollte unbedingt reservieren.

Praktische Informationen

In den Ankunftsbereichen der Flughäfen befinden sich Informationsschalter für Traveller. Beim Warten am Gepäckband kann man die kostenlosen Touristenbroschüren und Magazine durchblättern, in denen Rabattcoupons für Aktivitäten, Touren, Restaurants etc. zu finden sind.

Auf der Website des Hawaii Visitors & Convention Bureau (☎800-464-2924; www.gohawaii.com) finden sich viele Informationen in mehreren Sprachen, die bei der Reiseplanung helfen.

Anreise & Unterwegs vor Ort

Die meisten Besucher erreichen O'ahu über den Honolulu International Airport.

Honolulu ist das Tor zu Hawaii. Hier landen Flugzeuge aus größeren nordamerikanischen Städten sowie aus Asien und Australien. Außerdem gibt es ein Zentrum für den Flugverkehr zwischen den Inseln.

Der **Honolulu International Airport** (HNL; ☎808-836-6411; www.airports.hawaii.gov/hnl; 300 Rodgers Blvd; 📶), O'ahus wichtigster Verkehrsflughafen, liegt etwa 9,6 km nordwestlich vom Zentrum Honolulus und 14,5 km nordwestlich von Waikiki. Der Flughafen wird von der örtlichen Regierung geleitet, darum wirkt er leicht archaisch: Die Einkaufsmöglichkeiten sind begrenzt, und die Konzessionen zum Verkauf von Lebensmitteln sind anscheinend schwer zu ergattern, aber in den Gate-Bereichen gibt es immerhin große Sitzgelegenheiten, die nicht durch Läden ersetzt wurden. Es gibt sogar einen wunderschönen und größtenteils unbekannten tropischen Garten draußen bei Gate 49. Man kann beim Warten auf seinen Flug also an einer Plumeria schnuppern, statt Fast Food zu futtern.

Öffentliche Verkehrsmittel gibt's angenehm viele. Mit dem Bus gelangt man in fast alle Teile von O'ahu, aber um die Insel genau zu erkunden und Sehenswürdigkeiten abseits der ausgetretenen Pfade zu besichtigen, braucht man eigene vier Räder.

Waikiki

Waikiki, einst ein königlicher Rückzugsort, ist heute zum Paradies für Pauschalurlauber geworden. Der berühmte Sandstrand vor einer Kulisse aus Hochhäusern und Resorts pulsiert geradezu im Rhythmus hawaiischer Musik. In dem Dschungel aus modernen Hotels und Einkaufszentren ist erstaunlicherweise noch immer ein Hauch von Hawaiis Vergangenheit zu spüren, ob beim Gesang von Hula-Tänzern am Kuhio Beach oder beim Wellenreiten, dem Vermächtnis des Goldmedaillengewinners Duke Kahanamoku.

Nach der Surfstunde bei einem braun gebrannten Surflehrer erholt man sich gemütlich an einem von Waikikis goldenen Sandstränden. Bevor die Sonne dann schließlich hinter dem Horizont versinkt, hüpft man auf einen Katamaran und segelt in Richtung Diamond Head davon. Man schlürft einen Mai Tai bei Sonnenuntergang und lässt sich von den melodischen Klängen der Slack-Key-Gitarre bezirzen, dann mischt man sich unter die Einheimischen, von denen viele diesen Ort zu ihrem Lebensmittelpunkt gemacht haben und nach Feierabend ebenfalls hier feiern.

Sehenswertes

Klar, der Strand ist die Hauptattraktion, aber Waikiki bietet auch historische Hotels, interessante öffentliche Kunst, tolle Zeugnisse hawaiischer Geschichte und sogar einen Zoo und ein Aquarium.

★ Royal Hawaiian Hotel HISTORISCHES GEBÄUDE

(808-923-7311; www.royal-hawaiian.com; 2259 Kalakaua Ave; Führung Di & Do 13 Uhr) GRATIS Mit seinen maurischen Türmchen und Torbogen erinnert dieses wunderbar restaurierte Art-Deco-Wahrzeichen von 1927, auch „Pink Palace" genannt, an die Zeit, als Rudolph Valentino *das* romantische Idol war und die Touristen noch mit dem Luxusliner von Matson Navigation auf die Insel kamen. Die Gästeliste liest sich wie das *Who's who* der Top-Prominenz, vom Hochadel bis zu den Rockefellers und Stars wie Charlie Chaplin und Babe Ruth. Bei den Führungen werden Architektur und Geschichte der Grande Dame erläutert.

Kuhio Beach Park STRAND

(abseits der Kalakaua Ave;) Dieser Strand lässt keinen einzigen Wunsch offen: Es gibt geschützte Schwimmbereiche, Fahrten mit Auslegerkanus und sogar eine kostenlose Hula- und Musik-Show bei Sonnenuntergang. Beim **Waikiki Beach Center** (abseits der Kalakaua Ave) in der Nähe der Polizeidienststelle, gibt's Sanitäranlagen, Außenduschen, eine Snackbar und Stände, die Strandutensilien verleihen. Hier befinden sich auch die **Kuhio Beach Surfboard Lockers** (abseits der Kalakaua Ave, Kuhio Beach Park), eine kultige Lagerstätte für die Boards der einheimischen Surfer. Die weltbekannten Surfbreaks **Canoes** (Pops) liegen direkt vor der Küste – man kann stundenlang den Surfern beim Wellenreiten zusehen.

★ Queen's Surf Beach STRAND

(Wall's; abseits der Kalakaua Ave, Kap'iolani Beach Park;) Der nach dem berühmten Surfbreak benannte Strand gleich südlich des Kuhio Beach eignet sich hervorragend für Familien, da die Wellen selten hoch werden, aber sie reichen zum Bodyboarden – ältere Kinder sind also stundenlang beschäftigt. Der Abschnitt vor dem Pavillon am Südende des Strandes ist ein beliebter Schwulentreff.

★ Wizard Stones of Kapaemahu STATUE

(abseits der Kalakaua Ave, Kuhio Beach Park) Bei den vier ganz gewöhnlich aussehenden Felsbrocken neben der Polizeistation am Waikiki Beach Center handelt es sich um die legendären Wizard Stones of Kapaemahu, welche das Mana (spirituelle Kraft) von vier Magiern enthalten sollen, die um 400 n.Chr. von Tahiti nach O'ahu kamen. Überlieferungen zufolge halfen sie den Inselbewohnern bei Leiden und Schmerzen und wurden für ihre Taten weithin berühmt. Als die Magier fortzogen, stellten die Inselbewohner an deren einstiger Wohnstätte die vier Felsen als Ehrenmal auf.

Aktivitäten

★ O'ahu Diving TAUCHEN

(808-721-4210; www.oahudiving.com; Trips mit 2 Tauchgängen für Anfänger 145 US$) Spezialist für erste Tauchversuche für Anfänger ohne Tauchschein, außerdem Tiefwassertauchen vom Boot aus vor der Küste und PADI-Auffrischungskurse für alle, die bereits einen Schein und etwas Taucherfahrung haben. Die Abfahrt erfolgt an verschiedenen Stellen bei Waikiki.

Snorkel Bob's SCHNORCHELN

(808-735-7944; www.snorkelbob.com; 700 Kapahulu Ave; Schnorchelausrüstung ab 9 US$/Woche; 8–17 Uhr) Verleiht sämtliche Ausrüstung. Die Preise hängen von der Qualität der Schnorchelausrüstung und den Extras ab, aber es gibt ausgezeichnete Wochenermäßigungen, und man kann online reservieren. Es ist sogar möglich, die Ausrüstung auf O'ahu auszuleihen und sie in einer Filiale von Snorkel Bob's auf einer anderen Insel zurückzugeben!

HAWAII FÜR KINDER

Wer in Hawaii mit Kindern unterwegs ist, braucht sich nicht allzu viele Sorgen zu machen, solange die Kinder ordentlich mit Sonnencreme eingeschmiert sind. Die Temperaturen an den Küsten fallen selten unter 18 °C, und die Entfernungen für Autofahrten sind recht kurz. Man sollte sich nur nicht zu viel vornehmen, besonders wenn man zum ersten Mal in Hawaii ist. Am besten lässt man es ruhig und langsam angehen und genießt die Zeit!

Schlafen

Die wichtigste Strandpromenade von Waikiki, die Kalakaua Ave, ist gesäumt von Hotels und ausgedehnten Resorts. Einige davon sind echte Schönheiten mit historischem oder individuellem Flair, die meisten richten sich allerdings an Pauschalurlauber.

Etwas weiter weg vom Strand in den Nebenstraßen von Waikiki findet man auch einladende kleinere Hotels, von denen viele das ganze Jahr über erschwingliche Preise haben. In Erwägung ziehen sollte man auch die unzähligen Ferienwohnungen, teilzeitvermieteten Wohnungen und Apartments, die auf Airbnb (www.airbnb.com) etc. angeboten werden.

★ Royal Grove Hotel HOTEL **$**
(808-923-7691; www.royalgrovehotel.com; 161 Uluniu Ave; Zi./Suite pro Nacht ab 115/550 US$;) Keine Extras, aber reichlich *aloha* zeichnen dieses kitschige, bonbonrosafarbene Hotel mit sechs Stockwerken aus, das so viele wiederkehrende „Snowbirds" anlockt, dass es im Winter ohne Reservierung kaum möglich ist, ein Zimmer zu ergattern. Die Zimmer im Retromotel-Stil im Hauptflügel sind schlicht, haben aber Balkone. Alle Zimmer verfügen über eine Küchenzeile. In der Nebensaison lohnt es sich, nach ermäßigten Wochenpreisen zu fragen! Tolle Budgetoption.

Waikiki Central Hotel HOTEL **$$**
(808-922-1544; www.waikikicentral.com; 2431 Prince Edward St; Zi. 139-169 US$; P) Man darf diesen sechsstöckigen Apartmentkomplex aus den 1970er-Jahren nicht nach seiner langweiligen Hülle beurteilen. In diesem preiswerten Hotel befinden sich kompakte, aber freundliche Zimmer mit Küchenzeilen, die frisch und modern wirken.

★ Halekulani RESORT **$$$**
(844-873-9424; www.halekulani.com; 2199 Kalia Rd; Zi. 530-960 US$, Suite 1160–1860 US$; P @) Das familienbetriebene Resort mit moderner Eleganz wird seinem Namen gerecht, der übersetzt „himmelsgleiches Haus" bedeutet. Hier übernachtet man nicht einfach nur, sondern genießt allumfassend die mondäne Atmosphäre. Sobald man die kühlen Steinfliesen der Lobby betritt, wird man eine meditative Ruhe empfinden. Das Design ist am blauen Pazifik orientiert, und der Trubel von Waikiki wird einfach ausgesperrt. Keine Resortgebühr.

Surfjack Hotel & Swim Club BOUTIQUEHOTEL **$$$**
(808-923-8882, Reservierungen 855-945-4082; www.surfjack.com; 412 Lewers St; Zi. 275–570 US$;) Wer auch Jahre nach *Mad Men* noch von Don Draper träumt, der wird dieses zehnstöckige Hotel im Retro-Stil lieben. Hier wird der Luxus der frühen 1960er-Jahre wiederbelebt, den es vielleicht gar nicht wirklich gegeben hat, aber wenn doch, wäre es cool gewesen. Die Zimmer in dem Vintage-Gebäude umgeben einen Innenhof mit Pool, verfügen alle über Balkone und sind mit Möbeln im Mid-Century-Stil eingerichtet, die die eigenen Eltern wahrscheinlich entsorgt hätten.

Essen

★ Rainbow Drive-In HAWAIISCH **$**
(808-737-0177; www.rainbowdrivein.com; 3308 Kanaina Ave; Gerichte 4–10 US$; 7–21 Uhr;) Wer nur ein einziges klassisch-hawaiisches Mittagslokal besuchen kann, der sollte dieses ansteuern. Ein Imbiss in dem berühmten Drive-In in bunten Neonfarben ist wie eine Reise in eine andere Zeit. Bauarbeiter, Surfer und schlaksige Teenager bestellen an der Imbisstheke bodenständige Klassiker wie Burger, gemischte Teller, *loco moco* und Arme Ritter aus portugiesischem Brot. Beliebt ist auch das Hamburger-Steak.

Tonkatsu Ginza Bairin JAPANISCH **$$**
(808-926-8082; www.pj-partners.com/bairin; 255 Beach Walk; Hauptgerichte 15–36 US$; So–Do 11–21.30, Fr & Sa bis 22.30 Uhr) Warum für ein perfektes *tonkatsu*-Kotelett nach Tokio reisen, wenn man diese Leckerbissen aus perfekt frittiertem Schweinefleisch auch direkt hier in Waikiki bekommt? Schon seit 1927 serviert die Betreiber-Familie *tonkatsu* in ihrem Restaurant in Tokios Viertel Ginza. Aber in diesem weit entfernten Ableger ist das japanische Schnitzel genauso gut. Trotz des Namens gibt es auch tolles Sushi, Reisgerichte und vieles mehr.

MAC 24/7 AMERIKANISCH **$$**
(808-921-5564; www.mac247waikiki.com; 2500 Kuhio Ave, Hilton Waikiki Beach; Hauptgerichte 9–35 US$; 24 Std.;) Es ist 3 Uhr nachts und ein furchtbares Hungergefühl kommt auf? Da sollte man der Versuchung widerstehen, einen kalten Burger für 25 US$ beim Roomservice zu bestellen (falls es den gibt), und lieber den besten Nacht-Diner Waikikis aufsuchen. Der Gastraum präsentiert sich in einer gewagten Stilmischung (um die Sinne

für die Speisekarte zu schärfen), und tagsüber blickt man in einen hübschen Garten. Die Gerichte – und die Preise – sind überdurchschnittlich.

Hy's Steakhouse STEAK $$$
(☎808-922-5555; www.hyswaikiki.com; 2440 Kuhio Ave; Hauptgerichte 40–95 US$; ⏲17–22 Uhr)
Das Hy's ist so *oldschool*, dass man fast Tintenfässchen auf den Tischen erwartet. Das traditionelle Steakhaus verfügt über eine zeitlose Einrichtung aus altem Leder und Holz. Aber schließlich kommt es nicht darauf an, ob man vor dem inneren Auge Frank und Dean an einem Tisch sitzen sieht – im Hy's dreht sich alles um Steaks, und die sind super.

Ausgehen & Unterhaltung

Beach Bar BAR
(☎808-922-3111; www.moana-surfrider.com; 2365 Kalakaua Ave, Moana Surfrider; ⏲10.30–22.30 Uhr)
Waikikis beste Strandbar liegt unmittelbar an einem ausgesprochen hübschen Strandabschnitt. Die besondere Atmosphäre versprühen das historische Hotel **Moana Surfrider** (☎808-922-3111; www.moana-surfrider.com; 2365 Kalakaua Ave; ⏲Führungen Mo, Mi & Fr 11 Uhr) GRATIS und sein riesiger Banyanbaum. Tagsüber und abends kann man hier wunderbar die Passanten, Sonnenanbeter und Surfer beobachten. Auf einer Insel mit mittelmäßigen Mai Tais ist die hiesige Version eine der besten auf O'ahu. Zwar ist hier immer viel los, aber es herrscht ein ständiges Kommen und Gehen, sodass man nicht lange auf einen freien Tisch warten muss. Meistens gibt's Live-**Unterhaltung** (☎808-922-3111; www.moana-surfrider.com; 2365 Kalakaua Ave, Moana Surfrider; ⏲10.30–22.30 Uhr).

Hula's Bar & Lei Stand SCHWULENBAR
(☎808-923-0669; www.hulas.com; 134 Kapahulu Ave, 2. Stock, Waikiki Grand Hotel; ⏲10–2 Uhr; 📶)
Diese sympathische Open-Air-Bar ist Waikikis legendärer Schwulentreff und ein klasse Ort, um neue Bekanntschaften zu schließen, Billard zu spielen, ein wenig die Hüften zu schwingen oder ein paar Drinks und die spektakuläre Aussicht auf den Diamond Head zu genießen. Vom luftigen Balkon aus hat man einen tollen Blick auf den Queen's Surf Beach, der bei Sonnenanbetern aus der LGBTIQ+-Szene hoch im Kurs steht.

Anreise & Unterwegs vor Ort

Waikiki ist ein Bezirk der Stadt Honolulu, darum gelten die meisten Reiseinformationen für beide.

Die bunten Busse von **Waikiki Trolley** (☎808-593-2822; www.waikikitrolley.com; Tagespass 25–45 US$, 4 Tage ab 62 US$) bedienen fünf farblich gekennzeichnete Touristen-Routen durch Waikiki, die die wichtigsten Einkaufsbereiche und Sehenswürdigkeiten in Diamond Head, Honolulu und Pearl Harbor abdecken. Die Pässe, mit denen man unbegrenzt fahren kann, sind nicht billig, aber man kann sie an jeder Hotelrezeption erwerben oder online zu einer ermäßigten Gebühr.

Pearl Harbor

Der Schlachtruf aus dem Zweiten Weltkrieg *Remember Pearl Harbor!*, der einst eine ganze Nation mobilisierte, hallt auf O'ahu noch immer dramatisch nach. Hier fand am 7. Dezember 1941 der Überraschungsangriff der Japaner statt, der die USA in den Krieg riss. Jahr für Jahr besuchen ungefähr 1,6 Mio. Menschen die einzigartige Ansammlung von Kriegsdenkmälern und Museen in Pearl Harbor. Sie drängen sich alle um eine stille Bucht, in der einst Austern gezüchtet wurden.

Die ikonische Gedenkstätte über dem Schrein der gesunkenen USS *Arizona* erzählt keine Einzelgeschichte. In der Nähe befinden sich zwei weitere schwimmende historische Stätten: das U-Boot USS *Bowfin*, der „Pearl Harbor Avenger" („Rächer von Pearl Harbor") und das Kriegsschiff USS *Missouri*, auf dem General Douglas MacArthur am Ende des Zweiten Weltkriegs die japanische Kapitulation entgegennahm. Für die USA repräsentieren diese militärischen Denkmäler den Anfang, die Mitte und das Ende des Krieges. Für den Besuch aller drei Gedenkorte sowie des Pacific Aviation Museum sollte man mindestens einen Tag einplanen.

An- & Weiterreise

Der Eingang zum Valor in the Pacific Monument und den anderen historischen Stätten von Pearl Harbor liegt abseits des Kamehameha Hwy (Hwy 99), südwestlich vom Aloha Stadium. Von Honolulu oder Waikiki geht es auf dem H-1 West bis zum Exit 15A (Arizona Memorial/Stadium). Von dort den Ausschilderungen zur Gedenkstätte folgen, nicht denen nach Pearl Harbor (die zur Militärbasis führen)! Kostenlose Parkplätze sind reichlich vorhanden.

Von Waikiki fährt der Bus 42 ('Ewa Beach) fast direkt zweimal stündlich zwischen 6 und 15 Uhr. Die Fahrt dauert etwas mehr als eine Stunde. Die Haltestelle Arizona Memorial befindet sich vor dem Haupteingang des Nationalparks.

Diamond Head

Der Diamond Head, der die spektakuläre Kulisse für den Waikiki Beach bildet, ist eines der bekanntesten Wahrzeichen von Hawaii. Die alten Hawaiianer nannten ihn Le'ahi und bauten auf seinem Gipfel einen *luakini heiau*, einen Tempel für den Kriegsgott Ku, dem hier Menschenopfer dargebracht wurden. 1825 fanden britische Seefahrer in der Gegend funkelnde Kalkspatkristalle und glaubten irrtümlich, auf Reichtümer gestoßen zu sein. Seither wird der Berg Diamond Head genannt.

Die Küste ist von Waikiki leicht zu Fuß zu erreichen, und es gibt einige schöne Strände unterhalb der Küstenstraße und der Aussichtspunkte.

★ Diamond Head State Monument — STATE PARK

(☎ 800-464-2924; www.hawaiistateparks.org; abseits der Diamond Head Rd zw. Makapu'u & 18th Aves; Fußgänger/Auto 1/5 US$; ⏲ 6–18 Uhr, letzter Zugang 16.30 Uhr; 👪) Der erloschene Krater Diamond Head ist heute ein bundesstaatliches Denkmal mit einigen Picknicktischen und einem spektakulären Wanderweg hinauf zu dem 230 m hohen Gipfel. Der Weg wurde 1908 als Zugang zu militärischen Beobachtungsstationen am Kraterrand angelegt.

Diamond Head Lookout — AUSSICHTSPUNKT

(3483 Diamond Head Rd) Von dem kleinen Parkplatz hat man einen tollen Panoramablick auf den **Kuilei Cliffs Beach Park** (3450 Diamond Head Rd) und die Küste hinauf Richtung Kahala. Der Amelia Earhart Marker an der Ostseite des Parkplatzes erinnert an deren Soloflug 1935 von Hawaii nach Kalifornien. Vom **Kaimana Beach** (Sans Souci Beach) in Waikiki aus ist es ein angenehmer Spaziergang von gut 2 km.

Hanauma Bay

Diese weite, geschwungene Bucht mit türkisfarbenem Wasser ist von einem Korallenriff geschützt und von Palmen gesäumt. Ein echtes Schnorchler-Paradies! Besucher kommen auch wegen der Landschaft und des Strandes hierher, aber eigentlich dreht sich alles ums Schnorcheln – und wer noch nie geschnorchelt hat, hat den perfekten Platz fürs erste Mal gefunden.

Die Bucht ist ein Park und Naturschutzgebiet und sehr beliebt – wer also den Massen entgehen will, sollte kommen, sobald der Park aufmacht.

★ Hanauma Bay Nature Preserve — PARK

(☎ 808-396-4229; www.honolulu.gov/parks-hbay/home; 100 Hanauma Bay Road; Erw./Kind unter 13 Jahren 7,50 US$/gratis; Parken 1 US$; ⏲ Nov.–März Mi–Mo 6–18 Uhr, April–Okt. Mi–Mo bis 19 Uhr; 👪) Von einem Aussichtspunkt sieht man durch das kristallklare Wasser die Umrisse des 7000 Jahre alten Korallenriffs, das sich durch die gesamte Bucht erstreckt. Hier tummeln sich ganze Schwärme silbern glitzernder Fische, hier und da entdeckt man leuchtend blaue Papageienfische und manchmal auch Meeresschildkröten, die so an Schnorchler gewöhnt sind, dass sie einem direkt in die Gesichtsmaske starren. Die Fische zu füttern, ist streng verboten.

Marine Educational Center — MUSEUM

(☎ 808-397-5840; http://hbep.seagrant.soest.hawaii.edu; 100 Hanauma Bay Rd; ⏲ Mi–Mo 8–16 Uhr; 👪) 🍃 Hinter dem Kartenschalter am Eingang zum Park befindet sich ein von der University of Hawai'i geleitetes, ausgezeichnetes Bildungszentrum. Die interaktiven und familienfreundlichen Exponate klären die Besucher über die einzigartige Geologie und Ökologie der Bucht auf. Jeder sollte sich das lehrreiche zwölfminütige Video anschauen, das über umweltgerechtes Verhalten beim Schnorcheln informiert. Auf der Website finden sich Links zu einer tollen App zum Schnorcheln in der Bucht.

Bus Nummer 22 pendelt zwischen Waikiki und der Hanauma Bay (50 Min., alle 30–60 Min.). Abfahrt ist in Waikiki zwischen 8 und 16 Uhr (Wochenende & Feiertage 16.45 Uhr). Die Busse zurück nach Waikiki starten in der Hanauma Bay zwischen 10.50 und 17.20 Uhr (Wochenende & Feiertage 17.50 Uhr).

Kailua & Windward Coast

Willkommen an der üppigsten und grünsten Küste O'ahus, wo sich türkisfarbenes Wasser und helle Sandstrände von den dunstigen Felshängen der Ko'olau Range abheben! Auf der Fahrt von Honolulu (nur 20 Min.) über die *pali* (Klippen) ist die erste Station Kailua, ein angenehmer Ort mit einem außergewöhnlichen Strand.

Viele Besucher, die immer wieder hierher kommen, wählen das lässige Dorf als Basis, ob sie nun Kajak fahren oder stehpaddeln

(Stand-up-Paddling; SUP), schnorcheln, tauchen, die Insel erkunden oder einfach nur am Strand faulenzen wollen. Im Süden warten in Waimanalo noch mehr schöne Strände (und gutes Essen). An der Küste in Richtung Norden verengt sich der Kamehameha Hwy zu einer kurvigen, zweispurigen Straße mit spektakulärer Küstenlandschaft auf der einen und kleinen Bauernhöfen, Dörfern und häufig steilen Klippen auf der anderen Seite.

Der Großteil der Inselrundfahrt führt die Küste entlang, auch im nördlichen Teil. Und es ist nicht verwunderlich, wenn man zwischendurch mal auf die Bremse treten und eine Weile bleiben will!

HAWAI'I (BIG ISLAND)

Auf der größten Insel Hawaiis wartet das Abenteuer. Sie ist noch immer ein weites Entdeckerland voll ungeahnter Überraschungen. Hawai'i ist knapp 1 Mio. Jahre alt und damit geologisch gesehen ein Baby. Hier befinden sich die größten und höchsten sowie die einzigen aktiven Vulkane der hawaiischen Inseln. Kilauea auf der Ostseite ist der aktivste Vulkan der Welt und spuckt seit 1983 ununterbrochen flüssige Lava aus. Wer rot glühende Lava sieht, erlebt das Entstehen der Erde – eine beeindruckende und Ehrfurcht einflößende Erfahrung. Vom Meeresboden gemessen ist der Mauna Kea 10 000 m hoch und damit der höchste Berg der Welt. Ebenso groß ist seine Bedeutung als heilige Stätte der Hawaiianer und als bedeutende astronomische Forschungsstätte.

ℹ Anreise & Unterwegs vor Ort

So gut wie alle Besucher kommen mit dem Flugzeug nach Big Island, vor allem vom Honolulu International Airport auf O'ahu. Reisende müssen dann einen Flug zwischen den Inseln zu einem der Hauptflughäfen von Big Island nehmen: zum Kona International Airport in Keahole oder zum Hilo International Airport.

Autovermietung Ein eigener fahrbarer Untersatz ist der beste Weg, um ganz Big Island zu erkunden. Wer ein Abenteuer abseits der ausgetretenen Pfade plant, sollte ein Auto mit Allradantrieb in Betracht ziehen, aber für einfache Sightseeing-Touren ist das nicht nötig.

Bus Es gibt zwar einen öffentlichen Busverkehr, aber der Service ist begrenzt, und wahrscheinlich ist die Fahrt viel zu zeitaufwendig.

Fahrrad Obwohl die Fortbewegung auf der Insel mit dem Fahrrad für sehr fitte, begeisterte Radfahrer möglich ist, ist es kein Kinderspiel, sich von Stadt zu Stadt zu bewegen. Die Wetterbedingungen können sehr schwierig sein, und das Fahren auf Straßen ohne Seitenstreifen für Fahrräder ist oft riskant. In den Städten kann das Fahrrad jedoch eine effiziente und umweltfreundliche Alternative sein.

Resort-Shuttle Einige Hotels und Resorts lassen kostenlose Shuttle-Busse zu den wichtigsten Sehenswürdigkeiten pendeln.

Taxi Die meisten Taxiunternehmen bedienen nur ein begrenztes Gebiet und fahren nicht flächendeckend auf der ganzen Insel.

Kailua-Kona

Man liebt sie oder man hasst sie: Kailua-Kona, auch bekannt als „Kailua", „Kona Town" oder auch einfach nur „Town". Die Stadt an der Hauptstraße Ali'i Dr am Meer bemüht sich sehr, die Gelassenheit eines sonnigen Tropenparadieses heraufzubeschwören. Allerdings wirkt das eher billig und künstlich.

Aber, das muss man zugeben, es ist trotzdem schön hier. Man sollte sich nur etwas Zeit nehmen und mal genauer auf die verschrobene Atmosphäre hinter der Touristenfassade des Ortes achten, in dem zwei scheinbar unvereinbare Kräfte aufeinanderprallen: einerseits Festland-Amerikaner, die auf gemächliches hawaiisches Tempo herunterfahren wollen, andererseits ehrgeizige Insulaner, die den Ort zu einem Inselzentrum aufpeppen möchten. Irgendwie funktioniert das Ganze. Kailua-Kona mag etwas kitschig sein, aber es hat definitiv einen eigenen Charakter.

Sehenswertes & Aktivitäten

★ **Magic Sands Beach** STRAND

(La'aloa Beach Park; Ali'i Dr; ⏲ Sonnenaufgang–Sonnenuntergang; P 🚻) Der kleine, aber wunderschöne Strand (auch White Sands genannt, offiziell heißt er La'aloa Beach) bietet türkisfarbenes Wasser, tolle Sonnenuntergänge, wenig Schatten und wahrscheinlich die besten Bedingungen für Bodysurfing und Bodyboarding auf Big Island. Die Wellen sind gleichmäßig und gerade kräftig genug, um einen über das Wasser in die sandige Bucht zu schubsen (Achtung: An der Nordseite der Bucht gibt es mehr Felsen!). Im Winter kann die Brandung so stark werden, dass der Strand über Nacht komplett weggespült wird – daher der Beiname „Magic Sands". Der Park liegt knapp 6,5 km südlich vom Zentrum Kailua-Konas.

NICHT VERSÄUMEN

KONA COFFEE FARMS

Viele der Führungen auf Kaffeeplantagen sind oberflächliche 15-Minuten-Rundgänge. Die Führung der **Kona Coffee Living History Farm** (808-323-3222; www.konahistorical.org; 82-6199 Mamalahoa Hwy; Führung 1 Std. Erw./Kind 7–17 Jahre 15/5 US$; Mo–Fr 10–14 Uhr; P), geleitet von der Kona Historical Society, die zum Smithsonian Institute gehört, ist anders und tiefgehender. Neben der reinen Information über den Kaffeeanbau bekommt man hier aufschlussreiche Einblicke in das bäuerliche Leben der japanischen Einwanderer in South Kona während einiger Jahrzehnte des 20. Jhs. Heute sieht die Pflanzung wieder so aus wie zu der Zeit, bevor das Land zum Bundesstaat wurde. Die 2 ha große Kaffeefarm gehörte einst der Familie Uchida, die bis 1994 hier lebte.

Three Ring Ranch Exotic Animal Sanctuary NATURSCHUTZGEBIET
(808-331-8778; www.threeringranch.org; 75-809 Keaolani Sbd, Kailua-Kona; empfohlene Spende 50 US$/Pers.; Führungen nach Vereinbarung) Dr. Ann Goody leitet diese Tieraufangstation auf 2 ha oberhalb von Kona. Dies ist kein Zoo und auch kein gewöhnliches Tierheim – Dr. Goody kümmert sich um das leibliche Wohl der Tiere und kommuniziert regelrecht mit ihren Schützlingen, darunter Flamingos, Zebras, Schildkröten und mehr. Besucher dürfen im Rahmen von Führungen das Gelände erkunden, aber es ist zu jedem Zeitpunkt klar, dass es an diesem Ort um die Behandlung und Heilung von Tieren geht, nicht um das Begaffen. Anrufen oder mailen, um zu reservieren!

Jack's Diving Locker TAUCHEN
(808-329-7585; www.jacksdivinglocker.com; 75-5813 Ali'i Dr, Coconut Grove Marketplace, Bldg H; Schnorcheln/Tauchen mit Mantarochen ab 125/175 US$; 8–18 Uhr;) Einer der besten Anbieter von Tauchgängen und Unterricht für Anfänger mit einem umfassenden Angebot für Kinder. Das umweltfreundliche Unternehmen residiert in einem 460 m² großen Gebäude mit Laden, Unterrichtsräumen, einem Flaschenraum und Hawaiis einzigem, 3,65 m tiefem Innen-Tauchbecken. Es werden Tauchgänge vom Boot oder direkt an der Küste sowie abendliches Tauchen mit Mantarochen veranstaltet. Auf vielen Trips können auch Schnorchler mitfahren.

Schlafen

My Hawaii Hostel HOSTEL $
(808-374-2131; www.myhawaiihostel.com; 76-6241 Ali'i Drive; B/Zi. 40/80 US$; P) Das schlichte, saubere, schön renovierte Hostel ist eine willkommene Ergänzung zu der übersichtlichen Auswahl, die Kailua-Kona an Budgetunterkünften zu bieten hat. Der Preis von 40 US$ ist zwar etwas happig für die Schlafsäle, aber günstigere Privatzimmer wird man kaum finden. Allerdings liegt das Hostel etwa 3 km südlich vom Stadtzentrum.

Kona Tiki Hotel HOTEL $$
(808-329-1425; www.konatikihotel.com; 75-5968 Ali'i Dr; Zi. 99–199 US$; P) In diesem dreistöckigen Retro-Hotel, einem originellen, gepflegten Komplex südlich der Innenstadt von Kailua-Kona mit sehr freundlichen Eigentümern, genießen Traveller erschwingliche Ausblicke aufs Meer. Die Zimmer im Motel-Stil sind einfach, aber alle haben einen Kühlschrank und eine zauberhafte *lanai* (Terrasse). Möglichst weit im Voraus reservieren, denn das Hotel ist regelmäßig von nostalgischen Stammkunden ausgebucht!

Essen & Ausgehen

★ **Umekes Fishmarket Bar & Grill** HAWAIIANISCH $
(808-238-0571; www.umekesrestaurants.com; 74-5563 Kaiwi St; Hauptgerichte 8–18 US$; Mo–Sa 11–21, So bis 20 Uhr;) Das Umekes bietet Variationen der klassischen Inselküche an, die einfach Sonderklasse sind. Lokale Zutaten wie Gelbflossen-Thun, würziger Krabbensalat und gepökeltes Waimea-Rindfleisch werden zum Mittagessen mit exzellenten, innovativen Beilagen wie gewürzten Algen und Gurken-Kimchi (zusammen mit reichlich Reis) serviert. Ohne Zweifel, die hiesigen Gerichte gehören zum besten hawaiianischen Essen auf der Insel – und zwar zu sehr anständigen Preisen. In der Stadtmitte befindet sich eine weitere Niederlassung in der 75-143 Hualalai Road, in Ali'i Plaza.

Jackie Rey's Ohana Grill HAWAIIANISCH $$
(808-327-0209; www.jackiereys.com; 75-5995 Kuakini Hwy; Hauptgerichte mittags 13–19 US$, abends 17–39 US$; Mo–Fr 11–21, Sa & So ab 17 Uhr; P) Ein netter Familienbetrieb mit

herrlich kitschiger hawaiianischer Retro-Deko. Zu den gehobeneren Versionen regionaler Gerichte, die hier auf die Tische kommen, gehören mit Guave glasierte Rippchen, in Wasabi gebratener Gelbflossen-Thun und in *mochiko* (Teig aus Reismehl) frittierte Fischstückchen mit lila Süßkartoffeln von der Insel Molokai.

Kona Brewing Company AMERIKANISCH $$
(☎808-334-2739; www.konabrewingco.com; 74-5612 Pawai Place; Hauptgerichte 14–25 US$; ⏲11–22 Uhr; 👪) In der weitläufigen, auf Nachhaltigkeit bedachten Brauereikneipe geht's oft zu wie im Tollhaus, die Kellner sind tiefenentspannt, die Sitze im Freien mit Fackeln beleuchtetet. Die Pizzas tendieren in Richtung Gourmet, wobei der Boden leider mitunter etwas zu weich ausfällt. Da ist man mit den BBQ-Sandwiches und den Fisch-Tacos auf der sicheren Seite. Zugang über den Parkplatz von der Kaiwi St aus.

ℹ Anreise & Unterwegs vor Ort

Sowohl der öffentliche Hele-On-Bus als auch die privat betriebenen Busse von Keauhou und Kona Trolley haben Haltestellen in Kailua-Kona. Die Strecke von Kailua-Kona nach Hilo beträgt 120 km und dauert mindestens eindreiviertel Stunden über die Saddle Rd. 150 km (2 Std.) sind es über Waimea und 200 km (3 Std.) über Ka'u und Volcano.

Um dem schlimmsten Berufsverkehr auf dem Hwy 11 zu entgehen, der von und nach Kailua-Kona führt, kann man auf die Mamalahoa Hwy Bypass Rd ausweichen. Sie verbindet den Ali'i Dr in Keauhou mit der Haleki'i St in Kealakekua, zwischen den Meilen 111 und 112 des Hwy 11.

South Kona Coast

South Kona verkörpert mehr als jeder andere hawaiische Distrikt die vielen geokulturellen Einflüsse Hawaiis, die Big Island ausmachen. Es gibt sowohl trockene Lavawüste an der Kohala Coast als auch feuchten Nebelwald in Puna und Hilo. Einheimische Fischerdörfer existieren friedlich neben den von Festland-Flüchtigen gegründeten Hippie-Kunstgalerien und Ferienwohnsilos, die von Millionären und Immobilienhaien hochgezogen wurden.

Außerdem zählt der rund 20 km lange Abschnitt zwischen Kailua-Kona und der Kealakekua Bay zu den historisch spannendsten Gebieten Hawaiis. Hier vergruben die Angehörigen des alten Hawaiischen *ali'i* (Königshaus) heimlich die Gebeine ihrer Vorfahren, *kapu*- (Tabu-)Brecher versuchten, die von Haien bevölkerten Gewässer zu überwinden und die *pu'uhonua* (Zufluchtsstätte) zu erreichen, und der britische Forschungsreisende James Cook und seine Crew setzten hier zum ersten Mal einen Fuß auf hawaiischen Boden.

ℹ An- & Weiterreise

Die Belt Rd, die rund um die Insel führt, wird in South Kona zum Hwy 11. Auf der kurvigen, manchmal etwas heimtückischen Strecke gibt es zwar nicht viele Haarnadelkurven, aber wer es gewohnt ist, im Flachland zu fahren, muss sich an die Gegebenheiten in den Bergen erst mal gewöhnen.

An manchen Stellen ist der Highway ziemlich schmal. Radfahren ist hier zwar nichts Außergewöhnliches, aber man sollte unbedingt Reflektoren und eine gute Beleuchtung haben. Richtung Süden werden die Meilensteine übrigens abwärts gezählt – das wirkt vielleicht seltsam, da sie auch in North Kona Richtung Norden abwärts gezählt werden, doch offiziell befindet man sich hier unten auf dem Hwy 11 und nicht mehr auf dem Hwy 19. Hin und wieder fährt auch ein Hele-On-Bus (www.heleonbus.org) durch diese Gegend, vor allem morgens und am frühen Abend, wenn die Pendler unterwegs sind, die er vom Resort abholt und dorthin zurückbringt; er lässt Reisende auch unterwegs raus.

North Kona Coast

Wer gedacht hat, dass Big Island nur aus mit Urwald bewachsenen Bergen und weißen Sandstränden besteht, wird an der massiven North Kona Coast mit ihren cremefarbenen Wüsten und den Lavafeldern in Schwarz und Rosttönen sein blaues Wunder erleben. Im wahrsten Sinne – denn immer wieder leuchtet am Horizont der blaue Pazifik, und zwischen den trockenen Steinen blinken wie Jadesplitter einzelne Pflanzen hervor. Biegt man vom Queen Ka'ahumanu Hwy ab und kämpft sich durch diese Lavawüste, kann man an der Küste mit Meeresschildkröten schnorcheln, sich an fast leeren schwarzen Sandstränden in der Sonne aalen und einen kultigen Kona-Sonnenuntergang erleben. An klaren Tagen sind landeinwärts die Vulkane Mauna Kea und Mauna Loa – beide im Winter oft mit Schneekrone – sowie im Vordergrund zwischen den beiden der Mt. Hualalai zu sehen.

North Kona zieht sich über 53 km am Queen Ka'ahumanu Hwy (Hwy 19) entlang, von Kailua-Kona die Küste hinauf bis nach

Kawaihae. 3 km vom Zentrum von Kailua entfernt liegt der Honokohau Harbor.

Schlafen

Die dünn besiedelte Gegend verfügt nur über wenige Unterkünfte; es ist um einiges leichter, ein Resort weiter im Norden (South Kohala) oder eine Pension, eine Ferienwohnung und dergleichen weiter im Süden (Kailua-Kona und South Kona) zu finden. In beiden Fällen ist man höchstens 30 Minuten Autofahrt von North Konas besten Sehenswürdigkeiten entfernt.

★ **Four Seasons Resort Hualalai** RESORT **$$$**
(808-325-8000, 888-340-5662; www.fourseasons.com/hualalai; 72-100 Ka'upulehu Dr; Zi./Suite ab 1065/1790 US$; P ❄ @ ≋) Dieses luxuriöse Resort verdient sich seine Auszeichnungen durch einen Top-Service und seine allgegenwärtige Liebe zum Detail, die sich z. B. in frischen Orchideen in jedem Zimmer, üppigen Gärten und einem Infinitypool mit Meerblick ausdrückt. Manche Zimmer am Pool haben erfrischende Außenduschen aus Lavastein. Der Golfplatz und das Spa sind ausgezeichnet. Im King's Pond kann man mit 75 tropischen Fischarten schnorcheln.

An- & Weiterreise

Der Hele-On-Bus (www.heleonbus.org) fährt mindestens einmal am Tag zu den Resorts in Kohala und durchquert dabei North Kona. Mit dem Auto fährt man von Kailua-Kona Richtung Norden nach North Kona; während der Rushhour (7–9 & 15.30–18 Uhr) kann der Verkehr um den Flughafen allerdings extrem zunehmen. Man kommt auch mit dem Rad hierher (Wasser mitnehmen!). Diese Gegend ist einer der wenigen Abschnitte der Belt Rd, der etwas breiter ist. Die Meilensteine werden auf dem Weg nach Norden *abwärts* gezählt.

South Kohala Coast

Der Queen Ka'ahumanu Hwy (Hwy 19) führt durch öde Lavafelder, aber je näher man dem Ozean kommt, desto mehr kommen smaragdgrüne Golfplätze vor Apartmenthäusern und leuchtend grünblaue Swimmingpools in Sicht. Dies ist die Gold Coast von Big Island – und egal, was man auch von Hotelanlagen halten mag, hier befinden sich auch die schönsten Strände der Region.

Seltsamerweise findet man in South Kohala auch viele althawaiische Sehenswürdigkeiten. Als sie entstanden, war die Küste noch wesentlich dichter bevölkert als heute.

NICHT VERSÄUMEN

DIE STRÄNDE VON NORTH KONA

Makalawena Beach Wer sich nach einem nahezu menschenleeren, malerischen Strand mit weißem, weichem Sand und blaugrün schillerndem Wasser (hellhörig geworden?) sehnt, dem ist „Maks" ans Herz zu legen. Er ist zwar beliebt, aber die vielen idyllischen Buchten absorbieren die Menschenmengen so gut, dass man das Gefühl hat, das Paradies gefunden zu haben. Die nördlichste Bucht ist sandiger und sanfter abfallend, während die südlichste ein (illegaler) FKK-Strand ist. Man kann toll schwimmen, aber man sollte sich vor der rauen Brandung und den Felsen unter Wasser in Acht nehmen. Bodyboarding und Schnorcheln ist auch möglich.

Kua Bay (Manini'owali Beach; www.hawaiistateparks.org; 8–19 Uhr; P) Dies ist ein sichelförmiger Strand mit weißem Sand, glitzerndem türkisfarbenem Wasser, besten Möglichkeiten zum Baden und Bodyboarden und bei ruhiger See auch mit recht guten Bedingungen zum Schnorcheln an der Nordseite der Bucht (bei den großen Felsbrocken). Eine geteerte Straße führt direkt hierher, und daher kann der Strand – auch bekannt als Manini'owali – recht voll werden, vor allem am Wochenende. Wenn man spät kommt, stehen die Autos eine halbe Meile die Straße entlang. Am Parkplatz sind Toiletten und Duschen zu finden.

Honokohau Beach (bei Tageslicht;) Dieser wunderschöne Strand besteht aus einem Mix aus schwarzer Lava, weißen Korallen und Muschelresten; das Wasser ist normalerweise zu trübe zum Schnorcheln, aber sogar vom Ufer aus kann man *honu* (Grüne Meeresschildkröten) sehen. Mehr *limu* (Seegras) futternde *honu* sieht man eventuell an der alten **'Ai'opio-Fischreuse**, neben der ein hawaiianischer **heiau** am Südende des Strandes steht. Im Inland befinden sich **Anchialin-Teiche** – Tümpel mit Brackwasser, die einzigartige Lebensräume für Wassergetier und Pflanzenarten bieten.

In der Region kann man viele Dörfer, *heiau* (Tempel), Fischteiche, Felszeichnungen und historische Wege bewundern – Stätten, die oft für Besucher erhalten wurden.

Das Wasser vor der Küste von South Kohala ist supersauber und reich an Meeresbewohnern – und es ist oft menschenleer. Das Riff fällt hier sanfter ab als an der Kona Coast, darum besteht die Chance, Haie, Delfine, Schildkröten und Mantarochen zu erspähen.

Hier dominieren Hotelanlagen, und Unterkünfte sind teuer. Moderne Ausstattung und Luxusbuden sind die Norm. Man beachte, dass viele Apartments in den Resorts Eigentumswohnungen sind, die häufig über die üblichen Buchungsportale an Kurzzeitbesucher vermietet werden. In Puako ist es üblich, ein ganzes Haus zu mieten, an den Kohala-Stränden gibt es einige Camping-Optionen. Wohnungen findet man auf www.waikoloahawaiivacations.com, www.2papayas.com und www.hawaiis4me.com.

An- & Weiterreise

Die Resorts und Sehenswürdigkeiten von South Kohala liegen nördlich von Kailua-Kona abseits des Hwy 19 – je nachdem welche Hotelanlage man wählt, ist der Ort etwa 40 bis 55 km davon entfernt.

Der Hele-On-Bus fährt die Strecke Pahala–South Kohala montags bis samstags zweimal und sonntags einmal täglich.

Verkehrsstaus um den Flughafen KOA während der Rushhour können die Fahrzeit erheblich verlängern.

Mauna Kea

Der Berg Mauna Kea (White Mountain) wird in der indigenen hawaiischen Kultur Mauna O Wakea (Berg des Wakea) genannt. Big Island gilt als das erstgeborene Kind von Wakea (Himmelsvater) und Papahānaumoku (Erdmutter). Mauna Kea war immer der heilige *piko* (Nabel), der das Land mit dem Himmel verbindet. Für die Wissenschaft wurde der Berg erst im Jahr 1968 richtig interessant, als die University of Hawai'i (UH) begann, das Universum von der Spitze des Berges aus zu beobachten. Der Gipfel ist so hoch, trocken, dunkel und schadstofffrei, dass man von dort aus selbst die entferntesten Stellen des sichtbaren Universums erblicken kann.

Viele Hawaiianer sind gegen die „Golfbälle" auf dem Berg – die weißen Observatorien prägen die Skyline. Sie sind nicht gegen die Wissenschaft, sie glauben nur, dass das unkontrollierte Wachstum die *wahi pana* (heilige Stätten) des Berges bedrohen, darunter *heiau* (Tempel) und Grabstätten. Müll, Vandalismus und Verschmutzung (inkl. giftiges Quecksilber) wurden zum Problem. Man sollte sich also respektvoll verhalten und seinen Müll wieder mitnehmen.

★ Mauna Kea Visitor Information Station TOURISTENINFORMATION (MKVIS; ☎ 808-961-2180; www.ifa.hawaii.edu/info/vis; ⏲ 8–15 Uhr) GRATIS Die kleine MKVIS bietet Großes im Bereich Astronomie sowie Weltraumforschungsvideos und massenweise Poster. Es gibt Informationen zu Geschichte, Ökologie und Geologie des Berges. Angehende Wissenschaftler jedes Alters schwelgen im Geschenkeladen, während das sachkundige Personal dabei hilft, sich an die luftige Höhe von 2800 m zu gewöhnen. Die Website informiert über Sonderveranstaltungen wie Lesungen über Wissenschaft und hawaiische Kultur.

An- & Weiterreise

Von Waimea oder Kona nimmt man die Saddle Road (Hwy 200) oder die neue Umleitung Daniel K Inouye. Von Hilo geht's landeinwärts auf dem Kaumana Dr (Hwy 200) oder der Puainako Extension (Hwy 2000), beide werden später zur Saddle Road. Man sollte immer mit vollem Tank losfahren, da es hier draußen keine Tankstellen gibt. Die Visitor Information Station (MKVIS) und der Gipfel dahinter liegen an der Mauna Kea Access Rd, bei Meilenstein 28 an der Saddle Road. Die MKVIS liegt knapp 10 km bergauf von der Saddle Road, der Gipfel weitere 13 km dahinter. Unter der Nummer 808-935-6268 erfährt man die aktuellen Straßenbedingungen.

Hamakua Coast

Die Hamakua Coast erstreckt sich vom Waipi'o Valley bis nach Hilo und kombiniert raue Schönheit mit üppiger Fruchtbarkeit. Hier brechen sich die tosenden Wellen an den schroffen Klippen, und es gibt tropische Regenwälder und tosende Wasserfälle. Die Farbe Grün bekommt hier eine ganz neue Bedeutung, vor allem im Waipi'o Valley, das man auf dem Rücken eines Pferdes oder im Rahmen einer steilen, spannenden Wanderung erleben kann.

An den Hängen des Mauna Kea pflanzen die Bauern Vanille, Tee, Pilze und andere Kulturen an, was die Landwirtschaft der Insel modernisiert und verändert. Auf den kleinen Farmen gewinnt man einen Einblick in das Inselleben und kann die leckeren heimischen Erzeugnisse kosten. Einst bestimmte der Zuckerrohranbau die Hamakua Coast, es gab viele Hektar große Plantagen, und lange Züge schnauften die Küste entlang und überwanden auf hohen Brücken gewaltige Schluchten. Stimmungsvolle Museen erinnern an diese Ära und machen die „alten Plantagenzeiten" erlebbar. Wer es langsam angehen lässt und auch die Nebenstraßen erkundet, begibt sich auf eine spannende Reise in die Vergangenheit.

Wer die Hamakua Coast auf dem Hwy 19 entlang fahren möchte, braucht unbedingt ein Auto. Honoka'a, die größte Stadt an der Hamakua Coast, liegt ungefähr 80 km von Kailua-Kona und 65 km von Hilo entfernt. Von Kona fährt man etwa 75 Minuten, von Hilo eine Stunde.

Der **Hele-On-Bus** (808-961-8744; www.heleonbus.org; Fahrt Erw./Senior & Student 2/1 US$) zwischen Kona und Hilo hält in vielen Städten entlang der Küste, darunter Honoka'a, Pa'auilo, Laupahoehoe, Hakalau, Honomu und Papaikou. Busse zwischen Kona und Hilo fahren dreimal täglich. Zwischen Hilo und Honoka'a gibt es häufigere Verbindungen. Auf der Website finden sich die Fahrpläne.

Hilo

Kailua-Kona hat vielleicht mehr Besucher, aber Hilo ist das Herz und die Seele von Hawai'i Island. Unter dem täglichen Nieselregen erstreckt sich der fruchtbarste Boden, auf dem eine echte Gemeinschaft und wahrer *aloha*-Geist gedeiht. Hilos Demografie spiegelt immer noch seine Vergangenheit als Zuckerstadt wider, sie ist ein bunter Mix aus gebürtigen Hawaiianern, Japanern, Filipinos, Portugiesen, Puerto Ricanern, Chinesen und Kaukasiern. Die Menschen machen vielleicht einen entspannten Eindruck, aber sie sind ganz schön hart im Nehmen. Niedergeschlagen von zwei Tsunamis, bedroht von der Auslöschung durch die Lavaströme des Mauna Loa, überflutet von der höchsten jährlichen Niederschlagsmenge der USA und immer im Kampf um seinen Anteil an Touristendollars – Hilo weiß, wie man überlebt und Erfolg hat.

Hilo hatte ein Leben, bevor die Traveller kamen, und es ist immer noch erfrischend authentisch. Dennoch bietet es viele Attraktionen in Form von spannenden Museen, einer Innenstadt, die zu Fuß erobert werden kann, zwei quirligen Farmers Markets und Dutzenden alternativen Restaurants. Hilo ist die ideale Basis für Touren in den Hawai'i Volcanoes National Park, zum Mauna Kea, nach Puna und an die Hamakua Coast.

Sehenswertes

★ Lili'uokalani Park PARK

(189 Lihiwai St;) Hilos einfache Freuden lassen sich wunderbar mit einem Picknick im japanischen Garten an der Bucht genießen. Der nach der letzten hawaiischen Königin (reg. 1891–1893) benannte, 12 ha große, staatliche Park wartet mit riesigen Bäumen, perfektem Rasen und idyllischen Brücken über seichten Teichen auf. Bei Sonnenaufgang und -untergang gehen die Einheimischen hier joggen oder machen Power-Walking – man kann aber auch einfach den Ausblick auf den Mauna Kea genießen.

★ Pacific Tsunami Museum MUSEUM

(808-935-0926; www.tsunami.org; 130 Kamehameha Ave; Erw./Kind 6–17 Jahre 8/4 US$; Di–Sa 10–16 Uhr) Nur wer weiß, dass Hilo in seiner Geschichte schon von zwei mächtigen Tsunamis getroffen wurde – 1946 und 1960 – wird diese Stadt wirklich verstehen können. Das auf den ersten Blick eher bescheiden wirkende Museum wartet mit einer enormen Fülle an Informationen auf – so erfahren Besucher beispielsweise auch, wie sich das verheerende Seebeben vor der japanischen Küste im März 2011 auf Kona ausgewirkt hat. Um die Multimedia-Exponate, darunter dramatische Computersimulationen und bewegende Erlebnisberichte, ausreichend würdigen zu können, sollte man für den Besuch genügend Zeit einplanen.

'Imiloa Astronomy Center of Hawai'i MUSEUM

(808-969-9700; www.imiloahawaii.org; 600 'Imiloa Pl; Erw./Kind 5–12 Jahre 19/12 US$; Di–So 9–17 Uhr; P) Das 'Imiloa, das so viel bedeutet wie „neues Wissen erkunden", ist ein 28 US$ Mio. teurer Museums und Planetariumskomplex mit einem ganz besonderen Merkmal: Es stellt die moderne Astronomie auf dem Mauna Kea den vor Urzeiten durchgeführten Seefahrten der Polynesier gegenüber. Das Astronomiezentrum ist eine großartige Familienattraktion und eine logische Ergänzung zu einer Gipfeltour. Im Eintrittspreis ist auch eine Planetariumsshow inbegriffen.

Schlafen

★ Arnott's Lodge HOSTEL, CAMPING $

(☎808-339-0921; www.arnottslodge.com; 98 Apapane Rd; Camping 18 US$/Person, B 35-65 US$, Zi. mit/ohne Bad 92/80 US$, Suite 110 US$; P ⊖ ❄ ☜) Hilos ältestes Hotel ist immer noch ein guter Deal und bietet diverse Unterkünfte in der Nähe vom Onekahakaha Beach. Alle Zimmer und Schlafsäle sind sauber, sicher und komfortabel eingerichtet. Die Deluxe Suite (110 US$) ist besonders angenehm, mit luftiger hoher Decke und einer privaten Küchenzeile. Man kann hier auch campen. Zudem werden **Abenteuertouren** (☎808-339-0921; www.arnottslodge.com; 98 Apapane Rd, Hilo; Führungen 180 US$; ⏲Führungen Mi–Mo) zum Mauna Kea angeboten.

★ Dolphin Bay Hotel HOTEL $$

(☎877-935-1466, 808-935-1466; www.dolphinbayhotel.com; 333 Iliahi St; Studio 109–199 US$; P ⊖ ☜) Das familiengeführte Hotel hat ein treues Stammpublikum. Das ist auch kein Wunder: Die 18 makellosen Apartments, jeweils mit komplett ausgestatteter Küche, besitzen ein gutes Preis-Leistungs-Verhältnis. Das freundliche Personal gibt gern Tipps für den Besuch der Insel und serviert kostenlos Kaffee, Obst und Bananenbrot zum Frühstück. Das Gelände liegt nur fünf Minuten zu Fuß vom Zentrum von Hilo entfernt.

Essen & Ausgehen

★ Suisan Fish Market SEAFOOD $

(☎808-935-9349; www.suisan.com/our-services/fish-market; 93 Lihiwai St; Poke zum Mitnehmen 10–18 US$, Poke pro 0,45 kg 18 US$; ⏲Mo–Fr 8–17, Sa bis 16 Uhr) Ein absolutes Muss für alle, die besonders leckeren, frisch zubereiteten *poke* kosten wollen, der hier pfundweise verkauft wird! Am besten eine Schüssel *poke* und Reis zum Mitnehmen ordern und draußen vor dem Laden oder gegenüber im Lili'uokalani Park verspeisen. Was gibt's Schöneres?

Restaurant Kenichi JAPANISCH $

(☎808-969-1776; www.restaurantkenichi.com; 684 Kilauea Ave; Hauptgerichte 9–19 US$; ⏲Mo–Sa 10–14 & 17–21 Uhr; 👪) Im Kenichi kann man lecker und untouristisch essen: Es gibt japanische Hausmannkost mit großartigen Aromen, freundliches Personal und einen schlichten Speiseraum voller Einheimischer. Besonders empfehlenswert sind Ramen-Schüsseln mit hausgemachtem *dashi* (Brühe), saftige gegrillte *saba* (Makrele), koreanisches Hühnchen ohne Knochen und Rib-Eye-Steak. Aber unbedingt noch Platz lassen für ein nostalgisches Dessert, etwa einen Banana-Cream-Pie!

ABSTECHER

KOHALA MOUNTAIN ROAD

Die wahrscheinlich malerischste Straße auf Big Island ist die Kohala Mountain Rd (Hwy 250). Hier eröffnen sich grandiose Ausblicke auf die Küstenlinie von Kohala nach Kona und die drei majestätischen Vulkane Mauna Kea, Mauna Loa und Hualalai. Man startet am besten in Waimea, fährt an einem Aussichtspunkt vorbei und folgt den Windungen der Halbinsel zwischen grünen Weiden hindurch, bis man schließlich bei Hawi zum Meer hinunterrollt. Hier heißt die Straße übrigens Hawi Rd.

An- & Weiterreise

Die Fahrt von Hilo nach Kailua-Kona (über Waimea) auf dem Hwy 19 ist 150 km lang und dauert etwa zweieinhalb Stunden. Auf der Saddle Road spart man vielleicht 15 Minuten.

Hawai'i Volcanoes National Park

Der Hawai'i Volcanoes National Park (7-Tage-Pass für Auto/Fahrrad oder Fußgänger 25/12 US$) erstreckt sich vom häufig schneebedeckten Gipfel des Mauna Loa, dem gewaltigsten Vulkan der Welt, bis zur Küste, an der sich Lava ins Meer ergießt. Es ist eine Art Mikrokontinent mit üppigen Regenwäldern, Wüsten, aus denen Vulkankegel ragen, Bergwiesen, Küstenebenen und allerlei geologischen Wunderwerken dazwischen.

Sein Herzstück bildet der Kilauea – der jüngste und aktivste Schildvulkan der Erde. Seit 1983 befindet sich die East Rift Zone des Kilauea quasi in einem Dauerausbruch; und obwohl ein aktiver Vulkan einerseits Besucher anzieht, kann er andererseits auch eine geologische Bürde sein. Von Mai bis August 2018 führten anhaltende Ausbrüche zu seismischer Aktivität und Lavaströmen, die den Hawai'i Volcanoes National Park im wahrsten Sinne des Wortes umgestaltet haben (und 700 Häuser zerstörten). Einige Attraktionen wurden auf unbestimmte Zeit geschlossen, aber andere Aktivitäten, darunter die atemberaubende Chain of Craters Road und der größte Teil des Hinterlandes des Parks, bleiben für Besucher geöffnet.

Auf jeden Fall aber wird dieses chaotische Areal ganz hervorragend vom Personal des Nationalparks verwaltet. Vielfältige Bildungsprogramme verbinden gekonnt die Welt der modernen Wissenschaft mit alten Glaubensvorstellungen und Bräuchen. Viele Informationstafeln, sehr sachkundige Wanderführer, eine ganze Reihe gut durchdachte, von Rangern geführte Wanderungen, Programme für lebendige Geschichte sowie eine wöchentliche Vortragsreihe sorgen dafür, dass die Besucher einen direkten Bezug zu dem Park und den Bewohnern Hawai'is bekommen.

Bei diesem US-Nationalpark sollte man sich auf alle Fälle vor dem Besuch über die Bedingungen informieren; aktuelle Informationen gibt es unter www.nps.gov/havo/planyourvisit.

Die zwei mit dem Auto erreichbaren Campingplätze im Park sind außerhalb der Sommermonate relativ leer. Die Nächte können knackig kalt und nass werden. Bei den Campingplätzen gilt: Wer zuerst kommt, mahlt zuerst (mit einem Limit von sieben Nächten). Im benachbarten Volcano Village gibt es die größte Unterkunftsauswahl für alle, die lieber ein Dach über dem Kopf haben.

★ Kilauea Visitor Center & Museum MUSEUM

(808-985-6101; www.nps.gov/havo; Crater Rim Dr; 9–17 Uhr;) Die erste Anlaufstelle sollte das Besucherzentrum sein. Außergewöhnlich hilfsbereite Ranger und Freiwillige (mit einer Engelsgeduld) liefern Informationen zu Vulkanaktivität, Luftqualität, Straßensperren und der Beschaffenheit der Wanderwege und helfen dabei, die Zeit des Besuchs optimal zu nutzen. Die interaktive Ausstellung ist klein, aber familienfreundlich und liefert sogar wissenschaftlich versierten Erwachsenen noch neue Erkenntnisse über das empfindliche Ökosystem des Parks und das hawaiische Kulturerbe. Die wechselnden Filme sind alle ausgezeichnet, und man sollte eines der tollen Aktivitätsbücher des Junior-Ranger-Programms für den Nachwuchs mitnehmen.

Praktische Informationen

Air Quality (www.hawaiiso2network.com) Gibt die aktuelle Luftqualität von neun im Park verteilten Messstationen an.

Hawai'i County Civil Defense (www.hawaiicounty.gov/civil-defense) Informationen über Lavaströme und vulkanische Aktivität.

Trail & Road Closures (www.nps.gov/havo/closed_areas.htm) Aktuelle Infos über Straßen- und Wegsperrungen.

USGS Hawaiian Volcano Observatory (http://hvo.wr.usgs.gov) Aktuelle Infos zur Aktivität des Vulkans Kilauea, zu aktuellen Erdbeben, Wetterbedingungen und Webcams.

Anreise & Unterwegs vor Ort

Zum Park sind es ab Hilo 48 km (45 Min.) und ab Kailua-Kona 150 km (2¾ Std.) auf dem Hwy 11. Die Abzweigungen zum Dorf Volcano liegen ein paar Meilen östlich des Hauptparkeingangs. Bei starkem Regen kann es auf dem Hwy 11 zu Überflutungen, Ausschwemmungen und Sperrungen kommen. Bei längerer Trockenheit können die Mauna Loa Rd und die Hilina Pali Rd wegen Feuergefahr gesperrt werden.

Der öffentliche **Hele-On-Bus** (808-961-8744; www.heleonbus.org; einfache Strecke Erw. 2 US$) startet montags bis samstags fünfmal täglich in Hilo und erreicht etwa 75 Minuten später das Besucherzentrum des Parks. Ein Bus fährt weiter nach Ka'u. Sobald man im Park ist, gibt es keine öffentlichen Verkehrsmittel; per Anhalter zu fahren, ist in allen Nationalparks illegal.

Radler dürfen die asphaltierten Straßen und einige unbefestigte Wege nutzen, u. a. die Escape Rd, aber keine Wanderwege – ob asphaltiert oder nicht.

MAUI

Manche Menschen meinen, man könne eben nicht alles haben. Aber die waren wahrscheinlich noch nie auf Maui, das in Umfragen regelmäßig zur romantischsten Insel der Welt gekürt wird. Und das zu Recht! Mit ihren Stränden, Luxusresorts, der köstlichen Küche, den fantastischen *luau*-Festen (traditionelle hawaiianische Feier mit Festessen) sowie den exzellenten Möglichkeiten zum Whalewatching, Surfen, Schnorcheln und Wandern bietet diese wunderbare Insel alles, was des Urlaubers Herz begehrt.

An- & Weiterreise

Maui hat viele Nonstop-Flüge ab/zu Städten auf dem Festland, darunter Los Angeles, San Diego, San Francisco, Seattle, Dallas, Chicago und Vancouver, BC. Ansonsten fliegen viele über Honolulu.

Kahului International Airport (OGG; 808-872-3830;www.airports.hawaii.gov/ogg; 1

Kahului Airport Rd) Alle transpazifischen Flüge landen auf Mauis Hauptflughafen Kahului. Bei der Gepäckausgabe befindet sich eine Besucherinformation, die jeden Tag von 7.45 bis 22 Uhr geöffnet ist. Neben dem Schalter stehen Regale mit Reisebroschüren.

Kapalua Airport (JHM; ☎808-665-6108; www.airports.hawaii.gov/jhm; 4050 Honoapiilani Hwy) Vom Regionalflughafen südlich von Kapalua in West Maui am Hwy 30 startet die Fluggesellschaft **Mokulele Airlines** (☎866-260-7070; www.mokuleleairlines.com) nach Moloka'i und Honolulu.

Lahaina

Hawaiis historischste Stadt wirkt mit ihren verwitterten Fassaden, engen Straßen und dem quirligen Hafen sowie ein paar geschwätzigen Mynahs (Vögel) wie eine Anlaufstelle für Captain Ahab. Ist das das 21. Jh. oder ein Walfängerdorf aus den 1850er-Jahren? Tatsächlich könnte man es einen Mix aus beidem nennen.

Eingebettet zwischen den West Maui Mountains und dem See war Lahaina lange Zeit ein Konvergenzpunkt. Die alten hawaiischen Royals trafen sich als erste hier, gefolgt von Missionaren, Walfängern und Zuckerplantagenarbeitern. Heute ist die Stadt eine Basis für kreative Köche und passionierte Künstler – sowie engagierte Surflehrer.

Am Hafen drängen sich Ladenfronten aneinander, hinter denen sich früher Saloons, Tanzsäle und Bordelle versteckten, zusammen mit Kunstgalerien, Souvenirshops und natürlich einer großen Zahl von Kneipen. Die Walfänger wurden schließlich durch eine neue Art Jäger von Meeresungeheuern abgelöst: Walbeobachter, die bei ihrer Jagd ebenso engagiert sind wie einst Ahab. Zwischen Januar und März müssen sie nicht lange suchen.

Sehenswertes & Aktivitäten

★ **Banyan Tree Square** PARK
(Ecke Front & Hotel Sts) Das schattenspendende Wahrzeichen (der größte Baum in Hawaii) steht mitten im Zentrum von Lahaina, wo es den ganzen Platz erobert hat. Am 24. April 1873 wurde der Baum als Setzling hier eingepflanzt, im Gedenken an die Ankunft der Missionare 50 Jahre zuvor. Seitdem ist hier ein Miniwald entstanden, mit 16 Stämmen und waagerecht wachsenden Zweigen, die fast einen halben Hektar überspannen. Kürzlich wurde der Platz einschließlich der Pflastersteine und Teakholzbänke umfangreich restauriert.

★ **Wo Hing Museum** MUSEUM
(www.lahainarestoration.org/wo-hing-museum; 858 Front St; Erw./Kind inkl. Eintritt ins Baldwin House 7 US$/frei; ⏲10–16 Uhr) Der dreistöckige Tempel wurde 1912 für die Treffen des Wohltätigkeitsvereins Chee Kung Tong erbaut. Chinesische Einwanderer nutzten den Ort, um ihre Kultur zu pflegen, Feste zu feiern und sich in ihrer Muttersprache zu unterhalten. Nach dem Zweiten Weltkrieg zerstreute sich Lahainas chinesische Bevölkerung in alle Winde, und der Tempel verfiel. Das inzwischen restaurierte Gebäude ist heute ein Museum mit zeremoniellen Instrumenten, einem Arzneischrank aus Teakholz von etwa 1900, Tausende Jahre alten Jade-Stücken und einem taoistischen Schrein.

Trilogy Excursions BOOTFAHREN
(☎888-225-6284, 808-874-5649; www.sailtrilogy.com; 207 Kupuohi St; Schnorccheltrip 4 Std. Erw./Kind ab 125/70 US$) Dieses familiengeführte Unternehmen bietet seit mehr als 40 Jahren Schnorchelausflüge in Maui an und hat sich auf Katamarantouren spezialisiert. Das Angebot umfasst verschiedene Trips, z. B. zum Riff bei Olowalu und zu dem beliebten Inselchen Molokini. In der Saison gibt's Walbeobachtungstouren sowie Dinner- und Sonnenuntergangsfahrten. Beliebt sind auch Tagestouren nach Lana'i.

Essen & Ausgehen

Frida's Mexican Beach House MEXIKANISCH $$$
(☎808-661-1287; www.fridasmaui.com; 1287 Front St; Hauptgerichte 20–40 US$; ⏲11–21.30 Uhr) Das Frida's ist zwar nicht der billigste Taco-laden, aber es wartet mit vielen Bildern der Namenspatronin Frida Kahlo sowie einer wunderbaren Uferlage, einem großen, offenen Speisebereich und einer Terrasse auf – hier sinkt der Blutdruck schon kurz nach der Ankunft. Steaks und Meeresfrüchte mit südländischem Flair prägen die gehobene Karte. Die Cocktails sind kreativ, aber es gibt natürlich auch Margaritas!

★ **Fleetwood's on Front St** BAR
(☎808-669-6425; www.fleetwoodsonfrontst.com; 744 Front St; ⏲So–Do 11–22, Fr & Sa bis 23 Uhr) Mit den bequemen Kissen, den gemütlichen Lounges und verschnörkelten Akzenten lässt diese Dachoase – Besitzer ist der Fleet-

wood Mac-Drummer Mick Fleetwood – seine Gäste von Marokko träumen. Aber der Blick auf den Pazifik und die West Maui Mountains holt sie wieder nach Hawaii zurück. Bei Sonnenuntergang kündigt der Ruf einer Muschel eine Tiki-Lichtzeremonie an, auf die eine Dudelsack-Serenade folgt – gespielt von einem Schotten im Kilt.

An- & Weiterreise

Die Fahrt von Lahaina zum Flughafen in Kahului dauert etwa eine Stunde.

Hawaii Executive Transportation (877-242-5777; www.hawaiiexecutivetransportation.com; 1/2/3/4 Passagiere 51/59/64/66 US$; Abfertigung 7–22 Uhr) ermöglicht einen Shuttle-Service zwischen dem Flughafen und Lahaina und bedient somit die meisten Adressen in der Stadt. Eine Taxifahrt zwischen Lahaina und dem Flughafen schlägt mit ungefähr 80 US$ zu Buche.

Der **Maui Bus** (808-871-4838; www.mauicounty.gov/bus; einfache Strecke 2 US$, Tages-/Monatspass 4/45 US$) fährt auf der Lahaina-Islander-Route 20 zwischen dem Busbahnhof von Kahului und Lahaina (1 Std.) und hält am Ma'alaea Harbor, von wo man mit dem Kihei-Villager-Bus-Service nach Kihei gelangt. Eine weitere Linie, die Ka'anapali-Islander-Route, verbindet Lahaina und Ka'anapali (30 Min.). Beide Islander-Linien starten stündlich von 6.30 bis 20.30 Uhr am Wharf Cinema Center.

Expeditions Ferry (808-661-3756; www.go-lanai.com; Lahaina Harbor; Erw./Kind; einfache Strecke 30/20 US$) nach Lana'i legt am **Ferry Dock** (nahe Wharf St) im Lahaina Harbor ab.

NICHT VERSÄUMEN

BIG BEACH

Die Perle des Makena State Park, der unberührte **Big Beach** (Oneloa Beach; http://dlnr.hawaii.gov/dsp/parks/maui; Makena Rd; 6–18 Uhr; P), ist zweifellos der schönste Strand auf Maui. Auf Hawaiisch nennt man ihn Oneloa, „Langer Sand" – ein sehr passender Name für eine goldfarbene Sandfläche, die fast 1,5 km lang ist und auch durch ihre Breite beeindruckt. Das wunderschön türkisfarbene Wasser ist bei ruhigen Bedingungen bei jugendlichen Boogie-Boardern beliebt. Aber ansonsten kann die Brandung gefährlich sein und ist nur für erfahrene Bodysurfer geeignet, die sich in den kristallklaren Wellen hin und her werfen lassen.

Kihei

Es gibt zwei gute Gründe, Kihei zu besuchen: die Strände und das Reisebudget. Es gibt hier zwar viele Einkaufszentren und viel Verkehr, aber der Ort bietet auch gut zugängliche Strände mit einer Länge von knapp 10 km, erschwingliche Unterkünfte und vielfältige Restaurants – und damit alle Zutaten für einen erholsamen Strandurlaub. Die dynamische Küstenstadt eignet sich prima für Kurzurlauber, die verlässlichen Sonnenschein suchen, im Schnitt kann Kihei mit 276 Sonnentagen im Jahr dienen – und mit der lebhaftesten Kneipenszene der Insel.

Der schnellste Weg durch Kihei ist der Pi'ilani Hwy (Hwy 31). Er verläuft parallel zur S Kihei Rd und dient als Umgehung für den Stop-and-Go-Verkehr. Beide Straßen sind durch gut beschilderte Kreuzungen miteinander verbunden.

Sehenswertes

★ **Keawakapu Beach** STRAND
(808-879-4364; www.mauicounty.gov/facilities; P) Von Sonnenauf- bis Sonnenuntergang ist dieser Sandstrand ein echtes Highlight und nur schwer zu toppen. Abseits von der Straße und daher weniger einsehbar als die Strände am Straßenrand weiter nördlich erstreckt sich Keawakapu vom südlichen Ende von Kihei bis zum Mokapu Beach in Wailea. Da er nicht so überfüllt ist, kann man hier in Ruhe den Sonnenuntergang genießen.

Schlafen

★ **Pineapple Inn Maui** GASTHOF $$
(877-212-6284, 808-298-4403; www.pineappleinnmaui.com; 3170 Akala Dr; Zi. 179–219 US$, Cottage 235–295 US$; P) Besser kann man es in South Maui eigentlich kaum treffen. Das ansprechende Boutiquehotel verbindet Stil und Funktionalität mit einer persönlichen Note, liegt nicht viel mehr als 1 km vom Strand entfernt und ist ebenso attraktiv wie die exklusiven Resorts – das aber zu einem Bruchteil der Kosten. Die vier Zimmer mit eigenem Eingang verfügen über eine Kochnische und eine Veranda mit Meerblick. Das Cottage mit zwei Zimmern ist mit einer voll funktionsfähigen Küche ausgestattet.

Essen & Ausgehen

★ **Café O'Lei** HAWAIISCH $$
(808-891-1368; www.cafeoleirestaurants.com; 2439 S Kihei Rd, Rainbow Mall; Hauptgerichte mit-

NICHT VERSÄUMEN

HALEAKALĀ NATIONAL PARK

Der **Haleakalā National Park** (☎808-572-4400; www.nps.gov/hale; Summit District: Haleakalā Hwy, Kipahulu District: Hana Hwy; 3-Tages-Pass Auto 25 US$, Motorrad 20 US$, Fußgänger & Radfahrer 12 US$; P) ist in zwei verschiedene Bereiche aufgeteilt, und wenn man nur einen Tag zur Verfügung hat, sollte man den Gipfel anvisieren. Egal, ob man vor dem Morgengrauen aufsteigt, um den Sonnenaufgang zu bewundern, oder nach dem Frühstück hochschlendert – auf jeden Fall sollte man hier seine Erkundung beginnen. Das **Visitor Center** (www.nps.gov/hale; Haleakalā Hwy; Sonnenaufgang–12 Uhr; P) ist nicht nur ideal für spektakuläre Blicke in den Krater, es ist auch ein ausgezeichneter Startpunkt für Ausflüge hinein.

Als Nächstes vertreibt man die Morgenkühle mit einer anregenden Wanderung über die von der Sonne erwärmte Schlacke des überirdischen **Keonehe'ehe'e (Sliding Sands) Trail** (www.nps.gov/hale).

Sobald man die Wanderung durch die mondähnliche Kraterlandschaft geschafft hat, geht es weiter zum höchsten Punkt Mauis, dem **Pu'u'ula'ula (Red Hill) Overlook** (www.nps.gov/hale; Haleakalā Hwy; P). Dort besichtigt man den *'ahinahina-* (Silberschwert-)Garten und plaudert mit den Rangern.

Dann ist es Zeit, wieder abzusteigen zum **Kalahaku Overlook** (www.nps.gov/hale; Haleakalā Hwy; P), der direkt am Kraterrand einen grandiosen Blick auf die Schlackenkegel am Kratergrund bietet.

Nun hat man die karge Seite von Haleakalā gesehen, und es wird Zeit, sein satt-grünes Gesicht kennenzulernen – und zwar auf einer 800 m langen Wanderung auf dem **Hosmer Grove Trail** (www.nps.gov/hale; abseits des Haleakalā Hwy) durch einen Wald voller Vogelgezwitscher. Wie viele andere Tiere in diesem Park gibt es einige dieser Vögel nirgendwo sonst auf der Welt.

Die Strecke beträgt insgesamt 27 km.

tags 9–19 US$, abends 19–32 US$; 10.30–15.30 & 16.30–21.30 Uhr) Das Bistro im Einkaufszentrum sieht auf den ersten Blick langweilig aus. Aber bitte unbedingt eintreten: Edles Ambiente, innovative hawaiische Regionalküche, ehrliche Preise und ein hervorragender Service katapultieren das Café O'Lei in die oberste Restaurantliga. Der geschwärzte Mahimahi mit frischer Papayasalsa ist ein absoluter Leckerbissen. Unschlagbar sind auch die Mittagsgerichte mit Salat für unter 10 US$ sowie ein Sushi-Koch, der ab 16.30 Uhr (Di–Sa) die Gäste verwöhnt.

★**5 Palms** COCKTAILBAR
(☎808-879-2607; www.5palmsrestaurant.com; 2960 S Kihei Rd, Mana Kai Maui; 8–23 Uhr, Happy Hour 15–19 & 21–23 Uhr) Der perfekte Ort für einen Cocktail bei Sonnenuntergang am Strand! Man sollte möglichst eine Stunde vor Sonnenuntergang kommen, denn die Terrassen-Bar liegt nur wenige Schritte vom Keawakapu Beach entfernt und ist schnell voll. Während der Happy Hour gibt's Sushi und eine Auswahl köstlicher Appetithäppchen zum halben Preis, wenn sie zusammen mit mindestens einem Getränk bestellt werden; Mai Tais und Margaritas kosten 5,75 US$. Beliebt bei Touristen und Einheimischen!

An- & Weiterreise

Der **Maui Bus** (☎808-871-4838; www.mauicounty.gov/bus; einfache Strecke 2 US$, Tagespass 4 US$) befährt von Kihei aus zwei verschiedene Strecken. Der Kihei Islander verbindet Kihei mit Wailea und Kahalui mit Haltestellen am Kama'ole Beach Park III, am Einkaufszentrum Pi'ilani Village sowie an der Uwapo Rd und der South Kihei Rd. Der Kihei Villager bedient hauptsächlich die Nordhälfte von Kihei. Er hält sechsmal entlang der South Kihei Rd sowie am Einkaufszentrum Pi'ilani Village und in Ma'alaea. Beide Buslinien werden zwischen ca. 6 und 20 Uhr stündlich bedient; eine Fahrt kostet 2 US$.

KAUA'I

Smaragdgrüne Berge, tosende Wasserfälle, rote Canyons, atemberaubende Strände, klare Seen und große Wellen – Kaua'is Naturschätze stehen außer Konkurrenz in Hawaii, den USA, der ganzen Welt.

Touristeninformationen sind auf Kaua'i nicht weit verbreitet, aber die örtliche Zentrale für Tourismus **Kaua'i Visitors Bureau** (☎808-245-3971; www.gohawaii.com/kauai; 4334 Rice St, Suite 101; ⊙Mo–Fr 8–16.30 Uhr) hat eine nützliche Website.

ℹ Anreise & Unterwegs vor Ort

Vor allem vom Festland der USA und von Kanada kommt man leicht hierher, da es täglich zahlreiche Flüge gibt, meistens mit Zwischenlandung in Honolulu. Fährverbindungen existieren nicht.

Ein Auto zu mieten, ist äußerst ratsam, wenn das Budget nicht zu schmal ausfällt.

Lihu'e

Das Wirtschaftszentrum der Insel besteht aus schlichten Einkaufsstraßen, aber es gibt hier zahlreiche günstige Lokale und Läden in unkomplizierter Alltagsatmosphäre, was in vielen Urlaubsorten fehlt. Der Kalapaki Beach ist absolut zauberhaft, aber Lihu'e ist eher ein Ort, um nach der Ankunft am Flughafen seine Vorräte aufzustocken, bevor man sich ins Inselabenteuer stürzt.

Die Stadt entstand 1849 als Plantagensiedlung zur Blütezeit der Zuckerwirtschaft. Die Zuckermühle (die noch südlich der Stadt am Kaumuali'i Hwy steht) war die größte auf Kaua'i. 2000 schloss die Mühle nach über 100 Jahren ihre Pforten. Zurück blieb ein ethnischer Schmelztiegel aus asiatischen, europäischen und hawaiischen Traditionen, die die Stadt zu dem machen, was sie heute ist.

Aktivitäten konzentrieren sich auf den Kalapaki Beach, es gibt ein paar erstklassige Golfplätze und coole Strände in der Nähe. Hier beginnen außerdem Hubschrauberrundflüge und ein paar spannende Ausflüge zu Wasserfällen.

Wailua

Der Wailua River gehörte für die alten Hawaiianer zu den heiligsten Orten auf den Inseln. Das Flussbecken in der Nähe der Mündung war eines der beiden königlichen Zentren der Insel (das andere war Waimea), wo auch die wichtigsten Häuptlinge lebten. Hier findet man noch heute die Überreste vieler wichtiger *heiau* (antike Steintempel). Zusammen bilden sie nun ein nationales historisches Wahrzeichen.

Der **Hikina'akala Heiau** (Tempel des Sonnenaufgangs) liegt südlich der Mündung des Wailua River, die heute das Nordende des Lydgate Beach Park bildet. In seinen Blütezeiten war der lange, schmale Tempel (etwa 1300 n.Chr.) direkt von Nord nach Süd ausgerichtet, aber heute grenzen nur noch ein paar übrig gebliebene Steinbrocken die ursprüngliche, gewaltige Form ein. Das benachbarte **Hauola Pu'uhonua** („Zufluchtsort des Taus des Lebens") ist durch eine Bronzetafel gekennzeichnet. Im alten Hawaii wurde hier Menschen, die ein *kapu* (Tabu) gebrochen hatten, Zuflucht gewährt, sofern sie es bis in den Tempel hinein geschafft hatten.

Der vermutlich älteste *luakini* (ein dem Kriegsgott Ku gewidmeter Tempel, oft auch ein Ort für Menschenopfer) der Insel, der **Holoholoku Heiau**, liegt 400 m weiter auf der linken Seite der Kuamo'o Rd. Er soll Kaua'is ältester *heiau* sein. In westlicher Richtung liegt ein flacher Geburtsstein, an dem die Königinnen die zukünftigen Könige zur Welt brachten. An ihm ist eine Tafel mit der Aufschrift **Pohaku Ho'ohanau** (Königlicher Geburtsstein) angebracht. Nur ein männliches Kind, das hier geboren wurde, konnte König von Kaua'i werden.

Hoch oben auf einem Hügel über dem sich windenden Wailua River befindet sich der gut erhaltene **Poli'ahu Heiau**, ein weiterer *luakini*. Er wurde nach der Schneegöttin Poli'ahu benannt, einer der Schwestern der Vulkangöttin Pele. Der Heiau liegt direkt vor dem **'Opaeka'a Falls Lookout** auf der anderen Straßenseite.

Die einstigen beeindruckenden Steingebäude sind heute größtenteils nur noch Ruinen und von Büschen überwuchert. Sie sind jedoch noch immer von mächtiger Bedeutung und befinden sich an Orten von großer spiritueller Energie (Mana), darum sollten sie unbedingt mit Respekt behandelt werden.

ℹ Anreise & Unterwegs vor Ort

Nach einem Stadtzentrum sucht man hier vergeblich. Die meisten Attraktionen verteilen sich entlang der Küstenstraße Kuhio Hwy (Hwy 56) oder an der Kuamo'o Rd (Hwy 580) Richtung *mauka* (Inland). Auf dem Weg nach Norden führt der Kapa'a Bypass direkt nördlich vom Wailua River bis hinter Kapa'a und bleibt normalerweise vom Verkehrschaos von Waipouli und Kapa'a verschont.

Hanalei Bay & North Shore

Wohl nur wenige Orte weisen so majestätische Naturwunder auf und haben einen so unverfälschten Charakter wie Hanalei. Natürlich gilt das vor allem für die gleichnamige Bucht. Das halbe Dutzend verschiedener Surfbreaks ist legendär, weil einheimische Surfgötter wie der verstorbene Andy Irons hier ihre ersten Wellenritte absolvierten. Aber auch wer nicht wegen der Wellen hier ist, wird von dem breiten cremefarbenen Sandstreifen vor tiefgrünen Bergen begeistert sein.

Die kleine Stadt lockt mit Yoga-Kursen, Sushi, Shopping-Möglichkeiten für schicke Bademode, Vintage-Schätzen und beeindruckender Kunst, man kann sich aber auch in einer der erstklassigen Kneipen vergnügen. Eines ist sicher: Hanalei ist ein Anziehungspunkt für ewig jugendliche Erwachsene mit „Peter-Pan-Syndrom", und man sieht ebenso viele Männer über 60, die ihre Surfbretter wachsen, wie blutjunge Leute mit „Guns" (Big-Wave-Surfboards). Was die Frage aufwirft: Warum überhaupt erwachsen werden, wenn man in Hanalei alt werden kann?

Sehenswertes & Aktivitäten

Na Pali Coast Wilderness State Park PARK

(www.dlnr.hawaii.gov/dsp/parks/kauai/napali-coast-state-wilderness-park; am Ende von Hwy 560) GRATIS Ohne Straßen, unberührt und von eindringlicher Schönheit, verbindet dieser knapp 26 km lange Streifen, gesäumt von Felsen, weißen Sandstränden, türkisfarbenen Buchten und Wasserfällen, die Nord- und Westküste der Insel.

★ **Black Pot Beach Park (Hanalei Pier)** STRAND

Der kleine Strandabschnitt der Hanalei Bay bei der Mündung des Hanalei River bietet oft die sanftesten Surfwellen der gesamten rauen Nordküste. Wegen des nicht zu übersehenden Wahrzeichens wird dieser Sandstrand auch Hanalei Pier genannt. Er liegt im Schatten mächtiger Hartholzbäume und ist vor allem bei Surfanfängern beliebt. Im Sommer kann man hier auch ganz gut schwimmen und schnorcheln oder Kajak fahren und stehpaddeln.

★ **Ho'opulapula Haraguchi Rice Mill & Taro Farm Tours** TOUREN

(☎ 808-651-3399; www.haraguchiricemill.org; Tour inkl. Mittagessen Erw./Kind 5–12 Jahre 70/50 US$; ⏲ Tour meist Mi 9.45 Uhr, nur mit Vorausbuchung) Auf der in sechster Generation familienbetriebenen, gemeinnützigen Farm erfährt man alles über den Taro-Anbau auf Kaua'i. Die Farmer führen Besucher zu den *lo'i kalo* (nasse Taro-Felder), geben einen Einblick in das sonst unzugängliche Hanalei National Wildlife Refuge und erzählen die Geschichte der Einwanderer auf Hawaii.

Schlafen & Essen

★ **Hanalei Dolphin Cottages** COTTAGE $$$

(☎ 877-465-2824; www.hanaleicottages.com; 5-5016 Kuhio Hwy; Cottage mit 2 Schlafzi. 329 US$; P 📶) Wer hier übernachtet, kann gleich hinterm Haus mit einem Kanu, Kajak oder SUP-Board (Stehpaddelbrett) in den Hanalei River stechen. Die vier Cottages liegen nur einen Steinwurf vom Ortszentrum entfernt und sind alle ähnlich eingerichtet: Bambusmöbel, komplette Küche, Grill, private Duschen draußen (und drinnen). Reinigungsgebühr 130 US$.

Chicken in a Barrel BARBECUE $

(☎ 808-826-1999; www.chickeninabarrel.com; Ching Young Village, 5-5190 Kuhio Hwy; Gerichte 10–17 US$; ⏲ Mo–Sa 11–20.30, So bis 19 Uhr; 👪) In dem Grilllokal mit dem maßgefertigten 190-Liter-Barrel-Drum-Smoker dreht sich alles ums Huhn. Hier werden voll beladene Teller mit Hühnchen und belegte Sandwiches mit Chili-Cheese-Pommes serviert. Zusätzlich gibt's Rippchen und Pulled Pork. Egal, wofür man

NICHT VERSÄUMEN

WAIMEA CANYON STATE PARK

Von all den einzigartigen Naturwundern Kaua'is kommt keines an den Waimea Canyon heran. Man würde hier kaum eine gigantische Schlucht aus alten Lavasteinen vermuten, die 16 km lang und 1066 m tief ist. Durch den Canyon fließt der Waimea River, Kaua'is längster Strom, der von Nebenflüssen gespeist wird, die rötlich-braunes Wasser vom Berggipfel des Alaka'i Swamp mit sich führen.

Die Südgrenze des Waimea Canyon State Park liegt von Waimea aus etwa 9,6 km bergauf. Der Park kann über zwei Straßen erreicht werden: Der landschaftlich reizvollere Waimea Canyon Dr (Hwy 550) beginnt in Waimea gleich hinter dem Meilenstein 23, und die Koke'e Rd (Hwy 552) startet in Kekaha abgehend von der Mana Rd. Zwischen den Meilensteinen 6 und 7 stoßen die beiden Straßen aufeinander.

sich entscheidet, man braucht danach den ganzen Tag nichts mehr zu essen. Es gibt noch weitere Niederlassungen auf Kaua'i.

An- & Weiterreise

Nur eine Straße führt in den Ort hinein und wieder hinaus. Bei starkem Regen (vor allem im Winter) kann die Hanalei Bridge wegen Überflutungen gesperrt sein, dann sitzt man solange auf einer Seite fest, bis die Brücke wieder freigegeben wird.

Wer kein Auto gemietet hat: Der **North Shore Shuttle** (☎888-409-2702; https://kauainsshuttle.com; 11 US$) verbindet Princeville mit dem Haena State Park, etwa eine halbe Meile (800 m) ab Ke'e Beach und dem Rand des Na Pali Coast Wilderness State Park.

Po'ipu & South Shore

Po'ipu ist das touristische Herzstück der South Shore, und das ist kein Wunder: Es ist einer der sonnigsten Orte auf der Insel – mit deutlich weniger Regen (und weniger Grün) als anderswo im Norden. Es gibt hier tolle, sonnenverwöhnte Strände, zahlreiche erstklassige Resorts und Ferienwohnungen sowie einige der besten Restaurants von ganz Kaua'i.

Obwohl sich die meisten Urlauber hier den Stränden und Wasseraktivitäten wie Surfen, Tauchen, Schnorcheln, Paddeln oder einfach nur dem Sonnenbaden am Strand widmen, kann die South Shore auch mit zwei weltberühmten Botanischen Gärten aufwarten, die wunderschöne Sammlungen einheimischer Gewächse zeigen. An der nicht erschlossenen Maha'ulepu Coast stehen versteinerte Sanddünenklippen, und die tosende Brandung eignet sich für einen unvergesslichen Spaziergang. Dazwischen befinden sich die Überreste der ehemaligen Plantagenstadt mit schönen Kunstgalerien, guten Restaurants und interessanten historischen Einblicken in die netten Zentren von Koloa und Kalaheo.

Anreise & Unterwegs vor Ort

Bei nur zwei Hauptstraßen fällt die Orientierung leicht: Es gibt die Po'ipu Rd (im Osten von Po'ipu) und die Lawa'i Rd (im Westen von Po'ipu). Man braucht ein Auto, einen Roller oder ein Fahrrad, um irgendwohin – außer zum Strand – zu gelangen. Man kann auch an den Straßen entlanglaufen, aber das hat eher Vorstadt-Feeling als Surfer-Vibe.

Der **Kaua'i Bus** (☎808-246-8110; www.kauai.gov/Bus; 3220 Ho'olako St, Lihu'e; einfache Strecke Erw./Senior & Kind 7–18 Jahre 2/1 US$) fährt durch Koloa nach Po'ipu mit Halt an der Po'ipu Rd bei der Abzweigung zum Po'ipu Beach Park sowie am Hyatt.

Die USA verstehen

Geschichte

Von der Ankunft der ersten Menschen vor bis zu 40 000 Jahren bis zum Aufstieg zur Supermacht Nr. 1 des 20. Jhs. verlief die amerikanische Geschichte alles andere als langweilig. Der Krieg gegen die Briten, der Aufbruch in Richtung Westen, die Sklaverei und ihre Abschaffung, Bürgerkrieg und Wiederaufbau, die Weltwirtschaftskrise, der Boom der Nachkriegsjahre und die neuesten Konflikte des 21. Jhs. – das alles hat die komplexe Identität der amerikanischen Nation geformt.

Die Schildkröteninsel & indigene Völker

Mündlichen Überlieferungen und heiligen Mythen zufolge leben indigene Völker seit Menschengedenken auf dem nordamerikanischen Kontinent, den manche von ihnen die „Schildkröteninsel" nannten. Als die Europäer den Kontinent zum ersten Mal betraten, lebten auf dem Rücken der Schildkröte nördlich vom heutigen Mexiko zwischen 2 und 18 Mio. Menschen, die sich in über 300 Sprachen verständigten.

Zu den bedeutendsten prähistorischen Kulturen Nordamerikas gehört die der Moundbuilders (also der „Erdhügel-Erbauer"), die von ca. 3500 v. Chr. bis 1400 n. Chr. die Flusstäler am Ohio River und am Mississippi bewohnten. Cahokia im heutigen Illinois war mit 20 000 Einwohnern die größte präkolumbische Metropole Nordamerikas. Grab- oder Zeremonialhügel aus dieser Zeit erheben sich im gesamten Osten der USA, darunter mehrere entlang des Natchez Trace in Mississippi.

1502 verwendete der italienische Seefahrer Amerigo Vespucci den Begriff „Mundus Novus" (Neue Welt), um seine Entdeckungen zu beschreiben. Der Lohn? Auf neuen Karten wurde die westliche Hemisphäre 1507 als „Amerika" bezeichnet.

Im Südwesten bewohnten die frühen Pueblo-Indianer zwischen 100 und 1300 n. Chr. das Colorado-Plateau, bis Krieg, Dürre und Ressourcenknappheit sie wahrscheinlich vertrieben. Ihre Höhlenbauten sind noch heute im Mesa Verde National Park in Colorado zu sehen; und im Chaco Culture National Historical Park in New Mexico sind in der Wüste die Überreste der Lehmziegelhütten der Pueblo-Kultur erhalten.

Zur damaligen Bevölkerungsvielfalt Nordamerikas gehörten auch Gruppen wie die Wampanoag in Neuengland, die Hopi und Apachen im Südwesten, die Calusa in Südflorida und die Shawnee in Illinois. Zu Beginn des 19. Jhs. waren die meisten dieser Völker dezimiert. Die Europäer hatten Krankheiten eingeschleppt, denen das Immunsystem der

ZEITLEISTE

40 000 – 20 000 v. Chr.

Aus Zentralasien wandern die ersten Völker des amerikanischen Kontinents über eine Landbrücke ein, die sich zwischen Sibirien und Alaska erstreckt (der Meeresspiegel ist zu jener Zeit niedriger als heute).

8000 v. Chr.

Die Organisation der Menschen in Jagdgemeinschaften und ein wärmeres Klima sind Gründe für das Aussterben der Eiszeitsäuger. Die indigenen Völker fangen an, Pflanzen zu sammeln und jagen kleinere Tiere.

7000 v. Chr. – 100 n. Chr.

Die „Archaische Periode" ist von einem nomadenhaften Lebensstil als Jäger und Sammler geprägt. Am Ende der Periode sind der Anbau von Mais, Bohnen und Kürbissen und das Leben in Siedlungen etabliert.

Einheimischen meist nichts entgegenzusetzen hatte. Den Epidemien fielen Schätzungen zufolge 50 bis 90 % der amerikanischen Ureinwohner zum Opfer, und damit mehr als allen anderen todbringenden Faktoren wie Krieg, Sklaverei oder Hungersnöte.

Es waren die Kulturen der Great Plains – die Crow, Blackfeet, Cheyenne, Comanche und Arapaho –, die für die kollektive Vorstellung der weißen Amerikaner zum Sinnbild der „Indianer" werden sollten, auch weil diese Stammesvölker sich am längsten der US-amerikanischen Expansion gen Westen widersetzten. In Oklahoma gibt es zahlreiche Stätten, die das Leben der indigenen Völker vor der Ankunft der Europäer veranschaulichen, darunter die National Hall of Fame für berühmte amerikanische Indianer in Anadarko und die Washita Battlefield National Historic Site, wo der berüchtigte Oberstleutnant George Custer ein Dorf der Cheyenne überfiel.

In Oklahoma befindet sich auch das Cherokee Heritage Center in der Nähe von Tahlequah. Tausende von Cherokee waren nach dem Indian Removal Act (Indianer-Umsiedlungsgesetz) von 1830 gezwungen, aus ihrer Heimat im Süden der USA nach Oklahoma zu ziehen. Auf der langen Reise, die später als „Trail of Tears" (Pfad der Tränen) bezeichnet wurde, sind schätzungsweise mehr als 4000 Menschen gestorben.

The People: Indians of the American Southwest (1993) von Stephen Trimble ist ein facettenreicher Bericht über die Geschichte und die heutige Kultur der Ureinwohner – so, als erzählten hier die Ureinwohner selbst.

Die Ankunft der Europäer

1492 reiste der Genueser Christoph Kolumbus im Auftrag Spaniens gen Westen über den Atlantik. Auf der Suche nach Ostindien fand er die Bahamas. Schnell folgten weitere spanische Entdecker, die auf Gold hofften: Alonso Álvarez de Piñeda kartografierte die heutige Golfküste von Texas, Hernando de Soto überquerte als erster Europäer den Mississippi, Ponce de León reiste auf der Suche nach dem Jungbrunnen durch Florida. Und dann waren da noch die Franzosen, die in Kanada und Neuengland landeten, während Holländer und Engländer an den östlichen Küsten Nordamerikas entlangfuhren.

Im 17. Jh. zählten die Indianerstämme Nordamerikas nur noch ca. 1 Mio. Menschen. Viele der einst blühenden Gemeinschaften waren im Chaos versunken. 1607 errichteten englische Adlige in Jamestown die erste dauerhafte europäische Siedlung in Nordamerika. Frühere Siedlungen hatten ein schlechtes Ende genommen, und auch in Jamestown kam es fast dazu. Die Europäer hatten sich einen Sumpf ausgesucht und ihre Felder zu spät bestellt, sodass sie an Krankheiten und Hunger starben. Einige Kolonisten liefen davon, um bei den Stämmen der Region eine Bleibe zu finden. Diese halfen der Siedlung so weit, dass das Überleben gerade so gelang.

Für Jamestown und Amerika sollte 1619 ein Schlüsseljahr werden. Die Kolonie gründete das House of Burgesses, eine repräsentative Versamm-

1492

Christoph Kolumbus „entdeckt" Amerika und unternimmt drei Reisen durch die gesamte Karibik. Im Irrglauben, Indien erreicht zu haben, nennt er die indigenen Völker „Indianer".

1607

Die erste englische Kolonie, die Siedlung Jamestown im heutigen Virginia, wird auf sumpfigem Marschland gegründet. Die ersten Jahre sind hart; viele Kolonisten sterben an Krankheiten oder verhungern.

1620

Die Mayflower landet mit 102 englischen Pilgern an Bord in Plymouth. Sie haben sich in die Neue Welt aufgemacht, um religiöser Verfolgung zu entkommen. Die Wampanoag retten sie vor dem Verhungern.

1675

Jahrzehntelang leben die Pilgerväter und die einheimischen Stämme in relativer Eintracht nebeneinander, bis 1675 ein tödlicher Konflikt ausbricht: Der Indianeraufstand geht als „King Philip's War" in die Geschichtsbücher ein.

lung von Bürgern, die über die Gesetze in der Region entscheiden sollte. Noch im selben Jahr kam die erste Schiffsladung mit 20 afrikanischen Sklaven an.

Stätten der amerikanischen Ureinwohner

- *Serpent Mound (Ohio)*
- *National Museum of the American Indian (Washington, D. C.)*
- *Trail of Tears (Südoststaaten)*
- *Mashpee Wampanoag Indian Museum (Massachusetts)*
- *Emerald Mound (Mississippi)*
- *Museum of the Cherokee Indian (North Carolina)*
- *Cahokia Mounds (Illinois)*

Das Folgejahr erwies sich als ähnlich bedeutsam. Eine Gruppe radikal religiöser Puritaner ging damals dort an Land, wo später Plymouth, Massachusetts , entstehen sollte. Die Pilgerväter waren auf der Flucht vor der religiösen Verfolgung einer „korrupten“ Kirche in England. In der Neuen Welt sahen sie eine gottgegebene Möglichkeit, eine neue Gesellschaft zu erschaffen, die ein leuchtendes Vorbild an Religion und Moral werden sollte. Die radikalen Puritaner unterzeichneten den Mayflower-Vertrag, einen der bahnbrechenden Texte der amerikanischen Demokratie, in dem sie sich zur Errichtung einer gesetzlichen Ordnung verpflichteten.

Kapitalismus & Kolonialismus

Während der nächsten zwei Jahrhunderte wetteiferten die europäischen Mächte um ihre Position und das Territorium in der Neuen Welt. Dabei dehnten sie die europäische Politik auch auf Nord- und Südamerika aus. Nachdem es der British Royal Navy gelungen war, den Atlantik zu beherrschen, konnte England immer stärker von seinen Kolonien profitieren und gierig die neu gewonnenen, exotischen Produkte konsumieren: Tabak aus Virginia, Zucker und Kaffee aus der Karibik. Um diese auf Plantagen großflächig anzubauen, wurde im 17. und 18. Jh. in Amerika die Sklaverei langsam zu einer formellen Einrichtung legalisiert. Um 1800 war eine von fünf Personen ein Sklave.

In der Zwischenzeit überließen es die Briten den amerikanischen Kolonisten weitgehend, sich selbst zu regieren. Treffen in den Städten und repräsentative Versammlungen wurden zur Regel. Hier diskutierten die Bürger der Region – d.h. weiße Männer mit Besitz – die Probleme der Gemeinschaft und stimmten über Gesetze und Steuern ab.

Dennoch bekam Großbritannien am Ende des Siebenjährigen Krieges 1763 die Belastungen zu spüren, die die Oberherrschaft über solch ein Imperium mit sich brachte: Es hatte 100 Jahre lang gegen Frankreich gekämpft und besaß Kolonien, die überall auf der Welt verstreut lagen. Es war an der Zeit, mit der Bürokratie aufzuräumen und finanzielle Lasten aufzuteilen.

Die Kolonien lehnten die Steuern und sonstigen Taktiken jedoch vehement ab. Das Aufbegehren erreichte 1773 mit der Boston Tea Party seinen Höhepunkt. Die Briten gingen ihrerseits dagegen mit aller Härte vor, sie schlossen den Hafen von Boston und erhöhten ihre Militärpräsenz. Im Jahr 1774 versammelten sich Vertreter aus zwölf Kolonien im Ersten Kontinentalkongress in der Independence Hall in Philadelphia, um ihre Beschwerden vorzutragen und sich auf den unvermeidbar bevorstehenden Krieg vorzubereiten.

1756–1763

Im Siebenjährigen Krieg in Nordamerika ist Frankreich England unterlegen und zieht sich aus Kanada zurück. Großbritannien kontrolliert nun den Großteil des Territoriums östlich des Mississippi.

1773

Boston Tea Party: Aus Protest gegen die britische Teesteuer verkleiden sich die Einwohner Bostons als Mohawaks, besetzen Schiffe der East India Company und werfen deren Teeladungen über Bord.

1775

Paul Revere reitet von Bosten nach Westen, um die Minutemen-Miliz der Kolonie vor der Ankunft der Briten zu warnen. Einen Tag später bricht der Amerikanische Unabhängigkeitskrieg aus.

1776

Am 4. Juli unterzeichnen die Kolonien die Unabhängigkeitserklärung. Zu den Männern, die an der Ausarbeitung des Dokuments beteiligt waren, zählen John Hancock, Benjamin Franklin und Thomas Jefferson.

Revolution & Republik

Im April 1775 gerieten in Massachusetts britische Truppen in ein Geplänkel mit bewaffneten Kolonisten – der Amerikanische Unabhängigkeitskrieg begann. George Washington, ein wohlhabender Farmer aus Virginia, wurde zum Führer der amerikanischen Armee gewählt. Das Problem war nur, dass Washington Schießpulver und Geld fehlten. Die Kolonisten wehrten sich sogar gegen die Steuern, die für ihr eigenes Militär aufgewendet werden sollten. Zudem stellten seine Truppen eine kunterbunte Mischung aus schlecht bewaffneten Bauern, Jägern und Kaufleuten dar, die regelmäßig aufgaben und auf ihre Communities zurückkehrten – schließlich wurden sie ja nicht bezahlt. Dagegen verkörperten die britischen *Redcoats* (Rotröcke) das mächtigste Militär der Welt. Der unerfahrene General Washington musste ständig improvisieren. Mal zog er sich weise zurück, mal unternahm er Angriffe aus dem Hinterhalt. Während des Winters 1777/78 wäre die amerikanische Armee bei Valley Forge beinahe verhungert.

In der Zwischenzeit versuchte der Zweite Kontinentalkongress in Worte zu fassen, wofür man eigentlich kämpfte. Im Januar 1776 veröffentlichte Thomas Paine den unglaublich beliebten *Common Sense*, in dem er sich leidenschaftlich für die Unabhängigkeit von England einsetzte. Bald erschien die Unabhängigkeit nicht nur als logisch, sondern galt als edel und notwendig. Am 4. Juli 1776 wurde ein Schlussstrich gezogen und die Unabhängigkeitserklärung unterzeichnet, die zu großen Teilen von Thomas Jefferson verfasst worden war. In der Gründungsurkunde der USA verkündeten die 13 britischen Kolonien ihre Loslösung von Großbritannien und ihr Recht, von nun an als unabhängige und souveräne Staaten zu handeln. Zugleich griffen sie mit diesem Dokument viele der damals weltweit verbreiteten Ideen der Aufklärung – Individualismus, Gleichheit und Freiheit, John Lockes „natürliche Rechte" auf Leben, Freiheit und Eigentum – auf und gestalteten eine neue Regierungsform, um diese umzusetzen.

Dennoch: Um auf dem Schlachtfeld erfolgreich zu sein, benötigte General Washington Hilfe anstatt hehrer Gefühle. 1778 überredete Benjamin Franklin die Franzosen – die stets gewillt waren, England Schwierigkeiten zu bereiten –, sich mit den Revolutionären zu verbünden. Sie beschafften die Truppen, das Material und die Seemacht. 1781 kapitulierten die Briten schließlich bei Yorktown in Virginia. Und zwei Jahre später wurden die „Vereinigten Staaten von Amerika" mit dem Frieden von Paris offiziell anerkannt.

Anfangs konnte dieser lose Bund aufsässiger und zankender Staaten jedoch kaum als „vereinigt" bezeichnet werden. Und so kam es, dass sich die Gründerväter im Jahr 1787 noch einmal in Philadelphia trafen, um

Mehr als 100 Jahre lang lag der Fluch des Tecumseh über jedem Präsidenten, der in einem Jahr mit einer Null am Ende gewählt wurde (also alle 20 Jahre). Tecumseh war der Häuptling der Shawnee, denen William Henry Harrison 1811 eine bittere Niederlage zufügte. Aus Rache verfluchte ihn Tecumseh. Harrison wurde 1840 US-Präsident, starb aber nur einen Monat später. Auch Lincoln und Kennedy gelten als Opfer des Fluchs, den erst Ronald Reagan durchbrach.

1787

Die Constitutional Convention in Philadelphia arbeitet die amerikanische Verfassung aus. Die Machtverhältnisse zwischen dem Präsidenten, dem Kongress und der Judikative sind ausgeglichen.

1791

Die Bill of Rights wird als Zusatzartikel zur Verfassung verabschiedet. Sie beinhaltet Bürgerrechte wie die Rede-, Versammlungs-, Religions- und Pressefreiheit sowie das Recht, Waffen zu tragen.

1803

Napoleon verkauft das Gebiet von Louisiana westlich des Mississippi für schlappe 15 Mio. US$ an die USA. Die Grenzen der jungen Nation reichen von nun an vom Atlantik bis zu den Rocky Mountains.

1804–06

Präsident Jefferson schickt Lewis und Clark gen Westen. Unter der Führung einer Stammesangehörigen der Schoschonen, Sacagawea, begeben sie sich auf die Reise von St. Louis zum Pazifik.

eine Verfassung zu entwerfen, in der die Gewaltenteilung festgeschrieben wurde. Um den Einzelnen vor dem Missbrauch staatlicher Macht zu schützen, wurde darüber hinaus 1791 schließlich noch die Bill of Rights verabschiedet. Mit der Verfassung wurde festgelegt, welche Wirkung die Amerikanische Revolution haben sollte: radikale Erneuerung der Regierung und Erhalt der wirtschaftlichen und sozialen Zustände. Die reichen Landbesitzer behielten ihren Besitz, wozu auch die Sklaven gehörten. Die Ureinwohner Amerikas wurden von der Nation und die Frauen von der Politik ausgeschlossen. Diese offensichtlichen Diskrepanzen und Ungerechtigkeiten wurden durchaus wahrgenommen. Doch sie waren das Resultat von pragmatischen Kompromissen (z. B. um die von der Sklavenarbeit abhängigen Südstaaten zur Zustimmung zu bewegen) und der allgemeinen Überzeugung von der Unausweichlichkeit der Lage der Dinge.

Auf in den Westen!

Als das 19. Jh. anbrach, machte sich in der jungen Nation Optimismus breit. Die Erfindung des „Cotton Gin", der Egreniermaschine zur Entkörnung von Baumwolle 1793, und kurz darauf von Dreschern, Erntemaschinen, Mähmaschinen und schließlich Mähdreschern industrialisierte die Landwirtschaft und kurbelte den US-Handel an. Der Louisiana Purchase von 1803 verdoppelte das Territorium der USA, und die Bevölkerung rückte langsam von den Appalachen in Richtung Westen vor.

1835 war Andrew Jackson der erste US-Präsident, auf den ein Attentat verübt wurde. Zum Glück für Jackson versagten beide Pistolen des Attentäters Richard Lawrence. Jackson schlug so lange mit seinem Stock auf Lawrence ein, bis Mitarbeiter ihm zu Hilfe eilten und den Möchtegern-Attentäter niederrangen.

Die Beziehungen zwischen den USA und Großbritannien blieben – trotz eines lebhaften Handelsaustauschs – angespannt. 1812 erklärten die Vereinigten Staaten England erneut den Krieg. Doch der zwei Jahre andauernde Konflikt endete ohne große Zugewinne für beide Seiten, obwohl die Briten ihre Forts aufgaben und die USA gelobten, sich aus den *entangling alliances* (verwickelten Allianzen) in Europa herauszuhalten.

In den 1830er- und 1840er-Jahren gedieh, angetrieben durch nationalistischen Eifer und Träumereien von einer Expansion über den gesamten Kontinent, die Einstellung, dass es eine „Manifest Destiny", also eine offensichtliche Bestimmung sei, dass das ganze Land den Amerikanern gehören solle. Während der Indian Removal Act von 1830, das Gesetz zur Umsiedlung der Indianer, ein „Hindernis" aus dem Weg räumen sollte, beseitigte der Bau der Eisenbahn ein anderes und verband die Farmen im Mittleren Westen mit den Märkten an der Ostküste.

Eine Gruppe von Texanern war es, die 1836 zu einer Revolution gegen Mexiko aufrief. Zehn Jahre später annektierten die Vereinigten Staaten die Republik Texas, und als die Mexikaner sich beschwerten, zogen die Amerikaner gegen sie in den Krieg. Und weil sie gerade dabei waren, nahmen sie sich auch gleich noch Kalifornien. 1848 wurde Mexiko vernichtend geschlagen und musste die beiden Gebiete an die USA abtreten. Damit war die kontinentale Expansion der Vereinigten Staaten abgeschlossen.

1812

Der Britisch-Amerikanische Krieg beginnt mit Schlachten gegen die Briten und die Ureinwohner Amerikas im Gebiet der Großen Seen. Auch nach dem Frieden von Gent von 1814 gehen die Kämpfe an der Golfküste weiter.

1838

Die Cherokee und vier andere Stämme müssen dem Siedlungsdruck der weißen Kolonisten weichen. Unter Präsident Andrew Jackson werden sie auf dem Trail of Tears gewaltsam aus dem Südosten der USA vertrieben.

1849

Nach der Entdeckung von Gold bei Sacramento 1848 ist das Land in einem Goldrausch, der 60 000 49ers zu Kaliforniens Mother Lode lockt. Die Einwohnerzahl San Franciscos schnellt von 850 auf 25 000.

1861–65

Der Amerikanische Bürgerkrieg (Sezessionskrieg) zwischen dem Norden und dem Süden bricht aus. Das Kriegsende vom 9. April 1865 wird eine Woche später von der Ermordung Präsident Lincolns überschattet.

Durch einen merkwürdigen Zufall wurde nur Tage nachdem der Vertrag mit Mexiko 1848 unterzeichnet worden war, in Kalifornien Gold gefunden. Bereits 1849 strömten ganze Güterzüge voller Bergleute, Pioniere, Unternehmer, Einwanderer, Outlaws und Prostituierter auf der Suche nach dem großen Glück in Richtung Westen. Sie erlebten aufregende Zeiten, die in die Geschichte eingehen sollten, doch unter der Oberfläche brodelte eine beunruhigende Frage: Würden neue Staaten, die zu Amerika hinzukamen, Staaten mit Sklaven oder freie Staaten sein? Die Zukunft der Nation hing von der Antwort auf diese Frage ab.

Der Bürgerkrieg

Die Verfassung der USA hatte nicht zur Abschaffung der Sklaverei geführt, dem Kongress jedoch die Macht gegeben, die Sklaverei in neuen Staaten entweder zu erlauben oder zu verbieten. In der Öffentlichkeit wurde heftig über die Ausweitung der Sklaverei diskutiert, da vor allem diese Streitfrage die Machtverhältnisse zwischen dem industrialisierten Norden und dem landwirtschaftlichen Süden beeinflusste.

Seit der Gründung der USA hatten Politiker aus dem Süden die Regierung dominiert und die Sklaverei fanatisch als gottgegeben verteidigt, was ein Leitartikel der *New York Times* von 1856 als „Irrsinn" abstempelte. Die Abolitionisten (Sklavereigegner) aus dem Norden waren erzürnt über die Sklaverei-Lobby aus dem Süden, doch selbst viele Politiker aus dem Norden befürchteten, dass ein Ende der Sklaverei das Land in den Ruin treiben würde. Sie setzten sich für eine Begrenzung der Sklaverei ein und hofften, dass diese im Wettbewerb mit Fleiß und freier Arbeit dahinwelkte, ohne dass ein gewaltsamer Sklavenaufstand angefacht würde – eine ständig drohende Gefahr. Tatsächlich versuchte der radikale Sklavereigegner John Brown 1859 bei Harpers Ferry erfolglos, einen Aufstand anzuzetteln.

Die Wirtschaftlichkeit der Sklaverei ließ sich nicht bestreiten: 1860 gab es in den USA mehr als 4 Mio. Sklaven, die überwiegend auf den Plantagen im Süden arbeiteten. Dort wurden 75% der weltweit angebauten Baumwolle geerntet, was wiederum über die Hälfte der US-amerikanischen Exporte ausmachte. Die Wirtschaft des Südens stützte also die Wirtschaft der ganzen Nation, und dafür brauchte sie Sklaven. Die Präsidentschaftswahl im Jahr 1860 sollte zu einer Abstimmung über dieses Thema werden. Es gewann ein junger Politiker, der sich für die Einschränkung der Sklaverei einsetzte: Abraham Lincoln.

Schon der bloße Gedanke an landesweite Beschränkungen war für die Südstaatler unerträglich. Als Lincoln sein Amt antrat, fielen elf Staaten von der Union ab und gründeten die Konföderation der Staaten von Amerika. Der junge Präsident sah sich mit der bislang schwierigsten Entscheidung konfrontiert, die ein Politiker in seinem Amt je zu treffen hatte: Sollte er die Staaten des Südens ziehen lassen und die Union auflösen

James McPherson ist ein herausragender Bürgerkriegshistoriker. In seinem mit dem Pulitzer-Preis ausgezeichneten Werk *Für die Freiheit sterben* (1988) schafft er es, die ganze bittere Saga zwischen zwei Buchdeckeln unterzubringen.

Verlässlich und ernüchternd erzählt *Begrabt mein Herz an der Biegung des Flusses* (1970) von Dee Brown die Geschichte der Indianerkriege des späten 19. Jhs. aus der Sicht der amerikanischen Ureinwohner.

1870

Freie schwarze Männer erhalten das Stimmrecht; die sogenannten Jim-Crow-Gesetze, die im Süden unter den Befürwortern der Rassentrennung auftauchen, diskriminieren die Schwarzen im Endeffekt aber.

1880–1920

Millionen von Einwanderern strömen aus Europa und Asien nach Amerika und läuten das Zeitalter der Städte ein. New York, Chicago und Philadelphia entwickeln sich zu globalen Industrie- und Handelszentren.

1882

Rassistische Ressentiments führen vor allem in Kalifornien zum Chinese Exclusion Act, dem einzigen US-Einwanderungsgesetz, das die Einwanderung einer bestimmten Rasse ausschließt.

1896

Im Fall *Plessy vs. Ferguson* entscheidet der Oberste Gerichtshof, dass „getrennte, aber gleiche" öffentliche Einrichtungen für Schwarze und Weiße legal sind, da die Verfassung nur politische Gleichheit garantiert.

oder er sollte er einen Krieg führen, um die Union aufrechtzuerhalten? Er entschied sich für die zweite Option. Der Krieg kam schnell.

Je länger die Kämpfe andauerten, desto mehr war Lincoln davon überzeugt, dass ein Sieg ohne die Abschaffung der Sklaverei völlig sinnlos wäre. In seiner Emanzipationsproklamation von 1863 weitete er die Kriegsziele aus und verkündete die Befreiung aller Sklaven in den Sezessionsstaaten. Im April 1865 kapitulierte der General der Konföderierten, Robert E. Lee, vor dem Unionsgeneral Ulysses S. Grant in Appomattox, Virginia. Die Union war gerettet, der Blutzoll dafür aber hoch. Im Jahr 1865 wurde der Dreizehnte Zusatzartikel zur amerikanischen Verfassung ratifiziert, mit dem die Sklaverei im ganzen Land abgeschafft wurde.

Die außergewöhnliche Reise der Lewis-und-Clark-Expedition nach Westen bis zum Pazifik und wieder zurück kann online unter www.pbs.org/lewisandclark mithilfe historischer Karten, Fotoalben und Tagebuchauszüge nachvollzogen werden.

Weltwirtschaftskrise, New Deal & Zweiter Weltkrieg

Im Oktober 1929 begannen Investoren, beunruhigt über eine lahmende Weltwirtschaft, ihre Aktienpakete zu verkaufen. Andere Händler gerieten dadurch so in Panik, dass schließlich bald alle alles verkauften, bis nichts mehr übrig war. Der Aktienmarkt kollabierte und die US-Wirtschaft stürzte in sich zusammen wie ein Kartenhaus.

Die Weltwirtschaftskrise („Great Depression") nahm ihren Lauf: Verängstigte Banker kündigten unsichere Kredite auf, die Menschen konnten diese nicht zurückzahlen und die Banken brachen zusammen. Millionen Menschen verloren ihre Häuser, Farmen, Geschäfte und Ersparnisse und rund 25 % der amerikanischen Arbeiterschaft ihre Jobs. Die Dürre der Dust Bowl verschärfte die Probleme weiter und führte zur größten Migration der amerikanischen Geschichte: 3 Mio. Menschen zogen auf der Suche nach Arbeit aus den Staaten der Great Plains nach Kalifornien.

Der Demokrat Franklin D. Roosevelt wurde 1932 zum Präsidenten gewählt. Er war mit dem Versprechen in den Wahlkampf gezogen, einen „New Deal" ins Leben zu rufen, der die USA aus der Krise führen sollte. Dies gelang ihm mit durchschlagendem Erfolg. Als in Europa 1939 erneut Krieg ausbrach, war die isolationistische Stimmung in Amerika so stark wie eh und je. Dennoch hatte sich der unglaublich beliebte Roosevelt, der 1940 als einziger US-Präsident der Geschichte überhaupt zu einer dritten Amtszeit gewählt worden war, dafür eingesetzt, dass die USA nicht stillhalten durften, während die faschistischen und totalitären Regime den Sieg errangen. Roosevelt entsandte Hilfe nach Großbritannien und überzeugte den nervösen Kongress, mitzuziehen.

Dann, am 7. Dezember 1941, starteten die Japaner einen Überraschungsangriff auf Pearl Harbor auf Hawaii, töteten dabei über 2000 Amerikaner und versenkten mehrere Schlachtschiffe. Als der US-amerikanische Isolationismus über Nacht in Empörung umschlug, verfügte

1898

Nach dem Sieg im Spanisch-Amerikanischen Krieg erlangen die USA die Kontrolle u. a. über die Philippinen. Der blutige Krieg lässt die USA vor weiteren kolonialen Bestrebungen zurückschrecken.

1906

Upton Sinclairs Exposé *Der Dschungel* wird veröffentlicht, das sich mit Chicagos unappetitlicher Fleischindustrie befasst. Viele Arbeiter leiden unter Armut und arbeiten unter gefährlichen Bedingungen.

1908

In Detroit wird das erste Model T-Auto (auch als „Tin Lizzy – Blechliesel" bekannt) gebaut. Henry Ford, der Erfinder des Fließbands, verkauft bald jährlich über 1 Mio. Automobile.

1914

Der Panamakanal verbindet nun den Atlantik mit dem Pazifik. Die USA bekamen das Recht zum Bau des Kanals, weil sie Panama in dessen Unabhängigkeitskampf gegen Kolumbien maßgeblich unterstützt hatten.

Roosevelt plötzlich über die Unterstützung, die er benötigte. Deutschland erklärte auch den Vereinigten Staaten den Krieg und Amerika schloss sich dem Kampf der Alliierten gegen Hitler und die Achsenmächte an. Von diesem Augenblick an investierten die USA fast ihre gesamte Kraft und industrielle Macht in die Kriegsanstrengungen.

Zu Anfang liefen die Dinge für die USA weder auf dem pazifischen noch auf dem europäischen Kriegsschauplatz gut. Im Pazifik wendete sich das Blatt erst, als die Amerikaner im Juni 1942 die japanische Flotte in der Schlacht um die Midwayinseln unerwartet schlugen. Danach drängte das Land die Japaner in einer Reihe grausamer Schlachten zurück und nahmen die pazifischen Inseln wieder ein. In Europa versetzten die USA Deutschland mit ihrer Landung in der Normandie am 6. Juni 1944 den entscheidenden Schlag. Da Deutschland nicht in der Lage war, einen Zweifrontenkrieg durchzustehen (die Sowjetunion an der Ostfront verteidigte erbittert ihr Gebiet), kapitulierte es im Mai 1945.

Japan führte seinen Kampf dennoch fort und so entschloss sich der neu gewählte Präsident Harry Truman – angeblich aus Sorge darüber, dass eine amerikanische Invasion in Japan zu einem beispiellosen Gemetzel führen könnte – im August 1945 zum Abwurf von Atombomben auf Hiroshima und Nagasaki. Die im Manhattan-Projekt entwickelte Waffe verwüstete beide Städte und töteten mehr als 200 000 Menschen. Nur wenige Tage später kapitulierte Japan. Das nukleare Zeitalter hatte begonnen.

Die Rote Angst, Bürgerrechte & die Kriege in Asien

Im Krieg noch Verbündete, lieferten sich die kommunistische Sowjetunion und die kapitalistischen USA bald einen Wettlauf um die Weltherrschaft. Die beiden Supermächte trugen Stellvertreterkriege wie den Koreakrieg (1950–1953) und den Vietnamkrieg (1954–1975) aus und nur die drohende Gefahr eines mit Nuklearwaffen ausgetragenen Konflikts, der den gesamten Planeten auslöschen würde, verhinderte einen offenen Krieg. Die im Jahr 1945 gegründeten Vereinten Nationen (UN) konnten diese Spaltung der Welt nicht überwinden und nur selten gelang es ihnen, Konflikte des Kalten Krieges zu verhindern.

Unterdessen erlebte die amerikanische Heimat, in der der Zweite Weltkrieg keine Narben hinterlassen und der Industrie einen Aufschwung beschert hatte, ein Zeitalter wachsenden Wohlstands. In den 1950er-Jahren verließen die Menschen in Scharen die Innenstädte und zogen in die Vorstädte, in denen vermehrt erschwingliche Einfamilienhäuser entstanden. Die Amerikaner brausten mit günstigen Autos und preiswertem Sprit über nagelneue Autobahnen. Sie genossen die Bequemlichkeiten, die ihnen die moderne Technik bot, nutzten gesicherte

1917
Unter Präsident Woodrow Wilson treten die USA in den Ersten Weltkrieg ein. Es werden 4,7 Mio. Soldaten mobilisiert, von denen 116 000 fallen. Insgesamt fordert der Krieg 11 Mio. Todesopfer

1920er-Jahre
Angestoßen durch die Abwanderung von Schwarzen in die Städte im Norden, regt die Harlem Renaissance eine Blütezeit der Literatur, Kunst und Musik an. Bedeutende Persönlichkeiten: Du Bois und Hughes.

1941–45
Zweiter Weltkrieg: Amerika setzt 16 Mio. Soldaten ein, von denen 400 000 fallen. Insgesamt fordert der Krieg doppelt so viele zivile wie militärische Todesopfer.

1948–51
Der Marshallplan lässt 12 Mrd. US$ nach Europa fließen, die die Erholung vom Zweiten Weltkrieg unterstützen sollen. Der Plan soll außerdem den Sowjet-Einfluss eindämmen und die US-Wirtschaft ankurbeln.

zinsgünstige Baukredite und kostenlose Bildung durch Programme wie das GI-Gesetz, waren fleißig und lösten einen wahren „Babyboom" aus.

Doch am Wohlstand hatte nur die weiße Mittelschicht Anteil. Der strukturelle Rassismus im ganzen Land diskriminierte die Afroamerikaner politisch und wirtschaftlich. Unter Berufung auf den Abolitionisten Frederick Douglass (19. Jh.) versuchte die Southern Christian Leadership Conference (SCLC) unter Führung des afroamerikanischen Predigers Martin Luther King Jr., die Rassentrennung zu überwinden und „Amerikas Seele zu retten" – d.h., eine Gerechtigkeit zu schaffen, die nicht nach Hautfarben unterschied und gleiche, faire Chancen für alle bot.

Hidden Figures – Unerkannte Heldinnen ist die wahre Geschichte der drei Mathematikerinnen Katherine Johnson, Dorothy Vaughn und Mary Jackson, deren Talente der NASA halfen, den ersten Amerikaner in den Weltraum zu befördern – und das, obwohl in den 1960er Jahren die Möglichkeiten schwarzer Frauen (nicht nur beruflich) begrenzt waren. Der Film wurde 2017 für drei Oscars nominiert.

Erstmals predigte und organisierte King in den 1950er-Jahren überwiegend im Süden den gewaltlosen Widerstand in Form von Busboykotten, Märschen und Sitzstreiks. Weiße Polizisten gingen häufig mit Wasserwerfern und Schlagstöcken gegen die Proteste vor und vereinzelt eskalierten Demonstrationen zu Ausschreitungen, doch mit dem Civil Rights Act von 1964 setzte die afroamerikanische Bewegung eine Gesetzgebung in Gang, mit der die bis dahin gültigen rassistischen Gesetze aufgehoben wurden. Damit wurde der Grundstein für eine gerechtere und gleichberechtigte Gesellschaft gelegt.

Derweil brachten die 1960er-Jahre weitere soziale Umbrüche: Der Rock'n' Roll löste eine Jugendrebellion aus und im Summer of Love des Jahres 1967 schwappte die Hippie-Kultur von ihrem Zentrum in San Franciscos Stadtteil Haight-Ashbury in den amerikanischen Mainstream.

Düstere Realität war hingegen die Ermordung des Präsidenten John F. Kennedy 1963 in Dallas, der 1968 die tödlichen Anschläge auf seinen Bruder, Senator Robert Kennedy, und Martin Luther King Jr. folgten. Das Vertrauen der Amerikaner in ihre Führung wurde durch die Bombenanschläge und den Vietnamkrieg, den sie über das Fernsehen verfolgten, weiter erschüttert. In der Folge kam es zu Studentenprotesten.

Richard Nixon, der 1968 u.a. für sein Versprechen zum Präsidenten gewählt wurde, den Krieg zu einem „ehrenvollen Ende" zu führen, verstärkte stattdessen den Einsatz der USA und bombardierte heimlich Laos und Kambodscha. 1972 sorgte die Watergate-Affäre für Aufregung: Zwei unermüdliche Journalisten belasteten „Tricky Dick" im Zusammenhang mit einem Einbruch in das Hauptquartier der Demokratischen Partei. 1974 kam Nixon schließlich einer Amtsenthebung zuvor und erklärte als erster US-Präsident der Geschichte seinen Rücktritt.

In den stürmischen Zeiten der 1960er- und 1970er-Jahre erlebte Amerika die sexuelle Revolution, die Frauenbewegung, den Kampf um die Rechte Homosexueller sowie Öl- und Energiekrisen und musste – infolge der Veröffentlichung des Buches *Der stumme Frühling* von Rachel Carson 1962 – erkennen, dass die Industrie die Umwelt verschmutzt und krank gemacht hatte.

1963

Am 22. November wird Präsident John F. Kennedy während einer Fahrt im offenen Wagen in Dallas, Texas, von Lee Harvey Oswald erschossen.

1964

Der Civil Rights Act verbietet die Diskriminierung aufgrund von Rasse, Hautfarbe, Religion, Geschlecht oder Abstammung. Von Kennedy initiiert, gilt das Gesetz als politisches Vermächtnis von Lyndon B. Johnson.

1965–75

Die Beteiligung der USA am Vietnamkrieg spaltet die Nation: Neben 58000 gefallenen amerikanischen Soldaten fordert der Krieg 4 Mio. vietnamesische sowie 1,5 Mio. laotische und kambodschanische Todesopfer.

1969

Amerikanische Astronauten landen auf dem Mond und erfüllen Präsident Kennedys unglaubwürdiges Versprechen von 1961, dieses Ziel innerhalb der folgenden zehn Jahre zu erreichen.

AFROAMERIKANER: DER KAMPF UM DIE GLEICHBERECHTIGUNG

Es ist unmöglich, die Geschichte der USA zu verstehen, ohne das große Ringen und die hart erkämpften Siege der Afroamerikaner in allen Lebensbereichen zu berücksichtigen.

Sklaverei

Von Anfang des 17. Jhs. bis ins 19. Jh. gelangten ca. 600 000 afrikanische Sklaven nach Amerika. Wer die schreckliche Reise in überfüllten Schiffen überlebten, wurde dort auf Sklavenmärkten verkauft (1638 kostete ein afrikanischer Mann 27 US$). Die meisten landeten auf den Plantagen im Süden, wo Auspeitschungen, Brandzeichen und die Trennung von Familien an der Tagesordnung waren.

Endlich frei

Die Sklaverei und nicht der Konflikt um die Rechte der Staaten, wie von manchen revisionistischen Historikern behauptet, war der Anlass des Bürgerkriegs. 1862 verfasste Lincoln die Emanzipationsproklamation, die die Sklaverei in allen Gebieten der Konföderierten abschaffte. Von da an kämpften insgesamt 180 000 Afroamerikaner auf der Seite der Union.

Jim-Crow-Gesetze

Während der Reconstruction (1865–1877) schützten Bundesgesetze die Bürgerrechte der Schwarzen. Die Verbitterung der Südstaatler und die jahrhundertealten Vorurteile sorgten aber für einen Rückschlag. In den 1890er-Jahren entstanden die Jim-Crow-Gesetze (benannt nach einem stereotypen Charakter einer Minstrel-Show). Afroamerikaner wurden faktisch entrechtet und das weiße Amerika setzte die rassistische Gewalt gegen Schwarze fort.

Bürgerrechtsbewegung

Anfang der 1950er-Jahre bildete sich in afroamerikanischen Gemeinden eine Bewegung heraus, die für Gleichberechtigung kämpfte. Als sich Rosa Parks weigerte, ihren Sitzplatz für einen weißen Fahrgast zu räumen, löste dies den Montgomery Bus Boykott aus. Es gab Sitzblockaden an Imbissstuben, in denen Schwarze nicht zugelassen waren, und Großdemonstrationen unter Führung von Martin Luther King Jr. in Washington, D.C. Die Anstrengungen von Millionen Menschen zahlten sich aus: 1964 unterzeichnete Präsident Johnson den Civil Rights Act, der Diskriminierung und Rassentrennung verbot, gefolgt vom Voting Rights Act (Wahlrechtsgesetz) im Jahre 1965.

Black Lives Matter (Schwarze Leben zählen)

Im 21. Jh. entstand eine neue Bewegung für die Rechte der Schwarzen. Auslöser war der Freispruch von George Zimmerman 2013, nachdem dieser den 17-jährigen Trayvon Martin erschossen hatte. Die Aktivistinnen Patrisse Cullors, Opal Tometi und Alicia Garza lenkten unter dem Hashtag „#blacklivesmatter" die Aufmerksamkeit auf die vielfältigen Formen der Diskriminierung von Afroamerikanern. Die Bewegung wuchs an, als User ihre eigenen Geschichten erzählten und so Vorfälle im ganzen Land zu einem schlüssigen wie verheerenden Porträt des strukturellen Rassismus zusammenfügten.

1969

Bei einer Razzia der NYC-Polizei in der Schwulenbar Stonewall Inn setzen sich die Gäste zur Wehr. Die Unruhen der darauffolgenden drei Tage markieren den Beginn der Schwulenbewegung.

1973

Im Fall Roe vs. Wade entscheidet der Oberste Gerichtshof, dass Schwangerschaftsabbrüche legal sind. Bis heute wird gestritten – Befürworter fordern Wahlfreiheit, Gegner führen das Recht auf Leben ins Feld.

1989

Der Fall der 1961 errichteten Berliner Mauer markiert das Ende des Kalten Krieges zwischen den USA und der UdSSR (mittlerweile Russland). Die USA sind nun die letzte verbleibende Supermacht.

1990er-Jahre

Das World Wide Web gibt 1991 sein Debüt, das die Welt der Kommunikation neu definiert. Die überbewerteten Technologie-Aktien sorgen für einen gigantischen Boom (und eine gigantische Pleite).

Reagan, Clinton & Bush

1980 trat der Republikaner, kalifornische Gouverneur und ehemalige Schauspieler Ronald Reagan mit dem Versprechen bei den Präsidentschaftswahlen an, den Amerikanern beim Gedanken an ihr Land wieder ein gutes Gefühl zu geben. Der leutselige Reagan gewann mühelos. Seine Wahl markierte einen ausgeprägten Rechtsruck in der US-Politik. Reagans Ziel war es, den Kommunismus zu besiegen, die Wirtschaft wieder auf Kurs zu bringen und zu deregulieren und die Steuern zu senken. Um die ersten beiden Punkte zu erreichen, startete er die größte Aufrüstung, die es in Friedenszeiten je gegeben hatte, und forderte die Sowjets heraus, mitzuhalten – was schließlich erst zum wirtschaftlichen und dann politischen Zusammenbruch der UdSSR führte.

In *Die Seelen der Schwarzen* (1903) beschreibt W.E.B. Du Bois wortgewandt das politische und kulturelle „Rassendilemma", dem sich das Amerika des frühen 20. Jhs. gegenübergestellt sah. Du Bois war auch an der Gründung der National Association for the Advancement of Colored People (NAACP) beteiligt.

Die Militärausgaben und die Steuereinschnitte hatten zu einem riesigen Defizit im Staatshaushalt geführt, das die Präsidentschaft von Reagans Nachfolger George Bush erheblich beeinträchtigte. Obwohl er Kuwait nach einer irakischen Invasion im Zweiten Golfkrieg 1991 befreien konnte, wurde er bei den Präsidentschaftswahlen 1992 von seinem demokratischen Herausforderer aus dem Süden, Bill Clinton, deutlich geschlagen. Dieser hatte das Glück, den vom Silicon Valley angeführten Hightech- und Internetboom der 1990er-Jahre zu erwischen, der eine „neue Wirtschaft" zu verheißen schien, die auf Telekommunikation und geistiger Arbeit basierte. Die amerikanische Wirtschaft glich ihr Defizit aus und fuhr sogar einen Überschuss ein – und Clinton regierte während eines der am längsten anhaltenden Wirtschaftsaufschwünge, die Amerika je gesehen hatte.

George W. Bush, ältester Sohn von George Bush, gewann die Präsidentschaftswahlen 2000 und 2004 mit einem solch knappen Vorsprung, dass die Ergebnisse geradezu ein Sinnbild für die immer stärker polarisierte Nation zu sein schienen. Bush wiederum hatte das Pech, das Land in der Zeit zu regieren, in der die Hightech-Blase 2000 platzte. Trotzdem ordnete er Steuersenkungen an, die das Staatsdefizit so weit in die Höhe trieben wie nie zuvor. Bush war zudem ein Verfechter der „Backlash"-Bewegung der konservativen Rechten, die sich seit der Zeit Reagans formiert hatte. Am 11. September 2001 steuerten islamische Terroristen von ihnen entführte Flugzeuge in das World Trade Center in New York und das Pentagon in Washington, D.C. Dieser verheerende Anschlag vereinte die Amerikaner hinter ihrem Präsidenten, der Rache schwor und den „Krieg gegen den Terror" ausrief. Oberbefehlshaber Bush griff auf seiner erfolglosen Suche nach al-Qaida-Terrorzellen schon bald Afghanistan an, fiel 2003 in den Irak ein und stürzte dort den antiamerikanischen Diktator Saddam Hussein. Der Irak versank derweil im Bürgerkrieg. Nach mehreren Skandalen und Misserfolgen – Folterbilder aus Abu Ghraib, die Reaktion der Regierung auf die Folgen des Hurrikans Katrina und

2001

Am 11. September entführen Al-Qaida-Terroristen vier Linienflugzeuge und steuern zwei von ihnen in die Türme des New Yorker World Trade Center und eines ins Pentagon. Fast 3000 Menschen werden getötet.

2003

Präsident George W. Bush startet einen Präventivkrieg gegen den Irak, der über 4000 Amerikanern das Leben kosten wird. Er beruft sich dabei auf Beweise, die belegen sollen, dass der Irak Massenvernichtungswaffen besitzt.

2005

Am 29. August trifft der Hurrikan Katrina die Küste von Mississippi und Louisiana und überflutet New Orleans. Über 1800 Menschen kommen ums Leben, der Schaden beziffert sich auf über 220 Mrd. US$.

2008–2009

Barack Obama wird zum ersten afroamerikanischen Präsidenten der USA gewählt. Er verspricht eine politische und moralische Erneuerung der USA.

die Unfähigkeit, den Irakkrieg zu beenden – erreichten Bushs Umfragewerte in der zweiten Hälfte seiner Präsidentschaft historische Tiefwerte.

Obamas Präsidentschaft

Im Jahr 2008 wählten die Amerikaner in der Hoffnung auf Veränderungen den politischen Newcomer Barack Obama zu Amerikas erstem schwarzen Präsidenten. Dieser hatte gleich alle Hände voll zu tun. Es waren auch für die Wirtschaft fast beispiellose Zeiten, sahen sich die USA doch der größten Finanzkrise seit der Weltwirtschaftskrise ausgesetzt. 2007 platzte die Immobilienblase, gefolgt vom Zusammenbruch einiger Großbanken. Die Schockwelle weitete sich über den Globus aus und bescherte 2008 vielen Industrienationen eine Rezession.

Die inzwischen seit rund einem Jahrzehnt andauernden Kriege in Afghanistan und im Irak brodelten weiter. 2011 schoben sie sich wieder in den Vordergrund des sich ständig verändernden Nachrichtenzyklus', als Navy Seals in einer von Obama veranlassten Operation Osama bin Laden in seinem Versteck in Pakistan aufspürten und dem al-Qaida-Anführer und Amerikas Staatsfeind Nummer 1 ein Ende bereiteten.

Die Wirtschaft war jedoch nach wie vor in einem schlechten Zustand. Das ehrgeizige Konjunkturpaket im Umfang von 800 Mrd. US-Dollar, das der Kongress 2009 verabschiedet hatte, trug in den Augen vieler Amerikaner keine Früchte. Ökonomen gingen gleichwohl davon aus, dass der Stimulus die Durchschlagskraft der Rezession reduziert hatte. Arbeitslosigkeit, Hypothekenbelastungen, die den Wert der Gebäude überstiegen, und kaum Hoffnung auf baldige Besserung ließen Millionen Amerikaner mit einem Gefühl der Hilflosigkeit zurück. Hohe Regierungsausgaben und staatliche Rettungsaktionen (des Banken- und Automobilsektors) zur Bekämpfung der Rezession waren in der Bevölkerung umstritten, Niedriglöhne verschärften die Problem weiter. Bald formierten sich Protestbewegungen, die den Ärger auf die Straßen trugen. Auf der Seite der Linken beschuldigte die Gruppe Occupy Wall Street die Banken und Konzerne, zu viel Einfluss auf den demokratischen Prozess zu haben. Auf der Seite der Rechten führte dies zur Gründung der Tea Party. Diese vereinte politisch konservative Republikaner mit der Auffassung, öffentliche Konjunkturprogramme würden die Wirtschaft –und damit Amerika – zerstören. Sie kritisierten ebenso Obamas bahnbrechende Gesundheitsreform von 2010 (spöttisch „Obamacare“ genannt).

Obamacare war ein großer Sieg für den Präsidenten. Dank der Reform des Gesundheitssystems erhielten viele Amerikaner erstmals einen Krankenversicherungsschutz, während die Kosten hierfür gesenkt und Schlupflöcher geschlossen wurden, die es Versicherungsgesellschaften bislang ermöglichten, Bürger mit einer Vorerkrankung einen Versicherungsschutz zu verweigern. Doch als Obama 2013 für eine zweite Amtszeit ins

Wenn Geschichte eine Frage der Sichtweise ist, so macht Howard Zinn klar, für wen er Partei ergreift: In *Eine Geschichte des amerikanischen Volkes* (1980 und 2005) erzählt er die oft unbeachtete Geschichte der Arbeiter, Minderheiten, Einwanderer, Frauen und Radikalen.

2015
In einer historischen Entscheidung legalisiert der Oberste Gerichtshof der Vereinigten Staaten die gleichgeschlechtliche Ehe – in allen 50 Staaten haben homosexuelle Paare nun das Recht, zu heiraten.

2019
Mehrere Staaten verabschieden extrem restriktive Abtreibungsgesetze und stellen sich damit gegen das Grundsatzurteil *Roe vs. Wade*, in der Hoffnung, dass der konservativ geführte Oberste Gerichtshof es aufheben wird.

2020
Joe Biden wird neuer Präsident und beruft Kamala Harris zur Vizepräsidentin. Trump bestreitet das Ergebnis und wird beschuldigt, die Demonstranten zum Sturm auf das US-Kapitol ermutigt zu haben.

2022
10 Jahre nachdem Colorado als erster Staat den Verkauf von Marihuana legalisierte, zogen 18 weitere Staaten sowie Washington D.C. nach. 36 Staaten erlauben die medizinische Verwendung.

Weiße Haus zurückkehrte, tat er dies, ohne die Hoffnung und den Optimismus seiner ersten Wahl zu versprühen. Die Zeiten hatten sich im Zuge der Weltfinanzkrise geändert und die Amerikaner harte Jahre durchlebt.

Obama schaffte es zwar bis 2016, die Arbeitslosenquote unter 5 % zu senken, die stockende Wirtschaft konnte er jedoch nur schleppend wieder in Gang bringen. Als seine Präsidentschaft zu Ende ging, richtete er seinen Fokus auf liberale und global ausgerichtete Anliegen: die Bekämpfung des Klimawandels, den Umweltschutz, LGBT-Rechte und die Aushandlung von Annäherungen an den Iran und Kuba. Genug Stoff also, um die Ressentiments auf Seiten der populistischen Rechte zu schüren. Am Ende von Obamas zweiter Amtszeit waren die USA eine tief gespaltene Nation. Während die einen weiterhin an seine fortschrittlichen Ideale glaubten, fühlten sich die andern zunehmend von Politik und Wirtschaft im Stich gelassen.

Wer Politikern nicht immer glauben mag, findet auf der unabhängigen Website factcheck.org Abhilfe. Die „Verfechterin der Verbraucher" sieht sich als Anlaufstelle, die die Statements von US-Politikern während Debatten, Reden, Interviews und in Wahlkampfspots auf ihre Richtigkeit hin überprüft. Eine tolle Seite, um die Wahrheit von leerem Geschwätz und Lügen zu unterscheiden – vor allem in Wahlkampfzeiten.

Trumps Präsidentschaft

Als Donald J. Trump, Immobilienmagnat und ehemaliger Moderator der Reality TV-Show *The Apprentice* (deutsch: „Der Lehrling"), im Juni 2015 ankündigte, sich für das Präsidentenam zu bewerben, hielten dies viele im In- und Ausland für einen Werbegag. Was dann folgte, kann durchaus als Medienschlacht beschrieben werden: Die Berichterstattung während des langen Wahlkampfs, in dem sich ein Trump – ohne jegliche politische Erfahrung – und die ehemalige Außenministerin (2009–2013) und First Lady Hillary Clinton gegenüberstanden, war unerbittlich.

Nach einer äußerst umstrittenen Wahlkampfsaison trotzte Donald Trump den Meinungsforschern und wurde am 8. November 2016 zum 45. Präsidenten der USA. Seine Amtszeit wurde schnell von Skandalen und Kontroversen überschattet, was zu weltweiter Empörung und weit verbreiteten Protesten führte – angefangen mit dem Women's March in Washington am Tag nach der Amtseinführung, der größten eintägigen Demonstration in der Geschichte der USA.

Die Trump-Regierung hat auch in anderer Hinsicht Geschichte geschrieben: Mindestens elf Personen aus seiner Regierung oder seinem Wahlkampfteam wurden schließlich wegen Straftaten angeklagt, darunter auch Trumps Anwalt und ehemaliger Mittelsmann Michael Cohen, der seinen ehemaligen Chef in einer eidesstattlichen Erklärung vor dem US-Kongress als „Rassist", „Betrüger" und „Hochstapler" bezeichnete. Trump war auch der erste US-Präsident, gegen den zweimal ein Amtsenthebungsverfahren eingeleitet wurde: einmal 2019 wegen Amtsmissbrauchs und Behinderung des Kongresses (im Zusammenhang mit der Einladung einer ausländischen Macht zur Einmischung in eine US-Wahl) und das zweite Mal 2021 wegen Anstiftung zum Aufruhr im US-Kapitol.

Mit Anstand zum Sieg

Im Jahr 2020 wurden der ehemalige Vizepräsident Joe Biden und die ehemalige kalifornische Senatorin Kamala Harris in die höchsten Ämter des Landes gewählt. Biden, der mit einer Kampagne zur Wiederherstellung des Anstands im Weißen Haus antrat, gewann 306 Wahlmännerstimmen (gegenüber 232 Stimmen für Trump) und erhielt 7 Mio. mehr Stimmen als sein Rivale.

Die krachende Niederlage hielt Trump nicht davon ab, sich zu weigern, seinen Amtsverlust einzugestehen. Er verkündete sofort, die Wahl sei manipuliert worden, obwohl er keine Beweise für seine Behauptung hatte. Seine Gefolgsleute jedoch griffen den Schlachtruf auf und es wurde ziemlich surreal – wie die weitschweifende Pressekonferenz, die Rudy Giuliani vor der Firma Four Seasons Total Landscaping (nicht zu verwechseln mit dem gleichnamigen Hotel) in einem Industrieviertel im Nordosten Philadelphias abhielt. Mehr als 60 Klagen wurden von Trumps Anwälten eingereicht, um die Wahl, die Auszählung der Stimmen und das Zertifizierungsverfahren in Staaten anzufechten, die für seine Niederlage entscheidend waren, darunter Arizona, Georgia, Michigan, Pennsylvania und Wisconsin. Richter, von denen einige von Trump selbst ernannt wurden, wiesen fast alle Fälle mit der Begründung ab, sie seien „unseriös" oder „unbegründet".

Im Januar 2021 spitzte sich die Lage zu, als ein Mob von etwa 2000 Trump-Anhängern das Kapitolgebäude angriff und eine gemeinsame Sitzung des Kongresses störte. Zwei Randalierer und ein Polizeibeamter starben infolge der Gewalt des Mobs. Monate später begingen vier Polizisten der Capitol Police Selbstmord.

Trotz unrechtmäßiger Bemühungen, die Wahl zu annullieren, wurde Joe Biden wenige Wochen nach dem Putschversuch planmäßig als Präsident vereidigt. Nach vier Jahren Chaos unter Trump atmeten Millionen von Amerikanern (und der Rest der Welt) kollektiv auf.

Biden, der sein Leben dem öffentlichen Dienst gewidmet hat, sah sich in seinem ersten Amtsjahr mit gewaltigen Herausforderungen konfrontiert: einer grassierenden Pandemie, einer steigenden Inflation, dem Wiederaufbau der amerikanischen Infrasturktur nach Jahren der Vernachlässigung und dem Umstieg auf saubere Energie, was seine eigenen Partei nicht unbedingt unterstützte.

Lebensart

Amerika ist einer der größten Schmelztiegel der Welt und vereint eine erstaunliche Vielzahl von Kulturen und Religionen. Diese Vielfältigkeit des Landes wurde durch die lange Ära der Einwanderung geprägt, auch wenn regionale Unterschiede zwischen Ostküste, Süden, Westküste und den Great Lakes heute eine ähnlich herausragende Rolle spielen, wenn es darum geht, die amerikanische Identität zu definieren. Religion, Sport, Politik und natürlich der sozioökonomische Hintergrund sind ebenfalls tragende Säulen der komplexen amerikanischen Befindlichkeiten.

Multikulturell

Lange galten die Vereinigten Staaten als *melting pot*, als Schmelztiegel schlechthin; Neuankömmlinge, so nahm man allgemein an, würden sich wie selbstverständlich in die bestehende Gesellschaft integrieren. Etwas von diesem Gedanke ist immer noch spürbar. So wird einerseits die Vielfalt gefeiert (Cinco de Mayo, der Martin Luther King Day und das chinesische Neujahrsfest werden allesamt begangen), andererseits fühlen sich viele Amerikaner auch ganz wohl mit dem Status quo.

Einwanderung ist daher ein heiß diskutiertes Thema. Immigranten machen heute etwa 14% der Bevölkerung aus. Jährlich wandern rund 1,4 Mio. Menschen legal in die USA ein, wobei die meisten aus Indien, China und Mexiko stammen. Weitere ca. 10,7 Mio. Menschen halten sich illegal im Land auf – und genau darüber erhitzen sich die amerikanischen Gemüter, vor allem wenn das Thema politisiert wird.

Die USA haben die zweitgrößte spanischsprachige Population der Welt (hinter Mexiko und knapp vor Spanien). Die Latinx sind auch die am schnellsten wachsende Minderheitengruppe des Landes.

Seit nahezu zwei Jahrzehnten geistert das Wort „Einwanderungsreform" durch Washington. Auf der einen Seite wird die Meinung vertreten, dass die Regierung mit illegalen Einwanderern im Moment zu nachsichtig umgeht: Hardliner fordern die Errichtung von Grenzmauern und -zäunen, die Abschiebung illegaler Einwanderer und Sanktionen gegen die Arbeitgeber, die sie beschäftigen. Auf der anderen Seite heißt es, die Gesetze seien zu streng und Einwanderer, die seit Jahren gesetzestreu in den USA lebten und die Gesellschaft bereicherten, sollten eine Aufenthaltsgenehmigung erhalten: Sie könnten eine Strafe zahlen, den Papierkram für die Einbürgerung erledigen und mit ihren Familien im Land bleiben.

Trotz mehrerer Anläufe war der Kongress bisher nicht in der Lage, ein umfassendes Gesetz zur illegalen Einwanderung zu verabschieden. Stattdessen reichte es bisher nur für die Verschärfung der Umsetzung bestehender Regelungen. Und die Frage der Einwanderung, ob legal oder nicht, war während der Präsidentschaft von Donald Trump zu einem dauerhaften Feld der Auseinandersetzungen.

Die Politik hat viel mit der multikulturellen Toleranz der Amerikaner zu tun. Auf die Frage, ob Einwanderung die Nation stärkt, antworteten die meisten Amerikaner (62%) laut einer Umfrage des Pew Research Center aus dem Jahr 2019 mit „ja". Als jedoch diese Antworten nach politischen Parteien aufgeschlüsselt wurden, offenbarte sich eine regelrechte Spaltung: Auf Seiten der Demokraten und der Parteilosen mit demokratischer Ausrichtung antworteten mehr als 80%, dass die Einwanderung die Nation stärkt, bei den Republikanern waren es lediglich 49%.

Für viele gilt die Wahl Barack Obamas zum US-Präsidenten als Beleg für die Fähigkeit einer amerikanischen Multikulti-Gesellschaft zur Integration. Nicht nur seine Biografie – weiße Mutter, schwarzer Vater, muslimischer Name, ein Leben in verschiedenen Kulturen (darunter in Hawaii, Indonesien und Chicago) – spielt eine Rolle. Oder die Tatsache, dass zum ersten Mal ein Afroamerikaner das höchste Amt in einem Land innehatte, in dem noch in den 1960er-Jahren Schwarze in manchen Regionen nicht einmal wählen durften. Vielmehr ist der entscheidende Punkt, dass Amerikaner mit den verschiedensten Wurzeln und Glaubensrichtungen Obama gewählt und seine Botschaft der Vielfalt und des Wandels mit Offenheit begrüßt haben.

Religion

Als die Pilgerväter – jene frühen Siedler, die ihre europäische Heimat verlassen hatten, um religiöser Verfolgung zu entgehen – an Land gingen, hatten sie sich fest vorgenommen, dass ihr neues Land von religiöser Toleranz geprägt sein sollte. Sie schätzten den Wert der freien Religionsausübung so hoch, dass ihr protestantischer Glaube nicht Staatsreligion werden sollte. Außerdem versagten sie der Regierung alle Aktionen, die eine bestimmte Religion oder einen bestimmten Glauben gegenüber einem anderen begünstigen könnten. Die Trennung von Staat und Kirche wurde zu einem Grundpfeiler der Verfassung.

Die Amerikaner leben ihren Glauben vermehrt außerhalb kirchlicher Institutionen. Rund 23 % geben an, keiner Religion anzugehören. 7 % davon lehnen sie komplett ab, die Mehrheit hat sich jedoch einem individuellen Glauben verschrieben.

Heute sind die Protestanten dabei, in dem von ihnen gegründeten Land zu einer Minderheit zu werden. Laut einer Studie aus dem Jahr 2014 des Pew Research Centers nimmt ihre Zahl stetig ab und liegt gegenwärtig bei unter 50 %. Andere Konfessionen oder Religionen hingegen haben ihre Stellung behauptet oder gar Mitglieder hinzugewonnen.

Im Land ist zurzeit eine starke Bereitschaft zur Konversion zu spüren. 44 % aller erwachsenen Amerikaner haben laut Pew ihre religiöse Überzeugung im Lauf ihres Lebens gewechselt und sind zu einer anderen Konfession oder einer anderen Religion übergetreten oder haben sich ganz von Glaubensgemeinschaften gelöst. Eine einmalige Zeit des „religiösen Shoppens“ ist angebrochen. In geografischer Hinsicht verlagert sich die Hochburg des Katholizismus vom Nordosten in den Südwesten der USA, in den Südstaaten dominieren die Evangelikalen und im Westen ist die Zahl der Konfessionslosen besonders hoch.

GENERATIONENFRAGEN

Die amerikanische Kultur definiert sich nicht selten nach Altersgruppen. Folgender Überblick soll helfen, einige „Generationenfragen“ zu beantworten:

Baby Boomer Zwischen 1946 und 1964 Geborene. Nach der Rückkehr der US-Soldaten aus dem Zweiten Weltkrieg explodierten die Geburtenzahlen (deswegen der Begriff „Baby Boom“). Auf jugendliche Experimentierfreude, Sehnsucht nach Selbstverwirklichung und soziales Engagement folgte mit fortschreitendem Alter oft ein behäbiges Leben im Wohlstand.

Generation X Zwischen 1965 und Anfang der 1980er-Jahre Geborene. Diese Generation ist geprägt von der Ablehnung der Werte der Baby Boomer, von Skepsis und von Entfremdung.

Millennials Zwischen Anfang der 1980er und Ende der 1990er Jahre Geborene. Von der Mutterbrust entwöhnt mit iPods, Instant Messaging und Social Networking, sind sie die größte Generation in den USA.

Generation Z Diejenigen, die in den 2000er-Jahren geboren wurden. Sie sind die Jugend von heute, die eine Welt ohne das Internet nicht kennt und sich oft mehr auf sozialen Medien als von Angesicht zu Angesicht austauscht.

Trotzdem verlaufen die größten Trennlinien in religiöser Hinsicht in den USA nicht zwischen den Religionen, ja noch nicht einmal zwischen Gläubigkeit und Atheismus, sondern zwischen fundamentalistischen und liberalen Auslegungen innerhalb der jeweiligen Glaubensgemeinschaften. Den meisten US-Amerikanern ist es gleichgültig, ob jemand Katholik, Angehöriger der Episkopalkirche, Buddhist oder Atheist ist. Wichtig hingegen ist, wie man zu Fragen der Abtreibung, der Empfängnisverhütung, der Rechte von LGBTIQ+, der Stammzellenforschung, der Evolutionslehre, des Schulgebets oder der staatlichen Verwendung religiöser Symbole steht. Die religiöse Rechte des Landes (wie die evangelikalen Christen oft bezeichnet werden) hat diese Themen ins Zentrum der Öffentlichkeit gerückt und nutzt die Politik, um ihre konservativen Überzeugungen in Gesetze zu gießen. Diese Versuche haben zu unzähligen Prozessen geführt, in denen eines der Grundprinzipien des Landes – die Trennung von Staat und Kirche – auf die Probe gestellt wird. Die Spaltung in ein reaktionär-konservatives und ein liberales Lager ist einer der großen Kulturkämpfe des Landes, der bei fast jeder politischen Entscheidung und bei nahezu jeder Wahl eine wichtige Rolle spielt.

NPR-Radiomoderator Terry Gross interviewt Amerikaner aller Couleur, von Rockstars über Umweltaktivisten bis hin zu Atomwissenschaftlern. Unter www.npr.org/freshair kann man zuhören.

Lebensstil

Der Lebensstandard in den USA gehört zu den höchsten der Welt. Das durchschnittliche Haushaltseinkommen betrug im Jahr 2018 rund 62 000 US$, wobei es regionale Unterschiede gibt. Am meisten verdient man in den Mittelatlantikstaaten, im Nordosten und Westen und deutlich weniger im Süden. Das Einkommen hängt außerdem von der ethnischen Zugehörigkeit ab, so verdienen Afroamerikaner und Latinxs weniger als Weiße und Asiaten (laut Statistiken von 2017 40 232 bzw. 50 486 US$ versus 65 273 bzw. 81 331 US$). Zudem besteht auch weiterhin eine Diskrepanz zwischen den Einkommen von Männern und Frauen, wobei Letztere lediglich knapp 80 % dessen verdienen, was ihre männlichen Kollegen erhalten).

Etwa 90 % der Amerikaner haben einen Highschool-Abschluss, rund 35 % absolvieren anschließend ein vierjähriges Bachelor-Studium auf einem College.

In einem großen Teil der amerikanischen Haushalte leben verheiratete, berufstätige Paare mit Kindern. Alleinerziehende machen 25 % der Haushalte aus. Laut dem Bureau of Labor Statistics arbeiten erwachsene Amerikaner im Durchschnitt 42 Stunden pro Woche. Scheidungen sind üblich (etwa 40 % der ersten Ehen zerbrechen), wobei die Zahl der Ehe-

REGIONALE STEREOTYPEN

Dank der 2008 veröffentlichten Studie *The Geography of Personality* stützen sich regionale US-Stereotypen nun auf solide Daten. Wissenschaftler werteten Persönlichkeitstests von rund 500 000 US-Bürgern aus und untersuchten die regionale Häufung bestimmter Charakterzüge. Das Ergebnis: Das Klischee, dass die Einwohner Minnesotas besonders nett sind, stimmt. Die „liebenswürdigsten" Staaten findet man an den Great Lakes sowie in den Great Plains und im Süden. Die neurotischsten Bundesstaaten finden sich im Nordosten. Die Ehre des ersten Platzes wird dabei überraschenderweise nicht New York zuteil, sondern West Virginia. Viele der „offensten" Bundesstaaten liegen im Westen. Kalifornien, Nevada, Oregon und Washington sind allesamt empfänglich für Neues, auch wenn sie sich hinter Washington, D.C., und New York einreihen müssen. Die pflichtbewusstesten, diszipliniertesten Staaten findet man in den Great Plains und im Südwesten, wobei New Mexico hier die Liste anführt. Ob's stimmt? Am besten selbst herausfinden!

schließungen wie der Scheidungen in den letzten 30 Jahren abgenommen hat. Trotz der hohen Scheidungsrate geben die Amerikaner im Jahr über 55 Mrd. US$ für Hochzeiten aus. In einer amerikanischen Familie leben durchschnittlich zwei Kinder.

Viele Amerikaner gehen zwar regelmäßig ins Fitnessstudio, walken, fahren Rad oder joggen, aber 47% erreichen nicht das von den Centers for Disease Control (CDC) empfohlene Pensum an täglicher Bewegung. Wissenschaftler machen die fehlende Bewegung sowie die Vorliebe der Amerikaner für zucker- und fetthaltiges Essen für die steigende Zahl von Übergewichtigen und Diabeteserkrankungen verantwortlich. Laut CDC sind über zwei Drittel der Amerikaner übergewichtig, ein Drittel davon gilt sogar als fettleibig.

Rund 25% der Amerikaner engagieren sich ehrenamtlich. Laut der Corporation for National and Community Service liegen dabei die Staaten an den Great Lakes ganz vorne, gefolgt vom Westen, Süden und Nordosten. Auch ein gewisses Umweltbewusstsein wächst: Die meisten großen Supermarktketten, u.a. Walmart, verkaufen mittlerweile Bio-Lebensmittel, und viele Städte arbeiten daran, die Müllvermeidung voranzutreiben. Dennoch werden nach Angaben der amerikanischen Umweltschutzbehörde nur 34% der in den USA anfallenden Abfälle recycelt.

Die meisten Amerikaner entscheiden sich für Urlaubsziele in der Nähe. Im Jahr 2018 hatten nur 42% einen Reisepass, folglich verbringt der Großteil der Bevölkerung die Ferien innerhalb der 50 Bundesstaaten. Viele Menschen haben nur fünf bis zehn bezahlte Urlaubstage im Jahr, was Amerikas Ruf als *No Vacation Nation* untermauert. Aber immerhin reisten 2018 41,7 Millionen US-Bürger ins Ausland, das sind 9% mehr als noch 2017. Laut dem Office of Travel and Tourism Industries des US Department of Commerce sind Mexiko und Kanada die beliebtesten internationalen Reiseziele, gefolgt von Großbritannien, der Dominikanischen Republik, Frankreich, Italien und Deutschland.

Trotz der Fortschritte, die seit den 1970er-Jahren im Frauensport erzielt wurden, hinken die Spielfelder, die Bezahlung und die Einrichtungen für weibliche Profisportler weit hinter denen der Männer her. Das vielleicht bemerkenswerteste Beispiel für diese Ungleichheit sind die US-Fußballmannschaften. Obwohl sie vier Weltmeisterschaften und vier olympische Medaillen gewonnen haben, wird den Frauen des USWNT weit weniger gezahlt als der Männermannschaft; nun haben sie eine Klage wegen sexueller Diskriminierung gegen den US-Fußballverband eingereicht.

Sport

Was Amerikas Gesellschaft wirklich zusammenschweißt und sich beispielsweise in grellen Farben im Gesicht und komischen Schaumstofffiguren auf dem Kopf manifestiert, ist der Sport. Ob nun konservativ oder liberal, verheiratet oder Single, Mormone oder Heide, montagmorgens im Büro wird meist über den Auftritt des jeweiligen Lieblingsteams am vergangenen Wochenende geplaudert.

Für sportliche Unterhaltung ist das ganze Jahr über gesorgt. Im Frühling und Sommer findet fast jeden Tag ein Baseballspiel statt. Im Herbst und Winter vergeht kaum ein Wochenende oder ein Montagabend ohne ein Football-Match, und an langen Wintertagen und -abenden sorgt Basketball für aufregende Abwechslung. Diese drei sind die beliebtesten Sportarten. In den letzten Jahren nahm das Interesse an Autorennen zu und auch die Major League Soccer (MLS) zieht immer mehr Fußballfans in ihren Bann. Und Eishockey, einst ein Sport der nördlichen Breitengrade, ist mittlerweile im ganzen Land sehr beliebt. Nicht zuletzt deshalb, weil die LA Kings zweimal den Stanley Cup gewonnen haben, und die Teams aus dem sonnenverwöhnten Nashville, aus Tampa Bay und Vegas haben immerhin das Finale erreicht.

Wichtige Sport-Websites

Baseball *(www.mlb.com)*

American Football *(www.nfl.com)*

Basketball *(www.nba.com, www.wnba.com)*

Autorennen *(www.nascar.com, www.indycar.com)*

Baseball

Baseball kommt zwar nicht an die gleichen TV-Zuschauerzahlen (und damit natürlich auch nicht an die gleichen Werbegelder) heran wie American Football, aber mit 162 Spielen in einer Saison im Vergleich zu 16 Spielen im Football ist Baseball einfach so allgegenwärtig, dass es seinen Status als Amerikas typische Freizeitbeschäftigung durchaus beibehalten darf.

Baseball entfaltet seine volle Wirkung ohnehin nicht vor dem Fernseher, sondern beim Stadionbesuch: Man stelle sich einen sonnigen Tag auf der Tribüne mit Bier und Hotdog vor, dazu kommen die im ganzen Stadion gegrölten *Take Me Out to the Ballgame*-Gesänge, die die 17 Innings begleiten. Die im Oktober stattfindenden Play-offs sorgen für jede Menge Spannung und bringen oft Überraschungssieger hervor. Die New York Yankees, Boston Red Sox und Chicago Cubs sind noch immer die beliebtesten Clubs des Landes, auch wenn sie nicht immer erfolgreich spielen.

Die Tickets für die Spiele sind leicht zu bekommen und verhältnismäßig günstig – die billigeren Sitzplätze kosten in den meisten Stadien durchschnittlich 15 US$. Die Spiele der Minor League kosten sogar nur die Hälfte und sind manchmal mit ihren gut gelaunten Zuschauern, gelegentlich über das Spielfeld rennenden Hühnern oder Hunden und wilden Wurfversuchen der Spieler noch unterhaltsamer. Weitere Infos liefert die Website www.milb.com.

Sogar Footballspiele der Colleges und Highschools werden von jeder Menge Brimborium begleitet, so gehören Cheerleader, Marschkapellen, Maskottchen, Lieder und Rituale vor und nach dem Spiel zum Programm. Obligatorisch sind dabei die Tailgate Partys, die auf den Parkplätzen der Stadien mit viel Bier und Barbecue auf tragbaren Grills gefeiert werden.

Football

Football ist groß, körperbetont und milliardenschwer. Mit der kürzesten Saison und den wenigsten Spielen aller großen US-Sportarten hat jedes Match die Dimension einer epischen Schlacht, in der jeder Punkt zählt und jede Verletzung das Ende aller Titelträume bedeuten kann.

Football ist außerdem die härteste Sportart, und zwar nicht nur, weil sie im Herbst und Winter gespielt wird, egal ob es regnet, hagelt oder schneit. Zu den denkwürdigsten Matches der Geschichte gehören diejenigen, die bei Minusgraden ausgetragen wurden, wobei den Fans der Green Bay Packers in Sachen schwierige Wetterbedingungen wohl niemand etwas vormacht. Ihr Stadion in Wisconsin, bekannt als Lambeau Field, war Austragungsort des berüchtigten Ice Bowl 1967. Bei dem Finalspiel gegen die Dallas Cowboys fiel das Thermometer auf -25 °C, wobei die gefühlte Temperatur wegen des Windes schlappe -48 °C betrug.

Der über alle Maßen beliebte Super Bowl, das Finale der Profiliga, wird Ende Januar oder Anfang Februar ausgetragen. Bei den Bowl Games wie dem „Rose Bowl" oder „Orange Bowl" handelt es sich um die Finalspiele des College-Footballs; sie finden an bzw. um Neujahr statt.

In den letzten Jahren ist die National Football League in die Schusslinie geraten, weil sie es versäumt hat, die Regeln des Sports zu ändern, nachdem es immer mehr erdrückende Beweise dafür gibt, dass wiederholte Gehirnerschütterungen (ein Nebenprodukt von Tacklings) zu dauerhaften gesundheitlichen Folgen bei den Spielern führen. Eine im Jahr 2017 von der Boston University durchgeführte Studie über die Gehirne von 111 NFL-Spielern zeigte, dass 110 von ihnen an chronisch-traumatischer Enzephalopathie (CTE), einer degenerativen Gehirnerkrankung, litten. Obwohl die TV-Einschaltquoten für NFL-Spiele leicht gesunken sind, bleibt der Sport weiterhin beliebt: Laut einer Studie von JAMA Pediatrics spielten im Jahr 2017 1,06 Millionen Kinder und Jugendliche Football.

Basketball

Die Männerteams mit der größten Fangemeinde sind derzeit die Chicago Bulls, die Los Angeles Lakers, die Cleveland Cavaliers, die San Antonio Spurs und nicht zuletzt die Golden State Warriors, die zwischen 2015 und 2019 drei Meisterschaften gewonnen haben (und es in jedes NBA-Finale geschafft haben). Kleinere Mannschaften wie Oklahoma City und Milwaukee haben echte Fans und Starspieler wie Russell Westbrook und Giannis Antetokounmpo, und in diesen Städten kann ein Spiel auch durchaus aufregend sein.

Wenn sie auch nicht so gefeiert werden wie die Männer, so haben doch auch die Frauen-Profibasketballteams (WNBA) spannende Auftritte. Die

Washington Mystics, Los Angeles Sparks und Minnesota Lynx sind einige Teams, die man erleben sollte; herausragende Spielerinnen sind Breanna Stewart (Seattle Storm), Brittney Griner (Phoenix Mercury), A'ja Wilson (Las Vegas Aces) und Candace Parker (LA Sparks).

Auch College-Spiele locken Millionen Zuschauer an, besonders im Frühling während der March Madness. Diese Serie von Play-off-Spielen endet mit den Final Four, bei denen vier Teams um einen Platz im Finale kämpfen. In puncto Atmosphäre toppt sie sogar die Profiliga.

Politik

Es gibt nichts Wirkungsvolleres als eine gute, altmodische Diskussion über Politik, um ein Gespräch abzuwürgen. Viele Amerikaner haben festgefahrene Meinungen zu politischen Parteien und Ideologien und der Graben zwischen Republikanern und Demokraten scheint oftmals ähnlich unüberbrückbar wie der Grand Canyon. Hier ein kleiner Spickzettel zum amerikanischen Zweiparteiensystem:

Republikaner

Die Republikaner, die auch GOP (Grand Old Party) genannt werden, wollen die Kompetenzen der Regierung begrenzen. Auch fiskalpolitisch denken sie eher konservativ: niedrige Steuern, Privatisierungen und geringere Staatsausgaben seien der Weg zu neuem Wohlstand. Historisch betrachtet waren die Republikaner eigentlich mal große Umweltschützer: Präsident Theodore Roosevelts Beitrag zum Naturschutz war beträchtlich, so half er doch das Nationalparksystem aus der Taufe zu heben; und Präsident Richard Nixon schuf 1970 die Environmental Protection Agency. In letzter Zeit jedoch stehen die Republikaner beim Streit um Umweltschutzbestimmungen auf der Seite der Wirtschaft – besonders in Trumps Amtsperiode. Der Klimawandel bleibt ein heißes Eisen: Viele republikanische Kongressabgeordneten leugnen die grundlegenden Prinzipien des Klimawandels. Einer von ihnen ist James Inhofe, Senator für den Bundesstaat Oklahoma, Mitglied des Ausschusses für Umwelt und öffentliche Bauten und Autor des Buches *The Greatest Hoax: How the Global Warming Conspiracy Threatens Your Future*. Republikaner vertreten konservative gesellschaftliche Werte. Sie lehnen gleichgeschlechtliche Ehe, Abtreibung und Transgender-Rechte häufig ab. Ein fundamentalistischer Flügel der Partei glaubt an den Kreationismus und die wortgetreue Auslegung der Bibel. Besonders erfolgreich sind die Republikaner in ländlichen Regionen sowie im Süden und den Great Plains.

Kurz vor der Amtseinführung von Trump im Jahr 2017 starteten vier ehemalige Mitarbeiter von Präsident Obama ein Podcast-Netzwerk: Crooked Media. Die Flaggschiff-Show Pod Save America kletterte dank der sympathischen Moderatoren und ihrer bissigen und cleveren Darstellung von Politik und Medien schnell in die Podcast-Charts – jede Folge erreicht rund 1,5 Mio. Zuhörer.

Demokraten

Die Demokratische Partei ist eher liberal und fortschrittlich, das Vorbild der meisten Demokraten ist Franklin Roosevelt. Dessen Politik des New Deal, mit dem er Arbeitsplätze schuf und die Wall Street reglementierte, trug dazu bei, die Weltwirtschaftskrise der 1930er-Jahre zu beenden. Demokraten schreiben der Regierung eine aktive Rolle bei der Regulierung der Wirtschaft zu, um Inflation und Arbeitslosigkeit niedrig zu halten, während eine Steuerprogression ökonomische Ungleichheiten verringern soll. In der Sozialpolitik soll die Regierung Armut bekämpfen, indem sie sozialstaatliche Strukturen schafft und bewahrt, so z. B. allen Bürgern den Zugang zum Gesundheitssystem ermöglicht. Im Wesentlichen garantieren Demokraten die politischen Rechte, sie unterstützen das Recht auf Abtreibung und gleichgeschlechtliche Ehe. Sie fördern den Ausbau regenerativer Energiequellen, um den Klimawandel zu bekämpfen, der für die meisten Parteimitglieder unstrittig ist. Die Demokraten sind in den Großstädten und im Nordosten am stärksten vertreten.

ZEITLEISTE

900
Die Pueblo-Indianer, die nahe dem Chaco Canyon leben, erbauen Wohnanlagen aus Lehmziegeln.

1100
Cahokia, die größte nordamerikanische Stadt außerhalb Mesoamerikas, besitzt mehr Einwohner als das mittelalterliche London.

1680
Beim Pueblo-Aufstand erheben sich die Pueblo-Indianer siegreich gegen die Spanier. Sie behaupten ihre Unabhängigkeit bis 1692.

1831–1836
Die südöstlichen Stämme werden durch die US-Regierung gewaltsam in Gebiete westlich des Mississippi vertrieben. Tausende sterben auf dem „Pfad der Tränen".

1876
Der Lakota-Häuptling Sitting Bull schlägt Custer in der Schlacht von Little Big Horn, einem der letzten militärischen Erfolge der indigenen Amerikaner.

1934
Der Indian Reorganization Act überträgt Land- und Schürfrechte an die Stämme zurück und fördert die Erhaltung ihrer Kulturen.

1968
Zur Unterstützung der Rechte indigener Einwohner wird die American Indian Movement gegründet.

2011
FNX, das erste Fernseh-Netzwerk für Ureinwohner, startet.

2019
Joy Harjo von der Muscogee Creek Nation wird als erste amerikanische Ureinwohnerin zum USA Poet Laureate ernannt.

Amerikas Ureinwohner

Die indigenen Völker Nordamerikas sind extrem vielfältig und besitzen einzigartige Sitten und Glaubensüberzeugungen, die teilweise von den Landschaften geformt wurden, in denen sie leben – von den Eskimos in der Tundra Alaskas bis zu den vielen Stämmen im trockenen Südwesten. Obwohl ihre Zahl nur noch einen Bruchteil so viel wie zu präkolumbischer Zeit (und etwa 2 % der Bevölkerung der USA) beträgt, gibt es mehr als 6 Mio. indigene US-Amerikaner. Sie verteilen sich auf 573 Stämme, sprechen rund 175 verschiedene Sprachen und siedeln in jeder Region der Vereinigten Staaten.

Die Stämme

Heute sind die Cherokee, Navajo, Chippewa und Sioux die größten Stämme der USA (Alaska und Hawaii nicht eingerechnet). Weitere bekannte Gemeinschaften sind die Choctaw, Nachfahren einer bedeutenden, im Mississippi Valley lebenden Kultur, die Irokesen, die Lacrosse erfanden, die Apachen, ein Nomadenstamm aus Jägern und Sammlern, der sich lange der Vertreibung widersetzte, und die Hopi, ein 2000 Jahre alter Pueblo-Stamm mit Wurzeln im Südwesten.

Amerikas Stammesangehörige beschäftigen sich heute mit der Frage, wie eine Integration in die moderne Gesellschaft und gleichzeitig der Schutz ihrer Traditionen und ihrer Heimat möglich ist. Zudem suchen sie Wege aus der Armut, ohne Identität oder Glauben einzubüßen.

Cherokee

Die Cherokee (www.cherokee.org) waren ein dominierendes Volk auf dem Kontinent, schon ehe die Europäer kamen. Sie lebten in fruchtbaren Flusstälern und wohnten in robusten Holzrahmenhäusern in kleinen, von Maisfeldern umgebenen Dörfern. Es gab in den Dörfern einen zentralen Platz und ein Versammlungsgebäude für religiöse Zeremonien und Treffen, das alle Dorfbewohner aufnehmen konnte. Die Cherokee-Gesellschaft war ursprünglich matrilinear gegliedert, die Verwandtschaftslinie beruhte auf der Mutter. Wie viele andere indigenen Völker kannten die Cherokee sieben Himmelsrichtungen: Norden, Süden, Osten, Westen, oben, unten und die Mitte (oder das Innere).

Durch Kriege und Bündnisse erwarben die Cherokee schnell ein Gebiet, das große Teile der heutigen Südstaaten umfasste, darunter Tennessee, North Carolina, South Carolina, Virginia und Kentucky. Im Jahr 1821 verfügten die Cherokee über eine Schrift mit 86 Zeichen und die Alphabetisierung schritt schnell voran. Das Zeichensystem wurde von Sequoyah erfunden, der glaubte, mit der Verwendung einer eigenen Schrift könnten die Cherokee auf gleicher Augenhöhe mit den Weißen agieren. Als Erste erlernte seine sechsjährige Tochter Ayoka die neue Schrift.

Doch nach der Verabschiedung des Indian Removal Act (1830) wurden die Cherokee zusammen mit anderen Stämmen des Südostens beim „Pfad der Tränen" (Trail of Tears) unter Zwang in Gebiete östlich des Mississippi vertrieben. Seither siedelt die Mehrheit der Cherokee (ungefähr 200 000 Menschen) in Oklahoma. Tahlequah in Oklahoma ist seit 1839 die Hauptstadt der Cherokee Nation; seit 1953 wird dort mit Festivitäten, die ein ganzes Wochenende dauern, der Annual Cherokee National Holiday gefeiert.

Heute bilden die Routen des Trail of Tears einen durch neun Bundesstaaten führenden National Historic Trail (www.nps.gov/trte). Bedeutende Haltepunkte unterwegs sind u. a. das Museum of the Cherokee Indian in Cherokee, North Carolina, und die New Echota Historic Site in der Nähe von Calhoun in Georgia.

Die Erdhügel, die von den prähistorischen Völkern Nordamerikas noch bis ins 16. Jh. errichtet wurden, sind eindrucksvolle Leistungen der Ingenieurbaukunst. Abgeflachte Erdhügel, im Grunde vierseitige Erdpyramiden, dienten als Tempel und Stätten für Tänze und Zeremonien, während Bildhügel wie der Serpent Mound (Schlangenhügel) im heutigen Ohio die Gestalt kulturell bedeutsamer Tiere besaßen.

Navajo

Die Navajo Reservation (www.discovernavajo.com), auch Navajo Nation oder Navajoland genannt, ist das bei Weitem größte und bevölkerungsreichste indianische Gebiet innerhalb der USA. Es umfasst rund 71 000 km² in Arizona sowie in Teilen New Mexicos und Utahs; mehr als 300 000 Menschen gehören der Navajo Nation an.

Die Navajo (Diné) waren Nomaden und Krieger. Sie handelten mit den benachbarten Pueblos und den Apachen und kämpften ebenso gegen diese Stämme. Die Navajo übernahmen außerdem Traditionen anderer Kulturen, z. B. die Schaf- und Pferdehaltung von den Spaniern, die Töpfer- und Webkunst von den Pueblo-Indianern sowie Silberschmiedearbeiten von den Mexikanern.

In den 1860er-Jahren drangen Siedler und das US-Militär in das Territorium der Navajo vor. Es kam wiederholt zu gewalttätigen Auseinandersetzungen, weil die Navajo das Land verteidigten, das sie seit Jahrhunderten innegehabt hatten. Ab dem Jahr 1863 begann das US-Militär, das sogenannte „Navajo-Problem" auf seine Art zu lösen: Mehr als 10 000 Navajo wurden unter Gewalt in eine verlassene Ecke New Mexicos verschleppt und in einem Lager namens Bosque Redondo, rund 640 km vom Siedlungsgebiet des Volkes entfernt, untergebracht. Hunderte starben bei dem „Long Walk" und noch mehr an Krankheiten und schlechter Versorgung in den vier Jahren, in denen sie in dem Camp gefangen gehalten wurden, ehe die Überlebenden schließlich entlassen wurden und in ihre Gebiete zurückkehren konnten.

In den frühen 1920er-Jahren wurden Dutzende wohlhabende Osage-Indianer in Oklahoma wegen ihres mineralreichen Landes ermordet. Die meisten dieser Verbrechen wurden nie aufgeklärt. Die Geschichte wird in David Granns Buch *Killers of the Flower Moon* (2017) erzählt.

In den 1940er-Jahren spielten die Navajo eine entscheidende Rolle im Zweiten Weltkrieg dank der sogenannten „Navajo Code-Talkers". Eine Gruppe von 29 Männern schuf einen Code, der auf der Navajo-Sprache beruhte, um verschlüsselte Nachrichten an die US-Marine im Pazifik zu senden. Aufgrund der Komplexität der Navajo-Sprache gelang es den Japanern bis zum Kriegsende nicht, den Code zu entschlüsseln, der ein wesentlicher Baustein beim Sieg der US-Amerikaner in der Schlacht um Iwojima war.

Heute sind die Navajo für ihre Webteppiche, ihre Töpferwaren und ihren Silberschmuck mit Einlegearbeiten bekannt sowie auch für ihre komplizierten Sandmalereien, die bei Heilungszeremonien zum Einsatz kommen. Viele Navajo leben vom Tourismus, und es gibt eine ganze

Menge Museen, Monumente und Kulturerlebnisse (einschließlich des Besuchs in traditionellen Dörfern) in Arizona und Utah.

Chippewa

Die Chippewa leben in Minnesota, Wisconsin und Michigan – tatsächlich stammt der Name „Michigan" aus der Ojibwe-Sprache. Das Volk wird für gewöhnlich Chippewa oder Ojibwe genannt, gehört aber zur indigenen Völkergruppe der Anishinabe und bezeichnet sich selbst oft auch als Anishinabe.

Laut einer Legende lebten die Chippewa einst an der Atlantikküste und wanderten im Verlauf von 500 Jahren immer weiter nach Westen. Sie gründeten Gemeinden und lebten vom Fischfang, von der Jagd und dem Anbau von Mais und Kürbissen. Mit dem Kanu ernteten sie Wildreis, der ein wesentlicher Bestandteil der Chippewa-Traditionen ist. Der Dichter Henry Wadsworth Longfellow stützte sich in seinem 1855 veröffentlichten Epos „Der Sang von Hiawatha" auf die Chippewa-Kultur.

Der durch die New-Age-Bewegung bekannt gewordene moderne Traumfänger wurde vom „Spinnennetzzauber" der Chippewa inspiriert: Sehnen wurden um einen Weidenrahmen geschlungen, um einen Schutzzauber zu schaffen, der mit dem Wächtergeist Spinnenfrau (Asibikaashi) verbunden war. Die Chippewa hängten die Spinnennetzzauber über eine Wiege, damit sein Schutz alle erreichen sollte.

Heute leben rund 175 000 Chippewa in Nordamerika, hauptsächlich in Stammesgebieten.

Sioux

Die Sioux (www.lakotadakotanakotanation.org) sind kein Stamm, sondern ein Verbund dreier großer Stämme, der Östlichen Dakota, der westlichen Dakota und der Lakota, die unterschiedliche Dialekte sprechen, aber eine gemeinsame Kultur haben. Jedes dieser Völker unterteilt sich weiter in diverse Stammesgruppen.

Vor der Ankunft der Europäer lebten diese Völker im Südosten, die Europäer begegneten ihnen aber zuerst im heutigen Minnesota, Iowa und Wisconsin. Bis 1800 expandierten die Sioux langsam nach Westen ins heutige North Dakota und South Dakota, nach Nebraska und Montana.

Die Sioux verteidigten ihr Gebiet entschlossen und fochten viele Schlachten, um es zu bewahren. Berühmt ist die Schlacht am Little

KUNST & KULTUR DER UREINWOHNER

Die unzähligen Kunsttraditionen der amerikanischen Ureinwohner, von präkolumbischen Felsbildern bis hin zu zeitgenössischer Multimedia, würden eine Enzyklopädie füllen.

Was die diversen Strömungen indigener Kunst und Kultur eint, ist ihre Einbindung in das alltägliche Leben sowie ihre zeremonielle, gesellschaftliche und religiöse Bedeutung. Die Muster und Symbole geben Einblicke in die Seelen der Ureinwohner. Das gilt für Zuñi-Schnitzereien genauso wie für gemusterte Navajo-Teppiche, Pueblo-Töpferkunst aus dem Südwesten, Perlarbeiten der Sioux, Inuit-Skulpturen sowie für Holzschnitte der Cherokee und aus Hawaii, um nur ein paar Kunstformen zu nennen.

Neben der Bewahrung ihrer Kultur haben es sich zeitgenössische indigene Künstler seit Mitte des 20. Jhs. zur Aufgabe gemacht, mit ihren Skulpturen, Gemälden, Textilien, Filmen, ihrer Literatur und Aktionskunst die Moderne abzubilden und infrage zu stellen, besonders nach der Bürgerrechtsbewegung in den 1960er-Jahren und der kulturellen Renaissance der 1970er-Jahre. Eine Einführung in die facettenreiche indigene Kunst gibt *Native North American Art* von Berlo und Phillips.

Viele Stämme betreiben Läden und Galerien, meist in den größeren Städten der Reservate. Das Indian Arts & Crafts Board (www.iacb.doi.gov/iacb) listet Galerien und Geschäfte von Ureinwohnern nach Bundesstaaten auf (einfach auf „Source Directory" klicken).

Bighorn und das schändliche Massaker bei Wounded Knee. Mehr als alles andere trug aber das Abschlachten der Bisons, die die Existenzgrundlage der Sioux bildeten, zum Verlust ihrer Länder bei. Der Geist des Widerstands ist aber nicht völlig erstorben: Die Sioux gehörten zu den Gründern des American Indian Movement im Jahr 1968 und kämpften gegen das Pflegesystem in South Dakota, das amerikanischen Ureinwohnern ihre Kinder entzog. Die Sioux führten auch die Bewegung an, die 2016 die Dakota Access Pipeline blockierte.

Heute leben die rund 130 000 Sioux in Minnesota, Nebraska, Montana, North Dakota und South Dakota; in letzterem Bundesstaat liegt auch die 11 000 km² große Pine Ridge Reservation, welche das zweitgrößte Reservat des Volks ist.

Kunst & Architektur

Die Liebe der Amerikaner zur Unterhaltung ist für jeden offensichtlich, der jemals in einem Broadway-Musical oder einem aufwendigen Hollywood-Film war. Dank seiner Top-Entertainer, exzentrischen Künstler, scheuen Romanciers, postmodernen Tänzer und alle Regeln brechenden Architekten hat Amerika einen gewaltigen kulturellen Einfluss auf der ganzen Welt gehabt. Geografie und Ethnie sind die Schlüsselelemente, die gemeinsam den vielfältigen Regionalismus antreiben, welcher der Kern der US-Kultur ist.

Film

Hollywood und der amerikanische Film sind untrennbar miteinander verbunden. Wie das Weiße Haus ist auch Hollywood zu einem Symbol Amerikas geworden und entwickelt sich immer mehr zum Produkt der internationalisierten Film- und Kinokultur. Diese Entwicklung ist zum Teil reinstes Business: Hollywoodstudios sind Vorzeigeobjekte multinationaler Konzerne, und die Finanzierung fließt in die Talente, die den höchsten Profit einfahren, ungeachtet ihrer Staatsangehörigkeit.

Dieser Wandel hat aber auch eine kreative Seite. Hollywood hat erkannt, dass die Filmstudios das riesige Potenzial von Talenten weltweit nutzen müssen, um nicht ins Abseits manövriert zu werden. Die Aufnahme der Talente in die Filmgemeinschaft ist eine alte Strategie Hollywoods, die zuletzt dazu benutzt wurde, die Herausforderung zu unterlaufen, die von der Independent-Filmbewegung der 1990er-Jahre ausging. Sie brachte gewagte, amerikanische Filme wie *Sex, Lügen und Video* und *Reservoir Dogs – Wilde Hunde* sowie innovative europäische Filme auf die Leinwand. Aber abgesehen davon steht das amerikanische Mainstream-Publikum ausländischen Filmen unverändert gleichgültig gegenüber.

Fernsehen

Das Fernsehen mauserte sich zum maßgeblichen Medium des 20. Jhs. In seiner kurzen Geschichte erwies es sich als das umstrittenste kulturelle Reizthema in der amerikanischen Gesellschaft. Es wird für viele gesellschaftliche Missstände - von enormer Fettleibigkeit bis hin zu schwindender Aufmerksamkeit und schlechten schulischen Leistungen - verantwortlich gemacht. Glaubt man den veröffentlichten Zahlen, dann sieht der durchschnittliche Amerikaner noch immer erstaunliche

FRAUEN IM KINO UND FERNSEHEN

Nach Jahren männlicher Dominanz schaffen die Film- und Fernsehindustrie inzwischen auch Platz für Projekte von Frauen. Kreative Talente wie Issa Rae, Mindy Kaling, Gina Rodriguez oder Rachel Bloom glänzen in erfolgreichen TV-Projekten oder produzieren sie, während die rein weiblichen (und afroamerikanischen) Stars von *Hidden Figures – Unerkannte Heldinnen* Kinogänger in Scharen anlockten und die komplizierten Moms von *Big Little Lies* bei HBO erschienen. Am vielleicht Bedeutsamsten kommt diese Entwicklung im Auftauchen weiblicher Superhelden zum Ausdruck, von Supergirl (TV) und Jessica Jones (Netflix) bis hin zu Filmhits wie *Wonder Woman* und *Captain Marvel*.

35,5 Stunden in der Woche fern. Die Amerikaner lieben die Glotze – aber immer häufiger nutzen sie sie anders, beispielsweise indem sie ihre Lieblingssendungen bei Anbietern wie Netflix und Amazon Prime streamen.

Über Jahrzehnte hinweg verspotteten Kritiker das Fernsehen als geistig anspruchslos, und Kinostars wären eher gestorben, als sich für eine Fernsehproduktion herzugeben. Aber schon von Anfang an gab es gut geschriebene und nachdenklich stimmende Fernsehsendungen. Die in den 1950er-Jahren ausgestrahlte Show *I Love Lucy* war bahnbrechend: Zum ersten Mal wurde eine Sendung mit Live-Publikum aufgenommen, bearbeitet und ausgestrahlt – ein wegweisendes Format: Die Show, in der es um die dynamische Lucille Ball und ihre amerikanisch-kubanische Ehe geht, machte die Sitcom *(situation comedy)* bekannt.

Tatsächlich gibt es „gutes" amerikanisches Fernsehen schon lange, es basiert auf künstlerischen Leistungen und ist von kultureller und politischer Bedeutung. Die in den 1970er-Jahren ausgestrahlte Sitcom *All in the Family* war eine unnachgiebige Auseinandersetzung mit Vorurteilen, verkörpert durch den von Carroll O'Connor gespielten engstirnigen Patriarchen Archie Bunker. Die Comedy-Show *Saturday Night Live* ging 1975 auf Sendung und beleuchtete mit ihrem subversiven, politischen Humor soziale Brennpunkte.

In den 1980er-Jahren brachten Videos das Kino in die amerikanischen Wohnzimmer. Der Unterschied zwischen Großleinwand und Kleinbildschirm verwischte und das Stigma, das Hollywood dem Fernsehen aufgedrückt hatte, verblasste. Das Jahrzehnt sah auch den Aufstieg von kommerziell erfolgreichen und bei Kritikern beliebten Serien wie *Golden Girls*, einer witzigen Sitcom über vier pensionierte Frauen, die in einer WG in Miami leben. Altern und Sterblichkeit waren häufig Gegenstand der einzelnen Episoden (sowie – nicht selten – Tabuthemen wie Sexualität im Alter).

In den 1990er-Jahren begeisterte sich das Fernsehpublikum für die ungewöhnliche wie kompromisslose Kultserie *Twin Peaks*, was eine Reihe von provokanten Abwandlungen zur Folge hatte, allen voran *Akte X*.

Heute haben die Sender vor allem mit einer Mischung aus hochkarätigen Seriendramen mit geschickt erzählten Handlungsbögen und günstigen drehbuchlosen Realityshows Erfolg: Was im Jahr 2000 mit *Survivor* begann, führen die Kandidaten und „Schauspieler" von *The Voice*, *Dancing with the Stars*, *Project Runway* und *Keeping up with the Kardashians* bis heute auf Gedeih und Verderb fort.

Nachdem sich das amerikanische Bezahlfernsehen zum Vorreiter für gewagte und innovative TV-Programme entwickelt hatte, entstanden im vergangenen Jahrzehnt einige fesselnde und einzigartige Fernsehserien, wie sie zuvor weder amerikanische noch internationale Zuschauer zu sehen bekommen hatten. Streaming-Dienste wie Netflix, Amazon und Hulu sowie Nischen-Anbieter wie AMC und HBO haben zahlreiche hochgelobte Serien geschaffen, darunter *Mad Men* (über die Exzesse New Yorker Werbeleute in den 1960er-Jahren), *Portlandia* (eine Satire über Oregons Subkulturen) und *Breaking Bad* (über einen todkranken Gymnasiallehrer, der anfängt, Meth zu kochen, um die finanzielle Zukunft seiner Familie zu sichern). Zu den jüngeren Favoriten gehören *The Marvelous Mrs Maisel* (über eine jüdische Hausfrau, die im New York der 1950er-Jahre eine Karriere als Standup-Comedian anstrebt), *Atlanta* (eine Dramedy mit Donald Glover), *Stranger Things* (eine übernatürliche Geschichte, die in den 1980er-Jahren spielt und an *Die Goonies* erinnert) und *The Handmaid's Tale – Der Report der Magd* (eine auf dem 1985 veröffentlichten Roman von Margaret Atwood basierende, in naher Zukunft spielende Dystopie). Eine Reihe zuvor abgesetzter Serien sind in den letzten Jahren mit wechselndem Erfolg von den Toten auferstanden, darunter *Twilight Zone*, *Veronica Mars*, *Akte X – Die unheimlichen Fälle des FBI* und *90210* (schon zum dritten Mal).

Literatur

Amerika formulierte sein Selbstbildnis zuerst in der Literatur. Bis zum Amerikanischen Unabhängigkeitskrieg betrachteten sich viele der kolonialen Bewohner des Kontinents als Engländer, weshalb nach der Staatsgründung schnell eine nationale Identität gebraucht wurde. Die Schriftsteller begannen erst in den 1820er-Jahren, zwei Aspekte des nordamerikanischen Kontinents aufzugreifen, die es in Europa nicht und schon gar nicht in dem Maße gab: ungezähmte Wildnis und Grenzerfahrungen.

James Fenimore Cooper gilt als der Erste, der mit *Die Ansiedler oder die Quellen des Susquehannah* (1823) eine wirklich amerikanische Literatur erschuf. In Coopers „Jedermanns-Humor" und Individualismus erkannten sich die Amerikaner zum ersten Mal wieder.

In seinem Essay *Natur* (1836) brachte Ralph Waldo Emerson Ähnliches zum Ausdruck, allerdings auf einer eher philosophischen und metaphysischen Ebene. Emerson vertrat die Meinung, dass sich Gott in der Natur offenbart, dass man von ihr genauso viel lernen kann wie aus der Bibel und dass jeder Einzelne diese Anweisungen durch rationales Denken und Selbstvertrauen verstehen kann. Emersons Schriften wurden zum Herzstück der transzendentalen Bewegung, für die auch Henry David Thoreau in *Walden oder Leben in den Wäldern* (1854) eintrat.

Zu den literarischen Highlights in dieser Zeit gehören Herman Melvilles anspruchsvolles Werk *Moby Dick* (1851) und Nathaniel Hawthornes Erkundung der dunklen Seite des konservativen Neuenglands in *Der scharlachrote Buchstabe* (1850). Und die anerkannte Dichterin Emily Dickinson schrieb eindringliche, streng gegliederte Gedichte, die erstmals 1890, vier Jahre nach ihrem Tod, veröffentlicht wurden.

In Amerika einst verbotene Bücher

Bist Du da, Gott? Ich bin's, Margaret (Judy Blume)

Herr der Fliegen (William Golding)

1984 (George Orwell)

Der Fänger im Roggen (J. D. Salinger)

Die Abenteuer des Huckleberry Finn (Mark Twain)

Die Farbe Lila (Alice Walker)

Der amerikanische Bürgerkrieg & die Zeit danach

Die Würdigung des kleinen Mannes und der Natur erreicht ihren Höhepunkt mit Walt Whitman, dessen Gedichtsammlung *Grashalme* (1855) die Geburt eines amerikanischen Meisters und literarischen Visionärs signalisierte. Whitmans ungezwungene, intime, rebellische und freie Verse waren Hymnen auf Individualismus, Demokratie, bodenständige Spiritualität, tabubrechende Sexualität und fröhlichen Optimismus – Eigenschaften, die den Kern der neuen Nation beschrieben.

Doch nicht alles verlief so reibungslos. Der umstrittene Roman *Onkel Toms Hütte* (1852) der Abolitionistin Harriet Beecher Stowe beschreibt das Leben der Amerikaner afrikanischer Herkunft unter der Sklaverei mit christlicher Romantik, aber auch mit genug Realismus, um beide Seiten der „großen Debatte" über Sklaverei gleichermaßen zu erhitzen – ein Streit, der die Nation schon bald in einen Bürgerkrieg stürzen sollte.

Nach dem Bürgerkrieg (1861–65) entstanden zwei lange wirkende literarische Trends: der Realismus und der Regionalismus. Letzterer wurde vor allem durch die schnelle Besiedlung des Westens im späten 19. Jh. beflügelt (der Romancier Jack London ist ein Beispiel), er war aber auch in den Südstaaten (Kate Chopins Geschichten über das Louisiana Bayou) und in den Great Plains (Willa Cathers *Meine Antonia*) populär.

Aber es war Samuel Clemens, der unter seinem Pseudonym Mark Twain diese Ära der amerikanischen Literatur erfand. In seinem Roman *Die Abenteuer des Huckleberry Finn* (1884) hat Twain sozusagen der Quintessenz des amerikanischen Erzählens – eine individuelle Reise zur Selbsterkenntnis – Ausdruck verliehen. Das Bild von Huck und Jim, einem armen weißen Teenager und einem durchgebrannten schwarzen Sklaven, die außerhalb gesellschaftlicher Normen stehen und gemeinsam auf dem Mississippi einer ungewissen Zukunft entgegentreiben, provoziert die amerikanische Gesellschaft noch heute. Twain schrieb umgangssprachlich, liebte „große Geschichten" und warf mit satirischem Humor und Absurditäten um sich. Seine gesellige, anti-intellektuelle Haltung machte ihn bei einer breiten Leserschaft sehr beliebt.

Ernüchterung & Vielfalt

Die Schrecken der Weltkriege und die frisch industrialisierte Gesellschaft boten der amerikanischen Literatur ausreichend Stoff, um im 20. Jh. ihren Höhepunkt zu erreichen.

Als „Lost Generation" bezeichnet, siedelten viele amerikanische Schriftsteller nach Europa über – der bekannteste ist wohl Ernest Hemingway. Hemingways Romane sind das Exempel schlechthin für die gesamte Ära, sein sparsamer, stilisierter Realismus wurde oft kopiert, aber nie erreicht. Weitere bedeutende amerikanische Autoren der Pariser Literatursalons waren die modernistischen Schriftsteller Gertrude Stein und Ezra Pound sowie der ikonoklastische Henry Miller, dessen halbautobiografische Romane in Paris veröffentlicht wurden und wegen ihres obszönen und pornografischen Inhalts in den USA bis in die 1960er-Jahre verboten waren.

F. Scott Fitzgerald stellt die Leere der High Society an der Ostküste dar, während John Steinbeck besonders in der Weltwirtschaftskrise zur Stimme der armen Landbevölkerung des Westens wurde. William Faulkner beschrieb die sozialen Gräben der Gesellschaft des Südens in komplexer, mit schwarzem Humor durchsetzter Prosa.

Zwischen den beiden Weltkriegen erblühte die Harlem Renaissance – afroamerikanische Intellektuelle und Künstler trugen ihre Kultur stolz zur Schau und unterliefen rassistische Stereotype. Zu den bekanntesten Schriftstellern gehörten der Dichter Langston Hughes und die Romanautorin Zora Neale Hurston.

Nach dem Zweiten Weltkrieg brachten amerikanische Schriftsteller regionale und ethnische Trennlinien noch stärker zum Ausdruck. Sie unternahmen verschiedene stilistische Experimente und verhöhnten oft bissig die Werte der konservativen amerikanischen Mittelklasse. Die Werke der Schriftsteller der Beat Generation der 1950er-Jahre, darunter Jack Kerouac, Allen Ginsburg und Lawrence Ferlinghetti, schlugen wie Molotow-Cocktails in die manikürten Rasenflächen der schmucken Vorstadtsiedlungen ein. Gleichzeitig schilderten J.D. Salinger und Ken Kelsey, der russische Immigrant Vladimir Nabokov und Sylvia Plath ungeschminkt, wie Menschen, die gegen die beengten gesellschaftlichen Normen kämpften, in den Wahnsinn abgleiten.

Der schon immer an Widersprüchen reiche Süden inspirierte die Meisterinnen der Kurzgeschichten, Flannery O'Connor und Eudora Welty, sowie die Romanautorin Dorothy Allison zu ihren Werken. Die mythische Romanze und die moderne Tragödie des Westens fanden ihren Meister im mexikanisch-amerikanischen Schriftsteller Rudolfo Anaya, in Larry McMurtry und in Cormac McCarthy, dessen Charaktere auf ergreifende Weise versuchen, mit den rauen Lebensbedingungen im Westen fertig zu werden.

Gegen Ende des 20. Jhs. wurde die amerikanische Literatur persönlicher, beginnend mit dem „Ich"-Jahrzehnt der 1980er-Jahre. Die narzisstischen und nihilistischen Erzählungen von Schriftstellern wie Jay McInerney und Bret Easton Ellis katapultierten das „Brat Pack" in die Popkultur.

Seit den 1990er-Jahren spiegelt eine zunehmend breit gefächerte Palette von Stimmen die Gesellschaft Amerikas wider. Ethnische Identitäten (besonders die der Einwandererkulturen), Regionalismus und Schilderungen von Selbstfindungen stehen immer noch an der Spitze der amerikanischen Literatur, ganz gleich wie experimentell sie sein mag. Die von Dave Eggers gegründete vierteljährlich erscheinende Zeitschrift *McSweeney's* veröffentlicht Werke von Titanen zeitgenössischer Literatur wie Joyce Carol Oates und Michael Chabon sowie originelle humorige Stücke neuerer Stimmen.

Ein mitreißendes Panorama der US-amerikanischen Gesellschaft bietet Jonathan Franzens *Die Korrekturen* (2001). Zu den jüngeren literarischen Hits zählt Angela Flournoys 2015 mit dem National Book Award ausgezeichnetes Debüt *The Turner House*, das die Geschichte einer Familie aus Detroit über drei Generationen verfolgt. Paul Beattys Satire *Der Verräter* (2018) über die Rassenverhältnisse in den USA machte ihn zum ersten amerikanischen Autor, der mit dem britischen Man Booker Prize ausgezeichnet wurde. Und Tommy Oranges eindringlicher Debütroman *Dort Dort* (2018) erzählt von zwölf zeitgenössischen amerikanischen Ureinwohnern, die bei einem Powwow im kalifornischen Oakland zusammentreffen. Zu beachten sind auch aufstrebende Autorinnen wie Lisa Halliday, Brit Bennett, Ling Ma und Yaa Gyasi.

Malerei & Bildhauerei

New York ist das Zentrum der Kunstwelt, das entscheidenden Einfluss auf den Geschmack im Land und auf der ganzen Welt hat. Aber die moderne Kunstszene in den USA ist vielfältig und tritt auch an ungewöhnlichen Orten plötzlich hervor. Die heutige bildende Kunst lässt sich oft auf überraschende Art auf politische und gesellschaftliche Fragestellungen ein.

Kunst an ungewöhnlichen Orten

- *Marfa (Texas)*
- *Santa Fe (New Mexico)*
- *Bentonville (Arkansas)*
- *Traverse City (Michigan)*
- *Lucas (Kansas)*
- *Bellingham (Washington)*
- *Beacon (New York)*
- *Provincetown (Massachusetts)*

Das Formen einer nationalen Identität

Künstler spielten bei der amerikanischen Expansion im 19. Jh. eine zentrale Rolle: Sie verbreiteten Bilder weit entlegener Gebiete und verstärkten den Ruf nach der „Manifest Destiny", der „offensichtlichen Bestimmung" der USA zur Expansion auf dem ganzen Kontinent. Thomas Cole und seine Kollegen an der Hudson River School übertrugen die europäische Romantik auf die leuchtenden, wilden Landschaften des New Yorker Hinterlands, während Frederic Remington idealisierte, oft stereotype Bilder des Wilden Westens schuf.

Nach dem Bürgerkrieg und dem Beginn der Industrialisierung gewann der Realismus zunehmend an Bedeutung. Eastman Johnson malte nostalgische Szenen des Landlebens wie auch Winslow Homer, der später für seine Aquarelle von Seelandschaften bekannt wurde.

Eine amerikanische Avantgarde

Die New York's Armory Show machte das Land 1913 mit der europäischen Moderne bekannt und veränderte das Gesicht der amerikanischen Kunst. Gezeigt wurden Werke des Impressionismus, Fauvismus und Kubismus, u.a. auch das berühmt-berüchtigte Bild *Akt, eine Treppe hinabsteigend No. 2* aus dem Jahr 1912 von Marcel Duchamp, einem französischen Künstler, der später die amerikanische Staatsbürgerschaft annahm. Die Show war lediglich die erste Ausstellung, die die radikalen ästhetischen Veränderungen der europäischen Moderne predigte. Viele weitere folgten ihr. Die Ausstellungen hatten unausweichlich zur Folge, dass sich die amerikanischen Künstler mit dem, was sie gesehen hatten, auseinandersetzen mussten. Alexander Calder, Joseph Cornell und Isamu Noguchi schufen Skulpturen, die vom Surrealismus und Konstruktivismus inspiriert waren, während die Präzisionisten Charles Demuth, Georgia O'Keeffe und Charles Sheeler den Realismus mit einem Hauch kubistischer Geometrie kombinierten.

In den 1930er-Jahren gab die Federal Art Project of Works Progress Administration (WPA) als Teil von Franklin D. Roosevelts New Deal in

Auftrag, dass öffentliche Gebäude im ganzen Land mit Wandmalereien, Gemälden und Skulpturen versehen wurden. WPA-Künstler ließen sich vom sowjetischen sozialistischen Realismus und von mexikanischen Wandmalern inspirieren und kreierten einen sozial engagierten, figurativen Stil mit regionalem Touch.

Abstrakter Expressionismus

Nach dem Zweiten Weltkrieg erfuhr die amerikanische Kunst eine grundlegende Veränderung durch die New York School, der Maler wie Franz Kline, Jackson Pollock, Elaine de Kooning und Mark Rothko angehörten. Diese Künstler erkundeten – inspiriert vom Surrealismus, dessen Zelebrierung der Spontaneität und des Unbewussten – die Abstraktion und ihre psychologische Kraft durch Einsatz riesiger Formate und gestischer Pinselstriche. Die „Action Painter" dieser Kunstbewegung gingen bis zum Äußersten: Pollock beispielsweise schuf seine Tropfbilder, indem er Pigmente auf große Leinwände schüttete und spritzte.

Da der Abstrakte Expressionismus die Zeiten überdauert hat, wird er als erste wirklich eigenständige amerikanische Kunstschule betrachtet.

Man kennt Pollock, de Kooning und Rothko, aber was ist mit den Frauen, die die abstrakte Malerei des 20. Jhs. mitgestalteten? In *Ninth Street Women* (2018) beschreibt Mary Gabriel, wie sich fünf Künstlerinnen, darunter Lee Krasner und Grace Hartigan, ihren Weg an die Spitze der New Yorker Kunstwelt bahnten.

Kunst + Massenware = Pop

Nachdem sich der Abstrakte Expressionismus in Amerika etabliert hatte, wurde er zum Alleinherrscher. Stilistische Revolutionen hatten jedoch schon viel früher – in den 1950er-Jahren – begonnen. Vor allem Jasper Johns wurde mit Darstellungen von alltäglichen Symbolen wie Zielscheiben und der amerikanischen Flagge bekannt, die er im künstlerischen Verfahren der Collage und Schichtmalweise herstellte, während Robert Rauschenberg Kunstwerke aus Comics, Werbeanzeigen und sogar – à la Duchamp – gefundenen Objekten (einer Matratze, einem Reifen, einer ausgestopften Ziege) zusammenbastelte. Beide Künstler trugen maßgeblich dazu bei, die traditionellen Grenzen zwischen Malerei und Bildhauerei zu durchbrechen und so der Pop-Art in den 1960er-Jahren den Weg zu bereiten.

Auch der Wirtschaftsaufschwung der Nachkriegszeit beeinflusste die Pop-Art. Die Künstler wandten sich nicht nur Symbolen zu, sie schöpften auch Inspiration aus Werbeträgern wie Plakatwänden, Produktverpackungen und Medienikonen. Andy Warhol benutzte profane Massenproduktionstechniken, um Siebdruckbilder von Kinostars und Coca-Cola-Flaschen herzustellen, und beendete damit den Mythos des einsamen, im Studio schuftenden Künstlers. Roy Lichtenstein kombinierte die Benday-Dots-Drucktechnik mit den Techniken des Comics. Und urplötzlich war die sogenannte „seriöse" Kunst politisch, skurril, ironisch und witzig.

Minimalismus

Der Minimalismus schließlich teilte das Interesse der Pop-Art an der Massenproduktion – das war's dann aber auch schon mit den Gemeinsamkeiten. Wie die Vertreter des Abstrakten Expressionismus lehnten Künstler wie Donald Judd, Agnes Martin und Robert Ryman die Gegenständlichkeit ab. Ihre kühlen, reduzierten Arbeiten der 1960er- und 1970er-Jahre fertigten sie oft aus industriellen Materialien an und stellten sie zu seriellen Kompositionen zusammen.

Die 1980er-Jahre & danach

Seit den 1980er-Jahren hatten Themen wie Bürgerrechte, Feminismus und Aids großen Einfluss auf die Bildende Kunst. Die Künstler drückten in ihren Werken nicht nur ihren Unmut über die Politik aus, sondern verwendeten ganz bewusst ehemals ausgegrenzte Kunstformen, angefangen bei Textilien über Graffiti bis hin zu Videos, Sounds und Perfor-

Top-Fotografen aus den USA

- *Ansel Adams*
- *Walker Evans*
- *Man Ray*
- *Alfred Stieglitz*
- *Richard Avedon*
- *Robert Frank*
- *Dorothea Lange*
- *Cindy Sherman*
- *Edward Weston*
- *Diane Arbus*
- *Lee Friedlander*

mance. Das Jahrzehnt führte auch zu den sogenannten Culture Wars, die mit Protesten gegen die Fotografien von Robert Mapplethorpe und Andres Serrano begannen. Newcomer wie Futura 2000, Keith Haring und Jean-Michel Basquiat zogen von den U-Bahn-Stationen und Straßen in die Galerien und eroberten mit ihrer neuen Kunstrichtung schließlich die Mode- und Werbewelt.

Im Februar 2018 wurden die Präsidentenporträts von Michelle und Barack Obama im Smithsonian enthüllt. Die Künstler Amy Sherald und Kehinde Wiley, die die First Lady und den Präsidenten porträtierten, waren die ersten schwarzen Künstler, die den Auftrag für die offiziellen Präsidentenporträts erhielten.

Wer in Sachen amerikanischer Kunst am Puls der Zeit sein will, sollte sich die Werke von Künstlern wie Cindy Sherman, Kara Walker, Diamond Stingily, Chuck Close, Max Hooper Schneider, Kerry James Marshall, Eddie Martinez und Josh Smith anschauen.

Theater

Das amerikanische Theater ist ein Stück in drei Akten: sentimentale Unterhaltung, Revival der Klassiker und eindringliche Sozialkritik. Von Anfang an wollten Broadway-Musicals (www.livebroadway.com) eine Touristenattraktion sein, über die gesagt wird: „Das muss man gesehen haben!" Auch heute noch gehören sie zu den Hauptattraktionen in New York City. Jährlich werden Eintrittskarten für Broadway-Shows im Wert von über 1 Mrd. US$ verkauft, Top-Shows spülen bis zu 1 Mio. US$ pro Woche in die Kasse. Die erfolgreichsten Broadway-Shows, darunter auch der Hip-hop-Hit *Hamilton* (der das Leben des Gründervaters Alexander Hamilton in eine neue Form gießt), ziehen oft um die Welt und erzielen noch höhere Gewinne – die weltweiten Bruttoeinnahmen von *Das Phantom der Oper* betragen bis dato unvorstellbare 6 Mrd. US$. Dauerbrenner wie *Der König der Löwen* und *Wicked – Die Hexen von Oz* sorgen noch immer für allabendlich ausverkaufte Häuser.

Das unabhängige Theater kam in den 1920er- und 1930er-Jahren im Zuge des Little Theatre Movement auf, das dem progressiven europäischen Theater nacheiferte und sich schließlich zur heutigen Off-Broadway-Theaterszene entwickelte. Die 2000 gemeinnützigen Regionaltheater, die es aller finanziellen Schwierigkeiten zum Trotz schaffen, sich über Wasser zu halten, sind nicht nur Brutstätten für neue Stücke, sie fördern auch unbekannte Bühnenautoren. Einige zeigen Broadway-Produktionen, andere haben sich dem Barden schlechthin – William Shakespeare – verschrieben.

Eugene O'Neill – der erste große und für viele immer noch der beste amerikanische Dramatiker – verhalf dem amerikanischen Schauspiel erstmals zu Ansehen. Nach dem Zweiten Weltkrieg schlossen sich die amerikanischen Dramatiker der landesweiten künstlerischen Renaissance an. Zwei der berühmtesten waren Arthur Miller, der bekanntermaßen Marilyn Monroe heiratete und über alles schrieb – von der Desillusionierung der männlichen Mittelklasse bis hin zur dunklen Psychologie des Mobs in den Hexenprozessen von Salem –, und der produktive Südstaatler Tennessee Williams.

Wie auch in Europa waren die 1960er-Jahre vom absurden Avantgarde-Theater geprägt. Kaum einer schrieb beißender als Edward Albee, der die Empfindlichkeiten der Bourgeoisie traf. Etwa zur gleichen Zeit trat Neil Simon in Erscheinung, dessen stets beliebte Komödien 40 Jahre lang am Broadway für Stimmung sorgten.

In den 1970er-Jahren wurden weitere hervorragende amerikanische Dramatiker bekannt, u. a. David Mamet, Sam Shephard und der innovative „Concept Musical"-Komponist Stephen Sondheim. August Wilson

AMERIKA TANZT

Im 20. Jh. gab sich die USA dem Tanz hin. New York City ist schon seit jeher das Epizentrum für innovativen Tanz und die Heimat der bedeutendsten Tanzgruppen, mittlerweile aber gibt es in jeder größeren US-Stadt feste Tanz- und Gastensembles – sowohl Ballett als auch Modern Dance.

Das moderne Ballett begann, so sagt man, mit den Stücken *Apollo* (1928) und *Prodigal Son* (1929) des in Russland geborenen Choreografen George Balanchine. Mit ihnen erfand Balanchine das „handlungslose Ballett", dessen Choreografie der inneren Struktur der Musik folgt und nicht einfach eine Geschichte erzählt. So entstand ein neues, modernes Vokabular für das Ballett. 1934 gründete Balanchine die School of American Ballet und 1948 das New York City Ballet, das er in eines der weltweit besten Ballettensembles verwandelte. 1983 übernahm Jerome Robbins, der mit der Choreografie einiger der erfolgreichsten Broadway-Musicals wie etwa der *West Side Story* (1957) Ruhm erlangt hatte, die Leitung des Balletts. Auch heute noch ist der Broadway eine zentrale Stätte des Tanzes, doch auch andere Ensembles wie das Lines Ballet aus San Francisco entwickeln das zeitgenössische Ballett weiter.

Die Pionierin des Modern Dance, Isadora Duncan, wurde erst bekannt, als sie an der Wende zum 20. Jh. begann, in Europa aufzutreten. Sie orientierte sich an antiken griechischen Mythen und Schönheitsidealen, stellte die Einschränkungen des klassischen Balletts infrage und strebte nach einer intensiven Form der Selbstdarstellung.

Nach ihrem Umzug nach New York 1926 gründete Martha Graham die Martha Graham School for Contemporary Dance. Viele der heute die Szene prägenden Choreografen wurden von ihr ausgebildet. In ihrer langen Karriere choreografierte sie mehr als 140 Stücke und entwickelte eine neue Tanztechnik, die inzwischen weltweit gelehrt wird und darauf abzielt, innere Bewegtheit und dramatische Narrativität auszudrücken. Ihr bekanntestes Stück war *Appalachian Spring* (1944).

Merce Cunningham, Paul Taylor und Twyla Tharp folgten Graham als führende Vertreter des modernen Tanzes und haben bis heute allesamt aktive Tanzkompanien. In den 1960er- und 1970er-Jahren entdeckte Cunningham den Abstrakten Expressionismus in der Bewegung und kooperierte erfolgreich mit dem Musiker John Cage. Taylor experimentierte mit Bewegungen und Ausdrucksformen des Alltags, während Tharp dafür bekannt ist, dass er Elemente von Popmusik, Jazz und Ballett integriert.

Ein anderer Schüler von Martha Graham, Alvin Ailey, war Teil der afroamerikanischen Kulturblüte nach dem Zweiten Weltkrieg. Er machte sich einen Namen mit *Revelations* (1960), zwei Jahre nach der Gründung seines immer noch viel gepriesenen Alvin Ailey American Dance Theater in New York City.

Weitere gefeierte postmoderne Choreografen sind Mark Morris und Bill T. Jones. Neben New York sind auch San Francisco, Los Angeles, Chicago, Minneapolis und Philadelphia bedeutende Zentren für Modern Dance.

schuf einen monumentalen Zyklus aus zehn Stücken, den *Pittsburgh Cycle*, der das afroamerikanische Leben im 20. Jh. analysiert.

In einem Zeitalter zunehmend isolierender Medien bemüht sich das amerikanische Theater heute, ein bedeutungsvolles Gemeinschaftserlebnis zu bleiben. Stücke wie *Breakfast with Mugabe* decken die Wunden der Vergangenheit auf, wohingegen *Avenue Q* mit den schnodderig sprechenden, liebenswerten Handpuppen das Leben in der *Sesamstraße* auf urkomische Art und Weise parodiert. Eindringlicher sind Stücke wie *Sleep No More*, bei dem die Theaterbesucher durch wild dekorierte Räume – Friedhof, Stall, Psychiatrie und Ballsaal – schlendern und das Schauspiel (frei nach *Macbeth*) rund um die Zuschauer stattfindet.

Architektur

Im 21. Jh. erlauben Computertechnik und neue Materialien die Konstruktion von gebogenen, asymmetrischen Gebäuden, die einst als unmöglich, ja unvorstellbar galten. Architekten stehen vor der Herausforderung, „Grünes" in ihren Entwürfen zu berücksichtigen, was eine ganz neue, aufregende Kreativität freisetzt, die Skylines verändert und die Haltung der Amerikaner gegenüber ihrer architektonischen Umwelt beeinflusst. Der Architekturgeschmack der Öffentlichkeit mag zwar konservativ bleiben, aber das macht nichts: Avantgardistische „Starchitekten" schmücken städtische Landschaften mit so radikalen Visionen, dass die Bevölkerung eines Tages unweigerlich nachziehen wird.

Die Kolonialzeit

Der größte Einfluss, den die Kultur der Ureinwohner eventuell auf die amerikanische Architektur ausgeübt hat, geht von den Lehmhütten im Südwesten aus. Im 17. und 18. Jh. übernahmen die Spanier Elemente der von ihnen als *pueblo* (Dorf) bezeichneten Siedlungen. Ende des 19. und Anfang des 20. Jhs. tauchte die daraus resultierende architektonische Mischung wieder auf – im Pueblo-Stil (Südwesten) und im Mission-Revival-Stil (Südkalifornien).

Bis zum 20. Jh. übernahmen Amerikaner hauptsächlich englische und kontinentaleuropäische Stile und folgten den Trends der Alten Welt. Für die meisten frühen Kolonisten im Osten der USA musste Architektur funktional und nicht ästhetisch sein. Der Möchtegern-Adel ließ sich prächtige englische Herrenhäuser nachbauen – einige gut erhaltene Beispiele gibt's in Williamsburg, VA.

Nach dem Unabhängigkeitskrieg suchten die Landesväter einen Stil, der der jungen Republik gebührte, und entschieden sich für den Neoklassizismus. Vorbild für das von Thomas Jefferson entworfene Kapitol in Virginia war der antike römische Tempel in Nîmes mit Säulen und Dreieckgiebel, allerdings ohne Kuppel. Bei seinem Privatdomizil Monticello orientierte sich Jefferson an den Villen des italienischen Renaissancearchitekten Andrea Palladio. Auch Monticello besitzt einen vorgelagerten Portikus und eine flache Kuppel.

Der Berufsarchitekt Charles Bulfinch half bei der Entwicklung des eher monumentalen Baustils vieler Bundesgebäude, der dem englisch-georgianischen Stil glich. Das prächtigste Beispiel ist das Kapitol in Washington, D.C., das als Vorbild für Parlamente im ganzen Land diente. Im 19. Jh. orientierten sich die Amerikaner dann an der englischen Mode und bevorzugten zuerst den Stil des Neoklassizismus und dann der Neogotik – beide Stile findet man heute in vielen Kirchen und College-Gebäuden vor.

Die Errichtung der Nation

Die Bauweise kleiner Häuser wurde im 19. Jh. durch die „Balloon-Frame"-Konstruktion revolutioniert: Bei dieser Holzrahmenbauweise wird ein leichter Rahmen aus einfach gefrästen Holzbalken von billigen Nägeln zusammengehalten. Die einfachen und preiswerten „Balloon-Frame"-Läden und -Häuser ermöglichten eine rasche Besiedlung des expandierenden Westens und dann die rasante Ausbreitung der Vororte. Das eigene Heim war plötzlich in Reichweite normaler Mittelklassefamilien gerückt – der amerikanische Traum wurde Wirklichkeit.

Nach dem Bürgerkrieg studierten einflussreiche amerikanische Architekten an der Pariser École des Beaux-Arts, was sich deutlich in der gehobeneren und selbstbewussteren Bauweise amerikanischer Gebäude widerspiegelte. Bedeutende Beispiele für den Beaux-Arts-Stil sind Richard Morris Hunts Biltmore Estate in North Carolina und die Public Library in New York.

Mitte des 19. Jhs. kam in San Francisco und in anderen Städten Amerikas die viktorianische Architektur auf. Die großen und schicken Privathäuser der Wohlhabenderen erhielten immer mehr Verzierungen: Balkone, Vorbauten, Türme, kunstvoll gestrichene Zierleisten und aufwendig gearbeitete Holzschnitzereien im viktorianischen Gingerbread-Stil.

Als Reaktion auf die viktorianische Opulenz entstand ab 1900 die Arts-and-Crafts-Bewegung, die bis in die 1930er-Jahre anhielt. Die bescheidenen Bungalows wie das Gamble House in Pasadena, CA, bestanden aus Holz- und Glasarbeiten, Keramikfliesen und anderen vor Ort hergestellten Kunsthandwerkselementen.

Den Wolken so nah

Stahlskelettbauten tauchten in Manhattan erstmals in den 1850er-Jahren auf. Sie ermöglichten eine größere architektonische Gestaltungsfreiheit, besonders nach der Erfindung des hydraulischen Otis-Aufzugs in den 1880er-Jahren. Die Chicago School of Architecture kombinierte diese Innovationen mit dem Beaux-Arts-Stil und entwickelte Wolkenkratzer – die erste wirklich moderne Architektur und Amerikas berühmtester Beitrag zur Weltarchitektur von damals.

Unter dem Einfluss des Art déco in den 1930er-Jahren – der nach der Pariser Weltausstellung 1925 schlagartig beliebt wurde – schossen überall Wolkenkratzer in den Himmel und wurden zu idealen Symbolen für Amerikas technische Errungenschaften, seine großen Ambitionen, die Kommerzialisierung und die Liebe zur Moderne.

Modernisums & mehr

Als die Vertreter des Bauhaus aus Deutschland emigrierten, brachten Architekten wie Walter Gropius und Ludwig Mies van der Rohe ihren bahnbrechenden modernen Stil nach Amerika. Van der Rohe ließ sich in Chicago nieder, wo Louis Sullivan, der als Erfinder des modernen Wolkenkratzers gilt, bereits an einem reduzierten architektonischen Stil arbeitete, in dem „die Form stets der Funktion folgen" sollte. Daraus entwickelte sich der Internationale Stil, der „Vorhangfassaden" aus Glas über einem Stahlskelett favorisierte. I.M. Pei (1917–2019), der u.a. die Rock and Roll Hall of Fame in Cleveland entworfen hat, wurde als einer der letzten Architekten der Hochmoderne bezeichnet.

In der Mitte des 20. Jhs. hielt der Modernismus auch Einzug in die amerikanischen Vorstädte, besonders in Südkalifornien. Die moderne Architektur der Jahrhundertmitte wurde nicht nur durch die organische Architektur der von Frank Lloyd Wright entworfenen Häuser beeinflusst, sondern orientierte sich auch an den schlichten, geometrischen und geradlinigen Designs aus Skandinavien. Die Pfosten-Riegel-Konstruktion ermöglichte Wände aus reinem Glas, die die Grenze zwischen Innen und Außen aufzuheben schienen. Heute kann man in Palm Springs, CA, eine beachtliche Anzahl moderner Privathäuser und öffentlicher Gebäude bestaunen, die um die Jahrhundertmitte von Albert Frey, Richard Neutra und anderen Koryphäen entworfen wurden.

Die später im 20. Jh. aufkommende Postmoderne lehnte die „hässlichen Kisten" des Modernismus ab. Mit ihr kehrten Dekoration, Farbe und historische Bezüge zurück, begleitet von jeder Menge Kapriolen. Architekten wie Michael Graves und Philip Johnson übernahmen hierbei die Führungsrollen. Ein weiterer Ausdruck der Postmoderne ist die aufdringliche, mimetische Architektur des Las Vegas Strip, die der mit dem Pritzker-Preis ausgezeichnete Architekt Robert Venturi als triumphale Antithese des Modernismus ausgab (den er süffisant mit den Worten „Weniger ist langweilig" kommentierte).

Die am Computer gestaltete Architektur von heute bevorzugt kühne und einzigartige Entwürfe. Frank Gehry hat den Futurismus auf die Spitze getrieben – seine Walt Disney Concert Hall in Los Angeles ist nur ein Beispiel. Weitere bemerkenswerte Architekten sind Richard Meier (Getty Center in Los Angeles) und Daniel Libeskind (Contemporary Je-

Art-déco-Architektur breitete sich zeitgleich im ganzen Land aus: Kinos, Bahnhöfe und Bürohäuser wurden in diesem Stil errichtet und prägten Viertel wie die Innenstadt von Detroit und Miamis South Beach. Zu den bemerkenswertesten Art-déco-Wolkenkratzern gehören das Chrysler Building und das Empire State Building in New York City.

wish Museum in San Francisco und das Hamilton Building des Denver Art Museum).

Selbst als 2008 die Rezession die amerikanische Wirtschaft lahmlegte und neue Bauten eigentlich nicht angesagt waren, wurden ein paar phänomenale neue Beispiele einer visionären Architektur in amerikanischen Städten aus dem Boden gestampft. Besonders bemerkenswert sind das Aqua Building in Chicago von Jeanne Gang, Santiago Calatravas World Trade Center Transportation Hub in New York City, die California Academy of Sciences in San Francisco von Renzo Piano, David Ajayes beeindruckendes National Museum of African American History and Culture in Washington, D. C. und Norman Fosters Apple Park, der einem Raumschiff ähnelt, in Cupertino, CA.

Musikszene

Die amerikanische Musik ist der Herzschlag der Nation und ihre unbeugsame Seele. Sie umfasst John Lee Hookers tiefe Bluesstimme und John Coltranes leidenschaftliche Jazz-Arien, Hank Williams jodelnden Gesang und Elvis' Schmollmund, Beyoncé und Bob Dylan, Duke Ellington und Patti Smith. Sie ist Gefühl und Kunstform zugleich und zieht Menschen in ihren Bann – sei es mitreißender Bluegrass, schweißtreibender Zydeco, rhythmischer Hip-Hop oder zum Stagediving animierender Punk-Rock.

Blues

Der Süden ist die Wiege der amerikanischen Musik, die überwiegend aus der Spannung und im Zusammenspiel zwischen den Schwarzen und den Weißen entstanden ist. Der Blues entwickelte sich nach dem Bürgerkrieg aus Liedern oder „Shouts", die die Sklaven bei der Arbeit sangen, und aus den religiösen Gesängen der Schwarzen, bei denen der Chor auf einen Vorsänger antwortet („Call and Response"). Bei beiden Formen handelt es sich um Adaptionen afrikanischer Musik.

Mit seinen improvisierten, tief persönlichen Elementen bleibt der Blues unmittelbarer Ausdruck von Schmerz, Leid, Hoffnung, Sehnsucht und Stolz. Fast alle folgenden Musikstile wurden von ihm geprägt.

Um die Jahrhundertwende machten sich durch den Süden reisende Bluesmusiker, insbesondere Bluessängerinnen, einen Namen. Zu den frühen Pionieren gehören Robert Johnson, W.C. Handy, Ma Rainey, Huddie Ledbetter (alias Lead Belly) und Bessie Smith, für viele die beste Bluessängerin aller Zeiten. Zur gleichen Zeit entwickelte sich aus afroamerikanischen christlichen Chorgesängen die Gospelmusik, deren größte Repräsentantin, Mahalia Jackson, in den 1920er-Jahren Berühmtheit erlangte.

Nach dem Zweiten Weltkrieg gelangte der Blues aus Memphis und dem Mississippi-Delta in den Norden, vor allem nach Chicago, wo ihn eine neue Generation von Musikern wie Muddy Waters, Buddy Guy, B. B. King, John Lee Hooker und Etta James weiterentwickelte. In den 1960er- und 1970er-Jahren inspirierte der Blues Rockbands wie Cream oder die Allman Brothers.

Zur heutigen Generation der Bluesmusiker zählen z. B. Bonamassa, Warren Haynes (langjähriges Mitglied der Allman Brothers), die Tedeschi Trucks Band, die Alabama Shakes, die Marcus King Band, Shemekia Copeland und die gelegentlich Blues spielenden Black Keys.

Eine der eindrucksvollsten Erfolgsgeschichten der Rockmusik schrieb Prince (1958–2016), der als Prince Rogers Nelson in Minneapolis geboren wurde. Eigentlich wollte er ins Basketballteam seiner Highschool, war jedoch mit knappen 1,58 m zu klein. Womit er sich tröstete? Mit einer Gitarre ...

Jazz

In New Orleans gilt der Congo Square – auf dem sich ab dem späten 18. Jh. versklavte Menschen zum Singen und Tanzen versammelten – als Geburtsstätte des Jazz. Die Holzblas-, Blechblas- und Saiteninstrumente der überwiegend französischsprachigen, von verschiedenen Wurzeln geprägten Kreolen, die förmliche europäische Musik bevorzugten, wurden von ehemaligen Sklaven übernommen, um ihre eigene, afrikanisch inspirierte Musik zu interpretieren. Dieses Zusammenspiel brachte einen steten Strom innovativer Klänge hervor.

Die erste Stilrichtung war der Ragtime, benannt nach seinen „zerrissenen“ (*ragged*), synkopierten afrikanischen Rhythmen. Er geht auf die 1890er-Jahre zurück, wurde durch Musiker wie Scott Joplin bekannt und fand über Notenblätter und Klavierpartituren Verbreitung.

Bald folgte der Dixieland-Jazz, dessen Zentrum New Orleans' berüchtigtes Rotlichtviertel Storyville war. 1917 wurde Storyville geschlossen und die Jazzmusiker der Stadt zerstreuten sich. 1919 zog der Bandleader King Oliver nach Chicago, bald folgte ihm sein Star-Trompeter Louis Armstrong. Armstrongs charakteristischer Gesang und seine großartigen Improvisationen machten Solostücke zu einem bedeutenden Bestandteil des Jazz des 20. Jhs. Die 1920er- und 1930er-Jahre sind als Jazz Age bekannt, wobei Musik nur ein Teil des Aufblühens afroamerikanischer Kultur während der Harlem Renaissance in New York war. Der Swing, ein urbaner, von Bigbands umgesetzter Jazzstil, verbreitete sich und wurde von Bandleadern wie Duke Ellington und Count Basie geprägt. Ella Fitzgerald und Billie Holiday kombinierten Jazzgesang mit seinem Südstaaten-Bruder, dem Blues.

Nach dem Zweiten Weltkrieg entstand der Bebop, auch Bop genannt, der sich von den sanften Melodien und einengenden Rhythmen des Bigband-Swings absetzte. Eine neue Generation von Musikern wie Charlie Parker, Dizzy Gillespie und Thelonious Monk übernahm das Ruder. Kritiker belächelten zunächst Varianten der 1950er- und 1960er-Jahre wie Cool Jazz, Hard Bop, Free Jazz, Avantgarde Jazz und Fusion (eine Kombination aus Jazz und lateinamerikanischer Musik bzw. Rock), die postmoderne Dekonstruktion des Jazz war jedoch nicht mehr aufzuhalten. Zu den Pionieren jener Zeit gehören Miles Davis, Dave Brubeck, Chet Baker, Charles Mingus, John Coltrane, Melba Liston und Ornette Coleman.

Der Soundtrack der USA

„Respect“ – Aretha Franklin (1967)

„America“ – Simon & Garfunkel (1968)

„Summertime“ – Ella Fitzgerald (1968)

„Carolina in My Mind“ – James Taylor (1968)

„City of New Orleans“ – Arlo Guthrie (1972)

„Jolene“ – Dolly Parton (1973)

„Born to Run“ – Bruce Springsteen (1975)

„Vacation“ – The Go-Gos (1982)

„Holiday“ – Madonna (1983)

„Fast Car“ – Tracy Chapman (1988)

„California Love“ – 2Pac (1995)

I've Been Everywhere, Johnny Cash (1996)

„West Coast“ – Coconut Records (2007)

„Empire State of Mind“ – Jay-Z (2009)

„Old Town Road“ – Lil Nas X (2019)

Country-Musik

Frühe schottische, irische und englische Einwanderer brachten ihre eigenen Instrumente und ihre traditionelle Musik mit nach Amerika. Mit der Zeit entwickelte sich daraus in den abgeschiedenen Appalachen der Fiddle-and-Banjo-Hillbilly bzw. die Countrymusik. Im Südwesten prägten Steel-Gitarre und größere Bands die sogenannte Western Music. In den 1920er-Jahren verschmolzen beide Stile zur Country-and-Western-Musik. Ihr Zentrum wurde Nashville, TN, besonders seit dem Jahr 1925, als die Radioshow *Grand Ole Opry* auf Sendung ging. Berühmte Vertreter des Genres sind u.a. Hank Williams, Johnny Cash, Willie Nelson, Patsy Cline, Loretta Lynn und Dolly Parton.

Die Country-Musik beeinflusste den Rock'n'Roll der 1950er-Jahre; Country mit Rock-Elementen wurde als „Rockabilly“ bezeichnet. In den 1980er-Jahren wurde Country & Western mit Stars wie Garth Brooks, George Strait, Alan Jackson und Randy Travis immer beliebter und nahm bei Künstlerinnen wie Shania Twain und Faith Hill, die die Charts dominierten, Elemente der Popmusik auf.

In der heutigen Country-Szene beherrschen dank der konservativen Torwächter der Country-Sender oft männliche Künstler wie Eric Church, Luke Bryan oder Blake Shelton die Charts. Innovative Musikerinnen wie Margo Price oder Kacey Musgraves werden aber durchaus von der Kritik gewürdigt, ebenso wie Künstler des Alternative Country, z.B. Chris Stapleton oder Jason Isbell.

Folk

Die Tradition der amerikanischen Folk-Musik begründete Woody Guthrie, der zur Zeit der Depression das Land bereiste und politische Lieder sang. Ab den 1940er-Jahren machte sich Pete Seeger in seinem unermüdlichen Bemühen um die amerikanische Folk-Kultur einen Namen. Während der Protestbewegung in den 1960er-Jahren erlebte die Folk-Musik eine neue Blüte, der allerdings der damalige Folk-Musiker Bob Dylan quasi im Alleingang ein Ende setzte, als er unter „Verräter"-Rufen seine E-Gitarre anschloss.

Die Folk-Musik ist seit dem letzten Jahrzehnt wieder im Kommen, vor allem im Nordwesten. Während Joanna Newsom mit ihrer außergewöhnlichen Stimme und ungewöhnlichen Instrumenten (sie spielt Harfe) ein neue Ebene der Folk-Musik betritt, verbinden die schwermütigen Melodien von Iron & Wine Pop, Blues und Rock. Zu den Indie-Folk-Künstlern, die seit einiger Zeit von sich reden machen – und die die Grenzen des Genres verschieben –, gehören Edward Sharpe and the Magnetic Zeros, Laura Gibson, Lord Huron, Pater John Misty und Angel Olsen.

Rock & Roll

Für die meisten ist das Jahr 1954, in dem Elvis Presley in Sam Phillips' Sun Studio *That's All Right* aufnahm, die Geburtsstunde des Rock'n' Roll. Anfangs fragten sich die Radiosender, warum ein weißer Country-Junge schwarze Musik sang, und zögerten zunächst, seine Lieder zu spielen. Zwei Jahre später aber feierte Presley mit *Heartbreak Hotel* seinen großen Durchbruch.

Der Rock'n' Roll mischte Gitarren-Blues mit Rhythm and Blues (R&B) und der Country-und-Western-Musik. R&B entwickelte sich in den 1940er-Jahren aus Swing und Blues und wurde damals als „Race Music" bezeichnet. Mit dem Rock'n' Roll verwandelten weiße Künstler und afroamerikanische Musiker diese Race Music in einen Stil, der die weiße Jugend begeistern sollte – und das tat er.

Der Rock'n' Roll bereitete den Weg für eine gesellschaftliche Revolution, die noch bedeutender war als die musikalische: Offen sexuell konnotiert riss er die Jugend, unabhängig von ihrer Hautfarbe, in seinen Bann und schockierte so die Nation. Die Behörden waren eifrig darum bemüht, gegen „jugendliche Delinquenten" vorzugehen und den Rock'n' Roll zu zensieren. Sie hätten vielleicht Erfolg gehabt, doch dann startete Anfang der 1960er-Jahre die „britische Invasion" und die von Chuck Berry, Little Richard und anderen inspirierten Beatles und Rolling Stones katapultierten den Rock'n' Roll zurück ins Leben.

Die 1960er-Jahre standen ganz im Zeichen einer rebellierenden Jugend, verkörpert von den von Drogen beflügelten, psychedelischen Klängen von Grateful Dead und Jefferson Airplane und den elektrischen Wehklagen von Janis Joplin und Jimi Hendrix. Seitdem steht Rock immer auch für einen Lebensstil, zerrissen zwischen Hedonismus und Ernsthaftigkeit, Kommerzialisierung und Authentizität.

Ende der 1970er-Jahre führten die Ramones und die Dead Kennedys die Punk-Welle an, zudem hielt der Arbeiter-Rock von Bruce Springsteen und Tom Petty Einzug. In den 1980er-Jahren wurde Gegenkultur zu Kultur und der Rock voreilig für tot erklärt. Doch er konnte bewahrt werden, u.a. von den Talking Heads, R.E.M, Nirvana, Sonic Youth, Pavement und Pearl Jam, indem er sich – wie schon so oft – in einem neuen Gewand präsentierte, sei es als New Wave, Heavy Metal, Grunge, Indie Rock, World Beat, Skate Punk, Hardcore, Gothic Rock, Emo oder Electronica.

In den frühen 2000er-Jahren galten Gruppen wie The Killers, The Strokes, The Yeah Yeah Yeahs und The White Stripes wegen ihres abgespeckten Sounds, der das Genre im kommerziellen Mainstream etablierte, als Retter des Rocks. Die amerikanische Rockmusik wartet vielleicht auf ihre nächste große Wiederbelebung – verschwinden wird sie jedenfalls nicht.

Plattenverkäufer kombinieren Hip-Hop und Rap oft in einer Kategorie. Und was genau ist eigentlich der Unterschied? Die meisten würden vielleicht sagen, Rap sei eine Art von Musik, Hip-Hop hingegen eine eigene Kultur, zu der Rap genauso gehört wie Breakdance, das Auflegen als DJ oder Graffitis. Rap hat immer ein Vokalelement (die rhythmischen Reime), Hip-Hop hingegen kann auch rein instrumental sein.

Rap & Hip-Hop

Aus den vielen verschiedenen Musikstilen der frühen 1970er-Jahre – Funk, Soul, Latin, Reggae und Rock'n' Roll – entwickelten junge DJs aus der Bronx in NYC einen bahnbrechenden, neuen Sound, um die Tanzflächen zum Brodeln zu bringen: Der Hip-Hop war geboren. Bands wie Grandmaster Flash & the Furious Five verlagerten die Party von der Straße in die hippen Clubs Manhattans und arbeiteten mit Punk- und New-Wave-Bands wie The Clash und Blondie zusammen.

Gruppen wie Run-DMC, Public Enemy und die Beastie Boys verdienten Millionen, und schnell entwickelten sich verschiedene Stilrichtungen. Der provokante „Gangsta Rap" von Niggaz With Attitude (a.k.a NWA) aus L.A. wurde für seinen kühnen Sound und die gesellschaftskritischen Texte über Gewalt, Drogen, Sex und städtische Armut sowohl gelobt als auch verdammt.

Zur Jahrtausendwende war aus dem, was mit ein paar Jungs begonnen hatte, die auf illegalen Straßenpartys die Funk-Platten ihrer Eltern auflegten, ein Milliardengeschäft und das zweitbeliebteste Musikgenre in den USA geworden. Russell Simmons und P. Diddy führten Medien-Imperien an, und Stars wie Queen Latifah und Will Smith stiegen in die oberste Hollywood-Liga auf. Ein weißer Rapper aus Detroit namens Eminem verkaufte Millionen von Platten.

Hip-Hop wird manchmal als eine Müllhalde des exzessiven Konsums betrachtet, eine Musikrichtung, die den Konsum, Frauenverachtung, Schwulenhass, Drogenmissbrauch und viele andere gesellschaftliche Übel glorifiziert. Doch so wie die hedonistischen Zeiten des Megakonzert-Rock'n'Roll den Weg für den rebellischen Punk ebneten, bricht auch die auf die Hip-Hop- und DJ-Kultur folgende Generation erneut die Regeln. Heute ist Rap/Hip-Hop die beliebteste Musikrichtung in den USA; zu den wichtigsten Vertretern zählen Drake, Kendrick Lamar und Cardi B; angehende Stars wie Danny Brown, Anderson Paak und Kamaiyah werden von der Kritik gefeiert.

Natur & Umwelt

Die Bandbreite der in den USA heimischen Tiere reicht von groß bis klein und vom wilden Grizzly bis hin zum emsigen Biber. So gehören riesige Bisons, Schnee-Eulen, majestätische Adler, heulende Kojoten und sanfte Seekühe allesamt zur vielfältigen Fauna. Die facettenreiche Landschaft – die Küsten zweier Ozeane, Berge, Wüsten, Regenwälder, gewaltige Buchten und Gewässernetze – beherbergt ein außergewöhnlich vielfältiges Ökosysteme mit Pflanzen und Tieren.

Geografie

Die USA sind groß, so viel steht fest. Mit einer Fläche von mehr als 10 Mio. km² sind sie nach Russland und dem sympathischen nördlichen Nachbarn Kanada das drittgrößte Land der Erde. Sie bestehen aus 48 zusammenhängenden Bundesstaaten („The Lower 48", Kernstaaten), dazu kommen Alaska, der größte Bundesstaat, nordwestlich von Kanada gelegen, und als 50. Staat im Bunde Hawaii mit seinen Vulkaninseln, zu finden im Pazifik rund 2300 Meilen (3700 km) südwestlich vom Festland.

Doch es ist nicht allein die Fläche, die Amerika so groß wirken lässt, sondern auch seine unglaublich vielfältige Topografie, die vor 50 bis 60 Mio. Jahren entstand.

Der Osten der amerikanischen Kernstaaten – inklusive der Appalachen, eines Mittelgebirges, das parallel zum Atlantik verläuft – ist von Laubwäldern bedeckt. Zwischen den Appalachen und der Küste liegt die am dichtesten besiedelte Region des Landes, vor allem zwischen Washington, D.C., und Boston, MA.

Nördlich davon befinden sich die Großen Seen, die sowohl zu den USA als auch zu Kanada gehören. Die fünf Seen sind das größte Süßwasserreservoir der Erde – sie fassen rund 20 % des Weltbestands!

Weiter im Süden der Ostküste wird es feuchter und wärmer, bis schließlich die Sümpfe Südfloridas erreicht sind. Ein kleiner Schlenker bringt einen dann zum Golf von Mexiko und damit zur südlichen Küstenlinie der USA.

Westlich der Appalachen erstrecken sich die Ebenen des Landesinneren bis hin zu den Rocky Mountains. Der östliche Teil der Ebenen ist der Brotkorb der USA und lässt sich grob in den nördlichen „Getreidegürtel" und den südlichen „Baumwollgürtel" aufgliedern. Die Ebenen, einst ein Binnenmeer, werden vom mächtigen Mississippi bewässert, der zusammen mit dem Missouri das viertgrößte Flusssystem der Welt bildet, nur übertroffen vom Nil, dem Amazonas und dem Jangtsekiang. Weiter im Westen weichen unter dem weiten Himmel der semiariden Great Plains die Farmen den Cowboys und Ranches.

Die jungen, zerklüfteten Rocky Mountains sind ein komplexes System aufragender Gebirgsketten, die sich von Mexiko bis hinauf nach Kanada erstrecken und ein wahres Paradies für Skifahrer bilden. Westlich dieser Gebirgsketten folgen die Wüsten des Südwestens, eine aride Region, in welcher das Flusssystem des Colorado dramatische Spuren hinterlassen hat. Auf dem Weg durch Nevada gelangt man aus diesem Land der ero-

Hoch in den White Mountains, einer kleinen Gebirgskette östlich der kalifornischen Sierra Nevada, wächst die langlebigste Baumart der Welt. Die sogenannte Langlebige Kiefer (*Pinus longaeva*), zu erkennen an ihren kahlen verdrehten Ästen, ist über 4000 Jahre alt und gibt Wissenschaftlern mit ihrer außergewöhnlich langen Lebensdauer Rätsel auf.

dierten Canyons in das erbarmungslose Great Basin. Das Gebiet, ebenfalls ein urzeitlicher Meeresboden, dient als militärisches Trainings- und Testgelände, und hier soll auch der Atommüll der USA eingelagert werden.

Nun folgt das dritte große Gebirgssystem Nordamerikas, bestehend aus dem Granitgebirge der Sierra Nevada im Süden und der vulkanischen Kaskadenkette im Norden, die beide parallel zur Pazifikküste verlaufen. Das kalifornische Central Valley ist eine der fruchtbarsten Regionen der Erde, und die Küste zwischen San Diego und Seattle mit ihren Sandstränden und uralten Wäldern, in denen teilweise Küstenmammutbäume wachsen, wird in den Legenden der amerikanischen Ureinwohner genauso gepriesen wie in den Folksongs der Einwanderer.

Aber das sind längst noch nicht die ganzen USA: Nordwestlich von Kanada erstreckt sich Alaska bis zum Nordpolarmeer, ein Bundesstaat voller Tundra, Gletscher und einem Regenwald im Landesinneren. Alaska besitzt den Löwenanteil aller geschützten Naturgebiete des Landes. Und schließlich ist da noch Hawaii, eine Kette traumhafter tropischer Inseln im Pazifik.

Filme über die Wildnis

Der große Trip – Wild (Jean-Marc Vallée, 2014)

Nomaden der Lüfte – Das Geheimnis der Zugvögel (Jacques Perrin, 2001)

Grizzly Man (Werner Herzog, 2005)

Into the Wild (Sean Penn, 2007)

Beasts of the Southern Wild (Benh Zeitlin, 2012)

The Revenant – Der Rückkehrer (Alejandro González Iñárritu, 2015)

Landsäugetiere

Im 19. Jh. setzten sich die Amerikaner massiv gegen Raubtiere zur Wehr. So löschten staatliche Jagdprogramme in den USA fast alle Wölfe und Großkatzen sowie viele Bären aus. Sie alle eint ein ähnliches Schicksal: Ursprünglich in großer Zahl vertreten, wurden sie innerhalb kürzester Zeit fast vollständig ausgerottet und die Populationen erholen sich heute nur langsam wieder.

Der Grizzlybär, eine Unterart des Braunbären, ist eines der größten Landsäugetiere Nordamerikas. Männchen erreichen eine Größe von bis

DIE RÜCKKEHR DES WOLFES

Der Wolf verkörpert auf eindrucksvolle Weise die Wildnis Nordamerikas. Das intelligente, in Rudeln lebende Raubtier ist mit einem durchschnittlichen Gewicht von 45 kg und einer Schulterhöhe von rund 80 cm die weltweit größte Art aus der Familie der Hunde. Einst zogen etwa 400 000 Wölfe von Küste zu Küste, von Alaska bis nach Mexiko.

Wölfe stießen bei den europäischen Siedlern auf wenig Sympathie. Das erste Tiergesetz, das in den britischen Kolonien in Kraft trat, war eine Kopfgeldprämie auf Wölfe. Im 19. Jh. metzelten die amerikanischen Siedler in ihrem Bestreben, den Westen zu zähmen, die unzähligen Herden von Bisons, Hirschen, Rehen und Elchen nieder und ersetzten sie durch Hausrinder und Schafe. Die Wölfe jedoch fanden diese genauso schmackhaft.

Die Regierung machte sich aufgrund der Angriffe auf Nutztiere durch die Wölfe deren Ausrottung zum Ziel. Bis 1965 wurden Wölfe gegen ein Kopfgeld von 20–50 US$ pro Tier geschossen, vergiftet oder gefangen und getötet, bis nur noch ein paar hundert Tiere im nördlichen Minnesota und Michigan übrig blieben.

1944 trat der Naturforscher Aldo Leopold für die Rückkehr des Wolfes ein. Seine Argumente waren dabei ökologischer, nicht nostalgischer Natur. Seine Studien hatten gezeigt, dass Ökosysteme ihre Spitzenprädatoren brauchen, um eine gesunde Artenvielfalt zu bewahren. Aufgrund komplexer wechselseitiger Abhängigkeiten litten nämlich alle Tiere und Pflanzen unter dem Niedergang des Wolfes.

Trotz großer Proteste von Farmern und Jägern wurde der graue Wolf in den Jahren 1995 und 1996 in der Greater Yellowstone Region wieder heimisch gemacht, der Mexikanische Wolf 1998 in Arizona.

Im Rahmen der Schutzprogramme konnten sich die Wolfspopulationen recht schnell erholen, so leben heute über 6000 Tiere in den US-Kernstaaten und etwa 8000 Tiere in Alaska. 2019 hat der US Fish & Wildlife Service vorgeschlagen den Wolf von der Liste der vom Aussterben bedrohten Arten zu streichen; eine Entscheidung steht noch aus.

DIE SCHLIMMSTEN NATURKATASTROPHEN DER USA

Erdbeben, Waldbrände, Tornados, Hurrikane und Blizzards – die USA haben immer wieder unter Naturkatastrophen zu leiden. Hier eine Liste der schlimmsten Ereignisse, die sich tief in das Gedächtnis der Nation eingegraben haben:

Johnstown-Flut 1889 führten sintflutartigen Regenfälle zum Bersten des South-Fork-Staudamms in Pennsylvania. Als der Damm brach, rauschten etwa 20 Mio. t Wasser und Schlamm den Little Conemaugh River hinab und überfluteten das nahegelegene Johnstown. Über 2200 Menschen kamen dabei ums Leben, 1600 Häuser wurden zerstört.

Galveston-Hurrikan Im Jahr 1900 wurde Galveston, das als das „Juwel von Texas" bekannt war, von einem Hurrikan der Kategorie 4 praktisch ausgelöscht. 4,6 m hohe Flutwellen zerstörten Gebäude und überschwemmten zeitweilig die gesamte Insel. Mehr als 8000 Menschen starben, mehr als bei jeder anderen Naturkatastrophe in den USA zuvor.

Erdbeben von San Francisco 1906 Ein starkes Erdbeben (nach Schätzungen der Stärke 8 auf der Richter-Skala) erschütterte im Jahre 1906 die Stadt, gefolgt von noch verheerenderen Bränden. Die Stöße waren noch in Oregon und Zentral-Nevada zu spüren. Man schätzt, dass mehr als 3000 Menschen ihr Leben verloren, mehr als 200 000 (der insgesamt 410 000) Einwohner der Stadt wurden obdachlos.

Dust Bowl Während einer langen Dürre in den 1930er-Jahren trocknete die überbeanspruchte Humusschicht in den Great Plains aus, verwandelte sich in Staub und wurde in gewaltigen Staubstürmen Richtung Osten geweht – sogar New York und Washington, D.C., bekamen sie noch ab. Auf Hunderttausenden Hektar Anbaufläche brachen die Erträge ein, sodass mehr als 500 000 Menschen gezwungen waren, ihre Heimat zu verlassen. Den großen Exodus der Bauern und Landarbeiter machte John Steinbeck in seinem Roman *Die Früchte des Zorns* unsterblich.

Hurrikan Katrina An den 29. August 2005 wird man sich in New Orleans noch lange erinnern. Ein massiver Hurrikan der Kategorie 5 fegte über den Golf von Mexiko und traf die Küste von Louisiana. Als die Dämme brachen, wurden mehr als 80 % der Stadtfläche überschwemmt. 1836 Menschen kamen ums Leben, der materielle Schaden belief sich laut Schätzungen auf mehr als 100 Mrd. US$.

Wirbelsturm Sandy 2012 suchte dieser Wirbelsturm etwa 24 Bundesstaaten heim, die schlimmsten Schäden erlitten New Jersey und New York. Mehr als 100 Menschen starben allein in den USA, die Schäden summierten sich auf mehr als 65 Mrd. US$. Sandy war auch der größte Wirbelsturm über dem Atlantik seit Beginn der Aufzeichnungen, die Sturmwinde erstreckten sich über 1100 km.

Hurrikan Irma Am 10. September 2017 fegte einer der größten jemals gemessenen Wirbelstürme über Florida hinweg und verursachte Überschwemmungen und Zerstörungen. Hurrikan Irma erreichte die Florida Keys als Sturm der Kategorie 4 mit der Breite des Bundesstaates Texas. Häuser und Geschäfte in Everglades City wurden von einer 2,5 m hohen Sturmflut überrollt und unter Schlamm begraben; laut der Katastrophenschutzbehörde Federal Emergency Management Agency wurden 25 % der Gebäude auf den Keys zerstört und weitere 65 % beschädigt.

zu 2 m und ein Gewicht von bis zu 385 kg. Ihr Lebensraum umfasst knapp 1300 km^2. Einst bevölkerten schätzungsweise 100 000 Grizzlys den Westen, doch 1975 waren es nicht einmal mehr 1000. Schutzprogramme, insbesondere in der Greater Yellowstone Region, ließen die Population in den USA (ohne Alaska) auf heutige ca. 1500 anwachsen. In Alaska hingegen tummeln sich heute über 30 000 Exemplare.

Obwohl auch ihre Zahl abgenommen hat, überleben die kleineren Schwarzbären fast überall. Die anpassungsfähigen, neugierigen Tiere geben sich mit einem sehr kleinen Revier zufrieden.

Ein weiteres sehr anpassungsfähiges Tier ist der Kojote. Er ähnelt einem Wolf, ist jedoch nur halb so groß und wiegt zwischen 7 und 20 kg. Im Südwesten sind die Tiere allgegenwärtig, manchmal trifft man sie sogar in den Städten. In den USA lebt außerdem eine Raubkatze, die zahlreiche Namen trägt – z. B. Silberlöwe, Puma oder Panther. Im Everglades National Park im Osten findet sich eine kleine Population von Panthern. Im Westen sind die Tiere in immerhin so großer Zahl vertreten, dass sie ab und an auch auf Menschen treffen. Die kräftigen Tiere zeichnen sich durch rund 70 kg pure Muskelmasse, kurzes gelbbraunes Fell und einen langen Schwanz aus.

Ungewöhnliche Tierlektüre

Rats (Robert Sullivan)

Pigeons (Andrew Blechman)

Secret Life of Lobsters (Trevor Corson)

American Buffalo (Steven Rinella)

The Beast in the Garden (David Baron)

Die Geschichte des amerikanischen Büffels (oder Bisons) ist tragisch. Um 1800 gab es noch rund 65 Mio. der riesigen Pflanzenfresser. So beschrieben die Entdecker Lewis und Clark eindrücklich, wie sich durch ihre dichten Herden „ganze Ebenen verdunkelten“. Die Tiere wurden wegen ihres Fleischs und wegen ihres Fells getötet, außerdem machte man sich ein Freizeitvergnügen aus der Jagd oder wollte den Ureinwohnern, denen die Tiere als Lebensgrundlage dienten, damit schaden. Im 20. Jh. galt der Büffel deswegen mit nur noch wenigen Hundert Exemplaren als nahezu ausgestorben. Die Nachkommen jener Tiere bildeten jedoch neue Herden, sodass eines der edelsten Tiere Amerikas mittlerweile wieder in seiner ganzen Pracht bewundert werden kann. Um sie zu sehen, besucht man am besten die Nationalparks Yellowstone, Grand Teton oder Badlands.

Meeressäugetiere & Fische

Wohl keinem anderen heimischen Fisch wird so viel Aufmerksamkeit zuteil wie dem Lachs. Während dessen Laichzeit wird entlang der Flüsse an der Pazifikküste ein einzigartiges Spektakel geboten. Dennoch gilt der pazifische ebenso wie der atlantische Lachs als bedroht. Jedes Jahr werden deshalb Millionen junger Zuchtlachse ausgesetzt – es ist aber umstritten, ob dieses Vorgehen der Population wirklich hilft oder vielleicht sogar eher schadet.

Jedes Jahr locken wandernde Grau-, Buckel- und Blauwale entlang der Pazifikküste zahlreiche Schaulustige an. Alaska und Hawaii sind für Wale und Meeressäuger bedeutende Stätten für die Jungtieraufzucht, Washingtons San Juan Islands wiederum werden von Killerwalen frequentiert. Die Pazifikküste bildet außerdem den Lebensraum für schwergewichtige See-Elefanten, verspielte Seelöwen und den bedrohten Seeotter.

In Kalifornien warten der Channel Islands National Park und die Monterey Bay mit einzigartigen, facettenreichen Meereslandschaften auf. Für Fans von Korallenriffen und tropischen Fischarten sind Hawaii und die Florida Keys die richtigen Reiseziele. An der Küste Floridas ist die faszinierende, sanfte Rundschwanzseekuh („Manatee“) beheimatet, die sowohl in Süßwasserflüssen als auch im Meer lebt. Von den eindrucksvollen, wendigen Tieren, die rund 3 m lang sind und durchschnittlich 450 kg wiegen, gibt es noch etwa 6500 Exemplare. Früher hat man sie übrigens wohl häufiger für Meerjungfrauen gehalten.

Auch der Golf von Mexiko ist ein bedeutender Meereslebensraum. Am bekanntesten sind dabei die bedrohten Meeresschildkröten, die an den Stränden ihre Eier ablegen.

Vögel

Die USA stehen bei Vogelbeobachtern ganz hoch im Kurs. Kein Wunder, schließlich machen alle Zugvögel der Hemisphäre, seien es Sing- oder Watvögel, hier irgendwann halt – und so sind hier rund 800 Vogelarten heimisch.

TIERBEOBACHTUNG: BEDROHTE ARTEN

Aktuell gelten über 1650 Pflanzen- und Tierarten in den USA als gefährdet oder bedroht. Natürlich sind sie für das Ökosystem alle gleichermaßen bedeutend, wer jedoch die spektakulärsten sehen (oder fotografieren) möchte, sollte folgende Ziele ansteuern, ehe es zu spät ist:

Kalifornischer Kondor Big Sur, Kalifornien, und Grand Canyon National Park, Arizona

Kalifornische Gopherschildkröte Mojave National Preserve, Kalifornien

Florida-Puma Everglades National Park, Florida

Hawaii-Gans Haleakalā National Park, Hawaii

Rundschwanzseekuh Everglades National Park, Florida

Mexikanische Langnasen-Fledermaus Big Bend National Park, Texas

Schreikranich Aransas National Wildlife Refuge, Texas, und Bosque del Apache National Wildlife Refuge, New Mexico

Der Weißkopfseeadler wurde 1782 zum Wappentier der USA erklärt und ist die einzige Adlerart, die nur in Nordamerika vorkommt. Einst beherrschten rund eine halbe Million Tiere den amerikanischen Himmel. 1963 hatte sich ihre Zahl aufgrund der Zerstörung ihres Lebensraums, vor allem aber infolge des Einsatzes des Insektizids DDT auf 487 Brutpaare (ohne Alaska) reduziert. Bis ins Jahr 2007 konnte sich die Population jedoch merklich erholen, sodass es mittlerweile wieder 9800 Brutpaare gibt (und in Alaska weitere 30 000) und der Weißkopfseeadler von der Liste der bedrohten Arten gestrichen werden konnte.

Ein anderer eindrucksvoller Vogel ist der bedrohte Kalifornische Kondor. Der prähistorische Aasfresser wiegt rund 9 kg und hat eine Flügelspannweite von bis zu 3 m. In den 1980er-Jahren galt der Kondor mit nur noch 22 Exemplaren als fast ausgestorben, doch dann sorgten Schutzprogramme für die erneute Ansiedlung in Kalifornien und im nördlichen Arizona, wo sie heute manchmal gesichtet werden können, wenn sie über dem Grand Canyon kreisen.

Die Umweltschutzbewegung

Die USA sind bekannt für ihre politischen und gesellschaftlichen Umwälzungen, aber auch der moderne Umweltschutz wurde hier geboren. Die USA waren der erste Staat, der wirksame Maßnahmen zur Erhaltung seiner Naturgebiete einführte, und US-amerikanische Umweltschützer stehen häufig an vorderster Front bei weltweiten Umweltschutzkampagnen.

Die protestantischen Siedler glaubten noch, dass die Zivilisation den göttlichen Auftrag hätte, die Natur ihren Absichten zu unterwerfen. Die Wildnis war nicht nur lebensgefährlich und unberechenbar, sie war auch ein mächtiges Symbol für das Gottlose im Menschen sowie dessen Triebe – und die Pilgerväter setzten alles daran, beides zu unterdrücken.

In der Mitte des 19. Jhs. wurden dann die europäischen Romantiker zum Vorbild der US-amerikanischen Transzendentalisten: Für diese war die Natur nicht mehr gefallen und verflucht, sondern heilig. In *Walden oder Leben in den Wäldern* (1854) beschrieb der Bilderstürmer Henry David Thoreau seinen zweijährigen Aufenthalt in den Wäldern, wo er zufrieden fern der Annehmlichkeiten der Zivilisation lebte. Mit viel Überzeugungskraft behauptete er, dass die menschliche Gesellschaft sich gefährlich weit von den wesentlichen Wahrheiten der Natur entfernt habe. Seine Ansichten bedeuteten einen tiefen Bruch mit der gängigen Sichtweise – denn für ihn waren Natur, Seele und Gott eine Einheit.

John Muir & die Nationalparks

Die Naturwunder des Kontinents, welche die amerikanischen Landschaftsmaler des 19. Jhs. so packend in ihren Bildern festgehalten haben, sprachen für sich selbst, und wegen des ungezügelten Nationalismus der Zeit sah man in ihnen einen Aktivposten. Daher begannen die US-amerikanischen Präsidenten im späten 19. Jh., besonders wichtige Gebiete in Form von State Parks oder National Parks unter speziellen Schutz zu stellen.

Der schottische Naturforscher John Muir setzte sich für die Wildnis um ihrer selbst willen ein. Für Muir war die Natur der Zivilisation überlegen. Er verbrachte einen großen Teil seines Lebens auf Wanderungen durch die Sierra Nevada und setzte sich leidenschaftlich für ihre Bewahrung ein. Muir war die treibende Kraft hinter der wachsenden Naturschutzbewegung des Landes, die 1890 mit der Gründung des Yosemite National Park ihren ersten großen Sieg feiern konnte. 1892 gründete Muir den Sierra Club und wurde langsam im ganzen Land bekannt.

Umweltschutzgesetze & Klimawandel

Gegen Ende des 19 Jhs. und im frühen 20. Jh. haben die USA eine Reihe wegweisender Gesetze zum Schutz von Umwelt und Natur erlassen, die zu beträchtlichen Verbesserungen der Luft- und Wasserqualität geführt haben, sodass die Bestände nahezu ausgerotteter Pflanzen und Tiere sich teilweise wieder erholen konnten. Der Umweltschutz erfasst immer weitere Bereiche. Angesichts verheerender Verschmutzungen, durch menschliche Eingriffe verursachte Habitatszerstörung, Artensterben und das Einbringen nicht einheimischer Arten geht es längst nicht mehr ausschließlich um die Schaffung neuer Nationalparks, sondern darum, ganze Ökosysteme zu retten.

Heute ist der Umweltschutz eine weltweite Bewegung, die begreift, dass die Probleme eines jeden Landes zu einer weltweiten Bedrohung beitragen: dem Klimawandel. In den USA beflügeln die Gefahren der globalen Erwärmung ein bislang nie gekanntes Umweltbewusstsein. Und ob die durchschnittlichen Amerikaner nun glauben, dass Gott durch die Natur spricht, oder nicht – eines ist gewiss: Immer mehr sind von der Botschaft, die sie da hören, zutiefst beunruhigt.

Praktische Informationen

Allgemeine Informationen

Arbeiten in den USA

Wer sich als Ausländer bzw. im Rahmen des US-Visa-Waiver-Programms oder mit normalem Touristenvisum in den USA aufhält, darf vor Ort keinerlei bezahlte Arbeit annehmen. Aufgedeckte Verstöße haben die sofortige Ausweisung zur Folge. Amerikanische Arbeitgeber sind verpflichtet, die Arbeitsberechtigung ihrer Angestellten zu kontrollieren – sonst müssen sie mit Geldstrafen rechnen. Arbeitsuchende Ausländer haben es in den USA daher heute wesentlich schwerer als früher.

Um als Ausländer legal in den USA arbeiten zu können, muss man bereits vor der Abreise ein Arbeitsvisum beantragen. Junge Leute (Altersbegrenzung variiert) erhalten ein J1-Visum für Austauschbesucher. Es umfasst den Studienaufenthalt, studentische Ferienjobs, Mitarbeit in Sommercamps und Kurzpraktika bei einem bestimmten Arbeitgeber. Verschiedene Organisationen helfen bei der Suche nach einer Praktikumsstelle sowie beim Beantragen von J1-Visa und beantworten Fragen zu Studentenaustauschprogrammen mit diversen deutschen, österreichischen und Schweizer Universitäten, z. B. ISEP (www.isep.org).

Für befristete Tätigkeiten oder Festanstellungen brauchen Nicht-Studenten die Unterstützung eines US-Arbeitgebers, der ein Visum der Kategorie H beschafft. Solche Visa sind nicht leicht zu bekommen: Der Arbeitgeber muss nachweisen, dass kein US-Bürger oder in den USA lebender Ausländer mit unbefristeter Aufenthaltsgenehmigung den jeweiligen Job übernehmen kann.

Nationalparks, Touristenattraktionen und Skiorte suchen häufig Saisonarbeiter. Interessenten wenden sich am besten an örtliche Chambers of Commerce (Handelskammern), Inhaber von Parkkonzessionen oder das Management von Skizentren. Weitere Infoa zum Arbeiten auf Reisen findet man im englischsprachigen *The Big Trip: Your Ultimate Guide to Gap Years and Overseas Adventures* von Lonely Planet.

STAATLICHE REISEINFORMATIONEN

Staatliche Websites mit Reiseinformationen (teils inkl. Sicherheitshinweise und Gesundheitstipps):

Deutschland (www.auswaertiges-amt.de/de/ReiseUnd-Sicherheit)

Kanada (www.voyage.gc.ca)

Mexiko (offizielles mexikanisches Fremdenverkehrsbüro in Deutschland; www.visitmexico.com/de/)

Österreich (www.bmeia.gv.at/reise-aufenthalt/)

Schweiz (www.eda.admin.ch/eda/de/home/vertretungen-und-reisehinweise.html)

USA (https://travel.state.gov/content/travel/en/traveladvisories/traveladvisories.html/)

Botschaften & Konsulate

Neben ihren Botschaften in Washington, D.C. (s. unten; Komplettverzeichnis unter www.embassy.org) unterhalten die meisten Länder auch UN-Vertretungen in NYC. Teilweise kommen noch Konsulate in anderen US-Großstädten hinzu. Deren Adressen lassen sich online, per Yellow Pages (Gelbe Seiten; unter Consulates) oder über die örtliche Telefonauskunft ermitteln.

Deutschland (☎202-298-4000; www.germany.info; 4645 Reservoir Rd NW; ⌚Mo–Do 8–11.45 & 13–14.30, Fr 8–12 Uhr; 🚌D6)

Kanada (☎202-682-1740; www.can-am.gc.ca; 501 Pennsylvania

Ave NW, Penn Quarter; ⌚Mo–Fr 9–12 Uhr; Ⓜ Green od. Yellow Line bis Archives)

Mexiko (☎202-728-1600; https://embamex.sre.gob.mx/eua; 1911 Pennsylvania Ave NW; ⌚Mo–Fr 9–18 Uhr; Ⓜ Orange, Silver od. Blue Line bis Farragut West)

Österreich (☎202-895-6700; https://botschaft.austria.org/; 3524 International Court NW)

Schweiz (☎202-745-7900; www.eda.admin.ch/washington; 2900 Cathedral Ave NW)

PREISKATEGORIEN: ESSEN

Die folgenden Preise gelten jeweils für ein Hauptgericht. Sofern nicht anders vermerkt, verstehen sie sich stets ohne Steuern (5–10 %) und Trinkgeld (allgemein 15–20 %).

**$** unter 15 US$

**$$** 15–25 US$

**$$$** über 25 US$

Ermäßigungen

Die folgenden Ausweise bzw. Pässe sparen Bares in den USA (u. a. bei bestimmten Museen, Unterkünften und Verkehrsmitteln):

America the Beautiful Interagency Annual Pass (www.nps.gov/planyourvisit/passes.htm; 80 US$) Beinhaltet den Zugang zu allen Nationalparks und Erholungsgebieten, die von Bundeseinrichtungen wie dem United States Forest Service (USFS) oder dem Bureau of Land Management (BLM) verwaltet werden. Ab Erwerbsdatum gilt der Pass ein Jahr lang für den Fahrer und alle Insassen eines Privatfahrzeugs bzw. für vier Erwachsene ab 16 Jahren (Kinder unter 15 Jahren jeweils gratis). Der Kauf ist online und an den Eingängen aller Nationalparks möglich.

American Automobile Association (AAA; www.aaa.com) Mitglieder der AAA und von deren internationalen Partnerorganisationen (z. B. ADAC; www.adac.de) erhalten kleine Rabatte (meist 5–15 %) auf Amtrak-Zugtickets, Mietwagen und Hotel- bzw. Motelzimmer – ebenso bei bestimmten Restaurantketten, Läden, Themenparks und geführten Touren.

Internationaler Studentenausweis (International Student Identity Card, ISIC; www.isic.de, www.isic.at, www.isic.ch; 20 US$) Bringt Vollzeit-Studierenden bzw. Schülern ab zwölf Jahren Ermäßigungen bei Fluglinien, Reiseversicherern und diversen Attraktionen. Ähnliche Vorteile bieten der Internationale Jugendreiseausweis (International Youth Travel Card, IYTC; 20 US$) für Nichtstudierende unter 31 Jahren und der Internationale Lehrerausweis (International Teacher Identity Card, ITIC; 20 US$) für hauptberufliche Lehrer. Die Ausweise sind online sowie bei Studentenwerken, Hostelverbänden und studentischen Reisebüros erhältlich.

Student Advantage Card (www.shopandtravelusa.com/sa-mobile) Bringt auch ausländischen Studierenden Rabatt bei der Amtrak (10 %) sowie bei Greyhound (20 %), manchen Ladenketten und einigen Autovermietern.

Essen & Trinken

Ein ganzes Gourmetleben würde nicht mal ansatzweise ausreichen, um die zahllosen regionalen Spezialitäten der riesigen USA zu probieren: Das gigantische kulinarische Angebot reicht von Sandwiches mit Pulled Pork in alten Raststätten bis hin zu nachhaltig gefangenem Seafood in Restaurants am Meer.

Feiertage & Ferien

An den folgenden öffentlichen Feiertagen sind Banken, Schulen und Behörden (einschließlich Postfilialen) landesweit geschlossen. Bei Verkehrsmitteln, Museen und anderen Einrichtungen gelten dann die jeweiligen Sonntagszeiten. Falls Feiertage aufs Wochenende fallen, werden sie gewöhnlich am darauffolgenden Montag „nachgeholt".

Neujahr 1. Januar

Martin Luther King Jr. Day Dritter Montag im Januar

Presidents Day Dritter Montag im Februar

Memorial Day Letzter Montag im Mai

US-Unabhängigkeitstag 4. Juli

Labor Day Erster Montag im September

Columbus Day Zweiter Montag im Oktober

Veterans Day 11. November

Thanksgiving Vierter Donnerstag im November

Weihnachten 25. Dezember

Während der einwöchigen Frühjahrsferien (Spring Break) fallen Highschoolschüler und Collegestudenten scharenweise in Strand- bzw. Ferienorten ein. Dies gilt für den ganzen März und April. Schüler und Studenten aller Altersstufen genießen ihre Sommerferien von Juni bis August.

Frauen unterwegs

Ob allein oder in Gruppen: Frauen bekommen in den USA meist keine besonderen Probleme. Die Community-Website www.journeywoman.com liefert neben Travel-Tipps von Frauen für Frauen auch Links zu weiteren praktischen Informationsquellen. Die Broschüre *Her Own Way* der kanadischen Regierung enthält viele nützliche allgemeine Reisehinweise. Sie kann auf http://travel.gc.ca/travelling/publications als PDF heruntergeladen oder auch online

PRAKTISCH & KONKRET

DVD NTSC-Videostandard (nicht kompatibel mit PAL oder SECAM); DVD-Regionalcode 1 (nur USA und Kanada).

Maße & Gewichte Gewichte: Unze (*ounce*; oz), Pfund (*pound*; lb), Tonne (*ton*; t); Hohlmaße: Flüssigunze (*fluid ounce*; fl oz), US-Pint *(pint)*, US-Quart *(quart)*, US-Gallone (*gallon*); Längenmaße: Fuß (*foot*; ft), Yard *(yd)*, Meile (*mile*).

Radio & Fernsehen Öffentlich-rechtliches Radio: National Public Radio (NPR) am unteren Ende der FM-Skala; Öffentlich-rechtliche Fernsehsender: ABC, CBS, NBC, FOX und PBS (Public Broadcasting Service); Größte Kabelsender: CNN (Nachrichten), ESPN (Sport), HBO (Spielfilme), Weather Channel (Wetter)

Zeitungen & Zeitschriften Überregionale Zeitungen: *New York Times*, *Wall Street Journal* und *USA Today*; Große Nachrichtenmagazine: *Time* und *Newsweek*

durchgelesen werden.

Manche Frauen haben eine Trillerpfeife, Reizgas oder Pfefferspray zur Selbstverteidigung griffbereit. Wer Pfefferspray kaufen will, sollte sich bei der örtlichen Polizei nach den entsprechenden Bestimmungen erkundigen, die von Bundesstaat zu Bundesstaat variieren. US-Bundesgesetze verbieten die Mitnahme jeglicher Selbstverteidigungssprays oder -gase in Flugzeugen.

Opfer sexueller Übergriffe wenden sich am besten zuerst an eine Hotline für Vergewaltigungsopfer und rufen erst danach die Polizei (☎911) an (es sei denn, es besteht akute Lebensgefahr) – nicht alle Polizeibeamten besitzen genug Sensibilität oder Erfahrung für den Umgang mit Opfern von sexueller Gewalt. Spezielle Hilfszentren setzen sich dagegen unermüdlich für die Opfer ein und fungieren als Schnittstellen gegenüber anderen Einrichtungen (z. B. Polizei, Krankenhäuser). Telefonbücher enthalten Verzeichnisse mit örtlichen Anlaufstellen für Vergewaltigungsopfer. Zudem steht die National Sexual Assault Hotline (☎800-656-4673) rund um die Uhr zur Verfügung. Andernfalls direkt die Notaufnahme eines Krankenhauses aufsuchen!

Freiwilligenarbeit

Die USA bieten zahllose Möglichkeiten für Freiwillige, mit denen sich lange Trips wunderbar auflockern lassen. Zudem warten dabei wertvolle Erfahrungen: Man lernt Land, Leute und Kultur intensiv kennen, wie es bei einer reinen Durchreise kaum möglich ist.

In Großstädten gibt's jede Menge Gelegenheiten, Einheimische bei spontanen Engagements für gemeinnützige Organisationen kennenzulernen. Als Quellen empfehlen sich z. B. die Veranstaltungsverzeichnisse alternativer Wochenzeitungen – ebenso die Website von Craigs-list (www.craigslist.org) mit ihren nach Sparten sortierten Gratis-Anzeigen. Das staatliche Internetportal Serve.gov sowie die privat betriebenen Plattformen Idealist.org und VolunteerMatch (www.volunteermatch.org) umfassen Datenbanken, die sich kostenlos nach kurz- und längerfristigen Freiwilligenjobs im ganzen Land durchsuchen lassen.

Formellere Programme sind meist mit einer deftigen Teilnahmegebühr von 250 bis 1000 US$ verbunden – vor allem, wenn sie speziell auf ausländische Traveller abzielen. Der genaue Betrag hängt von Dauer und Leistungsumfang (z. B. Unterkunft, Essen) ab, beinhaltet aber in keinem Fall die Anreisekosten.

Empfehlenswerte Organisationen sind beispielsweise die Folgenden:

Habitat for Humanity (www.habitat.org) Fördert soziale Wohnungsbauprojekte.

Sierra Club (www.sierraclub.org) „Freiwilligenferien", deren Teilnehmer an Renaturierungsmaßnahmen mitwirken und Wanderwege instand halten (z. B. in Nationalparks oder Naturschutzgebieten).

Volunteers for Peace (www.vfp.org) Mehrwöchige Freiwilligenprojekte, die Handwerk und internationalen Austausch an der Basis fördern.

Wilderness Volunteers (www.wildernessvolunteers.org) Wochenlange Trips, die der Erhaltung von US-Nationalparks und Outdoor-Erholungsgebieten dienen.

World Wide Opportunities on Organic Farms USA (www.wwoofusa.org) Repräsentiert über 2000 Bio-Bauernhöfe im ganzen Land, die Freiwilligenarbeit mit Kost und Logis entlohnen. Kurz- und längerfristige Aufenthalte möglich.

Gefahren & Ärgernisse

Trotz der scheinbar endlosen Gefahrenliste (z. B. Gewaltverbrechen, soziale Unruhen, Erdbeben, Tornados) ist die USA ein sicheres Reiseland. Verkehrsunfälle sind das größte Risiko für Traveller. Darum bitte immer anschnallen – hier herrscht Gurtpflicht!

Abzocke

Auch in den USA heißt es stets achtsam sein: In den

Großstädten nehmen Betrüger gutgläubige Opfer gern mit gezinkten Karten oder bei Hütchenspielen aus. Wenn teure Elektronikgeräte, Uhren und Designerstücke auf dem Bürgersteig zu Schleuderpreisen verkauft werden, sind sie entweder geklaut oder gefälscht.

Kriminalität

Traveller fallen eher Diebstählen als Gewaltverbrechen zum Opfer. Geld sollte möglichst nur tagsüber bzw. bei Dunkelheit nur in gut beleuchteten und belebten Gegenden am Automaten abgehoben werden. Autofahrer tun gut daran, niemals Tramper mitzunehmen und Wertsachen sicher im Kofferraum einzuschließen. In Hotels empfiehlt sich der Haus- oder Zimmertresor.

Naturkatastrophen

In Risikogebieten warnen meist sirenengestützte Alarmsysteme vor bevorstehenden Naturkatastrophen (z.B. Tornados in den Great Plains und im Süden, Flutwellen auf Hawaii, Hurrikans an der Golf- und Atlantikküste oder Erdbeben in Kalifornien). Die Sirenen werden mitunter mittags um 12 Uhr getestet. Wer ihr Signal hört und Unheil fürchtet, sollte Radio oder Fernseher einschalten: Lokalsender übermitteln Gefahrenwarnungen und entsprechende Verhaltenshinweise. Die Hurrikan-Saison dauert etwa von Juni bis November.

Die Vorbereitungstipps, News und Infos des US-Ministeriums für Gesundheit und Soziales (US Department of Health & Human Services; www.phe.gov) decken fast alle Fälle ab, die eine USA-Reise zum Horrortrip machen könnten. Aber keine Panik: Wahrscheinlich geht alles gut!

Geld

Geldautomaten & Eftpos

Die meisten Amerikaner führen keine großen Bargeldbeträge mit sich: Sie verlassen sich auf Kredit- und Bankkarten sowie auf Geldautomaten. Die meisten Geräte akzeptieren Visa, MasterCard und American Express. Kleine Geschäfte nehmen manchmal nur Banknoten bis 20 US$ an.

Rund um die Uhr zur Verfügung stehende Geldautomaten gibt's in den meisten Bankfilialen – ebenso in Einkaufszentren, Flughäfen, Lebensmittelläden und Supermärkten. Pro Transaktion fällt üblicherweise eine Gebühr von mindestens 2,50 bis 3 US$ an, die sich eventuell noch um die Gebühren der eigenen Bank erhöht. Bei Abhebungen per Kreditkarte sind die Zusatzgebühren meist besonders heftig. An Automaten und bei manuellem Umtausch gelten jedoch in der Regel identische Wechselkurse.

Wichtig: Damit in puncto Transaktionsgebühren und Funktionalität nichts schiefgeht, sollten sich Ausländer vorab bei ihrer eigenen Bank bzw. der jeweiligen Kreditkartenfirma nach den genauen Nutzungsbedingungen für US-Geldautomaten erkundigen. Wer sich vor Ort auf Automaten verlassen will (was sich empfiehlt), hat am besten gleich mehrere Karten dabei und führt diese getrennt voneinander mit. Zudem unbedingt die Bank bzw. Kreditkartenfirma rechtzeitig über die USA-Reise informieren: Andernfalls wird die jeweilige Karte potenziell automatisch wegen Verdachts auf Missbrauch im Ausland gesperrt!

Elektronische Kartenzahlung bei Verkaufsstellen (EFTPOS) ist in Amerika nun immer häufiger möglich, generell aber bislang noch nicht weit verbreitet.

Geldwechsel

Fremdwährungen tauscht man + am besten bei Banken um. Große Stadtfilialen bieten meist einen Devisenservice an, auf dem Land kann der Geldwechsel etwas schwieriger werden. Die schlechtesten Kurse gibt's üblicherweise an Wechselstuben von Flughäfen und Touristenzentren. Vor allem dort ist es also ratsam, zuerst nach anfallenden Gebühren und Zuschlägen zu fragen. Travelex (☎516-300-1622; www.travelex.com) gehört zu den größeren Dienstleistern, während die Filialen von American Express (☎800-528-4800; www.americanexpress.com) mitunter bessere Konditionen bieten.

Kreditkarten

Bekannte Kreditkarten werden in den USA fast überall akzeptiert (am häufigsten Visa und MasterCard). Zudem sind sie praktisch ein Muss für Mietwagen und Hotelreservierungen. Generell ist es daher ratsam, mindestens eine Kreditkarte mitzuführen (und sei es nur für Notfälle).

An Tankstellen müssen ausländische Karteninhaber möglicherweise vorab beim Kassierer bezahlen, da US-Tankautomaten normalerweise nur Karten mit amerikanischen Wohnadressen akzeptieren: An der Zapfsäule ist meist eine US-Postleitzahl einzutippen. Auch manche Fluglinien bestehen bei Kreditkartenzahlung auf einer amerikanischen Rechnungsadresse. Dies ist besonders lästig, wenn man Inlandsflüge erst direkt vor Ort buchen will.

Zudem sind Kreditkartenzahlungen oft manuell per Unterschrift auf dem Beleg zu bestätigen: Der internationale Standard mit Eingabe der PIN-Nummer ist in Amerika bislang kaum verbreitet.

In US-Restaurants ist Berappen per Plastikgeld fast nie direkt am Tisch möglich. Stattdessen muss man seine Karte dem Kellner zwecks Belegdruck an der Kasse aushändigen.

Allerdings lässt sich die aktuelle „Technologielücke" in den USA nun immer häufiger mit Bezahl-Apps wie Apple Pay oder Google Pay überbrücken.

Steuern

Im Großteil der USA fällt eine Verkaufssteuer (5–10 %) an, die je nach Bundesstaat und Bezirk variiert. Dieser Zusatzbetrag ist in den meisten Preisangaben vor Ort noch nicht enthalten und wird jeweils erst beim Bezahlen addiert. Nur Alaska, Delaware, Montana, New Hampshire und Oregon erheben keine bundesstaatliche Verkaufssteuer.

Die stets separat zu entrichtende Übernachtungssteuer liegt abhängig von Stadt und Bundesstaat zwischen 10 % und stolzen 18,75 % in NYC.

Trinkgeld

In den USA sind Trinkgelder mehr oder weniger obligatorisch und sollten deshalb nur bei extrem schlechtem Service nicht gegeben werden.

Barkeeper Mindestens 1 US$ pro Getränk bzw. 15–20 % des Rechungsbetrags.

Gepäckträger An Flughäfen bzw. in Hotels mindestens 2 US$ pro Gepäckstück oder 5 US$ pro Gepäckwagen.

Parkservice Mindestens 2 US$ bei Rückgabe des Autoschlüssels.

Restaurantkellner 15–20 % des Gesamtbetrags (sofern nicht in der Rechnung enthalten).

Taxifahrer 10–15 % des Fahrpreises; auf den nächsten vollen Dollarbetrag aufrunden.

Zimmerservice Pro Übernachtung 2 bis 5 US$ unter der dafür vorgesehenen Karte hinterlegen.

Gesundheit

Die USA haben ein hervorragendes Gesundheitssystem. Das Problem dabei: Ohne gute Versicherung sind die Behandlungen unbezahlbar. Der Abschluss einer entsprechenden Auslandskrankenversicherung, die medizinische Behandlungen in Amerika abdeckt, ist daher extrem wichtig. Falls die eigene Krankenversicherung nicht für Behandlungskosten im Ausland aufkommt, braucht man einen zusätzlichen Schutz.

Alle benötigten Medikamente sollten in ihren etikettierten Originalverpackungen mitgebracht werden. Sinnvoll ist zudem ein datierter und unterschriebener Brief des eigenen Arztes, der detailliert Aufschluss über den ganzen Gesundheitszustand und alle verordneten Medikamente (inkl. internationaler Freinamen) gibt.

COVID-19

Nicht-US-Bürger müssen vor der Einreise in die USA einen Nachweis über einen vollständigen Impfschutz gegen COVID-19 erbringen. Ab Anfang 2022 müssen alle Fluggäste ab zwei Jahren unabhängig von ihrer Staatsangehörigkeit oder ihrem Impfstatus ein negatives Ergebnis eines COVID-19-Virustests oder einen Nachweis über die Genesung von COVID-19 vorweisen, bevor sie einen Flug in die USA antreten können.

Die aktuellsten Informationen finden Sie auf der Website der Centers for Disease Control (www.cdc.gov).

Weitere Impfungen

Falls nötig, sollte der Standardschutz (Tetanus etc.) rechtzeitig vor dem Start aufgefrischt werden.

Infos im Internet

Die Weltgesundheitsorganisation (World Health Organization; WHO) veröffentlicht auf ihrer Website regelmäßig Tipps und Hinweise zur Gesundheit auf Reisen. Zudem stellt sie dort den hervorragenden Führer *International Travel and Health* (www.who.int/ith/en) zum Gratis-Download bereit. Nützliche und aktuelle Details zu vielen Reiseländern liefern z. B. auch das **Centrum für Reisemedizin** (CRM; https://www.crm.de/) oder **Fit for Travel** (CRM; https://www.fit-for-travel.de/).

Zudem empfiehlt sich stets ein Blick auf die Reisewebsite des eigenen Außenministeriums:

Deutschland (www.auswaertiges-amt.de/de/ReiseUndSicherheit)

Österreich (www.bmeia.gv.at/reise-aufenthalt/)

Schweiz (www.eda.admin.ch/eda/de/home/vertretungen-und-reisehinweise.html)

Krankenversicherung

Die extrem hohen Behandlungskosten in den USA können sich sehr schnell auf Tausende Dollar belaufen (vor allem bei Notfallversorgung) und sind ohne Versicherung jeweils in voller Höhe selbst zu tragen. Falls die eigene Krankenversicherung nicht für Behandlungen im Ausland (inkl. stationärer Krankenhausaufenthalte, Notfallrettung bzw. -evakuierung, Rettungsflüge in die Heimat) aufkommt, sollte der vorhandene Schutz daher unbedingt angemessen erweitert werden. Zudem gilt es herauszufinden, ob die eigene Versicherung direkt mit medizinischen Behandlungseinrichtungen im Ausland abrechnet. Andernfalls muss man bei späterer Rückerstattung zunächst selbst in Vorleistung gehen.

Leitungswasser

Sofern keine lokalen Warnungen bestehen, kann Leitungswasser in den USA bedenkenlos getrunken werden. Bei ungenießbarem kühlem Nass (z. B. in manchen Nationalparks oder State Parks) weisen darauf meist Schilder mit Aufschrift *Not potable* oder *Not safe to drink* („Kein Trinkwasser") hin.

Medizinische Versorgung & Kosten

Bei schweren Gesundheitsproblemen ist es allgemein am besten, die Notaufnahme des am nächsten gelegenen Krankenhauses aufzusuchen. In weniger dringenden Fällen sollte man am besten dort anrufen und sich einen örtlichen Facharzt empfehlen lassen – dieser ist normalerweise deutlich günstiger als ein Ausflug in die Notaufnahme. Eigenständige, kommerzielle Notfallkliniken können praktisch sein, führen aber selbst bei kleinen Wehwehchen eventuell viele teure Tests durch.

US-amerikanische Apotheken haben große Sortimente. Achtung: Manche Medikamente sind im Ausland rezeptfrei erhältlich, in den USA aber verschreibungspflichtig. Es kann extrem teuer werden, wenn die eigene Reiseversicherung keine Rezeptkosten abdeckt.

Reiseapotheke

Die persönliche Reiseapotheke sollte beinhalten:

- Acetylaminophenol (z. B. Paracetamol) oder Aspirin
- Antibakterielle Salbe (z. B. Betaisodona) für Schnitt- und Schürfwunden
- Antihistaminika (bei Heuschnupfen und Allergien)
- Entzündungshemmer (z. B. Ibuprofen)
- Insektenschutzmittel (für die Haut)
- Sonnenschutzmittel
- Verbandszeug, Mullbinden

RAUCHEN

In 30 US-Bundesstaaten, dem District of Columbia und vielen Gemeinden gilt im ganzen Land ein Rauchverbot für alle geschlossenen Arbeitsräume (inkl. Bars, Restaurants). Weitere sechs Staaten hatten dies zumindest teilweise für bestimmte Einrichtungen eingeführt. Bis auf manche Budget-Unterkünfte (u. a. Kettenhotels, Pensionen) untersagen die meisten amerikanischen Unterkünfte das Qualmen ebenfalls komplett. Details zu öffentlichen Rauchverboten in den einzelnen US-Bundesstaaten gibt's unter www.cdc.gov und www.no-smoke.org.

Internetzugang

In den technikbegeisterten USA kommt man größtenteils problemlos ins Netz. Die meisten Hotels, Pensionen, Hostels und Motels offerieren WLAN. Dieses ist normalerweise gratis, in Luxushotel manchmal aber auch gebührenpflichtig (beim Buchen nachfragen!).

Landesweit haben auch die meisten Cafés einen WLAN-Zugang. In einigen Großstädten geht's auch in Parks und auf öffentlichen Plätzen drahtlos ins Internet. Zudem sind Bibliotheken immer eine gute Wahl für Traveller ohne internetfähiges Gerät (z. B. Laptop): Dort gibt's meist öffentliche Computerterminals (eventuell mit Zeitlimit). Wer außerhalb des jeweiligen US-Bundesstaats wohnt, muss jedoch mitunter eine kleine Nutzungsgebühr bezahlen.

Wichtig: Ausländische Laptops erfordern einen US-kompatiblen Steckdosen- und Stromadapter. Beides ist bei größeren Elektronikläden wie Best Buy erhältlich.

LGBTIQ+-Reisende

In den USA hatte es die LGBTIQ+-Szene nie einfacher als heute: Vielerorts können Schwule, Lesben, Bi- und Transsexuelle nun ohne Bedenken ganz sie selbst sein. Strände und Großstädte sind üblicherweise am schwulenfreundlichsten.

Szene-Hotspots

Manhattan hat jede Menge tolle Schwulenbars bzw. -clubs (vor allem in Hells Kitchen, Chelsea und dem West Village). Ein paar Fähr- oder Zugstunden entfernt liegt Long Island mit seinem sandigen Schwulenmekka namens Fire Island. Zu den anderen US-Ostküstenstädten mit stolzer LGBTIQ+-Szene gehören Boston, Philadelphia, Washington, D. C., Provincetown (Cape Cod; MA) und Rehoboth Beach (DE). Mit Ogunquit hat sogar Maine einen schwulenfreundlichen Strandort.

Im Süden ist „Hotlanta" ein heißes Pflaster, während sich Texas mit Austin und Teilen von Houston und Dallas sehr szenefreundlich zeigt. Floridas blühende Schwulengemeinden konzentrieren sich vor allem auf Miami und die „Conch Republic" (Key West); Fort Lauderdale zieht ebenfalls bronzebraune Jungs und Mädels an. New Orleans hat eine sehr lebendige Schwulenszene.

In der Region rund um die Großen Seen empfehlen sich Chicago und Minneapolis als Anlaufstellen. Noch weiter westlich liegt mit San Francisco die wohl fröhlichste Schwulenmetropole der USA. Auch in Los Angeles und Las Vegas ist so ziemlich alles möglich. Wer will, kann auch in die Wüstenresorts von Palm Springs flüchten.

Zu guter Letzt steht Hawaii (vor allem Waikiki) für eine schwulenfreundliche Inselidylle.

Infos im Internet & Medien

In *The Queerest Places: A Guide to Gay and Lesbian Historic Sites* liefert Paula Martinac viele pikante und geschichtliche Details zu den ganzen USA. Die Autorin bloggt unter www.queerestplaces.com.

Advocate (www.advocate.com) Schwulenorientierte Website mit News aus Business, Politik, Unterhaltung und Tourismus.

Damron (www.damron.com) Veröffentlicht klassische Szene-

Reiseführer, die jedoch stark werbelastig und teils veraltet sind.

Gay & Lesbian National Help Center (www.glnh.org) Beratung, Infos und Empfehlungen.

Gay Travel (www.gaytravel.com) Online-Reiseführer zu zahllosen Zielen in den USA.

National LGBTQ Task Force (www.thetaskforce.org) Landesweit aktive Interessengruppe mit aktuellen News und politischer Berichterstattung auf ihrer Website.

Out Traveler (www.outtraveler.com) Spezialmagazin für schwul-lesbische Reisende.

Purple Roofs (www.purpleroofs.com) Führt Unterkünfte auf, die LGBTQ+-freundlich sind und/oder homosexuelle Inhaber haben.

Toleranz & Akzeptanz

Die meisten US-amerikanischen Großstädte haben offene LGBTIQ+-Gemeinden, mit denen man leicht in Kontakt treten kann. Der amerikanische Supreme Court hat gleichgeschlechtliche Ehen im Jahr 2015 landesweit legalisiert. Einer Umfrage von Pew Research zufolge wurde dieses Vorgehen 2019 von 55 % aller Amerikaner unterstützt.

Der allgemeine Akzeptanzlevel variiert aber landesweit sehr stark: Mancherorts ist Toleranz ein absolutes Fremdwort. Anderswo wird sie nur geübt, solange die sexuelle Orientierung und Identität nicht öffentlich zu erkennen gegeben werden. Bigotterie existiert in den USA leider immer noch. In ländlichen und/oder extrem konservativen Gegenden sollte man sich am besten niemals offen outen – andernfalls ist mit Beschimpfungen oder sogar Gewalt zu rechnen. Im Zweifelsfall gilt die Devise: *Don't ask, don't tell* (Nichts fragen, nichts sagen!).

Öffnungszeiten

Allgemeine Öffnungszeiten:

Banken Mo–Do 8.30–16.30, Fr 8.30–17.30 Uhr (z. T. auch Sa 9–12 Uhr).

Bars So–Do 17–24, Fr & Sa 17–2 Uhr

Einkaufszentren tgl. 9–21 Uhr

Geschäfte Mo–Sa 10–18, So 12–17 Uhr

Nachtclubs Do–Sa 22–4 Uhr

Postämter Mo–Fr 9–17 Uhr

Supermärkte tgl. 8–20 Uhr (z. T. 24 Std.).

Post

Die Website des verlässlichen und günstigen US Postal Service (www. usps.com) informiert u. a. über lokale Postfilialen (inkl. Standorte, Öffnungszeiten).

First-Class Mail innerhalb der USA kostet 0,55 US$ für Briefe (Maximalgewicht 1 oz/ 28 g, zzgl. 0,15 US$/weitere Unze) und 0,35 US$ für Postkarten.

Internationale Luftpostbriefe und -karten schlagen mit 1,15 US$ (max. 1 oz, Aufpreis bei Mehrgewicht) zu Buche.

Für wichtige bzw. wertvolle In- und Auslandssendungen empfehlen sich Kurierdienste wie FedEx (www.fedex.com) oder UPS (www.ups.com). Diese Option ist zwar vergleichsweise teurer, bietet aber Nachverfolgung und direktes Abholen bzw. Zustellen.

Rechtsfragen

Bußgelder für Ordnungsvergehen (z. B. im Straßenverkehr) sind von den ertappten Sündern keinesfalls an Ort und Stelle zu bezahlen: Wer Bußgelder direkt an die Polizei loswerden möchte, wird bestenfalls schief angeguckt und schlimmstenfalls wegen versuchter Bestechung angeklagt. Bei Verkehrsverstößen erklärt der jeweilige Ordnungshüter alle Optionen für die Zahlung. Diese muss normalerweise innerhalb von 30 Tagen geleistet werden. Damit verbundene Angelegenheiten lassen sich meist postalisch regeln.

Wer wegen des Verdachts verhaftet wird, eine Straftat begangen zu haben, kann die Aussage verweigern und hat Anspruch auf einen Anwalt. Somit gibt's keinerlei Grund, unfreiwillig mit einem Vernehmungsbeamten zu sprechen. Es ist jedoch strikt untersagt, sich ohne ausdrückliche Erlaubnis zu entfernen. Allen Verhafteten ist gesetzlich ein Telefonat gestattet. Wer sich keinen Anwalt leisten kann, erhält einen kostenlosen Pflichtverteidiger. Traveller ohne anwaltliche, familiäre oder anderweitige Unterstützung sollten ihre eigene Botschaft kontaktieren. Deren Nummer wird auf Anfrage von der Polizei ermittelt.

Bis zu einer rechtswirksamen Verteidigung gilt in den USA prinzipiell die Unschuldsvermutung. Achtung: Sämtliche Bundesstaaten haben eigene Zivil- und Strafgesetze – was in dem einen Staat erlaubt ist, kann anderswo illegal sein.

Alkohol

In Bars und Läden muss man das Personal oft mit dem Ausweis davon überzeugen, dass man alt genug – nämlich mindestens 21 Jahre – ist, um Alkohol zu trinken. Dies ist gängige Praxis und sollte nicht persönlich genommen werden. Der Alkoholverkauf unterliegt lokalen Bestimmungen: Manche Countys bzw. Bezirke verbieten ihn z. B. sonntags, nach Mitternacht, vor dem Frühstück oder sogar komplett.

Drogen

In puncto Marihuana bestehen Unterschiede zwischen den einzelnen US-Bundesstaaten: bis Mitte 2019 hatten Alaska, Kalifornien, Colorado, Maine, Massachusetts, Michigan, Nevada, Oregon, Vermont, Washington und der District of Columbia den Besitz von geringen Marihuanamengen (meist max. 1 oz/28 g) für den Freizeitkonsum legalisiert. 15 weitere

Staaten betrachteten den Freizeitkonsum von Cannabis nicht mehr als Verbrechen, sondern nur noch als Ordnungswidrigkeit (ähnlich wie kleine Verkehrsdelikte). Anderswo ist der nicht-medizinische Konsum nach wie vor illegal. Teils wird beim Besitz auch zwischen kleineren (Ordnungswidrigkeit) und größeren Mengen (Straftat) unterschieden. Wer in den USA Marihuana konsumieren will, sollte die lokale Gesetzeslage daher jeweils ganz genau kennen (Details zu den einzelnen Bundesstaaten unter http://norml.org/laws).

Ansonsten verbieten Amerikas Bundes- und Staatsgesetze weiterhin jegliche andere Drogen (u.a. Kokain, Ecstasy, LSD, Heroin, Haschisch). Verstöße gelten als Straftaten und können lange Haftstrafen nach sich ziehen. Bei Ausländern ist jegliche Verhaftung und/oder Verurteilung in Verbindung mit Drogen ein Ausweisungsgrund.

Straßenverkehr

In allen Bundesstaaten ist Fahren unter Alkohol- und/oder Drogeneinfluss eine schwere Straftat, die mit hohen Geldstrafen oder sogar Gefängnis geahndet wird. Die Promillegrenze im Straßenverkehr liegt landesweit bei 0,8‰.

Reisen mit Behinderung

Für Touristen mit körperlichen Handicap sind die USA ein verhältnismäßig gut zu bereisendes Ziel: Dank des Americans with Disabilities Act (ADA) müssen öffentliche Verkehrsmittel, alle öffentlichen Gebäude und alle nach 1993 entstandenen Privatimmobilien (auch Hotels, Restaurants, Theater, Museen) barrierefrei zugänglich sein. Sicherheitshalber sollte man sich aber stets vorab per Telefon nach lokal vorhandenen Einrichtungen erkundigen. Diese werden auch detailliert von speziellen Broschüren einiger Visitor Centers aufgeführt.

Ergänzend stellt Lonely Planet den englischsprachigen Führer Accessible Travel (http://lptravel.to/AccessibleTravel) gratis zum Download bereit.

US-Telefongesellschaften offerieren Gehörlosenservices über Fernschreibernummern (TTY). Die Geldautomaten der meisten Banken haben Bedienungshinweise in Braille, Hörbehinderten stehen oft Kopfhöreranschlüsse zur Verfügung. Große Fluglinien, Greyhound-Busse und Amtrak-Züge sind auf Passagiere mit Behinderung eingestellt: Wenn man spätestens 48 Stunden vorher reserviert und seine Bedürfnisse anmeldet, wird alles veranlasst. Blindenhunde dürfen mit offiziellem Nachweis mit an Bord. Achtung: Die Reisedokumente keinesfalls vergessen!

Manche Autovermieter (z.B. Budget, Hertz) bieten handgesteuerte Autos und Vans mit Rollstuhlliften ohne Aufpreis an. Solche Fahrzeuge müssen aber lang im Voraus reserviert werden. Wheelchair Getaways (www.wheelchairgetaways.com) vermietet behindertengerechte Vans. Viele Groß- und Kleinstädte betreiben barrierefreie Nahverkehrsbusse – einfach dem Fahrer sagen, dass der Lift oder die Rampe benötigt wird!

Die Taxiunternehmen der meisten Großstädte haben mindestens ein behindertengerechtes Fahrzeug (jeweils Reservierung per Telefon erforderlich). In Sachen Barrierefreiheit unterscheiden sich die U-Bahn-Netze verschiedener Städte, viele haben Aufzüge oder Rollstuhlrampen. Diesbezüglich ist der District of Columbia am besten (alle Bahnhöfe sind barrierefrei). In NYC verfügt dagegen nur etwa ein Viertel aller Stationen über Aufzüge.

Viele Nationalparks sowie manche State Parks und Erholungsgebiete haben barrierefreie Wege (asphaltiert, gekiest oder aus Holzplanken). Die Websites der Parks informieren jeweils über behindertengerechte Einrichtungen vor Ort.

Weitere nützliche Infoquellen:

Disabled Sports USA (www.disabledsportsusa.org) Organisiert diverse Programme (Sport, Freizeit, Abenteuer-Aktivitäten) für Menschen mit Handicap und gibt die Zeitschrift *Challenge* heraus.

Flying Wheels Travel (www.flyingwheelstravel.com) Sehr empfehlenswertes Reisebüro mit Rundumservice für Traveller mit Mobilitätsproblemen oder anderen Handicaps (z.B. chronischen Krankheiten).

Mobility International Schweiz (www.mis-ch.ch) Allgemeine Informationen.

Mobility International USA (www.miusa.org) Berät Traveller mit Handicap in allen Mobilitätsfragen und betreibt außerdem internationale Programme zum Kultur- bzw. Bildungsaustausch.

MyHandicap Deutschland (www.myhandicap.de) Allgemeine Informationen.

MyHandicap Schweiz (www.myhandicap.ch) Allgemeine Informationen.

Nationale Koordinierungsstelle Tourismus für Alle e. V. (www.natko.de) Allgemeine Informationen.

Wheelchair Getaways (www.wheelchairgetaways.com) Verleiht behindertengerechte Kleinbusse in den ganzen USA.

Strom

Die Netzspannung in den USA liegt bei 120 V/60 Hz (AC bzw. Wechselstrom). Wenn man hier ausländische Elektrogeräte betreiben möchte, braucht man generell einen geeigneten Steckdosenadapter mit Spannungsumwandler.

Typ A
120 V/60 Hz

Typ B
120 V/60 Hz

Telefon

Auf dem US-Telefonmarkt konkurrieren regionale Gesellschaften, Ferngesprächsanbieter und diverse Handy- bzw. Münztelefonfirmen miteinander. Insgesamt ist dieses Netzwerk sehr effektiv, aber mitunter auch ziemlich teuer. Das gilt vor allem für Ferngespräche über Hotel- oder Münzapparate – normale Festnetz- oder Handyverbindungen sind da normalerweise günstiger. Hotelgäste können Ortsgespräche meist gratis führen.

Telefonbücher sind nützliche Informationsquellen: Einige davon enthalten nicht nur Rufnummern, sondern führen auch Sehenswürdigkeiten, Aktivitäten, Firmen und öffentliche Einrichtungen oder Verkehrsmittel auf. Online-Telefonverzeichnisse finden sich unter www.411.com und www.yellowpages.com.

Handys

Ausländische Handys benötigen zwingend eine Tri- oder Quadband-Ausstattung, um in den USA funktionieren zu können. Besitzer solcher Geräte sollten sich vorab unbedingt beim jeweiligen Netzbetreiber nach den Nutzungsbedingungen bzw. anfallenden Roaming-Gebühren in Amerika erkundigen: Selbst Ortsgespräche per Handy werden hier potenziell zu teuren Auslandsverbindungen.

Wer als günstigere Alternative eine US-Handynummer inklusive Mailbox haben möchte, kann sein Tri- oder Quadband-Gerät mit einer kompatiblen amerikanischen Prepaid-SIM-Karte (z. B. von AT&T) versehen. Telestial (www.telestial.com) bietet solche Karten an.

Traveller ohne kompatibles Mobiltelefon können sich ohne Vertrag ein günstiges Prepaid-Handy mit US-Nummer und bestimmtem Gesprächsguthaben zulegen. Das Guthaben lässt sich nach Bedarf aufladen. Über Elektronikläden (z. B. Radio Shack, Best Buy) bieten u. a. Virgin Mobile, T-Mobile und AT&T solche Handys ab ca. 20 US$ an (zzgl. Gesprächsguthaben ab ca. 20 US$/400 Min., Flatrate ab ca. 30 US$/Monat).

Wichtig: In weiten Teilen der ländlichen USA (u. a. Nationalparks, Freizeitgebiete) gibt's keinerlei Handyempfang. Daher immer vorab die Netzabdeckung beim jeweiligen Betreiber ermitteln!

Telefonkarten

Prepaid-Telefonkarten sind eine gute Alternative für Traveller, die kein Handy besitzen oder US-Regionen mit begrenzter Netzabdeckung besuchen. Die erworbenen Gesprächsminuten lassen sich meist mit allen Telefon-Typen (inkl. Festnetz) nutzen. Generell muss man bei jedem Gespräch per Karte zuerst eine Zugangsnummer mit ☎800 am Anfang wählen und dann einen persönlichen PIN-Code eingeben.

Prepaid-Telefonkarten sind u. a. bei Gemischtwarenläden und online (z. B. über amazon.com) erhältlich. Achtung: Bei vielen Varianten erhöhen sich die Tarife um versteckte „Aktivierungskosten“ oder „Verbindungsgebühren pro Anruf“ (*activation* bzw. *connection fees*). Daher das Kleingedruckte immer sorgfältig lesen!

Telefonnummern & Vorwahlen

Alle US-Telefonnummern bestehen aus einer dreistelligen Ortsvorwahl und einer siebenstelligen Anschlussnummer.

Letztere reicht meist für Ortsgespräche innerhalb desselben Vorwahlbereichs aus. Falls nicht, auch in diesem Fall einfach wie bei Ferngesprächen verfahren: ☎1 plus Ortsvorwahl und Anschlussnummer wählen. Ebenfalls wissenswert:

☎1 Internationaler Ländercode für Ferngespräche in die USA und nach Kanada; Verbindungen zwischen beiden Ländern sind dennoch immer Auslandsverbindungen.

☎011 Ländercode für Auslandsgespräche ab den USA; es folgen die Kennzahl des jeweiligen anderen Landes, die Ortsvorwahl (normalerweise ohne die erste „0“) und die Anschlussnummer.

☎411 Landesweite Telefonauskunft.

☎1-800 (od. ☎1-888, ☎1-877, ☎1-866) Kostenlose Servicenummern; funktionieren meist nur innerhalb der USA oder inner- bzw- außerhalb bestimmter Bundesstaaten.

☎ **1-900** Teure Sondertarife (z. B. Telefonsex, Horoskope, Witze).

Toiletten

Sitz-WCs im westlichen Stil sind Standard in der USA. An den großen Highways der meisten US-Bundesstaaten gibt's Rastplätze mit gebührenfreien Toilettenhäuschen. Ansonsten empfehlen sich die Örtchen von Tankstellen, Cafés und Kettenrestaurants. Diese sind eigentlich jeweils für zahlende Kunden gedacht, dürfen bei höflicher Nachfrage aber wahrscheinlich gratis benutzt werden. Öffentliche Gebäude (beispielsweise Flughäfen, Bahnhöfe, Busbahnhöfe, Bibliotheken, Museen) haben meist kostenlose Besuchertoiletten. Kommunale sanitäre Anlagen sind in den gesamten USA leider recht rar.

Touristeninformation

Die offizielle Tourismus-Website der USA (www.visit-usa.com) liefert Links zu allen regionalen und bundesstaatlichen Touristeninformationen. Das ähnlich benannte Portal www.visittheusa.com wartet mit vielen nützlichen Infos und Vorschlägen für Reiserouten auf.

Alle empfehlenswerten US-Touristeninformationen betreiben eigene Websites mit gratis herunterladbaren E-Guides und geben telefonische Auskünfte. Manche Lokalbüros führen täglich aktualisierte Verzeichnisse mit freien Gästezimmern (Hinweis: Reservierung nur sehr selten möglich!). Alle Touristeninformationen haben SB-Ständer voller Broschüren und Rabattgutscheine. Besucher können teilweise auch Karten und Bücher kaufen.

Die offiziellen Welcome Centers der Bundesstaaten liegen meist an Interstate-Highways. Sie erleichtern die Reiseplanung durch diverse Materialien (z. B. Broschüren, kostenlose Straßenkarten) und haben längere Öffnungszeiten (auch an Wochenenden und Feiertagen).

Viele Großstädte unterhalten offizielle Convention & Visitors Bureaus (CVBs), die mitunter auch als Touristeninformationen fungieren. Da sich CVBs aber in erster Linie um Geschäftsreisende und Tagungsteilnehmer kümmern, sind sie für Individualreisende wahrscheinlich weniger nützlich. Zudem teilen sie sich häufig eine bestimmte Eigenart mit Touristeninformationen, die vor allem in kleineren Städten von lokalen Handelskammern (Chambers of Commerce) betrieben werden: Die Unterkunfts-, Restaurant- und Dienstleisterverzeichnisse nennen meist nur Mitglieder des CVB bzw. der Kammer, während gute eigenständige Optionen eventuell unterschlagen werden.

Manche privaten „Touristeninformationen" in beliebten Urlaubsregionen sind in Wirklichkeit Agenturen, die Hotelzimmer und geführte Touren gegen Provision buchen. Auswahl und Service sind dabei teils vom Feinsten, beschränken sich aber ausschließlich auf bestimmte Optionen.

Verantwortungsbewusstes Reisen

CO_2-Fußabdruck reduzieren
Wenn möglich sollte man auf Züge und Busse umsteigen, statt das Flugzeug zu benutzen. Öffentliche Verkehrsmittel, Erkundungen zu Fuß oder mit dem Fahrrad sind Alternativen zum Auto.

Müll vermeiden Statt Einwegplastik-Flaschen kann man wiederauffüllbare kaufen. Außerdem ist eine eigene Einkaufstasche viel besser als jedes Mal eine neue zu kaufen und Plastikbeutel zu verwenden.

Unterstützung vor Ort Am besten kauft man bei Bauernmärkten und besucht Restaurants und Geschäfte auf, die ihre Produkte aus der Umgebung beziehen.

Massentourismus umgehen
Die beste Reisezeit ist außerhalb der Hauptsaison (Juni–Aug.). Große Sehenswürdigkeiten sind an Wochentagen weit weniger überlaufen wie an den Wochenenden. Nationalparks lassen sich auch abseits der überfüllten Hauptwege entdecken und zeigen ihre Pracht auch in den weniger stark besuchten Ecken.

Freundlichkeit zahlt sich aus
Wenn man ein Geschäft betritt, sollte man freundlich grüßen und sich beim Verlassen verabschieden. Die Amerikaner freuen sich über Höflichkeitsfloskeln wie die Verwendung von „Ma'am" und „Sir".

Versicherung

Unabhängig von der Länge einer USA-Reise sollte vor dem Start eine angemessene Reiseversicherung abgeschlossen werden. Als Minimum ist ein Versicherungsschutz erforderlich, der medizinische Notfälle und Behandlungen abdeckt (einschließlich Krankenhausaufenthalte und Rückflug in die Heimat). Die medizinische Versorgung in den USA ist von bester Qualität, aber leider auch ausgesprochen teuer.

Darüber hinaus könnten eine Reiserücktrittversicherung (besonders wenn der Großteil der Reise weit im Voraus bezahlt wird) und eine Reisegepäckversicherung nützlich sein. Auf alle Fälle sollte man sich erkundigen, für welche Verluste die Hausratversicherung aufkommt, und für die übrigen Fälle eventuell eine Zusatzversicherung abschließen. Wer für seine Reise einen umfassenden Versicherungsschutz wünscht, muss mit zusätzlichen Kosten in Höhe von 5 bis 7 % des gesamten Reisepreises rechnen.

Als Autofahrer braucht man außerdem eine Kfz-Haftpflichtversicherung. Die Autovermietungen bieten Versicherungen an, die Beschädigungen am Mietwagen abdecken, und zusätzliche Haftpflichtversicherungen für Personenschäden und Sachschäden an anderen Autos.

Visa

Im Rahmen des Visa Waiver Program (VWP; S. 1295) können sich Bürger bestimmter Staaten (u. a. EU-Bürger und Schweizer) maximal 90 Tage lang visumfrei in den USA aufhalten, sofern der Besuch rein touristischen Zwecken dient. Voraussetzungen hierfür sind ein gültiger Reisepass und die rechtzeitige Online-Registrierung beim Electronic System for Travel Authorization (ESTA; S. 1295).

Achtung: Die strengen offiziellen US-Einreisebestimmungen werden ständig überarbeitet und können sich daher jederzeit ändern. Daher den aktuellen Stand unbedingt rechtzeitig und vollständig vor dem Start ermitteln! Die umfangreichsten Infos hierzu liefert die Website des amerikanischen Außenministeriums (US State Department; https://travel.state.gov). Dort findet man auch herunterladbare Formulare und Verzeichnisse mit US-Auslandsvertretungen. Hinzu kommen Richtwerte bezüglich der länderabhängigen Bearbeitungszeit von Visumanträgen.

Ergänzend lohnt sich immer auch ein Blick auf die Website des eigenen Außenministeriums.

Aufenthaltsverlängerungen

Um über den in den Pass eingestempelten spätesten Ausreisetag hinaus in den USA bleiben zu können, muss man sich an das örtliche USCIS-Büro (www.uscis.gov) wenden. Ein Antrag auf Verlängerung sollte dort sehr frühzeitig *vor* dem eingestempelten Ausreisedatum gestellt werden. Wenn das Datum schon verstrichen ist, ist es am besten und aussichtsreichsten, einen US-Bürger als Leumundszeugen mitzubringen und mit allen nur möglichen Dokumenten nachzuweisen, dass man nicht illegal in den USA arbeiten will und genügend Geld hat, um seinen Aufenthalt hier auch zu finanzieren. Dennoch wird man im Fall eines eigenhändig verlängerten Aufenthalts normalerweise sofort ausgewiesen. Wer im Rahmen des VWP eingereist ist, kann die Aufenthaltsdauer ohnehin nicht verlängern.

Einreise

- Bei der Einreise muss jedermann die US-Zollerklärung ausfüllen. Bei Teilnahme am VWP-Programm (u. a. für EU-Bürger und Schweizer möglich) lässt sich dies direkt nach der Ankunft elektronisch am APC-Kiosk (Automated Passport Control) vornehmen. Andernfalls ist das normale Papierformular (wird meist schon im Flugzeug ausgeteilt) sorgfältig und vollständig auszufüllen, was schon vor dem Gang zum Einreiseschalter erledigt werden sollte. Ins Feld „US Street Address" (US-Wohnadresse) dann einfach die erste Übernachtungsadresse eintragen (ein Hotel reicht)!
- Unabhängig von den Angaben im Visum haben US-Grenzbeamte jederzeit das Recht, die Einreise zu verweigern oder bestimmten Bedingungen zu unterwerfen. Zudem fragen sie eventuell nach den jeweiligen Reiseplänen oder dem Vorhandensein ausreichender Geldmittel. Somit empfiehlt es sich, eine schriftliche Darstellung der eigenen Reiseroute vorlegen zu können – ebenso ein Anschluss- bzw. Rückflugticket und mindestens eine bekannte Kreditkarte.
- Das Office of Biometric Identity Management (Registrierungsprogramm der US-Heimatschutzbehörde) erfasst alle möglichen Einreisepunkte und nahezu alle ausländischen Besucher. Letztere werden bei der Einreise digital registriert (Foto plus E-Fingerabdrücke), was nicht einmal eine Minute dauert.

Einreiseverweigerung & Ausweisung

Wer auf seinem Visumantrag zugibt, subversive Tätigkeiten auszuüben, ein Schmuggler, eine Prostituierte, drogenabhängig, ein Terrorist oder ein ehemaliger Nazi zu sein, kann von der Visumserteilung ausgeschlossen werden. Nichts mit Visum und Einreise wird's auch eventuell, wenn eine Vorstrafe oder „eine ansteckende, die öffentliche Gesundheit gefährdende Krankheit" vorliegt – ebenso, wenn der Bewerber bei einem früheren Visumantrag nachgewiesenermaßen falsche Angaben gemacht hat. In den letzten drei Fällen kann man jedoch um eine Ausnahmegenehmigung bitten, die dann häufig auch gewährt wird.

Als ansteckende Krankheiten gelten Tuberkolose, Ebola, Gonorrhö, Syphilis, Lepra und alle Infektionen, die per Präsidentenverfügung quarantänepflichtig sind. Die US-Einwanderungsbeamten nehmen keine Tests vor, können aber bei der Einreise nach dem Gesundheitszustand fragen. Die Einreise kann verweigert werden, falls medizinische Dokumente, Rezepte und/oder mitgeführte Medikamente den Schluss zulassen, dass der oder die Einreisewillige eine ansteckende Krankheit hat. Gleiches gilt im Fall von HIV-positiven Drogenabhängigen. Heute ist eine HIV-Infektion an sich kein Grund mehr für Einreiseverweigerung oder Abschiebung. Nachgewiesenermaßen falsche bzw. unterschlagene Angaben zu HIV

VISA WAIVER PROGRAM & ESTA

Das Visa Waiver Program (VWP) ermöglicht momentan Staatsbürgern von 38 Ländern (darunter auch Deutschland, Österreich, Schweiz) einen visumfreien Aufenthalt von bis zu 90 Tagen.

Erste Voraussetzung für die Teilnahme am VWP ist ein maschinenlesbarer Reisepass, der nach dem Datum der geplanten Abreise noch mindestens sechs Monate lang gültig sein muss. Am oder nach dem 26. Oktober 2006 ausgestellte Pässe müssen elektronische Versionen mit Digitalfoto und biometrischen Daten auf einem internen Chip sein. Achtung: Wenn der Reisepass nicht komplett allen aktuellen US-Bestimmungen entspricht, wird die Einreise kategorisch verweigert!

Zweitens: VWP-Besucher müssen wie im Fall eines normal beantragten Visums bei der Einreise glaubhaft nachweisen können, dass ihr Aufenthalt in den USA maximal 90 Tage dauern wird und einem rein touristischen Zweck dient. In diesem Zusammenhang ist ein Anschluss- bzw. Rückreiseticket vorzulegen. Ebenfalls nachzuweisen sind ausreichende finanzielle Mittel für die Dauer des Aufenthalts und bestehende Verpflichtungen in der Heimat bzw. im Ausland.

Drittens: Eine Anreise auf dem Luft- oder Seeweg muss mit einer Flug- bzw. Schiffsgesellschaft erfolgen, die offiziell im Ramen des VWP-Programms anerkannt ist.

Viertens: VWP-Besucher brauchen eine bestätigte Registrierung beim ESTA (Electronic System for Travel Authorization). Diese ist spätestens 72 Stunden vor der Einreise durch Anmeldung auf dem ESTA-Portal der US-Heimatschutzbehörde (Department of Homeland Security; https://esta.cbp.dhs.gov/esta) zu erlangen sowie online zu bezahlen (14 US$ für Bearbeitung und Autorisierung). Nach der Bestätigung gilt die Registrierung zwei Jahre lang.

Bei der Anmeldung sind personenspezifische Daten (u.a. Name, Adresse, Reisepassnummer) online auf der ESTA-Website einzugeben. Danach bekommt man eine von drei Antworten: In den meisten Fällen heißt's innerhalb von ein paar Minuten *Authorization Approved* (Einreisegenehmigung erteilt). Bei *Authorization Pending* (Einreisegenehmigung wird geprüft) muss der Status innerhalb von 72 Stunden erneut eingesehen werden. Und bei *Travel not Authorized* (Einreisegenehmigung verweigert) ist ein normales Visum persönlich bei einer US-Auslandsvertretung in der Heimat zu beantragen.

Letzteres gilt auch grundsätzlich, wenn man länger als 90 Tage in den USA bleiben und/oder dort einen nicht-touristischen Aufenthalt (z.B. zum Studieren oder Arbeiten) verbringen will. Entsprechende Anträge jeweils unbedingt rechtzeitig stellen! Vorab hilft hierbei der Visa Wizard auf der Website des amerikanischen Außenministeriums (US State Department; https://travel.state.gov).

Im Rahmen des VWP-Programms gelten dieselben „Gründe für Einreiseverweigerung und Ausweisung" (Grounds for Exclusion and Deportation), die auch bei herkömmlich gestellten Visumanträgen greifen – jedoch mit dem Unterschied, dass VWP-Besucher keinerlei Ausnahmegenehmigung erbitten können. Was bedeutet: Falls die Einreise per VWP am jeweiligen Einreisepunkt doch verweigert wird, ist das obligatorische Anschluss- bzw. Rückflugticket unverzüglich für die nächste verfügbare Verbindung zu nutzen.

im Visumantrag können diese Konsequenzen jedoch jeweils haben.

Die US-Einwanderungsbehörde fasst den Begriff des Vorstrafenregisters weit. Wer jemals verhaftet oder wegen eines Vergehens angeklagt wurde, hat einen Vorstrafenregistereintrag, auch wenn die betroffene Person später nicht verurteilt wurde. In solchen Fällen sollte man nie versuchen, unter den Bedingungen des visumfreien Reiseverkehrs in die USA einzureisen – die US-Behörden prüfen genau!

Häufig gewährt der United States Citizenship and Immigration Services (USCIS) eine Ausnahmegenehmigung – einen „Verzicht auf Ausschluss" *(waiver of ineligibility)* – für Personen, bei denen Ausschließungsgründe vorliegen. Das bedeutet aber, dass man sich an ein regionales Einwanderungsbüro wenden muss, und das kann einige Zeit dauern (mindestens 2 Monate). Man sollte der Versuchung widerstehen, irgendetwas zu verheimlichen, da die US-Einwanderungsbehörde bei Falschaussagen absolut unnachgiebig ist. Antragsteller, die alte

Vorstrafen oder eine ansteckende Krankheit angeben, werden häufig dennoch eine Einreisegenehmigung erhalten; wer aber jemals versucht hat, die Behörde auch nur bezüglich Kleinigkeiten hinters Licht zu führen, kann nicht auf irgendwelche Nachsicht hoffen. Nach zugelassener Einreise in die USA ist jeder Beweis für eine Falschaussage gegenüber der US-Einwanderungsbehörde ein Grund für die sofortige Ausweisung des Betreffenden.

Besucher, bei denen Ausschließungsgründe vorliegen, sollten sich *vor* der Stellung eines Visumsantrags genau über ihre Möglichkeiten informieren.

Kurzfristige Aus- & Wiedereinreise

- Ausflüge über die Grenze nach Kanada oder Mexiko sind kein Problem, Nicht-US-Bürger werden bei der Wiedereinreise jedoch der kompletten Einreiseprozedur erneut unterzogen.
- Beim Überschreiten der Grenze muss man stets den Pass mitführen!
- Wenn die Einreisebescheinigung noch einige Zeit gültig ist, wird eine Einreise damit normalerweise kein Problem darstellen. Ist sie aber fast abgelaufen, muss eine neue beantragt werden – die Grenzbeamten werden dann dieselben Dokumente sehen wollen wie bei der ersten Einreise (Rück- oder Anschlussflugticket, Nachweis ausreichender Mittel usw.).
- Seit jeher war ein kurzer Trip über die Grenze eine Option, seinen Aufenthalt in den USA zu verlängern, ohne eine Verlängerung bei einem USCIS-Büro beantragen zu müssen. Man sollte sich aber keinesfalls darauf verlassen, dass dies funktioniert. Wichtig ist es, die alte Einreisekarte bei der Ausreise an die US-Einwanderungsbehörde auszuhändigen und bei der Rückreise alle Dokumente zur Hand zu haben, die bei der ersten Einreise erforderlich waren. Die US-Einwanderungsbehörde ist sehr argwöhnisch gegenüber Leuten, die für ein paar Tage ausreisen, dann zurückkommen und auf eine neue sechsmonatige Aufenthaltsgenehmigung hoffen; Traveller müssen sich bei dieser Vorgehensweise auf eine intensive Befragung einstellen.
- Bürger der meisten westlichen Länder benötigen kein Visum für Kanada, weshalb es kein Hindernis gibt, die kanadische Seite der Niagarafälle zu besuchen, einen Abstecher nach Quebec zu machen oder auf dem Landweg nach Alaska zu fahren.
- Wer per Bus aus Kanada in die USA einreist, könnte eingehend überprüft werden. Ein Rundreiseticket, das nach Kanada zurückführt, dürfte die US-Grenzer in aller Regel weniger misstrauisch machen.
- Fast entlang der ganzen Grenze zu den USA hat Mexiko eine visumfreie Zone, zu der z. B. die Baja-Halbinsel und Grenzstädte wie Tijuana oder Ciudad Juárez gehören. 2019 konnten EU-Bürger und Schweizer die Grenzzone ohne ein separates Touristenvisum verlassen und sich dann frei in Mexiko bewegen. Da sich dies aber jederzeit wieder ändern kann, sollte der aktuelle Stand unbedingt rechtzeitig vor dem Grenzübertritt in Erfahrung gebracht werden.

Visumsanträge

Besucher aus der EU und der Schweiz brauchen nur für einen Aufenthalt von mehr als 90 Tagen ein Visum von einem US-Konsulat oder einer Botschaft (zur obligatorischen Registrierung über das ESTA). Sofern ein Visum erforderlich ist, benötigt man normalerweise einen Termin für ein persönliches Gespräch, zu dem alle erforderlichen Dokumente und die Quittungen für die gezahlten Gebühren mitzubringen sind. Die Wartezeiten für ein solches Gespräch sind unterschiedlich; im Anschluss daran wird das Visum innerhalb von wenigen Tagen bis höchstens einigen Wochen ausgestellt.

- Die Gültigkeit des Reisepasses muss mindestens die gesamte Aufenthaltsdauer in den USA abdecken (je nach Nationalität teils auch längere Zeiträume). Dem Antrag beizulegen ist zudem ein aktuelles Passfoto (5x5 cm). Zur nicht erstattbaren Bearbeitungsgebühr (160 US$) kommt mitunter eine Visums-Empfangsgebühr hinzu. Zudem muss man online das elektronische Formular DS-160 für Nicht-Immigranten ausfüllen.
- In fast allen Fällen müssen Visumantragssteller folgende Nachweise vorlegen: die Kreditwürdigkeit oder einen US-Bürgen, der im Bedarfsfall finanzielle Unterstützung leisten würde, ein Rück- bzw. Anschlussflugticket und „bindende Verpflichtungen" zur Heimkehr (Familienangehörige, fester Wohnsitz, feste Arbeit etc.). Wer plant, über Drittstaaten in die USA einzureisen, sollte aufgrund dieser Anforderungen das US-Visum sinnvollerweise vor Reiseantritt in seinem Heimatland und nicht erst in dem Drittstaat beantragen, denn das würde die Dinge unnötig erschweren.
- Das am häufigsten ausgestellte Visum ist ein Besuchervisum für Nicht-Immigranten, und zwar Typ B-1 für Geschäftsreisen und Typ B-2 für touristische Aufenthalte oder Besuche von Freunden oder Verwandten. Ein Besuchervisum ist für mehrere Einreisen im Zeitraum von einem bis zu fünf Jahren gültig; es verbietet jegliche Annahme bezahlter Arbeit in den USA. Der derzeitige Gültigkeitszeitraum unterscheidet sich für einzelne Herkunftsländer des Visumsberechtigten. Der Aufenthaltszeitraum in den

USA wird bei der Einreise von der Einreisebehörde festgelegt.

- Wer zum Arbeiten oder zum Studium in die USA einreist, braucht ein anderes Visum; die Formalitäten erledigt in diesem Fall meist die Institution oder Gesellschaft, bei der man zu arbeiten beabsichtigt.

Zeit

Mit Beginn der US-Sommerzeit (Daylight Saving Time; DST) werden die Uhren am zweiten Märzsonntag um 2 Uhr eine Stunde vorgestellt *(spring forward)*. Am ersten Novembersonntag wandern die Zeiger dann wieder eine Stunde zurück *(fall back)*. Arizona (außer Navajo Nation) und Hawaii haben jedoch jeweils keine Sommerzeit.

Bei US-Datumsangaben gilt die Reihenfolge Monat/Tag/Jahr (z. B. 6/8/20 für den 8. Juni 2020).

Zoll

Die Website der amerikanischen Zoll- und Grenzschutzbehörde (US Customs and Border Protection; www.cbp.gov) informiert über alle aktuellen US-Zollbestimmungen.

Freimengen pro Person:

- 1 l alkoholische Getränke (Mindestalter 21 Jahre)
- 100 Zigarren und 200 Zigaretten (Mindestalter 18 Jahre)
- Bargeldbeträge ab einem Gesamtwert von 10 000 US$ (in Dollar und/oder ausländischer Währung) sind grundsätzlich beim Zoll anzugeben.
- Geschenke und gekaufte Waren im maximalen Gesamtwert von 200 US$
- Achtung: Das Einschmuggeln jeglicher illegaler Betäubungsmittel wird besonders streng bestraft. Ebenfalls strikt verboten ist die Einfuhr von jeglichen Drogenutensilien, Feuerwaffen (inkl. Munition), Lotterielosen und gefälschten Markenprodukten. Gleiches gilt für die meisten Waren aus Nordkorea, Kuba, Syrien, dem Iran und dem Sudan. Lebensmittel und Pflanzenprodukte (beispielsweise Obst, Gemüse) sind anzumelden oder auch im Wartebereich zu entsorgen.

Verkehrsmittel & -wege

AN- & WEITER-REISE

Einreise

Bei Flügen in die USA sind am ersten Zielflughafen die Einreise- und Zollformalitäten zu erledigen. Das gilt auch, wenn man danach zu einem anderen Flughafen weiterfliegt. Bei der Ankunft müssen sich alle Besucher beim Office of Biometric Identity Management Program des Department of Homeland Security registrieren lassen. Dazu gehört auch, sich Fingerabdrücke nehmen und ein digitales Foto machen zu lassen.

Nach den Einreiseformalitäten holt man sein Gepäck und geht durch den Zoll. Wer nichts zu verzollen hat, muss seine Taschen bzw. Koffer wahrscheinlich nicht zur Durchsuchung vorlegen (was aber natürlich trotzdem immer passieren kann). Beim Weiterflug zu einem anderen Ziel gilt: Selbst wenn die Reise mit derselben Maschine fortgesetzt wird, ist alles aufgegebene Gepäck stets erneut einzuchecken. Hierbei hilft normalerweise Personal der jeweiligen Fluglinie gleich außerhalb des Zollbereichs. Insgesamt kann's dann aber ziemlich lange dauern, da die Sicherheitskontrolle möglicherweise noch einmal absolviert werden muss – darum unbedingt genügend Zeit zwischen zwei Flügen einplanen!

Väter oder Mütter, die mit Kind, aber ohne den anderen Elternteil reisen, sowie Großeltern und andere Aufsichtspersonen, die Minderjährige unter 18 Jahren begleiten, sollten ein Dokument mitführen, das die Aufsichtspflicht nachweist. Alternativ wird eine notariell beglaubigte Einverständniserklärung des anderen Elternteils/der El-

REISEN & KLIMAWANDEL

Der Klimawandel stellt eine ernste Bedrohung für unsere Ökosysteme dar. Zu diesem Problem tragen Flugreisen immer stärker bei. Lonely Planet sieht im Reisen grundsätzlich einen Gewinn, ist sich aber der Tatsache bewusst, dass jeder seinen Teil dazu beitragen muss, die globale Erwärmung zu verringern.

Fast jede Art der motorisierten Fortbewegung erzeugt CO_2 (die Hauptursache für die globale Erwärmung), doch Flugzeuge sind mit Abstand die schlimmsten Klimakiller – nicht nur wegen der großen Entfernungen und der entsprechend großen CO_2-Mengen, sondern auch, weil sie diese Treibhausgase direkt in hohen Schichten der Atmosphäre freisetzen. Die Zahlen sind erschreckend: Zwei Personen, die von Europa in die USA und wieder zurück fliegen, erhöhen den Treibhauseffekt in demselben Maße wie ein durchschnittlicher Haushalt in einem ganzen Jahr.

Die englische Website www.climatecare.org und die deutsche Website www.atmosfair.de bieten sogenannte CO_2-Rechner. Damit kann jeder ermitteln, wie viele Treibhausgase seine Reise produziert. Das Programm errechnet den zum Ausgleich erforderlichen Betrag, mit dem der Reisende nachhaltige Projekte zur Reduzierung der globalen Erwärmung unterstützen kann, z. B. Projekte in Indien, Honduras, Kasachstan und Uganda.

Lonely Planet unterstützt gemeinsam mit Rough Guides und anderen Partnern aus der Reisebranche das CO_2-Ausgleichs-Programm von climatecare.org. Alle Reisen von Mitarbeitern und Autoren von Lonely Planet werden ausgeglichen. Weitere Informationen gibt's auf www.lonelyplanet.com.

tern benötigt, in dem das Einverständnis zur Reise erklärt wird. Man ist dazu zwar nicht gesetzlich verpflichtet, jedoch sind die USA bestrebt, Kindesentführungen zu vereiteln: Fehlen die entsprechenden Dokumente, sind Verzögerungen möglich – im schlimmsten Fall wird sogar die Einreise verweigert.

Reisepass

Wer aus dem Ausland in die USA einreist, braucht einen gültigen Reisepass, der bei Besuchern aus den meisten Ländern nur die geplante Aufenthaltsdauer in Amerika abdecken muss. Bei bestimmten Nationalitäten sowie längeren und/oder nicht-touristischen Aufenthalten hat der Pass aber eventuell noch länger gültig zu sein. Die neuesten Details dazu liefert das Six-Month Club Update der amerikanischen Zoll- und Grenzschutzbehörde (US Customs & Border Protection; www.cbp.gov). Achtung: Die Einreise wird ausnahmslos verweigert, falls der Pass nicht allen aktuellen US-Bestimmungen entspricht! Die Teilnahme am Visa Waiver Program (VWP) erfordert einen E-Reisepass mit Digitalfoto und biometrischen Daten auf einem integrierten RFID-Chip (Radio Frequency Identification).

Flugzeug

Flughäfen

Die USA haben weltweit die meisten Flughäfen. Allerdings sind nur 13 davon große, internationale Luftkreuze, die zudem nicht immer direkt angesteuert werden; eventuell muss man umsteigen. Viele mittelgroße US-Flughäfen (z. B. Austin, Charleston, Indianapolis, Nashville) haben aber auch mindestens eine Nonstop-Verbindung nach bzw. ab Europa.

Die USA haben keine nationale Fluglinie. Die größten US-Gesellschaften sind American, Delta, United und Southwest.

Internationale Großflughäfen in den USA:

Atlanta Hartsfield-Jackson International Airport (ATL; ☎800-897-1910; www.atl.com)

Boston Logan International Airport (BOS; ☎800-235-6426; www.massport.com/logan-airport)

Chicago O'Hare International Airport (ORD; ☎800-832-6352; www.flychicago.com/ohare; 10000 W O'Hare Ave)

Dallas-Fort Worth International Airport (DFW; ☎972-973-3112; www.dfwairport.com; 2400 Aviation Dr)

Fort Lauderdale-Hollywood International Airport (FLL; ☎866-435-9355; www.broward.org/airport; 100 Terminal Dr)

Honolulu International Airport (HNL; ☎808-836-6411; www.airports.hawaii.gov/hnl; 300 Rodgers Blvd; 📶)

Houston George Bush Intercontinental Airport (IAH; ☎281-230-3100; www.fly2houston.com/iah; 2800 N Terminal Rd, abseits der I-59, I-45 od. Beltway 8; 📶)

Los Angeles International Airport (LAX; www.lawa.org/welcomeLAX.aspx; 1 World Way)

Miami International Airport (MIA; ☎305-876-7000; www.miami-airport.com; 2100 NW 42nd Ave)

New York JFK International Airport (JFK; ☎718-244-4444; www.jfkairport.com; S A bis Howard Beach od. E bzw. J/Z bis Sutphin Blvd-Archer Ave, dann JFK Airtrain)

Newark Liberty International Airport (EWR; ☎973-961-6000; www.newarkairport.com)

San Francisco International Airport (SFO; www.flysfo.com; S McDonnell Rd)

Seattle-Tacoma International Airport (SEA; ☎206-787-5388; www.portseattle.org/Sea-Tac; 17801 International Blvd; 📶)

Washington Dulles International Airport (IAD; ☎703-572-2700, 703-572-8296; www.flydulles.com)

Auf dem Landweg

Kanada

AUTO & MOTORRAD

Wer mit dem Auto von Kanada aus in die USA einreisen möchte, benötigt ein bisschen Papierkram: Zulassungspapiere des Fahrzeugs, den Nachweis einer Haftpflichtversicherung und seinen Führerschein – idealerweise ergänzt durch eine internationale Fahrerlaubnis (International Driving Permit bzw. IDP). Kanadische und amerikanische Autoversicherungen und Führerscheine gelten meistens auch im jeweils anderen Land.

Wenn alle Papiere dann in Ordnung sind, geht der Grenzübertritt meist doch schnell und stressfrei vonstatten. Gelegentlich nehmen die Beamten hüben oder drüben ein Auto aber *wirklich* sehr gründlich unter die Lupe. Vor allem im Sommer können die wichtigsten Übergänge an Wochenenden und Feiertagen stark frequentiert sein – dann ist viel Geduld nötig.

BUS

Greyhound unterhält Direktverbindungen zwischen kanadischen Großstädten und Zielen in den nördlichen USA. Allerdings kann es vorkommen, dass an der Grenze der Bus gewechselt werden muss. Tickets gibt's direkt bei Greyhound USA (www.greyhound.com) oder Greyhound Canada (www.greyhound.ca).

ZUG

Amtrak (www.amtrak.com) und VIA Rail Canada (www.viarail.ca) sind täglich auf den Strecken Montreal–NYC, Toronto–NYC (über Niagara Falls) und Vancouver–Seattle unterwegs. Die Zollkontrolle findet an der Grenze statt.

Mexiko

AUTO & MOTORRAD

Wer aus Mexiko mit einem Fahrzeug in die USA einreist, benötigt alle Fahrzeugpapiere, den Nachweis einer Haftpflichtversicherung und einen gültigen nationalen Führerschein (aus der Heimat oder mexikanisch). Ergänzend empfiehlt sich eine internationale Fahrerlaubnis (International Driving Permit; IDP).

Nur sehr wenige Autovermieter gestatten die Mitnahme ihrer Fahrzeuge nach Mexiko, und amerikanische Kfz-Versicherungen gelten in Mexiko nicht. So erfordern selbst Kurztrips in die mexikanische Grenzregion stets eine mexikanische Versicherung. Eine solche ist für ca. 25 US$ pro Tag an den meisten Grenzübergängen oder bei der AAA (www.aaa.com) erhältlich.

Ab 25 km Distanz zur Grenze braucht man für längere Ausflüge nach Mexiko eine mexikanische *permiso de importación temporal de vehículos* (Genehmigung zur zeitweiligen Kfz-Einfuhr). Diese gibt's direkt an der Grenze (60 US$) sowie online bei der Banjercito-Bank (53 US$; www.banjercito.com.mx/registroVehiculos).

BUS

Greyhound USA (www.greyhound.com) und Greyhound México (www.greyhound.com.mx) haben Direktverbindungen zwischen mexikanischen und amerikanischen Verkehrsknotenpunkten.

Viele mexikanische Busgesellschaften steuern kleinere Ziele südlich der Grenze an.

Übers Meer

Das spezialisierte Reisebüro Cruise Web (www.cruiseweb.com) empfiehlt sich für alle, die Amerika und weitere interessante Ziele im Rahmen einer Kreuzfahrt besuchen möchten.

Auch Frachter legen in den USA an und ab. Verglichen mit Kreuzfahrtschiffen sind Fahrten mit ihnen wesentlich günstiger (manchmal nur halb so teuer), aber auch deutlich langsamer und weniger komfortabel. Dennoch ist die Einrichtung keinesfalls spartanisch und wird gelegentlich sogar mit „Kreuzfahrtniveau" beworben. Die einwöchige bis zweimonatige Überfahrt umfasst meist kurze Zwischenstopps in verschiedenen Häfen.

Für mehr Informationen führt die Cruise and Freighter Travel Association (www.travltips.com) Verzeichnisse für Trips mit Frachtern und anderen Schiffen.

Geführte Touren

Die USA lassen sich auch angenehm per organisierter Gruppenreise besuchen. Zu den angesehenen Tour-Anbietern gehören folgende:

Contiki (www.contiki.com) Feierwütige Sightseeing-Bustouren für 18- bis 35-Jährige.

Karawane Reisen (www.karawane.de) Gruppentouren plus individuell gestaltbare Trips.

Sunwave (www.sunwave.de) Besucht u. a. Florida, NYC und die US-Westküste.

Trek America (www.trekamerica.com) Outdoor-Aktivabenteuer für 18- bis 38-Jährige.

UNTERWEGS VOR ORT

Auto & Motorrad

Detaillierte Infos für Selbstfahrer liefern die Kapitel „Road Trips & Panoramastraßen" (S. 43) und „Fahren in den USA" (S. 1305).

Bus

Wer es sich leisten kann, bevorzugt in den USA das Flugzeug oder das Auto. Vor allem bei Reisen zwischen Großstädten sparen Busreisen jedoch Bares. Zudem sieht man dabei die Landschaft und kann Kontakte zu Einheimischen knüpfen. Die Fernbusse sind generell verlässlich, komfortabel und recht sauber. Zur Ausstattung gehören in der Regel eine Klimaanlage, eine Bordtoilette und eingeschränkt verstellbare Liegesitze. An Bord herrscht Rauchverbot.

Als größter Fernbusbetreiber des Landes deckt Greyhound (www.greyhound.com) ganz Amerika und Kanada ab. Inzwischen bedient die Firma aber meist nur noch größere Ballungszentren an wichtigen Highways. Das Erreichen von Landstädten über Nebenstrecken erfordert daher eventuell Fahrten mit Lokal- bzw. Regionalbusgesellschaften. Greyhound liefert meist entsprechende Kontaktdaten.

Mit Greyhound konkurriert das große Busnetz von Trailways (www.trailways.com), das aus über 70 regionalen Subunternehmen besteht. Deren Tickets gelten teils auch für Busse von Greyhound oder Peter Pan (https://peterpanbus.com) aus Neuengland, wenn bestimmte Ziele anders nicht zu erreichen sind. Der Ticket-Finder auf der Trailways-Website durchsucht gleichzeitig Angebote von Greyhound. Eine weitere Fernbusgesellschaften mit günstigeren Preisen und Gratis-WLAN (funktioniert nicht immer!) ist Megabus (www.megabus.com)

Der Großteil des Gepäcks muss aufgegeben werden, wobei klares und deutliches Kennzeichnen gegen Verluste hilft. Der eventuelle Aufpreis für sperrige Gegenstände (z. B. Ski, Surfbretter, Fahrräder) sollte rechtzeitig vorab ermittelt werden.

Die Verbindungshäufigkeit hängt stark von der jeweiligen Strecke ab. Trotz der Streichung vieler kleinerer Ziele halten normale Greyhound-Busse immer noch alle 50 bis 100 Meilen (80–160 km). Auf Fernrouten legen sie zusätzlich Zwischenstopps ein, bei denen man

FERNBUSVERBINDUNGEN & -PREISE

Beispiele für Standardpreise und Reisezeiten bei Greyhound-Fernbussen (jeweils pro Erw. & einfache Strecke):

STRECKE	PREIS (US$)	DAUER (STD.)
Boston–Philadelphia	25	7
Chicago–New Orleans	130	20–30
Los Angeles–San Francisco	25	7½–13
New York–Chicago	65	18–23
New York–San Francisco	175	72
Washington, D.C.–Miami	150	25–30

etwas essen kann und der Fahrer gewechselt wird.

Die Busbahnhöfe sind oft sicher und sauber, liegen aber teilweise auch in zwielichtigen Ecken. Bei Ankunft bzw. Abfahrt am Abend ist dann die Investition in ein Taxi ratsam. Manche Ortschaften haben lediglich Haltestellen ohne Schalter. Wer dort zusteigen und sein Ticket direkt beim Fahrer kaufen will, muss den exakten Fahrpreis bereithalten.

Die meisten großen und größeren Städte der USA haben verlässliche lokale Busnetze (teils gratis, oft 1–4 US$/Fahrt). Deren Linien zielen aber häufig auf Berufspendler ab und verkehren daher abends und/oder am Wochenende seltener.

Preise

Bei der Buchung im Voraus sind Greyhound-Tickets günstiger: Die besten Preise gibt es meist zwei Wochen vor dem Reiseantritt. Die regelmäßigen Sonderangebote auf der Firmenwebsite gelten vor allem bei Online-Buchungen (Details unter www.greyhound.com/promos).

Weitere Rabatte gewährt Greyhound z. B. für Kinder (2–16 Jahre; 20 % in der Nebensaison), Senioren (ab 62 Jahren; 5 %) und Studenten (10 %) mit einer Student Advantage Discount Card (zzgl. 23 US$; www.studentadvantage.com).

Reservierungen

Für die meisten Fahrten mit Greyhound, Trailways oder Megabus lassen sich Tickets auch online kaufen und zu Hause ausdrucken. Bei Megabus reicht es sogar aus, einfach die Kaufquittung in E-Mail-Form auf dem Smartphone vorzuzeigen. Greyhound-Passagiere können vorab gebuchte Tickets auch persönlich an speziellen „Will-Call"-Terminals abholen.

Platzreservierungen sind meist nicht möglich. Greyhound empfiehlt daher, spätestens eine Stunde vor Abfahrt zu erscheinen, um einen freien Sitz zu ergattern.

Fahrrad

Radtouren durch einzelne Regionen sind sehr beliebt. Dabei strampelt man meist über kurvige Nebenstrecken (Drahtesel sind auf Freeways oft tabu) – man sollte die zurückzulegenden Distanzen daher eher in Tagen statt in Stunden berechnen. Für Rad- und Kraftfahrer gelten dieselben Verkehrsregeln – dennoch glaubt manch motorisierter Verkehrsteilnehmer, es gelte das Recht des Stärkeren. Der Better World Club (www.betterworldclub.com) leistet spezielle Pannenhilfe für Radler.

Für Langstreckentrips durch das ganze Land wendet man sich am besten an Tourveranstalter: Die anspruchsvolle Fahrt von Küste zu Küste dauert etwa zwei Monate.

Die Websites von Adventure Cycling (www.adventurecycling.org) und der League of American Bicyclists (www.bikeleague.org) liefern nützliche Tipps plus Planungshilfe (u. a. Routenkarten, Verzeichnisse mit örtlichen Touranbietern, Fahrradclubs oder Reparaturwerkstätten). Wer in den USA sein eigenes Rad fahren möchte, sollte sich unbedingt rechtzeitig nach den Preisen und Bestimmungen für Sperrgepäck erkundigen. Amtrak-Züge und Greyhound-Busse nehmen Fahrräder landesweit mit (teilweise gegen Aufpreis).

Vor Ort lassen sich Drahtesel problemlos erwerben und vor der Abreise wieder verkaufen. Neue Modelle gibt's überall bei Fahrradläden. Für günstigere Gebrauchträder empfehlen sich Garagenverkäufe, die Schwarzen Bretter von Hostels oder Hochschulen und die kostenlosen Kleinanzeigen auf Craigslist (craigslist.org). Über diese Optionen wird man das gute Stück auch am leichtesten wieder los. Alternativ kaufen spezielle Secondhand-Bikeshops teilweise auch Fahrräder an.

Ebenfalls unkompliziert ist eine lokale Langzeitmiete (ab 100 US$/Woche), bei der meist mehrere hundert Dollar Kaution per Kreditkarte zu hinterlegen sind.

Amerikanische Großstädte sind unterschiedlich fahrradfreundlich. Meist gibt's dort aber mindestens ein paar ausgewiesene Radwege bzw. -spuren sowie Nahverkehrsmittel mit optionaler Fahrradmitnahme.

Bikesharing-Programme

Bikesharing-Programme gibt's in vielen amerikanischen Metropolen (z. B. NYC, L. A., Chicago, Washington, D. C.), aber auch in einigen kleineren US-Städten wie Birmingham, AL, oder Milwaukee, WI. Die Nutzung ist überall recht günstig (meist ca. 5 US$/Tag), solange das Zeitlimit pro Einzelfahrt (max. 30 Min.) nicht überschritten wird – danach fallen teils hohe Zusatzgebühren an. Denn solche Drahtesel sind generell nicht für Freizeit-Zwecke gedacht, sondern rein fürs Berufspendeln und Erledigen von Alltagsbesorgungen.

Flugzeug

Bei einem straffen Reiseplan empfiehlt es sich, größere Distanzen mit dem Flugzeug zurückzulegen. Das Inlandsflugnetz ist gut ausgebaut und vertrauenswürdig – dafür sorgen etliche konkurrierende Airlines, Hunderte Flughäfen und Tausende Flugverbindungen pro Tag. Im Vergleich zu Bus-, Zug- oder Autoreisen sind Flüge normalerweise teurer, doch man gelangt mit keinem anderen Transportmittel so schnell und direkt ans Ziel.

Zu den wichtigsten Knotenpunkten in den USA gehören neben allen internationalen Flughäfen auch die Airports diverser anderer Großstädte. Die regionalen Flughäfen der restlichen Städte und Ortschaften sind normalerweise nur über einen dieser Verkehrsknoten zu erreichen.

Flugpässe

Bei vielen geplanten Inlandsflügen kann sich ein spezieller Nordamerika-Flugpass für ausländische Besucher lohnen. Solche Pässe sind meist nur zusammen mit einem internationalen Flugticket erhältlich. Die Bedingungen und Kosten können teilweise recht verwirrend sein. Standard ist jedoch eine bestimmte Anzahl von Inlandsflügen (2–16), die innerhalb von 60 Tagen genutzt werden müssen. Oft muss man seine Reiseroute im Voraus festlegen; mitunter können die Flugtermine (oder sogar -ziele) aber auch offengelassen werden. Zu den Fluglinienverbänden mit Passangeboten zählen z. B. Star Alliance (www.staralliance.com), One World (www.oneworld.com) und Skyteam (www.skyteam.com).

US-Inlandsfluglinien

Verglichen mit Fahrten auf amerikanischen Highways besteht bei US-Inlandsflügen nur ein sehr geringes Sicherheitsrisiko. Airsafe.com informiert umfassend über die Sicherheitsstatistiken der einzelnen Airlines.

Die größten Inlandsfluglinien:

Alaska Airlines (www.alaskaair.com) Fliegt ab Seattle, Chicago, Los Angeles oder Denver nach Anchorage und verkehrt auch zwischen vielen Ortschaften innerhalb Alaskas.

American Airlines (www.aa.com) Landesweites Streckennetz.

Delta Air Lines (www.delta.com) Landesweites Streckennetz.

Frontier Airlines (www.flyfrontier.com) Ist in Denver ansässig und bedient die gesamten kontinentalen USA.

Hawaiian Airlines (www.hawaiianairlines.com; Hauptsitz: Honolulu, HI) Direktflüge innerhalb Hawaiis und zu diversen Zielen auf dem US-Festland.

JetBlue Airways (www.jetblue.com; Hauptsitz: NYC) Bedient verschiedene Ziele in den ganzen USA (u. a. viele Städte an der Ostküste).

Southwest Airlines (www.southwest.com; Hauptsitz: Dallas, TX) Billiganbieter mit Liniennetz in den ganzen kontinentalen USA und Hawaii.

Spirit Airlines (www.spirit.com; Hauptsitz: Miramar, FL) Billigfluglinie mit Verbindungen zu vielen großen US-Verkehrsknotenpunkten.

United Airlines (www.united.com; Hauptsitz: Chicago, IL) Landesweites Liniennetz.

Virgin America (www.virginamerica.com Hauptsitz: Burlingame, CA) Steuert mehr als zwei Dutzend US-Großstädte an (z. B. Honolulu und Boston).

Nahverkehr

Außer in Amerikas Großstädten sind öffentliche Verkehrsmittel für Traveller nur selten eine gute Wahl: Die Verbindungen zu abgelegenen Ortschaften und Vorstädten lassen oft stark zu wünschen übrig. Dennoch ist der öffentliche Nahverkehr günstig, sicher und verlässlich.

In mehr als zwei Dritteln aller US-Bundesstaaten gibt's universelle Nahverkehrsinfos unter ☎511.

Taxi & Mitfahrzentralen

Taxis verfügen über Gebührenzähler (Startpreis ca. 3 US$, zzgl. 2–3 US$/weitere Meile). Gepäck und Wartezeit kosten jeweils extra. Am Ziel erwarten die Fahrer ein Trinkgeld von 10 bis 15 %. In den betriebsamsten Gegenden von Großstädten lassen sich Taxis auf der Straße anhalten; generell ist es aber am einfachsten, telefonisch eines zu bestellen.

Alternativ sind Mitfahrdienste wie Uber (www.uber.com) oder Lyft (www.lyft.com) nun auch in den USA sehr beliebt.

U-Bahn & Stadtbahn

N. Y. C., Chicago, Boston, Philadelphia, Atlanta, L. A., die San Francisco Bay Area und Washington, D. C., haben die größten U-Bahn-Netze des Landes. Anderswo gibt's teilweise nur ein bis zwei Linien im Bereich des Zentrums.

Gleichzeitig werden Stadtbahnen (*trams* bzw. *trollies*) in Amerika nun immer zahlreicher. Zu den vielen Großstädten mit entsprechenden Netzen gehören z. B. Denver, Seattle, San Diego, Minneapolis und Portland. Die meisten US-Metropolen mit U-Bahnen haben auch Stadtbahnen, wobei beide Optionen in der Regel direkten Anschluss zueinander bieten und mit denselben Tickets nutzbar sind.

Schiff/Fähre

Die Flüsse und Kanäle der USA gehören nicht zum öffentlichem Verkehrsnetz. Trotzdem gibt es vielerorts kleinere Küstenfähren, die oft von den Bundesstaaten sehr effizient betrieben werden. Mit diesen Schiffen kann man malerische Touren zu den Inseln vor beiden US-Küsten unternehmen. Die meisten größeren Fähren nehmen auch Privatautos, Fahr- und Motorräder mit an Bord.

Die spektakulärsten Fährrouten folgen der Inside Passage und Alaskas Südostküste. Viele Inseln in den Great Lakes sind nur per Boot zu erreichen. Dazu zählen z. B. Mackinac Island, MI, die Apostle Islands vor Wisconsin und der entlegene Isle Royale National Park, MI. Andere Fähren schippern von der Pazifikküste zu den malerischen San Juan Islands in Washington und nach Catalina Island in Kalifornien.

Zug

Das große Schienennetz der Amtrak (www.amtrak.com) deckt die ganzen USA ab. Dank der firmeneigenen Thruway-Busse gibt es auch Anschluss zu einigen kleineren Städten und Nationalparks. Verglichen mit anderen Verkehrsmitteln sind Züge eher nicht die schnellste, günstigste, praktischste oder pünktlichste Option. Dafür lässt sich der typisch amerikanische Charakter von Land und Leuten bei entspannten Bahnfahrten besonders gut erleben. Dies gilt vor allem für Routen im Westen, auf denen doppelstöckige Superliner-Züge mit geräumigen Panoramawagen verkehren.

Mehrere Amtrak-Fernstrecken durchziehen die USA von Osten nach Westen. In Nord-Süd-Richtung gibt's noch wesentlich mehr Verbindungen. Dieses landesweite Netz deckt alle großen amerikanischen Ballungsräume und viele kleinere Städte ab. Auf den meisten Routen sind täglich Fernzüge mit eigenen Namen unterwegs. Sie bedienen manche Strecken aber nur drei- bis fünfmal pro Woche. Detaillierte Streckenpläne liefert die Amtrak-Website.

Pendlerzüge bedienen kürzere Strecken schneller und häufiger, besonders im nordöstlichen Korridor zwischen Boston, MA, und Washington, D. C. Die Acela-Expresszüge der Amtrak kosten am meisten und dürfen nicht mit den Zugpässen des Unternehmens genutzt werden. Weitere Pendlerzüge sind rund um Chicago, IL, am Ufer des Lake Michigan im Einsatz – ebenso zwischen Großstädten an der Westküste und im Großraum von Miami, FL.

Klassen & Preise

Die Amtrak-Ticketpreise richten sich nach Zugtyp und gewünschtem Sitzplatz. Auf Fernstrecken gibt's Großraumwaggons (einfache *coach seats* mit und ohne Reservierungsmöglichkeit), eine Businessclass und die 1. Klasse, zu der auch alle Schlafwagenabteile gehören. Letztere enthalten einfache Kojen *(roomettes)*, Schlafkabinen mit eigenen Toiletten und Vierpersonen-Suiten mit zwei Bädern. Der Schlafwagentarif beinhaltet Mahlzeiten im Speisewagen. Dort können alle Passagiere reservierungsfrei essen – allerdings recht teuer, sofern das Essen nicht im Ticketpreis inbegriffen ist. Auf Pendlerstrecken gibt's (wenn überhaupt) nur Sandwiches und Snacks. Allgemein empfiehlt sich bei Zugreisen somit eigene Verpflegung.

Amtrak-Tickets gelten für die einfache Strecke, Hin- und Rückfahrt oder für Rundreisen. Rabatte gibt's u. a. für Senioren ab 62 Jahren, Studenten mit gültigem Ausweis (jeweils 15 %) und Kinder von zwei bis zwölf Jahren (50 %; ein Erwachsener als Begleiter erforderlich). Mitglieder der AAA und deren internationalen Partnerorganisationen (z. B. ADAC) erhalten standardmäßig 10 % Ermäßigung. Für wenig genutzte Amtrak-Routen gibt's über die AAA sogar teils bis zu 30 % Preisnachlass per SmartFare (nur Online-Buchung, wöchentl. wechselnde Ziele; Details unter www.aaa.com).

Allgemein gilt: Je früher die Buchung, desto niedriger der Preis. Viele Standardrabatte greifen nur, wenn man mindestens drei Tage im Voraus reserviert. Wer Acela- oder Metroliner-Züge nutzen will, sollte die betriebsamsten Pendlerzeiten meiden und lieber am Wochenende fahren.

Amtrak Vacations (www.amtrakvacations.com) sind Pauschalangebote inklusive Mietwagen, Hotelzimmer, geführter Touren und Eintritt zu Sehenswürdigkeiten. Nutzer der Air-Rail Packages reisen per Zug zum Ziel und fliegen dann von dort zurück.

Reservierungen

Reservierungen können bis zu elf Monate im Voraus und spätestens am Abreisetag vorgenommen werden. Da die Platzkontingente be-

FERNZUGVERBINDUNGEN & -PREISE

Beispiele für Standardpreise und Reisezeiten bei Amtrak-Fernzügen (jeweils pro Erw. & einfache Strecke in der Coach Class):

STRECKE	PREIS (US$)	DAUER (STD.)
Chicago–New Orleans	130	20
Los Angeles–San Antonio	125	29
New York–Chicago	130	19
New York–Los Angeles	250	72
Seattle–Oakland	100	23
Washington, D.C.–Miami	140	23

BITTE ALLES EINSTEIGEN!

Wer genießt nicht gern das Schnaufen und Pfeifen einer mächtigen Dampflok, während draußen vor dem Fenster eine herrliche Landschaft vorbeizieht? In den USA gibt's Dutzende historische Schmalspurbahnen (heute sind sie aber eher Touristenattraktionen als Verkehrsmittel). Diese verkehren meist nur in den wärmeren Monaten und sind teilweise äußerst beliebt – Tickets sollten daher unbedingt rechtzeitig gebucht werden!

1880 Train (S. 739) Klassische Dampfzugfahrt durch die wilden Black Hills in South Dakota.

Cass Scenic Railroad (☎304-456-4300; www.wvstateparks.com; 242 Main St, Cass; Erw./Kind 4–11 Jahre 66/56 US$; P) Durch die Appalachen in West Virginia.

Cumbres & Toltec Scenic Railway (☎888-286-2737; www.cumbrestoltec.com; 5234B Hwy 285; Erw./Kind 2–12 Jahre ab 100/50 US$; ⊙Ende Mai–Mitte Okt.) Lebendiges Museum, das ab Chama (NM) in die Rocky Mountains (CO) hineinrollt.

Durango & Silverton Narrow Gauge Railroad (S. 856) Zwischen Durango und der historischen Bergbaustadt Silverton in den Rocky Mountains (CO).

Great Smoky Mountains Railroad (☎800-872-4681; www.gsmr.com; 226 Everett St; Fahrt durch die Nantahala Gorge Erw./Kind 2–12 Jahre ab 51/29 US$) Rattert ab Bryson City, NC, durch die Great Smoky Mountains.

Mount Hood Railroad (S. 1175) Schlängelt sich außerhalb von Portland, OR, durch die malerische Columbia River Gorge südwärts in Richtung Mt. Hood.

Skunk Train (☎707-964-6371; www.skunktrain.com; 100 W Laurel St; Erw./Kind 84/42 US$; ⊙9–15 Uhr) Durchquert Kaliforniens Redwood-Wälder zwischen Fort Bragg an der Küste und dem weiter landeinwärts gelegenen Willits.

Ebenso lohnend sind die alten Diesel- bzw. Dampfzüge der Grand Canyon Railway (Arizona; S. 929), der **Blue Ridge Scenic Railway** (Georgia; ☎877-413-8724; www.brscenic.com; 241 Depot St; Erw. 44–79 US$, Kind 29 US$; ⊙Mitte März–Dez.) und der Delaware & Ulster Railroad (New York State; S. 159).

grenzt und manche Strecken sehr gefragt sind (vor im Sommer und zur Ferienzeit), sollten Zugpassagiere so früh wie möglich buchen. Diese Methode bringt zudem die besten Rabatte ein.

Zugpässe

Mit dem USA Rail Pass können ausländische Traveller die *coach class* der Amtrak insgesamt 15 (459 US$), 30 (689 US$) oder 45 Tage (899 US$) lang nutzen. Diese Passvarianten sind auf acht, 12 bzw. 18 „Abschnitte" (*segments*) in einfacher Fahrtrichtung beschränkt. Achtung: Ein solcher Abschnitt entspricht nicht der einfachen Fahrtstrecke im herkömmlichen Sinn! Wenn man vor dem Endziel umsteigen bzw. den Zug wechseln muss (z. B. zwischen N. Y. C. und Miami in Washington, D. C.), benötigt man mindestens zweider genannten *segments*.

Um die Tickets für die einzelnen Reiseabschnitte abzuholen, legt man seinen Zugpass bei einem Büro bzw. Schalter der Amtrak vor. Zudem empfiehlt sich frühestmögliche Reservierung per Telefon (800-872-7245, außerhalb der USA 215-856-7953): Das spezielle Platzkontingent für Zugpassinhaber ist begrenzt. An manchen Bahnhöfen auf dem Land halten die Züge nur, wenn eine Reservierung vorliegt. Die Tickets beziehen sich nicht auf nummerierte Sitze, aber ein Zugbegleiter übernimmt eventuell die Platzzuweisung. Businessclass, 1. Klasse oder Schlafwagen kosten extra und sind separat zu reservieren.

Ab Kaufdatum müssen alle Reisetage innerhalb von 330 Tagen wahrgenommen werden. Alle Passvarianten gelten nicht für Acela-Expresszüge, Autozüge (Auto Trains), Thruway-Anschlussbusse oder die kanadischen Abschnitte der Gemeinschaftsstrecken von Amtrak und Via Rail Canada.

Fahren in den USA

Vor allem für Trips durch die Weiten der ländlichen USA gilt: Wer möglichst flexibel und komfortabel reisen will, braucht unbedingt einen eigenen fahrbaren Untersatz. Verglichen mit Europa ist Benzin hier recht günstig (ca. 2,90 US$/Gallone). Auch Mietwagen sind außer in N.Y.C. oft ziemlich preiswert (teils nur 25 US$/Tag).

Automobilclubs

Die American Automobile Association (AAA; www.aaa.com) kooperiert wechselseitig mit diversen internationalen Automobilclubs (z.B. dem ADAC). Deren Mitglieder sollten trotzdem ein paar Infos vorab einholen und unbedingt ihren eigenen Clubausweis mitbringen. Wer der AAA bzw. einem offiziellen Partnerverband angehört, profitiert z.B. von einer Reiseversicherung, von Straßenkarten oder -atlanten, von Gebrauchtwagen-Gutachten und von einem landesweiten Zweigstellennetz. Allerdings steht die AAA auf der Seite der Fahrzeugindustrie.

Der umweltbewusstere Better World Club (www.betterworldclub.com) spendet 1% seiner Einnahmen für Umweltschutzmaßnahmen und gestaltet seine Dienstleistungen nachhaltig und ökologisch sinnvoll. Außerdem tritt er auch auf der politischen Bühne für die Umwelt ein.

Diese Organisationen bieten den großen Vorteil eines landesweiten Pannendienstes, den die Mitglieder rund um die Uhr anfordern können – jeweils ergänzt durch Hilfe bei der Routenplanung, kostenlose Karten, Reisebüroservices, Autoversicherung und diverse Rabatte (z.B. bei Hotelzimmern, Mietwagen oder Sehenswürdigkeiten).

Das eigene Auto einführen

Es ist möglich, mit dem eigenen Fahrzeug über die kanadische (S. 1299) oder mexikanische (S. 1300) Grenze zu fahren. Sofern man nicht in die USA umsiedelt, ist das Verschiffen des eigenen Autos aber vollkommen sinnlos.

Führerschein

Ausländische Besucher können ihre heimische Fahrerlaubnis maximal zwölf Monate lang legal in den USA benutzen. Ein zusätzlicher internationaler Führerschein (International Driving Permit; IDP) dürfte allerdings die Kommunikation mit US-Verkehrspolizisten erleichtern – vor allem, wenn die eigene Version keine englischen Erklärungen umfasst. Heimischer und internationaler Führerschein sind grundsätzlich zusammen mitzuführen! In Deutschland und der Schweiz werden internationale Führerscheine von den Straßenverkehrsbehörden (Führerscheinstelle) ausgestellt, in Österreich von Automobilclubs (beispielsweise ÖAMTC). Deutsche und österreichische Antragsteller benötigen einen EU-Führerschein im Scheckkartenformat.

Motorradfahrer brauchen entweder einen gültigen US-Motorradführerschein oder ein entsprechendes internationales Pendant.

Kaufen

Ein Autokauf ist mit so viel Theater verbunden, dass sich der Aufwand meist nicht lohnt – besonders wenn man weniger als vier Monate im Land bleiben will. Am leichtesten ist es noch für Ausländer, die Freunde oder Verwandte in den USA haben, deren Adresse man für die Zulassung, Registrierung und Versicherung angeben kann.

Nach dem Kauf müssen die Dokumente zur Eigentumsübertragung innerhalb von zehn Tagen beim Department of Motor Vehicles (DMV) des jeweiligen Bundesstaates registriert werden; erforderlich sind dafür der Kaufvertrag, die Besitzurkunde *(pink slip)* und der Versicherungsnachweis. Manche Bundesstaaten verlangen außerdem ein aktuelles Abgaszertifikat. Dafür muss der Verkäufer sorgen. Kein Auto kaufen, für das die-

Entfernungen & Fahrtzeiten

ses Zertifikat fehlt! Die Autohändler erledigen den anfallenden Papierkram mit dem DMV.

Für Ausländer ist es fast unmöglich, ohne einen US-amerikanischen Führerschein eine Haftpflichtversicherung abzuschließen. Ein Autohändler oder die AAA kennen vielleicht ein Unternehmen, das sich darauf einlässt. Doch selbst mit einem lokalen Führerschein kann die Versicherung teuer oder nur schwer erhältlich sein, wenn man nicht nachweisen kann, in der Vergangenheit unfallfrei gefahren zu sein. Tipp: Geeignete Dokumente wie eine Kopie der heimischen Autoversicherungspolice mitnehmen, mit denen man den Versicherer überzeugen kann, dass er ein berechenbares Risiko eingeht. Fahrer unter 25 Jahren werden kaum eine Versicherung finden.

Schließlich kann auch noch das Verkaufen des Autos zum Albtraum werden. Wer sich an einen Händler wendet, erzielt den schlechtesten Preis, hat aber den geringsten Behördenaufwand. Ansonsten sind andere Traveller und Collegestudenten die besten Kunden. Man muss aber aufpassen, dass der Käufer bei der DMV den Besitzwechsel registriert – ansonsten kann es passieren, dass man später fremde Strafzettel bezahlen muss.

Mieten

Auto

Der US-Leihwagenmarkt ist heiß umkämpft. Die meisten Autovermieter bestehen auf eine bekannte Kreditkarte, einen gültigen Führerschein und ein Mindestalter von 25 Jahren. Gegen Aufpreis (ca. 25 US$/Tag) akzeptieren manche landesweit vertretenen Großfirmen mitunter auch Kunden zwischen 21 und 24 Jahren. Jüngere Traveller haben allerdings fast immer Pech bzw. müssen offiziell abgelehnt werden. Zu den Ausnahmen zählt neben Michigan und New York auch Kalifornien: In L.A., in San Francisco und im Orange County verleiht Super Cheap Car Rental (www.supercheapcar.com) gegen separate Tagesgebühr sogar an 18- bis 21-Jährige. Zudem verlangt diese Firma von Kunden zwischen 21 und 24 Jahren keinen Aufpreis.

Die Mietwagenpreise fallen höchst unterschiedlich aus – man sollte deshalb sorgfältig vergleichen. Der durchschnittliche Tagespreis für Kleinwagen liegt etwa zwischen 25 und 75 US$ oder 125–500 US$/Woche. Automobilclubmitglieder oder Vielflieger bekommen eventuell Rabatte bzw. Bonuspunkte oder -meilen.

Weiterhin wichtig: Landesweit vertretene Unternehmen vermieten Autos meist standardmäßig mit unbegrenzter Meilenzahl *(unlimited mileage)*, für die eigenständige Anbieter gelegentlich einen Aufpreis verlangen. Die Mietpreissteuer variiert je nach Bundesstaat und Unternehmenssitz. Daher unbedingt immer nach dem Gesamtpreis inklusive aller Steuern und Gebühren fragen! Meist wird ein Zuschlag *(drop-off charge)* fällig, wenn man das Auto an einem Ort abholt und woanders zurückgibt. Diesen Service bieten normalerweise nur landesweit tätige Firmen. Achtung: Verspätete Rückgabe ist oft mit einem saftigen Aufpreis verbunden. Wer sein Auto dagegen früher zurückbringt, verspielt vielleicht den ursprünglich vereinbarten Wochen- oder Monatsrabatt.

Manche landesweit vertretenen Großfirmen wie Avis, Budget oder Hertz vermieten auch Autos mit Hybrid- bzw. Elektroantrieb (z. B. Toyota Prius, Nissan Leaf) im Rahmen von „grünen" Fuhrparks. Allerdings kosten solche Modelle in der Regel deutlich mehr. Hybridfahrzeuge werden ansonsten auch von eigenständigen Agenturen wie BioBeetle (Hawaii; www.bio-beetle.com) oder Green Motion USA (Kalifornien, Florida; www.greenmotionusa.com) angeboten. Generell findet man Unternehmen dieser Art vor allem an der US-Westküste.

Motorrad & Wohnmobil

Wer von einem Harley-Ritt durch Amerika träumt, ist bei EagleRider (www.eaglerider.com) richtig. Dieser Verleiher ist mit Großstadtfilialen landesweit vertreten. Wem der Sinn eher nach einem RV – einem Wohnmobil – steht, sollte ein Blick auf www.usarvrentals.com und www.cruiseamerica.com werfen. Dabei gilt zu bedenken, dass Miet- und Versicherungsgebühren für diese Fahrzeuge alles andere als billig sind.

Straßenzustand & Gefahren

Amerikas Highways sind makellos asphaltiert. Ausnahmen bestätigen allerdings die Regel. Gefahren stellen u. a. Schlaglöcher, die Rushhour und Wildtiere dar – und Fahrer, die am Steuer in Rage geraten, mit dem Handy telefonieren oder von ihren Kindern abgelenkt werden. Doch bei vorsichtiger, vorausschauender und passiver Fahrweise lassen sich kritische Situationen mit etwas Glück normalerweise meistern. Die Website www.fhwa.dot.gov/trafficinfo informiert über die Verkehrslage und gesperrte Straßen im ganzen Land.

➡ In schneereichen Gegenden sind die Winterreifen vieler Autos mit Spikes besetzt. In Bergregionen werden teilweise Schneeketten benötigt.

➡ Viele Autovermieter untersagen es ihren Kunden, mit den Mietautos *offroad* oder auf unbefestigten Straßen zu fahren. Das birgt nämlich vor allem bei Regen ein beachtliches Gefahrenpotenzial.

TANKEN

Viele Tankstellen in den USA haben Tanksäulen mit automatischen Kreditkarten-Zahlsystemen. Einige Systeme fragen nach dem ZIP-Code (Postleitzahl), nachdem man die Karte durchgezogen hat. Ausländer – oder Inhaber von ausländischen Kreditkarten – müssen vor dem Tanken in der Tankstelle bezahlen. Man gibt an, wie viel man tanken möchte, und der Betrag wird von der Karte abgebucht. Wenn man weniger tankt, geht man zurück in die Tankstelle, und der Rest wird auf der Karte wieder gutgeschrieben.

➡ In Wüsten- und Weideregionen gibt's mancherorts keine Zäune, die grasendes Vieh von der Straße fernhalten könnten. Schilder mit der Aufschrift *Open Range* oder der Abbildung einer Kuh weisen auf solche Straßenabschnitte hin.

➡ Verkehrszeichen mit einem abgebildeten Hirsch warnen vor Wildwechsel – besonders bei Dämmerung sollte man die damit verbundenen Risiken nicht auf die leichte Schulter nehmen!

Verkehrsregeln

➡ In den USA herrscht Rechtsverkehr; überholt wird links.

➡ Bis auf New Hampshire schreiben alle US-Bundesstaaten die Verwendung von Sicherheitsgurten für Erwachsene vor. Fahrzeuginsassen unter 18 Jahren sind jedoch überall sicher anzugurten bzw. je nach Alter zusätzlich in einem geeigneten Kindersitz unterzubringen. Die meisten Autovermieter verleihen Kindersitze (ca. 10–14 US$/Tag; Reservierung beim Buchen erforderl.).

➡ Manche Bundesstaaten schreiben Schutzhelme für Motorradfahrer vor.

➡ Auf den Interstates sind in der Regel 75 mph (120 km/h) erlaubt. Ansonsten gelten generell Höchstgeschwindigkeiten von 55 oder 65 mph (89 bzw. 105 km/h) auf Highways und 25 bis 35 mph (40–56 km/h) innerhalb geschlossener Ortschaften. Das Tempolimit im Bereich von Schulen liegt bei 15 mph (24 km/h) und wird während der Schulzeit sehr streng kontrolliert. Schulbusse mit blinkenden Warnlichtern dürfen grundsätzlich nicht überholt werden.

➡ Sofern es nicht durch Schilder untersagt ist, darf man an roten Ampeln rechts abbiegen. (Vorsicht: In New York City ist es verboten, an einer roten Ampel rechts abzubiegen!) Dabei ist die Vorfahrt des fließenden Verkehrs zu beachten.

➡ An Kreuzungen mit vier Stoppschildern geht's in Ankunftsreihenfolge weiter. Bei gleichzeitigem Erreichen gilt „rechts vor links". Im Zweifelsfall sollte man dem anderen Fahrer einfach mittels höflichen Winkens Vorrang gewähren.

➡ Sobald sich Einsatzfahrzeuge (z. B. Polizei, Feuerwehr, Rettungswagen) aus beliebiger Richtung nähern, heißt es verkehrsgerecht am Straßenrand halten bzw. eine ausreichend große Gasse bilden.

➡ In vielen US-Bundesstaaten ist es mittlerweile verboten, während der Fahrt mit dem Handy am Ohr zu telefonieren. Eine geeignete Freisprecheinrichtung ist sinnvoll.

➡ In den USA gilt eine Promillegrenze von 0,8. Parallel sind die Strafen für DUI – *Driving Under the Influence* (Fahren unter dem Einfluss von Alkohol oder anderen Drogen) – sehr streng. Die Polizei kann Verkehrsteilnehmer jederzeit auf Alkohol- und Drogenkonsum überprüfen. Wer dabei negativ auffällt, muss sich einem Atem-, Urin- oder Bluttest unterziehen. So wird festgestellt, wie viel Alkohol oder Drogen man intus hat. Eine Weigerung entspricht einem Schuldeingeständnis.

➡ Manche Bundesstaaten verbieten das Mitführen von „geöffneten Alkoholbehältern" *(open containers)* im Fahrzeuginnenraum – selbst dann, wenn sie leer sind.

➡ Wer von der Polizei angehalten wird, sollte unbedingt im Fahrzeug sitzen bleiben und alle Papiere (Führerschein, Zulassung, Versicherungsnachweis, Mietwagenvertrag) bereithalten. Dann das Fenster herunterlassen, die Hände sichtbar am Lenkrad behalten und auf die Anweisungen des herangetretenen Beamten warten. Ganz wichtig: Immer höflich bleiben und auf gar keinen Fall aussteigen und/oder hektisch in den Taschen oder im Handschuhfach wühlen – denn darauf reagieren US-Polizisten potenziell sofort mit Sicherungsmaßnahmen (inkl. Ziehen der entsicherten Dienstwaffe)!

Versicherung

Ohne offiziell vorgeschriebene Versicherung sollte man den Schlüssel gar nicht erst ins Zündschloss stecken: Im Fall eines Unfalls drohen finanzieller Ruin und rechtliche Konsequenzen. Wer bereits eine (heimische) Kraftfahrzeugversicherung hat oder eine spezielle Reiseversicherung abschließt, sollte sicherstellen, dass die Police auch einen adäquaten Haftpflichtschutz für ausländische Mietwagen umfasst. Die verschiedenen US-Bundesstaaten verlangen unterschiedliche Mindestdeckungen.

Die meisten Autovermieter bieten Haftpflichtversicherungen gegen einen Aufpreis an. Vollkaskoschutz ist jedoch so gut wie nie möglich. Stattdessen gibt's optional Collision Damage Waivers (CDW) oder Loss Damage Waivers (LDW), die im Schadensfall normalerweise eine Selbstbeteiligung vorsehen, die zwischen 100 und 500 US$ liegt. Auch diese kann in der Regel gegen eine Extraprämie mit abgedeckt werden. Ein maximaler Versicherungsschutz erhöht die Mietwagenkosten um bis zu 30 US$ pro Tag.

Zudem offerieren viele Kreditkartenfirmen kostenlose Versicherungen für Mietwagenkunden. Voraussetzung hierfür: Die Leihdauer darf 15 Tage nicht überschreiten, und die Mietgebühr muss komplett per Kreditkarte bezahlt werden. So lassen sich Zusatzkosten beim Autovermieter ganz gut vermeiden. Eventuell muss man diesem aber zunächst den ganzen Schaden ersetzen und sich sein Geld anschließend vom Kreditkartenunternehmen zurückholen.

Auch wegen potenzieller Ausschlussklauseln (z. B. für besondere „Exoten" wie Allrad-Jeeps oder Cabrios) sollten alle Kreditkartenkonditionen unbedingt rechtzeitig und mit Sorgfalt überprüft werden!

Sprache

Briten, Amerikaner, Kanadier, Australier und Neuseeländer, deutsche Geschäftsleute und norwegische Wissenschaftler, der indische Verwaltungsbeamte und die Hausfrau in Kapstadt – fast jeder scheint Englisch zu sprechen. Und wirklich: Englisch ist die am weitesten verbreitete Sprache der Welt (wenn es auch nur den zweiten Platz für die am meisten gesprochene Muttersprache gibt – Chinesisch ist diesbezüglich die Nr. 1).

Logisch, dass es bei einer solchen Verbreitung nicht *das* Englische gibt, sondern vielmehr eine Unmenge von lokalen Eigenheiten in der Aussprache und im Wortschatz. Ein texanischer Ranger wird also wahrscheinlich seine Schwierigkeiten haben, einen australischen Jugendlichen aus Sydney zu verstehen.

Hier folgen nur die wichtigsten Begriffe und Wendungen, um sich bei einem Urlaub in der USA durchschlagen zu können.

Konversation & Nützliches

Hallo.	*Hello.*
Guten …	*Good …*
Tag	*day*
Tag (nachmittags)	*afternoon*
Morgen	*morning*
Abend	*evening*
Auf Wiedersehen.	*Goodbye.*
Bis später.	*See you later.*
Tschüss.	*Bye.*
Wie geht es Ihnen/dir?	*How are you?*
Danke, gut.	*Fine. And you?*
Und Ihnen/dir?	*… and you?*
Wie ist Ihr Name?/ Wie heißt du?	*What's your name?*
Mein Name ist …	*My name is …*
Wo kommen Sie her?/ Wo kommst du her?	*Where do you come from?*
Ich komme aus …	*I'm from …*
Wie lange bleiben Sie/ bleibst du hier?	*How long do you stay here?*
Ja.	*Yes.*
Nein.	*No.*
Bitte.	*Please.*
Danke/ Vielen Dank.	*Thank you (very much).*
Bitte (sehr).	*You're welcome.*
Entschuldigen Sie, …	*Excuse me, …*
Entschuldigung.	*Sorry.*
Es tut mir leid.	*I'm sorry.*
Verstehen Sie (mich)?	*Do you understand (me)?*
Ich verstehe (nicht).	*I (don't) understand.*
Könnten Sie …?	*Could you please …?*
bitte langsamer sprechen	*speak more slowly*
das bitte wiederholen	*repeat that*
es bitte aufschreiben	*write it down*

NOCH MEHR GEFÄLLIG?

Noch besser kommt man mit dem *Sprachführer Englisch* von Lonely Planet durch die USA. Man findet den Titel im Buchhandel.

Fragewörter

Wer?	*Who?*
Was?	*What?*

Wo?	*Where?*
Wann?	*When?*
Wie?	*How?*
Warum?	*Why?*
Welcher?	*Which?*
Wie viel/viele?	*How much/many?*

Gesundheit

Wo ist der/die/das nächste ...?
Where's the nearest ...?

Apotheke	*chemist*
Zahnarzt	*dentist*
Arzt	*doctor*
Krankenhaus	*hospital*

Ich brauche einen Arzt.
I need a doctor.

Gibt es in der Nähe eine (Nacht-)Apotheke?
Is there a (night) chemist nearby?

Ich bin krank.	*I'm sick.*
Es tut hier weh.	*It hurts here.*
Ich habe mich übergeben.	*I've been vomiting.*
Ich habe ...	*I have ...*
Durchfall	*diarrhoea*
Fieber	*fever*
Kopfschmerzen	*headache*
(Ich glaube,)	*(I think)*
Ich bin schwanger.	*I'm pregnant.*
Ich bin allergisch ...	*I'm allergic ...*
gegen Antibiotika	*to antibiotics*
gegen Aspirin	*to aspirin*
gegen Penizillin	*to penicillin*

Mit Kindern reisen

Ich brauche ...	*I need a/an ...*
Gibt es ...?	*Is there a/an ...?*
einen Wickelraum	*baby change room*
einen Babysitter	*babysitter*
einen Kindersitz	*booster seat*
eine Kinderkarte	*children's menu*
einen Kinderstuhl	*highchair*
(Einweg-)Windeln	*(disposable) nappies*
ein Töpfchen	*potty*
einen Kinderwagen	*stroller*

Stört es Sie, wenn ich mein Baby hier stille?
Do you mind if I breastfeed here?

NOTFALL

Hilfe!
Help!

Es ist ein Notfall!
It's an emergency!

Rufen Sie die Polizei!
Call the police!

Rufen Sie einen Arzt!
Call a doctor!

Rufen Sie einen Krankenwagen!
Call an ambulance!

Lassen Sie mich in Ruhe!
Leave me alone!

Gehen Sie weg!
Go away!

Sind Kinder zugelassen?
Are children allowed?

Papierkram

Name	*name*
Staatsangehörigkeit	*nationality*
Geburtsdatum	*date of birth*
Geburtsort	*place of birth*
Geschlecht	*sex/gender*
(Reise-)Pass	*passport*
Visum	*visa*

Shoppen & Service

Ich suche ...
I'm looking for ...

Wo ist der/die/das (nächste) ...?
Where's the (nearest) ...?

Wo kann ich ... kaufen?
Where can I buy ...?

Ich möchte ... kaufen.
I'd like to buy ...

Wie viel (kostet das)?
How much (is this)?

Das ist zu viel/zu teuer.
That's too much/too expensive.

Können Sie mit dem Preis herunter-gehen?
Can you lower the price?

Ich schaue mich nur um.
I'm just looking.

Haben Sie noch andere?
Do you have any others?

Können Sie ihn/sie/es mir zeigen?
Can I look at it?

mehr	*more*
weniger	*less*
kleiner	*smaller*
größer	*bigger*

Nehmen Sie ...?	*Do you accept ...?*
Kreditkarten	*credit cards*
Reiseschecks	*traveller's cheques*
Ich möchte ...	*I'd like to ...*
Geld umtauschen	*change money*
einen Scheck einlösen	*cash a cheque*
Reiseschecks einlösen	*change traveller's cheques*

Ich suche ...	*I'm looking for ...*
einen Arzt	*a doctor*
eine Bank	*a bank*
die ... Botschaft	*the ... embassy*
einen Geldautomaten	*an ATM*
das Krankenhaus	*the hospital*
den Markt	*the market*
ein öffentliches Telefon	*a public phone*
eine öffentliche Toilette	*a public toilet*
die Polizei	*the police*
das Postamt	*the post office*
die Touristen-information	*the tourist information*
eine Wechselstube	*an exchange office*

Wann macht er/sie/es auf/zu?
What time does it open/close?

Ich möchte eine Telefonkarte kaufen.
I want to buy a phone card.

Wo ist hier ein Internetcafé?
Where's the local Internet cafe?

Ich möchte ...	*I'd like to ...*
ins Internet	*get Internet access*
meine E-Mails checken	*check my email*

Uhrzeit & Datum

Wie spät ist es?	*What time is it?*
Es ist (ein) Uhr.	*It's (one) o'clock.*
Zwanzig nach eins	*Twenty past one*
Halb zwei	*Half past one*
Viertel vor eins	*Quarter to one*
morgens/vormittags	*am*
nachmittags/abends	*pm*

jetzt	*now*
heute	*today*
heute Abend	*tonight*
morgen	*tomorrow*
gestern	*yesterday*
Morgen	*morning*
Nachmittag	*afternoon*
Abend	*evening*

Montag	*Monday*
Dienstag	*Tuesday*
Mittwoch	*Wednesday*
Donnerstag	*Thursday*
Freitag	*Friday*
Samstag	*Saturday*
Sonntag	*Sunday*

Januar	*January*
Februar	*February*
März	*March*
April	*April*
Mai	*May*
Juni	*June*
Juli	*July*
August	*August*
September	*September*
Oktober	*October*
November	*November*
Dezember	*December*

Unterkunft

Wo ist ...?	*Where's a ...?*
eine Pension	*bed and breakfast guesthouse*
ein Campingplatz	*camping ground*
ein Hotel/Gasthof	*hotel*
ein Privatzimmer	*room in a private home*
eine Jugend-herberge	*youth hostel*

Wie ist die Adresse?
What's the address?

Ich möchte bitte ein Zimmer reservieren.
I'd like to book a room, please.

Für (drei) Nächte/Wochen.
For (three) nights/weeks.

EIN ZIMMER RESERVIEREN

(per Brief, Fax oder E-Mail)

An ...	*To ...*
Vom ...	*From ...*
Datum	*Date*

Ich möchte reservieren ...
I'd like to book ...

auf den Namen ...	*in the name of ...*
vom ... bis zum ...	*from ... to ...*

(Bett-/Zimmeroptionen s. Liste Unterkunft)

Kreditkarte	*credit card*
Nummer	*number*
gültig bis	*expiry date*

Bitte bestätigen Sie Verfügbarkeit und Preis.
Please confirm availability and price.

Haben Sie ein ...?	*Do you have a ... room?*
Einzelzimmer	*single*
Doppelzimmer	*double*
Zweibettzimmer	*twin*

Wieviel kostet es pro Nacht/Person?
How much is it per night/person?

Kann ich es sehen?
May I see it?

Kann ich ein anderes Zimmer bekommen?
Can I get another room?

Es ist gut, ich nehme es.
It's fine. I'll take it.

Ich reise jetzt ab.
I'm leaving now.

Verkehrsmittel & -Wege

Öffentliche Verkehrsmittel

Wann fährt ... ab?
What time does the ... leave?

das Boot/Schiff	*boat/ship*
die Fähre	*ferry*
der Bus	*bus*
der Zug	*train*

Wann fährt der ... Bus?
What time's the ... bus?

erste	*first*
letzte	*last*
nächste	*next*

Wo ist der nächste U-Bahnhof?
Where's the nearest metro station?

Welcher Bus fährt nach ...?
Which bus goes to ...?

U-Bahn	*metro*
(U-)Bahnhof	*(metro) station*
Straßenbahn	*tram*
Straßenbahnhaltestelle	*tram stop*
S-Bahn	*suburban (train) line*

Eine ... nach (Sydney).
A ... to (Sydney).

einfache Fahrkarte	*one-way ticket*
Rückfahrkarte	*return ticket*
Fahrkarte 1. Klasse	*1st-class ticket*
Fahrkarte 2. Klasse	*2nd-class ticket*

Der Zug wurde gestrichen.
The train is cancelled.

Der Zug hat Verspätung.
The train is delayed.

Ist dieser Platz frei?
Is this seat free?

Muss ich umsteigen?
Do I need to change trains?

Sind Sie frei?
Are you free?

Was kostet es bis ...?
How much is it to ...?

Bitte bringen Sie mich zu (dieser Adresse).
Please take me to (this address).

Private Transportmittel

Wo kann ich ein ... mieten?
Where can I hire a/an ...?

Ich möchte ein ... mieten.
I'd like to hire a/an ...

Allradfahrzeug	*4WD*
Auto	*car*
Fahrrad	*bicycle*
Fahrzeug mit Automatik	*automatic*
Fahrzeug mit Schaltung	*manual*
Motorrad	*motorbike*

VERKEHRSSCHILDER

Danger	*Gefahr*
No Entry	*Einfahrt verboten*
One-way	*Einbahnstraße*
Entrance	*Einfahrt*
Exit	*Ausfahrt*
Keep Clear	*Ausfahrt freihalten*
No Parking	*Parkverbot*
No Stopping	*Halteverbot*
Toll	*Mautstelle*
Cycle Path	*Radweg*
Detour	*Umleitung*
No Overtaking	*Überholverbot*

Wieviel kostet es pro Tag/Woche?
How much is it per day/week?

Wo ist eine Tankstelle?
Where's a petrol station?

Benzin	*petrol*
Diesel	*diesel*
Bleifreies Benzin	*unleaded*

Führt diese Straße nach ...?
Does this road go to ...?

Wo muss ich bezahlen?
Where do I pay?

Ich brauche einen Mechaniker.
I need a mechanic.

Das Auto hat eine Panne.
The car has broken down.

Ich habe einen Platten.
I have a flat tyre.

Das Auto/Motorrad springt nicht an.
The car/motorbike won't start.

Ich habe kein Benzin mehr.
I've run out of petrol.

Wegweiser

Können Sie mir bitte helfen?
Could you help me, please?

Ich habe mich verirrt.
I'm lost.

Wo ist (eine Bank)?
Where's (a bank)?

In welcher Richtung ist (eine öffentliche Toilette)?
Which way's (a public toilet)?

Wie kann ich da hinkommen?
How can I get there?

Wie weit ist es?
How far is it?

Können Sie es mir (auf der Karte) zeigen?
Can you show me (on the map)?

links	*left*
rechts	*right*
nahe	*near*
weit weg	*far away*
hier	*here*
dort	*there*
an der Ecke	*on the corner*
geradeaus	*straight ahead*
gegenüber ...	*opposite ...*
neben ...	*next to ...*
hinter ...	*behind ...*
vor ...	*in front of ...*

Norden	*north*
Süden	*south*
Osten	*east*
Westen	*west*

Biegen Sie ... ab.	*Turn ...*
links/rechts	*left/right*
an der nächsten Ecke	*at the next corner*
bei der Ampel	*at the traffic lights*

Zahlen

0	*zero*
1	*one*
2	*two*

SCHILDER

Police	*Polizei*
Police Station	*Polizeiwache*
Entrance	*Eingang*
Exit	*Ausgang*
Open	*Offen*
Closed	*Geschlossen*
No Entry	*Kein Zutritt*
No Smoking	*Rauchen verboten*
Prohibited	*Verboten*
Toilets	*Toiletten*
Men	*Herren*
Women	*Damen*

3	*three*
4	*four*
5	*five*
6	*six*
7	*seven*
8	*eight*
9	*nine*
10	*ten*
11	*eleven*
12	*twelve*
13	*thirteen*
14	*fourteen*
15	*fifteen*
16	*sixteen*
17	*seventeen*
18	*eighteen*
19	*nineteen*
20	*twenty*
21	*twentyone*
22	*twentytwo*
23	*twentythree*
24	*twentyfour*
25	*twentyfive*
30	*thirty*
40	*fourty*
50	*fifty*
60	*sixty*
70	*seventy*
80	*eigthy*
90	*ninety*
100	*hundred*
1000	*thousand*
2000	*two thousand*
100 000	*hundred thousand*

Hinter den Kulissen

WIR FREUEN UNS ÜBER EIN FEEDBACK

Post von Travellern zu bekommen ist für uns ungemein hilfreich – Kritik und Anregungen halten uns auf dem Laufenden und helfen, unsere Bücher zu verbessern. Unser reiseerfahrenes Team liest alle Zuschriften genau durch, um zu erfahren, was an unseren Reiseführern gut und was schlecht ist. Wir können solche Post zwar nicht individuell beantworten, aber jedes Feedback wird garantiert schnurstracks an die jeweiligen Autoren weitergeleitet, rechtzeitig vor der nächsten Auflage.

Wer Ideen, Erfahrungen und Korrekturhinweise zum Reiseführer mitteilen möchte, hat die Möglichkeit dazu auf **www.lonelyplanet.de/kontakt**.

Hinweis: Da wir Beiträge möglicherweise in Lonely Planet Produkten (Reiseführer, Websites, digitale Medien) veröffentlichen, ggf. auch in gekürzter Form, bitten wir um Mitteilung, falls ein Kommentar nicht veröffentlicht oder ein Name nicht genannt werden soll. Wer Näheres über unsere Datenschutzpolitik wissen will, erfährt das unter www.lonelyplanet.com/privacy.

DANK DER AUTOREN

Isabel Albiston

Mein Dank geht an alle in Massachusetts, die mich so freundlich behandelten und bereitwillig meine Fragen beantworteten, insbesondere an alle Museumsführer, die mir unterwegs alles zeigten. Danken möchte ich Leah, Julie und Andrea für ihre herzliche Gastfreundschaft und Trisha, die mir den Auftrag für dieses tolle Projekt gab. Und zu guter Letzt danke an Ellie, Alan und Liz, dass sie sich mir am Ende der Reise anschlossen.

Mark Baker

So viele Menschen stellten sich plötzlich ein, um mir bei meinen Recherchen in Minnesota und Wisconsin zu helfen, dass ich nur ein paar herausgreifen kann. Danken möchte ich neben all den anderen in Minnesota Monte Hanson, Alex Friedrich, Leif Pettersen, Liz Puhl, Zach Peterson, Stacey Mae McGowan Olson und Robert Olson und in Wisconsin Sarah Lewison, Richard Ryan und Joan Menefee. Danken möchte ich auch Trisha Ping, der Redakteurin bei Lonely Planet, die mich einlud, an diesem Projekt teilzunehmen.

Amy C. Balfour

Für Einblicke in Mississippi danke ich Jim Foley, Eone Moore, Lake Andrews, Sarah Nobles, Kevin Webb und Erik Arnold. Zum Team Tennessee gehörten Jeff und Heather Kelsey, Lauren Batte, Jim Hester, Frank Watson, Chad Graddy und David Wells. Ein Dank an Melissa und Michael Peeler, die mich bei ihnen zu Hause übernachten ließen und mir all die guten Restaurants, Kneipen und Treffs in Memphis zeigten. Ein Dank an Mary, Anna und Margie für ihre Empfehlungen. Ja, Michael, ich habe auch Celtic Crossing aufgenommen!

Danken möchte ich Brandon Dekema und Christy Germscheid für die Tipps zum Enchanted Circle und die Gastfreundschaft in Angel Fire. Ein Dankeschön geht auch an Todd Norman, Matt Redington, John White, Marty Robertson, Elizabeth Edgren, Charise May und Ellen McBee. Michael Benanav danke ich für das Treffen und die Anregungen zum zentralen New Mexico.

Robert Balkovich

Danken will ich meinen Eltern, meiner Schwester und meinen Freunden für ihre Liebe und Unterstützung. Ein besonderer Dank geht an Michael, Raghnild, Elizabeth und Ming für ihre Gastfreundschaft und vielen Tipps und an Matthew für die Begleitung auf der Reise. Danken will ich Karin, die ihre Liebe zu Seattle mit mir teilte und mich auf die richtigen Spuren brachte, sowie Lynae für das wunderbare zweite Zuhause, dem ich viele tolle Erinnerungen verdanke.

Ray Bartlett

Vielen Dank an Trisha und Evan, die anderen Leute von Lonely Planet sowie an meine Familie und Freunde. Ihr seid toll! Unterwegs traf ich viele tolle Leute, die die Reise erst richtig schön machten: Charissa und Bret, Tara, Amber und Shannon, Palma und Karyn, May Lee, Theresa und Jessenia, Rebeckah und Ashley, „Cousin" Steve, Ericha und Bria, Austin (Habari!), Yimee Nguyen, Sabrina V., Michael Milgate, Kelley Luikey, Vogelfreundin Sara, Swanee, Jason und Sam sowie natürlich Kiko the Mermaid. Ich hoffe, bald wieder zurück zu sein!

Greg Benchwick

Dieses Buch wäre ohne die Unterstützung meiner Familie nicht möglich gewesen: Dad, Mom, Cara, Bry und die kleine Violeta – ich liebe euch! Danke an die wundervollen Redakteure, Kartografen und das gesamte Team von Lonely Planet für dieses hinreißende Buch. Und vielen Dank den Leuten vor Ort, die mir halfen, z.B. Chris vom Pine Needles in Durango oder die freundliche Sara.

Celeste Brash

Danken will ich meinem Ehemann Josh und meinen Kindern, die mich im Verlauf der Jahre auf so vielen Reisen nach Oregon begleitet haben, und all meinen alten und neuen Freunden, die mir dieses Mal halfen, darunter Ticari, Chris & Ashley, Nathan, Dana, Jon & Kara, Ron & Nisa, Elizabeth, Pattye, Rachel Cabakoff, Amanda Castleman, Dave Nevins, Amy Hunter, all den anderen Mitautoren dieses Buches und Ben Buckner, der die Arbeit betreute.

Jade Bremner

Danke an die fachkundige Redakteurin Trisha Ping für all ihr Wissen über die Südstaaten und an all die hart arbeitenden Barbecue-Köche in Georgia und North Carolina, deren tolles Rauchfleisch und deren Saucen mich auf der ganzen Reise durch den Süden bei Kräften hielten. Danken will ich zudem Norm und Skye in North Carolina für ihre tollen Tipps und Ratschläge zur Region. Und zu guter Letzt geht ein Dank an alle, die hart hinter den Kulissen arbeiten: Cheree Broughton, Dianne und Jane, Helen Elfer und Neill Coen.

Gregor Clark

Ich danke all den vielen Leuten aus Vermont, die mir für diese Auflage ihre Lieblingsstellen im Green Mountain State zeigten, insbesondere Shawn O'Neil, Margo Whitcomb, Victoria St. John, Jim Lockridge und Joy Cohen. Und darüber hinaus geht ein Dank an Gaen, Meigan und Chloe für die lebenslange Kameradschaft bei unseren Familienabenteuern an jenem tollen Ort, den wir unser Zuhause nennen.

Stephanie d'Arc Taylor

Wie stets vollbringe ich nichts ohne die Hilfe und Inspiration von Queen Xtine. Meinem Heimteam Maya G., A&E, Daniel und Danielle und Carlo, grazie! Ich danke den freundlichen Parkrangern im Great Basin und den Leuten im Kerouac's (ich stalke euch nicht, versprochen!). Ich danke dem Typ im Napa Auto Parts in Lone Pine. Und bei LP danke ich Ben Buckner, Lauren Keith, Alicia Johnson, Martine Power und Sasha Drew für ihre Aufmerksamkeit. Ein letzter Dank gilt meinem verstorbenen Vater, der mir die ruhige Schönheit von Basin & Range zeigte.

Michael Grosberg

Vielen Dank all denen, die ihre Erlebnisse, ihr Wissen und ihre tiefe Leidenschaft für Glacier, Whitefish und Waterton mit mir teilten, darunter Brian Schott, Greg Fortin, Riley Polumbus, Rhonda Fitzgerald, Chris Schustrom, Cricket Butler, B. J. Elzinga, Marc Ducharme, Michelle Gaudet, Kimmy Walt, Angel Esperanueva und Monica Jungster. Und danke an Carly, Rosie, Willa und Boone, die in der Wildnis Kontakt hielten.

Ashley Harrell

Ein Dank geht an Erin Morris, weil sie mich in ihrem Staat willkommen hieß, an Kourtnay King und Paul Haynes, weil sie mich aufnahmen und mir halfen, an Chandler Routman, der mich nach draußen führte, an Jason, Elizabeth, Iris und Loulou Ryan, die eine so großartige Familie sind, an Patty Pascal für ihre ungezügelte Begeisterung, an Halsey Perrin, Kim Jamieson und Ruta Fox für ihre Hilfe und ihr Wissen und schließlich an den immer wieder erstaunlichen Chris Dorsel.

Danken will ich ferner Freda Moon für die Ratschläge zu Mendocino, Amy Benziger, die sich auf meine Recherche-Abstecher in Tahoe (und überhaupt) einließ, ferner dem netten norwegischen Paar, die im Sequoia anhielten, um zwei schmutzige Tramper mitzunehmen, und schließlich Steven Sparapani und Osa Peligrosa, die sich mir auf der langen Reise über 4800 aufregende Kilometer durch Nordkalifornien anschlossen.

John Hecht

Ich danke all den freundlichen Leuten in Utah, die ihre Hilfe anboten, sei es in den Brewpubs, auf den Trails oder wo sonst sich unsere Wege kreuzten. Danken möchte ich auch dem Redakteur Ben Buckner, den Mitautoren dieses Buches und meiner lieben Frau Lau für all ihre Unterstützung.

Adam Karlin

Danke an die Mitarbeiter, Studierenden und Lehrenden der University of New Orleans, die mir halfen, meine Stimme zum Schreiben über den Süden zu finden. Danke, Mom und Dad, für alles – und danke an meine liebsten Reisegefährten: Rachel, Sanda und Isaac.

Brian Kluepfel

Danken will ich meiner Frau und meinem Leitstern Paula Zorrilla, außerdem Trisha bei Lonely Planet und meinen schreibenden Mitstreitern Robert und Adam, ferner Marc in Atlantic City, Brooke in Montauk und Tom K. in Hoboken, die ihr Lokalwissen mit mir teilten. Für coole Strandtipps danke ich Joe Dawson, Laura Tafuri und Karen Ramos. Und außerdem geht mein Dank auch an all die netten Mautkassierer auf dem Garden State Parkway, von denen ich einige jetzt mit Vornamen kenne.

Ali Lemer

Ein dickes Dankeschön schulde ich Will Coley, Nicole Marsella, Adam Michaels, Regis St. Louis und Trisha Ping sowie Professor Kenneth Jackson, der mir die Geschichte von New York City wie kein anderer nahebrachte. Meine Arbeit widme ich der Erinnerung an meinen Vater Albert Lemer, einen New Yorker in erster Generation, der meine Begeisterung für Fernreisen weckte und meine Liebe zu unserer Heimatstadt teilte, der tollsten Stadt der Welt.

Vesna Maric

Ich danke Trisha Ping und Evan Godt für den Auftrag. Vielen Dank, Alicia Estefania und Susana Felices, und ein großes Dankeschön geht auch an Marta Vila für ihre Großzügigkeit sowie an Atena Sherry für die schöne Zeit.

Virginia Maxwell

Ich danke Barbara Balman und Bob Bresnahan in Washington, D.C., für ihre gastfreundliche Begleitung und ihre Insider-Tipps. Trisha Ping danke ich für den Auftrag und interessante Anregungen. Danken möchte ich auch der Washington-Expertin Karla Zimmerman und meinen Reisebegleitern Eveline Zoutendijk, George Grundy und Ryan Ver Berkmoes. Zu Hause in Australien gilt mein Dank und meine Liebe Peter Handsaker, der sich dem Chaos der Wohnungsrenovierung stellte und mir meine Abwesenheit nicht (na ja, nur ein wenig) vorwarf.

MaSovaida Morgan

Ich danke all den freundlichen Menschen in Savannah und darüber hinaus, die mir mit Tipps, Anleitung und Feedbacks bei diesem Projekt zur Seite standen. Insbesondere danke ich Chad Faries und Emily Jones, Robert Firth und Trisha Ping, die mich überhaupt erst in Marsch setzte. Mein besonderer Dank und meine Liebe gelten Ny, Ty und Haj.

Barbara Noe Kennedy

Ich kann den vielen Menschen in Washington gar nicht genug danken, die mir den richtigen Weg zeigten und mich über die neuesten, aufregendsten Geschehnisse auf dem Laufenden hielten. Vor allem aber danke ich Kate Gibbs von Destination DC für die unermüdliche Bereitschaft, all meine Fragen zu beantworten und mich über jede neue Ausstellung zu informieren. Danken möchte ich auch meinem Mann David Kennedy, der stets bereit ist, sich gemeinsam mit mir auf alles einzulassen, was Washington zu bieten hat.

Becky Ohlsen

Ich danke dem Redakteur Ben Buckner für den Auftrag und Celeste Brash für ihre Arbeit an der vorigen Auflage. Mein Dank geht zudem an Paul Smith, der ein toller Begleiter auf der Reise ist, und an all die engagierten Freiwilligen in den wundervollen kleinen Museen, in den State Parks, National Parks und auf den Campingplätzen, die ich auf der Reise besuchte.

Lorna Parkes

Danke an die Einwohner von New York für ihre Freundlichkeit und den zauberhaften alltäglichen Trubel auf den Bürgersteigen und in der U-Bahn – Letzteres hatte ich erwartet, Ersteres war eine Überraschung. Danken will ich Kat und Heather, die sich mir gelegentlich anschlossen, um die besten Cocktail-Barkeeper und Livemusikstätten zu ermitteln. Danke sagen muss ich vor allem aber Austin und Lily, die geduldig auf meine Heimkehr warteten, und Rob und meinen Schwiegereltern, die das Familienleben in meiner Abwesenheit zusammenhielten.

Christopher Pitts

Ich möchte den außergewöhnlich freundlichen Menschen in Arizona danken. Mein besonderer Dank gilt meiner Mom, Michael und Maddie in Scottsdale sowie Ellen und Norman für ihre tollen Tipps. Ich danke Tolin in Cochise Stronghold für die Führung auf den Sheepshead. Zu Hause gilt mein Dank wie immer meinen liebsten Mitstreitern Perrine, Elliot und Celeste.

Trisha Ping

Ich danke Alicia Johnson für die Sport-Infos, Bailey Freeman für die örtliche Redaktion und Martine und Sasha für den Auftrag!

Kevin Raub

Ich danke Trisha Ping und all meinen Mitstreitern bei Lonely Planet. Für die Hilfe unterwegs gilt mein Dank Jordan Mazzoni, Erika Dahl, Ali Lechlitner, Anita und Kevin Welch, Jana und Bill Swigart, Tom und Alice Erlandson, Erika Dahl, Marla Cichowski, Gina Speckman, Jessica Waytenick, Jeff Berg, Luanne Mattson, Sarah Prasil, Erin Hawkins, Erin White, Tyra Miller und Morgan Snyder.

Simon Richmond

Danken möchte ich Jerry Silverman, Lindsay Ryan, Tish Byrne, Mason Wray und Rajeev Shankar, die mir in Philadelphia großzügig mit Zeit und Rat beistanden.

Regis St. Louis

Ich bin all den Gasthofbetreibern, Parkrangern, Baristas, Ladenbesitzern und Mitreisenden dankbar, die mir ihre Einblicke zu Maine mitteilten. Ein besonderer Dank gilt Brother Arnold für das fabelhafte Mahl im Sabbathday Shaker Village, Scott Cowger für die Tipps und die Scheunentour in Hallowell, Jack Burke und Julie Van De Graaf für ihre Freundlichkeit in Castine sowie Gregor Clark und Diane Plauche für ihre Anregungen in Bezug auf Maine. Ganz besonders bin ich meiner Familie dankbar, die die Heimkehr zum schönsten Teil der Reise macht.

Ryan Ver Berkmoes

Danken will ich meinem lieben Cousin Brian Sebelski und seiner Familie für den freundlichen Empfang in Kansas City. Ein Dankeschön geht an Judy Tuwaletstiwa (und Phillip) für das künstlerische Willkommen und die Soya-Einführung. Vielen Dank, Aram und Jill in Omaha! Und danke an den Pflaumenbaum hinter der im Westen untergehenden Sonne, der zu Hause auf mich wartet.

Mara Vorhees

Danken will ich dem Kellner in einem Restaurant in Gloucester, der mir riet, den Nachmittag an einem bestimmten schönen Strand (der nicht in diesem Buch steht) zu verbringen. Ich werde das Geheimnis nicht verraten!

Benedict Walker

Ein besonderer Dank gilt Cheryl Cowie und Keri Berthelot für ihre Führung, Unterstützung und Reiki unterwegs. Und vielen Dank, Trish Walker, für die zahllosen Stunden im Gebetsstuhl und an meine Familie, an Andy, Sally und P., die sicherstellten, dass ich es mit dem Hummer nicht übertrieb. Ich gedenke Kevin Hennessys, Ainsley Crabbes und Ben Careys, meinen Mitstreitern, die von uns gingen, während ich für diesen Band recherchierte. Für mich bleibt ihr auf immer mit Rhode Island verbunden.

Greg Ward

Ich danke den vielen wundervollen Menschen, die mir unterwegs halfen, insbesondere denen von der Historic Stagville Plantation, denen von Price's Chicken Coop, den Leuten von Bryson City Bicycles und im Orange County Visitor Center. Danke an Redakteurin Trisha Ping für diesen Auftrag und an meine liebe Frau Sam für alles.

Karla Zimmerman

Ich danke Paula Andruss, Lisa Beran, Lisa DiChiera, Ruggero Fatica, Chuck Palmer, Keith Pandolfi und Bob Sanders dafür, dass sie mir ihre Lieblingsorte zeigten. Am meisten danke ich jedoch Eric Markowitz, dem besten Reise- und Lebensbegleiter, den ich mir wünschen kann. Du stehst bei mir immer ganz oben auf der Liste.

QUELLENNACHWEIS

Die Klimakartendaten stammen von Peel MC, Finlayson BL & McMahon TA (2007) *Updated World Map of the Köppen-Geiger Climate Classification*, *Hydrology and Earth System Sciences*, 11, 1633–44.
Titelfoto: Franconia Notch State Park, New Hampshire, Winston Tan/Shutterstock ; Michele Falzone/AWL Images ©
Abbildungen S. 104/105 und S. 296/297 von Javier Zarracina; S. 1086/1087 von Michael Weldon.

ÜBER DIESES BUCH

Dies ist die 8. deutschsprachige Auflage von *USA*, basierend auf der 12. englischsprachigen Auflage von *USA*, die von Trisha Ping, Isabel Albiston, Mark Baker, Amy C. Balfour, Robert Balkovich, Ray Bartlett, Greg Benchwick, Andrew Bender, Alison Bing, Celeste Brash, Jade Bremner, Gregor Clark, Stephanie d'Arc Taylor, Michael Grosberg, Anthony Ham, Ashley Harrell, John Hecht, Adam Karlin, Brian Kluepfel, Ali Lemer, Vesna Maric, Virginia Maxwell, Hugh McNaughtan, MaSovaida Morgan, Becky Ohlsen, Lorna Parkes, Christopher Pitts, Kevin Raub, Charles Rawlings-Way, Simon Richmond, Andrea Schulte-Peevers, Regis St. Louis, Ryan Ver Berkmoes, Mara Vorhees, Greg Ward und Karla Zimmerman betreut wurde. Das Buch wurde von den folgenden Personen produziert:

Projektredakteure Ben Buckner, Evan Godt, Trisha Ping, Sarah Stocking

Leitende Produktredakteure Sasha Drew, Martine Power, Vicky Smith

Leitende Kartografen Hunor Csutoros, Alison Lyall

Produktredaktion Joel Cotterell, Kate James

Layoutdesign Lauren Egan, Katherine Marsh

Redaktionsassistenz Sarah Bailey, James Bainbridge, Judith Bamber, Imogen Bannister, Michelle Bennett, Nigel Chin, Katie Connolly, Samantha Cook, Lucy Cowie, Michelle Coxall, Melanie Dankel, Barbara Delissen, Andrea Dobbin, Bailey Freeman, Emma Gibbs, Carly Hall, Victoria Harrison, Jennifer Hattam, Gabrielle Innes, Helen Koehne, Kellie Langdon, Jodie Martire, Lou McGregor, Rosie Nicholson, Lauren O'Connell, Kristin Odijk, Susan Paterson, Monique Perrin, Mani Ramaswamy, Kirsten Rawlings, Sarah Reid, Fionnuala Twomey, Sam Wheeler, Monica Woods

Kartografie Rachel Imeson, Valentina Kremenchutskaya

Umschlagrecherche Fergal Condon

Dank an Sain Alizada, Will Allen, Aron Blesch, Carolyn Boicos, Sasha Drew, Bruce Evans, Virginie Guegan, Sonia Kapoor, Robert Layton, Charlotte Orr, Rachel Rawling, Carol Sweetenham

Register

C

Verweise auf Karten **000**
Verweise auf Fotos **000**

H

I

J

K

L

M

Verweise auf Karten **000**
Verweise auf Fotos **000**

Verweise auf Karten **000**
Verweise auf Fotos **000**

Verweise auf Karten **000**
Verweise auf Fotos **000**

N

O

P

Q

R

Verweise auf Karten **000**
Verweise auf Fotos **000**

S

T

Verweise auf Karten **000**
Verweise auf Fotos **000**

Y

Z

Kartenlegende

Sehenswertes
- Strand
- Vogelschutzgebiet
- buddhistisch
- Schloss/Palast
- christlich
- konfuzianisch
- hinduistisch
- islamisch
- jainistisch
- jüdisch
- Denkmal
- Museum/Galerie/historisches Gebäude
- Ruine
- schintoistisch
- sikhistisch
- taoistisch
- Weingut/Weinberg
- Zoo/Tierschutzgebiet
- andere Sehenswürdigkeit

Aktivitäten, Kurse & Touren
- bodysurfen
- tauchen
- Kanu/Kajak fahren
- Kurs/Tour
- Sento-Bad/Onsen
- Ski fahren
- schnorcheln
- surfen
- Schwimmbecken
- wandern
- windsurfen
- andere Aktivität

Schlafen
- Unterkunft
- Camping
- Hütte/Unterstand

Essen
- Lokal

Ausgehen & Nachtleben
- Bar/Kneipe
- Café

Unterhaltung
- Unterhaltung

Shoppen
- Shoppen

Praktisches
- Bank
- Botschaft/Konsulat
- Krankenhaus/Arzt
- Internetzugang
- Polizei
- Post
- Telefon
- Toilette
- Touristeninformation
- andere Einrichtung

Geografisches
- Strand
- Tor
- Hütte/Unterstand
- Leuchtturm
- Aussichtspunkt
- Berg/Vulkan
- Oase
- Park
- Pass
- Picknickplatz
- Wasserfall

Städte
- Hauptstadt (Staat)
- Hauptstadt (Bundesland/Provinz)
- Großstadt
- Kleinstadt/Ort

Verkehrsmittel
- Flughafen
- BART-Station
- Grenzübergang
- T-Station (Boston)
- Bus
- Seilbahn/Gondelbahn
- Fahrrad
- Fähre
- Metro/Muni-Station
- Einschienenbahn
- Parkplatz
- Tankstelle
- U-Bahn/SkyTrain-Station
- Taxi
- Bahnhof/Zug
- Straßenbahn
- U-Bahnhof
- anderes Verkehrsmittel

Achtung: Nicht alle der abgebildeten Symbole werden auf den Karten im Buch verwendet

Verkehrswege
- Mautstraße
- Autobahn
- Hauptstraße
- Landstraße
- Verbindungsstraße
- sonstige Straße
- unbefestigte Straße
- Straße im Bau
- Platz/Promenade
- Treppe
- Tunnel
- Fußgänger-Überführung
- Stadtspaziergang
- Abstecher (Stadtspaziergang)
- Pfad/Wanderweg

Grenzen
- Internationale Grenze
- Bundesstaat/Provinz
- umstrittene Grenze
- Region/Vorort
- Meerespark
- Klippen
- Mauer

Gewässer
- Fluss/Bach
- periodischer Fluss
- Kanal
- Wasser
- Trocken-/Salz-/periodischer See
- Riff

Gebietsformen
- Flughafen/Startbahn
- Strand/Wüste
- Friedhof (christlich)
- Friedhof
- Gletscher
- Watt
- Park/Wald
- Sehenswürdigkeit (Gebäude)
- Sportgelände
- Sumpf/Mangrove

DIE AUTOREN

Trisha Ping
Ein Arbeitsjahr in Mülhausen im Elsass und die Begeisterung für Sprachen machten aus Trisha eine lebenslange Travellerin. Während ihrer 15-jährigen Laufbahn als Autorin und Redakteurin war sie zwei Jahre lang leitende Redakteurin bei Lonely Planet und ist heute Herausgeberin von BookPage. Trisha lebt in Nashville, Tennessee. Für diesen Band recherchierte und betreute sie die Abschnitte *Reiseplanung*, *Die USA verstehen* und *Praktische Informationen*.

Isabel Albiston
Neuengland Nach sechsjähriger Tätigkeit für den *Daily Telegraph* in London wollte Isabel mehr Zeit auf Reisen verbringen. Auf einen Job als Autorin für eine Zeitschrift in Sydney, Australien, folgten eine viermonatige Landreise quer durch Asien und ein fünfjähriger Arbeitsaufenthalt in Buenos Aires, Argentinien. Seit 2014 schreibt sie für Lonely Planet und war seither an mehr als einem Dutzend Reiseführern beteiligt. Derzeit hat sie ihren Wohnsitz in Irland.

Mark Baker
Die Großen Seen Mark ist ein freier Reiseautor mit einer Vorliebe für abseitige Geschichten und vergessene Orte. Er stammt aus den USA, ist heute aber in der tschechischen Hauptstadt Prag zu Hause. Für Lonely Planet und andere führende Reiseverlage schreibt er hauptsächlich über Ost- und Mitteleuropa, findet aber seine wahre Befriedigung darin, Geschichten an Orten auszugraben, die für Reiseführer zu abgelegen oder zu unheimlich sind. Vor seiner Zeit als Reiseschriftsteller arbeitete er als Journalist u.a. für den *Economist*, Bloomberg News und Radio Free Europe. Folgen kann man ihm auf Instagram und Twitter (@markbakerprague) sowie auf seinem Blog (www.markbakerprague.com).

Amy C. Balfour
Capital Region, Neuengland, New Mexico, Der Süden Amy war Rechtsanwältin in Virginia, bevor sie nach Los Angeles umzog, um sich als Drehbuchautorin zu versuchen. Nach einer Zeit als Drehbuchassistentin bei *Law & Order* wagte sie den Sprung, freie Autorin mit den Schwerpunkten Reise, Gastronomie und Natur zu werden. Auf Wanderungen, Rad- und Paddeltouren hat sie Südkalifornien und den Südwesten erkundet und kürzlich auf der Suche nach den besten Burgern und Barbecues der Region die Great Plains durchquert. Für Lonely Planet hat sie viele Titel geschrieben; ihre Aufsätze sind in der *Los Angeles Times* und in *Southern Living* erschienen, außerdem in den Reiseanthologien *Go Your Own Way* und *The Thong Also Rises*.

Robert Balkovich
New England, Bundesstaat New York, Washington Robert ist in Oregon geboren und aufgewachsen, nennt aber inzwischen seit fast zehn Jahren New York City sein Zuhause. Wenn andere Kinder mit ihren Familien in Themenparks gingen oder ihre Oma besuchten, fuhr er nach Mexiko City oder reiste mit dem Zug durch Osteuropa. Als Schriftsteller und Reiseenthusiast ist Robert immer auf der Suche nach Erfahrungen, die ungewöhnlich genug sind, um über sie zu schreiben. Auf Instagram @oh_balky folgen!

Ray Bartlett
Florida Ray ist seit fast zwei Jahrzehnten Reiseschriftsteller und hat für Verlage, Zeitungen und Zeitschriften den Lesern in detaillierten Schilderungen Japan, Korea, Mexiko, Tansania, Guatemala, Indonesien und viele Teile der USA nahegebracht. Er ist ein begeisterter Surfer und Tangotänzer. Folgen kann man ihm auf Instagram und Twitter (@kaisoradotcom).

Greg Benchwick
Colorado Greg, der schon seit vielen Jahren für Lonely Planet schreibt, hat sich durch den Urwald von Bolivien geschlagen, ist auf dem Jakobsweg durch Spanien gewandert, hat Präsidenten und Grammy-Preisträger interviewt, ist fliegenden Lachsen in Alaska ausgewichen und hat zwischendurch Berge erklommen – große und kleine.

Andrew Bender
Kalifornien Der preisgekrönte Reise- und Food-Autor Andrew Bender hat drei Dutzend Lonely Planet Reiseführer (von *Amsterdam* bis *Los Angeles*, von *Germany* bis *Taiwan* und über ein Dutzend Titel über Japan) sowie zahlreiche Artikel für lonelyplanet.com geschrieben.

Alison Bing
Kalifornien Im Laufe der 20 Jahre, die sie nun schon in San Francisco lebt, und dank ihrer vielen Reiseführer hat die Autorin Alison Bing mehr Zeit auf Alcatraz verbracht als einige der Häftlinge seinerzeit. Nebenbei machte die Stadt sie zu einer Verehrerin des Drag und von Burritos. Sie ignoriert vorsätzlich die Hinweise im öffentlichen Nahverkehr, aus Sicherheitsgründen auf unnötige Konversationen mit den Mitreisenden zu verzichten.

Celeste Brash
Oregon Celeste schreibt seit 2005 Reiseführer für Lonely Planet, und ihre Reiseartikel sind in Publikationen wie *BBC Travel* und *National Geographic* erschienen. Im Moment schreibt sie ein Buch über jene fünf Jahre, die sie auf einer abgelegenen Perlenfarm im Tuamotu-Archipel verbracht hat.

Jade Bremner
Der Süden Jade ist seit mehr als einem Jahrzehnt Journalistin. Wohin sie auch kommt, überall entdeckt sie einen Aktivsport, den sie ausprobiert, und es ist kein Zufall, dass es an vielen ihrer bevorzugten Orte die besten Wellen der Welt gibt. Jade war Redakteurin von Reisezeitschriften und für *Time Out* und *Radio Times* und hat Beiträge für die *Times*, CNN und den *Independent* geliefert. Sie empfindet es als Privileg, Geschichten über unseren Heimatplaneten zu erzählen und wartet auf ihr nächstes Abenteuer.

Gregor Clark
Neuengland Gregor ist ein in den USA lebender Autor, dessen Vorliebe für Fremdsprachen und dessen Neugier auf das, was hinter der nächsten Ecke wartet, ihn in Dutzende Länder auf fünf Kontinenten geführt hat. Chronisches Reisefieber verführte ihn auch zu Roadtrips durch sein heimisches Nordamerika: durch alle 50 Bundesstaaten der USA und die meisten Provinzen Kanadas. Seit 2000 liefert Gregor regelmäßig Beiträge zu Lonely Planet Bänden, wobei sein Schwerpunkt auf Europa und dem amerikanischen Doppelkontinent liegt.

Stephanie d'Arc Taylor
Nevada Stephanie stammt aus Los Angeles und veröffentlicht u.a. in der *New York Times*, dem *Guardian*, in *Roads & Kingdoms* und dem *Kinfolk Magazine*. Sie ist Mitgründerin von Jaleesa, einem mit Risikokapital finanzierten, sozial engagierten Unternehmen in Beirut.

Michael Grosberg
Glacier National Park Michael hat an mehr als 50 -Reiseführern von Lonely Planet mitgearbeitet. Zu seinen internationalen Aufgaben zählten Entwicklungsarbeit auf Rota im westlichen Pazifik, Südafrika, wo er politische Gewalt untersuchte, darüber schrieb und neu gewählte Verwaltungsbeamte ausbildete, sowie Lehrtätigkeit in Quito, Ecuador.

Anthony Ham
Idaho, Montana, Wyoming Anthony ist ein freiberuflicher Autor, der die Welt auf der Suche nach Geschichten bereist. Seine besondere Leidenschaft gilt den Wildtieren und den weiten, offenen Landschaften des Planeten von den Great Plains in den USA bis hin zum Amazonasgebiet, dem östlichen und südlichen Afrika und der Arktis. Anthony schreibt für Zeitschriften und Zeitungen in aller Welt. Im Jahr 2020 erschien sein Erlebnisbericht über Afrikas Löwen in Buchform.

Ashley Harrell
Kalifornien, der Süden Ashley gab den Job, Wellness-Gutscheine an Privathaushalte in Südflorida zu verkaufen, schon nach kurzer Zeit auf und beschloss, stattdessen Schriftstellerin zu werden. Sie ging auf eine Journalistenschule, überzeugte eine Zeitung, sie einzustellen, und fing an, über Wildtiere, Kriminalität und Tourismus zu berichten, manchmal in ein und derselben Geschichte. Ashley ist viel auf der Welt herumgekommen und hat häufig den Wohnort gewechselt – sie hat schon in einer winzigen Wohnung in New York, auf einer riesigen kalifornischen Ranch und in einer Urwaldhütte in Costa Rica gelebt, wo sie für Lonely Planet zu schreiben begann.

John Hecht
Utah John stammt aus Los Angeles und hat an mehr als einem Dutzend Lonely Planet Reiseführern und einschlägigen Publikationen, hauptsächlich über Lateinamerika und die USA, mitgewirkt. Vor mehr als zwei Jahrzehnten zog er in den Süden nach Mexiko und lebt immer noch gern in seiner Wahlheimat.

Adam Karlin
Alaska, Hawaii, Neuengland, Pennsylvania, Der Süden, Nationalparks Yellowstone, Grand Teton, Zion, Bryce Canyon & Grand Canyon Adam hat an Dutzenden Lonely Planet Bänden mitgearbeitet und dabei von den Andamanen bis nach Zimbabwe das ganze Alphabet abgearbeitet. Als Journalist schrieb er u.a. über Reisen, Verbrechen, Politik, Archäologie und den Bürgerkrieg auf Sri Lanka. Er schickte Berichte von jedem Kontinent außer Antarktika (aber wer weiß, vielleicht eines Tages?), und seine Aufsätze und Artikel erschienen bei der BBC, bei NPR und in vielen Sachbüchern. Adam lebt in New Orleans. Mehr über ihn erfährt man unter http://walkonfine.com sowie unter @adamwalkonfine auf Instagram.

Brian Kluepfel
Neuengland, New Jersey Brian hatte schon in drei Staaten und in sieben verschiedenen Orten gelebt, als er neun war, und ist immer noch in Bewegung – mit Zwischenstopps u.a. in Berkeley, Bolivien, der Bronx und an anderen Zielen quer durchs ganze Alphabet. Seine journalistische Arbeit auf dem amerikanischen Doppelkontinent galt dem Fußballturnier Copa America in Paraguay, aber auch einem Akkor-

deonfestival in Québec. Für Lonely Planet schrieb er u.a. die Bände *Costa Rica*, *Bolivien* und *Ecuador*. Er schreibt einen Blog über venezolanische Baseballspieler und einen anderen über Vögel aus vieler Herren Länder (www.brianbirdwatching.blogspot.com).

Ali Lemer
New York, New Jersey & Pennsylvania Ali ist seit 2007 als Autorin und Redakteurin für Lonely Planet tätig und schreibt Reiseführer und Artikel über Russland, New York City, Los Angeles, Melbourne, Bali, Hawaii, Japan und Schottland. Sie stammt aus New York, hat in Chicago, Prag und Großbritannien gelebt und wohnt heute in Melbourne, Australien. Ihre Reisen führten sie durch viele Gebiete Europas und Nordamerikas.

Vesna Maric
Florida Vesna ist seit fast zwei Jahrzehnten Autorin für Lonely Planet und hat dabei u.a. über Bolivien, Algerien, Sizilien, Zypern, Barcelona, London und Kroatien geschrieben. Ihre letzten Arbeiten betrafen die Aktualisierung von Florida, Griechenland und Nordmazedonien.

Virginia Maxwell
Washington, D.C., Virginia Obwohl sie in Australien wohnt, verbringt Virginia mindestens die Hälfte des Jahres damit, für Lonely Planet Reiseinformationen für alle Welt auf den neuesten Stand zu bringen. Ihr besonderes Interesse gilt dem Mittelmeerraum, wo sie für Lonely Planet über Spanien, Italien, die Türkei, Syrien, den Libanon, Israel, Ägypten, Marokko und Tunesien geschrieben hat, doch auch Finnland, Bali, Armenien, die Niederlande, die USA und Australien hat sie schon unter die Lupe genommen. Folgen kann man ihr unter @maxwellvirginia auf Instagram sowie auf Twitter.

Hugh McNaughtan
New York, New Jersey & Pennsylvania Der frühere Englischdozent Hugh verzichtete auf Forschungsanträge zugunsten von Visaanträgen und machte seine Reiseliebe zum Vollzeitjob. Nachdem er zunächst in seiner Heimatstadt Melbourne Restaurants in den Blick genommen hatte, hat er sich mittlerweile durch vier Kontinente gefuttert. Nichts macht ihn glücklicher, als gemeinsam mit seinen beiden Töchtern zu reisen. Außer vielleicht ein Spiel auf dem Kricketfeld ...

MaSovaida Morgan
Oregon, Der Süden MaSovaida ist eine Lonely Planet Autorin und Multimedia-Geschichtenerzählerin, deren Reiselust sie in mehr als 35 Länder auf sechs Kontinenten geführt hat. Vor ihrer Zeit als freie Autorin war sie vier Jahre lang Lonely Planet Zielredakteurin für Südamerika und arbeitete als Redakteurin für Zeitungen und NGOs im Nahen Osten und in Großbritannien. Folgen kann man ihr auf Instagram (@MaSovaida).

Becky Ohlsen
Washington Becky arbeitet als freiberufliche Autorin, Redakteurin und Kritikerin in Portland, OR. Für Lonely Planet schreibt sie Reiseführer und Berichte über Skandinavien, Portland und andere Orte.

Lorna Parkes
New York City Lorna ist gebürtige Londonerin, lebt in Melbourne und war Lonely Planet Mitarbeiterin in beiden Städten. Lorna hat an zahlreichen Lonely Planet Bänden und -Zeitschriften mitgewirkt. Am besten schreiben kann sie im Flugzeug, und besonders gern widmet sie sich der Recherche von Restaurants und Bars. Mit Vorliebe besucht sie Weingüter und die Tropen (nicht zur gleichen Zeit!), doch Yorkshire bleibt für sie immer etwas Besonderes. Folgen kann man ihr unter @Lorna_Explorer.

Christopher Pitts
Arizona Christophers erste Expedition scheiterte, als er mit sechs Jahren versuchte, einen Weg von Pennsylvania nach China zu graben. Also studierte er Chinesisch an der Universität und lebte mehrere Jahre in China. Nach mehr als einem Jahrzehnt in Paris waren der sonnige Himmel und die Outdoor-Abenteuer in Colorado zu verführerisch, um widerstehen zu können.

Kevin Raub
Die Großen Seen, Der Süden Der aus Atlanta stammende Kevin begann seine Karriere als Musikjournalist in New York, wo er für das *Men's Journal* und *Rolling Stone* schrieb. Er gab den Rock-and-Roll-Lebensstil zugunsten der Reiseschriftstellerei auf und hat inzwischen fast 50 Lonely Planet Bände geschrieben, hauptsächlich über Brasilien, Chile, Kolumbien, die USA, Indien, die Karibik und Portugal. Unterwegs sucht der bekennende Bierschädel immer nach örtlichen Bieren mit ausgeprägter Bitternote. Folgen kann man ihm auf Twitter und Instagram (@RaubOnTheRoad).

Simon Richmond
Pennsylvania Der Journalist und Fotograf Simon hat sich seit den frühen 1990er-Jahren auf die Reiseschriftstellerei spezialisiert und dabei über Länder wie Australien, China, Indien, den Iran, Japan, Korea,

Malaysia, die Mongolei, Myanmar (Burma), Russland, Singapur, Südafrika und die Türkei geschrieben. Er hat im Vereinigten Königreich, in Japan und in Australien gelebt und ist nun wieder zurück in England, nämlich in Folkestone an der Ostküste von Kent. Seine Reiseberichte werden in Zeitungen und Zeitschriften in aller Welt veröffentlicht, darunter in Großbritannien im *Independent*, im *Guardian*, in der *Times*, im *Daily Telegraph* und dem *Royal Geographical Society Magazine* sowie in Australien im *Sydney Morning Herald*, im *Australian* und in der *Australian Financial Review*.

Andrea Schulte-Peevers

Kalifornien Andrea, die in Deutschland geboren und aufgewachsen ist und in London sowie an der UCLA studiert hat, hat bei ihren Reisen durch 75 Länder inzwischen einmal die Entfernung von der Erde zum Mond und zurück hinter sich gebracht. Seit nunmehr zwei Jahrzehnten verdient sie sich ihren Lebensunterhalt als professionelle Reiseschriftstellerin und hat fast 100 Lonely Planet Titel verfasst oder zu ihnen beigetragen.

Regis St. Louis

Neuengland, Der Süden Regis wuchs in einer Kleinstadt im US-amerikanischen Mittleren Westen auf – in einem jener Orte, wo man vom Reisen träumt – und entwickelte früh eine Faszination für fremde Sprachen und Kulturen. In seiner Schul- und Studienzeit lernte er Russisch und mehrere romanische Sprachen, was ihm bei seinen Reisen in viele Länder auf dem Erdball zugute kommt. Regis hat an mehr als 50 Lonely Planet Bänden über Reiseziele auf sechs Kontinenten mitgewirkt. Seine Reisen führten ihn in die Berge Kamtschatkas, in abgelegene melanesische Inseldörfer und in viele Großstädte. Wenn er nicht gerade unterwegs ist, lebt er in New Orleans.

Ryan Ver Berkmoes

Great Plains Ryan hat mehr als 110 Reiseführer für Lonely Planet geschrieben. Er wuchs in Santa Cruz, CA, auf, das er im Alter von 17 Jahren verließ, um im Mittleren Westen das College zu besuchen – und zum ersten Mal Schnee anzufassen. Doch seine Begeisterung für diese Erfahrung ließ bald nach. Seither bereist er die Welt – zum Vergnügen, aber auch zum Geldverdienen (für ihn oft beides ein und dasselbe). Geschrieben hat er über alles, von Kriegen bis Bars, wobei er Letztere definitiv bevorzugt. Ryan ist in New York City zu Hause. Mehr über ihn gibt's unter ryanverberkmoes.com und @ryanvb.

Mara Vorhees

Neuengland, Washington, D.C. & Capital Region Mara schreibt über Gaumenfreunden, Reisen und Familienspaß in aller Welt. Ihre Arbeiten findet man bei *BBC Travel*, *Boston Globe*, *Delta Sky*, in der *Vancouver Sun* und anderswo. Für Lonely Planet schreibt sie regelmäßig über Ziele in Zentralamerika und Osteuropa sowie über Neuengland, wo sie zu Hause ist. Oft reist sie mit ihren Zwillingen im Schlepptau, sodass sie sich beim Thema Reisen mit Kindern bestens auskennt. Folgen kann man ihren Abenteuern unter www.havetwinswilltravel.com.

Benedict Walker

Neuengland Für den aus Newcastle in Australien stammenden Ben gehört der Strand immer mit dazu, auch wenn er Tausende Kilometer vom heimischen Sandstrand entfernt in Leipzig wohnt. Seinen ersten Lonely Planet bekam Ben mit zwölf Jahren. Zwei Jahrzehnte später schreibt er nun Kapitel für diese Bücher, womit einer seiner Träume wahr wurde. Nach seinem Abschluss in Kommunikationswissenschaften und seiner Ausbildung zum Reiseveranstalter verbrachte Ben seine 20er mit Reisen um die Welt. Ihm ist dabei nicht das Ziel wichtig, sondern wen man kennenlernt: Die Geschichten netter Unbekannter bereichern das eigene Erleben. Folgen kann man seinen Wegen auf Instagram (@wordsandjourneys).

Greg Ward

Texas, Der Süden Seit bei einem Trip auf dem Hippie-Trail nach Indien und beim Leben im Norden Spaniens sein Reiseappetit geweckt wurde, hat Greg Reiseführer zu Zielen in aller Welt verfasst. Er hat die USA vom Südwesten bis nach Hawaii abgehandelt, und die jüngsten Aufgaben führten ihn von Korsika zu den Cotswolds und von Japan nach Korfu. Seine liebsten Fotos und Erinnerungen findet man auf seiner Website www.gregward.info.

Karla Zimmerman

Die Großen Seen, Der Süden, Washington, D.C. Karla lebt in Chicago, wo sie Donuts isst, den Cubs zujubelt und für Bücher, Zeitschriften und Websites schreibt. Sie hat an mehr als 70 Reiseführern und Reise-Anthologien mitgearbeitet, die Ziele in Europa, Asien, Afrika, Nordamerika und der Karibik behandeln. Folgen kann man ihr unter @karlazimmerman auf Instagram und Twitter.

Weitere Beiträger

Barbara Noe Kennedy lieferte Beiträge zum Abschnitt über Washington, D.C. Die Lonely Planet Mitarbeiter Ben Buckner, Evan Godt, Alicia Johnson, Alexander Howard, Bailey Freeman und Sarah Stocking in Tennessee trugen zum Abschnitt über Nashville bei. Charles Rawlings-Way redigierte die Kapitel über die Großen Seen, die Great Plains und Texas, Martine Power das Kapitel über Florida.

DIE LONELY PLANET STORY

Ein ziemlich mitgenommenes, altes Auto, ein paar Dollar in der Tasche und eine Vorliebe für Abenteuer – 1972 war das alles, was Tony und Maureen Wheeler für die Reise ihres Lebens brauchten, die sie durch Europa und Asien bis nach Australien führte. Die Tour dauerte einige Monate, und am Ende saßen die beiden – pleite, aber voller Inspiration – an ihrem Küchentisch und schrieben ihren ersten Reiseführer *Across Asia on the Cheap*. Innerhalb einer Woche hatten sie 1500 Exemplare verkauft. Lonely Planet war geboren.

Heute hat der Verlag Büros in den USA, Irland und China mit mehr als 2000 Mitarbeitern in allen Ecken der Welt. Und alle teilen Tonys Überzeugung: „Ein guter Reiseführer sollte drei Dinge tun: informieren, bilden und unterhalten."

Lonely Planet Global Limited

Digital Depot
The Digital Hub
Dublin D08 TCV4
Ireland

Verlag der deutschen Ausgabe:
MAIRDUMONT, Marco-Polo-Str. 1, 73760 Ostfildern,
www.lonelyplanet.de, www.mairdumont.com
lonelyplanet-online@mairdumont.com

Redaktion: (red.sign, Stuttgart) Hannah Biller, Susanne Junker, Olaf Rappold, Lisa Spägele, Mira Uhde

Übersetzung: Julie Bacher, Berna Ercan, Tobias Ewert, Derek Frey, Marion Gref-Timm, Stefanie Gross, Gabriela Huber Martins, Laura Leibold, Britt Maaß, Marion Matthäus, Dr. Christian Rochow, Beate Staib, Sara Walczyk

An früheren Auflagen haben außerdem mitgewirkt: Dorothee Büttgen, Anne Cappel, Eva Dinnessen, Agnes Dubberke, Imke Früh, Karen Gerwig, Dr. Peter Göbel, Nicola Halschke, Joachim Henn, Barbara Imgrund, Christina Jacobs, Christina Kagerer, Jürgen Kucklinski, Dr. Alwin Letzkus, Ute Perchtold, Annika Plank, Andrea Schleipen, Dr. Frauke Sonnabend, Erwin Tivig, Katja Weber

USA

8. deutsche Auflage Oktober 2022, übersetzt von *USA, 12th edition*, August 2022, Lonely Planet Global Limited

Printed in Poland